Als Reihe herausgegeben von Ulf Brunnbauer,
Konrad Clewing und Oliver Jens Schmitt

HANDBUCH ZUR GESCHICHTE SÜDOSTEUROPAS

BAND 2:

HERRSCHAFT UND POLITIK IN SÜDOST-EUROPA VON 1300 BIS 1800

Herausgegeben von Oliver Jens Schmitt

Redaktion: Edvin Pezo

DE GRUYTER
OLDENBOURG

ISBN 978-3-11-074394-4
e-ISBN (PDF) 978-3-11-074439-2
e-ISBN (EPUB) 978-3-11-074443-9

Library of Congress Control Number: 2021935631

Bibliografische Information der Deutschen Nationalbibliothek
Die Deutsche Nationalbibliothek verzeichnet diese Publikation in der Deutschen Nationalbibliografie; detaillierte bibliografische Daten sind im Internet über http://dnb.dnb.de abrufbar.

© 2021 Walter de Gruyter GmbH, Berlin/Boston
Coverabbildung: Guillaume SANSON, Le Royaume de Hongrie et les estats qui en esté sujets et qui sont presentement la partie septentrionale de la Turquie en Europe. Tiré des memoires les plus nouveaux. Paris 1717
Fundort: GeoPortOst (http://geoportost.ios-regensburg.de/map/BV044698782)
Satz und Layout: Tanja Jentsch – www.7Silben.de
Druck und Bindung: CPI books GmbH, Leck

www.degruyter.com

BAND 2
HERRSCHAFT UND POLITIK IN SÜDOSTEUROPA VON 1300 BIS 1800

Daniel Ursprung

Daniel Ursprung

Daniel Ursprung

Oliver Jens Schmitt

Markus Koller

6. SÜDOSTEUROPA IM IMPERIUM DER SULTANE (16.–18. JAHRHUNDERT)

EINLEITUNG ZU BAND 2

Der vorliegende zweite Band des „Handbuchs zur Geschichte Südosteuropas" behandelt die Ereignisgeschichte und Strukturen von Macht und Herrschaft im südosteuropäischen Raum vom Beginn des 14. Jahrhunderts bis hinauf gegen das Jahr 1800 inmitten der sogenannten Sattelzeit (1780–1840). Die Abgrenzung ist in beiden Zeitrichtungen zumindest teilweise rein pragmatischen Überlegungen geschuldet. Wie in der Einleitung zu Band 1 ausgeführt,[1] haben sich die Herausgeber entschieden, den ursprünglichen ersten Band, der die gesamte Periode von der römischen Antike bis 1800 hätte umfassen sollen, in drei Bücher aufzuteilen: Band 1 umfasst in seinen zwei Teilbänden den Zeitraum bis 1300, der vorliegende Band 2 ein weiteres halbes Jahrtausend südosteuropäischer Vergangenheit. Diese Aufteilung erwies sich als nötig, um den gewaltigen Stoff in jener Tiefe zu bieten, die das Handbuch anstrebt. Leitend war auch der Gedanke, die oftmals sehr zersplitterte Forschung zu den älteren Epochen in übergreifenden Kapiteln Lesern und Benützern zugänglich zu machen, die sich der Geschichte Südosteuropas mit einem vergleichenden Interesse nähern oder aber selbst nur zur jüngeren oder jüngsten Vergangenheit arbeiten. Die Einbeziehung der römischen Antike ist, wie bereits in der Einleitung zu Band 1 dargelegt, aus Sicht des Gesamtvorhabens von besonderer Wichtigkeit: Südosteuropa als Raum, der von imperialer Herrschaft und Überschichtung zum einen, regionalen Eigenentwicklungen und auch Eigensinn in Ergänzung und Abgrenzung dazu zum anderen zu verstehen ist, erschließt sich einem solchen Zugriff gerade dann, wenn das römische Imperium vollwertig einbezogen wird. Sich diese älteren Zeitschichten der südosteuropäischen Vergangenheit mit vor Augen zu halten, ist daher auch für das Verständnis der im vorliegenden Band behandelten Epochen von Bedeutung.

Der Beginn des hiermit vorgelegten zweiten Bandes mit ca. 1300 entspringt primär praktischen Überlegungen. Er folgt grosso modo einer auch für andere Teile Europas etablierten Abgrenzung von Hoch- zu Spätmittelalter. Im engeren Südosteuropa, also dem Balkanraum,[2] fällt diese Zeit zusammen mit einem ausgeprägten Einfluss der Steppe, genauer des Reichs der Goldenen Horde,

---

[1] Oliver Jens SCHMITT/Konrad CLEWING/Ulf BRUNNBAUER, Einleitung zur Gesamtreihe. Ein Handbuch für das 21. Jahrhundert. Die Geschichte Südosteuropas, in: Handbuch zur Geschichte Südosteuropas. Bd. 1: Herrschaft und Politik in Südosteuropa von der römischen Antike bis 1300. Hgg. Peter SCHREINER/Fritz MITTHOF/Oliver Jens SCHMITT. Berlin, Boston 2019, 1–36 (als Digitalisat abrufbar über den Homepageauftritt des Handbuchs: <https://hgsoe.ios-regensburg.de/>).

[2] Ebd. zu Raumkonzeption des Handbuchs und Südosteuropa als Arbeitsbegriff.

besonders auf den Osten der Region; dazu mit der Neugestaltung des Balkans durch regionale Königreiche und Zartümer nach dem Zusammenbruch der byzantinischen Herrschaft (1204), aber auch mit dem Aufstieg türkischer Emirate in Westkleinasien, unter ihnen auch die Osmanen. Der Einschnitt lässt sich dergestalt inhaltlich begründen. Doch soll dies mit deutlich weniger Nachdruck geschehen als bei der Erklärung der Abgrenzung zum folgenden Band 3, der die Zeit ab circa 1800 darstellen wird. Letztere Abgrenzung prägt das Konzept des gesamten Handbuchs, das in insgesamt noch vier weiteren Bänden die Themenfelder Wirtschaft und Gesellschaft sowie Kultur und Sprache behandeln wird, wobei je ein Band der Zeit vor beziehungsweise nach 1800 gewidmet und damit das ganze Handbuchprojekt grob nach „Vormoderne" und „Moderne" gegliedert ist.

In der politischen Geschichte setzt mit dem Beginn des 19. Jahrhunderts tatsächlich Neues ein, vor allem dem Aufkommen der ersten Nationalstaaten am Balkan, dem autonomen Serbien (1815) und dem völkerrechtlich souveränen Griechenland (1830), die beide aus langjährigen Aufständen gegen das Osmanische Reich hervorgegangen sind und beide die Diplomatie der Großmächte eingehend beschäftigt haben. Auch im europäischen Vergleich bildeten sich Nationalstaaten dabei auf dem Balkan früh und nicht etwa, wie oft fälschlich angenommen, verspätet heraus. Der Nationalstaat auf postimperialem Boden lässt sich daher in diesem Raum besonders gut darstellen. Und er grenzt die Epoche nach circa 1800 ab von den davorliegenden deutlich imperial geprägten Jahrhunderten.

Mit der Nationalstaatsbildung endet auch jene Epoche, die charakterisiert ist durch das seit dem Spätmittelalter beginnende weitgehende Fehlen regionaler Eigenstaatlichkeit. Mit der neuen Staatlichkeit wird auch das Verhältnis zur Außenwelt, besonders zu Europa, auf neue Weise gestaltet, da sich die jungen Nationalstaaten in ihren Staatsmodellen klar nach Westen ausrichten und den Anspruch erheben, nach Jahrhunderten der osmanischen Herrschaft wieder den Anschluss an gesamteuropäische Entwicklungen zu finden.

Der vorliegende Band 2 ist mehrfach mit Band 1 verwoben, weswegen nicht alle Kapitel strikt mit dem Beginn des 14. Jahrhunderts einsetzen. So bietet Teil II „Südosteuropa zwischen Byzanz und den neuen Herrschafts- und Reichsbildungen, 565–1300" in Band 1 etwa eine Erörterung der kroatischen Geschichte und der Geschichte des fränkischen Griechenlands bis zu Beginn des 16. beziehungsweise bis zum Ende des 14. Jahrhunderts. Das an letzteren Text anschließende Kapitel zum venezianischen Überseereich setzt im vorliegenden Band daher mit dem 15. Jahrhundert ein. Auch Überlappungen inhaltlicher Art ergeben sich zwischen den Bänden und den Kapiteln: so besteht eine Schnittmenge zwischen der Darstellung des Zweiten bulgarischen Reiches bei Daniel Ziemann in Band 1 (Teilband 2) und dem Großkapitel zum Balkan im Spätmittelalter im vorliegenden Band.[3]

---

[3] Bei den erwähnten Kapiteln aus Bd. 1,2 handelt es sich um die Beiträge von Daniel ZIEMANN, Das Zweite bulgarische Reich. Vom Reich der Aseniden bis zur osmanischen Expansion (S. 785–823); Neven BUDAK, Kroatien, Dalmatien und Slawonien bis 1527 (S. 847–902); Guillaume SAINT-GUILLAIN, Fränkische Herrschaft im südlichen Balkan und den vorgelagerten Inseln (S. 921–954).

Die Periode von 1500 bis 1800 wird im vorliegenden Band von einem Osmanisten sowie durch zwei Spezialisten der ungarischen Geschichte behandelt, ergänzt um Kapitel zu Venedig sowie zu den beiden Donaufürstentümern. Das Habsburgerreich, das Osmanische Reich und Venedig waren Akteure in zahlreichen Kriegen, die in den genannten Großkapiteln dargestellt werden, jedoch jeweils aus einer spezifischen Perspektive. Dieser dreifache Zugang zum Betrachtungsraum des Handbuchs bündelt so Erkenntnisse aus Jahrzehnten eingehender Forschung. Wie im Vorgängerband werden aber auch Bereiche in originären Abschnitten behandelt, die in vergleichenden Forschungen oft vernachlässigt werden, nicht zuletzt wegen der mangelhaften Zugänglichkeit und Erschließung der regionalen Detailforschung. Dies gilt in hohem Maße für die beiden Fürstentümer Walachei und Moldau, die im vorliegenden Band einen breiten Raum einnehmen und für eine vergleichende europäische Geschichte aufgrund ihrer Lage in einer Überlappungszone balkanischer, ostmittel- und osteuropäischer (sowie auch in geringerem Umfang kaukasischer) Einflüsse von besonderem Interesse und auch Reiz sind. Zudem stellen sie die einzige erhebliche und deshalb umso mehr beachtenswerte Ausnahme von der imperialen Herrschaft in der Großregion in den Jahrhunderten vor 1800 dar, ungeachtet der osmanischen Oberhoheit über die beiden Territorien. Aber auch die spätmittelalterliche Geschichte des Balkanraumes findet sich selten im größeren Zusammenhang unter Heranziehung der vielsprachigen Bibliographie dargestellt, weshalb die entsprechende Behandlung hier als ein besonderer Vorzug des Bandes gelten kann.

Wie schon in Band 1 wird auch im vorliegenden Band Südosteuropa in weiteren räumlichen Zusammenhängen betrachtet, als ein nach allen Seiten offener Raum. Gefragt wird aber jeweils auch nach dem spezifischen regionalen Gewicht des Raumes innerhalb der ihn überwölbenden imperialen Zusammenhänge. Bedeutsam für den Betrachtungszeitraum 1300–1800 ist zudem auch der Übergang von politischer Kleinteiligkeit und imperialer Neuorganisation. Dreimal hat in der Gesamtbetrachtung der Raum postimperiale Phasen erlebt, in denen innerregionale Ordnungsversuche unternommen wurden: einmal nach dem Zusammenbruch Roms (7.–10. Jahrhundert); dann nach dem Vierten Kreuzzug (1202–1204) und dem Ende von Byzanz als Ordnungsmacht (13.–15. Jahrhundert) und schließlich nach 1918. Das Spätmittelalter als letztlich gescheiterter Versuch einer regionalpolitischen Stabilisierung des Balkans (im Zusammenspiel der ihn bildenden Herrschaften) zwischen Ungarn, Venedig und dem Osmanischen Reich gehört daher in diachron vergleichender Betrachtung zu den genuinen Grundfragen südosteuropäischer Geschichte. Zu diesen zählt dann auch die Epoche imperialer Konkurrenz, die sich unterscheidet von früherer imperialer Vorherrschaft in der Großregion: Denn Rom und Byzanz hatten keine imperialen Konkurrenten in Südosteuropa. Ihre Gegenüber waren Steppenkriegerbünde oder regionale Herrschaften. In der Frühen Neuzeit aber (auf dem Balkan exakter gesagt: in der Epoche osmanischer Herrschaft) rangen Osmanen, Habsburger und Venezianer um Einfluss und ihre wechselseitige Abgrenzung. Am deutlichsten wird dies in der Region, wo sämtliche drei Reiche aufeinanderstießen, nämlich im heutigen kroatischen Grenzgebiet zu Bosnien und auf der bosnischen Gegenseite, wo sie um orthodoxe Zuwanderer (Vlachen) als Hirtenkrieger und Grenzschützer warben. Die beiden katholischen Imperien und das islamische Reich sahen sich jeweils orthodoxen Bevölkerungsmehrheiten in ihren südosteuropäischen Provinzen gegenüber. Auch hier erlaubt der Vergleich der Religionspolitiken grundsätzliche und vergleichende Einblicke in imperiale Strategien.

Wie schon der Vorgängerband legt auch der vorliegende großen Wert auf eine ausführliche Darstellung der Quellen und des Forschungsstandes. Dabei wurde besonders darauf Bedacht genommen, Forschungswerke aus den südosteuropäischen Staaten aufzunehmen. Der Band bildet auf diese Weise die vielsprachige Forschung zu einem wahrhaft europäischen Thema ab, zu einer Region, die sich öffnet in den Mittelmeerraum, nach Mitteleuropa, in den pontischen Raum und in den Nahen Osten. In einer Zeit, da geisteswissenschaftliche Forschung den offenbar schwindenden Sprachkenntnissen vieler Forschender angepasst und oftmals auf eine unausgesprochen kurios kolonialisierende Weise auf die Berücksichtigung englischsprachiger Veröffentlichungen beschränkt wird, will dieser Band zeigen, dass die Sprache einer Veröffentlichung kein Merkmal wissenschaftlicher Qualität ist. Einschlägige Arbeiten auf Albanisch, Bosnisch/Kroatisch/Serbisch, Bulgarisch, Griechisch, Makedonisch, Rumänisch, Ungarisch, Türkisch sind daher neben Veröffentlichungen in den gängigen Westsprachen, von denen neben Deutsch und Englisch, Französisch und Italienisch besonders zu nennen sind, gleichwertig berücksichtigt. Der Herausgeber des Bandes hofft, dass durch dessen Benützung für dieses fundamentale Anliegen einer tatsächlich europäischen Geschichtsschreibung ein neues Bewusstsein geweckt wird, gerade bei jüngeren Forschenden. In diesem Sinne unternimmt es das Handbuch, historiographisches Wissen nicht nur zu ordnen, sondern auch zu vermitteln, und zwar auch zwischen den beharrlich verschiedenen historiographischen Traditionen Europas.

Südosteuropa wird gerade in der „allgemeinen" Mediävistik und der Frühneuzeitgeschichte kaum je mitbehandelt. Eine unsichtbare, aber wirkmächtige Trennlinie zieht sich entlang der Grenzen des Alten Reiches durch die Forschungslandschaft. Europäische Geschichte ist aber richtig verstanden nicht eine erweiterte Nationalgeschichte Deutschlands oder Frankreichs. Sie kann keine Extrapolation einer letztlich nationalen Sichtweise sein, und ebensowenig darf sie sich implizit oder explizit auf einen – in der Praxis den westlichen – Teilbereich des Kontinents beschränken. Nur der Transfer von Wissen aus der großregionalhistorischen Spezialforschung in breit angelegte Debatten kann sicherstellen, dass nicht ganze Teilregionen Europas aus der nötigen vergleichenden Betrachtung ausgeschlossen werden. Der vorliegende Band bietet hierfür Material und Deutungen. Er stellt aber auch Karten, Register, eine umfangreiche Bibliographie, Grunddaten, eine Ortsnamenkonkordanz und Herrscherlisten bereit, all dies im Sinne der Kernaufgabe eines Handbuchs, der Vermittlung des durch die Forschung gesicherten Wissens – große Teile davon, darunter eine umfangreiche digitale Kartensammlung zur Geschichte Südosteuropas wie auch genealogische Tafeln zu den gerade im Mittelalter so eng miteinander verflochtenen Adelsfamilien, werden über das „Online-Handbuch zur Geschichte Südosteuropas" zur Verfügung gestellt: <https://hgsoe.ios-regensburg.de/>.

Am Ende eines zehnjährigen Weges hin zum konkreten Band dankt der Herausgeber den Beiträgern, besonders jenen, die früh abgegeben haben und bereit waren, ihre Kapitel auch wieder auf den neuesten Stand der Forschung zu bringen.

Edvin Pezo (Leibniz-Institut für Ost- und Südosteuropaforschung) hat sich der mühevollen Arbeit der Redaktion und der Betreuung des umfangreichen Apparats mit Erfolg unterzogen und maßgeblich zum Gelingen des Unternehmens beigetragen. Dank gebührt auch allen Kollegen, die einzelne Kapitel kritisch gelesen und bibliographisch ergänzt haben. Nennen möchte ich besonders Grigor Bojkov (Wien), Andreas Helmedach (Bochum, Berlin), Peter Schreiner (München), Gerhard Seewann (München) und Ioannis Zelepos (München).

Das Leibniz-Institut für Ost- und Südosteuropaforschung (IOS) hat auch diesen zweiten Band nach Kräften unterstützt. Dank abzustatten ist schließlich in ganz besonderem Maße auch dem Verlag de Gruyter, der mit großem Verständnis für die besonderen Bedürfnisse gerade auch dieses umfangreichen Bandes die Verwirklichung des Handbuchs als Großvorhaben der internationalen Geisteswissenschaften ermöglicht.

Wien, im Januar 2021

Oliver Jens Schmitt

TECHNISCHE HINWEISE

Die strukturierenden Redaktionsrichtlinien müssen hier im Detail nicht ausgeführt werden. Auf einige relevante Punkte ist dennoch hinzuweisen:

a) Mit Ausnahme von einleitenden Kapiteln, die summarische Aussagen über Forschungsstand und Quellensituation machen, also den Charakter einer „bibliographie raisonnée" tragen, werden Literaturangaben im ganzen gedruckten Handbuch als Kurztitel geführt.

b) In der Bibliographie werden sämtliche im Text erwähnten Literaturbelege vollständig angeführt.

c) Kyrillische Autoren- und Titelangaben wurden transliteriert; bei griechischen Titeln trifft dies lediglich auf die Autorennamen und Publikationsorte zu, ansonsten wurde darauf verzichtet. Das ist pragmatisch damit begründet, dass für die Transkription vom griechischen in das lateinische Alphabet auch in der wissenschaftlichen Praxis mehrere Systeme bestehen, und dass dabei die einzig exakten Transliterationssysteme unüblich geblieben sind.

d) Bei Titelangaben in südosteuropäischen Sprachen finden sich Titelübersetzungen in eckigen Klammern. Sofern diese Angaben englisch-, italienisch- oder französischsprachig sind, ist dies als Hinweis zu verstehen, dass im zitierten Werk meist eine jeweils entsprechende westsprachige Zusammenfassung vorhanden ist.

e) Bei griechischen Orts- und Personennamen wird mit Ausnahme von Anhang und Register der zu betonende Vokal mit einem Akzentzeichen versehen, was als Angebot zu einer erleichterten korrekten Aussprache gemeint ist. Bei dem Griechischen entstammenden historischen Begriffen wird ansonsten mit deutscher Transkription gearbeitet.

f) Sämtliche in diesem Band erwähnten Internetadressen wurden Anfang Februar 2021 auf ihre Aktualität hin überprüft.

Nicht zuletzt hinzuweisen ist auf die Unterstützung der redaktionellen Arbeit in Regensburg am IOS durch die Studentischen Hilfskräfte Birgit Nemec – sie begleitet das Handbuchprojekt bereits seit 2018 – und Johannes Nüßer. Ihnen beiden, wie auch den in der Endphase mitwirkenden Studierenden, Jessica Motyka, Viktor Stanić, Jasmina Venhari, ist hier großer Dank auszusprechen. Ein solcher gebührt außerdem Patricija Prentoski vom Lehrstuhl für Geschichte des Osmanischen Reiches und der Türkei in Bochum wie auch den am IOS zeitweilig beschäftigten Praktikantinnen und Praktikanten, die insbesondere bei der Erstellung der Register mitgewirkt haben: Sophia Freidhoff, Hendrik Geiling, Ivo-Alexander Music, Kathrin Rücker und Jakub Senjor. Dem Kollegen Peter Mario Kreuter (IOS) dankt die Redaktion für zahlreiche gute Ratschläge.

1. DER BALKAN ZWISCHEN REGIONALER HERRSCHAFTSBILDUNG UND OSMANISCHER EROBERUNG (CA. 1300 – CA. 1500)

1.1 QUELLEN UND FORSCHUNGSSTAND*

1.1.1 *Quellen zur Geschichte Südosteuropas, 1300–1500*

Wenngleich für das Spätmittelalter aufgrund der besseren Überlieferung von Urkunden die Quellenlage günstiger ist als für das Hochmittelalter, erscheint sie im Vergleich mit Mittel- und insbesondere Südeuropa als außerordentlich bescheiden und zudem räumlich, insbesondere mit Blick auf die archivalische Überlieferung, höchst ungleich verteilt. Allgemein lässt sich ein Gefälle zwischen West und Ost sowie zwischen Küste und Binnenland feststellen. Lediglich für den schmalen Küstenstreifen Dalmatiens haben sich archivalische Bestände erhalten, die den Vergleich mit der zeitgleichen italienischen Schriftproduktion aushalten und diese sogar übertreffen. Binnenkroatien ist in einen pannonischen Vergleichsrahmen einzufügen. Demgegenüber ist der Urkundenverlust für das spätmittelalterliche Bulgarien fast total, und bulgarische Geschichte muss fast ausschließlich aufgrund externer Quellen geschrieben werden, die spärlicher fließen als etwa für den westlichen Teil der Balkanhalbinsel. Dieser Verlust ist nicht Ausweis geringerer Schriftlichkeit, sondern der einschneidenden politisch-militärischen Umwälzung des östlichen Balkans im ausgehenden Mittelalter. Für den orthodoxen Balkan haben die Archive der Athosklöster sowie Dubrovniks den Hauptbestand von Urkunden aufbewahrt; viel geringer ist die Überlieferung in Klöstern im Binnenland. Die Kanzleien der Balkanherrschaften haben sich nur in Beispielen erhalten, die in den Archiven des Athos, dalmatischer Städte sowie italienischer Stadtrepubliken liegen. Für das mittelalterliche Bosnien stellt Dubrovnik einen eigentlichen Speicher der Überlieferung dar, ohne den die Geschichte des Königreichs nur schemenhaft bekannt wäre. Im Folgenden wird ein Überblick geboten, der byzantinische Quellen insofern berücksichtigt, als sie Bezug zur Geschichte des Balkans haben, also über die innere Geschichte von Byzanz hinausgehen. Da die Byzantinistik über gute Quellenkunden und Literaturgeschichten verfügt, wird für genauere Auskünfte auf diese verwiesen und im vorliegenden Zusammenhang das andernorts selten behandelte Quellenmaterial ausführlicher vorgestellt.

Die Quellenlage für die Walachei wie die Moldau ist für die mittelalterliche Periode selbst im südosteuropäischen Vergleich extrem dürftig: Für die Region außerhalb des Karpatenbogens

---

* Wesentliche Abschnitte und Auskünfte zu Moldau, Walachei und rumänischer Historiographiegeschichte stammen von Daniel Ursprung.

fehlen bis ins späte Mittelalter Schriftquellen fast vollständig. Die für den Kernraum Südosteuropas festzustellende Ausdünnung der Quellendichte von Westen nach Osten gilt auch hier, wobei allerdings im östlichen Teil Südosteuropas die Quellendichte nochmals von Süden (Byzanz) nach Norden (bis zu den Karpaten) erheblich abnimmt; nördlich der Karpaten, im siebenbürgisch-ungarischen Raum, ist die Quellendichte hingegen deutlich besser. In weitaus geringerem Ausmaß als an den Westküsten des Balkans sind auch im Ostteil Südosteuropas die Küstengebiete besser dokumentiert als das Binnenland. Das großräumige West-Ost-Gefälle der Quellenlage ist kleinräumig durch ein Ost-West-Gefälle im Küstenland gekennzeichnet. Die Region der späteren Walachei und Moldau liegen daher quellentechnisch in einem toten Winkel, dem Blickfeld der wichtigsten umliegenden Quellenproduzenten, den Herrschaftszentren und Handelsströmen des mittelalterlichen Südosteuropas, weitgehend entzogen. Die Gegend nördlich der Donau war über lange Perioden herrschaftlich ein Niemandsland, weitgehend außerhalb der Reichweite der umliegenden Herrschaftzentren, ein Raum, in dem allenfalls zu vermutende lokale, kleinräumige Herrschaften bestanden, die schriftlos funktionierten – insofern also der frühmittelalterlichen Situation im balkanischen Kernraum vergleichbar. Die Geschichte der Region lässt sich daher bis ins 14. Jahrhundert fast nur hilfswissenschaftlich (archäologisch, onomastisch) oder mit den vereinzelten, aber über die Verhältnisse vor Ort nur sehr vage informierenden externen Quellen fassen. Eine bessere Dokumentation durch externe Quellen beginnt erst im 13. und 14. Jahrhundert, wobei die wichtigsten Quellen aus dem Reich der Stephanskrone sowie aus Byzanz stammen. Die wichtigsten heute zu verwendenden Quellenedition beruhen auf Editionsprojekten aus der kommunistischen Zeit. Dabei handelt es sich oft um von akademischen Institutionen getragene große systematische Langzeitprojekte. Der Schwerpunkt lag auf der Zeit vom 14. bis ins 16. Jahrhundert, da danach die Quellendichte stark zunimmt und nur noch auszugsweise Editionen ermöglicht. Nach 1989 ist die Publikation solcher Quelleneditionen für die ältere Zeit (vor 1800) spürbar zurückgegangen. Die Fortsetzung unvollendeter Reihen genießt nicht mehr dieselbe Priorität. Die zunehmende Verlagerung der Forschung hin zur Zeitgeschichte und das sinkende Prestige von Editionstätigkeit in den letzten drei Jahrzehnten haben deutliche Spuren hinterlassen. Viele monumentale Editionsvorhaben bleiben daher wohl noch auf lange Zeit hinaus Torso bzw. verlieren durch die Neuentdeckung einzelner verstreut publizierter Quellenfunde auch ihren Anspruch auf Vollständigkeit. Kontinuierliche Fortschritte in jüngerer Zeit beruhen meist auf der Initiative von Einzelpersonen, so bei der Publikation osmanischer Quellenbestände oder der Archive des Athos. Sie erscheinen dann aber häufig nicht in großen Corpora, sondern unzusammenhängend als Einzelbände oder gar verstreut als unselbständige Publikationen in Zeitschriften oder Sammelbänden und können daher im Folgenden nur vereinzelt und exemplarisch berücksichtigt werden. Anstelle davon ist auf die aufgeführten Quellenkunden und bibliographischen Hilfsmittel zu verweisen.

Eine *Quellenkunde* zum spätmittelalterlichen Balkan bietet die vom einstigen Südost-Institut erstellte Historische Bücherkunde Südosteuropa. Bd. 1 (in 2 Teilen): Mittelalter. Hg. Mathias BERNATH. München 1978–1980. Karl KASER, Südosteuropäische Geschichte und Geschichtswissenschaft. Eine Einführung. Wien, Köln ²2002, behandelt die wichtigsten Quellengattungen unter Berücksichtigung des Mittelalters. Die sehr bedeutsamen Quellen zur byzantinischen

Geschichte, die oftmals weite Teile des südlichen Balkans betreffen, sind zusammengestellt und kommentiert in dem grundlegenden Werk von Johannes Karayannopulos/Günter Weiss, Quellenkunde zur Geschichte von Byzanz (324–1453). 2 Halbbde. Wiesbaden 1982; das hier interessierende 14.–15. Jahrhundert findet sich in Halbbd. 2, 490–547; „Urkundenkomplexe und Archive" auf S. 549–564. Für den rumänischen Raum liefert eine Quellenkunde die zehnbändige Akademiegeschichte Istoria Românilor [Geschichte der Rumänen]. Bucureşti 2001–2013, Zweitauflage 2010–, für das Mittelalter und bis Ende 16. Jahrhundert in Bd. 3: Genezele româneşti [Die rum. Genesen], 3–18, und Bd. 4: De la universalitatea creştină către Europa „patriilor" [Von der christlichen Universalität zum Europa der „Vaterländer"], 3–27, für das 17. Jahrhundert Bd. 5: O epocă de înnoiri în spirit european (1601–1711/1716) [Eine Epoche der Neuerungen in europäischem Geist], XXIII–LIV, das 18. Jahrhundert Bd. 6: Românii între Europa clasică şi Europa luminilor (1711–1821) [Die Rumänen zwischen dem klassischen Europa u. dem Europa der Aufklärung], XXVII–XLIII. Neu erschienene Quelleneditionen sind systematisch verzeichnet in der Bibliografia istorică a României [Historische Bibliographie Rumäniens]. Bde. 4–13. Bucureşti 1970–2011 (sowie retrospektiv für das 19. Jh. [Bde. 2–3] u. den Zeitraum 1944–1969 in Bd. 1) und in Fortsetzung in Anuarul istoriografic al României [Historiographisches Jahrbuch Rumäniens]. Bisher 4 Bde. zum Zeitraum 2011–2014, Cluj-Napoca 2013–2018. Als Übersicht über ältere Editionen nützlich Ştefan Ştefanescu (Hg.), Enciclopedia istoriografiei romaneşti [Enzyklopädie der rum. Historiographie]. Bucureşti 1978, 395–422. Ein wichtiges Arbeitsinstrument ist Ion Bianu/Nerva Hodoş (Hgg.), Bibliografia românească veche 1508–1830 [Altrum. Bibliographie]. 4 Bde. Bucureşti 1903–1944.

Ein Bestandsverzeichnis von Quellen bezüglich der Territorien Rumäniens in außerrumänischen Institutionen bietet Virgil Cândea (Hg.), Mărturii româneşti peste hotare. Mică enciclopedie de creaţii româneşti şi de izvoare despre Români în colecţii din străinătate [Rum. Zeugnisse jenseits der Grenzen. Kleine Enzyklopädie rum. Schöpfungen u. von Quellen über die Rumänen in Sammlungen des Auslands]. 2 Bde. Bucureşti 1991–1998 sowie serie nouă 2010–. Die mittelalterliche theologische Literatur in (kirchen-)slawischer Sprache erschließt mit reicher Bibliographie Gerhard Podskalsky, Theologische Literatur des Mittelalters in Bulgarien und Serbien, 865–1459. München 2000. Zu einzelnen Autoren und Begriffen leisten gute Dienste Handbücher und Nachschlagewerke wie das „Lexikon des Mittelalters"; die Encyclopaedia of Islam und Alexander Kazhdan (Hg.), The Oxford Dictionary of Byzantium. 3 Teilbde. New York, Oxford 1991; Herbert Hunger, Die hochsprachliche profane Literatur der Byzantiner. Bd. 1: Philosophie, Rhetorik, Epistolographie, Geschichtsschreibung, Geographie. Wien 1978; Prosopographisches Lexikon der Palaiologenzeit. Bde. 1–13 (erst. v. Erich Trapp, unter Mitarb. v. Hans-Veit Beyer u. a.). Wien 1976–1996; für den serbischen Bereich Leksikon srpskog srednjeg veka [Lexikon des serb. Mittelalters]. Hgg. Sima M. Ćirković/Rade Mihaljčić. Beograd 1999, und Enciklopedija srpske istoriografije [Enzyklopädie der serb. Historiographie]. Hgg. diess. Beograd 1997; für den osmanischen Bereich s. die Encyclopaedia of Islam; eine knappe Charakterisierung der Quellen für die osmanischen Eroberungen im 15. Jahrhundert bietet Colin Imber, The Ottoman Empire, 1300–1481. Istanbul 1990, 257–264. Eine Verbindung aus Quellenlesebuch und Quellenkunde für Bulgarien ist Kiril Petkov, The Voices of Medieval Bulgaria, Seventh–Fifteenth Century. The Records of a Bygone Culture. Leiden u. a. 2008. Nachschlagewerke für den rumänischen Bereich das Lexikon zu vormodernen Institutionen von Ovid Sachelarie/Nicolae Stoicescu (Hgg.), Instituții feudale din țările romane: dicționar [Feudale Institutionen der rum. Länder: Wörterbuch]. București 1988. Als prosopographische Übersicht über die Eliten der Walachei und Moldau Nicolae Stoicescu, Dicționar al marilor dregători din Țara Românească și Moldova, sec. XIV–XVII [Wörterbuch der hohen Würdenträger der Walachei u. der Moldau, 14.–17. Jh.]. București 1971, sowie ausführliche und quellengesättigte Chronologie aller Herrscher beider Länder bis 1600 (die geplanten Nachfolgebände erscheinen wohl nicht mehr) Constantin Rezachevici, Cronologia critică a domnilor din Țara Românească și Moldova, a. 1324–1881 [Kritische Chronologie der Fürsten der Walchei u. Moldau, 1324–1881]. București 2001. Als Arbeitsinstrument nützlich Dinu C. Giurescu (Hg.), Istoria României în date [Geschichte Rumäniens in Daten]. București ³2010.

Insbesondere gegenüber der äußerst umfangreichen „Bücherkunde", welcher die zeitliche Beschränktheit der aufgenommenen Publikationen (Ende der siebziger Jahre) kaum Abbruch tut, da wichtige Editionen zeitlich früher erschienen sind, hat sich der folgende Überblick zu positionieren. Er stellt keinen vollständigen Katalog dar – zusätzliche Angaben findet der Leser in der Bibliographie –, sondern möchte einen grundlegenden, stets an den Interessen der Forschung ausgerichteten Überblick geben, der besonders im jeweiligen Feld weniger Spezialisierten eine erste Einschätzung über Umfang, Bearbeitungsstand und Quellenwert des Materials vermittelt.

Urkunden und Akten

Unterschieden wird nach Beständen, die innerhalb (A) und außerhalb (B) der Region entstanden sind. Die innerhalb der Region entstandenen Urkunden und Akten stammen aus A.a) dem griechisch-slawischen Raum des byzantinischen Commonwealth und A.b) den katholischen bzw. katholisch beherrschten Gebieten der Adria (b.1) und des Ägäisraums (b.2). Detailstudien zu südosteuropäischen Kanzleien bringt der Sammelband von Christian Hannick (Hg.), Kanzleiwesen und Kanzleisprachen im östlichen Europa. Köln, Weimar, Wien 1999.

A.a). Der griechisch-slawische orthodoxe Raum
Am besten erschlossen sind die *griechischen Urkunden des Mittelalters*. Die byzantinischen Kaiserurkunden sind erfasst in: Regesten der Kaiserurkunden des Oströmischen Reiches von 565–1453. 5 Bde. Bearb. v. Franz Dölger u. a. München 1924–1965 (die Neubearbeitung umfasst die Spätzeit noch nicht). Die Urkunden der Athosklöster sind ediert in den „Archives de l'Athos" (gegliedert nach einzelnen Klöstern), u. a. Actes de Vatopédi. 4 Bde. Paris 2001–2006; Actes de Pantocrator. Paris 2001; Actes de Chilandar. 2 Bde. Paris 1998; Actes de Lavra. 4 Bde. Paris 1937–1982; Actes de Saint-Pantéléèmon. Paris 1982; Actes de Docheiariou. 2 Bde. Paris 1984; Actes d'Iviron. 4 Bde. Paris 1985–1995; Actes de Kutlumus. Bd. 1. Paris 1988 (aktualis. u. erw. Neuausg.). Eine Gesamtübersicht zu den Athosurkunden bietet nun der Sammelband von Olivier Delouis/Kostis Smyrlis (Hgg.), Lire les „Archives de l'Athos". Actes du colloque réuni à Athènes du 18 au 20 novembre 2015 à l'occasion des 70 ans de la collection refondée par Paul Lemerle. Paris 2019. Die

Urkunden betreffen mehrheitlich den makedonischen-südbalkanischen Raum. Eines der wenigen Klosterarchive außerhalb des Athos betrifft ebenfalls den südlichen makedonischen Raum: Lisa BÉNOU, Le codex B du monastère Saint-Jean Prodrome (Serrès). Bd. A: XIIIᵉ – XVᵉ siècles. Paris 1998. Das Patriarchatsregister von Konstantinopel ist zentral für die Kirchengeschichte des byzantinischen Commonwealth: Das Register des Patriarchats von Konstantinopel. Registrum Patriarchatus Constantinopolitani. Teil 1. Hgg., Übers. Herbert HUNGER/Otto KRESTEN; Teil 2. Hgg., Übers. Herbert HUNGER/Otto KRESTEN/Carolina CUPANE; Teil 3. Hgg., Übers. Johannes KODER/ Martin HINTERBERGER/Otto KRESTEN. Wien 1981–2001. Regesten: Venance GRUMEL (Hg.), Les Regestes des Actes du Patriarcat de Constantinople. Bde. 1,4–1,7. Konstantinopoli 1971–1991.

Die *serbischen Urkunden* des Klosters Chilandar bilden den Grundstock des Corpus mittelalterlicher serbischer Urkunden. Trotz einer langen Tradition der Diplomatik liegt kein umfassendes Corpuswerk zur serbischen mittelalterlichen Geschichte vor. Wichtig ist die ältere Sammlung von Ljubomir STOJANOVIĆ (Hg.), Stare srpske povelje i pisma [Altserb. Urkunden u. Briefe]. 2 Bde. Beograd, Sremski Karlovci 1929–1934 (Nachdr.: Beograd 2006). Erste Ergebnisse eines Langzeitprojekts liegen jedoch vor: Vladimir MOŠIN/Sima M. ĆIRKOVIĆ/Dušan SINDIK (Hgg.), Zbornik srednjovekovnih ćiriličkih povelja i pisama Srbije, Bosne i Dubrovnika [Sammlung mittelalterlicher Urkunden u. Briefe in kyrillischer Schrift aus Serbien, Bosnien u. Dubrovnik]. Bd. 1: 1186–1321. Beograd 2011.

Zur bosnischen Geschichte stehen nunmehr mehrere umfassende Sammlungen bereit. Im Gegensatz zu Serbien ist jetzt eine eingehende Urkundensammlung verfügbar: Esad KURTOVIĆ/ Dženan DAUTOVIĆ/Lejla NAKAŠ/Ana LALIĆ (Hgg.), Codex diplomaticus regni Bosniae. Povelje i pisma stare bosanske države [Urkunden u. Briefe des alten bosnischen Staates]. Sarajevo 2018; Auszüge aus verschiedenen Dubrovniker Registern bietet Esad KURTOVIĆ, Izvori za historiju srednjovjekovne Bosne [Sources for the History of Medieval Bosnia]. Bde. 1,1–2. Sarajevo 2017.

Seit 2002 veröffentlicht die Zeitschrift *Stari srpski arhiv* [Altserb. Archiv] in Aufsatzform Edition, Übersetzung und Kommentar zu einzelnen Urkunden, wobei kein durchgehendes Programm erkennbar ist. Die Aufarbeitung der einzelnen Texte ist aber sehr wertvoll. Wie in der serbischen Mediävistik üblich wird Bosnien als eine Art Nebenland des serbischen Königreichs mit behandelt. Serbische Urkunden enthalten folgende Sammlungen: Franciscus MIKLOSICH, Monumenta Serbica spectantia historiam Serbiae, Bosnae, Ragusii. Viennae 1858 (Nachdr.: Beograd 2006); Medo PUCIĆ (Hg.), Spomenici sr"bski od 1395. do 1423. [Serb. Denkmäler von 1395–1423]. 2 Bde. Beograd 1858–1862 (Nachdr. 2007); Konstantin JIREČEK, Spomenici srpski [Serb. Denkmäler]. Beograd 1892 (Nachdr. 2007); STOJANOVIĆ (Hg.), Stare srpske povelje i pisma. Speziell den griechischen Urkunden serbischer Herrscher widmen sich Aleksandar Vladimir SOLOVJEV/Vladimir MOŠIN (Hgg.), Grčke povelje srpskih vladara. Diplomata graeca regum et imperatorum Serviae. Beograd 1936 (Nachdr. 1974). In epochaler Beschränkung s. Lidija SLAVEVA/Vladimir MOŠIN (Hgg.), Srpski gramoti od Dušanovo vreme. Les diplômes serbes de la période de Doushan. Prilep 1988. Die in Venedig aufbewahrten serbischen und bosnischen Herrscherurkunden sind jüngst in einer eigenen Edition mit umfangreichem Kommentar zugänglich gemacht worden: Nebojša PORČIĆ/Neven ISAILOVIĆ (Hgg.), Dokumenti Vladara srednjevekovne Srbije i Bosne u venecijanskim zbirkama [Documents of Rulers of Medieval Serbia and Bosnia in Venetian Collections]. Beograd 2019.

Das sehr bescheidene (nur neun Originalurkunden aus dem 13./14. Jh.!) und verstreut edierte *bulgarische Urkundenwesen* stellt umfassend dar: Ivan BILIARSKY, Word and Power in Mediaeval Bulgaria. Leiden, Boston/MA 2011, 8–11; hinzuweisen ist auf die Untersuchung von Ivan BOŽILOV, Dokumenti na bălgarskite care ot XIII–XIV v. [Dokumente der bulg. Zaren aus dem 13.–14. Jh.], *Palaeobulgarica* 30 (2006), H. 2, 37–51; eine umfassende Edition griechischer und bulgarischer Urkunden des Zographou-Klosters verdanken wir Cyril PAVLIKIANOV, The Mediaeval Greek and Bulgarian Documents of the Athonite Monastery of Zographou, 980–1600. Critical Ed. and Comment. of the Texts. Sofia 2014; zu Einzelurkunden Ralph CLEMINSON, Brašovkaja gramota carja Ivana Sracimira [Die Kronstädter Urkunde des Zaren Ivan Sracimir], *Arheografski prilozi* 20 (1998), 369–378; Ivan DUJČEV, Rilskata gramota na car Ivan Šišman ot 1378 g. [Die Urkunde des Zaren Ivan Šišman für Rila aus dem Jahre 1378]. Sofija 1986; ältere Ausgaben Grigorii A. IL'INSKIJ (Hg.), Gramoty bolgarskich carej [Urkunden der bulg. Zaren]. With an Introduction by Ivan DUJČEV. London 1970 (Erstausg.: Moskau 1911); Jordan IVANOV, Bălgarski starini iz Makedonija [Bulg. Altertümer aus Makedonien]. 2 Bde. Sofija 1931 (Nachdr. 1970). Aufgrund der außerordentlichen Urkundenverluste besonders bedeutsam ist das Siegelwesen, dazu: Ivan J. JORDANOV, Korpus na pečatite na srednovekovna Bălgarija [Corpus mittelalterlicher bulg. Siegel]. Sofija 2001; auch an dieser Stelle zu verweisen ist auf PETKOV, The Voices of Medieval Bulgaria.

Eine Quellensammlung für das Territorium der heutigen Republik Nordmakedonien bietet Vladimir MOŠIN (Hg.), Spomenici za srednovekovnata i ponovata istorija na Makedonija. Monuments relatifs à l'histoire médiévale et moderne de la Macédoine. Bd. 1: Gramoti, zapisi i druga dokumentarna graǵa za manastirite i crkvite vo skopskata oblast [Urkunden, Notizen u. anderes dokumentarisches Material zu den Klöstern u. Kirchen im Gebiet von Skopje]. Skopje 1975.

Als monumentales Gesamtcorpus für die *Urkunden der Walachei und der Moldau* vom 14. bis ins 17. Jahrhundert angelegt sind die Documenta Romaniae Historica [DRH]. Seria A: Moldova [Moldau]; Seria B: Ţara Românească [Walachei]. Bucureşti 1966–; sie ersetzt schrittweise, aber immer noch nicht vollständig die mit schweren editorischen Mängeln behaftete und überhastet veröffentlichte Vorgängerreihe Documente privind istoria Romîniei [Dokumente zur Geschichte Rumäniens]. Seria A: Moldova [Moldau]. Seria B: Ţara Românească [Walachei]. Je 11 Bde. Bucureşti 1951–1960. Urkunden aus den Athosklöstern sind in den letzten Jahrzehnten in unermüdlicher Arbeit von einer Equipe um Florin Marinescu, Dumitru Năstase und Petronel Zahariuc erschlossen worden, zum Teil allerdings nur in griechischer Übersetzung (!). Neben verschiedenen verstreut veröffentlichten Funden auch in Editionen wie etwa Florin MARINESCU (Hg.), Ρουμανικά έγγραφα του Αγίου Όρους. Αρχείο Ιεράς Μονής Ιβήρων [Rum. Dokumente des Berges Athos. Archiv des Hl. Klosters von Iveron]. Bde. 1–2. Athen 2007, oder jüngst Petronel ZAHARIUC (Hg.), Documente româneşti din arhiva mănăstirii Simonopetra de la Muntele Athos [Rum. Dokumente aus dem Archiv des Klosters Simonopetra vom Berg Athos]. Iaşi 2016. Das Quellencorpus der moldauischen Sowjetrepublik bzw. der Republik Moldau erfasst Bestände auf dem Gebiet der ehemaligen Sowjetunion in thematisch-chronologischen Bänden, die den Zeitraum vom 15. bis ins frühe 19. Jahrhundert abdecken: Moldova în epoca feudalismului [Die Moldau in der Epoche des Feudalismus] (Bde. 1–7 in kyrillischer Schrift: Moldova yn epoka feudalizmuluj). Chişinău (Kišinëv) 1961–2012, bisher 12 Bde. Für die Moldau immer noch wichtig Gheorghe I. GHIBĂNESCU (Hg.),

Ispisoace şi zapise (documente slavo-române) [Urkunden u. Schriftstücke (slavo-rum. Dokumente)]. 6 Bde. Iaşi 1906–1933, sowie DERS. (Hg.), Surete şi izvoade (documente slavo-române) [Abschriften u. Handschriften (slavo-rum. Dokumente)]. Iaşi 1906–1933. Verschiedentlich sind Bestandskataloge von Archiven und Museen erschienen, die oft jedoch über reine Bestandsverzeichnisse hinausgehen und zwischen umfangreichen Regesten bis zu nur leicht gekürzten Originalfassungen anzusiedeln sind. Zu erwähnen ist etwa Catalogul documentelor Ţării Româneşti din Arhivele Naţionale [Katalog der Dokument der Walachei aus den Staatsarchiven]. 9 Bde. Bucureşti 1946–2018. Für verschiedene regionale und örtliche Bereiche liegen entsprechende Editionen vor, so für sonst nur schwer zugängliche Dokumentenbestände des Museums für Stadtgeschichte, Bukarest, neben zahlreichen unselbständig publizierten Dokumenteneditionen auch Grina-Mihaela RAFAILĂ (Hg.), Documentele epocii brâncoveneşti în colecţiile muzeului municipiului Bucureşti [Dokumente der Brâncoveanu-Zeit in den Sammlungen des Munizipalmuseums Bukarest]. Bucureşti 2008. Zur moldauischen Hauptstadt Ioan CAPROŞU (Hg.), Documente privitoare la istoria oraşului Iaşi [Dokumente betreffend die Geschichte der Stadt Iaşi]. 8 Bde. Iaşi 1999–2006. Zu Bessarabien Leon T. BOGA (Hg.), Documente basarabene [Bessarabische Dokumente]. 20 Bde. Chişinău 1926–1936. Beispiele für lokale Editionen etwa George POTRA, Tezaurul documentelor al judeţului Dîmboviţa (1418–1800) [Dokumentenschatz des Bezirks Dîmboviţa]. Bd. 1. Bucureşti 1972, oder Mihai CHIRIŢĂ (Hg.), Bistreţ–Dolj. Documente şi acte [Bistreţ–Dolj. Dokumente u. Akten]. Bde. 1–2. Craiova 2006–2009. Auf der Seite <http://www.arhivamedievala. ro> werden Dokumente aus den Beständen der Nationalarchive und anderer Institutionen als online-Faksimile zugänglich gemacht.

A.b.1. Unvergleichlich reich und in weiten Teilen noch wenig ausgewertet sind die *Archive Dalmatiens*. Während das Archiv von Dubrovnik im Wesentlichen seit dem Wirken Konstantin Jirečeks (1854–1918) kontinuierlich erschlossen wurde, sind die anderen Archive Dalmatiens, die überwiegend im Archiv von Zadar zusammengeführt wurden, weniger bearbeitet. Wegen des weitgehenden Urkundenverlustes im serbischen, bosnischen und albanischen Hinterland kommt dem Dubrovniker Archiv überragende Bedeutung nicht nur für die Geschichte der gleichnamigen Republik, sondern des gesamten westlichen Binnenbalkans zu. Zahlreiche Herrscherurkunden, ausgestellt im Binnenbalkan, haben sich dort erhalten. Die Akten der Dubrovniker Räte sowie Prozess- und Notariatsakten enthalten in der Regel einzigartige Nachrichten zu politischen Entwicklungen im Hinterland, von denen man sonst nichts wüsste. Die starke materialmäßige Abhängigkeit gerade der serbischen und bosnischen Mediävistik führt dabei notwendigerweise zu einer Verzerrung historischer Sachverhalte: Für vieles steht lediglich die Dubrovniker Sichtweise zur Verfügung. So kann man die Institutionen der Ragusaner Kaufleute in wichtigen bosnischen und serbischen Bergbauorten gut rekonstruieren, während sich die Verwaltung der regionalen Adelsherrschaften nur über ihren Kontakt mit der örtlichen Ragusaner Kaufmannschaft erschließen lässt. Auch nehmen in der Forschung Konflikte Dubrovniks, etwa mit herzegowinischen Regionalherrschern, breiten Raum ein, während binnenländische Fehden ohne Beteiligung der Ragusaner weitgehend im Dunkeln bleiben. Ein eigentliches Quellencorpus besteht angesichts der Fülle des Materials nicht, doch seien hier wichtige Texteditionen aufgeführt: Diplomatarium relationum reipublicae Ragusanae cum regno Hungariae. Hgg. József GELCICH/Lajos THALLÓCZY.

Budapest 1887 (wichtige Sammlung zur politischen Geschichte); Jorjo TADIĆ (Hg.), Pisma i uputstva Dubrovačke republike. Litterae et commissiones Ragusinae. Bd. 1. Beograd 1935; Jovan RADONIĆ (Hg.), Dubrovačka akta i povelje. Acta et diplomata Ragusina. Bde. 1–2. Beograd 1934; Odluke veća dubrovačke republike [Beschlüsse des Rats der Republik Dubrovnik]. Hg. Mihailo DINIĆ. 2 Bde. Beograd 1951–1964; DERS. (Hg.), Iz dubrovačkog arhiva. Documenta Archivi Reipublicae Ragusinae. 3 Bde. Beograd 1957–1967; Odluke dubrovačkih vijeća 1390–1392 [Beschlüsse des Dubrovniker Rates]. Hgg. Nella LONZA/Zdravko ŠUNDRICA. Zagreb 2005; Odluke dubrovačkih vijeća 1395–1397. Reformationes consiliorum civitatis Ragusii. Hg. Nella LONZA. Zagreb 2011. Das Forschungsinstitut der Kroatischen Akademie der Wissenschaften und Künste in Dubrovnik ediert eine eigene Quellenreihe: Monumenta historica Ragusina. Dubrovnik 1951–2007, bisher 11 Bde. Die Bedeutung des Archivs für das Hinterland wird deutlich in der Sammlung Dubrovačko Malo veće o Srbiji, 1415–1460 [Minor Council of Dubrovnik on Serbia, 1415–1460]. Hg. Andrija VESELINOVIĆ. Beograd 1997; sowie in (überwiegend die frühe Neuzeit betreffend) Ioanna D. SPISAREVSKA (Hg.), Dubrovniški izvori za bălgarskata istorija. Fontes Ragusini historiam Bulgarorum illustrantes. Sofija 2000, sowie das bereits erwähnte Quellenwerk von KURTOVIĆ, Izvori za historiju srednjovjekovne Bosne.

Wesentlich uneinheitlicher und zerstreuter sind Quelleneditionen zu den *anderen Kommunen Dalmatiens*. Für Zadar wurden einige Beispiele aus der sehr großen Zahl von Notaren ediert: Spisi zadarskih bilježnika [Schriftstücke von Notaren aus Zadar]. 2 Bde. Zadar 1959–1969; Andrija pok. Petra iz Cantùa. Bilježnički zapisi 1353–1355. Andreas condam Petri de Canturio. Quaterni imbreviaturarum 1353–1355. Hgg. Josip KOLANOVIĆ/Robert LELJAK. 2 Bde. Zadar 2001–2003. Notare aus Kotor (Cattaro): Liber notariorum Catarensium. Knjiga kotorskih notara. Hg. Antun MAYER. 2 Bde. Zagreb 1951–1981. Die Ratsakten von Trogir ediert Ivan PEDERIN, Acta politica et oeconomica cancellarie communis Tragurii in saeculo XV., *Starine* 60 (1987), 101–177. Zu normativen Quellen s. a. unter dem Abschnitt zu den Rechtsquellen.

A.b.2. Weite Teile der Kanzleien der *fränkischen Herrschaften Griechenlands* sind verloren (s. in: HGSOE, Bd. 1,2 [Kap. 14]: SAINT-GUILLAIN, Fränkische Herrschaft). Demgegenüber haben sich trotz Verlusten umfangreiche Bestände der venezianischen Verwaltung auf Kreta erhalten, im Gegensatz zu den oft gewaltsam eroberten festländischen Besitzungen der Markusrepublik, deren Bestände nur in Resten auf uns gekommen sind. Für den genuesischen Bereich sind insbesondere Notare, die im Ägäis- und Schwarzmeerraum tätig waren, von Interesse, freilich eher für die Handels- als die Herrschaftsgeschichte. Für die fränkische Morea wichtig ist Julian CHRYSOSTOMIDES (Hg.), Monumenta Peloponnesiaca. Documents for the History of the Peloponnese in the 14th and 15th Centuries. Camberley 1995.

Für *Venedig, seine Besitzungen in Südosteuropa und seine Beziehungen zu Balkanherrschaften* (s. hierzu unten Beitrag 5, SCHMITT) ist auf umfangreiches in Südosteuropa selbst entstandenes Material zu verweisen: Hier ist die Verwaltungsschriftlichkeit von Kreta, die – mit Verlusten – nach der osmanischen Eroberung der Insel 1669 nach Venedig überführt wurde, von überragender Bedeutung, allen voran das Archiv des Duca di Candia (Inselstatthalter), von dem Bruchstücke ediert sind: Duca di Candia. Quaternus Consiliorum (1350–1363). A cura di Paola RATTI VIDULICH. Venezia 2007. Daneben sind einzelne Notare in Editionen zugänglich, so Alan M. STAHL (Hg.), The

Documents of Angelo de Cartura and Donato Fontanella. Venetian Notaries in Fourteenth Century Crete. Washington/DC 2000. Politische Meinungen brachten die griechischen Untertanen Venedigs in sog. Capitula (Petitionen) zum Ausdruck; etliche sind ediert in Documents inédits relatifs à l'histoire de la Grèce au moyen âge. Hg. Constantin N. Sathas. 9 Bde. Paris 1880–1890 (Nachdr. Athen 1972), die Kreta betreffenden bei Georgios Plumides (Hg.), Πρεσβεῖες Κρητῶν πρὸς τῇ Βενετίᾳ [Gesandtschaften von Kretern nach Venedig]. Bd. 1: 1487–1558. Ioannina 1986. Die Albanien, dazu fallweise auch Bosnien, Montenegro und Serbien sowie die Kreuzzüge des 15. Jahrhunderts betreffenden Akten sind verfügbar in der monumentalen Sammlung von Josephi [Giuseppe] Valentini: Acta Albaniae Veneta saeculorum XIV et XV. 24 Bde. München, Palermo, Mailand 1967–1977, die Dalmatien, aber auch Bosnien, Serbien und Montenegro berührenden bei Simeon [Šime] Ljubić, Listine o odnošajih južnoga slavenstva i Mletačke republike [Urkunden hinsichtlich der Beziehungen des südlichen Slawentums mit Venedig]. 10 Bde. Zagreb 1868–1891. Documenta Veneta historiam Bulgariae et Bulgarorum illustrantia saeculis XII–XV. Venecianski dokumenti za istorijata na Bălgarija i bălgarite ot XII–XV v. Hg. Vasil Gjuzelev. Serdicae 2001, bietet das einschlägige Material zu Bulgarien. In diesen Sammlungen sind in Südosteuropa und in Venedig entstandene Akten ohne Rücksicht auf den Ausstellungsort gemeinsam ediert.

Für *Genua* und seine Besitzungen in der nördlichen Ägäis sowie seine Niederlassungen an der westlichen Schwarzmeerküste wichtig ist die Reihe Notai genovesi in Oltremare herausgegeben von der Accademia Ligure di Scienze e Lettere, so Notai genovesi in Oltremare. Atti rogati a Chilia da Antonio di Ponzò, 1360–61. Hg. Geo Pistarino. Genova 1971; Notai genovesi in Oltremare. Atti rogati a Caffa e a Licostomo, sec. XIV. Hgg. Giovanna Petti Balbi/Silvana Raiteri. Bordighera 1973; Notai genovesi in Oltremare. Atti rogati a Pera e Mitilene. Hg. Ausilia Roccatagliata. 2 Bde. Genova 1982; Notai genovesi in Oltremare. Atti rogati a Chio, 1453–1454; 1470–1471. Hg. Ausilia Roccatagliata. Genova 1982; Notai genovesi in Oltremare. Atti rogati a Chio da Donato di Chiavari (17 febbraio – 12 novembre 1394). Hg. Michel Balard. Genova 1988; Notai genovesi in Oltremare. Atti rogati a Chio da Gregorio Panissaro (1403–1405). Hg. Paola Piana Toniolo. Genova 1995; Enrico Basso (Hg.), Γενοβέζοι συμβολαιογράφοι στις υπερπόντιες χώρες. Ἔγγραφα συνταχθέντα στῇ Χίο ἀπό τον Giuliano de Canella (2 Νοεμβρίου 1380 – 31 Μαρτίου 1381) [Genuesische Notare in Übersee. Akten des Giuliano de Canella, ausgestellt auf Chios, 2. November 1380 – 31. März 1381]. Athen 1993.

Urkunden aus dem nach Malta transferierten Archiv der *Johanniter auf Rhodos* (1308–1522) bietet Zacharias N. Tsirpanles, Η Ρόδος καὶ οἱ Νότιες Σποράδες στὰ χρόνια τῶν Ἰωαννιτῶν Ἱπποτῶν (14ος – 16οςαι) [Rhodos u. die südlichen Sporaden zur Zeit der Johanniterritter (14.–16. Jh.)]. Rodos 1991; ders., Ἀνέκδοτα ἔγγραφα γιὰ τῇ Ρόδο καὶ τὶς Νότιες Σποράδες ἀπό τὸ ἀρχεῖο τῶν Ἰωαννιτῶν ἱπποτῶν [Unedierte Urkunden zu Rhodos u. den südlichen Sporaden aus dem Archiv der Johanniterritter]. Rodos 1995; ders., Στῇ Ρόδο τοῦ 16ου – 17ου αἰῶνα ἀπό τοὺς Ἰωαννίτες ἱππότες στοὺς Ὀθωμάνους Τούρκους [Auf Rhodos im 16. u. 17. Jh. Von den Johanniterritern zu den osm. Türken]. Rodos 2002; zu diesem Archiv s. a. Nicolas Vatin, L'Ordre de Saint-Jean de Jérusalem. L'Empire ottoman et la Méditerranée orientale entre les deux sièges de Rhodes 1480–1522. Paris 1994; ders., Rhodes et l'Ordre de Saint-Jean-de-Jérusalem. Paris 2000; sowie Elizabeth A. Zachariadou/Anthony Luttrell, Sources for Turkish History in the Hospitaller's Rhodian Archive 1389–1422. Athens 2008.

B. Außerregionale Akten und Urkunden: der erhebliche Verlust einheimischer Quellen hat südosteuropäische Historiker veranlasst, west-, mittel- und vor allem südeuropäische Archive systematisch nach Hinweisen auf die jeweilige nationale Geschichte zu durchsuchen. Zu Bulgarien ist hinzuweisen auf Vasil GJUZELEV (Hg.), Izvori za srednovekovnata istorija na Bălgarija (VII–XV v.). V avstrijskite răkopisni sbirki i arhivi [Quellen zur mittelalterlichen Geschichte Bulgariens (7.–15. Jh.). In österr. Handschriftensammlungen u. Archiven]. 2 Bde. Sofija 1994–2000, hier insbesondere den zweiten Band mit italienischen, lateinischen und deutschen Quellen – der erste Band bietet bulgarische, slawische und byzantinische Texte.

Für den rumänischen Bereich trotz überholter Editionstechnik unersetzbar bleibt die monumentale, auf der Sammelarbeit von Eudoxiu de Hurmuzaki in Archiven ganz Europas beruhende Quellenedition mit Material aus dem 14. bis ins frühe 19. Jahrhundert: Documente privitóre la istoria românilor, culese de Eudoxiu de HURMUZAKI [Dokumente zur Geschichte der Rumänen]. București u. a. 1876–1942, 36 Bde. in 21 plus 2 Supplementbänden (in neun Teilen). Desgleichen mit einem Schwerpunkt auf dem 16. und 17. Jahrhundert Documente privitoare la istoria Ardealului, Moldovei și Țării Românești. Documents concernant l'histoire de la Transylvanie, de la Moldavie et de la Valachie. Hg. Andrei VERESS. 11 Bde. București 1929–1933. Auszüge byzantinischer Quellen vom 3. bis 15. Jahrhundert zu den Regionen nördlich der unteren Donau in Fontes Historiae Daco-Romanae. Izvoarele istoriei României [Quellen zur Geschichte Rumäniens]. Bde. 2–4. București 1970–1982.

Vergleichbar der Rolle Dubrovniks für den Binnenbalkan sind die Archive der siebenbürgischen Handelsstädte Kronstadt/Brașov, Hermannstadt/Sibiu und Bistritz/Bistrița, hierzu mehrere Editionen, etwa Documente privitoare la relațiile Țării Românești cu Brașovul și cu Țara Ungurească în sec. XV și XVI [Dokumente betreffend die Beziehungen der Walachei mit Kronstadt u. mit Siebenbürgen im 15. u. 16. Jh.]. Bd. 1: 1413–1508. Übers., Hg. Ioan BOGDAN. București 1905; 534 Documente istorice slavo-române din Țara Românească și Moldova privitoare la legaturile cu Ardealul, 1346–1603 [534 historische slavo-rum. Dokumente aus der Moldau u. Walachei betreffend die Beziehungen mit Siebenbürgen]. Hg. Gr. G. TOCILESCU. Wien 1905–1906.

Italienische Akten und Urkunden:

Die *Seerepublik Venedig* erreichte im Spätmittelalter den Höhepunkt ihrer Macht in Südosteuropa, als sie zusätzlich zu Kreta und den peloponnesischen und kykladischen Besitzungen bzw. Schutzherrschaften Korfu (1387), Mittel- und Nordalbanien (1392–1405) sowie, mit Ausnahme Ragusas/Dubrovniks und des ungarischen Litorale, ganz Dalmatien (1409–1420) erwarb. Mit den Balkanherrschaften und Byzanz war sie durch Politik und Handel eng verbunden. Als Seemacht stemmte sich Venedig in mehreren Kriegen vergebens gegen das Osmanische Reich. Die außerordentlich enge Bindung Venedigs an den südosteuropäischen Raum findet ihren Niederschlag in einer sehr reichen archivalischen Überlieferung. Unersetzlich sind die in den siebziger Jahren des 16. Jahrhunderts verbrannten eingehenden Korrespondenzen aus Südosteuropa und der Levante. Die erhaltenen Urkunden und Akten decken jedoch das gesamte Spektrum vom Staatsvertrag bis zu Notariatsakten ab. Besonders reich fließen die Quellen naturgemäß für venezianische Besitzungen. Durch Leopold von Ranke auf das venezianische Archiv aufmerksam gemacht, haben sich

Historiker im 19. Jahrhundert eingehend mit venezianischen Beständen beschäftigt. Nach dem Vorbild der Monumenta Germaniae historica angelegte Quelleneditionen in nationalhistoriographischer Ausrichtung liegen – jeweils unvollendet – für Dalmatien vor, aber, wie erwähnt, auch Bosnien, Serbien und Albanien betreffend. Hier aufgeführt sind Quellen, die in Venedig selbst entstanden sind, so bei LJUBIĆ, Listine (s. o.); Aufträge an venezianische Statthalter (commissiones) und deren Endberichte (relationes) zu Dalmatien veröffentlichte ebenfalls Šime LJUBIĆ (ab Bd. 4: Grga NOVAK): Commissiones et relationes Venetae (1433–1680). 8 Bde. Zagrebiae 1876–1977; ein wichtiger Vorgänger Ljubić' war der Russe Vinkentij V. MAKUŠEV (Monumenta historica Slavorum meridionalium vicinorumque populorum deprompta e tabulariis e bibliothecis Italicis. 2 Bde. Varsaviae 1874, Belgradi 1882), der neben Venedig auch kleinere Archive wie Mantua erschloss. Eine freilich wenig geordnete Fülle von Auszügen und Regesten, nicht nur aus Venedig, stellte Nicolae IORGA zusammen: Notes et extraits pour servir à l'histoire des croisades au XVᵉ siècle. 5 Bde. Paris, Bucarest 1899–1915, und *Revue de l'Orient latin* 4 (1896), 5 (1897). Ein bleibendes Werk der österreichisch-ungarischen Albanienmediävistik ist: Acta et diplomata res Albaniae mediae aetatis illustrantia. Hgg. Ludovicus de THALLÓCZY/Constantinus JIREČEK/Emilianus de SUFFLAY. 2 Bde. Vindobonae 1913–1918 (auch mit serbischen u. Dubrovniker Quellen); Acta Albaniae Veneta (Hg. VALENTINI), geht weit über den albanischen Bereich hinaus und enthält die wesentlichen venezianischen Aktenstücke zum westlichen Balkan und den Kreuzzügen des 15. Jahrhunderts, soweit sie die Markusrepublik betreffen. Räumlich enger gefasst ist Acta Albaniae Iuridica. Hg. Iosephi [Giuseppe] VALENTINI. 2 Bde. München 1968–1973. Den griechischen Raum unter venezianischer Herrschaft decken ab: Documents inédits (Hg. SATHAS), sowie in Regestenform Freddy THIRIET, Régestes des délibérations du sénat de Venise concernant la Romanie. 3 Bde. Paris 1958– 1961; DERS., Délibérations des assemblées vénitiennes concernant la Romanie. 2 Bde. Paris, La Haye 1966–1971 (mit einigen Oberflächlichkeiten). Für das 14. Jahrhundert steht eine vollständige Veröffentlichung der Akten des venezianischen Senats, einer Hauptquelle für die Geschichte des maritimen Südosteuropas, in Teilen auch für den Binnenbalkan, vor dem Abschluss: Venezia – Senato, Deliberazioni miste. Collana diretta de Maria Francesca TIEPOLO/Dieter GIRGENSOHN/ Gherardo ORTALLI u. a. Bisher erschienen Bde. 3–13, 15, 16, 20, 21. Venezia 2004–2017.

Mit der sog. Katalanischen Kompanie in Byzanz tritt das *katalanische Element* nachhaltig in die Geschichte des orthodoxen Balkans ein. Das reiche Archiv von Barcelona veranschaulicht zunächst die katalanische Herrschaft in Griechenland im 14. Jahrhundert: Antoni RUBIÓ I LLUCH (Hg.), Diplomatari de l'Orient català (1301–1409). Collecció de documents per la història de l'expedició catalana a Orient i dels ducats d'Atenes ì Neopàtria. Barcelona 1947 (Nachdr. 2001). Im 15. Jahrhundert geriet Südosteuropa erneut in den Wahrnehmungshorizont der katalanischen Kanzlei, als Alfons V. von Aragón von Neapel aus eine expansive Balkanpolitik betrieb und ein System von Vasallenstaaten von der Herzegowina bis in die Morea errichtete. Die entsprechenden Akten sind verstreut ediert, u. a. in einer Skanderbeg gewidmeten Quellensammlung von Jovan RADONIĆ (Hg.), Đurađ Kastriot Skenderbeg i Albanija u XV veku [Georg Kastriota Skanderbeg u. Albanien im 15. Jh.]. Beograd 1942.

Den Verlust der venezianischen Korrespondenz aus Südosteuropa, hervorgerufen durch mehrere Brände des Dogenpalasts, des Sitzes des venezianischen Archivs, gleicht als Sekundärüberlieferung die *Berichterstattung mailändischer*, in geringerem Maße *mantuanischer Gesandter* in Venedig sowie an italienischen Höfen wie Rom und Neapel aus; die Berichte enthalten bisweilen auch Abschriften verlorener venezianischer Briefschaften. Diesen Quellentyp bearbeitete als erster MAKUŠEV in den Monumenta historica Slavorum meridionalium. Sehr wichtig ist für diesen Quellentyp auch Magyar diplomácziai emlékek Mátyás Király korából, 1458–1490 [Ungarische diplomatische Akten aus der Zeit von König Matthias, 1458–1490]. Hgg. Iván NAGY/Albert NYÁRY. 4 Bde. Budapest 1875–1878; Francisc PALL, I rapporti italo-albanesi alla metà del secolo XV., *Archivio storico per le province napoletane* Ser. 3. 4 (1965), 123–226; eine systematische Aufarbeitung dieser Quellengattung für Südosteuropa fehlt; mailändische Berichte aus Neapel (u. a. mit Nachrichten zu Albanien u. Bosnien) edieren Francesco SENATORE: Dispacci sforzeschi da Napoli. Bd. 1: 1444 – 2 luglio 1458. Salerno 1997; und Francesco STORTI: Dispacci sforzeschi da Napoli. Bd. 4: 1 gennaio-26 dicembre 1461. Salerno 1998. Siehe auch Oliver Jens SCHMITT, Skanderbegs letzte Jahre. West-östliches Wechselspiel von Diplomatie und Krieg (1464–1468), *Südost-Forschungen* 63/64 (2004/2005), 56–123.

Mehrere Quellensammlungen betreffen einzelne Ereignisse oder Persönlichkeiten. So zum Kreuzzug von Varna Colin IMBER, The Crusade of Varna, 1443–1445. Aldershot 2006; zum Fall Konstantinopels Agostino PERTUSI, La caduta di Costantinopoli. 2 Bde. Rom, Mailand 1976, sowie: Constantinople 1453. Des Byzantins aux Ottomans. Textes et documents. Übers., Hgg. Vincent DÉROCHE/Nicolas VATIN. Toulouse 2016. Zu Skanderbeg RADONIĆ (Hg.), Đurađ Kastriot Skenderbeg; zu dem walachischen Woiwoden Vlad Ţepeş Thomas M. BOHN/Adrian GHEORGHE/Albert WEBER (Hgg.), Corpus Draculianum. Dokumente und Chroniken zum walachischen Fürsten Vlad dem Pfähler, 1448–1650. Bde. 1–3. Wiesbaden 2013–.

Weitere Quellentypen

Rechtsquellen:

Das Spätmittelalter ist die große Zeit der serbischen Rechtskodifikationen. In erster Linie zu nennen ist das von Zar Stefan Dušan erlassene Staats- und Strafgesetzbuch, der „Zakonik" (Zakonik Stefana Dušana, cara srpskog. 1349 i 1354 g. [Das Gesetzbuch Stefan Dušans, des serb. Zaren aus den Jahren 1349 u. 1354]. Hg. Stojan NOVAKOVIĆ. Beograd 1898; Zakonik cara Stefana Dušana 1349. i 1354. godine. Le Côde de l'empereur Stephan Douchan de 1349 et 1354. Hg. Aleksandar V. SOLOVJEV. Beograd 1980; Zakonik cara Stefana Dušana. Bd. 1: Struški i atonski rukopisi [Der Zakonik des Zaren Stefan Dušan. Die Handschriften aus Struga u. vom Athos]; Bd. 2: Studenički, Hilandarski, Hodoški i Bistrički rukopis [Die Handschriften aus Studenica, Chilandar, Hodoš u. Bistrica]. Hg. Mehmed BEGOVIĆ. Beograd 1975–1981; immer noch grundlegend: Konstantin JIREČEK, Das Gesetzbuch des serbischen Caren Stephan Dušan, *Archiv für slavische Philologie* 22 (1900), 144–214; zum Forschungsstand: Sima M. ĆIRKOVIĆ/Kosta ČAVOŠKI (Hgg.), Zakonik cara Stefana Dušana. Zbornik radova sa naučnog skupa održanog 3. oktobra 2000, povodom 650 godina od proglašenja [Der Zakonik des Zaren Stefan Dušan. Sammelband der wissenschaftlichen Tagung vom 3. Oktober 2000 anlässlich der Verkündung vor 650 Jahren]. Beograd 2005. Wichtig für das serbische Rechtswesen ist die Sammlung Zakonski spomenici srpskih država srednjega veka [Gesetzesdenkmäler der serb. Staaten des Mittelalters]. Hg. Stojan NOVAKOVIĆ.

Beograd 1912, sowie Zakoni u starim srpskim ispravama. Pravni propisi, prevodi, uvodni tekstovi i objašnjenja. Les lois dans les anciens documents Serbes. Hg. Rade MIHALJČIĆ. Beograd 2006; zu Norm und Anwendung s. den Tagungsband von Sima M. ĆIRKOVIĆ/Kosta ČAVOŠKI (Hgg.), Srednjovekovno pravo u Srba u ogledalu istorijskih izvora. Zbornik radova sa naučnog skupa održanog 19.–21. marta 2009 [Das mittelalterliche Recht bei den Serben im Spiegel der historischen Quellen. Sammelband der wissenschaftlichen Tagung vom 19.–21. März 2009]. Beograd 2009. Die serbische Fassung des byzantinischen Bauernrechts edierte und kommentierte Miloš BLAGOJEVIĆ, Zemljoradnički zakon. Srednjovekovni rukopis [Das Bauerngesetz. Eine mittelalterliche Handschrift]. Beograd 2007. Eine eigene Rechtswelt bildeten die oft deutschstämmigen Bergleute im mittelalterlichen Serbien, die über ein eigenes Recht verfügten: Biljana MARKOVIĆ, Despotov zakonik. Zakon o rudnicima despota Stefana Lazarevića [La loi sur les mines du despote Stéphane Lazarević]. Beograd 1999; Latinički prepis rudarskog zakonika despota Stefana Lazarevića. Uvod, tekst, prevod i komentari [Die lateinschriftliche Übertragung des Bergrechts des Despoten Stefan Lazarević. Einführung, Text, Übers. u. Kommentare]. Hg. Sima M. ĆIRKOVIĆ. Beograd 2005.

Im weitesten Sinne zu diesem Quellenbereich zu zählen ist die Beschreibung der wichtigsten Ämter des byzantinischen Hofes des 14. Jahrhunderts, der sog. Pseudo-Kodinós, der wegen der Vorbildfunktion für die balkanorthodoxen Höfe, so in hohem Maße Bulgarien, auch über den engeren byzantinischen Bereich hinaus bedeutsam ist ([Geórgios] Kodinós, Ps. Pseudo-Kodinos, Traité des offices. Übers., Hg. Jean VERPEAUX. Paris 1966).

Sehr reich ist die Quellenlage für die dalmatinischen Stadtkommunen, deren Stadtrechte (Statuten) in gedruckten Fassungen (teilweise bereits der Frühen Neuzeit) vorliegen; zum dalmatinischen Vorort Zadar: Zadarski statut sa svim reformacijama odnosno novim uredbama donesenima do godine 1563 [Das Statut von Zadar mit allen reformationes bzw. neuen u. ergänzten Bestimmungen bis 1563]. Übers., Hg. Josip KOLANOVIĆ Zagreb 1997; die Statuten und ordinationes von Šibenik finden sich in Knjiga statuta zakona i reformacija grada Šibenika. Volumen statutorum, legum et reformationum Civitatis Sibenici. Hg. Slavko GRUBIŠIĆ. Šibenik 1982; für Split: Željko RADIĆ u. a. (Hgg.), Splitski statut iz 1312. godine. Povijest i pravo [Das Statut von Split aus dem Jahre 1312. Geschichte u. Recht]. Split 2015; Zlatna knjiga grada Splita. Liber aureus communitatis Spalati. Libro d'oro della comunità di Spalato. Übers., Hgg. Vedran GLIGO u. a. 2 Bde. Split 1996–2006. In der Bibliothek des Museo Correr entdeckt wurden die auf das frühe 14. Jahrhundert zurückgehenden Statuten von Shkodra: Lucia NADIN (Hg.), Statuti di Scutari della prima metà del secolo XIV con le addizioni fino al 1469. Roma 2002. Zu den verlorenen Statuten von Dulcigno/Ulcinj gibt wiederum Auskunft: Agostino PERTUSI, Per la storia di Dulcigno nei secoli XIV–XV e dei suoi statuti cittadini, *Studi veneziani* 15 (1973), 213–271; den Sonderfall einer von katholischen Priestern dominierten nordalbanischen Kommune (Drisht/Drivasto) beleuchtet: Statuta et ordinationes capituli ecclesiae cathedralis Drivastensis. Hgg. Viktor NOVAK/ Milan ŠUFFLAY. Beograd 1927.

Die Statuten von Dubrovnik sind ediert in Statut grada Dubrovnika 1272. Liber statutorum civitatis Ragusii compositus anno 1272. Hg. Mato KAPOVIĆ. Dubrovnik 1990; Materialien zur Rechtsgeschichte enthält Branislav M. NEDELJKOVIĆ (Hg.), Liber Viridis. Beograd 1984.

Für die erst um die Mitte des 17. Jahrhunderts in schriftlicher Form einsetzenden Rechtsquellen des rumänischen Bereiches (davor byz. Gesetzescodices) vor allem die beiden Gesetzcodices Carte românească de învățătură, 1646 [Rum. Unterweisungsbuch, 1646]. Hg. Andrei RĂDULESCU. București 1961, sowie Îndreptarea legii, 1652 [Gesetzesweiser, 1652]. Hg. Andrei RĂDULESCU. București 1962, beide erschienen in der seit 1955 publizierten Reihe Adunarea izvoarelor vechiului drept românesc scris [Quellensammlung zum altrum. geschriebenen Recht], die darüber hinaus Rechtsquellen des 18. Jahrhunderts enthält.

Kataster und Steuerregister (vorosmanisch): Zur Rekonstruktion von Herrschaftsverhältnissen und Verwaltungsdichte kann für die Zeit vor der osmanischen Eroberung nur eine sehr geringe Zahl von Katastern und Steuerlisten herangezogen werden; auch hier besteht ein erhebliches West-Ost-Gefälle im südosteuropäischen Raum. Am balkanischen Festland am besten erschlossen ist der Großraum Shkodra durch ein venezianisches Kataster, das 1416/1417 erstellt wurde: Catasto veneto di Scutari e Registrum Concessionum, 1416–1417. Hg. Fulvio CORDIGNANO. 2 Bde. Rom, Tolmezzo 1942–1944. Was den südägäischen Raum betrifft: Das venezianische Lehens- und Besitzwesen illustriert illustriert Catastici feudorum Crete. Catasticum Sexterii Dorsoduri 1227–1418. 2 Bde. Hg. Charalampos GASPARES. Athen 2004–2008. Ein detailliertes Verzeichnis von Klosterbesitz für den ansonsten sehr quellenarmen vorosmanischen inneren Balkan (des Erzengelsklosters bei Prizren) wird ediert und ausführlich kommentiert bei Siniša MIŠIĆ/Tatjana SUBOTIN-GOLUBOVIĆ, Svetoarhanđelovska hrisovulja [Das Chrysobull aus dem Erzengelskloster]. Beograd 2003.

Osmanische Steuerregister und Verwaltungsschriftgut: Für die Geschichte der osmanischen Verwaltung, aber auch überhaupt der Einrichtung der osmanischen Herrschaft, deren Träger und Unterstützer sind summarische bzw. detaillierte Steuerregister grundlegend. Entsprechende Aufmerksamkeit hat ihre Edition bei Osmanisten in Südosteuropa und darüber hinaus gefunden. Wesentliche Beiträge zur Erschließung dieser Quellen stammen von führenden Osmanisten wie Ömer Barkan, Halil İnalcık, Irène Beldiceanu-Steinherr, Nicoară Beldiceanu, Heath W. Lowry (s. etwa: Heath W. LOWRY, Studies in Defterology. Ottoman Society in the Fifteenth and Sixteenth Centuries. Istanbul 1992) und in besonderem Maße von dem niederländischen Orientalisten Machiel Kiel. In Südosteuropa bestehen in Bosnien, Bulgarien und Nordmakedonien seit längerem bedeutende orientalistische Einrichtungen; die serbische, nach 1945 allmählich auch eine albanische, gegen Ende des 20. Jahrhunderts die griechische Osmanistik kamen hinzu. Das Orientalische Institut in Sarajevo gibt die Quellenreihe Monumenta Turcica Historiam slavorum Meridionalium illustrantia (seit 1957) heraus, die Bulgarische Akademie der Wissenschaften die Fontes turcici historiae bulgaricae (seit 1964), das Institut für Nationalgeschichte in Skopje die Turski dokumenti za istorija na Makedonskiot narod. Documents turcs sur l'histoire du peuple macedonien (seit 1963). Im Folgenden sind wichtige Einzelveröffentlichungen aufgeführt: Halil İNALCIK (Hg.), Hicrî 835 tarihli Sûret-i Defter-i Sancak-i Arvanid [Das Register der Provinz Arvanid (Albanien) aus dem Jahr 835/1431]. Ankara 1954 (das älteste erhaltene Register zu Süd- u. Mittelalbanien 1431/1432); weite Teile des osmanischen Balkans (im Wesentlichen makedonischer Raum, Serbien, Westbulgarien) um 1445 umfasst die Ausgabe von DERS./Evgeni RADUSHEV/

Uğur ALTUĞ, 1445 tarihli Paşa Livâsı icmâl defteri [Das Icmal Register der Region Paşa von 1445]. Ankara 2013; zu Nordalbanien: Defteri i regjistrimit të sanxhakut të Shkodrës i vitit 1485 [Defter der Registrierung des Sancaks Shkodra des Jahres 1485]. Hg., Übers. Selami PULAHA. 2 Bde. Tiranë 1974 (betrifft auch den heutigen westlichen Kosovo); zu Montenegro: Dva deftera Crne Gore iz vremena Skender-Bega Crnojevića [Zwei Defter zu Montenegro aus der Zeit Skender Beys Crnojević]. Hg. Branislav ĐURĐEV. Bd. 1. Sarajevo 1968; zu Serbien: Oblast Brankovića. Opširni katastarski popis iz 1455. godine [Das Gebiet der Branković. Allgemeine Katasterbeschreibung aus dem Jahre 1455]. Hgg., Übers. Hamid HADŽIBEGIĆ/Adem HANDŽIĆ/Ešref KOVAČEVIĆ. 2 Bde. Sarajevo 1972; Turski katastarski popisi nekih područja zapadne Srbije XV i XVI vek [Türk. Katasterbeschreibung einiger Gebiete Westserbiens 15.–16. Jh.]. Hg. Ahmed S. ALIČIĆ. 3 Bde. Čačak 1984–1985; Ema MILJKOVIĆ-BOJANIĆ, Smederevski sandžak, 1476–1560. Zemlja, naselja, stanovništvo [Der Sancak Smederevo 1476–1560. Region, Siedlungen, Bevölkerung]. Beograd 2004; zu Bosnien: Sumarni popis sandžaka Bosna iz 1468/69. godine [Summarische Beschreibung des Sancaks Bosnien aus dem Jahre 1468/69]. Hg., Übers. Ahmed S. ALIČIĆ. Mostar 2008; zur Herzegowina: Poimenični popis sandžaka vilajeta Hercegovina [Beschreibung des Sancak Vilayets Herzegowina]. Hg., Übers. Ahmed S. ALIČIĆ. Sarajevo 1985; hervorragend ist die Bearbeitung des makedonischen Raumes (d. h. auch heute griechischer u. bulgarischer Gebiete) durch die Osmanisten in Skopje, welche die Reihe Turski dokumenti za istorijata na Makedonskiot narod. Documents turcs sur l'histoire du peuple macedonien betreuen. Turski dokumenti za istorijata na makedonskiot narod. Opširni popisni defteri od XV vek. [Türk. Dokumente zur Geschichte des maked. Volkes. Umfassende Defter aus dem 15. Jh.]. Bde. 2–4. Hg., Übers. Metodija SOKOLOSKI. Skopje 1973–1978; eine Auswertung nach Orten erfolgt in Aleksandar STOJANOVSKI/ Dragi ĠORGIEV, Naselbi i naselenie vo Makedonija – XV i XVI vek [Siedlungen u. Besiedlung Makedoniens – 15. u. 16. Jh.]. Teil 1. Skopje 2001. Zu Griechenland liegen Editionen nur stückweise vor: zu Thessalien (Sancak Trikala/Tırhala) Melek DELILBAŞI/Muzaffer ARIKAN (Hgg.), Hicrî 859 tarihli sûret-i defter-i sancak-ı Tırhala [Das Register der Provinz Tırhala von 859/1454]. 2 Bde. Ankara 2001; Evangelia BALTA, L'Eubée a la fin du XVᵉ siècle. Économie et Population. Les registres de l'année 1474. Athènes 1989; Nicoară BELDICEANU/Irène BELDICEANU–STEINHERR, Recherches sur la Morée (1461–1512), Südost-Forschungen 39 (1980), 17–74; wichtig sind hingegen Auswertungen v. a. durch Machiel KIEL, so etwa: Das türkische Thessalien. Etabliertes Geschichtsbild versus osmanische Quellen, in: Reinhard LAUER/Peter SCHREINER (Hgg.), Die Kultur Griechenlands in Mittelalter und Neuzeit. Bericht über das Kolloquium der Südosteuropa-Kommission, 28.–31. Oktober 1992. Göttingen 1996, 109–196. Aus osmanistischer Sicht bietet eine Einführung Suraiya FAROQHI, Approaching Ottoman History. An Introduction to the Sources. Cambridge 1999. Eine sehr hilfreiche Übersicht über Archivbestände findet sich bei Mehmet HACISALIHOĞLU, Osmanische Quellen zur Balkangeschichte. Versuch einer Übersicht über die Bestände des Zentralarchivs in Istanbul und weiterer osmanischer Archive, in: Konrad CLEWING/Oliver Jens SCHMITT (Hgg.), Südosteuropa. Von vormoderner Vielfalt und nationalstaatlicher Vereinheitlichung. Festschrift für Edgar Hösch. München 2005, 35–86.

Für den rumänischen Bereich stehen aufgrund des weitgehenden Fehlens einer direkten osmanischen Verwaltung nur punktuell und erst ab dem zweiten Drittel des 16. Jahrhunderts vergleichbare Quellen zur Verfügung. Es liegen verschiedene, oft auszugsweise veröffentlichte Editionen oder Regesten in rumänischer Übersetzung vor, insbesondere von Tahsin Gemil, Mustafa A. Mehmed, Mihail Guboglu und Mihai Maxim, etwa die Regesten in Mihail GUBOGLU (Hg.), Catalogul documentelor turceşti [Katalog türk. Dokumente]. 2 Bde. Bucureşti 1960–1965. Weitere osmanische Quellen sind ediert in Documente turceşti privind istoria României [Türk. Dokumente zur Geschichte Rumäniens]. Hg. Mustafa A. MEHMET. 3 Bde. Bucureşti 1976–1986; Relaţiile Ţărilor Române cu Poarta otomană în documente turceşti (1691–1712) [Die Beziehungen der rum. Länder zur osm. Pforte in türk. Dokumenten]. Hg. Tahsin GEMIL. Bucureşti 1984; Mihai MAXIM (Hg.), Romano-Ottomanica. Essays and Documents from the Turkish Archives. Istanbul 2001; DERS. (Hg.), O istorie a relaţiilor româno-otomane, cu documente noi din arhivele turceşti [Eine Geschichte der rum.-osm. Beziehungen mit neuen Dokumenten aus türk. Archiven]. Brăila 2012, sowie DERS. (Hg.), Noi documente turceşti privind Ţările Române şi Înalta Poartă, 1526–1602 [Neue türk. Dokumente zu den rum. Ländern u. der Hohen Pforte, 1526–1602]. Brăila 2008.

Zu Brăila (dem größten unmittelbar osmanisch verwalteten Gebiet der Walachei) sind in jüngerer Zeit mehrere Quelleneditionen erschienen: Mihai MAXIM (Hg.), Brăila otomană. Materiale noi din arhivele turceşti. Registre de recensâmnt din secolul 16 [Das osm. Brăila. Neues Material aus türk. Archiven. Steuerregister aus dem 16. Jh.]. Brăila 2013; DERS./Adrian GHEORGHE (Hgg.), Brăila în primul registru otoman de recensâmnt cunoscut (1570). Ediţie critică şi traducere în limba română a secţiunii Brăila din registrul BOA TTd 483 [Brăila im ersten bekannten osm. Steuerregister 1570. Kritische Edition u. rum. Übers. des Abschnitts zu Brăila des Registers BOA TTd 483]. Brăila 2018; Ionel CÂNDEA (Hg.), Brăila 1711. Documente şi studii [Brăila 1711. Dokumente u. Studien]. Brăila 2011. Für Giurgiu siehe Liviu MAXIM, L'échelle danubienne de Turnu (Holovnik, Kule) à la lumière de nouveaux documents ottomans, *Romano-Turcica* 1 (2003), 83–117, sowie Gabriel-Felician CROITORU, Giurgiu sub administraţie otomană (secolele XV–XIX) [Giurgiu unter osm. Verwaltung (15.–19. Jh.)]. Brăila 2016.

Erzählende Quellen: Eigentliche weltliche Geschichtsschreibung hat sich im orthodoxen Bereich im Wesentlichen nur im griechischen Raum erhalten. Die *klassische byzantinische Geschichtsschreibung* bricht nach 1360 ab; erst nach dem Fall Konstantinopels entstanden die Werke von Laonikos Chalkokondyles (Laonici Chalcocondylae Historiarum demonstrationes. Hg. Eugenius DARKÓ. 2 Bde. Budapest 1922–1927), Georgios Sphrantzes (Georgii Sphrantzae Chronicon. Hg. Riccardo MAISANO. Roma 1990), mit italienischer Übersetzung, Kritóbulos von Ímbros (Critobuli Imbriotae Historiae. Hg. Diether Roderich REINSCH. Berlin, Boston/MA 1983; dt. Übers.: DERS., Das Geschichtswerk des Kritobulos von Imbros. Graz, Wien, Köln 1986) und (Michael) Dúkas (Chronographia – Byzantiner und Osmanen im Kampf um die Macht und das Überleben [1341–1462]. Hg., Übers. Diether RODERICH REINSCH. Berlin 2020; engl. Übers.: [Ducas.] Doukas. Decline and Fall of Byzantium to the Ottoman Turks. An Annotated Translation of „Historia Turco-Byzantina" by Harry J. MAGOULIAS. Detroit/MI 1975). Damit klafft in den erzählenden Quellen eine große Lücke für das Zeitalter der osmanischen Eroberung des östlichen und zentralen Balkans (ca. 1360 – ca. 1450), die nur punktuell durch Beschreibungen von Einzelereignissen, meist knappen Regionalchroniken sowie Kurzchroniken bzw. Schreibernotizen ausgefüllt werden kann.

Die Werke von Geórgios Pachyméres (Relations historiques. 5 Bde. Hg., Übers. Albert FAILLER. Paris 1984–2000); Nikephóros Gregorás (Nicephori Gregorae Byzantina historia Graece et Latine. Bde. 1–2. Cura Ludovici SCHOPENI. Bonnae 1829–1830; Nicophori Gregorae Historiae Byzantinae libri postremi ab Immanuele BEKKERO nunc primum ed. Bonnae 1855; dt. Übers.: Nikephoros Gregoras. Rhomäische Geschichte. Historia Rhomaïke. Bde. 1–5. Übers. Jan Louis van DIETEN. Bd. 6 in Fortsetzung der Arbeit von Jan Louis van Dieten: Übers. Franz TINNEFELD. Stuttgart 1973–2007) und Johannes Kantakuzenós (Ioannis Cantacuzeni eximperatoris historiarum libri IV. Graeci et Latine, cura Ludovici SCHOPENI. Bde. 1–3. Bonnae 1828–1832; dt. Übers.: Johannes Kantakuzenos. Geschichte. Übers. Georgios FATOUROS/Tilman KRISCHER. Bde. 1–3. Stuttgart 1982–2011) sind für die Geschichte des Balkanraums von der albanischen bis an die bulgarische Küste von überragender Bedeutung. Gerade die quellenarme bulgarische Geschichte des 14. Jahrhunderts könnte in weiten Bereichen ohne die byzantinischen Geschichtsschreiber nicht rekonstruiert werden, aber auch für die besser dokumentierte serbische Geschichte liefern diese Autoren auch kulturgeschichtlich wichtige Nachrichten. Entsprechend haben besonders serbische und bulgarische Mediävisten die byzantinischen Quellen sorgfältig ausgewertet. In der Reihe Vizantijski izvori za istoriju naroda Jugoslavije. Fontes Byzantini historiam populorum Jugoslaviae spectantes. 5 Bde. Beograd 1955–1986, haben serbische Byzantinisten und Mediävisten das einschlägige Material vorgestellt und kommentiert.

Die *serbische Geschichtsschreibung* ist im wesentlichen Herrscherbiographik und unterscheidet sich von der byzantinischen Historiographie durch ihre ausgeprägte Rhetorisierung; es handelt sich um eigentliche Herrscherviten im Dienste der Sakralisierung der Nemanjidendynastie. Die Viten sind Gegenstand einer umfangreichen Forschung: Stanislaus HAFNER, Studien zur altserbischen dynastischen Historiographie. München 1964; Boško I. BOJOVIĆ, L'idéologie monarchique dans les hagio-biographies dynastiques du Moyen Âge serbe. Roma 1995. In deutscher Übersetzung liegen die Viten vor bei Stanislaus HAFNER, Serbisches Mittelalter. Altserbische Herrscherbiographien. Bd. 1: Stefan Nemanja nach den Viten des hl. Sava und Stefans des Erstgekrönten. Graz, Wien, Köln 1962; Bd. 2: Danilo II. und sein Schüler. Die Königsbiographien. Graz, Wien, Köln 1976; die Übersetzung beruht auf der Ausgabe von Đuro DANIČIĆ, Životi kraljeva i arhiepiskopa srpskih. Napisao arhiepiskop Danilo i drugi [Die Leben der serb. Könige u. Erzbischöfe. Verfasst von Erzbischof Danilo u. anderen]. Zagreb 1866 (Nachdr.: London 1972). Die für das Spätmittelalter bedeutsamen Viten Stefan Dragutins, der Königin Jelena, Stefan Uroš II. Milutins stammten aus der Feder des Erzbischofs Danilo II. (ca. 1270/1275–1337). Die Vita von Stefan Uroš III. Dečanski und die fragmentarische Biographie Stefan Dušans sind wohl von einem Schüler Danilos II. verfasst worden, der diese mit Danilos Werk zu einer Sammlung zusammenfasste. Ergänzt wurde diese Sammlung um die Viten der serbischen Erzbischöfe von Danilo II. und seinen Schülern. Für das frühe 15. Jahrhundert ist die Lebensbeschreibung des Despoten Stefan Lazarević von Konstantin dem Philosophen die wichtigste erzählende Quelle aus dem höfischen Umfeld (Kujo KUEV/Georgi PETKOV, Săbrani săčinenija na Konstantin Kostenečki. Izsledvane i tekst [Gesammelte Werke des Konstantin von Kostenec. Forschung u. Text]. Sofija 1986; Život Stefana Lazarevića, despota srpskoga [Das Leben des Stefan Lazarević, des serb. Despoten]. Beograd 2007); Maximilian BRAUN (Hg., Übers.), Lebensbeschreibung des Despoten Stefan Lazarević.

'S-Gravenhage, Wiesbaden 1956, bietet historische bedeutsame Textteile auch in deutscher Übersetzung. Ebenfalls in das 15. Jahrhundert gehört das Werk von Grigorij Camblak: Žitie na Stefan Dečanski ot Grigorij Camblak [Das Leben des Stefan Dečanski von Grigorij Camblak]. Übers., Hg. Angel Davidov. Sofija 1983. Das 1601 in Pesaro gedruckte Werk des Mauro Orbini, Il regno degli Slavi, ist eine erzählende Schlüsselquelle besonders zur bosnischen und serbischen Geschichte, die sich auf verloren gegangene erzählende Quellen stützt: Mauro Orbini, Il regno degli Slavi, hoggi corrottamente detti Schiavoni (Nachdr. besorgt v. Sima M. Ćirković/Peter Rehder). München 1985; Mauro Orbini, Kraljevstvo Slavena. Zagreb 1999 (serbokroat. Übers. v. Il regno degli Slavi).

Die wenigen erzählenden bulgarischen Quellen zur osmanischen Eroberung stellt zusammen Maja Koseva, Osmanskoto zavoevanie v bălgarskite izvori [Die osm. Eroberung in bulg. Quellen], in: Svetlana Ivanova u. a. (Hgg.), Etničeski i kulturni prostranstva na Balkanite. Sbornik v čest na prof. d.i.n. Cvetana Georgieva. Bd. 2: Săvremennost – etnoložki diskursi [Ethnische u. kulturelle Räume des Balkans. Sammelband zu Ehren von Prof. Cvetana Georgieva. Bd. 2: Gegenwart – ethnologische Diskurse]. Sofija 2008, 257–289; es handelt sich um das sog. Synodikon des Zaren Boril (Ivan Dujčev, Iz starata bălgarska knižnina [Aus der altbulg. Literatur]. Bde. 1–2, hier Bd. 2. Sofija 1943), die sog. Anonyme bulgarische Chronik (Stara bălgarska literatura. V sedem toma. Bd. 3: Istoričeska săčinenija [Altbulg. Literatur. In 7 Bänden. Bd. 3: Historische Werke. Hg. Ivan Božilov. Sofija 1983) sowie den „Sarandoporskijat letopis" (Christomatija po istorija na Bălgarija. Bd. 3: XV-20-te godini na XIX v. [Chrestomatie zur Geschichte Bulgariens. Bd. 3: Vom 15. Jh. bis zu den 20er Jahren des 19. Jh.s]. Hgg. Cvetana Georgieva/Dimităr Canev, Sofija 1982).

Insgesamt ist festzustellen, dass für die Zeit der ersten großen Welle osmanischer Eroberungen (ca. 1360–1430) die kulturelle Elite des orthodoxen Balkans gleichsam verstummt bzw. die literarische Tätigkeit die Historiographie meidet und Zuflucht sucht bei Theologie und Rhetorik, die, wie einst im 7./8. Jahrhundert, eine Verarbeitung des politischen und soziokulturellen Zusammenbruchs ermöglicht. Das Fehlen einer bulgarischen Hofgeschichtsschreibung ist Ausdruck dieses tiefen Bruchs.

Eine Sonderstellung in der spätmittelalterlichen balkanischen Geschichtsschreibung nimmt Marinus Barletius ein, ein aus dem nordalbanischen Shkodra stammender, im Veneto wirkender katholischer Priester, dessen in humanistischem Stil gehaltene Lebensbeschreibung Skanderbegs 1508/1510 in Italien gedruckt wurde und sich durch zahlreiche Nachdrucke und Übersetzungen zu einem der wichtigsten den Balkan betreffenden Druckwerke des frühneuzeitlichen Europas entwickelte. Eine moderne Ausgabe fehlt. Zu verwenden sind neben der erwähnten italienischen Ausgabe auch De vita moribus ac rebus praecipue adversus Turcas, gestis Georgii Castrioti, clarissimi Epirotarum principis, qui propter celeberrima facinora, Scanderbegus, hoc est Alexander Magnus, cognominatus fuit, libri Tredecim, per Marinum Barletium Scodrensem conscripti, ac nunc primum in Germania castigatissime aediti. Argentorati apud Cratonem Mylium mense octobri, anno M.D.XXXVII. Derselbe Verfasser beschrieb auch die erfolgreiche Abwehr der osmanischen Belagerung seiner Heimatstadt im Jahr 1474. Marinus Barletius, De Scodrensi Obsidione, in: Laonici Chalcocondylae Atheniensis de origine et rebus gestis Turcorum libri decem, nunc e Graeco in Latinum conversi: Conrado Clausero Tigurino interprete. Adiecimus Theodori Gazae et aliorum quoque doctorum virorum eiusdem argumenti diversa opuscula. Basileae 1556. Ausgabe mit deutscher Übersetzung: Marinus Barletius. De obsidione scodrensi. Über die Belagerung von Skutari. Übers., Hg. Stefan ZAHAMMER, Wien 2017. Zum kulturellen Umfeld s. Lucia NADIN, Shqipëria e rigjetur. Zbulim gjurmësh shqiptare në kulturën dhe artin e Venetos në shek. XVI. Albania ritrovata. Recuperi di presenze albanesi nella cultura e nell'arte del cinquecento veneto. Tirana 2012.

Demselben katholisch-nordalbanischen Kulturmilieu ist auch eine weitere Skanderbegschrift zuzuordnen: (Demetrio FRANCO) Commentario del le cose de Turchi, et del S. Giorgio Scanderbeg, principe di Epyrro, con la sua vita, et le uittorie per lui fatte. Con l'aiuto de l'altissimo Dio, et le inestimabili forze & uirtu di quello, degne di memoria. (Venedig) M.D.XXXIX; vgl. die Untersuchungen des rumänischen Mediävisten Francisc PALL, Marino Barlezio. Uno storico umanista, *Mélanges d'histoire générale* 2. Cluj 1938, sowie Di nuovo sulle biografie scanderbegiane del XVI secolo, *Revue des études du sud-est européennes* 9 (1971), H. 1, 91–106.

Gattungsmäßig eher in den Bereich der im Balkanraum so seltenen *Ego-Quellen* einzuordnen ist die Lebensschilderung Konstantin Mihailovićs, der nach eigener Aussage als Jüngling bei der Eroberung der Bergbaustadt Novo Brdo im Kosovo durch die Osmanen (1455) in Gefangenschaft geraten und in das Janitscharenkorps eingegliedert worden sein soll. Die sog. Janitscharenchronik bietet wichtige Innenansichten zum osmanischen Milieu in der Epoche Mehmeds II. Die Autorschaft, ob Kollektivverfasserschaft oder Einzelautor, ist umstritten (mehrere Editionen u. Übersetzungen liegen vor: Jan ŁOS [Hg.], Pamiętniki Janczara czyli Kronika turecka Konstantego z Ostrowicy. Napisana między r. 1496 a 1501. Kraków 1912; Memoiren eines Janitscharen oder Türkische Chronik. Eingel. u. übers. v. Renate LACHMANN. Paderborn u. a. 2010; Memoirs of a Janissary. Konstantin Mihailović. Übers. Svat SOUCEK/Benjamin STOLZ. Princeton/NJ 2011; Janičarove uspomene ili turska hronika. Übers., Hg. Đorđe ŽIVANOVIĆ. Beograd 1986). Ein Erfahrungsbericht mit wertvollen Angaben zur osmanischen Gesellschaft und zum Islam im osmanischen Reich verdankt sich Georg von Mühlbach (Georgius de Hungaria), der bei der Eroberung seiner siebenbürgischen Heimatstadt in osmanische Gefangenschaft geraten war: Tractatus de moribus, condicionibus et nequicia Turcorum. Hg. Reinhard KLOCKOW. Köln, Weimar, Wien 1993. Schon im italienischen Exil zu Beginn des 16. Jahrhunderts entstand Giovanni MUSACHI, Breve memoria de li discendenti de nostra casa Musachi, verfasst von einem mittelalbanischen Adligen aus orthodoxem Milieu, wertvoll für das heutige griechisch-albanisch-nordmakedonische Grenzdreieck (Charles HOPF, Chroniques gréco-romanes inédites ou peu connues. Publiées avec notes et tables généalogiques. Berlin 1873, 270–340).

Kreuzzugstraktate vermitteln wertvolle Angaben zu Politik, Gesellschaft, Wirtschaft und Landeskunde auch des inneren Balkans bzw. küstenferner Regionen. Hervorzuheben sind in diesem Zusammenhang der sog. Anonymus GÓRKA (Anonymi descriptio Europae Orientalis. „Imperium Constantinopolitanum, Albania, Serbia, Bulgaria, Ruthenia, Ungaria, Polonia, Bohemia" anno MCCCVIII exarata. Hg. Olgierd GÓRKA. Cracoviae 1916) und (Pseudo-)BROCARDUS (Brochard), Directorium ad passagium faciendum (Hg. Charles KOHLER in: Recueil des Historiens des Croisades. Documents arméniens. Bd. 2: Documents latins et français. Paris 1906, 368–517), eine 1332 an König Philipp VI. von Frankreich gerichtete Denkschrift. Den Balkan betrifft auch der Traktat des katalanischen Dominikaners Guillelmus Adae, seit 1324 Erzbischof von Antivari (Bar, Montenegro), Verfasser des „Directorium ad passagium faciendum" (1332); s. Jacques PAVIOT,

Projets de croisade (v. 1290 – v. 1330). Paris 2008. Der aus dem Kosovo stammende Bischof von Ulcinj Marinus Segonus verfasste eine der frühesten „Landeskunden" des spätmittelalterlichen Balkans und eine kurze, aber sehr wichtige biographische Skizze zu Skanderbeg (Agostino PERTUSI, Martino Segono di Novo Brdo, vescovo di Dulcigno. Un umanista serbo-dalmata del tardo Quattrocento. Vita e opere. Roma 1981). In den Zusammenhang der Kreuzzüge gehört das Geschichtswerk von Aeneas Silvius Piccolomini mit wichtigen Angaben besonders zu Bosnien und Albanien; Enee Silvii Piccolominei postea Pii papae II De Europa. Hg. Adrianus van HECK. Città del Vaticano 2001.

Osmanische Geschichtsschreibung: Die osmanische Geschichtsschreibung entsteht im Wesentlichen erst gegen Ende des 15. Jahrhunderts. Sie folgt, gleich den serbischen Königsviten, eigenen Gattungsregeln, die der Verherrlichung der Sultane und weniger der genauen Beschreibung von Ereignissen dienen. Die beste Orientierung bietet noch immer Franz BABINGER, Die Geschichtsschreiber der Osmanen und ihre Werke. Leipzig 1927. Zu neueren Forschungsansätzen Cemal KAFADAR, Between Two Worlds. The Construction of the Ottoman State. Berkeley/CA, Los Angeles, London 1995; wichtig daneben auch Stéphane YERASIMOS, La fondation de Constantinople et de Sainte-Sophie dans les traditions turques. Paris 1990. Einzelne Texte liegen in Übersetzung vor: Die altosmanischen anonymen Chroniken. Übers. Friedrich GIESE. Teil 2: Übersetzung. Leipzig 1925. Die Reihe „Osmanische Geschichtsschreiber" umfasst für das Mittelalter: Vom Hirtenzelt zur Hohen Pforte. Frühzeit und Aufstieg des Osmanenreiches nach der Chronik „Denkwürdigkeiten und Zeitläufte des Hauses 'Osman" vom Derwisch Ahmed, genannt 'Aşik-Paşa-Sohn. Übers. Richard F. KREUTEL. Graz, Wien, Köln ²1959; Der fromme Sultan Bayezid. Die Geschichte seiner Herrschaft (1481–1512) nach den altosmanischen Chroniken des Oruç und des Anonymus Hanivaldanus. Übers. Richard F. KREUTEL. Graz, Wien, Köln 1978. Weitere Quellen werden erschlossen in Tursun Beg. The History of Mehmed the Conqueror. Übers., Hgg. Halil İNALCIK/Roads MURPHEY. Minneapolis/MN 1978, sowie in The Tales of Sultan Mehmed, Son of Bayezid Khan. Annotated English Translation, Turkish Edition, and Facsimiles of the Relevant Folia of Bodleian Marsh 313 and Neşri Codex menzel. Hg. Dimitris KASTRITSIS. Harvard 2007). Chronikstellen zu Einzelthemen bieten etwa Selami PULAHA, Lufta shqiptaro-turke në shekullin XV. Burime osmane [Der alb.-türk. Kampf im 15. Jh. Osm. Quellen]. Tiranë 1968; der im Skopje der Zwischenkriegszeit wirkende Orientalist Gliša ELEZOVIĆ in: RADONIĆ (Hg.), Đurađ Kastriot Skenderbeg; Hasan KALESHI, Alcuni dati delle cronache ottomane sulle guerre albano-turche del XV secolo, in: Atti. V Convegno Internazionale di Studi Albanesi. IX 1968. Aktet. V Mbledhje Ndërkombëtare Studimesh Shqiptare Palermo 1969, 203–220. Auszüge erzählender Quellen zu den Donaufürstentümern bei Tahsin GEMIL/Mustafa A. MEHMET (Hgg.), Cronici turceşti privind Ţările Române. Extrase [Türk. Chroniken zu den rum. Ländern. Auszüge]. 2 Bde. Bucureşti 1966–1974.

Chroniken: Die balkanslawische Welt ist arm an Chroniken. Aus dem mittelalterlichen Bosnien und der mittelalterlichen Herzegowina hat sich ebenso wie aus Bulgarien keine einheimische Chronistik oder Geschichtsschreibung erhalten. Spuren solcher Provinzen finden sich in der sog. Chronik des Pop Dukljanin für das Hochmittelalter und bei ORBINI, Il regno degli Slavi; in ragusanischen Quellen (Giacomo LUCCARI, Copioso Ristretto degli Annali di Rausa [Ragusa]. Venetia 1605) werden Milić Velimiselić „chronista di Bosna" und Emanuel, der Chronist des Stipan/Stefan

Vukčić, erwähnt, die ansonsten nicht bekannt sind. Die sog. Anonyme bulgarische Chronik (Hg. Ioan BOGDAN, Ein Beitrag zur bulgarischen und serbischen Geschichtsschreibung, *Archiv für slavische Philologie* 13 [1891], 481–543) wurde mit einem verlorenen Werk des spätbyzantinischen Schriftstellers Johannes Chortasmenos in Verbindung gebracht (vgl. D.[umitru] NASTASE, Une chronique byzantine perdue et sa version slavo-roumaine. La Chronique de Tismana 1411–1413, *Cyrillomethodianum* 4 [1977], 100–171) und behandelt eher Byzantinisches als Bulgarisches im engeren Sinne.

Nur für den griechischsprachigen orthodoxen Raum sind regionale bzw. örtliche Chroniken erhalten, so für Epirus die sog. Chronik von Ioánnina (Hg. Sebastian ESTOPAÑAN CIRAC, El legado de la basilissa María y de los déspotas Thomas y Esaú de Joannina. Bd. 2. Barcelona 1943, 35–53; für weitere Chroniken s. Leandros I. BRANUSES, Χρονικά τῆς μεσαιωνικῆς καὶ τῆς τουρκοκρατουμένης Ἠπείρου. Ἐκδώσεις καὶ χειρόγραφα [Chroniken von Epirus im Mittelalter u. unter der Turkokratie. Druckwerke u. Handschriften]. Ioannina 1962) sowie die zeitlich anschließende (ca. 1400–1428) ebenfalls anonyme, doch in 15-Silblern abgefasste sog. Chronik der Tocco (Giuseppe SCHIRÒ [Hg.], Cronaca dei Tocco di Cefalonia. Prolegomeni testo critico e trad. Roma 1975). Johannes Kananós schildert die vergebliche osmanische Belagerung Konstantinopels (1422) (jetzt kritische Neuedition durch Andrea Massimo CUOMO [Hg.], Ioannis Canani de Constantinopolitana obsidione relatio. A Critical Ed., with Engl. Transl., Introd., and Notes of John Kananos' Account of the Siege of Constantinople in 1422. Berlin, Boston 2016). Johannes Anagnóstes beschreibt die osmanische Eroberung Thessalonikis (1430) (Βιβλιοθήκη τῆς Βυζαντινῆς Θεσσαλονίκης. Bd. 1: Ἰωάννου Ἀναγνώστου, Διήγησις περὶ τῆς τελευταίας ἁλώσεως τῆς Θεσσαλονίκης, Μονῳδία ἐπὶ τῇ ἁλώσει τῆς Θεσσαλονίκης [Bibliothek des byz. Thessaloniki. Bd. 1: Johannes Agnóstes. Erzählung über die letzte Eroberung Thessalonikis. Monodie über den Fall Thessalonikis]. Übers., Hg. Giannes TSARAS. Thessaloniki 1958). Bis in das 14. Jahrhundert reichen Fassungen der sog. Chronik von Morea, die französische bis 1304, die aragonesische bis 1377; Libro de los fechos e conquistas del principado de la Morea. Chronique de Morée aux XIIIᵉ et XIVᵉ siècles. Publiée & traduite pour la première fois pour la Société de l'Orient latin par Alfred MOREL-FATIO. Genève 1885; José M. EGEA, La Crónica de Morea. Madrid 1996. Für die rumänischen Fürstentümer setzt die Überlieferung von Chroniken im Falle der Moldau im späten 15. Jahrhundert ein (nur in späteren Abschriften oder Übersetzungen erhalten), für die Walachei noch später, und erlebte im 17. Jahrhundert ihre volle Entfaltung. Ein Bestandsverzeichnis der Chronikhandschriften liefern Ioachim CRĂCIUN/A. ILIEŞ (Hgg.), Repertoriul manuscriselor de cronici interne, sec. XV–XVIII, privind istoria Romîniei [Verzeichnis der Handschriften interner Chroniken des 15.–18. Jh.s mit Bezug auf die Geschichte Rumäniens]. Bucureşti 1963. Die unter Stefan III. („dem Großen") in der zweiten Hälfte des 15. Jahrhundert einsetzende Chroniktradition in der Moldau ist älter und bis in die zweite Hälfte des 17. Jahrhunderts reichhaltiger als die der Walachei. Die moldauischen Chroniken sind für die Zeit vor dem späten 15. Jahrhundert und für die Walachei erst für einige Abschnitte des 16. Jahrhunderts halbwegs zuverlässig und ausführlich genug, um für die Rekonstruktion der Ereignisgeschichte nutzbar zu sein. Die Chroniken sind veröffentlicht in der Editionsreihe Cronicile medievale ale Românei [Mittelalterliche Chroniken Rumäniens]. Bucureşti 1959–. Die in kirchenslavischer Sprache verfassten erzählenden Quellen für das 15. und 16. Jahrhundert sind zu finden in Cronicile slavo-romîne din sec. XV–XVI [Die slawo-rum. Chroniken des 15.–16. Jh.s]. Hgg. Ioan BOGDAN/Petre P. PANAITESCU. Bucureşti 1959, s. a. Gheorghe MIHĂILĂ (Hg.), Ioan Bodgan. Scrieri alese [Ioan Bogdan. Ausgewählte Schriften]. Bucureşti 1968. Für die Moldau führte Ureche in seiner Chronik aus dem frühen 17. Jahrhundert ältere Vorlagen zusammen und setzte den Text fort, der wiederum von Costin und Neculce weitergeführt wurde. Unter den zahlreichen Ausgaben dieses Dreigestirns moldauischer Chronisten sind u. a. folgende wissenschaftliche Editionen heranzuziehen: Grigore Ureche. Letopiseţul Ţării Moldovei [Chronik des Landes Moldau]. Hg. Petre P. PANAITESCU. Bucureşti 1955; Miron Costin. Opere [Werke]. Hg. Petre P. PANAITESCU. Bucureşti 1958, und Ion Neculce. Opere. Letopiseţul Ţării Moldovei şi o samă de cuvinte [Werke. Chronik des Landes Moldau u. eine Anzahl Wörter]. Hg. Gariel ŞTREMPEL. Bucureşti 1982. Kompakte, aber unkritische Zusammenstellung der bedeutendsten moldauischen Chroniken in Marii cronicări al Moldovei. Grigore Ureche, Miron Costin, Nicolae Costin, Ion Neculce [Die großen Chronisten der Moldau. Grigore Ureche, Miron Costin, Nicolae Costin, Ion Neculce]. Hg. Gabriel ŞTREMPEL. Bucureşti 2003, mit einer Übersicht über die Textgeschichte der moldauischen Chronistik bis in das 18. Jahrhundert mit den einschlägigen Editionen (IX–XXXV u. 1253–1297). Die bedeutend weniger reichhaltige walachische Chronistik findet sich vor allem in den Werken des 17. Jahrhunderts, Constantin GRECESCU/Dan SIMONESCU (Hgg.), Istoria Ţării Româneşti 1290–1690. Letopiseţul cantacuzinesc [Die Geschichte der Walachei 1290–1690. Die Cantacuzino-Chronik]. Bucureşti 1960 (zu einer nur in einer arab. Übers. überlieferten Vorgängerversion s. Virgil CÂNDEA, Letopiseţul Ţării Româneşti [1292–1664] în versiunea arabă a lui Macarie Zaim [Die Chronik der Walachei (1292–1664) in der arab. Fassung des Macarie Zaim], *Studii. Revistă de istorie* 23 [1970], H. 4, 673–692) und Radu POPESCU [VORNICUL], Istoriile domnilor ţării romîneşti [Geschichten der Herren der Walachei]. Bucureşti 1963. Das bedeutendste narrative Zeugnis der Walachei aus dem 16. Jahrhundert ist der Fürstenspiegel des Woiwoden Neagoe Basarab (1512–1521) an seinen Sohn Teodosie, ediert von Florica MOISIL/Dan ZAMFIRESCU/Gheorghe MIHĂILĂ (Hgg.), Învăţăturile lui Neagoe Basarab către fiul său Theodosie [Mahnreden des Neagoe Basarab an seinen Sohn Teodosie]. Bucureşti 1970, sowie Învăţăturile lui Neagoe Basarab către fiul său Theodosie. Ediţie facsimilată după unicul manuscris păstrat [Mahnreden des Neagoe Basarab an seinen Sohn Teodosie. Facsimilie-Ausg. nach der einzigen erhaltenen Handschrift]. Hg. Gheorghe MIHĂILĂ. Bucureşti 1996. Als kompakte Zusammenstellungen unterschiedlichster Texte nützlich sind die Ausgaben von Dan Horia MAZILU (Hg.), Cronicări munteni [Walachische Chronisten]. Bucureşti 2004, zu den walachischen Chroniken mit Übersicht über die einzelnen Editionen S. 887f., sowie DERS. (Hg.), Literatura română medievală [Die mittelalterliche rum. Literatur]. Bucureşti 2003, mit Auswahl verschiedenster literarischer Textgenres.

Kurzchronikartige Notizen (zumeist Marginalnotizen) und Genealogien sind sowohl für Datierungsfragen wichtig als auch für jene Zeitabschnitte bzw. Regionen, für die kaum oder gar keine chronikalische Tradition vorliegt. Peter SCHREINER, Die byzantinischen Kleinchroniken. Chronica Byzantina breviora. 3 Bde. Wien 1975–1979, erschließt mit ausführlichem Kommentar die einschlägigen griechischen Texte. Gattungsmäßig verwandte Quellen zur serbischen Geschichte bietet: Ljubomir Stojanović (Hg.), Stari srpski zapisi i natpisi [Altserb. Notizen u. Inschriften]. 6 Bde. Beograd 1902–1926; DERS. (Hg.), Stari srpski rodoslovi i letopisi [Altserb. Genealogien u. Chroniken]. Sremski Karlovci 1927; für den bulgarischen Raum Borjana Vladimirova CHRISTOVA, Beležki na bălgarskite knižovnici X–XVIII vek [Bulg. Schreibernotizen 10.–18. Jh.]. Bd. 1. Sofija 2003. Hierbei ist der wesentlich geringere Umfang der erhaltenen bulgarischen im Vergleich zu den griechischen und serbischen Notizen zu erwähnen. Genealogische Konstruktionen über die Nemanjiden zurück zu Konstantin dem Großen dienten etwa dem bosnischen König Tvrtko I. als Rechtfertigung für den Anspruch auf die bosnische wie serbische Krone (1377).

Für die Moldau ist das Seelenmesseregister des Klosters Bistriţa eine herausragende Quelle, die im frühen 15. Jahrhundert begonnen und bis gegen Mitte des 16. Jahrhundert fortgeführt wurde und die Herrscher und ihre Familien dokumentiert, siehe Damian P. BOGDAN (Hg.), Pomelnicul Mânăstirei Bistriţa [Das Seelenmesseregister des Klosters Bistriţa]. Bucureşti 1941.

Hagiographie: Gerade für den an erzählenden Quellen armen bulgarischen Bereich sind Heiligenleben eine zentrale Quelle. Dabei kommt der Ausbreitung des Hesychasmus auf dem Balkan und in der Folge nach Kiew und Moskau (Metropolit Kiprijan, später auch Metropolit v. Moskau) besondere Bedeutung zu: Der herausragende Hesychast Gregórios Sinaítes hatte auf dem Athos und später im Paroria-Kloster etliche bulgarische Schüler wie Teodosij von Tărnovo, Romil von Vidin und Grigor von Gornjak. Der Konstantinopler Patriarch Kállistos I. (1350–1353, 1355–1364) hatte sowohl dem Sinaítes als auch dessen Gefährten Teodosij von Tărnovo eine Vita gewidmet, die beide ins Bulgarische übertragen wurden (Žitie Grigorija Sinaita sostavlennoe Konstantinopol'skim patriarchom Kallistom [Das Leben des Gregórios Sinaítes, zusammengestellt von dem Patriarch von Konstantinopel Kállistos]. Hg. P. A. SYRKU. St. Petersburg 1909). Im bulgarischen literarischen Schaffen nimmt der letzte Patriarch von Tărnovo, Evtimij, eine herausragende Stellung ein (Werke des Patriarchen von Bulgarien Euthymius [1375–1393]. Nach den besten Handschriften. Hg. Emil KAŁUŽNIACKI. Wien 1901). Er verfasste vier Viten und vier panegyrische Schriften. Die bekannteste Vita gilt dem Heiligen Johannes von Rila, die im 15. Jahrhundert von Vladislav Gramatik ergänzt wurde, um die mehrfachen *translationes* des Heiligen (Serdika, Gran, Serdika, Tărnovo u. nach der osm. Eroberung: Rila) abschließend zu schildern. Die zweite Vita beschreibt das Leben des Bischofs Ilarion von Moglena (12. Jh.), der die Bogomilen bekämpft hatte und dessen Gebeine im 13. Jahrhundert nach Tărnovo überführt wurden. Das Leben der Heiligen Paraskeva/Petka, die Evtimij im Auftrag des Zaren Šišman zwischen 1376 und 1382 verfasste, gilt einer auf dem ganzen Balkan verehrten Heiligen, deren Translationsgeschichte in Mittelalter und früher Neuzeit von Tărnovo über Vidin, Belgrad und Konstantinopel schließlich in die moldauische Hauptstadt Iaşi führte. Die Vita der Heiligen Philothea (3. Jh.) bezieht sich auf deren nach Vidin überführte Reliquien. Ebenfalls auf Bitten von Zar Šišman entstand eine Lobrede auf Kaiser Konstantin I. und dessen Mutter Helena, die auch als christliche Selbstvergewisserung im Zeichen des Kreuzes zu lesen ist, der angesichts der osmanischen Gefahr im späten 14. Jahrhundert höchste Aktualität zukam. Weitere Lobschriften Evtimijs heben die Märtyrerin Kyriaké/Nedeljka, den Heiligen Michail Voin und den ikonophilen Bischof Johannes von Polybotos (8. Jh.) hervor. Dem Umkreis Evtimijs zuzuordnen ist die Vita des Metropoliten Peter von

Kiew aus der Feder des Kiprijan, die aber schon in den Bereich der Moskauer Herrschaftsideologie gehört und auf das Wirken bulgarischer Geistlicher im orthodoxen Raum nach dem Fall Tărnovos hinweist. Kiprijans Nachfolger auf dem Kiewer Metropolitenthron war Grigorij Camblak, der eine Lobschrift auf seinen Lehrer Evtimij schrieb. Eine bedeutende Vita des Heiligen Johannes von Rila stammt aus der Feder des Dimităr Kantakuzin (1435–1478); Dimităr Kantakuzin. Săbrani săčinenija [Gesammelte Werke]. Hg. Bon'o ANGELOV. Sofija 1989. Das Leben des Heiligen Athánasios Meteorítes (st. 1383) ist eine wesentliche Quelle zur Gründung der Metéora-Klöster in Thessalien (Ο Όσιος Αθανάσιος ο Μετεωρίτης [Der Hl. Athanásios von Metéora]. Übers., Hg. Demetrios Z. SOPHIANOS, Meteora 1990). Der Metropolit Symeón von Thessaloniki vermittelt u. a. in einer Lobrede auf den Stadtheiligen Demétrios Angaben zur Stadtgeschichte im ersten Drittel des 15. Jahrhunderts (Politico-Historical Works of Symeon, Archbishop of Thessalonica [1416/17 to 1429]. Hg. David BALFOUR. Wien 1979).

Serbische Viten: Danilo II. verfasste neben den Königsviten auch Lebensbeschreibungen der serbischen Erzbischöfe (zu Arsenije – weniger Vita als theologisch-spirituelle Schrift –, Joanikije I. u. Jevstasije I.). Diese Viten wurden von Danilos II. Schülern und anderen anonymen Verfassern mit den Leben Stefan Dečanskis und Stefan Dušans in ein Corpus zusammengefügt. Die „Fortsetzer des Danilo" ergänzten Kurzviten von Erzbischöfen und Patriarchen.

Für die Versöhnung der serbischen mit der Konstantinopler Kirche in den 1370er Jahren bedeutsam ist die Vita des Heiligen Isaije von Serres. Bischof Marko von Peć/Peja (1390 – nach 1412) beschrieb des Leben des aus Bulgarien stammenden Patriarchen Jefrem und liefert ebenfalls Nachrichten zur Kirchengeschichte der 1370er-Jahre (Stojan NOVAKOVIĆ, Život srpskoga patrijarha Jefrema [Das Leben des serb. Patriarchen Jefrem], *Starine JAZU* 16 (1884), 35–40; Đ.[orđe] TRIFUNOVIĆ, Žitije svetog patrijarha Jefrema od episkopa Marka [Das Leben des Hl. Patriarchen Jefrem von Bf. Marko], *Anali filološkog fakulteta* 7 [1967], 67–74). Danilo dem Jüngeren (als Patriarch Danilo III. ca. 1391/1392 – ca. 1399) verdanken sich vier kürzere Viten des Heiligen Sava, Simeon Nemanjas, des Königs Milutin sowie des Fürsten Lazar. Diesem ist auch ein Enkomion aus der Feder des Andonije Rafail Epaktit (Ende des 14. Jh.s – nach 1419/1420) gewidmet.

Relevant für die Geschichte der Walachei der Zeit um die Wende vom 15. zum 16. Jahrhundert ist die griechischsprachige Vita des Patriarchen Níphon, siehe Viaţa sfântului Nifon. O redacţie grecească inedită [Die Vita des Hl. Níphon. Eine unedierte gr. Redaktion]. Hg., Übers. Vasile GRECU. Bucureşti 1944.

Rhetorik: Die in Byzanz gepflegte rhetorische Tradition (v. a. der Kaiserrhetorik) erhält besonders nach ca. 1360 eine besondere Funktion. Während die Geschichtsschreibung abbricht, wird historisches Geschehen in rhetorischen Schriften dargestellt. Die Grabrede des Kaisers Manuel II. Palaiológos auf seinen Bruder, den Despoten Theódoros I. Palaiológos von Morea, ist eine Hauptquelle für die Geschichte der spätbyzantinischen Peloponnes (Manuel II Palaeologus. Funeral Oration on His Brother Theodore. Hg., Übers. Julian CHRYSOSTOMIDES. Thessaloniki 1985); über weite Strecken ein zeitgeschichtliches Werk ist die 1429 vorgetragene Lobrede Isidors von Kiew auf Kaiser Johannes VIII. Palaiológos, mit wichtigen Angaben zum südlichen Griechenland; s. hierzu Oliver Jens SCHMITT, Kaiserrede und Zeitgeschichte im späten Byzanz. Ein Panegyrikos Isidors von Kiew aus dem Jahre 1429, *Jahrbuch der Österreichischen Byzantinistik* 48

(1998), 209–242. Weitere Beispiele sind eine anonyme Lobrede auf die Gottesmutter, welche die osmanische Belagerung Konstantinopels (1394–1402) schildert (Hg. Paul GAUTIER, Un récit inédit du siège de Constantinople par les Turcs [1394–1402], *Revue des études byzantines* 23 [1965], H. 1, 100–117); eine Dankesrede des Demétrios Chrysolorás auf das Ende dieser Belagerung (Hg. DERS., Action de grâces de Démétrius Chrysoloras à la Théotocos pour l'anniversaire de la bataille d'Ankara [28 juillet 1403], *Revue des études byzantines* 19 [1961], H. 1, 340–357). Mehrere wichtige Reden mit zeithistorischen Elementen veröffentlichte Spyrídon LAMPROS (Hg.), Παλαιολόγεια καὶ Πελοποννησιακά [Palaiologisches u. Peloponnesisches]. 4 Bde. Athen 1912–1930.

Briefe sind vor allem im griechisch-byzantinischen Kulturraum erhalten, wo sie eine eigene hochrhetorisierte Gattung darstellten. Für die Geschichte des byzantinischen und südosteuropäischen Spätmittelalters am wichtigsten ist die gut bearbeitete Briefsammlung des byzantinischen Mesazon Demétrios Kydónes (ca. 1324–1397/1398) (Démétrius Cydonès. Correspondance. Publ. par Raymond-J. LOENERTZ. 2 Bde. Città del Vaticano 1956–1960; dt. Übers. u. Kommentar durch Franz TINNEFELD, Briefe. 4 Bde. Stuttgart 1981–2003). Hauptsächlich dem Palamitenstreit gilt der Quellenwert der Briefe von Gregórios Akíndynos (ca. 1300 – ca. 1349): Letters of Gregory Akindynos. Epistulae. Greek Text and Engl. Transl. by Angela CONSTANTINIDES HERO. Washington/DC 1983.

Theologische Polemik ist hier nur behandelt, insofern sie den nichtgriechischen Balkan betrifft. Der Einfluss der byzantinischen Polemik gegen die Lateiner und die Kirchenunion auf den südslawischen Balkan ist offenkundig. Antilateinische Traktate verfasste der aus Novo Brdo (Kosovo), der bedeutendsten Bergbaustadt des inneren Balkans, stammende Vladislav Gramatik (Georgi DANČEV, Vladislav Gramatik – knižovnik i pisatel [Vladislav Gramatik – Literat u. Schriftsteller]. Sofija 1969; Ivan DUJČEV, Propaganda anticattolica a Novo Brdo (Serbia) nel sec. XV., *Ricerche slavistiche* 17–19 [1970–1972], 179–190). Seine heftige Polemik speist sich wohl aus dem unmittelbaren Kontakt mit den Katholiken in Novo Brdo (dt. Bergleuten, ragusanischen Kaufherren u. nordalb. Geistlichen). Auch Grigorij Camblak engagierte sich gegen die Lateiner, bevor er eine polnisch-litauische Delegation an das Konzil von Konstanz führte. Dimitri Kantakuzin, der von den am serbischen Hof niedergelassenen byzantinischen Kantakuzenen abstammte, richtete an den domestikós Isaja des Klosters Matejić in der Skopska Crna Gora (heute an der Grenze Nordmakedoniens zu Kosovo) einen Brief über moraltheologische Fragen. In einen balkanischen Zusammenhang gehören auch die Antworten des ersten Patriarchen von Konstantinopel nach der Hálosis, Gennádios Scholários, an den serbischen Despoten Georg (Đurađ) Branković in Fragen der Dogmatik, des Kirchenrechts und besonders dem für 1492, dem Jahr 7000 der byzantinischen Zeitrechnung, erwarteten Ende der Welt.

Außerregionale erzählende Quellen: Eine Fülle von Einzelheiten insbesondere zur Geschichte des westlichen Balkans, des Ägäisraumes und des späten Byzanz enthalten die zahlreichen venezianischen Chroniken, die aber aufgrund ihrer oft schwer eruierbaren Abhängigkeitsverhältnisse die philologisch-historische Forschung vor erhebliche Herausforderungen stellen. Es liegen neben einer wichtigen Überblicksstudie Einzeleditionen bzw. kommentierte Präsentationen vor (Agostino PERTUSI, La storiografia veneziana fino al secolo XVI. Aspetti e problemi. Firenze 1970; Carlo CAMPANA, Cronache di Venezia in volgare della Biblioteca Nazionale Marciana. Catalogo. Padova

2011; Oliver Jens Schmitt, Die Venezianischen Jahrbücher des Stefano Magno als Quelle für die albanische und epirotische Geschichte [1433–1477], in: Konrad Clewing/Oliver Jens Schmitt [Hgg.], Südosteuropa. Von vormoderner Vielfalt und nationalstaatlicher Vereinheitlichung. Festschrift für Edgar Hösch. München 2005, 133–182; Markus Koller/Sebastian Kolditz [Hgg.], The Byzantine-Ottoman Transition in Venetian Chronicles. La transizione bizantino-ottomana nelle cronache veneziane. Roma 2018; An Editionen liegen zudem vor: Il codice Morosini. Il mondo visto da Venezia (1094–1433). Ed. critica Andrea Nanetti. 4 Bde. Spoleto 2010; Marino Sanudo. Le vite dei Dogi, 1423–1474. Hg. Angela Caracciolo Aricò. 2 Bde. Venezia 1999–2004; Zorzi Dolfin. Cronicha dela nobil città de Venetia et dela sua provintia et destretto. Origini – 1458. Hg. Angela Caracciolo Aricò. 2 Bde. Venezia 2007–2009; Giovanni Giacomo Caroldo. Istorii venețiene [Venez. Geschichten]. Bd. 1: De la originile Cetății la moartea dogelui Giacopo Tiepolo (1249) [Von den Anfängen der Stadt bis zum Tode des Dogen Giacopo Tiepolo (1249)]. Hg. Şerban Marin. Bucureşti 2008); zur Einordnung Karoline Dominika Döring, Türkenkrieg und Medienwandel im 15. Jahrhundert. Mit einem Katalog der europäischen Türkendrucke bis 1500. Husum 2013.

Reiseberichte: Im Vergleich zu den zahlreichen katholischen Pilgern, die nur Häfen an den adriatischen bzw. griechischen (Südpeloponnes, Kreta, bisweilen auch Rhodos) Häfen Südosteuropas berührten, nimmt sich die Zahl orthodoxer Pilger bescheiden aus (Ignatius v. Smolensk besuchte Konstantinopel, Thessaloniki u. den Athos u. schilderte den Aufstand Johannes' VII. [1390] sowie die Krönung Manuels II. [1392] in Konstantinopel) (Hg. George Patrick Majeska, Russian Travelers to Constantinople in the Fourteenth and Fifteenth Century. Washington/DC 1984). Viele westliche Reisende, zumeist Jerusalempilger, konzentrierten sich auf die Küsten Griechenlands und auf Konstantinopel. Zusammenstellungen von Reiseberichten zum Spätmittelalter, v. a. aus dem 15. Jahrhundert, finden sich bei Bistra Cvetkova, Frenski pătepisci za Balkanite XV–XVIII vek [Franz. Reiseschriftsteller zum Balkan, 15.–18. Jh.]. Sofija 1975; Michail P. Jonov, Nemski i avstrijski pătepisi za Balkanite XV–XVI vek [Dt. u. österr. Reiseberichte zum Balkan, 15.–16. Jh.]. Sofija 1979; zum frühosmanischen Reich s. Stéphane Yerasimos, Les voyageurs dans l'Empire ottoman (XIVᵉ – XVIᵉ siècles). Bibliographie, itinéraires et inventaire des lieux habités. Ankara 1991. Die Berichte von Pilgerreisenden zu Dalmatien sind ediert und kommentiert von Sante Graciotti, La Dalmazia e l'Adriatico dei pellegrini „veneziani" in Terrasanta (secoli XIV–XVI). Studio e testi. Venezia 2014. Zur albanischen Küste äußerten sich u. a. der Ire Simon FitzSimons (Robert Elsie, Two Irish Travellers in Albania in 1322, in: Klaus-Detlev Grothusen [Hg.], Albanien in Vergangenheit und Gegenwart. Internationales Symposium der Südosteuropa-Gesellschaft in Zusammenarbeit mt der Albanischen Akademie der Wissenschaften, Winterscheider Mühle bei Bonn, 12.–15. September 1989. München 1991, 24–27), zu Südwestgriechenland s. Relation du pèlerinage à Jérusalem de Nicolas de Martoni, notaire italien (1394–1395), *Revue de l'Orient latin* 3 (1895), 566–669. Wesentlich seltener sind Reisen in den inneren Balkan – diese weisen daher einen sehr hohen Quellenwert auf. Der Burgunder Bertrandon de la Broquière (st. 1459) beschreibt neben Konstantinopel auch Adrianopel/Edirne und Philippopel/Plovdiv (1432/1433) (Le voyage d'Outremer de Bertrandon de la Brocquière, premier écuyer tranchant et conseiller de Philippe le Bon, duc de Bourgogne. Hg. Charles Schefer. Paris

1892); Cyriacus Pizzicoli aus Ancona (1391–1449), Verfasser von Briefen und Reiseskizzen, ist bedeutsam für das Umfeld des Kreuzzugs von Varna (1444) (Hg. Francesco Pall, Ciriaco d'Ancona e la crociata contro i Turchi, *Bulletin historique de l'Académie Roumaine* 20 [1938], 9–68; Cyriac of Ancona. Later Travels. Hg., Übers. Edward W. Bodnar u. a. Cambridge/MA, London 2004); Jean de Wavrin hinterließ einen Bericht zu den Jahren um die Schlacht von Varna (1444), Ausgabe von Nicolae Iorga, La campagne des croisés sur le Danube (1445). Extrait des „Anciennes chroniques d'Angleterre". Paris 1927, 3–92; vgl. Dimitar Angelov, Une source peu utilisée sur l'histoire de la Bulgarie au XVᵉ siècle, *Byzantino-Bulgarica* 2 (1966), 169–179; der Bayer Hans Schiltberger hinterließ eine bedeutsame Beschreibung des frühosmanischen Reiches (Reisen des Johannes Schiltberger aus München in Europa, Asia und Afrika, von 1394 bis 1427. Zum ersten Mal nach der gleichzeitigen Heidelberger Handschrift hrsg. u. erl. v. Karl Friedrich Neumann. München 1859 [dazu Döring, Türkenkrieg und Medienwandel, 136ff.]). Wichtige Texte stammen von Europäern, die sich längere Zeit am osmanischen Hof aufgehalten haben: derzeit noch im Wiegendruck zu verwenden ist Jörg (von Nürnberg), Geschicht von der Turckey [Memmingen: Albrecht Kunne, ca. 1482/1483]; Franz Babinger, Die Aufzeichnungen des Genuesen Iacopo de Promontorio – de Campis über den Osmanenstaat um 1475. München 1957, gibt einen Überblick über die osmanische Verwaltung auf dem Balkan in der Spätzeit Mehmeds II. Eine hervorragende Bedeutung für dieselbe Epoche hat das Werk des Gian-Maria Angiollelo (Donado Da Lezze. Historia Turchesca [1300–1514]. Hg. Ioan Ursu. Bucarest 1909).

Für die historischen Regionen Rumäniens liegt eine systematische Sammlung von Auszügen der diesen Raum betreffenden Reiseberichte vom 14. bis ins 18. (u. in einer neuen Serie auch für das 19.) Jahrhundert vor. Allerdings sind die Texte nur in rumänischer Übersetzung abgedruckt, weshalb die Reihe primär als Zusammenstellung einschlägiger Texte nützlich ist, für den wissenschaftlichen Gebrauch jedoch die dort verzeichneten Editionen in Originalsprache vorzuziehen sind: Maria Holban/Maria M. Alexandrescu-Dersca Bulgaru/Paul Cernovodeanu (Hgg.), Călători străini despre Ţările Române [Fremde Reisende über die rum. Länder]. 10 Bde. Bucureşti 1968–2001. Supplementbände 2011–.

Materielle Quellen: Für den an Schriftquellen besonders armen östlichen Balkan des 14. Jahrhunderts herrscht eine Quellenlage wie im Frühmittelalter, d. h. dass Siegeln und Münzen mehr als nur eine ergänzende Funktion zukommt. Siehe hierzu Jordanka N. Jurukova/Vladimir M.[arinov] Penčev, Bălgarska srednovekovni pečati i moneti [Mittelalterliche bulg. Siegel u. Münzen]. Sofija 1990; Jordanov, Korpus na pečatite. Zu den bosnischen inschriftentragenden bzw. ornamentgeschmückten Grabsteinen, den sog. Stećci, deren Deutung teilweise phantastische Theorien hervorgebracht hat, s. die Monographie von Dubravko Lovrenović, Medieval Tombstones and Graveyards of Bosnia and Hum. Sarajevo 2010.

Die mittelalterlich-frühneuzeitlichen Inschriften werden veröffentlicht als Inscripţiile medievale ale României [Mittelalterliche Inschriften Rumäniens]. Bucureşti 1965–2005, bisher 3 Bde. zu Bukarest (bis 1800) und den beiden walachischen judeţen Argeş und Vâlcea (bis 1848). Heraldische Quellen: Dan Cernovodeanu, Evoluţia armeriilor Ţărilor Române de la apariţia lor şi până în zilele noastre (sec. XIII–XX) [Die Entwicklung der Wappen in den Rumänischen Ländern von ihrem Erscheinen bis in unsere Tage (13.–20. Jh.)]. Brăila 2005. Ein Sammelsurium unterschiedlichster Quellengattung in der unübersichtlichen und mitunter massiv gekürzten, aber monumentalen Sammlung von N.[icolae] IORGA (Hg.), Studii şi documente cu privire la istoria romînilor [Studien u. Dokumente betreffend die Geschichte der Rumänen]. 31 Bde. Bucureşti 1901–1916.

Für die Walachei und die Moldau liegen systematische Überblicke zu numismatischen Quellen vor bei Octavian ILIESCU, Moneda in România, 491–1864 [Die Münze in Rumänien, 491–1864]. Bucureşti 1970, sowie Gheorghe BUZDUGAN, Octavian LUCHIAN, Constantin C. OPRESCU, Monede şi bancnote româneşti [Rum. Münzen u. Banknoten]. Bucureşti 1977. Sphragistische Quellen bei Maria DOGARU, Sigiliile. Mărturii ale trecutului istoric. Album sigilografic [Zeugen der historischen Vergangenheit. Sphragistisches Album]. Bucureşti 1976, sowie DIES./Laurenţiu-Ştefan SZEMKOVIC, Tezaur sfragistic românesc [Rumänischer sphragistischer Schatz]. Bd. 1: Sigiliile emise de cancelaria domnească a Ţării Româneşti (1390–1856) [Siegel ausgestellt von der herrschaftlichen Kanzlei der Walachei]; Bd. 2: Sigiliile emise de cancelaria domnească a Moldovei (1390–1856) [Siegel ausgestellt von der herrschaftlichen Kanzlei der Moldau]. Bucureşti 2006.

1.1.2 Forschungsstand

Die Forschung zum spätmittelalterlichen Südosteuropa spiegelt einen Grundzug der politischen Geschichte wider, nämlich eine starke Zersplitterung in nationale Forschungstraditionen bzw. in disziplinäre Forschungsstränge, die nur wenig miteinander in Austausch stehen. Nicht umsonst liegt nur eine zusammenfassende Darstellung in einer westlichen Sprache vor, die die enorme Komplexität ereignisgeschichtlicher Abläufe additiv bewältigt, d. h. durch eine Aneinanderreihung regionaler Abläufe (John V. A. FINE Jr., The Late Medieval Balkans. A Critical Survey from the Late Twelfth Century to the Ottoman Conquest. Ann Arbor/MI 1987). Geschmälert wird dieses faktenreiche Werk durch den Mangel an Deutung; auch zeigt es kaum auf, inwiefern der Balkan ein sinnvoller Deutungsrahmen ist. Explizit mit der Raumproblematik beschäftigt sich der bulgarische Mediävist Christo L. MATANOV in seinem Werk Srednovekovnite Balkani. Istoričeski očerci [Der mittelalterliche Balkan. Historische Versuche]. Sofija 2002, das aber leider keinen wissenschaftlichen Apparat enthält. Ebenfalls als universitäres Lehrbuch angelegt ist der Überblick des Skopioter Historikers Boban PETROVSKI, Istorija na balkanskite zemji vo XIV–XV vek [Geschichte der Balkanländer im 14.–15. Jh.]. Skopje 2010. Gemeinsam mit Rumjana A. MIHNEVA legte MATANOV 1988 eine grundlegende Gesamtdarstellung der osmanischen Eroberung des Balkans vor: Ot Galipoli do Lepanto. Balkanite, Evropa i osmanskoto našestvie 1354–1571 g. [Von Gallipoli nach Lepanto. Der Balkan, Europa u. die osm. Invasion, 1354–1571]. Sofija 1988. Die Darstellungen von Kenneth M.[eyer] SETTON, The Papacy and the Levant. 2 Bde. Philadelphia/ PA 1976–1978 (ungewöhnlich materialreich) und Klaus Peter MATSCHKE, Das Kreuz und der Halbmond. Die Geschichte der Türkenkriege. Darmstadt 2004, behandeln den Balkanraum lediglich als Peripherie. Von Fine und Matanov abgesehen, liegen zahlreiche Darstellungen nationaler Geschichten im Mittelalter vor, die in nationalhistoriographischer Tradition nationale Räume vermessen und so bisweilen weit über heutige Landesgrenzen hinausgreifen (dazu s. u.).

Den gesamten Raum umfassen v. a. Sammelwerke: Bariša Krekić (Hg.), Urban Society of Eastern Europe in Premodern Times. Berkeley/CA, Los Angeles, London 1987; Hannick (Hg.), Kanzleiwesen und Kanzleisprachen.

Die **Byzantinistik** greift für das 14. und 15. Jahrhundert wegen der starken Verflechtung der Reichsgeschichte mit dem orthodoxen Balkan deutlich nach Westen, d. h. nach Südosteuropa aus, insbesondere mitberücksichtigt werden in byzantinischer Perspektive der bulgarische und serbische Raum, das Territorium des heutigen Griechenlands sowie das heutige Süd- und Mittelalbanien. Als sehr guter Überblick über das späte Byzanz und seine Nachbarn empfiehlt sich, auch wegen der reichen Bibliographie: Michel Balard u. a. (Hgg.), Le monde byzantin. Bd. 3: Byzance et ses voisins, 1204–1453. Paris 2011; eine erzählende Darstellung der Palaiologenzeit findet sich bei Donald M.[acGillivray] Nicol, The Last Centuries of Byzantium, 1261–1453. Cambridge ²1993. Das von Erich Trapp erstellte „Prosopographisches Lexikon der Palaiologenzeit" erfasst alle in griechischen Quellen erfassten Personen; leider fehlen vergleichbare Werke, die lateinische, italienische, slawische und osmanische Quellen berücksichtigen würden. Die Byzantinistik pflegt einen stark biographischen Zugang zur Politikgeschichte: Donald M. Nicol behandelte gleich zwei Kaiser: The Reluctant Emperor. A Biography of John Cantacuzene, Byzantine Emperor and Monk, c. 1295–1383. Cambridge 1996, sowie The Immortal Emperor. The Life and Legend of Constantine Palaiologos, Last Emperor of the Romans. Cambridge (u. a.) 1992. Ansonsten verdanken sich wesentliche biographische Beiträge der Belgrader byzantinistischen Schule, die mit besonderer Kompetenz südosteuropäische Bezüge untersucht: Radivoj Radić, Vreme Jovana V Paleologa (1332–1391). Beograd 1993; Sanja Mešanović, Jovan VII Paleolog. John VII Palaiologos. Beograd 1996; Ivan Đurić, Sumrak Vizantije. Vreme Jovana VIII Paleologa, 1392–1448. Beograd 1984 (frz. Übers.: Le crépuscule de Byzance. Le temps de Jean VIII Paleologue, 1392–1448. Paris 1996). Die besonders von dieser Schule vertretene Verschränkung byzantinischer und serbischer Geschichte spiegelt sich paradigmatisch wider in der Aufsatzsammlung von Ljubomir Maksimović, Vizantijski svet i Srbi [Die byz. Welt u. die Serben]. Beograd 2009. Die wichtigsten byzantinistischen Monographien zur Palaiologenzeit behandeln alle mehr oder weniger auch Themen der Balkangeschichte mit. Neben den eben erwähnten serbischen Monographien gilt dies für Deno J.[ohn] Geanakoplos, Emperor Michael Palaeologus and the West, 1258–1282. A Study in Byzantine-Latin Relations. Hamden/CT ²1973; Angelike E. Laiou, Constantinople and the Latins. The Foreign Policy of Andronicus II., 1282–1328. Cambridge/MA 1972; Klaus-Peter Matschke, Die Schlacht bei Ankara und das Schicksal von Byzanz. Studien zur spätbyzantinischen Geschichte zwischen 1402 und 1422. Weimar 1981. Gleiches ist zu bemerken für grundlegende Werke zur frühen osmanischen Geschichte wie Ernst Werner, Die Geburt einer Großmacht. Die Osmanen (1300–1481). Ein Beitrag zur Genesis des türkischen Feudalismus. Berlin (Ost) ²1972 (marxistische Deutung, aber materialreich und anregend; zur Verwendung kam hier die vierte Aufl. v. 1985); Spyros Vryonis Jr., The Decline of Medieval Hellenism in Asia Minor and the Process of Islamization from the Eleventh through the Fifteenth Century. Berkeley/CA, Los Angeles 1971 (wichtig als Vergleichshintergrund für ähnliche Entwicklungen im Balkan); Imber, The Ottoman Empire, 1300–1481; Halil İnalcık, The Ottoman Empire. The Classical Age 1300–1600. London 1973 (positive Bewertung der osmanischen Eroberung des Balkans, türkische Sichtweise, die sich in der angelsächsischen Welt durchgesetzt hat); Franz BABINGER, Mehmed der Eroberer. Weltenstürmer einer Zeitenwende. Nachdr. München, Zürich 1987 (ohne Apparat, muss mit den kleinen Schriften Babingers gelesen werden).

Für **Bulgarien**: Das bulgarische 14. Jahrhundert ist extrem quellenarm, weswegen die bulgarische Mediävistik mit byzantinischen und italienischen Quellen arbeiten muss. Einheimische Geschichtsschreibung fehlt ganz, die wenigen in Bulgarien selbst verfassten und auf uns gekommenen Quellen stellt PETKOV (The Voices of Medieval Bulgaria) zusammen. Die venezianischen und genuesischen Quellen betreffen nur die Schwarzmeerküste, die zudem nicht dauerhaft bulgarisch beherrscht war. Politische Abläufe sind wesentlich aus byzantinischer Geschichtsschreibung zu erschließen. Das bulgarische 15. Jahrhundert gehört dann in den Kontext der osmanischen Reichsgeschichte; auf der Grundlage des ungleich reicheren osmanischen Materials sind zahlreiche regional- und ortsgeschichtliche Studien vorgelegt worden. Die Studien sind dort und ab dem Zeitpunkt möglich, wo osmanische Steuerregister vorliegen. Oft liegen zwischen der osmanischen Eroberung und der Erstellung dieser fiskalischen Quellen Jahrzehnte, was die Rekonstruktion vorosmanischer Zustände erschwert. Den Stand der Forschung zum 14. Jahrhundert bieten: Ivan A.[ngelov] BOŽILOV/Vasil T. GJUZELEV, Istorija na srednovekovna Bălgarija, VII–XIV vek [Geschichte des mittelalterlichen Bulgarien, 7.–14. Jh.]. Sofija 1999; Vasil GJUZELEV, Bulgarien zwischen Orient und Okzident. Die Grundlagen seiner geistigen Kultur vom 13. bis zum 15. Jahrhundert. Wien, Köln, Weimar 1993 (kulturgeschichtlicher Überblick); eine Verwaltungsgeschichte, gefußt auf spärlichem Material, präsentiert BILIARSKY, Word and Power in Mediaeval Bulgaria, der insbesondere alle Belege zu Ämter und Titel zusammenstellt.

Die **kroatische Mediävistik** pflegt in besonderem Maße die Tradition der Synthese; zur nationalen Abgrenzung gegenüber Ungarn und Serbien hat sie sich wiederholt berufen gefühlt: so etwa Ferdo ŠIŠIĆ, Geschichte der Kroaten (bis 1102). Bd. 1. Zagreb 1917; DERS., Hrvatska povijest od najstarijih dana do potkraj 1918. Bd. 1: Povijest Hrvata u vrijeme narodnih vladara [Kroat. Geschichte von den frühesten Zeiten bis Ende 1918. Bd. 1: Die Geschichte der Kroaten zur Zeit der nationalen Herrscher]. Zagreb 1925 (behandelt zwar nur die Zeit der „nationalen Herrscher", prägt aber sehr die Geschichtsbetrachtung); Nada KLAIĆ, Povijest Hrvata u srednjem vijeku [Geschichte der Kroaten im Mittelalter]. Zagreb 1990; Tomislav RAUKAR, Hrvatsko srednjovjekovlje. Prostor, ljudi, ideje [Das kroat. Mittelalter. Raum, Menschen, Ideen]. Zagreb 1997, kann als Standardwerk bezeichnet werden, das besonders die Methoden der Annales-Schule aufgreift, den nationalhistoriographischen Rahmen kritisch hinterfragt und sich von nationalen Deutungen der traditionellen Historiographie fernhält; einen weiteren Überblick bietet Franjo ŠANJEK (Hg.), Povijest Hrvata, Bd. 1: Srednji vijek [Geschichte der Kroaten. Bd. 1: Das Mittelalter]. Zagreb 2003.

Zur **dalmatinischen Landesgeschichte**: Trotz oder auch wegen des gewaltigen Quellenreichtums liegen kaum Überblicksdarstellungen vor. Veraltete und ideologisch belastet sind: Giuseppe PRAGA, Storia di Dalmazia. Varese 1981 (Nachdr.), und Grga NOVAK, Prošlost Dalmacije [Die Vergangenheit Dalmatiens]. 2 Bde. Zagreb 1944; hinzuweisen ist auf: Marko ŠUNJIĆ, Dalmacija u XV stoljeću [Dalmatien im 15. Jh.]. Sarajevo 1967. Der Doyen der kroatischen Mediävistik hat vor kurzem seine Hauptaufsätze zu Dalmatien zusammengestellt: Tomislav RAUKAR, Studije o Dalmaciji u srednjem vijeku. Odabrane studije [Studien zu Dalmatien im Mittelalter. Ausgewählte Studien]. Split 2007; Uwe ISRAEL/Oliver Jens SCHMITT (Hgg.), Venezia e Dalmazia. Roma 2013; jüngst Egidio IVETIC, Storia dell'Adriatico. Un mare e la sua civiltà. Bologna 2019. Ansonsten überwiegen Arbeiten zu einzelnen Städten: Tomislav RAUKAR, Zadar u XV stoljeću. Ekonomski razvoj i društveni odnosi [Zadar im 15. Jh. Wirtschaftsentwicklung u. gesellschaftliche Beziehungen]. Zagreb 1977 (methodisch herausragend); Josip KOLANOVIĆ, Šibenik u kasnome srednjem vijeku [Šibenik im Spätmittelalter]. Zagreb 1995; Dušan MLACOVIĆ, Građani plemići. Pad i uspon rapskog plemstva [Adlige Bürger. Fall u. Aufstieg des Patriziats von Rab]. Zagreb 2008 (zur Insel Rab, geht nur am Rande auf Herrschaftsgeschichte ein); Irena BENYOVSKY LATIN, Srednjovjekovni Trogir. Prostor i društvo [Das mittelalterliche Trogir. Raum u. Gesellschaft]. Zagreb 2009; Oliver Jens SCHMITT, Korčula sous la domination de Venise au XVᵉ siècle. Pouvoir, économie et vie quotidienne dans une île dalmate au Moyen Âge tardif. Paris 2019; grundlegend ist die Monographie von Ermanno ORLANDO, Strutture e pratiche di una comunità urbana. Spalato, 1420–1479. Venezia, Wien 2019.

Dubrovnik/Ragusa bildet aufgrund der intensiven Bearbeitung einen eigenen Forschungszweig. Dies hängt auch mit der Eingliederung dieser Stadtrepublik in konkurrierende – kroat. u. serb. – Geschichtsdeutungen zusammen, vor allem aber auch mit der überragenden Bedeutung des Dubrovniker Archivs: Konstantin JIREČEK, Die Bedeutung von Ragusa in der Handelsgeschichte des Mittelalters, *Almanach der Kaiserlichen Akademie der Wissenschaften* 49 (1899), 367–452 (klassische, in Einzelheiten überholte Darstellung); Francis W. CARTER, Dubrovnik (Ragusa). A Classic City-State. London, New York 1972; Bariša KREKIĆ, Dubrovnik in the 14ᵗʰ and 15ᵗʰ Centuries. A City between East and West. Norman/OK 1972; DERS., Dubrovnik, Italy and the Balkans in the Late Middle Ages. London 1980; DERS., Dubrovnik. A Mediterranean Urban Society, 1300–1600. Aldershot 1997; Susan Mosher STUARD, A State of Deference. Ragusa/Dubrovnik in the Medieval Centuries. Philadelphia/PA 1992. Einen neuen Überblick bietet Robin HARRIS, Dubrovnik. A History. London 2003. Wichtige Arbeiten liegen zu den binnenbalkanischen Verbindungen der Republik Dubrovnik vor: Ivan BOŽIĆ, Dubrovnik i Turska u XIV i XV veku [Dubrovnik u. die Türkei im 14. u. 15. Jh.]. Beograd 1952; Boško I. BOJOVIĆ, Raguse (Dubrovnik) et l'Empire Ottoman (1430–1520). Les actes impériaux ottomans en vieux-serbe de Murad II à Sélim Iᵉʳ (1430–1520). Paris 1998; die Beziehungen zum ungarischen Suzerän untersucht Dušanka DINIĆ-KNEŽEVIĆ, Dubrovnik i Ugarska u srednjem veku [Dubrovnik u. Ungarn im Mittelalter]. Novi Sad 1986.

Das **bosnische Mittelalter** ist wie beinahe die ganze bosnische Geschichte zwischen konkurrierenden Narrativen umstritten. Umfassend-bosnische – im Sinne einer Landesgeschichte –, kroatische, serbische und bosniakische Interpretationen stehen sich in unterschiedlich akzentuierter Deutlichkeit gegenüber, so etwa Vladimir ĆOROVIĆ, Srpska zemlja i srpska historija [Serb. Land u. serb. Geschichte]. Novi Sad 2007; zur älteren Forschungsgeschichte s. Nikola RADOJČIĆ, Die wichtigsten Darstellungen der Geschichte Bosniens, *Südost-Forschungen* 19 (1960), 146–163. Wie im albanischen Fall haben 1878–1918 österreichisch-ungarische Historiker stark in die Konstruktion von Meistererzählungen eingegriffen. In jüngster Zeit werden neue Methoden und Perspektiven in die teilweise national verhärtete Debatte eingebracht (Dubravko Lovrenović, Jelena Mrgić). Einen Einblick in die Debatte bietet der Aufsatz von Dubravko LOVRENOVIĆ, Modelle ideologischer

Ausgrenzung. Ungarn und Bosnien als ideologische Gegner auf der Basis verschiedener Bekenntnisse des Christentums, *Südost-Forschungen* 63/64 (2004/2005), 18–55. Zu bemerken ist, dass Bosnien von der serbischen Mediävistik als Teil einer auch territorial verstandenen serbischen Geschichte angesehen wird. Im eben erschienenen Leksikon gradova i trgova srednjovekovnih srpskih zemalja. Prema pisanim izvorima [Lexikon der Städte u. Märkte der mittelalterlichen serb. Länder. Nach schriftlichen Quellen]. Hg. Siniša Mišić. Beograd 2010, wird dies ohne weitere Erklärung umgesetzt. Demgegenüber übt der Hauptvertreter der kroatischen Mediävistik, Tomislav Raukar, in seinem wichtigsten Werk Hrvatsko srednjovjekovlje, deutliche Zurückhaltung bei der Inkorporierung Bosniens in eine kroatische Nationalgeschichte. Das wichtigste Werk der österreichisch-ungarischen Forschung ist Ludwig v. Thallóczy, Studien zur Geschichte Bosniens und Serbiens im Mittelalter. München, Leipzig 1914; die Bedeutung Thallóczys bei der Prägung einer auch politisch motivierten bosnischen Landesgeschichte wird nun beleuchtet in: Dževad Juzbašić/Imre Ress (Hgg.), Lajos Thallóczy, der Historiker und Politiker. Die Entdeckung der Vergangenheit von Bosnien-Herzegowina und die moderne Geschichtswissenschaft. Lajos Thallóczy, historičar i političar. Thallóczy Lajos, a történész és politikus. Sarajevo, Budapest 2010. Unter österreichisch-ungarischer Verwaltung wurden in Sarajevo das Landesmuseum und ihm angeschlossene wissenschaftliche Betätigungen aufgebaut, die ihren Niederschlag finden im *Glasnik zemaljskog muzeja za Bosnu i Hercegovinu* mit wichtigen Abhandlungen zur mittelalterlichen Geschichte; man verwende auch die deutschsprachigen *Wissenschaftlichen Mittheilungen aus Bosnien und der Hercegovina* (1893–1916 sowie 1971–1980). Die Monographie des bedeutendsten serbischen Mediävisten der Nachkriegszeit Sima M. Ćirković, Istorija srednjovekovne bosanske države [Geschichte des mittelalterlichen bosn. Staates]. Beograd 1964, dient weiterhin als Referenzwerk, das zu lesen ist mit der kritischen Analyse von Nada Klaić, Srednjovjekovna Bosna. Politički položaj bosanskih vladara do Tvrtkove krunidbe (1377. g.) [Das mittelalterliche Bosnien. Die politische Lage der bosn. Herrscher bis zur Krönung Tvrtkos 1377]. Zagreb 1989, die besonders das Verhältnis der Herren zu Bribir zu Bosnien und damit insgesamt die in der Neuzeit politisch umstrittene Expansion kroatischer Adliger nach Bosnien untersucht. Jelena Mrgić-Radojčić, Donji Kraji. Krajina srednjovekovne Bosne [Donji Kraji. Grenzland des mittelalterlichen Bosnien]. Beograd 2002, sowie dies., Severna Bosna, 13.–16. vek [Nordbosnien, 13.–16. Jh.]. Beograd 2008, verbinden Landesgeschichte mit neuen Ansätzen aus historischer Geographie und Siedlungsgeschichte; Dubravko Lovrenović, Na klizištu povijesti. Sveta kruna ugarska i Sveta kruna bosanska, 1387–1463 [Am Murgang der Geschichte. Die Hl. Krone Ungarns u. die Hl. Krone Bosniens]. Zagreb, Sarajevo 2006, hat ein monumentales Gemälde des bosnischen Spätmittelalters gemalt und dabei besonderen Wert auf eine auch ostmitteleuropäische Einbettung gelegt. Emir O. Filipović, Bosansko kraljevstvo. Historija srednjovjekovne bosanske države [Das bosn. Königreich. Geschichte des mittelalterlichen bosn. Staates]. Sarajevo 2017, bietet eine neue Gesamtdarstellung ohne Apparat; vom selben Autor liegt eine quellengesättigte und dicht dokumentierte Beziehungsgeschichte Bosniens und der Osmanen vor: ders., Bosansko kraljevstvo i Osmansko carstvo (1386–1463) [Das bosn. Königreich u. das osm. Reich (1386–1463)]. Sarajevo 2019; zur *Herzegowina*: Sima M. Ćirković, Herceg Stefan Vukčić-Kosača i njegovo doba [Herzog Stefan Vukčić Kosača u. seine Zeit]. Beograd 1964 (Biographie des namengebenden „Herzogs", ausführliche dt. Zusammenfassung), bleibt das wichtigste Referenzwerk. Siniša Mišić, Humska zemlja u srednjem veku [Das

Land Hum im Mittelalter]. Beograd 1996, als neuerer Überblick aus serbisch-national(istisch)er Sicht. Als gewichtige Monographie hinzugekommen ist Esad KURTOVIĆ, Veliki vojvoda bosanski Sandalj Hranić Kosača [Der bosn. Großvojvode Sandalj Hranić Kosača]. Sarajevo 2009.

In **Serbien** hat sich bereits gegen Ende des 19. Jahrhunderts eine gegen romantische Geschichtsbilder gewendete historisch-kritische Schule (um Ilarion Ruvarac, Stojan Novaković) herausgebildet. Besonders prägend wirkten Schüler des Wiener Balkanmediävisten Konstantin Jireček, dessen Werke und Methoden bis weit in die zweite Hälfte des 20. Jahrhunderts auf die serbische Mediävistik Wirkung zeitigten. Ihre wichtigsten Vertreter haben die mythenkritische Deutung weitergeführt und im Sinne positivistischer Geschichtsforschung eine lange Reihe bedeutender Arbeiten vorgelegt. Konstantin JIREČEK, Geschichte der Serben. 2 Bde. Gotha 1911–1918; DERS., Staat und Gesellschaft im mittelalterlichen Serbien. Studien zur Kulturgeschichte des 13.–15. Jahrhunderts. 4 Bde. Wien 1912–1919 (beide Darstellungen gelten weiterhin als grundlegend; serb. Übers. mit Ergänzungen: DERS., Istorija Srba [Die Geschichte der Serben]. Übers. Jovan RADONIĆ. 2 Bde. Beograd ²1952); Istorija srpskog naroda. Bd. 2: Doba borbi za očuvanje i obnovu države, 1371–1537 [Geschichte des serb. Volkes. Die Zeit der Kämpfe zu Erhalt u. staatlicher Wiederherstellung]. Beograd 1982, ist die ausführlichste neuere Darstellung aus der Feder der führenden Spezialisten. Zu verweisen ist auf das Werk von Mihajlo DINIĆ, Iz srpske istorije srednjega veka [Aus der serb. Geschichte des Mittelalters]. Beograd 2003 (gesammelte kleine Schriften zu Institutionen, Handel, Städtewesen, Regionalgeschichte). Gesellschafts- und kulturgeschichtliche Fragestellungen prägen das Werk von Sima M. ĆIRKOVIĆ, I Serbi nel Medioevo. Milano 1992; DERS., Rabotnici, vojnici, duhovnici. Društva srednjovekovnog Balkana [Arbeiter, Krieger, Geistliche. Die Gesellschaften des mittelalterlichen Balkans]. Beograd 1997 (Aufsatzsammlung); Miloš BLAGOJEVIĆ, Državna uprava u srpskim srednjovekovnim zemljama [Die Staatsverwaltung in den mittelalterlichen serb. Ländern]. Beograd 1997. Zur Zeit nach dem Tode Stefan Dušans ist Rade MIHALJČIĆ, Kraj srpskog carstva [Das Ende des serb. Zartums]. Beograd 1975, das grundlegende Werk, das auch eine Neudeutung der lange nur als Verfall gedeuteten Zeit nach 1355 vornimmt. Siehe zu Bezügen zur byzantinischen Balkanwelt George Ch. SOULIS, The Serbs and Byzantium during the Reign of Tsar Stephen Dušan (1331–1355) and His Successors. (Nachdr.) Athen 1995 (behandelt wie Mihaljčić auch die serb. Herrschaften im gr. Raum); Eutychia PAPADOPULU (Hg.), Βυζάντιο και Σερβία κατά τον 14° αιώνα. Byzantium and Serbia in the 14th Century. Athen 1996 (Tagungsband); im Gegensatz etwa zur bulgarischen Geschichte erlaubt die Quellenlage in Einzelfällen die Annäherung an Herrscherfiguren. Zur ersten Hälfte des 15. Jahrhunderts legte Momčilo SPREMIĆ, Despot Đurađ Branković i njegovo doba [Despot Georg Branković u. seine Zeit]. Beograd 1994, eine monumentale Studie im Stil einer *histoire totale* vor. Gut ausgebildet ist die Verwaltungsgeschichte: Andrija VESELINOVIĆ, Država srpskih despota [Der Staat der serb. Despoten]. Beograd 1995; Leksikon srpskog srednjeg veka (Hgg. ĆIRKOVIĆ/MIHALJČIĆ); Leksikon gradova i trgova (Hg. MIŠIĆ); zu Montenegro und Nordalbanien die gründliche Istorija Crne Gore. Bde. 1–2. Titograd 1967–1970; Ivan BOŽIĆ (Hg.), Nemirno pomorje XV veka [Das unruhige Küstenland des 15. Jh.s]. Beograd 1979, enthält wiederum grundlegende Untersuchungen zur sehr kleinteiligen, aufgrund des venezianischen Quellenmaterials aber ungewöhnlich gut belegten politischen Geschichte des serbisch-albanischen Küstenlandes.

Die **historische Landschaft Albanien** ist neben Dalmatien und den griechischen Küsten im südosteuropäischen Vergleich am besten dokumentiert (Archive von Venedig, Dubrovnik, Kotor, einheimische Archivüberlieferung liegt nicht vor). Auffallend ist, wie in Dalmatien, das enorme Gefälle der Quellendichte zwischen Küste und Binnenland; venezianische und Dubrovniker Akten tauchen die Küste im 14. und v. a. im 15. Jahrhundert in ein für südosteuropäische Verhältnisse ungewohnt helles Licht; äußerst quellenarm ist das bergige Hinterland. Die klassischen Werke wurden von österreichisch-ungarischen Mediävisten um 1900 vorgelegt, als die Donaumonarchie die Autonomie oder Unabhängigkeit Albaniens unterstützte, um einen serbischen Adriazugang zu verhindern. Eine albanische Geschichtswissenschaft besteht in institutionalisierter Form, die auf das kurzlebige italienisch dominierte königliche Forschungsinstitut 1940–1944 aufbaute, erst seit 1945; ihre Ergebnisse sind bis 1991 stark nationalistisch-marxistisch geprägt. In der Transitionszeit hat die albanische Mediävistik an Qualität deutlich eingebüßt; nationalistische Töne bestimmen eine eher repetitive Produktion für eine nationale Leserschaft. Außerhalb Albaniens beschäftigen sich nur vereinzelt Forscher mit der mittelalterlichen Geschichte der Region. Immer noch maßgebend sind: Ludwig v. THALLÓCZY (Hg.), Illyrisch-albanische Forschungen. 2 Bde. München, Leipzig 1916; Milan v. ŠUFFLAY, Städte und Burgen Albaniens, hauptsächlich während des Mittelalters. Wien, Leipzig 1924; DERS., Srbi i Arbanasi. Njihova simbioza u srednjem vijeku [Serben u. Albaner. Ihre Symbiose im Mittelalter]. Zagreb 1991 (Nachdr.); DERS., Istorija sjevernih Arbanasa. Sociološka studija [Geschichte der Nordalbaner. Eine soziologische Studie], *Arhiv za arbanasku starinu, jezik i etnologiju* 2 (1924), 193–242. Diese Schriften bilden heute noch den Grundstock der klassischen Literatur. Der französische Byzantinist Alain Ducellier gehörte zu den wenigen westlichen Historikern, deren Werke im kommunistischen Albanien, wenngleich auch nur selten, zitiert werden durften; sein Hauptwerk ist die monumentale La façade maritime de l'Albanie au moyen âge. Durazzo et Valona du XIᵉ au XVᵉ siècle. Thessalonique 1981. Dieses ist grundlegend für die Geschichte der süd- und mittelalbanischen Küste, reicht aber nur bis zum Beginn des 15. Jahrhunderts; DERS. (Hg.), L'Albanie entre Byzance et Venise. Xᵉ–XVᵉ siècles. London 1987, bietet begleitende Aufsätze, die auch das 15. Jahrhundert und den Norden betreffen. Milutin V. GARAŠANIN, Iliri i Albanci. Serija predavanja održanih od 21. maja do 4. juna 1986. g. Les Illyriens et les Albanais. Beograd 1988, enthält Texte einer Vortragsreihe an der Universität Belgrad; die mediävistischen Beiträge von Sima Ćirković und Božidar Ferjančić sind kaum von der Atmosphäre der Zeit betroffen. Luan MALLTEZI, Qytetet e bregdetit shqiptar gjatë sundimit venedikas, 1392–1478 [Die alb. Küstenstädte während der Venezianerherrschaft, 1392–1478]. Tiranë 1988, ist aus national-marxistischer Sicht geschrieben; Charalambos GASPARIS (Hg.), Οι Αλβανοί στο Μεσαίωνα. The Mediaeval Albanians. Athen 1998, fasst die Akten der bisher wohl einzigen internationalen Mediävistentagung zu Albanien zusammen. Organisiert wurde diese vom Griechischen Nationalen Forschungszentrum in Athen im Jahre 1996. Oliver Jens SCHMITT, Das venezianische Albanien (1392–1479). München 2001, legt den Schwerpunkt auf Nordalbanien; Pëllumb XHUFI, Dilemat e Arbërit. Studime mbi Shqipërinë mesjetare [Dilemmata von Arbëria. Studien zum mittelalterlichen Albanien]. Tiranë 2006, bietet gesammelte Schriften mit teilweise nationalistischer Polemik gegen die griechische Historiographie. Einen Forschungsüberblick unternimmt Oliver Jens SCHMITT, „Die Monade des Balkans" – Die Albaner im Mittelalter, in: DERS./Eva Anne FRANTZ (Hgg.), Albanische Geschichte. Stand und Perspektiven der Forschung.

München 2009, 61–80. Im albanischen Selbstbild ist das Spätmittelalter beinahe sinngleich mit der Epoche des als Nationalheld verehrten Georg Kastriota Skanderbeg, zu dem im ersten Jahrzehnt des 21. Jahrhunderts gleich mehrere Biographien vorgelegt wurden und dessen Deutung recht umstritten ist: aus nationalalbanischer Sicht Kristo FRASHËRI, Gjergj Kastrioti Skënderbeu. Jeta dhe vepra [Georg Kastriota Skanderbeg. Leben u. Werk]. Tiranë 2002; Kasem BIÇOKU, Skënderbeu dhe Shqipëria në kohën e tij [Skanderbeg u. Albanien in seiner Zeit]. Tiranë 2005; äußerst umfangreich ist Aurel PLASARI, Skënderbeu. Një histori politike [Skanderbeg. Eine politische Geschichte]. Tiranë 2010, und zuletzt in Fortführung enveristischer (d. h. vor 1989 entstandener) Deutungen Pëllumb XHUFI, Skënderbeu. Ideja dhe ndërtimi i shtetit [Skanderbeg. Idee u. Staatsaufbau]. Tiranë 2019; einen anderen Zugang wählt Oliver Jens SCHMITT, Skanderbeg. Der neue Alexander auf dem Balkan. Regensburg 2009.

Zum Fürstentum **Epirus** im ausgehenden Mittelalter stammen die wichtigsten Arbeiten von Byzantinisten: Peter SOUSTAL, Nikopolis und Kephallenia. Wien 1981; Donald M. NICOL, The Despotate of Epiros, 1267–1479. A Contribution to the History of Greece in the Middle Ages. Cambridge 1984 (Hauptwerk zum Thema, auf gedruckten Quellen beruhend); Evangelos K. CHRYSOS (Hg.), Πρακτικά Διεθνούς Συμποσίου για το Δεσποτάτο της Ηπείρου. Άρτα 27–31 Μαΐου. 1990 [Akten des Internationalen Symposiums über das Despotat von Epirus. Arta, 27–31 Mai]. Arta 1990; Ljubomir MAKSIMOVIĆ, Der Despotenhof in Epirus im 14. und 15. Jahrhundert, in: Reinhard LAUER/Hans-Georg MAJER (Hgg.), Höfische Kultur in Südosteuropa. Bericht der Kolloquien der Südosteuropa-Kommission 1988 bis 1990. Göttingen 1994, 86–105; Spyros N. ASONITES, Το νότιο Ιόνιο κατά τον όψιμο μεσαίωνα. Κομητεία Κεφαλληνίας, Δουκάτο Λευκάδας, Αιτωλοακαρνανία [Das südliche Ionische Meer im Spätmittelalter. Die Provinz Kephallenia, das Herzogtum Leukas, Ätolien-Akarnanien]. Athen 2005, v. a. zur Familie Tocco. Zu Chronologie und Titelführung der Herrscher ist heranzuführen Rudolf S. STEFEC, Beiträge zur Urkundentätigkeit epirotischer Herrscher in den Jahren 1205–1318, Νέα Ῥώμη 11 (2014), 249–370, und DERS., Die Regesten der Herrscher von Epeiros 1205–1318, *Römische Historische Mitteilungen* 57 (2015), 15–120.

Zu **Thessalien** grundlegend ist der Band der Tabula Imperii Byzantini: Johannes KODER/Friedrich HILD, Hellas und Thessalia. Wien 1976. Für das spätmittelalterliche Thessalien zwischen serbischer und griechisch-byzantinischer Herrschaft hat Božidar FERJANČIĆ, Tesalija u XIII i XIV veku [Thessalien im 13. u. 14. Jh.]. Beograd 1974, eine umfassende Monographie vorgelegt.

Die Forschung zur spätmittelalterlichen Geschichte von **Vardarmakedonien** (Gebiet der heutigen Republik Nordmakedonien) wurde traditionell von bulgarischen und serbischen Mediävisten als Teil der jeweiligen Nationalgeschichte betrachtet. Die nach 1944 entstandene makedonische Geschichtswissenschaft hat sich lange mit dem Spätmittelalter eher weniger beschäftigt, da diese Epoche für den makedonischen Nationaldiskurs im Gegensatz zum Reich Zar Samuils (976–1014) kaum identitätsstiftende Bedeutung hatte (s. im Detail die Beiträge v. Daniel ZIEMANN u. Mihailo St. POPOVIĆ in: HGSOE, Bd. 1,2). Die kunsthistorische Forschung widmete sich der reichen architektonischen Hinterlassenschaft des 14. Jahrhunderts (so v. a. Cvetan Grozdanov), während die makedonischen Mediävisten in der Tradition der Belgrader Schule stehen, so Kosta Adžievski und von der jüngeren Generation Toni Filiposki (mit Arbeiten zur Region Ohrid). Da der makedonische Raum schon früh unter osmanische Herrschaft geriet, kommt der osmanistischen Forschung eine herausgehobene Rolle zu. Metodi Sokoloski, Aleksandar Matkovski, Aleksandar Stojanovski und in der jüngeren Generation Dragi Ǵorǵiev haben sich um die Erschließung osmanischer Steuerregister verdient gemacht sowie zahlreiche Aufsätze zur frühen osmanischen Herrschaft vorgelegt; einen Eindruck von der Arbeitsweise vermittelt Dragi Ǵorǵiev, Siedlungsverhältnisse im makedonisch-albanischen Grenzgebiet im 15. und 16. Jahrhundert (nach osmanischen Quellen), *Südost-Forschungen* 65/66 (2006/2007), 117–136; s. a. die Monographie von: DERS., Naselenieto vo makedonsko-albanskiot graničen pojas. XV–XVI vek [Die Besiedlung im maked.-alb. Grenzgürtel (15.–16. Jh.)]. Skopje 2009. Grundlegende Bedeutung haben die drei Werke von Aleksandar STOJANOVSKI, Dervendžistvoto vo Makedonija [Das Passwächterwesen in Makedonien]. Skopje 1974; DERS., Raja so specijalni zadolženija vo Makedonija (vojnuci, sokolari, orizari i solari) [Reaya mit Sonderpflichten in Makedonien. Voynuks, Falkner, Reisbauern u. Salinenarbeiter]. Skopje 1990, sowie DERS., Makedonija pod turskata vlast (statii i drugi prilozi) [Makedonien unter türk. Herrschaft. Aufsätze u. andere Beiträge]. Skopje 2006.

Späte Kreuzzüge und Südosteuropa*

Die Forschung zu den späten Kreuzzügen weist vielfältige Bezüge zur südosteuropäischen Welt auf, beruht aber stark auf westlichen Quellen und nimmt südosteuropäische Arbeiten eher nur am Rande zur Kenntnis. Monumental ist das Standardwerk von Kenneth M. SETTON, The Papacy and the Levant. Bd. 2: The Fifteenth Century. Philadelphia/PA 1978. Einen guten Überblick vermittelt die Monographie von Norman HOUSLEY, The Later Crusades, 1274–1580. From Lyons to Alcaza. Oxford, New York 1992. Ältere Arbeiten bieten oft wichtige Quellen, so z.B. Max SILBERSCHMIDT, Das orientalische Problem zur Zeit der Entstehung des türkischen Reiches nach venezianischen Quellen. Leipzig, Berlin 1923; Constantin MARINESCU, Alphonse V, roi d'Aragon et de Naples, et l'Albanie de Skanderbeg, *Mélanges de l'Ecole Roumaine en France* 1 (1923), 1–135, und ausgearbeiteter Constantin MARINESCU, La politique orientale d'Alfonse V d'Aragon, roi de Naples (1416–1458). Barcelona 1994; zum Kreuzzug von Varna (1443/1444) John JEFFERSON, The Holy Wars of King Wladislas and Sultan Murad. The Ottoman-Christian Conflict from 1438–1444. Leiden, Boston/MA 2012.

Osmanische Eroberung und Herrschaft: An Gesamtdarstellungen und Interpretationen der frühen osmanischen Geschichte herrscht kein Mangel, auch wenn die Deutungen auseinander gehen. IMBER, The Ottoman Empire, 1300–1481, stellt sein Werk unter folgendes Motto (aus: Arthur Conan DOYLE, The Adventures of Sherlock Holmes): „It is a capital mistake to theorize before one has data. Insensibly one begins to twist the facts to suit theories, instead of theories to suit facts"; das Buch bietet eine ausgezeichnete, nüchterne Einführung. Vgl. auch Colin IMBER, The Ottoman Empire, 1300–1650. The Structure of Power. Basingstoke ³2019. Der Doyen der türkischen Osmanistik hat grundlegende Werke vorgelegt: Halil İNALCIK, Ottoman Methods of Conquest, *Studia Islamica* 2 (1954), 103–129; DERS. (Hg.), An Economic and Social History of the Ottoman Empire. Bd. 1: 1300–1600. Cambridge 1994, die die osmanische Eroberung des Balkans als für die betroffene Bevölkerung ausgesprochen positiven Prozess deuten. Die Anfänge

---

* In Ergänzung des Beitrags zur Fränkischen Herrschaft (SAINT-GUILLAIN) in: HGSOE, Bd. 1,2 (Kap. 14).

der osmanischen Dynastie sind in der Forschung viel diskutiert. Wichtige Deutungen der derzeitigen Diskussion finden sich in der Osmanistik: KAFADAR, Between Two Worlds; Rudi Paul LINDNER, Explorations in Ottoman Prehistory. Ann Arbor/MI 2007; DERS., Nomads and Ottomans in Medieval Anatolia. Bloomington 1983; Heath W. LOWRY, The Nature of the Early Ottoman State. Albany/NY 2003, spricht von den Osmanen als einer „Plünderamöbe"; Paul WITTEK, The Rise of the Ottoman Empire. London 1958, ist wichtig wegen seiner bis heute diskutierten Gazi-Theorie; vgl. WERNER, Die Geburt einer Großmacht, schreibt zwar von einem marxistischen Standpunkt aus, bietet aber wichtige Einsichten. Irène BELDICEANU-STEINHERR, Recherches sur les actes des règnes des sultans Osman, Orkhan et Murad I. Monachii 1967, ist wegen der quellenkritischen Untersuchung immer noch maßgebend; DIES., Les débuts. Osmân et Orkhân, in: Robert MANTRAN (Hg.), Histoire de l'Empire ottoman. Paris 1989, 15–35; DIES., L'installation des Ottomans, in: Bernard GEYER/Jacques LEFORT (Hgg.), La Bithynie au Moyen Âge. Paris 2003, 351–374, informieren beide quellenkritisch.

Zahlreich sind die regionalgeschichtlich ausgerichteten Arbeiten. Auf die makedonische Schule der Osmanistik wurde bereits verwiesen. Die Politisierung osmanistischer Forschungen im Kommunismus diskutieren Elena GROZDANOVA, Bulgarian Ottoman Studies at the Turn of Two Centuries. Continuity and Innovation, *Études balkaniques* 2005, H. 3, 93–146; Dritan EGRO, Historia dhe ideologjia. Një qasje kritike studimeve osmane në historiografinë moderne shqiptare (nga gjysma e dytë e shek. XIX deri më sot) [Geschichte u. Ideologie. Ein kritischer Forschungsansatz der Osmanistik in der modernen alb. Historiographie (von der zweiten Hälfte des 19. Jh.s bis heute)]. Tiranë 2007. Die griechische Osmanistik verdankt viel den Unternehmungen von Elisabeth A. Zachariadou im kretischen Réthymnon: Elisabeth A. ZACHARIADOU (Hg.), The Via Egnatia under Ottoman Rule (1380–1699). Halcyon Days in Crete II. Rethymnon 1996; DIES. (Hg.), The Kapudan Pasha. His Office and His Domain. Halcyon Days in Crete IV. Rethymnon 2002. Für das frühosmanische Serbien verwende man als Übersicht Olga ZIROJEVIĆ, Tursko vojno uređenje u Srbiji, 1459–1683 [Die türk. Heeresverwaltung in Serbien, 1459–1683]. Beograd 1974; DIES., Srbija pod turskom vlašću, 1459–1804 [Serbien unter türk. Herrschaft, 1459–1804]. Beograd ²2007, für die Kirchengeschichte auch Aleksandar FOTIĆ, Sveta Gora i Hilandar u Osmanskom carstvu (XV–XVII vek) [Der Heilige Berg u. Chilandar im Osmanischen Reich, (15.–17. Jh.)]. Beograd 2000, sowie Olga ZIROJEVIĆ, Crkve i manastiri na području Pećke patriaršije do 1683. godine [Kirchen u. Klöster auf dem Gebiet des Patriarchats von Peć bis zum Jahre 1683]. Beograd 1984.

Die osmanischen Steuerregister wertet auch die außerregionale Osmanistik aus, bedeutsam sind die Untersuchungen von Nicoară BELDICEANU, so u. a. Timariotes chrétiens en Thessalie (1454/55), *Südost-Forschungen* 44 (1985), 45–81; DERS./BELDICEANU-STEINHERR, Recherches sur la Morée; Nicoară BELDICEANU/Irène BELDICEANU-STEINHERR/Petre S. NÄSTUREL, Les recensements ottomans effectués en 1477, 1519 et 1533 dans les provinces de Zvornik et d'Herzégovine, *Turcica* 20 (1988), 159–171.

Demographie- und Architekturgeschichte verbinden die Studien von Machiel Kiel zum osmanischen Griechenland, Albanien, Bulgarien und Bosnien, die zusammengefasst ein beeindruckendes Lebenswerk darstellen, so Machiel KIEL, Yenice Vardar (Vardar Yenicesi–Giannitsa). A

Forgotten Turkish Cultural Centre in Macedonia of the 15th and 16th Century, in: Williem F. BAKKER/Arnold F. van GEMERT/Willem Johan AERTS (Hgg.), Studia Byzantina et Neohellenica Neerlandica. Leiden 1972, 300–329; DERS., Ottoman Architecture in Albania (1385–1912). Istanbul 1990; DERS., Art and Society of Bulgaria in the Turkish Period. A Sketch of the Economic, Juridical and Artistic Preconditions of Bulgarian Post-Byzantine Art and Its Place in the Development of the Art of the Christian Balkans, 1360/70–1700. A New Interpretation. Assen, Maastricht 1985; eine bulgarische Werkausgabe liegt vor: Machiel KIJL, Bălgarija pod osmanska vlast. Săbrani săčinenija [Bulgarien unter osm. Herrschaft. Gesammelte Werke]. Hgg. Marija BARĂMOVA/ Grigor BOJKOV/Marija KIPROVSKA. Sofija 2017; DERS., The Incorporation of the Balkans into the Ottoman Empire, 1353–1453, in: The Cambridge History of Turkey. Bd. 1: Byzantium to Turkey, 1071–1453. Hg. Kate FLEET. Cambridge 2009, 138–191, verwendet aber Deutungselemente des türkischen Nationalismus wie die Theorie eines stark türkisch geprägten vorosmanischen Balkans. Diesen Ansatz verfolgen in jüngerer Zeit bulgarische Osmanisten wie Grigor Bojkov und Maria Kiprovska weiter.

Zur *Deutung der osmanischen Eroberung*, einem der umstrittensten Themen der Balkangeschichte überhaupt, bieten Orientierung Klaus-Peter MATSCHKE, Research Problems Concerning the Transitions to Tourkokratia. The Byzantinist Standpoint, in: Fikret ADANIR/Suraiya FAROQHI (Hgg.), The Ottomans and the Balkans. A Discussion of Historiography. Leiden, Boston/MA, Köln 2002, 79–113; Hasan KALESHI, Das türkische Vordringen auf dem Balkan und die Islamisierung. Faktoren für die Erhaltung der ethnischen und nationalen Existenz des albanischen Volkes, in: Peter BARTL/Horst GLASSL (Hgg.), Südosteuropa unter dem Halbmond. Untersuchungen über Geschichte und Kultur der südosteuropäischen Völker während der Türkenzeit. Prof. Georg Stadtmüller zum 65· Geburtstag gewidmet. München 1975, 125–138 (die Osmanen bewahrten die Albaner vor Gräzisierung u. Slawisierung); Sylvie GANGLOFF (Hg.), La perception de l'héritage ottoman dans les Balkans. The Perception of the Ottoman Legacy in the Balkans. Paris u. a. 2005.

Als Überblick über die *rumänische Historiographiegeschichte* mit ihren nationalen Deutungen leistet eine gute und kritische Übersicht Lucian BOIA, Istorie şi mit în conştiinţa românească [Geschichte u. Mythos im rum. Bewusstsein]. Bucureşti 1997, diverse Neuauflagen. Von den Übersetzungen in westliche Sprachen ist die englische Version der mitunter entstellenden deutschsprachigen Übersetzung vorzuziehen: History and Myth in Romanian Consciousness. New York 2001.

Die rumänische Historiographie hat bisher fünf große Synthesen hervorgebracht, drei davon Einzelarbeiten von Xenopol, Iorga und Giurescu aus dem späten 19. und der ersten Hälfte des 20. Jahrhunderts. Alle drei sind heute überholt, leisten aber eine vielfach unerreicht detaillierte Abhandlung der Ereignisgeschichte. Neuere kritische Editionen sind dank Verweisen auf neuere Literatur mit Gewinn zu benutzen. In chronologischer Reihenfolge 1.) A.[lexandru] D. XENOPOL, Istoria românilor din Dacia traiană [Geschichte der Rumänen aus dem trajanischen Dakien]. Bde. 1–4 Bucureşti ⁴1985–1993 (kommentierte u. mit aktualisierter Literatur versehene Ausgabe, daher späteren Neuauflagen vorzuziehen, obwohl der letzte Teil für die Jahre 1821–1859/1866 nicht mehr erschienen ist; zuerst in 6 Bänden. Iaşi 1888–1893); 2.) N.[icolae] IORGA, Istoria românilor [Geschichte der Rumänen], 10 Bde., Bucureşti ²1988–2011 (kommentiert, aktualisierte Literatur, zuerst Bucureşti 1936–1939, sowie in franz. Übers. Histoire des roumains et de la romanité orientale. 10 Bde. Bucureşti 1937–1945), umfangreichste, aber sperrige Synthese Iorgas, kompakter und klarer dagegen seine erste Gesamtdarstellung: DERS., Geschichte des rumänischen Volkes im Rahmen seiner Staatsbildungen. 2 Bde. Gotha 1905; 3.) Constantin C. GIURESCU, Istoria românilor [Geschichte der Rumänen]. 3 Bde. Bucureşti ⁵2015 (weitgehend unveränderte Neuausgabe ohne aktualisierte Literatur oder Kommentare, zuerst ebd. 1935–1946/1947), trotz zeitbedingter problematischer Darstellungen die verbreitetste und zugänglichste der klassischen Gesamtdarstellungen, die stärker auch strukturgeschichtliche Fragen anspricht, s. a. DERS./Dinu C. GIURESCU, Istoria Românilor [Geschichte der Rumänen]. 2 Bde. Bucureşti 1975–1976; letztere Teil-Synthese ist emblematisch für die Reaktivierung des nationalen Geschichtsnarrativs der vorsozialistischen Zeit in den Ceauşescu-Jahren 4.) im Geiste (vulgär-)marxistischer bzw. leninistisch-stalinistischer Deutungen der 1950er und frühen 60er Jahre, kombiniert mit der erst langsam einsetzenden Rehabilitierung nationalistischer Deutungen Petre CONSTANTINESCU-IAŞI u. a. (Hgg.), Istoria Romîniei [Geschichte Rumäniens]. 4 Bde. Bucureşti 1960–1964; die Publikation dieses Werkes wurde unvollendet abgebrochen, der geplante fünfte Band erschien nicht mehr, da sich die politisch-doktrinären Vorgaben geändert hatten. Die in den 70er Jahren anstelle davon geplante umfangreiche Akademiegeschichte, deren Planung schon weit fortgeschritten war, konnte unter abermals sich ändernden politischen Vorgaben nicht mehr erscheinen. Einige Texte fanden aber (zum Teil als Plagiate) Eingang in die rund 25 Jahre später erschienene zehnbändige monumentale Abhandlung der rumänischen Akademie: 5.) Istoria românilor. Diese mit Abstand umfangreichste Gesamtdarstellung ist eine Fundgrube, vertritt gerade in den Bänden 3 und 4 zum Mittelalter aber mitunter problematische und veraltete Darstellungen; vor allem für die ersten vier Bände ist die Neuauflage ²2010–2015 zu nutzen, in der allerdings nur die Bde. 1–7 erschienen sind.

Die besten einbändigen Gesamtdarstellungen der rumänischen Geschichte mit Berücksichtigung der Vormoderne sind das eher klassisch gehaltene Gemeinschaftswerk von Mihai BĂRBULESCU u. a. (Hgg.), Istoria României [Geschichte Rumäniens]. Bucureşti 1998, mit den Abschnitten zum 11. bis 16. Jahrhundert von Ş. Papacostea, sowie das kleine, aber sehr feine Bändchen mit einer vergleichend angelegten strukturgeschichtlichen Übersicht von Bogdan MURGESCU, Istorie româneasca – istorie universală (600–1800) [Rum. Geschichte – Weltgeschichte (600–1800)]. Bucureşti ²1999. Als eine der ganz wenigen nicht ereignis-, sondern strukturgeschichtlichen Synthesen trotz dogmatisch-politischer Prämissen im Zeichen spätstalinistischer Einflüsse immer noch brauchbar ist V.[aleria] COSTĂCHEL/P.[etre] P. PANAITESCU/A.[culin] CAZUCU, Viaţa feudală în Ţara Romînească şi Moldova (sec. XIV–XVII) [Das feudalzeitliche Leben in der Walachei u. der Moldau (14.–17. Jh.)]. Bucureşti 1957. Siehe auch N.[icolae] GRIGORAŞ, Instituţii feudale din Moldova [Les institutions féodales de la Moldavie]. Bd. 1: Organizarea de stat pînă la mijlocul sec. al XVIII-lea [Die Organisation des Staates bis zur Mitte des 18. Jh.s] (mehr nicht erschienen). Bucureşti 1971. Neuerdings Liviu PILAT, Între Roma şi Bizanţ. Societate şi putere în Moldova (secolele XIV–XVI) [Zwischen Rom u. Byzanz. Gesellschaft u. Macht in der Moldau (14.–16. Jh.)]. Iaşi 2008. Einen kurzen Überblick über die Geschichte der

Walachei im 14. und 15. Jahrhundert bei Dinu C. GIURESCU, Țara Românească în secolele XIV și XV [Die Walachei im 14. u. 15. Jh.]. București 1973. Wichtige Einzelstudien zum rumänischen Mittelalter von einem der besten Kenner führen zusammen die beiden Bände von Șerban PAPACOSTEA, Geneza statului în Evul Mediu românesc. Studii critice [Die Entstehung des Staates im rum. Mittelalter. Kritische Untersuchungen]. Cluj-Napoca 1999, und DERS., Evul mediu românesc. Realități politice și curente spirituale [Das rum. Mittelalter. Politische Realitäten u. geistige Strömungen]. București 2001.

Zur frühen Geschichte vor der Herrschaftsbildung im 14. Jahrhundert sind u. a. die umfangreichen Arbeiten relevant von Victor Spinei, die sich zu einem guten Teil auf archäologische Quellen stützten, darunter Victor SPINEI, The Romanians and the Turkic Nomads North of the Danube Delta from the Tenth to the Mid-Thirteenth Century. Leiden, Boston/MA 2009, oder DERS., Moldavia in the 11th–14th Centuries. București 1986. Ebenso zur Frühzeit Răzvan THEODORESCU, Bizanț, Balcani, Occident la Începuturile culturii medievale românești (secolele X–XIV) [Byzanz, der Balkan, das Abendland am Beginn der rum. mittelalterlichen Kultur (10.–14. Jh.)]. București 1974, sowie der Klassiker von Petre P. PANAITESCU, Einführung in die Geschichte der rumänischen Kultur. Bukarest 1977. Für die Rolle der Goldenen Horde und des Schwarzmeerhandels bei der Herrschaftsbildung Virgil CIOCÎLTAN, The Mongols and the Black Sea Trade in the Thirteenth and Fourteenth Centuries. Leiden, Boston/MA 2012. Gleichzeitig wie Braudels Mittelmeerbuch entstanden, aber aus politischen Gründen erst postum erschienen ist das Buch zur Geschichte des Schwarzen Meeres von George Ioan BRĂTIANU, La mer Noire. Des origines à la conquête ottomane. Monachii 1969.

Die Phase vom 14. bis ins 16. Jahrhundert thematisiert mit einer ausführlichen und kritischen Debatte der Historiographie und mit grundlegenden methodischen Hinweisen in vorbildlicher Weise Marian COMAN, Putere și teritoriu. Țara Românească medievală (secolele XIV–XVI) [Macht u. Territorium. Die mittelalterliche Walachei (14.–16. Jh.)]. Iași 2013. Beispielhaft für die relativ raren Fälle von Mittelalterarchäologie Nicolae CONSTANTINESCU, Coconi. Un sat din cîmpia Română în epoca lui Mircea cel Bătrân. Studiu arhelogic și istoric [Coconi. Ein Dorf der walachischen Tiefebene in der Epoche Mirceas d. Alten. Eine archäologische u. historische Untersuchung]. București 1972, neuerdings Ecaterina ȚÂNȚĂREANU, Habitat medieval în sud-vestul Munteniei în sec. XIV–XVII. Temeiuri istorice și arheologice [Das mittelalterliche Habitat in Südwestmuntenien im 14.–17. Jh. Historische u. archäologische Grundlagen]. București 2010.

Zu den Städten der Walachei und Moldau hat in jüngerer Zeit Laurențiu RĂDVAN mehrere Monographien und Synthesen vorgelegt, darunter At Europe's Borders. Medieval Towns in the Romanian Principalities. Leiden, Boston/MA 2010. Grundlegend für die Institutionengeschichte und ihre südosteuropäisch-byzantinischen Einflüsse Valentin Al. GEORGESCU, Bizanțul și instituțiile românești pînă la mijlocul secolului al XVIII-lea [Byzanz u. die rum. Institutionen bis zur Mitte des 18. Jh.s]. București 1980, sowie Andrei PIPPIDI, Tradiția politică bizantină în țările române în secolele XVI–XVIII [Die byz. politische Tradition in den rum. Ländern im 16.–18. Jh.]. București 1983. Grundlegend zum byzantinischen Einfluss N.[icolae] IORGA, Byzance après Byzance. Continuation de l'„Histoire de la vie byzantine". Bucarest 1935. Dazu neuerdings Petre GURAN, O problemă de percepție istoriografică. Ce a fost „moștenirea bizantină" pentru

România? [A Matter of Historiographical Perception. What was the „Byzantine Heritage" for Romania?], *Studii și materiale de istorie medie* 35 (2017), 373–391.

Eine Synthese der Rechtsgeschichte bei Ioan CETERCHI (Hg.), Istoria dreptului românesc [Geschichte des rum. Rechts]. 3 Bde. in 2. București 1980–1987. Als eine der wenigen umfassenden sozialgeschichtlichen Arbeiten, die von der Historiographie nie angemessen gewürdigt und kritisch rezipiert wurde und trotz mitunter spekulativer Annahmen von Bedeutung ist die Arbeit des marxistisch beeinflussten Soziologen Henri H. STAHL, Contribuții la studiul satelor devălmașe românești [Beiträge zur Untersuchung der rum. Dorfgemeinschaften]. 3 Bde. București ²1998 (zuerst 1958–1966). Die herrschaftlichen Domänen behandelt Ion DONAT, Domeniul domnesc în Țara Românească, sec. XIV–XVI [Die fürstliche Domäne in der Walachei, 14.–16. Jh.]. București 1996.

Wichtige Einzelbeiträge zur Kunst- und Kulturgeschichte (im klassischen Sinne), die zusammen einen guten Einblick in die historiographischen Debatten geben, sind versammelt im Œuvre von Pavel CHIHAIA, Artă medievală [Mittelalterliche Kunst]. 5 Bde. București 1998.

Die rechtlichen Rahmenbedingungen des Verhältnisses zum Osmanischen Reich behandelt Viorel PANAITE, The Ottoman Law of War and Peace. The Ottoman Empire and Tribute Payers. New York 2000 (Leiden, Boston/MA ²2019), ebenso DERS., Pace, război și comerț în Islam. Țările române și dreptul ottoman al popoarelor (secolele XV–XVII) [Friede, Krieg u. Handel im Islam. Die rum. Länder u. das osm. Völkerrecht, 15.–17. Jh.]. București 1997. Ebenso Mihai MAXIM, Țările române și Înalta Poartă. Cadrul juridic al relațiilor româno-otomane în evul mediu [Die rum. Länder u. die Hohe Pforte. Der rechtliche Rahmen der rum.-osm. Beziehungen im Mittelalter]. București 1993. Die frühen rumänisch-osmanischen Beziehungen sind behandelt bei Tahsin GEMIL, Românii și otomanii în secolele XIV–XVI [Die Rumänen u. die Osmanen im 14.–16. Jh.]. București 1991.

Die oft vernachlässigte Wirtschaftsgeschichte deckt exemplarisch ab Bogdan MURGESCU, Circulația monetară în Țările Române în secolul al XVI-lea [Der Geldumlauf in den rum. Ländern im 16. Jh.]. București 1996. Eine umfassende, aber unkritisch kirchennahe Darstellung der Geschichte der orthodoxen Kirchen von Mircea PĂCURARIU, Istoria Bisericii Ortodoxe Române [Geschichte der rum. orthodoxen Kirche]. 3 Bde. București ²1991–1994. Die Beziehungen zum Athos bei Petre Ș. NĂSTUREL, Mont Athos et les Roumains. Recherches sur leurs relations du milieu du XIVᵉ siècle à 1654. Roma 1986.

Ein Großteil der Überblicksliteratur orientiert sich an den Herrschaftszeiten einzelner Woiwoden. Die wichtigsten Arbeiten sind in den entsprechenden Kapiteln genannt.

1.2 ZUSAMMENHÄNGE

Will man die Geschichte des Balkans nicht als Aneinanderreihung nationaler Fallbeispiele schreiben, gerät man angesichts der kleinräumigen Komplexität der politischen Abläufe in ein methodisches Dilemma: entweder bietet man gleichsam in der Vogelflugperspektive nur die wichtigsten Grundzüge und reduziert dabei Komplexität, indem man Prozesse homogenisiert und auch nivellierend darstellt – oder man läuft Gefahr, sich in der Vielzahl von regionalen Fehden und rasch wechselnden Bündniskonstellationen zu verlieren. In diesem Text wird versucht, Strukturelemente sichtbar zu machen, dem Leser aber auch Informationen zu politischen Ereignissen zu bieten.

Die unten geschilderte Geschichte des vorwiegend orthodoxen spätmittelalterlichen Balkans findet sich nur selten in westsprachlichen Werken dargestellt. Ein Handbuch hat dem Leser grundlegende Information und Orientierung an die Hand zu geben. So wird im Folgenden in einem ersten Schritt eine klassische Ereignisgeschichte geboten, die es dem Nichtspezialisten erlauben soll, sich in der politischen Welt des balkanischen Spätmittelalters zurechtzufinden. Die Zersplitterung in instabile Territorialherrschaften erschwert die Darstellung. Die kleinräumige Vielfalt soll aber nicht zugunsten einer oberflächlich homogenisierenden Übersicht gleichsam übertüncht werden. Der Eindruck des Flirrens wird durch die unausgewogen verteilten Licht- und Schattenmomente verstärkt, die aus der Quellenlage entstehen; beispielsweise wissen wir über das Auf und Ab kleiner Herrschaften an der Adria dank venezianischer und Dubrovniker Archivreichtümer sehr viel, während etwa der serbische Zar Stefan Uroš V. (1355–1371) über lange Jahre ein bloßer Name bleibt. Eine genauere Beschreibung der Verhältnisse in besser belegten westlichen Küstenregionen kann nicht zu einer Extrapolation der Entwicklung im quellendunklen Binnenland führen, doch erlaubt sie zumindest Einblicke in die Struktur balkanorthodoxer Territorialherrschaft. Und dies nicht zuletzt, weil die Territorialherren ein weitläufiges Verwandtschaftsgebilde darstellen – wenn daher Verwandtschaftsverhältnisse genauer beschrieben werden, dann nicht aus genealogischer Liebhaberei, sondern als Strukturprinzip des spätmittelalterlichen Balkans.

1.3   BETRACHTUNGSRÄUME

Wenn im Folgenden eine Geschichte des spätmittelalterlichen Balkans unternommen wird, so ist auch hier, wie für jede Epoche der Geschichte eines Raumkonstrukts nach dessen Sinnhaftigkeit zu fragen. Byzanz, Bulgarien und Serbien bildeten zwischen 1282 und 1355 ein regionales Mächtedreieck (s. u. im Detail: Kap. 1.7.4–1.7.7), das schließlich an allen drei Ecken zusammenbrach und sich in eine Vielzahl regionaler Kleinstherrschaften auflöste, die bis zum Ende des 15. Jahrhunderts von den Osmanen erobert oder, zu kleinen Teilen, von Ungarn und Venedig übernommen wurden. Dieses Dreieck der drei Zartümer – mit diesem Ausdruck soll die Einbindung des klein gewordenen Byzanz, das Nordwestkleinasien verloren hatte, in einen balkanischen Zusammenhang angedeutet werden, dem Ehrenvorrang des Basileús vor den jüngeren bulgarischen und serbischen Zaren zum Trotz – steht im Mittelpunkt einer politischen Geschichte des spätmittelalterlichen Balkanraums vor der osmanischen Eroberung. Dieser Kernraum ist auf vielfältige Weise mit weiteren Betrachtungsräumen des spätmittelalterlichen Südosteuropa verbunden.

Der Begriff Betrachtungsraum soll helfen, die gesamte Darstellung zu gliedern, die zum einen gesamträumlichen Entwicklungen nachzugehen hat, zum anderen aber auch regionalen Ausprägungen Aufmerksamkeit schenken muss. So soll eine reine Addition von regionalen Fallbeispielen, aber auch eine übertrieben homogenisierte regionale Gesamtgeschichte vermieden werden. Zu diesen Betrachtungsräumen zählt Festlandgriechenland mit den unmittelbar vorgelagerten Ägäisinseln und den Ionischen Inseln, ein Raum, der seit 1204 zwischen „Franken" und Nachfolgestaaten von Byzanz umkämpft war. Die Republik Venedig, das Königreich Neapel, die ab 1278 von Neapel abhängige fränkische Morea (Fürstentum Achaia, bis 1432), die Inselherrschaften venezianischer Patrizier in der Südägäis (Herzogtum des Archipel) wurden in Bd. 1,2 dieses Handbuches in einem eigenen Abschnitt von Guillaume Saint-Guillain (Kap. 14: Fränkische Herrschaft im südlichen Balkan und den vorgelagerten Inseln) behandelt. Die byzantinischen Nachfolgestaaten, das Fürstentum Epirus (bis 1430 in Ioánnina, bis 1449 in Árta) sowie das Fürstentum Thessalien (bis 1393) spiegeln paradigmatisch die Komplexität dieses Raumes wider: Byzantinische Exileliten, Italiener, Serben, in Epirus auch Albaner, schoben sich in steigender Instabilität als regionale Führungsgruppen übereinander und lösten insbesondere Epirus in zahlreiche regionale und örtliche Herrschaften auf. Ein nächster Betrachtungsraum entstand aus dem Zerfall der byzantinisch-epirotischen, neapolitanisch-angevinischen und serbischen Hegemonialpolitik im südwestlichen Balkan – eng verbunden mit Epirus und den serbischen Adelsherrschaften im makedonischen Raum und auf dem Amselfeld, aber auch mit dem bosnischen Königtum und der Städtewelt Dalmatiens bildete sich zwischen 1355 und 1417/1468 die unstete Welt des Adels in Albanien und dem seine Landeswerdung durchlaufenden Montenegro heraus. Diese Welt schwankte kulturell zwischen römischer und byzantinischer Kirche, zwischen adriatischer und balkanischer Ausrichtung, erwies sich aber im Widerstand gegen die Osmanen als vitaler als die viel älteren Reichsbildungen im Kerngebiet des Balkans. Als drittes Betrachtungsgebiet sind die Länder der bosnischen Krone mit dem sich als Regionalherrschaft emanzipierenden Land Hum (Herzegowina) zu fassen, im Osten eng mit der serbischen Krone verbunden, die Tvrtko I. Kotromanić von Bosnien 1377 für vierzehn Jahre übernahm, im Westen mit den dalmatinischen Städten, die zwischen 1358 und

1409/1420, unterbrochen von einem kurzen bosnischen Intermezzo, wieder ungarischer Oberhoheit unterstanden, bevor sie endgültig an Venedig gelangten, im Norden schließlich mit dem
Reich der Stefanskrone. Dieses hatte sich vom Mongolensturm 1241/1242 erholt und nach dem
Aussterben der Arpaden unter der Dynastie der Anjou (seit 1302) eine Vormachtstellung im
nördlichen Balkanraum errichtet. Banschaften sicherten dieses ungarische Ausgreifen nach Süden
zwischen Nordbosnien und der westlichen Walachei ab. Bosnische wie serbische Adlige waren
als Vasallen an das Reich der Stefanskrone gebunden und nahmen an der höfischen Ritterkultur
Ofens teil. Ein letzter Betrachtungsraum wird in diesem Handbuch von Daniel Ursprung behandelt. Er liegt an der unteren Donau, wo südlich des Stroms die bulgarische Herrschaftswelt
allmählich von den Osmanen zerstört wurde, während nördlich der Donau sich mit der Walachei
eine politisch und kulturell eng mit dem süddanubischen Balkan verflochtene neue Herrschaft
bildete, die stärker als die nördlich gelegene Moldau nach Konstantinopel blickte. Zweifellos ist
die größte politische Dynamik im spätmittelalterlichen Balkan am nichtslawischen West- und
Ostrand, in der albanischen wie rumänischen Welt zu verorten, wenn auch nur letztere zu dauer-
hafter Herrschaftsbildung gelangte.

1.4 GRUNDZÜGE DER POLITISCHEN ENTWICKLUNG DES BALKANRAUMS IM SPÄTEN MITTELALTER

Die räumliche Fragmentierung der Forschung entspringt nicht nur nationalhistoriographischer Vereinzelung der letzten zwei Jahrhunderte. Tatsächlich bietet sich der Raum des weiteren „Byzantinischen Commonwealth" im ausgehenden Mittelalter als verwirrendes und zudem sehr instabiles Gebilde einer stetig wachsenden Zahl regionaler und lokaler Herrschaften dar. Politischer Grundzug jener Zeit ist der Zerfall des politischen Systems von Byzanz, der weder vom Zweiten Bulgarischen Reich in der ersten Hälfte des 13. Jahrhunderts noch von dem ebenso kurzlebigen großräumigen serbischen Reich in der Mitte des 14. Jahrhunderts aufgehalten oder gar ausgeglichen werden konnte. Sowohl das bulgarische wie das serbische Zartum lösten sich in mehrere Adelsherrschaften bzw. Teilreiche auf, wobei in Serbien das ephemere (1346–1371) Zartum alsbald wieder verschwand bzw. in Bulgarien auf ein mittelbulgarisches Regionalfürstentum, das Zartum von Tărnovo, beschränkt wurde. Ähnliche Prozesse erlebte die bosnische Krone, der (wie im bulg. u. serb. Falle) ebenfalls nur vorübergehenden Konzentration und Ausdehnung königlicher Macht unter Tvrtko I. (1377–1391) zum Trotz. Die Entwicklung von Byzanz passt in dieses Bild: Das romäische Kaisertum ist in unserem Zusammenhang zu behandeln, und zwar als das, was es im balkanischen Spätmittelalter war, der südöstlichste Regional- und in der zweiten Hälfte des 14. Jahrhunderts sogar nur noch Kleinstaat des orthodoxen Balkans. Mit Kaiser Michael VIII. Palaiológos (1259–1282) hatte das Zeitalter eines Reichs mit Großmachtanspruch geendet. Die Restaurationsversuche Andrónikos' III. Palaiológos (1328–1341) im Raum zwischen Thrakien und Epirus gehören in die Reihe gescheiterter Stabilisierungspläne südosteuropäischer Regionalherrscher. Dennoch kann eine politische Geschichte des spätmittelalterlichen Balkans nicht als eine der andauernden Krise oder des stetigen Zerfalls aufgefasst werden. Hier kann sich die Balkanmediävistik in die sehr differenzierte Diskussion der Westmediävistik um den Krisencharakter des Spätmittelalters einfügen. Tatsächlich sind neue Formen der politischen Organisation zu beobachten, die sich am ehesten als Territorialherrschaften charakterisieren lassen, die im bulgarischen, serbischen, bosnischen, albanischen und griechischen Raum das Spätmittelalter kennzeichnen. Territorialherrschaft bezeichnet hier am ehesten eine „Verdichtung" von Herrschaftsrechten auf regionaler bzw. örtlicher Ebene, gerade in der räumlich stark gekammerten Landschaft des westlichen Balkans, nicht aber eine flächendeckende Durchdringung, wie Daniel Ursprung am Beispiel einer der erfolgreichen neuen Territorialherrschaften, der Walachei, zeigt (s. u. Beitrag 3). Sowohl in Epirus und Thessalien wie in Bosnien pflegten die Territorialherren aber eine höfische Kultur, mit Anleihen bei spätmittelalterlicher abendländischer Ritterkultur. Sie übernahmen Teile des Rang- und Ämterwesens größerer Herrschaftsverbände (Byzanz, serbisches u. bulgarisches Reich, Ungarn), kannten eine administrative Untergliederung ihres Herrschaftsraumes und stützten sich auf eine Gefolgschaft und ein Burgensystem. Außerdem unterhielten sie Außenbeziehungen und betrieben, besonders im westlichen Balkan, eine Politik der Rückversicherung durch Bankguthaben im Ausland (v. a. in Dubrovnik) und mittels Aufnahme in das Bürgerrecht bzw. Patriziat von Venedig (am prominentesten ist der serb. Zar Stefan Dušan) und Dubrovnik. Zu einer dauerhaften Konsolidierung dieser postimperialen Regionalherrschaften kam es aber wegen des starken äußeren Drucks, besonders der Osmanen, gerade in Bosnien aber durch Ungarn, nicht. Die Verwurzelung der Regionalherrschaften aber wird deutlich, wenn man bedenkt, dass die Osmanen in ihrer Frühphase diese Landschaften unter dem Namen der früheren Herren als Verwaltungseinheiten organisierten; bekanntestes Beispiel hierfür ist die Herzegowina, doch finden sich in Epirus (Karli-ili, Land des Karl Tocco) und in albanischen Landschaften weitere Hinweise.

Im ausgehenden 14. Jahrhundert hatte der Balkanraum sicherlich einen Höhepunkt der politischen Zersplitterung erreicht – erst im späten 20. Jahrhundert sollte erneut eine ähnliche kleinteilige politische Welt entstehen, und zwar wiederum nach dem Auseinanderbrechen von Großreichsstrukturen in der Region.

1.5 DER SPÄTMITTELALTERLICHE BALKAN ALS POLITISCHE WELT

Was hielt den Balkan nun politisch zusammen? Die oben dargestellten Verdichtungszonen politischer Geschichte entsprechen dem Geflecht politischer Heiraten, das den Balkan überzog. Es waren diese Eheverbindungen, die den Balkan zu einer Schicksals-, aber auch Konfliktgemeinschaft bündelten, die von der Zugehörigkeit zur Orthodoxie geprägt war. Dies gilt vor allem für Byzanz, die orthodoxen Herrschaften in Griechenland (Thessalien, Epirus), die Kronen Serbiens und Bulgariens sowie für serbische, bulgarische, später auch rumänische und albanische Regionalherrschaften. Nach Westen und Norden öffnete sich diese Heiratsgemeinschaft punktuell auch in den katholischen Raum. Enger noch als Eheverbindungen erwiesen sich nach Norden und Westen Bande der Vasallität vor allem gegenüber Ungarn, aber auch die Annahme des Bürgerrechts von Venedig als politische, von Dubrovnik als finanzpolitische (Bankdepots) Rückversicherung.

Waren machtpolitisch die meisten orthodoxen Herrschaften Byzanz überlegen, blieb das Romäerreich bis zum Ende Quell politischer und kirchlicher Legitimität. Die in Teilen gescheiterte Selbsterhöhung Serbiens (1346 Zartum u. Patriarchat) stellt dies eindrücklich unter Beweis, denn auch Teile der serbischen Gesellschaft missbilligten, zumal in der Rückschau, diesen Bruch byzantinisch-orthodoxer Herrschaftsvorstellungen.

1.6 DER BALKANRAUM UND SEINE VERFLECHTUNG MIT ANDEREN EUROPÄISCHEN TEILREGIONEN

Doch wäre es verfehlt, für das Spätmittelalter von „typisch balkanischen" Verhältnissen zu sprechen. Im Gegenteil, der Balkanraum folgte in dieser Epoche, stärker als unter osmanischer Herrschaft, dem Rhythmus allgemeiner europäischer Geschichte, können doch der Hundertjährige Krieg, die Krise des Kaisertums im Heiligen Römischen Reich, die politische Fragmentierung Italiens neben den hier beschriebenen Zerfall alter politischer Systeme im Balkan gestellt werden. Neue Stabilisierungsversuche wie jene des serbischen Zartums um 1350 stehen demgegenüber in einer Reihe mit dem Höhepunkt des angevinischen Königtums, dem Polen Kasimirs III. (d. Gr., 1333–1370) sowie dem Aufstieg Litauens zur Vormacht im ostslawischen Raum. Die Moldau erlebte ihren Aufstieg wie das Großfürstentum Litauen angesichts des Niedergangs der Goldenen Horde, deren Zurückweichen die Neuordnung weiter osteuropäischer Räume ermöglichte. Im europäischen Rhythmus bewegte sich der Balkan ebenfalls bezüglich langfristiger Veränderungen wie der Klimaabkühlung des 14. Jahrhunderts, dem Bevölkerungsrückgang durch die Schwarze Pest oder der sich ausdehnenden Wüstungen, die auch durch anhaltende Kriege verursacht waren. Was sich im Reich als Herrschaftsverdichtung der sich stärker ausprägenden Territorialherrschaften abzeichnete, gilt gleichfalls für Teile des Balkans, vor allem dessen westliche Flanke. Auch in der Wirtschaft, den großen Handelsströmen war der Balkan vor der osmanischen Eroberung stärker als zuvor in gesamteuropäischen Bezügen eingebunden. Politisch schließlich rückte die osmanische Bedrohung den orthodoxen Balkan an das romkirchliche Europa heran, und sei es nur in der Ablehnung desselben. Überhaupt erweist sich der spätmittelalterliche Balkan keineswegs als abgelegene Peripherie Europas: Seine Geschichte ist eng verwoben mit jener der Flankenmächte in den angrenzenden Räumen, mit jener des Reichs der Stephanskrone, das versuchte, nach dem Verschwinden des byzantinischen Einflusses als neue Ordnungsmacht hervorzutreten, aber auch mit jener der italienischen Handelsrepubliken Genua und Venedig, beide auch Territorialmächte, obschon ungleicher Art. Das Papsttum tritt nicht nur als Vertreter von Unionsplänen auf, sondern wiederholt als politische Macht, die ein eigentliches Kraftzentrum gegen den osmanischen Vormarsch bildete. Schwächer wirkte das Heilige Römische Reich auf den Raum ein – nicht das Reich, sondern einzelne Adelsgeschlechter von dessen südöstlichem Grenzsaum, die Cillier allen voran, waren in das Mächtegeflecht der südosteuropäischen Halbinsel eingebunden. Die Habsburger expandierten weniger, als dass sie verteidigten, zuerst ihre innerösterreichischen Länder, die schon im frühen 15. Jahrhundert von osmanischen Streifscharen verheert wurden, vor allem aber indem sie nach 1526 das Erbe des ungarischen Königtums und dessen Stellung als Schutzmacht des mittleren Europas antraten.

Ungarn hatte zuvor über Jahrhunderte den Status einer hegemonialen Macht im nördlichen Balkan inne. Bosnische, serbische, nordwestbulgarische Geschichte, von jener der jungen Fürstentümer Walachei und Moldau ganz zu schweigen, sind ohne die Verflechtung mit der ungarischen Entwicklung nicht zu verstehen. Diese Grenzzone verwandelte sich ab dem ausgehenden 14. Jahrhundert in einen Schauplatz des ungarisch-osmanischen Gegensatzes auf dem Balkan, und ungarische Krisenzeiten bzw. die ungarische Mitteleuropapolitik erklären wichtige Etappen der osmanischen Expansion auf dem Balkan – s. hierzu Beitrag 2, URSPRUNG, Kap. 2.5.1.

Zugleich wurde die Lage auf dem Balkan durch den Gegensatz von Ungarn und Venedig, von Venedig und Genua erheblich kompliziert: Die kontinentale und die maritime Vormacht am nordwestlichen Rand des Balkans rangen seit dem Hochmittelalter um die Vorherrschaft in der Adria. 1202 hatte Venedig mit den Teilnehmern des 4. Kreuzzugs Zadar/Zara erobert; bis 1358 hatte die Markusrepublik die Vorherrschaft an der Ostküste der Adria inne. 1351–1354 sowie 1378–1381 lieferten sich Genua und Venedig erbitterte Kriege um die Kontrolle des Handels im östlichen Mittelmeerraum; dabei wurde der Seekrieg vor den Mauern Konstantinopels ebenso geführt (1351) wie (bes. im sog. Chioggia-Krieg 1378–1381) in Dalmatien und bis vor die Tore Venedigs. Schließlich behauptete sich Venedig im Frieden von Turin (1381), Genua aber schied als Machtfaktor weitgehend aus. Venedig konnte daraufhin bis 1420 sein Territorium an den Küsten Südosteuropas weit ausdehnen. Der Gegensatz zu Ungarn schwelte aber bis zum Zusammenbruch des Reichs der Stephanskrone (1526) weiter. Das seit 1442 von den Aragonesen regierte Königreich Neapel setzte wiederum die normannische, staufische und angevinische Tradition einer expansiven Balkanpolitik fort, errichtete besonders unter Alfons V. (1442–1458) ein System balkanischer Vasallen und geriet in scharfen Gegensatz zu Venedig.

Die Verflechtung des Balkanraumes mit Venedig, Neapel und Ungarn wurde besonders deutlich, als das politische System christlicher Balkanstaaten zusammenbrach: Flüchtlingsströme wandten sich nach Italien und Ungarn, zahlreiche Balkanadlige optierten, aufgrund älterer Vasallitäts- und Heiratsbindungen, für Asyl und gesellschaftliche Einbindung in einem der genannten Staaten. Doch auch das aufsteigende Osmanische Reich wurde Teil dieses Systems von Vasallitätsverhältnissen und Ehebündnissen, wie schon frühe dynastische Verbindungen zwischen byzantinischen (Kantakuzenen), bulgarischen, serbischen (Lazarević) Herrscherhäusern und der osmanischen Dynastie belegen. Wie Ungarn und Venedig wirkte das Osmanische Reich als beherrschende Macht, wie Ungarn und Venedig entwickelte es seine eigenen Mechanismen der An- und Einbindung orthodoxer Adliger über die Barriere des Glaubens hinweg. Eine kleinregionale Perspektive gewinnt europageschichtlich dann an Bedeutung, wenn Akkulturierungsformen in konfessionellen bzw. religiösen Überlappungsräumen in den Blick genommen werden, etwa die Einbindung italienischer Adelsgeschlechter auf dem griechischen Festland oder die Verbindungen bedeutender orthodoxer Persönlichkeiten mit der osmanischen Dynastie.

1.6.1 Darstellungsperspektiven

Südosteuropa im späten Mittelalter ist als Ganzes bisher kaum ein Forschungsthema gewesen. Diese Aussage erstaunt angesichts einer kaum überschaubaren Fülle an Spezialliteratur, ist aber leicht zu begründen. Die Forschung splittert sich auf in nationale Historiographien, die „imperialen Wissenschaften" der Byzantinistik und der Osmanistik, die Kreuzzugsforschung und die Mittelmeergeschichte, Forschungszweige, die nur in geringem Maße miteinander in Austausch stehen und weitgehend geschlossene Erkenntniswelten darstellen. Entsprechend vielfältig sind Deutungen und Erzählmuster. Die Nationalhistoriographien jener modernen Staaten, die ihre Staatlichkeit mit dem Verweis auf mittelalterliche Reiche begründen, die von den Osmanen erobert worden waren, sehen im Spätmittelalter die politische wie oft auch kulturelle Blüte, die gewaltsam unterbrochen worden ist (Bulgarien, Serbien, Kroatien). Hervorgehoben wird in dieser Sicht ebenso, dass eine organische Entwicklung in einem europäischen Kontext zerstört und die nationale Geschichte gewaltsam in Richtung Orient umgepolt worden sei. In diesem Sinne ist das Spätmittelalter für diese historiographischen Traditionen eine Endzeit. Im Gegensatz hierzu ist die Byzantinistik in ihrer traditionellen Betrachtungsweise eher einem Niedergangsschema verpflichtet, das zunehmende politische Schwäche mit der auffallenden kulturellen Blüte kontrastiert; mit den nationalen Historiographien berührt sie sich hier am ehesten mit der bulgarischen, die vergleichbare Erscheinungen zu deuten hat. 1453 geht Byzanz unter, und damit endet die staatliche Verfasstheit des übernationalen orthodoxen Reichsgedankens. Somit bedeutet das Spätmittelalter, deutlich mehr als für die erwähnten Nationalhistoriographien, das Ende einer disziplinären Betrachtungswelt. Demgegenüber stehen Narrative des Anfangs und Aufstiegs. Ganz deutlich ist dies in der Osmanistik, die den Siegeslauf eines neuen Großreiches und dessen Machtsicherung in den Mittelpunkt ihrer Deutung rückt. Das südosteuropäische (christliche) Spätmittelalter ist in dieser Sicht Vorgeschichte zu einer imperialen Meistererzählung, die in der Regel einen politisch fragmentierten und von gesellschaftlicher Ungleichheit zerrissenen christlichen Balkan einem politisch stabilen, religiös toleranten, sozial gerechten und wirtschaftlich erfolgreichen Osmanischen Reich mit dessen „pax ottomanica" gegenüberstellt.

Narrative des Anfangs bestehen aber auch in Südosteuropa selbst, und zwar sowohl unabhängig wie abhängig von der osmanischen Eroberung. Die nichtslawischen altbalkanischen Ethnien der Rumänen und Albaner bildeten im Spätmittelalter erstmals Herrschaftsstrukturen aus, die im Falle der Fürstentümer Walachei und Moldau dauerhaft, im Falle der zahlreichen albanischen Kleinherrschaften im südwestlichen Balkan nur ephemer waren. Die beiden rumänischen Fürstentümer formierten sich in einer alten Pufferzone am Steppenrand, aus dem sich die Goldene Horde zurückzog und das ungarische Königreich seine Ansprüche militärisch nicht nachhaltig durchzusetzen vermochte. Auf die eigentliche Herrschaftsbildung wirkten die Osmanen nicht ein, dennoch brachten sie die beiden Fürstentümer schrittweise seit dem ausgehenden 14. Jahrhundert in ihre Abhängigkeit. Während die rumänische Historiographie im Gegensatz zu allen Nationalhistoriographien südlich von Save und Donau Herrschaftskontinuität – bei aller Einschränkung derselben durch die osmanische Oberherrschaft – beschreibt, versucht die albanische Forschung aus dem schwankenden Machtgebiet Skanderbegs, der ein Vierteljahrhundert einen Aufstand gegen die Osmanen anführte (1443–1468), einen mittelalterlichen Nationalstaat zu konstruieren. Das albanische Narrativ ist jedoch weitaus vielfältiger: Der Deutung der abgebrochenen Staatsbildung steht jene der Bewahrung nationaler Identität durch die Islamisierung gegenüber, die eine griechische und südslawische orthodoxe Überschichtung beendet habe. Ähnlich dieser bewegt sich die bosnisch-muslimische Deutung des Spätmittelalters ebenfalls in den Kategorien von „Erlösung durch Eroberung" und Bewahrung bzw. sogar Entfaltung nationaler Eigenheit im Osmanischen Reich: die von Katholiken wie Orthodoxen bedrängten bosnischen Christen und ihr Königreich seien durch die Eingliederung in das Osmanische Reich und den raschen Übertritt zum Islam ebenfalls von einem politischen wie kulturellen Druck der Nachbarn befreit worden. Bruch und Kontinuität arbeitet wiederum die kroatische Historiographie heraus: Der Verlust großer Gebiete in Dalmatien und im Binnenland, begleitet von massiven Fluchtbewegungen, führt kroatische Geschichte in die Nähe der orthodoxen Balkanslawen, doch im Gegensatz zu diesen überdauert Herrschaft und Staatsidee ununterbrochen in Randgebieten.

Je nach Perspektive werden die Kategorien des Bruchs bzw. des Übergangs verwendet. Bruch bedeutet dabei in der Regel eine negative Bewertung der osmanischen Eroberung, zugespitzt im Sinne einer Katastrophentheorie; wo Kontinuitäten und Übergang hervorgehoben werden, kann auch der Versuch mitschwingen, die Gewalttätigkeit der osmanischen Eroberung in der Deutung abzuschwächen. Nationalhistoriographische Interessen sind dabei expliziter und zugleich deutlich erkennbarer an politische Konjunkturen seit der Nationalstaatsbildung im 19. Jahrhundert gebunden und als solche von der Wissenschaftsgeschichte deutlich erkannt, benannt und erforscht worden. Die „imperialen Wissenschaften" sind dagegen in ihrer modernen politischen Dimension weniger dem kritischen Blick der Zunft ausgesetzt gewesen. Während eine politische relevante Byzanz-Nostalgie spätestens 1922 mit der neugriechischen „Großen Idee" (Megáli Idéa) untergegangen ist und die Byzantinistik, von vagen pan-orthodoxen Sympathien abgesehen, kaum über den engeren kulturpolitischen Bereich hinauswirkte, gilt dies deutlich weniger für die Osmanistik. Die osmanische Eroberung und Islamisierung des Balkans und ihre Deutungen sind zwar für die negativen Wertungen der südosteuropäischen Nationalhistoriographien kritisch aufgearbeitet worden – demgegenüber aber werden die Meistererzählungen der Osmanistik und damit verbundene außerwissenschaftliche Interessen wenig thematisiert. Dabei wäre dies angesichts der Vorherrschaft der osmanistischen Interpretation für eine Klärung der analytischen Bewertung des südosteuropäischen Spätmittelalters als Forschungsproblem geboten.

Die Darstellung der südosteuropäischen Geschichte im späten Mittelalter leidet auch unter der starken Zersplitterung nationalhistoriographischer Sichtweisen. Wie auch für andere Epochen der südosteuropäischen Geschichte droht eine reine Aneinanderreihung nationaler Fallbeispiele, deren Summe dann als regionales Ganzes gelten soll. Während für die Zeit vom 19.–21. Jahrhundert die Forschung gesamtsüdosteuropäische Fragestellungen entwickelt und umgesetzt hat, ist dies für das ausgehende Mittelalter kaum der Fall. Die international aus sprachlichen Gründen am meisten verbreitete Darstellung John V. A. Fines (The Late Medieval Balkans) reiht Raum an Raum aneinander, versucht aber kaum, gesamtbalkanische Zusammenhänge herauszustellen. Anders verfährt zumindest in Teilen Christo Matanov in seinem Werk Srednovekovnite Balkani, der neben der Herrschaftsgeschichte einzelner Staatsgebilde auch übergreifende Aspekte, z. B. beim Widerstand gegen die Osmanen behandelt. Der Berücksichtigung kleinregionaler Herrschaftsbildung kann eine Darstellung nicht ausweichen, die im Sinne eines Handbuches verlässliches Wissen und einen gesicherten Überblick bieten will. Da zudem angesichts der Quellenlage die politische Geschichte des balkanischen Spätmittelalters besser bekannt ist als andere historische Dimensionen wie Gesellschaft oder Wirtschaft, scheint eine ausführliche Schilderung auf jeden Fall angebracht. Dabei soll immer wieder versucht werden, den gesamten Raum in den Blick zu nehmen, die politische Dynamik in zeitlichen Querschnitten zu analysieren; nicht zuletzt soll vermieden werden, die Vielgestaltigkeit und Kleinteiligkeit balkanischer Politik in einem geglätteten Narrativ zu vereinfachen. In einem Zeitalter des Übergangs vom byzantinischen zum Osmanischen Reich traten regionale Machtstrukturen zutage, die zuvor imperial überdacht oder überdeckt waren, zudem aus Quellenmangel oder dem imperialen Blick vieler Historiker wenig sichtbar waren. Wie sich politische Ordnungsmuster mit dem Rückzug von Imperien aus dem Balkanraum gestalteten, das wird anhand einer politischen Geschichtes des Raumes im späten Mittelalter in einer Weise deutlich, wie sie erst die Geschichte des 20. und 21. Jahrhunderts wieder zu bieten vermag.

1.7 DIE BALKANWELT IM ERSTEN DRITTEL DES 14. JAHRHUNDERTS

1.7.1 Südosteuropa um 1300

Will man langfristig wirksame politische Veränderungen auf der Balkanhalbinsel an der Schwelle zum 14. Jahrhundert ausmachen, bieten sich zwei Blickrichtungen an. Einmal eine, die die großen Flankenmächte in den Vordergrund stellt und südosteuropäische Geschichte aus ihrer Perspektive schildert – als eine Geschichte des gebietsmäßigen Ausgreifens und Zurückweichens. Eine solche Geschichte ist am ehesten für das Byzanz der frühen Palaiologenzeit (ab 1261) sowie für das ungarische Königtum und seine Vorherrschaftsversuche auf der Balkanhalbinsel geschrieben worden; dann, mit Blick vornehmlich auf die südliche Adria, das Ionische Meer, für das Königreich Neapel unter den Anjou (seit 1266/1268), deutlich weniger für die Mongolenreiche der Goldenen Horde und der Nogajer. Dass die Krieger- und Beutegemeinschaft des Osman, des Begründers des Osmanischen Reiches, in Bithynien zur regionalen Großmacht aufsteigen würde, zeichnete sich um 1300 demgegenüber noch nicht in zwingender Notwendigkeit ab. Eine zweite Betrachtungsrichtung könnte gleichsam von innen, d. h. aus der Geschichtsregion Südosteuropa heraus, eingenommen werden. Dabei stünden innerregionale Herrschaftsgebilde und Herrschaftsbildungen im Vordergrund. Innerregionale Geschehensknoten, in denen ein und dieselbe Herrschaft auch in mehrfachen Zusammenhängen zu untersuchen sind, müssen hier die Darstellung gliedern. Und diese Geschehensknoten sind ihrerseits wieder verknüpft mit einer oder mehreren Flankenmächten. So betraf der mongolische Einfluss vorwiegend den östlichen Balkan, d. h. die Anrainer der unteren Donau einschließlich eines Flussstreifens westlich des Eisernen Tors; und das neapolitanische Ausgreifen über die Adria richtete sich im Spätmittelalter wie schon früher unter Normannen und Staufern gegen Dyrrháchion/Durrës/Drač/Durazzo, als Ausgangspunkt der Via Egnatia, sowie gegen Epirus und die Morea (Peloponnes), die als Basis für die Hegemonie auf der gesamten Balkanhalbinsel aufgebaut werden sollten. Ungarn als führende Kontinentalmacht richtete mit wechselndem Erfolg einen Gürtel vorgeschobener Banschaften und Grenzherrschaften an seinen Süd- und Ostgrenzen auf, die vom nördlichen Bosnien über das Grenzgebiet zu Serbien, die westliche Walachei (Severin, ung. Szörény) bis in das östliche Karpatenvorland reichten, wobei langfristige Erfolge eher gegen Süden als gegen Südosten und Osten erzielt wurden, wo sich, wie die Beiträge von Daniel Ursprung zeigen (Beiträge 3 u. 4), die Walachei und die Moldau erfolgreich aus ungarischer Abhängigkeit lösten und sich auch militärisch behaupteten. In dem weiten Küstenbogen von der Adria über das Ionische Meer, die Ägäis und das Schwarze Meer festigten die italienischen Handelsrepubliken Genua und Venedig ihre wirtschaftliche und politische Vormachtstellung. Ebenso zu nennen sind die Katalanen, die als neue Kauffahrer- und Korsarengemeinschaft verstärkt in den Vordergrund traten. Machtpolitisch aber setzten sich diese Kauffahrerstaaten nur gegen kleinere Territorialherrschaften durch, nicht aber gegen größere Reichsverbände wie etwa Ungarn. Zudem stand um 1300 die Rivalität zwischen Genua und Venedig im Mittelpunkt der Machtpolitik, nicht etwa eine gezielte territoriale Ausdehnung gegen die Festlandherrschaften.

1.7.2 Das Verschwinden des Erbes des mongolischen Weltreichs am Nordrand des Balkans

Beginnt man die Betrachtung mit den Flankenmächten, so fällt um 1300 zunächst deren offenkundige Schwächung auf. Der Tatarenfürst Nogaj Khan war 1299 von der Goldenen Horde entscheidend besiegt worden. Ihm hatten die bulgarischen Zaren von Tărnovo, die dem kumanischen Geschlecht der Terter entstammten, seit 1285 Tribut gezahlt. Auch Drman und Kudelin, wohl ebenfalls Kumanen, Herren von Braničevo, Mačva und Teilen des zentralserbischen Waldlandes der Šumadija, hatten ihm seit 1290 als Vasallen gedient. An Nogajs Hof weilten sowohl der bulgarische Zarensohn Todor (Theodor) Svetoslav (auch Svetoslav Terter) wie der serbische Thronfolger Stefan Uroš III. Dečanski (1322–1331) als Geiseln für das Wohlverhalten der Väter, Georgi I. Terter von Bulgarien (1280–1292) und Stefan Uroš II. Milutin von Serbien (1282–1321). Nogajs Sohn Čaka rettete sich über die Donau nach Tărnovo, wurde dort aber von der ehemaligen Geisel Todor Svetoslav beseitigt. Die Goldene Horde selbst übte nie denselben Druck auf Bulgarien und Serbien aus, wie es Nogaj getan hatte. Sie erlaubte Todor Svetoslav, der 1300 den bulgarischen Thron (1300–1321) bestieg, sogar, die bulgarische Herrschaft bis an die untere Donau und die Dnjestrmündung auszudehnen (1314 bis ungefähr 1321). Endgültig aus mongolischer Herrschaft löste sich Bulgarien erst beim Tode Özbek Khans (1341).[1]

1.7.3 Die Angevinen als balkanische Vormacht

Das Königreich Ungarn erlebte mit dem Ende der Arpadendynastie einen Einschnitt. In die Thronwirren griff neben Böhmen und Herzog Otto III. von Niederbayern (Kg. v. Ungarn: 1305–1307) auch der nordserbische König Stefan Dragutin (1276–1282) ein, der seinen Sohn Vladislav auf den Thron heben wollte (1308/1309). Gegen Karl Robert von Anjou (Karl I., Kg. v. Ungarn: 1307–1342) aber setzte sich der Nemanjide nicht durch. Die Anjou sollten Ungarns Anspruch auf Vorherrschaft in Südosteuropa zwischen Dalmatien und dem Karpatenvorland bald eindrücklich Nachdruck verschaffen.

Die neapolitanische Krone unter den Anjou war 1281/1282 kurz davorgestanden, mit einem vom sog. Königreich Albanien (um Dyrrháchion) vorgetragenen Angriff auf Byzanz die Vorherrschaft auf dem Balkan zu erringen (s. ebenso in HGSOE, Bd. 1,2 [Kap. 14]: SAINT-GUILLAIN, Fränkische Herrschaft). Dort hatten sich nachbyzantinische Regionalherrschaften wie Thessalien ebenso in den angevinischen Machtverband eingefügt wie das fränkische Kreuzfahrerfürstentum Achaia in der Peloponnes, wo die Fürstenfamilie der Villehardouin im Mannesstamm ausgestorben war. Die Sizilianische Vesper von 1282 und der folgende Krieg zwischen Aragón und den Anjou in Unteritalien setzten dieser Eroberungspolitik vorübergehend ein Ende, zumal als Karl II.

---

1 Siehe GJUZELEV, Bălgarskijat severoiztok; VÁSÁRY, Cumans and Tatars, 103–105; MIŠIĆ, Srpsko-bugarski odnosi; UZELAC, Počeci Nogajeve vlasti; DERS., War and Peace; dazu die Monographie desselben Autors: Pod senkom psa; s. zu den Terteriden die Monographie von KRĂSTEV, Bălgarskoto carstvo.

von Anjou in Gefangenschaft (1284–1289) geriet. Freigekommen setzte Karl II. aber die Politik Karls I. fort: Er erkannte Florenz von Hennegau, den zweiten Gatten Isabellas von Villehardouin, als Vasallen in Achaia an und verheiratete seinen Sohn Philipp, den Fürsten von Tarent, mit der epirotischen Prinzessin Thamar (1294), wobei vereinbart wurde, dass die Anjou nach dem Tode des epirotischen Fürsten (Despoten) Nikephóros I. die Oberherrschaft über das strategisch wichtige Fürstentum erhalten sollten. Wirklich freie Hand erhielten die unteritalienischen Anjou auf dem Balkan erst mit dem Frieden von Caltabellotta (1302), der den zwanzigjährigen Krieg gegen die Aragón, die das staufische Erbe beanspruchten, beendete.

Beide Kontrahenten, die Anjou in Neapel wie die Aragón in Sizilien, betrieben nun eine aktive Balkanpolitik. Während im Falle der Aragón die Errichtung eines katalanischen Herzogtums Athen (1311–1388) durch eine Söldnerkompanie von Erfolg gekrönt wurde, verliefen die auf den südwestlichen Balkan gerichteten Bestrebungen der Anjou letztlich im Sande. Die Anjou vermochten weder in Albanien noch in Epirus dauerhaft Brückenköpfe zu errichten, und wirrenreich war auch ihr Auftreten im moreotischen Fürstentum Achaia. Nach Caltabellotta überwarfen sie sich mit Epirus, und 1309 verstieß Philipp Thamar und heiratete die Erbin des Lateinischen Kaiserreichs, Katharina von Valois. Die angevinischen Ansprüche auf den byzantinischen Thron blieben zwar aufrecht, doch mehr als regionale Störungen vermochten die Könige von Neapel auf dem Balkan im 14. Jahrhundert nicht mehr zu bewirken.[2]

1.7.4 *Byzanz als balkanische Regionalmacht*

Ein ähnliches Nachlassen des Einflusses ist auch bei jenem Reich festzustellen, mit dem die neapolitanischen Anjou um 1280 noch um die Vorherrschaft auf dem südlichen Balkan gerungen hatten. Das Byzantinische Reich erlitt in Europa wie in Westkleinasien zwischen 1280 und 1310 entscheidende Rückschläge: Epirus und Thessalien hielten sich als eigenständige Regionalherrschaften zwischen dem fränkischen Griechenland und Neapel einerseits, Konstantinopel andererseits. Vor allem aber hatte das seit 1282 nach Süden vordringende serbische Königtum Byzanz aus dem nördlichen und mittleren Vardartal etwa auf die Linie der heutigen griechisch-nordmakedonischen Grenze zurückgedrängt (1299). Gegenüber den türkischen Emiraten in Westanatolien, vor allem dem Kriegerführer Osman, erlitt das Reich schwere Rückschläge. Der Versuch, kaukasische Alanen in großem Stile gegen Osman einzusetzen, scheiterte, und Thronfolger Michael IX. Palaiológos wurde im Juli 1302 bei Bapheús schwer geschlagen. Flüchtlingsströme wandten sich aus Bithynien und vom Marmarameer gegen Konstantinopel.[3] Damit begann, von den anderen christlichen Balkanstaaten noch unbemerkt, der Aufstieg jener Kriegergemeinschaft, die ein hal-

---

2   Vgl. GEANAKOPLOS, Emperor Michael Palaeologus (Ausg. v. 1958), 47–74; RUNCIMAN, The Sicilian Vespers; SETTON, The Papacy and the Levant, Bd. 1; DUCELLIER, La façade maritime de l'Albanie; SOULIS, The Serbs and Byzantium, 63–66.

3   BELDICEANU-STEINHERR, L'installation des Ottomans.

bes Jahrhundert später von Bithynien nach Thrakien übergreifen und in wenigen Jahrzehnten den südlichen Balkan überrennen sollte.

Byzanz hingegen sah sich schon um 1300 mit einer Lage konfrontiert, die ihm zunehmend entglitt. Viele Werkzeuge der kaiserlichen Machtpolitik erwiesen sich zusehends als stumpf: Von einem Bündnis mit den persischen Ilchaniden gegen den osmanischen und allgemein türkischen Druck wurde nur noch geträumt; noch fataler aber war der Entschluss, wieder auf fremde Söldner zurückzugreifen. Die sog. Katalanische Kompanie, die nach dem Frieden zwischen Anjou und Aragón beschäftigungslos war, schlug zwar 1304 die Osmanen in Anatolien, doch plünderte sie byzantinisches Gebiet und konnte nur durch die Ermordung ihres Anführers Roger de Flor daran gehindert werden, ein eigenes kleinasiatisches Fürstentum zu errichten. Zudem rief der langsame katalanische Marsch durch das nördliche und mittlere Griechenland hinab bis nach Attika, wo sich die Katalanen nach der Vernichtung eines fränkischen Ritterheeres (bei Halmyrós in Böotien, März 1311) dauerhaft einrichteten (bis 1388), schwerwiegende Verwüstungen hervor und zerrüttete die politische und gesellschaftliche Struktur des südlichen Balkans. Byzanz wandelte sich so von der Vormacht im Süden der Balkanhalbinsel neben Serbien und Bulgarien zu lediglich einer der drei orthodoxen Regionalmächte des zentralen Balkans.

1.7.5 Geostrategische Verschiebungen um 1300

Mit dem allmählichen Rückzug der Mongolen, dem nur noch regional wirksamen Expansionsdruck der neapolitanischen Anjou und der Abdrängung von Byzanz verschoben sich die Gewichte auf dem Balkan: Als Vormacht im Norden hätte Ungarn ordnend eingreifen können, doch waren seine Herrscher vom 14. bis ins frühe 16. Jahrhundert eng verflochten mit den Entwicklungen in Polen, Böhmen, den österreichischen Ländern. Diese doppelte räumliche Orientierung führte dazu, dass das mittelalterliche Ungarn nur eine regional begrenzte Expansion nach Südosten betrieb und erst dann offensiv vorging, als die osmanische Bedrohung überdeutlich wurde. Hinzu kam, dass im 14. und frühen 15. Jahrhundert der seit dem Hochmittelalter bestehende Gegensatz zwischen der ungarischen Krone und der Republik Venedig seinem Höhepunkt zustrebte. Dieser Konflikt gehörte zu den vielen Ursachen, die das rasche osmanische Vordringen auf dem Balkan erklären. Denn in entscheidenden Situationen, um die Jahrhundertmitte, um 1380, in den ersten beiden Jahrzehnten des 15. Jahrhunderts widmeten die beiden Flankenmächte ihrem Streit mehr Aufmerksamkeit als dem Vordringen der Osmanen, wofür beide langfristig einen sehr hohen politischen Preis zahlten. Südosteuropas politische Entwicklung im frühen 14. Jahrhundert ist so in einem weiten räumlichen Rahmen zu sehen, der das östliche Mittelmeer, den pannonischen und nordpontischen Raum sowie Anatolien umfasst. Doch soll die Region nicht etwa nur in Abhängigkeit zu großräumigen politischen Veränderungen in ihrem weiteren Umfeld dargestellt werden. Denn gerade 1300 stellte sich die Frage, ob es nicht zu einer innerregionalen Stabilisierung der machtpolitischen Lage kommen, also ob eine regionale Macht an die Stelle von Byzanz treten würde.

Das balkanische Spätmittelalter ist als Epoche imperialer Schwäche und innerregionaler Ordnungsversuche zu kennzeichnen. Es setzte sich mit Serbien schließlich für einige Jahrzehnte (1330–

1371) die am wenigsten instabile Macht durch, nicht etwa die von Beginn an stärkste. Serbiens Aufstieg war wesentlich das Ergebnis der Schwäche seiner Nachbarn, von Byzanz, den griechischen Regionalstaaten Epirus und Thessalien, ein Ergebnis auch der Katastrophe der fränkischen Ritter gegen die Katalanen und der politischen Fragmentierung Bulgariens – schon in Bosnien aber, nicht eben einem Herrschaftswesen mit starker Königsgewalt, scheiterte Serbien, und Ungarn gegenüber erreichte es bestenfalls eine robuste Defensive. Will man den serbischen Aufstieg zur balkanischen Vormacht verstehen, die in der doppelten Selbsterhebung zum Zartum und zur Patriarchatswürde gipfelte (1346), ist der Blick in jene Region zu richten, in die sich das serbische Königtum am stärksten ausdehnte, d. h. in das heutige Nordmakedonien, Nord- und Mittelgriechenland sowie den albanischen Raum. Vor allem aber ist zu verstehen, weshalb nicht Bulgarien das Erbe des zurückweichenden Byzanz übernahm. Das serbisch-bulgarisch-byzantinische Mächtedreieck ist ein wesentlicher Gegenstand einer Geschichte des Balkans im späten Mittelalter, nicht weil Bosnien oder die entstehenden rumänischen Fürstentümer mehr als nur räumlich peripher gewesen wären. In diesem Mächtedreieck entschied sich vielmehr, ob die durch wachsende Heiratsbande zu einem balkanorthodoxen dynastischen Verband zusammenwachsende Elite diese politische und kulturelle Nähe nicht nur als Abgrenzung gegenüber den katholischen Flankenmächten und dem aufstrebenden Osmanenreich vage empfand, sondern auch zu gemeinsamem politischem Handeln zu nutzen vermochte.

1.7.6 Bulgarien von der Lösung vom Einfluss der Nogajer bis zur Niederlage im regionalen Ringen mit Serbien

Konstantinopels nördlicher Nachbar, das bulgarische Zartum (s. zum Zweiten bulg. Reich im HGSOE, Bd. 1,2, Beitrag ZIEMANN, Kap. 10), war seit dem Mongolensturm von 1242 von mongolischen Reichen abhängig, bis 1265 von der Goldenen Horde, ab 1285 vom Tatarenfürsten Nogaj, dem die Zaren in Tărnovo aus dem kumanischen Geschlecht der Terter Tribut zahlten: Georgi I. Terter hatte sowohl seine Tochter wie seinen Sohn, den späteren Zaren Todor Svetoslav, der zuvor in Konstantinopel für das Wohlverhalten seines Vaters hatte bürgen müssen, an den Hof Nogajs geschickt.[4] Diese Vasallenschaft bedeutete aber nicht zugleich stabile Verhältnisse im Innern des Zartums von Tărnovo. Terters Bruder Eltimir richtete vielmehr westlich von Sliven in der Krănska chora eine eigene Herrschaft auf, der Bojar Smilec tat, wohl von Byzanz unterstützt, südlich des Balkangebirges in der Sredna gora dasselbe und ehelichte sogar eine Cousine Kaiser Andrónikos' II. (1282–1328), die Tochter des Sebastokrátors Konstantínos Palaiológos. Terter floh vor dem Druck Nogajs schließlich nach Konstantinopel (1292), und Smilec bestieg den Thron von Tărnovo (1292–1298). Als Smilec starb, bot seine byzantinische Witwe dem serbischen König Stefan Uroš Milutin Hand und Zartum an. Dass diese Palaiologenprinzessin, die die Interessen ihres Sohnes Ivan – bisweilen als Ivan IV. unter die bulgarischen Zaren gezählt– vertrat, ihre Tochter mit dem serbischen Thronfolger Stefan (Dečanski) verheiratete, verhalf ihrer Linie

---

4 VÁSÁRY, Cumans and Tatars, 108.

ebenso wenig zum Thron wie die Ehe einer weiteren Tochter mit Eltimir (1298/1299). Ivan floh schließlich mit seiner Mutter nach Konstantinopel, wo er vor 1330 als Mönch starb. Die Macht ergriff Todor Svetoslav (1300–1321), der aus persönlichen Gründen in gespannter Beziehung zum serbischen König Milutin stand, da dieser mit Byzanz über ein Heiratsbündnis verhandelte, das ihm nicht nur das Prestige einer Palaiologengattin, sondern auch die Bestätigung seiner Eroberungen im Vardarbecken einbringen sollte. Dafür verstieß er seine bulgarische Gattin Anna, die Schwester des neuen Zaren von Tărnovo, die an den Hof von Konstantinopel übergeben wurde.[5]

Abhängig von Nogaj waren auch die beiden wohl kumanisch-(also turk-)stämmigen Herren an der mittleren Donau, Kudelin und Drman, die sich aus ungarischer Abhängigkeit gelöst hatten und beide serbischen Könige, Stefan Uroš II. Milutin (1282–1321) und Stefan Dragutin, mit Krieg überzogen. Sowohl Ungarn wie Stefan Dragutin zogen gegen sie ins Feld, unterlagen aber (1285). Besiegt wurden die beiden Kumanen schließlich, als die beiden lange zerstrittenen Nemanjidenbrüder Dragutin und Milutin sich zusammenschlossen (1291). Ein ehemaliger Vasall Drmans und Kudelins, Šišman, machte sich dies zunutze und schwang sich zum Herrn im Donauhafen Vidin/Diiu auf, blieb aber Vasall des Nogaj.[6] Ihn besiegte 1292 der serbische König Milutin. Braničevo fiel an König Dragutin, und Vidin wurde über die Vasallität Šišmans und dessen Sohnes Michael an Serbien gebunden. Milutin aber musste dann die Rache Nogajs gewärtigen, was zur schon erwähnten Vergeiselung des Königssohnes Stefan Uroš III., des späteren Dečanski, führte. Todor Svetoslav stand so mit Serbien in einem spannungsreichen Verhältnis, und zwar von der unteren Donau bis in das Vardarbecken, das lange einen Kernraum des bulgarischen Zartums gebildet hatte. Im Inneren glich er sich mit Eltimir aus, musste dann aber die Brüder des verstorbenen Zaren Smilec, Radoslav und Vojsil, bekämpfen.

Sowohl diese Brüder des Smilec wie Michael, Sohn des verstorbenen Zaren Konstantin Tich (Konstantin Asen) (1257–1277) und einer Nichte des byzantinischen Kaisers Michael VIII. Palaiológos, wurden von Todor Svetoslavs südöstlichem Nachbarn Byzanz gegen Bulgarien in Stellung gebracht. Hier ging es um die Vorherrschaft im nördlichen Thrakien und an der Schwarzmeerküste. 1304 errangen die Bulgaren einen ersten Erfolg, und 1305 wurde der byzantinische Mitkaiser Michael IX. Palaiológos mit Vojsil besiegt. Dass die Byzantiner dann Eltimir auf ihre Seite zwangen, änderte am Kriegsverlauf nur wenig. Ende 1305 war der Zar von Tărnovo zum Schwarzen Meer vorgestoßen. Als 1307 zwischen Bulgarien und Byzanz Friede geschlossen wurde, fielen die wichtigen Häfen Mesembría/Nesebăr, Anchíalos/Pomorie und Jambol an Bulgarien. Wohl 1308 heiratete der bulgarische Zar eine Enkelin des byzantinischen Kaisers Andrónikos II. (1282–1328), die Tochter des Mitkaisers Michael IX., Theodora. Da wie erwähnt die Mongolen dem Todor Svetoslav das Küstenland hinauf bis zur Dnjestrmündung übergaben, herrschte der bulgarische Zar für einige Jahre fast an der gesamten Westküste des Schwarzen Meeres. Dies

---

5 Mavromatis, La fondation de l'Empire serbe; Bojović, L'idéologie monarchique, 88ff.; Georgieva, Marital Unions as a Tool of Diplomacy.

6 Vásáry, Cumans and Tatars, 103–105.

schützte aber Bulgarien nicht vor Einfällen aus dem Norden (1320/1321).[7] Erschwerend kam hinzu, dass der Zar 1322 starb und sein Nachfolger Georgi II. Terter (1321–1323) bald darauf ebenfalls verschied. Beide Terteriden hatten ihrerseits versucht, in den byzantinischen Thronstreit zwischen Andrónikos II. und dessen Enkel Andrónikos III. (1328–1341) einzugreifen: Georgi II. gelang dabei die handstreichartige Eroberung des oberthrakischen Philippopel/Plovdiv, in das die Bulgaren eine aus Alanen und Russen bestehende Besatzung legten.

In dem wechselvollen Ringen zwischen Bulgarien und Byzanz um die Häfen der westlichen Schwarzmeerküste folgte nach Georgis II. Tod ein byzantinischer Gegenschlag, und die Region zwischen Mesembría, Anchíalos und Sozópolis (Großraum Burgas) wurde wieder byzantinisch. Vojsil unterstellte seine Herrschaft um Sliven den Byzantinern und erhielt dafür den Titel „Despot von Mysien". Als Vojsil und byzantinische Truppen die oberthrakische Festung Philippopel belagerten, wählten die bulgarischen Bojaren den Regionalherrn von Vidin, Mihail/Michael Šišman, Sohn des Begründers der dortigen Herrschaft, zum Zaren (Michael III., 1323–1330). In Vidin setzte er seinen Halbbruder Belaur ein, wandte sich dann gegen Byzanz, gewann Vojsils Herrschaft am Südfuss des Balkangebirges, drängte diesen bis 1324 zur Flucht nach Konstantinopel, musste aber zugleich Philippopel verloren geben. Nach einem Grenzkleinkrieg, der durch einen Tareneinfall bis vor die Tore Konstantinopels zusätzlich kompliziert wurde, schlossen die beiden byzantinischen Kaiser Andrónikos II. und Andrónikos III. Frieden mit Šišman.[8] Dieser war mit Anna, der Schwester des serbischen Königs Stefan Uroš III. Dečanski, verheiratet gewesen.[9] Er verstieß seine Frau und heiratete die Witwe Todor Svetoslavs, die Nichte Andrónikos' II.

Während Mesembría, Anchíalos, Áetos/Ajtos und Jambol Bulgarien zugeschlagen wurden, blieben Philippopel und Sozópolis byzantinisch (August 1324). Aus diesem Abkommen entwickelte sich eine, wenngleich nicht aufrichtige, Annäherung: 1326 vereinbarten der Zar und der seit 1325 als Mitkaiser wirkende Andrónikos III. Palaiológos ein gemeinsames Vorgehen gegen das serbische Königtum, das sich zulasten beider Herrschaften ausdehnte. Doch noch währte die Spannung zwischen altem und jungem Kaiser in Konstantinopel, und Šišman hoffte auf erhebliche Gewinne, wenn er den älteren Kaiser unterstützte. Offenbar wollte sich Šišman Konstantinopels bemächtigen, doch kam ihm Andrónikos III. zuvor (24. Mai 1328). Nach einigen Plünderungszügen auf byzantinischem Gebiet schloss Šišman im Oktober 1328 Frieden; er erhielt keine Gebiete, sondern nur eine Kriegsentschädigung.[10]

Mitten in den byzantinisch-bulgarischen Grenzkrieg fielen ab 1329 türkische Plünderzüge an der thrakischen Ägäisküste an der Mündung der Marica/Hebros (heutiges griechisch-türkisches Grenzgebiet). Um den serbischen Vorstoß im makedonischen Raum aufzuhalten – 1329 verheerten serbische Einheiten die Region um Ochrid/Ohrid/Ohër/Achrís –, planten Šišman und

---

7   Gjuzelev, Bălgarskijat severoiztok, 31, der Vorstoß erreichte Adrianopel; Vásáry, Cumans and Tatars, 110.

8   Gjuzelev, Bălgarskijat severoiztok, 31f.

9   Uzelac, O srpskoj princezi i bugarskoj carici Ani.

10 Soustal, Thrakien, 114–116.

Andrónikos III. einen gemeinsamen Feldzug. Šišman zog mit mongolischen/tatarischen und walachischen Truppen ins Feld. Bei Velbăžd (heute Kjustendil in Südwestbulgarien) stießen die Heere am 28. Juli 1330 aufeinander. Šišman vertraute einem kurzen Waffenstillstand und wurde von den Serben, die über eine überlegene abendländische Söldnerreiterei verfügten, besiegt. Der Zar fiel im Gefecht. Die Schlacht von Velbăžd gehörte in der Geschichte der balkanorthodoxen Herrschaften des Spätmittelalters zu den wenigen großen Feldschlachten. Die Kriegführung war ansonsten stark von Streifzügen, Belagerungen und Überrumpelungen geprägt. Erst der Kampf gegen die Osmanen sollte dann in – wenigen – größeren Treffen geführt werden, wobei hier in erster Linie serbische Adlige und später Kreuzfahrer die Form der offenen Feldschlacht wählten, während Bulgaren und Byzantiner ihre Hauptstädte verteidigten. Velbăžd warf das Zartum von Tărnovo endgültig aus dem Wettlauf um die Vormachtstellung auf dem Balkan. Die Schlacht öffnete wiederum Serbien den Weg in das südliche Makedonien, nach Thessalien und Epirus. Nach Velbăžd stand der serbischen Hegemonie nichts mehr entgegen, zumindest im orthodoxen Balkan nicht. Kurzzeitig schien das Zartum von Tărnovo vom völligen Zerfall bedroht: Die Goldene Horde nahm ihm die nordöstlichen Schwarzmeergebiete ab, der byzantinische Kaiser Andrónikos III. rückte gegen Mesembría, Anchíalos, Áetos und Jambol vor und zog, angeblich um die Interessen der von der Macht verdrängten Palaiologenprinzessin, der Zarin Theodora, zu wahren, dieses viel umstrittene Gebiet wieder an sich. Der siegreiche Dečanski betrieb indes die Inthronisierung der Nemanjidenprinzessin und verstoßenen Gattin des toten Zaren, Anna, und ihres Sohnes Ivan Stefan.[11]

1.7.7 Die serbischen Nemanjiden als regionale Macht

War Bulgarien zwischen Tărnovo und Vidin geteilt, zudem in seinen Randbereichen mit dem Problem zerfransender Grenzräume beschäftigt, so unterschied sich das serbische Königtum davon nicht wesentlich. Auch in Serbien standen sich zwei Teilreiche gegenüber, die aus innerdynastischen Spannungen der Nemanjiden hervorgegangen waren. Die Dynastie versuchte, die Spannungen zwischen Herrscher und Thronfolger zu mindern, indem letzterem, dem „mladi kralj" (jungen König), ähnlich wie dem ungarischen Thronfolger (in Kroatien) eine eigene Apanage zugewiesen wurde; diese lag in der Primorje, dem adriatischen „Küstenland" um den Skutarisee (heutiges Nordalbanien/Montenegro). Dieses Apanagensystem schwächte die Krone und bestand daher nicht dauerhaft. Als im Jahre 1276 Stefan Dragutin seinen Vater Uroš vom Thron stieß, musste er offenbar unter Druck des Adels seinem jüngeren Bruder Milutin eine Apanage um Skutari/Shkodra/Skadar zuweisen. Ebenso sah er sich gezwungen, seiner Mutter Helena (Jelena), der eine Herkunft aus dem Geschlecht der Valois nicht zweifelsfrei zuerkannt werden kann, eine Apanage zuzugestehen, die vom Dubrovniker Hinterland (Trebinje, Konavle, Cavtat) bis an die Quelle des Ibar und in das Hochland von Plav (heute im Grenzgebiet Montenegros zu Kosovo)

---

11 Jireček, Geschichte der Serben, Bd. 1, 360–364; Škrivanić, Bitka kod Velbužda.

reichte.[12] Stefan Dragutin hatte Katharina geheiratet, die Tochter des ungarischen Königs Stephan V. (István) (1270–1272) und der Kumanenprinzessin Elisabeth; Milutin hingegen war mit der Tochter des Sebastokrátors Johannes Dúkas von Thessalien verehelicht. Die beiden Bündnisse deuten auch auf die außenpolitische Orientierung der beiden Nemanjiden hin. Deutlich wurde dies, als Dragutin nach einem Reitunfall auf einer Adelsversammlung in Deževo von der Alleinherrschaft verdrängt und nun seinerseits mit einer Apanage abgefunden wurde, zum einen mit Rudnik, Arilje, Dabar am unteren Lim sowie bei Trebinje, zum anderen mit Mačva/Macsó, Syrmien sowie den nordbosnischen Landschaften Usora und – quellenmäßig weniger gut gesichert – auch Soli (das heutige Tuzla).[13]

Milutin herrschte nun als rangerster König und begann die großen Eroberungszüge nach Süden und Südosten. Bulgarien nahm er im Sommer 1282 Velbăžd, Zemen und einen Teil von Mraka weg, noch erfolgreicher aber war er gegen Byzanz, wobei ihm Dragutin tatkräftig zur Seite stand: 1283 teilten sich die serbischen Verbände nach Südosten in Richtung Kavala/Christúpolis und nach Südwesten in das Polog- (alb. Pollog)tal gegen Kičevo/Kërçova und weiter gegen Debar/Dibra.[14] Dragutin suchte die Nähe zu Ungarn, dem er gegen Drman und Kudelin half, die sich von Ungarn gelöst hatten. Er unterlag 1285, war dann aber, wie gezeigt, gemeinsam mit Milutin 1291 erfolgreicher. In seinem faktisch unabhängigen nordserbischen Teilreich duldete Dragutin, der gute Beziehungen zum Papsttum unterhielt, ein katholisches Bistum in Belgrad und die franziskanische Arbeit in Nordbosnien.

Räumlich betrachtet vermochte es Dragutin, seine Herrschaft in einem Gebietsstreifen von Nordbosnien über das nördliche Serbien bis nach Braničevo zu etablieren. Während sich seine Donau- und Saveherrschaft in west-östlicher Richtung entwickelte, handelte sein Bruder Milutin entlang einer Nord-Süd-Achse, der Morava-Vardar-Furche. Nach 1282 hatte er Polog, Skopje/ Shkup/Skópia/Skoplje, das Ovče Pole/Ovče Polje sowie die Region Pijanec an der Bregalnica (d. h. weite Teile des Gebiets der heutigen Republik Nordmakedonien) den Byzantinern entrissen. In einem rund 15 Jahre dauernden Kleinkrieg entlang der Grenzen zermürbte er den südlichen Nachbar. Mit dem Friedensschluss von 1299 verlief die Grenze entlang einer Linie von Ochrid – Prilep – Veles – Prosek bis nach Štip/Astibos.[15] Den Frieden von 1299 erkaufte Andrónikos II. mit der Auslieferung der fünfjährigen Simonís an den serbischen Hof, wogegen sich in Konstantinopel schärfster Widerspruch erhoben hatte. Das Opfer der Simonís, mit der Milutin die Ehe sogleich vollzog, war jedoch umsonst, ebenso die reichen Schenkungen des byzantinischen Kaisers an das serbische Athoskloster Chilandar sowie die Abtretung der verlorenen Gebiete als Mitgift. Milutin benötigte nämlich diesen Frieden nicht so dringend wie die demoralisierten Byzantiner, doch kam er ihm nicht ungelegen.

---

12 Stanković, Kralj Milutin (eher populäre Darstellung ohne ausführlichen Apparat).

13 Jireček, Geschichte der Serben, Bd. 1, 332; Dinić, Oblast kralja Dragutina posle Deževa.

14 Jireček, Geschichte der Serben, Bd. 1, 333.

15 Ebd., 334–340; Maksimović, War Simonis Palaiologina die fünfte Gemahlin von König Milutin?

1301 starben die Arpaden in Ungarn aus, die stets seinen Bruder Dragutin unterstützt hatten. Danach mehrten sich offenbar die Spannungen zwischen den beiden Nemanjiden. Dragutin hatte zwar die meisten Adligen hinter sich, ihm fehlte aber seit der Thronbesteigung Karl Roberts von Anjou – gegen den er seinen Sohn Vladislav ins Spiel gebracht hatte – der Rückhalt aus dem Norden.[16] Milutin hingegen wusste die orthodoxe Kirche hinter sich, vor allem aber kontrollierte er die reichen Silberminen; 1312 errang er nicht zuletzt mit türkischen Söldnern den Sieg. Wohl vor allem um Dragutin mit seinen guten Beziehungen zum Papsttum zu isolieren, baute Milutin Allianzen an der Adria auf: einmal mit dem starken Mann Dalmatiens, dem Banus Paul (Pavao) I. Šubić von Bribir (1304), dann durch Verhandlungen über eine Kirchenunion, vor allem aber durch ein Bündnis mit Karl von Valois. Dieser, Bruder König Philipps IV. von Frankreich (1285–1314), hatte Katharina von Courtenay geheiratet und damit Anspruch auf das lateinische Kaisertum von Konstantinopel erworben.[17] Karl von Valois wollte dieses Kaisertum wieder errichten, indem er sich auf die balkanischen Gegner der Byzantiner stützte, zunächst auf die wichtigste Militärmacht überhaupt, die Katalanische Kompanie, an deren Einhegung, d. h. dessen Lösung aus dem Einfluss der Krone Aragóns, er gemeinsam mit Venedig interessiert war (Bündnis vom Dezember 1306), dann aber auch mit König Stefan Uroš II. Milutin von Serbien und der Regionalherrschaft von Thessalien, aus der Milutins Gattin stammte. Serbische Gesandte schlossen im März 1308 in Lys ein Abkommen mit Karl von Valois; überhaupt war der Anstoß von Milutin ausgegangen.[18] Milutin versprach persönlich Truppen ins Feld zu führen, und Karl von Valois wollte helfen, serbische Eroberungen zu verteidigen. Zugleich ließ sich Milutin einen breiten Landstreifen vom mittelalbanischen Mati-Fluss über Debar bis nach Zentralmakedonien (Prilep, Štip) zusichern. Als Gegenleistung sagte er zu, sich der römischen Kirche zu unterstellen, den Papst anzuerkennen, also eine Kirchenunion abzuschließen. Nach der Unterwerfung würde es zu einem Heiratsbündnis der Valois und der Nemanjiden kommen. Aber schon Zeitgenossen war klar, dass Milutin vor allem aus Furcht vor einer mächtigen katholischen Katalanenherrschaft im Südbalkan und einem Valoisreich in Konstantinopel handelte; weniger vor Augen stand ihm, was die byzantinischen Unterstützer der Valois antrieb, der Kampf gegen die türkischen Emirate, vor allem gegen die Osmanen.[19] Aus dem angestrebten Kreuzzug gegen Byzanz wurde nichts, und Venedig erreichte 1310 mit Byzanz einen vorteilhaften Frieden. Während die Katalanen sich 1311 in Athen einrichteten und damit Serbien nicht mehr bedrohten, hatte Milutin freie Hand im Westen und Norden.

16 Jireček, Geschichte der Serben, Bd. 1, 335.

17 Laiou, Constantinople and the Latins, 200–220, insbes. auf der Grundlage päpstlicher Register aus dem Pontifikat Clemens' V. und venezianischer Quellen: Diplomatarium Veneto-Levantinum, Bd. 1 (Hg. Thomas); ausführlich Setton, The Papacy and the Levant, Bd. 1, 163–169; Živojinović, La frontière serbobyzantine; Popović, Les forteresses.

18 Jireček, Geschichte der Serben, Bd. 1, 344–346.

19 So gemäß Anonymi Descriptio Europae Orientalis (Hg. Górka), 36; s. Laiou, Constantinople and the Latins, 211.

1.7.8 Bosnien zwischen kroatischem Adel und serbischer Westexpansion

Im Westen traf König Milutin bei seinem Feldzug gegen Bosnien im Jahre 1313 auf den Einfluss der kroatischen Adelsfamilie der Šubić von Bribir, die das westliche Hum bis nach Ston erobert hatten. Der Konflikt wurde beigelegt, indem als Grenze zwischen dem serbischen Königtum und der kroatischen Adelswelt im dalmatinischen Hinterland die Neretva bestimmt wurde. Westlich der Grenze erkannten bosnische Adlige die Herren von Bribir an, so Hrvatin, seit 1299 Vasall des Paul I. Šubić und „comes partium inferiorum Bosne" (Donji Kraji) mit den „Gauen" (župe) Banjica, Lušci und Vrbanja.[20]

Die Šubić von Bribir waren 1224 und 1251 durch die ungarischen Könige Andreas (András, Endre) II. (1205–1235) und Béla IV. (1235–1270) in ihrem Familienbesitz zwischen dem Hinterland von Zadar und dem Fluss Krka in Mitteldalmatien bestätigt worden. Paul Šubić hatte von 1273–1275 und von 1278–1312 als Banus von Kroatien und Dalmatien gedient. Karl II. von Neapel hatte im August 1292 den Šubić weite Teile der beiden Königreiche als erbliche Banschaft überlassen, um im Gegenzug seinen Sohn Karl Martell auf den ungarischen Thron zu bringen. Auch König Andreas III. von Ungarn (1290–1301) umwarb die Familie mit der Verleihung ähnlicher Rechte.[21] 1299 führte Paul schließlich in einer Urkunde die Titel eines Banus von Kroatien und Dalmatien sowie eines Herrn von Bosnien (Dominus Bosne), wobei unklar ist, worauf sich der Anspruch auf Bosnien stützte. Mladen, Pauls Bruder, dehnte seinen Einfluss 1302 bis an die Drina aus und wurde von seinem Bruder als Banus von Bosnien eingesetzt (1302–1304). Mladen II. Šubić nahm Hum in seinen Titel auf und verlieh Land an seinen Gefolgsmann Konstantin Nelipčić.[22]

Die Šubić sahen sich jedoch auch andernorts herausgefordert, da sie in den Konflikt zwischen Venedig und der wichtigsten dalmatinischen Küstenstadt Zadar verwickelt wurden, die 1312 Mladen II. zum comes wählte. Zwischen Venedig und der ungarischen Krone, die die Regionalherrschaft wieder stärker an sich binden wollte, gingen die Šubić in der Schlacht bei Blizna 1322 unter; an ihre Stelle als einflussreiche Familie im dalmatinischen Hinterland traten die Nelipčić.[23]

Das politische Ende Mladens bedeutete auch den Aufstieg der Hrvatinići und damit einer eigenen starken Dynastie in Bosnien. Hrvatins Sohn Stjepan (Stefan II. Kotromanić) hatte nach einigen Jahren des Exils in Ragusa/Dubrovnik mit Mladen II. Šubić seine Rückkehr ausverhandelt und wurde 1322 von dem ungarischen König Karl I. Robert von Anjou zum Banus eingesetzt. Von dieser Stellung aus schwang er sich zum Oberherrn (gospodin) der bosnischen Teilregionen Bosna,

---

20 KLAIĆ, Srednjovjekovna Bosna, 155f., spricht von einem „privaten Abkommen".

21 JIREČEK, Geschichte der Serben, Bd. 1, 350.

22 ŠARINIĆ, Novci Pavla Šubića; KALLAY, Zlatne bule Andrije II., 210: „ab aqua Corca descendens ad mare venit usque Zadur"; KARBIĆ, Šubići bribirski do gubitka nasljedne banske časti; DERS., Odnosi gradskoga plemstva i bribirskih knezova Šubića; SMILJANIĆ, Neka zapažanja o teritoriju i organizaciji Bribirske županije.

23 Dazu s. die derzeit noch unveröffentlichte Dissertation von BIRIN, Knez Nelipac.

Usora, Soli, Donji Kraji und Hum (ab dem 15. Jh.: Herzegowina) auf; die Banus- und ab 1377 Königsdynastie der Kotromanić bildete sich aus.[24]

1.7.9 Aufstieg Serbiens zur führenden Macht im zentralen Balkan

Einen Ausgleich fand Milutin auch mit seinem Bruder nach rund zehnjähriger Fehde. Dragutin erkannte das Königtum seines Bruders an und wurde selbst urkundlich nur noch als Bruder und ehemaliger König bezeichnet. Einen Einschnitt in den dynastischen Verhältnissen bedeutete der Tod der Königin Helena (1277–1308) am 8. Februar 1314. Ihre Apanage um Trebinje und am Fluss Lim zog Milutin ein. Es begann eine Zeit erneuter dynastischer Auseinandersetzungen: 1314 erhob sich Stefan (der spätere Dečanski), „junger König" in der Primorje, wurde aber von seinem Vater besiegt, geblendet und mit seinem jungen Sohn Dušan, dem späteren Zaren Stefan Dušan, nach Konstantinopel verbannt.[25] Anstelle Stefans setzte Milutin seinen Sohn Konstantin in die Apanage an der Adria ein, ohne ihn aber ausdrücklich zum Nachfolger zu bestimmen. Im Norden folgte auf Dragutin (1316) dessen Sohn Vladislav, der die serbische Apanage seines Vaters und die ungarische Apanage seiner Mutter übernahm. Ihn nahm Milutin jedoch 1316/1317 gefangen, was aber den ungarischen König Karl Robert von Anjou auf den Plan rief. Dieser nahm Milutin Macsó wieder ab (Winter 1317/1318). Er schlug einen serbischen Angriff zurück, eroberte im Spätsommer 1319 Belgrad und richtete in Macsó ein ungarisches Banat ein. Hatte Ungarn seine Grenzen so an Donau und Save vorgeschoben, verblieb die Donau bis Braničevo unmittelbar, bis Vidin als Vasallenherrschaft unter Serbien.[26] Die Anjou maßen sich mit Milutin auch im Hinterland der Primorje und des angevinischen Königreichs Albanien; Philipp von Tarent, König Karl Robert von Ungarn, der kroatische Banus Mladen II. Šubić und zahlreiche albanische Adlige zwischen dem Fluss Ishmi und dem südalbanischen Fluss Vjosa/Aóos schlossen sich zu einem vom Papst koordinierten Bündnis zusammen (1319), das aber kaum konkrete Ergebnisse zeitigte.[27] Bedrohlich wurde für Milutin die Lage kurzfristig im adriatischen Küstenland. Der Quellenmangel erschwert es indes außerordentlich, die serbische Grenze in Mittelalbanien festzulegen; in diesem Übergangsgebiet zwischen adriatischer und balkanischer, katholischer und orthodoxer Welt wechselten die regionalen Adligen politische Treue und Konfession recht oft. 1318/1319 erhoben sich albanische Adlige gegen die serbische Krone, 1319 aber Dyrrháchion gegen die Anjou, welche die wichtige Stadt 1322 wieder unter ihre Herrschaft brachten.[28]

---

24 Mrgić-Radojčić, Donji Kraji, 44ff.; von Hrvatin Stejanić (1299–1305) stammte Vukac Hrvatinić ab (1330 vor 1380), Vater des mächtigen Regionalfürsten Hrvoje Vukčić (1380–1416); ein weiterer Sohn des Vukac heiratete in das ostbosnische Geschlecht der Zlatonosić (vgl. Stammtafel nach S. 46); Raukar, Hrvatsko srednjovjekovlje, 73; Jireček, Geschichte der Serben, Bd. 1, 356–357.

25 Jireček, Geschichte der Serben, Bd. 1, 348f.

26 Ebd., 351.

27 Ducellier, La façade maritime de l'Albanie, 327–334.

28 Ebd., 327–334.

König Milutin starb am 29. Oktober 1321. Mit seinem Namen ist die Zurückdrängung von Byzanz aus dem zentralen Balkan verbunden, ebenso die Grenzziehung an der Neretva. Zu einem ersten Vorgeplänkel mit dem späteren Hauptgegner kam es 1312, als Milutin den bedrängten Byzantinern Truppenhilfe gegen türkische Verbände schickte; noch fernab von den serbischen Grenzen begegneten sie sich erstmals direkt.[29]

So eindrücklich sich diese Erfolge auf der Karte ausnehmen, so ungesichert war die Nachfolge, da Milutin keinen der drei Nemanjidenprinzen – seine Söhne Konstantin und Stefan sowie seinen Neffen Vladislav – designiert hatte.[30] 1321 brach also nicht nur im Byzantinischen Reich ein Thronkampf aus, 1322 geriet nicht allein Bulgarien, wo die Terteriden ausstarben, in eine Krise, auch Serbien wurde von dynastischen Kämpfen erschüttert. Während aber Byzanz sich dauerhaft nicht mehr stabilisierte, Bulgarien nicht mehr als eine Scheinsicherheit erreichte, führte in Serbien der Machtkampf zu einer wachsenden Vereinheitlichung der Königsmacht. Das Ringen freilich verlief brutal. Wohl schon 1320 war Stefan (Dečanski) aus Konstantinopel zurückgekehrt und hatte eine Apanage in Budimlje erhalten. Sein Sohn Dušan blieb noch am Bosporus. Nach Milutins Tod erklärte Stefan, wieder sehen zu können. Während die von der Ehe mit Milutin traumatisierte Palaiologenprinzessin Simonís nach Konstantinopel floh, ließ sich Stefan Uroš III. am 6. Januar 1322 von Erzbischof Nikodim zum König krönen. Der nach Serbien geholte Dušan wurde als erster „junger König" ebenfalls gekrönt und dann in seine Apanage in der Primorje eingesetzt.[31] Seinen Bruder Konstantin ließ König Stefan angeblich entzweisägen. Vladislav hingegen, Dragutins Sohn, schwang sich im Norden zum König auf, unterstützt von Ungarn und wohl auch von dem bosnischen Banus Stjepan Kotromanić. Doch hielt er im seit 1323 währenden Krieg gegen Stefan nicht stand und floh 1324 nach Ungarn. Der siegreiche Stefan nahm Bosna und Soli, beides bosnische Landschaften, in seinen Herrschertitel auf, doch vermochte er diese Regionen, die dem Banus/Ban unterstanden, nicht wirklich zu gewinnen. Wie erfolgreich Stefan in Macsó war, ist umstritten. 1329 drangen ungarische Verbände jedenfalls nach Serbien vor, und auch im Westen bröckelte die Grenze: In Hum, genauer an der unteren Neretva mit einem Hof in Ston, lösten sich 1325 die Branivojevići von der unmittelbaren serbischen Herrschaft, sahen sich aber weiterhin als serbische Vasallen.[32] Sie führten Fehden gegen Kleinadlige und Raubzüge gegen Dubrovnik. 1326 wandten sich ihre Feinde zuerst an Dečanski, dann an den bosnischen Banus Stefan (Stjepan) II. Kotromanić (1314–1353), der zwischen April und Juni 1326 die Branivojevići besiegte, von denen einige nach Serbien flohen, doch keine Hilfe erhielten. An ihre Stelle traten die Draživojevići von Nevesinje, die um 1330 als Vasallen des bosnischen Bans belegt sind. Die östliche Herzegowina an der oberen Drina und dem oberen Lim sowie Gacko gehörten einem weiteren serbischen Vasallen, dem Vojvoden Vojin. Abgerundet wurde die Nachbarschaft von der Republik Ragusa/Dubrovnik, damals unter venezianischer Oberhoheit. Dubrovnik stritt sich

29 Oikonomides, The Turks in Europe.

30 Jireček, Geschichte der Serben, Bd. 1, 354–356.

31 Bojović, L'idéologie monarchique, 94.

32 Jireček, Geschichte der Serben, Bd. 1, 358f.

mit dem südlichen Nachbarn Kotor/Cattaro, das unter serbischer Suzeränität stand. So kam es 1327/1328 zu einem Krieg zwischen Serbien und Dubrovnik.

Im Westen Serbiens verlief der langsame Aufstieg der bosnischen Dynastie der Kotromanić. 1322 waren sie mit ungarischer Hilfe gegen Mladen II. Šubić ins Land zurückgekehrt, aus dem sie von dem Šubić-freundlichen Adel vertrieben worden waren. Das Kernland der Kotromanić war Bosna. Karl Robert von Ungarn trug wesentlich dazu bei, dass Stjepan Kotromanić bis Juli 1323 die nordbosnischen Landschaften Usora und Soli gewann. Die Niederlage Vladislavs und dessen Tod (nach September 1326) verhalfen dem Kotromanić zur Vorherrschaft über „alle bosnischen Länder und Soli und Usora und Donji Kraji und [...] Hum", wie es in seiner Herrschertitulatur hieß.[33]

Im Osten war das Verhältnis des serbischen Königtums zu Bulgarien seit der Verstoßung der serbischen Zarin und deren Sohn Ivan Stefan durch Zar Todor Svetoslav belastet. 1324 bis 1326 lieferten sich die beiden orthodoxen Südslawenreiche Grenzscharmützel. Stefan III. Dečanski bezog wie sein bulgarischer Nachbar im byzantinischen Thronstreit Position: Der Bulgare hielt es mit dem jungen Andrónikos III., der Serbe eher mit dem alten Kaiser, Andrónikos II. 1324 heiratete er dessen Nichte. Ihr ehrgeiziger Vater Johannes Palaiológos versuchte, sich 1325 in Saloniki/Thessaloníki/Solun eine eigene Herrschaft aufzurichten, wobei ihm sein Schwiegersohn tatkräftig half. Dečanski und Johannes rückten bis Sérres/Ser/Sjar vor, doch scheiterte das Vorhaben, und Johannes starb 1327 am serbischen Hof. Dečanski hatte gezeigt, dass Serbien bis zur Ägäis vorstoßen wollte und keine Rücksicht auf den dynastisch getriebenen Zerfall byzantinischer Staatlichkeit nahm. Sein Sohn Dušan sollte dann dieses Programm mit größtem Erfolg umsetzen. Der Friede des alten Kaisers Andrónikos II. mit Dečanski (1328) wirkte sich wiederum kaum aus, da der mit Bulgarien verbundene Andrónikos III. die Kaisermacht an sich riss. 1329 standen Dečanskis Truppen, wie erwähnt, vor Ochrid, und 1330 gewann Dečanski die Schlacht von Velbăžd, wobei sein Sohn Dušan die schlachtentscheidende Reiterei anführte. Kurzzeitig sah es sogar danach aus, als ob Dečanski das Zartum von Tărnovo in völlige Abhängigkeit bringen würde. Denn Belaur als Vertreter der Šišmaniden wollte verhandeln, Dečanski aber verlangte die Einsetzung der verstoßenen nemanjidenstämmigen Zarin Anna und deren Sohnes Ivan Stefan auf den Zarenthron von Tărnovo.[34]

1.7.10 Epirus zwischen Neapel und Byzanz

Der dritte Darstellungsstrang, der zum Schlüsseljahr 1330 hinführen soll, widmet sich dem ehemaligen byzantinischen Kernraum, d. h. dem westlichen und nördlichen Ägäisbogen, der seit dem Vierten Kreuzzug in seinem Südteil (Morea, Attika, Böotien, Kykladen, Kreta) von fränkischen Adelsherrschaften bzw. – in unmittelbarer und mittelbarer Herrschaft – von der Republik Venedig

---

33 Mrgić, Severna Bosna, 66–70.

34 Vásáry, Cumans and Tatars, 111f.; Božilov/Gjuzelev, Istorija na srednovekovna Bălgarija, 582–584; Istorija srpskog naroda, Bd. 1 (Hg. Ćirković), 502–508.

verwaltet wurde. Das im südwestlichen Balkan nach 1204 rasch aufgestiegene Reich von Epirus war Ende des 13. Jahrhunderts auf den Status einer Regionalherrschaft zurückgesunken, die ihre Eigenständigkeit nur äußerst mühsam zwischen dem Königreich Neapel und Byzanz wahrte. Besonders als 1272 Karl I. von Anjou (1266–1285) Dyrrháchion, 1273 auch Valona/Aulón/Vlora mit der nahen Burg Kanina erobert und dort das angevinische Königreich Albanien (regnum Albanie) eingerichtet hatte, geriet Epirus zwischen Hammer und Amboss. Gerade die erfolgreichen byzantinischen Feldzüge (Eroberung von Berat/Berátion und Butrint/Buthrotós 1277) trieben Epirus unter seinem Fürsten Nikephóros I. (1267/1268–1296/1298) in die Vasallität der Anjou (1279). So stand Epirus gemeinsam mit seinem östlichen Nachbarn Thessalien in der Balkanallianz der Anjou gegen Byzanz. Da Kaiser Michael VIII. 1274 zur Abwehr der angevinischen Angriffspläne die Kirchenunion von Lyon eingegangen war, konnten sich die von Karl I. von Neapel abhängigen griechischen Balkanfürsten als Vorkämpfer der Orthodoxie gerieren. Im Rahmen dieser Entwicklung verdammte 1277 eine Synode unter epirotisch-thessalischem Schirm den byzantinischen Kaiser und den Patriarchen von Konstantinopel. Während Epirus ein Heiratsbündnis mit dem bulgarischen Zaren Konstantin Tich einging, verband sich Thessalien mit Serbien und dem fränkischen Herzog von Athen Wilhelm de la Roche. Insgesamt spitzte sich die Situation zu. Im Abkommen von Orvieto (1281) schlossen sich Papst, Anjou, Venedig, der lateinische Titularkaiser Philipp von Courtenay gegen Byzanz zusammen; ihnen folgten bald Serbien, Bulgarien und die griechischen Satelliten der Anjou: Selten hatte sich ein so breit abgestütztes gegen Byzanz gerichtetes Bündnis katholischer Mächte und der orthodoxen Balkanreiche ergeben.[35] Die Sizilianische Vesper (1282) machte diesen Plan zunichte, und die Vorkämpfer der Orthodoxie unter angevinischer Schutzherrschaft in Epirus und Thessalien verloren gegenüber Byzanz rasch auch ideologisch an Boden. Denn gleich nach seiner Thronbesteigung widerrief Kaiser Andrónikos II. Palaiológos die Kirchenunion und setzte seine Truppen gegen die abtrünnigen Randprovinzen in Marsch (1283). Es folgten Jahrzehnte, die im südwestlichen Balkan von einem außerordentlich verworrenen Kleinkrieg zwischen Byzanz und dem Königreich Neapel bzw. ihren regionalen Parteigängern geprägt waren, wobei der Riss durch die epirotische Dynastie verlief, der sich durch den steigenden militärischen Druck von Byzanz verschärfte. Während eine Partei in Epirus den völligen Anschluss an Neapel betrieb, forderte die byzantinische Partei das genaue Gegenteil.[36]

---

35 DUCELLIER, La façade maritime de l'Albanie, 240–262; MAGDALINO, Between Romaniae, 91ff.; NICOL, The Relations of Charles of Anjou; GEANAKOPLOS, Emperor Michael Palaeologus (Ausg. v. 1958), 229ff.; MILLER, The Latins in the Levant, 131ff.; LOCK, The Franks in the Aegean, 98; SOULIS, The Serbs and Byzantium, 65ff., NICOL, The Despotate of Epiros, 18–32.

36 Deutlich wurde dieser Interessenkonflikt an der Frage, wem die epirotische Prinzessin Thamar zur Frau gegeben werden sollte. Fürst Nikephóros bevorzugte eine Ehe mit Philipp von Tarent, dem Sohn des neapolitanischen Königs Karls II. von Anjou (1285–1309), Anna hingegen den byzantinischen Thronfolger Michael IX. Palaiológos. Nikephóros setzte sich durch, und Karl II. erhob seinen Sohn zum „despotus Romanie", Oberherrn über das Königreich Albanien, über Korfu und das Fürstentum Achaia; als Mitgift erhielt er von Nikephóros I. einige Hafenplätze im Süden des Fürstentums (Naúpaktos, Vónitsa, Angelókastron, Eúlochos, d. h. am bzw. in der Nähe des Ambrakischen Golfs) und das Versprechen, dass sich der nächste Fürst als Vasall der Krone Neapels unterstellen würde. Kaum aber war Nikephóros I. tot, verweigerten seine Witwe Anna und ihr Sohn den Lehenseid und schlugen sich auf die Seite von Byzanz (1295), das damals von Kruja hinter Dyrrháchion über Berat und

Nach dem Frieden von Caltabellotta (1302) trieben die Anjou die beiden byzantinisch geprägten orthodoxen Regionalfürstentümer Epirus und Thessalien mit einer Offensive in die Arme Konstantinopels: Der epirotische Thronfolger Thomas Dúkas ehelichte die Tochter des byzantinischen Mitkaisers Michael IX. Palaiológos (1307). Zwei Jahre später heiratete der neue thessalische Regionalfürst Johannes II. Dúkas eine natürliche Tochter Kaiser Andrónikos' II. Als Byzanz 1314/1315 die Rückeroberung von Epirus versuchte, wandte sich Despot Thomas wieder nach Westen und unterstrich seine Eigenständigkeit, indem er das kaiserliche Reservatrecht der Goldsiegelung für sich in Anspruch nahm.

1318 wurde Despot Thomas von Nicolò Orsini, dem Pfalzgrafen von Kephallenía, ermordet. Der östliche Teil des Fürstentums Epirus, vor allem die wichtige Stadt Ioánnina/Janina, ging zu Byzanz über und ließ sich ihre Selbstverwaltung durch ein Chrysobull Andrónikos' II. bestätigen (1319/1321). In Epirus ehelichte Nicolò Orsini die Witwe seines Opfers, die zugleich seine Tante war, vor allem aber gelang ihm der Ausgleich zwischen Byzanz und den Anjou: Er war zum einen angevinischer Vasall, zum anderen verlieh ihm der byzantinische Kaiser den Titel eines Despótes, schließlich hatte er den byzanzfeindlichen Thomas beseitigt; zudem galten die Orsini für ihre Inselherrschaft auch als Vasallen Venedigs.[37] Diese Strategie einer mehrfachen Rückversicherung regionaler Herren kennzeichnet den gesamten westlichen Balkan bis zur osmanischen Eroberung.

Mit Nicolò Orsini verschoben sich auch die ethnischen Herrschaftsstrukturen in Epirus, das bis zur osmanischen Eroberung (in drei Etappen 1430, 1448, 1484) anstelle einer byzantinischen neu von einer griechisch-italienisch-albanischen Mischelite regiert werden sollte. Neu war auch, dass die Machtbasis der epirotischen Dynastien auf den Ionischen Inseln lag, auch neu war, dass sich die fränkischen Dynasten den politischen und kulturellen Gegebenheiten stärker anpassten: Nicolò trat zur orthodoxen Kirche über und verwischte damit den Gegensatz, der fränkische Adlige von ihrer überwiegend griechischen Umwelt gemeinhin trennte. So abgestützt, versuchte er sich mit venezianischer Hilfe an der Rückeroberung des verlorenen Ostteils des Fürstentums (Ioánnina), wurde aber von seinem Bruder Johannes ermordet (1323), der das Fürstentum wieder nach Byzanz orientierte und mit einer Braut aus Konstantinopel belohnt wurde.

Stärker noch als Serbien und Bulgarien wurde Epirus vom byzantinischen Thronstreit der beiden Andronikoi betroffen. Johannes Orsini hielt zu Andrónikos II., änderte aber nach der Eroberung seiner Kerngebiete, d. h. der Insel Leukás, Vónitsas und Ártas, durch die Anjou seine Politik und wurde wieder Vasall Neapels. Als Philipp von Tarent, der die angevinische Balkanpolitik geprägt hatte, 1331 starb, bestätigte sein Nachfolger Robert, zwischen 1346 und 1364 auch Titularkaiser von Konstantinopel, den Besitz der Orsini, tauschte aber mit Johannes von Gravina die angevinischen Besitztitel auf dem Balkan. Gravina erhielt das 1272 geschaffene Königreich Alba-

---

Valona wichtige Teile von Neu-Epirus besaß. Zu diesen Vorgängen s. a. SCHREINER, Hekabe in Epiros oder: Die Ermordung des Despoten Thomas Angelos (1318).

37 LAIOU, Constantiople and the Latins, 128ff.; NICOL, The Despotate of Epiros, 74–82; LOCK, The Franks in the Aegean, 101; MILLER, The Latins in the Levant, 200ff.; SOULIS, The Serbs and Byzantium, 68; LUTTRELL, Vonitza in Epirus and Its Lords; zur Politik Kaiser Andrónikos' II. in Neu-Epirus: ALEXANDER, A Chrysobull of the Emperor Andronicus II Palaeologus; SEIBT, Ein Goldsiegel des Despoten Thomas von Epirus.

nien um Dyrrháchion, Robert und seine Mutter Katharina von Valois das Fürstentum Achaia, das mit Korfu und Butrint einen eigenen Machtbereich am Ionischen Meer bildete.[38]

In Mittel- und Südgriechenland befand sich das 1311 von der Katalanischen Kompanie eroberte Herzogtum Athen im Niedergang. 1319 hatten die Katalanen das Spercheióstal und Südthessalien bis Phársalos erobert, 1331 einen Angriff Walters II. von Brienne, Sohn des 1311 gefallenen Herzogs abgewehrt, doch gerieten sie aus dem westlichen Kleinasien in den 1330er Jahren unter Druck der Korsaren Umurs von Aydın. Zwischen 1331 und 1354 standen die Katalanen daher mit Venedig im Bündnis. Doch verbanden sich die Katalanen nach einem Zerwürfnis 1362 mit Sultan Murad I. (1360–1389), der über die Thermopylen kam und erst 1364 durch ein Bündnis Venedigs, der seit 1308 auf Rhodos ansäßigen Johanniter, der Byzantiner und fränkischer Adliger in Achaia zurückgeschlagen wurde.[39]

1.7.11 *Thessalien als zweites südbalkanisches Regionalfürstentum*

Ebenfalls durch dauerndes Schwanken zwischen West und Ost war das thessalische Fürstentum gekennzeichnet, das freilich allein schon durch seine Lage im Raum byzantinischem Einfluss stärker ausgesetzt war als das durch das Píndosgebirge abgeschirmte Epirus.[40] Wie gezeigt, hatte sich Thessalien unter Johannes I. Ángelos (1268–1289) dem angevinischen Lager oder genauer den gegen Byzanz gerichteten südbalkanischen Allianzsystemen angeschlossen. Als Johannes I. im März 1289 starb, erkannte seine Witwe den byzantinischen Kaiser als Oberherrn an und erwirkte für ihre Söhne Konstantínos und Theódoros die Verleihung des Hoftitels Sebastokrátor. Mit den Nemanjiden war der thessalische Hof durch ein Ehebündnis verbunden, und um 1290 trug er dem serbischen König Milutin, der damals gegen byzantinische Gebiete in Makedonien vorrückte, ein Bündnis an. Die beiden thessalischen Sebastokrátores starben um 1300 (1300 Theódoros, 1303 Konstantínos), Konstantínos' Sohn und Nachfolger Johannes II. Ángelos (1303–1318) war noch ein Kind; er schloss sich 1315 Byzanz an. Doch war seine Herrschaft von dem Durchzug der Katalanischen Kompanie (1309) stark geschwächt; als sich die Katalanen in Athen eingerichtet hatten, entrissen sie Thessalien die Orte Lamía und Neopatras (1318). Wie im Falle von Epirus nutzte Byzanz die dynastische Krise um 1320 zu Vorstößen nach Westen. Doch ergriff ein reicher thessalischer Grundbesitzer, Stéphanos Gabrielópulos, die Macht (bis 1332). Nach dessen Tod rückte von Westen her der epirotische Fürst Johannes Orsini ein, doch setzten sich auch byzantinische Verbände in Marsch (1332), die den epirotischen Fürsten verdrängten und Thessalien dem Byzantinischen Reich wieder eingliederten.

---

38 Nicol, The Despotate of Epiros, 92–101; Soulis, The Serbs and Byzantium, 69. Quellen sind neben Gregorás und Kantakuzenós kuriale, venezianische und angevinische Akten, zu den byzantinischen Urkunden s. Kresten, Marginalien zur Geschichte von Ioannina, 120–128.

39 Koder/Hild, Hellas und Thessalia, 74f.; Ferjančić, Tesalija u XIII i XIV veku, 164ff.; Lemerle, L'émirat d'Aydın, 116–128.

40 Nach Koder/Hild, Hellas und Thessalia; Ferjančić, Tesalija u XIII i XIV veku.

1.7.12 Byzantinische Balkanpolitik

Dies leitete jene nordgriechische Offensive ein, mit der Kaiser Andrónikos III. (1328–1341) ein letztes Mal die byzantinische Herrschaft in einem geschlossenen Bogen von der Adria und dem Ionischen Meer über Epirus, Thessalien, das südliche Makedonien, Thrakien bis Konstantinopel und die südwestliche Schwarzmeerküste zusammenfügte. In Epirus ermordete die Fürstin Anna, wie gezeigt selbst eine Palaiologin, ihren Gatten Johannes Orsini und übernahm für ihre Kinder Nikephóros (II.) und Thomas die Regentschaft. Doch wurde sie der albanischen Aufstände nicht Herr, die ein neues Zeitalter ankündigten. Mit türkischen Söldnern schlug Andrónikos III. die Albaner, setzte Anna ab und verbannte sie und ihre Kinder nach Saloniki (1337). Die Anjou versuchten, dynastische Gefühle der Epiroten zu einem Aufstand zugunsten Nikephóros' II. zu nutzen, doch wurde der Aufstand niedergeschlagen, Nikephóros selbst durch die Heirat mit einer Tochter des Johannes Kantakuzenós, damals rechte Hand des Kaisers, ab 1347 selbst Basileús, an die byzantinische Elite gebunden. Nicht Velbăžd, sondern der Tod des tatkräftigen Andrónikos III. (1341) und der danach ausbrechende zweite Thronstreit in Byzanz (1341–1347) stellen für den südlichen Balkan unter orthodoxer Herrschaft die eigentliche Zäsur dar.[41]

Die neben Serbien und Bulgarien dritte bedeutendere orthodoxe Balkanmacht, das Byzantinische Reich, war nach 1300 kein Imperium mehr, sondern ein balkanischer Regionalstaat, dessen enge dynastische Verbindungen zu den größeren orthodoxen Herrschaftsbildungen ebenso wie zu den griechischen Regionalreichen Epirus und Thessalien mehrfach betont worden sind. Nach 1300 befand sich Byzanz auf dem Balkan zeitweise im Zustand völligen Herrschaftsverfalls. Die jahrelangen Verheerungen der Katalanischen Kompanie hatten mit Thrakien ein Kerngebiet von Byzanz schwer getroffen. Der Thronstreit von 1321 bis 1328 schuf nicht nur für die orthodoxen Nachbarn Möglichkeiten zu Eroberungen und vor allem zur Einmischung, sie hatten auch den Osmanen ermöglicht, ihre Herrschaft in Bithynien auszudehnen. Als Andrónikos III. 1328 seine Macht gefestigt hatte, war es zu spät. Seine Offensivversuche scheiterten, und im März 1331 fiel Níkaia, nun osmanisch İznik, das von 1204 bis 1261 die byzantinischen Kaiser im Exil beherbergt hatte; 1337 ging auch Nikomédeia, nun İzmit, verloren. Andrónikos III. glich dies mit seinen Gebietsgewinnen in Thessalien und Epirus, freilich nur sehr kurzzeitig aus. Doch um 1330 war klar: Byzanz war ganz auf seine europäischen Provinzen konzentriert, und diese hatten unter den Katalanen schwer gelitten. Zudem gehörte auch Byzanz zu den Verlierern von Velbăžd.

---

41 Bosch, Kaiser Andronikos III. Palaiologos, 137f.; Soulis, The Serbs and Byzantium, 69f.; Nicol, The Despotate of Epiros, 107–122; Hopf, Geschichte Griechenlands, Bd. 2, 377–380; Magdalino, Between Romaniae, 98.

1.8 DER ORTHODOXE BALKAN UNTER SERBISCHER VORHERRSCHAFT (1330–1355)

Dass Serbien die byzantinische und bulgarische Schwäche nach Velbăžd nicht stärker nutzte, lag an einem erneuten Thronstreit im Hause der Nemanjiden.[42] Anfang 1331 eskalierte ein offenbar schon schwelender Konflikt zwischen Stefan Dečanski und seinem Sohn Dušan (serbischer Kg.: 1331–1346; Zar: 1346–1355). Die Kämpfe wurden wieder in der Apanage des „jungen Königs" in der Primorje ausgetragen, genauer an der Bojana/Buna (heute Grenzfluss zwischen Montenegro u. Albanien). Dušan floh nach Trebinje und Dubrovnik (Mai 1331), überrumpelte dann aber seinen Vater im August 1331 in der Pfalz Nerodimlje (Kosovo). Dečanski musste Dušans Krönung zum König in Svrčin – nahe dem heutigen Ferizaj/Uroševac gelegen – am 8. September 1331 zustimmen, was ihn aber nicht rettete; Dušan ließ seinen Vater beseitigen. Die Ursachen des Konflikts und besonders des Vatermords liegen weitgehend im Dunkeln. Der Verfasser von Dečanskis Vita schrieb:

> Nachdem er lange dort im Einvernehmen und in Botmäßigkeit zu seinem Vater gelebt hatte, wurde er vom altbekannten Allesverderber Teufel angestiftet […], von diesem also angestiftet, begann dieser fromme König Uroš III. seinen geliebten Sohn zu hassen.[43]

Dušan selbst verglich sich in dem autobiographischen Teil seiner Gesetzessammlung (Zakonik) mit dem biblischen Joseph, er sei an Leib und Leben bedroht gewesen. Nach der Festigung seiner Herrschaft aber betrieb Dušan die kultische Verehrung seines Vaters in der Tradition der Nemanjidendynastie, insbesondere im Erzengelkloster bei Prizren, wo sich Dušan als Stifter (ktitor) gemeinsam mit seinem Vater abbilden ließ. Dušan war mit einer Gruppe an die Macht gekommen, die eine Änderung der Außenpolitik anstrebte. Seit Milutin hatte der serbische Adel bei Eroberungs- und Raubzügen gegen Byzanz erhebliche Beute gewonnen, und Dušan stand im Gegensatz zu seinem ermordeten Vater für die Fortsetzung dieser Politik. Die Lage schien nach 1330 auch besonders günstig. Als die serbische Partei (Anna u. Ivan Stefan) am bulgarischen Hof von einer gegen Serbien ausgerichteten Bojarenpartei verdrängt worden war, glich sich Dušan mit dem neuen Zaren in Tărnovo, Ivan Aleksandăr (1331–1371), aus. Er ehelichte im Juli 1332 Elena, die Schwester des Zaren, die sich als Förderin der Künste erwies, nach Aussagen des byzantinischen Zeitgenossen Johannes Kantakuzenós als geschickte Politikerin, nach Meinung Mauro Orbinis (1601) als Gegnerin der Katholiken.[44]

---

[42] So bedeutend die Herrschaft Stefan Dušans für das serbische Mittelalter war, so sehr erstaunt das Fehlen einer umfassenden biographischen Studie mit wissenschaftlichem Apparat. Ferjančić/Ćirković, Stefan Dušan kralj i car, bieten eine kritische Darstellung, jedoch ohne Apparat; sie selbst heben hervor, wie auffällig der Mangel an biographischen Studien sei. Ferjančić/Ćirković ist auf jeden Fall der Ausgangspunkt jeder Beschäftigung mit dem ersten Serbenzaren; die besten westsprachlichen Deutungsversuche bei Ćirković, Between Kingdom and Empire; Oikonomidès, Emperor of the Romans; Steindorff, Zar Stefan Dušan von Serbien; Maksimović, L'empire de Stefan Dušan; da für Dušan nur eine fragmentarische Vita vorliegt, sind die erzählenden byzantinischen Quellen (Gregorás u. Kantakuzenós) Hauptquellen, hinzu treten serbische Herrscherurkunden.

[43] Hafner, Serbisches Mittelalter, Bd. 2, 251f.

[44] Ferjančić/Ćirković, Stefan Dušan kralj i car, 65.

Der serbische König hatte damit den Rücken frei für Vorstöße nach Süden, wobei ihm innerbyzantinische Querelen (die Fehde des kumanischstämmigen Abenteurers Syrgiánnes mit Andrónikos III.) zustatten kamen. Kaiser Andrónikos III. trat im August 1331 Ochrid und Prilep, aber auch die Eroberungen des unterdessen ermordeten Syrgiánnes wie Kastoriá/Kostur, Flórina/Lerin und Vodená/Edessa/Voden an Serbien ab.

Dušans Drang nach Süden wurde durch Versuche des ungarischen Königs Karl Robert von Anjou, in Nordserbien vorzudringen, gebremst. Letzterem gelang nach wechselndem Kriegsverlauf die Eroberung von Belgrad sowie der an der Donau gelegenen starken Burg Golubac.

Bedrohlich für Dušan war auch, dass der bosnische Ban Stjepan Kotromanić Ungarn unterstützte; er nannte sich „Herr von Hum", gewann das Neretvatal und glich sich mit Dušan so aus, dass Dabar auf bosnischer, Trebinje, Bileća und Rudnik auf der serbischen Seite der Grenze lagen, wobei Dušan Nevesinje und Zagorje dem bosnischen Banus übergab. Noch weiter im Süden trat Dušan Ston/Stagno und einen Teil der Halbinsel Pelješac/Sabbioncello gegen jährlichen Tribut an die Republik Dubrovnik ab, welche die neuen Gebiete gleich katholisierte (1333). In der Primorje hatten sich 1332 der Vojvode Bogoje und der albanische Adlige Demetrius Suma erhoben. Dušan richtete dort keine Apanage mehr ein, sondern verwaltete das Gebiet durch eigene Gefolgsleute, unter die sich Suma bald wieder einreihte. Doch war Dušans Herrschaft am Westsaum seines Königreiches in den frühen 1330er Jahren alles andere als gesichert; dass sich der Vojvode Hrelja Ohmućević im Grenzland zu Byzanz um Štip, Strumica/Strúmitza und Rila im Strumatal selbständig machte, passte in dieses Bild.

Dušan fühlte sich von Ungarn und dem bosnischen Banus bedrängt, im Süden erreichte um 1340 Andrónikos III. den Höhepunkt seiner Macht: Vor diesem Hintergrund ist zu verstehen, dass sich Stefan Dušan unter die Bürger der Republik Venedig aufnehmen ließ. Der Tod Andrónikos' III. jedoch änderte die Lage schlagartig: Im Herbst 1341 erschienen serbische Truppen vor Saloniki. Johannes Kantakuzenós, der gegen die Regentin Anna von Savoyen (1341–1347) Anspruch auf den byzantinischen Thron erhob, floh nach Niederlagen an den serbischen Hof, der im Juni 1342 in Priština/Prishtina auf dem Amselfeld lagerte. Kantakuzenós versprach dem Serbenkönig alle Städte westlich von Kavála, die die serbische Herrschaft anerkennen würden, d. h. er lieferte alle Gewinne Andrónikos' III. aus und behielt für Byzanz nur Thrakien. Während Kantakuzenós im Herbst 1342 mit den serbischen Vojvoden Vratko und Oliver vor Sérres lag, rückten serbische Truppen an der Adria vor und nahmen die wichtige Burg Kruja hinter Dyrrháchion (Juni 1343). Als Kantakuzenós das im südwestlichen Makedonien gelegene Véria (Bérroia) besetzte und damit das Abkommen brach, schloss Dušan ein Bündnis mit der Regentin in Konstantinopel, das eine Ehe zwischen einer Schwester des jungen Kaisers Johannes V. Palaiológos (1341–1391) und Dušans Sohn Uroš vorsah. Kantakuzenós rief in dieser Lage türkische Söldner herbei, und diese schlugen die serbische Reiterei in der makedonischen Ebene. Dieses erneute Treffen von serbischen und türkischen (nicht osmanischen) Kriegern fand diesmal schon deutlich näher an den serbischen Grenzen statt, zwischen Saloniki und Sérres, jener Ebene, die vier Jahrzehnte später zu einem osmanischen Kernraum in Europa werden sollte. Vorerst aber nahm Dušan ohne größeren Widerstand Neu- und Alt-Epirus sowie weite Teile des noch byzantinisch gebliebenen Makedoniens ein; im Herbst 1345 öffneten Berat, Valona und das benachbarte Kanina die

Tore, in Makedonien Kastoriá, Dráma, Philippi und Chrysúpolis, schließlich auch das wichtige Sérres.[45] Die Eroberer bemühten sich, die byzantinischen Grundbesitzer zu beruhigen, indem sie Kooperationswillige in ihrem Besitz bestätigten bzw. diesen vermehrten.[46]

Stolz verkündete Dušan in einem Schreiben an Venedig vom 15. Oktober 1345, er habe den Großteil des Romäerreiches gewonnen.[47] Mit Venedig teilte Dušan die Gegnerschaft zu Ungarn, dessen König Karl Robert eben dabei war, seine Herrschaft in Kroatien und Dalmatien durchzusetzen. Dušan aber wünschte venezianische Flottenhilfe gegen Byzanz, was Venedig im Januar 1346 ebenso ablehnte wie 1350. Zwar konnte Dušan Konstantinopel nicht unmittelbar angreifen, doch dafür ließ er sich an Ostern 1346 in Skopje zum Kaiser erheben; der Zeremonie wohnten der vom Erzbischof zum Patriarchen beförderte serbische Kirchenfürst Ioanikije, der bulgarische Patriarch von Tărnovo, der autokephale Erzbischof von Ochrid sowie der Prótos der Athosklöster bei. Als Kaiser verteilte Dušan an seine Gefolgsleute byzantinische Hofwürden. Den Winter 1347/1348 verbrachte der Zar dann auf dem Berg Athos, nicht so sehr, um der Pest zu entgehen, sondern um in diesem Mittelpunkt des orthodoxen geistlichen Lebens sein Prestige geltend zu machen und Anerkennung im symbolischen Wettstreit mit dem Kaisertum in Konstantinopel zu erlangen.[48] Auf byzantinischer Seite hatte sich sein Rivale Johannes VI. Kantakuzenós im Mai 1346, also kurz nach Dušan, zum (Gegen-)Kaiser krönen lassen (1347–1354); die Zeremonie versah der Patriarch von Jerusalem.[49] So gab es in Byzanz zwei Kaiser, Johannes V. Palaiológos und Johannes VI. Kantakuzenós, sowie auf dem Balkan die beiden slawisch-orthodoxen Zaren Ivan Aleksandăr von Tărnovo und Stefan Dušan.

Johannes VI. setzte auf türkische Hilfe in seinem Drang zur Macht, zunächst durch Umur, den Emir des Korsarenemirats Aydın an der westanatolischen Küste, nach dessen Tod (1348) durch den osmanischen Emir Orhan (1326–1360), dem er seine Tochter Theodora zur Frau gab. Am 3. Februar 1347 erzwang sich Kantakuzenós den Zugang nach Konstantinopel, während sein Sohn Matthaíos Kantakuzenós mit türkischen Truppen gegen die serbischen Verbände in Nordgriechenland zog. In diesem Augenblick wurde Dušan durch zwei Todesfälle begünstigt: Karl Robert von Anjou und der byzantinische Statthalter von Thessalien, Johannes Ángelos, starben beide 1348. Ohne von Ungarn bedrängt zu sein, fielen dem Serbenzaren Epirus und Thessalien, letzteres gewonnen durch den Vojvoden Preljub, fast kampflos zu. Damit hatte Dušan in knapp sieben Jahren die serbischen Grenzen an den ambrakischen Golf und den Golf von Ptéleon (Straße von Euböa/Negroponte) vorgeschoben, und nur Saloniki hielt in Nordgriechenland noch stand.

---

45 OSTROGORSKI, Serska oblast posle Dušanove smrti; FERJANČIĆ, Vizantijski i srpski Ser, zur serbischen Herrschaft in der Stadt; DUCELLIER, La façade maritime de l'Albanie, 472–484; SOULIS, The Serbs and Byzantium, 255.

46 MAVROMATIS, Sur les antagonismes en Macédoine.

47 DRAKOPULU, Η σερβική παρουσία στην Καστοριά; Kastoriá wurde zwischen September 1342 und August 1343 gleichzeitig mit Berat und Kanina erobert, nachdem Dušan und Syrgiánnes mit serbischen und albanischen Söldnern den Ort schon 1334 einmal eingenommen hatten; DINIĆ, Za hronologiju Dušanovih osvajanja; zu Umur s. LEMERLE, L'émirat d'Aydin.

48 KORAĆ, Sveta Gora pod srpskom vlašću.

49 WEISS, Joannes Kantakuzenos; NICOL, The Reluctant Emperor.

Dušan herrschte über zwei kulturell, gesellschaftlich und politisch völlig verschiedene Gebiete, einen serbischen Norden, wo er seine Krieger und Adligen rekrutierte, und einen wesentlich wohlhabenderen griechischen Süden mit hochentwickelter Hofkultur. Nachdem er für einige Jahre die gesamte Herrschermacht in einer Hand vereinigt hatte, teilte Dušan sein Reich faktisch in eine Südhälfte, die er von Skopje aus regierte, und den Norden, das „Altreich", wenn man so will. Dort setzte er seinen Sohn Uroš ein, allerdings nicht mehr als „jungen König", sondern gleich als „König" (kralj), da der Seniorherrscher nunmehr den Kaisertitel trug. Dušan blieb Herrscher des Gesamtstaates, kontrollierte aber selbst den griechisch-byzantinischen Südteil seines Reiches. Da er sich vorerst im Süden saturiert sah, wandte er sich nach Westen, wo er die an den bosnischen Banus verlorenen Gebiete zurückholen wollte.

Wie im Süden wirkte sein Ausgreifen auch hier, auf den ersten Blick, eindrücklich: 1350 gingen serbische Truppen über die Neretva und die Cetina und erschienen vor der Burg Bobovac, woraufhin sich Banus Stjepan Kotromanić in unwegsames Gelände zurückzog.[50] Hatte Dušan selbst 1336 eine Ehe mit Elisabeth, einer Nichte Ottos von Österreich, in Erwägung gezogen, so gab er seine Schwester Jelena 1347 dem kroatischen Banus Mladen III. Šubić (1333–1348), Herrn von Omiš/Almissa, Klis und Skradin im dalmatinischen Hinterland, zur Frau. Dieser benötigte Rückhalt gegen die Anjou, sein Schwager eine Basis für die Rückeroberung Zahumljes. Mladen III., der sich „Schild der Kroaten" (clipeus croatorum) nannte, starb jedoch bereits 1348, und damit erbte die Nemanjidenprinzessin dessen Ländereien an und im Hinterland der mitteldalmatinischen Küste. Im September 1355 drangen der ungarische König Ludwig I. „der Große" (1342–1382; Kg. v. Polen: 1370–1382) und der kroatische Banus Miklós/Nikola I. Bánffy (Banić; Banus v. Slawonien u. Kroatien: 1345/1346 u. 1353–1356) gegen Jelena vor, die ihren Bruder um Hilfe bat. Im November 1355 erschien der deutsche Söldnerführer in serbischen Diensten, Palman, vor der Burg Klis im Hinterland von Split, der Vojvode Đurađ Ilijić vor Skradin. Venedig, wieder im Krieg mit Ungarn, bot der Witwe zunächst 110.000, dann 100.000 Pfund für Klis und Skradin, und am 10. Januar 1356 nahmen die Venezianer auch Skradin in Empfang. Der kroatische Banus eroberte 1355/1356 Klis, und der ungarische Sieg im ganzen Krieg endete im Frieden von Zadar (1358) mit der völligen Verdrängung Venedigs aus Dalmatien. Dušan vermochte es indes nicht, weder im östlichen Bosnien noch in Dalmatien, Dauerhaftes zu schaffen. Noch gefährlicher aber entwickelte sich die Lage in den so rasch gewonnenen Provinzen im Süden: Kaum stand Dušan in Bosnien, kam es zu einer Abfallsbewegung nordgriechischer Städte zu Byzanz. Die beiden byzantinischen Kaiser Johannes V. Palaiológos und Johannes VI. Kantakuzenós befehdeten sich, der Palaiologe bat um serbische Hilfe gegen den auf die Osmanen gestützten Kantakuzenen.[51] Dušan selbst dachte kurzzeitig an ein Bündnis mit Orhan, angeblich sogar an eine Heiratsallianz, doch wurde die osmanische Gegengesandtschaft von Byzantinern ausgeschaltet. Dušan übte erheblichen Druck auf den in Saloniki residierenden Johannes V. Palaiológos aus, der im Juli 1351 in einer Urkunde für das serbische Athoskloster Chilandar den serbischen Zarentitel verwendete und damit anerkannte.[52]

---

50 Jireček, Geschichte der Serben, Bd. 1, 397–399.

51 Ebd., 400–403.

52 Ferjančić/Ćirković, Stefan Dušan kralj i car, 285.

Als Johannes VI. Kantakuzenós, dessen Sohn Matthaíos türkische und katalanische Söldner einsetzte, 1352 den Osmanen die thrakische Burg Tzýmpe und damit einen ersten Brückenkopf in Europa überließ, Johannes V. aber seinen Sohn als Geisel nach Serbien schickte, zudem Zar Ivan Aleksandär von Tärnovo zu einem Zusammengehen gegen die Osmanen bereit war (seit 1351) – sich also vage eine Allianz der Balkanfürsten abzeichnete –, schickte Dušan Truppen unter dem kaznac Borilović gegen Orhans Sohn Süleyman Pascha.[53] Diese erlitten bei Emphýtaion eine Niederlage, in diesem dritten größeren Zusammenstoß von Serben und Türken im südlichen Balkan (Oktober 1352).[54] Süleyman siedelte türkische Krieger in Thrakien an, und nach einem schweren Erdbeben nahm er Gallipoli/Kallípolis/Gelibolu an der Einfahrt zu den Dardanellen in Besitz (1354). Damit waren aus den türkischen Streifscharen dauerhafte Burgherren geworden.[55]

1354/1355 setzten osmanische Angriffe auf Bulgarien ein, bei deren Abwehr der bulgarische Thronfolger Michael Asen (IV.) fiel; Johannes V. zog sich auf die Insel Ténedos zurück, die er an Venedig verpfändet hatte, und Johannes VI. verlangte vergeblich von seinen Bundesgenossen, den Osmanen, Gallipoli zurück. Er erhielt als Antwort, dass dieses durch Gottes Wille den Osmanen in die Hände gefallen sei. Auch im serbischen Norden entwickelte sich die Lage gefährlich: 1343–1345 hatten sich Serben und Ungarn einen Plänkelkrieg geliefert, der 1346 zum Abschluss eines Abkommens zwischen König Ludwig dem Großen und Zar Dušan führte. Nachdem der ungarische König bei seinem dynastisch begründeten Eingreifen zugunsten der Anjou in Italien gescheitert war (1352), kehrte er an die mittlere Donau zurück. Gegen den orthodoxen Zaren begann der katholische König einen regelrechten Kreuzzug, woraufhin sich die serbischen Verteidiger in die Wälder zurückziehen mussten. 1354 standen sich schließlich beide Herrscher an der Grenze gegenüber.[56]

Vor diesem Hintergrund griff Dušan zum bewährten Mittel der Unionspolitik: Er bot Papst Innozenz VI. (1352–1362) eine Kirchenunion an, wenn ihn dieser zum Hauptmann eines Kreuzzuges gegen die Osmanen ernennen würde.[57] Verhandlungen über eine Überwindung des Schisma waren bereits 1347 mit Papst Clemens VI. (1342–1352) geführt worden. 1351 warb eine serbische Gesandtschaft für den Zarensohn Uroš um eine Tochter Karls von Valois. Doch zerschlug sich der Plan, und Uroš heiratete eine Prinzessin aus dem jungen orthodoxen Fürstentum Walachei. Im Sommer 1354 versprach eine serbische Gesandtschaft in Avignon, den Papst als Oberhaupt der Christenheit anzuerkennen, katholische Kirchen zurückzugeben und die katholische Geistlichkeit in Serbien frei gewähren zu lassen. Doch ging es Dušan weniger um einen Kreuzzug als um die Neutralisierung Ungarns, um die sich auch Kaiser Karl IV. (1346–1378) zu bemühen versprach, mit dem Dušan in diesem Rahmen in eine – kurzfristige – engere Beziehung trat

---

53 Jireček, Geschichte der Serben, Bd. 1, 404f.; Oikonomides, From Soldiers of Fortune.

54 Radić, Vreme Jovana V Paleologa, 221–225; Ferjančić/Ćirković, Stefan Dušan kralj i car, 277–281.

55 Beldiceanu-Steinherr, Recherches sur les actes des règnes, 118–199; Jireček, Geschichte der Serben, Bd. 1, 405.

56 Ferjančić/Ćirković, Stefan Dušan kralj i car, 293–295.

57 Jireček, Geschichte der Serben, Bd. 1, 407–409.

(Februar 1355). Als im Frühjahr 1355 Dušan mit Ungarn Frieden schloss, waren die Verhandlungen mit dem Papst hinfällig.[58]

Dušan endete sein Leben mit dem Blick nach Süden.[59] Im März 1353 war ein Angriff Johannes' V. auf Konstantinopel gescheitert. Im August hieß es in der Stadt, diese müsse von Venedig, Serbien oder Ungarn übernommen werden.[60] Johannes V. schloss sich mit Francesco Gattilusio von Lésbos zusammen, der María Palaiológina zur Frau erhielt. Am 25. November 1354 einigten sich die beiden byzantinischen Kaiser. Johannes V. wurde Mitkaiser, während Matthaíos Kantakuzenós eine Apanage in Thrakien erhielt. Kurz darauf, am 10. Dezember 1354, dankte Johannes VI. ab. Dušan verbrachte den Winter 1354/1355 in Sérres. Am 2. Mai 1355 erließ er eine Goldbulle für das Kloster Chilandar mit Schenkungen auf dem Ovče Pole. Sein Plan, mit venezianischer Hilfe Konstantinopel zu erobern, blieb ein vages Vorhaben. Als der Zar im Dezember 1355 starb, hinterließ er im Südosten seines Reiches eine offene Flanke.[61] Es ist nicht klar, ob er das Ausmaß der osmanischen Gefahr erkannt hat. Das Bündnis von Dušan, Ivan Aleksandăr und Johannes V. in Thrakien (1352) sollte aber sinnbildlich sein für das Zusammenwirken der balkanorthodoxen Herrscher gegen die Osmanen: Schlechte Koordinierung, vereinzeltes Handeln, letztlich aus Misstrauen, dazu militärische Unterlegenheit kennzeichnen den fatalen Feldzug.[62] In der Forschung umstritten ist auch die Bedeutung des Kaisertitels – brachte er den Anspruch auf das byzantinische Kaisertum zum Ausdruck oder wollte Dušan Serbien als drittes balkanorthodoxes Kaisertum neben Byzanz und Bulgarien stellen?[63]

58 FERJANČIĆ/ĆIRKOVIĆ, Stefan Dušan kralj i car, 296–301.

59 JIREČEK, Geschichte der Serben, Bd. 1, 411f.

60 FERJANČIĆ/ĆIRKOVIĆ, Stefan Dušan kralj i car, 302.

61 Ebd., 301–307.

62 ŽIVOJINOVIĆ, De nouveau sur le séjour de l'empereur Dušan.

63 Paradigmatisch ist dies in Aufsätzen zweier hervorragender Kenner in ein und demselben Tagungsband zum Ausdruck gebracht: ĆIRKOVIĆ, Between Kingdom and Empire: „it is more probable that it was the Bulgarian empire that served as a model for Dušan's policies towards the empire of the Palaeologoi" (119); OIKONOMIDÈS, Emperor of the Romans, 121–128: „there is no doubt that Stephen Dušan wanted to become himself the emperor of the Romans" (127).

1.9 BULGARIEN ZWISCHEN POLITISCHER BINNENDIFFERENZIERUNG UND DEM AUFSTIEG DER OSMANEN

Wenngleich Bulgarien nicht mehr um die Vorherrschaft auf der Balkanhalbinsel wetteifern konnte, war der Adel von Tărnovo doch stark genug, um die Einrichtung einer serbisch ge-prägten Dynastie zu verhindern und byzantinische Vorstöße unmittelbar nach der Schlacht von Velbăžd (1330) abzuweisen. Ivan Aleksandăr, der Sohn des Ivan Sracimir, den die Bojaren auf den Thron hoben, war zuvor Despot von Loveč gewesen. Über seine Mutter Kera(ca)-Petrica leitete er sich vom Zarengeschlecht der Aseniden her und führte seinen Ursprung hinauf bis zu Ivan Vladislav (1015–1018), dem letzten Herrscher des Ersten bulgarischen Reiches. Seine Mutter war eine Cousine der Anna Terter und des Todor Svetoslav, somit war der neue Zar mit den Aseniden und Terteriden verwandt. Nach Byzanz reichten Verwandtschaftsverbindungen zu Kantakuzenen und Palaiologen; Kaiser Johannes V. war der Onkel der Zarengattin Helena. Ivan Aleksandăr verdrängte zunächst seinen Vetter Ivan Stefan und dessen Mutter nach Serbien; die beiden flohen weiter bis nach Dubrovnik, wurden aber nicht nach Bulgarien ausgeliefert. Sein Onkel Belaur verschanzte sich in Vidin, wo ihn der neue Zar Ende 1331/Anfang 1332 aus-schaltete. Gegen Andrónikos III. zog er ebenfalls rasch ins Feld und nahm ihm Jambol, Áetos und Anchíalos wieder ab, den oben schon mehrfach erwähnten umstrittenen Grenzstreifen. Am 17. Juli 1331 schlossen Ivan Aleksandăr und Andrónikos III. Frieden: Der Zarensohn Michael Asen wurde mit María (Eiréne), der Tochter des byzantinischen Kaisers, verheiratet. Ein Ehe-bündnis sicherte auch die Westgrenze, denn nach dem Sturz Stefan Dečanskis glich sich Ivan Aleksandăr mit Stefan Dušan aus, der die Zarenschwester Elena am 19. April 1332 heiratete. Der bulgarische Zar gab damit Dušan freie Hand in Makedonien und Nordgriechenland, sicherte aber seine eigene Herrschaft im Innern. Seine Söhne Michael Asen, Ivan Sracimir und Ivan Asen erhob er zu Mitkaisern. Mit Byzanz kam es zu Reibereien, weil Konstantinopel wieder einmal einen bulgarischen Prätendenten unterstützte, nämlich Šišman, einen Sohn des Zaren Micha-el III. Šišman. Aus Furcht vor dem byzantinischen Bundesgenossen Umur von Aydın wagte der Zar keinen entschlossenen Angriff, doch verlor der Prätendent bald an Bedeutung – und ver-schwindet auch aus den Quellen. Byzanz seinerseits hatte in diesem Jahr 1341 kaum Interesse an Krieg mit Bulgarien. Die bedrängte Regentin Anna von Savoyen erbat von Bulgarien Hilfe, doch wich der Zar wieder vor der Bedrohung durch Umur von Aydın aus. Anna erneuerte den Hilfe-ruf 1343, und der Zar forderte von ihr die Abtretung von Philippopel, Stenímachos/Stanimaka, heute Asenovgrad, und Ajtos. Was folgte, war eher „Demonstration als ernsthafter Feldzug" (Vasil Gjuzelev).

Vielmehr löste sich im Süden des bulgarischen Reiches deutlich sichtbar der Kriegerführer Momčilo in den Rhodopen, den Johannes VI. Kantakuzenós zum Herrn in den westlichen und zentralen Rhodopen ernannte und der nach türkischen Quellen (Enveri) ein Vasall des Umur von Aydın gewesen sein soll; umworben von Johannes VI., wurde er von diesem zum Sebastokrátor ernannt, von der Regentin Anna aber zum Despoten. Momčilo ging auf die Seite der Regentin über (Frühjahr 1344) und stieg an die Küste bei Xánthi hinab, besiegte den Umur und den Kantakuzenen, wurde aber am 7. Juli 1345 von den beiden Verbündeten geschlagen. Momčilo ging in das Volkslied der Region als Held ein.[64]

Auch am anderen Ende des Zartums bildete sich eine neue, freilich dauerhaftere Herrschaft heraus: Balik, Herr von Karvuna, und seine Brüder Todor und Dobrotica – nach letzterem wurde die ganze Landschaft an der Schwarzmeerküste Dobrudscha genannt –, die wohl mit den Terteriden verwandt waren, schlossen sich der Regentin Anna in Konstantinopel an.[65] Dobrotica heiratete eine Tochter des am 11. Juli 1345 bei einem Volksaufruhr erschlagenen mégas dux Aléxios Apókaukos.

Etwa zeitgleich wurde die bulgarische Schwarzmeerküste auch von einer großräumigen Veränderung der Handelsströme betroffen: 1344 griff der Khan der Goldenen Horde, Ǧānī Beg (1341–1357), die Handelsstadt Tana am Asowschen Meer an und vertrieb die genuesischen und venezianischen Kaufleute, die ihren Handel verstärkt an die bulgarische Küste verlagerten.[66]

Wohl in die 1340er Jahre fielen die ersten türkischen Angriffe auf das Zartum von Tărnovo, nicht von Osmanen, sondern von Kriegern des Umur von Aydın vorgetragen. Schon 1341 tauchten Schiffe des Umur von Aydın an der Donaumündung auf.[67] 1350/1351 erreichten diese Plünderzüge, bei denen Menschen und Vieh nach Anatolien verschleppt wurden, einen ersten Höhepunkt. Der Zar ließ sich nur zögernd auf das oben erwähnte Bündnis mit Stefan Dušan und Johannes V. ein, das mit der serbischen Niederlage gegen Orhans Sohn Süleyman endete. Die osmanische Inbesitznahme von Tzýmpe (1352) und Gallipoli (1354) bedrohte aber in Folge gleichermaßen das byzantinische wie das bulgarische Thrakien. 1355 schlossen Ivan Aleksandăr und Johannes V. Palaiológos, der seit einem Jahr allein auf dem Thron saß, ein Bündnis, das durch die Ehe des Thronfolgers Andrónikos IV. Palaiológos mit der Zarentochter Kera Marija besiegelt wurde, also eine Wiederholung des Ehebündnisses von 1331. Da Johannes V. aber gegen die Söhne des abgesetzten Johannes VI., Matthaíos Kantakuzenós in Thrakien und Manuel Kantakuzenós in der Morea, einen Kleinkrieg führte, war an einen Angriff gegen die Osmanen nicht zu denken; überdies genoss Matthaíos die Unterstützung des osmanischen Prinzen Süleyman, was den osmanischen Vormarsch in Thrakien erleichterte. Die Ausnutzung dynastischer Wirren erklärt nicht nur zu Beginn der osmanischen Eroberung, sondern über Jahrzehnte hinweg, den Erfolg osmanischer und türkischer Kriegergruppen am Balkan. Dušans Tod am 20. Dezember 1355 stürzte zudem auch Serbien, zumindest territorial die stärkste der balkanchristlichen Mächte, in eine Nachfolgekrise.

---

64 Božilov/Gjuzelev, Istorija na srednovekovna Bălgarija, 582–597, im Wesentlichen nach den byzantinischen Geschichtsschreibern Gregorás und Kantakuzenós; Alberti, Ivan Aleksandăr; Matanov, Parents serbes et byzantins du Tsar Ivan Alexandre; Bartusis, Chrelja and Momčilo; Jončev, Die politischen Beziehungen zwischen den Balkanstaaten; Gkartzonika, Banditry and the Clash of Powers.

65 Gjuzelev, Političeska istorija.

66 Ders., Bălgarskijat severoiztok, 33.

67 Božilov/Gjuzelev, Istorija na srednovekovna Bălgarija, 598–600; Gjuzelev, Očerci vărchu istorijata na bălgarskijat severoiztok; ders., Il Mare Nero, 273f.; Balard, Gênes et la mer Noire, Nr. 5, 31–54; ders., Notes sur les Ports du Bas-Danube, Nr. 7.

1.10 DIE ORTHODOXE BALKANWELT (1355–1396): VERSUCH EINER NEUORDNUNG IM ANGESICHT DER OSMANISCHEN BEDROHUNG

Lange Zeit betrachtete die südosteuropäische, besonders die ältere serbische Geschichtsschreibung die Regierungszeit von Stefan Dušans Sohn Zar Stefan Uroš V. (1355–1371) als Epoche fortwährenden Verfalls. Der serbische Historiker Rade Mihaljčić hatte Mitte der 1970er Jahre in seinem Werk Kraj srpskog carstva [Das Ende des serb. Zartums] dem eine nuancierte Deutung entgegengestellt: Zwar seien Abfallserscheinungen an den Rändern des Reiches zu beobachten, doch habe Zar Uroš die Kerngebiete besser zusammengehalten, als man ihm zugebilligt habe. Auch in jüngster Zeit verweisen serbische Historiker mit Recht darauf, dass das Jahrhundert zwischen Dušans Tod (1355) und der völligen Beseitigung serbischer Staatlichkeit durch die Osmanen (1459) keineswegs als lineare Geschichte des Niedergangs gelesen werden könne.[68] Was für Serbien eine Zeit der prekären Festigung von Dušans schnellen Eroberungen war, bedeutete für Byzanz hingegen beinahe schon die entscheidende Krisis: Das zum Kleinstaat gewordene Reich verlor fast alle thrakischen Gebiete außerhalb Konstantinopels, nur in der südlichen Peloponnes (sog. Despotat von Morea) dehnte es sich auf Kosten der in Auflösung befindlichen fränkischen Adelsherrschaften aus, die die Anjous in Neapel nicht mehr zu unterstützen vermochten. Auch für das Zartum von Tărnovo stand 1371 das Ende der politischen Eigenständigkeit fest. 1371 wurde die Schlacht an der Marica geschlagen, bei der serbische Regionalherren in Nordgriechenland einem türkischen Heeresverband unterlagen (s. im Detail Kap. 1.10.14). Über die Schlacht selbst weiß man fast nichts, ihre Folgen sind etwas besser fassbar: Die balkanorthodoxen Fürsten von Byzanz, über Tărnovo und die serbischen Herren Kraljević Marko (bulg./maked. Krali Marko), Jovan und Konstantin Dejanović sowie die übrigen serbischen Herren Makedoniens gerieten in Vasallität der Osmanen. Insofern eignet sich das Jahr 1371 als Einschnitt in der Darstellung.[69]

1.10.1 Neuformierung politischer Macht in Thessalien und Epirus

Dušans Tod rief an den Rändern des Reiches Unruhe hervor, zumal der zum hohen Hofrang eines Kaisar beförderte Vojvode Preljub, Statthalter in Thessalien, ebenfalls bald verstarb. Nikephóros II. und die Orsini-Partei in Epirus machten sich dies zunutze und zogen gegen den serbischen Despoten von Epirus, Symeon Uroš Palaiológos, einen Halbbruder Stefan Dušans, der meinte, sich durch die Ehe mit Nikephóros' Schwester Thomaís Legitimität verschafft zu haben. Symeon Uroš Palaiológos ließ sich in Kastoriá von seinen serbischen, griechischen und albanischen Gefolgsleuten zum Kaiser/Zar ausrufen. Er dachte nicht etwa an eine Teilung der Macht mit dem rechtmäßigen Zaren Stefan Uroš V., vielmehr kann er als Usurpator angesehen werden.

---

68 Šuica, Pad Srbije, weist auf die geringe volkstümliche Überlieferung hin (278f.).

69 Grundlegend ist Spremić, Turski tributari.

Nikephóros II. von Epirus, der eine Schwester von Dušans Witwe ehelichen wollte, fand 1359 am Fluss Achelóos gegen den aufsteigenden mittelalbanischen Regionalherrn Karl Thopia den Tod.[70] Symeon hingegen richtete seine Residenz im thessalischen Tríkala ein, verzichtete aber darauf, Epirus zu übernehmen.[71]

1.10.2 Albanische Herrschaftsbildungen in Griechenland

In dieses Vakuum stießen Führer albanischer Krieger- und Hirtengemeinschaften. Damit wurde in der Geschichte des Balkans eine Entwicklung auch politisch, d. h. in Gestalt von Herrschafts-bildungen, greifbar, die sich zuvor nur als allgemeine Bevölkerungsströmung bemerkbar gemacht hatte: die Ausbreitung des albanischen Elements in den griechischen Raum. Bereits Ende des 13. Jahrhunderts hatte diese Südbewegung begonnen, über deren genaue Ursachen und Verlauf nur Schemenhaftes bekannt ist; Überbevölkerung in den Berggebieten Mittel- und Südalbaniens, politische Unsicherheit aufgrund der Dauerkriege zwischen Anjou, Byzanz und dem sich ausdeh-nenden Serbien, eventuell auch Unterdrückung durch Grundherren werden in der Sekundärlite-ratur angeführt, können aber bei dem großen Quellenmangel nicht erhärtet werden.[72] Die beste frühe Beschreibung verdankt sich einem Brief des venezianischen Chronisten Marino Sanudo d. Ä. aus dem Jahre 1325: „per turmas et cognationes", also in Verwandtschaftsverbänden, hätten die Albaner Thessalien bis auf die befestigten Plätze unter ihre Kontrolle gebracht.[73] Von Thessalien aus, das den Zuwanderern als Sammelraum diente, dehnten sie sich bis um 1400 nach Euböa/Neg-roponte, Áttika und Morea aus, wobei die Landesherren – Venezianer u. der byzantinische Despot der Morea Theódoros I. Palaiológos – nunmehr die Albaner als dringend benötigte Bauernkrieger regelrecht anwarben. Anders gestaltete sich die albanische Zuwanderung nach Epirus: Während

70 Mihaljčić, Bitka kod Aheloja; Maksimović, Το Χρονικό των Ιωαννίνων; Branuses, Το Χρονικόν των Ιωαννίνων, 75f.; Soulis, The Serbs and Byzantium, 70.

71 Radić, Ο Συμεών Ούρεσης Παλαιολόγος και το κράτος.

72 Ferjančić, Les Albanais dans les sources byzantines, bietet eine ausgezeichnete Quellenkunde. Die venezianischen Quellen in Acta Albaniae Veneta (Hg. Valentini), die für Thessalien und Áttika wichtigen katalanischen Urkunden bei Rubió i Lluch (Hg.), Diplomatari de l'Orient Català, bes. Nr. 129, 195, 196, 304, 361, 556; die Literatur zum Thema ist umfangreich: Soulis, Περί των μεσαιωνικών αλβανικών φύλων; Pulos, Η εποίκησις των Αλβανών; Jochalas, Über die Einwanderung der Albaner in Griechenland; Schirò, La genealogia degli Spata; Topping, Albanian Settlements in Medieval Greece; Ducellier, Les Albanais du XIᵉ au XIIᵉ siècle; ders. u. a., Les chemins de l'exil, 91–113; Xhufi, Albania Graeca in the 14ᵗʰ and 15ᵗʰ Centuries; ders., Rrethanat etnike në Epir gjatë Mesjetës (bei Xhufi jeweils nationalistisch-albanische Sichtweise); Giakoumis, The Question of the „Relative Autochthony" of the Albanians.

73 Rubió i Lluch (Hg.), Diplomatari de l'Orient Català, 160: „Deus misit hanc pestem patriae Blachiae supradictae (Vlachia, Vlachenland hieß Thessalien im Mittelalter, O. J. S.), quia ipse miserat quoddam genus Albanensium gentis nomine, in tanta quantitate numerosa, quae gens omnia quae erant extra castra penitus destruxerunt [...] et ad presens consumunt et destruunt taliter, quod quasi nihil remansit penitus extra castra." (Gott schickte diese Pest unserem oben genannten Land Vlachia, denn er hatte ein gewisses Volk, Albaner genannt, in so großer Zahl geschickt, dass sie alles Volk, das außerhalb der befestigten Orte lebte, völlig vernichteten [...] und gegenwärtig plündern und hausen sie so, dass fast nichts außerhalb der befestigten Orte übriggeblieben ist.)

im Osten Griechenlands albanische Siedler sich in bestehende Herrschaftsstrukturen einfügten, richteten albanische Kriegerführer im Südwesten der Balkanhalbinsel, in Epirus und Akarnanien, eigene Herrschaften auf. Die Zuwanderung von Albanern war im Gefolge von Dušans Südmarsch vorangekommen. Denn noch in den 1330er Jahren hatte Kaiser Andrónikos III. mit türkischen Söldnern die Verwandtschaftsverbände der Malakasier, Bua und Mesariten unterworfen. Dušans Eroberungszug hatte in Epirus die byzantinischen Machtstrukturen erschüttert, selbst aber nichts Dauerhaftes hervorgebracht. Vor diesem Hintergrund ist zu verstehen, dass Gjin Bua Spata in Akarnanien (am Achelóos u. in Angelókastron), Peter Ljosha aber in der alten Despotenresidenz Árta und Rogoí albanische Herrschaften errichteten. Der thessalische Kaiser Symeon hatte den beiden Albanerführern als seinen Vasallen die Landschaft Ätolien sogar übergeben.[74] Die Ioannioten riefen in dieser Lage den Sohn des verstorbenen Kaisar Preljub von Thessalien, Thomas Preljubović, aus dem makedonischen Vodená herbei. Dieser umgab sich mit serbischen Gefolgsleuten, requirierte Gelder seiner Untertanen zur Bekämpfung der albanischen Nachbarn, mit denen er sich aber ausgleichen musste; die Heirat seiner Tochter Eirene mit Pjeter Ljoshas Sohn Gjin Ljosha sollte „eine kurze Ruhepause" (so die Chronik von Ioánnina) bringen. Offenbar verheiratete er auch gezielt seine serbischen Gefolgsleute mit Griechinnen, um sich so eine breitere Machtbasis zu sichern. Bei seinen griechischen Untertanen war er aber als „zweiter Judas" wenig beliebt.[75]

Thomas Preljubović gehört zum neuen Typus des serbisch-griechischen Regionalfürsten, und wenn seine Anfänge hier so ausführlich geschildert wurden, dann nur deswegen, weil mit der Chronik von Ioánnina ausnahmsweise eine erzählende einheimische Quelle zur Verfügung steht. So ist Preljubović Gegenstand einer Chronik, nicht aber der ungleich bedeutendere Zar Stefan Uroš V. oder die anderen Regionalfürsten, die über weite größere Gebiete herrschten.

1.10.3 Das gräko-serbische Kaisertum in Thessalien

Die außerordentlich komplizierte Entwicklung der sich herausbildenden Territorialherrschaften auf dem Boden des serbischen Zartums wird am besten fassbar, wenn die Gebiete zunächst einzeln kurz dargestellt werden. Dabei beginnt der Rundgang bei der Frage nach der Stellung von Dušans Sohn Uroš und geht dann von der am quellenmäßig besten belegten Adriaküste in den inneren Balkan vor: Zar (Stefan) Uroš (V.) wurde auf der letzten serbischen Reichsversammlung der Zarenzeit im April 1357 in Skopje, der Hauptresidenz seit Dušans Eroberungen, gekrönt. Er musste sich gegen den Usurpator Symeon Uroš Palaiológos zur Wehr setzen, der in Thessalien Anspruch auf den Kaisertitel erhob. Symeon hatte nur von einem von Dušans regionalen Statthaltern, Asen von Valona, Hilfe erhalten und wurde bei Skutari geschlagen. Uroš vermochte aber Symeons Teilreich nicht zu erobern. Vielmehr konnte Symeon nach dem Schlachtentod seines Gegners Nikephóros II. (1359) Epirus mit Thessalien und Nordwestmakedonien (Kastoriá) verbinden.

---

[74] SOULIS, The Serbs and Byzantium, 122.

[75] MATANOV, The Phenomenon Thomas Preljubović; SOULIS, The Serbs and Byzantium, 71, 123; SOUSTAL, Nikopolis und Kephallenia, 71.

Symeon von Thessalien und Asen in Valona trennten sich vom serbischen Reich ab.[76] Der „Kaiser" in Thessalien sah sich als Palaiologe, er nahm sogar, im Gegensatz zu Dušan, in seinen griechischen Urkunden den Begriff „ton Rhomaíon" (der Römer, d. h. Byzantiner) auf und näherte sich stärker als der erste serbische Zar jenem Kaisertitel an, der dem byzantinischen Kaiser vorbehalten war (Kaiser u. Selbstherrscher der Römer). Symeon herrschte gestützt auf serbische Gefolgschaft und griechische Großgrundbesitzer; er verlieh wie ein Kaiser hohe Titel wie „Despot" (an die Albanerführer Gjin Bua u. Pjetër Ljosha) und ernannte, ebenfalls byzantinischem Brauch folgend, seinen Sohn Johannes Uroš zum Mitkaiser (vor 1359/1360). Seine Tochter Maria verheiratete er mit Thomas Preljubović von Epirus, dem er ebenfalls den Despotentitel verlieh. Sein Sohn Johannes Uroš zog sich 1373 als Mönch in die Metéoraklöster zurück – diese sind bis heute das sichtbarste Andenken an die serbisch-griechische Kultur der Nemanjiden von Tríkala.[77] Danach kam Thessalien bis zur osmanischen Eroberung unter byzantinische Oberhoheit, zunächst unter Aléxios, dann von 1388 bis 1390 unter Manuel Ángelos Philanthropenós.[78] Der Osten der Region wurde jedoch bereits 1386 von Gazi Evrenos erobert, und schon bald kamen erste viehzuchttreibende muslimische Türken (Yürüken) ins Land.[79]

1.10.4 Herrschaftsbildung in der Zeta

Ausgesprochen kleinteilig war die Herrschaftsbildung im Küstenland, wo Zar Stefan Uroš V. den Usurpator Symeon und den örtlichen Raubritter Žarko besiegt hatte. Ulcinj/Ulqin/Dulcigno betrachtete die Zarin Jelena als Stadtherrin in der Tradition des Apanagesystems. Vojislav Vojnović herrschte zwischen Rudnik, der Drina, Popovo polje und der Bucht von Kotor; ihm gehörte auch das Hinterland von Dubrovnik mit Dračevica, Konavle und Trebinje. Damit war er Herr von Hum (Herzegowina).[80] Er trachtete jedoch danach, seinen Herrschaftsbereich auszudehnen; so führte er 1361 gegen Dubrovnik Krieg, um die 1333 von Dušan abgetretene Halbinsel Pelješac und den Ort Ston/Stagno zurückzugewinnen. Bis zu seinem Tode (1363) wirkte er als inoffizieller Regent für den Zaren, der wesentlich zur Stabilisierung der Herrschergewalt beitrug. Nach seinem Tod verdrängte sein Neffe Nikola Altomanović Vojnovićs Witwe, die „Fürstin" Gojislava, aus weiten Teilen von Hum, während König Vukašin (s. u.) auch offiziell die Stellung eines Mitherrschers (Königs) errang (1365–1371).[81]

---

76 Antonović, Oblast Valone i Kanine pod srpskom vlašću; Ducellier, La façade maritime de l'Albanie, 485–487.

77 Radić, Ο Συμεών Ούρεσης Παλαιολόγος και το κράτος, 200–208.

78 Ferjančić, Tesalija u XIII i XIV veku, 265–281; Bees, Geschichtliche Forschungsresultate und Mönchs- und Volkssagen; Nicol, Meteora; Sophianos, Οι Σέρβοι ηγεμόνες των Τρικάλων; Alexander, The Monasteries of the Meteora.

79 Kiel, Das türkische Thessalien, 114.

80 Mihaljčić, Kraj srpskog carstva, 36; Tomović, Vojinovići.

81 Blagojević, Savladarstvo u srpskim zemljama.

Im Küstenland der Zeta errichtete das Geschlecht der Balšić/alb. Balsha unter Balša I. mit seinen Söhnen Georg I., Stracimir und Balša II. (deren ethnische Herkunft: serbisch, albanisch, vlachisch, in der Forschung ebenso umstritten wie unklar und für die Deutung der Entwicklung wenig bedeutsam ist) eine eigene Herrschaft, wobei auch sie Stücke aus Vojnovićs Erbe rissen, so in der Oberzeta (nördliches Montenegro). Der Zar vermochte auch nicht zu verhindern, dass regionale Große über ein Bündnis mit fremden Städten gegen wichtige serbischer Oberhoheit unterstehende Häfen verhandelten, so wie die Balšić mit dem seit 1358 nominell ungarischen Dubrovnik gegen Kotor. Die Balšić hatten in diesem Kleinkrieg wichtige nordalbanische Städte an sich gebracht, so Drivasto/Drisht im Frühjahr 1362 und Ulcinj wohl nach September 1362. Somit entstand eine neue Familienherrschaft in der Zeta.[82]

1.10.5 Herrschaftsbildung in Hum (Herzegowina)

Nachbar der Balšić im Norden war Nikola Altomanović in Hum (Herzegowina), der Neffe Vojislav Vojnovićs, Herr des Minenortes Rudnik. Altomanović wollte aus dem kargen Hochland an die Küste vorstoßen, auch ihm ging es darum, Dubrovnik Ston und Pelješac abzunehmen. Offenbar in gutem Einvernehmen mit Zar Stefan Uroš V., zog er sich die Feindschaft König Vukašins zu; Mauro Orbini erzählt von einer Schlacht auf dem Amselfeld, in der Nikola Altomanović gemeinsam mit dem Zaren und Lazar Hrebeljanović, also die Herren des nördlichen Serbien, gegen Vukašin und den Süden gekämpft habe; wegen Lazars Verrat sei Altomanović geschlagen, der Zar gefangen worden. Von diesen Spannungen zwischen dem serbischen Norden und Süden am meisten begünstigt wurden die Balšić, die sich im Küstenland immer mehr von der Zentralgewalt lösten, sowie ihr südlicher Nachbar, der albanische Adlige Karl Thopia (Ende der 1360er Jahre), der Sieger über Nikephóros II. von Epirus (1359). Die Balšić verbanden sich kurzzeitig mit König Vukašin gegen Nikola Altomanović, der 1371 aufgrund der Niederlage Vukašins und dessen Bruders Uglješa gegen die Türken vorerst gerettet wurde. Um seine Ansprüche auf die Küstengebiete bei Dubrovnik durchzusetzen, verbündete sich Nikola Altomanović dann mit den Balšić und der Republik Venedig, die nach dem Frieden von Zadar (1358) jede Gelegenheit wahrnahm, sich wieder an der Adria festzusetzen. Mit diesem Bündnis zog Nikola Altomanović wiederum die Feindschaft Ludwigs des Großen von Ungarn auf sich. Insgesamt verhärtete sich vor Ort jedoch die politische Isolierung des Nikola Altomanović, die in einem Angriff aller Nachbarn, des bosnischen Bans Tvrtko Kotromanić, des nordserbischen Fürsten Lazar und Vuk Brankovićs, gegen den Herrn von Hum gipfelte. Dieser unterlag 1373, und seine Gebiete wurden unter den Nachbarn aufgeteilt.[83]

---

82 Mihaljčić, Kraj srpskog carstva, 33–56.

83 Jireček, Geschichte der Serben, Bd. 2,1, 112–114, 185–202.

1.10.6 Herrschaftsbildung in der Landschaft Albanien

Im Süden der Balšić, in der Landschaft Albanien, entstand – fassbar um 1355 – die Familienherrschaft der albanischen Matarango und damit ebenfalls ein bis zur osmanischen Herrschaft zu beobachtender Typus: Gestützt auf Stapelplätze an der Küste, wo sie vor allem Getreide an Dubrovniker und Venezianer Kaufleute verhandelten, wechselten sich diese instabilen Herrschaften sehr rasch ab. Es handelte sich um Gefolgschaftsverbände einzelner Adlige in einem weitgehend herrschaftsfreien Raum, genauer in einem Raum, in dem übergeordnete Herrschaftsstrukturen zwischen ca. 1360 und 1420 weitgehend verschwanden (Anjou, Byzanz, Serbien).[84] Aus dem byzantinischen Milieu gelöst hatten sich wie die Matarango auch die Muzaki; sie gehörten zum orthodoxen „Hochadel" des südwestlichen Balkans und unterstützten Stefan Dušan, der ihnen Land auf der Chalkidike verlieh. Ihr Aufstieg begann nach der Schlacht an der Marica (1371): Aus den Trümmern der nordgriechischen Serbenherrschaften gewannen sie Kastoriá (1372) und dehnten sich am Fluss Shkumbin entlang der Via Egnatia bis an die Adriaküste aus.

In Dyrrháchion selbst, dem alten Zankapfel zwischen Anjou und Byzanz, baute Karl Thopia eine regionale Herrschaft auf. Im venezianisch-ungarischen Frieden von Zadar (1358) war Dyrrháchion als südlicher Endpunkt des ungarischen Einflusses bestimmt – genauer gesagt als die Zone, aus der sich Venedig zurückziehen musste. Karl Thopia verdrängte bis 1374 die Muzaki von der Shkumbinmündung und unterstellte sich die Matarango und deren Stapelplatz Vrego – mit anderen Worten, er kontrollierte die albanische Küste vom Drin bis zum Devoll.[85]

Im Süden Dyrrháchions lag mit dem serbischen Despotat Valona ein weiterer Splitter ehemaliger großräumiger Staatlichkeit; 1345 war der Hafen von Dušan erobert worden, der ihn seinem Schwager, dem Bruder des bulgarischen Zaren Ivan Aleksandăr, übergab. Da Dušan ihm nicht freie Hand ließ, unterstützte der Herr von Valona, trotz Wiedergutmachung, nach 1355 den Usurpator Symeon von Thessalien. Für Valona galt aber besonders, dass es als Handelsplatz besonderen Wert auf gute Beziehungen zu Venedig legte, das starkes Interesse an Brückenköpfen in der südlichen Adria bekundete. Bezeichnenderweise bat Despot Asen 1357 um venezianische Rektoren (Statthalter). Der bulgarischstämmige Despot starb 1363, sein Nachfolger Alexander, Sebastós von Valona,

---

84 SCHMITT, Das venezianische Albanien, 184–191.

85 DUCELLIER, La façade maritime de l'Albanie, 474–482. Die Kämpfe um die Stadt veranschaulichen plastisch die sich überschneidenden Interessen Ungarns, Neapels und Venedigs in dieser strategisch entscheidenden Region am Vorabend der osmanischen Eroberung. Da die süditalienischen Anjou unfähig waren, ihr Königreich Albanien zu halten, griff Karl Thopia 1362 mit einer improvisierten Flotte Dyrrháchion an. Damit begann auch das albanische Kaperwesen an der Adria, an dem sich neben den Thopia und Matarango im 15. Jh. auch Skanderbeg beteiligen sollte. 1365 unterstellte sich Dyrrháchion unter unklaren Umständen der ungarischen Krone. 1366 nahm Venedig Karl Thopia als Bürger auf, deutliches Zeichen der ungarisch-venezianischen Konkurrenz in der südlichen Adria. Anfang 1368 schließlich fiel Dyrrháchion an Karl Thopia, wenn auch nur für kurze Zeit. Das Schicksal der strategisch wichtigen Hafenstadt erregte die Aufmerksamkeit sowohl von Papst Gregor XI. wie von Ludwig von Navarra, Inhaber der angevinischen Rechte auf das Königreich Albanien, der den bekannten Söldnerführer Enguerrand de Coucy zur Eroberung Albaniens und Gefangennahme Karl Thopias und Georg I. Balšić entsenden wollte (1372); wie aus früheren Angriffsplänen der Anjou im Balkan wurde auch aus diesem nichts.

trug den Despotentitel nicht, er wurde 1368 Bürger von Dubrovnik, der zweiten Handelsmacht in der Adria; sein Ende ist unklar, vielleicht fiel er an der Marica. Sein Erbe trat Georg (Đurađ) I. Balšić an, der Alexanders Sohn 1372 tötete. Wie die Muzaki war auch Georg Balšić ein Profiteur der Marica-Schlacht.[86]

1.10.7 Herrschaftsbildungen im Zentralbalkan

Während die Regionalherrschaften an der Adria durch venezianische und Dubrovniker Akten gut belegt sind, konnte die Forschung von der Entwicklung in den Binnengebieten des serbischen Reiches teilweise nur schemenhafte Gebilde rekonstruieren. Auch hier stiegen Regionalherren auf. Wie im Südwesten zersetzte sich die äußerste nördliche Grenzzone des serbischen Zartums, wo sich die regionalen Machthaber, die Rastislalić von Kučevo und Braničevo, ungarischer Oberhoheit unterstellten.[87]

Im Zentralbalkan am wichtigsten waren nach dem Ende des Vojislav Vojnović (1363) die nach Mauro Orbini aus Livno (westliche Herzegowina) stammenden Mrnjavčević-Brüder Vukašin, als König (kralj) seit 1365 Mitherrscher am Zarenhof, und Uglješa, der zum Despoten erhoben wurde (ebenfalls 1365).[88] Um 1350 hatte Vukašin um Prilep geherrscht; seine Familie knüpfte Bande zu anderen Regionalherren: dem Kesar Vojihna, dem Radoslav Hlapen und den Balšić. Er beherrschte im Wesentlichen das Gebiet des heutigen Kosovo und Nordmakedonien, auf dem Höhepunkt seiner Macht um 1370 Prilep, Skopje, Novo Brdo und Priština. 1365 erhob der kinderlose Zar Stefan Uroš V. den Vukašin zum Mitkönig, 1370 oder 1371 wurde dessen Sohn Marko – der berühmte Marko Kraljević oder Krali Marko der Heldenlieder – von Vukašin zum „jungen König" gemacht. Für den „jungen König" suchte Vukašin eine Braut unter den mächtigen Herren im Westen des südslawischen Raumes. Doch unterband der bosnische Banus Tvrtko Kotromanić ein Ehebündnis mit den kroatischen Šubići; Papst Urban V. (1362–1370) verhinderte andererseits 1370, dass sich Tvrtko mit dem „Sohn des schismatischen Königs von Raszien" durch einen Ehepakt zusammenschloss, und so ehelichte Marko die Tochter des Regionalfürsten Radoslav Hlapen, ein Beispiel für die dynastische Politik unter den Nachfolgefürsten des serbischen Zartums.[89]

Im heutigen Zentralserbien an der Morava lag die Territorialherrschaft des von Dušan zum „Fürsten"/Knez ernannten Lazar Hrebeljanović (ca. 1371–1389), der 1389 als Held der Amselfeld-

---

86 Ducellier, La façade maritime de l'Albanie, 485–488; Soulis, The Serbs and Byzantium, 258f.; zum Handel der Lokalherren Milutinović, Izvozna trgovina u ušćima arbanaških reka.

87 Mihaljčić, Kraj srpskog carstva, 64. Branko Rastislalić war nur kurz ungarischer Vasall, erhob 1361 eigene Zölle und gehörte nicht mehr dem serbischen Staatsverband an. Als Ludwig der Große 1365 gegen das bulgarische Vidin zog, wurde Branko wieder fester an die ungarische Krone gebunden.

88 Rudić, O prvom pomenu prezimena Mrnjavčević, zeigt, dass der Name schon vor Orbini in einer Genealogie belegt ist, die 1563/1584 entstanden ist.

89 Matanov, Radoslav Hlapen.

schlacht in die Legende eingehen sollte.[90] Lazar wurde um 1329 in Prilepac bei Novo Brdo geboren. Sein Vater Pribac Hrebeljanović hatte dem Zaren Dušan als Logothet – Leiter der Herrscherkanzlei –, der junge Lazar am Zarenhof unter Dušan wie Uroš (1363–1365) gedient. Als „Knez" (Fürst) ist er seit April 1371 belegt. Begünstigt von der Schwäche des Zaren, dann aber auch von dem Untergang Nikola Altomanovićs in Hum sowie durch den Tod der beiden 1371 gefallenen Fürsten im Süden, König Vukašin und Despot Uglješa von Sérres, gewann er in Nachbarschaft seines Erbguts die wichtigen Bergbauorte Novo Brdo (Südostkosovo) sowie Rudnik. Während der ebenfalls aus dem Kosovo stammende Vuk Branković nach Süden expandierte, erweiterte Lazar in Absprache mit Vuk seine Herrschaft gen Norden. Zeitweise unterstellte er sich in der Tradition nordserbischer Territorialherren ungarischer Oberherrschaft, schüttelte diese aber nach dem Tode Ludwigs des Großen (1382) ab.[91]

1.10.8 Herrschaftsbildung im makedonischen Raum

Im heutigen Südserbien, Nordostmakedonien und Westbulgarien, zwischen der Skopska Crna Gora, der südlichen Morava (Preševo), Pčinje (bei Kumanovo) und dem Oberlauf der Struma (mit Kjustendil), besass der unter Zar Stefan Uroš V. zum Despoten erhobene Dejan, Sebastokrátor unter Dušan, dessen Schwester Teodora er geehelicht hatte, sein Machtgebiet; er prägte eigene Münzen und stand in gespanntem Verhältnis zum Zaren.[92] Seine Söhne Konstantin und Jovan Dragaš, die den bulgarischen Zaren Smilec und den serbischen König Stefan Dečanski zu ihren Vorfahren zählten, bewahrten diese Familienherrschaft an Vardar und Struma.[93] Konstantin heiratete in zweiter Ehe Eudokía, die Tochter des Kaisers Aléxios III. Groß-Komnenós von Trapezunt (heute Trabzon) am Schwarzen Meer. Helena, die Tochter aus dieser Ehe, ehelichte Kaiser Manuel II. Palaiológos (1391–1425), dessen Sohn Konstantin, der letzte Kaiser von Byzanz, den Beinamen Dragases trug, wodurch der Name seines 1395 in osmanischen Vasallendiensten gefallenen Großvaters zu dauerhaftem Nachleben gelangte.

Nordöstlicher Nachbar Dejans war Vlatko Paskačić, Vater des Kesar Uglješa, der sein Gebiet auf Kosten Dejans ausdehnte und an der südlichen Morava (Vranje, Preševo) im Westen, dem Gebiet nördlich von Kratovo im Osten, mit eigener Münzprägung herrschte und Zar Stefan Uroš V. und

---

90 Die maßgebliche Monographie ist Mihaljčić, Lazar Hrebeljanović; dazu wichtig Božić/Đurić (Hgg.), O knezu Lazaru.

91 Mihaljčić, Kraj srpskog carstva, 117 (über Lazars Anfänge ist nur wenig bekannt), 208–222; zu Lazars Territorium in den 1360ern kann man nur vage Angaben machen. Es befand sich zwischen dem Ibar und dem Unterlauf der Westlichen und der Südlichen Morava; wo sein Gebiet an jenes der ungarischen Vasallen aus dem Haus Rastislalić mit Schwerpunkt in Braničevo und Kučevo grenzte, kann nicht genau bestimmt werden. Rudnik gewann Lazar 1370 aus dem Besitz des Nikola Altomanović (ebd., 213). Der Konflikt mit diesem gehört zu dem „am wenigsten erforschten und dunkelsten Teil" von Lazars Biographie (ebd.); ders., Knez Lazar i obnova Srpske države.

92 Ders., Kraj srpskog carstva, 67.

93 Matanov, Knjažestvoto na Dragaši (mir nicht zugänglich); Kostova, Constantine Dragaš and His Principality; Konstantin residierte in mehreren Burgen, so Strumica, Osogovo, Velbăžd und Melnik.

König Vukašin als Oberherren anerkannte.[94] Südlich grenzte die Herrschaft des Nikola Stanjević an, um Štip sowie an den Flüssen Strumica und Bregalnica, der dem Zaren treu war, wohl aber getötet wurde. Sein Land fiel an Vukašin und dessen Sohn Marko.[95]

In der süd-ostmakedonischen Region um Sérres bekämpften sich der serbische Machthaber Kesar Vojihna und Matthaíos Kantakuzenós, Sohn des gestürzten Johannes VI. und Herr in den Rhodopen. 1357 nahm Vojihna den Kantakuzenós gefangen und setzte damit einer weiteren – nach Momčilo – Sonderherrschaft in den Rhodopen ein Ende. Vojihnas Herrschaft erstreckte sich damit zwischen Kavála, dem Strymon und dem Belasica-Gebirge.[96] Doch schon 1356/1357 wurde er von zwei Griechen, dem mégas primikérios Aléxios und dessen Bruder, dem Protosébastos Johannes, besiegt und verdrängt. Bald darauf übernahm Vukašins Bruder Uglješa, Vojihnas Schwiegersohn, Sérres sowie Vojihnas Herrschaft und baute diese zu einem wichtigen serbischen Fürstenhof in Nordgriechenland aus. In Sérres nahm in den 1360er Jahren auch die Zarin-Witwe Jelena ihren Wohnsitz ein, herrschte aber nur kurz allein, denn Zar Stefan Uroš V. gewann um 1370 die Oberherrschaft zurück.[97]

Diese Herren lieferten sich ausgedehnte Fehden, wobei Lazar und Nikola Altomanović, also die Herren Kosovos und der heutigen Herzegowina, gegen die Mrnjavčevići und die mit diesen lose verbundenen Balšić, also den makedonischen Raum und das Küstenland, standen. Die Balšić gewannen nach 1362 das Berggebiet der Zeta (heutiges Montenegro, Nordalbanien), besonders als ihr Gegner Vojislav Vojnović starb, und belagerten 1366 Kotor, das sich unter dem Druck der Balšić Ende 1370/Anfang 1371 Ungarn unterstellte. Die Balšić waren zudem maßgebend an der Ausschaltung des Nikola Altomanović beteiligt, an der auch der bosnische Ban Tvrtko I. und König Ludwig der Große von Ungarn mitwirkten; Nikolas Ländereien hinter Dubrovnik teilten sich die Balšić und der bosnische König. Hingegen mussten sie Mittelalbanien dem Karl Thopia überlassen.

1.10.9 Aufstieg Bosniens zur Regionalmacht im Westbalkan

Zu einem bedeutsamen Machtfaktor stieg in der Nachbarschaft der Balšić, des Fürsten Lazar und des Nikola Altomanović der mehrfach genannte und um 1338 geborene Tvrtko I. Kotromanić (Ban v. Bosnien: 1354–1377; Kg.: 1377–1391) auf.[98] Er leitete seine Herkunft väterlicherseits von dem Nemanjidenkönig Stefan Dragutin ab, mütterlicherseits von den Šubići von Bribir und

---

94 Mihaljčić, Kraj srpskog carstva, 75.

95 Ebd., 76–78.

96 Ćirković, Oblast kesara Vojihne.

97 Mihaljčić, Kraj srpskog carstva, 57; grundlegend ist Ostrogorski, Serska oblast posle Dušanove smrti, sowie Ferjančić, Vizantijski i srpski Ser.

98 Lovrenović, Kralj Tvrtko I. Kotromanić; Ćorović, Kralj Tvrtko I. Kotromanić, feierte Tvrtko als „zweifellos den größten Herrscher des bosnischen Staates und eine der schönsten Gestalten unserer ganzen Vergangenheit", Ausdruck der Kraft einer besonderen „Rasse" im 14. Jh. (93). Tvrtko sei im Gegensatz zu Zar Stefan, der in den

den Grafen von Cilli/Celje. Seine Cousine Elisabeth heiratete König Ludwig den Großen von Ungarn, seine zweite Cousine Katharina Hermann I. von Cilli. Tvrtko war damit mit den führenden Dynastien des westlichen Balkans verwandt. In seiner Anfangszeit herrschte er gemeinsam mit seiner Mutter, der König Ludwig nach dem Tode Mladens III. Šubić die Verwaltung von dessen Gebieten südlich von Duvno (heute Tomislavgrad) übertrug. Freilich hinderte ein Adelsaufstand Mutter und Sohn an der Übernahme. Sobald er Ruhe geschaffen hatte, zeigte Tvrtko, dass er sich aus dem ungarischen Einflussbereich lösen wollte. Er verweigerte Ludwig im Krieg gegen Venedig (1356–1358) die Truppenhilfe. Der König entzog ihm Hum und die Šubić-Gebiete und beschränkte ihn auf Bosna und Usora. Tvrtko aber bewahrte seine Handlungsfähigkeit, und er war es, der 1362 das ungarische Dubrovnik vor den Angriffen des Vojislav Vojnović schützte. Kurz darauf überzog Ludwig von Ungarn Tvrtko mit einem Krieg, der Teil des großen Kreuzzugsunternehmens auf dem Balkan von 1363–1365 war – die ungarische Propaganda zeichnete die Bosnier als ketzerische Patarener.[99] Tvrtko behauptete sich indes, und Venedig nahm ihn in die Schar seiner Patrizier auf. Unter Druck geriet Tvrtko dann durch den Aufstand seines Bruders Vuk. Tvrtko vollzog eine Kehrtwende, söhnte sich mit Ungarn aus, wurde königlicher Banus und vertrieb Vuk nach Dubrovnik (1367). Auch Vuk setzte auf einen Kreuzzug und erwirkte bei Papst Urban V. die Verurteilung Tvrtkos als Ketzer. Zwischen 1370 und 1374 standen sich die Brüder in gespanntem Verhältnis gegenüber, bis es zur Versöhnung kam. 1374 heiratete Tvrtko Dorothea, die Tochter des Sracimir von Vidin, womit er sein Verwandtschaftsnetzwerk auch in den östlichen Balkan erweiterte. Im Dezember 1374 dehnte er seinen unmittelbaren Herrschaftsbereich aus; er überrumpelte die Balšić und nahm ihnen Trebinje ab sowie die Region um das bei Prijepolje gelegene Kloster Mileševa. Während also die serbischen Territorialherrschaften untereinander oder gegen die Osmanen kämpften, hatte Tvrtko seine Macht über Bosna und dessen Nebenländer Hum, Usora, Soli und Donji Kraji gefestigt und war zu einem der mächtigsten südslawischen Herren aufgestiegen, den auch seine orthodoxen Nachbarn achteten.

1.10.10 Ende des serbischen Zartums

Am wenigsten konturiert bleibt in diesem Rundgang die Gestalt des Zaren Stefan Uroš V. Zwischen September 1363 und März 1365 ist von ihm nur eine einzige Urkunde erhalten. Überhaupt ist seine Herrschaft vor allem aus zufällig erhaltenen Inschriften und Marginalnotizen auf Handschriften zu rekonstruieren; selbst die Untersuchung grober Abläufe, so der beste Kenner der Epoche, Rade Mihaljčić, ist oftmals kaum möglich.[100] Offenbar wurde der Zar von König Vukašin

---

griechischen Raum ausgegriffen habe, der Schaffer eines „serbisch-kroatischen Staates" und damit Verläufer des 1918 gegründeten Königreichs SHS.

99 Die ungarische Kreuzzugspropaganda gegen vermeintlich häretische Anhänger der „bosnischen Kirche" verzerrte das Bosnienbild der katholischen Welt ganz erheblich; dazu LOVRENOVIĆ, Modelle ideologischer Abgrenzung.

100 MIHALJČIĆ, Kraj srpskog carstva, 64.

verdrängt; in der serbischen Epik entstand daraus die sachlich falsche Tradition, der Zar sei sogar ermordet worden.[101] Dennoch kann festgehalten werden, dass sich serbische Staatlichkeit zwischen 1355 und 1371 in regionaler Vielfalt äußerte. Dabei lag der Schwerpunkt des serbischen Reiches in den Regionen, bei den Balšić, vor allem aber den Brüdern Vukašin und Uglješa, d. h. dem großen Raum zwischen Kosovo und Makedonien bis an die Ägäis – dort herrschte der eigentliche König, Vukašin.

1.10.11 Thrakien und Bulgarien angesichts der türkischen und osmanischen Eroberung

Nicht nur die räumliche Nähe, sondern auch besondere Machtkonzentration erklärt, weswegen es die beiden Mrnjavčevići waren, die eine balkanorthodoxe Allianz zur Verdrängung der Osmanen planten. Um den Zusammenhang zu verstehen, ist die Darstellung auf den Ostteil der Balkanhalbinsel überzuleiten.

Mit dem Verstummen der byzantinischen Geschichtsschreiber Gregorás und Kantakuzenós wird besonders die bulgarische Geschichte weitgehend in Dunkel getaucht. Da innere Quellen fehlen, ist über die Entwicklung des Zartums von Tărnovo in entscheidenden Jahren der osmanischen Ausdehnung nur wenig bekannt. Nur wo sich die beiden Teilreiche von Tărnovo und Vidin mit der Außenwelt berühren, fällt etwas Licht auf die bulgarischen Entwicklungen. Der serbische Thronstreit zwischen Zar Stefan Uroš V. und Symeon von Thessalien lenkte die Aufmerksamkeit der in Nordgriechenland herrschenden serbischen Adligen nach Nordwesten ab.

Zwischen 1354 und 1371 veränderten die Osmanen und parallel mit ihnen (u. bisweilen parallel zu diesen) agierende türkische Kriegergemeinschaften die politische Landschaft des südöstlichen Balkans in grundlegender Weise. Auf osmanischer Seite trieben Orhan und seine Söhne Süleyman und Murad die Eroberung Thrakiens voran und richteten eine erste osmanische Provinz, den Paşa sancak, ein. 1357 war Süleyman Pascha gestorben, und 1359 eröffnete sein jüngerer Bruder Murad von Gallipoli aus eine Offensive. 1361 eroberten die Osmanen die wichtige Festung Didymóteichos in Thrakien, wo sich Murad neu einrichtete. Gazi-Führer plünderten an der unteren Marica, und 1359 tauchten erstmals türkische Streifscharen vor Konstantinopel auf. Yakub Bey, Hacı İlbeği und der Vater des später berühmt gewordenen Aufstandsführers Bedreddin setzten sich in einzelnen thrakischen Burgen wie Pýthion und Samavína fest, und schon in diesen frühen Jahren lassen sich neue Verwaltungsstrukturen fassen, Kadıs, Subaşıs. Wichtig ist, dass diese Gazi-Führer sich keineswegs den Osmanen unterordneten, sondern auf eigene Rechnung vorgingen und dass Türken nicht mit Osmanen gleichgesetzt werden dürfen.[102] Wohl 1363 gewann der Kriegerführer Lala Şahin Philippopel/Filibe, 1368/1369 fielen Brýsis/Bunar Hisar, Saránta ekklesíai/Kırkkilise, Bizýe/Vize, und

---

[101] Komatina, Promene na srpskom prestolu.

[102] Beldiceanu-Steinherr, Recherches sur les actes des règnes, 46f.; dies., Le destin des fils d'Orhan; Bogiatzes, Η πρώιμη οθωμανοκρατία, 111–115; Schreiner, Die byzantinischen Kleinchroniken. Bd. 2, 297f.; Gjuzelev, Političeska istorija, 59.

wohl 1369 ging Adrianopel, nunmehr Edirne, in die Hände von Türken über, ebenso Jambol und Boruj/Stara Zagora. Wie unklar die Quellenlage ist, zeigt allein die Tatsache, dass genaue Datierungen der frühosmanischen und türkischen Geschichte in Europa sehr schwierig sind. Adrianopel war von nichtosmanischen Beys erobert worden, was nicht weiter erstaunt, da die Osmanen nach der Eroberung Gallipolis durch Amadeo VI. von Savoyen bis zur Rückgabe der Stadt durch Andrónikos IV. (1377) vom Balkan weitgehend abgeschnitten waren. Der Osmane Murad gelangte erst dann in den Besitz der Stadt, als er gemeinsam mit Johannes V. die Aufstände ihrer jeweiligen Söhne in Thrakien niederwarf (1373).[103]

Während so das byzantinische Thrakien verloren ging und sich den türkischen und osmanischen Eroberern die Wege nach Adrianopel und weiter nach Philippopel öffneten, lieferten sich Byzanz und Bulgarien 1363/1364 ihren letzten Krieg um die Schwarzmeerhäfen. 1362 hatte sich das Zartum Tărnovo der Stadt Anchíalos bemächtigt, die Kaiser Johannes V. Palaiológos 1364 zurückgewann und seinerseits die Inselstadt Mesembría belagerte. Ausgelöst hatte den Krieg offenbar die Weigerung Zar Ivan Aleksandărs, Mesembría und Anchíalos als Mitgift seiner Tochter an Kaiser Johannes V. Palaiológos auszuhändigen, Städte, die im 13. und 14. Jahrhundert bereits zweimal Gegenstand von bulgarisch-byzantinischen Mitgiftverhandlungen gewesen waren. Wohl im Herbst 1364 hatten die Bulgaren Anchíalos, Skaphídas (heute Dimčevo, südwestlich von Burgas), Sozópolis/Sozopol und Agathópolis/Ahtopol zurückgewonnen.[104]

1.10.12 Ungarische Balkanpolitik

Umso bedeutender erschien vor diesem Hintergrund in den Augen des Papsttums das ungarische Königreich unter Ludwig dem Großen, der Venedig geschlagen und seine Herrschaft in Kroatien und Dalmatien durchgesetzt hatte.[105] Nachdem er 1359 in Nordserbien und 1363 in Bosnien erfolglos Feldzüge geführt hatte, wandte er sich nach einem Aufruf Papst Urbans V. (von 1363) 1365 nach Südwesten. Während die Walachei und die Moldau Ludwigs Forderung, sich ihm als Vasallen zu unterstellen, gleich nachkamen, weigerte sich Ivan Sracimir von Vidin (1356–1396). Nach einem Sieg über die Vidiner Truppen nahm der König, der wie seine Vorgänger seit dem 13. Jahrhundert den Titel eines „rex Bulgariae" trug, die Stadt am 3. Juni 1365 ein.[106] Dass der Zar von Tărnovo, Ivan Aleksandăr, gegen die ungarische Bedrohung türkische Söldner aus den west-

---

103 BELDICEANU-STEINHERR, La conquête d'Andrinople par les Turcs; vgl. ZACHARIADOU, The Conquest of Adrianople; BELDICEANU-STEINHERR/ESTANGÜI GÓMEZ, Autour du document de 1386; ĐOKOVIĆ, Razlozi pobune Andronika IV Paleologa; IMBER, The Ottoman Empire, 1300–1481, 22–26, 28–30.

104 GJUZELEV, Der letzte bulgarisch-byzantinische Krieg, nach Kantakuzenós, einem Brief des Demétrios Kydónes (Démétrius Cydonès, Correspondance [Hg. LOENERTZ], Bd. 1, 123) einer Kleinchronik: SCHREINER, Die byzantinischen Kleinchroniken, Bd. 1, 93; ALBERTI, Ivan Aleksandăr, 125–129.

105 PAPACOSTEA, Byzance et la croisade.

106 Wie im Falle Bosniens wurde die ungarische Offensive von entsprechender Rechtfertigung begleitet, welche die Bulgaren als untreue Vasallen darstellte; eine kundige Darlegung der ungarischen Wahrnehmung Serbiens und Bulgariens bei PETKOV, From Rebels against the Crown to „Fideli nostri Bulgari".

anatolischen Emiraten Aydın, Menteşe und Saruhan einsetzte, wirft ein Schlaglicht auf die militärische Schwäche des Zartums. Vor Ort betrieben die Ungarn mit Hilfe des Franziskanerordens eine Politik der Katholisierung, was Spannungen mit der orthodoxen Bevölkerung hervorrief. Um Vidin zurückzuerobern, bat Ivan Aleksandăr neben dem walachischen Woiwoden Vladislav auch den Herrn der Dobrudscha, Dobrotica, um Hilfe, dem er den Küstenstreifen zwischen Varna und Emona (Kap Emona, nördlich von Burgas) aushändigte. Zwar kehrte Vidin 1369 in den losen Machtverband des Zartums zurück, doch war dafür die Schwarzmeerküste dem Zugriff des Zaren verloren. Auch Byzanz richtete in seinen Schwarzmeerstädten eine Apanage ein (Mesembría, Anchíalos, Sozópolis, Agathópolis), die dem Sohn Johannes' V., Michael Palaiológos, übertragen wurde; die Apanage bestand von 1367 bis 1397 und wieder nach der Rückgabe durch die Osmanen von 1403 bis 1453.[107]

1.10.13 Unionspolitik und Kreuzzüge

Das vergiftete byzantinisch-bulgarische Verhältnis sollte noch weitere Folgen zeitigen: Kaiser Johannes V. Palaiológos hatte sich 1355 entschlossen, gegen die Osmanen Hilfe im Westen zu suchen, auch war er bereit, persönlich zur römischen Kirche überzutreten. Besondere Hoffnung setzte er auf den mächtigsten Kontinentalherrn Südosteuropas, König Ludwig den Großen von Ungarn (1366); freilich verliefen die Verhandlungen zäh, und Ludwig misstraute dem byzantinischen Kaiser.[108] Auf der Rückreise über Vidin wurde Johannes V. Opfer des bulgarisch-byzantinischen Gegensatzes – und wohl auch seines Sohnes Andrónikos IV., den er in Konstantinopel zurückgelassen hatte. Der erste byzantinische Kaiser, der eine Auslandsreise angetreten hatte, musste von seinem orthodoxen Nachbarn die Demütigung der Gefangennahme hinnehmen.

Das Papsttum war bereit, Kreuzzüge gegen die osmanische und türkische Bedrohung auszusenden. 1365 griff König Peter I. von Zypern (1358–1369) aber Alexandria in Ägypten an, wo er, außer viel Beute zu gewinnen, nichts zuwege brachte. Der Kreuzzug des Jahres 1366 aber erzielte einen unerwartet durchschlagenden Erfolg: Amadeo VI. von Savoyen, genannt „der grüne Graf", entriss den Osmanen mit Unterstützung des genuesischen Inselherrn von Lésbos, Francesco Gattilusio, im August 1366 Gallipoli an den Dardanellen. Bald darauf eroberte er auch die Schwarzmeerhäfen Agathópolis, Sozópolis, Skaphídas bei Burgas, Anchíalos und Mesembría

---

[107] Zum europageschichtlichen Hintergrund: SETTON, The Papacy and the Levant, Bd. 1, 284–289; GJUZELEV, Beiträge zur Geschichte des Königreiches von Vidin, diskutiert v. a. die Quellen wie den Minnesänger Peter Suchenwirt und die Chronik des Johannes archidiaconus de Kikulew (Küküllei); DERS., La guerre bulgaro-hongroise; vgl. auch FERDINANDY, Ludwig I. von Ungarn; SOUSTAL, Thrakien, 121; BERINDEI/KALUS-MARTIN/VEINSTEIN, Actes de Murād III, 13; zur Schwarzmeerapanage GJUZELEV, Il Mare Nero; DERS., Politiceska istorija, 58f.; ALBERTI, Ivan Aleksandăr, 134f.

[108] Vgl. die alte, aber wichtige Arbeit von HALECKI, Un empereur de Byzance à Rome, 129–132, zum Schreiben Urbans V. an Ludwig vom 22. Juni 1366, in dem der Papst, entgegen seiner bisherigen Ausrichtung, Zweifel an der Aufrichtigkeit der Byzantiner äußerte. Halecki deutet dies als Reaktion auf ungarische Misstrauensbekundungen, die dem Papst mitgeteilt worden waren.

und belagerte, freilich erfolglos, Varna. Dann erwirkte er in Verhandlungen mit Dobrotica und Ivan Aleksandăr die Freilassung Johannes' V. (Dezember 1366).[109] Insgesamt ist festzustellen, dass der Flottenzug des Amadeo den Osmanen einen schweren Schlag versetzte, denn für mehrere Jahre war die Verbindung zwischen Anatolien und den osmanischen und anderen türkischen Streifscharen und Burgbesatzungen in Thrakien unterbrochen.

Mit dem Tode Süleymans, dem Tode Orhans und vor allem wegen der Eroberung Gallipolis verloren die Osmanen die Kontrolle über das türkische Thrakien, das in den Händen von Beys verblieb, die sich den Osmanen nicht angeschlossen hatten. Die endgültige Eroberung von Didymóteichos und von Adrianopel war ihr Werk. [110]

Amadeo VI. überließ Mesembría, Sozópolis und Gallipoli Kaiser Johannes V. und dessen Sohn Andrónikos IV. Gallipoli blieb anschließend bis 1377 byzantinisch.[111] Der Erfolg Amadeos VI. hätte Gelegenheit zu einem gemeinsamen Angriff der christlichen Mächte geboten. Doch der Gegensatz zwischen Ungarn, dessen Katholisierungspolitik gerade in diesem Umfeld Widerstand hervorrief, und den orthodoxen Regionalstaaten verhinderte dies: 1368 besiegte der walachische Woiwode Vladislav Vlaicu die Ungarn am zentralwalachischen Fluss Dâmboviţa, und 1369 erhoben sich die Einwohner Vidins gegen die ungarische Besatzung. Nach Vidin setzten Krieger des walachischen Woiwoden über, und unter dem Druck auch Dobroticas musste Ungarn den internierten Ivan Sracimir freilassen und Vidin aufgeben. Während Vladislav Vlaicu großzügig entschädigt wurde, sicherte sich Dobrotica, wie erwähnt, den Nordteil der heutigen bulgarischen Schwarzmeerküste um Varna (bis Emona im Süden und vielleicht Dristra im Norden). Am 17. Februar 1371 starb Zar Ivan Aleksandăr, „tragischer Held einer schwierigen Epoche" (Božilov/Gjuzelev). Faktisch war Bulgarien, wie der deutsche Reisende Hans Schiltberger ein Vierteljahrhundert später schrieb, dreigeteilt: in das Zartum Tărnovo, das Königreich Vidin und Dobroticas Herrschaft in der Kapburg Kaliakra. Letztere geriet wegen ihrer Korsarenzüge im Schwarzen Meer in Gegensatz zur pontischen Handelsvormacht Genua, die 1387 kurzzeitig Kaliakra einnahm.[112]

109 GJUZELEV, Političeska istorija, 58f.; zu den Gattilusio s. WRIGHT, The Gattilusio Lordships.

110 BELDICEANU-STEINHERR, Recherches sur les actes des règnes des sultans, 120.

111 In Konstantinopel setzte sich Amadeo VI. für die Kirchenunion ein und reiste in dieser Sache im Sommer 1367 nach Rom. 1370 folgte ihm Kaiser Johannes V., der persönlich in Italien die Unionsverhandlungen und den Entsatz für Konstantinopel aushandeln wollte; SCHREINER, Die byzantinischen Kleinchroniken, Bd. 2, 300; vgl. DERS., Ein Schreiben Papst Urbans V. an die Patriarchen, zur griechischen Übersetzung.

112 BOŽILOV/GJUZELEV, Istorija na srednovekovna Bălgarija, 603–607; ALBERTI, Ivan Aleksandăr, 137; zu Amadeo ausführlich SETTON, The Papacy and the Levant, Bd. 1, 291ff., genaue Datierungen sind dank den erhaltenen Rechnungsbüchern Amadeos VI. möglich; s. BOLLATI DI SAINT-PIERRE, Illustrazioni della spedizione in Oriente di Amedeo VI.

1.10.14 Schlacht an der Marica (1371)

Im Todesjahr des bulgarischen Zaren entschied sich im Wesentlichen das Schicksal des orthodoxen Balkans. Während der byzantinische Kaiser 1369 in Rom persönlich den römischen Glauben annahm, versuchte unter tätiger Mithilfe des Patriarchen Philótheos von Konstantinopel (1353–1354, 1364–1376) eine Gruppe balkanorthodoxer Herren, das Heft selbst in die Hand zu nehmen. Mittelpunkt der Unterhandlungen war Sérres. König Vukašin und sein Bruder Uglješa, Fürst von Sérres, spannen Fäden auch zum Zaren von Tărnovo. Der byzantinische Kaiser zeigte sich aber wenig interessiert; sein wie er nach dem Abendland ausgerichteter Berater Demétrios Kydónes hielt Serben wie Bulgaren für zu arm, um wirklich gegen die Osmanen helfen zu können. Erst als Johannes V. bei seiner Europareise offenkundig gescheitert war, bekundete Byzanz etwas mehr Interesse. Vukašins Angebot einer dynastischen Heirat lehnte es aber ab. Ebensowenig Unterstützung fanden König Vukašin und Uglješa bei serbischen Adligen. Zar Stefan Uroš V. selbst spielte wegen seiner Machtlosigkeit keine Rolle. Uglješa besuchte vor dem Feldzug gegen die Osmanen den Berg Athos, besonders die Klöster Chilandar, Vatopedi und Lavra, weswegen Historiker auch von einem orthodoxen „Kreuzzug" gesprochen haben. Die beiden Brüder mobilisierten ihr Gefolge in einem Gebiet, das von Prizren in der Metohija bis nach Thrakien reichte. Zwischen 1366 und 1369 hatte Uglješa von Sérres aus sein Gebiet nach Osten ausgedehnt bis in die Region Christúpolis/Kavála, wo türkische Kriegerverbände das nahe Komotiní erobert hatten. Vukašin und Uglješa marschierten schließlich im Spätsommer 1371 gegen Edirne, was ihr Ziel der Vertreibung der Türken aus Europa verdeutlichte. Am 26. September 1371 wurde ihr Heer an der Marica von den Türken vernichtet, beide serbische Fürsten fielen.[113] Die Quellenlage für diese entscheidende Schlacht ist symptomatisch für das ganze letzte Drittel des 14. Jahrhunderts: einige Schreibernotizen, ein an Jesaja angelehnter Klagetext, mehr liegt zu dieser Schlacht nicht vor.[114] Über die Folgen dieses im Dunkeln liegenden Ereignisses aber besteht kein Zweifel: Nach den vielen Reiterscharmützeln zwischen Serben und Türken im Rahmen der byzantinischen Thronkämpfe war das wichtigste serbische Aufgebot am Balkan vernichtend geschlagen worden. Damit konnten sich die türkischen und osmanischen Kriegerverbände weitgehend ungehindert in Thrakien ausbreiten, was das Zartum von Tărnovo und die südostserbischen Herren besonders zu spüren bekamen, ebenso auch Byzanz, die alle 1371/1372 zu osmanischen Vasallen wurden.

---

[113] Laskaris, Deux „chrysobulles" serbes; Ostrogorski, Sveta Gora posle Maričke bitke; Matanov, A Contribution to the Political History; Mihaljčić, Les batailles de la Maritza; ausführliche Diskussion der Quellen bei Šopov, „Falling Like an Autumn Leaf" (ich danke Grigor Bojkov, Wien/Sofia, für eine Kopie dieser MA Thesis).

[114] Vgl. Schreiner, Die byzantinischen Kleinchroniken, Bd. 2, 301 (Kommentar), erwähnt wird in den griechischen Notizen nur Uglješa, nicht aber Vukašin; vgl. Bd. 1, 352; Kurzchronik, 49, 8, wo es lakonisch heißt „Uglesis wurde getötet"; Chronik 53/5, 379: „Uklesis ging an der Maritza unter"; die anderen Notizen lauten ähnlich.

1.10.15 Von türkischen Beyliks zum Aufbau des Osmanischen Reiches in Rumeli (1371–1389)

Die Vermengung von Türken und Osmanen hat in Quellen und Forschung eine lange Tradition, sie verzerrt aber die Geschehnisse auf dem südlichen Balkan zwischen 1354 und 1371 ebenso wie die weiteren Entwicklungen bis in das zweite Drittel des 15. Jahrhunderts.[115] Sultan Murad I. (1360–1389) gelangte erst 1376/1377 nach Europa, nach Rumeli, dem „Römerland". Nicht das Haus Osman, sondern eigenständige Führer von Gazi-Verbänden hatten das byzantinische und bulgarische Thrakien erobert, oftmals begleitet von Derwischen, denen die Kriegerverbände Verehrung zollten.[116] Osmanischer Herrschaftsaufbau und die Gazi-Verbände bestanden nebeneinander. Da zwischen 1366 und 1377 Gallipoli in byzantinischen Händen war, sah sich Murad I. auf Anatolien beschränkt.[117] Selbst Sultan Bayezid I. (1389–1403) betrachtet die Forschung eher als Ersten unter Gleichen denn als unumschränkten Alleinherrscher.[118]

1.10.16 Muslimische Regionalherrscher

Neben den zahlreichen balkanorthodoxen Territorialherren entstand eine Gruppe mächtiger islamischer (oftmals nicht turkstämmiger) Regionalherren: Die Mihaloğlu leiteten sich von dem wohl legendenhaften anatolischen Konvertiten Köse Mihal ab, die Evrenosoğlu von einem Katalanen, und auch den Malkocoğlu wird eine slawische (Marković) Herkunft nachgesagt.[119] Die Çandarlı führten sich wiederum auf die militärischen Erfolge des wohl 1386 verstorbenen Hayreddin zurück. Wie unabhängig diese Herren von den Osmanen sein konnten, belegt eine jüngst analysierte Verleihung eines Timar (Geldpfründe), eigentlich ein Reservatrecht des Herrschers, durch Hayreddins Sohn. Irène Beldiceanu-Steinherr zeigte an diesem Beispiel, dass die Osmanen auf dem Balkan wie in Anatolien zunächst einmal unabhängige muslimische Regionalherrscher und deren *beyliks* zu unterwerfen oder einzugliedern hatten, bevor sie die alleinige Vormacht errangen, ein Vorgang, den die osmanischen Chroniken, die erst gegen Ende des 15. Jahrhunderts entstanden, verschleierten.[120]

---

[115] Die spärlichen balkanslawischen Texte zu dieser schlecht dokumentierten Zeit diskutieren RAKOVA/BOJCHEVA, La mémoire historique.

[116] BELDICEANU-STEINHERR, Seyyid 'Ali Sultan d'après les registres ottomans; MÉLIKOFF, Les voies de pénétration de l'hétérodoxie islamique.

[117] BELDICEANU-STEINHERR, Recherches sur les actes des règnes du sultans, 139; DIES./ESTANGÜI GÓMEZ, Autour du document de 1386, 168–171.

[118] MURPHEY, Bayezid I's Foreign Policy Plans.

[119] LOWRY, The Shaping of the Ottoman Balkans; DERS./ERÜNSAL, Notes & Documents on the Evrenos Dynasty, mit einer genauen Darstellung der Familiengeschichte (5–40); DIESS., The Evrenos Dynastie; die katalanische Herkunft wird ein in Vorbereitung befindlicher Aufsatz von Daniel Duran i Duelt (Barcelona) nachweisen; KIEL, The Incorporation of the Balkans; KIPROVSKA, The Mihaloğlu Family.

[120] BELDICEANU-STEINHERR/ESTANGÜI GÓMEZ, Autour du document de 1386, 173–180; TAESCHNER/WITTEK, Die Vezierfamilie der Ğandarlyzade.

Doch die Osmanen und diese Grenzfeldherren (uç bey) eroberten nicht nur auf dem Balkan, sie wurden auch Teil von dessen politischer Welt, durch Bündnisse und Heiraten. Die orthodoxe Balkanwelt hatte bereits jahrhundertelange Erfahrung mit türkischen Söldnern und „Barbaren", die in die eigene Kultur eingebunden wurden, als Söldner, Verbündete, durch Heirat und letztlich Christianisierung. Diese Mechanismen versagten nun, doch war dies vielen der orthodoxen Territorialherren nicht deutlich, die türkische und osmanische Hilfstruppen herbeiriefen. Auch Kaiser Johannes VI. Kantakuzenós, Schwiegervater eines osmanischen Emirs und Hauptauftraggeber türkischer Krieger, erkannte dies erst, als ihm die Rückgabe Gallipolis 1354 verweigert wurde.

Die Schlacht an der Marica zeitigte vor allem mittelfristige Folgen, da wegen der Sperre der Dardanellen kein osmanischer Truppennachzug möglich war. Dies hinderte Osmanen und vor allem die Gazi nicht an weiteren Eroberungen, und tatsächlich hatten Osmanen, seit 1377 wieder im Besitz Gallipolis, und *uç beys* vor den nächsten beiden großen Feldschlachten, 1389 auf dem Amselfeld gegen ein serbisch-bosnisches Heer und 1396 in Nikopol/Nikópolis an der Donau gegen ein ungarisch-französisches Kreuzfahrtsheer unter dem ungarischen König Sigismund von Luxemburg (1387–1437), die Adria erreicht und einen breiten Gebietsbogen vom heutigen Albanien über Makedonien bis nach Thrakien gewonnen.

1.10.17 Politische Neuordnung in Serbien

Serbien kannte im Mittelalter nur zwei Kaiser, Dušan und seinen Sohn (Stefan) Uroš. Das Zartum erlosch 1371. Damit gestand die serbische Elite das Scheitern des Großmachttraumes ein, der an der Marica endgültig zerschellt war. Sie trat aber auch wieder in das byzantinische Commonwealth ein, in dem der byzantinische Kaiser den Ehrenvorrang in weltlichen, der Patriarch von Konstantinopel in kirchlichen Dingen innehatte. Nachdem der Wettstreit der Kaiser beendet war, glichen sich die Konstantinopler und die serbische Kirche 1375 aus und setzten dem innerorthodoxen Schisma, das 1346 durch die Selbsterhöhung des serbischen Erzbischofs hervorgerufen worden war, ein Ende.[121] Nach dem Tod von König Vukašin und Zar Stefan Uroš V. (beide 1371) brach das Reich auch formal auseinander. Der serbische Adel gab den Anspruch auf das Kaisertum auf, kehrte aber nicht mehr zur Königstradition von vor 1346 zurück. Diese nahm 1377 der bosnische Banus Tvrtko für sich in Anspruch.

Zwar trat Vukašins Sohn Marko als König auf – daher in der bulgarischen Tradition Krali Marko, während die serbische Tradition den „Königssohn" (Kraljević) betont –, doch fielen seine serbischen Nachbarn über ihn her und beschränkten ihn auf die Region um die Burg Prilep in Makedonien.[122] Die Balšić nahmen ihm Prizren und Peć in der Metohija ab, Lazar Hrebeljanović

---

[121] Barišić, O izmirenju srpske i vizantijske crkve; Petrović, Povelja-pismo despota Jovana Uglješe, führt aus, nur Patriarch Kállistos habe den Bann gegen Dušan, Patriarch Ioanikije und die anderen hohen Kleriker wegen der Besetzung griechischer Bistümer mit serbischen Geistlichen ausgesprochen, nicht aber die Patriarchen Johannes XIV. Kalékas oder Isídoros I. Nastase, Le Mont Athos et la politique.

[122] Matanov/Zaïmova, West and Post-Byzantine Source Evidence; Fostikov, O Dmitru Kraljeviću, führt die Quellenlage zu Vukašins Familie deutlich vor Augen. Von König Vukašin haben sich zwei Urkunden erhalten;

Priština auf dem Amselfeld, bis 1377 Vuk Branković Skopje, die albanische Familie der Gropa die Stadt Ochrid.

Die Familie Branković ist seit dem ersten Drittel des 14. Jahrhunderts belegt; ein Mladen war Župan und Vojvode unter Stefan II. Milutin und Stefan III. Dečanski, sein Sohn Branko verwaltete Ochrid, wo er 1365 starb. Von diesem stammte Vuk Branković ab, der 1365 dem Vukašin weichen musste und sich in sein Erbgut in der Landschaft Drenica (Nordkosovo) zurückzog. Verheiratet war er mit Mara Lazarević, über seine Schwester Teodora war er Schwager Georg Thopias von Dyrrháchion. Sein jüngerer Bruder Grgur war Herr über die Region Polog (Nordwestmakedonien). Mit Lazar Hrebeljanović hatte er den Herrn von Hum, Nikola Altomanović, bekämpft und diesem Sjenica, Zvečan und einen Teil der Gebiete am Lim abgenommen. Wie bei anderen Regionalherren ist auch im Falle Vuks quellenmäßig kaum nachvollziehbar, wie er nach 1371 seine Machtstellung aufbaute. Sein Gebiet grenzte im Norden bei Zvečan an die Herrschaft der Musići, im Süden bei Skopje an das Gebiet von Vukašins Erben. Es reichte von der Sitnica im Westen bis zur südlichen Morava im Osten Vuks Hauptburgen waren Skopje, Prizren, Peć, Zvečan, Sjenica, Komarini, Brskovo, Vučitrn, Trepča und Priština. In Peć riefen Vuk und Lazar jene Synode zusammen, die den Ausgleich der serbischen Kirche mit dem Patriarchat von Konstantinopel suchte (1375).[123]

Die Gropa wiederum, eine albanische Familie, verwandt mit den Muzaki und weitläufig mit König Vukašin, hatten auch vom Ende der Mrnjavčevići profitiert: Andreas Gropa ist als Groß-Župan in einer Inschrift der Ochrider Clemenskirche (1378) belegt. Die Muzaki selbst entrissen dem Krali Marko 1372 das westmakedonische Kastoriá.[124]

Nach 1371 bestanden auf dem Gebiet des serbischen Reiches von Westen nach Osten die Territorialherrschaften der Balšić (Nordalbanien, Montenegro, Trebinje, westliches Kosovo sowie Südalbanien um Valona), des Lazar Hrebeljanović (Morava-Serbien und Kosovo), des Krali Marko um Prilep, der Dragaš-Brüder an Vardar und Struma; an albanischen Dynasten hatten sich die Thopia hinter Dyrrháchion, die Muzaki in Mittelalbanien, die Gropa um Ochrid festgesetzt.

---

von seinem Sohn Andrijaš eine Stifterinschrift in der Andreas-Kirche an der Treska (Makedonien), von Dmitar, einem weiteren Sohn, sind nur Urkunden aus seiner Zeit als ungarischer Adliger erhalten; ansonsten sind Orbini und Dubrovniker Akten heranzuziehen; wichtig ist auch die Stifterinschrift in Markos Kloster Sv. Dimitar in Sušica bei Skopje (48f.).

123 Dinić/Ćirković, Oblast Brankovića; Spremić, Brankovići – oblasni gospodari Kosova, 139 (Detailbeschreibung der Grenzen); Vuk gehörte auch die Region bei Plav und Gusinje an den Quellen des Lim, das Gebiet um Brskovo, der Oberlauf der Morača; wo die Grenze westlich von Prizren verlief, lässt sich nicht bestimmen. Jüngst erschienen ist die erste monographische Darstellung aus der Feder von Šuica, Vuk Branković.

124 Filiposki, Der Ohrider Župan, bietet eine der wenigen westsprachlichen Abhandlungen zu spätmittelalterlichen Adelsfamilien im inneren Balkan und zeigt paradigmatisch die enormen Hürden auf, die sich aus dem Quellenmangel ergeben; für die Gropa ist neben Inschriften besonders wichtig die Chronik der Muzaki, s. Hopf, Chroniques gréco-romanes.

1.10.18 Das bosnisch-serbische Königtum

Nach dem faktisch verwaisten Königtum griff nicht einer der serbischen Herren, sondern der bosnische Banus Tvrtko Kotromanić. Serbien hatte „keinen eigenen Hirten mehr. [...] Und danach begann ich, in Gott zu regieren und den Thron des serbischen Landes zu lenken in dem Wunsch, das Gefallene wieder aufzurichten und das Zerstörte zu befestigen", so begründete Tvrtko seinen Anspruch.[125] Die Krönung fand im Kloster Mileševa statt; die serbischen Herren erkannten Tvrtko als König an, während König Ludwig der Große Tvrtko zwar die serbische, nicht aber die bosnische Krone zugestand und ihn in Bosnien weiterhin als ungarischen Banus ansah. Wie viele Schlüsselmomente der spätmittelalterlichen Balkangeschichte ist auch Tvrtkos Krönung schlecht belegt: Ein Brief eines Kaufmanns aus dem dalmatinischen Klis mit kurzen Hinweisen, der Beleg eines Dubrovniker Geschenks am Demetriustag des Folgejahres und die aus dem frühen 17. Jahrhundert stammende Darstellung des Mauro Orbini, mehr steht der Forschung nicht zur Verfügung. Mileševa war kein traditioneller Krönungsort, da serbische Könige gemeinhin in Ras, Žiča oder Peć gekrönt wurden. Auch ist unklar, wer Tvrtko die Krone aufs Haupt setzte. Wahrscheinlich war es der Bischof der „bosnischen Kirche", also kein orthodoxer Kirchenmann. Tvrtko trug den Titel „gottgläubiger und von Gott eingesetzter Stefan König von Serbien, Bosnien, dem Küstenland und den westlichen Ländern", wobei der Stefansname auf serbische Traditionen Bezug nahm. Als weltlicher Fürst der serbischen Orthodoxen sah sich Tvrtko nicht, denn er überließ die Organisation der Wahl eines neuen Patriarchen 1379 dem Fürsten Lazar Hrebeljanović. Tvrtko drang in den folgenden Jahren an die Adria vor. Er nahm Altomanovićs Teil von Hum, dann 1377 Dračevica, Konavle und Trebinje von den Balša, auch indem er aus dem venezianisch-genuesischen Krieg (1376–1381), in dem Ungarn gegen Venedig kämpfte, sowie dem ungarischen Thronstreit zwischen Ladislaus von Neapel und Sigismund von Luxemburg Nutzen zog. Im ersteren Konflikt hatte Venedig 1378 Kotor erobert, auf das auch Tvrtko und die Balšić ein Auge geworfen hatten, doch schon 1379 vertrieben die Cattariner die venezianische Besatzung. Da er Kotor nicht gewinnen konnte, baute Tvrtko an der Einfahrt in die weite Bucht eine eigene Burg, Castelnuovo/Herceg Novi (1382), und nutzte den Tod Ludwigs des Großen aus, um sich Kotors doch zu bemächtigen, wo er Venedig förderte, was zu einem Seekrieg mit Dubrovnik führte.[126] Tvrtko stieg gleichzeitig zu einer bestimmenden Figur im ungarischen Thronstreit auf, in dem die bosnische Prinzessin Elisabeth als Königswitwe, gestützt auf die Familie Garai, sowohl gegen Sigismund von Luxemburg wie gegen den angevinischen Thronprätendenten Karl III. von Neapel stand, der vom slawonisch-südungarischen Adel um das Geschlecht der Horváti favorisiert wurde. Vor diesem Hintergrund hatte sich Tvrtko von Elisabeth und ihrer Tochter Maria Kotor erpresst. Zudem arrondierte er sein Herrschaftsgebiet im Westen, wo er bis 1390 die der ungarischen Oberhoheit unterstehenden Städte Dalmatiens mit Ausnahme Zadars gewann. Von Tvrtkos Königtum aus rückten im Herbst 1387 der Banus Miklós Garai und seine Gefolgschaft

---

125 KÄMPFER, Der Kult des heiligen Serbenfürsten Lasar, 136.

126 Zur Krönung s. die kritische Diskussion bei LOVRENOVIĆ, Na klizištu povijesti, 614–630; DERS., „Slavni dvor kraljevstva u Trstivnici"; GELCICH, Memorie storiche sulle Bocche di Cattaro, 119–133.

gegen Syrmien vor, 1388 zog Tvrtko, dessen Prioritäten im Westen lagen, selbst ins Feld, während es seine Gefolgsleute Vlatko Vuković und Radič Sanković waren, die am 27. August 1388 die wohl aus dem albanischen Raum anrückenden Osmanen bei Bileća schlugen und damit den Zorn Murads I. erregten.[127]

1.10.19 Das Ende bulgarischer Eigenstaatlichkeit

Als unmittelbarer Nachbar des Schlachtorts an der Marica hatte das Zartum von Tărnovo noch im Jahr 1371 einen osmanischen Angriff auszuhalten. Der Nachfolger Ivan Aleksandărs, Zar Ivan Šišman (1371–1393), hoffte, durch ein Ehebündnis mit seiner Tochter Kera Tamara Murad I. zu besänftigen.[128] Ruhe kehrte jedoch nicht ein. Der Feldherr Timurtaş, späterer Beylerbey von Rumelien, eroberte 1372/1373 Elchovo und Jambol, der Gazi-Führer Lala Şahin Ichtiman und Samokov. Wiederum waren es Grenzbeys, die die Angriffe vorantrieben. Der Zar von Tărnovo selbst wurde nach der Übergabe Gallipolis an Murad I. (1377) Vasall des Sultans. Die türkischen Eroberungszüge richteten sich dann gegen das Fürstentum des Dobrotica, der sich bis zu seinem Tode 1386 verteidigte. Ebenfalls 1386 eroberte Murad I. Niš und erzwang damit den Zugang ins serbische Kernland an der Morava. 1388 eröffnete Çandarlı Ali Pascha einen umfassenden Angriff auf Dobroticas Nachfolger Ivanko und gegen Zar Ivan Šišman von Tărnovo. Offenbar war der Zar von Tărnovo in Beziehungen mit den serbischen Herren Lazar Hrebeljanović, Vuk Branković und dem König von Bosnien und Serbien, Tvrtko I., gestanden. Ivan Šišman und Ivanko hatten aus nicht geklärten Gründen dem Sultan 1388 die Heerfolge verweigert, was die Dobrudscha mit der Eroberung durch die Tatarenführer Yancı Bey und Kutlu Bey, der Zar mit nochmaliger Vasallität bezahlte. An der Donau eroberten bzw. erhielten nach Kapitulation die Osmanen Tutrakan, Krepča, Kosovo, Červen, Novgrad, Krăstovec, Giurgiu und Svištov.

1393 läutete auch für das Zartum Tărnovo die Totenglocke. Nach heftigem Widerstand fiel die alte Zarenstadt am 17. Juli 1393. Die Osmanen ließen 110 Vornehme hinrichten, die Bevölkerung wurde nach Anatolien verschleppt, die Stadt langfristig symbolisch erniedrigt: Der bulgarische Patriarch wurde durch einen griechischen Metropoliten ersetzt, die Gebeine des Heiligen Johannes wurden verbannt und in das Rilakloster überführt, in die alte Zarenburg eine Moschee gebaut, und Derwische verdrängten gezielt christliche Kultstätten.[129] Nach starker Gegenwehr fiel auch Nikopol. Der Sohn Ivan Šišmans, Aleksandăr, blieb bis 1395 Herr in der Stadt. Er hatte zum Islam überzutreten und wurde als osmanischer Würdenträger in Anatolien eingesetzt. Sein Bruder Fružin hingegen schlug sich auf die Seite Ungarns und damit der Gegner der Osmanen.[130]

---

127 HOENSCH, Kaiser Sigismund, 64–74; MÁLYUSZ, Kaiser Sigismund; MRGIĆ, Severna Bosna, 84–87; REINERT, A Byzantine Source on the Battles of Bileća (?) and Kosovo Polje; FILIPOVIĆ, Bosansko kraljevstvo, 93–101.

128 RANSOHOFF, Ivan Šišman and the Ottoman Conquest; NIKOV, Turskoto zavladjavane na Bălgarija.

129 CVETKOVA, Sur le sort de Tărnovo; PARVEVA, Intercultural Contact and Interaction in the Ottoman Period.

130 OVČAROV, Le tsar bulgare Ivan Alexandre II.

Damit hatten die Osmanen das Balkangebirge dauerhaft überwunden; sie richteten ihr Machtzentrum in Silistra am rechten Ufer der unteren Donau ein. Kurz darauf überschritt der walachische Fürst Mircea der Alte (1386–1418) die Donau und gewann, freilich nur kurzfristig, Silistra und das Land des Dobrotica (urkundlich belegt 1390/1391); 1394 stieß Mircea bis Karnobat (bei Varna) vor, wo ihn *akıncı* zurückschlugen. Am 17. Mai 1395 besiegte Mircea bei Rovine ein um serbische Vasallen verstärktes osmanisches Heer. In der Dobrudscha kontrollierten die Osmanen wiederum tatarische Verbände, so den Verband des Aktav, die vor Timur Lenk über die Donau geflohen waren und im Februar 1399 Varna einnahmen. Wie sehr die Osmanen den Tataren misstrauten, verdeutlicht die Ansiedlungspolitik Bayezids I. Um nämlich die Entstehung einer eigenen Tatarenherrschaft zu verhindern, siedelte er die Tataren an verschiedenen Orten der Dobrudscha und Thrakiens an (Isaccea, Mangalia, Varna, Provadija, Jambol, Plovdiv).[131]

1.10.20 Dynastische Konflikte und osmanische Vasallität in Byzanz

Zu den kurzzeitigen Profiteuren der Marica-Schlacht gehörte im makedonischen Raum auch Byzanz, das 1372 einen osmanischen Angriff auf Saloniki abwehrte und ab 1373 dessen Umland zurückeroberte.[132] 1373 verbündete sich Andrónikos IV., Sohn Johannes' V., der 1366 und 1369–1371 als Regent in Abwesenheit seines Vaters geherrscht hatte, mit Murads (I.) Sohn Savci Çelebi. Beide rebellierten gegen ihre Väter, die sich ihrerseits gegen die Söhne verbündeten, diese besiegten und bestraften.[133] Johannes V. gewann bei einem Feldzug im südlichen Makedonien Bérroia und Sérres zurück (Sommer 1374 – Frühjahr 1375). Um seine Gefolgschaft zu entlohnen, enteignete er die Hälfte des umfangreichen Klosterbesitzes und wandelte diesen in Geldpfründen (prónoia) um.[134] 1376 wurden diese Erfolge grundlegend in Frage gestellt, als Andrónikos IV. mit osmanischer und genuesischer Hilfe Johannes V. und dessen Sohn Manuel vom Thron stieß. Er übergab Murad I. die wichtige Sperrfestung Gallipoli und versprach Genua die Abtretung der Insel Ténedos, die die Einfahrt in die Dardanellen kontrollierte.[135] Beide Entscheidungen waren folgenschwer: Die Osmanen konnten wieder ungehindert von Anatolien auf den Balkan über-

---

131 Dujčev, Ot Černomen do Kosovo polje; DERS., Contributions à l'histoire de la conquête turque; MATANOV, Srednovekovnite Balkani, 442f.; DANČEV u. a. (Hgg.), Turskite zavoevanija i sădbata na balkanskite narodi, darin TJUTJUNDŽIEV/PAVLOV, Za etapite na osmanskoto zavoevanie; GJUZELEV, Političeska istorija, 79–84.

132 ESTANGÜI GÓMEZ, Byzance face aux Ottomans, 211ff.; SCHREINER, Die byzantinischen Kleinchroniken, Bd. 2, 302–304.

133 Johannes V. half Murad I. beim Übersetzen nach Europa, und osmanische Krieger zogen durch Konstantinopel. Bei einer Schlacht am 25. Mai 1373 soll Andrónikos IV. angeblich 500 Türken erschlagen haben, doch unterwarf er sich in Anthyros (heute Büyükçekmece). Murad verlangte die Blendung der rebellischen Söhne, die an dem offenbar bis in den September kämpfenden Savci hart vollzogen wurde, während Andrónikos IV. und sein kleiner Sohn Johannes (VII.), ebenfalls geblendet, in Kerkerhaft kamen. BARKER, Manuel II Palaeologus, 18–36; SCHREINER, Die byzantinischen Kleinchroniken, Bd. 2, 304–310; DÖLGER, Johannes VII., Kaiser der Rhomäer; WIRTH, Zum Geschichtsbild Kaiser Johannes VII. Palaiologos.

134 ESTANGÜI GÓMEZ, Byzance face aux Ottomans, 236; zur Prónoia, 242–254.

135 Ebd., 255–269.

greifen, und Venedig, das den gestürzten Johannes V. unterstützte, nahm den Kampf um Ténedos auf, in einem Konflikt, der sich zu einem Vernichtungskrieg zwischen der Signoria und Genua entwickelte (sog. Chioggia-Krieg 1378–1381) und in dem es um die Handelshegemonie im östlichen Mittelmeer und im Schwarzmeerraum ging.

Wie sein Vater musste Andrónikos IV. dem Sultan in Anatolien Heerfolge leisten (1377). Selbst wurde er 1379 von seinem Vater gestürzt und 1381 nach einem Ausgleich in der Palaiologendynastie mit der Apanage Selymbría/Silivri abgefunden. Eine komplizierte dynastische Lösung sollte schließlich Frieden stiften (1381): An der Spitze der Palaiologen stand Kaiser Johannes V. als „Kaiser und Selbstherrscher", erster und zweiter Mitkaiser waren Andrónikos IV., „Kaiser", aber nicht „Selbstherrscher", und sein Sohn Johannes VII. Andrónikos IV. musste demnach auf den vollen Kaisertitel verzichten, den er als Usurpator getragen hatte (1376–1379).[136] 1385 erhob sich Andrónikos IV. nochmals, starb aber kurz darauf. Sein Sohn Johannes VII. führte den Familienzwist noch Jahrzehnte weiter. Als Folge des Kompromisses zwischen Johannes V. und dem konkurrierenden Zweig der Dynastie setzte sich der Kaisersohn Manuel nach Saloniki ab, wo er in den folgenden Jahren versuchte, ein Zentrum des Widerstands gegen die Osmanen aufzubauen.

Schwer war auch die Lage in den letzten Außenposten von Byzanz. Der mit Dobroticas Familie durch Heirat verbundene Despot Michael Palaiológos, dem die Schwarzmeerapanage zugewiesen worden war, wurde 1376/1377 bei Kaliakra von seinem Schwager ermordet; 1379 griffen türkische Streifscharen Mesembría an.[137]

1.10.21 Morea in der politischen Welt von Byzanz

Am anderen Ende der ehemals byzantinischen Welt, in der Peloponnes, hatte Kaiser Johannes VI. Kantakuzenós eine byzantinische Provinz wieder in Form einer Apanage, wie im Schwarzmeergebiet unter einem Despoten, eingerichtet. Das Despotat löste das untaugliche System rasch wechselnder Statthalter ab, sicherte aber auch den Söhnen des Kaisers, Manuel und Matthaíos Kantakuzenós, eine Territorialherrschaft. Nach seiner Abdankung 1354 hatte sich der alte Kaiser als Mönch am Despotenhof von Mistra nahe den Ruinen des alten Sparta niedergelassen; er hatte den Palaiologen die Übergabe der Morea versprochen. Doch auch hier kam es zu innerbyzantinischem Streit: Matthaíos Kantakuzenós wollte die Übergabe vornehmen, sein Sohn Johannes nicht. Dass dieser wiederum türkische und spanische (navarresische) Söldner in Dienst nahm, entsprach beinahe der Familientradition. Der Kaisersohn Despot Theódoros I. Palaiológos wusste sich in dieser schwierigen Lage nicht anders zu helfen, als das rebellische Monemvasía der Republik Venedig anzubieten (1384) und dann 1387 die nach Thessalien vorgestoßenen Türken um Hilfe zu bitten.[138]

---

136 Eingehende Diskussion, auch der schlechten Quellenlage, bei Radić, Jovan V Paleolog, 406f; Imber, The Ottoman Empire, 1300–1481, 31–33.

137 Schreiner, Die byzantinischen Kleinchroniken, Bd. 2, 314, 322.

138 Radić, Jovan V Paleolog, 415–418.

1.10.22 Scheitern des byzantinischen Widerstands im südlichen Makedonien

Dies bedeutete das Ende einer Politik, für die Theódoros' I. Bruder Manuel in Saloniki eingestanden war, der dort in Opposition zu Andrónikos IV. eine eigene Machtbasis aufgebaut hatte. Zwischen 1382 und 1387 hatte er von der stark befestigten Stadt aus versucht, den Widerstand gegen die türkischen Gazi in Nordgriechenland zu bündeln und sich damit gegen seinen auf Ausgleich bedachten Vater gewandt. Aus Konstantinopel eilten Freiwillige herbei, und der thessalische Regionalfürst Alexios Ángelos Philanthropenós erkannte Manuel ebenso an wie Thomas Preljubović in Ioánnina (1366–1384), dem Manuel den Despotentitel verlieh. Der Grenzfeldherr Evrenos widersetzte sich dem aber. Er eröffnete gegen dieses ephemere griechisch-serbische Bündnis eine Offensive und nahm 1383 Sérres, 1385/1386 Bitol(j)a/Monastir und schließlich 1387 Saloniki ein. Damit war die byzantinische Herrschaft im südlichen Makedonien zusammengebrochen.[139]

1.10.23 Abwehrmaßnahmen und adriatischer Wiederaufstieg Venedigs

Venedig als maritime Flankenmacht des Balkans begann nun, auf die osmanische Bedrohung zu reagieren. In der Adria beschleunigte der osmanische Vormarsch eine Politik, die die Verluste im Frieden von Zadar von 1358 (die im Frieden von Turin 1381 bestätigt worden waren) wettmachen sollte. Die Schwäche der südgriechischen Staatenwelt nutzte Venedig aus und übernahm 1388 die Argolis (Argos u. Nauplia in der nordöstlichen Peloponnes). 1390 dehnte es seine Herrschaft auf die ganze Insel Negroponte/Euböa aus, die den Schiffsverkehr in der mittleren Ägäis beherrschte.[140] Bedeutsam war auch der Umschwung im säkularen Gegensatz zu Genua: 1381 hatte Venedig im Chioggia-Krieg gegen Genua gesiegt, das als politische Macht im Orient aufgrund innerer Wirren allmählich ausschied. 1382 war mit Ludwig dem Großen wiederum der wichtigste Gegner Venedigs in der Adria gestorben. Das ungarische Interregnum (bis 1387), die Wirren zu Beginn der Herrschaft Sigismunds von Luxemburg und die Ansprüche der neapolitanischen Anjou auf den ungarischen Thron schufen zusammen mit dem osmanischen Durchbruch zur Adria eine völlig neue Lage.

---

139 BELDICEANU-STEINHERR/ESTANGÜI GÓMEZ, Autour du document de 1386, 170f.; DENNIS, The Reign of Manuel II Palaeologus; RADIĆ, Jovan V Paleolog, 423–426, 429–433; NECIPOĞLU, Byzantium between the Ottomans and the Latins, 56–85, analysiert sowohl Manuels Herrschaft wie die byzantinische Verwaltung nach 1403; ESTANGÜI GÓMEZ, Byzance face aux Ottomans, 276–282; IMBER, The Ottoman Empire, 1300–1481, 33–35.

140 JACOBY, La consolidation de Venise.

1.10.24 Die Landschaft Albanien zwischen osmanischer und venezianischer Expansion

Auslöser für das erste Auftreten der Osmanen an der Adria war wieder eine innerchristliche Fehde, diesmal zwischen den Balšić und Karl Thopia. Als Balša II. Balšić 1385 Dyrrháchion eingenommen hatte – und damit ein Zusammenschluss der süd- und nordalbanischen Gebiete der Familie bevorzustehen schien – rief Karl Thopia die Osmanen zu Hilfe, die Balša II. bei Savra in der Ebene Myzeqeja vernichtend schlugen. Dies stellt die einzige offene Feldschlacht dar, die ein Adliger je in der Region Albanien gegen die Osmanen wagen sollte (1385). 1387 erkannten die Dukagjin im nördlichen Mittelalbanien die osmanische Oberhoheit an, und vor Oktober 1392 nahmen die Osmanen ihrem Vasallen Georg (Đurađ) II. Stracimirović Balša die Stadt Skutari mit Umland ab.[141] In Valona hielt sich Balšas II. Witwe Komita Komnene mit ihrer Tochter Rugina und deren Gatten Mrkša Žarković, auch gegen offenbar von Murad I. persönlich geführte Angriffe auf die Stadt. Venedig aber erwarb die Insel Korfu (1386) und damit die Kontrolle über die Einfahrt in die Straße von Otranto. Im Jahr darauf (1387) schloss der venezianische Bailo (Statthalter) von Korfu mit türkischen Befehlshabern des Festlands ein Abkommen, das ihm Butrint, Saiata, Himara und vielleicht auch Phanári überließ. Auf dem Festland nahe Korfu errichtete der Venezianer Ermolao Barbaro zudem eine kleine Grenzherrschaft, ähnlich den Gazi-Führern, die ihm gegenüberstanden.[142]

Venedig hatte sich nun in diesem Teil der Adria festgesetzt. In den folgenden Jahren erwarb es, durch Kauf und Druck, von Georg Thopia, der nordmittelalbanischen Familie Dukagjin und Georg II. Stracimirović Balša Dyrrháchion (1392), Alessio/Lezha (1393), Skutari (1396), 1405 von den Balšić Ulcinj, Antivari/Bar und Budua/Budva. So hatten die Osmanen, nur dreißig Jahre nach der Einnahme Gallipolis, die albanische Adriaküste erreicht, die dortigen Adelsherrschaften zerstört und Venedig zum Eingreifen gezwungen.

1.10.25 Regionalherrschaften in Epirus angesichts der osmanischen Eroberung

Der Hilferuf eines einheimischen Fürsten brachte auch den türkischen Vorstoß nach Epirus, das zwischen Gjin Spata in Árta und Thomas Preljubović in Ioánnina geteilt war. Spata war für Preljubović eine Gefahr geworden, nachdem seine militärische Stärke deutlich geworden war, als er 1378 den Johannitergroßmeister Juan Fernandez de Heredia besiegte und 1379 Ioánnina belagerte. Thomas Preljubović rief daraufhin den osmanischen Heerführer Şahin zu Hilfe (1380), dem 1384 Timurtaş folgte, der die albanischen Krieger schlug. Als Thomas von Manuel Palaiológos zum Despoten ernannt wurde, war er den Türken bereits politisch ausgeliefert; er

---

141 Božić, O Dukađinima.

142 Zachariadou, Marginalia on the History of Epirus and Albania; dies., From Avlona to Antalya; Schmitt, Das venezianische Albanien, 232f.

wurde am 23. Dezember 1384 von Leibwächtern ermordet. Ein Regentschaftsrat, an dem auch der Mönch Joasaph (Johannes Uroš von Thessalien) mitwirkte, bestimmte den Florentiner Esaù Buondelmonti zum neuen Fürsten (1385–1411), den Schwager des Pfalzgrafen von Kephallenía Leonardo I. Tocco (1357–1375/1376), einen Mann aus Florentiner Geldadel, der den ebenfalls dem Florentiner Bankiersmilieu entstammenden Herzögen von Athen aus dem Geschlecht der Acciaiuoli verbunden war. Nach den Orsini bestieg damit zum zweiten Mal ein Italiener den epirotischen Thron. Esaù erhielt 1385 den Despotentitel von Kaiser Johannes V. Palaiológos verliehen. Um sich gegen Venedig und Gjin Spata durchzusetzen, rief auch er osmanische Hilfe herbei (so 1386 den Timurtaş) und weilte selbst von Oktober 1389 bis Dezember 1390 an Bayezids I. Hof, von dem er mit dem Feldherrn Evrenos Bey nach Epirus zurückkehrte.[143] Gjin Spata glich sich mit Esaù durch ein Heiratsbündnis aus, führte den Kampf gegen die Osmanen aber weiter, wohl im Umfeld des Kreuzzuges von Nikópolis (1396). Bei dem Versuch, nach den Spata auch die benachbarten albanischen Zenebish und mit diesen verbündete Stämme (um Argyrókastron/ Gjirokastra, Zagoriá bei Ioánnina) zu unterwerfen, geriet Esaù in Gefangenschaft (1399). Im gleichen Jahr starb Gjin Spata, der erste Vertreter des albanischen Adels, der den Osmanen langjährigen Widerstand entgegensetzte – dies wies in die Zukunft, sowohl der Albaner in Griechenland wie im engeren Albanien.[144]

1.10.26 Die Schlacht auf dem Amselfeld

Der dritte südwestbalkanische Hilferuf an die Osmanen stand am Beginn der berühmten Schlacht auf dem Amselfeld/Kosovo polje/Fushë Kosovë. Georg II. Stracimirović Balša befand sich im Gegensatz zu König Tvrtko von Bosnien, der wie das benachbarte Dubrovnik im Sommer 1388 einen osmanischen Angriff fürchtete. Dabei lenkte Georg offenbar den osmanischen Feldherrn Şahin gegen Bosnien, wo dieser aber vor dem 27. August 1388 bei Bileća schwer geschlagen wurde. Murad I. hatte dies wettzumachen und marschierte im Frühjahr 1389 über Philippopel, Ichtiman, Velbăžd und Kratovo auf, geehrt von seinem Vasallen Konstantin Dragaš. Ihm entgegen stellten sich die serbischen Fürsten des Moravatales und des Kosovo, Lazar Hrebeljanović und Vuk Branković, dazu Truppen König Tvrtkos sowie kleinere Adelsverbände, aus Albanien etwa ein Muzaki. Lazar Hrebeljanović hatte sich 1382 aus der ungarischen Vasallität gelöst und sich als „Selbstherrscher" (samodržac), bisweilen ergänzt um „aller serbischen Länder", bezeichnet. Er pflegte das Andenken an die Nemanjiden, indem er sich den Beinamen „Stefan" beilegte. Mit Vuk Branković und Georg II. Stracimirović war er verwandt und als Herr eines zentral gelegenen Fürstentums mit reichen Bergwerken 1389 ein *primus inter pares* der serbischen Adelswelt. Noch zu Beginn des Jahres 1389 hatte er im Norden gegen Ungarn gekämpft, dem er seit 1387 wieder

---

[143] SOULIS, The Serbs and Byzantium, 130; GANCHOU, Giourgès Izaoul de Ioannina.

[144] SOULIS, The Serbs and Byzantium, 126–130, NICOL, The Despotate of Epiros, 157–164; SOUSTAL, Nikopolis und Kephallenia, 71f., HOPF, Geschichte Griechenlands, Bd. 2, 101f.; Hauptquelle ist die Chronik von Ioánnina: BRANUSES, Το Χρονικόν των Ιωαννίνων.

als Tributgeber unterstand. Dies erklärt auch, warum es nur Serben und (nichtorthodoxe) Bosnier waren, nicht aber auch Ungarn, die sich Murad I. entgegenstellten. Dieser hatte 1388 die rebellischen bulgarischen Fürsten Zar Ivan Šišman und Ivanko von der Dobrudscha unterworfen. Wenn der Versuch einer allgemeinen bosnisch-serbisch-bulgarischen Allianz je bestanden haben sollte, dann nahm sie zumindest nie als militärisch einheitliche Front Gestalt an.[145] Über die eigentliche Schlacht, die am 28. Juni, dem St. Veitstag (serb. Vidovdan, nach dem julianischen Kalender am 15. Juni), auf dem Amselfeld geschlagen wurde, liegen wie für die Schlacht an der Marica kaum zeitgenössische Quellen vor. Fürst Lazar fiel, Sultan Murad I. wurde von einem christlichen Krieger getötet, dem die Legenden den Namen Miloš (K)Obilić zuwiesen. König Tvrtko meldete in einem Schreiben nach Florenz einen Sieg der christlichen Waffen. Tatsächlich waren die Osmanen vom Tod des Sultans getroffen, und der neue Sultan Bayezid I. musste nach Osten abziehen, um seine Macht zu sichern. Doch erholten sich die Osmanen rasch von den Verlusten, während die serbische Adelswelt nach wenigen Jahren auf den Vasallenstatus absank. Unmittelbar, d.h. ein bis zwei Jahre nach Lazars Schlachtentod, begann der Kult um den Serbenfürsten, der zu einem Dynastieheiligen nach dem Vorbild der Nemanjiden erhoben wurde. Die Kirche und epische Lieder verherrlichten, letztere in „bedingter Zeitzeugenschaft" (Frank Kämpfer), den Herrscher-Märtyrer, der, wie es in der Lazar-Akoluthie hieß, den Sultan „mit dem Schwert zum Frass des ewigen Feuers" machte, während Lazars Gottesfreundschaft in Verbindung von irdischer und himmlischer Feier gepriesen wurde.[146]

1.10.27 Politische Neuordnung in Serbien nach 1389

In der irdischen Welt griff noch im November 1389 König Sigismund Lazars Herrschaft an, und auch 1391 und 1392 kam es dort zu Gefechten, wobei ungarische und serbische Truppen, letztere im Verbund mit Osmanen, unmittelbar aufeinanderstießen. 1390 eröffneten die Osmanen einen weiteren Angriff auf Bosnien, überdies fielen sie zum ersten Mal massiv auch in Ungarn ein, in Syrmien und im Banat. Wie ernst die Lage war, zeigt sich daran, dass König Sigismund persönlich

---

145 MATANOV, Srednovekovnite Balkani, 444; s. die bedeutende Untersuchung von REINERT, From Niš to Kosovo polje; die für die „dunklen Jahrzehnte" der frühosmanischen Geschichte grundlegenden Arbeiten von REINERT sind nun zusammengefasst in der Aufsatzsammlung: Late Byzantine and Early Ottoman Studies.

146 Die Bibliographie zum Thema ist angesichts der Bedeutung des Kosovo-Mythos für die serbische Geschichte außerordentlich umfangreich: BRAUN, „Kosovo". Die Schlacht auf dem Amselfelde; MOŠIN, Samodržavni Stefan knez Lazar i tradicija nemanjićkog suvereniteta; MIHALJČIĆ, Junaci kosovske legende, Bd. 3; EMMERT, Serbian Golgotha; VUCINICH/EMMERT (Hgg.), Kosovo. Legacy of a Medieval Battle; IMBER, The Ottoman Empire, 1300–1481, 35f.; KÄMPFER, Herrscher, Stifter, Heiliger; BOŽIĆ, Neverstvo Vuka Brankovića; SPREMIĆ, Vuk Branković i Kosovska bitka (zum Stefans-Beinamen, 252), hält fest: „Vuk war nicht schlechter als andere. Und auch sein Ende [...] im türkischen Kerker war nicht weniger tragisch als jenes Lazars" (260); ŠUICA, Vuk Branković; IVANOVA, The Problem of the Historical Approach in Epic Songs; MALCOLM, Kosovo, 58–82; Historía de Jacob Xalabín (Hgg., Übers., BAYO/TAYLOR); ŠUICA, O mogućoj ulozi Vuka Brankovića; zur bosnischen Perspektive FILIPOVIĆ, Bosansko kraljevstvo, 104–125; nach der Schlacht von Ankara (1402) ließen Bosnier über Dubrovniker Kaufleute Nachforschungen über 1389 gefangene Verwandte anstellen.

1390, 1391 und 1392 Abwehrmaßnahmen leitete. Besonders der osmanische Angriff im Jahre 1392 rief schwere Verwüstungen hervor. König Sigismund unternahm erhebliche Anstrengungen, ungarische Interessen im strategischen Vorfeld des Königreichs, in Bosnien (gegenüber Kg. Stefan Dabiša) und der Walachei (durch Unterstützung für Mircea den Alten gegen den von den Osmanen eingesetzten Vlad I.) durchzusetzen.[147] In Serbien selbst spaltete sich als Ergebnis der Schlacht der Adel: Lazars Witwe Milica wurde für ihre Kinder Vasallin des Sultans. Mit ihrem Sohn Stefan Lazarević reiste sie nach der Schlacht in das anatolische Sivas zu Sultan Bayezid I. Lazars Schwester Olivera wurde später in den Sultansharem gegeben. Diese Aufgliederung in eine pro-osmanische und eine an Ungarn bzw. in küstennahen Gebieten an Venedig angelehnte Parteiung prägte bis zur endgültigen Eroberung durch die Osmanen nicht nur den serbischen, sondern auch den walachischen, bosnischen, albanischen, epirotischen und byzantinischen (in der Morea) Adel.

Nicht unterworfen hatte sich jener Mann, dem die serbische Legende die Rolle des Verräters zuschrieb: Vuk Branković. Dieser bewahrte bis 1392 seine Eigenständigkeit und fügte seinem Namen das Nemanjidenepitheton „Stefan" bei. Von Dubrovnik verlangte er nach König Tvrtkos Tod gemeinsam mit dem „König von Albanien" Konstantin Balša den sog. Serbischen Tribut für Pelješac und Ston (1391). 1392 eroberte aber der türkische Grenzfeldherr Paşa Yiğit Skopje/Üsküb und zwang Vuk in die Vasallität. Während Stefan Lazarević sich als treuer Vasall gerierte – er war es, der 1395 gegen Mircea den Alten von der Walachei bei Rovine focht und dann den osmanischen Sieg über die Kreuzfahrer bei Nikópolis 1396 herbeiführte – verweigerte Vuk die Heerfolge. 1394/1395 verlagerte er seinen Staatsschatz nach Dubrovnik und bemühte sich als weitere Rückversicherung um das venezianische Bürgerrecht. 1396 entsetzte ihn Bayezid I. seiner Herrschaft, übergab Teile von Vuks Land dem Sancakbey von Skopje, legte osmanische Besatzungen in Burgen – 1399 war Feriz Burgherr v. Zvečan – und förderte die Familie Lazars als osmanentreue serbische Familie. Vuk starb 1397. Sein Andenken wurde totgeschwiegen. Selbst als unter dem Despoten Georg (Đurađ) Branković (1427–1456) seine Linie nochmals an die Macht kam, wurde seiner nicht gedacht. Sein Erbe mit Sitz in Priština übernahmen seine Witwe Mara und seine Söhne Grgur, Lazar und Georg, ab 1414 Georg allein.[148]

Über die Bedeutung der Schlacht von 1389 wurde in der Forschung viel gestritten. Lange wurde sie überbewertet, denn sie war nicht der entscheidende Wendepunkt oder Durchbruch der Osmanen. Die Schlacht an der Marica 1371 hatte den Türken und Osmanen das Tor nach Makedonien, Thessalien und Epirus sowie nach Bulgarien erst aufgestoßen. Was nach 1389 kam, war die Bündelung und Vollendung jener Eroberungen, die türkische Streifscharen seit drei Jahrzehnten erzielt hatten: Es ging Schlag auf Schlag.[149] Wie Bienen würden die Osmanen in das Land schwärmen, hieß es im serbischen Kloster Ravanica. In Serbien erlebten die Zeitgenossen die Schlacht und die Folgen als eigentliche Endzeit.[150] 1389/1390 nahm Firuz Bey ohne Gegenwehr das Königreich Vidin ein, wo Ivan Sracimir im Angesicht einer osmanischen Garnison weiter als

[147] Pálosfalvi, From Nicopolis to Mohács, 51–55; Filipović, Bosansko kraljevstvo, 129.

[148] Vasiljević, Genealogije između istorije i ideologije; Spremić, Brankovići – oblasni gospodari Kosova, 136–138.

[149] Reinert, The Palaiologoi, Yıldırım Bayezid and Constantinople.

[150] Šuica, Pad Srbije, 268f.

Vasall regierte, während Firuz am Unterlauf des Timok seine „Renner und Brenner" stationierte, die 1391 die Walachei angriffen.[151] Wohl zur selben Zeit reiste der moreotische Despot Theódoros I. Palaiológos an den Sultanshof, wo er Hilfe in seinen peloponnesischen Fehden gegen Venedig und die Navarresen erhielt.[152]

1.10.28 Osmanische Vasallen auf dem Balkan

Nach 1389 nahm auch die Zahl der orthodoxen Herren zu, die sich als Vasallen dem Sultan unterstellten. Hatten Thomas Preljubović von Epirus (1381) als Ausgleich für osmanische Hilfe gegen Gjin Spata und der thessalische Kaiser Johannes Uroš Palaiológos (1387) diesen Schritt schon tun müssen, so folgten nun Stefan Lazarević, Vuk Branković im Kosovo (1392), Georg II. Stracimirović Balša (wohl 1392) und weitere kleinere albanische Herren.[153] Die letzten Reste serbischer Staatlichkeit hingen ganz vom Wohlwollen der Osmanen ab, und nur durch dieses bewahrten die Lazarevići ihre Herrschaft als Vasallen des Sultans.[154]

In Konstantinopel dauerte indessen die Fehde zwischen den beiden Linien der Palaiaologen an, d.h. zwischen Manuel II. und seinem Neffen Johannes VII. Letzterer herrschte zwischen April und September 1390 in Konstantinopel und wurde von Manuel mit Hilfe der Johanniter verdrängt. Bis 1399 hielt sich Johannes VII. als osmanischer Vasall in Selymbría am Marmarameer auf und dachte nach der Niederlage der Kreuzfahrer bei Nikópolis daran, seine Thronrechte dem französischen König Karl VI. zu verkaufen.[155] 1393 eroberte der Feldherr Turahan ohne Schwertstreich Thessalien. Dem Nerio I. Acciaiuoli von Athen nahm er das Spercheióstal, das obere Kephissóstal sowie Neopatras ab, und 1397 lag zum ersten Mal eine türkische Besatzung unter Yakub Pascha vor der Athener Akropolis.[156]

1.10.29 Das osmanische Machtsystem in der Landschaft Albanien

Im albanischen Raum erhöhte sich nach der osmanischen Eroberung und der Schaffung einer Grenzmark (türk. uç) der osmanische Druck merklich. Der Grenzfeldherr Şahin richtete eine Herrschaft in Skutari ein (vor Oktober 1392) und verjagte den osmanischen Vasallen Georg II.

---

151 KAYAPINAR, Le sancak ottoman de Vidin, 64; BERINDEI/KALUS-MARTIN/VEINSTEIN, Actes de Murād III, 14.

152 Dazu eine inschriftliche Quelle, die Inschrift von Parori ediert LOENERTZ, Byzantina et Franco-Graeca, Bd. 1, 227–229.

153 SPREMIĆ, Turski tributari, 287–300.

154 ŠUICA, Pad Srbije, 269f.

155 SETTON, The Papacy and the Levant, Bd. 1, 363f.; BARKER, Manuel II, 164f.; GANCHOU, Autour de Jean VII. Luttes dynastiques.

156 SOUSTAL, Nikopolis und Kephallenia, 77, FERJANČIĆ, Tesalija u XIII i XIV veku, 265–281; KIEL, Das türkische Thessalien.

Stracimirović Balša, der im Rücken von dem montenegrinischen Kriegerführer Radič Crnojević bedroht wurde, der seinerseits mit den nordmittelalbanischen Dukagjin aneinandergeriet. Radič Crnojević hatte von Georg I. Balša eine Herrschaft erhalten, nach dessen Tod (1379) den Erbanspruch Balšas II. abgelehnt und sich mit dem bosnischen König Tvrtko und wohl auch Venedig verbündet.[157]

In diesem chaotischen Umfeld übernahm, wie erwähnt, Venedig Dyrrháchion und Alessio (1392/1393). In den entstehenden osmanischen Grenzmarken setzten sich zudem Abenteurer fest wie der Venezianer Marco Barbarigo, der Helena Thopia aus dem Geschlecht der eben abgedankten Herren von Dyrrháchion geheiratet hatte und sich in der wichtigen Burg Kruja hinter Dyrrháchion als osmanischer Vasall einrichtete (Frühjahr 1394). Neben Esaù Buondelmonti von Ioánnina war er der zweite italienischstämmige Vasall der Osmanen in der südöstlichen Adria. Barbarigo wurde aber bald von Konstantin Balša, Sohn Georgs I. Balšas, verdrängt. Dieser gehört in die Gruppe der orthodoxen Vasallen wie Konstantin Dragaš und Krali Marko, die 1395 für die Osmanen gegen Mircea den Alten bei Rovine kämpften. Der Grenzfeldherr Şahin benutzte Konstantin gegen Georg II. Stracimirović Balša, und Konstantin nahm die Hand Helena Thopias, die sich von Barbarigo getrennt hatte. Die Familienfehde zwischen den Balšić wurde somit ausgetragen zwischen Parteigängern der Osmanen (Konstantin, unterstützt von Venedigs Handelskonkurrentin Dubrovnik) und Georg II., der sich an Venedig anlehnte und der Signoria Skutari, das er zurückgewonnen hatte, im März 1396 übergab.[158]

1.10.30 Bruch der balkanorthodox-osmanischen Kohabitation und wechselnde Bündnisse regionaler Fürsten mit den Osmanen

Im Winter 1393/1394 kamen auf Befehl Bayezids I. die orthodoxen Balkanfürsten Stefan Lazarević, Konstantin Dragaš, Theódoros I. von Morea, Manuel Palaiológos nach Sérres. Dort bedrohte der Sultan die christlichen Herren offen mit dem Tod, erreichte aber keine völlige Unterwerfung. Kaiser Manuel floh mit knapper Not nach Konstantinopel. In der Familie Krali Markos kam es zum Bruch: während Marko und sein Bruder Andrijaš weiterhin zu Bayezid I. hielten, floh ihr Bruder Dmitar über Dubrovnik, wo er das Konto seines Vaters Vukašin auflöste, nach Ungarn. König Sigismund setzte ihn nach 1401 an die Spitze des Komitats Zaránd (bei Arad) und als Burghauptmann von Világosvár ein. So wurde der Sohn König Vukašins, der Bruder des Epenhelden Marko Kraljević zu einem der ersten serbischen Herren, die im ungarischen Adel aufgingen.[159]

---

157 SCHMITT, Das venezianische Albanien, 204.

158 BOŽIĆ, Dominus rex Constantinus, SCHMITT, Das venezianische Albanien, 232–239; Konstantin widmete der kroatische Albanienhistoriker Milan Šufflay einen historischen Roman; veröffentlicht 1920 unter dem Pseudonym Alba Limi.

159 ŠUICA, Vuk Branković i sastanak u Seru; FOSTIKOV, O Dmitru Kraljeviću, 60: „viro magnifico ac spectabili Demetrio filio Wlkasini regis" (Urkunde Sigismunds vom 30. Juni 1407); BARKER, Manuel II, 112ff.; NICOL, The Last Centuries of Byzantium (Ausg. v. 1972), 300ff.; Hauptquelle ist die Grabrede des Kaisers Manuel Palaiológos auf Theódoros I.: Manuel II Palaeologus, Funeral Oration (Hg. CHRYSOSTOMIDES), 133.

Nach der Fürstenzusammenkunft von Sérres begann Sultan Bayezid I. 1394 die Belagerung der byzantinischen Hauptstadt. Da es ihm an einer Flotte fehlte, konnte er die Stadt aber nur einschließen. Bis zu Bayezids Ende in der Schlacht von Ankara (1402) dauerte diese Blockade acht Jahre und rief Elend in der Kaiserstadt hervor.[160] Die Entwicklung in Südgriechenland steht wiederum symptomatisch für die ausgeprägte Volatilität und Kleinräumigkeit der balkanischen Politik am Übergang zur osmanischen Herrschaft. Nach Sérres marschierte Bayezid I. durch Thessalien. Osmanische Truppen nahmen die Inselfestung Monemvasía vor der Südostspitze der Peloponnes, die dem Sultan der Stadtherr Pávlos Mamonás, ein Gegner des Despoten, angetragen hatte. Venedig, dem die Bürger die Stadt angeboten hatten, zog sich angesichts der Kriegsdrohungen Bayezids zurück (Mai 1394).[161] Der in Haft gehaltene Theódoros I. entkam aber aus dem Sultanslager, ohne dass ihn Bayezid I. verfolgte, da Hilferufe des Mamlukensultans von Ägypten, der vor dem Herannahen des Mongolenherrscher Timur Lenk warnte, den Sultan ablenkten. Theódoros I. gelang es daraufhin, den Grenzfeldherrn Evrenos am Isthmos von Korinth aufzuhalten, auch mit kurzzeitiger Unterstützung Venedigs und Nerio I. Acciaiuolis von Athen. Auf die Seite der Osmanen hatten sich die Navarresen als wichtigste fränkische Kraft der Halbinsel geschlagen (Februar/März 1394). Ebenfalls den Osmanen schloss sich Nerios Gegner Karl I. Tocco, Pfalzgraf von Kephallenía, an, der mit dem Athener Herzog um Korinth stritt. Anfang 1395 durchbrach Evrenos mit Hilfe der Navarresen die Sperre, wurde aber rasch zum Kampf gegen Mircea den Alten an die Donau gerufen. Theódoros I. besiegte darauf am 4. Juni 1395 den Vikar der Navarresischen Kompanie Peter Bordo de San Superan und kaufte Korinth von Karl I. Tocco (September 1395/Januar 1396). Er besaß allerdings keine Mittel zur Befestigung des Hexamílion, der „Sechsmeilen"-Sperrmauer über den Isthmos von Korinth, und bot die Festung daher Venedig an (März 1397). Die Osmanen führten im Frühjahr 1397 einen verheerenden Plünderzug unter Yakub Pascha gegen Argos, was Theódoros I. veranlasste, Korinth dem Johanniterorden zu übergeben. Dieser bot bald darauf sogar an, die gesamte byzantinische Morea zu erwerben, um so neben Rhodos ein zweites Ordensterritorium in Griechenland aufzubauen, worauf der Despot einging und ihm Kalávryta, Korinth, Vátika und Phanári in der Argolis aushändigte (nach Februar 1400). Die Übergabe der Residenz Mistra wurde jedoch von einem Aufstand der orthodoxen Bewohner unter der Losung „Freiheit, Regierung des Despoten oder Tod" vereitelt. Theódoros I. begann Verhandlungen mit den Osmanen, die die Entstehung eines Ordensstaates in der Peloponnes als Bedrohung ansahen (1401/1402).[162]

---

160 Bernirolas-Hatzopoulos, The First Siege of Constantinople; Necipoğlu, Byzantium between the Ottomans and the Latins, 149–183; Estangüi Gómez, Byzance face aux Ottomans, 309–313, zeigt, wie sich ab 1394 im osmanischen Machtbereich die Rechtsstellung orthodoxer Gutsbesitzer verschlechterte, die sich zuvor in Teilen mit der neuen Herrschaft arrangiert hatten.

161 Kalliga, Monemvasia.

162 Quellen sind die Reisebeschreibung des Nicolò de Martoni: Relation du pèlerinage à Jérusalem, v. a. 652–659; der Epitaphios Manuels auf Theódoros I.: Manuel II Palaeologus, Funeral Oration (Hg. Chrysostomides), 119–125; vgl. auch die Einleitung (18f.); Gregorovius, Briefe aus der „Corrispondenza Acciajoli"; zum Hexamílion s. die alte, aber reiche Arbeit von Lampros, Τα τείχη του Ισθμού της Κορίνθου; Zakythinos, Le despotat grec, Bd. 1, 152–160.

Bedeutsamer als die moreotischen Angriffe der Osmanen war die Auseinandersetzung Bayezids I. mit dem walachischen Fürsten Mircea dem Alten. Mircea siegte bei Rovine (1395). Auf osmanischer Seite kämpften zahlreiche balkanorthodoxe Vasallen. Konstantin Dragaš und Krali Marko fielen, und ihre Herrschaftsgebiete wurden anschließend in das osmanische Verwaltungssystem eingegliedert.

1.10.31 Schwächung Bosniens nach Tvrtkos I. Tod

In Bosnien, das nach dem Schlachtentod Lazars unmittelbar an den osmanischen Machtbereich grenzte, kam nach Tvrtkos Tod dessen Verwandter Stefan Dabiša (1391–1395) auf den Thron, der von den mächtigen Regionalherren stärker abhing als sein Onkel. An der Jahreswende 1391/1392 gelang ihm ein Abwehrsieg in Ostbosnien gegen die Osmanen, doch musste er zugleich ungarischem Druck standhalten. Dabiša hatte an seinem Hof die nach Bosnien geflohenen ungarischen Gegner Sigismunds von Luxemburg aufgenommen, wie den ehemaligen slawonischen Banus János/ Ivan Horváti. Auch der Bruder des bosnischen Regionalherrn Hrvoje Vukčić diente dem angevinischen Gegenkönig Ladislaus von Neapel seit 1391 als Banus von Kroatien und Dalmatien. Im Juli 1394 besiegte Sigismund bei Dobor den bosnischen König und die ungarischen Rebellen. Dabiša war daraufhin gezwungen, Sigismund als Nachfolger auf dem bosnischen Thron anzuerkennen, wofür er ein Lehen im ungarischen Komitat Somogy erhielt. Dabiša starb 1395, und die Großen setzten Jelena aus der Familie der Nikolić aus Hum auf den Thron, die aber schon bald durch den neuen König (Stefan) Ostoja (1398–1404; erneut 1409–1418) gestürzt wurde.[163] Die Niederlage von Nikópolis (1396) gegen Bayezid I. und der zu Beginn des 15. Jahrhundert nochmals aufflammende ungarische Thronstreit dämpften den ungarischen Offensivgeist.[164]

---

[163] Urkunden der Königin Jelena Gruba: Fostikov, Pismo bosanske kraljice Jelene Grube; dies., Četiri pisma kraljice Jelene; Dautović, Metus turchorum – Strah od Turaka; Filipović, Bosna i Turci za vrijeme kralja Stjepana Dabiše.

[164] Mrgić, Severna Bosna, 88f.

1.11 NIKÓPOLIS, ANKARA UND DANACH: AUFSTIEG, STURZ UND ERNEUTE FESTIGUNG DER OSMANISCHEN HERRSCHAFT AUF DEM BALKAN (1396–1421)

Im Norden der Balkanhalbinsel bedeutete der Tod Ludwigs des Großen (1382), wie bereits mehrfach angedeutet, eine tiefe Zäsur. Die Anjou von Neapel strebten das Erbe an, was in Venedig die Furcht vor einer ungarisch-neapolitanischen Umklammerung des Adriaraumes hervorrief. Zugleich lösten sich die in vasallischer Abhängigkeit stehenden südslawischen Herren wie König Tvrtko I. von Bosnien und Serbien oder Lazar Hrebeljanović aus der ungarischen Oberherrschaft. Der ungarische Thronkrieg zwischen den Häusern Luxemburg und Anjou wurde unter maßgeblicher Beteiligung südslawischer Adliger in Kroatien und Dalmatien, aber auch von König Tvrtko geführt. Lazars Niederlage (1389) und Tvrtkos Tod (1391) schufen eine neue Lage: Die Osmanen stießen nun unmittelbar an die mittlere Donau vor, und Bosnien entwickelte sich zu einem Zwischenraum, in dem ungarischer und osmanischer Einfluss aufeinanderprallten. Die Republik Venedig unterstützte im Norden der Adria zunächst Sigismund von Luxemburg, während sie im Süden, zwischen Korfu und Skutari, wie gezeigt, eine Schutzzone gegen die osmanische Ausdehnung an die Adria errichtete. Als sich Sigismund von Luxemburg als König durchgesetzt hatte, stand er vor der Aufgabe, die ungarische Balkanpolitik der neuen Lage anzupassen. Hatte Ludwig der Große einen breiten Ring abhängiger Pufferstaaten um seine Königreiche gelegt und die Königsherrschaft in Dalmatien und Kroatien gegen den regionalen Adel und Venedig durchgesetzt, so plante Sigismund, dem osmanischen Vordringen mit einer eigenen Offensive zu begegnen. Diese sollte als Kreuzzug erfolgen.

Im Zeitalter des Großen Schismas (1378–1417) war es der römische Papst Bonifaz IX. (1389–1404), der 1394 die christlichen Fürsten des Balkans zum Kampf ermahnte, während Benedikt XIII. in Avignon die französischen Teilnehmer unterstützte. An dem Kreuzzug von 1396 nahmen führende Vertreter des französischen und burgundischen Adels, Jean de Nevers, der Konnetabel von Frankreich Philipp von Artois, Enguerrand VII. de Coucy, Heinrich von Bar, Marschall Boucicaut, daneben Engländer, Deutsche und Italiener teil, die nach dem Sieg über die Osmanen die Heiligen Stätten befreien wollten. Zwischen diesem Ritterheer und dem ungarischen – um Walachen verstärkten – Heer König Sigismunds bestand jedoch keine Einigkeit über das Vorgehen. Die Kreuzfahrer setzten sich gegenüber dem vorsichtigen Sigismund durch, obwohl dieser die osmanische Kriegstaktik weit besser kannte. So rückte das Heer bis Vidin vor, wo Sracimir sich gegen die osmanische Besatzung wandte und die Stadt übergab. Die Kreuzfahrer belagerten dann Nikópolis. Dort stießen sie mit dem Heer Sultan Bayezids I. zusammen. Die Disziplinlosigkeit der zumeist französischen Ritter, vor allem aber das Eingreifen der serbischen Reiterei des osmanischen Vasallen Stefan Lazarević entschieden die Schlacht (25. September 1396). König Sigismund entkam nach Konstantinopel, während viele Kreuzfahrer gefangen und – die Vornehmsten – gegen hohes Lösegeld später (1397) freigelassen wurden.[165] Diese Schlacht war für

---

[165] Pálosfalvi, From Nicopolis to Mohács, 55–65; Setton, The Papacy and the Levant, Bd. 1, 342–369; Barker, Manuel II, 133ff.; Atiya, The Crusade of Nicopolis; ders., The Crusades in the Later Middle Ages, 435–462;

die Geschichte des Balkans ebenso entscheidend wie das Treffen von 1371. War damals die Offensivfähigkeit der balkanorthodoxen Adelswelt gebrochen worden, so konnte nach 1396 Ungarn kaum mehr echte Militärhilfe des westeuropäischen Adels gewinnen. Erst ein halbes Jahrhundert später, unter Johann Hunyadi, fand Ungarn zu einer ausgreifenden offensiven Strategie gegenüber den Osmanen zurück (s. Beitrag 2, URSPRUNG, Kap. 2.5.2). Der osmanische Vormarsch stützte sich neben dem osmanischen Heer selbst auf die serbischen Vasallen des Sultans, die sowohl bei Rovine (1395) als auch bei Nikópolis (1396) loyal mitkämpften und damit zu den Eroberungen Bayezids I. maßgeblich beitrugen.

Nikópolis bedeutete einen ersten Höhepunkt der osmanischen Macht auf dem Balkan. Wäre nicht aus dem Osten Timur Lenk auf Anatolien vorgerückt, hätte wohl nichts Bayezid I. daran gehindert, den gesamten Balkan zu erobern. Vidin wurde zur Strafe für den Abfall zur osmanischen Provinz, und damit endete der letzte Rest bulgarischer Staatlichkeit. Bulgarien, Thrakien, der makedonische Raum und Thessalien unterstanden fortan unmittelbarer osmanischer Verwaltung. Die Morea, Epirus und der albanische Raum erkannten die osmanische Oberherrschaft an, und örtliche Herren bekämpften sich mit Hilfe osmanischer Truppen, die so rasch Fuß fassten. Ungarn war geschlagen, und auch die Walachei hielt sich nur mit äußerster Mühe. Der byzantinische Kaiser Manuel II. begab sich auf eine jahrelange Reise nach Frankreich und England (1399–1403), um an den Höfen Karls VI. von Frankreich und Richards II. von England um Hilfe zu bitten, während sein osmanenfreundlicher Vetter Johannes VII. in der blockierten Kaiserstadt regierte, wo ihn Marschall Boucicaut und ab 1399 dessen Stellvertreter Jean de Châteaumorand unterstützten und Venedig die Stadt mit Getreide versorgte.[166]

1.11.1 Osmanische Reichskrise

Die Niederlage Bayezids I. bei Ankara gegen Timur Lenk am 28. Juli 1402 bedeutete keinen dauerhaften Wendpunkt in der Geschichte des Balkans, auch wenn das osmanische Heer zersprengt wurde und Bayezid I. in Gefangenschaft (wohl) Selbstmord beging.[167] Dass wie bei Rovine und Nikópolis die serbischen Krieger Stefan Lazarevićs besonders loyal gekämpft hatten, ist hervorzuheben. Timur zog schon 1403 aus Anatolien ab. Das Osmanische Reich wurde zwischen 1402

NICOL, Last Centuries of Byzantium, 304f.; ŠIŠIĆ, Die Schlacht von Nikopolis; SILBERSCHMIDT, Das orientalische Problem zur Zeit der Entstehung des türkischen Reiches; PAPACOSTEA, Byzance et la croisade, 9–11; ILIEVA, Reassessing the Crusade of Nicopolis; SRODECKI, „Contre les ennemis de la foy de Dieu"; WRIGHT, An Investment in Goodwill.

166 MEŠANOVIĆ, Jovan VII Paleolog, 64–82; DENNIS, John VII Palaiologos; DJURIĆ, Il crepuscolo di Bisanzio, 57; SETTON, The Papacy and the Levant, Bd. 1, 370–381; Boucicaut führte mit venezianischen Schiffen sowie Schiffen der Johanniter von Rhodos und der genuesischen Herren von Lésbos aus der Familie Gattilusio einen Kaperkrieg gegen die Osmanen; zu ihm aus der reichen Literatur HOUSLEY, Le Maréchal Boucicaut; LALANDE, Jean II le Meingre dit Boucicaut; vgl. auch NICOL, Last Centuries of Byzantium, 308–311; BARKER, Manuel II, 165–199; KAYAPINAR, Le sancak ottoman de Vidin, 65–68.

167 MATSCHKE, Die Schlacht bei Ankara, 13ff.; HUNGER, Zeitgeschichte in der Rhetorik des sterbenden Byzanz, 156f.

und 1413 von schweren Auseinandersetzungen zwischen Bayezids I. Söhnen erschüttert, in die wichtige Fürsten des Balkans – Byzanz, die Walachei, Serbien, bosnische u. albanische Herren, aber auch Venedig, die Johanniter u. die genuesischen Herren der Ägäis – verwickelt waren. Es kam aber, dem anfänglichen Jubel besonders der erleichterten Byzantiner zum Trotz, kein allgemeines christliches Bündnis gegen die geschwächten Osmanen zustande.[168] Vielmehr verwoben sich osmanische und balkanorthodoxe Politikgeschichte kaum je so eng wie in dem osmanischen Thronstreit (1402–1413). Aus diesem ging Sultan Mehmed I. (1413–1421) als Sieger hervor, der das Osmanische Reich so festigte, dass es unter Murad II. (1421–1444 u. 1446–1451) wieder zu großräumigen Eroberungen übergehen konnte.

Zu Beginn des 15. Jahrhunderts erreicht die politische Geschichte dem Balkan einen derartigen Grad von Komplexität, dass eine Schilderung droht, in zahlreiche Einzelkonflikte bei stetig wechselnden Bündnisverbindungen auseinanderzufallen.

Die Schlacht von Ankara veränderte die Kräfteverhältnisse auf dem Balkan nur bedingt. In einer ersten Phase ist zu beobachten, wie sich viele kleinere Herren aus der Abhängigkeit von Venedig, Ungarn oder den Johannitern lösten, in die sie sich aus Furcht vor den Osmanen begeben hatten. Diese Bewegung ist besonders deutlich im instabilen albanischen Raum, aber auch in Bosnien oder der Morea. Schon vor der Schlacht bei Ankara hatte Johannes VII. von Konstantinopel aus eine Gesandtschaft zu Timur geschickt und zugleich versucht, von Bayezid I. Zugeständnisse zu erreichen (Frühjahr 1402).[169]

Kaum erschüttert wurden auf dem Balkan die Herrschaften der mächtigen osmanischen Grenzfeldherrndynastien in Vardar-Makedonien (Paşa Yiğit), Süd-Makedonien (Evrenos), Thessalien (Turahan) oder Thrakien (Mihaloğlu).[170] Geschwächt war vorübergehend die Zentralgewalt, doch brachen die von den Osmanen und türkischen Gazi errichteten Machtstrukturen nicht zusammen. Die christlichen Herren, Orthodoxe wie die Katholiken des Ägäisraumes, waren politisch stark zersplittert. Von ihrer Handlungsfähigkeit hing es ab, ob Bayezids I. Katastrophe auch das Ende der osmanischen Herrschaft auf dem Balkan bedeutete. Eine wichtige Stellung kam dabei den serbischen Fürsten zu, deren Kriegsmacht den Osmanen nach 1389 so nützlich gewesen war. Stefan Lazarević war nach der Schlacht bei Ankara nach Konstantinopel geflohen, wo ihn Kaiser Johannes VII. zum Despoten erhob. Symbolisch ordnete sich Stefan damit in die byzantinische Würdenhierarchie ein und verzichtete auf die serbischen Herrschertitel eines Königs oder gar Zaren. König- wie Zartum waren in Serbien erloschen. Dafür entbrannte ein innerserbischer Krieg zwischen Georg Branković, der zum osmanischen Thronanwärter Süleyman floh, und Stefan und Vuk Lazarević, die im Jahr 1402 bei Tripolje (Kosovo) Georg Branković und dessen osmanische Truppen besiegten.

---

168 GAUTIER, Action de grâces de Démétrius Chrysoloras.

169 BARKER, Manuel II, 504–509; DENNIS, Three Reports from Crete.

170 KIEL, Das türkische Thessalien, 114–119; LOWRY/ERÜNSAL, Notes & Documents, mit einer genauen Darstellung der Familiengeschichte (5–40), zu Gazi Evrenos: 5–8; LOWRY, Fourteenth Century Ottoman Realities, XI sowie 3–11 (ich danke Grigor Bojkov, Wien/Sofia, für den Hinweis auf dieses Werk); zu Thessalien: KIEL, Yenice Vardar; KIPROVSKA, The Mihaloğlu Family, 193–222.

Nach dem osmanischen Zusammenbruch war es Bayezids Sohn Süleyman, der sich die Herr-scherwürde sicherte. Diese festigte er in einem Friedensabkommen, das er 1403 mit den führenden christlichen Herrschaften des Balkan- und Ägäisraumes, mit Byzanz unter Johannes VII., Vene-dig, Genua, den Ordensrittern von Rhodos, dem Herzog von Náxos, der genuesischen Herrschaft der Gattilusio auf Lésbos und Stefan Lazarević schloss und das ihm eine Atempause gewährte. Mit der Republik Venedig regelte Süleyman gute Beziehungen in einem zweiten Abkommen, und auch mit dem 1403 aus dem Abendland heimgekehrten Kaiser Manuel II. ging er einen weiteren Vertrag ein, bei dem Manuel II. symbolisch eine Vaterfunktion für Süleyman übernahm (Juni 1403). Byzanz, nicht aber der serbische Fürst Stefan Lazarević, wurde aus der Vasallität entlassen und erhielt Saloniki mit der Chalkidiké, die Schwarzmeerküste zwischen Pánidos und Mesembría sowie die Ägäisinseln Skíathos, Skópelos und Skýros zurück. Saloniki wurde Johannes VII. als Apanage zugewiesen, während der Ostteil der Chalkidiké, der Berg Athos und das rechte Ufer des Strýmon Kaiser Manuel II. zufiel.[171]

Stefan Lazarević blieb Vasall, nur die Verpflichtung zum persönlichen Heerdienst wurde ihm erlassen. Der Politik der Rückversicherung folgend, unterstellte er sich aber auch König Sigis-mund von Ungarn als Vasall und erhielt von diesem Belgrad, Macsó und das Banat sowie große Güter in den Komitaten Szatmár, Bodrog und Torontál mit reichen Bergwerken (1404). Die Despotenherrschaft erstreckte sich so in doppelter Vasallität nördlich und südlich der Donau, und der ungarische Teil nahm in der Folge zahlreiche serbische Flüchtlinge auf, die vor den Osmanen nach Norden auswichen.[172]

1.11.2 *Innerbalkanische Dimensionen des osmanischen Thronkampfes*

Von Bayezids I. Söhnen setzte sich Süleyman in Thrakien fest, seine Brüder Mehmed in Amáseia/Amasya in Ostanatolien, Isa in Prúsa/Bursa in Bithynien, zudem kam Musa aus mongolischer Ge-fangenschaft frei. Als erster wurde Isa ausgeschaltet. 1403/1404 nahm Süleyman seinem Bruder Mehmed Bursa und Ankara ab. Auf dem Balkan half er, wie gezeigt, dem Georg Branković gegen Stefan Lazarević. Gazi Evrenos kämpfte in der die serbische Verhältnisse weiter verkomplizieren-den Fehde zwischen den beiden Lazarevići, Vuk und Stefan, mit Vuk gegen den Despoten Stefan Lazarević (1409). Vuk richtete sich 1409/1410 als osmanischer Vasall im Süden Serbiens ein. In Bulgarien erhoben sich – freilich erfolglos – die Söhne der von den Osmanen beseitigten Zaren in der Region von Pirot. An der Donau stieß der walachische Fürst Mircea der Alte in Richtung Dobrudscha vor, die ihm Süleyman 1402 gegen Tributzahlung überlassen hatte. Doch führten die *akıncı* der Region zwischen 1403 und 1408 wiederholt Angriffe auf die Walachei durch. Dagegen setzte nun Mircea auf ein Schwarzmeerbündnis mit dem türkischen Regionalherrn von Isfendiyar,

---

[171] Dennis, The Byzantine-Turkish Treaty; Bakalopulos, Les limites de l'empire byzantin; Estangüi Gómez, Byzance face aux Ottomans, 316–322; zu den schwierigen Umständen der Rückgabe Salonikis durch die Osmanen ebd., 323f.

[172] Jireček, Geschichte der Serben, Bd. 2,1, 138–140.

um Bayezids I. Sohn Musa auf den Balkan zu bringen. Dieser sollte die *akıncı* bändigen. Musa heiratete eine Tochter Mirceas, und offenbar genoss er auch die Unterstützung Manuels II. Auf dem Balkan liefen ihm auch die *akıncı* und die Grenzfeldherren zu, die von ihm eine Wiederaufnahme der Eroberungspolitik erhofften. Im Herbst/Winter 1409/1410 zog Musa dann gemeinsam mit dem walachischen Thronfolger Dan gegen das byzantinische Mesembría, offenbar weil sich Byzanz in der Walachei politisch eingemischt hatte. Auf die Seite Musas gingen auch Stefan und Vuk Lazarević sowie die Brankovići über. In dieser Lage schlug Kaiser Manuel II. Venedig vor, sowohl Musa wie Süleyman zu bekämpfen. Die Byzantiner nahmen Anfang 1410 die Stadt, nicht aber die Burg von Gallipoli ein und blockierten die Meerengen. Süleyman wurde indes in Anatolien von seinem Bruder Mehmed bekämpft. Manuel II. setzte im Frühsommer 1410 Süleyman doch nach Europa über. Vor den Mauern Konstantinopels kam es schließlich zur Schlacht zwischen Musa und Süleyman (Schlacht bei Kosmídion am 15. Juni 1410). Musa wurde geschlagen und floh in die Dobrudscha, wo Mircea und die *akıncı* ihn weiterhin unterstützten, während die Serben wieder abfielen. Manuel II. und Süleyman erneuerten ihr Bündnis von 1403. So standen nun auf dem Balkan Manuel II. und der eine Sultan – Süleyman – gegen Mircea den Alten und dessen Schützling Musa. Kosmídion beendete den Krieg nicht, vielmehr dehnte er sich auf Bulgarien und Serbien aus. Vuk Lazarević und Lazar Branković – weil er seinen Bruder Georg nicht zum Überlaufen bewogen hatte – wurden von Musa gefangen genommen und hingerichtet. Am 11. Juli 1410 unterlag Musa nochmals bei Edirne und floh mit seinen Verbündeten Stefan Lazarević und Mircea dem Alten an die Donau. Zwischen Sommer 1410 und Februar 1411 verlor Süleyman aber seine Gefolgschaft auf dem Balkan, so auch Grenzfeldherren wie Gazi Evrenos. Süleyman wurde gestürzt und getötet (s. zu den *akıncı*-Dynastien die Karten VI-VIII).

Der neue Sultan Musa leitete eine besonders gewalttätige Phase der osmanischen Herrschaft auf dem Balkan ein (Februar 1411 – Juli 1413). Den *akıncı* schuldete er eine Wiederaufnahme der Plünder- und Eroberungszüge. Gestützt auf sie, die Kul („Pfortensklaven") und die Janitscharen betrieb er eine Zentralisierung der Macht, die zulasten der großen Grenzfeldherren ging. Nicht umsonst fiel der Beylerbey von Rumelien, Mihaloğlu Mehmed, schon im September 1411 von ihm ab und lief zu Mehmed über, der in Anatolien gegen Musa rüstete. Musa aber verschwägerte sich neben Mircea dem Alten auch mit dem neuen Fürsten von Epirus Karl I. Tocco, gegen dessen regionale Gegner er seine Truppen aussandte. Manuel II. und Stefan Lazarević sahen in Musa einen Verräter, der sie nun mit Krieg überzog, so in Smederevo oder vor Byzanz. Die Byzantiner schlugen Musa zur See, während Musas Mordversuch an Georg Branković, der sich ihm wegen seiner Fehde gegen die Lazarevići angeschlossen hatte, dazu führte, dass sich die Lazarevići und Brankovići aussöhnten und gemeinsam Front gegen Musa machten. Der mit Helena Gattilusio von Lésbos verheiratete Stefan Lazarević war kinderlos, und die Fürstenwürde konnte so kampflos nach Stefans Ableben Georg Branković übergeben werden.

Die Lage wurde noch verworrener, als der Sohn des 1373 geblendeten osmanischen Prätendenten Savci kurzzeitig mit Hilfe Stefan Lazarevićs als Thronprätendent auftrat. 1412 erhob der in Saloniki bei Johannes VII. residierende osmanische Prinz Orhan denselben Anspruch, wurde aber beim Marsch auf Thessalien von Musa besiegt, obwohl zahlreiche Krieger Musas bereits übergelaufen waren. Gegen das sich abzeichnende Bündnis von Grenzfeldherren, Lazarevići, Brankovići und Byzanz plante Musa Angriffe – erfolglos – gegen Saloniki, vor allem aber einen Bevölkerungsaustausch in den serbischen Bezirken Sokolac, Svrljig, Bolvan, Lipovan, Stalać und Koprijan, wo die serbische Bevölkerung aus- und Türken angesiedelt werden sollten (sog. sürgün [türk.]). Im Frühjahr 1413 sammelten sich dann alle christlichen und türkischen Feinde Musas um Mehmed: Mehmeds Schwiegervater, der Herr des anatolischen Dulkadir, Kaiser Manuel II. und Überläufer wie Musas Großwesir Kör Şah Melik rückten aus dem Osten heran. Auf dem Balkan machte sich ein Heer bereit, dem Stefan Lazarević, der bosnische Regionalherr Sandalj Hranić und der ungarische Grenzbanus Iván Morovics angehörten; zu ihnen lief Gazi Evrenos über. Wieder waren es serbische Krieger, die eine Entscheidung herbeiführten: Nach dem Winterfeldzug Musas in Serbien (1412/1413) trug Georg Branković in der Schlacht von Čamurlu am bulgarischen Vitoša-Gebirge zu Musas Ende entscheidend bei. Zuvor hatte Georg Branković ein eigenes Abkommen mit dem neuen Sultan Mehmed geschlossen, dessen Vasall er wurde.[173]

Der osmanische Thronkrieg wurde im Wesentlichen im Kernraum des osmanischen Balkans, in Thrakien und Bulgarien, ausgetragen. An der Peripherie, von Bosnien über Albanien, Epirus und die Morea, wirkte sich der ungarische und venezianische Einfluss deutlich stärker aus. Venedig hatte sich durch Abkommen mit Süleyman (1403, 1409) und Musa (1411) seine Neuerwerbungen in Albanien und Epirus gegen Zahlung eines Tributs gesichert und darüber hinaus auch mit dem makedonischen Grenzfeldherrn Paşa Yiğit ein Abkommen geschlossen, was auf die Machtstellung der osmanischen Regionalherren in der dynastischen Krise hinweist.

Zum Verständnis der Veränderungen ist wieder ein Rundgang durch jene Teile des Balkans angebracht, die zwischen dem Osmanischen Reich im Osten, Ungarn und Venedig im Westen ihre prekäre Eigenständigkeit wahren wollten. Grundzüge der gerade in dieser Phase äußerst instabilen politischen Welt werden am Beispiel Bosniens dargelegt und dann für den weiteren nicht unmittelbar osmanisch verwalteten Balkan erläutert.

1.11.3 Bosnien als ungarisch-osmanischer Kriegsschauplatz

Der bedeutendste Schauplatz des osmanisch-ungarischen Ringens wurde Bosnien, das König Sigismund 1394 hatte der ungarischen Krone anschließen wollen. Das bosnische Königreich wurde maßgeblich durch mächtige Regionalherren geprägt, während die Krone selbst an Bedeutung verlor, insgesamt aber gegen außen von den bosnischen Großen geschützt wurde. Die bosnische Geschichte in den rund siebzig Jahren zwischen dem Tode Tvrtkos I. und der osmanischen Eroberung (1463) gehört zu den verwickeltsten Kapiteln der spätmittelalterlichen Politik im Balkan. Viele Strukturähnlichkeiten teilt Bosnien dabei mit den südlichen angrenzenden Regionen

---

[173] Die osmanischen Thronkriege gehören auch wegen der schlechten Quellenlage zu den schwierigsten Kapiteln der spätmittelalterlichen Geschichte des Balkans. Ihnen widmet sich die neue Monographie von Kastritsis, der diese Darstellung verpflichtet ist: KASTRITSIS, The Sons of Bayezid, 124–193; vgl. auch die Darstellung bei IMBER, The Ottoman Empire, 1300–1481, 55–73; NICOL, Last Centuries of Byzantium, 323–332, DJURIĆ, Il crepuscolo di Bisanzio, 77ff.

Albanien und Epirus. Vor dem Historiker entfaltet sich ein scheinbar kaum entwirrbares Knäuel kleinräumiger Fehden und beinahe jährlich wechselnder Bündnisse. Grundstrukturen lassen sich nur in groben Zügen herausarbeiten. Wichtig ist die dreifache Umklammerung durch größere Mächte: Ungarn im Norden, das Bosnien bald als Nebenland, bald als strategische Glacis betrachtete, Banschaften in den nordbosnischen Regionen Usora und Soli einrichtete und zeitweise die bosnische Krone der ungarischen einverleiben wollte und schließlich nach 1463 ein Königtum von ungarischen Gnaden schuf. Venedig, das zwischen 1409 und 1420 fast ganz Dalmatien erwarb, war dort und in seinen albanischen Besitzungen mit dem Drang zum Meer konfrontiert, den die großen bosnischen Regionalherren bekundeten.[174] Im Osten schließlich war Bosnien den serbischen Vasallen des Osmanischen Reiches benachbart, die unter osmanischem Schirm immer wieder die reichen ostbosnischen Minenorte angriffen. Auch war es dem zunehmenden Druck der von Skopje aus operierenden Grenzfeldherren aus dem Geschlecht des Paşa Yiğit ausgesetzt.

Im Innern Bosniens ging es um das Verhältnis zwischen der bosnischen Krone und den bosnischen Großen. Letztere beschritten den Weg der Verdichtung ihrer Territorialherrschaften durch Heiratsbündnisse mit dem kroatisch-dalmatinischen und dem serbischen (bzw. serbisch-albanischen) Adel in Morava-Serbien, der Zeta und Nordalbanien. Diese Regionalfürsten wechselten je nach Konjunktur ihre Bündnispartner und auswärtigen Schutzherren, und die Konjunktur wurde bestimmt von den Fehden um Land, Gefolgschaft und Zugang zu Einnahmequellen (Zölle, Bergwerke, Handelswege, Meerzugang). Bemerkenswert ist die Strategie mehrfacher Rückversicherung, so durch die Aufnahme in das Bürgerrecht von Venedig und Dubrovnik, die Deponierung von Geld und Edelsteinen in den Dubrovniker Geldhäusern und den Kauf von Palästen an geschützten Orten außerhalb des inneren Balkans. Eine übergeordnete politische Idee verfolgte keiner der Regionalherren. Dies gilt auch für den strukturverwandten albanischen Raum, wo die Territorialherren zwischen dem Osmanischen Reich bzw. den türkischen Grenzfeldherren in Skopje und Thessalien sowie der Republik Venedig schwankten, je nach Interesse und eigenem Vorteil. Wenn daher Einzelheiten dieser Fehden dargestellt werden, dann um die hohe Kunst des politischen Überlebens von Anführern kleiner Gefolgschaftsverbände in wirtschaftlich oftmals von der Viehzucht lebenden Hochlandgebieten (Herzegowina, Zeta, Nordalbanien) in den Vordergrund zu rücken, die erstmals durch eine günstige Quellenlage stärker in das Licht der Geschichte gelangen.

Zu den bosnischen Großen zählten Ende des 14. Jahrhunderts in erster Linie Pavle Radenović († 1415, von ihm abstammend die Pavlovići), Hrvoje Vukčić (ca. 1350–1416) und Sandalj Hranić Kosača (1370–1435). Die Pavlovići hatten ihren Schwerpunkt in Ostbosnien zwischen den Flüssen Drina und Bosna mit Sitz in Borač.[175] Nach Tvrtkos Tod betrieben Hrvoje und Sandalj eine untereinander abgestimmte adriatische Politik. Der serbische Historiker Jovan Radonić beschrieb die beiden als „wahre Repräsentanten des damaligen bosnischen Adels, dessen Hauptstreben darin

---

174 Šunjić, Bosna i Venecija.

175 Radonić, O knezu Pavlu Radenoviću; Kovačević-Kojić, Borač – središte zemlje Pavlovića.

bestand, seine Macht und Stellung von der königlichen Gewalt unabhängig zu machen".[176] Hrvoje residierte in Jajce und herrschte von der nordwestlichen bosnischen Landschaft Donji Kraji hinab bis an die Neretva. 1391 übernahm er von Tvrtko I. die Herrschaft über die Städte Dalmatiens, wo er die Interessen Neapels gegen Sigismund von Luxemburg vertrat. In Bosnien selbst dehnte er seine Macht auf Kosten der Sanković[177] nach Nevesinje, Popovo polje und Konavle aus. Damit war Hrvoje mächtiger als der bosnische König. Sandalj hatte in zweiter Ehe Jelena Balšić geheiratet und 1396 Budva übernommen; Hrvoje hingegen führte die kroatische Adlige Jelena Nelipčić nach Hause. Während Sandalj also nach Süden expandierte, ging es Hrvoje um die Küstenstädte Dalmatiens. Sandalj (magnus dominus Sandali de Chosachu, miles Rassie Bosneque magnus voyvoda ac Budue et Zente dominus) wurde im Juli 1396 in das venezianische Bürgerrecht aufgenommen und ist 1397 auch als Bürger von Dubrovnik erwähnt. Seine Machtstellung zwischen Novi und Budva ging aber schon 1398 unter osmanischen Druck verloren.

Im ungarischen Thronstreit stellten sich Hrvoje und Sandalj auf die Seite Ladislaus' von Neapel. Auf dem Tiefpunkt von Sigismunds Macht (1401–1403) zogen Hrvoje und Nelipčić weite Teile Dalmatiens an sich. Dubrovnik hielt aber weiterhin zu Sigismund und wurde 1403 vom bosnischen König Ostoja und dem Regionalherrn Radič Sanković angegriffen. Als Ladislaus im Juli 1403 in Zadar an Land ging und im Beisein Hrvojes gekrönt wurde, schien Sigismund verloren, doch wagte Ladislaus den Weitermarsch nicht. Hrvoje blieb als Herr mit den Inseln Brač (Brazza), Hvar (Lesina) und Korčula (Curzola), nun mit Residenz in Jajce und Split, zurück, doch liefen die regionalen Adligen zu Sigismund über, wie auch der bosnische König Ostoja (Dezember 1403), der sich mit Hrvoje wegen der Verdrängung des Adligen Pavle Klesić von Glamoč und Duvno überworfen hatte. Weil sich aber Ostoja an Sigismund und dann an Venedig anlehnte, brachen die bosnischen Großen Hrvoje, Sandalj und Pavle Radenović mit ihm und erhoben auf einer Reichsversammlung einen Gegenkönig, Tvrtko II. (1404–1409, 1421–1443), dem Hrvoje den Minenort Srebrenica übergab. Sandalj eroberte das Land des Regionalherrn Radič Sanković und machte sich damit zum Herrn von Hum (Herzegowina), während König Ostoja nach Ungarn floh. Tvrtko II. bestätigte daraufhin Dubrovnik den in langen Fehden umstrittenen Küstenstreifen zwischen der Stadt selbst und Ston; dafür wurde Sandalj zum ragusanischen Patrizier kooptiert. Die Heirat mit Hrvojes Nichte Katharina sicherte ihn zusätzlich ab. Konstantin Jireček charakterisierte Sandalj folgendermaßen: „ein jüngerer, schlauerer, seine Politik je nach dem eigentlichen Vorteil wechselnder Mann", der, von Tvrtko II. zum Großvojvoden erhoben, das Gebiet von der Neretvamündung bis zum Lim, vom Rama-Tal bis an die Bucht von Kotor (Risan, Novi) beherrschte und als Bürger von Dubrovnik und Zadar in diesen Städten Häuser besaß.[178]

---

[176] RADONIĆ, Der Grossvojvode von Bosnien, 381f., bietet einen Überblick über die Quellen, neben den serbischen Urkunden so JIREČEK, Spomenici srpski; bes.: Diplomatarium relationum reipublicae Ragusanae (Hgg. GELCICH/THALLÓCZY).

[177] Zu dieser Familie MIJUŠKOVIĆ, Humska vlasteoska porodica Sankovići.

[178] JIREČEK, Geschichte der Serben, Bd. 2,1, 142; RADONIĆ, Der Grossvojvode von Bosnien, 404, *nobilis* von Zadar wurde Sandalj im Herbst 1406 auf Wunsch von König Ladislaus; LOVRENOVIĆ, Na klizištu povijesti, 88–105.

1.11.4 Ungarische Balkanpolitik nach der Schlacht von Ankara

Nach der osmanischen Katastrophe bei Ankara (1402) verstärkte Ungarn den Druck auf Bosnien, wobei der florentinische Condottiere Filippo de Scolari (Pipo Spano in Ungarn) den Befehl führte: 1404 setzten ungarische Truppen Ostoja wieder ein, als König von Ungarns Gnaden in der Burg Bobovac. Im selben Jahr nahmen die Ungarn die Landschaft Usora, 1406 standen sie vor Bihać, 1406 vor Srebrenica, 1407 in Donji Kraji und im Bosna-Tal. Ebenfalls im Jahr 1407 unterwarf sich kurzzeitig Hrvojes Schwager Ivaniš Nelipčić. Die Bedeutung des Raumes zwischen Krain und Bosnien für die ungarische Krone wurde durch die Heirat König Sigismunds mit Barbara von Cilli hervorgehoben, deren Vater Hermann 1406 zum Banus von Kroatien, Dalmatien und Slawonien ernannt wurde. Im September 1408 besiegte König Sigismund seine bosnischen Gegner in Usora (bei Dobor), und im Winter 1408/1409 unterwarf sich mit Hrvoje der wichtigste Parteigänger Ladislaus' von Neapel. Dieser verkaufte im Juli 1409 seine Rechte auf Dalmatien an die Republik Venedig. Neapel schied so aus dem Ringen um die mittlere Adria aus. Dafür spitzte sich der alte Gegensatz zwischen Ungarn, nunmehr wieder vereint unter einer Dynastie, und der Markusrepublik erneut zu. 1409 kontrollierte Sigismund fast ganz Bosnien. König Tvrtko II. zog sich in das Gebiet des Pavle Radenović zurück. Im Herbst 1410 unterwarf sich auch Sandalj, und Sigismund erwog nochmals, sich zum bosnischen König krönen zu lassen, nahm dann aber die Unterwerfung Ostojas an. Soli und Usora fielen wieder unter ungarische Verwaltung, und 1411 übergab der ungarische König die Silberbergwerke von Srebrenica seinem serbischen Vasallen (seit 1404) Stefan Lazarević.

1408 hatte der ungarische König den Drachenorden gestiftet, in den er von den südslawischen Herren auch Hrvoje und Stefan Lazarević aufnahm. Sigismunds Machtsystem am Balkan wurde an einem Hoffest in Ofen (1412) zur Schau gestellt, an dem neben Stefan auch Sandalj, König Ostoja, Hrvoje und Paul Radenović teilnahmen. Ruhe kehrte aber damit nicht ein. Sandalj führte 1411 angeblich 7.000 osmanische Söldner unter Waffen. Seine Heirat mit Jelena, der Schwester des Stefan Lazarević und Witwe Georg II. Stracimirović Balšas, hatte Sandalj in das Milieu der osmanischen Tributzahler geführt, ohne dass er selbst zum osmanischen Vasallen geworden wäre. Doch zog Lazarević den Sandalj in den osmanischen Thronstreit hinein (1412/1413). Hrvoje fiel in Sandaljs Abwesenheit über dessen Herrschaft her – „sein größter politischer Fehler" (Esad Kurtović) –, weswegen ihn Sigismund als Rebellen ächtete.[179] Die dalmatinischen Städte vertrieben Hrvojes Würdenträger. Dieser rief nun aber Paşa Yiğit von Skopje zu Hilfe und verkündete, er schäme sich nicht, die „Türken" zu holen.[180] Mit den Osmanen, die 1411 Bosnien verwüsteten, trat auch König Tvrtko II. wieder auf. Tvrtko II. wurde König von Paşa Yiğit Gnaden, unterstützt von Pavle Radenović (1414). 1414 drangen osmanische Streifscharen bis Agram, im Mai 1415 sogar bis nach Udine im Friaul vor und verwüsteten unter Kör Şah Melik das ungarische Komitat Sana sowie weite Teile Bosniens. Der ungarische Gegenangriff endete bei Lašva 1415 in einer schweren Niederlage.[181] Außerdem er-

---

179 Kurtović, Veliki vojvoda bosanski Sandalj Hranić Kosača, 198.

180 Ebd., 195 (Anm. 679).

181 Lovrenović, Bitka u Lašvi 1415. godine; Isailović/Jakovljević, Šah Melek.

reichten osmanische Plünderer Šibenik, Omiš und die Krajina bei Pelješac; die Einwohner flohen auf die nahen Inseln.

Die Schlacht von Lašva bedeutet für Bosnien, was die Schlacht an der Marica für den zentralen Balkan darstellte: die Niederlage, die das Land den Osmanen öffnete. Zugleich sank das von den Osmanen verheerte Bosnien unter Tvrtko II. zu einem Tributärstaat ab, und wohl auch Sandalj wurde Vasall. Sigismunds „Regenschirm" (Esad Kurtović) schützte nicht mehr vor dem osmanischen Sturmwind.[182] Fünf Jahre später verlor Sigismund den Krieg gegen Venedig und damit fast ganz Dalmatien (1420). Bosnien selbst trat in ein Zeitalter doppelter Abhängigkeit vom Osmanischen Reich und von Ungarn ein, wobei die bosnischen Großen die jeweilige Stärke ihrer doppelten Vasallität nach dem politischen Augenblicksvorteil auszurichten hatten.

1.11.5 *Albanien und Epirus zwischen osmanischer Eroberung und venezianischer Defensivpolitik*

Venedig als adriatische Vormacht war nach Ankara nicht vor Fehden mit westbalkanischen Regionalherren gefeit, die ihre vor 1402 an Venedig abgetretenen Gebiete zurückverlangten und sich oftmals mit den Osmanen zusammentaten, die als weniger gefährlich wahrgenommen wurden als die Signoria. Im nordalbanischen Raum traf dies auf die Balšić, Zaharia und Jonima zu. So geriet die Markusrepublik in eine Fehde mit Georg II. Stracimirović Balša, dann dessen Nachfolger Balša III. (1403–1421), die sich bis zu dessen Tod 1421 hinzog.[183] Venedig gewann dabei bis 1421 Ulcinj, Bar und Budva, 1420 durch Vertrag auch Kotor, womit sich die venezianische Provinz Albanien (zwischen Kotor u. Dyrrháchion) gebildet hatte. Diese Konflikte sind im Zusammenhang mit den Kriegen zwischen Sigismund von Luxemburg und Venedig um die Vorherrschaft in der Adria (1411–1413, 1418–1420) zu sehen, die mit einem venezianischen Sieg von Friaul bis Dalmatien endeten, das mit Ausnahme des sog. Ungarischen Küstenlandes (Fiume/Rijeka, Zengg/Senj/Segna) und des ungarischer Oberhoheit unterstehenden Dubrovnik ganz an die Markusrepublik fiel.

Die Balšić wurden bei ihrer Fehde gegen Venedig erheblich von Despot Stefan Lazarević unterstützt, dessen Schwester Georg II. Balša geheiratet hatte. Die Balša und Lazarević nahmen osmanische Hilfe in Anspruch, und 1423 erzwang nach schweren Kämpfen der serbische Despot von Venedig, das ab 1423 für sieben Jahre im Krieg gegen die Osmanen stand, die Abtretung von Bar, Ulcinj und Drisht.[184] Noch komplizierter wurde die Lage durch die Intervention Hrvojes und Sandaljs, die über Jahre hinweg in die Bucht von Kotor expandierten.

---

182 Kurtović, Veliki vojvoda bosanski Sandalj Hranić Kosača, 77–103; Lovrenović, Na klizištu povijesti, 108–142; Radonić, Der Grossvojvode von Bosnien, 386–415; Jireček, Geschichte der Serben, Bd. 2,1, 141–148; Fine, The Late Medieval Balkans, 454–469; Spremić, Turski tributari, 302.

183 Jireček, Geschichte der Serben, Bd. 2,1, 144; ausführlich Bogdani, Lufta kundër Venedikut; Malltezi, Shkaqet e luftës së Balshës III; und die gründliche Monographie von Gelcich, La Zedda e la Dinastia dei Balšidi; Schmitt, Das venezianische Albanien, 253–274.

184 Jireček, Geschichte der Serben, Bd. 2,1, 156f.

Weiter im Süden fiel Niketas Thopia, dessen Geschlecht Dyrrháchion gehört hatte, ebenfalls von Venedig ab. In Epirus hatten die schon mehrfach erwähnten Tocco die Herrschaft in Ioánnina übernommen. Die aus Benevent stammende Familie hatte seit 1364 als Pfalzgrafen die Insel Kephallenía beherrscht. Leonardo I. (1364–1375/1376) war Vasall der neapolitanischen Krone, Bürger Venedigs und Freund Genuas gewesen. Sein Sohn Karl I. (1376–1429) hatte seinen Erbanspruch auf Korinth 1396 vergeblich mit osmanischer Hilfe gegen den Despoten Theódoros I. verteidigt, dann aber von seinen Inseln Kephallenía und Leukás aus nach Epirus expandiert, wobei er sich mit dem Albanerführer Muriki Bua zusammenschloss. Die zahlreichen Kleinfehden Karls I. sind ausführlich beschrieben in der volksgriechischen Verschronik der Tocco. Die Tocco nahmen der albanischen Familie Spata Ortschaften in Akarnanien ab (1404–1406 Dragaméston, Anatolikón). Paul Spata erhielt von Yusuf Bey mit osmanischen Truppen Hilfe, doch überrumpelte Venedig Spatas Hauptburg Naúpaktos/Lepanto (1407, venezianisch mit Tributleistung an die Osmanen bis 1499).[185] Karl I. Tocco griff nach der Macht in Ioánnina, wo der mit der Serbin Eudokia Balšić verheiratete und mit dem Albanerführer Muriki Spata verschwägerte Despot Esaù Buondelmonti 1411 gestorben war. Die albanischen Regionalherren Muriki Spata und Gjin Zenebish (um Argyrókastron/Gjirokastra) verbündeten sich mit dem Fürsten von Achaia Centurione Zaccaria und besiegten den Tocco im Frühjahr/Sommer 1412 bei Kranéa.[186] In diesen Zusammenhang gehört Karls Ehebündnis mit Musa. Karl I. überlebte Musas Sturz, weil er zuvor einen Sohn an den Hofe Mehmeds geschickt hatte. Karls verwitwete Tochter heiratete den osmanischen Heerführer Hamza Bey. Zenebish schloss mit Tocco Frieden. Muriki Spata starb (wohl 1414). In Árta übernahmen seine Mutter Irene und seine serbische Witwe Nerata die Macht, eine jener zahlreichen Fürstinnen in Epirus wie Eudokia Balšić in Ioánnina oder Komita Komnene von Valona (1385– ca. 1394).

Im Familienstreit der Spata trat ein Phänomen auf, das bald im Balkan Schule machen sollte: Yakub Spata war zum Islam übergetreten und hatte sich so dauerhaft dem osmanischen Lager zugeordnet. Kaiser Manuel II., der 1414/1415 seine Provinz in der Peloponnes bereiste, erhob im August 1415 als Dank für Waffenhilfe Karl I. Tocco zum Despoten. Neben Stefan Lazarević war Karl I. Tocco damit einer der wenigen Balkanfürsten, die diesen Hoftitel trugen und symbolisch der byzantinischen Herrschaftshierarchie angehörten. Karl I., byzantinischer Despot und osmanischer Vasall, musste hinnehmen, dass mit Yakub alle Spatas zu den Osmanen übergingen, die darauf Árta besetzten. Karl eroberte Árta zurück und ließ den Renegaten Yakub hinrichten (1. Oktober 1416). Ein letztes Mal wurden Ioánnina und Árta, die beiden Residenzorte von Epirus, in einer Hand zusammengeführt.[187]

---

185 Schmitt, Geschichte Lepantos.

186 Nicol, The Despotate of Epiros, 179f.

187 Schirò, Manuele II Paleologo; ders., Evdokia Balšić Vasilissa di Gianina; ders., Il ducato di Leucade, verwendet jeweils die von ihm 1975 edierte Chronik der Tocco als Hauptquelle. Soulis, The Serbs and Byzantium, 139f.; Nicol, The Despotate of Epiros, 165–183; Maltezu, Προσωπογραφικά βυζαντινής Πελοποννήσου.

1.11.6 Fränkisch-byzantinische Fehden in der Morea

Das Nachlassen des osmanischen Drucks und Widerstand der orthodoxen Bevölkerung, geschürt von Despot Theódoros I., setzten dem kurzlebigen Johanniterstaat in der Morea ein Ende. Theódoros I. hatte nach der Schlacht bei Ankara Ámphissa/Salona, Galaxídi, Loidoríki und Vitrínitsa in Mittelgriechenland gewonnen, musste die Orte aber dem Johanniterorden übergeben. Im Frieden von Gallipoli (1403) erhielt der Orden von Süleyman auch die Grafschaft Salona zugesprochen. Am 5. Mai 1404 kauften Kaiser Manuel II. und sein Bruder Theódoros I. schließlich die Orte zurück (Vertrag von Vasilopótamo) und verhinderten damit einen Krieg mit den über die byzantinische Obstruktion erzürnten Johannitern.[188] Ein Bündnisplan des Ordens, des Despoten, der byzantinischen Kaiser Manuel II. und Johannes VII. sowie Karl I. Toccos gegen die Osmanen war damit gescheitert. Gegen die zweite fränkische Herrschaft in Morea, das Fürstentum Achaia (um Patras u. Glaréntza im Nordwesten der Halbinsel), hatten die Byzantiner von Mistra bereits seit 1401 Krieg geführt, was durch osmanische Plünderzüge, das Auftreten einer gegen Venedig operierenden genuesischen Flotte (1403) und venezianische Gegenschläge zum Schutz der Seewege weiter verkompliziert wurde. Wegen des starken osmanischen Drucks übernahm Venedig vorübergehend (1408–1413) den Hafen Patras von dessen katholischem Erzbischof Stefan Zaccaria. In der Peloponnes rangen so osmanische Regionalherren, die Republik Venedig, das byzantinische Despotat Morea, die Reste des fränkischen Fürstentums Achaia und die Tocco um Macht. Für die Halbinsel bedeutete dies jährliche osmanische Einfälle, an denen nach Süleymans Sturz 1411 auch der Athener Stadtherr Antonio Acciaiuoli teilnahm. 1415 erschien Kaiser Manuel II. Palaiológos in der Morea, warf griechische Regionalherren nieder und baute am Isthmos von Korinth das Hexamílion auf, das die Halbinsel vor weiteren osmanischen Angriffen schützen sollte. Die Kleinkriege zwischen Byzantinern und dem Fürstentum Achaia erreichten ihren Höhepunkt, als ein apulischer Freibeuter den Fürstensitz Glaréntza mit 100 Bewaffneten einnahm (1418), dem sich der Fürst von Achaia, Centurione Zaccaria, anschloss, um mit osmanischer Hilfe gegen die Byzantiner in Morea ins Feld zu ziehen (1422).[189]

---

[188] Ausführlich ist der Epitaphios Manuels II.: Manuel II Palaeologus, Funeral Oration (Hg. CHRYSOSTOMIDES), 167–211, vgl. auch die Einleitung (20–25).

[189] ZAKYTHINOS, Le despotat grec, Bd. 1, 161–195; BON, La Morée franque, Bd. 1, 285–287; DJURIĆ, Il crepuscolo di Bisanzio, 96–99; NICOL, The Despotate of Epiros, 190; SCHMITT, Zur Geschichte der Stadt Glarentza; KOLDITZ, Des letzten Kaisers erste Frau; HENDRICKX/SANSARIDOU-HENDRICKX, The Military Organization; DIESS., The „Despotate" of the Tocco; HABERSTUMPF, Dinasti italiani in Levante; TZAVARA, Clarentza, une ville de la Morée latine, 68–75.

1.12 DIE FESTIGUNG DER OSMANISCHEN MACHT AUF DEM BALKAN (1421–1481)

Sultan Mehmed I. sah sich in den ersten Jahren seiner Herrschaft wiederholten Versuchen der christlichen Regionalfürsten gegenüber, ihn mit Hilfe von Prätendenten vom Thron zu stoßen, wobei besonders Mircea der Alte von der Walachei und der byzantinische Kaiser Manuel II. Palaiológos zusammenwirkten, einmal 1414 mit einem Prinzen unklarer Herkunft, 1416 dann, indem sie Mehmeds I. Bruder Mustafa unterstützten. 1416 setzte sich Mehmed I. gegen türkische Gegner aus West und Ost zur Wehr: Im Osten griff ihn Karaman an, im Westen, in Thessalien, sein Bruder Mustafa und dessen Gefolgsmann Cüneyd (August 1416), die nach ihrer Niederlage in das byzantinische Saloniki flohen.[190] Byzanz versuchte 1416, Ungarn, das von den Osmanen in Bosnien geschlagen worden war, und Venedig auszusöhnen und ein größeres christliches Bündnis zuwege zu bringen. Die Venezianer hatten ihre Ziele durch den Sieg über die osmanische Flotte bei Gallipoli (April 1416) aber schon erreicht. Noch gefährlicher wurden dem Sultan die Erhebungen des synkretistische Lehren vertretenden Sufi Bedreddin, einst oberster Richter unter Sultan Musa, in der Dobrudscha und dessen Gefolgsmanns Börklüce Mustafa auf der Halbinsel Karaburun bei Smyrna (Izmir). Bedreddins Aufstand wurde von ehemaligen Unterstützern des Sultans Musa getragen, von Isfendiyar, dem walachischen Fürsten Mircea, den rumelischen *akıncı* und der Dobrudscha sowie den von Musa eingesetzten Timarioten. Bereits bevor ihn Musa zum Kazasker ernannt hatte, genoss Bedreddin bei Christen wie Muslimen als Sufi Beliebtheit. Bedreddins Vater war ein Gazi, seine Mutter eine vornehme Byzantinerin. Gegen Börklüce fiel Iskender, der osmanische Statthalter von Aydın, Sohn des Zaren Šišman (Herbst 1416);[191] die Sultanssöhne Murad und Bayezid schlugen Börklüce und ließen ihn kreuzigen, seine Anhänger wurden massakriert. Bedreddin wurde in den Wäldern von Deli Orman ergriffen und am 18. Dezember 1416 als Rebell gehängt.[192]

Zur Bestrafung der Byzantiner belagerte Mehmed I. Saloniki. Mircea dem Alten nahm er 1417 die Donaufestungen Isaccea, Giurgiu, Novo Selo und Turnu Severin (das 1419 von Sigismund zurückgewonnen wurde) ab und öffnete damit osmanischen Einfällen in die Walachei und nach Siebenbürgen die Tore.[193]

---

[190] Zachariadou, Ottoman Diplomacy.

[191] Ovčarov, Le tsar bulgare Ivan Alexandre II.

[192] Kastritsis, Sons of Bayezid, 163f.; Imber, The Ottoman Empire, 1300–1481, 82–87; Werner, Die Geburt einer Großmacht, 198–213; Balivet, Islam mystique et révolution armée. Nach Bedreddins Hinrichtung (1416) zogen sich Derwische auf das genuesische Chios zurück, wo sie sich beim Besuch von Kirchen „bekreuzigten", mit Weihwasser besprengten und laut riefen: „Euer Glaube ist so gut wie der unsere" (213); Filipović, Princ Musa i šejh Bedreddin. Bedreddin diente im 20. Jh. sozialistischen Schriftstellern in der Türkei als Vorbild (Nâzım Hikmet); ebenso diskutiert ist die Forschung zu Beddredin; sie begann mit Babinger, Schejch Bedr ed-din; zum osmanisch-venezianischen Seekrieg s. Soucek, Ottoman Maritime Wars, 20–22.

[193] Imber, The Ottoman Empire, 1300–1481, 78ff.; Barker, Manuel II, 340ff.; Djurić, Il crepuscolo di Bisanzio, 87–96; Nicol, Last Centuries of Byzantium, 329; ders., Byzantium and Venice, 354f.

Das südliche Albanien, das die Osmanen schon 1385 erreicht hatten, wurde 1416/1417 erobert. Damit verschwanden die Herrschaften von Gjirokastra und Valona, auch Kruja hinter Dyrrháchion wurde osmanisch, wobei die Osmanen die örtlichen Machthaber vielfach mit Timarpfründen bedachten.[194] Mit Valona verfügten sie fortan über einen Adriahafen, der der venezianischen Seefahrt bedrohlich wurde.[195] Der albanische Herr von Gjirokastra, Simon Zenebish, floh nach Korfu, wo er aus Verzweiflung Selbstmord beging.[196] Die neu geschaffene Provinz Arnavud-ili bildete das äußerste westliche Glied der osmanischen Balkanbesitzungen.[197]

Nach der ungarischen Niederlage bei Lašva war Bosnien nicht beruhigt, vielmehr flammten die innerbosnischen Fehden wieder auf, wobei die Konfliktparteien wiederholt den osmanischen Regionalherrscher von Skopje zu Hilfe riefen: so Radoslav Pavlović, der seinen auf einer Ratsversammlung zu Sutjeska von Sandalj ermordeten Vater rächen wollte; letzterer hatte die proosmanische Politik seines Sohnes, der in der Schlacht gegen Ungarn und die proungarische Fraktion in Bosnien gekämpft hatte, mit dem Tod bezahlt (1416/1417).[198] Oder auch König Ostoja in einer der für die bosnischen Politik so typischen Wendungen: Nach dem Tode Hrvojes ließ König Ostoja sich von seiner aus der Pavlovićfamilie stammenden Frau scheiden, um Hrvojes Witwe zu ehelichen. Dieser Machtzuwachs des Königs rief die Osmanen auf den Plan, die ihre bosnischen Trabanten Sandalj und Radoslav zum Abbruch ihrer Fehde zwangen. Gegen Ostoja erhob sich sein wegen der neuen Heirat empörter Sohn Stefan Ostojić. Ostoja söhnte sich daraufhin mit den Pavlovići aus und führte 1417 mit osmanischer Hilfe und den Pavlovići gegen Sandalj Krieg.

König Ostoja starb 1418. Sein Sohn Stefan Ostojić (1418–1421) wurde auf dem bosnischen Thron von Sandalj und dessen Gefolgsleuten aus der Familie der Zlatonosić (um Olovo) nicht, von Sandaljs Vasallen, den Nikolić, aber sehr wohl anerkannt. Stefan Ostojić verhandelte mit der Republik Venedig um ein Bündnis gegen Sandalj und Balša III., mit dem die Signoria in Krieg lag (1418–1421), was einen Angriff Sandaljs mit osmanischen Truppen gegen die Pavlović und den König hervorrief. Die osmanische Politik in Bosnien leitete der Grenzfeldherr von Skopje, Ishak Bey, der 1420 den Petar Pavlović als Verräter am Sultan erschlug. Für den Sultan installierte Ishak Tvrtko II. in Visoko erneut als König von osmanischen Gnaden (April 1421). Stefan Ostojić wurde abgesetzt und starb vor April 1422.[199] Mit Tvrtkos II. erneuter Thronbesteigung endeten drei Jahrzehnte der Adelsvormacht in Bosnien. Die Großen des Landes hatten seit Tvrtkos I. Tod (1391) Könige ein- und abgesetzt und nie gezögert, Ungarn und die osmanischen Grenzfeldherren in ihre inneren Streitigkeiten hineinzuziehen.

---

[194] MALLTEZI, Rreth historisë së kështjellës së Krujës.

[195] JIREČEK, Geschichte der Serben, Bd. 2,1, 265.

[196] NICOL, The Despotate of Epiros, 189.

[197] GALLOTTA, Ilyas beg, i *mütevelli* e le origini di Corizza; INALCIK, Timariotes chrétiens en Albanie; DERS., s. v. Arnawutluk; DUKA, Shekujt osmanë në hapësirën shqiptare; DERS., Berati në kohën osmane; DERS., Profili i një qyteti shqiptar të kohës osmane.

[198] RADONIĆ, O knezu Pavlu Radenoviću, 51f., sieht den Egoismus König Ostojas, Sandaljs und der Magnaten als Grund für den Mord; eine neue Deutung bei ISAILOVIĆ, Prilog o delovanju kneza i vojvode Petra Pavlovića.

[199] KURTOVIĆ, Veliki vojvoda Sandalj, 204–217; LOVRENOVIĆ, Na klizištu povijesti, 215–220.

1.12.1 Die Balkanpolitik Sultan Murads II.

Mehmed I. hatte das Osmanische Reich konsolidiert. Vor seinem Tode verhandelte er offenbar über eine Art Schutzherrschaft Manuels II. für seine Söhne. Als der Sultan starb (Mai 1421), verweigerte Byzanz unter Führung des jungen Mitkaisers Johannes VIII. dem neuen Sultan Murad II. die Anerkennung und holte den Thronanwärter Mustafa aus der Verbannung aus Lemnos zurück. Der Prätendent Mustafa nahm Gallipoli am 15. August 1421, fiel aber nach erheblichen Anfangserfolgen schon im Januar 1422.[200] Stefan Lazarević hatte den neuen Sultan Murad II. sogleich anerkannt, da er mit Venedig im Krieg um Nordalbanien lag. Der neue Sultan Murad II. (1421–1444, 1446–1451) griff zur Vergeltung der byzantinischen Unterstützung des Prätendenten Mustafa Konstantinopel an (10. Juni–6. September 1422). Wie sein Vater suchte nun auch Johannes VIII. Palaiológos, damals Mitkaiser, Hilfe im Abendland (Venedig, Mailand, Pavia, Mantua, Ofen), wo er zwischen Venedig und Ungarn vermitteln wollte, deren Konflikt jede Hilfe für die orthodoxen Herren lähmte (1423/1424). Auch ein zweiter Prätendent namens Mustafa, der von anatolischen Gegnern der Osmanen unterstützt wurde, fand bald den Tod (Januar 1423). Im Mai 1423 durchbrachen die Osmanen das von Manuel II. errichtete Hexamílion und besiegten im Juni 1423 bei Tabía Nachfahren jener Albaner, die Theódoros I. angesiedelt hatte. Für das nächste knappe halbe Jahrhundert sollten sich orthodoxe Albaner als die hartnäckigsten Verteidiger der byzantinischen Morea erweisen. Mitten in dieser Krise floh im Juli 1423 der Kaisersohn Demétrios Palaiológos nach Gálata – er sollte über dreieinhalb Jahrzehnte die osmanenfreundliche Fraktion in der Palaiologendynastie anführen – während seine Brüder Johannes VIII. (1425–1448) und Konstantin(os) XI. (1449–1453) Hilfe aus dem Westen erhofften.[201]

1.12.2 Venezianisch-osmanischer Krieg (1423–1430)

Im offenen Zusammenstoß zwischen Venedig und den Osmanen wurde deutlich, wie überall die Glaciszone zwischen den Großmächten schmaler wurde. Im September 1423 übernahm Venedig vom byzantinischen Statthalter Andrónikos Palaiológos das bedrohte Saloniki. Das kriegserschöpfte Byzanz schloss im Februar 1424 mit Murad II. Frieden, in dem es am Schwarzen Meer Mesembría, Dérkoi, Agathópolis und Bizýe, am Marmarameer einen Küstenstreifen bis Pánidos, die Morea und die Sporaden gegen einen Tribut von 300.000 Aspern behielt, sonst aber die Gewinne von 1403 abtreten musste. Im Windschatten des venezianisch-osmanischen Krieges vollendeten Johannes VIII. und sein Bruder Despot Theódoros II. die byzantinische Rückeroberung der Peloponnes von den Resten der seit 1204 bestehenden fränkischen Herrschaft: 1427 schlug

---

200 BARKER, Manuel II, 350–356; NICOL, Last Centuries of Byzantium, 332; DJURIĆ, Il crepuscolo di Bisanzio, 112–118.

201 Beschreibung der Belagerung durch Johannes Cananus (Hg. CUOMO), sowie eine anonyme Lobrede auf Manuel II. und Johannes VIII. in LAMPROS (Hg.), Παλαιολόγεια και Πελοποννησιακά, Bd. 3, 9–21; BARKER, Manuel II, 360–365, u. 375–379 (Westreise Johannes VIII.); DJURIĆ, Il crepuscolo di Bisanzio, 116f. sowie 123ff.; NICOL, Last Centuries of Byzantium, 333.

eine byzantinische Flotille die Schiffe der Tocco bei den Echinaden (nördlich von Patras). 1428 heiratete der spätere letzte Kaiser von Byzanz, Konstantínos XI. Palaiológos Karls I. Nichte Magdalena, die die moreotischen Gebiete der Familie als Mitgift einbrachte (Juli 1428). Im Juni 1429 hielt er Einzug in Patras, wo die Bürger ihn mit blütenbedeckten Straßen begrüßten.[202]

Nach einem siebenjährigen Krieg, bei dem die Osmanen den Vorteil der inneren Linie ausnutzten und in Albanien wie Griechenland die venezianischen Gebiete verheerten, erstürmte Murad II. mit serbischen Truppen unter Grgur Branković 1430 Saloniki/nunmehr auch Selânik, das die Osmanen 1387–1402 bereits besessen hatten. Damit war der gesamte südliche Balkan in osmanischer Hand und die Wegachse nach Skopje, dem wichtigsten Operationsort im inneren Balkan, gesichert. 1430 geriet auch ganz Mittelalbanien bis an die Grenzen der venezianischen Provinz Skutari unter unmittelbare osmanische Herrschaft. Eine weitere Folge war die freiwillige Übergabe der epirotischen Stadt Ioánnina/Yanya, die sich so wichtige Privilegien sicherte.[203]

1.12.3 Serbien und Montenegro um 1430

Der serbische Despot Stefan Lazarević hatte nach seinem Erfolg gegen Venedig (1423; gesichert im Grenzvertrag von Vučitrn 1426) die Annäherung an den Westen gesucht – denn unter Murad II. waren es nun die Osmanen, die ihm zu stark erschienen. Er vermittelte zwischen seinem Oberherrn Sigismund und Venedig (Anfang 1425), unterstützte einen dritten osmanischen Prätendenten namens Mustafa in Saloniki und befestigte seine Burgen und Klöster Smederevo, Novo Brdo und Resava. Im Herbst 1425 griffen osmanische Truppen über Pirot und Niš Kruševac an, 1426 traf es Bosnien.[204] Im Folgejahr versuchte der Despot, einen Frieden zwischen Venedig und Murad zu vermitteln, doch schon 1427 wurde er wieder Ziel eines Angriffs, der sich gegen Novo Brdo richtete und offenbar die Auslieferung Mustafas zum Ziel hatte. Stefan Lazarević – „malleus et propugnaculum inimicorum fidei christiane", wie ihn die Dubrovniker gegenüber König Sigismund bezeichneten – starb am 19. Juli 1427, als die Osmanen im Moravatal standen. Stefan hatte auf einer Notabelnversammlung in Srebrenica Georg Branković zum Nachfolger bestimmt. Nach Stefans Tod übernahm Ungarn gemäß dem Abkommen von Tata (vor dem 7. November 1427) Belgrad und erkannte den neuen Despoten an, der wohl entgegen dem Abkommen Macsó behielt.[205] Die Osmanen hingegen nutzten den Tod des Despoten und verlangten die Übergabe des

---

202 ZAKYTHINOS, Le despotat grec, Bd. 1, 205f.; NICOL, The Immortal Emperor, 8; SCHMITT, Zur Geschichte der Stadt Glarentza, 114f.; den Krieg um Patras und den feierlichen Einzug bei Georgii Sphrantzae Chronicon (Hg. MAISANO), 46–70.

203 BARKER, Manuel II, 379; BAKALOPULOS, Les limites de l'empire byzantin, 62; SPREMIĆ, Despot Đurad Branković, 141f.; RIGO, Lo Horismòs di Sinân Pascià; der Geschichte des byzantinischen Thessalonikis ist ein ganzer Band der *Dumbarton Oaks Papers* 57 (2003) gewidmet.

204 SPREMIĆ, Despot Đurad Branković (Ausg. v. 1999), 100.

205 Ebd., 109–111, der Despot bestätigte 1428/1429 dem Čelnik Radič Besitzungen in der Banschaft Macsó. Gemäß dem Abkommen von Tata hätte der Despot auch die Gebiete westlich der Drina (ohne Srebrenica) an Ungarn abtreten müssen, doch auch hier ist ein Besitzerwechsel nicht nachweisbar. Die Auslieferung von

gesamten Despotats. Georg Branković verhandelte und bot dem Sultan die Hand seiner Tochter an, wohl die zehn Jahre alte Prinzessin Mara.[206] Zwischen Mitte 1427 und Mitte 1428 eroberten die Osmanen ein Drittel des serbischen Fürstentums von Niš/Niş über Kruševac/Alaca Hisar bis hinauf zur strategisch wichtigen „Taubenburg“, Golubac an der Donau.[207]

In der von Despot Stefan 1423 zurückgewonnenen Zeta trat das Geschlecht der Đurašević́i neu unter dem Namen Crnojević́i auf und errichtete eine Herrschaft im Hochland des heutigen Montenegro (1427/1428), während in der Ebene Truppen des Skopioter Grenzfeldherrn Ishak und Grgur Branković́s sowie ein Sohn des hingerichteten „Königs von Albanien“ Konstantin Balša, Stefan Maramonte, mit osmanischen Streifscharen plünderten.[208] Nach dem Frieden zwischen Venedig und Murad II. verschwand letzterer wieder (1430). Die osmanischen Truppen unterwarfen auch Ivan Kastriota, einen homo novus, der um 1420 eine kleine Herrschaft in Nordmittelalbanien (Mati u. Dibra) errichtet hatte.[209] Kurz nach Stefan Lazarević́ verschied ein zweiter Regionalfürst, der stets zwischen West und Ost laviert hatte, Karl I. Tocco von Epirus (Juli 1429). Ihm folgte sein Neffe Karl II., gegen den sich die illegitimen Söhne Herkules, Menon und Torno, die mit Burgherrschaften in Akarnanien und Ätolien abgefunden worden waren, erhoben. Sie riefen Sinan Bey zu Hilfe, wurden aber mit ihren osmanischen Hilfstruppen von den Ioannioten an den Píndospässen besiegt. Der Fall Salonikis bewog die Ioannioten, Murad II. im Lager vor der eroberten Stadt die Schlüssel ihres Ortes zu übergeben (1430). Karl II. Tocco hielt sich in der Folge ganz an Venedig, dessen Bürger und Patrizier er ebenso war wie Vasall des Sultans; bekannt wurde sein Hof durch den Besuch des Altertumsforschers und Levantereisenden Ciriaco von Ancona (1435/1436).[210] Der schnelle osmanische Sieg in Epirus und Albanien erwies sich aber als trügerisch: Denn während die Osmanen gegen Territorialherren, die sich in Feldschlachten und Belagerungskriegen verteidigten, stets erfolgreich waren, rannten sie sich in den zerklüfteten Berglandschaften des südwestlichen Balkans bald fest. Als die osmanische Verwaltung 1431 in Mittel- und Südalbanien das Steuersystem des Reichs einführen wollte, erhoben sich vielerorts die Einheimischen, geführt von Depe Zenebish und Araniti Komino im Süden sowie Ivan Kastriota in Mittelalbanien (Mati u. Dibra). Erst 1436 warfen die osmanischen Regionalherren Turahan Bey von Thessalien, Ishak von Skopje sowie Evrenosoğlu Ali den Aufstand nieder, ohne Mittel- und Südalbanien wirklich befrieden zu können.[211]

Golubac wurde von dem serbischen Burghauptmann Jeremija wegen eines Geldstreits mit König Sigismund verweigert; doch dann verhandelte Jeremija mit Murad II., dem er die Festung aushändigte.

206 Popović, Mara Branković, 25–41.

207 Blagojević, Istočna granica despotovine; Spremić, Despot Đurađ Branković (Ausg. v. 1999), 99.

208 Spremić, Despot Đurađ Branković (Ausg. v. 1999), 141–143.

209 Kalić, Despot Stefan Lazarević; Stanojević, Die Biographie Stephan Lazarević's, 471; Spremić, Despot Đurađ Branković (Ausg. v. 1999), 143; Pulaha, Les Kastriote devant la conquête ottomane; Ducellier, La façade maritime de la principauté des Kastriote; Jireček/Thallóczy, Zwei Urkunden aus Nordalbanien.

210 Nicol, The Despotate of Epiros, 201–204; Bodnar, Cyriacus of Ancona and Athens; Ziebarth, Κυριακός ο εξ Αγκώνος.

211 Schmitt, Das venezianische Albanien, 287–290; Imber, The Ottoman Empire, 1300–1481, 114f.

1.12.4 Bosnisches Doppelkönigtum zwischen Ungarn und den Osmanen

Bosnien blieb Schauplatz des ungarisch-osmanischen Gegensatzes, wobei Venedig als neue Vormacht in Dalmatien an politischem Gewicht für die Bündnispolitik des bosnischen Adels gewann. Strukturell ist ein Doppelkönigtum zu beobachten, in dem Ungarn und das Osmanische Reich – genauer der Grenzfeldherr von Skopje – als Patrone wirkten.

Im Inneren dauerten die Fehden der bosnischen Großen gegeneinander an. Tvrtko II. schloss 1422 ein Handelsabkommen mit Venedig, wofür er 1424 von den Osmanen mit einem Feldzug bestraft werden sollte, den der König zurückschlug. Die Lektion hatte er aber gelernt und richtete sich wieder am Sultan aus. Mit Stefan Lazarević lag Tvrtko II. wegen der Silberbergwerke von Srebrenica in Fehde. Sein Angriff auf die serbisch verwaltete Stadt scheiterte 1425; Lazarević plünderte bosnische Gebiete, woraufhin Tvrtko II. sich an Ungarn wandte und mit diesem 1425/1426 ein Abkommen schloss. König Sigismund verlangte vom kinderlosen Tvrtko, Hermann II. von Cilli, dessen Vater 1361 Katharina Kotromanić geheiratet hatte, zum Nachfolger zu bestimmen. Tvrtko II. willigte ein und ehelichte selbst die ungarische Magnatentochter Dorothea Garai (1428).[212] Der osmanische Gegenschlag ließ nicht auf sich warten, und Tvrtko II. zahlte Tribut. Auch Sandalj lehnte einen Cillier-König ab und verglich sich mit Radoslav Pavlović. Dieser führte nicht nur Krieg gegen das nominell ungarische Dubrovnik (1429), sondern plante gemeinsam mit Sandalj und dem serbischen Despoten Georg Branković, Tvrtko II. abzusetzen und Radivoj Ostojić zum König zu erheben (1430).[213] 1431 erblickten die Osmanen in König Radivoj, der an Sandaljs Hof lebte, ihren Klienten in Bosnien gegen den nunmehr ungarischorientierten Tvrtko II. Der serbische Despot eroberte 1432/1433 das Land der Zlatonosić zwischen Zvornik und dem Fluss Spreča. Bosnien war somit geteilt in einen Norden und Nordwesten unter Tvrtko II. und einen Südosten (mit Hum), wo Radivoj und Sandalj es mit den Osmanen hielten, die im Winter 1433/1434 Bobovac, Aufbewahrungsort der Kroninsignien, plünderten. 1434 eröffneten die Ungarn für Tvrtko II. eine Gegenoffensive, die ihnen die Residenz Jajce, Vranduk, Bočac, Hodidjed (das spätere Sarajevo) und Komotin einbrachte. Tvrtko II. vermochte die Gewinne nicht zu halten und ging nach Ungarn, wo er 1435 mit Georg Branković Frieden schloss, wobei Usora an den Despoten fiel.[214]

1435 starb Sandalj Hranić. Sein Nachfolger Stefan Vukčić Kosača (1435–1466) übernahm eine Herrschaft, die vom Neretvatal bis Konjic reichte und das Gebiet von Onogošt (Nikšić) und an den Oberläufen von Lim und Drina umfasste.[215] Ludwig von Thallóczy charakterisierte ihn folgendermaßen:

> ein merkwürdiger Typus der Verfallszeit der Balkanländer, [...] schlau, wankelmütig, brutal und feig, ein Liebhaber des Weins und der Frauen, von unglaublichem Leichtsinn in der Wahl der Mittel, aber mit scharfer Erkenntnis der wechselnden politischen Situationen; dabei war er Patarener, aber eigentlich ohne religiöse Überzeugung.[216]

---

212 Lovrenović, Na klizištu povijesti, 239–241.

213 Ebd., 242–246.

214 Ebd., 246–259.

215 Grundlegend ist Ćirković, Herceg Stefan Vukčić-Kosača.

216 Zitiert bei Jireček, Geschichte der Serben, Bd. 2,1, 172f.

Stefan Vukčić musste sich gegen einen Angriff König Tvrtkos II. zur Wehr setzen, der mit ungarischen Truppen heranzog und dem sich Radoslav Pavlović anschloss, der seine Frau (Stefans Schwester) verstoßen hatte. Wie schon Sandalj rief in dieser Lage Stefan Vukčić die Osmanen herbei, die im August 1435 die Ungarn besiegten. Als Tvrtko II. sich am ungarischen Hof gegen den Vorwurf der Ketzerei verteidigen musste, wechselte er die Seiten und wurde im Sommer 1436 wieder Vasall der Osmanen. Tvrtko II. und Stefan Vukčić glichen sich aus, und Stefan ließ den Gegenkönig Radivoj fallen. König Sigismund schloss mit den beiden bosnischen Herren Frieden und erkannte Stefan als Herrn von Hum an.[217] Tvrtko II. und Stefan Vukčić sahen auch in Sigismunds Nachfolger König Albrecht II. (dt. Kg.; Kg. v. Ungarn u. Böhmen: 1438–1439) ihren Oberherrn.

Doch hatte Sigismunds Tod die Osmanen ermuntert, zu einem großen Schlag auszuholen und das serbische Despotat als Provinz ganz zu unterwerfen. Dies traf auch Bosnien, wo die Osmanen 1438 einfielen und König Radivoj wieder auf den Thron setzten. Der Untergang des serbischen Despotats beseitigte den wichtigsten Puffer zwischen dem Königreich Bosnien und dem Osmanischen Reich. Die Folgen waren sogleich spürbar: Radoslav Pavlović und Stefan Vukčić fanden zu einem Ausgleich, wobei Radoslav Stefans Schwester wieder bei sich aufnahm. Als aber Stefan unter osmanischem Druck Radivoj als König anerkannte, schlug sich Radoslav Pavlović auf die Seite Tvrtkos II., und der Fehdekrieg begann von neuem. Auf den 1441 verstorbenen Radoslav folgte sein Sohn Ivaniš, den Stefan Vukčić nicht bedrohte, weil er gerade dabei war, gegen die Republik Venedig in Kotor und um Nordalbanien Krieg zu führen. Doch fiel ihm Tvrtko II. in den Rücken und zwang ihn damit zur Umkehr. Dubrovnik vermittelte schließlich einen Frieden. Im November 1443 starb König Tvrtko II., dessen Herrschaft sinnbildlich für das Hin- und Herschwanken der bosnischen Herren zwischen Ungarn und dem Osmanischen Reich steht.[218] Politik war in Bosnien nur noch in diesem Spannungsfeld möglich. Die bosnischen Großen strebten vor diesem Hintergrund danach, ihre regionale Macht zu festigen. Die Verdichtung regionaler Territorialstaaten war in dem ohnehin von starken teilräumlichen Interessen geprägten Bosnien die Antwort auf den steigenden osmanischen Druck. Dies ging zulasten des real existierenden Königs, bedeutete aber keineswegs, dass die Regionalfürsten die Idee einer bosnischen Krone, d. h. eines bosnischen politischen Raumes aufgegeben hätten.[219]

---

217 Lovrenović, Na klizištu povijesti, 259–269.

218 Ebd., 269–272.

219 Filipović, The Ottoman Conquest and the Depopulation; Fine, The Late Medieval Balkans, 472–481.

1.12.5 Die osmanische Eroberung des serbischen Despotats

Serbien, genauer das sog. Despotat unter Georg Branković (1427–1456), verfolgte als osmanischer Vasall eine Politik der territorialen Ausdehnung nach Westen, gegen Bosnien, und Südwesten, gegen das venezianische Albanien. Es wirkte sich die Verlagerung des Schwerpunkts serbischer Herrschaft nach Norden und Nordwesten aus. Nicht mehr das 1392 verlorene Skopje, sondern Kruševac, Belgrad und nach 1427 Smederevo an der Donau dienten als Residenzen, und der Vorstoß an die Adria sollte sowohl Handelsströme wie allgemein die Außenbeziehungen sichern. 1433 hatte Georg Branković seine Tochter Mara in den Harem Murads II. zu geben. Mara Branković, die ihren Glauben behielt, wurde bald zu einem der wichtigsten Bindeglieder zwischen osmanischer, balkanorthodoxer und italienischer Staatenwelt.[220] Wie Stefan Lazarević stärkte auch Georg Branković seine Bande zu Ungarn als Ausgleich zum osmanischen Übergewicht, zugleich strebte er auch eine Entspannung der Beziehungen zu Venedig an. Am 20. April 1434 verheiratete er seine Tochter Kantakuzina mit Ulrich II. von Cilli, und von Februar bis Juni 1435 weilte er persönlich am Hofe des nach Ungarn zurückgekehrten Königs Sigismund in Pressburg. In einem Abkommen mit Venedig (August 1435) regelte er den Grenzverlauf im Hinterland von Kotor, besonders im Gebiet der Stammesgemeinschaft der Paštrovići. Vier Monate später wurden der Despot und seine Söhne in das venezianische Patriziat aufgenommen. Diese offenkundige Wendung nach Westen rief den Sultan auf den Plan, der den Despoten unter Druck setzte. Mit einer Mitgift von angeblich 600.000 Dukaten erschien Mara Branković am Hofe von Edirne, ihr Vater musste zusichern, ungarischen Heeren den Durchmarsch zu sperren. Als Unterpfand seines Wohlverhaltens hatte der Despot auch seinen Sohn Stefan Branković als Geisel auszuliefern, der im Gegensatz zu den ebenfalls vergeiselten Söhnen Ivan Kastriotas, Stefan Vukčićs und Stefan Crnojevićs nicht den Islam annahm. Seinen Vater bewahrte dies nicht vor einem osmanischen Überfall, zu dem der neue Wesir Hekim Fazlullah den Sultan angestachelt hatte. Im Juni 1437 drang im Gegenzug ein ungarisches Heer bis Kruševac vor, und die Ungarn schlugen die Osmanen bei Smederevo, in nächster Nähe der Despotenresidenz.[221] In diesen Kämpfen machte sich erstmals der walachischstämmige Siebenbürger Adlige Johann (János) Hunyadi einen Namen. Im Herbst 1437 rächten sich aber die Osmanen für die vermeintliche Hilfe des Despoten für die Ungarn. In dieser gefährlichen Lage verstarb am 9. Dezember 1437 Sigismund von Luxemburg, römisch-deutscher Kaiser und ungarischer König.

Die nachfolgende mehrjährige innenpolitische Unruhe in Ungarn nahmen die Osmanen zum Anlass zu Angriffen auf Siebenbürgen, vor allem aber fiel ihnen das ohne ungarischen Rückhalt weitgehend schutzlose serbische Despotat zum Opfer. Es erwies sich, dass für den christlichen Balkan kaum etwas gefährlicher war als Thronkrisen im Königreich Ungarn. Die Osmanen nutzten dynastische Wechsel zwischen Luxemburgern, Habsburgern, Jagiellonen und den Hunyadi jeweils mit großer Entschlossenheit aus. Geführt von dem walachischen Fürsten Vlad II. Dracul, verwüsteten walachische und serbische Hilfstruppen, Verbände der balkanischen Regionalherren

---

[220] Popović, Mara Branković.

[221] Jireček, Geschichte der Serben, Bd. 2,1, 174.

Turahan Bey, Evrenosoğlu Ali und Ishak von Skopje sowie aus dem anatolischen Karaman den östlichen Teil des Königreichs Ungarn und verschleppten tausende Menschen auf die osmanischen Sklavenmärkte.[222] 1438 wurde die Grablege des Fürsten Lazar, das Kloster Ravanica, überfallen.[223] Während die Osmanen in Ungarn auf Eroberungen verzichteten, beseitigte Murad II. im Frühling 1439 das serbische Despotat. Die in Edirne weilenden Despotenkinder Stefan und Mara forderten ihren Vater, wohl unter Zwang, zur Kapitulation auf. Mit Familie und Hofstaat bat der Despot den neuen ungarischen König Albrecht II. um Hilfe. Wesentlich von serbischem Geld bezahlt, rückte ein Entsatzheer nach Süden, während die Residenz Smederevo von Georgs Sohn Grgur Branković und Toma Kantakuzin verteidigt wurde, bis Hunger die Besatzung zur Kapitulation zwang (27. August 1439).[224] Murad II. ließ die Kirchen der serbischen Residenz in Moscheen umwandeln und siedelte Muslime in der Burg an, die dem Ishak Bey von Skopje als neuem Sancakbey an der mittleren Donau übergeben wurde. Aus dem ungarischen Entsatz wurde nichts – König Albrecht II. starb am 27. Oktober 1439. Noch im August 1439 hatte er Georg Branković als Herrn von Világos im Komitat Zaránd (wie einst Dmitar Kraljević) eingesetzt. Die Osmanen nahmen Kučevo und das schwer befestigte Kloster Resava, die Grablege des Despoten Stefan Lazarević, während sich Novo Brdo bis in den Juli 1441 hielt. Murad II. bot Grgur Branković den größten Teil des ehemaligen Besitzes von Vuk Branković als Vasallenland an, hielt ihn dann aber gemeinsam mit Stefan als Gefangenen am Osmanenhof, wo drei der fünf Kinder Georgs unfreiwillig lebten. Der osmanische Sturm auf Belgrad scheiterte (April–Juni 1440), doch der Beylerbey von Rumeli Hadım Şihabeddin Pascha legte bei Avala einen osmanischen Stützpunkt an. Der Despot selbst zog sich ins Küstenland und nach Dubrovnik (wo er auf Geheiß der Osmanen von Stefan Vukčić bedroht wurde) zurück und ging schließlich nach Ungarn, wo er sich jenen Kräften anschloss, die eine Großoffensive gegen die Osmanen am Balkan planten.[225]

1.12.6 Aufstieg Johann Hunyadis in Ungarn

Die osmanische Eroberung Serbiens und weitere Angriffe auf Siebenbürgen wurden durch den Thronkampf erleichtert, der nach dem Tod Albrechts II. ausbrach. Zeitweise wurde sogar darüber gesprochen, ob nicht der serbische Despot für den ungarischen Thron kandidierte. Georg lehnte aus Altersgründen ab, sein Sohn Lazar aber wäre bereit gewesen, doch war die Vorstellung eines orthodoxen Serben auf dem Thron dem ungarischen Adel unannehmbar. Am 15. Mai 1440 wurde der eben geborene Ladislaus (Postumus) zum ungarischen König gekrönt, den auch der serbische Despot unterstützte; am 17. Juli 1440 ließ sich der polnische König Ladislaus in Stuhlweißenburg krönen.

---

222 Imber, The Ottoman Empire, 1300–1481, 117; Pálosfalvi, From Nicopolis to Mohács, 82–84.

223 Jireček, Geschichte der Serben, Bd. 2,1, 174f.

224 Spremić, Despot Đurađ Branković, 248–253.

225 Ebd., 239–263.

Die innenpolitische Krise Ungarns hatte dem Osmanischen Reich den Zugriff auf Serbien, Bosnien und die Walachei ermöglicht. Das starke osmanische Vordringen rief einen ungarischen Gegenschlag hervor, der im Kreuzzug von Varna scheiterte. In dieser neuen Phase der Auseinandersetzung kam dem siebenbürgischen Adligen Johann Hunyadi (in slaw. Quellen Janko, rum. Iancu) herausragende Bedeutung zu. 1441 schlug er den osmanischen Feldherrn Mezid Bey, im September 1442 besiegte er den Şihabeddin an der Ialomiţa in der Walachei.[226] Damit hatte Hunyadi die Grundlage für seinen Kriegsruhm gelegt. Kurz darauf gab Königin Elisabeth für ihren Sohn Ladislaus Postumus den Thronkampf auf.

1.12.7 Herzegowina und Montenegro im Windschatten der osmanischen Eroberung Serbiens

Der Untergang Serbiens eröffnete dem osmanischen Vasallen Stefan Vukčić neue Möglichkeiten. Er überfiel die küstenländischen Besitzungen des Despoten, deren Stadtgemeinden sowie die Đurašević im Hochland, die sich der Republik Venedig unterwarfen. Venedig versuchte im Mai 1440 vergebens, durch Vermittlung bei Murad II. dem Despoten wieder auf den Thron zu verhelfen. 1442 kam es in der Zeta zum Krieg Venedigs, das albanische Adlige wie die Zaharia und albanische wie slawische Stämme des Hochlands (Hoti, Mataguzhi, Mrkojević) gewonnen hatte, gegen Stefan Vukčić und Stefan Crnojević, der sich dem Bosnier angeschlossen hatte. Im März 1444 fiel die gesamte (heute montenegrinische) Küste zwischen Kotor und Ulcinj an Venedig, womit ein venezianischer Gebietsblock von der Boka kotorska/Bocche di Cattaro bis zur Mündung des Drin südwestlich von Alessio geschaffen war.[227] Das Hochland eroberte das 1444 von den Osmanen wiederhergestellte Despotat noch einmal in Teilen zurück. Eine montenegrinische Eigenherrschaft ohne serbischen Einfluss, dafür zwischen Venedig und den Osmanen stehend, entstand nach 1455.[228]

1.12.8 Balkanische Satteljahre

Die Jahre um 1440 bilden eine Sattelzeit in der politischen Geschichte des Balkans: 1439 wurden die seit 1437 dauernden Unionsverhandlungen in Ferrara und Florenz mit der Verkündigung der Kircheneinheit von Rom und Konstantinopel abgeschlossen, wobei der Patriarch von Konstantinopel die Suprematie des Papstes anerkannte.[229] Die Union wurde in der orthodoxen Welt

---

226 PALL, Le condizioni e gli echi internazionali; ANTOCHE/IŞIKSEL, Les batailles de Sibiu; IMBER, The Ottoman Empire, 1300–1481, 120; PÁLOSFALVI, From Nicopolis to Mohács, 92–105.

227 SPREMIĆ, Despot Đurađ Branković (Ausg. v. 1999), 259; SCHMITT, Das venezianische Albanien, 290–293; ĆIRKOVIĆ, Herceg Stefan Vukčić-Kosača, 50–69; DERS., Istorija srednjovekovne bosanske države, 279f.; ŠUNJIĆ, Bosna i Venecija, 209–224.

228 Istorija Crne Gore, Bd. 2,2, 212–232.

229 KOLDITZ, Johannes VIII. Palaiologos.

des Balkans, aber auch des Großfürstentums Moskau entschieden abgelehnt. Der byzantinische Kaiser Johannes VIII. Palaiológos war die Union eingegangen, da er nur so westliche Hilfe für seinen Stadtstaat erwarten konnte. In Byzanz und am orthodoxen Balkan trug die Union bereits vor dem gescheiterten Kreuzzug von Varna (1444) zur konfessionellen Polarisierung bei. So klein ihre Anhängerschaft auch war, so politisch und vor allem bedeutsam trat sie hervor, verkörpert in Gestalt der beiden griechischen Kardinäle Bessarion und Isidor von Kiew, die über Jahrzehnte hinweg im Abendland für den Kampf gegen die Osmanen warben und dabei wie Isidor, der den Fall Konstantinopels 1453 unter abenteuerlichen Umständen überlebte, auch große persönliche Risiken auf sich nahmen.[230]

Während die Orthodoxie vom Papsttum nicht gewonnen wurde, vollzog sich zwischen 1443 und 1450 der Übergang der bosnischen Krone zur katholischen Kirche. Zwar verhinderten die bosnischen Großen, dass im Jahre 1446 eine Krönung mit einer aus Rom gesandten Krone stattfand – dies sollte erst 1461 geschehen –, doch schlug sich die Dynastie der Kotromanić in ihren letzten beiden Jahrzehnten eindeutig auf die Seite der katholischen Staatenwelt, besonders Italiens, von der sie sich Hilfe gegen die osmanische Bedrohung erhoffte, aber auch die Emanzipation von dem ungarischen Anspruch auf Oberhoheit.[231]

Der Untergang Serbiens und die schweren osmanischen Angriffe auf Ungarn erklären den umfassenden Angriffsplans Hunyadis auf das Osmanische Reich, der seit 1442 durch eine Vielzahl diplomatischer Unternehmungen vorbereitet wurde: Sultan Murad II. und sein Reich sollten in Anatolien von Karaman, im Westen von Ungarn und Venedig, im Innern durch orthodoxe Rebellen zu Fall gebracht werden, eine christliche (päpstlich-venezianisch-burgundisch-ragusanisch-byzantinische) Flotte die Meerengen sperren. Die Offensive ist auch vor dem Hintergrund der Vereinigung der Kronen Ungarns und Polens zu sehen, die von dem jungen Jagiellonen Ladislaus (László, Władysław III.; Kg. v. Polen: 1434–1444, Kg. v. Ungarn: 1440–1444) zusammengeführt wurden. Aufgehoben wurde damit kurzzeitig auch die polnisch-ungarische Rivalität um die Donaumündung, zugleich bot sich die Möglichkeit einer großangelegten polnisch-ungarischen Schwarzmeerpolitik. Eine Änderung sollten auch die erbitterten dynastischen Kämpfe in Byzanz erfahren, wo Despot Demétrios Palaiológos 1442 mit osmanischer Hilfe Konstantinopel belagerte.

Der Mitte Oktober 1443 einsetzende Vormarsch Johann Hunyadis, dem sich der serbische Despot angeschlossen hatte, ließ die osmanische Herrschaft in den frisch eroberten nördlichen Teilen des Balkans zusammenbrechen. Murad II. hatte zum Mittel der verbrannten Erde gegriffen, sah sich aber an der Peripherie seines Reiches Aufständen gegenüber: Ivan Kastriotas Sohn Georg, seit 1423 als Geisel am osmanischen Hof, der zum Islam übergetreten und als erfolgreicher Offizier unter dem *nom de guerre* Skanderbeg bekannt geworden war, rächte die Beseitigung seines Vaters, den die Osmanen als illoyal angesehen hatten (1437), und fiel beim ungarischen Vormarsch vom Osmanischen Reich ab.

---

230 Märtl/Kaiser/Ricklin (Hgg.), „Inter Graecos latinissimus, inter Latinos graecissimus"; Schreiner, Ein byzantinischer Gelehrter zwischen Ost und West.

231 Lovrenović, Na klizištu povijesti, 286–291; Filipović, *Exurge igitur, miles Christi, et in barbaros viriliter pugna … .* The Anti-Ottoman Activities.

Der Aufstand ist im Zusammenhang von Konflikten innerhalb der osmanischen Elite zwischen Renegaten und älteren Machthabern zu sehen.[232] In Skanderbegs albanischer Heimat erhoben sich die von den Osmanen aus ihren Familienherrschaften abgedrängten Araniti, Muzaki, Dukagjin, Span und Crnojevići und bestimmten Skanderbeg zum Hauptmann eines regionalen Adelsbündnisses.[233] In der Morea befestigte Despot Konstantin Palaiológos erneut das Hexamílion. Venedig verhandelte mit Ungarn über die Aufteilung des osmanischen Balkans (Gallipoli, Saloniki, Valona in Albanien sollten an die Republik fallen). Die breite Aufstandsbewegung auf dem Balkan erschütterte die osmanische Herrschaft, wenngleich das Kerngebiet, also der südöstliche Balkan, weit weniger betroffen war als der westliche und südliche Balkan. Sultan Murad II. bot im Januar und März 1444 dem ungarischen König Verhandlungen an. Vor allem aber gelang es ihm, Georg Branković auf seine Seite zu ziehen, indem er das serbische Despotat wieder als Vasallenstaat einrichtete.[234] Die alte ungarisch-serbische Bruchlinie tat sich damit in einem entscheidenden Moment wieder auf. Serbien sollte nicht nur 1444 und 1448 Ungarn die Hilfe gegen die Osmanen verweigern; beide Staaten führten sogar offenen Krieg gegeneinander. Hatten serbische Fürsten schon 1396 bei Nikópolis, 1402 bei Ankara, 1430 bei der Erstürmung Salonikis Vasallendienste geleistet, so sollten sie dies 1453 auch vor Konstantinopel tun. Bis zum Tode des Despoten (1456) blieb das Despotat dem Sultan treu, doch rettete diese Anlehnung den serbischen Reststaat nicht, der als Vasall nicht wenig zur osmanischen Eroberung des Balkans beigetragen hatte.

Die ungarische Schaukelpolitik des Jahres 1444 zwischen Frieden und Krieg hat in der Forschung eine heftige Debatte über die Aufrichtigkeit des ungarisch-polnischen Königs hervorgerufen.[235] Dem päpstlichen Kardinallegaten Cesarini gelobte er die Weiterführung des Kreuzzugs, im April 1444 schickte er aber eine Geheimgesandtschaft zu Murad II. nach Edirne; im Hoch-

---

[232] So auch Spremić, Despot Đurađ Branković (Ausg. v. 1999), 329 zu den Verbindungen des serbischen Despoten zur osmanischen Elite, bes. zu Turahan Bey von Thessalien; Pálosfalvi, From Nicopolis to Mohács, 105–120.

[233] Schmitt, Skanderbeg, 46–59.

[234] Spremić, Despot Đurađ Branković (Ausg. v. 1999), 339, der Despot hatte im Frühjahr 1444 den Waffenstillstand von Edirne vermittelt; dafür erhielt er zu seinen alten Gebieten auch die Burgen Golubac an der Donau (das die Osmanen bereits 1427 erobert hatten) sowie Kruševac (ebd., 347: Liste der Festungen); der Sultan gab auch die beiden geblendeten Söhne des Despoten frei. Grgur hielt die Blendung später nicht von einer proosmanischen Politik ab, während der blinde Stefan zeitlebens ein Feind der Osmanen blieb (zu ihm Spremić, Despot Stefan Branković Slepi); die Rückkehr der beiden blinden Söhne erschütterte den serbischen Hof (ebd., 348). Zur Frage der politischen Verantwortung meint Spremić, die Suche nach Schuldigen habe keinen Einfluss auf die Lage nach Varna gehabt.

[235] Eine ausgezeichnete nüchterne Darstellung des Forschungsstandes bei Imber, The Crusade of Varna, 12–31, sowie Pálosfalvi, From Nicopolis to Mohács, 120–143; umfassende Monographie der bulgarischen Osmanistin Cvetkova, La bataille mémorable des peuples; Pall, Un moment décisif de l'histoire du Sud-Est européen, betont die doppelbödige Politik des ungarisch-polnischen Königs, der dem Einfluss einer polnischen Hofpartei, die Frieden wünschte, und einer Aktionspartei unter Cesarini ausgesetzt gewesen sei; Pall weist besonders den Versuch des polnischen Historikers Oskar Halecki (Halecki, The Crusade of Varna) zurück, Ladislaus zu rehabilitieren; Engel, János Hunyadi and the Peace „of Szeged"; Papacostea, Gênes, Venise et la croisade de Varna; Hohlweg, Kaiser Johannes VIII. Palaiologos; aus der Perspektive der polnischen Geschichte Bues, Die Jagiellonen, 70–80; zur osmanischen Erinnerung an gefallene „Märtyrer" s. Kiprovska, Legend and Historicity, 29–45.

---

sommer 1444 schloss er in Segedin/Szeged mit Murad II. einen zehnjährigen Waffenstillstand, kurz darauf sagte er nochmals einen Angriff auf die Osmanen zu. Der Feldzug endete in der katastrophalen Niederlage von Varna und dem Tod des Königs (10. November 1444). Der Kreuzzug hatte die osmanische Herrschaft in Europa nochmals in Bedrängnis gebracht und bewiesen, dass nur umfassende Angriffe zu Lande den Osmanen gefährlich werden konnten. Murad II., der sich bereits in seinen Alterssitz nach Manisa zurückgezogen hatte, musste seinem Sohn Mehmed II. die Herrschaft wieder entziehen. Die Niederlage bei Varna bedeutete indes noch nicht das Ende der ungarischen Offensivkraft. Diese wurde vier Jahre später in der zweiten Schlacht auf dem Amselfeld (17.–19. Oktober 1448) gebrochen. Diese Schlacht war weitaus bedeutsamer für die weitere Geschichte des Balkans als das Aufeinandertreffen von 1389. Anders als 1443 unterstützte der serbische Despot Johann Hunyadi nicht. Vielmehr stand der Feldzug unter dem Zeichen erbitterter ungarisch-serbischer Fehden. Hunyadis wichtigster Verbündeter am Balkan, Skanderbeg, erschien zu spät am Schlachtfeld. Murad II. festigte damit dauerhaft die osmanische Herrschaft im inneren Balkan. Die Osmanen übernahmen für ein Vierteljahrtausend das Moment der Offensive. Bis auf Skanderbeg wurde der Widerstand orthodoxer Rebellen gebrochen: 1446 führte Murad II. einen verheerenden Feldzug gegen die byzantinische Morea durch, und im März 1449 eroberten die Osmanen mit Árta die verbliebene festländische Residenz der Despoten von Epirus. Karl II. Tocco verblieben neben der Pfalzgrafschaft Kephallenía die festländischen Burgen Vónitsa, Angelókastron und Várnakon.[236] 1449 verlor Skanderbeg seine Burg Svetigrad (wohl im heutigen albanisch-nordmakedonischen Grenzgebiet). Erst 1450 erlitt Murad II. einen Rückschlag, als er vor Skanderbegs mittelalbanischer Hauptburg Kruja scheiterte. Skanderbergs Bündnis mit albanischen Adligen brach aber auseinander, was ihn in die Vasallität Neapels zwang. Als bislang einziger Balkanadliger – und in deutlichem Gegensatz zu Georg Branković – hatte Skanderbeg das osmanische Angebot einer Vasallenherrschaft abgelehnt und setzte weiterhin auf kompromisslose Konfrontation.[237]

1.12.9 Der neapolitanisch-venezianische Stellvertreterkrieg und der venezianisch-ungarische Gegensatz im Westbalkan

Das Scheitern der ungarisch-polnischen Offensivpolitik veränderte das Mächtegefüge am Balkan und stärkte den Hegemonialanspruch des Königreichs Neapel. Mit König Alfons V. von Aragón war 1441 einer der mächtigsten Herrscher des Mittelmeers in Neapel eingezogen und hatte die alte neapolitanische Expansionspolitik gegen Osten wieder aufgenommen. Alfons V. stützte sich besonders auf die seit dem 14. Jahrhundert auch im östlichen Mittelmeer aggressiv auftretenden katalanischen Korsaren. In den 1440er und 1450er Jahren errichtete er ein System westbalkanischer Vasallenherrschaften, das sich sowohl gegen den osmanischen Vormarsch an die

---

236 PÁLOSFALVI, From Nicopolis to Mohács, 157–166; ANTOCHE, Hunyadi's Campaign of 1448; NICOL, The Despotate of Epiros, 207–210; SOUSTAL, Nikopolis und Kephallenia, 76.

237 SCHMITT, Skanderbeg, 64–70.

Adria wie gegen Venedigs Machtanspruch in diesem Meer richtete. Rund vierzig Jahre lang lieferten sich Venedig und Neapel einen Stellvertreterkrieg vom dalmatinischen Hinterland bis hinab nach Epirus. In diesen Stellvertreterkrieg wurden fast alle wichtigeren Territorialherren der Region hineingezogen, besonders aber die Herzegowina und Skanderbeg; der Export eines adriatischen Konflikts italienischer Mächte auf den Balkan destabilisierte dort die von den Osmanen bedrängten christlichen Herrschaften zusätzlich. Die Eroberung von Árta (1449) gelang den Osmanen auch, weil Despot Karl II. Tocco, dessen Familie ursprünglich aus Benevent stammte, auf Neapel gesetzt hatte, was Venedig irritierte. Stefan Vukčić versprach als Vasall Neapels 1449 der Republik Venedig Freundschaft, forderte aber von Venedig die Gebiete an der Adriaküste (Omiš u. die Zeta). Skanderbeg unterstellte sich 1451 der neapolitanischen Krone als Vasall, andere albanische Adlige folgten diesem Beispiel. Die Offensive eines neapolitanischen Expeditionskorps und albanischer Adliger scheiterte aber im Sommer 1455 vor Berat in Mittelalbanien. Neapel war nach Alfons' V. Tod (1458) nur noch eingeschränkt zu einer aktiven Balkanpolitik imstande. Der venezianisch-neapolitanische Gegensatz aber eskalierte 1466 zu einem Zeitpunkt, da der neue Sultan Mehmed II. Fâtih („der Eroberer"; 1444–1446, 1451–1481) Albanien und bald darauf die Herzegowina endgültig unterwarf. Hauptopfer war Skanderbeg: 1466 eroberte Venedig die Burg Kruja von Neapel.[238]

Der ungarisch-venezianische Gegensatz äußerte sich indes zwar nicht mehr so heftig wie in der ersten Jahrhunderthälfte, doch überkreuzten sich venezianische und ungarische Interessen im dalmatinischen Hinterland, in Bosnien und der Herzegowina weiterhin. Der Banus von Kroatien (d. h. dem kontinentalen Hinterlands Dalmatiens), Paul (Pavao bzw. Pavle) Sperančić, sah sich um 1460 sowohl von dem osmanischen Vasallen Stefan Vukčić wie von Venedig bedrängt, das die wichtige Burg Klis hinter Split erwerben wollte. Vukčićs Konflikt mit seinen Söhnen Vlatko und Vladislav erhöhte noch die Verwirrung, da die sich befehdenden Vater und Söhne Ungarn, Venedig und die Osmanen zu Hilfe riefen, Ungarn und Venedig 1463 angesichts der osmanischen Bedrohung aber punktuell an einer Versöhnung der Kontrahenten interessiert waren. Der Bosnienfeldzug von König Matthias I. Corvinus (1463/1464) richtete sich nicht nur gegen die Osmanen, sondern indirekt auch gegen den venezianischen Einfluss an der östlichen Adria. Die Ungarn, unterstützt von Venedigs Handelskonkurrenten Dubrovnik, erreichten Klis, Livno und Počitelj an der Neretva, das sich bis 1482 gegen die Osmanen hielt, während sich Venedig letztlich vergeblich um die Hafenfestung Novi (Herceg Novi) an der Bucht von Kotor bemühte.[239]

---

238 Zu Alfons V. s. RYDER, Alfonso the Magnanimous; MARINESCU, Alphonse V; DERS., La politique orientale d'Alfonse V d'Aragon; SPREMIĆ, Balkanski vazali; ĆIRKOVIĆ, Herceg Stefan Vukčić-Kosača, 121; SCHMITT, Das venezianische Albanien, 308; DERS., Skanderbeg, 187–205; DERS., „El cuor nostro".

239 THALLÓCZY, Studien zur Geschichte Bosniens und Serbiens, 184–222.

1.12.10 *Großpolitischer Ablauf der osmanischen Eroberung des inneren Balkans (1451–1481)*

Die Herrschaftsübernahme Mehmeds II. leitete den Abschluss der osmanischen Eroberung des zentralen und südlichen Balkans ein. Mehmed II. festigte die sultanische Kontrolle über die unterworfenen Gebiete, indem er die muslimischen Grenzfeldherren entmachtete und christliche Vasallenherrschaften in Provinzen umwandelte. Da sich sein Expansionsstreben auch nach Osten gegen Kontrahenten in Anatolien wandte, ergaben sich auf dem Balkan kürzere Ruhephasen, die aber von den Regionalherrschern nicht zur gemeinsamen Abwehr der Osmanen, sondern für innerregionale Fehden genutzt wurden. 1453 eroberte Mehmed II. Konstantinopel – damit wurde im Abendland auch jenen die osmanische Bedrohung deutlich, die sich um die Konflikte Ungarns und Venedigs mit den Sultanen kaum gekümmert hatten.

Weit weniger Beachtung fand in der Geschichtsforschung die nächste bedeutende Belagerung, jene der berühmten Minenstadt Novo Brdo, der größten Siedlung im inneren Balkan (erobert am 1. Juni 1455). Die Elite der Stadt wurde auf persönlichen Befehl des Sultans hingerichtet, rund 1.000 Knaben in Janitscharen- und Haremsdienst gegeben und Teile der Bevölkerung später nach Konstantinopel deportiert. 1455 erstellten die Osmanen ein Steuerregister für das Kosovo, das damit endgültig in den osmanischen Reichsverband eingegliedert wurde.[240] 1455 brach auch der Rest serbischer Herrschaft im Küstenland zusammen, und der erwähnte Angriff Skanderbegs gemeinsam mit Truppen des Königreichs Neapel scheiterte in Südalbanien. Unter diesem Eindruck unterstellten sich die Kriegergemeinschaften der Zeta (Montenegro) unter Stefan Crnojević venezianischem Schutz.[241]

Im Jahr darauf berannte Mehmed II. die ungarische Grenzfestung Belgrad, die von Johann Hunyadi und einem Volkskreuzzug unter Johannes Capistranus nur mit äußerster Anstrengung behauptet wurde. Es war dies wohl die bislang schwerste osmanische Niederlage auf dem Balkan überhaupt.[242] Da in kurzer Folge Johann Hunyadi, der charismatische Kreuzzugsprediger Johannes Capistranus und auch Hunyadis alter Widersacher Georg Branković (1456)[243] sowie 1458 auch König Alfons V. von Aragón starben, blieb der Erfolg ungenützt. Der bis 1464 dauernde Thronkampf in Neapel neutralisierte wiederum das süditalienische Königreich als Balkanmacht, und der neue König Ferrante ging in den 1460er und 1470er über gegen Venedig gerichtete Nadelstiche z. B. in der Herzegowina kaum hinaus. Die vorübergehende Schwäche Ungarns, das Ausscheiden Neapels aus der Balkanpolitik, die dynastische Krise in Serbien sowie der seit 1449 anhaltende Dauerzwist der beiden byzantinischen Despoten der Morea, Thomas und Demétrios

---

240 Jovanović u. a. (Hgg.), Novo Brdo, 60–73. Das gleich nach der Eroberung erstellte Steuerregister, eine Hauptquelle zur Bevölkerungsgeschichte in Kosovo, wurde veröffentlicht in Oblast Brankovića, Opširni katastarski popis (Hgg. Hadžibegić/Handžić/Kovačević).

241 Istorija Crne Gore, Bd. 2,2, 277; Schmitt, Das venezianische Albanien, 310.

242 Babinger, Der Quellenwert der Berichte über den Entsatz von Belgrad; Ágoston, La strada che conduceva a Nándorfehérvár (Belgrade) (mir nicht zugänglich).

243 Dazu den Tagungsband: Spremić (Hg.), Pad Srpske despotovine.

Palaiológos, erklären wesentlich den schnellen Erfolg Mehmeds II. bei der Eroberung des serbischen Despotats (1459), des Herzogtums Athens (1456–1458), der byzantinischen Morea (1458–1460), des bosnischen Königreichs (1463), der Gebiete Skanderbegs (1466/1467) und weiter Teile der Herzegowina (1466). Die Intensität von Mehmeds II. Feldzügen wird noch deutlicher, wenn man sich die Unterwerfung von Sinope und des Kaiserreichs von Trapezunt in Anatolien (1461) sowie seine Angriffe auf die Walachei (1462; s. Beitrag 3, URSPRUNG, Kap. 3.2.4) und die Eroberung von Lésbos (1462) vergegenwärtigt.[244] Vorübergehende Rückschläge stellten sich für die Osmanen an der äußersten Peripherie ihres Eroberungsraumes ein, im äußersten Westen durch den regional begrenzten, aber bis 1466/1467 von den osmanischen Grenzfeldherren nicht zu unterdrückenden Aufstand Skanderbegs, an der unteren Donau aber durch einen verheerenden Angriff des walachischen Fürsten Vlad III. Țepeș (der Pfähler). Dieser versuchte, die osmanischen Grenzgebiete an der Donau systematisch zu entvölkern, um den Osmanen die Basis für Angriffe auf die Walachei zu nehmen (1462). Die osmanische Donaugrenze brach vorübergehend zusammen, und es dauerte ein halbes Jahrhundert, bis sich die Bevölkerung am bulgarischen Donauufer demographisch erholt hatte.[245]

1.12.11 Letzte offensive Kreuzzugsversuche am Balkan und der venezianisch-osmanische Krieg (1463–1479)

Der Fall Konstantinopels (1453) und der Angriff auf Belgrad (1456) riefen Versuche der Päpste hervor, die Abwehr im Abendland und im noch christlichen Teil des Balkans zu koordinieren. Der inneritalienische Friede von Lodi (1454), die Bemühungen der Päpste Kalixt III. (1455–1458) und Pius II. (1458–1464) um einen neuen Kreuzzug gehören in diesen Zusammenhang. Kalixt III. rüstete eine Flotte aus und unterstützte die sich dem katholischen Glauben zuwendenden Könige bzw. Adligen in Bosnien und den aufständischen Teilen Albaniens (1455/1456).[246] Mehmed II. nahm besonders Pius' II. Pläne ernst, da dieser Ungarn, die bosnische Krone und Skanderbeg mit Venedig und Burgund zu einem Offensivbündnis zusammenführen wollte. Zwar scheiterte Pius' II. Plan, doch entschied sich Venedig nach einem Jahrzehnt andauernder osmanischer Grenzprovokationen 1463 zum Krieg gegen Mehmed II.[247] Die Eroberung Bosniens durch Mehmed II. bewirkte auch das Eingreifen Ungarns. Nach 1443 schien sich nochmals die Gelegenheit zu einem

---

[244] STAVRIDES, The Sultan of Vezirs, 132–145.

[245] KIEL, Krieg und Frieden an der Unteren Donau, 288–290; ANTOV, The Ottoman State and Semi-Nomadic Groups, 223; DERS., The Ottoman „Wild West".

[246] SCIAMBRA/VALENTINI/PARRINO (Hgg.), Il „liber brevium" di Callisto III; GILL, Pope Callistus III.

[247] LOPEZ, Il principio della guerra; STANTCHEV, Devedo; PARRINO, Skanderbeg nell'azione pontificia. Eine Monographie zu diesem zwischen der Adria und Ostanatolien ausgetragenen ostmittelmeerischen Krieg, der für beide Kontrahenten von entscheidender Bedeutung war, fehlt; man behelfe sich mit den Darstellungen bei BABINGER, Mehmed der Eroberer; u. SETTON, The Papacy and the Levant, Bd. 2; IMBER, The Ottoman Empire, 1300–1481, 185–247; SOUCEK, Ottoman Maritime Wars, 23–27.

Mehrfrontenangriff gegen das Osmanische Reich zu bieten, doch erlahmte die venezianische Offensive in der Peloponnes bereits 1463, und von da an nützte der Sultan den Vorteil der inneren Linie bis zum Erschöpfungsfrieden von 1479 mit großem Geschick aus.[248] 1466/1467 verwüstete und entvölkerte er das Aufstandsgebiet Skanderbegs in den mittelalbanischen Landschaften Mati und Dibra in einer bisher ungekannten Brutalität, womit der seit 1443 anhaltende Aufstand zusammenbrach und die Verteidigung Nordalbaniens an Venedig überging. 1470 stürmten die Osmanen die venezianische Hauptfestung in der Ägäis, Negroponte/Euböa, wiederum unter großem Blutvergießen.[249] 1474 scheiterte die Belagerung der Festung Skutari. Dafür stießen ab den späten 1460er Jahren osmanische Plünderscharen aus Bosnien gegen Kroatien und Dalmatien vor und lösten dort eine gewaltige Flüchtlingswelle aus. Massive Angriffe und Plünderzüge, getragen von Muslimen, Orthodoxen und Roma aus Bosnien, trafen erstmals auch die innerösterreichischen Länder (in Kärnten 1473, 1474, 1476, 1478, 1480, 1483) und das venezianische Friaul (ab 1469), immer verbunden mit der Verschleppung zahlreicher Menschen in die Sklaverei.[250]

Venedigs Diplomatie unternahm große Anstrengungen, ein Bündnis mit Uzun Hasan, dem Herrscher der turkmenischen Stammesföderation der sog. Weißen Hammel, zustande zu bringen und diesem Artillerie zu liefern, die Osmanen also auch von Täbris aus in die Zange zu nehmen (1473–1477), ein Unternehmen, das an überlangen Kommunikationswegen scheiterte.[251] Durch die teure Kriegsführung, die Verheerung von Provinzen zwischen Albanien und Friaul erschöpft, aber auch politisch isoliert und von Neapel in der Adria sabotiert, schloss Venedig 1479 Frieden. Mehmed II. sicherte sich seine Eroberungen und gewann dazu das strategisch wichtige Nordalbanien (Shkodra, Drishti).[252] Venedigs Seemacht war damit weitgehend gebrochen.

Auch Ungarn schied als Bedrohung für den osmanischen Vormarsch weitgehend aus. Zwischen 1459 und 1463 waren mit Bosnien und dem serbischen Despotat Pufferstaaten verschwunden. Nachdem er seine Herrschaft nach Jahren der Thronwirren konsolidiert hatte, griff Hunyadis Sohn Matthias I. Corvinus (1458–1490) zu Beginn seiner Herrschaft in Bosnien ein (1463/1464). Schon bald aber wandte er sich Eroberungskriegen gegen die Habsburger in Österreich, Böhmen und später bis hinauf in die Lausitz zu, die er damit begründete, dass er für den Kampf gegen die Osmanen den Rückhalt eines großen ostmitteleuropäischen Machtblocks unter seiner Führung benötigte. Über die Sinnhaftigkeit dieser Politik weitgehender Defensive im Südosten wird im Lichte des letztlichen Scheiterns bei Mohács (1526) gerade in der ungarischen Forschung

248 BABINGER, Mehmed der Eroberer, 231–405; SCHMITT, Das venezianische Albanien, 593–628.

249 SCHMITT, Der „tragische Untergang" Negropontes.

250 PEDANI, I Turchi e il Friuli; VOJE, Il riscatto dei friulani; TREBBI, Venezia, Gorizia e i Turchi. Zur Beteiligung von Roma s. den Bericht des mailändischen Gesandten Gherardo de Collis vom 12. Juli 1469, Archivio di Stato di Milano. Archivio Sforzesco, Venezia; NEUMANN, Die Türkeneinfälle nach Kärnten; TOIFL/LEIBGEB, Die Türkeneinfälle in der Steiermark; SIMONITI, Turki so v deželi že; DERS., Die Wüstungen im 14. und 15. Jahrhundert.

251 ROTA, Under Two Lions; PALOMBINI, Bündniswerben abendländischer Mächte um Persien; Hauptquelle ist Giosafat BARBARO, Viaggi in Persia (Hgg. LOCKHART/MOROZZO DELLA ROCCA/TIEPOLO).

252 SCHMITT, Das venezianische Albanien, 593–632.

seit langem diskutiert.[253] Die Niederlage Venedigs in der Adria öffnete den Osmanen auch den Weg nach Italien: 1480 eroberte ein vom albanischen Valona aus operierendes Expeditionskorps Otranto in Apulien. Nur der Tod Mehmeds II. (1481) bewahrte das politisch tief gespaltene Renaissanceitalien vor der Prüfung einer großangelegten osmanischen Offensive auf der Apenninenhalbinsel.[254]

1.12.12 Balkanische „Innenpolitik" im Schatten der osmanischen Eroberung

Auch unter massivem Druck der Großmächte versuchten die balkanischen Regionalherren selbst noch am Vorabend der osmanischen Eroberung, ihre Herrschaften in Nachbarschaftsfehden und ständig wechselnden Bündnissen zu erweitern. Während Skanderbeg und die letzten bosnischen Könige sich ganz auf die abendländisch-katholische Seite schlugen, lavierten die nichtkatholischen Fürsten der Morea, Herzegowina und Serbiens wie in den Jahrzehnten zuvor, wobei sich an den Höfen die Ausbildung pro-osmanischer und an Ungarn bzw. Venedig ausgerichteter Kräfte akzentuierte.

Im serbischen Fall ist die Dauerfehde zwischen den Branković und den Hunyadi in Rechnung zu stellen, d. h. die Verwicklung der serbischen Despoten in die ungarischen Thronkämpfe und der Rachewunsch der Hunyadi für die proosmanische Haltung des Despoten im Jahre 1448, aber auch die enge Verbindung des serbischen Hofes zum osmanischen Hof über das orthodox-muslimische Brüderpaar Michael und Mahmud Angelović. Am Hof in Smederevo nahm nach dem Tode des Despoten Georg (1456) der Großvojvode Michael Angelović eine führende Stellung ein; sein zum Islam übergetretener Bruder Mahmud Pascha diente seit 1453 als osmanischer Großwesir. Beide Brüder wollten den neuen Despoten Lazar und nach dessen frühem Tod (20. Januar 1458) eine Dreierregentschaft (bestehend aus Lazars Witwe Helena, dem blinden Despoten Stefan u. Michael Angelović) im osmanischen Lager halten. Die pro-ungarische Fraktion (Helena u. Stefan) unterdrückte jedoch im April 1458 den Versuch pro-osmanischer Kräfte, Michael Angelović als Despoten zu installieren.[255] Im Auftrag des Sultans, der selbst in der Morea Krieg führte, griff Michaels Bruder Mahmud Pascha das Despotat an, wobei er die wichtige Donaufestung Golubac (August 1458) sowie Mitrovica einnahm, vor Smederevos Burg aber scheiterte.[256] In dieser Lage übertrug der ungarische Reichstag in Szeged dem bosnischen Kronprinzen Stefan Tomašević den Schutz über das serbische Despotat; damit sollte mit einem vereinigten Bosnien

---

253 RÁSZÓ, Die Türkenpolitik Matthias Corvinus'; HOENSCH, Matthias Corvinus; NEHRING, Matthias Corvinus, Kaiser Friedrich III. und das Reich; JÁSZAY, Contrastes et diplomatie; TARDY, Ungarns antiosmanische Bündnisse.

254 Umfassende Darstellung in den beiden gewichtigen Bänden von HOUBEN (Hg.), La conquista turca di Otranto.

255 SPREMIĆ, Borbe za Smederevo. Michael geriet in ungarische Gefangenschaft; es ist unklar, ob er in osmanischen Diensten 1473 gegen Uzun Hasan in Anatolien fiel oder als Mönch nahe der makedonischen Stadt Dráma starb; STAVRIDES, The Sultan of Vezirs, 199f.; KRSTIĆ, „Which Realm Will You Opt For?".

256 STAVRIDES, The Sultan of Vezirs, 121–127.

und Serbien ein Schutzgürtel vor das ungarische Belgrad gelegt werden.[257] Die Hochzeit des Kronprinzen mit der serbischen Prinzessin Mara provozierte die Osmanen nicht nur zu Angriffen auf Bobovac und Vranduk in Bosnien, sondern auch zur endgültigen Beseitigung serbischer Staatlichkeit, was durch die ungarischen Thronkämpfe, die Hunyadis Sohn Matthias Corvinus banden, erleichtert wurde. Der bosnische Kronprinz und sein Onkel Radivoj hielten sich nur kurz in der Residenz Smederevo (21. März – 20. Juni 1459) und flohen dann mit den serbischen Prinzessinnen Milica und Jerina und den Reliquien des Evangelisten Lukas nach Bosnien.[258] Diese kurze bosnische Herrschaft in Serbien und die Flucht des Kronprinzen sind seit dem 15. Jahrhundert (Papst Pius II. warf den Bosniern Verrat vor) in Historiographie und Forschung kontrovers diskutiert. Auffallend ist das weitgehende Schweigen der volkstümlichen und kirchlichen Überlieferung zum Ende serbischer Staatlichkeit, die ganz von der Erinnerung an die Schlacht von 1389 überlagert wird.[259] Osmanische Truppen übernahmen 1459/1460 die Orte Srebrenica und Zvornik im serbisch-bosnischen Grenzsaum.[260] Das 1444 nochmals aufgerichtete Despotat wurde vom Sancak Smederevo ersetzt, an dessen Spitze Mehmed Bey Minnetoğlu/Minetović als Sancakbey eingesetzt wurde, der dann nach Bosnien wechselte. Ihn löste der *akıncı*-Kommandant Ali Bey Mihaloğlu ab (mehrfach zwischen 1463–1499).[261]

In der Morea (Peloponnes) hatte sich dagegen ein für die osmanische Eroberung beinahe typisches Szenario ergeben: Verfeindete regionale Fürsten riefen osmanische Hilfe herbei. Im Herbst 1453 hatten sich orthodoxe Albaner gegen die Despoten Thomas und Demétrios Palaiológos, die Brüder des letzten Kaisers von Byzanz, erhoben und die Halbinsel sogar Genua angeboten. Der thessalische Grenzfeldherr Ömer Turahanoğlu besiegte die Rebellen, unterstützt von Despot Thomas, und vermittelte zwischen den regionalen Kontrahenten einen Frieden. Die Despoten betrieben wie andere Balkanfürsten eine Schaukelpolitik zwischen den Osmanen und katholischen Mächten wie Venedig. Die strategische Lage der Peloponnes sowie ihre erheblichen wirtschaftlichen Ressourcen veranlassten Mehmed II. im Frühjahr 1458 zu einem Feldzug, der mit abschreckender Grausamkeit geführt wurde. In einem ersten Schritt sicherte sich der Sultan den Norden der Peloponnes. Ein 1459 von Despot Thomas versuchter Gegenschlag rief sowohl Ömer Turahanoğlu aus Thessalien, den albanischstämmigen Hamza Zenebish sowie anatolische Truppen auf den Plan; gleichzeitig begann ein Bruderkrieg zwischen den byzanti-

---

257 Ausführliche Darstellung bei Thallóczy, Bruchstücke aus der Geschichte der nordwestlichen Balkanländer; Isailović, Bračni planovi Kotromanića.

258 Tošić, Posljedna bosanska kraljica Mara; im Juni 1463 gelangte Mara/Jelena über Split und Dubrovnik in das Osmanische Reich, wo sie 35 Jahre lebte und ihre Tante Katharina anklagte. Sie überzog die Ragusaner wegen des Erbteils ihres Vaters mit einem Prozess, ebenso einen Einsiedler, der ihrer Tante Katharina Kantakuzene 30.000 Gulden gestohlen haben soll. Sie starb bei ihrem Onkel Manuel Palaiológos in Thrakien, nahe Çorlu, und wurde in der dortigen Kirche von Syregenitzon begraben.

259 Ders., Bosanska nazovi „krivica"; für eine breitere Einordnung im selben Bd.: Šuica, Pad Srbije u istorijskoj perspektivi.

260 Mrgić, Severna Bosna, 131.

261 Miljković, Pad Smedereva.

nischen Despoten, wobei Demétrios sich auf die Seite der Osmanen schlug. Im Frühjahr 1460 marschierte Mehmed II. gegen die Morea, und Großwesir Mahmud Pascha übernahm die Despotenresidenz Mistra, wo Demétrios kapitulierte (30. Mai 1460). Weiteren Widerstand bestrafte Mehmed II. mit Massakern (u. Massenpfählungen, Häutung des albanischen Kommandanten von Kalávryta) und umfangreichen Deportationen, so in Kástrion bei Sparta, in Kastrítsi und Gardíki. Der Widerstand brach angesichts dieses Schreckens bald zusammen. Despot Thomas floh nach Rom, während der seit Jahrzehnten osmanenfreundliche Despot Demétrios vom Sultan eine Apanage erhielt.[262] Bei der von Mehmed II. betriebenen Wiederbesiedlung von Konstantinopel kam den deportierten Moreoten eine erhebliche Bedeutung zu.[263] Abgerundet wurden diese südgriechischen Eroberungen durch die Beseitigung der festländischen Besitzungen der Tocco, der Landschaft Xerómera mit Ausnahme von Vónitsa am Ambrakischen Golf; damit war die Eroberung Festlandgriechenlands bis auf die venezianischen Außenposten auf der Peloponnes (Koron, Modon, Nauplia, Argos) und am Ambrakischen Golf (Naúpaktos/Lepanto) abgeschlossen und die unmittelbare Konfrontation zwischen der kontinentalen und der maritimen Vormacht in Südosteuropa vorgezeichnet.[264]

Zeitgleich mit dem Despotat Morea ging auch das Herzogtum Athen unter, das als Herrschaft seit dem frühen 13. Jahrhundert bestanden hatte. 1456–1458 hatte sich Herzog Francesco Acciaiuoli in der Akropolis gegen Ömer Bey Turahanoğlu von Thessalien gehalten. 1458 ergab sich die Festung, und Sultan Mehmed II. überließ dem Herzog Theben als Lehen. Wegen eines angeblichen Abfallversuchs wurde der Herzog 1460 hingerichtet.

Nach Feldzügen in Anatolien und gegen die Walachei wandte sich Mehmed II. 1463 der Eroberung Bosniens zu, die angesichts eines drohenden Zusammenschlusses seiner Gegner unter Führung von Papst Pius II. von entscheidender strategischer Bedeutung war, denn so sicherte er sich Ungarn, vor allem aber Venedig gegenüber den Vorteil der inneren Linie, mit einem Angriffsradius, der bald von Friaul, Innerösterreich, Südungarn, Siebenbürgen zu den venezianischen Besitzungen an der Adria und der Ägäis reichen sollte. Auch um die Mitte des 15. Jahrhunderts hatte Bosnien politisch keine Ruhe finden können. Jahrzehntelange Angriffe der osmanischen Grenzfeldherren von Skopje und die andauernden Fehden mächtiger Adliger hatten das Königreich zerrüttet. Umgeben von drei Großmächten, dazu von dem auf Expansion nach Westen bedachten serbischen Vasallendespotat der Osmanen im Osten sowie dem Adel des Königreichs Kroatien im Westen bedrängt, im Innern geprägt von mächtigen Regionalherrschern wie Stefan Vukčić in Hum, blieb der Krone nur wenig Spielraum. König Stefan Tomaš (1443–1461) betrieb Heirats-

---

262 SETTON, The Papacy and the Levant, Bd. 2, 196–200, 219, 230; ZAKYTHINOS, Le despotat grec, Bd. 1, 241–284; NECIPOĞLU, Byzantium between the Ottomans and the Latins, 283f., analysiert die Haltung moreotischer Archontenfamilien: „it has perhaps been difficult to discover many Moreote families with consistent and steady political orientations, yet when it came to guarding their material interests they all proved their consistency and steadfastness" (ebd., 284).

263 ZACHARIADOU, Constantinople se repeuple.

264 NICOL, The Despotate of Epiros, 213; SOUSTAL, Nikopolis und Kephallenia, 76f.; KOLDITZ, Mailand und das Despotat Morea.

verhandlungen sowohl mit der Witwe des kroatischen Banus Perko Talovac (1453/1454), als auch mit der mailändischen Herzogsdynastie der Sforza (1456–1459). Er führte sein kleines Königreich allmählich nach Westen, auch wenn er den Plan einer Offensive (1456) zugunsten einer loyalen Haltung gegenüber den Osmanen zurückstellen musste.[265] Der König suchte Hilfe auch bei jenen Kräften im Balkan, die sich dem katholischen Lager zugewandt hatten. Freilich kam er über vage Kontakte zu Skanderbeg nicht hinaus.[266] Den bosnischen Versuch, einen längeren Waffenstillstand zu erlangen, nahm die osmanische Elite – Ishak Bey von Skopje u. der Großwesir Mahmud Pascha – zum Anlass eines Täuschungsmanövers. Statt das versprochene Abkommen zu erhalten, sahen sich die Bosnier vom Einfall des Sultans überrumpelt. Der König wurde unter falschen Versprechungen – Mahmud Pascha soll angeblich auf eine aus Seife gefertigte Koranattrape geschworen haben – zur Kapitulation veranlasst, woraufhin sich das von Mehmed II. belagerte Jajce ergab. König Stefan Tomašević (1461–1463) soll von jenem Scheich, der den Sultan vom Eid des Großwesirs entband, enthauptet worden sein; auch weitere führende bosnische Adlige wurden von den Osmanen getötet, so die Pavlović-Brüder und Tvrtko Kovačević. Ein weiterer Angriff traf die Herzegowina, deren Herceg Stefan aber überlebte.[267]

1.12.13 Osmanisch-ungarisches Doppelkönigtum in Bosnien

In Darstellungen der Balkangeschichte häufig übersehen wird, dass 1463 nicht den endgültigen osmanischen Erfolg bedeutete. Noch im Herbst 1463 eroberten ungarische Truppen weite Teile Bosniens zurück, was Mehmed II. im Hochsommer 1464 zu einem erneuten Angriff auf das verloren gegangene Jajce veranlasste (10. Juli – 24. August 1464). Die erfolgreiche Verteidigung der Burg ist zu Unrecht in Vergessenheit geraten.[268] Freilich scheiterte König Matthias I. Corvinus seinerseits vor dem ostbosnischen Zvornik.[269] Matthias Corvinus ließ 1471 Miklós Újlaky, Banus von Macsó und Kroatien, zum Titularkönig von Bosnien krönen, „mehr Würdenträger als wirklicher Herrscher", wie Ludwig von Thallóczy bemerkte.[270] Die Osmanen hatten bereits 1455 eine zentral-

265 Detaillierte Analyse bei Isailović, Bračni planovi Kotromanića.

266 Ćirković, Tradition Interchanged; ders., Đurađ/Djuradj Kastriota Skenderbeg.

267 Zum Stand der Forschung s. die Sammelbände Birin (Hg.), Stjepan Tomašević, sowie Rudić/Lovrenović/ Dragičević (Hgg.), Pad bosanskog kraljevstva; Stavrides, The Sultan of Vezirs, 146–149, mit den osmanischen Quellen; ausführlich Filipovic, Bosansko kraljevstvo, 426–444.

268 Mrgić, Severna Bosna, 134ff., zunächst ernannte Matthias Corvinus Emmerich Szapolyai zum „gubernator Bosnae ac Dalmatiae et Croatiae necnon Sclavoniae banus" (1464–1465).

269 Thallóczy, Studien zur Geschichte Bosniens und Serbiens, 201f., Ursache des ungarischen Misserfolgs vor Zvornik war Disziplinlosigkeit im Heer; der Sammelband Birin (Hg.), Stjepan Tomašević, enthält folgende Untersuchungen zu diesem Thema: Pálosfalvy, The Political Background in Hungary; Horváth, The Castle of Jajce; Tošić, Bosanska vlastela. Siehe außerdem Stavrides, The Sultan of Vezirs, 157–160, mit einer Analyse der osmanischen Chroniken; Rudić, Bosnian Nobility.

270 Thallóczy, Studien zur Geschichte Bosniens und Serbiens, 341; Újlakys Sohn Laurentius blieb bis 1524 bosnischer Titularfürst; eine ausführliche Darstellung der bis 1536 andauernden ungarisch-osmanischen Doppelherr-

bosnische Mark (uç) eingerichtet, die dem Machtgebiet der Grenzfeldherren in Skopje zugeordnet wurde. Nach 1463 entstand ein bosnischer Sancak, um 1480/1481 folgte die Einrichtung eines Sancaks in Zvornik. Erster bosnischer Sancakbey wurde Mehmed Bey Minnetoğlu/Minetović, zuvor Sancakbey in Smederevo.[271] Angesichts der starken ungarischen Stellung in Nordbosnien entschied sich Mehmed II., auf das bewährte Modell eines Vasallenstaates (1465–1476) zu setzen, der die Gebiete zwischen Vranduk, Žepče, Maglaj und Doboj umfasste.[272] 1476 wurde als Vasallenkönig des Sultans der Vojvode des Unterlandes (Donji Kraji), Matija Voisalić, eingesetzt, der aber versuchte, mit Ungarn zusammenzugehen. Dies setzte dem osmanisch-bosnischen Königtum ein Ende.[273] Bosnien blieb somit bis zur endgültigen osmanischen Eroberung (zwischen 1512 u. 1537) Schauplatz des ungarisch-osmanischen Gegensatzes am Balkan, wobei Ungarn einen Militärgrenzgürtel vor seine südlichen Komitate legte und sich dabei auf serbische Adlige stützte, vor allem Angehörige der Branković-Dynastie, die als Freischarenführer weiter gegen die Osmanen kämpften. Auf osmanischer Seite wurde der Grenzkrieg vom Sancak Zvornik aus geführt.[274] Die Mitteleuropapolitik von König Matthias Corvinus nützten die Osmanen mehrfach zu Offensiven am Balkan aus, so 1466/1467. Die Angriffsunternehmungen des ungarischen Königs, so 1476 beim serbischen Šabac oder die Plünderung Sarajevos, Sitz des bosnischen Sancakbeys (1480), brachten keine dauerhafte Entlastung, und die ungarische Garnison an der Bucht von Kotor (bis 1482) blieb ein isolierter Außenposten.[275] Die Schwäche der regionalen Adelsaufgebote erwies sich bei der vernichtenden Niederlage eines kroatischen Adelsheeres an der Krbava gegen bosnisch-osmanische Verbände (September 1493).[276]

schaft in Bosnien bei Mrgić, Severna Bosna, 135–169, mit einer Karte der osmanischen Eroberungen zwischen 1512 (Fall Tešanjs u. des Gebiets zwischen Usora u. Vrbas) und 1537 (Fall Požegas). Aus sprachlichen Gründen unzugänglich war mir: Thallóczy/Horváth, Jajcza (bánsag, vár és város).

271 Mrgić, Severna Bosna, 139f., mit der älteren Literatur.

272 Ebd., 146f. Hierzu zwei Studien in: Birin (Hg.), Stjepan Tomašević; Andrić, O obitelji bosanskog protukralja Radivoja Ostojića; Kekez, Knezovi Blagajski i tvrdi grad Blagaj.

273 Mrgić, Severna Bosna, 141–148, zu diesem bosnischen Königtum von osmanischen Gnaden.

274 Ebd., 151.

275 Thallóczy, Studien zur Geschichte Bosniens und Serbiens, 234–244; Mrgić, Severna Bosna, 144f., mit Details zu den Grenzkämpfen; auf ungarischer Seite kämpfte mit serbischen Freischaren Despot Vuk Grgurević, der im Januar 1471 Srebrenica angriff. Seinen eigenen Bosnienfeldzug begann Matthias Corvinus mitten im Winter 1475/1476, wiederum mit Unterstützung ungarntreuer serbischer Adliger. Ebd., 149, zum Angriff auf Sarajevo.

276 Šišić, Bitka na Krbavskom polju; Mijatović, Bitka na Krbavskom polju 1493; Miljan/Kekez, The Memory of the Battle of Krbava.

1.12.14 Die osmanische Eroberung der Herzegowina

Auch das Ende der Herzegowina wurde durch bereits erwähnte dynastische Dauerfehden zwischen Herceg Stefan Vukčić und seinen Söhnen erleichtert. So ging die letzte größere christliche Herrschaft an inneren Konflikten, zerrieben zwischen den Mächten Osmanisches Reich, Ungarn und Venedig, zugrunde.[277] Schon die Venezianer bemerkten:

> Streit war die Ursache der großen Verluste und der Verlotterung des Landes, und das wird ihre Person und ihr Land zum Untergange führen, wenn der Herrgott sich ihrer nicht erbarmt und sie davor bewahrt.[278]

Von den drei Söhnen des Herceg agierte Vladislav, verheiratet mit Kyra Kantakuzena, 1463 zunächst vorgeblich im Namen Venedigs, dem er zeitweise im Tausch gegen die Insel Brač seinen Teil von Hum (den Nordwesten des Landes) angeboten hatte, schlug sich dann aber auf die Seite Ungarns, wurde ungarischer Bannerherr und brachte Frau und Kinder in Dubrovnik, das unter ungarischer Oberherrschaft stand, in Sicherheit. 1464 befehdete er mit seinem Vater seinen Bruder Vlatko, wandte sich dann an Venedig um Asyl und bat um die Ernennung zum Hauptmann. Schließlich wanderte er nach Ungarn aus. Von Vladislav sagte sein Vater Stefan, der sich damit unfreiwillig selbst charakterisierte:

> Hätte er tausend Leben, so verdiente er alle zu verlieren nicht nur dafür, was er gegen seinen Vater und Herrn, sondern gegen das ganze Christentum verbrochen hat, denn der Himmel weiß es, daß er der Führer der Türken in Bosnien und die Ursache all unseres Verderbens ist. Er hat die Türken in sein Land geführt, und an einem einzigen Tag verloren 30.000 Leute ihr Leben und alles wurde in Brand gesteckt; das hat dieser verfluchte und ungehorsame Sohn ausgerichtet.[279]

Noch wendiger war Vladislavs' Bruder Vlatko, der seinen Schwerpunkt im Südosten der Herzegowina hatte. Ihm hinterließ sein Vater Stefan seine wichtigste Burg, Novi an der Boka kotorska (1466). Im selben Jahr hatten die Osmanen den größten Teil der Herzegowina unterworfen. Kurz darauf setzten ihre schweren Einfälle gegen die dalmatinische Küste ein. Vlatko überlebte dank dem guten Einvernehmen mit seinem Bruder Stefan, der als (wohl seit 1474) Muslim Ahmed Hersekoğlu bzw. Hersekzade (Sohn des Herceg) wie Mahmud Angelović zur Würde des Großwesirs aufstieg und seinen Bruder vor Intrigen der Osmanen warnte, die er selbst auszuführen hatte.[280] 1474 heiratete Vlatko Margarita Marzano, die Enkelin König Alfons' V. von Aragón. 1482 wich er schließlich dem osmanischen Druck.[281] Seine Witwe ehelichte den venezianischen

---

277 Tošić, Trebinjska oblast, 133f.; v. a. Atanasovski, Pad Hercegovine; Krešić, Depopulacija jugoistočne Hercegovine.

278 Zitiert bei Thallóczy, Studien zur Geschichte Bosniens und Serbiens, 190.

279 Ebd., 209f.; Tošić, Fragmenti iz života hercega Vlatka Kosače; Beldiceanu-Steinherr/Bojović, Le traité de paix.

280 Lowry, Hersekzade Ahmed Paşa (mir nicht zugänglich); Thallóczy, Studien zur Geschichte Bosniens und Serbiens, 217f.

281 Thallóczy, Studien zur Geschichte Bosniens und Serbiens, 221f. sowie 241–247; Tošić, Fragmenti iz života hercega Vlatka Kosače, beschreibt, wie Vlatko bis 1486 in Hum lebte, sich dann in die venezianische Poljica begab,

Patrizier Marco Loredan, sein Sohn wurde Mitglied des venezianischen Großen Rats. Von den drei Söhnen des Herceg Stefan endete demnach einer in Ungarn, der zweite im venezianischen, der dritte im Osmanischen Reich – sie alle hielten ihren adligen Rang, und selbst ein Glaubenswechsel zerstörte die zuvor arg mitgenommene Familiensolidarität nicht.

1.12.15 Die osmanische Unterwerfung Montenegros

Das südliche angrenzende Montenegro war durch den Untergang seiner balkanslawischen Nachbarn (1455 endgültige Eroberung des Kosovo; 1463 Fall Bosniens; 1466 Eroberung der Herzegowina; 1466/1467 Niederlage Skanderbegs) sowie durch die Kapitulation Venedigs in Nordalbanien (1479) so bedroht, dass der seit 1465 regierende Ivan Crnojević 1479 nach Apulien floh. Nach dem Tode Mehmeds II. kehrte er gemeinsam mit seinem nordalbanischen Nachbarn Leka Dukagjin zurück und fand einen Ausgleich mit den Osmanen (1481/1482), die freilich das Flachland am Nordufer des Skutarisees (mit Podgorica) behielten. Ivans (1465–1490) Nachfolger Georg (Đurađ) Crnojević (1490–1496) wurde bekannt, weil er eine Druckerpresse in seiner kleinen Herrschaft einrichtete; als osmanischer Vasall herrschte er bis 1496. Das montenegrinische Hochland stand im Spannungsfeld zwischen dem osmanischen Sancakbey in Shkodra und dem venezianischen Statthalter in Kotor. Das Berggebiet erwies sich als so unruhig, dass 1513 der Muslim gewordene Sohn Ivans – Staniša bzw. nunmehr Skenderbeg Ivanović – als Statthalter eingesetzt wurde.[282]

Als Mehmed II. 1481 starb, war die osmanische Eroberung des Balkans weitgehend abgeschlossen. Es verblieben noch die ungarischen Grenzbanschaften in Bosnien, das tributpflichtige Montenegro sowie venezianische Besitzungen in Dalmatien, an der Bucht von Kotor, die Ionischen Inseln, die in jenen Jahren ganz an Venedig fielen, Außenposten am griechischen Festland sowie die venezianischen, genuesischen und dem Johanniterorden gehörenden Ägäisinseln. Venedig war nach dem Krieg von 1463–1479 als Vormacht zur See stark geschwächt (s. im Detail Beitrag 5, SCHMITT, Kap. 5.4); Ungarn verzichtete auf eine offensive Balkanpolitik; das Deutsche Reich hatte an seinen südöstlichen Grenzgebieten erste schwere Verheerungen erfahren, ergriff aber keine über – zaghafte – Verteidigung hinausgehende Maßnahmen. Italien wiederum war innerlich so zerstritten, dass es die 1480 bei Otranto begonnene osmanische Offensive wohl kaum hätte aufhalten können. Unter Bayezid II. (1481–1512) verlangsamte sich der Schwung der Expansion: Der Thronstreit mit seinem Bruder Cem, der selbst im italienischen Exil bedrohlich erschien, erforderte eine behutsamere Italienpolitik. Die Drohung eines französischen Kreuzzu-

---

dort wegen des Verhaltens seiner Gefolgschaft vom venezianischen Statthalter von Split ausgewiesen wurde und auf Rab von der Familie Crnota aufgenommen wurde. Auf der Rab vorgelagerten Insel Sveti Grgur erinnert heute noch das Vorgebirge Kosača (rt) an die Kosače. Zum Aufenthalt in Poljica s. ŠUNJIĆ, Vlatko Kosača u Poljicima.

282 Istorija Crne Gore, Bd. 3,1, 12–33, zur Bewertung des Renegaten in der Volksüberlieferung 32f.; s. den Aufsatz von HRABAK, Dubrovačke vesti.

ges unter Karl VIII. (1494/1495) ging an den Osmanen vorbei. Bayezid II. führte 1484 einen erfolgreichen Feldzug gegen Stefan den Großen von der Moldau; er warf 1492 einen Aufstand im südalbanischen Küstensteilgebirge Himara nieder,[283] und er eroberte 1499 das venezianische Lepanto/Naúpaktos sowie 1500 die für Venedig sehr wichtigen südwestpeloponnesischen Häfen Koron und Modon, doch nahm im Wesentlichen erst Süleyman der Prächtige eine ausgreifende Eroberungspolitik am Balkan wieder auf, die ihn über die Trümmer des ungarischen Königreiches bis vor die Tore Wiens führte (1529) – und erst dort brach sich der osmanische Expansionsdrang. In den Ebenen Westungarns und Niederösterreichs erst endete die osmanische Eroberung des Balkans, als Süleyman der Prächtige 1532 bei seinem zweiten Großangriff militärisch scheiterte.[284]

283 MALLTEZI, Himara dhe qëndresa kundërosmane, mit engl. Zusammenfassung.
284 FODOR, The Unbearable Weight of Empire.

1.13 GEOSTRATEGISCHE GRUNDZÜGE

Aus der Ereignisgeschichte des 14. und 15. Jahrhunderts lassen sich Rahmenbedingungen und Handlungsspielräume der balkanischen Politik und Herrschaft im ausgehenden Mittelalter ablesen, die für die gesamte Geschichte des Balkanraumes von nachhaltiger Bedeutung sind. Wie im Eingangsteil dargelegt (s. o. Kap. 1.6.1), ist die innerregionale Geschichte von einem Übergang geprägt. Dieser verlief vom Byzantinischen Reich des 11. Jahrhunderts als regionalem Hegemon zu einer erstaunlichen politischen Kleinräumigkeit am Vorabend der osmanischen Eroberung. Innerregionale Ordnungsversuche waren nur kurzfristig erfolgreich, vielmehr etablierte sich in der ersten Hälfte des 14. Jahrhunderts ein fragiles Mächtedreieck Byzanz-Bulgarien-Serbien. Die serbische Eroberung der meisten Balkanprovinzen des byzantinischen Reiches änderte daran nur wenig, zumal es sich bei Stefan Dušans Reich kulturell, sozial, administrativ und rechtlich um ein serbisch-byzantinisches Doppelreich handelte, das von der Person des Herrschers, nicht aber von einem einheitlichen Rechts- oder Währungsraumes zusammengehalten wurde (s. im Detail oben, Kap. 1.7–1.10). Diese Reichsbildung beruhte wesentlich auf der Schwäche von Byzanz und Bulgarien und der günstigen geostrategischen Lage Serbiens, das gleichsam im Windschatten des mongolischen Reiches, dem Bulgarien zeitweise unterstand, und des adriatischen Mächtesystems stand. Gestützt auf die Erträge aus dem Bergbau, gefestigt durch eine einheitliche dynastische Idee – die auch die häufigen innerdynastischen Konflikte nicht schmälerten – gelang es den Nemanjiden, im orthodoxen Mächtedreieck den Vorrang zu erringen und Serbien als drittes orthodoxes Zartum zu etablieren. Ob Zar Stefan Dušan tatsächlich nach der byzantinischen Krone strebte wie im 10. Jahrhundert der bulgarische Zar Symeon, ist in der Forschung freilich umstritten.

Seit der Mitte des 14. Jahrhunderts verstärkte sich die Herausbildung von Territorialherrschaften unterhalb der Ebene der jeweiligen Herrscher, in Byzanz, Bulgarien, dem griechischen Raum, Serbien und Bosnien. Diese Entwicklung kann mit ähnlichen Prozessen der Herrschaftsverdichtung im Reich oder in Italien verglichen werden. Eine Schwächung der zentralen Herrschergewalt ist nicht nur in einem Niedergangsparadigma zu deuten, das spezifisch für ein nur in seiner Funktion als vorosmanische Struktur wahrgenommenes byzantinisches Commonwealth gilt. Vielmehr bewegte sich der Balkan im Rhythmus europäischer Entwicklungen. In Byzanz und Bulgarien ist im Rahmen dieses Zeitraumes zu beobachten, wie aus Apanagen für Mitglieder der Herrscherdynastien Territorialherrschaften wurden, die sich weitgehend aus der Suzeränität der Herrscher lösten, auch wenn sie der Reichsidee verpflichtet blieben; das gilt für das Zartum Vidin wie für die byzantinische Morea oder Thrakien (unter den Kantakuzenen gegen die Palaiologen wie später bei den innerdynastischen Fehden der Palaiologen). Die byzantinische Morea oder auch Vidin erwiesen sich dabei in ihren inneren Strukturen als erstaunlich stabil. In Epirus und Thessalien hatten sich Modelle regionaler Herrschaften schon im 13. Jahrhundert herausgebildet, teilweise mit dem Anspruch auf Verteidigung von Orthodoxie und Reichsgedanken gegen Konstantinopel (so nach der Union von Lyon 1274). Diese Fürstentümer in Griechenland hielten sich über einen Zeitraum von bis zu mehr als 250 Jahren, sind also alles andere als ephemere Gebilde.

Im serbischen Falle bildete die Kronprinzenapanage im Küstenland sowie die territoriale Aufteilung des Königtums zwischen rivalisierenden Nemanjiden ein Strukturelement bis in das erste

Drittel des 14. Jahrhunderts hinein. Stefan Dušan unternahm mit der Kodifizierung eines Rechtsbuches (Zakonik) für den südslawischen Teil seines Reichs eine Vereinheitlichung des Rechts. Doch wurden nach seinem Tod die regionalen Bruchlinien des gräko-serbischen Reiches deutlich. Im Süden gliederten sich serbische Adlige in bestehende territoriale Strukturen ein (Thessalien, Epirus) oder setzten unter Byzanz beginnende Prozesse der Regionalisierung von Herrschaft fort (im makedonischen Raum). Auch im nördlichen Teil des serbischen Reiches erfolgte die Herausbildung territorialer Herrschaften nicht willkürlich. Quellenmäßig am besten fassbar ist dies im sog. Küstenland (Zeta, heute Montenegro u. Nordalbanien) und in Hum (der späteren Herzegowina). In Bosnien, in dem sich eine Zentralgewalt nur langsam herausbildete, war es mit Tvrtko I. wie im Falle Dušans eine starke Herrschergestalt, die regionale Herrschaften kurzzeitig zusammenführte. Stärker als in Serbien oder Bulgarien wies Bosnien ein Verhältnis von Krone und Regionalfürsten auf, das an Umstände wie im benachbarten Königreich Ungarn erinnert. Überblickt man die politischen Systeme des 14. Jahrhunderts, so ist Bulgarien gemeinsam mit den Regionalfürstentümern Thessalien und Epirus am nächsten mit dem byzantinischen Vorbild verwandt. Das nach der Eroberung des makedonischen Raumes veränderte serbische König- und dann Zarenreich wies eine Mischverfassung auf, die im Süden das byzantinische Modell übernahm und im Norden serbische Traditionen wie einen Reichstag weiterführte. Die Stellung regionaler Machthaber erinnert an jene von Kronvasallen. Bosnien hingegen stand, wie die jüngste Forschung zeigt, dem ungarisch-kroatischen Modell von allen Balkanherrschaften am nächsten: Wahlkönigtum, die Vorstellung einer Krone als Symbol von Staatlichkeit, Landtage, faktisch Kronvasallen deuten in diese Richtung, wenngleich in Ämterwesen und Herrscheridee östliche (serbische, weniger byzantinische) Elemente ebenfalls vorhanden waren. Im Vergleich mit den anderen Balkanherrschaften war demnach in Bosnien die Herrschergewalt traditionell am schwächsten ausgeprägt, der König am ehesten ein Erster unter Gleichen mit den mächtigen Regionalfürsten.

Zu unterstreichen ist, dass auch die osmanische Eroberung des Balkans maßgeblich von Regionalfürstentümern, den sog. *uç beys*, geprägt war, die viel stärker als angenommen eine eigenständige Eroberungspolitik betrieben und Raum- und Herrschaftsstrukturen übernahmen, so die Mihaloğlu in Thrakien, die Turahanoğlu in Thessalien, die Çandarlı in Teilen Bulgariens, die Evrenosoğlu im makedonischen Raum.[285] Bis in die Mitte des 15. Jahrhunderts empfanden viele christliche Balkanfürsten diese teilweise aus der Region stammenden und islamisierten *uç beys* als Ihresgleichen, als bewältigbare regionale Machtfaktoren. Erst Mehmed II. beseitigte diese Regionalismen muslimischer Balkanfürsten, eine Entwicklung, die in Anatolien mit der Ausschaltung türkischer Beyliks ihr Analogon besitzt. Die auf älteren regionalen Raum- und Machtstrukturen beruhende Territorialherrschaft ist somit ein prägendes Element der spätmittelalterlichen Geschichte des Balkans, die viel stärker mit italienischer und deutscher Geschichte zu vergleichen ist, als es bisher in der Forschung geschehen ist.

Das Fehlen einer nachbyzantinischen innerregionalen Ordnungsmacht prägte politisches Handeln und definierte Handlungsmöglichkeiten. Um 1300 wich nicht nur Byzanz als Ordnungs-

---

[285] SCHMITT (Hg.), The Ottoman Conquest of the Balkans; wichtige Ausführungen bei GEMIL, Românii şi Otomanii, 58f.

macht endgültig zurück, sondern auch die Goldene Horde verlor ihren Zugriff auf die Gebiete südlich der Donau. Im Westen und Norden wirkten Venedig, das Königreich Neapel und Ungarn auf die Region ein. Die Beziehungsgeschichte dieser Mächte ist von zentraler Bedeutung für das Verständnis der westlichen Teile der Balkanhalbinsel: Ungarn und Venedig standen in einem säkularen Ringen um die Vormacht an der östlichen Adriaküste, das Venedig erst 1420 für sich entschied. Venedig und Neapel (u. in seiner Nachfolge des spanische Süditalien) standen sich in der südlichen Adria gegenüber. Dynastische Verbindungen zwischen Ungarn und Neapel (wie unter den Anjou) verschärften diesen Gegensatz (s. o. Kap. 1.12.9). Von der Peloponnes, über Epirus, den albanischen Raum, die Zeta/Montenegro, die Herzegowina und Bosnien lieferten sich Neapel und Venedig wiederholt Stellvertreterkriege auf dem Balkan. Der venezianisch-ungarische Gegensatz wurde hingegen im 14. und 15. Jahrhundert als direkter militärischer Schlagabtausch in Dalmatien ausgetragen. Das Auftreten der erwähnten türkischen Beyliks, die zu Beginn des 15. Jahrhunderts in das Osmanische Reich eingegliedert wurden, schuf eine neue Situation. Vor dem ausgehenden 14. Jahrhundert hatte Ungarn auf Serbien, Bosnien und Bulgarien erheblichen Druck ausgeübt. Die Geschichte dieser Mächte war politisch und besonders im serbischen und bosnischen Falle dynastisch eng verwoben. Die serbischen Despoten des 15. Jahrhunderts waren Kronvasallen für Lehen auf ungarischem Territorium, ein Branković strebte sogar nach der ungarischen Königskrone. Die bosnischen Kotromanić wie die serbischen Branković waren Teil eines ostmitteleuropäischen hochadligen Heiratsnetzwerkes, das, direkt und indirekt, die Familien der Cillier, der Görzer und der Hunyadi umfasste. Sie nahmen an der ritterlichen Hofkultur Ungarns Anteil. Durch das Auftreten der Osmanen, sowohl der osmanischen Dynastie wie der osmanischen Regionalherrscher sahen sich die regionalen Balkanherrschaften einem mehrfachen Druck ausgesetzt, zwischen Ungarn und dem Osmanischen Reich im Falle Bosniens, Serbiens und in Ausläufern auch Bulgariens; noch komplexer im Westen der Balkanhalbinsel, da dort die beiden italienischen Mächte Venedig und Neapel hinzukamen.

Die Verschränkung der Mächteinteressen eröffnete aber auch politische Spielräume, und gerade das ausgehende 14. und das 15. Jahrhundert bieten zahlreiche Beispiele für einen Grundzug balkanischer Herrschaft nach dem Zusammenbruch des ephemeren serbischen Zarenstaates: Mehrfache Vasallität, mehrfache Bündnisabhängigkeit, mehrfache politische Rückversicherung bedeuteten eben nicht mehrfache Abhängigkeit und politische Einschränkung, solange die Regionalherren eine Gefolgschaft unterhalten, Abgaben und Zölle einziehen, eigene Burgen besitzen konnten – kurz: solange sie im Innern ihrer Herrschaften nicht eingeengt waren. Da die Osmanen bis um 1460 an ihrer westlichen Peripherie Vasallenstaaten duldeten, die in der Regel enge politische Bindungen an katholische Staaten nicht aufgegeben hatten, bestanden und entstanden Spielräume, die besonders das serbische Despotat nützte: Sein „Drang ans Meer", d. h. die Wiederherstellung der Herrschaft im Küstenland und der Oberhoheit über die dortigen Stadtkommunen war im 15. Jahrhundert nur im Krieg gegen Venedig zu erreichen. Die serbischen Despoten Stefan Lazarević und Georg Branković nutzten diesen Spielraum, um nach dem Verlust der serbischen Südgebiete nach Westen zu expandieren. Die Großen Bosniens wie Sandalj Hranić oder Stefan (Stipan) Vukčić zögerten nicht, beim Tod anderer Regionalherren oder bei deren Schwächung nach deren Ländern zu greifen und dabei die jeweils vorteilhafteste Unterstützung von außen in

Anspruch zu nehmen. Albanische Adlige wie Skanderbeg, sein Schwiegervater Araniti Komino, die nordalbanische Dynastie Dukagjin und die Crnojević von Montenegro lavierten ihre Gefolgschaften durch den von den Großmächten ausgeübten Druck. So stark dieser war, so wenig erreichte er die Kapillaren regionaler oder lokaler Macht. Am ehesten bewerkstelligten dies Ungarn und osmanische Grenzfeldherren in Bosnien, doch bis zu Mehmeds II. Feldzug, der folgenden Eskalation und Teilung des alten Königreiches bewahrten sich die regionalen Großen nach dem Abzug der fremden Heere ihren (oftmals nur vorübergehend eingeschränkten) Manövrierraum. Die so unstet erscheinende Ereignisgeschichte ist aus der Sicht der regionalen Akteure daher als durchaus rational begründet zu betrachten, nicht immer als weitsichtig zwar, aber als den schwierigen Rahmenbedingungen angepasst. Und sie war auch angesichts der osmanischen Eroberung des Balkans durchaus erfolgreich, worauf die relative Kontinuität zwischen alten und den neuen osmanischen regionalen Eliten in Bosnien und Albanien hinweist, also Gebieten, in denen der Eroberung beinahe ein Jahrhundert Kriegshandlungen vorangegangen und daher die Zerstörungen und demographischen Veränderungen besonders ausgeprägt waren. Der Quellenverlust für den Ostteil des Balkans erlaubt es freilich nicht festzustellen, ob beide Phänomene – teilweise Elitenkontinuität u. massive Zerstörungen – nur den Westen der Halbinsel oder doch die ganze Region kennzeichnen.

Auffallend ist die mehrfache außenpolitische Absicherung der bedeutenderen Familien und als nächste Konsequenz daraus die konkurrierenden politischen Optionen innerhalb der Regionaldynastie: Bei den Palaiologen in der Morea, den Tocco in Epirus, den Kastriota, Araniti, Dukagjin, Crnojević, den Kosače in der Herzegowina und den Branković in Serbien finden sich eine pround eine anti-osmanische Fraktion, letztere in venezianische, neapolitanische und ungarische Orientierungen gegliedert. Rein innerregionale Schutzsysteme hingegen besaßen nur unbedeutende Lokalherren, denen allein die Wahl zwischen Widerstand (u. Untergang) oder Übergehen in das osmanische Militärsystem blieb.

Das ausgehende Mittelalter kennt nicht nur zahlreiche innerregionale, oftmals mit auswärtiger Beteiligung ausgetragene Fehden; es war auch jenes Zeitalter, in dem die dynastischen Verflechtungen innerhalb der Region ihren Höhepunkt erreichten. Durch zahlreiche Heiratsbündnisse, nicht nur des hohen, sondern auch des mittleren Adels, entstand eine balkanorthodoxe Elite (mit Verästelungen auch in den katholischen u. bosnischen Raum hinein), die überethnisch war. Man kann wohl behaupten, dass der Balkan weder zuvor noch danach eine so eng familiär verflochtene politische Elite besessen hat. Nemanjiden, Aseniden und Palaiologen bildeten ein komplexes dynastisches Dreieck. Die bosnischen Kotromanić dehnten ihr dynastisches Netzwerk von Bulgarien bis nach Innerösterreich aus. Selbst kleinere albanische Adelshäuser, und dort auch Aufsteiger wie die Kastriota, wurden in dieses Netzwerk aufgenommen. Und am Ende boten die Kleinen den Großen Schutz: Der blinde Despot Stefan Branković war froh um seine Ehe mit der Albanerin Angelina Araniti und Vlatko, Sohn Stefan Vukčićs, über seine Verwandten in Montenegro. Diese solidarischen Bande wahrten die Verlierer, die den nunmehr osmanischen Balkan zu verlassen hatten, auch untereinander im italienischen oder ungarischen Exil, wo sie in die dortigen Eliten aufgenommen wurden. Gleichzeitig wurden die Beziehungen zu jenen islamisierten Verwandten nicht abgebrochen, die im osmanischen Staatsdienst aufstiegen. Die Söhne des Herceg Stefan, die

Familie Araniti und die serbisch-griechischen Angelović sind Beispiele dafür; dass freilich entlang der Haltung zu den Osmanen Familien sich befehdeten, belegen die Beispiele der moreotischen Palaiologen oder der Kastriota. Dynastische Heiraten wandten die Herrscherhäuser des Balkans auch als Instrument der Politik gegenüber den Osmanen an: 1346 gab Johannes Kantakuzenós dem Orhan seine Tochter Helena zur Frau. 1357 plante Kaiser Johannes V., seine Tochter Irene mit dem osmanischen Prinzen Halil zu vermählen. Dieser war 1356 von einem byzantinischen Statthalter gefangengesetzt und von Johannes V. ausgelöst worden. Offenbar wurde die Hochzeit selbst nicht abgeschlossen, da die Byzantiner auf ein Ende der osmanischen Streifzüge hofften, Halils Vater Orhan dies aber gegenüber den Kriegergruppen nicht durchsetzen konnte oder wollte. Als Orhan 1362 starb, beseitigte sein Sohn und Nachfolger Murad I. seinen Bruder Halil und setzte dem Heiratsprojekt ein Ende. Dafür heiratete der neue Sultan seinerseits eine orthodoxe Prinzessin, Kera Tamara, die Tochter des bulgarischen Zaren Ivan Šišman, während die byzantinische Prinzessin María Palaiológina, Tochter Kaiser Johannes' V., 1376/1377 seine Verlobte war – María wurde als politisches Pfand von ihrem Bruder Andrónikos IV. eingesetzt. María war die Schwester jener Irene, die eineinhalb Jahrzehnte zuvor Murads Bruder Halil hätte heiraten sollen; ihr Bruder Andrónikos IV. nahm dabei keine Rücksicht darauf, dass María 1373 den Schleier genommen hatte und Nonne geworden war. Die Prinzessin aber starb, bevor die Ehe geschlossen werden konnte. Murads I. Sohn und Nachfolger Bayezid I. setzte die Heiratspolitik mit den schwachen christlichen Herrschern des Balkans fort. Er heiratete Olivera, die Schwester seines Vasallen Stefan Lazarević und nahm 1394 auch die Gräfin des griechischen Salona zur Frau. Dem Sultan Musa gab Karl I. Tocco eine Tochter zur Frau. Am osmanischen Hof spielte Lazars Witwe Milica, vor allem aber Mara Branković, die Frau Murads II., eine bedeutende Rolle zwischen der islamischen und der orthodoxen Führungsschicht, Mara auch darüber hinaus mit Kontakten in die italienische Staatenwelt.[286]

Zumindest in der Anfangsphase versuchten die orthodoxen Balkanfürsten, die Osmanen durch dynastische Ehen in ihre politische Welt einzubinden, was nach Jahrhunderten der Erfahrung mit türkischen Zuwanderern nicht weiter erstaunt. Auch später war das Gefühl kultureller Fremdheit gegenüber der stark von konvertierten Balkanorthodoxen geprägten osmanischen Elite wohl nur unwesentlich größer als gegenüber dem katholischen Westen. Weniger religiöse Vorurteile als das Prestigegefälle besonders zwischen Byzanz und den Führern einer muslimisch geprägten Kriegergesellschaft fielen ins Gewicht, denn byzantinische Prinzessinen waren zuvor an die weitaus mächtigeren und angeseheneren Chane der Goldenen Horde verheiratet worden.[287]

Von den orthodoxen Balkanadligen brachen nur wenige früh und prinzipiell wirklich alle Brücken zur osmanischen Seite ab, wie dies Skanderbeg tat. Häufiger sind die in diesem Beitrag oftmals festgestellten Fälle eines mehr oder weniger geschickten Lavierens bei sich verengenden Spielräumen, ob in Serbien, Bosnien, dem albanischen oder dem griechischen Raum. Dabei standen in entscheidenden Momenten serbische Truppen auf der Seite der Osmanen, ob 1395 bei

---

[286] IMBER, The Role of Dynastic Politics; GANCHOU, Les chroniques vénitiennes, 172–179 (zu Halil u. Irene), 181–196 (zu María Palaiológina); BABINGER, Das Ende der Araniten.

[287] GANCHOU, Les chroniques vénitiennes, 169, mit Verweis auf SHUKUROV, Harem Christianity.

Rovine, 1396, als sie die Schlacht von Nikópolis gegen die Kreuzfahrer entschieden, 1402, als sie bei Ankara tapfer fochten, 1430 bei der Erstürmung Salonikis und 1453 bei der Belagerung Konstantinopels – die lange Liste zeigt, dass serbische Vasallentreue die osmanische Eroberung des Balkans beschleunigt hat, was Zeitgenossen wie der Berater des letzten byzantinischen Kaisers, der byzantinische Chronist Geórgios Sphrantzés beredt beklagten.[288]

Es sind diese Strukturen, die den Balkanraum auch im späten Mittelalter zu einer Geschehenseinheit machen, aber auch zu mehr: zu einer innerregional eng verwobenen politischen Welt mit einem System politischer Herrschaftsideen und -strukturen, die zwar nicht für den ganzen Raum gleichmäßig bedeutend waren, aber wie im Folgenden zu zeigen sein wird, eine bemerkenswerte Welt gemeinsamer Strukturen darstellte, doch nicht im Sinne einer hermetischen Abriegelung nach außen. Dafür waren die Verbindungen zur adriatischen, pannonischen, pontischen und anatolischen Welt jeweils zu stark. Doch war der spätmittelalterliche Balkan vor der osmanischen Eroberung auch mehr als nur jener Raum, in dem sich Ausläufer der genannten Machtzentren berührten.

---

[288] Georgii Sphrantzae Chronicon (Hg. MAISANO), 140.

1.14 STRUKTURGESCHICHTE DER HERRSCHAFT IM BALKANRAUM

Eine Strukturgeschichte der Herrschaft im Balkanraum kann Grundzüge des Raumes herausarbeiten, die in Kap. 1.4 zwar angesprochen, aber nicht als Argument entwickelt wurden. In den nachfolgenden Ausführungen soll gezeigt werden, wie Strukturgeschichte, in einem räumlichen Modell gefasst, die binnenregionalen Unterschiede von Ost nach West veranschaulicht. Dabei steht die Strahlkraft des byzantinischen Herrschaftsmodells im Mittelpunkt, in ihrer Idealform die kaiserliche Selbstherrschaft, die bestenfalls durch informelle Kräfte wie innerdynastische Parteiungen, Hoffraktionen, Provinzmagnaten in Frage gestellt wurde, jedoch keine institutionalisierte Form der politischen Teilhabe unterhalb der Ebene des Kaisertums kannte. Am anderen Ende der Balkanhalbinsel, in Dalmatien und Nordalbanien, findet sich das genaue Gegenstück zu diesem Modell: selbstverwaltete Stadtkommunen mit eigenen Räten und einem rechtlich privilegierten Patriziat, im Königreich Kroatien einen zunehmend ständisch verfassten Adel. Bosnien wies im ausgehenden 14. Jahrhundert eine Mischstruktur auf: starke Regionalherren, ein Landtag mit dem Recht der Königswahl und -absetzung, die abstrakte Vorstellung einer „heiligen Krone" als Symbolisierung der Staatlichkeit, zum anderen ab 1377 auch Anleihen bei der serbischen Königsidee. Mit Landtag, starkem Adel, echter Königswahl, einer Krone, die durch den König und den Landtag vertreten war, besaß Bosnien viele Züge eines (ost-)mitteleuropäischen Königreiches. Serbien hingegen stand zwischen diesem und dem byzantinischen Modell, näherte sich aber durch die Selbsterhöhung zum Zartum und die Eroberung byzantinischer Kernländer am Balkan letzterem an. Traditionell war das Königtum stark, der Reichstag hatte akklamatorischen Charakter, jedoch keinen Einfluss etwa auf Außenpolitik, Verträge oder Landvergaben. Ein eigentlicher Lehensadel, wie er sich in Bosnien ausbildete, entwickelte sich in Serbien nicht.

Der Balkan kann in einer groben Typologie so gegliedert werden: in einen Westen mit Traditionen der politischen Teilhabe in städtischen Räten und Landtagen; einen Osten mit autokratischer Struktur und nur informeller Teilhabe von Eliten; und einen breiten Übergangsraum, in dem sich der östliche Einfluss im ausgehenden Mittelalter stärker bemerkbar machte.

Bedeutsam ist in diesem Zusammenhang auch die Auffassung vom Ursprung politischer Legitimität. Im Osten war dies letztlich Byzanz, nach dem sich das Zweite bulgarische Reich und unter Stefan Dušan zumindest der Südteil des ephemeren serbischen Zartums ausrichteten. Der Kaiser und die Zaren besaßen das Vorrecht, Hoftitel zu verleihen, die in allen orthodoxen Balkanreichen byzantinischen Ursprungs waren. In Serbien dauerte dieser Zustand freilich nur kurz an, denn nur Stefan Dušan selbst, sein Sohn Uroš sowie der thessalische Kaiser Symeon Uroš Palaiológos ehrten so ihre Gefolgsleute. Die Stärke der byzantinischen Staatsidee wurde aber erst nach dem Zerfall des serbischen Zartums deutlich, als die serbischen Fürsten den Hoftitel eines Despoten vom byzantinischen Kaiser entgegennahmen; dies galt auch für die anderen orthodoxen Regionalfürsten auf dem Balkan, in Thessalien oder Epirus – sie trugen byzantinische Hoftitel, keine angemaßten eigenen Herrschertitel. Auch die ungarische Vasallität der serbischen Despoten änderte an dieser Orientierung nichts; sie nahmen keine ungarischen Adelstitel entgegen, die zur Definition ihrer rechtlichen Stellung auf dem Balkan geführt hätten. In Bosnien hingegen endete die Ausstrahlung des byzantinischen Commonwealth[289] auf dieser Ebene. Dort finden sich zwar byzantinische Bezeichnungen für Hofämter, der Adel aber blickte eher nach Westen, wie am besten die Bezeichnung „Herzog" (Herceg) für den Regionalfürsten von Hum um 1450 belegt. Das bosnische Königtum, 1377 durch die Übernahme der serbischen Königstradition entstanden, wandte sich angesichts der osmanischen Gefahr nach Westen und sah zunehmend im Papst den Quell der Herrschaftslegitimation, was 1461 durch die Krönung des letzten bosnischen Königs mit einer aus Rom entsandten Krone verdeutlicht wurde. Hatte Serbien 1217 eine päpstliche Krone empfangen und sich dann nach Byzanz ausgerichtet, so beschritt Bosnien kurz vor dem Untergang seines Königtums den Weg von einer östlichen zu einer westlichen Königstradition. Weiter im Süden sollte auch der von Orthodoxie zur katholischen Welt übergegangene Georg Kastriota Skanderbeg 1464 ebenfalls eine päpstliche Krone erhalten. Dies war Teil des großen Kreuzzugsplanes von Papst Pius II., der in Bosnien und Albanien zwei katholische Königreiche aufrichten wollte – 1463 und 1466/1467 zerstörten die Osmanen jedoch eine politische Option, die die Geschichte des westlichen Balkans nachhaltig verändert hätte.

Wie angedeutet, ist auch die Verbreitung byzantinischer Titel und Ämterbezeichnungen ein Hinweis auf die Bedeutung des byzantinischen Commonwealth: Dessen Kernraum bildete die alte Romania (Peloponnes, Epirus, Mittelalbanien, Thessalien, südliches Makedonien, Thrakien), stark erfasst war das bulgarische Zartum. Nach 1300 gerieten auch die südlichen Teile des alten serbischen Kerngebiets stärker in den Bann der byzantinischen Reichsidee. Bosnien, die Herzegowina, das nördliche Serbien aber sind ebenso im Zusammenhang mit der ungarischen Einflusszone, an der Küste auch in dem des venezianischen Herrschaftsmodells zu betrachten.

1.14.1 Herrscheridee

Das Spätmittelalter war jene Epoche, in der das „byzantinische Commonwealth" zu seiner Entfaltung kam. Je schwächer Byzanz politisch war, desto stärker strahlte es kulturell auf die balkanorthodoxen Herrschaften und über das serbische Medium indirekt sogar bis nach Bosnien aus, das auch auf dem Höhepunkt byzantinischer Macht nie wirklich in dessen Kulturraum einbezogen gewesen war. Das Zweite bulgarische Reich war im 14. Jahrhundert in seiner Hofkultur, wie auch in seinem Ämterwesen byzantinisiert, was aber nicht die blinde Nachahmung des Konstantinopler Vorbilds bedeutete.[290] Peter Schreiner führt diesbezüglich aus:

> Die Darstellungen des 14. Jhd. schließlich lassen keinen Unterschied mehr zwischen der Gewandung des byzantinischen Kaisers und des bulgarischen Car erkennen. Siegel, Münzen und Urkunden, die beiden letztgenannten nur aus dem Zweiten Bulgarischen Reich bekannt, sind ohne die entsprechenden byzantinischen Vorbilder zwar

---

289 Nach der grundlegenden Monographie von D. Obolensky beschäftigte sich besonders der serbische Byzantinist Ljubomir Maksimović mit diesem Konzept; s. seine Studien: Vizantijska vladarska ideologija (auf dt. erschienen: ders., Byzantinische Herrscherideologie und Regierungsmethoden) sowie Vizantijski „Komonvelt".

290 Schreiner, Probleme der Gräzisierung des Bulgarischen Reiches; ders., Die Byzantinisierung der bulgarischen Kultur; Tăpkova-Zaimova, Les idées de Rome; Gošev, Zur Frage der Krönungszeremonien.

nicht denkbar, weisen aber im Detail auch erhebliche Unterschiede auf, die sie weit ab von jeder bloßen Imitation rücken. Nicht nur die Nachahmung, sondern Zeichen eines neuen Selbstbewußtseins unter der Herrschaft des Ivan Alexander ist die Benennung von Tărnovo als Novyj Carigrad.[291]

Die bulgarischen Zaren des 14. Jahrhunderts ließen sich in byzantinischer Tradition als rechtgläubige Herrscher feiern, als neue Konstantine, neue Ptolemaĩoi (mit Bezug auf die Septuaginta, die zur Zeit Ptolemaĩos' II. abgefasst worden war). Die Residenz Tărnovo verherrlichten Lobredner als „zweites Konstantinopel" und damit indirekt als Drittes Rom, was den Ranganspruch des bulgarischen Zartums unter Beweis stellt. In Kleidung, Titulatur, Ikonographie der Münzen und Siegel, in Kanzlei und Verwaltung ahmte Bulgarien das byzantinische Vorbild nach. Der Zar trug eine perlengeschmückte Krone, einen purpurroten Mantel, Zepter und Reichsapfel mit Kreuz. Der doppelköpfige Adler war ebenfalls aus Byzanz entlehnt, während der Löwe als Herrschaftssymbol kein byzantinisches Pendant besaß. Die Darstellung des Herrschers zu Pferd auf Münzen findet sich in Bulgarien unter Konstantin Tich (1257–1277), in Byzanz erst rund hundert Jahre später. Bulgarische Elemente blieben in den kirchlichen Festen stark, auch in einem bulgarischen Heiligenkalender mit den Heiligen Kirill und Metod, Clemens von Ochrid, Ivan von Rila, Ilarion Măglenski, Joakim Osogovski, Prochor Pčinski. Eine bemerkenswerte Form von Assimilation und Abgrenzung von Byzanz war die Zurschaustellung der 1190 erbeuteten byzantinischen Regalien (Krone, Kreuze). Am bulgarischen Hof traten neben bulgarischen und byzantinischen auch kumanische, tatarische und westliche Elemente in den Vordergrund, Spiegel der politischen Abhängigkeiten des Reiches.[292]

Zum Idealbild der slawischen orthodoxen Herrscher in beiden Ländern zählte die Frömmigkeit, die Förderung der Kirche und der Theologie, die Vorstellung vom gerechten Richter und Schützer von Witwen und Waisen. In Serbien waren Vergleiche mit dem Alten Testament besonders beliebt, das wesentlich als Bezugspunkt der Königsviten diente. Im Kern stammten die Vorstellungen vom idealen Herrschertum aus der byzantinischen Tradition, die in fast allen Kulturbereichen übermächtig war. Für das serbische Königtum hat Konstantin Jireček als Hauptcharakteristika herausgearbeitet:[293] das Nebeneinander von slawischem Seniorat (wie in der Kiewer Rus') und byzantinischer Samtherrschaft, periodischem Doppelkönigtum von Brüder und Vater/ Sohn sowie Teilungen des Königreiches, was aber keine dauerhaften Teilfürstentümer wie in Russland oder in Bulgarien hervorbrachte. Als Schutzpatron der Nemanjidendynastie wurde der Heilige Stefan verehrt, weshalb Stefan ebenso wie Uroš in den Königsnamen oft erscheint.

Das serbische Königreich geriet im Zuge seiner Südexpansion zunehmend in den Bann der überlegenen byzantinischen Kultur und nahm im makedonischen Raum, in Thessalien, Epirus und Albanien auch eine byzantinisch geprägte Elite und byzantinische Institutionen in seinen Reichsverband auf. In Bulgarien wie Serbien trugen die zahlreiche Ehebündnisse mit Byzanz,

291 Schreiner, Die Byzantinisierung der bulgarischen Kultur, 55.

292 Gjuzelev, Die Residenzen Tărnovo, Vidin und Kalikakra, 63–66.

293 Jireček, Staat und Gesellschaft, Bd. 1, 9.

die Anwesenheit byzantinischer Prinzessinnen und ihres Gefolges an den Höfen entscheidend zur Byzantinisierung der Eliten bei. In Serbien beschleunigte sich dieser Prozess zu Beginn des 14. Jahrhunderts. Mit Dušans Herrschertitel, der „Griechen und Serben" umfasste, erreichte er seinen Höhepunkt. Es ist insofern kein Zufall, dass eine der hervorragenden Eigentraditionen der serbischen Staatsidee, die Königsviten, mit Stefan Dušan enden, da dessen Selbsterhöhung zum Zaren und die staatssymbolische Orientierung an Byzanz von Trägern des serbischen Königsgedankens als Bruch empfunden wurden. Dieser Königsgedanken bestand im Wesentlichen aus der Sakralisierung der Dynastie der Nemanjiden und weist nach Westen.[294] Die Forschung hat insbesondere Verbindungen zu ungarischen und russischen Vorbildern herausgearbeitet. Der heilige Herrscher war Schutzherr der Kirche und symbolisierte das auch in der Dynastie selbst gelebte Zusammenspiel von Herrscherhaus und Mönchtum. Der Kult um die sakralisierte Dynastie verlieh dieser Charisma und Rechtmäßigkeit. Die Königsidee in Serbien war von einer ganz außerordentlichen Entfaltung der sakralen Kunst und der serbischen Literatur begleitet. Dabei sind besonders eben jene Königsviten hervorzuheben, die das textliche Gegenstück zu den Bildprogrammen der Kirchen bieten und die enge Verquickung von Herrscheridee und nationaler Kirche feiern. Beispiele dafür sind die Freskogenealogie in Dečani, Kopien in der Patriarchalkirche in Peć und in Gračanica. Jeder Herrscher stiftete eine Kirche als königliche Grablege (z. B. Dečani, das Erzengelkloster bei Prizren). Mehrere Herrscher wurden als heilige Könige verehrt. In Bulgarien findet sich diese Form der Herrscherideologie weniger stark ausgeprägt. Die beiden slawischen orthodoxen Reiche standen Byzanz stets in einem eigenartigen „Schwanken zwischen Loyalität und Rebellion" (Gerhard Podskalsky) gegenüber. Im Gegensatz zum bulgarischen Herrscher, der den Übergang vom protobulgarischen Khanat zum Zarentum bereits zu Beginn des 10. Jahrhunderts vollzogen hatte, entwickelte sich der serbische Herrscher erst im Spätmittelalter vom Gaufürsten (veliki župan) zum König (kralj) und dann zum Zaren.[295] Auf Münzen ist der König auf dem Thron der Ahnen zu sehen, mit einer Krone geschmückt; er hält Schwert oder Zepter, das mit einem Kreuz oder einer Lilie verziert ist, in der anderen einen mit einem ein- oder zweiarmigen Kreuz geschmückten Reichsapfel, bisweilen eine Kreuzfahne. Belegt sind auch ein Purpurmantel und gold- und perlengeschmückte Gürtel. Traditioneller Krönungsort war das Kloster Žiča; um 1300 schenkte Kaiserin Irene ihrem serbischen Schwiegersohn eine mit Edelsteinen und Perlen geschmückte byzantinische Kalyptra. Wie in Byzanz, aber anders als im benachbarten Bosnien bestand kein Reichswappen.[296]

Einen tiefen Einschnitt bedeutete die Selbsterhebung König Stefan Dušans zum Zaren (s. o. Kap. 1.8). Als Zar stand er serbischen wie byzantinisch-griechischen Untertanen gegenüber, die mit dem Zartum unterschiedliche Vorstellungen und Erwartungen verbanden. Stefan Dušan

---

294 Die Ausführungen stützen sich auf Hafner, Studien zur altserbischen dynastischen Historiographie; Bojović, L'idéologie monarchique; Guran/Flusin (Hgg.), L'empereur hagiographe; die jüngste an Modellen der westlichen Mediävistik ausgerichtete Untersuchung stammt von Marjanović-Dušanić, Sveti kralj.

295 Jireček, Staat und Gesellschaft, Bd. 1, 1–23.

296 Ebd., 9f.

selbst bezeichnete sich in seinen serbischen Urkunden als „Kaiser der Griechen und Serben", ein Formular, das dem byzantinischen Kaisertitel wesentlich näher kam als die Formulierung in seinen griechischen Urkunden, in denen er seinen Herrschaftsanspruch territorialisierte („Kaiser Serbiens und der Romania"). Offenkundig nahm er Rücksicht auf die Vorstellung seiner ehemals byzantinischen Untertanen, für die es nur einen Kaiser und Selbstherrscher der Römer gab, jenen in Konstantinopel, und daneben regionale orthodoxe Zartümer nach dem Vorbild des bulgarischen Zartums in Tărnovo.[297] Während sich dieses, wie gesehen, als Neues Konstantinopel und damit indirekt als Drittes Rom ansah, bleibt unklar, ob Dušan tatsächlich weitergehen und das Kaisertum des Zweiten Roms gewinnen wollte.[298] Die Kaisertitulatur war jedoch uneinheitlich: 1348 und 1355 bezeichnete sich Stefan als „Zar der Serben und der Griechen, des Küstenlandes und der westlichen Gebiete", 1348 als „Zar der Serben und der Griechen und der Bulgaren und der Albaner", was der ethnischen Zusammensetzung seines Reiches entsprach.[299]

Mit dem Aussterben der Nemanjiden verschwanden sowohl das serbische Königtum wie das ephemere Zartum (1345–1371); die serbische Krone ging an Bosnien über (1377). In Serbien selbst entstand die Notwendigkeit einer neuen Form der Herrscherlegitimierung. Auf die Sakralisierung der Nemanjiden folgte der Kult um den 1389 auf dem Amselfeld gefallenen Fürsten Lazar, dessen Anfänge sich auf das späte 14. Jahrhundert zurückführen lassen, wobei die Fortsetzung der alten Staatsidee betont wurde.[300] Die Lazarević Stefan und Vuk trugen den Titel eines Knezen, bisweilen auch nur die Bezeichnung „gospodin" (Herr), bis die byzantinischen Kaiser Stefan Lazarević und später Georg Branković mit dem Hoftitel eines Despoten auszeichneten. Diese erneute symbolische Einordnung in die byzantinische Reichsidee brachte auch das Ende serbischer Souveränität zum Ausdruck, denn die Despoten waren Vasallen Ungarns wie des Osmanischen Reiches, konnten also weder auf ein eigenständiges Königtum noch gar ein Zartum Anspruch erheben. Lazars Schlachtentod auf dem Amselfeld eröffnete der Kirche die Möglichkeit, die neue Herrscherfamilie ebenfalls zu sakralisieren – die Kirche schuf und pflegte einen neuen Kult des Herrschers als Märtyrer, dessen Tod als Triumph des Glaubens gefeiert wurde, wobei eine mystische Einheit zwischen dem verehrten Fürsten und der Gemeinde – als Volk und Gemeinschaft der Gläubigen – hergestellt wurde. Lazar war über seine Gattin Milica mit der heiligen Dynastie der Nemanjiden verbunden. Die Nemanjiden galten dabei als Beschützer Lazars und Lazar als dynastischer Adoptivsohn Stefan Dušans. Die Schlacht auf dem Amselfeld – s. hierzu Kap. 1.10.26 – wurde so in der kirchlichen Deutung zum sinnhaften Wendepunkt der serbischen Geschichte und der Verehrung serbischer Herrscher.[301]

297 Radić, Venezia, Bisanzio e la Serbia, 99.

298 Ćirković, Between Kingdom and Empire; Oikonomidès, Emperor of the Romans; Ferjančić, Vizantija prema Srpskom carstvu.

299 Analyse bei Oikonomidès, Emperor of the Romans, 124f. Der Verfasser meint: „there is no doubt that Stephen Dusan wanted to become himself the emperor of the Romans" (127).

300 Mošin, Samodržavni Stefan knez Lazar i tradicija Nemanjičkog suvereniteta.

301 Kämpfer, Der Kult des heiligen Serbenfürsten Lasar.

Die bosnische Herrschaftsidee bewegte sich im Spannungsfeld der serbischen und der ungarischen Herrschaftsvorstellung, wobei regionale Sonderkomponenten bedeutsam waren. Diese bestanden nicht zuletzt darin, dass sich die bosnische Krone gegen den von West wie Ost aus politischen Gründen erhobenen Vorwurf des Ketzertums zu verteidigen hatte. Die Bane und ab Tvrtko I. Könige von Bosnien verwandten daher in ihren Urkunden zahlreiche Elemente der serbischen Kanzleisprache und damit indirekt der byzantinischen Tradition, was sich an Herrscherattributen zeigt, die das semantische Feld der Rechtgläubigkeit bezeichnen (blagoverni, pravoslavni, pravoverni). Als Schutzheiliger des bosnischen Königtums wurde der Heilige Gregor der Wundertäter, daneben der ebenfalls ostkirchliche Heilige Demetrius verehrt. Doch war die bosnische keineswegs eine westliche Verlängerung der serbischen Herrschaftsidee, auch wenn Tvrtko I. 1377 aufgrund seiner dynastischen Verbindungen mit den in Serbien erloschenen Nemanjiden für einige Jahre beide Kronen vereinte und 1459 ein Versuch zu einem bosnisch-serbischen dynastischen Zusammenschluss unternommen wurde. Bosnien wandte sich vielmehr in den letzten Jahrzehnten des Königtums nach Westen: 1446 scheiterte die Krönung mit einer päpstlichen Krone noch am Widerstand der bosnischen Großen, doch 1461 empfing der letzte bosnische König die Krone und damit die Legitimität seiner Herrschaft aus Rom. Die Idee einer bosnischen Krone als abstraktes Staatssymbol ähnlich wie in Ungarn, die ausgeprägte Tradition eines Wahlkönigtums, Landtage, die Verwendung von Heraldik nach abendländischem Vorbild (wobei auch hier eine bemerkenswerte Verbindung von stilisierten Lilien mit dem serbischen Adler erfolgte) und die Abbildung von Krone und Reichsapfel auf Münzen zeigen, dass sich Bosnien an der Schnittstelle des ungarisch-kroatischen Staatsgedankens und balkanorthodoxer Traditionen befand.[302] Auch der letzte bosnische König, der eine päpstliche Krone trug, beharrte in seiner Intitulatio auf einer bosnischen und serbischen Königstradition mit Verwendung des serbischen Elements Stefan: „Wir von Gottes Gnaden Stefan Stepan, König von Serbien, Bosnien und des Küstenlandes".[303] Die bosnischen Könige näherten sich so schrittweise der katholischen Kirche an, doch kennzeichnet eine Bikonfessionalität das mittelalterliche Bosnien, die im Falle Hums mit seiner im Ostteil der Region starken orthodoxen Bevölkerung zu einer Trikonfessionalität erweitert war, in der der Landesherr Stefan Vukčič, selbst Anhänger der „bosnischen Kirche", Vertreter aller Konfessionen an seinem Hof aufnahm und wie die bosnische Krone eine Politisierung des Konfessionellen vermied.[304]

Die zahlreichen serbischen, albanischen und griechischen Adelsherrschaften, die besonders zwischen 1355 und ca. 1420 bestanden, fügten sich in die Ideenwelt des byzantinischen Commonwealth ein. Regionale Machthaber führten nur Titel, die von legitimen Quellen der

---

302 Lovrenović, Sveti Grgur čudotvorac; ders., „Slavni dvor kraljevstva u Trstivnici", v. a. 130ff.; sowie ders., Kralj Tvrtko I. Kotromanić, 356–358; Ćirković, Sugubi venac, 304f. (zur abstrakten Kronidee); Truhelka, Das mittelalterliche Staats- und Gerichtswesen, 72.

303 Rudić, Povelja kralja Stefana Tomaševića, 188.

304 Lovrenović, Krist i donator (Teil 1); Puljić, Crkvene prilike u zemljama hercega Stipana Vukčića Kosače. Der wichtigste Würdenträger der bosnischen Kirche in Hum, Gost Radin, erhielt nach 1466 für venezianisches Gebiet freies Geleit und wurde in einer Franziskanerkirche im ragusanischen Ston beigesetzt. Der Herceg selbst verfasste sein Testament unter Zeugenschaft Radins, des orthodoxen Metropoliten David und seines katholischen Kämmerers Pribislav Vukotić.

Souveränität verliehen worden waren, d. h. dem serbischen Zaren oder dem byzantinischen Kaiser. Ansonsten bezeichneten sie sich in ihren Urkunden als „Herr" (kyr bzw. Gospodin), teilweise nur mit dem Eigennamen, so wenn Vuk Branković anstelle einer Intitulatio schlicht „von Vuk" schrieb.[305] Bosnien und die albanische Küste von Dyrrháchion nordwärts stehen als Beispiele für abendländischen Einfluss. Dieser zeigt sich an der Verwendung des Herzogstitels, der nicht auf den byzantinischen Amtstitel *dux* zurückzuführen ist, sondern Anspruch auf einen hohen westlichen Adelstitel erhebt. Als Herzöge sahen sich Balsha II. in Durrës (1385),[306] Hrvoje Vukčić in Split und mit namengebender Wirkung für das Land Hum Stefan Vukčić. Die Verbindung von deutscher Begrifflichkeit und bosnischer Tradition findet sich etwa in der Intitulatio Hrvojes in einer Urkunde von April 1412: „wir Herr Hrvoje, Herceg von Split und Knez des Unterlandes (Donji Kraji) und Groß-Protućer des bosnischen Königreiches". Der Hoftitel eines Groß-Protućer ist nur in dieser Urkunde belegt.[307]

1.14.2 Innere Herrschaftsstruktur: Samtherrschaft und dynastische Apanagen

Grundzug der spätmittelalterlichen Geschichte des Balkans ist die mehrfach hervorgehobene Territorialisierung von Herrschaft zulasten der Zentralgewalt, zumindest dort, wo diese wie in Byzanz und Bulgarien stark gewesen war. Die Herrschaftsteilung bildete ebenfalls ein auffallendes Phänomen der balkanorthodoxen Dynastien in Byzanz, Serbien und Bulgarien. In Byzanz wurde wegen der territorialen Zerrissenheit des Reichsgebietes am Schwarzen Meer, in Thrakien, Makedonien (Saloniki, Sérres) und der Morea die Verwaltung Prinzen aus der Dynastie der Palaiologen übergeben, wobei das Apanagenwesen dynastische Konflikte erst möglich machte, da so Regionalfürsten ihre Gefolgschaft versorgen und auch eigene Außenbeziehungen führen konnten. Freilich blieben die dynastische und die Reichssolidarität so stark, dass Byzanz nicht wie Bulgarien faktisch auseinanderbrach. Vor dem Hintergrund dieser drohenden Territorialisierung dynastischer Strukturen ist auch die auffallende Häufigkeit der Samtherrschaft, also die gemeinsame Herrschaft von Mitgliedern einer Dynastie, zu sehen, die in Byzanz seit Andrónikos II. (mit Unterbrüchen) zu beobachten ist und in der schweren Reichskrise des 14. Jahrhunderts als stabilisierendes Mittel eingesetzt wurde. Das System der Samtherrschaft wurde im Falle der Konkurrenz zwischen Johannes V./ Manuel (II.) und Andrónikos IV./Johannes VII. jedoch auch Teil innerdynastischer Konflikte.

In Bulgarien erscheint sie unter Ivan Aleksandăr besonders ausgeprägt.[308] Dort hatte sich um 1350 zudem eine Dreiteilung in das Zartum Tărnovo, den Regionalstaat von Vidin im Nord-

---

305 Bojanin, Pismo Vuka Brankovića Dubrovčanima, 108 (Urkunde vom August 1388); weitere Beispiele bei Schmitt, Das venezianische Albanien, 189.

306 Schmitt, Das venezianische Albanien, 189f.

307 Isailović, Povelja hercega Hrvoja Vukčića Hrvatinića, 167.

308 Biliarsky, Word and Power, 283.

westen und die Herrschaft des Dobrotica im Nordosten ergeben, die im Gegensatz zu Byzanz zu einem Zerfall des Reiches in „drei Bulgarien" (wie der deutsche Reisende Hans Schiltberger schrieb) führte.

In Serbien erfolgte der Herrschaftswechsel von Vater zu Sohn bis zu Stefan Dušan, selbst ein „Putschist", häufig gewaltsam, und auch in den spätmittelalterlichen bulgarischen Dynastien waren dynastische Konflikte häufig. Dem serbischen Kronprinzen wurde oft das Küstenland als Apanage zugewiesen; selbst Königinnen besaßen zeitweise Apanagen, und auch der serbische Norden wurde um 1300 als Apanage verwaltet (so unter Stefan Dragutin u. seinem Sohn Vladislav). Nach dem Zerfall des serbischen Zartums entwickelte sich die Samtherrschaft in den serbischen Regionalherrschaften weiter, wobei zu unterscheiden ist zwischen einer Samtherrschaft mit festem Senior wie Stefan Lazarević und Jovan Dragaš und der vollen Gleichberechtigung wie im Falle der Gebrüder Branković und Balšić.[309]

Eine auffallende Besonderheit im westlichen Balkan war die Angewohnheit vieler Regionalherrscher, aber selbst serbischer Könige, einschließlich des Zaren Stefan Dušans, sich in das Bürgerrecht oder auch Patriziat von Dubrovnik, noch lieber aber von Venedig aufnehmen zu lassen.

---

[309] BLAGOJEVIĆ, Savladarstvo u srpskim zemljama. Nach 1389 waren Stefan und Vuk Lazarević noch minderjährig und regierten mit ihrer Mutter Milica. In der Intitulatio erscheint Stefan als „frommer Herr Serbiens und der Savegegend und des Lands an der Donau knez Stefan mit meiner ehrwürdigen Mutter, der kneginja Milica, und seinem erstgeliebten Bruder Vlk". Stefan wurde als Haupterbe Lazars angesehen. Vor dem 6. August 1392 stammt ein Brief an Dubrovnik von „der kneginja Milica und dem knez Stefan". In ihrer Antwort wandten sich die Ragusaner zuerst an Milica, dann an Stefan. Bei Stefans Volljährigkeit im Jahre 1393 wurde Milica Nonne unter dem Namen Jevgenija, blieb aber politisch einflussreich. Die Ragusaner sprachen Milica als „verehrt", „ruhmreich" (slavna) und „ruhmreiche und edle" (slavna i velmoža) Dame an. Auch die serbische Kanzlei setzte Milica vor Stefan. 1395 stellte sie eine Urkunde mit der Intitulatio der Nonne Jevgenija aus „mit meinen treuen Söhnen, die im Land unseres Vatererbes (o't'č'stvo), dem serbischen Land und dem Land an der Donau herrschen". Es wurde zwischen dem „gospodin knez Stefan" und „seinem geliebten Bruder Vuk" differenziert. Nach der Unterwerfung Vuk Brankovićs besuchte Milica das Kloster Dečani und verschaffte sich durch Schenkungen die Würde eines „zweiten Ktitors": „in Christus-Gott fromme Jevgenija, Mutter meines vielgeliebten Sohnes des knez Stefan und des Vlk, Selbstherrscher und Herr des serbischen Landes und des Landes an der Donau" (1397). In einer Inschrift im Kloster ließ sich Milica-Jevgenija unmittelbar hinter Stefan III. Dečanski, aber vor ihren Söhnen erwähnen. Auf der Reise regelte Milica eine Frage der Athoslavra Hágios Athánasios, wobei sie ihre Söhne mit keinem Wort erwähnte. Am 30. Januar 1399 unterschrieb sie als „allberühmte und gottgeliebte Herrin (gospodja) kyra Evgenija und gospodin knez Stefan und gospodin Vlk". Die Brüder Vuk und Stefan stellten beide zusammen Urkunden aus, als Samtherrscher mit Abstufung der Titel, 1402 auch mit Jevgenija. Nach der Schlacht von Ankara kam es bei Tripolje zum Zerwürfnis, und Vuk begab sich zu Süleyman (wohl Anfang 1403). Nach der Versöhnung (vor Oktober 1404) erhielt Vuk im Dezember 1405 den Titel eines „frommen christusgeliebten Herrn Vlk Stefan", Stefan hingegen den eines „frommen christusgeliebten Herrn Despot Stefan". Anfang 1407 galt Vuk als erster in der Erbfolge, doch verschlechterten sich die Beziehungen der Brüder Anfang 1409. Vuk verlangte die Hälfte des Vatererbes und zwang Stefan im Krieg zum Nachgeben, doch dauerte die Teilung nur kurz. Bei den Dragaš hatte Despot Jovan das Seniorat, 1378/1380 gefolgt von Konstantin, daneben stand die Carica Jevdokija. Samtherrschaft findet man auch bei den Branković, Vuks Söhnen Grgur, Georg und Lazar und ihrer Mutter Mara. 1402 schrieben die Ragusaner an Mara, Grgur und Georg. Zuerst wirkten alle Erben Vuks zusammen, mit einem Übergewicht Grgurs und Georgs, dann Georg, Lazar und Mutter Mara in der Altersabfolge Mara–Georg–Lazar, wobei im Gegensatz zu den Lazarević nicht durchgehend ein Senior den Vorrang innehatte. Die Balšić schließlich leiteten sich nicht von den Nemanjiden her und erkannten bis zu einem gewissen Grade die Oberherrschaft des Zaren Stefan Uroš V. und König Vukašins an. Eine gemeinsame Urkunde der drei Brüder Stracimir, Georg und Balša II. wurde in Dagno am 17. Januar 1368 ausgestellt.

Hrvoje,[310] Sandalj Hranić, Tvrtko II.,[311] Stefan Vukčić, Skanderbeg gehören dazu, und als venezianische Hauptleute dienten Stefanica Crnojević (1455) und kurz darauf der mittelalbanische Adlige Araniti Komino, der Schwiegervater Skanderbegs.[312] Für Serbien und Bosnien kamen unterschiedliche Formen der Abhängigkeit von Ungarn hinzu. Stefan Lazarević und Georg Branković gehörten auf ungarischem Reichsgebiet zu den wichtigen Vasallen der ungarischen Krone. Neapolitanische Vasallen bzw. abhängige Bündnispartner finden sich um 1450 entlang dem gesamten westlichen Küstensaum des Balkans von der Peloponnes bis zur Herzegowina. Damit ging freilich keine Einschränkung staatlicher Souveränität einher. Die Herrscher sicherten sich dadurch vielmehr den Zugang zum Bankwesen, dem Immobilienmarkt, dem Waffenhandel und auch den diplomatischen Ressourcen dieser Handelsrepubliken. Für diese wiederum waren privilegierte Beziehungen zu den balkanischen Territorialherren bedeutsam für die Sicherung ihrer Handelsinteressen. In Venedig und Dubrovnik lagerten erhebliche Gelder auf Konten, eine Strategie, die sich im Augenblick der osmanischen Eroberung wiederholt als sinnvoll erwies.[313] Erst die Vasallitätsverhältnisse zum Osmanischen Reich, die im serbischen Fall für die Gebiete der Fürsten selbst und nicht für ihnen verliehene Lehen galten, änderten dies.

1.14.3 Regionalherrschaften

Die in Kap. 1.7 ausführlich behandelten Regionalherrschaften sind typologisch ebenfalls in einem West-Ost-Unterschied einzuordnen. Während in Byzanz und Bulgarien die dynastische Anbindung an das Herrscherhaus stark blieb, sind die griechischen, griechisch-serbischen, albanisch-serbischen und serbischen Regionalherrschaften nach 1355/1371 nicht aus der Staatsidee des byzantinischen Commonwealth und der serbischen Reichstradition herausgetreten, sondern blieben dieser, am besten sichtbar am Titelwesen, weiter verpflichtet. In Byzanz bildeten sich in den Wirren der dynastischen Kriege nur kurzfristig an der nordwestlichen Peripherie Herrschaften, deren Machthaber nicht der Kaiserdynastie angehörten, so 1328 Nikephóros Basilikós in Melnik, Momčilo in den Rhodopen und Hrelja im makedonischen Raum.[314] Hrelja wie Momčilo hinterließen in der volkstümlichen Überlieferung einen tiefen Eindruck, und ersterer schuf mit der Erneuerung des Rila-Klosters und dem sog. Turm Hreljas in diesem Kloster im Piringebirge auch ein bleibendes Werk.[315]

---

310 MIHALJČIĆ, Isprava o primanju Hrvoja Vukčića za dubrovačkog vlastelina. Hrvoje erhielt als Dank für die Vermittlung bei den Verhandlungen mit König Ostoja um Slano auch einen Palast.

311 Ebd.; die sehr feierliche Urkunde wurde nach Abschluss eines Friedens und der Bestätigung des Dubrovniker Besitzes von Slano ausgestellt; der König wurde „eingeschrieben" als „echter und ewiger Patrizier der Stadt Dubronvik". Die Republik schenkte dem König, der als „hocherlauchter und hocherhabener Herr König Stefan Tvrtko Tvrtković" angesprochen wird, auch einen Palast in der Stadt.

312 TRUHELKA, Das mittelalterliche Staats- und Gerichtswesen, 98.

313 KURTOVIĆ, Iz istorije bankarstva.

314 ESTANGÜI GÓMEZ, Byzance face aux Ottomans, 62; BARTUSIS, Chrelja and Momčilo.

315 DINIĆ, Relja Ohmućević.

Dauerhaft rebellische Magnaten aber, die sich territorial vom Reich abspalteten, gab es in Byzanz nicht. In Bulgarien war die Dreiteilung des Reiches nur im Osten nicht von der Dynastie getragen, doch ordnete sich Dobrotica in das byzantinische System ein, als er den Titel eines Despoten annahm. In Serbien entstanden Regionalherrschaften im Zuge des Zerfalls des rasch eroberten Zarenreiches. Die Bruchlinien verliefen oftmals entlang älterer regionaler Strukturen, so in Epirus oder Thessalien, in dem kurzfristig Anspruch auf das Zarenerbe erhoben wurde, aber auch in der Zeta. Die Regionalherrscher fügten sich ideell in die byzantinisch-serbische Staatsidee ein, wie am Verzicht auf Titelanmaßung gezeigt wurde. Das System der Regionalherrschaften erwies sich aber wegen innerer Fehden und des osmanischen Druckes als wenig stabil. Sein südlicher – makedonischer Teil – brach bereits 1371 weg; in den Jahrzehnten danach, zwischen 1385 und 1392, gerieten alle Herrschaften aus der serbischen Erbmasse in osmanische Vasallität. Selbst das serbische Despotat, das sich in der Nachfolge des Königtums sah, besaß kaum stabile Grenzen, und die Unstetigkeit der Machtausübung wird am mehrfachen Wechsel der Despotenresidenz deutlich.

In Bosnien lieferten sich regionale Machthaber besonders nach dem Tod Tvrtkos I. (1391) einen erbitterten Machtkampf, der, wie Sima Ćirković hervorhob, nicht nur von seinem Ende her zu denken ist, als sich Hrvoje Vukčić, Sandalj Hranić, Stefan Vukčić und Pavle Radenović und die von ihm abstammenden Pavlović mit eigenen Regionalherrschaften durchsetzten. Die diesen Herren unterlegenen Sanković und Nikolić standen noch um 1400 der Krone nahe. Die Machtkämpfe der regionalen Großen erleichterten nicht nur die osmanische Eroberung, sondern eröffneten der Krone neue Spielräume, die Tvrtko II. in seinem Bündnis mit den aufsteigenden Zlatonosić auch nützte, bevor er diese beseitigte.[316]

Die Macht der balkanischen Regionalherren wiederum beruhte auf ihrer regionalen Gefolgschaft, die sie dem Zugriff der Landesherren, d. h. der Krone, entzogen. Diese Gefolgschaften sind vor allem aus Zeugenlisten von Urkunden bekannt.[317] Unmittelbar nach Tvrtkos I. Tod urkundeten Veljak und Radič Sanković am 15. April 1391 mit „allen unseren Adligen" (vlastele), Mile Tuleković und Söhnen, Bratoje Radonić und Söhnen, Stepko Ozrojević und Söhnen, die alle keine Titel führten; die Sanković hatten in ihrer Gefolgschaft auch einen Schreiber (dijak).[318] 1412 bezeugten die „guten Männer" (dobri ljudie), die verschiedene „Gaue" (župe) vertraten, Knez Milat Čučić aus Luka, Knez Bogavac Čemerović aus Zemunik, der Vojvode Pripko aus Vrbanja, der Vojvode Ivaniš Petrović aus Glaž, Gašpar Dijanišević aus Sana, Petar Jočić aus Vrbas, alle gemeinsam mit ihren Brüdern, eine am 2. April 1412 in Jajce ausgestellte Urkunde Hrvoje Vukčićs für seine Frau Jelena Nelipčić, Tochter des Grafen Ivan I. Nelipčić.[319] Vergleichbar sind die Strukturen in Albanien besonders nach 1371: ein wirrenreicher Konkurrenzkampf kleinregionaler Adelsgeschlechter, die sich auf eigene Vasallen und Gefolgsleute stützten und wie die bosnischen

316 Ćirković, Rusaška gospoda, 314f.

317 Mrgić, Severna Bosna, 93f. (für die bosnische Landschaft Usora).

318 Mišić, Povelja Beljaka i Radiča Sankovića, 117.

319 Isailović, Povelja hercega Hrvoja Vukčića Hrvatinića, 169 sowie Kommentar.

HGSOE, Bd. 2   169

Aftervasallen auf Allodbesitz saßen. Die engere Umgebung der Adligen ist ebenfalls aus Zeugen-listen von Urkunden zu rekonstruieren; byzantinische Titel wie „protovestijar" (s. u.) und „Logot-het" wurden auch an kleinen Höfen verwendet, an denen sich neben Albanern und Südslawen Italiener als Teil der Gefolgschaft aufhielten.[320]

1.14.4 Hoftitel und zentrale Ämter[321]

Die bereits angesprochene Byzantinisierung der balkanslawischen orthodoxen Reiche, wiederum mit einer Staffelung von Ost nach West, wird bei einem Blick auf die Titel und Funktionen an den Höfen und in den Zentralverwaltungen besonders deutlich. Nach byzantinischem Vorbild wur-den auch am bulgarischen Hof die hohen Hoftitel eines Despoten, Sebastokrátors, Protosebastós und Sebastós auf Lebzeiten des Begünstigten vergeben. Die Ehrentitel waren nicht vererbbar. Wie bereits erwähnt, scheuten sich die Adligen im byzantinischen Commonwealth, sich Titel anzuma-ßen.[322] In Bulgarien wurden die byzantinischen Begriffsbezeichnungen unmittelbar übernommen; von den 15 wichtigsten Hoftiteln wurden nur vier ins Mittelbulgarische übersetzt. Im Gegensatz zu Byzanz war jedoch in Bulgarien der Despotentitel nicht an die Zugehörigkeit zum Herrscher-haus gebunden. Der Regionalherrscher Dobrotica aber hatte seinen Despoten-Titel nicht vom bulgarischen Zaren, sondern aus Byzanz verliehen bekommen. Der Titel eines „Kaísar" (caesar, kesar) wurde sowohl von Stefan Dušan, Zar Stefan Uroš V. wie dem thessalischen Kaiser Symeon verliehen.[323] In Bulgarien übertraf im 14. Jahrhundert der Titel eines Sebastokrátors jenen des Despoten, während das serbische Zartum die mit dem Kaiserrang verbundenen Herrscherrechte ausnutzte und zahlreiche Gefolgsleute mit dem Rangtitel eines Despoten auszeichnete, so Jovan Oliver, Dejan, Vukašin, Jovan Uglješa und Jovan Dragaš.[324] Sebastokrátores[325] und Protosevastoí wurden in Serbien ebenfalls unter Dušan ernannt. Sevastoí sind in Serbien seit dem 13. Jahr-hundert belegt, in Bulgarien ebenfalls urkundlich und inschriftlich bezeugt.[326] Im späten Byzanz wurde der Titel von Katasterbeamten getragen und nach der serbischen Eroberung der byzanti-nischen Balkanprovinzen sowohl als reiner Titel als auch für Fiskalbeamte verwendet; jedenfalls bezeichnete er keine höheren Würdenträger.[327]

---

320 Schmitt, Das venezianische Albanien, 191–197.

321 Für Serbien liegt als Überblicksdarstellung vor Blagojević, Državna uprava u srpskim srednjovekovnim zemlja-ma.

322 Jireček, Staat und Gesellschaft, Bd. 1, 18.

323 Ebd., 18, mit einer Liste der Träger des Titels.

324 Ferjančić, Despoti u Vizantiji; Guilland, Études sur l'histoire administrative de l'Empire byzantin; Biliarsky, The Despots in Medieval Bulgaria; ders., Word and Power, 290f.

325 Ferjančić, Sevastokratori i ćesari; ders., Sevastokratori u Vizantiji.

326 Biliarsky, Word and Power, 305–309.

327 Maksimović, Sevasti u srednjovekovnoj Srbiji, v. a. 267f.

Zu den Hofämtern mit (begrifflichen) Vorbildern in Byzanz gehört der Palast-Kurator in Bulgarien, dem in Bosnien der Dvorski knez entsprach, der Protovestiários als Kämmerer (auch in Bosnien, der Walachei u. der Moldau), der Epikérnes als Mundschenk (in Serbien Enohijar[328]), der Stolnik oder epí tes trapézes als Truchsess. Eine byzantinische Begrifflichkeit bestimmte auch das Kanzleiwesen unter einem Groß-Logotheten oder Logotheten; Schreiber erscheinen in Bosnien schon 1235 mit der Bezeichnung Gramatik, später, so auch im Albanien Skanderbegs als „dijak".[329] Von den byzantinischen Heeresämtern wurde in Bulgarien der Protostrátor übernommen, der wohl mit dem in Serbien und Bosnien belegten Tepčija gleichzusetzen ist.[330] Der „veliki dux" (nach dem byz. Mégas dux) hatte in Bulgarien keine Funktion in der Flotte inne wie in Byzanz, sondern bezeichnete wohl eher einen militärischen Würdenträger in der Zentralverwaltung. Ebenfalls in allen Zartümern existierte das Amt des Alagátor als Befehlshaber von Reitern. In Bulgarien freilich nur einmal belegt ist der aus dem Persischen stammende Titel eines Serdar, den man in den frühneuzeitlichen Donaufürstentümern wiederfindet, ebenfalls zur Umschreibung eines militärischen Kommandopostens.[331] Die Randstellung Bosniens in Bezug auf das byzantinische Commonwealth zeigt sich auch an den Hofämtern. Nach seiner Krönung 1377 führte Tvrtko I. „östliche" Ämter wie den Logotheten, den Protovestijar oder den Stavilac ein, behielt aber ältere Ämter – auch mit Bezügen nach Westen u. Norden – bei, so den Dvorski knez (maestro della corte) und den Palatinus. Den Groß-Knezen von Bosnien (veliki knez bosanski) findet man in Dubrovniker Quellen der 1420er und 1430er Jahre.[332]

1.14.5 Die Herrscherkanzleien

zeichnen sich von Ost nach West durch wachsende Vielsprachigkeit aus.[333] Unter Dušan wurde Serbien zu einem griechisch-serbischen zweisprachigen Staat.[334] Im griechischen Raum bestanden Griechisch, Latein und ab dem 14. Jahrhundert das italienische Volgare, zumeist Venezianisch, nebeneinander. Im albanischen Raum, wo sich byzantinische, lateinisch-italienische und slawische Herrschaftstraditionen überschnitten, urkundeten selbst kleinere Regionaladlige mehrsprachig.[335] Die Handelsrepublik Dubrovnik unterhielt ebenfalls eine lateinisch-italienisch-

---

328 Jireček, Staat und Gesellschaft, Bd. 1, 19.

329 Ebd., 19; Schmitt, Das venezianische Albanien, 194–197; Biliarsky, Word and Power, 335–348.

330 Biliarsky, Word and Power, 334–337.

331 Ebd., 385–387.

332 Ćirković, Dvor i kultura, 442f.

333 Hannick (Hg.), Kanzleiwesen und Kanzleisprachen, darin: Maksimović, Das Kanzleiwesen der serbischen Herrscher; wenig ertragreich ist Brković, Srednjovjekovna humska kancelarija, mit Regesten der Urkunden 561–584.

334 Jireček, Staat und Gesellschaft, Bd. 1, 20.

335 Mihaljčić, Slovenska kancelarija arbanaške vlastele.

slawische Kanzlei. Bis in das spätere 15. Jahrhundert verwendete die osmanische Kanzlei das Volksgriechische im diplomatischen Verkehr mit Venedig, das Mittelserbische etwa im Kontakt mit Dubrovnik.[336]

1.14.6 Territorialverwaltung

Samtherrschaft und Apanagenwesen bedeuteten keine Kontrolle über das gesamte Gebiet eines Reiches. Es ist ein Ost-West-Unterschied in der Territorialisierungstendenz erkennbar. Im Osten war sie am ehesten an regierende Dynastien gebunden, im Westen, vor allem in Bosnien, kann man, vergleichbar mit Ungarn oder dem Reich, von der Königsdynastie deutlich unabhängigere Regionaldynastien feststellen. Dies zeigt sich auch anhand der Territorialverwaltung, über die wir im Ostteil der Balkanhalbinsel für Byzanz und Serbien verhältnismäßig gut unterrichtet sind, während die Quellenlage für Bulgarien kaum belastbare Aussagen erlaubt.

Wohl seit der Zeit Ban Kulins (vor 1180 – ca. 1204) war Bosnien in „Länder" (zemlje) unterteilt – Bosna, Usora, Soli u. Donji Kraji – die auch eine verwaltungsmäßige Bedeutung aufwiesen, also mehr als reine Regionalnamen waren. Bereits unter Ban Matija (Matej) Ninoslav (um 1233 – um 1250) amteten für Usora, Bosna und Donji Kraji eigene Finanzverwalter (kaznaci); Usora unterstand einem eigenen Knezen aus hochadliger Familie.[337] Vor 1350 kam als weiteres „Land" Podrinje hinzu und zum Zeitpunkt seiner weitesten Ausdehnung umfasste Bosnien zudem noch die Länder Drina (um Soko), Hum, Zagorje (um Konjic) und Zapadne strane (heutige Westherzegowina um Livno).[338]

In Serbien und Bosnien war das Königreich in „Gaue" (župe unter einem Župan) gegliedert.[339] Ab dem 14. Jahrhundert wirkte in Serbien wie in Byzanz und Bulgarien als wichtigster Amtsträger der Territorialverwaltung der *kefalija* (gr. kephalé, „Hauptmann") als vom Landesherrn ernannter ziviler wie militärischer Befehlshaber eines Gebiets, wobei in Byzanz an die Stelle der Thémata die Katepaníkia traten.[340] Der allmählich vom Kefalija verdrängte Župan findet sich als Begriff in der zweiten Hälfte des 14. Jahrhunderts auch in serbisch verwalteten Gebieten Makedoniens und in Epirus, aber auch noch 1374 als Titel der Brüder Georg und Balša, Herren der Zeta.[341] Der

---

336 Bojović, Raguse (Dubrovnik) et l'empire ottoman, zu den osmanischen Urkunden in mittelserbischer Sprache; Edition von Truhelka (Hg.), Tursko-slovjenski spomenici; Beldiceanu-Steinherr/Beldiceanu, Documents Ottomans.

337 Mrgić, Severna Bosna, 15–17; vgl. dies., Rethinking the Territorial Development.

338 Dies., Severna Bosna, 53 u. 86 (Karte).

339 Ebd., 53, um 1250 war das Land Bosna in die beiden „Gaue" Vrhbosna (um Sarajevo) und Bosna unterteilt.

340 Estangüi Gómez, Byzance face aux Ottomans, 396–401, der in der Diskussion auch auf Unklarheiten bei der Erforschung der genauen Kompetenzen des Kefalija verweist; grundlegend für die Territorialverwaltung ist Maksimović, The Byzantine Provincial Administration; s. a. Matschke, Notes on the Economic Establishment and Social Order.

341 Schmitt, Das venezianische Albanien, 188.

Kefalija wurde von den Bewohnern einer župa entlohnt und hatte Anrecht auf verbilligten Bezug von Nahrungsmitteln.[342]

Die Herrschaftsverhältnisse auf der Ebene des Dorfes sind für weite Teile des inneren Balkans nur schemenhaft erfassbar. Im mittelalterlichen Serbien wurde, so im Zakonik, die Dorfgemeinschaft als Steuereinheit aufgefasst, bei der alle Einwohner für die Steuerleistung verantwortlich waren, was an byzantinische Vorbilder erinnert; kollektive Haftung der Dorfgemeinschaft bestand auch für die Sicherheit auf dem Gemeindebann.[343] Im sehr gut dokumentierten nordalbanischen Flach- und Hügelland um Shkodra wurden die Dörfer von Dorfhauptleuten, darunter auch Shkodraner Patrizier, verwaltet, die bisweilen eigene Unteramtsleute beschäftigten. Es bestanden grob gesprochen zwei Typen von Dörfern, solche mit dörflicher Eigenverwaltung und solche, die als Prónoia vergeben wurden, wobei die Dorfgemeinschaften ersteren Status bevorzugten.[344]

1.14.7 Das Titel- und Ämterwesen in den westbalkanischen Regionalherrschaften nach 1371

Hohe Hoftitel (Despot, Sebastokrátor usf.) bestanden in den Regionalherrschaften an ihre Träger gebunden weiter, wurden aber, wie gezeigt, nur von Kaisern und Zaren vergeben. Den Titel Župan trugen im 14. Jahrhundert Nikola Altomanović und Andreas Gropa; gegen Ende des Jahrhunderts verschwand er. Protovestiare als Finanzverwalter hatten König Vukašin, Knez Lazar Hrebeljanović sowie die Balšić/Balsha. Čelnik bezeichnete zunächst einen Kriegerführer, dann ein hohes Amt am serbischen Despotenhof mit besonderer Nähe zum Fürsten. Hofmeister/dvorodržac sind um 1370 für die Höfe in Valona und Sérres belegt, Logotheten als Kanzler ebenfalls bei den Brüdern Vukašin und Uglješa. In den meisten Regionalherrschaften wurde auch das Amt des Kefalija weitergeführt, ebenso jenes des Vojvoden.[345] Im bosnischen Bereich erscheinen Gefolgsleute der Regionalherren teils ohne Titel, teils mit einheimischen Bezeichnungen wie Knez oder Vojvoda.

1.14.8 Steuerverwaltung

Gesamtbalkanische Elemente lassen sich beim Steuer- und Abgabenwesen, sowohl bei Namen und Art der Abgaben wie bei den mit der Einziehung der Abgaben befassten Ämter erkennen, wobei sich das byzantinische Vorbild wieder besonders im bulgarischen Zartum stark bemerkbar machte.[346]

---

342 Jireček, Staat und Gesellschaft, Bd. 1, 12f.; Biliarsky, Word and Power, 371.

343 Ćirković, Seoska opština.

344 Schmitt, Das venezianische Albanien, 173–179.

345 Šuica, Nemirno doba srpskog srednjeg veka, 139–144.

346 Biljarski, Fiskalna sistema, verwendet den Vergleich als durchgehende Methode. Besonders für den bulgarischen Raum mit seinem weitgehenden Urkundenverlust ist der Bezug auf byzantinische und serbische Beispiele zwingend.

Zahlen zu Einnahmen und Ausgaben der Höfe liegen nicht vor. Während Byzanz Kataster (Praktiká) kannte und die Osmanen nach der Eroberung neuer Gebiete Steuerregister anlegten, besaß Serbien wohl kein Kataster, für Bulgarien fehlen die Quellen.[347] Die königlichen und zarischen Schenkungsurkunden an Klöster enthalten selten genauere Listen der männlichen Bewohner und der Dorfgrenzen.[348] Im Küstenland, d. h. dem heutigen Nordalbanien, erstellte die venezianische Verwaltung 1416/1417 ein umfassendes Kataster für die ländlichen Gebiete um Shkodra, wobei nicht deutlich ist, ob sich dieses Verzeichnis auf vorvenezianische Erfassungen stützte.[349] Die byzantinische Prägung der Steuerverwaltung in weiten Teilen des Balkans wird anhand der Verbreitung des Amtstitels *vestiarij* (vestiários) und *protovestijar* (vom byz. protovestiários) deutlich. Dieser ist für Bulgarien, Serbien, Bosnien und die albanischen Adelsherrschaften, später auch in der Walachei und der Moldau belegt, und er leitete die Finanzen am Herrscherhof wie auch an den Höfen kleinerer Regionalherren.[350] Dieses Amt bekleideten ebenso Landfremde, so in Bosnien der Dubrovniker Sklavenhändler Žore Bokšić oder in Albanien der italienische Kaufmann Filippo Barelli bei Georg Thopia von Durazzo.[351]

Die eigentliche Steuereinziehung übernahmen in Byzanz und Serbien sog. Práktores (serb. prahtor), in Bulgarien findet sich auch der Perperak (von gr. hypérperon), in Bulgarien und Serbien auch der Desetkar (Zehenteintreiber), wobei dessen Amt auch nach der Art der einzuziehenden Abgaben (Schweine, Schafe, Bienenstöcke) als *desetkar svinni, ovči, pčelni* belegt ist; im byzantinischen Bereich bestand auch ein Zehent auf Schafe und Schweine, die *provatochoirodekateía*.[352] Zölle wurden vom carinik/kommerkiários eingehoben, in Bosnien und Serbien waren diese Pächter des Kronregals.[353]

Im ganzen Balkan bildete der Zehent die Grundlage des Abgabensystems; erhoben wurde er auf Getreide, Tiere und Salz, aber auch von den viehzuchttreibenden Vlachen, die aufgrund ihrer Wanderwirtschaftsweise und ihrer schwer erreichbaren Weiden im Gebirge vom Fiskus als gesonderte Kategorie behandelt wurden.[354] Das byzantinische Zeugárion findet sich als *zevgar* oder *voloberština* in Bulgarien, einmal belegt (1300) auch in Serbien als Abgabe auf Ackerland. Eine Haussteuer („Rauchsteuer", kapnikón, dimnina) wurde in allen orthodoxen Reichen, später auch

---

347 ESTANGÜI GÓMEZ, Byzance face aux Ottomans, 457.

348 BILJARSKI, Fiskalna sistema, 94–97; JIREČEK, Staat und Gesellschaft, Bd. 2, 67f.; MIŠIĆ/SUBOTIN-GOLUBOVIĆ, Svetoarhanđelovska hrisovulja.

349 Catasto veneto di Scutari (HG. CORDIGNANO).

350 BILJARSKI, Fiskalna sistema, 87–94.

351 KOVAČEVIĆ-KOJIĆ, Žore Bokšić, dubrovački trgovac; TOŠIĆ, Tripe Buća, dubrovački trgovac; SCHMITT, Das venezianische Albanien, 196.

352 JIREČEK, Staat und Gesellschaft, Bd. 1, 14; BILIARSKY, Word and Power, 466–477.

353 JIREČEK, Staat und Gesellschaft, Bd. 2, 72.

354 BILJARSKI, Fiskalna sistema, 16–19; BLAGOJEVIĆ, Zemljoradnički zakon, 238–266, zu Binnenserbien 255–266, in einer Urkunde aus dem Küstenland, die in einer Abschrift des 17. Jh.s erhalten ist, wird für ein „Kirchendorf" festgelegt, es habe der Kirche „von allem, was der Sommer gibt", den Zehnten zu zahlen; zum Übergang zum osmanischen System MULIĆ, Društveni i ekonomski položaj Vlaha i Arbanasa.

---

in der Walachei und der Moldau erhoben. Ebenfalls weit verbreitet war die Abgabe auf Vieh (aerikón, ariko).[355] Abgaben wurden auch für die Nutzung der Weiden im Bergland erhoben (travnina, gornina).[356] Viehabgaben waren die *košarština* und die *slonovština*, Wegezölle die *brodnina* (für die Benützung von Furten) und das *diavato* (im Bulgarischen aus dem Griechischen übernommen, wörtlich „Durchgang").[357] Mit der Eroberung vieler byzantinischer Gebiete des südlichen Balkans sah sich das serbische Königtum veranlasst, weite Teile des byzantinischen Steuersystems zu übernehmen. Serbische Besonderheiten galten besonders bei Abgaben auf Vieh, die in Kernserbien wichtig gewesen waren.[358] Im quellenmäßig gut belegten venezianisch verwalteten Raum Shkodra entrichteten die Bauern zu Beginn des 15. Jahrhunderts einen Dukaten pro Haushalt (wohl ein vorvenezianischer Tribut an die Osmanen), den *obrok* (eine serbische Abgabe wohl in Geldform), die *soće* (eine altserbische Abgabe in Getreide oder Geld) und den Zehnten. Einige Dörfer entrichteten die Naturalabgaben in Wein oder Holz, andere ersetzten sie durch Kriegsdienste, d. h. dass selbst auf kleinem Raum das Abgabensystem nicht einheitlich war.[359]

Fronen wurden im orthodoxen Balkan als „angareia/angarija" bezeichnet. Sie betrafen Geleit und Verpflegung durchreisender Amtsmänner des Landesherrn (priselica;[360] žitarstvo/sitarkía),[361] den Bau und Unterhalt von Befestigungen (kastroktisía) sowie Wachdienst in den Städten.[362] Von besonderem Interesse ist die Forschungsdiskussion über die wechselseitige Beeinflussung balkanorthodoxer und osmanischer Fiskalität und zwar vor der endgültigen Unterwerfung des Balkans durch die Sultane. Dabei wurde besonders jenes Gebiet im südlichen Makedonien untersucht, das nach 1403 von den Osmanen an Byzanz zurückgegeben wurde. In byzantinischen Steuerakten fand z. B. der osmanische Begriff *harac* (als charátzin) Eingang. Nachdem die ältere Forschung (N. Oikonomides) von einem osmanischen Einfluss auf die byzantinische Fiskalität ausgegangen ist, hat Irène Beldiceanu-Steinherr aufgezeigt, dass im osmanischen Staat um 1400 zwischen vier fiskalischen Regionen zu unterscheiden ist (das ehemals seldschukische Zentralanatolien, das ehemals byzantinische Nordwestanatolien, Thrakien, Makedonien u. Thessalien), was auf unterschiedliche Einflüsse auf das osmanische Steuerwesen hindeutet. Der in Thrakien von den Osmanen verwendete Begriff *ispence* für eine ausschließlich von Christen zu bezahlende Abgabe auf Grundbesitz stammt vom byzantinischen Terminus *spondaí*, nach den zwischen den osmanischen Eroberern und den Landbesitzern geschlossenen Abkommen. Während in Thrakien die Steuer-

---

355 BILJARSKI, Fiskalna sistema, 19–27; die Diskussion über die Bedeutung von *komod, oikomodion* (evtl. mit der Dimnina verwandt?) und dem Perper hat keine abschließende Deutung erbracht.

356 BILJARSKI, Fiskalna sistema, 37–43.

357 Ebd., 44–50.

358 MAKSIMOVIĆ, Poreski sistem, mit Tabellen zur Häufigkeit der Nennungen von Abgaben in den Teilregionen des Reichs, 258f.

359 SCHMITT, Das venezianische Albanien, 172; BOŽIĆ, Le système foncier, 122.

360 Die *priselica* wird auch als Kollektivbuße bei Wegelagerei auf Gemeindegebiet verstanden; vgl. BLAGOJEVIĆ, Obrok i priselica.

361 BILJARSKI, Fiskalna sistema, 55–63; JIREČEK, Staat und Gesellschaft, Bd. 2, 71.

362 BARTUSIS, State Demands for Building and Repairing Fortifications; DERS., Urban Guard Service.

pflichtigen nach der Zahl der Zugtiere kategorisiert wurden, erfasste der Fiskus in Thessalien und Makedonien die Anzahl der Haushalte und den Landbesitz als Grundlage für die Bemessung der Abgaben. Byzantinische Steuerregister (praktiká) und frühosmanische Steuerregister (von denen keines – der erhaltenen Texte – vor 1403 entstanden ist) stehen also in einem Verhältnis zueinander, das byzantinischen Einfluss auf das osmanische Steuersystem nicht ausschließt.[363]

Über die genaue Höhe der Abgaben und die Art und Weise ihrer Einziehung ist für den inneren Balkan kaum etwas bekannt. Daher ist auch die Diskussion um den Rechtsstatus der abgabenpflichtigen Bevölkerung nicht unproblematisch. Über die Frage freier Bauern im spätmittelalterlichen Balkan wird seit längerem diskutiert. Die Quellenlage ist wie immer dürftig und nur für wenige küstennahe Gebiete aussagekräftig. Bauern mit Erbgut (baština) findet man um 1416/1417 im nordalbanischen Flachland.[364] In allen balkanorthodoxen Regionen breitete sich der Begriff Paröke (pároikos, parik) für den abhängigen Bauern aus. In Bulgarien kategorisierte man die Bauern in *otrok* (Pl. otroci), abhängige Bauern, die Herrenland bewirtschafteten, selbst aber kein Land besaßen und byzantinischen *dúloi* bzw. *dulopároikoi* entsprachen, sowie die *Pároikoi/parik*, mit eigenem Land und Vieh, die aber oft auch auf Herrenland arbeiteten.[365] Tagelöhner wurden als *naimnik* bezeichnet. Als Dorfhandwerker gedeutet werden die *tehnitari* (vom Griechischem technetáres), die man neben Paröken und *otroci* auf Klostergütern findet. In Serbien wurden die abhängigen Bauern als *meropsi* bezeichnet. In Bosnien fehlen für das Spätmittelalter Belege für freie Bauern. Die Quellenlage erlaubt am ehesten Aussagen zu den Bauern in den bosnischen Küstengebieten, die aber nicht für das Binnenland extrapoliert werden können. Sklaven gab es als Hausklaven im ganzen adriatischen Raum sowie besonders in Bosnien, das zugleich Herkunftsgebiet vieler über Dubrovnik verkaufter Sklaven war.[366]

Einnahmen bezogen die Landesherren auch aus Zöllen, wobei im westlichen Balkan die bosnischen Zölle wegen des Dubrovniker Handels besonders lukrativ waren, u. a. der Tribut von Ston, der den Kaufleuten die Umsegelung der Halbinsel Pelješac zwischen Dubrovnik und dem Unterlauf der Neretva, Zugang zu einem der wichtigsten Karawanenwege des westlichen Balkans, ersparte. Diese Abgabe blieb auch nach der Abtretung Stons an Dubrovnik gegen die Zahlung eines Tributs ein Zankapfel zwischen der Republik und den Adligen des Hinterlands. Für das 1333 abgetretene Ston zahlte Dubrovnik der serbischen Krone einen Tribut, den Zar Stefan Dušan 1350 dem serbischen Erzengelkloster in Jerusalem schenkte.[367] Die Zölle wurden auf ein bis sieben Jahre verpachtet, vorzugsweise an Dalmatiner, vor allem aus Dubrovnik. Da der westliche Binnenbalkan

363 Estangüi Gómez, Byzance face aux Ottomans, 456–463, mit reicher Bibliographie; seine Ergebnisse stützen sich auf ein Forschungsseminar von Jacques Lefort an der École pratique des hautes études (2002/2003); die Analyse von Irène Beldiceanu-Steinherr erfolgte in diesem Rahmen.

364 Huta, Fshati në sanxhakun e Shkodrës; Shkurti, Der Mythos vom Wandervolk der Albaner, dem irreführenden Titel zum Trotz eine agrargeschichtliche Abhandlung.

365 Biljarski, Fiskalna sistema, 119–125.

366 Babić, Društvo srednjovjekovne bosanske države, 27–35 (zu den Bauern), 69–78 (zu den Sklaven).

367 Truhelka, Das mittelalterliche Staats- und Gerichtswesen, 87–89; Živojinović, Svetogorski i stonski dohodak; Jireček, Staat und Gesellschaft, Bd. 2, 73f.

mit Ausnahme von Soli (Tuzla) keine natürlichen Salzvorkommen besitzt und der Salzbedarf u. a. wegen der ausgedehnten Viehzucht erheblich war, flossen aus dem Salzmonopol bedeutende Summen an die serbische Krone. Diese konzentrierte den Salzhandel an Küstenorten wie Drijeva an der Neretva (heute Gabela), Dubrovnik, Kotor und dem Benediktinerkloster St. Sergius bei Shkodra.[368]

Eine Haupteinnahmequelle der serbischen wie der bosnischen Krone waren die reichen Silber- und Bleibergwerke, die von Dubrovniker Kaufleuten und deutschen („sächsischen") Bergleuten betrieben wurden, so Srebrenica, Olovo oder Novo Brdo.[369] Die Erträge aus den Bergwerken bildeten das eigentliche Rückgrat der serbischen Königsmacht, sie ermöglichten die Stiftung der königlichen und zarischen Klöster, die Förderung der Klöster auf dem Heiligen Berg Athos, den Festungsbau und die Anwerbung deutscher, albanischer und türkischer Söldner.

Den Umfang der Einnahmen der Landesherren kann man höchstens anhand von Kontoeinlagen und Finanztransaktionen über die Banken Dubrovniks erahnen; Hinweise liefern auch die Geschäftsvolumina Dubrovniker Großkaufleute, die im Silberhandel tätig waren. So schickte König Tvrtko II. 1430 Silber im Wert von 30.000 Dukaten nach Dubrovnik, damit dieses in Venedig auf den Markt gebracht werden konnte, und die serbische Silberproduktion pro Jahr wird immerhin auf 30 Tonnen geschätzt. Der burgundische Reisende Bertrandon de la Broquière berichtet außerdem, die Gold- und Silberminen von Novo Brdo hätten 1433 200.000 Dukaten Ertrag ergeben (dies entsprach etwa den venezianischen Einnahmen aus den überseeischen Gebieten). 1419 führte eine Dubrovniker Karawane 1.200 Liter Silber aus Novo Brdo an die Küste. 1434 kauften Dubrovniker Unternehmer im bosnischen Visoko eine halbe Tonne Silber. 1422 wurden über Dubrovnik mindestens 5,6 Tonnen Silber aus Serbien und Bosnien exportiert. Allein das Geschäftshaus Caboga aus Dubrovnik kaufte zwischen 1426 und 1433 10.613 Liter Silber = 3,48 Tonnen im Wert von 100.000 Dukaten.[370] Die bosnische Finanzverwaltung versuchte, die Handelsströme zu kontrollieren, weswegen auf bosnischem wie auch auf serbischem Silber, das auf bosnischem Gebiet transportiert wurde, ein königliches Siegel angebracht wurde. Weder die bosnische Krone noch die serbischen Fürsten vermochten das Dubrovniker Monopol auf den Silberhandel zu beschränken, immerhin hielten sie bis zur osmanischen Eroberung die Exportwege nach Italien offen. Danach wurden die Erträgnisse der Bergwerke in die osmanischen Staatsfinanzen und Münzprägung umgeleitet.[371]

Über das System der Prónoia wurden in weiten Teilen des orthodoxen Balkan die landesherrlichen Einnahmen aus Grundbesitz bzw. Land Dienstleuten (im Gegenzug zu Kriegsdiensten), später aber auch Klöstern zugewiesen.[372] Es stand dem Herrscher frei, Prónoiapfründe selbst in großem Stil wieder einzuziehen, wie dies im byzantinischen Makedonien in den 1370er Jahren und nach

---

368 Jireček, Staat und Gesellschaft, Bd. 2, 71f.

369 Kovačević-Kojić, Privredni razvoj srednjovjekovne bosanske države, 145–150.

370 Dies., Les métaux précieux de Serbie, 193–195 u. 197f.

371 Ebd., 194.

372 Kazhdan, Pronoia; Božić, Le système foncier; Ostrogorsky, Pour l'histoire de la féodalité byzantine; Bartusis, Land and Privilege in Byzantium.

der Rückgabe der Region im Frieden von Gallipoli (1403) geschah.[373] Auf dem Territorium der serbischen Krone, besonders im gut belegten nordalbanischen Küstengebiet, bestand die Prónoia in der Vergabe von Land durch den Landesherrn. Als Gegenleistung entrichteten die Pronoiare Abgaben und leisteten Kriegsdienst. Prónoialand wurde stets mit den dort lebenden Bauern vergeben; die Vergabe erfolgte auf Zeit und der Landesherr behielt auch in Serbien die Verfügungsgewalt über Land und Menschen.

Trotz der faktischen Erblichkeit entstand damit kein Feudaladel im engeren Sinne. Pronoiare zogen gerne auch das Amt des Dorfhauptmanns an sich und übten dann eine starke Gewalt in den Dorfgemeinschaften aus.[374]

Einen erblichen Adel mit Eigengut (plemenita baština) und königlichen Lehen kann man am ehesten im Königreich Bosnien erkennen, wo die Krone – König u. Landtag – Lehen vergaben, deren Besitzer den Zehnten einzogen, Kriegsdienst leisteten und im Gegenzug von Abgaben befreit waren. Die Adligen verfügten im Kollektiv über den Erbbesitz, wobei dies für einen engeren Kreis von Blutsverwandten galt, die auch als „Bruderschaft" oder die „Nächsten" (scil. Verwandten) bezeichnet wurden.[375] Als Beispiel sei die zentralbosnische župa Vrhbosna angeführt, die zum Gebiet des Adelshauses der Pavlović gehörte. Die Pavlović besaßen dort Allodbesitz, die niedrigen Adligen ihr Erbgut. Ob die Krone oder die regionalen Magnaten die Einkünfte aus den Märkten bezog, bleibt unklar.[376]

1.14.9 Recht

Byzantinische Rechtscodices strahlten weit in den bulgarisch und serbisch beherrschten Balkan aus. Von besonderer Bedeutung war der Nomokanón, den Theódoros Balsamón zusammengestellt und den Matthaíos Blástares überarbeitet hatte. Der Nomokanón wurde ins Serbische übersetzt, ebenso das byzantinische Bauernrecht (nómos georgikós).[377] Die wichtigste Rechtskodifikation des balkanischen Spätmittelalters ist der Zakonik (Gesetzbuch) des Zaren Stefan Dušan, der in zwei Teilen promulgiert wurde, die ersten 135 Kapitel auf einem Reichstag/Sabor in Skopje (1349), der zweite Teil 1354 im makedonischen Sérres. Damit wurde er in vollem Umfang erst nach dem Tod des Zaren angewandt. Insgesamt umfasst der Zakonik 201 Kapitel. Die Kapitel regeln die Verwaltung der Kirche in 38 Kapiteln, betreffen den Herrscher (25 Kapitel), dann Familie und Dorf, besonders das Erbgut (baština) und Prónoia-Pfründen. Der Zakonik umfasst vor allem öffentliches Recht und Strafrecht, mit nach gesellschaftlichem Stand abgestuften Bußen. Der Zar

---

373 Estangüi Gómez, Byzance face aux Ottomans, 327–338.

374 Schmitt, Das venezianische Albanien, 170f.

375 Truhelka, Das mittelalterliche Staats- und Gerichtswesen, 93; Babić, Društvo srednjovjekovne bosanske države, 79–82.

376 Mušeta-Aščerić, O vlastelinstvu na području župe Vrhbosne.

377 Blagojević, Zemljoradnički zakon.

war zur Achtung des Gesetzes verpflichtet, und auch Bauern durften das Zarengericht anrufen.[378] Die Funktion des Zakonik wird in der Forschung nicht einheitlich bewertet, wobei es um die Frage geht, ob nach der Eroberung balkanbyzantinischer Gebiete der Zakonik bestehendes byzantinisches Recht ergänzen oder einen eigenständigen neuen Gesetzesapparat darstellen sollte. Auf jeden Fall führt der Zakonik Bestimmungen aus drei Rechtsquellen zusammen, nämlich dem byzantinischem Recht, dem Recht der adriatischen Küstenstädte und Verordnungen altserbischer Königsurkunden sowie mündlichem Gewohnheitsrecht, und spiegelt damit die strukturelle Dreiheit des serbischen Reiches – kernserbisches Gebiet, Adriaküste u. die ehemals byzantinischen Gebiete – wieder. Zu den wesentlichen Unterschieden zwischen dem serbischen Recht und dem in Byzanz geltenden römischen Recht sind die sozialen Abstufungen zu zählen, die in Serbien rechtlich festgeschrieben sind – zwischen Hoch- und Niederadligen, Freien (sebri) und abhängigen Bauern (meropsi), die z. B. im Strafrecht nicht gleich behandelt wurden, während in Byzanz derartige Standesunterschiede unbekannt waren.

Eine Sonderform binnenbalkanischer landesherrlicher Rechtsetzung stellt das Bergrecht dar, wobei das 1412 von Despot Stefan Lazarević für die bedeutende Minenstadt Novo Brdo im Kosovo besonders hervorsticht; es hat sich auch in einer lateinischen Transkription erhalten. Hervorzuheben sind die zahlreichen deutschen terminici technici.[379]

Ein eigenes Rechtsgebiet bildeten die Küstenstädte an der Adria, die ab dem frühen 13. Jahrhundert (Statut von Korčula 1214) ihr Ortsrecht verschriftlichten. Dies galt auch für die größeren Städte des sog. Küstenlandes der serbischen Krone wie Kotor oder Shkodra. Die Statuten von Shkodra stammen aus dem frühen 14. Jahrhundert und sind auf jeden Fall vor dem Zakonik entstanden, auf den sie wohl Einfluss ausübten. Abhängig von den Shkodraner Statuten sind auch jene der küstenländischen Stadt Budva. Aus venezianischen Akten zu rekonstruieren sind die Statuten von Ulcinj.[380] Die Vorrechte des Königs waren in Shkodra eingeschränkt, und nicht umsonst werden sie gleich im zweiten Artikel (im ersten wird die Aufnahme von Neubürgern geregelt) festgelegt: Verrat, Mord, Prozesse um abhängiges Dienstpersonal niederen Stands und Pferdediebstahl durften nur vom König gerichtet werden, während ansonsten die Kommune ihr eigenes Recht mit eigenen Richtern anwandte.[381]

378 Jireček, Das Gesetzbuch des serbischen Caren Stephan Dušan; Ćirković/Čavoški (Hgg.), Zakonik cara Stefana Dušana; dies. (Hgg.) Srednjovekovno pravo u Srba.

379 Latinički prepis rudarskog zakonika (Hg. Ćirković); Radojčić, Zakon o rudnicima despota Stefana; Schütz, Der altserbische bergmännische Wortschatz.

380 Pertusi, Per la storia di Dulcigno.

381 Nadin (Hg.), Statuti di Scutari, 91.

1.14.10 Tragende Eliten

Auch bei den Eliten der Balkanhalbinsel ist ein deutlicher West-Ost-Unterschied erkennbar. Entlang der Adriaküste bis auf die Höhe von Durazzo hatte sich spätestens im 14. Jahrhundert ein städtisches Patriziat herausgebildet, das dem Gesellschaftsmodell Venedigs glich, sich aber parallel, und nicht etwa abhängig von diesem, entwickelt hatte. Patrizier der Küstenstädte, allen voran Dubrovniks, aber auch Kotors pflegten nicht nur Handelsinteressen im Hinterland, sondern übernahmen als Pächter und Amtsträger auch hoheitliche Funktionen.[382] Was den landsässigen Adel betrifft, ist am ehesten wieder Bosnien mit (ost-)mitteleuropäischen Verhältnissen zu vergleichen, wo sich erkennbar – im 14. Jh. – regionale Magnaten etabliert hatten, die als weitgehend unabhängige Territorialherren die Geschicke des Königreichs auf den Landtagen maßgeblich bestimmten und besonders nach dem Tode Tvrtkos I. (1391) die Wahl und Absetzung von Königen betrieben. Grundlage des Adels war in Bosnien der Grundbesitz, zum einen Allod, zum anderen Lehen der Krone. Das Allod (baština, plemenita zemlja) ist neben Urkunden auch auf zahlreichen Grabstelen (stećci) belegt. Nach Wohlstand und Ansehen differenzierte sich dieser Adel (1240 als Boljari bezeichnet) in einen hohen (vlastela) und niederen (vlasteličići) Adel aus, wobei die Abgrenzung aber keine Widerspiegelung z. B. in einem ständischen System wie in Ungarn fand. Diese Begriffe erscheinen erst nach der Krönung Tvrtkos I. zum König von Bosnien, doch verwendete Tvrtkos Kanzlei den Begriff *vlastela*, der die engste Umgebung des Königs bezeichnet, nicht durchgehend.[383] Im serbischen Recht, das dieselben Begriffe kennt, bleibt die Grenze zwischen Hochadel und Niederadel unklar, die Zugehörigkeit zu diesen Kategorien wirkte sich aber im Strafsystem des Zakonik aus. Der serbische Niederadel setzte sich zuerst aus den Baština-Besitzern zusammen. Ab dem frühen 14. Jahrhundert breitete sich in Serbien auch die Prónoia aus. Als Beispiel für die kleinregionale Gliederung der Eliten sei die Region um Stefan Dušans Klosterstiftung, das Erzengelkloster in Prizren, angeführt (Mitte des 14. Jh.s): Wichtigste hohe Adlige waren der Despot Ivaniš, der mit dem Zaren offenbar verwandt war und eigene Dörfer besaß, sowie der Kesar Grgur Golubić, beide Träger neuverliehener Hoftitel nach byzantinischem Muster. Kesar Grgur stiftete ein eigenes Kloster, die Bogorodica Zaumska bei Ochrid. Ebenfalls Förderer der Klöster waren Mladen Vladojević und Rajko Kirizmić, Stifter der Nikolaus-Kirche in Prizren. Baština-Besitzer waren die niederen Adligen Dmitar und Nikola Utoličić, Dragica Grković, Dobroslav Srdanović, Orlando Micović (sein Vorname geht auf den Einfluss des Rolandslieds im Balkan zurück), Bratoslav und Teodor Lepić und andere. Amtsmann des Königs war der *tepčija* Gradislav. Die Hirtenkatune erscheinen mit ihren Führern (knezen).[384]

Im spätbyzantinischen Reich gehörten die Magnaten zu den Stützen des Kaisertums. Die beiden dynastischen Kriege (1321–1328, 1347–1354) und die serbische, vor allem aber die osmanische Eroberung schwächten den Grundbesitz dieser auf Konstantinopel blickenden großen Familien ganz erheblich. Die serbische Königs- und Zarenherrschaft ruhte ebenfalls wesentlich

---

382 Tošić, Petar Primorić.

383 Naumov, Bosanski i humski vlasteličići; Dinić, Humsko-trebinska vlastela.

384 Mišić/Subotin-Golubović, Svetoarhanđelovska hrisovulja, 81–83.

auf den Großen des Reiches, die vom König mit Statthalterschaften betraut und von den Zaren mit hohen Titeln geehrt wurden; die reiche Titelvergabe durch den frisch gekrönten Zaren Stefan Dušan ist dafür symptomatisch. Einer dieser Begünstigten war der Despot Jovan Oliver, 1336 zuerst erwähnt, wohl ein Grieche, der wegen seiner Mehrsprachigkeit geachtet war. Er stiftete 1334 in Lesnovo ein Kloster und ließ eigene Münzen schlagen.[385] Die Eroberungen der ersten Hälfte des 14. Jahrhunderts schufen zahlreiche Statthalterschaften, die den Großen des Reichs übergeben wurden und aus denen sich nach 1355/1371 die in Kap. 1.10 beschriebenen Regionalherrschaften herausbildeten.

Zur Elite der größeren Reiche – Byzanz, Bulgarien, Serbien – gehörte auch die hohe orthodoxe Geistlichkeit, die Patriarchen und bedeutende Metropoliten, die sich an den Residenzorten (in Konstantinopel als „Dauersynode", *endemúsa sýnodos*; Tărnovo, in Serbien wurde der Sitz des Erzbischofs, ab 1346 Patriarchen von Žiča, nach Peć verlegt) aufhielten. In Bosnien hingegen waren Geistliche am Landtag nicht vertreten, was der bikonfessionellen (katholische, bosnische Kirche) Struktur des Königreiches und den damit verbundenen konfessionellen Spannungen zuzuschreiben ist. Katholische Geistliche findet man an den kleinen Höfen im nördlichen Albanien, als Kanzlisten, aber auch als Diplomaten, so den Erzbischof Paul Angelus von Durazzo oder den Abt des Benediktinerklosters Rotezo/Ratac bei Bar, Georg Pellinus, beide wichtige Berater Skanderbegs.[386]

Zu den Eliten gehörten auch Zuwanderer: Im Söldnerwesen (s. u. Kap. 1.14.15) wurden in Serbien Türken wie Deutsche angeworben. Wie gezeigt, übernahmen Landfremde wichtige Stellungen in der Finanzverwaltung und dem Kanzleiwesen, vor allem Männer aus Dubrovnik und Italiener. Politische Eigenständigkeit erreichten sie nur in seltenen Fällen, wobei es sich zumeist um venezianische Patrizier handelte, die sich das Machtvakuum im albanisch-epirotischen Raum zunutze machten, vergleichbar den (freilich wesentlich) dauerhafteren venezianischen Familienbesitzungen in der Ägäis.

1.14.11 Politische Teilhabe

Wie in den einleitenden Bemerkungen zu Kap. 1.14 angedeutet, lässt sich an der Frage der institutionalisierten politischen Teilhabe ein wichtiger Strukturunterschied zwischen dem Westen und dem Osten der Balkanhalbinsel hervorheben. Der bosnische Landtag (stanak, sbor bzw. v'sa Bosna: „ganz Bosnien") wurde vom König, in Zeiten politischer Unruhe, z. B. bei der Absetzung eines Königs, auch von den Großen des Königreichs einberufen. Seine große Zeit erlebte die Adelsherrlichkeit nach dem Tode König Tvrtkos I. (1391–1422), der die Tradition der politischen Teilhabe des Adels zurückgedrängt hatte. So wählte der Landtag nicht Tvrtkos Sohn, sondern den Dabiša zum König. Am Landtag nahmen vor allem die Magnaten teil, zumeist zwölf sog. Zeugen

---

[385] Radonić, O despotu Jovanu Oliveru, 93, 104; Pirivatrić, Vizantijske titule Jovana Olivera.

[386] Schmitt, Skanderbeg, 95–97.

der einzelnen „Gaue" (župe), nicht aber, wie erwähnt, Angehörige der Geistlichkeit. Landtag und König zusammen vertraten in der abstrakten Kronidee das bosnische Königtum. Der Landtag war bei Verträgen (v. a. mit Venedig u. Dubrovnik), Landvergaben, vor allem aber der Wahl und dem Sturz von Königen beteiligt.[387]

Demgegenüber kam dem serbischen Reichstag (sabor) eher eine unterstützende Funktion zu. Einberufen vom König bzw. Zaren, in Krisenzeiten (nach 1371) auch dem Patriarchen, unterstrich er die Bedeutung herrscherlicher Entscheidungen, auf die er freilich keinen rechtlich abgesicherten Einfluss zu nehmen vermochte.[388] Die Selbsterhöhung zum Zaren nahm Stefan Dušan vor einer Versammlung weltlicher und kirchlicher Würdenträger vor, die aber nicht als Sabor zu verstehen ist. Der Reichstag behandelte Einsetzung und Abdankung von Herrschern, die Einsetzung neuer Metropoliten und die königlichen Stiftungen von Klöstern und Kirchen.[389] Die eigentlichen politischen Beratungen nahm ein innerer Kreis im Sinne eines königlichen Rats vor, dessen Verhältnis zum Sabor unklar bleibt. Letztmals wurde ein Sabor vor dem Tod des Despoten Stefan Lazarević abgehalten (1427). In Bulgarien und Byzanz fehlte die Einrichtung eines Reichstags.

Auch auf regionaler Ebene sind im serbischen Königreich Versammlungen der einheimischen Oberschicht aus wenigen Quellenfragmenten zu erschließen, so in Trebinje oder Tetovo (1300).[390]

Auf lokaler Ebene verloren in Serbien die Versammlungen der „Gaue" und Dörfer unter Stefan Dušan an Bedeutung; sie wurden, erfolgten sie auf Initiative „von unten", sogar verboten.[391] In Dalmatien hingegen finden sich noch in den 1440er Jahren auf Korčula bäuerliche Bewegungen mit der Forderung nach eigenen Räten (in slawischer Tradition als veće bezeichnet). Dorfgemeinschaften (universitas) hielten sich demnach vor allem auf den dalmatinischen Inseln unter venezianischer und Dubrovniker Herrschaft, weniger aber im inneren Balkan. Auf dem Festland wandelten sich alte Gau-Versammlungen in Adelsversammlungen von Kleinregionen um, so auf der Hochebene Poljica bei Split oder bei den Paštrović bei Ulcinj.[392] Damit verwandt sind die Versammlungen der sich herausbildenden Stämme in Montenegro; die bedeutendste Zusammenkunft war jene von Vranjina am Skutarisee (1455), auf der sich die Stämme unter Führung Stefanica Crnojevićs Venedig unterstellten.[393]

---

387 Dinić, Državni sabor srednjovekovne Bosne.

388 Grundlegend ist Radojčić, Srpski državni sabori, 309–312 (zusammenfassende Interpretation), 123 (zur unklaren Rechtslage der Versammlung zur Selbsterhöhung zum Zaren).

389 Jireček, Staat und Gesellschaft, Bd. 1, 23.

390 Ebd., 22f.

391 Ebd., 70; Ćirković, Seoska opština.

392 Jireček, Staat und Gesellschaft, Bd. 1, 22; Božić, Paštrovići.

393 Schmitt, Das venezianische Albanien, 205–210, 310.

1.14.12 Hofkultur, Residenzen und Pfalzen

Das Residenzwesen war im mittelalterlichen Balkan ebenfalls in ein westliches und ein östliches Modell geteilt, wobei in Übergangszonen wie Serbien die Byzantinisierung nach 1300 Veränderungen mit sich brachte. In Byzanz und Bulgarien sowie den griechischen Regionalfürstentümern Thessalien, Epirus und dem byzantinischen Despotat Morea bestanden feste Residenzen: Konstantinopel, die bulgarische Zarenresidenz Tărnovo, Tríkala, Árta, Ioánnina und Mistra. Demgegenüber reisten die serbischen Könige bis zur Zeit Stefan Dušans von Pfalz zu Pfalz.[394] Die Pfalzen verschoben sich dabei mit der Ausdehnungspolitik Serbiens nach Süden, von Ras nach Pauni, Nerodimlje, Svrčin (alle um einen heute nicht mehr bestehenden großen See im Kosovo, beim heutigen Ferizaj, gelegen), Skopje bis nach Sérres, im Küstenland war Dagno, heute Vau e Dejës, in der Ebene östlich von Shkodra eine beliebte Pfalz.[395] Unter Dušan diente das an der Schnittstelle zwischen dem griechischen und dem serbischen Reichsteil gelegene Skopje für einige Jahre als Residenz. Nach dem Zerfall des Zarenreiches richtete sich Fürst Lazar zunächst in Kruševac ein, wo er neben einer Residenz auch eine Kirche (Lazarica) erbauen ließ.[396] Als die Osmanen in den inneren Balkan vorstießen, verlegte Despot Stefan Lazarević seinen Hof in sein von Ungarn vergebenes Lehen Belgrad. Dort sammelte er seinen Hof und den Metropoliten um sich und als 1427 Belgrad wieder unter ungarische Verwaltung fiel, erbaute Georg (Đurađ) Branković mit Erlaubnis des Sultans das 40 km östlich gelegene Smederevo, das bis zu seiner Eroberung durch die Osmanen 1459 den serbischen Despotenhof beherbergte. Die serbischen Teilfürstentümer im ehemals byzantinischen Südbalkan verfügten über feste Residenzen (z. B. Sérres, Valona).

Das bosnische Königreich besaß zwar keine feste Hauptstadt, wohl aber mehrere Residenzburgen, so Kraljevska Sutjeska, Bobovac, Aufbewahrungsort der Krone, sowie mehrere pfalzartige Höfe z. B. in Kreševo und Podvisoki. Sutjeska und in den letzten Jahren des Königtums Jajce (wo 1461 die letzte Krönung stattfand) galten als Hauptresidenz (stono mesto), während bei Podvisoki die Landtage abgehalten wurden. Im 15. Jahrhundert stellten die Könige oft Urkunden im zentral gelegenen Milodraž aus, das unweit von Kiseljak lag. Blagaj war ein beliebter Aufenthaltsort der Herzegowiner Dynastie der Kosače, die mehrere Residenzburgen besaßen (Soko an der Drina, Dračevica, Sutorina, Novi, Samobor u. Ključ), während die Pavlović mit dem Ort Borač verbunden waren.[397]

Im Südwesten des Balkans verfügte das Fürstentum Epirus über zwei höfische Zentren in Árta und Ioánnina.[398] Im 14. Jahrhundert bildeten diese Städte den Schauplatz des Zusammentreffens

394 Zum serbischen Pfalzwesen s. Jireček, Staat und Gesellschaft, Bd. 1, 6–8; Popović, Dvor vladara i vlastele.

395 Novaković, Nemanjićke prestonice, 22 (zu Pauni zur Zeit Milutins mit reichem Bestand an Flussfischen); der byzantinische Großkanzler Theódoros Metochítes, dem sich eine Beschreibung des serbischen Hofes unter Milutin verdankt, nannte den Namen der von ihm besuchten Pfalz freilich nicht (ebd., 24f.); vgl. dazu Radić, Some Observations of Theodore Metochites; Novaković, Nemanjićke prestonice, 26ff., 39 (zu Svrčin).

396 Spremić, Kruševac u XIV i XV veku.

397 Ćirković, Dvor i kultura.

398 Maksimović, Der Despotenhof in Epirus.

von byzantinischem, italienischem, serbischem und albanischem Adel. Im 13. und 14. Jahrhundert war Árta ein Mittelpunkt der Baukunst und der Literatur (Homerparaphrase); im 15. Jahrhundert stattete der italienische Humanist Ciriaco von Ancona dem Hof einen Besuch ab und berichtete von dem regen höfischen Leben (Jagd, Interesse für Altertümer);[399] in Ioánnina wurde das Heldenepos (Tocco-Chronik) ebenso gepflegt wie die lokale chronikalische Überlieferung. Eine ausgeprägte Hofkultur mit Förderung von Skriptorien und Klöstern unterhielten auch die griechisch-serbischen Fürsten von Thessalien mit Residenz in Tríkala.[400]

Die Adligen in der Landschaft Albanien folgten eher einem System wechselnder Residenzen in Burgen ohne größere Unterstadt (v. a. in den bergigen Teilen der Region).[401] Im nordalbanischen Flachland hatte sich, wie erwähnt, in Dagno eine serbische Pfalz befunden. Die regionalen Adligen strebten daher danach, die wohlhabenden Küstenstädte wie Valona, Durazzo, Alessio, Dulcigno, Antivari, Budva und Cattaro zu Residenzen zu machen, ebenso das im Binnenland gelegene Skutari. Die albanischen Thopia saßen für einige Jahre (bis 1392) in Durazzo, die Balsha in Dulcigno und Skutari. Diesen Drang des Adels zur Küste kann man auch in Dalmatien beobachten, wo die bosnische Krone und die Herren von Hum (letztere auch in Richtung Süden: von Kotor bis Bar) zeitweise die Stadtkommunen beherrschten. Die venezianische Expansion wurde wegen dieser von den Stadtbürgern als drückend empfundenen Adelsherrschaften erleichtert. Bis Mitte der 1490er Jahre besaßen die Crnojević in Montenegro Burgen im Flachland am Nordufer des Skutarisees (Podgorica, Medun, Žabljak), der Rückzug nach Cetinje im Hochland war die Reaktion auf den Verlust des Unterlandes und die stete Bedrohung durch osmanische Streifscharen.[402] Skanderbeg hatte die strategisch wichtigste Burg Mittelalbaniens, Kruja, 1451 an Neapel übergeben und sich eine Fluchtburg an Kap Rodoni errichten lassen; ansonsten stützte er sich kaum auf befestigte Plätze.[403] Ähnliches gilt für den einflussreichsten Adligen Nordalbaniens, Skanderbegs Zeitgenossen Leka Dukagjin. Das Fürstentum der kumanischen Terteriden in der Dobrudscha mit Mittelpunkt in Kaliakra – „ein Zentrum der Kondottiere und Korsaren" – stand in engen Beziehungen zu Byzanz und Tărnovo. Kaliakra lag auf einem Kap und besaß selbst eine Fläche von 15 km²; die Innenstadt maß 2,5 km² und war mit einem Wall befestigt.[404]

Von erheblicher Bedeutung besonders für die Regionalherrscher des westlichen Balkan waren Paläste oder Häuser, die sie als Zufluchtsorte in Dubrovnik, dem venezianischen Dalmatien

---

[399] Ziebarth, Κυριακός ο εξ Αγκώνος; Nicol, The Despotate of Epiros, 204f.

[400] Sophianos, Οι Σέρβοι ηγεμόνες των Τρικάλων; bereits Stefan Dušan hatte die Klöster Thessaliens bedacht, so das Kloster der Panagía Eleúsa bei Phanári nahe Kardítsa (1348) als Bestätigung älterer byzantinischer Urkunden; ebenfalls 1348 urkundete er für das Kloster Hágios Geórgios ton Zablantíon bei Tríkala. Symeon Uroš Palaiológos (1359–1370) stiftete die Sotér-Kirche im Kloster der Großen Metéora und das Hypapanté-Kloster ebenfalls auf den Metéora (1366/1367); im selben Bd.: Evagelatou-Notara, Greek Manuscript Copying Activity, 222f.

[401] Schmitt, Das venezianische Albanien, 197–202.

[402] Istorija Crne Gore, Bd. 2,2, 329.

[403] Schmitt, Skanderbeg, 121–124.

[404] Gjuzelev, Die Residenzen Tărnovo, Vidin und Kalikakra.

(Zadar) oder Venedig selbst erwarben; eng waren derartige Verbindungen auch in das Königreich Neapel, das Suzeränität über viele westbalkanische Adlige (Muzaki, Kastriota, Araniti, die Herzegowina) ausübte und auch Lehen in Süditalien selbst vergab.[405]

Auch in der Hofkultur ist ein West-Ost-Unterschied erkennbar. Der bulgarische Zarenhof von Tărnovo verstand sich als „Neues Konstantinopel" und bildete auch ein Zentrum der Schriftkultur mit eigener Hofschule und Skriptorium, wo mehrere prächtig illustrierte Handschriften entstanden, besonders eine Übersetzung der byzantinischen Manassés-Chronik und ein Tetraevangeliar. Erhalten haben sich aus der zarischen Bibliothek lediglich neun Handschriften. Schwerpunkte des Interesses bildeten die frühe byzantinische Geschichte, theologische Werke von Kirill, dem Mönch Chrabăr (Über die Buchstaben) und Konstantin von Preslav: „die Zarenbibliothek unterscheidet sich von einer bescheidenen Klosterbibliothek im 14. Jahrhundert im Grunde genommen nur wenig".[406] Nach byzantinischem Vorbild wurde die Herrscherpanegyrik betrieben (erhalten sind zwei Lobreden auf Ivan Aleksandăr 1337 u. 1340er Jahre). Die Höflinge kleideten sich nach byzantinischem Vorbild. Wesentlich bescheidener war die Bibliothek in Vidin ausgestattet, sowohl was Zahl wie Qualität der Handschriften betrifft.[407] Der serbische Königs- und Zarenhof wurde in der ersten Hälfte des 14. Jahrhunderts ebenfalls byzantinisiert – in beiden Fällen kam dynastischen Heiraten mit der byzantinischen Kaiserdynastie entscheidende Bedeutung zu. In Bosnien hingegen, sowohl am Königshof wie an den Höfen der regionalen Großen, fand die abendländische Ritterkultur Eingang. Diese erreichte über König Sigismunds Drachenorden auch den serbischen Despotenhof. Bosnische und serbische Turnierkämpfer nahmen u. a. an dem erwähnten ungarischen Hoftag in Ofen (1412) teil. Zur Hofkultur gehörte auch die Jagd, wie die Hofämter des *kragujar* und *gerakar* (aus dem Griechischen hierax) für Falkner sowie der Hundeführer (psar) und in Byzanz des *protokýnegos* „erster Jäger" bezeugen.[408]

1.14.13 Städte und Territorialherrschaft

Eine West-Ost-Differenzierung ist auf der Balkanhalbinsel auch im Verhältnis von Städten und Territorialherrschaft zu beobachten. Im Ostteil der Halbinsel genossen die Städte keine Sonderstellung; d. h. sie besaßen kein eigenes Stadtrecht und ihre Bewohner galten nicht als Personen eigenen Rechts, wenngleich sich in spätbyzantinischer Zeit städtische Identitäten etwa in Saloniki oder Ioánnina entwickelten und kaiserliche Privilegien für Kruja oder Ioánnina vergeben wurden.[409] In den Städten war der Landesherr durch seine Statthalter, die genannten Kephalé/

---

405 Dazu PETTA, Despoti d'Epiro.

406 GJUZELEV, Die Residenzen Tărnovo, Vidin und Kalikakra, 69; KAJMAKAMOVA, Idejata „Tărnovo – nov Carigrad".

407 GJUZELEV, Die Residenzen Tărnovo, Vidin und Kalikakra, 70–72.

408 BILIARSKY, Word and Power, 478–480.

409 MATSCHKE, Grundzüge des byzantinischen Städtewesens; MAKSIMOVIĆ, Charakter der sozialwirtschaftlichen Struktur der spätbyzantinischen Stadt; wichtige Beiträge versammelt KREKIĆ (Hg.), Urban Society of Eastern

kefalija, vertreten, und etliche größere Städte dienten als Residenzen von Herrschern, Apanagen-fürsten und Regionalherren (so Árta, Ioánnina, Tríkala, Sérres, Vidin, Tărnovo). Als Beispiel für eine größere Provinzstadt, die zwischen Byzanz und Bulgarien mehrfach hin- und herwechselte, sei Philippopel angeführt, dessen Statthalterliste freilich sehr lückenhaft ist: 1321 residierte als Vertreter des byzantinischen Kaisers der Groß-Stratopedárches Andrónikos Palaiológos, Strategós des Thema (Provinz) Stenímachos und Cepena, wahrscheinlich in der Stadt, 1322 sein Nachfolger Geórgios Bryénnios. 1322/1323 wurde dieser von Ivan Rusana, Statthalter des bulgarischen Za-ren, abgelöst. 1323–1344 unterstand die Stadt wieder Byzanz, 1344–1371 Statthaltern des bulga-rischen Zartums.[410] Philippopel kann auch als Beispiel dafür herangezogen werden, dass selbst für bedeutende Verwaltungszentren des östlichen Balkans für das 14. Jahrhundert weder die Namen aller Statthalter noch Einzelheiten über die Verwaltung bekannt sind, zumal sigillographische Be-lege nur für das 13. Jahrhundert vorliegen.[411]

In Serbien und Bosnien nahmen die Städte strukturell eine Zwischenstellung ein, wobei im ser-bischen Königreich zwischen Städten im Küsten- und jenen im Binnenland zu unterscheiden ist. Erstere gehen in der Regel auf antike Siedlungen zurück (Shkodra, Drisht, Lezha, Ulcinj, Bar, Budva, Kotor), während letztere mittelalterliche Gründungen sind, zumeist des Hoch- und Spät-mittelalters, hervorgebracht vom Bergbau und vom Handel, in seltenen Fällen (Brstenik, Novi, Smederevo) als landesherrliche Gründungen.[412] In beiden Königreichen bestand ebenfalls kein gesondertes Stadtrecht. In jenen Orten aber, in denen auswärtige Bergleute („Sachsen") und Du-brovniker Kaufleute ansässig waren, gehörten die Einwohner verschiedenen Rechtskategorien an: Untertanen der Landesherren und privilegierte Zuwanderer, die nach eigenem Recht lebten. Rechtspluralismus kennzeichnet diesen Siedlungstyp; aus diesem Grunde entwickelte sich, anders als in den Stadtkommunen im Küstenland, keine städtische Solidarität von Bürgern. Vom Ver-waltungsleben der binnenbalkanischen Städte ist fast nichts bekannt; fast alle Quellen beziehen sich auf Dubrovniker Kaufleute, deren Niederlassungen genau erforscht sind. Sie bildeten aber nur kleine Inseln inmitten einer kaum dokumentierten einheimischen Gesellschaft.

Zu den wichtigsten Minenorten des Balkans zählten Novo Brdo im Kosovo und Srebrenica („Silber-stadt"), das mehrfach zwischen Serbien und Bosnien den Besitzer wechselte. Für Srebrenica wurde gezeigt, dass einheimische Kaufleute das Dubrovniker Bürgerrecht erwarben, um von den Han-dels- und Rechtsprivilegien ausländischer Kaufleute zu profitieren. Der Einfluss der sächsischen Bergleute erklärt die Entstehung einer rudimentären Selbstverwaltung mit aus dem Deutschen entlehnter Begrifflichkeit, ähnlich den Städten im Fürstentum Moldau. Freilich ist für Bosnien über spezielle stadtrechtliche Privilegien für diese „Sachsen" nichts bekannt, doch bestand 1373 in

---

Europe; für eine typologische Einordnung: Mumenthaler, Spätmittelalterliche Städte West- und Osteuropas im Vergleich; Oikonomidès, Andronic II Paléologue.

410 Dančeva-Vasileva, Plovdiv prez Srednovekovieto, 257.

411 Ebd., 260.

412 Einen guten Überblick bietet eine Sammlung von Aufsätzen der besten Kennerin des bosnischen und serbischen Städtewesens: Kovačević-Kojić, La Serbie et les pays serbes, hier der Aufsatz: Le rôle de la réglementation; für Bosnien s. Babić, Društvo srednjovjekovne bosanske države, 49–68.

Fojnica eine „curia Teutonicorum", welche auch in Srebrenica und Olovo belegt ist.[413] So ist eine Versammlung von zwölf „purgari" (Bürgern) bezeugt, die aber einem landesherrlichen Statthalter (Knez, im serbischen Despotat einem Vojvoden) gegenüberstanden. Der Ort besaß ein Siegel und eigene Gewichtsmaße, doch sind keine Symbole städtischer Selbstverwaltung wie etwa ein Rathaus bekannt. Die zahlenstarke Dubrovniker Kaufmannschaft hielt ihre eigenen Beratungen ab und genoss einen zweimal von den serbischen Despoten bestätigten Rechtsstatus (srebrenički zakon). An landesherrlichen Ämtern ist der *urburar* bezeugt, der die Konzessionen zum Bergbau vergab.[414] 1412 erließ Despot Stefan Lazarević ein eigenes Bergrecht, dessen Reichweite – ob nur für Novo Brdo oder doch auch andere serbische Minenorte – in der Forschung umstritten ist.[415] Unklar ist ebenfalls, ob in Srebrenica die Einwohner mehr politischen Spielraum gegenüber dem Landesherrn genossen als jene von Novo Brdo, wo wegen der osmanischen Bedrohung die landesherrliche Autorität stärker ausgebildet war.[416] Für kleinere Provinzstädte im Kosovo wie Janjevo (erstmals belegt 1303) oder Priština, immerhin eine Königspfalz, liegen Angaben ebenfalls in erster Linie nur für die katholische Bevölkerung vor. Janjevo, bis heute katholisch geprägt, gehörte schon zu Beginn des 14. Jahrhunderts zu den binnenländischen katholischen Pfarreien im serbischen Königreich (neben Brskovo, Rudnik, Rogozna und Trepča).[417] Für Priština besitzen wir aus Dubrovniker Quellen einige Angaben zu den Kefalije. 1402 legte der Kefalija Branko die Grenzen des Dorfes Konjuh fest; 1409 erbrach ein Kefalija das Haus eines verstorbenen Dubrovnikers, und zwischen 1436 und 1448 sind die Brüder Oliver und Đurađ Golemović (letzterer auch im Volkslied besungen) als Statthalter der alten (bis 1439) und der erneuerten (ab 1444) Despotenherrschaft bezeugt. Auch in Priština lebte eine zahlenstarke Dubrovniker Gemeinschaft, die in der Öffentlichkeit auftrat, so als sie den osmanischen Grenzfeldherrn von Skopje, Isa Bey, feierlich in der Stadt begrüßte.[418] Aus den spärlichen Angaben lässt sich nicht erschließen, ob sich im ausgehenden Mittelalter die Städte in Bosnien und auch in Teilen Serbiens in Richtung stärkerer kommunaler Strukturen entwickelten – ein Vorgang, der von der osmanischen Eroberung unterbrochen worden wäre – oder ob die rechtliche Fragmentierung der Stadtbewohner und der Einfluss des Landesherrn erhalten blieben.[419]

Entlang der Adriaküste, von Istrien bis nach Nordalbanien, hatten sich im Mittelalter Stadtkommunen des adriatischen Typs entwickelt, mit schriftlichem Stadtrecht (Statuten), einem eigenen Rechtsbezirk (Stadt u. Contado), mit eigenem Bürgerrecht, d. h. rechtlicher Privilegierung der

---

[413] Babić, Društvo srednjovjekovne bosanske države, 59–61.

[414] Kovačević-Kojić, Srebrenica médiévale, sowie die Monographie derselben Verfasserin: Srednjovjekovna Srebrenica. Wie sehr die Stadt umkämpft war, zeigt die Tatsache, dass sie bis zu ihrer endgültigen Eroberung durch die Osmanen viermal in bosnischer und dreimal in serbischer Hand war (ebd., 19); zum Zakon von Srebrenica: 22; zum *urburar*: 30; zur Stadtverwaltung: 123–129.

[415] Dies., Srednjovjekovna Srebrenica, 34.

[416] Ebd.,124.

[417] Dies., Janjevo dans la Serbie médiévale.

[418] Dies., Priština au Moyen Âge, 215–217.

[419] Babić, Društvo srednjovjekovne bosanske države, 66, mit einer Diskussion von Thesen Mihailo Dinić.

Bürger gegenüber den Bauern des Stadtbezirks und gegenüber allen Nichtbürgern. In Kap. 1.10 wurde ausgeführt, wie im 14. Jahrhundert die Herren Bosniens (Kap. 1.10.9), vor allem Hums (Kap. 1.10.5), und die albanischen Regionalfürsten (Kap. 1.10.6) zur Küste vordrangen und zeitweise die Herrschaft über die Stadtgemeinden ausübten. Dies war nur möglich in einem Machtvakuum, d. h. bei Schwäche der ungarischen Krone in Dalmatien wie auch Venedigs entlang der gesamten ostadriatischen Küste bis hinab nach Albanien. König Tvrtko I. und Hrvoje Vukčić in Dalmatien sowie die Balsha und Thopia in Albanien gehören zu diesem Typus. In Split und Dyrrháchion nahmen die zu Stadtherren gewordenen Landesherren den Titel „Herzog" (dux) an. Länger dauerte die serbische Oberhoheit über die Küstenstädte zwischen Kotor und der nordalbanischen Ebene, die König Milutin für die serbische Krone gewonnen hatte.[420]

1.14.14 Extensive Herrschaft

Eine besondere Herausforderung für jede Form von politischer Herrschaft im Balkan bis zu Beginn des 20. Jahrhunderts bildete die Kontrolle über die Bewohner der Hochlandregionen, die zumeist von der Wanderweidewirtschaft lebten. Die in der Regel als Vlachen bezeichneten Hirtengemeinschaften entzogen sich zumeist dem Zugriff der Reichsbehörden, deren Machtmöglichkeiten auch in den Ebenen nicht überschätzt werden sollten.[421] Daher gestanden die mittelalterlichen Herrscher des Balkans den Bewohnern der Hochländer weitgehende Selbstverwaltung zu. Im serbischen Reichsrecht des Zakonik wurden die Vlachen als getrennte Fiskal- und Rechtskategorie behandelt. Zahlreiche Vlachen gelangten durch königliche Schenkungen unter die Herrschaft großer Klöster, vor allem im Kosovo. Geführt wurden die vlachischen Hirtengemeinschaften von Knezen, Primikjuren (aus gr. primikérios), Čelniks, Katunaren (katun = Hirtengemeinschaft) oder „seniores". In den Klosterurkunden des Kosovo erscheinen Vlachen und Albaner als abgegrenzte gesellschaftliche Gruppen mit Hirtenlebensweise (wobei beide Ethnonyme hier als soziale Kategorien zu verstehen sind u. nicht alle Vlachen u. Albaner als Hirten lebten). In der großen Urkunde Stefan Dušans für seine Hauptstiftung, das Erzengelkloster bei Prizren, wird von einem „Vlachenrecht" (zakon'vlahom') gesprochen, im Gegensatz zu einem „Serbenrecht", dem auch sesshafte Albaner unterstanden: Vlachen entrichteten ihre Abgaben in Vieh oder in Geld (Perpern).[422] In

---

[420] Die Literatur ist aufgrund der verhältnismäßig guten Quellenlage reich: Šufflay, Städte und Burgen Albaniens; Božić, Nemirno pomorje; Schmitt, Das venezianische Albanien; Malltezi, Qytetet e bregdetit shqiptar; Antonović, Grad i zaleđe, jeweils mit weiterführender Literatur.

[421] Die Vlachen im späten Mittelalter sind von der Balkanmediävistik gut erforscht, s. Beldiceanu, Les Roumains des Balkans; ders., Sur les Valaques des Balkans slaves (mit nationalrumänischer Tendenz, in den Vlachen mittelalterliche Rumänen zu sehen); ders./Beldiceanu-Steinherr/Năsturel, Les recensements ottomans; Filipović, Osmanski feudalizam u Bosni i Hercegovini, das Kap.: Vlasi i upostava timarskog sistema u Hercegovini [Die Vlachen u. die Errichtung des Timar-Systems in der Herzegowina], 423–533; Buzov, Vlasi u bosanskom sandžaku; Isailović, Legislation concerning the Vlachs; außerdem Beitrag 3, Ursprung, Kap. 3.2.1.

[422] Jireček, Staat und Gesellschaft, Bd. 1, 70; Mišić/Subotin-Golubović, Svetoarhanđelovska hrisovulja, 78f., sowie Edition 113f.

Berührung mit Herrschaftsstrukturen der Ebenen gelangten die Hirtengemeinschaften (Katune), wenn sie ihre Winterweiden bezogen. Aus diesen Katunen entwickelten sich im ausgehenden Mittelalter als Reaktion auf den serbischen Staatszerfall in Nordalbanien und Montenegro Stämme heraus, d. h. (fiktive) Abstammungsgemeinschaften mit klar umrissenem Territorium im Bergland sowie eigenem Gewohnheitsrecht.

Es ist wichtig zu unterstreichen, dass die Stammesbildung ein reversibler Prozess war. In Zeiten guter Sicherheitslage hatten sich in den nordalbanischen Flachlandgebieten Katune angesiedelt und in Dorfgemeinschaften integriert – erst die osmanische Bedrohung zwang sie wieder zurück in die Lebensweise von Hirten- und Kriegergemeinschaften im geschützten Hochland. Aus diesen Strukturen entstand Montenegro, wo die Crnojević im 15. Jahrhundert die Anführerschaft über eine Vielzahl derartiger Gemeinschaften übernahmen.[423] Im Hochland lebten diese Gemeinschaften weitgehend abgabenfrei. Sie zahlten Gebühren für Winterweiden und die Benützung der Schlachthäuser in den Küstenstädten; für die Territorialherren waren besonders ihre kriegerischen Fähigkeiten von Interessen. So rekrutierte z. B. Venedig Hirtenkrieger für seine Landesverteidigung in Nordalbanien.[424] In Bosnien und Hum gehörten die Vlachen der Krone, die sie den Magnaten als Vasallen zuwiesen; daneben gab es auch Vlachengemeinschaften, die Königen, so Tvrtko II. oder Ostoja, unterstanden. Die Vasallität bezog sich bei diesen seminomadischen Hirtenkriegergemeinschaften nicht auf ein Territorium, sondern den Personenverband.[425] 1484 ließ sich Vlatko von Hum von Mehmed II. in der Region Bileća-Trebinje 240 vlachische Haushalte und 200 Vlachen in Popovo bestätigen.[426]

1.14.15 *Heer*

In allen drei balkanorthodoxen Reichen stützte sich das Heerwesen im Spätmittelalter auf Pronoiare und Söldner, wobei, wie angedeutet, der Missbrauch des Prónoiasystems (Vergaben an Klöster u. Frauen) das Wehrwesen schwächte.[427] Die erwähnten Enteignungen von Klosterbesitz zur Vergabe von Prónoia-Pfründen im späten Byzanz belegen die Bedeutung des Systems. Die Anwerbung von Söldnern hatte in Byzanz eine lange Tradition; in Serbien ist sie ab dem Beginn des 14. Jahrhunderts gut erkennbar. Die balkanorthodoxen Reiche rekrutierten aus dem Westen vor allem gepanzerte Reiter, teilweise in Heeresstärke wie die Katalanische Kompanie (1303), die byzantinischer Kontrolle bald entglitt und eine eigene Herrschaft in Athen (1311) gründete (s. o. Kap. 1.7.4). Die Katalanische Kompanie ist auch ein Beispiel für die finanzielle Überforderung

---

423 Božić, „Katuni Crne Gore"; ders., Uloga i organizacija ratničkih družina.

424 Schmitt, Das venezianische Albanien, 205–210.

425 Ausführliche und quellengesättigte Auflistung bei Kurtović, Seniori hercegovačkih Vlaha.

426 Beldiceanu-Steinherr/Bojović, Le traité de paix, 77f.

427 Die folgenden Ausführungen stützen sich auf: Popović, Veština ratovanja; Ćirković, Rat i društvo; Jireček, Staat und Gesellschaft, Bd. 1, 74–83; Novaković, Stara srpska vojska; Bartusis, The Late Byzantine Army.

von Byzanz, größere Söldnerheere zu unterhalten. Auch Serbien warb Spanier an, dazu auch Franzosen und Deutsche, oftmals Reitereinheiten von mehreren hundert Mann. Im 14. Jahrhundert dienten der serbischen Krone italienische und deutsche Condottieri (am bekanntesten ist der Deutsche Palman unter Zar Stefan), die im orthodoxen Serbien auf eigenen katholischen Gottesdiensten beharrten. Byzanz und Bulgarien, im Spätmittelalter auch Serbien, rekrutierten auch im Schwarzmeerraum. Türken waren in Byzanz seit Jahrhunderten eine gewohnte Erscheinung im Heer; im serbischen Königreich wurden Türken, Tataren und kaukasische Osseten angeworben. Die kumanischstämmigen Regionalherren an der Donau, Drman und Kudelin, hatten kumanische und tatarische Söldner in Diensten, ebenso der bulgarische Despot von Vidin Šišman (1292); zuvor von Byzanz besoldete Osseten, einst Kerntruppen Nogajs, wechselten 1306 in das bulgarische Heer.[428] In der Schlacht von Velbăžd (1330) standen sich abendländische Panzerreiter im serbischen Heer und turksprachige Söldner im bulgarischen Heer gegenüber.[429] Die serbische Eroberung des südlichen Balkans wurde dagegen maßgeblich von albanischen Söldnern getragen, und das Entstehen albanischer Herrschaften in Epirus ist im Zusammenhang der serbischen Südexpansion zu verstehen.

Die traditionelle Anwerbung von Türken als Söldner erklärt auch, weshalb viele Balkanorthodoxe Herrscher die Veränderungen im 14. Jahrhundert unterschätzten, die mit dem Aufstieg der Osmanen und türkischer Kriegerführer entstanden, die dauerhaft auf den Balkan übersetzten und dort eigene Herrschaften errichteten. Dass im Zeitalter der osmanischen Eroberung Osmanen bzw. den Osmanen mehr oder weniger nahestehende Grenzfeldherren in allen Regionen des Balkans, von der Morea bis nach Bosnien und von Epirus bis in die Walachei, als Verbündete der Landesherren zu Hilfe gerufen wurden, war daher keine Neuheit.

In Serbien setzte sich das Heer zudem aus den Baština-Besitzern zusammen. Nach 1300 kamen die Pronoiare und verstärkt Söldner hinzu. Mit den Baština-Besitzern zogen die abhängigen Bauern (sebri) auf Geheiß des Königs als leichtbewaffnete Fußsoldaten ins Feld. Die niederen und hohen Adligen dienten zu Pferd, wobei Rüstungen aus Dubrovnik und Venedig eingeführt wurden. Die serbischen Panzerreiter spielten wiederum im frühosmanischen Heer eine wichtige Rolle, so 1395 bei Rovine, 1396 bei Nikópolis oder 1402 bei Ankara. Aufgeboten wurden auch die Bergarbeiter der Minenstädte, die im serbischen Vasallenheer 1453 gegen Konstantinopel zum Einsatz kamen (zwei Jahre später fiel ihre Herkunftsstadt Novo Brdo nach einer osmanischen Belagerung). Die Stadtkommunen an der Küste hatten ebenfalls Krieger sowie auch Schiffe zu stellen; sie schränkten ihren Einsatzradius aber ein. Zeitgenossen beobachteten ohnehin, dass die serbischen Bauernkrieger und Adelsaufgebote ungern weit außerhalb ihrer Herkunftsgebiete kämpften. Ihre gegen Türken gerichteten Offensiven im byzantinischen Balkan scheiterten zudem oft (z. B. 1352), und eine bewegliche Außenpolitik wurde im Wesentlichen durch den Einsatz von Söldnern ermöglicht. Von regionalen Aufgeboten hingegen wurden die Grenzgebiete verteidigt,

---

[428] Krăstev, Stopanskijat život.

[429] Nikephóros Gregorás spricht von „1.000 keltischen Reitern" auf der Seite der Serben und „dreitausend skythischen Söldnern" und zwölftausend Mann auf der bulgarischen Seite. Nikephoros Gregoras, Rhomäische Geschichte, Bd. 2,1 (Übers. van Dieten), 237.

zu denen der Zakonik eine eigene Bestimmung enthielt. Grenzfeldherren wie der erwähnte Hrelja Ohmućević in den 1340er Jahren befehligten dabei bis zu 1.000 Mann.

Für den Bau und Unterhalt von Burgen wurde die Bevölkerung in Fronarbeit (kastroktisía, gradozidanie) herangezogen.[430] Die osmanische Bedrohung rief in Serbien und Bosnien einen ausgedehnten Burgenbau hervor, wobei auch Klöster zu eigentlichen Festungen umgewandelt wurden (Resava, Ravanica). Stark befestigt wurden die Minenorte Novo Brdo und Srebrenica; in Smederevo und Golubac verfügte das Despotat über massive Festungen an der Donau. In Bosnien wurden die Königsburgen Bobovac, Visoki und Jajce erneuert, und nicht umsonst hielt Jajce 1464 der Belagerung durch Mehmed II. stand.[431]

1.14.16 Wirtschafts- und Siedlungspolitik[432]

Eine Steuerung der Wirtschaftspolitik ist quellenmäßig am besten im Außenhandel und dem damit vor allem in Bosnien und Serbien eng verbundenen Minenwesen zu beobachten. Das 14. und 15. Jahrhundert erlebten den Höhepunkt des venezianischen und genuesischen Fernhandels im östlichen Mittelmeer und im Schwarzen Meer. Byzanz besaß lange Erfahrung mit beiden Seehandelsrepubliken, verlor im 14. Jahrhundert aber die Kontrolle über die beiden rivalisierenden Seemächte und wurde selbst zum Spielball und gar Schauplatz von deren Kriegen um die Vorherrschaft im ostmediterranen Handelsraum. Wie sich dabei genuesisch-osmanische Bündnisse bildeten, wurde bereits gezeigt, und Genuesen kam, durch Flotten- und Transportdienste (so 1444) eine bedeutende Stellung bei der Sicherung der osmanischen Macht auf dem Balkan zu. In Konstantinopel besaßen Genua wie Venedig alte Niederlassungen, und die Vorstadt Pera nördlich des Goldenen Horns war eine der wichtigsten Handelsstädte des südöstlichen Europas. Bulgarien (das Zartum von Tărnovo wurde in italienischen Quellen als Zagora bezeichnet) privilegierte beide Handelsrepubliken, und das Ringen von Byzanz und Bulgarien um die Häfen der südwestlichen Schwarzmeerküste ist im Zusammenhang mit der Erschließung des Schwarzen Meeres und dessen Anbindung an den ostmittelmeerischen Handel zu betrachten.[433]

Im ersten Drittel des 14. Jahrhunderts drängte Venedig mit bulgarischem Getreide auf den byzantinischen Getreidemarkt, der nach dem Verlust Bithyniens und der Verwüstung Thrakiens vom Schwarzmeergetreide abhängig wurde. Die Adria blieb, genuesischen Vorstößen zum Trotz, von Venedig beherrscht. Die Landesherren Serbiens, Bosniens und von Epirus, später auch die albanischen Regionalherren pflegten politische wie wirtschaftliche Beziehungen nach Venedig.[434]

---

430 Biljarski, Fiskalna sistema, 75–77.

431 Mrgić, Medieval Serbian Towns and Market Places; zu Jajce s. das entsprechende Lemma von Mrgić, 122f.

432 Jireček, Die Handelsstrassen und Bergwerke von Serbien und Bosnien.

433 Gjuzelev, Venedig und das Bulgarenzarenreich; Biljarski, Fiskalna sistema, 148–154.

434 Spremić, Srbija i Venecija; zu den serbisch-venezianischen Beziehungen s. a. die Beiträge in der Akademiezeitschrift Glas 404/Odeljenje istorijskih nauka 13 (2006); Šunjić, Bosna i Venecija; Ćuk, Srbija i Venecija.

Erstere (Bürgerrecht u. Bankkonten) wurden schon angesprochen; die wirtschaftlichen Beziehungen betrafen die Silberausfuhr nach Venedig (Bosnien, Serbien) sowie die Ausfuhr von Getreide und landwirtschaftlichen Erzeugnissen (Albanien, Epirus) zur Versorgung Venedigs. Massengüter, aber auch Silber wurden oftmals nicht von venezianischen Schiffen, sondern von katalanischen und dalmatinischen Transporteuren nach Venedig gebracht. Die Landesherren förderten und kontrollierten den Handel mit Privilegien an die Handelsrepubliken. 1347 schlossen das bulgarische Zartum und die Republik Venedig einen Vertrag, der den venezianischen Handel garantierte, Rechtsschutz (u. a. Schutz vor der Blutrache), das Recht auf Errichtung von Niederlassungen (1347 wurde ein venezianisches Konsulat in Varna eingerichtet) und Erwerb von Grundbesitz vorsah. Bulgarien behandelte die venezianischen Kaufleute aus einer stärkeren Position als Byzanz, was sich auch im Zollregime niederschlug.[435] 1387 schloss Ioan Terter, Despot der Dobrudscha, ein Handelsabkommen mit den Genuesen in Pera, das für die italienische Seite weitaus günstiger war als der Vertrag von 1347 – so garantierte das Despotat den genuesischen Kaufleuten den Besitz sogar für den Kriegsfall zwischen den Vertragsparteien. Die türkische Bedrohung ließ dem Despoten insgesamt nur wenig Verhandlungsspielraum. Der bulgarische Mediävist Ivan Biljarski verglich die Bestimmungen gar mit den Kapitulationen, mit denen das Osmanische Reich – in der Frühen Neuzeit in anderer Machtposition – die Stellung europäischer Kaufleute regelte.[436]

1349 gewährte Zar Stefan Dušan Venedig und dem damals unter venezianischer Oberhoheit stehenden Dubrovnik freien Handel im Zarenreich, verbot aber den Transithandel mit Waffen über serbisches Gebiet. In Bosnien verlieh 1404 König Ostoja den Venezianern ein Handelsprivileg, das 1422 von Tvrtko II. erneuert wurde. Wesentlich älter war die Begünstigung Dubrovniker Kaufleute, die auf einen Handelsvertrag Ban Kulins mit der Kommune zurückging (1189) und den bosnischen Handel weitgehender Kontrolle durch Dubrovnik auslieferte.[437]

Venedig selbst war am Handel im inneren Balkan wenig interessiert. Dieser lag fast ganz in der Hand der Kaufleute aus Dubrovnik, die sich über zahlreiche Privilegien der Landesherren und ab 1430 auch der Osmanen absicherten.[438] Die Dubrovniker finanzierten den Betrieb der Bergwerke in Bosnien und Serbien und beherrschten den Abtransport sowie den Verkauf der Metalle auf dem italienischen Markt. Dieses faktische Monopol schränkte die Handelspolitik der bosnischen wie serbischen Krone ganz erheblich ein. Esad Kurtović hat gezeigt, wie im Gegenzug bosnische Regionalherren durch Fehden eine Wirtschaftspolitik der Erpressung führten. Das erpresste Geld legten sie auf Dubrovniker Banken an.[439] Selbst landesherrliche Übergriffe auf Dubrovniker Karawanen änderten an den wirtschaftspolitischen Machtverhältnissen wenig. Neben der Privilegierung der Dubrovniker Kaufleute und deren Niederlassungen förderten die beiden Kronen auch

---

435 Gjuzelev, Venedig und das Bulgarenzarenreich, 269–272.

436 Biljarski, Fiskalna sistema, 155–168.

437 Truhelka, Das mittelalterliche Staats- und Gerichtswesen, 74; Šunjić, Bosna i Venecija, 182–184, Tvrtko II. wurde daraufhin erneut in das venezianische Patriziat aufgenommen.

438 Bojović, Raguse (Dubrovnik) et l'empire ottoman.

439 Kurtović, Iz istorije bankarstva, 20–65.

die Zuwanderung deutscher („sächsischer") Bergleute durch die erwähnten Bergrechte. Kapitalmangel und das Fehlen von Technologie und Fachkräften zwangen so die beiden Königreiche, die gewinnträchtigsten Wirtschaftszweige Landesfremden zu übergeben. Ähnliches galt auch für jene Herrschaften in Albanien und Epirus, die Getreide und Holz ausführten – sie waren ebenfalls von Dubrovniker, in geringerem Maße auch venezianischen Unternehmern abhängig. Für die Anfertigung von Bauholz gingen Schreiner aus Dubrovnik nach Albanien, da es dort offenbar an geschulten Fachkräften fehlte.

Zu den Vorrechten der Landesherren gehörte auch die Münzprägung, wobei, wie erwähnt, im serbischen König- und Zarenreich des 14. Jahrhunderts auch Regionalherren eigene Münzen schlagen ließen. Um 1300 prägten in Bulgarien die Zaren Georgi I. Terter (1280–1292) und Todor Svetoslav (1300–1321) eigene Silbermünzen, doch waren gleichzeitig weiterhin ausländische – venezianische, tatarische u. byzantinische – Münzen im Zartum im Umlauf.[440]

Im Gegensatz zu Byzanz und dem Osmanischen Reich, die gewaltsame Bevölkerungsverschiebungen vornahmen, um rebellische Bevölkerungsgruppen zu schwächen oder entvölkerte Gebiete zu besiedeln (z. B. Konstantinopel nach 1453), haben die mittelalterlichen Balkanreiche nicht zu diesem Mittel gegriffen. Maßnahmen gegen die Verschleppung von Bevölkerungsteilen traf, zumindest rhetorisch, die bosnische Krone, die gegen den Handel mit bosnischen Sklaven durch Dubrovniker Händler vorging („Menschenfleischhandel"), wogegen sich Dubrovnik mit fadenscheinigen Argumenten verteidigte.[441] Als positive Siedlungspolitik ist die Privilegierung fremder Investoren (v. a. aus Dubrovnik) und Experten (Sachsen im Bergbau) zu werten, die sich mit eigenem Rechtsstatus im mittelalterlichen Serbien, Bosnien und (erstere sowie veneziаnische u. genuesische Kaufleute) Bulgarien ansiedelten. Teil der Siedlungspolitik war auch die Bautätigkeit durch die Landesherren.[442] Hier sind die Minenorte zu nennen, die wie Novo Brdo und Srebrenica eigene Bergrechte verliehen erhielten, Novo Brdo zudem ein Stadtrecht. Auch die Stadträte in Fojnica, Olovo und Zvornik wurden unter landesherrlichem Schirm eingerichtet. Unmittelbarer landesherrlicher Siedlungspolitik entsprang der intensive Burgenbau des 14. und 15. Jahrhunderts zur Abwehr der osmanischen Gefahr. Zu Füßen dieser Burgen entwickelten sich offene Marktplätze und damit Ansätze zu städtischer Wirtschaft und Gesellschaft; in Serbien geschah dies in Zvečan im Kosovo, in Brvenik oder in Golubac an der Donau, in Bosnien in Soko (am Zusammenfluss von Tara u. Piva, Residenz der Kosače), Vranduk, Biograd und Visući. Eigentliche landesherrliche Neugründungen waren die Residenzburgen der serbischen Fürsten und Despoten seit dem ausgehenden 14. Jahrhundert, so Kruševac als Residenz des Fürsten Lazar und Smederevo als schwer befestigte letzte Hauptstadt des mittelalterlichen Serbien unter Despot Georg Branković. Residenzburgen entstanden auch in Stalać, Koprijan, Leskovac, Prokuplje und unter Stefan Lazarević in Belgrad. Bleibende Denkmäler haben sich die balkanchristlichen Ad-

---

440 Krăstev, Stopanskijat život, 300f.; Dočev, Moneti i parično obraštenie.

441 Truhelka, Das mittelalterliche Staats- und Gerichtswesen, 90f.

442 Takács, Sächsische Bergleute im mittelalterlichen Serbien; Mrgić, Medieval Serbian Towns and Market Places, sowie die oben zitierten Arbeiten von Kovačević-Kojić (Anm. 351, 369, 370 u. 414).

ligen des Mittelalters durch zahlreiche Kirchen- und Klösterstiftungen geschaffen, die in diesem Zusammenhang nur angedeutet werden können: Erinnert sei an die reiche Förderung der Klöster auf dem Berg Athos, die Entstehung der Metéora-Klöster in Thessalien, die Kirchenkultur im moreotischen Mistra und die serbischen Königs- und Zarenstiftungen, um nur die berühmtesten zu nennen. So zersplittert der Balkan politisch im Spätmittelalter auch war, so erlebte er doch kulturell eine einzigartige Blüte, die gewaltsam von der osmanischen Eroberung abgebrochen wurde.

1.15 DAS FRÜHOSMANISCHE VERWALTUNGSSYSTEM

Die Frage nach der Struktur der osmanischen Verwaltung ist eng mit jener nach dem Wesen des osmanischen Staates und seines Werdens verbunden, die in der Osmanistik Gegenstand einer ausführlichen Debatte ist. Im Zusammenhang mit der Geschichte des Balkans kann diese hier nicht in allen Details geschildert, sondern nur grob umrissen werden. An dieser Stelle geht es um einen Hinweis auf die Grundfragen, die die Forschung aufgeworfen hat. Die untenstehenden Ausführungen vermitteln Einzelheiten, die den theoretischen Rahmen füllen.

Die ältere Osmanistik beschäftigte sich mit Religion, besonders dem „Heiligen Krieg" und dem „Glaubenskämpfertum" (Gazi) sowie der Rolle des türkischen Ethnikums. Hier bestimmte lange Jahrzehnte die These Paul Witteks vom Gazi-Wesen als Haupttriebkraft die Forschung. Türkische Osmanisten der frühen kemalistischen Zeit betonten auch den Bruch zwischen byzantinischen und osmanischen Institutionen. Gegen den unkritischen Gebrauch der osmanischen Chronistik zur Erforschung der osmanischen Frühzeit haben Gelehrte wie Irène Beldiceanu und Colin Imber gewichtige Einwände erhoben. In einem der jüngsten Diskussionsbeiträge zur religiösen Motivation der osmanischen Expansion gelangte Linda Darling zum Schluss, dass in der anatolischen Frühzeit der Osmanen Muslime wie Christen der osmanischen Kriegergemeinschaft angehört hätten und erst durch die umfangreichen Eroberungen in Anatolien und vor allem auf dem Balkan eine stärkere Ausdifferenzierung stattgefunden habe, in der die Gazi-Idee zur Abgrenzung und Gruppenbestimmung diente, was im 15. Jahrhundert das Modell einer wechselseitigen muslimisch-christlichen „accomodation and assimilation" nicht gänzlich ausschloss, aber zunehmend zu einem Randphänomen werden ließ. Im frühen 15. Jahrhundert rückten die Konzepte Gazi und Jihad in den Vordergrund; die Eroberung Konstantinopels habe danach eine Wendung herbeigeführt, die auf die Einbindung der neu eroberten Gebiete abzielte. Ende des 15. Jahrhunderts habe die entstehende osmanische Geschichtsschreibung das Gazitum als Schlüsselkategorie zur Deutung der osmanischen Frühgeschichte herangezogen, und im 16. Jahrhundert sei diese Idee sowohl von Osmanen wie ihren abendländischen Gegnern verwendet worden.[443]

Seit den frühen Arbeiten des türkischen Osmanisten Halil İnalcık widmet sich die Forschung stark auch institutionellen und personellen Kontinuitäten von der spätmittelalterlichen Welt des Balkans zur frühosmanischen Epoche (dazu im Detail unten).[444]

Wesentliche Neuerkenntnisse zur osmanischen Frühzeit auf dem Balkan verdanken sich Untersuchungen zu den *uç beys* und deren „Staaten im Staate" in den expandierenden Grenzregionen, die faktisch weite Teile des gemeinhin als osmanisch kartierten Balkan umfassten (Thrakien,

---

443 WITTEK, The Rise of the Ottoman Empire; LINDNER, Nomads and Ottomans in Medieval Anatolia; WERNER, Die Geburt einer Großmacht; IMBER, The Ottoman Empire, 1300–1481; DERS., The Ottoman Empire, 1300–1650; KAFADAR, Between Two Worlds; Colin IMBERS Besprechung von Rudi Paul LINDNERS Explorations in Ottoman Pre-History. Ann Arbor/MI 2007, in: *Journal of Semitic Studies* 53 (2008), H. 2, 372–375; BELDICEANU-STEINHERR, Pachymère et les sources orientales; DARLING, Reformulating the *Gazi* Narrative.

444 İNALCIK, The Ottoman Empire; eine wichtige Deutung der älteren Forschung bietet die bulgarische Osmanistin CVETKOVA, Les institutions ottomanes dans les Balkans.

Makedonien, Thessalien, später auch Donau-Serbien).[445] Erst Mehmed II. gelang die Beseitigung regionaler Partikularismen im osmanischen Staat. Die frühen Sultane betrieben demnach mit und neben den *uç beys* ihre Eroberungen. Faktisch bestanden bis zu Beginn des 15. Jahrhunderts mit den Osmanen zusammenarbeitende Regionalherrschaften in Thrakien, Donau-Bulgarien, Makedonien und Thessalien. Von einer absoluten Kontrolle des Sultans kann man daher nicht durchgehend sprechen. Diese Pluralität von Machtfaktoren neben dem Sultan lässt es sinnvoll erscheinen, nicht nur zwischen ethnischen Türken und Osmanen als Akteuren auf dem Balkan genau zu unterscheiden, sondern auch die Herrschaften der *uç beys* auf gleicher Stufe wie die christlichen Regionalfürstentümer zu untersuchen. Dies verkompliziert zwar die ohnehin schon verwirrende politische Gemengelage auf dem spätmittelalterlichen Balkan, stellt aber ein bedeutsames erklärendes Element gerade beim Aufbau von Institutionen dar. Diesen behandelt die Forschung im Überblick aus methodischen Zwängen mit einer gewissen Statik, vielfach aufgrund der gefestigten Lage am Ende des 15. Jahrhunderts. Die erwähnte Frage der Institutionenkontinuität ist aber nicht als ein Prozess zu sehen, der unmittelbar zur Sultansherrschaft hinführt; in ihm kam auch den *uç beys* als Zwischenstufe und Vermittler eine wichtige Rolle zu. Diese Entwicklung gelangte unter Mehmed II. zu einem Ende, der muslimische wie christliche Vasallenstaaten bzw. indirekte Herrschaftsverhältnisse beseitigte und besonders den Großgrundbesitz der *uç beys* empfindlich schmälerte. Die Stärkung der zentralen Verwaltung und der Aufbau einer reichsloyalen Verwaltungs- und Heereselite kennzeichnen diesen tiefgehenden Wandel. Zudem verlor das Osmanische Reich mit der Eroberung der arabischen Provinzen Syrien und Ägypten (1517), der damit einhergehenden ideologischen Abgrenzung gegenüber den persischen Safawiden und der Betonung des Kalifats zu Beginn des 16. Jahrhunderts seinen balkanischen Charakter. Ebenfalls zu Beginn des 16. Jahrhunderts beginnen die institutionellen Kontinuitäten zum mittelalterlichen Balkan zu verblassen, die Privilegierungen pro-osmanischer christlicher Bevölkerungsgruppen und kirchlicher Strukturen werden oftmals eingeschränkt und zurückgenommen. Mittelalterliche Elemente wirkten daher im Osmanischen Reich nur bedingt nach.

1.15.1 Steuerverwaltung und Heerwesen

In der Frage nach Bruch oder Fortdauer mittelalterlicher Strukturen im Osmanischen Reich hat die Osmanistik zahlreiche Deutungen vorgelegt, die den Schluss erlauben, dass die Osmanen bis zur Mitte des 15. Jahrhunderts im Wesentlichen bestehende Einrichtungen übernommen haben und ihr Reich bis zur Eroberung Syriens und Ägyptens maßgeblich vom institutionellen Erbe des mittelalterlichen Balkans geprägt war.[446] Die Forschung hat besonders den frühosmanischen Pragmatismus unterstrichen, der das Ziel verfolgte, schnell eroberte Gebiete einzugliedern und aus

---

[445] KIPROVSKA, Shaping the Ottoman Borderland.

[446] Dazu v. a. die Arbeiten von LOWRY, The Nature of the Early Ottoman State; DERS., The Shaping of the Ottoman Balkans; KIEL, The Incorporation of the Balkans; DARLING, The Development of Ottoman Government Institutions; grundlegend für die weitere Diskussion KIPROVSKA, Ferocious Invasion or Smooth Incorporation?

ihnen Abgaben und Ressourcen für den Unterhalt des osmanischen Heerwesens zu beziehen. Die Forschung hat ebenso herausgearbeitet, dass im 16. Jahrhundert etliche Privilegien aufgehoben wurden, da das mittlerweile gefestigte Osmanische Reich Gesellschaftsgruppen wie die Vlachen, die zuvor als Hilfskrieger steuerlich begünstigt worden waren und in Kriegen gegen Ungarn eine wichtige Rolle gespielt hatten, nicht mehr dringend benötigte.

Fiskalisch lässt sich die Bevölkerung des Osmanischen Reiches in Askeri und Reaya unterteilen. Zu ersteren zählten neben den Militärangehörigen im engeren Sinne auch privilegierte Gruppen, die der öffentlichen Sicherheit dienten oder dem Heerapparat Hilfsdienste leisteten (Pass- u. Brückenwächter, Voynuks, aber auch Reisbauern u. Bergleute) sowie muslimische Religionsgelehrte (Ulema). Aufgrund der hohen Zahl von Christen in Heer und heernahen Einrichtungen setzten sich die Askeri keineswegs nur aus Muslimen zusammen. Ebensowenig waren die Reaya eine christliche Gemeinschaft: Sie bestanden aus allen steuerpflichtigen Untertanen ungeachtet der Religion. Neu im Fiskalwesen auf dem Balkan war die an die Religionszugehörigkeit gebundene fiskalische Diskriminierung, in diesem Falle der christlichen Reaya. Die Grundsteuer der Christen (ispence) war höher als jene der Muslime (resm-i çift).

Die Kontinuität von Institutionen am Übergang von balkanchristlicher zu osmanischer Herrschaft zeigt sich sowohl an Einrichtungen wie auch an Steuern und Abgaben, die weitergeführt wurden, so etwa die „Rauchsteuer".[447] Selbst die Baština als vererbbarer Bodenbesitz findet sich in der osmanischen Steuerbegrifflichkeit, freilich in zwei Typen, einmal als steuerpflichtiger Besitz, dann als Besitz Angehöriger vom osmanischen Staat privilegierter Bevölkerungsgruppen (dazu gehörte auch die serbischstämmige Sultanin Mara).[448] Die Forschung hat das Verhältnis von Prónoia und Timar besonders kontrovers diskutiert, auch die Frage, wie stark das Timarsystem von seldschukischen Vorbildern geprägt war.[449] Jüngste Untersuchungen haben Beispiele zutage gefördert, wie die Osmanen bereits im ausgehenden 14. Jahrhundert orthodoxe Pronoiabesitzer als Timarinhaber weiter privilegierten.[450] Die Nutznießer von Timarpfründen (Sipahi, Timarioten) stellten die Reiterei des osmanischen Heeres und zugleich die örtliche Vertretung des osmanischen Staates. Die ersten Timarpfründen waren offenbar erblich, glichen also der faktischen Handhabung der Prónoia auf dem christlichen Balkan. Im 15. Jahrhundert wurde ein Timar teilweise mehreren Männern zugewiesen, die abwechselnd Dienst leisteten.[451] Theoretisch gehörten alle Eroberungen dem Sultan, der Einnahmen nicht nur zum zeitlich begrenzten und an Dienst gebundenen Nießbrauch vergab, sondern auch als sog. Mülk an führende *uç beys*, die über diese

---

447 SCHMITT, Südosteuropa im Spätmittelalter, 109; die Forschungsliteratur zu der Debatte über das Verhältnis balkanchristlicher und frühosmanischer Fiskalität bietet ESTANGÜI GÓMEZ, Byzance face aux Ottomans, 456 (Anm. 467).

448 BELDICEANU/NĂSTUREL, Droits sur la terre de labour, 80.

449 BELDICEANU, Le timar dans l'État ottoman; FODOR, Ottoman Warfare, 195f.; HOWARD, Why Timars?, bietet eine historiographiegeschichtliche Einordnung, bes. 129–131.

450 BELDICEANU-STEINHERR/ESTANGÜI GÓMEZ, Autour du document de 1386; zu christlichen Timarioten s. die klassischen Studien: INALCIK, Timariotes chrétiens en Albanie; BELDICEANU, Timariotes chrétiens en Thessalie.

451 FODOR, Ottoman Warfare, 196, 202.

Besitzungen verfügen konnten. Mülk-Besitzer wandelten ihre Güter gerne in religiöse Stiftungen (vakıf) um, um sie vor dem Zugriff des Fiskus dauerhaft abzusichern. Da dem Reich durch diese Besitzanhäufung der toten Hand erhebliche Einkünfte entgingen und er auf die Vergabe von Timargütern aus militärischen Gründen angewiesen war, zog Sultan Mehmed II. in den 1470er Jahren zahlreiche Mülk-Güter und Stiftungen ein und wandelte sie in Timare um (vergleichbar den Maßnahmen der byzantinischen Kaiser einige Jahrzehnte zuvor).

Kontinuitäten sind gerade auch bei militärischen Strukturen (Voynuks als Hilfskrieger; Passwächter, Dorfhaftung für die Sicherheit von Wegen)[452] sichtbar, ebenso bei der Einbindung von Hirtengemeinschaften, die der schnellen Stabilisierung osmanischer Eroberungen diente.[453] Die privilegierten Vlachen stützten die osmanische Herrschaft und stellten ihr Kriegerverbände zur Verfügung, die an osmanischen Feldzügen gegen Ungarn und das Reich teilnahmen. Neu war die fiskalische Begünstigung von Handwerkszweigen, die dem osmanischen Militärapparat unmittelbar oder indirekt dienten, so Reisbauern oder Metzger.[454] Die Osmanen übernahmen auch das serbische Bergrecht, das die Ausbeutung der wichtigen Silberminen regelte, und führten den ertragreichen Bergbau auch nach der Eroberung weiter, leiteten aber die Erze nach Osten um. Zudem genossen die Bergarbeiter als heeresrelevante Spezialisten fiskalische Privilegien.[455] Wie die balkanchristlichen Herrschaften verzeichnete auch der osmanische Fiskus Vlachen und Albaner als eigene Steuerkategorien; neu hinzu kamen Roma („Zigeuner"), die ebenfalls aufgrund ihrer sozioökonomischen Verschiedenheit zur umwohnenden Bevölkerung als eigene Gemeinschaft (cemaat) erfasst wurden.[456]

Neuartig war die Zwangsrekrutierung junger Burschen für ein Eliteinfanteriekorps, die Janitscharen, das wohl in den 1370er Jahre geschaffen wurde. In dieses Korps überführt wurde ein Fünftel der Kriegsgefangenen – ein Vorrecht des Sultans, dann setzte sich das System der sog. Knabenlese (devşirme) durch. Offenbar haben bereits die *uç beys* derartige Rekrutierungen durchgeführt. Zunächst dienten die Janitscharen als Leibwache des Sultans, dann bildeten sie ein eigenes Heerkorps, vor 1451 rund 3.000 Mann, kurz danach rund 5.000 mit regulärem Sold. Zu diesem neuartigen System eines stehenden Heeres gehörten auch sechs Kavallerieregimenter, das Artilleriekorps sowie Festungsbesatzungen (teilweise aus Janitscharen bestehend).[457] Dieses stehende Heer war den balkanchristlichen Adelsaufgeboten organisatorisch und technologisch überlegen.[458]

---

[452] Übersicht mit Zusammenstellung der Bibliographie: Schmitt, Südosteuropa im Spätmittelalter; Stojanovski, Raja so specijalni zadolženija; ders., Dervendžistvoto vo Makedonija.

[453] Vgl. oben (Anm. 354 u. 422) zu den Vlachen.

[454] Cvetkova, Le service des celep; dies., Les Celep et leur role dans la vie économique.

[455] Kovačević-Kojić, Srednjovekovna Srebrenica, 34f.; Andreev/Grozdanova, Iz istorijata na rudarstvoto i metalurgijata; Rizaj, Rudarstvo Kosova i susednih krajeva.

[456] Dazu den wenig beachteten grundlegenden Aufsatz Mujić, Položaj cigana u jugoslovenskim zemljama; Vasić, Sumarni defter sandžaka Aladža Hisar; Kovačev, Shodstva i različija v demografskite procesi, 73, die Roma wurden seit Beginn des 16. Jh.s erfasst.

[457] Fodor, Ottoman Warfare, 206–210; Papulia, Ursprung und Wesen der „Knabenlese".

[458] Ágoston, War-Winning Weapons?

1.15.2 Räumliche Struktur der Verwaltung

Kontinuitäten lassen sich auch gut bei der räumlichen Organisation des Osmanischen Reiches erfassen – zudem ist zum ersten Mal für das späte Mittelalter dank guter Quellenlage ein einigermaßen vollständiger flächendeckender Überblick über die Verwaltungsstruktur der Balkanhalbinsel möglich.[459] Als erste administrative Großeinheit schuf Murad I. das Beylerbeylik Rumeli („Römerland", d. h. ehemals byzantinisches Gebiet), zu dessen Beylerbey er Lala Şahin ernannte. Die Kernzone bildeten bis um 1400 heute zu Bulgarien gehörende Gebiete, die von einem Gürtel christlicher Vasallenstaaten umgeben waren, die Bayezid I. vor 1402 zu beseitigen begann. Im 15. Jahrhundert zwangen, wie gezeigt, die osmanischen Sultane den Grenzfeldherren (uç beys) schrittweise ihre Oberherrschaft auf, die ihre Machtzentren immer weiter in den christlichen Balkan vorschoben. So lag die „Mark" (uç) des Evrenos zuerst in Komotiní, dann in Sérres und schließlich in Yenice Vardar und umfasste das ganze Gebiet zwischen Komotiní, Sérres, Monastir, Bihlište/Bilisht (heute Albanien) und Hrupište/Árgos orestikón, d. h. das heutige Nordgriechenland entlang der Via Egnatia bis in den Raum Korça. Paşa Yiğit hatte seit 1392 sein uç in Skopje. Nach dem Schlachtentod der serbischen Vasallen des Sultans gegen Mircea den Alten bei Rovine (1395) fiel fast ganz Makedonien unter diesen uç, den bis 1414 Paşa Yiğit beherrschte, dann Ishak Bey (1414–39) und als dritter Vertreter dieser Dynastie sein Sohn Isa Bey (1439–1463), der 1463 zum ersten Sancakbey Bosniens ernannt wurde. Ein weiteres uç hatte die Familie Turahans in Thessalien aufgebaut. Unter Mehmed II. wurden die „Marken" der zentralen Macht des Sultans unterstellt und in das Timarsystem eingegliedert. Der uç beys bestimmte zwar die Timarioten, doch gehörte das Land dem Reich. 1455 wurde der uç Isas in die Vilayets Üsküb, Kalkandelen, Zvečan, Ras, Senica, Jeleč sowie Hodided (Sarajevo) aufgeteilt und Isa vom uç bey zum Subaşı (Statthalter) von Skopje befördert, das er als Has (Großpfründe) verwaltete. Im 1458 eroberten serbischen Braničevo wurde 1460 Ali Bey Mihaloğlu, einer großen uç bey-Familie entstammend, als Subaşı mit Sitz in Golubac ebenfalls in die sultanische Verwaltungshierarchie eingebunden. Er wechselte in den Folgejahren auf weitere wichtige Posten an der Donaugrenze (als Sancakbey in Vidin, 1462–1463 Sancakbey in Smederevo, dann wieder in Vidin). Bis zum 16. Jahrhundert erinnerte die räumliche Aufteilung der akıncı („Renner u. Brenner") an die Namen berühmter Beys aus dem 14. Jahrhundert. So wurde die rechte Flanke des Beylerbeyliks Rumeli nach Gazi Mihal, die linke nach Turahan Bey benannt. Eroberungen behielten die Familien der uç bey oftmals als religiöse Stiftungen (vakıf).

Die osmanische Verwaltungsgliederung folgte militärischen Bedürfnissen. Im 15. Jahrhundert richteten die Sultane den Sancak als Verwaltungseinheit auf dem Balkan ein, der unterteilt war in Vilayet und Nahiye, in dieser Periode austauschbare Begriffe (so wurde z. B. das Vilayet Pavlo Kurtik im Vilayet Arnavud verzeichnet); die Nahiye wiederum war in Kaza gegliedert. Der Sancakbey war Nutznießer des größten Timars und befehligte die regionalen Sipahi/Timarioten; er konnte

---

459 Das Folgende stützt sich auf die Abhandlungen von Gradeva, Administrativna sistema i provincialno upravlenie; Zirojević, Tursko vojno uređenje; Sumarni popis sandžaka Bosna (Hg. Aličić); Inalcik, s. v. Arnavutluk; Pulaha, Le cadastre de l'an 1485 du sandjak de Shkodër; Historia e popullit shqiptar, Bd. 1, 378–381; Beldiceanu/Beldiceanu-Steinherr, Recherches sur la Morée; Balta, L'Eubée à la fin du XVᵉ siècle, 121–127.

auch Timarpfründe vergeben. Ihm unterstellt waren als Bezirkskommandanten die Subaşı, die ebenfalls ein Timar besaßen. Auf Dorfebene war das Reich über den Timarnutznießer präsent. Alle diese Würdenträger waren Teil des osmanischen Heerwesens (Askeri, dazu gehörten auch die zahlreichen Hilfstruppen und für die Logistik bedeutsamen fiskalisch privilegierten Kategorien). Die Finanzverwaltung leiteten von der Zentralverwaltung (defterhane) ernannte Defterdare, das Gerichtswesen Kadıs. Ab der Mitte des 15. Jahrhunderts wurde die Zivilverwaltung stärker, was zulasten der Sancakbeys ging. Die Verschiebung der Militärzone nach Westen und Norden bedeutete im inneren Balkan die teilweise Entmilitarisierung der Verwaltung.

Im balkanischen Kerngebiet des Osmanischen Reiches, d. h. den bis zum Ende des 14. Jahrhunderts eroberten Gebieten im heutigen Bulgarien, Nordmakedonien und Nordgriechenland wurden folgende Sancaks eingerichtet: Paşa, Čirmen, Köstendil/Kjustendil, Ochrid, Nikopol, Vidin, Silistra und Sofia. Unklarer ist die Lage von Monastir, Skopje, Saloniki und Sérres. Am größten war der Paşa sancak, der unmittelbar vom Beylerbey mit Sitz zunächst in Edirne, nach 1453 in Filibe/Plovdiv/Philippopel, seit dem Beginn des 16. Jahrhunderts in Sofia verwaltet wurde. Räumlich gegliedert war er in „zwei Flügel", je unter einem Alaybey. Der Paşa sancak umfasste die heutige europäische Türkei, Südbulgarien, Nordgriechenland, Nordmakedonien und reichte bis nach Albanien, wobei eine genaue Bestimmung seiner Grenzen nicht möglich ist. 1463 wurden die Vilayets Skopje mit Kačanik und Tetovo an die osmanische Verwaltung in Bosnien übergeben. Die meiste Zeit gehörten dem Paşa sancak an: Kičevo, Veles, Prilep, Monastir, Dráma, Zíchna, Nevrokop, Saloniki, Demir Hisar, Avret Hisar (Palaió Gynaikókastro), Kilkís, Yenice Karasu (Geniséa), Siderokapsa, Bérroia, Sérvia, Hrupište, Bilisht, Kastoriá, Flórina, das Rhodopengebiet, Pazardžik, Plovdiv, Edirne, Komotiní und Stara Zagora. Im Westen grenzte der Paşa sancak an die Sancaks Ochrid, Bosnien und Arvanid, im Süden an Gelibolu, Vize und Čirmen, zeitweise auch an Saloniki und an Sérres, im Osten an Silistra und im Norden an Nikopol und Vidin. 1530 bestand der rechte Flügel aus den Gerichtsbezirken (kadılık) Edirne, Dimetoka/Didymóteichos, Ferecik, Ipsala, Tatar Pazardžik, Kešan, Eskihisar-i Zağra/Stara Zagora, Kızılağaç (Elchovo), und Plovdiv, der linke Flügel aus Komotiní, Giannitsá, Zichna, Dráma, Sérres, Nevrokop, Timur Hisar (Demir Hisar/Siderókastron), Saloniki, Siderokapsa und Avret Hisar.

Der Sancak Čirmen wurde wohl am Ende des 14. Jahrhunderts eingerichtet. Sein erster Sancakbey war Saruca Pascha, gefolgt von seinem Sohn Umur Bey, der mehrere Vakıfs stiftete.

Das ehemalige Gebiet des Zartums von Tărnovo wurde als erster europäischer Staat vollständig unterworfen und als ganze Gebietseinheit eingegliedert. Einzig Nikopol, das erst 1395 fiel, blieb außerhalb. Vilayets (Bezirke) waren im 15. Jahrhundert: Vraca, Kievo, Loveč, Mramornica, Nikopol, Šumen und Červen. Verwaltungssitze waren zudem Zlatica, Pleven, Tărnovo, Kuršuna, Reselec, Nedeličko und Sliven. Die Vilayets Nikopol, Svištov, Pleven, Nedelič, Reselec, Tărnovo, Loveč, Vraca, Černovi mit Ruse und Kuršuna sind für 1488/1489 belegt. Begrenzt wurde der Sancak von der Donau, dem Sancak Silistra, der Stara planina, dem Paşa sancak, Čirmen und Vidin.

Auch der Sancak Köstendil wurde im früheren Gebiet eines balkanorthodoxen Adligen – des in Rovine gefallenen Konstantin Dejan – eingerichtet; sein Name erinnert denn auch an den christlichen Fürsten. Er umfasste um 1500 Kratovo, Štip, Strumica, Köstendil und Tikveš.

Ebenfalls nach Rovine war auch der Sancak von Ochrid geschaffen worden, in einst von Krali Marko gehaltenen Gebieten, d. h. Ochrid, Debar, Starova und einigen albanischen Gebieten. 1488–1491 waren ihm zugeordnet Ochrid, Debărca, Préspa, Mokri, Ober- und Unter-Debar, Crnici, Veliko Brdo, Rijeka Crnojevića, Kruja, Tamade, Mat und Karlo (heutiges Nordwestmakedonien u. Mittelalbanien).

Vorosmanischen, d. h. balkanorthodoxen Herrschaftsstrukturen folgte auch das Vilayet Vidin, das der Herrschaft Sracimirs entsprach. 1454/1455 war es in die Unterbezirke (Nahiye) Svrljig, Banja (Soko Banja), Belogradčik sowie Timok, Gelvie, Velešniče, Črna reka und Zagorie gegliedert.

Das Gebiet des Sancaks von Silistra war seit den 1370ern unterworfen worden und hatte zuvor dem Zaren von Tărnovo Ivan Aleksandăr, Byzanz und dem Despoten Ivanko gehört. Das Gebiet zwischen Jambol und Mesembría war im Vertrag von Gallipoli (1403) für ein weiteres halbes Jahrhundert noch einmal an Byzanz gefallen (bis 1453). Die anderen Gebiete hatte 1388 der Wesir Çandarlı Ali Pascha dem Ivan Šišman und dem Despot Ivanko abgenommen. Die ehemaligen Gebiete der beiden Fürsten wurden um 1450 mit der Küstenzone zu einem Sancak zusammengefasst (mit Silistra, Provadija, Madara, Petrič [nicht lokalisierbar], Gerlovo u. Anchíalos sowie im Süden Jambol, Ajtos, Rusokastro, Karnobat, Mesembría, Sozópolis, Achtópolis, Midiye [Kıyıköy] u. Stara Zagora). Zur Zeit Bayezids II. wurden Mangalia, Küstence, Babadag und die Norddobrudscha angeschlossen. Der Sancak reichte um 1500 von Kırklareli bis ans Donaudelta, umfasste also große Teile der osmanischen Schwarzmeerküste am Balkan.

Der Sancak Sofia entsprach der alten Herrschaft Ivan Šišmans, die in den 1370ern erobert worden war. Diese Zone diente lange als Grenzmark/*uç* für Angriffe auf Serbien und ist 1488–1491 als Sancak erwähnt mit den Vilayets Berkovica und Teminsko bei Pirot in der Liva Sofia. Eventuell gehörte auch Niš dazu, das 1387/1388 Teil des Zartum Tărnovo gewesen war.

Schwierig ist die Frage des Sancaks Bitola, der unter Mehmed II. und Bayezid II. bestanden hatte, als Kaza im Paşa sancak erscheint. Skopje war seit 1392 Hauptfestung des *uç* der Familie Paşa Yiğits (bis 1463). Ein Sancak ist um 1550 belegt. Seine Stellung und Entwicklung sind aber unklar.

Saloniki war von 1394–1403 osmanisch, 1403–1423 byzantinisch, 1423–1430 venezianisch und fiel 1430 dauerhaft an die Osmanen. Es bildete – mit freilich unklarer Chronologie – im 15. Jahrhundert einen Sancak mit den Unterbezirken Dráma, Yenice, Kavála, Karaferye, Elassón und Thásos. In einem Steuerregister vom Ende des 15. Jahrhunderts sind die Vilayets Selânik, Kalamariá, Chortiátis, Avret Hisar, Šušmeni, Cebl-i Bogdanos (Vertikos-Gebirge), Yenice Vardar, Olivere (Meglen), Siderokausía sowie religiöse Stiftungen des Evrenos aufgelistet.

Sérres erscheint zur Zeit Mehmeds II. bald als Teil des Sancak Monastir, bald als eigener Sancak mit den Kaza Sérres, Zíchna, Nevrokop, Demir Hisar, Dráma, Melnik und Petrič, aber auch als Teil des Paşa sancak.

Die Eroberung Süd- und Mittelalbaniens hatte 1385 begonnen und wurde 1417/1418 mit der Unterwerfung der albanischen Adelsherrschaften von Gjirokastra, Berat, Vlora und Kanina abgeschlossen. Das heutige Südostalbanien (Përmeti, Korça) wird bereits zur Zeit Bayezids I. in das System der Zentralverwaltung (mit Timarpfründen) eingebunden gewesen sein, als eines der ersten auf dem Balkan. Die Osmanen schufen einen Sancak, der auffallenderweise nach einem Ethnikum benannt war, den „Albaner-Sancak", Sancak-i Arvanid vom mittelalbanischen Fluss Mati bis in die Berglandschaft gegenüber der Insel Korfu mit Sitz in Gjirokastra. In der Forschung bekannt ist der Albaner-Sancak, da für ihn das älteste umfassende osmanische Steuerregister (1431/1432) vorliegt. Damals war der Sancak gegliedert in die Vilayets Gjirokastra, Këlcyra, Kanina, Berat, Tomorica, Skrapar, Pavlo Kurtik, Çartalloz, Përmeti und Korça, die Evrenosoğlu Ali Bey aus der bekannten *uç bey*-Dynastie als Sancakbey unterstellt waren. Ebenfalls in das Timarsystem eingegliedert waren Adelsherrschaften nördlich des Sancaks, so jene von Skanderbegs Vater Ivan Kastriota. Das 1466 erbaute Elbasan wurde zum Hauptort eines neu geschaffenen Sancaks.

Thessalien wurde nach dem Steuerregister von 1454/1455 als Sancak mit Hauptort in Tríkala und den Vilayets Ágrapha, Tríkala und Phanári organisiert.

Die 1458–1460 eroberte byzantinische und fränkische Morea wurde unter einem Sancak dieses Namens organisiert und in die Nahiye Kalávryta, Bezéniko, Vostítza, Chlumútsi, Orchomenós, Gardíki, Arkadía, Leontári, Korinth sowie Alt-Patras gegliedert.

Aus dem 1455 eroberten Gebieten der Branković im Kosovo wurde der Sancak Vučitrn (oder auch Sancak Priština) geschaffen, der zuerst noch nach Vuk Branković (Vilayet-i Vlk) benannt war. Gegliedert war er in die Nahiye Trgovište, Dolče, Klopotnik, Vučitrn, Morava, Topolnica, Lab und das Vilayet Priština.

Der Sancak Prizren wurde 1459 eingerichtet und umfasste 1488/1489 die Vilayets Brvenik, Bihor, Komodin, Plav, Suvo Grlo und die Vlachen von Prizren. Gebiete der Sancaks Vučitrn und Prizren wurden nach 1500 zeitweise dem Sancak Shkodra zugeschlagen.

In Zentralserbien entstand 1455 in der alten Hauptstadt des Fürsten Lazar, in Kruševac, nun Alaca Hisar, der gleichnamige Sancak, der zu Beginn des 16. Jahrhunderts die Nahiye Kruševac, Prokuplje, Dubočica, Kuršumlija, Petruš, Boban, Zagrlata, Koznik, Poljanica, Kislina und Izmornik umfasste.

Auf dem nördlichen Gebiet des serbischen Despotats an der Donau installierten die Osmanen den Sancak Smederevo (1459), der in die Gerichtsbezirke (Kadılık) Smederevo, Braničevo, Brvenik und Srebrenica unterteilt war. Die 21 Nahiye des Sancak trugen teilweise die Namen altserbischer župe.

Der Sancak Zvornik, wohl Ende 1480/Anfang 1481 errichtet, erhielt Gebiete des Sancaks Smederevo, beidseits der Drina, zugeschlagen (Srebrenica, Zvornik, Kušlat, Šubin, Krupanj, Bohorina, Jadar, Ptičar, Rađevica).

Westlich davon lag der bosnische Sancak. Nach der osmanischen Unterwerfung des Kosovo (1455) wurde auch die alte Raška (um Novi Pazar) mit den Vilayets Zvečan, Jeleč, Ras und Sjenica administrativ gegliedert. Dem bosnischen Sancak fielen zudem die ehemaligen Gebiete der Pavlović in Zentralbosnien und das Land des letzten bosnischen Königs zu. 1468 folgten die Vilayets nach Raumgestaltung und Namen noch weitgehend der alten Adelswelt. Vilayet-i Kral entsprach dem alten bosnischen Kronland; Hersek, Pavlović, Kovačević den Regionalherren. Ende der 1470er Jahre gestaltete sich die Untergliederung des Sancaks folgendermaßen: das Vilayet und Kadılık Novi Pazar, das Vilayet und Kadılık Sarajevo, das Vilayet und Kadılık Brod, das Vilayet und Kadılık Neretva, das Vilayet und Kadılık Pavli (nach den Pavlović benannt), das Vilayet und Kadılık Kovač (nach den Kovačević benannt).

Nordalbanien und der westliche Teil des Kosovo wurden wohl 1462 im Sancak Dukagjin zusammengefasst, der nach der Eroberung des venezianischen Shkodra umgestaltet wurde in den Sancak Shkodra (1483) mit den Bezirken Shkodra, Podgorica, Bihor, Peć, Vučitrn, Prizren, Priština, Novo Brdo und Montenegro, also im Wesentlichen das heutige Nordalbanien, Montenegro und Kosovo.

Das nach der Belagerung der bedeutenden venezianischen Festung Negroponte 1470 eroberte Euböa wurde in neun Nahiye strukturiert: Lilándi, Kárystos, Kladiá, Monódrion, Vatheiá, Agálios, Mandúdion, Roviés und Oreoí.

Einen Überblick über die Gerichtsbezirke (Kadılık) legte die bulgarische Osmanistin Rosica Gradeva vor (= Tabelle 1):[460]

Verwaltungseinheit	Moderner Ortsname	Belegdaten
Kadılık	Saloniki	1443–1444, 1495
Kadılık	Stefanina	1488–1489
Kadılık	Palaió Gynaikókastro	1494–1502
Kadılık	Siderokausía	1451, 1478, 1479
Kadılık	Siderókastron	1494–1503
Kadılık	Sérres	1451–1452, 1460–1461, 1491, 1494–1503
Kadılık	Phérrai	1453–1481
Kadılık	Véria	1488–1489
Kadılık	Giannitsá	–
Kadılık	Zíchna	–
Kadılık	Kastoriá	1445, 1491
Kadılık	Flórina	1481
Kadılık	Tríkala	1491
Vilayet	Livádia	1488–1489
Kadılık	Athen	Beginn des 16. Jhs.
Nahiye	Myzeqeja	1431, 1491
Vilayet	Kanina	1431, 1491
Vilayet	Berat	1431, 1491

460 Quelle: GRADEVA, Nalaganeto na kadijskata institucija na Balkanite.

Verwaltungseinheit	Moderner Ortsname	Belegdaten
Vilayet	Skrapar	1431, 1491
Vilayet	Kruja	1431, 1488–1489
Vilayet	Dukagjin	1485, 1488–1489, 1491
Vilayet	Elbasan	1488–1489, 1491
Vilayet	Shpat	1488–1491, 1491
Vilayet	Gjirokastra	1491
Kadılık	Angelókastron	1491
Vilayet	Leukás	1491
Vilayet	Kephallonía	1491
Vilayet	Shkodra	1485
Kaza	Bihor (?)	1485
Kaza	Podgorica	1485
Kadılık	Novi	1485
Kadılık	Tetovo	1452, 1455, 1467–1468, 1488–1489, 1491
Kadılık	Kičevo	1467–1468, 1488–1489, 1491
Kadılık	Štip	1491
Kadılık	Ochrid	1488–1489, 1491
Kadılık	Bitola	1468, 1488–1489, 1491
Kadılık	Skopje	1452, 1467–1468, 1491
Kadılık	Veles	Vor 1455, 1491
Kadılık	Strumica	1488–1489, 1491
Vilayet	Dibra e sipermë	1467
Kadılık	Prilep	1467–1468
Kadılık	Kratovo	1475
Kadılık	Pirot	1488–1489, 1491
Kadılık	Vranje	1491
Kadılık	Niš	1454–1455, 1488–1489, 1491

Verwaltungseinheit	Moderner Ortsname	Belegdaten
Kadılık	Novobërda	1445, 1455–1481, 1491
Bergwerk	Srebrenica	1455–1481, 1488–1489
Vilayet	Zaplanina und Planina	1455–1481, 1491
Kadılık	Prishtina	1445, 1491
Kadılık	Vuçitërn	1485
Kadılık	Brod	1491
Kadılık	Prokuplje	1491
Kadılık	Novi Pazar	1491
Kadılık	Prizren	1491
Kadılık	Zveçan	1455
Kadılık	Bobovac	1469
Kadılık	Neretva	1469
Kadılık	Jeleca	1469
Kadılık	Sarajevo	1469
Kadılık	Nevesinje	1491
Kadılık	Višegrad	1469, 1491
Vilayet	Drina	1469, 1477
Kadılık	Zvornik	Um 1480
Kadılık	Brvenik	1519
Vilayet	Blagaj	1469
Kadılık	Maleševo	1477
Kadılık	Peja	1485
Vilayet	Belasica	1488, 1488–1489
Kadılık	Svrljig	1454–1455, 1488–1489
Kadılık	Sokobanja	1454–1455
Kadılık	Priboj	1488–1489
Kadılık	Smederevo	1459, 1491
Kadılık	Vidin	1454–1455

Verwaltungseinheit	Moderner Ortsname	Belegdaten
Kadılık	Berkovica	1488, 1491
Kadılık	Nikopol	1479, 1491
Kadılık	Orjahovo	1479, 1491
Kadılık	Tărnovo	1478, 1479, 1488–1489, 1491
Kadılık	Loveč	1479, 1488–1489, 1491
Kadılık	Červen	1479, 1491, Anfang des 16. Jh.s
Kadılık	Jambol	1491
Kadılık	Ajtos	1488–1489, 1491
Kadılık	Stara Zagora	1488–1489, 1491
Kadılık	Plovdiv	1482–1483
Kadılık	Sofia	1443–1444, 1488–1489, 1491
Kadılık	Mit Hauptort Karlovo	1496
Kadılık	Kazanlăk	1471–1472
Kadılık	Haskovo	1471–1472
Kadılık	Karnobat	1443–1444
Kadılık	Chilia	1488–1489
Kadılık	Bilhorod Dnistrov'skyj	1484, 1491
Kadılık	Edirne	1488–1489, 1491
Kadılık	Kırklareli	1491
Kadılık	Tekir dağ	1471–1472
Kadılık	Malkara	1436–1437, 1439–1440, 1478–1479
Kadılık	İpsala	1488–1489

Aus dem detaillierten Durchgang wurde deutlich, wie sehr die balkanchristliche politische Raumstruktur in der Frühphase der osmanischen Herrschaft nachwirkte. Darüber hinaus lebte der Name vieler Adelsfamilien in osmanischen Provinz- und Bezirksbezeichnungen fort. Zum einen bezog sich dies auf ausgestorbene Geschlechter, zum anderen aber auch auf solche, die sich wie die Dukagjinzade oder die Hersekzade in die osmanische Oberschicht eingegliedert hatten. Familienherrschaften aber dauerten nicht fort und das 16. Jahrhundert verwischte zunehmend die Spuren der alten christlichen Herrschaften und deren (teilweise) zum Islam übergetretenen Fürsten.

1.15.3 Herrschaftskontrolle des Sultans und Rechtspluralismus

Die osmanische Herrschaft in den ausgedehnten Eroberungen auf dem Balkan trat den Untertanen in Gestalt der Timar-Pfründenbezieher und der Richter (kadı) entgegen. Erstere zogen Abgaben ein, sprachen aber nicht Recht über die Bewohner der ihnen als abgabenpflichtig zugewiesenen Siedlungen. Die öffentliche Sicherheit wurde wie in christlicher Zeit auf die örtliche Ebene ausgelagert, im Sinne der Kollektivhaftung von Dorfgemeinschaften, die aber für ihre Sicherheitsdienste Steuererleichterungen erhielten. Dies galt für die bereits erwähnten Passwächter und Voynuks.

Umso bedeutsamer war die Einrichtung der Kadı, die nach religiösem Recht (şeriat) und Reichsrecht (Kanun) Recht sprachen. Zum für islamische Reiche typischen nach Religionszugehörigkeit gegliederten Rechtspluralismus gehörte die zivil- und im Falle der Christen kirchenrechtliche Eigenverwaltung der orthodoxen, armenischen und jüdischen Gemeinschaften sowie mündliches Gewohnheitsrecht (örf) besonders in ländlichen und gebirgigen Regionen. Das wirtschaftliche sehr bedeutende balkanische Bergrecht wurde in den Rechtskodifikationen Mehmeds II. ebenfalls weitergeführt.[461]

1.15.4 Extensive Herrschaft

Quellenmäßig deutlicher fassbar wird in frühosmanischer Zeit das System extensiver Herrschaft in Berggebieten. Auf den fiskalischen Status der Vlachen und deren Bedeutung für die Festigung osmanischer Macht am Balkan wurde bereits verwiesen (s. o. Kap. 1.15.1). Bei der Eroberung des westlichen Balkans drangen Mehmed II. (in Mittelalbanien) und Bayezid II. (in der südalbanischen Himara) persönlich ins Hochland vor, wobei Mehmed II. rebellische Gebiete vollständig zerstören ließ. Das Osmanische Reich sollte danach nie mehr einen so direkten Zugriff auf diese abgelegenen Gebiete erlangen (gerade im 19. u. frühen 20. Jh. scheiterten osmanische Expeditionen in das albanische Hochland). Auch das Rückzugsgebiet der Crnojević wurde unterworfen, entgegen dem montenegrinischen Mythos von der dauerhaften Freiheit der Schwarzen Berge von osmanischer Herrschaft; freilich bestanden um 1500 die alten Herrschaftsstrukturen weiter, und nur gerade drei Timarlehen wurden eingerichtet, die zudem Vertretern der vorosmanischen Elite übergeben wurden. Die osmanische Eroberung rief die Bildung von Stämmen hervor, als Schutz der Hirtengemeinschaften vor kriegerischen Gefahren. Nach der Unterwerfung der Ebenen und auch der Stämme banden die Osmanen die Hochlandbewohner über das Passwächtersystem mit steuerlicher Privilegierung (Globalabgaben statt Einzelsteuerentrichtung, sog. filurici, ein auch für die Vlachen verwendetes System) in das System des Reichs ein. Bis zum Ende des 15. Jahrhunderts blieben besonders abgelegene Hochlandzonen des westlichen Balkans (heutiges Nordalbanien, Himara in Südalbanien, Suli gegenüber von Korfu) außerhalb des Timarsystems, besaßen also im Rahmen des Reiches Selbstverwaltung. Zu Beginn des 16. Jahrhunderts folgten auf Unruhen wie

---

[461] BELDICEANU, Code de lois coutumières de Mehmed II; DERS., Les actes des premiers sultans; KEMPER/REINKOWSKI (Hgg.), Rechtspluralismus in der islamischen Welt.

im südalbanischen Kurvelesh-Gebirge die Ausdehnung des Timarsystems und damit stärkere zentralstaatliche Kontrolle auch in den Hochländern.[462] Extensive Herrschaft bezog sich auch auf die muslimisch-türkischen Nomaden (Yürüken), die mit der osmanischen Eroberung in großer Zahl besonders auf den südlichen und zentralen Balkan gelangt waren. Aufgrund ihrer Lebensweise (bewaffnete Nomaden) konnten sie den Interessen des osmanischen Fiskus auch schaden, z. B. wenn sie christliche Steuerzahler überfielen. Freilich ist gegen Ende des 15. Jahrhunderts eine langsame Sesshaftwerdung zu beobachten.[463]

1.15.5 Bevölkerungs- und Siedlungspolitik

Mit der osmanischen Eroberung des Balkans gingen tiefgreifende demographische Verschiebungen einher, wobei hier die Bevölkerungs- und Siedlungspolitik des Osmanischen Reiches im Vordergrund steht. Wie gezeigt, hatten die balkanchristlichen Herrscher ausgedehnte weltliche und sakrale Bauprogramme verfolgt, die mit der osmanischen Eroberung zu einem gewaltsamen Ende kamen, wobei Teile der Kirchen zu Moscheen umgewandelt wurden und viele Burgen, die nicht mehr benötigt wurden, verfielen. Sowohl die *uç beys* wie die Sultane schufen aber neue Siedlungen, bald durch Ausbau und Erweiterung bestehender Siedlungskerne, bald durch die Gründung neuer Städte: dazu gehören Sarajevo als neuer bosnischer Zentralort; Elbasan, das 1466 Mehmed II. persönlich als Zwingburg gegen Skanderbeg an einer strategischen Stelle der Via Egnatia anlegen ließ; Yenişehir bei Lárissa in Thessalien, ein Werk des Evrenos Bey und seines Sohnes Barak; der Ausbau Skopjes durch die dortigen *uç beys*; Neugründungen wie Travnik und Banja Luka in Bosnien, Mostar und Livno in der Herzegowina, Kavaja, Tirana und Korça in Albanien, Razgrad und Tatar Pazardžik in Bulgarien.[464] Das Instrument religiöser Stiftungen stabilisierte Familienbesitz der neuen regionalen und örtlichen Großen und ermöglichte eine neue osmanische Urbanistik, d. h. den Bau von Moscheen, Medresen, Bädern, Armenküchen, aber auch Bauwerken wie Brücken, die bis heute die Kulturlandschaft prägen.[465]

Noch wenig erforscht sind dienstbedingte Migrationen, d. h. die Versetzung osmanischer Timarioten über größere Teilräume. Als Beispiel seien hier jene 1468 verzeichneten Timarioten

---

462 Historia e popullit shqiptar, Bd. 1, 530–533; Istorija Crne Gore, Bd. 3,1, 36f.: In Montenegro wurden 1497 ein Dorf als Timar an einen Richter vergeben sowie zwei Timare an Sipahi, die beide Einheimische waren, Stefan Crnojević aus der regionalen Dynastie und der Knez von Njegoš. Mit eigenem steuerbefreitem Erbland erfasst waren auch 53 Knezen; s. die grundlegende Untersuchung von Đurđev, Turska vlast u Crnoj Gori.

463 Tomovski u. a. (Hgg.), Etnogeneza na jurucite, darin: Dimitriadis, The Yürüks in Central and Western Macedonia; Grozdanova, Novi svedenija za jurucite; Stojanovski, Nekolku prašanja za Jurucite; Kaljonski, Jurucite (mit umfangreicher Bibliographie u. einer Untersuchung zum oberen Struma-Tal); Petkova, The Process of Sedentarization of Semi-Nomadic Groups.

464 Kiel, The Incorporation of the Balkans, 152f.

465 Hierzu ist grundlegend das Lebenswerk von Machiel Kiel, Art and Society of Bulgaria in the Turkish Period; ders., Ottoman Architecture in Albania; ders., Studies in the Ottoman Architecture of the Balkans; ders., Das türkische Thessalien; ders., Un héritage non désiré; Boykov/Kiprovska, The Ottoman Philippopolis; Bojkov, Tatar Pazardžik; ders., Reshaping Urban Space in the Ottoman Balkans; ders., The Borders of the Cities.

erwähnt, die als Garnison in den Burgen des frisch unterworfenen und mit Ungarn weiterhin umkämpften Bosnien stationiert wurden, wobei es sich oftmals um Kollektivtimare handelte, die mehrere Pfründennutznießer teilten. Die Timarioten in der alten Königsburg Bobovac stammten aus Gallipoli, Plovdiv, Vraca und den serbischen Orten Toplica, Leskovac, Smederevo und Niš. In Samobor, im alten Gebiet des Hercegs, waren Anatolier aus Trabzon und Menteşe sowie islamisierte Balkanbewohner aus dem makedonischen (Sérres, Saloniki, Karaferye, Strumica), bulgarischen (Jambol, Plovdiv, Samokov, Sofia, Kjustendil) und serbischen (Novo Brdo, Trepča, Vranje, Niš, Dubočica, Smederevo) Balkan im Einsatz, in Vranduk Timarioten aus Tărnovo, Kievo, Monastir, Ochrid, Karaferye, Belgrad, dazu ein Albaner und ein Vlache.[466] Für diese wichtigen Garnisonen verlegte der Sultan also Dienstleute aus den osmanischen Kerngebieten des Balkans nach Westen. Aber auch aus erst vor kurzem unterworfenen Regionen wie dem ehemaligen serbischen Despotat wurden, wohl auch wegen der sprachlichen Verwandtschaft, Timarpfründner nach Bosnien geschickt, um die noch junge osmanische Herrschaft zu festigen.

Keine direkte Kontinuität zu Byzanz, aber doch eine strukturelle Verwandtschaft bestand im Umgang mit rebellischen Bevölkerungsgruppen und der Bevölkerungspolitik. Schon Sultan Musa plante in Serbien die Aussiedlung von Serben und die Ansiedlung muslimischer Türken (sog. sürgün [türk.]). In den Folgejahren wurde, wie erwähnt, die Wiederbesiedlung von Konstantinopel mit Deportierten vom Balkan und aus Kleinasien (aber auch mit freiwilligen Zuwanderern, darunter viele griechischsprachige Juden) zu einem bevölkerungspolitischen Großprojekt der Sultane. Allein 1453/1454 sollen aus dem Balkan 5.000 Familien bis September 1453 und 1454 4.000 serbische Ehepaare an den Bosporus verschleppt worden sein. Sürgün brachte Zuwanderer aus dem anatolischen Karaman und Handwerker aus Konya (Porzellan, Kalligraphie, Miniaturen), darunter wohl auch turkophone Orthodoxe aus Zentralanatolien, in die neue Hauptstadt.[467] Muslimische Türken wurden aus Anatolien in die Region Stara und Nova Zagora, in den Raum von Sérres und nach Skopje gebracht. Gazi Evrenos ließ nomadische Türken (Yürüken) 1385 aus dem westanatolischen Saruhan zur Sicherung seiner Eroberungen in den zentralen Balkan umsiedeln.[468] Zu Beginn des 16. Jahrhunderts setzten die Deportationen von rebellischen Kızılbaş auf den Balkan ein; zuvor schon wurden unruhige Albaner bis nach Ostanatolien (Trapezunt) deportiert, dessen griechische Bevölkerung zum Teil nach Konstantinopel verbracht worden war.[469]

---

[466] Sumarni popis sandžaka Bosna (Hg. ALIČIĆ), 191–196, 227–242.

[467] BELDICEANU-STEINHERR/BELDICEANU, Colonisation et déportation; ZACHARIADOU, Constantinople se repeuple; INALCIK, The Policy of Mehmed II; DERS., Ottoman Galata; DERS., Ottoman Methods of Conquest, 122–129; MURPHEY, s. v. Sürgün; ALEXANDRESCU DERSCA BULGARU, La politique démographique; DIES., Le rôle des esclaves en Romanie turque.

[468] KIEL, The Incorporation of the Balkans, 150f.

[469] BELDICEANU-STEINHERR, L'exil à Trébizonde; RIZAJ, Transferimet, deportimet dhe dyndjet; eine systematische Bearbeitung dieser sürgün genannten Bevölkerungsverschiebungen steht noch aus, vgl. die ältere Arbeit von BARKAN, Osmanlı İmparatorluğunda; eine nützliche Übersicht der Deportationen bei HOOPER, Forced Population Transfers, V.

1.15.6 Byzanz nach Byzanz?

Viel debattiert wurde in der Forschung über das von dem rumänischen Historiker Nicolae Iorga in einer 1935 erschienenen Monographie benannte Phänomen Byzanz nach Byzanz („Byzance après Byzance"), das in den osmanischen Sultanen die Fortsetzer des byzantinischen Kaisertums sieht. Tatsächlich nannten nachbyzantinische Geschichtsschreiber wie Kritóbulos von Ímbros Mehmed II. „basileús", serbische Marginalnotizen sprachen vom „Zaren", und die Vorstellung von einem osmanischen „basileús"/„car" entwickelte sich im osmanischen Balkan der frühen Neuzeit. Doch dürfen türkische und ab dem frühen 16. Jahrhundert arabisch-islamische (Kalifat) Vorstellungen nicht außer Acht gelassen werden. Auf Mehmed II. wirkten auch die Alexander-Tradition und das politische Denken der Renaissance ein.[470] Die Frage der Originalität und Neuartigkeit bzw. der strukturellen Kontinuität des Osmanischen Reiches im Verhältnis zu den christlichen Balkanstaaten ist nie frei von politischen Untertönen ausgetragen worden. Umstritten sind in diesem Zusammenhang konkret Kontinuität oder Diskontinuität zwischen Prónoia- und Timarsystem, aber auch zwischen byzantinischer oder seldschukischer Prägung der osmanischen Architektur, also in beiden Fällen symbolisch bedeutsamen Feldern, nämlich dem Heerwesen und der Herrschaftsrepräsentation – gerade kemalistische Forscher wie Fuad Köprülü bezogen Position gegen Kontinuitätsmodelle im Stile Iorgas. Türkischer Nationalismus wollte möglichst wenig Kontinuität zu vorosmanischen Strukturen erkennen, während jene Balkanhistoriker, die das Osmanische Reich nicht ausschließlich negativ bewerteten, sowie jüngere Strömungen in der Osmanistik die Verflechtung balkanorthodoxer und frühosmanischer Strukturen und Akteure herausarbeiten. Dass bei einer stark auf Symbiose orientierten Deutung aber das türkische Element nicht einfach beiseitegeschoben werden kann, hat jüngst Pál Fodor aufgezeigt.[471] Dass eine schlichte Gegenüberstellung von Bruch oder Kontinuität der soziokulturellen Gemengelage kaum gerecht wird, lehrt etwa ein Blick auf die Kanzleipraxis der osmanischen Sultane, die je nach Adressaten in Osmanisch, Mittelserbisch, Latein, Volksgriechisch und sogar Deutsch Urkunden ausstellte und mindestens ebenso gut wie die Herrschaftsidee die mannigfaltigen kulturellen Elemente im spätmittelalterlichen Osmanischen Reich zum Ausdruck bringt. Sprachlich fällt dabei der Unterschied zu den byzantinischen und balkanslawischen Herrscherkanzleien auf, da die osmanischen Staatsschreiber dem gesprochenen Griechisch bzw. (West-)Štokavischen nahestanden und auf eine Weiterführung des hochrhetorischen Stils verzichteten, wie ihn etwa die Patriarchatskanzlei in Konstantinopel weiter pflegte. Griechische Sultansurkunden sind also von der Produktion der byzantinischen Kaiserkanzlei ganz verschieden; der Begriff „Griechisch" bezeichnet nämlich ein weites Spektrum stilistischer Ausdrucksmöglichkeiten, wobei sich die byzantinischen und osmanischen Herrscherkanzleien an den entgegengesetzten Polen von hohem Stil einerseits, einer Volkssprache mit teilweise phonetischer Orthographie andererseits bewegten, und dies, obwohl in Konstantinopel genügend Kanzlisten mit vorzüglicher Kenntnis des gehobenen Stils vorhanden gewesen wären.[472]

---

[470] ASUTAY-EFFENBERGER/REHM (Hgg.), Sultan Mehmet II., darin: REINSCH, Mehmet der Eroberer, sowie SCHREINER, Die Epoche Mehmets des Eroberers; zur Deutung Mehmeds II. s. HEYWOOD, Mehmed II and the Historians.

[471] FODOR, The Formation of Ottoman Turkish Identity.

[472] BELDICEANU-STEINHERR/BELDICEANU, Documents ottomans.

1.16 ENDE DES MITTELALTERS AUF DEM BALKAN? ERGEBNISSE EINER VERFLECHTUNGSGESCHICHTE

In der epochalen Gliederung der west- und mitteleuropäischen Geschichte wird das Ende des Mittelalters um 1500 angesetzt, ein Richtdatum, das langsame Übergänge nicht verwischen will. Renaissance und Humanismus, die Erfindung des Buchdrucks, die Entdeckung Amerikas, die Reformation sind Entwicklungen, die klassischerweise als Zeichen eines Epochenwandels angeführt werden. Die meisten davon treffen für den Balkanraum nicht zu. Auch wenn hier dem Band dieses Handbuchs zur Kulturgeschichte vorgegriffen wird, so ist doch schon an dieser Stelle festzuhalten, dass der orthodoxe Balkan südlich der Donau von der Medienrevolution des Buchdrucks (mit Ausnahme der kurzlebigen Druckerei der Crnojević in Cetinje) kaum erfasst wurde; dass sich die orthodoxe Kirche, die sich schon der Scholastik verweigert hatte, im Zuge der Unionsverhandlungen der Geisteswelt der Renaissance entgegenstellte und jene griechischen Gelehrten, die Italien mit der antiken griechischen Literatur vertraut machten, der pro-westlichen Fraktion der byzantinischen Elite angehörten, die schon vor der osmanischen Eroberung den Weg des Exils gewählt hatte; und dass die Entdeckung Amerikas und die Reformation keine nachhaltige, breitere Bevölkerungskreise betreffende Wirkung zeitigten, jedenfalls nicht vor dem 19. Jahrhundert mit seinen protestantischen britischen Missionen einerseits und der spät einsetzenden Auswanderung aus Südosteuropa nach Übersee andererseits. Wer derartiges als Argument verwendet, dem wird in der postmodernen Wissenschaftswelt gerne der Vorwurf des kulturalistischen Essentialismus entgegengehalten. Doch geht es nicht darum, den Balkan aus der europäischen Geschichte in einem Machtakt des Historikers auszuschließen. Vielmehr sollen Unterschiede benannt werden, die im Gegensatz zu jener Epoche, die im westlichen und mittleren Europa als „Frühe Neuzeit" gilt, gerade die explizite Einordnung des balkanischen Spätmittelalters, also der Epoche vor der osmanischen Eroberung, in einen europäischen Zusammenhang verständlich machen. Die Darstellung der politischen Geschichte des christlichen Balkans zwischen 1300 und 1500 hat gezeigt, dass dieser in europäische Entwicklungsgänge wie der Entstehung herrschaftsmäßig verdichteter regionaler Fürstentümer eingebunden war, dass er Teil eines europäischen Mächtesystems war, nicht zuletzt durch dynastische Verflechtungen und Vasallitätsverhältnisse. Nie zuvor waren auch die persönlichen Begegnungen politischer Würdenträger so eng und häufig gewesen, man denke an die Westreisen byzantinischer Kaiser von Ofen bis nach Paris und London, die persönlichen Unionsverhandlungen in Italien der Kaiser Johannes V. und Johannes VIII., der von einer mehr als 700köpfigen Delegation begleitet war, vielleicht aber noch mehr an die bosnischen und serbischen Adligen am ungarischen Hof; oder an Zar Stefan Dušan und die bosnischen Könige als venezianische Patrizier. Nicht nur die Ausbildung von Territorialherrschaften fügt den Balkan in einen Vergleichsrahmen mit dem Deutschen Reich und Italien der Epoche ein. Mit Stefan Dušan und Tvrtko I. nahm der spätmittelalterliche Balkan auch teil an dem ostmitteleuropäischen Jahrhundert der großen Könige und der Blüte von Staaten wie Ungarn, Böhmen, Polen oder Litauen.[473]

Ein Blick auf Wirtschaft und Kultur legt weitere Verflechtungen frei: die Silberströme vom Balkan nach Italien, die Einbindung aller Küsten der Halbinsel, an Adria, ionischem, ägäischem

---

[473] Löwener (Hg.), Die „Blüte" der Staaten des östlichen Europa.

und Schwarzem Meer, in den internationalen Levantehandel; italienische sowie deutsche Handels- und Bergmannsniederlassungen, also eine Migration von Westen auf die Balkanhalbinsel, der eine Migration in Form ausgedehnter Fluchtbewegungen von Ost nach West erst unter dem Vorzeichen der osmanischen Gefahr folgte. In der Kultur denke man an die Kirchen und Klöster auf dem Amselfeld mit ihren adriatischen Architekturelementen oder an Renaissanceeinflüsse am Hof von Mistra. Im venezianischen Kreta begegneten die orthodoxen „Lateinerfreunde", die von orthodoxen Traditionalisten aus Konstantinopel verdrängt worden waren, im eigenen griechischen Kulturmilieu der lateinischen Literatur und Philosophie des Abendlandes. Noch stärker waren naturgemäß die Verbindungen der katholischen Regionen der Balkanhalbinsel nach Westen. Diese Hinwendung zur katholischen Welt erreichte am westlichen Balkan, in Bosnien wie in Albanien, im 15. Jahrhundert ihren Höhepunkt, gewiss unter osmanischem Druck, doch über den politischen Bereich hinausgehend, wie der albanische Humanismus zeigt, der freilich so rasch ins italienische Exil abgedrängt wurde, dass er nicht mehr nachhaltig im Balkan wirkte. Wie andere Teile Europas befand sich der Balkan im 14. Jahrhundert in einer Zeit politischer Neuordnung, unter dem Eindruck der Schwarzen Pest (deren Auswirkungen im Detail nicht nachvollziehbar sind, die aber im Osten der Halbinsel wohl größer waren als im Bergland des Westens),[474] der Klimaabkühlung,[475] des Niedergangs von Byzanz – doch erscheint die Geschichte der Region weniger als raumspezifischer Verfall und Auflösung, wenn man sie mit dem Frankreich des Hundertjährigen Krieges vergleicht, der Schwäche der Königsmacht in Italien, der Formierung starker Territorialstaaten auf der Apenninenhalbinsel und im Reich. Dass der Balkan bislang nicht in diesen Zusammenhängen betrachtet worden ist, liegt an der Unkenntnis jener Mittelalterhistoriker, für die Europa immer noch an den Ostgrenzen des Reiches endet, und an banalen, aber folgenschweren Bedingungen der Ausbildung (Unkenntnis der Balkansprachen). Auf der anderen Seite kommunizieren die Balkanhistoriographien nur über schmale Kanäle mit ihren Schwesterdisziplinen weiter im Westen.

Zu Beginn dieses Hauptteils (s. o. Kap. 1.6.1) wurde auf Deutungen der Epoche hingewiesen, Theorien von Bruch und Untergang oder vom Beginn einer *pax ottomanica*, die den zerrissenen Balkan befriedet hätte. In den Balkanländern selbst wird oft die kontrafaktische Frage nach der Entwicklung gestellt, die die Region ohne eine Eroberung durch die Osmanen genommen hätte; eine auch politisch motivierte Frage, die mit der Vorstellung einer „Rückkehr nach Europa" nach dem in der Regel gewaltsam herbeigeführten Ende der osmanischen Herrschaft verbunden ist. Im Strukturteil dieses Kapitels wurden Kontinuitäten hervorgehoben, in Verwaltung, Steuern, politischen Eliten, selbst im Raumdenken. Die osmanische Eroberung des Balkans erstreckte sich über eineinhalb Jahrhunderte, sie verlief regional unterschiedlich und gehörte verschiedenen Entwicklungsphasen der osmanischen Geschichte an (zwischen dem Beylik des 14. Jh.s u. dem zentralisierten Großreich um 1500). Sie ist damit in die großen Vorgänge geschichtlichen Wandels in Europa einzuordnen, vergleichbar dem Untergang (oder Transformation) der weströmischen

---

[474] Ravančić, Vrijeme umiranja; Tomić/Blažina, Expelling the Plague, 46–57, mit einer Übersicht über Pestwellen zwischen dem 14. und dem 16. Jh.

[475] Für Bosnien s. Mrgić, Severna Bosna, 18–21.

Welt oder der zeitgleichen spanischen Reconquista und der Ausdehnung des Großfürstentums Moskau an die Wolga, d. h. die Unterwerfung der muslimischen Khanate Kazan und Astrachan. Eine Betrachtung der Eroberungsphase allein greift zu kurz, wenn die Folgen der Veränderungen verstanden werden sollen. Wir haben uns vorstehend auf die erste Phase osmanischer Kontrolle über die neu eroberten Gebiete konzentriert, wobei auch hier der so oft betonte Ost-West-Unterschied hervorzuheben ist: Um 1470 war Thrakien seit einem Jahrhundert osmanisch, Bulgarien, Makedonien und Thessalien seit rund acht Jahrzehnten, während Nordalbanien, Montenegro, Teile Bosniens und der Herzegowina noch nicht vollständig unterworfen waren, dafür aber unter dauernden Angriffen litten, die Wirtschaft, Gesellschaft und Kirchen schwer belasteten. Hinzu kommt, dass die Quellenlage für den Westen der Halbinsel ungleich besser ist als für den Osten, der Ablauf der Kriege, Zerstörungen und Fluchtwellen sich klarer fassen läßt, während wir in Bulgarien bisweilen nicht einmal den Fall wichtiger Städte aufs Jahr genau datieren können. Bislang hat die Forschung kein allgemeines Bild der osmanischen Eroberung des Balkans in all ihren Folgen für Politik, Gesellschaft, Demographie und Kultur erstellt; die Erkenntnisse sind regional und national begrenzt, ein Mosaik, das aber grobe Konturen erkennen lässt. Der Blick auf Kontinuitäten und Akkulturierung ist gewiss legitim und wichtig – auch die Spätantike- und Frühmittelalterforschung zum westlichen Europa geht entsprechend vor (s. die Handbuchbeiträge in Bd. 1, insbes. v. Walter Pohl). Doch dürfen zugleich einige Feststellungen gegensätzlicher Art nicht übergangen werden. Bei der Eroberung des Balkans handelte es sich um einen gewaltsamen Akt, der für viele Regionen jahrzehntelange Kriegführung, Zerrüttung des Siedlungsnetzes und Bevölkerungsverluste durch Versklavung bedeutete. Je peripherer eine Region lag – aus der Sicht der osmanischen Machtzentren im südöstlichen Balkan – und je widerständiger sie sich zeigte, desto länger dauerten die Zermürbungsangriffe. Der endgültigen Eroberung ging fast überall ein achtzig bis hundert Jahre dauernder Kleinkrieg voran, bei dem osmanische Streifscharen vor allem auf Sklavenfang gingen. Dies rief eine weitgehende Entvölkerung vieler Gebiete besonders im westlichen und nordwestlichen Balkan hervor, und auch eine Teilung des Balkans in sichere, bereits osmanisch beherrschte Zonen (der südliche u. südöstliche Balkan) und Regionen, in denen die Unsicherheit Gesellschaft und Wirtschaft erschütterten (ein Bogen von Mittelalbanien bis nach Bosnien u. Kroatien). Die Jagd auf Sklaven war ein wesentlicher Antrieb der osmanischen Eroberer; sie wurde in der Forschung bislang unterschätzt.[476] Hauptakteure auf osmanischer Seite waren dabei die Grenzfeldherren aus Familien wie den Mihaloğlu, Evrenosoğlu, Turahanoğlu, die über Jahrzehnte die Angriffe gegen die christlichen Kleinstaaten anführten. Die endgültige Eroberung, die in der Regel durch den Sultan vollzogen wurde, verdeckt oftmals die lange Zerrüttung, die dem abschließenden Feldzug vorangegangen ist.

Dem ganzen Balkan gemeinsam war der Zusammenbruch des regionalen politischen Systems: Mit Byzanz, Bulgarien, Serbien und Bosnien wurden einige alte europäische Staaten zerstört, hinzu kamen die jüngeren Territorialherrschaften, von Epirus bis in die Dobrudscha, von der Morea bis in die Herzegowina.

---

476 Dávid/Fodor (Hgg.), Ransom Slavery, XIII, XIX.

Kann man über das bedingte Weiterleben byzantinischer Reichsideen im osmanischen Staatsgedanken immerhin diskutieren, so ist für den Fall des bulgarischen Zartums eine osmanische Politik der *damnatio memoriae* im Umgang mit der Zarenstadt Tărnovo deutlich erkennbar: Hinrichtung des Adels, erzwungene Translatio der in Tărnovo verehrten Heiligen in das abgelegene Rila-Kloster und Islamisierung des symbolbehafteten Plateaus der Festungsstadt, einst Residenz von Zar und Patriarch. Da mit dem Zartum auch die bulgarische Eigenkirchlichkeit in Tărnovo zerstört wurde, verschwand allmählich selbst die innerregionale Erinnerung an die bulgarische Staatlichkeit. Jener Teil der politischen Elite, der Widerstand leistete, wurde auch in Serbien und Bosnien ausgeschaltet, besonders eindrücklich in der Hinrichtung des letzten bosnischen Königs, der wegen der Annahme einer päpstlichen Krone und Eingliederung in die katholische Welt gefährlicher erschien als orthodoxe Fürsten; ermordet wurde auch weiter östlich in Kleinasien der letzte Kaiser von Trapezunt. Von den orthodoxen Herrschern fielen Fürst Lazar und Kaiser Konstantin XI. auf dem Schlachtfeld, andere endeten in Gefangenschaft oder als Kostgänger des Sultans wie der moreotische Despot Demétrios Palaiológos oder der Hofstaat der Sultana Mara im makedonischen Eževo. Die politische Elite des Balkans zerbrach bei der osmanischen Eroberung. Der Adel ging entweder physisch unter, wurde ins italienische oder ungarische Exil gezwungen oder wechselte in das osmanische Lager.[477] In den letzteren drei Fällen ging der balkanische Adel in der neuen gesellschaftlichen Umgebung auf, im spanisch-unteritalienischen Adel, dem venezianischen Patriziat, dem ungarischen Adel oder, zumindest teilweise, innerhalb einer überregionalen osmanischen Reichselite. Die Eroberung bedeutete auch die Zerstörung höfischer Kultur am Balkan, und dies ist zusammen mit der weitgehenden familiären Zerrüttung der politischen Elite einer der bedeutsamsten Einschnitte, da Bautätigkeit, Kunst, Literatur, die Anbindung an europäische Entwicklungen von den Höfen getragen wurden, weniger von der traditionalistischen orthodoxen Kirche. Diese aber blieb als Trägerin balkanorthodoxer Kultur übrig, sie war auch jene Institution, die sich gegen Einflüsse aus dem Westen am meisten sperrte und daher rasch ein Einvernehmen mit dem Osmanischen Reich fand. Die Osmanen verstanden es, das orthodoxe Ressentiment gegen die katholische Welt zu nützen. Die Heere, die gegen Ungarn, Venedig und das Reich zogen, waren voller orthodoxer Hilfstruppen – ihnen traten umgekehrt wiederum Balkanorthodoxe entgegen, die gegen das Osmanische Reich optiert hatten. Die Liste der orthodoxen Fürsten, die in osmanischem Dienst standen ist lang, und etliche fielen auch im Kampf gegen christliche Heere wie Krali Marko und Konstantin Dragaš bei Rovine (1395) gegen Mircea den Alten von der Walachei. Der Riss in den Eliten wurde durch die endgültige Eroberung nicht geheilt, vielmehr setzte er sich entlang der entstehenden Militärgrenzen der katholischen Welt, die wesentlich von orthodoxen Kriegern geschützt wurden, weit in die Frühe Neuzeit hinein fort. Serbische Freischarenführer, zunächst noch echte Nachfahren der serbischen Despoten, die von Ungarn aus gegen das Osmanische Reich operierten, findet man im ausgehenden 15. Jahrhundert wie zur Zeit Josephs II. (im letzten habsburgisch-osmanischen Krieg v. 1788–1791).

---

[477] LOWRY, A Note on Three Palaiologon Princes.

Während man die Entwicklung der wichtigeren Elitefamilien besonders des westlichen Balkans nachvollziehen kann, bleiben die Motivlagen der Ausschluss- und Einbindungsprozesse auf örtlicher Ebene im Unklaren, teilweise lassen sie sich auch quantativ nicht fassen – wir wissen nicht, wie viele Dorfchefs in den „drei Bulgarien" bei der Eroberung umkamen und wie viele als Timarioten in den osmanischen Reichsdienst übergingen. In Albanien oder Serbien hingegen erlauben osmanische Steuerregister Einblicke in die Übernahme örtlicher Machthaber und von Dorfbewohnern in das osmanische Militärsystem. Die Steuerregister vermitteln jedoch Angaben nur zu jenem Teil der Bevölkerung, der die Eroberung überlebte und im Lande blieb. Ohne dem Kapitel zur Demographie im Band zu Gesellschaft und Wirtschaft vorgreifen zu wollen, sei an dieser Stelle auf die Bevölkerungsverschiebungen hingewiesen, die die osmanische Eroberung auslöste: eine Massenflucht nach Italien und Ungarn vor allem aus Bosnien, Albanien und Dalmatien; innerregionale Flüchtlingsströme aus der osmanischen Romania in venezianische Gebiete wie Kreta und die Ionischen Inseln; eine seit dem 14. Jahrhundert einsetzende serbische Abwanderung nach Ungarn; die Nordwestwanderung der Vlachen nach Nordserbien, die Herzegowina und Bosnien – die osmanische Eroberung hatte den Balkan demographisch tiefgreifend und langfristig verändert.[478] Aus Anatolien wanderten sesshafte wie nomadisierende muslimische Türken auf den Balkan ein und ließen sich im Osten sowie entlang der nördlichen Ägäisküste nieder. Mit diesen Verschiebungen verbunden waren die oben erwähnten Veränderungen des Siedlungsnetzes, durch Zerstörung und Verfall, aber auch durch Auf- und Ausbau (vgl. Karte V).[479]

Die Folgen der osmanischen Eroberung sind nicht auf einen einfachen Nenner zu bringen, wenn alle Bereiche – Politik, Gesellschaft, Wirtschaft, Kultur – berücksichtigt werden sollen, und zu verstehen sind sie, wie angedeutet, nur in einer Betrachtung der langen Dauer. Fragt man aus der Perspektive einer Geschichte von Politik und Herrschaft, ob sie im Balkan das Ende einer Epoche bedeutete, so wird man dies bejahen dürfen. Das byzantinische Commonwealth in seiner weltlichen politischen Verfasstheit war zerstört worden. Dass Verwaltungseinheiten fortdauerten, teilweise unter dem Namen der früheren Herren, zeigt, wie ungefährlich diese erloschenen Traditionen den Osmanen erschienen. Die islamisierten Eliten entwickelten sich in weiten Teilen des osmanischen Balkans des 16. Jahrhunderts nicht zu Trägern regionaler politischer Eigentraditionen, sondern wurden in eine gesamtimperiale Ämterrotation eingebunden. Die Erinnerung an vorosmanische Staatlichkeit verschob sich bei den Orthodoxen des Balkans teilweise (im nach-

---

[478] BOYKOV, The Human Cost of Warfare; daneben ANTOV, The Ottoman „Wild West", der freilich Bojkovs Arbeit nicht zu kennen scheint. Beide bieten eine ausführliche Debatte über die ältere Forschung zum Thema; BELDICEANU, Les Roumains des Balkans; DERS., Sur les Valaques des Balkans slaves; DERS./BELDICEANU-STEINHERR/NĂṢTUREL, Les recensements ottomans; FILIPOVIĆ, Osmanski feudalizam u Bosni i Hercegovini, v. a. das Kap.: Vlasi i upostava timarskog sistema u Hercegovini [Die Vlachen u. die Errichtung des Timar-Systems in der Herzegowina], 423–533; BUZOV, Vlasi u bosanskom sandžaku; ISAILOVIĆ, Legislation concerning the Vlachs; MULIĆ, Društveni i ekonomski položaj Vlaha.

[479] RADUSCHEW, Das „belagerte" Gebirge; DERS., Pomacite; TOMOVSKI u. a. (Hgg.), Etnogeneza na jurucite, bes. die Beiträge von DIMITRIADIS, The Yürüks in Central and Western Macedonia; GROZDANOVA, Novi svedenija za jurucite; sowie STOJANOVSKI, Nekolku prašanja za Jurucite; KALJONSKI, Jurucite (mit Detailuntersuchung zum oberen Struma-Tal); MANOLOVA-NIKOLOVA/JÉLÉVA, Les localités au courant de Gorna Strouma; PETKOVA, The Process of Sedentarization of Semi-nomadic Groups; KIEL, The Incorporation of the Balkans.

byzantinischen u. im serbischen, weniger im bulgarischen Fall) in den kirchlichen Bereich. Das Verstummen balkanorthodoxen Geschichtsdenkens um 1500 ist zugleich symptomatisch für den kulturellen Schock des Zusammenbruchs. Es bedeutete das Ende eines an die Existenz eines christlichen Kaisertums gebundenen Ideensystems, das ungebrochen auf Rom zurückgeführt wurde. Wer im Sultan nicht den Basileús erblicken und auch nicht ins westliche Exil gehen wollte, dem fehlte ein politisches Ordnungssystem, um den Wandel zu erfassen.

Als Teil des Osmanischen Reiches nahm der Balkan nicht mehr einen Entwicklungsgang, der in einem gewiss von regionalen Besonderheiten, dennoch aber grundlegenden Gleichklang mit benachbarten Großregionen Europas erfolgte. An seinen Rändern entstanden Militärgrenzen, eine jahrhundertelange Kriegs- und herrschaftsarme Zone, die gewiss nicht hermetisch abgeriegelt war, doch viel stärker trennend wirkte als zuvor die politischen Gegensätze im Mittelalter. Die *pax ottomanica* des 16. Jahrhunderts genossen die Überlebenden, allgemein gesprochen aber eine neue Gesellschaft, die nach den Umwälzungen der Eroberungszeit nur bedingt mit jener des späten Mittelalters zu tun hatte. Die osmanische Eroberung unterbrach zweifellos einen anderen Entwicklungsgang des Balkans – dies liegt im Wesen jeder gewaltsamen Veränderung. Dies abstreiten kann nur, wer einen einseitigen Blick auf die frühe Zeit des Osmanischen Reichs oder generell auf militärisch bedingten grundlegenden historischen Wandel pflegt. Die Forschungsdebatte zur osmanischen Eroberung des Balkans kann hier künftig von der reichen Theoriebildung zum Untergang oder Transformation der römischen Welt viel lernen, nicht zuletzt auch im Umgang mit Wissenschaftsgeschichte, denn es wurde außerregional der Vorwurf einseitiger Darstellung gegenüber den südosteuropäischen Nationalhistoriographien erhoben, während die internationale Osmanistik selbst ihre oft wenig kritische Deutung des Osmanischen Reiches bislang kaum hinterfragt hat.[480]

Aus der Sicht einer Balkangeschichte, die keine bloße Verlängerung einer imperialen, weder byzantinischen noch osmanischen Geschichte sein will, bedeutet das späte 15. Jahrhundert tatsächlich einen Epochenwechsel, wenn auch nicht in jenem Sinne wie im westlichen und mittleren Europa. Der Balkan wurde in neue Zusammenhänge eingefügt, die stärker nach dem ferneren Südosten wiesen als die Entwicklungen im späten Mittelalter – denn am Bosporus lag nicht mehr ein ideell starkes, politisch schwaches Zentrum, sondern wie im Hochmittelalter der Mittelpunkt eines Großreiches, für das der Balkan zunächst Kernland, nach der Eroberung der arabischen Provinzen (1517) und dem Aufstieg zum Weltreich weiterhin ein bedeutender Reichsteil war. Dass für die Balkanvölker Entwicklungsalternativen zur osmanischen Herrschaft bestanden hätten, zeigen jene Gebiete, die nie oder spät unter osmanische Herrschaft gerieten, also die habsburgischen und venezianischen Randzonen Südosteuropas, aber auch osmanische Tributstaaten wie die Republik Dubrovnik, das Fürstentum Siebenbürgen sowie die orthodoxen Fürstentümer Walachei und Moldau, wo die Schriftsprachen des mittelalterlichen Balkans weiter entwickelt und auch im Druck verbreitet wurden, wo durch den Besuch italienischer und deutscher Hochschulen

---

480 Zuletzt MEIER, Geschichte der Völkerwanderung; daneben das klassische Werk von DEMANDT, Der Fall Roms. Siehe ebenso die Diskussion im vorliegenden Handbuch (Bd. 1,1) im Beitrag von Walter POHL mit weiterführender Literatur.

universitäre Bildung möglich war, Bücher aus dem christlichen Europa in Umlauf waren und sich regionale Literaturen im Austausch mit Renaissance- und später Barockmodellen entwickelten. In der Forschung ist ein gesamtbalkanischer Strukturvergleich zwischen Osmanisch- und Venezianisch-Griechenland, Osmanisch- und Venezianisch-Dalmatien, Osmanisch- und Ungarisch- (u. später Habsburgisch-)Serbien und überhaupt zwischen den osmanischen, venezianischen und den habsburgischen Teilen der Großregion noch nicht in einer Betrachtung der langen Dauer durchgeführt worden. Er würde Aufschlüsse bieten für die immer noch emotional aufgeladene Frage nach jenem Weg, den der Balkan wohl eingeschlagen hätte, wenn der osmanische Vormarsch durch militärische und politische Kraft aufgehalten worden wäre.

2. UNGARN VOM ENDE DER ARPADENDYNASTIE BIS ZUR SCHLACHT VON MOHÁCS

2.1 UNGARN 1301–1526: QUELLEN, ÜBERBLICKSDARSTELLUNGEN, HISTORIOGRAPHIE

Zu allgemeinen Quellen und Überblickswerken des Königreichs Ungarn in der Arpadenzeit ist auf das entsprechende Kapitel von Attila Zsoldos im Vorgängerband verwiesen (HGSOE, Bd. 1,2, Kap. 8.2). In der folgenden Übersicht liegt der Fokus ergänzend auf den wichtigsten Quelleneditionen und Synthesen für den Zeitraum des ungarischen Spätmittelalters, also die Zeit nach dem Aussterben der Arpaden bis zur Schlacht von Mohács (1301–1526).

Wie bereits für die Arpadenzeit existiert auch für die folgenden Epochen bis zur Schlacht von Mohács keine einheitliche Urkundenedition. Gegenüber den früh- und hochmittelalterlichen Urkunden sind diejenigen des Spätmittelalters weniger gut durch Editionen erschlossen, was auch mit ihrer großen Zahl zusammenhängt. Gegenüber den etwa 10.000 Urkunden der gesamten, rund dreihundertjährigen Arpadenzeit sind allein aus dem halben Jahrhundert der Regierungszeit Sigismunds von Luxemburg (1387–1437) rund 50.000 Urkunden erhalten. Urkunden und Regesten zum ungarischen Spätmittelalter sind auf zahlreiche ältere und neuere Einzeleditionen von sehr unterschiedlicher Qualität und Vollständigkeit verteilt, weshalb hier nur die wichtigsten genannt sind.

Die nach dem Vorbild der Monumenta Germaniae Historica ab 1857 vorangetriebene Quellenedition Monumenta Hungariae Historica enthält in der 4. Abteilung zwei für den hier interessierenden Zeitraum relevante Reihen, die zwar nicht den gesamten Zeitraum abdecken und heutigen Editionstechniken nicht mehr genügen, aber unersetzlich sind und die Zeit der Anjou-Könige[1] sowie von Matthias I. Corvinus[2] (1458–1490) bearbeiten, beide jeweils mit Fokus auf die auswärtigen Beziehungen, darunter auch die Kontakte zum Balkan.

---

[1] Monumenta Hungariae Historica. Magyar történelmi emlékek. 4. Abt.: Diplomácziai emlékek. Acta extera. Für die Epoche der Anjou-Könige: Magyar diplomacziai emlékek az Anjou-korból [Ungarische diplomatische Akten aus der Anjou-Zeit]. 3 Bde. Hg. Gusztáv Wenzel. Budapest 1874–1876.

[2] Aus der selben Reihe: Magyar diplomacziai emlékek Mátyás Király korából, 1458–1490 [Ungarische diplomatische Akten aus der Zeit von König Matthias, 1458–1490]. Hgg. Iván Nagy/Albert B. Nyáry. 4 Bde. Budapest 1875–1878.

Für die Anjou-Zeit liegt eine Edition von Regesten in ungarischer Übersetzung vor, von der bis 2019 insgesamt 41 Bände erschienen sind, die mit wenigen Lücken den Zeitraum 1301–1364 abdecken.[3] Eine ältere lateinische Edition deckt die Jahre 1301–1359 ab und ist damit gleichfalls unvollendet geblieben.[4] Die fünfzigjährige Regierungszeit Sigismunds von Luxemburg wird von einer seit Jahrzehnten fortlaufenden Urkundenedition abgedeckt, in der bislang 13 Bände zur Zeit bis 1426 erschienen sind.[5] Vor allem in den älteren Bänden dieser Edition sind die Urkundenauszüge oft stark gekürzt, vielfach auch einfach auf Regesten beschränkt, die aber immerhin den Zugang zu früheren und vollständigeren Editionen erschließen.

Für die Zeit von Johann Hunyadi und seinem Sohn Matthias Corvinus liegt eine dreibändige, unkritische und unvollständige Urkundenedition vor als Teil einer umfangreichen Darstellung.[6] Auswärtige Korrespondenz von Matthias ist in einer zweibändigen Ausgabe erschienen.[7]

Urkundenmaterial aus primär regionalen Archiven zu verschiedenen Zeiträumen sind in einer älteren kritischen Edition versammelt.[8] Ebenfalls eine Fundgrube für Urkunden und Korrespondenz ist eine zweibändige, von 1216 bis 1526 reichende Edition aus vatikanischen Beständen.[9] Urkunden vor allem kirchlicher Provenienz liegen vor in einer umfassenden Edition, die anfänglich nur die Arpadenzeit im Blick hatte, letztlich dann aber auch spätere Quellenstücke bis 1439 berücksichtigt hat. Trotz unkritischer Edition der privat erstellten Edition ist die Sammlung auch wegen heute nicht mehr erhaltener Vorlagen nach wie vor unverzichtbar.[10] Die Bände der Editionsreihe Monumenta Vaticana historiam regni Hungariae illustrantia[11] behandeln in der ersten Serie überwiegend die Zeit des Spätmittelalters, so etwa Zehntregister[12] oder ein Band zum Briefwechsel von Matthias Corvinus mit der päpstlichen Kurie.[13]

---

3 Anjou-kori oklevéltár. Documenta res Hungaricas tempore regum Andegavensium illustrantia, 1301–1387. Hgg. Gyula Kristó u. a. Szeged 1990–.

4 Siehe aus der 1. Abt. (Okmánytárak Anjoukori) der Monumenta Hungariae Historica: Codex diplomaticus Hungaricus Andegavensis. Anjoukori Okmánytár. Hg. Imre Nagy. 7 Bde. Budapest 1878–1920.

5 Zsigmondkori oklevéltár [Urkundenbuch zum Zeitalter Sigismunds]. Hgg. Elemér Mályusz/Iván Borsa. Bisher 13 Bde. Budapest 1951–.

6 József Teleki, Hunyadiak kora Magyarországon [Die Hunyadi-Zeit in Ungarn]. Bde. 10–12. Pest 1853–1857.

7 [Matthias Corvinus.] Mátyás király levelei. Külügyi osztály [Die Briefe von König Matthias. Auswärtige Abteilung]. Hg. Vilmos Fraknói. 2 Bde. Budapest 1893–1895 (Nachdr. 2008); s. a. [Matthias Corvinus.] Mátyás király levelei, 1460–1490 [Die Briefe von König Matthias, 1460–1490]. Hg. V. Sándor Kovács. Budapest 1986.

8 Codex diplomaticus patrius. Hazai Okmánytár. 8 Bde. Hgg. Imre Nagy u. a. Győr, Budapest 1865–1891.

9 Vetera monumenta historica Hungariam sacram illustrantia. Hg. Augustin Theiner. 2 Bde. Roma 1859–1860 (Nachdr.: Osnabrück 1968).

10 Codex diplomaticus Hungariae ecclesiasticus ac civilis. 11 Bde. in 43. Hg. György Fejér. Buda 1829–1844.

11 Monumenta Vaticana historiam regni Hungariae illustrantia. Vatikáni Magyar Okirattár. Hg. Arnold Ipolyi. Reihe 1 in 6 Bde. Budapest 1885–1891 (Nachdr. 2000).

12 Rationes collectorum pontificiorum in Hungaria. Papai tized-szedok számadásai, 1281–1375. Budapest 1887 (Nachdr. 2000).

13 [Matthias Corvinus.] Mathiae Corvini Hungariae regis Epistolae ad Romanos Pontifices datae et ab eis acceptae. Mátyás Király levelezése a Római pápákkal, 1458–1490. Budapest 1891 (Nachdr. 2000).

Für Siebenbürgen existiert eine eigene Edition.[14] Die Urkunden betreffend die Gemeinschaft der Siebenbürger Sachsen für den Zeitraum 1191–1486 sind gesammelt im entsprechenden Urkundenbuch.[15] Eine Urkundenedition für die Szekler erschien in zwei Teilen.[16] Für die Geschichte der Rumänen im mittelalterlichen Siebenbürgen ist neben den allgemeinen Quelleneditionen zu diesem Raum vor allem eine von ungarischer Seite erstellte Zusammenstellung hilfreich, trotz der klaren Intention, bezüglich der rumänischen Anwesenheit in Siebenbürgen die Migrationsthese zu untermauern.[17] Zum großen Bauernaufstand von 1514 ist ebenfalls eine eigene Edition vorhanden.[18] Das ungarische Nationalarchiv hat eine Reihe von Übersichten zu Familienarchiven herausgegeben mit Schwerpunkt auf dem Spätmittelalter.[19]

Für die Rechtsquellen des spätmittelalterlichen Ungarn liegen mehrere Editionen vor. Einerseits sind in der Reihe des Ungarischen Nationalarchivs (Publicationes Archivi Nationalis Hungariae. 2: Fontes) zwei Bände Gesetztestexte und Verordnungen kritisch ediert worden, die allerdings nur bis 1490 reichen.[20] Andererseits liegt in Fortsetzung eines früheren Bandes zur Arpadenzeit eine vorbildliche, auch die Jagiellonenzeit (1490–1526) abdeckende und Vollständigkeit anstrebende Edition mit englischen Übersetzungen vor, die auf vorgenanntem Werk aufbaut.[21] Sämtliche fünf, das gesamte ungarische Mittelalter systematisch abdeckenden Bände sind seit Kurzem auch in

---

[14] Erdélyi okmánytár. Oklevelek, levelek és más írásos emlékek Erdély történetéhez. Codex diplomaticus Transsylvaniae. Diplomata, epistolae et alia instrumenta litteraria res Transsylvanas illustrantia. Hg. Zsigmond Jakó. Bd. 1: 1023–1300; Bd. 2: 1301–1339; Bd. 3: 1340–1359; Bd. 4: 1360–1372. Budapest 1997–.

[15] Urkundenbuch zur Geschichte der Deutschen in Siebenbürgen. 7 Bde. Hgg. Frank Zimmermann/Gustav Gündisch/Carl Werner. Hermannstadt u. a. 1892–1991.

[16] Székely oklevéltár [Szekler Urkundenbuch]. 7 Bde. Hg. Károly Szabó. Kolozsvár 1872–1898, u. in Fortsetzung: Székely oklevéltár 1219–1776 [Szekler Urkundenbuch 1219–1776]. Hg. Samu Barabás. Budapest 1934.

[17] Documenta historiam Valachorum in Hungaria illustrantia usque ad annum 1400 p. Christum. Hgg. Antonius Fekete Nagy/Ladislaus Makkai. Budapest 1941.

[18] Monumenta rusticorum in Hungaria rebellium anno MDXIV, maiorem partem collegit Antonius Fekete Nagy. Hgg. Victor Kenéz/Ladislaus Solymosi. Budapest 1979.

[19] A Balassa család levéltára, 1193–1526 [Das Familienarchiv Balassa, 1193–1526]. Hgg. Antal Fekete Nagy/Iván Borsa. Budapest 1990; A Szent-Ivány család levéltára, 1230–1525 [Das Familienarchiv Szent-Ivány, 1230–1525]. Hgg. Elemér Mályusz/Iván Borsa. Budapest 1988; Az Abaffy család levéltára, 1247–1515. A Dancs család levéltára, 1232–1525. A Hanvay család levéltára, 1216–1525 [Das Familienarchiv Abaffy, 1247–1515. Das Familienarchiv Dancs, 1232–1525. Das Familienarchiv Hanvay, 1216–1525]. Hgg. Ila Bálint/Iván Borsa. Budapest 1993; A Perényi család levéltára, 1222–1526 [Das Familienarchiv Perényi, 1222–1526]. Hgg. István Tringli. Budapest 2008.

[20] Decreta regni Hungariae, 1301–1457. Gesetze und Verordnungen Ungarns. Hgg. Ferenc Döry/György Bónis/Vera Bácskai. Budapest 1976; Decreta regni Hungariae, 1458–1490. Gesetze und Verordnungen Ungarns. Hgg. Ferenc Döry/György Bónis/Géza Érszegi/Zsuzsanna Teke. Budapest 1989.

[21] The Laws of the Medieval Kingdom of Hungary. Decreta regni mediaevalis Hungariae. Bd. 2: 1301–1457. Übers. Hgg. János M. Bak/Pál Engel/Ross Sweeney. Bakersfield/CA 1992; Bd. 3: 1458–1490. Übers. Hgg. János M. Bak/Leslie S. Domokos/Paul B. Harvey Jr. Bakersfield/CA 1996; Bd. 4: 1490–1526. Übers. Hgg. Péter Banyó/Martyn Rady. Bakersfield/CA 2012; Bd. 5: The Customary Law of the Renowned Kingdom of Hungary, a Work in three Parts (The „Tripartitum") [1514/1517]. Tripartitum opus iuris consuetudinarii inclyti regni Hungariae. Übers. Hgg. János M. Bák/László Péter. Bakersfield/CA 2005.

einer einbändigen elektronischen Publikation als pdf-Datei zusammengeführt, die auf der Seite der Utah State University online zugänglich ist.[22]

Zu den bedeutendsten narrativen Quellen des ungarischen Spätmittelalters[23] gehört die unter Ludwig I. (dem Großen, 1342–1382) um die Mitte des 14. Jahrhunderts entstandene Chronica Hungarorum, deren Berichtszeitraum allerdings nur bis 1330 reicht. Eines der fünf überlieferten Manuskripte ist eine Prachthandschrift mit zahlreichen Miniaturen, bekannt als ungarische Bilderchronik (Chronicon Pictum, manchmal mit dem Zusatz Vindobonense nach dem früheren Aufbewahrungsort Wien, heute in Budapest). Es liegen mehrere Editionen vor, neben derjenigen in der Gesamtedition der narrativen Quellen des ungarischen Mittelalters[24] auch in deutscher Übersetzung[25] und als Faksimile[26]. Zu den wichtigsten erzählenden Quellen für das 15. Jahrhundert gehören die erstmals 1473 als vermutlich erstes in Ungarn gedrucktes Buch erschienene anonyme Ungarische Chronik,[27] die in einer kritisch kommentierten Edition vorliegende Chronik Thuróczis,[28] die als letztes mittelalterliches Werk der ungarischen Geschichtsschreibung gelten kann, sowie die für den Zeitraum 1478–1496 zuverlässige Geschichte Bonfinis, die der humanistischen Historiographie zuzurechnen ist und in einer nur unzureichend kritischen Edition vorliegt.[29]

Als Hilfsmittel nützlich ist die vierbändige Chronologie zur ungarischen Geschichte, deren erster Band die Zeit bis 1526 abdeckt.[30] Zu den weltlichen Würdenträgern liegen in Fortsetzung

---

[22] János M. Bak, Online Decreta Regni Mediaevalis Hungariae. The Laws of the Medieval Kingdom of Hungary. O. O. 2019 <https://digitalcommons.usu.edu/lib_mono/4>, 222–1586 (für den Zeitraum 1301–1526).

[23] Eine aktuelle Übersicht mit weiteren Literaturhinweisen bietet Ryszard Grzesik, Mittelalterliche Chronistik in Ostmitteleuropa, in: Handbuch Chroniken des Mittelalters. Hgg. Gerhard Wolf/Norbert H. Ott. Berlin, Boston/MA 2016, 773–804, hier das Unterkap. zu Ungarn auf den Seiten 794–804; ausführlicher: Historische Bücherkunde Südosteuropa. Bd. 1,2: Mittelalter. Hg. Mathias Bernath. München 1980, 877–900, sowie Dániel Bagi u. a. (Hgg.), Hungary and Hungarians in Central and East European Narrative Sources (10th–17th Centuries). Pécs 2019.

[24] Scriptores rerum Hungaricarum tempore ducum regumque stirpis Arpadianae gestarum. Hg. Imre Szentpétery. Bd. 1. Budapest 1937, 239–500.

[25] Die ungarische Bilderchronik (des Markus von Kált 1358). Chronica de gestis Hungarorum. Hg. Tibor Kardos. Berlin, Budapest 1961.

[26] Wiener Bilderchronik. Chronicon pictum. Chronica de gestis Hungarorum. Hg. Dezső Dercsényi. Bd. 1: Faksimiledruck; Bd. 2: Kommentarband. Hanau 1968.

[27] Chronica Hungarorum impressa Budae 1473. A Budai Krónika. Hg. Vilmos Fraknói. Budapest 1900. Dt. Übers.: Chronica Hungarorum impressa Budae 1473. Typis similibus reimpressa. Die Ofner Chronik. Hg. Wilhelm Fraknói. Budapest, Wien 1900.

[28] Johannes de Thurocz. Chronica Hungarorum. Hgg. Elisabeth Galántai/Julius Kristó/Elemér Mályusz. 2 Bde. in 3. Budapest 1985–1988.

[29] Antonius de Bonfinis. Rerum Ungaricum decades. 4 Bde. Hgg. Ioseph Fógel/Belá Iványi/Ladislaus Juhász. Budapest, Leipzig 1936–1976.

[30] Magyarország történeti kronológiája. Bd. 1: A kezdetektől 1526-ig [Historische Chronik Ungarns. Von den Anfängen bis 1526]. Hg. Benda Kálmán. Budapest 1981, 188–350 (zum Spätmittelalter).

des Vorgängerwerkes von Attila Zsoldos für die Arpadenzeit für die Zeit des Spätmittelalters zwei Fortsetzungsbände vor.[31]

Einen guten Überblick über das ungarische Spätmittelalter, der neben der politischen auch die Wirtschafts- und Sozialgeschichte berücksichtigt, vermittelt die chronologisch nach den einzelnen Dynastien eingeteilte Synthese von drei der besten Kenner dieser Epoche,[32] die auch eine Version in französischer Sprache publiziert haben.[33] Eine umfangreiche neuere, reich bebilderte Gesamtgeschichte Ungarns hat populärwissenschaftlichen Charakter, ist aber von Fachleuten der jeweiligen Epoche verfasst.[34]

Einen guten Überblick über die Zeit von Sigismund von Luxemburg bis zur Schlacht von Mohács (1382–1526) bietet das einschlägige Kapitel aus einem auf Deutsch vorliegenden Gemeinschaftswerk zur Geschichte Ungarns[35] genauso wie die Synthese von Pál Engel.[36] Spezifisch auf die Krone und die Krönung fokussiert ist eine Monographie, die den neuesten Forschungsstand diesbezüglich zusammenführt.[37] Die bisher umfangreichste und beste Geschichte Siebenbürgens gibt zwar einen ungarischen Standpunkt wieder, ist aber durchaus kritisch.[38]

Die ungarische Historiographie der letzten Jahrzehnte war sehr darum bemüht, ihre Spezialkenntnisse in synthetischen Werken auch in international gängigen Sprachen bekannt zu machen. Daneben hat die spätmittelalterliche ungarische Geschichte in der internationalen Historiographie größeres Interesse gefunden als diejenige der südosteuropäischen Länder. Die wichtigsten Forschungsergebnisse lassen sich daher weitaus besser als für die südosteuropäischen Historiographien aus Übersetzungen oder direkt in Fremdsprachen erschienenen Überblickswerken, die auf einschlägigen Forschungen beruhen, erschließen. Von einigen der wichtigsten Historiker des un-

---

31 Pál Engel, Magyarország világi archontológiája, 1301–1457 [Weltliche Archontologie Ungarns, 1301–1457]. Budapest 1996; Norbert Tóth, Magyarország világi archontológiája, 1458–1526 [Weltliche Archontologie Ungarns, 1458–1526]. Budapest 2017– (bisher zwei von drei Bänden erschienen).

32 Pál Engel/Gyula Kristó/András Kubinyi, Magyarország története, 1301–1526 [Geschichte Ungarns, 1301–1526]. Budapest 1998, ²2005.

33 Pál Engel/Gyula Kristó/András Kubinyi, Histoire de la Hongrie médiévale. Bd. 2: Des Angevins aux Habsbourgs. Rennes 2008.

34 Magyarország története [Geschichte Ungarns]. Hg. Ignác Romsics. 24 Bde. Budapest 2009–2010. Zum Spätmittelalter Bd. 5: Az Anjouk birodalma 1301–1387 [Das Reich der Anjou, 1301–1387]; Bd. 6: Luxemburgi Zsigmond uralkodása 1387–1437 [Die Herrschaft von Sigismund von Luxemburg, 1387–1437]; Bd. 7: A Hunyadiak kora 1437–1490 [Die Zeit der Hunyadi, 1437–1490]; Bd. 8: Mohács felé 1490–1526 [Gegen Mohács zu, 1490–1526].

35 Péter E. Kovács, Ungarn im Spätmittelalter (1382–1526), in: István György Tóth (Hg.), Geschichte Ungarns. Budapest 2005, 145–223.

36 Pál Engel, Realm of St. Stephen. A History of Medieval Hungary, 895–1526. London 2001, 124–371 (zum Spätmittelalter).

37 János M. Bak/Géza Pálffy, Crown and Coronation in Hungary 1000–1916 A.D. Budapest 2020.

38 Erdély története [Geschichte Siebenbürgens]. Hgg. Béla Köpeczi u. a. Bd. 1: A kezdetektől 1606-ig [Von den Anfängen bis 1606]. Budapest 1986; engl. Übers.: History of Transylvania. Hgg. Béla Köpeczi u. a. Bd. 1: From the Beginnings to 1606. Boulder/CO 2001.

garischen Spätmittelalters liegen Werke in westlichen Sprachen vor, die einen guten Teil ihrer Forschungen bündeln: Janos M. Bak,[39] Erik Fügedi,[40] András Kubinyi,[41] Gyula Kristó,[42] Elemér Mályusz[43] und Martyn Rady.[44] Für einzelne Themen und Teilepochen gibt es fokussierte Sammelbände, Monographien oder grundlegende Aufsätze, so für die Zeit König Karl Roberts (1301/1307–1342),[45] Ludwigs des Großen[46] wie auch zur Zeit der beiden Anjou-Könige insgesamt[47] und zum Übergang von den Anjou zum Luxemburger[48], zu Sigismund von Luxemburg,[49] König Matthias Corvinus,[50] der Zeit der Jagiellonen-Könige,[51] zur Verwaltungsgeschichte,[52] Burgen-

39 János M. Bak, Königtum und Stände in Ungarn im 14.–16. Jahrhundert. Wiesbaden 1973 (mit Quellenanhang).

40 Erik Fügedi, Castle and Society in Medieval Hungary (1000–1437). Budapest 1986; ders., The Elefánthy. The Hungarian Nobleman and his Kindred. Budapest 1998; ders., Kings, Bishops, Nobles and Burghers in Medieval Hungary. London 1986 (Sammlung von Beiträgen des Autors).

41 András Kubinyi, Stände und Ständestaat im spätmittelalterlichen Ungarn. Herne 2011; ders., Matthias Corvinus. Die Regierung eines Königreichs in Ostmitteleuropa 1458–1490. Herne 1999; ders., König und Volk im spätmittelalterlichen Ungarn. Städteentwicklung, Alltagsleben und Regierung im mittelalterlichen Königreich Ungarn. Herne 1998.

42 Gyula Kristó, Nichtungarische Völker im mittelalterlichen Ungarn. Herne 2008.

43 Elemér Mályusz, Kaiser Sigismund in Ungarn, 1387–1437. Budapest 1990; ders., Die Entstehung der ständischen Schichten im mittelalterlichen Ungarn. Budapest 1980.

44 Martyn Rady, Nobility, Land and Service in Medieval Hungary. Basingstoke 2000; ders., Customary Law in Hungary. Courts, Texts, and the Tripartitum. Oxford 2015.

45 Pál Engel, Az ország újraegyesítése. I. Károly küzdelmei az oligarchák ellen, 1310–1323 [Die Wiedervereinigung des Landes. Karls I. Kampf gegen die Oligarchen, 1310–1323], Századok 122 (1988), H. 1–2, 89–146.

46 Steven Bela Vardy/Géza Grossschmid/Leslie S. Domonkos (Hgg.), Louis the Great, King of Hungary and Poland. Boulder/CO 1986; Iván Bertényi, Nagy Lajos király [König Ludwig der Große]. Budapest 1989.

47 Enikő Csukovits (Hg.), L'Ungheria angioina. Roma 2013; Stanisław A. Sroka, Methods of Constructing Angevin Rule in Hungary in the Light of most Recent Research, Quaestiones medii aevi novae 1 (1996), 77–90.

48 Szilárd Süttő, Anjou-Magyarország alkonya. Magyarország politikai története Nagy Lajostól Zsigmondig. Az 1384–1387. évi belvizsályok okmánytárával [Der Untergang von Anjou-Ungarn. Politische Geschichte Ungarns von Ludwig dem Großen bis Sigismund. Mit einer Urkundensammlung über innere Konflikte 1384–1387]. 2 Bde. Szeged 2003.

49 Josef Macek/Ernő Marosi/Ferdinand Seibt (Hgg.), Sigismund von Luxemburg. Kaiser und König in Mitteleuropa 1387–1437. Warendorf 1994; Pál Engel, Királyi hatalom és arisztokrácia viszonya a Zsigmond-korban (1387–1437) [Das Verhältnis zwischen königlicher Macht u. Aristokratie im Zeitalter Sigismunds (1387–1437)]. Budapest 1977.

50 Christian Gastgeber u. a. (Hgg.), Matthias Corvinus und seine Zeit. Europa am Übergang vom Mittelalter zur Neuzeit zwischen Wien und Konstantinopel. Wien 2011; Péter Kovács, Hétköznapi élet Mátyás király korában [Alltagsleben am Hof von König Matthias]. Budapest 2008; Jörg K. Hoensch, Matthias Corvinus. Diplomat, Feldherr und Mäzen. Graz 1998; Karl Nehring, Matthias Corvinus, Kaiser Friedrich III. und das Reich. Zum hunyadisch-habsburgischen Gegensatz im Donauraum. München 1975, sowie das in Anm. 41 zitierte Werk von András Kubinyi.

51 András Kubinyi, A Jagelló-kori magyar állam [Der ung. Staat der Jagiellonenzeit], Történelmi szemle 48 (2006), H. 3–4, 287–308; Péter Kulcsár, A Jagelló-kor [Die Jagiellonenzeit]. Budapest 1981.

52 Márta Font u. a. (Hgg.), Magyarország kormányzati rendszere (1000–1526). Egyetemi tanköny [Das Regierungssystem Ungarns. Universitäres Lehrbuch]. Pécs 2007; István Tringli, Megyék a középkori Magyarországon [Ko-

bau,[53] Stadtgeschichte,[54] Wirtschaftsgeschichte,[55] Umweltgeschichte,[56] Agrargeschichte,[57] Geistes- und Kirchengeschichte,[58] Kunstgeschichte,[59] Militärgeschichte[60] oder der Niederlage in der Schlacht von Mohács[61].

mitate im mittelalterlichen Ungarn], in: Honoris causa. Tanulmányok Engel Pál tiszteletére [Honoris causa: Aufsätze zu Ehren von Pál Engel]. Hgg. Tibor Neumann/György Rácz. Budapest 2009, 487–518; zum Forschungsstand Richárd Horváth, Várak és uraik a késő középkori Magyarországon. Vázlat a kutatás néhány lehetőségéről [Burgen u. ihre Herren im spätmittelalterlichen Ungarn. Skizze einiger Forschungsmöglichkeiten], in: ebd., 63–104.

53 Tibor Koppány, A középkori Magyarország kastélyai [Die Burgen des mittelalterlichen Ungarns]. Budapest 1999.

54 Katalin Szende, Otthon a városban. Társadalom és anyagi kultúra a középkori Sopronban, Pozsonyban és Eperjesen [Zu Hause in der Stadt. Gesellschaft u. materielle Kultur im mittelalterlichen Ödenburg, Pressburg u. Eperies]. Budapest 2004; László Gerevich (Hg.), Towns in Medieval Hungary. Boulder/CO 1990; György Granasztói, A középkori magyar város [Die mittelalterliche ung. Stadt]. Budapest 1980; Katalin Gönczi, Ungarisches Stadtrecht aus europäischer Sicht. Die Stadtrechtsentwicklung im spätmittelalterlichen Ungarn am Beispiel Ofen. Frankfurt/M. 1997; Friedrich Bernward Fahlbusch, Städte und Königtum im frühen 15. Jahrhundert. Ein Beitrag zur Geschichte Sigmunds von Luxemburg. Köln 1983.

55 József Laszlovszky u. a. (Hgg.), The Economy of Medieval Hungary. Leiden, Boston/MA 2018; András Kubinyi, Gazdaság és gazdálkodás a középkori Magyarországon. Gazdaságtörténet, anyagi kultúra, régészet [Wirtschaft u. Bewirtschaftung im mittelalterlichen Ungarn. Wirtschaftsgeschichte, materielle Kultur u. Archäologie]. Budapest 2008; Magyar középkori gazdaság- és pénztörténet. Jegyzet és forrásgyűjtemény [Ungarische mittelalterliche Wirtschafts- u. Geldgeschichte. Notizen u. Quellensammlung]. Hg. Márton Gyöngyössy. Budapest 2006.

56 Péter Szabó, Woodland and Forests in Medieval Hungary. Oxford 2004; Lajos Rácz, The Steppe to Europe. An Environmental History of Hungary in the Traditional Age. Cambridge 2013.

57 István Szabó, A magyar mezőgazdaság története a XIV. századtól az 1530-as évekig [Geschichte der ung. Landwirtschaft vom 14. Jh. bis in die 1530er Jahre]. Budapest 1975.

58 József Gerics, Egyház, állam és gondolkodás Magyarországon a középkorban [Kirche, Staat u. Denken im mittelalterlichen Ungarn]. Budapest 1995; Elemér Mályusz, Egyházi társadalom a középkori Magyarszágon [Die kirchliche Gesellschaft im mittelalterlichen Ungarn]. Budapest 1971, ²2007.

59 Ernő Marosi, Kép és hasonmas. Művészet és valóság a 14–15. századi Magyarországon [Bild u. Reproduktion. Kunst u. Wirklichkeit im Ungarn des 14.–15. Jh.s]. Budapest 1995.

60 Tamás Pálosfalvi, From Nicopolis to Mohács. A History of Ottoman-Hungarian Warfare, 1389–1526. Leiden 2018; Róbert Hermann (Hg.), Magyarország hadtörténete [Militärgeschichte Ungarns]. Bd. 1: A kezdetektől 1526-ig [Von den Anfängen bis 1526]. Budapest 2017; Davor Salihović, The Process of Bordering at the Late Fifteenth-Century Hungarian-Ottoman Frontier, *History in Flux* 1 (2019), H. 1, 93–120; László Veszprémy, Lovagvilág Magyarországon. Lovagok, keresztesek, hadmérnökök a középkori Magyarországon. Válogatott tanulmányok [Ritterwelt in Ungarn. Ritter, Kreuzritter, Genieoffiziere im mittelalterlichen Ungarn. Ausgewählte Studien]. Budapest 2008; János M. Bak/Béla K. Király (Hgg.), From Hunyadi to Rákóczi. War and Society in Late Medieval and Early Modern Hungary. New York 1982; Gyula Kristó, Az Anjou-kor háborúi [Die Kriege der Anjou-Zeit]. Budapest 1988; Ferenc Szakály, Phases of Turco-Hungarian Warfare before the Battle of Mohács (1365–1526), *Acta Orientalia Academiae Scientiarum Hungaricae* 33 (1979), H. 1, 65–111.

61 Géza Perjes, The Fall of the Medieval Kingdom of Hungary. Mohács 1526 – Buda 1541. Boulder/CO 1989; Lajos Rúzsás/Ferenc Szakály (Hgg), Mohács. Tanulmányok a mohácsi csata 450. évfordulója alkalmából [Mohács. Aufsätze zum 450. Jahrestag der Schlacht von Mohács]. Budapest 1986.

2.2 UNGARN ALS FAKTOR IN DER SPÄTMITTELALTERLICHEN GESCHICHTE SÜDOSTEUROPAS

Die Geschichte Südosteuropas im Spätmittelalter kann ohne Blick auf Ungarn nicht geschrieben werden. Die Berücksichtigung des Reiches der Stephanskrone in einem Handbuch zur Geschichte Südosteuropas bedarf dennoch einer kurzen Erklärung. Ungarn war keine primär südosteuropäische Macht. Kaum eines der Kriterien, die üblicherweise herangezogen werden, um Südosteuropa als eigenen historischen Raum bzw. als Analysekategorie abzugrenzen, trifft auf Ungarn zu. Im Gegenteil spricht manches dafür, Ungarn gerade nicht als Teil Südosteuropas zu begreifen – im Spätmittelalter mehr noch als der vorangegangenen und der nachfolgenden Epoche. Im Gegensatz zu den Reichen und Herrschaften des Balkans war Ungarn ein überwiegend katholisches Land, gerade die politische Führungsschicht. Latein war von Anfang an Kanzleisprache am ungarischen Hof. Dynastische Allianzen, zu einem wesentlichen Teil aber auch adelige Heiratspolitik verbanden das Land mit Westeuropa weitaus intensiver als mit dem überwiegend orthodoxen Südosteuropa – nach dem Aussterben der Arpadendynastie an der Wende vom 13. zum 14. Jahrhundert mehr denn je. Und Ungarn öffnete sich seit dem Hochmittelalter vermehrt für westeuropäische Einflüsse: Kolonisten aus dem Heiligen Römischen Reich machten Land urbar, gründeten Städte und nahmen Bergwerke in Betrieb; Adelige brachten ritterliche Sitten, die Mode westeuropäischer Höfe und ihr Gefolge an die königlichen und adeligen Residenzen in Ungarn; an westeuropäischen Universitäten gebildete Gelehrte und Kleriker schließlich verfassten historiographische Texte, formten das Rechtswesen und predigten nach Art ihrer westlichen Standesgenossen.[62]

Ungarn wandte sich nicht zuletzt durch den zu Beginn des 14. Jahrhunderts eingeleiteten Dynastiewechsel kulturell immer stärker Westeuropa zu. Technische, kulturelle und administrative Neuerungen führten zu einer effizienteren Nutzung der Ressourcen. Ungarn ist daher nicht nur geographisch, sondern auch von seiner inneren Verfassung her nur am Rande als Teil Südosteuropas zu verstehen, mit dem es vergleichsweise wenige strukturelle Gemeinsamkeiten teilte. Seinen politischen und kulturellen Schwerpunkt hatte es außerhalb der Region. Zusammen mit den beiden benachbarten Königreichen Böhmen und Polen ist es eher einer ostmitteleuropäischen Geschichtsregion zuzuordnen, die zugleich als östlicher Ausläufer des päpstlich-lateinischen Einflussbereiches Westeuropa weitaus enger verbunden war als dem byzantinisch-orthodoxen Bereich.

---

[62] Grundlegend zu Ungarns Stellung im spätmittelalterlichen Europa ENGEL, Beilleszkedés Európába, 240–349; SZAKÁLY, Virágkor és hanyatlás, 15–115; in vergleichender Perspektive SEDLAR, East Central Europe in the Middle Ages; für eine Übersicht über Ungarn im Spätmittelalter s. etwa ENGEL/KRISTÓ/KUBINYI, Histoire de la Hongrie médiévale, Bd. 2; KOVÁCS, Ungarn im Spätmittelalter; ENGEL, The Realm of St. Stephen, 124–370; BAK, Königtum und Stände in Ungarn; s. a. den Essay von SZŰCS, Die drei historischen Regionen Europas; v. a. für die Ereignisgeschichte teilweise immer noch relevanter Klassiker, sonst aber gegenüber den neueren Gesamtdarstellungen methodisch und in Bezug auf den Forschungsstand veraltet HÓMAN/SZEKFŰ, Magyar történet, Bd. 3; Quellensammlung in: Magyar középkor, 997–1526 (Hg. NAGY), 270–631.

Was spricht dennoch für eine substanzielle Behandlung Ungarns innerhalb einer Geschichte Südosteuropas? Im Spätmittelalter stieg Ungarn zur unangefochtenen Führungsmacht am nördlichen Saum Südosteuropas auf und dehnte seinen politischen Einfluss zeitweise bis weit auf den Balkan aus – s. zu Ungarns Balkanpolitik Beitrag 1, Schmitt, Kap. 1.10.12 u. 1.11.4. Ideologisch wurde die Großmachtpolitik durch religiöses Bekehrungsstreben begleitet, wobei sich Ungarn als päpstlicher Vorposten gegenüber den orthodoxen Herrschaften inszenierte. Begünstigt wurde Ungarns Hegemonialanspruch durch das Aufblühen des Bergbaus, der im 14. und 15. Jahrhundert der Krone reiche Erträge in Gold, Silber und anderen Rohstoffen einbrachte. Die Bedeutung Ungarns für die Geschichte Südosteuropas ergibt sich daher nicht aus seiner strukturellen Ähnlichkeit, sondern eher aus seiner Verschiedenheit im Vergleich mit dem Kernraum Südosteuropas. Es war einerseits Ungarns Rolle als Großmacht im Spätmittelalter, das es im hier betrachteten Zeitraum zu einem der wichtigen, wenn auch geographisch vom Rande her auf die südosteuropäische Geschichte einwirkenden Akteure machte. Andererseits konnte die spezifische politische Kultur, seine religiöse und soziale Struktur über direkte und indirekte Beeinflussung als Inspirationsquelle oder Katalysator dienen für die Verhältnisse in den Ländern Südosteuropas. Ungarn war daher ein zentraler Akteur, der nicht nur geographisch eine Vermittlungsfunktion zwischen dem Südosten einerseits und dem Zentrum und Westen Europas andererseits ausübte. Ungarn war auch ein Mittler zwischen dem Südosten und den westlichen Regionen Europas. In diesem Kapitel wird daher punktuell auch ein Blick darauf geworfen, wie die Ereignisse in Südosteuropa, vor allem der militärische Vormarsch der Osmanen, auf Mitteleuropa einwirkten. Südosteuropäische Belange wurden mit der „Türkengefahr" auch dort plötzlich intensiv wahrgenommen. Eine Geschichte Südosteuropas wäre daher auch unvollständig ohne zumindest exemplarisch zu skizzieren, wie das Geschehen auf dem Balkan die Zeitgenossen weiter westlich beeinflusste. Ungarn nahm dabei eine Scharnierfunktion wahr.

Das Stephansreich selber war in südosteuropäische Belange primär durch die Ereignisgeschichte und als militärische Großmacht involviert. Für ganz Südosteuropa prägend wurde der ungarisch-osmanische Gegensatz, der ab dem späten 14. Jahrhundert für rund eineinhalb Jahrhunderte bestimmend wurde. Ungarn war in dieser Zeit die einzige Militärmacht der Region, die den Osmanen gewachsen war. Lokaler Widerstand gegen das osmanische Vordringen suchte deswegen fast immer den Rückhalt der Stephanskrone. Für die spätmittelalterliche Geschichte Südosteuropas ist Ungarn daher ein relevanter Faktor, obwohl es selber bestenfalls am Rande als Teil dieser Region aufgefasst werden kann. Die folgenden Ausführungen nehmen daher vor allem die für Südosteuropa relevanten Aspekte der Politik- und Ereignisgeschichte des Stephansreiches in den Blick, ohne zu starkes Gewicht auf die inneren Verhältnisse zu richten.

2.3 DYNASTIEWECHSEL, LANDESBEWUSSTSEIN UND DER ADEL IM POLITISCHEN SYSTEM

Ein entscheidender Wendepunkt, der für ungarische Belange den Epochenwechsel vom Hoch- zum Spätmittelalter markiert, war das Aussterben der auf Árpád (verst. um 907) zurückzuführen-den Dynastie an der Wende vom 13. zum 14. Jahrhundert. Das Ende des ungarischen Mittel-alters markiert die Zäsur der vernichtenden Niederlage des königlich-ungarischen Heeres in der Schlacht von Mohács 1526. In dieser Zeitspanne herrschten in Ungarn eine Reihe auswärtiger Dynastien: Neben den ephemeren Versuchen der Přemysliden (1301–1305) und Wittelsbacher (1305–1307), nach dem Aussterben der Arpaden in Ungarn Fuß zu fassen, waren dies die vier Ge-schlechter der Anjou (1301/1307–1382, 1385/1386), Luxemburger (1387–1437), Habsburger (1437/1438–1439, 1440/1452–1457 u. erneut ab 1526) und Jagiellonen (1490–1526) – sowie als einziger „einheimischer" Vertreter auf dem Königsthron der aus dem ungarnländischen Adel stammende Matthias I. Corvinus (1458–1490), wobei bereits dessen Vater Johann Hunyadi de facto als Reichsverweser (1446–1453) das Land regiert hatte.

Eingeleitet wurde der erste Dynastiewechsel des ungarischen Mittelalters, als 1290 mit König Ladislaus IV. „dem Kumanen" (1272–1290) der letzte Angehörige der Arpadendynastie in di-rekter männlicher Linie verstorben war – s. zur Krise der königl. Macht in Ungarn am Ende des 13. Jh.s HGSOE, Bd. 1,2, Beitrag ZSOLDOS, Kap. 8.3.6. Anspruch auf den verwaisten Thron erhob mit päpstlichem Segen Karl II. von Anjou (genannt der Lahme), König von Sizilien/Nea-pel (1285–1309), da er über seine Frau Maria (Tochter des ung. Königs Stephans V.) mit den Arpaden verschwägert war. Er konnte seinen Anspruch auf das Erbe der Stephanskrone allerdings nicht durchsetzen, Adel und Klerus einigten sich auf Andreas III. (1290–1301), einen Enkel von König Andreas II. (1205–1235). Er wurde kurz nach dem Tod von Ladislaus gekrönt. Sein Anspruch auf den ungarischen Thron aber war nicht unumstritten: Er war außerhalb Ungarns aufgewachsen, sein Vater Stephan wiederum galt als Bastard, da er postum geborener Sohn von Andreas II. mit dessen dritter Frau war. Auch sonst war seine Position geschwächt: Im letzten Viertel des 13. Jahrhunderts war die Königsmacht zunehmend zugunsten regionaler Herren und Großgrundbesitzer erodiert, die als immer eigenmächtiger agierende Oligarchen die Zentral-macht herausforderten (vgl. Karte II).[63]

So bedurfte auch Andreas III. der Unterstützung gegen rivalisierende Kräfte, die er sich nach und nach zusammensuchen musste. Dem Einfluss des Klerus, der ihm mit zur Macht verholfen hatte und nun versuchte, seinen Einfluss geltend zu machen, trachtete der König sich so weit als möglich zu entziehen. Tatkräftig zur Festigung der Herrschaft trug seine Mutter bei, die Venezia-nerin Tomasina Morosini, die als Regentin in Slawonien tätig war.[64] Sodann war der niedere Adel auf Seiten Andreas III., der gegen den Anspruch der Anjou auf den ungarischen Thron opponier-te. Wichtig war außerdem das Bündnis, das Andreas mit seinem einstigen Rivalen Herzog Alb-

---

63 ZSOLDOS, Kings and Oligarchs in Hungary.

64 ŠTEFÁNIK, The Morosinis in Hungary under King Andrew III.

recht von Habsburg einging, dem künftigen römisch-deutschen König Albrecht I. (1298–1308), der zuvor selber auf den ungarischen Thron spekuliert hatte. Andreas vermählte sich 1296 in zweiter Ehe mit Albrechts Tochter Agnes, die nach dem Tod ihres Gemahls 1301 in der habsburgischen Hausmachtpolitik eine wichtige Rolle spielen sollte. Zur weiteren Stützung seiner Macht hatte Andreas mit einer Reihe mächtiger Magnaten einen Pakt geschlossen. Diese und den König einte die gemeinsame Rivalität mit zwei der einflussreichsten Familien sowie das Ringen mit dem Hohen Klerus um Einfluss auf politische Angelegenheiten.[65]

Damit ist in etwa das Feld der politischen Akteure im Ungarn zu Beginn des 14. Jahrhunderts abgesteckt: der hohe Adel und der Klerus als die beiden zunehmend einflussreicheren Kräfte, gegen den sich Teile des sich formierenden niederen Adels und auswärtiger Akteure positionierten. Der Thronwechsel ist symptomatisch für zweierlei Entwicklungen, die als Grundkonstanten prägend für Ungarns politische Verhältnisse im Spätmittelalter werden sollten. Einerseits zeigte der wachsende Einfluss von Klerus und Adeligen bereits Merkmale der Konstellation, die letztlich in die Entstehung des ungarischen Ständewesens münden sollte mit den beiden tonangebenden Ständen des Adels und des Klerus, der sich ebenfalls überwiegend aus dem Adel rekrutierte.[66] Andererseits war das ungarische Königshaus über zahlreiche Eheschließungen mit wichtigen Vertretern führender Geschlechter Mittel- und Westeuropas verbunden. Ungarn wurde damit fast zwangsläufig in die dynastisch legitimierten Machtkämpfe auswärtiger Akteure hineingezogen oder selber zum Spielball rivalisierender Kräfte. Ungarn war damit sehr viel enger in die politischen Entwicklungen des westlichen Teils Europas einbezogen als die südosteuropäischen Länder, und als katholische Großmacht war Ungarn gegenüber den kleineren und überwiegend orthodoxen Herrschaften auf dem dynastischen Heiratsmarkt im Vorteil. Ungarn war ab dem 14. Jahrhundert als südöstlichster Vorposten in den Einflussbereich geraten, in dem die dominierenden Königshäuser Mittel- und Westeuropas um Macht rivalisierten. Dies ermöglichte es dem Adel und besonders dessen niederer und mittlerer Schicht in den politischen Auseinandersetzungen mit der Krone seine Position immer wieder damit zu legitimieren, die Landesinteressen gegen übermäßigen Einfluss auswärtiger Mächte zu wahren.

Andreas III. sollte der letzte Arpade auf dem ungarischen Thron sein.[67] Bei seinem vorzeitigen Tod 1301 hinterließ er nur eine Tochter. Da die Dynastie in direkter männlicher Linie damit ausgestorben war, öffnete sich das Feld für eine Reihe von Thronprätendenten, die sich angesichts der bereits zuvor zerfallenden Zentralmacht auf die diversen, sich untereinander befehdenden Interessensgruppen im Land stützen konnten. Die Folge waren langanhaltende Thronwirren, aus denen letztlich das Haus Anjou siegreich hervorgehen sollte.[68] Ihren beiden Vertretern auf dem

---

65 Michalsky, Memoria und Repräsentation, 262.

66 Zur Entstehung des ungarländischen Adels und Ständewesens Rady, Nobility, Land and Service in Medieval Hungary, 158–178; Kubinyi, Stände und Ständestaat im spätmittelalterlichen Ungarn; Zsoldos, Vznik šľachty; Mályusz, Die Entstehung der ständischen Schichten im mittelalterlichen Ungarn.

67 Kosztolnyik, Remarks on Andrew III of Hungary; Sulitková, Kancelář posledního Arpádovce Ondřeje III.

68 Skorka, With a Little Help from the Cousins; Vlasko, Počiatky vlády Anjouovcov v Uhorsku; Bagi, Changer les règles; Sroka, Methods of Constructing Angevin Rule in Hungary.

ungarischen Thron, Karl I. Robert von Anjou (1301/1307–1342) und Ludwig I. (der Große, 1342–1382), sollte es gelingen, die Königsmacht wieder zu konsolidieren. Unter den Anjou erlebte Ungarn im 14. Jahrhundert den Höhepunkt seiner Machtentfaltung und wurde zur Vormacht im nördlichen Teil Südosteuropas.[69]

Nach dem Tod Andreas' III. 1301 wurde aber zuerst Wenzel (ab 1305 als Wenzel III. Kg. v. Böhmen) aus dem böhmischen Geschlecht der Přemysliden als Ladislaus V. zum ungarischen König gekrönt (1301–1306). Die Königsmacht war allerdings bereits unter den letzten Arpadenherrschern zerfallen, mächtige Oligarchen hatten sich in einzelnen Landesteilen der Zentralmacht weitgehend entzogen. In diesen Kreisen gab es Widerstand gegen Ladislaus. Von Anbeginn an hatte der jugendliche Karl Robert von Anjou Ambitionen auf die ungarische Königswürde angemeldet, anknüpfend an die Prätentionen seines Großvaters Karl II. und seines Vaters Karl Martell von Anjou, der als Titularkönig von Ungarn den Thronanspruch aufrechterhalten hatte. Karl Robert, in dritter Generation Anjou-Thronanwärter, fand Unterstützung bei der Aristokratie, während ihm der bereits traditionelle Beistand des Papsttums für die Anjou in ungarischen Angelegenheiten ebenfalls sicher war. Es galt aber, den Anspruch in Ungarn selber politisch und militärisch durchzusetzen, da Karl Roberts Gegner seine Krönung unter dem Vorwand zeremonieller Gründe nicht als legitim anerkannten.

Sein noch junger Gegner, König Ladislaus, stand selber zwischen rivalisierenden Fraktionen, die um Einfluss rangen. Als sich ihm nach wenigen Jahren als umstrittener ungarischer König die Gelegenheit bot, den böhmischen Thron seines Vaters zu erben, verzichtete er angesichts der unruhigen Verhältnisse in Ungarn auf die Stephanskrone. Er übertrug seine Ansprüche an den Wittelsbacher Otto III. von Bayern (1305), der über seinen Großvater mütterlicherseits König Béla IV. von Ungarn ebenfalls Ansprüche auf die ungarische Krone herleiten konnte. Ohne starke Hausmacht jedoch war Otto der militärischen Macht Karl Roberts und seiner ungarischen Unterstützer nicht gewachsen. So konnte der Anjou Karl Robert seinen seit 1301 verfochtenen Anspruch auf den Thron nach dem Verzicht Ottos 1307 schließlich durchsetzen. Doch dauerte es weitere drei Jahre, bis er 1310 endgültig nach der gewohnheitsrechtlich erforderlichen einwandfreien Zeremonie vom Primas von Ungarn, dem Erzbischof von Gran (Esztergom), mit der Stephanskrone in Stuhlweißenburg gekrönt wurde.

Frühere Krönungen Karl Roberts waren jeweils mit dem Makel behaftet gewesen, dass das Krönungszeremoniell nicht in allen erforderlichen Einzelheiten eingehalten und dessen Legitimation demnach bestritten werden konnte. Bei den Krönungen im mittelalterlichen Ungarn spielte die Stephanskrone eine herausragende Bedeutung. Sie war wohl im späten 12. Jahrhundert, eventuell auch erst ein Jahrhundert danach unter nicht genau bekannten Umständen aus zwei Teilen zusammengefügt worden: einer unteren, byzantinische Motive zeigende *corona graeca*, die wohl um die

---

69 Für eine Übersicht über das Anjou-zeitliche Ungarn Csukovits (Hg.), L'Ungheria angioina; Engel, Die Monarchie der Anjoukönige in Ungarn; ders., Társadalom és politikai struktúra; Kristó, Az Anjou-kor háborúi; zu den Quellen Kordé, Les sources historiques; Editionen des Urkundenschatzes der Anjou-Zeit: Codex diplomaticus Hungaricus Andegavensis (Hg. Nagy); nur in ung. Übers. Anjou-kori oklevéltár (Hgg. Kristó u. a.).

Wende zum letzten Viertel des 11. Jahrhunderts angefertigt worden war sowie einer oberen *corona latina*, ein Kronreif unbestimmter Herkunft.[70] Die Krone belegt damit auf eindrückliche Weise Ungarns Stellung am Übergang zwischen dem byzantisch-griechischen und dem römisch-lateinischen Einflussbereich und die noch starke byzantische Ausstrahlung auf das an sich katholische Herrscherhaus im Hochmittelalter. Obwohl die so genannte Stephanskrone also mit Sicherheit nicht auf die Zeit Stephans I. zurückgeht, wurde ihr eine besondere Kraft zugesagt: Als legitimer Herrscher galt nur, wer mit ihr gekrönt worden war.

Deutlich belegen lässt sich diese vermutlich ältere Vorstellung zuerst im Kontext der Thronwirren nach dem Aussterben der Arpaden. Karl Robert galt erst nach der dritten Krönung, die mit der Stephanskrone vollzogen wurde, als legitimer Herrscher. Die Krone kam im 14. und 15. Jahrhundert mehrfach abhanden bzw. wurde zum Streitobjekt zwischen rivalisierenden Gegenkönigen. Als Folge davon nahm die Idee der Krone zunehmend abstrakteren Charakter an und begann sich vom konkreten Kopfschmuck zu lösen. Ins Zentrum des politischen Denkens rückte die Vorstellung von der Krone als immaterielles Symbol der Herrschaftsgewalt (corona regni) – eine Idee, die bereits auf die Arpadenzeit zurückging, nun aber weiterentwickelt wurde und auch auf Polen und Böhmen auszustrahlen begann.[71] Der politisch aufstrebende Adel bediente sich der Symbolik, um mit ihrer Hilfe als eigentlicher Inhaber der Herrschaftsgewalt aufzutreten, die in Form der Krone symbolisch an einen Inhaber des Königsamtes vergeben wurde. Nach dieser Auffassung wohnte die Legitimation verleihende Kraft nicht dem materiellen Krönungsobjekt inne, sondern konnte vom Adel als eigentlichem Inhaber der Herrschaftsgewalt zur Not auch auf ein Ersatzobjekt übertragen werden.

Dies geschah anlässlich der Krönung von Władysław I. 1440: die Witwe des eben verstorbenen Königs Albrecht II. (in Ungarn I.) von Habsburg hatte die Stephanskrone entwendet und damit ihren im Säuglingsalter stehenden Sohn Ladislaus V. (Postumus genannt) krönen lassen. Die Stände wollten aber in den anstehenden Auseinandersetzungen mit den Osmanen einen militärisch führungsfähigen König. Ihre Wahl fiel auf den polnischen König Władysław aus dem Geschlecht der Jagiellonen, der dem Adel als Gegenleistung umfangreiche Rechte bestätigen musste. In Ermangelung der echten Stephanskrone wurde kurzerhand eine Ersatzkrone beschafft und dekretiert, die Krönung und ihre Wirkung hänge vom Willen der Einwohner des Reiches, also der Stände, ab: „regum coronatio a voluntate regnicolarum dependet, ac efficacia et virtus coronae in ipsorum approbatione consistit".[72] Die Krone wurde damit zu einem Instrument in der Hand des Adels umgedeutet. Doch ungeachtet dessen galt nach wie vor die Krönung mit der „echten" Stephanskrone als erstrebenswert. Der bereits 1458 zum ungarischen König gewählte Matthias Corvinus, mit dem Makel niederer Herkunft belegt, bezahlte im Frieden von Wiener Neustadt 1463 einen horrenden Preis dafür, um die Krone auszulösen, die mittlerweile in die Hände Kaiser

---

70 Bogyay, Ungarns Heilige Krone; Vajay, Corona Regia – Corona Regni – Sacra Corona.

71 Schramm, Polen, Böhmen, Ungarn, 421f.; Karpat, Corona regni Hungariae.

72 Radvánszky, Das Amt des Kronhüters, 28.

Friedrichs III. (1452–1493) gelangt war, einem lebenslangen Erzrivalen von Matthias. Erst jetzt konnte sich dieser mit der echten Krone „legitim" krönen lassen.[73]

Die Vorstellung von der Krone als Repräsentant des Landes und dem Adel als Inhaber dieser Herrschaftsgewalt zeugt gerade angesichts der mehrfachen Dynastiewechsel von einem ausgeprägten Landesbewusstsein. Gleichermaßen zentral für das politische Bewusstsein war die Vorstellung „nationaler" Heiliger, besonders auch von Herrscher-Heiligen aus der Arpadendynastie. Hier waren es gerade die Anjou als auswärtiges Herrschergeschlecht, die aus Legitimitätsgründen solche Heiligenkulte intensiv pflegten und damit die Traditionslinie zur ersten ungarischen Dynastie betonten.[74]

---

[73] Zur großen Bedeutung der Stephanskrone im materiellen und symbolischen Sinne BAK/PÁLFFY, Crown and Coronation; CEVINS, Les origines médiévales de la doctrine de la Sainte couronne; KALNOKY, Le droit coutumier de la Noble Nation Sicule de Transylvanie; PÉTER, The Holy Crown of Hungary; KOCSIS, Magyarország Szent Koronája; KARDOS, A Szent Korona; BENDA/FÜGEDI, Tausend Jahre Stephanskrone; BERTENYI, A Magyar Korona története; SEEWANN, Die Sankt-Stephans Krone; ECKHART, A szentkorona-eszme története; zur politischen Bedeutung in vergleichender Perspektive FIJALKOWSKI, Średniowieczne koronacje królewskie, sowie grundlegend SCHRAMM, Polen, Böhmen, Ungarn.

[74] KLANICZAY, Le culte des saints dans la Hongrie médiévale; SPEKNER, Adalékok I. (Anjou) Károly király Szent László-kultuszához.

2.4 DIE ANJOU IN UNGARN: MACHTENTFALTUNG DES KÖNIGTUMS

Auch Karl Robert als erster Anjou[75] auf dem ungarischen Thron verfügte erst nach der zeremoniell einwandfreien Krönung 1310 über eine unbestreitbare formale Legitimation, womit seine Herrschaft nach langen Jahren definitiv etabliert war. Noch etliche Zeit aber war er damit beschäftigt, die Königsmacht im Innern zu stärken und den Einfluss mächtiger Herren, die dem König zum Teil offen entgegentraten, einzudämmen. Es gelang ihm, einen großen Teil der Gesellschaft hinter sich zu einen im Kampf gegen die Willkür selbstherrlicher Regionalpotentaten.[76] Die Stärkung der Königsherrschaft beruhte aber nicht nur auf der momentanen Kräftekonstellation, sondern hatte auch strukturelle Ursachen, die mit umfangreichen Verwaltungsreformen nach westeuropäischem Vorbild zusammenhingen. Nach jahrelangen Thronkämpfen hatte sich mit dem süditalienischen Zweig des Geschlechts Anjou (älteres Haus Anjou), einer Seitenlinie der französischen Kapetinger, in Ungarn eine neue Dynastie etabliert. Stammvater der Anjou war der Vater des sizilianischen Königs Karl II., Karl I.: Dieser war 1246 von seinem Bruder, dem französischen König Ludwig IX., mit der Grafschaft Anjou und 1265 von Papst Clemens IV. (1265–1268) mit dem Königreich Sizilien belehnt worden (Krönung 1266, bis zu seinem Tod 1285 Kg. v. Sizilien bzw. dem nach der sizilianischen Vesper von 1282 entstehenden sog. Königreich Neapel).[77] Diese dynastischen Bezüge nach Unteritalien und Frankreich stärkten Ungarns Verbindungen mit dem katholischen Teil Europas, da mit den beiden ungarischen Königen aus diesem Herrscherhaus, Karl Robert (Enkel Karls II.) und seinem Sohn Ludwig dem Großen auch zahlreiches Gefolge nach Ungarn kam.[78]

Die Anjou-Könige und ihr Gefolge stießen umfangreiche, an westliche Vorbilder angelehnte Innovationen in der Verwaltung des Reiches an.[79] Im 14. Jahrhundert entledigte sich Ungarn so endgültig seines verbliebenen byzantinisch-südosteuropäischen Erbes, die Westorientierung wurde der für das Spätmittelalter charakteristische Orientierungsvektor. Dafür stand auch die enge Kooperation mit den ostmitteleuropäischen Nachbarreichen Böhmen und Polen. Sie fand in dem Treffen der drei Könige Karl Robert von Ungarn, Johann von Böhmen und Kasimir III. von Polen 1335 in der königlich-ungarischen Residenz von Visegrád an der Donau einen ersten Höhepunkt und setzte sich in späteren Personalunionen in wechselnder Intensität fort.[80] Gerichtet war die Verständigung gegen die aufstrebenden Habsburger. Die damit etablierte Konstellation der Riva-

---

75 Für eine Übersicht über seine Herrschaft Csukovits, Az Anjouk Magyarországon, Bd. 1.

76 Engel, Az ország újraegyesítése; s. zu Slawonien Nekić, The Oligarchs and the King.

77 Jehel, Les Angevins de Naples.

78 Exemplarisch für den Aufstieg und die Verbindungen eines aus dem Königreich Neapel mit Karl Robert nach Ungarn gekommenen Vertrauten s. Hardi, Nová aristokracia na dvore Karola Róberta.

79 So etwa eine Reform des Erbrechts, s. Engel, Nagy Lajos ismeretlen adományreformja.

80 Rácz, The Congress of Visegrád in 1335; Szczur, Az 1335. évi visegrádi királyi találkozó.

lität zwischen den ostmitteleuropäischen Königreichen einerseits und den Habsburgern andererseits sollte das gesamte Spätmittelalter über eine der grundlegenden politischen Konfliktlinien
bilden. Letztlich traten die Habsburger nach mehreren ephemeren Versuchen im 15. Jahrhundert
definitiv nach der Schlacht von Mohács 1526 das Erbe des mittelalterlichen Ungarns an und
wurden unter Einbezug der böhmischen Krone zur zweiten ostmitteleuropäischen Großmacht der
Frühneuzeit neben Polen-Litauen.

Wenn Ungarn sich auch von seiner inneren Verfassung her von den Verhältnissen der byzantinisch-orthodoxen Welt Südosteuropas entfernte, so blieb es doch machtpolitisch – oder wurde
es dies paradoxerweise jetzt erst richtig – ein entscheidender Faktor zumindest für den nördlichen
Balkanraum, punktuell auch darüber hinaus. Seit der zweiten Hälfte des 14. Jahrhunderts als
bedeutendste christliche Herrschaftsformation im südosteuropäischen Raum war Ungarn eine
Hegemonialmacht, die direkt oder indirekt in die meisten Auseinandersetzungen zwischen dem
Osmanischen Reich und den diversen südosteuropäischen Herrschaftsgebilden verwickelt war
(vgl. Beitrag 1, SCHMITT, Kap. 1.11 u. 1.12).

Unter den Königen aus dem Hause Anjou erlebte das mittelalterliche Ungarn einen Höhepunkt seiner Machtentfaltung – es war wohl der machtpolitische Zenit des mittelalterlichen
Ungarns überhaupt, nachdem unter den frühen Arpaden und letztmals in der zweiten Hälfte des
15. Jahrhunderts unter Matthias I. Corvinus das Land Phasen der Machtentfaltung erlebte, die
über das eigentliche Ungarn hinaus wirkten. Zwar erreichte Serbien gegen Mitte des 14. Jahrhunderts kurz die Vormacht im zentralen und südlichen Balkan und dehnte seinen Einfluss im Norden vorübergehend bis an die Donau-Save-Linie aus. Doch richtete sich die Hauptexpansions-
richtung Serbiens primär nach Südosten gegen das geschwächte byzantinische sowie das (Zweite)
bulgarische Reich, das nach dem Ende der mongolischen Oberhoheit nicht weniger schwach war.
Zudem erwies sich die serbische Großmachtstellung eher als ein in der Tradition balkanorthodoxer Herrschaft stehendes Konglomerat, das verschiedene lokale Herrschaften zusammenfasste
bzw. ihr Erbe antrat und von einer serbischen Dynastie kurzfristig überwölbt wurde, sich aber als
wenig nachhaltig erwies und nach dem Tode Stefan Dušans 1355 rapide zerfiel (s. o. Beitrag 1,
SCHMITT, Kap. 1.10.17 u. 1.10.27).

Im Innern Ungarns gelang es den beiden Anjou-Königen, die partikularen Tendenzen des
Hochadels allmählich zu brechen und die Macht der Krone wieder zu festigen – eine wichtige
Voraussetzung, um auch außerhalb des eigentlichen Stephansreiches als Ordnungsmacht auftreten zu können. Unter den Anjou wurden die Landtage nur selten einberufen (1323, 1351), die
institutionalisierte adelige Mitsprache auf Landesebene mithin eingeschränkt. Der Adel hingegen
hatte seine Machtbasis auf regionaler Ebene in den Komitaten. Die 1351 anlässlich der Erneuerung der Goldenen Bulle von 1222 festgeschriebene rechtliche Gleichstellung aller Adeligen kam
den Interessen des niederen Adels entgegen, der nun zumindest de jure, wenn auch nicht faktisch
den Magnaten gleichgestellt war. Insbesondere die im 13. Jahrhundert entstandene Schicht der
Königsdiener (servientes regis), durch königliche Landvergabe zwecks Kriegsdienst entstanden,
erreichte so die rechtliche Absicherung ihrer Zugehörigkeit zum Adel. Damit war ein wesentlicher
Schritt getan auf dem Weg zur Herausbildung des ungarischen Ständesystems mit dem im europäischen Kontext überaus großen politischen wie auch demographischen Gewicht des Adels. Die

Bedeutung des Adels hing, vergleichbar mit Polen, nicht zuletzt mit der exponierten Grenzlage des Landes zusammen. Auch war die kollektive Erhebung in den Kleinadel ganzer Gruppen bereits im Hochmittelalter ein Mittel gewesen, eine wehrfähige landbesitzende Schicht zu schaffen, die in der Lage war, die Grenzregionen zu verteidigen. Durch die osmanische Bedrohung ab dem ausgehenden 14. Jahrhundert blieb für bäuerliche Schichten der Kriegsdienst zudem ein Mittel, sozial aufzusteigen. Da die schwere Reiterei zumindest in der Grenzverteidigung weniger bedeutsam für die Kriegsführung war, waren auch die materiellen Hürden zur Ableistung des Kriegsdienstes nicht ganz so hoch wie in Westeuropa. Viele niedere Adelige führten allerdings ein materiell prekäres Leben, das sie wenig von ihrer bäuerlichen Umgebung unterschied und sie, unbesehen ihrer rechtlichen Gleichstellung, der Beeinflussung der hochadeligen Magnaten auslieferte.[81]

Zur Absicherung seiner Macht hatte Karl Robert bereits während der langanhaltenden Thronkämpfe zahlreiche Ländereien seiner Gegner konfisziert und so die Krondomäne als eine Grundlage der Königsmacht gestärkt. Die wirtschaftliche Stellung des Königtums verbesserte sich unter Karl Robert deutlich, wozu die 1325 einsetzende Prägung eigener Goldmünzen nach dem Vorbild der Florentiner Gulden beitrug – im späten 19. Jahrhundert und erneut seit 1946 trägt die ungarische Währung den Namen Forint, der an den spätmittelalterlichen ungarischen Goldflorin („Florentiner") erinnert. Dank konstanten Goldgehaltes erfreuten sich die mittelalterlichen ungarischen Florin einer großen Beliebtheit und strahlten auch auf den Balkanraum aus.[82] Nachdem in Europa mit Ausnahme von Byzanz seit dem 9. Jahrhundert mangels Nachschubs von Rohstoffen anstelle von Gold- praktisch nur noch Münzen aus Silber und Kupfer geprägt worden waren, hatte die Herstellung von Goldmünzen im 13. Jahrhundert am Südsaum Europas wieder eingesetzt.

Der Aufschwung der Goldprägung im Europa des 14. Jahrhunderts hing zu einem guten Teil mit der massiv gesteigerten Goldförderung Ungarns zusammen. Im Stephansreich war bereits in der Arpadenzeit begonnen worden, die schon in der Antike ausgebeuteten Goldbergwerke Siebenbürgens wieder zu öffnen. Der Bergbau wurde unter den Anjou-Königen intensiviert, als neue Goldminen bei Kremnitz (ung. Körmöcbánya, slowak. Kremnica), Nagybánya (rum. Baia Mare) und Felsőbánya (rum. Baia Sprie) eröffnet wurden – der aus dem Slawischen übernommene Namensbestandteil „banya" weist auf Bergwerke hin und wurde als „Baia" ans Rumänische weitergegeben. Ungarn wurde so zum bedeutendsten Goldproduzenten des spätmittelalterlichen Europa mit einem Anteil von rund drei Viertel der europäischen Goldproduktion oder etwa einem Drittel der weltweiten Fördermenge – während der Blütezeit unter den Anjou jährlich zwei bis zweieinhalb Tonnen. Der Rest wurde überwiegend in Afrika (Westsudan) gefördert und fand, auch wegen päpstlicher Restriktionen des Handels mit Muslimen, nur zu einem geringen Teil seinen Weg über die islamischen Reiche Nordafrikas hinaus nach Südeuropa (Iberische Halbinsel u. Italien). Dort hatte im 13. Jahrhundert die Prägung europäischer Goldmünzen wieder eingesetzt und begann

---

81 RADY, Nobility, Land and Service in Medieval Hungary, 35–44.

82 Zum Bergbau im mittelalterlichen Ungarn DRASKÓCZY, Matthias Corvinus und der Edelmetallbergbau; GYÖNGYÖSSY, Florenus Hungaricalis; DERS., Der ungarische Goldgulden; GEDAI, Károly Róbert pénzreformja.

sich im 14. Jahrhundert über weitere Teile des Kontinentes auszubreiten. Erst das Aufblühen der ungarischen Goldexporte ermöglichte es daher, in weiten Teilen Europas überhaupt wieder in größerem Umfang Goldmünzen zu prägen. Die Bevorzugung des 1284 erstmals geprägten, rasch zur wichtigsten Münze des Spätmittelalters aufsteigenden venezianischen Dukats gegenüber den bisherigen Silbermünzen im Levantehandel ab etwa 1330, als in Byzanz die Prägung von Goldmünzen eingestellt wurde, war nur dank der gesteigerten ungarischen Goldexporte möglich. Ungarn und besonders die Königsmacht profitierte so indirekt vom europäischen Handel und zeigt, wie stark die Verflechtungen des Stephansreiches mit Westeuropa in dieser Zeit waren.[83]

Daneben wurde im Reich der Stephanskrone, besonders auf dem Gebiet der heutigen Slowakei, aber auch Silber, Kupfer und Eisen in bedeutenden Mengen abgebaut. Bei der Silberproduktion deckte das Land einen Viertel der europäischen Fördermenge, wurde hier aber durch die enormen Silbervorkommen Böhmens übertroffen. Neben Edelmetallen konnte auch der Abbau von Salz, vor allem in Siebenbürgen, auf eine lange Tradition zurückschauen. Wichtiges Zentrum für den Silberabbau und die Münzprägung war die Region von Schemnitz in der heutigen Slowakei – in ungarischen (Selmecbánya) und slowakischen (Banská Štiavnica) Ortsnamen findet sich wiederum der auf Bergwerke verweisende Bestandteil banya/Banská. Hier wie auch in anderen Bergbaugebieten Ostmittel- und Südosteuropas wie Siebenbürgen, dem bosnischen Srebrenica oder den Bergwerken Kosovos lag der Abbau zu guten Teilen in den Händen pauschal als „Sachsen" benannter, mit besonderen Bergrechten ausgestatteter Kolonisten, die aus dem deutschen Sprachraum angeworben worden waren. Der Aufschwung des Bergbaus ab dem 12. Jahrhundert hing wesentlich mit den technischen Kenntnissen dieser Bergleute zusammen.

Die Emission eigener Gold- und Silbermünzen, verbunden mit dem Verbot, ungeprägte Edelmetalle aus Ungarn auszuführen, sicherten dem Königtum ein Monopol auf den Handel mit diesen wertvollen Rohstoffen.[84] Die enorme Goldnachfrage in Europa wurde nun zu einem wesentlichen Teil über ungarische Münzen gedeckt, was der Krone über den Schlagschatz erhebliche Gewinne brachte und eine Basis der erstarkten Königsmacht darstellte. Auch die Steuereintreibung, die bislang wenig effizient gewesen war, wurde auf eine neue Grundlage gestellt, so dass Steuereinnahmen im 15. Jahrhundert schließlich die wichtigste Einnahmequelle der Krone darstellten. Es waren zu einem wesentlichen Teil westeuropäische Innovationen, aber auch Kapital-Investitionen etwa italienischer Geldgeber, mit welchen die Anjou-Könige die Verwaltung stärkten und die Zentralmacht stabilisierten.[85] Vor diesem Hintergrund wird deutlich, wie stark Südosteuropa über die ungarische Großmachtposition mit gesamteuropäischen Belangen und Entwicklungen verflochten war – eine Situation, die sich mit der Integration in den osmanischen Herrschaftsbereich zumindest teilweise ändern sollte.

---

83 Štefánik, Úloha kremnického zlata.

84 Paulinyi, The Crown Monopoly of the Refining Metallurgy of Precious Metals.

85 Štefánik, Italian Involvement in Metal Mining in the Central Slovakian Region; Weisz, A nemesércbányászathoz kötődő privilégiumok; Paulinyi, Nemesfém monopólium és technológia; diverse Beiträge in der Aufsatzsammlung von Zsámboki, Selmeci ezüst, körmöci arany, darin u. a. ders., Bányászat és kohászat a 14–15 században.

Den machtpolitischen Höhepunkt erlebten die ungarischen Anjou unter Ludwig dem Großen, der ab 1370 in Personalunion auch König von Polen war und damit über einen riesigen ostmitteleuropäischen Länderkomplex herrschte und dessen Vorherrschaft sich auch auf weite Teile des nördlichen Südosteuropa erstreckte.[86] Gelegentlich ist gar die überzeichnete Behauptung zu lesen, Ludwigs Reich sei von den Wellen dreier Meere bespült worden: der Ostsee im Norden (Königreich Polen), der Adria im Südwesten (ungarische Besitzungen in Dalmatien) und dem Schwarzen Meer im Südosten (ungarische Lehenshoheit über die Moldau). Allerding reichte das Königreich Polen im späten 14. Jahrhundert noch gar nicht bis zur Ostsee und Ludwig hatte auch keine unmittelbare Befehlsgewalt über die Schwarzmeerküste, sondern allenfalls indirekten Einfluss auf die Moldau, die zu der Zeit gerade dabei war, ihren Einfluss Richtung Schwarzes Meer auszuweiten. Einzig in Dalmatien, das Venedig im Vertrag von Zara (Zadar, 1358) an Ungarn abtreten musste, unterstanden Küstenbewohner unmittelbar der Herrschaft Ludwigs.

Dessen ungeachtet war Ungarn definitiv zu einer regionalen Vormacht aufgestiegen. Zahlreiche Kriege weiteten den ungarischen Einfluss aus, so gegen Venedig (1356–1358, 1372–1381). Ungarn hatte sich zwar mit Venedigs Gegenspielerin Genua verbündet, doch die maritime Vorherrschaft der ligurischen Rivalin Venedigs zerfiel in der Folge des Friedens von Turin (1381) rapide. Ungarn als typische Binnenmacht ohne eigene bzw. erst im Aufbau begriffene Flotte war der Serenissima im maritimen Bereich der dalmatinischen Küstenlandschaft langfristig nicht gewachsen – die ungarischen Gewinne in Dalmatien waren wie viele der militärischen Erfolge Ludwigs des Großen nicht nachhaltig (vgl. zu Kroatien u. Dalmatien den Handbuchbeitrag von Neven Budak in: HGSOE, Bd. 1,2, Kap. 12.3.1). Im Süden eroberte Ungarn Belgrad und Teile des bulgarischen Teilreichs von Vidin unter Ivan Sracimir, wo 1365 das bulgarische Banat von Vidin errichtet wurde. Dieser ungarische Vorposten südlich der unteren Donau hatte allerdings nur bis zur Rückeroberung durch ein bulgarisch-walachisches Heer 1369 Bestand.[87] Auch Bosnien und die Walachei sowie die allerdings erst im Entstehen begriffene Moldau unterstanden zumindest dem Anspruch nach und trotz phasenweiser Unbotmäßigkeit der Hoheit des ungarischen Königs.[88] Mit dem Zerfall des serbischen Großreiches nach dem Tod Stefan Dušans 1355 war Ungarn damit zur unumstrittenen Hegemonialmacht zumindest des nördlichen Balkanraumes geworden und bemächtigte sich auch wieder der Grenzländer südlich von Donau und Save. Über den unmittelbaren Machtbereich hinaus wusste Ungarn seinen Einfluss auch auf die inneren Angelegenheiten der Herrschaftsformationen in diesem politisch zunehmend zersplitterten Raum geltend zu machen, wo Machtkämpfe und Kleinkriege lokaler Potentaten untereinander die Intervention benachbarter Mächte geradezu heraufbeschworen.

---

86 Huber, Ludwig I. von Ungarn; zu Polen Szczur, W sprawie sukcesji andegaweńskiej w Polsce; Perniš, Genéza uhorského nástupníctva v Poľsku.

87 Gjuzelev, Beiträge zur Geschichte des Königreiches von Vidin; ders., La guerre bulgaro-hongroise.

88 Zu Bosnien Engel, A 14–15. századi bosnyák-magyar kapcsolatok kérdéséhez.

2.5 UNGARN, SÜDOSTEUROPA UND DIE OSMANEN

Die Expansionspolitik Ungarns erfolgte allerdings ohne Rücksicht auf die innere Entwicklung des Landes, die den hochtrabenden Plänen der außenpolitischen Stärke nachgeordnet war und die Kräfte verzettelte. Die zahlreichen, langfristig aber wenig rentablen Konflikte, in die sich Ungarn direkt oder indirekt verwickelte, so die letztlich erfolglosen Versuche, das Erbe der Anjou im Königreich Neapel zu verteidigen, machten das Land zwar zur Vormacht gegenüber den schwachen Herrschaftsgebilden südlich der Karpaten-Donau-Save-Linie, bewirkten tendenziell aber auch eine Schwächung der Abwehrkraft. Dies sollte erst gegenüber einem mächtigen Gegner offenbar werden: den anfänglich unterschätzten Osmanen. Seit 1354 hatten diese Krieger unter der turksprachigen Dynastie Osman vom anatolischen Hinterland Konstantinopels aus mit der Einnahme der Hafenstadt Gallipoli nach einem schweren Erdbeben definitiv auf dem europäischen Kontinent Fuß gefasst. Das Fürstentum des Dynastiegründers Osman war um 1288/1299 – hierin den Fürstentümern Walachei u. Moldau nicht unähnlich – entstanden im globalgeschichtlichen Kontext der weite Teile Eurasiens umfassenden politischen Umbrüche durch die mongolische Herrschaftsexpansion. Die Schwächung regionaler Mächte wie der Herrschaft der Rum-Seldschuken im zentralen und östlichen Anatolien durch die mongolischen Il-Khane Irans erleichterte an deren westlichen Rändern die Verselbständigung mächtiger Lokalherren wie der Osmanen im machtpolitischen Vakuum zwischen den zerfallenden Mächten Byzanz und den Rum-Seldschuken. Die Osmanen konnten dabei auf seit Jahrhunderten bestehende byzantinische und balkan-orthodoxe Verwaltungs- und Herrschaftsstrukturen aufbauen und damit sehr rasch Strukturen eines Reiches aufbauen – oder modifizieren – während außerhalb des Karpatenbogens, wo in den Jahrzehnten darauf die Walachei und die Moldau entstanden, solche erst von Grund auf aufgebaut werden mussten.

Ungarn verlor durch den westlichen Ableger des mongolischen Reiches, die im osteuropäischen Steppengebiet gegen Ende der ersten Hälfte des 13. Jahrhunderts entstandene Goldene Horde, die Kontrolle über den Raum südlich und östlich der Karpaten. Das Sultanat der Rum-Seldschuken im Zentrum und Osten Anatoliens war parallel dazu durch die mongolischen Il-Khane Irans geschwächt, was die Entstehung mehrerer Kleinfürstentümer zwischen dem zerfallenden Reich der Rum-Seldschuken und Byzanz erleichterte. Anfänglich griffen die Byzantiner gerne auf die Kampfkraft der türkischen Kriegerverbände zurück: In ihrem Konflikt mit Serbien, das um die Mitte des 13. Jahrhunderts auf dem Zenit seiner Machtentfaltung stand, hatten die Byzantiner die Osmanen zu Hilfe gerufen. 1352 überließen die Byzantiner ihnen die Festung Tzýmpe auf der Halbinsel Gallipoli, nachdem die Osmanen schon zuvor mehrfach, wenn auch erst vorübergehend, von ihrer westanatolischen Heimat aus Beutezüge auf die europäische Seite des Meeres unternommen hatten. Schon bald aber begannen sich die Heere des entstehenden Osmanenreiches gegen ihre einstigen Verbündeten zu wenden (s. o. Beitrag 1, SCHMITT, Kap. 1.11 u. 1.12). Ungarn erwuchs damit ein Gegengewicht zu seiner Vormachtstellung im Norden der Balkanhalbinsel – bald schon ein ebenbürtiger, wenn nicht überlegener Gegner, der die im Feld überlegene Kriegskraft der leichten Reiterei in der Tradition eurasischer Steppenkrieger geschickt mit europäischer Waffentechnik, besonders der jetzt einsetzenden Verbreitung von Feuerwaffen zu kombinieren verstand.

Wie Ungarn im Norden profitierten die Osmanen im Süden von der Schwäche der in Teilfürstentümer zerfallenden serbischen und bulgarischen Reiche, von den zahlreichen Kleinherrschaften gar nicht zu sprechen. Am nördlichen und südöstlichen Rand Südosteuropas waren damit die beiden Großmächte herangewachsen, deren Rivalität die politische Geschichte der Region vom späten 14. bis ins frühe 16. Jahrhundert prägen sollte – machtpolitisch gesehen stand die Geschichte Südosteuropas weitgehend zwischen den Polen Ungarn und Osmanisches Reich, punktuell auch süd- und westeuropäischer Mächte wie Venedig. Rechnet man die Konkurrenz zwischen den Habsburgern als Erben der ungarischen Krone und den Osmanen in der Verlängerung dazu, so dauerte diese Konstellation sogar bis ins 18. Jahrhundert, in dessen zweiter Hälfte mit Russland ein weiterer machtpolitischer Akteur im Nordosten auftauchte. Den im 14. Jahrhundert in immer kleinere Einheiten zerfallenden und von inneren Machtkämpfen erschütterten südosteuropäischen Herrschaftsgebilden fiel es immer schwerer, zwischen den machtpolitischen Schwerpunkten des Stephans- und des Osmanischen Reiches eine eigenständige Politik zu betreiben. Das Eingreifen westeuropäischer, primär italienischer Mächte (Papsttum, Venedig, Königreich Neapel) blieb zu wenig entschlossen und regional zu beschränkt auf den maritimen Bereich des westlichen Balkans, um längerfristig einen dritten Pol gleicher Stärke zu etablieren. Ähnliches gilt erst recht für Polen-Litauen, das vor allem für die moldauische Geschichte bis ins 17. Jahrhundert hinein ein Machtfaktor blieb, darüber hinaus jedoch kaum Einfluss auf den Kernraum Südosteuropas ausübte, sondern sich lange Zeit mit den Osmanen zu arrangieren suchte.

Den Osmanen kam zugute, dass die forcierten katholischen Missionierungsversuche Ungarns unter Ludwig dem Großen bei den Orthodoxen Südosteuropas Widerstand hervorgerufen hatten, die das eingedenk der Lateinerherrschaft (1204–1261) in Konstantinopel sowieso schon herrschende Ressentiment gegenüber der Papstkirche noch verstärkte.[89] Allgemein war das ungarische Verhältnis gegenüber der Orthodoxie auf dem Balkan besonders in der Anjou-Zeit von Rivalität, wenn nicht gar Feindschaft geprägt. Diese Haltung sollte sich erst nach der osmanischen Eroberung im 16. Jahrhundert grundlegend ändern, als zunehmend das Bild der vom muslimischen Osmanen-Reich unterdrückten Mit-Christen ins Zentrum rückte.[90] Denn anders als die katholischen Mächte verfolgten die Osmanen keine offensive Konvertierungspolitik, auch wenn ein Übertritt zum Islam zumindest für die Führungsschichten aus Karrieregründen attraktiv war. Vielmehr nahmen die Sultane die Orthodoxie unter ihre Fittiche. Die Osmanen forderten keinen systematischen Glaubenswechsel und boten als Gegenleistung für Gehorsam zumindest in einer ersten Phase weitgehende Beibehaltung der inneren Machtstrukturen unterworfener Formationen an. Viele Südosteuropäer empfanden daher eine Anlehnung an die Osmanen als weniger einschneidend als eine Unterordnung unter Ungarn und den Papst, auch wenn Christen mindere Rechte denn Muslime hatten und mit höheren Abgaben belastet wurden. Fast zeitgleich mit dem Aufstieg der Osmanen zum gefürchteten Gegner Ungarns ging übrigens auch die seit Jahrhunderten bezeugte Anwesenheit von Muslimen im Stephansreich gegen Ende des 14. Jahrhunderts

---

89 Pop, The Religious Union of Buda.

90 Petkov, From Rebels Against the Crown to „fideli nostri Bulgari".

zu Ende.[91] Genauso geriet die Orthodoxie immer mehr unter Druck. Unter den Anjou wurde die Zugehörigkeit zum Katholizismus Voraussetzung für den adeligen Status. Religiöse Intoleranz war zumindest in dieser Epoche im katholischen Ungarn ausgeprägter als im muslimischen Reich der Osmanen, die in dieser frühen Phase gegenüber fremden Einflüssen sehr offen waren, was ein Teil ihres Erfolges ausmachte. Die Osmanen standen hierbei nicht zuletzt in der Tradition der Offenheit der hochentwickelten arabisch-islamischen Wissenschaftstradition des Hochmittelalters, deren Blütephase allerdings langsam zur Neige ging.

Im Jahr 1366, ein Jahr nachdem die Ungarn Vidin eingenommen hatten und knapp eineinhalb Jahrzehnte nach der osmanischen Landnahme auf Gallipoli, standen sich wohl erstmals ungarische und osmanische Truppen direkt gegenüber, letztere von den Bulgaren gegen das Stephansreich zu Hilfe gerufen – wiederum waren die Osmanen die lachenden Dritten innerchristlicher Machtkämpfe. Nur wenige Jahre später standen osmanische Verbände erstmals an der Südgrenze Ungarns. Damit hatte für die Länder der Stephanskrone die lange Phase der Türkenabwehr begonnen, welche die ungarische Südosteuropapolitik von nun an dominieren sollte, ja immer mehr zum vorrangigen Problem Ungarns schlechthin wurde. Ludwig der Große schenkte der Verteidigung der südlichen Flanke seines riesigen Herrschaftsbereiches noch wenig Aufmerksamkeit. Unter seinem Nachfolger Sigismund von Luxemburg (1387–1437) hingegen wurde der Türkenkampf zur entscheidenden äußeren Herausforderung des Stephansreiches, die erhebliche Ressourcen band und der sich das Reich schließlich nicht gewachsen sah.

2.5.1 Sigismund von Luxemburg und die Anfänge der Konfrontation mit den Osmanen, 1387–1437

In Ermangelung eines männlichen Thronfolgers hatte Ludwig I. (der Große) die Thronfolge in weiblicher Linie zugunsten seiner Tochter Maria durchgesetzt. Mit Sigismund von Luxemburg gelangte abermals ein Vertreter einer auswärtigen Dynastie auf den ungarischen Thron, womit der zweite Dynastiewechsel im mittelalterlichen Ungarn einher ging.[92] Die Nachfolge gestaltete sich allerdings nicht reibungslos. Zwar verständigte sich ein Teil der Großen des Reiches auf den Markgrafen von Brandenburg, Sigismund von Luxemburg, als Ehemann für Maria, dem so der Königsthron angetragen wurde. Doch verfügte auch der Anjou Karl von Durazzo (genannt der Kleine, als Kg. v. Neapel Karl III., als Kg. v. Ungarn Karl II.) über Rückhalt, um als letzter männlicher Ange-

---

91 ŠTULRAJTEROVÁ, Convivenza, Convenienza and Conversion; für die ältere Zeit BEREND, At the Gate of Christendom.

92 SÜTTŐ, Anjou-Magyarország alkonya; zu Sigismund u. a.: HRUZA/KAAR (Hgg.), Kaiser Sigismund; WAKOUNIG, Dalmatien und Friaul; MACEK/MAROSI/SEIBT (Hgg.), Sigismund von Luxemburg; HOENSCH, Kaiser Sigismund; MÁLYUSZ, Kaiser Sigismund in Ungarn; BECKMANN, Der Kampf Kaiser Sigmunds gegen die werdende Weltmacht der Osmanen; ASCHBACH, Geschichte Kaiser Sigmunds; Quellen: Zsigmondkori oklevéltár (Hgg. MÁLYUSZ/BORSA).

höriger der Anjou das Erbe Ludwigs anzutreten. Er amtete 1385/1386 kurz als Gegenkönig, wurde allerdings in der Auseinandersetzung mit den Anhängern Marias und Sigismunds verletzt und verstarb. Damit scheiterte eine Gelegenheit, einen dritten, italienisch-westeuropäischen Machtpol in Südosteuropa zu etablieren. Die Partei der Neapolitaner nahm nun ihrerseits Königin Maria gefangen, konnte aber nicht verhindern, dass Sigismund dennoch 1387 gekrönt wurde. Sigismund, für den die Krone Ungarns nicht zuletzt ein Sprungbrett war für seine Ambitionen in Böhmen und im Reich, musste sich in Ungarn also zuerst gegen Widerstände durchsetzen. Dazu machte er nicht nur Versprechungen an den Adel, der als Zugeständnis für seine Wahl die Bestätigung von Privilegien forderte, wie er es von nun an bei Königswahlen regelmäßig tun sollte. Darüber hinaus sah sich Sigismund nach der Krönung gezwungen, einen substanziellen Teil der riesigen, von den Anjou geschaffenen Krondomäne zu verschenken, um sich so im Adel Rückhalt zu sichern. Es gelang ihm so schließlich zwar, seinen Anspruch auf den Thron durchzusetzen, allerdings schwächte er damit zugleich das Königtum.[93]

Die polnische Krone allerdings, die Sigismund gerne in Fortführung der ungarisch-polnischen Personalunion Ludwigs des Großen getragen hätte, blieb dem Luxemburger verwehrt. Der polnische Adel verwahrte sich dagegen und bevorzugte an seiner Stelle Ludwigs jüngste Tochter Hedwig (poln. Jadwiga) in der Thronfolge. Sie wurde mit dem litauischen Großfürsten Jogaila (poln. Jagiełło) verheiratet, der dafür seinem paganen Glauben abschwor und zum Katholizismus konvertierte. Auf diese Weise kam nicht nur die für die Geschichte Osteuropas bis ins 18. Jahrhundert so bedeutsame polnisch-litauische Personalunion (ab 1569 Realunion) zu Stande, vielmehr war Jagiełło auch der Stammvater der Jagiellonen-Dynastie, der die späteren ungarischen Könige Władysław I. (1440–1444), Władysław II. (1490–1516) sowie Ludwig II. (1516–1526) entstammen sollten.

Wenn auch die ungarisch-polnische Personalunion mit dem Tode Ludwigs des Großen 1382 für mehrere Jahrzehnte (bis 1440) an ihr Ende gekommen war, so erwarb Sigismund während seiner ein halbes Jahrhundert währenden Regierungszeit in Ungarn zusätzlich die Königskronen des römisch-deutschen Reiches (1411) und Böhmens (1419) und wurde schließlich 1433 in Rom zum Kaiser gekrönt. Seine vielfältigen Herrscherpflichten und die zahlreichen weitläufigen Reisen, die große Teile des europäischen Kontinents abdeckten, gingen mit häufiger Abwesenheit aus Ungarn einher.[94] Er konnte sich daher vor allem in den späteren Phasen seiner Herrschaft, als die Osmanen nach Überwindung ihrer Thronkämpfe (1413) erneut erstarkten, nicht mit vollem Elan der „Türkengefahr" widmen.[95] Spätestens nach dem Ende des Zweiten bulgarischen Reiches 1393/1396 und dem Desaster des europäischen Ritterheeres in der Schlacht von Nikópolis (Nikopol) 1396 war aber die von den Osmanen für Ungarn ausgehende Gefahr erkannt.[96] Vor der

---

93 Kovács, Ungarn im Spätmittelalter, 145f.

94 Hoensch, Itinerar König und Kaiser Sigismunds von Luxemburg.

95 Rázsó, A Zsigmond-kori Magyarország.

96 Bárány, King Sigismund of Luxemburg; Gyuzelev, La bataille de Nikopolis de 1396; Engel, Ungarn und die Türkengefahr.

Schlacht war es im christlichen Heer zu Unstimmigkeiten über die Schlachtordnung gekommen, weil die westlichen Kreuzritter in der Art spätmittelalterlicher Ritterschlachten angreifen wollten, was die mit der osmanischen Kampfweise besser vertrauten Ungarn mit Verweis auf die mobile Strategie der Osmanen ablehnten. In der Schlacht waren denn auch die schwer gepanzerten westeuropäischen Ritter der leichten Reiterei und Infanterie der Osmanen unterlegen, zahlreiche Kreuzritter gerieten in osmanische Gefangenschaft. Als Folge der Niederlage ließ Sigismund die Verteidigung der Südgrenze grundlegend umorganisieren. Eine zentrale Rolle spielte dabei der italienische Söldnerführer Filippo Scolari (Pippo v. Ozora) – ein Beispiel für die zentrale Rolle westeuropäischer Fachleute für das spätmittelalterliche Ungarn.[97]

Dies wurde durch die relative Ruhephase erleichtert, hervorgerufen durch die Niederlage der Osmanen 1402 in der Schlacht bei Ankara gegen das Heer des aus Transoxanien zur Wiederherstellung des mongolischen Weltreiches aufgebrochenen Eroberers Timur Lenk. Nach Gefangennahme und Tod Sultan Bayezids (1403) hielten die Nachfolgekämpfe zwischen dessen Söhnen bis 1413 an. Die christlichen Gegner der Osmanen hingegen wussten diese Schwäche des Sultansreiches nicht auszunützen. Sigismund, aber auch andere europäische Herrscher wie die Herzöge von Burgund (Johann Ohnefurcht war bei der Schlacht von Nikópolis in osm. Gefangenschaft geraten) suchten zwar diplomatische Kontakte mit Gegnern der Osmanen im Osten, um eine antiosmanische Allianz aufzubauen. So bestanden Kontakte zwischen Sigismund und Uthman, auch Qara-Yuluk genannt, dem von Ostanatolien aus herrschenden Gebieter der Weißen Hammeln.[98] Hierbei stellten allerdings die langen Kommunikationswege ein kaum überwindbares Hindernis dar. Wie lange die Nachrichtenübermittlung dauerte, mag exemplarisch die Verbreitung der Kunde vom Fall Konstantinopels vom 29. Mai 1453 verdeutlichen. Die Nachricht erreichte auf dem Seeweg am 9. Juni Kreta, doch sollte es auf den Tag genau einen Monat dauern, bis sie am 29. Juni nach Venedig gelangte, das seinerzeit über das bestausgebaute Kundschafter- und Nachrichtenwesen im östlichen Mittelmeerraum und über enge Beziehungen zur Stadt am Bosporus verfügte. Von Venedig aus verbreitete sich die Nachricht in ganz Europa und gelangte am 4. Juli nach Bologna, am 8. Juli nach Rom, am 5. Juli nach Wien, und am 11. Juli nach Graz, wo der Kaiser Hof hielt. Zwei Jahre später dauerte es fast drei Wochen, bis die Botschaft, die Türken hätten am 1. Juni 1455 Novo Brdo (im heutigen Kosovo) eingenommen, am 21. Juni auf dem Landweg den ungarischen Reichstag in Raab (Győr) erreichte.[99] Im folgenden Jahr erfuhr Rom am 6. August von dem gut zwei Wochen vorher erfolgten Sieg Hunyadis bei Belgrad vom 22. Juli.[100] Auch über ein Jahrhundert später hatte sich die Geschwindigkeit, mit der Nachrichten verbreitet wurden,

---

97 WHELAN, Catastrophe or Consolidation?, 217–221; ENGEL, Ozorai Pippo; VADAS (Hg.), Ozorai Pipo emlékezete.

98 TARDY, Ungarns antiosmanische Bündnisse mit Staaten des Nahen Ostens; STROMER VON REICHENBACH, König Sigmunds Gesandte in den Orient; DERS., Eine Botschaft des Turkmenenfürsten Qara Yuluq an König Sigismund; DERS., Diplomatische Kontakte des Herrschers vom Weißen Hammel.

99 BABINGER, Mehmed der Eroberer, 132f.

100 FREELY, The Grand Turk, 61.

nicht verändert: Die Botschaft vom christlichen Sieg in der Seeschlacht von Lepanto am 7. Oktober 1571 war zweieinhalb Wochen unterwegs, ehe sie in Wien bekannt wurde.[101]

Aus diesen Angaben wird deutlich, vor welch immensen Schwierigkeiten die auf zwei Kontinente verteilten westlichen und östlichen Gegner der Osmanen standen, allfällige Militäraktionen zu koordinieren. Boten konnten sich über weite Strecken nicht an den viel befahrenen Routen von Handels- oder Pilgerschiffen orientieren, zudem lag ihr Ziel jenseits feindlich kontrollierter Gebiete, die inkognito durchreist oder weiträumig umgangen werden mussten.

Dabei war dies noch nicht einmal der Hauptgrund, weshalb koordinierte Aktionen gegen die Osmanen scheiterten. Denn auch auf christlicher Seite verhinderten Rivalitäten und Partikularinteressen ein schlagkräftiges antiosmanisches Bündnis. Die beiden stärksten Widersacher der Osmanen auf christlicher Seite, Ungarn als dominierende Landmacht im nördlichen Balkan und Venedig als Vormacht an den Küsten und Inseln von östlicher Adria, Ionischem Meer und der Ägäis, standen sich nicht nur in Dalmatien als Konkurrenten gegenüber. Auch in Oberitalien kam die Markusrepublik mit Sigismund in seiner Funktion als König des Heiligen Römischen Reiches in Konflikt.[102] Mit einer Handelsblockade versuchte Sigismund, eine breite Allianz unter Einschluss der Byzantiner gegen Venedig auf die Beine zu stellen.[103]

Sigismunds Rolle als König mehrerer Reiche war daher der militärischen Abwehr der Osmanen in Ungarn keineswegs förderlich. Dazu kam die wohl größte Herausforderung Sigismunds, die 1419 ausgebrochenen, rund zwei Jahrzehnte andauernden Hussitenkriege Böhmens, die einen guten Teil seiner Aufmerksamkeit auf sich zogen. Zwar engagierte sich der König auch im Abwehrkampf gegen die Heere des Sultans, doch geriet Ungarn hier zunehmend in die Defensive und verlor die Vorherrschaft über den nördlichen Balkanraum. Ab etwa 1420, nachdem die Walachei dem Sultan tributpflichtig geworden war, fielen osmanische Verbände wiederholt auch in Siebenbürgen ein. Auch Serbien wurde ständig bedroht und konnte sich nur dank ungarischer Hilfe vorerst als Puffer zwischen beiden Reichen halten.

---

101 Der Christen gewaltiger und unerhoerter Meersieg den VII. Octobris im MDLXXI. Jar; zu mittelalterlichen Reisegeschwindigkeiten s. etwa OHLER, Reisen im Mittelalter, 138–144, u. die Literaturangaben bei DOHRN-VAN ROSSUM, Die Geschichte der Stunde, 301–315, 397.

102 WAKOUNIG, Dalmatien und Friaul; PETROVICS, Hungary and the Adriatic Coast in the Middle Ages; ŠTEFÁNIK, Pokusy Benátskej republiky o atentát na uhorského kráľa Žigmunda Luxemburského.

103 STROMER, Landmacht gegen Seemacht.

2.5.2 Die letzten Kreuzzüge: Die Türkenkriege vom Tode Sigismunds bis Johann Hunyadi, 1438–1456

Nach Sigismunds Tod im Dezember 1437 gelangte aufgrund der Erbfolgeregelung, die der verstorbene Luxemburger eingefädelt hatte, zum Jahreswechsel 1437/1438 mit seinem Schwiegersohn und engen Weggefährten Albrecht II. der erste Habsburger auf den ungarischen Thron. Im selben Jahr wurde dieser auch zum römisch-deutschen König gewählt, während sich die Thronfolge in Böhmen schwieriger gestaltete. Wie schon Sigismund lenkte auch Albrecht die Regelung der Angelegenheiten in Böhmen und dem Reich von den ungarischen Verhältnissen ab. Sowieso blieb seine Position in Ungarn gegen Widerstände innerhalb der einheimischen Führungsschichten schwach und es sollte ihm auch nur eine ephemere Herrschaft von weniger als zwei Jahren vergönnt sein. Nachdem die Osmanen 1438 das erste Mal in Siebenbürgen eingefallen waren und damit erstmals auch ein Gebiet jenseits der unmittelbaren Grenzregionen verheert hatten, zog er 1439 gegen die Türken. Auf dem Rückzug starb er noch 1439 in Ungarn.[104]

Die Königswürde wurde dem polnischen König Władysław I. (1440–1444) angetragen – der ungarische Adel erhoffte sich von der Personalunion mit dem mächtigen Polen Unterstützung im antiosmanischen Abwehrkampf. Der junge und ungestüme König ließ sich denn auch zu einem Kreuzzug hinreißen. Gemeinsam mit dem Woiwoden von Siebenbürgen, Johann Hunyadi, einem begabten, unter Sigismund aufgestiegenen Heeresführer aus dem mittleren Adel, gelang den ungarischen Truppen auf dem spektakulären „langen Feldzug" mitten im Winter 1443/1444 ein tiefer Vorstoß auf den Balkan. Nach diesem Erfolg wollte Władysław die Gunst der Stunde und die Schwäche der Osmanen nutzen und einen neuen Zug nach Süden unternehmen. Angeblich brach er einen Eid, in dem er dem Sultan nur kurz davor Frieden gelobt hatte und ließ noch im Sommer 1444 erneut ein Heer rüsten. Damit marschierte er zu Beginn des Herbstes gegen die Osmanen. Doch diesmal war das Glück dem Sultan hold, der eiligst gegen das Kreuzfahrerheer aus Anatolien herbeigeeilt kam. Beim Übersetzen nach Europa konnte er auf die Hilfe genuesischer Seeleute zählen und blieb unbehelligt von der Kreuzzugsflotte, die der Papst und Genuas Erzrivale Venedig entsandt hatten. Die christlichen Landtruppen, die ohne Unterstützung von See im November 1444 an der Schwarzmeerküste bei Varna auf das osmanische Heer stießen, scheiterten kläglich. Der ungarische König Władysław verlor nicht nur die Schlacht, sondern auch das Leben. Wie schon bei Nikópolis 1396 erwies sich auch hier die Rittertaktik des frontalen Angriffs und die mangelnde Beweglichkeit der schweren Reiterei nach westeuropäischer Manier als verheerend. Die längeren Anmarsch- und Nachschubwege wie auch die weniger straffe Kommandostruktur benachteiligte die christliche Seite zusätzlich.[105]

Das strukturelle Ungleichgewicht zwischen osmanischem Kriegswesen und den christlichen Heeren hielt sich noch bis in die zweite Hälfte des 17. Jahrhunderts. Der italienische, in habsburgi-

---

104 Mályusz, Az első Habsburg a magyar trónon; Heimann, Herrscherfamilie und Herrschaftspraxis.
105 Zur Schlacht von Varna ausführlich Jefferson, The Holy Wars of King Wladislas and Sultan Murad, 455–487.

schen Diensten stehende Feldherr und Militärtheoretiker Raimondo Montecuccoli (1609–1680) beschrieb aus eigener Anschauung in den ungarischen Türkenkriegen gewonnene Erkenntnisse über die Vorzüge der osmanischen Heeresorganisation. Die strenge Disziplin, straffe Hierarchie und vorzügliche Organisation des Nachschubs waren zentrale Ursachen für die militärische Überlegenheit der Osmanen, die, mutatis mutandis, auch bereits in spätmittelalterlicher Zeit bestanden. Ein zeitgenössischer Augenzeuge dafür war der Serbe Konstantin Mihailović, der 1455 beim Fall von Novo Brdo in osmanische Kriegsgefangenschaft geraten war und daraufhin bis 1463 im osmanischen Heer diente. Er kannte die Kampfweise der osmanischen Truppen also aus eigener Anschauung und informierte darüber nach seiner Flucht aus dem Osmanischen Reich in einer Schrift, in der er auch auf die Gründe für die Überlegenheit der Osmanen hinwies. In seiner als „Memoiren eines Janitscharen" bekannt gewordenen Schrift, überliefert in einer überarbeiteten Kompilation aus dem 16. Jahrhundert, riet er den Christen, von der frontalen Angriffstaktik sowie von schweren Panzerrüstungen und Waffen Abstand zu nehmen und die mobile Kampfweise der Osmanen zu übernehmen. Wie das Beispiel der Tataren lehre, könnten mit derselben leichten Taktik durchaus Siege über die Osmanen errungen werden, während die Achillesferse der schwerbewaffneten europäischen Ritter die Verletzlichkeit ihrer Pferde sei. Daher sollte die Infanterie mit Lanzen statt mit Schwertern ausgerüstet werden. Schließlich sollte der König sich davor hüten, in der ersten Linie in die Schlacht einzugreifen, sondern sich zurückhalten und von sicherer Position aus den Kampf koordinieren.[106]

Diese Bemerkungen zeigen wichtige Schwächen der ungarisch-christlichen Kriegsführung gegen die Osmanen auf. Doch nicht nur eine verfehlte Kampftechnik hatte das christliche Desaster bei Varna mit verursacht, das Teil der letzten großen Epoche von Kreuzzügen war – s. zu den „balkan. Satteljahren" Beitrag 1, SCHMITT, Kap. 1.12.8 –, die, nicht zuletzt angespornt von den Hussitenkriegen, von der Niederlage bei Nikópolis 1396 bis zum christlichen Sieg in Belgrad 1456 dauerte, mit Ausläufern bis ins frühe 16. Jahrhundert.[107] Auch diplomatisch stand das Unternehmen auf tönernen Füßen: Die serbischen und walachischen Verbündeten hatten nur geringe Lust, am Kreuzzug mitzutun. Kurz vor dem Zusammentreffen hatten sie die Seiten gewechselt und sich osmanischem Kommando unterstellt. Hintergrund war nicht zuletzt das rücksichtslose Vorgehen der christlichen Soldateska und Uneinigkeit über die anzuwendende Taktik, aber auch die exponierte Lage der orthodoxen Herrschaftsgebilde zwischen Ungarn und dem Osmanischen Reich. Gegenüber einer Vormachtstellung des katholischen Stephansreiches zogen einflussreiche Kreise der politischen Eliten des serbischen Despotat und der Walachei eine eher lockere Abhängigkeit vom Sultan vor. Die direkt an der osmanischen Front liegenden Länder hüteten sich auch aus Eigeninteresse davor, den Zorn des Sultans auf sich zu ziehen, umso mehr als Ungarn militärisch keinen wirksamen Schutz vor entsprechenden Strafmaßnahmen gegen die exponierten Regionen bieten konnte.

---

106 Memoiren eines Janitscharen (Übers. LACHMANN), 134–139.

107 HOUSLEY (Hg.), The Crusade in the Fifteenth Century; BARĂMOVA, Evropa, Dunav i osmancite, 45–92; PELLEGRINI, Le crociate dopo le crociate; SZAKÁLY, Phases of Turco-Hungarian Warfare.

Nach dem Tod Władysław vor Varna wurde doch noch Albrechts II. postum geborener Sohn Ladislaus V. Postumus (1444–1457) König, der, wie oben berichtet, schon kurz nach seiner Geburt 1440 mit der Stephanskrone gekrönt, von den Ständen aber nicht akzeptiert worden war. Faktisch aber hatte jetzt die Stunde des Feldherrn Hunyadi geschlagen, der nun die Geschicke des Landes als Reichsverweser (1446–1453) in seine Hände nahm. Denn der noch im Kindesalter stehende König Ladislaus wurde von seinem Vormund, dem Herzog von Kärnten, römisch-deutschen König und späteren Kaiser Friedrich III., als Geisel festgehalten. Hunyadi als Reichsverweser fiel ein Großteil des sich jetzt zuspitzenden Türkenkampfes zu. 1448 scheiterte er mit einer erneuten antiosmanischen Offensive, als in der (zweiten) Schlacht auf dem Amselfeld die Osmanen das christliche Heer schlugen. Der jugendliche König Ladislaus, seit 1453 zusätzlich König von Böhmen, residierte auch nach seiner Freilassung meist außerhalb Ungarns und engagierte sich kaum für die Verteidigung des Stephansreiches. Sein neuer Vormund, der ambitionierte Graf Ulrich II. von Cilli, geriet in Konflikt zu Hunyadi, der als Reichsverweser 1453 zurücktrat. Als Generalkapitän (1453–1456) und Heerführer, gestützt auf eine große Anhängerschaft im mittleren und niederen Adel, blieb Hunyadi aber weiterhin eine der mächtigsten Personen im Stephansreich.

Am südlichen Rand wurde Serbien nun permanent von den Osmanen bedroht, die bereits 1439 erstmals die seit 1428 als Residenz des serbischen Despoten dienende Festung Smederevo an der Donau erobert hatten. Der Schwerpunkt der serbischen Herrschaft hatte sich nach dem Verlust der Kernzonen im zentralen Balkan (Raška u. das heutige Kosovo) an die Osmanen nach Norden verschoben. Der verbliebene serbische Herrschaftsbereich lag als Puffer zwischen Ungarn und dem Osmanischen Reich. Serbiens Herrscher hatten die größte Mühe, das fragile Gleichgewicht aufrecht zu erhalten. Fürst bzw. Despot Stefan Lazarević (1389/1402–1427) hatte sich zu Beginn des 15. Jahrhunderts als Lehensmann Sigismund unterworfen und dafür Belgrad mit der Mačva erhalten, wohin er seine Residenz verlegte. Sein Nachfolger Georg (Đurađ) Branković (auch Vuković genannt, 1427–1456) musste Belgrad an Sigismund zurückerstatten und verlegte seine Residenz nach Smederevo an der Donau, wo er eine gewaltige, noch heute gut erhaltene Festung errichten ließ. Sie fiel zwar bereits 1439 vorübergehend an die Osmanen (definitiv 1459), die sich auch die südlichen Teile von Georgs serbischem Despotat unterworfen hatten. Der endgültige Fall Serbiens ließ sich unter wechselnden Loyalitäten, aber einer immer stärkeren Hinwendung zu den Osmanen noch bis 1459 hinauszögern. Nach dem erfolgreichen „langen Marsch", dem ungarischen Feldzug auf den Balkan vom Winter 1443/1444, hatte sich der serbische Despot mit dem Sultan arrangiert und erhielt dafür einige osmanisch kontrollierte Gebiete inklusive Smederovo zurück. Aus der christlichen Front aber schied er damit aus und 1448 setzte er gar Hunyadi bei seinem Rückzug von der Schlacht auf dem Amselfeld fest. Als die Osmanen nach der Einnahme Konstantinopels am 29. Mai 1453 erneut gegen Serbien und Ungarn loszogen, gelang Hunyadi 1456 mit der Entsetzung Belgrads am 22. Juli ein in weiten Teilen Europas gefeierter Sieg, der jedoch dem osmanischen Vorstoß nur vorübergehend Einhalt gebot.

2.5.3 Ungarn, die Osmanen und die Türkenfurcht in Mitteleuropa

Häufig ist zu lesen, in Gedenken an den Belgrader Sieg Hunyadis sei das mitunter bis heute übliche Mittagsläuten der Kirchenglocken angeordnet worden, was nicht ganz korrekt ist. Papst Calixt III. (1455–1458) hatte bereits am 29. Juni 1456, einige Wochen vor dem Sieg des christlichen Heeres vor Belgrad, die so genannte „Gebetsbulle" (bulla orationum, auch „Türkenbulle") erlassen. Darin rief er die Christenheit zum Gebet gegen die Osmanen auf, die drei Jahre zuvor Konstantinopel erobert hatten und nun gegen Ungarn zogen. Unter anderem sollten um die Mittagszeit die Kirchenglocken geläutet werden, für Gebete wurde ein Ablass in Aussicht gestellt.[108] Da vielerorts die Kunde vom christlichen Sieg bei Belgrad vor oder fast zeitgleich mit der Bekanntmachung der päpstlichen Bulle eintraf, konnte das „Türkenläuten" tatsächlich als Ausdruck der Freude über die osmanische Niederlage aufgefasst werden. Calixts Bulle von 1456 begründete die Tradition des „Türkenläutens", das auch weitab der unmittelbar von den Osmanen bedrohten Gebiete praktiziert wurde, so in Straßburg oder der Eidgenossenschaft. Im Laufe der Zeit geriet das „Türkenläuten" teils wieder in Vergessenheit und wurde mehrfach erneuert. So ordnete Papst Alexander VI. (1492–1503) 1500 das tägliche Mittagsläuten für ewige Zeiten an – als wohlfeiler Ersatz für den von Venedig geforderten Kreuzzug, dem die Kurie keine Priorität zumaß. Der Brauch des „Türkenläutens" verbreitete sich an unterschiedlichen Orten jedoch erst nach und nach. Erst gegen Ende des 16. Jahrhunderts war das Mittagsläuten in Europa allgemein verbreitet. Es erhielt aber in Form eines generellen Gebetsaufrufs im Rahmen von täglich drei Angelusläuten (von Papst Pius V. 1571 kanonisiert) eine allgemeinere, nicht mehr ausschließlich die „Türkengefahr" beschwörende Bedeutung. Vielmehr sollte es an die Leiden Christi erinnern – in diesem Sinne war ein freitägliches Mittagsläuten an verschiedenen Orten bereits vor 1456 praktiziert worden. Das „Türkenläuten" hatte damit eine relativ komplizierte, nicht linear verlaufende Geschichte; es knüpfte an bestehende Bräuche an, erweiterte und verallgemeinerte sie.[109]

Die Verbreitung des Türkenläutens zeigt exemplarisch auf, wie die osmanische Expansion von den Christen auch in den Gebieten mit großer Sorge verfolgt wurde, die nicht unmittelbar im Einzugsbereich osmanischer Heerscharen waren. Die „Türkenfurcht" wurde spätestens mit dem Fall Konstantinopels 1453 zu einem dominierenden Motiv in Mitteleuropa, das in vielerlei medialer Form und Kontexten während über zweihundert Jahren präsent blieb.[110] Nicht nur an zahlreichen Reichstagen („Türkenreichstage"), beginnend mit dem Regensburger Reichstag 1454, beschäftigten sich die Reichsstände mit der „Türkengefahr".[111] Philipp der Gute, der Herzog von Burgund, ließ an seinem Hof in Lille am 17. Februar 1454 das berühmte Fasanenfest

---

108 Lateinischer Text u. zeitgen. dt. Übers. in SCHWENKE (Hg.), Die Türkenbulle Pabst Calixtus III.

109 BENKŐ, Erdély középkori harangjai és bronz keresztelőmedencéi, 70–76; ÉRSZEGI, „Az év minden napján délben mindörökké harangozni kell ...“; SIEBER-LEHMANN, „Teutsche Nation" und Eidgenossenschaft, 584–586; VECSEY, Was die Glocken künden ..., 32–35.

110 Zum Begriff HÖFERT, Den Feind beschreiben, 51–56.

111 Deutsche Reichstagsakten. Ältere Reihe: Deutsche Reichstagsakten unter Kaiser Friedrich III.; Deutsche Reichstagsakten. Mittlere Reihe: Deutsche Reichstagsakten unter Maximilian I.

mit dem „Fasanenschwur" ausrichten, das unter dem Eindruck des Falls von Konstantinopel den Anspruch Burgunds auf die Führungsrolle im Kreuzzug unterstreichen und den Adel zum Kampf mahnen sollte.[112] Unter anderem zu diesem Zweck hatte Philipp der Gute 1430 bereits den Orden vom Goldenen Vlies begründet. Er steht in der Tradition spätmittelalterlicher Neugründungen von Ritterorden, bei denen der Türkenabwehr eine wichtige Bedeutung zukam. Vorbild war vor allem der älteste weltliche Orden, der vom englischen König um die Mitte des 14. Jahrhunderts gestiftete Hosenbandorden. Kaiser Friedrich III. gründete noch 1496 mit dem St.-Georgs-Orden einen der letzten geistlichen Ritterorden, während Sigismund von Luxemburg in Ungarn 1408 den weltlichen „Drachenorden" (societas draconis) als Machtinstrument eingerichtet hatte, mit dem er eine loyale Gefolgschaft versammelte. In den Drachenorden wurden auch Herrscher der entlang von Ungarns Südsaum gelegenen orthodoxen Länder aufgenommen. So wurde auch der walachische Woiwode Vlad Mitglied im Drachenorden, woher sich dessen Übername „Dracul" herleitet. Als Drăculea (Dracula) ging der Name auf seinen Sohn Vlad, auch Ţepeş (der Pfähler) genannt, über, der ebenfalls Woiwode der Walachei wurde (s. u. Beitrag 3, URSPRUNG, Kap. 3.3.3f. zu beiden Herrschern).

Die Kunde über das Vordringen der Osmanen erreichte in vielfach verfremdeter Weise auch breite Bevölkerungsschichten in Mitteleuropa, so neben den Türkenglocken auch über Türkenlieder, Türkenbilder, Türkenpredigten, Türkenablässe, Fastnachts- und Türkenschauspiele etc. Die Warnung vor den „Türken" ging dabei oft einher mit der Mahnung an die Christenheit zu innerer Einheit und Ordnung. Die Figur des „Türken" verkörperte mitunter nicht bloß eine feindliche und bedrohliche Gestalt, sondern diente auch als Kontrastfolie, vor der die Christen ihrer eigenen Unzulänglichkeiten gewahr werden sollten. „Des Turken Vasnachtspil", ein zwischen 1453 und 1456 entstandenes Fastnachtsspiel von Hans Rosenplüt etwa, thematisierte einen fiktiven Besuch des Sultans in Nürnberg, wo dieser in einem Streitgespräch schonungslos die Missstände der christlichen Gesellschaft aufdeckte.[113] Das Türkenbild war zwar überwiegend, aber nicht ausschließlich negativ, sondern mitunter zumindest in den Details durchaus ambivalent. So sah Martin Luther anfänglich weniger die Osmanen als vielmehr das Papsttum als Hauptfeind der Christenheit – erst unter dem Schock der ersten osmanischen Belagerung Wiens 1529 modifizierte er seine Haltung.

Die „Türkengefahr" wurde im Heiligen Römischen Reich in unterschiedlicher Intensität und Qualität wahrgenommen, insgesamt aber eschatologisch als endzeitliche Krise in bisher ungekannter Intensität gedeutet. In den nördlichen Regionen war das Thema weniger dominant und basierte in geringerem Maß auf eigener Betroffenheit als in den südöstlichen Gebieten.[114] Während Friaul, Krain, die Steiermark und Kärnten schon ab dem späten 14. Jahrhundert mehrfach, so 1396 (Pettau/Ptuj), 1408, 1415, 1430, unter osmanischen Einfällen gelitten hatten, so fanden Plünder-

---

[112] CARON/CLAUZEL (Hgg.), Le banquet du faisan.

[113] WALSH, Conquering Turk in Carnival Nürnberg; ACKERMANN, Dimensionen der Medialität.

[114] ACKERMANN, Geschichtsdeutung und Prophetie, 37–39, 50; zu allgemeinen Aspekten BACSOKA/BLANK/WOELKI (Hgg.), Europa, das Reich und die Osmanen, darin ANNAS, Beraten – Verhandeln – Beschließen, sowie zur ung. Beteiligung BACSOKA, Die ungarische Gesandtschaft auf den Türkenreichstagen 1454/55.

züge der irregulären osmanischen Verbände der *akıncı* („Renner und Brenner") vor allem zwischen 1469 und 1503 fast jährlich statt.[115]

Kaum zu überschätzen ist jedoch die Bedeutung der Türkenpublizistik. Der Buchdruck, der in Europa praktisch gleichzeitig mit der Einnahme Konstantinopels durch die Osmanen einsetzte, ermöglichte es, Nachrichten schneller als bisher, günstiger und vor allem in weitaus höherer Auflage zu verbreiten. Die „Türkengefahr" bildete eines der dominierenden Motive der Druckproduktion von den allerersten Drucken aus der Mitte des 15. bis gegen Ende des 17. Jahrhunderts.[116] Die ältesten, sicher datierten Druckwerke aus Gutenbergs Werkstatt stammen aus dem Zeitraum Oktober bis Dezember 1454 und umfassen einen Ablasszettel sowie den so genannten „Türkenkalender" für das Jahr 1455.[117] Unzählige Flugschriften und andere „Türkendrucke" verbreiteten Informationen über das osmanische Vordringen, forderten zu Reaktionen auf und betrieben Propaganda gegen die „Türken".[118] Der Buchdruck machte damit eine neue Form der Öffentlichkeit möglich. Karoline Döring sprach neuerdings gar von einer „Türkenkriegsöffentlichkeit", um damit deutlich zu machen, wie das Medium des Buchdruckes bereits im späten 15. Jahrhundert und gerade in Auseinandersetzung mit der Türken-Thematik neue Formen von Öffentlichkeit erzeugte.[119]

Die Diskussion über die „Türkenabwehr" hatte speziell im Heiligen Römischen Reich hohe Bedeutung. In Reaktion auf die empfundene Bedrohung durch die Osmanen kam ab der Mitte des 15. Jahrhunderts unter dem Einfluss der päpstlichen Kreuzzugspropaganda die Wendung „teutsche Nation" als politischer Begriff im Reichsgebiet auf.[120] Ähnlich wandelte sich der Europa-Begriff von seiner älteren, geographisch-deskriptiven mittelalterlichen zur programmatischen neuzeitlichen Bedeutung. Ab der Mitte des 15. Jahrhunderts nahm „Europa" zunehmend eine politische, kulturelle und historische Konnotation an, die sich in der ersten Hälfte des 16. Jahrhunderts allgemein durchsetzte und an Stelle des älteren Konzepts der „Christenheit" trat. Über alle innere Uneinigkeit und politischen Zwistigkeiten hinweg drückte der Europabegriff ein Bewusstsein der Gemeinsamkeit aus, das sich zumindest anfänglich in Abgrenzung von den „Türken" konstituierte.[121] Südosteuropa, wo im antiken Griechenland die Gegenüberstellung von Europa und Asia

---

115 HAMMER-PURGSTALL, Geschichte des osmanischen Reiches, Bd. 2, 610f.

116 GÖLLNER, Turcica.

117 Faksimile in GELDNER (Hg.), Der Türkenkalender; s. a. SIMON, The Türkenkalender; DÖRING, Türkenkrieg und Medienwandel, 39–58.

118 Für das bislang wenig erforschte 15. Jh. nun DÖRING, Türkenkrieg und Medienwandel; zum 16. Jh. die umfangreiche, aber nicht vollständige Bibliographie von GÖLLNER, Turcica, Bde. 1–2; s. a. die Darstellung in Bd. 3: Die Türkenfrage in der öffentlichen Meinung Europas im 16. Jahrhundert; für das 17. Jh. s. etwa HOLLENBECK, Die Türkenpublizistik im 17. Jahrhundert; GUTHMÜLLER/KÜHLMANN (Hg.), Europa und die Türken.

119 DÖRING, Türkenkrieg und Medienwandel, 212.

120 SIEBER-LEHMANN, „Teutsche Nation" und Eidgenossenschaft, 565–573.

121 SCHULZE, Europa in der Frühen Neuzeit, 42–45; neuerdings wird die Entstehung eines identitären Europabegriffs weiter ins Mittelalter zurück datiert, s. etwa KIVELSON, The Cartographic Emergence of Europe?, 41; HÖFERT, Den Feind beschreiben, 62–68.

ihren Ursprung hatte, wurde mit dem osmanischen Vorstoß indirekt wiederum Ausgangspunkt eines erneuerten Europa-Konzeptes, wurde selber in der Frühneuzeit aber nur bedingt zu eben diesem Europa gezählt. Die politische Dominanz eines muslimischen Reiches, das bis weit in die Frühe Neuzeit hinein nicht als Bestandteil des entstehenden europäischen Mächtesystems anerkannt wurde, beeinflusste die Wahrnehmung dieser Region als andersartig. Ungarn befand sich genau an der Nahtstelle, wo Christen und Muslime aufeinandertrafen.[122]

Vor diesem Hintergrund verstand sich Ungarn in der Rolle eines Beschützers, einer „Vormauer" der Christenheit (s. zu Grenzverteidigung u. Türkenabwehr in Ungarn u. Kroatien Beitrag 7, Pálffy, Kap. 7.3.4). Auch im westlichen Europa begann diese Vorstellung im 15. und 16. Jahrhundert das noch auf die frühmittelalterlichen Hunnen- und Ungarneinfälle zurückgehende negative, feindlich-exotische Ungarn-Bild zu ersetzen.[123] In Ungarn selber war die „Türkengefahr" unmittelbar mit dem Landespatriotismus verbunden, wie ihn zumindest die politischen Trägerschichten pflegten, vor allem die Adeligen. Ungarn angesichts des osmanischen Vordringens als Einheit zu bewahren war ein vordringliches Anliegen. Es fand seinen Ausdruck beispielsweise in der 1528, zwei Jahre nach der ungarischen Niederlage in der Schlacht von Mohács, von Lazarus zusammengestellten Ungarn-Karte, der in Ingolstadt gedruckten Tabula Hungariae. Sie war dem neuen Träger der Stephanskrone gewidmet, dem Habsburger Ferdinand. Die Karte kann als Ermahnung des Königs verstanden werden, dem seine neu erworbene Herrschaft in Form der Karte visuell präsentiert wurde, womit zugleich auch die osmanische Bedrohung in Erinnerung gerufen und der Herrscher zu militärischen Taten ermahnt wurde.[124]

Zum Motiv der „Türkengefahr", das im Spätmittelalter und der Frühen Neuzeit literarisch, künstlerisch und politisch in vielfältiger Weise thematisiert wurde, existiert eine breite Forschungsliteratur.[125] Allerdings konzentriert sich die Forschung dabei fast ausschließlich am „Türkenbild" Westeuropas. Das „Türkenbild" in Südosteuropa hingegen ist noch kaum und wenn dann in regional begrenztem Zusammenhang der jeweiligen Nationalhistoriographien untersucht worden. Wesentlichster Grund ist sicher die schwierige Quellenlage, die sich in keiner Weise mit der Flut an Türkenschriften Westeuropas messen kann. Insbesondere fehlte in Südosteuropa lange Zeit der Buchdruck als Medium und wo er existierte (wie in der Walachei) gingen noch bis Ende des 18. Jahrhunderts fast ausschließlich normative Texte liturgischer, juristischer oder grammatischer Art daraus hervor. „Historische" Texte im ursprünglichen Sinne des Wortes als empirisch-erzählende Berichte hingegen waren selten. Im südosteuropäischen Kontext ist die Quellenlage daher

---

122 Für die ungarische Debatte Jörger, Die Fremd- und Eigenwahrnehmung in Janös Thuröczys Chronica Hungarorum.

123 Varga, Europa und „Die Vormauer des Christentums"; ausführlich zur Vormauer-Metapher neuerdings Srodecki, Antemurale Christianitatis, zu Ungarn bes. 88–104, 163–216, 265–291.

124 Lakatos, Lázár deák Tabula Hungariae-jának; Stegena (Hg.), Lazarus Secretarius; Török, Renaissance Cartography in East-Central Europe, 1820–1828.

125 Siehe stellvertretend Pippidi, Visions of the Ottoman World; Guthmüller/Kühlmann (Hg.), Europa und die Türken; Döring, Türkenkrieg und Medienwandel; Matschke, Das Kreuz und der Halbmond; Höfert, Den Feind beschreiben; Schulze, Reich und Türkengefahr.

nicht nur quantitativ ungleich schlechter, auch das Spektrum der Gattungen ist weitaus schmaler. Dennoch ist die Frage nach wechselseitigen Bezügen der vereinzelt überlieferten Schrift- oder Bildquellen (etwa antitürkischer Motive in Kirchenfresken) zur südosteuropäischen Türkenwahrnehmung mit dem westeuropäischen Türkendiskurs ein Desiderat der Forschung, von der methodisch nur schwer fassbaren mündlichen Überlieferungstradition wie Heldenlieder oder Epen ganz abgesehen.

2.5.4 Bewaffneter Frieden und Renaissance: Konsolidierung unter Matthias Corvinus, 1458–1490

Im südwestlichen (Albanien) und nördlichen Teil (Bosnien, Serbien, Walachei) der Balkanhalbinsel konsolidierten derweil die Osmanen gegen Ende des zweiten Drittels des 15. Jahrhunderts ihre Herrschaft, indem sie die letzten lokalen Herrschaftsgebilde außerhalb Ungarns unter ihre Kontrolle brachten. Schon 1459 war Serbien endgültig unter osmanische Herrschaft gefallen, 1463 folgte der größte Teil Bosniens. An der Donau-Save-Linie standen sich nun Ungarn und Osmanen direkt gegenüber, die jahrhundertealte Pufferfunktion der bosnischen und nordserbischen Banate und Despotate war zu Ende gegangen. Die südlichen Komitate des Stephansreiches in Syrmien und Slawonien wurden nun zum Frontgebiet, das zusammen mit weiter nördlich liegenden Regionen immer wieder von osmanischen Verbänden geplündert und verheert wurde. Umgekehrt unternahmen aber auch die Besatzungen der ungarischen Grenzfestungen zur Aufbesserung ihres Soldes wiederholt Plünderzüge in die osmanisch kontrollierten Gebiete Bosniens und Serbiens. Trotz wiederholt vereinbarter Waffenstillstände herrschte in den Grenzregionen ein permanenter, von den lokalen Burgbesatzungen meist auf eigene Faust unternommener Kleinkrieg. Plünderzüge von Verbänden, die mehrere hundert Mann umfassten, galten bezeichnenderweise nicht als Verletzung des Waffenstillstandes, wurden also faktisch als Alltag eines „bewaffneten Friedens" (András Kubinyi) zur Kenntnis genommen. Daneben gab es aber auch größere Plünderzüge, die als eigentliche Feldzüge weit über die unmittelbaren Grenzregionen hinausgriffen. Im letzten Drittel des 15. Jahrhunderts fielen osmanische Verbände wiederholt in Krain, Kärnten und der Steiermark ein und zogen dabei, oftmals kaum oder nicht ernsthaft bedrängt, durch die südwestlichen Teile des Stephansreiches. Im Westen wurde daher geargwöhnt, Ungarn dulde insgeheim den osmanischen Durchmarsch, um selber unversehrt zu bleiben.

Ungarns berühmtester Türkenkämpfer, Johann Hunyadi, erlag 1456 kurz nach der erfolgreichen Verteidigung Belgrads der Pest, und im November des folgenden Jahres starb in Prag überraschend auch der erst siebzehnjährige ungarische König Ladislaus V. Postumus. Die sowieso nicht sehr gefestigte Herrschaft der Habsburger in Ungarn war damit vorerst zu Ende gekommen. Denn Kaiser Friedrich III. gelang es nicht, die habsburgische Personalunion des verstorbenen Ladislaus über Österreich, Böhmen und Ungarn in seiner Person zu bewahren. Während er die Herrschaft in den österreichischen Erblanden der Habsburger konsolidieren konnte, wurde in Böhmen Georg von Podiebrad zum König gewählt. In Ungarn hingegen hatte der verstorbene Reichsverweser Hunyadi ein solches Ansehen erlangt, dass die Stände Anfang 1458 seinen jüngsten Sohn Matthias zum König wählten.[126] Ganz im Zeichen der Renaissance nahm er den Beinamen Corvinus an, der auf vornehme römische Herkunft verweisen und damit die fehlende dynastische Legitimation ersetzen sollte[127] – sein Vater entstammte ja keinem königlichen Geschlecht, sondern war als eine Art Condottiere aus dem mittleren Adel an die Spitze des Reiches aufgestiegen. Matthias Stellung war daher anfänglich schwach. Es gelang ihm aber schon bald, durch geschicktes Agieren die dominierende Macht der Magnaten zurückzubinden und die Königsmacht zu stärken, in dem er sich auf den niederen Adel und die Städte stützte.[128]

Die Ansprüche Kaiser Friedrichs III. auf den ungarischen Thron waren durch die Wahl von Matthias durchkreuzt worden. Die beiden sollte eine lebenslange Rivalität verbinden, die einen großen Teil von Matthias Kräften banden – aufgrund ihrer langen Regierungszeiten standen sich Corvinus und der Habsburger nicht weniger als 32 Jahre lang mit nur kurzen Unterbrechungen als Kontrahenten gegenüber. Im Innern des Landes gelang es Matthias während seiner Herrschaft, die Königsmacht zu stärken und den Einfluss des mächtigen Hochadels, ganz im Sinne der Renaissance, zugunsten von Aufsteigern aus dem mittleren und niederen Adel sowie Vertretern der Städte zurückzudrängen. Aufgrund seiner einfachen Herkunft von einem aus mitteladeligen Verhältnissen zum Reichsverweser aufgestiegenen Vater war er – ebenfalls dem Typus des ital. Renaissance-Fürsten nicht ganz unähnlich – gegenüber dynastisch legitimierten zeitgenössischen Monarchen zeitlebens mit dem Stigma des Emporkömmlings behaftet und wurde als solcher von seinem Erzfeind, Kaiser Friedrich III., auch gebrandmarkt. Umso energischer verfocht er seine Interessen mit militärischen Mitteln und stellte ein schlagkräftiges Söldnerheer auf. Der Aufbau orientierte sich an der Kriegsführung der Hussiten und westeuropäischer Kriegstechnik, wofür etwa der in beiden Disziplinen erfahrene böhmische Söldnerführer Jan Vitovec eine zentrale Vermittlerrolle spielte.[129]

Doch das berühmte „Schwarze Heer" des Ungarnkönigs kämpfte vorwiegend im Westen und Norden (österr. Erblande, Länder der böhm. Krone, Polen), nicht jedoch an der osmanischen Front, an der größere militärische Konfrontationen im letzten Drittel des 15. Jahrhunderts ausblieben. Ab 1469 war Matthias böhmischer Gegenkönig des „Hussitenkönigs" Georg von Podiebrad, doch konnte er seine Herrschaft über das eigentliche Böhmen (im Gegensatz zu Mähren u. den Nebenländern der beiden Lausitzen) nie vollständig durchsetzen.[130] Gegen seinen Erzrivalen Friedrich III. führte er in Österreich Krieg, wo er 1485 Wien eroberte und dort bis zu seinem Tod Residenz nahm. 1487 nahm der ungarische König auch noch Wiener Neustadt ein. Hinter den

126 Zu Matthias Corvinus u. a. Gastgeber u. a. (Hgg.), Matthias Corvinus und seine Zeit; Bárány/Györkös (Hgg.), Matthias and His Legacy; Kubinyi, Matthias Corvinus; Hoensch, Matthias Corvinus; Barta, Mátyás király; Bak, The Hungary of Matthias Corvinus; Nehring, Matthias Corvinus, Kaiser Friedrich III. und das Reich; Ders., Quellen zur ungarischen Außenpolitik.

127 Mikó, Il Corvinus a Buda.

128 Burkhardt, Procedure, Rules and Meaning of Political Assemblies, 162; Székely, Oligarchie, Adelige, Bürger.

129 Pálosfalvi, Vitovec János; zum ungarischen Kriegswesen im 15. Jh. allgemein Rázsó, Military Reforms in the Fifteenth Century; zum Einfluss hussitischer Kriegsführung Antoche, Le rayonnement de l'art militaire hussite.

130 Macek, Král Jiří a král Matyáš; Válka, Matyáš Korvín a Česká koruna.

Kriegszügen im Westen stand auch die Einsicht, dass nur die Ressourcen dieser vergleichsweise reichen Gebiete eine effiziente Verteidigung gegen die Osmanen möglich machten. Problematisch war jedoch, dass das Heer Unsummen verschlang – eine Last, die das Land langfristig nicht tragen konnte. Die Bevölkerung Ungarns gegen Ende des 15. Jahrhunderts betrug inklusive Siebenbürgens und Slawoniens grob etwa drei Millionen Einwohner.[131] Dieses überwiegend bäuerliche demographische Potenzial war nicht in der Lage, längerfristig für die Versorgung einer ausreichenden Abwehr aufzukommen.[132] Nach dem Tod von Matthias I. Corvinus verfiel so die von ihm mühsam aufgebaute Königsmacht rasch.

Einer der letzten erfolgreichen ungarischen Offensiven des Spätmittelalters in Südosteuropa war 1463/1464 die Wiedergewinnung kurz zuvor an die Osmanen gefallener bosnischer Gebiete. In den zurückeroberten zentral- und nordbosnischen Regionen richtete die ungarische Krone die Banate Jajce und Srebrenik als militärische Vorposten unter einem Banus ein, nach dem Vorbild der früheren Grenzländer in dieser Region (Teile des einstigen Banats Usora bildeten nun das Banat Srebrenik).[133] Der Magnat Miklas Újlaki wurde von Matthias Corvinus 1472 zum Titularkönig von Bosnien ernannt. Die beiden neu eingerichteten Banate blieben zusammen mit Belgrad und dem 1476 von den Ungarn eingenommenen Šabac die letzten unter ungarischer Kontrolle verbliebenen Vorposten südlich der Donau-Save-Linie, bis auch sie endgültig an die Osmanen fielen: Srebrenik um 1519/1521 (angeblich bereits 1512), Šabac zusammen mit Belgrad 1521, Jajce schließlich 1527/1528.

Im letzten Drittel des 15. Jahrhunderts war die Situation an der Südflanke Ungarns hingegen im Vergleich zu den vorangehenden Jahrzehnten ruhig geblieben, zumindest was Vorstöße des osmanischen Hauptheeres betraf. Bis um 1520 dominierte der von den Grenzbesatzungen betriebene permanente Kleinkrieg aus Raub- und Plünderzügen das Geschehen an Ungarns südlichen und südwestlichen Grenzzonen, ohne dass sich die Ausdehnung des unmittelbaren osmanischen Herrschaftsbereiches wesentlich verschob. Auch auf ungarischer Seite blieben unter Matthias spektakuläre Unternehmungen in der Türkenabwehr weitgehend aus. Als wohl wichtigster Erfolg an der südlichen Front brachte er nach der osmanischen Eroberung Bosniens 1463 noch im gleichen Jahr das zentralbosnische Jajce und im Jahr darauf das nordostbosnische Srebrenik wieder unter Kontrolle. Der osmanische Versuch, 1464 Jajce den Ungarn wieder zu entreißen, scheiterte und der Sultan musste die vor Ort gegossenen Riesengeschütze im Vrbas versenken lassen, von wo sie die Ungarn bargen.[134] Wie schon bei der gescheiterten Belagerung von Belgrad 1456 gelangten große osmanische Geschütze als Beute in die Hände der Christen.

131 Kubinyi, A Magyar Királyság népessége.

132 Ders., A mohácsi csata és előzményei.

133 Horváth, The Castle of Jajce; Pálosfalvi, The Political Background in Hungary of the Campaign of Jajce; Tošić, Bosanska vlastela u oslobađanju Jajca; Pálosfalvi, Nikápolytól Mohácsig, 119–130.

134 Babinger, Mehmed der Eroberer, 247f.

2.6 WISSENSCHAFT, TECHNIK, TAKTIK: ZIRKULATION VON WISSEN BEI OSMANEN UND CHRISTEN

In der Forschungsliteratur sind die osmanischen Riesengeschütze, wie das heute im Londoner Tower aufbewahrte Dardanellengeschütz von 1464, häufig als Beleg für die Schwerfälligkeit der osmanischen Waffentechnologie angeführt worden. Derartige Riesengeschütze, wie sie teilweise auch in Westeuropa zum Schießen von Breschen gebaut wurden, waren entscheidend für den Fall von Konstantinopel 1453, seinerzeit die wohl am stärksten befestigte Stadt der in Europa bekannten Welt. Ausgehend von spektakulären Berichten über die Riesenwaffen verfestigte sich ein Bild, wonach die Artillerie der Sultane einen technischen und kulturellen Rückstand gegenüber dem westlichen Europa aufzeige. Hier habe schon früh eine dynamische Entwicklung hin zu kleineren, wendigeren Feuerwaffen eingesetzt, den die Osmanen nicht mitgemacht hätten. Weder quantitativ noch qualitativ seien sie in der Lage gewesen, mit der Geschützproduktion der Christen mitzuhalten. Neuere Forschungen in osmanischen Archiven hingegen nuancieren diese Behauptungen. Das Osmanische Reich verfügte im Spätmittelalter und der Frühen Neuzeit über einen hohen Grad der Selbstversorgung mit Munition und Geschützen und war auch in Bezug auf die Herstellung von Handfeuerwaffen weitgehend autark. Insbesondere in Südosteuropa mit seinen zahlreichen Erzbauzentren wies das Reich ab der Mitte des 15. Jahrhunderts eine hohe Dichte bedeutender Geschützgießereien auf: Hier zeigt sich die Bedeutung dieses Raumes für die Expansion des Osmanischen Reiches. Insgesamt unterschieden sich die osmanischen Feuerwaffen weniger stark von den europäischen als dies in der älteren Forschung vermutet worden war. Einzig in Bezug auf die Normierung erreichte das Osmanische Reich nicht denselben Stand wie die führenden europäischen Mächte, die über eine wesentlich geringere Bandbreite an Artilleriegeschützen verfügten.[135]

Die Osmanen konnten noch mindestens bis ins 16. Jahrhundert mit ihren christlichen Kontrahenten bezüglich Entwicklung der Waffentechnik mithalten. Nicht zuletzt stützten sie sich auf das reiche mittelalterliche arabisch-islamische Erbe in Wissenschaft und Technik, auf dem auch die wissenschaftlichen Kenntnisse und technischen Neuerungen der europäischen Christen des ausgehenden Mittelalters wesentlich beruhten. Letztlich waren es aber die Europäer, die ab dem 15. Jahrhundert langfristig die im Mittelalter hochentwickelten arabisch-islamische Wissenschaften besser weiterzuentwickeln wussten als die Osmanen, wo die kreative Entfaltung des Wissens und die intellektuelle Offenheit gegen Ende des 16. Jahrhunderts ins Stocken gerieten. Globalgeschichtlich ergeben sich interessante Analogien zu den beiden anderen großen muslimischen Reichen der frühen Neuzeit, dem der iranischen Safawiden und der indischen Moguln. In allen drei Reichen stieß etwa der Buchdruck, der in Europa so entscheidend für die Zirkulation von Wissen war, nur auf geringes Interesse. Der Verlust der führenden Stellung der arabisch-islamischen Wissenschaft ging mit einiger Phasenverschiebung einher mit der bemerkenswerten

---

[135] Ágoston, Feuerwaffen für den Sultan; zum Einsatz von Feuerwaffen auch Jeffferson, The Holy Wars of King Wladislas and Sultan Murad, 227–230.

parallelen Entwicklung dieser drei muslimischen Reiche, die gegenüber den europäischen Mächten technisch und militärisch allmählich ins Hintertreffen gerieten. Alle drei waren zwar noch im 17. Jahrhundert ihren Gegnern militärisch gewachsen. Dies trug wohl mit dazu bei, dass der Fortentwicklung auf wissenschaftlich-technischem Gebiet nicht die nötige Aufmerksamkeit gewidmet wurde, worauf dann ab dem späten 17. und vor allem im 18. Jahrhundert ein langsamer Niedergang einsetzte.[136]

Technische Neuerungen alleine aber machten sich erst langfristig bemerkbar, waren in der kurzfristigen Perspektive hingegen nur in den seltensten Fällen kriegsentscheidend. Sie wurden von anderen Faktoren mehr als aufgewogen. Strategisch hatten die Osmanen Größenvorteile in Bezug auf Ressourcen, Organisation und Logistik gegenüber Ungarn. Auf den Schlachtfeldern Ungarns und Südosteuropas waren frühneuzeitlichen Angaben zufolge, die aber nur mit Vorsicht auf spätmittelalterliche Verhältnisse übertragen werden können, die Verluste unter den christlichen Truppen nicht zuletzt aufgrund klimatischer Bedingungen und den daraus folgenden Krankheiten überdurchschnittlich hoch.[137] Doch auch taktisch waren die Osmanen den Christen häufig überlegen. Das Schießpulver der Europäer war gegenüber der Muskelkraft der Osmanen nicht automatisch im Vorteil. Feuerwaffen waren in den ersten Jahrhunderten ihres Einsatzes vielfach wenig effizient auf dem Schlachtfeld und herkömmlichen Waffen nicht per se überlegen. Während in der Söldnerarmee des Matthias I. Corvinus bereits 2.000 Musketiere kämpften[138] und auch die Osmanen Handfeuerwaffen gebrauchten, kamen auf osmanischer Seite noch bis weit in die Frühe Neuzeit hinein neben Feuerwaffen vielfach erfolgreich Säbel oder Pfeil und Bogen zum Einsatz.[139] Beutestücke noch aus dem Großen Türkenkrieg (1683–1699) in den einschlägigen europäischen Trophäensammlungen (so der Karlsruher Türkenbeute) belegen dies eindrücklich.[140] Pfeil und Bogen waren von einer sakralen Aura umgeben. Mit den Reflexbögen, die aus der eurasischen Steppentradition übernommen worden waren, konnte eine enorme Spannkraft erreicht werden. Damit verschossene Pfeile waren im Idealfall sogar in der Lage, eine Rüstung zu durchschlagen. Pfeil und Bogen verloren ihre militärische Bedeutung nach dem Aufkommen von Musketen und den leichteren Arkebusen nicht, da sie im Gegensatz zu den schwerfälligen Handfeuerwaffen, die lange Zeit nicht freihändig genutzt werden konnten, auch während des Reitens einsetzbar waren, sogar rückwärts. Außerdem war damit eine weitaus höhere Reichweite, Treffgenauigkeit und Schussfrequenz möglich. Ein geübter Bogenschütze konnte alle paar Sekunden einen Pfeil verschießen, während das Nachladen der Feuerwaffen umständlich und zeitraubend war – noch lange erfüllten Feuerwaffen die Gegner eher wegen ihres Lärms und der Rauchentwicklung mit

---

136 Starr, Lost Enlightenment, 506–514, 523; Sezgin (Hg.), Wissenschaft und Technik im Islam, Bd. 1, etwa 173f.; kompakte populärwissenschaftliche Zusammenfassung von Sezgins umfangreichem Werk kürzlich bei Billig, Die Karte des Piri Re'is.

137 Luh, Kriegskunst in Europa 1650–1800, 61.

138 Rászó, The Mercenary Army of King Matthias Corvinus, 129; Zarnóczki, Fegyverzet, katonai felszerelés, hadsereg.

139 Murphey, Ottoman Warfare, 121.

140 Petrasch (Hg.), Die Karlsruher Türkenbeute.

Furcht und weniger aufgrund ihrer vergleichsweise geringen tödlichen Wirkung. Die waffentechnische Überlegenheit von Feuerwaffen auf dem Kriegsschauplatz etablierte sich erst allmählich, in einer mehrere Jahrhunderte dauernden Übergangsphase änderte sich ihre Bedeutung je nach Kontext.

Schließlich waren die traditionellen Waffen wie Bogen, selbst wenn sie aufwändig verziert waren, günstiger als Handfeuerwaffen, da sie über Generationen hinweg benutzt wurden. Wo Soldaten wie in Frankreich regulär mit Feuerwaffen ausgerüstet werden mussten, stiegen die Kosten enorm an: Um 1630 kosteten Soldaten fünfmal mehr als ein Jahrhundert früher, wobei allerdings die zwischenzeitlich aufgelaufene Inflation zu berücksichtigen ist.[141] Ein gut ausgestattetes Söldnerheer wie dasjenige, das Matthias Corvinus aufgebaut hatte, verschlang enorme Finanzmittel. Längerfristig konnte es daher das strukturelle Ungleichgewicht im ungarisch-osmanischen Verhältnis nicht beseitigen, da die Kosten letztlich zu einem finanziellen Niedergang beitrugen, der die Kampfkraft schwächte.[142] 1498 wurde daher die Truppen-Aufstellung reorganisiert und verschiedene kirchliche und weltliche Grundherren sowie Komitate gegen Recht, einen Teil der königlichen Abgaben einziehen zu dürfen, dazu verpflichtet, Truppen aufzustellen. Diese Armeen stellten aber zugleich einen Unruhefaktor dar, wurden sie doch auch in gegenseitigen Machtkämpfen ins Feld geführt.[143]

All dies liefert Hinweise dafür, warum die Osmanen den Christen – u. hier v. a. Ungarn – militärisch überlegen waren. Die Verhältnisse änderten sich erst allmählich: Da sich in der Frühen Neuzeit etwa auf dem ungarischen Kriegsschauplatz die Kriegsführung immer mehr von der Feldschlacht weg hin zu Belagerungskriegen verschob, konnten Pfeil und Bogen ihre waffentechnische Überlegenheit gegenüber der damaligen Artillerie immer seltener unter Beweis stellen. Die beiden Belagerungen Wiens 1529 und 1683 zeigten, dass der Aktionsradius des osmanischen Hauptheeres hier an seine Grenzen stieß. Der logistische Aufwand wuchs mit zunehmender Entfernung von den Kerngebieten des Reiches, die taktischen und logistischen Vorteile wie das zur Kriegsführung verfügbare Zeitfenster in der warmen Jahreszeit verringerten sich, je weiter von der Operationsbasis weg das Schlachtfeld oder die belagerte Festung lag. Auch dies ist ein Grund dafür, warum die osmanische Kriegsmaschinerie auf dem europäischen Kriegsschauplatz ins Stocken, wenn auch nichts ins Hintertreffen, kam – selbst wenn es die Osmanen in der Belagerungstechnik und vor allem dem Unterminieren von Festungen (so in Wien 1683 sowie die als längste Belagerung überhaupt geltende Belagerung von Candia 1648–1669) zur Meisterschaft brachten. Die Osmanen gerieten nach den großen militärischen Erfolgen des 15. und 16. Jahrhunderts in Südosteuropa gegenüber den Christen nicht plötzlich ins Hintertreffen, sondern waren noch im 18. Jahrhundert in der Lage, auf dem Schlachtfeld zu siegen. Vielmehr trafen sie, je weiter sie nach Ungarn vorrückten, auf ganz andere Konstellationen, als es auf dem Balkan der Fall gewesen war.

---

141 ANDERSON, The Origins of the Modern European State System, 1–26, bes. 10.

142 KUBINYI, Stände und Staat in Ungarn; PANIC, Uwagi o wewnetrznym polozeniu Wegier.

143 KUBINYI, Politika és honvédelem a Jagellók Magyarországában.

2.7 UNGARN UNTER DEN JAGIELLONEN: ZERFALL DER KÖNIGSMACHT UND NIEDERLAGE BEI MOHÁCS, 1490–1526

Als Matthias I. Corvinus 1490 starb, hinterließ er nur einen unehelichen Sohn. Die hochadeligen Magnaten waren daran interessiert, einen schwachen, leicht zu kontrollierenden Nachfolger einzusetzen.[144] Die Wahl fiel auf den böhmischen König Władysław II. (1490–1516) aus der ursprünglich polnisch-litauischen Dynastie der Jagiellonen. Der Feldzug des römisch-deutschen Königs Maximilian I. nach Ungarn, der so den Habsburgern die Herrschaft in Ungarn sichern wollte, scheiterte.[145] Doch war der darauf 1491 abgeschlossene Erbvertrag mit Władysław in Anlehnung an den Vorgängervertrag von Wiener Neustadt 1463 eine der Grundlagen, die schließlich zur dauerhaften habsburgisch-ungarischen Personalunion von 1526 führen sollte.

Unter Władysław II. verfiel die Königsmacht rasch.[146] Innerhalb weniger Jahre war das „Schwarze Heer" zerschlagen und unter den Partikularinteressen des Hochadels begann das Land zunehmend in Anarchie zu fallen. Allerdings ist die klassische Sichtweise der Historiographie, wonach sich König einerseits sowie Magnaten und Adelige andererseits als Rivalen gegenübergestanden hätten, etwas zu stark vereinfacht. Vielmehr waren Krone, Hochadel sowie mittlerer wie niederer Adel gegenseitig aufeinander angewiesen und suchten aus eigenen Interessen einen Ausgleich.[147] Die Regierungszeit der beiden Jagiellonen-Könige Władysław II. und Ludwig II., also die Zeit zwischen dem Tod von Matthias Corvinus und der Schlacht von Mohács, haben darüber hinaus langfristige Nachwirkungen auf politischem Gebiet gezeigt, indem gegenüber der Herrschaft von Matthias die Inklusion des Adels in die politische Entscheidungsfindung deutlich ausgeweitet wurde. Politische Fragen wurden in großen Adelsversammlungen von einer so breiten Schicht auch niederer Adeliger diskutiert wie nie zuvor. Insofern, so Martyn Rady, war der spätere ausgeprägte Widerstand gegen absolutistische Tendenzen der Habsburger nicht zuletzt auf die Erfahrungen dieser Zeit zurückzuführen.[148]

Doch unbesehen davon schwächte der Niedergang der Zentralmacht das Land militärisch. Ähnlich wie seinerzeit in Bulgarien oder Serbien ging der innere Verfall der Zentralmacht der osmanischen Eroberung voraus. Da die Zeit der großen Abwehrschlachten gegen die „Türken" im frühen 16. Jahrhundert schon einige Jahrzehnte zurücklag und die osmanischen Übergriffe auf die Grenzregionen im Süden begrenzt blieben, konnten sich die Barone der Illusion hingeben, gegenüber der Hohen Pforte einen dauerhaft stabilen Status quo errichtet zu haben. Doch der Unmut über diese Untätigkeit in Kreisen des mittleren und niederen Adels, aber auch in der Be-

---

144 SZÉKELY, A rendek válaszúton; KUBINYI, A királyi tanács.

145 KOVÁCS, Miksa magyarországi hadjárata.

146 Für einen Überblick zur Jagiellonenzeit KUBINYI, A Jagelló-kori Magyarország történetének vázlata.

147 DERS., A Jagelló-kori magyar állam.

148 RADY, Rethinking Jagiełło Hungary.

völkerung nahm zu, besonders in den von Plünderungen direkt betroffenen Grenzgebieten im Süden. Als Papst Leo X. (1513–1521) 1514 zu einem Kreuzzug aufrief, artete dieser schnell in einen landesweiten Bauernaufstand aus. Bauern und andere soziale Schichten wurden von fanatisierten Ordensbrüdern und Wanderpredigern mit apokalyptischen Botschaften gegen die Grundherren aufgewiegelt, die angeblich aus Sorge um ihre Güter den Hintersassen die Teilnahme am Kreuzzug verweigert hätten. Die päpstlich legitimierten Kreuzritter jedoch wollten in der Überzeugung der göttlichen Auserwähltheit ihren Auftrag notfalls auch gegen den Willen von Adel und Klerus zu Ende führen. Anstatt gegen die Osmanen erhoben sich die zum Kreuzzug nach Buda einbestellten und auf einen Ablass hoffenden, blindgläubigen Bewaffneten daher gegen Grundherren und Klerus, die insgeheim der Kollaboration mit den Osmanen verdächtigt wurden. Der Aufstand wurde blutig niedergeschlagen und der Adel nutzte die Gunst der Stunde, um die ewige Erbuntertänigkeit der Bauern auf dem Landtag von 1514 zu dekretieren und das Landvolk zu entwaffnen.[149] Damit waren rechtliche Grundlagen gelegt worden, die in den folgenden Jahrzehnten zur faktischen Verschärfung der bäuerlichen Lage gegenüber den Grundherren führte, mithin also zur spezifisch ungarischen Form der frühneuzeitlichen Erbuntertänigkeit oder Leibeigenschaft.

Als König Władysław II. 1516 starb, ohne dass das Land den Osmanen entgegengetreten wäre, hinterließ er ein von Fehden der Oligarchie innerlich zerrissenes Land, unfähig, angesichts der Bedrohung seine Südgrenze wirkungsvoll zu sichern. Auch sein Sohn Ludwig II. (1516–1526) konnte die mitunter chaotischen Zustände nicht beenden. Dies war fatal, da der 1520 an die Herrschaft gelangte Sultan Süleyman I. (der Prächtige, 1520–1566) kurz nach seinem Herrschaftsantritt beschloss, die Offensive gegen Ungarn wiederaufzunehmen. Bereits 1521 fiel Belgrad und damit die Schlüsselfestung der südlichen Verteidigungslinie des Stephansreiches. Ungarn lag nun den Heeren des Sultans offen. Der nächste Feldzug im Sommer 1526 brachte den Ungarn eine vernichtende Niederlage. Zwar hatte das ungarische Heer schnell technologische Neuerungen, etwa in der Entwicklung von Feuerwaffen, adaptiert, doch bildete das fortbestehende große Gewicht der schweren Kavallerie eine Achillesferse.[150] In der später zur Schicksalsschlacht stilisierten Schlacht von Mohács an der Donau am 29. August 1526 fiel nicht nur der junge König, sondern mit ihm ein bedeutender Teil des Hochadels und des Klerus.

---

[149] Ursprung, Leibeigenschaft im spätmittelalterlichen Ungarn.

[150] Zum zeitgenössischen ungarischen Heereswesen im europäischen Kontext Sebők, Hadseregek Európában és Magyarországon.

2.8 DIE SCHLACHT VON MOHÁCS UND IHRE FOLGEN: ZERFALL DES KÖNIGREICHS UNGARN

Die Osmanen hatten die Unterwerfung, nicht aber die Besetzung Ungarns geplant. Logistisch waren sie nicht darauf vorbereitet, in Ungarn zu verbleiben, das Heer zog sich nach dem Sieg aus dem Land zurück (vgl. Beitrag 6, KOLLER, Kap. 6.3.1). Der Tod König Ludwigs musste den Osmanen sogar ungelegen kommen, denn er rief die Habsburger auf den Plan, die zum wiederholten Male ihre Erbansprüche anmeldeten – diesmal mit nachhaltigem, wenn auch nicht vollständigem Erfolg. Denn weite Teile insbesondere des mittleren und niederen Adels standen dem habsburgischen Thronanspruch ablehnend gegenüber. In Ungarn begann so ein Kampf um die Macht, in den die Osmanen vorerst nicht direkt intervenierten, sondern über die Unterstützung lokaler Verbündeter. Die langanhaltenden inneren Kriegswirren aber stürzten das Land in eine tiefe Krise, die schließlich zum Auseinanderfallen des mittelalterlichen Stephansreiches führen sollte.[151] Die Katastrophe von Mohács war zwar militärisch in der Tat ein schwerer Schlag für das Königreich gewesen. Doch war die verlorene Schlacht, in dem neben dem Herrscher viele Große des Reiches gefallen waren, nur eine Etappe auf dem Weg zum Zerfall Ungarns und der rund eineinhalb Jahrhunderte dauernden osmanischen Herrschaft über Süd- und Zentralungarn. Die innere Uneinigkeit trug ebenso entscheidend dazu bei, dass das Land schließlich zwischen rivalisierenden Ansprüchen zerrissen wurde, wobei die Osmanen sich vorerst in die Rolle des Schiedsrichters zurückzogen und letztlich erst dann direkt intervenierten, als ein antiosmanisch ausgerichtetes, starkes Ungarn unter Habsburger Herrschaft drohte.

Nach dem Tod Ludwigs in den Sümpfen beim Schlachtfeld von Mohács wählten zwei Adelsversammlungen je eigene Kandidaten, womit sich zwei Gegenkönige gegenüberstanden. Auf der einen Seite konnte der österreichische Erzherzog und spätere Kaiser Ferdinand I. den bereits seit Jahrzehnten verfolgten Erbanspruch der Habsburger zumindest teilweise durchsetzen (Kg. v. Ungarn 1526–1564). Auf der anderen Seite stand der siebenbürgische Woiwode Johann aus dem Magnatengeschlecht der Zápolya, der über einen beträchtlichen Rückhalt im Landadel verfügte (Kg. v. Ungarn 1526–1540). Die Anhänger Ferdinands schlugen Johann zwar nach Siebenbürgen zurück, aber dieser unterstellte sich osmanischem Schutz, wofür ihn der Sultan als ungarischen König anerkannte (1529), ohne dass diese Anerkennung aber eine faktische Herrschaft über ganz Ungarn gebracht hätte. Damit wiederholte sich auch in Ungarn das schon in den früheren Balkanreichen übliche Szenario, wonach der Aufstieg der Osmanen wesentlich begünstigt wurde von inneren Machtkämpfen und Anlehnung einer Partei an die Osmanen. Die weiter andauernden, verwickelten Kämpfe führten faktisch zur Zweiteilung des Landes. Johann Zápolya kontrollierte als osmanischer Schützling von Siebenbürgen aus den Osten und das Zentrum Ungarns, der Habsburger Ferdinand die westlichen und nördlichen Gebiete. 1538 allerdings kamen die beiden Gegenkönige im geheim gehaltenen Vertrag von Nagyvárad überein, nach dem Tod des damals noch kinderlosen Zápolya würden dessen Gebiete an die Habsburger fallen. Wenige Tage vor

---

151 PERJÉS, The Fall of the Medieval Kingdom of Hungary.

Zápolyas Tod 1540 erblickte nun aber sein Sohn Johann Sigismund das Licht der Welt. Im folgenden Jahr intervenierten die Osmanen in Ungarn, um ihm gegen die habsburgischen Ansprüche den Thron zu sichern. Die Truppen des Sultans besetzten nun Buda; Zentral- und Südungarn wurden direkt dem Osmanischen Reich einverleibt. Die östlichen Landesteile und besonders Siebenbürgen blieben unter der Herrschaft Johann Sigismunds, der als Johann II. 1540–1570, vorerst unter Vormundschaft, nominell als König von Ungarn amtierte. Kurz vor seinem Tod 1571 verzichtete er, den faktischen Machtverhältnissen entsprechend, im Vertrag von Speyer 1570 zugunsten der Habsburger auf den Königstitel und nahm den Titel eines Fürsten von Siebenbürgen und angrenzender Teile des östlichen Ungarns (Partes adnexae od. Partium) an. Das so definitiv konstituierte Fürstentum Siebenbürgen verblieb dabei unter lockerer osmanischer Oberhoheit (vgl. Beitrag 7, PÁLFFY, Kap. 7.3.8).[152]

Das mittelalterliche Ungarn war so in drei Teile zerfallen, die in den folgenden eineinhalb Jahrhunderten eigenständige Wege gehen sollten. Dies war erstens das habsburgische Königreich Ungarn, das nominell das gesamte mittelalterliche Stephansreich, faktisch aber nur einen Gebietsstreifen im Westen und Norden von Kroatien über Westslawonien und das heutige Burgenland bis in die heutige Slowakei und die Karpato-Ukraine umfasste. Sodann konstituierte sich zweitens das unter lockerer osmanischer Oberhoheit stehende Fürstentum Siebenbürgen im Osten. Schließlich wurde drittens Zentral- und Südungarn unmittelbar in die osmanische Provinzverwaltung integriert. Ungarn blieb jedoch ständiger Kriegsschauplatz (s. u. Beitrag 7, PÁLFFY, Kap. 7.2). Sowohl die katholischen Habsburger wie auch der antihabsburgische, „nationale" ungarnländische, überwiegend protestantische Adel, der seinen Rückhalt im Fürstentum Siebenbürgen fand, hielten mit diametral entgegengesetzten Interessen an der Idee eines geeinten Ungarns unter jeweils eigener Führung fest. Diese fragile und lokal stets Änderungen unterworfene Kräftekonstellation sollte bis gegen Ende des 17. Jahrhunderts die Geschicke des zerfallenen Ungarn bestimmen.

---

[152] VOLKMER, Siebenbürgen zwischen Habsburgermonarchie und Osmanischem Reich, 28–112.

2.9   UNGARN UND DIE IHM VORGELAGERTEN REGIONEN

2.9.1   Ungarns Ausgreifen nach Süden: Grenzländer und Banate

Ungarns Vormachtstellung im nördlichen Balkanraum hatte im zweiten Viertel des 13. Jahrhunderts einen vorläufigen Höhepunkt erreicht. Von Bosnien im Westen bis zur Region im Nordosten der späteren Walachei und Südwesten der späteren Moldau hatten die Arpadenkönige in ganz unterschiedlicher Form und Intensität und mit im Einzelnen sehr wechselhaftem Erfolg ihren Einfluss nach Süden ausgedehnt. Die ungarische Krone bediente sich verschiedenster Mittel, die von militärischer Eroberung über Unterstützung lokaler Gefolgsleute bis zu dynastischen Verbindungen mit den lokalen Herrscherhäusern reichten – s. im Detail hierzu wie auch zu den folgenden Schilderungen HGSOE, Bd. 1,2.

Die dem Südsaum Ungarns vorgelagerten Regionen unmittelbar südlich der Donau-Save-Linie wechselten im 13. und 14. Jahrhundert häufig die Herrschaft. Perioden direkter oder indirekter ungarischer Kontrolle wurden abgelöst von Phasen der Herrschaft serbischer oder bulgarischer Herren. Auch die Organisationsform der ungarischen Vorländer wechselte mehrfach. Die Quellen erlauben eine nur sehr fragmentarische Rekonstruktion der Vorgänge.

Um 1254 entriss Ungarn dem von den Mongolen geschwächten Bulgarenreich die Region um Belgrad und zum gleichen Zeitpunkt oder einige Jahre später eroberten ungarische Truppen auch das Gebiet Braničevo östlich davon. König Béla IV. nahm wie zuvor schon Emmerich 1202 den Titel eines Königs von Bulgarien an. Die kriegerisch erworbenen süddanubischen Gebiete Serbiens und Bulgariens, über die Ungarn die Kontrolle erlangt hatte, wurden zu einem Grenzland zusammengefasst, das nach dessen westlichem Teil den Namen Mačva erhielt. Mit dem Titel eines *dominus* oder Herzogs wurde die Führung darüber wie auch über die 1250 unter ungarische Kontrolle geratenen nordbosnischen Gebiete Usora (Ozora, am Mittel- u. Unterlauf der Bosna u. dessen Zufluss Usora) und Soli (Só, Tuzla, östlich daran anschließend) einem angeheirateten Angehörigen des Hauses Árpád übertragen, Rostislav, Sohn des ostslawischen Fürsten von Černigov. Im Namen des ungarischen Königs mit weitgehenden Vollmachten ausgestattet kontrollierte er den gesamten Südsaum Ungarns von Bosnien bis an die Morava sowie zur bulgarischen Grenze hin und nahm eine königsähnliche Stellung ein.[153]

1272 wurde das südliche Grenzland umorganisiert und für einige Jahre bis 1279 in Banate eingeteilt. Insgesamt entstanden sechs unter Führung eines Banus stehende Einheiten, die jedoch zumindest teilweise einfach ältere Verwaltungsstrukturen wie die bosnischen Länder in neuer Form weiterführten: das zentralbosnische Banat Bosnien, die beiden nordbosnischen Banate Usora (ung. Ozora) und Soli (Só), sowie die drei östlich daran anschließenden Banate Mačva (Macsó, etwa zwischen Drina u. Morava, um Belgrad; der Standort der namengebenden ung. Burg am Südufer der Save ist nicht bekannt), Braničevo (beidseits des Morava-Unterlaufs) und Kučevo.[154]

---

153 Hardi, O smrti gospodara Mačve.

154 Ćirković, Zemlja Mačva i grad Mačva; Hardi, Gospodari i banovi onostranog Srema i Mačve; Szentpétry, Das Banat von Machow.

Die bereits in Severin um das Eiserne Tor seit etwa 1231 existierende Organisationsform des Banates wurde so auch in den Grenzländern südlich der Donau und Save eingeführt, so dass vorübergehend die gesamte südliche Flanke des Stephansreiches von Slawonien bis in die Walachei durch vorgelagerte Marken in der Form von Banaten abgesichert wurde.[155] Während der östliche Teil (Braničevo u. Kučevo) wohl bereits 1273 wieder der ungarischen Kontrolle zugunsten lokaler, mongolischer Oberhoheit unterstehender bulgarischer, dann serbischer Lokalherren entglitten war, wurden die Banate Usora, Soli und Mačva 1280 wieder als Herzogtum zusammengefasst. 1284 übertrug es König Ladislaus IV. an seinen Schwager Stefan Dragutin, der 1282 an einer Versammlung in Deževo als serbischer König abgedankt hatte oder, wahrscheinlicher, von den Großen seines Reiches abgesetzt worden war.[156] Dragutin fungierte in den genannten Gebieten bis zu seinem Tod 1316 als Stellvertreter der ungarischen Krone, herrschte angesichts der zentrifugalen Tendenzen in den letzten Jahren des Arpadenreiches jedoch weitgehend eigenständig. Ein Feldzug Karl Roberts 1319 scheint den ungarischen Einfluss nicht vollständig wiederhergestellt zu haben. Das serbische Reich erreichte gegen Mitte des Jahrhunderts den Zenit seiner Macht und so sollte es erst Ludwig dem Großen in der zweiten Hälfte des 14. Jahrhunderts vergönnt sein, die Kontrolle über die einstigen Banate südlich der Donau-Save-Linie zu einem guten Teil wiederherzustellen.[157]

Bosnien war bereits mit dem Erwerb der kroatischen Krone durch die Arpaden seit dem 12. Jahrhundert ins Blickfeld der ungarischen Könige gerückt. Sie erhoben Anspruch auf das Land und legten sich 1103 vorübergehend, seit 1185 regelmäßig den Titel eines Königs von Rama (nördliche Herzegowina) zu. Doch war das abgelegene und gebirgige Land aufgrund der schwach ausgebauten Verkehrswege nur schwer zu kontrollieren. Weite Teile Bosniens dürften ohne effektive Zentralherrschaft in zahlreichen, quellenmäßig schlecht belegten lokal organisierten Adelsherrschaften organisiert gewesen sein, von denen allenfalls die nördlichen Randregionen die ungarische Oberhoheit anerkannten. Im überwiegenden Teil des Landes jedoch dürfte die ungarische Herrschaft weitgehend nomineller Art geblieben sein. Das Ringen um die Vorherrschaft über Bosnien beschäftigte die ungarische Krone in wechselnder Intensität bis zur osmanischen Eroberung 1463 bzw. zum Fall der letzten nordbosnischen Gebiete an der Save 1528, eine effektive und nachhaltige Kontrolle über das ganze Land erlangte das Stephansreich jedoch nie. Den Ungarn bot die religiöse Situation aber wiederholt Gelegenheit zu militärischer Intervention unter dem Vorwand des Kampfes gegen „Schismatiker" (sog. Bosnische Kirche). Unter Karl Robert scheint sich Bosnien ungarischer Kontrolle weitgehend entzogen zu haben und erst Ludwig der Große dürfte um 1366 den ungarischen Einfluss mindestens teilweise wiederhergestellt haben.

Serbien: An der Wende vom 12. zum 13. Jahrhundert hatte Ungarn, zuerst in Konkurrenz mit Byzanz, dann dem Lateinischen Kaiserreich, begonnen, seinen Einfluss auf das von Raška aus entstehende **serbische Reich** auszudehnen. 1202 nahm Emmerich (1196–1204) als erster ungarischer König den Titel eines Königs von Raszien (Rex Rasciae) an, als nach einer militärischen

---

155 PESTY, A macsói bánok.

156 FINE, The Late Medieval Balkans, 217f.

157 HUBER, Ludwig I. von Ungarn.

Operation der Großžupan von Raszien, Vukan, der ungarischen Krone die Treue schwor. Trotz einiger kurzfristiger Erfolge, sich die serbischen Herrscher zu unterordnen, blieb Ungarns Einfluss vorerst aber beschränkt. Erst nach dem Mongolensturm von 1241/1242 konnte Ungarn seine Position stärken. Anders als zwischen Karpaten und Donau, wo die mongolische Hegemonie nach 1241 die ungarische Position weitgehend zunichte gemacht hatte, wirkte sich die Mongolenherrschaft südlich der Donau gegenteilig aus. Die Großmachtstellung Bulgariens war nachhaltig gebrochen worden und auch Serbien ging geschwächt aus der Mongoleninvasion von 1241/1242 hervor, beide gerieten für Jahrzehnte unter die Oberhoheit mongolischer Khane, die gegen Ende des 13. Jahrhunderts ihren Höhepunkt erreichte. Von der neuen Konstellation profitierte Ungarn, das trotz kurzfristig massiver eigener Verluste nicht nachhaltig erschüttert worden war und bereits wenige Jahre später in die Offensive ging.

Gegenüber dem **bulgarischen Asenidenreich** hatte Ungarn bereits ab 1228 die Offensive an sich gerissen unter dem Vorwand, das von den Bulgaren bedrängte Lateinische Kaiserreich zu entlasten.[158] Als Resultat militärischer Eroberung erlangte die ungarische Krone das Gebiet von Severin um das Eiserne Tor (Donaudurchbruch), bislang vermutlich eine bulgarische Mark (*Kraina*, so auch der Name einer Mikroregion in dieser Gegend) nördlich der Donau (Severin wahrscheinlich von slaw. sever = Norden) und richtete dort 1231 oder 1232 ein Banat ein. Die bulgarische „Nordmark" war so zu einem ungarischen Grenzland (Banat) geworden.[159]

Der Titel eines Banus (Ban) als königlicher Stellvertreter war von den Ungarn aus Kroatien übernommen worden, wo der Titel, wohl von den Awaren übernommen, schon im 10. Jahrhundert, mithin vor der ungarisch-kroatischen Personalunion bezeugt ist. Unter den Königen der Dynastie Trpimirović waren die Bane dem König unterstellte, mächtige Große mit weitreichenden militärischen und rechtssprechenden Kompetenzen. Nach der Übernahme der kroatischen Krone durch die Arpaden 1102 trug der königliche Statthalter in Kroatien den Titel Banus, einige Jahrzehnte später verfügte auch Slawonien über einen eigenen, von der ungarischen Krone eingesetzten Banus. Ab 1476 wurden die Würden der Bane von Dalmatien-Kroatien und von Slawonien zu einer gemeinsamen Banuswürde zusammengeführt, sein Inhaber waltete als Statthalter der Krone. Er stand einem eigenen slawonischen Landtag vor und verfügte über das Recht der Kriegsführung, Steuereintreibung und Münzprägung. Die aus den Reihen des hohen Adels oder gar der Herrscherdynastie eingesetzten königlichen Bane Kroatien-Dalmatiens und Slawoniens gehörten zu den höchsten Würdeträgern des Stephansreiches.[160] Formell wurde dieses Amt erst 1921 abgeschafft; die 1929 bis 1941 existierenden Banschaften (Banovina) im Königreich Jugoslawien waren als Verwaltungseinheiten nur noch eine Reminiszenz dem Namen nach.

Auch im mittelalterlichen Bosnien existierten Bane, hier aber als eigenständiger lokaler Herrschertitel (also etwa einem Fürsten entsprechend), nicht als Stellvertreter der ungarischen Krone. Der bosnische Ban Kulin (1180–1204) unterstellte sich zwar als Vasall der Stephanskrone, den-

---

158 Petkova, Nordwestbulgarien in der ungarischen Politik der Balkanhalbinsel.

159 Achim, Despre vechimea și originea Banatului de Severin.

160 Zsoldos, Hrvatska i Slavonija u srednjovekovnoj Ugarskoj Kraljevini.

noch ist seine Stellung nicht mit derjenigen der Bane in Kroatien oder Slawonien als hoher ungarischer Würdenträger zu verwechseln. Insgesamt sind also drei idealtypische Bedeutungen des Titels Banus zu unterscheiden, auch wenn sie sich in der Praxis überlappten: erstens die in Kroatien wohl schon vor dem 9. Jahrhundert und bis zur Personalunion mit Ungarn bestehende, später auch in Bosnien belegte Funktion hoher Würdeträger oder eigenständiger lokaler Herrscher (wenn auch in Bosnien gelegentlich in Abhängigkeit von der ung. Krone). Als Bane bezeichnet wurden zweitens die nach der Personalunion zuerst in Kroatien, dann auch in Slawonien existierenden, vom ungarischen König direkt eingesetzten Statthalter mit großer Eigenständigkeit, ja mitunter königsähnlicher Stellung (die Bane Slawoniens etwa prägten im 13. u. 14. Jh. eigene Münzen).[161] Die dritte Kategorie von Bane schließlich waren die deutlich weniger bedeutenden, vor allem militärische Funktion ausübenden Statthalter der südlichen Grenzländer ab dem 13. Jahrhundert (Severin um 1231, einige Jahrzehnte später weiter westlich südlich entlang der Donau-Save-Linie vom nördlichen Bosnien bis in die Gegend des Eisernen Tores). Nur im letzteren Falle wird das von einem Banus kontrollierte Gebiet im engeren Sinne als „Banat" bezeichnet, das somit im Kontext der ungarischen Südgrenze ein unmittelbar der ungarischen Krone unterstelltes, außerhalb der Komitatsgliederung stehendes Grenzland mit beschränkter Autonomie und primär militärischer Funktion bezeichnet – eine der Grenzsicherung dienende Mark. Verwirrend sind die unterschiedlichen Bedeutungen vor allem für Bosnien, wo sie sich am stärksten überschnitten. Obwohl keine königlichen Statthalter, sondern im Prinzip eigenständige Herrscher, wenn auch gelegentlich unter zumindest nomineller ungarischer Oberhoheit, wurde die faktische Macht der bosnischen Bane (im ersten Wortsinne) von derjenigen der Bane Kroatiens und Slawoniens übertroffen.

Die ungarische Herrschaft über Severin bestand, für einige Jahre ab 1247 unter Führung des Johanniterordens, bis 1291 fort, als die Mongolen Nogais ihren Einfluss an der unteren Donau entlang nach Westen bis zum Eisernen Tor ausdehnten. Die etwa gleichzeitig wie die Errichtung des Banates erfolgte Unterordnung der bislang mit den bulgarischen Zaren verbündeten „schwarzen Kumanen" in der östlichen Walachei und südlichen Moldau stand ebenfalls im Kontext der ungarischen Offensive gegen Bulgarien.

2.9.2   Südlich und östlich der Karpaten: vom Kumanenland zur Walachei und Moldau

Weiter östlich im Kumanenland, in der späteren Walachei und Moldau, machte sich die ungarische Expansion in der ersten Hälfte des 13. Jahrhunderts bemerkbar. Vom Burzenland in der Südostecke Siebenbürgens ausgehend, anfänglich unter Leitung des von 1211 bis 1225 hier angesiedelten Deutschen Ordens,[162] begann Ungarn über die Karpaten hinaus in das Land der Kumanen auszugreifen und sich so einen Korridor zum Unterlauf der Donau kurz vor ihrer Mündung

---

161 Ćirković, s. v. Ban.

162 Papacostea, Terra Borza et ultra montes nivium; Hunyadi, The Teutonic Order in Burzenland; Zimmermann, Der Deutsche Orden im Burzenland.

zu schaffen, was für den Fernhandel über das Schwarze Meer wichtig war. 1227 unterstellte sich ein Teil der kumanischen Führungsschicht um Khan Bortz und seinen Sohn Membrok angesichts der vorrückenden Mongolen ungarischem Schutz und konvertierte zum Katholizismus.[163] 1228 ist erstmals das katholische Kumanenbistum von Mylco (vermutlich nach dem Fluss Milcov im späteren walachisch-moldauischen Grenzgebiet) quellenmäßig zu belegen.[164] Ungarn hatte so die Oberhoheit zumindest über einen Teil der Kumanen in der Großen Walachei und einen Teil der südlichen Moldau errungen. König Béla IV. (1235–1270) nahm den Titel eines Königs von Kumanien an (Rex Cumaniae). Damit war zugleich dem Bulgarischen Reich ein Schlag versetzt worden, dessen Verbündete die Kumanen bis anhin gewesen waren. Das Gebiet der Kumanen wurde in den zeitgenössischen Quellen auch als Nigrorum Comanorum terras, „Land der Schwarzen Kumanen" benannt. Das Attribut „schwarz" bezog sich in der Tradition der Steppenverbände auf den machtpolitisch und geographisch marginalen Status der hiesigen Kumanen in Bezug auf die kumanischen Herrschaftszentren in den nordpontischen Steppen.

Unter ungarischer Oberhoheit dürften lokale Formen von Herrschaftsorganisation weitgehend unverändert fortbestanden haben, über die aber mangels schriftlicher Quellen nichts bekannt ist. Der kumanischen Führungsschicht untergeordnet bestanden wohl lokale Dorf- oder Talherrschaften. Ein ungarisches Diplom an die Johanniter von 1247 erwähnte westlich des Olt die Knezate eines Johann, Farkas und eines Woiwoden Litovoi (cum kenazatibus Joannis et Farcasii; terra kenezatus Lytuoy woiauode) sowie einen Woiwoden Seneslau der Walachen (terra Szeneslau, woiauode Olatorum) im Kumanenland östlich des Olt. Dies sind allesamt Namen, die eher slawisch oder ungarisch klingen als rumänisch, wobei damit noch nichts über deren sprachliche oder gar ethnische Zugehörigkeit ausgesagt ist. Andere Quellen aus den 1230er und -40er Jahren bezogen sich auf Orthodoxe und „Walachen" (Rumänen, in orientalischen Quellen in Anlehnung an die schwarzen Kumanen auch schwarze Walachen genannt) in dieser Region.[165] Insbesondere in Teilen der rumänischen Historiographie haben solche Hinweise Anlass gegeben für Spekulationen über Keimzellen „rumänischer Staatlichkeit". Aus den Quellen sind aber nicht mehr als die Namen bekannt, seriöse Aussagen zum ethnischen, sprachlichen, sozialen oder politischen Charakter der erwähnten Gebilde sind nicht möglich, selbst eine institutionelle Kontinuität mit dem späteren walachischen Herrschaftsverband bleibt reine Spekulation.

In einem Schreiben an den ungarischen Thronfolger Béla IV. beklagte sich Papst Gregor IX. (1227–1241) 1234, im Kumanenbistum siedle ein Walachen („Walati") genanntes Volk, das dem Namen nach christlich sei, jedoch die römische Kirche nicht achte und die Sakramente von „Pseudobischöfen, die dem griechischen Ritus anhängen" erhalte. Sogar Ungarn und „Deutsche" (Theutonici) würden zu diesen Pseudobischöfen überlaufen und sich im Kumanenland niederlassen.[166] Die Papstkirche stand also in Konkurrenz mit orthodoxen Geistlichen, die vermutlich vom Hinter-

---

163 KOVÁCS, Bortz, a Cuman Chief.

164 SPINEI, The Cuman Bishopric; FERENŢ, Cumanii și episcopia lor.

165 PAPACOSTEA, Between the Crusade and the Mongol Empire, 91–126.

166 SPINEI, The Romanians and the Turkic Nomads, 155.

land der Schwarzmeerküste (Bistum bzw. Metropolie Vičina) aus als mobile Missionare operierten. Auf dem Gebiet der nordöstlichen Walachei und südwestlichen Moldau überlagerten sich also die Beeinflussungsversuche der beiden christlichen Kirchen. Bezeugt sind Walachen (Rumänen) sowie die Ansiedlung von Ungarn und Deutschen aus Siebenbürgen.[167]

Die Zerstörung des katholischen Bistums Milcov 1241 und die nachfolgende Oberhoheit der Mongolen erhöhte die Entfaltungsmöglichkeiten der Orthodoxie, was sich jedoch nach aktuellem Stand der Forschung im Außenbereich des Karpatenbogens (Gebiet von Buzău) bis Mitte des 15. Jahrhunderts noch nicht in dauerhaften Kultbauten niederschlug. Es dominierte wohl, ähnlich wie in Bosnien, eine lokale Form des Christentums, das weit von kanonischen Vorgaben entfernt war und sich bestenfalls nominell einer der beiden Kirchenorganisationen zurechnete.[168] Inwiefern auch Slawen in dieser Gegend präsent waren, ob die slawischen Idiome nördlich der unteren Donau zu diesem Zeitpunkt gar sprachlich bereits im Rumänischen aufgegangen waren, ja in welchem Ausmaß überhaupt von einer rumänischen Besiedlung auszugehen ist, lässt sich nicht mit Sicherheit bestimmen. Die zahlreichen ins Rumänische übernommenen slawischen Toponyme, vor allem Flussnamen, auf dem Gebiet der späteren Walachei und Moldau belegen eine starke slawischsprachige Bevölkerung, die sich später sprachlich an die Rumänischsprachigen assimiliert hat.

Von Siebenbürgen ausgehend setzte eine zumindest vereinzelt schon ins späte 12. Jahrhundert zurückzudatierende Siedlungstätigkeit katholischer, ungarisch- und deutschsprachiger Kolonisten ein, die sich südlich des Gebirgskamms im hügeligen Karpatenvorland, an wichtigen Punkten der transkarpatischen Handelsrouten Richtung Donau und Schwarzes Meer, festsetzten. Die Gegend um das Tal des Teleajen, neben dem Verkehrsweg über die Törzburg (Bran) und das Tal der Dâmbovița eine der beiden wichtigsten transkarpatischen Verbindungen von Siebenbürgen in die Walachei, war später als „Săcuieni" (als einer der 17 walachischen județe bis 1844 unter diesem Namen) bekannt, was zusammen mit Toponymen ungarischer Herkunft auf eine Ansiedlung von Szeklern schließen lässt. Namen dieser Gegend wie der des Dorfes Starchiojd (slaw. star- = alt; ung. köves = steinig) weisen auf die Koexistenz verschiedensprachiger Personengruppen hin. Neben den Kumanen in der östlichen Walachei geriet auch das „Land der Brodnic", wohl im Süden der Moldau gelegen, unter ungarischen Einfluss. Über die Brodnic, vielleicht ein kumanisches Hilfsvolk, dessen Name auf die Funktion von Wächtern an Flussübergängen verweist (slaw. brod = Furt), sind außer dem Namen so gut wie keine gesicherten Erkenntnisse verfügbar.[169] Sicher aber ist das walachische Langenau (rum. Câmpulung), die bereits Ende des 13. Jahrhunderts existierende und damit wohl eine der ältesten stadtartigen Ansiedlungen südlich der Karpaten, von deutschsprachigen Kolonisten aus Siebenbürgen mitgegründet worden.[170]

---

167 BAKER, Magyars, Mongols, Romanians and Saxons.

168 LUPU, Ctitorii dispărute la curbura Carpaților, 147f.; BONEV, L'église orthodoxe dans les territoires carpato-danubiens.

169 SPINEI, The Romanians and the Turkic Nomads, 159–161; POPA-LISSEANU, Brodnicii; KARÁCSONYI, Das Land Borodnok.

170 RĂDVAN, Orașele din țările române, 266–275; CANTACUZINO, Începuturile orașului Câmpulung; CIOCÎLTAN, Colonizarea germană la sud de Carpați; CĂPRĂROIU, Asupra începuturilor orașului Câmpulung, der allerdings

Das von 1231 bis 1291 bestehende ungarische Banat von Severin hatte seinen Sitz in der Burg von Severin am nördlichen Donauufer einige Kilometer unterhalb des Eisernen Tores, in unmittelbarer Nähe der Ruinen des antiken Drobeta (heute Drobeta Turnu-Severin) im äußersten Westen der späteren Walachei.[171] Die Befehlsgewalt der Bane von Severin erstreckte sich wohl vom Banater Bergland im Westen bis in die Kleine Walachei hinein, im südlichen Teil, zumindest entlang der Donau, vielleicht gar bis zum Olt im Osten. Nominell stand die spätere Walachei damit in den 1230er Jahren zu guten Teilen unter ungarischer Vorherrschaft: der direkte ungarische Zugriff über das Severiner Banat im Westen, die indirekte Oberhoheit über die Kumanen in der Großen Walachei im Osten. Wie im Kumanenland existierten auch im Einzugsbereich des Bans von Severin lokale Anführer (Knesen u. Woiwoden). Auch hier lassen sich Anfänge einer von Ungarn ausgehenden Kolonisierung und katholischen Missionierung feststellen.

Die Invasion der Mongolen von 1241/1242 brachte die ungarische Vorherrschaft jenseits der Karpaten, zumindest in der Moldau und der Großen Walachei östlich des Olt, weitgehend zum Erliegen. Während das ungarische Banat von Severin bis 1291 weiter bestand, kam das Land der Kumanen nun für rund ein Jahrhundert unter die Oberhoheit der Goldenen Horde bzw. regionaler mongolischer Anführer. Sogar Bulgarien unterwarf sich den mongolischen Herren. Allerdings übten diese vorerst nur eine indirekte Form der Herrschaft über den Raum der unteren Donau aus, die sich vor allem auf politische Loyalität und die Ablieferung von Tributen bezog, deren Einhebung wie auch die ganze innere Organisation ähnlich wie in den ostslawischen Fürstentümern der Rus' weitgehend lokalen Herren überlassen wurde. Unter diesen Umständen dürfte eine enge Symbiose zwischen der kumanischen Führungsschicht und den bereits erwähnten lokalen rumänischen oder rumänisch-slawischen Dorfschulzen und Talschaftsführern zur allmählichen sprachlichen Assimilierung der Kumanen an wohl zahlreichere rumänisch- oder gemischt rumänisch-slawischsprachige Bevölkerung geführt haben. Turksprachige Toponoyme und Hydronyme petschenegisch-kumanischer Herkunft (Petschenegen u. Kumanen sprachen dieselbe Turksprache) finden sich in großer Anzahl in der Walachei und der Moldau. So sind etwa die zahlreichen auf -ui endenden Flussnamen unbestrittenermaßen kumanischer Herkunft. Namen turksprachiger Herkunft finden sich nicht nur in den Ebenen, sondern auch im Hügelland und sogar im Gebirge, wie sich etwa an einer Mikrostudie zur Toponymie der Region Vrancea im Südwesten der Moldau zeigen lässt, wo unter anderem auch Hügel und sogar ein Berg einen kumanischen Namen tragen.[172]

---

die als historiographische Fiktion zu betrachtende These des angeblichen Fürsten Negru Vodă/Thocomer vertritt.

[171] ACHIM, Locul Ordinului teuton.

[172] CONEA, Vrancea, 184–186.

3. DIE WALACHEI VOM 14. BIS ZUM BEGINN DES 17. JAHRHUNDERTS

3.1 DIE WALACHEI UND DIE MOLDAU: GRUNDLAGEN DER EREIGNISGESCHICHTE IN MITTELALTER UND BEGINNENDER NEUZEIT

3.1.1 Einordnung

Auf die Geschichte der Walachei und der Moldau treffen einige der Grundzüge zu, die auch für die Länder und Herrschaftsgebilde des mittelalterlichen Balkanraumes zu konstatieren sind (s. Beitrag 1, SCHMITT, Kap. 1.4). Die beiden rumänischen Fürstentümer außerhalb des Karpatenbogens und nördlich der unteren Donau haben eine im Einzelnen sehr verworrene Ereignisgeschichte, die außerhalb der rumänischen Nationalhistoriographie nur wenig bekannt ist. Häufige Phasen von Machtkämpfen und Interventionen benachbarter Mächte paaren sich besonders für die ältere Zeit mit einer äußerst dürftigen Quellenlage. Mitunter sind sogar so grundlegende Angaben wie die exakte Chronologie der Regierungszeiten nicht zuverlässig rekonstruierbar – selbst nach rund hundertfünfzig Jahren mediävistischer Geschichtswissenschaft, die eine an den Taten von Herrscherpersönlichkeiten orientierte Historiographie fast durchwegs zu ihren Hauptaufgaben gezählt hat.[1] Entsprechend ausufernd ist die Literatur zur klassischen Form der politisch-militärischen Ereignisgeschichte. Strukturgeschichtliche Forschungen der sozialen und kulturellen Gegebenheiten haben dagegen nicht dasselbe Gewicht, insbesondere solche, die die Geschichte der Walachei und der Moldau in einem weiteren südost- oder gesamteuropäischen Kontext verorten.

Die vor allem während des Sozialismus starke Isolierung bzw. die allgemein nationale Fokussierung auf eine nationalrumänische Perspektive, die sich selbst bei Historikern mit einem an

---

[1] Umfangreiche kommentierte Chronologie der Herrschaftszeiten für die Woiwoden der Walachei und der Moldau bei Contantin REZACHEVICI, Cronologie critică a domnilor din Țara Românească și Moldova a. 1324–1881. Bd. 1: Secolele XIV–XVI [Kritische Cronologia der Herrscher der Walachei u. der Moldau 1324–1881. Bd. 1: 14.–16. Jh.]. București 2001 (die geplanten Folgebände werden wohl nicht mehr erscheinen); für die Zeit ab 1600 siehe Dinu C. GIURESCU (Hg.), Istoria României în date [Geschichte Rumäniens in Daten]. București 2010, 951–955; im selben Bd. ein chronologischer Abriss der Geschichte aller Gebiete des heutigen Rumänien, für das 14. Jh. bis 1820 (40–143); die Außenbeziehungen bei L.[idia] E. SEMENOVA, Knjažestva Valachija i Moldavija, konec XVI–načalo XIX v. Očerki vnešnepolitičeskoj istorii [Die Fürstentümer Walachei u. Moldau, Ende 14.–Anfang 19. Jh. Beiträge zur außenpolitischen Geschichte]. Moskva 2006. Siehe zu Quellenlage und Forschungsstand die Walachei und Moldau betreffend im vorliegenden Band außerdem den Beitrag 1, SCHMITT, Kap. 1.1.

sich breiten universalhistorischen Horizont wie Nicolae Iorga (1871–1940) deutlich bemerkbar machte,[2] findet seine Entsprechung in den innerrumänischen Debatten, in denen beide Fürstentümer oft parallel quasi als zwei proto-Nationalstaaten in einem vereinheitlichenden Narrativ zusammengefasst werden. Dabei werden Unterschiede in der Entwicklung dieser beiden Länder, die sich erst nach gut sechshundertjähriger getrennter Entwicklung 1859/1861 zusammenschlossen, häufig bagatellisiert. Will man daher die Geschichte der Walachei und der Moldau nicht teleologisch auf dieses Ziel der Entstehung des modernen rumänischen Nationalstaates hin betrachten, so bietet es sich an, beide Fürstentümer getrennt in den Blick zu nehmen und ihre Entwicklung aus dem jeweiligen historischen Kontext heraus zu verstehen. Hier ist ein terminologischer Hinweis angebracht: In der nationalrumänischen Geschichtsschreibung wird mitunter der Begriff der „drei rumänischen Länder" benutzt, womit die Walachei, Moldau und Siebenbürgen gemeint sind. Damit wird ein einheitlicher „rumänischer" Raum angedeutet, der allein aufgrund historischer Widrigkeiten politisch in mehrere Fürstentümer zersplittert worden sei, wo aber aufgrund einer rumänischen Mehrheitsbevölkerung stets enge Verbindungen, ja gar der Wunsch nach einer Vereinigung bestanden habe.

Diese Vorstellung ist ein Anachronismus, der den modernen rumänischen Nationalstaat auf die frühe Neuzeit oder gar das Spätmittelalter zurück projiziert und die ganz anders gelagerten zeitgenössischen Kategorien von politischer Loyalität, Identifikation und sozialer Schichtung ignoriert. Eine derart teleologisch auf heutige Verhältnisse bezogene Sichtweise wird dem Gegenstand nicht gerecht. Daher wird im Folgenden die Ereignisgeschichte der Walachei und der Moldau bis ins 17. Jahrhundert separat abgehandelt. Ab dem späten 16. Jahrhundert lassen sich Prozesse beobachten, die als Folge der gemeinsamen osmanischen Oberhoheit zu einer Angleichung beider Länder in verschiedenen Bereichen (etwa Elitenmigration zwischen beiden Ländern) führten. Allerdings darf auch dieser Prozess nicht als langfristige, auf das Ziel der Vereinigung beider Länder 1859 gerichtete Entwicklung verstanden werden. Vielmehr kann ein Prozess der zunehmenden Integration in den osmanischen Reichsverband konstatiert werden, der die beiden Länder überwölbte und einen gemeinsamen Geschehensrahmen bildete – vergleichbar mit der Angleichung der Verhältnisse einzelner Regionen im Balkanraum.[3] Wie wenig daraus der Schluss einer sukzessiven Entwicklung hin zu einem Nationalstaat gesehen werden kann, zeigt das Schicksal des Kernbalkans, wo im 19. und frühen 20. Jahrhundert analoge Angleichungsprozesse umgekehrt wurden und in einem konfliktreichen Prozess gemeinsame soziale Milieus auseinanderdividiert wurden, um darauf verschiedene ethnisch definierte Nationalstaaten zu bilden.

---

[2] Hans-Christian MANER, Die Aufhebung des Nationalen im Universalen oder die Nation als das Maß aller Dinge? Zum historiografischen Konzept Nicolae Iorgas im südost- und ostmitteleuropäischen Rahmen, in: Markus KRZOSKA/Hans-Christian MANER (Hgg.), Beruf und Berufung. Geschichtswissenschaft und Nationsbildung in Ostmittel- und Südosteuropa im 19. und 20. Jahrhundert. Münster 2005, 239–263, 246–250.

[3] Grundlegend für die sukzessive Integration in den osmanischen Reichsverband Mihai MAXIM, Țările române și Înalta Poartă. Cadrul juridic al relațiilor româno-otomane în evul mediu [Die rum. Länder u. die Hohe Pforte. Der juristische Rahmen der rum.-osm. Beziehungen im Mittelalter]. București 1993; Tahsin GEMIL, Românii și otomanii în secolele XIV–XVI [Die Rumänen u. die Osmanen im 14.–16. Jh.]. București 1991.

3.1.2 Forschungskontext

Das starke Gewicht, das der faktographischen Ereignisgeschichte hier zugestanden wird, lässt sich auf dreierlei Weise rechtfertigen. Erstens gilt wie für den Balkan auch hier, dass die Abläufe des historischen Geschehens außerhalb enger Spezialistenkreise der rumänischen Historiographie nur wenig bekannt sind. Es sollen hier daher Grundlagen vermittelt werden, um die gleichermaßen verworrene wie faszinierende Geschichte der Herrschaft in diesem Teil Europas für überregional oder gesamteuropäisch vergleichende Forschungen zu erschließen. Dies gilt auch für die Literatur, die entlang des chronologischen Ablaufs der Ereignisgeschichte aufgeführt wird. In gesamteuropäischen Darstellungen sind die hier betrachteten Regionen zumindest für die ältere Zeit kaum je berücksichtigt.

Zweitens stellen die Walachei und die Moldau insofern einzigartige Fälle dar, als sie die beiden einzigen Herrschaftsverbände der byzantinisch-orthodoxen Welt Südosteuropas waren, welche während der gesamten Osmanenzeit als eigenständige politisch-administrative Gebilde fortbestanden. Für die vergleichende Institutionen-, Sozial- und die politische Strukturgeschichte Südosteuropas ist dieser Vergleichsfall zwar noch wenig beachtet worden, aber von hoher Relevanz. Denn nur hier, innerhalb des osmanischen Herrschaftsbereiches in Europa, konnten sich damit eigene, durchwegs orthodoxe geistliche, politische, militärische, soziale und ökonomische Eliten sowie die monarchieartige Herrschaft der Woiwoden und andere Institutionen halten, wobei sie sich freilich in Adaption an den osmanischen Kontext tiefgreifend wandelten. Dennoch stellen die Walachei und die Moldau damit Alternativen dar zum Entwicklungsverlauf, den die zentralbalkanischen orthodoxen Herrschaftsgebilde nahmen, als sie direkter osmanischer Verwaltung unterstellt wurden und damit zahlreiche byzantinisch beeinflusste altbalkanische Institutionen gegen Ende des Mittelalters zum Erliegen kamen oder zumindest in völlig neuer Form weiterbestanden und die Kirche einer der wenigen Bereiche war, der einigermassen kontinuierlich fortwirken konnte.

Unter diesem Aspekt ist die walachische und moldauische Ereignisgeschichte auch über den eigenen lokalen Kontext hinaus relevant. Denn in ihr kommen immer wieder zentrale Motive zum Ausdruck, die die grundlegende politische Konstellation in diesem Teil Europas besonders deutlich hervortreten lassen. Die zentralen Fragen und Dilemmata, mit denen alle europäischen Interaktionspartner des Osmanischen Reiches in gewissen Phasen konfrontiert waren, lassen sich am Beispiel der Walachei und der Moldau in besonders verdichteter Form nachvollziehen, da sich diese Fragen hier fast permanent vom 15. bis ins 19. Jahrhundert stellten: Wie verhält sich eine christlich-orthodoxe Gemeinschaft gegenüber der Vormacht des muslimischen Großreiches? Welche Form des Auskommens ließen sich mit ihm finden? Welche Arten von Loyalität, Unterordnung und Interaktion gab es für Christen gegenüber den Osmanen – und welche Handlungsspielräume waren die Osmanen bereit zuzugestehen? Welche Rolle nehmen christlich-orthodoxe osmanische Untertanen gegenüber den benachbarten christlichen Großmächten ein? Wie verhielten sich die Osmanen christlichen Untertanen gegenüber? Welcher Platz kam dem Osmanischen Reich in Europa zu, inwiefern lassen sich Parallelen und Unterschiede zu Herrschaftsformen im christlichen Europa feststellen? Die jahrhundertelange Existenz im Übergangsbereich zwischen christlicher und muslimischer Einflusssphäre waren entscheidende Prägefaktoren, die in Hinblick auf ihre langfristigen Auswirkungen in vergleichender Weise noch kaum untersucht sind. Mögliche Parallelen finden sich dabei auf der Iberischen Halbinsel des Mittelalters, dem hochmittel-alterlichen Sizilien und in Süditalien, dem spätmittelalterlich-neuzeitlichen orthodox-muslimi-schen Zusammenleben an der Wolga sowie in Südrussland (von der Krim über den Nordkaukasus bis zu den Kasachensteppen).

Der dritte Grund schließlich, der eine ausführliche Ereignisgeschichte rechtfertigt ist forschungs-geschichtlicher Art und folgt dem Schwerpunkt der Historiographie, die seit der Entstehung der modernen Geschichtswissenschaft im 19. Jahrhundert der Rekonstruktion klassischer Tatenbe-richte im Stile des Historismus großes Gewicht beimisst, ohne dass innovativere akteurszentrierte Ansätze bislang größere Verbreitung gefunden hätten. Das liegt auch daran, dass die vormoder-ne Geschichte der Fürstentümer Walachei und Moldau bis auf wenige Ausnahmen die fast aus-schließliche Domäne rumänischer Historiker ist. Diese Forschung ist bis heute vielfach sehr klein-teilig und hoch spezialisiert. Vorteil dieses Fokus auf eng umgrenzte Probleme ist eine profunde Kenntnis der Quellen und des unmittelbaren Kontextes. Der Preis dafür ist jedoch häufig der Verzicht, übergeordnete Fragen zu bearbeiten sowie eine starke Fragmentierung und Isolierung der Forschung in Spezialistendebatten. Relativ hohe Hürden schränken daher über die Sprachbar-riere hinaus den Zugang zu den Ergebnissen der rumänischen Forschung ein, was es von Außen erschwert, selbst durchaus bemerkenswerte Forschungsleistungen zur Kenntnis zu nehmen. Die Orientierung wird weiter dadurch erschwert, als besonders die Forschung zur Vormoderne pri-mär das eigene Spezialistenpublikum im Blick hat und daher historiographiegeschichtliche Ein-ordnungen und Diskussionen des Forschungsstandes meist als bekannt vorausgesetzt und nur selten explizit thematisiert werden.[4] Divergierende Standpunkte werden daher oft nicht als solche benannt, Debatten müssen mühsam aus Einzelpublikationen herausgelesen werden, unterschied-liche Forschungsrichtungen sind als solche nur schwer erkennbar.

Der folgende Überblick über die Ereignisgeschichte sucht einen Mittelweg einzuschlagen zwi-schen der ausufernden Wiedergabe von Detailgeschehen und einem nur kursorischen Überblick. Im Rahmen dieser Darstellung kann es nur darum gehen, eine Schneise zu schlagen durch das Dickicht der Forschungslandschaft und stellvertretend die wichtigsten Ereigniszusammenhänge zu thematisieren, ohne sich in den Spezialistendebatten um Einzelaspekte zu verlieren.

3.1.3 *Einordnung in den historischen Geschehensraum Südosteuropa*

Die politische Geschichte der Walachei und der Moldau im Spätmittelalter verlief gegenläufig zu den Grundzügen im balkanischen Kernraum. Während dort bis zur osmanischen Eroberung, die regional unterschiedlich grob von der Mitte des 14. bis ins zweite Drittel des 15. Jahrhunderts andauerte, eine zunehmende Fragmentierung in kleine und kleinste Herrschaften zu konstatieren

---

4   Einen guten und kritischen Überblick über die Geschichte der Walachei vom 14. bis 16. Jh. und die einschlägige Historiographiegeschichte bietet COMAN, Putere şi teritoriu; als eines der ganz wenigen Werke seiner Art leistet eine Einordnung in größere Kontexte MURGESCU, Istorie româneasca – istorie universala; zur Entwicklung der rumänischen Historiographie insgesamt BOIA, History and Myth.

ist (s. Beitrag 1, SCHMITT, Kap. 1.4), entstanden etwa gleichzeitig nördlich der unteren Donau vom äußeren Karpatenrand ausgehend zwei mittelgroße Herrschaftsgebilde, denen es gelang, sich langfristig zu konsolidieren. Es stellt sich daher die Frage, welchen Platz diese beiden im frühen (Walachei) bzw. zu Beginn der zweiten Hälfte (Moldau) des 14. Jahrhunderts entstandenen Fürstentümer in einer Gesamtgeschichte Südosteuropas einnahmen.

Erste Phasen der Konsolidierung und aufblühender Hofkultur in beiden Fürstentümern, im Falle der Walachei unter Mircea dem Alten (1386–1418), in der Moldau unter Alexander „dem Guten" (1400–1432) und Stefan „dem Großen" (1457–1504), fielen in die Zeit des definitiven Untergangs der meisten christlichen Reiche, Fürstentümer und Adelsherrschaften Südosteuropas. Während die orthodox-altbalkanische Welt daher in ihrer bisherigen Form verschwand und unter osmanischer Herrschaft in Teilbereichen sehr rasch, zum Teil auch erst allmählich den neuen Begebenheiten weichen musste, entstanden in der Walachei und der Moldau zwei „neubalkanische" Herrschaftsgebilde, die erst jetzt in größerem Umfang balkan-orthodoxe Herrschafts-, Verwaltungs- und Kirchen-Institutionen adaptierten und sie mit Elementen ungarischer Herrschaftsorganisation und politischen Organisationsformen reiternomadischer Herkunft des eurasischen Steppengürtels verschmolzen.

Am Vorabend des osmanischen Vordringens auf dem Balkan waren am nordöstlichen Rand Südosteuropas, außerhalb der alten balkanisch-byzantinischen Kernzone, damit zwei Herrschaftsgebilde entstanden, die sich für die kirchliche und weitgehend auch politische Legitimation explizit auf Byzanz bezogen. Nur hier konnten sich verschiedene Elemente altbalkanischer Traditionen etwa aus dem Bereich der Hofkultur in einem neuen Umfeld und angepasst an lokale Bedürfnisse halten und fortentwickeln. Das walachische und moldauische Bojarentum etwa war die einzige im osmanisch gewordenen Südosteuropa verbleibende orthodoxe Aristokratie, die bis in die Neuzeit bestehen blieb, auch wenn sich ihre soziale Zusammensetzung und ihre Funktion in dieser Zeit grundlegend wandelte. Nach dem späten 15. Jahrhundert waren die Woiwoden der beiden Länder die letzten monarchieartigen Herrscher orthodoxen Glaubens in Südosteuropa – sieht man von Fällen wie der allerdings erst im osmanischen Kontext entstandenen Herrschaft des Fürstbischofs von Montenegro ab. In der Walachei wie der Moldau blieben die Sozialstruktur, das Rechtswesen und politische Entscheidungsmechanismen im Wesentlichen und trotz punktueller direkter osmanischer Eingriffe weitgehend exklusive Angelegenheiten lokaler orthodoxer Eliten, die sich allerdings zu nicht unwesentlichen Teilen aus Christen aus dem osmanischen Kernbereich zusammensetzten. Eine nennenswerte Islamisierung fand zu keinem Zeitpunkt statt, zum Islam konvertierte Angehörige der Oberschicht dienten fortan außerhalb der Walachei und der Moldau. Als regionale Zentren orthodoxen Geistes- und Kulturlebens übten die Walachei wie die Moldau eine wachsende Anziehungskraft auf balkanorthodoxe Eliten aus: Auswärtige, „griechische" Kleriker waren schon beim Aufbau der Kirchenorganisation im 14. Jahrhundert und auch danach immer wieder in führender Stellung tätig. An den Höfen der Woiwoden tummelten sich besonders seit dem 16. Jahrhundert zahlreiche Bedienstete und Gelehrte aus dem Balkanraum, während noch im 19. Jahrhundert Städte wie Bukarest, Brăila oder Jassy/Iași wichtige Rückzugsorte waren für Vordenker der griechischen, bulgarischen oder albanischen Nationalbewegung. Über diese personellen Netzwerke wurden beide Länder immer enger in den osmanischen Herrschaftsverband einbezogen.

Beide Woiwodschaften waren in einem Raum entstanden, in dem sich im 13. und frühen 14. Jahrhundert die Hegemonialansprüche zweier gänzlich anders strukturierter Reiche überschnitten. Neben dem ungarischen Königreich war dies die Goldene Horde, also der westliche „Ulus", das Teilreich des mongolischen Großreiches mit dem Zentrum an der unteren und mittleren Wolga, das die osteuropäischen Ebenen und die eurasischen Steppenzonen vom Schwarzen Meer bis zum Aralsee sowie die Gebiet beidseits des Urals dominierte. Der Aufstieg des von Dschingis Khan um 1200 gegründeten Mongolenreiches hatte in weiten Teilen der eurasischen Landmasse zu nachhaltigen Machtverschiebungen geführt und Impulse zu Herrschaftsbildungen gegeben. Nachfahren Dschingis Khans übernahmen die Herrschaft in China (Yuan-Dynastie, 1271–1368), in Zentralasien (Dynastie Tschagatai, ca. 1225 bis Anfang 16. Jh.), Iran (Dynastie der sog. Il-Khane, 1256 u. im Wesentlichen bis 1335) sowie mit der Goldenen Horde im westsibirisch-osteuropäischen Raum (als Gründer können Dschödschi u. sein Sohn Batu gelten, Etablierung eines westlichen Teilreiches um 1224, Entstehung der Goldenen Horde um 1240, Abspaltung von Teil-Khanaten im 15. u. Auflösung der Reste zu Beginn des 16. Jh.s, Eroberung der abgespaltenen Khanate an mittlerer u. unterer Wolga durch Moskau Mitte sowie in Westsibirien Ende 16. Jh.; Krim-Khanat erst Ende 18. Jh.). In einem riesigen Gebiet Eurasiens wurde die Berufung auf Dschingis Khan ab dem 13. Jahrhundert mitunter für mehrere Jahrhunderte zu einer zentralen Legitimationsressource. Auf allerdings indirekte dschingisidische Verbindungen berief sich darüber hinaus der aus Transoxanien stammende Timur Lenk, Gründer der Timuridendynastie, der weite Teile Zentral- und Vorderasiens unterwarf und 1402 bei Ankara den osmanischen Sultan Bayezid I. (1389–1403) besiegte. Noch der Timuride Babur, Begründer der „mongolischen" Mogul-Dynastie des von 1526 bis zur britischen Eroberung im 19. Jahrhundert bestehenden Mogulreiches in Indien, berief sich auf seine dschingisidische Herkunft. Besser begründete dschingisidische Herkunft geltend machen konnten dagegen die Usbeken-Khane der Dynastie der Scheibaniden, die aus Westsibirien ins zentralasiatische Turkestan vorstießen und um 1500 die Zentren Transoxaniens, Samarkand und Buchara, eroberten und dort sowie in Choresmien Khanate errichteten. Bis ins 18. Jahrhundert hinein blieb dort die Herrschaft in Händen dschingisidischer Khane.[5] Gleichermaßen galt die Dynastie der Giray als dschingisidischer Abkunft, die das Khanat der Krim – letztes Überbleibsel der Goldenen Horde – während der ganzen Zeit seiner Existenz von Mitte des 15. Jahrhunderts bis 1783/1792 beherrschte.

Dies waren die politischen Zusammenhänge, in die auch die Walachei und die Moldau am Rande verwickelt wurden. Der lange Reigen an Herrschaften, die sich auf eine Herkunft vom Reichsgründer Dschingis Khan beriefen, kann als Indiz dafür dienen, wie grundlegend die globalgeschichtlichen Umwälzungen waren, die das mongolische Großreich in weiten Teilen der eurasischen Landmasse angestoßen hatte. Von China bis nach Südosteuropa, mit punktuellem Ausgreifen nach Ostmitteleuropa und bis an die Adria (sog. Mongolensturm 1241/1242) gerieten spätestens ab dem zweiten Drittel des 13. Jahrhunderts ganz andersartig strukturierte Gemeinschaften für wenigstens ein paar Jahrzehnte unter unterschiedlich starke mongolische Kontrolle. Die Herrschaft der Mongolen verdrängte jedoch lokale Traditionen nicht, vielmehr konnte ein Reich derartiger

---

5 McCHESNEY, Islamic Culture, 239.

Dimensionen, das in wenigen Jahrzehnten und unter einer relativ kleinen turko-mongolischen Führungsschicht entstanden war mit den logistischen Möglichkeiten der Zeit gar nicht anders funktionieren denn als Klammer, die verschiedenste lokale Herrschaften zusammenführte und von der mongolischen Dynastie und ihrer Führungsschicht bloß überwölbt wurde. Als hierarchisch strukturierter Loyalitätsverband integrierte das mongolische Reich vorgefundene Herrschaftsstrukturen, gab umgekehrt aber auch Impulse für die Herrschaftsorganisation unterworfener Gemeinschaften und griff ordnend in lokale Machtkämpfe ein. Unter mongolischer Anführung kämpften nicht ausschließlich Mongolen, vielmehr waren die Verbände heterogen zusammengesetzt und umfassten besonders viele Turksprachige, so dass eigentlich von turkomongolischen (in europäischen Quellen pars pro toto häufig als Tataren bezeichnet) Eroberern gesprochen werden kann. Die Vorstöße dieser Verbände brachten auch mitunter weiträumige Migrationsbewegungen in Gang, so etwa der Kumanen, die in Ungarn und dann auch in Südosteuropa Zuflucht suchten.

Für den hier im Fokus stehenden Raum war die Vorherrschaft der Mongolen insofern entscheidend, als sie außerhalb des Karpatenbogens nach 1241 die ungarische Position dort auf Jahrzehnte hinaus geschwächt hatte (s. zu den Folgen des Mongolensturms für Ungarn in: HGSOE, Bd. 1,2, Beitrag Zsoldos, Kap. 8.3.5). Indirekt waren damit Voraussetzungen geschaffen worden, unter denen mit dem Niedergang der mongolischen Vormacht sich im 14. Jahrhundert zwei Herrschaftsverbände verselbständigen konnten.[6] Bis zu Beginn des 14. Jahrhunderts lässt sich der Raum am äußeren Rand des Karpatenbogens daher nur sehr bedingt einem südosteuropäischen Geschehenszusammenhang zurechnen. In einer Sichtweise langer Dauer waren die spätere Moldau und der größte Teil der späteren Walachei seit vorgeschichtlicher Zeit nicht nur geographisch als westliche Ausläufer der eurasischen Steppenzone Teil dieses historischen Großraumes. Die Einbindung in oft ephemere und stark auf persönliche Gefolgschaft basierende Reiche von Steppennomaden in den nordpontischen Steppen war über weite Phasen der Geschichte prägender als Einflüsse aus dem südosteuropäischen Raum. Das Steppenland nördlich des Schwarzen Meeres blieb im Wesentlichen bis ins späte 18. Jahrhundert ein weitgehend herrschaftsfreier Raum, ein „wildes Feld", wie es in frühneuzeitlichen Quellen oft genannt wird. Die eigentlichen Küstenorte am Schwarzen Meer unterstanden seit dem 15. Jahrhundert meist direkt osmanischer Herrschaft oder gehorchten dem Khan der Krim. Das Hinterland der Steppe jedoch war nur extrem dünn besiedelt, da ständig Raub- und Plünderzüge drohten durch Tataren (seit 1475 unter osm. Oberhoheit stehendes Khanat der Krimtataren sowie „freie", oft als „Nogaier" bezeichnete Tataren: tatarische Streifscharen, die keine übergeordneten Herren anerkannten) und Kosaken (aus entlaufenen Bauern entstandene Wehrverbände entlang der Flussläufe, teils in selbständigen Kosakenheeren organisiert, teils der poln. Krone u. ab dem 17. Jh. zunehmend den russ. Zaren unterstellt). Tataren wie Kosaken standen nur bedingt unter Kontrolle der Hohen Pforte bzw. Moskaus und agierten nicht selten ohne Rücksprache mit den Vertretern der imperialen Zentren.

Die Steppenzone östlich der Moldau blieb daher bis zur Integration ins Russländische Reich im späten 18. und frühen 19. Jahrhundert ein Puffer zwischen den drei osteuropäischen Groß-

---

6   Ciocîltan, The Mongols and the Black Sea; Papacostea, Between the Crusade; Ciocîltan, Hegemonia Hoardei de Aur la Dunărea; Gonța, Românii și Hoarda.

mächten, ein Niemandsland, das keines der drei Reiche wirklich kontrollierte. Die Osmanen hatten aus mangelndem Interesse an der kargen Steppenlandschaft nie eine direkte Kontrolle des Binnenlandes jenseits der Schwarzmeerküste angestrebt, Russland verharrte lange Zeit aus Vorsicht gegenüber den Osmanen in defensivem Abwarten, während Polen-Litauen ab dem 17. Jahrhundert die bislang zumindest nominelle Kontrolle über diesen Raum verlor.[7] Die Entstehung der Fürstentümer Walachei und Moldau kann daher in einer globalgeschichtlichen Perspektive im Kontext der Verdrängung der in der Steppenzone verbreiteten zumindest teil-nomadischen Lebensweise durch sesshafte, primär auf bäuerlicher Betätigung basierender Herrschaftsbildungen gesehen werden, diesbezüglich zum Teil vergleichbar mit dem langsamen Vordringen Russlands in die Steppengebiete.[8] Dieser Übergang bedeutete zugleich eine räumliche Neuorientierung und den Eintritt nicht nur in die südosteuropäische, sondern gewissermassen auch in eine im engeren Sinne verstandene europäische Geschichte.

---

7 Khodarkovsky, Russia's Steppe Frontier.
8 Aust/Obertreis, Einleitung, 11.

3.2 DER RAUM VOR DER HERRSCHAFTSBILDUNG

Bevor sich lokale Herrschaftsverbände zuerst in der Walachei (1320er Jahre), dann auch in der Moldau (1360er Jahre) konsolidieren konnten war die Region am Außenrand der Karpaten nur punktuell in südosteuropäische Geschehenszusammenhänge einbezogen gewesen und blieb während des Mittelalters lange Zeit im Wesentlichen auf eine eventuell vorübergehende Kontrolle des Ersten (ca. 681–971) und Zweiten bulgarischen Reiches (1186–1393) nördlich der Donau beschränkt. Genauere chronologische Angaben sind, genauso wie Hinweise zu Reichweite und Charakter dieser bulgarischen Herrschaft, wegen des Mangels an Quellen nicht möglich (s. zum Ersten wie Zweiten bulg. Reich die Beiträge von Daniel ZIEMANN in: HGSOE, Bd.1,2). Von einer flächendeckenden Herrschaft wird kaum auszugehen sein, wohl aber ein durch archäologische Indizien belegter, von seiner Art her aber schwer fassbarer bulgarischer Einfluss insbesondere auf die südlichen Teile der Walachei – und sei es nur, dass einzelne strategisch oder wirtschaftlich wichtige Punkte zeitweise von Personengruppen kontrolliert wurden, die mit den bulgarischen Herrschern kooperierten und sich an kulturellen Formen des bulgarischen Reiches orientierten.

Die rumänische Forschung zieht zum Teil eine bulgarische Herrschaft nördlich des Flusses vor dem 9. Jahrhundert in Zweifel.[9] Doch unter Khan Krum gerieten im frühen 9. Jahrhundert neben der späteren Walachei wohl auch Teile der späteren Moldau sowie die Pannonische Tiefebene und eventuell, aufgrund seiner Salzvorkommen, Siebenbürgen in den bulgarischen Einflussbereich, der sich aber vielleicht nur auf die Kontrolle wichtiger Verkehrswege beschränkte.[10] Nachhaltigen Einfluss übte die bulgarische Herrschaft nördlich der Donau möglicherweise – auch hier bleiben die Vorgänge weitestgehend im Dunkeln – durch die Verbreitung des orthodoxen Christentums, der kirchenslawischen Liturgiesprache, die Nordwanderung balkanromanischer Hirtengemeinschaften (Vlachen) sowie den Transfer sozialer Strukturen (etwa das Bojarentum) aus. Für all diese, nicht zwingend gleichzeitig verlaufenden Vorgänge fehlen aber direkte Quellenbelege, so dass die Forschung über Spekulationen auf der Grundlage von Indizien, Vergleichsfällen, logischen Schlussfolgerungen und chronologischen Extrapolationen nicht hinaus kommt – entsprechend umstritten werden diese Fragen wohl auch in Zukunft bleiben. Sogar wenn man gewillt ist, die Vorgänge im Grundsatz zu akzeptieren, bleibt unklar, inwiefern sie unmittelbar mit einer bulgarischen Herrschaft zusammenhängen oder davon unabhängige, „spontane" Phänomene waren. Denkbar ist auch, dass sich vereinzelt Gruppen über die Donau absetzten, um sich so dem Einfluss der bulgarischen Herrscher zu entziehen und damit als Träger von Kulturtransfer fungierten, ohne damit aber gleichzeitig den Machtbereich Bulgariens auszuweiten. Ob Rebellen, Flüchtlinge, Räuberbanden, transhumante Hirten, Händler oder Missionare: Es sind vielfältige Kanäle des Kulturtransfers jenseits des unmittelbaren Einbezugs in die Herrschaftsstrukturen Bulgariens denkbar. Indem die beiden bulgarischen Reichsgründungen auf die Regionen nördlich der Donau

---

9   BARNEA, Bizanțul și lumea, 32.

10 SPINEI, The Romanians and the Turkic Nomads, 56–61; BREZEANU, La Bulgarie d'au-dela, 121–135; DOBREV u. a., Bălgarskata dăržavnost; TĂPKOVA-ZAIMOVA, Roljata i administrativnata organizacija.

ausstrahlten, waren sie zugleich auch Vermittlerinstanzen byzantinischer Kultur. Bulgarien stellte wohl eine Art politisch konsolidiertes Hinterland dar, von dem aus genauso wie von den nord-pontischen Steppen immer wieder demographische und kulturelle Impulse für die herrschaftlich zumindest überlokal weitgehend unorganisierten Regionen im Norden der Donau ausgingen.

Aber selbst wenn für einzelne Bereiche wie die Verbreitung des Christentums im byzantinisch-slawischen Ritus und insbesondere der (alt-)kirchenslawischen Liturgiesprache bulgarische Beein-flussung schwerlich zu negieren ist, bleibt bezüglich der Chronologie noch extrem viel Spielraum, im Prinzip eine Zeitspanne von gut einem halben Jahrtausend, von der Frühphase des Ersten bulgarischen Reiches im späten 7. Jahrhundert (bzw. ab der Christianisierung um 864/865) bis ins frühe 13. Jahrhundert. Erst ab diesem Zeitpunkt erlaubt die Quellenlage punktuelle Einblicke. Auch bezüglich der zeitlichen Einordnung kommt die Forschung also über Vermutungen auf-grund indirekter Hinweise nicht hinaus.

Wegen der unsicheren Lage in diesem Einzugsgebiet von Kriegerverbänden aus der Steppe ist jedoch eine permanente Nordwanderung größeren Ausmaßes während des Ersten bulgarischen Reiches eher unwahrscheinlich, was aber die vorübergehende Nutzung von Weidegründen durch transhumante Viehzüchter nicht ausschließt – die beiden Donauufer waren keine komplett von-einander getrennten Welten. Es ist auch wahrscheinlich, dass unterschiedliche Einflüsse (Christia-nisierung, Verbreitung des orthodoxen Ritus u. kirchenslawischer Liturgie, Nordwanderung von Vlachen, Verbreitung sozialer Strukturen wie des Bojarentums) zu verschiedenen Zeitpunkten unabhängig voneinander stattgefunden und sich verschiedene Wellen von Einflüssen überlagert sowie lokal begrenzte Sondergemeinschaften mit bulgarischen Bezügen über längere Zeit hinweg isoliert nebeneinander bestanden haben. Ein von nationalpatriotischen Sonderinteressen freies, empirisch fundiertes und kohärentes Modell zu diesen Fragen oder gar ein Forschungskonsens liegen jedoch nicht vor, die Forschung ist stark fragmentiert, auf Einzelbefunde fokussiert und hoch spekulativ. Die soziale und ethnisch-sprachliche Herkunft der Trägerschichten zumindest des walachischen Herrschaftsverbandes wie auch die Anfänge orthodox-kirchenslawischer Kir-chenorganisation nördlich der unteren Donau müssen damit als weitgehend im Dunkeln liegend betrachtet werden. Machtpolitisch jedoch blieben die beiden Bulgarenreiche vorübergehende Er-scheinungen; eine nachhaltige Einbeziehung der norddanubischen Gebiete in südosteuropäische Geschehenszusammenhänge oder gar eine umfangreichere herrschaftliche Durchdringung brach-ten sie nicht zustande.

3.2.1 Schweigende Quellen: zur umstrittenen Frage der Besiedlung des außerkarpatischen Raumes vor der Herrschaftsbildung

Seit wann in der Walachei und in der Moldau von der Anwesenheit einer größeren Zahl von Men-schen ausgegangen werden kann, die ein romanisches Idiom sprachen, entzieht sich der Kenntnis. Hier ist eine terminologische Präzisierung nötig: Ab wann „Rumänen" und davon abgeleitete Bezeichnungen („rumänisch") als Analysekategorie historisch sinnvoll einzusetzen sind, ist schwer zu beantworten. Im Sinne einer historischen Semantik ist Vorsicht geboten vor einem allzu statischen, auf moderner Bedeutung fußenden Verständnis des Wortfeldes „Rumänen". Eine umfassende Begriffsgeschichte des semantischen Umfeldes dieses Konzeptes steht noch aus.[11]

Inwiefern bzw. seit wann in Südosteuropa ein in Verbindung mit romanisierten Idiomen stehendes ethnisches Bewusstsein als „Rumänen" existierte, ist aufgrund der Quellenlage nicht einfach zu klären und häufig Gegenstand von Polemiken, da besonders in der rumänischen Forschung ausgehend vom Verständnis der modernen Sprachnation meist kaum zwischen Sprache und Ethnizität differenziert wird. Wohl ist unbestreitbar, dass die späteren Rumänen (noch bis ins frühe 19. Jh. meist als „Vlachen" oder „Walachen" oder nach regionalen Gesichtspunkten etwa als „Moldauer" oder „Ungarnländer", d. h. Siebenbürger bezeichnet) eine Sprache sprechen, die zurückgeht auf romanisierte (Sprecher vulgärlateinischer Idiome) Bewohner Südosteuropas aus der Zeit der Römischen Herrschaft in Südosteuropa (s. hierzu u. zu Volksnamen in antiker Überlieferung in: HGSOE, Bd. 1,1, Beitrag STROBEL, Kap. 2.1.1). Diese sprachliche impliziert aber nicht automatisch eine ethnische, soziale oder politische Kontinuität; inwiefern bzw. in welchen Kontexten also eine auf der Sprache basierende oder zumindest eine mit sprachlichen Abgrenzungen deckungsgleiche Vergemeinschaftung existierte, ist unklar. Bis ins 11. Jahrhundert werden romanisierte Bewohner Südosteuropas in den Quellen nicht genannt. Die älteste Nennung geht auf den byzantinischen Chronisten Geórgios Kedrenós zurück, der im späten 11. Jahrhundert eine auf das Jahr 976 datierte Nachricht referierte, wonach „umherziehende Vlachen" (Aromunen, Balkanromanen) im makedonischen Raum einen Bruder des späteren bulgarischen Zaren Samuil ermordet hätten.[12] Auch danach sind „Vlachen" bis an die Wende vom 12. zum 13. Jahrhundert nur für den Balkanraum, nicht aber für den Raum nördlich der unteren Donau belegt. Inwiefern also nördlich der Donau eine Kontinuität des Romanischen von der Spätantike über das Früh- bis ins Hochmittelalter hinein bestand, kann trotz aller Forschungen aufgrund des Quellenmangels nicht definitiv beantwortet werden.[13] Wie schwierig solche Fragen sind, zeigt ein vergleichender Blick auf das quellenmäßig ungleich besser dokumentierte südliche Italien, vor allem Sizilien, aber auch Kalabrien, wo keine Klarheit besteht, inwiefern in byzantinischer und arabischer Zeit – im Früh- u. Hochmittelalter – romanische Idiome neben Griechisch und Arabisch verbreitet waren.[14]

Die Frage zur Anwesenheit von Romanen nördlich der Donau im Gebiet der späteren Walachei und Moldau, also außerhalb des Karpatenbogens, ist kaum zu trennen von der Frage nach dem Alter romanisch/rumänischer Besiedlung in Siebenbürgen. Aufgrund der außerordentlichen

---

11 Hier und für das Folgende siehe jetzt aber für den Forschungsstand und eine erste Übersicht POHL/HARTL/HAU-BRICHS (Hgg.), Walchen, Romani und Latini, darin bes. POHL, Walchen, Römer und „Romanen" – Einleitung; sowie KRAMER, Romanen, Rumänen und Vlachen; ferner STABILE, Valacchi e Valacchie; TAGLIAVINI, Einführung in die romanische Philologie, 123 (Anm. 13).

12 BREZEANU/ZBUCHEA, Românii de la sud de Dunăre, 111f.; KRAMER, Romanen, Rumänen und Vlachen, 199; BREZEANU, De la populația romanizată.

13 Ein dezidiert rumänisch-nationaler Standpunkt bei RUSSU, Etnogeneza românilor, 155–238; für eine rumänische Arbeit recht kritischer Umgang mit der Kontinuitätsthese PANAITESCU, Einführung in die Geschichte der rumänischen Kultur, 88–112.

14 VALVARO, Südkalabrien und Sizilien, 229.

Brisanz dieser Thematik, dem seit dem 18. Jahrhundert andauernden, politisch aufgeladenen Gelehrtenstreit zwischen rumänischer und ungarischer Historiographie um das Erstbesiedlungsrecht dieser Region im Innern des Karpatenbogens, hat sich die Forschung darauf konzentriert und den Regionen südlich und östlich der Karpaten nur geringes Gewicht beigemessen. Auch ist die Quellenlage für Siebenbürgen etwas besser. Zu den frühesten Quellenbelegen für die Anwesenheit von Rumänen in Siebenbürgen gehört die um 1200 am königlich-ungarischen Hof entstandene, nur in einer Abschrift aus der Mitte des 13. Jahrhunderts erhalte Gesta Hungarorum, wo „Blachii" (Walachen) unter der Herrschaft eines Gyalu lebten („terre Ultrasilvane, ubi Gelou quidam Blacus dominium tenebat").[15] „Volochen" (Walachen) nennt auch die in der Kiewer Rus' entstandene Chronik der Erzählung von den vergangenen Jahren (besser bekannt als Nestorchronik), die um 1116 verfasst worden ist, aber nur noch in späteren Kompilationen erhalten ist, so der Laurentiuschronik aus dem Jahr 1377 (die älteste erhaltene Abschrift) und der Hypatiuschronik aus dem 15. Jahrhundert.[16] Als erzählende Quellen geben beide den Standpunkt ihrer Verfasser respektive Auftraggeber wieder und reflektieren den Entstehungszeitpunkt, bieten also keine direkten Einblicke in die Verhältnisse zur Zeit der ungarischen Landnahme am Ende des 9. Jahrhunderts. Quellenkritisch ist nicht nur die zeitliche Distanz zwischen dem berichteten Geschehen und dem mutmaßlichen Entstehungszeitraum der ursprünglichen Textvorlage zu beachten, sondern auch allfällige terminologische Verschiebungen von dort zu den später entstandenen, heute bekannten Handschriften.

Wie wenig aussagekräftig diese Quellenbelege sind lässt sich am Beispiel der von der rumänischen Forschung als „Kronzeuge" herangezogenen ungarischen Gesta zeigen, die ja den Gattungskonventionen dieser im mittelalterlichen Europa verbreiteten „Tatenberichte" gehorchte. Dabei handelte es sich eben nicht um eine möglichst akkurate Rekonstruktion tatsächlichen Geschehens im modernen wissenschaftlichen Sinne, sondern um ein romanhaft ausgestaltetes Narrativ, das die Rolle der ungarischen Arpadendynastie in möglichst positivem Licht erscheinen lassen sollte. Die vertrauten zeitgenössischen Verhältnisse des späten 12. Jahrhunderts wurden so relativ schematisch auf die ältere Zeit übertragen, die Aufzählung einer Reihe von zuvor ansässigen, nun aber unterworfenen Kontrahenten sollte den militärischen Ruhm mehren und die zum Berichtszeitpunkt geltende Ordnung der Unterordnung von Rumänen unter die ungarische Krone historisch durch das Recht der Eroberung legitimieren. Die als Helden dargestellten Ahnherren der Dynastie sollen so bei ihrer Landnahme in Pannonien im Osten nicht nur auf lokale „rumänische" Herrschaftsgebilde, sondern auch auf Kumanen getroffen sein.

Dabei traten Letztere jedoch nachweislich erst im späten 11. Jahrhundert in dieser Gegend in Erscheinung. Um die Glaubwürdigkeit des Anonymus in diesem Punkt zu retten brachte die rumänische Forschung als terminologischen Einwand vor, der Kumanenbegriff sei hier als generische Bezeichnung auch für andere Verbände wie die Kabaren-Chasaren verwendet worden. Diese Argumentation ließe sich aber auch umkehren. Analog könnte nämlich die Nennung von

---

15 Silagi, Die „Gesta Hungarorum" des anonymen Notars, zu den Walachen 49, 75, 77, 105.

16 Müller (Hg.), Die Nestorchronik, zu den Volochen 6, 11, und v. a. 26.

„Vlachen" hier wie anderswo ebenfalls als unspezifischer Terminus gedient haben, hinter dem nicht nur „Rumänen" zu verstehen wären, sondern der auch „Römer", also Byzantiner, bezeichnen könnte.[17]

Das ernsthafteste Argument der Vertreter einer rumänischen Kontinuität im Zusammenhang mit der Nennung von „Walachen" bei Anonymus zielt auf die seit längerem etablierte Anwesenheit der Vlachen: Wenn Anonymus am Ende des 12. Jahrhunderts von Herrschaftsbildungen der Vlachen am Ende des 9. Jahrhunderts schrieb, so sei dies ein Hinweis darauf, dass um 1200 die Präsenz von Vlachen bereits seit längerer Zeit eine Tatsache gewesen sei. Eine erst kurz zurückliegende Einwanderung im Verlauf des 12. Jahrhunderts wäre von Anonymus, der am ungarischen Hof Zugang zu vielen Informationen hatte, bestimmt registriert worden. Dieses Argument ist nicht ohne Relevanz. Allerdings reichte das „Menschengedenken" für nicht schriftlich festgehaltene Vorgänge in überwiegend mündlich funktionierenden Gesellschaften zwei bis drei Generationen zurück und überblickte halbwegs zuverlässig ein paar Jahrzehnte, kaum aber ein Jahrhundert. Die Argumentation, so man sie akzeptiert, hat daher allenfalls für das 12., nicht aber für das 9. Jahrhundert Gültigkeit, verschiebt die belegte Präsenz von Romanischsprachigen also bloß ein paar Jahrzehnte zurück, aber kaum weit über die Mitte des 12. Jahrhunderts hinaus. Außerdem betrachtet diese Deutung den Tatenbericht unter modernen Prämissen als „objektiven", quasiwissenschaftlichen, empirischen Befunden verpflichteten Text. Die mittelalterliche Textgattung der Gesta aber war weniger an der exakten Korrespondenz zwischen Ereignis und Text interessiert, als vielmehr an einer stimmigen ätiologischen Erzählung, für die nicht eine exakte Faktenwahrheit, sondern eher eine Wahrhaftigkeit in Hinblick auf den Deutungsrahmen leitend war. Für die Nestorchronik kann wiederum auf die komplizierte Überlieferungsgeschichte verwiesen werden. Selbst wenn man geneigt ist, in den heute erhaltenen Abschriften des 14. und 15. Jahrhunderts den weitgehend unverfälschten Ausgangstext des frühen 12. Jahrhunderts vor sich zu haben, so besteht auch hier das Problem eines zeitlichen Abstandes über mehrere Jahrhunderte hinweg.

Die im Hochmittelalter in den Schriftquellen gebrauchte Fremdbezeichnung „Vlachen" für die romanischsprachige Bevölkerung des Balkans geht auf einen ursprünglich in vielen Regionen Europas gebrauchten generischen Begriff für „Fremdsprachige" zurück. Ursprünglich bezog sich die Bezeichnung (lat. Volcae, urgermanisch *walhoz) auf einen keltischen Stamm (so heute noch auf den Britischen Inseln erhalten für keltische Regionen: Wales/Welsh, Cornwall). Auf dem Kontinent bezeichneten Germanischsprachige mit dem Namen romanisierte Kelten, Fremdsprachige („Welsche"), semantisch vergleichbar dem Slawischen „nemec" für die „Stummen", die unverständliche, germanische Idiome sprechenden Nachbarn.[18] Von dieser Grundbedeutung aus, die sich auf die romanische Sprache bezog, entwickelte die Bezeichnung „Vlahen" (mit ihren lautlichen Variationen) diverse Bedeutungen, die allmählich die Sprache als zentrales Merkmal verdrängten. Regional, chronologisch und situativ differenzierte sich der Name in mehrere, teils

---

17 Pohl, Walchen, Römer und „Romanen" – Einleitung, 14; Silagi, Die „Gesta Hungarorum", 151.

18 Für die Bezeichnung Welsch, Walache etc. siehe die klassische Studie von Weisgerber, Walhisk; Arvinte, Désignations des langues de la Romania, 161.

überlappende Zentralbedeutungen aus. Die Abgrenzung erfolgte nach verschiedenen Kategorien: neben sprachlich-ethnisch noch sozial (Hirten, Gemeinschaften von Bergbewohnern), religiös-konfessionell (Orthodoxe), rechtlich (dem Ius Valachicum oder Valachorum unterstellte Gruppen) und fiskalisch (Steuerkategorie). Häufig ist daher unklar, was sich hinter der Quellenbezeichnung „Vlache" verbirgt. Im serbisch-bosnischen Bereich etwa stand sie ab dem Spätmittelalter für Hirten orthodoxen Glaubens, die meist ein südslawisches Idiom (Serbisch) sprachen, während in Siebenbürgen und den Fürstentümern Walachei und Moldau zumindest ab dem 13. Jahrhundert „Vlachen" eine ethnisch-konfessionelle Kategorie bezeichnete.[19]

Wenn also die Frage nach der Herkunft der Rumänen gestellt wird, sind damit ganz unterschiedliche Probleme angesprochen. Aufgrund der Quellenlage, die für die Zeit vor dem 13. Jahrhundert fast durchgängig aus nicht-schriftlichen Quellen besteht, lässt sich, wenn überhaupt noch, am ehesten die Frage nach der Verbreitung der Sprache beantworten. Hinter der Sprache muss aber nicht zwangsläufig ein ethnisches Zusammengehörigkeitsgefühl gestanden haben; der Zusammenhang zwischen Sprache und Ethnizität kann nicht einfach vorausgesetzt werden, sondern ist zu problematisieren, weshalb beide Phänomene analytisch klar auseinander zu halten sind. Unter welchen Umständen sich ein Gefühl ethnischer Zusammengehörigkeit bildete und welche Personenverbände dies auf welche Weise umfasste, ist unklar. Inwiefern es überhaupt sinnvoll ist, im Mittelalter „ethnische" Gruppen als quasi kollektive Akteure zu behandeln, ist eine grundsätzliche Frage, die weit über den hier diskutierten Gegenstand hinaus greift und auch in anderen Kontexten nicht einheitlich gehandhabt wird, häufig aber relativ unbedarft von heutigen Gepflogenheiten ausgehend als gegeben vorausgesetzt wird.[20] Bei der Entstehung ethnischer Verbände dürfte es sich wie in anderen Fällen auch um einen nicht geradelinig verlaufenden Prozess gehandelt haben. Dieser hat verschiedene soziale Schichten ungleichmäßig erfasst und sich wohl erst in neuerer Zeit, ab dem 18., besonders aber im 19. Jahrhundert, zu dem uns heute vertrauten ethnisch-nationalen Modell gewandelt, das eine essentialistisch und zeitlos-statisch gedachte Zusammengehörigkeit postulierte, die regional und sozial übergreifende Einheitlichkeit sowie Deckungsgleichheit von Eigen- und Fremdwahrnehmung anstrebte und zudem Ethnizität als primäre Kategorie der Identifizierung betrachtet. Wohl dürfte schon im späten Mittelalter, spätestens ab dem 13./14. Jahrhundert eine ethnische Identifizierung aus Binnen- wie Außensicht in verschiedenen Kontexten existiert haben, da in den Quellen etwa für Siebenbürgen „Vlachen" (Rumänen) von „Ungarn" und „Sachsen" (Deutsche) unterschieden werden, wobei aber auch rechtliche und konfessionelle Konnotationen mitschwingen.

Angesichts der semantischen Vielschichtigkeit des Begriffs „Vlachen" erscheint es gerechtfertigt, zum Zwecke höherer terminologischer Präzision für die Zeit ab dem 13. Jahrhundert für die romanischsprachigen Vlachen nördlich der unteren Donau als Arbeitsbegriff die Bezeichnung „Rumänen" zu verwenden, da ab diesem Zeitpunkt unbestrittenermaßen eine kulturell-sprachliche Kontinuität zu den heutigen Rumänen besteht, auch wenn sie im Einzelnen weitaus dynamischer

---

[19] Zur Verbreitung von Vlachen auf dem südlichen Balkan POPOVIĆ, Vlachen in der historischen Landschaft Mazedonien.

[20] Siehe dazu etwa die Bemerkungen bei POHL, Walchen, Römer und „Romanen" – Einleitung, 16–19.

und komplexer war als es nationale Meistererzählungen wahrhaben wollen. Zu berücksichtigen bleibt, dass der Terminus „Rumänen", analog zu „Vlachen", vielfältige semantische Bezüge aufweist, in der Walachei etwa bis ins 18. Jahrhundert auch den sozialen Status abhängiger Bauern bezeichnete.

Für die frühe Zeit vor dem 13. Jahrhundert, in der Schriftquellen fehlen, erscheint eine angemessene Sprachregelung aber schwierig, da der Gegenstand heftig umstritten ist und die Wortwahl die Interpretation präjudiziert. Es ist ein allgemeines Dilemma, dass das Sprechen über eine Sache immer schon ein Vorverständnis von dieser Sache voraussetzt. Das manifestiert sich hier besonders deutlich, wenn der auf der Zunge liegende, einfache Begriff „Rumänen" ein auf heutigen Kategorien der modernen Sprachnation basierendes Verständnis ins Hochmittelalter zurückprojiziert, wo Vergemeinschaftungen nach anderen Kriterien gedacht wurden als heute. Es impliziert, die ab dem 13. Jahrhundert in den Quellen fassbar werdende Kategorie der „Rumänen" (was genau in der Zeit darunter verstanden wurde, ist eine weitere Frage) in die Zeit davor zu extrapolieren. Daher wird in den folgenden Ausführungen die umständlichere, den seinerzeitigen Verhältnissen aber angemessenere Bezeichnung „romanischprachige Bewohner" bevorzugt. Dabei bleibt zu berücksichtigen, dass auch diese Perspektive unser heutiges Erkenntnisinteresse an der Herkunft der „Rumänen" reflektiert, aber nicht automatisch die Perspektive der damaligen Menschen wiedergibt, für die weder die womöglich erst später entstehende Kategorie des rumänischen Ethnikums relevant war noch Vergemeinschaftung primär auf sprachlicher Grundlage basierte. Unter Vlachen sind in den folgenden Abschnitten die romanischprachigen Bewohner der Balkanhalbinsel zu verstehen, während der Begriff der Rumänen, bei der Wiedergabe der Standpunkte der damit operierenden rumänischen Forschung, in Anführungszeichen gesetzt wird.

Letztlich wird man aus praktischen Gründen oft kaum darum herum kommen, Bezeichnungen heutiger ethnischer oder nationaler Vergemeinschaftungen auch für frühere Zeiten zu benutzen. Es gilt jedoch stets bewusst zu machen, dass es sich dabei um eine heuristische Operation handelt, bei der vereinfachend Kategorien an den historischen Gegenstand herangetragen werden, um ihn zu ordnen – und damit Realitäten nicht einfach zu konstatieren, sondern Vorstellungen davon mit zu konstituieren. Dieser Vorgang steht in einer langen Tradition der europäischen Kulturgeschichte, die schon die antike griechische Ethnographie (etwa bei Herodot) kennzeichnete. Hinter scheinbar feststehenden Ethnonymen vollzogen sich heute nicht mehr immer nachvollziehbare semantische Verschiebungen, was bei der Quellenanalyse zu berücksichtigen bleibt. Ethnien, Nationen oder vergleichbare Kategorien sind Analysekategorien und dürfen daher nicht unbesehen als festgefügte Gruppen oder gar kollektive historische Akteure verstanden werden. Quellenbegriffe wie „Vlachen" sind dementsprechend zu historisieren und im Sinne der Begriffsgeschichte nach ihren semantischen Bezügen im jeweiligen Kontext zu hinterfragen.

Viele der hier angeschnittenen Fragen und Probleme sind für das Mittelalter und die Frühe Neuzeit noch kaum erforscht worden, da die Forschung meist von der relativ festgefügten Existenz ethnischer Gruppen als Axiom ausgegangen ist. Welche Bedeutung etwa der Begriff „Vlachen" oder die gesprochene Sprache für die Menschen der damaligen Zeit hatte, entzieht sich daher, aber auch wegen der dünnen Quellenlage unserer Kenntnis weitgehend. Derzeit bleibt daher der theoretisch unbefriedigende, methodisch aber aufgrund des ganz auf diese Kategorisierung ausgerichteten Forschungsstandes nur schwer vermeidbare Weg, vergangene Realitäten auf der Grundlage heutiger Erkenntnisinteressen zu kategorisieren, um gleichzeitig Möglichkeiten alternativer Deutungsschemata mitzudenken.

Die Frage nach der Präsenz romanischsprachiger Bewohner im Raum der Walachei und Moldau wird so in der Forschung selten thematisiert und steht im Schatten der bereits seit dem 18. Jahrhundert erbittert geführten Kontroverse über das Alter „rumänischer" Präsenz in Siebenbürgen. Der Walachei und der Moldau, wo den Rumänen keine rivalisierende Nationalhistoriographie das „Erstbesiedlungsrecht" streitig macht, hat die Forschung in dieser Frage im Gegensatz zu Siebenbürgen nur marginales Interesse entgegengebracht. Dabei hängt die Frage nach der Präsenz von romanisierten Sprechern innerhalb und außerhalb des Karpatenbogens zusammen. Die einseitige Fokussierung auf Siebenbürgen verdeckt hier mögliche Zusammenhänge. Mangels schriftlicher Quellen kommt auch für die Gegenden außerhalb des Karpatenbogens vor allem Toponymen die Rolle von Hinweisgebern zu.

Die rumänische Forschung hat sich zwar bemüht, „rumänische" Namen als Argumente in die Waagschale zu werfen. Doch einer kritischen Prüfung halten sie praktisch durchweg nicht stand. Mitunter müssen phantastische etymologische Konstruktionen als Indizien für eine frühe Präsenz von Rumänen herhalten, die wenig mit modernen linguistischen Methoden gemein haben und strukturell an etymologische Herleitungen etwa eines Isidors von Sevilla erinnern, die aufgrund phonetischer Ähnlichkeit Verbindungen zwischen zwei als zusammengehörig empfundenen Bedeutungsfeldern herstellen. Zu den bekanntesten Beispielen gehören die Landschaftsnamen Vlașca und Vlăsia, ersteres ein ehemaliger Județ (Bezirk) am nördlichen Donauufer in der Walachei, letzteres der Name der historischen Waldregion um das heutige Bukarest. Beide Namen sind in der rumänischen Forschung immer wieder mit „Vlachen" in Verbindung gebracht und als Beleg für eine (frühe) „vlachische" (u. mithin „rumänische") Besiedlung dieser Zonen angeführt worden. Doch läßt sich Vlașca auf eine wohl slawische Bezeichnung für ein versumpftes Gebiet zurückführen, die auf den Fluss überging, der wiederum namengebend für den Județ war. Vlăsia hingegen geht wohl auf einen Personennamen zurück, der ursprünglich einer Lichtung den Namen gab.[21] Ähnlich liegen die Verhältnisse im Falle des ehemaligen Județ Romanați: Auch hier waren keine „Rumänen" namengebend, vielmehr hat der Name „ausgesprochen serbischen Charakter" (Gustav Weigand); ein Personenname Roman mit der typischen serbischen Endung -ac, hier im Sinne einer Herkunfts- und Abstammungsbezeichnung.[22]

Der hier nur angedeutete Befund ließe sich fast beliebig vermehren: Ein Großteil der Toponyme aus der Zeit vor dem 14. Jahrhundert lassen eine slawische Etymologie erkennen. Daneben gehen etwa mehrere Dutzend auf -ui auslaute Namen besonders von kleineren Fließgewässern in der Walachei wie in der Moldau unbestrittenermaßen auf die Petschenegen und Kumanen gemeinsame Turksprache zurück: in der Walachei etwa Desnățui, in der Moldau Bahlui, Vaslui, Covurlui, während Călmățui sowohl in der Walachei wie der Moldau mehrfach verbreitet ist.

---

21 Ciubotaru, Cercetări de onomastică, 141–188.

22 Weigand, Die Namen der rumänischen Județe, 170.

Eine Schwierigkeit besteht jedoch in der Datierung dieser Namen. So ist es nicht ausgeschlossen, das die Entstehung einiger turksprachiger Namen erst in eine späte Phase (14./15. Jh.) fiel, als bereits romanischsprachige Bewohner im Raum außerhalb des Karpatenbogens belegt sind. Die Argumentation auf der Grundlage von Namensmaterial bleibt daher mit Ungewissheiten verbunden. Von rumänischer Seite wurde etwa der, allerdings sehr spekulative, Einwand formuliert, die Übernahme turksprachiger Namen ins Rumänische müsse nicht heißen, Romanischsprachige hätten als später Zugewanderte die vorgefundenen Namen übernommen. Vielmehr habe bei den lokalen, sesshaften „Rumänen" weniger Bedarf bestanden, kleine Fließgewässer anders als mit generischen Namen (wie etwa „Bach") zu benennen. Die nomadischen Reiterverbände aus der Steppe hingegen hätten aus dem Bedürfnis zur Raumorientierung auf eindeutige Eigennamen zurückgegriffen. Bezüglich turksprachiger Ortsnamen ist zu berücksichtigen, dass sie oft auf Personennamen zurückgehen, turksprachige Namen notabene, die auch unter „Rumänen" verbreitet gewesen sind. Auf diese Weise könnten Ortsnamen turksprachiger Herkunft weit über das engere Verbreitungsgebiet der turksprachigen Nomaden hinaus getragen worden sein.[23]

Im Einzelnen lässt daher die genaue Herleitung der Benennung verschiedene Deutungen zu. Zudem ist die Verbindung von onomastischem Material (Orts- u. Personennamen) mit Sprachgemeinschaften sowie besonders ethnischen Kategorien ohnehin sehr problematisch. Jeder Einzelfall lässt daher Raum für Spekulationen. Gerade die sehr kleinteilig fokussierte rumänische Forschung kann hier zu praktisch jedem Einzelfall Zweifel an einer nicht-rumänischen Herkunft anmelden und Gegenspekulationen aufstellen, die mangels expliziter Quellen nicht widerlegbar sind. Das Namensmaterial erlaubt also keinen definitiven Beleg oder eine Widerlegung irgendeiner der spekulativen Modelle zur ethnisch-sprachlichen Besiedlungsgeschichte. In der Makroperspektive aber ergibt der Befund, dass im gesamten späteren Siedlungsraum der Rumänen, inner- wie außerhalb des Karpatenbogens, das Namensmaterial von Gewässern, Landschaften und Orten, die in die Zeit vor das 14. Jahrhundert zurück verweisen, in der großen Mehrheit und relativ unumstritten (mit Nuancen zwischen der Forschung inner- u. außerhalb Rumäniens) nicht-romanischer Herkunft ist. Dagegen beruht das von der rumänischen Forschung angeführte Namensmaterial romanischer Herkunft vorwiegend auf zweifelhaften Etymologien in häufig wenig eindeutigen Fällen sowie auf nachweislich aus antiken Namensformen tradiertes Material, wo aber andere Tradierungswege (etwa slawische Vermittlung) lautgesetzlich meist plausibler sind als eine Vermittlung über romanisierte Sprecher.

Sowohl in der Walachei wie in der Moldau (um hier die viel häufiger diskutierte Situation in Siebenbürgen außer vor zu lassen) dominieren eindeutig Namen nicht-romanischer Herkunft, in erster Linie slawische, daneben vor allem aus den Turksprachen, dem Ungarischen sowie vereinzelt einigen weiteren Sprachen, darunter ein paar Flussnamen, die antike Namensformen weitertradierten. Eindeutige Belege für Namen mit einer romanischen Etymologie – oder eine romanisierte Form antiker Namen – fehlen so gut wie komplett. Dieser ziemlich eindeutige und flächendeckende Befund lässt zumindest eine zahlenmäßige Dominanz romanischsprachiger Bevölkerung

---

23 Spinei, The Romanians and the Turkic Nomads, 311–324.

in diesem Raum vor dem 13./14. Jahrhundert unwahrscheinlich erscheinen, selbst lokale Rückzugsräume lassen sich auf diese Weise nicht ausmachen. Das allein ist noch kein Beleg für das komplette oder doch weitgehende Fehlen von Romanischsprachigen. Zumindest eine temporäre Einbeziehung von Weiden nördlich der Donau in die Wanderungen balkan-vlachischer Hirten ist durchaus denkbar, wenn auch nicht belegbar. Der Befund spricht aber in seiner Gesamtheit mit einer höheren Wahrscheinlichkeit gegen als für die permanente und längerdauernde oder gar flächendeckende Anwesenheit einer größeren, sesshaften Bevölkerung romanischer Sprache im Raum nördlich der unteren Donau.

Die rumänische Forschung geht nicht zuletzt von archäologisch gut belegten lokalen Ackerbaugemeinschaften aus, die sie reflexartig als „rumänisch" identifiziert. Warum dann aber vergleichbare Gemeinschaften Slawischsprachiger derart reichhaltiges, auch von den Rumänen übernommenes Namensmaterial hinterlassen haben, während romanischsprachige Gemeinschaften in den überlieferten Toponymen kaum fassbar sind, kann die rumänische Forschung nicht hinreichend erklären. Daher lässt sich aus der Forschungsdebatte das Fazit ziehen, dass die Indizien relativ deutlich gegen eine nachhaltige Präsenz Romanischsprachiger nördlich der unteren Donau vor dem 13. Jahrhundert sprechen, ohne eine solche Möglichkeit aber definitiv ausschließen zu können. Außer der Extrapolation aus der ex-post-Perspektive, im Wissen also um die spätere Präsenz von Rumänen, gibt es allerdings kaum belastbare Argumente, die eindeutig für eine frühe Präsenz romanisierter Bevölkerung in diesem Raum sprechen würden, sondern bestenfalls um hypothetische Möglichkeiten. Während die Präsenz vor allem von slawisch- und turksprachigen Verbänden hinreichend belegt ist, gilt dies für die Anwesenheit romanischsprachiger Gruppen nicht.

3.2.2 Der Raum und die benachbarten Mächte

Wie oben dargelegt (s. Kap. 3.1.3) war der Raum der späteren Walachei (v. a. deren östlicher Teil) und besonders der Moldau seit jeher eng mit dem Geschehen im nordpontisch-eurasischen Steppengürtel verbunden. Das ab dem späten 12. Jahrhundert beginnende Ausgreifen des Königreiches Ungarn über die Karpaten bedeutete insofern eine Zäsur, als sich die Konstellation nun langfristig änderte und ein weiterer Machtpol entstand, der in Konkurrenz trat zu den zwar stets wechselnden, aber vom Aufbau und der Organisation her einem ähnlichen Typus zuzuordnenden Herrschaftsbildungen der Steppenzone. Nur für die Moldau von Bedeutung waren darüber hinaus die ostslawischen Fürstentümer der Rus' in der Waldzone nördlich und nordwestlich der Steppenregionen. Deren Nachfolge trat im 13. Jahrhundert im westlichen Teil das in den mongolischen Herrschaftsbereich hinein nach Südosten expandierende Großfürstentum Litauen an. Dieses erstreckte sich um 1400 bis gegen das Schwarze Meer hin und unterwarf weite Teile der heutigen Ukraine zumindest nomineller Kontrolle. Westlich davon dehnte das Königreich Polen unter Kasimir III. „dem Großen" (1333–1370) zwischen 1340 und 1366 seine Herrschaft auf das Fürstentum Halič-Volhynien inklusive Pokutiens sowie nach Podolien aus. Es geriet damit in unmittelbare Nachbarschaft zu dem sich in dieser Zeit konstituierenden Fürstentum Moldau. Polen und Litauen schlossen sich 1385, nur wenige Jahrzehnte nach der Entstehung der Moldau, in einer dauerhaften Personalunion zusammen, die 1569 in der Union von Lublin zur Realunion wurde. In Polen-Litauen erwuchs der Moldau ein mächtiger nördlicher Nachbar, der bis ins 17. Jahrhundert zusammen mit dem Osmanischen Reich die Geschicke dieses Landstriches wesentlich mitbestimmte. Im 18. Jahrhundert begann Russland Einfluss auszuüben zuerst auf die Moldau, dann auch auf die Walachei (s. Beitrag 8, URSPRUNG, Kap. 8.5.1). Dies blieb jedoch zumindest bis zu Beginn des 19. Jahrhunderts weitgehend auf eine Machtpolitik der Einflusssphären beschränkt und tangierte die innere Verfassung beider Fürstentümer nur unwesentlich.

Die Moldau blieb daher stärker und länger als die Walachei ein Übergangsraum, in dem gesamt-südosteuropäische Tendenzen sich mit Verzögerung bemerkbar machten und weniger ausgeprägt waren. Dennoch gilt für die Moldau und besonders für die Walachei, dass parallel mit der Herrschaftsbildung im 14. Jahrhundert sich beide Länder zunehmend in gesamt-südosteuropäische Entwicklungen integrierten. Das hing anfänglich noch nicht einmal mit der osmanischen Expansion zusammen, sondern entsprang wesentlich auch der bewusst gewählten Entscheidung der lokalen Eliten, die Quelle ihrer Legitimation in Byzanz zu suchen. Es war also durchaus von Bedeutung, dass Byzanz, wenn auch bereits stark geschwächt, noch nicht komplett untergegangen war, als im Karpatenvorland zuerst die Walachei, ein paar Jahrzehnte später auch die Moldau auf die Bühne der Geschichte traten. Die beiden neu entstehenden Länder fanden noch die altbalkanische Welt vor, das byzantinische Commonwealth: Serbien erreichte in den ersten Jahrzehnten nach der Herausbildung der walachischen Woiwodenherrschaft den Zenit seiner Macht, in der es sich selbst stark byzantinisierte. Das Zweite bulgarische Reiche war zwar in Teilherrschaften zerfallen, stellte aber ein weiteres Beispiel balkan-orthodoxer Reichsbildung dar, an der sich die Eliten des jungen walachischen Herrschaftsverbandes orientieren konnten – etwa über dynastische Eheverbindungen, den Aufbau der Kirchenorganisation und des Kanzleiwesens. Die byzantinisch geprägte Welt hatte als kulturelles und politisches Modell genügend Anziehungskraft für die Eliten, um dem ungarischen Vorbild als valable Alternative gegenüberzutreten. Die ex-post Perspektive, die auf den bevorstehenden Untergang dieser altbalkanischen Welt fokussiert, verliert rasch aus den Augen, dass dieser Blick nicht der zeitgenössischen Sichtweise entsprochen haben muss, dass eine allenfalls als vorübergehend gedeutete politische Schwächephase die Strahlkraft des Vorbilds Byzanz nicht grundsätzlich minderte. Die Orientierung an Byzanz war dabei zumindest im frühen und hohen Mittelalter durchaus ein europaweites Phänomen, da auch in Westeuropa zu Legitimationszwecken lokale Dynastien an „römisch-byzantinische" Verbindungen anzuknüpfen versuchten.[24]

---

24 RAFFENSPERGER, Reimagining Europe.

3.3 EREIGNISGESCHICHTE WALACHEI

3.3.1 Integration in den byzantinisch-balkanischen Orbit: die Entstehung der Walachei im 14. Jahrhundert

In diesem Kontext entstanden am Rande des ungarischen Königreiches jenseits der Karpaten im 14. Jahrhundert zwei Herrschaftsgebilde unter Führung einer wohl überwiegend rumänischen oder rumänisierten kumanisch-slawischen Führungsschicht. Zwischen Südkarpaten und unterer Donau, in der späteren Walachei, hatte eine ungarische Urkunde an die Johanniter von 1247 mehrere kleinräumige Herrschaftskerne bezeugt.[25] Zumindest vom Anspruch her übte das Königreich Ungarn die Oberherrschaft darüber aus. Faktisch jedoch etablierte sich gegen Mitte des Jahrhunderts die Goldene Horde als Vormacht in der Region, die 1291 ihren Einfluss bis an das Eiserne Tor im Westen ausdehnte. Über das Schicksal der erwähnten Herrschaftskerne in diesen Jahrzehnten vor der Entstehung der Walachei sind keine direkten Erkenntnisse verfügbar.[26] Inwiefern also eine direkte Kontinuität von diesen lokalen Herrschaftszentren zum walachischen Herrschaftsverband des 14. Jahrhunderts führt, ist in der Forschung viel debattiert, vor allem aber spekuliert worden. Im Prinzip stehen sich zwei Erklärungsmuster gegenüber: ein sukzessiver und weitgehend friedlicher Zusammenschluss der Einzelherrschaften oder eine militärische Unterwerfung der anderen Zentren durch die Herrscher aus der Gegend von Câmpulung und Argeş, wo die frühesten Zentren des entstehenden walachischen Herrschaftsverbandes lagen.[27]

Neuere Forschungen heben den Anteil der Mongolen bei der Gründung der Walachei hervor, obschon er sich quellenmäßig nicht konkret belegen, sondern nur indirekt erschließen lässt. Gemäß dieser Interpretation dürfte die Walachei aus einer Art mongolischen Grenzlandes gegenüber dem Königreich Ungarn heraus entstanden sein. Diverse lokale Herrschaftsgebilde, die einst zumindest nominell dem ungarischen König unterstanden hatten, haben sich wohl zwischen 1291 und ca. 1324 (als die Existenz der Walachei in ungarischen Quellen bezeugt ist) in einem nur in schematischen Umrissen erahnbaren Prozess unter mongolischer Oberherrschaft zusammengeschlossen oder wurden gewaltsam einer gemeinsamen Herrschaft unterworfen.[28] Ebenfalls nicht belegen, sondern nur zu vermuten ist, dass sich in der Tradition des alten ungarischen Banats von Severin in der späteren Kleinen Walachei, also einer ungarischen Mark, ein Herrschaftskern ge-

---

[25] Columbeanu, Cnezate şi voievodate.

[26] Papacostea, Between the Crusade, 89–290; Achim, Politica sud-estică a regatului, v. a. 51–88, 242–249; ders., La Coumanie de l'espace extra-carpatique; Ciocîltan, Hegemonia Hoardei de Aur la Dunărea, 1099–1118.

[27] Zur Entstehung des walachischen Herrschaftsverbandes mit neuen Impulsen Coman, Land, Lordship and the Making; solide Achim, Politica sud-estică, 263–267; eine Zusammenstellung grundlegender Einzelstudien bei Papacostea, Geneza statului în Evul Mediu românesc; populär, aber höchst spekulativ und fragwürdig Djuvara, Thocomerius-Negru Vodă; den damaligen Forschungsstand fasst trotz zeittypischer Einflüsse nationalkommunistischen Denkens immer noch brauchbar zusammen Stoicescu (Hg.), Constituirea statelor feudale româneşti; Panaitescu, Einführung in die Geschichte der rumänischen Kultur, v. a. 262–269; für einen Überblick über die frühsozialistische Historiographie Oţetea, La formation; veraltet, aber einflussreich Brătianu, Tradiţia istorică (mit mehreren Neuaufl.).

[28] Ciocîltan, The Mongols and the Black Sea Trade, 259–279.

halten hat, wobei die Herrschaftsstruktur des ungarischen Banats zumindest teilweise auf lokale (rumänische oder rumänisierte) Anführer übergegangen ist. Die spätere autonome Stellung der Kleinen Walachei (noch lange als Banat von Severin u. später Banat von Craiova bekannt) mag als Indiz gelten für eine relativ eigenständige politische Organisation im Westen des Landes in Fortführung des Severiner Banates, die sich mit Herrschaftszentren in der Großen Walachei (um Argeș) zu einem Herrschaftsverband zusammenschloss.[29] Es musste hier also einem der lokalen Anführer gelungen sein, sich über die lokalen Machthaber (Knesen u. Woiwoden) zu erheben und die diversen lokalen Herrschaftszentren unter seiner Führung zusammenzufassen – auf welche Art muss mangels Quellen offen bleiben. Die mongolische Vorherrschaft jedenfalls bildete den Rahmen, in dem der Prozess der Herrschaftsverdichtung sich ungestört vom ungarischen Expansionsdruck vollziehen konnte. Nach dem Wiedererstarken der ungarischen Position im frühen 14. Jahrhundert war die Herrschaft der walachischen Woiwoden schon soweit konsolidiert, dass sie dem ungarischen Vormachtanspruch zumindest punktuell Widerstand entgegensetzen konnten.

In welcher Form die Mongolen die Herrschaft über das Gebiet der unteren Donau ausübten wie auch über die innere Struktur der diversen Herrschaftskerne im 13. und bis weit ins 14. Jahrhundert hinein ist wenig bekannt. Aus analogen Vergleichsfällen ist zu vermuten, dass die Führungsschicht der Goldenen Horde bei der Herrschaftsausübung in diesem Raum, etwa zur Einhebung von Tributen, auf lokale Bevollmächtigte zurückgegriffen hat. Damit ermöglichte die Vorherrschaft der Goldenen Horde einer bereits bestehenden lokalen Führungsschicht, Prestige, Machtkompetenzen und Reichtum zu akkumulieren und so nicht nur eine Lockerung der Abhängigkeit vom ungarischen König zu erreichen, sondern auch die Herrschaft gegen Konkurrenten nach innen zu konsolidieren. Slawische und turksprachige Namen in der walachischen Führungsschicht (so der kumanische oder petschenegische Name Basarab) verraten eine polyethnische Herkunft der lokalen Führungsschicht, die sich sprachlich allmählich rumänisiert haben dürfte, ein Prozess, der im 14. Jahrhundert wohl weit fortgeschritten war. Vergleichend wäre hier etwa auf das Aufkommen mongolischer Vornamen in Genueser Kaufmannskreisen hinzuweisen.[30]

Vergleichbar dem in der ersten Hälfte des 14. Jahrhunderts unter tatarischer Oberhoheit schnell aufsteigenden Moskau kann vermutet werden, dass lokale Anführer im Ringen um Einfluss ihre Position als Beauftragte tatarischer Herren durch Loyalität und delegierte Kompetenzen verbessern und gegenüber Widersachern eine erhöhte Legitimation und militärische Rückendeckung ins Feld führen konnten. Inwiefern der walachische Herrschaftsverband durch den allmählichen (friedlichen oder militärischen) Zusammenschluss der unterschiedlichen Herrschaftszentren entstand oder aber als (evtl. bewusste mongolische) Neugründung, die sich gegen bestehende Herrschaftskerne behauptete und sie unterwarf, muss offen bleiben. Von Bedeutung waren neben der mongolischen Vorherrschaft sicher auch die zentrifugalen Tendenzen innerhalb des Stephansreiches. Der Krone war unter den letzten Arpaden im späten 13. Jahrhundert die Kontrolle über die

---

29 PAPACOSTEA, Prima unire românească; ACHIM, Ecclesiastical Structures.

30 REICHERT, Begegnungen mit China, 237.

peripheren Regionen zunehmend entglitten, die Karl Robert erst nach und nach mühsam wiederherstellen musste.

Wohl spätestens um 1320 hatte sich der Kern des walachischen Herrschaftsverbandes konstituiert. Wo das ursprüngliche Herrschaftszentrum – die Woiwodenresidenz – lag, ist nach wie vor nicht mit Sicherheit zu bestimmen, zumal auch itinerante Herrschaft in Frage kommt. Die beiden Herrschaftszentren liegen jedoch relativ nahe beieinander, rund 35 km Luftlinie voneinander entfernt, beide in Flusstälern im Karpatenvorland und an wichtigen Verbindungsrouten gelegen, die von den beiden Handelsstädten im Süden Siebenbürgens an die Donau führten. Einerseits war dies Argeş (ab 1510 „Dvor Argis", Curtea de Argeş), das über die Region Loviştea und das Tal des Olt von der südsiebenbürgischen Region um Hermannstadt/Sibiu/Nagyszeben aus gut erreichbar war.[31] Andererseits war dies das weiter nordöstlich gelegene Câmpulung, an der wichtigsten Handelsroute aus dem südostsiebenbürgischen Burzenland mit Kronstadt/Braşov/Brassó in die spätere Walachei gelegen, wo sich schon im späten 13. Jahrhundert katholische Siedler aus Siebenbürgen niedergelassen hatten.[32] Mit der Ansiedlung des Deutschen Ordens im Burzenland 1211 und dessen Ausgreifen über die Karpaten hinweg begannen sich Kolonisten aus dem südlichen und südöstlichen Siebenbürgen jenseits des Gebirgskammes in der späteren Walachei anzusiedeln. Vor allem zwischen der Mitte des 13. und der Mitte des 14. Jahrhunderts entstanden in der Walachei Handelsniederlassungen deutschsprachiger Siedler (Siebenbürger Sachsen, wohl auch ungarischsprachige Ansiedler) aus der Region der siebenbürgischen Städte Kronstadt und Hermannstadt. So entstanden katholisch-deutschsprachige Gemeinden in Câmpulung (Langenau, eine Gründung der siebenbürgischen Kolonisten), Târgovişte, Argeş und Râmnic.[33]

Der 1324 erstmals quellenmäßig belegte Woiwode Basarab hatte offensichtlich vom nördlichen Hügelland aus die Vorherrschaft von den Südkarpaten zur unteren Donau hin erlangt, kontrollierte aber noch nicht das ganze spätere Gebiet der Walachei. Zu diesem Zeitpunkt, glaubt man der königlich-ungarischen Kanzlei, fungierte der mit dem Titel des Woiwoden genannte Basarab als lokaler Bevollmächtigter des ungarischen Königs. Nur wenige Jahre später jedoch vermerkten die ungarischen Quellen die Unbotmäßigkeit Basarabs gegenüber dem ungarischen König Karl I. Robert (1307–1342). Das Heer des Königs, das dessen Autorität wiederherstellen sollte, wurde 1330 auf dem Rückzug im unwegsamen Gelände eines Karpatenübergangs an einer nicht mit Sicherheit zu lokalisierenden, „Posada" genannten Stelle, vernichtend geschlagen.[34] Karl Robert entkam nur mit Mühe. Den im späten 13. Jahrhundert weitgehend verlorenen Einfluss auf die Walachei konnte er daher nicht vollständig wiederherstellen. Die Autorität Basarabs war damit konsolidiert, wenn auch sein walachischer Herrschaftsverband in der Folge regelmäßig die Lehensabhängigkeit vom ungarischen König akzeptierte, der walachische Herrschaftsverband mit-

---

31 Constantinescu, Curtea de Argeş; Tolfo, Arte; Ioniţă/Kelemen/Simon, Între Negru Vodă.

32 Cantacuzino, Începuturile oraşului; Popa, Mănăstirea Negru-Vodă.

33 Ciocîltan, Comunităţile germane la sud de Carpaţi.

34 Ciobotea/Petrescu/Vergatti (Hgg.), Posada – 685; Stoicescu/Tucă, 1330 Posada; Constantinescu, Bătălia de la Posada.

hin der Stephanskrone untergeordnet blieb.[35] Die Abhängigkeit der walachischen Woiwoden vom ungarischen König blieb aber in gelockerter Form und wechselnder Intensität bestehen. Zwischen 1343 oder 1344 und 1358/1359 lehnte sich Basarabs Sohn Nicolae Alexandru, der offenbar schon zu Lebzeiten des Vaters die (Co-)Regentschaft übernommen hatte, eng ans Stephansreich an und nahm an den ungarischen Feldzügen gegen die Mongolen teil (1343–1354). Doch auch mit den benachbarten orthodoxen Reichen trat Basarab in dynastische Verbindung. So verheiratete er eine Tochter an den bulgarischen Zaren Ivan Aleksandăr.[36]

Konfessionell wiederholte sich in der Walachei das für südosteuropäische Herrschaftsbildungen so typische Schwanken zwischen der Orientierung am Papsttum und am Patriarchat von Konstantinopel. Schon im 13. Jahrhundert war auf ungarische Initiative 1227 das Kumanenbistum in der Gegend der nordöstlichen Walachei und südwestlichen Moldau errichtet worden. Der Woiwode Basarab (ante 1324–1352) hatte offenbar den katholischen Glauben angenommen. Er und sein Sohn Alexandru (nach dem Übertritt zur Orthodoxie Nicolae, daher meist Nicolae Alexandru genannt, herrschte 1352–1364) waren gemäß einem Schreiben des Papstes Clemens VI. (1342–1352) von 1345 zum Katholizismus übergetreten, was machtpolitisch eine (erneute) Hinwendung zu Ungarn anzeigte. Eine Zäsur stellte das Jahr 1359 dar, als das ökumenische Patriarchat eine orthodoxe Metropolie am Hof des Woiwoden (in Argeş, eventuell anfänglich in Câmpulung) errichtete und damit die letztlich definitive Entscheidung des noch jungen walachischen Hofes für die Orthodoxie deutlich wurde.[37] Gemäß einer neueren These setzte die neue Metropolie ein bereits zuvor bestehendes Bistum fort.[38] Erster Vorsteher der Metropolie Ungrovlachia (so der offizielle, vom Patriarchat vergebene Name) wurde Iachint Cristopulos, Inhaber der verwaisten Metropolie von Vičina (in der Dobrudscha), der seit einiger Zeit bereits am Woiwodenhof in Argeş ansässig gewesen war.

Unmittelbarer Anlass für die Unterstellung der Walachei unter das ökumenische Patriarchat und die Abwendung von Rom scheint das ungarische Bestreben gewesen zu sein, den Schriftverkehr der Woiwoden mit der päpstlichen Kurie zu kontrollieren und so die kirchliche Oberhoheit abzusichern. Die Orientierung an Byzanz hatte für den walachischen Woiwoden den doppelten Vorteil, eine Unterordnung unter die ungarische Kirchenorganisation zu verhindern und zugleich eine vom ungarischen König unabhängige Legitimation der Woiwodenherrschaft zu erlangen.

---

35 HOLBAN, Despre raporturile lui Basarab cu Ungaria angevină.

36 GEORGIEVA, Did Ivan Alexander's Divorce in 1347 affect the Tsar's Relations with his Father-in-Law.

37 PAPACOSTEA, Orientări şi reorientări în politica externă românească.

38 MUREŞAN, Philothée Ier Kokkinos, 348f.

3.3.2 Zwischen erster Konsolidierung und inneren Unruhen

Die kirchenpolitische Orientierung an Byzanz beendete jedoch nicht die politische Verbindung zur Stephanskrone. Vorübergehende Unbotmäßigkeit forderte die ungarische Hegemonie nicht grundsätzlich heraus. Die Beziehungen der walachischen Woiwoden zum ungarischen König blieben wechselhaft und konfliktreich (s. ergänzend hierzu den Beitrag zu Ungarn: URSPRUNG, Kap. 2.4) und führten immer wieder zu militärischen Zusammenstößen, gefolgt von Phasen der Unterordnung. Ungarns Machtanspruch zeigt sich etwa daran, dass König Ludwig I. (der Große; Kg. v. Ungarn: 1342–1382) 1358 den Kaufleuten von Kronstadt ein exklusives Handelsprivileg ausstellte für den Korridor zwischen den Flüssen Prahova und Buzău, von der Mündung der Ialomiţa bis zur Mündung des Siret, der das siebenbürgische Burzenland mit dem Unterlauf der Donau und damit dem Schwarzen Meer verband. Wie effektiv die ungarische Krone diesen Handelskorridor im Nordwesten der Walachei, das spätere Grenzgebiet zur Moldau, kontrollierte, ist nicht bekannt.[39]

Allerdings stellte Nicolae Alexandrus Sohn, der Woiwode Vladislav I. (Vlaicu 1364 – ca. 1377) 1368 seinerseits das erste von walachischer Seite bekannte Handelsprivileg für die Kronstädter Kaufleute aus, vermutlich auf Veranlassung der ungarischen Krone. Vladislav leistete 1369 den Lehenseid gegenüber Ludwig dem Großen und erhielt im Gegenzug dafür die siebenbürgischen Domänen Fogarasch/Făgăraş/Fogaras und Amlaş/Amnaş/Omlás zum Lehen. Sie sollten mit häufigen Unterbrechungen bis in die zweite Hälfte des 15. Jahrhunderts an die Woiwoden der Walachei vergeben werden.

Unter Vladislav schritt der Ausbau der walachischen Orthodoxie voran, in einer Zeit heftiger konfessioneller Auseinandersetzungen im Kontext der vom ungarischen König Ludwig dem Großen intensiv betriebenen katholischen Mission und orthodoxer Gegenreaktionen. 1370 wurde in Severin die (nach Argeş) zweite orthodoxe Metropolie der Walachei errichtet, die bis zu einem unbestimmten Zeitpunkt im frühen 15. Jahrhundert fortbestand. Der Akt zeigt die Bedeutung dieses westlichen Teils, der innerhalb des walachischen Herrschaftsverbandes über eine recht eigenständige Stellung verfügt haben muss. In dieselbe Richtung deuten die ersten Klosterstiftungen der Walachei überhaupt, die nach athonitischem Vorbild vom Heiligen Nikodim von Tismana, dem 1369 in die Walachei gekommenen Abt des Athosklosters Chilandar, wohl um 1370 gegründeten Klöster Vodiţa und das vermutlich einige Jahre später errichtete Tismana – beide in der Kleinen Walachei. Nach Vladislavs Tod führte sein Bruder und Nachfolger Radu I. (ca. 1377 – ca. 1383) die Stiftertätigkeit fort.[40] Er förderte den Aufbau wichtiger Klöster wie Tismana, Cozia, Cotmeana, die unter Radus Söhnen Dan I. (ca. 1384–1386)[41] und dessen Halbbruder Mircea, genannt „der Alte" (Mircea cel Bătrân, 1386–1418, mit Unterbrechungen 1393 durch die Herrschaft eines Dan II. u. 1396/1397 durch Vlad I.),[42] vollendet wurden. Zugleich traten jedoch unter Radu neben die bei-

---

39 LUPU, Câteva drumuri comerciale; RĂDVAN, Noi interpretări cu privire la raporturile comerciale.

40 IOSIPESCU, Contribuţii la istoria; CONSTANTINESCU, Radu I Vv.

41 Zu Dan I. und weiteren Woiwoden dieses Namens sowie allgemein zur Abfolge der Herrscher im späten 14. und frühen 15. Jh. neuerdings PIPPIDI, Despre „Dan voievod".

42 Nur mit Vorsicht zu benutzen die stark heroisierenden Darstellungen bei NEAGU u. a. (Hgg.), Mircea cel Mare; dasselbe bei DIŢĂ, Mircea cel Mare; ILIESCU, Monetele lui Mircea cel Bătrân; zeitbedingt nationalistische Schlagseite,

den orthodoxen Metropolien von Argeş und Severin um 1380 zwei katholische Bistümer, ebenfalls in Argeş und Severin, die beide bis ca. 1500 fortbestanden.[43]

Bereits sehr früh geriet der walachische Herrschaftsverband in Kontakt mit osmanischen Heeren. Im Kontext innerbulgarischer Kämpfe unter Beteiligung Ungarns und der seit rund eineinhalb Jahrzehnten in Europa anwesenden Osmanen schloss sich Vladislav I. um 1368 auf der Seite König Ludwigs I. einem Heereszug zur Verteidigung Vidins an. Der ungarische König wollte jedoch die Basis Vidin nutzen, um in einem Zangenangriff aus Siebenbürgen die Walachei zu unterwerfen. Doch das walachische Heer konnte die Ungarn abwehren und eine allzu direkte ungarische Kontrolle verhindern.[44] Doch änderte das nichts daran, dass mit den Osmanen nun eine neue Macht auftrat. Militärische Aktionen osmanischer Truppen sollten fortan zu einer ständigen Bedrohung der Walachei werden. Mit der christlichen Niederlage in der Schlacht von Nikopolis 1396 hatten die Osmanen Bulgarien endgültig erobert und die Walachei war unmittelbares Frontgebiet geworden. Bereits 1394 und 1395 waren osmanische Truppen unter der Führung Sultan Bayezids I. in die Walachei vorgedrungen, der Ausgang der vieldiskutierten Schlacht von Rovine (in der national ausgerichteten rumänischen Historiographie klassischerweise als Sieg Mirceas über die überlegenen osmanischen Verbände dargestellt) ist unklar, brachte jedenfalls keine längerfristige Entscheidung. Mit osmanischer Unterstützung konnte sich 1395 oder im folgenden Jahr vorübergehend ein Vlad (genannt Uzurpatorul, der Usurpator, evtl. ein Neffe Mirceas) als Gegen-Woiwode in einem Teil der Walachei etablieren, doch um den Jahreswechsel 1396/1397 setzte sich der mit Sigismund von Luxemburg (Kg. v. Ungarn: 1387–1437) verbündete Mircea wieder durch, allerdings unter andauernder osmanischer Bedrohung. Die doppelte Hegemonie durch Ungarn und das Osmanische Reich destabilisierte mit zahlreichen Thronkämpfen die Walachei schon während der langen Regierungszeit Mirceas des Alten weitaus mehr, als es die Forschung bis vor kurzem wahrhaben wollte. Dort galt die Herrschaft Mirceas als Glanzzeit der Konsolidierung, eine Vorstellung, die mit den neuen Erkenntnissen zunehmend revidiert werden muss.[45]

Die osmanischen Thronkämpfe (1402–1413) – s. zur osm. Reichskrise Beitrag 1, SCHMITT, Kap. 1.11.1 – nach der Gefangennahme Sultan Bayezids I. in der Schlacht bei Ankara 1402 durch Timur Lenk brachten eine vorübergehende Entspannung der Situation. Wie andere Balkanherrscher versuchte auch Mircea, Einfluss auf die osmanische Thronfolge zu gewinnen und stellte etwa dem Prätendenten Mustafa Çelebi sogar Truppen zur Verfügung gegen dessen Bruder Mehmed I. Die Versuche blieben allerdings letztlich erfolglos, da schließlich Mehmed siegreich aus dem osmanischen Bruderkampf hervorging und das Reich wieder einte. Unter diesen Voraussetzungen sah sich Mircea in den letzten Jahren seiner Herrschaft (1415 oder 1417) gezwungen, durch einen Tribut an den neuen Osmanenherrscher den Frieden zu erkaufen.

---

aber brauchbar ŞERBĂNESCU/STOICESCU (Hgg.), Mircea cel Mare; ebenso PĂTROIU (Hg.), Marele Mircea Voievod; CONSTANTINESCU, Consideraţii asupra limitelor cronologice şi teritoriale; CONSTANTINESCU, Mircea cel Bătrân; als Klassiker immer noch nützlich PANAITESCU, Mircea cel Bătrân; ARION, Din hrisoavele lui Mircea cel Bătrân.

43 ZACH, Orthodoxe Kirche und rumänisches Volksbewusstsein.

44 PAPACOSTEA, Drum comercial şi suveranitate de stat, 23f.

45 PIPPIDI, Despre „Dan voievod", 76f.

3.3.3 Die Walachei zwischen Osmanen und Ungarn

Damit war die Walachei definitiv in den osmanischen Einflussbereich geraten. Die Unterordnung der Walachei unter osmanische Herrschaft nahm in den folgenden Jahrzehnten in einem schrittweisen, von Rückschlägen unterbrochenen Prozess zu. Mit Mirceas Tod 1418 wurde die Walachei regelmäßig zu einem Schauplatz osmanisch-ungarischer Auseinandersetzungen, während im Innern eine lange Phase blutiger Machtkämpfe zwischen verschiedenen, um zwei Seitenlinien der Dynastie Basarab gruppierte Bojarenfraktionen begann. Ähnlich wie in Byzanz existierte wohl keine formelle Regelung der Herrschaftsfolge. Im 14. Jahrhundert war die Nachfolgeregelung zu Lebzeiten des Woiwoden durch Machtbeteiligung eines Mitregenten (dem Sohn bzw. Bruder des Herrschers, in Unterschied zu diesem, der sich als Großwoiwode u. Herr betitelte, nur mit dem Titel Woiwode) geregelt worden, analog entsprechender Praktiken in Byzanz, Bulgarien, Serbien oder Ungarn („Jungkönig", rex iunior).[46] Nach Mirceas Tod 1418 und dem seines Sohnes 1420 fand die geregelte Nachfolge ein Ende.

Mirceas unmittelbarer Nachfolger und Sohn Mihail I. (1418–1420), der von seinem Vater als Mitregent an der Herrschaft beteiligt worden war (ante 1391) konnte sich nach dem Tod seines Vaters nur zwei Jahre halten und fiel dann im Kampf gegen die Osmanen. Die folgenden Jahre (1420–1431) waren geprägt vom Machtkampf zwischen dem von den Osmanen unterstützten Halbbruder Mihails, Radu II., genannt Praznaglava (der Glatzköpfige, 1420–1422, 1426/1427) und, wie Andrei Pippidi kürzlich argumentiert hat, wohl zwei Herrschern namens Dan (Dan III., ein Sohn Mirceas, 1422–1423, 1427–1431; Dan IV., Sohn Dans I., 1424–1426, 1432).[47] Auf Dan IV. folge mit Alexandru Aldea (1431–1436)[48] ein weiterer Sohn Mirceas, der mit ungarischer Hilfe die Herrschaft erlangte, sich nach einem osmanischen Feldzug in die Walachei 1431 jedoch dem Sultan unterordnen musste. Neben Tributzahlungen an die Osmanen hatte der Woiwode dem Sultan Heeresfolge zu leisten (so 1432 ins siebenbürgische Burzenland), verpflichtete sich, in regelmäßigen Abständen dem Sultan persönlich die Huldigung darzubringen und musste als Garantie für sein Wohlverhalten 20 Bojarensöhne als Geiseln an den Hof des Sultans schicken.

Auf Alexandru Aldea folgte Vlad Dracul, abermals ein Sohn Mirceas, der dank ungarischer Rückendeckung den walachischen Woiwodenstuhl errang (1436/37–1442 u. 1444–1447).[49] Er hatte zuvor einige Zeit am Hofe Sigismunds von Luxemburg verbracht, der ihn in seinen gegen Häretiker und Heiden (Hussiten, Osmanen) gerichteten Drachenorden aufgenommen hatte (daher der Übername Dracul – der Drache). Auf den walachischen Woiwodenstuhl geraten war Vlad allerdings schon bald genötigt, sich dem Sultan zu unterstellen, dem er etwa anlässlich des osmanischen Einfalls in Siebenbürgen 1438 Heeresfolge leistete. Gleichzeitig bemühte er sich,

---

46 ILIE, Cauze ale asocierii la tron; VÎRTOSU, Titulatura domnilor şi asocierea la domnie, v. a. 216–292.

47 Zur Chronologie der Herrscherabfolge PIPPIDI, Despre „Dan voievod"; CÎMPEANU, Nefericitul voievod Dan cel Tînăr.

48 NICOLAESCU, Domnia lui Alexandru.

49 CHIHAIA, Vlad Dracul voievod al Tării Româneşti, 95–121; COLUMBEANU/VALENTIN, Vlad Dracul; CIOCÎLTAN, Între sultan şi împărat; MINEA, Vlad Dracul şi vremea sa.

gute Verhältnisse mit Ungarn zu bewahren. Doch als Johann Hunyadi 1442 in die Walachei einrückte, flüchtete der Woiwode ins Osmanische Reich, während Basarab II. (ein Sohn Dans II.) von Hunyadi zum Woiwoden eingesetzt wurde (1442–1444).[50] Vlad wurde vom Sultan nach Gallipoli ins Exil geschickt, seine Söhne kamen als Geiseln an den Sultanshof. Die Folgen des Langen Feldzuges Hunyadis im zentralen Balkan vom Winter 1443/1444 brachten Vlad Dracul mit osmanischer Schützenhilfe zurück auf den walachischen Woiwodenstuhl. Nun wechselte er abermals die Seiten, schloss sich wieder der antiosmanischen Front unter Führung Hunyadis an und beteiligte sich mehrfach auf christlicher Seite am Türkenkampf, so unter anderem an der für die Christen desaströsen Schlacht bei Varna 1444. Doch schon bald suchte Vlad erneut den Frieden mit den Osmanen und das Verhältnis zu Hunyadi schlug endgültig in Feindschaft um. Ende 1447 zog Hunyadi mit seinem Heer in die Walachei, nahm Vlad Dracul gefangen und ließ ihn köpfen.

Vladislav II. aus der Sippe der Dăneşti, ein Schützling Hunyadis, übernahm die Woiwodenwürde (1447–1456).[51] Doch auch er sah sich zu einer Annäherung an die Osmanen gezwungen. Die zunehmende wirtschaftliche Bedeutung des Osmanischen Reiches veranlasste ihn, die walachischen Dukaten-Emissionen neu nach dem osmanischen System der Aspern auszurichten (1452). Auch sonst verschlechterte sich das Verhältnis Vladislavs zu seinen einstigen ungarischen und siebenbürgischen Verbündeten zusehends. 1454 wurden ihm deswegen die siebenbürgischen Lehen Amlaş und Fogarasch entzogen. 1456 unternahm der Woiwode daher eine militärische Strafexpedition ins südliche Siebenbürgen, die ihm jedoch zum Verhängnis werden sollte. Denn nun unterstütze Hunyadi einen Sohn Vlad Draculs, der bereits seit längerer Zeit im siebenbürgischen Exil auf einen günstigen Moment gewartet hatte, um die Herrschaft in der Walachei an sich bringen zu können. Der Prätendent, wie sein Vater Vlad genannt, sicherte sich unter nicht genau geklärten Umständen die Herrschaft und ließ seinen Vorgänger Vladislav hinrichten.

3.3.4 Vlad Țepeş – Rebellion gegen den Sultan

Der neue Herrscher Vlad – der dritte dieses Namens auf dem walachischen Woiwodenstuhl – wurde besser bekannt unter seinen beiden Übernamen: Țepeş (der Pfähler, eigentlich Aufspießer, nach der bevorzugten Hinrichtungsart) sowie „Drăculea"/Dracula – letzterer Name eine Verkleinerungsform in Anlehnung an den Beinamen seines Vaters Vlad Dracul, der das Epitheton aufgrund der Mitgliedschaft im Drachenorden erhalten hatte.[52] Als Heranwachsender hatte Vlad

---

50 STOIDE, Basarab al II-lea.

51 STOIDE, Contribuţii la studiul istoriei Ţării Româneşti; DERS., Din nou despre istoria Ţării Româneşti.

52 Zum neuesten Forschungsstand der Sammelband BOHN/EINAX/ROHDEWALD (Hgg.), Vlad der Pfähler; neue Deutungen zu Vlads Handlungen bes. bei WEBER, Diplomatia Draculiana; wissenschaftlich einschlägige Monographien trotz ihres Entstehungskontextes im Rahmen der Heroisierung Vlads durch das Ceauşescu-Regime und aus Anlass des 500. Todestages immer noch die beiden entsprechend kritisch zu nutzenden, deskriptiv-soliden Bücher von ANDREESCU, Vlad Țepeş (engl. Vlad the Impaler), u. STOICESCU, Vlad Țepeş (auf engl.); mehrere Aufsätze im Themenheft unter dem Titel 500 de ani de la moartea lui Vlad Țepeş [500 Jahre seit dem Tod Vlads des Pfählers], in: *Revista de istorie* 29 (1976), H. 11, 1647–1766, darunter REZACHEVICI, Vlad Țepeş; gleichfalls

Țepeș mehrere Jahre im Osmanischen Reich verbracht, gemeinsam mit seinem Bruder und künftigen Rivalen Radu, genannt „der Schöne". Ihr Vater hatte die beiden Söhne während seiner Zeit auf dem Woiwodenstuhl der Walachei als Geiseln stellen müssen, um so für seine Loyalität gegenüber den Osmanen zu bürgen. Der junge Vlad hatte daher türkisch gelernt und war mit den osmanischen Verhältnissen in der Zeit kurz vor der Eroberung Konstantinopels aus eigener Anschauung bestens vertraut. Mehrere seiner zukünftigen Handlungen als Woiwode deuten darauf hin, dass er sich osmanische Taktiken und Herrschaftsmethoden zu Eigen gemacht hatte: das Pfählen als besonders qualvolle und entwürdigende Hinrichtungsart (die allerdings auch in Westeuropa vereinzelt angewendet wurde), die systematische Verbreitung von Furcht und Schrecken als taktisches Mittel zur Einschüchterung des Gegners, die mobile Kampfweise der leichten Reiterei. Es war Teil der osmanischen Strategie, die Söhne wichtiger Anführer der Christen im osmanischen Kontext zu sozialisieren und zu schulen, um sie später als eigene, aber dynastisch legitimierte und mit lokalen Gegebenheiten vertraute Befehlshaber in ihre Herkunftsgegend zu entsenden. Das Beispiel Vlads oder auch Skanderbegs zeigt allerdings das Risiko dieser Praxis – mit osmanischen Verhältnissen intim vertraute Gefolgsleute wechselten plötzlich die Seiten und wandten sich gegen ihre einstigen Herren. Solche spektakulären Fälle waren allerdings seltene Ausnahmen. Zumeist erwiesen sich Renegaten christlicher Herkunft oder zumindest in den Dienst des Sultans getretene Christen als treue Parteigänger, so etwa Vlads Bruder Radu der Schöne, der dem Sultan stets als loyaler Gefolgsmann (u. wohl auch erotischer Gefährte) diente.

Vlad, der künftige Pfähler, hatte bereits im Herbst 1448 als osmanischer Schützling ein erstes Mal versucht, die Abwesenheit des Woiwoden Vladislav zu nutzen, um die Herrschaft in der Walachei an sich zu reißen. Vladislav hatte Johann Hunyadi auf dem Kriegszug gegen die Osmanen Heeresfolge geleistet, der Zeitpunkt schien also günstig. Doch konnte sich Vlad nur wenige Wochen im Land halten, dann musste er dem heimkehrenden Vladislav wieder weichen, der mit Hunyadi in der zweiten Schlacht auf dem Amselfeld gekämpft hatte.[53] Vlad verbrachte nun Jahre des Exils als Prätendent in der Moldau, Siebenbürgen und Ungarn, wo er schließlich das Vertrauen Johann Hunyadis gewann. Denn in der Zwischenzeit war das Verhältnis der Ungarn und Siebenbürger zum Woiwoden Vladislav zerrüttet, definitiv nach der Vergeltungsexpedition des Woiwoden nach Siebenbürgen 1456. Vlad nutzte die Gunst der Ungarn und Unterstützung der Siebenbürger Sachsen, um im Sommer 1456 in die Walachei einzufallen. Dort besiegte er Vladislav, ließ ihn hinrichten und übernahm nun selber die Herrschaft (1456–1462).

Überblick über die ältere Literatur bei DEUTSCH/ANDREESCU, Dracula oder Vlad; im wissenschaftlichen Kontext und v. a. in Hinblick auf die historische Figur Vlads weniger ergiebig, da stärker auf die literarische Nachwirkung konzentriert sind eine Reihe eher populärwissenschaftlich ausgerichteter Werke, so etwa die stellenweise sehr spekulative Darstellung von CAZACU, Dracula; als kurze Einführung für ein deutschsprachiges Publikum HAUMANN, Dracula; problematisch TREPTOW, Vlad III; wenig ergiebig BUICAN, Țepeș; für die Erzählungen über Dracula neuerdings STROE, Vlad III; sämtliche verfügbaren Quellen zu Vlad liegen ediert vor: BOHN/GHEORGHE/WEBER (Hgg.), Corpus Draculianum.

53 CAZACU, La Valachie et la bataille de Kossovo.

Vlad Țepeș als Woiwode der Walachei

Schon kurz nach Herrschaftsantritt allerdings willigte er angesichts der osmanischen Übermacht in das alte Doppelspiel seiner Vorgänger ein und akzeptierte die Forderung, regelmäßig am Sultanshof zu erscheinen, um persönlich Tribut abzuliefern. Zugleich verschlechterte sich Vlads Verhältnis zu den südsiebenbürgischen Handelsstädten Kronstadt und Hermannstadt. Ein Streitpunkt betraf mehrere walachische Thronprätendenten, die in den reichen sächsischen Handelsstädten Hermannstadt und Kronstadt Unterschlupf gefunden hatten. Um die Städte zur Herausgabe der Exilierten zu zwingen, verheerte Vlads Soldateska auf einer Strafexpedition Güter seiner siebenbürgischen Kontrahenten. Zu den politischen Unstimmigkeiten kamen Handelsrivalitäten, deren Bedeutung von der Historiographie unterschiedlich gewichtet wird, denen jedoch anscheinend bestenfalls nachrangige Bedeutung zukam. Anscheinend hatte Vlad den Siebenbürger Sachsen einschneidende Zugeständnisse in der Handelspolitik machen müssen – nicht nur für die während seiner Zeit im siebenbürgischen Exil gewährte Unterstützung, sondern ebenso für die Zusicherung, ihm nötigenfalls erneutes Exil zu gewähren. Angesichts der instabilen Machtverhältnisse war eine solche Vorsichtsmaßnahme durchaus naheliegend. Nachdem sich Vlad aber mit den Osmanen geeinigt hatte, nahm er die Zusagen zurück und verlieh – so die traditionelle Sichtweise – walachischen Städten ein Stapelrecht, brach somit die Handelsvorteile der siebenbürgisch-sächsischen Kaufleute in der Walachei zugunsten walachischer Kaufleute, denen umgekehrt in Siebenbürgen ebenfalls ein Stapelrecht den freien Handel verwehrte. Die siebenbürgisch-sächsischen Kaufleute verloren damit einen wesentlichen Vorteil im Orienthandel. Allerdings ist unklar, ob das walachische Stapelrecht nicht erst nach Vlads Vertreibung aus der Walachei 1462 durch seinen Bruder Radu den Schönen eingeführt worden ist. Fest steht, dass die Konflikte mit den siebenbürgischen Städten in erster Linie politischer Art waren und wirtschaftliche Aspekte bestenfalls Begleiterscheinungen waren. Protektionistische Maßnahmen sind hingegen von Vlads Vorgänger Vladislav II. und seinem Nachfolger Radu dem Schönen bezeugt, die so die Walachei wirtschaftlich stärker auf das Osmanische Reich ausrichteten.[54]

Vlad verfolgte offensichtlich die Strategie des lachenden Dritten, indem er das Patt ausnutzte, das in Bezug auf die Walachei zwischen Ungarn und dem Osmanischen Reich herrschte. Er versuchte, sich so weitgehend der Unterordnung unter die Stephanskrone zu entziehen und sich von den Verpflichtungen gegenüber den siebenbürgischen Städten zu lösen. Ungarn schreckte vor einer militärischen Intervention in der Walachei zurück, hätte es dabei doch einen Konflikt mit den Osmanen riskiert, die die Walachei als ihre Interessensphäre betrachteten. Im Innern der Walachei ging Vlad mit harter Hand gegen Bojaren vor und ließ offenbar solche, die nicht loyal hinter ihm standen, in großer Zahl hinrichten. Gleichzeitig trieb der Woiwode aber auch die Erhebung von einfachen Leuten in niedere Bojarenränge voran, vor allem solche, die sich im Kriegsdienst ausgezeichnet hatten. Die Quellen dazu sind allerdings fast ausschließlich indirekter Art, weshalb sich zwar die Phänomene als solche nachvollziehen, aber keine zuverlässigen quantifizierbaren Angaben machen lassen. Die in den narrativen Quellen mitunter genannten Zahlen

---

54 Papacostea, Începuturile politicii comerciale, 27–30.

sind meist maßlose Übertreibungen. Wie viele Opfer Vlads gewaltsame Maßnahmen forderten und wie viele Leute aufstiegen, in welchem Ausmaß also die politischen Eliten dezimiert und die soziale Grundlage der Herrschaft verändert wurde, ist nicht mehr rekonstruierbar. Anhand von Einzelfällen wie dem des Bojaren Albu cel mare (Albu der Große) lässt sich die Vergeltungspolitik Vlads aber konkret nachvollziehen. Albu hatte sich als Prätendent gegen Vlad erhoben, wurde von diesem jedoch gestellt und mitsamt seiner Sippe hingerichtet.[55]

Allerdings lässt sich aus den Angaben in den Quellen Vlads Bemühen erkennen, durch Abschreckung einerseits und gezielte Förderung andererseits eine loyale, auf ihn eingeschworene Gefolgschaft zu schaffen, um so die Herrschaft zu konsolidieren und zu zentralisieren. Doch ging die Initiative zum Gewalthandeln nicht allein von Vlad aus. Gewaltsam ausgetragene Konflikte zwischen rivalisierenden Bojarengruppen erforderten vom Herrscher geradezu ein Eingreifen, um das Heft des Handelns in die eigene Hand zu bekommen und nicht selber zwischen Kräften zerrieben zu werden, die sich aufs Blut befeindeten. Gewalthandeln hatte hier also auch die Funktion, die eigene Herrschaftsfähigkeit unter Beweis zu stellen. Effektive und stabile Herrschaft konnte es nur geben, wenn der Woiwode als Garant das Gewalthandeln unter Kontrolle bringen konnte. Hier ließen sich eventuell Analogien herausarbeiten zu Erscheinungen wie dem vielfach und kontrovers debattierten Fehdewesen und der Landfriedensbewegung im Alten Reich, doch sind die Rivalitäten der mittelalterlichen walachischen Aristokratie noch kaum systematisch und in vergleichender Weise in einem europäischen Kontext erforscht worden.

Militärisch orientierte sich Vlad an den Vorbildern der osmanischen und ungarischen Heeresorganisation, hatte er doch in beiden Ländern einige Jahre gelebt. So gibt es Hinweise auf eine Heeresreform, wobei Vlad sich auf den Kern einer stehenden Reiterarmee und die Anwerbung von Söldnern stützte, während er das alte Aufgebot der Großen seines Landes – von denen ja eine potenzielle Bedrohung seiner Herrschaft ausging – in den Hintergrund drängte. Wohl nicht zuletzt dieser Maßnahme verdankt sich die angesichts der beschränkten Ressourcen des Landes erstaunliche Schlagkraft seiner Streitmacht, vergleichbar dem gefürchteten Schwarzen Heer des Matthias Corvinus aus der zweiten Hälfte des 15. Jahrhunderts. Aus den Quellen lässt sich so das Bild eines ehrgeizigen Herrschers rekonstruieren, der angesichts der labilen Machtposition sowie zahlreicher gegenläufiger Interessen auf äußerste Härte setzte, um sich Autorität zu verschaffen und den Widerstand gegen seine riskante Politik auszuräumen.

Antiosmanische Rebellion: waghalsige Aktionen und gefürchteter Gegner

Doch Vlad ließ es dabei nicht bewenden, sich von seinen einstigen ungarischen und siebenbürgisch-sächsischen Verbündeten abzuwenden. Wohl war er der Ansicht, Ungarn und die Osmanen würden sich militärisch gegenseitig in Schach halten, wobei beide Mächte aus Angst vor Vergeltung davor zurückschreckten, in der Walachei klare Verhältnisse zu schaffen und sie definitiv auf die eigene Seite zu ziehen. Diese doppelte Abhängigkeit konnte bei geschicktem Taktieren auch genutzt werden, den Handlungsspielraum auf Kosten der beiden Mächte zu vergrößern. So stellte

---

55 Documenta Romaniae Historica, ser. B, Bd. 5 (Hgg. MIOC/CHIPER), Nr. 3, 6.

der Woiwode 1459 die Tributzahlungen an die Osmanen ein. Mit Verweis auf die angespannte Lage gegenüber Ungarn konnte er die Osmanen aber vorerst geduldig stimmen.[56] Zugleich aber begann Vlad, heimlich wieder auf Tuchfühlung zu gehen mit dem ungarischen König. Die Annäherung zwischen dem 1458 gewählten König Matthias Corvinus (1458–1490) und Vlad wurde besiegelt, indem der walachische Woiwode zu Beginn des Jahres 1462 eine Verwandte des Königs heiratete. Die Osmanen, die Wind von der Aussöhnung des walachischen Woiwoden mit dem ungarischen König bekommen hatten, schickten gegen Ende 1461 ein Detachement los, das Vlad gefangen nehmen oder ermorden sollte. Vlad entging dem Attentat, das gleichzeitig der Anlass war, nun seinerseits offen mit den Osmanen zu brechen und in die Offensive zu gehen. Vielleicht kalkulierte er bewusst eine militärische Eskalation, um Ungarn in den Krieg hineinzuziehen, hoffend, dass es sich die Stephanskrone bei einem massiven osmanischen Vorstoß nicht leisten könnte, die Walachei ohne militärischen Beistand den Osmanen zu überlassen – eine Hoffnung, in der er sich trügen sollte. Jedenfalls wirken die Offensiven Vlads verwegen, provozierte er doch geradezu eine osmanische Strafexpedition herauf: Wohl Anfang des Jahres 1462 nahm sein Heer die unter osmanischer Kontrolle stehende Burg Giurgiu am linken Donauufer ein, woraufhin ein walachischer Plünderzug ans rechte, osmanische Donauufer folgte. Damit brach der seit gut zwei Jahren latente Konflikt zwischen der Walachei und dem Osmanischen Reich offen aus. Die Streifzüge und Brandschatzungen auf osmanischem Gebiet zielten neben der Gelegenheit zur Plünderung für seine Soldaten – ein Söldnerheer wollte unterhalten werden – nicht zuletzt darauf ab, durch Zerstörung von Getreidespeichern und anderer für den Vormarsch und Nachschub wichtiger Infrastruktur den Aufmarsch des zu erwartenden osmanischen Heeres zu erschweren.

Die Reaktion Sultan Mehmeds II. des Eroberers (1444–1446, 1451–1481) folgte auf den Fuß: In den Sommermonaten setzte das osmanische Hauptheer über die Donau, unter dem persönlichen Kommando des Sultans. Dies zeigt die Bedeutung, die man auf osmanischer Seite der Rebellion des unbotmäßigen Herrschers der Walachei entgegenbrachte. Auch in den osmanischen Quellen treten Furcht und Bewunderung vor dem Geschick des Feldherrn Vlad zu Tage. Das Heer Mehmeds war den walachischen Truppen zahlenmäßig wohl mindestens um das Dreifache und auch waffentechnisch durch die Artillerie massiv überlegen. Gleichzeitig mit dem osmanischen Vorstoß drang von Norden her der moldauische Woiwode Stefan „der Große" gegen die Walachei vor, um den von einer ungarischen Garnison gehaltenen, für den Handel überaus wichtigen Donauhafen Chilia einzunehmen. Angesichts der Kräfteverhältnisse ging Vlad einer offenen Konfrontation mit den Osmanen aus dem Weg. Vielmehr ließ er sie vorstoßen, fügte durch wiederholte Störmanöver aber seinem Gegner Mehmed, dem Eroberer Konstantinopels, empfindliche, wenn auch keineswegs vernichtende Verluste zu. Rasche Manöver, Überraschungsangriffe mit schnellem Rückzug und Ausnützung von Geländevorteilen waren die Taktik, um den übermächtigen Feind in die Defensive zu zwingen, ohne ihn in einer offenen Feldschlacht stellen zu müssen. Es war eine Taktik der Zermürbung, eine Taktik, die Furcht und Schrecken verbreitete, um den Gegner zu demoralisieren. Den nachhaltigsten Effekt erzielte Vlad mit einem

---

56 Denize, conflictul dintre Vlad Țepeș și turci?

tollkühnen nächtlichen Angriff auf das Lager des Sultans, der wohl, allerdings vergeblich, auf das Leben Mehmeds zielte. Dieser waghalsige Angriff trug auf osmanischer Seite wesentlich zum Bild von Vlad als einem gefürchteten Gegner bei, ein Bild, das in der osmanischen Überlieferung zentral werden sollte.

Dennoch waren Vlads Manöver zwar schmerzhafte Nadelstiche, die jedoch die militärische Überlegenheit der osmanischen Truppen keineswegs zu erschüttern vermochten. Doch ohne den Gegner für eine Entscheidungsschlacht stellen zu können, machte ein weiterer Verbleib in der Walachei angesichts weiterer geplanter Kriegszüge in der zeitlich begrenzten sommerlichen Kampfsaison für die osmanischen Truppen wenig Sinn. Zudem war die Versorgung eines so zahlreichen Heeres auf feindlichem und dünn besiedeltem Gebiet eine veritable Herausforderung – inwiefern Quellenberichte stimmen, wonach Vlad die walachische Bevölkerung massenweise habe evakuieren lassen, ist allerdings umstritten. Ohne eine entscheidende Feldschlacht geschlagen zu haben, scheint für Mehmed die Zeit knapp geworden zu sein: Er zog sein Heer ab und einem anderen Kriegsschauplatz zu, der wenig später erfolgreichen Eroberung der Insel Lesbos.[57]

Aufgeweichte Abwehrfront: die innere Opposition und Radu der Schöne

Der Kriegszug in der Walachei hingegen war trotz klarer osmanischer Überlegenheit ohne eindeutigen Schlachtensieg, aber einer ungeschlagenen osmanischen Vorherrschaft zu Ende gegangen. Die Walachei hatte hohe Verluste zu beklagen. Der Sultan ließ bei seinem Abzug Vlads Halbbruder Radu mit einer Truppenabordnung am Rande der erschöpften Walachei zurück. Radu gelang es, Unterstützung unter den Bojaren zu mobilisieren, die nach und nach zu ihm überliefen. Radu, genannt der Schöne (Radu cel Frumos, 1462–1473/1475), konnte sich schließlich durchsetzen, Vlad zog sich in den Norden der Walachei zurück. Er versuchte erneut, aber anscheinend wiederum erfolglos, den ungarischen König Matthias für den Kampf gegen die Osmanen zu gewinnen. Daraufhin soll der als Woiwode abgesetzte Vlad abermals einen Frontwechsel geplant haben, um wieder die Herrschaft zu erlangen: In Briefen an den Sultan, deren Authentizität allerdings umstritten sind, ersuchte er um Frieden und Wiedereinsetzung in seine Herrschaft. Dafür gelobte er nicht nur die Rückkehr zur loyalen Unterordnung unter den Sultan, sondern auch Unterstützung für einen osmanischen Feldzug gegen Ungarn. Nachdem dieser angebliche Verrat in Ungarn ruchbar geworden war, ließ König Matthias Vlad gefangensetzen – ob die Briefe allenfalls eine geschickte Fälschung seiner Widersacher waren, ist nicht restlos geklärt. Über die Gründe für Vlads Gefangennahme ist viel spekuliert worden. Intrigen von Vlads ungarischen und siebenbürgischen Gegnern mögen ein Rolle gespielt haben, Zweifel an der Loyalität des ehrgeizigen Woiwoden und der Unwille des ungarischen Königs, den Türkenkampf in der Walachei fortzusetzen – die genaue Motivation bleibt unklar. Allzu zerrüttet aber kann das Verhältnis zwischen Vlad und Matthias nicht gewesen sein. Noch ein knappes Jahr zuvor, anfangs 1462, hatte der König dem walachischen Woiwoden eine Verwandte zur Frau gegeben, nach deren Tod Vlad um 1474/1475 erneut in die königliche Familie einheiratete, diesmal Jusztina Pongrácz, eine Cousine mütterlicherseits

---

57 Weber, Diplomatia Draculiana.

von Matthias.[58] Spätestens zu diesem Zeitpunkt also schien Vlad am ungarischen Hof rehabilitiert zu sein. Bald schon bestimmte am ungarischen Hof nur die Grausamkeit, für die er bis heute berüchtigt ist, das Bild über den Walachen, nicht aber der angebliche Verrat. Tatsächlich erlangte er später auch wieder die Gunst von König Matthias. Vlad verbrachte die Jahre in ungarischer Gefangenschaft anscheinend als Unterpfand, das sich der ungarische Hof geschickt propagandistisch zu Nutze machte und das bei Gelegenheit im Kampf gegen die Osmanen zur Abschreckung genutzt werden konnte.

Vlad war trotz punktueller Achtungserfolge gegen das osmanische Heer zum Rückzug aus der Walachei gezwungen worden. Militärisch eindeutig verloren hatte er den Krieg nicht, doch war der Preis für eine wenn nicht tatsächliche, so doch faktische Niederlage enorm hoch gewesen. Der Krieg bedrohte eine der wichtigsten Einnahmequellen der Walachei, den Transithandel von Ungarn ins Osmanische Reich. Vlads zermürbender Abnützungskrieg schadete dem Land durch Verwüstungen und Plünderungen letztlich mehr als er die Osmanen zu schwächen vermochte. Deshalb weichte die Abwehrfront im Innern auf, zumal unter der harten Hand Vlads wohl manch einer der Großen nur auf eine Gelegenheit wartete, den waghalsig agierenden Herrscher loszuwerden und alte Rechnungen zu begleichen mit dem Herrscher, der gnadenlos Teile des Bojarentums dezimiert hatte. Viele Bojaren hinterfragten den Sinn des verlustreichen, aber aussichtslosen Kampfes gegen die osmanische Großmacht, die allein mit walachischen Mitteln nicht zu bezwingen war. Vlads Kampf trug Züge eines persönlichen Befreiungsschlages, dessen Position im labilen Machtgefüge zwischen den umliegenden Mächten und interner Opposition stark gefährdet war. Die pro-osmanische Fraktion unter den Bojaren aber wird wenig Interesse daran gehabt haben, Vlads verwegene Unternehmung mitzutragen und mutwillig den Frieden mit dem Sultan aufzugeben, der in den ersten Jahren unter Vlads Regierung geherrscht hatte. Die nach Ungarn orientierten Bojaren hingegen hatten durch die militärische Konfrontation wenig gewonnen, aber viel riskiert. Daher erstaunt es wenig, dass viele die Seiten wechselten und sich dem osmanischen Schützling Radu dem Schönen unterstellten, während Vlad im Herbst 1462 nach Siebenbürgen auswich. Vlad hatte es insbesondere versäumt, eigene diplomatische Kontakte über die unmittelbar benachbarten Mächte hinaus zu knüpfen. Vor allem mit den italienischen Mächten stand Vlad nicht in direktem Kontakt, sondern überließ es den Ungarn, dort vorstellig zu werden. Gerade Venedig aber und die römische Kurie unter Papst Pius II. (1458–1464) waren wichtige Geldgeber im antiosmanischen Kampf und hätten diesem propagandistisch dringend benötigte zusätzliche Legitimation verleihen können. Vlad hatte sich zu sehr auf die unmittelbare Aufrechterhaltung seiner Herrschaft vor Ort, auf militärische Schlagkraft konzentriert, einer besseren Einbettung in die Netzwerke des eben entstehenden europäischen Gesandtschaftswesens jedoch nicht genügend Gewicht beigemessen. Sehr viel geschickter agierte hier nur wenig nach ihm Stefan der Große in der benachbarten Moldau, der als eigenständiger Akteur weit ausgreifende diplomatische Kontakte nach Westen initiierte – was hinsichtlich der weniger exponierten Moldau allerdings auch einfacher war als im Falle der zwischen zwei großen Reichen eingeklemmten Walachei.

---

58 SIMON, Soțiile ungare ale lui Vlad III Țepeș, 8.

Vlad sollte vor seinem definitiven Ende nochmals ein letztes spektakuläres Auftreten im walachischen Türkenkampf gewährt sein. Zu Jahresbeginn 1476 nahm er, der inzwischen zum Katholizismus konvertiert war, im ungarischen Heer an den Kämpfen gegen die Osmanen in Bosnien teil, so an der Eroberung von Šabac. Im November desselben Jahres erstritt er mit Unterstützung des ungarischen Hofes ein letztes, drittes Mal, die Herrschaft in der Walachei. Aber diese nicht einmal zwei Monate andauernde Regierungszeit endete damit, dass Vlad im Kampf gegen die Osmanen um den Jahreswechsel 1476/1477 fiel, als diese dem zuvor vertriebenen Basarab Laiotă wieder zur Herrschaft verhalfen.

Zweifelhafter Ruhm: das Nachleben des Vlad Țepeș

Schon gegen Ende von Vlads zweiter Herrschaft oder kurz danach, zu Beginn der 1460er Jahre, hatten phantastisch ausgeschmückte Schauergeschichten über den Woiwoden in Ungarn und von dort aus dann auch im deutschsprachigen Raum zu zirkulieren begonnen, wobei Vlad hier meist nach seinem Übernamen „Dracula" (Woiwode Dracula, „Trakle waida", „dracole waide" etc.) genannt wurde. Eine Inspirationsquelle für diese Geschichten waren wohl die Verleumdungen durch die Gegner Vlads, insbesondere die Siebenbürger Sachsen. Auch König Matthias hatte die Verbreitung dieser Erzählungen gefördert – gemäß der klassischen Interpretation, weil er Vlad nach dessen Absetzung anschwärzen und gegenüber den Geldgebern des Türkenkrieges, dem Papst und Venedig, die Gefangennahme des erfolgreichen Türkenkämpfers rechtfertigen musste.[59] Neuerdings sind Einwände gegen diese Sicht formuliert worden: Matthias hätte mit den Schreckensnachrichten über den walachischen Woiwoden wohl gerade so gut das eigene Vermögen, mittels seines Schützlings gegenüber den Osmanen Schrecken zu verbreiten, hervorheben können. Sollte es tatsächlich eine Verleumdungskampagne gegen Vlad gegeben haben, so könnte dahinter zumindest anfänglich möglicherweise nicht Matthias, sondern sein Gegenspieler Kaiser Friedrich III. (1452–1493) gestanden haben, der damit den ungarischen König als Schutzherrn Vlads zu desavouieren trachtete.[60] Obwohl eine solche Möglichkeit zumindest für die Zeit vor der Versöhnung Friedrichs und Matthias 1463 nicht gänzlich auszuschließen ist, dürfte doch primär den Ungarn, aber auch den Osmanen in dieser Zeit, im Interesse der Friedenserhaltung, daran gelegen gewesen sein, Vlad für die Kriegstreiberei und allerlei anderes Übel verantwortlich zu machen.

Es waren mehrere Faktoren, die zur Bekanntheit der Figur des Dracula im europäischen Kontext beitrugen: die aktive Propaganda des ungarischen Hofes mal gegen, mal zugunsten Vlads, die in ungarischen Elitenkreisen zirkulierenden Erinnerung an die Taten des Walachen sowie die auf die Rehabilitierung einige Zeit nach der Gefangennahme gründende vorsichtig positiv gewendete narrative Gestaltung seiner Taten im Rahmen der humanistischen Geschichtsschreibung Antonio Bonfinis, die später in die Cosmographie Sebastian Münsters übernommen wurde.[61] Von Ungarn aus waren die Erzählungen schon früh, zu Beginn der 1460er Jahre, in den deutschen

---

59 CAZACU, Dracula; PAPACOSTEA, Cu privire la geneza și răspândirea povestirilor scrise.

60 SIMON, Soțiile ungare ale lui Vlad III Țepeș, 11.

61 ANNAS, Vlad III.

Sprachraum gelangt und etwas später nach Russland, wobei Gesandtschaften eine wichtige Rolle für die Verbreitung spielten. Hinter all den narrativ strukturierten Texten ist die reale Gestalt des walachischen Woiwoden nur undeutlich sichtbar. Grundlage der intensiven Rezeption gerade dieser Person dürften aber sicherlich außergewöhnliche Taten gewesen sein, die das Interesse der Zeitgenossen auf diese ansonsten im europäischen Kontext eher marginale Figur lenkten. Dazu gehörten die riskanten militärischen Unternehmen gegen die Osmanen und gezielt eingesetzte Grausamkeiten, die seine Herrschaftsfähigkeit unter Beweis stellen sollten. In beiden Fällen gehörte es zum Kalkül, mit diesen Taten ein breites Echo zu erzeugen. Der Ruf als gleichermaßen heldenhafter wie gnadenloser Herrscher sollte bei Feinden Furcht, bei Untertanen Gehorsam und bei Verbündeten Respekt generieren. In literarisierter Form, überformt von Gattungskonventionen, Stereotypisierung und intertextuellem Abgleich mit anderen literarisierten Herrschergestalten verselbständigte sich die Figur des Dracula dann je nach Kontext, Intention des Autors und Lesart zum gefürchteten Gegner, abscheulichen Sadist oder strengen, aber gerechten Herrscher.

Dank des wenige Jahre zuvor erfundenen Buchdrucks begannen die Schauergeschichten über Vlad als Flugblätter im deutschen Sprachraum zu zirkulieren und verbreiteten das Bild Vlads als eines sadistischen Tyrannen, der seine Gegner reihenweise habe pfählen bzw. aufspießen lassen (eine nicht nur bei den Osmanen, sondern auch in Europa bekannte, aber seltene Hinrichtungsart, daher der rumänische Übername Țepeș, der Pfähler), der sich grausame Bestrafungen für kleinste Vergehen (Unhöflichkeit, Lügen, Ungehorsam) ausgedacht und sich an den Qualen seiner Opfer ergötzt haben soll. Oft standen dabei nicht mehr historische Tatsachen im Vordergrund, sondern Sensationslust und Unterhaltungswert.[62] Die Darstellungen bedienten sich dabei der damals gängigen Grausamkeits-Topoi. Das Spätmittelalter und der Beginn der Frühen Neuzeit waren in Westeuropa ein Zeitalter, in dem ausgesprochen detaillierte Berichte über Grausamkeiten in Mode waren. Brutalität war dabei keineswegs per se verpönt, sie konnte im Rahmen eines Strafgerichtes oder um – etwa in einem Krieg – Schrecken zu verbreiten, vielmehr als legitimes Mittel gelten. Bloß unbegründete, rein sadistisch motivierte Gewalt, wie sie teilweise Vlad nachgesagt wurde, wurde als illegitime Grausamkeit gesehen. Der Vergleich mit anderen Berichten über Grausamkeiten zeigt, dass die Erzählungen über Vlad Ausdruck des zeitgenössischen westeuropäischen Diskurses über Grausamkeiten waren.[63] Auch in Russland verbreitete sich die Kunde vom walachischen Herrscher in diversen Handschriften, der hier aber wie in den Werken der Humanisten Ungarns eher als zwar äußerst gestrenger, zugleich jedoch gerechter Gebieter erschien.

Schließlich erhielt die fiktive Hauptfigur eines 1897 erschienenen Vampirromans des britisch-irischen Autors Bram Stoker den Namen Dracula. Diese Romanfigur, in populärwissenschaftlichen Darstellungen häufig mit Vlad Țepeș in Verbindung gebracht, hat jedoch außer dem Namen und vereinzelten vagen Hinweisen auf den Kontext der Türkenabwehr keinerlei Gemeinsamkeit mit der historischen Person des walachischen Woiwoden. Stokers Inspirationsquelle war eine Landesbeschreibung der Walachei und Moldau von William Wilkinson aus dem Jahre 1820. Von dort

---

62 Ursprung, Propaganda și popularizarea.

63 Baraz, Medieval Cruelty; Ursprung, Gewalt am Ende des Mittelalters.

übernahm er ein paar wenige Eckdaten wie die Verortung im transylvanischen Kontext sowie den Namen Dracula, wohl weil die angeführte Erklärung des Namens als „Teufel" für den Roman passend erschien. Kenntnis der älteren Überlieferung zu den Gräueltaten Vlads scheint Stoker aber nicht gehabt zu haben, da sie sich im Roman nicht widerspiegeln. Vielmehr stützte sich Stoker auf Volksüberlieferungen zum südosteuropäischen Vampirglauben, der jedoch bislang nie mit Vlad Țepeș in Verbindung gebracht worden war. Stokers Roman ist vielmehr als später, im viktorianischen Kontext angesiedelter Vertreter der „gothic literature" anzusehen, einem in den 1760er Jahren in England entstandenen Literaturgenre. Vampire spielten darin lange vor Stoker eine wichtige Rolle, nicht zuletzt inspiriert durch Berichte aus den 1720er und 1730er Jahren über den Vampirglauben in serbischen Dörfern des habsburgisch-osmanischen Grenzgebiets. Stokers Dracula gilt jedoch als Vollendung der Vampirliteratur, die im frühen 19. Jahrhundert eingesetzt hatte, mit Vorläufern seit Mitte des 18. Jahrhunderts. Die populäre Vampirfigur des 20. Jahrhunderts gründet im Wesentlichen auf Stokers Darstellung.[64]

Populäre Verbreitung aber erlangte die Figur des blutsaugenden Vampirs namens Graf Dracula im Anschluss an Stokers Roman erst ab dem zweiten Viertel des 20. Jahrhunderts durch Adaptionen in Form von Bühnenstücken, vor allem aber diversen Verfilmungen, beginnend mit dem Hollywood-Filmklassiker „Dracula" von 1931. Die Bekanntheit der Dracula-Figur in der Populärkultur führte außerhalb Rumäniens in der zweiten Hälfte des 20. Jahrhunderts zu zahlreichen, oft populärwissenschaftlichen und journalistischen Versuchen, der historischen Substanz der Figur auf den Grund zu gehen. Im sozialistischen Rumänien blieb die wissenschaftliche Rezeption Vlads weitgehend unberührt von der Vampirfigur. Dort war die Romanfigur weitgehend unbekannt und erhielt primär im Rahmen eines ab den 1970erJahren einsetzenden Dracula-Tourismus westlicher Reisender Aufmerksamkeit. Erst nach 1990 wurde die Vampirfigur Dracula, inzwischen stark mit der Figur des walachischen Woiwoden in Verbindung gebracht, durch die Rezeption des westlichen Dracula-Bildes auch in Rumänien wahrgenommen.

Die Forschung zu Vlad Țepeș ist teilweise von dieser Überlieferungsgeschichte und der weltweiten Bekanntheit der Roman- und Filmfigur kontaminiert, zumindest was das unvergleichlich große Interesse für diesen walachischen Woiwoden außerhalb Rumäniens betrifft. Vlad gehört damit zu den meisterforschten rumänischen Herrschergestalten der Vormoderne, was allein durch seine historische Bedeutung kaum gerechtfertigt ist. In der umfangreichen Literatur, neben der historischen vor allem in der Literaturwissenschaft und der Volkskunde, wird zudem oft nicht deutlich genug unterschieden zwischen Vlad als historischer Figur, der literarischen Überformung in den zahlreichen narrativen Quellen des 15. bis 17. Jahrhunderts sowie schließlich dem von Stoker geschaffenen transylvanischen Vampir namens Graf Dracula, ein bloßer Namensvetter des historischen Drăculea/Dracula. Dennoch hat ironischerweise gerade die auch auf die Wissenschaft ausstrahlende morbide Faszination der Vampirfigur Impulse für seriöse wissenschaftliche Arbeiten zur historisch verbürgten Figur des walachischen Woiwoden gegeben: ein kurioses, über zahlreiche Umwege zum Ausgangspunkt zurückkehrendes Beispiel Wissenschaftsgeschichte.

---

[64] Hovi, From a Crusader to a Vampire?

3.3.5 Integration in den osmanischen Reichsverband

Sultan Mehmed II. hatte bei seinem Rückzug aus der Walachei 1462 Vlads Bruder, Radu den Schönen, mit der Herrschaft in der Walachei betraut.[65] Radu erwies sich als loyaler Gefolgsmann des Sultans, was zu Konflikten mit Ungarn und häufigen Zusammenstößen mit den Truppen der Moldau Stefans des Großen führte. Der Konflikt mit der Moldau drehte sich vor allem um die Herrschaft über die für den Handel so wichtigen Hafenstädte am Unterlauf der Donau, in einem weiteren Sinne trachtete Stefan jedoch danach, die Walachei dem Einflussbereich des Sultans zu entziehen – als osmanischer Vorposten stellte sie eine latente Bedrohung seines eigenen Landes dar. Das Ringen der Nachbarn um die Vorherrschaft in der Walachei destabilisierte die Lage vollends. Von 1473 bis 1482 kam es zu über einem Dutzend Herrscherwechsel, wobei vor allem drei Männer den praktisch permanenten Machtkampf austrugen und abwechselnd für kurze Zeit das Land oder Teile davon kontrollierten: Radu der Schöne als Kandidat der Osmanen, der nach seiner ersten Regentschaft (1462–1473) in den Jahren von 1473 bis 1475 noch drei weitere Male kurz die Herrschaft erlangte. Sodann errang der aus der Sippe der Dăneşti stammende Basarab III. Laiotă, genannt „der Alte" (Basarab cel Bătrân)[66] im Zeitraum 1473–1477 insgesamt fünfmal die Vorherrschaft, anfänglich als Gefolgsmann Stefans des Großen. Schließlich riss Basarab Ţepeluş „der Junge" (Basarab cel Tânăr, Sohn Basarabs II. aus der Sippe der Dăneşti) zwischen 1474 und 1482 viermal die Herrschaft an sich, nacheinander mit Unterstützung des siebenbürgischen Woiwoden (1474), Stefans des Großen (1478) und schließlich der Osmanen (1480 u. 1481).

Nach über einem Jahrzehnt ununterbrochener Machtkämpfe brachten erst die Regierungszeiten eines weiteren Sohnes Vlad Draculs, Vlads des Mönches (Vlad Călugărul, 1481 u. 1482–1495) und seines Sohnes Radu „der Große" (Radu cel Mare, 1495–1508)[67] wieder Ruhe. Vlads auf Ausgleich der Interessen zwischen dem Osmanischen Reich, Ungarn und der Moldau ausgerichtete Politik kam zugute, dass die Moldau Stefans des Großen ab 1486 ebenfalls wieder Tribut ans Osmanische Reich leistete und damit ein Faktor der Instabilität wegfiel, zumal auch Ungarn sich ruhig verhielt und bezüglich der Türkenabwehr im Wesentlichen darauf bedacht war, den status quo zu halten. Erst in seinen letzten Regierungsjahren nahm Vlad eine zunehmend antiungarische Haltung ein. Wie sein Vater übte sich auch Radu der Große in striktem Gehorsam gegenüber dem Sultan, dem er ab 1500 jährlich persönlich in Istanbul huldigte. Der Tribut stieg in seiner Regierungszeit von 8.000 auf 12.000 Goldstücke pro Jahr an. Zugleich bemühte er sich aber um ein friedliches Verhältnis zu Ungarn und der Moldau. Im Innern stabilisierte Radu seine Herrschaft, indem er sich auf das im ausgehenden 15. und der ersten Hälfte des 16. Jahrhunderts mächtigste walachische Bojarengeschlecht, die Familie Craiovescu (plural: Craioveşti) aus der Kleinen Walachei, stützte. Er übertrug ihnen das neu geschaffene Amt eines Bans von Craiova, das mehrere Jahrzehnte in Familienbesitz blieb. Der Ban als höchster Würdenträger nach dem Woiwoden kontrollierte als dessen Statthalter die Kleine Walachei westlich des Olt und verfügte über weitreichen-

---

65 Eskenasy, O precizare asupra politicii externe a Ţării Româneşti; Lapedatu, Radu cel Frumos.

66 Cîmpeanu, Basarab Laiotă.

67 Vergatti, Radu le Grand; Năsturel, Radu Vodă; Lăpĕdatu, Politica lui Radul cel Mare.

de Vollmachten.[68] Die Sonderstellung des westlichen Landesteils, des einstigen Severiner Banates, war damit auf eine neue Grundlage gestellt worden. Die relative Friedenszeit ging mit einem Aufblühen der Wirtschaft einher, vor allem des Handels mit dem Osmanischen Reich.

Radus Herrschaft war primär auf kulturellem Gebiet von Bedeutung. 1504 holte er mit osmanischem Einverständnis den ehemaligen ökumenischen Patriarchen, den später heiliggesprochenen Níphon II. (Nephon), in die Walachei, um die walachische Kirchenorganisation wieder auf eine kanonische Grundlage zu stellen. Als Folge der Kirchenunion von Florenz 1439, in der sich das Patriarchat von Konstantinopel dem Papsttum unterstellt hatte, der osmanischen Eroberung der byzantinischen Hauptstadt wie auch der politischen Unruhen in der Walachei war dem ökumenischen Patriarchat in der zweiten Hälfte des 15. Jahrhunderts die Aufsicht über die walachische Kirchenorganisation entglitten, unkanonische Glaubenspraktiken hatten um sich gegriffen. Níphon hielt eine Synode ab und veranlasste die Gründung der Bistümer Buzău und Vâlcea (Râmnicu Vâlcea). Doch schon bald geriet er in Konflikt mit dem Woiwoden und wurde des Landes verwiesen. Noch unter Radu entstand 1508 auch die erste Druckerei der Walachei und eine der ersten im orthodoxen Südosteuropa im Kloster Dealu (bei Târgoviște).

Auf Radu folgten kurz nacheinander die drei Woiwoden Mihnea „der Böse" (cel Rău, 1508–1509), sein Sohn Mircea III. (1509–1510) sowie Vlad „der Junge" (cel Tânăr, auch Vlăduț, 1510–1512).[69] Mihnea der Böse[70], ein unehelicher Sohn von Vlad Țepeș, hatte schon seit Jahren als Prätendent in Ungarn Unterstützung für seine Pläne gesucht, zuletzt kurz vor dem Tod Radus des Guten. Da Ungarn allerdings einem anderen Kandidaten den Vorzug gab, wandte er sich schließlich den Osmanen zu. Diese setzten ihn nach Radus Ableben in der Walachei ein. Damit waren die Osmanen den zögerlichen Ungarn zuvorgekommen, die ebenfalls Pläne entwickelt hatten, nach dem Ableben Radus die ungarische Position südlich der Karpaten zu halten, indem mit militärischen Mitteln ein eigener Kandidat hätte installiert werden sollen. Mihnea, gegen den Willen Ungarns Woiwode geworden und von den bereits in Siebenbürgen zusammengezogenen Truppen bedroht, wandte sich mit versöhnlichen Botschaften an seine Nachbarn im Stephansreich. Er bot Frieden und Schutz vor osmanischen Überfällen an und versicherte, heimlich die Sache der Christen zu unterstützen. Aus eigener Schwäche lenkte der ungarische Hof nach einigem Zögern ein. Um das Gesicht zu wahren bestand Ungarns König Władysław II. Jagiełło (1490–1516) allerdings darauf, dass eine Gesandtschaft Mihneas förmlich um die Anerkennung seiner Herrschaft in der Walachei nachsuchen sollte.

Mihnea versuchte seine fragile Position im Innern durch gewaltsames Vorgehen gegen Bojaren zu stabilisieren, deren Güter er konfiszierte. So zog er die Feindschaft der mächtigen Bojaren Craiovești auf sich. Diese erreichten zusammen mit ihrem Verbündeten Mehmed Bey Mihaloğlu, dem osmanischen Statthalter (Sancakbey) von Nikopol (1508–post 1532, Spross einer Familie

---

[68] Grundlegende Monographie, allerdings v. a. für die ältere Zeit unzuverlässig und spekulativ ȘTEFĂNESCU, Bănia în Țara Românească; daneben die ältere Arbeit von FILITTI, Banatul Olteniei.

[69] CÎRSTINA, Cercuri ale puterii, 112f.

[70] Die grundlegendste Arbeit zu diesem Woiwoden immer noch LĂPĂDATU, Mihnea-cel-Rău și ungurii.

osmanischer Würdenträger an der unteren Donau, die sich auf einen im frühen 15. Jh. zum Islam konvertierten Mihail, angeblich ein Enkel Mirceas des Alten, zurückführte, zugleich über die Mutter mit den Craioveşti verwandt), vom Sultan die Zustimmung zu einem eigenen Thronkandidaten, Vlad dem Jungen, ein Jüngling von 16 Jahren und Sohn Vlads des Mönches. Er sollte als dynastisch legitimierter Strohmann im Dienste der Craioveşti fungieren. Zu Beginn des 16. Jahrhunderts war dynastische Legitimation offenbar noch derart bedeutend, dass sich selbst das mächtigste Bojarengeschlecht nicht erdreistete, sie offen zu missachten. Erst einige Jahre später sollte mit Neagoe Basarab einer der ihren, der eine allerdings fragwürdige dynastische Ansippung geltend machen konnte, die Herrschaft in der Walachei übernehmen.

Unter diesen Umständen trat Mihnea 1509 die Herrschaft seinem Sohn Mircea III. ab, aber dieser konnte sich nicht gegen die 1510 in die Walachei vorrückenden Truppen Mehmed Beys, unterstützt von den Craioveşti, durchsetzen, die Vlad den Jungen in sein Amt einsetzten. Der neue Woiwode wandte sich aber schon bald gegen seine Mentoren, die Bojaren Craioveşti, die sich abermals gezwungen sahen, ins Osmanische Reich zu flüchten. Im Kontext der innerosmanischen Machtkämpfe um die Nachfolge Sultan Bayezids II. übernahm Mehmed Bey die Initiative und setzte wie von den Craioveşti gewünscht einen der ihren, Neagoe, in die Herrschaft ein (1512–1521).[71]

Als Woiwode nahm Neagoe den Namen Basarab an und gab sich aus Legitimitätsgründen als Sohn Basarabs des Jungen aus – ob er allenfalls tatsächlich unehelicher Sohn dieses Woiwoden war und vom Groß-Vornic Pârvu Craiovescu adoptiert worden ist, konnte bislang nicht geklärt werden. Die Herrschaft des gebildeten Neagoe Basarab ist vor allem aufgrund der kulturellen Leistungen bemerkenswert. Er tat sich als Stifter hervor, wobei die Klosterkirche von Curtea de Argeş (geweiht 1517 durch den ökumenischen Patriarchen Theóleptos I., 1513–1522) zu den bedeutendsten Sakralbauten der Walachei überhaupt zählt. In ihr verbinden sich byzantinische, armenische, serbische und westliche Einflüsse zu einem harmonischen Ganzen.[72] Die Verbindung architektonischer Elemente orthodox-byzantinischer sowie islamischer Tradition erinnert besonders in den ornamentalen Mustern der Außenwände an die normannisch-arabische Architektur in Sizilien (Kathedralen von Palermo u. Monreale aus dem 12. Jh.), wobei eine unter ganz unterschiedlichen Voraussetzungen entstandene islamisch-christliche kulturelle Synthese den gemeinsamen Hintergrund bildete.

Der Ausgleich zwischen verschiedenen Interessen und enge Beziehungen zur Orthodoxie im Osmanischen Reich ist insgesamt charakteristisch für Neagoes Herrschaftsprogramm, das in den Mahnreden an seinen Sohn Teodosie, einen an byzantinische Vorbilder angelehnten Fürstenspie-

---

71 Kurze, aber gute Übersicht über die Herrschaftsmechanismen dieses Woiwoden bei COMAN, În scaunul vechilor domni; Die traditionelle Sichtweise der rumänischen Historiographie erschließt für ein deutschsprachiges Publikum GRIGORE, Neagoe Basarab; CÂDĂ (Hg.), Sfântul Voievod Neagoe Basarab; VERGATTI, Neagoe Basarab; GLIGORE, Sfântul Voievod; ILIE, Neagoe Basarab and the Succession to the Throne of Wallachia; PĂUN, „La couronne est à Dieu"; CIOBANU, Neagoe Basarab; umfangreichste Monographie zum Woiwoden NEAGOE, Neagoe Basarab; BULAT, Personalitatea religioasă a Voevodului Neagoe Basarab.

72 MOLDOVAN, Arhitectura bisericii lui Neagoe Basarab.

gel, explizit ausformuliert wird.[73] Grundlage der Herrschaft bildete dabei die hier, wohl aufgrund des dynastischen Legitimitätsdefizites, besonders betonte göttliche Herkunft der Herrschaft und eine gegenüber den Bojaren autoritäre Politik. Das Verhältnis zum Osmanischen Reich war durch friedliche Unterordnung gekennzeichnet, ein Punkt, der den familiären Interessen der Craioveşti entsprach, die wegen ihrer Aktivitäten im Handel und der Zollpacht auf ein gutes Einvernehmen mit der Hohen Pforte angewiesen waren. Neagoe verhielt sich denn auch gegenüber den Osmanen, denen er die Woiwodenwürde verdankte, loyal, was ihn aber nicht davon abhielt, gleichzeitig dem ungarischen König Ludwig II. (1516–1526) Treue zu schwören – was umso unproblematischer war, als sich das in zunehmende innere Unordnung gleitende Ungarn gegenüber den Osmanen klar in der Defensive befand. Im Inneren gelang es ihm, im Laufe seiner Herrschaft die fragile Herrschaft zu konsolidieren: Belegen die Ausstellungsorte seiner Urkunden, dass er in den Anfangsjahren noch in itineranter Herrschaft auf diversen Bojarengütern zu Gast war, gelang es ihm gegen Ende seiner Herrschaft zunehmend, die Bojaren am Hof um sich zu scharen.[74]

Nach Neagoes Tod 1521 folgte ihm sein erst sechzehnjähriger Sohn Teodosie.[75] Er konnte sich unter der Vormundschaft seines Onkels Preda Craiovescu und seiner aus dem serbischen Despotengeschlecht Branković stammenden Mutter Despina (Milica) aber nur wenige Monate halten (1521–1522). Anfänglich war er vom Protektor seiner Familie, Mehmed Bey Mihaloğlu, dem osmanischen Sancakbey von Nikopol, unterstützt worden. Doch schon bald forderte dieser die Herrschaft in der Walachei für sich selber und begann, Kirchen in Moscheen umzufunktionieren und Grundlagen der osmanischen Reichsverwaltung aufzubauen. Selbst dieser osmanische Würdenträger legitimierte seinen Anspruch mit der angeblichen Herkunft seiner Familie vom walachischen Herrschergeschlecht.

Was nun im Windschatten der unter unter Süleyman I. (dem Prächtigen; 1520–1566) wieder begonnenen Offensive gegen Ungarn (Fall Belgrads 1521, Schlacht von Mohács 1526, erste Belagerung Wiens 1529) folgte, war ein jahrelanger erbitterter Machtkampf zwischen Mehmed, Radu von Afumaţi (Sohn Radus des Großen) und Vladislav III. (Enkel Vladislavs II.[76]) sowie verschiedenen anderen Thronprätendenten, wobei sich keiner mehr als ein halbes Jahr an der Macht halten konnte.[77] Die direkte Beteiligung Mehmeds und weiterer osmanischer Würdenträger aus der Gegend der unteren Donau an diesem Ringen zeigt, wie stark die Walachei bereits Teil der osmanischen Herrschaftssphäre geworden war. Protagonisten auf osmanischer Seite waren weniger die mit dem Vorstoß in Ungarn und einem Aufstand in Ägypten anderweitig beschäftigte osmanische Zentralmacht selber, sondern lokale Statthalter in den Donauprovinzen, die aus eigener Initiative Thronanwärter unterstützten und mit Truppenverbänden in die Kämpfe eingriffen oder – im Falle Mehmeds – gar selber die Herrschaft beanspruchten. Faktisch trugen die militärisch aus-

---

73 Zamfirescu/Mihăilă, Învăţăturile; Grigore, Neagoe Basarab.

74 Coman, În scaunul vechilor domni.

75 Liviu, Neagoe Basarab.

76 Mirea, Vladislav Voievod şi „lămurirea unei enigme istorice".

77 Cîrstina, Cercuri ale puterii, 114f.

getragenen Konflikte daher auch Züge eines innerosmanischen Machtkampfes unter subalternen Würdenträgern. Doch griffen auch Ungarn, die siebenbürgischen Woiwoden, teilweise gar die siebenbürgisch-sächsischen Städte Kronstadt und Hermannstadt als unmittelbar betroffene Nachbarn, aber auch die Woiwoden der Moldau als Verbündete einzelner Prätendenten in die Kämpfe ein. Nach der vernichtenden Niederlage des ungarisch-königlichen Heeres in der Schlacht von Mohács 1526 komplizierte sich die Lage nochmals, da nun die Habsburger als weiterer Akteur auf den Plan zu treten begannen und Ungarn dabei war, in einem langanhaltenden inneren Krieg zu zerfallen. Die wechselnden innerungarischen und siebenbürgischen Bündniskonstellationen beeinflussten und komplizierten die Machtkämpfe in der Walachei.

3.3.6 Innere Unruhen und Anwachsen des osmanischen Einflusses im 16. Jahrhundert

Aus dem Ringen ging vorerst nach langen Wirren Radu von Afumați[78] siegreich hervor, der anfänglich entschiedenste Gegner der Osmanen. Die Pforte hatte die eigenmächtigen Ambitionen Mehmeds (Mihaloğlu) auf die Regentschaft in der Walachei nicht gebilligt. Sie richtete ihr Augenmerk auf dem europäischen Kriegsschauplatz ganz auf Ungarn und wollte unnötige Komplikationen in der Walachei vermeiden. Mehmeds Versuch, die Walachei als osmanische Provinz zu verwalten hatten weite Teile des Bojarentums zu einem Schulterschluss um Radu bewogen, um eine direkte osmanische Herrschaft über die Walachei abzuwenden. Es scheint ein entscheidender Wendepunkt gewesen zu sein, in dem die notorisch verfeindeten Bojarenclans zumindest momentan ihre Rivalitäten zurückstellten zugunsten eines patriotischen Schulterschlusses gegen die drohende direkte Einverleibung in die osmanische Verwaltungsstruktur. Im Umfeld dieser Ereignisse trat auch ein walachisches Landesbewusstsein zum Vorschein, das sich etwa in der Verfassung bzw. Kompilation einer eigenen Landeschronik niederschlug.[79]

Um die häufigen und verheerenden osmanischen Einfälle ins Land zu beenden wurde Radu allerdings von den Bojaren wie schon manch ein Woiwode vor ihm gedrängt, sich 1524 dem Sultan zu unterwerfen. Der Pforte ihrerseits war an Unruhen in der Walachei nicht gelegen, da ihr Hauptinteresse Ungarn galt. Im Zuge der Offensive gegen das Stephansreich waren geregelte Verhältnisse nördlich der unteren Donau Voraussetzung, um einen reibungslosen Nachschub zu gewährleisten. Radu von Afumați konnte sich so als Kompromisskandidat bis 1529 halten. In diesem Jahr wurde er von Bojaren zusammen mit seinem Sohn aus bis heute unbekannten Gründen ermordet.

---

78 Tucă/Siteanu/Bădescu, Războiele domnitorului Radu de la Afumați; klassische, solide Ereignisgeschichte Stoicescu, Radu de la Afumați; unkritisch u. knapp Popescu, Radu dela Afumați; für Einzelaspekte immer noch wichtig Palade, Radu dela Afumați.

79 Andreescu, Considérations sur la date de la première chronique de Valachie; Chihaia, Cine a fost „Negru Vodă"; s. a. in der Werkausgabe die gesammelten Ausführungen des Autors zum Thema: Ders., Artă medievală, Bd. 2.

Damit glitt das Land erneut in eine lange Phase der Instabilität. Nach den Unruhen von 1521 (Tod Neagoe Basarabs) bis 1524 erschütterten zwischen 1529 und 1545 praktisch ununterbrochene Kämpfe das Land – es war die Phase nach der Schlacht von Mohács und der erfolglos gebliebenen ersten osmanischen Belagerung Wiens, als Ungarn auseinanderzufallen begann und die Walachei zum Vorhof ungarisch-siebenbürgisch-habsburgisch-osmanisch-moldauischer Konflikte wurde. Mindestens acht Männer errangen in diesem Zeitraum zumindest kurz die Vorherrschaft, fünf jedoch nur für wenige Monate: Basarab VI. (1529, Herkunft unbekannt), Moise (1529–1530, Sohn Vladislavs III.),[80] Barbu Neagoe (1536, ein Sprössling der Craioveşti), Şerban von Izvorani (1539, mit den Craioveşti verschwägerter Bojar) und Laiotă Basarab (1544, Herkunft unbekannt). Nur gerade drei hingegen regierten länger als einige Monate: Vlad „der Ertränkte", Vlad Vintilă und Radu Paisie.[81]

Vlad der Ertränkte (Înecatul, 1530–1532, Sohn Vlads des Jungen) war ein entschiedener Gegner der Craioveşti, der mit osmanischer Hilfe die Herrschaft eroberte und in der Ialomiţa ertrank, möglicherweise von Mörderhand ertränkt.[82] Als Nachfolger gelang es den mächtigen Bojaren von Buzău, Vlad Vintilă (1532–1535, Herkunft ungeklärt, angeblich ein Sohn Radus des Großen oder Vlad Dragomirs des Mönches) auf den Woiwodenstuhl zu heben, eine von der Hohen Pforte akzeptierte Wahl.[83] Bemerkenswert an seiner Herrschaft ist insbesondere, dass damit die Bojaren von Buzău erstmals sichtbar sich auf der obersten Ebene an der Herrschaft beteiligten. Die Herrschaft Vlad Vintilăs zeichnete sich durch blutige Abrechnungen mit der Bojarenopposition aus, was zusammen mit der Annäherung an die Habsburger und den moldauischen Woiwoden Petru Rareş Widerstand provozierte. Er fand 1535 ein gewaltsames Ende, als er während einer Jagdpartie einem Mordkomplott zum Opfer fiel.

Daraufhin errang Radu Paisie (1535–1545, mit mehreren kurzen Unterbrechungen, ein Sohn Radus des Großen) mit siebenbürgischer Hilfe und nachträglicher Zustimmung der Osmanen die Herrschaft.[84] Er erwies sich als loyaler Gefolgsmann der Pforte, der dem Sultan mehrfach Heeresfolge leistete, so auf seinem Kriegszug in die Moldau 1538. Er konnte indessen nicht verhindern, dass wohl im Jahr 1538 der wichtige Donauhafen Brăila mitsamt eines umfangreichen Hinterlandes direkter osmanischer Herrschaft unterstellt wurde.[85] Anders als im Falle der bereits im frühen 15. Jahrhundert osmanisch gewordenen Burgen Giurgiu (wohl zwischen 1414 u. 1420) und Turnu[86] wurde hier nicht nur ein relativ kleines, primär militärisch relevantes Umland direkter

80 Nicolaescu, Moise Vodă.

81 Cîrstina, Cercuri ale puterii, 116f.; Mirea, Domnul Ţării Rumâneşti.

82 Die wenigen Spezialstudien über diesen Woiwoden bei Mirea, Cronologia documentelor, hier 14 (Anm. 3); Donat, Cu privire la domnia lui Vlad Înecatul.

83 Teoteoi, O misiune a patriarhiei ecumenice la Bucureşti; Nicolaescu, Domnia lui Vlad Ventilă.

84 Ilie, Asocierea la tron; Andreescu, Frămîntări politice în Ţara Românească; Nicolaescu, Domnia lui Radul; Sacerdoţeanu, Aşezămîntul lui Radu Paisie.

85 Năsturel, La Conquête ottomane; Giurescu, Istoricul oraşului Brăila.

86 Ţânţăreanu, Habitat medieval în sud-vestul Munteniei, 205–210.

osmanischer Verwaltung unterstellt, sondern ein großes, auch wirtschaftlich bedeutendes Hinterland. Brăila (osm. İbrail) entwickelte sich zu einer osmanischen Stadt und einer der bedeutendsten osmanischen Festungen im Hinterland der westlichen Schwarzmeerküste, wobei in der Historiographie umstritten ist, ob Brăila bereits in vorosmanischer Zeit befestigt war oder ob erst die Osmanen mit dem Bau einer Festung begannen.[87] Nach der osmanischen Eroberung siedelten sich auch Muslime in der Stadt an. Für die orthodoxen Untertanen der Sultane an der unteren Donau und im nordwestlichen Schwarzmeerraum wurde wohl bald nach 1538, bestimmt aber vor 1590 in der Stadt die orthodoxe Metropolie von „Proilavia" eingerichtet, die bis zum Ende der osmanischen Herrschaft 1828 fortbestand.

Radu Paisie wurden schließlich Kontakte mit den Habsburgern zum Verhängnis, von denen die Osmanen Wind bekamen und ihn daraufhin 1545 absetzten und nach Ägypten ins Exil schickten. Das Osmanische Reich hatte inzwischen einen neuen Höhepunkt seiner Macht erreicht. Nachdem die Hohe Pforte Zentralungarn 1541 ihrem Reich angeschlossen hatte, Siebenbürgen sich damit als autonomes Fürstentum unter lockerer osmanischer Oberhoheit zu konstituieren begann und auch die Moldau 1538 endgültig militärisch unterworfen worden war, war der Spielraum für antiosmanische Rebellionen der Walachei mangels Verbündeter extrem eng geworden. Mit der Konsolidierung der osmanischen Vorherrschaft über den Donau-Karpatenraum setzte wieder etwas Ruhe ein.

Das neue Kräfteverhältnis kam bei der Ernennung des neuen Herrschers 1545 zum Ausdruck. Die Hohe Pforte setzte Mircea „den Hirten" (Mircea Ciobanul, Woiwode 1545–1552, 1553–1554 u. 1558–1559, Sohn Radus des Großen; der erst im 18. Jh. belegte Übername verweist angeblich auf sein Tätigkeit als Viehhändler)[88] zum Regenten ein, ohne das Mitspracherecht des Landes, der Versammlung der Großen der Walachei, bei der Wahl zu beachten. Unter den Bojaren stieß der von der Pforte eingesetzte Mircea auf breite Ablehnung. Er brach die Opposition mit roher Gewalt, weshalb er als besonders grausamer Herrscher beschrieben wurde, der „Köpfe mähend das walachische Land" regierte (Nicolae Iorga). Ein Teil der Bojaren fand Zuflucht im siebenbürgischen Kronstadt. Nach einem missglückten ersten Versuch 1548, von dort aus mit militärischen Mitteln den verhassten Gebieter zu vertreiben, klappte das Vorhaben dank habsburgischer Unterstützung 1552. Radu Ilie, ein Sohn Radus von Afumați, wurde für ein halbes Jahr Woiwode (1552–1553). Doch der ins Osmanische Reich geflohene Mircea rüstete zum Gegenangriff. Mit Schützenhilfe der Osmanen, Tataren und des moldauischen Woiwoden Alexandru Lăpușneanu fiel Mircea ins Land ein, wo er erneut die Herrschaft ergriff (1553–1554). Radu Ilie floh nach Siebenbürgen und verbrachte mehrere Jahre im Exil, bevor er 1558 auf Betreiben Mirceas (der eben ein weiteres Mal den Woiwodenstuhl bestiegen hatte) an die Osmanen ausgeliefert und ermordet wurde.

Mirceas zweite, 1553 angetretene Regentschaft dauerte nur ein knappes Jahr. 1554 setzte ihn die Hohe Pforte ab und schickte ihn in die Verbannung, angeblich nach Äthiopien (die Osmanen

---

87 Cândea, Brăila.

88 Andreescu, La politique de Mircea.

kämpften zu der Zeit an der heute eritreischen Küste des Roten Meeres, wo sie 1557 die Hafenstadt Massawa einnahmen). An seiner Stelle berief der Sultan Pătrașcu „den Guten" (Pătrașcu cel Bun, 1554–1557) zum neuen Woiwoden, ein Sohn Radu Paisies.[89] Sein Beiname verweist auf die wohlwollende Haltung, die er im Gegensatz zu seinem Vorgänger gegenüber den Bojaren einnahm, die aus dem siebenbürgischen Exil zurückkehren konnten und ihre konfiszierten Güter zurückerstattet bekamen. Überraschend starb Pătrașcu Ende 1557, angeblich, so später sein Sohn Petru Cercel, sei er auf Betreiben des Großwesirs Rüstem Pascha vergiftet worden, den persönliche Animositäten mit dem walachischen Woiwoden verbanden.

Auf Pătrașcu folgte Anfang 1558 abermals Mircea der Hirte, der aus seinem Exil auf den walachischen Woiwodenstuhl zurückkehrte. Die Konstellation seiner früheren Regierungszeit wiederholte sich: Er soll mit brutaler Gewalt gegen die Bojaren vorgegangen sein und eine große Anzahl von ihnen hingerichtet haben. Ein Teil der Bojaren floh erneut nach Siebenbürgen. Ihre Versuche, den ungeliebten Woiwoden militärisch zu vertreiben, blieben jedoch erfolglos.

Doch starb Mircea schon 1559. Die Regentschaft für seinen erst zwölfjährigen Sohn Peter „den Jungen" (Petru cel Tânăr, 1559–1568) übernahm seine Mutter Chiajna, Tochter des moldauischen Woiwoden Petru Rareș.[90] Die von den Quellen überlieferte Darstellung Chiajnas ist geprägt von den Verunglimpfungen ihrer Gegner. Die Regentin wurde dort als ruchlose und grausame Machtpolitikerin dargestellt. Ihr abenteuerliches und von Gerüchten umranktes Leben kann so nur in Fragmenten rekonstruiert werden. Zur Mythenbildung um ihre Person trug wesentlich auch der literarische Nachruhm bei, der von Alexandru Odobescus historischer Novelle ausging (Doamna Chiajna, 1860). Ungeachtet der feindseligen, wenn in ihrem Kern auch zutreffenden Berichte über ihre Person kann Chiajna aber als eine der bedeutendsten weiblichen Gestalten der walachischen Geschichte gelten.

Chiajnas Gegner beschrieben sie als skrupellose Machtpolitikerin und treibende Kraft hinter den Gewaltexzessen ihres Mannes. Nach seinem Tod setzte sie sich energisch für ihre Kinder ein. Mit Waffengewalt hatte die Mutter mit osmanischer Hilfe in mehreren Schlachten den Anspruch ihres Sohnes Petru auf das Vatererbe gegen die immer noch in Siebenbürgen exilierte Bojarenopposition zu verteidigen. Ehrgeizig verfolgte sie das Ziel, über Heiratsallianzen ihren Kindern einflussreiche Positionen zu sichern. Ein Angebot des französischen Gesandten an der Hohen Pforte, Guillaume de Grantrie de Grandchamp, eine Tochter Chiajnas zu ehelichen, lehnte sie 1668 ab. Grandchamp selber war dabei von höheren Ambitionen getrieben. Er sah für sich selber eine aktive Rolle vor im Rahmen eines Plans des französischen Königshauses, die Hugenotten aus Frankreich zu vertreiben und sie im Einvernehmen mit der Hohen Pforte in der Walachei anzusiedeln – angesichts der zahlreichen im Osmanischen Reich angesiedelten, aus Spanien vertriebenen Juden (Sepharden) kein völlig utopischer Plan. Im Zeitalter der Hugenottenkriege gedachte Frankreich sich auf diese Weise der Protestanten zu entledigen und sie zugleich als Speerspitze gegen die Habsburger einzusetzen, den gemeinsamen Feind des französischen und des osmanischen Hofes.

---

89 Sandu, Țara Românească.

90 Nicolaescu, Petru-Vodă.

Mit ihrer Heiratspolitik brachte Chiajna allerdings einflussreiche Kreise gegen sich auf. So verärgerte ein nicht gehaltenes Heiratsversprechen an Johannes Kantakuzenós diese einflussreiche konstantinopler Familie; Johannes' Bruder Michael (genannt *Şeytanoğlu* – Teufelssohn) war als orthodoxer Christ in osmanischen Diensten durch Steuerpacht und andere Tätigkeiten zu einem riesigen Vermögen gelangt und wusste sich damit am Sultanshof Gehör zu verschaffen. Er gilt als Stammvater des im 17. Jahrhundert zu Einfluss gelangenden walachischen Zweigs der Cantacuzino (s. u. Kap. 3.3.7). Inwiefern es letztlich das Gebaren seiner Mutter war, das Petru den Woiwodenstuhl kostete oder die Absicht der Hohen Pforte, dessen Vermögen zu behändigen, muss offen bleiben. Jedenfalls beorderte der Sultan Petru 1568 nach Konstantinopel, wo er gefangen genommen wurde und wenige Monate später im anatolischen Exil starb. Seine Mutter Chiajna fand verarmt Zuflucht in Syrien.[91]

Die Osmanen ersetzen den glücklosen Petru mit Alexandru II. Mircea (1568–1577, Sohn Mirceas III., Enkel Mihneas des Bösen u. Urenkel von Vlad Ţepeş). Wie bereits sein Vorgänger sah auch er sich gezwungen, die Abgaben zu erhöhen. 1574 wurde er von den Truppen des moldauischen Woiwoden Ion Vodă für kurze Zeit aus Bukarest vertrieben, wo sich der Prätendent Vintilă (Sohn Pătraşcus des Guten) für rund zwei Wochen einrichtete. Doch schnell wurden Vintilă und Ion Vodă von osmanischen Truppen besiegt, Alexandru Mircea kehrte zurück und sein Bruder Petru Şchiopul (der Lahme) erhielt nun den Woiwodenstuhl der Moldau – s. eingehender hierzu Beitrag 4, Ursprung, Kap. 4.8f. Damit war erstmals eine dynastische Verbindung zwischen den beiden benachbarten Ländern zustande gekommen, eine Konstellation, die in den folgenden Jahrhunderten mehrfach existierte und langfristig dazu beitrug, die beiden Woiwodschaften einander anzunähern.

Nach dem Tod Alexandru Mirceas folgte ihm sein Sohn Mihnea Turcitul („der Vertürkte", im Sinne von „zum Islam konvertiert"; 1577–1583, 1585–1591),[92] anfänglich unter Vormundschaft seiner Mutter. Er musste seine Position gegen mehrere Prätendenten verteidigen, die von Verbündeten im Bojarentum unterstützt wurden. Wegen fortwährend steigender Abgabeforderungen der Hohen Pforte sah auch er sich genötigt, neue Steuern einzuheben. 1583 wurde er nach Istanbul berufen und von dort nach Tripolis in Libyen in die Verbannung geschickt. An der Hohen Pforte hatte Petru Cercel (Cercel = Ohrring), ein Sohn Pătraşcus des Guten, gegen ihn intrigiert und dank Fürsprache des französischen Königs Heinrich III. (1574–1589) und großer Geldgeschenke seine Ernennung zum Woiwoden erreicht (1583–1585).[93] Um die Schulden zu tilgen, die er für seine Ernennung getätigt hatte, erhöhte er erneut die Abgabenlast. Dies, zahlreiche geplante Neuerungen, aber auch Intrigen des abgesetzten Mihnea führen schon bald zu Unruhen. Der Absetzung allerdings kam er durch die Flucht nach Siebenbürgen zuvor und nahm dabei ein großes Vermögen mit.

Mihnea Turcitul hatte abermals das Vertrauen der Pforte gewinnen können und kehrte 1585 als Woiwode in die Walachei zurück, musste aber seinerseits neue Abgaben einführen. 1589 wurde

91 Pippidi, Despre Chiajna la Alep.

92 Bănescu, Opt scrisori turceşti.

93 Luca, Petru Cercel; Ţighiliu, O imagine renascentistă; quellenreich Pascu, Petru Cercel şi Ţara Românească; Quelleneditionen: Luca, Il principe valacco Petru Cercel e Venezia; Esarcu, Petru Cercel.

er abgesetzt und ging nach Istanbul, wo er gegen Petru Cercel um ein neues Mandat als Woiwode buhlte. Gegen erhebliche Geldgeschenke erhielt er tatsächlich den Zuschlag und zog so zum dritten Mal siegreich in Bukarest ein. Mit abermaligen Zahlungen erreichte er, dass sein Rivale Petru auf dem Weg in die Verbannung auf Rhodos ermordet wurde. Allerdings konnte sich Mihnea nicht lange halten, schon 1591 wurde er erneut abgesetzt. Wohl um bei der angeordneten Verbannung nach Syrien das Schicksal seines Vorgängers zu vermeiden konvertierte er zum Islam (daher der Übername – turcitul) und erhielt in der Folge unter dem Namen Mehmed-Bey das Amt des Sancakbeys von Nikopol. Damit war er wieder in unmittelbare Nachbarschaft zur Walachei zurückgekehrt, hatte jedoch keinen wesentlichen Einfluss mehr auf die Geschehnisse im Land, auch wenn er 1595 zusammen mit den osmanischen Truppen in die Walachei vorrücken sollte.

Der Ämterwechsel zeigt, dass die walachischen Woiwoden aus Sicht der Hohen Pforte in die Rolle einer Art Provinzstatthalter geraten waren, vom Rang her einem osmanischen Sancakbey gleichgestellt. Der Übertritt zum Islam eröffnete die Möglichkeit einer Karriere im osmanischen Beamtenapparat. Das wichtigste Unterscheidungsmerkmal zwischen osmanischen Würdenträgern und den walachischen Woiwoden blieb die durchgehend orthodoxe Konfession der walachischen Herrscher, die bis zum Ende der osmanischen Oberhoheit im 19. Jahrhundert bestehen blieb.

Mihneas Nachfolger Stefan Surdul (der Taube, 1591–1592; Sohn des ehemaligen moldauischen Woiwoden Ion Vodă) musste sich verpflichten, die noch nicht getilgten Schulden des Vorgängers abzuzahlen. Nach nur gut einem Jahr wurde auch er bereits abgesetzt und versuchte zwei Jahre später, den moldauischen Woiwodenstuhl zu besetzen, kam dabei jedoch ums Leben. Bereits 1592 war ein Gerangel um die Woiwodenwürde der Moldau vorausgegangen, in der Alexandru cel Rău (der Böse, angeblich ein Sohn des einstigen moldauischen Woiwoden Bogdan Lăpușneanu) zuerst die Ernennung des Sultans erhielt, ohne die Herrschaft aber antreten zu können. Ersatzweise wurde er als Nachfolger von Stefan Surdul in die Walachei entsandt (1592–1593). Um den Zuschlag zu erhalten hatte er sich hoch verschuldet und zog mit einer Reihe von Gläubigern an den Hof in Bukarest. Im herrschaftlichen Rat setzte er eine Reihe griechischer Gefolgsleute ein, was zusammen mit der forcierten Einhebung von Abgaben und der Exekution von Gegnern zu Klagen des Bojarentums führte.

3.3.7 Spielball im „Langen Türkenkrieg" und der Aufstand Michaels des Tapferen

Die Hohe Pforte ernannte Michael, der Nachwelt bekannt als „der Tapfere" (Mihai Viteazul, 1593–1599/1600), zum neuen Herrscher.[94] Mihai war Sohn einer Griechin, sein Vater ist unbekannt, die angeführte, in der Forschung sehr umstrittene Vaterschaft des Woiwoden Pătrașcu des

---

94 Zur Herrschaft Michaels des Tapferen besteht eine Diskrepanz zwischen der äußerst reichhaltigen Quellenlage sowie den mengenmäßig kaum mehr überschaubaren, aber oft patriotisch gefärbten Spezialstudien von geringem wissenschaftlichem Wert einerseits und dem Fehlen wissenschaftlichen Ansprüchen genügenden, kritischen Biographien oder Übersichtswerken neueren Datums, die die ausufernde Literatur bündeln andererseits; als erster Überblick nützlich und recht kritisch, wenn auch wisssenschaftlichen Ansprüchen nicht genügend

Guten dürfte vor allem Legitimationszwecken gedient haben.[95] Mihais Sprachkenntnisse weisen ihn als einen ganz im osmanischen-südosteuropäischen Kontext beheimateten Zeitgenossen aus. Neben rumänisch sprach er fließend türkisch und wohl auch griechisch – Sprachen, die für seine Handelsaktivitäten im osmanisch beherrschten Raum unabdingbar waren. Er verbrachte längere Zeit in Konstantinopel, wo er sich ein gutes Beziehungsnetz zu einflussreichen Kreisen in der osmanischen Metropole schaffen konnte, was ihm als Kandidat für die Woiwodenwürde nützlich sein sollte. Das im Handel erworbene Vermögen nutzte er, um einen für walachische Verhältnisse riesigen Großgrundbesitz im Westen des Landes (Kleine Walachei) aufzukaufen, der bereits 1583 38 Dörfer und zwei Weinberge umfasst hatte.

Als einer der reichsten Landbesitzer übte Mihai unter wechselnden Woiwoden verschiedene Hofämter aus und wurde schließlich, wie zuvor bereits sein Mentor und Onkel mütterlicherseits Iane Cantacuzino, Großban von Craiova, die höchste Würde nach dem Woiwoden. Mihai war ein Emporkömmling, dem der Aufstieg durch Geschick, Reichtum und ein breites Netzwerk an Unterstützern gelang. Gegen seinen Rivalen Alexander den Bösen konnte sich Mihai dank reicher Geldgeschenke und der Fürsprache einflussreicher Persönlichkeiten durchsetzen. Darunter waren sein Verwandter mütterlicherseits Andronic Kantakuzenós (Sohn des Michael Kantakuzenós *Şeytanoğlu*), Sigismund Báthory sowie der englische Gesandte an der Hohen Pforte, Barton.

Seine Karriere ist mithin nicht untypisch im osmanischen Kontext, wo, anders als im ost-mittel- und westeuropäischen Bereich keine adelig-ständischen Hürden soziale Mobilität stark

---

(rein populärwissenschaftlich, keine Literatur- u. Quellenhinweise) ist Moţu, Mihai Viteazul; im Gegensatz dazu trotz Anmerkungsapparat nur wenig ergiebig etwa Cristian, Mihai Viteazul, der ein patriotisch-idealisiertes Bild zeichnet; ebenso nur von geringer Relevanz die Beiträge einer Jubiläumstagung im Themenheft der Zeitschrift *Valachica* 17 (2002) unter dem Titel: Lucrările Sesiunii de Comunicări Ştiintifice „Mihai Viteazul – domn creştin, strateg militar şi întregitor de neam", Târgovişte, 7–8 septembrie 2001 [Die Arbeiten der Sitzungen von wissenschaftlichen Vorträgen „Michael der Tapfere – christlicher Herrscher, militärischer Stratege und Einiger des Volkes"]; die wichtigsten Ergebnisse der Forschung lassen sich über folgende Werke erschließen: zur Stiftertätigkeit Sinigalia, Mihai Viteazul ctitor; sehr detailliert und akribisch, damit allerdings der titelgebenden These einer Wiederherstellung Dakiens zuwider laufend, die Sammlung von Spezialstudien bei Andreescu, Restitutio Daciae, Bd. 3; von der älteren Literatur u. a. unter nationalistischem Gesichtspunkt Neagoe, Mihai Viteazu; als Klassiker mit entsprechender Vorsicht immer noch nützlich dagegen, wenn auch zwischen wissenschaftlich-kritischer und teilweise glorifizierender Darstellung schwankende Beiträge in Cernovodeanu/Rezachevici (Hgg.), Mihai Viteazul; desgleichen das Themenheft unter dem Titel 375 de ani de la Unirea ţărilor române sub Mihai Viteazul [375 Jahre seit der Einigung der rumänischen Länder unter Michael dem Tapferen], *Studii. Revistă de istorie* 28 (1975), H. 4, 469–603; vergleichsweise kritisch, aber nicht mehr aktuell die bislang gelungenste Biographie von Panaitescu, Mihai Viteazul; bei vorsichtigem Gebrauch für Einzelaspekte noch immer brauchbar, wenn auch überholt Iorga, Istoria lui Mihai; ebenso Sîrbu, Istoria lui Mihai Vodă; patriotisch-pathetisch und unvollendet die nur noch historiographiegeschichtlich bedeutsame Darstellung von Bălcescu, Opere, Bd. 3 (1878 postume Erstauflage des 1852 verstorbenen Autors); v. a. aufgrund des umfangreichen Quellenteils interessant Szádeczky, Erdély és Mihály; Quelleneditionen Panaitescu (Hg.), Documente privitoare la istoria lui Mihai Viteazul; Documente privitóre la istoria Românilor culese de Eudoxiu de Hurmuzaki, Bd. 12 (Hg. Iorga); diverse Quellen in: Literatura română veche, Bd. 2 (Hgg. Mihăilă/Zamfirescu); Mihai Viteazul în conştiinţa europeană (Hg. Ardeleanu); Documenta Romaniae historica, ser. B, Bd. 11 (Hgg. Mioc/Ştefănescu); diverse Quellen in Ilarianu (Hg.), Tesauru de monumente istorice pentru Romania; s. a. die Bibliographie Urzică/Popescu/Cioarec (Hgg.), Mihai Viteazul.

95 Eine neuere Einschätzung, wonach die Herkunft plausibel sei bei Andreescu, Addenda et corrigenda, 379f.

einschränkten. So konnte im osmanischen Kontext selbst ein als Kriegsgefangener nach Istanbul gebrachter Sprössling genuesischer Herkunft es unter dem Namen Čighala-zade Yusuf Sinan Pascha (nicht zu verwechseln mit seinem Zeitgenossen, dem viel berühmteren Großwesir Koca Sinan Pascha) zu einem der bedeutendsten Heerführer und für ein paar Wochen 1596 sogar zum Großwesir bringen. Eine ähnliche soziale Mobilität kennzeichnete zunehmend auch die Walachei, wo immer weniger die Herkunft über die Vergabe der Woiwodenwürde entschied, sondern diplomatisches Geschick, ein gutes Kontaktnetz an der Hohen Pforte und ausreichend liquide Mittel. Nicht zufälligerweise waren es daher mehrfach Männer, die im Handel tätig waren, welche diese Bedingungen erfüllten und Woiwoden wurden. Damit wurden ganz neue soziale Schichten in die Verwaltung des Landes einbezogen, die Bedeutung der alteingesessenen Bojarenfamilien ging zurück, während das Bojarentum immer mehr zum Sammelbecken von Aufsteigern jeglicher Art wurde.

Die Umstände seiner Ernennung brachten es mit sich, dass auch Mihai wie die Woiwoden vor ihm mit der Last horrender Schulden in die Walachei zog. Um die unaufhörlichen Forderungen der Hohen Pforte nach Abgaben wie auch die vom Vorgänger geerbten sowie die eigenen Schulden bezahlen zu können, mutete Mihai dem Land eine Reihe neuer Lasten zu. Massenhafte Flucht von Bauern und zahlreiche Selbstverkäufe in die Leibeigenschaft waren die Folge davon; das Land geriet immer offensichtlicher an den Rand seiner Leistungsfähigkeit.

Zur gleichen Zeit schlossen sich verschiedene europäische Mächte um Kaiser Rudolf II. (1576–1612; als Rudolf I. Kg. v. Ungarn: 1572–1608) zu einer christlichen Liga zusammen, die im „Langen Türkenkrieg" (1593–1606) den Kampf gegen die Osmanen wiederaufnahm.[96] Die österreichischen Habsburger trachteten als Könige Ungarns danach, die Einheit des mittelalterlichen Stephansreiches wiederherzustellen, dessen größter Teil unter direkter oder – im Falle Siebenbürgens – indirekter osmanischer Herrschaft stand. Der christlichen Liga traten mit Siebenbürgen und der Moldau zwei Nachbarländer der Walachei bei, ein Schritt, den Mihai ebenfalls vollzog. Erstmals seit Jahrzehnten rüstete die christliche Seite wieder zu einer großen Operation gegen das Sultansreich. Es schien sich eine günstige Gelegenheit zu eröffnen, im Windschatten der christlichen Liga die osmanische Oberhoheit abzuschütteln, die gegen Ende des 16. Jahrhunderts mit ihren Tributpflichten das Land in den Ruin trieben. Mihai entledigte sich im November 1594 seiner Schulden, indem er die im Land anwesenden Gläubiger sowie die am Hof stationierte osmanische Garnison massakrieren ließ.

Der Ausfall der Walachei als Transitregion und Lieferant von Versorgungsgütern traf den Nachschub der osmanischen Truppen empfindlich wenn auch nicht entscheidend. Im Winter 1594/1595, außerhalb der Kampfzeit des osmanischen Hauptheeres, unternahm Mihai mehrere Angriffe auf osmanische Festungen südlich der Donau – so wie einst Vlad Țepeș.[97] Mihai konnte auf militärische Unterstützung aus Siebenbürgen und zahlreiche Söldner zählen. Einem größeren

---

[96] Zur Walachei v. a. CRISTEA, Michael the Brave, sowie RANDA, Pro republica Christiana; ferner NIEDERKORN, Die europäischen Mächte; FINKEL, The Administration of Warfare; BARTL, Der Westbalkan zwischen Spanischer Monarchie und Osmanischem Reich; TÓTH, A mezőkeresztesi csata.

[97] VELIKI, Pochodite na Michaj Vitjazul.

osmanischen Heer, mit dessen Anmarsch in der traditionellen Kampfzeit in den Sommermonaten zu rechnen war, wären die Truppen des walachischen Woiwoden aber nicht gewachsen gewesen. Mihai sah sich daher im Mai 1595 veranlasst, sich dem siebenbürgischen Fürsten Sigismund (Zsigmond) Báthory (1581–1594, 1594–1598, 1598–1599, 1601–1602) zu unterordnen, als dessen Statthalter er fortan in der Walachei fungierte. Der sprunghafte Sigismund war damit seinem Ziel, eine transkarpatische Herrschaft zu errichten, einen Schritt näher gekommen. In einer eigenwilligen Interpretation eines mit dem Kaiser abgeschlossenen Abkommens strebte Sigismund nicht nur danach, als eigenständiger Fürst über Siebenbürgen zu gebieten, sondern sich auch die beiden Nachbarländer am anderen Abhang der Karpaten zu unterwerfen. Vereinzelt titulierte sich Sigismund gar bereits als Fürst von Siebenbürgen, der Moldau und der Walachei. Ob dies bloß als Narzissmus eines Exzentrikers abgetan werden soll oder ob Sigismunds Ambitionen als ernsthaftes politisches Konzept einer transkarpatischen Personal- oder Länderunion zu bewerten sind, mag hier offen bleiben. Jedenfalls zeigt das Beispiel, dass die Idee einer wie auch immer gearteten „Vereinigung" der drei Länder beidseits des Karpatenbogens im Verlauf des 16. Jahrhunderts im siebenbürgisch-ungarischen politischen Kontext entstanden war. Insbesondere das Vorbild der Personalunion unter Stephan Báthory (1576–1586) zwischen Siebenbürgen und der polnisch-litauischen „Adelsrepublik" (die ihrerseits seit der Union von Lublin 1569 in einer Realunion das Königreich Polen u. das Großfürstentum Litauen verband) dürfte Pate gestanden haben beim Gedanken, das Amt des siebenbürgischen Fürsten als Ausgangspunkt zu sehen für die Herrschaft über einen größeren Länderkomplex. Wenn Michael der Tapfere also das Konzept einer wie auch immer gearteten politischen Union verfolgt haben sollte, so stand er damit nicht in einer „rumänischen" Tradition, sondern machte sich ein zuvor von den Báthorys verfolgtes Ziel zu eigen, das machtpolitisch und dynastisch, nicht aber „national" ausgerichtet war und später auch vom siebenbürgischen Fürsten Gabriel Báthory verfolgt werden sollte.[98]

Keineswegs aber lässt sich bei Mihai eine längerfristige Absicht oder ein politisches Programm belegen, die drei Länder unter seiner Herrschaft zusammenzufassen. Wenn überhaupt, so wäre eine Vereinigung höchstens über eine dynastische Verbindung oder eine Personalunion möglich gewesen, so wie sie Sigismund Báthory vorgeschwebt hatte. Mihai titulierte sich in einigen Urkunden vom Frühsommer 1600 ähnlich wie schon Sigismund Báthory vor ihm als Herr der Walachei, Siebenbürgens und der Moldau. Er packte damit eine sich aus einer momentanen Notlage heraus ergebende Situation beim Schopf, seine eigene Macht zu mehren. Nationalpolitische Interessen verfolgte er dem damaligen Kontext entsprechend nicht.

Wie nach der Rebellion von Mihai nicht anders zu erwarten fielen im Juli 1595 osmanische Truppen unter Großwesir Sinan Pascha in die Walachei ein. In der Schlacht von Călugăreni (August 1595) konnten die walachischen Verbände den Osmanen zwar herbe Verluste beibringen und sie kurzfristig zurückschlagen, doch zum Preis hoher eigener Opfer.[99] Der Achtungserfolg reichte angesichts der zahlenmäßig mindestens doppelt so starken Streitmacht der Osmanen nicht aus,

---

98 DIACONESCU, Gândirea politică a lui Ștefan Jósika.

99 DOGARU, „Călugăreni – 400"; ANASTASIU, Bătălia dela Călugăreni; ausführlich mit Quellen VERESS, Campania creștinilor.

deren Vormarsch zu stoppen. Mihai zog sich mit seinen Truppen in die Berge zurück. Der in der rumänischen Historiographie oft als taktischer Rückzug oder gar als Sieg Mihais ausgegebene Ausgang der Schlacht muss wohl – in einer vorsichtigen Interpretation – eher als Pattsituation mit hohen Verlusten auf beiden Seiten gedeutet werden. Der christliche „Sieg" war ein vorübergehendes Ereignis einer längeren Kampagne, für deren Ausgang die Schlacht letztlich keine entscheidende Rolle spielte und die walachische Niederlage auch nicht verhindern konnte. Das osmanische Heer war durch die Verluste nur kurzfristig aufgehalten, militärisch aber nicht nachhaltig geschwächt worden. Geschwächt hingegen war die Kapazität der walachischen Truppen, den Krieg fortzuführen.

So überließ der abziehende Woiwode einen Großteil des Landes den Osmanen, die in Bukarest und Târgoviște einzogen. An beiden Orten errichteten sie Befestigungen aus Holz und Erde und begannen, Kirchen in Moscheen umzuwandeln. Mitte Mai hatte Sinans Vorgänger, Großwesir Ferhad Pascha geplant, das Land als Vilayet direkt von osmanischen Amtsträgern mit dem ehemaligen Janitscharenkommandanten/Beylerbey von Anatolien Satırcı Mehmed Pascha als Beylerbey an der Spitze verwalten zu lassen und es so direkter osmanischer Herrschaft zu unterwerfen, allerdings mit einer gewissen Autonomie nach dem Vorbild Ägyptens – die radikalere Idee, die Walachei in eine unmittelbare osmanische Provinz (Beylerbeylik) umzuformen, war verworfen worden. So scheint es, dass das Timar-System nur in beschränktem Ausmaß hätte eingeführt werden sollen. Der hohe Rang des designierten neuen Herrn der Walachei, der zweithöchste Beylerbey nach demjenigen von Rumelien, dem zudem der Rang eines Wesirs verliehen worden war, ist ein Hinweis auf die Bedeutung, welche die Osmanen der Walachei zumaßen.[100] Dieser ad hoc getroffene Entscheid wurde nach der osmanischen Niederlage im Herbst 1595 nicht weiter verfolgt und Anfang 1596 auch formell aufgegeben. Es war neben der eigenmächtigen lokalen Initiative des Sancakbeys von Nikopol Mehmed Bey Mihaloğlu 1522 der einzige je in die Tat umgesetzte osmanische Versuch, die Walachei unmittelbarer osmanischer Reichsverwaltung zu unterstellen, das Land somit zu einer osmanischen Provinz zu machen.[101]

Im Herbst 1595 ging ein christliches Heer, das neben Kontingenten Sigismunds und des moldauischen Woiwoden Stefan Răzvan auch Mihais Männer umfasste, in die Offensive. Die Osmanen zogen fast kampflos aus der Walachei – weniger aus militärischer Unterlegenheit, sondern aus logistischen Gründen, da die Überwinterung vor Ort für das auf zeitlich begrenzte Kampfeinsätze aufgestellte Heer mit zahlreichen Schwierigkeiten verbunden gewesen wäre. Im folgenden Jahr 1596 errangen die christlichen Verbündeten einige kleinere Siege gegen osmanische Verbände südlich der Donau. Durch einen Waffenstillstand 1596 kehrte vorerst Ruhe ein. Doch bereits 1597 schloss Mihai einen Vertag mit Kaiser Rudolf II., worin der Kaiser als Gegenleistung für die Unterordnung Mihais dessen erblichen Herrschaftsanspruch in der Walachei anerkannte. Mihai hatte sich damit den Rückhalt der mächtigsten christlichen Großmacht auf dem südosteuropäischen Kriegsschauplatz gesichert.

---

100 MAXIM, Voyvodalik ou beğlerbeğilik?, v. a. 167f.; s. ROTMAN, Ocupația otomană în Țara Românească.

101 HEPER, Osmanli Devleti ve Eflak-Boğdan ilişkileri, 180–231 (für die Zeit Michaels des Tapferen).

Die Position des walachischen Woiwoden wurde allerdings äußerst bedrohlich, als im Frühling 1599 in Siebenbürgen Andreas Báthory Fürst wurde, ein Parteigänger Polens. Damit nahm der Einfluss der Adelsrepublik massiv zu, übte sie doch schon seit 1595 mit ihrem Schützling Ieremia Movilă eine von den Osmanen geduldete Kontrolle über die Moldau aus. Polen stand in gutem Einvernehmen mit den Osmanen – beide Mächte einte die Rivalität mit den Habsburgern. Nach der Moldau war nun also auch Siebenbürgen aus der antiosmanischen Front ausgeschieden, Michael der Tapfere war als einziger Verbündeter der christlichen Liga im osmanischen Einflussbereich übrig geblieben, auf allen Seiten umgeben von Kräften, die den anti-osmanischen Aufstand nicht mittrugen. Die Verschiebung der Machtbalance machte sich schon bald bemerkbar, als der neue Herr in Siebenbürgen Michael aufforderte, die Walachei zu verlassen. An seiner Stelle sollte der Bruder des moldauischen Woiwoden, Simion Movilă, die Herrschaft in Bukarest antreten. Siebenbürgen schickte sich damit an, als regionale Vormacht im Karpatenraum die Vorherrschaft über die benachbarten Fürstentümer zu übernehmen.

Damit sah Michael/Mihai plötzlich seine Position von den benachbarten christlichen Ländern bedroht, die sich unter polnisch-siebenbürgischer Führung mit den Osmanen arrangiert hatten und die auch auf zahlreiche Sympathisanten unter den walachischen Bojaren zählen konnten. Seines wichtigen siebenbürgischen Verbündeten beraubt, auf allen Seiten von Feinden umgeben und vom direkten Kontakt mit dem Kaiser abgeschnitten wagte Mihai aus der Not heraus einen tollkühnen Befreiungsschlag. Er wich aus der nur schwer zu verteidigenden und durch die Kriegsereignisse verheerten Walachei ins besser geschützte, an zahlreichen Stellen befestigte und über weitaus reichere Ressourcen verfügende Siebenbürgen aus. Unterstützt von den Szeklern, seinen treuesten Verbündeten und Gegner des siebenbürgischen Fürsten, schlug er Andreas Báthory in die Flucht (Schlacht von Schellenberg/Șelimbär/Sellenberk, Oktober 1599) und nahm das Fürstentum im Namen des Kaisers, aber ohne dessen explizite Einwilligung, in Besitz. Der siebenbürgische Landtag schwor dem Kaiser die Treue, Mihai wurde de facto dessen Statthalter, auch wenn der Hof in Prag mit Mihais Anerkennung lange zögerte. Während Mihai im eroberten Siebenbürgen blieb, setzte er seinen Sohn Nicolae Pătrașcu an seiner Stelle als Woiwoden der Walachei ein (1599–1600).

Im Frühjahr 1600 zog Mihai mit siebenbürgischen Truppen in die Moldau, um auch dieses Land wieder in die kaiserlich-antiosmanische Front einzugliedern und seinen Widersacher Ieremia Movilă, Parteigänger Polens, auszuschalten. Er vertrieb Ieremia und kontrollierte mit seinen Truppen nun auch für einige Monate (Mai bis September 1600) die Moldau.[102] Doch der Kriegsherr aus der Walachei stieß allenthalben auf Widerstand und Ablehnung. In Siebenbürgen erhob sich mit Schützenhilfe des ehrgeizigen kaiserlichen Generals Georg (Giorgio) Basta der Adel gegen Mihai und schlug ihn in der Schlacht von Miräsläu/Miriszló (September 1600) – es nützte ihm daher nicht mehr viel, dass ihn nach langem Zuwarten der ferne Prager Hof kurz darauf endlich als kaiserlichen Statthalter anerkannte. Mihai wich in die Walachei aus, doch gleichzeitig waren

---

[102] CIHODARU, Campania lui Mihai Viteazul; GONȚA, Campania lui Mihai Viteazul; TURCU, Informații documentare cu privire la campania lui Mihai Viteazul.

polnische Truppen in die Moldau eingefallen und brachten den von Mihai vertriebenen Ieremia mit sich. Die Polen rückten bis in die Walachei vor und installierten hier im Oktober den Bruder Ieremias, Simion Movilă, als neuen Woiwoden (1600–1602, mit Unterbrechung).[103] Mihai, ohne Land, ohne Geld und ohne Heer geblieben, zog sich nach Wien und Prag zurück, wo er am kaiserlichen Hof auf Unterstützung drängte, vorerst aber erfolglos. Das änderte sich erst, nachdem in Siebenbürgen der wankelmütige Sigismund Báthory im Februar 1601 abermals auf den Fürstenthron zurückgekehrt war und nun eine dezidiert antihabsburgische Politik betrieb. Der Kaiser beauftragte darauf Mihai, zusammen mit dem habsburgischen General Basta, einem Rivalen des Walachen, Sigismund zu vertreiben und Siebenbürgen wieder unter kaiserliche Kontrolle zu bringen. Kaum war der gemeinsame Sieg über den siebenbürgischen Fürsten errungen (Schlacht bei Goroslau/Guruslău/Goroszló, 3. August 1601), ließ der ambitionierte Basta seinen Widersacher Mihai wenige Tage später ermorden. Mihai, wie Basta ein ehrgeiziger Kriegsherr, fiel damit als „Bauernopfer" des habsburgischen Versuchs, sich im Rahmen des Langen Türkenkrieges Siebenbürgen einzuverleiben. Die Tragik seiner Gestalt bestand darin, dass er, ein entschlossener Türkenkämpfer, in den letzten Jahren seines Lebens fast durchwegs gegen Christen zu kämpfen hatte. Die innerchristlichen Rivalitäten fraßen die punktuellen Erfolge im antiosmanischen Kampf auf.

Ab dem zweiten Drittel des 19. Jahrhunderts wurde Mihai zur wohl wichtigsten historischen Persönlichkeit der rumänischen Nationalbewegung stilisiert. Als Visionär, so die Deutung, habe er gleichsam den modernen rumänischen Nationalstaat vorausgenommen, indem er die drei sog. „rumänischen Länder", wenn auch nur ephemer, vereinigt habe. Das tragische Schicksal des durch Meuchelmord dahingerafften Kriegsherrn inspirierte nicht nur die südosteuropäische Folklore, sein antiosmanischer Kampf fand viel Aufmerksamkeit bei europäischen Zeitgenossen weit über die Grenzen der Walachei hinaus.[104]

Entgegen romantischer Vorstellungen späterer Generationen dürfte es Mihai selber wohl bewusst gewesen sein, wie illusorisch es gewesen wäre, von den siebenbürgischen Ständen und den umliegenden Mächten als Fürst von Siebenbürgen anerkannt zu werden. Als Kriegsherr konnte er im Namen des Kaisers einige Monate die Kontrolle über das Land ausüben, musste angesichts der labilen Machtbalance im komplizierten siebenbürgischen Ständesystem als Auswärtiger jedoch stets sehr vorsichtig agieren und lokale Besonderheiten beachten.[105]

Die loyalsten Verbündeten und zuverlässigste Stütze waren die ungarischsprachigen Szekler im Südosten Siebenbürgens. Sie hatten als einer der drei Landstände im Mittelalter umfangreiche Privilegien genossen, die jedoch unter den seit 1571 regierenden Fürsten aus dem Hause Báthory massiv beschnittenen worden waren. Während die Oberschicht (primores) zunehmend im Adel

---

103 Rezachevici, L'attitude des boyards valaques; Andreescu, Restitutio Daciae, Bd. 2, 7–34; Corfus, Documente polone.

104 Parveva, Creating and Preserving the Collective Memory of War Conflicts; Pippidi, Mihai Viteazul în arta epocii sale; Göllner, Michael der Tapfere; Jordan, Les relations culturelles entre les roumains et les slaves, 1–108; Mihai Viteazul în conştiinţa europeană (Hg. Ardeleanu).

105 Zur Herrschaft in Siebenbürgen Mureşanu, Mihai Viteazul şi Transilvania; grundlegend immer noch Nistor, Domnia lui Mihai Viteazul în Transilvania.

aufging, wurde die unterste der drei Schichten, das Fußvolk (pixidari) immer mehr in grundherrschaftliche Abhängigkeit herabgedrückt. Sie unterstützten Mihai in seinem Kampf gegen den ungarischen Adel und das Fürstenhaus der Báthorys, während sich der walachische Woiwode erkenntlich zeigte, indem er die alten Privilegien wiederherstellte. Das waren die politisch relevanten Kriterien der Zeit um die Wende vom 16. zum 17. Jahrhundert: ein auf Privilegien beruhendes Ständesystem. Die Idee einer Herrschaft, die auf „nationaler" Zugehörigkeit im modernen Wortsinne einer Bevölkerungsmehrheit beruht, ist ein Anachronismus des 19. und 20. Jahrhunderts. Nicht ein, wenn auch impliziter, quasi-plebiszitärer Konsens der Bevölkerung galt hier wie überall in Europa im Zeitkontext des anbrechenden 17. Jahrhunderts als legitime Grundlage von Herrschaft. Herrschaft konstituierte sich allenthalben auf dynastischer Grundlage oder durch Verfügung über historisch tradierte oder auf dem Schlachtfeld erworbene Rechte.

Eine irgendwie geartete administrative Vereinigung oder gar eine „nationale" Politik zugunsten der Rumänen Siebenbürgens lässt sich denn in der Zeit von Mihais Regentschaft in Siebenbürgen nicht ausmachen. Im komplizierten Geflecht der politischen Akteure Siebenbürgens blieb Mihai ein Außenseiter und Eroberer, der im Namen der Habsburger agierte, einer frühabsolutistischen Macht, die lokale Besonderheiten (ständische Rechte, reformatorische Bekenntnisse) wenn möglich zurückzudrängen suchte und daher weit herum auf Ablehnung stieß.[106] Um über die aus der momentanen Konstellation geborene Situation hinaus weiterreichende Pläne zu schmieden, dafür fehlten Mihai nicht nur die Zeit und die finanziellen und militärischen Grundlagen, sondern auch auswärtige Unterstützung und Anerkennung. Gegenüber den europäischen Dynastien hätte er, der selbst im walachischen Kontext als Emporkömmling zu betrachten ist, seine Ansprüche schwerlich legitimieren können. Die Feldzüge nach Siebenbürgen und in die Moldau entsprangen der strategischen Not, eine feindliche Einkreisung zu verhindern.

Mihai war zweifelsohne ein begabter Kriegsherr mit großen Ambitionen.[107] Die Wirren in Siebenbürgen im Kontext des Langen Türkenkrieges – s. Beitrag 7, Pálffy, Kap. 7.2.3 – eröffneten ihm unverhoffte Möglichkeiten, das Land im Namen des Kaisers zu unterwerfen. Die strategischen und materiellen Vorteile der Verfügungsgewalt über Siebenbürgen und die Moldau im Kampf gegen die Osmanen waren ihm bestimmt bewusst. Er blieb aber letztlich ein Condottiere, der sich der osmanischen Übermacht mehrfach entgegenstellte und daher Nachruhm als heldenhafter Türkenkämpfer erwarb. Somit steht er als einer der letzten Vertreter südosteuropäischer Herrscher in einer Reihe mit spätmittelalterlichen Türkenkämpfern wie Skanderbeg, Vlad Țepeș oder Stefan „dem Großen", die sich in einem günstigen Moment dem osmanischen Vormachtanspruch offen zu widersetzen wussten, deren episodenhafte Erfolge aber am mittelfristigen Schicksal ihrer Länder nur wenig zu ändern vermochten. Wie schon knapp eineinhalb Jahrhunderte zuvor unter Vlad Țepeș konnte sich auch unter Mihai der antiosmanische Widerstand in der Walachei nur wenige Jahre halten, solange die Osmanen anderen Schauplätzen auf dem europäischen Kriegsschauplatz mehr Bedeutung schenkten.

---

106 Arens, Habsburg und Siebenbürgen.

107 Zu Heer und Militärwesen Stoicescu, L'armée de la Valachie; Atanasiu, Mihai Viteazul; kurze, anspruchslose Zusammenstellung der einzelnen Schlachten bei Moisin, Mihai Viteazul.

3.3.8 Konsolidierung durch definitive Eingliederung in den osmanischen Reichsverband

Nach der Vertreibung Michaels des Tapferen rangen drei Gruppierungen um die Macht in der Walachei: Da war zuerst der von den Polen installierte Simion Movilă, dem nur zwei ephemere Regierungszeiten von je knapp neun Monaten vergönnt waren (1600/1601 u. 1601/1602).[108] Sodann lehnte sich Radu Şerban (1601, 1602–1610, 1611) in Fortführung der Politik Michaels eng an Kaiser Rudolf II. an. Als Dritter schließlich trat Radu Mihnea (1601–1602, 1611–1616, 1620–1623) auf den Plan, ein den Osmanen ergebener, unehelicher Sohn Mihnea Turcituls, des ehemaligen Woiwoden, der später zum Islam konvertiert war. Nach mehrfachen wechselhaften Kämpfen der drei Prätendenten, unterstützt von ihren jeweiligen Verbündeten, setzte sich 1602 Radu Şerban[109] durch, als Vertreter einer antiosmanischen und habsburgtreuen Linie in der Tradition Michaels des Tapferen stehend, unter dem er gedient hatte. Er machte eine Herkunft von Neagoe Basarab geltend, war aber nur indirekt über einen gemeinsamen Vorfahren in weiblicher Linie mit diesem verwandt, stammte also aus einem Seitenzweig des Bojarengeschlechts der Craioveşti. Unter Radu Şerbans Kommando unternahmen walachische Truppen 1603 mehrere Angriffe auf osmanische Garnisonen am rechten Donauufer, während der Woiwode jenseits der Karpaten auf Seiten der kaiserlichen Truppen in den verwickelten Krieg um Siebenbürgen eingriff. 1604 allerdings zerschlugen sich die siebenbürgischen Pläne der Habsburger: Der Adelsaufstand von 1604 bis 1606 unter Führung des Stephan Bocskai – s. im Detail Beitrag 7, Pálffy, Kap. 7.2.3 – schlug die Truppen des Kaisers aus Siebenbürgen und Teilen Ungarns zurück. 1605 wurde Bocskai mit Zustimmung der Osmanen siebenbürgischer Fürst. Siebenbürgen kehrte dadurch nach langen, verlustreichen Kriegswirren nicht nur zum Frieden zurück, sondern begab sich, wie vor Ausbruch des Langen Türkenkrieges, wieder unter lose osmanische Herrschaft – der habsburgische Versuch, in Siebenbürgen Fuß zu fassen, war gescheitert.

Damit war auch für die Walachei die kaiserliche Option endgültig obsolet geworden. Radu Şerban verständigte sich mit den Osmanen, deren Tributforderungen nun wesentlich unter den Summen lagen, die Radus Vorgänger im späten 16. Jahrhundert zu zahlen gehabt hatten. Insofern hatte der sozioökonomisch mit-bedingte Aufstand Michaels des Tapferen gegen die Osmanen konkrete Entlastung für das Land gebracht, auch wenn die Unterordnung unter die Hohe Pforte wiederhergestellt wurde. Nach langen Jahren des Krieges und verheerenden Einfällen der Tataren folgten einige ruhige Jahre für das Land, zumal 1606 auch der osmanisch-habsburgische Krieg durch den Frieden von Zsitvatorok für über 50 Jahre (bis 1663) beigelegt wurde. Radus pro-polnischer Rivale Simion Movilă folgte als Nachfolger seines verstorbenen Bruders Ieremia auf den moldauischen Woiwodenstuhl, womit er in der Walachei als Konkurrent ausfiel. Am Hof des walachischen Woiwoden zog nach langen Jahren der Unruhen wieder etwas Glanz ein. Radu scheint ein feines Gespür dafür gehabt zu haben, sich mit den verschiedenen Bojarenfraktionen

---

108 Ciurea, Domnia munteană a lui Simion Vodă Movilă; Holban, Contribuţii la istoria domniei munteneşti.

109 Stoy, Radu Şerban; Rezachevici, Politica internă şi externă a ţărilor române, 5–10; Mutascu, Radu Şerban; ders., Arta militară în Ţara Romînească; Rezachevici, Domeniul boieresc; Leonte, Sfatul domnesc.

auszusöhnen, die teils seine Kontrahenten unterstützt hatten. Als Maßnahme gegen die Bevölkerungsverluste während der Kriegsjahre richtete der Woiwode sog. Slobozien ein, von Abgaben und Pflichten befreite, neu gegründete Siedlungen auf unbewohntem Grund, wo Kolonisten von außerhalb des Landes angesiedelt wurden – darunter viele Zuwanderer aus dem Osmanischen Reich. Diese Praktik wurde unter seinen Nachfolgern fortgeführt.[110]

Die Lage in der Walachei komplizierte sich allerdings erneut, als in Siebenbürgen Gabriel Báthory zum Fürsten aufstieg (1608–1613).[111] Wie schon sein entfernt verwandter Vorgänger Sigismund Báthory vor ihm entwickelte er Ambitionen, sich die Walachei und die Moldau zu unterordnen. Nach längerer Vorbereitung fiel Gabriel um den Jahreswechsel 1610/1611 in die Walachei ein, schlug Radu Şerban in die Flucht und titulierte sich in Târgovişte als Fürst der Walachei. Den Osmanen versuchte er den Plan schmackhaft zu machen, sich nicht nur die Walachei, sondern auch Polen im Namen des Sultans zu unterwerfen – das Beispiel der siebenbürgisch-polnischen Personalunion unter seinem Großonkel Stephan Báthory (1576–1586) übte offenbar eine ungebrochene Faszination auf den jungen Fürsten Gabriel aus und geisterte in verschiedenen Varianten immer wieder in Adelskreisen herum. Gabriel Báthorys hemmungslose Machtpolitik bescherte ihm aber in Siebenbürgen zahlreiche Feinde. Besonders den Sachsen galt er bald als Tyrann, da er deren Rechte in grober Weise missachtete und Widerstand grausam brach – im siebebürgisch-sächsischen Geschichtsbewusstsein spielt die Schlacht bei Marienburg (rum. Feldioara) von 1612 bis in die Gegenwart als Exemplum für aufopferndem Widerstand gegen einen Tyrannen eine zentrale Rolle. Das burzenländische Kronstadt widersetzte sich als eine der letzten Bastionen dem Fürsten, wobei das Kronstädter Aufgebot vom Fürsten geschlagen wurde und sein Anführer, Stadtrichter Michael Weiß und zahlreiche Kronstädter Bürger (darunter auch eine Anzahl Gymnasiasten) fiel.

Aber auch den Osmanen war der ambitionierte Fürst aus Siebenbürgen nicht geheuer und sie ordneten den Rückzug Gabriel Báthorys aus der Walachei an. Die Hohe Pforte setzte mit Radu Mihnea einen Kandidaten eigener Wahl auf den Woiwodenstuhl, der lange Jahre im Exil auf diesen Moment gewartet hatte. Sein Vorgänger, der kaiserfreundliche Radu Şerban war rechtzeitig vor dem Einfall der siebenbürgischen Truppen Báthorys aus der Walachei in die Moldau entwichen. Dort verbündete er sich mit dem moldauischen Woiwoden Constantin Movilă und den Kaiserlichen, die allesamt wie auch die in der Moldau mitbestimmenden Polen darauf sannen, Báthory aus Siebenbürgen zu vertreiben.

So kehrte Radu Şerban unterstützt von moldauischen, polnischen und kosakischen Verbänden im Mai 1611 in die Walachei zurück, vertrieb den kürzlich erst von den Osmanen eingesetzten Radu Mihnea und zog dann mit seiner Streitmacht nach Siebenbürgen. Auf Seiten der Kaiserlichen errangen seine Truppen bei Kronstadt zwar einen Schlachtensieg gegen Báthory, konnten diesen aber nicht vertreiben. Zudem fielen nun Osmanen und Tataren in die Walachei ein und

---

[110] Ursprung, Die Mobilität der bäuerlichen Bevölkerung, 296f.

[111] Jeney-Tóth, „... Urunk udvarnépe"; Papp/Ulrich/Jeney-Tóth (Hgg.), Báthory Gábor és kora; Lovas, Báthory Gábor és a szászok; Szilágyi, Báthory Gábor.

setzten den vorübergehend geflüchteten Radu Mihnea erneut ein. Radu Şerban zog sich abermals in die Moldau zurück und gelangte schließlich nach Wien. Dort hoffte er auf kaiserliche Hilfe, um erneut die Herrschaft in der Walachei zu erstreiten. Der Hof hielt sich aber zurück, um die Konfrontation mit den Osmanen zu vermeiden. So starb Radu 1620 im Wiener Exil und wurde im Stephansdom beerdigt, von wo seine sterblichen Überreste auf Veranlassung einer Tochter 1640 in die Walachei überführt wurden.

In der Walachei hatte sich dank osmanischer Schützenhilfe 1611 nun Radu Mihnea endgültig festgesetzt, nachdem der erste Versuch, die Herrschaft an sich zu reißen, Ende 1601/Anfang 1602 nach wenigen Monaten gescheitert war. Radu Mihnea (1601–1602, 1611–1616, 1620–1623),[112] ein unehelicher Sohn Mihnea Turcituls, war wie sein nach der Abdankung als Woiwode zum Islam konvertierter Vater bei Gegnern als „Türke" verschrien und galt zeitlebens als „Griechenfreund". Mit seiner Ernennung kehrte die Walachei nach rund zwei Jahrzehnten der Unruhe definitiv in den osmanischen Orbit zurück. Die hochtrabenden Pläne, das Land aus der Unterordnung unter die Osmanen zu lösen, waren gescheitert. Als loyaler Gefolgsmann der Hohen Pforte passte er schlecht ins nationale Geschichtsbild und wurde daher lange Zeit von der Historiographie stiefmütterlich behandelt, die vor allem den Widerstand von Seiten der Bojaren in den Blick genommen hat.

Radu Mihnea aber war hoch gebildet: Er hatte in Venedig und Padua – zwei für die griechisch-balkanorthodoxe Diaspora zentrale Studienorte – studiert und in seinen Jugendjahren einige Zeit auf dem Athos gelebt. Gegenüber den Osmanen blieb er stets loyal ergeben und holte während seiner Herrschaft zahlreiches Gefolge orthodoxer Christen aus dem Osmanischen Reich an seinen Hof. Einige erhielten bedeutende Ämter am Woiwodenhof. Zwar waren solche in den Quellen stereotyp „Griechen" genannte Balkanchristen bisweilen auch früher schon in die Walachei gekommen und hatten am Hof wichtige Funktionen ausgeübt – so ist etwa auf die griechische Mutter Michaels des Tapferen zu verweisen.

Während der Herrschaft von Radu Mihnea aber nahm die Zahl und der Einfluss zuziehender Balkanchristen auf die Vorgänge im Land rapide zu. Unter den Bojaren begann sich Protest gegen die Zugezogenen zu formen, da die eingesessenen Geschlechter die Fremden als Konkurrenten sahen. Eine erste Verschwörung gegen Radu Mihnea schon Ende 1611 flog rechtzeitig auf, die Anstifter wurden hingerichtet. Es war aber nicht allein die Bevorzugung Landesfremder, die Teile der Bojaren zum Verrat führte. Viele setzten ihre Hoffnungen immer noch auf den nach Wien geflüchteten Radu Şerban, der mit kaiserlicher Unterstützung die Lage in der Walachei wieder zugunsten der Habsburger und damit des christlichen Lagers kehren sollte – und seine Anhänger wieder in die einflussreichen Posten, die sie unter dem neuen Woiwoden verloren hatten. Angesichts der Kräfteverhältnisse musste das eine Illusion bleiben: Die langen Jahre des osmanisch-habsburgischen „langen Türkenkrieges" ab 1593 hatten 1606 in einem Patt geendet, mit allen Nachbarländern der Walachei unter mal mehr, mal weniger starker osmanischer Hegemonie.

---

[112] CONSTANTINOV, Ţara Românească şi Ţara Moldovei; ANDREESCU, Radu Mihnea Corvin; REZACHEVICI, Politica internă şi externă a ţărilor române, 10–14.

Radu Mihnea taktierte geschickt, indem er nicht nur durch strikte Loyalität gegenüber der Hohen Pforte seine Position absicherte, sondern sich auch darum bemühte, Bojaren, die seinen Vorgänger Radu Şerban unterstützt hatten, einzubinden. Es scheint auch, als hätte er gezielt Ehe-Allianzen gefördert zwischen seinen ins Land geholten Leuten und den etablierten Geschlechtern, um die sozialen Gegensätze abzufedern und die Herrschaft zu stabilisieren. Die Osmanen schätzen Radus Verlässlichkeit so sehr, dass sie ihn 1616 zum neuen Woiwoden in der von Unruhen erschütterten Moldau machten, um damit den starken polnischen Einfluss auf dieses Land zurückzubinden. Der Wechsel vom Woiwodenstuhl der Walachei auf den der Moldau oder umgekehrt war seinerzeit keineswegs üblich, wurde aber in der Folge häufiger und im 18. Jahrhundert dann regelmäßig praktiziert. Unbeabsichtigte Folge dieser mit der Zeit immer häufiger angewandten Praxis, die mitunter zur mehrfachen Rotation zwischen Bukarest und Iaşi führte, waren zunehmende Verbindungen zwischen den Eliten beider Länder. Denn mit den Woiwoden zog meist auch ein Teil von dessen Höflingen mit, wobei über Heiraten die verwandtschaftlichen Bande innerhalb des Bojarentums der Walachei und der Moldau enger wurden. Die Eliten wechselten immer häufiger zwischen beiden Ländern hin und her, womit ein gemeinsamer Erfahrungsraum entstand.

Mit dem Wechsel Radu Mihneas auf den Woiwodenstuhl in der Moldau folgte ihm in der Walachei Alexandru Iliaş nach (1616–1618), der sich stark auf balkanchristliche Günstlinge stützte und im Wesentlichen eine ähnliche Politik verfolgte wie Radu Mihnea. Dieser behielt aber Einfluss in der Walachei. Bei der Übernahme des Woiwodenamtes in der Moldau hatte er bereits versucht, mit Gavril Movilă einen eigenen Kandidaten zum Nachfolger zu machen. Dies gelang ihm aber erst, nachdem Alexandru Iliaş 1618 durch eine Rebellion unzufriedener Bojaren vertrieben worden war. Gavril Movilă hielt sich zwei Jahre an der Herrschaft (1618–1620), bis ihm die Osmanen das Vertrauen entzogen. Nun kehrte Radu Mihnea aus der Moldau erneut als Woiwode in die Walachei zurück (1620–1623), um danach abermals bis zu seinem Tod in der Moldau die Herrschaft zu übernehmen (1623–1626). Bei seinem zweiten Wechsel in die Moldau 1623 konnte er das Schicksal der Walachei in die Hände seines erst zwölfjährigen Sohnes Alexandru Coconul legen (1623–1627). Faktisch kontrollierte der Vater damit beide Länder gleichzeitig, was nur mit Einwilligung der Osmanen möglich wurde.

Das Beispiel zeigt, dass die Osmanen die Walachei und die Moldau im 17. Jahrhundert immer häufiger nicht als eigenständige Länder mit unterschiedlichen Traditionen und je eigener Elite behandelten, sondern aus pragmatischen Gründen auf genehme und loyal erscheinende Kandidaten zurückgriffen, die sie je nach Erfordernissen – und Geldgeschenken – mal in der Moldau, mal in der Walachei auf den Woiwodenstuhl setzten. Faktisch waren die Woiwoden der beiden Länder damit zu einer Art Povinz-Statthalter des Sultans geworden. Gewisse Traditionen monarchischer Herrschaftsrepräsentation blieben zwar bestehen und allein schon dadurch, dass die lokalen Eliten mit wenigen Ausnahmen ausschließlich aus orthodoxen Christen bestanden und ein eigenes Hofleben fortbestand, unterschied die Walachei wie auch die Moldau von den unmittelbarer osmanischer Verwaltung unterstellten Regionen des Balkans. Doch war die politische und Verwaltungspraxis des Osmanischen Reiches überhaupt sehr vielfältig – eine modernen Kriterien entsprechende, einheitlich den gesamten Einflussbereich des Sultans abdeckende zentrale Verwaltung existierte so nicht. Diverse lokale Sonderregelungen institutioneller oder faktischer Art konstituierten ganz unterschiedliche Herrschafts- und Verwaltungspraktiken – vom montengrischen Fürstbistum bis zum Khanat der Krim, um nur im weiteren geographischen Umfeld der Walachei und der Moldau zu bleiben.

Faktisch verringerten sich die quantitativen Unterschiede der Stärke der Integration in den osmanischen Herrschaftsverband zwischen dessen verschiedenen Bestandteilen je länger je mehr, wenn auch überall qualitativ je eigene Formen der Verwaltung vorlagen. Zumindest ist der Unterschied zu den anderen Regionen des osmanischen Machtbereiches nicht mehr so grundsätzlich, dass sich für diesen Zeitabschnitt eine vergleichbar ausführliche Schilderung im Rahmen eines Handbuches rechtfertigen ließe. Unter den osmanischen Würdenträgern und Statthaltern auf dem Balkan waren herausragende Figuren, die auf kulturellem oder militärischem Gebiet Vergleichbares leisteten wie die bedeutenden Herrschergestalten der Walachei und der Moldau, genauso wie auch mancher osmanische Große ebenso rasch wieder in der Versenkung verschwand oder in die Hand des Henkers geriet, wie es den weniger erfolgreichen der walachischen und moldauischen Woiwoden passierte.

Insofern scheint es sinnvoll, im Rahmen dieses Handbuches für die folgende Zeit die zahlreichen Herrschaftswechsel, Machtkämpfe und wechselnden politischen Konstellationen nicht mehr einzeln, sondern nur noch summarisch in den Blick zu nehmen und sie für die Walachei wie die Moldau gemeinsam in den Blick zu nehmen – s. u. Beitrag 8, URSPRUNG zu Walachei u. Moldau vom 17. bis ins frühe 19. Jh. Für die rumänische Historiographie sind die verwickelten Kämpfe um die Woiwodenwürde, einzelne Schlachten, Rebellionen und Herrschaftswechsel zwar ein Kernelement der historischen Meistererzählung, selbst wenn auch dort die „heroische" Zeit mit Michael dem Tapferen weitestgehend zu Ende ist.[113] Aber jetzt wurde die osmanische Hegemonie kaum mehr grundsätzlich herausgefordert, sondern bestenfalls bezüglich des Handlungsspielraumes auf die Probe gestellt. Die Akteure in der Walachei wie in der Moldau fügten sich nun der osmanischen Hegemonie, die zumindest für den Moment als alternativlos erschien.

---

[113] Sprechend sind die Bandtitel, die IORGA seiner großen Synthese Istoria românilor gegeben hat: Bd. 3, der die Entstehung der Walachei und der Moldau im 14. Jh. mit behandelt, heißt „Die Begründer", Bd. 4, der im Wesentlichen das 15. Jh. abdeckt, heißt „Die Ritter", Bd. 5 zum 16. Jh. ist mit „Die Heldenmutigen" betitelt, während der das 17. Jh. abdeckende Bd. 6 den etwas beliebigen Titel „Die Monarchen" trägt, wonach Bd. 7 zum 18. Jh. die wieder spezifischeren Bezeichnung „Die Reformer" trägt, bevor dann in Bd. 8 „Die Revolutionäre" (des ersten Drittels des 19. Jh.s) übernehmen und ein neues „heroisches" Zeitalter einleiten, das mit den „Vereinigern" in Bd. 9 um die Mitte des 19. Jh.s und den „Vervollständigern" des Bd.s 10 im frühen 20. Jh. kulminiert.

4. DIE MOLDAU VON DER ENTSTEHUNG IM 14. BIS ZUR UNTERWERFUNG UNTER OSMANISCHE HERRSCHAFT IM 16. JAHRHUNDERT *

4.1 RÄUMLICHE EINORDNUNG

Zu Beginn der zweiten Hälfte des 14. Jahrhunderts vollzog sich am Ostabhang der Karpaten mit der Entstehung der Moldau ein Herrschaftsbildungsprozess, der gewisse Parallelen aufweist mit der ein paar Jahrzehnte früher vollzogenen Herausbildung der Walachei weiter südlich. Die Analogie ergab sich aus der zumindest teilweise vergleichbaren Konstellation. Die Region außerhalb des Karpatenbogens war vor dem 14. Jahrhundert ein Übergangsgebiet zwischen vier unterschiedlich konstituierten Herrschaftsräumen, wobei drei davon sowohl für die Walachei wie die Moldau von Relevanz waren, der vierte nur für die Moldau. Die frühe politische Geschichte der Moldau wurde wesentlich von der Entwicklung dieser vier Machtzentren bestimmt. In einer europaweit einzigartigen Konstellation, in dem eurasisches Steppenerbe, über Polen und Ungarn vermittelte westeuropäische Einflüsse und byzantinische Welt aufeinander trafen bildete sich die Moldau an einer Nahtstelle politischer, kultureller und naturräumlicher Einflusssphären. Forschungsgeschichtlich liegt die Moldau daher an der Schnittstelle der historischen Teildisziplinen der südosteuropäischen, der ostmitteleuropäischen und der osteuropäisch-ostslawischen Historiographie. Ihre Bezüge zum Geschehensraum Südosteuropa sind aufgrund der geographischen Lage und der Ausrichtung zumindest für die Frühzeit weniger eindeutig als im Falle der Walachei. Vom späten 14. Jahrhundert an geriet der Raum der Moldau allmählich immer deutlicher in den Einflussbereich südosteuropäischer Geschehenszusammenhänge, mit einem Höhepunkt im späten 17. und frühen 18. Jahrhundert. Ab dem späten 18. Jahrhundert machte sich die Lage der Region an einer Nahtstelle unterschiedlicher Einflusssphären wieder deutlich bemerkbar – bis heute.

4.1.1 Steppenzone

Der bedeutendste Einfluss auf beide Gebiete kam über Jahrhunderte aus der eurasischen Steppenzone im Osten. Dort gaben Herrschaftsverbände von zumindest teilweise nomadisierenden aristokratischen Eliten politisch den Ton an.[1] Sie übten ihren Einfluss von den nordpontischen Steppen

---

* Ausführungen zu Quellen und Forschungsstand finden sich ebenso oben in Beitrag 1, Kap. 1.1.

1 Grundlegend zur Herrschaftsorganisation in der eurasischen Steppenzone SNEATH, The Headless State, zu den Kumanen etwa 26.

her auch auf die spätere Moldau und Walachei aus. Im 12. und 13. Jahrhundert hatte sich hier die Herrschaft der turksprachigen Kumanen etabliert.[2] Das Reich der Kumanen verfügte allem Anschein nach über keine zentrale Herrschaftsinstanz, sondern war ein Konglomerat aristokratischer Herrschaften, das sich wesentlich auf militärische Leistungen stützte.[3]

Die Kumanen wurden im zweiten Drittel des 14. Jahrhunderts von den Nachfolgern des Dschingis Khan unter dem Kommando von dessen Enkel Batu unterworfen bzw. flüchteten nach Ungarn. Der mongolische Herrschaftsverband war ethnisch alles andere als einheitlich, wird aber meist aufgrund der Herkunft der Führungsschicht als mongolisches (oder nach europäischen Quellen auch ta[r]tarisches) Reich bezeichnet. Batu etablierte als westliches Teilreich (Ulus) des nach China, Zentralasien und in den Iran reichenden mongolischen Herrschaftsgebietes die sog. Goldene Horde, die ab 1237 zur dominierenden Macht in Osteuropa aufstieg. Sie übte dabei am westlichen Rand Kontrolle über die Moldau und die Walachei aus und wirkte darüber hinaus in den Kernraum Südosteuropas hinein. Zentral für die diversen in der Steppenzone etablierten Herrschaftsverbände wie der der Goldenen Horde war dabei, dass es sich über institutionell weniger festgefügte Reiche als im zeitgenössischen Europa handelte, sondern diese über dynastischen Zusammenhalt hinaus nur eine geringe Integrationsideologie oder zentrale Institutionen verfügten. Zwar unterschied sich der in vielerlei Hinsicht einzigartige Aufstieg der Mongolen etwa vom Herrschaftsverband der Kumanen durch die Existenz einer Zentralmacht in Form des Khans und einen stärker institutionalisierten Herrschaftsapparat.

Das mongolische Weltreich war stark hierarchisch strukturiert, erwies sich in der längerfristigen Entwicklung über personelle Bindungen hinaus faktisch aber doch als relativ lose gefügter dynastischer Personenverband, dessen Kohärenzkräfte auch aufgrund der ganz unterschiedlichen Voraussetzungen in dem riesigen unterworfenen Gebiet überspannt wurden. Die Tradition, Nachkommen des Herrschers mit eigenen Apanagen zu versorgen, führte in der Praxis häufig zur Entstehung von Teilreichen, die sich mit der Zeit verselbständigten bzw. sich an lokale Herrschaftstraditionen adaptierten. Die außerordentliche Macht mongolischer Herrscher, die über mehrere Jahrzehnte weite Teile Eurasiens beherrschten, beruhte wie in Steppenreichen üblich stark auf dem Charisma und der militärischen Durchsetzungsfähigkeit der jeweiligen Person. Große Herrschaftsgebilde überwölbten oft lokal weiterbestehende Herrschaftsformen eher, die sie unter einem gemeinsamen Kommando zusammenfassten, als dass sie komplett neue Herrschaftsstrukturen geschaffen hätten. Häufig begnügten sie sich dabei mit einer indirekten Kontrolle, die auf bedingungsloser Unterwerfung und Loyalität lokaler Anführer beruhte. In die Belange der jeweiligen Gemeinschaften aber griffen sie gerade in den Randgebieten wenig ein und betrieben keinen eigenen Landesausbau. Dies war insofern wichtig, als unter mongolischer Kontrolle in der späteren Moldau wie auch in der Walachei lokale politische Strukturen fortbestehen oder sich, geschützt vom ungarischen Expansionsdruck, gerade jetzt richtig entfalten konnten. Den Mongolen war daran gelegen, dass in ihrem Einflussbereich Ordnung und Sicherheit herrschten, um die Tributablieferung zu gewährleisten. Nach dem Niedergang des mongolischen Einflusses

---

2   Spinei, Moldova în secolele XI–XIV, 130–137.

3   Zum Konzept Sneath, The Headless State; vgl. auch Pohl, Die Awaren (3. Aufl.).

auf diese Region im 14. Jahrhundert entstand daher kein Machtvakuum. Vielmehr gelang es örtlichen Anführern, im Karpatenvorland politische Gebilde aufzubauen, die sich der vollständigen Absorption durch die expandierenden Nachbarmächte entziehen und eine gewisse Eigenständigkeit behaupten konnten.[4]

4.1.2 Ungarn und Siebenbürgen

Die zweite für die Herausbildung der Moldau wie auch zuvor schon der Walachei bedeutsame Macht war Ungarn. Dieses hatte bis Mitte des 12. Jahrhunderts Siebenbürgen vollständig einverleibt und kam so im hier betrachteten Raum als neue Regionalmacht ins Spiel. Aus der späteren Moldau und Walachei waren im 11. und 12. Jahrhundert immer wieder Petschenegen und danach Kumanen plündernd in Siebenbürgen eingefallen. Deshalb wurden entlang der Grenzregionen im Innern des Karpatenbogens seit Mitte des 12. Jahrhunderts westliche Kolonisten (Sachsen) im Süden angesiedelt, während die bereits seit längerem an unterschiedlichen Orten Siebenbürgens als Grenzwächter dienenden Szekler an den Ostrand dieser Region, an den inneren Rand des Karpatenbogens versetzt wurden.[5] Die Kolonisations- und Grenzverteidigungsbewegung setzte sich im frühen 13. Jahrhundert über den Hauptkamm der Karpaten hinaus nach Süden und Osten fort in die von Kumanen dominierten Gebiete der späteren Walachei und Moldau. Dieser Vorstoß westlicher Siedler aus dem Königreich Ungarn wurde aber nach 1241 von den Mongolen gestoppt. Nach diesem einige Jahrzehnte dauernden mongolischen Zwischenspiel begann Ungarn, parallel zum Zerfall der mongolischen Vormacht ab dem Beginn des 14. Jahrhunderts (zuerst südlich der Karpaten, ein paar Jahrzehnte später auch östlich davon), erneut mit dem Anspruch aufzutreten, politische Kontrolle über die Gebiete jenseits der Karpaten auszuüben.

Wichtig für Ungarn war neben der defensiven Absicherung Siebenbürgens vor allem die Kontrolle und Sicherung der Handelswege an die Donau und von dort weiter über das Schwarze Meer. Dieses war im Kontext des mongolischen Weltreiches, aber auch dem Vordringen westlicher Kaufleute primär aus Genua und Venedig zu einer wichtigen Drehscheibe des transkontinentalen Handels geworden.[6] Diesen Fernhandel belebten als Verbindungsachsen von Polen bzw. Ungarn Richtung Schwarzes Meer die Handelsrouten östlich und südlich der Karpaten und eröffneten über die damit verbundenen Zolleinnahmen auch neue Möglichkeiten lokaler Herrschaftsbildung. Im Kontext des Niedergangs der mongolischen Vormacht in diesem Raum zu Beginn des 14. Jahrhunderts begann in Ungarn der Aufstieg der Anjou-Dynastie. Nach den Thronwirren zu Beginn des 14. Jahrhunderts konnte der ungarische König Karl I. Robert von Anjou (1307–1342) ab 1310 die Macht gegen innen und außen konsolidieren (s. Beitrag 2, URSPRUNG, Kap. 2.4). Die Kontrolle über die Walachei und die Moldau hingegen blieb unvollständig.

---

4 GONȚA, Românii și Hoarda de Aur; SPULER, Die Goldene Horde.

5 BÓNA, Zeit des ungarisch-slawischen Zusammenlebens, 170–173.

6 CIOCÎLTAN, The Mongols and the Black Sea Trade.

4.1.3 Südosteuropa, Balkanraum, Byzanz

Drittens war von alters her der Süden ein ganz wichtiger Orientierungsvektor, von wo die byzantinisch-altbalkanische Welt inklusive der im 12. Jahrhundert neuentstandenen Regionalmächte Bulgarien (Zweites bulgarisches Reich) und Serbien über die Donau hinaus nach Norden ausstrahlte. Allerdings war dieser Einfluss aus Süden im Falle der Walachei weitaus wichtiger als im Falle der Moldau, wo er weniger bedeutend und vor allem indirekt blieb, zumal die Kernregion der entstehenden Moldau im Norden lag, relativ weit entfernt von den beiden balkanorthodoxen Herrschaftszentren. Erst ab der Mitte des 15. Jahrhunderts wurde parallel zum und zumindest teilweise vom osmanischen Vormarsch bedingt die Beeinflussung von Süden her politisch stärker wirksam. Zu diesem Zeitpunkt aber waren die orthodoxen Reiche bis auf wenige Reste schon weitgehend von den Osmanen unterworfen worden, so dass von dieser Seite her zumindest machtpolitisch und dynastisch keine derart unmittelbare Vorbildwirkung und Beeinflussung stattfinden konnte wie in der Frühphase der Walachei. Der südliche Einfluss manifestierte sich in der Moldau machtpolitisch deutlicher spürbar erst in Form der osmanischen Expansion, die kulturelle Rezeption balkanisch-orthodoxer Traditionen erfolgte meist über eine walachische Zwischenstufe oder dann – nach Mitte des 15. Jh.s – im weiteren Kontext, in dem die Moldau zunehmend in den Einzugsbereich der osmanischen Hegemonie geriet. Beide Entwicklungen führten in der langfristigen Tendenz zu einer Angleichung der Verhältnisse in der Walachei und der Moldau. Dies wurde so in der rumänischen Forschung jedoch noch kaum thematisiert, da sie dem Dogma von „zwei rumänischen Ländern" verpflichtet ist und daher von einer seit jeher bestehenden Gleichartigkeit beider Fälle ausgeht. Von zwei anfänglich recht unterschiedlichen Realitäten ausgehend haben sich durch die langen Jahrhunderte der indirekten osmanischen Herrschaft und der dadurch ab dem 17. Jahrhundert immer stärker werdenden Zirkulation der kirchlichen, politischen, sozialen und wirtschaftlichen Eliten die inneren Verhältnisse der beiden Ländern immer mehr angeglichen. Nicht zuletzt sind sie zu einem in dieser Form einzigartigen Betätigungsfeld für balkan-christliche Eliten geworden, deren Horizont weit über die lokalen Belange der beiden Länder hinausreichten.

4.1.4 Waldzone: vom Fürstentum Halič-Volhynien zu Polen-Litauen

Neben diesen drei Orientierungsvektoren aus Osten, Westen und Süden, die beiden Ländern, wenn auch in unterschiedlichem Ausmaß, gemeinsam waren, trat nur im Falle der Moldau ein vierter Machtpol im Norden und Nordwesten hinzu, der gerade in der frühen Phase der Moldau ganz entscheidend war und sich bis etwa Mitte des 17. Jahrhunderts immer wieder stark bemerkbar machte. Im Hochmittelalter gehörte die Waldzone nördlich und nordöstlich der Karpaten zum ostslawischen Herrschaftsverband der sog. Kiewer Rus'. Diese zerfiel im 12. Jahrhundert in Teilherrschaften, wobei im westlichen, hier relevanten Bereich das 1199 aus dem Zusammenschluss der zwei namengebenden Teilfürstentümer konstituierte Fürstentum Halič-Volhynien die ostslawisch-orthodoxe Herrschaftstradition fortsetzte. Unter Fürst Daniel Romanovič (der 1254 sogar mit einer päpstlichen Krone zum König gekrönt wurde) erlebte Halič-Volhynien um die Mitte des 13. Jahrhunderts seine Blütezeit, obwohl es sich der mongolischen Hegemonie der

Goldenen Horde unterordnen musste. In der ersten Hälfte des 14. Jahrhunderts wurde das Fürstentum aber durch innere Fehden und Machtkämpfe destabilisiert, bis schließlich in den Jahren zwischen 1340 bis 1366 die beiden aufsteigenden Großmächte Polen und Litauen als Rivalen in ihrem Expansionsdrang entlang der Handelswege zum Schwarzen Meer hin das Fürstentum untereinander aufteilten. Dieser Kontext schuf neue Voraussetzungen im Raum zwischen Ostkarpaten und Schwarzmeerküste, da die Expansion Polens und Litauens die mongolische Vormacht zurückdrängte und damit auch Ungarn Gegenkräfte erwuchsen, das seinerseits dabei war, sich im östlichen Karpatenvorland festzusetzen. Letztlich entstand die Moldau an der Nahtstelle, wo die Ansprüche dieser verschiedenen Reiche sich überlappten und damit gewissermaßen auch gegenseitig neutralisierten.

Der Zerfall Halič-Volhyniens hinterließ so ein Machtvakuum, in dem sich zwischen den konkurrierenden Ansprüchen Ungarns, Polens und Litauens und dank der Zurückdrängung des mongolischen Einflusses die Moldau als lokales Machtzentrum etablieren konnte. Polen inkorporierte um die Mitte des 14. Jahrhunderts die erst seit der habsburgischen Eroberung im 18. Jahrhundert als „Galizien" (historisierend für Halič) bezeichnete Region inklusive Pokutiens (am Oberlauf des Pruth, südlich des Dnjestr u. westlich des Čeremoš) und expandierte in Konkurrenz zu Litauen Richtung Osten nach Podolien. Davon profitierte der polnische Schwarzmeerhandel über das in der zweiten Hälfte des 14. Jahrhunderts rasch aufsteigende Lemberg. Damit aber gerieten auch die nordöstlichen Ausläufer des Karpatenabhanges stärker in den Einflussbereich überlokaler Handelsverbindungen zum Schwarzen Meer, die das Gebiet der späteren Moldau zuvor weiter südlich durch den Fernhandel ungarländischer Kaufleute berührt hatten.

Das nördliche Karpatenvorland im Umfeld der späteren Bukowina (ebenfalls ein auf die habsburgische Inkorporation des 18. Jh.s zurückgehender neugeschaffener Landesname) wurde so nicht zuletzt durch äußere Impulse zur Keimzelle des entstehenden Fürstentums. In dieser Region überlagerten sich ungarische, polnische und litauische Ansprüche. Die Etablierung der Moldau ist daher im Kontext der längerfristigen politischen Neuordnung bzw. Rivalität der expandierenden Großmächte in diesem Raum nach dem Zerfall Halič-Volhyniens und der Zurückdrängung mongolischer Vormacht zu sehen. In den Umbrüchen zu Beginn der zweiten Hälfte des 14. Jahrhunderts profitierten lokale Notabeln von der Rivalität der umliegenden Mächte, um eine gewisse Eigenständigkeit zu erringen und damit einen eigenen Herrschaftsverband zu etablieren. Der Herrschaftskern der Moldau entstand an einer sich herausbildenden, enorm wichtigen politischen Nahtstelle, in der sich über die Jahrhunderte hinweg sukzessiv die bedeutendsten Großmächte des östlichen Europa (Polen, Litauen, Ungarn, Osmanisches Reich, Russland) bzw. ihre Einflusssphären gegenüber standen. Mit dem Vordringen der Moldau bis an den Dnjestr bei Hotin (Chotyn, poln. Chocim) wurde die Region bis ins 20. Jahrhundert eine der bedeutendsten Grenzzonen Osteuropas, in der verschiedene Großreiche bzw. ihre Einflusssphären aufeinandertrafen. Hier grenzten die später so bezeichneten Landschaften Galizien (bzw. Pokutien), Podolien und die Bukowina aufeinander (in etwa die Region zwischen den Städten Halič, Kamenec-Podolski [rum. Camenița, poln. Kamieniec Podolski, ukr. Kam'janec'-Podil's'kyj] u. Czernowitz) Die Festung Hotin illustriert dies sehr schön, ist sie doch ein zentraler Erinnerungsort, der in der Geschichtsschreibung und Literatur der Polen, Ukrainer, Rumänen, Moldauer, Osmanen/Türken und Russen ein wichtiger Platz zukommt, wobei aber jeweils ganz unterschiedliche Episoden und Epochen im Vordergrund stehen und die national aufgeladene Deutung wenig Notiz nimmt von den Deutungen der Anderen. Die Etymologie zahlreicher Toponyme in der Region verweist auf die häufig vor-moldauische Geschichte vieler Siedlungen. Die Stadt Czernowitz (rum. Cernăuți) etwa, deren Namen eindeutig (ost-)slawischer Herkunft ist, geht allem Anschein nach auf eine Vorgängersiedlung aus der Zeit des Fürstentums Halič zurück, möglicherweise während der Regierungszeit von Jaroslav Osmomysl' (1153–1187), wobei allerdings die älteste erhaltene urkundliche Erwähnung von 1408 erst aus der Regierungszeit des moldauischen Woiwoden Alexanders „des Guten" (1400–1432) stammt.[7] Auch hier tendiert die rumänische Forschung dazu, sich auf die spätere, „rumänische" Phase der Entwicklung zu konzentrieren und früheren, eventuell nur archäologisch nachzuweisenden Einflüssen nur wenig Gewicht zu geben. Eigentlich städtischen Charakter jedoch erhielt Czernowitz erst, nachdem es unter Habsburger Herrschaft geraten war.

1386 vermählte sich der litauische Großfürst Jogaila mit der Tochter des 1382 verstorbenen Ludwigs I. von Anjou, der in Personalunion über Ungarn und Polen geherrscht hatte. Mit der Hochzeit übernahm Jogaila unter dem polonisierten Namen Władysław II. Jagiełło die Krone Polens (1386–1434), womit die polnisch-litauische Personalunion unter der Dynastie der später auch für Ungarn bedeutsam werdenden Dynastie Jagiełło entstand. Die Union hatte langfristig Bestand: Aus den beiden Teilen entstand das Doppelreich Polen-Litauen, das seit 1569 auch in einer Realunion institutionalisiert wurde. Bis Mitte des 17. Jahrhunderts war es die bedeutendste Kraft im osteuropäischen Raum zwischen Ostsee und Schwarzem Meer und nahm als mächtiger Nachbar vielfältigen Einfluss auf die Geschichte der Moldau. Für die Moldau bestand daher bis zu diesem Zeitpunkt anders als im Falle der Walachei ein machtpolitisches Gegengewicht zum osmanischen Einfluss, auch wenn sich Polen, das sich vor der habsburgischen Konkurrenz mehr fürchtete als vor den Osmanen, um ein konfliktfreies Auskommen mit der Macht am Bosporus bemühte. Ein erstes Abkommen Polens mit dem Osmanischen Reich datiert von 1489, während des gesamten 16. Jahrhunderts sollten weitere folgen, wenn diese auch kein konfliktfreies Nebeneinander gewährleisteten: „Einerseits reguläre Friedensschlüsse und eine langfristige stabile Koexistenz, andererseits ein wiederkehrender Kleinkrieg, der von irregulären Formationen auf beiden Seiten mit dem Ziel von Beute geführt wurde."[8]

Erst im letzten Drittel des 17. Jahrhunderts sollte sich der polnisch-osmanische Gegensatz zuspitzen, mit dem Höhepunkt der „Rettung Wiens" 1683 durch den polnischen König Jan (Johann) III. Sobieski (1674–1696), in einer Zeit als Polen den Höhepunkt seiner Machtentfaltung überschritten hatte und sich das Ende der polnischen Hegemonie insbesondere über die Ukraine bereits abzuzeichnen begonnen hatte. Hier begann im 18. Jahrhundert der Aufstieg einer neuen Macht, die dann im 19. Jahrhundert ganz entscheidend die Geschicke der Moldau mitbestimmen sollte: das Russländische Imperium, dessen Vorstoß in die Region nach der verlorenen Schlacht am

---

7   MASAN, Czernowitz in Vergangenheit und Gegenwart, 13–16; RĂDVAN, Orașele din Țările Române în evul mediu, 494f.

8   BÖMELBURG/ROHDEWALD, Polen-Litauen als Teil transosmanischer Verflechtungen, 174f.

Pruth 1711 allerdings noch für etliche Jahrzehnte zurückgeschlagen wurde. Während des 18. Jahrhunderts war die Moldau als Folge davon so stark wie nie zuvor in südosteuropäische Belange bzw. den osmanischen Reichsverband eingebunden. Dies änderte sich erst im letzten Viertel des Jahrhunderts mit dem osmanisch-russischen Friedensschluss von Küçük Kaynarca 1774 (s. hierzu Beitrag 6, KOLLER, Kap. 6.4.4). Nun wurde der russische Einfluss mitentscheidend, während fast gleichzeitig die Angliederung der Bukowina an das Habsburgerreich 1775 der nördlichste Teil der Moldau unter direkten und nachhaltigen Einfluss Wiens geriet. Die russische Annexion Bessarabiens 1812 hatte dann faktisch die Dreiteilung des historischen Fürstentums zwischen den drei Großmächten des Osmanischen, des Romanov- und des Habsburger Reiches zur Folge. In den Jahrzehnten bis zum Krimkrieg (1853–1856), grob also die erste Hälfte des 19. Jahrhunderts, wurde der russische Einfluss auf die Moldau wie auf die Walachei dominierend. Unter diesen Vorzeichen setzte sich die bereits durch osmanischen Einfluss begonnene Angleichung der beiden Länder fort, etwa in Form der beiden Verwaltungsstatute der „Organischen Reglemente", die unter russischer Anleitung in der Walachei wie der Moldau 1831/1832 eingeführt wurden.

4.1.5 Schwarzes Meer

In diesem hier nur kurz in seiner zeitlichen Dynamik skizzierten Spannungsfeld der vier Herrschaftsräume vollzog sich die Entstehung des Fürstentums Moldau in der zweiten Hälfte des 14. Jahrhunderts. Als weiterer Faktor kamen die italienischen Handelskolonien an der Schwarzmeerküste hinzu, wo neben Pisa und Venedig vor allem Genua aktiv war. Das Schwarze Meer, über das Byzanz dank der Meerengen und vieler Hafenstädte eine substanzielle Kontrolle innehatte, öffnete sich für italienische Handelsschiffe im 13. Jahrhundert. Ob die Byzantiner davor, wie in der Forschung lange Zeit angenommen, effektiv ein Handelsmonopol auf dem Schwarzen Meer hatten, wurde in der Forschung jüngst debattiert. Eventuell waren italienische Kaufleute schon im 12. Jahrhundert vereinzelt auf dem Schwarzen Meer unterwegs gewesen. Doch besteht Einigkeit darin, dass das Schwarze Meer erst im größeren Stil von italienischen Handelsschiffen befahren wurde, nachdem 1204 unter wesentlicher Beteiligung Venedigs das Lateinische Kaiserreich errichtet worden war und der Weg durch die Meerengen auf einmal weit offen stand. Selbst dann aber war das Interesse daran vorerst noch gering und nahm erst zu, als mit der Errichtung des mongolischen Weltreiches, das in den nordpontischen Steppen nach 1237 zur Vormacht wurde, ein weite Teile Eurasiens umfassender Wirtschaftsraum mit gesicherten Fernhandelsrouten (anachronistisch als „Seidenstraße" bekannt) nach China entstand. Im Zusammenspiel zwischen der mongolischen Landmacht und den maritimen Kaufleuten aus Italien entstand ein florierender Handel über das Schwarze Meer, das zur Handelsdrehscheibe zwischen Europa und Asien wurde.[9] Vor allem der Vertrag von Nymphaion 1261, in dem Kaiser Michael VIII. Palaiológos (1259–1282) im Kontext der Wiederherstellung der byzantinischen Herrschaft über Konstantinopel Venedigs Rivalin Genua weitgehende Handelsfreiheiten zugesichert hatte, läutete das goldene Zeitalter des italie-

---

9   CIOCÎLTAN, The Mongols and the Black Sea Trade.

nischen Schwarzmeerhandels ein, der im 14. Jahrhundert seinen Höhepunkt erreichte.[10] Die Bedeutung der italienischen Handelsniederlassungen war weniger politisch als wirtschaftlich, doch waren sie ein Katalysator für die Expansionsbestrebungen Ungarns, Polens und Litauens, die sich lukrative Handelsrouten von Kronstadt/Braşov/Brassó bzw. Lemberg (ukr. L'viv, poln. Lwów) zum Schwarzen Meer sichern wollten. Die Walachei, besonders aber die Moldau gerieten so als Transitrouten in den Fokus der ostmitteleuropäischen Landmächte. Das ermöglichte aber auch den lokalen politischen Gebilden, über die Zölle und Abgaben vom Handel zu profitieren und so eine materielle Grundlage für ihre Herrschaft zu schaffen. Dieser externe Impuls war ein Faktor, der bei der Entstehung beider Herrschaftsgebilde eine Rolle spielte.[11]

---

[10] Martin, The Venetians in the Black Sea; Ciocîltan, The Mongols and the Black Sea Trade; Jacoby, Byzantium, the Italian Maritime Powers, and the Black Sea; Papacostea, La Mer Noire; Atanasiu-Găvan, Nave veneţiene şi genoveze; Balard, La Romanie génoise, Bd. 1; Brătianu, La Mer Noire (2. Aufl.).

[11] Panaitescu, De ce au fost Ţara Românească şi Moldova ţări separate?, 102f.

4.2 HERRSCHAFTSBILDUNG: DIE ENTSTEHUNG DER MOLDAU

Ähnlich wie bei der Entstehung der Walachei im frühen 14. Jahrhundert war nicht zuletzt die Frontstellung der Region zwischen Ungarn und dem mongolischen Herrschaftsbereich von Bedeutung. Der um 1240 entstandene mongolische Herrschaftsverband der Goldenen Horde in Osteuropa dehnte seinen Einfluss zu den Ost- und Südkarpaten hin aus und übte in der zweiten Hälfte des 13. Jahrhunderts die Hegemonie über Bulgarien sowie die angrenzenden Gebiete nördlich der Donau und außerhalb des Karpatenbogens aus. Die ungarischen Expansionsbestrebungen der vorherigen Jahrzehnte mit dem Kumanenbistum (s. Beitrag 2, Ursprung, Kap. 2.9.2) wurden damit zunichte gemacht. Die mongolische Herrschaft vereitelte den weiteren Ausbau der ungarischen Machtposition in den Regionen östlich und südlich der Karpaten. Durch die mongolische Oberhoheit vor ungarischer Expansion geschützt konnten aber politische Strukturen gedeihen, die sich auf ungarische Grenzländer und Vorposten, die Herrschaftsorganisation der von den Mongolen unterworfenen Kumanen, allenfalls auch auf lokale rumänische oder slawische Gemeinschaften stützen konnten. Mit dem allmählichen Zerfall der Großmachtstellung der Goldenen Horde im 14. Jahrhundert traten die sich verselbständigenden lokalen Herrschaftsverbände auf den Plan.

Im Falle der Moldau sind die Umstände, unter denen das Land als politischer Verband entstand, ähnlich wie im Falle der Walachei (vgl. den Beitrag zur Walachei: Ursprung, Kap. 3) in vielen Details unklar.[12] Die Anfänge der Moldau hängen unmittelbar mit der ungarischen Grenzsicherung gegenüber den Mongolen östlich der Karpaten zusammen. Die moldauische Chroniktradition berichtet von einer doppelten Landnahme (wörtlich descălecare, Substantivierung mit der Bedeutung „vom Pferd steigen"), die in einigem zeitlichem Abstand voneinander stattgefunden und die ihren Ausgangspunkt in Ungarn hatten. Die erste Landnahme führte, vereinfacht gesagt, zur Gründung eines Herrschaftsverbandes, die zweite hingegen zur Loslösung aus ungarischer Kontrolle.

Quellenkritisch problematisch ist allerdings, dass die ältesten erhaltenen moldauischen Chronikabschriften aus dem 16. Jahrhundert datieren und wohl Texte aus dem späten 15. Jahrhundert wiedergeben – Vermutungen über noch ältere Vorlagen bleiben spekulativ.[13] Ihr Quellenwert für die frühe Zeit ist daher höchst fraglich, umso mehr als die Chronologie widersprüchlich ist. Die Rekonstruktion der Ereignisse bleibt daher mit Unsicherheiten behaftet und kommt vielfach über Spekulationen nicht hinaus. Dies betrifft insbesondere die Figur des Dragoș, der in den Chroniken als erster Herrscher der Moldau genannt wird. Er fehlt jedoch im 1407 begonnenen oder als

---

12 Wichtige Werke dazu sind u. a. Gorovei, Întemeierea Moldovei; Papacostea, Geneza statului în Evul Mediu românesc; Spinei, Moldova în secolele XI–XIV, 257–340; Stoicescu (Hg.), Constituirea statelor feudale românești; für die sowjetische Historiographie Paras'ka, Politika vengerskogo korolevstva; Popa, Țara Maramureșului, 240–247; historiographisch wichtig, wenn auch vom Forschungsstand überholt, der Klassiker von Brătianu, Tradiția istorică.

13 Zur Frühphase der moldauischen Chronistik als Überblick über die seit langem kontrovers diskutierten Fragen Tărîță, Cultura religioasă slavă scrisă, 49–89; Andreescu, Începuturile istoriografiei.

Abschrift eines entsprechenden Vorgängerwerkes später entstandenen Pomelnicul de la Bistriţa (einer Aufzählung der in der Messe verlesenen Namen verstorbener Woiwoden u. weiterer Personen aus ihrem Umfeld), wo die Aufzählung der Herrscher mit dem Woiwoden Bogdan beginnt. Das Fehlen der Vorgänger Bogdans (Dragoş u. der urkundlich belegte Sas) kann aber auch dynastische Gründe haben.

Die ältesten Chronikabschriften, die wohl auf Vorlagen aus den späten Jahren der Herrschaftszeit Stefans „des Großen" zurückgehen, nennen als ersten Woiwoden des Landes Dragoş, der 1359 aus der Maramureş (ung. Máramaros: die nördlich Siebenbürgens gelegene Grenzregion im Nordosten des Königreichs Ungarn in den Karpaten beidseits des Oberlaufs der Theiß) auf der Jagd nach einem Auerochsen über die Karpaten gekommen sei und so die Moldau gegründet habe. Für viel Verwirrung in der Historiographie gesorgt hat die Tatsache, dass Dragoş ein unter den rumänischen Kleinadeligen in den nördlichen Grenzgebieten Ungarns häufiger Name war. Zahlreiche Versuche, den in den Chroniken erwähnten Dragoş mit namentlich bekannten Trägern dieses Namens aus dem entsprechenden Zeitkontext zu identifizieren, schlugen fehl.[14] Vielleicht handelte es sich um einen der vom König aus niederem Stand erhobenen Königsdiener (servientes regis; s. Beitrag 2, Ursprung, Kap. 2.4). Eventuell aber liegt das Problem tiefer und zwischen den Ereignissen und der späteren Chroniktradition existiert kein derart enger Zusammenhang, wie ihn die rumänische Historiographie stillschweigend annimmt. Denn zeitgenössische Quellen über Dragoş fehlen und damit lässt sich über die Historizität dieser Figur und die Art seiner Herrschaft kaum etwas Konkretes aussagen. Die Historiographie ist sich denn auch bezüglich der Details alles andere als einig, ohne die abweichenden Meinungen immer explizit anzusprechen, was die Orientierung in der Literatur erschwert. Die Forschung hat sich intensiv darum bemüht, Dragoş mit einem der bekannten Träger dieses Namens zu identifizieren und die Chronologie seiner Herrschaft aus wenigen, unzuverlässigen Quellenstellen zu rekonstruieren, ohne kritisch die grundsätzliche Frage zu stellen, als wie verbürgt diese Figur überhaupt gelten kann und welcher ethnischer und konfessioneller Identität er war. Unter diesem Vorbehalt stehen auch nachfolgende Ausführungen.

Der historische gut belegte Hintergrund betrifft den größeren machtpolitischen Kontext mit dem Aufstieg Ungarns, Polens und Litauens auf Kosten des ostslawischen Fürstentums Halič-Volhynien sowie der Goldenen Horde. 1341 starb Khan Özbek, unter dem die Goldene Horde den Höhepunkt ihrer Machtentfaltung erlebt hatte, 1342 der ungarische König Karl I. Robert. Dessen Sohn und Nachfolger Ludwig I. (der Große, 1342–1382) war ambitioniert und vom Missionierungsgedanken getriebenen. Während mindestens eines Jahrzehnts ab 1342 führte Ungarn großangelegte militärische Kampagnen von Siebenbürgen aus gegen die geschwächte mongolische Herrschaft außerhalb der Karpaten, an denen unter anderem der Szekler Gespan András Lackfi maßgeblich beteiligt war. Höhepunkt dieser Feldzüge waren die Jahre 1345 und 1346. In die gleiche Zeit fiel die mit der Ermordung des Fürsten von Halič-Volhynien (1340), Bolesław Jurij II., beginnende Rivalität Polens und Litauens um die Aufteilung des ostslawischen Fürstentums, wo-

---

[14] Diaconescu, Dragoş, „descălecătorul" Moldovei.

bei 1349 Lemberg definitiv polnisch wurde. Damit rückte die Region am Ostabhang der Karpaten, die spätere Moldau, ins Blickfeld – als Transitregion für den Fernhandel ans Schwarze Meer, aber auch ganz generell als Nahtstelle, wo bei der großräumigen Neuaufteilung der einstmals zum Fürstentum Halič gehörenden sowie der mongolischen Gebiete die Interessen der aufstrebenden Mächten Ungarn, Polen und Litauen aufeinander trafen. Ungarn war geographisch am nächsten positioniert und hatte in Siebenbürgen mehrfach von Osten ausgehende mongolische Angriffe abzuwehren gehabt. Nun ging es unter Ludwig in die Offensive über, noch bevor Polen und Litauen sich in der Nachbarschaft festgesetzt hatten. Um die ungarische Position abzusichern, richtete die Krone militärische Vorposten im östlich an Siebenbürgen angrenzenden Karpatengebiet ein, womit die Keimzelle der Moldau anfänglich als „ungarische Mark" entstanden war. In diesem Kontext scheint es nicht unplausibel, dass die ungarische Krone einen lokalen Kleinadeligen aus der Maramureş als Statthalter mit dem Kommando über dieses Grenzland betraut hatte. Als Datum für diese möglicherweise erste „Landnahme" und damit den Beginn der Herrschaft von Dragoş ist über indirekte Hinweise aus späteren Quellen ein Zeitraum zwischen 1343 und 1354 rekonstruiert worden, wobei gemäß dieser These das Jahr 1347 als wahrscheinlichstes Datum gilt.[15]

Das ungarische Grenzland als Vorläufer der Moldau lag im Nordwesten des späteren Fürstentums an den östlichen Ausläufern der Karpaten, wo über Flusstäler und Karpatenpässe enge Verbindungen nach Siebenbürgen und das nördlich daran anschließende, ebenfalls der ungarischen Krone unterstellte Gebiet Maramureş bestanden. Ein wichtiges Zentrum war die städtische Siedlung Baia (dt. Molde od. Mulde, Moldenmarkt; ung. Moldvabánya, lat. civitas Moldaviae), welche lange Zeit aufgrund (wohl erst später entstandener) historischer Tradition als „erste Hauptstadt" der Moldau gesehen wurde.[16] Baia scheint als Handelsstützpunkt schon im 13. Jahrhundert existiert zu haben und war eventuell – vergleichbar mit Câmpulung in der Walachei – eine Gründung siebenbürgisch-sächsischer Kaufleute. Aus heutiger Sicht war Baia wohl keine reguläre erste „Hauptstadt" der im Entstehen begriffenen Moldau, sondern anscheinend bestenfalls vorübergehende Residenz eines lokalen Statthalters der ungarischen Krone (ob nun der halb-legendäre Dragoş od. ein anderer). Gelegen war die 1467 niedergebrannte und danach allmählich zu einem Dorf niedergesunkene Stadt am Fuß der Ostkarpaten und am Mittellauf des Flusses Moldau (nicht mit dem gleichnamigen Gewässer in Böhmen zu verwechseln), der namengebend für die Stadt wurde und worauf anscheinend auch der Name des entstehenden Landes zurückgeht, was die Spekulationen über die herausragende Bedeutung der Siedlung angeheizt hat. Über die Etymologie des Namens Moldau (rum. Moldova) besteht in der Forschung keine Einigkeit, neben anderen Hypothesen wurde auch das deutsche „Mulde" (im Sinne von Becken) vorgeschlagen.

---

15   Bătrîna/Bătrîna, Biserica „Sfântul Nicolae" din Rădăuţi, 260; Gorovei, Întemeierea Moldovei, 76, 98; die vorgeschlagene Chronologie ist nicht allgemein akzeptiert worden – Şerban Papacostea etwa hat trotz Kenntnis dieser Datierungsvorschläge (auch in neueren Arbeiten) am chronikalisch überlieferten Datum von 1359 für die Einsetzung von Dragoş als Woiwode der Moldau durch König Ludwig festgehalten: Papacostea, Triumful luptei pentru neatîrnare, 180, ebenso tendiert Spinei zum Datum 1359: Moldavia in the 11th–14th Centuries, 200; vgl. zu den verschiedenen Meinungen Rădvan, At Europe's Borders, 321.

16   Rădvan, Oraşele din Ţările Române în evul mediu, 476–486; Neamţu/Neamţu/Cheptea, Contribuţii la problema urbanizării aşezării de la Baia, 299–302.

Die für die Mitte des 14. Jahrhunderts sicher belegten Kolonisten aus Siebenbürgen waren wohl überwiegend deutschsprachig und katholisch. Sie bauten den Ort zu einem Stützpunkt des Fernhandels aus und behielten enge Kontakte zu den sächsischen Handelsstädten in Siebenbürgen bei. Dank umfassender Privilegien der ungarischen Krone konnten sie wohl die Ansiedlung einer Herrscherresidenz in ihrer Stadt verhindern.[17]

Das eigentliche Herrschaftszentrum lag zur Zeit der ersten, in königlich-ungarischem Dienst stehenden Woiwoden (folgt man der historiographischen Rekonstruktion: Dragoş, ca. 1347–ca. 1354 sowie des urkundlich belegten Nachfolgers Sas, ca. 1354–ca. 1363) wohl weiter nördlich, in Sereth/Siret in der späteren Bukowina, rund 60 km von Baia und etwa 5 km von der heutigen Grenze zur Ukraine entfernt.[18] In diesen Gebieten, die einst dem Fürstentum Halič bzw. den Mongolen unterstanden hatten, bildete sich so der Kern des neuen moldauischen Herrschaftsverbandes heraus. Der Name des zweiten Woiwoden, Sas, hat Spekulationen über eine sächsische bzw. katholische Herkunft dieses lokalen Dienstmanns der ungarischen Krone entstehen lassen. Auch über ihn sind die belastbaren Angaben aus zeitgenössischen Quellen aber mehr als nur dürftig – selbst die genaue Herrschaftszeit lässt sich nur aus indirekten und unsicheren Angaben herleiten. Anscheinend aber fand 1359 – zeitgleich mit der Abwendung des walachischen Woiwoden Nicolae Alexandru von Ungarn und der kirchlichen Orientierung an Konstantinopel (vgl. Beitrag 3, URSPRUNG, Kap. 3.3.1) – in der Moldau ein Aufstand gegen die ungarische Herrschaft statt. Bei dieser Gelegenheit erwarb sich ein Dragoş aus dem Dorf Giuleşti in der Maramureş im Auftrag der ungarischen Krone Verdienste in der „Wiederherstellung unseres moldauischen Landes" (restauratione terre nostre Moldauane) – der Aufstand wurde also niedergeschlagen.[19] Dieser Dragoş aus Giuleşti ist keinesfalls mit dem in den Chroniken genannten ersten moldauischen Woiwoden Dragoş zu verwechseln. Es sei denn, dass Dragoş gar keine reale, sondern eine literarische Figur ist, wobei dann genau diese Verwechslung am Anfang der chronistischen Erzähltradition über Dragoş als Urheber der Landnahme und damit Gründer der Moldau gestanden hätte, zumal die Chroniken explizit 1359 als Jahr nennen für den Gründungsakt durch den Auszug des Dragoş aus der Maramureş.

Obwohl der Aufstand von 1359 niedergeschlagen wurde, herrschte offenbar weiterhin Unruhe – nicht nur in der Moldau selber, sondern auch unter einzelnen Vertretern des rumänischen Kleinadels in der Maramureş. Dies war der Kontext für die zweite „Landnahme", diesmal mit einem urkundlich verbürgten Protagonisten: Bogdan aus dem Dorf Cuhea, ein notorisch rebellischer Untertan König Ludwigs aus der Maramureş, der dort als in Ungnade gefallener ehemaliger Woiwode (königlicher Stellvertreter) und Talschafts-Knese (eine Art Schultheiß) fungierte. Bogdan hatte einstmals treu in Diensten des ungarischen Königs Karl Robert gestanden, war aber nach dessen Tod 1342 bei seinem Nachfolger Ludwig in Ungnade gefallen.

---

17 RĂDVAN, At Europe's Borders, 458–465.

18 ASĂVOAIE, Prima reşedinţă domnească, 121f.; GOROVEI, Dragoş şi Bogdan, întemeietorii Moldovei, 87.

19 Documenta Romaniae historica, ser. D, Bd. 1 (Hg. PASCU), Nr. 41, 75–78.

Nur wenige Jahre nach dem ersten Aufstand in der moldauischen Mark von 1359 – irgendwann zwischen 1360 u. 1365, vermutlich im Jahre 1363 – setzte sich Bogdan an die Spitze eines neuen Aufstandes und zog mit Gefolge über die Karpaten in die Moldau. Dort lieferte er sich Kämpfe mit Balc, dem Sohn, sowie weiteren Verwandten des moldauischen Woiwoden Sas, was eine Urkunde Ludwigs des Großen von 1365 bezeugt. Bogdan übernahm selber die Herrschaft in der Moldau und entzog sie direkter ungarischer Kontrolle. Dies war der Ausgangspunkt für die Verselbständigung der Moldau. Balc wurde mit seiner Gefolgschaft vertrieben und suchte in Ungarn Zuflucht, wo ihm der König die konfiszierten Güter Bogdans übertrug. Sas, Balcs Vater und abgesetzter moldauischer Woiwode, blieb offenbar in der Moldau zurück – über ihn sind keine weiteren gesicherten Kenntnisse überliefert. Ob er Sohn des (legendenhaften) Dragoş war und daher tatsächlich von einer eigentlichen Gründerdynastie der „Dragoşeşti", wie sie in der Historiographie bezeichnet wird, die Rede sein kann, scheint aufgrund der lückenhaften Informationsgrundlage zumindest fragwürdig.

4.3 DYNASTIE MUŞATINI:
DIE MOLDAU ALS EIGENSTÄNDIGE WOIWODSCHAFT
BIS ZUM ENDE DES 14. JAHRHUNDERTS

Mit Bogdan aber etablierte sich längerfristig eine neue Dynastie, die in der Historiographie etwas verwirrend den Namen „Muşatini" erhielt – abgeleitet vom Namen Muşata, der Tochter des Dynastiegründers Bogdan; ihren zweiten Namen Margareta erhielt sie bei der Taufe anlässlich ihrer Konversion zum Katholizismus, die sie wohl gleichzeitig mit ihrem Bruder, dem Woiwoden Laţcu, vollzog. Die dynastische Folge wurde nach Bogdan (ca. 1363–1367/1368) und seinem Sohn Laţcu (ca. 1368–ca. 1375) durch sie in weiblicher Linie fortgeführt: Auf Laţcu folgte der Erstgeborene Margaretas (Muşatas), Peter (ca. 1375–ca. 1391). Auch die nachfolgenden Woiwoden gehen auf die von Muşata gegründete Linie zurück, die damit Stammmutter der moldauischen Dynastie (u. Tochter bzw. Schwester der ersten beiden Woiwoden) war.[20] Ob der Name der Dynastie nun auf ein Missverständnis zurückzuführen ist – in einer späteren Chronik wurde Peter als „Sohn des Muşatu" bezeichnet – oder die herausragende politisch-dynastische Rolle von Margareta (Muşata) reflektiert, ist letztlich zweitrangig, da der Name sich etabliert hat und von der Historiographie weiterhin genutzt wird, wenn auch gelegentlich von der Dynastie der Bogdăneşti zu lesen ist. Die Bedeutung Margaretas (Muşatas) als Tochter Bogdans ergibt sich gemäß neueren Erkenntnissen aus ihrer spätestens 1348 geschlossenen Ehe mit Costea, dem Sohn eines lokalen Anführers aus Rădăuţi (dt. Radautz) in der Moldau. Schon eineinhalb Jahrzehnte vor Bogdans Zug in die Moldau hatte er also durch die Verheiratung seiner Tochter Margareta (Muşata) eine Allianz geschmiedet mit einer Familie örtlicher Notabeln in der Moldau. Diese Kontakte helfen, Bogdans späteren Aufstieg zum Herrn der Moldau zu erklären, da offenbar schon lange enge Verbindungen zur lokalen Führungsschicht bestanden hatten. Margareta war das Bindeglied zwischen der lokalen Elite und dem „Eroberer" Bogdan, aus der Vereinigung dieser beiden Geschlechter stammten für über zweihundert Jahre die meisten Herrscher der Moldau. Mit Bogdan verbunden blieb aber der Landesname: Die Osmanen kannten die Moldau unter dem Namen Boghdān.[21]

Bogdans wichtigste Residenz lag denn auch im Kernland seines Schwiegersohnes in Rădăuţi. In der dortigen Kirche des Heiligen Nikolaus (Sf. Nicolae, Steinbau, errichtet im Zeitraum 1387–1391 über einem Vorgängerbau aus Holz von 1367) war bis Ende des 14. Jahrhunderts die Grablege der Dynastie.[22] Dabei blieb Siret weiterhin von Bedeutung, zumal verschiedene Pfalzen existierten. Im letzten Viertel des 14. Jahrhunderts stieg dann aber das weiter südlich gelegene Suceava (dt. Suczawa) unter nicht näher bekannten Umständen zur wichtigsten Residenz auf. Daneben residierten die Woiwoden auch in einer Reihe weiterer Orte, darunter Iaşi (dt. Jassy), das etwa ab der Mitte des 16. Jahrhunderts Suceava den Rang ablief und schließlich in der zweiten Hälfte des 17. Jahrhunderts zur ausschließlichen Residenz wurde. Ähnlich wie im Falle der Walachei markierte die

---

20 BĂTRÎNA/BĂTRÎNA, Biserica „Sfântul Nicolae" din Rădăuţi, 202.

21 İNALCIK, s. v. Boghdān.

22 BĂTRÎNA/BĂTRÎNA, Biserica „Sfântul Nicolae" din Rădăuţi, 258–263.

Verlagerung des politischen Schwerpunktes auch in der Moldau die zunehmende Integration des Landes in den osmanischen Reichsverband, während Suceava geographisch und symbolisch die Nähe zu Polen verkörpert hatte.

Schon kurz nach der Ablösung aus der direkten Unterstellung unter den ungarischen König geriet die Moldau durch das Vordringen Polens (von Nordwesten u. im Norden) und Litauens (in Nordosten u. Osten) in unmittelbare Nachbarschaft zu diesen beiden Mächten.[23] In diesem Kontext entstand in der ersten Hälfte der 1370er Jahren auf Bitten des Woiwoden Laţcu ein katholisches Bistum in Siret – offensichtlich nicht ohne polnischen Einfluss und im zeitlichen Zusammenhang mit der kurz zuvor erfolgten Annäherung des byzantinischen Kaisers Johannes V. Palaiológos an das Papsttum. Laţcu selber konvertierte wie auch seine Schwester Muşata, die nun den Namen Margareta annahm, zum Katholizismus. Der Akt kann auch als bewusste Distanzierung von Ungarn verstanden werden, da so eine eigene katholische Hierarchie aufgebaut werden sollte und die Gefahr einer Integration in die Kirchenorganisation Ungarns verhindert wurde. Die katholische Kirche erlangte so im Umfeld des Woiwodenhofes beträchtlichen Einfluss, ohne dass aber die moldauische politische Elite oder auch nur die Familie des Woiwoden geschlossen zur Papstkirche übergetreten wären.[24] Den Vertretern Roms gelang es nicht, die Moldau in ein katholisches Land zu konvertieren. Der katholische Einfluss auf die moldauische Führungsschicht blieb ein vorübergehendes Phänomen unter von unmittelbaren politischen Konstellationen bedingten Umständen, so wie fast alle orthodoxen Herrschaftsverbände Südosteuropas Phasen der Hinwendung zu Rom erlebt und zwischen Orthodoxie und Katholizismus geschwankt hatten.

Doch auch die Einrichtung einer orthodoxen Kirchenorganisation ging in der Moldau mit größeren Schwierigkeiten vonstatten als in der Walachei: Während dort Byzanz der logische Orientierungsvektor für eine orthodoxe Kirchenhierarchie war, stand die Moldau unter dem Einfluss der nahen Orthodoxie des ostslawischen Raumes. In Halič hatte bereits in der Zeit des ostslawischen Fürstentums ein orthodoxes Erzbistum existiert, das um die Mitte des 14. Jahrhunderts unter polnische Herrschaft geriet. Damit stand die Moldau zwischen zwei orthodoxen Zentren: dem geschwächten Byzanz mit dem Ökumenischen Patriarchat auf der einen Seiten und Halič auf der anderen Seite, das zum politischen Bereich der 1386 entstandenen polnisch-litauischen Personalunion gehörte. Die politischen und dynastischen Beziehungen zwischen der Moldau und Polen sowie Litauen müssen im späten 14. Jahrhundert sehr eng gewesen sein: Woiwode Roman etwa war anscheinend zweimal mit Frauen aus dem Fürstengeschlecht der Gedyminen verheiratet.[25]

Die letztliche Entscheidung für eine moldauische Kirchenorganisation in Anlehnung an Konstantinopel stellte daher ein Gegengewicht gegen den Ende des 14. Jahrhunderts erstarkenden politischen Einfluss Polen-Litauens dar. Der moldauische Woiwode Peter (II.) hatte 1387 gegenüber dem neuen polnischen König Władysław II. Jagiełło den Treueeid abgelegt und daher politisch

---

23 Grundsätzlich zum Verhältnis mit Polen Ciobanu, Ţările Române şi Polonia.

24 Solomon, Politică şi confesiune, 117–121; Dobre, Mendicants in Moldavia, 48–56.

25 Zu den dynastischen Verbindungen mit Litauen Tęgowski, Powiązania genealogiczne wojewodów mołdawskich Bogdanowiczów.

eine eindeutig pro-polnische Ausrichtung in die Wege geleitet, die in wechselnder Intensität lange Bestand haben sollte.[26] Damit war ein dritter Machtpol etabliert, der die Moldau davor bewahrte, in gleichem Ausmaß wie die Walachei in die Rivalität der beiden Großmächte Ungarn und Osmanisches Reich einbezogen zu werden. Die kirchliche Ausrichtung nach Byzanz war demgegenüber ein Ausgleich, der eine allzu starke Abhängigkeit von der polnischen Krone verhinderte und den Woiwoden eine von der polnischen Krone unabhängige Legitimation verlieh. Die Unterordnung unter Byzanz war außerdem wesentlich prestigeträchtiger als die Orientierung nach Halič. Ein Problem bestand allerdings darin, dass die moldauischen Woiwoden lokale Kandidaten als Oberhaupt der neuen Kirchenprovinz einsetzen wollten, während das Patriarchat in Konstantinopel wie in der Walachei auf einem griechischen Kandidaten bestand, um eine enge Kontrolle zu behalten. Es dauerte etliche Jahre, bis 1401 schließlich eine dem Patriarchat in Konstantinopel unterstellte orthodoxe Metropolie in Suceava eingerichtet wurde, wobei das Patriarchat dem Woiwoden Alexander dem Guten mit Iosif nun doch einen Moldauer als Metropoliten zugestand. Damit war die Moldau, ähnlich wie die Walachei bereits 1359, endgültig in die griechisch-orthodoxe Kirchenhierarchie integriert worden.[27]

Über die Herrscherwechsel und Herrschaftszeiten der Woiwoden sind bis ins späte 14. Jahrhunderts nur wenig gesicherte Daten verfügbar. Die Namen der Woiwoden sind bekannt, die Eckdaten ihrer Herrschaft lassen sich meist nur aus späteren, nicht immer zuverlässigen Angaben rekonstruieren: Nach Bogdan (1363–1367/1368) und einer offenbar ephemeren Herrschaft des von der Historiographie lange vernachlässigten Petru (I., Sohn von Bogdans früh verstorbenem ältestem Sohn Stefan, 1367/1368[28]) folgte mit Lațcu ein weiter Sohn Bogdans auf den Woiwodenstuhl (1368–1375) – er war der letzte Angehörige in männlicher Linie der auf Bogdan zurückgehenden Dynastie.[29] Wie bereits erwähnt setzte sich die Dynastie über die weibliche Linie fort: Die folgenden Woiwoden bis ins späte 16. Jahrhundert waren Nachkommen von Bogdans Tochter Margareta (Mușata): ihr Sohn Peter (II.) (ca. 1375–ca. 1391),[30] gefolgt von seinem Bruder Roman I. (ca. 1391/92–1394), dessen Sohn Stefan (1394–ca. 1399) und sein Bruder Iuga (ca. 1399/1400),[31] gefolgt schließlich von der langjährigen Herrschaft Alexanders des Guten (Alexandru cel Bun, Sohn Romans aus zweiter Ehe, damit Halbbruder von Stefan und Iuga, 1400–1432). Unter Peter II. (auch Petru Mușat) wurden erste moldauische Münzen emittiert. In der Folge prägten die Woiwoden der Moldau bis ins späte 16. Jahrhundert regelmäßig eigene Münzen.[32]

---

26 Detailliert zur Entwicklung des polnisch-moldauischen Verhältnisses CIOBANU, Țările române și Polonia, 17 (zum Eid von 1387).

27 Darstellung nach SOLOMON, Politică și confesiune; PAPACOSTEA, Byzance et la création de la „Métropolie de Moldavie"; VÖLKL, Das rumänische Fürstentum Moldau und die Ostslaven, 42.

28 REZACHEVICI, Cronologie critică a domnilor, Bd. 1, 432–443.

29 SYKORA, Poziția internațională a Moldovei în timpul lui Lațcu.

30 DELETANT, Moldavia between Hungary and Poland, 201.

31 BOGDAN, Despre domnii moldoveni Ștefan I și Iuga.

32 BUZDUGAN/LUCHIAN/OPRESCU, Monede și bancnote românești, 40, 43.

So wenig sich für das 14. Jahrhundert die Abfolge der Herrscher genau datieren lässt, so unpräzise sind auch Angaben zum Einflussbereich ihrer Herrschaft. Die älteste erhaltene moldauische Originalurkunde stammt aus dem Jahr 1392. In dieser in kirchenslawischer Kanzleisprache verfassten Urkunde bezeichnete sich der Woiwode Roman als Herrscher des „Moldauischen Landes von den Bergen bis zum Meer".[33] Die Bezeichnung zeigt, dass sich die Kontrolle der moldauischen Woiwoden vom Ausgangsgebiet an den Ostabhängen der Karpaten im Norden innerhalb weniger Jahrzehnte bis zu den Küsten des Schwarzen Meeres ausgedehnt hatte. Die rasche Ausdehnung des moldauischen Einflusses vollzog sich im Windschatten des Vordringens des Großfürstentums Litauen (seit 1386 in Personalunion mit Polen), das weiter östlich in derselben Zeit Richtung Schwarzmeerküste strebte. Die Moldau war zeitweise mit Litauen verbündet – so etwa scheint zumindest ein Bruder des Woiwoden Stefan 1399 in der Schlacht an der Worskla gefallen zu sein,[34] die das Ende der litauischen Südost-Expansion markierte.

Die Bedeutung des Schwarzen Meeres ergab sich vor allem durch die Kontrolle über die Hafenstädte mit ihren genuesischen Handelskolonien, was für den Fernhandel von herausragender Bedeutung war. Zu großer Bedeutung gelangte die mächtige Burg am Westufer des Dnjestr-Limans (i. d. heutigen Ukraine), die im Laufe der Jahrhunderte in verschiedenen Sprachen als „Weiße Burg" bekannt wurde: Asprókastron (gr.), Albo Castro (lat.), Belgorod (slaw.), Akkerman (osm.-türk.), Cetatea Albă (rum.), Bilhorod-Dnistrov'skyj (ukr.). Unklar ist, ob es neben dieser „weißen" auch noch eine separate, archäologisch noch nicht identifizierte befestige Ansiedlung namens „Schwarze Burg" an der Lagune der Dnjestr-Mündung gegeben hat, die später mit der „Weißen Burg" verwechselt wurde: Doppelnamen wie Maurocastro sind ein Hinweis darauf, wobei die Historiographie jedoch meist von nur einem einzigen Ort ausgegangen ist. Unabhängig davon ist gleichermaßen unklar, wann die moldauischen Woiwoden die Kontrolle über dieses Belgorod erlangt haben, das häufig die Besitzer gewechselt hat – in der Forschung wurden verschiedene Daten zwischen 1377 und 1390 vorgeschlagen.[35] Der andere wichtige Schwarzmeerhafen lag im Donaudelta: Chilia (Kilija), dessen Lage sich eventuell im Laufe der Zeit verschoben hat und das in der älteren Forschung mit dem ebenfalls im Donaudelta gelegenen, aber nicht genau lokalisierbaren Licostomo verwechselt worden ist. Die Moldau übte die Kontrolle über Chilia wohl erst irgendwann im Zeitraum zwischen 1426 und 1439 aus. Gesichert ist die moldauische Kontrolle über diesen Hafen dann wieder für die Jahre 1465–1484 unter Stefan dem Großen. Als Warenumschlagplatz war sie zwischen den im Schwarzmeerraum rivalisierenden Mächten stark umstritten und wechselte häufig den Besitzer.[36] Zu fragen bliebe aus methodologischer Sicht, welchen Charakter die ausgeübte Kontrolle denn jeweils überhaupt hatte: Inwiefern kann also tatsächlich vom Interesse der Woiwoden an einer direkten Herrschaft in der Stadt ausgegangen werden, bzw. war

---

33 Documenta Romaniae historica, ser. A, Bd. 1 (CIHODARU/OTETEA), Nr. 2, 3.

34 REZACHEVICI, Cronologie critică a domnilor, Bd. 1, 464; allgemein zur Rolle Litauens in der Moldau BOLDUR, Die Herrschaft des litauischen Fürsten Jurij Korjat.

35 RĂDVAN, Oraşele din Ţările Române în evul mediu, 496–502.

36 Ebd., 507–512.

nicht vielmehr die Sicherung der Handelswege bis zum Meer viel bedeutsamer? Die Garantie, ungestört Handel treiben zu können, könnte möglicherweise die Bedeutung einer effektiven Herrschaft über die Küstenstädte stark relativieren.[37]

Auch sonst lässt sich die genaue Chronologie der moldauischen Expansion und der Abgrenzung gegenüber den Nachbarn nur fragmentarisch und ungenau rekonstruieren. Die minutiöse Rekonstruktion der nördlichen Grenze zeigt, dass die Moldau die maximale Ausdehnung grob schon gegen Ende des 14. Jahrhunderts erreicht hatte, der genaue Umfang der moldauischen Besitzungen vor allem gegenüber Polen sich im Detail noch lange immer wieder geändert hat. Dabei spielten auch befristete Verpfändungen von Gebieten eine Rolle, was gelegentlich für Konflikte sorgte. Immer wieder für Konflikte sorgte insbesondere Pokutien, die Region am Oberlauf des Pruth westlich der späteren Bukowina sowie die Ţara Şipeniţului, der nördlichste Teil der Moldau zwischen Pruth und Dnjestr in der Gegend von Czernowitz. Erst 1538 fand die Abgrenzung zwischen der Moldau und Polen eine Form, die im Wesentlichen bis ins 18. Jahrhundert Bestand haben sollte.[38] Auch im Süden behielt die Moldau lange Zeit einen offenen Grenzsaum, der sich erst allmählich zu einer regulären Grenze verdichtete.[39] Auch war der Übergang nach dem Ende mongolisch-tatarischer Herrschaft zur Integration in die Moldau an manchen Stellen von Diskontinuität geprägt. Für Alt-Orhei (Orheiul Vechi) im Tal des Răut im späteren Bessarabien, der östlichen Region der Moldau zwischen Mittel- und Unterlauf der Flüsse Pruth und Dnjestr, fehlen von etwa 1369/1370, als die lokale Führungsschicht der Goldenen Horde vertrieben wurde, bis in die zweite Hälfte des 15. Jahrhunderts jegliche belastbaren Informationen über das Schicksal der städtischen Siedlung, auch wenn archäologische Erkenntnisse eine Siedlungskontinuität suggerieren. Seit wann und in welcher Form aber die moldauischen Woiwoden die Kontrolle über diesen Ort erlangten, ist offen.[40]

Ab dem 16. Jahrhundert ist in den Quellen eine administrative Teilung der Moldau erwähnt, die zwei etwa gleich große Teile umfasste, die durch eine diagonal von Südwesten nach Nordosten verlaufende Linie getrennt wurden. Das „Oberland" (Ţara de Sus) umfasste den historischen Kern im Norden und Nordwesten, wo die Moldau entstanden war: die Regionen um Baia, Siret, Rădăuţi und Suceava. Das „Unterland" (Ţara de Jos) hingegen, für das Quellen sogar die Existenz einer eigenen Krone erwähnten, umfasste die südöstlichen Teile, die erst allmählich unter moldauische Herrschaft gekommen sind und lange Zeit nur dünn besiedelt waren. Ab dem 16. Jahrhundert sind quellenmäßig Statthalter des Woiwoden mit dem Titel eines *vornic* für die beiden Teile belegt, die ihren Sitz in Dorohoi (Oberland) und Bârlad (Unterland) hatten. In der Historiographie sind ältere Vorläufer dieser administrativen Zweiteilung schon im späten 14. Jahrhundert vermutet worden, die mit der unterschiedlichen politischen Zugehörigkeit dieser Regionen zum Entstehungszeitpunkt der Moldau zusammenhingen: das Oberland als Keimzelle der entstehen-

---

37 COMAN, Putere şi teritoriu, 269; CHIRTOAGĂ, Târguri şi cetăţi, 10–101; KRAVČENKO, Srednevekovoj Belgorod.

38 PÎNZAR, Hotarul de nord al Moldovei, 155.

39 COMAN, Putere şi teritoriu, 142–180; zur südlichen Grenze der Moldau s. a. IOSIPESCU, Vrancea, Putna şi Basarabia.

40 BACUMENCO, Ţinutul Orheilui, 70–72.

den Woiwodschaft Moldau, das Unterland als Teil des mongolischen Einflussbereiches. Desgleichen wurde gemutmaßt, die Teilung könnte ebenso mit der Doppelherrschaft der Woiwoden Ilia und Stefan II. (1436–1442) zusammenhängen, wobei Ilia das (spätere) Oberland, Stefan das Unterland regiert hätte.[41]

Methodisch ist allerdings ein Einwand zu formulieren, der für viele Fragen der mittelalterlichen rumänischen Geschichte gilt: Der Reflex, erst in späteren Quellen belegte Phänomene unbesehen weit in die (sogar vorstaatliche) Vergangenheit zurück zu extrapolieren ist hoch problematisch und führt letztlich bloß zu dem für historiographische Debatten so typischen Reigen von Spekulationen. Die Suche nach Indizien, die zum Phänomen passen, das belegt werden soll, produziert so nicht selten Zirkelschlüsse und hypothetisch mögliche, aber keineswegs zwingende Einsichten. Dieses Vorgehen beruht auf einem weit verbreiteten statischen Geschichtsverständnis, wonach spätere Zustände selbstverständlich als Fortsetzung ähnlich gelagerter früherer Verhältnisse angenommen werden. Dazu kommt, dass vielfach die verwendeten Konzepte Ausdruck anachronistischer Denkweisen sind und wenig reflektiert verwendet werden. Die zentralen Analysebegriffe beruhen oft auf Ableitungen von späteren Zuständen und werden nicht aus dem jeweiligen Zeitkontext heraus verstanden. Das Historisieren der Begriffe und die klare Unterscheidung zwischen Quellen- und Analysebegriffen sind ein allgemeines Desiderat – eine Begriffsgeschichte ist gerade für die frühe Zeit, wo sie besonders notwendig wäre, erst in ganz punktuellen Ansätzen geleistet worden. In vielen Fällen wäre der Forschung deswegen mehr gedient mit dem Eingeständnis, dass aus Mangel an Quellen zu manchen Fragen keine belastbaren Aussagen möglich sind.[42] Es ist durchaus wahrscheinlich, dass es weitaus mehr offene Fragen zur Geschichte der Moldau im Mittelalter gibt, als es in der Historiographie den Anschein macht.

---

[41] Rădvan, Cu privire la începuturile oraşelor, 49–53; zur Einrichtung der Verwaltungsbezirke (ţinut) Burac, Ţinuturile Ţării Moldovei.

[42] Grundlegende Überlegungen dazu in der hervorragenden Arbeit von Coman, Putere şi teritoriu, etwa 55, 81–84, 134f., 147–151.

4.4 ALEXANDER DER GUTE UND SEINE UNMITTELBAREN NACHFOLGER: DIE MOLDAU BIS MITTE DES 15. JAHRHUNDERTS

Das 15. Jahrhundert begann in der Moldau mit der überaus langen Regierungszeit Alexanders „des Guten" (Alexandru cel Bun, 1400–1432) – der Beiname dürfte ursprünglich in Anlehnung an das rumänische „bunel" (Großvater) im Sinne von „der Ältere" verstanden werden.[43] Aus seiner Regierungszeit sind rund hundert Urkunden überliefert – eine enorme Zunahme gegenüber den nicht einmal ein Dutzend moldauischen Urkunden für die Zeit vor 1400 (faktisch die letzten eineinhalb Jahrzehnte des Jahrhunderts abdeckend).[44] Dennoch bleibt die Quellenlage insgesamt bescheiden. Immerhin werfen die verfügbaren Quellen zumindest ein Schlaglicht auf die innere Konsolidierung der Moldau während der langen und vergleichsweise friedlichen Zeit unter Alexander. Von großer Bedeutung ist etwa das nicht erhaltene, aber aus späteren Schriftstücken rekonstruierbare Handelsprivileg von 1408 für Lemberger Kaufleute.

Gleich zu Beginn seiner Herrschaft gelang es Alexander mit der schon von seinen Vorgängern erstrebten Einrichtung der Metropolie von Suceava 1401 den Status seines Landes kirchenrechtlich abzusichern. Von gleichsam hohem symbolischem Gehalt war die Überführung der Reliquien des Heiligen Johannes des Neuen nach Suceava 1415, der zum Schutzpatron der Moldau wurde und als Erinnerungsfigur von außerordentlicher Bedeutung war für die Herausbildung eines eigenen moldauischen Landesbewusstseins wie auch der Herrschaftslegitimation der Dynastie.[45] Der weitere Ausbau der Kirchenorganisation durch zahlreiche Stiftungen und Schenkungen an Klöster sowie eventuell durch die Gründung der Bistümer in Roman und Rădăuți, deren Entstehungszeitpunkt aber umstritten ist,[46] vervollständigten die orthodoxe Ausrichtung. Die wichtigsten Klöster der frühmoldauischen Geschichte waren Neamț, Moldovița, Probota/Pobrata und Bistrița (nicht zu verwechseln mit dem gleichnamigen Kloster in der Walachei), wo sich Alexander bestatten ließ, womit es die Bischofskirche von Rădăuți als Grablege der Dynastie ablöste.[47] Die sich hier entwickelnde Klosterkultur war ein wichtiges Bindeglied zum Balkanraum, nicht zuletzt durch Mönche, die von dort zuwanderten, aber auch durch die Orientierung an balkanorthodoxen kulturel-

---

[43] Die Historiographie zu diesem Woiwoden ist im Verhältnis zur langen Regierungszeit relativ schmal. Für aktuellere Forschungen zur Spätphase Whelan/Simon, Changes in Moldavian Politics; als Referenzwerk die strukturgeschichtliche Darstellung von Cihodaru, Alexandru cel Bun; eine Gesamtschau ebenfalls bei Grigoraş, Ţara Românească a Moldovei, 81–122.

[44] Documenta Romaniae historica, ser. A, Bd. 1 (Hgg. Cihodaru/Otetea).

[45] Zach, Johannes der Neue von Suceava; dies., Funktionalitätswandel vom christlichen Märtyrer zum Nationalpatron der Moldau, 62–68.

[46] Das Gründungsdatum beider Bistümer ist umstritten und es ist alles andere als klar, ob sie tatsächlich in der Regierungszeit Alexanders des Guten eingerichtet worden sind, zu Roman Pilat, Între Roma şi Bizanţ, 312–315; zum Bistum Rădăuți werden verschiedene mögliche Gründungsperioden diskutiert: das späte 14. Jh., die Epoche Alexanders im frühen oder erst im späten 15. Jh. unter Stefan dem Großen: Maleon, Clerul de mir din Moldova, 99–112; Pilat, Între Roma si Bizant, 294–296.

[47] Solomon, Politică şi confesiune, 154–161.

len Vorbildern.[48] Doch blieb die Moldau Alexandrus ein multikonfessionelles Land bzw. nahm die Zahl der Glaubensgemeinschaften sogar zu: Neben der Orthodoxie erhielten auch die Armenier 1401 mit einem Bistum in Suceava eine eigene Kirchenorganisation, was auf die Bedeutung dieser Gruppe für den Fernhandel zwischen Lemberg und Schwarzem Meer verweist.[49] Auch die Katholiken der Moldau hatten keineswegs unter der Hinwendung des Woiwodenhofes zur Orthodoxie zu leiden: Alexandrus erste Frau war katholisch gewesen. Ihr zu Ehren wurde in Baia, dem alten Handelsplatz mit siebenbürgischen Kolonisten, um 1410 eine katholische Kathedrale errichtet. Der Katholizismus hielt sich in der Moldau stärker als in der Walachei, zum Teil bis in die Gegenwart. Moldauische Gesandte nahmen überdies am Konzil von Konstanz (1414–1418) teil.[50] Und schließlich fanden ab etwa 1420 in mehreren Wellen (u. noch in der zweiten Jahrhunderthälfte unter Stefan dem Großen) in Böhmen und Ungarn verfolgte Hussiten in der Moldau Zuflucht. Ausgerechnet für die Stadt Huşi aber, deren Namen mit den Hussiten in Verbindung gebracht worden ist, liegen keine gesicherten Angaben über eine tatsächliche Ansiedlung von Hussiten vor – die Etymologie des Namens ließe sich auch anders erklären.[51]

Außenpolitisch orientierte sich Alexander stark an der polnischen Krone und stellte etwa ein Truppenkontingent zur Verfügung, das an der siegreichen Schlacht gegen den Deutschen Orden bei Tannenberg 1410 beteiligt war.[52] Die Abhängigkeit von Polen bzw. Ungarn blieb ein zentrales Element für die Moldau. Im Vertrag von Lublau 1412 hatten sich der ungarische König Sigismund von Luxemburg (1387–1437) und der polnische König Władysław II. auf eine Aufteilung der Moldau geeinigt, sollte diese sich nicht am Abwehrkampf gegen die Osmanen beteiligen.[53] 1420 fanden mit dem militärischen Vorstoß der Osmanen in die Dobrudscha und der nordwestlichen Schwarzmeerküste die ersten Zusammenstöße moldauischer Truppen mit dem Sultansreich statt. Anders als im Falle der Walachei, die bereits jetzt definitiv in den osmanischen Einflussbereich geriet und wo die Osmanen unmittelbar in die Thronfolge eingriffen (s. Beitrag 3, Ursprung, Kap. 3.3.5), blieb die Begegnung mit den Osmanen im Falle der Moldau vorerst eine Episode ohne unmittelbare Konsequenzen. Doch das Verhältnis zur Walachei komplizierte sich dadurch. Die moldauischen Woiwoden versuchten in der Folge immer wieder, ihr genehme Herrscher im südlichen Nachbarland einzusetzen, das gleichzeitig ein Rivale war, wenn es um die Kontrolle der Hafenstädte an der Schwarzmeerküste ging.

---

48   Zach, Orthodoxe Kirche und rumänisches Volksbewußtsein, 64f.; Solomon, Die Slawen und die orthodoxe Kirche.

49   Năsturel, L'attitude du patriarcat œcuménique, 148f.; zum Kontext: Osipian, Practices of Integration and Segregation.

50   Karadja, Delegaţii din ţara noastră la conciliul din Constanţa (în Baden); ferner Solomon, Die katholische Kirche im Fürstentum Moldau.

51   Zu den Hussiten in der Moldau Rotaru, Historical Aspects of the Hussite Migration; Papacostea, Ştiri noi cu privire la istoria husitismului în Moldova. Zu Huşi: Rădvan, Oraşele din Ţările Române în evul mediu, 530–532.

52   Panaitescu, Lupta comună a Moldovei şi Poloniei.

53   Constantiniu/Papacostea, Tratatul de la Lublau.

Auf die lange Herrschaftszeit Alexanders des Guten folgten 25 unruhige Jahre, die häufige Thron-wechsel sahen, bevor mit Stefan dem Großen erneut eine stabile Herrschaft folgen sollte (1457–1504).[54] Dennoch war diese Phase der häufigen Herrscherwechsel deutlich weniger lang als in der Walachei, wo nach dem Tod Mirceas des Alten 1418 bis zur Herrschaft Vlads des Mönchs (1482–1495) fast permanent politische Instabilität herrschte und auch die wenigen etwas länger herrschenden Woiwoden ständig in Gefahr waren, von einem nach Ungarn oder ins osmanische Exil geflohenen Rivalen abgesetzt zu werden. Die Unruhen hingen in der Moldau nicht zuletzt mit der großen Nachkommenschaft des langjährigen Woiwoden Alexander zusammen, die um die Macht kämpften. Eheliche und uneheliche Söhne Alexanders und deren Nachkommenschaft so-wie weitere Prätendenten, deren behauptete Abstammung von Alexander unklar ist, beanspruch-ten den Woiwodentitel für sich. Eine eindeutige Thronfolgeregelung scheint also nicht existiert zu haben. Vielmehr waren alle direkten männlichen Nachkommen des Woiwoden, sogar Bastarde, zur Herrschaft berechtigt – oder wurden zumindest faktisch als solche anerkannt. Dies zeigt ex-emplarisch die wechselhafte Geschichte zweier Söhne Alexanders des Guten. Dieser hatte bereits 1414 seinen damals fünfjährigen Sohn Ilia aus zweiter Ehe als Nebenherrscher an der Macht be-teiligt. Doch schon kurz nach dem Tod seines Vaters brach ein Machtkampf aus mit seinem Halb-bruder Stefan II. (unehelicher Sohn Alexanders), der sich in zahlreichen Wendungen über ein Dutzend Jahre hinzog. Ilia konnte sich an der Herrschaft nur eineinhalb Jahre behaupten, bevor er 1433 von Stefan mit walachischer und osmanischer Waffenhilfe nach Polen vertrieben wurde.[55]

Die folgenden Jahre waren vom Machtkampf der beiden Halbbrüder gekennzeichnet, die sich schließlich auf eine formelle Machtteilung in Form einer gemeinsamen Herrschaft einig-ten (1436–1442), bei der allerdings Ilia anscheinend die erste Rolle spielte.[56] Doch das Glück wendete sich abermals und 1442 gelang es Stefan, seinen älteren Halbbruder Ilia erneut ins Exil nach Podolien zu vertreiben. Als dieser 1444 gewaltsam in die Moldau einfiel, um die Herrschaft wieder an sich zu reißen, wurde er gefasst und geblendet. Damit waren seine Ambitionen auf die moldauische Herrschaft endgültig gescheitert. Doch damit war Stefans Herrschaft keineswegs ge-sichert. Anstelle von Ilia erwuchs Stefan nun in dessen Sohn Roman II. ein Gegner, dem es 1447 gelang, Stefan zu stürzen und zu köpfen. Doch auch Roman sollte keine ruhige Regierung vergönnt sein: Als weiterer Prätendent tauchte sein Onkel Peter (Petru) III. auf, ein weiterer Halbbruder von Ilia und Sohn Alexanders des Guten. Roman und Peter lieferten sich bis 1448 einen erbitterten Machtkampf. In den folgenden Wirren setzte sich kurzfristig Bogdan II. (1449–1451) durch, über dessen Herkunft keine gesicherten Angaben vorliegen. Wahrscheinlich war er ein Bastard von Alexanders Bruder Bogdan, der nie die Woiwodenwürde errungen hatte. Aus dynastischen Grün-den betonten sowohl Bogdan II. wie auch dessen (ebenfalls) unehelicher Sohn, Stefan III. „der Große", die Abfolge in direkter männlicher Linie von Alexander dem Guten. Möglich ist aber, dass

---

54 Die Darstellung dieses Zeitraums erfolgt primär nach Rezachevici, Cronologie critică a domnilor, Bd. 1, 476–534.

55 Cîmpeanu, Anul 1432.

56 Şimanschi, Criza politică din Moldova; zur Doppelherrschaft Vîrtosu, Titulatura domnilor şi asocierea la dom-nie, 262–281.

Alexander seinen Neffen nach dem Tod von Bogdans Vater adoptiert hatte.[57] Bogdan II. fiel 1451 einem Komplott zum Opfer und wurde geköpft.

Verantwortlich dafür war Petru Aron, der sich ebenfalls als Sohn Alexanders des Guten ausgab, doch seine obskure Herkunft ist bis heute nicht geklärt. Wahrscheinlich hatte er gar keine verwandtschaftlichen Verhältnisse zum moldauischen Hof, sondern war ein Emporkömmling aus Polen. Vor seiner Herrschaft in der Moldau war er mit dem Familiennamen Harnazan bezeichnet worden, was auf eine armenische Herkunft hindeuten könnte. Jedenfalls hatte er sich in der Gefolgschaft des exilierten Ilia das Vertrauen von dessen Sohn Alexander II. (Alexandru, aufgrund des jugendlichen Alters auch im Diminutiv als Alexăndrel) gesichert. Dieser konnte als zweiter Sohn des Woiwoden Ilia unzweifelhaft in direkter männlicher Linie auf seinen Großvater Alexander den Guten verweisen und brachte daher die dynastische Legitimation mit, um als Komplize von Petru Aron Unterstützung für die Ermordung Bogdans II. zu organisieren. Der junge Alexander hatte sogar bereits 1448–1449 schon einmal für kurze Zeit die Herrschaft erlangt. Doch anstatt dem legitimen Erben den Woiwodenstuhl zu gewähren, setzte sich Petru Aron kurzerhand selber darauf, womit mehrjährige Machtkämpfe zwischen den ehemaligen Verbündeten folgten. Alexander konnte sich dabei immer nur für kurze Zeit gegen Petru Aron halten (1452–1454, 1455), der selber ebenfalls mit Unterbrüchen regierte (1451–1452, 1454–1455, 1455–1457). In diese Zeit fiel die folgenschwere Wendung in der moldauischen Geschichte, die das Land von nun an – mit Rückschlägen – immer deutlicher in den Orbit des Osmanischen Reiches führte. Nur drei Jahre nach dem Fall Konstantinopels beschloss 1456 eine Landesversammlung in Vaslui unter Petru Aron auf ein Ultimatum vom Herbst 1455 hin, den Osmanen fortan jährlich 2.000 Gulden Tribut zu zahlen, um den Frieden zu erkaufen.[58] Die Schutzmacht Polen hatte ihr Einverständnis dazu gegeben, ja in gewissem Maße war die enge Anlehnung der Moldau an Polen gar entscheidend für die Orientierung an osmanischen Wünschen. Die Abhängigkeit von Polen brachte die Moldau dazu, die konziliante Haltung Polens den Osmanen gegenüber zu teilen.[59]

---

57 RezacheviCi, Cronologie critică a domnilor, Bd. 1, 513–515; Bătrîna/Bătrîna, Biserica „Sfântul Nicolae" din Rădăuți, 211.

58 Documenta Romaniae Historica, ser. A, Bd. 2 (Hgg. Şimanschi/Otetea), Nr. 58, 85f.; Gorovei/Székely, Old Questions, Old Clichés, 218f.; Şimanschi, „Închinarea" de la Vaslui; Gorovei, Moldova în „Casa Păcii".

59 Papacostea, La Moldavie état tributaire, 454.

4.5 STEFAN DER GROßE: DIE MOLDAU IN DER ZWEITEN HÄLFTE DES 15. JAHRHUNDERTS

4.5.1 Erste Regierungsjahre

Die Abhängigkeit von Polen und das Entgegenkommen gegenüber dem Osmanischen Reich leitete eine ähnliche Entwicklung ein, wie sie einige Jahrzehnte zuvor bereits in der Walachei begonnen hatte. Aufgrund der defensiven Haltung Polens gegenüber den Osmanen verblieb der Moldau nur wenig Spielraum, sich der osmanischen Forderung zu widersetzen. Allerdings sollte es in den folgenden Jahrzehnten in günstigen Momenten durchaus Gelegenheiten geben, sich dem Osmanischen Druck zumindest vorübergehend zu entziehen. Dies geschah im Kontext der langen Herrschaftszeit von Stefan III., ein Bastard Bogdans II., der als „der Große" in die Historiographie eingehen sollte.[60] Er setzte den langen Thronwirren 1457 ein Ende. Stefan war ins Exil nach Siebenbürgen geflohen, nachdem Petru Aron 1451 seinen leiblichen Vater Bogdan II. ermordet hatte. Dort befand sich auch Vlad Țepeș, mit dem Stefan verwandtschaftliche Beziehungen verbanden. Vlad wartete dort auf eine Gelegenheit, die Herrschaft in der Walachei an sich zu reißen (vgl. Beitrag 3, URSPRUNG, Kap. 3.3.4). Als Vlad 1456 siegreich in die Walachei einzog, stellte er im Jahr darauf Stefan Truppen zur Verfügung, um damit seinerseits in die Moldau zu ziehen. Tatsächlich konnte Stefan so Petru Aron vertreiben, der im siebenbürgischen Szeklerland Zuflucht fand. Von dort versuchte er etliche Jahre später, 1470, mit einem Truppenaufgebot die Herrschaft wieder zu erlangen. Doch er wurde gefasst und Stefan ließ den Mörder seines Vaters hinrichten.

In der Historiographie ist behauptet worden, Stefan sei nach seinem Sieg über Petru Aron 1456 von einer großen „Landesversammlung" auf einem Feld als Woiwode anerkannt, wenn nicht

---

[60] Die Literatur zu dieser schon allein von der langen Dauer der Herrschaft her außergewöhnlichen Figur der rumänischen Geschichte ist sehr reichhaltig. Allerdings bewegen sich die Forschungen zumeist in einem recht konventionellen Rahmen und haben schon seit Längerem nur punktuell grundlegende Neubewertungen erbracht. Auch gute synthetische Überblickswerke sind rar. Ertragreich ist hingegen die Detailforschung zu Einzelaspekten. Ein großer Impuls für die Forschung war der 500. Todestag des Woiwoden 2004, der zahlreiche Publikationen mit einer großen qualitativen Spannweite hervorgebracht hat und mit nur wenigen neuen Einsichten. Insbesondere das in diesem Kontext im Kloster Putna, der Grablege Stefans, entstandene Forschungs- und Dokumentationszentrum Ștefan cel Mare – Mănăstirea Putna <https://www.centrulstefancel-mare.ro> sorgt mit seinem Forschungsschwerpunkt zum Woiwoden und dem Publikationsorgan, der seit 2005 erscheinenden Zeitschrift *Analele Putnei*, für eine kontinuierlich anhaltende Forschung, setzt damit aber auch die lange Tradition der Memoria an den Klosterstifter in Putna fort. Das wichtigste jüngere Werk zu Stefan ist die zwar in einem mitunter etwas glorifizierenden Grundtenor gehaltene, aber durchaus kritische, sehr detailreiche und den Forschungsstand minutiös aufarbeitende Synthese von GOROVEI/SZÉKELY, Princeps omni laude maior, die als Referenzwerk zu gelten hat und die relevante Literatur zu Einzelaspekten erschließt. Die umfangreiche, sechsbändige Buchreihe Ștefan cel Mare și Sfânt ist eine qualitativ schwankende Zusammenstellung von Quellenauszügen, Aufsätzen und Bibliographie; zu den auswärtigen Beziehungen DENIZE, Ștefan cel Mare. Von den älteren Synthesen hervorzuheben ist vor allem die kurze, in verschiedenen Sprachen erschienene populärwissenschaftliche Darstellung von PAPACOSTEA, Stephan der Grosse (mit Versionen in engl. u. franz. Sprache); historiographiegeschichtlich einflussreich die Synthese von IORGA, Istoria lui Ștefan cel Mare (Erstpublikation 1904).

gar gewählt worden. Diese völlig unzutreffende Behauptung beruht auf einem Irrtum späterer Quellen, der von der älteren Historiographie unkritisch übernommen wurde.[61] Der rumänischen Historiographie gilt Stefan der Große als die herausragende Figur der moldauischen, wenn nicht gar der rumänischen Geschichte schlechthin. Dazu beigetragen hat sein Ruhm als Türkenkämpfer, der im Zeitalter osmanischer Machtkonsolidierung in Südosteuropa in der zweiten Hälfte des 15. Jahrhunderts mehrfach osmanischem militärischem Druck standgehalten hat. Leicht vergessen geht dabei, dass die konfrontative Haltung gegenüber den Osmanen nur eine vergleichsweise kurze Phase von 13 Jahren (1473–1486) innerhalb der gut 47-jährigen Herrschaftszeit war, die zudem von kürzeren Friedensphasen unterbrochen war. Sie fiel außerdem in die vergleichsweise ruhige Zeit des letzten Drittels des 15. Jahrhunderts, als in Südosteuropa die großen Kampfhandlungen der 1440er bis 1460er Jahre zwischen Osmanen und ihren christlichen Rivalen weitgehend zur Ruhe gekommen waren. In Südosteuropa hatte sich ein status quo etabliert, der bis ins 16. Jahrhundert nicht mehr wesentlich in Frage gestellt wurde. Der Beginn der moldauischen Feindseligkeiten fiel zwar in die Zeit des venezianisch-osmanischen Krieges von 1463 bis 1479, doch fand dieser weitab der Moldau statt und scheint auch die Entscheidung Stefans nicht unmittelbar beeinflusst zu haben. Für die osmanische Seite war die relativ entlegene Moldau, die nicht in der Hauptstoßrichtung des osmanischen Vorstoßes Richtung Mitteleuropa lag, nur von nachrangiger Bedeutung. Interessiert waren die Osmanen primär an der Kontrolle über den gesamten Küstenverlauf des Schwarzen Meeres und hieraus ergaben sich Konflikte mit der Moldau. Ferner war den Osmanen daran gelegen, im Umfeld ihrer Besitzungen keine Unruhe zu dulden und durch Tribute regelmäßige Loyalitätsbekundungen der Woiwoden zu erhalten. Solange dies gewährleistet war, gab es für die Osmanen wenig Anlass, die Moldau unmittelbarer Kontrolle zu unterwerfen. Dies umso mehr, als das politische Zentrum mit Suceava relativ weit im Norden und daher am äußeren Ende der Reichweite des osmanischen Hauptheeres lag.

Die ersten sechzehn Jahre von Stefans Regierungszeit (1457–1473) waren daher relativ ruhig: Er stellte die von seinem Vorgänger begonnenen Tributzahlungen nicht in Frage, ja, erhöhte die Abgabe sogar von 2.000 auf 3.000 Gulden jährlich im Gegenzug dafür, dass die Osmanen ihm vorerst die Hafenstädte Chilia und Cetatea Albă nicht streitig machten. Der direkten Auseinandersetzung der Moldau Stefans mit den Osmanen war ein Krieg gegen den walachischen Woiwoden Radu „den Schönen" vorausgegangen (1470–1471), der den Osmanen treu ergeben war. Hintergrund des Konfliktes, der auch in der folgenden Konfrontation mit den Osmanen wohl als die entscheidende Ursache gesehen werden kann, war die Rivalität bezüglich der Kontrolle der Handelswege am Unterlauf der Donau sowie der Schwarzmeerküste. Die Konkurrenz um die Kontrolle der Handelswege zum Schwarzen Meer scheint primärer Anlass für die zahlreichen feindlichen Interventionen der Moldau im südlichen Nachbarland gewesen zu sein. 1473 stellte Stefan die Tributzahlungen ans Osmanische Reich ein und griff erneut die Walachei an. Es ist klar festzuhalten, dass die Feindseligkeiten eindeutig von Stefan ausgingen und die osmanische Intervention nur eine Reaktion war auf den Angriff gegen die unter osmanischem Schutz stehende

---

[61] REZACHEVICI, A fost Stefan cel Mare „ales" domn in aprilie 1457?; MUREȘAN, Teoctist I. și ungerea domnească a lui Ștefan cel Mare, 332–341.

Walachei – eine Tatsache, die in der rumänischen Historiographie gerne übersehen wird.[62] Die Intervention zugunsten von Stefans Thronkandidaten Basarab Laiotă destabilisierte die Lage in der Walachei, die Machtkämpfe mit dem osmanischen Schützling Radu dem Schönen zogen sich über viele Monate hinweg bis Ende des Jahres 1474 hin. Erst zum Jahresende rückte ein großes osmanisches Heer an, das Radu wieder einsetzte und Anfang 1475 weiter in die Moldau vorstieß. Dort gelang es Stefans Heer, den Osmanen bei Vaslui eine Niederlage beizubringen. Zu Gute kam ihm der Vorteil, nahe an der heimischen Basis und mit kurzen Nachschubwegen operieren zu können, während die Osmanen ihr riesiges Heer in feindlichem Gebiet versorgen mussten. Stefans Erfolge gegen die Osmanen hatten zahlreiche Gemeinsamkeiten mit dem Vorgehen, das auch Vlad Țepeș rund eineinhalb Jahrzehnte davor in der Walachei angewandt hatte: eine Taktik der verbrannten Erde und das Vermeiden einer offenen Feldschlacht, um den Gegner zu erschöpfen und in ein günstiges Gelände zu locken, wo dann in einem Überraschungsangriff die Entscheidung gesucht wurde. Bei Vaslui stellte Stefan die Osmanen in einem schmalen, sumpfigen Tal, das es ihnen nicht erlaubte, ihre zahlenmäßige Überlegenheit auszuspielen. Zudem half wohl auch einsetzender Regen und Nebel den Moldauern.[63]

Das Beispiel zeigt wie viele andere, dass der Woiwode zweifellos ein begabter Feldherr war, was er in zahlreichen Schlachten unter Beweis stellte. So hatte er bereits 1467 die Truppen des ungarischen Königs Matthias Corvinus (1458–1490) geschlagen, die in die Moldau gezogen waren, um das Land unter ungarische Kontrolle zu bringen. Auch gegen Einfälle der Tataren hatte er sich mehrmals zu wehren. Gleichzeitig aber war sich Stefan nach dem Sieg von Vaslui bewusst, dass er ohne fremde Hilfe längerfristig den Osmanen nicht würde widerstehen können. Genau so geschickt wie als Heerführer war er als Diplomat, der ein weitgespanntes Netzwerk von Beziehungen unterhielt. Er wandte sich in Schreiben an verschiedene europäische Höfe mit der Bitte um Unterstützung. Allerdings war die intensive Phase des Abwehrkampfes gegen die Osmanen vorbei. Schon frühere Aufrufe zum anti-osmanischen Kreuzzug hatten es schwer gehabt, substanzielle Hilfe zu mobilisieren und so erging es nun auch Stefan. Lobende Worte etwa der päpstlichen Kurie blieben zwar nicht aus, konnten aber wie auch in früheren Fällen kein Ersatz für die ausbleibende Waffenhilfe sein.[64]

Schon 1476 rückte ein neues osmanisches Heer heran, um die Moldau zu unterwerfen. Stefan versuchte, eine Entscheidungsschlacht zu vermeiden, zumal sich unter seinen Truppen Unmut ausbreitete. Er ließ die Osmanen drei Wochen lang durch das zuvor bewusst verheerte Land nach Norden ziehen. In einem Überraschungsangriff versuchte der Woiwode dann die Truppen aufzuhalten, doch erlitt er in dieser Schlacht von Valea Albă (Războieni) im August eine massive Niederlage und musste die Flucht antreten. Was die Moldau jetzt noch rettete waren die Festungen Suceava, Hotin und Neamț, die Sultan Mehmed II. „der Eroberer" (1444–1446, 1451–1481) belagern ließ. Alle drei Festungen widerstanden dem Ansturm. Entscheidend dafür war, dass nach dem langen,

---

62 Murgescu, Dimensiunea europeană a domniei lui Ștefan cel Mare, 16.

63 Gorovei/Székely, Princeps omni laude maior, 113–116.

64 Pilat/Cristea, The Ottoman Threat, 180.

strapaziösen Feldzug in den Norden der Moldau, am äußeren Rand des osmanischen Aktionsradius und weitab der Versorgungsbasis in einem feindlichen, verheerten Land keine Zeit mehr blieb für eine längere Belagerung, zumal auch Wetterglück mitspielte: Ein Sturm zerstörte Schiffe auf dem Schwarzen Meer, die Nachschub transportiert hatten. So trat Sultan Mehmed, von den Umständen gezwungen, mit seinem Heer den Rückzug an, ohne eine entscheidende Schlacht geschlagen zu haben.[65]

Anders als die von osmanischen Verbänden von der Donau aus relativ leicht zu kontrollierende Walachei war die Moldau durch ihre geographische Lage besser geschützt vor dem osmanischen Zugriff. Auch verfügte die Moldau insbesondere im Norden über einige starke Festungen, ein Faktor, der in der Walachei fehlte. Stefan widmete dem Ausbau der moldauischen Festungen große Bedeutung, inklusive der Befestigungen der unter moldauischer Kontrolle stehenden Schwarzmeerhäfen Chilia und Cetatea Albă. Es war die spätmittelalterliche Phase des Burgen- bzw. Festungsbaus mit massiven Rundtürmen, wobei angesichts der Verbreitung der allerdings oft noch ineffizienten Artillerie die Mächtigkeit der Mauern eine entscheidende Rolle spielte. Für das 15. Jahrhundert war diese Bauweise militärtechnisch durchaus noch auf der Höhe ihrer Zeit. Die im späten 15. Jahrhundert aufkommende altitalienische Manier mit spitzen Bastionen hingegen sollte sich in der Moldau nicht mehr in voller Ausprägung durchsetzen, sondern nur in Ansätzen.[66]

Dank der befestigten Plätze war eine osmanische Kontrolle über die Moldau ohne längere Belagerungen kaum zu realisieren, was aber ungleich aufwändigere Vorbereitungen und vor allem genügend Zeit erforderte. Das aber war je weiter weg von der Rekrutierungsbasis desto schwieriger zu realisieren – nicht zuletzt daran scheiterten die Osmanen ja auch 1529 vor Wien. Wie schwierig es für Stefan war, den in der Moldau realisierten Ausgang der Kämpfe auf die Walachei zu übertragen, zeigt der letztlich gescheiterte Versuch, dort wieder seinen alten Verbündeten, Vlad Țepeș, als Woiwode einzusetzen. Getragen vom günstigen Moment nach dem erfolglosen osmanischen Rückzug stießen ein siebenbürgisches und ein moldauisches Heer in die Walachei vor und setzten im Herbst 1476 Vlad wieder ein. Er hielt sich allerdings nur wenige Wochen, wonach er im Kampf gegen die Osmanen fiel (s. Beitrag 3, Ursprung, Kap. 3.3.4). Die Moldau mischte sich in den folgenden Jahren aber regelmäßig in die walachischen Thronkämpfe ein, um ihr genehme Herrscher zu unterstützen und damit an der Südflanke einen Verbündeten zu wissen. Mit den Osmanen scheint Stefan irgendwann im Zeitraum zwischen 1479 und 1481 einen Frieden geschlossen zu haben, der aber nur kurz gehalten hat – die genaueren Umstände sowohl des Friedensschlusses wie auch sein Ende sind wie so viele andere Aspekte seiner Regierungszeit aus Quellenmangel unklar.[67]

---

65 Gorovei/Székely, Princeps omni laude maior, 152–159.

66 Zum Befestigungswesen in der Zeit Stefans des Großen Gheorghiu, Arhitectura medievală de apărare, 192–208; Chițescu, Cu privire la cetățile Moldovei.

67 Gorovei/Székely, Princeps omni laude maior, 192–194; Murgescu, O nouă reglementare de pace moldo-otomană.

4.5.2 Machterhalt

In den folgenden Jahren mit dem Wechsel auf dem Sultansthron nach dem Tod Mehmeds II. 1481 fand keine großangelegte osmanische Militäroperation gegen die Moldau mehr statt, sondern nur noch Auseinandersetzungen kleineren Ausmaßes mit osmanischen Streitkräften und deren walachischen Verbündeten. Erst nach der Konsolidierung von Mehmeds Nachfolger Bayezid II. (1481–1512) unternahm dieser einen erneuten Versuch, den nordwestlichen Schwarzmeerraum unter Kontrolle zu bringen. 1484 rückte ein großes osmanisches Heer mit walachischer Unterstützung zu Wasser und zu Land auf die beiden moldauisch kontrollierten, stark befestigten Hafenstädte Chilia und Cetatea Albă vor, den eigentlichen Zankapfel, um den sich die umliegenden Mächte (Walachei, Ungarn, Osmanisches Reich) stritten. Beide Festungen kapitulierten nach mehrtägiger Belagerung und wurden in der Folge osmanisch.[68] Erstmals zogen die Osmanen dabei auch die Militärhilfe des kurz zuvor (1478) in osmanische Abhängigkeit geratenen Khanats der Krim bei, was die Ausgangslage an der Ostgrenze der Moldau entscheidend veränderte.[69] Die mobilen Verbände der Tataren stellten eine gefürchtete militärische Kraft dar, welche die Osmanen von nun an wiederholt zu ihren Zwecken einzusetzen wussten. Andererseits dürfte der Fall der beiden Festungen Chilia und Cetatea Albă durchaus auch in einem gewissen Ausmaß im Interesse der dortigen Händler gewesen sein. Der Handel auf dem Schwarzen Meer, das nun fast komplett osmanisch geworden war, vollzog sich weitgehend unter osmanischem Schutz und durch Kaufleute aus dem Reichsgebiet, der Fernhandel durch die Moldau war also bereits stark in den osmanischen Wirtschaftsraum eingebunden. Eine konfrontative Haltung gegenüber dem Großreich der Sultane war dem Handel wenig dienlich und gefährdete nicht zuletzt auch die Einnahmen der Moldau selber.[70] Ein Rückschlag aber war die Unterwerfung der Warenströme im Schwarzen Meer unter osmanische Gewalt für Venedig und seinen Überseehandel (s. zur venez. Herrschaft in Südosteuropa Beitrag 5, SCHMITT, Kap. 5.4).

Der Verlust der beiden wichtigen Häfen schnitt die Moldau von nun an vom Meer ab, was den Handlungsspielraum Stefans des Großen erheblich reduzierte. Als Ersatz für den direkten Meereszugang stieg im späten 15. Jahrhundert Galați am Unterlauf der Donau quasi als Schwesterstadt zum älteren, nahe gelegenen walachischen Brăila zum wichtigsten Hafen der Moldau auf.[71] Die Kapazitäten der Moldau für den anti-osmanischen Widerstand waren ohne nennenswerte äußere Unterstützung gering. Zwar legte Stefan 1485 gegenüber dem polnischen König Kasimir IV. (1447–1492) einen Vasalleneid ab, was, wie vielfach in der bisherigen Geschichte der Moldau, eine erneute Unterordnung unter die polnische Krone bedeutete. Doch war dies wenig effizient, die erhoffte Hilfe gegen die Osmanen blieb aus. 1486 zog erneut ein osmanisches Heer in die Moldau, um einen Prätendenten zu installieren. Stefan wäre in der Schlacht von Șcheia beinahe gefallen und lag mehrere Stunden lang auf dem Schlachtfeld zwischen verletzten und getöteten

---

68 BELDICEANU, La campagne ottomane de 1484; DIES., La conquête des cités marchandes de Kilia.

69 Zum Hintergrund KOŁODZIEJCZYK, The Crimean Khanate and Poland-Lithuania.

70 BERINDEI, L'empire ottoman et la „route moldave", 187.

71 RĂDVAN, Orașele din Țările Române în evul mediu, 523.

Soldaten. Doch wurde er von zwei Bojaren gerettet und der bereits siegesgewisse Prätendent Petru Hronoda ermordet, womit die Moldauer die Schlacht doch noch für sich entscheiden konnten. Dieses einschneidende Erlebnis könnte – neben der Aussichtslosigkeit, längerfristig alleine gegen die Osmanen bestehen zu können – eine der Ursachen gewesen sein, die Stefan zur Einsicht brachten, einen Ausgleich mit dem Sultan zu suchen, um in den folgenden Jahren eine umfangreiche Stiftertätigkeit zu entfalten.[72] Die genauen Umstände, die zum Frieden mit den Osmanen führten, sind nicht bekannt. Doch kam dem Willen zu einer Verständigung auch das fehlende osmanische Interesse an einer weiteren Konfrontation entgegen. Die Moldau war für die Hohe Pforte kein prioritäres Kriegsziel – nachdem die Schwarzmeerküste unter osmanische Kontrolle gefallen war, ging es primär darum, im Hinterland Unruhe zu vermeiden und sich der Loyalität des moldauischen Woiwoden zu versichern. So schloss Stefan 1486 schließlich Frieden mit den Osmanen, indem er sich unterwarf und die Zahlung von Tributen wieder aufnahm.[73] Die Phase des „Türkenkampfes" war trotz einiger spektakulärer Erfolge vorbei, der Verlust der Schwarzmeerküste nicht mehr rückgängig zu machen. Die Moldau war damit in den osmanischen Einflussbereich gelangt – und nicht erst, wie spätere Traditionen es wahrhaben wollten, durch Stefans Sohn Bogdan III., dem sein Vater in einem angeblichen Testament dazu geraten hatte.[74]

Dennoch verblieb der Moldau ein größerer Spielraum gegenüber den Osmanen als der Walachei, die bereits seit Jahrzehnten in osmanischer Abhängigkeit war und deren Woiwoden regelmäßig vor dem Sultan zu erscheinen hatten, um ihre Loyalität unter Beweis zu stellen. Von der willkürlichen Ein- und Absetzung von Woiwoden, wie in der Walachei praktiziert, blieb die Moldau vorhanden ebenfalls noch verschont. Der Moldau kam zu Gute, dass sie trotz allem noch immer, wenn auch begrenzte Auswahlmöglichkeiten bezüglich ihrer Verbündeten hatte. Da die Anlehnung an Polen nicht die erhofften Ergebnisse gezeitigt hatte, suchte Stefan nun wieder die Nähe zu Ungarn, unter dessen Schutz er sich stellte. 1489 übertrug ihm Matthias Corvinus Besitzungen in Siebenbürgen, die Burgen mit den dazugehörigen Domänen von Kokelburg/Cetatea de Baltă/Küküllővár und Ciceu/Csicsó.[75] Sie sollten den Verlust von Chilia und Cetatea Albă kompensieren. Das Verhältnis mit Polen hatte sich nach Stefans Eid gegenüber Kasimir IV. von 1485 rasch abgekühlt.[76] Die erhoffte polnische Hilfe gegen die Osmanen blieb aus. Kasimirs Nachfolger Johann I. Albrecht (1492–1501) trachtet gar danach, sich die Moldau komplett zu unterwerfen. 1497 marschierte er in die Moldau ein. Unter umgekehrten Vorzeichen zeigte sich nun dasselbe Grundmuster wie in früheren Angriffen: Dank dreier größerer Nachbarn konnte die Moldau bei Konflikten mit einem davon die gegenseitige Rivalität ausnutzen und eine der beiden anderen Mächte beiziehen, um eine allzu einseitige Abhängigkeit zu vermeiden. Stefan wich den polnischen Truppen aus und zog sich nach Süden zurück. Dort erhielt er osmanische und walachische

---

72 GOROVEI, Gesta Dei per Stephanum Voievodam, 404–413.

73 PIENARU, Tratatul de pace moldo-otoman.

74 GOROVEI/SZÉKELY, Princeps omni laude maior, 246.

75 SOLCAN, Ştefan cel Mare; MOTOGNA, Stăpînirea lui Ştefan-cel-Mare.

76 PAPACOSTEA, De la Colomeea la Codrii Cosminului.

Schützenhilfe. Mittlerweile belagerte König Johann vergeblich Suceava, das abermals widerstand. Auf ihrem Rückzug gerieten die Polen in einen Hinterhalt: Sie wurden in der Schlacht im Codru Cosminului (Wald des Cosmin) südlich von Czernowitz überraschend von Stefans Heer angegriffen, der sie vernichtend schlug – in Polen ist das militärische Debakel in der Moldau sogar sprichwörtlich geworden.[77]

Wie in vielen anderen Fällen war es Stefan gelungen, die Ausgangslage mit seinem Talent als begabter Heerführer und kluger Diplomat, der seine Optionen und herrschende politische Konstellationen realistisch einzuschätzen wusste, optimal zu nutzen. Geschickt taktierte er zwischen den drei mächtigen Nachbarn Polen, Ungarn und dem Osmanischen Reich und nutzte die sich daraus ergebenden, eng begrenzten Möglichkeiten.[78] Darüber hinaus unterhielt er ein weitgespanntes diplomatisches Netzwerk, das, zumindest zeitweise und in unterschiedlicher Intensität von Rom, Venedig und dem deutschsprachigen Raum über das Moskau Ivans III. (dessen Sohn Ivan „der Junge" eine Tochter Stefans heiratete) bis zum Herrscher der Weißen Hammeln (Aq Qoyunlu) im ost-anatolisch-westiranischen Raum reichte.[79] Fast noch wichtiger aber war, dass es ihm gelang, in mitunter schwierigen Situationen den Zusammenhalt im Innern zu bewahren. Denn die zahlreichen Kriege verheerten das Land immer wieder aufs Neue und müssen, ohne dass die Quellen dazu genaue Rückschlüsse zuließen, eine enorme Belastung für die Bevölkerung gewesen sein. Hier ist nicht zuletzt darauf hinzuweisen, dass Stefan vor drakonischen Maßnahmen durchaus nicht zurückgeschreckt ist, um den Gehorsam aufrecht zu erhalten.[80] So war er mehrfach mit Unmut unter den Bojaren oder im Heer konfrontiert. In Folge der zurückgeschlagenen Invasion des ungarischen Königs Matthias 1467 brach im Unterland, den südöstlichen Teilen der Moldau, gar eine Rebellion gegen Stefan aus. Unter den Bojaren dieser Region bestand Unzufriedenheit mit der politischen Orientierung Stefans nach Polen. Es dürfte dort nicht wenige Anhänger von Matthias gegeben haben. Nach dem Sieg über den ungarischen König ging Stefan anscheinend mit harter Hand gegen Bojaren vor, denen er Untreue vorwarf – zahlreiche Personen sollen hingerichtet worden sein. Darauf brach im Unterland ein vermutlich größerer Aufstand aus, den Stefan nur mit Mühe und erst nach längerer Zeit in den Griff bekam.[81]

Wechselnde Allianzen und strategische Zugeständnisse, diplomatisches Geschick und günstige Umstände, punktuell gepaart mit militärischer Schlagkraft und harter Hand, ermöglichten es Stefan in einem schwierigen Umfeld, die Macht bis zu seinem natürlichen Tod 1504 zu behalten. Seine 47-jährige Herrschaftszeit zeichnete sich zugleich durch eine intensive kulturelle Tätigkeit und umfangreiche Stiftungen aus. Als Bastard eines Vaters, der selber ebenfalls nur eine indirekte Herkunft von Alexander dem Guten vorweisen konnte hatte er im dynastischen Sinne

---

77 URSPRUNG, Raumvorstellungen und Landesbewusstsein, 522; zur Schlacht GOROVEI/SZÉKELY, Princeps omni laude maior, 319–340.

78 PAPP, Stephen the Great.

79 MURGESCU, Dimensiunea europeană a domniei lui Ștefan cel Mare, 24–26.

80 MAZILU, Un „Dracula" pe care Occidentul l-a ratat, 152–158.

81 PAPACOSTEA, Politica externă a lui Ștefan cel Mare, 17.

ein gewisses Legitimitätsdefizit, blieb die reale oder behauptete Abstammung von Alexander doch während des gesamten 15. Jahrhunderts ein wichtiges Argument aller Anwärter auf den moldauischen Woiwodenstuhl. Umso intensiver bemühte sich Stefan um die Pflege des Gedenkens an die Woiwoden des 14. und frühen 15. Jahrhunderts, um sich bewusst in die dynastische Kontinuität einzuschreiben. So ließ er die Kirche in Rădăuți mit den Grabmälern der Woiwoden Bogdan und seiner Nachfolger aus dem 14. Jahrhundert erneuern. Nach der Unterordnung unter das Osmanische Reich 1486 widmete er sich in den letzten beiden Jahrzehnten in massiv verstärkter Form der Stiftertätigkeit. Während in den 13 Jahren des Kriegszustandes mit den Osmanen vor allem der Ausbau militärischer Befestigungen Vorrang hatte, verlagerte sich danach der Fokus auf den Auf- und Ausbau des Kirchen- und Klosterwesens.[82] Stefan initiierte und intensivierte ein moldauisches Landesbewusstsein, das sich an der dynastischen Tradition, der Orthodoxie, und einer jetzt in dieser Form entstehenden anti-osmanischen Ideologie orientierte, die etwa im Kult um Soldatenheilige ihren Ausdruck fand. Der Landespatron, Johannes der Neue von Suceava, wurde nun umgedeutet und selber immer häufiger als Soldatenheiliger präsentiert.[83] Dies kam etwa in den Klosterstiftungen wie dem als Grablege neu errichteten, 1469 geweihten Kloster Putna sowie der Freskenmalerei zum Ausdruck. Es existieren begründete Vermutungen, dass die Praxis, Fresken an die Außenwände von Kirchen zu malen – von der älteren Historiographie erst in die Regierungszeit von Stefans Sohn Petru Rareș (1527–1538, 1541–1546) datiert – eine Innovation war, die bereits auf die Spätzeit von Stefans Herrschaft, also die Jahre um 1500, zurückgeht.[84] Doch auch eine genuin moldauische Geschichtsschreibung und Chroniktradition blühten im späten 15. Jahrhundert auf. Stefan kreierte also eine eigentliche Herrschaftsideologie, deren Zentren neben dem Hof und der Kanzlei die Klöster waren. Dies war die Grundlage für die überaus positive Erinnerungskultur an Stefan, die natürlich auch mit seinen Taten als Feldherr verbunden blieb.[85]

---

82 Gorovei/Székely, Princeps omni laude maior, 252.

83 Zach, Johannes der Neue von Suceava, 654f.; Teoteoi, Étienne le Grand.

84 Gorovei/Székely, Princeps omni laude maior, 299–301.

85 Zach, Stefan der Große; Ursprung, Umdeutung eines Helden, 27–29.

4.6 DIE NACHFOLGER STEFANS DES GROẞEN: BOGDAN III. UND STEFAN DER JUNGE

Seine letzte Entscheidung setzte Stefan der Große kurz vor seinem Tod am 2. Juli 1504 durch: die Ernennung seines Sohnes Bogdan III., genannt „der Blinde" (Bogdan cel Orb) zum Nachfolger.[86] Bogdan war bereits seit 1498 an der Herrschaft beteiligt, doch gab es unter den Bojaren Widerstand gegen ihn. Stefan ließ einige der Unzufriedenen hinrichten und trat dann die Herrschaft an Bogdan ab, bevor er zwei Tage später starb. Bogdans Herrschaft (1504–1517) konnte auf die relativ gefestigte Grundlage aufbauen, die sein Vater geschaffen hatte. Die Situation der Moldau veränderte sich in dieser Zeit nicht grundlegend. Bogdan suchte einen Ausgleich mit Polen durch eine Heiratsallianz. Als sich diese Hoffnungen zerschlugen, ergriff der moldauische Woiwode den Fehdehandschuh und zog plündernd nach Polen. Es folgte ein Krieg von 1506 bis 1510, in dem Bogdan wie der polnische König Sigismund I. Jagiello (1506–1548) gegenseitig die jeweiligen Grenzregionen verheerten. Gegenüber den Osmanen blieb die Tributpflicht wie bereits unter Stefan bestehen, allerdings sah sich Bogdan gezwungen, den jährlich nach Konstantinopel zu liefernden Betrag auf 8.000 Gulden zu erhöhen. Die späteren Berichte darüber, erst Bogdan habe die Moldau den Osmanen unterstellt, entbehren daher jeder Grundlage: Er führte fort, was sein Vater während der überwiegenden Zeit seiner Herrschaft bereits praktiziert hatte.

Kontinuität kennzeichnete auch die anscheinend erstaunlich reibungslose Nachfolgeregelung nach seinem frühen Tod: An seiner Stelle wurde sein Bastard Stefan Woiwode, der noch minderjährig war und daher den Beinamen „der Junge" bekam (Ștefan cel Tânăr, auch Ștefăniță, 1517–1527).[87] Es ist gemutmaßt worden, ob die Ernennung dieses Woiwoden mit einer Wahl einher ging, bei der Stefan anderen Prätendenten vorgezogen wurde und damit erstmals in der Geschichte der Moldau neben das genealogische Argument auch ein elektives Element getreten ist, das im weiteren Verlauf der Geschichte immer wichtiger werden sollte.[88] Jedenfalls gelang es dem Bojaren Luca Arbore als Vormund des Woiwoden, seinem Mündel die Herrschaft zu sichern in einer Zeit, in der in der Walachei nach dem Tod Neagoe Basarabs (1521) eine Phase langanhaltender Instabilität begonnen hatte (s. Beitrag 3, URSPRUNG, Kap. 3.3.6).

Luca übte seit 1486, noch unter Stefan dem Großen, als *portar* von Suceava ein wichtiges Hofamt aus und verkörperte damit die Kontinuität mit der Zeit des so bedeutenden Woiwoden, für den er viele Gesandtschaften unternommen hatte.[89] Doch nachdem Stefan der Junge die Voll-

---

[86] Die Historiographie zu Bogdan III. ist ziemlich schmal, doch in jüngerer Zeit sind ein paar Studien erschienen, die neues Licht auf diese Persönlichkeit werfen: SZÉKELY, Bogdan al III-lea; GOROVEI, Contribuții pentru istoria domniei lui Bogdan al III-lea; SIMON, „Fața de la nemți"; PÂSLARIUC, Raporturile politice, 17–39; ziemlich spekulativ PECICAN, Ideologia puterii centrale.

[87] Zu den wenigen Studien über diesen Woiwoden gehört BOLDUR, Privire generală asupra domnului Ștefăniță; GRIGORAȘ, Ștefan vodă cel Tânăr.

[88] PÎNZAR, Cutumă și inovație, 52.

[89] EȘANU, Luca Arbore în misiuni diplomatice.

jährigkeit erreicht und die Herrschaft selber in die Hände genommen hatte, zerrüttete sich das Verhältnis zu seinem bisherigen Förderer Luca Arbore. 1523 ließ er ihn mit seinen Söhnen hinrichten, was eine Rebellion unter den Bojaren zur Folge hatte. Eine Ursache war der Machtkampf gegen die wachsenden Machtansprüche der großen Bojaren, die sich während der Regentschaft entfalten konnten. Doch spielte einmal mehr auch die außenpolitische Orientierung eine Rolle: Während unter den Bojaren viele die Fortführung der engen Anbindung an Polen befürworteten und eventuell gar ein Komplott zur Absetzung Stefans planten, war der junge Woiwode empört über die Weigerung des polnischen Königs Sigismund, ihm eine Tochter zur Frau zu geben. Er suchte dagegen eine enge Bindung an Ungarn. Den Widerstand der Bojaren brach er mit Gewalt. Eine große Zahl an Würdenträgern flüchtete ins Exil oder wurde dem Henker ausgeliefert.

Stefan konnte dabei anscheinend auf Unterstützung aus den niederen Rängen des Bojarentums zählen. Im Rat des Woiwoden kam es zu umfangreichen Änderungen, die meisten Mitglieder waren neue Leute. Stefan scheint also einen regelrechten Elitentausch vollzogen und seine Autorität als Landesherr gegenüber den Großen des Landes behauptet zu haben. Inwiefern diese ein politisches Konzept im Sinne einer Polen oder Ungarn vergleichbaren starken Stellung des Adels gegenüber der Krone vertraten, lässt sich wegen fehlender Quellen nicht sagen. Allerdings scheint der aufgrund seines Alters noch recht unerfahrene Woiwode einen einflussreichen Mentor an seiner Seite gehabt zu haben: Toader Bubuiog, der anscheinend nicht aus der Moldau stammte und daher ohne familiäre Verflechtungen die Interessen der verschiedenen Woiwoden (und seiner selbst!) verfolgen konnte, denen er diente. Wie Luca Arbore brachte er ebenfalls schon seit den Tagen Stefans des Großen Erfahrungen in wichtigen Funktionen mit.[90] Jedenfalls ging die Woiwoden-Autorität gestärkt aus der Konfrontation hervor. Selbst die Nachbarmächte gaben nach einiger Zeit die Unterstützung rebellischer Bojaren auf und suchten den Ausgleich mit dem machtbewussten Stefan. Die starke Stellung des Woiwoden war wohl auch Folge einer systematischen, in der langen Herrschaftszeit Stefans des Großen begonnen Politik der Landvergabe. Es gelang den Woiwoden, die Entstehung von Großgrundbesitz zu verhindern, während sie selber über umfangreiche Ressourcen verfügten. Verschwörungen hatten so keine materielle Basis.[91]

Allerdings verschied Stefan noch sehr jung, bereits 1527 – ob er allerdings wie in der Chronistik erwähnt tatsächlich von seiner Frau vergiftet worden ist, bleibt unklar. Hintergrund war ein auch blutig ausgetragener Konflikt zwischen Stefan und dem walachischen Woiwoden Radu von Afumați um die Verheiratung der beiden Töchter von Radus verstorbenem Vorgänger Neagoe Basarab. Neagoe hatte Stefan zugesagt, eine seiner beiden Töchter zur Frau wählen zu können. Doch der Woiwode Siebenbürgens Johann Szapolyai (ab 1511), unter dessen Schutz Neagoes Witwe mit ihren Töchtern mittlerweile stand, gab seinem Verbündeten Radu aus der Walachei das Vorrecht, seine Braut aussuchen zu können. Aus Prestigegründen startete Stefan eine Fehde gegen Radu, um sich das Recht, um das er sich geprellt sah, selber zu nehmen. Doch die militärischen

---

90 Ausführlich zu dieser schillernden Persönlichkeit, die über Jahrzehnte allen Woiwoden von Stefan des Großen bis Petru Rareş diente bei SZÉKELY, Sfetnicii lui Petru Rareş, 51–80.

91 PÂSLARIUC, Raporturile politice dintre marea boierime şi domnie în Ţara Moldovei, 40–76.

Interventionen in der Walachei blieben erfolglos. Er musste mit der übrig gebliebenen Schwester Vorlieb nehmen, was das Verhältnis der Eheleute wohl von Anfang an zerrüttet haben dürfte.[92] Wie schon im Falle der gescheiterten Heiratspläne mit der polnischen Königsfamilie zeigte sich der moldauische Woiwode als rücksichtsloser Verfechter seiner Interessen. Beide Beispiele zeigen aber auch das vergleichsweise geringe Gewicht der Moldau, dessen ambitioniertem Herrscher zweimal eine angestrebte Hochzeit ausgeschlagen wurde.

---

92 Rezachevici, Cronologie critică a domnilor, Bd. 1, 555f.

4.7 DIE MOLDAU UNTER PETRU RAREŞ: WIDERSTAND UND UNTERWERFUNG

Auf Stefan den Jungen folgte Petru Rareş (1527–1538, 1541–1546).[93] Seine spektakuläre Herrschaftszeit ging mit einer tiefen Zäsur in der moldauischen Geschichte einher: die definitive Unterwerfung der Moldau unter osmanische Herrschaft. Zugleich aber wurde Petru von der Historiographie als einer der großen Woiwoden des Landes und würdiger Nachfolger Stefans des Großen gefeiert. Mit seiner ungestümen, wenig durchdachten Politik und durch die Verstrickung in militärische Abenteuer überforderte er jedoch nicht nur viele Bojaren, sondern machte sich auch die relevanten Mächte zum Gegner. Petru war ein unehelicher Sohn Stefans des Großen. Sein Familienname Rareş rührte von seinem Stiefvater her, in dessen Familie er aufwuchs (dort anfänglich als Übername für das schüttere Haar; rum. rar = spärlich, schütter, selten). Angeblich hatte ihn Stefan der Junge auf dem Sterbebett zu seinem Nachfolger bestimmt, nachdem er ihn schon davor in seiner Gefolgschaft gehalten hatte. Stefan der Junge selber hatte keinen anerkannten Sohn, so dass ein Spross Stefans des Großen durchaus eine prestigeträchtige Variante für einen Thronkandidaten war. Diese genealogische Verbindung war denn auch nicht unerheblich für die Akzeptanz von Petru Rareş bei den politischen Eliten, die nach dem Tode Stefans einen Anwärter auf den Thron suchten und ihn schließlich zum neuen Woiwoden wählten. Er scheint davor längere Zeit als Fischhändler gearbeitet zu haben, besaß er doch große Fischteiche. Dank seiner weitreichenden Handelsaktivitäten dürfte er relativ gut vertraut gewesen sein mit den Verhältnissen im Osmanischen Reich wie in Siebenbürgen, was ihm dann als Woiwode zu Gute kommen sollte.[94]

Die politische Lage im weiteren Umfeld der Moldau hatte sich mit dem osmanischen Sieg gegen Ungarn in der Schlacht von Mohács grundlegenden geändert. Die osmanischen Eliten entwickelten unter Süleyman I. (dem Prächtigen; 1520–1566) zunehmend ein imperiales Selbstverständnis, das einher ging mit einem Höhepunkt osmanischer Machtentfaltung. Die Osmanen begannen nun den Anspruch zu erheben, Ungarn als Schutzmacht der Moldau abzulösen, das dieses seit dem 14. Jahrhundert zusammen mit Polen immer wieder gewesen war. Von etwa 1529 an deutete Vieles darauf hin, dass die Zeitgenossen die Moldau als ein Land im Einflussbereich des Sultans betrachteten.[95] In Siebenbürgen begann sich nach der vom ungarischen Heer verlorenen Schlacht von Mohács (29. August 1526) unter Johann Szapolyai (im November 1526 als Johann I. zum Kg. v. Ungarn gekrönt) eine unter osmanischem Schutz stehende Herrschaft herauszubilden, aus der schließlich bis 1570 das Fürstentum Siebenbürgen hervorgehen sollte (s. zum

---

93   Als monographische Gesamtschau weiterhin gültig GOROVEI, Petru Rareş; ein Sammelband mit grundlegenden, handbuchartigen Beiträgen ŞIMANSCHI (Hg.), Petru Rareş; eine beispielhafte, detaillierte prosopographische Studie zum politischen Umfeld am Hofe des Petru Rareş bei SZÉKELY, Sfetnicii lui Petru Rareş; das Itinerar des Woiwoden bei DIES., Itinerarii domneşti; zu den Außenbeziehungen CIOBANU, Les relations politiques; sowie GEMIL, Les relations de la Moldavie avec la Porte Ottomane; von der älteren Historiographie ferner URSU, Petru Rareş.

94   TODERAŞCU, Prima domnie, 56.

95   GEMIL, În faţa impactului otoman, 144–146.

osm. Vasallenstaat Siebenbürgen Beitrag 7, PÁLFFY, Kap. 7.3.8). Da auch die Walachei nun mehr denn je unter osmanischem Gehorsam stand, waren die außenpolitischen Optionen der Moldau stark geschrumpft. Polen verblieb zwar als Großmacht, suchte aber zumeist und im Großen und Ganzen den Ausgleich mit den Osmanen.[96]

Petru Rareş führte zu Beginn seiner Herrschaft die Politik seines Vorgängers fort und stützte sich auf die gleichen Großen im Bojarenrat. Mit der Zeit aber nahmen die Konflikte zu, denn der Woiwode verfolgte eine zunehmend autoritäre und auch außenpolitisch ambitionierte Politik, die die Kräfte des Landes überspannten. Viele Bojaren distanzierten sich vom Woiwoden. Besonders die Frage des Verhältnisses zu Polen und dem Osmanischen Reich war kontrovers. Im Machtkampf um die ungarische Krone suchte er anfänglich die Nähe zum Habsburger Ferdinand, den Rivalen des osmanischen Schützlings Johann Szapolyai, dem Woiwoden von Siebenbürgen. Dank der zurückhaltenden Politik Polens gegenüber den Osmanen war die Moldau fast ganz umgeben von Mächten, die auf der Seite des Sultans standen. Dies schränkte die Handlungsoptionen stark ein; die Moldau war nach dem Fall Ungarns 1526 stärker in den osmanischen Orbit geraten als je zuvor, ohne dass sich dies vorerst aber in einer unmittelbaren Unterordnung gezeigt hätte. Die Habsburger verfolgten als Einzige eine konsequent anti-osmanische Politik. Doch war eine offene Parteinahme für Ferdinand, dessen Truppen 1529 Wien nur mit Not vor den Osmanen retten konnten, zu riskant und Petru Rareş nutze die für ihn so typische Schaukelpolitik, um für sich selber Vorteile zu sichern. Auf osmanischen Befehl hin marschierte er auf der Seite von Szapolyai in Siebenbürgen ein und half diesem 1529 und 1530, seine Gegner zu besiegen. Der moldauische Woiwode wurde so zu einem Machtfaktor im komplizierten politischen Gefüge Siebenbürgens. Zum Dank erhielt er, zusätzlich zu den alten Lehen Kokelburg und Ciceu, die bereits früheren Woiwoden vergeben worden waren, weitere Besitztümer in Siebenbürgen. Die rumänische Historiographie hat ihn aufgrund seiner siebenbürgischen Verwicklungen wie auch der Beziehungen zur Walachei, wo der Woiwode Vlad Vintilă (1532–1535) sein Schwiegersohn war, mit Michael dem Tapferen (Woiwode der Walachei, 1593–1599/1600) verglichen und wie diesen als einen Vorläufer der rumänischen politischen Einheit gesehen. Doch ebenso wenig wie Michael verfolgte Petru Rareş ein quasi vor-nationales rumänisches politisches Programm. Er war ein ungestümer Machtpolitiker, der sich von der Aussicht auf Erfolg zu waghalsigen militärischen Abenteuern hinreißen ließ.

Von den Erfolgen in Siebenbürgen beflügelt nahm sich Petru Rareş Pokutien vor, den alten Zankapfel zwischen der Moldau und Polen. Ende 1530 führte er einen Feldzug dorthin. Schon zu Beginn seiner Herrschaft hatte er vergeblich versucht, Polen zu einer anti-osmanischen Haltung zu bringen. Die polnische Reaktion auf die Invasion von Pokutien war eine Gesandtschaft an die Hohe Pforte, um sich über den moldauischen Woiwoden zu beschweren und die Osmanen um Rückendeckung zu ersuchen. Dies zeigt, wie weit die Moldau zu dieser Zeit bereits als ein vom Sultan abhängiges Land betrachtet wurde. Süleyman I. gab dem polnischen König Sigismund I.

---

96 DZIUBIŃSKI, Stosunki dyplomatyczne polsko-tureckie; KOŁODZIEJCZYK, A Historical Outline of Polish-Ottoman Political and Diplomatic Relations.

grünes Licht für den Kampf gegen Petru Rareş. Der moldauisch-polnische Krieg hatte sich bereits einige Monate mit wechselndem Kriegsglück hingezogen, als im August 1531 in der Schlacht von Obertyn die Entscheidung fiel. Auf moldauischer Seite waren viele Bojaren unglücklich mit den ehrgeizigen Plänen ihres Woiwoden, die die Ressourcen eines so kleinen Landes extrem belasteten. Die Schlacht ging daher nicht zuletzt aufgrund fehlender Kampfmoral verloren: Die Moldauer wurden vernichtend geschlagen.[97] Der über Jahrhunderte immer wieder aufflammende Streit um Pokutien war damit endgültig zugunsten Polens entschieden.

Da die Moldau wie bereits gezeigt als unter osmanischem Schutz stehendes Land betrachtet wurde hatten die Polen keine Möglichkeit, nach dem Sieg von Obertyn weiter gegen Petru Rareş in dessen eigenem Land vorzugehen, ohne damit einen Konflikt mit der Pforte zu riskieren. Die endgültige Konsolidierung der polnisch-moldauischen Abgrenzung war also primär der Tatsache geschuldet, dass es Polen nicht mehr nur mit einem kleinen Nachbarn, sondern mit einem Großreich zu tun hatte, zu dem die Moldau nun in immer engere Abhängigkeit geriet. Die Osmanen hatten kein Interesse an einem Konflikt zwischen Polen und der Moldau und drängten beide Seiten zu einem Frieden.[98]

Petru Rareş weckte bei Osmanen wie bei Polen Widerstand und es gab Bestrebungen, ihn abzusetzen. Gegen dieses polnisch-osmanische Einvernehmen setzte sich der Moldauer zur Wehr, indem er wieder Kontakt zu den Kaiserlichen aufnahm. 1535 schloss er ein gegen die Osmanen gerichtetes Bündnis mit dem Habsburger Ferdinand. Die gemeinsamen Interessen Polens und der Hohen Pforte führten schließlich zum osmanischen Feldzug von 1538 in die Moldau.[99] Denn Anfang des Jahres hatten die beiden Gegenkönige in Ungarn, der Habsburger Ferdinand und Johann Szapolyai, den geheimen Frieden von Wardein geschlossen, in dem Siebenbürgen nach dem Tod Szapolyais an die Habsburger gehen sollte. Zusammen mit der Annäherung der Moldau an Ferdinand zeichnete sich eine anti-osmanische Koalition ab. So zog das osmanische Hauptheer unter dem Kommando Süleymans im Sommer 1538 in die Moldau, obwohl das Land selber nicht von primärem Interesse war für die Osmanen. Doch es galt, dem Treiben des unbotmäßigen Woiwoden ein Ende zu bereiten und die Moldau zu unterwerfen. Petru Rareş hatte sich mit seiner Politik viele Feinde gemacht: im Inneren wie bei den Nachbarn. So rückte denn im Sommer nicht nur das osmanische Heer in die Moldau ein, sondern auch walachische und tatarische Truppen. Viele Bojaren begrüßten diese Entwicklung, waren sie doch ihres Woiwoden überdrüssig geworden. Ähnlich wie auch im Falle der Walachei sahen viele den Sinn eines fortwährenden Widerstandes gegen die Osmanen nicht ein, der dem Land nur enorme Kosten aufbürdete, während ein erfolgreicher Widerstand gegen die Unterordnung unter das Osmanische Reich nach dem Fall Ungarns und dem Stillhalten Polens utopisch geworden war. Zu einer entscheidenden Schlacht kam es nicht: Bevor es dazu kam, setzten sich Bojaren ins Lager der Invasoren ab. Der Woiwode, der nicht mehr auf die Loyalität seiner Leute zählen konnte, sah sich genötigt, die Flucht nach

---

97 PLEWCZYŃSKI, Obertyn 1531.

98 CIOBANU, Apărător al moştenirii, 126.

99 GEMIL, Anii 1538–1540.

Siebenbürgen anzutreten, wo er ja über umfangreiche Güter verfügte. Süleyman zog in Suceava ein und empfing die Huldigung der Großen. Eine osmanische Garnison wachte fortan in der Moldau über das Wohlverhalten des dortigen Hofes. Damit hatte sich die Moldau endgültig dem Osmanischen Reich untergeordnet.

In seinem Schlepptau hatte der Sultan einen Prätendenten in die Moldau gebracht, den er den versammelten Bojaren nun als den neuen Woiwoden präsentierte: Ştefan, genannt Lăcustă (Heuschrecke, wegen einer Heuschreckenplage in seiner Regierungszeit 1538–1540). Väterlicherseits stammte er offenbar aus der Dynastie der Muşatini, wenn auch die Identität seines Vaters nicht genau bekannt ist – er selber bezeichnete sich als Woiwode aus Legitimitätsgründen durchgehend als Sohn Stefans des Großen. Er war in Konstantinopel geboren worden und hatte dort, im Umfeld des Sultanspalastes, den Großteil seines Lebens verbracht. Der 1538 vollzogene Herrscherwechsel war also in der Tat eine Zäsur: Ein zu guten Teilen Landesfremder, wenn auch mit familiären Beziehungen zur moldauischen Dynastie, war ohne das im frühen 16. Jahrhundert in die Nachfolgeregelung Einzug haltende Wahlrecht der Bojaren aufoktroyiert worden. Die Osmanen besetzten nun auch das moldauische Hinterland der Schwarzmeerküste bis nach Tighina (Bender) und integrierten diese Region unmittelbar in die osmanische Reichsverwaltung.

Die Moldau war damit, wie die Walachei schon seit Längerem, von den Osmanen unterworfen worden. Zwar behielt das Land seine Institutionen und funktionierte bis ins 19. Jahrhundert als christlicher Herrschaftsverband, aber in strikter Unterordnung unter die Hohe Pforte.[100] Polens Einfluss blieb bis in die Mitte des 17. Jahrhunderts stark, so dass die Moldau zu einer Art Kondominium der beiden Reiche wurde mit schwankendem Einfluss beider Seiten. Dennoch war die Moldau nun weitgehend in den osmanischen Reichsverband integriert, nicht zuletzt auch wirtschaftlich. Nach der politischen Unterwerfung wuchsen, wie in der Walachei, in der zweiten Hälfte des 16. Jahrhunderts die Verbindlichkeiten des Landes gegenüber der Hohen Pforte rasch an. Als eigenständiger Machtfaktor trat die Moldau nun aber nur noch im lokalen Kontext auf.

Petru Rareş sollte noch eine zweite Chance erhalten: Ende 1540 wurde Ştefan Lăcustă von unzufriedenen Bojaren ermordet. Es war eine Revolte gegen die Parteigänger der Osmanen im Land. Die Rebellen erhoben einen Alexandru Cornea, Sohn Bogdans III., zum neuen Woiwoden. Dieser führte einen regelrechten Aufstand gegen die osmanische Herrschaft an und suchte eine Allianz mit Ferdinand von Habsburg. Nun war es ausgerechnet Petru Rareş, der Anfang 1541 vom Sultan erneut als Woiwode der Moldau ernannt wurde – wobei auch reiche Geldgeschenke an die Pforte nicht unwesentlich waren. Von Konstantinopel zog er Richtung Moldau los, wo die Bojaren von Alexandru Cornea abfielen und Petru als Woiwoden anerkannten. So begann die zweite Herrschaftszeit des Petru Rareş (1541–1546). Im Gegensatz zu den spektakulären Aktionen der ersten Regierungszeit war es eine ruhige Phase. Der Woiwode widmete sich, wie schon in der ersten Herrschaft, besonders seinen Stiftungen. In die Zeit von Petru Rareş fallen einige der bedeutendsten Außenmalereien an Kirchen in der Moldau. Im Bildprogramm manifestierte sich

---

100 Panaite, The Legal and Political Status of Wallachia and Moldavia; Cristea, The Friend of My Friend and the Enemy of My Enemy; Păun, Enemies Within.

ein ausgeprägtes moldauisches Landesbewusstsein, das wie schon die Vorläufer unter Stefan dem Großen einen stark anti-osmanischen Charakter hatte.

Doch politisch war gegen die Mitte des 16. Jahrhunderts eine Epoche zu Ende gegangen. Die Moldau hatte sich weitaus länger als die Walachei dem unmittelbaren Zugriff der Osmanen entziehen können. Doch die osmanische Unterwerfung Ungarns hatte neue Tatsachen geschaffen, denen sich das kleine Land zwischen Ostkarpaten und Dnjestr nicht entziehen konnte. Auch wenn es noch vereinzelte Versuche der Rebellion gegen die Osmanen gab wie unter Ion Vodă cel Viteaz (Woiwode Johann der Tapfere, 1572–1574), so blieben dies doch nur Episoden. Die Osmanen hatten die Moldau im Griff, ließen ihr aber je nach aktueller Interessenslage mehr oder weniger Spielraum. Die mit Petru Şchiopul (der Lahme) 1574 realisierte dynastische Verbindung mit der Walachei leitete eine Entwicklung ein, in der immer mehr Elitenangehörige ab dem späten 16. Jahrhundert zwischen der Moldau und der Walachei zu zirkulieren begannen. Im Verlauf des 17. Jahrhunderts näherten sich die Verhältnisse in beiden Ländern nicht zuletzt durch diese Elitenzirkulation stark an, zumal nun immer häufiger Balkanchristen eine wichtige soziale und politische Rolle in der Walachei wie der Moldau zu spielen begannen, die beide Länder noch stärker in den imperialen osmanischen Kontext integrierten.

Die beiden so ungleichen Herrschaften des Petru Rareş stehen symbolisch für den veränderten Status des Landes. In der Moldau lässt sich die Zäsur der Unterwerfung unter osmanische Herrschaft deutlicher als in der Walachei an einem Datum festmachen, dem osmanischen Zug von 1538. Aber selbst hier war die Integration in den osmanischen Reichsverband eine allmähliche Entwicklung mit Rückschlägen. Dennoch war nach 1538 vieles anders als zuvor. Für die Moldau hatte ein neues Kapitel ihrer Geschichte begonnen.

4.8 DIE MOLDAU IN DER ZWEITEN HÄLFTE DES 16. JAHRHUNDERTS: IM SCHNITTPUNKT AUSWÄRTIGER MÄCHTE UND NETZWERKE

In der zweiten Hälfte des 16. Jahrhunderts stand die Moldau unter dem Eindruck der Vorherrschaft des Osmanischen Reiches. Die Hohe Pforte setzte die moldauischen Woiwoden nun wie auch diejenigen der Walachei mit osmanischen Provinzstatthaltern (Beys) gleich und leitete daraus das Recht ab, die Inhaber nach Belieben einzusetzen und auszutauschen.[101] Ähnlich wie im Falle der Walachei bedeutete dies aber nicht unbedingt eine Schwächung des Woiwodenamtes im Innern. Vielmehr eröffnete es seinem Inhaber je nach aktueller Konstellation und politischem Geschick sogar im Gegenteil die Möglichkeit, sich vom Einfluss innerer Akteure wie den Bojaren zu emanzipieren und politischen Rückhalt bei der Hohen Pforte zu suchen. Diese wurde nun bei Konflikten zwischen dem Herrscher und Bojarengruppierungen zur Schiedsinstanz.[102]

Gerade die auf Petru Rareș nachfolgenden Herrscher zeigen das sehr deutlich: Sein Sohn Iliaș (1546–1551) war als Geisel für das Wohlverhalten seines Vaters nach Konstantinopel geschickt worden, wo er wertvolle Beziehungen knüpfen konnte. Als Woiwode vor Ort aber geriet er in Konflikt mit den Bojaren wie auch mit dem Chronisten und Bischof von Roman, Macarie – nicht zuletzt, weil er finanzielle Begehrlichkeiten seiner Gewährsleute in Konstantinopel erfüllte, indem er die Moldau einer gesteigerten Abgabenlast unterwarf. Widerstand unterdrückte er wie zur gleichen Zeit Mircea „der Hirte" (Mircea Ciobanul) in der Walachei mit drastischen Strafen und trieb viele Gegner damit ins polnische Exil. 1551 schließlich trat Iliaș anlässlich einer Reise nach Konstantinopel zum Islam über und wurde als Statthalter des Sultans im bulgarischen Silistra (türk. Silistre) eingesetzt.[103] An seiner Stelle übernahm, getragen von der Opposition gegen Iliaș, dessen Bruder Ștefan Rareș die Herrschaft (1551–1552). Die Furcht vor den Machenschaften des Bruders könnte auch ein Grund gewesen sein für die Konversion von Iliaș, der so nicht nur seine Haut rettete, sondern auch seinen sozialen Status. Das so charakteristische Schwanken der drei nacheinander regierenden Herrscher Petru Rareș sowie seiner beiden Söhne Iliaș und Ștefan[104] wiederspiegelt die Brüche, die in dieser Zeit nicht nur mitten durch die Gesellschaft gingen, sondern oft auch Familien entzweiten – eine typische Entwicklung, wie sie auch andere Gesellschaften auf dem Balkan angesichts der osmanischen Eroberung erfahren hatten.

Doch die Situation in der Moldau war nochmals einiges komplizierter als in der Walachei, da hier die potenziellen auswärtigen Akteure zahlreicher waren.[105] Neben den Osmanen waren dies die übrigen Konfliktparteien, die sich um das Erbe des mittelalterlichen Ungarn stritten (die

---

101 Panaite, Power Relationships in the Ottoman Empire; ders., The Voivodes of the Danubian Principalities.

102 Pâslariuc, Raporturile politice, zusammenfassend 216–218.

103 Cazacu, La Conversion à l'Islam du prince Iliaș Rareș.

104 Ignat/Agache, Contribuții privind politica urmașilor lui Petru Rareș.

105 Căzan/Denize, Marile puteri și spațiul românesc; Gonța, Țara Moldovei între Imperiul Otoman și Marile Puteri Creștine; Căzan, Die Rumänischen Fürstentümer; Stoy, Rumänische Fürsten im frühneuzeitlichen Wien; Simionescu, Țările Române; Ciurea, Relațiile externe ale Moldovei.

Habsburger u. die diversen siebenbürgischen Akteure), sodann die Walachei und Polen, aber auch die Kosaken der Ukraine sowie das Khanat der Krim – wobei die Krimtataren häufig als verlängerter Arm der Osmanen agierten. Dazu kamen die weiter entfernten europäischen Mächte wie Venedig, England, Spanien oder Frankreich, die mitunter versuchten, auf die Verhältnisse in der Moldau einzuwirken, so etwa der englische Gesandte am Bosporus Edward Barton.[106] Auf all diesen Seiten gab es jeweils verschiedene Parteiungen mit je eigenen Interessen und Netzwerken unter den moldauischen Eliten. Eine heterogene Ansammlung von Akteuren, die auf moldauische Angelegenheiten mehr oder weniger direkt einwirkten, konzentrierte sich in der Reichsmetropole am Bosporus. So waren auch christliche Untertanen des Sultans als Kreditgeber für einzelne Prätendenten unmittelbar an den Entwicklungen in der fernen Moldau interessiert, aber auch in Konstantinopel residierende europäische Gesandte mischten immer wieder in den oft schwer durchschaubaren Ränken mit. Vor allem aber verfolgten verschiedene osmanische Würdenträger im Umfeld des Palastes je eigene Interessen – insofern trat das Osmanische Reich häufig nicht als ein kohärenter, eigenständiger Akteur auf, sondern als ein Konglomerat widerstrebender Parteiungen.

Die Entscheidungsfindung des Reichszentrums bezüglich der sich nun mitunter in kurzen Abständen vollziehenden Wechsel auf dem moldauischen Woiwodenstuhl war nur zu oft sprunghaft und inkonsequent. Wer sich vor Ort durchgesetzt und die Woiwodenwürde an sich gerissen hatte, konnte mit etwas Geschick und finanzieller Versprechungen seine Position vom Sultan bestätigen lassen. Der Sultanshof war nicht primär an einer unmittelbaren Kontrolle über die innermoldauischen Angelegenheiten interessiert, sondern bloß daran, das Land im osmanischen Orbit zu halten. Bis zu einem gewissen Grad wurde sogar eine eigenständige außenpolitische Betätigung geduldet, wenn sie nicht zu sehr mit osmanischen Interessen kollidierte.

Die Moldau hatte hierzu weitaus bessere Möglichkeiten als die Walachei, da sie mit Polen an ein großes Reich grenzte. Dieses erlebte im 16. Jahrhundert seine Blütezeit („Goldenes Zeitalter") und erreicht 1569 in der Realunion von Lublin mit Litauen auch einen machtpolitischen Höhepunkt als dominierende Macht im osteuropäischen Raum und Gegengewicht gegen das Moskauer Reich. Da Polen auf Ausgleich mit den Osmanen bedacht war, stand der polnische Anspruch auf die Moldau auch nicht unbedingt in Gegensatz zu osmanischen Interessen – vielmehr lässt sich die Geschichte bis zur Mitte des 17. Jahrhunderts durchaus als eine Art informelles Kondominium charakterisieren, in dem sich Phasen osmanischen und polnischen Einflusses abwechselten. Vor diesem Hintergrund wird der wachsende Einfluss Polens gegen Ende des 16. Jahrhunderts, der im frühen 17. Jahrhundert den Höhepunkt erreichte, besser verständlich.[107] Im Gegensatz zu

---

106 Várkonyi, A konstantinápolyi angol politika; Cernovodeanu, Începuturile relaţiilor Angliei cu Moldova; Coulter, An Examination of the Status and Activities of the English Ambassadors; zu den Verbindungen mit Italien s. Lăzărescu/Stoicescu, Ţările Române şi Italia; die Beziehungen zum Moskauer Zarenreich waren in der zweiten Hälfte des 16. Jh.s eher punktueller Art, Völkl, Das rumänische Fürstentum Moldau und die Ostslaven, 96; zu den moldauisch-russischen Beziehungen Dvoichenko-Markov, Ivan the Terrible and Moldavia; Bezviconi, Contribuţii la istoria relaţiilor româno-ruse; Mochov, Očerki istorii moldavsko-russko-ukrainskich svjazej.

107 Ciobanu, La cumpănă de veacuri; ders., Ţările Române şi Polonia; ders., Vasalitate-suzeranitate în raporturile româno-polone (Teile 1–3); Quellenedition Corfus (Hg.), Documente privitoare la istoria României culese

den Habsburgern nahm die Adelsrepublik eine konziliante Haltung gegenüber der Hohen Pforte ein. Für Irritationen im polnisch-osmanischen Verhältnis sorgen aber neben unterschiedlichen Interessen in der Moldau vor allem Überfälle und Heereszüge der unter osmanischer Oberherrschaft stehenden Krimtataren sowie der unter polnischer Herrschaft stehenden, aber schwer kontrollierbaren Kosaken der Ukraine – und beide Gruppen intervenierten immer wieder auch in der Moldau.[108]

din arhivele polone (sec. al XVI-lea); DERS. (Hg.), Documente privitoare la istoria României culese din arhivele polone (sec. al XVI-lea şi al XVII-lea).

[108] MALCOLM, Agents of Empire, 325–331; MILEWSKI, From Świerczowski to Wallachian Expedition of Jan Zamoyski.

4.9 ZUNEHMENDE INTEGRATION IN DEN OSMANISCHEN REICHSVERBAND: DAS ZEITALTER ALEXANDRU LĂPUȘNEANUS UND SEINER NACHFOLGER

Neben einer grundsätzlich loyalen Haltung der Moldau war den osmanischen Eliten wie auch im Falle der Walachei vor allem an der ungehinderten Lieferung von Versorgungsgütern für das Reichszentrum gelegen. In der zweiten Hälfte des 16. Jahrhunderts nahm wie auch in der Walachei die Abgabenlast stark zu. Die schrittweise ab der Mitte des Jahrhunderts ansteigenden Abgaben dienten den unterschiedlichen um Macht ringenden Fraktionen als Mittel, sich bei wichtigen Entscheidungsträgern in Konstantinopel Gehör zu verschaffen und Anhängerschaft um sich zu scharen. Eine ganze Reihe unterschiedlicher Abgaben – formell u. informell, regelmäßige u. unregelmäßige Zahlungen – flossen aus der Moldau an den Bosporus. Die nominellen Abgaben stiegen kontinuierlich bis ans Jahrhundertende, doch faktisch führte die starke Inflation der Silbermünzen in den letzten beiden Jahrzehnten des 16. Jahrhunderts real wieder zu einem Rückgang der abfließenden Summen. Die hohe Verschuldung der Woiwoden erscheint zudem im europäischen Kontext des 16. Jahrhunderts keineswegs ungewöhnlich: Für die Moldau lassen grobe Schätzungen eine Schuldenlast pro Kopf der Bevölkerung berechnen, die durchaus im europäischen Vergleichsrahmen lag, während in der Walachei der entsprechende Wert zur selben Zeit massiv höher war.[109] Die Moldau war auch noch weitaus weniger in die osmanische Wirtschaft einbezogen, was sich etwa an den Münzfunden aus der zweiten Hälfte des 16. Jahrhunderts spiegelt: Während in der Walachei der Großteil der Funde aus osmanischen Münzen besteht, machten sie in der Moldau einen weitaus geringeren Anteil aus. Funde ungarischer, polnischer und zunehmend auch westeuropäischer Silbermünzen belegen die Bedeutung des Exporthandels aus der Moldau.[110]

Eine einzig auf die finanzielle Belastung fokussierende Darstellung ist jedenfalls zu einseitig. Denn gleichzeitig bemühten sich verschiedene Woiwoden aktiv um die Belebung der Binnenwirtschaft und des Außenhandels – nicht nur mit dem osm. Kernbereich, sondern der Export mold. Landwirtschaftsgüter an die christlichen Nachbarländer u. darüber hinaus weiter nach Westen nahm ebenfalls zu – und damit auch der Geldumlauf vor Ort. So verfolgte etwa der anfänglich als polnischer Parteigänger auf den Woiwodenstuhl gelangte Alexandru Lăpușneanu (1552–1561, 1564–1568) eine aktive Wirtschaftspolitik durch Förderung des Handels und Handwerks. Die stärkere Hinwendung zum osmanischen Markt hatte durchaus auch protektionistische Aspekte mit dem Ziel der Diversifizierung von Absatzmärkten. Denn die Handelsbeziehungen mit Polen waren zwar recht intensiv, aber auch sehr einseitig – zu Ungunsten moldauischer Kaufleute. Dem

---

109 Murgescu, Câteva observații pe marginea datoriilor Țării Românești și Moldovei în 1594, 99f.; Beldiceanu, La crise monétaire ottomane au XVIe siècle.

110 Pamuk, A Monetary History, 92f.; Munteanu, Aspecte ale circulației monetare, 252; ausführlich zum Geldumlauf in der Moldau, Walachei und Siebenbürgen im 16. Jh. Murgescu, Circulația monetară în Țările Române, zusammenfassend etwa 270f.

Woiwoden gelang es auch im Innern durch diverse Maßnahmen, die Kontrolle des Hofes über wirtschaftliche Aktivitäten zu stärken, etwa, indem er selber in großem Umfang Viehzucht-Güter betrieb.[111]

In längerer Sicht nahm in der Moldau so der lokale Warenaustausch wie die Exportwirtschaft und damit auch die Geldzirkulation zu. Auch diese Entwicklung kam letztlich der Stellung des Woiwoden gegenüber den Bojaren zu Gute, da der sich in diesem Kontext entwickelnde Beamtenapparat ihm zusätzliche Kompetenzen verschaffte und er als Garant für die Ablieferung geschuldeter Zahlungen im Zweifelsfall von der Hohen Pforte gegen innere Opposition gestützt wurde. Nicht zuletzt auch in diesem Zusammenhang muss die Verlagerung der Haupt-Residenz der Woiwoden nach Iași gesehen werden. Erstmals verlegte Alexandru Lăpușneanu zu Beginn seiner diesmal im Begleitschutz eines osmanischen Expeditionsheeres gegen massiven lokalen Widerstand der Bojaren erlangten zweiten Regierungszeit 1564 die Hauptresidenz in das schon in den Jahrzehnten zuvor sporadisch als Residenz genutzte Iași. Dieses lief nun sehr rasch dem alten Woiwodensitz Suceava den Rang ab, obwohl letzteres auch danach noch von einigen Woiwoden bevorzugt wurde. Unmittelbarer Kontext für den Wechsel war eine osmanische Anordnung, die Festung von Suceava zu schleifen und die Residenz in das in Reichweite osmanischer Verbände liegende Iași zu verlegen. Doch dies war wohl nicht allein ausschlaggebend für die längerfristige Verlagerung. Vielmehr sprach für Iași, dass das nun nicht mehr befestigte Suceava aufgrund seiner geographischen Lage unter unmittelbaren polnischen Einfluss und damit auch unter den der in der Adelsrepublik exilierten moldauischen Prätendenten geraten wäre. Alexandru Lăpușneanu, der seine zweite Regierungszeit mit einem strengen Strafgericht gegen opponierende Bojaren begann, steht hier nur exemplarisch für eine allgemeinere Entwicklung. In Iași wussten die Woiwoden, die ja ohnehin für eine stabile Herrschaft auf das Wohlwollen der Osmanen angewiesen waren, die starke osmanische militärische Präsenz in ihrem Rücken, was ihre Position gegenüber inneren Konkurrenten stärkte – im übrigen eine ganz ähnliche Entwicklung, die in der Walachei zur Verlagerung der Residenz von Târgoviște nach Bukarest geführt hatte.[112]

Der Woiwode Alexandru Lăpușneanu steht aber auch sonst beispielhaft für die widersprüchlichen und wechselhaften Karrierewege moldauischer Woiwoden: 1552 zum ersten Mal als Schützling des polnischen Königs auf den Woiwodenstuhl geraten, setzte ihn nach einer Unterbrechung der Regierung von zweieinhalb Jahren 1564 der Sultan ohne Rücksicht auf die Stimmung in der Moldau erneut zur Herrschaft ein. Die Ein- und Absetzung moldauischer Woiwoden war nun eine Angelegenheit, die am Sultanshof entschieden wurde – wenn dort ein genügend starkes Interesse daran bestand. Gelegentlich musste dem Entscheid auch noch militärisch Nachdruck verliehen werden. Dennoch: die Nachfolgeregelung war nun vollends unvorhersehbar geworden. Zwar spielten dynastische Bezüge aus Legitimationsgründen immer noch eine gewisse Rolle: Auch

---

[111] Eine ausführliche Charakterisierung der Wirtschaftspolitik dieses Woiwoden bei Pungă, Ţara Moldovei, 57–85; allgemein Murgescu, România și Europa, 41–46; für die punktuellen Handelsbeziehungen mit Venedig Luca, Alcune considerazioni concernenti una lettera di Alessandro Lăpușneanu; Bejenaru, Politica externă a lui Alexandru Lăpușneanu.

[112] Neamţu, Stabilirea capitalei Moldovei la Iași (v. 1980); ders., Stabilirea capitalei Moldovei la Iași (v. 1968).

Lăpușneanu entstammte als Bastard Bogdans III. einem Zweig der moldauischen Dynastie. Doch unter den veränderten Voraussetzungen gelangten nun erstmals auch Personen ohne jeglichen familiären Bezug zum Land auf den moldauischen Woiwodenstuhl. Die schillernde Figur des Abenteurers Despot Vodă (Vodă: Kurzform für Woiwode), eines wohl aus Samos stammenden Griechen, der durch weite Teile von Europa gewandert war, erinnert an einen mit militärischem und diplomatischem Geschick aufgestiegenen Renaissance-Condottiere. Es war ihm gelungen, habsburgische und polnische Unterstützung zu mobilisieren und sich damit den Unmut der Bojaren über die Maßnahmen Alexandru Lăpușneanus zunutze zu machen und diesen von der Macht zu verdrängen. Seine kurzlebige Herrschaft (1561–1563) endete so turbulent wie sie begonnen hatte: In einem Aufstand verlor er sein Leben.[113]

Nach einem kurzen Intermezzo unter Ştefan Tomşa gelangte 1564 wie bereits erwähnt nun wieder Alexandru Lăpușneanu an die Herrschaft, dem bei seinem Tod 1568 sein noch unter Vormundschaft stehender Sohn Bogdan Lăpușneanu nachfolgte (Woiwode der Moldau 1568–1572). Bogdans Beispiel zeigt klar, wie eng der Spielraum geworden war. Da er sich zu sehr an den polnischen König angelehnt und ihm die Treue geschworen hatte, entzog ihm die Hohe Pforte die Unterstützung. An seiner Stelle setzte der Sultanshof Ion Vodă cel Viteaz (Johann der Tapfere, Woiwode 1572–1574) ein.[114] Dieser war ein im osmanischen Exil durch Edelsteinhandel zu Reichtum gelangter unehelicher Abkömmling der moldauischen Dynastie. Seinen zweiten Beinamen, „der Schreckliche" (cel Cumplit) hat ihm sein harsches und autoritäres Vorgehen gegen die Bojaren eingetragen. In die rumänische Geschichtsschreibung ging er aber vor allem ein als der letzte moldauische Woiwode, der es 1574 alleine gewagt hatte, sich den Osmanen militärisch zu widersetzen. Allerdings war diese Rebellion erst eine Reaktion auf die osmanische Anordnung, die seine Absetzung verfügt hatte, wogegen er sich zur Wehr setzte. Während seiner Herrschaft hatte er seine Verpflichtungen gegenüber der Pforte stets erfüllt.[115] Ausschlaggebend für die Absetzung war weniger die Feindschaft der Bojaren, die eher als Vorwand diente, als vielmehr die Intrigen des walachischen Woiwoden Alexandru Mircea, der beim Großwesir Mehmed Sokollu den moldauischen Woiwodenstuhl für seinen Bruder Petru Şchiopul (Peter der Lahme) einforderte. Auch die in der Historiographie lange verbreitete Annahme, Ion hätte die Erhöhung des Tributs verweigert, wurde durch neue Archivfunde widerlegt.[116] Als Ion von seiner Absetzung erfuhr, rüstete er ein Heer, um dem osmanischen Truppenverband Widerstand zu leisten, der Peter den Lahmen als Nachfolger installieren sollte. Zu Beginn konnte er einige Achtungserfolge gegen das

113 FALANGAS, Jacques Vassilikos-Despote; STOY, Jakob Basilikos Heraklides; ANDREESCU, Restitutio Daciae, 145–161; BERCIU-DRĂGHICESCU, O domnie umanistă în Moldova; Quellenedition s. LEGRAND (Hg.), Deux vies de Jacques Basilicos, sowie Johannes Sommer, De clade Moldavica elegiae XV (Hg. WIRTH-POELCHAU) – im lateinischen Original u. rumänischer Übers.: Johannes Sommer Pirnensis/Antonius Maria Gratianus, Viața lui Despot Vodă (Hg. DIACONESCU).

114 GIURESCU, Ion Vodă cel Viteaz; GRIGORAŞ, Politica internă a lui Ioan Vodă cel Viteaz; Quelle: LINȚA, Materiale inedite privitoare la epoca primului interregn polonez.

115 Ausführlich in dem dreiteiligen Beitrag von BERINDEI, La révolte de Ioan Vodă.

116 REZACHEVICI, Cronologie critică a domnilor, Bd. 1, 703f.

osmanisch-walachische Heer erringen. In der Schlacht von Jiliște (1574) und einigen kleineren Zusammenstößen schlug er ein osmanisch-walachisches Heer. Doch schließlich wurde er besiegt und von den Osmanen geköpft.[117]

---

[117] Atanasiu, Bătălia de la Jiliștea.

4.10   EIN LANDESFREMDER ALS MOLDAUISCHER WOIWODE: DAS ZEITALTER PETERS DES LAHMEN

Der Sieg über Ion machte den Weg frei für Petru Şchiopul (Peter der Lahme, Woiwode der Moldau 1574–1579 mit Unterbrechungen, 1582–1591). Die von seinem Bruder, dem walachischen Woiwoden Alexandru II. Mircea gewünschte dynastische Verbindung beider Länder war so im Schlepptau eines osmanischen Interventionsheeres Realität geworden.[118] Peter hatte einen Großteil seines Lebens im Osmanischen Reich verbracht. Seine in rumänischer Sprache verfassten Texte wirken ungelenk und sind von türkischen Einflüssen durchsetzt.[119] Er wurde Herrscher in einem Land, das er wohl zuvor noch nie betreten hatte, zu dessen Dynastie er keine familiären Beziehungen hatte und das ihm deswegen anfänglich mit Misstrauen begegnete.[120] Doch im Lauf der mehrfach unterbrochenen insgesamt vierzehn Jahre auf dem Woiwodenstuhl in Iaşi gelang es ihm trotz schwieriger Umstände, das Vertrauen der Großen des Landes zu gewinnen. Im Gegensatz zu seinen Vorgängern betrieb er eine Politik des Ausgleichs.

Allerdings bewahrte ihn das nicht vor Versuchen diverser Prätendenten, ihn zu vertreiben. Mehrmals wurde er für kürzere Zeit von Rivalen verdrängt. Vor allem die Zaporoger Kosaken vom Unterlauf des Dnjepr erhoben Anspruch auf den moldauischen Woiwodenstuhl, darunter der Kosakenhetman Ioan Potcoavă (Nicoară, ukr. Ivan Pidkova, auch Serpjaha), der als Bruder mütterlicherseits von Johannes dem Tapferen eine Verbindung zur moldauischen Dynastie beanspruchte.[121] Ende 1577 gelang es ihm kurzfristig, Peter den Lahmen zu stürzen, musste sich selber aber schon bald angesichts der osmanischen Reaktion wieder geschlagen geben. Er endete wenig später in Lemberg auf dem Schafott. Der polnische König (u. Fürst von Siebenbürgen) Stephan Báthory (1576–1586) sorgte sich um den erst kurz davor geschlossenen Frieden mit den Osmanen angesichts seiner Ambitionen gegenüber dem Moskau Ivans IV. „des Schrecklichen" im Rahmen des Livländischen Krieges (Erster Nordischer Krieg, 1558–1583). Ioan Potcoavăs Halbbruder Alexandru erging es sehr ähnlich: Auch er bezahlte seine ephemere Herrschaft in der Moldau 1578 mit dem Leben.

Etwas erfolgreicher war im Jahr darauf Iancu Sasul (der Sachse), ein im siebenbürgisch-sächsischen Umfeld aufgewachsener Lutheraner, angeblich Spross einer Affäre von Petru Rareş mit einer Siebenbürger Sächsin. Nach einer Söldnerkarriere in polnischen und habsburgischen Diensten stellte er sich den Osmanen als Anwärter auf das moldauische Woiwodenamt zur Verfügung. Er verbrachte darauf viele Jahre im Exil auf Rhodos und heiratete in eine vermögende griechische Familie ein. Seine zahlreichen Versuche, mit Hilfe eines einflussreichen Netzwerkes im Umfeld

---

118 ANDREESCU, Legăturile politice între Ţara Românească şi Moldova; MAXIM, Les relations roumano-ottomanes.

119 Documente şi însemnări romaneşti (Hg. MAREŞ), 87.

120 IORGA, Istoria românilor, Bd. 5 (2. Aufl.), 145.

121 Zu Ioan Potcoavă u. dem kosakischen Kontext aus Sicht der ukr. Historiographie ŠČERBAK, Moldavs'ki pochody ukraïns'kych kozakiv; PLOKHY, The Cossacks and Religion, 101 f.; LEP'JAVKO, Ukraïns'ke kozactvo; s. a. die übersetzte u. mit neuen Literaturhinweisen aktualisierte klassische Synthese von HRUSHEVSKY, History of Ukraine-Rus', Bd. 7.

der Hohen Pforte, mit Geldgeschenken und Versprechungen zum Woiwoden ernannt zu werden, hatten 1579 Erfolg, als der Protektor Peters des Lahmen, Großwesir Mehmed Sokollu, ermordet wurde. Nach Iancus Ernennung durch den Sultan geschah der Einzug in Iași offenbar reibungslos, da Peter der Lahme der osmanischen Weisung gefolgt war, sich an den Bosporus zu begeben. Von da aus wurde er ins Exil nach Syrien geschickt. Der Lutheraner Iancu Sasul (Woiwode der Moldau 1579–1582) allerdings hatte in der orthodoxen Moldau einen schweren Stand und machte sich rasch viele Feinde. Denn um die anlässlich seiner Ernennung getätigten Schulden bedienen zu können, trieb er rücksichtslos Abgaben ein. Die Beschwerden veranlassten die Hohe Pforte schließlich, ihn abzusetzen. Auf der Flucht durch Polen wurde Iancu gefasst, der große Reichtümer aus der Landeskasse der Moldau mit sich führte, die von der Hohen Pforte beansprucht wurden. Wohl um sich diese Schätze anzueignen, ließ der polnische König den flüchtigen Herrscher, der sich auf habsburgisches Gebiet durchschlagen wollte, unter falschen Beschuldigungen mangelnder Treue gegenüber der polnischen Krone in Lemberg hinrichten. Allein der Vorwurf, selbst wenn es nur ein unzutreffender Vorwand war, ist sprechend für die polnische Haltung gegenüber der Moldau.

Die Hohe Pforte berief nun Peter den Lahmen aus seinem Exil in Aleppo zurück und betraute ihn erneut mit dem Amt des Woiwoden der Moldau (1582–1591). Diese erneute Ernennung war allerdings teuer erkauft. Peter verschuldete sich hoch, um all die Forderungen und Versprechen zu erfüllen, die damit verbunden waren, inklusive die Begleichung der ausstehenden Summen, die Iancu Sasul hinterlassen hatte.[122] Die letzten neun Jahre als moldauischer Woiwode waren gekennzeichnet von immer neuen osmanischen Geldforderungen. In diesem Kontext sind auch die Versuche zu sehen, systematisch die im Land verfügbaren Güter in Verzeichnissen zu erfassen – so etwa ein erstes umfassendes Register der Steuerpflichtigen, geordnet nach sozialem Status und den 22 Verwaltungseinheiten (ținut), das im letzten Regierungsjahr Petrus verfasst wurde.[123]

Die starke Belastung durch Abgaben trug so bei zum Ausbau eines Verwaltungsapparates. Auch darüber hinaus war die Regierungszeit Peters des Lahmen eine Zeit des Umbruchs und der Neuordnung. So initiierte Peter den Prozess der Auflösung der herrschaftlichen Distrikte im Umland der Städte. Durch die Integration der Moldau in den osmanischen Herrschaftsbereich hatten sie ihre ursprüngliche militärische und wirtschaftliche Funktion allmählich verloren. Die Woiwoden übten ihre Herrschaft zudem immer häufiger ortsfest aus – die frühere Gewohnheit, von Pfalz zu Pfalz zu reisen, verlor an Bedeutung.[124] Die Entstehung eines – wenn auch noch sehr rudimentären – Verwaltungsapparates machte die Funktion dieser lokalen Zentren herrschaftlicher Kontrolle und Versorgungsbasis überflüssig. Als Landesfremder fiel es Peter dem Lahmen wohl auch leichter, auf diese überkommene Institution direkter Herrschaft vor Ort zu verzichten, die auch in der Walachei schon länger nicht mehr existierte. Durch Verkauf und Schenkung herrschaftlicher Güter verschafften sich Peter und spätere Woiwoden die nötigen Mittel und Machtressourcen,

---

122 CAPROȘU, Creditul moldovenesc în timpul lui Petru Șchiopul.

123 Documente și însemnări romanești (Hg. MAREȘ), 169f.

124 EȘANU, Some Aspects Concerning the Itineraries of the Princely Consorts.

um die Verbindlichkeiten gegenüber der Hohen Pforte zu bedienen, sich vor Ort eine loyale Gefolgschaft zu schaffen und Söldner zu bezahlen.[125] Die Tributpflicht der Moldau gegenüber der Hohen Pforte war letztlich ein entscheidender Katalysator für die allmähliche Entstehung eines Institutionengefüges. Das Prinzip, dass ein neuer Woiwode die Schulden seines Vorgängers zu übernehmen hatte, begünstigte eine transpersonale Vorstellung der Herrschaft: Nicht die Person des Herrschers, die möglicherweise nach einer Flucht nicht mehr greifbar war, sondern eine abstrakte Institution war dafür verantwortlich, die Verbindlichkeiten zu bedienen.[126]

Für die Herrschaft Peters des Lahmen stellten die ständigen Geldforderungen seiner Gewährsleute in Konstantinopel eine enorme Belastung dar. Dies sowie die Gefahr, von der Pforte zugunsten des Prätendenten Aron abgesetzt zu werden, veranlassten ihn 1591, sein Amt niederzulegen und mit einer großen Gefolgschaft die Moldau über polnisches Gebiet zu verlassen, um letztlich in Südtirol unter kaiserlicher Herrschaft die letzten Jahre seines Lebens zu verbringen. Zuvor aber sorgte er für eine geregelte Übergabe der Herrschaft an den noch zu ernennenden Nachfolger, bezahlte die ausstehenden Tribute und verfasste eine Art Rechenschaftsbericht. Dieser ziemlich einzigartige Vorgang zeigt die ruinöse Lage, in die die Schuldenlast das Land – wie auch die Walachei – gebracht hatte und die 1594 zu einem koordinierten anti-osmanischen Aufstand führen sollte.

---

125 Iliescu, Petru Şchiopul; Chelcu, Istoria oraşelor din Moldova, 210–212.

126 Barbu, „Carele ia domniia, plăteşte şi dătoriia", 44.

4.11 ANTI-OSMANISCHER AUFSTANDSVERSUCH UND POLNISCHE INTERVENTION

Peters Nachfolger Aron Vodă (genannt „cel Cumplit" – der Schreckliche oder „Tiranul", der Tyrann) hatte sich hoch verschuldet, um den Zuschlag als Woiwode zu erhalten. Dementsprechend sah er sich gezwungen, neue Abgaben einzuführen. Unter dem Eindruck der Schuldenlast schloss er sich schließlich wie Michael der Tapfere in der Walachei der christlichen Liga an, die sich als anti-osmanisches Bündnis geformt hatte. 1594 kam es zu einem koordinierten Aufstand, bei dem in Iaşi und Bukarest die anwesenden Gläubiger ermordet und osmanische Festungen angegriffen wurden. Der machthungrige siebenbürgische Fürst Sigismund Báthory forderte von Aron die Unterwerfung, wonach er als Statthalter des siebenbürgischen Fürsten in der Moldau geblieben wäre. Anders als Michael der Tapfere in der Walachei verweigerte sich Aron dieser Unterordnung, worauf er in einer Intrige gestürzt wurde.[127]

Zum Nachfolger auserkoren wurde Ştefan Răzvan, der aus einfachen Verhältnissen aufgestiegen war und offenbar aus der Walachei kam. Angeblich soll er „Zigeuner" gewesen sein, also den Stauts eines *rob* (Unfreier) gehabt haben – weswegen er schließlich unehrenhaft durch Pfählen hingerichtet wurde. Dennoch ist sein Beispiel kennzeichnend für die soziale Mobilität in einer Gesellschaft, in der die Frage sozialer Herkunft zwar durchaus relevant war, soziale Abgrenzungen aber wie allgemein im osmanischen Einflussbereich dennoch weitaus durchlässiger waren als in den Standesgesellschaften Mittel- und Westeuropas.[128]

Mit Hilfe Ştefan Răzvans als Statthalter trachtete Sigismund danach, faktisch selber die Herrschaft über die Moldau zu übernehmen. Doch die Herrschaft hatte sich noch kaum konsolidieren können, als ein neuer, mächtiger Gegner dieser Konstellation ein Ende bereitete. Für Polen war der Anschluss der Moldau an die christliche Liga unter Führung der habsburgischen Erzrivalen eine Provokation. Als osmanische Reaktion drohte die unmittelbare Einverleibung der Moldau in die osmanische Provinzverwaltung, die in der Walachei begonnen hatte, dann aber abgebrochen wurde, mithin also die Aufhebung der bisherigen Autonomie unter christlichen Statthaltern. Die Moldau hätte damit auch ihre Bedeutung als Puffer zwischen Polen und dem Osmanischen Reich verloren. Das wollte Jan Zamojski, Großhetman der polnischen Krone, um jeden Preis verhindern und zog mit einem Heer in die Moldau. Dort setzte er einen 1591 mit Peter dem Lahmen nach Polen geflüchteten Bojaren zum Woiwoden ein, Ieremia Movilă (1595–1606, mit Unterbrechungen). In der neueren Forschung werden neben den allgemeinen politischen aber auch spezifische Interessen von Zamojski und seinem Gefolge als Ursachen für die polnische Intervention in der Moldau geltend gemacht. So soll es vor allem auch um Pläne gegangen sein, die Moldau mit polnischen Adeligen aus dem Umfeld des Großhetmans zu besiedeln, um so ihren gesunkenen Einfluss zu kompensieren.[129]

---

[127] Zu den Netzwerken Arons, die zu seiner Beteiligung am anti-osmanischen Aufstand beigetragen haben PĂUN, Enemies Within, 228–233; zu Aron Vodă MINEA, Aron Vodă şi vremea sa.

[128] ACHIM, Ţiganii în istoria României, 43 (in engl. Übers.: The Roma in Romanian History).

[129] BOBICESCU, Tyranny and Colonization.

Mit Ieremia und der Familie Movilă (auch: Moghila, Mohyla; Pl.: Movileşti) gelangte die Moldau unter starken polnischen Einfluss, den die Osmanen als Alternative zur pro-habsburgischen Orientierung tolerierten, solange die Woiwoden ihren Verpflichtungen gegenüber der Hohen Pforte nachkamen. Faktisch wurde die Moldau für einige Zeit zu einer Art polnisch-osmanischem Kondominium. Angehörige der im Allgemeinen stark nach Polen orientierten Familie der Movileşti regierten im ersten Drittel des 17. Jahrhunderts während rund der Hälfte der Zeit in der Moldau und kurz auch in der Walachei (1601–1602, 1618–1620).[130]

---

130 DERS., Între integrare şi păstrarea autonomiei, Bd. 2; CIUREA, Despre Ieremia Movilă şi situaţia politică a Moldovei.

4.12 POLITISCHE STRUKTUREN UND KULTURELLE ORIENTIERUNG IN DER ZWEITEN HÄLFTE DES 16. JAHRHUNDERTS

Wie die Schilderungen zu den im Einzelnen noch viel komplizierteren Wirren um die Macht gezeigt haben, war die Moldau in der zweiten Hälfte des 16. Jahrhunderts zum Spielball unterschiedlichster Interessen geworden. Ein siebenbürgisch-sächsischer Lutheraner und Söldner (Iancu Sasul), ein Kosakenhetman vom Unterlauf des Dnjepr (Ioan Potcoavă) oder ein griechischer Abenteurer (Despot Vodă) gelangten für kurze Zeit auf den Woiwodenstuhl, und viele andere probierten ihr Glück vergebens. Manch einer bezahlte dafür mit dem Leben. Viele hatten nur wenig konkreten Bezug zur Moldau oder gelangten sogar als komplett Landesfremde dorthin wie Petre Șchiopul (Peter der Lahme). Der Kreis möglicher Anwärter auf das Amt des Woiwoden war endgültig unüberschaubar geworden. Die meisten Prätendenten behaupteten zwar, von der moldauischen Dynastie abzustammen. Doch allzu viel Gewicht sollte man diesen genealogischen Bezügen wohl nicht geben – nicht nur, weil ihre Plausibilität oft schwer überprüfbar ist, sondern auch weil die über diverse Seitenlinien und uneheliche Geburten geltend gemachte Abstammung den Kreis möglicher Anwärter derart ausweitete, dass von einer eigentlich dynastischen Erbfolge nur noch mit starken Einschränkungen – wenn überhaupt – sinnvoll geredet werden kann. Vielmehr stand nun auch hohen Bojaren prinzipiell der Weg auf den Woiwodenstuhl offen. Von Bedeutung für die soziale Stellung wurden nun immer mehr die Hofämter. Das schwächte letztlich das Bojarentum als politische Kraft, da es nicht als geschlossene Gruppe dem Herrscher gegenüberstand, sondern in Fraktionskämpfen um Einfluss und Macht am Hof sich um den Herrscher gruppierte.[131]

Das Insistieren auf genealogische Bezüge zur Dynastie der Mușatini ist viel eher von Interesse für die politische Idealvorstellung einer ununterbrochenen Abfolge einer einheimischen Dynastie und für ein stark ausgeprägtes Landesbewusstsein, das sich gerade in der Moldau deutlicher noch als in der Walachei bemerkbar machte – nicht zuletzt in der im 17. Jahrhundert aufblühenden Chronistik.[132] Auffällig ist, dass in der moldauischen Geschichte des 15. und 16. Jahrhunderts starke genealogische Bezüge besonders von den Herrschern hervorgehoben wurden, die aufgrund schwieriger Umstände oder zweifelhafter Herkunft ein besonderes Legitimationsbedürfnis hatten: Alexander der Gute, Stefan der Große, Petru Rareș, Alexandru Lăpușneanu, Petru Șchiopul und Ieremia Movilă – darunter also die bedeutendsten Herrscherfiguren dieser beiden Jahrhunderte.[133] Die mitunter fast schon ritualisierte Anrufung von Ahnen aus der Landesdynastie kann wohl in vielen Fällen eher als eine „Invention of Tradition" verstanden werden. Gerade in Zeiten, in denen eine selbständige Woiwodenherrschaft immer mehr Fiktion wurde und sich bereits Charakteris-

---

131 Pâslariuc, Raporturile politice, 216–219.

132 Zum Bild der Osmanen in den Chroniken des 16. Jh.s Berza, Turcs, Empire Ottoman et relations roumano-turques, 605–612.

133 Crăciun, Apud Ecclesia, 155; dieser Befund ist natürlich kein moldauisches Spezifikum u. in verschiedensten Kontexen anzutreffen.

tika der „administrativen Monarchie"[134] des 17. und 18. Jahrhunderts abzuzeichnen begannen, stellte das Festhalten an der Idee einer nahtlos weiterfunktionierenden dynastischen Kontinuität sinnstiftenden Zusammenhalt her.

In gewisser Hinsicht hat auch die Historiographie diese Fiktion weitergesponnen, indem sie axiomatisch die Kontinuität der Institutionen vorausgesetzt hat. Aufgrund der Quellen nicht beantwortbare Fragen etwa zum Hof- oder Einsetzungszeremoniell der Woiwoden im 14. oder 15. Jahrhundert wurden so immer wieder aufgrund von Quellen zum 17. oder 18. Jahrhundert beantwortet. Statt der historischen Dynamik mit einer kontextbezogenen Historisierung zu begegnen, wurden punktuelle Befunde verallgemeinert, aus dem Kontext gerissen und so ein statisches Modell „vormoderner" Herrschaft konzipiert.[135] Auch das in der rumänischen Historiographie vorherrschende, auf den Historiker Alexandru D. Xenopol (1847–1920) im späten 19. Jahrhundert zurückgehende vage Konzept einer gemischten Erbfolgeregelung mit Wahl- und Erb-Elementen ist nie grundsätzlich in Frage gestellt worden. Inwiefern überhaupt in der mittelalterlichen Moldau (wie auch der Walachei) eine Vorstellung über eine explizite Nachfolgeregelung existiert hatte oder ob es sich um spätere Rückprojektionen des 17. und 18. Jahrhunderts handelte, ist aufgrund des derzeitigen Forschungsstandes nicht klar.[136]

Die Kriterien, die jemanden auf den Woiwodenstuhl brachten, hatten sich indes während der zweiten Hälfte des 16. Jahrhunderts grundlegend gewandelt und damit zumindest teilweise der Situation angenähert, die in der Walachei schon länger bestand. Dynastische Legitimation und militärische Durchsetzungsfähigkeit spielten zwar gelegentlich immer noch eine Rolle, verloren aber an Bedeutung. Dagegen wurde nun diplomatisches Geschick, ein einflussreiches Netzwerk nicht nur unter den moldauischen Großen, sondern vor allem im Umfeld der Hohen Pforte, sowie die Verfügung über ein ausreichendes Vermögen zur Beeinflussung der Entscheidungsträger am Bosporus von zentraler Relevanz. Hierbei spielten griechische, armenisch, jüdische, venezianische und weitere Kreditgeber etwa aus dem Umfeld westeuropäischer Gesandter an der Hohen Pforte, gelegentlich aber auch westeuropäische Höfe direkt die zentrale Rolle. Neben Konstantinopel waren dabei auch polnische Netzwerke wichtig. Armenische Kaufleute in Lemberg und der Moldau waren bedeutende Kreditgeber der Anwärter auf das Woiwodenamt. Lemberg und Konstantinopel waren die beiden wichtigsten Orte, an denen in der zweiten Hälfte des 16. Jahrhunderts die Entscheidung darüber fiel, wer zum nächsten Woiwoden wurde – zugespitzt wurden sie in Lemberg ernannt und am Bosporus bestätigt (A. Osipian).[137]

Die genannten Kriterien ließen sich von der Moldau aus sehr viel schwerer erfüllen als im weiteren Umfeld der Pforte. Etliche der Woiwoden hatten daher längere Zeit im Osmanischen Reich

---

134 Barbu, Bizanț contra Bizanț, 31.

135 Coman, Înainte de tradiția bizantină, 65; anstelle einer fehlenden Synthese zur Institution der Monarchie im rumänischen Mittelalter s. stellvertretend Pippidi, Monarhia în Evul Mediu românesc.

136 Coman, Înainte de tradiția bizantină, 69, 72–76.

137 Osipian, Performing the Ottoman Threat, 167; Caproșu, O istorie a Moldovei.

gelebt, bevor sie in Amt und Würden eingesetzt wurden. Einen wesentlichen Teil ihrer Sozialisierung erlebten viele der Herrscher daher nicht im moldauischen Kontext, sondern im polyglotten, multikulturellen Umfeld der Reichsmetropole oder anderer ihnen zugewiesener Orte – dabei waren Ägäisinseln oder das syrische Aleppo bevorzugte Orte, wo die Hohe Pforte Anwärter auf die Woiwodenwürde auf einen möglichen Einsatz warten ließ. Die Verbindungen zu den lokalen Eliten im Land waren daher schwach, die kulturelle Vertrautheit mit den Landessitten relativ gering. Die Woiwoden und ihr Gefolge waren daher oft Träger eines kulturellen Transfers, mit dem Gebräuche und Vorstellungen aus dem osmanischen Herrschaftsbereich in die Moldau kamen.

Die Woiwoden waren dabei in wachsendem Ausmaß abhängig von einem Netzwerk aus Geldgebern und Beratern aus einem vielsprachigen, muslimisch, orthodox, katholisch oder mitunter sogar protestantisch beeinflussten Umfeld im Mikrokosmus Konstantinopels sowie dem Milieu kultureller Grenzgänger, die als osmanische Untertanen wichtige administrative und ökonomische Positionen besetzten. Als ein herausragendes Beispiel mag Bartolomeo Brutti gelten, der aus einem italianisierten albanischen Geschlecht stammte, das ein das Mittelmeer umspannendes Netzwerk und Beziehungen zur Hohen Pforte und zahlreichen europäischen Höfen pflegte. Diese schillernde Persönlichkeit folgte Iancu Sasul nach dessen Ernennung zum Woiwoden in die Moldau nach und stieg unter diesem Woiwoden sowie während der nachfolgenden letzten Herrschaftszeit Peters des Lahmen zu einer der einflussreichsten Persönlichkeiten des Landes auf.[138] Aber auch Kaufleute wie Nikólaos Domestikós Nevrídis von Chios (Nicorizi Nevrudul), der im Fernhandel zwischen Polen und dem Mittelmeer aktiv war, ließ sich in der Moldau nieder. Von dort aus betrieb er seine Geschäfte und wurde nicht nur zu einem wichtigen Kreditgeber mehrerer Woiwoden, sondern wurde auch mit politischen Aufgaben betraut und er pachtete wiederholt Zölle.[139]

Ähnlich wie diese beiden kamen im Gefolge der Woiwoden zahlreiche Personen unterschiedlichster Herkunft, aber meist mit einem starken biographischen Bezug zum Osmanischen Reich ab dem späten 16. Jahrhundert in die Moldau, wo sie zu einflussreichen Amtsträgern und Angehörigen des herrschaftlichen Rates wurden und damit auch in Konkurrenz zu einheimischen Bojaren traten. Als Legitimationsressource gewann nun immer mehr die orthodoxe Kirche an Bedeutung für die Woiwoden, was ganz im Einklang steht mit dem zunehmenden Einfluss meist orthodoxer Zuwanderer aus dem osmanischen Machtbereich und als Gegengewicht gegen die Bojaren. Die religiöse Toleranz des 15. Jahrhunderts gegenüber Katholiken, Armeniern, Hussiten und ab dem 16. Jahrhundert auch Protestanten nahm in der zweiten Hälfte des Jahrhunderts deutlich ab. Mehrere Wellen von Verfolgungsmaßnahmen, etwa unter Alexandru Lăpușneanu, zeugen davon.[140]

Die Elitenkultur wandelte sich daher stark und der Habitus der moldauischen Eliten orientierte sich immer mehr an osmanischen Vorbildern. Viel stärker noch als die punktuell vergleichbare

---

138 Malcolm, Agents of Empire, 275–277, 331–361.

139 Apetrei, Greek Merchants in the Romanian Principalities.

140 Osipian, Performing the Ottoman Threat, 164–166, 178; Andreescu, Presiune otomană și reacție ortodoxă; Crăciun, Protestantism și ortodoxie în Moldova.

Elitenkultur des ebenfalls im letzten Viertel des 16. Jahrhunderts entstehenden polnischen Sarmatismus,[141] den viele moldauische Elitenangehörige während ihres Exils in Polen kennenlernten, war dies kein rein orientalisierendes Dekor, sondern ergab sich aus intensiver Interaktion und Verflechtung mit hochgestellten Kreisen im Osmanischen Reich. Diese kulturelle Orientierung war ein Zeichen für die Identifikation mit der osmanischen Reichskultur, die Christen genauso umfasste wie Muslime oder Juden. Peter der Lahme etwa sorgte 1592 auf seinem Weg ins Bozener Exil für Aufsehen wegen seiner fremdartigen Kleidung: In Österreich hielten ihn verängstigte Bewohner für einen Osmanen – der er gewissermaßen ja auch war.[142] Zwischen der Elite der Moldau und den muslimischen wie christlichen Eliten im Osmanischen Reich bestanden enge Verbindungen und die Karrierewege der Anwärter auf das Woiwodenamt führten immer häufiger über ein längeres Exil im unmittelbaren osmanischen Machtbereich. Nicht selten waren sie im Handel tätig, der erst das Kapital generierte, das den Einsatz im hochriskanten Spiel um die Ernennung zum Woiwoden überhaupt ermöglichte. Vor diesem Hintergrund ist erstaunlich, welch enorme soziale und kulturelle Integrationskraft das notabene muslimische Reich auf christliche Elitenangehörige entfaltete. In der zweiten Hälfte des 16. Jahrhunderts wandelte sich die soziale Zusammensetzung der moldauischen Eliten, die nun immer stärker in eine osmanische Reichselite integriert war.[143]

Für die politischen Netzwerke von besonderer Bedeutung waren Eheschließungen mit Frauen aus einflussreichen Familien des osmanischen Machtbereiches. Diese familiären Bande verstärkten die Verbindungen mit dem osmanischen Milieu noch weiter.[144] Die Berufung auf verwandtschaftliche Verbindungen zu früheren Woiwoden verkam dabei immer mehr zum rhetorischen Topos, mit dem dann Angehörige einer stark osmanisierten Elite noch überhaupt einen Bezug zur Moldau beanspruchen konnten. Die Forschung hat sich hier sehr lange Zeit darauf konzentriert, minutiös allen Hinweisen auf angebliche verwandtschaftliche Verbindungen der verschiedenen Woiwoden nachzugehen, ohne kritisch danach zu fragen, welchen Anspruch solche Behauptungen für die Zeitgenossen erheben konnten und welche Bedeutung sie ihnen zumaßen. Mitunter phantastische genealogische Fiktionen waren ja (gerade im Zeitalter des Humanismus) fürwahr keine moldauische Besonderheit, die aber dennoch als soziales Kapital Prestige generieren sollten.[145]

Die starke Integration in osmanische Angelegenheiten manifestierte sich aber auch im immer schnelleren Rhythmus, in dem Woiwoden ein- und abgesetzt wurden. Der Wechsel auf dem Woiwodensitz folgte nicht zuletzt auch den nicht minder häufigen Rochaden der Großwesire in Konstantinopel. Nach der Ermordung des mächtigen Mehmed Sokollu 1579 hielt sich bis Ende

---

141 Faber, Sarmatismus; zur chronologischen Abgrenzung auch Bömelburg, Sarmatismus, 405.

142 Hirn, Das Exil des Moldauer Fürsten Peter Schiopul, 436.

143 Vgl. Wasiucionek, Greek as Ottoman?, 78.

144 Exemplarisch für die Bedeutung von Heiratsallianzen als strategische Ressource zur Bildung von Netzwerken durch einen letztlich erfolglosen Prätendenten auf den moldauischen Woiwodenstuhl bei Dursteler, Renegade Women, 50–53.

145 Ein Überblick bei (Filip-Lucian) Iorga, Strămoşi pe alese, 68–92.

des Jahrhunderts kein Inhaber länger als drei Jahre am Stück, häufig sogar nur wenige Monate. Das Amt des Großwesirs wechselte zwischen verschiedenen rivalisierenden Männern, die mehrfach ein- und wieder abgesetzt wurden. Dieser permanente Machtkampf mit den dazugehörenden Intrigen, wechselnden Netzwerken und Gefolgschaften war eine permanente Gefahr für einen amtierenden Woiwoden und zugleich eine Chance für Prätendenten, sich als neuer Favorit des gerade amtierenden Wesirs zu empfehlen. Abwenden ließ sich diese Gefahr nur durch hohe Bestechungsgelder, was aber die fiskalische Belastung erhöhte. Anstatt diese Ämterrotation einfach als Zeichen der Instabilität zu interpretieren, kann sie auch als ein Herrschaftsinstrument verstanden werden. Da die osmanische Zentralmacht nicht bis in die hintersten Winkel des Reiches reichte und die Provinzen nur indirekt über entsprechende Eliten kontrollierte, waren häufige Ämterwechsel ein effizientes Mittel, die Bildung lokaler Netzwerke zu verhindern, die die Macht des Zentrums hätten gefährden können.[146] Allerdings machte die permanente Unsicherheit über die Dauer ihrer Herrschaft und ihr anschließendes Schicksal viele Woiwoden empfänglich für Aufstandsideen, um so die Gefahr für ihr Hab und Gut sowie Leib und Leben zu bannen.[147]

Die Machtkämpfe an der Hohen Pforte und im Umfeld des Sultanspalastes wirkten sich wie im Falle der Walachei durch die Patronageverhältnisse auch auf die Moldau aus. Gleichzeitig verhinderte gerade diese Konstellation es, dass die Hohe Pforte mehr als eine indirekte Rolle beanspruchte, und so wird verständlich, weshalb sie die innere Verwaltung christlichen Mittelsmännern überließ. Diese übten im Namen des Sultans faktisch als eine Art Statthalter, formell aber in Fortführung der althergebrachten (sich aber grundlegend wandelnden!) Institution des Woiwoden vor Ort die Herrschaft aus.[148] Die Frage aber, wie denn das Verhältnis der Moldau zum Osmanischen Reich adäquat zu beschreiben sei, hat die Historiographie seit Langem beschäftigt. Die lange geführte Diskussion darüber, ob die Moldau je erobert und ins Osmanische Reich integriert worden sei, ist an einem toten Punkt angelangt.[149] Neuere Interpretationen in den letzten drei Jahrzehnten haben aufgezeigt, dass aus osmanischer Sicht die Woiwoden der Moldau wie osmanische Amtsträger behandelt wurden und das Land als Teil der unter osmanischem Schutz stehenden unterworfenen Gebiete betrachtet wurde.[150]

Diese völkerrechtliche Sichtweise beleuchtet jedoch nur einen Aspekt einer viel komplexeren Realität. Zudem läuft diese Argumentation Gefahr, eine alte Sichtweise zu reproduzieren, der implizit ein anachronistisches, am modernen Staat orientiertes Vorverständnis zu Grunde liegt.[151] Der Status der Moldau wurde von unterschiedlichen Akteuren zu verschiedenen Zeitpunkten

---

[146] Ausfühlich dazu Barkey, In Different Times, etwa 472; dies., Bandits and Bureaucrats, 80f.

[147] Păun, Enemies Within, 234.

[148] Wasiucionek, The Ottomans and Eastern Europe, 160.

[149] Die klassische Studie dazu von Panaitescu, De ce n-au cucerit turcii Ţările Române?

[150] Vor allem in den Arbeiten von Panaite, The Ottoman Law of War and Peace (2. Aufl.); ders., Pace, război şi comerţ în Islam, zusammenfassend 409–433; ebenso ders., The Ottoman Law of War and Peace, sowie ders., The Legal and Political Status of Wallachia and Moldavia.

[151] Zusammenfassend zur Debatte Gorovei/Székely, Old Questions, Old Cliches.

jeweils anders wahrgenommen. Anstatt nach einem konkreten Zeitpunkt für den Beginn der osmanischen Herrschaft und den einzelnen Stufen der Integration zu fragen, scheint es ergiebiger, weniger einen zielgerichteten Ablauf, sondern vielmehr kontingente Situationen und momentane Bedingungen in den Blick zu nehmen. Anstatt wie die ältere Forschung eine zunehmende Dominanz des Osmanischen Reiches zu konstatieren, ist es wohl zielführender, nach den – auch lokalen – Akteuren von „Osmanisierung" zu fragen, ihren Zielen und den – intendierten wie nicht-intendierten – Effekten, die durchaus in beiden Richtungen verlaufen konnten und umfassendere kulturelle Akkulturationsprozesse beinhalteten.[152]

Die Moldau wie die Walachei sind hierbei interessante Vergleichsfälle der interdisziplinären Forschung zum Osmanischen Reich, da sie nie unter direkter muslimischer Herrschaft gestanden haben und die osmanische Provinzverwaltung nie eingeführt worden ist. Die indirekte Herrschaft des Reichszentrums mittels regionaler Eliten jedoch ist wohl im gesamtosmanischen Kontext gar nicht so außergewöhnlich. Speziell ist allenfalls, dass es sich nicht um muslimische, sondern christliche Eliten handelte, die – anders als die zahlreichen anderen im Dienste der Hohen Pforte stehenden Christen – über einen territorial definierten Einflussbereich Macht übertragen erhielten.[153]

Damit erreichte die Moldau (wie auch die Walachei) zumindest sektoriell einen Grad der Integration in osmanische Zusammenhänge, der es durchaus angebracht erscheinen lässt, diese beiden Länder als Bestandteil eines aus politisch und administrativ sehr unterschiedlich verfassten Teilen zusammengesetzten Reichsverbandes zu betrachten, der durch die Klammer der Dynastie Osman überwölbt wurde, aber nie eine endgültige staatliche Vereinheitlichung im modernen Sinne angestrebt hat. Von dieser Vorstellung löst sich die Geschichtswissenschaft nur allmählich.

---

152 Schmitt, Südosteuropa im Spätmittelalter, 88–91; Wasiucionek, Conceptualizing Moldavian Ottomanness.
153 Allgemein zum Kontext: Christian-Muslim Relations, Bd. 7 (Hgg. Thomas/Chesworth).

5. DIE VENEZIANISCHE HERRSCHAFT IN SÜDOSTEUROPA (15.–18. JAHRHUNDERT)

5.1 EINLEITUNG

In einer traditionellen Betrachtung der südosteuropäischen Geschichte nimmt Venedig bestenfalls eine Randstellung ein. Die außerordentliche zeitliche und räumliche Ausdehnung des venezianischen Südosteuropas erklärt das Fehlen einer zusammenfassenden Betrachtung in der Geschichtsforschung. Die einschlägigen Arbeiten zerfallen in die Epochenfächer Mittelalterliche und Frühneuzeitliche Geschichte, räumlich außerdem in die Regionen Istrien, Dalmatien, Albanien sowie die griechischen Besitzungen (Ionische Inseln, Peloponnes, Kreta, Ägäis, Zypern – die ihrerseits oftmals isoliert von einander untersucht werden). Nationalhistiographische Zugänge in Griechenland, Albanien und Kroatien sowie übergeordnete Fragestellungen der internationalen Mittelmeerforschung, Byzantinistik und Osmanistik stehen bisweilen wenig verbunden nebeneinander. Auch die Venedigforschung im engeren Sinne ist von einer vergleichbaren epochalen und räumlichen (die Metropole, die oberitalienischen Besitzungen, der sog. *Stato da mar*/Überseestaat) Fragmentierung gekennzeichnet. In der Venezianistik ist der Austausch zwischen der Forschung zum Veneto und dem *Stato da mar* bescheiden. Dies gilt noch mehr für die südosteuropäischen Nationalhistoriographien – wesentliche Erkenntnisse zu übergeordneten Fragestellungen sind bis heute ausgeblieben, da griechische und kroatische Historiker kaum zusammenarbeiten. So bleiben südosteuropäische Dimensionen der (ober-)italienischen Geschichte häufig ausgeblendet, umgekehrt wird vergessen, dass ein italienisch-adriatisches Herrschafts- und Wirtschaftssystem weit in das maritime Südosteuropa hineinragte. Integrierte Geschichtsmodelle eines venezianischen Südosteuropa werden von jüngeren Arbeiten entworfen.[1] Diese Modelle

---

[1] Monique O'CONNELL, Men of Empire. Power and Negotiation in Venice's Maritime State. Baltimore/MD 2009; Oliver Jens SCHMITT, Venezianische Horizonte der Geschichte Südosteuropas. Strukturelemente eines Geschichtsraums in Mittelalter und Früher Neuzeit, *Südost-Forschungen* 65/66 (2006/2007), 87–116; DERS., Das venezianische Südosteuropa als Kommunikationsraum 1400–1600, in: Gherardo ORTALLI/Oliver Jens SCHMITT (Hgg.), Balcani occidentali, Adriatico e Venezia fra XIII e XVIII secolo. Der westliche Balkan, der Adriaraum und Venedig (13.–18. Jahrhundert). Wien 2009, 77–101; zur maritimen Dimension der venezianischen Geschichte im allgemeinen sowie einer integrierten Geschichte eines Teilmeeres, der Adria, s. die Arbeiten von Ermanno ORLANDO, Venezia e il mare nel medioevo. Bologna 2014; Egidio IVETIC, Un confine nel Mediterraneo. L'Adriatico orientale tra Italia e Slavia (1300–1900). Roma 2014; DERS., Storia dell'Adriatico. Un mare e la sua civiltà. Bologna 2019; sowie die Tagungsbände Gherardo ORTALLI/Oliver Jens SCHMITT/Ermanno ORLANDO (Hgg.), Il *Commonwealth* veneziano tra 1204 e la fine della Repubblica. Identità e peculiarità. Venezia 2015, u. DIESS. (Hgg.), Comunità e società nel Commonwealth veneziana. Venezia 2018.

gehen über ältere Ansätze hinaus, die Kulturkreislehren und kulturgeographischen Gliederungsversuchen der Balkanhalbinsel verpflichtet waren und sich vorrangig auf die Ostküste der Adria bezogen haben.[2] Vielmehr wird die gesamte Ausdehnung des venezianischen Staates von Oberitalien bis in die Levante als politischer Rahmen für intensiven wirtschaftlichen, migratorischen und kulturellen Austausch gesehen: Venedig als Anziehungspunkt massiver Wanderungsströme aus Südosteuropa (Dalmatiner, Albaner, Griechen, im Mittelalter außerdem Sklavinnen u. Sklaven aus Bulgarien, den rumänischen Fürstentümern u. dem ostslawischen sowie kaukasischen [Tscherkessen] Raum); Venedig als Druck- und Medienzentrum für den Westen und Süden der Balkanhalbinsel; die Universität Padua als Bildungsstätte der Eliten des venezianischen Südosteuropa sind Elemente dieses Ansatzes; aber auch: die Adria als gemeinsamer Rechtsraum, gekennzeichnet von Stadtkommunen; Handelsströme innerhalb des venezianischen Wirtschaftsraumes, etwa zwischen Dalmatien, Korfu und Kreta; politische Symbolik (Zeremonien) und staatliche Architektur bis hin zur Erforschung des Markuslöwen auf architektonischen Denkmälern im ehemaligen venezianischen Seereich.[3] Das Konzept geht nicht mehr, wie die ältere Forschung, von einem schlichten Zentrum-Peripherie-Modell aus, wenngleich die enorme Bedeutung der Metropole unbestritten ist. Vielmehr wird Venedig als kompositer Staat mit außerordentlicher zeitlicher (vom Hochmittelalter bis 1797) und räumlicher Ausdehnung betrachtet, der weder einen einheitlichen Rechts- noch Währungsraum bildete, wohl aber einen Raum mit einer in der Praxis anerkannten Leitwährung und einer ebenso in der Praxis anerkannten und geschätzten Achtung rechtlicher Vielfalt, die beide dem wesentlichen Daseinszweck des venezianischen Südosteuropa dienten: dem Handelsaustausch zwischen Levante und Mitteleuropa, dessen Durchführung und Absicherung der Bevölkerung Venezianisch-Südosteuropas die wirtschaftlich ertragreiche Einbindung in die Weltwirtschaft des ausgehenden Mittelalters und der Frühen Neuzeit ermöglichten. Die vorliegende Darstellung behandelt die Epoche vom 15. Jahrhundert bis zum Ende der venezianischen Republik (s. zum Mittelalter außerdem die Beiträge von Neven BUDAK [zu Kroatien, Dalmatien u. Slawonien: Kap. 12] u. Guillaume SAINT-GUILLAIN [zur fränkischen Herrschaft: Kap. 14] in HGSOE, Bd. 1,2). Räumlich stehen im Mittelpunkt Dalmatien, Albanien sowie der griechische Raum bis Kreta. Istrien sowie Zypern werden nur am Rande behandelt, da sie historisch in süd- und mitteleuropäische bzw. nahöstliche Zusammenhänge stärker eingebunden waren als in primär südosteuropäische. Bei der Beschreibung territorialer Herrschaft darf aber im Falle Venedigs nicht vergessen werden, dass der Machtschwerpunkt zur See lag in dem Sinne, dass Landerwerbungen bis in das 16. Jahrhundert hinein der Absicherung des Seehandels dienten. Eine genaue Untersuchung der venezianischen Gebietserwerbungen im 13. und 14. Jahrhundert

---

2 Milovan GAVAZZI, Die kulturgeographische Gliederung Südosteuropas. Ein Entwurf, *Südost-Forschungen* 15 (1956), 5–21; DERS., Die Kulturzonen Südosteuropas, *Südosteuropa-Jahrbuch* 2 (1958), 11–23 (Teil 1), 24–31 (Teil 2); dazu kritisch: Edgar HÖSCH, Kulturgrenzen in Südosteuropa, *Südosteuropa* 47 (1998), 601–623; DERS., Kulturgrenzen, gesellschaftliche Entwicklung und Raumstrukturen, in: Cay LIENAU (Hg.), Raumstrukturen und Grenzen in Südosteuropa. München 2001, 43–57.

3 Alberto RIZZI, I leoni di San Marco in Dalmazia. Catalogo storico-artistico, *Atti e memorie della Società Dalmata di Storia Patria* 19 N.S. 8 (1996), 73–198; Giuseppe Maria PILO, The Fruitful Impact. The Venetian Heritage in the Art of Dalmatia. For Three Hundred and Seventy-Seven Years. Venezia 2005.

zeigt, dass diese einer maritimen Logik folgten: Die Republik erwarb Häfen und Stützpunkte entlang von Schiffahrsrouten. Meeresströmungen und Windrichtungen bestimmten dabei die Strategie, nicht Überlegungen einer landgestützten Herrschaft. Besonders deutlich wird dies im Falle der Südwestspitze der Insel Euböa und der Passage nach Andros sowie bei der Insel Ténedos. Die schwierigen Strömungsverhältnisse zwangen Venedig, sich in der ansonsten genuesisch kontrollierten nördlichen Ägäis – Chíos, Lésbos u. Ímbros gehörten genuesischen Geschlechtern – festzusetzen, da der gesamte Handel mit Konstantinopel und dem Schwarzen Meer von einer gesicherten Einfahrt in die Dardanellen abhing.[4]

---

4 Siehe die nautischen Überlegungen bei Ruthy GERTWAGEN, A Chapter on Maritime History. Shipping and Nautical Technology of Trade and Warfare in the Medieval Mediterranean, 11th–16th Century, in: Michael BORGOLTE/Nikolas JASPERT (Hgg.), Maritimes Mittelalter. Meere als Kommunikationsräume. Ostfildern 2016, 109–148, 115–117.

5.2 QUELLEN UND FORSCHUNGSSTAND

5.2.1 *Quellen**

Forschungen zum venezianischen Südosteuropa können sich auf eine Fülle oftmals wenig oder gar nicht erschlossener Archivalien in Venedig sowie den Archiven der Nachfolgestaaten stützen, insbesondere in Zadar und Korfu, sowie in kleineren Archiven (Split, Herceg Novi, Kotor sowie den Ionischen Inseln). Gegenstand von Quelleneditionen bilden vor allem die Schlussberichte (relazioni) und Depeschen (dispacci) der venezianischen Statthalter. In den beiden Bränden des Dogenpalastes in den 1570er Jahren sind die meisten älteren derartigen Berichte untergegangen. Einen Ersatz bieten bis Ende der 1530er Jahre die Diarii des Marino Sanudo d. J. (I diarii di Marino Sanuto [1496–1533]. 56 Bde. Hgg. R. Fulin u. a. Venezia 1879–1902), eine von der Forschung viel beachtete Hauptquelle zur südosteuropäischen und osmanischen Geschichte.

Venezianische Amtsquellen zum griechischen Teil des *Stato da mar* bieten ältere Sammlungen wie Documents inédits relatifs à l'histoire de la Grèce au moyen âge. Hg. Constantin N. Sathas. 9 Bde. Paris 1880–1890, sowie besonders die vom griechischen Forschungsinstitut (Istituto ellenico di studi bizantini e postbizantini) in Venedig herausgegebene Reihe Graecolatinitas nostra: Demetres Arbanitakes (Hg.), Οι αναφορές των Βενετών προβλεπτών της Ζακύνθου, 16ος–18ος αι. Le relazioni dei Provveditori veneziani di Zante, XVI–XVIII sec. Venezia 2000; eine einheitliche Publikationsreihe fehlt. Zu Kreta Stergios Spanakes, Μνημεία κρητικής ιστορίας [Denkmäler der kretischen Geschichte]. 6 Bde. Herakleion 1940–1969. Weitere Editionen der Berichte venezianischer Statthalter finden sich in Zeitschriften wie den Κρητικά Χρονικά/ *Cretica Chronica* und den Θησαυρίσματα/*Thesaurismata*. An Einzeleditionen sind zu nennen: Kostas G. Tsiknakes (Hg.), Οι εκθέσεις των Βενετών προβλεπτών της Κεφαλονιάς (16ος αι). Le relazioni dei provveditori veneziani di Cefalonia (XVI secolo). Athen 2008; Gerasimos D. Pankrates (Hg.), Οι εκθέσεις των Βενετών βαΐλων και προνοητών της Κερκύρας (16ος αι). The Reports of the Venetian baili and provveditori of Corfu (16th Century). Athen 2008; eine sog. *Commissio* (Instruktion) für einen venezianischen Statthalter, die in Venedig als eigene Handschriften gebunden wurden, bietet: Η εντολή του δόγη Βενετίας προς τον ρέκτωρα Χανίων 1589 [Die *commissio* des Dogen von Venedig für den Rektor von Chaniá 1589]. Ire debeas in rettorem Caneae. Hg. Chrysa A. Maltezu. Benetia 2002; Berichte zu Kephallenia bei Stamatula Z. Zapante, Κεφαλονιά 1500–1571. Η συγκρότηση της κοινωνίας του νησιού [Kephallenia 1500–1571. Die Herausbildung der Gesellschaft der Insel]. Thessaloniki 1999. *Dispacci*, d. h. nicht Schlussrelationen, sondern fortlaufende Berichte der Statthalter sind in deutlich geringerem Umfang ediert. Wichtig, aber als Privatdruck nicht in vielen Bibliotheken zu finden sind folgende Bände: Carlo Aurelio Widmann. Dispacci da Corfù, 1794–1797. 2 Bde. Hg. Filippo Maria Paladini. Venezia 1997; Alvise Foscari. Dispacci da Zara 1777–1780. Hg. Fausto Sartori. Venezia 1998. Quellen zu Naúpaktos: Georgios Plumides, Έγγραφα για τη

---

* Ergänzend hierzu sei verwiesen auf Beitrag 1, Schmitt, Kap. 1.1.1 (insbes. S. 16–20), sowie auf den Beitrag von Saint-Guillain, Fränkische Herrschaft im südlichen Balkan und den vorgelagerten Inseln, in HGSOE, Bd. 1,2, Kap. 14.2].

βενετοκρατούμενη Ναύπακτο (1444–1510) [Urkunden zum venez. beherrschten Naúpaktos 1444–1510], Επετηρίς Εταιρείας Βυζαντινών Σπουδών 39/40 (1972/73), 493–501; ein Lokalarchiv erschließt: Antones PARDOS, Αρχείο Βενετικής διοίκησης Λευκάδας. Bd. 1: Τα βιβλία των ανώτερων Προνοητών [Das Archiv der venez. Verwaltung von Leukas. Bd. 1: Die Bücher der Provveditori]. Athen 2008. Einen Einblick in die Arbeitsweise eines örtlichen Rates bietet: Nikos G. MOSCHONAS, Πρακτικά Συμβυλίου Κοινότητας Κεφαλονιάς. Βιβλίο Α' (19 Μαρτίου – 19 Απριλίου 1593) [Die Akten des Rats der Gemeinde Kephalonia. 1. Buch. 19. März – 19. April 1593], Σύμμεικτα 3 (1979), 265–350; Beispiele der für die Stabilisierung der venezianischen Herrschaft wichtigen Capitula/Petitionen von Untertanen ediert Georgios PLUMIDES, Αιτήματα και πραγματικότητες των Ελλήνων της Βενετοκρατίας [Petitionen u. Realitäten der Griechen unter der Venezianerherrschaft]. 2 Bde. Ioannina 1985; DERS., Πρεσβείες Κρητών προς τη Βενετία [Gesandtschaften von Kretern nach Venedig]. Bd. 1: 1487–1558. Ioannina 1986; Elle GIOTOPULU-SISILIANU, Πρεσβείες της βενετοκρατούμενης Κερκύρας (16ος – 18ος αι.) [Gesandtschaften des venez. beherrschten Korfu, 16.–18. Jh.]. Athen 2002. Für Dalmatien liegen vor: Commissiones et relationes Venetae (1433–1680). 8 Bde. Šime LJUBIĆ/Grga NOVAK (ab Bd. 4). Zagrebiae 1876–1977; zuletzt Lovorka ČORALIĆ/Damir KARBIĆ/Maja KATUŠIĆ, Pisma i poruke rektora Dalmacije i Mletačke Albanije. Bd. 2: Pisma i poruke rektora Korčule, Brača, Omiša, Makarske i Klisa [Berichte u. Meldungen der Rektoren von Dalmatien u. des venez. Albanien. Bd. 2: Berichte u. Meldungen der Rektoren von Korčula, Brač, Omiš, Makarska u. Klis]. Zagreb 2012. An erzählenden Quellen wurden in den letzten Jahren ediert eine Beschreibung Kretas,[5] das Werk eines nach 1669 geflohenen Kreters[6] und ein Tagebuch aus dem Morea-Krieg (1684–1687).[7]

Während die Erschließung des Materials für den griechischen Raum im Mittelalter sehr weit fortgeschritten ist, gilt dies für Dalmatien weniger. Das Staatsarchiv Zadar wird daher in den kommenden Jahren einen Schwerpunkt der Erforschung Venezianisch-Südosteuropas bilden müssen. Dort liegen für die gesamte venezianische Herrschaftszeit, besonders aber für die Periode von 1409/1420–1797 außerordentlich umfangreiche und noch kaum erschlossene Bestände. Neuerdings liegt ein detailliertes Inventar vor: Vodič Državnoga arhiva u Zadru [Führer zum Staatsarchiv in Zadar]. Hg. Josip KOLANOVIĆ. 2 Bde. Zadar 2014. Für die Geschichte der Vlachen/Morlaken im dalmatinischen Hinterland veröffentlichte Boško DESNICA die zweibändige Quellensammlung Istorija kotarskih uskoka [Geschichte der Uskoken des (Zaratiner) Hinterlandes/kotari]. Beograd 1950–1951. Einen Teilbestand des Staatsarchivs Split erschließt Valentina STAZZI, Il fondo Provveditore di Clissa (providur Klisa) presso l'Archivio di Stato di Spalato (1662–1798). Introduzione e schedatura, Atti e memorie della Società Salmata di Storia Patria N. 1, 3. Serie (= 34) (2012), 73–134.

---

5 Descrittione dell'isola di Creta. Μια γεωγραφική και αρχαιολογική περιγραφή της Κρήτης στα χρόνια της Αναγέννησης Francesco Barozzi. Hg. Stephanos KAKLAMANES. Herakleion 2004.

6 Zuanne Papadopoli. L'occio. Time of Leisure. Memories of Seventeenth-Century Crete. Hg., Übers. Alfred VINCENT. Venice 2007.

7 Eutychia LIATA/Kostas G. TSIKNAKES (Hgg.), Με την αρμάδα στο Μοριά, 1684–1687. Ανέκδοτο ημερολόγιο με σχέδια εισαγωγή. [Mit der Armee in der Morea, 1684–1687. Unveröffentlichtes Tagebuch]. Athen 1998.

Fortschritte erzielte die Forschung bei der Erschließung von Reise-, besonders Pilgerberichten zu Dalmatien; Sante GRACIOTTI (Hg.), La Dalmazia nelle relazioni di viaggiatori e pellegrini da Venezia tra Quattro e Seicento. Roma 2009; eine reichhaltige Edition bietet DERS., La Dalmazia e l'Adriatico dei pellegrini „veneziani" in Terrasanta. Roma 2014. Für den albanischen Bereich hat Peter Bartl die Visitationsberichte der Propaganda fide erschlossen: Peter BARTL (Hg.), Albania Sacra. Geistliche Visitationsberichte aus Albanien. Bisher 4 Bde. Wiesbaden 2007–2017; zu Dalmatien s. Acta visitationum apostolicarum dioecesis pharensis ex annis 1579, 1602/03 et 1624/25. Hgg. Andrija Vojko MARDEŠIĆ/Slavko KOVAČIĆ. Rim 2005. Einen Überblick zu erzählenden Quellen zu Dalmatien bietet Stjepan ANTOLJAK, Hrvatska historiografija [Kroat. Geschichtsschreibung]. Zagreb ²2004, 63–75 (Dinko Zavorović; Juraj Šižgorić; Faust Vrančić; Ivan Tomko Mrnavić), 84f. (Familie Bolica aus Kotor), 115–150 (Ivan Lučić, Verfasser der wohl bekanntesten Landesgeschichte „De regnis Dalmatiae et Croatiae libri sex", 1666; Šimun Ljubavac; Frano Nikolin Divnić; Girolamo Michieli; Stjepan Gradić; Ivan Kašić; Pavao Andreis, Verfasser einer „Storia della città di Traù", gedruckt erst 1908); 155–164 (Historiker des 18. Jhs., davon viele ungedruckt). Siehe die Studie von Iva KURELAC, Dinko Zavorović. Šibenski humanist i povjesničar [Dinko Zavorović. Humanist u. Geschichtsschreiber aus Šibenik]. Šibenik 2008.

Das Archiv von Venezianisch-Kreta liegt als Bestand des Duca di Candia im venezianischen Staatsarchiv. Zu den Regionalarchiven auf den Ionischen Inseln s. Nikos G. MOSCHONAS, Η συλλογή των βενετικῶν δουκικῶν γραμμάτων του Ιστορικού Αρχείου Κερκύρας [Die Sammlung venez. Dogenbriefe im Historischen Archiv von Korfu], Σύμμεικτα 4 (1981), 117–199; Aliki NIKIFOROU, L'Archivio di Stato di Corfù. Da ieri ad oggi, in: Massimo COSTANTINI/Aliki NIKIFOROU (Hgg.), Levante veneziano. Aspetti di storia delle Isole Ionie al tempo della Serenissima. Roma 1996, 223–233; Nikolas G. MOSCHONAS, Perdite e carenze dell'archivio veneto di Cefalonia, in: Chryssa MALTEZOU/Gherardo ORTALLI (Hgg.), Venezia e le Isole Ionie. Venezia 2005, 215–222. Die venezianischen Bestände zur Geschichte der Ionischen Inseln erfasst im Stile eines Inventars Michela DAL BORGO, Archivio di Stato di Venezia. Fonti per la storia delle Isole Ionie: Corfù, Cefalonia, Zante e Santa Maura, in: COSTANTINI/NIKIFOROU (Hgg.), Levante veneziano, 177–222. Quellen aus der Bibliothek des Museo Correr beschreibt Maria Marcella FERRACCIOLI, Libri e manoscritti riguardanti le terre dell'Oltre Adriatico nella Biblioteca del Museo Correr a Venezia (secoli XVI–XVIII), *Atti e memorie della Società Dalmata di Storia Patria* 3 (= 23 = N.S. 12) (2001), 105–160 (Teil 3 u. 4); DIES./Gianfranco GIRAUDO, Libri e manoscritti riguardanti le terre dell'oltre-Adriatico nella Biblioteca del Museo Correr a Venezia (secc. XVI–XVIII), *Atti e memorie della Società Dalmata di Storia Patria* 11 (= 31 = N.S. 20) (2009), 121–185.

Für die Frühe Neuzeit sind im Gegensatz zum Mittelalter kaum dalmatinische Notare ediert. Dafür haben griechische Historiker in den letzten Jahren eine ganze Reihe Notariatsakten zugänglich gemacht.[8]

---

8 Eine Liste findet sich im Literaturbericht von Chrysa MALTEZOU, La vénétocratie en Mediterranée orientale. Tendances historiographiques et état actuel des études, in: Sandro G. FRANCHINI/Gherardo ORTALLI/Gennaro TOSCANO (Hgg.), Venise et la Méditerranée. Venezia 2011, 161–180, 165f.

5.2.2 Bibliographie raisonnée und wichtigere Forschungsfragen

Wie bereits eingangs angedeutet, ist die einschlägige Forschung stark zersplittert. Fehlende Abstimmung und Diskussion zwischen Nationalhistoriographien und der ihrerseits fragmentierten Venezianistik und Mittelmeerforschung erschweren die Einschätzung Venedigs als historisches Phänomen in Süd- und Südosteuropa erheblich. Konzeptionell ist ein venezianisches Südosteuropa daher derzeit nur in ersten Umrissen fassbar. Notwendig sind die Überwindung nationalhistoriographischer Barrieren und die Verbindung sowohl mit der Forschung zu Italien wie dem östlichen Mittelmeerraum. Gesamtdarstellungen zum venezianischen Südosteuropa vom Mittelalter bis 1797 liegen nicht vor. Zur Frühen Neuzeit hingegen bieten mehrere Handbuchbeiträge und konzeptionelle Aufsätze Orientierung.[9] Die außerregionale – d. h. mittel- u. westeuropäische sowie nordamerikanische – Forschung hat sich in den letzten Jahren mit transkulturellen Ansätzen dem venezianischen Südosteuropa genähert und dabei in Anlehnung an die Mediterranistik Erscheinungen des kulturellen Übergangs in den Mittelpunkt gerückt. Mikrohistorische und akteurszentrierte Zugänge sind besonders in der amerikanischen Forschung beliebt.[10] Die französische Forschung hat sich in der Tradition der *nouvelle histoire* Handel, Seefahrt und Kulturgeschichte zugewandt, aber auch wichtige Beiträge zur Verwaltungsgeschichte des venezianischen Griechenlands beigesteuert. Umfangreiche personenkundliche Studien legten gerade byzantinisch-venezianische Verflechtungen frei.[11] Die israelische Forschung gibt mit der

---

9   Gaetano Cozzi, Lo Stato da Mar, in: ders./Michael Knapton/Giovanni Scarabello, La Repubblica di Venezia nell'età moderna. Bd. 2: Dal 1517 alla fine della Repubblica. Torino 1992, 327–396; Benjamin Arbel, Le colonie d'oltremare, in: Storia di Venezia. Dalle origini alla caduta della Serenissima. Bd. 5: Il Rinascimento. Società ed economia. Hgg. Alberto Tenenti/Ugo Tucci. Roma 1996, 947–985; Arbel, Venice's Maritime Empire in the Early Modern Period, in: Eric Durstler (Hg.), A Companion to Venetian History, 1400–1797. Leiden, Boston/MA 2013, 125–253; Donatella Calabi, Città e territorio nel Dominio da mar, in: Storia di Venezia. Dalle origini alla caduta della Serenissima. Bd. 6: Dal Rinascimento al Barocco. Hgg. Gaetano Cozzi/Paolo Prodi. Roma 1994, 943–977; sowie die oben in Anm. 1 aufgeführten Arbeiten.

10 Noel Malcolm, Agents of Empire. Knights, Corsairs, Jesuits and Spies in the Sixteenth-Sentury Mediterranean World. London 2015; E. Natalie Rothman, Brokering Empire. Trans-Imperial Subjects between Venice and Istanbul. Ithaca/NY, London 2012; Eric R. Durstler, Renegade Women. Gender, Identity and Boundaries in the Early Modern Mediterranean. Baltimore 2011, mit Berücksichtigung Dalmatiens; Molly Green, A Shared World. Christians and Muslims in the Early Modern Mediterranean. Princeton/NJ 2000; Sally McKee, Uncommon Dominion. Venetian Crete and the Myth of Ethnic Purity. Philadelphia/PA 2000, mit einem postmodernen Ansatz, der auf heftige Kritik stieß s. Dimitris Tsougarakis, Venetian Crete and the Myth of Novel Ideas, *Thesaurismata* 31 (2001), 43–64.

11 Claire Judde de Larivière, Naviguer, commercer, gouverner. Économie maritime et pouvoirs à Venise (XVe– XVIe siècles). Leiden 2008; Bernard Doumerc, Venise et son empire en Méditerranée, IX–XVe siècle. Paris 2012; ders., Les Vénitiens confrontés au retour des rapatriés de l'empire colonial d'outre-mer (fin XVe – début XVIe siècle), in: Michel Balard/Alain Ducellier (Hgg.), Migrations et diasporas méditerranéennes (X^e–XVIe siècles). Paris 2002, 375–398; Alain Major, L'administration vénitienne à Négreport (fin XIVe–XVe siècle), in: Michel Balard/Alain Ducellier (Hgg.), Coloniser au moyen âge. Paris 1995, 246–257; ders., Les Vénitiens à Nauplie et à Argos, in: Léon Pressouyre (Hg.), Pèlerinages et croisades. Paris 1995, 277–300; Thierry Ganchou, Sujets grecs crétois de la Sérénissime à Constantinople à la veille de 1453 (Iôannès Tortzélos et Nikolaos Polos). Une ascension sociale brutalement interrompue, in: Ortalli/Schmitt/Orlando (Hgg.), Il *Commonwealth* veneziano, 339–390; ders., Le rachat des Notaras après la chute de Constantinople ou les

---

Mediterranean Historical Review ein führendes Fachorgan heraus. David Jacoby und Benjamin Arbel haben grundlegende Arbeiten zum venezianischen Griechenland verfasst.[12] Ruthy Gertwagen und jüngst Renard Gluzman sind Studien zum Schiffahrts- und Hafenwesen zu verdanken.[13] Die deutschsprachige Forschung beschäftigte sich in den letzten Jahrzehnten mit Themen der dalmatinischen und albanischen Geschichte sowie speziell auch mit der Baugeschichte des frühneuzeitlichen venezianischen Griechenlands sowie mit Gewaltgeschichte.[14]

Im Folgenden werden kurz nationalhistoriographische Zugänge vorgestellt, die in der Detailforschung wichtige Elemente für übergreifende Fragestellungen bereitstellen. Die italienische Forschung hat ihren Mittelpunkt in Venedig. Das Istituto veneto di scienze, lettere ed arti, die Universitäten Venedig und Padua, die Deputazione di storia patria per le Venezie, die Società Dalmata di Storia Patria, die Fondazione Giorgio Cini sowie das Ateneo veneto zählen zu den wichtigsten Forschungseinrichtungen, die führende Fachzeitschriften wie das *Bollettino dell'Istituto di Storia della Società e dello Stato Veneziano*, die *Studi Veneziani*, das *Ateneo veneto* oder die *Atti e memorie della Società Dalmata di Storia Patria* herausgeben. Zu den wichtigsten Handbüchern zählen die jeweils monumentalen Reihen Storia di Venezia. Dalle origini alla caduta della Serenissima. 14 Bde., herausgegeben von der Fondazione Giorgio Cini und koordiniert von Vittore Branca und Gino Benzoni; sowie Vittore BRANCA (Hg.), Storia della civiltà veneziana. 3 Bde. Firenze 1979. Die rechts- und Institutionengeschichte haben Gherardo Ortalli, Gaetano Cozzi und Ermanno Orlando gefördert; die Wirtschafts- und Migrationsgeschichte Reinhold Ch. Mueller; Egidio Ivetic hat maßgeblich zur Erneuerung der Erforschung des frühneuzeitlichen Dalmatiens und Istriens beigetragen.[15]

---

relations „étrangères" de l'élite byzantine au XVe siècle, in: BALARD/DUCELLIER (Hgg.), Migrations et diasporas méditerranéennes, 149–229.

12 David Jacobys Arbeiten sind in zahlreichen Bänden gesammelt: David JACOBY, Travellers, Merchants and Settlers in the Eastern Mediterranean, 11th–14th Centuries. Farnham 2014; DERS., Latins, Greeks and Muslims. Encounters in the Eastern Medirreanean, 10th–15th Centuries. Aldershot 2009; DERS., Byzantium, Latin Romania and the Mediterranean. Aldershot u. a. 2001; DERS., Studies on Crusader States and on Venetian Expansion. Northampton 1989; Benjamin ARBEL, Cyprus, the Franks and Venice, 13th–16th Centuries. Aldershot u. a. 2000; s. a. die Arbeiten in Anm. 4.

13 Ruthy GERTWAGEN, The Island of Corfu in Venetian Policy in the Fourteenth and Early Fifteenth Centuries, *International Journal of Maritime History* 19 (2007), H. 1, 181–210; DIES., The Venetian Colonies in the Ionian and Aegean Seas in Venetian Defense Policy in the Fifteenth Century, *Journal of Mediterranean studies* 12 (2002), H. 2, 164–171; Renard GLUZMAN, Resurrection of a Sunken Ship. The Salvage of the Venetian Marcialiana that Saved Cattaro from Barbarossa, *Archivio veneto* Sesta serie 8 (2014), 30–78; DERS., Notes on Venice's Ship-Breaking Industry and the Scrap Market in the Sixteenth Century, *The Journal of European Economic History* 47 (2018), H. 2, 83–95.

14 Oliver Jens SCHMITT, Das venezianische Albanien, 1392–1479. München 2001; Uwe ISRAEL/Oliver Jens SCHMITT (Hgg.), Venezia e Dalmazia. Roma 2013; Oliver Jens SCHMITT, „Contrabannum" – Der adriatisch-balkanische Schmuggel im ausgehenden Mittelalter, *Südost-Forschungen* 67 (2008), 1–26; Alexander ZÄH, Venezianische Baugeschichte von Nauplia 1686–1715, *Südost-Forschungen* 68 (2009), 138–183; DERS., Venezianische Visionen im ausgehenden 17. Jahrhundert. Hegemonialbestrebungen der Serenissima für Griechenland vorgeführt anhand unbekannter Stadtplanungs- und Befestigungspläne, *Südost-Forschungen* 67 (2008), 27–85; Andreas HELMEDACH, Venedig und die Osmanen. Europäisch-christlich-islamische Beziehungen in der Frühen Neuzeit und die Rolle der Gewalt, *Geschichte in Wissenschaft und Unterricht* 68 (2017), H. 5–6, 292–310.

15 Storia di Venezia. Dalle origini alla caduta della Serenissima. Bd. 3: La formazione dello stato patrizio. Hgg. Girolamo ARNALDI/Giorgio CRACCO/Alberti TENENTI. Roma 1997; Gaetano COZZI, Repubblica di Venezia e

Einen hohen Stellenwert nimmt Venedig in der griechischen Forschung zur sog. Venetokratía (Venezianerherrschaft) auf den Ionischen Inseln, der Peloponnes, Kreta, der Ägäis und Zypern ein.[16] Diese wird traditionell als Gegenmodell zur Turkokratía (Osmanenherrschaft) gesehen. In einer nationalen Betrachtung (wie etwa der umfang- u. detailreichen Ιστορία του Ελληνικού Έθνους [Geschichte der gr. Nation], entstanden in den 1970er Jahren) gelten beide Phänomene als Fremdherrschaft, einmal konfessionell (katholisch), dann religiös (osmanisch), in beiden Fällen auch ethnisch (italienisch, türkisch).[17] Gerade für die sog. nachbyzantinische Zeit stammen bedeutende Teile des Quellenmaterials zum ionisch-ägäischen Raum aus venezianischen Beständen. Zudem sind wichtige Teile der neugriechischen Literatur im venezianischen Raum – v. a. auf Kreta u. Korfu – in deutlich erkennbarer Auseinandersetzung mit der italienischen oder über Italien vermittelten europäischen Literatur und Kultur entstanden. Das seit 1951 bestehende Istituto ellenico di studi bizantini e postbizantini, das einzige griechische historische Forschungsinstitut im Ausland, ist nicht umsonst in Venedig ansässig und leistet einen entscheidenden Beitrag zur Erschließung venezianischer Quellenbestände durch Editionen, eine eigene Zeitschrift (*Thesaurismata*) und zahlreiche internationale Tagungen. Die griechische Forschungstradition betrachtet nichtgriechische Teile Südosteuropas in der Regel unter dem Prisma des griechischen Einflusses und geht von der Vorstellung einer griechisch-venezianischen Bilateralität aus. In diesem Rahmen sind in den vergangenen zwei Jahrzehnten in griechisch-italienischer Zusammenarbeit mehrere wichtige Tagungsbände zu Kreta, Korfu, Kýthera und Zypern vorgelegt worden.[18] Die ältere griechische Forschung beschäftigte sich eingehend mit den venezianisch-osmanischen Kriegen, die auf heute griechischem Staatsgebiet ausgefochten worden (1537–1540, 1570–1573, 1645–1699, 1684–1699, 1714–1718).[19] Weitere Schwerpunkt sind Institutionengeschichte;[20] die Migration nach Venedig[21]

Stati italiani. Politica e giustizia dal secolo XVI al secolo XVIII. Torino 1982; Reinhold Ch. MUELLER, Aspects of Venetian Sovereignty in Medieval and Renaissance Dalmatia, in: Charles G. DEMPSEY, Quattrocento adriatico. Fifteenth-Century Art of the Adriatic Realm. Papers from a Colloquium Held at the Villa Spelman, Florence, 1994. Bologna 1996, 29–56; Egidio IVETIC, L'Istria moderna (1500–1797). Una regione confine. Verona 2010; DERS., Oltremare. L'Istria nell'ultimo dominio veneto. Venezia 2000.

16 Siehe den Literaturbericht von MALTEZOU, La vénétocratie en Méditerranée orientale.

17 Georgios CHRISTOPULOS/Ioannes MPASTIAS (Hgg.), Ιστορία του Ελληνικού Έθνους [Geschichte der gr. Nation]. Bde. 10–11. Athen 1974–1975.

18 Ennio CONCINA/Aliki NIKEPHORU-TESTONE (Hgg.), Κέρκυρα. Ιστορία, αστική ζωή και αρχιτεκτονική (14ος – 19ος αι.) [Korfu. Geschichte, städtisches Leben u. Architektur (14.–19. Jh.)]. Kerkyra 1994; Gherardo ORTALLI (Hg.), Venezia e Creta. Atti del Convegno internazionale di studi, Iraklion-Chanià, 30 settembre – 5 ottobre 1997. Venezia 1998; MALTEZOU/ORTALLI (Hgg.), Venezia e le Isole Ionie; Chrysa A. MALTEZU/Christina E. PAPAKOSTA (Hgg.), Βενετία – Εύβοια. Από τον Έγριπο στο Νεγροπόντε [Venedig – Euböa. Von Egripos zu Negroponte]. Benetia, Athena 2006; Marina KOUMANOUDI/Chrysa MALTEZOU, Venezia a Cerigo. Atti del Simposio internazionale, Venezia, 6–7 dicembre 2002. Venezia 2003.

19 Detailliert dargestellt in den Bänden 10 u. 11 der Ιστορία του Ελληνικού Έθνους.

20 Umfassend Aspasia PAPADIA-LALA, Ο θεσμός των αστικών κοινοτήτων στον ελληνικό χώρο (13ος – 18ος αι) [Die Institution der städtischen Gemeinschaften im gr. Raum 13.–18. Jh.]. Venedig 2004.

21 Maria Francesca TIEPOLO (Hg.), I Greci a Venezia. Venezia 2002; Ersie C. BURKE, The Greeks of Venice 1498–1600. Turnhout 2016; Giorgio FEDALTO, Ricerche storiche sulla posizione giuridica ed ecclesiastica dei Greci a Venezia nei secoli XV e XVI. Firenze 1967.

sowie umfangreiche sozial- und wirtschaftsgeschichtliche Arbeiten zu den einzelnen venezianischen Besitzungen. Für die Untersuchung der engen kulturgeschichtlichen und literarischen Verbindungen sei auf den entsprechenden Band in diesem Handbuchprojekt verwiesen. Räumlich stehen die reichen Archivbestände zu Kreta und den von ihm abhängigen ägäischen Inseln im Mittelpunkt der Forschungen.[22] Aufmerksamkeit erhalten auch die Ionischen Inseln, die bis 1797 venezianisch blieben, wobei Korfu nie osmanisch beherrscht wurde und mit Ausnahme von Leukás/Santa Maura auch die anderen Inseln keine längere osmanische Herrschaft erfuhren.[23] Die venezianische Morea (1684–1715) ist Gegenstand einer klassischen Untersuchung Leopold von Rankes; den venezianisch-osmanischen Krieg untersucht Anastasia Stouraiti. Ungedruckt ist die auf dem Netz zugängliche Monographie von Eric Pinzelli.[24] Eine Zusammenfassung der Verwaltungsgeschichte bietet nunmehr Papadia-Lala. Neuere Forschungsdebatten zu Herrschaftsritualen greift die Monographie von Alike Nikephoru auf.[25] Die venezianische Konfessionspolitik ist in jüngerer Zeit Gegenstand sowohl griechischer wie kroatischer Forschung gewesen, die von einander aber nicht Notiz nehmen. Einen Einblick in die Breite der Ansätze vermittelt ein 2009 erschienener Tagungsband zum venezianischen Griechenland.[26]

Auch die international weit weniger wahrnehmbare und vergleichsweise schwächer entwickelte kroatische Forschung zu den langen Jahrhunderten venezianischer Herrschaft folgt einem nationalhistoriographischen Paradigma. Ihre bilaterale Kooperation mit der italienischen Forschung

---

[22] Chrysa A. Maltezu, Η Κρήτη κατά την διάρκεια της περιόδου της Βενετοκρατίας (1211–1669) [Kreta während der Dauer der Periode der Venezianerherrschaft (1211–1669)], in: Nikolaos Panagiotakes (Hg.), Κρήτη. Ιστορία και πολιτισμός [Kreta. Geschichte u. Kultur]. Bd. 2. Herakleion 1988, 107–161; dies., The Historical and Social Context, in: David Holton (Hg.), Literature and Society in Renaissance Crete. Cambridge 1991, 17–47; Ioannes Giannopulos, Η Κρήτη κατά τον τέταρτο βενετοτουρκικό πόλεμο (1570–1571) [Kreta während des vierten venezianisch-osmanischen Krieges 1570–1571]. Athen 1978; Ioannes D. Psaras, Η Βενετοκρατία στην Τήνο την εποχή του κρητικού πολέμου (1645–1669) [Die Venezianerherrschaft auf Tinos zur Zeit des Kretakrieges (1645–1669)]. Thessaloniki 1985; Ben J. Slot, Archipelagus Turbatus. Les Cyclades entre colonisation latine et occupation ottomane c. 1500–1718. 2 Bde. Istanbul 1982. Zur veneto-kretischen Kulturgeschichte sei verwiesen auf das wissenschaftliche Werk von Nikolaos Panagiotakes (z. B. sein Κρητικό θέατρο. Μελέτες [Kretisches Theater. Studien]. Athen 1998), Alfred Vincent (z. B. L'amorosa fede. Tragicommedia pastorale. Venezia 2003; Zuanne Papadopoli, L'occio), Arnold van Gemert und Wim Bakker.

[23] Nicolas Karapidakis, Civis fidelis. L'avènement et l'affirmation de la citoyenneté corfiote (XVIe–XVIIe siècles). Frankfurt/M. 1992; Alfredo Viggiano, Lo specchio della Repubblica. Venezia e il governo delle Isole Ionie nel '700. Verona 1998; Zapante, Κεφαλονιά 1500–1571; Panagiota Tzibara, Βενετοκρατούμενη Ζάκυνθος 1588–1594, η νομή και η διαχείρηση της εξουσίας από το Συμβούλιο των 150 [Zante unter der Venezianerherrschaft 1588–1593, Recht u. Machtausübung durch den Rat der 150]. Athen 2009.

[24] Leopold von Ranke, Die Venezianer in Morea 1685–1715. [O. O. O. J. (wohl um 1840)], zuerst in: *Historisch-politische Zeitschrift* 2 (1834), 405–502; Anastasia Stouraiti, Memorie di un ritorno. La guerra di Morea (1684–1699) nei manoscritti della Querini Stampalia. Venezia 2001; Eric Pinzelli, Venise et la Morée. Du triomphe à la désillusion (1684–1718). Université de Provence (unveröffentlichte Diss.) 2003.

[25] Alike Nikephoru, Δημόσιες τελετές στην Κέρκυρα κατά την περίοδο της Βενετικής κυριαρχίας, 14ος – 18ος αι. [Öffentliche Zeremonien auf Korfu während der Venezianerherrschaft, 14.–18. Jh.]. Athen 1999.

[26] Chryssa Maltezou (Hg.), I Greci durante la Venetocrazia. Uomini, spazio, idee (XIII–XVIII sec.). Venezia 2009; dies. (Hg.), Όψεις της ιστορίας του βενετοκρατούμενου ελληνισμού. Αρχειακά τεκμήρια [Blicke auf die Geschichte des venez. beherrschten Griechentums. Archivdenkmäler]. Athen 1993.

ist deutlich schwächer ausgeprägt als jene Griechenlands mit Italien. Ergebnisse der regionalgeschichtlichen Forschungen werden in Zeitschriften wie *Radovi Zavoda za povijesne znanosti HAZU u Zadru, Zbornik Odsjeka za povijesne znanosti Zavoda za povijesne i društvene znanosti HAZU* und *Povijesni prilozi* vorgelegt. Hauptträger der Forschung sind das Institut der kroatischen Akademie der Wissenschaften (HAZU) in Zadar sowie die Universitäten Split, Zagreb und Zadar. Die kroatische Forschung legt Schwerpunkte auf die Geschichte des Mittelalters, besonders auf Phasen „nationaler" Herrschaft, so zwischen dem Frieden von Zadar/Zara (1358) und der venezianischen Rückgewinnung Dalmatiens (1409/1420), sowie auf die Geschichte des dalmatinischen Binnenlandes in der Frühen Neuzeit, vornehmlich die Geschichte des sog. Triplex confinium, dem Grenzgebiet von Habsburger und Osmanischem Reich mit Venedig.[27] Zu den wichtigsten Städten liegen für das Mittelalter, weniger aber die Frühe Neuzeit Monographien vor.[28] Wie im griechischen Fall verhältnismäßig gut erforscht ist die Kriegsgeschichte, wobei serbische Historiker hier einen wichtigen Beitrag leisteten.[29] Eingehend behandelt ist auch die Migration aus

---

[27] Aus der Fülle der Literatur: Eine umfassende Darstellung des dalmatinischen Hinterlandes bietet der Katalog zur Ausstellung Vesna KUSIN (Hg.), Dalmatinska zagora. Nepoznata zemlja [Das dalmatinische Hinterland. Ein unbekanntes Land]. Zagreb 2007; Einzelstudien: Ante NAZOR, Splitsko-poljički odnosi u XIV. i XV. stoljeću [Die Beziehungen zwischen Split u. Poljica im 14. u. 15. Jh.]. Split 2015; Drago ROKSANDIĆ (Hg.), Triplex confinium (1500–1800). Split 2003; zahlreich sind osmanistische Beiträge zur Siedlungsgeschichte: Fehim D. SPAHO, Splitsko zaleđe u prvim turskim popisima [Das Spliter Hinterland in den ersten osm. Registern], *Acta historica-oeconomica Iugoslaviae* 13 (1986), 47–86; DERS., Skradinska nahija 1574. godine [Die *nahiye* von Skradin im Jahr 1574], *Acta historica-oeconomica Iugoslaviae* 16 (1989), 79–107; Seid M. TRALJIĆ, Tursko-mletačko susjedstvo na zadarskoj krajini XVII stoljeća [Turkish-Venetian Vicinity to Zadar's Borderland in the 17th Century], *Radovi Instituta JAZU u Zadru* 4–5 (1958/1959), 409–424; Kornelija JURIN STARČEVIĆ, Demografska kretanja u selima srednjodalmatinskog zaleđa u 16. i početkom 17. stoljeća [Demographische Bewegungen in den Dörfern des mitteldalmatinischen Hinterlands im 16. u. zu Beginn des 17. Jh.s], *Prilozi za orijentalnu filologiju* 54 (2004), 139–167.

[28] Grga NOVAK/Vjekoslav MAŠTROVIĆ, Povijest Vrane [Geschichte von Vrana]. Zadar 1971; Nada KLAIĆ/Ivo PETRICCIOLI/Tomislav RAUKAR, Zadar u srednjem vijeku [Zadar im Mittelalter]. Zagreb 1976; Tomislav RAUKAR, Zadar u XV stoljeću [Zadar im 15. Jh.]. Zagreb 1977; DERS., Studije o Dalmaciji u srednjem vijeku [Studien zu Dalmatien im Mittelalter]. Split 2007; Sabine Florence FABIJANEC, Le développement commercial de Split et Zadar aux XVᵉ–XVIᵉ siècles. Saarbrücken 2011; Josip KOLANOVIĆ, Šibenik u kasnome srednjem vijeku [Šibenik im Spätmittelalter]. Zagreb 1995; Grga NOVAK, Povijest Splita [Geschichte von Split]. 4 Bde. Split 1978; Tonija ANDRIĆ, Život u srednjovjekovnom Splitu. Svakodnevica obrtnika u 14. i u 15. stoljeću [Das Leben im mittelalterlichen Split. Der Alltag der Handwerker im 14. u. 15. Jh.]. Zagreb, Split 2018; Ermanno ORLANDO, Strutture e pratiche di una comunità urbana. Spalato, 1420–1479. Venezia, Wien 2019; Serđo DOKOZA, Dinamika otočnog prostora. Društvena i gospodarska povijest Korčule u razvijenom srednjem vijeku [Die Dynamik des Inselraumes. Gesellschafts- u. Wirtschaftsgeschichte von Korčula im Spätmittelalter]. Split 2009; Oliver Jens SCHMITT, Korčula sous la domination de Venise au 15ᵉ siècle. Pouvoir, économie et vie quotidienne dans une île dalmate au Moyen Âge tardif. Paris 2019; Dušan MLACOVIĆ, Građani plemići. Pad i uspon rapkoga plemstva [Adlige Bürger. Untergang u. Aufstieg des Patriziats von Rab]. Zagreb 2008; Irena BENYOVSKY LATIN, Srednjovjekovni Trogir. Prostor i društvo [Das mittelalterliche Trogir. Raum u. Gesellschaft]. Zagreb 2009.

[29] Marko JAČOV, Le guerre veneto-turche del XVII secolo in Dalmazia. Venezia 1991 [= *Atti e memorie della Società Dalmata di Storia Patria* 20 (1991)]; Gligor STANOJEVIĆ, Jugoslovenske zemlje u mletačko-turskim ratovima XVI–XVII vijeka [Die südslaw. Länder in den venezianisch-osmanischen Kriegen des 16.–17. Jh.s]. Beograd 1970; Josip VRANDEČIĆ, Borba za Jadran u ranom novom vijeku. Mletačko-osmanski ratovi u Venecijanskom nuncijaturi [Der Kampf um die Adria in der Frühen Neuzeit. Die venezianisch-osmanischen Kriege in der venezianischen Nuntiatur]. Split 2013; sowie die substantiellen neueren Arbeiten von Domagoj MADUNIĆ, Rituals

---

Dalmatien nach Venedig.[30] Forschungslücken bilden für Dalmatien das 16. Jahrhundert sowie mit Ausnahme der Kriegsgeschichte weite Teile der küstenländischen Geschichte – nicht aber das Hinterland – im 17. und 18. Jahrhundert. Es überwiegen dabei kleinregionale, oft ortsgeschichtliche Arbeiten.[31] Für das 17. Jahrhundert steht eine ausgezeichnete Analyse für den Raum Zadar zur Verfügung;[32] zum 18. Jahrhundert liegen vor eine faktengesättigte Monographie von Šime Peričić, eine materialreiche, aber etwas unübersichtliche Darstellung von Filippo Maria Paladini sowie eine grundlegende kulturhistorische Abhandlung von Larry Wolff zur Exotisierung Dalmatiens durch die venezianischen Eliten.[33] Dichter wird die Forschung erst zur österreichischen und vor allem zur französischen Herrschaft (Illyrische Provinzen), d. h. zur unmittelbar nachvenezianischen Phase, die im nationalen Geschichtsbild besonders des Jugoslawismus als Modernisierung in Abgrenzung gegenüber dem als statisch und konservativ verstandenen venezianischen Herrschaftsmodell gedeutet wurde.[34] Untersuchungen etwa zur Zweisprachigkeit der venezianischen Verwaltung relativieren freilich dieses Bild. Den äußerst lückenhaften Forschungsstand belegt auch die jüngste Synthese zum frühneuzeitlichen Istrien und Dalmatien, die sich auf eine Ereignisgeschichte beschränkt.[35]

---

in the Siege Operations in Dalmatia during the War for Crete, *Hungarian Historical Review* 4 (2015), H. 2, 445–470; DERS., Capi di Morlacchi. Venetian Military Policies during the War for Crete (1645–1669) and the Formation of the Morlacchi Elite, in: Robert BORN/Sabine JAGODZINSKI (Hgg.), Türkenkrieg und Adelskultur in Ostmitteleuropa vom 16. bis zum 18. Jahrhundert. Leipzig 2013, 29–47; DERS., The Adriatic Naval Squadron (1645–1669). Defense of the Adriatic during the War for Crete, *Povijesni prilozi* 32 (2013), 199–235.

30 Aus der Fülle ihrer oft kleinteiligen Arbeiten seien genannt Lovorka ČORALIĆ, U gradu Svetoga Marka. Povijest hrvatske zajednice u Mlecima [In der Stadt des Hl. Markus. Die Geschichte der kroat. Gemeinschaft in Venedig]. Zagreb 2001; DIES., Šibenčani u Mlecima [Šibeniker in Venedig]. Šibenik 2003.

31 Beschreibend, aber materialreich und wegen der sprachlichen Zugänglichkeit oft zitiert sind die Arbeiten von Ivan PEDERIN, Die venezianische Verwaltung Dalmatiens und ihre Organe (XV. und XVI. Jahrhundert), *Studi Veneziani* N.S. 12 (1986), 99–164; DERS., Das venezianische Handelssystem und die Handelspolitik in Dalmatien (1409–1797), *Studi Veneziani* N.S. 14 (1987), 91–177; DERS., Die venezianische Wirtschaft in Dalmatien mit einem Ausblick – Die wirtschaftlichen Probleme Dalmatiens im Blickfeld österreichischer Reiseschriftsteller des XIX. Jh., *Studi Veneziani* N.S. 18 (1989), 67–176; DERS., Die wichtigsten Aemter der venezianischen Verwaltung in Dalmatien und der Einfluss venezianischer Organe auf die Zustände in Dalmatien, *Studi Veneziani* N.S. 20 (1990), 303–354; DERS., Šibenik (Sebenico) nel basso medioevo fino al 1440, *Archivio storico italiano* 149 (1991), 811–885; DERS., Appunti e notizie su Spalato nel Quattrocento, *Studi Veneziani* N.S. 21 (1992), 323–409. Für das 16. Jh. s. Stephan Karl SANDER-FAES, Urban Elites of Zadar. Dalmatia and the Venetian Commonwealth (1540–1569). Roma 2013; ausgesprochen kleinteilig, dafür mit wichtigen Materialien aus dem Archiv von Herceg Novi ist Đorđe MILOVIĆ, Boka kotorska u doba Venecije na izvorima mletačkih arhiva [Die Bucht von Kotor in der Zeit Venedigs nach Quellen venez. Archive]. Split 2009.

32 Tea MAYHEW, Dalmatia between Ottoman and Venetian Rule. Contado di Zara 1645–1718. Roma 2008.

33 Šime PERIČIĆ, Dalmacija uoči pada mletačke republike [Dalmatien am Vorabend des Falls der venez. Republik]. Zagreb 1980; Filippo Maria PALLADINI, Un caos che spaventa. Poteri, territori e religioni di frontiera nella Dalmazia della tarda età veneta. Venezia 2002; Larry WOLFF, Venice and the Slavs. The Discovery of Dalmatia in the Age of Enlightenment. Stanford/CA 2001.

34 Nuancierend der Tagungsband Marko TROGRLIĆ/Josip VRANDEČIĆ (Hgg.), Dalmacija za Francuske uprave (1806.–1813.). La Dalmatie sous l'administration française (1806–1813). Split 2011.

35 Josip VRANDEČIĆ/Miroslav BERTOŠA, Dalmacija, Dubrovnik i Istra u ranome novom vijeku [Dalmatien, Dubrovnik u. Istrien in der Frühen Neuzeit]. Zagreb 2007.

Die erst nach 1945 instutionalisierte albanische Forschung leidet immer noch unter den Folgen der Selbstisolierung zur Zeit des Kommunismus. Träger der Forschung sind die Universität Tirana sowie die Akademie der Wissenschaften. Als Hauptorgane der Forschung dienen die Zeitschriften *Studime historike* sowie (in Westsprachen) *Studia albanica*. In der italienischen Diaspora entwickelte sich die Zeitschrift *Shêjzat/Le Pleiadi* (ab 1957, neue Serie seit 2016) zu einem wichtigen Organ; nach der Wende wurde die traditionsreiche Zeitschrift der Shkodraner Franziskaner *Ylli i dritës* wiederbelebt. Hervorzuheben sind Quelleneditionen wie Acta Albaniae Veneta saeculorum XIV et XV. Hg. Josephi [Giuseppe] Valentini. 24 Bde. München, Palermo, Mailand 1967–1977; Injac Zamputi, Dokumente për historinë e Shqipërisë 1479–1506 [Dokumente zur Geschichte Albaniens 1479–1506]. 2 Bde. Tirana 1979; ders., Dokumente të shekujve XVI–XVII për historinë e Shqipërisë [Dokumente des 16.–17. Jh.s zur Geschichte Albaniens]. 3 Bde. Tirana 1989–1990; hinzu tritt die monumentale Albania sacra von Peter Bartl. Umfangreichere Arbeiten liegen vor allem zum Mittelalter vor, da sich nach dem Verlust von Skutari/Shkodra (1479) und Durazzo/Durrës (1501) die venezianisch-albanische Beziehungsgeschichte auf die Bereiche Handel, albanische Soldaten in Heer und Flotte Venedigs sowie auf Venezianisch-Albanien (die überwiegend südslawische Region zwischen Budva u. Kotor) bezieht.[36] Eine Monographie zum venezianischen Albanien im Mittelalter und Einzelstudien legte der Verfasser dieses Kapitels vor.[37]

5.2.3 Derzeitige Forschungsdebatten

Zentrales Thema der Forschungsdebatte zum venezianischen Südosteuropa ist seit einigen Jahren der Charakter des venezianischen Staates und seiner überseeischen Besitzungen. Die ältere italienische Forschung betonte die Italianität besonders Dalmatiens. Im Faschismus wurde Venedig als Vorgängerreich des mussolinischen Impero gefeiert. Die in diesem Kontext entstandene Geschichte Dalmatiens des Zaratiner und dann Venezianer Historikers Giuseppe Praga hatte aufgrund ihrer sprachlichen Zugänglichkeit bis zu Beginn des 21. Jahrhunderts die nichtkroatische Adriaforschung maßgeblich geprägt.[38] Nach 1945 hoben französische Forscher unter dem Eindruck der Entkolonialisierung besonders in den 1950er und 1960er Jahren den kolonialen Cha-

---

36 Luan Malltezi, Qytetet e bregdetit shqiptar gjatë sundimit venedikas [Die Städte der alb. Küste während der Venezianerherrschaft]. Tirana 1988; Machiel Kiel, Ottoman Architecture in Albania 1385–1912. Istanbul 1990; s. a. Alain Ducellier, L'Albanie entre Byzance et Venise, Xᵉ–XVᵉ siècle. London 1987; Miloš Antonović, Grad i zaleđe. Grad i župa u zetskom primorju i severnoj Albaniji u XIV i XV veku [Stadt u. Umland. Stadt u. Bezirk im Küstenland der Zeta u. Nordalbaniens im 14.–15. Jh.]. Beograd 2003.

37 Oliver Jens Schmitt, Geschichte Lepantos unter der Venezianerherrschaft (1407–1499), *Südost-Forschungen* 56 (1997), 43–103; ders., Das venezianische Albanien (1392–1479); ders., „El cuor nostro" – Eine quellenkundliche Untersuchung zu den politischen Schicksalen und der Verwaltung der Burg Kruja unter venezianischer Herrschaft, in: Yavuz Köse (Hg.), Şehrâyîn. Die Welt der Osmanen, die Osmanen in der Welt. Wahrnehmungen, Begegnungen und Abgrenzungen. Festschrift Hans Georg Majer. Unter Mitarbeit von T. Völker. Wiesbaden 2012, 237–272.

38 Giuseppe Praga, Storia di Dalmazia. Varese 1981 (Nachdr.); Pragas Werk wurde vor kurzem kritisch aufgearbeitet: Giuseppe Praga, storico dalmata, da Zara a Venezia = *Atti e memorie della Società Dalmata di Storia Patria* N. 2, 3. Serie (= 35) (2013).

rakter des venezianischen Überseereiches hervor. Die neuere Forschung entwickelt einen differenzierten Blick und unterscheidet zwischen den adriatischen und den ägäischen Besitzungen sowie zwischen mittelalterlichen und frühneuzeitlichen Entwicklungen. Benjamin Arbel verteidigte 2015 das Konzept der Kolonie am Fallbeispiel des venezianischen Zypern (1474–1570), während Spezialisten für das venezianische Dalmatien und Albanien den kompositen, auf Verhandlung und Mediation beruhenden Aufbau der venezianischen Herrschaft unterstreichen.[39] Diese Zugänge schließen sich nicht aus, sondern ergänzen sich. Sie zeigen auch die Komplexität grundlegender theoretischer Modelle für ein Herrschaftsphänomen mit ungewöhnlicher Ausdehnung in Raum und Zeit. Das Modell des kompositen Staates wurde aus der europäischen Frühneuzeitforschung übernommen und ist in einem südosteuropäischen Kontext für den Vergleich mit dem Osmanischen und dem Habsburgerreich von besonderem Interesse. Ebenfalls in jüngerer Zeit diskutiert wird das Konzept eines Commonwealth, das sowohl für Byzanz (Dimitri Obolensky) wie für den polnisch-litauischen Staat verwendet wird. Gemeint ist ein politischer, wirtschaftlicher, gesellschaftlicher und kultureller Raum, mit einem gemeinsamen staatlichen Überbau, der zahlreiche regionale und lokale Besonderheiten nicht verwischt oder vereinheitlicht, wohl aber stabilisiert und nach außen schützt und symbolisch darstellt.[40] Die weitgehende kommunale Selbstverwaltung nach eigenem Recht (Statuten) im Veneto, in Istrien, Dalmatien und Nordalbanien wird in diesem Zusammenhang angeführt, ebenso die Familienherrschaften venezianischer Patrizier auf den Kykladen, die lediglich einer lockeren Oberherrschaft der Markusrepublik unterstanden (s. in HGSOE, Bd. 1,2, Beitrag SAINT-GUILLAIN, Kap. 14.3.7). Zentripetale Elemente wurden nur teilweise von der politischen Elite der Metropole geschaffen (ausgebautes Petitionswesen, Appellationsgerichtsbarkeit, regelmäßige Inspektionen der Provinzen). Sie bildeten vielmehr Teil des Daseinszwecks des Commonwealths: ein gemeinsamer Wirtschafts- und Migrationsraum von Oberitalien bis nach Zypern, der in Währung und Recht aber nie vereinheitlicht wurde, wohl aber im venezianischen Dukaten eine allgemein anerkannte Leitwährung und in der strikten Beachtung regionaler und lokaler Rechtstraditionen, dem Fehlen des römischen Rechts und im weiten Ermessensraum venezianischer Richter rechtliche Grundprinzipien besaß. Derzeit noch in

---

[39] Gherardo ORTALLI, Entrar nel Dominio. Le dedizioni delle città alla Repubblica Serenissima, in: Giorgio ZORDAN u. a. (Hgg.), Società, economia, istituzioni. Elementi per la conoscenza della Repubblica Veneta. Verona 2002, 49–62; Benjamin ARBEL, Una chiave di lettura dello Stato da mar veneziano nell'Età moderna. La situazione coloniale, in: ORTALLI/SCHMITT/ORLANDO (Hgg.), Il *Commonwealth* veneziano, 155–179; dagegen: Monique O'CONNELL, The Contractual Nature of the Venetian State, in: ebd., 57–72; Guillaume SAINT-GUILLAIN, Protéger ou dominer? Venise et la mer Égée (XIIIᵉ–XVᵉ siècle), in: ebd., 305–338; vgl. ferner Freddy THIRIET, La Romanie vénitienne. Le développement et l'exploitation du domaine colonial vénitien (XIIᵉ–XVᵉ siècles). Paris 1959; ARBEL, Le colonie d'oltremare; Giuseppe GULLINO, Le frontiere navali, in: Storia di Venezia. Dalle origini alla caduta della Serenissima. Bd. 4: Il Rinascimento. Politica e cultura. Hgg. Alberto TENENTI/Ugo TUCCI. Roma 1996, 13–111; Jean-Claude HOCQUET, I meccanismi dei traffici, in: Storia di Venezia, Bd. 3 (Hgg. ARNALDI/CRACCO/TENENTI), 529–616; Michel BALARD (Hg.), État de Colonisation au Moyen Âge et à la Renaissance. Paris, Lyon 1989; DERS./Alain DUCELLIER (Hg.), Coloniser au moyen âge. Paris 1995; Michel BALARD, État de la recherche sur la Latinocratie en Méditerranée orientale, in: ORTALLI (Hg.), Venezia e Creta, 17–36; Benjamin ARBEL, Cyprus, the Franks and Venice, 13ᵗʰ–16ᵗʰ Centuries. Ashgate u. a. 2000.

[40] ORTALLI/SCHMITT/ORLANDO (Hgg.), Il *Commonwealth* veneziano; ORLANDO, Venezia e il mare, 159–161.

den Anfängen befinden sich Versuche, Venedig im Rückgriff auf die in venezianischen Quellen zu beobachtende Verwendung des Begriffs „imperium" als imperiale Erscheinung zu fassen. Die Diskussion macht sich einmal an der Verwendung des Begriffs „imperium" in venezianischen Quellen fest, versucht aber hauptsächlich, Venedig in den Rahmen der vergleichenden Imperienforschung einzubinden und damit einen interpretatorischen Mehrwert zu erzielen.[41]

---

41 Maria FUSARO, Political Economies of Empire in the Early Modern Mediterranean. The Decline of Venice and the Rise of England 1450–1700. Cambridge 2015, u. O'CONNELL, Men of Empire; DIES., The Contractual Nature; DIES., Voluntary Submission and the Ideology of Venetian Empire, *I Tatti Studies in the Italian Renaissance* 20 (2017), H. 1, 9–39.

5.3 ÜBERBLICK ÜBER DIE VENEZIANISCHEN BESITZUNGEN

Fast acht Jahrhunderte (ca. 1000–1797) bildete Venedig eine politische Macht in Südosteuropa. Als Phänomen reicht es vom Hochmittalter bis an das Ende der Frühen Neuzeit. Nur das byzantinische Reich kommt ihm in Südosteuropa an zeitlicher Ausdehnung gleich. Die osmanische Herrschaft (ca. 1350–1912), erst recht aber Habsburg als südosteuropäisches Imperium (1683–1918) wirkten deutlich kürzer auf den Raum ein. Da sie aber beide tief in die Moderne hineinreichen, sind die postimperialen Nachwirkungen deutlich stärker als im Falle des venezianischen Südosteuropa, das in Istrien und Dalmatien von Österreich, im ionischen Raum von Großbritannien und seit 1864 von Griechenland beerbt wurde. Die acht Jahrhunderte venezianischer Herrschaft lassen sich grob folgendermaßen periodisieren:[42]

Bis 1204 unterstand Venedig formell dem Byzantinischen Reich. Es diente als Ordnungsfaktor in der Adria und übte seinen wirtschaftlichen Einfluss in Byzanz und im 12. Jahrhundert in den Kreuzfahrerstaaten der Levante über Handelsniederlassungen aus.

Zwischen 1204 und 1453/1475/1479 (osmanische Eroberung Konstantinopels, Kaffas auf der Krim und Nordalbaniens) stieg Venedig zu einem ausgedehnten Seereich auf, das in maximaler Ausdehnung von Istrien bis nach Zypern reichte. Politisch beherrschte die Republik den östlichen Adriaraum, das Ionische Meer, die Süd- und Mittelägäis sowie den maritimen Teil der nördlichen Levante und übte starken Einfluss auf das Lateinische Kaiserreich (1204–1261), danach auf das späte Byzanz (1261–1453) aus. Im Konflikt mit dem Königreich Ungarn verlor Venedig 1358 ganz Dalmatien (Friede von Zadar), vermochte aber zwischen 1387 und 1423 fast die ganze ionisch-adriatische Küstenzone erneut unter seine Herrschaft zu bringen. Wirtschaftlich und politisch erreichte Venedig in der ersten Hälfte des 15. Jahrhunderts seinen Machthöhepunkt.

Die Periode zwischen 1479 und 1718 ist gekennzeichnet von einem schrittweisen Zurückweichen vor dem Osmanischen Reich, aus der Levante (Morea 1537–1540; Zypern 1571), Kreta (1669) und der Ägäis (Tínos 1718). Venedig sank nach 1700 in Europa zu einer Regionalmacht ab, deren politischer und wirtschaftlicher Schwerpunkt sich immer mehr auf das nordostitalienische Festland verlagerte. Ab dem 17. Jahrhundert schwand auch die Handelsmacht angesichts der französischen, englischen und niederländischen Konkurrenz im östlichen Mittelmeer. Gebietserweiterungen gelangen hingegen in Dalmatien (1669, 1699, abgeschlossen 1718) sowie vorübergehend in Südgriechenland (Morea 1685–1715).

Zwischen 1718 und 1797 herrschte Venedig über durch Eroberungen erweiterte Besitzungen in Dalmatien sowie über die Ionischen Inseln, bildete im europäischen Mächtespiel aber keinen Faktor mehr. Im 18. Jahrhundert wandelte sich Venezianisch-Südosteuropa zu einem wenig bedeutenden Hinterhof eines nordostitalienischen Kleinstaates. Umstritten ist in der Forschung aber, ob das 18. Jahrhundert geprägt war von einem Zerfall staatlicher Ordnung in der Peripherie, zumal die im Settecento angeprangerten Missstände in der Verwaltung bereits im 15. Jahrhundert

---

[42] Zu Dalmatien s. IVETIC, Venezia e l'Adriatico orientale, 250–252.

zu beobachten sind und eine reine Verfallsgeschichte daher ebenso wie bei der Deutung des Osmanischen Reichs zu kurz greift.[43]

Im Folgenden wird eine Übersicht über die venezianischen Besitzungen in Dalmatien, Albanien und dem griechischen Raum gegeben, welche einen Eindruck von der starken territorialen Wandelbarkeit des venezianischen Südosteuropas vermittelt.

Tabelle 2: Venezianische Besitzungen in Dalmatien

Besitzung	Heutiger Ortsname[44]	Herrschaftsdauer
Cherso und Ossero	Cres und Lošinj	1409–1797
Veglia	Krk	1481–1797
Arbe	Rab	1409–1797
Pago	Pag	1409–1797
Nona	Nin	1409–1646, 1669–1797
Nadino	Nadin	1409–1538, 1647–1797
Zara	Zadar	1202–1358, 1409–1797
Novegrad	Novigrad	1409–1646, 1647–1797
Obrovazzo	Obrovac	1409–1527, 1647–1670, 1687–1797
Laurana	Vrana	1409–1538, 1647–1797
Ostrovizza	Ostrovica	1411–1412, 1684–1797
Canina/Tenin	Knin	1688–1797
Sebenico	Šibenik	1116–1124, 1125–1133,1412–1797
Traù	Trogir	1322–1358, 1420–1797
Spalato	Split	1097–1105, 1327–1358, 1420–1797
Signo	Sinj	1648–1669, 1686–1797
Imoschi	Imotski	1717–1797
Clissa	Klis	1648–1797
Pogliza	Poljica	1444– vor 1567, 1646–1797

---

43 ARBEL, Venice's Maritime Empire, 237–239; QUELLER, The Venetian Patriciate; CARPANETTO/RICUPERATI, L'Italia del Settecento, 248–253.

44 „Heutiger Ortsname" bedeutet nicht, dass der Begriff nicht schon während bzw. vor der venezianischen Herrschaft verwendet worden ist.

Besitzung	Heutiger Ortsname	Herrschaftsdauer
Almissa	Omiš	1443–1797
Brazza	Brač	1420–1797
Lesina	Hvar	1421–1797
Lissa	Vis	1420–1797
Macarsca	Makarska	1452–1499, 1646–1797
Curzola	Korčula	1420–1797
Castelnuovo	Herceg Novi	1687–1797

Tabelle 3: Venezianische Besitzungen in Albanien[45]

Besitzung	Heutiger Ortsname	Herrschaftsdauer
Cattaro	Kotor	1420–1797
Perast	Perast	1420–1797
Risano	Risan	1420–1797
Pastroviccio	Paštrović	1423–1797
Budua	Budva	1405–1412, 1420–1426, 1442–1797
Antivari	Bar	1405–1412, 1420–1421, 1443–1571
Dulcigno	Ulcinj	1405–1412, 1422–1440, 1443–1571
Skutari	Shkodra	1396–1479
Drivasto	Drisht	1396–1419, 1421, 1442–1478
Dagno	Vau e Dejës	1396–1479
Alessio	Lezha	1393–1478, 1501–1509
Durazzo	Durrës	1392–1501
Sopoto	Sopot	ca. 1386 – ca. 1537, 1570–1571
Butrinto	Butrint	1386–1797 mit Unterbrechungen

45 Gemeint ist Albanien im venezianischen Sprachgebrauch, also einschließlich der Bucht von Kotor.

Tabelle 4: Venezianische Besitzungen im griechischen Raum

Besitzung	Heutiger Ortsname	Herrschaftsdauer
Corfù	Kérkyra	1386–1797
Paxo und Antipaxo	Paxoí	1386–1797
Cefalonia	Kephallenía	1500–1797
Teachi/Val di Compare	Itháka	1500–1797
Zante	Zákynthos	1482–1797
Santa Maura	Leukáda	1502–1503, 1684–1715, 1716–1797
Parga	Párga	1401–1452, 1454–1797
Preveza	Préveza	1684–1699, 1717–1797
Vonizza	Vónitsa	1684–1699, 1717–1797
Lepanto	Naúpaktos	1407–1499, 1687–1701
Patras	Pátra	1408–1413, 1417–1419, 1687–1715
Vostizza	Aígion	1685–1715
Navaríno/Zonchio	Pýlos	1420–1500, 1500–1501, 1686–1715
Modon	Methóne	1207–1500, 1686–1715
Koron	Koróne	1207–1500, 1686–1715
Maina	Máne	1463–1479, 1685–1715
Malvasia	Monemvasía	1462–1540, 1690–1715
Napoli di Romania, Nauplia	Naúplion	1389–1540, 1686–1715
Argos	Árgos	1394–1463, 1686–1715
Acrocorinto	Akrokórinthos	1687–1715
Mistra	Mistrás	1687–1715
Castel Tornese	Chlemútse	1687–1715
Cerigo	Kýthera	1208–1715, 1718–1797
Candia	Herákleion	1211–1669
Scarpanto	Kárpanthos	1315–1540 Besitz der Familie Corner
Naxos	Náxos	1383–1566, direkt verwaltet seit 1511

Besitzung	Heutiger Ortsname	Herrschaftsdauer
Andros	Ándros	direkt verwaltet 1437–1440
Tino	Tínos	1390–1715, direkt verwaltet seit 1429
Micoli	Mýkonos	1390–1540, direkt verwaltet seit 1429
Delo	Délos	1390–1540, direkt verwaltet seit 1429
Egina	Aígina	1451–1540, 1687–1715
Negroponte	Eúboia	1390–1470
Schiato	Skíathos	1453–1540
Sciopoli	Skópelos	1453–1540
Schiro	Skýros	1453–1540
Lemno	Lémnos	1464–1479, 1656–1657
Inbro	Ímbros	1466–1470
Taso	Thásos	1466–1479
Samotracia	Samothráke	1466–1479
Athen	Athéna	1394–1403, 1687–1688
Fitileo	Ptéleon	1337–1470
Saloniki	Thessaloníke	1423–1430
Zypern	Kýpros	1474–1571

Vereinfacht unter Auslassung kurzer Herrschaftsphasen nach: ARBEL, Venice's Maritime Empire, 132–136, ergänzt.

5.4 POLITISCHE GESCHICHTE

Die mittelalterliche Geschichte Venedigs ist eng mit jener von Byzanz und den Herrschaftsbildungen im adriatischen Raum verwoben und in diesem Handbuch an mehreren Stellen berücksichtigt worden (s. in Bd. 1,2, die Beiträge von Peter Schreiner, Neven Budak u. Guillaume Saint-Guillain; außerdem oben Beitrag 1, SCHMITT, Kap. 1.10–1.12). Das vorliegende Kapitel behandelt Venedig als politisches Phänomen in Südosteuropa zwischen dem 15. und dem 18. Jahrhundert.

Das venezianische 15. Jahrhundert als Höhepunkt des Machteinflusses – nicht der territorialen Ausdehnung – beginnt 1387 mit der Erwerbung Korfus, das bis 1797 trotz zweier schwerer osmanischer Angriffe (1537, 1714) ununterbrochen venezianisch bleiben sollte. Mit Korfu gewann Venedig einen entscheidenden Stützpunkt an der Einfahrt in die Straße von Otranto, der Lebensader des venezianischen Handels, der seinerseits die raison d'être des venezianischen Staates darstellte. Es musste im venezianischen Interesse liegen, die nach dem Frieden von Zadar (1358) an Ungarn abgetretenen dalmatinischen Häfen zurückzugewinnen. Die lange Liste der Erwerbungen zwischen 1392 und 1423 legt auf den ersten Blick die Vorstellung einer durchdachten langfristigen Strategie nahe. Durrës, erworben 1392 durch ein Abkommen mit dem albanischen Stadtherrn Georg Thopia; Alessio/Lezha und Shkodra mit Umland, 1393 bzw. 1396 übernommen ebenfalls durch Abkommen mit den albanischen Adelsgeschlechtern Dukagjin und Balsha (serb. Balšić) – in allen Fällen wollte Venedig einer Übernahme der Hafen- bzw. küstennahen Städte durch die Osmanen vorbeugen. Eine Arrondierung und Absicherung der albanischen Besitzungen erfolgte in zähen Kriegen gegen die Balsha und den serbischen Fürsten und Despoten Stefan Lazarević (1402–1427), welche die Schwäche des Osmanischen Reiches nach der Schlacht bei Ankara (1402) gegen Venedig ausnützen wollten. 1423 hatte Venedig den Besitz von Dulcigno/Ulcinj/ Ulqin sowie Antivari/Bar/Tivar abgesichert. 1420 hatte sich die Stadtgemeinde Cattaro/Kotor/ Kotorr freiwillig der venezianischen Herrschaft unterstellt. Den ungarischen Thronstreit zwischen den Häusern Anjou und Luxemburg machte sich Venedig 1409 zunutze und erwarb von König Ladislaus von Neapel, dem Gegenspieler Sigismunds von Luxemburg (1387–1437), die Rechte auf Zara/Zadar, Nona/Nin, Pago/Pag, Cherso/Cres, Ossero/Osor sowie Arbe/Rab. 1412 gewann die Republik überdies Traù/Trogir sowie Sebenico/Šibenik, wo sich jeweils eine ungarische und venezianische Ortspartei befehdet hatten. Den Krieg gegen den ungarischen König Sigismund von Luxemburg schloss die Republik mit der Inbesitznahme von Spalato/Split und Almissa/Omiš sowie der Inseln Curzola/Korčula, Lesina/Hvar sowie Brazza/Brač ab (1420). Mit Ausnahme der Region um Fiume/Rijeka und Ragusa/Dubrovnik, die weiterhin dem Königreich Ungarn angehörten, war damit die gesamte Küste Dalmatiens unter venezianische Herrschaft gelangt.[46] Obwohl erste osmanische Angriffe schon im zweiten Jahrzehnt des 15. Jahrhunderts Dalmatien erreichten (1414 Šibenik), wurde das venezianische Dalmatien durch Ungarn und dessen kroatisches Nebenkönigtum sowie die Länder der bosnischen Krone lange abgeschirmt, weswegen viele

[46] ORLANDO, Venezia e il mare 171f.; SCHMITT, Das venezianische Albanien, 215–282; WAKOUNIG, Dalmatien und Friaul.

Stadtkommunen im 15. Jahrhundert eine wirtschaftliche Blüte erlebten. Erst der Zusammenbruch Bosniens (1463) veränderte die Sicherheitslage radikal – Zadar wurde 1468, 1470, 1473, 1475 und 1478 angegriffen. Nach dem Untergang des kroatischen Adels an der Krbava (1493) und nach der ungarischen Katastrophe bei Mohács (1526) entwickelte sich die osmanische Gefahr zu einer existentiellen Krise für Dalmatien (vgl. Beitrag 6, KOLLER, Kap. 6.2.2). Dennoch erwiesen sich die Erwerbungen in Küsten-Dalmatien als außerordentlich dauerhaft. Wie Korfu verblieben sie trotz jahrhundertelangem osmanischem Druck und mehrfachen schweren osmanischen Angriffen bis 1797 bei Venedig. Die Forschung ist sich einig, dass die erheblichen venezianischen Gebietsgewinne des Spätmittelalters aus kurzfristiger Reaktion auf Krisen bzw. Chancen erfolgten, aber nicht einem festen Plan entsprangen. Richtschnur des Handelns war nicht imperiales Streben, sondern pragmatische Absicherung strategisch wichtiger Handelsrouten gegen politische Konkurrenten wie Ungarn und das Osmanische Reich.[47]

Nur kurz währte demgegenüber der Versuch, in der Nordägäis Fuß zu fassen: 1423 erwarb Venedig die zweite Stadt des Byzantinischen Reiches, Saloniki, von dem byzantinischen Despoten Andrónikos Palaiológos, verlor es aber bereits 1430 an Murad II. (1421–1444, 1446–1451), der die Stadt im Sturm einnahm.[48] In der Ägäis kontrollierte Venedig die Region zwischen Negroponte und Kreta mit dem Herzogtum des Archipels, über das die Republik eine Schutzherrschaft ausübte (s. im Detail HGSOE, Bd. 1,2, Beitrag SAINT-GUILLAIN, Kap. 14.3.7f.). Die Eroberung der Restbestände des Byzantinischen Reichs durch Mehmed II. („der Eroberer"; 1444–1446, 1451–1481) beseitigte Pufferzonen zwischen der Republik und dem Sultansreich. Die Verschiebung der Gewichte zwischen beiden Mächten brachte der Krieg von 1463 bis 1479 zutage, den Venedig nach jahrelangen osmanischen Nadelstichen in der Hoffnung auf ein gemeinsames Vorgehen mit anderen christlichen Mächten begonnen hatte. Die Offensive in der Morea (1463) scheiterte nach Anfangserfolgen und endete 1466 vor Patras in einem Fiasko. 1470 verlor die Republik ihre Hauptfestung in der mittleren Ägäis, Negroponte/Euböa. Die zweifache verlustreiche Verteidigung der albanischen Festung Shkodra (1474, 1478) wurde im venezianisch-osmanischen Frieden von 1479 zunichte gemacht, der die Abtretung Nordalbaniens (ohne Ulcinj u. Bar) vorsah. Die osmanische Position in der südlichen Adria und dem Ionischen Meer war konsolidiert. Venedig versuchte, wie zwischen 1453 und 1463, ein pragmatisches Einvernehmen mit dem Osmanischen Reich zu finden, und widersetzte sich dem osmanischen Ausgreifen gegen Neapel nicht (Eroberung Otrantos 1480), das seinerseits zuvor mit den Osmanen gegen Venedig intrigiert hatte. Das venezianische Appeasement hinderte die Osmanen aber nicht daran, gerade in Dalmatien immer wieder Angriffe durchzuführen und dabei zahlreiche Menschen als Sklaven zu verschleppen. Allein 1481 wurden 5.000 Menschen aus der Region Zadar entführt. 1485 erwarb die Republik die Insel Zante/Zákynthos, für die sie dem Sultan jährlich 500 Dukaten Tribut entrichtete. Zwischen 1495 und 1509 setzte sich Venedig auch an der südwestlichen Adria fest (Otranto,

---

47 HRABAK, Turske provale; ORLANDO, Venezia e il mare, 159–169; IVETIC, Un confine nel Mediterraneo, 126–129; O'CONNELL, Voluntary Submission; FILIPI, Biogradsko-vransko primorje, mit einer Reihe von Ortsgeschichten.

48 MELVILLE-JONES, Venice and Thessalonica; Politico-Historical Works of Symeon (Hg. BALFOUR); MANFRONI, La marina veneziana.

Brindisi, Trani), Teil des alten Ringens mit dem Königreich Neapel um die Straße von Otranto.[49]

Die Wende zum 16. Jahrhundert bedeutete für die Markusrepublik einen mehrfachen Umschwung: Sie verlor den Seekrieg gegen das Osmanische Reich (1499–1503) und damit endgültig die Fähigkeit, alleine, ohne Verbündete, den Osmanen im Mittelmeer entgegenzutreten. Die Niederlage in der Seeschlacht bei Zonchio (August 1499) an der Westküste der Peloponnes stellte einen eigentlichen Tiefpunkt in der venezianischen Marinegeschichte dar. Mit Lepanto/Naúpaktos eroberten die Osmanen den Sperriegel zum Golf von Patras. In Dalmatien gingen die Osmanen auf breiter Front vor und erbeuteten wieder viele Sklaven (rund 10.000 allein aus der Region Zadar, rund 3.000 aus der Region Nin, dazu rund 80.000 Stück Vieh).[50] In Italien bedrohte die Liga von Cambrai, ein Zusammenschluss von Kaiser, französischer Krone und Papsttum die Republik kurz darauf sogar in ihrer Existenz (1509–1513); seine aggressive Politik in Italien hatte Venedig weitgehend isoliert; zeitweise überlegte die Republik sogar ein Zusammengehen mit den Osmanen gegen die abendländischen Feinde.[51] Die Eroberung des mamlukischen Syrien und Ägypten durch die Osmanen (1517) veränderte die Machtverhältnisse in strategischen wichtigen Handelsplätzen der Levante grundlegend: Die Osmanen beherrschten nun das gesamte östliche Mittelmeer.[52] Die Entdeckung des Seewegs nach Indien durch portugiesische Seefahrer rief in Venedig zwar Entsetzen hervor, wirkte sich aber im 16. Jahrhundert noch kaum tiefgreifend auf den venezianischen Handel aus.

Zu Beginn des 16. Jahrhunderts hatten die Osmanen den venezianischen maritimen Sperriegel in der Ägäis, dem Ionischen Meer und der Südadria an mehreren Stellen aufgebrochen. Seit 1475 (Eroberung von Kaffa auf der Krim) war der 1453 erschütterte Einfluss der italienischen Seerepubliken Venedig und Genua im Schwarzen Meer beendet. 1484 musste das Fürstentum Moldau die Häfen Chilia und Akkerman/Cetatea albă/Bilhorod Dnistrov'skyj nach einem Angriff Sultan Bayezids II. (1481–1512) aufgeben. Der Verlust des pontischen Raumes, der bis zur Mitte des 15. Jahrhunderts Italien mit wichtigen Rohstoffen und Getreide versorgt hatte, rundet das Bild eines zurückweichenden Venedigs ab. Die jüngst gegen dieses Bild erhobenen Einwände – dass Venedig seine größte Gebietsausdehnung in Übersee mit der Erwerbung Zypern, Zantes und Kephallenías just um 1500 erreichte – treffen zwar zu, doch glichen diese Gewinne die nachteilige geostrategische Gesamtentwicklung nicht aus.[53]

---

49 Hrabak, Turske provale, 71–73; Orlando, Venezia e il mare, 176–183; zu den geopolitischen Folgen des Falls von Shkodra aus venezianischer Sicht: ders., Venezia e la conquista; zur Frage der Grenzfestsetzungen und Grenzzwischenfälle: ders., Tra Venezia e Impero ottomano.

50 Cogo, La guerra di Venezia contro i Turchi; Stanojević, Jugoslovenske zemlje u mletačko-turskim ratovima, 14–31; Schmitt, Geschichte Lepantos unter der Venezianerherrschaft; Hrabak, Turske provale, 73–79; Pust, Beneško-osmanski pomorski spopadi.

51 Aus der Fülle der Literatur: Gullino (Hg.), L'Europa e la Serenissima.

52 Muslu, The Ottomans and the Mamluks; Lellouche, Les Ottomans en Égypte; ders./Nicolas Michel (Hgg.), Conquête ottomane de l'Égypte.

53 Arbel, Venice's Maritime Empire, 131–136; ders., Una chiave di lettura, 155–157.

Die politische Geschichte der venezianischen Herrschaft im maritimen Südosteuropa der Frühen Neuzeit ist rhythmisiert durch mehrere Waffengänge mit dem Osmanischen Reich. Der Blick auf offene Kriege allein aber erfasst die Wirklichkeit dauernder osmanischer Angriffe entlang der dalmatinischen Grenze nicht.[54] Dies wurde besonders im 16. und 17. Jahrhundert deutlich, stellte aber, bedenkt man die leidvolle Erfahrung der ägäischen und albanischen Besitzungen seit dem 14. Jahrhundert, keine Neuigkeit dar. Neu war die zunehmende Schwäche Venedigs, das zwischen 1463 und 1684 nur mehr reagierte und Konflikte zu vermeiden suchte. Diese Politik brachte Venedig in Konflikt mit Spanien und der Kurie, die offensiv gegen das Osmanische Reich vorgehen wollten und Venedig verdächtigten, auf Kosten der katholischen Mächte Eigeninteressen zu pflegen. Venedig wiederum fürchtete, die Habsburger würden über das spanische Königreich Neapel die alte aragonesische Balkanpolitik weiterführen, die Einfahrt in die Adria beherrschen und die venezianische Stellung in der Levante unterminieren.

Der Krieg 1537–1540 endete für die Markusrepublik trotz eines freilich erst nach zähen Verhandlungen erreichten Bündnisses mit Spanien und dem Kirchenstaat mit einer schweren Niederlage. Zwar behauptete Venedig mit hohen Verlusten der weitgehend schutzlosen Zivilbevölkerung die Festung Korfu (August/September 1537). Die Osmanen besiegten aber die uneinigen katholischen Seemächte bei Préveza (28. September 1538), gewannen nach langer Belagerung die letzten beiden Festungen in der Morea – Nauplia/Náuplion u. Monemvasía – und drängten in Dalmatien die venezianische Herrschaft auf wenige Küstenorte und die vorgelagerten Inseln zurück. Zuvor hatten die Osmanen die ungarische Grenzverteidigung im Königreich Kroatien Stück für Stück zerschlagen: 1499 erreichten sie die Adria bei Makarska. 1514 zwangen sie die Hochebene Poljica hinter Split zur Tributzahlung. 1520 besiegten sie den kroatischen Banus/Ban Petar Berislavić. Danach fielen Knin und Skradin (1522), Ostrovica, Nadin und Vrana (1523), Sinj (1536) und die Sperrburg Klis hinter Split (1537). In Dalmatien wie auf Korfu verschleppten die Osmanen 1537–1540 erhebliche Teile der Bevölkerung. Für die Zukunft bedeutsam war der Übertritt zahlreicher Vlachen auf venezianisches Gebiet – die Aufhebung ihrer Privilegien durch die Osmanen ermöglichte es den Venezianern, diese Hirtenkrieger in Istrien anzusiedeln; langfristig sollten die Vlachen wie an der habsburgischen Grenze auch im venezianischen Dalmatien Grenzschutzaufgaben übernehmen. Zu Umsiedlungen kam es auch von der Morea nach Kreta und auf die Ionischen Inseln.[55]

Auf die militärische Niederlage und die demographische Katastrophe reagierte Venedig ab 1541 mit einem zentral gelenkten Ausbau der großen Festungen in seinem Überseereich, der sich bis weit in das 17. Jahrhundert erstreckte (vgl. zum Ausbau der Grenzverteidigung in Ungarn u. Kroatien Beitrag 7, PÁLFFY, Kap. 7.3.4). Der Friedensschluss von 1540 bedeutete lediglich das Ende groß angelegter Kampfhandlungen; der Plünderkrieg an der Grenze hielt an. Der nächste Waffengang (1570–1573) erschütterte Venedigs Stellung weiter: Nach zähem Widerstand ging Zypern verloren. Die venezianische Flotte, die gemeinsam mit den Flotten Spaniens und des Kir-

---

54 HRABAK, Turske provale, 80–93 (mit einer detaillierten Liste der Überfälle).

55 TOLOMEO, Chiave di difesa e porta di Bosnia; CHASIOTES, Οι πρῶτες κατακτήσεις του Σουλεῖμαν, 297–304; STANOJEVIĆ, Jugoslovenske zemlje u mletačko-turskim ratovima, 52–69; HRABAK, Turske provale, 93–96.

chenstaates operierte, errang zwar unter maßgeblicher Teilnahme griechischer und dalmatinischer Galeeren und Seeleute den Sieg in der Schlacht von Lepanto (1571); dass zuvor aber die osmanische Flotte Ulcinj und Bar erobert hatte und bis nach Hvar vorgestoßen war, hatte in Venedig große Unruhe hervorgerufen. Die von Spanien und Venedig geförderten Aufstandsbewegungen orthodoxer Untertanen der Osmanen in den Bergregionen des Westbalkans brachen nach dem Friedensschluss 1573 zusammen.[56] Zwischen 1573 und 1645 herrschte offiziell zwischen Venedig und dem Osmanischen Reich Frieden. Venedig beschwichtigte mit einer eigenen Geschenkpolitik die bosnischen Grenzoffiziere und versuchte, mit dem Ausbau Splits zu einem Freihafen die Osmanen zu einem wirtschaftlich ertragreichen Nebeneinander zu bewegen.[57] Die ausgedehnte Landgrenze blieb aber weiterhin gekennzeichnet von dauerndem Kleinkrieg, Raubüberfällen und Korsaren- bzw. Piratenwesen.[58] Die verhältnismäßige Ruhe in der Adria – besser wäre es, von einer Phase ohne offenen Krieg zu sprechen – wurde massiv beeinträchtigt durch die Uskoken, die von Zengg/Senj/Segna aus jede Seefahrt, die mit dem Osmanischen Reich in Verbindung stand, angriffen. Die Uskoken genossen bei der venezianischen Untertanenschaft teils Unterstützung, teils erzwangen sie sich Duldung. Da die Osmanen Venedig für Piraterie in der Adria haftbar machten und zudem der Adriahandel ernsthaft gestört war, griff Venedig zu Polizeimaßnahmen, erreichte aber erst in einem regelrechten Krieg gegen die Habsburger, die Schutzherren der Uskoken, die Absiedlung der Seeräuber aus Zengg (1617).[59] Im Süden der Adria machten osmanische Korsaren, die von albanischen Häfen wie Ulcinj und Vlora aus operierten, der venezianischen Seefahrt auch in Friedenszeiten zu schaffen.[60] Wesentlich bedeutsamer aber war der allmähliche Niedergang von Venedigs Bedeutung im mittelmeerischen Handel. Um 1600 begannen englische und niederländische, bald auch französische Kaufleute, Venedig als wichtigste Seehandelsmacht mit dem Osmanischen Reich abzulösen. Zu Lande hatte Dubrovnik den Handel seit dem ausgehenden 14. Jahrhundert beherrscht. Engländer stießen bis in das Ionische Meer vor und durchbrachen mit ihrer starken Nachfrage besonders nach Rosinen die protektionistische venezianische

56 Novak/Maštrović (Hgg.), Lepantska bitka; Chasiotes, Ο αρχιεπίσκοπος Αχρίδος Ιωακείμ, u. ders., Συμπληρωματικά για το Μάνθο Παπαγιάννη; ders., Η επανάσταση των Χιμαριωτών; ders., Οι Έλληνες στις παραμονές της ναυμαχίας της Ναυπάκτου; Stanojević, Jugoslovenske zemlje u mletačko-turskim ratovima, 77–92; auf breiter Quellengrundlage Barbero, Lepanto.

57 Paci, La Scala di Spalato; Schmitt, „Des melons pour la cour du Sancak Beg"; Pust, „Le genti della citta, delle isole e del contado, le quale al tutto volevano partirsi"; Korić, Nekoliko osmanskih dokumenata, mit der Untersuchung von Anweisungen an den Sancakbey von Klis in den Jahren 1574–1576, der die Uskoken zu bekämpfen hatte; Kužić, Osmanlijski zapovjedni kadar, untersucht die Dynastien osmanischer Grenzoffiziere, die sich mit den Patriziern von Trogir um ländliche – vlachische – Arbeitskräfte stritten.

58 Vrandečić, Islam Immediately beyond the Dalmatian Coast, 298–302; Stanojević, Jugoslovenske zemlje u mletačko-turskim ratovima, 70–76; Orlando, Tra Venezia e Impero ottomano; Ivetic, Venezia e l'Adriatico orientale; ders., Territori di confine.

59 Bracewell, The Uskoks of Senj; Stanojevic, Senjski uskoci; Mijatović, Uskoci i krajišnici; Wakounig, Gli uscocchi all'epoca di Ferdinando I.; zum Angriff der Uskoken auf die Burg Klis im Hinterland von Split s. Tomić, Grad Klis u 1596 godini; Faroqhi, Ottoman Views on Corsairs and Piracy.

60 Tenenti, Venezia e i corsari; Bartl, Die Dulcignoten; Faroqhi, Die Osmanen und die Handelswege der Adria; Duka, Coast and Hinterland in the Albanians Lands; Hysa, Shqiptarët dhe të tjerët.

Handelsgesetzgebung.[61] Diese Verschiebung der wirtschaftlichen Gewichte erschütterte Venedigs Stellung in der Levante nachhaltig. Militärisch war die Republik nur noch im Bündnis mit Spanien und im 17. Jahrhundert mit dem Kaiser handlungsfähig und sah sich im Dreißigjährigen Krieg auch in seinen oberitalienischen Besitzungen bedroht. In Südosteuropa ging die ursprüngliche *raison d'être* des Seereiches – Schutz u. Unterstützung des Handels – verloren. Dies änderte nichts am Willen Venedigs, am Territorialbesitz unvermindert festzuhalten. Wie die Haltung Venedigs in den Kriegen von 1645–1669 und 1684–1699 belegt, erblickte das Patriziat in der Verteidigung des Seereiches und der Fähigkeit zu Gebietsgewinnen zulasten der Osmanen den Beweis des eigenen Mächtestatus in der europäischen Staatenwelt. Im Kretakrieg spielte zudem angesichts eines religiös motivierten osmanischen Angriffs auch die Idee eines gesamteuropäischen christlichen Abwehrkampfes eine bedeutende Rolle. Der osmanische Angriff auf Kreta 1645 löste einen Krieg aus, in dem Venedig erstaunliche Widerstandskraft bewies. Der unprovozierte Überfall erfolgte im Sinne eines islamischen Glaubenskrieges. Im Gegensatz zu allen früheren Eroberungen wandten die Osmanen auf Kreta Şeriatsrecht an, erlaubten also Privatbesitz an Grund und Boden. Die Islamisierung der Bevölkerung verlief viel schneller als etwa in Bithynien oder Bosnien.[62] Begünstigt wurde der osmanische Angriff von der politischen Lage in Europa – der spanischen Niederlage gegen Frankreich in der Schlacht von Rocroi (1643), Feindseligkeiten zwischen Venedig und Papst Urban VIII. (1623–1644) sowie der militärischen Schwäche Kaiser Ferdinands III. (1637–1657) in der Endphase des Dreißigjährigen Krieges. In kurzer Zeit überrannten die Osmanen weite Teile Kreta. 1645 fiel Chaniá/La Canea, 1646 Réthymnon/Rettimo.

Bereits 1645 hatte Venedig Flottenhilfe aus der Toskana, Malta, Neapel und dem Kirchenstaat erhalten. In dem Krieg, der sich über ein Menschenalter hinzog, gelang es Venedig, Kreta zu einer Angelegenheit der Christenheit zu machen. Papst Alexander VII. (1655–1667) und Venedig erzielten einen politischen Ausgleich, der alte Spannungen aus posttridentinischer Zeit milderte. Ab 1658 leistete Frankreich Finanzhilfe, ab 1660 schickte Ludwig XIV. (1643–1715) auch Truppen. Spanien bot ebenfalls finanzielle Unterstützung. In der Endphase des Krieges landeten zahlreiche französische Adlige als Ritter für den christlichen Glauben auf Kreta. Trotz der Internationalisierung des Krieges hatte Venedig die militärische und finanzielle Hauptlast zu tragen. Es führte Krieg an zwei Fronten: in der Ägäis und in der Adria. Die finanzielle Belastung der Staatskasse war dabei so groß, dass erstmals seit dem Chioggia-Krieg (1378–1381) der Zugang zum Patriziat gegen Zahlung enormer Summen zugelassen wurde. Mit einer bemerkenswerten Kraftanstrengung gelang es Venedig, in der Ägäis in die Offensive zu gehen. Ziel war die dauerhafte Blockade der Dardanellen durch die venezianische Flotte; dabei hatten die Venezianer zuerst gegen Naturgewalten und die Unbilden gerade der Winterwitterung zu kämpfen.[63] 1648 ertrank

---

61 Fusaro, Political Economies of Empire; dies., Uva passa.

62 Siehe mehrere Beiträge in: Anastasopoulos (Hg.), The Eastern Mediterranean under Ottoman Rule, bes. Veinstein, Les règlements fiscaux ottomans de Crète; Kermeli, Caught between Faith and Cash, als Gegenposition; Kolovos, A Town for Besiegers; Sariyannis, The Kadızadeli Movement, 289 (zur Debatte um Veinsteins These; vgl. Greene, An Islamic Experiment?).

63 Panzac, Affrontement maritime et mutations technologiques, 122f.; zum Krieg Vrandečić, Borba za Jadran, 47–135; Cozzi/Knapton/Scarabello, La Repubblica di Venezia nell'età moderna, Bd. 2, 117–127; Mayhew,

der venezianische Admiral bei einem Orkan vor Psará. Dennoch fügten die Blockadeflotte den Osmanen mehrfach schwere Schlappen bei, vermochte aber den Nachschub für die osmanische Kretaarmee nicht dauerhaft zu unterbinden. In dem Vierteljahrhundert des Krieges, der zwischen 1648 und 1669 vor allem um die Haupfestung Herákleion/Candia geführt wurde, erlitt die Insel schwerste Verwüstungen, die der Dichter Marínos Tzánes Búniales in seinem Versepos „Der Kretische Krieg" in düsteren Farben schilderte.[64] Als 1667 Großwesir Köprülü Fazıl Ahmed Pascha 70.000 Mann auf der Insel landen ließ, vermochten auch die europäischen Kriegsfreiwilligen, die schwerste Verluste erlitten, die Katastrophe nicht mehr zu verhindern. Im Sommer 1669 zogen Franzosen und Malteserritter ab, und Candia ergab sich kurz darauf.

In Dalmatien hingegen verlief der Krieg anders. Dort operierte die venezianische Flotte mit Söldnertruppen und Vlachen sehr erfolgreich gegen regionale osmanische Truppen. 1646 scheiterten die Osmanen vor Zadar. 1647 waren Vlachen, die von dem katholischen Priester Stefan Sorić (1648 wurde der kriegerische Geistliche von den Osmanen zu Tode gefoltert) angeführt wurden, auf die Seite Venedigs übergetreten. Der osmanische Großangriff auf Šibenik wurde durch den Stadtkommandanten Christoph Martin Degenfeld, der einst bei Tilly und Wallenstein gedient hatte, abgewehrt. In der Gegenoffensive stießen die venezianisch-vlachischen Verbände bis Knin vor, das aber geschleift und geräumt wurde. Erstmals seit dem 15. Jahrhundert hatten die Venezianer Gebiete des alten Königreiches Kroatien erfolgreich betreten. 1648 nahmen sie Klis, die osmanische Sperrburg vor Split. Die Hochebene Poljica südlich von Split unterstellte sich Venedig. 1659–1661 wehrten die Venezianer einen erneuten osmanischen Großangriff auf Klis, Split, Zadar und Zemunik ab, an dem auch der osmanische Weltenbummler Evliya Çelebi teilnahm. Bei Kriegsende hatte Venedig Kreta zu räumen; es behielt Spinalonga und Súda als letzte Außenposten der kretischen Besitzungen. In Dalmatien wurde die Grenze in der sog. *Linea Nani* (benannt nach dem Grenzbeauftragten Giovanni Battista Nani) festgelegt; die venezianische Region wurde später als *acquisto vecchio* bezeichnet. Der Verlust Kretas bedeutete einen tiefen Einschnitt: 1573 hatte sich Venedig aus Zypern und damit der Levante zurückgezogen; nun brach das das fast halbtausendjährige kretische Regno zusammen. Dass sich Venedig in Dalmatien behauptete, wies in die Zukunft. Ohne Kreta aber verlor Venedig den Anspruch auf gesamteuropäische Geltung. Diesen Anspruch hatte die Republik auf Kreta verteidigt, wie die Auseinandersetzungen zwischen Kriegs- und Friedenspartei innerhalb des Patriziats belegen. Trotz der finanziellen Erschöpfung und der militärischen Niederlage in der Ägäis war die Republik aber nicht bereit, auf ihren Mächtestatus zu verzichten.

Dies zeigte sich nach dem Scheitern des osmanischen Glaubenskrieges gegen Wien (1683). Venedig trat der von Papst Papst Innozenz XI. (1676–1689) und Kaiser Leopold I. (1658–1705)

Dalmatia between Ottoman and Venetian Rule, 29–48, 55–61; Madunić, Rituals in the Siege Operations in Dalmatia; ders., Capi di Morlacchi; ders., The Adriatic Naval Squadron (1645–1669); Setton, Venice, Austria and the Turks, 142–145 (zu Dalmatien 1646); Eickhoff, Venedig, Wien und die Osmanen; Jacov, Le guerre veneto-turche del XVII secolo; Traljić, Tursko-mletačke granice u Dalmaciji; Sassi, Le campagne di Dalmazia durante la Guerra di Candia; Hatzopoulos, Capturing and Defending the Peloponnese; Helmedach/Koller, Gewaltgemeinschaften, Gewalttaten und die Neuordnung des westlichen Balkanraumes.

64 Marinos Tzanes Mpuniales, Ο Κρητικός πόλεμος (Hgg. Alexiu/Aposkite).

gegründeten „Heiligen Liga" bei (1684) und eröffnete den Krieg gegen das Osmanische Reich auf breiter Front, in Dalmatien und der Ägäis. Zum ersten Mal seit 1463 erklärte die Republik dem Sultansreich den Krieg. In Griechenland gelangen der venezianischen Flotte unter dem Dogen Francesco Morosini (1688–1694) spektakuläre Erfolge. Das Erscheinen der Flotte löste in der Morea Aufstände der orthodoxen Bevölkerung aus, so in der Mani, aber auch die stets unruhigen Berggebiete von Suli und Himara gegenüber der venezianischen Festung Korfu erhoben sich. Metropolit Zacharías von Korinth wurde von den Osmanen wegen seiner Verwicklung in diese Bewegung hingerichtet. In der Mani spielte Bischof Ioakeím eine führende Rolle beim Aufstand, der 1685 vom osmanischen Serasker Ibrahim Pascha niedergeworfen wurde. 1684 eroberte Venedig die Insel Santa Maura/Leukás sowie die Festung Préveza und sicherte somit den Seeweg von Korfu nach Kephallenía, der von Santa Maura aus von osmanischen Korsaren bedroht gewesen war. Landungsunternehmen wurden im östlich angrenzenden Akarnanien durchgeführt. Bedeutsam war das Zusammenspiel regulärer Truppen mit orthodoxen Freischärlern, Freiwilligen von den Inseln und regionalen Kriegerführern – hier sind die Kriegsschauplätze Griechenland und Dalmatien vergleichbar. Nachdem ein Unternehmen in Montenegro gescheitert war, entschloss sich Venedig 1685 zur systematischen Eroberung größerer Flächenzonen und vollzog damit eine Abkehr von Flottenaktionen, die faktisch über nadelstichartige Landunternehmen nicht hinausgegangen waren. Zwischen 1685 und 1687 verdrängte eine aus deutschen, dalmatinischen und italienischen Söldnern bestehende, von orthodoxen Irregulären unterstützte Armee unter dem Kommando deutscher und schwedischer Offiziere wie Hannibal von Degenfeld und Otto Wilhelm von Königsmarck die Osmanen aus der Morea. 1685 wurde die südwestliche Landschaft Messenien gewonnen, 1686 Navaríno, Modon/Methóne und Naúplion, 1687 Patras. Monemvasía fiel erst 1690 nach langer Belagerung. Das Ausgreifen nach Attika und Negroponte endete aber in einem schweren Rückschlag. Bei der Bombardierung der osmanischen Besatzung auf der Akropolis explodierte ein Munitionslager. Das Parthenon wurde dabei schwer beschädigt (26. September 1687). Athen wurde geräumt, zahlreiche Einwohner in die Morea umgesiedelt. 1688 erlitten die Venezianer vor Negroponte eine schwere Niederlage. Die venezianische Flotte stieß bereits 1684 bis an die makedonische Küste (bei Kavála) vor, vermochte aber keine Kontrolle über die Ägäis zu erringen. 1692 und 1694 scheiterten Landungsunternehmen auf Kreta und Chíos, unter anderem an Meutereien der Schiffsbesatzungen. Auf dem Festland entwickelte sich der zuerst von regulären Verbänden geprägte Krieg zunehmend zu einem Guerillakampf. Unter dem aus der Mani stammenden Piraten Libérios Gerakáres (genannt Liberákes) eröffneten die Osmanen einen Freischärlerkrieg gegen die Venezianer; in einem Raub- und Plünderkrieg standen sich somit auch venedig- und osmanenfreundliche Kämpfer aus der regionalen orthodoxen Bevölkerung gegenüber. Hinzu kamen eigenständige Kriegergruppen, die die Bevölkerung terrorisierten und sich die allgemeine Unsicherheit in Rúmeli (mittelgriechisches Bergland) zunutze machten, in dem gleich mehrere Freischärlergruppen, auch solche aus Kephallenía, dalmatinische Söldner und venezianische Verbände operierten. Krieg wurde weniger um das zerklüftete und gebirgige Gelände (Region Ágrapha) geführt, sondern die Gruppen trieben von der Bevölkerung Abgaben ein bzw. versuchten, sich diese gegenseitig abzujagen. 1696 trat Gerakáres auf die venezianische Seite über, wurde aber wegen der enormen Brutalität seiner Räuberscharen bis an sein Lebensende in Brescia interniert. 1690 gelang venezianischen Truppen und Kriegern aus der Bergregion Himara die Eroberung des südalbanischen Hafens Valona/Vlora und der nahe gelegenen Burg Kanina, was in den epirotischen Bergen einen größeren Aufstand gegen die osmanische Herrschaft auslöste; vergleichbare Unruhen in den Bergen gab es 1690 auch in Montenegro, das Venedig von dem 1687 eroberten Herceg Novi an der Bucht von Kotor aus unterstützte. Diese Aufstände waren Teil eines eigentlichen Flächenbrandes, der das Osmanische Reich auf dem zentralen Balkan ernsthaft gefährdete – hervorgerufen wurde er durch den habsburgischen Vorstoß bis nach Skopje/Üsküb (1689) und die Erschütterung der osmanischen Machtstellung an der südwest- und südbalkanischen Küstenregion. Die regionalen albanisch-muslimischen Machthaber Kaplan und Xhafer Pascha und der neue Serasker der Morea, Halil Hoca, warfen die Aufstände bis 1693 nieder. Wie am ungarischen Kriegsschauplatz war der Schwung der katholischen Offensive auch im Südwestbalkan gebrochen.[65]

Der Krieg in Dalmatien ist strukturell mit den Kämpfen im festländischen Griechenland vergleichbar. Noch besser als 1645–1669 wirkten Flotte, Artillerie und Landverbände zusammen. Bei den Aktionen auf dem Festland operierten reguläre Verbände – wie in Griechenland Söldner aus Deutschland u. Italien – mit regionalen orthodoxen Kämpfern zusammen, die von eigenen Kommandanten wie Stojan Janković angeführt wurden. Ebenfalls mobilisiert wurden regionale katholische Milizen (cernide) der einzelnen Bezirke. Neben konventioneller Kriegführung entwickelte sich im dalmatinischen Hinterland wie in Rúmeli ein erbittert geführter Klein- und Plünderkrieg zwischen Angehörigen der regionalen Bevölkerung. In venezianischen Landeunternehmen entlang der Küste wurden die Osmanen schrittweise zurückgedrängt. Gezieltes Artilleriefeuer auf strategische Ziele, oft auf Minarette, demoralisierte die muslimischen Verteidiger. Entlastet wurden die Venezianer auch in Dalmatien von der kaiserlichen Offensive, die im regionalen Kontext von der habsburgischen Militärgrenze ausging. 1684 eroberten venezianisch-vlachische Verbände den Unterlauf der Neretva. Nach heftiger Beschießung durch die Flotte gelang 1687 die Eroberung von Herceg Novi – die Bucht von Kotor wurde damit als osmanische Korsarenbasis ausgeschaltet. 1688 nahmen die Venezianer Knin, Vrlika und Zvonigrad, im Jahr darauf stießen kaiserliche Truppen in die Lika vor und nahmen Udbina. Die Venezianer gewannen 1689 Vrgorac. Vorstöße weit in die Herzegowina und nach Bosnien hinein, oft vorgetragen durch regionale Kämpfer und begünstigt durch die schweren osmanischen Niederlagen gegen das kaiserliche Heer, zeitigten aber keine weiteren dauerhaften Gebietsgewinne. Zerschlagen aber waren die osmanischen Grenzbezirke, deren Anführer fielen oder wie der Kommandant von Knin, Mehmed Pascha Atlagić, in Gefangenschaft gerieten. Gegen Ende des Krieges hatte Venedig seine Küstenstädte aus der engen Umschlingung durch osmanische Grenzburgen befreit und die Grenzlinie deutlich in das Binnenland vorgeschoben. Die im Frieden von Karlowitz (1699) – den der Sultan 1701 ratifizierte – Venedig zugeschlagenen Gebiete wurden als *Acquisto nuovo* (Neuer Besitz) bezeichnet. Als weitere Gewinne wurden Venedig zugeschlagen: die Morea als „Königreich" (regno), Parga und Butrint/Butrinto/Buthrotós (in Epirus), Herceg Novi und Risan an der Bucht von Kotor.[66]

---

65 CHASIOTES, Οι Έλληνες και οι πόλεμοι; SETTON, Venice, Austria and the Turks, 271–412; MAYHEW, Dalmatia between Ottoman and Venetian Rule, 67–75.

66 EICKHOFF, Venedig Wien und die Osmanen, 426–434; VRANDEČIĆ, Borba za Jadran, 153–223; HAFIZOVIĆ, Junak ili izdajnik; der ehemalige Sancakbey von Krka wurde 1699 von den Venezianern freigelassen; MARKULIN, Vojno poduzetništvo u mletačkoj Dalmaciji i Boki.

Der letzte osmanisch-venezianische Waffengang wurde vom Osmanischen Reich begonnen. 1711 war der russische Balkanfeldzug Peters des Großen (1682–1725) am Pruth gescheitert. Die instabile venezianische Herrschaft auf der Morea und die Unzufriedenheit vieler Orthodoxer mit der venezianischen Verwaltung ermöglichten den Osmanen 1714 einen raschen Vormarsch in die Morea. Die Osmanen gingen weiter und belagerten 1716 Korfu in der Hoffnung, diesen venezianischen Sperriegel an der Adria zu zerbrechen. Die Festung wurde von dem deutschen General Matthias Johann von der Schulenburg aber glänzend verteidigt, der dafür von Vivaldi im Oratorium *Judita triumphans* verherrlicht wurde. Wie schon bei den Kriegen im 17. Jahrhundert verliefen die Kampfhandlungen in Dalmatien für Venedig viel günstiger als an anderen Fronten. Erneut bewährte sich das Zusammenspiel von venezianischen regulären Truppen und vlachischen Kriegern unter eigenen Anführern. Begünstigt wurde Venedig auch vom Eingreifen Kaiser Karls VI. (1711–1740) und den großen Siegen Prinz Eugens. Die Osmanen, d. h. der Pascha von Bosnien, hatten vergeblich mit 40.000 Mann Sinj belagert, scheiterten auch vor Knin und verloren beim venezianischen Gegenstoß Imotski (1717). Im Frieden von Passarowitz (1718) bewahrte das in der Morea besiegte Venedig gegenüber dem Haus Habsburg nur mit Mühe seine Stellung. Die Grenze zum Osmanischen Reich – nach dem Generalstatthalter Alvise Mocenigo *Linea Mocenigo* genannt – bildet heute die Grenze zwischen Kroatien und Bosnien-Herzegowina. Bis zu ihrem Untergang durch den Angriff Napoleon Bonapartes (1797) hielt sich die Republik, nunmehr nurmehr ein europäischer Kleinstaat, sorgfältig aus Kriegsverwicklungen heraus. Das Osmanische Reich zeigte angesichts der Kriege mit dem Habsburger und dem Russländischen Reich keinerlei Interesse an weiteren Konflikten in der Adria. Venedig verlor derweil selbst in seinem adriatischen Kerngebiet an Einfluss. Der Ausbau des habsburgischen Freihafens Triest (1719) und seit Maria Theresia (1740–1780) immer offener zum Ausdruck gebrachte habsburgische Ansprüche auf Dalmatien wiesen voraus auf die Eingliederung der ostadriatischen Küste in den österreichischen Kaiserstaat.[67]

---

[67] HATZOPOULOS, La dernière guerre; MAYHEW, Dalmatia between Ottoman and Venetian Rule, 88–90.

5.5 HERRSCHAFTS- UND STAATSIDEE

Venedig wurde von einer Elite regiert, die sich selbst als adlig wahrnahm und um 1300 eine Schließung (sog. serrata) der Zugehörigkeit zum Patriziat einleitete. Diese beruhte auf einer sich mindestens über drei Generationen nachweisbaren Wahrnehmung öffentlicher Ämter in einer Familie. Nur bei schwersten Krisen des Staates (Chioggia-Krieg 1378–1381, Kreta-Krieg 1645–1669) wurden weitere Familien kooptiert, die dafür entsprechende Geldleistungen für die Kriegsführung zu erbringen hatten. Im 15. Jahrhundert setzte sich die ratsfähige Elite im Großen Rat (maggior consiglio) aus rund 2.000 Männern über 25 Jahren zusammen. Dieses Patriziat war in sich stark nach Wohlstand und politischem Einfluss ausdifferenziert und auch für Einflussnahme durch auswärtige Mächte anfällig. Seine wichtigsten Privilegien bildeten das Monopol im gewinnträchtigen Fernhandel mit Luxuswaren sowie die Ausübung politischer Ämter auf der Ebene der zentralen Behörden sowie der Statthaltereien. An der Spitze des Staates stand der Doge (vom byzantinischen Amtstitel *dux* abgeleitet), dessen Macht durch eine Vielzahl von Kontrollämtern beschränkt war. Im Gegensatz zu den anderen Machtsystemen in Südosteuropa – mit Ausnahme der kleinen Republik Dubrovnik/Ragusa – war Venedig formell und in seinem Selbstverständnis eine Adelsrepublik. Gerade in der Frühen Neuzeit pflegte die venezianische Elite den Mythos einer geschlossenen republikanischen Elite, in der der Doge nur Erster unter Gleichen war.

Die um 1500 rund 2.000, nach 1700 nur noch rund 1.100 amtsfähigen Patrizier aber waren in sich in zahlreiche Fraktionen zersplittert, konkurrierten, oftmals mit wenig lauteren Mitteln, um Ämter und Einfluss (broglio) und waren sich der erheblichen materiellen Unterschiede sehr bewusst, die dem Staatswesen einen zunehmend plutokratischen Charakter verliehen. Um 1750 zählte der Patrizier Giacomo Nani 8,3% der Patrizierfamilien zu der Gruppe der Reichsten, während 24% der Patrizierfamilien seiner Einschätzung nach kaum Vermögen besaßen. Aus diesen und der mittleren Vermögensschicht rekrutierten sich im 18. Jahrhundert die Amtsträger in Übersee, während die reichsten Familien die wichtigeren Zentralbehörden kontrollierten. Zahlenmäßig stellte das Patriziat um die Mitte des 17. Jahrhunderts 3,7% der Bevölkerung der Metropole. 1790 waren es noch 2,4%, und dies, obwohl zwischen 1656 und 1788 140 Männer neu in das Patriziat kooptiert worden waren. Der Rückgang ist mit Erbstrategien der Patriziergeschlechter zu erklären. Die demographische Krise des Patriziats entwickelte sich zu einem der wichtigsten Strukturprobleme der Republik im 18. Jahrhundert.[68]

Die Markusrepublik verstand sich im Wesentlichen als Gemeinschaft adliger Kaufleute und Unternehmer, die das Ziel verfolgte, *honor et proficuum* zu verbinden, also Ehre und Ansehen sowie wirtschaftlichen Gewinn. Dieses Staatsmotto ist für die Deutung des venezianischen Staates in Südosteuropa besonders ernst zu nehmen, da es die Beantwortung der Frage nach einem gezielten oder eher zufälligen Ausbau der Territorialbesitzungen erleichtert. Im Gegensatz zur älteren Forschung unterstreichen jüngere Arbeiten, dass Venedig keine langfristige Strategie verfolgte,

---

68 QUELLER, The Venetian Patriciate; O'CONNELL, The Venetian Patriciate in the Mediterranean; GIRGENSOHN, Städtisches Patriziat zwischen Norm und Praxis; DERS., Kirche, Politik und adelige Regierung; DOMZALSKI, Politische Karrieren; HUNECKE, Der venezianische Adel am Ende der Republik.

sondern Gebietserwerbungen oftmals *ad hoc* vorgenommen wurden, um Handelsinteressen zu sichern. Bis weit in das 16. Jahrhundert hinein stellte der Fernhandel den Daseinszweck der Markusrepublik dar, die als Scharnier zwischen der Levante und dem römisch-deutschen Reich diente. Ab dem 17. Jahrhundert war Venedig politisch wie wirtschaftlich eine Mittelmacht. Seine Elite erhob aber weiterhin den Anspruch auf einen Platz im europäischen Mächtekonzert. Die überseeischen Provinzen gewannen dabei eine neue Funktion: nicht mehr Absicherung des Handels, sondern symbolische Wahrung des Mächtestatus. Venedig verteidigte auf Zypern und Kreta nicht nur Territorialbesitz, sondern auch Prestige, und zwar gegen das Osmanische Reich wie gegenüber den Staaten Europas. Dies erklärt den hartnäckigen Widerstand auf Kreta (1645–1669), obwohl der Krieg die Staatsfinanzen auf das Äußerste belastete. Dies erklärt aber auch die Bereitschaft zum Angriffskrieg (1684), der in eine letzte Phase von Gebietsgewinnen mündete (Morea, Binnendalmatien), die unter wirtschaftlichen Gesichtspunkt nicht erforderlich gewesen wären. Das 18. Jahrhundert war geprägt von zahlreichen Debatten zur Reform von Staat und Verwaltung. Das revolutionäre Frankreich erst entwarf die schwarze Legende des reformunfähigen Polizeistaates, um so die Zerschlagung der Markusrepublik zu rechtfertigen.[69]

Die venezianische Patrizierelite wechselte in der Regel zwischen öffentlichen Ämtern und privatem Unternehmertum hin und her. Handel und Politik waren eng verquickt, was das Agieren des venezianischen Staates und seiner Eliten wesentlich erklärt. Im venezianischen Südosteuropa, aber auch im Veneto legitimierte Venedig seine Herrschaft mit dem Anspruch, *pax et iustitia*, Friede und Rechtstaatlichkeit, zu gewährleisten. Dafür wurde mit den Petitionsgesandtschaften (capitula) ein eigenes Instrument der politischen Kommunikation geschaffen, das über Jahrhunderte von den Untertanen im Kontakt mit den Zentralbehörden rege in Anspruch genommen wurde. Grundidee der venezianischen Herrschaft besonders im adriatischen Raum war die Wahrung des alten Rechts, als Fundament politischer und wirtschaftlicher Stabilität. Hinzu kam, ebenfalls im Raum zwischen dem Veneto und Nordalbanien, der Vertragscharakter der venezianischen Herrschaft, die, auch in Fällen von militärischer Eroberung, die Rechtsgrundlage für das bilaterale Verhältnis zwischen Metropole und Besitzung schuf, ausgehend von einer – politisch freilich gerade in Südosteuropa fiktiven – Ebenbürtigkeit der Vertragspartner. Diese war im Verhältnis zu den bevölkerungsreichen und wohlhabenden norditalienischen Städten (Padua, Verona, Brescia) jedoch viel mehr gegeben als im Falle auch größerer südosteuropäischer Kommunen wie Split oder Zadar. Die venezianische Staatsidee wurde in den Provinzen wahrnehmbar gestaltet durch die Verehrung des Heiligen Markus als eigentlicher Staatskult mit kohäsiver Funktion, die Durchführung von Prozessionen nach stadtvenezianischem Vorbild als Versinnbildlichung der gesellschaftlichen Ordnung sowie durch eine einheitliche Architektur von Festungen, Arsenalen und Amtsgebäuden, die oftmals mit Reliefs des Markuslöwen geschmückt waren. Venedig verband in der Verwaltung seiner Provinzen die Achtung örtlicher Rechts- und Gesellschaftsstrukturen mit einer Symbolpolitik, die eine eindeutige Zuordnung eines Bezirks zum venezianischen Machtbereich schuf. In der Frage der Territorialhoheit war es Venedig gewohnt, auch komplexere

---

69 Tenenti, Il senso dello Stato; Schmitt, Das venezianische Südosteuropa als Kommunikationsraum; Nicol, Byzantium and Venice, Kap. 16: The Profit and Honour of Venice.

rechtliche Strukturen hinzunehmen, wenn sein faktischer Einfluss gewahrt blieb. Dies galt für die indirekte Herrschaft über die Kykladen (s. zur „Welt der Inseln": HGSOE, Bd. 1,2, Beitrag Saint-Guillain, Kap. 14.3.7), die von venezianischen Patriziergeschlechtern verwaltet wurden, noch mehr aber für Besitzungen auf dem balkanischen Festland, für die Venedig dem Osmanischen Reich Tributzahlungen entrichtete. Im ehemals byzantinischen Kreta hingegen duldete Venedig, gerade im Rechtswesen, keine sichtbaren Formen der Kontinuität.[70]

Insgesamt lassen sich Theorie und Praxis der Staatsidee in der hier betrachteten Zeit schlecht auf einen einfachen Nenner bringen. Zu groß waren die Veränderungen: Aus der machtvollen Adelsrepublik mit einem ausgedehnten Handels- und Territorialimperium des 15. Jahrhunderts wurde im 18. Jahrhundert ein eher kleiner oberitalienischer Territorialstaat mit Besitzungen in der Levante, die weder wirtschaftlich noch politisch ins Gewicht fielen. Selbst in der Adria hatte die Serenissima, wie erwähnt, die Vormachtstellung wirtschaftlich und politisch an die Habsburgermonarchie abtreten müssen. Diese berief sich ab den 1770er Jahren auf die alten Rechte der ungarischen und kroatischen Krone auf Dalmatien und bereitete die 1797 vollzogene Annexion Dalmatiens schon unter Maria Theresia vor.[71]

---

70 Spremić, I tributi veneziani.

71 Peričić, Dalmacija uoči pada mletačke republike, 182–189.

5.6 VERWALTUNGSAUFBAU UND ÄMTERSYSTEM

Die Verwaltungsgliederung des venezianischen Staates spiegelt die Umstände der Besitzerwerbungen wider, die keiner erkennbaren langfristigen Strategie folgten. Dies entsprach auch allgemein dem pragmatischen Charakter der venezianischen Verfassung, in der neue Ämter zur Erledigung dringender Fragen eingerichtet, dann aber nicht mehr abgeschafft wurden, sondern oftmals ihre ursprüngliche Aufgabe und Bedeutung stark veränderten. Dieser ad-hoc-Charakter der Einrichtung von Institutionen ist grundlegend zum Verständnis des staatspolitischen Denkens: Neuerungen wurden eingeführt als Reaktion auf konkrete Erfordernisse; sie waren gedacht als zeitlich beschränkt, verstetigten sich aber, wenn der Anlassfall, wenn auch in abgeänderter Form, weiterbestand. Eine umfassende Strategie zur Zentralisierung und Rationalisierung kann nicht aus den Quellen abgelesen werden, vielmehr ein langsamer und windungsreicher Prozess, der oft auf Aushandlung mit den Untertanen in Übersee beruhte. Diese waren weit öfter eigenständige und auch eigensinnige Akteure als in der älteren Forschung angenommen. Die Betrachtung des Ämtersystems im venezianischen Südosteuropa kann nicht – wie es oft geschah – losgelöst von der Institutionengeschichte der Hauptstadt und des Veneto erfolgen. Gerade der Vergleich ermöglicht wichtige Erkenntnisse über das Wesen venezianischer Staatlichkeit und – aus südosteuropäischer Perspektive – zur Frage nach einem allfälligen kolonialen Charakter der venezianischen Herrschaft. Während etwa auf Kreta viele Ämter der stadtvenezianischen Verfassung nachgebildet waren, hielten in Dalmatien die Kommunen an ihren alten Einrichtungen fest, worin sie von Venedig in der Regel bestärkt wurden. Einschränkend ist auch zu bemerken, dass der Forschungsstand der Verwaltungsgeschichte ungenügend ist und sich hier die eingangs beschriebene historiographische Zersplitterung besonders bemerkbar macht.

Die venezianische Behördengeschichte ist außerordentlich komplex, was bei einem organischen Wachstum über fast ein Jahrtausend wenig erstaunlich ist. Hier kann es nur darum gehen, wesentliche Merkmale der hier interessierenden Periode (15.–18. Jh.) kurz zusammenzufassen. Bei aller örtlichen Vielfalt der Rechtssysteme lag der Schwerpunkt des kompositen venezianischen Staates in der Metropole, deren Ämter die oberitalienischen und überseeischen Besitzungen beaufsichtigten, indem sie Behörden wählten bzw. ernannten, Rechnungen überprüften, Appellationsfälle betreuten, die Sicherheitspolitik maßgeblich bestimmten, ebenso die Errichtung und den Unterhalt von Infrastrukturen. Zentral gelenkte Institutionen waren auch wichtige Arbeitgeber für Untertanen aus Südosteuropa, insbesondere Heer und Flotte.

Die zentralen Behörden lassen sich gliedern nach dem rechtlichen Status ihrer Angehörigen. Die patrizischen Ämter waren Angehörigen des seit dem Beginn des 14. Jahrhunderts rechtlich abgeschlossenen venezianischen Adels vorbehalten. Eine Möglichkeit, sich durch hohe Zahlungen in das Patriziat einzukaufen, eröffnete sich wie gezeigt reichen Bürgern (cittadini) nur in Zeiten äußerster Krisen (Chioggia-Krieg 1378–1381, Kreta-Krieg 1645–1669). Die patrizischen Behörden zerfielen in Räte mit legislativer und judikativer Aufgabe und Ämter mit exekutiver Funktion, deren Sitze am Rialto und am Markusplatz lagen. Um 1500 bestanden rund 750 patrizische Ämter bei rund 2.000 Angehörigen des Patriziats, während für die rund zwei Millionen Untertanen des venezianischen Staates – davon rund 500.000 in Übersee – zirka 1.500 Personen in der

Zentralverwaltung tätig waren. In der Frühen Neuzeit ging die Zahl der Patrizier stark zurück. Obwohl aufgrund der Gebietsverluste (Zypern, Kreta, Morea) die Anzahl der Ämter sank, standen zu Beginn des 18. Jahrhunderts nur noch 1.100 amtsfähige Patrizier für rund 900 regelmäßig zu besetzende Funktionen zur Verfügung.

Die patrizischen Ämter waren nach Wichtigkeit abgestuft, wobei der Senat und der Zehnerrat (Consiglio dei X) Schaltstellen der Macht bei der Verwaltung der Überseegebiete bildeten. Der Große Rat, dem alle Patrizier angehörten, fungierte als Wahlbehörde, hatte aber schon im Hochmittelalter aufgrund der großen Zahl der Angehörigen exekutive Funktionen an kleinere Behörden abgegeben. Das Staatsoberhaupt, der im Gegensatz zu den anderen Amtsträgern auf Lebenszeit gewählte Doge, besaß eine durch zahlreiche Kontrollorgane eingeschränkte Macht. Aus der Fülle der Ämter, die oftmals starken Funktionsveränderungen bei bloßer Beibehaltung des Namens unterworfen waren, seien hier genannt die *Procuratori di San Marco*, die Vermögen von Waisen und Personen unter Vormundschaft verwalteten und daher zu den wichtigsten Bankiers der Republik überhaupt gehörten. Die Prokuratoren folgten in Rang und Ansehen fast unmittelbar auf die Dogen. Die *Avvogaria di Comun* bildete die Staatsanwaltschaft. Die *Quarantia*, ab 1441 geteilt in die *Quarantia criminal* und die *Quarantia civil*, letztere seit 1491 unterteilt in die *Quarantia civil vecchia* (zuständig für die Metropole u. den Überseestaat) sowie die *Quarantia civil nuova* (zuständig für das Veneto) diente als Obergericht; bis gegen Ende des 14. Jahrhundert hatte diese Behörde erheblich weiter reichende Befugnisse im Finanz- und Münzwesen besessen.

Der Zugang zu den wichtigsten Gremien, Senat und Zehnerrat, entwickelte sich in der Frühen Neuzeit zum Privileg eines inneren Kreises besonders mächtiger und reicher Patrizierdynastien. So entstand eine Arbeitsteilung zwischen diesem inneren Kreis und weniger einflussreichen und ärmeren Familien, die die im 17. und vor allem im 18. Jahrhundert wenig beliebten Ämter in Übersee übernahmen. Im 18. Jahrhundert hatte sich so eine Plutokratie innerhalb des Patriziats ausgebildet, die deutlich weniger Interesse an Südosteuropa bekundete als einst die Eliten des 15. Jahrhunderts, die ihr Vermögen aus dem Seehandel und nicht aus oberitalienischen Manufakturen und Landbesitz erwirtschaftet hatten.[72]

Die Zugehörigkeit zum Patriziat bedeutete noch lange keinen Ausweis beruflicher Befähigung. Gerade kleinere, aber sicherheitspolitisch gefährdete südosteuropäische Besitzungen wurden oft von wenig qualifizierten, jedenfalls aber wirtschaftlich schwächer gestellten und oft auch jüngeren Statthaltern verwaltet. Im Spätmittelalter verweigerten gerade wohlhabende Patrizier die Annahme von Ämtern, insbesondere in Krisengebieten. Nicht nur hohe Kosten – oft hatten Rektoren auch den Sold für Soldaten vorzuschießen –, sondern auch Gefahr an Leib und Leben ließen den Dienst in exponierten Bezirken Südosteuropas unattraktiv erscheinen. Gewählte Amtsträger konnten durch hohe Bußen zur Übernahme von Funktionen gezwungen werden.[73] Gesandte

---

72 Eine ausführliche Übersicht über die Ämter bei Mosto, L'Archivio di Stato di Venezia, Bd. 1; Mueller, The Procurators of San Marco.

73 Siehe die vorangehende Anm. sowie O'Connell, Sinews of Rule; dies., Men of Empire, 57–74; Mueller, Immigrazione e cittadinanza; Schmitt, Das venezianische Albanien, 367–382.

hatten überdies erhebliche Teile des Repräsentationsaufwands selbst zu tragen. Da hohe Ämter aber Macht und Ansehen bedeuteten, vor allem aber die Ämtervergabe von den mächtigsten Patrizierdynastien strategisch betrieben wurde, ist die Bekleidung staatlicher Funktionen nur im Zusammenhang groß angelegter Unternehmungen zu verstehen, bei denen Familienverbände Amt und Geschäft verknüpften. Für das 15. Jahrhundert gut herausgearbeitet ist mittlerweile, dass Familien die Amtstätigkeit von Verwandten ausnutzten, um in bestimmten Regionen geschäftlich besonders aktiv zu werden. Die Unvereinbarkeit – zumindest Amtsträger durften keine Geschäfte in ihrem Verantwortungsbereich betreiben – wurde in der Praxis unterlaufen, was bei einer staatstragenden Elite, die aus adligen Geschäftsleuten bestand, wenig erstaunt. Die jüngere Forschung konnte nachweisen, dass wichtige Patrizierfamilien Wahlen in Rektoren(Statthalter-)ämter strategisch betrieben und dort geschäftlich aktiv wurden, wenn Verwandte Amtsfunktionen übernahmen.[74]

Eine zweite Gruppe von Ämtern standen den *cittadini originarii* offen – d. h. nichtpatrizischen Familien mit Bürgerrecht, die seit drei Generationen kein Handwerk ausgeübt hatten, sowie niederen Hilfsfunktionen.

Im 18. Jahrhundert wies Venedig ein ähnliches Verhältnis von Amtsträgern zur Bevölkerung auf wie Preußen oder England. Patrizische Ämter wurden durch Wahl im Großen Rat vergeben. Es herrschte eine in der Regel zweijährige Beschränkung der Amtszeit sowie ein Verbot der unmittelbaren Wiederwahl in dasselbe Amt. Die Statthalterposten waren Patriziern vorbehalten. Funktionen in den Hauptorten der Bezirke wie Kämmerer, Kanzler und Burghauptleute wurden oft von venezianischen Bürgern wahrgenommen. Zahlreiche weitere Ämter aber wurden von Einheimischen bekleidet: von kretischen Adligen, von *cittadini* auf den Ionischen Inseln, von Patriziern in den dalmatinischen Städten, aber auch von Bauern bzw. Hirtenkriegerführern. Hier führte Venedig wie im Rechtswesen ältere Ämter weiter, wenn diese venezianische Kerninteressen nicht einschränkten.

Die hohen Amtsträger in Übersee wurden in der Regel vom venezianischen Großen Rat für zwei Jahre gewählt. Die Statthalter erhielten schriftliche Instruktionen (commissiones), in denen Rechte und Pflichten festgelegt waren. Sie durften weder Geschäfte betreiben noch Familienmitglieder an ihren Dienstort mitnehmen (was, wie gezeigt, beides oft missachtet wurde). Sie erhielten einen kleinen Stab zugeteilt, in den großen Orten bestehend aus einem Kanzler, einem Kämmerer und einigen Knechten. In kleinen Besitzungen wurden die Statthalter im Spätmittelalter während ihrer zweijährigen Amtszeit von einem sehr bescheidenen Stab (ein Kanzlist, eine Handvoll Diener) begleitet. In größeren Orten kamen Amtsleute für die Finanzen (camerlengo) und das Heerwesen (capitaneus) hinzu. Insgesamt aber erwies sich im Spätmittelalter der Verwaltungsapparat als schlank. Garnisonen wurden nur nach militärischer Notwendigkeit eingerichtet und fehlten in weniger gefährdeten kleineren Besitzungen vollständig (so auf Curzola/Korčula im 15. Jh.). Die weitgehende Macht der Statthalter war formal eingeschränkt durch, wo vorhanden, Abkommen und Ortsrecht, durchgehend aber durch das informelle Gewicht örtlicher politischer Eliten und der

---

[74] Mueller, A Venetian Commercial Enterprise; ders., Pubblico e privato nel dominio veneziano; O'Connell, Men of Empire, 57–74.

Bevölkerung. Die neuere Forschung hat herausgearbeitet, dass gerade in der Adria venezianische Statthalter vergleichbar den hochmittelalterlichen *Podestà* in Italien eine Mediatorenrolle gegenüber politisch gespaltenen Ortsgesellschaften übernahmen und dass weniger zentralistische Eingriffe, sondern vielmehr das Bemühen um Konfliktbewältigung der Akzeptanz der venezianischen Herrschaft zugrunde lag. Die Notwendigkeit von Mediation und eine vergleichbare Tradition von Recht und Ämterwesen erklärt auch, weshalb Venedig in Dalmatien und Nordalbanien mit verhältnismäßig geringem Aufwand seine Herrschaft absicherte. Überwacht wurden die Amtsträger durch regelmäßige Inspektionen durch sog. *sindici* sowie durch zahlreiche Kontrollbehörden in der Metropole, die auch von Untertanen angerufen werden konnten, so die *Avvogadori de Comun*, die *Auditori novi* oder die Rechungsprüfbehörde (Avvogadori de Rason vechie).[75]

Die Einbindung einheimischer Eliten in das Ämtersystem trug wesentlich zur Stabilisierung der venezianischen Herrschaft bei (dazu s.a. unten Kap. 5.6.3: Tragende Eliten). Diese Ämter wurden durch örtliche Räte vergeben. Auf den Ionischen Inseln stellten sie einen wesentlichen Erwerbszweig der örtlichen Eliten dar. Die Amtszeit war beschränkt, eine Wiederwahl in der Regel ausgeschlossen, um eine möglichst breite Teilhabe zu gewährleisten. 1565 wurden aber auf Korfu wichtige Ämter von der letzteren Regel ausgenommen (*sindici*, Zensoren, die Verantwortlichen für Getreideverwaltung, Gesundheitsverwaltung u. Gefängnisverwaltung). Dafür war bisweilen Ämterkumulation möglich. Auf Kreta wurde 1326 festgelegt, dass die Hälfte der Ämter von den Lehensmännern und Nachkommen venezianischer Siedler bekleidet werden sollten. Die für die Sicherheit zuständigen *domini de nocte* wurden in Candia aus den Reihen der venezianischen Patrizier, in Réthymnon hingegen auch aus kretischen Adligen gewählt. Für die Überwachung von Preisen und der Qualität von Waren waren die *giustizieri* zuständig.[76]

Gekennzeichnet war das Ämtersystem in seiner Entstehung von den starken territorialen Schwankungen des venezianischen Gesamtstaates sowie von den sehr unterschiedlichen Verwaltungsstrukturen, die Venedig zum Zeitpunkt der jeweiligen Machtübernahme angetroffen hatte. Eine bereits erwähnte strukturgeschichtliche Unterscheidung betrifft den ehemals byzantinischen und den adriatischen Raum: Die Differenzen lagen im Recht (venezianisches u. adriatisches Statutenrecht sowie römisches Recht) und der Organisationsform (Kommunen mit Stadtrecht gegenüber fehlendem rechtlichen Unterschied zwischen Stadt u. Umland). Im ehemals byzantinischen Raum ist zu unterscheiden zwischen Gebieten, die Venedig unmittelbar von Byzanz übernahm (bzw. nach einer äußerst kurzen Herrschaft anderer Lateiner) wie Kreta, Koron und Modon, sowie Regionen, die über sehr lange Zeit hinweg vom Feudalsystem der fränkischen Kreuzfahrer geprägt waren wie Korfu, Negroponte und Zypern (s. HGSOE, Bd. 1,2, Beitrag SAINT-GUILLAIN, Kap. 14.3.7). Eine dritte Kategorisierung untergliedert die Besitzungen in Flächengebiete (Kreta, Korfu, Negroponte, Zypern, 1685–1715 Morea) sowie Häfen mit ihrem unmittelbaren Umland

---

75 ORLANDO, Politica del diritto, amministrazione, giustizia; SCHMITT, Das venezianische Albanien, 326–328; DERS., „Altre Venezie"; DERS., Addressing Community; O'CONNELL, Men of Empire, mit einer Ämterliste, als Appendix A; Eine außerordentliche genaue Darstellung der venezianischen Ämterverfassung eines anonymen französischen Verfassers des frühen 16. Jh.s findet sich in: Descripcion ou Traicté du gouvernement et régime (Hgg. BRAUNSTEIN/MUELLER).

76 PAPADAKE, Τοπικοί αξιοματούχοι και υπάλληλοι.

(dalmatinische u. nordalbanische Stadtbezirke, moreotische Häfen wie Koron, Modon oder Nauplia), wobei alle wichtigen Orte am Meer lagen.[77]

Die territoriale Gliederung des Überseereiches beruhte ursprünglich auf dem Prinzip der Bilateralität zwischen Metropole und der jeweiligen Besitzung. Dies spiegelte das Verhältnis zum Zeitpunkt der venezianischen Übernahme der Verwaltungsgeschäfte wider. Venedig nahm in der Regel Rücksicht auf bestehende Strukturen; dies galt nicht in den kurz nach 1204 eroberten byzantinischen Gebieten, in denen gezielt das römisch-byzantinische Recht durch venezianisches Recht ersetzt wurde, um jede Kontinuität und byzantinische Restauration zu unterbinden. Umgruppierung und Konzentration mit dem Ziel einer zentralisierteren regionalen Verwaltung wurden von Venedig nicht im Sinne einer klaren Strategie betrieben. Vielmehr sind sie das Ergebnis verwaltungspraktischer oder sicherheitspolitischer Notwendigkeiten, die oftmals auf Wunsch venezianischer Untertanen zustande gekommen sind: so die Einrichtung regionaler Appellationsgerichte etwa im dalmatinischen Zadar oder dem nordalbanischen Skutari/Shkodra (15. Jh.) zur Vermeidung langer Reisen von Prozessparteien nach Venedig; oder die Bündelung von militärischen Kommandostrukturen gegen die osmanische Bedrohung, da eine rein auf Kleinbezirke gestützte Organisation mit der Verteidigung überfordert war. Das System der Bilateralität setzte gerade in Dalmatien und Nordalbanien bestehende regionale Rivalitäten zwischen Stadtkommunen fort (etwa zwischen Pag u. Zadar oder zwischen Ulcinj u. Bar, zwischen Shkodra u. Drisht/Drivasto), wobei die venezianischen Amtsträger sich dem Sog dieser alten Konflikte nicht immer entziehen konnten und der konservative Charakter der Territorialgliederung derartige Spannungen bewahren half. Dieser Grundzug der venezianischen Verwaltung setzte sich auch in der frühen Neuzeit fort, so bei den Gebietserwerbungen in Dalmatien, dem sog. *Acquisto nuovo* (1699) und dem *Acquisto nuovissimo* (1718), d. h. der Rückeroberung von Gebieten, die sich von dem kommunal geprägten dalmatinischen Küstenstreifen nach Jahrhunderten osmanischer Herrschaft und der Einwanderung orthodoxer Hirtengemeinschaften (Morlaken) gesellschaftlich und konfessionell unterschieden. Venedig legte zum einen Wert auf die Regulierung der Grenze (1675 sog. Linea Nani, um 1700 die sog. Linea Grimani). Es dehnte in Mitteldalmatien den *contado* (Landbezirk) Zadar an die Grenze hin aus und unterteilte ihn in Distrike (kotari), in denen stufenweise eine venezianische Militärgrenze aufgebaut wurde.

Venedig selbst brachte die Bedeutungsunterschiede zwischen den einzelnen Besitzungen durch eine Abstufung der Amtstitel der jeweiligen Statthalter zum Ausdruck, die freilich, wie die gesamte venezianische Verfassung, einem steten Wandel unterlagen, sowie in der Frühen Neuzeit vor allem durch die Schaffung von großen Militärbezirken in Dalmatien, den Ionischen Inseln und auf Kreta. Als Überbegriff für die Statthalter wurde der Terminus „Rektor" verwendet. Den höchsten Amtstitel trug der Statthalter von Kreta (Duca di Candia); es folgten die *Baili* (Korfu, Durazzo/Durrës, aber auch das Oberhaupt der venezianischen Niederlassung in Konstantinopel), *comites* (Skutari/Shkodra, Zara/Zadar), *capitanei* (oft in Verbindung mit dem Titel *comes*) schließlich *Podestà* (etwa im nordalbanischen Drisht). In größeren Orten wie Zadar residierte ein Gouverneur, unterstützt von einem *capitaneus*, dem Militärkommandanten.

---

77 Cozzi, Repubblica di Venezia e Stati italiani, 227–232.

Die Ämterstruktur in Überseebezirken veränderte sich vom Mittelalter zur Frühen Neuzeit nur graduell. Die Veränderungen wurden maßgeblich von der osmanischen Bedrohung hervorgerufen. Sie erfolgten, typisch für Venedig, schrittweise, durch die Verstetigung von ursprünglich ad hoc beschlossenen Maßnahmen. Ab dem frühen 16. Jahrhundert lässt sich der *Provveditore general da mar* (oder: *di Levante*) auf Korfu nachweisen. Das Provisoren-Amt war zunächst nur vorübergehend eingerichtet worden. Regelmäßig wurde das Amt ab dem ausgehenden 16. Jahrhundert besetzt. Dieser Generalaufseher kommandierte die venezianische Flotte in der Südadria und amtierte neben dem Bailo, dem seit 1386 bestehenden Statthalteramt. Er besaß die Vollmacht, Verordnungen ohne vorherige Zustimmung der Zentralbehörden zu erlassen. 1645 erscheint die Amtsbezeichnung *Provveditor general delle tre isole*, dem auch die Außenbesitzungen in Epirus und Akarnanien zugewiesen waren. Ebenfalls im Laufe des 16. Jahrhunderts entwickelte sich auf Kreta das zunächst zeitlich beschränkte Amt des *Provveditore generale* zu der dauerhaften Funktion eines Generalstatthalters, der sich über das bestehende Amt des *Duca di Candia* schob. Kraftvolle Amtsinhaber wie Giacomo Foscarini in den 1570er Jahren trugen zu dieser Veränderung bei. Zu Beginn des 17. Jahrhunderts festigte sich im dritten Hauptbezirk – neben Kreta u. den Ionischen Inseln – das seit 1511 belegte Amt des *Provveditore generale in Dalmazia e Albania*, das aus dem Amt des Admirals der Adriaflotte hervorgegangen war. Dieser Generalstatthalter, gewählt für 22 Monate Dienstzeit, wirkte zwischen den Stadtbezirken seines Amtsbereichs als Vermittler und vertrat diesen in den Außenbeziehungen zur osmanischen Verwaltung, primär in Bosnien, sowie gegenüber dem Habsburgerreich und Dubrovnik; er wirkte als Oberkommandierender der regionalen See- und Landstreitkräfte.[78]

Das Beispiel Korfus veranschaulicht die Pfade venezianischer Behördengeschichte: Seit dem Beginn des 16. Jahrhunderts amtete neben dem Bailo als Statthalter der Insel immer wieder ein Provisor, deren Kompetenzen sich überlappten. Zuständig war der Provisor in erster Linie für Bau und Unterhalt der Festung sowie für die Verteidigung. 1574 wurde das Amt mit jenem des Burghauptmanns zusammengelegt und die Kompetenzen erweitert auf Getreideverwaltung, Verwaltung der Salinen und der öffentlichen Kassa. Der Bailo siedelte von der Festung in die Vorstadt (borgo) um, wo er als Richter amtete und die Ratsversammlungen der Korfioten leitete. Damit war eine räumliche und kompetenzmäßige Entflechtung vollzogen. Zuvor aber hatten die Zentralbehörden die sich überschneidenden Befugnisse nicht als stoßend empfunden, sondern jahrzehntelang mit der Entfristung des Provisorenamtes zugewartet. Dieses überflügelte schließlich das ursprüngliche Statthalteramt an Bedeutung.[79]

Die meisten Statthalter unterstanden unmittelbar den Behörden in der Hauptstadt. Ausnahmen bildeten sehr kleine und abgelegene Besitzungen, die dem Statthalter des nächstgelegenen bedeutenderen Bezirks zugeordnet waren, so Nin dem Bezirk Zadar und Poljica der Verwaltung in Split, das nordalbanische Drisht dem *comes* von Shkodra (in allen Fällen war dies Quell dau-

---

[78] STANOJEVIĆ, Dalmatinske krajine, 28–33; MAYHEW, Dalmatia between Ottoman and Venetian Rule, 149–151.

[79] Zur Verwaltungsgeschichte die Arbeiten von Alain Major, Ivan Pederin, Angelike Panopulu; SCHMITT, Das venezianische Albanien, 324–326; PANKRATES (Hg.), Οι εκθέσεις, 15; NOVAK, Kada i kako je došlo do formiranja službe generalnog providura Dalmacije i Albanije; DIES., Zadar glavni grad mletacke Dalmacije i Albanije.

ernder Konflikte), Butrint und Parga dem Bailo von Korfu oder im 16. Jahrhundert Íthaka (ital. Val di Compare) dem Statthalter von Kephallenía. Lepanto unterstand lange Korfu, erhielt aber 1470 einen eigenen *Provveditore*. Die Inseln Tínos und Mýkonos wurden von Rektoren verwaltet, die bis 1470 vom Bailo in Negroponte abhingen. Dann wurde Tínos dem Statthalter von Candia zugewiesen. Korfu zugeordnet waren die Insel Paxoí sowie die epirotischen Außenposten Butrint (mit reichen Fischzuchten) und Parga. Die Inseln Kephallenía und Zákynthos wurden je von einem *Provveditore* verwaltet. Das 1684 eroberte Santa Maura/Leukás wurde von einem *Provveditore* (zunächst *estraordinario*) regiert.[80]

Auf der untersten Verwaltungsebene, den Dörfern, bestanden ebenfalls erhebliche regionale Unterschiede. Im spätmittelalterlichen Korčula etwa verwalteten sich selbstbewusste Dorfgemeinden weitgehend selbst, mit eigener Versammlung und eigenen Behörden wie Flurhütern und Dorfwächtern (pudarii, gastaldiones). In Nordalbanien stützte sich Venedig auf Dorfchefs und Kleinadlige (Pronoiare), die die alten Dorfgemeinschaften nach Bestätigung durch die Republik regierten. Wesentlich schwächer waren institutionell die Dorfgemeinschaften auf Kreta. Deren Vertreter – „Geschworene", *homotes, motti, omoti, zuradi* – zogen Abgaben ein, kommunizierten mit vorgesetzten Behörden, teilten die Fronen auf, wurden aber von venezianischen Burghauptleuten und den Besitzern von Lehen überwacht und eingeschränkt. Im Gegensatz zu curzolanischen Dörfern durften sie keine eigenen Petitionen nach Venedig schicken.[81]

Im adriatischen Raum übernahm Venedig kommunale Verwaltungsstrukturen, die jener der Metropole glichen. Die Adria bildete traditionell einen gemeinsamen Rechtsraum, in dem ab dem frühen 13. Jahrhundert Ortsrecht in Statuten verschriftlicht wurde, ein Prozess, den Notare durchführten, die im ganzen Adriaraum tätig waren. Die adriatischen Stadtgemeinden nahmen auch sozialgeschichtlich eine mit Venedig vergleichbare Entwicklung, so durch die Ausdifferenzierung zwischen ratsfähigem Patriziat und von den Ämtern ausgeschlossenen *Popolani* (14. Jh.). Die venezianische Herrschaft beruhte auf Verträgen, in denen Venedig als machtpolitisch überlegener Partner den ostadriatischen Kommunen die Achtung des Ortsrechts und bestehender Ämterstrukturen zusicherte. Die jüngere Forschung hat in Abgrenzung zu älteren Kolonialismusmodellen den Vertragscharakter der venezianischen Herrschaft besonders betont; die Edition zahlreicher einschlägiger Abkommen und der neue Blick auf den kompositen Charakter der venezianischen Herrschaft machen überdies die Ausdehnung dieses Modells von Bergamo bis in den südadriatischen Raum sichtbar.[82] Die dalmatinischen Stadtkommunen besaßen eigene Räte, die wie in Venedig den Patriziern vorbehalten waren. In vielen Kommunen formierte sich seit dem 14. Jahrhundert heftiger Widerstand der *Popolani* gegen das patrizische Machtmonopol. Besonders im 15. Jahrhundert, als zahlreiche Patrizier noch mit dem Königreich Ungarn sympathisierten, för-

---

80 KNAPTON, Tra dominante e dominio, 384; PANOPULU, Η διοικητική οργάνωση; PAPADAKE, Αξιώματα στη βενετοκρατούμενη Κρήτη; SCHMITT, Geschichte Lepantos unter der Venezianerherrschaft.

81 LAMPRINOS, Οι κάτοικοι της κρητικής υπαίθρου; SCHMITT, Storie d'amore, storie di potere; DERS., „Altre Venezie"; DERS., Addressing Community.

82 Verwiesen sei auf die Reihe Pacta Veneta, Hg. Gherardo ORTALLI; ORLANDO, Politica del diritto, amministrazione, giustizia; RIZZI, Dominante e dominati.

derte Venedig die Nichtpatrizier als politisches Gegengewicht auf örtlicher Ebene. Eigene institutionalisierte Ratsversammlungen der *Popolani* ließ Venedig nicht zu, doch förderte es Petitionsgesandtschaften der Nichtpatrizier. Kommunale Räte waren stark in die Rechtssprechung, vor allem die Zivilgerichtsbarkeit, eingebunden. Niedere Verwaltungsämter wurden ebenfalls von den örtlichen Räten vergeben.[83]

Im griechischen Raum ist, wie erwähnt, zu unterscheiden zwischen den zu Beginn des 13. Jahrhunderts von Byzanz eroberten Gebieten (v. a. Kreta u. die Kykladen) sowie den von Kreuzritterherrschaften übernommenen Besitzungen auf den Ionischen Inseln (sowie Zypern). Die größte Flächenprovinz, Kreta, war seit Beginn des 14. Jahrhunderts in vier Bezirke unter Rektoren aufgeteilt, die ihrerseits in Burghauptmannschaften (castellanie) gegliedert waren. Die abgelegene und unruhige Region Sphakiá im Westen der Insel wurde von einem *Provveditore* verwaltet, der nicht in Venedig, sondern von den Behörden in Candia aus dem Adel von Chaniá gewählt wurde. Die Verwaltung unterstand dem Herzog (duca) von Candia. Die Truppen befehligte ab 1367 ein *Capitano grande* oder *general*, der im 16. Jahrhundert seine Befugnisse auf die Zivilverwaltung ausdehnte. Wie in Dalmatien und auf Korfu übernahm im 16. Jahrhundert – dauerhaft ab 1569 – ein *Provveditore general* als Statthalter die Amtsgeschäfte mit Kontrolle über Militär- wie Zivilverwaltung.[84] Auch auf den Ionischen Inseln und auf Kreta bestanden starke einheimische Vertretungen. Auf Kreta war das System jenem der Mutterstadt nachgebildet, da auf der Großinsel zahlreiche venezianische Patrizier lebten. Auf den Ionischen Inseln bestanden die Räte hingegen aus Einheimischen. Wie in Venedig betrieben die Vornehmen eine Abschließung der Ratsgremien. Ab 1489 wurde auf Korfu ein Rat der 150 gewählt; eine *serrata* hatte bereits 1440 stattgefunden. 1565 wurden neue Familien aufgenommen, 1582 die Adligen registriert (libro d'oro). Auf Zante erfolgte 1562 eine vergleichbare Entwicklung (Rat der 150), während auf Kephallenía der Zugang offener war. Dort kamen zu Ratssitzungen zwischen 360 und 1.000 Männer zusammen.

Auf Kreta hatte sich bis 1463 eine eigentliche Adelsschicht herausgebildet. Dieser standen die Bürger/*cittadini* gegenüber, die sich aus katholischen italienischen Zuwanderern, davon nicht alle venezianischer Herkunft, zusammensetzten, zu denen in der Folge angesehene einheimische Handwerker stießen, sowie Flüchtlinge aus der Morea. Diese auch in Dalmatien zu beobachtende Dreiteilung der Gesellschaft – Adel/Patriziat, Bürger, Umwohner ohne Bürgerrecht – war dem stadtvenezianischen Gesellschaftsmodell nachgebildet. Lediglich in der Kleinstadt Sitia/Seteía im Osten der Insel gelang es Bürgern, in den zahlenmäßig schwachen (1584: 64 Männer) Adel aufgenommen zu werden. Ansonsten geschah dies erst während des Krieges von 1645–1669, als die alte Gesellschaftsordnung schwer erschüttert und in der belagerten Hauptstadt Candia der Wehrwille der Bürger zu belohnen war. Die *cittadini* traten auch in Kreta nachdrücklich für ihre Rechte ein, zu denen Ratszugang und die Entsendung von Gesandtschaften gehörten. In Réthymnon wandten sich die Bürger im 16. Jahrhundert auch gegen Versuche des Adels, die Preise von Grundnahrungsmitteln einseitig festzulegen. Venedig band die Bürger an sich, indem es diesen

---

83 Vgl. die Arbeiten in Anm. 81.

84 PANOPULU, Η διοικητική οργάνωση; O'CONNELL, The Castellan in Local Administration.

bestimmte Ämter vorbehielt, was die Bürger ihrerseits dazu bewog, sich ab ca. 1550 gegenüber anderen Schichten als sozioprofessionelle und privilegierte Gruppe abzuschließen. Die Vergabe der begehrten lokalen Ämter, eine Kernbefugnis der Räte, führte oft zu Spannungen und wiederholten Tumulten. Auf Kreta wurden im 16. Jahrhundert die Ämter zwischen Venezianern und Orthodoxen geteilt. In Chaniá saßen 1549 97 Venezianer und 111 Kreter im Rat, der Ämter vergab, die venezianischen Vorbildern nachgeahmt waren (provveditori del commun, giustizieri, giudici del proprio, giudici del petizion).

Eigentliche Landtage für die Generalgouvernements hingegen entstanden nicht, und eine Gesamtvertretung etwa Dalmatiens oder aller griechischer Besitzungen bildete sich nicht heraus, weniger wegen venezianischer Abwehrhaltung, sondern weil die meisten Bezirke ihren Nachbarn in traditioneller Feindschaft gegenüberstanden.[85]

Als Venedig ab 1684 die Morea (Peloponnes) zurückeroberte, übernahm es erstmals ein Gebiet, das über sehr lange Zeit osmanisch beherrscht war – bis dahin hatten jeweils die Osmanen venezianische Gebiete militärisch unterworfen. Die Errichtung einer Verwaltung erfolgte unter ungünstigen Umständen: Die Morea wurde schrittweise bei anhaltenden Kampfhandlungen gewonnen; die Halbinsel nahm sowohl Flüchtlinge aus Mittelgriechenland auf wie sie muslimische Bevölkerung abgab. Die Morea litt schwer unter den Kampfhandlungen und der allgemeinen Unsicherheit. Venedig trat dennoch mit dem Anspruch an, eine europäische Verwaltung auf den Südbalkan zu übertragen. Dieses Experiment hatte die Forschung seit Leopold von Rankes Arbeit beschäftigt. Wie in Dalmatien und auf Korfu wurde ein Generalgouverneur (provveditore general) eingesetzt. Die Morea wurde in vier Bezirke unterteilt: Romania mit dem Hauptort Náuplion; Lakonien mit Monemvasía; Messenien mit Navaríno; Achaia mit Patras. Die Bezirke wurden jeweils von einem *provveditor* verwaltet, dem ein *rettore* für die Justiz sowie ein *camerlengo* für die Finanzen beigesellt waren. Jeder Bezirk besaß eine eigene Finanzverwaltung (Kammer) unter einem *camerlengo*, dem Verwaltungspersonal zugeordnet war (rasonato, quadernier, scontro fiscale, esattore, fante/cavalier). Besondere Bedeutung kam den Stadtgemeinden zu, deren Eliten das Umland auch fiskalisch kontrollierten. Regiert wurden sie von Räten, die sich in wenigen Jahren gegenüber den nicht ratsfähigen Familien abschlossen.[86]

In Dalmatien war die Ausbildung der Verwaltungsstruktur mit der endgültigen Stabilisierung der Grenze 1718 abgeschlossen. Die von einem Generalprovisor mit Sitz in Zara regierte Provinz zerfiel in 22 Bezirke unter der Verwaltung venezianischer Patrizier, den Militärbezirk Narenta/Neretva unter einem *sopraintendente* sowie die selbstverwaltete Hochebene Poljica bei Split. Die 22 Bezirke von Norden nach Süden waren: Veglia/Krk, Cherso/Cres mit Ossero/Osor, Arbe/Rab, Pago/Pag, Nona/Nin, Zara/Zadar mit den vorgelagerten Inseln, Sebenico/Šibenik, Traù/Trogir, Spalato/Split, Almissa/Omiš, Macarsca/Makarska, Curzola/Korčula, Lesina/Hvar mit Lissa/Vis, Brazza/Brač, sowie im Hinterland: Tenin/Knin, Signo/Sinj, Imoschi/Imotski und Clissa/Klis; die

---

85 Ausführlich Papadia-Lala, Ο θεσμός; Cozzi/Knapton/Scarabello, La Repubblica di Venezia nell'età moderna, Bd. 2, 384–386, 388; Lamprinos, Οι cittadini, 80–104.

86 Papadia-Lala, Ο θεσμός, 465–500; Taktikos, Δημόσιες οικονομικές υπηρεσίες στην Πελοπόννησο; Pinzelli, Venise et la Morée, 398–401.

Bucht von Cattaro/Kotor war unterteilt in die Bezirke Cattaro, Castelnuovo/Herceg Novi und Budua/Budva. Der Generalprovisor war die oberste politische, militärische und juristische Instanz der Provinz und stützte sich auf einen entsprechenden Verwaltungsapparat mit Sekretariat (segretaria) unter einem *primario*, Finanzwesen (raggioneria), einer Kanzlei für Grenzfragen (cancelliere al confine), einem auf Veglia residierenden Beauftragten für die Beziehungen zum ungarischen Littorale, einem Archivar (generalicio), einem Dolmetscher für das Kroatische und einem Amtsarzt (protomedico). Die Bezirke Cherso-Ossero, Arbe, Veglia, Pago, Nona, Brazza und Almissa wurden von einem *conte* verwaltet; Sebenico, Traù, Split, Lesina und Curzola von einem Statthalter mit dem Titel *conte-capitano*. Die weit im Süden politisch exponiert gelegene Bucht von Cattaro unterstand einem außerordentlichen Provisor, dem ein Provisor in Castelnuovo und ein *Podestà* in Budua zugewiesen waren. Die neu eroberten Gebiete im Binnenland unterstanden den Provisoren als Militärkommandanten (Tenin, Signo, Imoschi, Clissa, Macarsca), die außerhalb ihrer Dienstorte die Verwaltung den *harambassa* genannten Anführern gentiler Kriegerverbände und Dorfältesten überließen.[87]

Das venezianische Verwaltungssystem stützte sich in allen Provinzen auf Hafenfestungen. Die Durchdringung des Binnenlandes erwies sich in den Flächenprovinzen als bedeutend schwieriger, da Venedig hier von der Zusammenarbeit mit örtlichen Eliten abhängig war. Um 1700 gelang die Einrichtung von Flächenprovinzen neuen Typs in Dalmatien, wo im Hinterland eine Militärverwaltung geschaffen wurde, um die orthodoxen Hirtenkrieger an die Republik zu binden; in der Morea hingegen schuf das Bündnis mit städtischen Eliten, die die ländliche Bevölkerung steuerlich überforderte, derartigen Unfrieden, dass die Legitimität der venezianischen Herrschaft unterminiert wurde.

5.6.1 Verwaltungspersonal und Verwaltungspraxis

Die Verwaltung in den überseeischen Bezirken war um zwei Institutionen herum aufgebaut: die Kanzlei und die Kammer. Die Verschriftlichung der Verwaltungsgeschäfte erreichte bereits im 15. Jahrhundert ein ungewöhnlich hohes Niveau. Viel von der Alltagsschriftlichkeit, vor allem kleinerer Ämter, sowie Akten der Strafjustiz ist jedoch skartiert worden; Archive wie jenes von Hvar vor 1570 fielen osmanischen Angriffen zum Opfer; Teile des kretischen Archivs gingen bei der Überführung nach Venedig im Zuge der Räumung der Insel nach 1669 verloren. Durch einen Zufall hat sich für die Insel Korčula fast der gesamte Archivbestand der venezianischen Periode (1420–1797) erhalten. Die administrative Durchdringung der Insel wird etwa anhand der täglichen Flurschadensberichte deutlich, die aus den Dorfgemeinden an die Bezirksverwaltung in Korčula-Stadt übermittelt wurde. Eine außerordentliche Dichte mit ausgeprägter Schriftlichkeit belegen die zahlreichen Zivil- und Strafprozesse, die der *comes* mit einheimischen Beisitzern zu bewältigen hatte. Venedig hatte diese Strukturen nicht aufgebaut, sondern 1420 von der Kommune Korčula übernommen, die der adriatischen Rechtswelt angehörte und bereits vor 1420

---

[87] Peričić, Dalmacija uoči pada mletačke republike, 23–26.

zeitweise venezianisch verwaltet worden war. Die Amtsträger stammten – mit Ausnahme des venezianischen Statthalters u. seines Kanzlers – im 15. Jahrhundert ausschließlich aus der örtlichen Gesellschaft: Patrizier als Beisitzer des Gerichts, Patrizier im Rat der Insel, dann aber von den Dorfgemeinden gewählte Flurwächter und Amtmänner, die täglich Kontrollgänge vornahmen und regelmäßig schriftliche Berichte erstatteten. Die Flurschadensberichte aus den Dorfgemeinden belegen die durchgehende Verschriftlichung auch von Bagatellangelegenheiten im ländlichen Raum des venezianischen Küstendalmatien.[88]

Die mit Abstand größte Kanzlei bestand in der wichtigsten Flächenprovinz, der Insel Kreta. Der Großkanzler für Kreta wurde vom venezianischen Großen Rat aus dem Kreis der venezianischen *cittadini* gewählt. 1556 wurde eingeschärft, dass der Kanzler das Amt persönlich zu übernehmen hatte. Die Bedeutung des Amtes zeigte sich den Untertanen allein schon daran, dass bei Prozessionen und öffentlichen Auftritten der Groß-Kanzler in nächster Nähe zum Herzog (duca) einherschritt. Dem Groß-Kanzler unterstanden auf Lebenszeit eingesetzte Beamte, Notare, die aus dem Kreis der kretischen *cittadini* rekrutiert wurden. 1435 beschränkte der venezianische Senat deren Zahl auf zwölf und verbot die Einstellung von Orthodoxen. Dem zum Trotz entwickelte sich ein griechisches Amtsnotariat, das sich in den Händen beruflich spezialisierter Familien befand. Um 1600 arbeiteten 30 Männer, Notare und Hilfsnotare, in der Kanzlei von Candia. Venedig legte besonderen Wert auf die Überprüfung der beruflichen Befähigung und der Zugehörigkeit der Kandidaten zum Stand der *cittadini*. Im dalmatinischen Hauptort Zadar hatten die Notare und Kanzleimitarbeiter (collaterales, commilitones, coadjutores) venezianische Bürger zu sein. In den Provinzen lief neben den Rechtsgeschäften auch die Ausstellung von Exportbescheinigungen (sog. bullette) über die Kanzleien. Die Kanzlei trug auch Sorge für die Archivierung des Verwaltungsbestandes; diesem Thema galt beispielsweise auf Kreta im 17. Jahrhundert gleich mehrfach die Aufmerksamkeit der Behörden.[89] In Dalmatien rekrutierten sich die Notare ebenfalls aus örtlichen Eliten; sie wurden ab der Mitte des 18. Jahrhunderts von den *Conservatori ed esecutori delle leggi* überwacht und von den jeweiligen Ortsräten besoldet. Während die Notare in den größeren Städten (in Zadar gab es 1774 deren sechs) im 18. Jahrhundert italienisch urkundeten, verwendeten die *župnici* im ländlichen Raum das Kroatische.[90]

Das System der Kammern, als zweites Herzstück der Verwaltung, bestand in der Regel zumindest aus einem Kämmerer, der den jeweiligen Rektor für dessen Amtszeit begleitete. Es handelt sich um in Venedig ernannte Amtsträger, die bisweilen – so im spätmittelalterlichen Zadar – auch Zusatzaufgaben wahrzunehmen hatten, etwa durch die Verbindung ihres Amtes mit der Funktion eines Burghauptmanns. Im 16. Jahrhundert überprüfte in Zadar das Amt des *advocator physicalis* die Steuerpächter. In Landbezirken, etwa in Albanien im 15. Jahrhundert, und auf den Ionischen

---

88 SCHMITT, Korčula sous la domination de Venise; genannten Arbeiten; zu Korčulas ländlicher Gesellschaft im 15. Jh. bietet seit Kurzem die Arbeit von Fabian Kümmeler (Korčula. Ländliche Lebenswelten und Gemeinschaften) umfassende Einblicke.

89 PAPADAKE, Βενετική πολιτική και γραφειοκρατική οργάνωση στον Χάνδακα; PEDERIN, Die venezianische Verwaltung und ihre Organe, 133–135.

90 PERIČIĆ, Dalmacija uoči pada mletačke republike, 27f.; LAMPRINOS, Οι cittadini, 90–95.

Inseln waren alte (quasi-)feudale Besitz- und Abgabensysteme beibehalten worden. Am besten erforscht ist derzeit die Finanzverwaltung auf den Ionischen Inseln. Die Grenzen der venezianischen Macht gerade in der Finanzverwaltung werden dabei deutlich. Der *Provveditore general da mar* hatte an venezianischen Beamten nur einen Kanzler und einen Angehörigen des *Collegio dei ragionati* bei sich und sah sich ansonsten ganz auf griechisches Personal angewiesen. Eine rationale Verwaltung scheiterte an der Vielzahl von Maßen und Gewichten, den vielen umlaufenden Währungen und dem starken Schmuggel. Sogar venezianische Münzen wurden zu unterschiedlichem Wert berechnet. Dabei trug Venedig selbst zu dieser Verwirrung bei, da es die Zecchine, in der Löhne berechnet wurden, in Übersee zu einem für Amtsträger ungünstigeren Kurs berechnete und die Differenz als Gewinn im Staatsbudget verzeichnete. Schon 1581 beklagten Revisoren die „große Konfusion" in den Rechnungen der großen Provinzen Kreta und Korfu. Als Revisionsamt wurden die *Revisori e regolatori della camera* eingerichtet. Wegen der von oft unkundigen und nachlässigen griechischen Beamten geführten Buchhaltung nahm die Überprüfung in Venedig im 18. Jahrhundert Wochen in Anspruch. Die Revision erstickte förmlich an dem Wust schwer verständlicher Abrechnungen.

Die tiefere Ursache lag in der Amtsstruktur vor Ort: Wesentliche Kammerangestellte wurden von örtlichen Räten gewählt und vertraten regionale Sonderinteressen. Die rasch wechselnden und oft schlecht vorbereiteten venezianischen Statthalter waren von ihnen abhängig und vermochten sie nicht zu kontrollieren. Die Untertanen verbanden ebenso wie die venezianischen Patrizier Amt und Geschäft. Auch in der 1684 eroberten Morea entstanden bald erhebliche Schwierigkeiten, da sich die Finanzverwaltung der Flotte und der Zivilverwaltung überlappten. 1721 wurde ein im Druck verbreitetes Reglement zur Finanzverwaltung in der Levante herausgegeben. In den 1740er Jahren modernisierte Venedig die Rekrutierung des Verwaltungspersonals in seinen oberitalienischen Besitzungen, scheiterte aber in Übersee an mangelnden beruflichen Fähigkeiten und schlechten Italienischkenntnissen des Personals. Dieses missachtete Reglements und widersetzte sich der Rationalisierung der Verwaltung, die als Instrument zur Selbstbereicherung der venezianischen Patrizier angesehen wurde. Um 1750 misslang schließlich auch die Vereinheitlichung des Münzwesens (Gold-/Silber-/Kupfer-Zecchine).

Die Finanzverwaltung von Venezianisch-Südosteuropa war also nicht die Erfolgsgeschichte, die auf den ersten Blick von einem Kaufmannsstaat erwartet würde. Ähnliches gilt insgesamt für die Verwaltungspraxis. Das schon im Mittelalter hohe Ausmaß der Verschriftlichung von Verwaltungsvorgängen führte bei gleichzeitiger Unübersichtlichkeit der Verwaltungsstrukturen, bei einem konservativen Institutionenapparat, zahlreichen Doppelgleisigkeiten, konstanten Kleinreformen und Veränderungen zu einer schwer handhabbaren Bürokratie, die im 18. Jahrhundert Gegenstand eingehender Reformdebatten war. Die schwerfällige Bürokratie, lange Kommunikationsweise sowie die Abhängigkeit der venezianischen Behördenvertreter in Übersee erklären auch die in vielen Beschreibungen erwähnte offenbar endemische Korruption. Auf den Ionischen Inseln des 18. Jahrhunderts etwa drangen venezianische Amtsträger gegen Netzwerke aus griechischen Beamten und griechischen Adligen kaum durch, deren Gewaltakte in örtlichen Fehden ungeahndet bleiben mussten. Dass dies kein neues Phänomen war, zeigen Beispiele aus dem spätmittelalterlichen Korčula. Korruption und Amtsmissbrauch begleiten aber auch die venezianischen

Amtsträger, die, fernab der Mutterstadt, oft frei schalten und walten konnten. Das Räderwerk der Kontrollinstanzen entwickelte über die Jahrhunderte hinweg trotz zahlreicher Prozesse keine hinreichende Abschreckung, zumal Richter wie Angeklagte dem selben sozialen Stand angehörten.

Das Beispiel Venezianisch-Südosteuropas zeigt die Grenzen eines vormodernen Staates auf, der mit geringem externen Verwaltungspersonal auf die Unterstützung und den Konsens örtlicher Eliten angewiesen war, gegen deren (passiven) Widerstand Reformen der Zentrale nicht durchsetzbar waren.[91] Bei der Bewertung hat man dennoch Vorsicht walten zu lassen. Gerade im 18. Jahrhundert wurden die Schattenseiten des Systems besonders angeprangert, dies vor dem Hintergrund von Aufklärung und heraufziehender Französischer Revolution. Dass sich die Untertanen aber gegen Venedig in der Frühen Neuzeit nicht erhoben – Widerstand (s. u. Kap. 5.12) war zumeist gegen örtliche Eliten gerichtet –, verweist auf eine Akzeptanz der Herrschaft, auf die venezianische Statthalter in ihren Schlussrelationen gerne und entsprechend staatstragend hinwiesen. Schon hervorgehoben wurde, dass die Erzählung eines linearen Niedergangs von der Quellenevidenz widerlegt wird – maßgebliche Missstände lassen sich bereits im Spätmittelalter auf dem Höhepunkt venezianischer Macht beobachten. Nötig wären vor endgültigeren Urteilen mehr und detailliertere Arbeiten zu Institutionen und Verwaltungspraxis wie sie für das italienische Festland bereits vorgelegt worden sind.[92]

5.6.2 Finanzsystem

Grundlage des Systems direkter Abgaben war Landbesitz. Als Eroberer vergab Venedig im 13. Jahrhundert auf Kreta Lehen an Venezianer; im Laufe der Zeit gelangten auch Orthodoxe an derartige Vergaben. In den feudal geprägten Gebieten wie den Ionischen Inseln trat Venedig als Nachfolger der vorherigen Landesherren auf und verlieh ebenfalls Grund und Boden. Ähnliches gilt für das spätmittelalterliche Nordalbanien mit seinem byzantinisch-serbischen Pronoiasystem (vgl. Beitrag 1, SCHMITT, Kap. 1.14.8). Auf Zypern und Korfu zog Venedig Landgüter an sich und vergab diese als Lehensherr an den regionalen Adel. Die Einziehung von Abgaben erfolgte in der Frühen Neuzeit vielerorts durch Steuerpacht, die oft von regionalen Eliteangehörigen übernommen wurde. Gerade dies aber öffnete Unterschleif Tür und Tor, wie etwa das Beispiel der Insel Zákynthos im frühen 17. Jahrhundert belegt. Dort entrichteten die Steuerpächter über Jahre hinweg keine Abgaben an Venedig. 1626 verbot der Senat die Vergabe von Pachten an derart unzuverlässige Unternehmer.[93]

---

91 PEDERIN, Die venezianische Verwaltung und ihre Organe, 113–116; ARBEL, Venice's Maritime Empire, 219f.; COZZI/KNAPTON/SCARABELLO, La Repubblica di Venezia nell'età moderna, Bd. 2, 349; PINZELLI, Venise et la Morée, 405f.; ZANNINI, Il ministro „assoluto dipositore"; DERS., Problemi di contabilità pubblica; DERS., Una burocrazia repubblicana; KARAPIDAKIS, Dominants et dominés.

92 Wichtig sind in diesem Zusammenhang die Arbeiten von VIGGIANO, Lo speccio della Repubblica; DERS., Critica delle istituzioni e progetti politici; zum Behördenalltag TSURAPA, Βενετοί αξιοματούχοι στην Κρήτη; die kritischen Briefe des Pancrazio Nobili zum Dalmatien der 1740er Jahre edierte Maja NOVAK in den Radovi Instituta JAZU u Zadru (Sudstvo, državna uprava i gradnje).

93 ARBANITAKES, Κοινωνικές αντιθέσεις στην πόλη της Ζακύνθου, 111–116.

In Pacht ausgegeben wurden zahlreiche Steuern und Abgaben, so Fischzuchten (etwa im epirotischen Butrint) oder Salinen (auf Korfu). Die meisten Einnahmen erzielte die Republik nicht aus den oft bescheidenen direkten Abgaben, sondern aus Pachten und Zöllen. In der Frühen Neuzeit kamen Umsatzsteuern hinzu, so in der Morea um 1700 Abgaben (datii) auf Einfuhr und Konsum von Kaffee, Tabak, Salz, Wein und Schnaps. In Dalmatien wie der Morea wurden Weidegebühren eingezogen, die angesichts des hohen Viehbestands bedeutsam waren. 1707 setzten sich die venezianischen Einnahmen in der Morea zu 43% aus dem Zehent und zu 45% aus *datii* zusammen.[94]

Wesentliche Einnahmen erwirtschaftete Venedig neben den erwähnten Einnahmequellen aus der Salzwirtschaft, die von der Forschung als eigentlicher Motor des venezianischen Fernhandels erkannt worden ist. Seit dem Hochmittelalter setzte Venedig in seinen Besitzungen und seinem Einflussbereich ein Salzmonopol durch. Salz als verkaufbarer Schiffsballast diente maßgeblich auch zur Risikoabsicherung des Fernhandels. Der Betrieb von Salinen gehörte zu jenen Wirtschaftsbereichen, in denen der venezianische Staat regulierend eingriff. Im 15. Jahrhundert wurde in Dalmatien die Salzproduktion stark eingeschränkt und auf die Salinen von Pag konzentriert. Das staatlich gelenkte Produktionssystem war jedoch zu starr, um auf Nachfrageschwankungen vor allem im balkanischen Hinterland zu reagieren, was zu Beginn der 1460er eine schwere Krise auslöste und den Schmuggel aus Apulien anwachsen ließ. Im Spätmittelalter und der Frühen Neuzeit wurde im Überseereich an zahlreichen Orten Salz gewonnen, so (die Orte befanden sich nicht gleichzeitig in venezianischem Besitz) in Pag, Trogir, Šibenik, Kotor, Durrës, Korfu, Zákynthos, Kephallenía, Leukás, Súda, Spinalonga, Thermíssi bei Nauplia, Ramínitsa (Morea), Naúpaktos und auf Zypern. In den 1460ern stammten 17% der gesamten venezianischen Staatseinnahmen aus dem Salzhandel. Dem Überseereich kam dabei besondere Bedeutung zu. Nach dem Verlust Zyperns bezog Venedig in der Periode 1587–1593 22% seiner Salzimporte von der Insel Pag. Die dalmatinischen Salinen versorgten überdies die Salzfischproduktion auf der Insel Hvar, die gesamtstaatliche Bedeutung erlangte.[95] Im 18. Jahrhundert ging die Bedeutung der Salinenwirtschaft besonders in Dalmatien zurück.

Völlig neue Besitzverhältnisse schuf die Republik jedoch in der Morea sowie im dalmatinischen Hinterland, das den Osmanen in mehreren Kriegen abgenommen worden war. Das gewonnene Land wurde als Staatsbesitz betrachtet und zum Nießbrauch an die Führer von Kriegergemeinschaften ausgegeben. In der Morea wurde das sog. Grafenland/*contea* an verdiente Soldaten verteilt, die überdies nobilitiert wurden. Da im Gegenzug keine Dienstpflicht bestand, wurde dieses System „parafeudalistisch" genannt.[96] Venedig sah sich in Dalmatien auch mit Rückerstattungsforderungen früherer Besitzer wie etwa katholischer Klöster konfrontiert. Zu einer Vereinheitlichung des Landsystems in Binnendalmatien kam es erst mit der Landreform des Generalstatt-

---

94 PINZELLI, Venise et la Morée, 405f.

95 ARBEL, Venice's Maritime Empire, 220–222; COZZI/SCARABELLO/KNAPTON, La Repubblica di Venezia nell'età moderna, Bd. 2, 349; HOCQUET, Venise et la mer; DERS., Denaro, navi e mercanti a venezia; DERS., Il sale e la fortuna di Venezia; RAUKAR, Venecija i ekonomski razvoj Dalmacije; DERS., Zadarska trgovina solju; SCHMITT, Das venezianische Albanien, 339–347.

96 MALLIARIS, Population Exchange and Integration of Immigrant Communities, 105.

halters Francesco Grimani (1755), der Land an drei sozial abgestufte Kategorien in Dauerpacht (ähnlich wie Venedig es um 1700 in der Morea versucht hatte) ausgab, an Patrizier, Stadtbürger und Morlaken. Die Parzellengröße gerade für die dritte Kategorie aber erwies sich als zu gering. Die Abgaben wurden in Naturalien (als Zehent) eingehoben, dies Protesten von Morlaken zum Trotz, die auf ihre Leistungen in den Kriegen verwiesen. Neben dem Zehent verlangte der Staat eine in Geld zu entrichtende Abgabe auf Vieh, abgestuft nach Tierart (Rinder, Schafe, Schweine). Die Bedeutung der Ziegenhaltung zeigte sich bei dem vergeblichen Versuch der Waldbehörde, ein Verbot der Ziegenzucht durchzusetzen (1760). Eingezogen wurden die Abgaben zu Beginn des 18. Jahrhunderts von Serdaren, Subaše (beide Begriffe wurden aus dem osm. System übernommen) und Dorfhauptleuten. Dann aber wurde das System der Steuerpacht eingeführt, unter Generalunternehmern (aboccatore generale), die eine Kaution zu erstatten hatten. Unter den Pächtern finden sich katholische Klöster und örtliche Patrizier.[97]

Neben Geld- und Naturalienabgaben belastete besonders der Frondienst die Untertanen in Übersee. Dazu gehörten der in Dalmatien und Griechenland unbeliebte Ruderdienst auf den Galeeren, aber auch Burgenbau, Hand- und Spanndienste. In Dalmatien waren im 18. Jahrhundert alle Männer zwischen 16 und 60 Jahren mit Ausnahme Kranker und der Soldaten zu Frondiensten verpflichtet, die bis zu viermal wöchentlich zu leisten waren. Fronen umfassten die Mahd auf Staatswiesen und den Heutransport, den Transport von Zwieback an die Militärgrenze, das Brechen und Transportieren von Steinen für Militärbauten, Holzfuhren, den Unterhalt von Straßen und Brücken und den Dienst als Panduren. Sonderdienste waren zu leisten in Zeiten von Krieg, Epidemien und Viehseuchen. Die Fronen belasteten vor allem die ärmeren Bevölkerungsgruppen, da Patrizier, Amtsleute, Handwerker, Kaufleute, Dorfchefs und Angehörige der Armee davon befreit waren. Die Verwaltung und Handhabung der Frondienste erwiesen sich als besonders anfällig für Missbrauch und Korruption. Gegen Ende der Venezianerherrschaft erkannte dies auch die Verwaltung an und erwog 1795 Maßnahmen zu einer Reformierung des Systems.[98]

Den Einnahmen gegenüber stehen venezianische Investitionen in Übersee. Massive Zuschüsse der Zentrale waren für Verteidigung, vor allem den Festungsbau, erforderlich, an dem sich aber in allen Provinzen die Untertanen durch Geldleistungen und Frondienste beteiligten. Die Verteidigungsausgaben unterlagen starken Schwankungen, wobei Gebietsverluste an die Osmanen die Kosten nicht senkten. Bis 1561 gab die Republik 250.000 Dukaten für Befestigungen in Dalmatien aus, im Zeitraum 1577–1604 die gleiche Summe für Korfu. In einem Friedenjahr wie 1641 wurden für Flotte und Arsenal 1,3% des Budgets verwendet, während 1575, nach dem Schock des Zypernkrieges 21,4% des Budgets dafür eingesetzt wurden. Um 1550 trugen alle Überseebezirke rund 200.000 Dukaten zum Staatsbudget bei; davon stammten 60% aus Zypern. Nach dem Verlust der Insel steuerte Kreta 50% der Einnahmen bei; dazu kamen als Einnahmequellen die dalmatinischen Salinen in Pag und Šibenik. Freilich erwirtschaftete Kreta zwischen

---

[97] Peričić, Dalmacija uoči pada mletačke republike, 40–49; Stanojević, Dalmatinske krajine u XVIII vijeku, 64–71.

[98] Peričić, Dalmacija uoči pada mletačke republike, 49–52.

1582 und 1621 gerade einmal 39–40% der regionalen Ausgaben; in Dalmatien betrug die Quote nur ein Drittel.[99]

Immer wieder versuchten Historiker, Budgets der Überseeprovinzen zu errechnen und damit deren Funktion in der venezianischen Wirtschaft zu ermitteln. Die vorhandenen Zahlen, die die venezianischen Bezirke nach Venedig meldeten, sind aber häufig unvollständig. Sie umfassen in der Regel Ausgaben für Bauten, Personal und Verteidigung und verzeichnen Einnahmen aus direkten Abgaben und weiteren Einnahmequellen. Verkompliziert wird die Rechnung durch regionale Subventionszahlungen, auf die bereits hingewiesen wurden: Stärkere Bezirke hatten schwächere zeitweise oder dauerhaft zu unterstützen. Nicht erfassbar ist der gesamtvolkswirtschaftliche Nutzen, der sich aus der Aufrechterhaltung eines Wirtschaftsraumes von Oberitalien in das östliche Mittelmeer ergab: Der Schutz der Seewege war Voraussetzung für den Fernhandel; viele Untertanen investierten in Venedig; Venedig schöpfte zudem Arbeitskraft aus seinen Provinzen ab.[100]

5.6.3 Tragende Eliten

Die wichtigsten Funktionen im venezianischen Überseereich wurden durch Wahlen im Großen Rat (maggior consiglio) an Angehörige des venezianischen Patriziats vergeben. Im Gegensatz zur venezianischen Selbstdarstellung war die Amtsführung der Patrizier anfällig für Korruption und Machtmissbrauch. Doch ist dies nur deswegen bekannt, weil ein ausgedehntes Justizsystem dagegen vorging. Die venezianischen Eliten hatten daher bei der Amtsführung nicht nur den Auftrag, Rechtstaatlichkeit und Regelkonformität durchzusetzen, sondern sie mussten selbst bei eigenen Vergehen mit Sanktionen rechnen. Die neuere Forschung hat nicht nur den Mythos unbestechlicher Patrizier dekonstruiert. Sie ist dabei nachzuweisen, dass wichtige Patrizierfamilien die Verbindung von Amt und Geschäft strategisch verfolgten und dass die Übernahme politischer Ämter durch ein Mitglied einer Familie oftmals von verstärkter Geschäftstätigkeit von Verwandten begleitet war, obgleich die Verquickung wirtschaftlicher und politischer Interessen für die Zeit einer Amtstätigkeit untersagt war. Kollektivbiographisch angelegte Untersuchungen, besonders zum 15. Jahrhundert, zeigen, dass venezianische Patrizier im Laufe ihres Lebens abwechselnd Amts- und Geschäftstätigkeiten ausübten; der stete Wechsel bewirkte, dass die Wirtschaft nicht rein privat blieb und die Politik nicht von persönlichen wirtschaftlichen Interessen unberührt. Grenzen gesetzt wurden der Verfolgung persönlicher Geschäftsinteressen durch die ausgeprägte Konkurrenz innerhalb des Patriziats, die ihren institutionalisierten Ausdruck fand in einer Vielzahl sich in ihren Befugnissen oftmals überlappender Kontrollinstanzen. Bedacht hatten die Patrizier auch zu nehmen auf regionalen und örtlichen Widerstand im Falle starker einheimischer Eliten, etwa im mittelalterlichen Zadar oder auf Kreta. In der Frühen Neuzeit wurden die Ämter in Übersee immer mehr zur Versorgung armer Patrizier verwendet, zu deren beruflicher Vorbereitung zu Beginn des 17. Jahrhunderts auf der Insel Giudecca bei Venedig eine Ausbildungsstätte eingerichtet

---

99 Cozzi/Knapton/Scarabello, La Republica di Venezia nell'età moderna, Bd. 2, 349–356.

100 Ebd., 301–305; Pezzolo, La finanza pubblica.

wurde. Gerade diese ärmeren Patrizier zeigten sich aber besonders anfällig für Korruption und Machtmissbrauch, was die Untertanen in zahlreichen Gesandtschaften anprangerten.[101]

Wesentliche Stütze der venezianischen Herrschaft waren regionale Eliten. Im Falle der adriatischen Kommunen handelte es sich dabei um ein Patriziat, das heißt amtsfähige Geschlechter, die in Räten organisiert Stadtkommunen verwalteten; auf Kreta hingegen um regionale orthodoxe Aristokratendynastien (wie etwa die Kallérgis), den venetokretischen Adel sowie *cittadini*, auf Korfu hingegen um einen nach abendländischem Feudalrecht organisierten Adel und *cittadini*. Das städtische Patriziat in Zadar umfasste 1527 540 Personen bei einer Gesamtbevölkerung von rund 8.100 Einwohnern.[102]

Die Einbindung in das venezianische Machtsystem erfolgte auf vielfältige Weise. Monique O'Connell erfasste zwischen 1390 und 1540 rund 500 Heiraten zwischen Angehörigen venezianischer Patriziergeschlechter und einheimischer Elitefamilien.[103] Familienstrategien lassen sich auch im Bereich von Heiraten mit Vertretern örtlicher Eliten erkennen, wobei sich dies in katholisch bzw. von einem Feudalsystem geprägten Räumen leichter gestaltete als im ehemals byzantinischen Osten des Seereiches. Regionale Machtschwerpunkte venezianischer Patrizier waren nicht selten durch derartige Heiratsbündnissse abgesichert, die umgekehrt die Integration örtlicher Eliten in das venezianische Machtsystem erleichterten und die ansonsten strenge Abschließung der venezianischen Eliten aufweichten. Große Bedeutung kam auch der Kooptierung regionaler Machthaber in den venezianischen Großen Rat zu, ein Instrument, mit dem im Mittelalter Herrscher wie der serbische Zar Stefan Dušan (1346–1355) sowie zahlreiche bosnische und albanische Adlige, darunter gekrönte Häupter, an Venedig gebunden wurden. Adelsgesellschaften nach dem Vorbild der Kreuzfahrerstaaten der Levante, wie auf Korfu und Zypern, ließen sich integrieren, da venezianische Patrizier ein adliges Selbstverständnis pflegten und Patriziat und Feudaladel durch Heiraten verbunden werden konnten. Neben Ehebündnissen eröffneten sich regionalen Eliten die Teilhabe am venezianischen Wirtschaftsraum, der Dienst in Flotte und Armee, Bildungsmöglichkeiten in Padua sowie vor allem die Übernahme zahlreicher Ämter auf lokaler und regionaler Ebene.[104]

Auf den Ionischen Inseln und in Dalmatien kam in der Frühen Neuzeit den örtlichen Räten weiterhin Bedeutung zu, freilich in gegenläufiger Entwicklung. In Dalmatien verloren die Räte im Vergleich zum Spätmittelalter viel Macht an venezianische Behördenvertreter. Ausschlaggebend war hier die Sicherheitslage, zuerst massive Gebietsverluste, bei denen die Kommunen demographisch und finanziell schwer getroffen worden waren, dann die von Venedig erzielten Gebietsgewinne, an denen die Kommunen kaum teilhatten. Im 18. Jahrhundert waren die Räte ein Schatten alter Größe. Einflussreicher waren die vom Generalprovisor eingesetzten und vom venezianischen Senat bestätigten Obristen in den Grenzbezirken (collonelli delle Craine), denen

---

101 Giotopulu-Sisilianu, Πρεσβείες της βενετοκρατούμενης Κερκύρας, 48–57.

102 Madunić, Mjera grada, 30.

103 O'Connell, Men of Empire, 62–77.

104 Papacostas/Saint-Guillain (Hgg.), Identity/Identities in Late Medieval Cyprus; Arbel/Chayes/Hendrix (Hgg.), Cyprus and the Renaissance.

die Rottenführer der Grenzer (serdari) unterstanden, die in Friedenszeiten für die Eintreibung von Abgaben zuständig waren. Die *serdari* wurden in Kriegszeiten auf Vorschlag der Obristen vom Generalprovisor ernannt und ebenfalls vom Senat bestätigt. Grenzerfunktionen waren in gewissen Familien erblich. Das Beispiel der Familie Smiljanić veranschaulicht dies: 1647 floh Petar Smiljanić aus Udbina auf venezianisches Gebiet; seine vier Söhne fielen gegen die Osmanen und wurden im Volkslied verherrlicht. Die Familie diente Venedig über sieben Generationen hinweg und wurde 1795 in das Patriziat von Nin und 1797 in das Patriziat von Venedig aufgenommen.[105] Im 18. Jahrhundert entstand in Dalmatien eine regionale Militärelite. 1779 wurde in Obrovazzo/Obrovac ein *sopraintendente* als Befehlshaber für die Grenzerdörfer zwischen Velebit und Zrmanja eingesetzt. Ein General-Major bestand als militärische Funktion nur in einigen Bezirken (Sebenico, Signo, Imoschi, Narenta und nach 1768 in Traù). Auf Dorfebene stützte sich Venedig in Dalmatien auf sog. Ligen und Nachbarschaften (vicinia, posoba). In Ligen wurden die Dorfältesten mehrerer Dörfer zusammengefasst, die gemeinsam kleinere Verwaltungsfragen (Flurschäden, kleinere Zivildelikte) regelten. In den *vicinia* berieten die Haushaltsvorstände eines einzelnen Dorfes Angelegenheiten der Siedlung. Einberufen wurden solche Versammlungen nach vorheriger Erlaubnis der venezianischen Behörden, die diese auch beaufsichtigten. Ebenfalls der Konfliktbeilegung diente das von Venedig geduldete Amt eines „Volkskönigs" (narodni kralj), der in einigen Orten (Makarska, Šibenik) für wenige Tage am Jahreswechsel aus dem Kreis der Nichtpatrizier gewählt wurde.[106]

Wesentlich konfliktreicher verlief das Verhältnis zur byzantinisch geprägten orthodoxen Aristokratie der Insel Kreta: Der konfessionelle Gegensatz, zahlreiche Ungeschicklichkeiten der venezianischen Verwaltung, der ungewöhnliche tiefe Eingriff in die Eigentumsverhältnisse nach deren Eroberung im frühen 13. Jahrhundert ließen die Insel über ein Vierteljahrtausend hinweg nicht zur Ruhe kommen. Nur auf Kreta bildete sich auch eine eigentliche koloniale Bevölkerung heraus, die sog. Veneto-Kreter, in der Regel Venezianer patrizischer Herkunft, die sich weitgehend der einheimischen Bevölkerung assimiliert, ihren katholischen Glauben aber bewahrt hatte. Mitte des 14. Jahrhunderts vertraten diese Veneto-Kreter die wirtschaftlichen Interessen der Insel in Abgrenzung zu den Bedürfnissen der Mutterstadt derart, dass sie sich gegen die venezianische Getreidepreispolitik erhoben, was eine schwere Vertrauenskrise zwischen den stadtvenezianischen und den venetokretischen Patrizierfamilien auslöste (s. HGSOE, Bd. 1,2, Beitrag SAINT-GUILLAIN, Kap. 14.3.8). Kulturell erwies sich die venetokretische Symbiose als außerordentlich fruchtbar. Während die halbautonomen venezianischen Inselherren der Kykladen eng mit dem Adel der fränkischen Kreuzfahrerherrschaften in Griechenland verbunden waren und der korfiotische und zypriotische Adel allmählich integriert wurde, waren die Bande zum albanischen Adel deutlich schwächer. Erklärt wird dies weniger mit kulturellen Unterschieden als mit dem Einfluss des Königreiches Neapel, das seit dem Hochmittelalter besonders den süd- und mittelalbanischen Adel über Vasallitätsverhältnisse an sich gebunden hatte.[107]

---

105 JELIĆ, Smiljanići – kotarski serdari.

106 PERIČIĆ, Dalmacija uoči pada mletačke republike, 32f.

107 MCKEE, Uncommon Dominion; PETTA, Despoti d'Epiro, principi di Macedonia.

5.7   RECHT

Der komposite Charakter des venezianischen Staates zeigt sich am deutlichsten in der Vielfalt der Rechtssysteme. Venedig selbst kannte das Statutenrecht, nicht aber das römische Recht. Es bestätigte und bewahrte jeweils örtliche Rechtssysteme, besonders im katholisch geprägten dalmatinisch-nordalbanischen Bereich. In den Adelsgesellschaften wie etwa den Ionischen Inseln kam das Feudalrecht der Kreuzfahrerstaaten, die „Assisen von Romania", zur Anwendung. In Randgebieten wie etwa dem dalmatinischen Hinterland und abgelegenen Teilen Kretas sowie im ländlichen Nordalbanien musste Venedig gewohnheitsrechtliche Traditionen dulden; der mit diesen verbundenen Blutrache wurde die Republik in Dalmatien bis in das 18. Jahrhundert hinein nicht Herr.[108]

Der gesamte venezianische Staat von Oberitalien bis nach Zypern war zusammengesetzt aus einer Fülle heterogener Bezirke mit unterschiedlichsten Rechtstraditionen und entsprechend fragmentiert. Wie gezeigt, verstand sich Venedig ausdrücklich als Wahrerin alten Rechtes. In der Verwaltungspraxis legte Venedig Wert auf die Kontrolle über das Strafrecht, während es im Zivilrecht einheimischen Traditionen und Richtern größeren Freiraum gewährte. Venezianische Statthalter hatten sich neben dem schriftlichen Ortsrecht dann an venezianisches Recht zu halten, wenn keine örtlichen Rechtsvorschriften vorlagen; einen hohen Stellenwert wurde dem Ermessen (arbitrium) der venezianischen Richter zugewiesen, dessen Anwendung durch Aufsichtsorgane in der Metropole sorgfältig überprüft und daher nach Möglichkeit vor Missbrauch geschützt wurde. Auch in Oberitalien stellte Venedig sein Recht über jenes der Stadtkommunen, auch wenn in der Frühen Neuzeit Juristen auf eine Vereinheitlichung drängten.[109]

Am einfachsten gestaltete sich aus venezianischer Sicht die Rechtsprechung in den dalmatinischen und nordalbanischen Kommunen, die sich wie Venedig ab dem 13. Jahrhundert eigene Statuten gegeben hatten und einem gemeinsamen adriatischen Rechtsraum angehörten, in dem auch Rechtsspezialisten wie Notare und Kanzlisten rekrutiert wurden, die die Kommunikation wesentlich trugen. Auf Kreta hingegen achtete Venedig sorgfältig darauf, byzantinisches Recht wie die Basiliken nicht weiterzuführen. Dafür wurde die *consuetudo Crete*, also örtliche Rechtstradition, in einer schwer abgrenzbaren Form mit berücksichtigt. Da eine abendländische Adelstradition fehlte, kamen die „Assisen der Romania" nicht zur Anwendung. Diese galten ab der Mitte des 15. Jahrhunderts in Negroponte und auf Korfu. Nach 1440 ließ der Lehensherr von Paxoí eine Handschrift der „Assisen" erstellen. Rechtskraft erlangten sie auf Korfu erst um 1470. Da sich die Bauern gegen dieses Adelsrecht zur Wehr setzten, beschränkte Venedig den Anwendungsbereich.

In die Rechtsprechung waren einheimische Elitenvertreter eingebunden, die örtliche Traditionen vertraten – auf Korčula etwa saßen sie neben dem Statthalter auf einer gemeinsamen Richterbank. Diese Privilegierung von Patriziern und Adligen schuf dauerhafte Spannungen. Auf Kreta

---

[108] Grundlegend sind Cozzi, Repubblica di Venezia e Stati italiani; Asonitis, L'introduzione delle Assise di Romania in Corfù; Orlando, Politica del diritto, amministrazione, giustizia; Santschi, Aspects de la justice en Crète vénitienne; Maltezou, Byzantine „Consuetudines" in Venetian Crete.

[109] Orlando, Politica del diritto, amministrazione, giustizia, 38–40; Cozzi, Repubblica di Venezia e Stati italiani, 263–277.

wollte in den 1570er Jahren Generalstatthalter Giacomo Foscarini die Adelswillkür zurückbinden. Auf Korčula hatten die Nichtpatrizier schon im 15. Jahrhundert verlangt, das Ortsrecht selbst auslegen zu dürfen. Den Ausgleich zu der starken Dominanz der örtlichen Eliten in der Justiz schufen Appellationsinstanzen in Venedig – die *Quarantia*, die *Auditori*, aber auch Zehnerrat und Senat, die in politischen Fragen über Petitionsgesandtschaften erreicht werden konnten. Rechtsfragen widmeten sich insbesondere auch die periodisch die Provinzen bereisenden *sindici*. Da sich nicht selten venezianische Amtsträger vor Ort in Interessensallianzen mit lokalen Oberschichten einließen, gelangten die nichtprivilegierten Untertanen über die Appellationsmöglichkeit unmittelbar an die zentralen Behörden in der Hauptstadt, die nicht selten gegen ihre eigenen Vertreter in Übersee Stellung bezogen, indem sie deren Urteile kassierten. Da Berufungen in Venedig aufwendig waren, schuf Venedig bereits im ausgehenden Mittelalter regionale Appellationsgerichtshöfe, etwa in Shkodra oder in Zadar.[110]

Einen eigenen Rechtsraum stellte das mündliche Gewohnheitsrecht dar, dessen Praktiken in den Augen der venezianischen Behörden nichts anderes als Selbstjustiz waren. Anhand von Fallbeispielen sei dies verdeutlicht: Im frühneuzeitlichen Dalmatien nahm Venedig im orthodox-morlakischen Hinterland Rücksicht auf mündliches Gewohnheitsrecht der Hirtengemeinschaften. Im ländlichen Raum Dalmatiens amteten schon im 16. Jahrhundert Dorfrichter (zumeist Dorfälteste) über die Männer einer Dorfgemeinschaft (posoba) oder mehrerer Dorfgemeinschaften (liga) (so etwa im Ort u. dem Bezirk Nin). Dabei galten alte Prinzipien des südosteuropäischen Rechts, etwa die kollektive Haftung für Verbrechen auf dem Gemeindebann, das Dorf als Rechts-, Haftungs- und Solidargemeinschaft. Grundlage war in Nin ein wohl bis in das 12. Jahrhundert zurückreichendes Statut. Die in das Hinterland zugewanderten Morlaken erhielten 1655 ein in der Bosančica-Schrift verfasstes Statut. Diese regionalen Rechtsgemeinschaften durften sogar Kapitalstrafen verhängen und auf örtlicher Ebene mit osmanischen Würdenträgern verhandeln (über Kinds- u. Frauenraub, Sklavenhandel). Die in Versammlungen (zbor) in Erscheinung tretende Liga übernahm im 17. Jahrhundert auch die Aufgabe eines militärischen Mobilisierungsraums regionaler Milizen. Ein *zbor* musste von Venedig bewilligt werden, die Verhandlungen wurden von Notaren schriftlich festgehalten. In den 1670er Jahren fanden sie auf Ladung der Statthalter von Zadar und Nin zweimal jährlich statt.[111]

Die flächenmäßig größte Überseebesitzung, Kreta, stellte die venezianische Verwaltung vor besondere Hürden. Eine völlige Durchherrschung gelang nie, und die venezianischen Behörden mussten auf Instrumente indirekter Herrschaftsausübung zurückgreifen. Dies galt besonders für ländliche Gebiete, vor allem gebirgige und abgelegene Zonen wie Sphakiá – die man vergleichen kann mit ähnlich unzugänglichen Gebieten des Osmanischen Reiches, der Mani, Nordalbanien oder Montenegro.[112] Hier überschichteten sich mehrere Konfliktfelder, die nicht in einfachen binären Gegensätzen zu fassen sind wie katholische Venezianer gegen orthodoxe Kreter, Grund-

---

110 O'Connell, Men of Empire, 84–90.

111 Mayhew, Dalmatia between Ottoman and Venetian Rule, 163–169.

112 Vincent, The Calergi Case; Tsakire, Vendetta del sangue innocente.

herren gegen Bauern oder Sphakioten gegen Bewohner der Ebene. Venedig stützte sich auf adlige orthodoxe kretische Geschlechter, die ein ausgeprägtes Selbstverständnis besaßen und Kreta als „Herrin des Meeres" ansahen. Die Sphakioten lebten am Rande des venezianischen Machtbereichs, in einer Region, in der Gewohnheitsrecht, Blutrache und endemischer Viehdiebstahl vorherrschten und mächtige Adelsfamilien wie die Kallérgis große bewaffnete Gefolgschaften unterhielten. Sphakiá war in mehrere Familienclans organisiert, zumeist Hirten, Holzfäller und Räuber, die behaupteten, von byzantinischem Adel zu sein und daher den für Bauern obligatorischen Galeerendienst verweigerten. In Sphakiá bestanden zwei Parteiungen, die sich Weiße und Schwarze nannten. Diese kriegerische Bevölkerung erreichte die venezianische Verwaltung nur, indem sie mit den Clanführern verhandelte, wenn diese zu Geschäften in den Bezirkshauptort Chaniá kamen. Venedig konnte bei Konfliktfällen (Mord, Viehraub) bestenfalls vermitteln. Denn mächtige Adelsfamilien wie die Kallérgis schützten die Sphakioten. Wie die Osmanen in den genannten balkanischen Bergzonen versuchte die Republik periodisch, ihrem Machtanspruch mit massiven Expeditionen Nachdruck zu verschaffen. Dies war 1571 der Fall gewesen, und 1608 wurden drei Galeeren und rund 4.500 Mann an Söldnern und Landsturm aufgeboten. Wie in vergleichbaren Fällen im Osmanischen Reich unterwarfen sich die Bergbewohner, doch dann kam es zur Vermittlung durch regionale Machthaber – hier die Kallérgis. Die Sphakioten waren bereit, dem obersten venezianischen Vertreter auf Kreta, dem *Provveditore generale*, ihre Reverenz zu erweisen, wenn dieser persönlich erschien. An der grundlegenden Konstellation änderten derartige punktuelle Aktionen von Generalstatthaltern nur wenig. Der Aufwand, arme periphere Berggebiete dauerhaft zu beherrschen, erwies sich als sehr groß. Dabei ging es Venedig in erster Linie um die äußere Sicherheit, in Sphakiá etwa um die Gefahr, dass Korsaren und Piraten Unterschlupf fänden. Venedig schwankte daher, wie das Osmanische Reich zwischen Härte und Einhegung. Gelöst wurde das Dilemma der Herrschenden bis zum Ende nicht.

Insgesamt ergibt sich rechtshistorisch für das venezianische Südosteuropa ein außerordentlich facettenreiches Bild: Rechtspluralität, aber überwölbt und zusammengehalten, d. h. nicht einfach unverbunden nebeneinander bestehend, vom Prinzip des *arbitrium* der Statthalter und der starken Rückkoppelung an Appellationsinstanzen und Kontrollorgane in der Metropole; eine Rechtspluralität, deren Funktionieren Grundanliegen venezianischer Herrschaft war und dadurch auch ein wesentliches Element politischer Stabilität und – für Venedig besonders wichtig – des wirtschaftlichen Lebens.

5.8 MILITÄRPOLITIK

Aufbau und Unterhalt von Verteidigungsinfrastruktur zu Wasser und zu Lande sind ein Hauptthema der *relazioni* venezianischer Statthalter. Die Frühe Neuzeit ist im venezianischen Seereich gekennzeichnet von der Auseinandersetzung mit dem Osmanischen Reich. Der Schock der Niederlagen von 1499–1503 und 1537–1540 – bes. die traumatische Belagerung Korfus 1537, als die Zivilbevölkerung keine Aufnahme in der Festung fand u. in den Burggräben zugrunde ging – bewog den venezianischen Staat, ein umfassendes und zentral gelenktes Festungsbauprogramm an die Hand zu nehmen. Zadar, Šibenik, Kotor, Korfu, Chaniá, Réthymnon und Famagusta wurden nach modernster Technik ausgebaut durch Baumeister wie Michele und Gian-Girolamo Sanmicheli, Sforza Pallavicini und Giulio Savorgnan. Diese Baumaßnahmen prägen das Weichbild der meisten ehemals venezianischen Städte Südosteuropas bis heute. Die meisten Ausgaben bestritt dabei der Zentralstaat, der allein für den Ausbau Korfus zwischen 1542 und 1563 270.000 Dukaten aufwandte, für das gesamte Seereich rund 470.000 Dukaten. Nach dem Verlust Zyperns wurden die kretischen Orte Chaniá, Candia, Réthymnon und Spinalonga weiter verstärkt; allein nach Korfu ging zwischen 1577 und 1604 eine weitere Viertelmillion Dukaten. Koordiniert wurden diese Arbeiten durch das 1542 eingerichtete Amt der *Provveditori alle fortezze*. Die Baumaßnahmen umfassten weitere militärisch bedeutsame Infrastruktur: Für die Flotte wurden eigene Arsenale eingerichtet, so in Zadar, Korfu und Candia; daneben auch kleinere Arsenale wie auf Hvar. Freilich musste etwa in Zadar das Material – Nägel, Segel, Masten, Ruder, Geschütze – per Schiff aus Venedig herangeführt werden, da vor Ort die nötige Handwerkskraft sowie Rohstoffe fehlten.

Ausgebaut wurden die Häfen mit Molen, befestigten Ufern, Lagerhäusern und Zollgebäuden (so in Réthymnon, Zákynthos, Kephallenía, Trogir). Besondere Sorgfalt galt dem Bau von Brunnen und Zisternen, etwa auf Korfu und Zákynthos; besonders aufwendige Brunnen wie jene in Kolovare bei Zadar oder die Fünf Brunnen der Brüder Sanmicheli in Zadar selbst sind bis heute architektonische Sehenswürdigkeiten. Für Soldaten und Matrosen baute der Staat Spitäler und Lazarette, deren Unterhalt und Finanzierung in den *relazioni* immer wieder einen Gegenstand von Kritik und Sorge bildeten.[113] Der venezianische Staat trat vom 15.–18. Jahrhundert im ganzen Seereich als Bauherr auf, der die Arbeiten plante, koordinierte und mehrheitlich finanzierte. Die einzelnen Bezirke trugen ihrerseits maßgeblich zur Finanzierung bei und ergriffen nicht selten (Réthymnon, Šibenik) die Initiative zu Baumaßnahmen. Die Kofinanzierung durch Zentralstaat und Räte in den Bezirken stärkte den Zusammenhalt des Gesamtstaates wesentlich. Freilich waren nicht alle Bezirke in der Lage, die notwendige Arbeitskraft bereitzustellen. Das wegen des osmanischen Menschenraubs stark entvölkerte venezianische Dalmatien war im 16. Jahrhundert auf Arbeitskräfte aus Istrien angewiesen.

---

[113] Cozzi/Knapton/Scarabello, La Repubblica di Venezia nell'età moderna, Bd. 2, 334–336; Arbel, Venice's Maritime Empire, 206–210; Concina, Tempo novo; Calabi, Città e territorio, 956–967; Steriotou, Le fortezze del Regno di Candia; Molteni/Moretti, Fortezze veneziane nel Levante; Pinzelli, Les forteresses de Morée; Zäh, Venezianische Baugeschichte von Nauplia; ders., Venezianische Visionen im ausgehenden 17. Jahrhundert; Ćuzela, Šibenski fortifikacijski sustav; Mlikota, Arsenal u Zadru; Ćoralić, Hrvati i mletački arsenal; Cosmescu, Venetian Renaissance Fortifications.

Das venezianische Verteidigungsdispositiv entsprach den maritimen Interessen der Patrizierelite: dem Schutz der Fernhandelswege, der Sicherung der dafür notwendigen Infrastruktur von Häfen und Arsenalen. Daher blieb auch in der Frühen Neuzeit die Flotte das Hauptinstrument der venezianischen Machtpolitik. Ab dem 16. Jahrhundert war Venedig im Vergleich zu seinem Hauptgegner, dem Osmanischen Reich, nicht mehr in der Lage, allein zu handeln, und dies umfangreichen Rüstungen zum Trotz. Bis 1545 wurde im venezianischen Arsenal eine rasch einsetzbare Flotte von 100 Galeeren aufgebaut. Zwanzig Jahre zuvor hatte die Flotte in Friedenszeiten 25 Galeeren gezählt, von denen sieben aus den griechischen Besitzungen stammten. Gegen Ende des 16. Jahrhunderts hatte sich die Admiralität, die im Mittelalter dem sog. Golfkapitän unterstanden hatte, nach Einsatzgebieten ausdifferenziert. Acht Galeeren patrouillierten zwischen Kreta und Kýthera/Cerigo; sieben bis zwölf Galeeren unter dem auf Korfu stationierten *Provveditore generale dell'armata*. In Mitteldalmatien operierte der *Capitano contro Uscocchi* gegen die regionale Korsarengefahr. In der Nordadria sorgte der *Governatore dei Condannati* für Sicherheit zur See. 1646 wurde zu Beginn des Türkenkriegs der Statthalter von Pola/Pula zum *Provveditore estraordinario in Golfo* ernannt, aber dem Generalstatthalter in Zadar unterstellt. Zwar war der auf Korfu stationierte Golfkapitän für die gesamte Adria zuständig, doch hatte sich um 1600 der in Zadar sitzende Admiral faktisch unabhängig gemacht, der mit 20 bis 30 kleineren Schiffen mit je rund 50 Mann dalmatinisch-albanischer Besatzung (mit ethnisch gegliederter Kommandostruktur) die Seepolizei besorgte. Im 17. Jahrhundert wurde bei größeren Kriegshandlungen neben Galeeren auch die Galeone zum Einsatz gebracht, die eine erheblich stärkere Feuerkraft besaß. 1649 besiegten 19 venezianischen Galeonen eine weit überlegene osmanische Flotte aus 72 Galeeren und zehn Galeassen. In der Adria aber kamen um 1650 zu Landeunternehmungen immer noch Galeeren zum Einsatz.

Die Überseegebiete leisteten einen erheblichen Beitrag zur venezianischen Flotte und damit zur Verteidigung Venezianisch-Südosteuropas. Die größeren Bezirke unterhielten eine oder mehrere Galeeren, die zu Patrouillen- und Kriegsdienst eingesetzt wurden. In der zweiten Hälfte des 16. Jahrhunderts stammten 40% der Schiffsbesatzungen der gesamten Flotte aus dem Seereich, das überdies 45 Galeeren – davon 30 aus Kreta – auszurüsten hatte. Die Überseegebiete hatten in großem Stile Galeerenruderer zu stellen, ein Frondienst, der wegen der kaum zumutbaren Bedingungen (schlechte Versorgung, enorme Härten im Dienst, Seuchengefahr) bei der bäuerlichen Bevölkerung der griechischen und dalmatinischen Bezirke äußerst unbeliebt war, was zahlreiche *relazioni* bezeugen. Kreta allein musste gegen Ende des 16. Jahrhunderts 27.000 Mann für den Galeerendienst bereitstellen. Das weitgehend von den Osmanen entvölkerte Dalmatien vermochte um 1550 gerade noch 3.600 Ruderer aufzubieten.[114]

Landstreitkräfte unterhielt Venedig im Seereich in Friedenszeiten für die Burgbesatzungen. Es handelte sich um jeweils sehr kleine Garnisonen. Um 1450 besaß in Dalmatien allein Zadar eine größere Söldnergarnison. Weniger bedeutende Orte wie einzelne dalmatinische Inseln verfügten über keine Truppenpräsenz. Für den Polizeidienst griff Venedig auf bestehende Strukturen zurück,

---

114 Cozzi/Knapton/Scarabello, La Repubblica di Venezia nell'età moderna, Bd. 2, 336–344; Vrandečić/Bertoša, Dalmacija, Dubrovnik i Istra, 49; Čoralić, Mletačka kažnjenička galija *Dolfino*.

wie Dorfchefs und örtliche Adlige (Vojvoden, so in Nordalbanien im 15. Jh.). Im 16. Jahrhundert erreichte der Kriegstand des Söldnerheeres 30.000 Mann, von denen 11% im belagerten Famagusta eingeschlossen waren und 29% Kreta schützten. 1582/1583 hielt Venedig in seinem gesamten Staatsgebiet gerade noch 9.000 Mann unter Sold, davon 60% in Übersee. In den Überseegebieten rekrutierte Venedig unter seinen Untertanen; es achtete dabei darauf, katholische Dalmatiner und Albaner in Griechenland, orthodoxe Reiter dafür in Dalmatien zum Einsatz zu bringen. Soldaten aus Übersee, besonders leichte Kavallerie (stradioti), kämpften seit der Renaissance auch in Italien. Aus der einheimischen Bevölkerung wurden eigene Milizen (cernide) ausgehoben, deren Kampfkraft aber beschränkt war. Auf Kreta waren dies 1577 10.500 Mann. Daneben wurde in Kreta eine eigene Reiterei von 1.000 Reitern aus der Gruppe der venezianischen Lehensnehmer aufgestellt. Auf den Ionischen Inseln zählten die Milizen damals 2.200 Mann. Die rund 10.000 Mann starken dalmatinischen Milizen waren von den Osmanen 1570–1573 schwer mitgenommen worden. Die einheimische Bevölkerung wurde aber in weit umfangreicherem Maße zur Verteidigung herangezogen: Neben dem Galeerendienst waren allein auf Kreta gegen Ende des 16. Jahrhunderts 35.500 Bauern zum Festungsbau verpflichtet.[115]

In den beiden letzten Kriegen gegen die Osmanen an der Wende zum 18. Jahrhundert unterstanden Levanteflotte wie -armee einem vom Großen Rat gewählten Generalkapitän, der sich auf deutsche wie schwedische Generäle stützte (Otto Wilhelm von Königsmarck; Adam Heinrich Graf von Steinau; Matthias Johann von der Schulenburg). Die Levantearmee bestand damals aus 13.059 Mann, davon 8.323 auf der Flotte, 3.027 in der Morea, 240 im Golf von Korinth auf Booten sowie 1.469 Reitern. Bei den großen Feldzügen im Krieg von 1684–1699 nahmen bei Angriffen auf Leukás und Préveza rund 8.000 Mann teil. 1687 hatte Königsmarck vor Athen rund 9.800 zu Fuß und 871 Reiter unter seinem Kommando stehen. In Friedenszeiten hingegen waren die Truppenzahlen der Levantearmee auch im 18. Jahrhundert sehr gering: 1.512 in Morea, 496 auf den Ionischen Inseln, 487 auf Rest-Kreta, 403 zur See und 45 als Patrouillenbesatzung im Golf von Korinth.[116]

Besondere Maßnahmen erforderte die lange Landgrenze zum Osmanischen Reich in Dalmatien. Hier richtete Venedig ebenso wie das Habsburgische und das Osmanische Reich ein Militärgrenzsystem ein, das sich auf orthodoxe Hirtenkrieger (Vlachen, Morlaken) stützte, also jene Gruppe, die auch von den konkurrierenden Imperien umworben wurde (vgl. Beitrag 6, KOLLER, Kap. 6.4.3f.; Beitrag 7, PÁLFFY, Kap. 7.3.4). Die Morlaken erhielten eine eigene Verwaltung unter Kommandanten, deren Titel an die osmanische Prägung der Vlachen erinnerte (serdar, subaša, harambaša). Diese vlachischen Krieger fochten ähnlich den Vlachen an der habsburgischen Militärgrenze. Ihre Kampfkraft war deutlich besser als jene der küstendalmatinischen Milizen und trug entscheidend zu den venezianischen Gebietsgewinnen zwischen 1645 und 1718 bei. Ähnliches gilt für orthodoxe Hirtenkrieger, die ab 1684 in Südgriechenland für die Republik kämpften. An

---

115 COZZI/KNAPTON/SCARABELLO, La Repubblica di Venezia nell'età moderna, Bd. 2, 296–298; DEL NEGRO, L'esercito e le milizie; MALLETT/HALE, The Military Organization of a Renaissance State; CAPIZZI, Mercenari slavi, albanesi e greci; KORRE, Έλληνες στρατιώτες στο Bergamo; ČORALIĆ, „Benemerita nazione"; PETTA, Stradioti.

116 PINZELLI, Venise et la Morée, 354–357.

der Spitze des Militärsystems standen die Obristen, die auch zivile und fiskalische Aufgaben wie das Verzeichnen von Einwohnerschaft und Viehbestand übernahmen. Die Serdare befehligten Zusammenschlüsse von Dörfern (Serdarien), ebenfalls mit militärischer wie ziviler Befugnis. Die Serdarien waren in *barjak* (aus dem osm. *bayrak*, Banner) unterteilt. Die Serdare wurden anfangs von den Kriegerverbänden bestimmt und von Venedig bestätigt, dann aber vom Generalprovisor ernannt und vom venezianischen Senat in ihr Amt eingesetzt. Den Obristen und Serdaren unterstanden als Polizeikräfte die Panduren, die von einem *harambassa* kommandiert wurden. Serdare wie Harambassas bezogen nicht immer Sold, waren aber von Abgaben und Fronen befreit. Der Bezirk Zara beispielsweise wurde in drei Serdarien mit jeweils 67, 31 bzw. 17 Dörfern unterteilt. Zu militärischen Anführern wurden auf der untersten Stufe der Hierarchie die Oberhäupter von Dorfgemeinschaften ernannt, wobei in dem sehr dünn besiedelten dalmatinischen Hinterland eher ein Personal- als ein Territorialprinzip zur Anwendung kam. Der Bezirk Sinj etwa war in zwei Serdarien eingeteilt, Vušković mit 27 Bannern und Grabovac mit sieben Bannern. Im Bezirk Sinj dienten 180 *harambassa* und 61 *subaše*. Der Bezirk Knin war in vier Serdarien unterteilt: Sinobad mit 12 Bannern und 30 Dörfern; Pušić in Vrlika mit sechs Bannern und 16 Dörfern; Nikić in Drniš mit 15 Bannern und 42 Dörfern sowie Simić in Plavno mit sieben Bannern und sieben Dörfern. Im Bezirk Imotski hatten die Orthodoxen drei, die Katholiken einen Serdar; dafür waren die Katholiken in 26, die Orthodoxen in vier Bannern organisiert.

Die Verteidigung von Split war mit jener der Burg Klis verbunden. An der Spitze der Soldaten standen ein Oberst, ein Unterintendent, zwei besoldete Serdare und der Statthalter der Insel Šolta. Eine besondere Stellung nahmen die steuerprivilegierten Krieger aus der Hochebene Poljica ein. Die *kotari* bildeten so das Einsatzgebiet morlakischer Grenzer sowie eine fiskalische und wirtschaftliche Einheit. Nach der letzten siegreichen militärischen Auseinandersetzung teilte die Verwaltung im 18. Jahrhundert den Bezirk Zadar in einen oberen (Novigrad) und unteren (Zadar, Nin) Militärbezirk mit insgesamt neun Bannern jeweils unter einem Harambassa. Zu unterstreichen ist, dass die um 1700 ausgebildete venezianische Militärgrenze vergleichbar der osmanischen, aber im Unterschied zur habsburgischen der Offensive, und nicht allein der Verteidigung diente und dass die erfolgreiche militärische Kriegführung in Dalmatien (1645–1669, 1683–1699, 1714–1718) auf die Verbindung moderner Artillerie und regionaler Militärgrenzereinheiten zurückzuführen ist.[117]

---

[117] Eine umfassende Darstellung des dalmatinischen Hinterlandes bietet der Katalog zur Ausstellung Dalmatinska zagora (Hg. Kusin); Nazor, Splitsko-poljički odnosi.

5.9   WIRTSCHAFTS- UND HANDELSPOLITIK

Die Wirtschafts- und Handelspolitik war zwischen 1400 und 1800 starken Veränderungen unterworfen, die mit dem allmählichen Abstieg Venedigs als mittelmeerischer Handelsmacht zu tun hatten. Im 15. Jahrhundert, auf dem Höhepunkt venezianischer Wirtschaftsgeltung, war der Seestaat den Bedürfnissen des Fernhandels untergeordnet; daneben wurden seine Ressourcen zur Versorgung der Mutterstadt herangezogen. Die Adria wurde von Venedig als Zollgebiet behandelt. In Korfu wurden einfahrenden Schiffen *bollette*, d. h. Zollsiegel, ausgegeben. Die Handelsordnungen sahen vor, dass alle Waren in der Adria zuerst in Venedig angeboten werden mussten und erst dann weiter exportiert werden durften. Die ältere Forschung hat daher von der Unterbindung des transadriatischen Handels gesprochen. Die strengen Regelungen förderten einerseits einen blühenden Schmuggel, den Venedig nie unterdrücken konnte; andererseits aber ist festzuhalten, dass venezianische Statthalter in Dalmatien reguläre Ausfuhrlizenzen für nichtvenezianische Zielhäfen in der Adria erteilten. Der Warenfluss etwa zwischen Split und den ostitalienischen Marken wurde ebenso wenig unterbrochen wie Transporte innerhalb des Seereichs unter Umgehung der Hauptstadt.

Spürbar wurde der venezianische Eingriff vor allem in der Salzwirtschaft: Kontrolle über Salinen, Beschränkung von deren Anzahl, staatliches Salzmonopol, das entschlossen durchgesetzt wurde. Venedig versuchte außerdem, aus strategischen Interessen in die Landwirtschaft einzugreifen. Fast alle Besitzungen litten unter einem Mangel an Brotgetreide, das nicht nur der Bevölkerung, sondern auch der Versorgung der Flotte diente. Auf Kreta und den Ionischen Inseln, aber auch der Adria bevorzugten Bauern und Grundbesitzer den Weinbau: Wein und Rosinen ließen sich zu hohen Preisen absetzen, so nach Nordwesteuropa. Nach dem Verlust Zyperns drängte der Generalstatthalter von Kreta, Giacomo Foscarini, Mitte der 1570er Jahre auf eine Getreideselbstversorgung der Inseln und ordnete die Zerstörung von Reben an. Der Druck der Bauern und Händler aber erwies sich als so groß, dass sich Venedig nicht durchsetzen konnte. Kreta, im Mittelalter noch Getreideexporteur, vermochte sich so im 16. Jahrhundert höchstens neun Monate selbst zu versorgen. Eine ähnliche Reform zur Verstärkung des Getreideanbaus war auf Korfu schon 1556 misslungen. Versuche, fixe Mengen Getreide durch den Staat zu festgesetzten Preisen ankaufen zu lassen, waren ebenfalls zum Scheitern verurteilt. Eine umfassende Landwirtschaftsreform wurde in den 1750er Jahren in Dalmatien an die Hand genommen. Sie erfolgte nach sozialer Kategorie und erzielte kaum nachhaltige Wirkung.

Wenig erfolgreich war lange auch die Förderung der Ölerzeugung. Gegen Ende des 16. Jahrhunderts stammten gerade einmal 3% des venezianischen Öls aus Korfu und Zante. Dies änderte sich wesentlich erst im 18. Jahrhundert.[118] Öl diente als Rohstoff für die venezianische Seifenproduktion, musste aber in großem Stile aus Messina und Senigallia eingeführt werden. Venedig

---

[118] Kolanović, Izvori za povijest trgovine i pomorstva srednjovjekovnih dalmatinskih gradova; Raukar, Jadranski gospodarski sustavi. Für Korfu im 17. Jh. s. Nikephoru, Η διακίνηση του εμπορίου στο λιμάνι της Κερκύρας; Novak, Povijest Splita, Bd. 2, 92–94; zu Novak s. Raukar, Grga Novak i ekonomska povijest Dalmacije; vgl. auch ders., Zadarska trgovina solju; ders., Venecija i ekonomski razvoj Dalmacije; Biolidakes, Προσπάθειες περιορισμού της αμπελοκαλλιέργειας στην Κρήτη; Schmitt, „Contrabannum".

versuchte daher, im Sinne einer merkantilistischen Politik die ionische Produktion zu erhöhen (1623). 1779 erteilte es dem Conte Marino Carburi aus Kephallenía ein Privileg für die Verwendung von Indigo, Kampfer und Schildlaus für die Seifenherstellung. 1791/1792 setzte ein massiver Ernteeinbruch bei Oliven wegen Schlechtwetters diesem späten Wirtschaftsvorhaben ein Ende.[119] Mehr Gewinne wurden aus den Salinen von Pag, Šibenik und Korfu sowie den kleineren Salzpfannen von Rab, Trogir und Zante erwirtschaftet. 1588 nahm Venedig aus Dalmatien rund 70.000–80.000 Dukaten ein, wobei die Ausfuhr über die Neretva in das Osmanische Reich besonders einträglich war. Gegen Ende des 16. Jahrhunderts versuchte Venedig, ein Verkaufsverbot in Makarska und dem an der Narenta/Neretva durchzusetzen, um den eigenen Hafen in Split zu fördern. Venedig unterstützte die Salinen von Súda und Spinalonga mit enormen Investitionen (239.000 Dukaten für 175 Salinen bei Súda).[120]

Um 1600 sah sich Venedig selbst im Ionischen Meer durch die aufstrebenden Seemächte England und Holland herausgefordert, die mit Unterstützung griechischer Kaufleute gerade im Rosinenhandel venezianische Handelsgesetze dauerhaft brachen. Um in der Adria die Kontrolle zurückzugewinnen, richtete die Republik unter der Leitung eines sephardischen Juden die sog. *Scala* von Split ein, wo der levantinische Fernhandel gebündelt werden sollte. Dieser Handel lag aber vorwiegend in sephardischer Hand, und venezianische, geschweige denn dalmatinische, Kaufleute hatten daran nur geringen Anteil.[121] Nach dem Ende der *Scala* im Kretakrieg ab 1645 unternahm die Republik keine umfassenden handelspolitischen Maßnahmen mehr. Der Aufstieg der ionischen Handelsschifffahrt, die nach 1774 in die Ägäis und das Schwarze Meer ausgriff, folgte einer russischen Logik – der Ausfuhr von Getreide über die Schwarzmeerhäfen –, auf die die Serenissma keinen Einfluss mehr hatte.

---

119 PANCIERA, Progetti per la fabbricazione del sapone nelle isole Ionie.

120 KOLYVÀ, Le saline di Zante nel XVI secolo; PANCIERA, Progetti per la fabbricazione del sapone nelle isole Ionie.

121 KOSTER, The Conquering Dutch Merchants and Shipowners; FUSARO, L'uva passa di Zante e Cefalonia; DIES., Uva passa; PACI, La Scala di Spalato.

5.10   KENNTNIS DES RAUMS

Die Kenntnis des Raums ist grundlegend für die Ausübung von Herrschaft, aber auch für Handel und Schiffahrt. Venedig war bereits im Mittelalter ein Mittelpunkt des europäischen Raumwissens. Die hoch- und spätmittelalterlichen Portulane verzeichneten Häfen und Küstenlinien, wenngleich nicht klar ist, in welchem Umfang sie tatsächlich in der Seefahrt Verwendung fanden. Bereits um die Mitte des 15. Jahrhunderts schuf der venezianische Mönch Fra Mauro auf der Grundlage des ptolemäischen Raumwissens und der Berichte Reisender eine Weltkarte.[122] Das Wissen um die Küstengebiete der Balkanhalbinsel entstand in langen Jahrhunderten der Schiffahrt.

Raumwissen als Herrschaftsinstrument wurde in Venedig auf verschiedene Weise organisiert. Die seit dem frühen 16. Jahrhundert von den Statthaltern der Überseebezirke nach Ende ihrer in der Regel zweijährigen Amtszeit zu erstellenden Schlussrelationen sind zwar nicht streng gleichmäßig gestaltet, vermittelten aber ein dichtes Wissen über Siedlungsnetz, Wirtschaftsformen, Besitzverhältnisse und Verkehr, oftmals ergänzt um Überlegungen zur strategischen Bedeutung des jeweiligen Bezirks.[123]

Genauere Pläne entstanden im 16. Jahrhundert im Zuge des Baus und Ausbaus der großen Festungen in Dalmatien und Griechenland. Raumwissen, wenn auch in stilisierter Form, boten auch zahlreiche Reliefs in stadtvenezianischen Kirchen, z. B. auf Grabmälern, die Festungen in Übersee abbildeten. Derartige Darstellungen wirkten identitätsstiftend, etwa das Relief der Burg Shkodra auf der Fassade der Scuola (karitative Einrichtung) degli Albanesi.[124] Venezianische Amtsträger mit antiquarischen Interessen verfertigten kartenähnliche Zeichnungen mit antiken Denkmälern, etwa Knossos auf Kreta. Festungsbauarchitekten hinterließen Holzmodelle ihrer Bauvorhaben. Giorgio Sideri entwarf um 1560 eine hydrographische Karte Kretas im Maßstab 1: ca. 525.000 und 1562 eine monumentale Karte der Insel (142 x 63 cm). Reisende wie Angelo degli Oddi verfassten Länderbeschreibungen (Viaggio nelle provincie da mar). Stadtpläne (Candia, von Giorgio Corner) sowie griechische und dalmatinische Lokalhistoriographie in italienischer Sprache (neben den oben in der Quellenkunde genannten Werken etwa auch Andrea MARMORAS Raccolta di varie notizie concernenti l'isola di Corfu. Venezia 1778) erweiterten das Raumwissen.[125] Besonders (Festungsbau)ingenieure betätigten sich bei der Erstellung von Plänen und Karten. Aus den Kompetenzen und Bedürfnissen von Militär und Fiskus erwuchs denn auch gegen Ende des 17. Jahrhunderts eine systematisierte staatliche Kartographie.

[122] CATTANEO, Fra Mauro's Mappamundi; FALCHETTA, Fra Mauro's World Map; BAUMGÄRTNER/SCHRÖDER, Weltbild, Kartographie und geographische Kenntnisse.

[123] MADUNIĆ, Mjera grada; SPANAKES, Οι οικισμοί της Επτανήσου και οι κάτοικοί.

[124] GAIER, Facciate sacre a scopo profano.

[125] CALABI, Città e territorio, 948–955; PORFYRIOU, La cartografia veneziana; RATTI, I cartografi di Creta nati o residenti nell'isola.

Kartographisches Wissen zu Dalmatien und Griechenland wurde bereits im 16. Jahrhundert im Druck verbreitet. Die Karte des Matteo Pagano, gedruckt um 1530, bildete die Region zwischen Zengg und Šibenik ab, die vierzig Jahre später veröffentlichte Karte Paolo Forlanis und Martin Kolunićs den Raum zwischen Zadar und Šibenik. Diese Werke dienten dem Niederländer Jan Janssonius als Quellen für seine um 1650 in Amsterdam gedruckte Karte des nördlichen Dalmatien, die auch die Grenzlinien von 1536 und 1570 (also vor den jeweiligen venezainischen Gebietsverlusten) verzeichnete. Bis 1650 erschien Dalmatien zumeist nur auf übergreifenden Karten wie dem *Corso del Danubio* des berühmten Kartographen Vincenzo Coronelli. Kartographie in staatlicher Regie wurde nach den starken Gebietsgewinnen der Kriege in der zweiten Hälfte des 17. Jahrhunderts an die Hand genommen. Besonders die venezianisch-osmanischen Grenzfestlegungen erforderten eine genaue Landesaufnahme. 1699 wurde unter dem Ingenieur Giusto Emilio Alberghetti im Maßstab 1:288.000 eine Karte Dalmatiens erarbeitet; für die Region Knin-Sinj wurden die Daten sogar im Maßstab 1:56.000 aufgenommen. In der Morea leitete Alberghetti, der auch als Verfasser eines Compendio della fortificatione (1694) hervorgetreten war, die Katasteraufnahme. Kartographische Erfahrung brachte auch der Heeresingenieur Giovanni Bassignani mit. Eine besondere Funktion erfüllte die räumliche Darstellung der venezianischen Quarantänezone an der dalmatinisch-osmanischen Grenze durch den Ingenieur Francesco Melchiori (1721). Die Grenzstreitigkeiten mit dem Habsburgerreich um die Region zwischen Velebit und Zrmanja machten weitere Landesaufnahmen erforderlich. Auf der Grundlage dieser Arbeiten entstand die Karte des dalmatinischen Ingenieurs Antonio Marcovich, Dissegno topografico di parte della Dalmazia ed Albania (1754). Venedig verfolgte die kartographische Durchdringung Dalmatiens auch, um als Staatsland verzeichnete eroberte Regionen an die örtliche Bevölkerung ausgeben zu können. 1672–1675 wurde ein Kataster für den Splitski kotar mit Klis sowie für Nin erstellt, wo viele Flüchtlinge angesiedelt wurden. Für die zahlreichen vlachischen Zuwanderer des Krieges von 1684–1699 richtete die venezianische Verwaltung ein umfassendes Kataster ein: Zwischen 1702 und 1709 wurden Zadar und Šibenik mit Vrgorac, Sinj, Knin und Skradin erfasst. 1711 wurde das Kataster des Umlands von Trogir abgeschlossen. Bis 1735 wurden diese Angaben erneuert. Für die 1755/1756 begonnene Agrarreform des Generalstatthalters Francesco Grimani wurden 1756–1758 neue Kataster für Knin, Zadar und Split erstellt. Diese wurden nach 1797 von der österreichischen, der französischen und der zweiten österreichischen Herrschaft übernommen und dienten über Jahrzehnte hinweg als Grundlage für alle Eigentumsfragen. Erst die österreichische Katasteraufnahme 1823–1838 ersetzte die Leistung der venezianischen Verwaltung.[126] Kataster hatte die venezianische Verwaltung bereits im Mittelalter für Kreta erstellt. Nach 1684 wurden wie in Dalmatien auch in der Morea detaillierte Besitzverzeichnisse angelegt.[127]

Raumwissen bedeutete nicht immer auch Raumkontrolle, doch als gut organisierter europäischer Staat der Frühen Neuzeit setzte Venedig moderne kartographische Instrumente ein und sys-

---

126 Ćosić, Zagora na starim zemljopisnim kartama; STOURAITI, Printing Empire.

127 Catastici feudorum Crete, Catasticum Chanee (Hg. GASPARES); Catastici feudorum Crete, Catasticum Sexterii Dorsoduri (Hg. GASPARES); KOMES, Βενετικά κατάστιχα.

tematisierte über Jahrhunderte ein dichtes Raumwissen über seine Gebiete. Wie die Habsburgermonarchie nützte auch die Republik die Gelegenheit umfangreicher Gebietsgewinne gegen Ende des 17. Jahrhunderts, um ihren Machtbereich kartographisch detailliert zu erfassen.[128] Grenzfestlegung und Landverteilung standen dabei im Mittelpunkt. Die Bewältigung komplexer Landesaufnahmen gehörte zu den Erfolgen frühneuzeitlicher venezianischer Verwaltungstätigkeit, die in Gegensatz steht zu den erheblichen Schwierigkeiten, auf die Venedig dauerhaft bei der fiskalischen Durchdringung seiner Überseebesitzungen stieß.

---

[128] Stoye, Marsigli's Europe; Mrgić, Criss-crossing the Danube with Marsigli.

5.11 BEVÖLKERUNGSPOLITIK

Eine staatliche gelenkte Bevölkerungspolitik betrieb Venedig im Mittelalter zunächst im Falle Kretas, das als einzige Überseeprovinz planmäßig mit patrizischen und nichtpatrizischen Venezianern besiedelt wurde (s. zum venez. Kreta HGSOE, Bd. 1,2, Beitrag SAINT-GUILLAIN, Kap. 14.3.8).[129] Die venezianischen Niederlassungen im ehemals byzantinischen Raum aber waren durch private, d. h. nicht gelenkte Zuwanderung entstanden. Die veneto-kretische Gesellschaft, besonders das Entstehen einer veneto-kretischen Oberschicht, wurde insofern staatlich gelenkt, als Venedig bei der Überprüfung der Zugehörigkeit zum Patriziat – eine solche Prüfung wurde bei jedem Patrizier vorgenommen, der die Volljährigkeit (21 Jahre) erreichte – besondere Kulanz zeigte. Zum Teil seit Jahrhunderten auf Kreta ansässige Patrizier bekundeten nicht selten Schwierigkeiten, die geforderten genealogischen Nachweise beizubringen. Sie bildeten aber das Rückgrat der venezianischen Herrschaft und wurden bei loyalem Verhalten entsprechend wohlwollend behandelt. Die Heiratsverbindungen zwischen venezianischen Patriziern und Angehörigen regionaler südosteuropäischer Eliten wurden bereits als Element erwähnt, das Loyalität gegenüber der Mutterstadt schaffen sollte.

Klassische Elemente der Bevölkerungspolitik – staatliche An- u. Umsiedlung, staatliche Betreuung von Flüchtlingen, Freikauf von Gefangenen u. Versklavten – lassen sich ab dem 15. Jahrhundert beobachten, d. h. seit dem Beginn der zunehmend verlustreichen Auseinandersetzung mit dem Osmanischen Reich. Zeitlich und räumlich sind dabei Abstufungen zu erkennen. In der Ägäis gehörte die Versklavung von Untertanen durch türkische, später osmanische Korsaren seit dem 14. Jahrhundert zum Alltag der Bewohner auch größerer Inseln. Im Ionischen Meer und der Adria verschlechterte sich die Sicherheitslage ab dem ausgehenden 14. Jahrhundert bzw. der Mitte des 15. Jahrhunderts so stark, dass der venezianische Staat als Akteur gefordert war.

Für die mittlere Ägäis mag Euböa als Beispiel dienen: Die Insel Negroponte, die seit 1390 unter direkter venezianischer Herrschaft stand und eine der stärksten Festungen der Ägäis besaß, war massiv von osmanischem Menschenraub betroffen – allein 1416 wurden im Nordwesten der Insel 1.500 Menschen versklavt, im Krieg von 1423 bis 1430 waren es rund 5.000 – und dies bei einer geschätzten Gesamteinwohnerzahl von 14.000. Der osmanische Sklavenraub erforderte bevölkerungspolitische Maßnahmen: Venedig verlangte, mit geringem Erfolg, die Rückgabe der Verschleppten; es verbot Bauern den Getreideanbau auf dem nahen Festland; es offerierte eine zehnjährige Steuererleichterung für Neusiedler und verbesserte die Sicherheit durch den Ausbau von Befestigungsanlagen. Als Teil staatlicher Siedlungspolitik nahm Negroponte zahlreiche albanische Siedler aus den Regionen Livadiá, Theben und Athen auf, welche sich als Bauern niederließen und wertvolle Arbeitskraft im ländlichen Raum bereitstellten. In Mittelgriechenland befand sich Venedig in einer bevölkerungspolitischen Konkurrenzsituation nicht nur mit dem Osmanischen Reich, sondern auch dem fränkischen Herzogtum Athen, das ebenfalls orthodoxe Albaner ansiedelte; dabei wurden Bauern nicht nur mit Privilegien angelockt, sondern auch ent-

---

[129] JACOBY, Migrations familiales.

führt. Eine besondere Maßnahme stellte die Umsiedlung von 4.000 Einwohnern der zwischen Genua und Venedig umkämpften strategisch hochwichtigen Insel Ténedos an der Einfahrt zu den Dardanellen dar, die 1386 nach Athen weiterzogen.[130]

Im adriatischen Raum hatte Venedig bereits seit dem frühen 15. Jahrhundert Flüchtlingsströme zu bewältigen, die sich aus dem von den Osmanen eroberten balkanischen Binnenland an die Küste bewegten. Über Dalmatiens Städte gelangten tausende Bosnier und Kroaten nach Mittelitalien; über die albanischen Häfen richteten sich die Flüchtlingsströme nach Süditalien und Venedig selbst.[131] Venezianische Behörden waren zum Teil selbst in das Schlepperwesen verwickelt (so im albanischen Durrës). Die Flüchtlinge bewegten sich auf privaten Schiffen. Wie in der Ägäis waren auch auch in Albanien und Dalmatien venezianische Landbezirke vom anhaltenden osmanischen Menschenraub betroffen. Bei den Eroberungen großer Festungen durch die Osmanen gerieten erstmals auch venezianische Patrizier in größerer Zahl in Gefangenschaft, so 1453 in Konstantinopel, beim Fall Negropontes 1470 und der Einnahme Krujas 1478. Den Freikauf gefangener Amtsträger und Patrizier sah Venedig als staatliche Aufgabe an. An solchen Aktionen beteiligten sich auch die betroffenen Familien. Eine eigentliche staatliche Umsiedlungsaktion betraf die überlebenden Verteidiger Shkodras (1479), die seit 1474 osmanischen Angriffen, zeitweise von Mehmed II. persönlich geführt, standgehalten hatten. Der Sultan hatte ihnen den Abzug freigestellt. Die Überlebenden optierten geschlossen für die Übersiedlung nach Venedig. Der venezianische Staat schuf eine eigene jahrzehntelang arbeitende Kommission, die sich um Witwen und Waisen kümmerte, Renten auszahlte, Mitgiften bereitstellte und Söhne der Verteidiger in Heer und Flotte einband.[132] Die für Venedig neue Erfahrung des Gebietsverlusts und des Zurückströmens eigener Untertanen wurde als staatliche Aufgabe angesehen; dabei verfolgte die Republik das Ziel, durch Fürsorge für loyale Familien das Vertrauen südosteuropäischer Untertanen in die venezianische Herrschaft zu stärken.[133]

Eine Zuwanderung nach Venedig selbst wurde vom Staat, mit Ausnahme der erwähnten Shkodraner Flüchtlinge und heimkehrender Patrizier, nicht gefördert. Sie erfolgte spontan, getrieben von der Nachfrage nach Arbeitskraft und von der Arbeitssuche südosteuropäischer Untertanen.[134]

Im Seereich hingegen erforderten militärische Niederlagen und Gebietsgewinne zunehmende bevölkerungspolitische Eingriffe, die nicht die Metropole selbst betrafen: Die Inseln Zákynthos, Kephallenía und Íthaka waren um 1500 nach osmanischen Menschenraubzügen weitgehend entvölkert. Venedig siedelte daher tausende orthodoxe Flüchtlinge vorwiegend aus der Morea an, so aus den 1500 verlorenen Häfen Koron und Modon. Flüchtlinge von der Peloponnes wandten

---

130 Ders., The Demographic Evolution of Euboea, 172–175; Balta, L'Eubée à la fin du XVᵉ siécle.

131 Schmitt, Das venezianische Albanien, 558–562.

132 Ebd., 631–633; Nadin, Migrazioni e integrazione; Ducellier u. a., Les chemins de l'exil.

133 Ganchou, Le rachat des Notaras; doumerc, Les Vénitiens confrontés au retour des rapatriés.

134 Aus der reichen Literatur: Petta, Stradioti; Imhaus, Le minoranze orientali a Venezia; Ducellier u. a., Les chemins de l'exil; Čoralić, Šibenčani u Mlecima; dies., U gradu Svetoga Marka; Kutmanes, Ευβοιείς στη Βενετία.

sich auch nach Kreta, so nach dem Fall der Festungen Monemvasía und Nauplia (1540). Gerade Zákynthos und Kephallenía verdankten den moreotischen Flüchtlingen einen demographischen Aufschwung. In Kephallenía setzten die staatlichen Bemühungen 1502 ein, die aber wegen mehrerer osmanischer Überfälle erst in der längeren Friedensphase nach 1573 nachhaltige Wirkung zeitigten: Zwischen 1583 und 1684 stieg die Bevölkerung von 22.000 auf 47.000. Korfu, das beim osmanischen Angriff 1537 einen erheblichen Teil seiner Bevölkerung in die osmanische Sklaverei verloren hatte, war ebenfalls auf Zuwanderung aus Morea und Epirus angewiesen. 1576 stellte der venezianische Bailo Zuan Mocenigo fest, von einst 40.000 Einwohnern seien gerade einmal 10.000 übriggeblieben; allein 1537 hätten die Osmanen 24.000 Menschen verschleppt. Gegen Ende der venezianischen Herrschaft wies die Insel beinahe dieselbe Bevölkerungsdichte auf wie Frankreich (107,75 Einwohner/km² bzw. 112,5). Das Wachstum erfolgte dabei im ländlichen Raum, während sich die Inselhauptstadt zwischen 1600 und 1800 kaum entwickelte. Ursachen des Wachstums waren neben der Ansiedlung von Flüchtlingen die verbesserte Sicherheitslage, die dem osmanischen Menschenraub einen Riegel vorschob.[135] In Kreta betrieb nach den schweren Menschenverlusten des Krieges 1570–1573 der Generalprovisor Giacomo Foscarini eine Politik der Ansiedlung im ländlichen Raum. Während des Kretakrieges (1645–1669) und nach der Räumung der Insel verließen um die Mitte des 17. Jahrhunderts größere Gruppen venedigloyaler Kreter die Insel und wurden auf den Ionischen Inseln, so Kephallenía, angesiedelt.[136]

In Dalmatien nahmen die Fluchtbewegungen nach 1463 bedeutende Ausmaße an. Zu Beginn des 16. Jahrhunderts hatten die Landbezirke der dalmatinischen Kommunen nach jahrzehntelangen osmanischen Menschenraubzügen große Teile der Bevölkerung verloren. Der venezianische Statthalter von Šibenik schätzte den Menschenverlust in seinem Bezirk in der Zeit 1440–1500 auf rund 70.000.[137] Viele Menschen retteten sich in die befestigten Städte und die vorgelagerten Inseln. 1578 lebte etwas mehr als die Hälfte der Šibeniker Bezirksbevölkerung von 7.900 Menschen innerhalb der Stadtmauern. Zahlenmäßig sind die Bevölkerungsverluste gut belegt: In der ersten Hälfte des 16. Jahrhunderts sank die Bevölkerung von Split von rund 7.300 auf knapp 3.100; hatte ganz Venezianisch-Dalmatien 1559 noch rund 89.000 Einwohner gezählt, so waren es nach dem Krieg von 1570–1573 gerade noch etwas mehr als 56.000. 1591 erfasste die Verwaltung 78.000 Menschen. In Venezianisch-Dalmatien lebten demnach weniger Menschen als in der Stadt Venedig; die dalmatinischen Städte glichen einwohnermäßig größeren Dörfern.[138] Stark war die Abwanderung aus Dalmatien nach Mittelitalien, Venedig und in das Königreich Ungarn (heutiges Burgenland; s. hierzu Beitrag 7, PÁLFFY, Kap. 7.3.3). Nach der Stabilisierung der Grenze um 1550 bildete sich ein komplexer kleiner Grenzverkehr heraus, in dem Geflohene zurückkehr-

---

135 ASDRACHAS u. a., Ελληνική οικονομική ιστορία, Bd. 1, 145–149; PANKRATES (Hg.), Οι εκθέσεις, 147; 1598 schätzte der Bailo Dolfin Venier die Bevölkerung auf rund 20.000 Personen, von denen 7.000 als waffenfähig gelten; auf der Insel lebten auch 400 Juden.

136 KNAPTON, Tra Dominante e dominio, 352–360; MOSCHOPULOS, Μετοίκηση Κρητών στην Κεφαλονιά.

137 VRANDEČIĆ, Islam Immediately beyond the Dalmatian Coast, 290.

138 Ebd.

ten und über die Grenze hinweg Landwirtschaft getrieben wurde. Dennoch blieb der Grad von alltäglicher Gewalt (Raub von Menschen, Vieh u. Gütern, Mordfälle) hoch, und eine eigentliche Befriedung der Grenze wurde nie erreicht.[139]

Flucht und Abwanderung stand Zuwanderung aus dem Osmanischen Reich gegenüber, die von staatlichen Stellen zu bewältigen und zu steuern war. Im Krieg von 1537–1540 trat erstmals eine größere Gruppe orthodoxer Vlachen von osmanischem Gebiet auf die venezianische Seite über. Grund dafür war auch die Aufhebung der Steuerprivilegien für diese Hirtenkrieger, die bis dahin die osmanischen Eroberungen am Balkan wesentlich unterstützt hatten. Venedig siedelte diese Krieger nach Istrien um, da in den fast auf die Stadtmauern beschränkten dalmatinischen Stadtbezirken kaum Raum zur Verfügung stand. Vlachen waren bereits früher auf venezianisches Gebiet gelangt, was zu anhaltenden Grenzproblemen mit dem Osmanischen Reich führte, das weiterhin Anspruch auf seine Untertanen erhob. Die Bewirtschaftung venezianischer Ackerflächen durch osmanische Untertanen gehörte ebenfalls zu diesem Streitfall.

Wirklich bedeutsam wurde die Vlachenfrage ab der Mitte des 17. Jahrhunderts, als Venedig daran ging, eine eigene Militärgrenzzone in Dalmatien zu errichten. Ab 1645 erzielte Venedig erstmals seit langem militärische Erfolge in Dalmatien. Vlachen traten wieder auf die venezianische Seite, verblieben aber in ihren Kriegerverbänden. Die erheblichen Geländegewinne in den Kriegen von 1684–1699 und 1714–1718 wurden wesentlich mit Unterstützung vlachischer Krieger erfochten. Allein im erstgenannten Konflikt wanderten rund 30.000 Vlachen auf venezianisches Gebiet ein.[140] Diese orthodoxe Bevölkerungsgruppe unterschied sich in Konfession, Wirtschaftsweise, Sozialstruktur und materieller Kultur grundlegend von der katholischen, mediterranen Gesellschaft an der Küste. Vlachen wurden von Venedig, dem Habsburgerreich und dem Osmanischen Reich in dem dünnbesiedelten Grenzgebiet als Wehrbauern umworben. Die venezianische Bevölkerungspolitik hatte auf diese Konkurrenzsituation Rücksicht zu nehmen. Die Übernahme vlachischer Kriegerinstitutionen und die Duldung der Orthodoxie kennzeichnen die venezianische Strategie. Die starke Zuwanderung von Vlachen stärkte die venezianische Herrschaft im Binnenland, veränderte aber bis zum Ende des 20. Jahrhunderts die Bevölkerungsstruktur Dalmatiens. Die *anagrafi* (Bevölkerungszählungen) von 1766/1770 ergaben für Knin 50,9% und für Skradin 48,9% Orthodoxe, für Imotski aber nur 5,8%, Sinj 4,9%, Šibenik 3,5%, Split 2,5% und für Trogir 1,6%. Venedig betrieb seine Bevölkerungspolitik an der dalmatinischen Grenze mit Blick auf deren Sicherung – dies bedeutete aber auch Rücksichtnahme auf osmanische und habsburgische Interessen in Friedenszeiten. Ermuntert wurde die Zuwanderung morlakischer/ vlachischer Hirtenkrieger in Kriegsphasen.[141]

139 HRABAK, Turske provale, u. die Literatur in Anm. 57; dazu MAYHEW, Dalmatia between Ottoman and Venetian Rule.

140 ĆOSIĆ, Zagora na starim zemljopisnim kartama, 219.

141 Zur orthodoxen Bevölkerung Dalmatiens s. MAYHEW, Dalmatia between Ottoman and Venetian Rule, 185–226, s. das Schema auf S. 189; JURAN, Doseljavanje Morlaka u opustjela sela; PUST, „Le genti della citta, delle isole e del contado, le quale al tutto volevano partirsi"; TROGRLIĆ, Religion und Konfession in Dalmatien; IVETIC/ ROKSANDIĆ (Hgg.), Tolerance and Intolerance on the Triplex Confinium; und v. a. IVETIC, Cattolici e ortodossi.

Eine aktive Bevölkerungspolitik verfolgte Venedig auch in der seit 1685 zurückeroberten Morea. Dort siedelte die Republik vor allem Flüchtlinge aus den osmanisch gebliebenen Regionen Mittelgriechenlands an, die Venedig vergeblich zu erobern versucht hatte. Die Bevölkerung der Morea selbst setzte sich aus Griechen, Arvaniten (albanische Orthodoxe, Zuwanderer des 15. Jh.s) sowie zum Christentum zurückgekehrten Muslimen (Renegaten bzw. deren Nachfahren) zusammen. Die Flüchtlinge bestanden aus sozial unterschiedlichen Gruppen. Aus Athen kamen vor allem wohlhabende städtische Kaufleute, während aus Rúmeli (gemeint ist die mittelgriechische Gebirgslandschaft, Steréa Hellás) vorwiegend Hirten und Bauern geflohen waren. Letztere wurden in der nördlichen Morea angesiedelt, während die Städte Naúplion und Patras städtische Flüchtlinge aufnahmen. Kretische Zuwanderer wurden im äußersten Südosten (Monemvasía, Mólaoi) angesiedelt, also wie bei den Rumelioten in der (relativen) Nähe ihrer alten Heimat. Den Neusiedlern wurde Land zugeteilt, was zu Spannungen mit Alteingesessenen führte. In den Städten ist zu beobachten, dass die wohlhabenden Zuwanderer durch Heiraten integriert wurden. In der kriegsverwüsteten Morea war diese Siedlungspolitik eine Notwendigkeit. Das harsche Steuerwesen aber unterminierte schon bald die ersten Erfolge. Hohe Steuern und Fronen sowie die Bedrückung der Bauern durch die Stadtgemeinden trieben in der Nordmorea viele Siedler wieder zurück in das Osmanische Reich. Die venezianischen Polizeimaßnahmen im Golf von Patras erwiesen sich als ungenügend, um den Exodus aufzuhalten.[142]

Wichtiges Instrument der venezianischen Bevölkerungspolitik waren bezirksweise Erhebungen der Einwohnerzahlen. In den Schlussrelationen der Stadthalter erscheinen regelmäßig Angaben zur Bevölkerung und Bevölkerungspolitik. Im 18. Jahrhundert wurde die Bevölkerung in eigenen Zählungen (anagrafi) erfasst.

Die venezianische Bevölkerungspolitik ist am besten in einem Vergleich mit imperialen Siedlungspolitiken in exponierten Grenzgebieten zu fassen: Sie diente in erster Linie der Verteidigung, der Besiedlung dünn bewohnter oder unbewohnter Regionen und damit der Herrschaftssicherung, in weiterer Folge erst der Steigerung des eigenen militären Angriffspotentials. Es kann nicht genug unterstrichen werden, dass alle venezianisch beherrschten Gebiete seit dem 14. Jahrhundert von dem anhaltenden Menschenraub durch die Osmanen betroffen waren. Die Grenzgebiete, ob an der Küste oder im Binnenland, bildeten dauerhafte Zonen des Kleinkriegs, in denen Menschen und Vieh die wichtigste Beute darstellten. Aufgrund der militärischen Unterlegenheit musste Venedig die wiederholte Entvölkerung wichtiger Provinzen (Dalmatien, Korfu, Kreta) hinnehmen. Es reagierte durch Umsiedlung venediglloyaler Bevölkerungsgruppen. Die Ionischen Inseln vermochten sich so demographisch zu erholen; auch Kreta nahm immer wieder Flüchtlinge und Umsiedler auf. Dabei handelte es sich jeweils um orthodoxe Griechen, seltener ägäische Katholiken, deren Integration auf keine kulturellen und sozioökonomischen Hindernisse stieß. In Dalmatien hingegen veränderte der Zustrom orthodoxer vlachischer Hirtenkrieger die Region in jeder Hinsicht. Es entstand ein zweifaches Dalmatien: katholisch, städtisch, mediterran orientiert an der Küste; orthodox, ländlich, balkanisch im Binnenland. Die adriatische Küstenzone wurde aber

---

[142] Malliaris, Population Exchange and Integration of Immigrant Communities; ders., La formazione dello spazio sociale.

durch die maritime Zuwanderung von orthodoxen Griechen und Albanern Teil eines gesamtvene-zianischen Migrationsraumes. Treiber dieser Migration waren auch staatlichen Einrichtungen wie die Armee und die Flotte, zumal Venedig Festungsgarnisonen gerne mit fremdstämmigen Söld-nern besetzte. Schließlich erreichte die Republik durch ihre Bevölkerungspolitik auch Loyalität – die zahlreichen Umsiedlungsaktionen brachten staatliche Fürsorge zum Ausdruck und stärkten venedigloyale Strömungen in den Provinzen, was besonders in der griechischen Berührungszone von Osmanischem Reich und venezianischer Herrschaft bedeutsam war.

Das demographische Gewicht des Seestaates schließlich war im venezianischen Gesamtstaat eher gering. Von den rund 1,6 Millionen Untertanen des venezianischen Gesamtstaates lebten um 1550 rund 650.000 in den südosteuropäischen Gebieten, die meisten davon in den griechischen Besitzungen. Dalmatien und der Rest Venezianisch-Albaniens zählten nur rund 100.000 Ein-wohner, eine Zahl, die, wie gezeigt, nach weiteren Gebietsverlusten im Krieg von 1570/1571 auf unter 60.000 sank. Demgegenüber bildete Venedig in der Frühen Neuzeit eines der wichtigsten Siedlungszentren für Südosteuropäer – man denke nur an die rund 5.000 orthodoxen Griechen, die im 16. Jahrhundert in der Metropole lebten.

5.12 AUFSTÄNDE UND POLITISCHER WIDERSTAND

Die Venedigforschung unterstreicht, dass seit Beginn des 14. Jahrhunderts die Markusrepublik in ihrem Zentrum von inneren Unruhen verschont geblieben sei und damit auch vom Gegensatz von Ghibellinen und Guelfen, von Patriziern und *Popolani*, die vergleichbare italienische Stadtkommunen erschüttert hatten. Die jüngere Forschung hat sich mit Blick auf den Überseestaat dem Verhältnis von „Herrschern" und „Beherrschten" verstärkt zugewandt.[143] Deutlich wird, dass ein dichotomisches Modell verdeckt, dass weniger ein lineares Machtgefälle zwischen Zentrum und Peripherie, sondern vielschichtige Formen der Aushandlung und Vermittlung das politische System des venezianischen Staatsgefüges kennzeichnen. Örtliche und regionale Akteure, darunter auch *Popolani*, traten selbstbewusst vor die venezianischen Zentralbehörden. Diese und venezianische Amtsmänner in den Provinzen verfolgten oft unterschiedliche Interessen, besonders gegenüber regionalen Interessengruppen. Eine einheitliche politische Linie Venedigs ist bei genauer Analyse oft nicht klar erkennbar, vielmehr handelt es sich um Interessenbündel zentralstaatlicher und regionaler Akteure, die oftmals durch politische und wirtschaftliche Interessen, im Falle von Eliten auch durch Heiraten, miteinander verwoben waren. Deutlich wurde auch, dass in vielen Fällen venezianische Statthalter als Mediatoren stark gespaltener regionaler Gesellschaften wirkten, die diese Vermittlung als stabilisierend und daher notwendig anerkannten. Gerade in kleineren Bezirken fehlte ein venezianischer Repressionsapparat; aber auch auf Kreta kam einheimischen Sicherheitskräften erhebliche Bedeutung zu, was den Handlungsradius von Gouverneuren ebenso bestimmte wie die Rücksichtnahme auf konfessionelle Empfindlichkeiten.[144]

Im venezianischen Südosteuropa stellte sich die Lage auch in dieser Hinsicht vielschichtig dar: Im kommunal verfassten adriatischen Raum erwies sich Zadar vom Hochmittelalter bis 1409 als Zentrum des Widerstandes gegen die venezianische Herrschaft. Getragen wurde er vom städtischen Patriziat. Als sich 1420 die Macht der Markusrepublik in Dalmatien stabilisiert hatte, kam es kaum noch zu Aufständen. Gründe hiefür waren: die zunehmende politische Schwäche der Königreiche Neapel und Ungarn, an denen Oppositionsgruppen vor allem im Patriziat Rückhalt gefunden hatten; die rasch anwachsende osmanische Bedrohung, die venezianische Militärhilfe unerlässlich erscheinen ließ; die venezianische Mediationspolitik in den in der Regel von schweren Spannungen zwischen Patriziern und *Popolani* gekennzeichneten Stadt- und Inselkommunen. Der Aufstand der *Popolani* auf der Insel Hvar (1508–1514) etwa richtete sich nicht gegen die venezianische Herrschaft, sondern gegen örtliche Patrizier und wurde von Venedig auf dem Wege der Vermittlung beigelegt.[145]

Anders stellte sich die Lage im postbyzantinischen orthodoxen Osten des Seereichs dar, in dem Venedig eine zeitweise harsche Konfessions- und auf Kreta auch Kolonialpolitik führte. Während

---

[143] KARAPIDAKIS, I rapporti fra „governanti e governati". Ebenfalls wichtig, wenn auch die Terraferma betreffend: VIGGIANO, Governanti e governati; aus der Fülle der Arbeiten zum kretischen Aufstand um die Mitte des 14. Jh.s: PAPAZOGLU, „Ὃς τον του μαρτυρίου δέχεται στέφανον".

[144] O'CONNELL, Men of Empire, 140–160.

[145] NOVAK, Pučki prevrat na Hvaru; DERS., Nepoznati dokumenti; GABELIĆ, Ustanak hvarskih pučana.

in Dalmatien oppositionelle Patriziergruppen neutralisiert werden konnten, gelang dies Venedig im Falle von orthodoxen Grundbesitzern und Geistlichen besonders auf Kreta deutlich schlechter. Zwei Aufstände zwischen 1453 und 1462 belegen, dass auch nach 250 Jahren venezianischer Herrschaft die Widerstände massiv blieben. Venedig vermochte es im nachbyzantinischen Raum nie, das Erbe von 1204 wirklich zu überwinden. Der orthodoxe Klerus blickte in das Osmanische Reich, wo sich die Orthodoxe Kirche ungehindert entfalten zu können schien – dass dort orthodoxe Geistliche ebenfalls Aufstände anzettelten, freilich mit Hilfe katholischer Mächte gegen das Osmanische Reich und nicht mit Hilfe oder Duldung der Osmanen gegen das katholische Venedig, kennzeichnet die Zwischenstellung der Orthodoxen zwischen Venedig und dem Sultansreich. Griechische Orthodoxe begrüßten 1570 wegen der Konfessions- und Steuerpolitik Venedigs auf Zypern die osmanischen Invasoren, und auch auf Kreta fand sich nach 1645 ein erheblicher Teil der Bevölkerung rasch mit der neuen Herrschaft ab, was auch an der raschen Islamisierung, freilich befördert durch die konservative Kadızadeli-Bewegung befördert, ablesbar ist.[146]

Unruhen auf den Ionischen Inseln, so die Rebellion auf Zante (1628), richteten sich, wie vergleichbare Regungen in Dalmatien, nicht gegen Venedig selbst, sondern entstanden aus gesellschaftlichen Spannungen zwischen *Popolani* und dem örtlichen Adel. Stets umstritten waren dabei der Zugang zu einträglichen kommunalen Ämtern sowie der Missbrauch der Justiz durch die Oberschichten. Da an Ratsversammlungen bisweilen hunderte Männer teilnahmen, waren Tumulte nicht selten, die von den venezianischen Statthaltern als Mediatoren nur mühsam beigelegt werden konnten. Das Schwinden von deren Autorität wurde im 18. Jahrhundert bei inneren Konflikten auf den Inseln besonders sichtbar. Zu Unruhen kam es auf Korfu in den Jahren 1640, 1652, 1748, auf Kephallenía 1748 sowie in den 1750er und 1770 Jahren.[147]

In der Adria hingegen bildeten im Gegensatz zum griechischen Osten die südslawischen – u. nicht griechischen – Orthodoxen ein Element, auf das Venedig seine Abwehr- und dann Angriffskriege gegen das Osmanische Reich stützte. Die Ausgangslage des interkonfessionellen Verhältnisses war hier ein anderes: keine venezianische Eroberung wie 1204, sondern die Einwanderung von orthodoxen Vlachen und deren Einbindung in ein von eher extensiver Herrschaft gekennzeichnetes Militärgrenzensystem nach (teilweise) osmanischem Vorbild. Die vorsichtige Konfessionspolitik beugte offenen Aufständen der Orthodoxen vor. Unruhen im frühneuzeitlichen Dalmatien sind besonders nach dem Ende der Türkengefahr (nach 1718) zu beobachten: Sie waren lokaler Natur und entzündeten sich an Agrarfragen, vor allem der starken Abgaben- und Fronbelastung. Nach 1789 ist in den Argumentationen der Bauern bereits der Einfluss der Französischen Revolution erkennbar. Beispiele wären Unruhen der Landarbeiter um Zadar in den 1740er Jahren; der Konflikt zwischen dem Steuerpächter und Bauern in vier Serdar-Bezirken von Knin (1769); Erhebungen der Pachtbauern der Inseln Eso/Iž und Pasman/Pašman vor Zadar (1780, 1783, 1789).[148]

---

146 Manusakas, Η εν Κρήτη συνωμοσία του Σηφή Βλαστού.

147 Arbel, Venice's Maritime Empire, 213–217; Arbanitakes, Κοινωνικές αντιθέσεις στην πόλη της Ζακύνθου.

148 Peričić, Dalmacija uoči pada mletačke republike, 46–48.

Bis zu einem gewissen Grad entschärfte die venezianische Kommunikationspolitik politische und gesellschaftliche Gefahrenherde. Durch die erwähnten Gesandtschaften nach Venedig, das mehrstufige Appellationssystem und die Inspektionen der *sindici* wurden Ventile geschaffen. Die *capitula* der Petitionen vermitteln einen guten Überblick über strittige Punkte, sind aber als Texte zu verstehen, die unter Aufsicht entstanden. Sie sind als Teil eines staatlich kontrollieren Kommunikationssystems zu betrachten. Seltener liegen Privatbriefe von Untertanen vor, in denen Unmut artikuliert wurde. Bemerkenswert ist in diesem Zusammenhang ein Brief des kretischen Viehzüchters Luca Fumi aus Keramiá bei Chaniá aus dem Jahr 1574, der wenige Monate nach dem Ende des veneto-osmanischen Krieges (1570–1573) heftige Kritik übte: Das Schicksal der zypriotischen Eliten („viele Kinder und Frauen der zypriotischen Archonten streifen hier umher und betteln um Brot") solle den veneto-kretischen Patriziern ein warnendes Beispiel sein; die osmanische Verwaltung behandele die Bauern besser als die kretischen Patrizier. Fumi verglich in diesem Privatbrief die beiden Imperien, und dieser Vergleich war Ausdruck beißender Herrschaftskritik.[149]

Widerständigkeit ist also, wie andere Phänomene im Seereich ebenfalls, nach Region und Zeit differenziert zu betrachten. Bemerkenswert ist, dass es in der Frühen Neuzeit nicht zu gegen Venedig gerichteten Aufständen kam. Auch die orthodoxe Bevölkerung akzeptierte die venezianische Herrschaft – und zwar wohl in höherem Maße als die Orthodoxen am Balkan die osmanische Verwaltung. Der konfessionelle Gegensatz war aber nicht zu überwinden; doch gelang es Venedig, loyale orthodoxe Gruppen bei Griechen wie Morlaken an sich zu binden, wobei Interesseneinheit im Kampf gegen die Osmanen bestand. Was an sozialer Unrast bestand, blieb in lokalem bzw. regionalem Rahmen und richtete sich zumeist gegen örtliche Eliten. Wie das Osmanische Reich blieb Venezianisch-Südosteuropa von großen und blutigen Bauernerhebungen verschont.

---

[149] ANGELOMATE-TSUNGARAKE, Η κοινωνική συνείδηση ενός κρητικού του 1574; SCHMITT, Das venezianische Südosteuropa als Kommunikationsraum, 94–100.

5.13 SPRACHENPOLITIK

Zur Kommunikationspolitik gehörte auch die Sprachenfrage: Venedig bildete ein vielsprachiges komposites Staatsgebilde. Schriftsprachlich überwölbt wurde es vom Italienischen, das in der frühen Neuzeit die Diglossie Latein/Venezianisch weitgehend abgelöst hatte. Im mündlichen Bereich dauerte das Venezianische aber fort, in unklarem Übergang zur mittelmeerischen *Lingua franca*. Die meisten männlichen Untertanen, die in Häfen lebten und mit Seehandel und Schiffahrt zu tun hatten, werden das Italienische zumindest rudimentär verstanden haben. Für Bauern und insbesondere Frauen, auch in den Städten, galt dies deutlich weniger.[150] Die männliche gebildete Oberschicht las und schrieb Latein und/oder Italienisch. Mit Padua verfügte Venedig über eine eigene Universität, die über Jahrhunderte hinweg die Eliten des südosteuropäischen Staatsteils ausbildete. Die Auswirkungen auf Literatur und Kultur Dalmatiens und des venezianischen Griechenlands (Korfu, Kreta) reichten tief. Das Lateinische behielt für wichtigere Amtsstücke seine Bedeutung bis in das späte 15. Jahrhundert, während die Volkssprache für weniger bedeutende Rechtsgeschäfte schon früher Verwendung fand. In der Verwaltung aber betrieb Venedig keine Italianisierung, sondern passte seine Kommunikationsstrategie örtlichen Gegebenheiten an. Es hatte auf örtliche Beamte zurückzugreifen, deren Sprachkenntnisse, gerade im griechischen Staatsteil, oft ungenügend waren; auch arbeiteten dort Notare in griechischer Sprache. In Dalmatien wurden im 18. Jahrhundert Kundmachungen sowohl italienisch wie kroatisch gedruckt. Kommandosprache der regionalen Grenzerkommandos war Kroatisch. In den Gerichten standen kroatische Dolmetscher bereit. Das Kroatische wie das Griechische hatten im venezianischen Staat sowohl eine administrative wie kulturelle Funktion. Eine ethnische Wahrnehmung von Sprache im Sinne des Nationalismus lässt sich in Dalmatien kaum beobachten, wohl aber seit dem ausgehenden Mittelalter ein Sprachstolz slawo-dalmatinischer Humanisten und ein slawisches Sprachbewusstsein sowohl weltlicher wie kirchlicher Eliten (z. B. Vinko Pribojević). Eine Italianisierung der Verwaltung zulasten des Kroatischen erfolgte in Dalmatien erst im 19. Jahrhundert unter österreichischer Verwaltung.[151]

---

[150] Ivetic, Un confine nel Mediterraneo, 141f., zitiert die Beschreibung Dalmatiens von Giovanni Battista Giustinian, der für Dalmatien klare Geschlechterunterschiede im Sprachgebrauch festhielt; Giustinian sprach von „lingua franca", meinte damit aber wohl das Venezianische/Italienische.

[151] Eufe, Politica linguistica della Serenissima; ders., Sta lengua ha un privilegio tanto grando; Graciotti, Das Wechselverhältnis zwischen Literatursprachen und Kulturen; Metzeltin, Le varietà italiane; Graciotti, Le molte vite dell'italiano „de là da mar"; Šimunković, Mletački dvojezični proglasi.

5.14 RELIGIONSPOLITIK

Venedig herrschte in Oberitalien, der Metropole, Dalmatien und Albanien über eine katholische Bevölkerungsmehrheit; im griechischen Osten, zwischen Korfu und Zypern hingegen über eine mehrheitlich orthodoxe Bevölkerung, die seit 1204 die Erfahrung katholischer Kreuzfahrerstaaten gemacht hatte. Die Konstellation aber war wesentlich komplexer, als eine schlichte Konfessionsgrenze vermuten ließe: Zum einen lebten um 1500 rund 5.000 orthodoxe Griechen in Venedig selbst; orthodoxe Zuwanderer aus dem griechischen Raum ließen sich in der Frühen Neuzeit auch in dalmatinischen und istrischen Häfen nieder; umgekehrt hatten sich seit dem 13. Jahrhundert Venezianer und andere Italiener in den ehemals byzantinischen Provinzen des Überseereiches angesiedelt. Ab der Mitte des 17. Jahrhunderts erwarb Venedig durch Eroberung das dalmatinische Hinterland, das durch massive ethnokonfessionelle Verschiebungen im Zuge der osmanischen Expansion (Fluchtbewegungen der katholischen Bevölkerung an die Küste u. nach Westungarn/heutiges Burgenland) sowie Einwanderung orthodoxer Hirtengemeinschaften (Vlachen/Morlaken) eine orthodoxe Bevölkerungsmehrheit erhalten hatte. Der Umgang mit orthodoxen Griechen (u. wenigen orthodoxen Albanern) sowie ab dem 17. Jahrhundert orthodoxen Südslawen erwies sich für das katholische Venedig als Kernfrage der politischen Stabilität, nicht nur in Übersee, sondern wegen der starken orthodoxen Gemeinschaft in Venedig auch für die Metropole selbst.

Zum Verständnis der venezianischen Konfessionspolitik ist die Klärung der Haltung gegenüber der Romkirche von Bedeutung. Die venezianische Elite war katholisch und reagierte empfindlich auf den Vorwurf, abweichende Strömungen zu unterstützen. So ging der venezianische Staat auch gegen die von den zahlreichen in Venedig lebenden Deutschen verbreitete Reformation vor, die deshalb auch in Venezianisch-Südosteuropa nicht Fuß fassen konnte. Venedig und der Kirchenstaat waren in Italien aber politische Konkurrenten, wie sich in der Liga von Cambrai gezeigt hatte (s. o. Kap. 5.4). Vor allem aber achtete Venedig darauf, die Kontrolle über den katholischen Klerus in seinem Staatsgebiet zu behalten. Dies führte zu dem großen Zusammenstoß, gipfelnd in der Verhängung des Interdikts, mit dem posttridentinischen Papsttum um die Wende zum 17. Jahrhundert, in dem Paolo Sarpi die venezianische Position vertrat. Eine Entspannung brachte erst die Zweckallianz im Kretakrieg.

Schon im Mittelalter legte Venedig Wert darauf, dass die katholischen Bistümer mit venezianischen Untertanen besetzt würden, und schuf so faktisch eine Art Staatskirchentum. Der Staat überwachte auch die Kirchendisziplin und die kirchlichen Finanzen. 1482 untersagte der Doge die Vergabe dalmatinischer Pfründen an römische Kleriker. Der Konflikt wurde so gelöst, dass der Doge die Pfründen auf päpstlichen Vorschlag hin vergab. Gerade an exponierten Positionen wie Kotor kamen gebildete venezianische Patrizier zum Einsatz wie Marino Contarini (1430–1453), der in diesem konfessionellen Grenzgebiet die Kirchenunion unterstützte. Sein Nachfolger Bernardo aus Piove di Sacco etablierte den Kult des Heiligen Vincenz Ferrer und bemühte sich um die Missionierung von Orthodoxen und Muslimen. Im 15. Jahrhundert stammten von insgesamt 63 Inhabern dalmatinischer Bistumsämter 17 aus der Region selbst.[152]

---

152 Israel (Hg.), Protestanten zwischen Venedig und Rom; Braunstein, Les Allemands à Venise; Bouwsma, Venice and the Defense of Republican Liberty; Wooton, Paolo Sarpi; Čoralić, Hrvati u procesima mletačke

Eine neue Situation entstand für die katholische Kirche und den venezianischen Staat gegen Ende des 17. Jahrhunderts, als Venedig und damit die katholische Hierarchie in ehemals osmanische Gebiete vorrückte. Nach der endgültigen Stabilisierung der Grenze (1718) unternahm der katholische Klerus eine stärkere administrative Durchherrschung von Binnendalmatien (ca. 1720 – ca. 1760). Zeitgleich versuchte auch der venezianische Staat, Steuerverwaltung, Justiz und die Kontrolle über die religiösen Bruderschaften zu verstärken. Noch aktiver trat in Dalmatien der „episcopalismo" auf, also zeitgleich mit Erneuerungsbewegungen in der katholischen Kirche im italienischen Raum. Der Weltklerus setzte sich dabei gegenüber der Ordensgeistlichkeit verstärkt durch.

Als Hauptaufgabe stellte sich die Einbindung der 1699 und 1718 gewonnenen binnendalmatinischen Gebiete mit ihrer überwiegend orthodoxen Bevölkerung, also die Verschmelzung der beiden konfessionell unterschiedlichen Teile Dalmatiens unter katholischer Vorherrschaft. Die Erzbischöfe von Zadar Vicko Zmajević (1712–1745) und Mate Karaman (1745–1771) betrieben dabei die Unterordnung der dalmatinischen Orthodoxen unter die katholische Kirche, was von der *Propaganda fide* in Rom unterstützt wurde. Zmajević wollte die Staats- mit der Konfessionsgrenze zur Deckung bringen. In den Orthodoxen sah er Häretiker und illoyale Untertanen des venezianischen Staates. Er strebte die Schaffung eines slawischsprachigen Klerus an, und er und sein Nachfolger Karaman förderten daher die glagolitische Schrift. Als Vorbild für die Kirchensprache in Dalmatien sollten die liturgischen Texte der unierten Kirche in Polen dienen, womit Dalmatien zum Ausgangspunkt einer gesamtslawischen katholischen Kultur unter Verzicht auf regionale Eigenkulturalität hätte aufsteigen sollen. Karamans 1741 veröffentlichtes Messbuch aber hatte keinen Erfolg. Auch das 1749 in Zadar eröffnete glagolitische Seminar entfaltete nur bescheidene Wirkung. Innerhalb der Kirche stellten sich die Franziskaner in Dalmatien und vor allem in Bosnien sowie der Klerus von Zengg der russifizierenden Sprachpolitik des katholischen Erzbistums entgegen. Die katholische Kirche insgesamt förderte die Politik der Zaratiner Hierarchen an den „Illyrischen Kollegien" in Assisi, Loreto und Fermo. Die katholische Geistlichkeit Dalmatiens sprach (bzw. besser: schrieb) buchstäblich nicht dieselbe Sprache, von einer umfassenden katholischen Offensive gegen die dalmatinischen Orthodoxen kann demnach nicht gesprochen werden. Wie im Falle der griechischen Orthodoxen lebten die südslawischen Pravoslaven in mehreren Reichen, die ihre Wehrkraft in Anspruch nehmen wollten. Diese Systemkonkurrenz im *Triplex confinium*, dem heutigen bosnisch-kroatischen Grenzgebiet, schränkte Venedigs konfessionspolitische Möglichkeiten stark ein.[153]

Das Beispiel Dalmatiens verweist auf die enge Verschränkung von Kirchenpolitik und Politik der Kirche im venezianischen Staat sowie auf die besonders den griechischen Raum betreffende Frage nach dem Verhältnis beider Kirchen. Denn Venedig bewegte sich seit jeher an der Schnitt-

inkvizicije, 61–86; Tudjina (Hg.), Marko Antun de Dominis; Neralić, Put do crkvene nadarbine, 276 (Liste der Bischöfe); dies., Judicial Cases in the Court of Maffeo Vallaresso; Mitrović, Mletački episkopi Kotora; Gulin, Hrvatski srednjovjekovni kaptoli; Acta visitationum apostolicarum dioecesis pharensis (Hgg. Mardešić/ Kovačić).

153 Grundlegend sind Trogrlić, Religion und Konfession in Dalmatien, sowie Ivetic, Cattolici e ortodossi; Bogović, Katolička crkva i pravoslavlje u Dalmaciji (serbisch-orthodoxe Sichtweise).

stelle der orthodoxen und der romkirchlichen Christenheit, seit 1204 auch als politische Macht. Die venezianischen Eliten waren sich des zentrifugalen Potentials einer starken orthodoxen Geistlichkeit auf ihrem Gebiet wohl bewusst – Aufstände auf Kreta (1453–1454, 1460–1462), also nach dem Fall Konstantinopels und dem Arrangement des Orthodoxen Patriarchats von Konstantinopel mit dem Sultan, sowie eine nach 1453 unterschwellig pro-osmanische Haltung vieler orthodoxer Kleriker schienen dieses Misstrauen zu bestätigen. Die Stellung der orthodoxen Kirchen – mit oder ohne höhere Geistlichkeit – war in Venezianisch-Griechenland je nach Bezirk verschieden und hing maßgeblich auch von den Umständen der Erwerbung durch Venedig ab.

In der wichtigsten Flächenprovinz, Kreta, wurde der höhere Klerus daher von katholischen Geistlichen gestellt. Ein orthodoxer niederer Klerus unter Führer von Protopapádes war gestattet; die Priesterweihen aber mussten auf dem Festland stattfinden, in venezianischen Besitzungen wie Modon, Zante oder Zypern. Auf diesen beiden Inseln hatte Venedig von katholischen Vorgängerherrschaften eine orthodoxe Hierarchie mit Bischöfen übernommen. Als 1439 in Florenz die Kirchenunion verkündet wurde, schien ein für das venezianische Seereich geeignetes Instrument gefunden, das auch im katholisch-orthodoxen Mischgebiet Venezianisch-Albaniens zur Anwendung kam. Trotz staatlicher Unterstützung blieb die Unionskirche in Venezianisch-Griechenland aber eine Randerscheinung.

So musste sich Venedig darauf beschränken, seine Stellung gegenüber der orthodoxen Kirche und den hinter dieser stehenden Mächten – Byzanz bzw. das Osmanische Reich – zu festigen, d. h. den Klerus zu kontrollieren, besonders dessen Weihe und Einsetzung, sowie die Beziehungen zum Patriarchen von Konstantinopel zu beschneiden. Strukturell, und dies zu betonen ist besonders wichtig, unterschied sich der Zugriff auf die Orthodoxie in manchem gar nicht so sehr von der venezianischen Politik gegenüber der katholischen Kirche, auch wenn orthodoxe Beobachter und Wissenschaftler dies bis in die Gegenwart aus einer konfessionell geprägten Sichtweise anders wahrnehmen. Gegenüber Rom, Konstantinopel und Peć – als dem kirchlichen Mittelpunkt der südslawischen Pravoslaven – betrieb Venedig eine bikonfessionelle Politik des Staatskirchentums. 1577 nahm der orthodoxe Metropolit des kleinasiatischen Philadelphia Sitz in Venedig. Ihm unterstanden die Orthodoxen im venezianischen Staat, Griechen wie Slawen. Zwei dieser Metropoliten, d. h. Leiter des venezianischen Typs einer orthodoxen Staatskirche, traten zur Kirchenunion über. Der Metropolit unterstand genauer Kontrolle durch den Staat. Seine Stellung blieb fast bis zum Ende der Republik eine besondere, da Venedig etwa in Dalmatien keine eigene orthodoxe Hierarchie des slawischen Ritus einrichtete, anders also als Habsburger (Erzbistum von Karlowitz) und Osmanen (serbisches Patriarchat von Peć). Der katholische Klerus diente der Republik als Machtinstrument in konfessionell gemischten Gebieten, ein Instrument, das aber auch die Kurie handhaben wollte. In der Praxis gestaltete sich das System der orthodoxen Hierarchie vielfältig.

Das kretische – bischofslose – System wandte Venedig auf Korfu (1384 erworben) an, nicht aber auf Kephallenía (1500 erworben): Dort bestand eine orthodoxe Hierarchie mit eigenen Bischöfen aus einflussreichen örtlichen Familien fort. Die nach 1500 eingesetzten katholischen Bischöfe residierten auf Zákynthos und waren oft abwesend; die katholischen Bischöfe verwalteten eine Gemeinde, die erst nach 1500 entstanden war und nur eine bescheidene Infrastruktur, darunter das Kloster Santa Maria della Vittoria in Argostóli, besaß. In dem bis 1470 venezianischen

Negroponte residierte seit 1261 der Lateinische Patriarch von Konstantinopel. Der orthodoxe Klerus wurde zwar gut behandelt, hatte aber keinen Bischof. Orthodoxe Bischöfe aber gab es in Koron, Modon, Monemvasía, auf Skýros, Kephallenía und Zypern. Venedig legte stets Wert darauf, dass der orthodoxe Klerus in seinen Gebieten keine intensiven Beziehungen zum Patriarchen von Konstantinopel unterhielt, der als Instrument des Osmanischen Reiches angesehen wurde. Im 15. Jahrhundert wurden mehrfach Mönche ausgewiesen und die Veröffentlichung von Enzykliken des Patriarchen untersagt. 1417 wurde die Zahl der Popen auf Negroponte beschränkt, 1425 der orthodoxe Kirchenbau auf Korfu untersagt. Doch war die Kirchenpolitik auch auf Beschwichtigung bedacht und beschnitt den Eifer katholischer Missionare, die in venezianischer Perspektive Unruhe stifteten.

Nach den schweren Niederlagen gegen die Osmanen, besonders nach dem Verlust Zyperns, lockerte Venedig seine Konfessionspolitik gegenüber den Orthodoxen. Päpstliche Versuche, sich die orthodoxen Geistlichen in Venezianisch-Griechenland zu unterstellen – so in den Bullen Romanus Pontifex von Pius IV. 1564 u. der Perbrevis Instructio Clemens' VIII. 1596 – wurden von Venedig bekämpft, die Veröffentlichung der Bullen untersagt. Venedig verweigerte auch die Einführung des Gregorianischen Kalenders in seinen griechischen Gebieten. Ein Jahrhundert später, diesmal waren die venezianischen Waffen siegreich, kam die Serenissima katholischen Interessen in der wiedergewonnenen Morea entgegen: Kirchenbesitz wurde der katholischen Kirche übergeben, ein katholisches Erzbistum und vier katholische Bistümer eingerichtet, katholische Orden ins Land geholt.

Konfessionspolitik war in erster Linie Staatspolitik, und die Einbindung der orthodoxen Priester in das venezianische Machtsystem war eine strategische Notwendigkeit. Sichtbar machte die Republik diese Integration in den Prozessionen, einem der wichtigsten Instrumente der Inszenierung des venezianischen Machtsystems. Nach dem Vorbild der Mutterstadt war die Hierarchie im Umzug sowie dessen Stationen vor Amtsgebäuden und Kirchen beider Konfessionen genau festgelegt.[154]

Keinesfalls war Venedig ein Instrument der Kurie im orthodoxen Osten. Die Republik aber beanspruchte Kontrolle über den orthodoxen Klerus, um den Einfluss des Osmanischen Reiches, ausgeübt über das Patriarchat von Konstantinopel, einzudämmen. Eine eigene orthodoxe Kirchenstruktur auf venezianischem Gebiet – analog zum habsburgischen Erzbistum Karlowitz – ist freilich nie geschaffen worden. Doch bemühte sich Venedig um die symbolische Einbindung des orthodoxen Klerus. Aufmerksamkeit erregten auch symbolische Gesten hoher katholischer Wür-

---

154 Panopulu, Η διοικητική οργάνωση, hier 288–296; Zapante, Κεφαλονιά 1500–1571, 287–309, Liste der orthodoxen Bischöfe aus den örtlichen Familien Lobérdos und Ritzardópulos, ebd. 298; Karydes, Η εκλογή του πρωτοπαπά Ζακύνθου και το ζήτημα της επισκοπής; Fedalto, La chiesa latina in Oriente; Saint-Guillain, La carrière d'un prélat unioniste; Manusakas, Αρχιερείς Μεθώνης, Κορώνης και Μονεμβασίας; ders., Βενετικά έγγραφα αναφερόμενα εις την εκκλησιαστικήν ιστορίαν της Κρήτης; Zakythenos/Maltezu, Contributo alla storia dell'episcopato latino di Cefalonia e di Zante; Tsirpanles, Από την φιλορθόδοξη πολιτική της Βενετίας στην Ελληνική Ανατολή; Tomadakes, Οι ορθόδοξοι παπάδες επί Ενετοκρατίας (mit stark nationaler Tendenz, s. die Schlussfolgerung, 72, die Erzpriester hätten für „Ethnizität, Sprache und den orthodoxen Glauben" gekämpft); Mastrodemetres, Το Λατινικό Πατριαρχείο στην Εύβοια; MacKay, St. Mary of the Dominicans; Nikephoru, Δημόσιες τελετές στην Κέρκυρα κατά την περίοδο της Βενετικής κυριαρχίας.

denträger aus venezianisch-patrizischen Geschlechtern. Der Korfioter Erzbischof Angelo Maria Querini erwarb sich durch den Besuch einer orthodoxen Liturgie hohes Ansehen.[155]

Mit dem Verlust weiter Teile des griechischen Ostens (1669) und der Eroberung des vlachisch-orthodoxen dalmatinischen Hinterlandes verschob sich der Schwerpunkt der venezianischen Konfessionspolitik ab ca. 1650 in die Adria. Ihr lag wie einst im ägäischen Osten Pragmatismus zugrunde. Während Venedig, wie erwähnt, schon einer eigenständigen katholischen Kirche in seinem Staat misstrauisch gegenüberstand, galt dies umso mehr für die Orthodoxen – dabei hat man sich auch den zwischen 1645 und 1718 fast ununterbrochenen Kriegszustand vor Augen zu halten. Mit der Ausweitung der Grenzen ins Binnenland wuchs die orthodoxe Bevölkerung Venezianisch-Dalmatiens von 0,6% (vor 1645) auf 13,5% (1650) und 17,7% (1720), sie sank leicht bis 1775 auf 17,3%. Ganz im Süden, in der sog. *Albania veneta* (d. h. die Region Kotor), stand die orthodoxe Bevölkerung ebenfalls unter Einfluss des Klerus außerhalb des venezianischen Staatsgebietes, d. h. aus der Herzegowina und aus Montenegro. Im venezianischen Gebiet waren es Klöster wie jenes an der Krka, die eine Führungsrolle übernahmen. Dem setzte Venedig zunächst eine Politik der Kirchenunion entgegen, die 1645 begann und zwischen 1685 und 1710 ihren – erfolglosen – Höhepunkt erreichte. Während Venedig in seinem Verhalten gegenüber orthodoxen Forderungen nach vollausgebildeter kirchlicher Hierarchie schwankte, widersetzte sich die katholische Kirche solchen Ansinnen eindeutig. Der Paduaner Historiker Egidio Ivetic erkennt im katholisch-orthodoxen Verhältnis drei Phasen: 1) 1646–1706 Unionspolitik, erzwungene katholische Glaubensbekenntnisse orthodoxer Hierarchen; 2) 1706–1760: die katholische Kirche bekämpfte Forderungen nach einer orthodoxen Eparchie, wobei gleich drei Bischofsinthronisierungen verhindert wurden; 3) ab 1760 erhielten die Orthodoxen das freie Glaubensbekenntnis, jedoch ohne eigene Hierarchie.

Venedig unterschied sich hierin deutlich von der habsburgischen Konfessionspolitik, besaß so aber auch weniger Einfluss auf die Orthodoxen, die weiterhin über die Grenze nach Osten blickten. Ivetic betont dabei aber das Schwanken und die Uneinheitlichkeit und Uneindeutigkeit der venezianischen Konfessionspolitik. Offenbar unter diesem Eindruck wanderten Orthodoxe in die habsburgische Militärgrenze ab, zugleich kam es zu Unruhen, wie 1730 in Benkovac. Der für den Aufruhr verantwortliche Pope Simeon Končarević wurde später von dem reformwilligen Statthalter Francesco Grimani (1753–1756) sogar gefördert, dann aber, typisch für die windungsreiche venezianische Politik, von dessen Nachfolger Alvise Contarini (1756–1759) ins dauerhafte russische Exil gezwungen. Am Ende blieb niemand Sieger: Die katholische Kirche kontrollierte die Orthodoxen nicht, die wiederum aber keine eigene Eparchie erlangten. Konfessionelle Gegensätze sind nur auf der Ebene des Klerus feststellbar, ob breitere Bevölkerungsschichten den konfessionellen Unterschied ebenso deutlich wahrnahmen, bleibt weiteren Forschungen vorbehalten.[156]

---

[155] Siehe die Beiträge in FERRAGLIO/MONTANARI (Hgg.), Angelo Maria Querini a Corfù.

[156] Die Ausführungen beruhen auf TROGRLIĆ, Religion und Konfession in Dalmatien; IVETIC/ROKSANDIĆ (Hgg.), Tolerance and Intolerance on the Triplex Confinium; und v. a. IVETIC, Cattolici e ortodossi.

Die venezianische Konfessionspolitik war demnach gekennzeichnet von dem politischen Willen staatlicher Kontrolle über kirchliche Hierarchien, deren Zentren jeweils außerhalb des venezianischen Staatsgebietes lagen, ob Rom, Konstantinopel oder Peć. Für die Orthodoxen war der in Venedig residierende Metropolit von Philadelphia zuständig, der dem griechischen Ritus angehörte. Im Gegensatz zu Osmanen und Habsburgern ließ Venedig keine eigene orthodoxe Hierarchie der serbischen Tradition zu. Die Kirchenunion als Integrationsinstrument wandte Venedig nicht einheitlich an: Unmittelbar nach 1453 gewann sie auf Kreta an Bedeutung, als Versuch der Abgrenzung der eigenen, venezianischen, gegenüber den osmanischen Orthodoxen; im 17. Jahrhundert scheiterte ein erneuter, freilich halbherziger Versuch, durch die Union die dalmatinischen Orthodoxen von ihren balkanischen Bezügen abzutrennen. Angesichts der demographischen Verhältnisse besonders in den griechischen Provinzen war Venedig, gerade mit Blick auf den Patriarchen von Konstantinopel und die osmanisch-orthodoxe Option für die venezianischen Orthodoxen, auf Ausgleich bedacht. Politische Stabilität hatte Vorrang vor katholischer Mission. Die nationalorthodoxe griechische und serbische (zumeist ältere) Forschung hat Venedig als katholisierende Macht missverstanden; neuere Arbeiten weisen demgegenüber auf epochale und regionale Schwankungen sowie wechselnde Interessenlagen hin.

Markus Koller*

6. SÜDOSTEUROPA IM IMPERIUM DER SULTANE (16.–18. JAHRHUNDERT)

6.1 QUELLEN UND FORSCHUNGSSTAND

6.1.1 Quellen

Die diplomatischen Beziehungen und militärischen Auseinandersetzungen zwischen dem Osmanischen Reich und anderen frühneuzeitlichen Mächten im Kontext der südosteuropäischen Geschichte hinterließen ihre Spuren in osmanischen und europäischen Quellenmaterialien.[1]

Die unterschiedlichen innerregionalen Perspektiven auf zeitgenössische Ereignisse lassen sich in Chroniken erkennen, die zumindest bis zum 17. Jahrhundert nur in geringer Zahl vorliegen.[2] Die Mehrzahl der Texte wurde von religiösen Eliten am Balkan verfasst.[3] Zu den in der Wissenschaft bekanntesten Autoren gehören der im 17. Jahrhundert lebende orthodoxe Priester Synadinós aus Sérres/Serez[4] (1600–1662) sowie die vorwiegend im 18. Jahrhundert tätigen Verfasser der Chroniken der franziskanischen Konvente von Kraljeva Sutjeska[5] und Kreševo[6]. Dem Bettelorden

---

* Ein herzlicher Dank geht an Grigor Bojkov, Andreas Helmedach, Oliver Jens Schmitt und Ioannis Zelepos für zahlreiche Ergänzungen, Kommentare und Korrekturen.

1 Einen Überblick über die osmanischen Quellenbestände zur südosteuropäischen Geschichte bietet Mehmet HACISALIHOĞLU, Osmanische Quellen zur Balkangeschichte. Versuch einer Übersicht über die Bestände des Zentralarchivs in Istanbul und weitere osmanische Archive, in: Konrad CLEWING/Oliver Jens SCHMITT (Hgg.), Südosteuropa. Von moderner Vielfalt und nationalstaatlicher Vereinheitlichung. Festschrift für Edgar Hösch. München 2005, 35–86. Siehe mit Fokus auf das „Spätmittelalter" und ergänzend hierzu den Handbuchbeitrag von Oliver J. SCHMITT, Kap. 1.1.1 (Abschnitt: Osmanische Steuerregister u. Verwaltungsschriftgut).

2 Siehe für eine Zusammenschau hinsichtlich der orthodoxen Quellen Konrad PETROVSZKY, Geschichte schreiben im osmanischen Südosteuropa. Eine Kulturgeschichte orthodoxer Historiographie des 16. und 17. Jahrhunderts. Wiesbaden 2014.

3 Zu den Ausnahmen zählt beispielsweise die Chronik von Đorđe Branković. Hronike slavenosrpske. Hg. Ana Krečmer. Beograd 2008.

4 Paolo ODORICO, Conseils et mémoires de Synadinos, prêtre de Serrès en Macédoine (XVIIᵉ siècle). Paris 1996.

5 Bono BENIĆ, Ljetopis sutješkog samostana [Die Chronik des Klosters Sutjeska]. Sarajevo 2003, sowie Julijan JELENIĆ, Ljetopis Franjevačkog samostana u Kr. Sutjesci [Die Chronik des Franziskanerklosters von Kraljeva Sutjeska], *Glasnik Zemaljskog Muzeja* 25 (1923), 1–30 (Teil 1), 26 (1924), 1–26 (Teil 2), 27 (1925), 5–41 (Teil 3), 28 (1926), 1–34 (Teil 4), 29 (1927), 167–191 (Teil 5).

6 Marijan BOGDANOVIĆ, Ljetopis kreševskoga samostana [Die Chronik des Klosters Kreševo]. Sarajevo 2003.

gehörten auch Nikola Lašvanin[7] (ca. 1703–1750) und Jako Baltić[8] (1813–1887) an. Diese franziskanischen Klosterchroniken sind in Bosnien entstanden und enthalten nicht nur Informationen über die Geschichte des Ordens in diesem Raum. Vielmehr sind in ihnen zahlreiche Angaben über politische Entwicklungen inner- und außerhalb der osmanischen Provinz Bosnien enthalten. Aus der Feder muslimischer Schreiber stammt der wichtigste Bericht über den bosnischen Gouverneur Hekimoğlu Ali Pascha und die Schlacht von Banja Luka gegen die Habsburger (1737)[9] sowie das als Chronik bezeichnete *mecmua* (Sammlung verschiedener Texte) von Mula Mustafa Ševki Bašeskija (1731 od. 1732–1809), der in Sarajevo lebte.[10] Eine Vielzahl weiterer Texte, die zumindest teilweise dem Genre der Chronik zugeordnet werden können, sind der Wissenschaft bisher noch nicht oder weniger bekannt.[11] Die Datenbank Historiography of Ottoman Europe versucht daher, die in den osmanischen Provinzen Südosteuropas vom 16. bis zum 18. Jahrhundert verfassten Schriftquellen, die dem Bereich der Geschichtsschreibung zuzuordnen sind, zu erfassen.[12]

Während die in der Region entstandenen Chroniken einen Einblick in die politischen Dynamiken der Reichsprovinzen anbieten, ermöglichen Reichschroniken[13] stellenweise Einsichten in die Machtstrukturen der Eliten am Bosporus, die an den Entscheidungen über Krieg und Frieden beteiligt waren. Außerdem enthalten sie eine Vielzahl von Berichten über die Kriege und Konflikte auf der Balkanhalbinsel. Die Geschichte des Osmanischen Reichs bis 1520 bietet das Werk Bedâyiü'l-vekâyi [Erstaunliche Ereignisse] von Hüseyin Bošnak Koca Muerrih (gest. evtl. nach 1646).[14] Zeitlich schließt die Chronik des 1574 in Fünfkirchen/Pécs geborenen Ibrahim

---

7   Nikola Lašvanin. Ljetopis [Chronik]. Übers., Hg. Ignacije GAVRAN. Sarajevo 2003. Zum Autor s. Vjeran KURSAR, Nikola Lašvanin, auf der Homepage Historians of the Ottoman Empire der University of Chicago <https://ottomanhistorians.uchicago.edu/en/historian/nikola-lasvanin>.

8   Jako BALTIĆ, Godišnjak od događaja crkvenih, svjetskih i promine vrimena u Bosni, 1754–1882 [Das Jahrbuch von den kirchlichen u. weltlichen Ereignissen sowie der Veränderung der Zeit in Bosnien, 1754–1882]. Sarajevo 1991.

9   Omer NOVLJANIN/Ahmed HADŽINESIMOVIĆ, Odbrana Bosne 1736–1739 [Die Verteidigung Bosniens 1736–1739]. Zenica 1994.

10   Mula Mustafa Ševki Bašeskija. Ljetopis (1746–1804) [Chronik (1746–1804)]. Übers., Hg. Mehmed MUJEZINOVIĆ. Sarajevo ²1987. Zum Manuskript s. Kerima FILAN, XVIII. yüzyıl günlük hayatına dair Saraybosnalı Molla Mustafa'nın mecmuası [Das *mecmua* des Mula Mustafa aus Sarajevo über den Alltag im 18. Jh.]. Sarajevo 2011; DIES., Sarajevo u Bašeskijino doba. Jezik kao stvarnost [Sarajevo in der Zeit von Bašeskija. Sprache als Realität]. Sarajevo 2014.

11   Mihail GUBOGLU, Cronici turceşti privind ţările române [Türk. Chroniken zu den rum. Ländern]. 3 Bde. Bucureşti 1966–1980.

12   Die an der Ruhr-Universität Bochum angesiedelte Datenbank ist einsehbar unter <https://hoe.ub.rub.de/index>; s. a. Franz BABINGER, Die Geschichtsschreiber der Osmanen und ihre Werke. Leipzig 1927.

13   Siehe dazu als Überblick Emine FETVACI, Picturing History at the Ottoman Court. Bloomington/IN 2013, sowie die Datenbank Historians of the Ottoman Empire, einsehbar unter <https://ottomanhistorians.uchicago.edu/>.

14   Chjusein. Beda'i' ul veka'i' (Udivitel'nye sobytija) [Erstaunliche Ereignisse]. 2 Bde. Hg. A.[nna] S. TVERITINOVOJ [TVERITINOVA]. [Moskva] 1961. Siehe außerdem, Der fromme Sultan Bayezid. Tewarih-i al-i Otman. Die Geschichte seiner Herrschaft (1481–1512) nach den altosmanischen Chroniken des Oruç und des Anonymus Hanivaldanus. Übers. Richard F. KREUTEL. Graz 1978.

Peçevî[15] an, in denen die Jahre bis 1640 dargestellt werden. Die Geschichte des Osmanischen Reiches von 1650 bis 1665 steht dann im Mittelpunkt der Târih-i gilmânî [Die Geschichte von Gilmani] des Mehmed HALIFE (gest. 1697).[16] Bedeutsam für die südosteuropäische Geschichte sind des Weiteren die Chroniken des Vecihi (1637–1660) oder des Naima (1655–1716), die sich von 1665 bis 1716 erstreckt.[17] Neben den Chroniken bietet unter anderem der Bericht des berühmten osmanischen Reisenden Evliya Çelebi (1611–ca. 1685) Angaben zu osmanischen Feldzügen in Südosteuropa, die er immer wieder auch in sein Weltbild einordnet.[18]

Das Handeln von Akteuren im diplomatischen Verkehr zwischen dem Osmanischen Reich und anderen europäischen Mächten im Kontext der südosteuropäischen Geschichte ist aus osmanistischer Perspektive nach wie vor kaum erforscht. Bisher sind nur wenige Berichte osmanischer Diplomaten bekannt, die an Friedensverhandlungen vor dem 18. Jahrhundert teilgenommen haben.[19] Briefe und offizielle Dokumente aus der Alltagsdiplomatie in den Grenzräumen liegen hingegen beispielsweise für den habsburgisch-osmanischen Grenzraum in Ungarn[20] sowie aus den Grenzregionen mit Venedig[21] oder Ragusa/Dubrovnik vor.[22] Den diplomatischen Ver-

15 Peçevi tarihi [Die Geschichte des Peçevi]. Hg. Bekir Sıtkı BAYKAL. Ankara 1981, sowie Ibrahim Alajbegović Pečevija. Historija [Geschichte]. Bd. 1: 1520–1576; Bd. 2: 1576–1640. Übers., Hg. Fehim NAMETAK. Sarajevo 2000.

16 Mehmed Halife. Târih-i Gilmânî [Die Geschichte von Gilmani]. Hg. Kâmil SU. Ankara 1986; Mehmed Halifa Bošnjak. Ljetopis 1650–1665 [Chronik 1650–1665]. Übers., Hg. Fehim NAMETAK. Sarajevo 2002.

17 Târih-i Naʾîmâ [Die Geschichte des Naima]. Ankara 2007.

18 Zu Evliya Çelebi u. seinem Reisebericht s. Robert DANKOFF, An Ottoman Mentality. The World of Evliya Çelebi. Leiden, Boston/MA 2010; Evliyâ Çelebi Seyahatnâmesi [Der Reisebericht des Evliyâ Çelebi]. Bde. 1–9. Istanbul 1996–2007; Robert DANKOFF (Hg.), Evliya Çelebi in Albania and Adjacent Regions (Kosovo, Montenegro, Ohrid). Seyâhʾatnâme, the Relevant Sections of the Seyahatname. Leiden, Boston/MA 2000; Η κεντρική και η δυτική Μακεδονία κατά τον Εβλιγιά Τσελεμπή [Mittel- u. Westmakedonien nach Evliya Çelebi] Übers. Basiles DEMETRIADES. Thessaloniki 1973; Čelebi Evlija. Putopis. Odlomci o jugoslovenskim zemljama [Der Reisebericht. Angaben über die jugoslawischen Länder]. Übers., Hg. Hazim ŠABANOVIĆ. Sarajevo ²1979; Εβλιγιά Τσελεμπή. Οδοιπορικό στην Ελλάδα (1668–1671). Πελοπόννησος, Νησιά Ιονίου, Κρήτη, Κυκλάδες, Νησιά Ανατολικού Αιγαίου [Reisebericht in Griechenland (1668–1671). Peloponnes, Ionische Inseln, Kreta, Kykladen, Ostägäische Inseln]. Übers., Hg. Demetres LUPES. Athen 1994; Evlija Čelebi. Pătepis [Reisebeschreibung]. Übers., Hg. Strašimir DIMITROV. Sofija 1972.

19 Wolfgang JOBST, Der Gesandtschaftsbericht des Zü'l-Fiqar Efendi über die Friedensverhandlungen in Wien 1689. Wien 1980.

20 Anton SCHAENDLINGER, Die Schreiben Süleymāns des Prächtigen an Vasallen, Militärbeamte, Beamte und Richter aus dem Haus-, Hof- und Staatsarchiv zu Wien. 2 Bde. Wien 1986; Gisela PROCHÁZKA-EISL/Claudia RÖMER (Hgg.), Osmanische Beamtenschreiben und Privatbriefe der Zeit Süleymāns des Prächtigen aus dem Haus-, Hof- und Staatsarchiv zu Wien. Wien 2007; Türkische Schriften aus dem Archive des Palatins Nikolaus Esterházy 1606–1645. Hg. Ludwig FEKETE. Budapest 1932.

21 I „documenti turchi" dell'Archivio di Stato di Venezia. Inventario della miscellanea. Hg. Maria Pia PEDANI. Roma 1994; Inventory of the Lettere e Scritture Turchesche in the Venetian State Archives. Hg. Maria Pia PEDANI. Leiden, Boston/MA 2010.

22 Vesna MIOVIĆ, Dubrovačka Republika u spisima namjesnika Bosanskog Ejaleta i Hercegovačkog Sandžaka s analitičkim inventarom bujuruldija (1643–1807) serije Acta Turcarum Državnog Arhiva u Dubrovniku [Dubrovnik Republic in the Documents of the Bosnian Eyalet and Herzegovinian Sancak Governors]. Dubrovnik 2008; DIES., Dubrovačka Republika u spisima osmanskih sultana s analitičkim inventarom sultanskih spisa serije Acta Turcarum Državnog Arhiva u Dubrovniku [Dubrovnik Republic in the Documents of the Ottoman Sul-

kehr in den imperialen Kontaktzonen berührte auch die Ernennung der Fürsten/Woiwoden in der Moldau, Walachei oder in Siebenbürgen.[23] Für den südosteuropäischen Raum maßgebliche Entscheidungen wurden außerdem im diplomatischen Austausch mit den anderen Großmächten getroffen, insbesondere mit der Habsburgermonarchie.[24] Darüber hinaus gibt es weitere Selbst-zeugnisse aus dem osmanischen Verwaltungs- und Militärbereich.[25] In größerer Zahl liegen diplo-matische Quellen und Reiseberichte aus anderen Teilen Europas vor, die Angaben über politische Entwicklungen und administrative Strukturen in den osmanischen Provinzen Südosteuropas ent-halten.[26] Aus dem 16. Jahrhundert existieren die Berichte des Gesandtschaftspredigers Stephan Gerlach,[27] des Kriegsgefangenen Michael Heberer,[28] des Reisenden Reinhold Lubenau[29] oder von

tans]. Dubrovnik 2005. Im Başbakanlık Osmanlı Arşivi (BOA) sind in der Reihe Name-i Hümayun Defterleri Schreiben des Sultans an die Herrscher bzw. Gouverneure von Provinzen mit Sonderstatus (Dubrovnik, Sieben-bürgen, Moldau u. Walachei). Ebenso gibt es in der Reihe Düvel-i Ecnebiye Defterleri [Registerhefte über aus-ländische Mächte] auch ein Registerheft über Dubrovnik (1604–1665); s. dazu HACISALIHOĞLU, Osmanische Quellen zur Balkangeschichte, 64.

23 Sándor PAPP, Die Verleihungs-, Bekräftigungs- und Vertragsurkunden der Osmanen für Ungarn und Siebenbür-gen. Eine quellenkritische Untersuchung. Wien 2003; Tahsin GEMIL, Relațiile țărilor române cu Poarta otomană în documente turcești 1601–1712 [Die Beziehungen der rum. Länder zur osmanischen Pforte in türk. Doku-menten 1601–1712]. București 1984.

24 Ignace De TESTA (fortgesetzt von A. u. L. De TESTA), Recueil des traités de la Porte ottomane avec les puissance étrangères, depuis le premier traité conclu en 1536, entre Suléyman I et François I jusqu'à nos jours. 11 Bde. Paris 1864–1911; Antal von GÉVAY, Urkunden und Actenstücke zur Geschichte der Verhältnisse zwischen Ös-terreich, Ungarn und der Pforte im XVI. und XVII. Jahrhundert. 3 Bde. Wien 1838–1842; Karl NEHRING, Austro-Turcica 1541–1552. München 1995; Basile G. SPIRIDONAKIS, Empire ottoman. Inventaire des mémoires et documents aux archives du Ministère des Affaires Étrangères de France. Thessaloniki 1973.

25 Richard KREUTEL, Der Löwe von Temeschwar [Taʾrīḥ-i waq-anāma-i Ġaʾfar Paša, dt.]. Erinnerungen an Caʾfer Pascha den Älteren, aufgezeichnet v. seinem Siegelbewahrer ʾAlî. Graz 1981; Suraiya FAROQHI, Als Kriegsgefan-gener bei den Osmanen. Militärlager und Haushalt des Großwesirs Kara Mustafa Paşa in einem Augenzeugen-bericht, in: Elisabeth HERRMANN-OTTO (Hg.), Unfreie Arbeits- und Lebensverhältnisse von der Antike bis in die Gegenwart. Hildesheim 2005, 206–234.

26 Einen Überblick bietet Ralf C. MÜLLER, Franken im Osten – Art, Umfang, Struktur und Dynamik der Migra-tion aus dem lateinischen Westen in das Osmanische Reich des 15./16. Jh.s auf der Grundlage von Reiseberich-ten, Leipzig 2005; DERS., Prosopographie der Reisenden und Migranten ins Osmanische Reich (1396–1611). 10 Bde. Leipzig 2006; Stéphane YERASIMOS, Les voyageurs dans l'Empire Ottoman (XIVᵉ–XVIᵉ siècles). Biblio-graphie, itinéraires et inventaire des lieux habités. Ankara 1991.

27 Stephan Gerlachs deß Aeltern Tage-Buch der von zween glorwürdigsten römischen Kaysern, Maximiliano und Rudolpho ... an die Ottomannische Pforte zu Constantinopel abgefertigten und durch den Wohlgebohrnen Herrn Hn. David Ungnad ... zwischen dem Ottomannischen und Römischen Kayserthum ... glücklichst-voll-brachter Gesandtschafft. Frankfurt/M. 1674; Dnevnik na edno pătuvane do osmanskata porta v Carigrad [Tage-buch einer Reise an die osmanische Pforte in Istanbul]. Sofija 1976; Stephan Gerlach. Türkiye Günlüğü [Tage-buch der Türkei]. 2 Bde. Hg. Kemal BEYDILI. Istanbul 2007.

28 Aegyptiaca servitus. Das ist, warhafte Beschreibung einer dreyjährigen Dienstbarkeit, so zu Alexandrien in Egyp-ten jhren Anfang, vnd zu Constantinopel jhr Endschafft genommen. Heidelberg 1610; Osmanlıda Bir Köle. Bretteni Michael Hebererʾin Anıları [Ein Sklave bei den Osmanen. Die Erinnerungen des Michael Herberer], 1585–1588. Übers. Türkis NOYAN. Istanbul 2003.

29 Reinhold Lubenau Seyahatnamesi. Osmanlı ülkesinde 1587–1589 [Der Reisebericht von Reinhold Lubenau. 1587–1589 im Osmanischen Reich]. Übers. Türkis NOYAN, Istanbul 2006.

Salomon Schweigger,[30] die aber alle nach Aufenthalten im Osmanischen Reich niedergeschrieben wurden.

Im Verlauf des 17. Jahrhunderts haben osmanische Kartographen die Provinzen in Südosteuropa immer genauer erfasst. Der Geograph Kâtib Çelebi (1609–1657) verwies in seinem berühmtesten Werk – Cihannüma [Sicht der Welt] – auf den Nutzen geographischer Kenntnisse für politisches Handeln. Sowohl in der zweiten Redaktion der 1648 entstandenen Oxforder Handschrift als auch vor allem in der 1654 angefertigten Wiener Handschrift[31] wird die administrative Gliederung der Provinzen sichtbar.[32] Seine geographischen Informationen stammen wesentlich von Mehmed Aşık, der 1598 sein Werk Menazir al-Avalim [Aussichtspunkte der Welten] abschloss, das den ersten Versuch einer geographischen Beschreibung der europäischen Reichshälfte darstellt.[33] Das Wiener Konzept gelangte nach dem Tod Kâtib Çelebis in die Hände des 1691 verstorbenen Geographen Ebu Bekr Dimişki, dessen Werk El-fethü'l-rahmânî fî tarz-i Devletü'l-Osmanî [Ein göttliches Geschenk in Form des osmanischen Staates] auch eine Beschreibung der Verwaltungsstrukturen im Osmanischen Reich enthält.[34]

Die Rekonstruktion osmanischer Verwaltungsstrukturen in den Reichsprovinzen basiert bis zum 17. Jahrhundert wesentlich auf Kataster- und Steuerverzeichnissen, wobei erstere im Verlauf des 17. Jahrhunderts dann allerdings an Bedeutung verlieren. Dazu gehören die „kleineren" Register (icmal defterleri)[35] sowie die umfangreichen Verzeichnisse (mufassal defterleri).[36]

---

30   Ein newe Reyssbeschreibung auss Teutschland nach Constantinopel und Jerusalem. Neudruck. Graz 1964; Sultanlar Kentine Yolculuk 1578–1581. Ein newe Reyssbeschreibung auss Teutschland nach Constantinopel und Jerusalem. Übers. Türkis Noyan. Istanbul 2003.

31   Österreichische Nationalbibliothek. Sammlung von Handschriften und alten Drucken. Cod. Mixt. 389.

32   Zu Kâtib Çelebi s. Gottfried Hagen, Ein osmanischer Geograph bei der Arbeit. Entstehung und Gedankenwelt von Kâtib Çelebis Ğihānnümā. Berlin 2003.

33   Mehmed Âşık. Menâzirü'l-avâlim [Aussichtspunkte der Welten]. Hg. Mahmut Ak. 3 Bde. Ankara 2007.

34   Siehe dazu Imre Dorogi/György Hazai, Zum Werk von Ebû Bekr b. Bahram Dimişkî über die Geschichte und den Zustand des Osmanischen Reiches, *Archivum Ottomanicum* 28 (2011), 49–94 (Teil 1); 29 (2012), 193–325 (Teil 2); 30 (2013), 303–352 (Teil 3); 31 (2014), 167–350 (Teil 4).

35   367 numaralı muhâsebe-i Vilâyet-i Rûm-ili defteri ile 114, 390 ve 101 numaralı icmâl defterler. Karlı-ili, Agrıboz, Mora, Rodos ve Tırhala livâları [Register 367 der Provinz Rumelien u. die icmal-Register 114, 390 u. 101]. 2 Bde. Hgg. Ahmet Özkılınç u. a. Ankara 2007; 174 numaralı Hersek livâsı icmâl Eflakân ve Voynugân tahrîr defteri (939/1533) [Das icmal-Register 174 der Vlachen u. Voynuken in der Herzegowina]. Hgg. Ahmet Özkılınç u. a. Ankara 2009; Yusuf Sarınay/Ahmet Özkılınç (Hgg.), 91, 164, Mad 540 ve 173 numaralı Hersek, Bosna ve İzvornik livâları icmâl tahrîr defterleri, 926–939/1520–1533 [Die icmal-tahrir-Register 91, 164, Mad 540 u. 173 der Bezirke Herzegowina, Bosnien u. Zvornik, 1520–1533]. Ankara 2006; 370 numaralı muhâsebe-i Vilâyet-i Rûm-ili defteri (937/1530) [Das Register 370 der Provinz Rumelien (1530)]. 2 Teile. Hgg. Ahmet Özkılınç u. a. Ankara 2001–2002; 167 numaralı muhâsebe-i Vilâyet-i Rûm-ili defteri (937/1530). Bd. 1: Paşa Livası Solkol Kazaları (Gümülcine, Yenice-i Kara-su, Drama, Zihne, Nevrekop, Timur-hisarı, Siroz, Selanik, Sidre-kapsi, Avrat-hisarı, Yenice-i Vardar, Kara-verye, Serfiçe, İştin, Kestorya, Bihlişte, Görice, Florina) ve Köstendil Livası [Das Register 167 der Provinz Rumelien (1530)]. Hgg. Yusuf Sarınay u. a. Ankara 2003.

36   Bruce McGowan, Sirem sancağı mufassal tahrir defteri [Das umfassende tahrir-Register der Provinz Syrmien]. Ankara 1983; Opširni popis kliškog sandžaka iz 1550. godine [The 1550 Detailed Register of the Sanjak of Klis]. Übers., Hgg. Fehim Spaho/Ahmed S. Aličić. Sarajevo 2007; Poimenični popis sandžaka vilajeta Herce-

Die Verwaltungsstruktur in den Provinzen[37] sowie Informationen über lokale Notabeln finden sich unter anderem auch in den Beschwerderegistern (şikayet defterleri), die seit 1649 geführt wurden.[38] Davor waren die Entscheidungen über Klagen in den *mühimme defterleri* festgehalten

govina [Beschreibung des Sancak Vilayets Herzegowina]. Hg., Übers. Ahmed S. Aličić. Sarajevo 1985; Opširni katastarski popis za oblast Hercegovu iz 1585. godine [Umfassende Katasterbeschreibung für das Territorium des Herzogs von 1585]. 2 Bde. Hg., Übers. Ahmed S. Aličić. Sarajevo 2014; Popis sandžaka Požega 1579. godine. Defter-i mufassal-i liva-i Pojega 987 [Das Verzeichnis des Sancaks Požega aus dem Jahr 1579]. Hg. Stjepan Sršan. Osijek 2001; Gustav Bayerle, A Hatvani Szandzsák Adóösszeírása 1570-böl. Defter-i Mufassal-i Liva-i Hatvan [Das Mufassal-Register der Provinz Hatvan]. Hatvan 1998; Opširni popis Bosanskog sandžaka iz 1604. godine [Ein detailliertes Register des Bosnischen Sancaks von 1604]. Bde. 1–3. Hgg. Adem Handžić/Snježana Buzov/Amina Kapusović. Sarajevo 2000; Melek Delilbaşı/Muzaffer Arikan (Hgg.), Hicrî 859 Tarihli Sûret-i Defter-i Sancak-ı Tırhala [Das Register der Provinz Tırhala von 859]. 2 Bde. Ankara 2001; Tatjana Katić, Opširni popis prizrenskog sandžaka iz 1571. godine [Detailed Register of the Prizren Sancak from 1571]. Beograd 2010.

37 Siehe dazu auch Gilles Grivaud/Alexandre Popovic, Les conversions à l'Islam en Asie Mineure et dans les Balkans aux époques seldjoukides et ottomane, bibliographie raisonée (1800–2000). Athènes 2011.

38 Das osmanische „Registerbuch der Beschwerden" (Şikâyet defteri), vom Jahre 1675. Österr. Nationalbibliothek, Cod. Mixt. 683. Bd. 1. Hgg., eingel. u. mit 17 Fachkollegen gemeinsam übers. v. Hans Georg Majer. Wien 1984; für ein Beschwerdebuch des *kaymakam* von Rumelien s. Michael Ursinus, Grievance Administration (şikayet) in an Ottoman Province. The Kaymakam of Rumelia's „Record Book of Complaints" of 1781–1783. London 2005. In den letzten Jahren wurden viele dieser Register Dank diverser Master- bzw. Magisterarbeiten an türkischen Universitäten erschlossen – abrufbar über das National Thesis Center <https://tez.yok.gov.tr/UlusalTezMerkezi/>: Muhammed Vergili, Atik Şikâyet Defteri (7 numaralı H. 1081–1083/M.1671–1672). Transkripsiyon-değerlendirme [Das Registerbuch der Beschwerden (Nr. 7 1671–1672). Transkription u. Auswertung]. Istanbul 2019 (Magisterarbeit); Nurkadın Esra Çetin, 24 numaralı atik şikâyet defteri (1107–1108/1696). Inceleme-metin [Das Registerbuch der Beschwerden Nr. 24 (1696). Untersuchung-Text]. Istanbul 2019 (Magisterarbeit; Serkan Erarslan, 26 numaralı atik şikâyet defteri (1108–1109/1697). Inceleme-metin [Das Registerbuch der Beschwerden Nr. 26 (1697). Untersuchung-Text]. Istanbul 2019 (Magisterarbeit); Kaan Ekin, 9 numaralı şikâyet defterinin transkripsiyonu ve incelenmesi [Das Registerbuch der Beschwerden Nr. 9. Transkription u. Auswertung]. [Serdivan/Sakarya] 2019 (Magisterarbeit); Gizem Salman Şık, 68 numaralı atik şikâyet defteri (1127/1715). Inceleme-metin [Das Registerbuch der Beschwerden Nr. 68 (1715). Untersuchung-Text]. Istanbul 2019 (Magisterarbeit); Gül Yörük, Osmanlı'da devlet-toplum ilişkilerine bir örnek. 112 numaralı atik şikayet defteri (1727) [Ein Beispiel von Staat-Gesellschaft-Beziehungen im Osmanischen Reich. Das Registerbuch der Beschwerden Nr. 112 (1727)]. Ankara 2019 (Magisterarbeit); Hasan Basri Türk, 13 numaralı atik şikayet defteri (Vr.1–142). Değerlendirme-çeviri-metin [Das Registerbuch der Beschwerden Nr. 13 (Vr. 1-142). Auswertung-Übersetzung-Text]. Istanbul 2019 (Magisterarbeit); Nazmiye Gül Kantaroğlu, 1 numaralı Erzurum ahkâm defterinin transkripsiyonu ve değerlendirilmesi (s.212–293) [Transkription u. Auswertung des *ahkâm*-Defters von Erzurum Nr. 1 (p. 212–293)]. Amasya 2019 (Magisterarbeit); Şeyma Çıl, 38 numaralı atik Şikâyet Defteri (1114–1115/1703). Inceleme-metin [Das Registerbuch der Beschwerden Nr. 38 (1703). Untersuchung-Text]. Istanbul 2018 (Magisterarbeit); Seniha Şen, 30 numaralı atik şikayet defteri (1110/1698). Inceleme-metin [Das Registerbuch der Beschwerden Nr. 30 (1698). Untersuchung-Text]. Istanbul 2018 (Magisterarbeit); Gizem Tunç, 44 numaralı Rumeli Ahkâm-ı Şikâyet defterinin transkripsiyonu ve değerlendirilmesi [Transkription u. Auswertung des rumelischen *ahkâm*-Defters an Beschwerden Nr. 44]. Antalya 2017 (Magisterarbeit); Ümit Baki Erdem, 14 numaralı Atik Şikâyet Defteri (h.1101–1102/m. 1690–1691) transkripsiyonu ve değerlendirilmesi [Petitionsregister Nr. 14 für 1690–1691. Transkription u. Auswertung]. Istanbul 2017 (Magisterarbeit); Yasemin Tataroğlu, 4 numaralı Atik Şikayet Defteri 1665–1670 (h. 1075–1081). Transkripsiyon ve değerlendirmesi [Petitionsregister Nr. 4 für 1665–1670. Transkription u. Auswertung]. Istanbul 2015 (Magisterarbeit); Mesut Demir, 1686–1687 (h.1097–1098) Tarihli Atik Şikayet Defteri'nin transkripsiyon ve değerlendirilmesi [Transkription u. Auswertung des Beschwerderegisters von 1686 u. 1687]. Istanbul 2010 (Magisterarbeit).

worden, den Registern über die wichtigsten Angelegenheiten.[39] Ab 1742 wurden die Beschwerderegister schließlich nach Provinzen geordnet. Die *ahkâm defterleri* [Register der Beschlüsse] stellen die Fortsetzung der *şikayet defterleri* dar und waren dementsprechend nach 1742 ebenfalls nach dem gleichen Ordnungsprinzip angelegt.[40] Ein ebenfalls breites Spektrum an Themen zur politischen und administrativen Geschichte der südosteuropäischen Provinzen enthalten die osmanischen Gerichtsprotokolle (siciller), in denen nicht nur Gerichtsbeschlüsse notiert sind. Vielmehr enthalten sie auch Abschriften von Befehlen aus der Zentral- und Provinzverwaltung, die an die einzelnen Gerichtsbezirke gerichtet waren. Im südosteuropäischen Raum stehen zahlreiche Protokolle zur Verfügung,[41] wobei die umfangreichsten Bestände für Vidin, Sofia, Russe, Bitola, Sarajevo, Thessaloniki und Berat vorliegen. Für den Zeitraum vom 16. bis zum 18. Jahrhundert

---

[39] Diese Register enthalten alle als wichtig betrachteten Entscheidungen des *divan-ı hümâyun*; zur Relevanz für die Balkangeschichte s. ausführlicher HACISALIHOĞLU, Osmanische Quellen zur Balkangeschichte, 46–48; Uriel HEYD, Introduction. The Mühimme Defteri as a Historical Source, in: DERS., Ottoman Documents on Palestine, 1552–1615. A Study of The Firman According to the Mühimme Defteri. Oxford 1960, 3–31. Von einigen Registern liegen bisher veröffentlichte Editionen vor: Topkapı Sarayı Arşivi H. 951–952 Tarihli ve E–12321 Mühimme Defteri [Archiv des Topkapi-Palastes im Hidschra-Jahr 951–952 u. E-12321 Mühimme Register]. Hg. Halil SAHİLLİOĞLU. Istanbul 2002; 3 numaralı mühimme defteri [Mühimme Register Nr. 3]. 2 Bde. Hg. Nesihi AYKUT. Ankara 1993; 5 numaralı mühimme defteri [Mühimme Register Nr. 5]. 2 Bde. Hgg. Hacı Osman YILDIRIM u. a. Ankara 1994; 12 Numaralı Mühimme Defteri (978–979/1570–1572) [Mühimme Register Nr. 12 (1570–1572)]. Bd. 1. Hgg. Hacı Osman YILDIRIM u. a. Ankara 1996; Mühimme defteri 44 [Mühimme Register 44]. Hg. Mehmet Ali ÜNAL. Izmir 1995; 85 numaralı mühimme defteri (1040/1630–1631) [Mühimme Register Nr. 85 (1626–1628)]. Hgg. Murat ŞENER u. a. Ankara 2001; 83 numaralı Mühimme defteri (1036–1037/1626–1628) [Mühimme Register Nr. 83 (1626–1628)]. Hgg. Hacı Osman YILDIRIM u. a. Ankara 2001; 82 numaralı Mühimme defteri (1026–1027/1617–1618) [Mühimme Register Nr. 82 (1617–1618)]. Hgg. Hacı Osman YILDIRIM/Murat ŞENER. Ankara 2000; 7 numaralı Mühimme defteri (975–976/1567–1569) [Mühimme Register Nr. 7 (1567–1569)]. Hgg. Hacı Osman YILDIRIM/Murat ŞENER. Ankara 1997; Mühimme defteri 90. Hg. Mertol TULUM. Istanbul 1993; Mühimme defteri. Başbakanlık Osmanlı Arşivi, 113 numaralı ve H. 1113–1115 – M. 1701–1703 tarihli [Mühimme Register. Archiv des Ministerpräsidenten, Nummer 113]. Istanbul 1987. 98 Numaralı Mühimme Defteri [Mühimme Register Nr. 98]. Hg. Ali Irfan KAYA. Istanbul 2019. 103 Numaralı Mühimme Defteri (H. 1102–1107/M. 1691–1695) [Mühimme Register Nr. 103 (1691–1695)]. Hgg. Ersin KIRCA/İlhan GÖK. Istanbul 2017; eine Reihe von Registern aus dem makedonischen Raum sind in der Serie Turski dokumenti za istorijata na makedonskiot narod. Documents turcs sur l'histoire du peuple macedonien erschienen, die mehrheitlich von Vančo Boškov, Metodija Sokoloski, Aleksandar Stojanovski u. Dragi Gorgiev herausgegeben wurden; darunter: Bd. 6,1: Opširen popisen defter za Skopskiot sandžak od 1568/69 godina [Das umfassende Register für die Provinz Skopje von 1568/69]. Skopje 1984; Bd. 7,2: Opširen popisen defter za kazite Kostur, Serfice i Veles od 1568/9 godina [Das umfassende Register für die Gerichtsbezirke Kastoriá, Serfice u. Veles von 1568/69]. Skopje 1999; Bd. 5,3: Opširen popisen defter za Ḱustendilskiot sandžak od 1570 godina [Das umfassende Register für den Bezirk Küstendil von 1579]. Skopje 1982; Bd. 7,1: Opširen popisen defter za kazite Gorica, Biglišta i Chrupišta od 1568/9 godina [Das umfassende Register für die Gerichtsbezirke Korça, Bilisht u. Árgos orestikó von 1568/69]. Skopje 1997; Bd. 8: Opširen popisen defter na Ohridskiot sandžak od 1583 godina [Das umfassende Register für die Provinz Ochrid von 1583]. Skopje 2000; Bd. 10,1: Opširen popisen defter za Paša sancakot (kazite Demir Hisar, Jenidže Karasu, Gumuldžina i Zihna) od 1569/70 godina [Das umfassende Register für den Paşa sancak (Gerichtsbezirke Demir Hisar, Geniséa, Gumuldžina u. Zichna]. Skopje 2004.

[40] HACISALIHOĞLU, Osmanische Quellen zur Balkangeschichte, 48–50.

[41] Einen Überblick bietet ebd., 76–80, sowie M. Birol ÜLKER/Bilgin AYDIN, Türkiye Haricinde Bulunan Osmanlı Kadı Sicilleri [Die osm. Gerichtsprotokolle außerhalb der Türkei], *Türklük Araştırmaları Dergisi* 16 (2004), 201–214.

sind bisher wenige Kadiamtsregister vollständig ediert worden,[42] von anderen liegen Teileditionen vor.[43] Innerhalb der südosteuropäischen Nationalhistoriographien sind außerdem umfangreiche Übersetzungsarbeiten osmanischer Schriftquellen vorgenommen worden, die in Editionsreihen mündeten.[44]

---

[42] Sidžil Mostarskog Kadije 1632–1643 [Das Gerichtsprotokoll des Richters von Mostar 1632–1634]. Übers., Hg. Muhamed A. Mujić. Mostar 1987; Marlene Kurz, Das sicill aus Skopje. Kritische Edition u. Kommentierung des einzigen vollständig erhaltenen Kadiamtsregisterbandes (sicill) aus Üsküb (Skopje). Wiesbaden 2003; Šaban Zahirović, Sidžil mostarskog kadije iz godine 1787–88 [Sigil of the Mostar Qadi from 1787–88.)], *Prilozi za orijentalnu filologiju* 44–45 (1996), 404–412.

[43] Dies gilt beispielsweise für die Gerichtsprotokolle von Candia/Herákleion. Siehe dazu Nikolaos Staurinides (Hg.), Μεταφράσεις τουρκικών ιστορικών εγγράφων αφορώντων εις την ιστορίαν της Κρήτης [Übersetzungen türk. historischer Dokumente zur Geschichte Kretas]. Bd. 1: Έγγραφα της περιόδου 1657–1672 [Dokumente aus den Jahren 1657–1672]; Bd. 2: Έγγραφα της περιόδου 1672–1694 [Dokumente aus den Jahren 1672–1694]; Bd. 3: Έγγραφα της περιόδου 1694–1715 [Dokumente aus den Jahren 1694–1715]; Bd. 4: Έγγραφα της περιόδου 1715–1752 [Dokumente aus den Jahren 1715–1752]; Bd. 5: Έγγραφα της περιόδου 1752–1765 [Dokumente aus den Jahren 1752–1765]. Herakleion 1975–1986. Zusammenfassungen früher Gerichtsprotokolle aus Sofia, die im Zuge der Bombardierung der Stadt im Zweiten Weltkrieg zerstört wurden, finden sich in: Die Protokollbücher des Kadiamtes Sofia. Hg. Herbert W. Duda. München 1960. Zahlreiche Gerichtsprotokolle aus der Sofioter Bibliothek sind in Form von Transliterationen erhalten geblieben: Dönüş Korkmaz, R–1 numaralı Rusçuk Şer'iyye Sicilinin çeviri yazısı ve tahlili (H. 1066–1068/M.1656–1658) [Übersetzung u. Auswertung des Gerichtsprotokolls von Rusçuk/Ruse mit der Nr. R-1 (1656–1658)]. Eskişehir 2017 (Magisterarbeit); Emrah Dal, R–2 numaralı Rusçuk Şer'iyye Sicili'nin çeviriyazısı ve tahlili (H. 1108–1111/M. 1696–1699) [Übers. u. Analyse des Gerichtsprotokolls von Ruse Nr. R–2 (1696–1699)]. V. 1–58. Eskişehir 2018 (Magisterarbeit); Duygu Tanidi, R–3 numaralı Rusçuk Şer'iyye Sicili çeviriyazısı ve tahlili (H. 1093–1100/M. 1682–1688) [Übers. u. Analyse des Gerichtsprotokolls von Ruse Nr. R–3 (1682–1688)]. Eskişehir 2013 (Magisterarbeit); İrem Eriç, R–5 numaralı Rusçuk Şer'iyye Sicili'nin transkripsiyon ve tahlili (H.1120/1125–M.1709/1715) [Übers. u. Analyse des Gerichtsprotokolls von Ruse Nr. R–5 (1709/1715)]. Eskişehir 2016 (Magisterarbeit); Emrullah Öztürk, R–8 numaralı Rusçuk kadı sicili transkripsiyon ve tahlili (H.1192–1193/M. 1778–1779) [Übers. u. Analyse des Gerichtsprotokolls von Ruse Nr. R–8 (1778–1779)]. Eskişehir 2014 (Magisterarbeit); Güllizar İnan, R–13 Numaralı Rusçuk Şer'iyye Sicili'nin transkripsiyonu ve değerlendirmesi (H. 1231–1232/M. 1815–1817) [Transkription u. Auswertung des Gerichtsprotokolls von Ruse R13 (1815–1817)]. Trabzon 2019 (Magisterarbeit); Elif Kalipçi, R–36 numaralı Rusçuk kadı sicilinin transkripsiyonu ve tahlili (H. 1150–1153/M. 1738–1740) [Transkription u. Auswertung des Gerichtsprotokolls von Ruse R 36 (1738–1740)]. Eskişehir 2017 (Magisterarbeit); Muhammet Fatih Bozan, R–39 Numaralı Rusçuk Şer'iyye Sicili'nin çeviri yazısı ve tahlili (H.1204–1205/M.1789–1791) [Transkription u. Auswertung des Gerichtsprotokolls von Ruse R 39 (1789–1791)]. Eskişehir 2018 (Magisterarbeit); Fatma Yildirim, S 12 numaralı Sofya Şer'iyye sicili [Gerichtsprotokoll von Sofia Nummer S 12]. Gaziantep 2017 (Magisterarbeit); Selman İleri, Bulgaristan Millî Kütüphânesi'nde kayıtlı s16 numaralı Sofya Şer'iyye Sicili'nin transkripsiyonu ve değerlendirilmesi [Transkription u. Auswertung des Gerichtsprotokolls Nr. 16 von Sofia in der bulg. Nationalbibliothek]. Kırklareli 2017 (Magisterarbeit); Ömer Çağatay, 10 Numaralı Vidin Şer'iye Sicili Defteri'nin transkripsiyonu ve değerlendirilmesi [Transkription u. Auswertung des Gerichtsprotokolls von Vidin Nr. 10]. Bitlis 2015 (Magisterarbeit); Ensar Tüncer, 42 Numaralı Vidin Şer'iyye Sicil Defteri'nin transkripsiyonu. H. 1144–1146/M. 1732–1733 [Transkription u. Auswertung des Gerichtsprotokolls von Vidin Nr. 42 (1732–1733)]. Bitlis 2014 (Magisterarbeit); Muhammed Muratdağı, 168 No'lu Vidin Şer'iyye Sicili transkripsiyon ve değerlendirme [Transkription u. Auswertung des Gerichtsprotokolls von Vidin Nr. 168]. Kayseri 2015 (Magisterarbeit); Fatma Eser Çınar, Bulgaristan Vidin Eyaleti 168 numaralı Şeriyye Sicili (değerlendirme ve metin) [Das Gerichtsprotokoll, Nr. 168 der Provinz Vidin (Analyse u. Text)]. Istanbul 2018 (Magisterarbeit).

[44] Turski izvori za bălgarskata istorija. Serija XV–XVI. Fontes Turcici historiae Bulgaricae. Series XV–XVI. Bde. 1–2. Hgg. Bistra Cvetkova/Vera Mutafčieva/Nikolaj Todorov/Boris Nedkov. Sofija 1964–1966; Turski izvori za istorijata na pravoto v bălgarskite zemi. Fontes turcici historiae iuris bulgarici. Bde. 1–2. Hgg. Gălăb D. Gălăbov/Bistra Cvetkova. Sofija 1961–1971.

6.1.2 Forschungsstand

Die Historiographie zur osmanischen Herrschaft in Südosteuropa zwischen dem 16. und 18. Jahrhundert ist lange Zeit von nationalgeschichtlichen Narrativen geprägt worden, in der die osmanische Zeit unterschiedlichen Epochen zugeordnet wurde.[45] Teile der neugriechischen Geschichtsschreibung, nicht aber die griechische Osmanistik, sieht die ersten Jahrhunderte osmanischer Herrschaft als Teil des Mittelalters und definiert sie immer noch häufig als Turkokratía, also eine „türkische" Fremdherrschaft. Erst für den Zeitraum ab der zweiten Hälfte des 18. Jahrhunderts wandelt sich die Wahrnehmung, wenn von einer „neugriechischen Aufklärung" gesprochen wird.[46] Ein ähnliches Modell lässt sich auch in anderen Nationalhistoriographien beobachten. Die allgemeine, d. h. nichtosmanistische serbische,[47] bulgarische,[48] rumänische und albanische[49] Geschichtsschreibung deutet die osmanische Periode ebenfalls als Phase einer Fremdherrschaft, in der die „eigene" Geschichte aus dem europäischen Geschichtskontext herausgerissen worden sei. Jedoch gibt es Ausnahmen besonders in muslimisch geprägten Historiographien, so in Bosnien oder aber, freilich als Minderheitenstimme, im Kosovo der 1970er Jahre, als Hasan Kaleshi die osmanische Herrschaft und die damit verbundene Islamisierung keineswegs nur negativ bewertete. Er vertrat vielmehr die These, dass die Ausbreitung des Islam die Albaner vor der Assimilierung an die orthodoxen Griechen und Serben bewahrt habe.[50] Außer der albanischen Geschichtsschreibung schreiben alle genannten Nationalhistoriographien dem 18. Jahrhundert eine besondere Bedeutung zu, sei es als Beginn einer „nationalen Wiedergeburt" (Bulgarien), als Vorlauf einer Unabhängigkeit (Serbien) oder als besonders düstere Übergangsperiode zwischen „Mittelalter" und „nationaler Wiedergeburt" (sog. Phanariotenzeit in den Donaufürstentümern/Rumänien).

---

45 Für einen Überblick s. Andreas Helmedach u. a., Das osmanische Europa – zu Stand u. Perspektiven der Forschung, in: ders. u. a. (Hgg.), Das osmanische Europa. Methoden u. Perspektiven der Frühneuzeitforschung zu Südosteuropa. Leipzig 2014, 9–26.

46 Siehe dazu Antonios Liakos, Modern Greek Historiography (1974–2000). The Era of Transition from Dictatorship to Historiography, in: Ulf Brunnbauer (Hg.), (Re-)writing History. Historiography in Southeast Europe after Socialism. Münster 2004, 351–378.

47 Istorija srpskog naroda [Die Geschichte des serb. Volkes]. Bde. 1–6. Beograd 1981–1993.

48 Einen Überblick bietet Wolfgang Höpken, „Kontinuität im Wandel". Historiographie in Bulgarien seit der Wende, in: Alojz Ivanišević (Hg.), Klio ohne Fesseln? Historiographie im östlichen Europa nach dem Zusammenbruch des Kommunismus. Frankfurt/M. 2002, 487–498; Elena Grozdanova, Bălgarskata osmanistika na granicata meždu dve stoletija – priemstvenost i obnovlenije [Die bulg. Osmanistik an der Grenze zwischen zwei Jahrhunderten – Kontinuität u. Erneuerung], *Istoričeski pregled* 1–2 (2005), 98–157.

49 Historia e popullit shqiptar. Bd. 1: Mesjeta. Shqipëria nën perandorinë osmane gjatë shek. XVI–vitet 20 të shek. [Die Geschichte des alb. Volkes. Bd. 1: Das Mittelalter. Albanien unter osm. Herrschaft vom 16. bis zum 20. Jh.]. Tiranë 2002. Für einen Überblick s. Markus Koller, Albaner im Osmanischen Reich. Ein historiographischer Überblick (17. und 18. Jh.), in: Oliver Jens Schmitt/Eva Anne Frantz (Hgg.), Albanische Geschichte. Stand und Perspektiven der Forschung. München 2009, 81–105.

50 Hasan Kaleshi, Das türkische Vordringen auf dem Balkan und die Islamisierung – Faktoren für die Erhaltung der ethnischen und nationalen Existenz des albanischen Volkes, in: Peter Bartl/Horst Glassl (Hgg.), Südosteuropa unter dem Halbmond. Untersuchungen über Geschichte und Kultur der südosteuropäischen Völker während der Türkenzeit. München 1975, 125–138.

Allerdings sehen sich die traditionellen Zugriffe der Nationalhistoriographien spätestens seit den 1990er Jahren einer zunehmenden fachwissenschaftlichen Kritik ausgesetzt,[51] wenngleich sie in gesellschaftlichen und politischen Deutungsmustern weiterhin präsent sind bzw. derzeit stellenweise auch eine erneute Stärkung erfahren. In allen Balkanländern haben sich eigene Schulen der Osmanistik herausgebildet, die sich vorwiegend mit der osmanischen Herrschaft auf dem modernen Staatsgebiet beschäftigen. Trotz der phasenweisen intensiven Politisierung der Forschung (z. B. während der sog. „Wiedergeburtskampagne" im Bulgarien der 1980er Jahre) wurde besonders im früheren Jugoslawien und in Bulgarien in großem Stile Verwaltungsschriftgut ediert. Besonders zahlenstark sind die Schulen der Osmanistik in Bosnien, Serbien und Bulgarien, während in kleineren Ländern osmanistische Forschung in der Abfolge von Gelehrtengenerationen betrieben wurde, so in der außerordentlich produktiven makedonischen Schule, während im kommunistischen Albanien Selami Pulaha lange allein auf weiter Flur arbeitete, gefolgt von Ferid Duka; im Kosovo ist der genannte Hasan Kaleshi bis heute der bekannteste Osmanist. In Griechenland hat sich vergleichsweise spät eine Osmanistik etabliert. Die von Elisabeth A. Zachariadou aufgebaute Tagungsreihe in Rettimo/Réthymnon auf Kreta entwickelte sich zu einem Forum der internationalen Osmanistik.[52] In Rumänien oblag die Beschäftigung mit osmanischen Quellen in einer frühen Phase nicht selten Angehörigen der muslimischen bzw. turksprachigen Minderheiten. Die nationalen Schulen der Osmanistik suchen in unterschiedlichem Maße Anschluss an die außerregionale Forschung. Eine Sonderstellung nimmt die ungarische Osmanistik ein, die nach 1989 stark auf Veröffentlichungen außerhalb des eigenen Landes setzte. Vor diesem Hintergrund ist der wissenschaftliche Austausch über nationale Grenzen hinweg unabdingbar und entsprechende Forderungen nach einer stärkeren Kommunikation innerhalb des eigenen Faches werden auch in der Osmanistik immer wieder erhoben.[53]

In den vergangenen zwei bis drei Jahrzehnten haben sich in Südosteuropa Netzwerke herausgebildet, die sich aus dem engen Korsett der Nationalhistoriographien in inhaltlicher und struktureller Hinsicht lösen und transnationale Verbindungen pflegen. Die Entwicklung der auf Südosteuropa bezogenen Osmanistik lässt sich daher neuerdings weniger als eine in Nationalhistoriographien eingebettete Institutionengeschichte schreiben, sondern muss viel stärker eine ak-

---

51 Fikret ADANIR/Suraiya FAROQHI (Hgg.), The Ottomans and the Balkans. A Discussion of Historiography. Leiden, Boston/MA, Köln 2002; Hans-Georg MAJER (Hg.), Die Staaten Südosteuropas und die Osmanen. München 1989; Rumen DASKALOV, The Making of a Nation in the Balkans. Historiography of the Bulgarian Revival. Budapest, New York 2004.

52 Einen wichtigen Beitrag haben u. a. die Tagungen von Réthymnon geleistet, die auch für die Politik- und Verwaltungsgeschichte grundlegende Publikationen hervorgebracht haben; s. dazu Elizabeth ZACHARIADOU (Hg.), The Kapudan Pasha. His Office and His Domain. Halcyon Days in Crete IV. A Symposium Held in Rethymnon, 7–9 January 2000. Rethymnon 2002; Antonis ANASTASOPOULOS/Elias KOLOVOS (Hgg.), Ottoman Rule and the Balkans, 1760–1850. Conflict, Transformation, Adaption. Proceedings of an International Conference held in Rethymno, Greece, 13–14 December 2003. Rethymno 2007; Antonis ANASTASOPOULOS (Hg.), Provincial Elites in the Ottoman Empire. Halcyon Days in Crete V. A Symposium Held in Rethymno 10–12 January 2003. Rethymno 2005.

53 Siehe dazu Pál FODOR, The Unbearable Weight of Empire. The Ottomans in Central Europe. A Failed Attempt at Universal Monarchy (1390–1566). Budapest 2015.

teurszentrierte Perspektive auf einzelne Forscher bzw. Forschergruppen einnehmen. Die an diesem Prozess beteiligten Autorinnen und Autoren wenden sich gegen die ideologische Vereinnahmung der osmanischen Geschichte[54] und legen sehr differenzierte Bestandsaufnahmen vor.[55] Gerade in Ländern mit einer größeren Forschergemeinschaft können durchaus unterschiedliche Gruppen nebeneinander bestehen. Zudem besteht ideologischer Druck auf die osmanistische Forschung nicht nur von traditionell-nationalistischen Kreisen (etwa in Bulgarien oder Griechenland), gerade in stark muslimisch geprägten Ländern wie Bosnien, Albanien, Kosovo und Nordmakedonien versucht die türkische Regierung Einfluss auf Forschung und Schulbücher im Sinne einer einseitig glorifizierenden Darstellung der osmanischen Epoche am Balkan zu nehmen.

Es wäre jedoch falsch, die Studien nationalhistoriographischen Zuschnitts pauschal negativ zu bewerten, da sich insbesondere die empirischen Befunde im Bereich der Wirtschafts- und Sozialgeschichte vielfach in die internationalen Forschungserkenntnisse einfügen. Eines der Kernprobleme liegt in der Interpretation der Resultate, mit anderen Worten im ideologischen Überbau. Beispielhaft sei darauf verwiesen, dass regionaler Widerstand gegen Besteuerung noch keineswegs als „nationaler Widerstand" gegen eine „türkische Fremdherrschaft" gedeutet werden kann. Andererseits gehören Revolten zur osmanischen Geschichte des Balkans, und ihre Erforschung jenseits nationaler Stereotype ist eine Kernaufgabe der Balkanosmanistik.[56] Die Einbettung der osmanischen Geschichte Südosteuropas in nationale Geschichtsmodelle oder regionale Geschichtsschreibungen ist auch außerhalb der südosteuropäischen Nationalhistoriographien noch immer ein stark genutzter Ansatz. In zahlreichen Überblicksdarstellungen zur Geschichte Südosteuropas lässt sich ein solches Konzept erkennen[57] und auch Studien zur Ländergeschichte folgen diesem Modell.[58] Im Rahmen der historischen Südosteuropaforschung sind inzwischen Publikationen vorgelegt worden, in denen die osmanische Geschichte nicht mehr primär aus der Perspektive der National-

---

54 Dritan EGRO, Historia dhe ideologija. Një qasje kritike studimeve osmane në historiografinë moderne shqiptare (nga gjysma e dytë e shek. deri më sot) [Geschichte u. Ideologie. Ein kritischer Ansatz über osm. Studien in der modernen alb. Historiographie (von der zweiten Hälfte des 19. Jh.s bis heute)]. Tiranë 2007, oder Anton MINKOV, Conversion to Islam in the Balkans. *Kisve Bahası* Petitions and Social Life, 1670–1730. Leiden, Boston/MA 2004.

55 Rosica S. GRADEVA, Rumeli under the Ottomans, 15th–18th Centuries. Institutions and Communities. Istanbul 2004.

56 Beispiel für einen traditionellen Zugang ist Selami PULAHA, Qëndresa e popullit shqiptar kundër sundimit osman nga shekulli XVI deri në fillim të shekullit XVIII. [Der Widerstand des alb. Volkes gegen die osm. Herrschaft vom 16. Jh. bis zum Beginn des 18. Jh.s]. Tiranë 1978; für eine Forschungsübersicht zu den Aufständen s. Olga KATSIARDI-HERING, Von den Aufständen zu den Revolutionen christlicher Untertanen des Osmanischen Reiches in Südosteuropa (ca. 1530–1821). Ein Typologisierungsversuch, *Südost-Forschungen* 68 (2009), 96–137.

57 Edgar HÖSCH, Geschichte der Balkanländer. Von der Frühzeit bis zur Gegenwart. München 1988; Barbara JELAVICH, History of the Balkans. Bd. 1: Eighteenth and Nineteenth Centuries. Cambridge, New York, Melbourne 1983.

58 Noel MALCOLM, Kosovo. A Short History. London 1998; DERS., Bosnia. A Short History. London 1994; Olga ZIROJEVIĆ, Srbija pod turskom vlašću, 1459–1804 [Serbien unter türk. Herrschaft, 1459–1804]. Beograd ²2007.

staaten erzählt wird.[59] Jüngst ist die südosteuropäische Halbinsel in ihren globalgeschichtlichen Verwebungen analysiert und damit auch die osmanische Epoche im Kontext einer Verwebungs- und Vernetzungsgeschichte diskutiert worden.[60] Jedoch stellt eine Synthese der osmanischen Geschichte der Balkanhalbinsel gerade aus einem osmanistischen Blickwinkel noch immer ein Forschungsdesiderat dar.[61]

Gewöhnlich werden die politischen Entwicklungen im südöstlichen Teil des europäischen Kontinents im Zusammenhang mit der allgemeinen osmanischen Reichsgeschichte dargestellt,[62] die aber mehrheitlich nicht mehr in das Korsett eines Aufstiegs- und Niedergangsparadigmas eingebettet wird. Die Osmanistik folgt damit Ansätzen der modernen Imperienforschung und hat bereits feingliedrigere Periodisierungsmodelle entwickelt.[63] In ihnen widerspiegeln sich die historiographischen Trends der letzten Jahrzehnte, in denen eine – zumindest eng verstandene – Politikgeschichte zugunsten sozial- und kulturgeschichtlicher Fragestellungen und einem verstärkten Blick auf die Geschichte einzelner Provinzen in den Hintergrund getreten ist. Der *cultural turn* berührt beispielsweise diplomatiegeschichtliche Fragestellungen, wo in den vergangenen Jahren stärker eine akteurszentrierte Perspektive mit dem Blick auf Netzwerke eingenommen worden ist. Dies zeigt sich in Studien über die Diplomatie der Hohen Pforte mit anderen Mächten[64] ebenso wie in Arbeiten über die Alltagsdiplomatie in den südosteuropäischen Grenzräumen.[65] In diesem Zusammenhang leisten gerade biographische Darstellungen einen wichtigen Beitrag, um sowohl die Netzwerke und Kontakte weiter auszuleuchten als auch die Motive für das Handeln einzelner Akteure besser verstehen zu können.[66] Dies gilt unter anderem für Entscheidungen über Krieg

59 Konrad CLEWING/Oliver Jens SCHMITT (Hgg.), Geschichte Südosteuropas. Vom frühen Mittelalter bis zur Gegenwart. Regensburg 2011; Markus KOLLER, Die osmanische Geschichte Südosteuropas, in: European History Online (EGO). Mainz 2010, <http://www.ieg-ego.eu/kollerm-2010-de>.

60 Marie-Janine CALIC, Südosteuropa. Weltgeschichte einer Region. München 2016; Roumen DASKALOV/Tchavdar MARINOV (Hgg.), Entangled Histories of the Balkans. Bd 1: National Ideologies and Language Policies. Leiden, Boston/MA 2013; Roumen DASKALOV/Diana MISHKOVA (Hgg.), Entangled Histories of the Balkans. Bd. 2: Transfers of Political Ideologies and Institutions. Leiden, Boston/MA 2013.

61 Ein Beispiel ist Peter SUGAR, Southeastern Europe under Ottoman Rule, 1354–1804. Seattle 1977.

62 Colin IMBER, The Ottoman Empire, 1300–1650. The Structure of Power. London ³2019; Donald QUATAERT, The Ottoman Empire, 1700–1922. Cambridge 2000; Christoph NEUMANN, Political and Diplomatic Developments, in: The Cambridge History of Turkey. Bd. 3: The Later Ottoman Empire, 1603–1839. Hg. Suraiya FAROQHI. Cambridge 2006, 44–64.

63 Siehe dazu beispielsweise Suraiya FAROQHI, Formen historischen Verständnisses in der Türkei. Politische und wirtschaftliche Krisen in der „frühen Neuzeit", *Historische Zeitschrift* 35 (2003), 107–122, oder Baki TEZCAN, The Second Ottoman Empire. Political and Social Transformation in the Early Modern World. Cambridge 2010.

64 Siehe exemplarisch Maria Pia PEDANI, Safiye's Household and Venetian Diplomacy, *Turcica* 32 (2000), 9–32.

65 Oliver Jens SCHMITT, „Des melons pour la cour du Sancak Beg". Split et son arrière-pays ottoman à travers les registres de compte de l'administration vénitienne dans les années 1570, in: Vera COSTANTINI/Markus KOLLER (Hgg.), Living in the Ottoman Ecumenical Community. Essays in Honour of Suraiya Faroqhi. Leiden, Boston/MA 2008, 437–452.

66 Elma KORIĆ, Životni put prvog beglerbega Bosne. Ferhad-paša Sokolović (1530–1590) [Der Lebensweg des ersten Beylerbeys Bosniens, Ferhad Pascha Sokolović (1530–1590)]. Sarajevo 2015; Ferenc SZAKÁLY, Lodovico

und Frieden, deren Zustandekommen bzw. deren genauen Zielsetzungen noch vielfach unzureichend erforscht sind.

Die Kämpfe selbst werden mehrheitlich im Rahmen „klassischer" militärgeschichtlicher Studien oder in ereignisgeschichtlichen Darstellungen behandelt, wobei die kulturwissenschaftlich geprägten Ansätze der neueren Militärgeschichte noch eine untergeordnete Rolle spielen.[67] Im Vordergrund stehen Verlauf und Ausgang kriegerischer Auseinandersetzungen sowie in geringerer Zahl bestimmte Aspekte, die Organisation[68] und Struktur[69] der beteiligten Armeen betreffen. Auf ein größeres Interesse stießen hingegen die politischen und militärischen Strukturen in den imperialen Grenzräumen,[70] wenn auch in regional und zeitlich unterschiedlicher Intensität.[71] Die osmanisch-habsburgische Grenze im ungarischen Raum ist insbesondere im Hinblick auf das 16. Jahrhundert sehr detailliert untersucht worden, so dass über den Festungsgürtel,[72] die militärische Struktur des Grenzlandes[73] und die politisch-militärische Situation im Grenzraum eine Reihe von Studien vorliegt. Im Gegensatz dazu gibt es zum 17. Jahrhundert vergleichsweise wenig Arbeiten,[74] was nicht zuletzt dem derzeit bekannten Quellenstand geschuldet ist. Da die

Gritti in Hungary, 1529–1534. A Historical Insight into the Beginnings of Turco-Habsburgian Rivalry. Budapest 1995; Heinrich KRETSCHMAYR, Ludovico Gritti. Eine Monographie. Wien 1896.

67 Andreas HELMEDACH/Markus KOLLER, Gewaltgemeinschaften, Gewalttaten und die Neuordnung des westlichen Balkanraumes zwischen 1645 und 1718, in: Winfried SPEITKAMP (Hg.), Gewaltgemeinschaften in der Geschichte. Entstehung, Kohäsionskraft und Zerfall. Göttingen 2017, 139–170.

68 Gábor ÁGOSTON, Guns for the Sultan. Military Power and the Weapons Industry in the Ottoman Empire. New York 2005; Virginia AKSAN, Feeding the Ottoman Troops on the Danube, 1768–1774, War&Society 13 (1995), H. 1, 1–14.

69 Mehmet İNBAŞI, Ukrayna'da Osmanlılar. Kamaniçe Seferi ve Organizasyonu (1672) [Die Osmanen in der Ukraine. Der Kameniec-Krieg u. dessen Organisation (1672)]. Istanbul 2004.

70 Einen Überblick über die osmanischen Grenzregime bietet Gábor ÁGOSTON, A Flexible Empire. Authority and Its Limits on the Ottoman Frontiers, in: Kemal KARPAT/Robert W. ZENS (Hgg.), Ottoman Borderlands. Issues, Personalities and Political Changes. Madison/WI 2003, 15–32.

71 Die rumänische Osmanistik hat hier gerade für das 16. und 17. Jh. Arbeiten vorgelegt; Mihai MAXIM, L'Empire Ottoman au nord du Danube et l'autonomie des Principautés Roumaines au XVIᵉ siècle. Études et documents. Istanbul 1999; Tahsin GEMIL, Românii și Otomanii în secolele XIV–XVI [Rumänen u. Osmanen vom 14. bis zum 16. Jh.]. București 1991; DERS., Țările Române în contextul politic internațional (1621–1672) [Die rum. Länder im Kontext der internationalen Politik]. București 1979; Viorel PANAITE, The Ottoman Law of War and Peace. The Ottoman Empire and Tribute Payers from the North of the Danube. Leiden, Boston/MA ²2019. Siehe dazu auch Mihnea BERINDEI/Gilles VEINSTEIN, L'empire ottoman et les pays roumains, 1544–1545. Étude et documents. Paris 1987.

72 Mark L. STEIN, Guarding the Frontier. Ottoman Border Forts and Garrisons in Europe. London, New York 2007; Klára HEGYI, The Ottoman Network of Fortresses in Hungary, in: Géza DÁVID/Pál FODOR (Hgg.), Ottomans, Hungarians, and Habsburgs in Central Europe. The Military Confines in the Era of Ottoman Conquest. Leiden, Boston/MA 2000, 163–194, 165; Maria BARAMOVA, Border Theories in Early Modern Europe, in: European History Online (EGO). Mainz 2010, <http://www.ieg-ego.eu/baramovam-2010-en>.

73 Klára HEGYI, Balkan Garrison Troops and Soldier-Peasants in the Vilayet of Buda, in: Ibolya GERELYES/Gyöngyi KOVÁCS (Hgg.), Archaeology of the Ottoman Period in Hungary. Budapest 2003, 23–40.

74 Markus KOLLER, Eine Gesellschaft im Wandel. Die osmanische Herrschaft in Ungarn im 17. Jahrhundert (1606–1683). Stuttgart 2010.

Mehrzahl zumindest der osmanischen Schriftquellen aus der Mitte und der zweiten Hälfte des 16. Jahrhunderts stammt, müssen auch einige Narrative der Geschichtsschreibung mit Vorsicht benutzt bzw. kritisch hinterfragt werden. Dazu gehört die Vorstellung eines fast permanenten Kleinkrieges an der Grenze, die wesentlich durch die zeitliche und quantitative Eingrenzung des Quellenmaterials bedingt ist. Auch die „Doppelherrschaft" (condominium) als Charakteristikum des osmanisch-habsburgischen Grenzraums in Ungarn ist eine Form des Grenzregimes, die in vielfältigen Formen in weiten Teilen des frühneuzeitlichen Europas verbreitet war und daher in einem gesamteuropäischen Geschichtskontext zu betrachten ist. Nach dem Friedensschluss von Karlowitz/Sremski Karlovci (1699) wurde auch das nördliche Bosnien zur Grenzregion, die mit Blick auf militärisch-administrative Strukturen ebenfalls sehr detailliert erforscht worden ist.[75] Weniger Aufmerksamkeit aus Sicht einer osmanistisch ausgerichteten politischen Geschichte fand bisher der osmanisch-venezianische Grenzraum,[76] wobei die Mehrzahl der Veröffentlichungen auf venezianischem Quellenmaterial bzw. einer venezianischen Perspektive basiert. Gerade in jüngerer Vergangenheit hat sich auch eine „maritime Perspektive" auf die osmanische Geschichte Südosteuropas herausgebildet. Das Mittelmeer und die Adria treten als Kontakt- und Kommunikationsraum diplomatischer Akteure in den Vordergrund.[77] Das mediterrane Piratenwesen mit seinen Auswirkungen auf die adriatischen Küsten wird wieder vermehrt im Hinblick auf die Frage untersucht, welche Rolle Religion in diesem Milieu spielte.[78] Jüngst wurde in der Osmanistik das Konzept der Insularität aufgegriffen und beispielsweise nach Identitätsformen gefragt, die mit dem Leben auf Inseln oder Archipelen verbunden sind.[79]

Der seit den 1980er Jahren stärker akteurszentrierte Blick in die Grenzräume und Provinzen des Reiches wirft immer deutlicher Fragen nach der Bedeutung und Funktion lokaler Eliten auf. Auch in dieser Hinsicht orientiert sich die Osmanistik im- und explizit an Überlegungen der Imperienforschung. Einige ihrer Vertreter betrachten ab einem gewissen Zeitpunkt in der Geschichte von Großreichen Provinzen und deren Eliten als wichtige Träger und Bewahrer von Imperien.[80]

---

[75] Zur Verwaltungsstruktur siehe Hazim Šabanović, Bosanski Pašaluk. Postanak i upravna podjela [Der bosn. Paschalik. Seine Entstehung u. administrative Gliederung]. Sarajevo 1959.

[76] Kornelija Jurin-Starčević, Demografska kretanja u selima srednjodalmatinskog zaleđa u 16. i početkom 17. stoljeća prema osmanskim detaljnim poreznim popisima (mufassal defterima) [Die demographischen Veränderungen in den Dörfern des dalmatinischen Hinterlandes im 16. Jh. u. zu Beginn des 17. Jh.s gemäß den osm. detaillierten Steuerregistern], *Prilozi za orijentalnu filologiju* 54 (2004), 139–167; Maria Pia Pedani, Dalla frontiera al confine. Venedig 2002.

[77] Noel Malcolm, Agents of Empire. Knights, Corsairs, Jesuits and Spies in the Sixteenth-Century Mediterranean World. London 2015; Emrah Safa Gürkan, Mediating Boundaries. Mediterranean Go-Betweens and Cross-Confessional Diplomacy in Constantinople, 1560–1600, *Journal of Early Modern History* 19 (2015), H. 2–3,107–128.

[78] Molly Greene, Catholic Pirates and Greek Merchants. A Maritime History of the Mediterranean. Princeton/NJ 2010.

[79] Nicolas Vatin/Gilles Veinstein, Insularités ottomanes. The Hague 2004.

[80] Siehe dazu u. a. Herfried Münkler, Imperien. Die Logik der Weltherrschaft – vom Alten Rom bis zu den Vereinigten Staaten. Bonn 2005, sowie Michael Doyle, Empires. Ithaca/NY 1986.

Solche Ansätze sind auch in der Debatte darüber enthalten, ob die Bedeutung lokaler Notabeln im Sinne einer Zentralisierungs- oder Dezentralisierungstendenz im Osmanischen Reich insbesondere seit dem 17. Jahrhundert gedeutet werden kann. Mit Blick auf die politische Rolle der Notabeln im südosteuropäischen Raum bis zum Ende des 18. Jahrhunderts fällt zunächst auf, dass die Bedeutung christlicher und jüdischer Notabeln außerhalb kirchengeschichtlich relevanten Fragestellungen im Vergleich zu den muslimischen Eliten weniger intensiv erforscht worden ist.[81] Im Vordergrund stehen muslimische Amtsträger, insbesondere die Ayane und Kapetane. Eine Vielzahl von Studien beschäftigt sich mit den Ursachen für deren machtpolitischen Aufstieg, der meist mit dem Besitz wichtiger Steuerpachten und ihrer Funktion als Truppenkommandeure einhergeht. Von regionalen Ausnahmen abgesehen wird der Besitz von Land hingegen meist als weniger bedeutsam angesehen.[82] Diese Notabeln strebten bis zum Ende des 18. Jahrhunderts vorwiegend nach größerer Autonomie innerhalb des osmanischen Herrschaftsgefüges und sie versuchten, ihren territorialen Einflussbereich zu vergrößern. Dafür nutzten sie ihre Stellung innerhalb der Provinzverwaltungen und diplomatische Kontakte zu den Großmächten.[83] Das Ringen um Ämter, Steuerpachten und territorialen Einfluss konnte auch zu blutigen Konflikten zwischen lokalen Notabeln führen. Vergleichbare Entwicklungen lassen sich zugleich in anderen Großreichen dieser Zeit beobachten und es ist daher nur folgerichtig, dass seit den späten 1980er Jahren die Osmanistik zunehmend in die historische Frühneuzeitforschung eingebunden wird und sie das Osmanische Reich aus strukturgeschichtlicher Sicht selbst als Teil einer frühneuzeitlichen Staatenwelt begreift.[84] In einer Vielzahl von Sammelbänden zu Aspekten frühneuzeitlicher Geschichte findet das Osmanische Reich Berücksichtigung, allerdings sind tatsächlich vergleichende Studien noch eher selten.[85]

---

[81] Evguenia Davidova (Hg.), Wealth in the Ottoman and Post-Ottoman Balkans. A Socio-Economic History. London 2015; Svetlana Ivanova, Varoş. The Elites of the Reaya in the Towns of Rumeli, Seventeenth-Eighteenth Centuries, in: Anastasopoulos (Hg.), Provincial Elites, 201–246.

[82] Siehe u. a. Fikret Adanir, Semi-Autonomes Forces in the Balkans and Anatolia, in: The Cambridge History of Turkey, Bd. 3 (Hg. Faroqhi), 157–185.

[83] Michael Hickok, Looking for the Doctor's Son. Ottoman Administration of 18th Century Bosnia. Ann Arbor/MI 1996; Katherine E. Fleming, The Muslim Bonaparte. Diplomacy and Orientalism in Ali Pasha's Greece. Princeton/NJ 1999.

[84] Suraiya Faroqhi, The Ottoman Empire and the World Around it. London 2004.

[85] Mehmet S. Birdal, The Holy Roman Empire and the Ottomans. From Global Imperial Power to Absolutist States. London 2011.

6.2 DIE MACHTAUSDEHNUNG DES HAUSES OSMAN UND DIE HERAUSBILDUNG GEMEINSAMER GRENZEN MIT DER HABSBURGERMONARCHIE, POLEN-LITAUEN UND VENEDIG

6.2.1 Die osmanische Expansion im Donauraum

Für die Eroberung Konstantinopels (1453) erwies sich der Einsatz der osmanischen Flotte als ein entscheidender Faktor, der darauf veweist, dass sich das Reich der Osmanen zu einer auch global agierenden Land- und Seemacht entwickelte.[86] Mit der neuen maritimen Stärke sah sich zunächst die Markusrepublik konfrontiert, die ihre Vorherrschaft im östlichen Mittelmeerraum verlor. Der Eroberung der Negroponte/Euboia/Eğribos (1470) und Nordalbaniens (1479) folgte die Eingliederung von Naúpaktos/Lepanto/İnebahtı (1499) sowie der Häfen von Koron/Koróne, Modon/Modóne (1500) und Durrës/Dyrráchion/Durazzo/Drač/osm. Dıraç (1501) in den Herrschaftsbereich des Hauses Osman (vgl. Beitrag 5, SCHMITT, Kap. 5.4).[87] Die Stellung Venedigs als führende Seemacht wurde durch den Sieg der Osmanen über die Mamluken (1517) noch weiter geschwächt, als Ägypten, große Gebiete der Levante und der arabischen Halbinsel – darunter die heiligen Stätten des Islam in Mekka u. Medina – in den osmanischen Reichsverband eingegliedert wurden.[88] Diese Stoßrichtung der osmanischen Expansion band Südosteuropa immer stärker in die große machtpolitische Rivalität zwischen den Herrscherhäusern der Habsburger und Osmanen ein, während die Patrizierrepublik Venedig ihre einstige Stellung im Mittelmeerraum immer mehr einbüßte. Die Konflikte zwischen den beiden Dynastien entluden sich im Verlauf des 16. Jahrhunderts im nördlichen Afrika[89] und in Ungarn, wo 1521 der erste von sechs osmanischen Feldzügen gegen das Königreich begann.[90] Auf ihrem Vormarsch über die Save eroberten die osmanischen Truppen Sabatsch/Šabac, Semlin/Zemun und weitere Festungen in Syrmien. Schließlich fiel am 28. August 1521 die Festung Belgrad, so dass damit der von Sigismund von Luxemburg (1387–1437) aufgebaute Verteidigungsgürtel Ungarns zusammengebrochen war.[91] Ein Jahr später mussten die Johanniter auf der Insel Rhodos kapitulieren,[92] wodurch die Vorherrschaft des osmanischen Imperiums im östlichen Mittelmeerraum gesichert war. 1526 erfolgte ein neuer Vorstoß der Osmanen im ungarischen Raum, der zunächst mit dem Sieg bei Mohács endete.[93] Allerdings zogen sich die Truppen wieder zurück, da in Istanbul – im amtlichen Gebrauch

---

86 IMBER, Before the Kapudan Pashas.

87 DERS., The Ottoman Empire, 1300–1650.

88 HAR-EL, Struggle for Domination in the Middle East; LEEOUCH/MICHEL (Hgg.), Conquête ottomane de l'Égypte; HATHAWAY, The Arab Lands under Ottoman Rule.

89 HESS, The Forgotten Frontier.

90 FODOR, The Unbearable Weight of Empire.

91 SZAKÁLY, Nándorfehérvár 1521.

92 VATIN, L'Ordre de Saint-Jean-de-Jérusalem, 329–374.

93 SZABÓ/TÓTH, Mohács (1526); PERJÉS, The Fall of the Medieval Kingdom of Hungary.

war vielfach auch die Rede von Kostantiniyye – offenbar eine indirekte Herrschaft bevorzugt wurde (vgl. zu osm. Expansion u. Türkengefahr Beitrag 7, PÁLFFY, Kap. 7.2.1). Diese Haltung dürfte vor dem Hintergrund der instabilen Machtverhältnisse in Ungarn zu erklären sein, wo die Nachfolge des in der Schlacht getöteten Ludwig II. (1516–1526) umstritten war. Erzherzog Ferdinand sah sich den Ansprüchen des von Süleyman I. (1520–1566) unterstützten Woiwoden von Siebenbürgen, Johann Szapolyai (ab 1511), gegenüber. Der Sultan krönte Mitte November 1526 seinen Kandidaten mit der Stephanskrone, die ihm kurzzeitig in die Hände gefallen war (regierte als Johann I. v. Ungarn: 1526–1540).[94] Die Krönung Ferdinands auf dem Reichstag von Pressburg am 17. Dezember musste daher ohne die Krönungsinsignien durchgeführt werden.

Die Habsburger siegten 1527 in der Schlacht bei Tokaj über Szapolyai, der daraufhin in das polnische Tarnow (heutiges Tarnów) floh. Polen-Litauen vermittelte schließlich 1528 ein Bündnis zwischen dem Thronprätenden und Süleyman I., worauf der dritte osmanische Feldzug in Ungarn folgte. 1529 gelang zwar die erneute Eroberung Ofens/Budas, jedoch scheiterte die Erstürmung Wiens im Herbst des gleichen Jahres. Zwei Jahre später versuchte Erzherzog Ferdinand das Kriegsglück wieder zu wenden, und belagerte Ofen. Ein osmanischer Gegenstoß erzwang nicht nur den Abbruch der Belagerung, sondern führte zum Fall der Festung Güns/Kőszeg. Ein nächster Schub der osmanischen Machtausdehnung im Donauraum erfolgte ab 1536, als Slawonien stärker in das Blickfeld geriet. Unter dem Kommando des Gouverneurs von Smederevo – Gouverneure trugen in Großprovinzen meist den Titel eines *vali* oder *beylerbeyi*; in den Sancaks den Titel *sancakbeyi* –, Mehmed Bey Jahjapašić, eroberten osmanische Truppen 1536 u. a. die Festungen Ivankovo, Gorjane und Đakovo sowie ein Jahr später Požega. 1540 verlief die habsburgisch-osmanische Grenzlinie entlang der Festungen Ustilonja, Kraljeva Velika, Međuriće, Kreštelovac, Stupčanica, Pakrac, Podborje, Bijela, Našice, Orahovica, Mikleuš, Drenovac, Voćin, Virovitica, Zdenci, Šandrovac, Đurđevac und Valpovo.[95] Der nächste große Vorstoß der Osmanen erfolgte 1541, wobei diese militärischen Einheiten zu jenem Aufgebot gehörten, das endgültig Ofen eroberte. Dieser neue Krieg war ausgebrochen, als Ferdinand die Stadt wieder belagerte.

Im Friedensvertrag von Großwardein/Oradea/Nagyvárad (24. Februar 1538) hatte der kinderlose Johann Szapolyai seinen Kontrahenten zum Thronerben erklärt. Ein Jahr später heiratete er allerdings Isabel, die Tochter des polnischen Königs Sigismund I. (1507–1548), die ihm 1540 einen Sohn gebar. Als dieser entgegen den Vereinbarungen von Großwardein zum König proklamiert wurde, versuchte Ferdinand seine Rechte militärisch durchzusetzen. 1540 starb Szapolyai, und am 29. August eroberte Süleyman I. endgültig Ofen (vgl. Beitrag 7, PÁLFFY, Kap. 7.2.1). Ein Rückeroberungsversuch durch Truppen Ferdinands scheiterte ein Jahr später und bestärkte

---

94 Der Chronist Ibrahim Peçevî beschreibt diese Zeremonie mit folgenden Worten: „Als der Padischah nach Buda kam, krönte er König Janos, gab ihm das königliche Zepter in die Hände und gab seinem ganzen Land die Selbständigkeit. [...]. Zu den ungarischen Adligen sagte er: Erkennt ihn als König an und hütet Euch, ihm zu widersprechen. Seht, ihm wurden die königliche Krone, das königliche Zepter und alle übrigen königlichen Zeichen und Symbole übergeben" [Übers. M. K.]. In der Titulatur der Sultane erschien fortan die Bezeichnung *tâc bahş-ı hüsrevân* (diejenigen, die Könige krönen); vgl. URAZ (Hg.), Peçevî Tarihi, 83.

95 MUJADŽEVIĆ, Osmanska osvajanja u Slavoniji, 90.

die Osmanen darin, die Verteidigungsmöglichkeiten ihrer neuen Besitzungen zu verbessern. Diesem Ziel dienten auch die 1543 erfolgten Eroberungen von Gran/Esztergom, Stuhlweißenburg/Székesfehérvár, Tata, Fünfkirchen/Pécs und Siklós sowie in den darauffolgenden beiden Jahren noch die Einnahme weiterer Festungen im südlichen Transdanubien und in einem Gebiet zwischen Theiß und Donau. Im Oktober 1547 schloß Ferdinand schließlich ein Abkommen mit Süleyman I. und zahlte ihm einen jährlichen Tribut von 30.000 Gulden, was die Osmanen als Tribut, die Habsburger aber als Ehrengeschenk ansahen.[96]

Der militärische Druck war in den vorangegangenen Jahren auch in Slawonien immer stärker geworden. Denn 1541 hatten osmanische Einheiten Našice erobert, 1542 fielen Orahovac, Mikleuš, Slatina und Drenovac, 1543 Voćin, Dobra Kuća, Bijela, Sirač und Valpovo. Während in diesen Jahren der Sancakbey von Klis (Murad Bey Tardić) das Kommando führte, waren es anschließend der Sancakbey der Herzegowina (Malkoč/Malkoç Bey) und Ulama Bey. Sie eroberten 1544 Kraljeva Velika, Međurić, Čaklovac, Pakrac, Kreštelovac, Podborje und Rača, 1545 schließlich Varaždin.[97] Weitere größere Vorstöße unterblieben zunächst, da das Osmanische Reich 1548 bis 1550 in einen wenig erfolgreichen Krieg mit den Safawiden verstrickt war. Nach dem Ende dieses Feldzugs flammten die Kämpfe im Donauraum wieder auf. 1552 begann ein osmanischer Feldzug, dessen Ziel – zumindest deuten die habsburgischen Quellen darauf hin – nicht nur die Rückeroberung verlorengegangener Gebiete in Siebenbürgen, sondern auch die Einnahme von Zagreb und Sisak gewesen sein könnte. Eine Armee unter Hadım Ali Pascha, dem Beylerbey von Budin/Buda/Ofen, eroberte neben Wesprim/Veszprém eine Reihe kleinerer Festungen, und ein anderes Korps unter Kara Ahmed Pascha nahm Temeswar/Timişoara/Temišvar/Temesvár ein. Beide Truppenteile vereinigten sich bei der neu errichteten Festung Sollnock/Szolnok und belagerten erfolglos Erlau/Eger.[98] Insgesamt sollte die 1552 entstandene Grenze zwischen den Flüssen Donau und Save im Wesentlichen bis zum Ende des 17. Jahrhunderts Bestand haben. Die Eroberungen zwischen 1551 und 1552 festigten die osmanische Position im nördlichen und östlichen Ungarn, während Siebenbürgen unter der weitgehenden Kontrolle des Hauses Habsburg stand. Im Herbst 1555 begann eine osmanische Offensive gegen das südliche Transdanubien und Slawonien. Die osmanischen Truppen unter der Führung der Beylerbeys von Ofen und Temeswar eroberten zunächst die Festungen von Kaposvár, Korotna und Babócsa. Mit diesem Vormarsch geriet die Festung Szigetvár/Siget in Bedrängnis, die nun weitgehend von der Außenwelt abgeschnitten war. Die osmanische Belagerung 1556 scheiterte jedoch, als die Stadt durch ein Heer unter dem Palatin Thomas Nádasdy und dem Ban Miklós Zrínyi (Nikola IV. Zrinski) die eingeschlossene Festung entsetzen konnte.[99] Der letzte große Ungarnfeldzug Süleymans I. führte schließlich zehn Jahre später zur Einnahme der Festung Szigetvár (1566),[100] die der Sultan

---

96 KONTLER, A History of Hungary, 146; PETRITSCH, Tribut oder Ehrengeschenk?

97 MUJADŽEVIĆ, Osmanska osvajanja u Slavoniji, 90f.

98 KONTLER, A History of Hungary, 147; MUJADŽEVIĆ, Osmanska osvajanja u Slavoniji.

99 SZABÓ, An Example for Some – A Lesson for Others.

100 FODOR (Hg.), The Battle for Central Europe; VARGA, Europe's Leonidas; BAGI, The Forgotten War.

jedoch nicht mehr erlebte. Er starb drei Tage vorher.[101] Formal endete dieser Krieg 1568 mit dem Frieden von Edirne (s. zum Vordringen der Osmanen im 16. Jh. Karte X).[102]

Während die Dynastie Osman ihren Machtbereich im Donauraum gegenüber den Habsburgern immer weiter auszudehnen vermochte, erreichte ihr Herrschaftsgebiet zeitgleich die Grenzen Polen-Litauens. Dieses Großreich wurde von Sigismund I. regiert, der dem Herrscherhaus der Jagiellonen entstammte. Seit dem Frieden von Cambrai (5. August 1529) nahm der polnische König eine zunehmend anti-habsburgische Haltung ein und zeigte sich für Absprachen mit Süleyman I. offen. Vor diesem Hintergrund hat die historische Forschung lange Zeit das Bild einer polnisch-osmanischen Friedenszeit im 16. Jahrhundert gepflegt, das aber zunehmend kritisch hinterfragt wird.[103] Ins Blickfeld gerät das Donaufürstentum Moldau, wo der Woiwode Petru Rareș (1527–1538, 1541–1546) Ansprüche auf das unter polnisch-litauischer Herrschaft stehende Pokutien erhob (s. im Detail zu Rareș Beitrag 4, Ursprung, Kap. 4.7). Im Januar 1538 überschritt er den Dnjestr und besiegte ein königliches Aufgebot. Ein Vergeltungszug Sigismunds I. verwüstete im gleichen Jahr die nördliche Moldau und führte zur Belagerung der Festung Hotin (Chotyn, poln. Chocim). Petru Rareș sah sich zeitgleich den anrückenden osmanischen Truppen gegenüber, die seinen Neffen Ștefan Lăcustă als neuen Woiwoden einsetzen wollten. Nach der Eroberung von Suceava durch die Armee Süleymans setzten die Bojaren Ștefan Lăcustă („die Heuschrecke"; 1538–1540) als Herrscher über die Moldau ein. Das Fürstentum stand nun nicht nur unter der Oberhoheit des Sultans, sondern musste die Stadt Tighina/Bender samt Umland an das Osmanische Reich abtreten. Mit der Eingliederung des südlichen Bessarabiens in den osmanischen Reichsverband besaß das Osmanische Reich nun eine gemeinsame Grenze mit Polen-Litauen und somit mit allen Großmächten, die im 16. Jahrhundert die politischen Geschicke Südosteuropas maßgeblich prägten.

6.2.2 Osmanisch-venezianische Rivalitäten

Während die Osmanen ihren Herrschaftsbereich entlang von Donau und Dnjestr bis zur Mitte des 16. Jahrhunderts ausdehnten, drängten sie auch Venedig in Südosteuropa immer weiter zurück. Große Verluste erlitt die Markusrepublik im Krieg zwischen 1537 und 1540 (vgl. Beitrag 5, Schmitt, Kap. 5.4). Als Auslöser diente ein Vorfall im Frühjahr des Jahres 1537, als der venezianische Flottenkommandeur Alessandro Contarini zwei osmanische Schiffe versenkte. Die daraufhin entsandte osmanische Flotte sollte ursprünglich mit französischer Unterstützung die habsburgischen Gebiete in Unteritalien angreifen, jedoch kam es nur zu Plünderungszügen in Apulien. Die Osmanen änderten schließlich ihre Pläne und belagerten 1537 gemeinsam mit französischen Schiffen die Insel Korfu. Gleichzeitig sahen sich auch Antivari/Bar/Tivar und Dulcigno/Ulcinj/

---

101 Vatin, Ferîdûn Bey.

102 Barămova, Translacija na mogaštestvo, 45–62.

103 Srodecki, Antemurale Christianitatis, 275.

Ulqin osmanischen Truppen gegenüber. Durch Vermittlung des Heiligen Stuhls bildeten 1538 Venedig und die Habsburgermonarchie eine „Heilige Liga". In der Seeschlacht bei Préveza, das an der Südspitze der epirotischen Küste liegt, unterlag eine von Andrea Doria geführte Flotte einem Schiffsverband unter dem Kommando von Hayredin Barbarossa und Turgut Reis, während gleichzeitig spanische Truppen zum Missvergnügen der Venezianer das osmanische Castelnuovo/ Herceg Novi besetzten. Jedoch gelang Hayredin Barbarossa dessen umgehende Rückeroberung. 1539 begannen die Friedensverhandlungen zwischen den kriegsführenden Parteien, in welche die venezianische Patrizierfamilie Gritti maßgeblich eingebunden war. Lorenzo Gritti, der Sohn des kürzlich verstorbenen Dogen Andrea Gritti (1523–1538) und Bruder des 1534 in Ungarn umgekommenen Ludovico Gritti, der zu den einflussreichsten Persönlichkeiten am Hofe von Süleyman I. gezählt hatte,[104] war der venezianische Verhandlungsführer. Als es im Herbst 1540 zum Friedensschluss kam, musste die Markusrepublik auf alle von ihr kontrollierten Inseln in der Ägäis mit Ausnahme von Tínos verzichten.[105] Außerdem verblieben Kreta und Zypern im Besitz Venedigs. Die Serenissima verlor hingegen erhebliche Gebiete in Dalmatien, das ab 1570 wieder in den Fokus der osmanischen Expansionsbestrebungen kam. Auslöser waren zunehmende Spannungen um Zypern, das aus osmanischer Sicht die Schiffsverbindungen auf einer der wichtigsten Verbindungen zwischen Istanbul und den arabischen Provinzen des Osmanischen Reiches gefährdete.[106]

1569 hatte Selim II. (1566–1574) Venedig beschuldigt, über 30 Festungen in Dalmatien wieder errichten zu wollen und darüber hinaus mehrere Einfälle in den Raum Klis unternommen zu haben.[107] 1570 folgte ein Ultimatum, Zypern zu übergeben. Im Gegenzug sollte die dortige Bevölkerung über ihren Verbleib auf der Insel frei entscheiden dürfen und die Privilegien Venedigs im Handel mit dem Osmanischen Reich verlängert werden. Das Ultimatum wurde mit zahlreichen Vertragsbrüchen Venedigs begründet und in Gesprächen mit dem Bailo Marcantonia Barbaro auch auf eine islamische Vergangenheit der Insel verwiesen. Im Sommer 1570 zeichnete sich allmählich ein Bündnis aus Venedig, Spanien und dem Heiligen Stuhl ab, das für das Frühjahr 1571 eine Flottenoperation plante. Allerdings erzwang der osmanische Angriff auf Zypern 1570 eine schnelle Reaktion, so dass bis Juni eine Seestreitmacht zusammengestellt wurde. Trotz erheblicher Spannungen zwischen den Teilbefehlshabern des gemeinsamen Flottenverbandes über die Frage, ob man die osmanische Flotte vor Zypern angreifen sollte, brach man schließlich im September von Kreta aus auf. Am 9. September war Nikosia allerdings bereits gefallen.[108]

Der im April 1570 ausgebrochene osmanisch-venezianische Krieg tobte auch im dalmatinischen Grenzraum. Eine zentrale Rolle spielte in diesen blutigen Auseinandersetzungen der von

---

104 NEMETH PAPO/PAPO, Ludovico Gritti; SZAKALY, Lodovico Gritti in Hungary.

105 SLOT, Archipelagus Turbatus, Bd. 1.

106 MALCOLM, Agents of Empire, 103.

107 PANCIERA, Building a Boundary, 11.

108 HILL, A History of Cyprus, Bd. 3, 878–1040; COSTANTINI, Il sultano e l'isola contesa.

1566 bis 1574 amtierende Sancakbey von Klis, Ferhad Pascha Sokolović (gest. 1590), der im Sommer 1570 Zemunik, Pločnik, Nin, Skradin und Solin eroberte. Jedoch war es den osmanischen Einheiten vor allem in Ermangelung einer starken Artillerie nicht gelungen, das Herzstück der venezianischen Besitzungen in Dalmatien, das stark befestigte Zara/Zadar, zu erstürmen. Die Scharmützel an der dalmatinischen Grenze hielten auch im darauffolgenden Jahr an, als Bar und Ulcinj angegriffen wurden, sogar die Insel Curzola/Korčula sah sich einem Angriff gegenüber.[109]

Inzwischen war Venedig in eine am 20. Mai 1571 geschlossene „Heilige Liga" eingebunden, der neben dem Heiligen Stuhl auch Spanien und Genua angehörten. Dem Bündnis gelang am 5. Oktober 1571 bei Lepanto ein Sieg über die osmanische Flotte. Während der venezianisch-osmanische Krieg zwischen 1570 und 1573 meist im Hinblick auf die Seeschlacht bei Lepanto wahrgenommen wird,[110] findet der Landkrieg weniger Beachtung. Bereits vor dem Ausbruch des Krieges hatten sich in der nördlich von Skutari/Shkodra/Skadar/İşkodra liegenden Region Dukagjin, in der Himara und auch auf der griechischen Halbinsel Mani Formen gewaltsamer Widerständigkeit gezeigt, die sich dann nahtlos in die kriegerischen Auseinandersetzungen zwischen Venedig und dem Osmanischen Reich einfügten.[111] Als beispielsweise 1566 die Himarioten besteuert werden sollten, leisteten sie erheblichen Widerstand und ersuchten auch das nahegelegene Königreich von Neapel, an dessen Spitze ein spanischer Vizekönig stand, um Hilfe. Am 14. Oktober 1566 erklärten Vertreter einflussreicher Familien aus der Himara ihre Bereitschaft, den spanischen König als ihren Souverän in temporalibus und den Papst als geistliches Oberhaupt anzuerkennen.[112] Nach dem Ausbruch des osmanisch-venezianischen Krieges wandten sie sich an die Markusrepublik und boten an, die osmanische Hafenstadt Avlonya/Vlora/Valona zu erobern. Tatsächlich entsandte Venedig im Mai 1570 eine Streitmacht, und es gelang die Eroberung der Festung Sopot.

Der Krieg wurde in diesen Regionen auch zum Tummelplatz von Personen, die große Aufstandspläne zugunsten der Serenissima entwarfen und am Rialto vorlegten. Dabei waren auf Seiten der Venezianer familiäre Netzwerke in die Aufstandsvorbereitungen eingebunden. Giovanni Bruni war als Erzbischof von Bar (1551–1571) in mehrere Vorhaben verwickelt, während sein Stiefbruder Antonio in Ulcinj agierte. Letztlich ließ sich allerdings keine der angekündigten umfangreichen Rebellionen verwirklichen, aber der Palast in Istanbul wurde auf diese Aktivitäten aufmerksam. Die Entscheidungsträger in Istanbul dürften das Ausmaß möglicherweise überschätzt haben, aber angesichts des Krieges mit Venedig mobilisierten sie erhebliche militärische Kräfte. Ende April 1571 brach der dritte Wesir Kara Ahmed Pascha mit einer Armee aus der Hauptstadt

---

[109] Siehe zu den Details dieser Auseinandersetzungen Korić, Životni put prvog beglerbega Bosne.

[110] Lesure, Lepante; Mondfeld, Der sinkende Halbmond; Bicheno, Crescent and Cross; Capponi, Victory of the West; Barbero, Lepanto; Hanss, Lepanto als Ereignis.

[111] Chasiotes, Οἱ Ἕλληνες στις παραμονές της ναυμαχίας της Ναυπάκτου; Manoussacas, „Lepanto e i Greci".

[112] Murzaku, The Basilian Monks and their Missions; allgemeiner: Duka, Aspekte social-ekonomike dhe demografike; Bartl, Zur Topographie und Geschichte der Landschaft Himara; ders., Der Westbalkan zwischen spanischer Monarchie und Osmanischem Reich.

auf, während gleichzeitig eine Flotte unter dem Kommando von Pertev Pascha zusammengestellt wurde. Diese plünderte auf dem Weg nach Korfu die Insel Kreta. Schließlich erreichte sie die Himara. Dort war inzwischen auch Ahmed Pascha angekommen und marschierte über Shkodra nach Ulcinj, das 1571 erobert und geplündert wurde. Ein anderes Schicksal erfuhren die Bewohner der noch im gleichen Jahr besetzten Stadt Bar, deren Einwohner das osmanische Angebot eines freien Abzugs annahmen. Offensichtlich verließ vor allem die venezianische Elite die Stadt, während die Mehrzahl der Einwohner blieb. Der osmanische Unterhändler Hürrem Bey und der venezianische Festungskommandant Giovanni Viddacioni stammten beide aus dem italienischen Lucca, was die Verhandlungen durchaus erleichtert haben dürfte. Schließlich fiel in diesem Feldzug auch noch die Stadt Budua/Budva unter die Oberhoheit des Sultans. Nach der Schlacht bei Lepanto setzten sich lokale und regionale Unruhen fort, und die Osmanen blieben im Hinblick auf eine Zusammenarbeit von Aufständischen mit Venedig aber auch Spanien wachsam. Diese Furcht war keineswegs unbegründet, denn sowohl in der Himara als auch in der Region Dukagjin kam es zu Kooperationen. Orthodoxe Kleriker wie der Metropolit von Saloniki oder der Erzbischof von Ochrid unterhielten Kontakte zur Heiligen Liga und Polen-Litauen.[113]

Auch wenn der spanische König Philipp II. (1556–1598) vor allem den Kriegsschauplatz in Nordafrika im Blick hatte, stimmte er dennoch einer Flottenbeteiligung und einer damit verbundenen Stärkung der Interessen des zu Spanien gehörenden Königreichs von Neapel zu. 1572 kam es aber nur zu einer schwachen Beteiligung der iberischen Großmacht an der Flotte der Heiligen Liga, die im Mai/Juni Herceg Novi angriff und schließlich in Igumenitsa/Gumenica vor Anker ging. Letztlich gelang es während des ganzen Jahres nicht, die wieder aufgebaute osmanische Flotte unter Kılıç Pascha entscheidend zu stellen oder gar zu besiegen. In diesem Jahr begann die Serenissima Friedensverhandlungen mit dem Osmanischen Reich anzubahnen, was auch im Sinne der Politik Frankreichs war. Karl IX. (1560–1574) unterstützte dieses Vorhaben durch seinen Vertreter in Istanbul, wenngleich die wesentlichen Akteure während der Verhandlungen der venezianische Bailo Marcantonio Barbaro sowie der Arzt und Geschäftsmann Solomon Ashkenazi waren. Im Abkommen vom 7. März 1573 musste die Markusrepublik auf Zypern verzichten, eine Kriegsentschädigung von 300.000 Dukaten in drei Raten und einen verdreifachten jährlichen Tribut für die Insel Zakynthos entrichten. Als schwierig erwies sich die genaue Festlegung der neuen osmanisch-venezianischen Grenze, der sich eine Grenzkommission unter Führung von Ferhad Pascha Sokolović, nun Sancakbey von Bosnien (1574–1580), annahm. Die Gespräche dauerten bis zum Spätsommer 1576 und bestimmten sehr genau den Grenzverlauf, der bis zum Kretakrieg (1645–1669) gelten sollte.[114]

---

[113] CHASIOTES, Ο αρχιεπίσκοπος Αχρίδος Ιωακείμ.

[114] Zu Details s. a. MALCOLM, Agents of Empire, 187.

6.2.3 Ein venezianisch-spanisch-osmanischer Grenzraum

Der osmanisch-venezianische Krieg lässt im späten 16. Jahrhundert in der südlichen Adria einen venezianisch-spanisch-osmanischen Grenzraum erkennen. Dafür spricht zunächst die geographische Nähe der spanischen Besitzungen auf der apenninischen Halbinsel zum Osmanischen Reich, denn die zum Königreich Neapel gehörenden Häfen Otranto und Brindisi lagen beispielsweise nur eine halbe Tagesreise von der albanischen Küste entfernt. Der Sitz des Vizekönigs in Neapel bildete das administrative Zentrum der Besitzungen des Hauses Habsburg im südlichen Italien, an dem auch eine Vielzahl von Informationen aus den osmanischen Gebieten des Mittelmeerraumes zusammenlief. Ein ausgedehntes Netz von spanischen, venezianischen und ragusanischen Agenten und Spionen erstreckte sich über die albanischen und griechischen Gebiete bis nach Istanbul, dessen Aktivitäten immer wieder zu realen Bedrohungsszenarien für die osmanischen Provinzverwaltungen in diesen Gebieten führten.[115] In den wichtigsten Städten dieser Distrikte hielten sich immer wieder Spione der genannten Mächte auf und lieferten Berichte nach Neapel, Venedig und Ragusa/Dubrovnik.[116] Einen Einblick in die realpolitische Wirkungsmacht dieser Agentennetzwerke im spanisch-venezianisch-osmanischen Grenzraum bietet das Wirken von Hieronimo Combi (Geronimo Combi Albanes), der bis zur osmanischen Eroberung Zyperns im Dienst der Markusrepublik stand. Anschließend kam er an den Bosporus, wo er für die Spanier spionierte und schließlich 1576 entdeckt und verhaftet wurde. Mit Mühe erlangte er wieder die Freiheit und bot sich in Neapel erneut den Spaniern an.[117] Am Hofe des Sultans dürfte er in die bereits beschriebenen dichten venezianischen Kommunikationskanäle eingebunden gewesen sein, denen auch Mitglieder von Familien aus Zypern angehörten. Zu den bekanntesten Beispielen gehörte Osman Flangini, dessen Familie von dieser Insel stammte. Einer seiner Cousins, Mustafa Flangini, wurde 1601 sogar zum osmanischen Gouverneur von Zypern ernannt. Wieder im spanischen Dienst, entwickelte sich Hieronimo Combi zu einer zentralen Figur im Zusammenhang mit den zahlreichen Aufstandsplänen, die an die spanische Krone insbesondere zwischen 1598 und 1606 herangetragen wurden. Aufgrund seiner Kenntnis der griechischen und albanischen Sprache war er insbesondere über Pläne informiert und teilweise in solche auch eingebunden, die jene beiden Regionen betrafen. Solche Vorhaben wurden von verschiedenen Personengruppen in die Wege geleitet, darunter hohe geistliche Würdenträger aus dem orthodoxen und katholischen Klerus. Angehörige balkanischer Adels- und Patrizierfamilien traten ebenfalls mit entsprechenden Plänen hervor, die allerdings in den meisten Fällen nicht realisiert werden konnten. Sogar der ökumenische Patriarch in Konstantinopel, Neóphytos II. (1602–1603), hatte sich an den spanischen König Philip III. (1598–1621) mit der Bitte gewandt, das „griechische Volk" zu befreien. Andere Pläne bezogen sich auf die Levante, als beispielsweise der Metropolit Christódulos I. und andere orthodoxe Würdenträger Zyperns

---

[115] Gürkan, Mediating Boundaries; ders., Espionage in the 16th Century Mediterranean; Ágoston, s. v. Intelligence; Vivo, Information and Communication in Venice, 46–85; Rakova, Between the Sultan and the Doge.

[116] Die ragusanischen Spionageaktivitäten im Osmanischen Reich thematisiert Miović, Diplomatic Relations between the Ottomans and Dubrovnik, 198–205; sowie Biegman, Ragusan Spying for the Ottoman Empire.

[117] Vgl. Gürkan, The Efficacy of Ottoman Counter-Intelligence, 32f.

Spanien und den Herzog von Savoyen baten, die Insel von der osmanischen Herrschaft zu befreien. In Kairo entstand das Vorhaben, das „heilige Land" mit Hilfe des Emirs der Drusen, Fakhreddin II. (1591–1635) zu erobern, wenngleich das vorrangige Ziel in der Besetzung Alexandrias bestand.[118]

Es war für diese Phase bezeichnend, dass die wenigen tatsächlich durchgeführten Militäraktionen in keinem unmittelbaren Zusammenhang mit einem konkreten Aufstandsplan standen. Zu Beginn des Jahres 1610 erreichte eine spanische Flotte unter Führung von Sir Anthony Shirley (1565–1635) die Ägäisinsel Skiathos, wenngleich ohne nachhaltigen Erfolg. Bereits vier Jahre vorher, am 30. Juli 1606, hatten etwa 26 spanische Galeeren den Hafen von Brindisi verlassen und die osmanische Hafenstadt Dıraç/Durrës geplündert und gebrandschatzt. Die Spanier verzichteten aber auf eine längere Besetzung der Stadt und zogen sich sofort wieder zurück. Die spanischen Vizekönige in Neapel pflegten zwar enge Kontakte in die osmanischen Gebiete und waren eben auch in Aufstandspläne verwickelt. Aber vor einem größeren militärischen Engagement schreckten sie dennoch zurück.[119]

---

[118] ROGERSON, The Last Crusaders; POUMARÈDE, Pour en finir avec la Croisade.

[119] BARTL, Der Westbalkan zwischen spanischer Monarchie und Osmanischem Reich.

6.3 OSMANISCHE HERRSCHAFT ZWISCHEN EXPANSION UND STABILISIERUNG

6.3.1 Der „Lange Türkenkrieg"

Die Grenze zur Habsburgermonarchie geriet am Ende des 16. Jahrhunderts wieder in Bewegung, als 1591/1593 der sog. Lange Türkenkrieg ausbrach (vgl. Beitrag 3, URSPRUNG, Kap. 3.3.7; Beitrag 7, PÁLFFY, Kap. 7.2.3). In der historischen Forschung ist jüngst wieder verstärkt über die Motive der Osmanen diskutiert worden, wobei sich mehrere Aspekte miteinander vermengt haben dürften. In den späten 1580er Jahren hatte sich England darum bemüht, das Osmanische Reich zu einem Angriff auf Spanien zu bewegen. Ein Flottenbauprogramm des aus Nordalbanien stammenden Großwesirs Koca Sinan Pascha (1580–1582, 1589–1591, 1593–1595, 1595, 1595–1596) dürfte vor diesem Hintergrund zu verstehen sein. 1592 waren jedoch erst 50 Galeeren fertiggestellt. Vermutlich hatte der neue Großwesir Serdar Ferhad Pascha (1591–1592, 1595) wenig Interesse daran, dass sich sein Rivale Sinan Pascha mit einem erfolgreichen Flottenunternehmen gegen Spanien profilieren konnte. Gleichzeitig erkannte die Hohe Pforte, dass weder der Wiener Hof noch die Venezianer im Kriegsfall auf spanische Unterstützung zählen konnten, da die iberische Großmacht durch die Konflikte in Frankreich, den Niederlanden und den Krieg gegen England militärisch gebunden war.[120]

Für den Geschichtsschreiber Ibrahim Peçevî (1574 – ca. 1649) erfolgte die Entscheidung zum Krieg gegen die Habsburger am 4. Juli 1593 vor allem auf Betreiben des erneut zum Großwesir ernannten Sinan Pascha, dessen Kriegspolitik nicht zuletzt aus der Konkurrenz zu Serdar Ferhad Pascha erwachsen sein dürfte. Als Beweggrund und Vorwand zugleich erwies sich der Tod des Beylerbeys von Bosnien, Hasan Pascha, bei Sisak am 22. Juni 1593. Allerdings lassen neuere Forschungsergebnisse erhebliche Zweifel an der Alleinverantwortlichkeit von Sinan Pascha aufkommen, zumal er – im Gegensatz zu Ferhad Pascha, der als Feind der Habsburger galt – vor allem als Gegner der Markusrepublik bekannt geworden war. Venezianische Quellen berichten davon, dass der Großwesir eigentlich einen Angriff auf Besitzungen der Serenissima vorgezogen hätte. Wie immer auch die genauen Motivlagen gewesen sein mögen, der Ausbruch des Krieges brachte zunächst keiner Kriegspartei maßgebliche Vorteile. Die weitgehende militärische Pattsituation zeigte sich darin, dass Festungen wie Pápa, Tata, Wesprim, Hatvan, Nógrád/Novigrad oder Raab/Győr, das zwischen 1594 und 1598 von den Osmanen gehalten wurde, mehrfach den Besitzer wechselten. Nur die Festungen Erlau (1596) und Kanije/Kanischa/Kanizsa/Kaniža (1600) blieben osmanisch.[121]

Bereits im Herbst 1598 begannen diplomatische Bemühungen, um den Langen Türkenkrieg zu beenden. Erzherzog von Österreich Maximilian III. (1558–1618) und der Khan der Krim, Gazi II.

---

[120] Siehe dazu ausführlicher NIEDERKORN, „Friedenspolitik" in Istanbul.

[121] Zum militärischen Verlauf des „Langen Türkenkriegs" s. im Detail KORTEPETER, Ottoman Imperialism during the Reformation; NIEDERKORN, Die europäischen Mächte und der „Lange Türkenkrieg"; FINKEL, The Administration of Warfare; TRACY, Balkan Wars; SZALONTAY, The Art of War during the Ottoman-Habsburg Long War.

Giray (1588–1596, 1596–1607), nahmen miteinander Kontakt auf, jedoch scheiterten die im Oktober 1599 auf einer Donauinsel bei Gran geführten Gespräche. Die im 16. und 17. Jahrhundert immer wieder aufflammenden Celali-Aufstände[122] in Anatolien und ein 1603 erneut ausgebrochener Krieg gegen die persischen Safawiden trugen neben innenpolitischen Faktoren schließlich dazu bei, dass Ahmed I. (1603–1617) im Jahre 1606 Frieden mit den Habsburgern schloss. Der Wiener Hof war u. a. durch den 1604 ausgebrochenen Bocskai-Aufstand ebenfalls an die Grenzen seiner militärischen Macht im ostmitteleuropäischen Raum gestoßen (vgl. Beitrag 7, PÁLFFY, Kap. 7.2.3). Im Abkommen von Zsitvatorok (1606) mussten die Osmanen auf die Bezirke von Nógrád, Fileck/ Fiľakovo/Fülek und Szécsény/Sečeny/Seçen verzichten, womit der Verlust der Festungen von Divín, Buják, Kököy, Somoskő, Ajnácskő, Diregel, Derbend, Šabac und Waitzen/Vács (wurde 1625 zurückerobert) einherging. Yanova/Ineu/Borosjenő und Lippa/Lipova fielen an Siebenbürgen. Hingegen konnten die Osmanen die Festungen von Erlau und Kanizsa halten.[123] In den Verhandlungen war es jedoch nicht gelungen, alle Territorialfragen abschließend zu klären. Die Gespräche von Zsitvatorok gingen erst mit der formalen Ratifizierung durch beide Vertragspartner 1612 zu Ende. Möglicherweise war der Text, der gemeinhin als Friedensvertrag von 1606 angesehen wird, ein *temessük*. Dieses Dokument besaß nur einen vorläufigen Charakter und spiegelte den jeweils aktuellen Verhandlungsstand wider. Kaiser Rudolf II. (1576–1612) ratifizierte am 9. Dezember 1606 den Vertrag von Brandeis, aber nicht das von der Hohen Pforte am 11. Oktober 1608 ausgestellte *ahdname* (Privilegien, Kapitulationen). Erst mit der Bestätigung des endgültigen *ahdnames* im Mai 1612 waren die Friedensverhandlungen und damit der Lange Türkenkrieg formal beendet.[124] Erneuerungen und Ergänzungen dieses Abkommens folgten in den Verhandlungen von Wien (1615/1616), Komorn (1618), Gyarmat (1625), Szőny (1627), Komorn (1629), Szőny (1642) und Istanbul (1649).

6.3.2   Das Osmanische Reich und Polen-Litauen

Der Lange Türkenkrieg hatte sich auch auf das Verhältnis zwischen Polen-Litauen und dem Osmanischen Reich ausgewirkt. Eine wichtige Rolle spielte der walachische Woiwode Michael der Tapfere (Mihai Viteazul; 1593–1599/1600), der sich 1594 gegen die osmanischen Oberherren (s. Beitrag 3, URSPRUNG, Kap. 3.3.7) erhob. Am 23. August 1595 besiegte er ein osmanisches Heer unter dem Großwesir Sinan Pascha bei Călugăreni, und im Oktober folgte bei Giurgiu ein weiterer Sieg. Die Entscheidung der Hohen Pforte, die Moldau in eine omanische Provinz umzuwandeln, führte 1595 zum Einmarsch einer polnischen Armee unter dem Großhetman Jan Za-

---

122 Der Begriff geht auf *şeyh* Celâl zurück, der 1519 einen Aufstand in Anatolien anführte. In der Geschichtswissenschaft bezeichnen die Celali-Aufstände eine Reihe von Revolten in Anatolien, die aber meist in keiner Verbindung zum Aufstand von 1519 standen. Die Celali-Unruhen werden in der Historiographie aus unterschiedlichen Perspektiven diskutiert. Für eine umweltgeschichtliche Annäherung s. WHITE, The Climate of Rebellion; ebenso AKDAĞ, Celâlî İsyanları; ÖZEL, The Reign of Violence.

123 NEHRING, Adam Freiherrn zu Herbersteins Gesandtschaftsreise nach Konstantinopel.

124 KOŁODZIEJCZYK, Ottoman-Polish Diplomatic Relations, 51.

mojski (s. zu anti-osm. Aufstandsversuch u. poln. Intervention Beitrag 4, URSPRUNG, Kap. 4.11). Ieremia Movilă wurde als Woiwode eingesetzt (1595–1600, 1600–1606). Gleichzeitig erreichte eine krimtatarisch-osmanische Armee unter Führung von Gazi II. Giray diese Provinz. Nach Kämpfen im September und Oktober kam es am 21. Oktober 1595 zum Abkommen von Ţuţora/Cecorą (1595), wonach Movilă als osmanischer Vasall auf dem walachischen Thron bleiben durfte. In den Folgeverhandlungen versuchte die Hohe Pforte die Unterstützung des polnischen Königs Sigismund III. (1587–1632) gegen das Haus Habsburg zu erlangen, und bot ihm 1598 die noch zu erobernden habsburgischen Festungen von Kaschau/Košice/Kassa, Huszt und Munkács an. Im gleichen Jahr unterstellte sich Michael der Tapfere im Vertrag von Târgovişte der Oberhoheit Rudolfs II. und marschierte, wahrscheinlich mit Duldung des Habsburgers, im Oktober in Siebenbürgen ein. Im Mai 1600 besetzte er die Moldau und ließ sich daraufhin als „Fürst der Walachei, Siebenbürgens und der ganzen Moldau" bezeichnen. Dieser Schachzug bedeutete allerdings einen Wendepunkt, da sich nun alle drei Großmächte gegen ihn stellten.

Im September 1600 setzten polnische Truppen wieder Ieremia Movilă auf den moldauischen Thron, und Rudolf II. entriss Michael Siebenbürgen. Mit seiner Militärintervention konnte Polen-Litauen seinen Machtbereich bis an die Donau ausdehnen und seinen Einfluss auf die Donaufürstentümer stärken.[125] Das Osmanische Reich versuchte daher nach dem Friedensschluss von Zsitvatorok, diesem Machtzuwachs entgegenzuwirken und die eigene Position in diesem Raum wieder zu festigen. 1611 setzten die Osmanen mit Radu Mihnea in der Walachei und Stefan Tomşa II. in der Moldau ihre Kandidaten auf den jeweiligen Thron. Polnische Militärinterventionen in der Moldau endeten 1612 und 1615–1616 ohne erkennbaren Erfolg. Zur Verschlechterung der Beziehung zwischen beiden Großmächten trugen darüber hinaus 1616 Plünderzüge ukrainischer Kosaken entlang der osmanischen Schwarzmeerküste (Varna) und im westlichen Anatolien (Sinop) ebenso bei wie eine Annäherung Sigismunds III. an das Haus Habsburg.[126] Im Januar 1617 fielen krimtatarische Truppen in die ukrainischen Gebiete des polnisch-litauischen Commonwealth ein, und im Herbst des gleichen Jahres rückten osmanische Truppen an die polnische Grenze vor. Am 23. September 1617 kam es in Busza, am Ufer des Dnjestr, zwischen dem osmanischen Heerführer Iskender Pascha und seinem polnischen Gegenspieler Stanisław Żółkiewski zu einer Vereinbarung, wonach Polen-Litauen künftig Kosakeneinfälle verhindern und keine anti-osmanischen Thronprätendenten in den Donaufürstentümern und Siebenbürgen unterstützen sollte. Die Osmanen verpflichteten sich im Gegenzug, weitere Tatareneinfälle zu unterbinden, sofern der polnische König dem Khan der Krim einen jährlichen Tribut entrichtete. Im Mai bzw. Dezember 1619 unterzeichneten Osman II. (1618–1622) und Sigismund III. ein entsprechendes Abkommen, dessen Umsetzung allerdings brüchig blieb.

Einfälle von Kosaken auf osmanisches Territorium blieben weiterhin nicht aus, und in den Donaufürstentümern regierten mit Gaspar Graziani (1619–1620) in der Moldau sowie Gavril

---

[125] DERS., The Crimean Khanate and Poland-Lithuania, 108–125.

[126] Ebd., 125. Siehe dazu auch OSTAPCHUK, The Human Landscape of the Ottoman Black Sea; sowie DERS., The Ottoman Black Sea Frontier.

Movilă (1618–1620) in der Walachei Fürsten, die in der Forschungsliteratur als pro-osmanische Fürsten beschrieben werden.[127] Der aus Dalmatien stammende Gaspar Graziani (1575 oder 1580–1620) war zunächst von Iskender Pascha gefördert worden, indem er ihn 1616 zum Herzog von Paros und Naxos ernannte und ihm als dragoman (Dolmetscher) eine wichtige Rolle in osmanischen Gesandtschaften nach Florenz (1613), Belgrad (1613), Linz und Wien (1614–1615) zuwies. Schließlich wurde er 1619 zum Fürsten der Moldau ernannt. Zu dieser Zeit war er allerdings bereits in ein breites Netzwerk eingebunden, dem u. a. Kaiser Ferdinand II., polnische Magnaten, Cosimo II. de Medici, der Vizekönig von Neapel und der spanische Herrscher Philip III. angehörten. Vermutlich waren er und seine Vertrauten an Aufstandsplänen gegen das Osmanische Reich beteiligt, die am Hof des spanischen Vizekönigs in Neapel immer wieder vorgebracht wurden. Die von Graziani betriebene Annäherung an Polen-Litauen, die auf seinen engen Kontakten zu polnischen Magnaten beruhte, alarmierte Istanbul. Der osmanische Hof befahl seine Rückkehr an den Bosporus, der er sich mit Unterstützung Polen-Litauens jedoch widersetzte.[128] Im September 1620 marschierte eine polnische Armee unter dem Hetman Stanisław Żółkiewski in der Moldau ein, der sich Graziani angeschlossen hatte. Angesichts des Einmarsches osmanischer Truppen, die von Iskender Pascha und Qalga Devlet Giray kommandiert wurden, zog sich Żółkiewski zurück. Seine Armee wurde von den osmanischen Verbänden am 7. Oktober vernichtet, und er selbst fand den Tod. Der Niederlage folgten Plünderungszüge tatarischer Einheiten in Polen-Litauen. Gleichzeitig wurden in den Donaufürstentümern wieder osmanenfreundliche Woiwoden eingesetzt.

Der osmanische Feldzug von 1621 hatte sicherlich nicht nur auf die Moldau abgezielt, vielmehr dürfte sogar die Eroberung Krakaus ein Kriegsziel gewesen sein. Dadurch hätten sich die Chancen auf eine künftige erfolgreiche Belagerung Wiens erhöht, denn die Osmanen wussten von der Belagerung der kaiserlichen Hauptstadt im Jahre 1619, zu Beginn des Dreißigjährigen Krieges, an der böhmische und siebenbürgische Einheiten – und damit Verbündete der Osmanen – teilgenommen hatten. Der osmanische Vormarsch blieb jedoch im September 1621 bei der Festung Hotin stecken, woraufhin sich die osmanische Armee nach Edirne zurückzog. Am 9. Oktober schlossen beide Kriegsparteien ein Abkommen, dessen Inhalt sich weitgehend an den Vereinbarungen von 1619 orientierte und den territorialen status quo bestätigte. Der Dnjestr bildete weiterhin die Grenze zwischen beiden Imperien, und die Moldau verblieb unter osmanischer Oberhoheit.[129]

Die Auseinandersetzungen zwischen Polen-Litauen und dem Osmanischen Reich waren auch von diplomatischen Aktivitäten begleitet, in denen der ökumenische Patriarch von Konstantinopel, Kyrillos I. Lukaris eine wichtige Rolle spielte. Nach seiner Wahl zum Patriarchen 1620 war er darum bemüht, die Unionspolitik des Heiligen Stuhls zu schwächen. In seinem Ringen mit Rom begab er sich auch auf das diplomatische Parkett und versuchte in die Politik einzugreifen. Zunächst wollte er ein Ende der Brester Union, die 1596 zwischen der ruthenischen orthodoxen

127 KOŁODZIEJCZYK, The Crimean Khanate and Poland-Lithuania, 128; STOY, Das Wirken Gaspar Gracianis (Graţianis).

128 PĂUN, Enemies Within.

129 Ebd., 228–231.

Kirche und der römisch-katholischen Kirche in Polen-Litauen geschlossen worden war. Mit dem Anschluss an die katholische Kirche blieb der ruthenischen Kirche das Recht erhalten, weiterhin den byzantisch-orthodoxen Ritus zu praktizieren. Lukaris sah gerade in der Destabilisierung des katholischen Polen-Litauen eine Möglichkeit, die Union aufzuheben und gleichzeitig das katholische Lager zu schwächen.[130] Im Herbst 1622 berichtete der polnische Botschafter in Istanbul seinem König, dass der Patriarch zu einer Gruppe osmanischer Würdenträger gehört, die einen Angriff auf Polen-Litauen plant. Ein Schreiben des französischen Gesandten Philippe de Harlay, Comte de Césy, an Ludwig XIII. vom November 1622 wirft ein Licht auf die Hintergründe des vom polnischen Botschafter erhobenen Vorwurfs. In diesem Brief führt der Comte de Césy aus, dass der kalvinistische Prinz von Siebenbürgern, Bethlen Gábor, nach dem polnischen Thron strebt. Eine Ermordung von König Sigismund III. und dessen Sohnes würde, zeitgleich mit einer osmanischen Offensive, seine Chancen deutlich erhöhen. Hetman Krzysztof Radziwiłł (1585–1640), der die Kalvinisten in Polen-Litauen unterstützt, soll diesem Vorhaben positiv gegenüberstehen. Unterstützung würde auch der Patriarch von Konstantinopel zeigen, da mit einem Erfolg Gábors die Stellung der orthodoxen Kirche in Polen-Litauen verbessert werden könnte. Lukaris nahm Kontakt mit nicht-unierten Christen in Polen-Litauen, osmanischen Würdenträgern und sogar mit dem Zaren auf. Bereits im Frühjahr 1621 hatte Lukaris, auch auf Anraten des osmanischen Hofes, einen orthodoxen Bischof und Thomas Kantakuzenós nach Moskau geschickt. Sie hatten dem russischen Herrscher und dem Patriarchen Schreiben des Sultans, des Großwesirs und von Lukaris übergeben, in denen eine osmanisch-russische Allianz und die Neutralität des Zarenreichs im Falle eines polnisch-osmanischen Krieges vorgeschlagen worden war. Kyrillos hatte darüber hinaus betont, dass Smolensk und andere von Polen-Litauen eroberte Städte „befreit" werden könnten. Mit größerer Verzögerung traf schließlich eine positive Antwort aus Moskau in Istanbul ein, jedoch gab es am Bosporus inzwischen einen neuen Sultan und einen neuen Großwesir, die andere Ziele verfolgten. Im Januar 1624 schlug Lukaris dem Großwesir schließlich erneut vor, eine Gesandtschaft nach Moskau zu entsenden, um ein Bündnis gegen Polen-Litauen zu erreichen.[131]

6.3.3 Osmanisch-venezianische Konflikte

Während die Kriege gegen die Habsburger und Polen-Litauen meist regional begrenzt blieben, boten die Kämpfe gegen Venedig ein anderes Bild. Bereits in den Kriegen im 15. und 16. Jahrhundert hatten die Auseinandersetzungen an mehreren Fronten getobt, wo die osmanischen Besitzungen an die Territorien des *stato di mar* angrenzten. Dies galt auch für den Kretakrieg, dessen Ausbruch im Jahre 1645 – vgl. Beitrag 5, SCHMITT, Kap. 5.4 – in Verbindung mit den Auswirkungen des Langen Türkenkriegs gebracht werden kann. In geostrategischer Hinsicht war Venedig immer noch in der Lage, die wichtigsten Seeverbindungen zwischen Istanbul und den

---

130 HERING, Ökumenisches Patriarchat und europäische Politik; DERS., s. v. Kyrillos I. Lukaris.

131 OLAR, La boutique de Théophile, 142–144.

osmanischen Provinzen in Nordafrika und in der Levante zu dominieren. Die Inseln Kýthera, Tínos und Kreta bildeten die wichtigsten Stützen venezianischer Seemacht in der Ägäis. Auch vor diesem Hintergrund sind die Spannungen zwischen der Markusrepublik und der Hohen Pforte zu sehen, die sich bereits in den Jahren vor dem eigentlichen Kriegsausbruch immer wieder entluden. Der Umgang mit der Piraterie im Mittelmeerraum lässt die Rivalität beider Mächte deutlich zu Tage treten. 1638 kaperten Seeräuber aus Nordafrika ein venezianisches Schiff in der Nähe von Cattaro/Kotor und fanden dann Zuflucht im Hafen der osmanischen Stadt Avlonya (Vlora). Ein Flottenverband unter dem Kommando von Antonio Mario Capello drang nach gescheiterten Verhandlungen in den Hafen ein und bemächtigte sich der dort liegenden osmanischen Schiffe. Das Flaggschiff wurde nach Venedig gebracht, die übrigen Galeeren vor Korfu versenkt. Im Umfeld Murads IV. (1623–1640) mehrten sich die Stimmen, die sich für einen Krieg gegen Venedig aussprachen. Der noch andauernde Konflikt mit den iranischen Safawiden (1623–1639) verhinderte zunächst eine unmittelbare militärische Reaktion auf den Vorfall in Vlora und die Hohe Pforte gab sich mit einer Entschädigung zufrieden. Für einen erneuten Waffengang mit der Markusrepublik trat insbesondere der *kapudan paşa* (Kommandeur der osm. Flotte) Silahdar Yusuf Pascha (ca. 1604–1646) ein, der als Josip Mašković vermutlich im dalmatinischen Vrana nahe der osmanisch-venezianischen Grenze geboren worden war. Unter den osmanischen Entscheidungsträgern herrschte dagegen bis 1643 die Meinung vor, dass ein kostspieliger Krieg gegen Venedig vermieden werden sollte. Der Großwesir Kemankeş Mustafa Pascha (1638–1644) und Kösem Sultan, die Mutter Ibrahims I. (1640–1648), sprachen sich für ein friedliches Verhältnis mit der Lagunenstadt aus. Erst eine Veränderung innerhalb der Machtstrukturen um 1643 scheint es Silahdar Yusuf Pascha und dessen Umfeld ermöglicht zu haben, ihre Kriegspläne in die Tat umzusetzen. In diesem Zusammenhang stieg der Einfluss von Cinci Hoca, einem auch unter den religiösen Würdenträgern umstrittenen Sufi aus der anatolischen Stadt Safranbolu. Er unterstützte Silahdar Yusuf Pascha in seiner anti-venezianischen Politik und betonte, dass Kreta rechtmäßig zum Osmanischen Reich gehören würde. Fragwürdig erscheinen Erklärungsmuster, die eine venedigfeindliche Position mit dem landsmannschaftlichen Hintergrund der osmanischen Akteure in Verbindung bringen. Historiker wie Kenneth M. Setton[132] schreiben albanisch-bosnischen Netzwerken am Sultanshof eine ablehnende Haltung gegenüber der Signoria zu.[133] Welche Faktoren auch immer zusammenwirkten, jedenfalls schlossen sich Ibrahim I. und sein Großwesir Sultanzade Mehmed Pascha (1644–1645) schließlich der „Kriegspartei" an.

Als Auslöser für den Krieg erwies sich ein Angriff maltesischer Piraten, die zumindest, wenn nicht im Auftrag, unter dem Schutz des Johanniterordens segelten. Sie überfielen am 28. September 1644 einen osmanischen Konvoi, der sich auf dem Weg nach Alexandria befand. An Bord der Schiffe befanden sich Mekkapilger und der osmanische Richter von Kairo. Nicht wenige Passagiere wurden umgebracht und die Überlebenden als Sklaven verkauft. Die gekaperten Schiffe legten auf Kreta an, um Verpflegung aufzunehmen. Zwischen Juni 1644 und Oktober 1645 versuchte

---

132 SETTON, Venice, Austria, and the Turks, 249.

133 GREENE, A Shared World, 16f.

Venedig die Hohe Pforte davon zu überzeugen, dass es mit dem Überfall nichts zu tun hatte. Jedoch nutzten Silahdar Yusuf Pascha, Cinci Hoca und andere Akteure diesen Vorfall, um die Notwendigkeit eines Krieges zu betonen, dessen tieferer Grund die geostrategischen Rivalitäten zwischen Venedig und dem Osmanischen Reich im Mittelmeerraum gewesen sein dürften. Am 25. Juni 1645 erreichte ein osmanischer Flottenverband Kreta und nach der Eroberung von Canea/Chaniá (17. August 1645) und Rettimo/Réthymnon (14. November 1646) fielen weite Teile der Insel unter die Kontrolle der Osmanen. Nur die Hauptfestung Candia/Herákleion konnte bis 1669 verteidigt werden.[134]

Am Balkan begann der Krieg im Winter 1645/1646[135] mit einem Einfall osmanischer Truppen unter dem Kommando des Gouverneurs von Bosnien in das Gebiet von Zadar. Im Juli 1646 erfolgte ein Angriff auf Novigrad, das sich am 4. Juli ergab.[136] Seine Gegenspieler waren Leonardo Foscolo, der Provveditore generale in Dalmazia e Albania, und Freiherr Christoph Martin von Degenfeld, der bis dahin seine militärischen Erfahrungen auf den Schlachtfeldern des Dreißigjährigen Krieges gemacht hatte. 1647 begannen die Venezianer eine große Offensive, in deren Verlauf zunächst die Eroberung von Zemunik (März 1647) gelang, dessen osmanischer Kommandeur Halil Bey in venezianischer Gefangenschaft in Brescia 1656 verstarb.[137] Am 31. März 1647 fiel Novigrad wieder unter venezianische Kontrolle, und damit waren die osmanischen Truppen aus dem oberen Hinterland von Zadar vertrieben.[138] Ein osmanischer Gegenstoß auf Sebenico/Šibenik blieb erfolglos, und nach dem Rückzug verloren die Osmanen sogar die Festungen Knin (26. Februar 1648) und das unmittelbar dem venezianischen Spalato/Split benachbarte Klis (1648).[139] Der Einsatz größerer Armeeverbände war in diesen Kämpfen die Ausnahme, vielmehr lässt sich von einem andauernden und mit zunehmender Gewaltintensität geführten Guerillakrieg sprechen.

Die Venezianer praktizierten eine „Politik der verbrannten Erde" und hatten Teile ihrer eigenen Bevölkerung – Frauen, Kinder, alte u. teilweise das Vieh – auf die dalmatinischen Inseln und Istrien verbracht.[140] Die erfolgreiche Kriegsführung verdankte die Signoria aber auch ihrem Geschick, sich der Unterstützung durch Morlaken/Morlaci/Maurobláchoi („schwarze Vlachen") im venezianischen Dalmatien und vor allem aus dem osmanischen Bosnien den Truppen der Venezianer zu versichern. Die Markusrepublik stellte ihnen Land in Aussicht und schürte auch ihre nicht unbegründeten Ängste vor der osmanischen Rache nach dem Seitenwechsel. Mit die-

---

134 Kohlhaas, Candia 1645–1669; Tzompanaki, Ο Κρητικός Πόλεμος; Vaccher, L'esercito Veneziano.

135 Eine detaillierte Beschreibung des Kriegsverlaufs bietet Jačov, Le guerre veneto-turche.

136 Barzman, The Limits of Identity, 38f., zeigt auf, wie unmittelbar nach der osmanischen Eroberung von Novigrad in der venezianischen Erzähltradition die Geschichte von einem osmanischen Massaker entstand.

137 Siehe im Detail Madunić, Taming Mars, 457.

138 Ebd.

139 Ebd., 458–461; Eickhoff, Venedig, Wien und die Osmanen, 89–94 (²1992), sowie Madunić, Defensiones Dalmatiae, 72–128.

140 Zur Bedeutung und Rolle der Morlaken Helmedach/Koller, Gewaltgemeinschaften, Gewalttaten.

ser Unterstützung konnte der Krieg auch in bisher verschonte Gebiete der osmanischen Provinz Bosnien hineingetragen werden. Morlaken und reguläre venezianische Einheiten griffen 1648 den Sancak Lika an, wo sie mehrere Orte eroberten.[141] Sie brannten die Moscheen nieder, töteten die Imame und versklavten oder vertrieben die dortige muslimische Bevölkerung. Der Kretakrieg endete auf der Balkanhalbinsel mit einem ambivalenten Sieg der Serenissima, die ihren Territorialbestand immerhin vergrößern und damit das Gebirgsvorland des mittleren Dalmatien kontrollieren konnte.[142] Auf Kreta selbst fand der Krieg 1669 mit der Eroberung Candias durch den Großwesir Köprülü Fazıl Ahmed Pascha (1661–1676) sein Ende, wobei allerdings bereits einige Jahre davor Friedensverhandlungen stattgefunden hatten. 1663 hatte der Großwesir einen Teilungsplan für die Insel entworfen, um den Rücken für einen Feldzug gegen die Habsburger frei zu bekommen. Die Venezianer zögerten allerdings und mit dem Aufbruch des osmanischen Heeres nach Ungarn war das Zeitfenster für ein Abkommen wieder geschlossen.[143]

Die militärischen Auseinandersetzungen mit Venedig blieben nicht ohne Rückwirkung auf den ostmitteleuropäischen Raum, wo der siebenbürgische Fürst Georg II. Rákóczi (1648–1660) gegenüber Istanbul eine sehr eigenständige Außenpolitik betrieb. 1656 hatte er an der Seite des schwedischen Königs Karl X. (1654–1660) in Polen-Litauen gekämpft, wo er jedoch eine Niederlage erlitt. Dieser Kriegszug wurde von den Osmanen als Anlass bzw. Begründung für mehrere militärische Interventionen nach Siebenbürgen zwischen 1656 und 1662 genommen, in deren Verlauf die Festung Yenő erobert und Achatius (Ákos) Barcsai (1658–1660) als Fürst Siebenbürgens eingesetzt wurde. Allerdings widersetzte sich Georg II. Rákóczi seiner Absetzung und griff Barcsai an. Im Mai 1660 starb Rákóczi an den Folgen einer Verwundung, die er in der Schlacht von Sächsisch Fenesch/Floreşti/Szászfenes (22. März 1660) gegen osmanische Truppen unter dem Kommando des Gouverneurs von Budin/Ofen, Seydi Ahmed Pascha, erlitten hatte. Mit der Eroberung der Festung Großwardein (August 1660) und der Einsetzung des neuen Fürsten Michael I. Apafi (1661–1690) konnte das Osmanische Reich seine Oberherrschaft über Siebenbürgen wieder festigen und damit auch seine ungarischen Provinzen gegenüber den Habsburgern sichern (vgl. Beitrag 7, PÁLFFY, Kap. 7.2.5). Als der Ban von Kroatien Nikolaus Zrínyi/Nikola Zrinski (1648–1664) 1661/1662 die Festung Neu-Zrin/Novi Zrin errichtete, sah die Hohe Pforte darin einen Verstoß gegen das Abkommen von Zsitvatorok 1606. Unruhen in Anatolien und der immer noch andauernde Kretakrieg machten eine unmittelbare Militäraktion zunächst unmöglich, jedoch versuchte Istanbul in Verhandlungen mit dem Wiener Hof eine Lösung zu finden. Die Habsburger sollten nicht mehr den Gegner Apafis, Johann Kemény, unterstützen und der Hohen Pforte den Besitz von Großwardein bestätigen.

Der Großwesir Köprülü Fazıl Ahmed Pascha dachte möglicherweise auch daran, Siebenbürgen als ein tributpflichtiges Fürstentum unter die Herrschaft eines auswärtigen Regenten zu stellen,

---

141 Fallbeispiele für solche Verbände auf venezianischer wie osmanischer Seite bei KOCIĆ, Vuk Mandušić u venecijanskoj istoriografiji; HELMEDACH/KOLLER, Gewaltgemeinschaften, Gewalttaten.

142 HELMEDACH/KOLLER, Gewaltgemeinschaften, Gewalttaten.

143 EICKHOFF, Die Selbstbehauptung Venedigs gegen das Osmanische Reich.

und die Wahl schien auf den pfälzischen Kurfürsten Karl I. Ludwig gefallen zu sein.[144] Nach dessen Absage konkretisierten sich die Pläne in Istanbul, Siebenbürgen in eine reguläre osmanische Provinz umzuwandeln.[145] 1663 fiel schließlich die Entscheidung für einen Feldzug, und am 11. April brach die Armee unter Führung des Großwesirs in Richtung Belgrad auf. Mehrere Verhandlungen mit habsburgischen Delegationen in Belgrad (April), Esseg/Osijek (Juni) und Ofen (30. Juni) scheiterten, so dass es schließlich am 6. August 1663 zum Aufeinandertreffen osmanischer und habsburgischer Truppen bei Párkány kam. Am 17. August begann die Belagerung der Festung Neuhäusel/Érsekújvár/Nové Zámky, wobei ein von Graf Montecuccoli befehligter Entsatzversuch scheiterte. Am 25. September 1663 erfolgte schließlich die Kapitulation Neuhäusels, das zum Zentrum einer neuen Provinz wurde.[146] Kurz darauf fielen auch nahegelegene Festungen wie Neutra/Nyitra/Nitra, Lewenz/Levice/Léva und Nógrád unter osmanische Kontrolle. Das Gros der osmanischen Truppen zog sich in das Winterquartier nach Belgrad zurück, wo es auch während der Angriffe Zrinskys im Januar 1664 auf das südwestliche Ungarn lag. Am 30. Juni 1664 eroberten osmanische Truppe die Festung Neu-Zrin und zerstörten sie am 11. Juli. Habsburgische Verbände unter Feldmarschall Graf Jean-Louis Raduit de Souches konnten hingegen Neutra (2. Mai) und Lewenz (14. Juni) zurückerobern. Am 1. August erlitten die osmanischen Truppen eine Niederlage gegen Graf Montecuccoli bei St. Gotthard (Mogersdorf) – s. im Detail Beitrag 7, Pálffy, Kap. 7.2.5.[147]

Im Friedensschluss von Eisenburg/Vasvár am 10. August 1664 konnte das Osmanische Reich wichtige strategische Ziele durchsetzen. Die Oberherrschaft über Siebenbürgen wurde bestätigt, die Festungen von Neuhäusel, Nógrád und Várad blieben osmanisch und Wien musste einen jährlichen Tribut von 200.000 Florint entrichten. Außerdem durften die Habsburger eine Festung Leopoldstadt/Lipótvár/Leopoldov errichten, um das Tal des Flusses Waag zu schützen.

---

144 Varga, Kara Mustafa Paşa.

145 Çalışır, War and Peace in the Frontier, 25.

146 Siehe zur Eroberung von Neuhäusel und der Einrichtung der Provinz Şimşirgil, Slovakya'da Osmanlılar; Kopčan, Der osmanische Krieg gegen die Habsburger; ders., Nové Zámky.

147 Tóth, Saint-Gotthard 1664; Sperl/Scheutz/Strohmeyer (Hgg.), Die Schlacht von Mogersdorf/St. Gotthard.

6.4 SÜDOSTEUROPA IN EINEM GEOPOLITISCHEN SYSTEMWANDEL

6.4.1 Russisch-osmanische Spannungen

Mit dem russischen Zarenreich betrat nun jene Macht die Bühne, die im 18. und 19. Jahrhundert der stärkste Gegner des Osmanischen Reiches werden sollte. Der Konflikt entzündete sich an der Rivalität zwischen Russland, Polen-Litauen und dem Reich der Osmanen, die sich in der Mitte der 1660er Jahre am Streit unter den Kosaken am rechten und linken Ufer des Dnjepr bereits deutlich erkennen lässt. Der Hetman des rechtsufrigen Gebiets Petro Dorošenko (1665–1672) plädierte für eine Annäherung an Istanbul, um die Einheit der Kosaken angesichts der Machtansprüche der rivalisierenden Großmächte zu erreichen. Der polnische König Johann II. Kasimir (1648–1668) wiederum sah sich durch den Aufstand des Fürsten Lubomirski (1665–1666) genötigt, einen Ausgleich mit dem Zaren zu finden. Dies war für Polen-Litauen umso schmerzlicher, als Johann Kasimir zuvor Litauen zurückerobert und weitere militärische Erfolge gegen das Zarenreich erzielt hatte. Im Vertrag von Andrusovo (1667) konnte Russland seine territorialen Verluste wieder rückgängig machen. Hinsichtlich des Kosakengebiets fiel das rechtsufrige Gebiet des Dnjepr an Warschau, während das linke Ufer unter die Kontrolle Moskaus kam. Petro Dorošenko versuchte vergeblich, die Zusammenlegung beider Territorien unter einem osmanischen Protektorat zu erreichen. Die Hohe Pforte erkannte allerdings 1669 den Hetman als ihren Vasallen an und erklärte 1672 Polen-Litauen den Krieg. Die Truppen wurden von Sultan Mehmed IV. (1648–1687) persönlich angeführt.[148] Die tatsächliche Befehlsgewalt lag jedoch bei Großwesir Ahmed Köprülü Pascha, dessen Armee im August 1672 Kamenec-Podolski eroberte und bis nach Lemberg/Lwów/Lviv vorstieß. Kurze Zeit darauf, am 18. Oktober 1672, kam es zum Abkommen von Buczacz, wonach der polnische König künftig einen jährlichen Tribut zu entrichten hatte. Podolien wurde eine osmanische Provinz, und das von Petro Dorošenko beherrschte Kosakengebiet autonom und durfte von seinem pro-polnischen Rivalen Mykola Chanenko (1693–1760) nicht mehr betreten werden.[149] Allerdings ratifizierte der polnische Landtag (Sejm) das Abkommen nicht, und so gingen die ohnehin nicht gänzlich abgeflauten Auseinandersetzungen 1673 in einen erneuten Krieg über. Der Hetman (und spätere polnische König) Jan Sobieski besiegte am 11. November 1673 osmanische Truppen bei der Festung Hotin, wobei diese keine Unterstützung durch krimtatarische Einheiten erhielten.

Das Khanat der Krim unterhielt enge Kontakte mit dem polnischen Königshof und sah sich mit der Machtausdehnung des Moskauer Zarenreiches und seinem engen Handlungsspielraum gegenüber Istanbul konfrontiert.[150] Es konnte aber seine Mittlerfunktion zwischen Istanbul und Warschau ausspielen, als 1674 russische Truppen in das Gebiet des Hetman Dorošenko einfielen

---

148 Doğru, Lehistan'da Bir Osmanlı Sultan.

149 Siehe zur Geschichte dieser Provinz Kołodziejczyk, Ottoman Podillja; ders., The Ottoman Survey Register of Podolia.

150 Da die Rolle des Krim-Khanats in diesem Rahmen nicht detailliert erläutert werden kann, s. einführend Klein (Hg.), The Crimean Khanate; Fisher, Between Russians, Ottomans and Turks.

und die Hohe Pforte gezwungen war, ihn zu verteidigen. Nun musste sich das Osmanische Reich erstmalig mit diesem neuen Gegner militärisch auseinandersetzen und gleichzeitig die neue Provinz Podolien gegen Polen-Litauen verteidigen. Im Oktober 1676 kam es zum Friedensschluss von Žuravno, in dem die Tributpflicht für Polen-Litauen aufgehoben und erhebliche Gebiete des Hetmanats von Dorošenko wieder unter die Kontrolle Warschaus kamen. Der Sejm entsandte eine von Jan Gninski geführte Gesandtschaft nach Istanbul, die 1678 die Vereinbarung bestätigte.

Mit den Abkommen von Andrusovo und Žuravno veränderte sich die geopolitische Situation im östlichen Mitteleuropa nachhaltig. Das expandierende Zarenreich und nicht mehr Polen-Litauen erwies sich nun als größter Konkurrent des Osmanischen Reichs. In der neueren Russlandforschung war von der säkularen Kehrtwende der Moskauer Außenpolitik nach dem Vertrag von Andrusovo die Rede, die in einer Annäherung an die christliche Staatenwelt Europas unter Einschluss des polnisch-litauischen Commonwealth gesehen wird. Als gemeinsamer Feind galt nun der Islam, wie es bereits ein effektvoll inszenierter Appell an die europäischen Großmächte 1672 zum Ausdruck brachte.[151] Der erste große russisch-osmanische Krieg entzündete sich an Spannungen im Kosakengebiet. Dort wurde 1674 Ivan Samoilovyč, der von 1672–1687 amtierende Hetman der unter Moskauer Oberhoheit stehenden Kosaken, zum Hetman aller Kosaken gewählt. Jedoch weigerte sich Petro Dorošenko abzudanken. Er besetzte 1676 Čyhyryn und wurde schließlich von Truppenverbänden, die unter dem Kommando seines Kontrahenten Ivan Samoilovyč und Prinz Grigorij Romadanovski standen, zur Kapitulation und Abdankung gezwungen. Zu seinem Nachfolger bestimmte die Hohe Pforte Jurij Chmel'nyc'kyj, der im Sommer 1677 mit osmanischer Truppenunterstützung vorrückte. Die osmanisch-krimtatarischen Truppen erreichten zwar die Stadt Čyhyryn, jedoch konnten sie diese nicht einnehmen und mussten sich wieder zurückziehen. Erfolgreicher verlief der Vormarsch unter Großwesir Merzifonlu Kara Mustafa Pascha (1676–1683) im Juli 1678. Ihm gelang die Eroberung von Čyhyryn am 11. August 1678. Die Kämpfe dauerten noch bis 1681 an, als schließlich der Friede von Bahçesaray (Krim) geschlossen wurde (13. Januar 1681). Fortan bildete der Dnjepr die Grenze zwischen beiden Großreichen, so dass die Herrschaftsgebiete der Romanovs und der Osmanen erstmals unmittelbar aneinandergrenzten. Das Gebiet zwischen den Flüssen Bug und Dnjepr wurde zum Niemandsland und sollte unbewohnt bleiben.[152]

6.4.2 Der „Große Türkenkrieg"

Die Absicherung der osmanischen Einflusssphäre gegenüber einer unmittelbar konkurrierenden Großmacht bildete auch das fast zeitgleiche Konfliktszenario in Südosteuropa, wo sich die Konturen des sog. Großen Türkenkrieges spätestens in den frühen 1680er abzuzeichnen begannen. 1681 und vor allem 1682 hatten in Ungarn die Auseinandersetzungen zwischen den Kuruzzen

---

151 HILDERMEIER, Geschichte Russlands, 325.

152 Siehe hierzu und mit ausführlicher Bibliographie ÇAPRAZ, Orta Macar Kralliği'ndan.

unter Imre Thököly und dem Wiener Hof – s. Beitrag 7, Pálffy, Kap. 7.2.5 – bereits Züge eines Krieges angenommen. Ähnlich wie im entstandenen osmanisch-russischen Grenzraum versuchte die Hohe Pforte u. a. durch die Unterstützung eines potentiellen pro-osmanischen Herrschers ihren Herrschaftsanspruch zu festigen und das Haus Habsburg aus Ungarn zu vertreiben. Während Wien über eine mögliche Verlängerung des 1684 auslaufenden Friedensabkommens mit dem Osmanischen Reich verhandelte, unterstützten Mehmed IV. (1648–1687) und sein Großwesir Merzifonlu Kara Mustafa Pascha Imre Thököly, und die Hohe Pforte bestätigte in einem *ahdname* vom 27. April 1682 dessen Ernennung zum „König von Mittelungarn" (Orta Macâr krallığı), um die osmanische Terminologie zu gebrauchen.[153] Mit osmanischer Truppenhilfe durch Ibrahim Pascha, dem Gouverneur von Ofen, eroberte Thököly im Juli und August 1682 neben Kaschau und Fileck noch weitere nordungarische Festungen. Der Sicherung der Herrschaft über Ungarn diente die Ende 1682 begonnene Truppenzusammenführung in Edirne, die mit der großen Heerschau am 15. März 1683 abgeschlossen wurde. Am 31. März brachen die Truppen in Richtung Belgrad auf, das sie am 3. Mai erreichten. Bis dahin hatten sie formal unter dem Kommando von Sultan Mehmed IV. gestanden, der im Feldlager den Großwesir zum *serasker* ernannte und ihm damit den Oberbefehl übertrug. Dieser führte seine Truppen anschließend nach Stuhlweißenburg (osm. İstolni Belgrad), wo Merzifonlu Kara Mustafa Pascha die Kriegsziele endgültig ausweitete. Auf einer Versammlung der anwesenden osmanischen Heerführer erklärte er, Wien erobern zu wollen. Ursprünglich dürfte das vorrangige Kriegsziel die Eroberung der Festungen von Raab und Komorn gewesen sein, um die Oberhoheit über Ungarn zu sichern.

Die osmanischen Verbände erreichten am 13. Juli 1683 Wien und begannen mit der Belagerung der Stadt.[154] Am 12. September 1683 schlug ein Entsatzheer aus Truppen des Reichs und Polens unter Führung des polnischen Königs Jan III. Sobieski (1674–1696) die osmanischen Truppen am Kahlenberg[155] und leitete damit eine Phase kriegerischer Auseinandersetzungen ein, in denen mehrere Kriegsschauplätze miteinander eng verbunden waren. Nach der Niederlage zog sich der Großwesir nach Ofen zurück und versuchte, eine Verteidigungslinie aufzubauen, während die kaiserlichen und die polnischen Truppen die Verfolgung aufnahmen und u. a. die Festungen Párkany und Komorn eroberten. 1684 verbündeten sich der Heilige Stuhl, Polen-Litauen, Venedig, die Johanniter auf Malta und die Habsburgermonarchie in einer „Heiligen Liga", der 1686 auch Russland beitrat. Die 1684 einsetzende Gegenoffensive unter dem Befehl des Herzogs Karl V. Leopold führte bis Ende 1685 zur Eroberung der meisten Festungen, die in den Händen der Kuruzzen waren. Eine Ausnahme war Munkács, wo Ilona Zrínyi (Jelena Zrinski) bis zum Winter 1688 Widerstand leistete. Thököly selbst wurde im Oktober 1685 vom osmanischen Gouverneur von Großwardein verhaftet und kurz darauf wieder freigelassen.[156] Am 2. September 1686 fiel Ofen,[157] und

153 Zum osmanischen *ahdname* Papp, Thököly Imrének és Közép-Magyarország Népének.

154 Zum Feldlager s. Faroqhi, Als Kriegsgefangener bei den Osmanen.

155 Stoye, The Siege of Vienna; Parker, Double Eagle and Crescent.

156 Zum weiteren Lebensweg von Imre Thököly Çapraz, Orta Macar Kralliği'ndan.

157 Szakály, Hungaria eliberata. Die Rückeroberung von Buda, 51–98.

bis zum Jahresende mussten die Osmanen auch Pécs und Szeged räumen. Die bis dahin erzielten Erfolge bauten die Kaiserlichen mit dem Sieg bei Mohács (12. August 1687) weiter aus. Mit dem Fall der Festungen von Osijek, Belgrad (6. September) und Niš (24. September) waren Slawonien und Syrmien 1688 unter habsburgische Kontrolle gekommen. Die militärischen Niederlagen der osmanischen Streitkräfte waren auch ein Faktor, der Aufstände christlicher Bevölkerungsgruppen begünstigen konnte. Nach der habsburgischen Eroberung von Belgrad brach beispielsweise eine Rebellion in Čiprovci (im heutigen Bulgarien) unter Georgi Pejačević aus, die aber niedergeschlagen werden konnte.[158]

In diesem Zeitraum kamen Zülfikar Efendi[159] und Aléxandros Mavrokordátos als Abgesandte des Sultans nach Wien, um die Thronbesteigung Süleymans II. (1687–1691) anzuzeigen und Friedensverhandlungen anzubahnen. Die beiden osmanischen Würdenträger erlebten auf ihrer Anreise den Fall von Belgrad und wurden dann von den habsburgischen Behörden zunächst vier Monate in der Burg Pottendorf interniert. Vom Februar bis Juni 1689 fanden schließlich vierzehn Treffen am Sitz der niederösterreichischen Regierung in Wien statt, die allerdings ergebnislos blieben. Nach einer erneuten Internierung in Komorn und Pottendorf durften sie erst im April 1692 die Heimreise nach Istanbul antreten.[160]

Während des Aufenthalts der beiden Gesandten auf habsburgischem Gebiet wurde angesichts der osmanischen Niederlagen Yeğen Osman Pascha hingerichtet, der Gouverneur von Rumelien und Kommandeur der Truppen an der ungarischen Front gewesen war (1687–1689). Mitte Oktober 1689 schickte Hermann von Baden eine Streitmacht von ca. 5.000 Soldaten, die unter dem Befehl des Grafen Enea (Silvio) Piccolomini standen, entlang der Morava-Vardar-Furche bis nach Skopje/Üsküb und in den Kosovo. Prishtina/Priştine fiel ohne nennenswerten Widerstand, Novo Brdo kapitulierte und am 23. Oktober war auch der strategisch wichtige Ort Kaçanik am Gebirgsrand vom Kosovo nach Makedonien in den Händen der kaiserlichen Truppen. Schließlich brandschatzten diese auch Skopje, das allerdings wieder aufgegeben werden musste. Bereits während des Vormarsches hatten sich christliche Bevölkerungsgruppen der habsburgischen Armee angeschlossen, aus deren Reihen Hilfstruppen aufgestellt worden waren, die sich teilweise einen gefürchteten Ruf unter der Bevölkerung erwarben.[161] Nach dem Tod Piccolominis am 9. November wurde Graf Christian von Holstein die Truppenführung übertragen. Er besaß jedoch nicht die militärischen Fähigkeiten seines Vorgängers und sah sich außerdem neuen osmanischen Truppen aus der Morea und krimtatarischen Verbänden gegenüber. Am 1. Dezember 1690 erlitt von Hol-

---

158 Olin, Flüchtlinge oder Auswanderer?, 53. In der bulgarischen Nationalhistoriographie findet dieser Aufstand eine große Beachtung; s. dazu Čolov, Čiprovskoto văstanie 1688 g.; Paskaleva, 300 godini Čiprovsko văstanie; Spisarevska, Čiprovskoto văstanie; Părvev, Balkanite meždu dve imperiji, 83–93, äußert daran Zweifel, ob die Ereignisse in Čiprovci eine Rebellion waren.

159 Jobst, Der Gesandtschaftsbericht des Zū'l-Fiqar Efendi.

160 Petritsch, Grenz- und Raumkonzeptionen, 42.

161 Siehe dazu im Detail Malcolm, Kosovo, 138–151; ders., The „Great Migration" of the Serbs; Stojanovski, Makedonija vo turskoto srednovekovie.

stein eine Niederlage bei Kaçanik und musste sich daraufhin aus dem Kosovo zurückziehen. Der osmanische Gegenstoß führte noch im gleichen Jahr zur Rückeroberung von Niš (6. September) und Belgrad (8. November).[162]

Ein militärischer Umschwung lässt sich um 1690 auch in den osmanisch-venezianischen Kämpfen beobachten, die in Dalmatien und auf der Morea tobten. Der „Moreakrieg"[163] begann 1684 in Dalmatien mit Einfällen von Morlakenverbänden aus dem venezianischen Dalmatien in die osmanische Provinz Bosnien und der Eroberung der Festungen Norin und Opuzen.[164] 1686 fielen mit Unterstützung durch Morlaken Gračac (März) und Senj (30. September), während osmanische Gegenstöße wenig erfolgreich waren. Diese Unternehmungen gingen vorwiegend vom letzten noch verbliebenen osmanischen Brückenkopf aus, der Festung Knin.[165] Die Bucht von Kotor stellte das nächste Ziel des venezianischen Vormarsches dar, und mit der Eroberung von Herceg Novi gelang ein dafür entscheidender Erfolg.[166] Im September 1688 wehte schließlich auch über Knin das Löwenbanner der Markusrepublik, die damit das dalmatinische Hinterland weitgehend besetzt hatte. 1689 häuften sich venezianische Einfälle in die Herzegowina, die allerdings nicht zu maßgeblichen Gebietsgewinnen führten. Die folgenden Jahre brachten keiner der beiden Kriegsparteien entscheidende militärische Erfolge, abgesehen von venezianischen Vorstößen entlang des Flusses Neretva. 1694 eroberten die Venezianer mehrere Festungen, darunter Čitluk and Gabela.[167] Auf der griechischen Halbinsel konnte die Serenissima die Morea unter ihre Kontrolle bringen und schließlich 1687 Athen erobern.[168] Die gescheiterte Belagerung von Negroponte (11. Juli – 22. November 1688) bedeute allerdings das Ende des venezianischen Vormarsches – vgl. Beitrag 5, SCHMITT, Kap. 5.4.

Die Rückeroberung von Belgrad, die Situation im Moreakrieg und die militärische Belastung der Habsburger durch den Pfälzischen Erbfolgekrieg (1688–1697) schienen dem Osmanischen Reich die Gelegenheit zu geben, verlorene Territorien wieder zurückzuerobern. 1691 hielten die Kaiserlichen bei Slankamen eine osmanische Gegenoffensive nur mit Mühe auf, jedoch waren sie nicht mehr in der Lage, selbst eine offensive Strategie zu verfolgen. Mustafa II. (1695–1703) unternahm in der Folge mehrere Feldzüge gegen Venedig und die Habsburgermonarchie, um verlorene Gebiete zurückzugewinnen. Im Februar 1695 gelang den Osmanen die Rückeroberung von Chíos und im Juni brach der Sultan mit einer Armee gegen die Habsburger auf. Mehrere Siege gegen kaiserliche Truppen und vor allem die Eroberung von Lipova im September 1695

---

162 MALCOLM, Kosovo, 156–162.

163 STANOJEVIĆ, Dalmacija u doba morejskog rata; PINZELLI, Venise et la Morée; INFELISE/STOURAITI (Hgg.), Venezia e la guerra di Morea.

164 TASLIDŽA, O posebnim okolnostima (betont die Bedeutung venez. Agentennetzwerke für die Eroberungen in Bosnien).

165 MAYHEW, Dalmatia between Ottoman and Venetian Rule, 68– 72.

166 VRANDEČIĆ/MENĐUŠIĆ, Osvajanje Herceg Novoga 1687. godine.

167 MAYHEW, Dalmatia between Ottoman and Venetian Rule, 74f.

168 PATON (Hg.), The Venetians in Athens.

konnten von den Osmanen als Erfolge verbucht werden. 1696 besiegten osmanische Verbände den Oberbefehlshaber der kaiserlichen Truppen, den jungen Kurfürsten Friedrich I. August von Sachsen,[169] in mehreren Gefechten, und es gelang ihnen, Temeswar einzunehmen. Gleichzeitig sah sich das Osmanische Reich russischen Vorstößen gegenüber, die seine Position am Schwarzen Meer gefährdeten.

Moskau hatte sich mit Polen-Litauen darüber verständigt, den Vertrag von Andrusovo 1686 in einen „ewigen Frieden" zwischen beiden Mächten umzuwandeln. Die Gegenleistung Moskaus bestand darin, aktiv am Kampf gegen das Osmanische Reich teilzunehmen. Der Beitritt des Zarenreichs zur Heiligen Liga (1686) war eine Konsequenz dieser Politik. 1687 kündigte Russland den Vertrag von Bahçesaray, und russische Truppen begannen einen – freilich erfolglosen – Feldzug gegen die Krimtartaren. Der Zugang zum Schwarzen Meer blieb auch das Ziel einer erneuten Kampagne im Jahre 1689, die abermals unter dem Kommando von Vasilij V. Golicyn stand. Ihm gelang zwar zunächst der Vormarsch bis zur Festung Perekop auf der Landenge zur Krim, von deren Belagerung er jedoch absehen musste. 1695 führte Zar Peter I. (1682–1725) selbst einen Feldzug gegen Asow, der allerdings in einem militärischen Desaster für den Zaren endete.

Die Krimkriege im Kontext des Großen Türkenkrieges waren aus Sicht des Zarenhofs gescheitert, so dass Russland zur Erreichung seiner strategischen Ziele auf die Friedensverhandlungen der Heiligen Liga und damit auf die militärische Stärke der Allianz angewiesen war. Die Verhandlungen, an denen Peter I. auch persönlich teilnahm, begannen bereits 1698 und kamen im Abkommen von Karlowitz 1699 zu einem vorläufigen Ende. Allerdings scheiterte eine endgültige Einigung mit der Hohen Pforte, so dass der Zar eine Gesandtschaft unter Jemeljan Ukraincev nach Istanbul schickte, um einen Friedensvertrag auszuhandeln. Nicht zuletzt die Skepsis der übrigen Mitglieder der „Heiligen Allianz", die eine Ausdehnung der russischen Macht in Nordosteuropa befürchteten, erschwerte einen Friedensschluss zwischen Moskau und Istanbul. Im Februar 1700 begann der Große Nordische Krieg mit dem Einfall der sächsischen Truppen nach Livland, deren Vormarsch aber an den Mauern Rigas zum Stehen kam. Damit Russland seiner Bündnisverpflichtung gegenüber Sachsen nachkommen und seine expansiven Ambitionen in Nordosteuropa umsetzen konnte, musste ein Friedensschluss mit dem Osmanischen Reich erreicht werden. Unter diesem Druck fiel der Vertrag von Istanbul im Juli 1700 vorteilhafter für die Hohe Pforte aus, als es der militärische Ausgang des Großen Türkenkrieges hätte erwarten lassen. Das Zarenreich erhielt die Bestätigung der Eroberung Asows sowie die Festungen Taganrog, Pavlovsk und Mius. Außerdem musste Russland keinen jährlichen Tribut mehr an das Krim-Khanat entrichten. Dem Osmanischen Reich wurden die Festungen entlang des Dnjepr zugesprochen, die von russischen Truppen im Verlauf der Kämpfe erobert worden waren. Beide Vertragspartner sicherten zu, die ihnen jeweils unterstehenden Kosaken von Überfällen auf das Gebiet Russlands bzw. des Osmanischen Reiches abzuhalten und keine Festungen entlang der Grenze zu errichten.[170]

---

[169] Er nahm vom Juli 1695 bis September 1696 als Oberbefehlshaber der kaiserlichen Truppen am Großen Türkenkrieg teil; HAAKE, Die Türkenfeldzüge Augusts des Starken.

[170] BAZAROVA, The Treaty of Carlowitz.

In Südosteuropa endete der osmanische Gegenschlag im Jahre 1697, als Prinz Eugen von Savoyen (1663–1736) am 11. September ein osmanisches Heer bei Zenta/Senta besiegte. Während der Großwesir Elmas Mehmed Pascha (1695–1697) in der Schlacht sein Leben verlor, konnte sich Sultan Mustafa II. nach Temeswar retten. Bevor die kaiserliche Armee ihre Quartiere im Winterlager bezog, fiel Prinz Eugen am 12. Oktober mit einem Teil seiner Streitkräfte in die osmanische Provinz Bosnien ein. Bereits am 23. Oktober erreichte er ohne nennenswerten Widerstand Sarajevo, das von osmanischen Truppen bereits geräumt war. Die Stadt wurde von den Soldaten geplündert, und große Teile versanken in Schutt und Asche. Am 25. Oktober zog sich Prinz Eugen mit seinen Truppen und mehreren Tausend christlichen Einwohnern zurück, von denen allerdings nicht wenige später nach Sarajevo zurückkehrten.[171]

1698 einigten sich die Kriegsparteien unter der Vermittlung Englands und der Niederlande darauf, bei Karlowitz Friedensverhandlungen aufzunehmen. Die Gespräche fanden in einem hölzernen Konferenzhaus statt, das dem Palast von Rijswijk nachempfunden wurde. Dort war 1697 der Pfälzische Erbfolgekrieg beendet worden. Der Vorteil des Gebäudes für das diplomatische Zeremoniell bestand darin, dass jede Verhandlungsdelegation gleichzeitig durch getrennte Türen den Konferenzraum betreten konnte. Für die osmanischen Abgesandten, an deren Spitze der *reis ül-küttab* Mehmed Rami Efendi und der aus einer Phanariotenfamilie stammende *dragoman* Aléxandros Mavrokordátos standen, war Karlowitz insofern eine neue Erfahrung, als Vertreter des Osmanischen Reichs nun erstmals mit Delegationen mehrerer Länder an einem Verhandlungstisch saßen.[172] Bereits im November 1698 hatten die osmanischen und habsburgischen Verhandlungspartner eine weitgehende Einigung erzielt und 1699 schließlich die Grenzverläufe genau fixiert.

Die Habsburgermonarchie erhielt Ungarn unter Einschluss Siebenbürgens – vgl. Beitrag 7, Pálffy, Kap. 7.2.6 –, allerdings verblieb das Banat von Temeswar beim Osmanischen Reich.[173] Die Umsetzung der Vertragsbestimmungen im Hinblick auf den genauen Grenzverlauf übernahmen gemeinsame Grenzkommissionen, deren Arbeit bis 1703 dauerte. Am 15. Juli 1700 war aber bereits der Verlauf der osmanisch-habsburgischen Grenze im kroatischen Raum geklärt, und am 4. Februar 1701 stand die Grenzlinie im Bezirk Temeswar fest.[174] Polen-Litauen erhielt Podolien und die Festung Kamenec-Podolski zurück, während die Moldau unter osmanischer Oberhoheit verblieb. Der Markusrepulik wurden die Morea und Ägina zugesprochen. Der Besitz der Ionischen Inseln, zweier Stützpunkte auf bzw. vor Kreta (Suda u. Spinalonga) sowie der Insel Tínos wurde der Serenissima bestätigt. In Dalmatien hatten die gemeinsamen Grenzkommissionen die

---

171 Sundhaussen, Sarajevo, 105–108.

172 Zu den Verhandlungen s. Bérenger (Hg.), La paix de Karlowitz.

173 Petritsch, Grenz- und Raumkonzeptionen, 48–51. Die dt. Übers. der osmanischen Ratifikation ist enthalten in Fekete, Die türkischen Schriften aus dem Archiv des Palatins Nikolaus Esterházy, 207–213; die Übers. des lateinischen Vertragstextes ist aufgeführt in Angeli, Feldzüge gegen die Türken 1697–1698, 299–314; mit weiterführender Literatur s. Ágoston, s. v. Karlowitz, Treaty of.

174 Zur bedeutenden Rolle des namhaften Gelehrten und Soldaten Luigi Ferdinando Conte di Marsili (Marsigli) für die Arbeit der Grenzkommissionen s. Stoye, Marsigli's Europe, 1680–1730.

territorialen Interessen der Habsburgermonarchie, Venedigs und des Osmanischen Reichs zu berücksichtigen, was insbesondere zu Spannungen und Konflikten zwischen Venedig und Wien führte.[175] Die Markusrepublik erhielt die Festungen von Knin, Vrlika, Sinj, Zadvarje, Vrgorac und Čitluk sowie Herceg Novi und Risan in der Bucht von Kotor.[176]

6.4.3 Die Spannungen nach Karlowitz (1699)

Wenige Jahre nach dem Abkommen von Karlowitz begann sich die politische Landkarte Südosteuropas erneut zu verändern. Ähnlich wie vor dem Ausbruch des „Großen Türkenkrieges" sind erste Waffengänge im Zusammenhang osmanisch-russischer Spannungen zu beobachten. Diese entluden sich in einem militärischen Konflikt, als der schwedische König Karl XII. (1697–1718) nach der verlorenen Schlacht von Poltava (1709) in das Osmanische Reich geflohen war. Die Hohe Pforte nutzte diese Chance, um ihre Machtposition gegenüber dem Zarenreich zu stärken. Zu den wesentlichen Motiven zählten die Rückeroberung verlorengegangener Territorien und die Stärkung der Herrschaft über die Donaufürstentümer. Die dortigen Fürsten blickten inzwischen immer stärker nach Moskau bzw. St. Petersburg. Der walachische Herrscher Constantin Brâncoveanu (1688–1714) hatte 1709 Kontakt mit Peter I. aufgenommen und diese Politik 1714 mit dem Leben bezahlt, als er in der osmanischen Hauptstadt hingerichtet wurde (vgl. Beitrag 8, Ursprung, Kap. 8.4.2). Dimitrie Cantemir, der in Istanbul als loyal galt und seit 1710 in der Moldau regierte, hatte sich am 13. April 1711 im Vertrag von Luzk/Luck/Łuck dem Zaren unterstellt. Zu diesem Zeitpunkt befand sich das Osmanische Reich bereits im Krieg mit dem Russländischen Reich, nachdem der Großwesir angekündigt hatte, Karl XII. mit 40.000 Soldaten durch Polen nach Pommern zu eskortieren. Peter I. interpretierte dies bereits als Kriegserklärung, die im November 1710 auch auf Betreiben des Krim-Khans Devlet Giray formal überreicht wurde.

Der Krieg erfasste auch das montenegrinische Gebiet. Der Zar hatte bereits vor 1700 auf einen Aufstand der dortigen Bevölkerung spekuliert, um Russland einen Zugang zur Adria zu ermöglichen. Bei Kriegsausbruch 1710 erklärte Peter I., dass der Feldzug auch der Befreiung Montenegros dienen würde und tatsächlich kam es zu einzelnen Aufständen. Die Revolten wurden jedoch von osmanischen Truppen niedergeschlagen, nachdem die russische Armee am Pruth eine Niederlage erlitten hatte.[177] Die osmanischen Verbände unter dem Kommando des Großwesirs Baltacı Mehmed Pascha (1704–1706) konnten den Fluss überqueren und Peter I. mit seiner Armee umzingeln. Die Osmanen verzichteten jedoch auf die Gefangennahme des russischen Herrschers und zwangen ihn lediglich, Asow zurückzugeben, die Festungen an der Schwarzmeerküste zu schleifen, sich aus Polen und den rechtsufrigen Kosakengebieten zurückzuziehen und die Rückkehr des schwedischen Königs zu erlauben. Die Hohe Pforte hatte damit ihre Kriegsziele erreicht,

---

175 Mayhew, Dalmatia between Ottoman and Venetian Rule, 69–85; Jurin Starčević, Osmanski Knin.

176 Mayhew, Dalmatia between Ottoman and Venetian Rule, 89.

177 Kurat, Der Prutfeldzug; Davies, The Russo-Turkish War, 33f.

allerdings versuchte Peter I. die Umsetzung der Zusagen zu verzögern. Daher erneuerten die Osmanen 1712 noch zwei Mal ihre Kriegserklärung und achteten im Friedensabkommen von Edirne am 13. Juni 1713 darauf, feste Fristen zu setzen.[178] Der Sieg über Russland wirkte sich außerdem auf die Anstrengungen der Hohen Pforte aus, die Kontrolle über die Donaufürstentümer zu stärken. Die Reichszentrale setzte seit 1711 in der Moldau und seit 1715 in der Walachei nur noch Herrscher ein, die aus den Reihen der Phanarioten kamen – s. Beitrag 8, URSPRUNG, Kap. 8.5.

Während der Große Nordische Krieg die osmanischen Erfolge gegen Russland begünstigte, erleichterte der Spanische Erbfolgekrieg (1701–1714) die osmanische Rückeroberung der Morea von Venedig. Die Hohe Pforte konnte davon ausgehen, dass die Markusrepublik von keinem Bündnis europäischer Großmächte Unterstützung erfahren würde und die militärischen Kräfte der Serenissima einem osmanischen Angriff kaum standhalten konnten. Im Dezember 1714 erklärte das Osmanische Reich daher Venedig den Krieg und sandte gleichzeitig auch eine Delegation nach Wien, um dort zu bekunden, dass kein Angriff gegen habsburgische Territorien geplant sei. Im Verlauf des Jahres 1715 kam die Peloponnes wieder unter osmanische Kontrolle.[179] Venedig war damit endgültig aus der Reihe der Großmächte ausgeschieden und daran änderte auch die Kriegsteilnahme der Habsburger nichts mehr. Prinz Eugen von Savoyen fügte in der Schlacht von Peterwardein (1716) jenem Großwesir Damad Ali Pascha (1713–1716) eine schwere Niederlage zu, der kurz vorher auf der Morea die Niederlage Venedigs besiegelt hatte. Sein Nachfolger Halil Pascha (1716–1717) konnte 1717 die Eroberung von Temeswar und Belgrad durch kaiserliche Truppen nicht verhindern, so dass im Frieden von Passarowitz (1718) – s. Beitrag 9, Soós, Kap. 9.2 – die Neuausrichtung des Mächtesystems in Südosteuropa weiter vertieft wurde. Die Morea blieb osmanisch, und die Markusrepublik durfte nur die beiden 1717 eroberten Festungen Préveza (im Ambrakischen Golf) und Imotski im dalmatinischen Hinterland behalten. Die Habsburger erhielten Oltenien (den westlich des Flusses Alt/Olt gelegenen Teil der Walachei), das Banat und die Festungsstadt Belgrad mit Umland zugesprochen.[180] Unmittelbar nach der Einigung von Passarowitz/Požarevac wurden erneut Grenzkommissionen zusammengestellt, die den genauen Verlauf der neuen Grenzen zwischen dem Osmanischen Reich, Venedig und der Habsburgermonarchie festlegten.[181] Entlang der Grenze wurden alte Befestigungsanlagen wieder instand gesetzt und neue Festungen errichtet.[182]

Auch der zweite Krieg, der die territoriale Ordnung von Karlowitz grundlegend verändern sollte, war eng mit den politischen Entwicklungen in Russland verbunden. Unter Zarin Anna I. (1730–1740) stand weiterhin die Absicherung der Territorialgewinne aus dem Großen Nordischen Krieg im Vordergrund, so dass sie eine Annäherung an Frankreich und das Haus Habsburg

---

178 HILDERMEIER, Geschichte Russlands, 424.

179 Zum Verlauf dieses Feldzugs und zur Zusammensetzung der osmanischen Streitkräfte informiert ERTAŞ, Sultanın ordusu.

180 Siehe zum Frieden von Passarowitz INGRAO/SAMARDŽIĆ/PEŠALJ (Hgg.), The Peace of Passarowitz.

181 Hierzu PELIDIJA, Bosanski ejalet.

182 Ebd. für eine genaue Übersicht über die einzelnen Festungen und die dortigen Festungsbesatzungen.

anstrebte. Die Verbindung mit Österreich war bereits 1726 besiegelt und 1732 erneuert worden, wobei sich beide Kaiserhäuser auf gemeinsame Absprachen im Falle eines Thronwechsels in Warschau verständigten. Nach dem Tod Augusts II. (1697–1733) überschritten 1733 russische Truppen die Grenze und setzten den sächsischen Kandidaten als August III. (1733–1763) ein. 1736 erklärte Russland – auch im Bewusstsein der Allianz mit den Habsburgern – dem Osmanischen Reich den Krieg. Die Truppen der Zarin eroberten erneut die Festung Asow und 1737 vorübergehend auch Očakov. Der Wiener Hof als Verbündeter Russlands fiel im gleichen Jahr in die Provinz Bosnien ein, wo die habsburgischen Truppen jedoch in der Schlacht von Banja Luka eine verheerende Niederlage erlitten.[183] Im Frieden von Belgrad (1739) musste Wien auf einige Gebiete wieder verzichten, die der Habsburgermonarchie im Abkommen von Passarowitz zugesprochen worden waren. Dazu gehörten Teile Bosniens, Oltenien und das nördliche Serbien mit Belgrad. Russland verpflichtete sich, seine Truppen aus der Krim zurückzuziehen und die Festung Asow zu schleifen.

6.4.4 Der russisch-osmanische Gegensatz

Jedoch bedeutete der Frieden von Belgrad nur eine Atempause für das Osmanische Reich im Ringen mit dem Zarenreich, denn der nächste Waffengang deutete sich wenige Jahre später bereits an. Erneut lagen die Auslöser für den Ausbruch der Kampfhandlungen nicht unmittelbar im Gleichgewicht der Kräfte begründet. Das Epizentrum des neuen Bebens lag in Polen-Litauen, das Katharina II. (1762–1796) stärker in das eigene Machtsystem integrieren wollte. Unter massivem Druck des russischen Hofes wurde am 5. März 1768 ein Protektoratsvertrag unterzeichnet, der zu Kämpfen mit der im Februar 1768 gegründeten „Konföderation von Bar" führte, einem militärischen Adelsbund. Gleichzeitig brach ein von Russland unterstützter orthodoxer Bauernaufstand in der Ukraine aus, den die polnischen Truppen nicht niederschlagen konnten, zumal noch russische Truppen zugunsten der Aufständischen intervenierten. Diese Kämpfe griffen 1768 auch auf osmanisches Territorium über, woraufhin sich ein regulärer Krieg zwischen beiden Reichen entzündete. Die Armee der Zarin war den osmanischen Truppen zwar zahlenmäßig deutlich unterlegen, jedoch konnten die in zwei Heeresverbände aufgeteilten russischen Truppen große militärische Erfolge verzeichnen.

1769 fielen die moldauischen Festungen Hotin und Iaşi sowie ein Jahr später die osmanischen Festungen zwischen dem Donaudelta und dem Dnjestr (Izmail, Kilija u. Akkerman). Gleichzeitig geriet auch der Mittelmeerraum in den Fokus der russischen Kriegsführung, als ein Flottengeschwader mit britischer Einwilligung 1769 in die Ägäis entsandt wurde. Dieses Vorhaben war von den Orlov-Brüdern Grigorij, Aleksej und Fedor seit 1762 vorbereitet worden, die dafür ein Spionagenetzwerk in Südosteuropa aufgebaut hatten. An ihrer Seite standen Geórgios Papazólis, ein aus Thessalien stammender Artillerist, des Weiteren der aus Griechenland stammende Schiffs-

---

183 Zur Schlacht von Banja Luka s. ders., Banjalučki boj iz 1737.

kapitän und Schmuggler Manuel Saro sowie der Kreter Ioannis Palatinos, der enge Kontakte zum Patriarchat in Konstantinopel unterhielt. Sie nahmen Kontakt mit potentiellen Aufständischen auf der südlichen Peloponnes, im südlichen Albanien und in Montenegro auf. Papazólis verbreitete zudem auf Griechisch verfasste Schriften der Zarin, in denen sie sich als Beschützerin der orthodoxen Bevölkerung darstellte. Grigorij Orlov gelang es schließlich, Katharina II. 1768 von seinem Vorhaben zu überzeugen und sich gegen seinen Widersacher Nikita Panin durchzusetzen. Am 29. Januar 1769 ernannte die Zarin Orlov zum Oberbefehlshaber, dem mit Grigorij Spiridonov und John Elphinstone erfahrene Admiräle zur Seite gestellt wurden. In ihren Instruktionen für die Flotte gab Katharina II. als Ziel nicht die „Befreiung" südosteuropäischer Gebiete von der osmanischen Herrschaft an, sondern erwartete, dass osmanische Truppen durch Aufstände gebunden werden könnten. Damit wäre die Hohe Pforte gezwungen gewesen, Militäreinheiten von der Front entlang der Donau und des Schwarzen Meeres abzuziehen. Im Manifest an die lokale christliche Bevölkerung wurde von Panin explizit der Begriff „Befreiung" durch die Formulierung ersetzt, die russische Flotte sei gekommen, um „ihr Los zu erleichtern".[184]

Das russische Expeditionskorps nahm im Februar 1770 Kontakt mit Rebellen auf der Halbinsel Mani an der Südspitze der Peloponnes auf, um eine „östliche Legion" zu begründen, die osmanische Truppen im Inneren des Balkans angreifen sollte.[185] Dieser „Legion" gehörten neben zwölf russischen Soldaten etwa 1.200 Freiwillige, mehrheitlich aus dem Familienverband der Grigorákis an. Am 8. März eroberten sie Mistra (in der Nähe des antiken Sparta), plünderten die Stadt und richteten ein Blutbad unter der entwaffneten Festungsbesatzung an, dem 400 Männer zum Opfer fielen. In Oítylon hatte sich eine „westliche Legion" mit zwölf russischen Soldaten unter Prinz Peter Dolgorukov und 500 Manioten gebildet, die von Giórgios Mavromichális kommandiert wurde. Sie stieß in das Innere der Peloponnes vor und belagerte Kalamáta, Leontári und die Landschaft Arkadien. Russische Landungstruppen erreichten Koron und Modon an der südwestlichen Spitze der Peloponnes. Jedoch waren inzwischen 15.000 osmanische Soldaten auf der Morea eingetroffen und besiegten zunächst die „östliche Legion", die im März 1770 Trípolis in der zentralen Peloponnes belagerte. Die „westliche Legion" musste sich an die Westküste bei Navarino zurückziehen.

In Absprache mit der Zarin beendete Orlov die Kampfhandlungen auf der Morea und konzentrierte sich auf die Eroberung von Navarino, dessen osmanische Besatzung im April kapitulierte. Nach diesem Sieg konnten sich die zunächst in verschiedenen Verbänden aufgeteilten Schiffe zu einem Großverband vereinigen, der sich einer osmanischen Flotte unter dem Befehl des Kapudan Pascha Ibrahim Hasan gegenübersah. Nach dem Sieg der russischen Flotte bei Çeşme nahe Smyrna (5.–7. Juli 1770) begann Orlov eine Blockade der Dardanellen, die allerdings nicht dauerhaft durchzusetzen war.[186] Die militärischen Erfolge Russlands in den Donaufürstentümern, auf der

---

[184] DAVIES, The Russo-Turkish War, 153.

[185] Zum Orlov-Aufstand s. TZAKIS, „Ὑποδαυλιζόμενοι παρά της Ρωσίας"; VLACHOPOULOU, Revolution auf der Morea, 127–137.

[186] DAVIES, The Russo-Turkish War, 157–160.

Krim und in der Ägäis erweckten den Argwohn der Donaumonarchie und Preußens, die den Einfluss des Zarenreiches begrenzen wollten. Im September 1770 wandte sich der Sultan an beide Mächte, um Friedensverhandlungen mit Katharina II. einzuleiten. Die Zarin erhob jedoch Forderungen, die sowohl Joseph II. (1765–1790) als auch Friedrich II. (1740–1786) als unerfüllbar für das Osmanische Reich ansahen, und der habsburgische Kaiser ließ sogar zur Abschreckung gegenüber dem Zarenhof die militärische Infrastruktur an der siebenbürgischen Grenze verstärken.

Während die russischen Truppen in Südosteuropa gebunden waren und dort den Einfluss des Zarenreiches stärkten, hatten Preußen und Österreich ihr Territorium erweitert. Wien besetzte 1770 die Zips und weitere Gebiete im nördlichen Karpatenvorland. Friedrich II. ließ seine Truppen in das Elbinger Gebiet, das Ermland und in die Danziger Werder einmarschieren.[187] Beide Herrscher verschärften noch ihren Kurs gegenüber der Zarin, und im Juni 1771 schloss der habsburgische Gesandte in Istanbul, Franz Thugut, mit dem Osmanischen Reich sogar ein Geheimabkommen ab, das allerdings in Wien nicht ratifiziert wurde. Wien würde den Vorkriegsstatus wiederherstellen, wenn die Hohe Pforte 11 Millionen Gulden bezahlen und Oltenien, Vidin sowie Belgrad an die Habsburgermonarchie abtreten würde. Katharina II. erfuhr im Oktober von dieser Vereinbarung. Die Zarin hatte jedoch bereits im Januar 1771 gegenüber dem preußischen Prinzen Heinrich ihr Einverständnis zur Abtretung polnischer Territorien an Preußen gegeben. Am 8. März sagte der Wiener Hof auch zu, die Hohe Pforte zu Friedensgesprächen mit Russland unter Vermittlung von Franz Thugut zwingen zu wollen.[188] Im Sommer und Herbst 1771 verhandelten beide Mächte schließlich über die Grenzen der künftigen Annexionen, so dass sie sich dann im Abkommen von St. Petersburg (17. Februar 1772) endgültig auf die Teilung der Adelsrepublik verständigten. Am 5. August 1772 wurde dann das Teilungstraktat zwischen Russland und Preußen unterzeichnet.[189] Während der Gespräche über eine Teilung Polen-Litauens gab es wiederum Überlegungen, anstelle der Adelsrepublik die südosteuropäischen Provinzen des Osmanischen Reichs zwischen Russland und der Habsburgermonarchie aufzuteilen. So erschien im Januar 1772 im Umfeld des österreichischen Staatskanzlers Wenzel Anton Graf Kaunitz-Rietberg eine Denkschrift mit dem Titel „Sieben Partage-Tractus-Vorschläge, die türkischen Länder in Europa betreffend". Nachdem sich jedoch Preußen und Russland gegen solche Vorschläge ausgesprochen hatten, unterstützte auch der Wiener Hof eine Teilung Polen-Litauens.[190]

Vor dem Hintergrund der Annäherung Österreich-Ungarns und Preußens an Russland willigte die Hohe Pforte in Waffenstillstands- bzw. Friedensverhandlungen mit St. Petersburg ein. Die Gespräche fanden ab März 1772 zunächst in Giurgiu und anschließend in Bukarest (ab dem 29. Oktober) statt, jedoch wurden sie im Januar 1773 ergebnislos abgebrochen. In den Jahren 1773 und 1774 verzeichneten die russischen Armeen erhebliche Erfolge, als sie zu Beginn des Jahres 1774 Silistra und Ruse/Rusçuk blockieren und auf Šumen/Šumla vorrücken konnten. Am

---

187 Bömelburg, Friedrich II. zwischen Deutschland und Polen, 68.

188 Davies, The Russo-Turkish War, 162f.

189 Ebd. 69.

190 Bömelburg, Friedrich II. zwischen Deutschland und Polen, 70.

5. Juli 1774 begannen im Feldlager des Oberkommandierenden der Ersten Russischen Armee bei Küçük Kaynarca Friedensverhandlungen, bei denen Ahmed Resmi Efendi und Ibrahim Münib Efendi die Hohe Pforte vertraten. Sie endeten bereits am 10. Juli 1774.[191] Neben hohen Reparationszahlungen, die Istanbul zu leisten hatte, fielen der Küstenstreifen zwischen Bug und Dnjepr mit Ausnahme der Festung Očakov sowie die Festungen Kerč und Enikale an Russland. Handelsschiffe der russischen Marine erhielten nun freien Zugang zum Schwarzen Meer, und das Khanat der Krim gelangte endgültig unter russische Oberhoheit. Außerdem wurde Russland faktisch als Schutzmacht der orthodoxen Christen im Osmanischen Reich anerkannt. Katharina II. verzichtete dafür auf die Donaufürstentümer und die eroberten Gebiete an der westlichen Schwarzmeerküste jenseits des Bug.[192] Allerdings brachte dieser Friedensvertrag keinen wirklichen Frieden, sondern beließ die Krim faktisch in einem machtpolitischen Schwebezustand, der Ähnlichkeiten mit dem Schicksal Polen-Litauens aufwies. Russland und osmanenfreundliche Khans wechselten sich an der Spitze des Khanats ab und hofften auf die militärische und politische Unterstützung durch die ihnen jeweils nahestehende Großmacht.

St. Petersburg und Istanbul setzten in den folgenden Jahren immer wieder militärische Mittel zur Unterstützung ihres jeweiligen Kandidaten ein und rangen somit weiterhin um die Vorherrschaft auf der Krim. Am 8. April 1783 erklärte Katharina II. die Krim schließlich zu einem festen Bestandteil des russischen Imperiums. Diese expansive Politik war wesentlich von Fürst Grigorij A. Potëmkin (1739–1791) betrieben worden, einem engen Vertrauten und Günstling der Zarin. Er sah die künftigen Interessen Russlands stärker im Süden und daher im Reich der Osmanen den Hauptgegner des Zarenreichs. Mit dieser neuen Einschätzung war auch ein Wechsel in der Bündnispolitik verbunden, die nicht mehr in Preußen, sondern in der Habsburgermonarchie den wichtigsten geostrategischen Partner sah. In einem Briefwechsel mit Katharina II. verpflichtete sich 1781 Kaiser Joseph II. (1765–1790) u. a. dazu, Verstöße des Osmanischen Reichs gegen die Verträge von 1774 und deren Erneuerung 1779 als Kriegsgrund zu betrachten. Das neue Bündnis ging auch mit einer propagandistischen Symbolik einher, die stark von philhellenistischen Vorstellungen geprägt gewesen ist. Für ein solches Denken am russischen Zarenhof spricht das sog. Griechische Projekt Katharinas II., dessen realpolitischer Anspruch zwar in der Forschung durchaus umstritten ist.[193] Der damit verbundene Gedanke einer Erneuerung des byzantinisch-orthodoxen Kaisertums auf den Trümmern des Osmanischen Reichs war aber wohl doch mehr als nur Fiktion, denn immerhin ließ sie ihren Enkel auf den Namen Konstantin taufen, durch griechische Ammen erziehen und mit griechischen Spielgefährten aufwachsen. Als sich Joseph II. und Katharina II. 1787 in Cherson trafen, durchquerten beide einen Torbogen, der die Aufschrift „Weg nach Byzanz" trug. Diese Symbolik galt der Hohen Pforte, wo zur gleichen Zeit ein russischer Gesandter zu Verhandlungen über Streitfragen im Kaukasus und auf dem Balkan weilte.[194]

---

191 Ebd., 205–208.

192 HILDERMEIER, Geschichte Russlands, 533–536.

193 HÖSCH, Das sogenannte „griechische Projekt" Katharinas II.; BORNTRÄGER, Katharina II., 219–280.

194 HILDERMEIER, Geschichte Russlands, 539–541.

In diesem politischen Klima erklärte Istanbul im August 1787 dem Zarenreich den Krieg, der sich erneut zu einem großen internationalen Konflikt ausweitete. Zunächst handelte es sich um einen Zweifrontenkrieg, denn Schweden nutzte die Situation für einen Angriff auf das Zarenreich und schloss 1789 einen Beistandspakt mit dem Osmanischen Reich. Preußen verbündete sich angesichts der russisch-französischen Allianz mit England und den Niederlanden und näherte sich 1790 sogar dem Osmanischen Reich an.

Der militärische Verlauf des Krieges zeigte bereits bei Ausbruch der Kämpfe die eingeschränkten militärischen Machtmittel der Habsburger. Erst im Zusammenwirken mit russischen Verbänden stellten sich größere Erfolge auf dem südosteuropäischen Kriegsschauplatz ein. 1788 fiel Hotin in der Moldau, und ein Jahr später marschierten kaiserliche Truppen in Belgrad und Bukarest ein. Angesichts der Niederlagen stimmte die Hohe Pforte 1791 Gesprächen über einen Friedensschluss mit Russland zu. Im Juli 1791 kam ein Präliminarfrieden zustande, der am 29. Dezember 1791 zum Friedensschluss von Iași führte.[195] Gemäß den dort fixierten Vereinbarungen bildete nun der Dnjestr die Grenze zwischen den Reichen der Romanovs und der Osmanen. Wien hatte im Frieden von Sistova/Svištov – unterzeichnet am 4. August 1791 – auf territoriale Gewinne weitgehend verzichtet, nur Orschowa/Orșova/Orsova (heutiges Rumänien) und einige Erwerbungen in der Provinz Bosnien (Cetin, Lapac, Srb, Teile der Umgebung von Plješivica u. die Plitvicer Seen) gingen an das Haus Habsburg (vgl. Beitrag 9, Soós, Kap. 9.4.2). Den weitgehenden Erhalt der territorialen Integrität bis zum späten 18. Jahrhundert verdankte das Osmanischen Reich auch der Entscheidung der europäischen Großmächte, eine Machtbalance im europäischen Staatensystem durch die Teilung Polen-Litauens zu erhalten.

---

195 Ebd., 543–545.

6.5 STRUKTURGESCHICHTE OSMANISCHER HERRSCHAFT

6.5.1 Herrschafts- und Reichsideen: Entwicklung und Wahrnehmung

Die „Nahöstliche Staatskonzeption"

Das Ideal einer gesellschaftlichen Ordnung basierte im Osmanischen Reich auf der „Nahöstlichen Staatskonzeption", deren Ursprünge im 8. Jahrhundert lagen. In Fürstenspiegeln manifestierte sich ein philosophisches Denken, in dem die auf Aristoteles und Platon zurückgehende antike Staatslehre eine wichtige Stellung einnahm. Islamische Gelehrte entwickelten in den folgenden Jahrhunderten Gesellschafts- und Herrschaftsmodelle, in denen vor allem das Prinzip der Gerechtigkeit zu einem der Schlüsselbegriffe wurde. Die Diskussionen griffen auf das Bild vom Hirten zurück, der seine „Herde" gerecht schützen und führen sollte. Nach al-Mawardi (972–1058) gab es drei Arten von Gerechtigkeit: die Gerechtigkeit des Machthabers gegenüber der „Herde", die der „Herde" gegenüber dem Machthaber und schließlich die Gerechtigkeit unter den Menschen gleichen Ranges. Als „Herde" galt bis dahin die gesamte Gemeinschaft der Muslime, was sich allerdings angesichts der politischen und gesellschaftlichen Gegebenheiten ab dem 10. Jahrhundert nicht mehr rechtfertigen ließ. Spätere Autoren wie Nizam al-Mulk (1018–1092) wiesen dem Militär und den Rechtsgelehrten einen eigenen Rang zu, die dadurch Vorrechte gegenüber der „Herde" beanspruchen konnten. Es oblag dem Herrscher, durch gerechtes Handeln das Wohlergehen des Gemeinwesens zu ermöglichen.[196] In der osmanischen Ratgeberliteratur des 17. und 18. Jahrhunderts, zu der auch „Prinzen- oder Wesirspiegel" (nasihatnâme) gehörten, wurde auf dieses Modell zurückgegriffen. Zu den bekanntesten Beispielen zählt das von Mehmed Nergisi (ca. 1584–1635) verfasste Werk El-vaşfü l-kāmil fī-ahvāli l-veziri l-'ādil [Die vollkommene Beschreibung der Zustände des gerechten Wesirs]. Der Text ist Murteza Pascha gewidmet, der in der ersten Hälfte des 17. Jahrhunderts als Gouverneur von Damaskus, Bosnien und Budin/Ofen tätig war. Ihn idealisiert der in Sarajevo geborene Nergisi als vorbildhaft und stellt ihn als einen Würdenträger dar, der dem Ideal des gerechten Handelns entsprochen habe.[197] Der erwähnte Fürstenspiegel enthält Sprüche, die der alten persischen Anekdoten- und Weisheitsliteratur entstammen und den ehrbaren Charakter sowie die Staatskunst der sassanidischen Dynastie beschreiben. Sehr deutlich wird darin erklärt, was unter einer gerechten Herrschaft zu verstehen ist: Milde gegenüber den Untertanen, eine gewaltlose Eintreibung der Steuern, die Sicherheit der Wege und gerechtes Handeln gegenüber den Untertanen. Gerechtigkeit bedeutete im osmanischen Verständnis daher nicht nur die Aufrechterhaltung der sozialen Ordnung einer in Religionsgelehrte, Soldaten, Händler/Kaufleute und steuerpflichtige „Herde" (reaya)[198] gegliederten Gesellschaft, sondern ging darüber hinaus.

---

[196] Nagel, Raja – ein Schlüsselbegriff islamischer Staatlichkeit.

[197] Zahirović, Murteza Pascha von Ofen; Kadrić, Muhamed Nergisi Sarajlija; Šabanović, Književnost muslimana BiH, 229; Nametak, Pregled književnog stvaranja bosansko-hercegovačkih Muslimana; Handžić, Književni rad bosansko-hercegovačkih muslimana.

[198] Ab dem 17. Jh. bezog sich dieser Begriff vorwiegend auf die orthodoxe Bevölkerung des Osmanischen Reichs; vgl. dazu Gradeva, Orthodox Christians and the Ottoman Authority.

Eine gerechte Herrschaft war die Grundvoraussetzung für ein prosperierendes Gemeinwesen mit einem ausreichenden Steueraufkommen. Die wesentlichen Elemente bestanden aus dem Erhalt der inneren und äußeren Sicherheit, der gewaltfreien Eintreibung der rechtmäßigen Steuern, dem Schutz der Einwohner vor Übergriffen durch Angehörige der Militär- und Verwaltungsstrukturen sowie die Pflege der Infrastruktur des Reiches. Dieses Konzept wurde im 16. Jahrhundert durch Kınalızade Ali (1510–1572) in seinem 1564 erschienenen Werk Ahlak-ı Alâ'i [Die Alaitische Ethik] nochmals theoretisch ausgeformt.[199] Das Wohlergehen einer jeden gesellschaftlichen Gruppe (Militär, Rechtsgelehrte, Händler u. Bauern) hing von der Gerechtigkeit des Herrschers ab, der für eine das gesamte Gemeinwesen kennzeichnende Gerechtigkeit (adalet) sorgen musste. Wenn dieser Zustand erreicht worden wäre, dann hätte das Reich ein ausreichendes Steueraufkommen vorzuweisen gehabt, um eine machtvolle und vor allem immer siegreiche Armee zu unterhalten. Damit war die Vorstellung eines expansiven Reiches mit dem Ideal der gerechten Herrschaft verbunden.[200] Vor dem Hintergrund tiefgreifender sozioökonomischer Veränderungen, die in den folgenden Abschnitten beschrieben werden, und den bereits dargestellten geopolitischen Entwicklungen verlor die „Nahöstliche Staatskonzeption" in den politischen Abhandlungen im Verlauf des 18. Jahrhundert zunehmend an Bedeutung,[201] ohne jedoch als Bezugspunkt in den politischen Diskursen gänzlich zu verschwinden.

Die Gerechtigkeit als zentrales Prinzip bildete auch eine wichtige Grundlage für die Akzeptanz der Herrschaft des Hauses Osman in orthodoxen und katholischen Milieus. Der Sultan oder osmanische Behörden vor Ort wurden meist dann als gerecht bezeichnet, wenn sie in den Augen der örtlichen Bevölkerung keine unerlaubten Abgaben einforderten oder Übergriffe durch Amtsträger verhinderten. Synadinós, ein im 17. Jahrhundert im makedonischen Sérres (heutiges Nordgriechenland) lebender Priester, der memoirenartige Aufzeichnungen verfasste, verwies auf das seiner Ansicht nach gerechte Verhalten Murads IV. (1623–1640), der Übergriffe von „Türken" auf orthodoxe Christen stets verhindert habe.[202] Der Hinweis auf das als gerecht angesehene Handeln einzelner Amts- oder Würdenträger konnte jedoch auch einen Legitimationsverlust der herrschenden Dynastie zugunsten lokaler Akteure zum Ausdruck bringen. Als im 17. und insbesondere im 18. Jahrhundert regionale muslimische Eliten (ayan, kapudan etc.) an Bedeutung gewannen, wurde das Ideal der gerechten Herrschaft von Chronisten und anderen Autoren auf sie übertragen. Der in Sarajevo lebende Chronist Mula Mustafa Ševki Bašeskija (1731 oder 1732–1809) hat 1787 ein Lied über den nordalbanischen Statthalter von Skutari (ayan) Kara Mahmud Pascha Bushatlliu (1775–1796) in seinen Aufzeichnungen wiedergegeben, in dem diesem Notabel „gerechtes Handeln" zuerkannt wurde. Er habe die Bevölkerung vor Übergriffen durch die Truppen

---

199 OKTAY, Kınalızade Ali Efendi ve Ahlak-ı Alai.

200 Siehe zur „Nahöstlichen Staatskonzeption" INALCIK, Kutadgu Bilig'de Türk ve İran Siyaset Nazariye ve Gelenekleri; DARLING, A History of Social Justice and Political Power; GÜNDOĞDU, The Circle of Justice; SARIYANNIS, Ottoman Political Thought.

201 AKSAN, Ottoman Political Writing; SARIYANNIS, Ruler and State.

202 ODORICO, Conseils et mémoires de Synadinos, 95.

des Sultans bewahrt, die Feinde des Reiches tapfer bekämpft und keine ungerechtfertigte Gewalt (zulm) gegenüber der Bevölkerung ausgeübt.[203]

Das Ideal der gerechten Herrschaft floss auch im Osmanischen Reich in die Ausgestaltung der Herrschaftspraxis ein. Ein grundlegendes Element bestand in der zumindest theoretischen Möglichkeit eines jeden Bewohners, die Provinz- oder Zentralverwaltung über Missstände in Kenntnis zu setzen. Davon zeugen beispielsweise Klagen über zu hohe oder ungerechtfertigte Untersuchungsgebühren (teftiş). Es handelte sich häufig um Geldforderungen, die osmanische Beamte für die Errichtung oder die Sanierung von Kirchen erhoben. Sie begründeten diese Forderungen mit angeblichen Unregelmäßigkeiten beim Bau und konnten mit diesem Druckmittel Bestechungsgelder einfordern.[204] Betroffene besaßen dann die Möglichkeit, sich mit einer Bitt- oder Beschwerdeschrift (arzuhal, mahzar)[205] unmittelbar an den *divan* innerhalb der Provinzverwaltung oder direkt an den großherrlichen Rat (divan-ı hümâyun) in Istanbul zu wenden.[206] Da viele Menschen des Lesens und Schreibens unkundig oder mit der formalen Erstellung eines solchen Schriftstücks nicht vertraut waren, haben sich Schreiber (yazıcı) auf diese Textgattung spezialisiert.

Über den Umgang mit solchen Beschwerden geben die Einträge in den Beschwerderegistern (şikayet defterleri) Auskunft, die seit der Mitte des 18. Jahrhunderts auch geordnet nach wichtigen Provinzen (vilâyet ahkâm defterleri)[207] geführt wurden. Inzwischen sind mehrere „Registerbücher der Beschwerden" ediert bzw. analysiert worden.[208] Bittschriften konnten auch von Einzelpersonen oder Gruppen in Istanbul eingereicht werden, wo sie dem Großwesir bzw. dem großherrlichen Rat vorgelegt werden sollten.[209] Über die Umstände, mit denen Bittsteller in der Hauptstadt konfrontiert waren, ist nur wenig bekannt. Im 18. Jahrhundert ist angesichts der stark wachsenden Einwohnerzahl Istanbuls der Befehl erlassen worden, dass nicht mehr als ein oder zwei Personen in die Hauptstadt reisen durften.[210] Wahrscheinlich fielen die Entscheidungen über vorliegende Klagen im großherrlichen Rat im Beisein eines Richters, so dass die Urteile zumin-

---

[203] Bašeskija (Übers. Mujezinović), 255f.; Filan, Life in Sarajevo in the 18th Century; Zirojević, Derviši u svakodnevnom životu.

[204] Für Beispiele aus dem bosnischen Raum s. Džaja, Konfessionalität und Nationalität, 139f.; Gradeva, Ottoman Policy; dies., From the Bottom Up; Mutafova, Osmanski dokumenti.

[205] Inalcik, Şikâyet Hakki; Karateke, Legitimizing the Ottoman Sultanate, 38f.; Pavlović/Krešić, Institucija apelacije; Acun/Acun, Demand for Justice and Response.

[206] Faroqhi, Political Activity among Ottoman Taxpayers, 32–34.

[207] Dies., Approaching Ottoman History, 51.

[208] Ursinus, Grievance Administration (şikayet); Das osmanische „Registerbuch der Beschwerden" (Übers. Majer u. a.); sowie mit bes. Berücksichtigung von Beschwerden aus Skopje der Aufsatz von Tuğluca, Bir Balkan Şehri Olarak Üsküp'te Şikayet Hakkının; Emecen, Osmanlı Divanının Ana Defter Serileri; Ursinus, Razdavane na pravosådie.

[209] Zum administrativen Umgang mit Beschwerdeschriften s. a. Tuğluca, XVII. yüzyıl sonu şikayet defterlerine göre Osmanlı devlet-toplum; Grozdanova/Andreev, „Knigata na žalbte" ot 1675 godina za sokolarite; diess., „Knigata na žalbte" ot 1675 godina i chronikata na pop Metodi Draginov; Mutafova, Otnošenijata meždu pravoslavni duchovnici i katolici; Ursinus, Das Rechnungsbuch des kağıd emini Mustafa Çavuş.

[210] Aktepe, Ahmed Devrinde Şark Seferine İştirak Edecek Ordu Esnafı Hakkında Vesîkalar.

dest formal ein *kadı* fällte und der Großwesir diese anschließend ausführte. Die entsprechenden Sitzungen scheinen in einem eigens dafür vorgesehenen Raum (arz odası) stattgefunden zu haben.[211] Der grundsätzliche Zugang eines jeden Bewohners zum Herrscher bzw. zum Großwesir, der gewöhnlich auch die Beratungen im *divan* leitete, sollte auch dann gewährleistet sein, wenn der Sultan oder der Großwesir auf einem Feldzug waren. Daher führte der Großwesir in seinem Feldlager einige Bestände an Verwaltungsdokumenten mit sich. Darunter befanden sich die Beschwerderegister der vermutlich jeweils vergangenen zehn Jahre. Diese Praxis wurde auch dann angewandt, wenn Sultane die Armee in den Krieg anführten. Im 17. Jahrhundert erschien allerdings nur noch Murad IV. persönlich auf dem Schlachtfeld, der dann aber im Militärlager Recht sprach und die Urteile vollziehen ließ. In der Regel führte jedoch der Großwesir die osmanische Armee in wichtigen Kriegen an, und somit war der zweithöchste Würdenträger im Osmanischen Reich in der Verantwortung, jederzeit über eingehende Beschwerden zu entscheiden.

Universalistisch-eschatologisches Herrschaftsverständnis

An der Wende vom 15. zum 16. Jahrhundert war die Dynastie der Osmanen in ein politisches und geistiges Klima eingebunden, das die Stärkung oder die Entstehung imperialer – meist im Sinne universalistisch ausgerichteter – Herrschaftskonzepte in zahlreichen christlichen und islamischen Staaten förderte. Die politischen Diskurse innerhalb der osmanischen Eliten über das Herrschaftsverständnis des Hauses Osman waren insbesondere von Schriften geprägt, die Angehörige von Derwischbewegungen verfasst oder verbreitet hatten. Hüseyin Yılmaz zeigt in seiner Studie über das zeitgenössische Verständnis des Kalifats auf, wie eng dieses prestigeträchtige Amt mit der Vorstellung einer Universalherrschaft der Sultane verbunden war.[212] Eine deutliche Ausprägung dieses Denkens lässt sich spätestens unter Mehmed II. (1444–1446, 1451–1481) beobachten, der beispielsweise mit den einflussreichen Schriften des aus Antiochien (Antakya) stammenden ʿAbd-ar-Raḥmān Bisṭāmī (ca. 1380 – ca. 1454), einem Angehörigen des Bistamiyyah-Ordens, bestens vertraut war. In dessen umfangreichem Werk nehmen eschatologisch ausgerichtete Prophezeiungen[213] einen durchaus breiten Raum ein, die insbesondere während der osmanischen „Prinzenkriege" (1402–1413) unter den damaligen politischen Eliten Verbreitung fanden. 1455 verwies Bisṭāmī im dritten Kapitel seines Nazm al-suluk fi musamarat al-muluk [Die Regulierung des Verhaltens bei den Abendgesprächen mit den Königen] auf einen Ausspruch des Propheten, dass der Daddschal[214] und der jüngste Tag nicht anbrechen werden, bevor Konstantinopel

---

211 Ursinus, Grievance Administration (şikayet), 4.

212 Yilmaz, Caliphate Redefined.

213 Einige basierten auch auf jüdisch-christlichen Traditionen und Texten, insbes. auf dem „Pseudo-Methodios" oder dem „Buch Daniel"; Krstić, Contested Conversions to Islam. Prophetisches bzw. metaphysisches Gedankengut wurde auch durch illlustrierte fâlnâmes (Buch der Wahrsagerei) verbreitet, als deren Vorbilder wahrscheinlich die frühen fâlnâmes des safawidischen Schah Tahmasp I. (1524–1576) dienten; vgl. dazu Farhad (Hg.), Falnama.

214 Eine dem Antichristen vergleichbare Figur, die nach islamischer Überlieferung vor dem „Tag des letzten Gerichts" auftreten soll; s. dazu u. a. Cook, Studies in Muslim Apocalyptic.

nicht erobert worden sei.[215] Zwei Jahre vor diesem Eintrag war die Stadt von Mehmed II. erobert worden, der sich der Gedanken Bisṭāmīs bewusst war und weitere Schriften mit eschatologischem Inhalt in seiner Bibliothek besaß.[216] Noch bedeutsamer war die Vorstellung, der Mahdi, der entsprechend der islamischen Eschatologie das zweite Kommen Jesu und das Jüngste Gericht einleiten sollte, werde auf der Erde erscheinen und ein Zeitalter des Friedens und der Frömmigkeit beginnen.[217]

Während der Regierungszeit Selims I. (1512–1520) intensivierte der osmanische Hof seine Anstrengungen, die Herrschaft des Hauses Osman in ein eschatologisches Modell einzufügen. Nach dem Sieg über die Safawiden bei Çaldıran (1514) wurde der Sultan beispielsweise als „Mahdi des letzten Zeitalters" (mahdi-yi āhir-i zamān) bezeichnet.[218] Die eschatologischen Zukunftsmodelle gingen mit einem universalistischen Herrschaftsanspruch einher, der sich nicht zuletzt in der Titulatur der Sultane widerspiegelte. Selim I. beanspruchte darin eine Oberhoheit über Länder und Regionen, die de facto nicht zum osmanischen Machtbereich gehörten. Das Sultanat schloss sich damit einer Rhetorik an, wie sie in dieser Zeit beispielsweise am portugiesischen Hof gepflegt wurde.[219] Im Herrschaftsverständnis der osmanischen Dynastie lassen sich daher Motive und Symboliken erkennen, wie sie dem zeitgenössischen Denken insbesondere in den Mittelmeeranrainerstaaten zu beobachten waren, die in den Prozess der Entgrenzung der europäischen Politik seit dem 15. Jahrhundert eingebunden waren.[220] Das Osmanische Reich war bis in die 1580er Jahre Teil dieser Entwicklung, so dass die Ausprägung universalistisch-eschatologischer Vorstellungen in diesem Zeitraum mit dieser Dynamik eng verbunden gewesen sein dürfte.

Die unter Selim verstärkt zu beobachtende Legitimationsstrategie des Sultanats, sich in eschatologisch-universalistische Herrschaftskonzepte einzufügen, führte sein Nachfolger Süleyman I. (1520–1566) fort, der als Universalherrscher der Endzeit proklamiert und repräsentiert wurde.[221] Das eschatologisch-universalistische Herrschaftsverständnis kam in einer spezifischen Repräsentationssymbolik zum Ausdruck, die in den südosteuropäischen Provinzen des Osmanischen Reichs beobachtet werden konnte. Gerade im propagandistischen Wettstreit mit Karl V. (1519–1556), der sich ebenfalls als universalistischer Endzeitherrscher darstellte, entwickelte der osmanische Hof ein entsprechendes Repertoire. Vermutlich mit Hilfe von Ludovico Gritti[222] ließ der Groß-

---

215 Fleischer, Ancient Wisdom and New Sciences, 232.

216 Ebd., 233f.

217 Faroqhi, Kultur und Alltag im Osmanischen Reich, 92–94.

218 Beldiceanu-Steinherr, Le règne de Selîm Ier, sowie Fleischer, The Lawgiver as Messiah.

219 Casale, The Ottoman Age of Exploration.

220 Koller, Europa und das Osmanische Reich.

221 Ebd., sowie Fleischer, Shadows of Shadows. Es gab auch kritische Stimmen in Bezug auf eschatologische Herrschaftsvorstellungen, darunter der Historiker und Literat Mustafa Ali (1541–1600); vgl. dazu: Muṣṭafā ʿĀlī's Counsel for Sultans (Hg. Tietze).

222 Nemeth Papo/Papo, Ludovico Gritti; Szakály, Lodovico Gritti in Hungary; Kretschmayr, Ludovico Gritti.

wesir Ibrahim Pascha (1523–1536)[223] eine Prunkkrone bei venezianischen Goldschmieden und Juwelieren in Auftrag geben, die der päpstlichen Tiara ähnelte. Die 1532/1533 in Istanbul übergebene und heute nicht mehr erhaltene prunkvolle Arbeit sollte die Überlegenheit von Süleyman I. über das Papst- und Kaisertum symbolisieren und damit die Rolle des Sultans als Universalherrscher und Verteidiger des „wahren Glaubens" unterstreichen. Der Großwesir ließ auch weitere Insignien der Macht wie wertvolle Pferdegeschirre, ein Zepter und einen Thron anfertigen. Als einer der Höhepunkte dieser sultanischen Selbstrepräsentation erwies sich 1532 der Einzug Süleymans in Belgrad, der in offensichtlicher Nachahmung des Triumphzugs Karl V. in Bologna (1529) inszeniert wurde. Der Sultan betrat die Stadt durch Triumphbögen, die sich an römischen Vorbildern orientierten. In Anlehnung an das festliche Ereignis in Bologna zog auch der osmanische Herrscher in einer festgefügten Marschordnung in die Festungsstadt an der Save ein. An der Spitze befanden sich Infanterie- und Kavallerieeinheiten, denen Fahnenträger folgten. Sie trugen Banner, auf denen der osmanische Halbmond und der Name des Propheten mit Perlen und Juwelen eingestickt waren. Danach kamen 100 berittene Pagen des Sultans, die Damaszener Schwerter bei sich führten. Ihnen folgten weitere Pagen, die wertvolle Helme trugen, unter denen die erwähnte Prunkkrone herausragte. Schließlich kamen der Sultan und sein Großwesir Ibrahim Pascha, wobei Süleyman I. unter einem prunkvoll verzierten Baldachin ritt. Begleitet wurde er von einem Musikkorps, vermutlich aus den Reihen der Janitscharen. Auch andere Städte erlebten prunkvolle Einzüge des Sultans, wobei er beispielsweise in Niš habsburgische Gesandte auf einem goldenen Thron sitzend empfing.[224]

Das religiöse Herrschaftsverständnis

Im Verlauf der 1550er Jahre trat die eschatologische Komponente des sultanischen Selbstverständnisses in den Hintergrund. Süleyman I. zeigte sich nun stärker als Bewahrer religiöser Normen und als Verteidiger des sunnitischen Islams. Bereits seit Murad I. (1359–1389) führten die osmanischen Sultane – wie auch andere islamische Herrscher – das Kalifenamt in ihrer Titulatur auf.[225] Seit dem 17. Jahrhundert betonten osmanische Hofgeschichtsschreiber und andere zeitgenössische Autoren, dass nach dem Sieg über das Mamlukenreich (1517) der letzte Abbasidenkalif das Amt auf Selim I. in einer feierlichen Zeremonie in der Hagia Sophia übertragen habe. Allerdings lässt sich diese Geschichte durch keine anderen Quellen belegen. Von größerer Bedeutung war ein anderer Titel der Mamlukensultane, die sich als „Beschützer der heiligen Stätten des Islam" (Ḫādim al-Ḥaramayn al-Sharīfayn) bezeichneten. Damit war die Aufgabe verbunden, den Schutz der Pilgerwege nach Mekka und Medina zu gewährleisten.[226] Diese Verpflichtung griffen die Nachfolger Selims auf und versuchten so eine hervorgehobene Stellung in der islamischen Welt für sich

---

223 Siehe zu Ibrahim Pascha Turan, The Marriage of Ibrahim Pasha.

224 Necipoğlu, Süleyman the Magnificent.

225 Sourdel, s. v. Khalifa.

226 Faroqhi, Herrscher über Mekka.

zu proklamieren und dadurch seit der Mitte des 16. Jahrhunderts ihre Selbstrepräsentation als rechtgläubige Herrscher zu stärken. Ab dem 16. Jahrhundert entwickelte sich auch die Schwertgürtung des Sultans zu einem festen Zeremoniell der Thronbesteigung, das am Grabmal des Ayyub al-Ansari (ein Gefährte Mohammeds) in Istanbul durchgeführt wurde. 1603 hat erstmals der şeyhülislam als höchster Repräsentant des sunnitischen Islams im Osmanischen Reich Ahmed I. (1603–1617) mit dem „Schwert Osmans" umgürtet. In der Erzähltradition wurde dieses Ritual in die Zeit Osmans (1258/1259–1326) zurückgeführt, der ein Schwert des seldschukischen Sultans Alā al-Dīn Kai Kobad I. (ca. 1219–1237) erhalten haben soll.[227] Die Verteidigung des hanafitisch geprägten sunnitischen Islams und die Geschichte der Dynastie entwickelten sich insbesondere seit der Mitte des 16. Jahrhunderts zu Eckpfeilern des osmanischen Herrschaftsverständnisses.

Zur Wahrnehmung der osmanischen Herrschaft

Eine eschatologische Verortung der osmanischen Herrschaft findet sich auch in der orthodoxen Geschichtsschreibung wieder, die sich bis zum späten 17. Jahrhundert an der byzantinischen Reichsannalistik orientierte. Universalchroniken beginnen beispielsweise mit der Welterschaffung und beschreiben den Verlauf der Geschichte bis zur Gegenwart des Schreibers, um die Geschichte mit einem göttlichen Heilsplan zu verbinden. Die Chronisten führten die einzelnen Weltreiche in chronologischer Reihenfolge auf und sahen die osmanische Herrschaft vorrangig als eine Fortsetzung der rhomäischen und damit der römischen bzw. byzantinischen Kaisertradition. Zu den berühmtesten Werken dieser Art zählt das von einem unbekannten Autor verfasste Biblion Istorikon, das 1631 in Venedig gedruckt wurde und im orthodoxen Milieu große Verbreitung fand.[228] Ab der Mitte des 17. Jahrhunderts häuften sich Texte, in denen die Herrschaft des Hauses Osman als eine eigenständige Geschichte beschrieben wird. Diese bisher noch kaum untersuchten Schriftquellen, die sich als Sultanschroniken oder Sultansportraits bezeichnen lassen, wurden mehrheitlich in den Donaufürstentümern verfasst. Tendenziell erschienen die Sultane bis Murad IV. (1623–1640) in einem meist positiven Licht, während die späteren Herrscher gegenteilig beschrieben wurden. Zwischen diesen Quellengattungen entwickelten sich auch Mischformen, die auf eine sich im 17. Jahrhundert pluralisierende Schriftkultur verweisen.[229] In der Mehrzahl der Texte wird die osmanische Herrschaft in christliche Geschichtskonzepte integriert, wobei ab der zweiten Hälfte des 17. Jahrhunderts das Interesse an Geschehnissen und Entwicklungen innerhalb des Osmanischen Reichs zunahm. Es deutete sich eine „Versachlichung" der Geschichtsschreibung an. Dennoch

---

227 KAFADAR, Eyüp'te Kılıç Kuşanma Törenleri; DE GROOT, s. v. Marāsim; VATIN, Aux origines du pèlerinage à Eyüp. Protokollbücher aus dem 18. Jh. beschreiben die Zeremonie im Detail. Siehe dazu die Angaben in An Ottoman Protocol Register (Hg. KARATEKE).

228 Siehe (Pseudo-)DOROTHEOS, Βιβλίον ιστορικόν (es handelt sich um den ältesten gedruckten neugr. Prosatext mit zahlreichen Neuauflagen bis ins 19. Jh.). Dort (166–169) auch eine nummerierte Liste der Herrscher Konstantinopels von Konstantin dem Großen (lfd. Nr. 1) bis zum damals herrschenden Sultan Murad IV. (lfd. Nr. 91), in der als direkter Nachfolger des letzten byzantinischen Kaisers Konstantin XI. (lfd. Nr. 85) Sultan Mehmed II. (lfd. Nr. 86) erscheint, der zudem als „dessen Sohn" bezeichnet wird.

229 Dazu im Detail PETROVSZKY, Geschichte schreiben im osmanischen Südosteuropa.

finden sich in zeitgenössischen Deutungsmustern immer wieder Hinweise darauf, dass die Herrschaft des Hauses Osman auch eine Strafe für die Sünden der Christen gewesen und auf deren baldiges Ende zu hoffen sei. Erzählungen über den Untergang des Osmanischen Reiches zirkulierten zugleich unter der osmanischen Elite, wie gerade venezianische Berichte aus der osmanischen Hauptstadt zeigen. Paisios Ligaridés (ca. 1610–1678), der im Dienst des walachischen Woiwoden Mihnea III. (1658–1659) stand, wertete während des Kretakriegs osmanische Chroniken und andere Formen von Geschichtsdarstellungen aus und datierte den Untergang des Osmanischen Reiches auf 1678.[230] Gerade in der zweiten Hälfte des 17. Jahrhunderts häuften sich Weissagungen innerhalb der orthodoxen Milieus in Südosteuropa, die den Fall des Osmanischen Reiches durch das militärische Eingreifen Russlands ankündigten. Zu den wichtigsten Texten gehörten in diesem Zusammenhang die Oracula Leonis, die 1596 in Brescia und 1618 erstmals auf Griechisch sowie 1655 auf Latein und Griechisch in Paris erschienen waren. Sie zirkulierten nicht nur innerhalb der orthodoxen Welt auf der Balkanhalbinsel und stellten den Zusammenbruch der osmanischen Herrschaft mit Unterstützung des Zarenreichs in Aussicht. In den venezianischen Besitzungen auf der Balkanhalbinsel und im östlichen Mittelmeer waren u. a. die „Barozzi Manuskripte" der Oracula schon seit dem späten 16. Jahrhundert sehr verbreitet, wozu vor allem der *provveditore generale* Giacomo Foscarini (1523–1603), der *capitano di Candia* auf Kreta, Paolo Contarini (1574–1575) und der aus Kreta stammende Humanist Francesco Barozzi (1537–1604) wesentlich beitrugen. Barozzi, der an der Schlacht von Lepanto (1571) teilgenommen hatte, erstellte eine neue Ausgabe der Oracula Leonis und Giacomo Foscarini beauftragte den in Candia wirkenden Maler Georgios Klontzas (1540–1608), diese Ausgabe zu illuminieren.[231]

Die Wahrnehmung der osmanischen Herrschaft wurde auch durch lebendige Erinnerungskulturen geprägt, die sich – zumindest teilweise – in die Muster der dargelegten Geschichtsbilder einfügten. Wenn auch über das Ideal der gerechten Herrschaft die Dynastie der Osmanen in katholischen und orthodoxen Milieus eine gewisse Akzeptanz finden konnte, blieb die Legitimation ihrer Oberhoheit umstritten. Denn die Perzeption der politischen Gegebenheiten wurde ferner durch lebendige Erinnerungskulturen geprägt, die insbesondere kirchliche Institutionen pflegten. Die Franziskaner in den osmanischen Gebieten Ungarns und Bosniens sahen sich als Bewahrer einer aktiven Erinnerung an die politischen Herrschaftsgebilde vor der osmanischen Eroberung. In ihrer schriftlichen Korrespondenz sprachen sie – in Übereinstimmung mit der ung. Rechtsauffassung – beispielsweise vom „Königreich Ungarn unter den Türken" (regni Hungariae sub Turcis), wie ein Brief des um 1620 geborenen Franziskaners Luka Ibrišimović an den Bischof von Zagreb belegt.[232] Sie betonten die rechtliche Fortexistenz des einstigen Königreichs auch im Fall Bosniens, wo sie sich auf das mittelalterliche Königreich bezogen. Als sie ihre Provinz *Vicaria Bosnae* 1514 in die *Provincia Bosnae* und *Provincia Argentinae Bosnae* unterteilten, bauten sie die Klausel „bis zur Wiederherstellung des Bosnischen Königreichs" ein. In Schreiben an den Wiener Hof drückten

---

230 Păun, Enemies Within, 237f.

231 Ebd., 239.

232 Barbarić/Holzleitner, Pisma fra Luke zagrebačkim biskupima, 102.

sie ihre Hoffnung aus, das Königreich möge mit Hilfe des Hauses Habsburg wiederhergestellt werden und der Kaiser solle es als ungarischer König beherrschen.[233] Die osmanische Herrschaft konnte somit in den Augen der Ordensbrüder durchaus auf der Grundlage des Ideals einer gerechten Herrschaft eine Akzeptanz erfahren, jedoch mangelte es ihr in ihren Augen an Legitimation. Aber ähnlich wie die aufgezeigten orthodoxen Geschichtskonzepte des 17. und 18. Jahrhunderts betrachteten auch franziskanische Schreiber die osmanische Herrschaft als temporär begrenzt und damit als eine vorübergehende Phase der Geschichte.

6.5.2 Südosteuropas osmanische Provinzen

Im frühen 16. Jahrhundert waren noch alle neu erworbenen Gebiete in Südosteuropa der Großprovinz Rumelien (vilayet-i Rumeli; nach 1591 meist eyalet-i Rumeli) zugeschlagen worden. Die in den 1360er Jahren gegründete Provinz hatte ursprünglich alle eroberten Gebiete in Südosteuropa umfasst und die Bezeichnung *beylerbeylik* oder *vilayet* getragen. 1538 gehörten folgende Bezirke (liva) zum *beylerbeylik*, die wiederum in Gerichtsbezirke (kaza) unterteilt waren. Die Gerichtssprengel waren in *nahiye* unterteilt. Die folgende Auflistung führt nur die Namen der *livas* auf:[234] Sofia/Paşa/Sofya,[235] Negroponte/Eğriboz/Ağriboz,[236] Kruševac/Alaca Hisar,[237] Vlora/Avlonya,[238] Bosnien/Bosna,[239] Ormenio/Çirmen,[240] Gallipoli/Gelibolu,[241] Herzegowina/Hersek,[242]

---

233 Džaja, Konfessionalität und Nationalität, 216f.

234 Die Angaben sind entnommen aus Rumeli Eyaleti (1514–1550), 25ff. Dort werden u. a. alle Gerichtsbezirke angegeben; s. a. Gökbilgin, Kanuni Sultan Süleyman Devri Başlarında Rumeli.

235 Die Gerichtsbezirke dieses *liva* sind unterteilt in diejenigen, die auf der *sağ kol* (rechter Arm) und der *sol kol* (linker Arm) lagen. Die erste bezeichnet die Straßenverbindung Istanbul-Vize-Aydos-Ismail und der „linke Arm" bezieht sich auf die einstige Via Egnatia, die Istanbul mit Thessaloniki verband; zur Via Egnatia s. Zachariadou (Hg.), The Via Egnatia under Ottoman Rule; Dávid, s. v. Administration, provincial; Gradeva, Administrativna sistema; Georgieva, Dynamics of Territorial Division of Rumelia Province; Šabanović, Popis kadiluka u Evropskoj Turskoj; Pitcher, An Historical Geography of the Ottoman Empire, 125–128, 136–139; Cvetkova, Sofija prez XV–XVIII vek; Zirojević, Tri turska popisa u Sofijskom sandžaku; Gökbilgin, XV.–XVI. asırlarda Edirne ve Paşa livâsı; Staab, The Characteristics of the Timar System in Paşa Livası; Halaçoğlu, XVI. Asırda Çirmen Sancağı'nın Sosyal ve Demografik Tarihi, 1795–1801.

236 Balta, Rural and Urban Population in the Sancak of Euripos; Oğuz/Balta, Le Kannunname de l'Euripe; Balta, L'Eubée à la fin du XVe siècle; Kiel/Karydes, Σαντζάκι του Ευρίπου.

237 Zirojević, Kruševac u XVI i XVII veku; dies., Kruševački sandžak u svetlosti turskog popisa; Amedoski, Women Vaqfs in the Sixteenth-Century Sanjak of Kruševac; Fotić, s. v. Alaca Hisar; Amedoski, Kruševac u osmanskom popisu; dies./Petrović, Gradska naselja Kruševačkog sandžaka.

238 İnbaşı, Avlonya Sancağı ve Yönetimi; Kul, İskenderiye ve Avlonya Sancağı'nda Alınan Askeri Tedbirler.

239 Opširni katastarski popis za oblast Hercegovu (Übers. Aličić).

240 Çalik, Çirmen sancağı örneğinde Balkanlar'da Osmanlı düzeni; Halaçoğlu, XVI. Asırda Çirmen Sancağı'nın Sosyal ve Demografik Tarihi.

241 Sivridağ, 75 numaralı Gelibolu livâsı mufassal tahrîr defteri, Bd. 1.

242 Poimenični popis Sandžaka vilajeta Hercegovina (Hg. Aličić).

Elbasan/Ilbasan,[243] Shkodra/Iskenderye,[244] Zvornik/Izvornik,[245] Ätolien/Karlı-ili,[246] Kaffa/Kefe, Köstendil/Kjustendil,[247] Morea/Mora,[248] Nikopol/Niğbolu, Ochrid/Ohrid/Ohri,[249] Prizren/Perzerin,[250] Rhodos/Rodos,[251] Smederevo/Semendire,[252] Silistrien/Silistre, Tríkala/Tırhala,[253] Vidin, Vize/Bizýe, Vučitrn/Vuçitërnit/ Vulçitrin,[254] Joannina/Ioánnina/Yanya,[255] Kızılca/Müselleman-ı Kızılca, Müselleman-ı Çingane/Muslimische Romabevölkerung.[256] In der Mitte des 17. Jahrhunderts waren folgende Bezirke der rumelischen Provinz zugeordnet: Köstendil, Tríkala, Prizren, Ioánnina, Delvina/Délvino, Vučitrn, Skopje, Elbasan, Avlonya, Dukagjin, Shkodra, Ochrid, Kruševac, Saloniki sowie die nicht räumlich definierten Sancaks der Voynuken, Yürüken und „Zigeuner".[257] Im frühen 18. Jahrhundert blieb die geographische Ausdehnung der Provinz weitgehend unverändert.[258] Der Sitz der Gouverneure war in Edirne (1362), Sofia (1382) und schließlich wurde Bitola/Manastır immer häufiger als Zentrum genutzt. Offiziell erhielt die Stadt diesen Status aber erst 1836.[259]

Wie sich aus der Auflistung der einzelnen Bezirke bereits erkennen lässt, wurde die anfängliche Großprovinz seit dem 16. Jahrhundert zunehmend verkleinert. Dieser Prozess intensivierte sich insbesondere seit der Gründung der Provinz (Vilayet) von Budin (Ofen) 1541. Die neu geschaffene Verwaltungseinheit bestand zunächst aus den Distrikten (Sancak) von Ofen, Stuhlweißenburg/

---

243 PULAHA, Matériaux en langue osmanoturque.

244 KARAISKAJ, Kalaja e Elbasanit.

245 Dva prva popisa zvorničkog sandžaka (Übers. HANDŽIĆ).

246 BABINGER, Beiträge zur Geschichte von Qarly-Eli; KIEL, Das Türkische Thessalien.

247 MATANOV, Văznikvane i oblik na Kjustendilski sandžak; DERS., Jugozapadnite bălgarski zemi; Turski dokumenti za istorijata na Makedonskiot narod, Bd. 5,5 (Übers. STOJANOVSKI); ALEXANDER, Toward a History of Post-Byzantine Greece; SAVVIDES, Morea and Islam.

248 ALEXANDER, Toward a History of Post-Byzantine Greece; SAVVIDES, Morea and Islam.

249 STOJANOVSKI, La division administrative territoriale; Turski dokumenti za istorijata na makedonskiot narod, Bd. 8,1 (Übers. STOJANOVSKI); BOJANIĆ-LUKAČ, Edno ohridsko kanunname.

250 KATIĆ, Opširni popis prizrenskog sandžaka; DIES., The Sancak of Prizren.

251 367 numaralı muhâsebe-i Vilâyet-i Rûm-ili, Bd. 1 (Hgg. ÖZKILINÇ u. a.).

252 Mad 506 numaralı Semendire Livâsı icmal tahrîr defteri; MILJKOVIĆ-BOJANIĆ, Smederevski sandžak.

253 DEĞERLI, Turahanzade Ömer ve Oğlu Hasan Bey'in Tırhala Sancağındaki Vakıfları; 367 numaralı muhâsebe-i Vilâyet-i Rûm-ili, Bd. 1 (Hgg. ÖZKILINÇ u. a.).

254 ZIROJEVIĆ, Vučitrnski i Prizrenski sandžak.

255 DELILBAŞI, 1564 Tarihli Mufassal Yanya Livası Tahrir Defterine Göre Yanya Kenti ve Köyleri.

256 370 numaralı muhâsebe-i Vilâyet-i Rûm-İli defteri (Hgg. ÖZKILINÇ u. a.), Teil 2.

257 Zum çingene sancağı ZIROJEVIĆ, Romi na području današnje Jugoslavije, 228; MARUSHIAKOVA/POPOV, Gypsies in the Ottoman Empire, 34.

258 KILIÇ, 18. yüzyılın ilk yarısında Osmanlı Devleti'nin idari taksimatı, 45; GEORGIEVA, Administrative Structure and Government of Rumelia.

259 ĞORGIEV, Administrativno-teritorijalna podelba.

Székesfehérvár, Smederevo, Zvornik, Požega, Szeged, Osijek und Mohács.[260] Die weitere Aus-dehnung der osmanischen Macht im Verlauf des 16. Jahrhunderts führte dazu, dass 1552 diese Provinz in das Vilayet von Buda und das etwas kleinere Vilayet von Temeswar aufgeteilt wurde. Die Grenze zwischen den beiden Verwaltungseinheiten bildeten die Flüsse Theiß und Kreisch. Die Provinz von Ofen/Buda setzte sich aus folgenden Distrikten zusammen: Ofen, Nógrád/Novigrad, Szécsény/Seçen, Fileck, Hatvan, Szolnok, Szeged, Gran, Stuhlweißenburg, Kopan, Seksar, Simon-tornya, Sekçöy, Pécs und Szigetvár. Die beiden letztgenannten Distrikte konnten auch als *liva* von Mohács in den Schriftquellen erscheinen.

Die Geschichte des Vilayet von Temeswar verdeutlicht die erwähnte Dynamik in den Ver-waltungsstrukturen. 1557/1558 gehörten die Distrikte (Sancak) von Temeswar, Canad, Lipova, Arad-Gyula, Moldova und Ineu zu dieser Provinz, zudem wurden die Sancaks von Vidin, Sme-derevo, Kruševac und Vučitrn hinzugefügt.[261] Kruševac wurde 1559 der Provinz von Ofen/Buda zugeschlagen, Vidin 1582 dem Vilayet von Rumelien sowie Vučitrn 1580 zunächst der Provinz Bosnien und 1582 dem Vilayet von Rumelien.[262] Zu einer größeren Veränderung kam es im Ge-folge des Langen Türkenkriegs, als Erlau/Eger (1596) und Kanizsa (1600) zu Zentren zweier neu geschaffener Vilayets wurden. Kanizsa erhielt die *livas* von Szigetvár, Pécs, Požega, während Erlau die Distrikte von Hatvan, Szolnok und Szeged zugeschlagen wurden. Die *livas* von Fileck, Nógrád und Szécsény waren zwar unter habsburgische Herrschaft gefallen, jedoch von den Osmanen noch immer als Steuergebiet betrachtet worden.

An der osmanisch-habsburgischen Grenze in Ungarn hatte sich somit im Verlauf des 16. Jahr-hunderts eine Verwaltungsstruktur etabliert, die im Vergleich zu den meisten anderen osmani-schen Gebieten Südosteuropas durch eine große Dichte an Distrikten insbesondere innerhalb der Provinz von Buda gekennzeichnet war. Die Errichtung der einzelnen *sancak*s/*liva*s war vor allem von militärischen Überlegungen geleitet und sollte die Verteidigungsfähigkeit der Grenzregion gewährleisten.[263] Die militärischen Auseinandersetzungen in den 1650er Jahren und die Feld-züge von 1663 und 1664, in denen 1658 Yanova/Ineu/Borosjenő,[264] Karansebesch/Caransebeş/ Karánsebes und Lugosch/Lugoj/Lugos sowie 1660 Várad erobert wurden, setzten diesen Prozess zunächst fort. Die Gründung des Vilayets von Várad, das aus den Distrikten Várad und Szentjobb bestand, diente wesentlich der Verteidigung der neu gewonnen Gebiete.[265]

---

260 ÁGOSTON, Defending and Administering the Frontier; ĐURĐEV/ZIROJEVIĆ, Opširni defter Segedinskog sandžaka.

261 HEGYI, The Ottoman Network of Fortresses, 165, sowie FENEŞAN, Vilayetul Timişoara, 137; ZIROJEVIĆ, Smederevo od pada pod tursku vlast do kraja XVI veka. Letztere bietet auch fallweise einen Überblick über die einzelnen *nahi-ye*, aus denen die Distrikte zusammengesetzt waren. Diese Strukturen waren einem häufigen Wandel unterworfen.

262 Ebd., 138; DÁVID, The Eyalet of Temesvár.

263 DÁVID, Ottoman Administrative Strategies; ÁGOSTON, Der starke Schutzdamm des Islams; KOLLER, Eine Gesell-schaft im Wandel, 51.

264 Yanova erscheint in einem Register von 1707/1708 als eigenständige Provinz (eyalet) mit den Distrikten von Yanova, Cenad, Modava und Szeged, jedoch nicht mehr nach dem Frieden von Passarowitz (1718); vgl. dazu KILIÇ, 18. yüzyılın ilk yarısında Osmanlı Devleti'nin idari taksimatı, 91f.

265 HEGYI, The Ottoman Network of Fortresses, 170.

Mit der Niederlage im Großen Türkenkrieg war die osmanische Herrschaft im historischen Ungarn weitgehend zusammengebrochen, so dass auch die territoriale Ausdehnung des Vilayet von Temeswar im Verlauf des frühen 18. Jahrhunderts erhebliche Veränderungen erfuhr. 1701/1702 umfasste die Provinz die Sancaks von Temeswar, Cenad, Sebeş, Irşora oder Orschowa und Lipova. 1707–1713 waren nur noch drei Sancaks verblieben: Temeswar, Syrmien und Smederevo.[266]

Die Verteidigung des osmanischen Herrschaftsgebietes beeinflusste auch die Gründung und administrative Gliederung der Provinz Bosnien (paşalık, eyalet-i bosna), deren westliche Grenze an das Territorium der Markusrepublik anschloss. Deren Einrichtung erfolgte mit der Ernennung von Ferhad Pascha Sokolović zum Beylerbey am 5. September 1580.[267] Zum Gründungszeitpunkt umfasste die Provinz wahrscheinlich die Sancaks von Klis, Lika, Začasna, Herzegowina, Bosnien, Zvornik, Požega, Prizren und Bihać. Zumindest bis 1582 dürften außerdem die Distrikte von Prizren und Vučitrn zum *eyalet-i bosna* gehört haben.[268] Nach der Eroberung von Bihać (1592) erfolgte die Gründung eines gleichnamigen Sancaks, die sicherlich deutlich vor 1620 abgeschlossen war.[269] Im späten 16. Jahrhundert wurde die Provinz in den Rang eines Beylerbeyliks erhoben,[270] und spätestens ab dem 18. Jahrhundert findest sich in den Verwaltungsquellen meist die Bezeichnung *eyalet*. 1600 ging der Distrikt Požega an die neu geschaffene Provinz Kanizsa. Nach dem Friedensschluss von Karlowitz/Sremski Karlovci (1699) waren Slawonien, der Sancak Lika sowie Teile des Sancaks Klis endgültig verlorengegangen.

Zu Beginn des 18. Jahrhunderts bestand die Provinz Bosnien (eyalet-i bosna) aus den Sancaks Bosnien, Klis, Zvornik, Herzegowina und Bihać, wobei letzterer unmittelbar nach der Jahrhundertwende aufgelöst und seine Gebiete dem Verwaltungsdistrikt Bosnien (Sancak) zugeteilt wurden.[271] Die nunmehr vier Sancaks mussten nach dem Friedensschluss von Passarowitz (1718) erneut erhebliche Territorialverluste hinnehmen, die insbesondere die Distrikte von Zvornik und Bosnien betrafen. Im Bereich des Sancaks Zvornik waren die Gebiete vom Zusammenfluss von Una, Drina und Save bis Novi betroffen, d. h. die Gerichtsbezirke Loznica, Krupanj und Šabac. Der bosnische Sancak verlor Dubica, Gradiška, Kobaš, Brod und Furjan, während gleichzeitig das bis dahin zum Bezirk Smederevo gehörende Dubica dem Sancak Bosnien zugeschlagen wurde. Der herzegowinische Sancak musste auf Imotski und die Stadt Čavčina verzichten. Die nächste größere Veränderung war mit dem Abkommen von Belgrad (1739) verbunden, als die Osmanen die im Friedensschluss von Passarowitz verlorenen Gebiete (mit Ausnahme von Furlan) zurückbekamen. In administrativer Hinsicht führte dies zu einer Vergrößerung des Sancaks von

---

[266] Kılıç, 18. yüzyılın ilk yarısında Osmanlı Devleti'nin idari taksimatı, 91f.

[267] Biščević, Bosanski namjesnici Osmanskog doba; Korić, Pratnja Bosanskog sandžakbega; dies., Uloga Ferhadbega Sokolovića.

[268] Korić, Životni put prvog beglerbega Bosne, 139f.

[269] Šabanović, Bosanski Pašaluk, 82–84. Die Studie bietet einen sehr detaillierten Überblick über die Zusammensetzung der einzelnen Sancaks und die Geschichte der ihnen angehörenden Gerichtsbezirke.

[270] Turhan, The Ottoman Empire and the Bosnian Uprising, 54.

[271] Šabanović, Bosanski Pašaluk, 92.

Smederevo, da diesem alle einst zu Zvornik gehörenden *Territorien* am rechten Ufer der Drina angegliedert wurden.[272] Im Verlauf des 18. Jahrhunderts sollte das bosnische *eyalet* noch eine weitere größere Veränderung erfahren. 1756 sind die Gerichtsbezirke Podgorica und Montenegro (osm. Kara Dağ) aus dem zur Großprovinz Rumelien gehörenden Sancak von Shkodra herausgelöst und dem herzegowinischen Sancak angegliedert worden.[273]

Eine weitere Großprovinz wurde 1593 als *beylerbeylik* von Silistrien bzw. Odessa/Özi gegründet, nachdem ein gleichnamiger Sancak von Silistrien bis dahin zur rumelischen Provinz gehört hatte.[274] Die geographische Ausdehnung der neu geschaffenen Verwaltungseinheit, an deren Spitze zunächst der Khan der Krim stand, verweist auf ihre Bedeutung für die Sicherung der osmanischen Herrschaft im Schwarzmeergebiet. Bessarabien und Jedisan/Yedisan bildeten ursprünglich das geographische Zentrum der Provinz, die im Verlauf des 17. Jahrhundert allerdings erweitert wurde. Große Gebiete des heutigen Bulgarien und Edirne waren nun Teil der Großprovinz Silistrien geworden, die im frühen 18. Jahrhundert aus folgenden Sancaks bestand: Odessa/Özi,[275] Silistrien,[276] Vidin,[277] Nikopol/Niğbolu,[278] Kırklareli/Kırkkilise,[279] Çirmen/Ormenio,[280] Vize[281] und bis 1699 Tağan Geçidi.

Am südlichen Ende der südosteuropäischen Halbinsel entstand 1534 eine „Provinz der Inseln des Weißen Meeres" (eyalet-i cezayir-i bahr-i sefid), in der vor allem die ägäische Inselwelt und weite Gebiete des westlichen Anatolien zusammengefasst waren. Der erste Gouverneur war Hayredin Barbarossa, der gleichzeitig die osmanische Flotte als Kapudan Pascha kommandierte.[282] Beide Ämter blieben auch künftig meist miteinander verbunden. In der Regel standen die

---

272 Ebd., 93.

273 Siehe dazu Hickok, Ottoman Military Administration.

274 Kılıç, Batı Karadeniz Kıyısında Bir Osmanlı Eyaleti; Sereda, Silistresko-Očakovskijat ejalet.

275 Sereda, Obrazuvane na sandžaci.

276 Atanasov, Dobrudžanskoto despotstvo; Dimitrov, Istorija na Dobrudža, Bd. 3; Antov, Demographic and Ethno-Religious Change; Dimitrov, Kăm demografskata istorija na Dobrudža; Cebeci, Silistre Sancağı Vakıfları.

277 Diesem Sancak gehörten im 15. Jh. die Festungen von Vidin, Belogradčik/Belgrad, Florentin/Filurdin, Svrljig/Isfirlik und Bane/Soko Banja an. Im 16. Jh. kamen Kladovo/Fethülislam, Severin und Orschowa (mindestens bis 1586 im Sancak) hinzu; s. dazu Kayapınar, Le sancak ottoman de Vidin; Bojanić-Lukač, Vidin i vidinskijat sandžak; Kovačev, Opis na vidinskija sandžak; Atanasov, Christijani i Evrei văv Vidinsko; Gradeva, Between Hinterland and Frontier, 333.

278 Der Sancak Nikopol bestand zunächst aus 26 Distrikten, deren Anzahl sich im Verlauf des 16. Jh.s auf 19 Verwaltungseinheiten reduzierte. Einen genauen Überblick über diese Entwicklung bietet Antov, The Ottoman „Wild West", 109f.; Radoušev, Ottoman Border Periphery.

279 Dimitrov, Poselištna mreža v Sakar planina.

280 Çalik, Çirmen sançağı örneğinde Balkanlar'da Osmanlı düzeni; Uğurlu, 16. Yüzyıl Sonlarında Osmanlı Devletinde Merkez Taşra İlişkileri; Dimitrov, Transformation of the Byzantine Adrianople.

281 Gemäß einem Steuerverzeichnis von 1642 gehörten zum Sancak Vize die Gerichtsbezirke von Kırkkilise, Hayrabolu, Pınarhisar und das Großlehen (has) des Mahmud Pascha; vgl. dazu Ertürk, 1642 Tarihli Avâriz Defterine, 211.

282 Bostan, The Establishment of the Province of Cezayir-i Bahr-i Sefid, 249.

Gouverneure vor ihrer Ernennung als Sancakbeys dem Sancak von Gallipoli vor.[283] Das Zentrum dieser Verwaltungseinheit war zunächst das 1522 eroberte Rhodos und ab 1534 Gallipoli. Über die administrative Gliederung unmittelbar nach der Gründung der Provinz liegen nur unzureichende Informationen vor. Ursprünglich gehörten die Sancaks von Gallipoli, Negroponte/Eğriboz, Ätolien/Karlı-ili, Lepanto/Naúpaktos/Inebahtı, Rhodos und Midilli/Mytilene dazu.[284] Zwischen 1603 und 1617 waren noch die Sancaks von Biga, Mystras/Mezistre, Kocaeli, Morea/Nauplion und Sığla angegliedert worden.[285] Im weiteren Verlauf des 17. Jahrhunderts kamen noch die Sancaks von Limnos/Limni, Lésbos/Midilli, Chíos/Sakız, Naksos/Nakşa-Berre, Andros/Andıra, Santorini/Senturin, Değirmenilk und Mesentûri/Milos, Kavala, Alexandria/Iskenderiyye und Damietta/Dimyad hinzu. Der Kapudan Pascha bezog sein jährliches Einkommen aus einem Großlehen (has), das sich zu diesem Zeitpunkt aus etwa zehn Sancaks zusammensetzte.[286] An der Wende vom 17. zum 18. Jahrhundert bestand die Provinz aus folgenden Sancaks: Gallipoli, Rhodos, Değirmenlik, Milos, Andros, Santorini, Naxos, Limnos, Zypern, Kavala, Lésbos, Skyros, Chíos, Mystras, Ätolo-Akarnien, Naúpaktos, Alexandria und Damietta. In der Mitte des 18. Jahrhunderts lassen sich noch folgende Sancaks feststellen: Gallipoli, Değirmenlik, Sığla, Ätolien, Santorin, Naxos, Kavala, Negroponte, Naúpaktos, Nauplion, Mystras und Izmit.[287]

6.5.3   Osmanische Grenzräume

Die dargelegte Einteilung der osmanischen Provinzen lässt im südosteuropäischen Raum vier Grenzräume erkennen, die gleichzeitig geographische und strukturelle Überlappungszonen aufweisen. Wie die Ausführungen zu den Herrschaftsgebilden noch zeigen werden, die in einem tributären Verhältnis zur osmanischen Dynastie standen, weisen die Grenzräume einen oftmals heterogenen Charakter auf. In der Historiographie ist eine Debatte darüber geführt worden, wie genau die Grenzen zwischen dem Osmanischen Reich und seinen Nachbarstaaten festgelegt waren. Dem Friedensschluss von Karlowitz (1699) war in dieser Hinsicht eine große Bedeutung zugesprochen worden, denn bis dahin seien die Grenzen nur sehr vage und wenig genau markiert worden. Erst ab diesem Abkommen habe das Osmanische Reich erstmals fest demarkierte Grenzlinien akzeptiert und damit die Idee eines stets expandierenden Staates mit beweglichen Grenzen relativiert.[288] Diese Sichtweise wird inzwischen kritisch hinterfragt, da es beispielsweise bereits seit

---

283 Ebd., 250.

284 Ebd.

285 ÜNAL, XVI. ve XVII. Yüzyıllarda, 255. Er beruft sich auf das 731 Numaralı Cezayir Eyaleti Timar Defteri; s. dazu ÖZTÜRK, 731 Numaralı Cezayir Eyaleti Timar Defterinin Değerlendirilmesi.

286 EMECEN, Some Notes on Defters, 254; SLOT, Archipelagus Turbatus, Bd. 2.

287 KILIÇ, 18. yüzyılın ilk yarısında Osmanlı Devleti'nin idari taksimatı, 104, sowie BIRKEN, Die Provinzen des Osmanischen Reiches, 101–108.

288 ABOU-EL-HAJ, The Formal Closure of the Ottoman Frontier in Europe; BARĂMOVA, Evropa, Dunav i osmancite, 17–44; PETRITSCH, Dissimulieren in den habsburgisch-osmanischen Friedens- und Waffenstillstandsverträgen, 160f.

dem 15. Jahrhundert sehr präzise Absprachen zwischen osmanischen und venezianischen Amts-trägern über den Verlauf der Grenze zwischen beiden Großreichen gab.[289] Spätestens im 16. Jahr-hundert lassen sich auch Grenzmarkierungen nachweisen, wobei diese Praxis nach dem Abkom-men von Karlowitz fortgeführt wurde. Mit Blick auf den dalmatinischen Grenzraum erstellten 1671 Giovanni Battista Nani und der Beylerbey von Bosnien, Hüseyin Pascha, einen Bericht, der Beschreibungen solcher Grenzzeichen enthielt. Die Verfasser erwähnen große Steine, auf denen ein Kreuz eingraviert war. Der Grenzverlauf konnte ebenso durch Steintafeln oder Steinpyrami-den markiert werden, wie sie auch an der osmanisch-polnischen Grenze zu finden waren.[290]

Der Verlauf der Verhandlungen lässt sich aufgrund interner Korrespondenzen (hüccet od. temessük)[291] zwischen Venedig und Istanbul bzw. den lokalen Amtsträgern auf beiden Seiten der Grenzen nachvollziehen. Die Verhandlungsergebnisse wurden schließlich in Grenzabkommen (hududname,[292] sınırname) festgehalten.[293] Allerdings blieb auch nach Abschluss der Grenzkom-mission die Zugehörigkeit einiger Gebiete immer wieder umstritten. In den 1520er Jahren erhob beispielsweise Venedig in der Region um Traù/Trogir und Sebenico/Šibenik Ansprüche auf 70–80 Dörfer, die von den Osmanen erobert worden waren. Während Vertreter der Markusrepublik ihre Forderung mit Dokumenten aus der Zeit der ungarischen Herrschaft zu belegen versuchten, verwiesen lokale Vertreter darauf, dass dieses Land im Krieg erobert worden und nach den Kämp-fen entvölkert gewesen sei. Daraufhin sei das Land besiedelt, in eine *mukata'a* (Steuerpacht) um-gewandelt und schließlich 1530 auch ein entsprechendes Steuerregister (defter-i cedid) erstellt worden. An der Lösung des Problems waren auf osmanischer Seite der Sancakbey von Bosnien (Hüsrev Bey) und der Richter von Skradin beteiligt. Letztlich wurden die Dörfer der Serenissima zugesprochen und die Timarinhaber mit Lehen in anderen Regionen entschädigt.[294] Vermutlich handelte es sich um einen Disput, der im Sommer 1533 aufkam und einen Blick auf die „kleine Diplomatie" in Grenzräumen ermöglicht. In dieser Zeit besuchte Murad Bey Tardić, der dem engsten Kreis um den bosnischen Gouverneur angehörte, seine Heimat Šibenik. Sein Bruder Jurje hatte eine kirchliche Laufbahn in Šibenik eingeschlagen und wurde Kanonikus.[295] Die engen Verbindungen zur venezianischen Verwaltung machten ihn zu einem wichtigen Akteur in der regionalen grenzüberschreitenden Alltagsdiplomatie. 1533 traf er sich mit dem *Capetanus* von Šibenik und dem *Provveditore generale* von Dalmatien, die eine Lösung der Grenzstreitigkeiten einforderten und über Murad Bey Tardić direkten Kontakt mit Hüsrev Bey aufnahmen.[296]

---

289 Pedani, Dalla frontiera al confine, 40f.

290 Ebd., 45; Kołodziejczyk, Ottoman-Polish Diplomatic Relations, 62.

291 Siehe zu beiden Dokumentenarten Kütükoğlu, Osmanlı Belgelerinin Dili, 350–358 (hüccet), 281–289 (temessük).

292 Zum Grenzabkommen nach dem Frieden von Karlowitz s. Kovačević, Hududname bosanskog vilajeta.

293 Pedani, Dalla frontiera al confine, 42.

294 Dies., The Ottoman-Venetian Border, 53.

295 Juran, O podrijetlu i šibenskoj rodbini.

296 Zlatar, Gazi Husrev-Beg, 48.

Familiäre Verbindungen waren ein Strukturmerkmal, das die Grenzdiplomatie vielfach kennzeichnete und zu einem wichtigen Instrument für die Stabilität in den Grenzräumen machte. Auch jenseits solcher Bande bestanden regelmäßige Kontakte zwischen den Provinzverwaltungen. Nach dem Friedensschluss von 1573 zwischen Venedig und dem Osmanischen Reich gab es gegenseitige Besuche der Festungskommandanten von Split und Solin, in denen auch Geschenke wie Wein, Zucker oder Öl ausgetauscht wurden.[297]

Die osmanisch-habsburgische Grenze in Ungarn

Im osmanisch-habsburgischen Grenzraum hatte sich ein Grenzregime herausgebildet, das in der Historiographie als Doppelherrschaft (condominium) bezeichnet wird. Gábor Ágoston versteht darunter „the joint rule of the former power elite and the Ottoman authorities",[298] wobei damit eine gemeinsame Herrschaftsausübung im Inneren der osmanischen Provinz als auch grenzüberschreitende Herrschafts- und Jurisdiktionsrechte verstanden werden. Während die Verwaltungsstrukturen im osmanischen Ungarn an anderer Stelle noch vertieft darzustellen sind, soll sich der Blick zunächst auf das grenzüberschreitende *condominium* richten. Dieses Phänomen war für die Zeitgenossen keine außergewöhnliche Situation, da entsprechende Grenzregime im Heiligen Römischen Reich Deutscher Nation oder in anderen Gebieten der frühneuzeitlichen Staatenwelt in großer Zahl zu finden waren.[299] Zu den häufigsten Formen gehörten die „Steuercondominia", zu denen auch der habsburgisch-osmanische Grenzraum in Ungarn zählte. Artikel 15 des Friedensschlusses von Zsitvatorok (1606; Ratifikation 1612) besagt beispielsweise, „[...] dass jene Dörfer, die sich seit der Eroberung der Festung Egri bis heute unterwürfig gezeigt und ihre Steuern bezahlt haben, sich auch nachher unterwerfen und ihre Steuern zahlen sollen."[300] Ebenso deutlich wird in Artikel 16 formuliert, wonach „[...] die [zu] den Festungen Fileck, Szécsény und Nógrád gehörigen Dörfer, die den Festungen Egri, Hatvan, Ofen und Gran dienstpflichtig gewesen sind, sich auch weiterhin unterwerfen und ihre Steuern bezahlen sollen."[301] Diese Passagen verdeutlichen aber auch, dass die eingangs beschriebene präzise Grenzziehung eine wichtige Voraussetzung für die Umsetzung des „Steuercondominiums" war. Die osmanischen und habsburgischen Autoritäten wussten sehr genau, von welchen Dörfern welche Steuern einzutreiben waren.[302] In den osmanischen Gebieten Ungarns bemühten sich auch die einstigen Grundherren, die auf habsburgisches Gebiet geflohen waren, weiterhin Abgaben von ihren ehemaligen Landsassen einzufordern. Die doppelte Besteuerung scheint umso weniger praktiziert worden zu sein, je weiter die Gebiete vom Grenzraum entfernt lagen.[303]

---

297 Schmitt, „Des melons pour la cour du Sancak Beg".

298 Ágoston, A Flexible Empire.

299 Für einen Überblick s. Jendorff, Condominium, oder Sahlins, Boundaries.

300 Türkische Schriften (Hg. Fekete), 212.

301 Ebd.

302 Kołodziejczyk, Ottoman Frontiers in Eastern Europe, 30.

303 Ágoston, A Flexible Empire, 24.

Mitte des 16. Jahrhunderts beschloss der ungarische Landtag, dass die steuerpflichtige Bevölkerung in den osmanischen Gebieten nur die Hälfte der im habsburgischen Ungarn eingeforderten Abgabenhöhe zu entrichten habe.[304] Die Besteuerungspraxis hat Gustav Bayerle aufgrund eines osmanischen Katasterverzeichnisses aus der zweiten Hälfte des 16. Jahrhunderts detailliert beschrieben. Die darin enthaltenen Angaben beziehen sich auf den osmanischen Verwaltungsbezirk Nógrád, wo eine habsburgische Verteidigungslinie mit Festungen bestand. Die dahinter liegenden Gebiete betrachtete die osmanische Verwaltung als Bestandteile des Distrikts Nógrád und somit die dortige Bevölkerung als steuerpflichtig. Sie sollten anstelle der verschiedenen Abgaben und Dienstverpflichtungen eine jährliche Pauschalsumme (ber veç-i maktu fi sene) entrichten, was mit der Nähe der habsburgischen Festungen begründet wurde. Osmanische Soldaten drangen auch plündernd immer wieder in dieses Gebiet ein, wodurch gleichzeitig der Anspruch auf die Steuereintreibung untermauert wurde.[305] Mit militärischer Gewalt wurde zudem versucht, die Dörfer, die sich der doppelten Besteuerung zu entziehen versuchten, zur Entrichtung der Steuern zu zwingen. Eine ähnliche Praxis betrieben ebenfalls habsburgische Truppen, die aus dem gleichen Grund auf osmanisches Gebiet einfielen und dort beispielsweise Rinder und Pferde stahlen.[306] Allerdings konnte die osmanische Provinzverwaltung die Abgaben nicht selten nur mit Hilfe habsburgischer Festungsbesatzungen eintreiben. In Briefen der Gouverneure von Ofen sind entsprechende Bitten enthalten. Dies galt jedoch wahrscheinlich in gleicher Weise für die Steuereintreiber aus den habsburgischen Gebieten, die auch auf die Unterstützung der osmanischen Garnisonen gezählt haben dürften. In einigen Gebieten überließen sie den lokalen osmanischen Autoritäten einen bestimmten Anteil der eingetriebenen Gelder, um sich frei in der osmanischen Provinz bewegen und die Abgaben eintreiben zu dürfen. Ein Beispiel betrifft die *decima*-Steuer, von der habsburgische Steuereintreiber stellenweise ein Prozent der erhobenen Summe abgaben.[307] Zahlreich sind auch Beschwerden über Steuereintreibungen, die jeweils als ungerechtfertigt betrachtet wurden.[308]

Der osmanisch-habsburgische Grenzraum lässt sich, wie das Beispiel des „Steuercondominiums" verdeutlicht, als ein grenzübergreifender Handlungsraum verstehen. In jüngerer Vergangenheit sind in der historischen Forschung erneut dessen Gewaltphänomene in den Vordergrund gerückt worden. Dazu gehörten die bereits erwähnten Raubzüge, mit denen Bewohner des Grenzraums gefangengenommen wurden. Deren Freikauf stellte auf beiden Seiten eine Einnahmequelle dar, die für Kommandeure von Grenzfestungen oder aber auch für andere Institutionen in der Grenzprovinz nicht unbedeutend war. Die Relevanz verdeutlichen Schreiben des osmanischen Gouverneurs von Buda, der 1589 und 1590 vom Kommandeur der Janitscharen noch 30.000 bzw. 35.000 *kuruş* forderte. Der Offizier hatte diesen Posten gegen die Zusicherung erhalten, dass

304 HEGYI, Le condominium hungaro-ottoman, 594f.

305 BAYERLE, Ottoman Tributes in Hungary.

306 KOPČAN, Nové Zámky, 68.

307 BAYERLE, Ottoman Tributes in Hungary, 22.

308 DERS., The Hungarian Letters.

er diese Summe mit dem Freikauf von Gefangenen erzielen würde.[309] Das Geschäft mit Gefangenen scheint seinen Höhepunkt zwischen 1606 und 1663 erreicht zu haben, wenngleich es schon im Kontext des Langen Türkenkrieges an Intensität gewonnen haben dürfte. Auf osmanischer Seite traten insbesondere „Martolosen" (stehende Infanterietruppe, bestehend v. a. aus der örtlichen orth. Bev.) und *pribek*s (Christen, die zuvor auf die osm. Seite geflüchtet waren) hervor, die Raubzüge durchführten. Im Grenzraum gab es neben Plünderungszügen auch größere militärische Unternehmungen, die eigentlich die Friedensverträge verletzten. Als *expansis vexilis* oder *bayraklar ile* (mit Fahne) erscheinen sie in den Schriftquellen und lassen sich als eine spezifische Form der Einfälle in das Territorium des jeweiligen Gegners beschreiben. Offiziere mit einem höheren militärischen Rang, die bei solchen Beutezügen in Gefangenschaft gerieten, wurden meist entweder zu den Festungskommandanten oder in die Hauptstädte bzw. an den Hof des Kaisers oder Sultans gebracht. Soldaten niederer Ränge fanden sich meist als Gefangene in den Grenzfestungen oder in Gefängnissen im Grenzraum wieder. Ein ähnliches Schicksal erwartete auch gewöhnliche Gefangene, die aus den Dörfern und Städten geraubt wurden.

Im Gegensatz zu Festungskommandeuren oder anderen hochrangigen Militärs konnten Soldaten üblicherweise keine Gefangenen erwerben. Ein Grund war, dass sie sich nicht die Auslösegebühr leisten konnten, die vor der Freilassung aus dem Gefängnis der neue Besitzer für die bisherige Bewachung zu entrichten hatte.[310] Der vergebliche Versuch, solche Praktiken gemeinsam zu regulieren, zeigt, wie sich der Handel mit Gefangenen zu einer grenzübergreifenden Institution entwickelt hatte. Dies belegen auch osmanische und habsburgische Berichte über Gefangene, die sich aus den Festungen und Gefängnissen entfernen durften, um von ihren Familien oder aus anderen Quellen das Lösegeld für ihre endgültige Freilassung einzusammeln. Mitgefangene blieben als Geiseln zurück, falls die entsprechende Person nicht mehr zurückkehren sollte. Sogar Dörfer und Städte, die nicht mehr im unmittelbaren Grenzraum lagen, beklagten sich manchmal über die große Zahl solcher Bittsteller und stuften sie stellenweise als gefährlich für die öffentliche Ordnung ein. In den Schriftquellen sind außerdem Berichte über „professionelle Gefangene" enthalten, die sich absichtlich gefangen nehmen ließen und sich dann als „Lösegeldeinsammler" zur Verfügung stellten. Wenn sie mehr als die geforderte Summe eintrieben, durften sie den „Überschuss" als Gewinn behalten.[311] Allerdings bieten die meisten Studien nur situative bzw. regionale Einblicke in die Gewaltstrukturen im Grenzraum. Eine umfassende Untersuchung der Gewaltintensität im Grenzraum, die den gesamten Zeitraum der osmanischen Herrschaft in Ungarn abdeckt, wäre sicherlich ein lohnenswertes Unterfangen. Denn das Bild eines permanenten Kleinkrieges ist mit Vorsicht zu gebrauchen, da ein wirtschaftlicher Aufschwung in den Städten entlang der Grenze seit dem späten 16. Jahrhundert[312] und ein reger grenzübergreifender Handel davon nur wenig beeinträchtigt gewesen zu sein schienen. Außerdem liegt für nur wenige Zeiträume

---

309 Fodor, The Unbearable Weight of Empire, 37.

310 Pálffy, Ransom Slavery.

311 Bayerle, Ottoman Tributes in Hungary, 24.

312 Rúzsás, Die Entwicklung der Marktflecken Transdanubiens.

eine aussagekräftige Zahl osmanischer und habsburgisch-ungarischer Schriftquellen vor, die einen präzisen Einblick in den Alltag und den Umfang der Gewalt bieten würden. Aus der Mitte des 16. Jahrhunderts stammen beispielsweise zahlreiche Verwaltungsdokumente und einige Privatbriefe aus dem osmanischen Teil des Grenzraumes, die auch Formen grenzübergreifender Gewaltanwendung thematisieren. Darunter befinden sich einige Listen von Personen, die als Gefangene in den habsburgischen Grenzfestungen eingesperrt waren.[313]

Die Finanzierung des osmanischen Festungsgürtels

Die historische Forschung unterscheidet im Hinblick auf die Finanzierung des Verteidigungsgürtels im osmanisch-habsburgischen Grenzraum zwischen drei Phasen.[314] Die erste umfasst die frühen 1570er Jahre, in denen nach dem Frieden von Edirne (1568) die osmanische Herrschaft stabilisiert werden sollte und noch keine ausreichenden Verwaltungsstrukturen eingerichtet waren. In dieser Zeit war beispielsweise die Provinz Budin/Ofen auf finanzielle Unterstützung aus Istanbul angewiesen, um die Löhne für die Festungsbesatzungen bezahlen zu können. Allerdings sank die Zuweisung zwischen 1567 und 1570 von 23 auf fünf Millionen *akçe*, wobei dieser Rückgang zumindest teilweise auf gestiegene Zuweisungen aus der Nachbarprovinz Temeswar zurückzuführen ist. Zwischen 1575 und 1581 fand schließlich kein Finanztransfer aus der Hauptstadt mehr statt und die Provinz Ofen konnte bis zu 88 % des Geldbedarfs für die Truppenfinanzierung selbst decken. Die Festungsbesatzungen bestanden aus den Truppenteilen, die mit Lohnzahlungen versorgt werden mussten, und den Soldaten, die ihren Lebensunterhalt aus „Dienstlehen" (tımar) erhielten, die in unmittelbarer Nähe oder auch in großer Entfernung von den Festungen liegen konnten. Die Stärkung der Einnahmen war zudem eine wichtige Grundvoraussetzung für eine effiziente Grenzverteidigung. Hinzu kam, dass in den 1570er Jahren positive externe Faktoren und gezielte administrative Maßnahmen zusammentrafen. Dazu zählten die Ausweitung der Kopfsteuer (cizye), die Erhöhung der Einnahmen aus den sultanischen *hass*-Besitzungen („Eigengut"; türk. kılıç yeri, arab. hassa), die Wiederbesiedelung aufgegebener Orte und die Intensivierung der Landwirtschaft. Auch die gestiegene Ausfuhr von Rindern, die in osmanischen Gebieten gezüchtet wurden, erhöhte die Steuereinnahmen. Nach 1581 hat sich die finanzielle Situation in der Provinz Ofen allerdings wieder verschlechtert, wobei die Ursachen für diese Entwicklung historiographisch noch nicht aufgearbeitet worden sind. Es zeichnet sich jedoch eine anwachsende Abhängigkeit von Ressourcen aus dem Raum südlich von Donau und Save ab, die sich beispielsweise darin äußerte, dass 1617 46 % aller Kopfsteuereinnahmen der Provinz von dort kamen. Der Lange Türkenkrieg führte außerdem zu einem massiven Einbruch der Steuereinnahmen und auch die neu gegründeten Vilayets von Erlau (1596) und Kanizsa (1600) schwächten die Finanzkraft Budas weiter. Die steigende Abhängigkeit von den Ressourcen in den südosteuropäischen

---

[313] Procházka-Eisl/Römer (Hgg.), Osmanische Beamtenschreiben und Privatbriefe; Schaendlinger, Die Schreiben Süleymāns des Prächtigen.

[314] Ágoston, The Costs of the Ottoman Fortress-System; Ottoman Garrisons on the Middle Danube (Übers. Velkov/Radušev).

Kernprovinzen zeigt sich ebenso in der Verteilung der Steuerpachten (mukataa), als schließlich 1677/1678 ca. 90 % aller Einnahmen aus Steuerpachten entsprangen, die südlich des Unterlaufs von Donau und Save lagen.

Die militärische Struktur des Festungsgürtels in Ungarn

Der Zentralbalkan stellte auch das Gros zahlreicher Festungsbesatzungen, wie sich vor allem anhand der Soldlisten feststellen lässt. Für das Vilayet Buda zeigt ein Verzeichnis von 1558/1559, dass 64 % der Infanteristen (müstahfız) und der Kavallerie (faris), deren regionale Herkunft in den Registerangaben ersichtlich ist, aus Bosnien und der Herzegowina kamen. 23 % stammten aus den serbischen Gebieten, dem Raum Vidin und der Drau-Save-Region. Die Infanterieabteilungen der *azab* (irreguläre Einheiten) scheinen mehrheitlich aus slawischsprachigen Gebieten gekommen zu sein, ebenso die Martolosen. Diese christlichen Hilfstruppen dürften sich vorwiegend aus Vlachen zusammengesetzt haben, die vor allem aus der Donau-Morava-Timok Region gekommen waren. Die Verbände der Martolosen, der *müsellem* (osm. Wehrbauern) und der Vlachen sieht Klára Hegyi als Teil einer osmanischen Grenzsicherungsstrategie, in der „Wehrbauern" eine zentrale Rolle spielten. Sie lebten in Dörfern, die für ihre militärischen Leistungen von bestimmten Steuern befreit wurden. Dieses System scheint in den 1540er Jahren zunächst in der Baranya etabliert worden zu sein. Katasterverzeichnisse für diese Region aus der Mitte des 16. Jahrhunderts zeigen, wie das System der osmanischen Wehrbauern (müsellem)[315] die Grenzsicherung dort übernahm, wo Festungen (noch) nicht in ausreichender Zahl existierten. Zwei sichelförmig angelegte Verteidigungszonen mit Wehrbauerndörfern sollten die Baranya schützen, insbesondere die unbefestigten Zentren der einzelnen Bezirke (nahiye). Diese Orte waren jeweils von einem dichten Ring solcher *müsellem*-Siedlungen umgeben. Im Umland der einzigen Festung, Görösgal, sind hingegen nur wenige Wehrbauerndörfer zu finden. Insgesamt scheint das *müsellem*-System den westlichen Teil der osmanischen Grenzregion in Ungarn und den Fluss Drau bewacht zu haben. Die osmanischen Register erlauben noch einen genaueren Blick in die Strukturen dieses Systems, in das 90 Dörfer eingebunden waren. 1545/1546 wurden 543 Männer als *müsellem*s registriert und damit von Steuern und Abgaben befreit. Sie mussten im Gegenzug dafür an Kriegszügen teilnehmen. 78 weitere Männer genossen als *müsellem reaya* eine partielle Steuerbefreiung und mussten die *müsellem*s unterstützen. Wahrscheinlich war jedem *müsellem* eine bestimmte Anzahl von „Helfern" aus der *müsellem reaya* zugeordnet. Das System der Wehrbauern scheint allerdings zunehmend an Bedeutung eingebüßt zu haben, denn 1550–1552 war die Zahl der *müsellem*s auf 191 in 59 Dörfern gesunken. An der Drau waren Wehrbauerndörfer überhaupt nicht mehr vorhanden und die osmanischen Register erwähnen für die Baranya keine *müsellem reaya* mehr. In den 1570er Jahren hatte sich diese Institution fast gänzlich aufgelöst.[316] Ein wesentlicher Grund

---

315 Müsellem-Einheiten wurden bereits im 14. Jh. unter Orhan gegründet, die gegen Sold und steuerfreien Grundbesitz kämpften, s. Doğru, XV. ve XVI. yüzyılda; Káldy-Nagy, The Conscription; Antov, The Ottoman State and Semi-Nomadic Groups.

316 Hegyi, Balkan Garrison Troops, 31.

dürfte der Ausbau des Festungsgürtels in diesem Zeitraum gewesen sein, wobei Szigetvár, Babócsa oder Berzence zu den stärksten Verteidigungsanlagen im südwestlichen Transdanubien zählten.

Als konstanter erwies sich das Wehrbauernsystem vor allem in den Regionen, in die ein starker Zuzug aus dem Inneren der Balkanhalbinsel stattfand. Ab der zweiten Hälfte des 16. Jahrhunderts lassen sich Wehrbauerndörfer im Sancak von Szeged feststellen. Ein Register aus dem Jahr 1560/1561 zeigt, dass 11 % der christlichen Steuerhaushalte (hane) von Steuern befreit waren, um als *müsellem* militärische Aufgaben zu übernehmen. Eine starke Konzentration ist zwischen Sombor/Zombor und Frankenstadt/Baja zu beobachten, wo sie insbesondere die Verkehrsverbindung mit Ofen/Buda schützen sollten. In den 1570er Jahren ging die Zahl der Wehrbauern auch in diesem Verwaltungsbezirk zurück, ohne dass sich die *müsellem*-Institution dort allerdings gänzlich auflöste. Im Distrikt Szeged wiesen vor allem die *nahiye*s von Bács und Sombor eine hohe Dichte von Martolosen und *müsellem* auf. Detailliertere Angaben liegen für das 16. Jahrhundert noch aus den Bezirken Somogy und Tolna vor, wo sich eine stärkere Einwanderung von Vlachen ab den 1570er Jahren erkennen lässt.[317] Deren hierarchische Strukturen orientierten sich an den Strukturen, die Vlachen und Martolosen auch im Inneren der osmanischen Balkanprovinzen etabliert hatten. Die Ausgestaltung ihrer militärischen Organisation unterlag immer wieder regionalen Anpassungen, so dass sich ein genauerer und vergleichender Blick auf den Distrikt Somogy lohnt. Ein Katasterverzeichnis aus dem Jahr 1581 weist 1.110 Vlachen aus, die in etwa 100 Dörfern lebten. Darunter war offensichtlich eine erhebliche Anzahl neuer vlachischer Siedler, die wahrscheinlich noch als Viehzüchter lebten. Darauf weist zumindest die Bezeichnung „Zeltbewohner" (haymanegan) hin, die in den osmanischen Registern zu finden ist.[318] Möglicherweise handelte es sich auch um kleinere Gruppen von Vlachen, die sich von größeren Stammes- und Sippenverbänden gelöst haben. Auf ein solches Phänomen deuten vlachische Immigrationsbewegungen in Slawonien insbesondere ab den 1560er Jahren hin, wo die Neusiedler nicht die Namen ihrer Herkunftsorte für die neuen Siedlungen verwendeten. Ähnlich wie im ungarischen Grenzraum lebten sie dann vorwiegend auf den „Dienstlehen" des Sancakbey, der *sipahi* (Lehensreiter) und anderer Angehöriger der Festungsbesatzungen. Es zeigt sich bereits im späteren 16. Jahrhundert ein deutlicher Trend zur Agrarwirtschaft, der sich im Grenzraum beobachten lässt und die ökonomische Situation der vlachischen Grenzsoldaten maßgeblich prägte.[319]

Der Rückgang der Wehrbauerndörfer im osmanisch-habsburgischen Grenzraum war ein Charakteristikum der militärischen Struktur in diesem Festungsgürtel, die an der Wende vom 16. zum 17. Jahrhundert noch weiteren Veränderungen unterworfen war. Mit den militärischen Einheiten der Martolosen und Vlachen waren Verbände in die Reichsverteidigung einbezogen, die dem balkanischen Hirtenkriegertum angehörten. Deren Status war zunächst durch das *âdet-i eflâkî* (Ius Valachicum; Gewohnheitsrecht der Vlachen) geregelt gewesen, das in den Siedlungsgebieten der Vlachen verbreitet war. Allerdings ist dieser Rechtsstatus gerade ab dem 16. Jahrhundert auch

---

317 Ebd., 23–40.

318 Ebd., 37.

319 Moačanin, Town and Country, 153.

auf andere Bevölkerungsteile ausgeweitet worden, darunter in den 1520er Jahren auf die Einwohnerschaft Montenegros. Die Vlachen wurden insbesondere an den Reichsgrenzen eingesetzt, um sowohl Einfälle auf osmanisches Territorium zu verhindern als auch an osmanischen Militäroperationen teilzunehmen. Jeder vlachische Haushalt musste einen Soldaten (voynuk) abstellen und drei oder vier dieser Kämpfer bildeten dann eine Einheit (gönder). Im Gegenzug erhielten die Voynuken vererbbare Dienstlehen (voynuk baştınası) und eine weitgehende Befreiung von allen Steuern und Abgaben.[320] Die Organisationsstruktur der Vlachen im Grenzraum orientierte sich an den tradierten Hierarchien. Im Sancak Koppány stand ein Vojvode (osm. voyvoda) an der Spitze, dem Knezen, *serbolük*s (niederer Offiziersrang) und Premiküren (Dorfvorsteher) untergeordnet waren. In den osmanischen Katasterverzeichnissen aus den 1580er Jahren finden sich auch Bezeichnungen wie *harambaşı*, *seroda* (Offiziersrang) und *sermiye* (zweithöchster Offiziersrang), die ebenso von den Martolosen benutzt wurden.[321]

6.5.4 Der Festungsgürtel im osmanisch-venezianischen Grenzraum

Der Ausbau des Festungsgürtels im osmanisch-venezianischen Grenzraum hatte bereits in den 1530er Jahren begonnen und erfuhr nach 1539 und 1573 noch kleinere Korrekturen. 1573 zählten die Festungen Nečven, Sinj, Vrh Rika, Drniš, Knin, Zvonigrad, Boričevac, Udbina, Velin, Bilaj Bunić, Ostrovica, Bilaj Barlet, Vrčevo, Zemunik, Poličnik, Obrovac, Nadin, Karin, Vrana, Rakitnica, Kašić, Daslina, Drniš, Klis, Lončarić und Kamengrad zu den wichtigsten Befestigungen. Von besonderer strategischer Bedeutung waren die westlichste Festung Udbina sowie Obrovac und Novigrad, die Einfälle aus dem Velebit und von der Meeresseite über den Fluss Zrmanja unterbinden sollten. Der Ausbau der Grenzverteidigung band die Festungen zunehmend in die sozioökonomischen Strukturen der Grenzregion ein und veränderte dadurch die dortige Gesellschaft.

Ein erster Stabilisierungsfaktor war die Wiederbesiedelung des Raumes, der durch die osmanischen Angriffe erhebliche Fluchtbewegungen zu verzeichnen gehabt hatte (vgl. Beitrag 5, Schmitt, Kap. 5.11). Die erste Phase einer Neuansiedlungspolitik begann bereits vor der Gründung des Sancak Klis (1537) und erfolgte in regional unterschiedlicher Intensität. Zunächst lässt sich im osmanischen Grenzraum zu Venedig ein langsamer Bevölkerungsanstieg beobachten, der sich am Ende der 1520er Jahre zu verstärken begann. In größerer Zahl dürften frühere Bewohner in ihre Ortschaften zurückgekehrt sein, aus denen sie vor den osmanischen Angriffen geflohen waren. Zum regional unterschiedlich stark ausgeprägten Bevölkerungsanstieg hat auch der Zustrom orthodoxer und katholischer Vlachen beigetragen, deren regionale Herkunft in der historischen

---

320 Adanır, Heiduckentum und osmanische Herrschaft, 77–80; Beldiceanu, Les Valaques de Bosnie; Matkovski, Nomadskoto stočarstvo; Stojanovski, Raja so specijalni zadolženija; Đurđev, O vojnucima; Ercan, Osmanlı imparatorluğunda Bulgarlar ve voynuklar; Jordanov, Komandno-upravlenski aparat.

321 Vasić, Martolosi u jugoslovenskim zemljama; Matkovski, Otporot vo Makedonija; Petrov/Grozdanova, Der Woiwode in den mittelalterlichen Balkanländern; Stojanovski, Etnogeneza na Jurucite; Matkovski, Nomadsko stočarstvo; Kaljonski, Jurucite.

Forschung allerdings erst ansatzweise diskutiert worden ist. An der Wende vom 16. zum 17. Jahrhundert zeichnen die verfügbaren osmanischen und venezianischen Quellen das Bild eines vorwiegend von kleinen Dörfern strukturierten Raumes, dessen Bevölkerung mehrheitlich christlich war. 1572 zählt ein Bericht an den venezianischen Statthalter von Dalmatien 150 Dörfer in den ehemals dalmatinischen Gebieten des Sancaks von Klis mit 6.860 Häusern, wobei die Mehrheit der Ortschaften aus weniger als zehn Häusern bestanden haben dürfte. Kornelija Jurin-Starčević schätzt auf der Grundlage eines osmanischen Katasterverzeichnisses von 1604, dass es etwa 8.000 Häuser in diesem osmanischen Grenzabschnitt zu Venedig gegeben haben dürfte.[322] Die Einführung des osmanischen Landerfassungssystems und der damit verbundene Ausbau der Provinzverwaltung führten im gleichen Zeitraum zu einer stärkeren Verankerung des Festungsgürtels in den regionalen sozioökonomischen Strukturen. Aladin Hušić zeigt auf, dass im osmanischen Hinterland der venezianischen Städte Split und Zadar zwischen 1530 und 1574 die Bedeutung von „Dienstlehen" für die Bezahlung von Festungsbesatzungen zugenommen hat. Gemessen an der Höhe der Einnahmen aus den Timaren erfolgte eine Zunahme um 67% (von 137.516 auf 204.188 akçe) und die Zahl der meist im näheren Umland der Festungen gelegenen „Dienstlehen" hat sich von 93 auf 152 erhöht. Zunächst wiesen nur Nečven, Sinj, Vrh Rika und Drniš eine solche Struktur auf, dann folgten Knin, Zvonigrad und Boričevac. Die größten Timare (bis 4.000 akçe) erhielten die Festungskommandanten (dizdar), dann folgten *cehaya* (2.000–2.500 akçe) und *serbuljuk*s (ca. 1.600 akçe). Wenn Angehörige niederer militärischer Ränge der Festungsbesatzungen Timare zugewiesen bekamen, belief sich das Einkommen auf ca. 1.400 *akçe*. Die Mehrheit der Soldaten, von denen eine nicht unerhebliche Zahl aus Bosnien und der Herzegowina kam, wurde jedoch mit Soldzahlungen entlohnt.[323]

6.5.5 Der maritime Grenzraum im Mittelmeer

Ein osmanischer Verteidigungsgürtel lässt sich zumindest im 16. Jahrhundert auch im östlichen Mittelmeerraum feststellen, den die Osmanen militärisch mit zwei kleineren Flotteneinheiten zu sichern versuchten. Deren Stützpunkte lagen auf Rhodos und in Alexandria, von wo aus die Ägäis und die Schiffsrouten in der Levante überwacht werden sollten. Diese Aufgabe konnte ab den beginnenden 1590er Jahren von der osmanischen Flotte immer schwerer erfüllt werden, so dass stärker auf lokale Schiffsressourcen einzelner Provinzen zurückgegriffen werden musste. Die Einheiten wurden zwei Flügeln (kol) zugeordnet, deren Zusammenstellung jedoch immer wieder fluide gehandhabt worden ist. Der nördliche Flügel, auch Ägäis-Flügel genannt, umfasste die gesamte Ägäis und reichte von Modon und Koron bis zur Insel Samos. Einen festen Stützpunkt gab es auf Chíos, von wo die meisten Patrouillen aufbrachen. Allerdings gab es keinen festen Kommandeur, wenngleich offensichtlich vorwiegend die Gouverneure an der anatolischen Westküste dieses Amt ausgeübt zu haben scheinen. Die Sancakbeys von Teke und Menteşe werden in den

---

322 Jurin-Starčević, Demografska kretanja; dies., Vojne snage Kliskog i Krčko-Ličkog sandžaka.

323 Hušić, Demografske prilike u srednjodalmatinskom zaleđu.

osmanischen Quellen als Amtsinhaber in den Jahren 1590 bzw. 1591 erwähnt. Auch die Zusammensetzung der Flotteneinheiten änderte sich jährlich. Die Sancaks von Ağrıboz (Negroponte), Inebahtı (Naúpaktos/Lepanto) und Karlı-ili (Ätolien) stellten regelmäßig Schiffe, während aus den Bezirken von Chíos, Naxos und Mezistre bei Bedarf Verstärkung geholt wurde. Aus Kavala und Nauplion scheinen ebenfalls immer wieder Galeeren zu osmanischen Flottenverbänden hinzugestoßen zu sein. Schiffe aus Thessaloniki sowie den nordafrikanischen Regionen bildeten ein weiteres Mobilisierungspotential.

Insgesamt dürfte sich 1591 die gesamte Flotte des nördlichen Flügels auf etwa 20 Schiffe belaufen haben und somit für die Verteidigung und Sicherung des See- und Küstengebietes eine nur unzureichende Leistungskapazität erreicht haben. Der südliche Flügel hatte seine Basis auf Rhodos und – im Gegensatz zum nördlichen Flügel – im jeweiligen Gouverneur dieser Insel einen festen Kommandeur. Das zu überwachende Gebiet erstreckte sich von Rhodos bis nach Alexandria, Zypern und an die Küsten der Levante. Trotz aller administrativen Bemühungen erwies sich das Verteidigungssystem als überfordert, was nicht nur der zu geringen Zahl an verfügbaren Schiffen geschuldet war. 1591 stellten die Verwaltungsbezirke Rhodos, Mytilene, Chíos und Magosa jeweils vier Galeeren und aus Istanbul kamen fünf Schiffe. Neben Zypern unterstützten auch Alexandria und Damietta den südlichen Flügel. Die ägyptischen Flottenverbände mussten nicht nur den dortigen Küstenschutz übernehmen, sondern auch Schiffen auf der Überfahrt nach Anatolien und Istanbul militärischen Begleitschutz geben. Insgesamt war auch die Effizienz des südlichen Verteidigungsbereichs nicht ausreichend, um langfristig den maritimen östlichen Mittelmeerraum ausreichend schützen zu können. Gerade die zerklüftete montenegrinische und albanische Küste bot Seeräubern zahlreiche Rückzugsorte, die nicht ausreichend überwacht werden konnten.[324]

Die Bedrohung der Schiffsrouten durch Piraten war einer der wesentlichen Gründe dafür, dass Venedig und das Osmanische Reich zumindest zeitweise gemeinsame Absprachen über die Kontrolle des adriatischen Seeraums trafen (vgl. Kap. 5, SCHMITT, Kap. 5.4). Nach dem Friedensschluss von 1573 hatten sich die Signoria und das Osmanische Reich darauf verständigt, dass Venedig für die Sicherheit in der Adria verantwortlich sein sollte. Wenn Seeräuber Überfälle auf Handelsschiffe verübten, mussten die Venezianer die Verfolgung aufnehmen. Jedoch war es ihnen untersagt, den Piraten in das Herrschaftsgebiet dritter Personen, also der Habsburger, zu folgen. Diese Regelung erschwerte die Effizienz der venezianischen Seesicherung, da gerade die Uskoken, die dem habsburgischen Grenzverteidigungssystem angehörten, den größten Schaden für osmanische und venezianische Kaufleute verursachten. Immer wieder drohte Istanbul damit, die osmanische Flotte in die Adria segeln zu lassen, um die Sicherheit der Handelswege zu gewährleisten. Mit dieser Drohung setzten die Osmanen Venedig unter Druck, das zwischen 1615 und 1617 sogar einen Krieg gegen Erzherzog Ferdinand führte, in dessen Gefolge die Uskoken aus Senj vertrieben wurden. Allerdings unternahmen die Osmanen keinen Flottenvorstoß in die Adria, nicht zuletzt aufgrund der für sie schwer abzuschätzenden Reaktion der spanischen Vizekönige in Mailand und vor allem in Neapel.[325]

---

324 FODOR, The Organisation of the Defence.

325 BRACEWELL, The Uskoks of Senj; BOSTAN, Adriyatik'te korsanlık; GREENE, Catholic Pirates and Greek Merchants.

6.5.6 Herrschaftsstrukturen innerhalb der osmanischen Provinzen

Tributäre Herrschaftsgebilde in der imperialen Rand- bzw. Übergangszone

Der Osmanist Halil Inalcık hat 1954 ein Modell entwickelt, das die Eingliederung eines Gebietes in den osmanischen Reichsverband in drei Phasen gliedert. Zu Beginn eines Eroberungsprozesses waren osmanische Truppen an der Seite lokaler Herrscher in Konflikte involviert und erlangten aufgrund ihrer militärischen Stärke eine dominante Bedeutung. Dadurch wurde in der nächsten Phase ein Herrschaftsgebilde in den Status eines tributären Abhängigkeitsverhältnisses gegenüber der osmanischen Dynastie versetzt. Die endgültige Eingliederung in den Reichsverband erfolgte durch die Erstellung eines Katasterverzeichnisses, wodurch eine reguläre Provinz geschaffen wurde.[326] Als tributäre Herrschaftsgebilde lassen sich formal Gebiete inner- und außerhalb der Grenzen des Osmanischen Reiches bezeichnen, die eine oder mehrere der folgenden Verpflichtungen erfüllen: Zahlung eines Tributs, Heeresfolge und Nennung des osmanischen Herrschers im Freitagsgebet. Im Hinblick auf den südosteuropäischen Raum lassen sich zwei Gruppen definieren, wenn die Binnenräume innerhalb der Reichsgrenzen ausgeklammert bleiben:

A: Staaten außerhalb des Reichsgebietes:
Venedig, Habsburgermonarchie (entrichteten zeitlich befristete Tribute)

B: Herrschaftsgebilde in imperialen Übergangszonen:
Dubrovnik/Ragusa (Tribut), Moldau (Tribut, Heeresfolge), Walachei (Tribut, Heeresfolge)

In Bezug auf Gruppe B entwickelte sich ein osmanisches Herrschaftsverständnis heraus, in dem die Donau als Grenzfluss eine wichtige Rolle spielte. Grundsätzlich wurden die Gebiete nördlich des Flusses zum „Haus der Ungläubigen" (dar al-kefere) oder zum „Haus des Krieges" (dar al-harb) gezählt. In den osmanischen Schriftquellen waren bevorzugt neben *dar al-harb* folgende Begriffe im Gebrauch: *diyar-ı harb* (Feindesland), *kefere vilayetleri* (Gebiete der Ungläubigen), *kafirlerin illeri* (Besitzungen der Ungläubigen), *diyar-ı küfr* (Land der Ungläubigen) und *kafiristan* (Land der Ungläubigen). Ab dem 16. Jahrhundert kam *harbi* hinzu, wie beispielsweise *harbi vilayet* (Kriegsgebiet).[327] Damit zählten die Moldau und Walachei zu diesen Territorien, was sich auch in den Aussagen osmanischer Chronisten, Rechtsgelehrter oder politischer Denker im 15., 16. und sogar im 17. Jahrhundert bestätigt. Allerdings sahen sich die Donaufürstentümer und andere Gebiete nördlich der Donau einer immer engeren Einbindung in den Herrschaftsverband der Osmanen gegenüber, so dass sie sich zu imperialen Rand- bzw. Übergangszonen entwickelten. Im Hinblick auf die rechtliche Einordung dieser Gebiete schlägt Viorel Panaite vor, diesen Prozess mindestens in zwei Zeitabschnitte einzuteilen. Als Scharnier betrachtet er die Regierungszeit von Süleyman I., da in dieser Zeitspanne die rechtliche und politische Einordnung der Gebiete nördlich der Donau in das Imperium vollzogen wurde. Bis dahin könnten die Donaufürstentümer als zum *dar al-muvada'a* (Haus der Anerkennung) gehörig betrachtet worden sein, denn ihre

---

326 Inalcik, Ottoman Methods of Conquest.

327 Panaite, The Ottoman Law of War and Peace, 47.

Herrscher hatten zeitlich befristete Abkommen mit dem Sultan geschlossen und waren bereit, einen Tribut zu entrichten. Insbesondere ab der Herrschaft Süleymans bezeichneten osmanische Schreiben an christliche Herrscher die Moldau und die Walachei auch als die „wohlbehüteten Länder" (memalik-i mahruse) des Reiches oder das „Land des Sultans" (mülk-i mevrus), deren Bewohner steuerpflichtige Untertanen (reaya) des Sultans waren und deren Fürsten als tribut-pflichtige Herrscher (haracgüzarım) galten, die von der Hohen Pforte eingesetzt wurden. In den osmanischen Quellen wurden sie als *bey* oder Vojvoden (voyvoda) bezeichnet. Gerade letzterer Begriff bezog sich meist auf Amtsträger, die Steuern einzutreiben hatten. Die Fürsten (Woiwoden) von Siebenbürgen wurden neben *bey* oder *voyvoda* auch als *hâkim* (Herrscher) und *kıral* (König) betitelt.[328] Die rechtliche Stellung Siebenbürgens unterschied sich graduell von der Position der Moldau und der Walachei. Géza Dávid weist darauf hin, dass dort der Herrscher von den lokalen Adligen gewählt und durch den Sultan nur bestätigt wurde. Außerdem mussten keine Geiseln ge-stellt werden und es gab keine osmanischen Garnisonen.[329]

Für die Hohe Pforte galten diese Gebiete nördlich der Donau als Territorien innerhalb des Os-manischen Reiches, die einen rechtlichen, religiösen oder administrativen Sonderstatus als „privi-legierte Provinzen" (eyalât-ı mümtaze) besaßen oder Territorien mit weitreichender „Immunität" (serbestiyet) waren. Letztere waren vom Sultan osmanischen Würdenträgern mit umfänglichen Autonomierechten übertragen worden (temlik). In diesen Gebieten oblag den Landeigentümern die Steuereintreibung und osmanischen Autoritäten war es verboten, das Gebiet zu betreten. Os-manische Richter (kadı) durften dort beispielsweise keine Strafverfolgungsmaßnahmen durch-führen. Der jährliche Tribut Ragusas, Siebenbürgens und der Donaufürstentümer war eine als *harâc maktu'* bezeichnete Pauschalsumme, die nur von den dortigen Fürsten bzw. Herrschern ein-getrieben werden durfte. Es war osmanischen Autoritäten aus benachbarten Regionen verboten, an der Steuereintreibung mitzuwirken. Dieser Grad an steuerlicher Autonomie fand in den Be-zeichnungen *miri-i maktû* oder *mâl-ı maktû* seinen Ausdruck. Im 17. und 18. Jahrhundert galt der Tribut der Moldau und der Walachei als eine Kopfsteuerabgabe (cizye) nichtmuslimischer Unter-tanen, wie sie in weiten Teilen des Osmanischen Reichs üblich war.[330] Mit diesen Regelungen ging eine rechtliche Gleichstellung der dortigen Bevölkerung mit den osmanischen Untertanen in den südlich der Donau gelegenen Provinzen einher. Die Bewohner wurden als *zimmi*s betrachtet, de-ren Recht auf körperliche Unversehrtheit und Freiheit, freie Religionsausübung und Schutz ihres Besitzes gewährleistet werden musste. Vor diesem Hintergrund scheinen die Gebiete nördlich der Donau nunmehr vor allem dem *dar al-zimmet* („Haus des tributären Schutzes") zugerechnet worden zu sein. Sowohl das *dar al-muvada'a* als auch das *dar al-zimmet* bezeichnen Gebiete, die im *dar al-harb* und im *dar al-Islam* liegen konnten.[331]

---

328 Ebd., 264–267.

329 DÁVID, Administration in Ottoman Europe.

330 PANAITE, The Ottoman Law of War and Peace, 295.

331 DERS., The Legal and Political Status, 30.

Ragusa zählte neben den Donaufürstentümern und Siebenbürgen zu den „privilegierten Provinzen" (eyalât-ı mümtaze) des Osmanischen Reiches und wies im Hinblick auf die administrative Eingliederung in den Reichsverband eine Besonderheit auf. Die Republik des Hl. Blasius gehörte administrativ zu den Gerichtsbezirken von Novi und Ljubuški, die in der angrenzenden Provinz Bosnien lagen. Allerdings war es den dortigen Richtern und allen Angehörigen der Provinzverwaltung untersagt, das Gebiet dieser Hafenstadt ohne Erlaubnis der dortigen Behörden zu betreten. Zu den Ausnahmen zählten osmanische Zolleintreiber (emin), die in Ploče, Carina und Ston saßen. Deren Amtszeiten beliefen sich auf sechs Monate oder ein Jahr. Die Steuerpächter selbst waren meist hochrangige Würdenträger aus Bosnien und der Herzegowina, darunter Gouverneure, Kapudane etc.[332]

Ragusa hatte bereits im 15. Jahrhundert das Osmanische Reich als eine „Schutzmacht" akzeptiert und bezahlte seit 1442 einen jährlichen Tribut, der sich seit 1458 auf 12.500 Dukaten belief. Ab 1685 entfiel die jährliche Zahlungsverpflichtung. Der entsprechende Status der Stadt wurde in mehreren *ahdname*s (Kapitulationen, Privilegien) festgehalten.[333] Allerdings entwarf die Blasiusrepublik ein Narrativ, wonach sie das Osmanische Reich bereits zur Regierungszeit Orhans (ca. 1326–1360) als „Schutzmacht" freiwillig akzeptiert und sie den Tribut somit nicht nur aufgrund der osmanischen militärischen Überlegenheit bezahlt hätte bzw. bezahlen würde. Nach dieser Erzählung war der Tribut eine freiwillige Leistung. Aus ragusanischer Sicht blieb es immer vorrangig, die eigene „Freiheit" und Eigenständigkeit zu betonen. Dies zeigt sich beispielsweise auch daran, dass die Gesandten Dubrovniks angehalten waren, diese „Freiheit der Republik" im diplomatischen Verkehr mit der Hohen Pforte zum Ausdruck zu bringen.[334] Allerdings gab es immer wieder Phasen, in denen Ragusa die politische und militärische Unterstützung des Osmanischen Reiches suchte und dann dessen Funktion als „Schutzmacht" in den Verhandlungen mit Istanbul betonte. Dies geschah vor allem dann, wenn Venedig die Eigenständigkeit der Blasiusrepublik bedrohte wie im Krieg von 1570–1573 und insbesondere während der „Lastovo Krise" (1602–1606), als Venedig die Insel Lastovo besetzt hatte. Erst auf Druck der osmanischen Führung zog sich die Markusrepublik zurück. Ein ähnliches Szenario spielte sich während des Konflikts zwischen Venedig und Spanien ab, als die Serenissima eine Schiffsblockade (1617–1618) errichtete. Wiederum kam Istanbul Dubrovnik zu Hilfe, so dass Venedig die Blockade abbrechen musste.

Die Beziehungen zwischen der Hafenstadt und Istanbul wurden immer wieder dadurch beeinträchtigt, dass insbesondere an der Wende vom 16. zum 17. Jahrhundert Uskoken osmanische Gebiete plünderten und sich dann wieder auf ragusanisches Gebiet zurückzogen.[335] Solche Beispiele zeigen, wie wichtig für Dubrovnik effiziente diplomatische Verbindungen mit den Eliten am Bosporus waren. Die Hafenstadt unterhielt verschiedene Formen von Netzwerken, um ihre Interessen am Sultanshof vorbringen zu können. Die Gesandten wurden immer wieder von Ragusanern

---

332 Miović-Perić, Na razmeđu, 36–40.

333 Krekić, Dubrovnik; Bojović, Raguse et l'empire ottoman; Biegman, The Turco-Ragusan Relationship.

334 Kunčević, The International Status of the Ragusan Republic, 106.

335 Madunić, The Defensive System of the Ragusan Republic, 342.

unterstützt, die als Ärzte hochrangiger osmanischer Würdenträger oder in anderen Funktionen in Istanbul tätig waren. Ab 1688 residierte schließlich ein ständiger Vertreter der Blasiusrepublik am Bosporus.[336] Das weitverzweigte Netz von Kaufleuten sorgte auch in anderen Städten des Reiches dafür, dass ragusanische Gemeinschaften existierten und meist auch katholische Gemeinden gründeten.[337] Kaufleute brachten auch immer wieder Informationen nach Dubrovnik und waren somit nicht selten Teil von nachrichtendienstlichen Aktivitäten Ragusas. Deren Gesandte wurden mit gezielten Spionageaufträgen an den Bosporus geschickt und später hatte der ständige Vertreter ein eigenes Budget für entsprechende Aktivitäten.[338] Die Nachrichtenvermittlung erfolgte jedoch auch zugunsten des Osmanischen Reiches, das über Ragusa Informationen über Pläne christlicher Mächte erhielt.[339]

Typologien von Provinzen

Das unmittelbare Herrschaftsgebiet des Hauses Osman war in Großprovinzen aufgeteilt, die als *beylerbeylik*, *vilayet* und insbesondere ab dem späteren 17. Jahrhundert auch als *eyalet* bezeichnet wurden (s. Karte XII). An deren Spitze befanden sich Gouverneure, die meist den Titel eines *beylerbeyi* oder *vali* trugen. Im Rahmen der Provinzverwaltung nahmen die Gouverneure eine dem Großwesir auf Reichsebene vergleichbare Stellung ein, wenngleich dies nicht für alle Provinzen in gleichem Maße galt. In Anlehnung an die Strukturen in der Hauptstadt saßen auch sie jeweils einem *divan* vor, über dessen Zusammensetzung und Beratungen nur wenig bekannt ist. Eine der detailliertesten Studien hat Hazim Šabanović vorgelegt, in der er die Zusammensetzung und Funktion des *divan* der Provinz Bosnien im 17. Jahrhundert darstellt. Neben dem Gouverneur gehörte ihm spätestens seit 1587 der *çavuşlar kethüdası/kethüda-ı çavuşan* an. Dieser Amtsträger entstammte meist aus der Provinz und stand allen *çavuş* in der Provinzverwaltung vor. Er erfüllte Polizeiaufgaben und übernahm verschiedene weitere administrative und repräsentative Aufgaben am Sitz des Gouverneurs. Im *divan* saß auch der Leiter der Finanzverwaltung (hazine defterdarı/mal defterdarı) sowie einige der wichtigsten Richter. Ab 1587 gehörten der *timar defterdarı* und nach 1607 ein *defterçehaji* diesem Gremium an, wenngleich sie an den Beratungen wahrscheinlich nicht regelmäßig teilnahmen. Vermutlich handelte es sich um verschiedene Ämter, zumindest existierten sie in Bosnien offensichtlich nicht gleichzeitig. Letzterer war für die Aufbewahrung des Schriftverkehrs zuständig, während der rangniedere *timar defterdarı* administrative Angelegenheiten im Rahmen des Timarsystems übernommen haben dürfte. An den Sitzungen des *divan* nahmen ab 1737 auch lokale Notabeln (ayan, kapudan) teil, wenngleich sie wahrscheinlich vorwiegend nur zu den Beratungen hinzugezogen wurden, die sich mit militärischen Angelegenheiten beschäftigten.[340] Über die Teilnahme christlicher oder jüdischer Würdenträger liegen in Bezug auf den *divan* in Bosnien

---

336 Miović-Perić, Diplomatic Relations, 192.

337 Siehe für Edirne Krawietz/Riedler (Hgg.), The Heritage of Edirne; Zlatar, Dubrovnik's Merchants.

338 Miović-Perić, Diplomatic Relations, 198–204.

339 Moačanin, s. v. Ragusa.

340 Šabanović, Bosanski divan.

keine Informationen vor. Auf der Morea war zumindest im 18. Jahrhundert der Übersetzer des Gouverneurs (tercüman bey) Mitglied des Rates.[341] Ähnlich wie im großherrlichen *divan* in Istanbul schien über die Beschwerden auch in Anwesenheit eines Richters geurteilt worden zu sein. Allerdings liegen über die Verfahren und die Urteile der *divan*s in den Provinzen kaum archivalische Quellen vor, so dass auch über die Mechanismen der Entscheidungsfindung wenig bekannt ist.

In der Regel waren die Provinzen in Bezirke (Sancak) untergliedert, denen jeweils ein Sancakbey vorstand. Die einzelnen Sancaks bestanden wiederum aus verschiedenen Distrikten (nahiye) und Gerichtsbezirken (kaza), an deren Spitze ein Richter (kadı) und dessen Vertreter (naib) standen. Er sprach nicht nur Recht und übernahm notarielle Aufgaben. Vielmehr oblag ihm auch die Verantwortung für den Zustand von Straßen, Brücken, Verteidigungsanlagen etc., die Kontrolle des Marktgeschehens sowie die allgemeine Aufsicht über das Steuerpacht- und Timarwesen.[342] Im Verlauf des 17. Jahrhunderts erhöhte sich die Zahl der Bewerber auf die Richterämter, so dass 1647 alle bis dahin aufgelösten *kaza*s wieder hergestellt wurden. Damit stieg insbesondere die Zahl kleinerer Gerichtsbezirke wieder an. 1667/1668 ließ der *şeyhülislam* Minkarızâde Yahya Efendi ein Register erstellen, das alle Gerichtsbezirke im Zuständigkeitsbereich des rumelischen Heeresrichters (kadıasker) enthielt. In diesem Dokument wurden die *kaza*s in eine aus zwölf Rängen bestehende Hierarchie eingeordnet,[343] während vorher möglicherweise nur ein neunstufiges Modell existiert hatte.[344]

Innerhalb des Reichsgebietes lassen sich verschiedene Kategorien von Provinzen feststellen, die – gerade im Hinblick auf Südosteuropa – in der Mehrzahl *tımarlı*-Provinzen waren. In ihnen war das osmanische Landerfassungssystem (Timarsystem) eingeführt, das eng mit der Struktur der Provinzverwaltung verbunden war. Diese Einrichtung ist bereits seit Orhan (ca. 1326–1360) nachweisbar. Sie basiert auf der temporären Zuweisung von „Staatsland" (miri), zunächst vorwiegend an Angehörige der schweren Reiterei (sipahi). Allerdings konnten solche „Lehen" auch an Personen vergeben werden, die keine militärischen Aufgaben als Gegenleistung erbrachten. Grundsätzlich gab es zwei zentrale Kategorien von „Dienstlehen". Die Mehrzahl der Dienstlehen bestand aus der als Timar (tımar) bezeichneten kleinsten Kategorie (bis zu 20.000 akçe), die im 15. und 16. Jahrhundert noch hauptsächlich an die Angehörigen der schweren Reiterei (sipahi) vergeben wurden. Daneben konnten auch christliche und muslimische Richter sowie christliche Würdenträger wie Bischöfe in deren Genuss kommen. Den höherrangigen Amtsträgern in der Provinzverwaltung wurden Dienstlehen aus der Kategorie der *zeamet* (20.000–99.999 akçe) zugeteilt. Dies galt insbesondere für die Vorsteher der Sancaks (sancakbeyi). Schließlich existierten noch die sultanischen Besitzungen, die *has* genannt wurden.[345]

---

341 Stamatopoulos, Constantinople in the Peloponnese, 151, vgl. Vlachopoulou, Revolution auf der Morea, 67–92.

342 Literaturangaben sind enthalten in Ursinus, s. v. Kadi.

343 Özergin, Rumeli Kadılıkları'nda 1078 Düzenlemesi

344 Uzunçarşili, Osmanlı develetinin ilmiye teşkilatı. Für den ungarischen Raum s. Koller, Eine Gesellschaft im Wandel, 125–127.

345 Siehe dazu mit weiteren Literaturangaben Ursinus, s. v. Timar; Mutafčieva, Osmanska socialno-ikonomičeska istorija, 7–61.

Jedoch gab es daneben eine Vielzahl unterschiedlicher Provinzkategorien, darunter die auch auf der Balkanhalbinsel vorhandenen *salyaneli*-Provinzen sowie „vererbbare" Provinzen. In den *salyaneli*-Provinzen wurde das osmanische Landerfassungssystem (Timarsystem) nicht eingeführt, sondern die Steuern und Abgaben trieben in erster Linie Steuerpächter ein. Aus den Einnahmen der Provinz bestritt der Gouverneur zunächst alle Militär- und Verwaltungskosten, während er eine bestimmte Summe (irsâliye) in die Hauptstadt Istanbul überweisen musste. Diese Provinzen waren vor allem im nördlichen Afrika und in arabischen Reichsgebieten zu finden, wie beispielsweise 1653 das von Sofyalı Ali Çavuş[346] verfasste Traktat ausführt. Der Autor erwähnt die Provinzen von Ägypten, Jemen, Äthiopien/Eritrea (eyalet- i habeş), Basra, Bagdad, Tripolis und Bengasi (eyalet-i trablusgarb), Tunis und Algerien (eyalet-i-cezayir-i garb).[347] Ali Çavuş hat für sein *risâle* auch auf die Werke von Müezzinzâde Ayn Ali zurückgegriffen, der u. a. 1607 als *emin-i defter-i hakani* eine hohe Funktion in der „Registratur" in der Zentralverwaltung innehatte. Etwa um 1610 erschienen mit Kavânîn-i âl- ı Osmân der hulâsa-ı mezâmîn-i defter-i dîvân [Die Regeln des Hauses Osman, die den Inhalt des Registers des großherrlichen Rates zusammenfassen] und Risâle-i vazife-horân ve merâtib-i bendegân-i âl-i Osmân [Abhandlung über die bezahlten Personen und die Ränge der Sklaven des Hauses Osman] dessen wichtigste Arbeiten.[348] Im erstgenannten Werk listet Ayn Ali u. a. die Verwaltungseinheiten- und Hierarchien des Osmanischen Reiches auf und schreibt, dass innerhalb der „Provinz der Inseln des Weißen Meeres" (eyalet-i cezayir-i bahr-i sefid) die Sancaks von Chíos und Naxos[349] einen *salyaneli*-Status besaßen.[350] Auch die Insel Andros scheint zumindest seit 1607 ein *salyaneli sancak* gewesen zu sein.[351] Ayn Ali zählt mit Gallipoli, Lepanto, Rhodos, Midilli, Mystras, Negroponte und Ätolien noch weitere Sancaks auf, in denen das Timarsystem nicht existierte. Allerdings rechnet er sie nicht zu den *salyaneli sancak*s.[352]

Eine zweite Kategorie bildeten die „vererbbaren" Provinzen, die sich wiederum in die Gruppen der *hükümet*, *yurtluk* oder *ocaklık sancak*s einteilen lassen. Die *hükümet sancak*s waren in den Gebieten Anatoliens verbreitet, in denen turkmenische und kurdische Stämme und Sippenverbände lebten. In ihnen gab es weder das Timarsystem, noch osmanische Militäreinheiten oder Verwaltungsangehörige. In den beiden anderen Verwaltungskategorien, die ebenfalls im anatolischen

---

[346] Ähnlich wie andere Traktate aus dem 17. Jh. dürfte auch dieser Text wesentlich auf *kanunnâmes* aus der Zeit von Süleyman I. basieren, denen Korrekturen und Ergänzungen hinzugefügt wurden; vgl. dazu mit weiterführender Literatur Sariyannis, A History of Ottoman Political Thought, 219.

[347] Zitiert nach Özbaran, Some Notes on the Salyâne System, 42.

[348] Sariyannis, A History of Ottoman Political Thought, 219.

[349] Naxos wurde 1537 erobert und zu einem tributpflichtigen Gebiet. Ab 1580 war Naxos das Verwaltungszentrum des Sancaks der Kykladen, mit einem Sancakbey an der Spitze. Im Kontext des venezianisch-osmanischen Krieges wurde 1646 eine Verwaltungsstruktur zugestanden, die von einem Vojvoden und sechs lokalen Notabeln geleitet wurde; vgl. dazu, Panaite, The Ottoman Law of War and Peace, 100f.

[350] Ünal, XVI. ve XVII. Yüzyıllarda, 254.

[351] Kolovos, Ottoman Documents from the Aegean Island of Andros; Veinstein, Insularity and Island Society; Küçük (Hg.), A Short History of the Period of Ottoman Sovereignty.

[352] Ünal, XVI. ve XVII. Yüzyıllarda, 254.

Raum am weitesten verbreitet waren, standen dort auch lokale Stammesführer den Provinzen vor. Deren Ämter waren innerhalb ihrer Familien erblich, jedoch gab es in diesen Gebieten das Timarsystem und die osmanische Verwaltung erstellte auch Steuerregister.[353] In den südosteuropäischen Provinzen existierten kurzfristig Verwaltungseinheiten, die Ähnlichkeiten mit solchen „vererbbaren" Provinzen aufwiesen. Dazu gehörte der „Sancak des Petrovik", der im Kontext der osmanischen Expansion in Ungarn entstanden war und die Region um Temeswar bzw. große Teile des Banats umfasste. Nach der endgültigen Besetzung zentralungarischer Gebiete sollten ab 1544/1545 Georg Martinuzzi, der Bischof von Várad und vor allem Petro Petrović, ein Verwandter des 1540 verstorbenen Johann Szapolyai, im Auftrag der Hohen Pforte als deren Vasallen die „siebenbürgischen Länder" verwalten. Der *Petrovik sancağı* blieb bis 1552 bestehen, als dieses Gebiet schließlich erobert und in eine reguläre Provinz umgewandelt wurde.[354]

6.5.7 Verwaltungsstrukturen

Die institutionelle Ausgestaltung der osmanischen Provinzverwaltungen in Südosteuropa, mitunter in Form von *kapudanlık*s und *ayanlık*s, folgte keinem statischen „Idealtypus", sondern wies immer wieder regionale und zeitliche Unterschiede bzw. Veränderungen auf. Diese Variabilität soll im Folgenden an einzelnen Beispielen aufgezeigt und diskutiert werden (vgl. Karte XII).

Kapudan

Die frühesten Kapetane (kapudan) sind zunächst fast ausschließlich im bosnisch-herzegowinischen Raum anzutreffen. Dieses Amt dürfte im Gefolge des venezianisch-osmanischen Krieges von 1499 bis 1503 eingerichtet worden sein. Darauf deutet zumindest die erste bekannte schriftliche Erwähnung eines Kapetan im Jahre 1511 hin, der die militärische Verteidigung im Gebiet des Flusses Neretva stärken sollte. *Kapudan* Brotnja, der vermutlich der erste Inhaber des Kapetanats war, sollte den Einfall venezianischer Truppen verhindern und die Sicherheit an den Ufern dieses Flusses gewährleisten. Dafür stand ihm eine Flotte zur Verfügung, die auf der Neretva stationiert war.[355] Die spärlichen Quellenhinweise aus dem 16. Jahrhundert deuten auf zwei Kategorien von Kapetanen hin. Die eine Gruppe schien aus *kapudan*s bestanden zu haben, die am Verlauf von Flüssen eingesetzt waren und teilweise aus den Reihen der Kommandeure von *azab*-Einheiten rekrutiert worden sein könnten. Es handelte sich dabei um leichte Infanterieeinheiten, die auch in Flottenverbänden eingesetzt wurden.

Während die Kapetane in Flussräumen ihren Titel möglicherweise von den venezianischen Schiffskommandeuren abgeleitet hatten, könnte die Bezeichnung *kapudan* aber auch auf die venezianische Provinzverwaltung im *Stato da mar* zurückzuführen sein. Dort wurden die Bezirke von

---

353 ÁGOSTON, A Flexible Empire.

354 KREŠIĆ, The Sancak of Petar Petrović.

355 ČAR-DRNDA, Nastanak Mostara, 241.

einem Statthalter (rector) geleitet, der aus dem Kreis der Patrizierfamilien kam. Die wichtigsten Vertreter waren der Graf und Kapitän von Skutari und Durazzo sowie Amtsträger in Dalmatien, die den Titel *comes et capitaneus* trugen (s. zum venez. Ämterwesen Beitrag 5, SCHMITT, Kap. 5.6).[356] In beiden Begriffen zeigte sich die Verschränkung von militärischer und ziviler Gewalt, wie sie auch für die osmanische Provinzverwaltung charakteristisch geworden war. Es ist daher denkbar, dass die Funktion des venezianischen *capitaneus* und *rector*s in die Ausgestaltung der osmanischen Verwaltung im herzegowinischen und bosnischen Raum einfloss. Schließlich hatten die *kapudane*, ähnlich ihren möglichen venezianischen „Vorbildern", ebenfalls das Kommando über lokale Truppeneinheiten inne oder pflegten den Kontakt zu Grenzoffizieren auf habsburgischer Seite.

Die Einbindung der frühen Kapetane in die osmanische Provinzverwaltung zeigt sich auch daran, dass sie – wie andere Funktionsträger – in das Timarsystem eingebunden waren. Die „großen" Kapetane erhielten wahrscheinlich immer wieder Dienstlehen aus der Kategorie der *zeamet* (20.000–99.999 akçe) zugeteilt, insbesondere wenn sie in den neu eroberten Gebieten des bosnischen und herzegowinischen Raums das Amt eines Sancakbeys übernahmen. Dies galt beispielsweise für den Sancak von Začasna, dessen Statthalter an der Wende vom 16. zum 17. Jahrhundert, vor ihrer Ernennung, Kapetane von Gradiška waren. Der erste in den Quellen genannte *kapudan* von Gradiška (ca. 1540) dürfte auch die Funktion eines Kommandeurs von Truppen gehabt haben, zumindest versprach er dem kroatischen *ban* den Einfall von Martolosen aus der Festung Stupčanica in dessen Territorium zu verhindern.[357] Es ist daher wenig überraschend, dass Gouverneure immer wieder versuchten, Familienangehörige oder enge Vertraute in das Amt eines *kapudan* zu bringen und damit ihre Machtstellung im Gefüge der Provinzverwaltung zu stärken. Malkoç Bey, der 1553 Sancakbey der Herzegowina war, verschaffte einem seiner Söhne dieses Amt, dem dann dessen Bruder folgte. Ähnliches galt für einen Gazi Mehmed Bey, der vermutlich mit dem bosnischen Sancakbey Gazi Hüsrev Bey kämpfte und mit der Grenzziehung des ca. 1580 etablierten Sancaks Krka (Lika) beauftragt war. 1564 ist er als *kapudan* von Osijek nachzuweisen und scheint dann zum Sancakbey von Syrmien, Požega, Cernik und Zvornik ernannt worden zu sein.[358] Diese frühen Kapetane waren offensichtlich vorwiegend in den Grenzgebieten etabliert worden, deren Verteidigung und Verwaltung ihr vorrangiges Aufgabengebiet gewesen sein dürfte.

In den Grenzräumen zu Venedig und der Habsburgermonarchie hat sich im 16. Jahrhundert die Zahl der Kapetanate auf fünf erhöht. Im 17. Jahrhundert war sie auf 29 und bis zum Ende des 18. Jahrhunderts auf etwa 38 angestiegen. Zahlreiche Kapudane waren nun auch im Inneren der Provinz Bosnien zu finden und dies zeigt, dass die Verteidigung der unmittelbaren Grenze nicht mehr die dominierende Aufgabe der Amtsträger war. Zwischen dem 16. und 18. Jahrhundert werden folgende Kapetanate erwähnt (s. Tab. 5):

---

356 SCHMITT, Das venezianische Albanien, 324f.

357 MOAČANIN, Town and Country, 148.

358 ZAHIROVIĆ, Die Familie Memibegović, 79.

Tabelle 5: Kapetanate im venezianisch-habsburgischen Grenzraum (16.–18. Jh.)[359]

Kapetanat	Jahr		Kapetanat	Jahr
Gradiška/Berbir	ca. 1540		Ključ	1694
Jasenovac	1624		Banja Luka	nach 1660
Dubica	1611		Jajce	Anfang 17. Jh.
Kostajnica	1624		Osijek und Virovitica	keine Angaben
Novo	1624		Kobaš	1723
Gvozdansko	keine genaue Angabe		Brod	um 1700
Krupa	1565		Tešanj	nach 1699
Bihać	1592		Doboj	nach 1699
Ostrožac	1629		Vranduk	1715
Knin	1662		Maglaj	1753
Skradin	1639		Kozarac	vor 1709
Nadin	1645		Prijedor	1757
Zemun	1620		Novi Pazar	1726
Vespoljevac/Islam	vor 1639		Stara Ostrovica	1699
Obrovac	1620		Petrovac	nach 1730, aber vor 1753
Udbina	1620			
Klis	vor 1596		Glamoč	nach 1624
Kamen	vor 1636 (bis 1647)		Kupres	1757
Hlivno	vor 1691		Tomina/Palanka	Anfang 18. Jh.
Imotski	vor 1636		Gradačac	um 1700
Gabela	1591 (bis 1693)		Zvornik	vermutlich um 1718 oder nach 1699
Trebinje	1664			
Herceg Novi	vor 1604		Tuzla	vor 1730
Kamengrad	1624		Onogošt	um 1703
			Klobuk	nach 1699

[359] Die Angaben sind entnommen aus Kreševljaković, Kapetanije u Bosni i Hercegovini. Die genannten Jahreszahlen sind meist ungefähre Angaben. Sie verweisen auf die frühesten gesicherten Erwähnungen in den Schriftquellen. Ebenso lassen sich nicht immer präzise Aussagen darüber treffen, wie lange die Kapetanate existierten. Daher wird nur die Ersterwähnung angegeben.

Kapetanat	Jahr
Ključ	vor 1740
Kolašin	1730er Jahre
Džisr-i Tarska	um 1790
Vidoška	vor 1706
Mostar	zwischen 1700 u. 1706

Kapetanat	Jahr
Počitelj	Anfang 18. Jh.
Ljubuški	vor 1705
Rog	existierte vermutlich nur 1710
Duvno	1711
Hutovo	1802

Ayan

Die Ausbreitung des Kapetanats ging mit dem Aufkommen lokaler Notabeln einher, die vor allem seit dem 16. Jahrhundert als *ayan* in den Schriftquellen erscheinen. In dieser frühen Phase scheint sich der Terminus jeweils auf die Gruppe der einflussreichsten Bewohner von Städten und Ortschaften bezogen zu haben, deren Mitglieder vorwiegend aus dem Händler- und Handwerkermilieu gekommen sein dürften. In dieser Zeit waren neben der Bezeichnung *ayan* auch die Termini *ayan-ı belde, ayan-ı memleket* oder *ayan-ı vilayet* gebräuchlich. Diese frühen Ayane dürften noch keine weitergehende Funktion im Gefüge der osmanischen Provinzverwaltung gehabt haben, sondern die Bezeichnung *ayan* entsprach mehr einem Ehrentitel.[360] Auch in den darauffolgenden Jahrhunderten definierte der Begriff Ayan eine Gruppe führender Repräsentanten von Städten und Ortschaften, die allerdings nicht unbedingt einer reichen Oberschicht oder dem Islam angehören mussten. Bis zur Mitte des 18. Jahrhunderts lassen sich in der Chronik des Bašeskija 14 Muslime und Christen finden, die in Sarajevo den Ayanen zugerechnet worden waren. Darunter waren Handwerker, Angehörige der *ulema* (Religionsgelehrte), Richter (kadı) und Mitglieder des Janitscharenkorps, von denen im 18. Jahrhundert viele im Handel und Handwerk tätig waren.[361]

An der Wende vom 17. zum 18. Jahrhundert erhielt die Bezeichnung *ayan* jedoch zunehmend eine neue Qualität, da sie sich vermehrt auf Personen mit wirtschaftlicher und politischer Macht in den Provinzen bezog. Dieser Prozess intensivierte sich insbesondere während des „Großen Türkenkriegs" (1683–1699), als die personellen Ressourcen der osmanischen Verwaltung durch die Mobilisierung für die Kämpfe und dem hohen Blutzoll in den südosteuropäischen Provinzen geschwächt worden sind. Die lokalen Notabeln erlangten nunmehr eine größere Bedeutung im Gefüge der Provinzverwaltungen, indem sie immer mehr administrative und militärische Aufgaben übernahmen. 1725 wurde schließlich das Amt des Ayan (ayanlık)[362] geschaffen, mit dem folgende

---

360 ZENS, Provincial Powers; SUĆESKA, Bedeutung und Entwicklung des Begriffs A'yan; MUTAFČIEVA, Kărdžalijsko vreme, 22–26.

361 KOLLER, Bosnien an der Schwelle zur Neuzeit, 66f.

362 Dieser Begriff bezog sich auch auf das Gebiet, das unter der administrativen Verantwortung eines Ayan stand; s. dazu KARPAT, Millets and Nationality, 627; YAYCIOĞLU, Provincial Power-Holders. 1786 gab es den Versuch, dieses Amt zugunsten der als *kethüda* bzw. *şehir kethüdası* bezeichneten Vorsteher von Städten und Ortschaften zu

Aufgaben verbunden waren: Eintreibung der *tekalif- i örfiye*, Regelung der öffentlichen Ordnung und Sicherheit, Bekämpfung des Schmuggels, Festlegung der Höchstpreise für Lebensmittel, Bau von Poststationen, Sicherstellung der Verpflegung der Postboten, Mobilisierung von Soldaten, Unterstützung beim Bau von Festungen und deren Instandsetzung, Versorgung der dortigen Soldaten mit Lebensmitteln etc.[363] Diese Ayane kamen häufig aus einflussreichen Familien vor Ort und wurden aus dem Kreis der *ayan-ı vilayet* ausgewählt. Sie benötigten auch die Bestätigung durch die Gouverneure, deren Einfluss auf dieses Verfahren allerdings seit der Mitte des 18. Jahrhunderts geschwächt worden ist. Zunehmend versuchten die Großwesire die Auswahl der Ayane zu regulieren und damit auch zu kontrollieren.[364]

Der *Machtaufstieg der Ayane: ökonomische Ursachen*

Die Ausbreitung des *ayanlık* bis zum Ende des 18. Jahrhunderts erfolgte vorwiegend entlang der Küste und der Flüsse im Landesinneren. Dabei lassen sich mehrere Räume ausmachen, in denen das *ayanlık* verstärkt auftrat: Bosnien, die Schwarzmeerküste, das Hinterland von der Dobrudscha bis Edirne, in westlicher Richtung entlang der Donau bis Vidin, die nördlichen Ausläufer des Balkangebirges, die nördliche Ägäisküste von Komotiní/Gümülcüne bis Sérres sowie in den Tälern der Flüsse Marica, Struma und Vardar.[365] Die geographische Ausdehnung wirft die Frage nach den ökonomischen Ursachen für die Ausbreitung der Ayane auf. In der Historiographie dominierte bis in die 1970er Jahre die Ansicht, dass die zunehmende Verbreitung von Landgütern (çiftlik) ein wesentlicher Motor dieser Entwicklung gewesen sei. An dieser Stelle ist es angebracht, einen vertieften Blick auf die Hintergründe dieses Prozesses zu werfen. Der Begriff çiftlik bezog sich zunächst auf die Landfläche, die von einem Ochsengespann (çift) bearbeitet werden konnte. Solche çiftliks, die im Besitz von Bauernfamilien waren, umfassten durchschnittlich fünf bis 15 Hektar und setzten sich aus mehreren Feldern zusammen, die vorwiegend für den Ackerbau geeignet waren. Der gesamte Besitz wurde als *raiyyet çiftlik* bezeichnet, dessen Umfang in Ausnahmefällen auch variieren konnte. Einzelne Familien konnten mehr als ein çiftlik besitzen oder nur weniger als ein gewöhnliches çiftlik, das dann die Bezeichnung *nim-çift* trug. Wenn Ayane oder Kapudane ein größeres çiftlik aufbauen wollten, war der Erwerb des *tasarruf* erstrebenswert, weil die *raiyyet çiftlik*s nicht teilbar und vererbbar waren. Mit dem *tasarruf* war das Recht auf den Verkauf oder die Vererbung des Bodens verbunden, aber nicht die Pflicht zum Militärdienst. Damit bildete das *tasarruf* in vielen Fällen die Basis für den Aufbau eines çiftlik, wie sie im Besitz von lokalen Notabeln vorzufinden waren. Der Begriff çiftlik konnte aber auch für den Kernbereich eines Timars (hassa) stehen, den der *sipahi* selbst bearbeitete. Die *raiyyet çiftlik*s und die *hassa çiftlik*s waren die häufigs-

---

schwächen. Diese hatten ebenfalls administrative Aufgaben inne und beide Ämter existierten im 18. Jh.; s. dazu ÇELIK, s. v. Şehir Kethüdâsı.

363 KOLLER, Bosnien an der Schwelle zur Neuzeit, 66f.

364 ZENS, Provincial Powers, 437; BAYKAL, A'yânlık Müessesesinin Düzeni Hakkında Belgeler, 222–224; YAYCIOGLU, Partners of the Empire, 65–115.

365 SADAT, Rumeli Ayanlari, 352f.

ten Formen von çiftliks, die zur Grundlage der ebenfalls als çiftlik bezeichneten Landgüter lokaler Notabeln wurden. Im Kosovo und in der Dukagjin-Ebene fand vor allem eine Umwandlung von *hassa çiftliks* statt, die mit Veränderungen im Rechtsstatus einherging. Der *sipahi* durfte zwar Land an einen Bauern vergeben, aber diesem gehörte es nur bis zum Wechsel des Lehensinhabers. Damit war ein Bodenerwerb für die Bauern nicht mehr interessant und der Lehensinhaber, der das Land nicht selbst bewirtschaften konnte, versuchte das *hassa*-Land zu verkaufen. Die neuen Besitzer besaßen dann einen Boden, der nicht mehr im Staatsbesitz war.[366]

Als Grund für die Ausdehnung des privaten Land- bzw. Großgrundbesitzes dominierte in der Historiographie bis in die 1970er Jahre die These, wonach die im 18. Jahrhundert verstärkte Nachfrage nach Agrarerzeugnissen in anderen Teilen Europas den Ausbau der çiftliks gefördert habe. Diese These bot allerdings kein ausreichendes Erklärungsmuster, zumal am Beispiel der çiftliks an der Schwarzmeerküste nachgewiesen werden konnte, dass nicht der Außenhandel, sondern die Versorgung Istanbuls mit Getreide die Zunahme der dortigen Landgüter bewirkt hat.[367] Andere Autoren sehen darüber hinaus in der Inflation einen wichtigen Grund für die Ausbreitung von çiftliks, da dadurch Handelskapital vermehrt in Grundbesitz geflossen sei.[368] Daher hätten Ayane, Kapudane und andere Machteliten versucht, *miri*-Land oder verödetes Land in Besitz zu nehmen. Allerdings stellten diese Landgüter nicht unbedingt eine profitable Einnahmequelle dar. Die vielfältigen Erklärungen für diesen Befund lassen sich anhand von Fallstudien aus der südwestlichen Peloponnes erläutern, die beide vor allem auf der Grundlage eines Katasterverzeichnisses (tapu tahrir defteri) von 1716 erstellt worden sind. Diese Studien beschäftigen sich mit der Entwicklung unmittelbar nach der Rückeroberung dieses Gebiets durch die Osmanen, das zwischen 1686 und 1715 unter venezianischer Herrschaft gestanden war.[369] Das Katasterverzeichnis gewährt einen detaillierten Einblick in die Siedlungs- und Agrarstrukturen mehrheitlich von Christen bewohnter Gerichtsbezirke in Arkadien und Messenien. Die Auswertung der Daten zeigt die Bedeutung der naturräumlichen Gegebenheiten, da gerade in zerklüfteten Bergregionen nur kleine Landgüter errichtet werden konnten. Im Bergland dominierte die Viehwirtschaft, deren Flächenbedarf oftmals zu Spannungen mit den Ackerbau treibenden Dörfern in den Tälern und Ebenen führte. Mit der zunehmenden Ausbreitung der çiftliks verschärfte sich diese Situation noch weiter. Jedoch haben solche Konflikte wahrscheinlich kaum die Bedeutung von Landgütern für die Machteliten geschmälert, vielmehr dürften vor allem ökonomische Faktoren, die sich u. a. aus den geschilderten topographischen Gegebenheiten ergeben haben, eine wichtige Rolle für die meist sehr begrenzten Einnahmemöglichkeiten gespielt haben. Die Daten im Register zeigen, dass das meiste Ackerland bereits bearbeitet wurde und sich in den Dörfern ein spürbarer Mangel an

---

366 Pulaha, Das albanische Beispiel des Hassa-Tschiftlik; Ursinus, The Çiftlik Sahibleri of Manastir; Andonova, Askeri çiftlikät-vakäfät-dăržavata.

367 McGowan, Economic Life in the Ottoman Empire, 76f.

368 Adanir, Heiduckentum und osmanische Herrschaft, 96.

369 Davies/Bennet/Zarinebaf, An Analysis of the Ottoman Cadastral Survey; Parveva, Agrarian Land and Harvest, bzw. dies., Zemjata i chorata.

Land ergab. Die Bauern bearbeiteten daher auch Brachflächen (mezraa) und versuchten auf nicht kultiviertes Land von benachbarten Dörfern zuzugreifen. In der Historiographie wird manchmal auch darauf hingewiesen, dass die oftmals schwierige wirtschaftliche Lage der bäuerlichen Bevölkerung den Auf- und Ausbau von Landgütern gefördert habe. Stefka Pärveva greift diese Perspektive in ihrer Untersuchung auf und zeigt, dass die Bauern in diesem Teil der Peloponnes eine Dreifelder-Wirtschaft beim Getreideanbau praktizierten. In den Ebenen erreichten sie nach Abzug der Steuern und Abgaben einen Ernteüberschuss von 32 % bis 45 %, während er im Bergland nur 10 % bis 16 % betrug. Der Blick auf ein *raiyyet çiftlik* zeigt, dass die Gewinnspanne zwar für die Entrichtung der üblichen Abgaben inklusive der Kopfsteuer (cizye) ausreichend war. Allerdings konnten die Bauern die neuen Steuerlasten offensichtlich kaum noch oder nicht mehr tragen.

Diese Entwicklung hatte bereits im späten 16. Jahrhundert begonnen, als sich zwischen 1555 und 1655 die Inflationsrate des *akçe* auf 225 % belief. Die Kopfsteuer hatte sich im gleichen Zeitraum um 263 % erhöht und lag somit nur 17 % über der Inflationsrate. Allerdings erhöhten sich die mit der Eintreibung der *cizye* verbundenen Gebühren *maaş* und *gulamiye* erheblich, so dass die Verteuerung des gesamten „*cizye*-Pakets" bis zu 350 % erreichen konnte. Nach der Reform der *cizye* im Jahre 1691 wurde diese nicht mehr nach Steuerhaushalten (hane) erhoben, sondern war ab diesem Zeitpunkt von jedem Erwachsenen und gesunden Nicht-Muslim zu bezahlen. Allerdings stellte diese Steuer im 17. Jahrhundert nicht mehr die wichtigste Einnahmequelle des Fiskus dar, sondern die zusammenfassend als *avarız* bezeichneten Steuern *avarız-ı divaniye* und *tekalif-i örfiye*.[370] Hinter diesem Begriff verbarg sich eine Vielzahl außerordentlicher Abgaben, die in Naturalien, Geld oder auch Dienstleistungen für das Imperium erbracht werden konnten.[371] Diese zunächst unregelmäßig erhobenen Sonderabgaben entwickelten sich spätestens im 18. Jahrhundert zu regulären Steuern, zu denen noch die als *taksit* bekannte *imdat-ı hazariye* ab etwa 1719 hinzukam.[372] Die letztgenannte Abgabe war, wie Quellen aus der bosnischen Provinz zeigen, nur für den Provinzgouverneur bestimmt, der mit diesen Einnahmen Soldaten finanzieren sollte, um die Sicherheit und Stabilität in der Provinz zu gewährleisten. Die Abgabe setzte sich aus einem festgesetzten Teil und einem variablen Anteil zusammen, der bei jeder Eintreibung von den Richtern und Ayanen neu bestimmt wurde. Über die Höhe der *avarız* lassen sich auf der Grundlage von entsprechenden Steuerregistern grundsätzliche Entwicklungen erkennen. 1516 wurden in Rumelien 15–30 *akçe* pro Steuerhaushalt (hane) erhoben, während sich in den anatolischen Reichsteilen die Steuerhöhe auf 10–20 *akçe* belief. Einen Einschnitt bedeutete die 1585/1586 vorgenommene starke Abwertung des *akçe*, die einen unmittelbaren Anstieg der Steuerquote zur Folge hatte. 1655/1656 belief sich in Rumelien die Steuer auf 325 *akçe* pro Haushalt, während sie ein Jahr später für das gesamte Reich auf 125 *akçe* festgesetzt wurde. Im Zeitraum von 1555 bis 1625 hatte sich die *avarız* um 272 % erhöht und sie lag damit nur 21 % über der Inflationsrate. Da die Steigerungsraten der beiden wichtigsten Einnahmequellen des Fiskus, die *cizye* und die *avarız*, nur begrenzt über der

---

370 Sućeska, Die Entwicklung der Besteuerung durch die Avariz-i divaniye.

371 Darling, Revenue-Raising and Legitimacy, 27; Cvetkova, Izvänredni danäci i däržavni povinnosti.

372 Sućeska, Taksit.

Inflationsrate lagen, brachten die Steuererhöhungen keine ausreichende Entlastung für die defizitäre Staatskasse.[373] Für die Bevölkerung bedeutete diese Fiskalpolitik hingegen eine zunehmende Belastung. Sie brachte das *raiyyet çiftlik* zunehmend in ein Defizit und durch die damit einsetzende Verschuldung konnten solche Landflächen von lokalen Notabeln leichter erworben werden.

In den südosteuropäischen Provinzen des Osmanischen Reichs scheint jedoch insbesondere im 18. Jahrhundert die Viehwirtschaft eine größere Bedeutung als der Ackerbau gehabt zu haben. Außerdem erlaubte die topographische Struktur dieses Raumes häufig nicht die Errichtung weiträumiger çiftliks, wie sie beispielsweise in einigen Regionen Westanatoliens zu finden waren.[374] Als zwischen 1710 und 1760 ein Wirtschaftswachstum zu verzeichnen war, gehörten die Landgüter ebenfalls nicht zu den Motoren dieser Entwicklung.[375] Vor diesem Hintergrund dürfte der Landbesitz vielfach von geringerer Bedeutung als der Besitz einer Steuerpacht[376] gewesen sein. Der Griff nach dieser Ressource lief nicht immer friedlich ab, wie das Beispiel einzelner Ayan-Familien zeigt. Die Rizvanbegovići in der Herzegowina besaßen mit der Steuerpacht auf die „Vlachensteuer" (filuri mukataasi) eine der lukrativsten Einnahmequellen, die zumindest seit den 1720er Jahren in den Händen eines Ali Pascha Šarić gelegen hatte. Um 1760 schalteten die Rizvanbegovići ihren Konkurrenten aus und übernahmen das Kapetanat von Stolac sowie die erwähnte Steuerpacht. Dies ermöglichte ihnen den Aufstieg zur dominanten „Dynastie" in der Herzegowina.[377] Einen ähnlichen Verlauf nahm der Machtaufstieg der Familie Bushatlliu. Mehmed Pascha Bushatlliu, der von 1757 bis zu seinem Tod 1775 die Statthalterschaft über den Sancak von Skutari inne hatte, war es mit Hilfe der nordalbanischen Stammesverbände der Malësoren sowie der Mirditen gelungen, seinen Einfluss auf Nord- und Mittelalbanien auszudehnen sowie die wichtigsten politischen Rivalen auszuschalten.

Die wirtschaftliche Grundlage der Familie basierte auf dem Besitz umfangreicher Ländereien (çiftlik) und dem Gewinn aus dem Handel mit der Markusrepublik.[378] Von erheblicher Bedeutung dürfte darüber hinaus insbesondere die sehr lukrative Steuerpacht des Hafens von Durrës gewesen sein, von dem sie zumindest während des Krieges mit Russland zwischen 1768 und 1774 profitieren konnte. Nachdem Mehmed Pascha Bushatlliu dem Sultan die Heeresfolge auf dem Kriegsschauplatz gegen das Zarenreich verweigert hatte, übertrug die osmanische Verwaltung die Steuerpacht Ahmed Kurt Pascha, der über die Region Berat herrschte. Darauf brachen Kämpfe zwischen den beiden Kontrahenten aus, die jeweils mit anderen Ayanen verbündet waren.[379]

---

373 Siehe zu diesen Angaben DARLING, Revenue-Raising and Legitimacy, 108–118.

374 NAGATA, Materials on the Bosnian Notables, 1f.

375 ADANIR, Tradition and Rural Change in Southeastern Europe.

376 Angaben zum osmanischen Steuerpachtsystem bietet u. a. DARLING, Revenue Raising.

377 KAMBEROVIĆ, Begovski zemljišni posjedi, 429–437, sowie KAPIDŽIĆ, Ali-paša Rizvanbegović.

378 NAÇI, Rreth tregtisë së sanxhakut të Shkodrës.

379 DERS., Pashallëku i Shkodrës nën sundimin e Bushatllive; KÖHBACH, Nordalbanien in der zweiten Hälfte des 18. Jahrhunderts; BOJANIĆ-LUKAČ, s. v. Bušatlija, Mustafa-paša.

Keiner der Ayane strebte bis zum Ende des 18. Jahrhunderts eine politische Unabhängigkeit vom Osmanischen Reich an, hing doch ihr soziales Prestige, ihre ökonomische Grundlage und ihr politischer Einfluss wesentlich von ihrer Stellung innerhalb des Machtgefüges der Provinzverwaltungen ab. Dennoch entwickelten sich einige zu regionalen Machteliten, deren politischer Handlungsraum über die Grenzen des Herrschaftsgebietes des Hauses Osman hinausreichte. Als Napoleon Bonaparte das seit 1797 habsburgische und vormals venezianische Gebiet entlang der Adriaküste besetzte, hatte dies Rückwirkungen auf den Balkanraum. Die adriatischen Häfen waren beispielsweise für den Handel eines Ali Pascha von Ioánnina[380] und anderer Ayane[381] bedeutsam, die auf die veränderte geopolitische Situation reagierten und dadurch auch neue Handlungsoptionen erhielten. Dies umso mehr, als Frankreich die Ionischen Inseln okkupierte, die in unmittelbarer Näher der osmanischen Morea lagen. Die Hohe Pforte war in dieser Situation auf die Unterstützung durch lokale Notabeln angewiesen. Als 1799 ein osmanisch-russischer Flottenverband die Ionischen Inseln zurückeroberte, erhielt Ali Pascha den „lukrativen" Befehl, die ca. 10.000 Soldaten auf den Inseln zu versorgen. Nachdem Frankreich kurzfristig die Kontrolle über die Ionischen Inseln wiedererlangt hatte, versorgte er dessen Truppen. Ali Pascha hatte sich als Garant für die regionale politische Stabilität und als ein wichtiger Wirtschaftsakteur zu einem herausragenden Machtfaktor in Südalbanien, Epirus, Thessalien und im südwestlichen Makedonien entwickelt, der auch – mit oder ohne Auftrag der Hohen Pforte – Kontakte zu Repräsentanten der Großmächte unterhielt.[382]

Christliche Eliten

Neben einigen christlichen Ayanen gehörten weitere nichtmuslimische Amtsträger zu den Eliten in den osmanischen Provinzen, deren Funktionen im Verlauf des 17. und vor allem des 18. Jahrhunderts gestärkt worden zu sein schienen. Der Bedeutungszuwachs ging einerseits mit der zunehmenden Bedeutung lokaler und regionaler Autoritäten einher, wie er auch im Aufstieg der Ayane bzw. Kapudane sichtbar wurde. Andererseits dürfte auch die Reform der *cizye*-Besteuerung von 1691 eine Rolle gespielt haben, als Priester und andere nichtmuslimische Eliten zusammen mit dem Steuereintreiber (cizyedar) in die Einteilung der Bevölkerung in drei neu eingeführte Steuergruppen[383] eingebunden waren. Vor diesem Hintergrund ist es nicht verwunderlich, dass die führenden Repräsentanten christlicher Bevölkerungsgruppen beispielsweise in urbanen Kontexten immer wieder Probleme gemeinsam mit den städtischen Ayanen diskutierten.

Am Beispiel des bulgarischen Raumes lässt sich im Hinblick auf das 17. und vor allem 18. Jahrhundert erkennen, wie in den Schriftquellen die Kategorie *varo* oder *politeia* eine zentrale Rolle

---

380 FLEMING, The Muslim Bonaparte; vgl. PANAGIOTOPOULOS u. a. (Hgg.), Αρχείο Αλή πασά.

381 Ein Beispiel ist Ebubekir Bey von Korinth, der die osmanisch-russische Flotte, die Festung Naúplion/Anabolu und die neu auf die Morea entsandten osmanischen Truppen versorgen musste, die ggf. einen französischen Angriff abwehren sollten; s. dazu ŞAKUL, The Ottoman Peloponnese, 128.

382 BLUMI, Foundations of Modernity, 22–25.

383 Zur Reform s. einführend DARLING, Revenue-Raising and Legitimacy, 82f.

spielte. Im engeren Verständnis handelte es sich um vorwiegend von Christen bewohnte Stadtteile, wobei jedoch auch eine breitere Definition vorgeschlagen worden ist. Man spricht vom *varoş* bzw. der *politeia* „[…] as an institution of corporate, supra-*mahalle*, tax coverage of the Christians from mixed *mahalle*s, i. e. of all Orthodox inhabitants, irrespective of their territorial distribution.“[384] Innerhalb dieser *varoş* spielten die Räte der Pfarrgemeinden (nastojatelstvo, ktitoria) eine wichtige Rolle, in der Laien und Priester vertreten waren. Deren Mitglieder erscheinen als *epitrop*, *ktitor* oder *nastojatel* in den Schriftquellen und lassen sich als eine christliche Elite innerhalb der kirchlichen und kommunalen Hierarchie beschreiben. Solche Räte, auf der bischöflichen Ebene als *kondika* bezeichnet, waren jedoch nicht nur in religiöse und spirituelle Aufgaben eingebunden, sondern immer wieder auch mit Steuerfragen der städtischen christlichen Einwohner beschäftigt. Dabei interagierten die kirchlichen Räte oftmals mit anderen Vertretern der christlichen Einwohnerschaft, die sich vorwiegend aus den wohlhabenderen Bewohnern zusammensetzten. Einen genaueren Einblick erlauben Dokumente, die im Zusammenhang mit der Eintreibung von Steuern erstellt worden sind. In diesem Zusammenhang können die Details der Steuereintreibung nicht erläutert werden, sondern der Fokus bleibt auf die darin erkennbare christliche Elite gerichtet. Neben den Priestern erscheinen die als *kocalar* bezeichneten Notabeln, die Ältesten (yaşlı) und die Vorsteher der Stadtviertel (mahalle başı) in den Schriftzeugnissen. In einem Register des *varoş* von Tărnovo finden sich noch folgende Titel: *proestos, kocabaşı, çorbacı, baş, kabzımal, kabakçı, muhtar, seymen* oder *serdar.*[385]

Insbesondere in den südslawischen Gebieten Südosteuropas wurden Bezeichnungen verwendet, die vor allem mit der Ausbreitung primär orthodoxer vlachischer Bevölkerungsgruppen in Verbindung standen. Nach der Schlacht von Mohács (1526) verloren die Vlachen immer mehr ihre militärische Bedeutung (s. o. Kap. 6.5.3) und wurden in den Status der *reaya* eingefügt. Damit veränderten sich aber auch die Funktionen ihrer Anführer (knez, premikür, voyvoda u. katunar). Ein *kanunnâme* für den Sancak von Zvornik aus dem Jahr 1548 führt aus, dass Knezen und Premiküre für die Eintreibung des *haraç* und anderer Steuern verantwortlich waren. Jeder Premikür sollte die Steuern aus seinem Dorf eintreiben, während die Knezen die Premiküre ihres Verwaltungsbezirkes (nahiye) kontrollieren sollten. Außerdem waren die Knezen verpflichtet, osmanische Steuereintreiber zu unterstützen. Beide Ämter waren erblich und darüber hinaus mit Privilegien verbunden. Die Premiküre waren auf ihren *baştina*s von Steuern und Dienstpflichten befreit, während die Knezen noch zusätzlich ein Timar erhielten.[386] Entsprechende Regelungen lassen sich ebenso in anderen südosteuropäischen Sancaks des Osmanischen Reichs finden, wie etwa in Syrmien, Smederevo oder Bosnien. Sie alle zeigen, dass Knezen als Distriktvorsteher und Premiküre als Dorfvorsteher de facto zu osmanischen Verwaltungsangehörigen geworden waren.[387]

---

384 Ivanova, Varoş, 212.

385 Ebd., 230; Georgieva, The Rich in the Eighteenth and Nineteenth-Century Arbanassi.

386 Đurđev u. a., Kanuni i kanun-name; Gjorgiev, The Term „bashtina".

387 Kursar, Being an Ottoman Vlach, 136–141; Kurtović, Vlasi Bobani; Đurđev, O knezovima pod turskom upravom.

Allerdings begann die Anzahl der Knezen und Premiküre gerade im Verlauf des 18. Jahrhunderts zu sinken, was wahrscheinlich mit den Veränderungen im Timarsystem und dem Aufkommen von *çiftliks* zu erklären sein dürfte.

Im griechischen Raum besaß die Halbinsel Máni einen autonomen Status, seit sie 1777 von der übrigen Peloponnes abgetrennt worden war. Der Hintergrund war der Versuch, die osmanische Oberherrschaft über die immer wieder von Aufständen erschütterte Region zu festigen. 1770 hatten die Manioten nach dem missglückten Orlov-Aufstand (s. o. Kap. 6.4.4) eine einrückende Armee besiegt und die osmanische Garnison von Passava getötet. Nunmehr ließ die Hohe Pforte die Máni von einheimischen Notabeln verwalten, die den Titel *bey* trugen.[388] Davon abgesehen lässt sich auf der Peloponnes im 18. Jahrhundert ein mehrstufiges System feststellen, auf dessen unterer Ebene die Vorsteher der Dörfer oder Städte standen, die dort u. a. Steuern und Abgaben eintrieben. Auf der Ebene der 24 Distrikte befanden sich als *kocabaşı* bezeichnete Notabeln,[389] deren Funktionen an Fallbeispielen diskutiert werden können.

Den nordgriechischen Orten Kozáni, Sérvia/Serfice sowie Velventós hat sich Dimítrios Lamprákis zugewandt und die Rolle christlicher Eliten im 17. und 18. Jahrhundert nach Einführung der Steuerpacht näher analysiert. Eine wichtige Rolle spielte dort der orthodoxe Bischof von Sérvia und Kozáni, der nicht nur die seelsorgerische Betreuung der Gläubigen zu gewährleisten hatte. Vielmehr übte er auch eine richterliche und notarielle Tätigkeit aus. Neben dem Bischof spielte vor allem der *kocabaşı* eine zentrale Rolle. Wie das Beispiel aus Kozáni zeigt, wurden die *kocabaşı* meist von lokalen christlichen Eliten in den Städten oder Dörfern ausgewählt und dann von der osmanischen Verwaltung – wie konsequent auch immer – durch ein *buyruldu* bestätigt.[390] Solche Funktionsträger trugen im griechischen Raum auch die Bezeichnungen *proestoi, archontes, prouchontes, epitropoi, demogerontes, gerontes, vekkiades, kantzilieris etc.*[391] Sokrátis Petmezás hat am Beispiel des Bergdorfes Zagora in Thessalien nicht nur eine Unterscheidung zwischen den *proestoi* und den gewöhnlichen Einwohnern vorgenommen. Vielmehr differenzierte er noch zwischen *proestoi als* einer sozialen Gruppe und den kommunalen Führungspersönlichkeiten.[392] Vergleichbar mit den Ayanen versuchten wohlhabende Familien solche Führungsämter zu monopolisieren. In der zweiten Hälfte des 17. Jahrhunderts dominierten in Athen sechs *epitropoi*, die aus den einflussreichsten orthodoxen Familien stammten. Auf der Insel Thasos hatte das Amt des *başçorbacı* oder *archikotzabasis* immer ein Mitglied der mächtigsten Familie inne.[393]

Die Einbindung christlicher Eliten in die Verwaltungsstrukturen der osmanischen Provinzen lässt sich ebenfalls am Beispiel der Wiedererrichtung des Patriarchats von Peć (1557) illustrieren, die

---

388 KOSTANTARAS, Christian Elites of the Peloponnese, 633.

389 PYLIA, Les notables moréotes; VLACHOPOULOU, Revolution auf der Morea.

390 LAMPRAKIS, The Relationship between Centre and Periphery, 119; GJORGIEV, Serfice kazasında Yürükler.

391 ANASTASOPOULOS, Imperial Institutions, 64; DERS., The Mixed Elite of a Balkan Town, 260.

392 Zitiert nach DERS., The Mixed Elite of a Balkan Town, 260.

393 DERS., Imperial Institutions, 70.

maßgeblich vom späteren Großwesir Mehmed Pascha Sokollu (Sokolović) (1565–1579) initiiert wurde. Seit etwa 1463 gehörte die serbische Kirche zum Erzbistum von Ochrid und seitdem gab es immer wieder Bemühungen seitens der serbischen Geistlichkeit, sich aus der Gerichtsbarkeit von Ochrid zu lösen. Mit der osmanischen Machtausdehnung in den südungarischen Gebieten gewann dieses Vorhaben deutlichere Konturen und bereits in den 1520er Jahren schlug der Metropolit von Smederevo dem Sultan die Wiederrichtung des Patriarchats von Peć vor. Mehmed Pascha Sokolović setzte dieses Vorhaben 1557 schließlich in die Tat um und sorgte dafür, dass die ersten vier Patriarchen aus seiner Familie kamen. Neben dem Aufbau eigener Netzwerke, die für seinen Machtaufstieg nützlich waren, dürfte noch ein weiterer Grund für die Entscheidung zur Wiederrichtung existiert haben. Mit der Eroberung der Gebiete zwischen Drau, Save und Donau kamen auch zahlreiche Slawisch sprechende orthodoxe Christen unter die Herrschaft des Hauses Osman, so dass ein loyaler Patriarch zur Absicherung der Macht hilfreich sein konnte. Sicherlich spielten zudem die Feldzüge gegen die Habsburger in dieser Zeit eine Rolle, für die er das Wohlwollen der orthodoxen Bevölkerung erhoffte. Die Patriarchate von Ochrid und Peć wurden schließlich 1767 bzw. 1776 aufgelöst und dem ökumenischen Patriachen in Istanbul unterstellt.[394] Diese Entscheidung fügt sich in eine Politik des ökumenischen Patriarchats mit dem Ziel ein, die orthodoxen lokalen Kirchen auch mit staatlicher Unterstützung unter seine Kontrolle zu bringen. Die Zentralisierung der kirchlichen Hierarchie innerhalb des Osmanischen Reichs spielte in diesem Zusammenhang eine wichtige Rolle. Auf Kreta und Zypern wurden beispielsweise die lokalen Kleriker durch Geistliche ersetzt, die vom Patriarchat ernannt wurden. Im slawischen Raum wurden hingegen immer mehr griechische Priester eingesetzt.

Die Bedeutung kirchlicher Eliten als politische Akteure zeigte sich auch im montenegrinischen Raum, wo seit dem späten 17. Jahrhundert die orthodoxen Bischöfe von Cetinje (vladika) Machtstrukturen aufzubauen versuchten, die Stammes- und Sippengrenzen überwanden. Regional erstreckte sich ihr Einflussgebiet über die Bezirke Katun, Rijeka, Liješnje und Crmnica sowie die Regionen von Zeta, Šestani und Bjelopavlići. Außerdem zählten die Region Brda, die Küstenregionen um Spič, Šušanj und Grbalj sowie die Stammesgebiete der Hoti, Këlmendi und Kastrati dazu. Sie versuchten auch ihren Machtbereich über Teile der Herzegowina auszuweiten. Unter Danilo Petrović-Njegoš (1697–1735) lässt sich eine neue Qualität dieser Politik beobachten. Ab 1711 wurde das Amt des Vladika vererblich, während bis dahin der Inhaber gewählt worden war. Danilo errichtete ein zentrales Gericht und baute diplomatische Kontakte mit Russland auf, das er und sein Nachfolger auch selbst besuchten. Dies bedeutete die Abwendung von einer stärker nach Venedig orientierten Politik. In der zweiten Hälfte des 18. Jahrhunderts wurde die politische Dimension immer größer, die mit dem Amt des Vladika verbunden war. Bereits der „falsche Zar" Stefan der Kleine (Šćepan Mali), der von 1767 bis 1773 in Montenegro herrschte und sich als Zar Peter III. ausgab, stärkte den Ausbau des Gerichtswesens. In diese Richtung agierte auch Petar I. Petrović-Njegoš (1784–1830), der eine proto-staatliche Ordnung aufzubauen versuchte, indem er ein „allgemeines Gesetzbuch für Montenegro und Brda" (Zakonik obšći crnogorski i brdski)

---

394 Zirojević, Crkve i manastiri; Gelzer, Der Patriarchat von Achrida; Hadrovics, Le peuple serbe et son église; Koller, Eine lebendige Vergangenheit.

verfassen ließ und ein beratendes Gremium (Praviteljstvo suda crnogorskog i brdskog) einrichtete. 1796 schloß er die Brda-Stämme mit Alt-Montenegro zusammen.

Das Hirtenkriegertum und dessen Bedeutungsverlust in der Provinzverwaltung

Wie bereits angesprochen, verloren die Vlachen nach der Schlacht von Mohács immer mehr ihre militärische Bedeutung. Sie hatten als christliche Hilfstruppen (Martolosen, im gr. Raum Armatolen) militärische und polizeiliche Aufgaben erfüllt und dafür steuerliche Privilegien genossen. Die Anführer dieser Verbände trugen häufig die Bezeichnung *kapudan*, wie Beispiele aus den Regionen zeigen, die in unmittelbarer Nähe zu venezianischen Besitzungen lagen. In Epirus und Thessalien standen Kapetane der Armatolen einzelnen als Armatolien bezeichneten Bezirken vor, die eine beschränkte Autonomie besaßen.[395] In der Historiographie wird darauf hingewiesen, dass die Angehörigen der Martolosen- bzw. Armatolenverbände vorrangig aus der orthodoxen Bevölkerung rekrutiert wurden, was aber nicht unbedingt eine Gleichsetzung mit den Vlachen bedeuten musste.[396] Dies zeigen die sozioökonomischen Dynamiken, die schließlich zum Bedeutungsverlust des Hirtenkriegertums führten.

An der Wende vom 15. zum 16. Jahrhundert setzte eine erhebliche Migration aus dem Inneren der südosteuropäischen Halbinsel ein, die Vlachen in nördliche und westliche Richtung führte (s. zum venez. Herrschaftsgebiet Beitrag 5, SCHMITT, Kap. 5.11).[397] Dies führte an der osmanischen Nordgrenze im 16. Jahrhundert zu einer dichteren vlachischen Siedlungsstruktur, insbesondere in den Gebieten des heutigen Nordserbiens. Dieser Prozess kann am Beispiel des in Slawonien gelegenen Sancaks von Požega dargelegt werden, dessen Gebiet bis ca. 1560 nur dünn besiedelt war. Seit ungefähr 1543 hatten sich aber bereits kleinere Gruppen von Vlachen im Nordwesten dieser Verwaltungseinheit anzusiedeln begonnen und ungefähr fünfzehn Jahre später waren Vlachen auch im Gebiet Mala Vlaška (Kleine Walachei), nördlich von Pakrac, zu finden.[398] Jedoch ist ab den 1530er Jahren eine zunehmende Abwanderung vlachischer Familienverbände in die Gebiete der Habsburgermonarchie zu beobachten, wobei sich in den 1590er Jahren insbesondere die Auswanderung in die unter der Kontrolle des Wiener Hofes stehenden slawonischen und kroatischen Gebiete erheblich intensivierte.[399]

Ein etwas anderes Verhaltensmuster lässt sich im osmanisch-venezianischen Grenzraum beobachten. In der östlichen Herzegowina hatte es bereits vor der osmanischen Eroberung eine erhebliche vlachische Präsenz gegeben, während in der westlichen Herzegowina und in Bosnien selbst weniger Angehörige dieser Gruppe lebten (vgl. Beitrag 1, SCHMITT, Kap. 1.14.14). Nach

---

395 VASIĆ, Die Martolosen im Osmanischen Reich; DERS., Martolosi u jugoslovenskim zemljama; KATIĆ, Stvaranje martoloških odreda.

396 PAPAGEORGIOU, Το Ελληνικό Κράτος, 52–58; ALEXANDER, Brigandage and Public Order; BARKEY, Bandits and Bureaucrats; STATHIS, Αρματολισμός.

397 AMEDOSKI, Demografske promene.

398 MOAČANIN, Town and Country, 153.

399 KASER, Freier Bauer und Soldat, 63f.; ŠUGAR, Von Walachen zu Grenzern.

der Eroberung des bosnischen Königreichs 1463 erfolgte jedoch ein erheblicher Zuzug vlachischer Bevölkerungsgruppen aus dem serbischen, montenegrinischen und ostherzegowinischen Raum in die bosnischen Gebiete. Die Familienverbände wurden vor allem in den Grenzgebieten zu Venedig angesiedelt, was sowohl der Wiederbesiedlung dünn bewohnter Landstriche als auch der Verteidigung der Grenze zu Venedig diente.[400] Auch in diesem Grenzraum gab es immer wieder Abwanderungen in das Herrschaftsgebiet der Serenissima, wobei dann meist ganze Dorfgemeinschaften oder patriarchalisch geprägte Verwandtengruppen die Seite wechselten. Allerdings blieben die Zahlen bis zum 17. Jahrhundert eher gering, zumal die Venezianer die Gebiete an die Osmanen verloren hatten, die für eine transhumante Lebensweise geeignet waren. Aus dem venezianisch-osmanischen Grenzraum liegt wiederum eine Vielzahl von Berichten vor, wie die transhumante Weidewirtschaft zu Konflikten führen konnte. In einem Gürtel von Westmontenegro bis Mittelalbanien einschließlich der östlichen Herzegowina ist das Milieu des kurzen Weges zu beobachten, dessen Kennzeichen die relative Nähe von Sommer- und Winterweiden darstellt. In Montenegro besaßen die Stämme und Sippenverbände einen gemeinsamen Weidebesitz, so dass jedes Dorf seinen Anteil an den Sommerweiden hatte. Die Heuwiesen gehörten hingegen den einzelnen Hirtenfamilien. Die schwierigste Zeit stellte meist der späte Winter dar, wenn die Heuvorräte aufgebraucht waren. Daher verwundert es auch nicht, wenn sich im Frühjahr die Raubzüge aus den montenegrinischen Bergen häuften. Die Situation verschlimmerte sich noch, als die Venezianer und Osmanen nach dem ersten Moreakrieg (1684–1687) das Weiden von Herden auf ihren Territorien zeitweise untersagten. Dies traf vor allem jene Stämme, die eine Form transhumanter Weidewirtschaft betrieben, in der Sommer- und Winterweiden weit entfernt lagen und die Hirten mit ihren Viehherden praktisch das ganze Jahr auf Wanderschaft waren. Zu den davon betroffenen Regionen zählte Plav-Gusinje, wo die Winterweidegebiete der dortigen Stämme auf venezianischem und osmanischem Gebiet lagen. Für deren Nutzung zahlten sie Pacht, ebenso wie venezianische Viehzüchter, die auf osmanischem Gebiet Weideland nutzten. Diese Praxis hatte nach dem Friedensvertrag von Karlowitz (1699) weitgehend ein Ende gefunden, denn den venezianischen Bauern stand nunmehr ein ausreichender Weidegrund im dalmatinischen Hinterland zur Verfügung. Dies galt jedoch nicht für die Stämme und Sippenverbände auf osmanischem Gebiet, die gerade im 18. Jahrhundert auch angesichts eines starken Bevölkerungswachstums einheitliche Wirtschafts- und Lebensräume mit Winterweiden zu schaffen versuchten. Davon waren die venezianischen Küstengebiete und auch Teile des osmanischen Bosnien betroffen. Die Verweigerung der Pachtzahlungen und Auseinandersetzungen mit den Bauern bzw. den Inhabern von „Lehen" und *çiftlik*s, die in den Stämmen nicht zu Unrecht Konkurrenten um Landflächen sahen, begleiteten diesen Prozess.

Es zeigt sich daher, dass die Abwanderung der Vlachen – wie sie gerade an der osmanisch-habsburgischen Grenze festzustellen ist – nicht nur durch die Abschaffung der Privilegien als Hilfssoldaten nach der Schlacht bei Mohács erklärt werden kann. Vielmehr stand sie in einem engen Zusammenhang mit tiefgreifenden Transformationsprozessen seit dem späten 15. Jahrhundert, die auch einen differenzierten Umgang mit dem Terminus „Vlache" erfordern. In der osmanischen Verwaltungssprache bezeichnete dieser Begriff vor allem eine Steuerkategorie, der zunächst

---

[400] Džaja, Konfessionalität und Nationalität, 51f.

jene Hirten als privilegierte Hirtenkrieger oder Wehrbauern angehörten. In Slawonien zahlten beispielsweise die dort lebenden Vlachen die obligatorische „Vlachensteuer" (filori).[401] Diese belief sich gewöhnlich auf 83 *akçe* und ersetzte die für die Mehrzahl der Nichtmuslime verpflichtende Kopfsteuer (cizye). Jedoch lässt sich bereits für das 17. Jahrhundert nicht mehr davon ausgehen, dass die *filori*-Steuer nur von Vlachen entrichtet wurde. Vielmehr scheint sie aufgrund des niedrigen Steuersatzes sehr attraktiv für andere Steuerpflichtige gewesen zu sein, so dass sie schließlich auch formal ihren unmittelbaren Bezug zu vlachischen Bevölkerungsgruppen verlor. Der Begriff *filori* entwickelte sich in einigen Regionen zu einem Synonym für die Kopfsteuer[402] und wurde im Rahmen der Finanzverwaltung flexibel eingesetzt. 1520 erhielt sogar die gesamte Bevölkerung im montenegrinischen Raum den Vlachenstatus, da sie aufgrund der naturräumlichen Gegebenheiten nicht mehr in der Lage war, den Zehnten und andere Abgaben zu bezahlen.[403]

Auf einen Wandel im Timarsystem weist im 17. Jahrhundert der Anstieg der ansonsten unverändert gebliebenen „Vlachensteuer" bis auf 180 *akçe* in einem Teil Slawoniens hin. Dies deutet wahrscheinlich darauf hin, dass Vlachen zunehmend Ackerbau betrieben und sesshaft geworden waren. Ihre Abgaben flossen damit den Inhabern von „Lehen" (tımar, zeamet oder has) zu, die diesen Prozess immer wieder auch unterstützten. Bereits im 16. Jahrhundert häuften sich Klagen vor den *kadı*s, dass Sancakbeys und andere Angehörige der Provinzverwaltung mit Gewalt versuchten, Bauern oder auch Soldaten zu Arbeitern auf den zu ihrem „Lehen" gehörenden Feldern zu machen.[404] In diesen Prozess waren in zunehmendem Maße auch die vlachischen Anführer eingebunden, von denen nicht wenige in den osmanischen Katasterverzeichnissen aus Bosnien als Inhaber von *baştina*s geführt wurden. Der Terminus fand nicht nur auf der Balkanhalbinsel Verwendung, sondern auch in der Region um Trapezunt/Trabzon an der kleinasiatischen Schwarzmeerküste. Vor der osmanischen Herrschaft hatte dieser Begriff in Südosteuropa einen vererbbaren Besitz einer Familie oder eines Sippenverbandes bezeichnet,[405] während er im osmanischen Landerfassungssystem in seiner rechtlichen Bedeutung verändert wurde. Im Gegensatz zur Rechtslage in den vorosmanischen Herrschaftsgebilden umfasste eine *baştina* nur das zu bestellende Ackerland. In einem Schriftstück aus dem Jahre 1613 wird beispielsweise festgelegt, dass in Ochrid eine Mühle, ein Weinberg, ein Garten und ein Haus nicht als Bestandteil einer *baştina* galten. Anführer der Vlachen bzw. Martolosen besaßen „privilegierte" *baştina*s, die im Gegensatz zu den anderen *baştina*s von der Kopfsteuer (cizye),[406] der Feldsteuer für das Nutzungsrecht des Bodens (ispence) und anderen Steuern befreit waren.[407] Die osmanischen Regularien deuten au-

---

401 ZAJAKOV, Filurdžijstvoto văv Vidinski sandžak.

402 MOAČANIN, Town and Country, 154.

403 ADANIR, Heiduckentum und osmanische Herrschaft, 78.

404 MOAČANIN, Town and Country.

405 DŽAJA, Konfessionalität und Nationalität, 78.

406 HADŽIBEGIĆ, Glavarina u Osmanskoj državi; GROZDANOVA, Turskite dokumenti za danăka džizije; KIEL, Remarks on the Administration of the Poll Tax.

407 BOJANIĆ-LUKAČ, De la nature et de l'origine de l'ispendje.

ßerdem darauf hin, dass eine solche *baştina* nur dann an den Sohn weitervererbt werden konnte, wenn dieser den gleichen Rang wie sein Vater innehatte und er damit auch militärische Dienste für das Reich leistete. Sollte dies nicht gegeben gewesen sein, ist die *baştina* wahrscheinlich an einen anderen Anführer mit entsprechendem Status verliehen worden.

Die Ländereien sind von den Vlachen selbst bearbeitet worden, wobei sich in den osmanischen Schriftquellen auch Hinweise auf Bauern finden, die dort arbeiteten. Sie wurden als *ralay* oder *ralar* bezeichnet, über deren rechtliche Stellung allerdings kaum nähere Angaben vorliegen. Vermutlich mussten sie den Arbeitsverpflichtungen nachkommen, denen auch andere Bauern unterlagen.[408] *Baştina*s konnten auch in sehr kleine Timare (100–200 akçe) umgewandelt werden, aus denen heraus sich in Bosnien spätestens seit 1608 *ocaklık tımarı* oder *serhat tımarı* entwickelt hatten. Unter dieser Bezeichnung, die vorwiegend in den osmanischen *ruznamçe defterleri* zu finden ist, wurden vererbbare „Lehen" verstanden, die wahrscheinlich meist Vlachen zugesprochen waren. Die Vojvoden und Knezen begannen sich dadurch zunehmend mit der Gruppe von Festungssoldaten zu vermengen, die ebenfalls auf die Einnahmen aus Timaren angewiesen waren. Es handelte sich dabei um die *gedik tımarı*, worunter dauerhafte „Lehen" zu verstehen waren, aus deren Einnahmen zunächst nur die Besatzungen von Grenzfestungen und nach dem Langen Türkenkrieg (1591/1593–1612) vermutlich ausschließlich Festungen zugewiesen wurden, die weiter entfernt von der Grenze lagen.[409]

In diesen Entwicklungen zeigt sich der zunehmende Bedeutungsverlust des balkanischen Hirtenkriegertums in den osmanischen Herrschaftsstrukturen, der schließlich an der Wende vom 17. zum 18. Jahrhundert nicht mehr zu übersehen war. Der Verlust von Privilegien und die zunehmende Bedeutung des Ackerbaus zählten zu den wichtigsten Faktoren. Spätestens nach dem Friedenschluss von Karlowitz (1699) wurden auch immer mehr Muslime, verstärkt aus den albanischen Gebieten, in die Martoloseneinheiten aufgenommen, die jedoch den gleichen gesellschaftlichen und ökonomischen Entwicklungen ausgesetzt waren wie die christlichen Martolosen. Insgesamt konnte das System des Hirtenkriegertums kaum noch dazu beitragen, die Sicherheit in den Provinzen aufrecht zu halten. Schließlich wurde das Martolosensystem 1721 aufgelöst und das bereits existierende *derbent*-System ausgebaut. Dieser Ansatz bedeutete, dass die jeweilige lokale Bevölkerung eine größere Verantwortung für die öffentliche Sicherheit übertragen bekam. Die waffenfähige Bevölkerung – Christen u. Muslime – sollte an wichtigen Plätzen die Sicherheit der Reisenden sowie die Instandhaltung von Wegen und Brücken garantieren. Im Gegenzug wurden ihr Steuer- und Abgabenerleichterungen gewährt. Die *derbentçi*, *bekçi* (Wächter) oder Panduren, wie die zum *derbent*-System gehörenden lokalen „Sicherheitskräfte" genannt wurden, mussten zunächst einen Bürgen (kefil) vorweisen, wenn sie in diesen Dienst aufgenommen werden wollten. Schließlich war auch noch die Zustimmung höherer Offiziere wie der *başbug* oder *zabitan* notwendig. Aus osmanischen, ragusanischen und venezianischen Quellen lassen sich detaillierte Einblicke in den Alltag dieser „Polizeitruppen" gewinnen, deren Wegposten (yayalık) entlang der

---

[408] BELDICEANU, Sur les Valaques des Balkans slaves, 105–107.

[409] MOAČANIN, Town and Country, 132f.

wichtigsten Reise- und Handelsrouten lagen. Die Kaufleute und Reisenden mussten an den Kontrollposten eine „Mautgebühr" entrichten, um die bewachten Flussübergänge und (Pass)straßen zu benutzen. Immer wieder sind in den osmanischen Gerichtsprotokollen Klagen darüber zu lesen, dass die Wächter mehr als erlaubt einforderten und damit ihren Sold aufbesserten. Insgesamt scheint das *derbent*-System aber eine höhere Effizienz im Vergleich zu den Martolosen erzielt zu haben, was wahrscheinlich durch die hohe Sozialkontrolle zu erklären ist, der die Angehörigen der Einheiten unterlagen. Die Wächter und ihre Bürgen lebten meist in den gleichen Dörfern oder wenigstens in den gleichen Gerichtsbezirken und kannten sich daher gut. Außerdem haftete nicht nur der Bürge für ein Fehlverhalten, sondern die gesamte Dorfgemeinschaft.[410]

Die Ausweitung der Steuerpacht: der ambivalente Machtzuwachs der Janitscharen

Neben dem Bedeutungsverlust des balkanischen Hirtenkriegertums zugunsten des *derbent*-Systems und der Ausbreitung des çiftlik-Systems war die sozioökonomische Nivellierung zwischen Bauern und Sipahis Ausdruck einer immer stärkeren Verankerung osmanischer Herrschaftsstrukturen in den lokalen Gesellschaften, wodurch die Provinzen und deren Ressourcen zu den tragenden Säulen des Reiches wurden.

Der letztgenannte Prozess stand sicherlich in Verbindung mit den Veränderungen im Timarsystem. Ein genauerer Blick in die osmanischen Gebiete Ungarns zeigt, dass die Mehrzahl der „Lehnsreiter" in Städten lebte, die in der Nähe des jeweiligen Timars lagen. Eine Ausnahme könnte Syrmien gewesen sein, wo sich seit dem späten 16. Jahrhundert kaum noch Sipahis nachweisen lassen.[411] Die osmanischen Register zeigen, dass die Sipahis unter einen starken finanziellen Druck geraten waren. Neben der Inflation hat auch die beschriebene schwierige ökonomische Situation der bäuerlichen Bevölkerung die Sipahis veranlasst, andere Einkommensquellen zu erschließen. Seit der Mitte des 17. Jahrhunderts konnten sich Sipahis vom Kriegsdienst durch eine Abgabe (bedel-i tımar) freikaufen, wodurch sie sich stärker in den zu dieser Zeit vielerorts aufblühenden regionalen Handel einbringen konnten. Immer häufiger verkauften die „Lehensinhaber" selbst die landwirtschaftlichen Erzeugnisse und hofften dadurch, ihre wirtschaftliche Situation zu verbessern. Gleichzeitig nahmen auch die Bauern verstärkt am Kleinhandel teil und bauten die handwerkliche Heimarbeit aus. Diese Entwicklungen hatten eine zunehmende Nivellierung der sozioökonomischen Unterschiede zwischen den Timarioten und der bäuerlichen Bevölkerung zur Folge, der sich die Bauern durchaus bewusst waren und ihre Macht auch einzusetzen wussten. In Briefen und in den osmanischen Gerichtsprotokollen häuften sich die Klagen darüber, dass Bauern aus den Dörfern abgewandert seien. Die Timarioten konnten sich dagegen vor Gericht nur schwer wehren, denn die osmanischen Richter stellten kaum noch Beschlüsse aus, um die Bauern wieder zur Rückkehr zu zwingen. Ab dem 17. Jahrhundert wurden Katasterverzeichnisse –

---

[410] Orhonlu, Osmanlı İmparatorluğunda Derbend Teşkilatı; Stojanovski, Dervendžistvoto vo Makedonija; ders., Makedonija pod turskata vlast; ders./Gorǵiev, Naselbi i naselenie vo Makedonija; Jordanov, Derventžijstvoto v kazata Tatar Pazardžik; ders., Derventžijstvoto v rajona na Stara planina.

[411] Moačanin, Town and Country, 102.

abgesehen von wenigen Ausnahmen – nicht mehr erstellt, so dass die Richter auch nicht feststellen konnten, ob ein Bauer aus einem bestimmten Dorf kam. Sie entschieden dann meist im Zweifel für den Angeklagten, d.h. zum Vorteil des Bauern.[412] Der zunehmende Bedeutungsverlust der Sipahis war aber auch eine Folge von Veränderungen im Militärwesen, da mit der zunehmenden Verbreitung von Schusswaffen die Kavallerieverbände zugunsten von Infanterieeinheiten reduziert wurden. Die steigende Zahl von Janitscharen und neuer Verbände (sekban), die aus der steuerpflichtigen Bevölkerung rekrutiert wurden, widerspiegeln diese Tendenzen.

In den bisherigen Ausführungen ist bereits auf den Rückgang der Sipahis und den Bedeutungszuwachs der Janitscharen verwiesen worden. In Zahlen bedeutete dies, dass 1526 ca. 8.000 Janitscharen in den Registern geführt wurden, 1680 bereits ca. 54.000 und 1826 war mit 135.000 Soldaten der Höhepunkt dieser Entwicklung erreicht. Der quantitative Zuwachs bedeutete jedoch keineswegs eine qualitative Verbesserung der militärischen Schlagkraft dieses Korps, vielmehr führte diese Entwicklung zu einer steigenden Belastung der Staatskasse. Denn nur ein Teil der offiziell als Janitscharen in den Soldlisten geführten Personen konnte für Feldzüge tatsächlich mobilisiert werden. 1697 waren es beispielsweise nur 21.000 Korpsangehörige. Ein genauerer Blick auf die Strukturen dieser Einheit eröffnet die Möglichkeit, den Prozess der Verankerung osmanischer Herrschaftsstrukturen in lokalen Gesellschaften wie unter einem Brennglas zu verfolgen. Die Entwicklung begann sich auch in diesem Bereich im späten 16. Jahrhundert zu verdichten, als das System der Steuerpacht immer weiter ausgedehnt wurde. Im Gefolge dieser Politik verloren die Katasterverzeichnisse (tapu tahrir defterleri) weitgehend an Bedeutung und der kosten- und arbeitsintensive Aufwand, der mit deren Erstellung verbunden war, wurde nur noch selten betrieben. Denn mit dem verstärkten Rückgriff auf die Steuerpacht versuchte das Osmanische Reich, die Steuerressourcen effizienter zu erfassen. Das formale Verfahren der Vergabe von Steuerpachten (iltizam) sah vor, dass in einem Bieterverfahren der künftige Inhaber (mültezim) ausgewählt wird. Auch mehrere Personen konnten an einer Steuerpacht beteiligt sein, die gewöhnlich für einen Zeitraum von drei Jahren (tahvil) vergeben wurden. Allerdings bestand auch die Möglichkeit, über mehrere Perioden hinweg die Steuerpacht zu behalten. Der *mültezim* verpflichtete sich, den vereinbarten Betrag an Steuereinnahmen jährlich an die Staatskasse abzuführen. Damit waren der Pächter und dessen Bürge aber auch in der Haftung, wenn das Steueraufkommen aufgrund inflationärer Entwicklungen oder Missernten unter der geforderten Summe lag. Die Inhaber der *iltizam* und der *malikane*s konnten ihrerseits die Steuerpachten an andere Personen vergeben oder sich vor Ort durch Beauftragte (emin) vertreten lassen. Mit dieser veränderten Steuerpolitik gelang es zwischen 1560 und 1660, die Einnahmen um 217 % zu erhöhen, wobei sich gleichzeitig die Ausgaben um 213 % erhöht hatten. Das Problem lag jedoch in der hohen Inflationsrate von 225 %, die zu einem deutlichen Defizit im Budget führte. Vor diesem Hintergrund fiel 1695, als der Große Türkenkrieg die Staatskasse noch zusätzlich belastete, die Entscheidung, Steuerpachten auf Lebenszeit (malikane) zu vergeben.[413]

---

[412] Faroqhi, Crisis and Change, 436f.

[413] Öncel, Land, Tax and Power in the Ottoman Provinces.

Mit der Ausweitung der Steuerpacht wuchs auch in der Istanbuler Zentralverwaltung die Anzahl der damit betrauten Schreiber von 23 (1535/1536) auf 49 (ca. 1620). Im Hinblick auf die südosteuropäischen Provinzen trug der Leiter (baş defterdar) der Finanzabteilung für Rumelien die Verantwortung. Um 1584 wurde ein weiteres Amt geschaffen (tuna defterdarı), das den Donauraum umfasste. Allerdings scheint diese Behörde nach der Eroberung Ofens durch die Habsburger 1686 wieder aufgelöst worden zu sein. In ihrer grundlegenden Studie zum osmanischen Steuersystem im 16. und 17. Jahrhundert zeigt Linda Darling, wie sich in der Gruppe der Steuerpächter die angesprochenen Transformationsprozesse widerspiegelten. In der zweiten Hälfte des 16. Jahrhunderts stellten Sipahis oder andere Angehörige stehender Truppen nur ein Drittel der Steuerpächter, während zu Beginn des 17. Jahrhunderts bereits 64 % militärische Ränge innehatten. Wenige Jahrzehnte später kamen bereits über 85 % aus den Reihen des Militärs, vor allem dominierten die Kavallerieeinheiten der *müteferrika* und der *altı bölük*. Zu den sechs Regimentern (altı bölük) gehörten die *sipahiyan, silahdaran, ulufeciyan-ı yasar, ulufeciyan-ı emin, gureba-ı yasar* und *gureba-ı emin*. Die *müteferrika* bildeten zu dieser Zeit eine Gardeeinheit, der auch hochrangige Würdenträger des äußeren Palastdienstes (enderun) angehörten, Mitglieder des Haushalts der Großwesire und ehemalige Angehörige der Zentralverwaltung.[414] Diese Dominanz von Militärangehörigen im Steuerpachtsystem verlieh auch den Janitscharen ein zunehmendes ökonomisches und damit auch politisches Gewicht, das sich nicht zuletzt im Sturz und der Ermordung von Osman II. (1618–1622) durch diese ehemalige Eliteeinheit zeigte. Deren Einbindung in das Steuerpachtsystem lässt sich exemplarisch an den *cizye-* und *avarız* Steuerpachten aufzeigen.

Mit der regulären Eintreibung der *avarız* und *taksit* weitete der Staat seinen Zugriff auf die steuerpflichtige Bevölkerung weiter aus. Die letztere Abgabe betraf beispielsweise auch jene Teile der Bevölkerung, die bis dahin von bestimmten Abgaben teilweise oder gänzlich befreit (muaf) waren, und die diesen Vorstoß als eine Verletzung ihrer Sonderrechte empfanden. Gleichzeitig konnten jedoch einige Personengruppen wie die Festungsbesatzungen, die Religionsgelehrten (ulema), Offiziere oder auch Mittellose von den neuen regulären Abgaben befreit werden. Diese Personen, die damit ein *muafiyet*[415] genossen, wurden in einem *in'am defteri* aufgeführt, das einem *tevzi defteri* beigefügt war. Steuereintreiber hatten allerdings auch keinen Zutritt zu den „freien Lehen" (serbest), worunter in der Regel die has-„Lehen" und der Besitz von Stiftungen gehörte.

Die *tevzi*-Register bilden zunächst die wichtigste Quelle, um einen Überblick über die Rolle der Janitscharen im Steuerpachtwesen zu erhalten. Die genaue Bezeichnung dieser Register lautet *tevzi-i cizye defteri* und im Gegensatz zu den allgemeinen *tevzi defterleri* enthalten sie keine Angaben zur Höhe der Steuerpacht, sondern nur eine Auflistung der Steuereintreiber. Die *tevzi-i cizye defterleri*, die für die rumelischen und anatolischen Provinzen erstellt wurden, waren nach *sancaks/livas* geordnet, konnten jedoch auch noch kleinere territoriale Einheiten umfassen. Sie gaben die Namen des *emin* und des *kâtib* an, die für die Eintreibung der Kopfsteuer verantwortlich waren. Die Ämter waren deshalb sehr lukrativ, da den Inhabern die bei der Steuereintreibung fälligen

---

414 Darling, Revenue-Raising and Legitimacy, 180.

415 Ursinus, „Avarız Hanesi" und „Tevzi Hanesi"; ders., Natural Disasters and Tevzi.

Gebühren *maaş und gulâmiye* zufielen. Diese Personalstruktur war die Regel, die jedoch zahlreiche Ausnahmen kannte. 1571/1572 wurde beispielsweise der Sancakbey von Shkodra zum *emin* und *kâtib* bestimmt. Ähnliches galt für den Provinzgouverneur von Vučitrn, der gleichzeitig zuständig für die *mukataa* der Minen in dieser Gegend war, jedoch nicht explizit als *emin* bezeichnet wurde.[416] Wie sehr diese Praxis gerade die lokale Gesellschaft in das Steuerpachtsystem involvieren konnte, zeigt das Beispiel der *cizye*-Eintreibung in Nevrokop. Alle Steuereintreiber kamen aus den Reihen der Janitscharen. Sie waren Angehörige der *silahdar* und stammten alle aus der Region Nevrokop. Doch das Janitscharennetzwerk reichte innerhalb dieser Region noch weiter. Korucu Baki Bey, ein in der Stadt Nevrokop lebender einflussreicher Janitschar, war ein Günstling des Finanzverwalters (defterdar) der Provinz.[417] Die Angaben in den osmanischen Registern deuten allerdings darauf hin, dass nach 1630 der Anteil von Militärangehörigen deutlich zurückging. Im Bereich der *avarız* erfolgte dieser Umbruch mit einer zeitlichen Verzögerung und setzte ab den 1650er Jahren ein.

Der Rückzug bzw. die Verdrängung aus dem Steuerpachtsystem bedeuteten jedoch nicht unbedingt eine ökonomische Schwächung der Janitscharen, die sich auch im Handwerk und Handel engagierten. In diesem Zusammenhang ist die Unterscheidung zwischen Janitscharen der Hohen Pforte (kapulu yeniçeri) und lokalen Angehörigen des Korps wichtig, die bereits im Kontext des Steuerpachtwesens angeklungen ist. Letztere erscheinen in den osmanischen Quellen unter der Bezeichnung *yerli kulları*, wenngleich sich der Begriff *yerli* (lokal) möglicherweise nicht auf die regionale Herkunft, sondern den Rekrutierungsort bezog. Ihren Sold erhielten sie meist aus regionalen Steuerquellen wie der *cizye* oder dem Zehnten (*öşür*).[418] Wenn diese Soldaten zusammen mit *kapulu yeniçeri* als Festungsbesatzungen eingesetzt waren, wurden sie als *yamak* bezeichnet. Dieser Terminus erschien im militärischen Bereich spätestens im 17. Jahrhundert, als sich wohlhabende Janitscharen durch einen von ihnen bezahlten „Ersatzsoldaten" (yamak) auf dem Schlachtfeld vertreten lassen konnten. Die Forschung hat sich in den vergangenen Jahren intensiver mit den Strukturen lokaler Janitscharen beschäftigt und aufgezeigt, wie gerade dieses Korps zur stärkeren Einbindung der osmanischen Herrschaftsinstitutionen in die Provinzgesellschaften beitrug. Dahinter verbirgt sich ein Perspektivwechsel, der das negative Bild vom Janitscharenkorps kritisch hinterfragt. Bisher wurde es in der Historiographie vor allem als eine „fortschrittsfeindliche" Institution betrachtet, die Modernisierungs- und Reformansätzen stets abwehrend gegenübergetreten und auf den Erhalt ihrer Privilegien fokussiert gewesen sei. Allerdings wird ein solches Verständnis der sehr heterogenen Struktur des Janitscharenkorps nicht gerecht, das eben nicht nur im Hinblick auf dessen militärische Schlagkraft bemessen und analysiert werden kann. Auch wenn sie ihre Stellung als Eliteeinheit verloren hatten, banden sie die lokale Bevölkerung in eine der wenigen osmanischen Herrschaftsstrukturen ein, die tatsächlich reichsweit organisiert waren. Dadurch konnten sie herrschaftsstabilisierend, auch wenn die Janitscharen nunmehr weit von

---

[416] Darling, Revenue-Raising and Legitimacy, 171f.

[417] Minkov, Conversion to Islam in the Balkans, 74.

[418] Radušev, Osmanskata upravlenska nomenklatura; Radushev, „Peasant" Janissaries?

ihren Ursprüngen entfernt waren und zeitweise, wie etwa in Belgrad um 1800, ein regional destabilisierendes Element bildeten. Freiwillige, die im Rahmen des als *tashih-i dergah* bezeichneten Systems während der Feldzüge in die Janitscharenregimenter (orta) aufgenommen wurden, mussten sich selbst bewaffnen und teilweise auf „eigene Faust" ihre Einheiten finden. Solche Soldaten, die *gönüllü*-Janitscharen genannt wurden, erhielten jedoch im Verlauf des 17. Jahrhunderts offensichtlich regulären Sold und gehörten, wie in den 1660er und 1670er Jahren erstellte Soldregister aus Ofen belegen, zu den bestbezahltesten Janitscharen.[419]

Sozialprestige, Steuerprivilegien und Vernetzungsmöglichkeiten dürften auch die Attraktivität des Janitscharenkorps für Händler und Kaufleute erklären. Die immer stärker werdende Verbindung zwischen Janitscharenkorps und Handwerk belegt ein Blick in die Register der Sattlerzunft in Sarajevo. Dort ist zu lesen, dass sich die Anzahl der Zunftmitglieder, die einen Janitscharenrang bekleideten von Null (1726) auf 33 (1823) erhöhte.[420] Es ist natürlich nicht festzustellen, ob sich mehr Soldaten der Zunft oder mehr Handwerker dem Korps angeschlossen hatten. Lokale Janitscharen waren auch im lokalen und regionalen Handel aktiv, wenn sie beispielsweise den Transport von Versorgungsgütern für die wichtigen Festungen entlang der Donau kontrollierten. Ein osmanisches Register aus dem Jahre 1663/1664 legt die Vermutung nahe, dass dieser lukrative Wirtschaftszweig in der Hand lokaler Janitscharen war. Das *defter* führt sechs Gerichtsbezirke auf, die Schiffe für den Warentransport von Ofen nach Belgrad zur Verfügung stellen mussten, und fast alle Schiffseigentümer gehörten dem Korps der Janitscharen an.[421]

Die Einbindung des Janitscharenkorps in die lokalen Gesellschaftsstrukturen bedeutete jedoch auch, dass die inzwischen ehemalige Eliteeinheit der osmanischen Armee ebenso in die dort jeweils zu beobachtenden gesellschaftlichen Umbrüche und die damit verbundenen Spannungen eingebunden war. Die damit verbundenen Dynamiken lassen sich an zwei gewaltsamen Unruhen bzw. Erhebungen darstellen, die im Folgenden vorgestellt werden sollen. Der erste Fall spielte sich zwischen 1747 und 1757 in der Provinz Bosnien ab und ist gerade in den lokalen muslimischen und franziskanischen Klosterchroniken gut belegt. Als Auslöser lassen sich die Veränderungen im Steuersystem erkennen, insbesondere die reguläre Einführung der bisherigen Sondersteuern und die zunehmende steuerliche Erfassung bisher privilegierter Bevölkerungsgruppen. Gerade die *taksit*-Abgabe, deren variabler Anteil immer wieder zu Unregelmäßigkeiten bei der Erhebung und Eintreibung der Steuer führte, scheint die ohnehin zunehmende Unzufriedenheit gegenüber der Provinzverwaltung erhöht zu haben. Zudem waren Muslime, Juden und Christen in Sarajevo von den außerordentlichen Steuern befreit gewesen und mit der neuen Steuerpraxis ging dieses Privileg weitgehend verloren. Dazu kamen offensichtlich Schwierigkeiten, die von den Chronisten als *başa* bezeichneten lokalen Janitscharen (yamak) zu entlohnen. Sie hatten mit den regulären Janitscharen als Festungsbesatzungen gedient, aber – im Gegensatz zu den Soldaten der Hohen Pforte – noch keinen Sold erhalten. Die Revolte begann 1747 in Mostar und ihr fielen mindestens

---

[419] Koller, Eine Gesellschaft im Wandel, 154.

[420] Hajdarević, Defteri sarajevskog saračkog esnafa, 18–21.

[421] Koller, Eine Gesellschaft im Wandel, 156.

ein Kapetan, zwei Richter und ein Imam zum Opfer. Kurze Zeit später brachen auch in Sarajevo ähnliche Unruhen aus. Dort hatten sie sich wahrscheinlich an einem Vorfall entzündet, der wiederum mit dem Steuerwesen in Verbindung stand. Gemäß den Berichten der Chronisten hatte die Bevölkerung einen *ferman* zu Gesicht bekommen, dessen Inhalt zeigte, dass der in Travnik residierende Provinzgouverneur zu hohe Steuern verlangte. Daraufhin hätten sich Teile der Einwohner und aktuelle (zabitan, başa) sowie ehemalige Janitscharen (başeski) erhoben und städtische Ayane, die sich aus der christlichen und muslimischen Bevölkerung rekrutierten, attackiert. Die Franziskaner berichten, dass 1748 staatliche und religiöse Würdenträger wie Richter oder Religionsgelehrte aus der Stadt geflohen seien. Im weiteren Verlauf etablierten sich neue Machtstrukturen, die sich gerade im städtischen Raum genauer rekonstruieren lassen. In zunehmender Zahl ließen sich männliche Muslime sowohl aus Sarajevo als auch aus anderen Teilen der Provinz in die Janitscharenlisten eintragen und vergrößerten somit das Korps der lokalen Janitscharen. In diesem Stadium öffnet sich der Blick auf Gewaltdynamiken und Gewaltstrukturen, die einen tiefen Einblick in die immer noch unzureichend erforschten Transformationsprozesse innerhalb der osmanischen Provinzverwaltungen im südosteuropäischen Raum während des 17. und insbesondere des 18. Jahrhunderts geben. In den Chroniken aus Bosnien ist indessen zu lesen, dass sich nicht nur Handwerker, Händler und zahlreiche andere Bewohner als Janitscharen eintragen ließen, sondern auch Angehörige der an der Grenze stationierten Truppeneinheiten und einige Kapetane. Sehr ausführlich beschreiben die Autoren, dass die „sultanstreuen" Kapetane ihren abtrünnigen Amtskollegen dessen Truppen und ggf. dessen Landgüter wegnahmen. Diese riefen dann ihre neuen „Verbündeten" zu Hilfe, die dann Rache an den Kapetanen zu nehmen versuchten.[422]

Die Unruhen in Bosnien verweisen auf Netzwerke, die für zahlreiche Gewaltstrukturen in den südosteuropäischen Provinzen im Verlauf des 18. Jahrhunderts charakteristisch geworden sind. Der historischen Forschung ist es jüngst gelungen, einen Blick „hinter die Kulissen" zu werfen und am Beispiel eines „Gewaltunternehmers" detailreiche Erkenntnisse über die Gewaltdynamiken zu gewinnen. Den Hintergrund bildeten zunächst die Ereignisse im Donauraum zwischen 1792 und 1808, wo gerade die schweren militärischen Niederlagen gegen die Reiche der Habsburger und vor allem der Romanovs zu einer erheblichen politischen Instabilität geführt hatten. Nicht nur in den südosteuropäischen Nationalhistoriographien erscheinen die Konflikte der sog. *kărdžalii/kırcali*-Epoche – Bezug nehmend auf marodierende Banden in Nordostbulgarien – oftmals als Synonym für die Gewalt, die zum Niedergang der osmanischen Herrschaft in dieser Region geführt habe. Die Auseinandersetzung mit den Ereignissen im späten 18. Jahrhundert ist aber häufig immer noch durch Versuche gekennzeichnet, die jeweiligen Gewaltgruppen nach bestimmten Kriterien wie der Religionszugehörigkeit möglichst klar voneinander abzugrenzen. Wie wenig aussagekräftig dieser Ansatz ist, hat jüngst eine Studie über Kara Feyzi aufgezeigt.[423] Sein Name erschien in den frühen 1790er Jahren in osmanischen Quellen, wo er als Bandit (eşkiya)

---

422 DERS., Bosnien an der Schwelle zur Neuzeit, 173–190.

423 MUTAFČIEVA, Kărdžalijsko vreme; ESMER, Economies of Violence.

bezeichnet wurde. Er entwickelte sich allerdings sehr schnell zu einem „Gewaltunternehmer", zu dessen Netzwerk auch Janitscharen aus Belgrad, *sekban*-Truppen, die eigentlich nach dem Krieg gegen die Habsburger von 1787 bis 1792 demobilisiert worden waren und vor allem Osman Pazvandoğlu, Statthalter in Vidin, gehörten. Diese Verbände von Kara Feyzi gehörten zu den Kräften, die sich gegen eine Anordnung aus Istanbul wandten, die den Janitscharen die Rückkehr nach Belgrad verbot. Diese Entscheidung gehörte zu einem Bündel von Maßnahmen, um die Situation in der Provinz zu beruhigen und die entsprechenden Vereinbarungen mit Russland und der Habsburgermonarchie zu erfüllen. Allerdings unterlag die Zusammensetzung der marodierenden Gruppe von Kara Feyzi einer ständigen Veränderung und so schlossen sich seiner „Beutegemeinschaft" auch Christen und Muslime aus der „einfachen" Bevölkerung an. Der „Gewaltunternehmer", dessen Handlungsraum sich auf weite Gebiete Rumeliens erstreckte, war auch am gescheiterten Angriff auf Belgrad (1796) maßgeblich beteiligt. Zu seiner Strategie gehörten ebenso Absprachen mit lokalen Ayanen und er baute ein weitverzweigtes Netzwerk auf, das ihn auch mit wichtigen Informationen versorgen konnte.

Die von Tolga Esmer ausgewertete Kommunikation der osmanischen Militärbefehlshaber und der politischen Entscheidungsträger in Istanbul lassen eine weitere Facette dieser instabilen politischen Verhältnisse erkennen. Die Bekämpfung marodierender „Gewaltgemeinschaften", wie sie von Kara Feyzi organisiert wurden, diente zugleich der Verfolgung von Karrierezielen osmanischer Würdenträger und dem Aufbau eigener Machtstrukturen. Aber Kara Feyzi stellte gleichzeitig eine militärische Macht dar, auf die die Hohe Pforte nicht verzichten konnte und wollte. Diese Wendung setzte bereits mit dem Angriff Napoleons auf Ägypten (1798–1801) ein, als Sultan Selim III. (1789–1807) seine Truppen zur Abwehr dieser Invasion mobilisieren musste. Er zog Einheiten aus dem Donauraum ab und musste dadurch auch die zwischenzeitlich erfolgte Belagerung von Vidin aufgeben. Die Hohe Pforte erkannte Pazvandoğlu als Gouverneur von Vidin an und die Janitscharen durften nach Belgrad zurückkehren. Sie töteten den dortigen Statthalter Hacı Mustafa Pascha und wurden nun auch zum dominanten Machtfaktor in der gesamten Provinz. In den folgenden militärischen Auseinandersetzungen, als die Hohe Pforte ihren Machtanspruch gegen die Janitscharen durchzusetzen versuchte, griff sie auf das Netzwerk von Kara Feyzi zurück, der 1805 zum Ayan von Breznik und Iznebolu (heute Trän) – beide heute bulg. Städte liegen an der Grenze zu Serbien – und Şehirköy (serb. Pirot) ernannt wurde.[424] Er sollte nun die Instabilität zu beseitigen helfen, zu der er maßgeblich beigetragen und von der er eben auch profitiert hatte.

---

[424] ESMER, The Precarious Intimacy of Honor.

6.6 SÜDOSTEUROPA IM OSMANISCHEN REICH: ZUSAMMENFASSENDE BETRACHTUNGEN

Bis zum Ende des 15. Jahrhundert war es dem Haus Osman gelungen, sein Herrschaftsgebiet über große Teile Anatoliens und der südosteuropäischen Halbinsel auszudehnen. Dieser geographischen Zweiteilung, die sich bereits in Byzanz beobachten lässt, passte sich die osmanische Verwaltung an, indem sie den Balkanraum unter der Bezeichnung Rumelien („Land der Römer") administrativ in den Reichsverband eingegliedert hatte. In der osmanischen Reichselite fanden sich nicht wenige Vertreter meist orthodoxer Adelsfamilien, die am Sultanshof einflussreiche Positionen innehatten. Auch in den lokalen bzw. regionalen Machtstrukturen waren zahlreiche Adlige u. a. als Timarinhaber eingebunden, die bereits vor der osmanischen Eroberung die politische Elite gebildet hatten. Neben dem Prinzip der Kooptation örtlicher Eliten schuf das Haus Osman auch eine Hierarchisierung der Bevölkerung durch Privilegienvergabe, um dadurch Ressourcen für das entstehende Imperium zu erlangen. Bestimmte Bevölkerungsgruppen erhielten beispielsweise Steuererleichterungen, wenn sie Dienstleistungen für das Reich erbrachten. Beide Mechanismen wirkten in den Eroberungsprozessen in Südosteuropa zusammen, die in den meisten Fällen mehrere Jahrzehnte dauern konnten (s. zum Spätmittelalter Beitrag 1, Schmitt, Kap. 1.11f.). Nicht wenige osmanische Heerführer stammten zudem aus den Regionen, die sie nunmehr für die osmanische Dynastie eroberten. Außerdem wurden entsprechende Privilegien für militärische Dienstleistungen vergeben.

Am Beispiel Südosteuropas wird deutlich, dass die osmanische Expansion insbesondere aus einer akteurszentrierten Perspektive zu betrachten ist. Die Motive osmanischer Heerführer und Amtsträger im Grenzraum beeinflussten den Fortgang der Machtausdehnung des Hauses Osman erheblich. Beispielsweise wurden in Albanien so manche Konflikte zwischen Adelsfamilien im Gewande der osmanischen Macht fortgeführt oder, wie es in anderen Regionen zu beobachten war, die Eroberungsziele wurden von wirtschaftlichen Interessen einzelner Heerführer bestimmt. Solche Dynamiken lassen sich auch in anderen Regionen des Osmanischen Reiches beobachten, und dies zeigt, dass der südosteuropäische Raum in strukturgeschichtlicher Hinsicht kaum Besonderheiten aufwies. Dies gilt auch für die Einbindung christlicher Amtsträger in die Verwaltung einzelner Provinzen, da dies der osmanischen Praxis entsprach, lokale Institutionen in die eigenen Herrschaftsstrukturen einzugliedern.

Im Verlauf der 1570er Jahre ließ im südosteuropäischen Raum die Expansionsdynamik des Hauses Osman vorübergehend nach, wenngleich sie keineswegs abgebrochen war. Noch 1570 hatten die Osmanen Zypern erobert, aber danach lässt sich ein größerer Umbruch beobachten. Mit der Niederlage von Lepanto (1571) neigte sich die maritime Vorherrschaft im Mittelmeerraum ihrem Ende entgegen und bis 1580 beendeten die Osmanen auch weitgehend ihr Engagement im Indischen Ozean. Das Osmanische Reich trat somit nicht mehr als globale Seemacht in Erscheinung. Diese Entwicklungen bedeuteten aber nicht das Ende einer expansiven Außenpolitik. Immerhin erreichte der Herrschaftsbereich der Dynastie im östlichen Europa seine größte Ausdehnung im zweiten Drittel des 17. Jahrhunderts und dem Imperium gelangen mit dem Angriff auf Kreta 1645 und der zweiten Belagerung Wiens 1683 nochmals großangelegte Angriffsunternehmen Insgesamt zeigte es sich jedoch, dass sich die stärker expansive Phase in Südosteuropa ab der Mitte des 16. Jahrhundert deutlich abschwächte.

In Anlehnung an ein Modell von Michael Doyle, das sich an der Geschichte des Imperium Romanum orientiert, könnte davon gesprochen werden, dass spätestens am Ende des 16. Jahrhunderts das osmanische Imperium die Phase seiner intensiven Expansion überrschritten habe und in einen Zustand stabiler Dauer eingetreten sei.[425] Immerhin blieb der Territorialbestand – abgesehen vom Verlust Ungarns nach 1699 u. kleinerer Gebiete beispielsweise in Dalmatien im 17. Jh. – in Südosteuropa bis zum frühen 19. Jahrhundert weitgehend konstant. Im Zustand der stabilen Dauer bildeten die Provinzen die wichtigsten Stützen des Imperiums und deren Eliten erhielten ein hohes Maß an politischer Bedeutung. In der expansiven Phase hatten Akteure aus den Grenzräumen wie die *uç beys* oder lokale Adelsfamilien aus den neu eroberten Regionen zum Aufbau imperialer Herrschaftsstrukturen beigetragen. Deren zunehmende Implementierung förderte schließlich den Aufstieg von Machteliten, die nicht mehr mit der „frontier" eng verbunden waren. Aus den osmanischen Machtstrukturen in den Provinzen kamen zunächst die Männer, die im Rahmen der „Knabenlese" (devşirme)[426] rekrutiert wurden und bis zur Mitte des 17. Jahrhunderts das Rückgrat der Verwaltungs- und Militärelite bildeten. Auch der Aufstieg der Kapetane und Ayane wäre ohne die etablierten Strukturen der Provinzverwaltung nicht möglich gewesen.

Dadurch konnten sich die Provinzen und deren lokale/regionale Eliten zu Säulen des Imperiums entwickeln. Auch wenn die örtlichen Notabeln oftmals in einem ambivalenten Verhältnis zur Reichszentrale in Istanbul standen, waren sie dennoch nicht am Zerfall des Reiches interessiert, da dieses ihnen ihre gesellschaftliche und politische Machtposition zumindest bis zur Wende vom 18. zum 19. Jahrhundert ermöglichte. Vor diesem Hintergrund erscheint der Zeitraum vom 16. bis zum 18. Jahrhundert als eine Phase der imperialen Geschichte des Osmanischen Reichs, die wesentlich von einem Zyklus der stabilen Dauer geprägt ist.

---

[425] Doyle, Empires.

[426] Die sog. Knabenlese war nicht allein auf große Teile Südosteuropas beschränkt, sondern auch in Gebieten an der Schwarzmeerküste verbreitet. Im 15. u. insbes. 16. Jh. wurde diese Einrichtung geschaffen, die dazu diente, christliche Knaben – allein in Bosnien scheinen auch Muslime ausgehoben worden zu sein –, meist zwischen 8 und 20 Jahre alt, zeitweise in ein- bis fünfjährigen Intervallen zu rekrutieren. Ab dem 17. Jh. verlor sie zunehmend an Bedeutung. Eine letzte bezeugte „Knabenlese" fand Anfang des 18. Jh.s statt. Aus diesen Reihen speisten sich nicht allein Angehörige der Janitscharen, eine große Zahl osmanischer Verwaltungsangehöriger entwuchs ihnen ebenso. Einige erklommen die Karriereleiter sogar bis zum Amt des Großwesirs (so z. B. Kara Ahmed Pascha, Mehmed Pascha Sokollu [Sokolović] oder Kemankeş Mustafa Pascha). Literaturhinweise finden sich bei U.[RSINUS], s. v. Knabenlese/Devşirme.

7. DAS KÖNIGREICH UNGARN (1526–1699): EINE ALTE REGIONALMACHT INNERHALB EINER NEUEN MONARCHIE

7.1 QUELLENKUNDE UND BIBLIOGRAPHIE RAISONNÉE

7.1.1 Archive und Quellensammlungen zur Geschichte des Königreichs Ungarn (1526–1699)

Im Vergleich zur mittelalterlichen Geschichte Ungarns und in Anbetracht des Umstands, dass zu dieser Epoche nur ein Bruchteil des einst existierenden Quellenmaterials (einige Dutzend erzählende Quellen u. etwa 300.000 Urkunden) erhalten blieb,[1] ist die Ausgangssituation für den ungarischen Staat nach 1526 viel günstiger. Diese Aussage trifft auch trotz der hier im ereignisgeschichtlichen Teil (Kap. 7.2) vorgestellten großen Türkenkriege und den damit einhergehenden bürgerkriegsähnlichen Zuständen und Aufständen während beinahe zweier Jahrhunderte zu, die mit enormen Zerstörungen von Archivalien einhergingen: Das Aktenmaterial einzelner Institutionen (Komitate, Städte, Klöster etc.) wurde in den osmanisch besetzten Gebieten fast vollständig vernichtet, inklusive des Großteils des mittelalterlichen ungarischen königlichen Archivs. Später ereilte das Archiv des Fürstentums Siebenbürgen das gleiche Schicksal, als 1658 die fürstliche Residenz in Weißenburg (Karlsburg)/Alba Iulia/Gyulafehérvár von osmanisch-tatarischen Truppen verheert wurde (s. u. Kap. 7.2.5).

Die bessere Quellenlage zur Geschichte des Königreichs Ungarn zwischen 1526 und 1699 hat mehrere Gründe. Ungarn wurde für anderthalb Jahrhunderte zum Grenzgebiet zweier Großmächte, des Osmanischen Reiches und der mitteleuropäischen Habsburgermonarchie, weshalb auch die zeitgenössischen Schriften besagter Großreiche eine reiche Quellenbasis für die Geschichte Ungarns bilden. In Ergänzung hierzu ist das beträchtliche in den ungarischen Archiven sowie in den Nachfolgestaaten des historischen Ungarns erhalten gebliebene Quellenmaterial zu berücksichtigen. Für die Frühe Neuzeit gilt außerdem, dass das ungarnbezogene Aktenmaterial des Vatikans im Laufe der Zeit immer umfangreicher wurde. Wie in den folgenden strukturgeschichtlichen Kapiteln dargestellt, wurde die erhebliche Vermehrung von Schriftgut dadurch begünstigt,

---

* Übersetzung durch László Ress.

1 Siehe hierzu in Bd. 1 des Handbuches die Ausführungen von Attila Zsoldos zur Quellensituation hinsichtlich des Königreichs Ungarn in der Arpadenzeit: HGSOE, Bd. 1,2 (Kap. 8.2): Zsoldos, Das Königreich Ungarn in der Arpadenzeit.

dass ab dem 16. Jahrhundert sowohl in der Residenzstadt der Monarchie (in Wien), als auch in Ungarn neue dauernde Institutionen und Behörden (z. B. Hof- und Länderkammer, Hofkriegsrat) geschaffen wurden, deren Akten größtenteils erhalten geblieben sind. Schließlich führten die anderthalb Jahrhunderte nach 1526 auch in der Entwicklung der Schriftlichkeit und des Buchdrucks eine Wende herbei: Beide wurden allmählich zu einem Massenphänomen. Deshalb sind die Komitats-, Stadt- und Familienarchive unvergleichlich reicher als die mittelalterlichen Archive, und ab dem 17. Jahrhundert stehen uns gedruckte Bücher und Flugblätter in immer größerem Ausmaß, in den österreichisch-deutschen Gebieten sogar Zeitungen mit ungarischem Bezug, zur Verfügung.

Deswegen umfasst bereits die Aufzählung der wichtigsten Archivbestände und Quellenausgaben zum 16. und 17. Jahrhundert mehrere Bände. Diesbezüglich hat die ungarische Historiographie in den vergangenen zwei Jahrzehnten wichtige Überblickswerke geschaffen, seien es systematische Quellenkunden oder bibliographische Arbeiten, wenngleich diese Abhandlungen derzeit nur auf Ungarisch zur Verfügung stehen. Über die im heutigen Ungarn und in den Nachfolgestaaten des historischen Ungarns erhalten gebliebenen umfangreichen Archivbestände wie über die relevanten Quellenausgaben publizierte eine von Domokos Kosáry (1913–2007) geleitete Forschungsgruppe ab 2003 vier voluminöse Bände. Ein eigener Band wurde dem Landesarchiv des Ungarischen Nationalarchivs in Budapest und den wichtigsten (darunter auch die Frühe Neuzeit betreffenden) Quellenausgaben zur ungarischen Geschichte gewidmet.[2] Ein ebenfalls eigenständiger Band listet die Schriften der Komitatsarchive des historischen ungarischen Staates auf und zwei weitere Bände zählen die Archive der Städte, Marktflecken und Dörfer bzw. alle diesbezüglichen Quellenausgaben auf.[3] Da das Archivmaterial der Komitate und Marktflecken, von einigen königlichen Freistädten abgesehen, zumeist ab dem 16./17. Jahrhundert umfangreicher wird, gilt diese mehrbändige Ausgabe als Hauptbehelf für die Erforschung dieser Epoche, ja sie ist in Mitteleuropa sogar einzigartig.

Dem ähnlich erzielte man in den letzten Jahrzehnten bei der Aufnahme des ungarnbezogenen Quellenmaterials der Habsburgermonarchie und des Osmanischen Reiches bedeutende Fortschritte. Der einstige ungarische Archivdelegierte am Österreichischen Staatsarchiv in Wien (1995–2014), István Fazekas, publizierte 2015 einen umfangreichen Band über die Ungarn betreffenden Akten des Wiener Haus-, Hof- und Staatsarchivs, welcher zugleich die wichtigsten Quelleneditionen auflistet.[4] Ebenso ist es den seit Jahrzehnten in Wien arbeitenden ungarischen Archivdelegierten größtenteils zu verdanken, dass eine eigene CD-ROM mit ungarnbezogenen

---

[2] Domokos Kosáry u. a. (Hgg.), Bevezetés Magyarország történetének forrásaiba és irodalmába [Einführung in die Quellenkunde und Fachliteratur der Geschichte Ungarns]. Bd. 1: Általános rész [Allgemeiner Teil], Teil 2: Országos jellegű levéltárak és forrásközlések [Archive u. Quelleneditionen]. Budapest 2003; zu den Quelleneditionen: ebd., 282–327.

[3] Diess. (Hgg.), Bevezetés Magyarország, Bd. 1, Teil 3: Megyei levéltárak és forrásközlések [Komitatsarchive u. Quelleneditionen], u. Teil 4,1–2: Városi, mezővárosi és községi levéltárak és forrásközlések [Stadtarchive, Marktflecken- u. Gemeindearchive u. Quelleneditionen]. Budapest 2008, 2015.

[4] István Fazekas, A Haus-, Hof- und Staatsarchiv magyar vonatkozású iratai [Ungarn betreffende Akten des Haus-, Hof- u. Staatsarchivs]. Budapest 2015.

Dokumenten aus dem 16. und 17. Jahrhundert (in Form von Regesten) desselben Archivs und des Wiener Finanz- und Hofkammerarchivs erschien. Gleichzeitig wird über einen kurzen zusammenfassenden Text ein Einblick in das ungarische Material des Wiener Kriegsarchivs geboten.[5] Diesen Arbeiten ist es zu verdanken, dass die in Wien ansässige Forschung zur Geschichte Ungarns ab 1526 nach dem Zusammenbruch des Ostblocks eine Blütezeit erlebte, die bis heute andauert. Selbiges trifft für die Erforschung der Ungarn betreffenden Akten des Osmanischen Reiches zu. Hier kann, da der erste Turkologie-Lehrstuhl Europas am Ende des 19. Jahrhunderts an der Universität Budapest gegründet wurde, die Untersuchung der von den Osmanen besetzten Gebiete auf eine lange Tradition zurückblicken. Zu den wichtigsten Abhandlungen und Quelleneditionen erschienen neuerdings mehrere englische Überblicksartikel.[6] Schließlich blühte nach deren Marginalisierung zu Zeiten des kommunistischen Regimes die ungarische Quellenforschung im Vatikan wieder auf: Aus der Feder des Kirchenhistorikers Péter Tusor stammt eine 2004 veröffentlichte umfassende Überblicksdarstellung zur ungarischen historischen Forschung im Vatikanischen Geheimarchiv,[7] und auch ein erheblicher Teil der von ihm ins Leben gerufenen Buchreihe (Collectanea Vaticana Hungariae) sind wertvolle Quelleneditionen.[8]

Obwohl den internationalen Trends entsprechend die Publikationen von Quelleneditionen – mit Ausnahme mediävistischer u. kirchenhistorischer Arbeiten – auch in Ungarn stagnierten, erschienen seit der oben erwähnten bibliographischen Auflistung von Quelleneditionen aus dem Jahr 2003 einige beachtliche Arbeiten zum Königreich Ungarn im 16. und 17. Jahrhundert. Es lohnt daher, auf einige wichtige Arbeiten hinzuweisen.

---

5   János Buzási u. a. (Hgg.), Segédletek az Osztrák Állami Levéltár (Haus-, Hof- u. Staatsarchiv, Finanz- u. Hofkammerarchiv) magyar vonatkozású irataihoz [Archivbehelfe zu den Ungarn betreffenden Akten des Österreichischen Staatsarchivs (Haus-, Hof- u. Staatsarchiv, Finanz- u. Hofkammerarchiv)]. CD-ROM. Budapest 2011; Géza Pálffy, Die Akten und Protokolle des Wiener Hofkriegsrats im 16. und 17. Jahrhundert, in: Josef Pauser/Martin Scheutz/Thomas Winkelbauer (Hgg.), Quellenkunde der Habsburgermonarchie (16.–18. Jahrhundert). Ein exemplarisches Handbuch. Wien, München 2004, 182–195.

6   Géza Dávid/Pál Fodor, Hungarian Studies in Ottoman History, in: Fikret Adanır/Suraiya Faroqhi (Hgg.), The Ottomans and the Balkans. A Discussion of Historiography. Leiden, Boston/MA, Köln 2002, 305–349; diess., From Philological to Historical Approach. Twentieth Century Hungarian Historiography of the Ottoman Empire, in: Frank Hadler/Mathias Mesenhöller (Hgg.), Vergangene Größe und Ohnmacht in Ostmitteleuropa. Repräsentationen imperialer Erfahrung in der Historiographie seit 1918. Lost Greatness and Past Oppression in East Central Europe. Representations of the Imperial Experience in Historiography since 1918. Leipzig 2007, 147–158; Gábor Ágoston, The Image of the Ottomans in Hungarian Historiography, Acta Orientalia Academiae Scientiarum Hungaricae 61 (2008), H. 1–2, 15–26, vgl. außerdem das entsprechende Kapitel zur Quellenkunde bezüglich des Osmanischen Reiches von Markus Koller im vorliegenden Band: Beitrag 6, Koller, Kap. 6.1.1.

7   Péter Tusor, Magyar történeti kutatások a Vatikánban [Ungarische historische Forschungen im Vatikan]. Budapest, Rom 2004.

8   Als PDF-Dateien können die bislang publizierten Bände der Collectanea Vaticana Hungariae über einen gesonderten Homepageauftritt der Katholischen Péter-Pázmány-Universität und der Ungarischen Akademie der Wissenschaften heruntergeladen werden: <http://institutumfraknoi.hu/cvh>; vgl. eine andere wichtige Quellenedition: István György Tóth (Hg.), Litterae missionariorum de Hungaria et Transilvania (1572–1717). 5 Bde. Rom, Budapest 2002–2008.

Hinsichtlich der habsburgisch–ungarischen Beziehungen ist die Veröffentlichung des namhaften, die neue Verwaltung des Königreichs behandelnden „Einrichtungswerks" (1688–1690) besonders bedeutsam.[9] Ebenso zu nennen ist die Publikation eines Teiles der Korrespondenz des Oberstlandesrichters Alex Thurzó aus dem 16. Jahrhundert und aus dem 17. Jahrhundert die des Palatins Paul Pálffy und des Erzbischofs von Gran Georg Lippay.[10] Ebenfalls von großer Bedeutung ist die Veröffentlichung der Herrschaftsinstruktionen aus dem 16. Jahrhundert sowie die der Regesten der rund 50 Komitatsprotokolle vom 16. bis in das 18. Jahrhundert, wobei Letztere zudem das Gesamtmaterial der insgesamt 35 Quelleneditionen auf DVD enthält.[11] Zu den eher ungewöhnlichen Quellen- und Dateneditionen gehören Veröffentlichungen zu den frühesten (Mitte des 16. Jh.s) Militärkarten von Ungarn und Kroatien, ja zugleich der Habsburgermonarchie, die Publikation einer Aufstellung aller Abgeordneter der ungarischen Reichstage im 17. Jahrhundert sowie die auf Archivforschungen beruhende Herausgabe aller frühneuzeitlicher Krönungsmünzen- und -jetons der ungarischen Herrscher.[12]

Schließlich ist von den erzählenden Quellen die dreibändige zeitgenössische ungarische Übersetzung der Anfang des 17. Jahrhunderts auf Latein verfassten Arbeit von Nikolaus Istvánffy zur Geschichte Ungarns im 16. Jahrhundert hervorzuheben. Selbiges trifft auf die zweisprachige Publikation der Lebensgeschichte des namhaften Bürgermeisters von Ödenburg, Christoph Lackner (1571–1631), zu.[13] Auf Ungarisch wurde zudem das Gerichtsprotokoll der zu einer Galeerenstrafe verurteilten protestantischen Prediger (1674) publiziert, ebenso – ein Unikat in der Geschich-

9   Einrichtungswerk des Königreichs Hungarn (1688–1690). Hgg. János KALMÁR/János J. VARGA. Stuttgart 2010.

10 Bethlenfalvi Thurzó Elek levelezése. Források a Habsburg–magyar kapcsolatok történetéhez [Die Korrespondenz von Alex Thurzó aus Bethlenfalva. Quellen zur Geschichte der habsburgisch-ungarischen Beziehungen]. Bd. 1: 1526–1532. Hg. Gabriella ERDÉLYI. Budapest 2005; Ein ungarischer Aristokrat am Wiener Hof des 17. Jahrhunderts. Die Briefe von Paul Pálffy an Maximilian von Trauttmansdorff (1647–1650). Hg. Anna FUNDÁRKOVÁ. Wien 2009; Péter TUSOR (Hg.), „Írom kegyelmednek, mint igaz magyar igaz magyarnak…". Lippay György veszprémi és egri püspök, esztergomi érsek levelei magyar arisztokratákhoz, nemesekhez (1635–1665). „Ich schreibe es Euer Gnaden so, wie ein gerechter Ungar an einen gerechten Ungarn". Die Briefe von György Lippay, Bischof von Wesprim und Erlau, Erzbischof von Gran an ungarische Aristokraten, Adeligen (1635–1665). Budapest 2015.

11 István KENYERES u. a. (Hgg.), XVI. századi uradalmi utasítások. Utasítások a kamarai uradalmak prefektusai, udvarbírái és ellenőrei részére [Herrschaftsinstruktionen aus dem 16. Jh. Instruktionen für die Präfekten, Hofrichter u. Gegenschreiber der Kammerherrschaften in Ungarn]. Budapest 2002; László Á. VARGA/István KENYERES/Péter TÓTH (Hgg.), 16–18. századi vármegyei jegyzőkönyvek regesztái [Die Regesten der Komitatsprotokolle aus dem 16–18. Jh.]. DVD-ROM. Budapest 2009.

12 Géza PÁLFFY, Die Anfänge der Militärkartographie in der Habsburgermonarchie. Die regelmäßige kartographische Tätigkeit der Burgbaumeisterfamilie Angielini an den kroatisch-slawonischen und den ungarischen Grenzen in den Jahren 1560–1570. A haditérképészet kezdetei a Habsburg Monarchiában. Az Angielini várépítészfamília rendszeres térképészeti tevékenysége a horvátszlavón és a magyarországi határvidéken az 1560–1570-es években. Budapest 2011; Tatjana GUSZAROVA, A 17. századi magyar országgyűlések résztvevői [Die Teilnehmer der ungarischen Reichstage im 17. Jh.], Levéltári Közlemények 76 (2005), H. 2, 93–148; Ferenc Gábor SOLTÉSZ/Csaba TÓTH/Géza PÁLFFY, Coronatio Hungarica in Nummis. Medals and Jetons From Hungarian Royal Coronations (1508–1916). Budapest 2019.

13 Péter BENITS (Hg.), Istvánffy Miklós magyarok dolgairól írt históriája Tállyai Pál XVII. századi fordításában [Historie von Nikolaus Istvánffy über die Sachen der Ungarn in der ung. Übersetzung von Paul Tállyai im 17. Jh.]. 3 Bde. Budapest 2001–2009; Lackner Kristófnak. Mindkét jog doktorának rövid önéletrajza. Vitae Christophori

te der militärischen Rechtspflege – das Protokoll des Kriegsgerichts der Grenzfestung Szécsény (1656–1661).[14] Sogar die deutschsprachigen Grundbücher der Festungsstadt Raab und die Inventare der ungarischen Krönungsinsignien wurden herausgegeben.[15] Nicht zuletzt ist zu erwähnen, dass die 2003 gegründete Budapester Zeitschrift Lymbus. Magyarságtudományi Forrásközlemények [Hungarologische Quellenausgaben] alljährlich zumeist frühneuzeitliche Quelleneditionen in Form eines Jahrbuches vorstellt. Somit besteht die begründete Hoffnung, dass zur Geschichte des Königreichs Ungarn zwischen 1526 und 1699 auch in Zukunft bedeutende Quellensammlungen erscheinen werden.

7.1.2 Forschungsstand: von den nationalromantischen bis zu den transnationalen Meistererzählungen

Nach den Vorläufern des 16. bis 18. Jahrhunderts[16] entstand ab Mitte des 19. Jahrhunderts, zeitgleich zur Herausbildung des modernen ungarischen Nationalstaates, eine professionelle ungarische Historiographie.[17] Im Zuge dessen erstellte fast jede Historikergeneration ein eigenes Konzept samt eigenem Interpretationsrahmen zu den habsburgisch-ungarischen Beziehungen im 16. und 17. Jahrhundert,[18] wozu mehrere allgemeine Aussagen getroffen werden können. Einerseits drückte die jeweilige aktuelle politische Lage für lange Zeit dem historischen Diskurs, vielmehr noch aber dem historischen öffentlichen Bewusstsein ihren Stempel auf, denn die Geschichte Ungarns im 19. und 20. Jahrhundert war reich an schicksalsträchtigen Wendungen (1848/1849, 1867, 1918–1920, 1944/1945, 1949, 1956, 1989). Andererseits dominierten Meistererzählungen, welche die ungarische Geschichte allgemein als Einheit betrachteten, selbst dann, als das historische

---

Lackhner I. U. D. Hominis, brevis consignatio. Hg. Gergely Tóth. Sopron 2008; vgl. neuerdings Pál Ács/Gergely Tóth (Hgg.), „A magyar történet folytatója". Tanulmányok Istvánffy Miklósról [Der Fortsetzer der Geschichte Ungarns. Studien über Nikolaus Istvánffy]. Budapest 2018.

14 Katalin S. Varga (Hg.), Az 1674-es gályarabper jegyzőkönyve [Gerichtsprotokoll der Galeerensklaven-Prediger aus dem Jahr 1674]. Budapest 2008; András Péter Szabó (Hg.), A szécsényi seregszék jegyzőkönyve (1656–1661) [Kriegsgerichtsprotokoll der Grenzfestung Szécsény (1656–1661)]. Salgótarján 2010; vgl. Géza Pálffy, Militärische Rechtspflege im Königreich Ungarn im 16. und 17. Jahrhundert, *Historisches Jahrbuch* 127 (2007), 33–73.

15 Grund- und Hausverzeichnisse der Festungsstadt Győr/Raab 1564–1602. Hg. Lajos Gecsényi. Győr 2003; Róbert József Szvitek/Endre Tóth (Hgg.), A koronázási jelvények okmányai [Akten zu den ung. Krönungsinsignien]. Budapest 2003.

16 Neuerdings siehe Gergely Tóth (Hg.), Clio inter arma. Tanulmányok a 16–18. századi magyarországi történetírásról [Beiträge zur Geschichtsschreibung in Ungarn im 16–18. Jh.]. Budapest 2014.

17 Die wichtigsten Zusammenfassungen: Steven Bela Vardy, Modern Hungarian Historiography. Boulder/CO, New York 1976; Péter Gunst, A magyar történetírás története [Geschichte der ung. Geschichtsschreibung]. Debrecen ²2000; Ignác Romsics, Clio bűvöletében. Magyar történetírás a 19–20. században – nemzetközi kitekintéssel [In Clios Bann. Ungarische Geschichtsschreibung im 19. u. 20. Jh. – mit internationalem Ausblick]. Budapest 2011.

18 Einen allgemeinen Überblick bietet István Fazekas, Die Frühneuzeitforschung in Ungarn. Ein Forschungsbericht, in: Krisztián Csaplár-Degovics/István Fazekas (Hgg.), Geteilt – Vereinigt. Beiträge zur Geschichte des Königreichs Ungarn in der Frühneuzeit (16.–18. Jahrhundert). Berlin 2011, 15–64.

Ungarn nach der Schlacht bei Mohács 1526 für fast zwei Jahrhunderte faktisch in drei Teile, ja Staaten (Königreich Ungarn, Fürstentum Siebenbürgen u. osmanisch besetzte Gebiete) zerfiel. Zu erklären ist dies primär mit den Nationsbildungsprozessen des 19. und 20. Jahrhunderts, als man nicht so sehr an der Geschichte des ungarischen Staates, sondern in erster Linie an der der ungarischen Nation interessiert war, obwohl das historische Ungarn bereits ab dem Mittelalter ein multiethnisches Staatsgebilde war. Hauptsächlich auch aus diesem Grund drückte die nationalromantische Unabhängigkeitskonzeption der ungarischen Geschichtsschreibung und dem öffentlichen historischen Denken ihren Stempel auf, was selbst für die Erforschung des 16. und 17. Jahrhunderts gilt, als in Europa noch kein einziger Nationalstaat existierte.

Ignác Acsády (1845–1906) und Dávid Angyal (1857–1943) stellten nach der Tausendjahrfeier zur ungarischen Staatsgründung (1896) in drei sehr umfangreichen Bänden die erste bedeutendere Geschichte Ungarns für die Zeit von 1526 und 1711, basierend auf neueren Forschungen und relativ ausgewogen, wenngleich hauptsächlich aus der Perspektive der ungarischen Stände geschrieben, vor.[19] Dennoch konnten diese Abhandlungen den Einfluss des Hauptvertreters der nationalromantischen Geschichtsschreibung, des Protestanten Kálmán Thaly (1839–1909), der zugleich ein führender Politiker der Unabhängigkeitspartei und einer der stellvertretenden Vorsitzenden der Ungarischen Historischen Gesellschaft (1889–1909) war, wie auch seiner Schüler und Anhänger nur teilweise zurückdrängen. Als einer der engagiertesten Forscher des Unabhängigkeitskampfes unter Franz II. Rákóczi (1703–1711) und der Kuruzzenaufstände sah Thaly in den Habsburgern in erster Linie „katholische Unterdrücker" ungarischer Unabhängigkeit wie auch des Protestantismus.[20] Tatsächlich war es seine Generation, die die historiographische Tradition der protestantischen Nationalen (sog. Kuruzzen) und der katholischen Anhänger der Habsburger (sog. Labanzen) in der ungarischen Geschichtsschreibung begründete, was zu einer extrem vereinfachenden Beurteilung der Geschichte Ungarns in der Frühen Neuzeit wie auch der mehrere Jahrhunderte umfassenden Anwesenheit der Habsburgerdynastie in Ungarn führte.

Die in vielerlei Hinsicht bis heute dominierende Unabhängigkeitskonzeption wurde aber in den vergangenen mehr als hundert Jahren nicht von jedem Historiker geteilt.[21] Bereits zur Wende vom 19. zum 20. Jahrhundert vertraten Árpád Károlyi (1853–1940), ein ungarischer Archivar in Wien, der Budapester Universitätsprofessor Henrik Marczali (1856–1940), und in der ersten Hälfte des 20. Jahrhunderts der Schüler des Letzteren, einer der bedeutendsten ungarischen

---

[19] Ignácz Acsády, Magyarország három részre oszlásának története, 1526–1608 [Geschichte der Dreiteilung Ungarns, 1526–1608]. Budapest 1897; Dávid Angyal, Magyarország története II. Mátyástól III. Ferdinánd haláláig [Geschichte Ungarns von Matthias II. bis zum Tode Ferdinands III.]. Budapest 1898, u. Ignácz Acsády, Magyarország története I. Lipót és I. József korában, 1657–1711 [Geschichte Ungarns zur Zeit Leopolds I. u. Josephs I., 1657–1711]. Budapest 1898.

[20] Vgl. Ágnes R. Várkonyi, Thaly Kálmán és történetírása [Kálmán Thaly u. seine Geschichtsschreibung]. Budapest 1961.

[21] Vgl. Árpád v.[on] Klimó, Transnationale Perspektiven in der ungarischen Geschichtsschreibung des 20. Jahrhunderts. Von „Hóman–Szekfű" bis „Ránki–Berend", in: Heinz Duchhardt (Hg.), Nationale Geschichtskulturen – Bilanz, Ausstrahlung, Europabezogenheit. Beiträge des internationalen Symposions in der Akademie der Wissenschaften und der Literatur, Mainz, vom 30. September bis 2. Oktober 2004. Stuttgart 2006, 221–240.

Vertreter der Geistesgeschichte, Gyula Szekfű (1883–1955), eine weitaus sachlichere Meinung. Auf der Grundlage mehrjähriger Forschungen in Wiener Archiven zeichnete Szekfű in der 1935 veröffentlichten zweiten Auflage der ursprünglich achtbändigen „Ungarischen Geschichte" ein realistischeres Bild, nämlich eine Art ungarischen Sonderweg innerhalb der Habsburgermonarchie in politischer, wirtschaftlicher, gesellschaftlicher und kultureller Hinsicht. Als Erster betonte er hierbei die Rolle der Dynastie und der ungarischen Aristokratie bei der Verteidigung Ungarns gegen die Osmanen und bei der Befreiung von der osmanischen Herrschaft.[22] Die historischen und geschichtspolitischen Werke von Szekfű führten sowohl innerhalb der Wissenschaft, als auch im politischen Leben zu regen Diskussionen.[23]

Nach der Machtübernahme der Kommunisten (1949) rückte erneut die Unabhängigkeitskonzeption, d. h. eine antiwestliche und anti-habsburgische Ausrichtung in den Vordergrund, gepaart mit ideologischen Versatzstücken von Klassenkampf und Internationalismus. Gemäß Aladár Mód (1908–1973), einem der wichtigsten Vertreter des wissenschaftlichen Sozialismus in Ungarn, der selbst nie frühneuzeitliche Forschungen betrieb, wurden in den 1950er Jahren die zur Habsburgerdynastie gehörenden ungarischen Herrscher zwar nicht mehr als katholische „deutsche Unterdrücker" wahrgenommen, so wie von Kálmán Thaly geschildert, dafür aber als „österreichische Kolonialisten", „imperialistische Habsburger" und Erbfeinde des Ungartums – Ungarn insgesamt wurde als ausgebeutete Kolonie und als vernachlässigter Pufferstaat der Habsburgermonarchie beschrieben. Auf Thalys theoretischem Ansatz basierend, entwickelte Mód sogar ein schematisches Konzept, wonach das Ungartum nach 1526 vierhundert Jahre lang für ein unabhängiges Ungarn gegen die Habsburger gekämpft habe.[24] Dieser Unabhängigkeitskampf wurde ihm zufolge zumeist von protestantischen siebenbürgischen Fürsten (Stephan Bocskai, Gabriel Bethlen, Emmerich Thököly u. Franz II. Rákóczi) angeführt. Welch starken politischen Rückhalt diese Auslegung erfuhr, manifestierte sich u. a. darin, dass die kommunistische Staatsführung die Skulpturen der Habsburgerherrscher (Ferdinand I., Karl III., Maria Theresia, Leopold II. u. Franz Joseph) des ungarischen Königspantheons auf dem Budapester Heldenplatz in den 1950er Jahren durch die Figuren von Bocskai, Bethlen, Thököly, Franz II. Rákóczi und Lajos Kossuth ersetzen ließ.[25] Dieser Geschichts- und Erinnerungspolitik ist es zuzuschieben, dass mehrere Generationen, darunter teilweise sogar der Verfasser dieser Zeilen, in den 1980er Jahren, unter dem Einfluss einer solch rigiden anti-habsburgischen Unabhängigkeitsanschauung hinsichtlich der Geschichte Ungarns im 16. und 17. Jahrhundert, ja während der gesamten sogenannten Moderne standen.

---

[22] Gyula Szekfű, Magyar történet [Ungarische Geschichte]. Bde. 3–4. Budapest ²1935.

[23] Neuerdings dazu Zoltán Iván Dénes, A történelmi Magyarország eszménye. Szekfű Gyula a törénetíró és ideológus [Das Ideal des historischen Ungarn. Gyula Szekfű, der Geschichtenschreiber u. Ideologe]. Pozsony 2015.

[24] Aladár Mód, 400 év küzdelem az önálló Magyarországért [400 Jahre Kampf für die Unabhängigkeit Ungarns]. Budapest ⁷1954, vgl. Béla Köpeczi, The Hungarian Wars of Independence of the Seventeenth and Eighteenth Centuries in Their European Context, in: János M. Bak/Béla K. Király (Hgg.), From Hunyadi to Rákóczi. War and Society in Late Medieval and Early Modern Hungary. New York 1982, 445–455.

[25] András Gerő, Heroes' Square – Budapest. Hungary's History in Stone and Bronze. Budapest 1990, 30–33.

In den 1980er und 1990er Jahren wurde in der Fachliteratur die bezüglich des europäischen dynastischen Staatensystems der Frühen Neuzeit immer anachronistischer anmutende Unabhängigkeitskonzeption schrittweise von einem neuen Interpretationsrahmen, der sog. Theorie der vom Fürstentum Siebenbürgen ausgehenden Versuche zur Vereinigung des Landes abgelöst. Demgemäß kämpften Bocskai und seine Nachfolger nicht mehr für die ungarische Unabhängigkeit, sondern für die Wiederherstellung der territorialen Einheit des in drei Teile zerfallenen Ungarns. Wichtigstes Beispiel für diese historiographische Neuausrichtung stellt das bedeutendste Unterfangen der ungarischen Geschichtsschreibung nach dem Zweiten Weltkrieg dar, das bis zum heutigen Tag unvollendete Werk „Ungarns Geschichte in zehn Bänden". Die das 16. und 17. Jahrhundert behandelnden zwei Bände der Reihe, die Mitte der 1980er Jahre erschienen, sprachen nicht mehr von Unabhängigkeitskämpfen: Die Fürsten von Siebenbürgen führten nun allein Kämpfe gegen die Habsburger an und versuchten, eine Vereinigung des Landes herbeizuführen.[26] Trotz der offensichtlichen interpretatorischen Modifikation wurzelt auch diese Theorie in der nationalromantischen Unabhängigkeitskonzeption des 19. Jahrhunderts. Zur Dominanz sowohl des Unabhängigkeitskonzeptes, als auch der letztgenannten Theorie bis vor wenigen Jahren trug bei, dass die Wiedererlangung der Unabhängigkeit Ungarns nach der Wende 1989 ebenfalls diese immer noch nationalromantische und zugleich anachronistische Konzeption untermauerte.

Unter den Historikern zur Frühen Neuzeit finden die letztgenannten Ansätze heute nur wenige Anhänger, was wohl auch mit dem weitgehenden Desinteresse führender Politiker an der Geschichte der Frühen Neuzeit zu erklären ist. Davon abgesehen führten neueste Forschungen im letzten Vierteljahrhundert, parallel zur erwähnten systematischen Erschließung der Wiener Quellen, zu einer schrittweisen Neubewertung der habsburgisch-ungarischen Beziehungen.[27] Den westeuropäischen transnationalen Abhandlungen über die Geschichte der Habsburgermonarchie[28] folgend, stellten die neuesten Monographien die Geschichte des ungarischen Staates im 16. und 17. Jahrhundert nicht mehr aus dem Blickpunkt der Unabhängigkeit oder der Einheit des Landes dar, son-

---

[26] Zsigmond Pál PACH/Ágnes R. VÁRKONYI (Hgg.), Magyarország története tíz kötetben [Ungarns Geschichte in zehn Bänden]. Bde. 3,1–2: Magyarország története 1526–1686 [Ungarns Geschichte 1526–1686]. Budapest ²1987, vgl. Ágnes R. VÁRKONYI, A Királyi Magyarország 1541–1686 [Das Königliche Ungarn 1541–1686]. Budapest 1999.

[27] Die neueren Zusammenfassungen: Géza PÁLFFY, A tizenhatodik század története [Geschichte Ungarns im 16. Jh.]. Budapest 2000; Gábor ÁGOSTON/Teréz OBORNI, A tizenhetedik század története [Geschichte Ungarns im 17. Jh.]. Budapest 2000; Ferenc SZAKÁLY, Virágkor és hanyatlás 1440–1711 [Blütezeit u. Zerfall]. Budapest ²2006; Géza PÁLFFY, The Kingdom of Hungary and the Habsburg Monarchy in the Sixteenth Century. Boulder/CO, Wayne/NJ, New York 2009; DERS., Romlás és megújulás 1606–1703 [Zerstörung u. Erneuerung, 1606–1703]. Budapest 2009; DERS., Hungary between Two Empires, 1526–1711. Bloomington/IN 2021.

[28] Robert J.[ohn] W.[eston] EVANS, Das Werden der Habsburgermonarchie 1550–1700. Gesellschaft, Kultur, Institutionen. Wien ²1989, insbes. 177–201: „Ungarn: Beschränkte Zurückweisung"; Jean BÉRENGER, La Hongrie des Habsbourg. Bd. 1: De 1526 à 1790. Rennes 2010, 19–204; Thomas WINKELBAUER, Österreichische Geschichte. Bd. 8: 1522–1699, Teilbd. 1 u. 2: Ständefreiheit und Fürstenmacht. Länder und Untertanen des Hauses Habsburg im konfessionellen Zeitalter. Wien 2003, hier Teilbd. 1, 123–173, bzw. eine frühere Pionierarbeit: Kálmán BENDA, Absolutismus und ständischer Widerstand in Ungarn am Anfang des 17. Jahrhunderts, *Südost-Forschungen* 33 (1974), 85–124.

dern rückten die Beziehungen zwischen der Monarchie und dem Königreich bzw. zwischen dem Wiener Hof und den ungarischen Stände in den Fokus.[29] Dies wurde auch dadurch begünstigt, dass ab den 1990er Jahren die früher größtenteils tabuisierten Forschungen zu Eliten, Aristokratie, Adels- und Kirchengeschichte intensiviert wurden und auch Arbeiten zur Finanzadministration, der Stadtgeschichte und neuerdings der Herrscherkrönungen einen neuen Schwung erhielten, wie der Leser anhand der Auswahlbibliographie sehen kann.[30] Diese Forschungen richteten obendrein die Aufmerksamkeit auf immer neue Themenkreise.

Die Politik-, Militär- und Verwaltungsgeschichte des Königreichs Ungarn und des Fürstentums Siebenbürgen im 16. und 17. Jahrhundert kann also – trotz der häufigen Kontakte – nicht im Rahmen eines Modells oder Konzepts beschrieben werden, da das Königreich Ungarn Bestandteil der mitteleuropäischen Habsburgermonarchie war, Siebenbürgen aber zur Interessensphäre des Osmanischen Reichs gehörte. Und diese beiden Großmächte waren ab dem 15. Jahrhundert mehrere hunderte Jahre lang Rivalen in einem umkämpften Raum, wie mehrere Kapitel dieses Bandes detailliert darlegen. Die folgenden Kapitel zur Ereignis- und Strukturgeschichte Ungarns möchten den Leser wiederum über die wichtigsten Geschehnisse und strukturellen Merkmale des in die Habsburgermonarchie integrierten ungarischen Ständestaates zwischen 1526 und 1699 informieren.

---

29 Vgl. Géza PÁLFFY, Jahrhundert von Trennungen und Ausgleichen. Die Geschichte des Königreichs Ungarn im 17. Jahrhundert in einem neuen Licht, *Historisches Jahrbuch* 137 (2017), 248–267.

30 Siehe v. a. die Werke von István Czigány, Péter Dominkovits, Gabriella Erdélyi, István Fazekas, Anna Fundárková, Lajos Gecsényi, Tatjana Guszarova, István Kenyeres, Antal Molnár, István H. Németh, Kees Teszelszky, Péter Tusor, Szabolcs Varga usw. Zur neuen Eliten- und Aristokratenforschung: Anna FUNDÁRKOVÁ u. a. (Hgg.), Die weltliche und kirchliche Elite aus dem Königreich Böhmen und Königreich Ungarn am Wiener Kaiserhof im 16.–17. Jahrhundert. A Cseh Királyság és a Magyar Királyság világi és egyházi elitje a bécsi udvarban a 16–17. században. Wien 2013, u. neuerdings Géza PÁLFFY, Exodus, neue Titel, verschiedene Karrierestrategien. Adel im Wandel in Ungarn im Jahrhundert nach der Schlacht bei Mohács (1526), in: Gisela DROSSBACH/Mark Swen HENGERER (Hgg.), Adel im östlichen Europa. Zwischen lokaler Identität, Region und europäischer Integration (ca. 1400–1900). Tagungsband Wildbad Kreuth, 3.–5. Dezember 2014. München 2021.

7.2 VON DER SCHLACHT BEI MOHÁCS (1526) BIS ZUM FRIEDEN VON KARLOWITZ (1699): EREIGNISGESCHICHTE

7.2.1 Osmanische Expansion und Türkengefahr in Südost- und Ostmitteleuropa bis zum Fall Ofens, 1541

Durch die Eroberungen der Osmanen auf dem Balkan veränderte sich die Landkarte von Südosteuropa im 14. und 15. Jahrhundert fundamental. Nach der Unterwerfung der bulgarischen Teilherrschaften und der lange Zeit von Skanderbeg gehaltenen albanische Gebiete wurde der osmanische Staat mit der Einnahme Konstantinopels (1453), der Hauptstadt des einst bedeutenden Byzantinischen Reichs, zu einer einflussreichen Regionalmacht – s. Beitrag 1, SCHMITT, Kap. 1.12. Mit der anschließenden Eroberung Serbiens (1459) und Zentralbosniens (1463) waren die Osmanen nur einen einzigen Schritt vom Status einer Weltmacht entfernt. Diesen tat Sultan Selim I. (1512–1520) mit der Eroberung eines beträchtlichen Teils der islamischen Welt des Nahen Ostens (1514: Iran; 1516: Syrien; 1517: Ägypten). Dank dieser Gebietszuwächse wandelte sich das Osmanische Reich Anfang des 16. Jahrhunderts von einer den Balkanraum und Kleinasien dominierenden südosteuropäischen Regionalmacht zu einem Weltreich und damit zu einem entscheidenden politischen Faktor in der europäischen Politik. Ihr unvergleichlich großes stehendes Heer suchte in Europa wie auch in Asien seinesgleichen, es kontrollierte eines der wichtigsten Handelsrouten zwischen Ost und West, und dank des hier effektiven Systems der Steuereintreibung konnte der Fiskus Jahr für Jahr einen beachtlichen Überschuss erzielen.

Selims Sohn, Sultan Süleyman I. (1520–1566), erbte 1520 ein prosperierendes und gefestigtes Reich, das bereits aufgrund seiner materiellen und natürlichen Ressourcen nicht allein einen immer größeren Einfluss auf die Geschicke Südosteuropas ausübte, sondern auch auf Ostmitteleuropa ausstrahlte. Die hier feststellbare geopolitische Stoßrichtung ist mit dem Umstand zu erklären, dass der ambitionierte junge Herrscher und seine politisch-militärische Elite ganz besonders dahingehend wirkten, die Macht des Königreichs Ungarn zu brechen, des einzigen verbliebenen bedeutenden Konkurrenten um die Vorherrschaft in der Region. Ein wesentlicher Schritt in diese Richtung bestand in dem Versuch, das sich in ungarischen Händen befindliche Belgrad/Beograd/Nándorfehérvár – im zeitgen. dt. Sprachgebrauch auch Griechisch Weißenburg genannt – einzunehmen.[31] Dazu schienen die Machtverhältnisse aus der Sicht der Osmanen besonders günstig zu sein; denn, wie aus Tabelle 6 hervorgeht, konnte sich der seit 1102 als Union bestehende ungarisch-kroatische Staatenbund[32] weder hinsichtlich der Gebietsgröße, der Bevölkerungszahl, der Einkünfte noch der Heeresstärke ernsthaft mit dem Osmanischen Reich messen.

---

[31] Zur Neuinterpretierung der osmanischen Eroberungsstrategien gegen Ungarn: FODOR, Ottoman Policy towards Hungary; ZOMBORI (Hg.), Fight Against the Turk in Central-Europe; neuerdings FODOR, The Unbearable Weight of Empire. Eine andere und viel kritisierte Konzeption des Aktionsradius der Osmanen in Europa bietet PERJÉS, The Fall of the Medieval Kingdom of Hungary.

[32] Neueste Forschungsresultate zu den ungarisch-kroatischen Beziehungen finden sich bei KRUHEK (Hg.), Hrvatsko-mađarski odnosi, bzw. neuerdings FODOR/SOKCSEVITS (Hgg.), A horvát–magyar együttélés fordulópontjai.

Dessen Staatsgebiet war um ein fünffaches größer, die Bevölkerungszahl viermal so hoch, es war dem Königreich gegenüber wirtschaftlich weit überlegen, und im Gegensatz zu diesem verfügte es über ein straff organisiertes und gedrilltes stehendes Heer; dabei galt der ungarisch-kroatische Staat in Mitteleuropa weiterhin als ein bedeutender politischer Faktor, der die österreichischen Erblande oder die Länder der böhmischen Krone gebiets- und bevölkerungsmäßig deutlich übertraf. Hinzu kam, dass die ungarischen und böhmischen Gebiete zu dieser Zeit durch die Person von Władysław II. Jagiełło (Kg. v. Böhmen [seit 1471] u. Ungarn: 1490–1516) und später durch Ludwig II. (1516–1526) in Personalunion verbunden waren, was ihre Position stärkte.

Tabelle 6: Das Osmanische Reich und das Königreich Ungarn-Kroatien um 1520 im Vergleich[33]

	Osmanisches Reich	Königreich Ungarn-Kroatien
Fläche (in km²)	1,500.000	325.000
Bevölkerungszahl (in Mio.)	12–13	3,3
Jährliche Staatseinkünfte in goldenen Gulden (in Mio.)	8–10	0,4–0,5
Armeestärke	120.000–150.000	30.000–40.000

Ab 1521 wuchs die sog. „Türkengefahr" – ein zeitgenössischer Begriff, der die Bedrohungssituation vermittelt – im Karpatenbecken bedrohlich an. In diesem Jahr eroberte das Osmanische Reich Belgrad, Semlin/Zemun/Zimony, Sabatsch/Šabac und den südöstlichen Teil von Syrmien, wodurch das Königreich Ungarn eine strategisch überaus wichtige Region seines Territoriums verlor, was ihr südliches Grenzverteidigungssystem entscheidend schwächte. Der spätmittelalterliche ungarische Staat war dadurch größter Gefahr ausgesetzt, denn zwischen Belgrad und Ofen/Buda lagen nur wenige größere Festungen, die die Osmanen hätten aufhalten können.[34] Wie groß die Türkengefahr damals eingeschätzt wurde, verdeutlicht die Unterstützung durch den in Wien residierenden österreichischen Erzherzog Ferdinand von Habsburg, die er seinem Verwandten, König Ludwig II., angedeihen ließ. Er unterstützte ihn nämlich fortan regelmäßig mit Truppen zur Verteidigung der kroatischen und slawonischen Gebiete, die dadurch ebenso seine österreichischen Länder (v. a. Krain, Steiermark u. Kärnten) schützten.[35] Doch trotz aller Verteidigungsanstrengungen durch die ungarische Kriegsführung nahmen die Osmanen in den nächsten Jahren zahlreiche Grenzfestungen ein (1522: Orschowa/Orşova, Knin, Skradin; 1524: Severin/Szörény-[vár]) und bereiteten damit ihren nächsten großen Angriff gegen Ungarn vor. Nach der Einnahme von

---

33 Pálffy, The Kingdom of Hungary and the Habsburg Monarchy, 25 (Tab. 2, mit gemäß neuesten Forschungen korrigierten Zahlen).

34 Siehe zu den bedeutenden Auswirkungen des Falls von Belgrad Szakály, Nándorfehérvár, 1521.

35 Vgl. Pálffy, The Origins and Development of the Border Defence System, 13–15.

Belgrad 1521 arbeitete nämlich die osmanische Kriegsführung eindeutig darauf hin, einen möglichst signifikanten Teil des Königreichs Ungarn zu erobern und in erster Linie die königliche Residenz- und Hauptstadt, Ofen, einzunehmen.

Zur Verwirklichung dieses Zieles wandten die Osmanen auch gegenüber Ungarn die Strategie der stufenweisen Eroberung an, die sich in Kleinasien und auf dem Balkan zumeist bewährt hatte. Nachdem bis Mitte der 1460er Jahre jene „Pufferstaaten" besetzt werden konnten, die Ungarn schützend umgaben – Bulgarien, Serbien u. Bosnien –, schwächten die Osmanen das ungarisch-kroatische Grenzverteidigungssystem bis 1521 mit permanenten Streifzügen und rieben es letztendlich auf.[36] Obwohl Sultan Süleyman 1526 in erster Linie aufgrund der krisenhaften innenpolitischen Situation im Reichsinnern – zu nennen wäre v. a. der Janitscharenaufstand in Istanbul – und von Seiten seiner größtenteils vom Balkan stammenden politischen Elite zu einem Krieg auf dem europäischen Festland gedrängt wurde, fügte er der Streitkraft des Königreichs Ungarn in der Schlacht bei Mohács binnen weniger Stunden eine entscheidende und zugleich vernichtende Niederlage zu. In Anbetracht des enormen Unterschieds der Kräfteverhältnisse (75.000–80.000 osmanische gegen 25.000–26.000 christliche Soldaten) war der osmanische Sieg vom 29. August 1526 fast unvermeidlich, obwohl das Heer von König Ludwig II. eines der truppenstärksten war, das von einem europäischen christlichen Herrscher des späten Mittelalters mobilisiert werden konnte.[37]

Die Niederlage bei Mohács veränderte das Schicksal Ungarns und Mitteleuropas für Jahrhunderte. Einerseits endete damit die territoriale Einheit des spätmittelalterlichen mit Kroatien vereinigten Ungarn, dieses traditionsreichen europäischen und über die Region hinaus wirkenden Königreichs. Andererseits erfuhr die ungarische politische Elite eine in dieser Form bislang ungekannte tiefgreifende Zäsur. Ein Großteil der hohen weltlichen und kirchlichen Würdenträger des Landes fiel bei dieser Schlacht; zudem brach mit dem Tod des Königs und mehrerer seiner Ratgeber die Staatsverwaltung des Landes zusammen. Die im November vollzogene Wahl des siebenbürgischen Woiwoden Johann Szapolyai zum ungarischen König (regierte als Johann I. von 1526 bis 1540) schuf derweil nur zum Teil Abhilfe. Hinzu kam, dass mit dem Tod des jungen ungarisch-böhmischen Königs der Einfluss der Jagiellonendynastie in Mitteleuropa – außer in Polen – größtenteils endete. Außerdem veränderte sich der seit anderthalb Jahrhunderten andauernde ungarisch-osmanische Konflikt mit der am 16. Dezember 1526 in Pressburg/Bratislava (slowak. hist. Prešporok)/Pozsony erfolgten Wahl des österreichischen Erzherzogs und Bruders des Kaisers Karls V. (1519–1556), Ferdinand von Habsburg, zum König von Ungarn (1526–1564) grundsätzlich. Dieser verlagerte sich hin zu einer Rivalität zwischen Habsburgermonarchie und Osmanischem Reich. Für die Osmanen wurde nämlich ab diesem Zeitpunkt der nun in Wien

---

[36] Vgl. Szakály, Phases of Turco-Hungarian Warfare before the Battle of Mohács; neuerdings Pálosfalvi, From Nicopolis to Mohács.

[37] Die neueste nicht-ungarischsprachige monographische Zusammenfassung der Schlacht mit weiterführenden Literaturhinweisen bieten Szabó/Tóth, Mohács (1526); die wichtigsten neueren ungarischen Arbeiten zu diesem Thema sind: Szabó, A mohácsi csata; ders. (Hg.), Mohács.

residierende neue ungarische König zum eigentlichen Gegner. Das Jahr 1526 kann daher mit Fug und Recht als das Geburtsjahr des vom österreichischen Zweig der Habsburgerdynastie (Haus Österreich, *Casa Austriaca*) regierten habsburgischen Staatskonglomerats entlang der Donau angesehen werden, dem sich durch seinen neuen Herrscher auch das Königreich Ungarn-Kroatien anschloss.[38]

Tabelle 7: Das Osmanische Reich und die mitteleuropäische Habsburgermonarchie Ferdinands I. am Ende der 1520er-Jahre im Vergleich[39]

	Osmanisches Reich	Habsburgermonarchie
Fläche (in km²)	1,500.000	ca. 400.000
Bevölkerungszahl (in Mio.)	13–14	6,5–7
Heeresstärke	120.000–150.000	30.000–40.000

Von da an teilten Mittel- und Südosteuropa aufgrund der osmanischen Feldzüge in Ungarn sowie der unternommenen Vorstöße gen Westen für Jahrhunderte ein gemeinsames Schicksal. Sultan Süleyman zog nämlich bereits im Frühjahr 1529 gegen Wien. Mit der Einnahme der Residenzstadt seines neuen Kontrahenten – Ferdinand von Habsburg – strebte er eine schnelle Inbesitznahme Ungarns an, wofür die Kräfteverhältnisse aus seiner Sicht weiterhin sehr günstig zu sein schienen (vgl. Tab. 7). Der üblichen Eroberungsstrategie folgend fand Süleyman obendrein im ungarischen Gegenkönig Johann Szapolyai einen Unterstützer, dessen Herrschaft er während seines Feldzugs 1529 auf dem symbolträchtigen Schlachtfeld bei Mohács anerkannte und der ihm dort mit einem symbolischen Handkuss huldigte. Zuvor, sprich bis Ende 1527, war Szapolyai international vollständig isoliert worden. Zudem hatte er durch die Truppen Ferdinands I. mehrere Niederlagen erlitten, weswegen er sich im März 1528 zum Abschluss eines Vasallenvertrages mit dem Sultan genötigt sah. Dies zog für ihn ein, wenngleich geringfügiges, Abhängigkeitsverhältnis nach sich; beispielsweise war er nicht zur Steuerzahlung verpflichtet.[40] Zugleich überließ ihm der Sultan nach der ersten fehlgeschlagenen Belagerung Wiens im Herbst 1529 einige Tausend osmanische Soldaten in Ungarn, und er erhielt die von den Osmanen eingenommene Ofener Burg. Damit ging eine gewisse Kontrolle einher, ablesbar auch daran, dass der Sultan 1530 Ludovico Gritti, einen venezianischen Abenteurer, als Gouverneur und Schatzmeister zur Aufsicht seines Vasallen beorderte.[41]

---

38 WINKELBAUER, 1526 – Die Entstehung der zusammengesetzten Monarchie.

39 DERS., Ständefreiheit und Fürstenmacht, Teilbd. 1, 23f., u. ÁGOSTON, „The Most Powerful Empire", 128–130.

40 Ausführlicher hierzu: BARTA, La route qui mène à Istanbul, bzw. aus osmanischer Perspektive neuerdings PAPP, Die Verleihungs-, Bekräftigungs- und Vertragsurkunden der Osmanen, 27–47.

41 Siehe zu Grittis Karriere und Tätigkeit in Ungarn: SZAKÁLY, Lodovico Gritti in Hungary; NEMETH PAPO/PAPO, Ludovico Gritti.

Das große Unterfangen, die Einnahme Wiens, schlug auch beim nächsten Feldzug des Sultans fehl. Während der mehrwöchigen Belagerung der an der österreichisch-ungarischen Grenze gelegenen Burg von Güns/Kőszeg im Sommer 1532 wich die osmanische Heeresführung einer Schlacht mit der in der Nähe aufmarschierten und im europäischen Maßstab außerordentlich großen knapp 100.000 Mann starken Armee von Kaiser Karl V. und Ferdinand I. (seit 1526: Kg. v. Böhmen u. Ungarn) aus.[42] Dieser Misserfolg führte hinsichtlich der Eroberung Ungarns bei den Osmanen einen Strategiewechsel herbei, wozu auch die internationalen Verhältnisse entscheidend beitrugen. Einerseits musste die osmanische Kriegsführung nämlich realisieren, dass die Habsburgermonarchie, die wesentlich stärker war als die früheren Gegner in Südosteuropa, trotz der bedeutenden militärischen Überlegenheit des Osmanischen Reichs nicht mit einem Schlag in die Knie gezwungen werden konnte. Andererseits musste das auf dem europäischen Festland angewandte Angriffskonzept verändert werden, da die osmanischen Kräfte in den 1530er Jahren im Osten (1534–1535: Persien; 1538: Südarabien) wie auch im Mittelmeer gebunden waren. Sichtbares Zeichen hierfür war der zwischen Sultan Süleyman I. und Kaiser Karl V. 1533 in Istanbul geschlossene Waffenstillstand. Außerdem unterstützte der Kaiser seinen jüngeren Bruder in diesen Jahren auf dem ungarischen Kriegsschauplatz durch mehrere Tausend spanische Söldner. Zugleich schränkte er mit der Eröffnung der Mittelmeerfront die Bewegungsfreiheit der osmanischen Armeen entlang der Donau erheblich ein.[43]

Die neue Strategie der Osmanen zur Einnahme der habsburgischen Residenzstadt und zur Annektierung Ungarns fußte auf einem anderen Drehbuch. Während sie in den Jahren nach 1526 zwei Mal durch die Einnahme Wiens in den Besitz des Königreichs Ungarn zu gelangen versuchten, entschieden sie sich jetzt zu einem in ihren Augen zweckdienlicheren Unterfangen, der schrittweisen Expansion in Richtung der Wiener Residenz König Ferdinands, zuallererst mit der Eroberung von Ofen. Nach dem in Ungarn und Slawonien tobenden Bürgerkrieg der 1530er Jahre veranlasste ein konkretes Ereignis den Sultan zur Einnahme des einstigen ungarischen Königssitzes. Nach dem Tod seines Vasallen Johann Szapolyai im Juli 1540 unternahmen die Truppen von Ferdinand I. im Spätherbst unter der Führung des Oberstfeldhauptmanns Leonhard Freiherr von Vels (1537–1541) einen Versuch zur Rückeroberung Ofens. Mit dem Feldzug wollten sie dem zwischen den beiden Königen am 24. Februar 1538 in Großwardein/Oradea/Nagyvárad/Veľký Varadín unterschriebenen geheimen Friedensvertrag Geltung verleihen.[44] Dieser besagte, dass der Landesteil von Johann I. nach dessen Tod auf die Habsburger übergeht – selbst wenn er einen Sohn haben sollte. Obwohl Ofen von Ferdinands Truppen nicht eingenommen werden konnte, nahmen sie den osmanischen Vasallenstaat mit der Eroberung von Plintenburg/Visegrád,

---

42 Siehe neuerdings zu diesem Wendepunkt Bariska, A Contribution to the History of the Turkish Campaign of 1532.

43 Vgl. Korpás, Las luchas antiturcas.

44 Digitalisate dieses und weiterer Friedensverträge sind online abrufbar über die Seiten „Europäische Friedensverträge der Vormoderne online" – <http://www.ieg-friedensvertraege.de> – des Leibniz-Instituts für Europäische Geschichte.

Stuhlweißenburg/Székesfehérvár/İstolni Belgrad/Stolicný Belehrad und Pest in die Zange. Sultan Süleyman blieb somit keine Wahl, als einen erneuten Feldzug nach Ungarn zu führen. Hierbei gelangte er am 29. August 1541, dem 15. Jahrestag der Schlacht bei Mohács, in den Besitz von Ofen, nicht durch Belagerung, sondern mit Hilfe einer Kriegslist. Danach blieb die königliche ungarische Hauptstadt bis September 1686 einer der westlichsten europäischen Festungen des Osmanischen Reichs.

7.2.2   Die osmanischen Eroberungen in Ungarn (1541–1591)

Der Fall von Ofen hatte für ganz Mittel- und Südosteuropa langfristige und folgenschwere Konsequenzen. Die einschneidenden Veränderungen, die mit der Schlacht bei Mohács eintraten, machten sich mit dem Verlust der ungarischen Hauptstadt noch stärker bemerkbar. Die Rolle des spätmittelalterlichen ungarischen Staates als europäischer Machtfaktor ging endgültig verloren, dessen Gebiet wurde dauerhaft dreigeteilt und die zentralen Regionen wurden von den Osmanen besetzt und in das Eyalet von Ofen integriert. Das territorial dezimierte Königreich Ungarn wurde zudem zu einem wichtigen Frontgebiet an der südöstlichen Grenze der sich ausbildenden Habsburgermonarchie. Die östlichen Gebiete des Karpatenbeckens verblieben wiederum unter der nominellen Regierung des neugeborenen Sohnes von Johann Szapolyai, Johann Sigismund (1540–1570) im türkischen Vasallenstatus. Deren Abhängigkeitsverhältnis nahm dabei zugleich zu. So mussten sie ab 1543 bereits eine Steuerleistung in Höhe von 10.000 Gulden an Istanbul erbringen. Damit begann ein neuer und unter osmanischer Oberhoheit stehender südosteuropäischer Staat Gestalt anzunehmen – s. u. Kap. 7.3.8.

Das Ausmaß der Türkengefahr, die nach 1541 die Habsburgermonarchie bedrohte, lässt sich anhand von Entfernungsbeispielen trefflich veranschaulichen. Verwiesen sei dabei auf die Wegstrecke zwischen Wien, Belgrad und Ofen. Während nämlich diese zwischen Wien und Belgrad mit annähernd 660 Kilometern noch recht groß ist, so sind es von Ofen bis nach Wien nur noch rund 270 Kilometer. Ab dem Herbst 1541 gerieten demnach die Residenz von Ferdinand I. sowie die Kerngebiete seines Staates in eine noch größere unmittelbare Bedrohung als dies 1528 für Krain der Fall war, das südlichste Erbland des österreichischen Erzherzogs. Damals nahmen lokale osmanische Truppen Jajce ein, was zur vollständigen Eroberung des noch verbliebenen bosnischen Staates führte – s. Beitrag 1, SCHMITT, Kap. 1.12.12f. Mit Blick auf das drohende Unheil sahen sich nun sogar die Stände des Heiligen Römischen Reiches gezwungen, zu reagieren. Verdeutlicht wird dies dadurch, dass für sie 1542 eine detaillierte Auflistung (s. Tab. 8) über die Sollstärken der Wachmannschaften einzelner ungarischer Festungen und Städte entlang der Donau im Falle eines erneuten Feldzuges des Sultans erstellt wurde. Für einen erfolgreichen Widerstand ging man von notwendigen 50.000 Soldaten aus, wobei die Aufstellung und längerfristige Unterhaltung einer so großen Zahl die tatsächliche Armeestärke und Möglichkeiten der Länder Ferdinands I. weit überstieg (s. o. Tab. 7). Zwar konnte im Herbst 1542 für einige Monate aus dem Reich Kaiser Karls V., bzw. aus den österreichischen und böhmischen Ländern sowie aus Ungarn und Kroatien ein ca. 50.000 Mann starkes Heer zusammengestellt werden; dieses von Kurfürst Joachim II.,

Tabelle 8: Den Ständen des Heiligen Römischen Reiches unterbreiteter Vorschlag über die Sollstärke der Wachmannschaften im Donauraum Ungarns im Falle eines erneuten Türkenfeldzuges (1542)[45]

Burg/Stadt	deutsche Reiter bzw. Husaren	Fußknechte	Insgesamt
Plintenburg	–	600	600
Damásd (Ipolydamásd) und Neugrad/Nógrád/Novigrad	–	200	200
Gran/Esztergom	500 Husaren	2.500	3.000
neben Gran im Felddienst	1.000 Husaren	8.000	9.000
Fünfkirchen/Pécs/Pečuh (kroat.)/ Pečuj (serb.)	500 Husaren	1.500	2.000
Totis/Tata	100 Husaren	150	250
Komorn	–	500	500
Erlau/Eger	2.000 Husaren	500	2.500
Pressburg	–	2.000	2.000
Tyrnau/Trnava/Nagyszombat	1.000 Husaren	1.000	2.000
Ungarisch-Altenburg/Magyaróvár	–	500	500
Ödenburg/Sopron/Šopron	500 Husaren	–	500
Eisenstadt/Kismarton/Željezno	500 Husaren	–	500
Bruck an der Leitha	2.000 Husaren	500	2.500
Wiener Neustadt	2.000 Husaren	500	2.500
Wien	2.000	8.000	10.000
Warasdin/Varaždin/Varasd	400	200	600
Flotte (Italiener und Nasadisten[46])	–	10.000	10.000
Insgesamt	**12.500**	**36.650**	**49.150**

[45] Pálffy, Die Türkenabwehr der Habsburgermonarchie, 91 (Tab. 4).

[46] Ungarische und serbische Kriegsleute, die nach ihrem mit Segeln und kleineren Kanonen ausgestatteten, 33 Personen fassenden Donauschiff, dem sog. Nasad (ung. naszád), Nasadisten benannt wurden.

dem Markgrafen von Brandenburg, als Oberstfeldhauptmann angeführte Heer vermochte jedoch aufgrund der einsetzenden Kälte und einer verheerenden Seuche weder die Rückeroberung der Festung von Ofen noch der Stadt Pest.[47]

Die Antwort des Sultans auf den großen Kriegszug der Habsburger ließ nicht lange auf sich warten. 1543 führte Sultan Süleyman seine Armeen erneut persönlich nach Ungarn, wo sie mit der Einnahme von Sieglos/Siklós/Šikloš, Fünfkirchen, Stuhlweißenburg und Gran einen starken Verteidigungsring um Ofen herum errichteten. In den beiden Folgejahren 1544/1545 bauten die Osmanen ihre Präsenz gar durch kleinere Eroberungen (Plintenburg, Nógrád, Hatvan, Simontornya usw.) weiter aus. In Folge dessen verblieb Ferdinand von Habsburg Mitte der 1540er Jahre lediglich ein gebietsmäßig stark geschrumpftes Königreich Ungarn. Dessen Erhalt war nun aber für seine Wiener Residenzstadt, für seine österreichischen und böhmischen Länder und sogar für das Heilige Römische Reich (auch als Altes Reich bekannt) von elementarer Bedeutung. Aufgrund dessen waren die zwei habsburgischen Brüder sogar bereit, mit den Osmanen einen Waffenstillstand (1545) und wenige Jahre später, am 19. Juni 1547, in Edirne/Adrianopel einen fünf Jahre währenden Friedensvertrag abzuschließen.[48] Das Zustandekommen des Letzteren wurde dabei in erheblichem Maß durch den Umstand begünstigt, dass die Osmanen erneut Krieg im Osten führten (1547: Jemen; 1548–1550: Persien). Damit erkannten Kaiser Karl V. und Sultan Süleyman I. an, dass ihre Dynastien gezwungenermaßen das Gebiet des spätmittelalterlichen ungarischen Staates unter sich aufteilen mussten.

Der Frieden währte aber nicht lange. Ungarn wurde erneut, für anderthalb Jahrzehnte, zum Frontgebiet. Den diesbezüglichen Zeitraum zwischen 1551 und 1566 prägten dabei in erster Linie nicht großangelegte Feldzüge des Sultans, sondern eine Reihe von Belagerungen. Nachdem die Armeen von Ferdinand I. im Sinne eines erneuten Geheimvertrags (Nyírbátor, 8. September 1549) im Sommer 1551 versuchten, den von Istanbul abhängigen ostungarisch-siebenbürgischen Vasallenstaat von Johann Sigismund zu erobern, antwortete die Hohe Pforte unmittelbar darauf mit groß angelegten Angriffen. Mehmed Sokollu (eigentlich Sokolović), Beylerbey von Rumelien, okkupierte im September 1551 die Burgen von Betsche/Bečej/Becse, Betschkerek/Zrenjanin/Becskerek und Tschanad/Cenad/Čanad/Csanád im Banat. Im Jahr darauf fielen hier ebenso Lugosch/Lugoj/Lugos, Karansebesch/Caransebeș/Karánsebes, Temeswar/Timișoara/Temišvar/Temesvár, Lippa/Lipova und das an der Theiß gelegene Sollnock/Szolnok. Den Belagerern konnten nur die von Stephan Dobó angeführten wackeren Verteidiger von Erlau im September und Oktober 1552 standhalten. Dies änderte aber nichts daran, dass die Osmanen in Ungarn ein zweites Eyalet mit Sitz in Temeswar einrichteten, dem bei der Kontrolle von Siebenbürgen eine entscheidende Rolle zukam.

---

47 Vgl. Sutter Fichtner, Dynasticism and Its Limitations; Liepold, Wider den Erbfeind christlichen Glaubens, 237–252.

48 Bis heute die grundlegendste Zusammenfassung des Themas: Petritsch, Der habsburgisch-osmanische Friedensvertrag des Jahres 1547.

Im Sommer 1552 konnten die Osmanen das von ihnen kontrollierte Gebiet mit der Einnahme von Wesprim/Veszprém und Várpalota in Transdanubien sogar erweitern. Auch nördlich von Ofen wurden mehrere kleinere Burgen (Drégely, Szécsény, Hollókő, Buják, Ság u. Gyarmat) in das Reich des Sultans einverleibt. In der Zwischenzeit gerieten die Region zwischen Drau und Save sowie der östliche Teil (Komitat Kreutz/Križevci/Körös) des spätmittelalterlichen Slawonien (Komitat Agram/Zagreb/Zágráb, Warasdin u. Kreutz) unter osmanische Oberhoheit. Die Situation verschärfte sich außerdem, nachdem die ungarisch-deutschen Streitkräfte durch den Pascha von Ofen, Hadım Ali, am 9. August 1552 in der Schlacht von Plášťovce/Palást (Komitat Hont) zerschlagen wurden. Zwar waren in Siebenbürgen weiterhin noch einige Jahre lang habsburgische Truppen stationiert, für die Wiener Kriegsführung kristallisierte sich jedoch durch die erneuten osmanischen Erfolge in den nächsten Jahren (1554: Einnahme von Fileck/Fiľakovo/Fülek, das zum Zentrum des nördlichsten Sandschaks des Osmanischen Reiches in Ungarn wurde;[49] 1555: Fall von Kaposvár im südlichen Transdanubien) heraus, dass die Organisierung der Verteidigung der verbliebenen ungarischen und kroatisch-slawonischen Gebiete oberste Priorität hat.

In der nun militärisch immer bedrohlicheren Lage war es für König Ferdinand nur ein schwacher Trost, dass sich 1556 der Pascha von Ofen, Hadım Ali, dazu gezwungen sah, seine Truppen von der Belagerung von Siget/Szigetvár, dem Schlüssel zu Südtransdanubien, abzuziehen. Die unter der nominellen Führung von Ferdinand II. von Tirol, Erzherzog von Österreich, bzw. unter der eigentlichen Führung von Kriegskommissar Sforza Pallavicini und Palatin Thomas Nádasdy stehenden österreichisch-steirisch-ungarisch-kroatisch-böhmisch-mährischen Truppen konnten am Fluss Rinya (Komitat Somogy) gar zum ersten Mal seit 1526 einen Sieg über die türkischen Kräfte erringen.[50] Ein gleichfalls entscheidender Erfolg war, dass Ende Januar 1552 die 1536 verloren gegangene Stadt Kaschau/Košice/Kassa, das Zentrum Oberungarns, von Johann Sigismund zurückerobert werden konnte. Die östlichen (zumeist über der Theiß liegenden) Gebiete dieses Landesteils blieben allerdings vom Ende der 1550er Jahren an bis 1568 umkämpft. Von 1565 bis 1568 gelang wiederum dem europaweit bekannten deutschen Feldherrn Lazarus Freiherr von Schwendi in mehreren Feldzügen die Einnahme der Burgen von Toggai/Tokaj, Serentsch/Szerencs und Sathmar/Satu Mare/Szatmár. Damit erweiterte zwar Kaiser Maximilian II. (1564–1576; als ung. Kg. Maximilian I., ab 1564; Wahl u. Krönung: 1563), der das Erbe von Ferdinand I. antrat, das Königreich Ungarn um beträchtliche nordöstliche Territorien, gleichzeitig konnte aber Sultan Süleyman während seines siebten Feldzuges seine ungarischen Eroberungen arrondieren. Mit der Eroberung von Jula/Giula/Gyula und Siget im Jahr 1566 – letztere wurde von der vom ungarisch-kroatischen Hochadeligen Nikolaus Zrínyi (kroat. Nikola Zrinski) angeführten Burgwache bis zuletzt verteidigt – schloss er weitere große Gebiete seinem Weltreich an, wiewohl Süleyman während der Belagerung bzw. kurz vor der Eroberung der Festung von Siget verstarb.[51]

---

49 Dazu ausführlicher Köhbach, Die Eroberung von Fülek.

50 Kasza/Fodor (Hgg.), Egy elfeledett ostrom emlékezete.

51 Varga, Europe's Leonidas. Miklós Zrínyi, insbes. 224–248; Fodor (Hg.), The Battle for Central Europe.

Tabelle 9: Das Königreich Ungarn, die österreichischen Erblande und die Länder der böhmischen Krone in der zweiten Hälfte des 16. Jh.s im Vergleich[52]

	Königreich Ungarn-Kroatien	Österreichische Erblande	Länder der böhmischen Krone
Fläche (in km²)	etwa 120.000	110.000	125.000
Bevölkerungszahl (in Mio.)	1,8	2,39	2,95
Jährliche Staatsein-künfte in rheinischen Gulden	ca. 750.000–800.000	ca. 800.000–900.000	ca. 700.000

So befanden sich vierzig Jahre nach der Schlacht bei Mohács bereits rund 40 % der Gebiete des spätmittelalterlichen ungarischen Staates im Besitz der Osmanen. Dabei entstand nun endgültig in den einst östlichen Regionen während der 1550er und 1560er Jahren ein neuer osmanischer Vasallenstaat, das Fürstentum Siebenbürgen. Von dem einst großflächigen ungarischen Staat (etwa 325.000 km²) kontrollierten Kaiser Maximilian II. und seine Nachfolger lediglich eine Fläche von etwa 120.000 km². Einen weitaus größeren Verlust erlitt das Königreich Kroatien, dessen Territorium zum überwiegenden Teil (außer dem Territorium nördlich der Linie Wihitsch/Bihać u. Zengg/Senj) ebenfalls unter osmanische Herrschaft geriet. Doch trotz all dieser territorialer Einbußen galt das übriggebliebene ungarisch-kroatische Königreich noch immer als ein bedeutendes, ja einflussreiches Land, denn auch nach diesen Verlusten war seine Flächenausdehnung fast so groß wie jene der Länder der böhmischen Krone und größer als jene der österreichischen Erblande (vgl. Tab. 9). Verwiesen sei auch darauf, dass seine Wirtschaftskraft im mitteleuropäischen Kontext nach wie vor bedeutend war. Zwar blieb die Bevölkerungszahl aufgrund des kriegsbedingten demographischen Rückgangs weit hinter der Bevölkerungsstärke der österreichisch-böhmischen Gebiete zurück, dennoch konnten beachtliche Einnahmen in Außenhandel und Bergbau erzielt werden – s. u. Kap. 7.3.5.

Diese Macht- und Grenzverhältnisse wurden in dem mit den Osmanen 1568 für zuerst acht Jahre geltenden in Adrianopel/Edirne geschlossenen Friedensvertrag festgeschrieben. Ausdrucksvoll erfassten dies für die Wiener Kriegsführung die aus Mailand stammenden Mitglieder der Familie Angielini (Natale, Nicolò u. Paolo) mit mehreren während ihrer Grenzbesichtigungen angefertigten handgeschriebenen Landkarten, die bis zum heutigen Tag in Wien und Karlsruhe erhalten geblieben sind.[53] Dass der Friede zustande kam und mehrmals verlängert wurde (1575, 1583) ist wiederum erneut dem Umstand geschuldet, dass die Osmanen Kriege im Osten und zur

---

52 Pálffy, The Kingdom of Hungary and the Habsburg Monarchy, 52 (Tab. 4).

53 Siehe im Detail ders., Die Anfänge der Militärkartographie in der Habsburgermonarchie.

See führten (1570: Einnahme von Tunis; 1570–1571: Eroberung von Zypern; 1571: Niederlage bei Lepanto; 1578–1590: Persischer Krieg; 1585: Eroberung von Aserbaidschan).

Zugleich eröffnete das Jahr 1568 auch in den grenznahen Gebieten Ungarns ein neues Kapitel. Obwohl offiziell von diesem Jahr an bis 1591/1593 Frieden herrschte und das Osmanische Reich jedwede Feldzüge im Donaubecken unterließ, versetzten sowohl die osmanischen als auch die ungarischen Grenzsoldaten die jeweils benachbarte Grenzregion mit regelmäßigen Streifzügen, bei denen sie Steuern eintreiben wollten oder plünderten, in Unruhe. Während dieser an Kleinkriege heranreichenden Übergriffe nahmen Osmanen im Sommer 1575 gar die letzte vorgeschobene ungarische Grenzburg südlich des Plattensees/Balaton ein, die Burg Fonjod/Fonyód. Selbiges Schicksal ereilte nördlich von Ofen die Grenzburgen Blauenstein/Modrý Kameň/Kékkő, Diwein/Divín/Divény und Šomoška/Somoskő. Mit den Letzteren erreichten die Eroberungen der Osmanen in Ungarn ihre nördlichste Ausdehnung. Am 22. September 1575 fiel überdies im kroatischen Grenzgebiet in der neben dem Fluss Korana gefochtenen Schlacht bei Budaschki/Budački selbst der Oberstleutnant der kroatischen Grenzoberhauptmannschaft, der Landeshauptmann von Krain Herbard VIII. Freiherr von Auersperg. 1577/1578 kamen für die Osmanen zahlreiche kleinere Burgen nördlich des Flusses Una hinzu, darunter die Stammburg der Familie Zrínyi/Zrinski (Serin/Zrin). Währenddessen fielen Angehörige der schweren Reiterei (sipahi) regelmäßig in die ungarisch-kroatischen, und diese durchquerend auch in österreichische Gebiete ein, um damit neue Eroberungen vorzubereiten.[54]

Diese Aktionen blieben im Allgemeinen auch seitens der aus Wien befehligten Truppen nicht unbeantwortet, die die mit der Beute zurückziehenden Plünderer erfolgreich angriffen. Beredtes Beispiel dafür waren die im Juli 1580 bei Nádudvar im Komitat Saboltsch/Szabolcs oder die Anfang Oktober 1588 im Komitat Abaúj, neben dem Marktflecken Szikszó, ausgeführten Aktionen. Diese waren so erfolgreich, dass sie besungen wurden, in das ungarische Liedgut einflossen und Nachrichten darüber selbst bis in das Heilige Römische Reich gelangten.[55] Dementsprechend erschien zum Anlass über den beim westtransdanubischen Kanischa/Nagykanizsa (ung. hist. Kanizsa)/Kaniža im August 1587 erfolgten Sieg der kaiserlich-königlichen Streitkräfte zuerst in Eberau/Monyorókerék/Eberava (Komitat Eisenburg) und Graz, dann in Augsburg und Nürnberg jeweils eine deutschsprachige „Neue Zeitung".[56] All dies verdeutlicht anschaulich, dass in Mitteleuropa auch in den bis 1591 andauernden angeblichen Friedensjahren ein erhebliches Interesse an den (militärischen) Ereignissen in Ungarn und Südosteuropa insgesamt bestand.

---

54 Siehe neuerdings SIMON, A hódoltságon kívüli „hódoltság".

55 SZABÓ, Az 1588-as szikszói csata.

56 EKLER/PÖCKHL (Hgg.), „Newe Zeitung auß Ungern …".

7.2.3   Der erste moderne Krieg im Karpatenbecken (1591–1606)

Der nach 1566 ein Vierteljahrhundert während Frieden endete 1591 durch eine neue große kriegerische Auseinandersetzung, die bis 1606 viele Gegenden des Karpatenbeckens in Flammen aufgehen ließ. Der sogenannte Lange Türkenkrieg war der erste moderne militärische Konflikt in Südosteuropa bzw. in Ungarn.[57] Denn zu dieser Zeit maßen das Osmanische Reich und die Habsburgermonarchie ihre Kräfte nicht mehr mittels einzelner Feldzüge, sondern mit jährlichen, auf den ungarischen Kriegsschauplatz geführten Kriegszügen, wofür riesige Kriegsmaschinerien mobilisiert wurden.

1591 prägte die südöstliche Weltmacht erneut das Schicksal Ungarns. Um der im Osmanischen Reich anhaltenden innenpolitischen Krise zu entkommen, flüchteten die Osmanen in einen Krieg, der im Sommer 1591 seinen Ausgang nahm. Von einem lokalen Konflikt in den kroatisch-slawonischen und südtransdanubischen Grenzgebieten ausgehend, mündete dieser in der türkischen Kriegserklärung von 1593 – damit wird dieses Jahr in der Fachliteratur zumeist mit dem Kriegsbeginn gleichgesetzt – und damit in einen großangelegten Krieg. Obwohl die osmanische Regierung Wirtschaft und Gesellschaft weitgehend kontrollierte, konnte sie den innerhalb des Reiches neu entstandenen Problemen nur schwer Herr werden. Die Besoldung des überdimensionierten Heeres, der Zusammenbruch des Steuer- und Finanzwesens, der Bevölkerungsanstieg, Rückgänge und Missernten beim Getreideanbau, aber auch Naturkatastrophen und verschiedene Aufstände in Anatolien verursachten zusehends größere innenpolitische Spannungen. Zudem zehrte der lange Krieg mit Persien (1578–1590) die immer noch beachtlichen Ressourcen des Reichs auf. Dennoch und zum Teil aus Kalkül, um von den bestehenden Problemen abzulenken, entschied sich die Militärführung des Sultans 1593 für einen größeren Krieg gegen den Habsburgerhof.[58]

Die in Bosnien und Ungarn stationierten osmanischen Verbände warteten schon seit Jahren auf neue, Beute versprechende Expeditionen. Mit Unterstützung des bosnischen Beylerbey Hasan Pascha Predojević (türk. Telli Hasan Paşa) wurde dann alles unternommen, um die kriegerischen Auseinandersetzungen territorial weitestgehend möglich auszudehnen. Im August 1591 nahmen die Osmanen zuerst die südlich des Plattensees gelegene Schlüsselfestung Klein-Komorn/Kiskomárom/Zalakomár des Grenzgeneralats zu Kanischa, 1592 auch die vorgeschobene Bastion der kroatischen Grenzoberhauptmannschaft Bihać sowie mehrere benachbarte Burgen ein. Damit war eine Rückkehr zum Frieden praktisch unmöglich. Die überraschende Niederlage der Osmanen in der Schlacht von Sissek/Sisak/Sziszek (22. Juni 1593) befeuerte die Ambitionen der osmanisch-balkanischen „Militärlobby" im Serail, weil sich diese in Kroatien und Ungarn revanchieren wollte, obwohl sich der in Millionenhöhe verschuldete Habsburgerhof in Prag nicht auf einen Krieg einlassen wollte. Parallel dazu entschied sich die militärische Führung in Istanbul für die

---

57   Neuere Interpretationsansätze zum Langen Türkenkrieg bieten: Niederkorn, Die europäischen Mächte; Bagi, A császári-királyi mezei hadsereg a tizenöt éves háborúban.

58   Vgl. Fodor, Between Two Continental Wars; s. ebenso Beitrag 6, Koller, Kap. 6.4.2.

Generalmobilmachung. Daraufhin führten bis 1605 zumeist und beinahe jährlich die Großwesire (1593–1595; 1599–1605), seltener der Sultan selbst (1596), die Truppen des Reiches gegen Ungarn. Die Strategie der Osmanen blieb in dieser Zeit grundsätzlich unverändert: Hauptziel war weiterhin die Einnahme von Wien. Hierzu war es wiederum unentbehrlich, jene Festungen einzunehmen, die sich in der Umgebung der an der Donau gelegenen Hauptmilitärstraße befanden.

Tabelle 10: Belagerung der bedeutendsten ungarischen Grenzfestungen im 16. u. 17. Jh.[59]

	Zeit der Befestigung	Zahl der Besatzung (Soldaten)	Belagerungsdauer (Tag)	Resultat
Erlau 1552	1548–	2.000	40	verteidigt
Siget 1556	1546–	1.000	46	verteidigt
Jula 1566	1552–	2.100	44	verloren
Siget 1566	1546–	2.000–2.500	33	verloren
Raab 1594	1537–	5.000–6.000	61	verloren
Komorn 1594	ca. 1535–	1.000–1.500	18	verteidigt
Erlau 1596	1548–	3.000–4.000	22	verloren
Kanischa 1600	1568–	1.000–1.500	45	verloren
Neuhäusel 1663	ca. 1570–	3.500	41	verloren
vgl. Wien 1683	ca. 1530–	11.200	61	verteidigt

Die Osmanen machten 1593–1594 unter der Führung von Großwesir Koca Sinan Pascha in zwei Feldzügen einen großen Schritt in Richtung ihres Hauptzieles. Sie wandten ihre bereits zur Zeit der Regierung von Johann Szapolyai bewährte Strategie an und versuchten zuallererst, steuerzahlende Vasallen zu gewinnen, indem sie jenen ungarischen Großgrundbesitzern schriftliche Angebote unterbreiteten, deren Besitztümer abseits der Hauptroute der osmanischen Eroberungen lagen: in Transdanubien Franz II. Nádasdy, in Oberungarn dem obersten Landesrichter Stephan XII. Báthory und Franz Dobó.[60] Die hier angewandte Spaltungstaktik gegenüber der ungarischen Aristokratie verfehlte jedoch ihre Wirkung. Dennoch konnten die mehrere Zehntausend Mann starken osmanischen Armeen im Oktober 1593 zuerst Wesprim/Veszprém und Várpalota (beide waren erst 1566 von den kaiserlichen Truppen zurückerobert worden), dann im Herbst 1594 – zum großen Entsetzen der Bevölkerung in den österreichisch-deutschen Gebieten – Raab/Győr/Ráb, Pápa und mit ihnen das ganze nördliche Transdanubien erobern (vgl. Tab. 10). Wien war nun in

---

59 PÁLFFY, Die Türkenabwehr der Habsburgermonarchie, 100 (Tab. 6).

60 TÓTH, Ottoman Plans of Expansion in Hungary.

unmittelbarer Gefahr, befanden sich doch zwischen dem Regierungssitz und den Osmanen allein noch Komorn/Komárno/Komárom und Ungarisch-Altenburg in habsburgischer Hand.

Die Osmanen zogen dennoch in den nächsten Jahren keinen Nutzen aus dieser einzigartigen Situation. Vergebens richteten sie – zum Ausdruck ihrer strategischen Bemühungen um die territoriale Einbindung der neu erworbenen Territorien in das Herrschaftsgebiet – in Raab und Pápa je ein Eyalet ein, denn der Vertrag von Prag (28. Januar 1595) zwischen Kaiser Rudolf II. und Sigismund (Zsigmond) Báthory, Fürst von Siebenbürgen und die Einnahme von Gran durch die Truppen von Karl Fürst von Mansfeld (3. September 1595) brachte die Osmanen 1595 in erhebliche Bedrängnis. Nach Loslösung vom Osmanischen Reich und Verbündung der drei Donaufürstentümer (Siebenbürgen, Walachei u. Moldau) hatte sich im Osten eine neue Front gegen die Osmanen eröffnet. Dabei mussten diese unter der Führung von Großwesir Sinan Pascha schwere Niederlagen gegen die alliierten Kräfte einstecken, zuerst am 23. August in der bedeutenden Schlacht von Călugăreni unter der Führung des Woiwoden der Walachei, Mihai Viteazul (Michael der Tapfere, 1593–1600), dann am 29. Oktober 1595 bei Giurgiu.[61] In der Folge konnte mit der Einnahme von Gran das türkische Raab in die Zange genommen werden. Sultan Mehmed III. (1595–1603), der gerade eben erst die Nachfolge angetreten hatte, musste eigens einen Feldzug führen, um im Herbst 1596 mit der Einnahme von Erlau (13. Oktober, s. Tab. 10) und mit dem in der Schlacht bei Mezőkeresztes (26.–28. Oktober) errungenen glücklichen Sieg die ins Wanken geratene Oberhoheit über die Walachei und Moldau sichern zu können, was für Istanbul von entscheidender Bedeutung war. Im Lauf der Fortdauer des sich auf das ganze Karpatenbecken ausweitenden Krieges wurde indes ersichtlich, dass keiner der beiden Großmächte in der Lage war, einen alles entscheidenden Sieg herbeizuführen.

Die Pattsituation an der Südostgrenze der Habsburgermonarchie zog zehn weitere lange Jahre enormer Verwüstungen mit sich.[62] Während es den Osmanen nicht gelang, ihre auf Truppenanzahl und einem exzellenten Nachschubsystem basierende Überlegenheit zur Geltung zu bringen, vermochten auch die kaiserlichen Streitkräfte trotz der ihnen zur Verfügung stehenden modernen Feuerwaffen und einem geringfügigen taktischen Vorteil nicht, durchschlagende Erfolge zu erzielen. Ihr Nachschub und ihre Logistik basierten nämlich auf Geldzuwendungen, Transportmitteln und Zugtieren, die von den Ständen der habsburgischen Länder bewilligt werden mussten. Aufgrund der hier zu beobachtenden zögerlichen Zustimmung durch die Stände wie der Bereitstellung entsprechender Mittel blieben die kaiserlichen Truppen in ihrer Bewegungsfähigkeit stark eingeschränkt.

Der die beiden Mächte bis zur Jahrhundertwende erschöpfende aber sich noch bis 1606 hinziehende Krieg brachte für die Osmanen insgesamt etwas mehr Erfolge, obwohl sie sich ab 1603 wegen des erneuten Kriegseintritts der persischen Safawiden unter dem fähigen Schah Abbas I. (1587–1629) dazu gezwungen sahen, einen Zweifrontenkrieg zu führen. Nach der Bildung des

---

61 Neuerdings: Kruppa, A kereszt, a sas és a sárkányfog.

62 Zahlreiche Beispiele bieten: Szakály, Die Bilanz der Türkenherrschaft; Pálffy, The Impact of the Ottoman Rule.

Eyalets von Erlau 1596 legten die Osmanen mit der Einnahme von Kanischa 1600 (vgl. Tab. 10) den Grundstein zu einer neuen Provinz. Zuvor mussten sie allerdings auf das Eyalet von Pápa (1597), dann 1598 auf das Eyalet von Raab verzichten. Die Festung von Raab wurde nämlich am 29. März 1598 zur Freude der mitteleuropäischen Mächte von den Truppen von Adolf Graf von Schwarzenberg und Nikolaus II. Pálffy bei einem Petardenüberfall zurückerobert. Die Grenze des Osmanischen Reichs wurde also in Kroatien bis in die Gegend um Bihać, in Oberungarn bis in die Gegend um Erlau und im südwestlichen Transdanubien bis nach Kanischa verschoben. Anfang Oktober 1605 eroberten osmanische Einheiten sogar Gran zurück. Einen größeren Gebietsverlust erlitten sie nur nördlich von Ofen. Zur Jahreswende 1593/1594 nahm General zu Neuhäusel/Nové Zámky/Érsekújvár Nikolaus II. Pálffy Fileck und weitere kleinere Grenzburgen ein. Daneben verloren die Osmanen 1595 Lippa, Schojmosch/Şoimoş/Solymos und Jenő, welche von den Truppen Sigismund Báthorys, des mit Kaiser Rudolf II. verbündeten Fürsten von Siebenbürgen, eingenommen wurden.

Sowohl der Woiwode der Walachei, Michael der Tapfere, als auch die habsburgische Seite versuchten, mal gemeinsam, mal in Konkurrenz zueinander, die Unentschlossenheit von Fürst Báthory auszunutzen – während des Langen Türkenkrieges verzichtete dieser vier Mal (1594, 1598, 1599, 1602) auf seinen Thron, revidierte diese Entscheidung aber drei Mal –, um sich das siebenbürgische Fürstentum anzueignen. Michael den Tapferen, den von Wien unterstützten, aber später Selbstständigkeit anstrebenden Woiwoden, ließ der europaweit bekannte kaiserliche General Georg (Giorgio) Basta im August 1601 ermorden. Bastas Regierungszeit im siebenbürgischen Gouvernement (1602–1604) nahmen die Einwohner des von Hungersnöten geplagten Fürstentums jedoch vor allem als eine verheerende Besatzungszeit wahr und nicht als Chance zur erfolgreichen Vereinigung mit der Habsburgermonarchie. Zwar stellte dies bis zum Ende des 17. Jahrhunderts die günstigste Gelegenheit dar, doch aufgrund der weiterhin vorherrschenden militärischen Überlegenheit der Osmanen sowie aus geopolitischen und logistischen Gründen – Temeswar, Ofen u. Erlau waren immer noch in osmanischem Besitz – war realistischerweise für längere Zeit nicht an eine diesbezügliche Umsetzung zu denken.[63]

Letztendlich war es der von Stephan (István) Bocskai (1605–1606) angeführte Aufstand, der den Osmanen dazu verhalf, Siebenbürgen zurückzuerobern. Dies führte zur Festsetzung der Landesgrenzen, die den aktuellen Machtverhältnissen zwischen den beiden Großmächten entsprachen, und eröffnete ein besonderes Schlusskapitel in der Geschichte des Langen Türkenkrieges. Ab 1604 entwickelte sich nämlich aus dem Aufstand heraus eine sehr vielschichtige Bewegung: Erstens strebten siebenbürgische Politiker, die die Okkupation des Fürstentums durch kaiserliche Truppen ablehnten und den Osmanen freundlich gesinnt waren, an, den früheren Vasallenstatus von Siebenbürgen mit Hilfe osmanischer Truppen wiederherzustellen und damit den Frieden zu sichern; zweitens revoltierten Haiduken, die mitten im Krieg ohne Sold blieben; drittens begehrten die oberungarischen Stände im Kampf um ihre Privilegien auf, insbesondere hinsichtlich der während des Krieges stark eingeschränkten Religionsfreiheit; viertens versuchten die Osmanen,

---

63 Mit weiterer Literatur: Arens, Habsburg und Siebenbürgen.

ihre im Krieg errungenen Positionen zu stärken; nicht zuletzt ist sowohl auf innerständische Konflikte wie auch auf einen landesweit tobenden Bürgerkrieg hinzuweisen. Dazu trug bei, dass der Großteil der Ständegesellschaft des Königreichs Ungarn die mit osmanisch-tatarischen Truppen eintreffenden Aufständischen nicht unterstützte, andererseits nutzten sie deren Anwesenheit aus, um gegenüber den in Prag residierenden Habsburgern auf eine Stärkung ihrer ständischen Privilegien zu drängen.[64]

Bereits am 21. Februar 1605 wurde Bocskai von den Szeklern in Sereda/Miercurea Nirajului/Nyárádszereda zum Fürsten von Siebenbürgen gewählt. Zwei Monate später, am 20. April, folgte in einer ungarischen Ständeversammlung in Serentsch durch die sich ihm anschließenden oberungarischen Stände die Wahl zum Fürsten von Ungarn. Die am 11. November von Großwesir Sokolluzade Lala Mehmed Pascha (1604–1606) überreichte Krone, um die Bocskai die Pforte im Frühjahr selbst ersucht hatte, wies er – gemäß neueren Forschungsergebnissen u. entgegen einer weit verbreiteten Annahme – wiederum nicht zurück. In den von Bocskai beeinflussten propagandistischen Darstellungen wurde dies so dargestellt, dass er die Annahme der Krone verweigert habe, einerseits zur Sicherung der Anerkennung seiner Herrschaft in der europäischen Öffentlichkeit trotz militärischer Unterstützung durch Istanbul, andererseits zur möglichst baldigen Beendigung des Bürgerkriegs.[65]

Der zwischen Rudolf II. und Bocskai vereinbarte Friedensvertrag wurde letztlich – nach Vorbereitung durch Erzherzog Matthias v. Habsburg u. Stephan Illésházy, den Berater von Bocskai – nach langwierigen Verhandlungen am 23. Juni 1606 in Wien abgeschlossen. Dieser sicherte Ungarns Adel, den freien königlichen Städten sowie den Marktflecken auf königlichen Gütern die Religionsfreiheit und den Ständen ihre Privilegien zu. Des Weiteren sollten fortan Ungarn die obersten Ämter bekleiden mit dem Palatin als höchstem Würdenträger des Landes. Zugleich garantierte der Friedensvertrag sogar die Zurückführung der Stephanskrone von Prag nach Pressburg. Bocskais Fürstentum wurde anerkannt, und er erhielt – neben Siebenbürgen u. dem Partium, den östlichen u. nordöstlichen Teilen des Königlichen Ungarn, die sich zu Siebenbürgen gesellten – die ungarischen Komitate Ugotscha/Ugocsa, Bereg und Sathmar auf Lebenszeit. Aufgrund seines baldigen Todes am 29. Dezember verblieben diese Komitate jedoch nur wenige Monate in seinem Besitz. Zuvor (1605/1606) hatte Bocskai mehr als 10.000 Haiduken mit bedeutenden Privilegien belohnt (fortdauernde Steuerfreiheit, Sonderrechte bezüglich der Gerichtsbarkeit u. Selbstverwaltung), die er für ihre Verdienste im Krieg auf dem Gebiet östlich der Theiß, im Komitat Saboltsch/Szabolcs angesiedelt und mit kollektiven Adelsprivilegien ausgestattet hatte.

---

64 Siehe zur Neubewertung des Aufstandes: Pálffy, Győztes szabadságharc vagy egy sokféle sikert hozó felkelés?; Szabó, Inhalt und Bedeutung der Widerstandslehre im Bocskai-Aufstand; bzw. eine Neuinterpretation der Aufstände in Ungarn im 17. Jh. in: Pálffy, Ewige Verlierer oder auch ewige Gewinner?, 157–165; eine neue ungarische Zusammenfassung v. a. aus osmanischer Sicht bietet: Papp, Török szövetség – Habsburg kiegyezés.

65 Siehe die neueste Darstellung dieser in Ungarn vieldiskutierten Frage: Teszelszky/Zászkaliczky, A Bocskai-felkelés és az európai információhálózatok.

Der Vertrag von Wien sah auch den Friedensschluss mit den Osmanen vor.[66] Dieser als Frieden von Zsitvatorok bekannte Friedensvertrag wurde wenig später, am 11. November 1606, nördlich von Komorn an der Mündung der Žitava/Zsitva in die Donau unterzeichnet. Der hier für zwanzig Jahre geschlossene Frieden garantierte weitgehend den territorialen Status quo und damit die neueren osmanischen Eroberungen (v. a. Erlau, Kanischa, Gran). Jedoch erkannte der Sultan für eine einmalige Zahlung von 200.000 Gulden das Oberhaupt der Habsburgermonarchie, Kaiser Rudolf II., als gleichrangigen Herrscher (Kaiser) an. Überdies wurde der Friedensschluss mit Bocskai noch einmal ausdrücklich bekräftigt, wodurch Siebenbürgen weiterhin ein Fürstentum unter osmanischer Suzeränität blieb. Nun endlich konnte, nach dem Doppelfrieden von Wien und Zsitvatorok, der den seit 1591 anhaltenden Langen Türkenkrieg beendete, neben den beiden erschöpften Großmächten auch die multiethnische Bevölkerung des Karpatenbeckens, welche die Hauptlast des Krieges getragen hatte, aufatmen.

7.2.4 Am Nebenkriegsschauplatz zweier Großmächte (1606–1660)

Nach 1606 leitete der Frieden von Zsitvatorok im Karpatenbecken eine Entspannungsperiode ein. Wenngleich es trotz ausdrücklichen Verbots durch den Friedensvertrag weiterhin gegnerische Streifzüge und Plünderungen entlang der osmanisch-ungarischen Grenze gab, ähnlich der Situation zwischen 1568 und 1591, war nun ersichtlich, dass die zwei vom Krieg gezeichneten Großmächte ein großes Interesse an einem stabilen und möglichst lang anhaltenden Frieden in Ungarn wie Südosteuropa hatten. Dies verdeutlichen die fortan regelmäßigen Bestätigungen bzw. Verlängerungen des habsburgisch-osmanischen Friedenvertrags von 1606. Diese wurden nun aber nicht mehr auf dem Gebiet des Osmanischen Reiches unterzeichnet, wie noch im 16. Jahrhundert (1547, 1568: Edirne). Nach der Inthronisierung eines neuen Sultans oder nach ernsthafteren Verletzungen des Friedensvertrages erfolgte dies 1615 in Wien, 1618 in Komorn, 1625 in Gyarmat, dann 1627 und 1642 an einem symbolischen Ort, nämlich in Szőny (Komitat Komorn) an der Donau, einer Ortschaft, die direkt an der Grenze und symbolisch betrachtet zwischen den beiden Großmächten lag. Hinzuzufügen ist, dass der Großwesir nach 1605 für lange Zeit keine bedeutenden Heeresverbände in die Region befehligte. Erst im Sommer 1658 führte Großwesir Mehmed Köprülü Pascha die osmanischen Hauptstreitkräfte in die Region, um den Fürsten von Siebenbürgen, Georg (György) II. Rákóczi (1648–1660) zu bestrafen. Dieser hatte sich gegen den Willen der Pforte mit König Karl X. Gustav von Schweden (1654–1660) gegen den polnischen König Johann II. Kasimir (1648–1668) verbündet und war mit seinen Truppen gen Polen gezogen.

In der ersten Hälfte des 17. Jahrhundert war die Erhaltung des Friedens auf dem ungarischen Kriegsschauplatz für die Osmanen von essentieller Bedeutung, drohte ihnen doch im Osten ernsthafte Gefahr. Hier befanden sie sich mit den Safawiden, von einigen Unterbrechungen abgesehen,

---

[66] Siehe zu beiden Friedensschlüssen neuerdings Barta/Jatzlauk/Papp (Hgg.), „Einigkeit und Frieden sollen auf Seiten jeder Partei sein"; außerdem Bayerle, The Compromise at Zsitvatorok; Nehring, Adam Freiherrn zu Herbersteins Gesandtschaftsreise nach Konstantinopel.

von 1603 bis 1639 im Krieg, wobei sich der talentierte Schah Abbas I. als ernsthafter Gegner erwies. Außerdem trugen die Osmanen 1620–1621 einen Krieg mit Polen aus, und 1645 begann im östlichen Mittelmeerraum ein bis 1669 andauerndes Ringen mit Venedig um die Eroberung der Insel Kreta. Zwischenzeitlich hatte der Serail des Sultans eine Vielzahl von internen Machtkämpfen und wirtschaftlichen Problemen zu bewältigen: Die Steuer- und Finanzverwaltung musste neu organisiert, das Heer umstrukturiert und das Verhältnis der Provinzen zum Zentrum des Imperiums geregelt werden. In bzw. ab der ersten Hälfte des 17. Jahrhunderts geriet zudem selbst die Macht des Sultans ins Wanken. Statt den einst allmächtigen Padischahs trafen jetzt die Frauen des Harems samt den sich mit ihnen verbündenden Janitscharenoffizieren Entscheidungen in wichtigsten Staatsangelegenheiten. Naheliegender Weise war die Pforte somit aufgrund der nach 1606 massiv auftretenden außen- und innenpolitischen Schwierigkeiten – s. ebenso Beitrag 6, KOLLER, Kap. 6.3f. – sehr an der Aufrechterhaltung eines Friedenszustands im Donaubecken interessiert. Für Istanbul wurde die Region demnach zu einem Nebenkriegsschauplatz.

Die politische Führung der Habsburgermonarchie strebte in der ersten Hälfte des 17. Jahrhunderts ebenfalls einen dauerhaften Frieden auf dem einstigen ungarisch-kroatischen Kriegsschauplatz an.[67] Erstens bewies der Lange Türkenkrieg, dass die Zeit für die Zurückdrängung der Osmanen noch nicht gekommen war. Zweitens wurde die Monarchie mehrfach durch schwere Thronfolgekämpfe und innenpolitische Krisen erschüttert (1608: Bruderzwist; 1618/1620: Aufstand in Böhmen). Hierbei war es dennoch für den Friedenswillen bezeichnend, dass die Residenz nach dem Tod von Kaiser Rudolf II. (1612) von Prag zurück nach Wien verlegt wurde. Drittens ist zu erwähnen, dass sich der am 23. März 1618 beginnende Aufstand der böhmischen Stände bald zu einem großen Krieg entwickelte, der Mitteleuropa bis 1648 für drei Jahrzehnte in Flammen aufgehen ließ. Dabei bestand die Gefahr, dass selbst die Habsburgerdynastie die von ihr seit 1438 ausgeübte Führungsrolle im Heiligen Römischen Reich verlieren konnte. Nach dem Sieg über Böhmen (1620) sahen sie sich jedenfalls gezwungen, ihre Gebiete gegenüber deutschen protestantischen Fürsten, den Dänen (ab 1625), den Schweden (ab 1630) und den Franzosen (ab 1635) zu verteidigen. Die Erhaltung des Friedens in dem früher so wichtigen Frontgebiet Ungarn blieb somit ein grundlegendes Ziel. Der im Herbst 1648 erreichte Westfälische Frieden fixierte schließlich die europäischen Machtverhältnisse auf längere Sicht. Nun wurde für die kommenden Jahrzehnte Frankreich unter König Ludwig XIV. (1643–1715) mit seinen Hegemonialansprüchen zum ärgsten Rivalen der Habsburger. Ungarn wurde demnach in der ersten Hälfte des 17. Jahrhunderts auch für die mitteleuropäische Habsburgermonarchie zum Nebenkriegsschauplatz, obwohl die politische Elite Wiens und Ungarns an ihrem Plan zum Wiederanschluss Siebenbürgens an das Königreich Ungarn festhielt.[68]

Das Territorium des Königreichs Ungarn kam allerdings in dem Vierteljahrhundert zwischen 1619 und 1645 nicht zur Ruhe, da es im Zuge größerer Kriegszüge mehrfach verwüstet wurde.

---

[67] Siehe aktuell hierzu: PÁLFFY, Ein vergessenes Territorium des Dreißigjährigen Krieges?

[68] Vgl. hierzu mit einem beredten neuen Beispiel aus dem zweiten Jahrzehnt des 17. Jh.s: CZIRÁKI, Das Siebenbürgen-Konzept der Kriegspartei in Wien.

Der neue Fürst von Siebenbürgen, Gabriel (Gábor) Bethlen (1613–1629), dem unter Zuhilfenahme osmanischer Truppen die Entmachtung von Gabriel (Gábor) Báthory (1608–1613) gelang, erkannte hingegen und im Gegensatz zu seinen Vorgängern, dass es ein fataler Fehler war, den Osmanen und den unter Oberherrschaft des Sultans stehenden Donaufürstentümern (Walachei u. Moldau) offen zu trotzen. Nachdem er zwar in den ersten Jahren mit harter Hand, Frieden im Fürstentum gestiftet und dabei viel politisch-ökonomisches Gespür bewiesen hatte, trat er 1619 an der Seite der Aufständischen in Böhmen in den Dreißigjährigen Krieg ein, zu einem für die Habsburger sehr kritischen Zeitpunkt. Da aber Bethlen als Vasall Istanbuls keine eigenständige Außenpolitik betreiben durfte, holte er im Sommer 1619 die Erlaubnis der Hohen Pforte ein, um mit seinem 18.000 Mann starken Heer gegen den römisch-deutschen Kaiser (1619–1637) und König von Böhmen (Krönung: 1617) und Ungarn (Wahl u. Krönung: 1618) Ferdinand II. nach Ungarn ziehen zu dürfen. Damit wollte er einerseits den außenpolitischen Handlungsspielraum seines Fürstentums, andererseits Siebenbürgen um Teile östlicher Gebiete des von den Habsburgern regierten Königreichs Ungarn erweitern. Auch aus diesem Grund unterstützte er den Kampf der ungarischen Protestanten für die Religionsfreiheit wie auch die Stände bei der Verteidigung ihrer Privilegien. Die Eroberung weiterer Territorien wurde indes vor allem durch die Niederlage der Aufständischen in der Schlacht am Weißen Berg bei Prag (8. November 1620) verhindert. Bethlen stieg dennoch zu einem bedeutenden Herrscher auf, weil er bereit war, seine nicht unbeträchtlichen politischen Ambitionen großteils aufzugeben. Obwohl er im August 1620 auf dem Landtag von Neusohl/Banská Bystrica/Besztercebánya von den ihn unterstützenden ungarischen Ständen zu ihrem König gewählt wurde, ließ er sich, selbst als er im Besitz der Stephanskrone war, derer er sich im Herbst 1619 bei der Einnahme von Pressburg bemächtigt hatte, nicht zum König krönen. Er erkannte nämlich, dass eine von ihm ausgeübte Herrschaft als König von Ungarn die Besetzung des Königreichs durch die Osmanen zur Folge gehabt und dies wiederum vermutlich seinen Sturz befördert hätte.[69]

Die Feldzüge zwischen 1619 und 1621 beendete der Fürst von Siebenbürgen schließlich mit dem Frieden von Nikolsburg/Mikulov (31. Dezember 1621). Darin überließ Kaiser Ferdinand II. dem Fürsten – im Tausch gegen die Stephanskrone u. dem damit verbundenen Verzicht auf den ungarischen Königstitel – sieben in Oberungarn gelegene Komitate (Borschod/Borsod, Abaúj, Semplin/Zemplén, Saboltsch/Szabolcs, Sathmar/Szatmár, Bereg u. Ugotscha/Ugocsa) auf Lebenszeit. Zugleich garantierte er den ungarischen Ständen ihre Privilegien sowie die Religionsfreiheit. Daraufhin richtete Bethlen seinen neuen Hof in Kaschau (Komitat Abaúj) ein, im Zentrum des vom habsburgischen Königreich im Krieg eroberten und dann im Anschluss durch den Friedensvertrag von Nikolsburg beinahe zur Hälfte erworbenen Oberungarn. Zwar hat er sich

---

69 Siehe zu den neuesten Forschungen in Ungarn das von Teréz OBORNI herausgegebene Themenheft: „Bethlen. The Prince of Transylvania" in der *Hungarian Historical Review* 2 (2013), H. 4, bzw. HARAI, Gabriel Bethlen. Hinsichtlich der reichen ungarischsprachigen Literatur wäre zu nennen: PAPP/BALOGH (Hgg.), Bethlen Gábor képmása; KÁRMÁN/TESZELSZKY (Hgg.), Bethlen Gábor és Európa; DÁNÉ u. a. (Hgg), Bethlen Erdélye, Erdély Bethlene; aus der deutschsprachigen Literatur vgl. noch HEINISCH, Habsburg, die Pforte und der Böhmische Aufstand (1618–1620), u. BROUCEK, Kampf um Landeshoheit und Herrschaft.

von hier aus 1623–1624 und 1626 mit einer sehr großen Zahl an osmanisch-tatarischen Hilfstruppen in mehreren Feldzügen gegen die übriggebliebene Habsburgermonarchie gewandt, doch
ohne dass dies zu weiteren nennenswerten Erfolgen geführt hätte. Mit ein Grund hierfür dürfte
gewesen sein, dass die ungarischen Stände nach der Sicherung ihrer Privilegien auf dem Reichstag
in Ödenburg im Sommer 1622 nicht mehr nach neuen Kämpfen trachteten, sie einen Bürgerkrieg vermeiden wollten und insbesondere eine friedliche Entwicklung herbeisehnten.[70] Denn
Bethlens von den Osmanen unterstützte Soldaten, Ungarn wie Szekler, legten bei Plünderungen
ein gleichfalls erbarmungsloses Vorgehen an den Tag wie die sie zurückdrängenden kaiserlichen
(deutschen, ungarischen oder kroatischen) Truppen. Die sieben genannten Komitate blieben aber
im Rahmen der Vertragsverlängerungen des Friedens von Nikolsburg (1624: Wien; 1626: Pressburg) bis zu Bethlens Lebensende in seinem Besitz. Erst 1630 wurden diese von seiner Witwe
und Nachfolgerin, der Fürstin Katharina von Brandenburg (1629–1630), an Kaiser Ferdinand II.
zurückgegeben.

Katharinas Nachfolger, der aus der östlichen Region des Königreichs Ungarn stammende Georg I. Rákóczi (1630–1648), der dort größere Ländereien besaß, wich von der von den Osmanen
vorgegebenen politischen Linie nur selten ab. Im Herbst 1636 schlug er die mit Stephan Bethlen
als neuem Thronanwärter aus Ofen anrückenden osmanischen Truppen, die wiederum keinerlei
Unterstützung durch die Hohe Pforte erfuhren, erfolgreich zurück. Danach griff er nach langem
Zögern in den Dreißigjährigen Krieg ein. Im Sinne des Ende November 1643 in Weißenburg
(Karlsburg)/Alba Iulia/Gyulafehérvár geschlossenen schwedisch-siebenbürgischen Bündnisvertrags
unternahm Rákóczi Anfang 1644 einen Angriff gegen Kaiser (1637–1657) und König (v. Ungarn,
Wahl u. Krönung: 1625; v. Böhmen, Krönung: 1627) Ferdinand III. Hierbei führte er teilweise
Bethlens antihabsburgische Außenpolitik weiter; zum Teil setzte er sich für die Verteidigung der
Religionsfreiheit der Protestanten in Ungarn ein.[71] Als osmanischer Vasall durfte aber auch er nur
mit Genehmigung der Pforte Krieg führen. Im Besitz einer solchen zog er bereits am 12. März
1644 in Kaschau ein. Als ihm die schwedischen Verbündeten jedoch aufgrund eines dänischen
Angriffs auf das schwedische Festland keine Hilfe leisten konnten, erlitt er durch die kaiserlichen
Truppen bei Freistadt/Hlohovec/Galgóc (Komitat Neutra) eine Niederlage. Deswegen sah er sich
gezwungen, einen erheblichen Teil des von seinen Armeen rasch eroberten und zugleich verwüsteten Königreichs Ungarn aufzugeben.

Während des im Frühjahr 1645 begonnenen neuen Feldzugs gegen das Königreich Ungarn
konnte sich Fürst Rákóczi letztlich Mitte Juli mit den Truppen des schwedischen Oberbefehlshabers,
Lennart Torstenson, südlich der mährischen Hauptstadt Brünn/Brno vereinigen. Von dort
musste er sich aber Mitte August wegen des strikten Befehls der Pforte zurückziehen. Dennoch erhielt er schließlich aufgrund des am 16. Dezember 1645 geschlossenen Friedens von Linz, in einer
neuen Zwangslage für die Habsburgerdynastie, die sieben Komitate auf Lebenszeit, Sabolitsch und

---

[70] DOMINKOVITS/KATONA (Hgg.), Egy új együttműködés kezdete; PÁLFFY, Ein vergessener Ausgleich.

[71] Siehe bezüglich der neueren und archivalisch fundierten Grundlagenforschung: KÁRMÁN, Erdélyi külpolitika,
33–117; aktuell DERS., Confession and Politics.

Sathmar sogar auf Lebenszeit seiner Kinder; selbst der Besitz seiner Güter (Toggai, Sárospatak, Tarcal, Regéc, Ecsed usw.) in Ungarn wurde ihm bestätigt. Hinsichtlich der ungarischen Stände ist zu ergänzen, dass deren Privilegien durch Ferdinand III. auf dem Pressburger Reichstag von 1646/1647 garantiert und erweitert wurden.

Alles in allem führte dies zu einer Verkleinerung des durch die Habsburger regierten ungarischen Königreichs um mehrere tausend Quadratkilometer, wobei besonders Oberungarn betroffen war. Dem waren zwischen 1619 und 1630 sowie 1644 und 1648 siegreiche Feldzüge der beiden siebenbürgischen Fürsten (Bethlen u. Rákóczi) vorausgegangen, zudem war das von beiden Großmächten als Nebenkriegsschauplatz betrachtete Ungarn mehrfach von Kriegszügen bzw. Religions- und Bürgerkriegen heimgesucht worden. Diese brachten enorme Verwüstungen mit sich, insbesondere da sich den Armeen – neben den osmanisch-tatarischen Truppen – häufig bewaffnete Mitglieder sozial geächteter Gruppen, wie Kriminelle, Nichtsesshafte und andere, die in immer stärkerem Maße marginalisiert wurden, anschlossen. All das zeitigte auf lange Sicht tragische politische und gesellschaftliche Folgen. Im Dreißigjährigen Krieg kam es nämlich zu erneuten kriegerischen Auseinandersetzungen, noch bevor sich die Gesellschaft des Königreichs Ungarn von den riesigen Zerstörungen des bislang größten militärischen Konflikts ihrer Geschichte, des Langen Türkenkriegs der Jahrhundertwende, hat erholen können. Dies war der Grund, weshalb der berühmte Politiker, Feldherr und Dichter Nikolaus Zrínyi (kroat. Nikola Zrinski [Čakovečki]) (1620–1664) Anfang der 1650er Jahre schrieb, dass der Allmächtige „mich in das Jahrhundert des ungarischen Verderbens beorderte".[72]

7.2.5 Neuer Türkenkrieg, Magnatenverschwörung, Kuruzzenaufstand (1660–1683)

Neuer Türkenkrieg in Siebenbürgern und Ungarn

Nach 1648 herrschte im Karpatenbecken tatsächlich Frieden. Aber auch dieser hielt nicht lange an. Nach zehn friedvollen Jahren begann ein neuer Türkenkrieg. Obwohl das militärische Vorgehen erneut von osmanischer Seite ausging, waren es nun nicht innere Probleme des Osmanischen Reiches, die sie zum Kriegseintritt bewogen (wie 1526 oder 1591), sondern die politischen Ambitionen ihres siebenbürgischen Vasallen (wie 1541). Der neue Fürst von Siebenbürgen Georg II. Rákóczi (1648–1660) wollte nämlich in die Fußstapfen seiner Vorgänger, vor allem in die des Königs von Polen und Fürsten von Siebenbürgen Stephan (István) Báthory (1576–1586; Woiwode von Siebenbürgen: 1571–1576) treten, als er in den 1650er Jahren die Gründung eines von ihm selbst angeführten osteuropäischen Staatsgebildes und den Erwerb des polnischen Throns anstrebte. Zu diesem Zweck machte er 1653 den moldauischen, dann 1655 den walachischen Woiwoden zu seinem „Lehnsmann" (Vasallen). In Istanbul unternahm die Hohe Pforte aufgrund des Krieges um Kreta (1645–1670) und wegen der einflussreichen Paschas, die Rákóczi unterstützten,

---

[72] Kovács (Hg.), Zrínyi Miklós összes művei, 257.

eine Zeit lang nichts gegen die Schritte des Fürsten. Allerdings wurde ihm, der sich aktiv in den schwedisch-polnischen Krieg und in die Lösung der Kosakenfrage einbringen wollte, mehrfach untersagt, in den Krieg zu ziehen. Als nach der Ernennung Mehmed Köprülüs zum Großwesir (September 1656) Rákóczis Unterstützer im Serail rasch in Ungnade fielen, zog der Großwesir persönlich den Fürsten für seinen Polen-Feldzug von Januar 1657 zur Rechenschaft.[73]

Im Sommer 1658 führte Großwesir Mehmed Köprülü das Heer des Osmanischen Reiches zu einer Strafaktion gegen Siebenbürgen und seinen renitenten Vasallen an. Dies bedeutete das Ende der vierzig Jahre andauernden Glanzzeit des Fürstentums. Nachdem der Großteil der siebenbürgischen Armee im Sommer 1657, noch zu Beginn des gut vorbereiteten erfolgreichen Polen-Feldzugs in tatarische Gefangenschaft geraten war, nahm der Großwesir im September 1658 die strategisch bedeutsamen Burgen von Jenő, Lugosch und Karansebesch ein. Gleichzeitig wurde das Fürstentum von tatarisch-osmanischen, moldauisch-walachischen Truppen und Kosakenverbänden systematisch geplündert. Von den dabei verursachten Verheerungen waren das Burzenland, das Szeklergebiet Háromszék, das Fogarascher Land und die Residenz im siebenbürgischen Weißenburg, wo die fürstlichen Grabdenkmäler, die Bibliothek und auch das Archiv zerstört wurden, am stärksten betroffen. Mit Achatius (Ákos) Barcsay (1658–1660) setzte dann der Großwesir am 14. September 1658 einen neuen Vasallen auf den Thron.

Georg Rákóczi, der nach wie vor über einen starken politischen Rückhalt in seinem Reich verfügte, sah aber von einer Abdankung ab, und wandte sich hilfesuchend an Kaiser Leopold I. (1658–1705; 1655: Wahl u. Krönung zum König v. Ungarn; 1656: Krönung zum König v. Böhmen) mit der Bitte um Hilfe. Dieses Vorgehen führte in Siebenbürgen ab dem Herbst 1658 zu einem verheerenden Bürgerkrieg und 1659–1660 zu einem von Seydi Ahmed Pascha – Beylerbey von Ofen, der im Frühjahr 1660 zum Serdar über Siebenbürgen ernannt wurde – angeführten neuen Straffeldzug. Im August 1660 griff schließlich erneut die osmanische Hauptstreitkraft, befehligt von dem neuen Serdar Siebenbürgens Köse Ali Pascha, dem Seydi Ahmed Pascha unterstellt wurde, in das Kampfgeschehen ein. Im Resultat führte dies zur Eroberung der Festung von Großwardein (27. August), dem Tor Siebenbürgens, die zum Zentrum eines neuen osmanischen Eyalets ausgebaut wurde. Damit wurde das Gebiet des Fürstentums signifikant reduziert, zudem brauchte Siebenbürgen Jahrzehnte, um sich von den immensen Schäden zu erholen, die Bürgerkrieg und osmanisch-tatarische Verheerungen verursacht hatten.[74]

Siebenbürgen sollte aber noch lange nicht zur Ruhe kommen. Aus dem siebenbürgischen Krieg entwickelte sich stufenweise erneut ein großer Konflikt zwischen Habsburgermonarchie und Osmanischem Reich.[75] Obwohl Georg II. Rákóczi in der Schlacht von Sächsisch Fenesch/Floreşti/

---

73 Vgl. Gebei, II. Rákóczi György külpolitikája; Kármán/Szabó (Hgg.), Szerencsének elegyes forgása; Kármán, Erdélyi külpolitika, 119–390.

74 Eine aktuelle Zusammenfassung des Themas bietet: Szabó, Erdély tragédiája.

75 Eine monographische Darstellung des Türkenkrieges von 1660–1664 fehlt nach wie vor. Einen Teilaspekt behandelt die neuere Darstellung zur Schlacht von St. Gotthard/Mogersdorf: Tóth, Saint-Gotthard 1664, bzw. neuerdings Sperl/Scheutz/Strohmeyer (Hgg.), Die Schlacht von Mogersdorf/St. Gotthard und der Friede von Eisenburg; ebenso Tóth/Zágorhidi Czigány (Hgg.), A szentgotthárdi csata és a vasvári béke.

Szászfenes (22. März 1660) durch Seydi Ahmed Pascha eine Niederlage zugefügt wurde und er kurz darauf seinen Verletzungen erlag (7. Juni), setzte sich der Bürgerkrieg fort. In die Ereignisse mischte sich nun nämlich auch die Wiener Heeresführung ein, die von Rákóczis einstigem General, der von den siebenbürgischen Ständen am 1. Januar 1661 zum Fürst gewählte aber von der Hohen Pforte abgelehnte Johann (János) Kemény (1661–1662) herbeigerufen worden war. Obwohl die kaiserlichen Truppen von dem namhaften Feldmarschall Raimondo Montecuccoli angeführt wurden, gestaltete sich ihr im Herbst 1661 erfolgter Einzug in Siebenbürgen aufgrund des mangelhaften Nachschubs zu einem absoluten Misserfolg. Die Situation änderte sich auch nicht, nachdem Kemény Anfang Juli 1661 seinen Rivalen, den inzwischen (31. Dezember 1660) abgedankten Barcsay, hatte ermorden lassen.

Die Machtübernahme des sich mit Kaiser Leopold I. verbündenden Kemény führte im Sommer 1661 zu einem erneuten, nun von Köse Ali Pascha angeführten Feldzug gegen Siebenbürgen. Hierbei entmachteten die Osmanen Kemény am 14. September und installierten mit Michael (Mihály) I. Apafi einen neuen Fürsten (1661–1690). Das Einschreiten der kaiserlichen Armeen und das Zurücklassen deutscher Besatzungskräfte in mehreren Festungen (Klausenburg/Cluj-Napoca/Kolozsvár, Zickelhid/Săcueni/Székelyhíd, Kővár usw.) trug wiederum dazu bei, dass sich der siebenbürgische Konflikt auf das Königreich Ungarn ausdehnte. Zwar fiel Kemény gegen den von den Osmanen unterstützten Apafi in der Schlacht bei Großalisch/Seleuş/Nagyszőllős (22. Januar 1662); da sich aber die kaiserliche Heeresführung weigerte, ihre Truppen aus dem Fürstentum zurückzuziehen, entschied sich die Pforte im Sommer 1662 zu einem groß angelegten Kriegszug gegen das Haus Habsburg, hatte sich dieses doch in die inneren Angelegenheiten Siebenbürgens – osmanisches Einflussgebiet – eingemischt und Truppen im Fürstentum stationiert. Im Jahr darauf stellte sich Köprülü Fazıl Ahmed Pascha, der Sohn und Nachfolger des berühmten Großwesirs Mehmed Köprülü, im April an die Spitze der osmanischen Armee. Obwohl Kaiser Leopold I. noch versuchte, den sich anbahnenden Konflikt zwischen den Großmächten auf diplomatischem Wege zu schlichten, wurden diese Bemühungen von der bereits mobilisierten militärischen Führung des Sultans abgelehnt. Einerseits konnte sich die Pforte auf die Rückeroberung der Burg von Zickelhid (Komitat Bihar) durch General Montecuccoli, andererseits auf die Errichtung der Burg Neu-Serinwar/Zrínyi-Újvár auf osmanischem Gebiet bei Kanischa 1661 durch den Ban von Kroatien (1648–1664),[76] Nikolaus Zrínyi, berufen. Zum tatsächlichen Casus Belli wurde aber die militärische Einmischung der habsburgischen Kriegsführung in die Angelegenheiten des siebenbürgischen Vasallen der Pforte.

Die mehrere Zehntausend Mann starken, ursprünglich abermals gegen Wien ziehenden osmanischen Armeen entschieden Mitte Juli 1663, Neuhäusel zu belagern. Nachdem sie in der Schlacht bei Štúrovo/Párkány (7. August) die Truppen des für die niederungarischen Bergstädte (in der westlichen Mitte der heutigen Slowakei) und die in der Region liegenden Grenzfestungen zuständigen Grenzgenerals, Adam Forgách, geschlagen hatten, gelangten sie nach einer etwa vierzigtägigen Belagerung in den Besitz einer der modernsten Festungen des Königreichs Ungarn

---

[76] Vgl. Hausner/Padányi (Hgg.), Zrínyi-Újvár emlékezete, u. aktuell Hausner/Németh (Hgg.), Zrínyi-Újvár. A Seventeenth-Century Border Defence System.

(25. September, vgl. Tab. 10). Diese wurde zum Zentrum ihres letzten in Ungarn errichteten Eyalets. All dies löste im nahe gelegenen Wien sowie in den österreichisch-mährischen Gebieten blankes Entsetzen aus, denn dadurch gerieten die inneren Regionen des Königreichs wie auch die Umgebung Pressburgs und Wiens in direkte Reichweite osmanischer Streifzüge.[77]

Zwar verlief das weitere Kriegsgeschehen zu Beginn des Jahres 1664 zu Gunsten der Habsburger, doch bis zum Ende des Sommers stellte sich heraus, dass die osmanischen Kräfte immer noch deutlich überlegen waren. Im Februar 1664 konnten die von Ban Nikolaus Zrínyi und Wolfgang Julius Graf von Hohenlohe-Neuenstein befehligten Truppen aus Ungarn, Kroatien, der Steiermark und dem Alten Reich nach einem halben Jahrhundert einen kleineren Erfolg verbuchen, der auf starken Widerhall stieß. Im sog. Winterfeldzug, einer in das osmanische Territorium geführten großangelegten Diversionsexpedition, wurden mehrere kleinere Burgen zurückerobert und die von den Osmanen gehaltene Brücke bei Esseg/Osijek/Eszék in Brand gesteckt. Die hierbei angewandte Strategie der verbrannten Erde erfüllte die in sie gesetzten Erwartungen aber nicht, da die über einen gut ausgebauten Nachschub verfügenden und größtenteils vom Balkan versorgten osmanischen Truppen in der Lage waren, die Brücke rasch wiederherzustellen und dann aufzumarschieren. So gelang ihnen unter der Führung des Großwesirs Anfang Juni 1664 der erneute Entsatz der von den kaiserlichen Truppen belagerten Festung Kanischa. Daraufhin vermochten sie, Neu-Serinwar zu erobern, das sie im Juli, zusammen mit dem nahe gelegenen Klein-Komorn, in die Luft sprengen ließen. Letzten Endes kam es zur entscheidenden Schlacht bei St. Gotthard (Mogersdorf), nachdem am 19. Juli der seit langem in kaiserlichem Sold stehende Feldmarschall Graf Jean-Louis Raduit de Souches bei Lewenz/Levice/Léva die Armee des Paschas von Neuhäusel geschlagen hatte. In der am 1. August ausgetragenen Schlacht von St. Gotthard (Mogersdorf) errang die von Montecuccoli angeführte Allianz mitteleuropäischer Streitmächte mit Hilfe französischer Hilfstruppen zwar keinen vernichtenden, aber dennoch einen überzeugenden Sieg über die teilweise bis über die Raab übersetzenden osmanischen Truppen, deren am anderen Ufer stehender Großteil jedoch unversehrt blieb.

Magnatenverschwörung und Kuruzzenaufstand

Die Staatsspitze der Habsburgermonarchie entschied sich in Anbetracht ihrer militärischen und wirtschaftlichen Möglichkeiten und der Ereignisse auf dem französischen Kriegsschauplatz zum raschen Abschluss eines Friedensvertrags. Für die Bildung einer großen europäischen Koalition gegen die Osmanen fehlten nämlich die diplomatischen, militärischen und wirtschaftlichen Voraussetzungen. Dennoch löste der am 10. August 1664 in Eisenburg/Vasvár unterzeichnete Friedensvertrag heftige Empörung im Königreich Ungarn aus. Sultan Mehmed IV. (1648–1687) durfte Großwardein und Neuhäusel behalten, die kaiserlichen Truppen mussten sich aus Siebenbürgen zurückziehen, und die Abtretung von Neuhäusel trennte praktisch die westlichen und östlichen Regionen des Königreichs voneinander. Ein indirektes Ergebnis war, dass die Güter

---

77 Siehe zur zeitgenössischen Türkenkriegspropaganda, insbes. im Altreich, neuerdings: Etényi, Hadszíntér és nyilvánosság.

zahlreicher Prälaten und Aristokraten zum Ziel osmanischer Streifzüge wurden. Überdies wurde die ungarische Seite verprellt, da die Friedensverhandlungen, entgegen der Praxis der vorigen Jahrzehnte, ohne ungarische Teilnahme stattfanden. Deshalb, wie auch aufgrund der Tatsache, dass während des Türkenkrieges im Herbst 1663 der Palatin von Ungarn, Franz Wesselényi (1655–1667), der oberste Landesrichter Graf Franz III. Nádasdy (1655–1670) und der Ban von Kroatien und Slawonien Nikolaus Zrínyi (1648–1664) in größter Not eine vorübergehende Übereinkunft erzielten, kam im Herbst 1664 unter den Anführern der ungarischen Stände das Gefühl auf, dass sie trotz ihrer gemeinsamen Politik keinen Einfluss auf Wien hatten. Deshalb schrieb im November selbst einer der treuesten Anhänger der Habsburger, Georg Lippay, der Erzbischof von Gran, erbittert an den mit mährischem und ungarischem Indigenat ausgestatteten kaiserlichen Geheimrat Hans Rottal: „für die guten Deutschen ist es wahrhaftig leicht, mit Frieden zur Ruhe zu gehen, wir aber verderben nur".[78]

Die vorhandene Unzufriedenheit steigerte sich angesichts mehrerer seitens der ungarischen Stände eingebrachter älterer ungelöster Beschwerden (Stationierung kaiserlicher Armeen in Ungarn, Rekatholisierungsbestrebungen, geäußertes Misstrauen gegenüber den Ungarn). Mit dem Ausschluss der ungarischen Seite von den Friedensverhandlungen machte der Habsburgerhof jedoch einen elementaren Fehler, da er damit das bestehende jahrzehntealte politische Gleichgewicht im Königreich zerstörte. Die sich ausbreitende Magnatenverschwörung kann hier ebenfalls als eine Konsequenz des einseitig ausgehandelten Friedens gesehen werden. Im Sommer 1666 entschied sich nämlich ein Teil der ungarischen Aristokratie zu einem vollständigen Bruch mit der Hofburg. Angeführt von Palatin Franz Wesselényi schickten sie mit Hilfe des Fürsten von Siebenbürgen Michael I. Apafi am 27. August von der Burg Muraň/Murány Gesandte an die Pforte. Für die Zusicherung der ständischen Privilegien sowie der freien Königswahl – im Gegenzug verpflichtete man sich zur Zahlung einer jährlichen Steuer von mehreren Zehntausend Gulden – waren sie bereit, die Oberhoheit des Sultans anzuerkennen. Dies hätte die Entstehung eines neuen ungarischen Staates, der sich, ähnlich dem siebenbürgischen Fall, in einem Vasallenverhältnis zu Istanbul befunden hätte und zugleich die Sezession des Königreichs Ungarn von der Habsburgermonarchie bedeuten können.

Aus der Bewegung, die nach dem Tod von Wesselényi (27. März 1667) entstand und vom obersten Landesrichter Nádasdy, dem Ban von Kroatien und Slawonien, Peter Zrínyi (kroat. Petar Zrinski) (1665–1670), Franz Christoph Frangepan (kroat. Fran Krsto Frankopan) und Franz (Ferenc) I. Rákóczi angeführt wurde, entwickelte sich im Frühling 1670 in Kroatien und Oberungarn ein bewaffneter Aufstand. Obwohl die Osmanen keinen neuen Krieg wollten und auch nicht auf das Ersuchen der Aufständischen eingingen, ging der Wiener Hof mit harter Hand gegen die Aufrührer vor. Ihre Güter wurden von kaiserlichen Truppen besetzt; nur Rákóczi konnte der Enthauptung wegen Hochverrats entgehen. Zrínyi und Frangepan wurden am 30. April 1671 in Wiener Neustadt, Nádasdy in Wien hingerichtet. Rákóczi kaufte sich mit einer Zahlung von 400.000 Gulden frei und kam so mit seinem Leben davon. Die Hofburg spielte die Verschwörung

---

[78] Tusor (Hg.), „Írom kegyelmednek, mint igaz magyar igaz magyarnak …", 458, Nr. 446.

im Rahmen einer großangelegten Propagandaaktion zu einer vermeintlich gewaltigen „ungarisch-kroatischen Konspiration" gegen das Christentum hoch, um den Weg für ihre absolutistischen Bestrebungen zu ebnen.[79]

Doch im nächsten Jahrzehnt stellte sich heraus, dass der Absolutismus im Königreich Ungarn nicht eingeführt werden konnte. Die Arbeit des 1673 eingerichteten Guberniums, das den einst von den Ständen geführten innenpolitischen Diskurs leiten sollte, wurde bald blockiert, denn der Adel und die Komitate widersetzten sich seinen Anordnungen. Das neue und zwingend notwendige, jedoch ohne den ungarischen Reichstag ausgearbeitete Steuersystem konnte aufgrund bestehender Widerstände ebenfalls nicht eingeführt werden. Auch wurde zum denkbar ungünstigsten Zeitpunkt der Versuch unternommen, die in den Grenzfestungen stationierten ungarischen Soldaten in das stehende kaiserliche Heer zu integrieren, was langfristig betrachtet unerlässlich war.[80] So führten auch die etlichen Reformmaßnahmen nicht zu einem Ergebnis, welches für die Befreiung des Landes von der osmanischen Herrschaft förderlich gewesen wäre.

Dass die Führung der ungarischen katholischen Kirche mit Unterstützung des Wiener Hofes die Magnatenverschwörung dazu ausnutzte, um gegen die Protestanten einen umfassenden Angriff zu beginnen, verschlimmerte zudem die Situation. Mit Hilfe der in die aufständischen Landesteile beorderten deutschen Soldaten begannen sie mit der Beschlagnahmung von Kirchen und Schulen sowie der Vertreibung von Pastoren und Lehrern. Des Weiteren leiteten sie eine Prozessreihe gegen mehrere hundert protestantische Prediger ein, von denen 40 von einem Sondergericht zu Pressburg (1673–1674) unter dem Vorsitz von Georg Szelepcsényi (1666–1685), dem Erzbischof von Gran, zu einer Galeerenstrafe verurteilt wurden.[81]

All diese Maßnahmen zeitigten schwere Folgen. Einerseits erwiesen sich die unternommenen Schritte zur Etablierung des konfessionellen Absolutismus als kompletter Misserfolg, andererseits brach wegen der sich dramatisch zuspitzenden politischen Situation und dem Konfessionskrieg der erste Kuruzzenaufstand (1672–1685) in Oberungarn aus. Ab 1670 flohen nämlich wegen der militärischen Besatzung, der absolutistischen Maßnahmen und der gewaltsamen Gegenreformation mehrere hundert Kleinadelige und Soldaten, sog. Bujdosó (dt. Exulanten), nach Siebenbürgen und in die (nord)östlichen Teile des Königreichs Ungarn, das Partium, wo sie sich im Spätsommer 1672 zu einem Aufstand erhoben. In den darauffolgenden Jahren errangen sie kleinere und größere militärische Erfolge gegen die kaiserlichen Truppen. Im Juni 1679 stellte sich dann – mit Unterstützung des Fürsten Michael Apafi – der ungarische Aristokrat Emmerich (Imre)

---

79 Siehe zur Neubewertung der Verschwörung in Ungarn BENCZÉDI, Rendiség, abszolutizmus és centralizáció; VÁRKONYI, A Wesselényi szervezkedés történetéhez; aus der kroatischen Literatur neuerdings MIJATOVIĆ, Zrinsko-Frankopanska urota; bzw. jüngst DOMINKOVITS, Ein verschenkter Sieg?

80 CZIGÁNY, Reform vagy kudarc?, insbes. 114–135.

81 Die im März 1675 als Galeerensklaven verkauften Prediger wurden letztlich 1676 von dem niederländischen Admiral Michiel de Ruyter ausgelöst. Siehe zu letzterem das Themenheft der in Debrecen erscheinenden Zeitschrift *Acta Neerlandica* 8 (2011) mit dem Titel: Michiel de Ruyter en Hongarije.

Thököly an die Spitze der immer häufiger als Kuruzzen[82] bezeichneten Aufständischen. Apafi, der Herrscher über Siebenbürgen, versuchte dadurch, die Militärangehörigen, die im Bürgerkrieg des vorhergehenden Jahrzehnts oft alles verloren hatten, von den Besitztümern seines Fürstentums fernzuhalten. Seine Rechnung ging hier zwar auf, doch der von Ludwig XIV. von Frankreich und von der Pforte unterstützte und in seinem Handeln bestärkte Thököly, der später von beiden Bündnispartnern immer stärker ausgenutzt wurde, strebte im Laufe der Zeit die Errichtung eines selbständigen ungarischen Fürstentums an. Nachdem der Wiener Hof 1679, auf seine militärische Stärke vertrauend, einen Ausgleich ablehnte, sah Thököly nach Bündnisschluss mit der Pforte die Zeit für die Etablierung seiner Herrschaft gekommen.[83] Mit Unterstützung Apafis griff er die kaiserlichen Truppen in Ostungarn an, was einen Aufstand in Oberungarn auslöste.

Diese Dynamik vor Augen, sah sich Leopold I. zum Ausgleich mit der ungarischen politischen Elite in Ödenburg (Sommer-Herbst 1681) gezwungen, welcher das dualistische Regierungssystem, das sich im 17. Jahrhundert etabliert hatte, wiederherstellte. Zugleich ließ Leopold I. die Verfolgung der Protestanten einstellen bei gleichzeitiger Gewährung der freien Religionsausübung. Währenddessen entschied sich Thököly zu einem alles entscheidenden Schritt. Um ein von ihm angeführtes Fürstentum zu errichten, das faktisch in einem Vasallenverhältnis zum Osmanischen Reich gestanden hätte, unterbreitete er Istanbul ein weitreichendes Angebot. Im Tausch für seine Ernennung zum Herrscher von Ungarn durch die Pforte wollte er binnen zweier Jahre das Königreich Ungarn unter die Oberhoheit der Osmanen bringen. Die osmanische Regierung stand diesem Angebot, das die Habsburger in eine sehr schwierige Lage brachte, offen gegenüber. Einerseits war ein derartiger Vorschlag bislang beispiellos, andererseits gab es im Serail nach dem russisch-osmanischen Krieg von 1677–1681 immer mehr Befürworter einer erneuten Expedition gegen Wien. So wurde Mitte September 1682 in Fileck durch den Pascha von Ofen, Uzun Ibrahim, für eine jährliche Steuer von 40.000 Talern ein neuer osmanischer Vasallenstaat errichtet: das nordungarische Fürstentum von Emmerich Thököly (türk.: *Orta Macar*, d.h. Mittelungarn).[84] Damit wurde das Karpatenbecken bis 1685 bereits auf vier Staaten aufgeteilt (s. zur Aufstandsbewegung unter Franz II. Rákóczi, 1703–1711, Beitrag 9, Soós, Kap. 9.3).

---

82 Der Begriff „Kuruzzen" (ung. kurucok) wird vielfach auf eine Bezeichnung des revoltierenden Kreuzfahrerheers von Georg (György) Dózsa (1514) zurückgeführt. Für das ausgehende 17. Jh. stellt er eine nachweisbare Bezeichnung der bewaffneten aufständischen Soldaten und Bauern im Königreich Ungarn von 1670 bis 1711 dar. Die Herkunft des Namens ist indes umstritten. Gemäß der verbreitetsten Meinung ist das Wort aus dem lateinischen crux, cruciatus („Kreuz", „Kreuzigung") zurückzuführen.

83 Siehe zur Neubewertung der Bewegung von Thököly in der ungarischen und slowakischen Literatur: Varga, Válaszúton. Thököly Imre és Magyarország; Kónya (Hg.), Gróf Imrich Thököly a jeho povstanie; aus der älteren Literatur Köpeczi, Staatsräson und christliche Solidarität, u. Benczédi (Hg.), A Thököly-felkelés és kora.

84 Varga, Osmanische Pläne zur Teilung Ungarns.

7.2.6 Die Rückeroberung Ungarns von den Osmanen (1683–1699)

1683 bemühte sich Thököly, seiner Verpflichtung nachzukommen und Ungarn mit der tatkräftigen militärischen Unterstützung der Osmanen zu besetzen. Der neue Großwesir, Kara (der Schwarze) Mustafa Pascha (1676–1683), sah nämlich nach der Einnahme von Candia auf Kreta (1669), der Eroberung von Podolien und der Westukraine von Polen (1676) sowie dem russisch-osmanischen Krieg (1677–1681) erneut die Möglichkeit gekommen, um Wien, die Hauptstadt der Habsburgermonarchie, einzunehmen. Doch obwohl sein riesiges Heer (rund 40.000 reguläre u. doppelt so viele irreguläre Soldaten) die Kaiserstadt ab Mitte Juli 1683 zwei Monate lang belagerte (vgl. Tab. 10), erlitt er letztendlich eine schwere Niederlage. Des Sultans Heeresführung nahm nicht zur Kenntnis, dass der polnische König Johann (Jan) III. Sobieski (1674–1696) mit Kaiser Leopold I. am ersten Tag des Wiener Feldzugs (31. März) ein Defensivbündnis zur gegenseitigen Hilfe geschlossen hatte. Ein solcher Zusammenschluss zwischen dem König von Polen und dem Hause Habsburg war für die Zeit seit 1526 beispiellos, da die polnischen Herrscher immer darum bemüht waren, sich aus dem habsburgisch-osmanischen Konflikt herauszuhalten. Nun schien allerdings die Lage für die Osmanen in Ungarn aufgrund des Kuruzzenaufstands günstig zu sein, um einen neuen Türkenfeldzug gegen die Habsburger zu beginnen.

In Mitteleuropa atmete man auf, dass es zur Umsetzung des polnisch-habsburgischen Vertrages kam. In der Schlacht am Kahlenberg bei Wien vom 12. September 1683 konnten die kaiserlichen, polnischen, bayrischen, sächsischen und ungarischen Truppen die Kaiserstadt entsetzen und den Osmanen eine vernichtende Niederlage zufügen. Einen Monat später (12. Oktober) waren es erneut die Alliierten, die in der Schlacht bei Šturovo/Párkány gegen die Truppen des Paschas von Ofen, Kara Mehmed, den Sieg davontrugen. Die Initiative ging damit auf die kaiserlichen Truppen über. Während Großwesir Kara Mustafa Pascha für den großen militärischen Misserfolg mit seinem Leben bezahlte (am 25. Dezember wurde er in Belgrad hingerichtet), eröffneten diese mit ihren Erfolgen vom Herbst 1683 im Karpatenbecken den fünfzehn Jahre währenden zweiten Langen Türkenkrieg.

Die Voraussetzungen für eine erfolgreiche Kriegsführung Wiens waren zur Wende 1683/1684 unvergleichbar günstiger als zur Zeit des Krieges von 1663–1664. Der Ausgang der Schlacht am Kahlenberg – ein klarer Sieg für die alliierten Truppen u. kein Unentschieden wie einst bei St. Gotthard – führte dann zu einem schnellen Gegenangriff auf die vorgeschobene Bastion Gran, den osmanischen Brückenkopf an der Donau, und zu dessen Rückeroberung (27. Oktober). Für die alliierten Truppen war dies ein durchschlagender Erfolg, da sie damit einen Keil in das osmanische Territorium in Ungarn getrieben hatten. Zeitgleich nahmen polnische Truppen in Nordungarn mehrere kleinere Burgen Thökölys ein.

Daraufhin wurden die diplomatischen, militärischen und wirtschaftlichen Voraussetzungen für den folgenden Krieg geschaffen. Von März bis April 1684 formierte sich unter der Schirmherrschaft von Papst Innozenz XI. (1676–1689) eine internationale diplomatisch-militärische Koalition (Heilige Liga). Dieser schlossen sich neben Kaiser Leopold I. und König Johann III. Sobieski die Republik Venedig und 1686 auch Russland an. Und da es Mitte August 1684 – zum Preis großer habsburgischer Gebietsverluste entlang des Rheins – in Regensburg gelang, mit dem französischen König Ludwig XIV. einen zwanzig Jahre gültigen Waffenstillstand abzuschließen, konnte die Habsburgermonarchie den überwiegenden Teil ihrer Streitmacht auf den ungarisch-kroatischen Kriegsschauplatz konzentrieren. Die hier zu verbuchenden Erfolge wurden entscheidend dadurch begünstigt, dass sich die Größe, die Organisation, die Kriegstechnologie und das neu entstandene Nachschubsystem des stehenden kaiserlichen Heeres (v. a. das neu organisierte Generalkriegskommissariat) im Vergleich zur Situation von vor zwei Jahrzehnten entscheidend verbessert hatte. Dem Wiener Hof gelang es gar, sich für die Sicherung der für die Kriegsführung unerlässlichen Waffen- und Soldlieferungen mit den kapitalstarken (deutschen u. italienischen) Großunternehmern Mitteleuropas (z. B. Samuel Oppenheimer) zu verbünden, während der Papst gleichzeitig begann, Finanzmittel zu sammeln und Truppen aufzustellen. Ab Anfang 1684 befürwortete zudem fast die gesamte ungarische politische Elite die Befreiung des Landes, obwohl sich im Sommer 1683 mehrere Magnaten auf Druck der Kuruzzen und Osmanen vorübergehend zur Unterstützung der letzteren gezwungen sahen. Die einzige Ausnahme bildeten Thököly und seine Anhänger. So beanspruchte allein die Rückeroberung der nordöstlichen Landesteile bis zum Fall des Kuruzzenfürsten (15. Oktober 1685) viele Tausend Soldaten und eine beträchtliche Geldsumme, die eigentlich für den Kampf gegen die Osmanen vorgesehen war.

Die lange Belagerung Ofens im Sommer-Herbst (vom 14. Juni bis zum 3. November) 1684 unter dem Oberkommando von Karl V. Leopold, Herzog von Lothringen und Bar, schlug zwar fehl, aber der internationale Zusammenschluss mündete trotz bestehender Schwierigkeiten im nächsten halben Jahrzehnt in einen Triumphzug. In der ersten Phase dieses Türkenkrieges (1683–1686) gelang es den alliierten Kräften, nach Ausschaltung des Verteidigungsrings um Ofen (Plintenburg, Waitzen/Vác/Vacov, Pest) im Jahr 1684 und der Zurückdrängung von Thököly, selbst das in eine hoffnungslose Lage geratene Neuhäusel (19. August 1685) sowie das an der Theiß gelegene Sollnock (18. Oktober) zurückzugewinnen. Diese Erfolge krönte nach einer zweieinhalb Monate langen hartnäckigen Belagerung am 2. September 1686 die Einnahme Ofens, der einstigen königlichen Hauptstadt von Ungarn,[85] was in ganz Europa einen beispiellosen Widerhall hervorrief.

Die Truppen der am Erfolg von Ofen teilhabenden drei kaiserlichen Feldherren – Oberbefehlshaber Karl V. Leopold, Herzog von Lothringen, Maximilian II. Emanuel, Kurfürst von Bayern (1679–1726) und Ludwig Wilhelm, Markgraf von Baden-Baden – blieben auch in der zweiten Phase des Krieges (1686–1689) siegreich. Den erneut erfolgreichen Belagerungen (Fünfkirchen u. Segedin/Szeged: Oktober 1686, Erlau: Dezember 1687) folgten entscheidende in Feldschlachten errungene Siege. Am bedeutendsten war dabei die am 12. August 1687 bei Nagyharsány nahe Sieglos ausgetragene sog. „zweite Schlacht bei Mohács". Zuletzt konnte am 6. September 1688 durch die von Maximilian Emanuel angeführten Truppen das 1521 verloren gegangene Belgrad erobert werden. Insgesamt führten diese Erfolge zur Befreiung der südlichen Regionen des spätmittelalterlichen Ungarns und der kroatisch-slawonischen Gebiete, wenngleich sich die Verteidiger einiger größerer osmanischer Festungen noch Jahre lang halten konnten (Stuhlweißenburg:

---

85 Vgl. Szakály, Hungaria eliberata.

Mai 1688; Siget: Januar 1689; Kanischa: April 1690). 1689 vermochte der neue Oberbefehlshaber Ludwig Wilhelm, Markgraf von Baden-Baden, sogar, bedeutendere nordserbische (Niš: 24. September) und westbulgarische Gebiete (Vidin: 19. Oktober) zu erobern, wofür er den Beinamen „Türkenlouis" erhielt. In der Zwischenzeit hatten die Habsburger im Herbst 1687 unter der Führung von Karl V. von Lothringen und General Friedrich Veterani mit dem Einmarsch in das zwischen den Machtblöcken stehende Siebenbürgen begonnen.

In den gut fünf Jahren nach 1683 sollte sich das Territorium der mitteleuropäischen Habsburgermonarchie um mehr als 150.000 km² gen Osten und Südosten erweitern, was den Beginn der Etablierung der Donaumonarchie als europäische Großmacht in der Region einläutete. All dies verletzte jedoch die Interessen des westlichen Rivalen, Ludwig XIV., massiv, weshalb er im September 1688 den 1684 geschlossenen Waffenstillstand von Regensburg aufkündigte und einen Angriff gegen die Pfalz begann. Dadurch war die Habsburgerdynastie zur Führung eines Zweifrontenkriegs gezwungen, der zu einer Verlängerung des Türkenkrieges in Ungarn führte. Immerhin wurden zahlreiche Kavallerie- und Infanterieregimenter aus dem Donaubecken an die Westfront beordert, wo Karl V. von Lothringen als Oberbefehlshaber bis zu seinem Tod (1690) wirkte.

Trotz der Zweiteilung der kaiserlichen Streitkräfte erwies sich die osmanische Heeresführung auch in der sich hinschleppenden dritten Kriegsphase (1689–1697) als nicht schlagkräftig genug, um zu einem entscheidenden Gegenschlag ausholen zu können. Großwesir Köprülü Fazıl Mustafa Pascha (1689–1691) gelang zwar 1690 die Rückeroberung bulgarischer und serbischer Gebiete (Vidin: 29. August, Niš: 9. September, dann am 8. Oktober auch Belgrad), doch den Kriegsverlauf vermochte er nicht mehr zu wenden. Auch die von der Außenwelt abgeriegelten strategisch wichtigen Festungen jenseits der Theiß kapitulierten in den nächsten Jahren nacheinander (Großwardein: Juni 1692; Jula: Januar 1695). Zwischenzeitlich konnten beide Seiten je eine größere Feldschlacht für sich entscheiden: Ludwig Wilhelm, Markgraf von Baden-Baden, in der Schlacht bei Slankamen/Stari Slankamen/Szalánkémén am 19. August 1691 gegen Großwesir Köprülü Mustafa, der selbst im Kampf fiel, und die Osmanen bei Lugosch am 21. September 1695 gegen den siebenbürgischen Oberbefehlshaber Friedrich Veterani.

Den Kampf der mittlerweile erschöpften Kriegsparteien entschied letzten Endes der Sieg von Prinz Eugen von Savoyen bei Zenta/Senta (11. September 1697). In dieser Schlacht fügte er mit einer ausgeklügelten Strategie den Truppen des zur Rückeroberung Ungarns anrückenden neuen Sultans, Mustafa II. (1695–1703), starke Verluste zu. Insgesamt wurden die Erfolge der Alliierten in diesen anderthalb Jahrzehnten vor allem dadurch ermöglicht, dass die Wiener Heeresführung jetzt in der Lage war, gleichzeitig an mehreren Kriegsschauplätzen stärkere Heeresverbände einzusetzen und zu verpflegen bzw. ihre militärisch-taktische Überlegenheit zur Geltung zu bringen. Dies zeigte sich in der erfolgreichen Kriegsführung im Felde sowie bei siegreichen Festungsbelagerungen, wobei dies mit enormen Verheerungen der Kriegsschauplätze und den damit einhergehenden Belastungen für die ansässige Bevölkerung verbunden war. Der Triumph bei Zenta 1697 ermöglichte letztendlich die Beendigung des Krieges und den Friedensschluss zwischen den beiden Großmächten. Dieser wurde von den Gesandten der Heiligen Liga bzw. des Sultans – durch englische u. niederländische Vermittlung – am 26. Januar 1699 in Karlowitz/Sremski Karlovci/ Karlóca (Komitat Syrmien) unterzeichnet.[86]

Der für 25 Jahre gültige Friedensvertrag beendete den zweiten Langen Türkenkrieg und bestätigte die militärisch geschaffene Territorialordnung. Nach anderthalb Jahrhunderten wurde das Gebiet des spätmittelalterlichen ungarischen Staates, abgesehen vom Banat, von osmanischer Herrschaft befreit. Der Großteil Südosteuropas blieb aber weiterhin unter der Oberhoheit der Hohen Pforte. Venedig erhielt mit dem Friedensschluss größere Territorien auf der Halbinsel Peloponnes und im Ägäischen Meer, während Polen das in den 1670er Jahren verlorene Podolien zurückerhielt und Russland mit der Rückeroberung der Festung Asow erneut einen Zugang zum Schwarzen Meer gewann. Der Sultan verpflichtete sich ferner, den freien Handel zu sichern, in Ungarn die aufständischen Kuruzzen nicht mehr zu unterstützen und Emmerich Thököly, der sich nach dem Tod von Michael I. Apafi (15. April 1690) mit Unterstützung Istanbuls für sehr kurze Zeit des fürstlichen Throns in Siebenbürgen bemächtigen konnte, in das Innere seines Reiches zu verbannen. Andererseits garantierte die Vereinbarung dem Osmanischen Reich einen ebenbürtigen Platz unter den europäischen Großmächten. In den folgenden Jahren wurde – unter Teilnahme des namhaften u. in zahlreichen Forschungsgebieten bewanderten Gelehrten u. Soldaten Luigi Ferdinando Conte di Marsili (Marsigli)[87] – gar die Grenze zwischen den beiden Großmächten vom Adriatischen Meer bis zu den Ostkarpaten von Ortschaft zu Ortschaft genau vermessen. Damit wurden die Grenzen Mittel- und Südosteuropas erstmalig im modernen Sinn festgelegt respektive gezogen.

---

[86] Zum Frieden von Karlowitz neu Szita/Seewann, A karlócai béke és Európa; Bérenger (Hg.), La paix de Karlowitz, 26 janvier 1699; Molnár, Der Friede von Karlowitz und das Osmanische Reich; aktuell: Heywood/ Parvev (Hgg.), The Treaties of Carlowitz (1699).

[87] Molnár, L. F. Marsili e gli ottomani.

7.3 EIN STARKER STÄNDESTAAT IN DER HABSBURGERMONARCHIE: STRUKTURGESCHICHTLICHE MERKMALE DES KÖNIGREICHS UNGARN

7.3.1 Die Mitglieder des Hauses Österreich auf dem ungarischen Thron: die Habsburger als Könige Ungarns

Der Weg der Habsburger auf den ungarischen Thron

Im späten Mittelalter stellte der ungarisch-kroatische Staatenbund dank seines auch im europäischen Vergleich großen Staatsgebietes, erheblichen Einkommens und wirtschaftlicher Ressourcen einen bedeutenden Machtfaktor in Mittel- und Südosteuropa dar.[88] Vor der Schlacht bei Mohács 1526 übertraf die Größe des Reichsterritoriums der Stephanskrone die der benachbarten österreichischen Erbländer und der Länder der böhmischen Krone um ein Vielfaches (vgl. Tab. 11). Die rund 325.000 Quadratkilometer umfassten das gesamte Gebiet des heutigen Ungarn und der Slowakei, den Großteil Kroatiens sowie etwa ein Drittel Rumäniens (vor allem Siebenbürgen). Sogar kleinere und größere Territorien der heutigen Ukraine (Karpato-Ukraine), Serbiens (Banat samt einem Teil der Batschka), Sloweniens (ein Teil des Međimurje [auch als Murinsel, Muraköz (ung.) oder Zwischenmurgebiet bekannt], des Prekmurje [Übermurgebiet]) und Österreichs (Burgenland) gehörten zu ihr – s. a. Karte IX. Deshalb galten die ungarischen Könige neben den Kaisern des Heiligen Römischen Reiches und den Herrschern Polens als die bedeutendsten Herrscher Mitteleuropas. Sie nahmen sogar unter den Monarchen des gesamten Kontinents einen besonderen Platz ein. In den einstigen Auflistungen der Herrscher des zeitgenössischen Europa wurden sie generell unter den ersten fünf bis sechs genannt.[89]

Das erklärt, weshalb sich im 14. und 15. Jahrhundert die vornehmsten europäischen Adelsgeschlechter um den Thron Ungarns bewarben. Neben den Anjous, den Luxemburgern und den Jagiellonen bemühten sich selbstverständlich auch die Habsburger mehrfach um den Erwerb der ungarischen Krone.[90] Diese Dynastie besaß ab der zweiten Hälfte des 14. Jahrhunderts alle österreichischen Provinzen in direkter Nachbarschaft zu Ungarn, darunter im Süden Krain, die Steiermark sowie Görz und Friaul. Damit bekundete sie ihr steigendes Interesse in Richtung Südosteuropa. Im ausgehenden Mittelalter konnte sie den ungarischen Thron jedoch nur einmal und nur für sehr kurze Zeit erwerben. Der Habsburger Albrecht II., Schwiegersohn Sigismunds von

---

[88] Siehe zum Platz und zur Rolle Ungarns als Regionalmacht im spätmittelalterlichen europäischen Staatensystem neuerdings Kᴜʙɪɴʏɪ, König und Volk im spätmittelalterlichen Ungarn; ᴅᴇʀs., Matthias Corvinus; ᴅᴇʀs., Stände und Ständestaat; Eɴɢᴇʟ, The Realm of St. Stephen; vgl. außerdem mit neuen Interpretationsansätzen bei: Rᴀᴅʏ, Rethinking Jagiello Hungary. Siehe ebenso Beitrag 2, Uʀsᴘʀᴜɴɢ, Kap. 2.2.

[89] Vgl. Lᴀᴋᴀᴛᴏs, Ordo regum.

[90] Vgl. Nᴇʜʀɪɴɢ, Matthias Corvinus, Kaiser Friedrich III. und das Reich.

Luxemburg (ung. Kg. 1387–1437 u. späterer röm.-dt. Ks.: 1433–1437), war – nach seiner Wahl (18. Dezember 1437, Pressburg) u. Krönung (1. Januar 1438, Stuhlweißenburg) zum ungarischen bzw. Wahl zum deutschen (18. März 1438) u. böhmischen (29. Juni 1438) König – ab dem Sommer 1438 Herrscher einer der flächenmäßig größten Monarchien Europas.

Tabelle 11: Das Königreich Ungarn-Kroatien, die österreichischen Erblande und die Länder der böhmischen Krone im ausgehenden Mittelalter (vor 1526) im Vergleich[91]

	Königreich Ungarn-Kroatien	Österreichische Erblande	Länder der böhmischen Krone
Fläche (in km²)	325.000	110.000	125.000
Bevölkerungszahl (in Mio.)	3,3	1,815	2,3

Albrecht II. verstarb aber Ende Oktober 1439, nach der Rückkehr von einem Feldzug gegen die Osmanen an der Südostgrenze Ungarns, überraschend an der Ruhr. Seine Nachfolger konnten sich allerdings nicht gegenüber den Jagiellonen und König Matthias I. Corvinus (1458–1490) auf dem ungarischen Thron behaupten. Den Titel des römisch-deutschen Kaisers besaßen die Habsburger jedoch bis zum Ende des Alten Reiches (1806). Die während der Begräbniszeremonie von Albrecht II. in Stuhlweißenburg getragenen deutschen Reichsfahnen, neben der ungarischen, der böhmisch-mährischen sowie der österreichischen und habsburgischen Landesfahne, symbolisierten allerdings sehr deutlich die dynastischen Bestrebungen zur Errichtung eines auch Ungarn und Kroatien umfassenden mittelosteuropäischen Staatskonglomerats.[92] Dies bezeugen auch die ungarischen, dalmatinischen, kroatischen und bosnischen Wappen, die Albrechts Nachfolger Kaiser Friedrich III. (1452–1493) an der Wappenwand in Wiener Neustadt bzw. Kaiser Maximilian I. (1508–1519) am Innsbrucker Wappenturm anbringen ließen. Beide Kaiser gaben nämlich nie den Erwerb des ungarischen Throns auf. Dies wird auch dadurch ersichtlich, dass sie den Titel „König von Ungarn" als Anspruchstitel führten. Anfang 1440 ließ Friedrich III. gar die Stephanskrone (im damaligen lat. u. heutigen ung. Sprachgebrauch in Ungarn: Heilige Krone Ungarns oder ungarische Krone) aus Plintenburg entführen und hielt sie bis 1463 in seinem Besitz. Gemäß dem Friedensvertrag von Wiener Neustadt und Ödenburg (19. Juli 1463) wurde das ungarische Herrschaftssymbol an Matthias Corvinus zurückgegeben. Dies geschah nebst hoher Lösegeldzahlung unter der Bedingung, dass, falls Matthias Corvinus ohne einen gesetzmäßigen Erben sterben würde, der ungarische Thron von Friedrich III. oder dessen Sohn beerbt wird.[93] Als dies nach dem Tod des ungarischen Herrschers (6. April 1490), der keinen

---

91 Pálffy, Die Türkenabwehr der Habsburgermonarchie, 80 (Tab. 1).

92 Ders., Kaiserbegräbnisse in der Habsburgermonarchie – Königskrönungen in Ungarn, 46 (Tab. 2).

93 Theurer, Der Raub der Stephanskrone; aus der neueren ungarischen Literatur: Bariska, A Szent Koronáért elzálogosított Nyugat-Magyarország, u. aktuell: Pálosfalvi, Koronázástól koronázásig.

legitimen Erben hinterließ, doch nicht geschah, unternahm Erzherzog Maximilian einen Versuch, den Thron Ungarns für sich zu gewinnen – zuerst durch einen im Herbst 1490 selbst angeführten, aber erfolglosen Ungarnfeldzug, dann auf diplomatischem Wege.[94]

Kaiser Maximilian I. erkannte die grundsätzliche Bedeutung Ungarns für die österreichischen Erbländer, nicht allein mit Blick auf den Erwerb eines Großmachtstatus, sondern auch hinsichtlich des beinahe unaufhaltsamen Vormarsches der Osmanen in Südosteuropa. Deshalb schloss er am 20. März 1506 einen Heiratsvertrag mit Władysław II. Jagiełło (II. Ulászló), dem König von Ungarn und Böhmen (1490–1516), was eine Fortsetzung des oben erwähnten Friedens von Pressburg vom 7. November 1491 darstellt.[95] Der Vertrag besagte, dass Maximilians Enkel (Erzherzog Ferdinand v. Österreich) die Tochter des Königs von Ungarn (Anna Jagiello) und ein eventuell später geborener Sohn Władysławs die Enkelin von Maximilian (Maria v. Habsburg) heiraten werde. Als ein Teil der ungarischen Stände den Vertrag in Frage stellte, zog der Kaiser erneut mit Waffengewalt gegen Ungarn. Der österreichisch-ungarische Krieg im Frühsommer 1506 wurde durch die Geburt des Prinzen Ludwig, des späteren Königs von Ungarn, Ludwig (Lajos) II. (1516–1526), am 1. Juli beendet. Der Vertrag vom 20. März wurde letztlich mit den im Juli 1515[96] – in Anwesenheit des Königs von Polen, Sigismund I. Jagiello (1506–1548) – in Wien arrangierten feierlichen Verlobungen sowie den Hochzeiten 1521/1522 in Linz (Ferdinand v. Habsburg u. Anna Jagiello) und Ofen (Ludwig v. Jagiello u. Maria v. Habsburg) bekräftigt.[97] Demgemäß bekundete Ferdinand I. nach dem unerwarteten Tod des jungen Königs Ludwig II. auf dem Schlachtfeld bei Mohács Ende August 1526 seinen Anspruch auf den ungarischen Thron.

Von der Wahlmonarchie bis zum Erbkönigreich

Durch die Wahl Ferdinands I. zum König von Ungarn im Franziskanerkloster zu Pressburg am 16. Dezember 1526 bzw. nach seiner Krönung am 3. November 1527 in Stuhlweißenburg wurden die Geschicke der Habsburgerdynastie und des Königreichs Ungarn für sehr lange Zeit, bis zum Ende des Jahres 1918, eng miteinander verwoben. Infolge der Ausgestaltung dieser besonderen Beziehung sowie der bereits beschriebenen Türkenkriege wurde auch das Schicksal Mittel- und Südosteuropas miteinander verknüpft. Ferdinand I. bestieg den ersehnten ungarischen Thron allerdings in einer der krisenreichsten Perioden des ungarischen Staates. Dessen Territorium wurde nämlich von osmanischen Truppen verheert – Syrmien beherrschten die Osmanen bereits seit 1521 –, und die ungarischen Stände wählten mit dem Woiwoden von Siebenbürgen, Johann Szapolyai, einen Gegenkönig, den sie gar in Stuhlweißenburg krönten (11. November 1526).

---

94 Wiesflecker, Das erste Ungarnunternehmen Maximilians I.; aus der ungarischen Fachliteratur mit neuen Angaben Kovács, Miksa magyarországi hadjárata.

95 Anhand neuer Forschungen mit neuen Interpretationsansätzen: Neumann, Békekötés Pozsonyban.

96 Dybaś/Tringli (Hgg.), Das Wiener Fürstentreffen von 1515.

97 Neue Forschungsergebnisse zur Tätigkeit von Maria v. Habsburg (anderweitig auch Maria v. Ungarn genannt) im Königreich Ungarn bzw. später als Statthalterin der Spanischen Niederlande bieten Réthelyi u. a. (Hgg.), Mary of Hungary, u. Fuchs/Réthelyi (Hgg.), Maria von Ungarn.

Ferdinand I. musste deshalb für sein ungarisches „Erbe" mit militärischen Mitteln kämpfen. Denn fast sein ganzes Leben lang betrachtete er Ungarn, mit Verweis auf die genannten Erbverträge (1463, 1491 u. 1506) und das Erbrecht seiner Frau Anna Jagiello, als ihm rechtmäßig zustehendes „Erbe". Dies wird mit den in seiner Korrespondenz auftauchenden Begriffen „Erbkönig zu Hungern/unser Königreich und Erbland/ius successionis/ius et titulus haereditarius" belegt.[98]

Doch weder Ferdinand I. noch seine sechs Nachkommen (Maximilian I., Rudolf I., Matthias II., Ferdinand II. u. III. sowie Leopold I.), die das Königreich bis zum Ende des 17. Jahrhunderts als Könige von Ungarn regierten, wurden im Sinne der im späten Mittelalter geschlossenen Erbverträge zu ungarischen Herrschern. Diese Verträge fußten auf keiner konkreten Rechtsgrundlage, die ihre Königswahl gerechtfertigt hätte. Dennoch leiteten sie daraus einen vermeintlichen Anspruch ab, und gleichzeitig waren die Erbverträge von propagandistischem Nutzen. Die Mehrheit der ungarischen Stände akzeptierte diese Verträge aber nicht, und sie bestanden im Sinne der althergebrachten Rechte und Gewohnheiten auf dem Recht der freien Königswahl (libera electio), die durch eine legitime Krönung (legitima coronatio) bekräftigt werden musste. Aus diesem Grund blieben die Bestrebungen der Habsburgerdynastie, Ungarn in ein Erbkönigreich oder ein Erbland umzuwandeln, bis 1687 erfolglos. Allerdings verfügten die Stände über kein wirklich freies Wahlrecht, da sich die Wahl – wegen des in den folgenden Unterkapiteln vorzustellenden gegenseitigen Abhängigkeitsverhältnisses – im Sinne des Gesetzesartikels Nr. 5 aus dem Jahr 1547[99] faktisch fast allein auf die Mitglieder der Habsburgerdynastie beschränkte. Eine beredte Ausnahme bedeutet die bereits erwähnte Wahl von Gabriel Bethlen, des Fürsten von Siebenbürgen (1620).[100] Diese Situation wurde in erster Linie durch die Unterstützung der ungarischen Prälaten möglich: Diese machten dem Herrscher in dieser Hinsicht Zugeständnisse, um ihre Führungspositionen im Land (u. a. die Posten des königlichen Statthalters sowie des Ober- u. Vizekanzlers) zu bewahren, büßten sie diese und ihre Güter doch aufgrund der Verbreitung der Reformation in Ungarn und der osmanischen Eroberungen in großem Umfang ein. Im Gegensatz zu den Prälaten lehnte die Mehrheit der Stände die Primogeniturerbfolge allerdings ab. Somit blieb dem Königreich Ungarn eine besondere Wahlmonarchie mit eingeschränktem Wahl- und Erbrecht erhalten.[101] Das war kein Novum in der ungarischen Geschichte, denn im mittelalterlichen Ungarn, unter den Arpaden, teilweise auch unter den Anjous und Jagiellonen, war dies nicht anders.

Infolge besagter Umstände wurde der ungarische Staat trotz mehrerer Versuche Ferdinands I. weder ein Erbkönigreich noch ein Erbland der Habsburger. Die Wiener Hofburg war genötigt, das Recht der freien Königswahl durch die ungarischen Stände unter Bedingungen zu akzeptieren, zugleich musste bei der Krönung jeder neue Herrscher einen Eid auf die Privilegien der Stände und

---

98 Smolka, Ferdinand des Ersten Bemühungen um die Krone von Ungarn, 23f.; Gecsényi, Briefe des Hofmeisters König Ferdinands I. an die Stadt Augsburg, insbes. 205, 213f., Nr. 3.

99 Corpus Juris Hungarici (Hg. Márkus), Bd.: 1526–1608, 192f.

100 Siehe im Detail oben Kap. 7.2.4.

101 Siehe ausführlicher zu diesen Verhältnissen im 16. Jh.: Pálffy, The Kingdom of Hungary and the Habsburg Monarchy, 161–168.

die Gesetze des Landes sowie die Goldene Bulle von 1222 leisten. Dies war bei König Ferdinand I. Anfang November 1527 der Fall, wie auch später bei seinem Sohn Maximilian II. – als Kg. v. Ungarn: Maximilian I. – (8. September 1563) und seinem Enkel Rudolf II. – als Kg. v. Ungarn: Rudolf I. – (25. September 1572). Wenn einer der neuen Herrscher dies nicht akzeptieren wollte, protestierten die Stände aufs Heftigste. So im Herbst 1563, als Ferdinand I. mit Hilfe des Erbrechts (haereditario iure) seinem erstgeborenen Sohn, Erzherzog Maximilian, den ungarischen Thron sichern wollte. Die Stände erklärten umgehend, dass „das Ungerland wer nycht ein erbland, das nach der succession gingk, sonder hat ein freies wal".[102] Sie signalisierten dies auch ausdrücklich mit symbolpolitischen Mitteln, denn nachdem Ferdinand I. trotz des Protests der Stände Erzherzog Maximilian quasi als designierten König von Ungarn noch vor seiner Ankunft auf den Reichstag von Pressburg entsandt hatte, war die Mehrheit der Stände nicht gewillt, ihn als solchen zu empfangen. Er konnte deshalb nur als römisch-deutscher und böhmischer König in die Stadt einziehen; d. h. vor ihm schritt nicht der ungarische königliche Oberststallmeister mit dem Zeremonialschwert Ungarns, sondern der Reichserbmarschall mit dem Schwert des Heiligen Römischen Reiches. Seine Nichtanerkennung wurde auch dadurch ausgedrückt, dass aus den Reihen des niederen Adels nur wenige bereit waren, seine Hand während des Empfangs zu küssen. Sogar die Krönung erfolgte nicht sofort, da die Stände fast eine Woche lang dem Willen des Herrschers und der Prälaten trotzten und die Berücksichtigung ihrer Beschwerden bezüglich des Wahlrechts und anderer Privilegien als Voraussetzung für ihre Unterstützung der Krönung verlangten – zum Teil erfolgreich. Der Herrscher und seine ungarischen Anhänger stellten allerdings die letztendlich erfolgreich durchgeführte Krönung (sowohl 1527 als auch 1563 u. 1572) den österreichischen Anhängern gegenüber so dar, als ob diese durch die Kraft der Erbverträge erfolgt sei. Die politische Propaganda der Zeit samt den damals vorhandenen Kommunikationsströmen boten Ferdinand I. und seinen Nachfolgern vielfältige Deutungs- und Verbreitungsmöglichkeiten. Sie konnten den Besitz des ungarischen und des damit verbundenen kroatischen Throns – je nach dem, mit wem sie kommunizierten – mittels der Erbverträge, aber auch durch die erfolgte freie Königswahl oder durch eine Kombination aus beidem begründen. Dies zeigt beispielhaft, dass es zwischen dem Wiener Hof und den ungarischen Ständen zu einem Kompromiss kam, der beiden Parteien Zugeständnisse abverlangte.

Zu einer tatsächlich freien Königswahl innerhalb der Dynastie kam es in Ungarn nach 1526 nur in den Jahren 1608 und 1618.[103] In beiden Fällen hatte diese Wahl zudem Einfluss auf den Erhalt der Habsburgermonarchie, da weder Kaiser Rudolf II. noch Kaiser Matthias erbberechtigte Söhne hatten. Im Rahmen des in der Geschichte der Habsburgerdynastie einzigartigen Bruderzwistes zwangen unter der Führung von Erzherzog Matthias die sich verbündenden ungarisch-österreichischen und mährischen Stände Kaiser Rudolf II. im Sommer 1608 zur Abdankung vom ungarischen Thron (Schloss Lieben bei Prag, 25. Juni). Die Stände machten damals tatsächlich

---

102 Siehe den Bericht der Gesandten der königlichen Freistadt Bartfeld: Fraknói (Hg.), Monumenta comitialia regni Hungariae, Bd. 4, 408 (Anm. 2).

103 Zu den folgenden Absätzen aus der älteren Literatur immer noch grundlegend: Turba, Geschichte des Thronfolgerechtes; Csekey, A magyar trónöröklési jog; Fraknói, A magyar királyválasztások története.

von ihrem Recht Gebrauch, zwischen den habsburgischen Erzherzögen (Rudolf, Matthias, Maximilian u. Albrecht) zu wählen, und sie setzten im Herbst 1608 durch freie Königswahl (16. November) und legitime Krönung (19. November) den ältesten Bruder des zur Abdankung genötigten Kaisers als König Matthias II. auf den ungarischen Thron.[104] Mit der Krönung ging wiederum die Bedingung einher, vor allem die Stellung der weltlichen Stände (des Hoch- u. Kleinadels) erheblich zu stärken, in erster Linie durch eine der Krönung vorausgehende Wahl des Palatins (erfolgte am 18. November), die Anerkennung der freien Religionsausübung, die Berücksichtigung eines erheblichen Teils der eingereichten ständischen Beschwerden sowie die Rückführung des wichtigsten Symbols der ungarischen Ständenation, der Stephanskrone, von Prag nach Pressburg.[105]

Anfang Juli 1618 konnte auch der zum Thronerben aufgestiegene Ferdinand II. das Recht der Stände zur freien Königswahl nicht in Frage stellen. Die Sicherung des ungarischen Throns war für ihn essenziell, da bereits damals absehbar war, dass der in die Jahre gekommene Kaiser Matthias keine Nachkommen haben würde. Die ungarischen Stände konnten damals unter den Söhnen Karls, des Erzherzogs von Innerösterreich, einen Herrscher wählen. Dies stellte aufgrund der Nachfolgeproblematik innerhalb der Dynastie ein für ganz Mitteleuropa entscheidendes Übereinkommen zwischen dem Wiener Hof und den ungarischen Ständen dar; vor allem, da dies nach der Krönung von Erzherzog Ferdinand II. zum König von Böhmen (29. Juni 1617), aber noch weit vor seiner Wahl zum deutschen Kaiser (28. August 1619) erfolgte. Die Pressburger Ereignisse des Sommers 1618 wurden von der päpstlichen wie auch von Seiten der spanischen Diplomatie mit besonderer Aufmerksamkeit verfolgt. Die Vereinbarung mit den kirchlichen und weltlichen Ständen in Ungarn hatte auch diesmal einen hohen Preis, denn die Stände verpflichteten Ferdinand II. zum Erlass eines Inauguraldiploms (diploma inaugurale), das in 17 Punkten ihre Privilegien und politischen Ansprüche festlegte bzw. die Ergebnisse und Forderungen aus den Jahren 1606/1608 bestätigte. Dies wurde dann auf dem nächsten ungarischen Reichstag (1622, Ödenburg)[106] – zum ersten Mal in der ungarischen Geschichte – gesetzlich verankert (Gesetzesartikel 2)[107] und hatte bis zu Beginn des 20. Jahrhunderts hinein Bestand. So auch im Falle des Ende Juni 1655 in Pressburg gekrönten Leopold I., dessen Inauguraldiplom wiederum am nächsten Pressburger Reichstag im Herbst 1659 mit einem separaten Gesetzesartikel (Nr. 1) bestätigt wurde.[108]

Unter der Herrschaft Leopolds I. wurde das Königreich Ungarn ab Ende 1687 letztendlich doch zu einem Erbkönigreich der Habsburgermonarchie. Allerdings ist zu betonen, dass Ungarn, im Gegensatz zu Böhmen (nach 1620), nie zu den Erbländern gehörte. Die seit Langem vor-

---

104 Vgl. zum berühmten Bruderzwist neuerdings: Bůžek (Hg.), Ein Bruderzwist im Hause Habsburg.

105 Pálffy/Teszelszky, Koronázási jelvényeink leghosszabb távolléte.

106 Siehe hierzu die neue Studiensammlung von Dominkovits/Katona (Hgg.), Egy új együttműködés kezdete, bzw. Pálffy, Ein vergessener Ausgleich, 85–107.

107 Corpus Juris Hungarici (Hg. Márkus), Bd.: 1608–1657, 174–183.

108 Corpus Juris Hungarici (Hg. Márkus), Bd.: 1657–1740, 130–139.

handenen Bestrebungen der Dynastie konnten lediglich durch eine engere Zusammenarbeit mit den ungarischen Ständen verwirklicht werden, mit den absolutistischen Mitteln der Zeit war dies nicht zu bewerkstelligen, wie der Misserfolg der Maßnahmen in den 1670er Jahren bewies – s. o. Kap. 7.2.5. Anfang September 1686 aber eroberte die kaiserliche Armee Ofen, die Hauptstadt des mittelalterlichen ungarischen Reiches, und zahlreiche Schlüsselfestungen (Gran, Neuhäusel usw.) zurück. Daraufhin akzeptierte Anfang November 1687 auf dem Reichstag von Pressburg nach langen Verhandlungen und auf Vorschlag des Hochadels sowie der Prälaten auch die Untere Tafel (Unterhaus) die Vererbbarkeit der ungarischen Königswürde an den männlichen Zweig der österreichischen und spanischen Linie der Habsburger (Gesetzesartikel 2–3); selbst die in der Goldenen Bulle von 1222 festgehaltene Klausel über das Widerstandsrecht wurde gestrichen (Artikel 4).[109]

In der Sicherung der Primogenitur spielte der Anführer der weltlichen Elite, Palatin Paul (Pál) Esterházy (1681–1713), eine herausragende Rolle, der für seine Dienste unter anderem den Reichsfürstentitel (1687) erhielt. Dies bedeutete aber nicht, dass die Stände ihre eigenen Interessen vernachlässigten, denn sie bewahrten viele ihrer im 17. Jahrhundert gefestigten Privilegien. Die Gesetzesartikel schrieben als Bedingung für die Gültigkeit der Erbregelung vor, dass der jeweilige Thronerbe auch in Zukunft gekrönt werden und in seinem Krönungseid die Privilegien des Landes bestätigen müsse, ja sogar weiterhin zum Erlass eines Inauguraldiploms verpflichtet sei. All dies zeugt trotz Zugeständnissen durch die Stände von einer bedeutenden Kompromissbereitschaft zwischen der Hofburg und der politischen Elite Ungarns. Ungeachtet der Thronfolgeregelung des männlichen Zweiges der Habsburgerdynastie konnte das Königreich Ungarn innerhalb der Donaumonarchie seine besondere Selbstständigkeit und seine Traditionen weiterhin wahren. Dies war auch langfristig von großer Bedeutung, da es sich ebenso auf die Entstehung der späteren Österreichisch-Ungarischen Monarchie bzw. Doppelmonarchie (1867) auswirkte, wenngleich letzteres ohne die Pragmatische Sanktion – eine Reihe von Maßnahmen zur habsburgischen Erbfolge, verabschiedet zwischen 1703 u. 1722 –, welche das Erbrecht des weiblichen Zweiges gewährleistete, nicht hätte erfolgen können.

7.3.2 An der Peripherie des Alten Reiches – an der Grenze des Osmanischen Reiches

Ab 1526 wurde das Königreich Ungarn-Kroatien durch die Herrschaft von König Ferdinand I. zu einem Bestandteil der sich in Mitteleuropa herausbildenden Habsburgermonarchie. Da nach dem Amtsverzicht Kaiser Karls V. im Jahr 1556 Ferdinand I. auch an die Spitze des Heiligen Römischen Reiches gelangte – fortan führten Mitglieder des österreichischen Zweigs der Habsburgerdynastie dieses an –, wurde der ungarisch-kroatische Staatenbund von da an Teil des aus deutschen, österreichischen und böhmisch-mährischen Gebieten bestehenden zusammengesetzten Staates (engl.

---

109 Ebd., 334–337.

composite state) – vgl. Karten XI, XIII.[110] Sehr anschaulich versinnbildlichen die im 16. Jahrhundert während der jeweiligen Begräbniszeremonien der Kaiser getragenen Provinz- und Landesfahnen diese politische, geografische und sprachliche Vielfalt (s. Tab. 12). Die Fahnen stellten nämlich die von den Habsburgern zu dieser Zeit regierten beinahe 20 Länder und Provinzen in ihrer Rangordnung (Kaisertum, Königtum, Erzherzogtum, Herzogtum, Markgraftum, Graftum usw.) dar, von den politisch weniger bedeutenden Provinzen bis zu den staatstragenden Königreichen.

Auch anhand der Tabelle lässt sich eindeutig belegen, dass das Königreich Ungarn-Kroatien trotz der ab Mitte des 16. Jahrhunderts gemeinsamen Herrscher nie zum Alten Reich gehörte.[111] Es gehörte aber auch nicht zu den österreichischen Erbländern, wie im vorigen Unterkapitel geschildert. Das Königreich Ungarn (gemeinsam mit Kroatien) war ausschließlich Bestandteil der mitteleuropäischen Habsburgermonarchie. Es ist insofern ein grober Irrtum, von einer kaiserlichen Administration oder Beamtenorganisation auf dem Territorium Ungarns zu sprechen, wie auch der in der deutschsprachigen Literatur auftauchende Begriff „kaiserliches Ungarn" falsch ist. Analog dazu kann in der Frühen Neuzeit auch nicht von einem „kaiserlichen Südosteuropa" gesprochen werden, da die dortigen Gebiete der Habsburger weder im 17. noch im 18. Jahrhundert zum Heiligen Römischen Reich gehörten. Der passende Terminus für diese ist demnach: das habsburgische Südosteuropa.

Die Herrscher der Habsburgerdynastie betitelten sich zu der Zeit, in der sie über Ungarn herrschten, lediglich als Könige von Ungarn, wenngleich sie über den Kaisertitel verfügten. Ungarische Behörden und Untertanen nannten wiederum in ihren an den kaiserlichen Herrscher gerichteten Briefen auch die anderen Titel des Königs von Ungarn, so auch den Kaisertitel – und zwar an erster Stelle, gemäß der in der obigen Tabelle angeführten Rangordnung. Gleichzeitig war der ungarischen politischen Elite die Absonderung vom Alten Reich – ähnlich ihrer Absonderung von den Erblanden – immer sehr wichtig. In dem zur Kardinalsernennung des Erzbischofs von Gran – Georg Lippay (1642–1666) – eingereichten Memorandum aus dem Sommer 1652 wird dies beispielhaft ausgedrückt: „Ungarn ist ein unabhängiges Land, es hat nichts mit dem Reich zu tun."[112]

Das Königreich Ungarn wurde im 16. Jahrhundert zu einem sehr bedeutenden Bestandteil der Habsburgermonarchie. Bereits aufgrund der obigen Tabelle und der Herrschertitulatur der Kaiser kann festgehalten werden, dass Ungarn dank seiner herausragenden politischen Bedeutung im Spätmittelalter im mitteleuropäischen Staatskonglomerat der Habsburger, nach dem Heiligen Römischen Reich, den zweitbedeutendsten Teil darstellte. Ein weiteres Beispiel – zu den Trauerfeierlichkeiten der Kaiser – verdeutlicht dies sinnbildlich. Hier folgte nicht allein die ungarische

---

110 Grundlegende Gesamtdarstellungen zu dem Thema sind: Evans, Das Werden der Habsburgermonarchie; Winkelbauer, Ständefreiheit und Fürstenmacht, insbes. Teilbd. 1.

111 Zu dieser Problematik ausführlicher Brendle, Habsburg, Ungarn und das Reich im 16. Jahrhundert; Pálffy, Ein „altes Reich" an der Peripherie des Alten Reiches.

112 Im Original: „l'Ongheria essendo provincia separata, non ha che far con l'imperio." In: Tusor, Purpura Pannonica, 231, Nr. 17.

Tabelle 12: Provinz- und Landesfahnen im Leichenzug des Begräbnisses von Kaiser Ferdinand I. und Maximilian II.[113]

Ferdinand I. (1565, Wien/Prag)	Maximilian II. (1577, Prag)
Görz	Görz
gemeinsame Fahne von Pfirt, Schwaben, Elsass, Tirol, Habsburg	gemeinsame Fahne von Pfirt, Schwaben, Elsass, Tirol, Habsburg
Ober- und Niederlausitz	Ober- und Niederlausitz
Krain	Krain
Kärnten	Kärnten
Steiermark	Steiermark
Schlesien	Schlesien
Mähren	Mähren
Burgund	Burgund
Österreich ob der Enns	Österreich ob der Enns
Österreich unter der Enns	Österreich unter der Enns
gemeinsame Fahne von Bosnien, Serbien, Bulgarien, Kumanien	gemeinsame Fahne von Bosnien, Serbien, Bulgarien, Kumanien
Slawonien	Slawonien
Kroatien	Kroatien
Dalmatien	Dalmatien
Spanien = Kastilien, Aragonien, Sizilien	–
Böhmen	Böhmen
Ungarn	Ungarn
1. kleine Reichsfahne = Rennfahne 2. große Reichsfahne	1. kleine Reichsfahne = Rennfahne 2. große Reichsfahne

Fahne unmittelbar auf die Reichsfahne, ähnlich behandelte man die Kopien der ungarischen Insignien. Im Rahmen dieser zeremoniellen Ordnung wurden diese vor den böhmischen Insignien und nach den Reichskleinodien, also wiederum an zweiter Stelle, getragen und in derselben

---

[113] PÁLFFY, Kaiserbegräbnisse in der Habsburgermonarchie – Königskrönungen in Ungarn, insbes. 46 (Tab. 2); vgl. neuerdings DERS., Die Krönungsfahnen in der Esterházy Schatzkammer.

Rangordnung am Castrum doloris (Trauergerüst) abgelegt.[114] All dies führte den während der Bestattungen zahlreich vorhandenen Teilnehmern und Beobachtern anschaulich vor Augen, dass das Königreich Ungarn den zweiten Platz innerhalb der Monarchie einnahm.

Zusammen mit Ungarn traten weitere Länder der Stephanskrone in die Monarchie ein, darunter die sich im Besitz Ungarns befindenden Gebiete, die Königreiche Kroatien und Slawonien. Ebenso wurden aber auch die in der obigen Tabelle angeführten Anspruchstitel (zu Dalmatien, Bosnien, Serbien, Bulgarien, Kumanien usw.) in die Habsburgermonarchie überführt. Diese – davon zeugt auch die ungarische Königstitulatur der Habsburgerherrscher aus dem 16. u. 17. Jh. (s. u.) – wurden von den ungarischen Herrschern ab den 1270er Jahren getragen. Dadurch erweiterte sich der Staatsverband der Habsburger nach 1526 nicht nur um ein Land, sondern um ein kleineres „altes Reich". Deshalb stellte das Reich der Stephanskrone ein Viertel der an den Bestattungen der Kaiser getragenen Fahnen (s. Tab. 12). Dies ist insofern hervorzuheben, da Mitglieder der Habsburgerdynastie nach der Vertreibung der Osmanen aus Ungarn und Kroatien, Ende des 17. Jahrhunderts, aufgrund ihrer ungarischen Titulaturansprüche Forderungen bezüglich dieser Gebiete erheben konnten. Für das Habsburgerreich öffnete sich damit der Weg nach Südosteuropa sowohl tatsächlich als auch symbolisch durch das Königreich Ungarn. Dieses war und blieb deshalb für Ferdinand I. und seine Nachkommen aus machtpolitischen und Prestigegründen auf der Ebene der hohen Politik und Symbolik fortwährend ein sehr bedeutendes Land.

Quellenauszug zur Titulatur der Habsburger als Könige von Ungarn (lat./dt.) im 16. und 17. Jahrhundert:[115]

Dei gratia/divina favente clementia electus Romanorum imperator, semper augustus, ac Germaniae, Hungariae, Bohemiae, Dalmatiae, Croatiae, Sclavoniae, Ramae, Serviae, Galitiae, Lodomeriae, Cumaniae, Bulgariaeque etc. rex, archidux Austriae, dux Burgundiae, Brabantiae, Styriae, Carinthiae, Carnioliae, marchio Moraviae, dux Luxemburgae ac superioris et inferioris Silesiae, Wierthembergae et Thekae, princeps Sveviae, comes Habsburgi, Tyrolis, Ferreti, Kiburgi et Goritiae, landgravius Alsatiae, marchio Sacri Romani Imperii supra Anasum Burgoviae ac superioris et inferioris Lusatiae, dominus Marchiae Sclavonicae, portus Naonis et Salinarum.

[Von Gottes Gnaden erwählter römischer Kaiser, zu allen Zeiten Mehrer des Reiches, und in Germanien, Ungarn, Böhmen, Dalmatien, Kroatien, Slawonien, Bosnien, Serbien, Galizien, Lodomerien, Kumanien, Bulgarien usw. König, Erzherzog von Österreich, Herzog von Burgund, Brabant, Steiermark, Kärnten, Krain, Markgraf von Mähren, Herzog von Luxemburg und Ober- und Niederschlesien, Württemberg und Teck, Fürst von Schwaben, Graf von Habsburg, Tirol, Pfirt, Kyburg und Görz, Landgraf von Elsass, Markgraf des Heiligen Römischen Reiches Burgau und der Ober- und Niederlausitz, Herr auf der Windischen Mark, Portenau und Salins.]

Im 16. und 17. Jahrhundert befand sich an der Peripherie des Alten Reiches ein kleineres „altes Reich": das von den Habsburgern regierte Reich der Stephanskrone. Die österreichischen Erb-

---

[114] Siehe zu dessen bildlicher Darstellung am Beispiel der Trauerzeremonie für Kaiser und König Ferdinand I. im Sommer 1565: Pálffy, Kaiserbegräbnisse in der Habsburgermonarchie – Königskrönungen in Ungarn, 47, Abb. 7; Brix, Trauergerüste für die Habsburger, 217–225.

[115] Zitiert nach Pálffy, Bollwerk und Speisekammer Mitteleuropas, 104, Abb. 1.

lande bildeten ab 1512 den sog. Österreichischen Reichskreis, wobei die Reichshaupt- und Residenzstadt Wien nur wenige Dutzend Kilometer von der österreichisch-ungarischen Grenze entfernt lag. Mit der osmanischen Eroberung von Ofen (1541), besonders nach dem Fall von Gran (1543) verlief aber sogar die ungarisch-osmanische Grenze bedrohlich nah, nur etwa 200 Kilometer vom Zentrum des Habsburgerstaates und der Hauptstadt des Alten Reiches entfernt. All dies verdeutlicht, dass in der Geschichte des Königreichs Ungarn-Kroatien radikale Veränderungen eingetreten waren. Durch den osmanischen Vorstoß verlor es ca. 60 % seines Territoriums, die 325.000 km² von vor 1526 schrumpften bis zum Ende der 1560er Jahre auf etwa 120.000 km² (vgl. Tab. 6 u. 9). Nicht zufällig erklärte 1571 der venezianische Gesandte zu Wien – zwar etwas übertrieben – dass,

> was Ungarn betrifft, der Vers [des Vergil; G. P.] sicherlich passend ist: Trojaner sind wir gewesen, gewesen ist Troja. [D. h. Ungarn; G. P.] wurde in ein unerhört großes Unglück und Elend gestoßen. Nicht nur ein Königreich, sondern das erste Königreich des Christentums (dessen König sich früher mit dem französischen König messen konnte), das Königreich wurde – wie ich sage – zu einer „Provinz" herabgesetzt.[116]

Das gebietsmäßig stark zusammengeschrumpfte Ungarn sank jedenfalls für anderthalb Jahrhunderte zur Peripherie des Alten Reiches herab, die zudem an der Grenze zum Osmanischen Reich lag.

Im darauffolgenden Jahrhundert verschlechterte sich diese Situation mehrfach. Die Osmanen, die beinahe den gesamten südosteuropäischen Kontinent eroberten, näherten sich der Kaiserstadt Wien bedrohlich nahe. Zwischen 1594 und 1598 waren sie gar zeitweise im Besitz von Raab, und ab 1600 bedrohten sie mit ihrer Eroberung Kanischas den östlichen Teil der Steiermark. Letztendlich rückten sie Ende September 1663 durch die Eroberung von Neuhäusel dauerhaft gefährlich nahe, weniger als 100 Kilometer an die Verwaltungszentren des Königreichs Ungarn, Pressburg, und Wien heran. Dies löste große Panik in der Kaiserstadt und den österreichisch-mährischen Gebieten aus. Bildlich gesprochen befand sich das Osmanische Reich beinahe in direkter Nachbarschaft zur Reichshauptstadt.

Gegenüber den in der Mitte des 17. Jahrhunderts militärisch und wirtschaftlich nach wie vor weit überlegenen Osmanen konnte die habsburgische Kriegsführung in den auf 1526 folgenden gut anderthalb Jahrhunderten nur geringe außenpolitische Erfolge in Richtung Südosteuropa verbuchen. Wie in Kap. 7.2.3 geschildert, konnte man in Ungarn während des Langen Türkenkrieges Kaiser Rudolfs II. lediglich die vorübergehende Einnahme von Gran (1595–1605), Stuhlweißenburg (1601–1602) sowie die Rückeroberung von Raab (1598) und einiger Grenzburgen im Komitat Neugrad (insbes. von Fileck, Neugrad, Szécsény usw.) (1593/1594) als Erfolg verbuchen. Die diplomatischen Bemühungen (1561–1562, 1570–1571, 1575 usw.) und militärischen Interventionen (1551–1555, 1600–1604, 1611, 1660–1662) zur Aneignung des osmanisch ge-

---

116 Im Original: „Quanto adonque all'Ongaria, si può ben dir di lei, con ogni uerità, quel uerso: Fuimus Troës, fuit Ilion, essendo ridotta in somma infelicità et miseria; non solo perche di regno, et di regno il primo di Christianità (hauendo competito quelli Re di precedentia, con il Re di Francia) di regno dico sia ridotto in prouincia." In: FIEDLER (Hg.), Relationen venetianischer Botschafter, 297.

wordenen siebenbürgischen Vasallenstaates scheiterten allesamt kläglich. Obwohl weder die Wiener Kriegsführung noch die ungarischen Stände auf die Rückgewinnung der östlichen Provinz des mittelalterlichen ungarischen Staates verzichten wollten, war diese aus geopolitischer, militärischer und wirtschaftlicher Sicht vor der Entstehung des kaiserlich-königlichen stehenden Heeres und der sich auf ganz Mitteleuropa erstreckenden internationalen diplomatischen Allianz (Heilige Liga) sehr unwahrscheinlich gewesen. Dies betraf insbesondere das 17. Jahrhundert, da der ungarische Kriegsschauplatz für die Habsburgermonarchie aufgrund der langen Friedensperiode mit den Osmanen (1606–1660), des Dreißigjährigen Kriegs (1618–1648) und der Konflikte mit Frankreich – wie bereits dargelegt (s. Kap. 7.2.4) – eine quasi sekundäre Bedeutung erlangte.[117] Die Möglichkeiten der politischen Führung und der Heeresleitung in Wien waren selbst in den letzten Jahrzehnten des Jahrhunderts, ja sogar während des Großen Türkenkrieges (1683–1699) „wegen des Wettstreits der französischen, ungarischen, türkischen und Reichsangelegenheiten" („propter concurrentiam publicorum Imperialium, Gallicorum et Hungaricorum, Turcicorum etc. negotiorum") oft sehr begrenzt, wie dies beispielsweise auch der Wiener Agent des Bans von Kroatien und Slawonien, Nikolaus (ung. Miklós; kroat. Nikola III.) Erdődy (1670–1693), Mitte Juli 1673 wahrnahm und gegenüber seinem Herrn auf Latein formulierte.[118]

Der Weg gen Südosten öffnete sich erst nach einem halben Jahrzehnt erfolgreicher Kriegsführung (1683–1688) mit der Rückeroberung Belgrads (6. September 1688). Und obwohl die Befreiung der Territorien des spätmittelalterlichen Königreichs Ungarn – außer dem Banat – bis zum Ende des Krieges erfolgreich abgeschlossen werden konnte, vermochten die christlichen Armeen die 1689 gewonnenen nordserbischen und westbulgarischen Gebiete nur kurzfristig zu halten. Der König von Frankreich, Ludwig XIV., ließ nämlich die Expansion der Habsburger auf den Balkan nicht zu, da er ab September 1688 mit dem Angriff gegen die Pfalz die Wiener Heeresführung zu einem Zweifrontenkrieg zwang. Ungeachtet dessen vergrößerte sich das Territorium der Habsburgermonarchie und des Königreichs Ungarn zwischen 1683 und dem Ende des Jahrhunderts um mehr als 150.000 km². Die gemeinsame Front zwischen dem Alten und dem Osmanischen Reich verlief nun nicht mehr quer durch das Gebiet des spätmittelalterlichen ungarischen Staates, und Ungarns Territorium wurde zum bedeutendsten geopolitischen Spielfeld der im Entstehen begriffenen Donaumonarchie des 18. Jahrhunderts.[119]

---

[117] Siehe mit neuestem Forschungsstand Czigány, Reform vagy kudarc?, insbes. 69–98.

[118] Österreichisches Staatsarchiv; Haus-, Hof- und Staatsarchiv, Familienarchiv Erdődy (Depositum), Lad. ohne Signatur V, Fasc. 6, 14.7.1673.

[119] Siehe zur Situation im 18. Jh. Beitrag 9, Soós, bzw. Miskolczy, Ungarn in der Habsburger-Monarchie; Hanák, Ungarn in der Donaumonarchie; Balázs, Hungary and the Habsburgs; Evans, Austria, Hungary, and the Habsburgs.

7.3.3 Die Länder der Stephanskrone an der Ostgrenze der Habsburgermonarchie

Die gefährlichen Frontländer: Ungarn und Kroatien-Slawonien

Aufgrund der ausgedehnten osmanischen Eroberungen integrierte die Habsburgermonarchie im 16. Jahrhundert von den Ländern der Stephanskrone faktisch nur Ungarn, Kroatien und Slawonien – territorial stark dezimiert (s. Tab. 6 u. 9) – in ihren Reichsverband, und dies unter ständiger Bedrohung durch die Osmanen. Wie stellenweise bereits angemerkt, erfuhr Ungarns Staatlichkeit und Existenz eine wahre Tragödie. Einerseits verlor Ungarn für lange Zeit rund 60 % seines spätmittelalterlichen Territoriums wie auch die Hauptstadt (Ofen). Andererseits wurde parallel dazu die Verwaltung des Landes enorm durch den Umstand erschwert, dass das Staatsgebiet die Form eines Hörnchens annahm (vgl. Karte XIII); insbesondere der Waren- und Personenverkehr hatte darunter zu leiden. Zudem wurde der ungarische Adel aufgrund der gänzlich neuen militärisch-politischen Umstände zur massenhaften Auswanderung aus den von den Osmanen besetzten Gebieten gezwungen, wie beispielsweise in den 1560er Jahren, nach dem Fall von Siget (1566); dann emigrierte der Adel aus den Komitaten Baranya und Somogy in die Umgebung von Ödenburg und Pressburg.[120] Nicht zuletzt waren die entlang der osmanischen Grenze liegenden nicht unbeträchtlichen verbliebenen Regionen des Königreichs Ungarn (immerhin ca. 120.000 km²) regelmäßigen Verheerungen ausgesetzt.[121] Die zum Kriegsschauplatz gewordenen Gebiete der Stephanskrone blieben so für einen Großteil der politischen Führung der Habsburgermonarchie im gesamten 16. und 17. Jahrhundert eine *terra periculosa*: ein gefährliches Frontland, in dem größerer Eigentumserwerb aufgrund der Nähe zur osmanischen Grenze sehr riskant war und es sich nicht lohnte, repräsentative Schlösser zu bauen.

Weit größere Verluste als Ungarn erlitt das Königreich Kroatien, das sich im Mittelalter entlang der Adriaküste bis weit in den Süden erstreckte. Der überwiegende Teil des Landes geriet unter osmanische Herrschaft, mit Ausnahme eines kleinen Gebietes nördlich der Linie Bihać und Zengg. Diese elementare Veränderung wurde in einer zeitgenössischen lateinischen Redewendung anschaulich zusammengefasst: „reliquiae reliquiarum olim (magni et inclyti) regni Croatiae".[122] Deshalb zogen kroatische Adelige und Leibeigene in großer Zahl (mehrere Zehntausend) Richtung Norden und siedelten sich in Slawonien zwischen Drau und Save sowie weiter nördlich im Medimurje, im Prekmurje (Übermurgebiet) und in der Steiermark, ja sogar in Westungarn (heute teils Burgenland) und in Niederösterreich an. Dieser Prozess wurde in den kroatisch-slawonischen und ebenso in den ungarischen Gebieten von den begüterten ungarischen und kroatischen Aristokraten (den Batthyánys, Erdődys, Nádasdys u. Zrínyis) bewusst gefördert, um ihre kroatischen Leibeigenen vor dem möglichen Tod in den Kriegen mit den Osmanen zu bewahren, wobei hier

---

[120] Dazu PÁLLFY, Die Gesellschaft der ungarischen Länder, insbes. 68.

[121] ILLIK, Török dúlás a Dunántúlon.

[122] Auf Kroatisch: „ostaci ostataka negdašnjeg kraljevstva hrvatskog". Siehe im Detail KLAIĆ, „Ostaci ostataka" Hrvatske i Slavonije.

auch ein ökonomischer Aspekt ausschlaggebend war: Mit Hilfe der Leibeigenen konnten nämlich in den westungarischen adeligen Besitztümern zur Rodung geeignete Gebiete in die Bewirtschaftung einbezogen werden. Während der Umsiedlung wurde aber ebenso besonders versucht, den gebildeten Schichten (Pfarrer u. Schreibkundige) und Handwerkern zur Flucht zu verhelfen.[123]

Bis zur zweiten Hälfte des 16. Jahrhunderts verließen insgesamt mehrere Zehntausend kroatische Adelige und Leibeigene ihren angestammten Wohnort und flohen nach Norden und Nordwesten. Dadurch entstand vom Međimurje bis zum Marchfeld, an den Grenzen des Königreichs Ungarn bzw. der österreichischen und mährischen Länder, eine relativ breite, auch von Kroaten bewohnte Zone. Bis zum Anfang der 1570er Jahre stieg ihre Zahl derart an, dass die niederösterreichischen Stände im Geheimen ein Zuwanderungsverbot von Kaiser Maximilian II. einforderten. Eine bis in die Gegenwart hineinreichende Folge dieser kroatischen Massenemigration ist, dass auch heute noch ein nicht unbeträchtlicher Teil der Bevölkerung des Anfang des 20. Jahrhunderts errichteten österreichischen Bundeslandes Burgenland Nachkommen einstiger kroatischer Einwanderer (die sog. Krabaten bzw. Gradišćanski Hrvati) sind: Bei der Volkszählung 2001 gaben 5,9 % der Bevölkerung Burgenlandkroatisch als Umgangssprache an.

Auch im Leben Slawoniens brachten das osmanische Vordringen und die kroatische Emigration grundsätzliche Veränderungen mit sich. Im Spätmittelalter gehörte die aus den Komitaten Agram, Kreutz und Warasdin bestehende Region zum Königreich Ungarn, obwohl sie unter der Leitung des slawonischen Bans (banus Sclavoniae) eine weitreichende Autonomie genoss.[124] Ihre Stände hatten einen eigenen Landtag (congregatio generalis), aus dem sie Gesandte an den ungarischen Reichstag schickten. Dabei ist zu beachten, dass das mittelalterliche Slawonien nicht identisch ist mit dem modernen Slawonien, das die östliche Region des heutigen Kroatien bildet. Durch die Schenkung von König Władysław II. verfügte Slawonien ab 1496 sogar über ein eigenes Wappen, das ab 1497 für Jahrhunderte auch im Siegel Slawoniens abgebildet wurde. Wegen der osmanischen Expansion schrumpfte die Provinz bis zu den 1550er Jahren aber auf ein schmales Restgebiet zusammen, ein Teil der Komitate Agram und Warasdin; der Großteil von Kreutz geriet unter osmanische Besatzung. Da der Großteil der kroatischen Adeligen aus dem Königreich Kroatien in die übriggebliebenen slawonischen Gebiete flüchtete, begann ab Mitte des 16. Jahrhunderts die Vereinigung des verbliebenen Kroatien mit dem restlichen Slawonien. Dieser Prozess wurde auch dadurch begünstigt, dass in Slawonien bereits im 15. Jahrhundert mehrheitlich Kroaten lebten. Eine nennenswerte Zahl von Ungarn gab es lediglich in den Reihen der Adeligen und der Machthaber auf Provinzebene.[125]

Von dieser besonderen Landesvereinigung zeugt, dass die im Mittelalter noch eigene Sitzungen haltenden slawonischen und kroatischen Stände ab 1558 nunmehr gemeinsame Versammlungen

---

123 Mit weiteren Literaturangaben und Beispielen: Pálffy/Pandžić/Tobler (Hgg.), Ausgewählte Dokumente zur Migration.

124 Siehe hierzu in HGSOE, Bd. 1,2 (Kap. 12.4), den Handbuchbeitrag: Budak, Kroatien, Dalmatien und Slawonien bis 1527.

125 Neuere Forschungen hierzu finden sich bei Kruhek (Hg.), Hrvatsko-mađarski odnosi, 113–190; Fodor/Sokcsevits (Hgg.), A horvát–magyar együttélés fordulópontjai.

abhielten, womit sie die Grundlage des modernen kroatischen Parlaments (Sabor) legten.[126] Der geflohene kroatische Adel bezeugte hierbei eine außerordentliche Anpassungsfähigkeit; innerhalb eines halben Jahrhunderts übernahm er die Führung Slawoniens. Nach dem Verlust des Großteils des einst an der Küste der Adria liegenden Königreichs Kroatien wurde die Landesbezeichnung „Kroatien" (Croatia) durch die Übersiedlung des kroatischen Adels im Laufe der Jahre in immer stärkerem Maße auf die nördlichen Gebiete übertragen, also auch für Slawonien verwendet. Die in dieser Form durchaus ungewöhnliche allmähliche Gebietsvereinigung wurde 1643 vom Protonotar Johannes Szakmárdy in einem lateinischen Epigramm treffend zusammengefasst: „Ich bin das Slawonien, das nunmehr Kroatien genannt wird" (Illa ego Sclavonia, ac iam dicta Croatia tellus).[127] Da der kroatische Adel eine immer bedeutendere Rolle spielte, begannen auch die in Slawonien ansässigen ungarischen Magnaten (die Erdődys, Ráttkays, Tahys usw.) und Mitglieder des niederen Adels, regelmäßig in kroatischer Sprache zu korrespondieren. Letztendlich wurden ab der ersten Hälfte des 17. Jahrhunderts unter der Führung der mehrheitlich ethnisch kroatischen Agramer Bischöfe und Domherren immer mehr Mitglieder der kroatischen Stände zu Befürwortern einer größeren Autonomie von Politik und Kirche innerhalb des Königreichs Ungarn-Kroatien, einer selbstständigen ständischen Repräsentation und eines kroatischsprachigen Bildungsprogramms.[128]

Bedingt durch all diese politischen Entwicklungen wurde Slawonien ab dem 16. Jahrhundert neben Dalmatien und Kroatien immer öfters wie ein eigenständiges Königreich behandelt, obwohl weder jemals eine slawonische Königswahl noch eine Krönung stattgefunden hatte. Dennoch fand Slawonien in den Jahrzehnten nach 1526 als 10. Königreich Eingang in die Titulatur der Habsburgerherrscher, nämlich vor dem Anspruchstitel König von Bosnien (Rama) (s. die zitierte ungarische Titulatur bzw. Tab. 12). So begann ab dem 17. Jahrhundert allmählich die Entwicklung hin zur später als Königreich Kroatien-Slawonien-Dalmatien bekannten Bezeichnung, also dem Dreieinigen Königreich (kroat.: Trojedna kraljevina od. hrvatska trojednica). In anderen Worten: die Grundlagen der politischen und territorialen Fundamente des modernen Kroatiens begannen sich auszubilden. Ein weiterer bedeutender Schritt in diese Richtung wurde Ende des 17. Jahrhunderts getätigt, als der Großteil des mittelalterlichen Kroatien und der gesamte östliche Teil des Gebiets zwischen Drau und Save (die einstigen Komitate Poschegg/Požega/Pozsega, Walko/Vukovska županija/Valkó u. Syrmien) von der osmanischen Besatzung befreit wurden. Dieser östliche Teil wurde gänzlich neu organisiert, und die unter der Verwaltung des kroatischen Bans gestellten Komitate Wirowititz/Virovitica/Verőce, Poschegg und Syrmien wurden fortan als Slawonien bezeichnet.

Dank dem fast zwei Jahrhunderte langen engen Zusammenleben, der Vereinigung des kroatischen und slawonischen Adels sowie dem Kirchen- und Bildungsprogramm der kroatischen Stände trug das Gebiet des mittelalterlichen Slawonien inzwischen fast immer den Namen Kroa-

---

[126] Siehe im Detail: Pálffy, Jedan od temeljnih izvora hrvatske povijesti.

[127] Valentić (Hg.), Juraj Rattkay, 81.

[128] Ebd., 4–103; Molnár, A zágrábi püspökség.

tien. Die osmanische Eroberung der mittelalterlichen kroatischen und slawonischen Territorien hatte dadurch auch auf indirekte Weise einen großen Einfluss auf die Geschichte der Staaten des nordwestlichen Balkans.

Tabelle 13: Die vier „Distrikte" („Kreise") Ungarns und Kroatien-Slawoniens samt der hier enthaltenen Komitate (16. u. 17. Jh.)[129]

1. Kroatien und Slawonien/Windischland (banatus Croatiae et Sclavoniae)			
Agram	Warasdin		Rest von Kreutz
die Reste des Königreichs Kroatien			
2. Transdanubien (partes Transdanubianae)			
Wieselburg	Ödenburg	Eisenburg	Zala (+ Somogy)
Raab	Wesprim	Komorn (+ Weißenburg)	
3. Niederungarn oder Cisdanubien (partes Cisdanubianae)			
Pressburg	Neutra	Trentschin	Bars
Turóc	Árva	Liptau	Hont
Altsohl	Gran	Nógrád/Neugrad (+ Pest–Pilis–Solt)	
4. Oberungarn (partes superiores, Hungaria superior)			
Gömör	Heves (+ Külső–Szolnok)	Borsod	Zips
Sáros	Torna	Abaúj	Zemplén
Ung	Ugocsa	Bereg	Szabolcs
Szatmár/Sathmar	[bisweilen temporär auch Bihar, Kraszna, Máramaros]		

Von den mehr als 60 Komitaten des spätmittelalterlichen Ungarn konnten die Habsburgerkönige ab den 1540–1550er Jahren gut 30 des zusammengeschrumpften ungarisch-kroatischen Staatenbundes behalten. Diese reichten aufgrund der osmanischen Besitzungen in Bosnien in der außerordentlich ungewöhnlichen Form eines großen Halbmonds von der Adria bis zur siebenbürgischen Grenze. In einigen Regionen (z. B. Međimurje/Muraköz im Komitat Zala) betrug die Breite der von den Habsburgerkönigen regierten Gebiete kaum 50 Kilometer, selbst in der zentralen Region entlang der Donau war es nur gut 200 Kilometer breit. Deshalb konnten von dem slawonischen Warasdin aus die nordöstlichen Gebiete im Umland von Kaschau nur über die

---

[129] PÁLFFY, The Kingdom of Hungary and the Habsburg Monarchy, 57 (Tab. 6).

Inkaufnahme enormer Umwege erreicht werden, indem man das ganze Land durchreiste. Diese besondere geopolitische Lage und die geographische Fragmentierung begünstigten in der zweiten Hälfte des 16. Jahrhunderts die Erstehung von vier „Distrikten", „Kreisen" oder „Großregionen" (lat. districtus, partes, ung. kerület, d.h. „Kreis") auf dem Territorium Ungarns und Kroatiens (vgl. Tab. 13). Dabei ist zu erwähnen, dass im Zuge des hier vorhandenen Entstehungsprozesses die regionale Selbstorganisierung der kroatisch-slawonischen und ungarischen Stände sowie der Aufbau der Verteidigung gegen die Osmanen die bedeutendste Rolle spielten, wie im nächsten Unterkapitel dargestellt wird.

Das Territorium des sich vereinigenden Kroatien und Slawonien bestand aus drei, Transdanubien aus sieben, der Raum Niederungarns aus elf und Oberungarn aus dreizehn Komitaten. Letzteres ist aber nicht identisch mit dem ab dem 19. Jahrhundert verwendeten ungarischen Begriff Felvidék („Oberungarn"), da dessen Gebiet eine andere Ausdehnung hatte und wesentlich größer war als die heutige Ostslowakei (slowak.: Východné Slovensko). Allerdings kann das Territorium der modernen Slowakei ebenfalls nicht mit Nieder- und Oberungarn identifiziert werden. Die späteren ungarischen und slowakischen Begriffe können daher nicht auf die Frühe Neuzeit projiziert werden.[130]

Die Namensgebung der „Distrikte" („Kreise") wurde maßgeblich durch eine Perspektivverschiebung (des Landeszentrums) beeinflusst. Das bedeutete, dass das jeweilige Gebiet aus der Sicht des Erlassungsortes einer Urkunde, zumeist des Landeszentrums als Nieder- oder Oberungarn bzw. im Verhältnis zu einer bedeutenderen geographischen Formation – in erster Linie einem Fluss – als Cis- oder Transdanubien bezeichnet wurde. Nach dem Fall von Ofen lag das politische Zentrum zumeist im innenpolitischen Verwaltungssitz des Königreichs, in Pressburg. Von dort aus betrachtet schienen die südlich der Donau liegenden Regionen tatsächlich in Transdanubien, die davon östlich und nördlich der Donau liegenden Territorien in Cisdanubien zu sein. Die Bezeichnung Oberungarn lässt sich wiederum ebenfalls auf den Betrachtungsort Pressburg (bzw. Wien) zurückführen, wie auch auf die entlang des Flusses Gran liegenden Bergstädte, die aus dieser Perspektive als niederungarische Bergstädte bezeichnet wurden.[131]

Die „Distrikte" spielten hauptsächlich bei der Verteidigung gegen die Osmanen, der Durchsetzung der gemeinsamen politischen Interessen der Komitate und in bestimmten Verwaltungsfragen (Besteuerung, Erhalt der Wasser- u. Straßenwege, Preisbestimmung usw.) eine Rolle. Um diese Fragen zu erörtern, hielten ihre Stände eigene Teilversammlungen (lat. congregatio particularis) ab, deren Bedeutung im 17. Jahrhundert weiter zunahm.[132] In dieser Zeit sicherten sich die Stände Oberungarns – ähnlich den kroatisch-slawonischen Ständen – bereits eine größere politische Rolle, insbesondere während der von den siebenbürgischen Fürsten angeführten antihabsburgischen Feldzüge. Obwohl die „Kreise" keine starren Organisationseinheiten darstellten, nahm durch ihr

---

130 Siehe hierzu bei Verwendung zahlreicher ähnlicher Beispiele Ábrahám (Hg.), Magyar–szlovák terminológiai kérdések, passim.

131 Bak, Magyarország történeti topográfiája, 33f.; vgl. noch Probszt, Die niederungarischen Bergstädte.

132 Dominkovits, Das ungarische Komitat im 17. Jahrhundert, insbes. 438–440.

Entstehen der an sich bereits spezifische Charakter des Reiches der Stephanskrone eine noch viel-gestaltigere Form an. Das Festhalten an diesen Regionaleinheiten stärkte die bereits vorhandenen lokalen Identitäten, vor allem in Kroatien und Oberungarn. Im Falle des Ersteren wurde Agram, im Letzteren Kaschau in immer stärkerem Maße zum regionalen politisch-administrativen Zentrum.

Die neuen Hauptstädte Ungarns: Pressburg und Wien

Eine weit stärkere Langzeitwirkung als die Ausbildung dieser neuen Zentren hatte der Verlust der Hauptstadt des mittelalterlichen Königreichs Ungarn, Ofen, an die Osmanen 1541. Ofens einstige Aufgaben als Residenzstadt und als zentraler Verwaltungsort wurden nämlich fortan nicht ausschließlich von einer neuen ungarischen Hauptstadt übernommen, sondern auf zwei Städte, Pressburg und Wien, aufgeteilt. Dies läutete in der bis dato mehr als 500-jährigen Geschichte des ungarischen Staates eine gänzlich neue und langanhaltende Ära ein, die im Wesentlichen bis zur zweiten Hälfte des 18. Jahrhunderts Bestand hatte; in mancherlei Hinsicht erstreckte sie sich bis 1848, ja sogar bis in das Jahr 1918, wenngleich in den letzten gut fünf Jahrzehnten des Bestehens Österreich-Ungarns Ofen (u. ab 1873 Budapest) die Rolle von Pressburg übernahm. Im 16. und 17. Jahrhundert hatte also der ungarische Staat, der nach und nach dezimiert wurde, zwei Haupt-städte.[133]

Pressburg konnte als die Hauptstadt des Königreichs oder als „innenpolitische Hauptstadt" bezeichnet werden. Die königliche Freistadt wurde nämlich im Sinne von Gesetzesartikel Nr. 49 aus dem Jahr 1536[134] zum obersten Verwaltungssitz bestimmt, zuständig für innenpolitische Angelegenheiten, die ungarischen Reichstage, die Landesgerichtsbarkeit und die finanzielle Ad-ministration Ungarns. Zu diesen Aufgaben kam nach der Krönungszeremonie des Erzherzogs Maximilian vom 8. September 1563 ferner noch die der Krönungsstätte der Könige und Kö-niginnen hinzu. Die politische Bedeutung der Haupt- und Krönungsstadt steigerte sich zudem ab Mitte des 16. Jahrhunderts durch die häufigen Aufenthalte der höchsten weltlichen und kirchlichen Würdenträger samt ihrer Höfe sowie durch die dort mehrfach abgehaltenen Sitzungen des Ungarischen Rates (Consilium Hungaricum). Nach der Schlacht bei Mohács (1526) hielt die Witwe Ludwigs II., Maria von Ungarn, bis zu ihrer Abreise in die Niederlande (März 1528) in der Stadt ihren Hof, was ebenfalls zum Bedeutungsanstieg Pressburgs beitrug. Im 16. Jahrhundert residierten hier sogar die den abwesenden Herrscher vertretenden königlichen Statthalter (locum-tenens regius), deren Amt ab 1542 zumeist von Prälaten bekleidet wurde.[135]

Wien, die Residenzstadt des gemeinsamen Hofs der Habsburger, ist als „zweite Hauptstadt" zu bezeichnen. Es entwickelte sich zum Zentrum der von Ferdinand I. neu errichteten zentralen

---

133 Zu diesem Phänomen s. PÁLFFY, The Kingdom of Hungary and the Habsburg Monarchy, 66–69, bzw. ausführ-licher DERS., A Magyar Királyság új fővárosa; bzw. neuerdings zur Rolle von Buda im Mittelalter: NAGY u. a. (Hgg.), Medieval Buda in Context.

134 Corpus Juris Hungarici (Hg. MÁRKUS), Bd.: 1526–1608, 34f.

135 Vgl. ERDÉLYI, Diskurs über die ungarische Statthalterei.

Regierungsorgane (Hofkammer, Hofkriegsrat, Geheimrat), der nun gemeinsamen Außen- und Finanzpolitik sowie des Kriegswesens. Daneben stieg Wien nach dem tatsächlichen Erwerb des kaiserlichen Throns durch Ferdinand I. zugleich zur Reichshauptstadt auf.[136] Bis zum Umzug Kaiser Rudolfs II. nach Prag (1583) war es das größte Machtzentrum der Habsburgermonarchie, ja zugleich sogar die wichtigste Kommunikations- und Integrationsschnittstelle der politischen Elite der deutsch-österreichischen, ungarisch-kroatischen und böhmischen Länder. Für das Königreich Ungarn blieb Wien aber auch nach 1583 das maßgebliche Verwaltungszentrum, obwohl damals Prag für 25 Jahre die wichtigste Residenzstadt der Monarchie war.

Trotz der bedeutenden Ausweitung seiner Aufgabenbereiche auf die gesamtstaatliche Ebene konnte sich Pressburg dennoch nicht mit dem nahe gelegenen Wien messen. Hinsichtlich des politischen Gewichts, der Größe des Stadtgebiets, der Bevölkerungszahl und der wirtschaftlichen und kulturellen Bedeutung war es dem sukzessiv anwachsenden Wien weit unterlegen. Die Nähe der beiden Hauptstädte (ca. 70 km) begünstigte aber die effiziente Verwaltung des Königreichs Ungarn immens, und zusammen übernahmen sie erfolgreich die Rolle, die im politischen und administrativen Bereich einst Ofen innegehabt hatte. Dafür musste aber der Wiener Hof im 16. und 17. Jahrhundert immer wieder neue Kompromisse mit der ungarischen politischen Elite eingehen, zuweilen auch nachgeben.[137] Die ungarischen Magnaten und Prälaten taten sich nämlich schwer damit, dass sie aus Leitungspositionen, die im spätmittelalterlichen Ungarn beinahe ausschließlich von ihnen besetzt worden waren, verdrängt wurden.

In dieser Hinsicht begünstigte der Umstand, dass Ungarn für die Hofburg größtenteils auch als *terra incognita* galt, die ungarische Elite: Ungarn verfügte über lokale Verwaltungsstrukturen, über die man in Wien kaum Bescheid wusste, es herrschte ein spezielles Rechtssystem vor (s. u. Kap. 7.3.7), besondere Rechtstraditionen waren zu beachten, und man war mit einer fast „unverständlichen" Sprache konfrontiert. Außerdem hielten die Stände an all dem hartnäckig fest, da die Leitung von Verwaltung und Gerichtswesen – im Sinne der alten Freiheit des Landes – ihr Privileg war. Trotz der Personalunion mit den deutsch-österreichischen Gebieten hatte das deutsche Rechtssystem nur einen geringen Einfluss in Ungarn – von der 1656 von Kaiser Ferdinand III. erlassenen Straforddnung (Newe peinliche Landgerichtsordnung, kurz: Ferdinandea) abgesehen. Deren 1687 in Tyrnau veröffentlichte lateinische Fassung (Forma processus judicii criminalis seu praxis criminalis) entfaltete lediglich im 18. Jahrhundert eine größere Wirkung.[138] Eine Ausnahme bildeten die den Habsburgern noch 1447 verpfändeten westungarischen Städte und Burgen (Güns, Eisenstadt, Rust, Forchtenstein usw.). So wurde beispielsweise bei Rechtsprechungen zu Kriminalfällen in Güns oft das von Kaiser Karl V. 1532 ratifizierte erste allgemeine deutsche Strafgesetzbuch, die Constitutio Criminalis Carolina, angewendet. Das kaiserliche Recht blieb aber nur solange in Kraft, bis die Stadt 1647 wieder zu Ungarn kam.

---

136 Vocelka, „Du bist di port und zir alzeit, befestigung der christenheit". Wien zwischen Grenzfestung und Residenzstadt; ders./Traninger (Hgg.), Wien. Geschichte einer Stadt, Bd. 2.

137 Siehe neuerdings hierzu Pálffy, Jahrhunderte von Trennungen und Ausgleichen.

138 Béli/Kajtár, Österreichisches Strafrecht in Ungarn.

Danach wurde das ungarische Rechtssystem trotz der beinahe zwei Jahrhunderte lang bestehenden kaiserlichen Rechtspraxis umgehend wiederhergestellt.[139] Dies zeugt beispielhaft davon, dass das Königreich Ungarn-Kroatien über jahrhundertealte, von den deutsch-österreichischen Gebieten gänzlich unterschiedliche Rechtstraditionen, eigene Rechtsquellen und eine eigene Rechtsprechung verfügte. Diese fanden, mit Ausnahme der Landesgesetze (decreta) und des alten Herkommens (consuetudo regni), Eingang in die von dem Juristen und Politiker Stephan (István) Werbőczy zusammengestellte Sammlung des ungarischen Gewohnheitsrechts, erschienen unter dem Titel Tripartitum opus iuris consuetudinarii inclyti regni Hungariae (1517), die, obwohl nie formal verkündet, zum eigentlichen Gesetzbuch des alten Ungarn (bis ins 19. Jh.) wurde.[140]

Deutsche Rechtselemente flossen so nur symbolisch in die ungarische Rechts- und Gewohnheitsordnung ein. Die Krönungszeremonie der Könige und Königinnen von Ungarn wurde beispielsweise um ein besonderes „deutsches Reichselement" ergänzt. Wenn der Sohn des Kaisers noch zu dessen Lebzeiten zum ungarischen Thronerben gekrönt (wie z. B. 1563 im Falle des Erzherzogs Maximilian, Sohn von Ferdinand I.) oder die Ehefrau des ungarischen Herrschers erst nach der Krönung zum römisch-deutschen Kaiser zur Königin Ungarns gekrönt wurde (z. B. 1638 im Falle v. Maria Anna v. Habsburg, der Ehefrau v. Ferdinand III.), trug man Kopien der Reichsinsignien (Zepter, Reichsapfel, Schwert und Reichskrone) im ungarischen Krönungszug mit. Während der Zeremonie trug der Kaiser seine eigene Haus- oder Privatkrone. All dies führte den Anwesenden anschaulich vor Augen, dass der Herrscher des Heiligen Römischen Reiches auch auf dem Thron von Ungarn sitzt, der zur wichtigsten Repräsentationsfeier des Königreichs Ungarn – anlässlich der Krönung seines Nachfolgers oder seiner Ehefrau – in dieser seiner höchsten, der kaiserlichen Würde erscheint.[141] Dies stand allerdings in keinem Widerspruch zu den Gesetzen Ungarns, die nur gemeinsam durch den Herrscher und die Stände abgeändert werden konnten.

7.3.4 Das Bollwerk der Christenheit: die Türkenabwehr in Ungarn und Kroatien

Die neue Grenzverteidigung gegen die Osmanen

Für die politische Elite der Habsburgermonarchie stellten Ungarn und Kroatien während des gesamten 16. und 17. Jahrhunderts zwar fortwährend ein wegen der osmanischen Bedrohung gefährliches Frontland sowie ein weitgehend unbekanntes Territorium dar, doch ihre militärische Bedeutung wurde nie in Frage gestellt. In dem halben Jahrhundert nach 1526 entwickelten

---

[139] Bariska, Rechtsgeschichtliche Fragestellungen im westungarischen Raum; ders., A Szent Koronáért elzálogosított Nyugat-Magyarország, 91–113.

[140] Bak/Banyó/Rady (Hgg.), The Customary Law of the Renowned Kingdom of Hungary; Rady, Customary Law in Hungary.

[141] Pálffy, Ein „altes Reich" an der Peripherie des Alten Reiches, 93f.

Tabelle 14: Prozentueller Anteil der kalkulierten Soldkosten der Grenzsoldaten an den jährlichen Einnahmen bzw. an den Kriegsausgaben des Königreichs Ungarn-Kroatien in der zweiten Hälfte des 16. Jh.s[142]

Jahr	Jährliche Soldausgaben für die Grenzsoldaten in Ungarn und Kroatien	Prozentualer Anteil der Soldkosten an den jährlichen Einnahmen*	Prozentualer Anteil der Soldkosten an den max.** eingeschätzten Kriegsausgaben
1554	761.766 Fl. 15,5 Kr.	100	50
1556	945.475 Fl. 39 Kr.	81	40,5
1558	1,025.040 Fl.	75	37,5
1572	1,220.761 Fl. 39 Kr.	63	31,5
1576	1,658.736 Fl. 30 Kr.	46	23
1577	1,461.900 Fl.	53	26,5
1578	1,368.348 Fl.	56	28
1582	1,418.292 Fl. 36 Kr.	54	27
1593	1,726.622 Fl. 54 Kr.	45	22,5

* ca. 770.000 Rhein. Fl., ** max. = um 50 %, ca. 385.000 Rhein. Fl.

sich Ungarn und Kroatien gar zum „Bollwerk der Christenheit" (lat. propugnaculum Christianitatis) gegen die Osmanen, oder anders und sachlicher formuliert: zur Vormauer Mitteleuropas. Wie Kaiser Maximilian II. und seine Berater am Reichstag von Speyer 1570 formulierten: für diese Zeit wurde die „Cron Ungern – ein Propugnakel und Vormauer Deutscher Landen".[143] Die aus Südosteuropa in Richtung der Reichshaupt- und Residenzstadt Wien vordringenden Osmanen konnten jedoch nur durch den Zusammenschluss aller Länder der Habsburgermonarchie aufgehalten werden. Die noch immer bedeutenden jährlichen Einnahmen aus den ungarisch-kroatischen Territorien (750.000–800.000 rhein. Gulden) reichten nämlich nur teilweise für die Bezahlung der in der neuen Grenzverteidigung dienenden Soldaten aus (s. Tab. 14), ganz zu schweigen von den gesamten militärischen Ausgaben (ca. 1,5–2 Mio. rhein. Gulden). Die ungarischen Stände drängten deshalb bereits ab den 1540er Jahren auf fremde Hilfe.

Paradoxerweise wurden Ungarn und Kroatien für Mitteleuropa gerade aufgrund der Gefahr durch das sich ausdehnende Osmanische Reich außerordentlich wichtig. Die finanzielle und

142 DERS., Der Preis für die Verteidigung der Habsburgermonarchie, insbes. 31 (Tab. 3).
143 Staatsarchiv Nürnberg, Ansbacher Reichstagsakten (Rep. 136.), Bd. 43, Nr. 19.

militärische Unterstützung durch die mitteleuropäischen Länder war dabei von essentieller Bedeutung, nicht nur für Ungarn und Kroatien, denn deren Scheitern hätte Mitteleuropa in eine existentielle Gefahr gebracht. Die Folge der gegenseitigen Abhängigkeit war eine enge Zusammenarbeit zwischen den ungarisch-kroatischen Ständen und der Wiener Kriegsführung. Der Vorgänger des späteren Kriegsministeriums, der Wiener Hofkriegsrat, wurde im November 1556 sogar hauptsächlich zur zentralen Koordination der entstehenden sogenannten Türkenabwehr in Ungarn und Kroatien ins Leben gerufen. Seine Gründung war zudem hinsichtlich der langfristigen Entwicklung des Militärwesens in der Monarchie von großer Tragweite, da der Hofkriegsrat eine der ersten regelmäßig tagenden militärischen Institutionen Europas staatlicher Art war. Die osmanischen Eroberungen beeinflussten demnach die Entwicklung der Kriegsverwaltung in Mitteleuropa nachhaltig, denn das neue Regierungsorgan hatte trotz mehrmaliger Reorganisationsmaßnahmen bis zur Mitte des 19. Jahrhunderts Bestand.

Der damit einhergehende markante Wandel des Militärwesens – v. a. da er von grundlegender Bedeutung war u. weniger aufgrund der zeitlichen Dimension – kann ohne Übertreibung als militärische Revolution des 16. Jahrhunderts bezeichnet werden, der in der zweiten Hälfte des 17. Jahrhunderts mit der Entstehung des kaiserlichen stehenden Heeres eine noch entscheidendere Veränderung und weit größere militärische Reformen folgten. Die Grundlagen der habsburgischen Kriegsverwaltung des 17. und 18. Jahrhunderts wurden also teilweise zu dieser Zeit gelegt, dann zumeist in Zusammenhang mit dem ungarisch-kroatischen Kriegsschauplatz.[144] Neben der Staatsverwaltung wurde auch die Weiterentwicklung der habsburgischen Militärkartographie maßgeblich forciert. Davon zeugt, dass die ersten in einer bestimmten Ordnung angefertigten militärkartographischen Aufnahmen Mitteleuropas in den 1560–1570er Jahren in Ungarn und in Kroatien mit Hilfe der aus Mailand stammenden Festungsbaumeisterfamilie Angielini angefertigt wurden.

Das wichtigste Ergebnis des genannten Zusammenschlusses und der militärischen Modernisierung war der Ausbau einer gänzlich neuen Türkenabwehr bis zur zweiten Hälfte des 16. Jahrhunderts. Es handelte sich um das System einer neuen Grenzverteidigung, die – von einigen größeren Verlusten (1596: Erlau, 1600: Kanischa, 1663: Neuhäusel; vgl. Tab. 10) abgesehen – bis zum Ende des 17. Jahrhunderts den Schutz Mitteleuropas gewährleistete.

Wie aus Tabelle 15 hervorgeht, stieg die Zahl der in die Grenzverteidigung einbezogenen Burgen ab Mitte der 1550er Jahre in nahezu zwei Jahrzehnten auf das Anderthalbfache und stabilisierte sich zum Ende des Jahrhunderts mit 110 bis 130 kleineren und größeren Festungsanlagen. Diese Grenzverteidigung bestand auch während des 17. Jahrhunderts aus gut 100 Festungen. In diesen leisteten in den 1570–1580er Jahren bereits 20.000 bis 22.000 ungarische, kroatische, deutsche und serbische Soldaten ständigen Dienst. Diese Zahl kann selbst dann noch als beachtlich betrachtet werden, wenn die vorgeschriebenen Zahlen an Soldaten nicht überall eingehalten wurden. Ohne die Berücksichtigung von Familienmitgliedern ist davon auszugehen, dass mehr als 1 % der damaligen Bevölkerung (etwa 1,800.000) einen permanenten Wehrdienst leisteten, was ungefähr den europäischen Verhältnissen um die Wende zum 18. Jahrhundert entsprach. Damals

---

144 PÁLFFY, The Habsburg Defense System.

machten nämlich die stehenden Heere auf den österreichischen Gebieten 1,25 % und selbst in Frankreich nur 2 % der Bevölkerung aus.

Tabelle 15: Zahl der Grenzfestungen sowie der Grenzsoldaten in Ungarn und Kroatien in der zweiten Hälfte des 16. Jh.s[145]

Jahr	Zahl der Grenzfestungen			Zahl der Grenzsoldaten		
	Ungarn	Kroatien u. Slawonien	Insgesamt	Ungarn	Kroatien u. Slawonien	Insgesamt
1556	ca. 30	ca. 50	ca. 80	10.832	3.150	13.982
1572	53	75	128	13.862	5.999	19.861
1576	51	72	123	17.190	5.323	22.513
1582	71	47	118	16.403	4.745	21.148
1593	75	96	171	15.446	7.247	22.693

Die von der Adria bis zur Grenze Siebenbürgens reichende, mehrere Hundert Kilometer lange Festungskette wurde schließlich in der Form von sechs sog. Grenzgeneralaten (Grenzoberhauptmannschaften) organisiert. Diese wurden von den in den Hauptfestungen und Festungsstädten der einzelnen Grenzgebiete residierenden Grenzgenerälen befehligt. Ausgehend von der Adria wurden folgende Grenzgeneralate, die bis zur Zurückdrängung der Osmanen Ende des 17. Jahrhunderts Bestand hatten, errichtet:[146]

1)   das am frühesten, d.h. in den 1520–1530er Jahren entstandene, Kroatien und die Meergrenze betreffende Kroatische Grenzgeneralat mit Zentrum Bihać und nach 1579 Karlstadt/Karlovac/Károlyváros;

2)   das Slawonische bzw. Windische Grenzgeneralat mit Zentrum Warasdin;

3)   das Grenzgeneralat Kanischa, das nach dem Fall von Siget 1566 dessen Rolle übernommen hatte, wurde nach dem Verlust von Kanischa im Jahre 1600 nach Nordwesten verschoben und in erster Linie entlang des Flusses Zala eingerichtet; in den zeitgenössischen Quellen hatte es den Namen des Grenzgeneralates gegenüber von Kanischa (altdt. die gegen kanischawärts liegenden Grenze, lat. confinia Canisae opposita, ung. Kanizsa ellen vetett végvárak);

---

[145] Ders., Türkenabwehr, Grenzsoldatentum und die Militarisierung der Gesellschaft in Ungarn, 131 (Tab. 3), u. ders., Die Türkenabwehr der Habsburgermonarchie, 101 (Tab. 7).

[146] Siehe mit weiteren ausführlichen südslawischen, deutschen und ungarischen Literaturangaben Kruhek, Krajiške utvrde i obrana hrvatskog kraljevstva; Kaser, Freier Bauer und Soldat; Pálffy, The Origins and Development of the Border Defence System; ders., Die Türkenabwehr in Ungarn, 112–114, u. neuerdings Tracy, Balkan Wars.

4) das die Kaiserstadt beschützende Grenzgeneralat Raab, das nur während der osmanischen Besatzung von Raab zwischen 1594 und 1598 einen schweren Verlust erlitt (die Osmanen eroberten die wichtigsten Festungen der Region, Raab, Pápa, Wesprim) und deswegen für einige Jahre neu organisiert wurde, mit den Zentren Ungarisch-Altenburg/Magyaróvár und Schwarvar/Sárvár;

5) das vor den niederungarischen Bergstädten entlang des Flusses Gran liegende sog. Bergstädtische Grenzgeneralat (um Lewenz u. später um Neuhäusel organisiert), das nach dem Fall von Neuhäusel Ende September 1663 gleichzeitig mit der neu errichteten Leopoldstadt als Zentrum entlang der Waag eingerichtet wurde;

6) das Grenzgeneralat Oberungarn mit der Hauptfestung Kaschau, das im 17. Jahrhundert mehrfach von den Fürsten Siebenbürgens (unter Gabriel Bethlen 1619–1629 u. unter Georg I. Rákóczi: 1644–1648) für mehrere Jahre, aber nie zur Gänze erobert werden konnte.

Innerhalb dieses Verteidigungssystems nahm die Festung Komorn letztlich eine herausragende Position ein, da sie die Aufmarschroute des osmanischen Heeres entlang der Donau kontrollierte und auch in der Verteidigung von Wien und Pressburg eine Schlüsselrolle spielte. Sie war zudem das Zentrum und der Heimathafen der Donauflottille, dessen General dem Wiener Hofkriegsrat unmittelbar unterstellt war.

Diese Grenzgebiete und Verteidigungszonen wurden in den für den Hofkriegsrat erstmalig in den 1560–1570er Jahren von den Festungsbaumeistern Angielini systematisch erstellten und bereits erwähnten handschriftlichen Karten dargestellt.[147] Diese nehmen gar in der südosteuropäischen Historiographie eine herausragende Rolle ein. Die Mappen, die die Gebiete zwischen der Adria und der Drau abbilden, sind nämlich die frühesten und noch dazu auf tatsächlich vor Ort durchgeführten Landesaufnahmen basierenden Karten des sich vereinigenden Kroatien und Slawonien, die sogar die Illyricum-Karte (1573) des berühmten Wiener Humanisten Johannes Sambucus (1531–1584) beeinflussten.[148] Darunter ist jene Karte, die die zwischen Drau und Donau liegenden Grenzgeneralate Kanischa und Raab darstellt, von besonderem Interesse, da sie im Gegensatz zu den zeitgenössischen gedruckten Mappen nicht in Richtung Norden, sondern gen Osten ausgerichtet wurde. Sie führt uns damit vor Augen, aus welcher Perspektive der Wiener Hofkriegsrat, der der Verteidigung der österreichischen Erbländer seine besondere Aufmerksamkeit schenkte, das für ihn wichtigste Grenzgebiet gegen die Osmanen, die unmittelbar vor Wien liegenden und die Residenzstadt beschützenden ungarischen Gebiete, betrachtete. Letzteres wird auch dadurch bezeugt, dass von der Schüttinsel, dem Hinterland der Festung Komorn, eigene militärische Karten angefertigt wurden.

---

147 Siehe im Detail bzw. mit Edition der bereits erwähnten Karten Pálffy, Die Anfänge der Militärkartographie; Opll/Krause/Sonnlechner, Wien als Festungsstadt.

148 Vgl. Gastgeber/Klecker (Hgg.), Johannes Sambucus.

Insgesamt war das Festungssystem innerhalb der einzelnen Grenzgeneralate sehr heterogen. Obwohl diese hinsichtlich ihrer geographischen und strategischen Gegebenheiten sehr unterschiedlich waren, hatte jede Festung eine ihrer strategischen Bedeutung nach entsprechende Funktion. Die zu riesigen Festungsstädten ausgebauten Hauptfestungen (mit einer Besatzung von 1.000–1.500 Mann) dienten als Pfeiler der Verteidigung und als lokale militärische Verwaltungszentren. Diesen Schlüsselburgen folgten größere Festungsbauten (mit je 400–600 Soldaten) und nachrangig kleinere Stein- und Palisadenburgen (mit je 100–300 Grenzsoldaten). Aufgrund der regelmäßigen osmanischen Streifzüge kam den Wacht- und Skarthäusern mit einer Besatzung von nur einigen Dutzend Soldaten ebenfalls eine wichtige Rolle zu. Sie beobachteten die feindlichen Einfälle und alarmierten die größeren Burgen bzw. die Bevölkerung der Umgebung durch berittene Kuriere sowie ein Alarmsystem aus Warnfeuern und Signalschüssen (sog. Kreidschuss- u. Kreidfeuersystem).

Die Finanzierung und Leitung der Türkenabwehr

Da die Einnahmen der ungarisch-kroatischen Gebiete in keinem der Grenzgebiete zur Finanzierung der Verteidigungsanstrengungen ausreichten, trugen ab den 1540er Jahren die österreichischen, deutschen und böhmischen Territorien der Habsburgermonarchie durch umfangreiche Zahlungen (sog. Türkenhilfen), die in regelmäßigen Abständen erhoben wurden, zum Erhalt der Grenzverteidigung bei. Letztlich sicherten sie dadurch auch ihre Existenz, wenngleich der eigentliche Kampf auf ungarischem und kroatischem Gebiet ausgetragen wurde. Dies fasste der Hofkriegsrat zu Beginn des 17. Jahrhunderts wie folgt treffend zusammen: „das jedes Landt seine sondere Graniczen in Hungern zuerhalten".[149] Die Verpflegung der Grenzsoldaten in Höhe von mehreren hunderttausend Gulden wurde allerdings zumeist von der Bevölkerung des ungarischen Kriegsschauplatzes zur Verfügung gestellt, ebenso wie die zur Befestigung der Grenzburgen benötigten Arbeitskräfte (lat. gratuitus labor). Der Großteil der Kanonen, Handfeuerwaffen, des Kriegsmaterials und der Kriegsschiffe wurde indessen aus den österreichischen, deutschen und böhmischen Gebieten geliefert.[150]

Gemäß der Aussage des Hofkriegsrates wurde die kroatische Grenze ab den 1530–1540er Jahren im Allgemeinen aus den jährlich bewilligten Mitteln der benachbarten Länder, Krain und Kärnten, die slawonischen Grenzburgen aus den regelmäßigen Unterstützungen der Stände der Steiermark finanziert. Die Versorgung des kroatischen und slawonischen Grenzgebietes war also nur durch die stetige finanzielle Hilfe seitens der drei innerösterreichischen Länder möglich. Deren Höhe betrug im 16. Jahrhundert mehr als 18,100.000 rheinische Gulden (s. Tab. 16), also das hundert- bis beinahe tausendfache der jährlichen Einnahmen der kroatisch-slawonischen Gebiete von einigen zehntausend Gulden. Damit kann erklärt werden, dass die innerösterreichischen Stände mit Unterstützung des Erzherzogs Karl II. 1578 durchsetzen konnten, dass der Wiener

---

149 Österreichisches Staatsarchiv; Kriegsarchiv, Zentralstellen (Hofkriegsrat), Akten des Wiener Hofkriegsrates Reg. 1613 Dez. Nr. 68.

150 PÁLFFY, Kriegswirtschaftliche Beziehungen.

Hofkriegsrat ihnen die zentrale militärische Leitung über die aus Sicht der Monarchie als Nebenkriegsschauplatz geltenden zwei Grenzgeneralate überließ. So konnte in Graz der Innerösterreichische Hofkriegsrat errichtet werden, in dem die „Vertreter" der drei Länder saßen und der bis zur ersten Hälfte des 18. Jahrhunderts die Leitung der zwei südlich der Drau liegenden Grenzgebiete der Türkenabwehr übernahm.[151] In diesem Zusammenhang ist wiederum zu erwähnen, dass die in Kroatien und Slawonien liegenden Grenzgeneralate weder hinsichtlich ihres Territoriums noch mit Blick auf ihre Organisationsstrukturen mit der an der Wende vom 17. zum 18. Jahrhundert neu aufgestellten kroatischen und slawonischen Militärgrenze identisch sind (s. Beitrag 9, Soós, Kap. 9.10.1). Diese können lediglich bedingt als Vorläufermodell betrachtet werden.

Tabelle 16: Die Gesamtausgaben der innerösterreichischen Länder für die kroatische und slawonische Grenzverteidigung im 16. Jh.[152]

Land	Rhein. Gulden	Zeitraum
Steiermark	10,698.683	1497–1594
Kärnten	4,925.914	1540–1600
Krain	mind. 2,500.000	1536–1594
Insgesamt	mind. 18,124.597	–

Das nördlich der Drau liegende Grenzgeneralat Kanischa wurde ab Ende der 1560er Jahre neben den steirischen und niederösterreichischen Hilfen zumeist aus ungarischen Einnahmen und aus der von den Reichsständen bewilligten Reichstürkenhilfe finanziert, wobei die Kosten für die Festungen des Raaber Grenzgeneralats bereits ab Mitte der 1540er Jahre größtenteils aus den jährlich genehmigten Unterstützungsleistungen Niederösterreichs getragen wurden. Für das Bergstädtische Grenzgeneralat war wiederum die finanzielle Unterstützung durch Mähren und Böhmen von grundsätzlicher Bedeutung – in erster Linie in der zweiten Hälfte des 16. Jh.s –, obwohl in der Finanzierung dieses Grenzgeneralats auch die Einnahmen aus den in der Nähe liegenden Gütern des Erzbischofs von Gran und aus der Bergkammer zu Kremnitz eine entscheidende Rolle spielten. Schließlich konnte das Oberungarische Grenzgeneralat trotz seiner erheblichen lokalen Einnahmen nicht auf die Hilfen der schlesischen und der Reichsstände verzichten. Letztere trugen zwischen 1576 und 1606 mit rund 18,700.000 rheinischen Gulden zur Osmanenabwehr und zu den Türkenkriegen bei, was fast das Fünfundzwanzigfache der immer noch beträchtlichen jährlichen Einnahmen des Königreichs Ungarn ausmachte. Im 16. Jahrhundert zeitigten demzufolge die österreichischen und mährischen Zuwendungen finanzieller Art beim Ausbau und in der Versorgung des ungarisch-kroatischen Grenzverteidigungssystems überragende Verdienste. Obwohl

---

[151] Immer noch eine grundlegende Arbeit zum Thema: Schulze, Landesdefension und Staatsbildung, insbes. 73–77.

[152] Kaser, Freier Bauer und Soldat, 105.

hier auch die Reichstürkenhilfe eine wichtige Rolle spielte, war die Türkensteuer aus dem Alten Reich für die Finanzierung der größeren Türkenkriege und Türkenzüge (1532, 1542, 1552, 1566, 1593–1606, 1663–1664, 1683–1699) noch bedeutender.[153]

Die von Mitteleuropa geleistete Türkenhilfe forderte jedoch aus Sicht der ungarischen Stände einen enormen Preis. Die Stände der österreichischen Erbländer, die erheblich zur Finanzierung der Türkenhilfe beigetragen hatten, erhoben nämlich im Gegenzug für ihre Hilfen Anspruch auf ihre Einbeziehung in die Leitung der einzelnen Grenzgebiete. In der Folge bemächtigten sich die innerösterreichischen Stände nicht nur der zentralen Leitung des Kroatischen und des Windischen Grenzgeneralats, da auch die Grenzgeneräle dieser Gebiete im gesamten 16. und 17. Jahrhundert aus den Reihen der innerösterreichischen Aristokratie stammten: Für Kroatien wurden sie zumeist aus den Reihen der Aristokratenfamilien der Krain, aus Görz und Kärnten (z. B. Auersperg, Khisl, Lenkovitsch, Thurn) gestellt, für das Windische Grenzgeneralat kamen sie aus den Familien des steirischen Hochadels (Grasswein, Herberstein, Ungnad). Zu Beginn des 17. Jahrhunderts wurde es sogar zu einer gängigen Praxis, dass für den Posten des Grenzgeneralats Kroatien die Stände Krains und Kärntens, für den des slawonischen die Stände der Steiermark Vorschläge machten. Allerdings versuchten die Anführer der innerösterreichischen Stände vergeblich, auch den Ban von Kroatien und Slawonien dem Grazer Hofkriegsrat zu unterstellen. Dies widersprach nämlich grundsätzlich den Interessen der kroatisch-slawonischen und ungarischen Stände, weshalb sie einheitlich dagegen auftraten. Obwohl es aus strategischer Sicht günstiger gewesen wäre, wenn die dem Ban unterstellten Grenzfestungen ebenfalls vom Innerösterreichischen Hofkriegsrat befehligt worden wären, wurde kein großer politischer Konflikt wegen des Widerstands der Stände, weder in Wien noch in Graz, in Kauf genommen. So blieb die Aufgabe der zentralen Koordinierung des Grenzstreifens südlich der Kupa, der Banal-Grenze, bis zum Ende des 17. Jahrhunderts beim Wiener Hofkriegsrat.[154]

Wegen der unverzichtbaren ausländischen Hilfe büßten die ungarischen Stände nördlich der Drau erheblich an Einfluss ein. Im Austausch für ihre regelmäßigen jährlichen Hilfen hielten nämlich die niederösterreichischen Stände mit dem Wiener Hofkriegsrat die ganze Zeit daran fest, den direkten Oberbefehl über die Festungen Raab und Komorn zu haben. Damit kann verdeutlicht werden, weshalb die Befehlshaber des Raaber Grenzgeneralats ab 1556, ab 1566 auch die von Komorn, aus den Reihen der Familien des niederösterreichischen Hochadels (von den Breuners, Galls, Hardeggs, Nogarols, Salms, Teufels u. Zelkings) gestellt wurden.[155] Eine Ausnahme bildete Ende des 16. Jahrhunderts in Komorn lediglich Nikolaus II. Pálffy (1584–1589, 1594–

---

153 SCHULZE, Reich und Türkengefahr; DERS., Die Erträge der Reichssteuern; WESSELY, Die Regensburger „harrige" Reichshilfe; bzw. RAUSCHER, Kaiser und Reich; DERS., Zwischen Ständen und Gläubigern, 98–101, 313–334, u. BAGI, Az 1594. évi regensburgi birodalmi gyűlés hadügyi rendeletei; DERS., „Egy ura lesz az egész világnak napkelettől napnyugatig".

154 Vgl. VARGA, Die Veränderungen der militärischen Rechtssphäre.

155 PÁLFFY, A császárváros védelmében, insbes. 179–184, 231–240; vgl. noch GECSÉNYI, Ungarische Städte im Vorfeld der Türkenabwehr.

1600), der am Kaiserhof erzogen worden war und auch über das niederösterreichische Indigenat verfügte.[156]

Aufgrund des gegenseitigen Abhängigkeitsverhältnisses konnte der Hofkriegsrat die ungarischen Aristokraten jedoch nicht vernachlässigen. Erstens verfügten sie über die besten Kenntnisse hinsichtlich des ungarisch-kroatischen Grenzgebietes. Zweitens lagen ihre bedeutenden Besitzungen (so z. B. im Falle der Familien Batthyány, Bánffy, Csáky, Draskovics, Erdődy, Esterházy, Forgách, Koháry, Nádasdy u. Zrínyi/Zrinski) im Hinterland der Grenze, weshalb sie kaum aus der Leitung der Grenzverteidigung ausgeschlossen werden konnten.[157] Drittens beharrten sie als Anführer der ungarischen Stände konstant auf dem Erhalt ihrer militärischen Befugnisse, die ohnehin schon durch die Bildung des Hofkriegsrates wie auch durch das Auftauchen fremder leitender Offiziere erheblich geschwächt wurden. Obwohl die ungarischen Aristokraten in der neuen Situation die alleinige Regierungsgewalt der Stände über das Militärwesen und die Türkenabwehr in Ungarn nicht aufrechterhalten konnten, war auch eine uneingeschränkte militärische Lenkung durch Wien eine Illusion. Die Ausübung der Regierungs- und militärischen Herrschaftsgewalt in der Region wurde somit zu einer gemeinsamen Frage der Habsburgermonarchie und Ungarns. Und obzwar die Angelegenheiten, die beide angingen, generell in Zusammenhang mit dem Ausgleich von 1867 erwähnt werden, wurden das Militärwesen und die Grenzverteidigung, ähnlich der Außen- und Finanzpolitik, bereits in den Jahrzehnten nach 1526 zu einem gemeinsamen Interessenfeld, wenngleich dies nicht auf staatsrechtlicher Ebene in einem gesonderten Vertrag festgehalten wurde. Die Möglichkeiten des Hofes und der Stände wurden diesbezüglich also von den jeweiligen Kräfteverhältnissen bestimmt. Dennoch wurde das Militärwesen wegen der großen militärischen Bedeutung Ungarns für das Gesamtreich sehr stark zentralisiert, denn über alle wichtigeren Fragen hinsichtlich der kleineren und größeren Grenzburgen wurde im Hofkriegsrat in Wien entschieden. Deshalb erlangte das Königreich Ungarn eine entscheidende Bedeutung bei der Leitung von Kriegsangelegenheiten der Habsburgermonarchie.

All dies hatte dauerhafte Auswirkungen auf die Organisation der Grenzverteidigung. Dem entstehenden Verwaltungsdualismus entsprechend bildeten sich nämlich neben den Grenzgeneralaten die sogenannten Kreisgeneralate aus, die von den Ständen geführt wurden. Insgesamt vermochten es die ungarischen und kroatisch-slawonischen Stände, die Leitung der ständischen Militärangelegenheiten in den oben (Tab. 13) angeführten vier „Distrikten" Ungarns und Kroatiens bis zum Ende des 17. Jahrhunderts zu behalten. Die aus militärischer Hinsicht zweifelsohne ergänzende Komponente der Türkenabwehr bildeten demnach insgesamt vier Kreisgeneralate (Kroatien-Slawonien, Transdanubien, Nieder- u. Oberungarn), die für das gleiche Gebiet zuständig waren wie die Grenzgeneralate. Der Ban von Kroatien und Slawonien koordinierte dabei die ständischen Militärangelegenheiten des sich vereinigenden Kroatien und Slawonien, wobei jeweils ein Kreisgeneral dieselbe Aufgabe in Transdanubien sowie in Nieder- und Oberungarn übernahm.

---

156 FUNDÁRKOVÁ, „Nicht weniger hat auch Pálffy vermeldet, ...".

157 KISS, Gesellschaft und Heer in Ungarn; MAKSAY, Peasantry and Mercenary Service; VARGA, Die gesellschaftliche Schichtung des grundherrschaftlichen Privatheeres.

Die Kreisgeneräle verfügten über Insurrektionstruppen der Komitate und der königlichen Freistädte, wobei sie auch ein stehendes Kontingent von einigen Hundert Mann befehligten, die sie aus der an den ungarischen Reichstagen von den Ständen bewilligten Kriegssteuer finanzierten. Letztere Soldaten (300–500 Mann je Kreisgeneralat) wurden ebenfalls in die Grenzverteidigung mit einbezogen und zumeist in jenen Grenzfestungen und Burgen der Aristokraten stationiert, die die Besitzungen der Kreisgeneräle schützten. Der Posten eines Kreisgenerals konnte nur von einem Hochadeligen bekleidet werden, der zudem über das ungarische Indigenat verfügen musste. Ein kroatisches Indigenat existierte wiederum nicht.[158] So konnte keine Person zum Kreisgeneral aufsteigen, ohne im Besitz des ungarischen „Bürgerrechts" zu sein. Und das Amt des Bans konnte wiederum nur jener erhalten, der bereits in den ungarischen Adelsstand aufgenommen worden war.

Die Einrichtung und Durchführung der Türkenabwehr im 16. Jahrhundert beeinflusste demzufolge auf lange Sicht die gemeinsame Geschichte des Königreichs Ungarn und der benachbarten österreichisch-böhmischen Länder. Sie veranlasste die Habsburgermonarchie zu einer starken Zentralisierung der Kriegsverwaltung, die militärische Kartographie zu einer Spezialisierung, und die ersten Festungsstädte der Monarchie (Karlstadt, Neuhäusel, Leopoldstadt usw.) wurden zu dieser Zeit errichtet. Während des Ausbaus der neuen Osmanenabwehr sahen sich sowohl der Wiener Hof als auch die ungarisch-kroatischen Stände zu erheblichen Kompromissen gezwungen. Die größeren Zugeständnisse mussten allerdings die Stände machen, da ihr aus dem Spätmittelalter stammender zentraler Zuständigkeitsbereich im Militärwesen auf die Ebene der Lokalverwaltung der Grenzverteidigung reduziert wurde. Hier aber blieb die Rolle der ungarisch-kroatischen Großgrundbesitzer die ganze Zeit über entscheidend, ja unverzichtbar. Des Weiteren beeinflusste die Türkenabwehr die Entwicklung der ungarischen Aristokratie, da beinahe 70 % der im 16. Jahrhundert den ungarischen Baronentitel (Freiherrentitel) erwerbenden Adeligen ihren Aufstieg in die politische Elite dem militärischen Dienst verdankten.[159] Der Dienst im Grenzgebiet bot zuweilen auch dem österreichisch-deutschen Adel Aufstiegsmöglichkeiten. Als Musterbeispiele aus dem 16. und 17. Jahrhundert können Erasm Braun, der Erbauer der Wiener Braunbastei, und Hans Dietrich von Reiffenberg, der Stadtguardia-Oberst der Kaiserstadt, sowie der Vater des berühmten Kammerpräsidenten und Erzbischofs Leopold von Kollonitsch, Ernst, angeführt werden. Alle drei bekleideten zuvor den Posten des Generals zu Komorn. Aber selbst Hofkriegsratspräsident Raimondo Montecuccoli, der ab 1660 das Raaber Grenzgeneralat im Vorfeld der Kaiserstadt verwaltete, ist eine Nennung wert.

---

158 Neuerdings dazu SZIJÁRTÓ (Hg.), Az indigenák.

159 Dazu ausführlicher PÁLFFY, The Kingdom of Hungary and the Habsburg Monarchy, 109–112, 269–271; DERS., Exodus, neue Titel, verschiedene Karrierestrategien.

7.3.5 In der zentralisierten habsburgischen Finanzverwaltung: die Speisekammer und der Edelmetallschatz Mitteleuropas

Die neue Finanzverwaltung der Habsburger in Ungarn

Im 16. und 17. Jahrhundert spielte das Königreich Ungarn nicht nur in militärischer, sondern auch in wirtschaftlicher Hinsicht eine wichtige Rolle für die mitteleuropäische Habsburgermonarchie. Obwohl im Vergleich zum spätmittelalterlichen ungarischen Staat territorial stark dezimiert, betrugen die jährlichen Einnahmen Ungarns in der zweiten Hälfte des 16. Jahrhunderts immer noch rund 750.000–850.000 rheinische Gulden.[160] Dies war einerseits dem Umstand zu verdanken, dass Ungarn traditionell über große beträchtliche Bodenschätze und finanzielle Ressourcen verfügte – oder wie es der deutsche Humanist und Theologe Johannes Cochlaeus (1479–1552) in seinem Werk Brevis Germaniae descriptio von 1512 treffend zusammenfasste: „Ungarn ist ein ausgedehntes Gebiet, reich an Wein, Korn, Vieh, Futter und Gold.“[161] Andererseits wurden unter der Herrschaft Ferdinands I. im übrig gebliebenen Landesteil eine ganze Reihe von Finanzverwaltungsreformen durchgeführt, die eine effizientere Verwaltung ermöglichten.

Infolgedessen stammten nach dem Frieden von Adrianopel 1568, der die großen Türkenkriege beendete, rund ein Drittel der staatlichen Einkünfte der mitteleuropäischen Habsburgergroßmacht aus den ungarischen Gebieten. Diese Einnahmen waren insofern fast genauso hoch, ja in einigen Jahren sogar höher als die der nicht unmittelbar vom Krieg betroffenen österreichischen und böhmischen Länder (vgl. Tab. 9). Die bis zu 800.000 rheinische Gulden hohen jährlichen Staatseinkünfte waren auch in Anbetracht der damaligen Gesamteinnahmen der Monarchie (ca. 2,500.000 rheinische Gulden) besonders beachtenswert. Zudem stammten fast 60 % dieser Einkünfte aus stabilen Einnahmequellen (Grenzzölle, Bergbau u. Kupferhandel), wobei mitunter große Summen (ca. 25 %) von den unter die Verwaltung der verschiedenen Kammern gestellten Burgherrschaften[162] einflossen, wie die aus den 1570er Jahren stammenden Angaben in Tabelle 17 zeigen. Ungarn wurde also nicht nur zu einem militärischen Bollwerk der Monarchie, sondern auch zu einer ihrer wichtigsten Einnahmequellen, obwohl diese im 17. Jahrhundert – wegen der bürgerkriegsähnlichen Zustände u. Gebietseroberungen in Oberungarn durch die Fürsten von Siebenbürgen – zusehends schwanden.

Die Mobilisierung der finanziellen Ressourcen des bedrohten, aber an Wirtschaftskraft an sich reichen Ungarn wurde durch eine Reihe von Reformen möglich, die im Laufe eines halben Jahrhunderts nach 1526 eingeführt wurden.[163] Dies war auch deshalb von herausragender Bedeutung, weil es die Grundvoraussetzung für die Finanzierung der Türkenabwehr darstellte, da Finanz- und Heerwesen

---

[160] Kenyeres, Die Finanzen des Königreichs Ungarn.

[161] „Hungaria latissima regio est, vino, frumento, pecore, pabulo ac aureo locuples.“ In: Brevis Germaniae descriptio (Hg. Langosch), 120.

[162] Zu diesen wichtigen Einnahmequellen Kenyeres, Grundherrschaften und Grenzfestungen.

[163] Siehe hierzu ders., Die Einkünfte und Reformen der Finanzverwaltung Ferdinands I.

Tabelle 17: Aufstellung jährlicher Einnahmen des Königreichs Ungarn in der zweiten Hälfte des 16. Jh.s (1574/1576)[164]

Einnahmen aus	Rhein. Gulden (Fl.)	Prozentualer Anteil an den jährlichen Gesamteinnahmen
Grenzzölle (sog. Dreißigsteinnahmen)	285.000	36
Bergwerke und Münzprägung	200.000	25
Kammerherrschaften	200.000	25
Kriegssteuer	75.000	9
Steuer der königlichen Freistädte	22.000	3
Sonstige Einnahmen	21.000	2
Insgesamt	803.000	100

sehr eng miteinander verbunden waren. Die 1520–1540er Jahre waren zwar von Zwangsmaßnahmen gekennzeichnet, aber dennoch wichtig, da sie die Grundlage für die spätere Entwicklung schufen.

Die stellenweise flexible Finanzpolitik trug trotz bestehender Schwierigkeiten (ständiger Kriegszustand, Änderungen des Steuergebietes, verpfändete Einkünfte, fehlende Lokalkenntnisse u. mangelndes Fachwissen) Früchte. Wie beim Militärwesen auch war hierzu eine enge Zusammenarbeit mit den ungarischen Ständen erforderlich, im Rahmen derer es an heftigen Debatten nicht mangelte. Die neue ungarische Finanzverwaltung wurde ein entscheidender Bestandteil der in den zentralen Territorien der Monarchie organisierten Verwaltung, die aus Wien von der Anfang 1527 von Ferdinand I. gegründeten Hofkammer beaufsichtigt wurde. Eine wichtige Station innerhalb dieses Institutionalisierungsprozesses stellt der Ausbau des Kameralverwaltungssystems im Königreich Ungarn dar. Die Ungarische Kammer, die in wenigen Jahrzehnten zu der wichtigsten Fachbehörde Ungarns wurde und ihre Aufgaben am unproblematischsten verrichtete, hatte ihren Sitz ab 1528 zunächst in Ofen, ab 1531 jedoch bereits in Pressburg. Diese Behörde bestand aus drei größeren Bereichen (Rat, Kasse u. Rechnungshof), ihre Sitzungen fanden täglich statt, und mit der Zeit entstand auch ein Archiv. Zur Verwaltung der oberungarischen Einnahmen wurde allerdings am 1. April 1567 von Lazarus Freiherr von Schwendi, Feldoberst in Oberungarn (1564–1568), die Zipser Kammer in Kaschau aufgestellt. Entgegen ihrem Namen war sie für das Gebiet der 13 Komitate Oberungarns zuständig, und wie die Ungarische Kammer stand sie in erster Linie im Dienste der Militärverwaltung und der Grenzverteidigung. Davon zeugt, dass in der zweiten Hälfte des Jahrhunderts durchschnittlich 50–60 % der Einkünfte beider Kammern für Militärausgaben verwendet wurden.

---

164 KENYERES, Die Finanzen, 111–113, Tab. 15.

Die Einrichtung und die erfolgreiche Arbeit der beiden Kammern bedeutete nicht nur die Geburt der neuzeitlichen Finanzverwaltung Ungarns, zugleich läutete sie die Entstehung einer teils aus den Reihen des niederen Adels, teils aus der dem Bürgertum entstammenden qualifizierten Finanzbeamtenschicht ein. Deren Familienmitglieder wurden zudem früher oder später für ihre Verdienste in den Adelsstand erhoben. Dabei ist zu bedenken, dass in der ungarischen Ständegesellschaft erst der Erwerb eines Adelstitels und von Gütern den wahren gesellschaftlichen Aufstieg ermöglichte, denn auf diese Weise konnte man zu einem Mitglied der von Steuerzahlungen befreiten Klasse der Privilegierten aufsteigen.[165]

Parallel zur Einführung der Kameralverwaltung wurde ab den 1540er Jahren das Zollsystem an der westlichen Grenze des Königreichs Ungarn vereinheitlicht.[166] Dessen Hauptziele waren die Effizienzsteigerung sowie die deutliche Reduzierung von Missständen und des Schmuggels. Dies wurde durch die allgemeine Regelung der Zollsätze (1545) begünstigt. Darüber hinaus modernisierte man allmählich die Verwaltung der zahlreichen Burgherrschaften, die der Kammer unterstellt waren. Schließlich wurden selbst die Aufgabenbereiche der Kameralverwaltung durch detaillierte Instruktionen geregelt.[167] Ebenso führte man eine permanente Rechenschaftslegung ein und vollzog verstärkt Kontrollen durch verschiedene Kontrollämter. All diese Maßnahmen resultierten im Vergleich zur Situation im Spätmittelalter in einer deutlichen Verbesserung und wahren Modernisierung des Finanzwesens.

Die außerordentlich wichtigen ungarischen Einnahmen wurden von der Wiener Hofkammer mit derselben Sorgfalt kontrolliert wie die Einnahmen der in die Türkenabwehr einbezogenen Gebiete entlang der Donau. Die Hofkammer entwickelte sich somit zur Ober- und Kontrollbehörde der Ungarischen Kammer in Pressburg sowie der Zipser Kammer in Kaschau, obwohl beide Kammern über eine weitreichende lokale Eigenständigkeit verfügten. Im wohlhabenden und politisch bedeutsamen Ungarn trieb man also die Zentralisierung der Finanzverwaltung – trotz ihrer außerordentlichen Vielfalt – sehr intensiv voran. Dies ist auch daran ersichtlich, dass bereits zwischen der Mitte des 16. Jahrhunderts und den 1630er Jahren rund 40 % der Einkünfte des Königreichs Ungarn (u. zwar die wichtigen Zoll- u. Bergbaueinnahmen) von der ebenfalls in Wien ansässigen Niederösterreichischen Kammer beaufsichtigt wurden. Dies wurde möglich, nachdem Ferdinand I. 1548 nach langwierigen Verhandlungen zahlreiche Zollrechte, Herrschaften und Bergwerke von seiner in den Niederlanden lebenden Schwester, Königin Maria von Ungarn, erwerben konnte. Mit der Verwaltung dieser Einkünfte beauftragte er die Niederösterreichische Kammer.

Obwohl diese Maßnahmen zweifelsohne die Interessen der ungarischen Stände verletzten, da diese die neue Situation als Abhängigkeitsverhältnis empfanden, waren in erster Linie wirtschaftliche und nicht politische Gründe ausschlaggebend für die Finanzreformen: Einerseits der Ausbau eines einheitlichen, gut kontrollierbaren und möglichst effektiven und korruptionsfreien Zoll-

---

165 Gecsényi, A Magyar Kamara tanácsosainak összetételéről, bzw. aus dem 17. Jh. als Musterbeispiel: Federmayer, Leopold Peck (1560–1625) uhorský kráľovský pokladník.

166 In seiner Staatsrahmenkonzeption ein bisschen überholt: Kazimír, K vývoju colnej agendy.

167 Kenyeres u. a. (Hgg.): XVI. századi uradalmi utasítások.

systems an der ungarisch-österreichischen Grenze, andererseits die Sicherung der beträchtlichen niederungarischen Bergbaueinnahmen für den Fiskus. Schließlich wollten Ferdinand I. und seine Nachfolger die Kontrolle über die bedeutenden ungarischen Einnahmen der in der Nähe der Kaiserstadt liegenden Gebiete nicht verlieren. Und obwohl diese auch zur Kostendeckung der gemeinsamen Wiener Hofhaltung und zur Rückzahlung der stetig anwachsenden Kreditschuld beitrugen, wurden im 16. Jahrhundert 30–40 % davon für die Erhaltung der Grenzverteidigung gegen die Osmanen verwendet. Die Reform der Finanzverwaltung und die Finanzierung der Türkenabwehr waren also eng miteinander verflochten, wenn dies auch öfters den ständischen Interessen widersprach.

In der neuen Finanzverwaltung konnte Wien allerdings genauso wenig auf die ungarischen Stände, Adeligen und Bürger verzichten wie bei der Grenzverteidigung auf die Aristokraten, den niederen Adel und die kämpfenden Einheiten. In Bezug auf Entscheidungsfindungen spielten die ungarischen Vorschläge – auch wegen der unentbehrlichen Lokalkenntnisse u. des rechtlichen u. wirtschaftlichen Fachwissens – immer eine bedeutende Rolle. Dank dieser verfügten die ungarischen Stände im Finanzbereich über weit bedeutsamere Positionen als im Militärwesen. Im 16. Jahrhundert zum Beispiel standen an der Spitze der Ungarischen Kammer fast durchgängig Oberhäupter des kirchlichen Standes (status ecclesiasticus), also Prälaten, von denen mehrere zugleich königliche Statthalter der Habsburgerherrscher in Ungarn und damit verantwortlich für innenpolitische Fragen innerhalb der Gesellschaft waren. Sie wurden ab 1608 von ungarischen Magnaten abgelöst, unter denen sich zahlreiche Mitglieder der ersten oder zweiten Generation von kurz zuvor in den Magnatenstand aufgestiegenen Familien (Vízkelethy, Pethe, Lippay, Zichy usw.) befanden. Dies bedeutete weder im Falle jener Amtsinhaber, die zugleich Prälaten oder Magnaten waren, noch im Falle der Kammerräte adeliger oder bürgerlicher Abstammung die Aufgabe der Interessen des ungarischen Ständestaates. Falls nötig, waren sie bereit, die Interessen des Landes, der Stände oder ihrer Kammer zu verteidigen. Wegen ihrer Amtspositionen und ihrer gesellschaftlichen Beziehungen waren sie jedoch zugleich die vollziehende Macht der Habsburgerdynastie und der Wiener Zentralmacht wie auch Vertreter der Interessen des Königreichs Ungarn und der Stände. Loyalität und „Patriotismus" schlossen sich bei ihnen genauso wenig aus wie im Falle der erwähnten Grenz- und Kreisgeneräle der Türkenabwehr. Ihre behördliche Arbeit hatte einen enormen Anteil daran, dass Ungarn im gesamten 16. und 17. Jahrhundert ein wichtiger Bestandteil der Finanzverwaltung der Monarchie blieb.[168]

Die Speisekammer und der Edelmetallschatz Mitteleuropas

Die neue Finanzverwaltung trug überdies dazu bei, dass das Königreich Ungarn nach 1526 nicht aus dem wirtschaftlichen Gefüge Mitteleuropas herausgelöst wurde, obwohl es zu einem Frontland im Kampf gegen die Osmanen geworden war. Aufgrund der Agrarkonjunktur, die sich gleichzeitig durch den bedeutenden Bevölkerungszuwachs in den österreichisch-deutschen sowie

---

[168] Gecsényi, A döntést előkészítő hivatalnoki elit összetételéről; mit vielen Beispielen aus dem 17. Jh.: Federmayer, Rody starého Prešporka.

italienischen Gebieten bemerkbar machte, entwickelte sich Ungarn gar geradezu zur Speisekammer der zentralen Regionen der Habsburgermonarchie und der Wiener Hofhaltung.[169] Zudem stieg es dank seines nach Westeuropa ausgerichteten Vieh- und insbesondere Ochsenhandels im 16. Jahrhundert zum größten Fleisch- und Lederexporteur – neben Polen – auf. In der zweiten Hälfte des Jahrhunderts exportierte Ungarn jährlich rund 100.000 Stück Vieh in die österreichisch-deutschen Gebiete und weitere 40.000 nach Italien, wobei auch viele Tausend Schafe und Pferde ihren Weg auf die Märkte der Monarchie nahmen. Überdies war der Weinexport des Landes in die habsburgischen Länder und nach Polen bedeutsam; in letzteres in erster Linie Wein aus dem zu dieser Zeit aufblühenden Weinbaugebiet Tokaj.

An der Viehzucht und am Ochsenhandel waren auf verschiedenen Ebenen breite Teile der Bevölkerung beteiligt, die unter osmanischer Besatzung lebenden Bürger der Marktflecken ebenso wie die Grenzsoldaten und der niedere Adel, die siebenbürgischen Kaufleute, die einflussreichsten Aristokraten des Königreichs und nicht zuletzt Großhändler aus Augsburg, Nürnberg, Wien, Ulm und Italien. Von der letztgenannten Gruppe legt beispielsweise die Reisebeschreibung des vornehmen Ulmer Bürgers Veit Marchthaler aus dem Jahre 1588 ein vortreffliches Zeugnis ab. Diese stellt vor allem die geographischen und wirtschaftlichen Verhältnisse, aber auch den Alltag im Königreich Ungarn mit einer in höchstem Maße beeindruckenden Detailtreue dar.[170] Es ist insofern nicht übertrieben, bezüglich der Jahrzehnte nach dem Friedensschluss von Adrianopel zwischen den Habsburgern und den Osmanen (1568) von einer Blütezeit des ungarländischen Unternehmertums zu sprechen. Und obzwar diese Entwicklung durch den Langen Türkenkrieg ins Stocken geriet, blieb die Nachfrage für Vieh und Leder aus Ungarn selbst im 17. Jahrhundert, sowohl in den österreichischen als auch in den norditalienischen Gebieten, bedeutend hoch. Der Wiener Habsburgerhof war sogar auf das Getreide der Schüttinsel und der Herrschaft Ungarisch-Altenburg angewiesen, und auch Wein aus den Weinbergen der Kleinkarpaten und dem Ödenburger Gebirge, damals als vina aulica bezeichnet, kam in Wien öfters auf den Tisch der Kaiser.[171]

Im 16. und 17. Jahrhundert blieb der Edelmetall- und Kupferbergbau in Niederungarn weiterhin ein lukratives Geschäft. Obwohl der Abbau in den tieferen Schichten, den oft von Grundwassereinbrüchen heimgesuchten und nur schwer belüftbaren Stollen, immer kostspieliger wurde, war der Handel mit dem nach Westeuropa transportierten Kupfer selbst im kontinentalen Vergleich bedeutend. Das in der Umgebung von Neusohl abgebaute Kupfer gelangte Richtung Süden bis Venedig, in Richtung Norden bis nach Danzig und Richtung Westen – vor allem auf dem Seeweg über Danzig – bis nach Hamburg, ja sogar bis ins niederländische Antwerpen und nach Spanien. Das Königreich Ungarn hatte wiederum einen beachtlichen – wenn auch sich verringernden – Anteil an der Silberproduktion Europas, zu einer Zeit als in ganz Mitteleuropa und

---

[169] Mit weiteren ausführlichen Literaturangaben neuerdings GECSÉNYI, Handelsbeziehungen zwischen Ungarn und den süddeutschen Städten; TÓZSA-RIGÓ, A dunai térség szerepe a kora újkori Közép-Európa gazdasági rendszerében, bzw. immer noch wichtige Beiträge zum Thema finden sich bei: PICKL (Hg.), Die wirtschaftlichen Auswirkungen der Türkenkriege; ZIMÁNYI, Economy and Society; PACH, Hungary and the European Economy.

[170] NÉMETH, Eine wiederentdeckte Reisebeschreibung.

[171] KISS, Weineinkauf für den Wiener Hofhaushalt, 64–66.

selbst im Osmanischen Reich eine große Nachfrage nach den in Kremnitz geprägten Dukaten und Silberdenaren bestand.[172]

Von den nach wie vor attraktiven Möglichkeiten im Edelmetall- und Kupferbergbau zeugt, dass die ertragreichen Minen des Landes – mit dem Rückzug der Fugger infolge der Schlacht bei Mohács – weiterhin von Konsortien vermögender deutscher Händler- und Bankiersfamilien (Castell, Henckel, Herbst, Link, Manlich, Paler, Weiß, Welser, Wagner) gepachtet wurden, die oftmals gleichzeitig Kreditgeber des Habsburgerstaates waren.[173] Daraus erzielte die Monarchie einen beträchtlichen finanziellen Profit. Wie aus Tabelle 17 hervorgeht, entstammte in der zweiten Hälfte des 16. Jahrhunderts rund ein Viertel (fast 200.000 rhein. Gulden) der jährlichen Einnahmen des ungarischen Staates den Einkünften aus Bergbau und Münzprägung, wobei diese Summe ungefähr ein Zehntel der jährlichen Gesamteinnahmen der Monarchie ausmachte. In Anbetracht dieser Größenverhältnisse ist es nachvollziehbar, weshalb der Bergbau und die Münzprägung neben den Bereichen Außenpolitik sowie Militär- und Finanzwesen ab dem 16. Jahrhundert für mehrere Jahrhunderte zu den gemeinsamen Angelegenheiten des Habsburgerreiches gehörten. Davon zeugt u. a. die ungarische Bergbauordnung aus dem Jahre 1571, die anhand der Kärntner Regelung aus dem Jahr 1550 und der niederösterreichischen aus dem Jahr 1553 erstellt wurde.[174]

Die Habsburgermonarchie war also nicht nur aus militärischer, sondern auch aus finanziellen und gesamtwirtschaftlichen Aspekten in starkem Maße auf die ungarischen Gebiete angewiesen. Diese Abhängigkeit beruhte allerdings auf Gegenseitigkeit. Während des gesamten 16. wie 17. Jahrhunderts stammte, neben dem Sold, der Großteil der schweren Waffen (Geschütze) wie auch der Handfeuerwaffen, ja sogar der überwiegende Teil des von den Soldaten in den ungarischen und kroatischen Grenzfestungen verwendeten Kriegsmaterials aus den Waffenmanufakturen der habsburgischen Länder. Für die deutschen, österreichischen und böhmischen Waffenschmieden (insbes. für die aus Nürnberg, Augsburg, Ulm, Innsbruck, Salzburg u. Prag) entstand nach 1526 im Zuge des Kampfes gegen die Osmanen und mit Blick auf den ungarisch-kroatischen Kriegsschauplatz ein enormer neuer Absatzmarkt. Damit stärkten die entstehenden militärwirtschaftlichen Beziehungen die Position des Königreichs Ungarn im wirtschaftlichen Gefüge des zeitgenössischen Mitteleuropas.[175]

In diesem Gefüge wurde gleichzeitig die Rolle Wiens im Vergleich zur Situation im Spätmittelalter beträchtlich gestärkt. Wien wurde nicht nur zum Mittelpunkt von Politik und Verwaltung in der Habsburgermonarchie, es wurde zudem zu einem der wichtigsten Wirtschaftszentren Mitteleuropas. Nach der Schlacht bei Mohács (1526) bzw. der Eroberung Ofens (1541) und der darauffolgenden territorialen Zersplitterung des spätmittelalterlichen Ungarn übernahm die Kai-

---

172 Vlachovič, Produktion und Handel mit ungarischem Kupfer, bzw. Buza, Der Wechselkurs des ungarischen und türkischen Dukaten.

173 Pickl, Universales Kaisertum und Hoffinanz; Seibold, Die Manlich, u. Quellen und Regesten zu den Augsburger Handelshäusern, Teil 1 (Hg. Hildebrand).

174 Paulinyi, Der erste Anlauf zur Zentralisation.

175 Valentinitsch, Nürnberger Waffenhändler und Heereslieferanten; Pálffy, Kriegswirtschaftliche Beziehungen.

serstadt viele Funktionen der einstigen ungarischen Hauptstadt, nicht allein den Sitz von Hof und Verwaltung, sondern auch im Bereich der Finanzverwaltung und der Wirtschaft. Während Ofen so für eine lange Zeit zu einem bloßen Ort der Handelsvermittlung im Frontgebiet hinabsank, wurde seine einst besonders bedeutsame wirtschaftliche Rolle für das Königreich Ungarn von Wien, für die osmanischen Gebiete von Belgrad, das als Tor zum Balkan bezeichnet werden kann, übernommen.[176] Diese zwei Städte entwickelten sich bis zur zweiten Hälfte des 16. Jahrhunderts zu den wichtigsten Handels-, Verteilungs- und Finanzzentren Mittel- und Südosteuropas, was in der Folge für die Gesamtregion für mehrere Jahrhunderte von entscheidender Bedeutung war.

Insgesamt spielten die an sich identischen Interessen der mitteleuropäischen Wirtschaftselite, der Wiener und ungarischen politischen Führung sowie der lokalen Viehhändler und Bergwerksbetreiber eine entscheidende Rolle dabei, dass das Königreich Ungarn weiterhin Teil des mitteleuropäischen Wirtschaftskreislaufs bleiben konnte. So erreichte die ungarische Wirtschaft im 16. Jahrhundert trotz der politischen Zersplitterung ein beachtliches Wirtschaftswachstum, wofür die erfolgreiche Finanz- und Wirtschaftspolitik ausschlaggebend war. Während der gut fünfzig Jahre, die dem Ausbruch des Dreißigjährigen Krieges 1618 folgten, kam es aber aufgrund der vielfach vorhandenen bereits erwähnten kriegs- und bürgerkriegsähnlichen Zustände zu empfindlichen Störungen im Wirtschaftskreislauf, beim Bergbau und im Handel. Infolgedessen verringerte sich zwar die wirtschaftliche Bedeutung Ungarns, dennoch blieb die ungarische Wirtschaftskraft für die Hofburg weiterhin unentbehrlich.

7.3.6 Das Instrument der einflussreichen Stände: der ungarische Reichstag

Organisation und Teilnehmer

Im 16. und 17. Jahrhundert entwickelte sich das Königreich Ungarn – wie in den vorhergehenden Unterkapiteln bereits dargelegt – zu einem aus militärischer und finanzieller Sicht stark zentralisierten Gebiet der Habsburgermonarchie. Dennoch und trotz erfolgreicher Zentralisierung blieb das Königreich ein starker Ständestaat, eigentlich sogar eine kleinere „Ständemonarchie", denn entgegen der in der Historiographie häufig vertretenen Meinung schlossen sich die starke Zentralisierung und das starke Ständetum im Ungarn der Frühen Neuzeit nicht gegenseitig aus.[177] Innerhalb dieses besonderen Gefüges sahen sich in einigen Regierungsbereichen die Stände, in anderen der Hof zu größeren Abstrichen genötigt. Während im Bereich der zu gemeinsamen Angelegenheiten gewordenen Außenpolitik sowie des Militär- und Finanzwesens die Stände wichtige Positionen verloren – nur der erste Mann der weltlichen Elite, der Palatin, vermochte

---

176 MOLNÁR, Struggle for the Chapel of Belgrade.

177 Siehe zu dieser Neuinterpretation PÁLFFY, The Kingdom of Hungary and the Habsburg Monarchy, insbes. 235–244.

es, seine Sonderstellung in den ungarisch-osmanischen Grenzverhandlungen im 17. Jh. teilweise zu erhalten[178] –, konnten sie die Leitung der Innenpolitik, des Landesgerichtswesens und des ständischen Lebens, mit Ausnahme der 1670er Jahre,[179] fast gänzlich beibehalten. Dies war im Vergleich zur Situation in den österreichisch-böhmischen Ländern ein enormer Unterschied. So verfügte das Königreich Ungarn in der zusammengesetzten Monarchie – neben dem Heiligen Römischen Reich – über das stärkste Ständetum und über eine weitreichende innere politische Souveränität.

Grundlage, Instrument und Symbol der einflussreichen Stände war vor allem der ungarische Reichstag (lat. comitia, diaeta).[180] Dessen institutioneller Aufbau verfestigte sich insbesondere im 16. Jahrhundert, wiewohl sich sein Zuständigkeitsbereich aufgrund der osmanischen Eroberungen von einst rund 70 auf die in Tabelle 13 genannten 35 Komitate reduzierte. Obwohl er in den zeitgenössischen deutschsprachigen Quellen nach dem Vorbild der österreichischen und böhmischen Länder in der Regel als „Landtag" bezeichnet wurde, ist die Benennung als Reichstag aus mehreren Gesichtspunkten zutreffender. Einerseits nahmen daran nicht nur die Vertreter Ungarns teil; die spätmittelalterlichen Traditionen fortführend, waren hier auch die kroatisch-slawonischen und – während der Zeit der habsburgischen Oberhoheit über Siebenbürgen (1551–1556 u. 1600–1604) – die siebenbürgischen Stände vertreten. Andererseits übertraf die Anzahl der Reichstagsdelegierten und -deputierten (gut 300 Personen) die der Landtage der österreichischen und böhmischen Provinzen bei Weitem. Selbiges galt auch für das politische Gewicht und den Einfluss der ungarischen Stände bzw. für die Möglichkeiten des ständischen Widerstands, insbesondere da Ungarn – wie in Kap. 7.3.1 dargestellt – bis 1687 nicht einmal ein Erbkönigreich der Habsburgerdynastie war. Kurzum, der ungarische Reichstag blieb in der Tat die ständische Versammlung des übrig gebliebenen Reiches der Stephanskrone.

Die Organisation des ungarischen Reichstages festigte sich in der zweiten Hälfte des 16. Jahrhunderts, was Gesetzesartikel Nr. 1, erlassen nach der Krönung von Matthias II. zum ungarischen König (1608–1619) im Herbst 1608 in Pressburg, festhielt.[181] Sie unterschied sich in ihrem Charakter sowohl von den österreichischen und den böhmischen als auch von den kroatisch-slawonischen und siebenbürgischen Versammlungen, da erstere als Kuriensystem (mit zumeist vier Kurien) ausgelegt waren und letztere aus einer Kammer bestanden. Der ungarische Reichstag wurde aber im 16. Jahrhundert zu einer Institution mit zwei Kammern (Untere u. Obere Tafel, im übertragenen Sinn Ober- u. Unterhaus) ausgebaut, und in beiden waren der Adel wie auch das katholische Priestertum zahlreich vertreten. Dieser Prozess fand unmittelbar nach dem Beitritt des

---

178 HILLER, Palatin Nikolaus Esterházy.

179 BENCZÉDI, Rendiség, abszolutizmus és centralizáció; VÁRKONYI, A Wesselényi szervezkedés történetéhez; MIJATOVIĆ, Zrinsko-Frankopanska urota; KÖPECZI, Staatsräson und christliche Solidarität.

180 Siehe im Folgenden v. a. die neueren zusammenfassenden Darstellungen des Themas bei: BÉRENGER/KECSKEMÉTI, Parlement et vie parlementaire; SZIJÁRTÓ, The Diet; aus der älteren Literatur vgl. noch KARPAT, Zákonodarná moc.

181 Corpus Juris Hungarici (Hg. MÁRKUS), Bd.: 1608–1657, 24f.

Königreichs Ungarn zur Habsburgermonarchie statt und stellte vor allem eine Art Gegengewicht zu der oben dargestellten Zentralisierung und den Veränderungen in der Landesverwaltung dar.

Da die ungarische Hauptstadt in die Hände der Osmanen fiel (1541), versammelten sich die Kammern (Tafeln) entgegen der spätmittelalterlichen Praxis nicht mehr in Ofen bzw. auf dem Feld am Fluss Rákos (Rákosfeld) bei Pest. Während in den 1530er und 1540er Jahren noch mehrere Versammlungen in Tyrnau und Neusohl stattfanden, avancierte ab den 1550er Jahren bis zum Ende des 17. Jahrhunderts das zur innenpolitischen Hauptstadt des Königreichs aufsteigende Pressburg zum Austragungsort der Reichstage. Ausnahmen bildeten nur die Jahre 1553, 1622, 1625, 1634/1635 und 1681, zum Teil aus politischen, militärischen und strategischen Gründen sowie zeitweise wegen der Seuchengefahr, als die westtransdanubische königliche Freistadt Ödenburg als Reichstagsort diente.[182] Zu drei dieser fünf Anlässe fanden zugleich Herrscherkrönungen (1622: Kgn. Eleonora Gonzaga; 1625: Ferdinand III. u. 1681: Kgn. Eleonora Magdalena Theresie v. Pfalz-Neuburg) statt.[183] Und während die Reichstagsversammlungen zwischen 1526 und 1608 in ein- bis zweijährigen Abständen folgten, rief der Herrscher die Stände im 17. Jahrhundert nur alle drei bis fünf Jahre zusammen. Nach 1662 tagte der Reichstag wiederum sogar erst 1681, nach 1687 nicht eher als erneut 1708/1712. Mag dies im ersten Fall vor allem auf den erfolglosen Versuch der Einführung des Absolutismus zurückzuführen sein, stand dies im letzteren Fall mit dem Großen Türkenkrieg von 1683 bis 1699 und dem Aufstand von Franz II. Rákóczi (1703–1711) – s. Beitrag 9, Soós, Kap. 9.3 – in Verbindung.

Bis 1608 fanden die Sitzungen der Oberen Tafel des Reichstages (Tabula Superior), auch Magnatentafel genannt, zumeist im Stadtpalast der Erzbischöfe von Gran statt, später, zu Beginn des 17. Jahrhunderts, im Quartier der Palatine, schließlich zwischen 1646 und 1712 im sogenannten Grünstübel am Hauptplatz der Stadt Pressburg. In Ödenburg tagten die Versammlungen der Oberen Tafel aber in der Regel im ebenfalls am Hauptplatz der Stadt stehenden Rathaus. Dabei lud der Herrscher die Mitglieder persönlich ein, mit einem auf Latein verfassten Einladungsschreiben (regales), das durch die Ungarische Hofkanzlei expediert wurde. Die längere lateinische Bezeichnung der Oberen Tafel (Tabula Procerum, seu Praelatorum, Baronum et Magnatum) drückte treffend die sich erweiternde Zusammensetzung der Reichstage aus. Zu den Mitgliedern gehörten in erster Linie sämtliche Angehörige des Ungarischen Rates (Consilium Hungaricum): einerseits der erste Stand, die Prälaten, also die Erzbischöfe und Bischöfe (inklusive der Inhaber von Titularämter); andererseits der zweite Stand, die Obersten Landeswürdenträger (Palatin, Oberstlandesrichter, Ban in Kroatien und Slawonien, Schatzmeister) sowie die wegen der Entstehung der gemeinsamen Wiener Hofhaltung nur mehr nominellen Oberbeamten des ungarischen Königshofs (ung. kgl. Oberststallmeister, Oberstkämmerer, Obersthofmeister, Obertruchsess, Obersttürhüter, Obermundschenk). Diese verfügten aber dank ihrer anderen Ämter sowie ihrer Güter und Beziehungen weiterhin über einen maßgeblichen innenpolitischen Einfluss.[184]

---

182 Pálffy, A magyar országgyűlés helyszínei a 16–17. században.

183 Ders., A Szent Korona Sopronban, insbes. 37–39, 47–50, 57–60.

184 Guszarova, A 17. századi magyar országgyűlések résztvevői.

Im Vergleich zu dieser rund 25 Personen zählenden kirchlichen und weltlichen Elite war die Zahl der Mitglieder der Oberen Tafel in der zweiten Hälfte des 16. Jahrhunderts wesentlich höher. Zum zweiten Stand gehörte nämlich neben den obersten Würdenträgern des Landes eine steigende Zahl von Adeligen mit Baronentitel (lat. barones), von denen zwischen 1535 und 1608 insgesamt rund 50 aufgrund von Schenkungen seitens eines der Herrscher aus dem Hause Habsburg einen Erbtitel erhielten. Gemäß der Anrede magnificus wurden sie bereits Ende des 16. Jahrhunderts zumeist als Magnaten (magnates) bezeichnet. Ab Mitte des 17. Jahrhunderts wuchs die Zahl dieser Magnaten zudem durch die Verbreitung des Grafentitels (comes) an. Der erste, der diesen teils nach deutschem Vorbild eingeführten Titel im April 1606 erwarb, war Georg Thurzó, der spätere Palatin der Jahre 1609–1616. Die Verbreitung der beiden Erbtitel formte nicht nur die ungarische Aristokratie für Jahrhunderte um, sondern auch die im Reichstag vertretene politische Elite, da sich ein erblicher Magnatenstand bzw. eine Magnatentafel ausbildete.[185]

Infolgedessen übertraf die neue Gruppe der Oberen Tafel an der Wende vom 16. zum 17. Jahrhundert ihrer Zahl nach diejenigen der obersten Würdenträger und der königlichen Räte. Zu ihnen zählten außerdem die vornehmsten Familien des einstigen Königreichs Kroatien (Blagajski/Blagay, Frankopan/Frangepan, Keglević/Keglevics, Zrinski/Zrínyi usw.). Schließlich gehörten ihren Reihen diejenigen deutschen, österreichischen und böhmischen Aristokraten an, die das ungarische Indigenat (Inkolat) erhielten.[186] Obwohl der Großteil von ihnen keine aktive Rolle an den Reichstagen übernahm, mussten die angestammten ungarisch-kroatischen Aristokraten deren Mitglieder (insbes. der Familien Salm, Ungnad, Lobkovic, Rueber u. Kollonitsch), die sich in Ungarn niederließen, dort größere Güter erwarben oder für längere Zeit als Soldaten dienten, ins Kalkül ziehen. Dies betraf den Abschluss von Kompromissen mit dem Wiener Hof, der Militärverwaltung des Landes, aber es bezog sich auch auf den ständischen Widerstand, wobei sie sowohl Widersacher als auch Kooperationspartner waren.

Eine weit stärkere Veränderung fand innerhalb der Unteren Tafel (auch als Adels- oder Ständetafel bekannt) des Reichstages (Tabula Inferior) statt. Diese war auch deshalb von großer Bedeutung, weil der niedere Adel bereits in der Ära der Jagiellonenherrscher im ausgehenden Mittelalter als Verteidiger ständischer Privilegien und Anführer des Widerstands galt. Die bedeutendste Novellierung zeitigte das Ende der Anwesenheitspflicht des Adels – eine persönliche Einladung erhielten die Adeligen zuletzt zum Pressburger Krönungsreichstag von Erzherzog Rudolf (September 1572). Hintergrund dieser Reformmaßnahme waren indes nicht Bestrebungen des Wiener Hofes, die Macht der Unteren Tafel einzuschränken, sondern rationale Gründe. Weil nämlich Pressburg im Vergleich zu Ofen an der Peripherie des zusammengeschrumpften Königreiches lag, forderte der Landadel selbst wegen der hohen Reise- und Unterhaltskosten die Vertretung durch Gesandte ein, was später zur gängigen Praxis wurde, insbesondere nach der entsprechenden Verankerung im erwähnten Gesetzesartikel Nr. 1 von 1608. In den darauffolgenden Jahrhunderten wurden die Komitate in der Regel von zwei oder drei Personen, dem sogenannten

---

185 SCHILLER, Der Ursprung des erblichen Magnatenstandes.

186 Neuerdings SZIJÁRTÓ (Hg.), Az indigenák.

„dritten Stand", vertreten. Gleichzeitig wurde es zu Beginn des 17. Jahrhunderts gängige Praxis, dass die kroatisch-slawonischen Stände nunmehr immer gemeinsame Gesandte (im Allgemeinen drei Personen) an die Untere Tafel delegierten, von denen einer ab 1625 Mitglied der Oberen Tafel war.

Auch die Vertretung der königlichen Freistädte durch Deputierte wurde in den Jahrzehnten nach 1526 üblich. Obwohl dies bereits Vorläufer in den von politischen Konflikten geprägten Zeiten (1445–1460, 1490–1508) hatte, wurde es unter der Herrschaft von Ferdinand I. zur gängigen Praxis. Neben dem österreichisch-böhmischen Einfluss spielte die wirre politisch-militärische Lage hierbei eine entscheidende Rolle, als der Herrscher eine größere Unterstützung seitens der Städte benötigte. Fortan wurden sie ebenfalls von zwei, respektive drei bis fünf Gesandten vertreten, und zwar als „vierter Stand" des Reichstages.[187] In ihrem Fall galt es als eine Besonderheit, dass die königlichen Freistädte Slawoniens (Agram, Warasdin, Kreutz u. Kopreinitz/Koprivnica/Kaproncza) neben den kroatisch-slawonischen Versammlungen auch auf den Pressburger und Ödenburger Reichstagen vertreten waren.

Ähnlich dem Adel war schließlich auch die katholische Kirche an der Unteren Tafel durch Gesandte der Propsteien und Domkapitel vertreten. Neben ihnen saßen die Gesandten der Magnatenwitwen (viduae magnatum) sowie der persönlich eingeladenen, aber abwesenden Magnaten (ablegati magnatum absentium). Sie stammten, ähnlich den Delegierten der Komitate, zumeist aus den Reihen des niederen Adels. Nicht zuletzt spielte das Personal der Königlichen Tafel (Tabula Regia Iudiciaria) – aus diesem Kreis entwickelte sich schließlich eine Art Offizierskorps – eine immer gewichtigere Rolle an der Unteren Tafel. Vorsitzender der Unteren Tafel war der ein Landesgericht leitende Personalis (personalis), während Richter und Beisitzer der Königlichen Tafel (iudices et assessores Tabulae Regiae) ebenfalls persönliche Einladungen zu den Reichstagen erhielten. Von ihrer Bedeutsamkeit zeugt, dass sie im 17. Jahrhundert im Rahmen der Krönungsmähler einen eigenen Tisch hatten, noch dazu den vornehmsten unter denen der Unteren Tafel.[188]

Der ständische Widerstand

Schon die Organisation und vielfältige Zusammensetzung des ungarischen Reichstags weist darauf hin, dass der politische Kampf der Stände ebenfalls sehr vielschichtig war. Zwar führte der ständische Widerstand im Regierungsdualismus zweifellos den bedeutendsten Kampf; es wäre allerdings falsch, das Beziehungssystem zwischen Hof, Herrscher und Ständen ausschließlich darauf zu reduzieren, wie dies oftmals in der Sekundärliteratur der Fall ist. Während zahlreiche Faktoren die Opposition der Stände ausdrücklich begünstigten, beschränkten diverse Interessen diese wesentlich. Entgegen dem in den österreichischen und böhmischen Ländern bestehenden Kuriensystem fiel es dem Herrscher in Ungarn nämlich schwer, die beiden Tafeln gegeneinander auszuspielen, da der Adel und die Katholische Kirche an beiden Tafeln vertreten waren. Zudem

---

187 NÉMETH, A szabad királyi városok.

188 GUSZAROVA, A vármegyei követek, insbes. 132–140, bzw. PÁLFFY, Krönungsmähler in Ungarn, Teil 2, insbes. 83–85.

konnten die Aristokraten mithilfe der sog. Familiaren oftmals die politischen Ansichten eines Komitats beeinflussen, und selbst die Prälaten wussten die Unterstützung der Propsteien und Kapitel an der Unteren Tafel auszunutzen. Dies stärkte insgesamt die Position der Stände. Ihr gemeinsamer Widerstand wurde durch die Abwesenheit des Herrschers, die Leitung zentraler Angelegenheiten des Landes aus Wien, die Bekleidung eines Teils der Grenzgeneralämter durch Fremde sowie durch die Übergriffe der im Land stationierten kaiserlichen Soldaten gesteigert. Mit der Verbreitung des Protestantismus wurde zudem das mittelalterliche Widerstandsrecht (ius resistendi) der ungarischen Stände durch die unterschiedlichen protestantischen und naturrechtlichen Widerstandstheorien gestärkt.[189]

Neben der allgemeinen Verteidigung von Adelsprivilegien hingen die wichtigsten Beschwerden (lat. gravamina, quaerelae, postulata) mit den zuvor genannten Problembereichen zusammen.[190] Deshalb drängten die Adeligen immer wieder darauf, dass der Herrscher oder der ihn vertretende Erzherzog in Ungarn leben, einen ungarländischen Hof halten, die ungarische Sprache erlernen und mit ungarischen Räten regieren sollte. Die Einmischung zentraler Regierungsorgane in vermeintlich „ungarische" Angelegenheiten war ebenfalls ein sehr häufig vorgebrachter Beschwerdepunkt, wie auch die Nichtbekleidung des Amtes des Palatins zwischen 1554 und 1608. Analog dazu wurde bemängelt, dass bestimmte Grenzgeneral- und Festungskommandantenämter (z.B. im 16. Jh. im Falle von Raab u. Komorn, sowie von Kanischa, Kaschau, Sathmar, Erlau u. Tokaj) durch Fremde besetzt wurden. Und weil in der zweiten Hälfte des 16. Jahrhunderts einige von ihnen auch leitende Offiziere waren, die über das ungarische Indigenat verfügten (eben aus den oben genannten Familien Kollonitsch, Rueber, Salm u. Ungnad), wurden diese für gebürtige Ungarn (nativi Hungari) eingefordert.

Unter den Beschwerden der Stände nahmen drei weitere Themen einen hohen Stellenwert ein.[191] Es waren dies zum einen die Gewährleistung der Disziplin, Bezahlung und Verpflegung der Grenzsoldaten; dann die Beendigung gewaltsamer Exzesse durch kaiserliche Einheiten, die immer wieder anderweitige Konflikte in den oben gennanten Themen des Reichstages anheizten; schließlich wurde die Verteidigung der Religionsfreiheit des im 16. Jahrhundert größtenteils zum Protestantismus übergetretenen Adels schnell zu einer der wichtigsten Fragen. Dies nahm mit der beginnenden katholischen Erneuerung und später durch die gewaltsame Gegenreformation weiter zu – deswegen kann man für die Zeit nach 1608 zu Recht von einem „konfessionellen Ständewesen" in Ungarn sprechen.[192] Im 17. Jahrhundert hatte sich die Situation dann derart zugespitzt, dass es mehrfach zu geradezu religionskriegsähnlichen Zuständen kam. Schließlich kämpften die Stände hartnäckig gegen Bestrebungen zur Beschränkung des höchsten Privilegs des Adels, der Steuerfreiheit, an.

---

189 HASELSTEINER, Das Widerstandsrecht der Stände in Ungarn; BENDA, Die Auswirkungen der Lehren Calvins; BAHLCKE, „Libertas"-Vorstellungen; SZABÓ, Inhalt und Bedeutung der Widerstandslehre im Bocskai-Aufstand.

190 BÉRENGER, Les „Gravamina".

191 Zu diesen Problemkreisen neuerdings PÁLFFY, The Kingdom of Hungary and the Habsburg Monarchy, 183–186.

192 SZIJÁRTÓ, A „konfesszionális rendiségtől" az „alkotmányos rendiségig".

Im Rahmen ihres Widerstandes beriefen sich die Stände auf Landesgesetze, die Widerstandsklausel der Goldenen Bulle von 1222 und das Tripartitum von Stephan Werbőczy, das ihre wichtigsten Privilegien Punkt für Punkt auflistete. Die stärkste Stütze zu ihrem Schutz stellten aber die nicht oder nur teilweise schriftlich festgehaltenen althergebrachten Freiheits- und Gewohnheitsrechte des Landes (lat. vetus et antiqua libertas et consuetudo regni) dar. Deren Einhaltung wurde von den Herrschern Ungarns neben ihrem Krönungseid in zahlreichen Gesetzen, ab 1618 sogar im Inauguraldiplom (diploma inaugurale) bestätigt – s. o. Kap. 7.3.1. Allerdings definierten die Stände ihre Privilegien durchaus sehr breit, entsprechend ihrer jeweiligen politischen Interessen. Dementsprechend flossen in diese sogar gänzlich neue, wie zum Beispiel die Religionsfreiheit ein. Letztendlich verteidigten sie ihre Privilegien auch dadurch, dass sie der Erhebung der Kriegssteuer nicht zustimmten, sofern ihre Beschwerden keine Berücksichtigung fanden. Da diese Einnahmen rund 10 % der jährlichen Einkünfte des Königreichs Ungarn ausmachten (vgl. Tab. 17), waren die Herrscher immer darauf angewiesen. Die Stände behielten auf diese Weise nicht nur ihre Privilegien und konnten weiterhin beträchtliche Gebiete verwalten, sie bewegten die Hofburg auch hinsichtlich gemeinsamer Angelegenheiten zu Kompromissen. Ohne ihre Zustimmung konnte der Herrscher keine Gesetze erlassen und auch keine entscheidenden innenpolitischen Maßnahmen einleiten. Ohne die Stände war demnach die innere Verwaltung Ungarns eigentlich unvorstellbar. Davon zeugt, dass die Leitung der in Wien ansässigen Ungarischen Hofkanzlei durchgängig von Mitgliedern des ersten Standes, also Prälaten besetzt wurde und die Verwaltungssprache die offizielle Sprache Ungarns, das Lateinische blieb.

Den ständischen Widerstand schränkten jedoch mehrere Faktoren stark ein. Die politischen Kämpfe unter den Ständen konnten von den Herrschern und den Hofbehörden auf der Ebene der einzelnen Kammern ausgenutzt werden, da die Obere Tafel zum Beispiel in der Frage der Thronfolge (s. o. Kap. 7.3.1) gespalten war. Ähnlich versuchten die Herrscher mit Unterstützung der königlichen Freistädte gegen den niederen Adel zu agieren. Die Freistädte standen nämlich in einem immer stärker werdenden Konflikt mit dem Adel, in erster Linie wegen der stetig anwachsenden Zahl der sich in den Städten niederlassenden Adeligen.[193] Der Hof konnte sich wiederum die traditionell bestehenden Gegensätze zwischen Aristokratie und Landadel zunutze machen. Schließlich profitierte die Hofburg davon, dass die Obere Tafel im 16. und 17. Jahrhundert immer noch die bestimmende Kraft im Reichstag war. Dies änderte sich erst ab Mitte des 18. Jahrhunderts zugunsten der Unteren Tafel, obwohl der Einfluss des Komitatsadels im Reichstag nach 1608 allmählich anwuchs. Da Ungarn aber bis zur Vertreibung der Osmanen ganz eindeutig auf die regelmäßige militärisch-finanzielle Unterstützung der Habsburgermonarchie angewiesen war, sahen sich auch die Stände zu großen Zugeständnissen genötigt. Im Grunde mussten sie akzeptieren, dass die Leitung Ungarns ohne die Wiener Hof- und Zentralbehörden unvorstellbar war.

---

193 Neuerdings s. Németh, Várospolitika és gazdaságpolitika, Bd. 1, 439–472.

7.3.7 Schwierigkeiten des Absolutismus in Ungarn: die Pfeiler der Lokalverwaltung

Obwohl Ungarn im 16. und 17. Jahrhundert von starken Zentralisierungsbemühungen betroffen war, ist dies keineswegs mit dem zeitgenössischen Absolutismus gleichzusetzen.[194] Selbst dann nicht, als der Wiener Hof ab dem Zeitpunkt der Herrschaft Kaiser Ferdinands II. (1619–1637) eine Reihe absolutistischer Maßnahmen in den österreichischen und böhmischen Ländern ergriff. Die Einführung des Absolutismus in Ungarn war nämlich mit zahlreichen Schwierigkeiten verbunden. Neben dem im vorherigen Unterkapitel vorgestellten ungarischen Reichstag konnten die ungarischen Stände ihre Stellung und ihre Rechte auch im Justizwesen und in der Lokalverwaltung beibehalten. Dies wurde durch den bereits mehrfach erwähnten Umstand begünstigt, dass Ungarn mit seinem besonderen Rechtssystem, seiner eigentümlichen Verwaltung und seinen Traditionen für viele Politiker der Hofburg die meiste Zeit über als *terra incognita* galt. Der aus Kärnten stammende Geheimrat Franz Christoph Khevenhüller (1588–1650), der für seine Annales bekannt ist, schilderte diese Situation im Oktober 1646 besonders eindrücklich. Das ihm angebotene slawonische Grenzgeneralamt wies er damals nämlich mit dem Hinweis zurück, dass „ich gantz Europa durchreist habe, doch selbe gränitzen nie gesehen, undt darvon die wenigist wißenschafft undt erfahrenheit hab".[195]

Im 16. Jahrhundert verteidigten die Stände die Privilegien der ungarischen Gerichte bezüglich der Rechtsprechung erfolgreich. Wegen des erwähnten Mangels an Kenntnissen und des Widerstands der Stände hatte der Wiener Hof praktisch keine Chance, diese Institutionen umzugestalten. Nach einigen erfolglosen Versuchen in den Jahrzehnten nach 1526 gab man deshalb die diesbezüglichen Bemühungen auf. Das System der Rechtsprechung des Königreichs Ungarn wies eine große Persistenz auf; selbst in militärischen Angelegenheiten konnten Ungarn nicht vor ein Gericht außerhalb Ungarns oder vor ein von den kaiserlichen Offizieren zusammengestelltes Gericht zitiert werden. Dies bestätigt die Rechtsprechung über die ungarischen Kapitäne, die ihre Grenzfestungen an die Osmanen aufgaben. Wegen des zur gemeinsamen Angelegenheit gewordenen Militärwesens hätte über sie – wie im Falle der deutschen Generäle, die ihre Grenzfestungen übergaben (z. B. Raab, 1594: Ferdinand Graf zu Hardegg od. Kanischa, 1600: Georg Paradeiser) – das außerordentliche Gericht des Wiener Hofkriegsrates urteilen müssen. Die Rechtsprechung im Falle der ungarischen Kapitulanten wurde aber – da es sich um Treubruch (notae perpetuae infidelitatis) handelte, wie auch im Tripartitum von Stephan Werbőczy festgehalten – bereits im Spätmittelalter zum Privileg des außerordentlichen Gerichtes des ungarischen Reichstages. Deshalb musste die Wiener Kriegsführung auch in diesem Bereich nachgeben, da die Stände an diesem Privileg hartnäckig festhielten. Über die ungarischen Kapitäne, die ihre Festungen an die Osmanen übergaben, urteilte demnach weiterhin das Reichstagsgericht. Und obwohl dieses zumeist die Todesstrafe verhängte samt Konfiskation der Güter, wurden, im Gegensatz zu den deutschen

---

194 Siehe zu dieser viel diskutierten Frage aus der neueren Literatur Pálffy, Zentralisierung und Lokalverwaltung.

195 Österreichisches Staatsarchiv; Allgemeines Verwaltungsarchiv, Familienarchiv Trauttmansdorff (Depositum) Ee 2, Nr. 54, Kart. 133, fol. 106.

Offizieren, beinahe alle ungarischen Verurteilten vom Herrscher begnadigt, da die Stände ihren Einfluss geltend machten und sich für den Verurteilten einsetzten.[196]

Die jahrhundertealte Tradition der Rechtsquellen und Rechtspraxis Ungarns wurde von den Ständen im 16. und 17. Jahrhundert nicht nur unverändert bewahrt, sondern teilweise auch gestärkt. Davon zeugt, dass sie unter der Führung des rechtsgelehrten Bischofs von Neutra (1582–1587), Zacharias Mossóczy, die erste ungarische Gesetzessammlung (Decreta, constitutiones et articuli regum inclyti regni Vngariae, 1584) publizierten. Der in mehreren Hundert Exemplaren herausgegebene Band stellt in der Geschichte des Königreichs Ungarn den ersten Versuch dar, die bisherigen, gut fünf Jahrhunderte umfassenden Ergebnisse der ungarischen Gesetzgebung zusammenzutragen und fehlerhafte Texte zu korrigieren.[197] Von ihrer Bedeutung zeugt, dass sie in den darauffolgenden rund 150 Jahren von den verschiedenen Körperschaften der ungarischen Justiz genauso oft herangezogen wurde wie das Tripartitum, von dem während des Jahrhunderts neben mehreren lateinischen Ausgaben auch je eine in ungarischer (Debrecen, 1565) und kroatischer Sprache (Nedelišće/Nedelic, 1574) erschien.[198]

Nach 1526 führten die Landesgerichte ihre Geschäfte mehr oder weniger gemäß der spätmittelalterlichen Praxis weiter.[199] Eine größere Veränderung zog lediglich die gewaltige Dezimierung des Landesgebietes, die Abwesenheit des Herrschers und die Nichtbekleidung des Amtes des Palatins im 16. Jahrhundert nach sich. Aufgrund der erstgenannten Ursache tagten die höchsten Gerichte zu vorgegebenen Zeiten an einem bestimmten Ort (zumeist in Pressburg bzw. Eperies in Oberungarn), generell am achten Tag (octava) nach bestimmten kirchlichen Festen. Neben dem Oberstlandesrichter und dem Personalis erhielten der königliche Statthalter (locumtenens regius) und der Statthalter des Palatins (locumtenens palatinalis in iudicialibus), der in der zweiten Hälfte des 16. Jahrhunderts die judikativen Aufgaben des Palatins übernahm, eine wichtige Rolle in der Rechtsprechung Ungarns. Für Rechtsstreitigkeiten der aus rechtlicher Sicht in zwei Gruppen aufgeteilten königlichen Freistädte waren allerdings weiterhin die Gerichtstafeln des Schatzmeisters (tavernicorum regalium magister) und des Personalis zuständig. Darüber hinaus lebte die Praxis der Einreichung von Berufungen durch die Gerichtstafel des Bans von Kroatien und Slawonien, die Banus- oder Banal-Tafel (tabula banalis; kroat. Banski stol) an das Gericht des Oberstlandesrichters fort. In der gesamten Ära führten also diese Körperschaften ihre Angelegenheiten insgesamt ohne Einrede der zentralen Regierungsorgane und gemäß der ungarischen Rechtstradition und -praxis weiter.

Grundlage der lokalen Macht der ungarischen Stände und der Ort der adeligen Selbstverwaltung waren die Komitate. Für die beim Königreich Ungarn verbliebenen 35 Komitate (vgl. Tab. 13) war das 16. Jahrhundert – selbiges gilt für den Reichstag – eine Epoche, in der sich schrittweise die Grundlage dessen ausbildete, was für eine lange Zeit bestimmend sein sollte. Zu dieser Zeit

---

196 Hausmann, Ferdinand Graf zu Hardegg; Pálffy, Várfeladók feletti ítélkezés.

197 Bis heute grundlegend Iványi, Mossóczy Zakariás.

198 Vgl. Péter, Werbőczy anyanyelvi fordításainak tanulságai.

199 Mit weiterer Literatur s. Bónis/Degré/Varga, A magyar bírósági szervezet, 82–189.

entwickelten sich die Komitate zu lokalen „Bollwerken" der politischen Selbstverwaltung und der Interessenvertretung des Adels.[200] Ihre Behördenstrukturen festigten sich, ihre Verwaltung und die Abläufe wurden professioneller, und auch die Schriftlichkeit entwickelte sich rasant. Die an der Spitze der Komitate stehenden Gespane (comes) – ab dem 17. Jh. wurden sie regelmäßig als Obergespane (supremus comes) bezeichnet – ernannte indes weiterhin der Herrscher. Unter ihnen finden sich in der zweiten Hälfte des 16. Jahrhunderts nur dann Fremde, wenn sie auch über das ungarische Indigenat verfügten, so im Falle der Salm in Pressburg, der Rueber im oberungarischen Scharosch oder bezüglich Ladislav z Lobkovic Popel aus dem nahe der mährischen Grenze liegenden Trentschin.

Die Führungsebene der Komitate wählte die Generalversammlung (generalis congregatio); dies bezog sich auf den Vizegespan (vicecomes), die adeligen Richter (iudex nobilium, kurz: iudlium), die Geschworenen (iuratus assessor, kurz: iurassor), den Steuereinnehmer (generalis perceptor) und den Notar (iuratus notarius). Sie führten die vielfältigen Geschäfte der Komitatsverwaltung. Die unterste Ebene der adeligen Rechtsprechung bildete das Komitatsgericht (sedes iudiciaria, kurz: sedria); Berufung konnte man bei der nächsten Instanz, der Königlichen Tafel (Tabula Regia Iudiciaria), einlegen. Im 17. Jahrhundert erließ der Großteil der Komitate immer mehr Statuten (statuta), die auf dem Territorium des Komitats beinahe Gesetzescharakter hatten.[201] Auch dies war ein effektives Mittel der Selbstbestimmung. Symbolischer Ausdruck des Erstarkens der Selbstverwaltung war wiederum, dass eine kleinere Gruppe der Komitate (z. B. Somogy, Heves, Árva, Wesprim usw.) bereits im 16. Jahrhundert eigene Wappen und Siegel für sich entwerfen ließ.

In den kroatisch-slawonischen Gebieten ähnelte allein Warasdins Verwaltung der der ungarischen Komitate. Dies ist in erster Linie damit zu erklären, dass das Komitat Warasdin bis zu Beginn des 15. Jahrhunderts nicht zu Slawonien gehörte, sondern ähnlich der Gebiete Syrmiens integraler Bestandteil des Königreichs Ungarn war. Dementsprechend wurde es noch im 16. und 17. Jahrhundert eher dem ungarischen Beispiel folgend verwaltet und nicht wie die vom Ban von Kroatien und Slawonien und seinem Vizeban kontrollierten Komitate Agram und Kreutz, die immer mehr Gebiete verloren. Während nämlich Warasdin vom ungarischen König ernannte aristokratische Obergespane hatte – ab den 1540er Jahren die Mitglieder der Familie Ungnad, dann ab 1607 die der Familie Erdődy, die den Titel Erbgespan führten – waren die Gespane der Komitate Agram und Kreutz fast ausschließlich Vizebane, die zu den Vertrauten des Bans gehörten. Diese Situation ähnelte in vielerlei Hinsicht den Verhältnissen in den Komitaten des Fürstentums Siebenbürgen in der Frühen Neuzeit. Dies ist vor allem aufgrund der ähnlichen Entwicklung Slawoniens und Siebenbürgens im Spätmittelalter, also der mehrfachen über längere Zeiträume hinweg andauernden gesonderten Verwaltung der beiden Landesteile, zu erklären.

Im Gegensatz zu den späteren Umständen waren die Komitate im 16. und 17. Jahrhundert noch keine zentralen Orte des ständischen Widerstands, zu denen sie an der Wende vom 18. zum 19. Jahrhundert wurden. Die zentralen Regierungsorgane in Wien wollten und konnten sich

---

[200] Dominkovits, Das ungarische Komitat, insbes. 412–437.

[201] Turbuly, Die Statuten des Komitats Zala.

nach 1526 wegen der virulenten osmanischen Bedrohung, ungenügender Sprach- und Rechtskenntnisse und mangels Regionalwissen nicht in das Leben der Komitate einmischen. Wie bereits aufgezeigt, gab es im Bereich des Militär- und Finanzwesens bzw. im Rahmen von Reichstagsverhandlungen mit den Ständen zahlreiche Konflikte, bei denen Wien zu einer Vielzahl von Kompromissen gezwungen war. Deshalb gab es keinen Versuch zur Neureglementierung der lokalen Selbstverwaltungen des Adels, sodass diese durch den bedeutenden numerischen Anstieg der Adeligen in dieser Epoche noch gestärkt wurden. Dennoch war das Komitat des 16. und 17. Jahrhunderts noch keine der Zentralgewalt gegenüberstehende echte ständische Macht. Das Komitat stellte vielmehr die Basis der erstarkenden lokalen Autonomie des Landadels und die ausführende Kraft hinsichtlich der Dekrete des Königs, der Kammer und des Palatins dar. Die beiden Letzteren beschäftigten sich vor allem mit der Landes- und Steuerverwaltung, der Versorgung der Grenzburgen bzw. später des kaiserlichen Heeres sowie mit sonstigen Fragen der Türkenabwehr, der Aufstellung des bewaffneten adeligen Aufstandes (Insurrektion, lat. insurrectio), der Verteidigung der Furten bei osmanischen Streifzügen wie der Instandhaltung der Straßen und Brücken usw. Dies zeigt außerdem, dass eine erfolgreiche Verwaltung Ungarns nur in Zusammenarbeit mit den Ständen möglich war.

Das Komitat stellte somit die unterste Ebene der Politisierung des Landadels dar. Um ihre Interessen aufeinander abzustimmen, hielten einige Komitate (wie z. B. Eisenburg, Ödenburg und Zala in Transdanubien) bereits im 16. Jahrhundert gemeinsame Versammlungen ab.[202] Auf diesen diskutierten sie über das Auftreten gegen die Osmanen sowie über verschiedene politische Angelegenheiten, später im 17. Jahrhundert auch über konfessionelle Fragen. Die größtenteils unter osmanische Besatzung geratenen Komitate Pest-Pilis-Solt, Heves-Külső-Szolnok und Neugrad hielten ab Mitte des 17. Jahrhunderts bereits gemeinsame Sitzungen im Marktflecken Fileck ab. Diese sog. geflohenen Komitate führten sogar mit Hilfe ihrer Amtsträger, die auf dem Gebiet der von den Osmanen eroberten Territorien agierten, weiterhin die Angelegenheiten ihrer Besitztümer sowie die judikativen und sonstigen Aufgaben ihrer einstigen Gebiete fort. Sie spielten eine entscheidende Rolle dabei, dass der ungarische Adel in den grenznahen osmanischen Gebieten seine Besitz- und Steuererhebungsrechte erhalten konnte.[203] Gegenüber den eigenen ungarischen Behörden handelte der Adel gar mit seinen auf feindlichem Gebiet liegenden Landgütern, so als ob es die osmanische Herrschaft nicht geben würde. Dies war aber im grundsätzlichen Interesse der in Wien residierenden ungarischen Herrscher, denn sie belehnten ihre ungarischen Untertanen weiterhin regelmäßig mit Gütern, die auf osmanischem Territorium lagen.[204]

Bis zum 17. Jahrhundert entwickelte sich ein mittlerer, also zwischen den Komitaten und dem Reichstag angesiedelter Schauplatz der Politisierung des Adels: die sog. Kreisversammlungen (particularis congregatio), die gemäß der Unterteilung der erwähnten Kreise in Tabelle 13 abge-

---

202 DOMINKOVITS, Das ungarische Komitat im 17. Jahrhundert, 438–440.

203 SALAMON, Ungarn im Zeitalter der Türkenherrschaft; SZAKÁLY, Magyar adóztatás; DERS., Magyar intézmények.

204 Außer den erwähnten Büchern von Ferenc Szakály neuerdings zum Thema aus verschiedenen Perspektiven: KOLLER, Eine Gesellschaft im Wandel; SPANNENBERGER/VARGA (Hgg.), Ein Raum im Wandel; FODOR/ÁCS (Hgg.), Identity and Culture in Ottoman Hungary; MOLNÁR, Magyar hódoltság, horvát hódoltság.

halten wurden. Im Falle der drei nördlich der Drau gelegenen ungarischen Distrikte waren die Versammlungen der oberungarischen Stände zweifelsfrei am bedeutendsten; gleichzeitig nahmen sie eine immer gewichtigere politische Rolle ein. Neben der regionalen Politisierung waren sie als Hüter der Religionsfreiheit und der ständischen Privilegien maßgeblich daran beteiligt, dass sich die Fürsten von Siebenbürgen, Gabriel Bethlen, Georg I. Rákóczi und später Emmerich Thököly diesen Landesteil aneignen konnten.

Nach 1671 unternahm man – wie in Kap. 7.2.5 teils dargestellt – auch in Ungarn den Versuch, den Absolutismus einzuführen. Dies stellte sich allerdings als ein voreiliger und unüberlegter Schritt des Wiener Hofes heraus, da hierfür in Kenntnis der oben angeführten Umstände enorme Hindernisse bestanden. Da das innenpolitische Leben bislang sowohl auf der Landes- als auch auf lokaler Ebene von den Ständen und dem Adel angeführt wurde und sie einen sehr bedeutenden Teil der Landesverwaltung leiteten, konnten sie mit Hilfe einiger neuer Institutionen und herrschaftlicher Dekrete nicht verdrängt werden. Die Arbeit des 1673 in Pressburg eingerichteten Guberniums wurde bald unmöglich, denn der Adel und die Komitate widersetzten sich seinen Anordnungen. Ebenso konnte das ohne den Reichstag von Pressburg ausgearbeitete neue Steuersystem wegen ihres Widerstandes nicht eingeführt werden. So blieben auch die wenigen Reformmaßnahmen ohne Erfolg, die die Modernisierung des Grenzmilitär- und Finanzwesens sowie der Landesverwaltung herbeigeführt hätten (vgl. Kap. 7.2.5).

Die Stellung der ungarischen Stände war mit den Mitteln des Absolutismus nicht zu beseitigen. Den Ausweg aus der Konfliktsituation zwischen dem Hof und den Ständen führte deshalb ein auf dem Ödenburger Landtag 1681 ausgehandeltes erneutes Kompromiss-System herbei.[205] Dies wurde wiederum, nach den Reichstagen 1608 in Pressburg, 1622 in Ödenburg und 1646/1647 erneut in Pressburg, zu einer entscheidenden Station des Ausgleichs zwischen dem Wiener Hof und den ungarischen Ständen. Damit wurde der Versuch, den Absolutismus in Ungarn einzuführen, größtenteils aufgegeben, und bis Ende 1681 wurde das sich Anfang des 17. Jahrhunderts stabilisierende dualistische Regierungssystem wiederhergestellt. Die Stände konnten nach dem Tod von Franz Wesselényi (1667) mit Paul Esterházy am 13. Juni in Ödenburg wieder einen Palatin wählen, Leopold I. löste das Gubernium auf und stellte den Zuständigkeitsbereich des Ungarischen Rates wieder her. Ferner garantierte er die ständischen und adeligen Freiheitsrechte und führte die Landesgerichte erneut ein. Für den gemeinen Adel war die Anerkennung der Religionsfreiheit (wenn auch nur in bestimmten ausgewiesenen Orten in Transdanubien) und die Enthebung fremder Amtsträger aus den Kammern ein wichtiges Resultat; außerdem wurde ein Teil der neu erlassenen Steuern abgeschafft.

Damit wurde 1681 der Regierungsdualismus in Ungarn wiederhergestellt: Den Ständen war es gelungen, ihre in der Leitung des Königreichs eingenommene Rolle trotz des partiellen Bruchs mit dem Hof beizubehalten. Wie bereits erwähnt, änderte auch die Tatsache, dass das Königreich Ungarn ab 1687 zu einem Erbkönigreich (aber nicht ein Erbland) der Habsburgermonarchie wurde, nur wenig. Dank der starken Stellung der Stände in der Innenpolitik, im Justizwesen und

---

205 BÉRENGER, Les „Gravamina", 269–319.

in der Lokalverwaltung konnten die in den österreichischen Erbländern angewandten Regierungsmethoden nicht eingeführt werden. Nach der Stabilisierung der neuen Ordnung im ausgehenden
17. Jahrhundert war Ungarn zwar in einigen Verwaltungsbereichen (Militär- u. Finanzwesen) stark
zentralisiert, es blieb allerdings ein Ständestaat mit einer politischen Elite, die über einen entscheidenden Einfluss verfügte.[206]

7.3.8 Exkurs: die Habsburger und
der osmanische Vasallenstaat Siebenbürgen

In dem auf die Schlacht bei Mohács folgenden halben Jahrhundert verlor der spätmittelalterliche
ungarisch-kroatische Staat rund 60 % seines 325.000 km² großen Territoriums. Davon kamen ca.
120.000 km² unter die direkte Besatzung der Osmanen, auf weiteren rund 80.000 km² entstand
ein in vielerlei Hinsicht besonderer Staat, das Fürstentum Siebenbürgen (vgl. Karten XI, XIII).
Erstens handelte es sich um einen neuen Staat, dessen Entstehung ursprünglich von niemandem
angestrebt worden war, weder von den Osmanen noch von den Habsburgern, den ungarischen
oder siebenbürgischen Ständen.[207] Zweitens ist hervorzuheben, dass Siebenbürgen, obwohl ein
Vasallenstaat der Hohen Pforte, durchgängig von ungarischen Fürsten regiert wurde.[208] Drittens:
Obwohl das Fürstentum bis Ende des 17. Jahrhunderts durchwegs zum osmanischen Einflussbereich gehörte, öfter gar zum entscheidenden Akteur osmanischer Innenpolitik aufstieg, blieb es
ein Bestandteil des europäischen Staatensystems.[209] Und schließlich ist unbedingt zu erwähnen,
dass sich Siebenbürgen ab der zweiten Hälfte des 16. Jahrhunderts als politischer Akteur aus politischer und militärischer Sicht auch zu einem Feindstaat der Habsburgermonarchie entwickelte.
Die Wiener Kriegsführung und die ungarischen Stände gaben die Reintegration dieses Gebietes
in ihren Reichsverband jedoch niemals auf.

Obwohl die Osmanen die Errichtung des Fürstentums Siebenbürgen anfangs nicht vorgesehen
hatten, entstand in den 1550er Jahren dennoch das neue staatliche Gebilde, dies vor allem aufgrund des politischen Willens von Sultan Süleyman I. und seiner Heeresleitung. Deshalb wurde
das Fürstentum in osmanischen Quellen oft als „Werk Sultan Süleymans" bezeichnet. Als nämlich – wie in Kap. 7.2.2 dargestellt – unter der Kriegsführung von Ferdinand I. in den Jahren
zwischen 1551 und 1555 erfolglos versucht wurde, die Landesteile des Habsburgerherrschers und

---

206 BAHLCKE, Hungaria eliberata?; Einrichtungswerk des Königreichs Hungarn (Hgg. KALMÁR/VARGA).

207 OBORNI, The Country Nobody Wanted; DIES., From Province to Principality, bzw. aus der rum. Literatur
FENEŞAN, Constituirea principatului autonom al Transilvaniei, und neuerdings auf Dt.: VOLKMER, Siebenbürgen
zwischen Habsburgermonarchie und Osmanischem Reich; neu erschienen: FODOR/VARGA (Hgg.), A Forgotten
Hungarian Royal Dynasty; MÁTÉ/OBORNI (Hgg.), Isabella Jagiellon.

208 PAPP, Die Verleihungs-, Bekräftigungs- und Vertragsurkunden der Osmanen; bzw. seit Kurzem zu Siebenbürgen im System der Vasallenstaaten der Osmanen: KÁRMÁN/KUNČEVIĆ (Hgg.), The European Tributary States;
KÁRMÁN/PĂUN (Hgg.), Europe and the „Ottoman World".

209 KÁRMÁN, Transylvania between the Ottoman and Habsburg Empires; OBORNI, Between Vienna and Constantinople; VOLKMER, Siebenbürgen zwischen Habsburgermonarchie und Osmanischem Reich.

des gewählten ungarischen Königs Johann Sigismund zu vereinigen, in erster Linie wegen des osmanischen Feldzugs von 1552, anerkannte die osmanische Heeresleitung endgültig, dass die Eigenständigkeit Siebenbürgens von erheblichem Vorteil sein könne, da sie innerhalb dieser Region beträchtliche königlich-kaiserliche Kräfte im Sinne und zum Zweck der osmanischen Politik binden könne. Hierzu sollte es ihrer Meinung nach ausreichen, die einstige spätmittelalterliche Woiwodschaft und die sich ihr anschließenden Gebiete oberhalb der Theiß (das so genannte Partium) in einem Vasallenstatus zu halten, gerade auch weil sie abseits der Hauptlinie der osmanischen Eroberungen lagen.

Diese Strategie ging bald auf. Insbesondere als der Nachfolger von Johann Sigismund, Fürst Stephan Báthory (1576–1586; Woiwode seit 1571), Ende des Jahres 1575 auch von den polnischen Ständen zum König gewählt wurde. Zur letzteren Wahl gab auch Istanbul seine Zustimmung, da Báthory und nicht Erzherzog Ernst von Österreich den polnischen Thron erwarb. Oberungarn kam somit in einen polnisch-siebenbürgisch-osmanischen Zangengriff. Der Grenzgeneral zu Kaschau (1568–1584), Hans Rueber, beklagte 1576 zu Recht:

> Da Ober Hungern auf einer seit von den Türggen und Sibenbürgern, die bißhéer nichts weniger alß die Türggen feindselig zuhandeln angefangen; auf der andern von Poln, gleich wie im triangl, umb und umb umbgeben, und sonst im lanndt selbst sich auch allerlei schwirigkeiten erczaigen, wol vonnotten, das man dessen, zu verhüettung aller ortteinfalle, eine guete anczal underhielte.[210]

Im Wiener Hofkriegsrat erhörte man die Worte des Grenzgenerals; dementsprechend investierte man in die Grenzverteidigung. So machte 1576 der Sold der 6.100 Soldaten in den 13 Festungen des oberungarischen Grenzgeneralats ca. 70 % der jährlichen Einnahmen des Königreichs Ungarn aus, was sogar den Soldbedarf jener Soldaten übertraf, die in den Festungen der Raaber und Kanischarischen Grenze die zentralen Territorien der Habsburgermonarchie beschützten. Und wenngleich diese gefährliche Situation nur für einen kurzen Zeitraum bestand, wurden bis zum Ende des 17. Jahrhunderts im Grenzgebiet zum osmanischen Verbündeten Siebenbürgen durchgehend beträchtliche Verbände und Summen aus den militärisch-finanziellen Ressourcen der Monarchie und des Königreiches gebunden. In Anbetracht dieser Umstände ist es verständlich, weshalb die Hohe Pforte beharrlich am Erhalt des Vasallenstatus des Fürstentums festhielt und mit erheblichen militärischen Mitteln gegen die Versuche der habsburgischen Heeresleitung, Siebenbürgen zu erwerben (1551–1555, 1600–1604, 1660–1662),[211] anging. Andererseits gab es für die siebenbürgische politische Elite in der nach der osmanischen Besatzung des Banats (1552) entstandenen geopolitischen und militärischen Situation kaum eine echte Alternative zum Vasallentum. Bis zum Ende des 17. Jahrhunderts verfügten die Habsburger nämlich nicht über die militärisch-wirtschaftlichen Möglichkeiten, die für die Rückeroberung Siebenbürgens, das sich im Griff der Osmanen befand, nötig gewesen wären.

---

210 Österreichisches Staatsarchiv; Kriegsarchiv, Alte Feldakten 1576/11/4, fol. 2.

211 Papp, Die diplomatischen Bemühungen; Oborni, Die Pläne des Wiener Hofes; Arens, Habsburg und Siebenbürgen.

Unter politisch-militärischen Aspekten war das Fürstentum aufgrund seines Vasallenstatus in vielerlei Hinsicht ein Teil Südosteuropas. Siebenbürgens Abhängigkeit von der Pforte war dagegen wesentlich geringer ausgeprägt als die der Fürstentümer Walachei und Moldau oder des Krimkhanats, sein politisches Gewicht innerhalb der osmanischen Innenpolitik aber im Vergleich viel bedeutsamer. Davon zeugt, dass die Fürsten Siebenbürgens bei ihrer Einsetzung, wie auch die *beylerbeyi* des Reiches, eine Fahne mit drei Rossschweifen erhielten,[212] die rumänischen Woiwoden und *sancakbeyi* hingegen nur Fahnen mit zwei Rossschweifen. Die Fürsten galten somit auch regional als bedeutende Machtfaktoren. Dies trifft insbesondere auf Stephan Báthory – ab 1576 zugleich polnischer König – bzw. Gabriel Bethlen und Georg I. Rákóczi zu, die es vermochten, Siebenbürgens Territorium um sieben ungarische Komitate aus dem oberungarischen Kreis (vgl. Tab. 13) zu erweitern. Dennoch konnte jeder Fürst, abgesehen von der notwendigen Unterstützung durch die Stände, nur mit Zustimmung aus Istanbul, namentlich mit Übergabe eines „Vertragsbriefes" des Sultans (ahdname-i hümayun) und der Herrschaftsinsignien (Fahne u. Stab) den Thron besteigen, und nur mit Genehmigung der Pforte durfte er außenpolitische Aktionen durchführen. Davon abgesehen musste Siebenbürgen stetig ansteigende Steuern (1543: 10.000; 1575: 15.000, dann 20.000 Gulden) an das Schatzamt des Sultans abführen und die osmanischen Feldzüge mit Truppen und Lebensmitteln öfters unterstützen.

Freilich hatten die ungarischen Fürsten trotz ihres Abhängigkeitsverhältnisses vom Osmanischen Reich innenpolitisch durchweg fast freie Hand. Bedeutender ist dabei, dass in Siebenbürgen, im Gegensatz zu den rumänischen Woiwodschaften oder den ehemaligen Balkanstaaten, das Ständewesen erhalten blieb. Mit der Entstehung des Fürstentums übernahm die einst siebenbürgische Ständeversammlung (congregatio generalis) sogar Funktionen eines Landtags: Sie verabschiedete Gesetze bzw. entwickelte sich, samt erweitertem territorialem Zuständigkeitsbereich, zur Ständeversammlung des neu geborenen Staatswesens, die über eine Kammer verfügte. Diese neue Institution beschränkte jedoch nur selten die stark zentralisierte Macht der Fürsten; fast alle wichtigen Fragen der Innen-, Finanz- und Militärpolitik entschieden die Fürsten und mit ihnen eine Handvoll einflussreicher Räte. Die wirtschaftliche Macht der Herrscher beruhte auf den großen Staatsgütern (z. B. Neuschloss/Gherla/Szamosújvár, Somlyó, Großwardein, Denburg, Karlsburg, Kővár) sowie auf ihrem Großgrundbesitz im Partium und nicht selten im Königreich Ungarn. Das Fürstentum blieb demnach selbst unter „osmanischem Joch" ein Ständestaat. Die lokale Verwaltungs- und Rechtspraxis blieb hierbei vom osmanischen Einfluss verschont, wodurch das Vasallentum kaum Spuren im innenpolitischen Leben des Fürstentums hinterließ. Auf das Handwerk übten die aus dem Osten kommenden Teppiche, Decken, bestickten Kissen und verzierten Waffen hingegen durchaus einen Einfluss aus. Insgesamt und im Vergleich zu den anderen Vasallenstaaten ist die Beziehung Siebenbürgens zur Hohen Pforte noch als gut – partiell gar als sehr gut – zu bezeichnen.

Alles in allem hing das eng damit zusammen, dass das Fürstentum trotz seiner Zugehörigkeit zum osmanischen Einflussbereich nach wie vor ein besonderer Teil des europäischen Staatensys-

---

212 Szabó/Erdősi, Ceremonies Marking.

tems blieb, was durch mehrere Faktoren gefördert wurde. Einerseits blieb die politische Elite des Landes im Gegensatz zu deren Pendants im Balkanraum intakt und das politische System ähnelte viel mehr dem der mitteleuropäischen Ständestaaten als dem der von den Osmanen okkupierten südosteuropäischen Gebiete; diese wurden überwiegend in Form eines Sandschaks in das Weltreich inkorporiert. Demgegenüber war es den erfolgreichen politisch aktiven Fürsten (Stephan Báthory, Gabriel Bethlen u. Georg I. Rákóczi) – selbstverständlich nur mit Genehmigung Istanbuls – möglich, sich in die politischen und militärischen Kämpfe Mitteleuropas einzuschalten. So nahm Báthory im Ringen um den polnischen Thron Mitte der 1570er Jahre teil, Bethlen und Rákóczi dagegen partizipierten aktiv am Dreißigjährigen Krieg (1618–1648).

Infolgedessen mussten die Habsburgerherrscher die Fürsten Siebenbürgens im 16. und 17. Jahrhundert fast durchweg ins Kalkül einbeziehen. Davon zeugt, dass die politische Führungsspitze in Wien den jeweiligen Kräfteverhältnissen entsprechend eine ganze Reihe von Friedensverträgen (1571: Speyer, 1595: Prag, 1606: Wien, 1621: Nikolsburg, 1624: Wien, 1626: Pressburg, 1645: Linz) mit ihnen schloss.[213] Diese Verträge zwischen den Habsburgern und Siebenbürgen waren wiederum auch aus Sicht der Stände des Königreichs Ungarn von herausragender Bedeutung; darin vermochten es nämlich die sich mit den Fürsten temporär verbündenden ungarischen Stände mehrfach, sich ihre Privilegien und die Ausübung der Religionsfreiheit im 17. Jahrhundert zusichern zu lassen. Die gegen die Habsburger gerichteten ungarländischen Feldzüge der Fürsten während des Langen Türkenkrieges und später, vor allem zur Zeit des Dreißigjährigen Krieges, wurden mit Hilfe dieser Friedensverträge beendet. Hierbei ebneten sie den Weg für die bereits erwähnten, mehrfachen neuen Kompromisse zwischen den Königen von Ungarn und den ungarischen Ständen (1608: Pressburg, 1622: Ödenburg, 1646/1647: Pressburg, 1681: Ödenburg).[214] Aufgrund dieser Umstände nahm das Fürstentum in gewisser Hinsicht eine Scharnierfunktion ein, da es durchgängig auch zu Mitteleuropa gehörte.

Trotz der zahlreichen mit den Fürsten abgeschlossenen Verträge gaben die Habsburger und die ungarischen Stände niemals die Hoffnung auf die Rückeroberung Siebenbürgens auf. Sie betrachteten es immer nur als ein vorübergehend verloren gegangenes Gebiet des Königreichs Ungarn, de facto als ein „Mitglied" der (Länder der) Stephanskrone (membrum regni et Coronae Hungaricae), wie auch die venezianischen Gesandten in Wien regelmäßig berichteten (z. B. 1564: „membro prencipale del Regno di Ongaria"[215]). Bis zur ersten Hälfte des 17. Jahrhunderts bekannte sich gleichermaßen die siebenbürgische politische Elite oftmals zu diesem Konzept, danach wurden aber die politischen Ansprüche durch die faktische Eigenständigkeit überschrieben. In der Realität entstand bereits in den 1560er Jahren eine politische, militärische und wirtschaftliche Grenzlinie zwischen dem Königreich und dem Fürstentum, da der neue Staat als osmanischer Vasall auch zu einem Feind der Habsburgermonarchie wurde. Deshalb richtete sich die habsburgische Kriegsführung auf eine dauerhafte Verteidigung nicht nur gegen die Osmanen, sondern auch gegen

---

213 Gooss, Österreichische Staatsverträge.

214 Neuerdings vgl. Pálffy, Jahrhunderte von Trennungen und Ausgleichen.

215 Fiedler (Hg.), Relationen venetianischer Botschafter, 233.

Siebenbürgen ein. Beispielhaft hierfür ist, dass der Wiener Hofkriegsrat nach 1565 innerhalb des oberungarischen Grenzgeneralats eine eigene kleine Schutzzone gegenüber Siebenbürgen, die Oberhauptmannschaft von Sathmar (mit den Festungen Sathmar, Kleinwardein, Ecsed u. Kálló), organisierte. An der Grenze der beiden Länder entstand also eine neue Festungskette, die zuvor nicht existiert hatte, worauf bald die Aufstellung eines neu ausgebauten Grenzzollsystems folgte. Auf die Verselbstständigung Siebenbürgens deutete außerdem der Umstand hin, dass das Fürstentum auf den ab der zweiten Hälfte des Jahrhunderts entstandenen gedruckten Karten für gewöhnlich bereits mit einer anderen Farbe gekennzeichnet wurde als das Königreich Ungarn.

Die neue Situation wurde so auch von zeitgenössischen Reisenden wahrgenommen. Demgemäß schrieb der Franzose Pierre Lescalopier 1574 von der Abtrennung Siebenbürgens: „Jeder spricht Ungarisch, die ursprüngliche Sprache des Landes, da Siebenbürgen früher eine Provinz Ungarns war."[216] Trotz der engen grenzüberschreitenden, gesellschaftlichen, kulturellen, sprachlichen und verwandtschaftlichen Beziehungen entfaltete sich Siebenbürgen aus politisch-militärischer Sicht zu einem eigenständigen Land, ja sogar zeitweise zu einem feindlichen politischen Gegner Ungarns. Dies gewinnt an Plausibilität, zieht man in Betracht, dass das Königreich ein wichtiger Teil der mitteleuropäischen Habsburgermonarchie, Siebenbürgen dagegen ein Vasallenstaat des Osmanischen Reiches war, dessen Existenz taktischen Überlegungen Istanbuls gegenüber den Habsburgern geschuldet war.

Das Regierungs- und Verwaltungssystem des siebenbürgischen Staates war, ähnlich der politischen Situation, janusköpfig.[217] Bei der Bildung der Regierung des Fürstentums konnte man auf zwei „Erbschaften" zurückgreifen. Teils griff man auf die stark zentralisierte Struktur des ostungarischen Königreichs unter Johann Szapolyai, teils auf die bereits etwas überholte Verwaltung der Woiwodschaft Siebenbürgen vor 1526 zurück. Deshalb trugen Regierung und Verwaltung des Fürstentums mehrheitlich spätmittelalterliche Züge. Der Versuch, eine moderne Finanzverwaltung (v. a. das Kameralwesen) zu installieren, wurde beispielsweise allein während der beiden längeren Perioden der Habsburgerherrschaft (1551–1555, 1600–1604) unternommen.[218] Trotz der starken Zentralisierung der fürstlichen Gewalt ist allerdings auch im Falle Siebenbürgens der Absolutismusbegriff abzulehnen, obwohl es in Siebenbürgen keine obersten und ständischen Landeswürdenträger gab, so wie im Königreich Ungarn (z. B. Palatin, Oberstlandesrichter, Personal, Schatzmeister).

Ab den 1560er Jahren stieg die Kanzlei endgültig zum wichtigsten Leitungs- und Exekutivorgan des Fürstentums auf; hinsichtlich der Leitung der militärischen und finanziellen Angelegenheiten entstanden jedoch im Gegensatz zur Habsburgermonarchie keine eigenständigen Institutionen.[219] Von den beiden Sektionen der Kanzlei leitete die sogenannte größere Kanzlei die

---

216 Benda/Tardy (Hgg.), Pierre Lescalopier utazása Erdélybe, 71.

217 Neuerdings Zach, Fürst, Landtag und Stände; Oborni, State and Governance; dies., Erdélyi országgyűlések.

218 Oborni, Habsburgischer Versuch zur Regelung der Finanzangelegenheiten; dies., Erdély kincstári bevételei.

219 Trócsányi, Erdély központi kormányzata.

auswärtigen (natürlich mit Zustimmung der Pforte) sowie die internen Angelegenheiten, wobei die kleinere Kanzlei für das Justizwesen zuständig war. Da es in Siebenbürgen keine Landesrichter gab, kam der Fürstentafel eine besondere Rolle in der Rechtsprechung zu. Obwohl zur Unterstützung sowohl der finanziellen als auch der militärischen Verwaltung einige neue Ämter ins Leben gerufen worden waren (Schatzmeister, Hauptsteuereinnehmer, General der Feldtruppen, General der Hoftruppen[220] usw.), beschränkten diese kaum die Rolle der Kanzlei. Einerseits besetzten die Fürsten mehrere dieser Ämter nur zeitweilig, andererseits standen fast alle der Ernannten entweder in einem größeren verwandtschaftlichen oder engeren familiären Verhältnis mit dem Herrscher; im Allgemeinen waren sie sogar Mitglieder seines Rates. Dies bedeutete, dass man zum innersten Kreis des Fürsten gehören musste, um die höchsten Landesämter bekleiden zu können. Dadurch wurde die Zentralmacht durch diese Ämter nicht geschwächt, sondern vielmehr gestärkt. Wer sich dem Willen des Fürsten nicht fügte (wie mehrere Großherren 1575, 1592, 1593, 1594 u. 1598), fand sich nicht selten auf dem Schafott wieder.

Neben dem oft tagenden, aber politisch relativ schwachen Landtag stellte daher selbst der Rat des Fürsten kein ernsthaftes Instrument zur Einschränkung der Macht des Herrschers dar. Obendrein gab es in Siebenbürgen auch sonst keine gesellschaftlichen Kreise, die über eine gewisse wirtschaftliche bzw. politische Macht (z. B. eine Schicht weltlicher und kirchlicher Großgrundbesitzer) verfügt hätten, die den Bestrebungen der Fürsten hätte Einhalt gebieten können. Diese verstanden es dagegen hervorragend, die im Kreis der am Landtag teilnehmenden drei Nationes Siebenbürgens (der Ungarn, Szekler u. Sachsen) auftretenden Gegensätze für sich auszunutzen. Deshalb war die fürstliche Macht dem schwachen Ständetum stark überlegen, was die Beziehungen zwischen dem Herrscher und den Ständen maßgeblich prägte. Dies galt auch auf wirtschaftlicher Ebene, da der Fürst mithilfe seiner Beamten alle wichtigen Angelegenheiten, die Burgherrschaften, die Grenzzölle und nicht zuletzt die reichen Edelmetall- (Großschlatten/Abrud/Abrudbánya, Offenburg/Baia de Arieş/Aranyosbánya, Altenburg/Baia de Criş/Körösbánya, Kleinschlatten/Zlatna/Zalatna, Frauenbach/Baia Mare/Nagybánya) und Salzbergwerke (Deesch/Dej/Dés, Thorenburg/Turda/Torda, Salzgrub/Cojocna/Kolozs, Seck/Sic/Szék, Salzburg/Ocna Sibiului/Vízakna) unter strenger finanzieller Kontrolle hielt.

So blieb Siebenbürgen im 16. und 17. Jahrhundert ein Ständestaat, der zwar stärker zentralisiert war als das Königreich Ungarn, aber nur über eine schwache und instabile politische Elite verfügte. Vor dem Hintergrund der Abhängigkeit vom Osmanischen Reich ist der Erhalt Siebenbürgens wiederum als große Errungenschaft zu bewerten. Dies berücksichtigend und aufgrund der oben vorgebrachten Faktoren ist das im Grenzgebiet zwischen Osmanischem Reich und Habsburgermonarchie liegende Siebenbürgen insgesamt als ein besonderer Teil sowohl Südost- als auch Mitteleuropas zu bezeichnen.

---

220 Vgl. SZABÓ/SOMOGYI, Das Heer des Fürstentums Siebenbürgen.

8. DIE WALACHEI UND DIE MOLDAU VOM 17. BIS INS FRÜHE 19. JAHRHUNDERT

8.1 ÜBERSICHTSDARSTELLUNGEN UND QUELLEN

8.1.1 *Übersichtsdarstellungen*

Der gut zwei Jahrhunderte umfassende Zeitraum dieses Abschnitts thematisiert die Geschichte der Walachei und der Moldau vom frühen 17. Jahrhundert bis zum Jahr 1821. Die Darstellung hier zeichnet primär die großen Linien der Entwicklung nach. Die umfangreiche Forschung zu Einzelaspekten lässt sich über die Literaturhinweise des vorliegenden Kapitels erschließen sowie über eine Reihe von Überblickswerken.

Die umfangreichste jüngere Darstellung dieses Zeitraumes ist in der umstrittenen, zehnbändigen Akademiegeschichte zu finden. Die beiden zum hier besprochenen Zeitraum vorliegenden, jeweils weit über tausend Seiten starken Bände sind die besten und erschließen die Quellen und die wichtigste Literatur umfassend, wobei die ergänzte zweite Auflage vorzuziehen ist: Istoria Românilor. Bd. 5: O epocă de înnoiri în spirit european (1601–1711/1716) [Geschichte der Rumänen. Bd. 5: Eine Epoche der Erneuerungen in europäischem Geist (1601–1711/1716)]. Hgg. Virgil CÂNDEA/Constantin REZACHEVICI/Nicolae EDROIU. Bucureşti ²2012; Bd. 6: Românii între Europa clasică şi Europa luminilor (1711–1821) [Die Rumänen zwischen dem klassischen Europa u. dem Europa der Aufklärung (1711–1821)]. Hgg. Paul CERNOVODEANU/Nicolae EDROIU. Bucureşti ²2012; zur Kritik an der Akademiegeschichte Daniel URSPRUNG, Historiographie im Zeichen der Beharrung. Kritische Anmerkungen zur umfangreichsten Gesamtdarstellung der rumänischen Geschichte, *Südost-Forschungen* 63–64 (2004–2005), 408–421. Eine stark geraffte Version der Akademiegeschichte ist in zwei Bänden erschienen: Dan BERINDEI (Hg.), Istoria românilor. 2 Bde. Bucureşti 2018, zum Zeitraum 1601–1711/1716 Bd. 1, 457–584, zu den Jahren 1711/1716–1821 ebd., 585–660.

Eine der besten Darstellungen zur Geschichte der Walachei und der Moldau behandelt ebenso den Zeitraum 1774 bis 1821 mit und geht neben der Ereignisgeschichte vor allem auch auf politische, soziale und kulturelle Entwicklungen ein: Keith HITCHINS, The Romanians, 1774–1866. Oxford 1996. Für eine Übersicht über das 17. Jahrhundert kann zurückgegriffen werden auf Ştefan ŞTEFĂNESCU, Istoria românilor de la Mihai Viteazul la Constantin Brâncoveanu [Geschichte der Rumänen von Michael d. Tapferen bis Constantin Brâncoveanu]. Bucureşti 1996, zum 18. Jahrhundert DERS., Istoria românilor în secolul al XVIII-lea între tradiţie şi modernitate [Die Geschichte der Rumänen im 18. Jh. zwischen Tradition u. Moderne]. Bucureşti 1999. Bogdan

Murgescu hat in Analogie zu Westeuropa den nur wenig rezipierten Periodisierungsvorschlag gemacht, das Konzept der „Frühen Neuzeit" für die rumänische Geschichte zu übernehmen anstelle der seit etwa 50 Jahren vorherrschenden Sicht, die Zeit bis 1821 für die Walachei und die Moldau als „Mittelalter" (oder in realsozialistischer Terminologie „Feudalzeitalter") zu konzipieren: Bogdan MURGESCU, O alternativă la periodizarea tradiţională. Epoca modernă timpurie [Eine Alternative zur traditionellen Periodisierung. Die Frühe Neuzeit], *Studii şi articole de istorie* 66 (2001), 5–18, 14f. Derselbe bietet auch eine gute, vergleichende strukturgeschichtliche Synthese der Zeit bis 1800: DERS., Istorie românească – istorie universală (600–1800) [Rumänische Geschichte – Weltgeschichte (600–1800)]. Bucureşti ²1999.

Die Forschung zu diesen gut zwei Jahrhunderten ist nicht zuletzt aufgrund des viel reichhaltigeren und deswegen zumindest für das 18. und frühe 19. Jahrhundert noch weniger systematisch erschlossenen (und auch paläographisch schwerer erschließbaren) Archivmaterials sehr kleinteilig und spezialisiert. Als Einheit gefasst wird der hier behandelte Zeitraum im Gegensatz zur vorangehenden Epoche nur selten. Während das 17. Jahrhundert aufgrund der verfügbaren Quellenlage faktisch oft eher engere Bezüge zu den Forschungen der vorangehenden Epoche aufweist, ergibt sich mit der zunehmenden Quellendichte für die Zeit der Phanariotenherrschaft ein methodisch und thematisch breiteres Spektrum an Ansätzen, für die eine synthetische Zusammenführung aber noch aussteht. Während die ältere Forschung der Phanariotenzeit nur relativ geringe Aufmerksamkeit geschenkt hat, ist das Interesse daran in den letzten zwei Jahrzehnten nicht zuletzt vor dem Hintergrund neuer Fragestellungen kulturwissenschaftlich ausgerichteter Forschungen (historische Anthropologie, Alltags- u. Geschlechtergeschichte), die sich für frühere Perioden wegen des Quellenmangels so nicht bearbeiten lassen, stark gewachsen. Eine Übersicht über den Forschungsstand würde daher nur stark fragmentiert nach Einzelaspekten sinnvoll sein. Deshalb wird die relevante Literatur – thematisch fokussierte Synthesen u. Überblickswerke über einzelne Teilabschnitte sowie wichtige Spezialliteratur – an der jeweiligen Stelle in den Anmerkungen genannt.

8.1.2 Quellen

Die Quellen zur Geschichte der Walachei und der Moldau für den Zeitraum vom 17. bis zum frühen 19. Jahrhundert sind schon allein aufgrund des ungleich größeren Umfangs an Quellenmaterial deutlich weniger systematisch und vollständig ediert als diejenigen zu den vorangehenden Jahrhunderten. Das 17. Jahrhundert markiert den – gegenüber Westeuropa um mehrere Jahrhunderte verschobenen – allmählichen Übergang vom Urkunden- zum Aktenzeitalter, was den Ausbau der Verwaltung widerspiegelt. Zu den wichtigsten Editionen gehören einige der großen Editionsvorhaben, die die rumänische Geschichte insgesamt, vom 14. bis ins 19. Jahrhundert, in den Blick nehmen. Dafür ist der einführende Teil zu den Quellen des Mittelalters zu konsultieren (s. Beitrag 1, SCHMITT, Kap. 1.1.1), sie werden hier nicht noch einmal aufgeführt. Viele Einzelquellen sind verstreut als unselbständige Publikationen ediert worden. Sie sind zu erschließen über die Bibliografia istorică a României [Historische Bibliographie Rumäniens]. Bde. 4–13. Bucureşti 1970–2011, bzw. in Fortsetzung Anuarul istoriografic al României [Historiographisches

Jahrbuch Rumäniens]. Bisher 4 Bde. Cluj-Napoca 2013–2018. In Ergänzung dazu ist für Publikationen aus der Walachei und der Moldau (mithin Quellen) von 1508 bis 1830 heranzuziehen Ion Bianu/Nerva Hodoş (Hgg.), Bibliografia române[a]scă veche 1508–1830 [Altrumänische Bibliographie, 1508–1830]. 4 Bde. Bucureşti 1910–1944. Eine ausführliche Quellenkunde zum Zeitraum 17. bis frühes 19. Jahrhundert findet sich in den Bänden 5 und 6 der oben zitierten Akademiegeschichte (Istoria Românilor). In Kombination erlauben diese Hilfsmittel eine annähernd erschöpfende Erfassung der relevanten Quellenpublikationen. Nachfolgend sind daher nur einige wichtige sowie neuere Editionen genannt. Einige spezifische Editionen sind als Fussnoten an den entsprechenden Textstellen genannt.

Ob und wann die große Urkundenedition zur Walachei und Moldau, die Documenta Romaniae Historica, gemäß ursprünglichen Plänen dereinst den Zeitraum vom 14. Jahrhundert bis zum Beginn der Phanariotenherrschaft anfangs des 18. Jahrhunderts komplett abdecken wird, ist ungewiss – wenn, dürfte dies noch Jahrzehnte dauern. Derzeit deckt sie – mit Lücken – vor allem den Zeitraum vom 14. bis 16. Jahrhundert sowie, besonders für die Walachei, die erste Hälfte des 17. Jahrhundert ab, auch hier nicht vollständig. Für das 18. Jahrhundert liegen nur noch geographisch oder thematisch einschlägige und meist auf einer Auswahl beruhende Editionen vor, so etwa Documente privind relaţiile agrare în veacul al XVIII-lea. Bd. 1: Ţara Romînească; Bd. 2: Moldova [Dokumente betreffend die Agrarverhältnisse im 18. Jh. Bd. 1: Walachei; Bd. 2: Moldau]. Hg. Vasile Mihordea. Bucureşti 1961–1966; Dokumente zur Geschichte der Moldau vor allem aus sowjetischen Beständen in Moldavija v épochu feodalizma. Moldova yn epoka feudalizmuluj [Die Moldau in der Epoche des Feudalismus]. Ab Bd. 8 in Latinica unter dem Titel Moldova în epoca feudalismului. Hg. P. G. Dmitriev u. a. 12 Bde. in 13. Kišinev (Chişinău) 1975–2012, zum Zeitraum 17. Jh. – 1806 die Bde. 3–12.

Gegen Ende des 17. Jahrhunderts beginnt langsam das Aktenzeitalter. Eine der frühesten Fiskalquellen der Walachei aus der Zeit Constantin Brâncoveanus hat ediert C. D. Aricescu, Condica de venituri şi cheltueli a vistieriei de la leatul 7202–7212 (1694–1704) [Das Register der Einkünfte u. Ausgaben des Schatzamtes vom Jahre 7202–7212 (1694–1704)], *Revista istorică a arhivelor României* 1878 [Sondernummer]. Als wichtige Aktenpublikation sticht exemplarisch die Edition des Registers von Constantin Mavrocordat heraus, das wichtige Rückschlüsse über das Verwaltungshandeln in den Jahrzehnten um die Mitte des 18. Jahrhunderts, mithin die Epoche der großen phanariotischen Reformen, zulässt: Condica lui Constantin Mavrocordat [Das Registerbuch von Constantin Mavrocordat]. Hg. Corneliu Istrati. 3 Bde. Iaşi 2008.

Eine Quellenedition zu Kaufleuten aus dem Zeitraum 1656–1714 erschließt exemplarisch Archivbestände, die dereinst allenfalls in den noch ausstehenden Bänden der Documenta Romaniae Historica erfasst werden: Documente privitoare la negustorii din Ţara Românească [Dokumente betreffend die Händler der Walachei]. Hg. Gheorghe Lazăr. 2 Bde. Iaşi 2013–2014, und in Fortsetzung Catastife de negustori din Ţara Românească (secolele XVIII–XIX) [Händlerregister aus der Walachei (18.–19. Jh.)]. Hg. Gheorghe Lazăr. Iaşi 2016. Siehe ebenso Dumitru Limona (Hg.), Negustorii „greci" şi arhivele lor comerciale [„Griechische" Händler u. ihre Handelsarchive]. Iaşi 2016. Fiskalquellen der Moldau von 1763–1826 publiziert Ioan Caproşu (Hg.), Sămile Vistieriei Ţării Moldovei [Die Rechnungen der Schatzkammer des Landes Moldau]. 3 Bde. Iaşi 2010. Ein

Steuerregister aus dem frühen 19. Jahrhundert ist verfügbar bei Corneliu ISTRATI (Hg.), Condica vistieriei Moldovei din anul 1816 [Das Registerbuch des Schatzamtes der Moldau aus dem Jahr 1816]. Iași 1979. Vermögensinventare, die wichtige Einblicke in die materielle Kultur der Oberschichten zulässt, hat publiziert Dan Dumitru IACOB, Avere, prestigiu, și cultură materială în surse patrimoniale. Inventare de averi din secolele XVI–XIX [Vermögen, Prestige u. materielle Kultur in Vermögensquellen. Besitzinventare aus dem 16.–19. Jh.]. Iași 2015.

Lokale und regionale Urkundenbestände sind an vielen verstreuten Orten erschienen, häufig unselbständig. So sind etwa die sonst schwer zugänglichen Archivbestände des Munizipalmuseums Bukarest an mehreren Stellen erschienen, darunter auch als selbständige Publikation mit Dokumenten aus dem Zeitraum 1679–1688: Actele domniei lui Șerban Cantacuzino aflate în patrimoniul muzeului municipiului București [Akten der Herrschaft von Șerban Cantacuzino aus dem Patrimonium des Munizipalmuseums Bukarest]. Hg. Grina-Mihaela RAFAILĂ. București 2014. Zahlreiche, vielfach ältere Editionen erschließen regionale und lokale Urkundenbestände, wobei hier stellvertretend nur auf die beiden folgenden Ausgaben zum Gebiet Vrancea im Südwesten der Moldau verwiesen sei: Documente vrâncene. Cărți domnești, hotărnicii, răvașe și izvoade [Dokumente aus Vrancea. Herrschaftliche Urkunden, Grenzbestimmungen, Schriftstücke u. Abschriften]. Hgg. C. D. CONSTANTINESCU-MIRCEȘTI/Henri H. STAHL. București 1929; Documente putnene [Dokumente aus Putna]. Hg. Aurel V. SAVA. 2 Bde. Focșani, Chișinău 1929–1931. Für die Walachei sei hier stellvertretend hingewiesen auf Contribuțiuni documentare la istoria Olteniei, secolul XVI, XVII și XVIII [Dokumentarische Beiträge zur Geschichte Olteniens, 16., 17. u. 18. Jh.]. Hg. T. G. BULAT. Râmnicu Vâlcea 1925.

Kürzlich ist die bis zu diesem Zeitpunkt detaillierteste Karte der Kleinen Walachei von 1723, anlässlich der kurz zuvor erfolgten österreichischen Besetzung dieses Landesteils, inklusive der ausführlichen Begleitkommentare in einer wissenschaftlichen Edition mit Faksimile von Karte und Kommentar auf DVD publiziert worden: Friedrich Schwantz von Springfels. Descrierea Olteniei la 1723 [Beschreibung Olteniens von 1723]. Übers., Hg. Mircea-Gheorghe ABRUDAN. Brăila, Cluj-Napoca 2017. Umfangreiches Material zur Zeit der habsburgischen Verwaltung in der Kleinen Walachei von 1718–1739 sind ferner ediert bei C. GIURESCU (Hg.), Material pentru istoria Olteniei supt Austriaci [Material zur Geschichte Olteniens unter den Österreichern]. 3 Bde. București 1913–1944.

Das politische Denken der walachischen und moldauischen Eliten erschließt durch eine Auswahl von einschlägigen Denkschriften der Band von Vlad GEORGESCU (Hg.), Mémoires et projets de réforme dans les Principautés Roumaines, 1769–1830. Répertoire et textes inédits. Bucarest 1970. Siehe auch Proiectele de constituție, programele de reforme și petițiile de drepturi din țările române în secolul al XVIII-lea și prima jumătate a secolului al XIX-lea. Les projets de constitution, les programmes de réformes et les pétitions de droits dans les pays roumains au XVIIIᵉ siècle et dans la première moitié du XIX siècle. Hg. Valeriu ȘOTROPA. București 1976.

Quellen zu den Außenbeziehungen der Walachei und der Moldau sind in zahlreichen Publikationen zu finden, darunter auch den großen allgemeinen Korpora wie etwa den Editionen von Andrei Veress und besonders der Hurmuzaki-Sammlung (s. Beitrag 1, SCHMITT, Kap. 1.1.1). Für eine Übersicht über die Inhalte der Einzelbände dieser und anderer älterer Editionen sehr nützlich ist die in Kap. 1.1.1 (S. 11) zitierte und von Ştefan ŞTEFĂNESCU herausgegebene Enciclopedia istoriografiei romaneşti zu nennen, genauso wie die Historische Bücherkunde Südosteuropa. Bd. 2,2: Neuzeit. Rumänien 1521–1918. Bearb. v. Manfred STOY. München 2002.

Für osmanische Quellen zur Geschichte der Walachei und der Moldau für den Zeitraum vom 17. bis ins frühe 19. Jahrhundert sind etwa zu erwähnen Mihai MAXIM, Brâncoveanu şi Înalta Poartă. Documente din arhivele turceşti [Brâncoveanu u. die Hohe Pforte. Dokumente aus türk. Archiven]. Brăila 2016, und Relaţiile româno-otomane, 1711–1821. Documente turceşti [Rumänisch-osmanische Beziehungen 1711–1821. Türk. Dokumente]. Hg. Valeriu VELIMAN. Bucureşti 1984. Interessante Einblicke in die Beziehungen zwischen einem Phanariotenherrscher und der Hohen Pforte bietet der Band Reprezentanţa diplomatică a Moldovei la Constantinopol, 30 august 1741–decembrie 1742. Rapoartele inedite ale agenţilor lui Constantin Mavrocordat [Die diplomatische Vertretung der Moldau in Konstantinopel, 30. August 1741–Dezember 1742. Unpublizierte Berichte der Vertreter von Constantin Mavrocordat]. Übers., Hg. Ariadna CAMARIANO-CIORAN. Bucureşti 1985.

Gesandtschaftsberichte und diplomatische Korrespondenz der europäischen Mächte stellen eine wichtige Quelle zu den politischen Vorgängen in den beiden Ländern dar. Neben den großen allgemeinen Editionen liegen einige Einzelpublikationen zu bestimmten Epochen vor, so etwa zu französischen Berichten aus Konstantinopel Lettres et extraits concernant les relations des Principautés Roumaines avec la France, 1728–1810. Hg. Jean C. FILITTI. Bucureşti 1915. Quellenauszüge aus der Korrespondenz der spanischen Gesandten in Wien für die beiden Zeiträume 1532–1616 und 1738–1786 sind versammelt in Al. CIORĂNESCU (Hg.), Documente privitoare la istoria românilor culese din arhive din Simancas [Dokumente bezüglich der Geschichte der Rumänen gesammelt in den Archiven von Simancas]. Bucureşti 1940. Für die Beziehungen zwischen den Habsburgern und Constantin Brâncoveanu Documente şi regeste privitoare la Constantin Brâncoveanu [Dokumente u. Regesten betreffend Constantin Brâncoveanu]. Hgg. Const. GIURESCU/N. DOBRESCU. Bucureşti 1907. Ebenfalls auswärtige Quellen zur Phanariotenfamilie Callimachi aus der zweiten Hälfte des 18. und dem Beginn des 19. Jahrhunderts präsentiert Documente privitoare la familia Callimachi [Dokumente betreffend die Familie Callimachi]. 2 Bde. Hg. N. IORGA. Bucureştǐ 1902–1903. Bestände aus polnischen Archiven aus dem 16. und 17. Jahrhundert sind zusammengeführt in Ilie CORFUS (Hg.), Documente privitoare la istoria României culese din arhivele polone [Dokumente betreffend die Geschichte Rumäniens gesammelt in poln. Archiven]. 3 Bde. Bucureşti 1979–2001. Quellen aus sowjetischen Beständen zu den Beziehungen der Moldau zum Zarenreich versammelt der Band Rossija i osvoboditel'naja bor'ba moldavskogo naroda protiv osmanskogo iga, 1769–1812 [Russland u. der Befreiungskampf des mold. Volkes gegen das Osmanische Joch, 1769–1812]. Hgg. N. A. MOCHOV/D. M. DRAGNEV. Kišinev 1984.

Der Beginn des 19. Jahrhunderts mit der turbulenten Zeit der napoleonischen Kriege, des russisch-osmanischen Krieges und dem Beginn des griechischen Aufstandes ist in mehreren Editionen erfasst, so in Documente româneşti din arhivele franceze (1801–1812). Cu un studiu introductiv [Rumänische Dokumente aus den franz. Archiven (1801–1812). Mit einer einführenden Studie]. Hg. Teodor HOLBAN. Bucureşti 1939; Corespondenţa lui Constantin Ypsilanti cu guvernul rusesc, 1806–1810. Pregătirea Eteriei şi a renaşterii politice româneşti [Die Korrespondenz von Konstantin YpsiIántis mit der russ. Regierung, 1806–1810. Die Vorbereitung der Etaireía u. der rum. politischen Wiedergeburt]. Hg. P. P. PANAITESCU. Bucureşti 1933, ²2001. Umfangreiche Edition von Dokumenten zur russischen Außenpolitik, darunter auch der Politik gegenüber der Hohen Pforte und der Donaufürstentümer: Vnešnaja politika Rossii XIX i načala XX veka. Dokumenty rossijskogo ministerstva inostrannych del [Die Außenpolitik Russlands im 19. u. Anfang des 20. Jh.s. Dokumente des russischen Ministeriums für auswärtige Angelegenheiten]. Hg. A. A. GROMYKO u. a. Serija 1, 7 Bde. zum Zeitraum 1801–1815; Serija 2, Bde. 1–4, zum Zeitraum 1815–1822. Moskva, 1960–1980. Das frühe 19. Jahrhundert und vor allem der russisch-türkische Krieg, der zur russischen Annexion Bessarabiens führte, wird von einer noch nicht abgeschlossenen Edition in den Blick genommen: Documente privitoare la istoria Ţării Moldovei în perioada războiului ruso-turc 1806–1812 [Dokumente betreffend die Geschichte der Moldau in der Periode des russ.-türk. Krieges 1806–1812]. Hgg. Demir DRAGNEV u. a. Bislang 2 Bde. Bacău, Bucureşti, 2016–2017. Quellen lokaler wie auswärtiger Provenienz zum Jahr 1821 mit dem Aufstand des Tudor Vladimirescu in der Walachei und dem Beginn des Aufstandes der Filikí Etaireía in Documente privind istoria Romîniei. Răscoala din 1821 [Dokumente betreffend die Geschichte Rumäniens. Der Aufstand von 1821]. Hgg. Andrei OȚETEA. 5 Bde. Bucureşti 1959–1962.

Zu den wichtigsten erzählenden Quellen der älteren rumänischen Geschichte überhaupt gehören die Chroniken des 17. und frühen 18. Jahrhunderts, das als Blütezeit der Chronistik in der Walachei und besonders der Moldau zu gelten hat. Die moldauischen Chroniken des Chronisten-Dreigestirns Ureche, Costin und Neculce genauso wie die Werke der insgesamt deutlich weniger intensiven walachischen Chronistik sind bereits in der „bibliographie raisonnée" zum Spätmittelalter genannt worden (s. Beitrag 1, SCHMITT, Kap. 1.1.1; Abschnitt: Chroniken). Zusätzlich ist für die erste Hälfte des 18. Jahrhunderts zur Moldau die anonyme Chronik aus dem Umfeld der Woiwodenfamilie Ghica eine herausragende Quelle: Cronica Ghiculeştilor. Istoria Moldovei între anii 1695–1754 [Die Chronik des Geschlechts Ghica. Die Geschichte der Moldau zwischen den Jahren 1695–1754]. Hgg. Nestor CAMARIANO/Ariadna CAMARIANO-CIORAN. Bucureşti 1965. Für die Walachei liegen zwei Chroniken aus dem Umfeld Constantin Brâncoveanus vor, eine von Radu Greceanu (Istoria domniei lui Constantin Basarab Brîncoveanu voievod [1688–1714] [Die Geschichte der Herrschaft von Woiwode Constantin Basarab Brâncoveanu (1688–1714)]. Hg. Aurora ILIEŞ. Bucureşti 1970), sowie eine anonyme Istoria Ţării Romîneşti de la octombrie 1688 pînă la martie 1717. Cronica anonimă [Geschichte der Walachei vom Oktober 1688 bis März 1717. Anonyme Chronik]. Hg. Constantin GRECESCU. Bucureşti 1959.

Eine herausragende Landesbeschreibung der Walachei aus dem frühen 18. Jahrhundert wurde verfasst vom Sekretär des Woiwoden Constantin Mavrocordat, Antonio Maria del Chiaro, Istoria delle moderne rivoluzioni della Valachia, con la descrizione del paese. Natura, costumi, riti, e religione degli abitanti. Venezia 1718, neu ediert 1914 von Nicolae IORGA als Band 30 seiner Studii şi documente cu privire la istoria românilor [Studien u. Dokumente betreffend die Geschichte der Rumänen]. Diese monumentale, aber sehr unübersichtliche Sammlung umfasst darüber hinaus zahlreiche Quellen zum hier betreffenden Zeitraum. Eine Übersicht verschaffen auch hier die genannten Werke von Ştefănescu und die Historische Bücherkunde Südosteuropa, Bd. 2,2 (Bearb. STOY), 70–73. Gewissermaßen eine Art Pendant zu del Chiaros Werk ist die etwa im gleichen Zeitraum entstandene Landesbeschreibung der Moldau vom kurzzeitigen Woiwoden dieses Landes, Dimitrie Cantemir (s. zu den Editionen die bibliographischen Angaben in Kap. 8.4.2, Anm. 48).

Für die Zeit des österreichisch-osmanischen Krieges 1736–1739 sind die Beobachtungen des Sekretärs von Woiwode Constantin Mavrocordat eine wichtige Quelle, publiziert in griechischem Original und französischer Übersetzung als Constantin Dapontès. Éphémérides Daces ou chronique de la guerre de quatre ans. 2 Bde. Übers., Hg. Émile LEGRAND. Paris 1881–1882. Eine weitere herausragende narrative Quelle für weite Teile des 18. Jahrhunderts ist die vom Großban Mihai Cantacuzino 1776 verfasste Landesbeschreibung der Walachei, ediert zuerst in griechischer Sprache von TUNUSLE [Gebrüder] (Hg.), Ιστορία της Βλαχίας πολιτική και γεωγραφική από της αρχαιοτάτης αυτής καταστάσεως έως τω 1774 έτους. Wien 1806, sowie auf Rumänisch und wiederum ohne Verfasserangabe als Istoria politică şi geografică a ţerei românesci de la cea maï veche a sa întemeere până la anulu 1774. Dată maï antaiu la lumina în limba grecésca la anul 1806 de Fraţii Tunusli [Politische u. geographische Geschichte der Walachei von ihrer ältesten Gründung bis ins Jahr 1774. Erstmals 1806 von den Tunusli-Brüdern auf Griechisch veröffentlicht]. Übers., Hg. George SION. Bucureşti 1865. Derselbe hat eine Familiengeschichte verfasst, eines der herausragendsten Beispiele für die in dieser Zeit blühende Textgattung der Bojarengenealogien, die aber neben phantastischen Gründungsmythen ebenfalls hohen Quellenwert für die Walachei des 18. Jahrhunderts hat und ediert wurde von Nicolae IORGA (Hg.), Genealogia Cantacuzinilor de Banul Mihai Cantacuzino [Die Genealogie der Cantacuzino vom Ban Mihai Cantacuzino]. Bucureşti 1902. Für das letzte Drittel des 18. und den Beginn des 19. Jahrhunderts und vor allem für letztere Zeit zuverlässig ist die Chronik des Eclesiarhul Dionisie. Hronograf (1764–1815) [Chronik (1764–1815)]. Hgg. Dumitru BĂLAŞA/Nicolae STOICESCU. Bucuresti 1987.

Wie Cantacuzinos Landesbeschreibung ein Werk aus den 1780er Jahren sind die anonym vom Offizier in russischen Diensten Friedrich Wilhelm von BAUER publizierten Mémoires historiques et géographiques sur la Valachie avec un prospectus d'un Atlas Géographique & militaire de la dernière guerre entre la Russie & la Porte Ottomane, publiés par Monsieur de B***. Francfort, Leipsic 1778. In denselben zeitlichen Kontext gehört die starke Anleihen bei Dimitrie Cantemir machende Histoire de la Moldavie et de la Valachie avec une dissertation sur l'état actuel de ces deux provinces, par C... [Jean Louis CARRA]. Jassy [de facto Bouillon] 1777. Gleichfalls eine auswärtige Landesbeschreibung aus demselben Zeitraum ist [Stefan RAIČEVIĆ], Osservazioni storiche naturali e politiche intorno la Valachia e Moldavia. Napoli 1788. Derselben Textgattung zugehörig sind die Aufzeichnungen aus dem frühen 19. Jahrhundert des Augenzeugen William WILKINSON, An Account of the Principalities of Wallachia and Moldavia. With Various Political Observations Relating to them. London 1820.

Ein Verzeichnis von Toponymen mit Kurzbeschreibung der einzelnen Orte, entstanden im Rahmen einer kartographischen Aufnahme in der Moldau aus dem späten 18. Jahrhundert durch österreichische Vermessungsingenieure, wurde kürzlich ediert von Ion DONAT/Şerban PAPACOSTEA (Hgg.), Ţinuturile dintre Carpaţi şi Siret într-o descriere austriacă de la sfârşitul secolului al XVIII-lea [Die Distrikte zwischen Karpaten u. Siret in einer österr. Beschreibung vom Ende des 18. Jh.s]. Brăila 2015. Von einem Bediensteten aus dem phanariotischen Umfeld stammt eine Geschichte Siebenbürgens, der Walachei und der Moldau, die hier vor allem aufgrund detaillierter statistischer Angaben aus dem frühen 19. Jahrhundert interessant ist: Dionýsios FOTEINÓS, Ἱστορία τῆς πάλαι Δακίας, τὰ τῆς Τρανσιλβανίας, Βλαχίας, καὶ Μολδαυίας. Ἐκ διαφόρων παλαιῶν καὶ νεωτέρων συγγραφέων [Geschichte des alten Dakien, des heutigen Siebenbürgens, der Walachei u. der Moldau. Von verschiedenen alten u. neuen Autoren]. [Wien] 1819; Neuedition einer teils gekürzten rumänischen Übersetzung von 1859 als Dionisie Fotino. Istoria generală a Daciei sau a Transilvaniei, Ţării Munteneşti şi a Moldovei [Allgemeine Geschichte Dakiens oder Siebenbürgens, der Walachei u. der Moldau]. Übers. George SION. Bucureşti 2008. Für das frühe 19. Jahrhundert von hohem Quellenwert ist die besonders auch medizinische Bereiche betreffende Landesbeschreibung des Arztes Constantin Caracaş, die seit Kurzem im griechischen Original und in rumänischer Übersetzung in einer neuen, kritischen Edition vorliegt, Constantin Caracaş. Topografia Ţării Româneşti. Ediţie bilingvă [Topographie der Walachei. Zweisprachige Ausgabe]. Hg. Georgeta FILITTI. Bucureşti 2018.

Für Reiseberichte sei auf die bereits in Kap. 1.1.1 (Abschnitt: Reiseberichte) zum Spätmittelalter zitierte Sammlung Călători străini despre Ţările Române verwiesen (Bde. 4 bis 10 für den hier einschlägigen Zeitraum), die auch die für wissenschaftliche Zwecke zu nutzenden Editionen nennen. Für das 17. Jahrhundert berichten vor allem die beiden Berichte des berühmten osmanischen Reisenden Evliya Çelebi (1611–ca. 1685) sowie des syrischen orthodoxen Klerikers Paul von Aleppo (1627–1669) ausführlich über die Verhältnisse in den beiden Ländern. Der Bericht Paul von Aleppos zur Walachei und Moldau liegt seit Kurzem als erster von drei geplanten Bänden einer Gesamtausgabe dieser herausragenden Quelle in einer neuen, kritischen Edition in rumänischer Übersetzung vor: Paul din Alep. Jurnal de călătorie. Bd. 1: Siria, Constantinopol, Moldova, Valahia şi Ţara Cazacilor [Paul von Aleppo. Reisebericht. Bd. 1: Syrien, Konstantinopel, Moldau, Walachei u. Kosakenland]. Hg. Ioana FEODOROV. Brăila 2020. Eine Edition inklusive des arabischen Originaltextes bei Paul din Alep. Jurnal de călătorie în Moldova şi Valahia, Paul din Alep [Reisebericht in die Moldau und die Walachei, Paul von Aleppo]. Hg. Ioana FEODOROV. Bucureşti 2014.

Mehrere Rechtsquellen sind ediert worden in der Reihe Adunarea izvoarelor vechiului drept românesc scris [Quellensammlung des alten geschriebenen rum. Rechts], so Organizarea de stat a Ţării Româneşti. L'organisation d'état de la Valachie (1765–1782). Fragmente din proiectele de cod general sau manualele de legi redactate de Mihail Fotino în 1765 (cinci titluri), 1766 (opt titluri) şi 1777 (cartea I) [Fragmente aus den Projekten eines allgemeinen Codex oder Lehrbuch der Gesetze von Mihail Fotino von 1765 (fünf Titel), 1766 (acht Titel) und 1777 (Buch 1)]. Hg. Valentin A. GEORGESCU. Bucureşti 1989; Legislaţia urbană a Ţării Româneşti. La législation urbaine de Valachie (1765–1782). Din proiectele de cod general ale lui Mihail Fotino din 1765 şi 1766. Hrisovul din 12 mai 1768. Projectul de cod urban al lui Mihail Fotino din 1777. Acte normative din domnia lui Alexandru Ipsilanti. Traducerea românească a lui Toma Carra (1804) din Hexabiblu (II,4) [Aus den Projekten des allgmeinen Codex des Mihail Fotino von 1765 u. 1766. Die Urkunde vom 12. Mai 1768. Das Projekt des urbanen Codex von Mihail Fotino von 1777.

Normative Akten aus der Regierungszeit von Alexander Ypsiántis. Die rum. Übers. des Toma Carra aus dem Hexabiblu]. Hg. Valentin A. Georgescu. Bucureşti 1975; Acte judiciare din Ţara Românească, 1775–1781 [Juristische Akten aus der Walachei]. Hg. Gheorghe Cronţ. Bucureşti 1973; Pravilniceasca condică 1780 [Gesetzesregister]. Hg. Andrei Rădulescu. Bucureşti 1957; Codul Calimach [Der Calimach-Codex]. Bucureşti 1958; Legiuirea Caragea [Die Rechtssetzung des Caragea]. Hg. Andrei Rădulescu. Bucureşti 1955.

8.2   DER OSMANISCHE KONTEXT

Die Wende vom 16. zum 17. Jahrhundert war mit den Erschütterungen des „Langen Türken-krieges" (1591/1593–1606) einher gegangen, der auch in der Walachei und der Moldau zu an-haltenden politischen Unruhen beigetragen hatte (vgl. Beitrag 3, Ursprung, Kap. 3.3.7). Erst in der Rückschau können die Jahrzehnte um 1600 als Krise interpretiert werden, während der das Verhältnis der Osmanen zu den beiden Ländern, über die sie eine Schutzherrschaft beanspruch-ten, nicht nur nach längeren Wirren wiederhergestellt, sondern auch neu austariert wurde. Das in der älteren Historiographie zum Osmanischen Reich lange als Phase des Niedergangs nach der „klassischen" Epoche bis 1600 gedeutete 17. Jahrhundert wird von der neueren Forschung eher als eine Epoche gedeutet, in sich das Reich tiefgreifend wandelte. Die stark auf Expansion ausgerichteten politischen und gesellschaftlichen Verhältnisse veränderten sich zunehmend hin zu einer Konsolidierung im Inneren (s. Beitrag 6, Koller, Kap. 6.3).[1]

Was für das Reich im Großen gilt, gilt auch für die Position der Walachei und der Moldau innerhalb dieses Reichsverbandes. Viele Entwicklungen in diesen abhängigen Gebieten wider-spiegeln in gebrochener Form Phänomene, die für das Reich insgesamt charakteristisch waren. Auf solche Weise wurden die beiden Länder faktisch stärker in osmanische Kontexte eingebunden als sie es formell waren. Während zunehmende Dezentralisierungstendenzen im Osmanischen Reich regionale Eliten und örtliche Notabeln stärkten,[2] wurden die Verflechtungen der Walachei und der Moldau mit dem osmanischen Kernraum immer enger. Die Verhältnisse in den beiden Ländern glichen sich so immer mehr denjenigen in osmanischen Provinzen an, wenn auch einige grundlegende Unterschiede bestehen blieben. Das auffälligste Merkmal ist sicher die durchwegs christliche (orthodoxe) Elite in der Walachei und der Moldau. Muslime erlangten nie irgend-welche Ämter oder Machtpositionen und durften sich auch nicht dauerhaft ansiedeln. Moscheen wurden keine errichtet. Der unmittelbare Einfluss des Islams, osmanischer Institutionen, Ver-waltungs- und Rechtsstrukturen blieb also gering, äußerlich behielten die Länder ein christliches Aussehen. Lokale Institutionen wie das Amt des Woiwoden, das Bojarentum als soziale Elite, die Orthodoxe Kirche als immer eindeutiger dominierende Konfession und nicht zuletzt die wirt-schaftlich und kulturell bedeutsamen Klöster blieben bestehen, wenn auch mitunter in stark ver-änderter Form.[3]

---

1   Pamuk, Institutional Change.

2   Gündoğdu, Political and Economic Transition.

3   Eine allgemeine Übersicht über die verschiedenen Akteursgruppen bei Zach, Staat und Staatsträger, der al-lerdings ein etwas zu statisch-normatives Bild entwirft, genauso wie auch Codarcea, Société et pouvoir en Valachie; differenzierter zu den Bojaren für die Walachei neuerdings Aftodor, Boierimea în Ţara Românească; zu den sozialen Umwälzungen leistet einen wichtigen Beitrag Manea, Structura şi restructurarea marii boierimi; punktuell fokussierte wichtige Einblicke gewähren die beiden Fallstudien von Cristocea, Din trecutul marii boierimi muntene. Marele ban Mareş Băjescu; ders., Din trecutul marii boierimi muntene. Marele Vornic Stroe Leurdeanu; für das 18. Jh. s. Cernovodeanu, Mobility and Traditionalism; Georgescu, The Roman-ian Boyars in the 18th Century, sowie neuerdings zur politischen Orientierung Ploscaru, Originile „Partidei naţionale", Bd. 1; zwischen 1940 und 1968 entstanden, postum erschienen und wegen des breit vergleichenden, sozialwissenschaftlichen Zugangs trotz nicht immer überzeugender Deutungen interessant Boldur, Adunările

---

Politisch waren die Walachei und die Moldau der Hohen Pforte eindeutig unterordnet. Das Reichszentrum betrachtete die Woiwoden als osmanische Amtsträger und behandelte sie entsprechend (vgl. Beitrag 6, KOLLER, Kap. 6.5.6). Von walachischer und moldauischer Seite wurde das weniger eindeutig gesehen. Zwar arrangierten sich die politisch einflussreichen Kreise mit der osmanischen Übermacht und wussten nicht selten sogar Profit daraus zu ziehen. Gleichzeitig erwies sich die Loyalität zumindest eines Teils der lokalen Eliten gegenüber dem Reichszentrum als brüchig, sobald sich eine Alternative abzeichnete. In diesem Spannungsfeld entwickelte sich die politische Dynamik zwischen dem frühen 17. und dem frühen 19. Jahrhundert. Zwar bestanden immer wieder vor allem im Inneren Handlungsspielräume, doch waren dem Handeln der lokalen Eliten auch klare Grenzen gesetzt. Faktisch waren die Woiwoden vom Sultan ein- und wieder abgesetzte Amtsträger, vor allem im 18. und 19. Jahrhundert häufig als „Hospodare" bezeichnet, die sich ein gewisses Ausmaß an monarchisch-fürstlichem Dekor leisten konnten: eine Art „administrative Monarchie".[4]

Aber prinzipiell unterschieden sie sich nicht mehr so stark von mächtigen osmanischen Notabeln, als dass sich im Rahmen dieses Handbuches eine ausführliche Schilderung der politischen Geschichte im Einzelnen rechtfertigen würde. Die für diesen Zeitraum primär interessanten sozialen, wirtschaftlichen und kulturellen Verhältnisse, Umbrüche, Adaptionen und Zusammenhänge sind nicht Teil dieses auf die politische Geschichte fokussierten Bandes. Im Gegensatz zu den früheren Epochen wird daher die Zeit zwischen etwa 1600 und 1821 im Folgenden nur in einem summarischen Überblick behandelt, der zudem die Walachei und die Moldau gemeinsam umfasst (s. zu den politischen Ereignissen insbes. die vorherigen Beiträge von Pálffy u. Koller). Die zunehmende Annäherung zwischen beiden Ländern unter osmanischen Vorzeichen rechtfertigt ein solches Vorgehen. Zugespitzt formuliert schuf die gemeinsame Integration in osmanische Zusammenhänge durch die Angleichung der politischen, sozialen und kulturellen Verhältnisse in der Walachei und der Moldau eine Grundlage, auf der sich allmählich ein Verbundenheitsgefühl entwickelte, das als Vorläufer des modernen rumänischen Nationalbewusstseins des 19. Jahrhunderts betrachtet werden kann.[5]

---

de stări sociale; für die materielle Grundlage die Aufsätze in IACOB (Hg.), Avere, prestigiu şi cultura materială; zu Bojarenresidenzen BRĂTULEANU, Curţi domneşti şi boiereşti; SINIGALIA, Arhitectura civilă de zid; DIES., Repertoriul arhitecturii; zu den Händlern die Monographie von LAZĂR, Les marchands en Valachie, u. die Aufsätze in LUCA (Hg.), Ţările Române între Societas Mercatorum şi individualitatea mercantilă; zur gesellschaftlichen und politischen Rolle der Orthodoxie der Essay von BARBU, Etica ortodoxă; für eine Übersicht über die wichtigsten Akteursgruppen zu Beginn des 19. Jh.s mit umfangreichen Quellenauszügen DJUVARA, Între Orient şi Occident, 41–326 (zuerst erschienen als Le pays roumain entre Orient et Occident, 45–278).

4 Zum Begriff BARBU, Bizanţ contra Bizanţ, 31; für die Walachei des 17. Jh.s RIZESCU, Avant l'„État-juge", 333; DIES., Tradition juridique, changement institutionnel et inertie sociale.

5 URSPRUNG, Südosteuropa als Kommunikationsregion, 70.

8.3 WIEDERHERSTELLUNG UND NEUAUSRICHTUNG DER OSMANISCHEN HERRSCHAFT ÜBER DIE WALACHEI UND DIE MOLDAU

Im frühen 17. Jahrhundert etablierten sich allmählich neue Muster des Umgangs zwischen dem Reichszentrum in Konstantinopel und der Walachei wie der Moldau. Das ausgehende 16. Jahrhundert hatte durch die erhebliche Abgabenlast die bisherigen Mechanismen osmanischer Kontrolle über die beiden Länder an seine Grenzen gebracht. Eine „extensive" Ausgestaltung der osmanischen Herrschaft nahm immer mehr „intensiven" Charakter an. Dies folgte weniger einer klaren Strategie, sondern resultierte eher ungeplant aus einer Vielzahl von Entscheidungen unterschiedlicher Akteursgruppen. Der Wandel im Reichszentrum wirkte so auf die beiden Länder zurück. Auch die Erfahrungen mit den Rebellionen, Aufständen und Verbindungsversuchen mit den Habsburgern in den Jahren um die Jahrhundertwende hatte dazu beigetragen, das Verhältnis zwischen dem Reichszentrum und den lokalen Eliten im gegenseitigen Interesse neu auszutarieren. Der aufgestaute Missmut über die bedrückende Abgabenlast im späten 16. Jahrhundert, die ursächlich zu den Aktionen Michaels „des Tapferen" (Mihai Viteazul) beigetragen hatten, wurde teilweise neutralisiert, indem die Abgabepflichten deutlich reduziert wurden. Sie stiegen zwar im Laufe des 17. Jahrhunderts wieder, aber nicht mehr im selben Ausmaß wie zuvor.[6]

Die Nachwirkungen der politischen Erschütterungen im Umfeld des Langen Türkenkrieges sorgten auch noch nach dessen Ende etliche Jahre lang immer wieder für Unruhe. Erst allmählich begann sich eine neue Ordnung unter osmanischer Ägide abzuzeichnen.[7] Diese bestand nicht in formeller Institutionalisierung, sondern ergab sich aus der Praxis und ist so erst in der Rückschau zu konstatieren. Die informelle Neuausrichtung machte sich konkret etwa bemerkbar in der zunehmenden Verflechtung auf der Ebene der Eliten zwischen der Walachei und der Moldau einerseits, zwischen diesen beiden Ländern und dem osmanischen Kernraum andererseits. Das Phänomen der Elitenzirkulation zwischen Konstantinopel/Istanbul, Bukarest bzw. Târgoviște und Iași lässt sich zwar bereits für die zweite Hälfte des 16. Jahrhunderts beobachten. Doch im frühen 17. Jahrhundert wurde es immer häufiger und systematischer. Waren solche Phänomene im 16. Jahrhundert und vor allem gegen dessen Ende hin immer wieder vorgekommen, so wurden sie im darauf folgenden Jahrhundert zur Regel.

Im wechselhaften Verlauf der politischen Geschichte des frühen 17. Jahrhunderts fällt es nicht ganz leicht, eine eindeutige Zäsur zu erkennen, die den Anbruch einer neuen Ära markiert. Sie lässt sich weniger an einem bestimmten Zeitpunkt festmachen als vielmehr an einer Person: der des Woiwoden Radu Mihnea. Er regierte zuerst in der Walachei (1601–1602, 1611–1616), die er

---

6   BERZA, Haraciul Moldovei; DERS., Variațiile exploatării Țării Românești; DERS., Die Schwankungen in der Ausbeutung der Walachei; GEMIL, Date noi privind haraciul.

7   Exemplarisch für die Moldau IACOB, Țara Moldovei, 19–54; allgemein MAXIM, Le statut des pays roumains; für die direkt ins Osmanische Reich integrierten Gebiete der Walachei s. jetzt stellvertretend CROITORU, Giurgiu sub administrație otomană.

nach den pro-habsburgischen Avancen Radu Şerbans wieder klar in den osmanischen Orbit zurückführte. 1616 versetzte ihn die Hohe Pforte an den Hof nach Iaşi, wo er als Woiwode (1616–1619) auch die Moldau wieder fest in den osmanischen Einflussbereich einband und dort die Herrschaft der polenfreundlichen Woiwoden aus dem Geschlecht der Movilă beendete.[8] 1620 berief ihn die Hohe Pforte erneut auf den walachischen Woiwodenstuhl, wo er bis 1623 regierte, um danach abermals bis zu seinem Ableben ins moldauische Iaşi versetzt zu werden (1623–1626). Er war damit der erste Woiwode, der mehrfach hintereinander beide Länder regierte (s. im Detail Beitrag 3, Ursprung, Kap. 3.3.8). Es war damit ein Präzedenzfall geschaffen, der im 18. Jahrhundert zur Regel werden sollte.

Mit dieser Praxis einher ging ein verstärkter Austausch der walachischen und moldauischen Eliten. Im Gefolge des Herrschers – man könnte ihn gleichermaßen als Statthalter des Sultans bezeichnen – wechselten auch zahlreiche Gefolgsleute zwischen den Höfen von Bukarest bzw. Târgovişte und Iaşi. Unter Radu Mihnea nahm der Zuzug von Balkanchristen, die stereotyp aufgrund der orthodoxen Religion und griechischen Umgangssprache als „Griechen" bezeichnet wurden, deutlich zu. Sie kamen im Gefolge des Woiwoden, aber auch aus eigener Initiative etwa als Händler, Gelehrte und Verwalter in die Walachei und die Moldau und verstärkten die Verbindungen beider Länder mit dem osmanischen Kernraum. Zwar war die Elitenwanderung von „Griechen" kein neues Phänomen und lässt sich bis in die Entstehungsphase beider Herrschaftsgebilde zurückverfolgen. Gerade im kirchlichen Bereich und besonders in der Walachei hatte der Klerus immer eine stark griechische Komponente gehabt – das mittelalterliche walachische Klosterwesen war von balkanorthodoxen, besonders griechischen Mönchen aufgebaut worden und auch im hohen Klerus waren sie stark vertreten. Die temporäre oder permanente weltliche Einwanderung orthodoxer Schutzbefohlener des Sultans hatte ab dem späten 16. Jahrhundert ebenfalls merklich zugenommen.[9]

Als herausragendes Beispiel sei hier nur verwiesen auf das illustre Geschlecht der Cantacuzino, einer der einflussreichsten christlichen Familie Konstantinopels des 16. Jahrhunderts, die ihre Herkunft auf byzantinische Zeiten zurückführte. Bereits Andronic Cantacuzino, Sohn des einflussreichen Michael Kantakuzenós (Şeytanoğlu), hatte sich im letzten Jahrzehnt des 16. Jahrhunderts längere Zeit in der Walachei aufgehalten und dort verschiedene Hofämter ausgeübt. Er gilt als Stammvater der im frühen 17. Jahrhundert in der Walachei heimisch werdenden Bojarenfamilie Cantacuzino, deren zahlreiche Nachkommenschaft sich von dort aus auch in der Moldau niederließ.[10]

---

8 Zum polnischen Einfluss in der Moldau Ciobanu, Politică şi diplomaţie în secolul al XVII-lea; Wasiucionek, Diplomacy, Power and Ceremonial Entry; Vlasova, Moldavsko-pol'skie političeskie svjazi.

9 Cotovanu, L'émigration sud-danubienne; Luca, The Rise of the Greek „Conquering Merchant"; Franck, Grecii din Moldova; zur frühen griechischen Elitenzirkulation Falangas, Présences grecques dans les Pays Roumains; ein Überblick über Griechen in der Walachei und der Moldau bei Scalcău, Grecii din România, sowie dies., Elenismul în România (auf Engl.: dies., Hellenism in Romania), 52–121 zum Zeitraum Anfang 17. Jh. bis 1821.

10 Cantacuzène, Mille ans dans les Balkans, 127–129; Sturdza (Hg.), Familiile boiereşti din Moldova şi Ţara Românească, Bd. 3.

Andronics Sohn Constantin Cantacuzino, Vorfahre der meisten walachischen und moldauischen Cantacuzino, war um 1620 unter Radu Mihnea in die Walachei gekommen und diesem danach in die Moldau nachgefolgt. Durch seine anschließende Ehe mit der Tochter des habsburgtreuen einstigen Woiwoden Radu Şerban hatte er in das walachische Bojarentum eingeheiratet und damit den Grundstein dafür gelegt, dass die Familie des landesfremden Zuwanderers innerhalb kürzester Zeit fest im lokalen Bojarentum verwurzelt war. Bald gehörten die Cantacuzino zu den reichsten Bojarenfamilien des Landes.[11] Bereits in zweiter Generation stiegen seine Söhne bis in die höchsten Ränge der walachischen Gesellschaft auf: Şerban Cantacuzino wurde Woiwode, während ein anderer Sohn, wie der Vater Constantin geheißen und meist nach seinem Hofamt als Stolnicul Constantin Cantacuzino bezeichnet, einer der herausragendsten walachischen Gelehrten der Zeit und graue Eminenz wurde, die im Hintergrund die politischen Geschicke steuerte.[12] Ihr Vater Constantin hatte nach seiner Einwanderung selber während Jahrzehnten zentrale Hofämter bekleidet und war eine einflussreiche Stütze des langjährigen Woiwoden Matei Basarab (1632–1654).

In der Walachei waren die Cantacuzini während Jahrzehnten im späten 17. und frühen 18. Jahrhundert die einflussreichste Familie überhaupt. Diesen Status errangen sie aber erst nach einem einschneidenden Ereignis: 1663 wurde Constantin Cantacuzino auf Betreiben der verfeindeten Bojarenfraktion der Băleni unter Stroe Leurdeanul ermordet.[13] Dieser Konflikt vergiftete noch lange Zeit die walachische Politik, die sich in Anhänger und Gegner der beiden Gruppierungen spaltete. Doch 1669 setzten sich die Cantacuzini durch, indem sie mit Antonie din Popeşti (1669–1672) eine Marionette zum Woiwoden machten. Endgültig etablierten die Cantacuzini ihre Herrschaft 1679, als Constantins Sohn Şerban Cantacuzino zum Woiwoden wurde.[14] Von nun an regierten Angehörige der Familie ununterbrochen bis 1716: Şerban Cantacuzino (1679–1688), sein Neffe Ştefan Cantacuzino (1714–1716), vor allem aber ein weiterer Neffe Şerbans über dessen Schwester, Constantin Brâncoveanu (1688–1714). Dessen Regierungszeit gehört zu den längsten der walachischen Geschichte und Brâncoveanu zu den herausragendsten Herrschergestalten der Walachei auf kulturellem Gebiet.

Auch hierin zeigt sich, dass die schier endlosen Wirren um die Macht mit immer wiederkehrenden Phasen der Instabilität, die vor allem für die Geschichte der Walachei im 15. und 16. Jahrhundert kennzeichnend gewesen waren, nun zwar nicht endgültig vorbei waren, aber nun doch auch wieder längere Zeitspannen politischer Stabilität möglich wurden. Fast ein halbes Jahrhundert lang dominierten die Cantacuzini die walachische Politik (nach 1707 löste sich Brâncoveanu aus der Gängelung des Clans und zog sich so dessen Gegnerschaft zu, was ihn letztlich das Amt und das Leben kosten sollte), und nur ähnlich lange hatte es gedauert, bis sie nach

---

11 Lazăr, Domeniul feudal cantacuzin.

12 Cândea, Stolnicul între contemporani; Dima-Drăgan/Bacâru, Constantin Cantacuzino Stolnicul; Ciobanu, Pe urmele stolnicului Constantin Cantacuzino.

13 Rezachevici, Contribuţie la istoria Cantacuzinilor.

14 Popescu, Şerban Cantacuzino.

der Einwanderung Constantin Cantacuzinos in diese Position geraten waren. Dies zeigt, welche Aufstiegsmöglichkeiten die Walachei und in ähnlicher Form auch die Moldau für Angehörige der balkanorthodoxen Eliten boten – Karrierechancen, die sich in dieser Form im osmanischen Südosteuropa sonst nicht eröffneten. Nach Konstantinopel entwickelten sich die Hauptstädte Bukarest und Iași so allmählich zu Zentren des Geisteslebens südosteuropäischer Eliten.[15]

Die Figur Constantin Cantacuzinos, des Stammvaters dieses walachischen Geschlechts, ist ein Schlüssel für das Verständnis des 17. Jahrhunderts, da sich in seiner Biographie die wichtigsten Züge der walachischen Geschichte aufzeigen lassen: die stark anwachsende Zuwanderung griechischer Oberschichtsangehöriger, ihre schnelle Integration ins Bojarentum und damit dessen grundlegende Wandlung, der breite, weit über die Walachei hinaus reichende Horizont, eine solide Bildung auch an westeuropäischen Bildungseinrichtungen, die Vertrautheit mit der Welt des Handels und die entsprechenden Ressourcen an Kapital, die guten Beziehungen vor Ort wie an der Hohen Pforte gleichermaßen, was Karrierechancen eröffnete, aber auch die biographische Verbundenheit sowohl mit der Walachei wie auch mit der Moldau. Viele dieser Eigenschaften sollten ein Jahrhundert später auch charakteristisch sein für die Phanarioten, die in Bukarest und Iași zu Woiwoden von Gnaden der Hohen Pforte wurden.

Der von der älteren Forschung als Epochenbruch stark hervorgehobene Beginn der Phanariotenzeit (Moldau 1711, Walachei 1715) wird in der jüngeren Forschung relativiert. Die Einsetzung gänzlich landesfremder, der Hohen Pforte loyal zu Diensten stehender Elitenangehöriger aus den führenden griechischen Familien des Konstantinopler Stadtteils Phanar war eine ad hoc Lösung, die mit keinem fundamentalen Bruch der politischen Verhältnisse einherging. Es handelte sich eher um eine schleichende, graduelle Veränderung, die erst deutlich sichtbar wurde, als im weiteren Verlauf des 18. Jahrhunderts und bis 1821 durchwegs in Konstantinopel verankerte Phanarioten als Statthalter des Sultans nach Bukarest und Iași entsandt wurden. Faktisch aber lassen sich seit dem 16. Jahrhundert zahlreiche Beispiele anführen, die quasi als prä-Phanarioten vieles von dem vorausnahmen, was rückblickend als Charakteristikum der Phanariotenzeit gesehen wurde.[16]

---

[15] Als jüngerer Überblick über die griechisch-rumänische Kultursynthese NEGRĂU, Byzantine Legacy and Modern Greek Influences.

[16] IORDACHI, From Imperial Entanglements to National Disentanglement; KARATHANASSIS, La renaissance culturelle Hellénique dans les pays Roumains.

8.4 UNTERSCHIEDLICHE FORMEN DER HERRSCHAFTSLEGITIMATION

Die Auseinandersetzung zwischen den lokalen Eliten der Walachei und den zugewanderten Elitenangehörigen aus dem osmanischen Kernraum trat bereits im frühen 17. Jahrhundert als ein prägendes Charakteristikum hervor – in der Walachei etwas früher und intensiver als in der Moldau. Constantin Cantacuzinos Lebensweg ist auch deswegen so bemerkenswert, weil er als Zugewanderter genau zu jener Kategorie von „Griechen" gehörte, gegen die sich schon bald Widerstand von Seiten alteingesessener Bojaren zu regen begann.[17] Diese Entwicklung kulminierte im Aufstieg eines der Ihren, des Aga (Truppenkommandant) Matei, der sich in einer Revolte gegen den Einfluss der landesfremden Griechen 1632 die Herrschaft erkämpfte. Während seiner langen Regierungszeit (1632–1654) unter dem Namen Matei Basarab legitimierte er sich in bewusster Abwendung von den Einflüssen der „Griechen" und der Hinwendung an eine walachische Landestradition und reklamierte insbesondere eine dynastische Herkunft vom Woiwoden Neagoe Basarab (1512–1521). Mit diesem war er allerdings nur indirekt verwandt, und auch Neagoes direkte Abkunft von der Gründerdynastie der Basarabi ist, wie oben geschildert, zweifelhaft. Diese Rückbesinnung auf angebliche walachische Traditionen kann am besten als Teil einer viel umfangreicheren Strategie der „Invention of Tradition" gesehen werden. Mit dieser wurde jetzt im 17. Jahrhundert retrospektiv eine fiktive Erzählung geschaffen, die letztlich darauf zielte, ein starkes walachisches Landesbewusstsein zu etablieren. Gerade angesichts der Fremdheitserfahrungen mit den zugezogenen Griechen und der politisch nun endgültigen Integration in den osmanischen Herrschaftsverband bestand ein Bedürfnis, identitäre Bezüge der eigenen Gegenwart auch historiographisch auf ein festes Fundament zu stellen.[18]

Die ins Land strömenden Griechen waren einerseits ein unmittelbarer Anlass, zugleich aber auch dank ihrer Bildung eine nicht zu unterschätzende Anregung für die Ausgestaltung des neuen Landesbewusstseins.[19] Als Vertreter der lokalen Elite und nicht zuletzt wegen eigener politischer Ambitionen hatten sie ein Interesse daran, den Status der Walachei als einer autonom verwalteten Provinz innerhalb des größeren Kontextes der osmanischen Herrschaft zu bewahren und historisch zu legitimieren. Neben diesen griechischen Bezügen war wie bereits im 16. Jahrhundert auch die Moldau eine Inspirationsquelle. Die dortige Elitenkultur hatte bereits früh, spätestens unter Stefan III. („dem Großen"; 1457–1504) in der zweiten Hälfte des 15. Jahrhunderts eine ausgeprägte Landestradition hervorgebracht. Die durch Ämterrotation nicht nur der Woiwoden, sondern vorerst vor allem auch von Bojaren zunehmenden Kontakte zwischen der Walachei und

---

[17] Generell zu diesem Phänomen COTOVANU, „Chasing away the Greeks"; zu den Verbindungen mit der lokalen Elite MURGESCU, „Phanariots" and „Pământeni"; umfassend zu den Konflikten zwischen „Zugezogenen" und „Einheimischen" REZACHEVICI, Fenomene de criză social-politică; PĂUN, Les grands officiers d'origine gréco-levantine en Moldavie.

[18] URSPRUNG, Herrschaftslegitimation zwischen Tradition und Innovation, 132; zu Matei Basarab STOICESCU, Matei Basarab; SÎRBU, Relațiile externe ale lui Matei Vodă Basarab.

[19] ANDREESCU, Restitutio Daciae, Bd. 2, 58–61.

der Moldau begünstigten auch den kulturellen Austausch.[20] Dies umso mehr, als keine grundsätzlichen sprachlichen Hürden bestanden: Kanzleisprache war an beiden Höfen seit dem 14. Jahrhundert eine mittelkirchenslawische Redaktion, die in der ersten Hälfte des 17. Jahrhunderts weitestgehend durch die Volkssprache Rumänisch ersetzt wurde.[21] Parallel begann nun der Einfluss des Griechischen zu wachsen, das vor allem im 18. Jahrhundert im Bereich der Hochkultur, dem Bildungswesen und schriftlichen Korrespondenz zur dominierenden Sprache wurde, teilweise auch in den Salons der Bojaren, wo neben rumänisch mitunter auch griechisch zu hören war.[22]

Während in der Walachei als Reaktion auf den zunehmenden Einfluss von Griechen mit Matei Basarab der Vertreter einer einheimischen Bojarenfamilie die Herrschaft an sich gebracht hatte – nicht ohne nachträglich die mittlerweile übliche Investitur durch den Sultan in Konstantinopel persönlich empfangen zu haben – so etablierte sich wenige Zeit später in der Moldau mit Vasile Lupu eine ambitionierte Herrscherpersönlichkeit, deren Programm zumindest äußerlich in eine ganz andere Richtung zielte.[23] Lupus Vater Nicolae Coci stammte aus dem bulgarischen Raum und war wohl von vlachischer oder albanischer Herkunft. Er gehörte zu den zahlreichen „Griechen", die ab dem ausgehenden 16. Jahrhundert abwechselnd in der Walachei und der Moldau Hofämter ausübten. Als Günstling des Woiwoden Radu Mihnea gelangte sein Sohn Lupu in die Moldau: Dort ließ er seine Beziehungen an die Hohe Pforte spielen, um schließlich zum Woiwoden ernannt zu werden (1634–1653). Er zeichnete sich durch enge Anlehnung an das Osmanische Reich aus und pflegte im Gegensatz zu Matei Basarab in der Walachei ein ausgesprochen postbyzantinisch geprägtes Herrschaftsprogramm und Hofzeremoniell. Bereits die Hinzufügung des Beinamens Vasile war ein deutlicher Verweis auf byzantinische Herrschersymbolik. Die beiden fast zeitgleich rund zwei Jahrzehnte lang regierenden Herrscher repräsentierten damit zwei unterschiedliche Formen der Herrschaftsrepräsentation und Legitimation: die autonome Landestradition im Falle Mateis in der Walachei, post-byzantinische Bezüge bei Lupu in der Moldau.

8.4.1 Post-byzantinische Erfindung von Tradition

Vasile Lupu gehört damit zu den herausragendsten Beispielen für ein Phänomen, das Nicolae Iorga in einem der berühmtesten Werke der rumänischen Historiographie „Byzance après Byzance" genannt hat: das Nachleben byzantinisch geprägter Formen in den autonomen, unter osmanischem Schutz stehenden rumänischen Ländern der Walachei und Moldau.[24] Diese beiden politischen Gebilde waren als einzige orthodoxe Herrschaftsverbände innerhalb des osmanisch

---

20 Ebd., 18–20; STOICESCU, Un aspect al relațiilor politice dintre Țara Românească și Moldova.

21 URSPRUNG, Die kirchenslawische Urkunden- und Kanzleisprache, 189.

22 VÖLKL, Die griechische Kultur in der Moldau.

23 Zu diesem Woiwoden ȘERBAN, Vasile Lupu; EREMIA, Relațiile externe ale lui Vasile Lupu.

24 IORGA, Byzance après Byzance (div. Neuaufl. u. Übers.); speziell zu Vasile Lupu bereits DERS., Vasile Lupu ca urmă-tor al împăraților de răsărit.

gewordenen Südosteuropas bestehen geblieben und stellten so ein Betätigungsfeld für orthodoxe Elitenangehörige dar – nicht nur in politischen Belangen, auch im wirtschaftlichen, religiösen und kulturellen Bereich.

Herrscher wie Vasile Lupu nutzten byzantinische Bezüge gezielt für die Herrschaftslegitimation. In seinem Falle, der er anders als sein Gegenspieler Matei Basarab in der Walachei keine familiäre Herkunft im Lande selber vorzuweisen hatte, war der prestigeträchtige Bezug auf ein byzantinisierendes Dekor naheliegend. In der Forschung ist seit Iorga die Frage des Nachlebens von Byzanz immer wieder thematisiert worden. Intensiv debattiert wurde darum, wie authentisch diese byzantinischen Einflüsse waren oder ob es sich nicht eher um eine ebenfalls als „Invention of Tradition" zu deutende Imitation handelte, die sich eklektisch eines byzantinische Vorbilder imitierenden Formeninventars bediente, das je nach aktuellen Bedürfnissen recht frei umgedeutet wurde.[25] Die von Iorga 1935 ausgelöste Debatte ist nicht zuletzt vor dem Hintergrund des Anspruchs Rumäniens als einer südosteuropäischen Vormacht in der Zwischenkriegszeit zu sehen. Dazu gesellte sich die national verbrämte Vorstellung, die Vorgänger des modernen Rumäniens quasi als legitime Nachfolger des untergegangenen Rhomäer-Reiches zu präsentieren. Auch in Bezug auf Vasile Lupus Herrschaft wurden weitgehend spekulative Thesen formuliert, die in seinem Herrschaftsprogramm konkrete Ansprüche auf eine Nachfolge der Kaiser, wenn nicht gar eine Restauration des Byzantinischen Reiches unter seiner Herrschaft hindeuten sollten.

Angesichts solch umstrittener Thesen, die sich etwa auf die intensive Stiftertätigkeit und Schutzmachtfunktion für die Orthodoxie weit über die Moldau hinaus im gesamten osmanischen Herrschaftsbereich[26] stützt, bleibt zu bedenken, dass die unmittelbaren Adressaten der Herrschaftsrepräsentation in erster Linie die lokale moldauische Gesellschaft blieb. Der Bezugspunkt römischer bzw. byzantinischer Herrschaft gehörte fast überall in Europa in Mittelalter oder Früher Neuzeit phasenweise zum Standardrepertoire von Herrschaftslegitimation.[27] Es war im Falle der Moldau und der Walachei eine Legitimationsstrategie, die kompatibel war sowohl mit dem lokalen Selbstverständnis als orthodox geprägte Gesellschaft wie auch mit dem Schutzanspruch der Hohen Pforte, die sich als Schutzherrin der Orthodoxie und Nachfolgerin der byzantinischen Herrschaft verstand.[28]

---

[25] Siehe beispielsweise für die neuere Forschung COMAN, Înainte de tradiţia bizantină; ähnlich auch PĂUN in div. Arbeiten, etwa Si Deus nobiscum quis contra nos?, u. DERS., Les fondements liturgiques du „Constitutionnalisme" roumain, 188f.; BARBU, Bizanţ contra Bizanţ, 11–45; stärker auf Iorgas Linie sind etwa die Arbeiten von NĂSTASE, L'idée impériale dans les pays Roumains; DERS., Imperial Claims in the Romanian Principalities; ebenso NĂSTUREL, Considérations sur l'idée impériale; GEORGESCU, L'idée impériale byzantine; DERS., La structuration du pouvoir d'État; DERS., Bizanţul şi instituţiile româneşti; eine mittlere Position vertritt PIPPIDI, Tradiţia politică bizantină; ein Überblick bei DELETANT, Some Aspects of the Byzantine Tradition; der Versuch einer Synthese BERINDEI, Princes Phanariotes des Principautés Roumaines.

[26] DURAND, Les largesses des voïvodes de Valachie.

[27] RAFFENSPERGER, Reimagining Europe, 10–46.

[28] In Bezug auf das spannungsvolle Verhältnis der Orthodoxie zur politischen Unterordnung unter osmanische Herrschaft s. exemplarisch MURGESCU, Confessional Polemics and Political Imperatives.

Insofern war der Bezug auf Byzanz eine leicht verfügbare Ressource, um Prestige zu generieren für eine Herrschaft, die faktisch ihren monarchischen Charakter weitgehend eingetauscht hatte mit der Funktion als Statthalteramt einer übergeordneten imperialen Herrschaft.[29] Je glänzender das Hofzeremoniell inszeniert wurde, desto eher konnte damit kaschiert werden, wie stark die Woiwoden von der Willkür der Hohen Pforte abhingen. Der byzantinische Charakter der Walachei und der Moldau des 17. und 18. Jahrhunderts war so weniger Fortführung als vielmehr Neuentdeckung vergangener Größe – gewissermaßen ein funktionales Äquivalent der westeuropäischen Renaissance, die ja ebenfalls gerade an italienischen Höfen mit ihre größten Blüten getrieben hatte, wo politische Aufsteiger ohne dynastische Legitimation damit ihr Legitimationsdefizit oder ihre fehlende Macht zu kompensieren trachteten. Dazu passt, dass sich unter dem Einfluss der Griechen die Elitenkultur stark gräzisierte und die zuvor noch geringe Kluft zwischen dieser und der Volkskultur allmählich zu öffnen begann[30] – mit nachhaltigen Folgen bis ins 20. Jahrhundert hinein. Im Gegensatz zu den viel egalitäreren Bauerngesellschaften der untermittelbarer osmanischer Herrschaft unterworfenen orthodoxen Balkanvölker trat Rumänien mit dem Erbe einer stark aristokratisch geprägten Gesellschaftsstruktur in die Moderne ein.

8.4.2   Die Woiwoden als osmanische Statthalter

Das faktisch definitive Ende einer wie auch immer konzipierten dynastischen Erbfolge eröffnete ein breites Spektrum an Legitimationsstrategien: Es trat wohl nie derart kontrastreich hervor wie in den beiden zeitgleichen, doch so gegensätzlichen Herrschaftsprogrammen der beiden Rivalen Matei Basarab und Vasile Lupu.[31] Davon abgesehen hatten beide die mehr oder weniger gleichen Rahmenbedingungen osmanischer Oberherrschaft anzuerkennen, dennoch wählten sie ganz unterschiedliche Legitimationsstrategien. Dies zeigt den Handlungsspielraum auf, der der Walachei und der Moldau zumindest in einer ruhigen Phase wie den 1630er und 1640er Jahren geblieben war. Die Ambitionen Lupus auf die Herrschaft in der Walachei führten mehrfach zu Waffengängen zwischen den beiden Protagonisten, die erst nach langer Zeit beigelegt wurden. Die Hohe Pforte intervenierte hier nur zurückhaltend und spielte eher die Rolle eines Schiedsrichters. Von den beiden hier skizzierten Herrschaftsprogrammen blieb das von Matei Basarab propagierte, auf eine genuin walachische Landestradition fokussierte eher die Ausnahme. Constantin Brâncoveanu, der andere walachische Langzeitherrscher, der um die Wende vom 17. zum 18. Jahrhundert über 25 Jahre lang regierte, betrieb ein umfassendes publizistisches Programm, mit dem er den orthodoxen Glauben im Osmanischen Reich zu stärken und die Orthodoxie vom Einfluss der anderen

---

29 Beispielhaft als Monographie für einen der weniger bekannten Woiwoden Zahariuc, Țara Moldovei în vremea lui Gheorghe Ștefan voievod.

30 Andreescu, Restitutio Daciae, Bd. 2, 8.

31 Wasiucionek, The Ottomans and Eastern Europe, 120–128; allgemein zur fast synchronen und spannungsreichen Regierungszeit dieser beiden herausragenden Herrscher Popescu/Gigoriu, Matei Basarab și Vasile Lupu.

christlichen Konfessionen zu lösen suchte.[32] Auch hier spielte wiederum ein Zuwanderer eine zentrale Rolle: der von Konstantinopel in die Walachei übersiedelte georgische Gelehrte, Mönch und walachische Metropolit (1708–1716) Antim Ivireanul übte unter seinem Mentor Brâncoveanu eine rege Druckertätigkeit aus, in der Bücher in griechischer, kirchenslawischer, rumänischer und arabischer Sprache hergestellt wurden.[33] Dies zeigt den Status der Walachei auf, die in mancherlei Hinsicht, vergleichbar Padua, zu einem Zentrum griechischer oder passender: orthodoxer Gelehrsamkeit wurde und weit mehr war als einfach ein Exil.[34] Humanistisch beeinflusste Gelehrsamkeit brachte auch zahlreiche Werke hervor, die den autonomen Status der Walachei und der Moldau in mitunter weit ausholender historiographischer Erzählung zu legitimieren trachteten. Dabei umfasste der Erzählrahmen, entsprechend dem Wahrnehmungshorizont der gebildeten Eliten, nun immer häufiger nicht nur das eine Land, sondern die Walachei und die Moldau gemeinsam.[35]

Auch im politischen und diplomatischen Bereich erwies sich der spezifische Status der Walachei und der Moldau mitunter von Interesse für die Hohe Pforte. So nutzte diese die Woiwoden für Vermittlungsaufgaben, etwa bei der Rückgabe der von Donkosaken 1637 besetzten Festung Asow an die Osmanen. In osmanischem Auftrag nahm der moldauische Hof Kontakte zum Moskauer Zaren auf und konnte schließlich erfolgreich die Rückgabe Azovs bewirken.[36] Selbst wenn die Moldau und die Walachei viel stärker als Siebenbürgen unter Kontrolle des Osmanischen Reiches stand, so genossen sie doch ein Ausmaß an Autonomie, das andernorts als erstrebenswert galt. Bohdan Chmel'nyc'kyj, Anführer des großen Kosakenaufstandes in der Ukraine, suchte in den Jahren nach dessen Ausbruch 1648 nach einer Möglichkeit, die kosakischen Gebiete losgelöst von der polnischen Krone politisch zu organisieren. Diverse Optionen wurden dabei erwogen.

32 Tsakiris, Die gedruckten griechischen Beichtbücher, 213–215; zu Brâncoveanu und seiner Regierungszeit allgemein Pippidi, Pouvoir et culture en Valchie; ders., Constantin Brâncoveanu; Cernovodeanu, În vâltoarea primejdiilor; einen Überblick über soziale, politische und kulturelle Entwicklungen unter Brâncoveanu bei ders./Constantiniu (Hgg.), Constantin Brâncoveanu; Ionescu, Epoca Brâncovenească; Ruffini, L'influsso italiano in Valacchia; Ionescu/Panait, Constantin Vodă Brâncoveanu; Şerban, Constantin Brâncoveanu.

33 Unvollendete Werkausgabe Antim Ivireanul, Opere (Hg. Ştrempel); Duţu, Antim Ivireanul.

34 Eine Übersicht mit umfangreicher Bibliographie bei Lazăr, Cărturari greci în Ţarile Române; Scalcău, Elenismul în România; Costache, Loyalty and Political Legitimacy; Brezeanu u. a., Relaţiile româno-elene; Camariano-Cioran, Relaţii româno-elene; Duţu (Hg.), Intelectuali din Balcani în România; Papacostea-Danielopolu, Literatura în limba greacă din Principatele Române; zu den höheren Bildungsanstalten Camariano-Cioran, Academiile domneşti din Bucureşti şi Iaşi; Filip, Academia Domnească din Bucureşti; Bîrsănescu, Academia Domnească din Iaşi; Karathanases, Οι έλληνες λόγιοι στη Βλαχιά; zum Kontext s. a. Duţu, Coordonate ale culturii româneşti; eine Textsammlung bei Chisacof, Antologie de literatură greacă.

35 Ursprung, Raumvorstellungen und Landesbewusstsein, 504f.

36 Semenova, Knjažestva Valachija i Moldavija, 214–219; zum Spielraum in den Außenbeziehungen beider Länder Gemil, Ţările Române în contextul politic internaţional; zu den Außenbeziehungen im frühen 17. Jh. Rezachevici, Politică internă şi externă a Ţărilor Române; ein Überblick zum 17. Jh. Constantiniu, De la Mihai Viteazul la Fanarioţi, sowie Ciobanu, Românii în politica Est-Centrală Europeană; für das 18. Jh. Boicu, Principatele române în raporturile politice internaţionale; zum regionalen Kontext Ciobanu, Evoluţii politice în Europa Centrală şi de Est; für die Beziehungen zu Venedig Luca, Ţările Române şi Veneţia, 33–207; für die Beziehungen zu Russland Eremia, Ţara Moldovei şi Rusia; Dragnev (Hg.), Očerki vnešnepolitičeskoj istorii Moldavskogo knjažestva.

1651 unterstellten sich die Kosaken dem Sultan, was jedoch ohne längerfristige Folgen bleiben sollte. Denn bereits 1654 akzeptierten die Kosaken im Akt von Perejaslav die in der Historiographie extrem umstrittene politische Verbindung – je nach Sichtweise als Allianz oder Unterordnung gedeutet – mit dem Moskauer Zaren Aleksej Michajlovič (1645–1676).[37] Damit war die langfristige Verlagerung des Kräftegleichgewichts im osteuropäischen Raum eingeleitet, die vorerst auf Kosten Polen-Litauens gehen sollte, längerfristig aber auch die Position des Osmanischen Reiches im nördlichen Schwarzmeerraum schwächen sollte. Doch in den turbulenten Jahren um die Mitte des 17. Jahrhunderts, als die Kosaken Chmel'nyc'kyjs nach neuen politischen Verbindungen suchten, scheinen die dem Sultan unterstellten Länder wie die Moldau, die Walachei oder sogar das Khanat der Krim[38] dem Kosakenhetman Chmel'nyc'kyj als Vorbild gedient zu haben für die Option, einen kosakischen Herrschaftsverband unter dem Schutz der Hohen Pforte zu errichten. Chmel'nyc'kyj verfolgte von 1648 bis 1653 eine intensive Politik gegenüber der Moldau, die 1652 in der Heiratsallianz zwischen seinem Sohn Timuš (Tymiš) und Ruxandra, der Tochter des moldauischen Woiwoden Vasile Lupu, gipfelte. Die dynastische Verbindung mit der Moldau, die den Status des Kosakenverbandes als eigenständiges politischen Gebilde etablieren sollte, war jedoch nur von kurzer Dauer. Timuš fiel 1653 in Suceava im Kampf gegen Vasile Lupus Gegner, der von der Walachei und Siebenbürgen unterstützten moldauischen Opposition, die auch Lupus langjähriger Herrschaft ein Ende bereitete.[39]

Das moldauische Modell war für die gleichermaßen orthodoxen Kosaken in der Mitte des 17. Jahrhunderts also durchaus attraktiv. Insofern ging der im 16. Jahrhundert begonnene und im 17. Jahrhundert vollendete Übergang von der dynastischen Herrschaft zu einer Art Statthalterschaft mit Ämtercharakter einher mit einer Unbeständigkeit nicht so sehr der politischen Herrschaft als vielmehr des ihr zugrunde liegenden Herrschaftskonzeptes. Der Bezug auf die Einsetzung durch den Sultan entwickelte sich zu einem der stärksten Argumente der Woiwoden gegenüber innenpolitischen Herausforderern und wurde häufig zusammen mit dem Gottesgnadentum als Legitimationsgrundlage genannt.[40] Daneben aber öffnete sich ein breites Feld an Möglichkeiten, Herrschaft zu begründen. Doch so unstetig und wechselhaft die ideologischen Grundlagen der Herrschaft auch geworden waren, vermehrte Instabilität hatte sie dadurch nicht erlangt. Im Gegenteil festigten sich die Herrschaft und ein Herrschafts- und Verwaltungsapparat im 17. Jahrhundert. Die Woiwoden des 17. Jahrhunderts verfügten über weit weniger despotische Macht als ihre Vor-

---

[37] Die umfangreichen und kontroversen historiographischen Debatten lassen sich u. a. erschließen über PLOKHY, The Ghosts of Pereyaslav; SYSYN, English-Language Historiography; BASARAB, Pereiaslav 1654.

[38] Für einen Überblick zum Status des Khanats der Krim KOŁODZIEJCZYK, Das Krimkhanat als Gleichgewichtsfaktor; eine Übersicht über die Historiographie zum Khanat der Krim bei KROLIKOWSKA-JEDLIŃSKA, Law and Division of Power, 1–16; die Beziehungen zur Walachei und Moldau bei MIHORDEA, Raporturile Moldovei şi Ţării Româneşti cu tătarii.

[39] PLOKHY, The Cossacks and Religion, 58; BAIDAUS, War, Diplomacy, and „Family Affairs", 51; in größter Ausführlichkeit zu den moldauisch-kosakischen Beziehungen und den Plänen Chmel'nyc'kyjs HRUSHEVSKY, History of Ukraine-Rus', Bd. 9,1, zur Unterstellung der Kosaken unter den Sultan etwa 50, 136, 466, 492.

[40] PĂUN, Dinamica politică în prezentare rituală, 85.

gänger, doch hatten sie weitaus mehr infrastrukturelle Gestaltungsmacht dank des Aufbaus eines rudimentären Verwaltungsapparates.[41]

Dies zeigt sich nicht zuletzt daran, dass der Zugriff auf Ressourcen nun deutlich effizienter war und es daher in Phasen politischer Stabilität möglich war, bedeutende Einkünfte aus dem Land zu erzielen.[42] Belege dafür sind die intensive Stiftertätigkeit von langjährig regierenden Woiwoden wie Matei Basarab[43] und Constantin Brâncoveanu, nach dem ein eigener Architekturstil benannt ist,[44] in der Walachei oder Vasile Lupu in der Moldau.[45] Doch das Damoklesschwert der Abberufung oder gar Ermordung hing ständig über jedem Woiwoden. Unzufriedenheit mit der Regierungsführung, vermutete Illoyalität, Intrigen und Bestechung von Gegenspielern bewogen die Hohe Pforte mehrfach, Woiwoden abzusetzen oder gar hinzurichten. Dies traf nicht nur kurzzeitige Herrscher wie den zu stark nach Polen orientierten moldauischen Woiwoden Miron Barnovschi (1626–1629, 1633), der 1633 am Bosporus auf dem Schafott endete.[46] Auch Langzeitherrscher wie Vasile Lupu und Constantin Brâncoveanu traf der Bannstrahl des Sultans – ersterer verbrachte seine letzten Jahre als Gefangener in der Reichsmetropole, letzterer wurde mit seinen vier Söhnen in Konstantinopel hingerichtet. Von der orthodoxen Kirche Rumäniens wird er wegen seiner Weigerung, zugunsten seines Lebens zum Islam überzutreten, als Märtyrer verehrt.

Diese Unsicherheit über das eigene Schicksal, das auch die herausragendsten Personen treffen konnte, war mit eine Ursache dafür, dass in günstigen Konstellationen die Loyalität der christlichen Woiwoden dem Sultan gegenüber zweifelhaft war. Ein beredtes Beispiel ist Dimitrie Cantemir, Woiwode der Moldau 1710–1711. Sein Vater war aus einem Freibauerngeschlecht zum Woiwoden aufgestiegen (1685–1693) – auch dieses Beispiel ist typisch für die soziale Mobilität und Durchlässigkeit, von der nicht nur Landesfremde profitierten, sondern auch Einheimische. Der Familienname Cantemir (Khan Temir) sollte über eine angeblich tatarische Herkunft die bescheidene Herkunft kaschieren – der Gelehrte Dimitrie selber führte den Familiennamen auf Timur Lenk zurück.[47] Dimitrie Cantemirs Bewährungsstunde kam schon kurz nachdem er zum

---

[41] COMAN, Putere şi teritoriu, 100; zum Machtkampf zwischen Bojaren und den Woiwoden LAZĂR, Aspecte ale ideologiei politice.

[42] Exemplarisch für Constantin Brâncoveanu CHIRCĂ, Veniturile vistieriei lui Constantin Brâncoveanu; UNGUREANU, Programele de evidenţă şi contabilitate; BARBU, Etica ortodoxă, 46; allgemein zum Steuerwesen mit einem Schwerpunkt auf dem 17. u. 18. Jh. FURTUNĂ, Consideraţii privind fiscalitatea şi prestaţiile.

[43] MOISESCU, Arhitectura epocii lui Matei Basarab; SINIGALIA, Repertoriul arhitecturii; NICOLAE, Ctitoriile lui Matei Basarab.

[44] SINIGALIA, L'architecture de l'époque „brancovane"; zur Kunst der Brâncoveanu-Zeit BARBU, Arta brâncovenească, sowie DRĂGUŢ, Arta brâncovenească; allgemein zum kulturellen Bereich unter Brâncoveanu THEODORESCU, Constantin Brâncoveanu între „Casa Cărţilor" şi „Ievropa"; DERS., Deceniile brâncoveneşti.

[45] DOBJANSCHI/SIMION, Arta în epoca lui Vasile Lupu; s. a. grundlegend PUŞCAŞU, Actul de ctitorie ca fenomen istoric; sowie den Ausstellungskatalog VAZACA (Hg.), De la Matei Basarab la Constantin Brîcoveanu.

[46] Zu diesem Herrscher GOLIMAŞ, Un domnitor – o epocă.

[47] IORGA, Strămoşi pe alese, 76; zur Herkunft der Familie und den behaupteten genealogischen Bezügen LEMNY, Les Cantemir (rum. Übers.: DERS., Cantemireştii, 29–32 [²2013]); REZACHEVICI, Constantin Cantemir, 45–47;

Woiwoden ernannt worden war. Anlässlich des Pruth-Feldzuges des russischen Zaren Peters I. („des Großen"; 1682–1725) wechselte Cantemir die Seiten und sah sich nach der Niederlage Peters gezwungen, in dessen Reich ins Exil zu gehen. Für die moldauische Geschichte blieb seine Regierung eine Episode, doch als Gelehrter von europäischem Rang gebührt ihm ein Platz unter den herausragendsten Figuren des frühen 18. Jahrhunderts. Als einer der ganz wenigen Gelehrten überhaupt war er ein intimer Kenner des Osmanischen Reiches, über das er eine umfangreiche Geschichte verfasste. In späteren Jahren, während seines Exils, lernte er auch das aufstrebende Russländische Imperium Peters des Großen kennen. Jahrzehntelang hatte er, zuerst als Geisel für das Wohlverhalten seines Vaters auf dem moldauischen Woiwodenstuhl, in Konstantinopel gelebt und als Universalgelehrter zahlreiche Werke verfasst. Im Exil war er dank seiner Kenntnisse orientalischer Sprachen ein wertvoller Ratgeber Peters des Großen angesichts der russischen Expeditionen und Feldzüge in Richtung Persien und Zentralasien. Auch mit westeuropäischen Gelehrten verkehrte er intensiv – seine Landesbeschreibung der Moldau entstand auf Bitte der noch jungen Königlich Preußischen Sozietät der Wissenschaften, deren Mitglied Cantemir war.[48] Dimitries Sohn Antioh Cantemir schließlich machte als russländischer Diplomat und als eine der Gründungsfiguren der modernen russischen Literatur Karriere.[49]

Dies zeigt die Peripetien dieses Milieus auf – die Karrierewege moldauischer und walachischer Woiwoden verliefen unvorhergesehen und konnten von ganz unterschiedlichen Orten ausgehen und an ganz unerwarteten Orten enden. Darunter waren herausragende Persönlichkeiten, die jedoch als Woiwoden ihr Talent nur sehr bedingt zum Ausdruck bringen konnten und deren Leistungen oft fernab der Heimat erbracht wurden. Insbesondere die Moldau war aufgrund ihrer Lage eng mit dem ostslawischen Raum verbunden. So ist es denn auch kein Zufall, dass der berühmteste Spross des moldauischen Bojarengeschlechts der Movilă keiner der in den Jahrzehnten um 1600 in der Moldau und der Walachei zum Woiwoden aufgestiegenen Männer ist, sondern Petru Movilă (ukr. Petro Mohyla), Sohn des glücklos agierenden Woiwoden Simion Movilă. Während seine Brüder Mihail und Gavril nicht viel erfolgreicher als Woiwoden in der Moldau und der Walachei amtierten, stieg Peter an die Spitze der orthodoxen Kirchenhierarchie in der Ukraine auf. Der Metropolit von Kiew (1633–1647) wird als Heiliger verehrt und ist eine der bedeutendsten Gestalten der ukrainischen Kirchengeschichte. Nach der Kirchenunion von Brest (1596), die die

---

zum Interesse an genealogischen Zusammenhängen im Zeitkontext Gorovei, Dimitrie Cantemir şi boierimea Moldovei.

48 Das Werk ist postum erschienen, die älteste bekannte Ausgabe ist die dt. Übers. von 1771: Cantemir, Beschreibung der Moldau; das lat. Orginal mit rum. Übers. ediert in Dimitrie Cantemir. Descriptio antiqui et hodierni status Moldaviae (Übers. Guțu u. a.).

49 Aus der umfangreichen Literatur zu Cantemir u. a. der handbuchartige Sammelband, der einen guten Überblick bietet: Eşanu (Hg.), Dinastia Cantemireştilor; Lemny, Les Cantemir; Aufsätze zu Einzelaspekten bei Bochmann/Dumbrava (Hgg.), Dimitrie Cantemir; philologisch Mazilu, Dimitrie Cantemir; nach wie vor grundlegend die Sammlung von Aufsätzen in *Studii. Revistă de istorie* 26 (1973), H. 5; *Revue roumaine d'histoire* 12 (1973), H. 5; 300 de ani de la naşterea lui Dimitrie Cantemir; eine kurze, in mehreren Sprachen verfügbare Übersicht von Câmdea, Dimitrie Cantemir; immer noch solide, wenn auch veraltet Panaitescu, Dimitrie Cantemir; als Bibliographie Eşanu (Hg.), Neamul Cantemireştilor.

orthodoxe Kirche Polen-Litauens dem Papst unterstellte, verhalf Petro Mohyla der unter Druck geratenen, nun aber wieder anerkannten Orthodoxie im Doppelreich zu einer Erneuerung, vor allem im Bildungswesen. Das von ihm gegründete Kollegium war die erste höhere Bildungseinrichtung im orthodox-ostslawischen Raum und übte in den nächsten Jahrzehnten eine kaum zu überschätzende Wirkung auf die Eliten dieser Region aus. Doch wirkte er durch die Förderung des religiösen Buchdrucks wie auch die Gründung eines Kollegiums in Iaşi 1640 auch intensiv auf das kulturelle und religiöse Leben in der Moldau und der Walachei ein.[50]

Es war so vor allem der Bereich der Gelehrsamkeit und der Kunstförderung, in denen sich die in ihrem machtpolitischen Handlungsspielraum stark eingeschränkten Woiwoden der Walachei und der Moldau profilieren konnten. Nicht wenige von ihnen verfügten selber über hervorragende Bildung – Dimitrie Cantemir stellt hier nur ein besonders beeindruckendes Beispiel dar, doch auch viele andere Herren der beiden Länder hatten solide Kenntnisse. Zu nennen sind insbesondere die aus dem griechischen bzw. gräzisierten Milieu stammenden Radu Mihnea, Şerban Cantacuzino sowie Constantin Brâncoveanu – und nicht wenige der Phanariotenherrscher.[51]

---

50 Brüning, Petro Mohyla und die Confessio Orthodoxa; Panaitescu, Petru Movilă; Covalcic, Petru Movilă şi raporturile slavilor de est; Ševčenko, The Many Worlds of Peter Mohyla; Völkl, Das Rumänische Fürstentum Moldau und die Ostslaven, 74–82.

51 Zach, Orthodoxe Kirche und rumänisches Volksbewußtsein, 85–87.

8.5   DIE HERRSCHAFT DER PHANARIOTEN

8.5.1   *Amt und Praxis*

Die zahlreichen Verbindungen der walachischen und moldauischen Eliten zu christlichen Regionen ließen ihre schwankende Treue gegenüber dem Sultan im frühen 18. Jahrhundert immer problematischer erscheinen. Nicht nur war das Osmanische Reich im Großen Türkenkrieg (1683–1699) in die Defensive geraten und hatte Ungarn an die Habsburger, die Peloponnes an Venedig verloren, auch das aufstrebende Russland drängte mit einem neuen Selbstbewusstsein in Richtung der osmanischen Einflusssphäre (s. Beitrag 6, KOLLER, Kap. 6.4).[52] Mit der Unterordnung der ukrainischen Kosaken unter den Zaren 1654 zeichnete sich das Reich definitiv als möglicher neuer Rivale ab – die nördliche Flanke des osmanischen Orbits geriet mit Zar Peters Feldzug an den Pruth 1711 trotz dessen Niederlage stärker unter Druck. Nach dem Überlaufen Dimitrie Cantemirs beschloss die Hohe Pforte, den ehemaligen Großdragomanen der Pforte,[53] Nicolae Mavrocordat, zum Woiwoden in Iaşi einzusetzen.[54] Dies wird konventionellerweise als Beginn der bis 1821 dauernden Phanariotenherrschaft in der Moldau gewertet (die Walachei folgte 1715, als Mavrocordat in Bukarest eingesetzt wurde).[55]

Doch hatte Mavrocordat, der über seine Mutter eine moldauische Herkunft geltend machen konnte, bereits zuvor schon einmal kurz als moldauischer Woiwode gedient (1709–1710). Eine wirkliche Zäsur war dieser Moment vorerst einmal also nicht. Erst als sich aus osmanischer Sicht die Einsetzung herausragender Vertreter der griechischen Aristokratie aus dem am Goldenen Horn gelegenen Konstantinopler Stadtteil Phanar bewährte, behielt die Hohe Pforte diese Praxis bei.

---

[52] Der russische Anspruch auf Mitsprache in südosteuropäischen Angelegenheiten leitete sich nicht, wie oft behauptet, von der angeblichen Idee einer „translatio imperii" von Byzanz nach Moskau nach 1453 ab, sondern entwickelte sich erst im 18. Jh. im Kontext militärischer Auseinandersetzungen, wobei die Zaren als Schutzherren der Orthodoxen des Osmanischen Reiches auftraten, HÖSCH, Die Balkanpolitik der russischen Zaren, 248–254; zum Kontext JELAVICH, History of the Balkans, Bd. 1, 39–234.

[53] JANOS, Panaiotis Nicousios and Alexander Mavrocordatos.

[54] DINU, Dimitrie Cantemir şi Nicolae Mavrocordat; LIVANIOS, Pride, Prudence, and the Fear of God; PĂUN, Legitimatio principis; BOUCHARD, Nicolas Mavrocordatos.

[55] Für eine Übersicht und grundlegende Einschätzungen s. PIPPIDI, Phanar, Phanariotes, phanariotisme; die beste Übersicht über die Phanariotenzeit vermittelt der handbuchartige Sammelband Symposium l'Epoque Phanariote; weitere allgemeine Übersichten über die Phanariotenzeit PATRINELIS, The Phanariots before 1821; FLORESCU, The Fanariot Regime; OPRIŞAN, Les princes phanariotes; BERINDEI, Fanariotische Herrscher und rumänische Bojaren; ein Überblick über die Phanariotenzeit mit dem Charakter eines universitären Lehrbuches NEAGOE/TOMA, Ţările Române în epoca fanariotă; für einen Überblick über die ältere Forschung PAPACOSTEA-DANIELOPOLU, État actuel des recherches sur „l'époque phanariote"; die Sichtweise der türkischen Historiographie erschließen ÇIFTÇI, Bâb-ı Âlî'nin Avrupa'ya Çevrilmiş İki Gözü, u. SÖZEN, Fenerli Beyler; obwohl vor allem auf Siebenbürgen bezogen auch für die Walachei und Moldau sowie ihre Beziehungen zu den Habsburgern einschlägig TRÓCSÁNYI/MISKOLCZY, A fanariótáktól a Hohenzollernekig; für die ersten Jahrzehnte der Phanariotenherrschaft TRÓCSÁNYI, A fanarióta uralom első időszaka; zur politischen Ordnung VLAD, Regimul politic al principatelor române; den Zeitumständen gemäß klassenkämpferisch zu sozialen Konflikten PANAIT, Aspecte din lupta populaţiei împotriva regimului turco-fanariot; Kultur und Geistesgeschichte bei ISAR, Principatele române în epoca luminilor; s. a. die Bibliographie von LEMNY, Românii în secolul XVIII.

Darum handelte es nämlich – eine Praxis, die nirgendwo festgelegt wurde, sondern sich eher gewohnheitsrechtlich entwickelte, letztlich aber nie zu einem explizit ausformulierten Grundsatz osmanischer Politik wurde. Die Pforte handhabte die Vergabe der Ämter des Woiwoden in der Walachei und der Moldau flexibel nach eigenem Gutdünken und situativen Bedürfnissen. Die Vergabe an Angehörige von Familien, deren Bezugspunkt Konstantinopel und der unmittelbare osmanische Machtbereich war, hatte zweifelsohne den Vorteil, eine stärkere Kontrolle über diese Statthalter auszuüben. Nur Personen, die ihre Loyalität im Dienste des Sultans als Diplomaten, Übersetzer oder Händler unter Beweis gestellt hatten, wurden mit der Aufgabe betraut, die beiden Länder nördlich der Donau für die Pforte zu verwalten.[56]

Es war dies durchaus eine sehr begehrte Aufgabe. Auch im 18. Jahrhundert blieb die Verwaltung der beiden Länder lukrativ genug, damit Anwärter riesige Bestechungssummen aufwandten, um bei der Pforte den Zuschlag zu erhalten. Griechische Oberschichtsangehörige standen zwar als Dragomane, im Handel und der Verwaltung auch im unmittelbaren osmanischen Kerngebiet im Dienst der Hohen Pforte, doch entwickelten sich die Walachei und die Moldau im 18. Jahrhundert zu herausragenden Stationen in den Karrierewegen: Die Ernennung zum Woiwoden in Bukarest oder Iași gehörte zur Krönung einer Laufbahn in osmanischen Diensten. Wie in vielen anderen Fällen auch erfüllten die Phanarioten als kulturell und ethnisch nicht der dominierenden Elite des Reiches angehörende kleine, aber spezialisierte und entsprechend geschulte Gruppe zentrale Funktionen in der Verwaltung des Imperiums. Sie sind damit vergleichbar mit den im 18. Jahrhundert ebenfalls in der Verwaltung überproportional vertretenen Baltendeutschen im Russländischen Reich.[57] Gerade als Auswärtige bemühten sich die meisten Phanariotenherrscher aktiv darum, ihre Verbundenheit mit den verwalteten Ländern zumindest rhetorisch unter Beweis zu stellen, um so eine gewisse Legitimation zu erhalten. In Auseinandersetzung damit schärfte sich auch das Landesbewusstsein der lokalen Eliten.[58]

Die Einsetzung ins Amt war nun im Prinzip zeitlich befristet, wenn auch keine allgemeine Regel über die konkrete Dauer der Amtsausübung festgelegt war. Doch entwickelte sich die nicht immer respektierte Praxis heraus, dass nach drei Jahren eine Versetzung anstand. Die Amtsinhaber wurden nach Konstantinopel zurückgerufen, nicht selten aber – direkt oder nach einer gewissen Zeit – von der Moldau in die Walachei versetzt oder umgekehrt. Es etablierte sich faktisch eine Art

---

56 Eine lexikonartige, populärwissenschaftliche Übersicht über alle Phanariotenherrscher mit substanziellem Quellen- und Literaturverzeichnis bei Țipău, Domnii fanarioți în țările române; die Detailforschung lässt sich am besten erschließen über Beiträge zu einzelnen Phanariotenherrschern und ihrer Politik, so etwa zu N. Mavrocordat Livanios, Pride, Prudence, and the Fear of God; zu C. Mavrocordat Constantiniu, Constantin Mavrocordat, u. Vlad, Locul lui Constantin Mavrocordat în istoria românilor; zu M. Racoviță Vlad, Un pămîntean printre domnitorii fanarioți; zur Familie Ghica Iordache, Principii Ghica, u. Vlad, Politica internă și externă; zu Nicolae Mavrogheni Mihordea, Politica lui Nicolae Mavrogheni; zu K. Ypsilántis Mischevca/Zavitsanos, Principele Constantin Ypsilanti; zu I. Caragea Ionașcu, Politica fiscală a lui Ioan Vodă Caragea.

57 Zur Rolle der Phanarioten im osmanischen Kontext generell Philliou, Communities on the Verge.

58 Popescu-Mihuț, „Patrie", „Patriote", „Amour De La Patrie"; eine Begriffsgeschichte zu „Vaterland" Lemny, Originea și cristalizarea ideii de patrie; allgemein zum geistigen Klima im 18. Jh. Barbu, Scrisoare pe nisip, sowie Lemny, Sensibilitate și istorie în secolul XVIII românesc.

Kaderrotation. Diese wurde nun viel stärker noch als im 17. Jahrhundert zur Regel. Schon zuvor hatten die Bestätigung der Herrschaft auf Lebenszeit wie im Falle Brâncoveanus gegen Zahlung enormer Summen oder das folgenlose Versprechen auf lebenslange Herrschaft an Vasile Lupu Ausnahmen dargestellt.

Umso mehr galt es nun im 18. Jahrhundert, als Woiwode die getätigten Investitionen angesichts der Ungewissheit über den Verbleib im Amt in kurzer Zeit zu amortisieren, um die eingegangenen Verbindlichkeiten bedienen zu können. Es fand eine eigentliche Monetarisierung statt, bei der den Untertanen ständig neue Abgaben auferlegt wurden. Frondienste etwa wurden immer häufiger in Geldwerte umgerechnet und entsprechend eingefordert. Das höhlte die rechtliche Unterordnung der abhängigen Bauern unter die Bojaren als sozialer Elite aus. Insofern war die Aufhebung der persönlichen Abhängigkeit (Leibeigenschaft) 1746 in der Walachei und 1749 in der Moldau – beide Male unter dem Phanarioten Constantin Mavrocordat (Sohn Nicolaes) – weniger eine Bauernbefreiung, als vielmehr die Aufhebung einer dysfunktionalen Institution und bezweckte die verstärkte Verfügungsmacht des Woiwoden über die Ressourcen des Landes. Als landesfremde Statthalter mit der Macht des Sultans im Rücken gelang es Constantin Mavrocordat wie auch anderen Phanarioten, gegen den Widerstand der Bojaren Reformen durchzuführen, welche die inneren Strukturen beider Länder grundlegend veränderten. Konkreter Anlass für die Maßnahmen zur Abschaffung der Leibeigenschaft waren die Folgen des osmanisch-habsburgischen Krieges 1736–1739 (s. Beitrag 6, KOLLER, Kap. 6.4.3; Beitrag 9, SOÓS, Kap. 9.4.1) und die hohe Abgabenlast, die besonders in der Walachei zu einer bäuerlichen Massenflucht führten. Um dem entgegenzutreten leitete Mavrocordat auf Anweisung der Hohen Pforte diverse Reformen ein. Es zeigt sich an diesem Beispiel, wie unmittelbar das Osmanische Reich auf die Verhältnisse in beiden Ländern einwirkte. Auch im osmanischen Kernbereich bestand ja keine der osteuropäischen Leibeigenschaft der Frühen Neuzeit vergleichbare Institution erblicher persönlicher Abhängigkeit.[59]

Die Reformmaßnahmen in der Walachei und der Moldau waren koordiniert, wechselte Mavrocordat doch auf Geheiß der Pforte mehrfach als Woiwode zwischen Bukarest und Iași. Von 1730 bis 1769 war er insgesamt sechsmal Woiwode der Walachei und dreimal in der Moldau. Die beiden Länder waren nun administrativ weitgehend verkoppelt und weit über die Rotation der Oberschicht hinaus auch verwaltungstechnisch auf eine vergleichbare Linie gebracht worden. Daher wurden die meisten Reformmaßnahmen der Phanariotenzeit im Abstand weniger Jahre jeweils in beiden Ländern nachvollzogen. So wurde unter Nicolae Mavrocordat das Abgabewesen vereinheitlicht, gestrafft und effizienter ausgestaltet, was unter seinem Sohn Constantin fortgeführt wurde. In der zweiten Hälfte des 18. Jahrhunderts entstanden unter den Phanarioten schriftliche Regelungen und Gesetzeskodizes, die das Gewohnheitsrecht und die kirchliche Rechtsprechung immer mehr verdrängten.[60] Insgesamt lässt sich für die Phanariotenzeit die Schlussfolgerung zie-

---

59 URSPRUNG, Schollenbindung und Leibeigenschaft, 166–169; RIZESCU, Servage et Pénétration capitaliste; zu den sozialen Reformen der 1740er Jahre PAPACOSTEA, La grande charte de Constantin Mavrocordato; zum osmanischen Kontext YILDIZ/KOKDAȘ, Peasantry in a Well-Protected Domain.

60 VINTILĂ-GHIȚULESCU, Focul amorului, 109, 250; dt. Übers.: DIES., Liebesglut. Liebe und Sexualität in der rumänischen Gesellschaft; zur Verdichtung der obrigkeitlichen Herrschaftsgewalt am Beispiel der Agrarverhältnisse

hen, dass die Zentralherrschaft und ihre administrativen Möglichkeiten deutlich gestärkt wurden.[61] Dies ermöglichte auch die starke Belastung vor allem der unteren sozialen Schichten mit Abgaben, während weite Teile der Eliten von der Abgabenlast befreit waren.[62]

In der rumänischen Historiographie war die Phanariotenherrschaft lange Zeit negativ bewertet worden.[63] Sie wurde anachronistisch als Fremdherrschaft gesehen, die dem Ziel nationaler Selbstentfaltung zuwidergelaufen sei. Besonders aber die Ausplünderung der Bevölkerung durch starke Abgabenlasten beinträchtige das Bild, das durchaus noch geprägt war von den politischen Kämpfen und Rivalitäten zwischen einheimischen Bojaren und Phanarioten in der Spätphase der Phanariotenzeit und der anschließenden Epoche. Die sozialen Eliten als Träger der Staatlichkeit und dann auch der Nationalbewegung suchten sich nach 1821 im Zeichen des propagierten Aufschwungs deutlich vom „Ancien Régime" zu distanzieren und dieses entsprechend zu diskreditieren. Wie vielerorts ging auch in Rumänien die Etablierung einer professionellen Historiographie unter nationalen Vorzeichen einher mit dem Bezug auf eine entfernte, glorifizierte Vergangenheit in Antike und Mittelalter, der die jüngere Vergangenheit als Phase des Niedergangs gegenübergestellt wurde. Parallel zur Orientierung nach Westeuropa fand eine Distanzierung gegenüber den griechischen Elementen der eigenen Vergangenheit statt, die den Orient und den Osten repräsentierten und die anders als die formell bis ins dritte Viertel des 19. Jahrhunderts fortbestehende Unterordnung unter das Osmanische Reich nun bewusst aus der neuentstehenden „nationalen" Kultur entfernt werden sollten – quasi eine genuin rumänische Variante des Orientalismus.[64]

Die neuere Historiographie hat dieses einseitige Bild der Phanariotenzeit und der griechischen Kultureinflüsse schon vor Jahrzehnten korrigiert.[65] Die Reformmaßnahmen wurden als Schritt

---

grundlegend jetzt OLARU, From Local Custom to Written Law; die Anfänge der phanariotischen Reformen behandeln CONSTANTINIU/PAPACOSTEA, Les réformes des premiers Phanariotes; MIHORDEA, Les règlements fiscaux édictés par Constantin Mavrocordat; zu den Verwaltungsreformen GRIGORAŞ, Reformele cu caracter administrativ din Moldova; GEORGESCU, Les assemblées d'états; eine grundlegende Übersicht zu den phanariotischen Reformen vermitteln die Aufsätze im Sammelband Symposium l'Epoque Phanariote; zu den Reformen der Abgaben DOBRINCU, Modificări în modul de impunere şi percepere a dărilor; die Verbindung von Reformpolitik und aufklärerischen Ideen bei VLAD, Iluminism şi modernism; als lokale Fallstudie zu den phanariotischen Reformen BERCEANU, Reformele lui Constantin Mavrocordat; Edition einer Reihe von Reformmaßnahmen bei BARBU, O arheologie constituţională românească, 107–183; rechtsgeschichtliche Einordnung zur Rezeption des römischen Rechts POPESCU-MIHUŢ, Quelques aspects de la réception du droit byzantin; DIES., Remarques sur la place des textes de droit criminel byzantin; CRONŢ, Byzantine Juridical Influences; sowie zur Rechtsgeschichte allgemein HANGA/FIROIU/MARCU (Hgg.), Istoria dreptului românesc; für die Rechtspraxis GEORGESCU/STRIHAN (Hgg.), Judecata Domnească; HANGA, Die Rezeption des römisch-byzantinischen Rechtes; zum Gewohnheitsrecht DERS., Les institutions du droit coutumier roumain.

61 OLARU, Writs and Measures; vgl. auch DERS., From Disloyalty to Law-Breaking.

62 GRIGORAŞ, Privilegiile fiscale în Moldova; CONSTANTINESCU, Aspecte ale destrămării feudalismului.

63 Für eine differenziertere Sichtweise s. neuerdings etwa OLARU, From Disloyalty to Law-Breaking.

64 BOIA, Istorie şi mit; engl. Übers.: DERS., History and Myth; diese ist der dt. Übers. vorzuziehen: DERS., Geschichte und Mythos.

65 So bereits die auffallend positive Bewertung bei MINEA, Reforma lui Constantin Mavrocordat.

der Modernisierung gedeutet und auch die kulturellen Einflüsse fanden nun vermehrt positive Beachtung. Dennoch bleibt die Einschätzung der Phanarioten in der rumänischen Geschichtsschreibung ambivalent.[66]

8.5.2   Im Kontext internationaler Politik

Das 18. Jahrhundert war neben den zahlreichen Reformen und dem Ausbau der Verwaltung aber auch das Jahrhundert der Kriege und Besetzungen. Mehrfach gerieten die Moldau und die Walachei im Rahmen der osmanisch-habsburgischen bzw. der osmanisch-russischen Kriege für mehrere Jahre unter militärische Besetzung dieser beiden europäischen Großmächte.[67] Damit verstärkten sich die Kontakte der lokalen Bojaren zu den Offizieren der Besatzungstruppen. Westeuropäische Einflüsse (auch die russischen Oberschichtsangehörigen pflegten französische Moden) begannen Einzug zu halten in die Salons der stark gräzisierten und osmanischen Modeerscheinungen folgenden Bojaren.[68] Vor allem aber waren diese Kontakte mit Hoffnungen verbunden, die beiden Länder aus dem osmanischen Herrschaftsbereich lösen zu können. Unter den walachischen und moldauischen Eliten begannen Reformprojekte zu zirkulieren, die den europäischen Großmächten unterbreitet wurden.[69] Die Autonomie der Länder sollte unter einem gelockerten Schutz einer christlichen Macht fortgeführt werden. Doch auch auf geistigem Gebiet begannen sich Ideen der Aufklärung unter den Elitenangehörigen in der Walachei und der Moldau zu verbreiten.[70]

---

66 CHIOVEANU, The Constitutive Other; eine kritische Einschätzung der Phanarioten bei HUREZEANU, Regimul fanariot; eine Analyse der negativen Haltung bei LEMNY, La critique du régime phanariote; zur Kritik an den Phanarioten in der Anfangsphase der rumänischen Historiographie RADOS, Fanariotism și antifanariotism.

67 NIȚĂ-DANIELESCU, Războaiele dintru ruși și turci; AGACHI, Țara Moldovei și Țara Românească; zum Hintergrund CĂZAN, The European Powers; DAVIES, Empire and Military Revolution.

68 VINTILĂ-GHIȚULESCU, Focul amorului, 176f.; zum osmanischen Einfluss auf die Bekleidung IONESCU, The Oriental Influence; zur Bekleidung bei Hofe NICOLESCU, Istoria costumului de curte, sowie der Ausstellungskatalog: DIES. (Hg.), Costumul de curte; für die allmähliche Umorientierung nach Westen am Beispiel weiblicher Mode JIANU, Women, Fashion, and Europeanization; zum Wandel der Mode in der Oberschicht VINTILĂ-GHIȚULESCU, From işlic to Top Hat (rum. Version: DERS., Modă și lux la Porțile Orientului); zur Ess- und Trinkkultur mehrere Aufsätze in JIANU/BARBU (Hgg.), Earthly Delights; ein Kochbuch aus der Brâncoveanu-Zeit ediert CONSTANTINESCU (Hg.), O lume într-o carte de bucate; allgemein zum sozialen Wandel und der Hinwendung nach Westeuropa VINTILĂ-GHIȚULESCU, Evgheniți, ciocoi, mojici, generell zum französischen Einfluss auf geistigem Gebiet ISAR, Relații și interferențe româno-franceze; zur Rezeption politischer Ideen der französischen Revolution ZUB (Hg.), La Révolution Française et les roumains.

69 Eine umfassende quantitative Analyse politischer Texte bei GEORGESCU, Istoria ideilor politice românești; zu politischen Ideen ab Mitte des 18. Jh.s DERS., Political Ideas and the Enlightenment (rum.: DERS., Ideile politice și iluminismul); eine Edition von politischen Denkschriften DERS. (Hg.), Mémoires et projets de réforme; Proiectele de constituție, programele de reforme (Hg. ȘOTROPA).

70 Als Überblick ISAR, Principatele române în epoca luminilor, sowie TURCZYNSKI, Von der Aufklärung zum Frühliberalismus, u. TEODOR (Hg.), Enlightenment and Romanian Society; PAPADIMA, Ipostaze ale iluminismului românesc; zur Entstehung eines rumänischen Bürgertums PLATON, Geneza burgheziei în Principatele române, sowie CERNOVODEANU, Elemente incipiente ale burgheziei.

Um die Forderungen zu legitimieren, unterbreitete eine Reihe von Bojaren unter Führung des Bans Mihai Cantacuzino am Kongress von Focşani 1772 den Großmächten Denkschriften, in denen sie auf angebliche „Kapitulationen", vertragsähnliche Abmachungen zwischen der Hohen Pforte und der Walachei bzw. der Moldau aus dem 15. und 16. Jahrhundert verwiesen. Da keine Originale vorhanden waren, wurden sie „rekonstruiert", um diesen historisch unhaltbaren Behauptungen Nachdruck zu verleihen. Da die Pforte diese ursprünglichen Abmachungen mit der Zeit verletzt habe – etwa unter Missachtung des angeblichen Rechts auf einen vom Land gewählten einheimischen Herrscher – sei die Regelung hinfällig und eine auswärtige Intervention seitens der europäischen Großmächte rechtens, so die Argumentation. Diese Sichtweise entsprach den Interessen des Zaren- und des Habsburgerreiches, die danach strebten, den Einfluss über die Donaufürstentümer – wie die Walachei und die Moldau nun zunehmend genannt wurden – auf Kosten der Hohen Pforte auszuweiten.[71] Die Frage dieser Kapitulationen hat in der rumänischen Historiographie für viel Verwirrung gesorgt. Ähnliche Debatten wurden auch in der Geschichtsschreibung zum Osmanischen Reich geführt.[72] Obwohl die vorgebrachten Dokumente früh als Fälschung erkannt wurden, wurde ihnen doch eine historische Akkuratheit zugesprochen: Sie würden relativ zuverlässig das anfängliche Verhältnis zwischen den beiden Ländern und dem Osmanischen Reich reflektieren.[73] Doch selbst wenn es auf Seiten der Walachei und der Moldau im 15. und 16. Jahrhundert solche Überlegungen gegeben haben mag, so ist es aus Sicht des osmanischen Herrschaftsverständnisses ausgeschlossen, dass sich ein Sultan je auf eine solche verbindliche Regelung eingelassen hätte.[74]

Die ökonomische Integration der beiden Länder in die osmanische Wirtschaft war ebenfalls sehr ausgeprägt. Zwar hat sich die Historiographie von der Vorstellung gelöst, die Osmanen hätten während dreier Jahrhunderte das Schwarze Meer als „türkischen See" komplett geschlossen gehalten. Der freie Schiffsverkehr war zwar stark eingeschränkt, doch segelten venezianische Schiffe noch im letzten Viertel des 17. Jahrhunderts auf dem Schwarzen Meer. Weitestgehend geschlos-

---

71 Dorin, O temă politico-juridică; Semenova, Dunajskie knjažestva; die osmanistische Perspektive bei Maxim, Ţările Române; ders., Din istoria relaţiilor româno-otomane; für das späte 18. Jh. Alexandrescu-Dersca, Rolul hatişerifurilor de privilegii; Florescu, L'aspect juridique des Khatt-i-chérifs, 122f.; ausführliche Darstellung der Historiographie bei Ştefănescu, Ţara Românească de la Basarab I, 103–140; exemplarisch für angebliche Unterwerfungsverträge die „Unterordnung" der Moldau unter die Osmanen unter Bogdan III. zu Beginn des 16. Jh.s in Cronicele Românei séü letopiseţele Moldaviei şi Valahiei, Bd. 3 (Hg. Kogălniceanu), 450–462; exemplarische Denkschriften von 1772 in Georgescu (Hg.), Mémoires et projets de réforme, 37–41.

72 Ursinus, s. v. Kapitulationen; Masters, s. v. Capitulations, 118f.; ausführliche Diskussion der Kapitulationen für europäische Mächte bei Boogert, The Capitulations and the Ottoman Legal System; Fallstudie zu Siebenbürgen und Ungarn Papp, Die Verleihungs-, Bekräftigungs- und Vertragsurkunden der Osmanen.

73 So bes. Papacostea, Tratatele Ţării Româneşti şi ai Moldovei; Matei, Quelques problèmes concernant le régime de la domination ottomane, 67; s. die klassische Studie von Giurescu, Capitulaţiile Moldovei cu Poarta otomană; einzelne Beispiele aus dem Zeitraum 1455 bis 1812 in der Quellensammlung Documente turceşti privind istoria României (Hg. Mehmet); zur zeitgenössischen europäischen Sichtweise Ciobanu, Statutul juridic al principatelor române.

74 Panaite, The Legal and Political Status, 32–42; Alexandrescu-Dersca Bulgaru, L'origine des khatt-i šerifs; Georgescu, Ideile politice şi iluminismul, 138, 144f.

sen für ausländische Schiffe war das Schwarze Meer allenfalls vom späten 17. Jahrhundert an bis maximal 1774, so dass in diesem Zeitraum der Handelsverkehr vornehmlich in den Händen osmanischer Untertanen war.[75] Aber selbst dann war die Kontrolle der Osmanen über die Küsten und das Hinterland des Schwarzen Meeres weitaus begrenzter, als es der Topos vom „türkischen See" suggeriert.[76]

Ähnliches gilt in Bezug auf den Handel der Walachei und die Moldau: Die immer noch verbreitete Vorstellung eines eigentlichen osmanischen Handelsmonopols[77] über die beiden Länder ist so nicht zutreffend. Ein solches Monopol im modernen Sinne hat formell nie bestanden und geht als Idee auf das 19. Jahrhundert zurück, als sich die Walachei und die Moldau vom osmanischen Einfluss zu emanzipieren begannen, der Handel mit Westeuropa eine stürmische Entwicklung erlebte und das Konzept des „Freihandels" zentral wurde. Zwar war in verschiedenen Kontexten der freie Handel der Walachei und der Moldau bis ins frühe 19. Jahrhundert eingeschränkt (durch Vorkaufsrechte für gewisse Produkte, einseitige Handelsvorteile bis hin zu missbräuchlichen Praktiken unterschiedlicher osmanischer Akteure, punktuelle Interventionen der Hohen Pforte), doch bestand parallel dazu auch ein durchaus reger Handel mit Mittel- und Westeuropa.[78]

Der wachsende Einfluss des Habsburgerreiches[79] und Russlands in der zweiten Hälfte des 18. Jahrhunderts machte sich bemerkbar, indem sich vor allem Russland ein zunehmendes Mitsprache- und Interventionsrecht zugunsten der orthodoxen Schutzbefohlenen des Sultans verbriefen ließ. Für die Moldau und die Walachei bedeutete der osmanisch-russische Friedensvertrag von von Küçük Kaynarca von 1774, der den russisch-osmanischen Krieg von 1768–1774 beendete, den Anbruch einer neuen Ära, da dem Petersburger Imperium das Recht zugestanden wurde, zugunsten der beiden Länder bei der Pforte zu intervenieren.[80] Der Status der beiden Länder als Objekt internationaler Beziehungen war damit vertraglich festgehalten. Hierin unterschieden sie sich

---

75   TERTECEL, Marea Neagră otomană, 332; POPESCU, La Mer Noire ottomane, 163f.; für das 18. Jh. MIHAILA, La Compagnie de la mer Noire; zu den Veränderungen im frühen 19. Jh. TULUȘ, Reconfigurarea geopolitică a bazinului pontic; als Synthese zur Geschichte des Schwarzen Meeres neuerdings KING, The Black Sea, sowie der postum (1969) erschienene Klassiker BRĂTIANU, La mer Noire (2009 Zweitaufl. in Paris).

76   KOŁODZIEJCZYK, Inner Lake or Frontier?

77   STAN, Independența României, 7–19.

78   MURGESCU, Avatarurile unui concept; weitere Beiträge des Autors zum Handel des Osmanischen Reiches mit der Walachei und Moldau im Bd.: DERS., Țările Române între Imperiul Otoman și Europa creștină; s. für osmanische Händler in der Walachei LAZĂR, Marchands ottomans en Valachie; ein Überblick über die Wirtschaftsgeschichte vom 16. bis 18. Jh. in MURGESCU, România și Europa, 27–64.

79   SIMIONESCU, Moldova și Țara românească în politica habsburgică.

80   TERTECEL, Tratatul de pace ruso-otoman, enthält eine vollständige rumänische Übersetzung des Vertrags (180–194); das russische Original des Vertrags in DRUŽININA, Kjučuk-Kajnardžijskij mir 1774 goda, 349–360; auszugsweise Publikation der für die Donaufürstentümer relevanten Passagen in IONAȘCU/BĂRBULESCU/GHEORGHE (Hgg.), Relațiile internaționale ale României în documente, 227–230; die Bedeutung des Friedenschlusses von 1774 für die Donaufürstentümer bei TCACI, Tratatul de pace de la Kuciuk Kainargi; zu den Auswirkungen des Vertrages BĂDĂRĂU, Considerații privind raporturile româno-otomane; zur russischen Politik gegenüber den Donaufürstentümern nach 1774 aus sowjetischer Sicht GROSUL, Dunajskie knjažestva v politike Rossii.

also deutlich von einer reinen osmanischen Provinz, auch auf symbolischer Ebene. So erhielten die *capuchehaie*, die Repräsentanten der Woiwoden bei der Hohen Pforte, 1775 gewisse Privilegien wie das Recht, sich zu Pferd beritten fortzubewegen, die sonst nur ausländischen Gesandten zugestanden wurden.[81] Zwar scheiterten bekanntlich die hochtrabenden Pläne der russischen Zarin Katharina II. („die Große"; 1762–1796) in den 1780er Jahren, das Osmanische Reich im „Griechischen Projekt" zu zerschlagen und analog der Teilungen Polens zwischen Russland und Österreich aufzuteilen.[82] Doch der russische Einfluss nahm fortan kontinuierlich zu, bis die Walachei und die Moldau in den 1830er und 1840er Jahren und bis zum Krimkrieg (1853–1856) de facto zu russischen Protektoraten wurden, unter gleichzeitigem Fortbestehen der formalen Zugehörigkeit zum Osmanischen Reich, die de jure bis zur Anerkennung der Unabhängigkeit am Berliner Kongress 1878 bestehen blieb.

Aber auch darüber hinaus nahmen die beiden christlichen Großreiche, das Habsburgerreich und Russland, entscheidenden Einfluss auf die beiden Länder, indem sie einige Territorien eingliederten.[83] Den Anfang machten die Habsburger, die zwischen 1718 und 1739 die Kleine Walachei (Oltenien, westlich des Flusses Olt) annektiert hatten. Die von der habsburgischen Verwaltung durchgeführten Maßnahmen stellten einen wesentlichen Impuls dar für die anschließenden Reformen unter den Phanarioten, nachdem die Region wieder unter osmanische Kontrolle zurückgekehrt war.[84] Längerfristiger waren die Gebietsabtretungen, die die Moldau zu verkraften hatte. 1775 trat die Pforte den nördlichsten Teil der Moldau an die Habsburger ab, das diese Region unter dem Namen Bukowina ihrem Reich einverleibte.[85] 1812 schließlich musste die Moldau die östliche Hälfte, die gesamte Region zwischen Pruth und Dnjestr an Russland abtreten – das diese Provinz fortan als Bessarabien bezeichnen sollte.[86] Der Name geht auf die walachische Dynastie Basarab zurück. Polnische Quellen bezeichneten die Walachei mitunter als „Bessarabia". Die Vielzahl unterschiedlicher Namen, die für die Moldau und die Walachei in Umlauf waren, ver-

---

81 Mihordea, Les lignes du développement de la diplomatie roumaine, 45.

82 Stegnij, Noch einmal über das Griechische Projekt; Ragsdale, Evaluating the Traditions of Russian Aggression; Hösch, Das sogenannte „griechische Projekt"; zur Balkanpolitik Katharinas generell die Sammelbände Vinogradov (Hg.), Vek Ekateriny II, sowie Leščilovskaja (Hg.), Vek Ekateriny II.

83 Zur habsburgischen Politik gegenüber den Donaufürstentümern Heppner, Österreich und die Donaufürstentümer; zur russischen Politik auch Ciobotea/Osiac, Politica Imperiului țarist la Dunărea de jos; allgemein zur Wahrnehmung der Rumänen auch Heitmann, Das Rumänenbild im deutschen Sprachraum.

84 Papacostea, Oltenia sub stăpânirea austriacă (in der Ausg. von 1998 mit ausführlicher dt. Zusammenfg. [335–363]; separat erschienen als „Der Absolutismus in den Randgebieten der Habsburgermonarchie").

85 Scharr, „Die Landschaft Bukowina"; Ceaușu, Bucovina Habsburgică; Turczynski, Geschichte der Bukowina in der Neuzeit; Iacobescu, Din istoria Bucovinei, Bd. 1; Iordache, Grigore III Ghica și răpirea Bucovinei; für eine ukrainische Sichtweise Žukovs'kyj, Istorija Bukovyny.

86 Die klassische Studie hierzu ist Jewsbury, The Russian Annexation of Bessarabia; für die Eingliederung Bessarabiens in das Zarenreich s. Taki, Ot osmanskogo frontira k rossijskoj okraine; die russische Militärverwaltung der Donaufürstentümer behandelt Agachi, Țară Moldovei și Țară Românesca sub ocupația; zum Frieden von Bukarest 1812 und den Folgen für Bessarabien Grosul, Bucharestskij mir, sowie Goșu, Rusia la Dunărea de Jos, u. Jarcuțchi/Mischevca, Pacea de la București; zum weiteren Kontext der osmanisch-russischen Grenzregionen Robarts, Migration and Disease in the Black Sea Region.

wirrten humanistische Kartographen des 16. Jahrhunderts derart, dass sie „Besarabia" als eigene Bezeichnung irgendwo zwischen den beiden Ländern, nördlich der Donaumündung, einzeichneten. Das Missverständnis wurde zum Ausgangspunkt, von dem aus sich dieser Name allmählich verselbständigte und im späten 17. Jahrhundert auch vor Ort bekannt wurde. Schließlich verallgemeinerte die Verwaltung des Zaren den Namen für das gesamte 1812 von Russland annektierte Gebiet zwischen Dnjestr und Pruth.[87]

Zu Beginn des 19. Jahrhunderts waren die walachische und die moldauische Gesellschaft zwar kulturell noch deutlich im osmanischen Bereich verankert. Doch die zunehmenden Kontakte und Einflüsse christlicher Staaten hatten Begehrlichkeiten nach stärkerer Autonomie und Selbstbestimmung hervorgerufen. Der Wandel sollte aber nicht von innen kommen, sondern von außen. Die seit dem späten 18. Jahrhundert andauernde Rivalität der drei Großmächte, des Osmanischen, des Habsburger und des Russländischen Reiches, um die Donaufürstentümer waren gewissermaßen die erste Phase oder – je nach Sichtweise – das Vorspiel der „Orientalischen Frage".[88] Gerade die Rivalität gleich dreier Reiche verhinderte aber auch, dass eines der drei die beiden Länder vollkommen schlucken konnte. Die traditionelle Autonomie unter osmanischem Schutz machte nun allmählich der Form eines Protektorates Platz.[89]

Die Donaufürstentümer weckten ab dem ausgehenden 18. Jahrhundert im Kontext der sich zuspitzenden Rivalität das Interesse aller europäischer Großmächte. Das äußerte sich etwa in der Etablierung von Konsulaten in Bukarest und Iaşi, womit nun auch die Möglichkeit bestand, direkten Einfluss zu nehmen auf die Eliten in den beiden Ländern.[90]

Eher unerwartet eröffnete sich plötzlich die Möglichkeit, die alte Forderung nach einem einheimischen Herrscher zu realisieren. Auch hier kam die Veränderung von außen: In dem in der noch jungen Schwarzmeer-Hafenstadt Odessa geplanten griechischen Aufstand der Filikí Etaireía („Brüderliche Gesellschaft") 1821 kam der Moldau und der Walachei eine Schlüsselstellung zu. In der rumänischen Historiographie vor allem der sozialistischen Zeit ist insbesondere der damit

---

87 Coman, Basarabia; ebenso ders., Putere şi teritoriu, 151–161.

88 Zur Periodisierung und Historiographie Frary/Kozelsky, Introduction. The Eastern Question Reconsidered, 4f., 8, 13–18; für einen synthetischen Überblick Taki, The Russian Protectorate; s. a. ders., Tsar and Sultan; eine detaillierte Erörtung der Frühphase der „Orientalischen Frage" mit Bezug auf die Walachei und die Moldau in einer Reihe von Aufsätzen von Stroe, Implicaţiile româneşti ale evoluţiei „problemei orientale"; ders., Chestiunea Orientală; ders., Principatele Române şi Problema Orientală; als klassische Studie zur Orientalischen Fragen im rumänischen Bereich s. Oţetea, Factorii chestiunii orientale; für die sowjetische Historiographie Georgiev u. a. (Hgg.), Vostočnyj vopros; zur Situation der Moldau zu Beginn des 19. Jhs Mischevca, Moldova în politica marilor puteri; zur Stellung der beiden Fürstentümer im internationalen Kontext Boicu, Principatele române în raporturile politice internaţionale, sowie Columbeanu, Contribuţii privind situaţia internaţională.

89 Stan, Protectoratul Rusiei.

90 Für die Moldau ausführlich Mischevca, Moldova în politica marilor puteri; zu den Handelsbeziehungen der Donaufürstentümer mit England Cernovodeanu, Relaţiile comerciale româno-engleze; ders./Demény, Relaţiile politice ale Angliei; zur Bedeutung Russlands Dostjan, Rossija i Balkanskij vopros; Spiridonakis, L'établissement d'un consulat russe; Dvoichenko-Markov, Russia and the First Accredited Diplomat; zur Rolle von Frankreich Lebel, La France et les principautés danubiennes; beispielhaft für die Schwächung der osmanischen zugunsten der russischen Position Stroia, Promulgarea de către poartă a hatişerifurilor.

verbundene Aufstand des Tudor Vladimirescu in der Walachei als Epochenbruch und Beginn der Moderne interpretiert worden. Neben den sozialen Dynamiken wurde dabei der Blick lange über-proportional auf den Aspekt nationaler Befreiung gelegt.[91] Der Aufstand sollte nicht nur über die Gebiete der beiden Donaufürstentümer ins griechische Kernland getragen werden, vielmehr spiel-ten beide Länder in den Konzepten der damaligen Zeit als Orte des griechischen Geisteslebens eine zentrale Rolle bei der Idee der Wiederherstellung einer orthodox-griechischen Herrschaft in Südosteuropa. Bezeichnend ist etwa der griechische Patriot Rígas Velestinlís (Pheraíos), dessen Utopie nach dem Ende der osmanischen Herrschaft einen orthodoxen Staat vorsah, der den ge-samten Balkan und besonders auch die Walachei und die Moldau umfassen sollte. Bekanntheit erlangte er unter anderem durch seine Karte Griechenlands und des Balkans, die als Projektion die gewünschte Entwicklung vorwegnehmen sollte. Doch gleichermaßen war er auch Autor je einer Karte zur Walachei und der Moldau.[92]

Angesichts dieses Aufstandes waren die Tage der Phanarioten gezählt. Die Hohe Pforte hatte ihr Vertrauen in griechische Verwalter an der exponierten Flanke ihres Einflussbereiches verloren. Der Anführer der Filikí Etaireía, Alexander Ypsilántis, stammte aus einem der angesehensten phanariotischen Geschlechter: Sowohl sein Vater Konstantin wie auch sein Großvater Alexander hatten der Pforte als Dragomane wie auch als Woiwoden der Walachei und der Moldau gedient. Fortan wurden, wie von den Bojaren gefordert, wieder Einheimische aus ihren Reihen als lokale Statthalter eingesetzt. Ihr Spielraum war allerdings nicht wesentlich größer als der ihrer phanario-tischen Vorgänger. Doch der Einfluss der Hohen Pforte auf die Verhältnisse in der Walachei und der Moldau nahm nun ab. Schon bald wurden die Donaufürstentümer faktisch zu Protektoraten Russlands, wenn auch die Unterordnung unter das Osmanische Reich formal bis zum Berliner Kongress 1878 bestehen blieb. Doch praktisch begann sich jetzt erstmals seit dem Spätmittelalter die Möglichkeit abzuzeichnen, dass die beiden Länder sich aus der osmanischen Herrschaft lösen konnten. Damit brach tatsächlich ein neues Zeitalter an. Die jahrhundertelange Ausrichtung der Walachei und der Moldau nach Konstantinopel begann brüchig zu werden, die Hinwendung nach Westeuropa wurde fortan zum entscheidenden Orientierungsvektor.

---

91 Berindei, Revoluţia română din 1821; ders., L' année révolutionnaire 1821; ders., Die revolutionären Erei-gnisse von 1821; Iscru, Revoluţia română din 1821; zur Bedeutung von 1821 für den Status der Donaufürs-tentümer Stan, Revoluţia de la 1821; zu den Vorgängen in der Walachei Radu, 1821, Tudor Vladimirescu şi revoluţia, sowie Oţetea, Tudor Vladimirescu şi revoluţia din 1821; für die Zusammenarbeit der Etaireía mit Vladimirescu s. Camariano, Planurile revoluţionare ale eteriştilor; s. zum Kontext Rieber, The Struggle for the Eurasian Borderlands, 331f., u. Jelavich, Russia's Balkan Entanglements, 49–75.

92 Velestinlís, Χάρτα τῆς Ἑλλάδος; Faksimile der Karten der Walachei und der Moldau in Karamperopulos, Οι χάρτες Βλαχίας καὶ Μολδαβίας; Livieratos, On the Cartography of Rigas Charta (in der Zeitschrift e-Perimetron 3 [2008], H. 3, finden sich weitere Beiträge zur Karte); zu den Verbindungen Rígas mit den Donaufürstentümern Filitti (Hg.), Românii despre Rigas; Lazăr (Hg.), Rigas Velestinlis şi Ţările Române; zu Rígas Wirken in Buka-rest Camariano-Cioran, Les academies princières, 447–449; Vranoussis, Rigas, un patriot grec.

István Soós*

9. DAS KÖNIGREICH UNGARN IN DER DONAUMONARCHIE (1699–1790)

9.1 QUELLEN UND FORSCHUNGSKONTROVERSEN

9.1.1 Quellen

Ein besonders wichtiger Teil der uns heute zur Verfügung stehenden Quellen zur Geschichte des Königreichs Ungarn im 18. Jahrhundert entstammt den übergeordneten staatlichen und kirchlichen Institutionen der Habsburgermonarchie (Staatskanzlei, Staatsrat, Hof u. Landeskammer, Hofkriegsrat; deren archivalische Bestände befinden sich v. a. in Wien). Aber die große Mehrheit der Quellen lagert in staatlichen, Komitats- und städtischen Archiven Ungarns sowie in den Nachfolgestaaten des Königreichs. Das Quellenmaterial aus dem 18. Jahrhundert besteht dabei aus Akten, die bereits in vorangegangenen Jahrhunderten in ungarischen Institutionen angelegt worden waren (z. B. die Königliche Ungarische Hofkanzlei, Königliche Ungarische Hofkammer), sowie aus Beständen von Regierungsorganen, die erst im 18. Jahrhundert entstanden (u. a. die Königliche Ungarische Statthalterei). Glücklicherweise haben die zahlreichen Dokumente der Staats-, Regierungs-, Familien-, Kirchenarchive usw. die turbulenten Phasen der ungarischen Geschichte weitestgehend heil überstanden und stehen somit der Wissenschaft zur Verfügung.

Die systematische Erforschung und Veröffentlichung von Quellen zur Geschichte Ungarns im 18. Jahrhundert begann Ende des 19. Jahrhunderts, nachdem in Wien allmählich Forschungen in den Zentralarchiven der Monarchie ermöglicht worden sind. Hiermit verbundene Quelleneditionsprojekte gewannen in den 1920er Jahren eine besondere Dynamik, als die Nutzung und wissenschaftliche Veröffentlichung von Archivquellen zur neueren ungarischen Geschichte (18.–19. Jh.) in Wien und Ungarn als zentrales Kulturprogramm angestoßen wurde. Dank damit einhergehender wissenschaftlicher Aktivitäten und Quellenpublikationen konnten Themen der Geschichte Ungarns im 18. Jahrhundert wie z. B. zur Wirtschaftspolitik Wiens, zu Bevölkerungsfragen, den sozioökonomisch-kulturellen Reformen im aufgeklärten Absolutismus, der Neuinterpretation der sozialen Stellung und Rolle des ungarischen Adels sowie zur Situation der Bauern usw. neu beleuchtet werden.

---

* Übersetzung durch László Ress. Ein herzlicher Dank geht an Gerhard Seewann für wertvolle Kommentare und Korrekturvorschläge.

Heute tätige Wissenschaftler können sich mittels detaillierter historischer Bibliographien über Archivbestände und Quelleneditionen zur ungarischen Geschichte des 18. Jahrhunderts informieren. Unter diesen sticht der zweite Band der umfassenden Bibliographie von Domokos Kosáry hervor.[1] Dieser spiegelt zwar in Bezug auf die Interpretation von Quellen und Fachliteratur den marxistisch-dogmatischen Geist des ungarischen Geschichtsverständnisses der ersten Hälfte der 1950er Jahre wider, so beispielsweise mit Blick auf die zum Ausdruck kommende Aversion gegenüber der Habsburgermonarchie und die zu Tage tretende marxistische Geschichtsauffassung, dennoch gilt er wegen seines Datenreichtums auch heute noch als Standardwerk. Neben dem Werk von Kosáry ist für die Zeit nach 1945 (bis 1968) eine Bibliographie auswählter Werke zur ungarischen Historiographie zu nennen.[2] Über die in den dreieinhalb Jahrzehnten nach 1945 entstandenen historischen Werke für die Zeit von 1711 bis 1849 liefert ein Aufsatz von Ambrus Miskolczy in Form einer „bibliographie raisonnée" detailliert Auskunft, insbesondere zu den Themen Demographie, Geschichte des Bürgertums, Bevölkerungs-, Wirtschafts-, Adels- und Bauerngeschichte des 18. Jahrhunderts.[3] Die anlässlich der seit 1955 tagenden internationalen Historikerkongresse veröffentlichten zusammenfassenden Bibliographien, mitunter zu zeitgenössischen ungarischen Arbeiten, stellen erste wichtige Informationsquellen für die außerhalb Ungarns wirkende Wissenschaftsgemeinschaft dar.[4] Synthesen zur Geschichte Ungarns und Siebenbürgens im 18. Jahrhundert bieten ebenfalls umfangreiche bibliographische Abschnitte und detaillierte Beschreibungen der Fachliteratur.[5]

Bei Betrachtung der Quellenpublikationen zum 18. Jahrhundert ist für die letzten Jahrzehnte eine „Tradition" der Anknüpfung neuerer Arbeiten an vorhergehende Forschungen zu politischen, wirtschaftlichen, demographischen und kulturgeschichtlichen Themen zu beobachten. Einst begonnene Quelleneditionsprojekte wurden auf einem höheren Niveau, unter Beachtung heutiger Standards zu Editionsprojekten, fortgeführt. Andererseits erfuhr die Erforschung und Veröffent-

---

1   Domokos Kosáry, Bevezetés a magyar történelem forrásaiba és irodalmába [Einführung in die Quellenkunde u. Fachliteratur der Geschichte Ungarns]. Bd. 2: 1711–1825. Budapest 1954; s. Beitrag 7, Pálffy, Kap. 7.1.1, zu den weiteren Bänden der sog. Kosáry-Bibliographie.

2   A magyar történettudomány válogatott bibliográfiája, 1945–1968 [Eine Auswahlbibliographie der ung. Geschichtswissenschaft, 1945–1968]. Budapest 1971, 267–297.

3   Ambrus Miskolczy, A szatmári békétől az 1848/49-es forradalom és szabadságharcig [Vom Sathmarer Frieden bis Revolution u. Freiheitskampf von 1848/49], Századok 114 (1980), H. 3, 378–403.

4   Siehe die Bände der Nouvelles études d'histoire. Publié à l'occasion du … Congrès International des Sciences Historiques. Bde. 1–13. București 1955–2015, insbesondere für die Jahre 1955, 1960, 1965 u. 1970, ferner jene der Études historiques hongroises […]. Publ. à l'occasion du … Congrès International des Sciences Historiques par le Comité national des historiens hongrois. 4 Bde. Budapest 1975–1990.

5   Vgl. den von Gyula Szekfű verantworteten Band: Bálint Hóman/Gyula Szekfű, Magyar történet. Bd. 4: A tizennyolcadik század [Ung. Geschichte. Bd. 4: Das 18. Jh.]. Budapest ²1935, 577–622; Források és feldolgozások [Quellen u. Literatur], in: Magyarország története. Tíz kötetben. Bd. 4,2: 1686–1790 [Geschichte Ungarns. In zehn Bänden. Bd. 4,2: 1686–1790]. Hgg. Győző Ember/Gusztáv Heckenast. Budapest 1989, 1277–1498; Források és feldolgozások [Quellen u. Literatur.], in: László Makkai/Zoltán Szász (Hgg.), Erdély története. Második kötet. 1606-tól 1830-ig [Geschichte Siebenbürgens. 2 Bde. Von 1606 bis 1830]. Budapest ³1988, 1161–1183.

lichung von Quellen zum demographischen Wandel, dem Bevölkerungswachstum und der Transformation der Gesellschaft unter dem Gesichtspunkt der ethnischen Zugehörigkeit seit Ende des 19. Jahrhunderts neue Impulse. So wurden vor allem die gesamtstaatlichen und ungarischen Konskriptionen (Steuer- u. Volkskonskriptionen: 1715, 1720, 1728; kirchliche Konskription: 1780; Volkskonskription: 1784–1787) im Lichte früherer Ergebnisse und Urteile,[6] unter besonderer Berücksichtigung der Zahl steuerpflichtiger Haushalte, erforscht und die sog. Summierungstabellen,[7] Seelenkonskriptionen[8] und „Gesamttabellen" mit modernen statistischen Methoden analysiert.[9] Zur genaueren Klärung der Vermögenslage der Bevölkerung begann man außerdem mit der Veröffentlichung der auf Komitatsebene erstellten Steuerkonskriptionen.[10] Für den selben Zweck wurden die Katasterverzeichnisse aus der Zeit Josephs II. (1765–1790) publiziert, die allerdings aufgrund des Widerstands des Adels nur fragmentarisch erhalten geblieben sind.[11]

Nach 1945 rückte außerdem die Veröffentlichung und Aufarbeitung der zwischen 1767 und 1774 erstellten Urbare, unter Berücksichtigung der Ergebnisse der Quellenausgabe über die Vorbereitungen des Urbarialpatents von 1767,[12] in den Fokus gesellschaftshistorischer Forschungen in Ungarn. Hierfür wurde der Bestand Urbaria et Conscriptiones des Ungarischen Staatsarchivs an ungarischen und siebenbürgischen Urbaren (Schatzamt, geistliche u. weltliche Güter sowie kirchliche Körperschaften) herangezogen.[13] Zur gleichen Zeit wurde mit der Veröffentlichung von

---

6 Zum Beispiel Ignác ACSÁDY, Magyarország népessége a pragmatica sanctio korában 1720–21 [Ungarns Bevölkerung zur Zeit der Pragmatischen Sanktion 1720–1721]. Budapest 1896; Gusztáv THIRRING, Magyarország népessége II. József korában. Budapest 1938.

7 Pest-Pilis-Solt vármegye 1728. évi regnicoláris összeírása [Die regnikolare/Landeskonskription des Komitats Pest-Pilisch-Scholt von 1728]. Hg. András BOROSY. 2 Bde. Budapest 1997; s. zur revidierten, bzw. ergänzten Ausgabe der ersten Volkszählung in Ungarn Dezső DÁNYI/Zoltán DÁVID (Hgg.), Az első magyarországi népszámlálás (1784–1787) [Die erste Volkszählung in Ungarn 1784–1787]. Budapest 1960; Pótlás az első magyarországi népszámláláshoz, 1786–87 [Ergänzung zur ersten Volkszählung in Ungarn, 1786–87]. Hgg. Dezső DÁNYI u. a. Budapest 1975; Tamás FARAGÓ, Az első magyarországi népszámlálás fennmaradt forrásanyaga (Egy forráskiadás tanulságai) [Das bestehengebliebene Quellenmaterial der ersten Volkszählung in Ungarn (Die Lehren einer Quellenausg.)], Demográfia 53 (2011), H. 4, 315–372.

8 Dezső DÁNYI, Az 1777. évi lelkek összeírása [Die Seelenkonskription in 1777], Történeti Statisztikai Évkönyv 1 (1960), 167–193; Péter ŐRI, A demográfiai viselkedés mintái a 18. században. Lélekösszeírások Pest megyében, 1774–1783 [Patterns of Demographic Behaviour in the 18th Century. Population Censuses in County Pest, 1744–1783]. Budapest 2003.

9 Győző EMBER, Összefoglaló statisztikai táblák Magyarországról a XVIII. század végén [Statistische Summierungstabellen zu Ungarn Ende des 18. Jh.s], Statisztikai Szemle 49 (1971), H. 12, 1256–1267.

10 Hierzu u. a. DERS., Az újratelepülő Békés megye első összeírásai 1715–1730 [Die ersten Konskriptionen des neuangesiedelten Komitats Bekesch 1715–1730]. Békéscsaba 1977.

11 Zoltán DÁVID, Az első kataszteri felmérés végrehajtása Veszprém megyében [Die Durchführung der ersten Katasteraufnahme im Komitat Wesprim], A Veszprém Megyei Múzeumok Közleményei 9 (1970), 71–85.

12 Dezső SZABÓ, A magyarországi úrbérrendezés története Mária Terézia korában [Geschichte der ungarländischen Urbarialregulierung zur Zeit Maria Theresias]. Bd. 1. Budapest 1933.

13 Az úrbéres birtokviszonyok Magyarországon Mária Terézia korában. Bd. 1: Dunántúl [Die urbarialen Besitzverhältnisse in Ungarn zu Zeiten Maria Theresias. Bd. 1: Transdanubien]. Hg. Ibolya FELHŐ. Budapest 1970.

urbarialen Regularien und Tabellen begonnen,[14] und es wurden Zusammenfassungen über die urbarialen Konskriptionen und Gutsverhältnisse des Adels erstellt. Auch eine moderne Datenbank wurde aufgebaut.[15] Eng mit diesen Projekten verbunden waren Quellensammlungen zu Lebensweise und Steuergewohnheiten des Bauerntums, zu den Beziehungen zwischen Grundherren und Leibeigenen im 18. Jahrhundert;[16] darüber hinaus publizierte man Beschwerdebriefe und Bittschriften von Leibeigenen.[17]

Unter den historischen Quellen des 18. Jahrhunderts nehmen die auch die politischen und sozioökonomischen Entwicklungen in den Komitaten des Landes berücksichtigenden und auf jahrzehntelangen gründlichen wissenschaftlichen Forschungsarbeiten basierenden Landesbeschreibungen einen besonderen Platz ein. Darunter sticht das groß angelegte Werk, die Notitia Hungariae novae historico geographica, des Universalgelehrten Matthias BÉL (1684–1749), in der er historische, geographische, kirchen-, kultur-, wirtschafts- und bevölkerungsgeschichtliche Daten zusammentrug und noch zu Lebzeiten Beschreibungen von fünf ungarischen Komitaten abdruckte, hervor.[18] Neben der Publikation ungarischer Übersetzungen bis dato unveröffentlichter Beschreibungen mehrerer Komitate, Landstriche und Städte, wurde im letzten Jahrzehnt mit der Publikation kritischer Ausgaben der in verschiedenen Manuskripten erhalten gebliebenen Originaltexte begonnen, was bis heute fortgeführt wird.[19]

Auf Ungarisch wurden des Weiteren bislang unpublizierte Quellen mit besonderer Berücksichtigung einerseits der Politik des österreichischen Staatsrats gegenüber Ungarn,[20] andererseits hinsichtlich der Verwaltungsreformen Josephs II. in Ungarn (kaiserlich-königliche Entwürfe, Instruktionen, Regelungen, Resolutionen, Komitatsrepräsentationen u. Beschwerden, zur Personalpolitik

---

14 István UDVARI, A Mária Terézia-féle úrbérrendezés forrásai magyarországi délszláv népek nyelvén [Quellen der Urbarialregulierung Maria Theresias in den Sprachen der südslawischen Völker Ungarns]. Nyíregyháza 2003; András LICHTNECKERT, Veszprém vármegye községeinek urbáriumai, úrbéri és telepítési szerződései, 1690–1836 [Urbare, Urbar- u. Ansiedlungsverträge der Gemeinden im Komitat Wesprim, 1690–1836]. Veszprém 2009.

15 Zoltán FÓNAGY, A nemesi birtokviszonyok az úrbérrendezés korában. Adattár [Die adeligen Besitzverhältnisse zur Zeit der Urbarialregulierung. Datenbank]. 2 Bde. Budapest 2013.

16 Imre WELLMANN, A parasztnép sorsa Pest megyében kétszáz évvel ezelőtt tulajdon vallomásainak tükrében [Das Schicksal des Bauernvolks im Spiegel seiner eigenen Aussage vor 200 Jahren im Komitat Pest]. Budapest 1967; Zita HORVÁTH, Paraszti vallomások Zalában [Aussagen der Bauern im Komitat Sala]. Bde. 1–2. Zalaegerszeg 2001–2006.

17 Jobbágylevelek [Briefe von Leibeigenen]. Hg. Éva H. BALÁZS. Budapest 1951.

18 Matthias BÉL, Notitia Hungariae novae historico geographica divisa in partes quatuor [...]. 5 Bde. Vindobonae 1735–1747.

19 Bislang wurden sechs Bände veröffentlicht: Matthias BÉL, Notitia Hungariae novae historico geographica. Comitatuum ineditorum. Hg. Gregorius TÓTH. Bde. 1–6. Budapestini 2011–2020; Mátyás BÉL, Ung vármegye leírása [Die Beschreibung des Komitats]. Übers., Hgg. Bernadett BENEI/Gergely TÓTH. Budapest 2014; vgl. noch hierzu: Mátyás BÉL, Magyarország népének élete 1730 táján [Das Leben der ung. Bevölkerung um 1730]. Hg. Imre WELLMANN. Budapest 1984.

20 Siehe diese im Anhang des Aufsatzes von Győző EMBER, Der österreichische Staatsrat und die ungarische Verfassung 1761–1768, *Acta Historica* 6 (1959), H. 1–2, 119–153 (Teil 1); H. 3–4, 331–371 (Teil 2); 7 (1960), H. 1–2, 149–182 (Teil 3).

---

in den Komitaten, Einkünfte der Komitatsverwaltungsbehörden, Verzeichnisse zu den Verwaltungverhältnissen in den königlichen Freistädten, Steuereinnahmen wie Ausgaben der Angestellten, zur Zahl der Amtsträger usw.) herausgegeben.[21]

Was die Quellensituation zu den letzten Jahrzehnten der Geschichte Siebenbürgens angeht, stehen der Forschung die archivalischen Schriftenreihen der Guberniumsbehörden zur Verfügung.[22] Im Zentrum der Aufmerksamkeit neuerer Arbeiten und Quelleneditionen zum 18. Jahrhundert sind die demographischen Entwicklungen. Beispielhaft hierfür sind die Konskriptionen der Szekler Stühle (1701, 1703, 1707, 1711–1713 u. 1720–1721), woraus Rückschlüsse auf Bevölkerung, Lebensgewohnheiten, soziale Entwicklungen und Vermögensverhältnisse gewonnen werden können.[23] Weiterhin ist die Edition der Konskription von 1750 erwähnenswert[24] wie auch die neue kritische Ausgabe der Volkszählung von 1785–1787.[25] Eine Übersicht und Neubewertung bisheriger Angaben zu den Volkszählungsdaten Siebenbürgens ist einem zusammenfassenden Werk zu entnehmen.[26] Ähnlich der ungarischen Forschungslandschaft hielt man es auch in Rumänien für wichtig, die siebenbürgischen Urbarien zu publizieren.[27] Aufmerksamkeit verdient ebenso ein erst spät erschlossenes, doch wichtiges Dokument, das Protokoll zur Zeugenvernehmung des von der kaiserlich-königlichen Armee verübten Massakers bei Siculeni/Mádéfalva (1764), das als *Siculicidium* oder „Szeklertötung" in das kollektive Gedächtnis der Szekler einging.[28] Zu nennen ist außerdem der Bauernaufstand von 1784, der als „Horea-Aufstand" weit über die Grenzen Siebenbürgens bekannt wurde und dem die rumänische Historiographie großes Interesse widmete,

---

21 Lajos HAJDU, II. József igazgatási reformjai Magyarországon [Die Verwaltungsreformen Josephs II. in Ungarn]. Budapest 1982, 419–505.

22 Über den Dokumentenbestand informiert Zsolt TRÓCSÁNYI, Erdélyi kormányhatósági levéltárak [Archive der Regierungsbehörden Siebenbürgens]. Budapest 1973.

23 Székely székek a 18. században [Szekler Stühle im 18. Jh.]. Bde. 1–5. Hg. Sándor PÁL-ANTAL. Marosvásárhely 2008–2011.

24 Siehe hierzu die online-Datenbank des Ungarischen Nationalarchivs Az 1750. évi erdélyi összeírás (F 50) [Die siebenbürgische Konskription von 1750. Aus dem Archivbestand des Guberniums von Siebenbürgen. Signatur: F 50], abrufbar unter <https://adatbazisokonline.hu/adatbazis/f-50-1750-i-orszagos-osszeiras/informacio>; Conscripţia fiscală a Transilvaniei din anul 1750 [Die fiskalische Konskription in Siebenbürgen im Jahr 1750]. Bde. 1–2 (= 5 Teilbände). Hgg. Ladislau GYÉMÁNT u. a. Bucureşti 2009–2016.

25 Ambrus MISKOLCZY/Árpád E. VARGA, Jozefinizmus Tündérországban. Erdély történeti demográfiájának forrásai a XVIII. század második felében [Josephinismus im Feenland. Quellen der hist. Demographie Siebenbürgens in der zweiten Hälfte des 18. Jh.s]. Budapest 2013 (mit CD-ROM).

26 Károly R. NYÁRÁDY, Erdély népességének etnikai és vallási tagolódása a magyar állam alapításától a dualizmus koráig [Ethnische u. religiöse Gliederung der Bevölkerung Siebenbürgens von der Staatsgründung bis zum Dualismus]. Budapest 1987.

27 Siehe zu den Urbarien in Siebenbürgen A gyalui vártartomány urbáriumai [Die Urbarien des Burggebiets Julmarkt]. Hg. Zsigmond JAKÓ. Kolozsvár 1944; Urbariile Ţării Făgăraşului [Urbarien des Gebiets von Fogarasch]. Bde. 1–2. Hgg. Daniel PRODAN/Liviu URŞUTIU. Bucureşti 1970–1976.

28 Látom az életem nem igen gyönyörű. A Mádéfalvi veszedelem tanúkihallgatási jegyzőkönyve 1764. [Ich sehe, mein Leben ist nicht sehr wunderbar. Das Protokoll der Zeugenverhöre zum Blutbad in Mádéfalva 1764]. Hg. István IMREH. Bukarest 1994.

---

was sich nicht nur in hierzu verfassten monographischen Arbeiten, sondern auch in der editorischen Erfassung des Quellenmaterials widerspiegelt.[29]

Im Falle von Publikationen erzählender, bzw. narrativer Quellen (Geschichtswerke, Tagebücher, Memoiren, Autobiographien, Reisebeschreibungen) des 18. Jahrhunderts ist/war für Ungarn und Siebenbürgen charakteristisch, dass die Tendenz, ältere Werke erneut aufzulegen, auch als kritische Ausgaben, fortgesetzt wurde.[30] Doch erschienen durchaus neu erschlossene und bislang unpublizierte erzählende Quellen.[31]

9.1.2 Forschungskontroversen innerhalb der ungarischen Geschichtsschreibung

Das 18. Jahrhundert war für Südosteuropa in vielerlei Hinsicht von Bedeutung. Der strukturelle Anschluss an den „Westen" begann hier, ein geopolitischer Wandel zeichnete sich ab, und manche politische Prozesse hatten gravierende ökonomische Folgen.[32] Innerhalb der ungarischen Historiographie war dieses Jahrhundert dennoch lange Zeit wenig beliebt. Der Grund hierfür liegt darin begründet, dass dieser Zeitraum – mit Ausnahme des ersten u. letzten Jahrzehnts („Rákóczi-Aufstand", bzw. nationale Adelsbewegung; „ung. Jakobiner") – im Vergleich zur Geschichte des 17. Jahrhunderts, das von Freiheitskämpfen geprägt war, unter anderem seitens der national gesinnten Geschichtsschreibung zur Revolution von 1848/1849 (Ende des 19., Anfang des 20. Jh.s) wie auch im Rahmen der nationalkommunistisch-marxistischen Historiographie (1945–1970) als eine der nationalen Entwicklung gegenüber feindlich gesinnte Ära bewertet wurde. Dem eine monographische Arbeit zu widmen, war deshalb lange Zeit weder *en vogue* noch karrierefördernd. Die Geschichte dieses Jahrhunderts wurde daher von nationalliberalen Historikern vor allem als Teil größerer landeshistorischer Synthesen aufgearbeitet,[33] ferner im Rahmen großer Unternehmungen Ende des 19. Jahrhunderts, wie der zehnbändigen von Sándor SZILÁGYI verantworteten

---

29 David PRODAN, Răscoala lui Horea [Der Horea-Aufstand]. Bucureşti 1979. Izvoarele Răscoalei lui Horea. Fontes seditionis Horianae. 15 Bde. Hgg. Stefan PASCU u. a. Bucureşti 1982–2014.

30 Das gilt vor allem für die Werke von Franz II. Rákóczi, Miklós Bethlen, Kata Bethlen, Péter Apor, Mihály Cserei, Péter Bod, Mihály Conrad, Ferenc Domokos, Kelemen Mikes, József Dienes, István Dávid, István Halmágyi, György Rettegi, József Naláczi, József Teleki usw.

31 Unter anderem Éva BALÁZS H., Berzeviczy Gergely, a reformpolitikus (1763–1825) [Der Reformpolitiker Gregor Berzeviczy (1763–1825)]. Budapest 1967 (s. hier den Anhang mit verschiedensten Quellen: 219–374); Egy erdélyi gróf a felvilágosult Európában, 1759–1761 [Ein Graf aus Siebenbürgen im Europa der Aufklärung, 1759–1761]. Hg. Gábor TOLNAI. Budapest 1987.

32 Siehe mit weiterführenden Literaturangaben den umfangreichen Literaturbericht von Harald HEPPNER/Peter Mario KREUTER, Neue Studien zu Südosteuropa im 18. Jahrhundert, *Südost-Forschungen* 78 (2019), 236–254, zu den Bereichen geopolitischer Wandel, Kulturtransfer und Migrationen, Wirtschaftsvernetzung, Aufklärung, Bevölkerung und Statistik sowie Imagologie und Innovation.

33 László SZALAY, Magyarország története [Geschichte Ungarns]. Bd. 4. Pest 1859; M. HORVÁTH, Magyarország történelme [Geschichte Ungarns]. Bde. 7–8. Pest, ²1872–1873.

„Geschichte des ungarischen Volkes",[34] der achtbändigen „Ungarischen Geschichte" von Bálint HÓMAN und Gyula SZEKFŰ,[35] die in der Zwischenkriegszeit in mehreren Ausgaben herausgegebenen wurde, nach 1945 innerhalb eines groß angelegten Akademieprojekts,[36] oder eben als Kapitel von ein- oder zweibändigen populärwissenschaftlichen, dem breiten Publikum gewidmeten, die Geschichte des ganzen Landes aufarbeitenden Landesgeschichten,[37] in Universitätslehrbüchern[38] und vereinzelt in kleineren Aufsätzen.[39] Henrik Marczali (1856–1940) veröffentlichte dann zu Beginn des 20 Jahrhunderts die erste Monographie zur ungarischen Geschichte des 18. Jahrhunderts, die sich wiederum primär an die nicht-ungarische Fachwelt richtete.[40] Erst viel später, in den frühen 1980er Jahren, entstand das erste ungarischsprachige Werk zur Geschichte des 18. Jahrhunderts – interessanterweise aber nur für die Zeit bis zum Tode Maria Theresias (1780) –, das einen wissenschaftlichem Anspruch hatte und sich an an eine breitere Leserschaft richtete.[41] Ein gesteigertes Interesse daran, dieses Jahrhundert in einer eigenständigen Monographie und anhand neuester wissenschaftlicher Erkenntnisse aufzuarbeiten, zeigte sich erst nach der politischen Wende von 1989.[42]

---

34 Siehe Bd. 8 aus A magyar nemzet története [Geschichte des ung. Volkes], Hg. v. Sándor SZILÁGYI: Henrik MARCZALI, Magyarország története III. Károlytól a bécsi congressusig. 1711–1815 [Geschichte Ungarns von Karl III. bis zum Wiener Kongress. 1711–1815]. Budapest 1898.

35 Vgl. Bálint HÓMAN/Gyula SZEKFŰ, Magyar történet. 8 Bde. Budapest [ca. 1929–1932]; hieraus Bd. 6: A tizennyolcadik század [Das 18. Jh.], den SZEKFŰ verantwortete.

36 Siehe für den Zeitraum 1686–1790 den 1989 publizierten Bd.: Magyarország története, Bde. 4,1–2 (Hgg. EMBER/ HECKENAST).

37 So z. B. Lajos BARÓTI/József SZALAY, A magyar nemzet története. Bd. 4: Magyarország a Habsburg-házból s a Habsburg-Lotharingiai házból származott örökös királyok korában [Geschichte der ung. Nation. Bd. 4: 1705– 1867]. Budapest ²1897; Miklós ASZTALOS, A magyar nemzet története az ősidőktől napjainkig [Geschichte der ung. Nation von den Urzeiten bis zur Gegenwart]. Budapest 1934; Gusztáv HECKENAST u. a., A magyar nép története. Rövid áttekintés [Geschichte des ung. Volkes. Kleine Übersicht]. Budapest 1951, ²1953; Magyarország története [Geschichte Ungarns]. Bd. 1. Hg. Erik MOLNÁR. Budapest 1964; Millenniumi magyar történet. Magyarország története a honfoglalástól napjainkig [Ein Millennium ung. Geschichte. Die Geschichte Ungarns von der Landnahme bis zur Gegenwart]. Hg. István György TÓTH. Budapest 2001.

38 Magyarország története. Egyetemi tankönyv. Bd. 2: 1526–1790. A késői feudalizmus korszaka [Geschichte Ungarns. Universitätslehrbuch. Bd. 2: 1526–1790. Die Epoche des späten Feudalismus]. Hgg. Éva BALÁZS u. a. Budapest 1962; László KATUS, A modern Magyarország születése. Magyarország története 1711–1914. Egyetemi tankönyv [Geburt des modernen Ungarns. Geschichte Ungarns 1711–1914. Universitätslehrbuch]. Pécs ²2010.

39 Victor [Győző] EMBER, The Eighteenth Century, in: A Companion to Hungarian Studies. With a Preface by Count Stephen Bethlen. Budapest 1943, 121–160.

40 Henry MARCZALI, Hungary in the Eighteenth Century. With an Introductory Essay on the Earlier History of Hungary. Cambridge 1910.

41 János BARTA, A kétfejű sas árnyékában. Az abszolutizmustól a felvilágosodásig 1711–1780 [Im Schatten des Doppeladlers. Vom Absolutismus bis zur Aufklärung 1711–1780]. Budapest 1984.

42 Domokos KOSÁRY, Újjáépítés és polgárosodás. 1711–1867 [Neubau u. Verbürgerlichung. 1711–1867]. Budapest 1990; János BARTA, A tizennyolcadik század története [Geschichte des 18. Jh.s]. Budapest 2000; János POÓR, Megbékélés és újjáépítés 1711–1790 [Versöhnung u. Wiederaufbau 1711–1790]. Budapest 2009.

Welches Gewicht aber hatte bzw. hat gegenwärtig die von 1711 bis 1790 dauernde Epoche und ihre Erforschung in der ungarischen Historiographie? Nimmt man die zusammenfassenden Synthesen zu diesem Zeitraum oder die sich mit einzelnen Problemfeldern auseinandersetzenden Monographien und Aufsätze zur Hand, kann im Allgemeinen festgestellt werden, dass die Ereignisse des 18. Jahrhunderts seitens ungarischer Historiker bis zum heutigen Tage sehr zwiespältig bewertet werden, je nach politischer oder ideologischer Überzeugung.

Ein teils intensiver wissenschaftlicher Diskurs herrschte hinsichtlich der Bewertung der Herrschaft der Habsburger in Ungarn im 18. Jahrhundert. Ausgetragen wurde dieser ab Mitte des 19. Jahrhunderts zwischen den Vertretern zweier Strömungen, den habsburgfreundlichen vermeintlich nationalfeindlichen, konservativ-klerikalen „Labanzen" (ein Begriff, der aus der Rebellion des 17. Jh.s stammte) und den habsburgfeindlichen protestantisch-nationalen „Kuruzzen" – und er steht in Verbindung mit Untergangstheorien, die Vertreter des ungarischen Nationalismus verfochten. Diese waren der Ansicht, dass die Entwicklung des Landes hauptsächlich wegen einer „kolonisierenden" Wirtschaftspolitik des Herrscherhauses bzw. des Wiener Hofes, ferner aufgrund der Verweigerung der Wiederherstellung der territorialen Integrität des Landes und Wiederangliederung Siebenbürgens sowie des Abstellens der zahlreichen ständischen und religiösen Gravamina etc. und trotz erreichter Ergebnisse eher als Niedergang zu deuten ist. Dieser habe nicht nur die Wirtschaft, sondern auch Moral und Gesellschaft erfasst. Gemäß dieser Auffassung ist das 18. Jahrhundert zweifelsfrei als ein Jahrhundert des Zerfalls, der Erlahmung und „Entnationalisierung" zu charakterisieren, das im krassen Gegensatz zum vorhergehenden, angeblich glorreichen Jahrhundert stehe, das von „blutigen, trotzigen Kämpfen" geprägt worden sei.[43]

Eine andere Ansicht vertraten jene, die hervorhoben – dabei kritisierten sie dennoch Wiens Wirtschaftsprogramm, das die wirtschaftlichen Interessen des Königreichs Ungarn zugunsten gesamtmonarchischer Interessen beschnitt –, dass in allen Bereichen, gerade „in diesem, als nationalfeindlich verhöhnten" Zeitraum, große Errungenschaften erzielt worden seien. Dieser könne dank der im Land herrschenden friedlichen Verhältnisse zu Recht „als Jahrhundert der Wiederherstellung, der Restauratio" bezeichnet werden, auch sei der Aufstieg Ungarns nur im Rahmen der Habsburgermonarchie möglich gewesen.[44] Sie bewerteten das 18. Jahrhundert – im Gegensatz zu den Anhängern der „liberal-protestantischen" 1848er Geschichtsbetrachtung – eindeutig als Fortschritt, „als eine Zeitperiode des schrittweisen Aufstiegs, der Regenerierung des verwüsteten Landes", gemäß der „allgemeinen Bewegung des europäischen Modells".[45] Wenn auch dieser Standpunkt innerhalb der historischen Forschung heute nicht mehr angezweifelt wird, so gibt es Stimmen, die die Meinung vertreten, wonach nicht die einzelnen Wachstumsschritte, sondern

---

43 MARCZALI, Magyarország története III. Károlytól, 5; vgl. noch darüber KOSÁRY, Újjáépítés és polgárosodás, 30f.

44 MARCZALI, Magyarország története III. Károlytól, 6f.; vgl. hierzu SZEKFŰ, A tizennyolcadik század, 408.

45 KOSÁRY, Újjáépítés és polgárosodás, 31; DERS., Magyarország a XVIII. században. Növekedés vagy hanyatlás? [Ungarn im 18. Jh. Aufstieg oder Niedergang?], Valóság 18 (1975), H. 1, 13–22, 17f.; DERS., Művelődés a XVIII. századi Magyarországon [Kultur im 18. Jh. in Ungarn]. Budapest, Debrecen 1980, 28.

das Ausmaß und die Art der Durchführung von zentraler Bedeutung gewesen seien.[46] Wieder andere verweisen darauf, dass Fortschritt und Wachstum in erster Linie im Geistesleben und in der Verbreitung der Aufklärung stattgefunden habe,[47] hinsichtlich der gesellschaftlichen Entwicklung die ungarische Gesellschaft allerdings weiterhin stark hierarchisch strukturiert und traditionell geprägt geblieben sei.

Neben den erwähnten, miteinander konkurrierenden Standpunkten und den hier durchaus vorhandenen unterschiedlichen Interpretationen gibt es bis heute innerhalb der ungarischen Historiographie teils recht lebhafte Diskussionen über die Bewertung folgender strittiger Themenfelder zur ungarischen Geschichte Ende des 17. und im 18. Jahrhundert: a.) zum Frieden von Sathmar/Szatmár (1711) als vermeintlichem Kompromiss zwischen Habsburgern und ungarischen Ständen; b.) zur Frage nach einer „Selbständigkeit" des Königreichs Ungarn innerhalb der Habsburgermonarchie, insbesondere mit Blick auf die Annahme der Pragmatischen Sanktion zu Beginn des 18. Jahrhunderts, in der die Zusammengehörigkeit und Unteilbarkeit der Gesamtmonarchie inklusive wechselseitiger Garantie des territorialen Besitzstandes festgelegt wurde;[48] c.) zur Bevölkerungspolitik der Habsburger und ihren Folgen; d.) zur „kolonisierenden" Wirtschaftspolitik innerhalb der Habsburgermonarchie.

Zu a: In den Diskussionen über die Bewertung des Friedens von Sathmar stehen sich zwei grundsätzlich gegensätzliche Standpunkte gegenüber. Die Anhänger der sog. liberal-protestantischen 1848er Geschichtsdeutung verurteilten den Friedensschluss und seine Ergebnisse. Darin sahen sie die Unterordnung Ungarns unter das Haus Habsburg bzw. die Sicherung eigennütziger „Klasseninteressen" des Adelstandes, verbanden dies mit dem angeblichen Verrat des den Frieden schließenden Kuruzzengenerals Sándor Károlyi (1669–1743) und erschufen damit in der ungarischen Geschichtsschreibung den sog. Mythos des Hochverrats/Hochverräters. Auch die nach 1945 dominierende marxistisch orientierte Historiographie wertete dessen Handeln als Verrat an Land und Nation. Diese Auffassung hielt sich mehrere Jahrzehnte lang und wurde um die These ergänzt, wonach der Frieden von Sathmar nichts anderes gewesen sei, als die Sicherung der „Klasseninteressen" des ungarischen Adels. Der Frieden sei ferner als ein „Verrat" oder zumindest als ein Kompromiss zwischen dem Haus Habsburg und der herrschenden Klasse zu deuten, der den gesellschaftlich „Unterworfenen" Unterdrückung gebracht und die Unauflösbarkeit des Ver-

---

[46] Gyula BENDA, Megjegyzések Kosáry Domokos cikkéhez [Bemerkungen zum Artikel von Domokos Kosáry], *Valóság* 18 (1975), H. 3, 99–101, 100; Gábor VERMES, Tradicionalizmus és modernitás hajnala a 18. századi Magyarországon [Traditionalismus u. der Morgen der Moderne in Ungarn im 18. Jh.], *Aetas* 20 (2005), H. 1–2, 213–230, 214f. (auf Engl.: DERS., Eighteenth-Century Hungary. Traditionalism and Dawn of Modernity, *Austrian History Yearbook* 37 [2006], H. 1, 121–140).

[47] Moritz CSÁKY, Von der Aufklärung zum Liberalismus. Studien zum Frühliberalismus in Ungarn. Wien 1981, 64–80; BARTA, A tizennyolcadik század története, 228; VERMES, Tradícionalizmus és modernitás hajnala, 215.

[48] Siehe zu den Vertragsbestandteilen der Pragmatischen Sanktion (von den ung. Ständen am Landtag 1722 angenommen), samt weiterführender Literaturangaben G.[erhard] S.[eewann], s. v. Pragmatische Sanktion, in: Lexikon zur Geschichte Südosteuropas. Hgg. Holm SUNDHAUSSEN/Konrad CLEWING. 2., erw. u. aktual. Aufl. Wien, Köln, Weimar 2016, 747f.

hältnisses zwischen Adeligen und Leibeigenen bekräftigt habe. Im Gegensatz hierzu rückten ab Ende der 1980er Jahre schrittweise jene Deutungen in den Vordergrund, wonach der Frieden von Sathmar aus Sicht der Kuruzzen „sogar als ein Sieg" aufgefasst werden könne. Auch hinterfragten bzw. lösten sich die Befürworter einer Neuinterpretation vom Mythos des „Hochverrats/Hochverräters".[49]

Zu b: Bezüglich der Deutung der Akzeptanz der Pragmatischen Sanktion prallten – der jeweiligen politischen Lage entsprechend – ebenfalls gegensätzliche Ansichten aufeinander. Die eine Seite verurteilte die Zustimmung zur Pragmatischen Sanktion und deren gesetzliche Verankerung als grundsätzlich verfehlt. Diese habe der Entwicklung Ungarns geschadet, insbesondere weil sich Ungarn mit diesem Akt für ewig dem Hause Habsburg verpflichtet habe. Die andere Seite gab diesen „liberal-protestantischen" Standpunkt der 1848er Geschichtsschreibung auf und betonte im Geiste des österreichisch-ungarischen Ausgleichs von 1867 nicht mehr das vermeintlich unfreiwillige Zusammenleben mit Österreich samt den negativen Folgen für Ungarn, sondern eher die Vorteile des Miteinanders. Demgemäß habe der österreichische Doppeladler mit seinen Flügeln die ungarische Nation sozusagen beschützt, was zu einem schnelleren Fortschritt im 18. Jahrhundert beigetragen habe.[50] Bei den Befürwortern eines staatlich selbständigen Ungarns blieb die Beurteilung dieser Frage von zentraler Bedeutung, zumindest bis zum Zweiten Weltkrieg. Nach 1945 werteten ungarische Historiker die Pragmatische Sanktion als zweifelsfreie Eingliederung Ungarns in die Habsburgermonarchie sowie als Instrument der „Unterdrückung" Ungarns durch das kaiserliche Herrscherhaus.[51] Ab Ende der 1950er Jahre geriet dieser Standpunkt zwar immer mehr ins Abseits, doch innerhalb der Fachwelt konnte man sich noch für lange Zeit nicht von diesem gedanklichen Konstrukt der Unterdrückung durch die Habsburger lösen.[52] Ein allmähliches Umdenken hinsichtlich der Beurteilung der Habsburger setzte erst ab den 1970er Jahren ein. Im Zuge dessen wurden letztlich die Pragmatische Sanktion und die davon abzuleitenden gesellschaftlichen Auswirkungen hinsichtlich der Entwicklung des Landes als eindeutig positiv befunden.

Zu c: Mit Blick auf die in mehreren Wellen erfolgten Migrationsbewegungen, die Ungarn Ende des 17. und insbesondere im 18. Jahrhundert erfassten, lautet die Schlüsselfrage: Welche Auswirkungen hatten Ein- und Auswanderung, Binnenmigration und Populationsmaßnahmen auf die wirtschaftlichen, demographischen und gesellschaftlichen Verhältnisse im Land? Innerhalb der ungarischen Geschichtsschreibung[53] räumte man von Anfang an ein, dass es durch Zuzug und gezielte Ansiedlungen zu einem starken Bevölkerungsanstieg kam. Dieser war nicht nur zahlen-

---

49 Über die verschiedenen Ansichten s. ausführlich Ágnes VÁRKONYI R., Végig nem vitt viták. A szatmári béke a történetírásban [Strittige Debatten. Der Friede von Sathmar in der Geschichtsschreibung], in: DIES., Rákóczi-tanulmányok [Studien zu Rákóczi]. Budapest 2015, 295–335.

50 MARCZALI, Magyarország története III. Károlytól, 199–215.

51 Aladár MÓD, 400 év küzdelem az önálló Magyarországért [400 Jahre Kampf für die Unabhängigkeit Ungarns]. Budapest ⁷1954.

52 Vgl. hierzu Magyarország története, Bd. 2 (Hgg. BALÁZS u. a.), 415.

53 Über diese informiert zusammenfassend Norbert SPANNENBERGER, Interpretationen der Ansiedlungspolitik des 18. Jahrhunderts in der österreichischen und ungarischen Historiographie, in: Gerhard SEEWANN/Karl-Peter

mäßig bedeutsam, da dem Land auf diese Weise neue Arbeitskräfte zugeführt wurden, sondern so auch ein Kultur- und Ideentransfer stattfand.[54] Bezüglich der Bevölkerungspolitik des Habsburger Hofes wurde allerdings kritisiert, dass sich durch die Ansiedlung fremdsprachiger Bevölkerungsgruppen (aus dem Südwesten Deutschlands waren dies bis Joseph II. großteils Katholiken, dann v. a. evangelische Kolonisten) die ethnische und religiöse Zusammensetzung stark und zuungunsten der ungarischen Bevölkerung veränderte.[55] Wegweisende historische und demographische Arbeiten machten jedoch deutlich, dass die Ungarn in erster Linie nicht aufgrund der Ansiedlung anderer ethnischer Gruppen im Land in einzelnen Regionen numerisch in eine Minderheitposition gerieten, sondern deshalb, weil sie äußerst zerstreut lebten und ein niedrigeres natürliches Bevölkerungswachstum aufwiesen als zum Beispiel die geschlossen siedelnden und anfänglich mit verschiedenen Vergünstigungen versehenen Siedler. Auch wurde in den vergangenen vier Jahrzehnten eingeräumt, dass durch Kolonisationsbemühungen und Einwanderungsbewegungen eine große Zahl von Fachkräften in das Land kam und dies mitunter zu einem starken Anstieg der Agrarbevölkerung beitrug.[56]

Zu d: In der zweiten Hälfte des 18. Jahrhunderts war die sozioökonomische Lage in den beiden Hälften der Habsburgermonarchie so disparat, dass sogar der Vorwurf der Kolonialisierung Ungarns erhoben wurde. Bis in die 1980er Jahre hin dominierte in der ungarischen Geschichtsschreibung die Ansicht, wonach die Habsburger im 18. Jahrhundert eine koloniale Wirtschaftspolitik in Ungarn verfolgt hätten, insbesondere nach dem unter Maria Theresia eingeführten Zolldekret von 1754, und diese Kolonialpolitik im Rahmen der Habsburgermonarchie bis zur Revolution von 1848/1849 einen entscheidenden Einfluss auf die wirtschaftliche Entwicklung des Landes gehabt habe. Diese kolonisierende Wirtschaftspolitik habe dann erst mit dem Ausgleich von 1867 geendet, als Ungarn eine politische Gleichstellung mit Österreich erfuhr und industriell erheblich erstarkte.[57] Von dieser Auffassung einer wirtschaftlichen Ausbeutung Ungarns, an der die ungarische

---

KRAUSS/Norbert SPANNENBERGER (Hgg.), Die Ansiedlung der Deutschen in Ungarn. Beiträge zum Neuaufbau des Königreiches nach der Türkenzeit. München 2010, 28–40; FATA, Migration im kameralistischen Staat Josephs II., 1–17.

54 SZEKFŰ, A tizennyolcadik század, 417–467.

55 Ebd., 467–470; BARTA, A tizennyolcadik század története, 158–165.

56 Vgl. hierzu Zoltán KAPOSI, Die wirtschaftlichen Auswirkungen der Ansiedlung in Ungarn, in: SEEWANN/KRAUSS/SPANNENBERGER (Hgg.), Die Ansiedlung der Deutschen in Ungarn, 101–123, 117–120.

57 Über die These der „kolonialen Unterdrückung" Ungarns: Mihály HORVÁTH, Az ipar és kereskedés története Magyarországban. A három utolsó század alatt [Die Geschichte der Industrie u. des Handels in Ungarn. Während der letzten drei Jahrhunderte]. Buda 1811 [Reprintausg. Budapest 1984]; HORVÁTH, Magyarország történelme, Bd. 7, 425, 634, 636; MARCZALI, Magyarország története III. Károlytól, 341–351; vgl. außerdem DERS., Mária Terézia [Maria Theresia]. Budapest 1891, 196, 302f.; DERS., Hungary in the Eighteenth Century, 39, 76, 97; ECKHART, A bécsi udvar gazdaságpolitikája; SZEKFŰ, A tizennyolcadik század, 563–572; MÓD, 400 év küzdelem az önálló Magyarországért, 4, 52–68; HECKENAST u.a., A magyar nép története, 182, 193; Magyarország története, Bd. 2 (Hgg. BALÁZS u. a.), 473–491; Magyarország története, Bd. 4,1 (Hgg. EMBER/HECKENAST), 334. Zur Kritik an der Theorie der „kolonialen Unterdrückung", bes. von Ferenc Eckhart s. KOSÁRY, Magyarország a XVIII. században, 20f.; DERS., Művelődés, 31–33; Gusztáv HECKENAST, A Habsburgok gazdaságpolitikája a 17–18. században [Die Wirtschaftspolitik der Habsburger im 17.–18. Jh.]. Budapest 1991, 5f.

Geschichtsschreibung rund zwei Jahrhunderte lang festhielt, rückte man erst zu Beginn der 1970er Jahre ab. Neue Forschungen führten Verzögerungen der Wirtschaftsentwicklung des Landes in erster Linie nicht auf die Zollpolitik unter Maria Theresia bzw. die Folgewirkungen zurück, sondern identifizierten den Hauptgrund für die wirtschaftliche Rückständigkeit Ungarns mit der Besatzungszeit durch die Osmanen. Zugleich entkräfteten sie den Vorwurf der Kolonialisierung. Sie betonten, dass die Gründe der Rückständigkeit Ungarns wie der gesamten osteuropäischen Region bis ins 16. Jahrhundert zurückreichen und Ungarn in wirtschaftlicher Hinsicht bereits im 17. Jahrhundert stark hinter den österreichischen Erblanden zurückgeblieben sei. Auf diese Weise hatte die Wirtschaftspolitik des Wiener Hofes im 18. Jahrhundert, wie Domokos Kosáry festhielt, „bloß eine neue Etappe dieses alten Prozesses eröffnet, in der diese Phänomene in einer eigenartigen Form weiterlebten, und diese Rückständigkeit und Abhängigkeit geringfügig modifizierten, aber weder das Wesen dieser jahrhundertelangen Phänomene, noch die grundsätzliche Struktur geändert, ja, diese Wirtschaftspolitik selbst war in gewissem Maße vielmehr ein Produkt der spezifischen Struktur.“[58] Obwohl kein Zweifel daran besteht, dass ab Mitte des 18. Jahrhunderts Handel und Industrie sowie Urbanisierungsprozesse in Ungarn einbrachen (im letzteren Fall vor allem deshalb, weil in Ungarn die Zünfte nicht aufgelöst werden konnten, während in den Erblanden die Zünfte mehrheitlich abgeschafft wurden), zeigte sich in der zweiten Hälfte des 18. Jahrhunderts jedoch, gerade aufgrund der vom Wiener Hof verfolgten Wirtschaftspolitik, ein deutlicher Fortschritt.[59]

---

[58] Kosáry, Magyarország a XVIII. században, 20f.; Vgl. hierzu noch DERS., Újjáépítés és polgárosodás, 76 (zur Wiener Wirtschaftspolitik ebd., 74–81).

[59] DERS., Művelődés, 32–34; HECKENAST, A Habsburgok gazdaságpolitikája, 7–20; DERS., A magyarországi ipar a XVIII. században és a bécsi gazdaságpolitika [Ungarns Industrie im 18. Jh. u. Wiens Wirtschaftspolitik], Történelmi Szemle 17 (1974), H. 4, 502–506.

9.2 UNGARNS ENDGÜLTIGE BEFREIUNG – BIS ZUM FRIEDENSSCHLUSS VON PASSAROWITZ 1718

Im Januar 1699 schlossen in Karlowitz (heute Sremski Karlovci) die Mitgliedsstaaten der „Heiligen Liga" (das Habsburgerreich, die Republik Venedig, Russland u. Polen) mit dem Osmanischen Reich einen Frieden für 25 Jahre (s. Beitrag 7, PÁLFFY, Kap. 7.2.6). Die Hohe Pforte konnte sich aber mit dem Frieden von Karlowitz, dem erlittenen Prestigeverlust bzw. den Gebietsverlusten nicht abfinden. Spätestens jedoch mit dem gegen Russland 1711 in der Schlacht am Pruth errungenen Sieg stieg das Selbstvertrauen des Osmanischen Reiches merklich.[60] Zudem gewann 1714 an der Pforte mit Unterstützung von Sultan Ahmed III. (1703–1730) die von Großwesir Damad Ali Pascha angeführte Kriegspartei die Oberhand. Dies resultierte in einen erfolgreichen Angriff gegen Venedig zur Zurückeroberung der Morea (Peloponnes). Beide militärischen Siege steigerten das Selbstvertrauen des Osmanischen Reiches, das nach seiner alten Größe trachtete.[61] Die Habsburgermonarchie, die nur unlängst den Spanischen Erbfolgekrieg abgeschlossen hatte, war indes nicht in der Lage, den Machtkampf um den Balkan erneut aufzunehmen. Es ist daher kein Zufall, dass Hofkriegsratspräsident Prinz Eugen von Savoyen, der die Machtinteressen Österreichs für wichtiger als die Bündnispolitik erachtete und das kaiserliche Heer für einen neuen Krieg nicht ausreichend genug gerüstet sah, den Kampf gegen die Osmanen zunächst hinausschob. Als dann aber die Truppen aufgerüstet wurden, mehrere alte und neue Verbündete für den Krieg gegen die Osmanen gewonnen werden konnten und im September 1715 mit dem Tod von Ludwig XIV. die französische Bedrohung entfiel, eilte Wien Venedig zur Hilfe.[62] Im Frühjahr 1716 erneuerte Prinz Eugen das Bündnis von 1684, wobei ihn Papst Clemens XI. (1700–1721) tatkräftig unterstützte. Der Hof forderte daraufhin die Pforte auf, den Zustand gemäß dem Frieden von Karlowitz wiederherzustellen. Als die Pforte aber von der Bündnispolitik erfuhr, zog sie im Frühsommer 1716 mit einem riesigen Heer gegen die Habsburgermonarchie.[63]

Allerdings benötigte die osmanische Armee fast ein Vierteljahr für den Aufmarsch auf den Kriegsschauplatz. Im Juli 1716 drang sie aber in Syrmien ein und bewegte sich in Richtung Belgrad. Großwesir Damad Ali Pascha begann den Krieg mit der Belagerung der Festung von Peterwardein/Petrovaradin/Pétervárad. Ein erster schneller Sieg über eine kaiserliche Einheit stärkte den Siegesglauben der Osmanen. In der entscheidenden Schlacht bei Peterwardein siegte aber Prinz Eugen, der, entgegen der Ansicht seiner Generäle und ohne die Entscheidung des Kriegsrates abzuwarten, am 5. August bei Tagesanbruch die Osmanen angriff, obwohl diese in einer günstigeren Position waren, die umliegenden Erhöhungen besetzt hielten, sich verschanzt hatten und auch zahlenmäßig überlegen waren. In der Schlacht ließen schließlich rund 30.000 Osmanen

---

60 Vgl. z. B. ROIDER, Austria's Eastern Question, 21–38.

61 Siehe hierzu MATUSCHKA, Der Türken-Krieg, Bd. 7, 1–42; KRETSCHMAYR, Geschichte von Venedig, Bd. 3, 353–360; BRAUBACH, Prinz Eugen von Savoyen, Bd. 3, 308f.; PARVEV, Habsburgs and Ottomans, 163–165.

62 Vgl. BRAUBACH, Prinz Eugen von Savoyen, Bd. 3, 302–308, 310f.; PARVEV, Habsburgs and Ottomans, 165.

63 PARVEV, Habsburgs and Ottomans, 165–167.

ihr Leben, darunter auch der Großwesir. Die Verluste (Gefallene u. Verwundete) der kaiserlichen Truppen werden in der Literatur mit ca. 4.500 bis 5.000 Personen beziffert.[64]

Eugen von Savoyen nutzte die sich ihm durch den Sieg darbietende Möglichkeit; er setzte mit seinem Heer über die Theiß und startete einen Angriff gegen das 1696 erfolglos belagerte Temeswar/Timişoara/Temesvár, den Schlüssel zum Banat. Die osmanische Burgbesatzung (unter ihnen einige Hundert ehemalige Kuruzzensoldaten) hielt sich unter der Führung des Festungskommandanten Mustafa Pascha bis zum 15. Oktober. Da die Burg aber während der Belagerung fast vollständig abbrannte, wurde sie am nächsten Tag gegen freien Abzug aufgegeben.[65] Daraufhin führte der Hof am 1. November 1716 auf dem gesamten Gebiet eine Militärverwaltung ein mit Kavalleriegeneral Claudius Florimund Graf von Mercy an der Spitze, und noch im Herbst 1716 konnte das ganze Banat befreit werden.

Im nächsten Jahr setzten sich die Kriegsereignisse fort. Im Juni 1717 führte der neue Großwesir, Halil Pascha, einen neuen Feldzug gegen die Habsburgermonarchie an. Dabei trat Halil ein schweres Erbe an, denn das Heer stand noch unter dem Einfluss der vernichtenden Niederlage von Peterwardein und war demoralisiert.[66]

Prinz Eugen zog jedoch große Kräfte zusammen und er überquerte im Juli 1717 die Donau. Er setzte sich die Eroberung Belgrads zum Hauptziel. Dafür ließ er die Burg sowie die Stadt belagern. Im August wiederum erreichte die osmanische Entsatzarmee die Umgebung von Belgrad, und es gelang ihr, die belagernden kaiserlichen und alliierten Truppen einzuschließen. In der Nacht vom 16. August 1717 unternahmen aber die Kaiserlichen einen Überraschungsangriff gegen die Entsatztruppen und fügten den Osmanen in bis zum nächsten Vormittag andauernden verlustreichen Kämpfen eine vernichtende Niederlage zu. Unter dem Einfluss der Niederlage kapitulierte die Besatzung von Belgrad.[67] Im anschließenden Herbst wurden dann lediglich kleinere Kämpfe entlang der unteren Donau ausgetragen (in der Gegend der Burgen Orschowa, Smederevo u. Šabac).[68]

Der Wiener Hof ließ aber die sich durch die bedeutenden Siege gegen die Osmanen ergebende Möglichkeit ungenutzt und verzichtete auf einen Vorstoß in Richtung innerer Balkan. Dabei spielte wahrscheinlich auch der Umstand eine Rolle, dass Spanien, das den Krieg zwischen Wiener Hof und Osmanen vor Augen hatte, versuchte, seine italienischen Besitztümer zurückzuerobern. Dies wurde aber von der englischen Flotte vereitelt.

---

64 Siehe zu den Zahlen MATUSCHKA, Der Türken-Krieg, Bd. 7, 170–216; BRAUBACH, Prinz Eugen von Savoyen, Bd. 3, 314–321; VÁRADY, Savoyai Jenő és a Nándorfehérvár elleni hadjárat; s. außerdem ODENTHAL, Oesterreichs Türkenkrieg; BORUS, A kuruc szabadságharctól ezernyolcszáznegyvennyolcig, 408–410; SZAKÁLY, Hungaria eliberata, 157–165; PARVEV, Habsburgs and Ottomans, 166f.

65 MATUSCHKA, Der Türken-Krieg, Bd. 7, 217–233; BRAUBACH, Prinz Eugen von Savoyen, Bd. 3, 322–330; SZAKÁLY, Hungaria eliberata, 160–163.

66 MATUSCHKA, Der Türken-Krieg, Bd. 7, 234–270; SZAKÁLY, Hungaria eliberata, 163–165.

67 MATUSCHKA, Der Türken-Krieg, Bd. 8, 63–198; VÁRADY, Savoyai Jenő; ZACHAR, III. Károly két háborúja, 157; s. außerdem auf Dt. DERS., Ungarn und die beiden Kriege Kaisers Karls VI. gegen das Osmanische Reich; PARVEV, Habsburgs and Ottomans, 169–173; HOCHEDLINGER, Austria's Wars of Emergence, 194–196.

68 MATUSCHKA, Der Türken-Krieg, Bd. 8, 199–227; BRAUBACH, Prinz Eugen von Savoyen, Bd. 3, 341–367.

England und die Niederlande rieten wiederum Kaiser Karl VI. (1711–1740; als Kg. v. Ungarn Karl III.), Frieden mit der Pforte zu schließen. Als Ort der Friedensverhandlungen wurde das 90 Kilometer südöstlich von Belgrad liegende Passarowitz/Požarevac gewählt. Die Verhandlungen, an denen neben den Habsburgern und den Osmanen Venedig, die Niederlande und England teilnahmen, wurden am 5. Juni 1718 aufgenommen. Dabei wurde von beiden Parteien der Grundsatz des *uti possidetis* akzeptiert, d. h. sie behielten die Gebiete, die sie vor Verhandlungsbeginn besaßen. Der Hof der Habsburger verlangte die Auslieferung von Ferenc (Franz) Rákóczi II. und seiner „rebellischen" Gefolgschaft, die inzwischen im Osmanischen Reich Zuflucht gefunden hatten. Die Osmanen verweigerten dies und drohten mit dem Abbruch der Verhandlungen. Letztlich wurde ein Kompromiss ausgearbeitet, der vorsah, Rákóczi und seine Anhänger durch die Osmanen in einem Ort fern der Grenzen des Königreichs Ungarn anzusiedeln.[69]

Als Ergebnis des am 21. Juli 1718 unterzeichneten Friedens von Passarowitz erreichte die Habsburgermonarchie mit den durch den Frieden von Rastatt (6. März 1714) erworbenen Gebieten ihre größte territoriale Ausdehnung zwischen 1718 und 1739.[70] An neuen Gebieten durfte sie die Region nördlich der Donau und westlich des Flusses Olt (Oltenien) sowie die sich westlich des Flusses Timok (bis zur Kleinen Morava) erstreckende Gegend annektieren. Die Flüsse Una und Donau blieben weiterhin Grenzflüsse. Die Habsburgermonarchie erhielt demnach die westliche Walachei, Nordserbien und Nordbosnien (die Banate von Severin, Kučo, Baranč, Mačo, das mittelalterliche Srebrenik u. Jajce). Damit erreichte die Monarchie in etwa jene Ausdehnung in Richtung Balkan und Osmanisches Reich, die einst das spätmittelalterliche Ungarn erreicht hatte. Die Osmanen konnten allerdings das von Venedig eroberte Morea behalten.

---

69 Siehe ZACHAR, III. Károly két háborúja, 160.

70 Über die Friedensverhandlungen und den Friedensschluss von Passarowitz informieren MATUSCHKA, Der Türken-Krieg, Bd. 8, 330–390; BRAUBACH, Prinz Eugen von Savoyen, Bd. 3, 370–379. Siehe zum Vertragstext: Diplomatisches Handbuch (Hg. GHILLANY), 210–216; zu seiner historischen Bedeutung SAMARDŽIĆ, The Peace of Passarowitz; mit Bezugnahme auf den Frieden von Karlowitz WALKER, The Peace of Passarowitz.

9.3 DER AUFSTAND BEZIEHUNGSWEISE „FREIHEITSKRIEG" UNTER FRANZ II. RÁKÓCZI (1703–1711)[71] UND SEINE FOLGEN

9.3.1 Ursachen und Ausbruch des Widerstandes gegen die Habsburger

In den letzten zwei Jahrzehnten des 17. Jahrhunderts kündigten die Habsburger schrittweise, im Zuge der Befreiungskriege gegen die Osmanen ab Mitte der 1680er Jahre und insbesondere nach der Zurückeroberung von Ofen/Buda (2. September 1686), die Zusammenarbeit zwischen dem Wiener Hof und den ungarischen Ständen auf. Diese beruhte auf dem im Rahmen des (ständischen) Landtags (lat. dieta, diaeta) – zuweilen auch als Reichstag bezeichnet – von Ödenburg/Sopron 1681 erzielten Ausgleichs zwischen habsburgischer Herrscherdynastie und den ungarischen Ständen.[72] Am Landtag von Pressburg 1687 erreichte Leopold I. (1658–1705), dass die Stände auf ihr seit 1222 verbrieftes sog. Widerstandsrecht verzichteten und den Habsburgern die ungarische Königswürde erblich übertrugen. Dies bedeutete, dass fortan derjenige König wurde, der gemäß der dynastischen Erbfolge der Habsburger den Thron erbte, entgegen der früheren Praxis, als der ungarische Landtag den Herrscher des Landes wählte. Der Hof benötigte also nicht mehr die „zustimmende" Unterstützung der Stände, und auf den Landtagen wurde die „Wahl" des nächsten Königs zu einer „reinen Formsache".[73] Darüber hinaus ließ Leopold I. zu Lebzeiten den Landtag nicht mehr einberufen, und er regierte das Königreich Ungarn und dessen Nebenländer mit Hilfe von Dekreten.

Der mit der Herrschaft der Habsburger unzufriedene Teil der Stände unterstützte in der ersten Hälfte der 1680er Jahre den mit osmanischer Hilfe an die Macht gekommenen Fürsten von Siebenbürgen (1690) Emmerich (Imre) Thököly und den von ihm geschaffenen kurzlebigen Staat in der Hoffnung, das Land dem Haus Habsburg entreißen zu können.[74]

Diese Hoffnung zerschlug sich aber, teils wegen der unter habsburgischer Führung ausgetragenen Kämpfe gegen die Osmanen, teils aufgrund der Befreiung des Großteils des Landes von der osmanischen Herrschaft. Die Missachtung der Ständeverfassung, d. h. die Nichteinbeziehung der Stände in die Landesregierung, die jährliche und, mit Ausnahme des Adels, alle gesellschaftlichen Schichten betreffende Zunahme der Steuerlast, die Verpflegung und Einquartierung kaiserlicher Soldaten in den von den Osmanen befreiten Gebieten und damit die für das Heer zwangsweise zu leistenden Dienste – dazu zählte u. a. die Bereitstellung von Vorspannen –, die Übergriffe der Soldaten

---

71 In der ungarischen Geschichtsschreibung wird der unter der Führung von Ferenc Rákóczi II. begonnene Aufstand gegen die Habsburger als „Freiheitskampf", „Rákóczi-Freiheitskrieg" oder „Rákóczi-Aufstand" bezeichnet. In der nicht-ungarischsprachigen Literatur benennt man diese Bewegung häufig als „Aufstand".

72 Vgl. Bérenger, La Hongrie des Habsbourgs au XVIIᵉ siècle; ders., Les „Gravamina", 280–317; ders., La contre-réforme en Hongrie.

73 Siehe hierzu Turba, Geschichte des Thronfolgerechtes; Fraknói, A Habsburg ház trónöröklési jogának megállapítása.

74 Über den Thököly-Aufstand informieren Benczédi, Rendiség, abszolutizmus és centralizáció; ders. (Hg.), A Thököly-felkelés és kora; Köpeczi, Staatsräson und christliche Solidarität, 192–222; Varga, Válaszúton.

auf die Bevölkerung, die gewaltsamen Eingriffe der sog. *Commissio Neoacquistica* (Commission für Neuerwerbungen) (1689–1703),[75] weiterhin die kameralistische Zentralisierungspolitik und die Pläne des Wiener Hofes, das Königreich Ungarn politisch, wirtschaftlich, juristisch, kirchlich, militärisch usw. neu einzurichten,[76] lösten beinahe übergreifend eine erbitterte Unzufriedenheit mit den Wiener Hof aus.

Ein erstes Resultat des in der Bevölkerung schwelenden Widerstandes war ein bewaffneter Bauernaufstand im Tokajer Gebiet (1697) in Ostungarn. Obwohl der Aufstand, der sich im östlichen Teil das Landes auf ein kleines Gebiet beschränkte, binnen weniger Monate von den kaiserlichen Truppen niedergeschlagen wurde, musste der Hof damit rechnen, dass sich eventuell ein sich auf das ganze Land ausweitender Widerstand formierte. Insbesondere, da wegen des Spanischen Erbfolgekriegs der Großteil der kaiserlichen Armee abgezogen wurde – größere militärische Kräfte blieben nur in Siebenbürgen, um einem eventuellen osmanischen Angriff vorzubeugen.[77]

Die Situation verschärfte sich wiederum durch die vom Hofkriegsrat 1700 herausgegebenen Verordnungen bezüglich der Auflösung bestimmter früher im kaiserlichen Heer dienender ungarischer Regimenter, der Entlassung der Soldaten der Grenzburgen und der Sprengung der Burgen und Festungen im Landesinneren.[78] Wellen der Unzufriedenheit veranlassten daraufhin einige Mitglieder der ungarischen Aristokratie, sich an Ludwig XIV., den König von Frankreich (1643–1715), zu wenden, um ihn um die Unterstützung hinsichtlich einer militärischen Erhebung gegen Wien zu ersuchen. Dazu kam es zwar wegen der ablehnenden Antwort des französischen Herrschers nicht,[79] aber die um sich greifende Verbitterung, welche bereits selbst die Herrschaft und Präsenz der Habsburger in Ungarn in Frage stellte sowie die Errichtung eines selbstständigen ungarischen Staates und dessen Eingliederung in die politische Konstellation des zeitgenössischen Europas vorsah,[80] gipfelte im Mai 1703 in einen Aufstand.[81] An dessen Spitze stellte sich Franz II.

---

75 Deren Tätigkeit beschreiben Várkonyi, Agrárstruktúra és a föld birtokbavételének problémái; Soós, Palatin Paul Esterházy; Mihály, Privatizáció és államosítás Magarországon.

76 Siehe hierzu insbes. das sog., vom ehemaligen Bischof von Raab/Győr, späterer Erzbischof von Gran/Esztergom und Präsident der Wiener Hofkammer, Graf Leopold von Kollonitsch 1688–1690 ausgearbeitete „Einrichtungswerk des Königreichs Hungarn"; s. die Quellensammlung: Einrichtungswerk des Königreichs Hungarn (Hgg. Kalmár/Varga). Vgl. hierzu und zu den Plänen von Kollonitsch: Maurer, Cardinal Leopold Graf Kollonitsch, 258–324; Várkonyi, Az abszolutista berendezkedés tervei; Mayer, Verwaltungsreform in Ungarn; Benczédi, Kollonich Lipót és az Einrichtungswerk; Varga, Berendezési tervezetek Magyarországon; ders., Die Notwendigkeit zur Neueinrichtung Ungarns nach der Türkenzeit; Bérenger, Le cardinal Kollonich; Kalmár, Die Religionspolitik Kaiser Leopolds I. in Ungarn; Fata, Migration im kameralistischen Staat Josephs II., 43–47.

77 Eine moderne Arbeit zur Geschichte dieses Aufstandes fehlt. Die Monographie von Benczédi, A hegyaljai kuruc felkelés 1697-ben, erschien bereits 1953. Neuere Forschungsergebnisse präsentiert der Sammelband Hegyaljai felkelés.

78 Takács, Kísérletek a magyar haderő feloszlatására.

79 Köpeczi, A Rákóczi-szabadságharc és Franciaország, 50–53, 281.

80 Benda, Rákóczi és az európai hatalmak; Köpeczi, A Rákóczi-szabadságharc és Európa.

81 Siehe im Detail zum Rákóczi-Freiheitskrieg die von Ágnes Várkonyi verfassten Kap. 5–9 in: Magyarország története, Bd. 4,1 (Hgg. Ember/Heckenast).

Rákóczi, der reichste Magnat Ungarns, der 1701 wegen Verrats in Wiener Neustadt inhaftiert worden war, von dort aber fliehen konnte und im polnischen Exil lebte.[82]

Rákóczi übernahm die Führung des in der ungarischen Historiographie als Freiheitskrieg benannten Kampfes, der von einstigen Anhängern seines Stiefvaters, Emmerich Thököly, des kurzzeitigen Fürsten von Siebenbürgen, sowie von ehemaligen Teilnehmern der Erhebung im Tokajer Gebiet, umherziehenden Soldaten, Wegelagerern und ihrem Grundherrn und der kaiserlichen Armee entflohenen Leibeigenen getragen wurde, in der Hoffnung um Unterstützung durch Frankreich, das im Spanischen Erbfolgekrieg gegen die Habsburger kämpfte.

Im Frühjahr 1703 trug Tamás Esze, einer der Freischärlerführer und einstiger Leibeigener Rákóczis, der mit den Anhängern Thökölys in Verbindung trat, Rákóczi die Leitung des Freiheitskriegs gegen den Wiener Hof an. Dieser nahm das Angebot schließlich an. Daraufhin verfasste er in der Burg Brezan einen Aufruf, in welchem er das adelige und nichtadelige Volk Ungarns zur Verteidigung der Freiheit der „Nation" – gemeint ist die Adelsnation im Sinne der bis 1848 gültigen mittelalterl. Rechtstraditionen – aufforderte.[83]

Dem unter dem Motto *Cum Deo pro Patria et Libertate* begonnenen Rákóczi-Freiheitskrieg schlossen sich bis Ende 1703 etwa 70.000 Mann an, vor allem Bauern und Kleinadelige.[84]

Nach anfänglichem Zögern, ja sogar Widerstand folgte ein Teil des ungarischen Adels ebenfalls Rákóczis an alle „adeligen und gemeinen" Landesbewohner gerichteten Appells. Dabei spielte das von Rákóczi am 28. August 1703 herausgegebene Patent (von Vetés) über die Leibeigenen eine entscheidende Rolle. Darin stellte er teilweise die in den Krieg ziehenden Leibeigenen und deren Familienmitglieder von Steuern und Frondiensten frei, und einige Adelige konnte er insofern beruhigen, indem er seinen Soldaten Angriffe gegen Adelsgüter verbot.[85] Er erließ ferner eine Kriegsregelung und setzte sich entschieden gegen die Beschlagnahmung von katholischen Kirchen und deren Übergabe an die Protestanten ein.[86]

9.3.2 Die Kuruzzenkämpfe und ihre politischen Folgen

Die in Kap. 9.3.1 beschriebenen Entwicklungen hatten zur Folge, dass im Herbst 1703 die Truppen der Kuruzzen[87] die kaiserlichen Armeen in Ober- und Nordungarn zurückdrängten und kleinere Erfolge in den Gebieten zwischen Donau und Theiß, jenseits der Theiß, weiterhin im Komitat

---

82 Über Rákóczis Leben und besonders seine jüngeren Jahre gibt ausführlich Bescheid Márki, Rákóczi Ferenc; Köpeczi/Várkonyi, II. Rákóczi Ferenc, 130–154.

83 Köpeczi/Várkonyi, II. Rákóczi Ferenc, 155–162.

84 Ebd., 163–168.

85 Várkonyi, A vetési pátensek.

86 Köpeczi/Várkonyi, II. Rákóczi Ferenc, 169–178.

87 Als „Kuruzzen" (ung. Kurucok) werden seit dem ausgehenden 17. Jh. – von 1670 bis 1711 – bewaffnete aufständische Soldaten und Bauern im Königreich Ungarn bezeichnet. Siehe zum ersten Kuruzzenaufstand (1672–1685) Beitrag 7, Pálffy, Kap. 7.2.5.

Bihar, entlang des Flusses Mieresch und in Siebenbürgen erzielen konnten. Die innerhalb weniger Wochen zu einem bedeutenden Heer angewachsenen Kuruzzenscharen überfielen außerdem die Theiß-Gegend in Ostungarn wie auch die zwischen Donau und Theiß gelegene Ebene.[88] Im Spätsommer und Herbst 1703 waren sie bis zur mährischen Grenze vorgedrungen, und zu Beginn des nächsten Jahres hatten sie sich schon Transdanubiens bemächtigt. Gleichzeitig errangen die Aufständischen auch in Siebenbürgen bedeutende Erfolge, wo sie die kaiserlichen Truppen in die Burgen und befestigten Städte hineindrängten.[89]

Größere Erfolge konnten die Kuruzzentruppen im Frühjahr 1704 in Transdanubien jedoch nicht erzielen, wo die Aufständischen bei den sich ab Ende der 1680er Jahre kontinuierlich niederlassenden serbischen und deutschen Siedlern ablehnend empfangen wurden.[90] In Städten mit mehrheitlich deutscher Bevölkerung (so z. B. in Pest, Ofen, Ödenburg, Pressburg/Bratislava/Pozsony u. in mehreren oberungarischen Ortschaften) traten sie den Kuruzzen sogar mit Waffengewalt entgegen.[91] Dennoch fiel zwischen 1705 und 1707 in den Kämpfen gegen die Kaiserlichen ein Großteil von Siebenbürgen und dem Königreich Ungarn, in die Hände der aufständischen Kuruzzen. In den südlichen Gebieten des Landes entlang der Grenze stießen sie allerdings auf großen Widerstand seitens der serbischen Grenzsoldaten, die sich vehement gegen den Aufstand auflehnten.[92]

Rákóczi gelang es auch nach mehrfachen Versuchen nicht, die Serben auf seine Seite zu bringen, und diese lieferten sich nicht nur in den Grenzgebieten, sondern selbst im Gebiet zwischen der Donau und der Theiß wie auch in Transdanubien blutige Kämpfe mit den Kuruzzenarmeen. Direkt vor dem Ausbruch der Erhebung sah es noch danach aus, dass die Serben für die ungarische Sache gewonnen werden können, so soll z. B. der zwischen 1674 und 1706 amtierende serbische Patriarch Arsenije III. Crnojević angeblich 40.000 Bewaffnete versprochen haben.[93] Die anfänglich vielversprechenden ungarisch-serbischen Vereinbarungsversuche scheiterten aber schnell. Die in Südungarn angesiedelten Serben kämpften während des gesamten Aufstandes entschlossen an der Seite Wiens und banden bedeutende Kräfte der Kuruzzen entlang der Drau, der Theiß, des Mieresch, also überall dort, wo die Militärgrenze neben ungarisch besiedelten Gebieten verlief. In den acht Jahren des Aufstandes gelang es den Kuruzzen weder, die größeren Befestigungen und Städte im Königreich Ungarn (z. B. Großwardein/Oradea/Nagyvárad, Arad, Ödenburg, Ofen, Pest), sowie die Grenzburgen in Südungarn, noch die in Siebenbürgen (z. B. Hermannstadt/Sibiu/Nagyszeben) einzunehmen.[94]

---

88 Kosáry, Pest megye a kuruckorban, 41–47.

89 Über die Kriegsereignisse des Rákóczi-Freiheitskriegs informiert ausführlich Czigány, Rákóczi's War of Independence; s. hierzu außerdem Heckenast, A Rákóczi-szabadságharc, 341–346; Köpeczi/Várkonyi, II. Rákóczi Ferenc, 163–169.

90 Vgl. Andrásfalvy, Délkelet-Dunántúl népeinek sorsa a Rákóczi-szabadságharc idején; Benda, Magyar-rác együttműködési.

91 Heckenast, A Rákóczi-szabadságharc, 346–353; Kosáry, Pest megye a kuruckorban, 48–56.

92 Heckenast, A Rákóczi-szabadságharc, 353–359.

93 Benda, Magyar-rác együttműködési, 146–151.

94 Markó, Magyarország hadtörténete, 185–188.

Rákóczis Plan sah vor, gemeinsam mit dem Königreich Frankreich die Herrschaft der Habsburger zu stürzen und Ungarn in das neue französisch dominierte europäische Mächtesystem einzugliedern. Diese Vorstellung wurde aber von England vereitelt, das auf Seiten der Habsburger in den Spanischen Erbfolgekrieg eintrat und bei Höchstädt (13. August 1704), zusammen mit der kaiserlichen Armee und den Niederländern die Franzosen besiegte.[95] Damit war die Möglichkeit der französischen Allianz vom Tisch, und Rákóczi musste seinen Freiheitskrieg alleine austragen.

9.3.3 Rákóczis Bündnispolitik und die europäischen Mächte

Rákóczi hoffte, seine innenpolitischen Ziele mit Hilfe der in Opposition zu den Habsburgern stehenden europäischen Staaten verwirklichen zu können. Seine Hoffnung auf ein starkes Bündnis mit dem König von Frankreich scheiterte, wiewohl er und seine Aufständischen weiterhin von Ludwig XIV. materiell unterstützt wurden.[96] Der König von Schweden, Karl XII., sah in dem Aufstand eine offene Revolte gegen den legitimen Herrscher Ungarns; ein Bündnis mit Rákóczi wies er strikt zurück.[97] Ein Bündnis mit dem Osmanischen Reich konnte unter den damaligen Umständen nicht mehr in Frage kommen.[98] England und Holland nahmen, unter dem Vorwand, die ungarländischen Protestanten zu unterstützen bzw. zu beschützen, eine Vermittlerrolle zwischen dem „Kuruzzenstaat" und dem Wiener Hof ein; Verhandlungen mit diesen endeten aber ergebnislos.[99] Rákóczi musste daher nach der Schlacht bei Höchstädt erkennen, dass er bzw. seine Gefolgsleute sich auf einen langwierigen Verteidigungskrieg gegen den Wiener Hof einrichten mussten. Nach außen hin wollte er zumindest die Lage der Kuruzzenherrschaft im Ausland stärken, auch in Form einer staatlichen Anerkennung, weshalb er 1707 ein Bündnis mit dem russischen Zaren Peter I. (1682–1725) schloss.[100]

Im Herbst 1707 konnten die kaiserlichen Armeen aufgrund von Unstimmigkeiten zwischen den Kuruzzengenerälen in Siebenbürgen die Gebiete oberhalb des Gebirgspasses Königssteig zurückerobern. Die hier ansässigen Adeligen wechselten auf die Seite des Hofes, und die Kuruzzen mussten in die benachbarten rumänischen Fürstentümer flüchten.[101]

---

95 Siehe zur Bedeutung der Schlacht bei Höchstädt für die weiteren innen- wie außenpolitischen Entwicklungen im Rahmen des Freiheitskriegs Spencer, Blenheim; Falkner, Blenheim 1704.

96 Siehe im Detail Köpeczi, Rákóczi külpolitikája; ders., A Rákóczi-szabadságharc külpolitikája; ders., II. Rákóczi Ferenc külpolitikája, 27–55; ders./Várkonyi, II. Rákóczi Ferenc, 148–154, 208–215, 286f.

97 Köpeczi, II. Rákóczi Ferenc külpolitikája, 63–68.

98 Ebd., 76–97.

99 Ebd., 119–129; vgl. noch hierzu Bárczy, A Rákóczi-szabadságharc angol-holland diplomáciája.

100 Köpeczi/Várkonyi, II. Rákóczi Ferenc, 370–375; Köpeczi, II. Rákóczi Ferenc külpolitikája, 98–109.

101 Markó, Magyarország hadtörténete, 189–198.

9.3.4   Der Kuruzzenstaat

Rákóczi trachtete in der ersten Phase des Aufstandes einerseits nach der Wiederherstellung der adeligen Ständeverfassung, andererseits wollte er einen unter aristokratischer Führung stehenden unabhängigen ungarischen Staat schaffen. Seiner Idee nach hätte sich die Unabhängigkeit Ungarns nach den im Wiener Frieden (1606) festgelegten Bestimmungen verwirklicht – von einer Unabhängigkeit Ungarns war im Frieden von 1606 aber nicht die Rede. Dazu käme die Gewährleistung eines selbständigen Fürstentums Siebenbürgen. Im Sinne des Letzteren ließ er sich schon am 8. Juli 1704 auf dem Landtag in Karlsburg/Alba Iulia/Gyulafehérvár zum Fürsten Siebenbürgens wählen (vom Landtag von Siebenbürgen wurde er erst 1707 auf den Fürstenthron gesetzt).[102]

Am 12. September 1705 berief Rákóczi einen Landtag in Szécsény ein, um den sog. Kuruzzenstaat zu festigen. Hier wollte ein Teil der Landtagsabgeordneten Rákóczi die ungarische Königskrone anbieten, andere Teilnehmer wiederum vereitelten einen vollständigen Bruch mit der herrschenden Dynastie der Habsburger. Die Stände lehnten zwar gleichzeitig die Thronfolge des Nachfolgers von Leopold I., seines älteren Sohnes Joseph I. ab, sie sprachen die Entthronung des Hauses Habsburg jedoch nicht aus.[103] Von den Ständen, die den Freiheitskrieg unterstützten, wurde stattdessen eine Konföderation mit Rákóczi, der zum regierenden Fürsten von Ungarn gewählt wurde, an der Spitze gebildet. Man einigte sich damit auf einen Kompromiss, indem man Rákóczi zum regierenden bzw. kommandierenden Fürsten wählte und ihm einen Senat bzw. eine adelige Beratungskörperschaft (Senat) mit 28 Mitgliedern zur Seite stellte. Der Kuruzzenstaat wurde somit neben dem Fürsten von einem Senat und Siebenbürgen von dem aus militärischen Befehlshabern sowie Hoch- und Kleinadeligen bestehenden Siebenbürgischen Rat regiert.[104]

1706 konnte der größere Teil Transdanubiens infolge der Siege der Kuruzzenarmee von den kaiserlichen Truppen „befreit" werden.[105] Vor diesem Hintergrund beschloss und rief man auf dem 1707 in Ónod einberufenen Landtag ein unabhängiges Ungarn aus. Hier also beschlossen die Stände die Entthronung der herrschenden Dynastie.[106] Rákóczi aber ließ sich nicht zum König des Landes wählen, denn er wollte lieber den preußischen Thronfolger auf den ungarischen Thron setzen, um dadurch die Unterstützung Preußens zu gewährleisten.[107]

---

102 Köpeczi/Várkonyi, II. Rákóczi Ferenc, 274–285, 337–341.

103 Ebd., 260–273; mit neueren Literaturangaben bei Bagyinszky/Balogh (Hgg.), Rákóczi állama Európában.

104 Ausführlicher hierzu Várkonyi, II. Rákóczi Ferenc államáról.

105 Markó, Magyarország hadtörténete, 189–204; Heckenast, A Rákóczi-szabadságharc, 380–387.

106 Csepreghy, Az ónodi országgyűlés; Áldásy, Az 1707. évi ónodi országgyűlés története; Wellmann, Az ónodi országgyűlés történetéhez; Köpeczi/Várkonyi, II. Rákóczi Ferenc, 350–369; Mészáros, Újabb szempontok és források a turóci „pártütés" történetéhez.

107 Köpeczi, II. Rákóczi Ferenc külpolitikája, 69–75.

9.3.5 Niederlage und Kapitulation

Die Truppen der Kuruzzen, die sich in Schlesien mit den preußischen Armeen vereinigen wollten, erlitten aber bei Trentschin/Trenčín/Trencsén (3. August 1708) eine entscheidende Niederlage durch kaiserliche Truppen.[108] Der Großteil der Kuruzzenarmeen zerstreute sich und ihre Gesamtanzahl reduzierte sich auf die Hälfte ihrer ursprünglichen Stärke, dann auf 20.000. Im Sommer 1709 waren die Kuruzzen gezwungen, Transdanubien zu räumen und im Januar 1710 erlitten sie bei Ronhein/Romhány (Komitat Neugrad) erneut eine Niederlage.[109] Im Herbst 1710 mussten sie dann ihre größeren Festungen (z. B. Neuhäusl/Nové Zámky/Érsekújvár, Erlau/Eger) aufgeben.[110]

Rákóczis Kuruzzenstaat wurde von den kaiserlichen Siegen erschüttert, und die Kapitulation vor der Übermacht der Habsburger war nur eine Frage der Zeit, da von außen keine Unterstützung in Sicht war, man intern außerdem mit gesellschaftspolitischen Problemen zu kämpfen hatte und politisch gespalten war. Darüber hinaus wurde die sich nach der Niederlage von 1708 in Auflösung befindende Kuruzzenarmee in den Jahren 1709/1710 von der Pest heimgesucht: Ein Großteil der Besatzungen vieler Burgen wurde zum Opfer des „unsichtbaren Feindes".[111] Während des acht Jahre dauernden Krieges verloren schätzungsweise 85.000 Menschen ihr Leben (s. im Detail Kap. 9.12.2).

In den Reihen der Kuruzzenstände vertrat ein seit 1709 immer größer werdender Kreis den Standpunkt, dass man in Friedensverhandlungen gehen bzw. einen Ausgleich mit der Dynastie der Habsburger herbeiführen sollte. Sie teilten die Ansichten des Hochadels, wonach sich das Königreich Ungarn, bei Erhaltung der Macht und Wahrung der Interessen der Stände, in die Habsburgermonarchie eingliedern sollte. Von diesem Gedanken geleitet legten die Befehlshaber der noch circa 12.000 Mann starken Kuruzzenarmeen, mit General Graf Sándor Károlyi an der Spitze, in Abwesenheit von Rákóczi am 11. Mai 1711 bei Nagymajtény/Moftinu Mare die Waffen nieder.[112]

9.3.6 Der Frieden von Sathmar 1711: die Versöhnung

Der am 29. April 1711 zwischen Vertretern Josephs I. und den konföderierten Ständen geschlossene und am Tag darauf in Sathmar/Satu Mare/Szatmárnémeti ratifizierte Friedensvertrag wurde nicht auf Augenhöhe geschlossen: Der Ausgleich kam zwischen dem Herrscher und seinen Untertanen zustande. Allen, die die Oberhoheit des Herrschers und seines Hofes akzeptierten, wurde Amnestie gewährt, und sie erhielten ihre beschlagnahmten Güter zurück, aber von einem

---

108 MARKÓ, A trencséni csata; DERS., Magyarország hadtörténete, 206–226; DERS., II. Rákóczi Ferenc csatái, 162–256; KÖPECZI/VÁRKONYI, II. Rákóczi Ferenc, 409–415.

109 MARKÓ, A romhányi csata; HECKENAST, A Rákóczi-szabadságharc, 392–395; MARKÓ, II. Rákóczi Ferenc csatái, 257–295; KÖPECZI/VÁRKONYI, II. Rákóczi Ferenc, 435–442.

110 MARKÓ, Magyarország hadtörténete, 224–226.

111 WELLMANN, A népesség sorsa, 57f.

112 KÖPECZI/VÁRKONYI, II. Rákóczi Ferenc, 452–454.

Kuruzzenstaat und einer ständischen Konföderation konnte keine Rede mehr sein.[113] Zugleich stellte sich heraus, dass sich die Erringung der vollständigen staatlichen Unabhängigkeit unter den gegebenen politischen Umständen in Europa als eine Illusion erwies. Dies war die Folge des Mangels an außenpolitischer und militärischer Unterstützung, einer falschen Einschätzung der internationalen Kräfteverhältnisse, der inneren politischen und gesellschaftlichen Spaltung im Land sowie der unzulänglichen wirtschaftlichen Ressourcen.

Die „gekränkte Nation" musste fortan auf die freie Königswahl und die Unabhängigkeitsbestrebungen gegen die Dynastie der Habsburger verzichten. Dennoch, und obwohl die Souveränität des Landes nicht erkämpft werden konnte, erreichten die Aufständischen (mit dem Sathmarer Friedensschluss) die Wiederherstellung der Verfassungsmäßigkeit, die Einhaltung der ungarischen und siebenbürgischen Gesetze, den Einbezug der Stände in die Regierung des Landes und überhaupt den Erhalt des Landes. Im Gegenzug stellten die ungarischen Stände und die siebenbürgischen Nationen die Legitimität der Herrschaft der ungarischen Könige aus dem Hause Habsburg nicht mehr in Frage. Das Ziel des Habsburgerhofs blieb weiterhin nach wie vor: das Königreich Ungarn endgültig in die Habsburgermonarchie einzubeziehen. Man wollte dies aber mit anderen Mitteln erreichen, nämlich mit der Wiederherstellung des Vertrauens zwischen dem Herrscherhaus und den Ständen und mit der Bewahrung bzw. Bekräftigung der ständischen Verfassung.[114]

Aufgrund der entgegengebrachten Dankbarkeit für die Begnadigungen durch den König, die sowohl personen- als auch güterbezogen (gratia vitae et bonorum) waren, war der Habsburgerhof sogar bereit, über die durch die Aufständischen 1707 erfolgte Entthronung der Dynastie (s. o. Kap. 9.3.4) hinwegzusehen. Sie wurden erneut zu loyalen Untertanen. Diejenigen, die ins Ausland geflüchtet waren, kehrten in sehr großer Zahl zurück und verweigerten zugleich dem Anführer der Konföderation, dem im freiwilligen Exil lebenden kommandierenden Fürsten den Gehorsam.[115]

Der Ausgleich bzw. Kompromiss zwischen dem Herrscherhaus und den ungarländischen Ständen ermöglichte dem Königreich Ungarn eine wirtschaftliche, gesellschaftliche und kulturelle Annäherung an die Erbländer der Habsburgermonarchie wie auch an Westeuropa, bei gleichzeitiger gänzlicher Einbeziehung in die Herrschaftsstrukturen der Habsburgermonarchie.[116]

---

113 Grundlegend hierzu ist: A szatmári béke története és okirattára (Hg. LUKINICH); s. weiterhin VÁRKONYI, „Ad pacem universalem" (unter selbigem Titel auch auf Engl. publiziert u. in Magyarország története, Bd. 4,1 [Hgg. EMBER/HECKENAST], Kap. 7, veröffentlicht); BÁNKÚTI, A szatmári béke; DERS., Dokumentumok a szatmári béke történetéhez. Über die wechselhafte Bewertung des Friedensschlusses in der ung. wie nicht-ungarischsprachigen Historiographie, seit dem 18. Jh. bis zu Beginn des 20. Jh.s, informiert ausführlich VÁRKONYI, Végig nem vitt utak.

114 KALMÁR, Szatmár, 1711, 883f.

115 Vgl. zum Exil von Rákóczi SZEKFŰ, A száműzött Rákóczi.

116 Siehe zu den für Ungarn positiven Folgewirkungen des Freiheitskrieges im 18. Jh.: KALMÁR, Szatmár, 1711, 884–886; SZIJÁRTÓ, The Rákóczi Revolt.

9.4 UNGARNS TEILNAHME AN DEN „GROSSEN" KRIEGEN EUROPAS (1733–1789)

Im Gegensatz zu den österreichischen Erbländern, die schon während des Dreißigjährigen Krieges ein stehendes Heer aufgestellt hatten, verfügte das Königreich Ungarn über keine solche Streitkräfte. Die Idee zur Bildung eines eigenen „nationalen Heeres", die im vorherigen Jahrhundert noch von einigen herausragenden Staatsmännern entwickelt worden war, war mit der endgültigen Eingliederung des Königreichs Ungarn in die Habsburgermonarchie im 18. Jahrhundert vom Tisch. Allerdings wurde das „ungarische Heerwesen" nach dem Freiheitskrieg Rákóczis neu geregelt. Die militärischen Verpflichtungen Ungarns wurden wie folgt gesetzlich verankert: Auf dem Landtag von 1712–1715 bestätigte man, dass in Ungarn die traditionelle Weise der Truppenaushebung (im Notfall hat der Adel weiterhin durch Insurrektion zur Verteidigung des Landes beizutragen u. es muss eine sog. Portalmiliz gemäß der Anzahl der Haushalte auf einem Lehnsgut aufgestellt werden) weiterhin erhalten bleibt und die ungarische Truppen bzw. Truppenteile nur zur Landesverteidigung verpflichtet werden können.[117] Das heißt, dass der ungarische Heeresteil sich nach Aufforderung des jeweiligen Herrschers an der Landesverteidigung beteiligen musste, aber er konnte auch zum politischen Instrument des Kaisers bzw. Königs werden. Das Gesetz besagte außerdem, dass es ebenfalls unerlässlich war, in Grenzfestungen stationierte und bei Feldschlachten einsetzbare traditionelle Truppen, also ein „stehendes Heer", zu unterhalten. Diese Streitkräfte, zu deren Unterhalt das Land gemäß seinen Kräften beizutragen hat, konnten aber neben einheimischen Soldaten auch aus ausländischen bestehen. Die Stände beharrten wiederum auf das Recht zum Kontributionsgebot, über dessen Höhe aber keine Entscheidung getroffen wurde. Für Führung, Ergänzung, Werbung, Unterhalt und Befehligung des ungarischen Heeres bzw. seiner Heerteile war eine zentrale Militärbehörde, wie der Wiener Hofkriegsrat, verantwortlich.

Zu Beginn des 18. Jahrhunderts konnte der Wiener Hof mit etwa 20.000 ungarischen Soldaten im 140.000 Mann starken kaiserlichen Heer rechnen. Diese Regimenter spielten nicht nur in den Kriegen gegen die Osmanen eine aktive Rolle, sondern ab Anfang des 18. Jahrhunderts auch in sämtlichen großen europäischen Kriegen. Sie wurden im Spanischen Erbfolgekrieg, an den Kriegsschauplätzen in Italien und entlang des Rheins eingesetzt.[118]

---

[117] Siehe Gesetzesartikel Nr. 8 v. 1715, in: Corpus Juris Hungarici (Hg. Márkus), Bd.: 1657–1740; detaillierte Auskunft zur Organisation der stehenden Streitkräfte in Ungarn gibt Szabó, Az állandó hadsereg beczikkelyezésének története III. Károly korában (Teile 1–3); Markó, Insurrectio és állandó hadsereg; Haselsteiner, Wehrverfassung und personelle Heeresergänzung, 102, 105–107.

[118] Gall, Die ungarischen Truppen der Kaiserin, 38–43; Zachar, Az oldott kéve, 69f. Aufschluss über die Zahl der ungarländischen Soldaten in der k. k. Armee (1715–1792) finden sich bei ders., Habsburg-uralom, 172–215.

9.4.1 Habsburgisch-osmanischer Krieg 1737–1739 und Belgrader Friedensschluss

Im 1736 ausgebrochenen russisch-osmanischen Krieg, mit der die russische Seite die Osmanen aus den Gebieten nördlich des Schwarzen Meeres, u. a. von der Krim, zurück- bzw. verdrängen wollte, schaltete sich die Habsburgermonarchie ab 1737 aufgrund eines 1726 abgeschlossenen Bündnisvertrages zwischen dem Zarenreich und der Habsburgermonarchie als Verbündeter Russlands ein.[119] Der Wiener Hof erhoffte sich vom Krieg einerseits neue Territorialgewinne, um frühere Gebietsverluste ausgleichen zu können, andererseits sollte die Einflussnahme Russlands auf dem Balkan verhindert werden.

In den Feldzügen des Jahres 1737 eroberte die Hauptarmee Nisch/Niš, wobei ein kleineres Kontingent einen Teil der Walachei besetzte und eine andere Banja Luka belagerte.[120] Die Belagerung musste jedoch aufgrund einer Niederlage (4. August 1737) gegen die in Überzahl anrückenden Osmanen aufgegeben werden, woraufhin sich die Belagerer hinter die Save zurückzogen. Nachdem die Festung Widin/Vidin erobert und befestigt worden war, kam es bei Radujevac (heute zu Negotin gehörig) zur Schlacht (28. September 1737). Danach überquerte das k. k. Heer bei Orschowa/Orşova/Orsova die Donau und vereinte sich mit dem Kontingent, das sich aus der Walachei zurückzog.[121] Die k. k. Hauptarmee zog Richtung Westen, eroberte Uschitza/Užice und begann danach die Belagerung von Zvornik.[122] Die vorrückende osmanische Armee eroberte inzwischen Niš zurück.[123] Im nächsten Kriegsjahr sah sich die kaiserlich-königliche Armee zur Verteidigung genötigt. Die Osmanen nahmen nacheinander die in den Händen der k. k. Armee befindlichen Festungen ein, fielen 1738 in das Temescher Banat ein und besetzten Mehadia. Die darauffolgenden Gefechte wurden um den Besitz der kleineren Festungen entlang der Donau geführt. Bis zum Jahresende eroberten die Osmanen Orschowa, Ada Kaleh, Semendria und Užice zurück.[124] Im dritten Kriegsjahr aber überquerte der Großteil der rund 60.000 Mann starken k. k. Armee bei Pantschowa/Pančevo/Pancsova die Donau und lieferte sich eine Schlacht mit der von Großwesir İvaz Mehmed Pascha kommandierten osmanischen Hauptarmee, die mit einer schweren Niederlage bei Grotzka/Grocka endete (22. Juli 1739).[125] Wegen unbeholfener und vor-

119 ROIDER, The Reluctant Ally, 74–77; HOCHEDLINGER, Austria's Wars of Emergence, 213.

120 ZACHAR, III. Károly két háborúja, 163; ROIDER, The Reluctant Ally, 79, 110f.; ZACHAR, „Egy ezred évi szenvedés", 214; PARVEV, Habsburgs and Ottomans, 220–222; HOCHEDLINGER, Austria's Wars of Emergence, 214.

121 ZACHAR, III. Károly két háborúja, 162; ROIDER, The Reluctant Ally, 110; PARVEV, Habsburgs and Ottomans, 219f.; HOCHEDLINGER, Austria's Wars of Emergence, 214.

122 ZACHAR, „Egy ezred évi szenvedés", 214; PARVEV, Habsburgs and Ottomans, 220.

123 ROIDER, The Reluctant Ally, 112f.; PARVEV, Habsburgs and Ottomans, 220f.; HOCHEDLINGER, Austria's Wars of Emergence, 214.

124 ROIDER, The Reluctant Ally, 81; HOCHEDLINGER, Austria's Wars of Emergence, 214f.

125 TUPETZ, Der Türkenfeldzug von 1739; ROIDER, The Reluctant Ally, 84f., 159–161; ZACHAR, III. Károly két háborúja, 163; DERS., „Egy ezred évi szenvedés", 214; DERS., Habsburg-uralom, 180; HOCHEDLINGER, Austria's Wars of Emergence, 215.

eiliger Entscheidungen der kaiserlichen Heeresleitung drangen die Osmanen nach der Schlacht bis Belgrad vor, und konnten nach einer Belagerung von nur fünf Tagen die zur Verteidigung gut vorbereitete und ausgerüstete Festung zur Aufgabe zwingen (2. August 1739; vorläufiger Friedensschluss am 1. September).[126] Mit dem am 18. September 1739 in Belgrad geschlossenen Frieden verlor die Habsburgermonarchie die durch den Frieden von Passarowitz von den Osmanen erworbenen Gebiete.[127] Der Wiener Hof war dadurch gezwungen, zugunsten der Hohen Pforte auf die südlich von Donau und Save liegenden, im vorigen Krieg zurückeroberten Territorien, zu verzichten, wodurch die einstigen mittelalterlichen ungarischen Banate (Severin u. Matscho/Mačo etc.) für die Heilige Krone endgültig verloren gingen. Nur das Temescher Banat blieb im Besitz von Wien, die Osmanen erhielten die Kleine Walachei, Nordserbien mit Belgrad und eine nordbosnische Grenzregion.[128] In diesem Kontext ist zu erwähnen, dass die Osmanen noch im Herbst 1736 die Organisierung einer anti-habsburgischen Hilfsarmee in Erwägung zogen, deren Führung sie dem älteren Sohn von Franz II. Rákóczi, József Rákóczi anvertrauten, der mit einem in französischem Dienst stehenden ungarischen Offizier mit der Anwerbung der nach Moldau und in die Walachei geflohenen Kuruzzen begann, ohne nennenswerte Ergebnisse erzielen zu können.[129]

9.4.2 Der letzte habsburgisch-osmanische Krieg 1788–1789

Der 1787 ausgebrochene russisch-habsburgische Krieg gegen die Osmanen war eine Folge des russisch-osmanischen Krieges von 1768–1774. Sultan Abdülhamid I. (1774–1789) betrachtete im Sommer 1787 – nach seinem Sieg in Syrien – sein Reich als stark genug, um gegen Russland ins Feld ziehen zu können.[130] Das 1781 mit Katharina II. (1762–1796) geschlossene gegenseitige Verteidigungsbündnis veranlasste schließlich Joseph II. zum Handeln: Er trat auf russischer Seite in den Krieg gegen die Osmanen ein, weil er dadurch eine Möglichkeit sah, die im Frieden von Belgrad verlorenen Gebiete, darunter auch die Festung Belgrad, wiederzugewinnen.[131] Als er im Mai 1787 bei Katharina II. in Cherson zu Gast war, bestätigte er das Bündnis zwischen der Habs-

---

126 ROIDER, The Reluctant Ally, 167f.; HOCHEDLINGER, Austria's Wars of Emergence, 215.

127 ROIDER, The Reluctant Ally, 85f., 168–170; ZACHAR, „Egy ezred évi szenvedés", 214; DERS., Habsburg-uralom, 180; HOCHEDLINGER, Austria's Wars of Emergence, 215.

128 ROIDER, The Reluctant Ally, 170–172; ZACHAR, „Egy ezred évi szenvedés", 214; DERS., A Habsburg-uralom, 180; PARVEV, Habsburgs and Ottomans, 238.

129 ZACHAR, III. Károly két háborúja, 162–164; DERS., „Egy ezred évi szenvedés", 214f.; PARVEV, Habsburgs and Ottomans, 222, 226; HOCHEDLINGER, Austria's Wars of Emergence, 214; PAPP, Rákóczi József hatalomra kerülési kísérlete, Bd. 1.

130 ROIDER, Austria's Eastern Question, 180.

131 Über die Vorgeschichte dieses Bündnisses vgl. HÖSCH, Das sogenannte „griechische Projekt" Katharinas II.; DONNERT, Joseph II. und Katharina II.; ROIDER, Austria's Eastern Question, 169–174; DERS., Kaunitz, Joseph II and the Turkish War; BERNARD, Austria's Last Turkish War; HOCHEDLINGER, „Herzensfreundschaft" – Zweckgemeinschaft – Hypothek; DERS., Austria's Wars of Emergence, 382f.

burgermonarchie und Russland.[132] Allerdings zögerte er lange, bevor er der Hohen Pforte den Krieg erklärte. Er entschloss sich zu diesem Schritt erst am 9. Februar 1788.[133]

Joseph II. erhöhte vor dem Ausbruch des Krieges die Zahl der k. k. Armee auf ungefähr 350.000 Mann.[134] Dieses Heer wurde um 17 Infanterie- und 5 Grenzhusarenregimenter (je 3.431 bzw. 500–2.000 Mann)[135] aus der Militärgrenze, sowie um ein Bootsmannbatallion (1.119 Mann),[136] insgesamt (schätzungsweise) mehr als 75.000 Menschen, ergänzt.

Der Herrscher ließ im Frühling 1788 eine insgesamt 272.422 Mann starke k. k. Armee mit 1.140 Geschützen[137] an der Front entlang der Südgrenze zum Osmanischen Reich aufmarschieren und führte die militärischen Operationen als deren Oberbefehlshaber mit Hilfe von General Franz Moritz von Lacy persönlich an. Links der Hauptarmee versuchte das Banater k. k. Kontingent Orschowa einzunehmen.[138] Im Osten wurde dem siebenbürgischen Kontingent der Einfall in die Walachei befohlen, während der galizische Armeeverband Galizien und die Bukowina deckte und einen Kontakt zu der in Moldau aufmarschierenden russischen Armee herstellen sollte. Die galizischen Truppen eroberten zwischen April und Juli, dann erneut nach September 1788 die Hauptstadt der Moldau (Jassy/Iaşi).[139] Im darauf folgenden Jahr übergab der schwerkranke Herrscher das Oberkommando des Heeres an Graf Andreas Hadik, den Präsidenten des Hofkriegsrates.[140] Noch im August 1788 war die osmanische Hauptarmee von etwa 50.000 Soldaten über die Donau in das Banat eingefallen. Infolge dessen sah sich die k. k. Armee zum Rückzug aus dem Banat gezwungen. Die osmanischen Streitkräfte richteten daraufhin große Verwüstungen an – man spricht von 36.000 zivilen Todesopfern, entführten und oder vertriebenen Personen allein in der unmittelbaren Grenzzone.[141] Das galizische Armeekorps hatte sich inzwischen mit den von General Aleksandr V. Suvorov geführten russischen Truppen vereinigt. Gemeinsam errangen sie am 1. August 1788 bei Focşani einen Sieg über die Osmanen.[142]

---

132 Hochedlinger, Krise und Wiederherstellung, 168–172.

133 Roider, Austria's Eastern Question, 181; Hochedlinger, Krise und Wiederherstellung, 206; ders., Austria's Wars of Emergence, 383.

134 Vgl. hierzu B. Lázár, A Magyar Királyság katonasága, 43.

135 Nagy-L., A császári-királyi hadsereg, 93f.

136 Ebd., 110.

137 Nagy-L., A császári-királyi hadsereg, 297.

138 Roider, Austria's Eastern Question, 181; Hochedlinger, Austria's Wars of Emergence, 383; Zachar, „Egy ezred évi szenvedés", 240.

139 Hochedlinger, Austria's Wars of Emergence, 383–385; Zachar, „Egy ezred évi szenvedés", 240f.; Lázár, A Magyar Királyság katonasága, 94.

140 Hochedlinger, Austria's Wars of Emergence, 385; Zachar, „Egy ezred évi szenvedés", 241.

141 Hochedlinger, Austria's Wars of Emergence, 384. Vgl. noch hierzu Lázár, Turkish Captives in Hungary, 439 (Anm. 73).

142 Roider, Austria's Eastern Question, 185; Hochedlinger, Austria's Wars of Emergence, 385; Zachar, „Egy ezred évi szenvedés", 241.

Da sich der Krieg mit Manövern entlang der Grenzgebiete fortsetzte, erteilte Joseph II. am 15. August 1789 an Feldmarschall Gideon von Laudon, der zwischenzeitlich nach dem ebenfalls erkrankten Hadik den Oberbefehl über das Heer erhielt, den Befehl, die Save zu überqueren, um Belgrad zu belagern und zurückzuerobern.[143] Mit der Hauptstreitmacht von 62.000 Soldaten zog Laudon am 11. September gegen Belgrad, wo er mit Belagerungsvorbereitungen begann. Verteidigt wurde die Stadt von 9.000 Soldaten unter der Führung von Osman Pascha. Nach Belagerungsbeginn (16. September), einem Sturm gegen den Stadtteil Serbenstadt (30. September), darauffolgenden Gefechten und einem gescheiterten Ausbruchversuch der Verteidiger bat Osman Pascha am 5. Oktober um einen Waffenstillstand. Kurz darauf, am 8. Oktober, kapitulierte dieser, woraufhin die übriggebliebenen Verteidiger samt Zivilbevölkerung Belgrad am Tag darauf verließen.[144]

Noch vor dem Verlust von Belgrad erlitt die von Großwesir Cenaze Hasan Pascha befehligte osmanische Hauptarmee bei Martineşti von der k. k. Armee eine entscheidende Niederlage (22. September 1789).[145] Doch trotz der Erfolge einigten sich die Kriegsparteien in dem am 4. August 1791 unterzeichneten Frieden von Sistova/Svištov (im heutigen Bulgarien) auf den Erhalt des status quo ante bellum: Die zwei Jahre lang andauernden Kämpfe und hohen Opferzahlen – von den in den Krieg eingerückten Soldaten starben zwischen Juni 1788 u. Mai 1789 33.000 – waren umsonst gewesen.[146] Durch den Friedensvertrag verlor die Habsburgermonarchie alle eroberten Gebiete und durfte allein Orschowa behalten.[147] Trotz weiter bestehender Ansprüche der Habsburger beendete der Frieden von Sistova faktisch die mehr als 250 Jahre andauernde Zeit der Türkenkriege, denn im weiteren Verlauf erwies sich Wien nicht mehr als Partner russischer Expansionsbestrebungen.

---

[143] ROIDER, Austria's Eastern Question, 185; HOCHEDLINGER, Austria's Wars of Emergence, 385; ZACHAR, „Egy ezred évi szenvedés", 241.

[144] ROIDER, Austria's Eastern Question, 186; HOCHEDLINGER, Austria's Wars of Emergence, 385.

[145] ROIDER, Austria's Eastern Question, 185; HOCHEDLINGER, Austria's Wars of Emergence, 385.

[146] ROIDER, Austria's Eastern Question, 188f.; HOCHEDLINGER, Krise und Wiederherstellung, 298–303; DERS., Austria's Wars of Emergence, 385f.; ZACHAR, „Egy ezred évi szenvedés", 242.

[147] Ebd.; LÁZÁR, A Magyar Királyság katonasága, 95.

9.5 EINFÄLLE VON AUßEN UND BAUERNAUFSTÄNDE

In den acht Jahrzehnten nach dem Friedensschluss von Sathmar, der den Rákóczi-Freiheitskrieg abschloss, wurde der Wiederaufbau des Landes und dessen gesellschaftliche und wirtschaftliche Entwicklung nur selten von äußeren Angriffen, Epidemien und Bauernaufständen behindert (kurzzeitig war dies der Fall, jedoch nicht das ganze Land betreffend, sondern begrenzt auf bestimmte Regionen), die aber die Weiterführung der friedlichen Aufbauarbeiten nicht grundsätzlich beeinträchtigten.

Die osmanische Bedrohung bildete jedoch weiterhin eine permanente Gefahr für die Zukunft des Landes. Die Osmanen und ihre Vasallen drangen zwischen 1711 und 1790 immerhin drei Mal in das Landesterritorium ein: während des Krieges um die Befreiung des Banats (1717) sowie während der Türkenkriege 1737–1739 und 1788–1790, als in erster Linie ebenfalls das Banat verheert wurde.

9.5.1 Der Tatareneinfall

Der groß angelegte Feldzug von 1716 gegen das Habsburgerreich resultierte auch daraus, dass die Hohe Pforte nicht gewillt war, sich mit dem aus ihrer Sicht erniedrigenden Frieden von Karlowitz (1699) abzufinden. Trotz Niederlage und Gebietsverlusten konnte sie aber die Festung Belgrad halten, deren Rückeroberung Wien zum wichtigsten Ziel erklärte. Sultan Ahmed III. griff wiederum 1717 auf tatarische Truppen zurück, nicht nur zur Verteidigung Belgrads, sondern auch mit Blick auf einen Okkupationsversuch des siebenbürgischen Guberniums wie auch Oberungarns – zu Letzterem auch unter der Annahme eines erneuten Kuruzzenaufstandes. Das tatarische Heer – ca. 15.000 bis 20.000 Mann stark – stand unter dem Oberbefehl des Sohnes des Khans der Krimtataren und zielte im Verbund mit osmanischen Einheiten, moldauischen Verbänden unter Fürst Mihai Racoviță und einer von Antal Graf Esterházy kommandierten Truppe von mehreren hundert Kuruzzen nach Einfall in Siebenbürgen auf das Eindringen nach Oberungarn. Den kaiserlichen Truppen gelang es hingegen bei Bistritz/Bistrița/Beszterce, die moldauischen Truppen zurückzuschlagen, bevor sie sich gegen die Tataren wandten. Gleichwohl verursachten die Plünderungen der Tataren schwere Verwüstungen in den nordöstlichen Komitaten des Landes.

9.5.2 Bauernaufstände

Auch die von Zeit zu Zeit aufflammenden, gegen den Staat und Grundherren gerichteten Bauernbewegungen verursachten keine entscheidenden Veränderungen, weder in demographischer Hinsicht noch im Wirtschaftsleben. Es kam zu einer Zuspitzung der Konflikte zwischen dem Bauerntum und der Staatsmacht bzw. den Grundherren. Anlass waren die Bekräftigung der Vorrechte und Privilegien des Adels, die Erweiterung der Bodenbewirtschaftung durch die Grundherren und die gleichzeitige Steigerung der immer größer werdenden Lasten für die Bauern, die ihnen vom Staat, den Komitaten und den Grundherren auferlegt wurden (insbes. die Frondienste, sowie die Kriegssteuern, die Versorgung der Soldaten, die Spanndienste für die Armee etc.). Diese Konflikte führten nicht selten zu regionalen bewaffneten Aufständen und Aufruhren.[148]

Die Bauernaufstände von Békésszentandrás (Komitat Bekesch/Békés) im Jahre 1735, später die von Hódmezővásárhely (Komitat Tschongrad/Csongrád) und Mezőtúr (Komitat Außer-Szolnock/Külső-Szolnok) im Jahr 1753 brachen vor allem wegen erhöhter staatlicher Lasten aus. Diese Revolten machten sich den Sturz der gesamten Staatsordnung zum Ziel und verbanden ihre Forderungen mit der Erinnerung an Franz II. Rákóczi und den Kuruzzenaufstand. Die knapp anderthalb Jahrzehnte später (1765/1766) in West- und Südtransdanubien organisierten, gegen die erhöhten Fron- und Spanndienste protestierenden, das ganze Land erfassenden Bauernbewegungen richteten sich aber bereits eindeutig gegen die Grundherren.

Der am 27. April 1735 in Békésszentandrás unter der Führung von Jovánovics Péró Szegedinác (serb. Pera Segedinac Jovanović) ausbrechende Aufstand wurde mehrheitlich von serbischen und ungarischen Bauern unterstützt. Sie nannten sich „Kuruzzen" und legten einen Eid auf den ehemaligen Fürsten von Siebenbürgen, Franz II. Rákóczi, ab. Die Aufständischen versuchten, die sich in der Militärgrenze entlang der Flüsse Theiß (ung. Tisza, serb. Tisa) und Mieresch (rum. Mureș, ung. Maros) befindlichen Soldaten serbischer Nationalität sowie die Einwohner der Komitate Batsch/Bács und Syrmien/Szerém für sich zu gewinnen. Ferner wollten sie sich mit den Aufständischen der Komitate Arad und Sarand/Zărand/Zaránd vereinigen. Verhandlungen mit drei serbischen Kapitänen der Militärgrenze, denen, samt jeweiliger Bevölkerung, Landgüter und Religionsfreiheit angeboten wurden, blieben wiederum erfolglos. Stattdessen veranlasste der Kommandant der Festung Arad am 2. Mai die Gefangennahme des Anführers der Aufständischen, Péró Szegedinác, woraufhin sich die serbischen Kapitäne gegen die Jula/Gyula (Komitat Bekesch) belagernden Bauern wandten. Dies resultierte in der Verheerung der südlichen Komitate, die als Basis der ungarischen Aufständischen dienten. Bereits am 9. Mai galt das zumeist waffenlose aufständische Heer, durch Zuhilfenahme mobilisierter serbischer Grenzsoldaten (Berg Erdöd, Komitat Arad) als geschlagen. Hierbei wurde rund die Hälfte der Bauern getötet und die Reste des aufständischen Heeres wurden bis Mitte Mai von Grenzsoldaten aus Bihar und Várad vernichtet. Im Nachgang wurden schließlich am 4. April 1736 14 Anführer – u. a. Péró Szegedinác u. die Anführer der Aufständischen von Békésszentandrás – sowie vier durch Los auszuwählende Angeklagte zum Tode verurteilt und hingerichtet.[149]

Annähernd zwanzig Jahre später, im Frühjahr 1753, kam es durch die Bauern aus Hódmezővásárhely (dt. Neumarkt an der Theiß) und Umgebung (insbes. in Mezőtúr; dt. Thur) zu einer erneuten Erhebung. Diese endete in der Niederschlagung durch kaiserlich-königliche Soldaten (Anfang Juni) und vor einem Sondergericht, das zahlreiche Teilnehmer zum Tode verurteilte.[150]

---

148 Siehe hierzu HADROVICS/WELLMANN, Parasztmozgalmak a XVIII. században; VÖRÖS, A társadalmi fejlődés fő vonalai, 713f.

149 Vgl. MÁRKI, Péró lázadása; RADONIĆ, Građa za istoriju bune Pere Segedinca; MADAY, Az 1735. évi békésszentandrási parasztfelkelés; SERES, Adatok Szegedinác Péró életéhez.

150 Vgl. WELLMANN, Az 1753-i alföldi parasztfelkelés.

Die Bauernbewegungen verstummten damit aber nicht zur Gänze. Wie bereits erwähnt, kam es knapp anderthalb Jahrzehnte später (1765/1766) aufgrund der immer drückenderen staatlichen und grundherrschaftlichen Lasten und Diensten erneut zu Unmutsbekundungen, vor allem in Transdanubien (Komitat Branau/Baranya, Schomodei/Somogy, Tolnau/Tolna, Wesprim/Veszprém, Sala/Zala, Eisenburg/Vas u. Ödenburg). Dieses Mal aber trat der Wiener Hof für die Sache der Leibeigenen ein, indem er eine Urbarialkommission zur Prüfung der aufgeworfenen Beschwerden der Bauern einberief. Urteile der Stuhlgerichte waren dem Hof bzw. der Königin zu unterbreiten, königliche Kommissare wurden entsandt und in den genannten Komitaten führte man ein einheitliches Urbarium ein.[151]

---

[151] Siehe Vörös, Az 1765–66-i dunántúli parasztmozgalom; Gőzsy/Seewann (Hgg.), Der Bauernaufstand im Komitat Baranya.

9.6 UNGARNS NEUORDNUNG UNTER BESONDERER BERÜCKSICHTIGUNG DER TERRITORIALEN INTEGRITÄT DES LANDES

9.6.1 *Zur Zugehörigkeit des Fürstentums Siebenbürgen*

Große Teile der von den Osmanen zwischen 1686 und 1718 zurückeroberten Gebiete gliederte der Wiener Hof nicht wieder in das Königreich Ungarn ein. Sofern diese später dennoch zurück zur Ungarischen Heiligen Krone (Stephanskrone) kamen, so wurden diese aufgeteilt; teilweise wandelte man derartige Gebiete auch zu Militärgrenzen um (s. u. Kap. 9.10). Obwohl diese Landesteile staatsrechtlich nicht vom Königreich Ungarn abgetrennt wurden, entzog man sie für kürzere oder längere Zeit der territorialen Zuständigkeit ungarischer Regierungsorgane. Und obwohl die Osmanen auch aus Siebenbürgen vertrieben wurden und das Fürstentum 1690 unter die Obrigkeit der Stephanskrone bzw. des Königs von Ungarn, d. h. Leopolds I. zurückkehrte, entwickelte sich Siebenbürgen zu einem eigenständigen Land, das unmittelbar aus Wien regiert wurde. Das bedeutete eine schwere Verletzung der territorialen Integrität des Landes, was in dem von Leopold I. herausgegebenen sog. ersten *Diploma Leopoldinum* (16. Oktober 1690) feierlich bestätigt, zu Beginn des Jahres 1691 auf dem Landtag von Fogarasch/Făgăraş/Fogaras angekündigt und bald darauf im zweiten Leopoldinum (4. Dezember 1694) neu bekräftigt wurde.[152] Damit war ersichtlich geworden, dass der Habsburger Hof die vor 1526 bestehende territoriale Einheit des Königreichs Ungarn nicht wiederherstellen und Siebenbürgen als eigenständiges Fürstentum erhalten wollte. Das Fürstentum wurde unmittelbar der Wiener Regierung unterstellt und der jeweilige habsburgische Herrscher nahm den Titel des Fürsten von Siebenbürgen, und später, als 1765 Siebenbürgen den Rang eines Großfürstentums erhielt, den eines Großfürsten an (s. im Detail Kap. 9.8.1). Siebenbürgen hatte eine eigene Regierungsbehörde, einen eigenen Landtag und eine eigene Verwaltung. Mit den Angelegenheiten Siebenbürgens beschäftigte sich eine von der Ungarischen Kanzlei unabhängige Kanzlei (Siebenbürgische Hofkanzlei) in Wien.

Für den Wiener Hof war „der Besitz von Siebenbürgen vor allem aus militärischen Gründen wichtig. Das Land sollte die Rolle einer vorgeschobenen Bastion zum Schutz gegen das in der rumänischen Walachei und auf der Balkan-Halbinsel noch präsente türkische Reich spielen."[153] Und obwohl die ungarischen Stände während des gesamten 18. Jahrhunderts ihren Anspruch auf die Vereinigung Siebenbürgens mit dem Königreich Ungarn aufrechthielten, indem sie die Zugehörigkeit Siebenbürgens zur Stephanskrone betonten,[154] erfolgte der Wiederanschluss erst durch die Union im Jahre 1848.

---

[152] Vgl. darüber Várkonyi, Az önálló fejedelemség utolsó évtizedei, 881f.; Roth, Das Diploma Leopoldinum; Pál, „Leopoldinum" und „Ausgleich".

[153] Benda, Das Grossfürstentum Siebenbürgen unter Maria Theresia, 148 (Zitat); hierzu außerdem Bak, Magyarország történeti topográfiája, 67.

[154] Siehe z. B. §1 des Gesetzesartikels Nr. 18 v. 1741, in: Corpus Juris Hungarici (Hg. Márkus), Bd.: 1740–1835, 30f.

9.6.2   Die Frage des Partiums

Das Territorium Siebenbürgens verkleinerte sich nach 1690 durch den Anschluss einiger zuvor Siebenbürgen zugeschlagener Gebiete an das Königreich Ungarn. Besonders strittig in der Debatte zwischen Habsburgerhof und ungarischen Ständen war dabei die Klärung der Frage nach den Grenzen des Königreichs Ungarn wie auch des Fürstentums Siebenbürgen sowie nach der Zugehörigkeit der nördlichen und westlichen Grenzgebiete Siebenbürgens, deren Lage bis 1733 unklar blieb. Im Sinne zweier Verordnungen (1709) Josephs I. wurden die Komitate Maramuresch/ Máramaros, Mittel-Szolnok/Közép-Szolnok, Krasna/Kraszna und Sarand, sowie das Gebiet von Kővár in steuerlicher und finanzieller Hinsicht unter die Verwaltung des Guberniums von Siebenbürgen gestellt; in militärischen und administrativen Angelegenheiten unterstanden sie allerdings ungarischen Regierungsorganen. Mit einer Verordnung Karls III. (31. Dezember 1732) wurden dann die Komitate Mittel-Szolnok, Krasna, Sarand, weiterhin das Gebiet von Kővár, an Siebenbürgen angegliedert (Sarand wurde 1744 aufgeteilt: sein westlicher Teil kam zum in Ungarn liegenden Komitat Arad).[155]

Der habsburgische Hof und die ungarischen Stände lieferten sich eine jahrzehntelange staatsrechtliche Debatte wegen der Unterlassung der Wiederangliederung sowie der territorialen und administrativen Umgestaltung und Reorganisierung der sonstigen Gebiete des Königreichs Ungarn sowie wegen der Übergabe bestimmter Gebiete an das Fürstentum von Siebenbürgen (Gubernium). Diese Debatte wurde vor allem über die territoriale Zugehörigkeit des sog. Partiums, der slawonischen und südungarischen Komitate sowie des Banats geführt.

Die Bezeichnung *Partium* (lateinisch: Teile) wurzelt im mittelalterlichen lateinischen Ausdruck *dominus partium regni Hungariae* (d. h. Herr von Teilen des Königreichs Ungarn) und bezieht sich auf jene ost- und südostungarischen Komitate, die nach der Dreiteilung Ungarns (1541) unter die Herrschaft des Fürsten von Siebenbürgen gerieten.

Die Vertreibung der Osmanen und die Reinkorporierung Siebenbürgens in den habsburgischen Herrschaftsbereich führten zu mehreren Veränderungen in der Gebietsverwaltung: 1693 wurde das Partium wieder offiziell Ungarn angeschlossen; das Territorium des einstigen Komitats Syrmien/Szerém wurde allerdings 1718 Teil des Banats.[156] Doch gemäß dem Dekret über den Wiederanschluss wurde de facto nur ein Teil des Partiums (die Komitate Arad, Bihar u. Maramuresch) zu einem integralen Bestandteil Ungarns.[157] Die Komitate Krasna, Mittel-Szolnok und Sarand gehörten nur aus steuerlicher Sicht zu Ungarn, administrativ verblieben sie bei Siebenbürgen. Im Zuge des Freiheitskriegs von Franz II. Rákóczi oblag wiederum die Verwaltung aller oben erwähnten Komitate des Partiums erneut Siebenbürgen.[158]

---

[155] Barta, A történeti Erdély és határai, 213f.; Bak, Magyarország történeti topográfiája, 67f., 112.

[156] Siehe zu letzterem Bak, Magyarország történeti, 66.

[157] Tóth, Biographie d'une frontière, 21.

[158] Mészáros, A Partium közjogi helyzete a Rákóczi-szabadságharcban.

Nach dem Frieden von Sathmar (1711) und im Rahmen des Landtags von 1712–1715 wurde die staatsrechtliche Lage des Gebiets auf der Basis der Ende des 16. Jahrhunderts festgehaltenen rechtlichen Grundlagen geregelt. Es wurde festgelegt, dass „die Komitate Maramuresch, Krasna, [das Gebiet von] Kővár und Mittel-Szolnok" aus gesetzgeberischer wie administrativer Sicht erneut dem Königreich Ungarn anzugliedern waren. Mit der Umsetzung sollte eine Landtagskommission beauftragt werden.[159] Aber dazu kam es letztendlich nicht, was zur erneuten Thematisierung der Zugehörigkeit der genannten Gebiete zur Stephanskrone während der (ständischen) Landtage (lat. dieta, diaeta) führte. Doch die territoriale Regelung des Partiums blieb weiterhin ungelöst. So reichten auch während des Reichstags von 1729 die ungarischen Stände eine neue Petition an den Herrscher ein, woraufhin der König diese Angelegenheit einer eigens dafür aufgestellten Hofkommission übertrug.[160] Auf deren Vorschlag hin unterstellte Karl III. – allerdings ohne Befragung der ungarischen Stände – die Komitate Krasna und Mittel-Szolnok, den östlichen Teil des Komitats Sarand (der westliche Teil wurde dem Komitat Arad angegliedert) sowie die Herrschaft Kővár offiziell der siebenbürgischen Verwaltung.[161] Damit fanden sich die ungarischen Stände jedoch nicht ab, weshalb sie auf dem der Thronbesteigung von Maria Theresia (Kgn. von Ungarn ab 1741) folgenden Reichstag erneut ein Gesetz zur vollständigen Eingliederung (Besteuerung, Verwaltung, Gesetzgebung) Siebenbürgens, samt der Komitate Krasna und Mittel-Szolnok sowie der Herrschaft Kővár in das Königreich Ungarn verfassten. Diese Forderung erneuerten die Stände auf dem Landtag von 1751 mittels eines neuen Gesetzes,[162] doch die praktische Durchführung blieb auch in den nächsten Jahrzehnten aus. Letzten Endes zogen die am Wiederanschluss interessierten politischen Kräfte Ungarns die Schlussfolgerung, dass eine tatsächliche Integration des Partiums nur bei vollständiger Vereinigung (Union) Siebenbürgens mit Ungarn zu erwarten sei. Um dieses Ziel zu erreichen, unternahmen die ungarischen und siebenbürgischen Stände mehrere Initiativen, die aber allesamt am Widerstand des Wiener Hofs scheiterten. Das einzige Ergebnis war, dass der Wiederanschluss des Partiums, genauer gesagt der Komitate Krasna, Mittel-Szolnok, Sarand und des Herrschaftsbezirks von Kővár erneut in einem Gesetz[163] – im Sinne von Gesetzesartikel Nr. 18 aus dem Jahr 1741 – festgehalten wurde, allerdings ohne umgesetzt zu werden. Erschwerend kam hinzu, dass sich die Siebenbürgische Hofkanzlei der Durchführung des Gesetzesartikels widersetzte.

---

[159] Gesetzesartikel Nr. 92 v. 1715, in: Corpus Juris Hungarici (Hg. Márkus), Bd.: 1657–1740, 512f.; vgl. Tóth, Biographie d'une frontière, 21.

[160] Gesetzesartikel Nr. 7 v. 1729, in: Corpus Juris Hungarici (Hg. Márkus), Bd.: 1657–1740, 669–671.

[161] Tóth, Biographie d'une frontière, 21.

[162] Gesetzesartikel Nr. 24 v. 1751, in: Corpus Juris Hungarici (Hg. Márkus), Bd.: 1740–1835, 86f.; vgl. außerdem Tóth, Biographie d'une frontière, 23; Bak, Magyarország történeti topográfiája, 67.

[163] Gesetzesartikel Nr. 11 v. 1792, in: Corpus Juris Hungarici (Hg. Márkus), Bd.: 1740–1835, 248f.

9.6.3 Anstrengungen der Stände um die Reintegration der slawonischen und süd-südöstlichen Komitate

Eine Wiederangliederung anderer von den Osmanen zurückgewonnener und zur Stephanskrone gehörender Gebiete erfolgte ebenfalls nicht oder nur teilweise. Dadurch wurde die Regelung administrativer und territorialer Fragen der dem Königreich Ungarn nicht wieder angegliederten Landesteile (Komitate u. Bezirke) nach 1711 zu einem Eckpfeiler der Gravaminalpolitik der Stände. Auf dem Landtag von 1712–1715 forderten sie z.B. den Wiederanschluss der slawonischen (Poschegg/Požega/Pozsega, Wirowititz/Virovitica/Verőce, Syrmien u. Walko/Valkó) und der südungarischen Komitate (Tschongrad, Tschanad/Csanád, Arad, Bekesch, Sarand, Torontal/Torontál, Severin/Szörény) sowie die Festlegung der Komitatsgrenzen und die Entsendung einer Reichstagskommission zur Lösung dieser Fragen.[164] Diese Kommission war aber wenig erfolgreich, insbesondere die „Wiederangliederung" jener Gebiete betreffend, die vor der osmanischen Eroberung Länder der Heiligen Ungarischen Krone waren und in denen (in der südlichen Region des Landes) stellenweise für einen längeren oder kürzeren Zeitraum Militärgrenzen errichtet (Niederslawonien, das Temescher Banat [Banat]) und diese direkt der Wiener Regierung unterstellt wurden.

Die Stände wollten die in den süd- und südöstlichen Komitaten (Batsch, Bodrog, Tschongrad, Arad, Sarand) liegenden militärischen Lager und Ortschaften unter die Rechtshoheit des Königreichs Ungarn und der Komitate stellen lassen.[165] Selbiges strebten sie im Falle der im Temescher Banat, in Syrmien und Niederslawonien liegenden Bezirke an, „sobald die dortigen Umstände in einen ruhigeren Zustand gelangen" und hierfür übertrugen sie die Durchführung an von dem König zu delegierende Kommissare.[166] Trotz der Bemühungen der Reichstagskommission und der Stände kam der östliche Teil des Gebiets zwischen Drau und Save, der im 18. Jahrhundert zeitweise als Niederslawonien (Sclavonia inferior) bezeichnet wurde, 1746, gemeinsam mit dem Bezirk Syrmien, erneut unter die Verwaltung der ungarischen Regierungsorgane. Dies geschah jedoch nur dergestalt, dass im Norden des Gebiets (Poschegg, Wirowitz, Syrmien) drei Komitate eingerichtet wurden, die unter eine Zivilverwaltung (nämlich die Königliche Ungarische Statthalterei) gestellt wurden. Im südlichen Teil aber richtete die Wiener Regierung die Slawonische und Syrmische Militärgrenze ein.[167]

---

164 Gesetzesartikel Nr. 92 v. 1715, in: Corpus Juris Hungarici (Hg. Márkus), Bd.: 1657–1740, 512f.; Bak, Magyarország történeti topográfiája, 66.

165 Siehe hierzu Gesetzesartikel Nr. 118 v. 1715, in: Corpus Juris Hungarici (Hg. Márkus), Bd.: 1657–1740, 530f., sowie die Gesetzartikel Nr. 18 u. 50 v. 1741, in: Corpus Juris Hungarici (Hg. Márkus), Bd.: 1740–1835, 30–33, 48f.

166 Vgl. Kónyi, Az 1715–22. évi rendszeres bizottságok javaslatai.

167 Bak, Magyarország történeti topográfiája, 66.

9.6.4 Das Temescher Banat

Nach der Rückeroberung von Temeswar/Timişoara/Temesvár (1716) wurde das Temescher Banat errichtet. Dieses nicht wieder an das Königreich Ungarn anzugliedern, war die ausdrückliche Absicht des Wiener Hofes. Stattdessen sollte es, nach dem Beispiel Siebenbürgens, separat regiert werden und allein dem Herrscher unterstehen. 1719 hat dann der Wiener Hof die Einrichtung des Banats wie folgt festgestellt: „Das Banat sollte eine Kron- und Kammerdomäne, in der keine Herrschaft als die des Kaisers und keine Verwaltung als die der kaiserlichen Zentralbehörden, der Hofkammer und des Hofkriegsrates" sein.[168] Nach dem Fall von Temeswar 1552 hatte sich das Territorium des Banats mit der Zeit entvölkert, und die einst reiche und fruchtbare Gegend verwilderte und wurde nach und nach zu Ödland. Nach der Vertreibung der Osmanen erkannte die Wiener Regierung den Rechtsanspruch der früheren Besitzer des Gebiets nicht an und überführte dieses in den Besitz des Schatzamtes. Es wurde nach dem Friedensschluss von Passarowitz eine Militärverwaltung eingeführt.[169] Dann (1751) teilte man die Region unter dem Namen Temescher Banat in 11 Distrikte auf, die der Wiener Hof verwaltete.[170] Zwar wurde 1751 der nördliche Teil des Temescher Banats (dies betraf in etwa acht Distrikte) unter zivile Verwaltung gestellt, aber dem Land nicht wieder angegliedert und von der Hofkammer (in Temeswar war dies die Temeswarer Landesverwaltung) administriert. Der südliche Teil des Banats (drei Distrikte) wurde als Militärgrenze unter der Oberhoheit des Hofkriegsrats am Wiener Hof belassen.[171] Die Zivilverwaltung des Banats übernahm 1757 die sog. Verwaltungs- und Kameraldirektion (Directorium in publicis et cameralibus) auf zwei Jahre, anschließend verpfändete der Wiener Hof 1759 auf zehn Jahre die gesamten Einkünfte des Banats zugunsten der Ministerial-Bank-Deputation.[172] 1769 wurde erneut die Wiener Hofkammer als oberstes zuständiges Organ für das Banat ernannt. 1774 wandelte man die elf Distrikte in vier um, die nach der Aufhebung von Zivil- und Militärverwaltung zwischen Drau und Save je einer deutschen (Banal-Grenze) und einer illyrischen Militärzone bis zur unteren Donau angeschlossen wurden. Dadurch schuf Wien von der Adria bis nach Siebenbürgen ein von den ungarischen Behörden unabhängiges Grenzgebiet (s. u. Kap. 9.10). Die „Reinkorporation" des Temescher Banats, also die Übergabe in ungarische Hände erfolgte erst durch ein am 6. Juni 1778 erlassenes königliches Dekret, wodurch auf dem Gebiet des Banats drei Komitate (Temesch/Temes, Torontal, Kraschau-Serim/Krassó-Szörény) entstanden.[173]

---

168 KALLBRUNNER, Das kaiserliche Banat, 14.

169 Ausführlicher über kaiserliche Einrichtung und Verwaltung informieren BÖHM, Geschichte des Temeser Banats, Bd. 1, 210–283; SCHWICKER, Geschichte des Temescher Banats; SZENTKLÁRAY, Száz év Délmagyarország történetéből, 282, 288, 343–346, 393; MRAZ, Das Banat von Temeswar; PETRI, Die Präsidenten und Räte der Temeschburger Landesadministration; BAK, Magyarország történeti topográfiája, 111f.; MRAZ, Die Einrichtung der kaiserlichen Verwaltung; KALMÁR, A Kollonich-féle „Einrichtungswerk"; DERS., Das *Einrichtungswerk des Königreichs Hungarn.*

170 BAK, Magyarország történeti topográfiája, 67.

171 Ebd.

172 Ebd.

173 Ebd.

Die 1412 von König Sigismund (Luxemburger) an das Königreich Polen verpfändeten 13 Zipser Städte und die Herrschaft von Lublau-Podolin wurden ebenfalls nicht Ungarn zugeteilt. Obwohl die ungarischen Stände auf den Landtagen immer wieder die Ablösung (Redemption) der Zipser Territorien einforderten,[174] veränderte sich die Situation erst nach der ersten Teilung Polens (1772), als diese Gebiete an das Königreich Ungarn fielen.[175] Maria Theresia nahm in einer 1778 herausgegebenen Urkunde neben den 13 Zipser Städten auch Bezug auf die Orte Lublo, Podolin und Gnezda, wodurch der Bezirk der 16 Zipser Städte entstand.[176]

9.6.5 Kroatien, Slawonien und Dalmatien: das Dreieinige Königreich

Vom Königreich Ungarn wurde nach 1711 das Dreieinige Königreich (Kroatien, Slawonien u. Dalmatien) abgetrennt, das einen eigenen Landtag (sabor) und eigene Regierungsorgane unter einem vom König von Ungarn ernannten Banus besaß. Maria Theresia ordnete diese Territorien dem 1767 errichteten Kroatischen königlichen Rat (Consilium regium Croaticum) mit Sitz in Warasdin/Varaždin/Varasd – seit 1776 in Zagreb – unter, der allerdings bereits 1779 aufgelöst wurde. Anschließend fand eine Eingliederung des Dreieinigen Königreichs in die Ungarische Königliche Statthalterei statt.[177]

---

174 Siehe die Gesetzesartikel Nr. 45 v. 1715, Nr. 54 v. 1723, Nr. 11 v. 1729 bzw. Nr. 11 v. 1751 u. Nr. 15 v. 1764, in: Corpus Juris Hungarici (Hg. MÁRKUS), Bd.: 1657–1740, 475f., 615–617, 670f., u. in: Corpus Juris Hungarici (Hg. MÁRKUS), Bd.: 1740–1835, 80f., 110f.

175 DIVÉKY, A Lengyelországnak elzálogosított XVI szepesi város visszacsatolása.

176 BAK, Magyarország történeti topográfiája, 112.

177 Hierzu ausführlich HORBEC, Kroatischer Königlicher Rat.

9.7 DIE STAATSVERWALTUNG DES KÖNIGREICHS UNGARN

Die ungarische Verwaltungsorganisation und deren Arbeit beeinflusten im 18. Jahrhundert zwei wichtige Faktoren: die territoriale Spaltung des Landes und damit eng verbunden die fehlende Wiederherstellung der territorialen Integrität des Landes nach der Vertreibung der Osmanen sowie durch das ambivalente Verhältnis zwischen Herrscher-/Königsgewalt und Ständewesen in Ungarn. Zu Ersterem: Im engeren Königreich Ungarn, im siebenbürgischen Gubernium, später im Großfürstentum, im Königreich Kroatien-Slawonien-Dalmatien, in der Militärgrenze, im Temescher Banat und für eine Zeit lang in den von den Osmanen zurückeroberten (neoacquistica) Gebieten gab es unterschiedliche Verwaltungsformen. Die Verletzung der territorialen Integrität, die Zergliederung des Gebiets und des Regierungs- und Verwaltungswesens Ungarns war eines der wichtigsten Mittel des herrschaftlichen Absolutismus in seinem Kampf gegen die Stände, wobei man zugleich auf die Spaltung der Stände abzielte.[178]

In der nach 1711 neuorganisierten Administration des Königreichs Ungarn kann nach unterschiedlichen Regierungsorganen wie auch verschiedenen Typen dieser Organe unterschieden werden. Je nachdem, wer die Regierungsorgane organisierte, aufstellte und unterhielt bzw. wem diese zu dienen verpflichtet waren, und je nach Größe ihres Zuständigkeitsbereichs kann von königlichen oder herrschaftlichen (a: obere Verwaltungsebene) und ständischen (b: mittlere u. c: untere Verwaltungsebene) Verwaltungsorganen gesprochen werden.[179] Es gab aber auch Organe, in denen sich der königliche und ständische Charakter vermischte (so z. B. im Falle der Palatinswürde). Die Zuständigkeit der Organe der oberen Verwaltungsebene erstreckte sich ausnahmslos auf das ganze Landesgebiet, die der mittleren Ebene auf einzelne Landesteile und die der unteren auf die jeweiligen Gemeinden. Was ihre Kompetenz anbelangt, unterschieden sich die Organe der oberen Verwaltungsebene ebenfalls voneinander: Es gab allgemeine Organe und Fachverwaltungsorgane der Regierung.[180]

Allgemeine Verwaltungsorgane (Hofkanzlei, Statthalterei) beschäftigten sich mit verschiedenen Verwaltungsangelegenheiten, namentlich mit Fragen jener Bereiche, die über kein eigenständiges Fachverwaltungsorgan verfügten. Fachverwaltungsorgane der Regierung waren mit Angelegenheiten eines Verwaltungsbereichs betraut (zu den Hofkammern gehörten die Vorgänge der Kammern, zu den Landeskommissariaten die der Kommissariate). Die Organe der oberen Verwaltungsebene unterschieden sich auch in ihrem Sitz – die Ungarische Kanzlei befand sich in Wien, im kaiserlich-königlichen Hof, die Ungarische Kammer in Pressburg, die Statthalterei ebenfalls dort, während der Regierungszeit Josephs II. allerdings in Ofen, seit dem 9. Dezember 1783.

Die obere Verwaltungsebene: Wie in den zwei Jahrhunderten zuvor war die Ungarische Königliche Hofkanzlei die in Wien angesiedelte Hofbehörde der Regierung des Königreichs Ungarn.

---

[178] Vgl. darüber zusammenfassend Szűcs u. a., A magyarországi; Ember, Magyarország közigazgatása; ders., A kormányzati szervezet, 455–485.

[179] Ember, Magyarország közigazgatása, 8.

[180] Ebd.

Ihre Regierungszuständigkeit erstreckte sich theoretisch auf das engere Ungarn – ohne Siebenbürgen und das sog. Partium –, also auch auf Kroatien, Slawonien und Dalmatien, das Dreieinige Königreich. In der Praxis unterstanden aber nur jene Gebiete der „vorosmanischen" Länder der ungarischen Krone und des Dreieinigen Königreichs der erwähnten Hofbehörde, die dem Königreich Ungarn wieder angeschlossen wurden. Dem Dikasterium der Landesregierung sprachen die ungarischen Landtage in den ungarischen Angelegenheiten eine bestimmende Rolle zu, die es aber nicht erfüllen konnte.

9.7.1   Die obersten Landesbehörden

In den ungarischen Angelegenheiten wurde die Rolle der Ungarischen Hofkanzlei auf beratende Funktionen wie auf die Durchführung der obersten Entscheidungen des Königs beschränkt. Dies leistete das Dikasterium vollständig, und die das Dikasterium leitenden Aristokraten waren dem Hof loyal ergeben. Davon zeugt auch das Verhalten des dem Dikasterium vorstehenden Hofkanzlers und seiner Beamten im Rahmen des absolutistischen und später aufklärerisch-absolutistischen Reformprogramms der Wiener Regierung: Als sich die Lage zwischen den Ständen und dem Hof zuspitzte, taten sie kaum mehr zum Schutz ungarischer Angelegenheiten, als auf die ungarischen Gesetze zu verweisen und ihre Besorgnisse zum Ausdruck zu bringen. Eine wirklich ausgleichende Rolle zwischen dem Herrscher und seiner Regierung einerseits und den Ständen andererseits konnten oder wollten sie nicht erfüllen. Die Hauptaufgabe der Hofkanzlei bestand im Sinne einer am 30. Juli 1690 herausgegebenen königlichen Verordnung in der Wahrung der Unversehrtheit der königlichen Würde, der königlichen Rechte und darin, den für das Königreich erlassenen Verordnungen und Gerichtsurteilen Geltung zu verschaffen.[181] Die Hofkanzlei beteiligte sich auch noch an den Erhebungen in den Adelsstand, und sie wirkte in verwaltungs- bzw. innenpolitischen Angelegenheiten mit. Später (seit 1727 u. 1746) war sie ebenso in der Ansiedlungspolitik wie auch im inländischen Handel tätig. Sie spielte außerdem eine Vermittlerrolle zwischen den Königlichen Tafeln, der Statthalterei, der Hofkammer und dem Herrscher; und sie korrespondierte regelmäßig in Landesangelegenheiten mit anderen Regierungsorganen. Um die Regierungsverwaltung besser zu organisieren, vereinigte Joseph II. am 27. Mai 1782 die ungarische Hofkanzlei mit der siebenbürgischen – die vollständige Vereinigung der beiden Dikasterien erfolgte 1784.[182]

Im ständischen Regierungsdualismus nahm die am Landtag von 1722/1723 durch Gesetze ins Leben gerufene und direkt dem König unterstellte Königliche Ungarische Statthalterei (Consilium Regium Locumtenentiale Hungaricum) eine erweiterte Stellung und Rolle ein.[183] Ihr übergeordnetes Organ war die Ungarische Königliche Hofkanzlei. Ab 1724 ernannte der König die 22 (ab 1765 25) aus den Reihen der weltlichen und kirchlichen Aristokratie sowie des niederen

---

181 Ember, Magyarország közigazgatása, 8f.

182 Siehe zu Geschäftsführung, Aufbau und Tätigkeit der Hofkanzlei ebd., 9–17.

183 Vgl. Gesetzesartikel Nr. 97 u. Nr. 100–102 v. 1723, in: Corpus Juris Hungarici (Hg. Márkus), Bd.: 1657–1740, 623–628.

Adels stammenden Ratsmitglieder des unter der Leitung des jeweiligen Palatins oder Statthalters (als deren Präsident) stehenden Regierungsorgans. In den Zuständigkeitsbereich der Statthalterei gehörten alle Angelegenheiten der Landesverwaltung (außer von Militär u. Rechtssprechung), die von den jeweiligen Dienststellen (Departamentum) (insgesamt 46) betreut wurden (29 davon wurden während der Herrschaft Josephs II. aufgestellt). Der Kompetenzbereich des Dikasteriums erstreckte sich, im Unterschied zur Kanzlei, ausschließlich auf das Königreich Ungarn (aber nicht auf das Dreieinige Königreich). Die Statthalterei spielte eine bestimmende Rolle in der Inkraftsetzung und praktischen Durchführung der Landtagsgesetze wie auch der Dekrete des Herrschers. Eine Möglichkeit, selbstständig aktiv zu werden, hatte sie indessen nicht und konnte sie auch nicht haben. Ihre Tätigkeit ist dennoch als bedeutend einzustufen, in erster Linie weil sie die niederen ständischen Behörden des Landes (wie Komitate, königliche Freistädte, Bergbaustädte u. privilegierte Bezirke) unter ihre direkte Kontrolle brachte, deren Arbeit regelte und vereinigte. Sie versuchte hauptsächlich die Maßnahmen des Hofes und der Regierung umzusetzen, die auf die Entwicklung der Wirtschaft und die Erhöhung des Lebensniveaus der Bevölkerung abzielten. Ihre Aufgaben erstreckten sich in diesem Zusammenhang auf die Baufsichtigung der Verteilung von Steuereinnahmen, aur die Versorgung des im Lande stationierten Militärs, auf den Bau von Straßen und Kanälen, auf Zölle und Zünfte, auf das Gesundheits- und Unterrichtswesen. Verordnungen der Jahre 1769 und 1781 erweiterten ihren Wirkungskries wesentlich. Am 2. April 1782 vereinigte Joseph II. dann per Dekret die Statthalterei mit der Ungarischen Hofkammer.[184]

Zeitgleich zur Gründung der Statthalterei wurde das Provinzial-Kommissariat (commissariatus provincialis) (Gesetzesartikel Nr. 100 v. 1723) errichtet, dessen Direktor von den aristokratischen Ratsmitgliedern der Statthalterei ernannt wurde. Die vier Kommissare berief der König aus den vier Bezirken des Landes und aus den Reihen des niederen Adels. Das Provinzial-Kommissariat wurde der Statthalterei unterstellt. Seine Hauptaufgabe bestand darin, die Zivilbevölkerung in Streitsachen mit den im Königreich Ungarn stationierten kaiserlichen und königlichen Truppen (bezüglich Einquartierung, Verpflegung, Naturalien) zu vertreten. Die Belange der Armee nahm das Kriegskommissariat wahr.[185]

Das bereits 1526 geschaffene Regierungsorgan Ungarns, die Ungarische Königliche Hofkammer, galt vor der Aufstellung der Statthalterei als die einzige, ohne Unterbrechung bestehende zentrale Regierungsbehörde zur Verwaltung des Königreichs Ungarn. Die territoriale Zuständigkeit der Ungarischen Hofkammer erstreckte sich nicht nur auf ganz Ungarn, sondern auch auf das Dreieinige Königreich sowie auf die nach der Vertreibung der Osmanen zurückeroberten Landesteile. 1696 wurde die Kammer der Wiener Hofkammer untergeordnet. Die Kammerbehörde Oberungarns, die Zipser Kammer, früher ein Bestandteil der Wiener Hofkammer, wurde nach 1712 der Ungarischen Hofkammer unterstellt, deren territoriale Zuständigkeit auf Oberungarn ausgedehnt wurde und nach 1723 als eine Verwaltungseinheit der Ungarischen Hofkam-

---

184 EMBER, A m. kir. Helytartótanács ügyintézésének története; FELHŐ/VÖRÖS, A helytartótanácsi levéltár, 7–34; EMBER, Magyarország közigazgatása, 7–24; DERS., A magyar királyi helytartótanács gazdasági.

185 DERS., A commissariatus provincialis; vgl. noch hierzu SZÁNTAY, Regionális igazgatás, 315–317.

mer wirkte. Der König betraute die Kammern, die auch für sein Schatzamt zuständig waren, mit der Verwaltung der aufgrund verschiedener Rechtstitel (Neoaquistica, wg. Untreue, Erlöschen des männlichen Zweigs adeliger Familien) in seinen Besitz gelangten Landgüter. Der Herrscher war nicht nur der oberste Eigentümer der der Krone anheimgefallenen Güter und Herrschaften, sondern auch der königlichen Frei- und Bergbaustädte, über die er seine Rechte als Grundherr durch die Kammer ausübte bzw. geltend machte. Eine der Hauptaufgaben der Kammer bestand in der Gewährleistung der Zahlung der beiden jährlich erhobenen Steuern, des Zensus und der Taxa. Das königliche Führungs- und Kontrollrecht über die Städte wurde über königliche Kommissare (Amtsträger der Kammern) ausgeübt. Einen Großteil der Einnahmen des Schatzamtes (darunter auch die der Einnahmen aus dem Verkauf der Edelmetalle, nicht aber aus dem Salzwesen) verwaltete jedoch nicht die Ungarische Kammer. Ihre Geschäftsordnung von 1747 sah eine Reorganisation in sechs Kommissionen vor: für Salzwesen, Wirtschaft, Rechtswesen, Städtewesen, Salpeter- bzw. Schießpulverwesen und Dreißigstwesen.[186]

Mit der Führung der Mehrheit der militärischen Angelegenheiten in Ungarn betraute man ein Regierungsorgan, das 1740 aufgestellte k. k. Generalkommando in Ungarn mit Sitz in Pressburg (unter Joseph II. nach Ofen verlegt). Dessen territoriale Zuständigkeit erstreckte sich auf das Königreich Ungarn im engeren Sinne und auf die wiederangeschlossenen Gebiete. Das Dreieinige Königreich und das Banat gehörten nicht dazu. In den Letzteren wurden nach dem Frieden von Karlowitz (1699) und dem späteren Frieden von Passarowitz (1718) eigene militärische Kommandanturen eingerichtet (in Karlstadt die kroat., in Warasdin die windischländische, in Esseg/Osijek/Eszék die slawon. u. in Temeswar die Banater). Zum Ungarischen Generalkommando, das wiederum dem Wiener Hofkriegsrat unterstand, gehörten die zuständigen territorialen Organe der militärischen Regierung (Kriegskommissariate, die im Land stationierten militärischen Verbände, Regimenter sowie die Festungskommandaturen). 1765 wurden im Land mehrere Kriegskommissariate aufgestellt (mit Sitz in Pressburg, Neusohl/Besztercebánya/Banská Bystrica, Ödenburg, Ofen, Debreczin/Debrecen, Kaschau/Kassa/Košice u. Fünfkirchen/Pécs), die ein bis vier Kriegskommissare leiteten.[187]

9.7.2 Die Verwaltungseinheiten

Die ursprünglich vom König eingerichteten und ausschließlich durch den Herrscher verwalteten Komitate, wandelten sich in späteren Jahrhunderten in Selbstverwaltungsorgane des Adels. Als solche spielten sie in der Regierung und Verwaltung des Landes, aber in hohem Maß auch in der

---

186 Nagy, A Magyar Kamara; ders., Die ungarische Kammer; ders., Die Reform der ungarischen kameralistischen Finanzverwaltung; ders., Bevezetés, 26–63; Szűcs, A Szepesi Kamarai Levéltár, 90–161; Mayer, Das Verhältnis der Hofkammer zur Ungarischen Kammer; Ember, Magyarország közigazgatása, 24–48.

187 László, Az 1740-ben felállított magyarországi főhadparancsnokság; Elmer, Die Generalkommandos; Haselsteiner, Wehrverfassung und personelle Heeresergänzung, 109; Ember, Magyarország közigazgatása, 48–50; Szántay, Regionális igazgatás, 317.

Gerichtsbarkeit eine bedeutende Rolle. Im 18. Jahrhundert gehörten im engeren Sinne 49 Komitate zum Königreich Ungarn (darunter die in diesem Jh. aufgestellten drei niederslawonischen – Wirowititz, Syrmien, Poschegg – u. drei Banater – Kraschau, Temesch, Torontal – Komitate).[188] Neben den drei ursprünglichen Komitaten Kroatiens (Agram/Zagreb/Zágráb, Warasdin, Kreutz/Križevci/Körös) errichtete Maria Theresia am 14. Februar 1776 das vierte, das freilich kurzlebige Komitat Severin (wurde am 20. März 1786 von Joseph II. aufgelöst).[189]

Die Durchführung des absolutistischen wie aufklärerisch-absolutistischen politischen, gesellschaftlichen sowie Verwaltungs- und Wirtschaftsprogramms der Wiener Regierung war vor allem von der Loyalität der Komitate zur Zentralmacht bzw. der aktiven oder passiven Widerstandspolitik der ungarischen Adelseliten abhängig; davon, in welchem Maße man sich hier die Zielsetzungen der Regierung zu eigen machte bzw. die Implementierung sowohl der herrschaftlichen Dekrete als auch der von den Landtagen verabschiedeten Gesetze, die zumeist von den Ständen angenommen wurden, behinderte. Für den Herrscher und die Regierung war der Einfluss auf die Komitate, deren Verwaltungsapparate und Stände von entscheidender Bedeutung. Dabei stützte sich der König auf die von ihm ernannten Obergespane und königlichen Administratoren (Stellvertreter der Obergespane), die aus den Reihen der weltlichen oder kirchlichen Aristokratie kamen und zumeist nicht mit dem jeweiligen Komitat verbunden waren. Kaum einer der Obergespane gehörte dem niederen Adel an. Von ihnen wurde erwartet, Komitate, die als Nester des ständischen Widerstands galten, zur Befolgung und Umsetzung der Gesetze und herrschaftlichen Dekrete zu bewegen. So sollten die Stände jederzeit und insbesondere in Einklang mit den staatlichen aufklärerisch-absolutistischen Reformanstrengungen dem Wohl der jeweiligen Gemeinschaft, dem Schutz des steuerzahlenden Volkes sowie den Gemeinschaftsinteressen dienen.[190] Mit seinem Patent vom 18. März 1785 über die Abschaffung der Exekutivorgane des Adels bzw. der adeligen Selbstverwaltung, der Adelskomitate, organisierte Joseph II. das Gebiet des Königreichs Ungarn neu und teilte es in 10 Bezirke (mit je einem Bezirkssitz) ein. Jedem Bezirk wurden mehrere Komitate zugeordnet. Dadurch wurde die Selbstverwaltung der Komitate aufgelöst. Die zur Vereinigung gezwungenen Komitate versuchten aber weiterhin zusammenzuarbeiten, insbesondere was den sich ab Mitte der 1780er Jahre verfestigenden Widerstand gegenüber dem Herrscher anbelangte.[191]

Die Regierungsorgane der unteren Ebene waren weder regionale noch territoriale, sondern lokale Regierungseinrichtungen: Die königlichen Freistädte und Bergbaustädte waren hier dem König, die Marktstädte als lokale Selbstverwaltungsorgane den Komitaten oder den Grundherren

---

188 Edelényi Szabó, Magyarország közjogi alkatrészeinek és törvényhatóságainak területváltozásai; Bak, Magyarország történeti topográfiája, 110–112; Szántay, Regionális igazgatás, 316.

189 Vgl. Potrebica, Županije u Hrvatskoj i Slavoniji; Bak, Magyarország történeti topográfiája, 110f.

190 Ember, Magyarország közigazgatása, 57–60.

191 Darüber s. ausführlich: Marczali, Magyarország története II. József korában; Hajdu, II. József igazgatási reformjai; Haselsteiner, Joseph II. und die Komitate Ungarns; Szántay, Regionalpolitik im alten Europa, insbes. 70–105, 216–241, 319–340; ders., Regionális igazgatás, 319–323.

unterstellt. Am Ende des 18. Jahrhundert gab es 49 königliche Freistädte und Bergbaustädte im Königreich Ungarn.[192] Auch Rijeka/Fiume, das seit 1779 zur Stephanskrone gehörte, kann man hinzurechnen, was aber in keinem Landtagsgesetz bestätigt wurde.[193] Poschegg, Maria-Theresiopel/ Szabadka/Subotica und Temeswar erhielten wiederum erst nach dem Ableben von Joseph II. das Sitz- und Wahlrecht im Landtag unter den städtischen Ständen.[194] An den Landtagen durften auch die königlichen Freistädte Kroatiens (Kreutz, Warasdin u. Agram), nicht aber die kroatischen Komitate teilnehmen. Während des 18. Jahrhunderts verloren allerdings die Generalversammlungen in den königlichen Frei- und Bergbaustädten schrittweise ihre Bedeutung, und die Regierung der Städte gelangte in die Hände des wohlhabenden Bürgertums. Die Regierung übte der innere (Bürgermeister, Richter, Ratsmitglieder) und äußere Rat (gewählte Bürger) aus.

Die privilegierten (autonomen) Regierungsdistrikte des Königreichs Ungarn galten als mit den Komitaten sowie königlichen Frei- und Bergbaustädten gleichwertige regionale oder territoriale Organe. Im 18. Jahrhundert gab es im Land sechs solcher Distrikte:[195] die drei Jazygisch-Kumanischen Distrikte (Jazygien, Groß- u. Klein-Kumanien), der Distrikt der sechs Haidukenstädte, (Hajdúböszörmény, Hajdúdorog, Hajdúhadház, Hajdúnánás, Hajdúszoboszló, Vármospércs), die Zipser Städte der zehn Lanzenträger oder Kleines Komitat, die 16 Zipser Städte oder Kronstädte.[196] Die Jazygisch-Kumanischen Distrikte waren dem Herrscher direkt unterstellt, der seine Befehlsgewalt durch den Palatin als Hauptmann und durch die jazygisch-kumanischen Unterhauptmänner ausübte.[197] 1702 wurden die Distrikte vom Schatzamt für eine halbe Million Forint an den Deutschen Ritterorden verpfändet, aber die Bevölkerung konnte sich 1745 freikaufen (Redemption).[198] Den privilegierten Rechtsstand des Haidukendistrikts gewährleisteten die noch von Stephan Bocskai, dem Fürsten von Siebenbürgen (1605–1606), erlassenen Privilegurkunden – vgl. Beitrag 7, PÁLFFY, Kap. 7.2.3 –, die später mehrfach gesetzlich bestätigt wurden. Im 17. Jahrhundert kamen aber die Haidukenstädte und deren Bevölkerung unter die Rechtshoheit der Könige von Ungarn, und auch im 18. Jahrhundert änderte sich diese Lage nicht. Die Haidukenstädte stellten eine sog. autonome Körperschaft (universitas) dar, an deren Spitze ein Oberhauptmann stand (der jeweilige Palatin), ernannt vom König und die Obergewalt teilweise die Ungarische Kammer gewährleistete.[199]

---

192 EMBER, Magyarország közigazgatása, 60–62; SZÁNTAY, Regionális igazgatás, 324.

193 SZALAY, Fiume a magyar országgyűlésen; vgl. hierzu RAČKI, Fiume gegenüber von Croatien; SZÁNTÓ/KRÁL, Fiume közjogi helyzete; FEST, Fiume Magyarországhoz való kapcsoltatásának előzményeiről és hatásairól; FABER, Zur Konferenz der beiden Freihäfen Triest und Fiume; SOÓS, Rijeka u središtu interesa mađarske politike.

194 Vgl. Gesetzesartikel Nr. 30 v. 1790, in: Corpus Juris Hungarici (Hg. MÁRKUS), Bd.: 1740–1835, 180f.

195 EMBER, Magyarország közigazgatása, 62f.

196 SZÁNTAY, Regionális igazgatás, 323f.

197 FODOR, A Jászság életrajza; BÁNKINÉ MOLNÁR, A Jászkun Kerület helységeinek közigazgatási szervezete; DIES., A kunok Magyarországon.

198 KELE, A Jász-Kunság megváltása.

199 Siehe FEKETE, A hajduk és a Hajdu kerület története; RÁCZ, A hajdúság története.

9.8 SIEBENBÜRGENS SONDERWEG (1690–1790): DAS GUBERNIUM RESPEKTIVE GROSSFÜRSTENTUM

9.8.1 Die Eingliederung des Fürstentums in die Habsburgermonarchie

Im letzten Jahrzehnt seiner Herrschaft gelangte der siebenbürgische Fürst Michael (Mihály) I. Apafi (1661–1690) wegen der zugespitzten internationalen Lage und der Kämpfe gegen die Osmanen an eine Wegscheide: Die politische Elite des Vasallenstaates der Hohen Pforte wollte am selbstständigen staatsrechtlichen Status des Fürstentums Siebenbürgen festhalten, allerdings legte die Niederlage der Osmanen vor Wien (1683) wie auch die spätere Eroberung Ofens (1686), ferner die Fortsetzung des Befreiungskrieges gegen die Osmanen die Integration des Fürstentums in die Habsburgermonarchie – s. Beitrag 6, KOLLER, Kap. 6.3.2 u. Beitrag 7, PÁLFFY, Kap. 7.2.5 – nahe.[200]

Letzteres sah man in Wien bereits im Frühjahr 1685 vor: Ein nach Siebenbürgen und in die Walachei geschickter Vertragsentwurf hielt fest, dass Siebenbürgen erneut Teil des von den Habsburgern regierten Königreichs Ungarn werden sollte, bei Anerkennung der Oberhoheit des ungarischen Königs durch die siebenbürgischen Fürsten, sie ohne dessen Zustimmung aber keine Verträge mit auswärtigen Staaten abschließen durften. Dafür sollte die Fürstenwahl durch die siebenbürgischen Stände erfolgen, die Regierungszeit bis zum jeweiligen Ableben andauern und die Fürstenwürde durch den jeweiligen ungarischen König bestätigt werden. Fürst und siebenbürgische Stände sollten außerdem ein Mitspracherecht an den Reichstagen des Königreichs Ungarn erhalten. Weiterhin war vorgesehen, die Religionsfreiheit und die Privilegien der Stände ohne Einschränkungen zu wahren. Im Gegenzug aber musste der Fürst von Siebenbürgen einem Sechstel der kaiserlichen Armee ein Winterquartier gewähren.[201]

Der Vertragsentwurf stieß sowohl am Hof Apafis als auch bei den siebenbürgischen Ständen auf Ablehnung, womit man in Wien allerdings gerechnet hatte. Deshalb brachten die siebenbürgischen Stände einen weiteren Vorschlag ein: Das in Wien unterzeichnete sog. Hallersche Diplom (28. Juni 1686) bot unter Wahrung der Unabhängigkeit Siebenbürgens an, dass Apafi als legitimer Fürst Siebenbürgens sowie die spätere Wahl seines minderjährigen Sohnes zum legitimen Fürsten anerkannt und nach dessen Tod den siebenbürgischen Ständen das Recht der freien Fürstenwahl zugestanden werden sollte. Wien garantierte zugleich die Ausübung der Religionsfreiheit in Siebenbürgen; die vier anerkannten bzw. „rezipierten Religionen" (neben der kath. Kirche: Lutheraner, Calviner u. Unitarier) wurden bestätigt – griechisch-orthodoxe Rumänen, die keine ständische

---

[200] Siehe VÁRKONYI, Erdélyi változások, 167–175; DIES., Az önálló fejedelemség utolsó évtizedei. Über die Geschichte Siebenbürgens zwischen 1683 und 1790 informiert das mehrfach übersetzte Werk Erdély rövid története (Hg. KÖPECZI), 315–396 (Kurze Geschichte Siebenbürgens [Hg. KÖPECZI], 365–426; Histoire de la Transylvanie [Hg. DERS.], 353–415; History of Transylvania [Hgg. DERS. u. a.], 367–448).

[201] Ein diesbezüglicher Geheimvertrag wurde am 4. April 1685 in Cîrțișoara/Kerz/Kercsesora unterschrieben. Vgl. hierzu: KUTSCHERA, Landtag und Gubernium in Siebenbürgen, 1f.; VÁRKONYI, Az önálló fejedelemség utolsó évtizedei, 871; TRÓCSÁNYI, Habsburg-politika és Habsburg-kormányzás Erdélyben, 196f.

Vertretung besaßen, konnten nur die Tolerierung erwirken. Im Sinne dieser Bedingungen sollte das Fürstentum unter den Schutz der Habsburgermonarchie gestellt werden und als Gegenleistung Steuern zahlen sowie zu den Kriegen gegen die Osmanen mit 50.000 Reichstalern, Spanndienst und Proviant beitragen.[202]

Die weiteren Verhandlungen wurden maßgeblich von den Erfolgen der kaiserlich-königlichen Armee beeinflusst. Dementsprechend sahen die zwischen Hof und Fürstentum geschlossenen Vereinbarungen der Jahre 1687 und 1688 die Verpflichtung Wiens vor, sich nicht in die Regierungsgeschäfte des Fürstentums sowie in die Belange des siebenbürgischen Landtags einzumischen. Dafür sollte das Fürstentum zwölf Festungen übergeben und den kaiserlichen Armeen 750.000 Forint zahlen. Der Fürst von Siebenbürgen akzeptierte daraufhin Leopold I. als seinen Schutzherren und ewigen König.[203]

Mit dem Tod Apafis (1690) veränderte sich die Situation aber, denn die Hohe Pforte entschied sich gegen den minderjährigen Michael II. Apafi und für Emmerich Thököly als Fürsten. Dieser vermochte es jedoch trotz seines militärischen Erfolgs bei Zernescht/Zărneşti/Zernyest (21. August 1690) über die habsburgisch-siebenbürgische Armee nicht, seine Herrschaft über einen längeren Zeitraum hinweg zu festigen. Ein Grund hierfür war die mangelnde Unterstützung durch die politische Elite Siebenbürgens.[204] Infolge dessen sicherte der Hof die Anerkennung der Herrschaft des jungen Apafi zu. Leopold I. trat in Verhandlungen mit den siebenbürgischen Ständen, zugleich bekräftigte er die Schenkungen der Fürsten von Siebenbürgen, die von ihnen gewährten Privilegien, die Gesetzbücher Siebenbürgens und die Munizipalrechte der Sachsen, und er verzichtete auf eine Verpflichtung der freien Szekler zur Steuerzahlung; im Gegenzug mussten diese Militärdienst leisten. Die vier bereits anerkannten Religionen wurden erneut bestätigt. Das Fürstentum sollte wiederum fortan gemeinsam von einem jährlich neu zu wählenden Gubernator (Oberstatthalter) und dem siebenbürgischen Hauptkanzler regiert werden. Landtage durften abgehalten wurden, doch waren jährlich 400.000 – später 500.000 – Forint Steuern zu erbringen.[205]

Die Verhandlungen mündeten in einen aus 18 Punkten bestehenden Entwurf, der nicht ohne Widerspruch im siebenbürgischen Fürstenrat war. Der Sieg der kaiserlichen Armee bei Slankamen/Szalánkemén/Stari Slankamen gegen die Osmanen (19. August 1691) stärkte die Position Wiens

---

[202] Duldner, Zur Geschichte des Übergangs Siebenbürgens unter die Herrschaft des Hauses Habsburg (Teil 1); Kutschera, Die Loslösung Siebenbürgens von der türkischen Oberhoheit; Várkonyi, Az önálló fejedelemség utolsó évtizedei, 872f. Siehe die Vertragspunkte in Déduction des droits de la Principauté de Transylvanie, 373–375; Trócsányi, Habsburg-politika és Habsburg-kormányzás Erdélyben, 198.

[203] Siehe zu Vorgeschichte des genannten Vortrags bzw. Deklaration Duldner, Zur Geschichte des Übergangs Siebenbürgens unter die Herrschaft des Hauses Habsburg (Teil 2), 196–198; Kutschera, Landtag und Gubernium in Siebenbürgen, 2–7; Várkonyi, Erdélyi változások, 176–179; dies., Az önálló fejedelemség utolsó évtizedei, 874–877; Trócsányi, Habsburg-politika és Habsburg-kormányzás Erdélyben, 199.

[204] Vgl. zum kurzlebigen Fürstentum von Thököly Szádeczky, Thököly erdélyi fejedelemsége; Iványi, Közvetítési kísérletek a bécsi udvar és Thököly között; Trócsányi, Erdély és a Thököly-felkelés; Á. Várkonyi R., Az önálló fejedelemség utolsó évtizedei, 877–880.

[205] Siehe im Detail Várkonyi, Erdélyi változások, 180f.; dies., Az önálló fejedelemség utolsó évtizedei, 881.

jedoch derart, dass es am 4. Dezember 1691 zur feierlichen Sanktionierung des Leopoldinischen Diploms (Diploma Leopoldinum) durch den Herrscher kam; bestätigt wurde dieses drei Jahre später (4. Dezember 1694) durch Leopold I. im zweiten Leopoldinum.[206] Dieser „Konstitutionsbrief" von Siebenbürgen blieb bis 1848 in Kraft. Infolge dessen wurde aus Siebenbürgen, das bis 1799 abhängig war sowohl von der Habsburgermonarchie als auch vom Osmanischen Reich, eine Provinz der Habsburgermonarchie, die durch die Siebenbürgische Hofkanzlei von Wien aus regiert wurde. Aufgrund des Diploms konnte die politische Situation Siebenbürgens innerhalb der Habsburgermonarchie eindeutig geregelt werden, denn: „es hat theoretisch eine selbständige innere Politik, die Schaffung einer inneren Ordnung im Lande nach den Jahren des Kriegs und der Anarchie gesichert."[207] Kurzzeitig unterbrochen wurde die Herrschaft der Habsburger über das Fürstentum in den Jahren des Kuruzzenkriegs, zwischen 1703 und 1711 (s. o. Kap. 9.3),[208] danach wurde Siebenbürgen endgültig vom Königreich Ungarn getrennt und stärker als je zuvor in die Habsburgermonarchie eingegliedert.[209] Insbesondere nach 1711 bauten die Habsburger ihre Macht in Siebenbürgen aus: als Könige von Ungarn, als Fürsten bzw. später als Großfürsten, die das Recht hatten, Siebenbürgen politisch wie territorial zu verwalten.[210]

Leopold I. und seine Nachfolger achteten aber von den im Leopoldinum festgelegten Punkten nur jene, die Siebenbürgen zur Anerkennung der königlichen Macht verpflichteten, ansonsten aber, wenn es um die Rechte des eigenständigen Fürstentums Siebenbürgen ging, galten diese lediglich auf dem Papier. Dennoch leisteten am 4. November 1712 die Stände auf dem Landtag von Mediasch/Mediaș/Medgyes Kaiser Karl VI. als König von Ungarn (als Karl III., 1711–1740) und Fürst von Siebenbürgen den Treueeid. Zehn Jahre später (1722) verabschiedeten sie auf dem Landtag von Hermannstadt, in etwa parallel zum ungarischen Landtag, die Pragmatische Sanktion, die die Unteilbarkeit und Untrennbarkeit aller habsburgischen Erbkönigreiche und Länder sowie die Erbfolgeordnung festlegte (und bis 1867 Gültigkeit behielt).[211] Die Thronfolgerin Kaiser

---

[206] Zur Ausgabe des Diploms samt Vorgeschichte und ausführlichen Notizen: A leopoldi diploma, in: A magyar történet kútfőinek kézikönyve (Hg. MARCZALI), 572–595; LUPAȘ, Documente istorice transilvane, Bd. 1, 439–446; KUTSCHERA, Landtag und Gubernium in Siebenbürgen, 327–342; s. zum Diplom bzw. dessen historischer Bedeutung: DULDNER, Zur Geschichte des Übergangs Siebenbürgens unter die Herrschaft des Hauses Habsburg (Teil 2), 248–253; KUTSCHERA, Landtag und Gubernium in Siebenbürgen, 8–11, 18f., PHILIPPI, Die Zeit des Übergangs von der türkischen zur österreichischen Herrschaft; vgl. noch darüber: VÁRKONYI, Erdélyi változások, 181–188; TRÓCSÁNYI, Habsburg-politika és Habsburg-kormányzás Erdélyben, 199–212.

[207] VÁRKONYI, Az önálló fejedelemség utolsó évtizedei, 881.

[208] Siehe zum Fürstentum bzw. die Regierung von Franz Rákóczi II. in Siebenbürgen und die Konföderation Siebenbürgens mit dem Königreich Ungarn TRÓCSÁNYI, Erdély kormányzata II. Rákóczi Ferenc korában; DERS., II. Rákóczi Ferenc és Erdély kormányzata; VÁRKONYI, Erdélyi változások, 213–266; DIES., Az önálló fejedelemség utolsó évtizedei, 894–918.

[209] VÁRKONYI, Az önálló fejedelemség utolsó évtizedei, 920.

[210] ASZTALOS, Erdély története, 289.

[211] Die Annahme der Pragmatischen Sanktion und deren Inartikulierung in Siebenbürgen beschreibt JAKAB, A pragmatica sanctio története Erdélyben; TURBA, Die Pragmatische Sanktion, 53–72; CSEKEY, A pragmatica sanctio Erdélyben; TRÓCSÁNYI, Új etnikai kép, új uralmi rendszer, 972f.

Karls, Maria Theresia, erhob wiederum das Fürstentum Siebenbürgen bzw. das Gubernium am 2. November 1765 in den Rang eines Großfürstentums.[212]

Im Sinne des Leopoldinums wurden die siebenbürgischen Gesetze von dem aus einer Kammer bestehenden Landtag gemeinsam mit dem König als Fürsten von Siebenbürgen verabschiedet. Außerdem mussten die Gesetze vom König bestätigt werden, und er war es, der die Landtage einberief. Dieser bestand aus 36 Gesandten der sieben Komitate Siebenbürgens und der Szekler Stühle (je zwei pro Komitat u. Stuhl), sowie 22 sächsischen und städtischen Gesandten. Wie vor 1690 üblich kam auf dem Landtag jedoch nicht die Stimmanzahl, sondern deren „Stimmgewicht", d. h. das Autoritätsprinzip zur Geltung.[213]

9.8.2 Die Regierungsbehörden

Der Landtag entschied neben der Steuergesetzgebung auch über Rekrutierungen. Die siebenbürgische Streitmacht bestand derweil teils aus dem 1715 gebildeten stehenden kaiserlich-königlichen Heer (dessen Oberbefehlshaber der in Hermannstadt residierende kaiserliche General war), teils aus den 1761–1764 aufgestellten Reiter- und Infanterieregimentern der Militärgrenze im Szeklerland und der rumänischen Grenzsoldaten. Im Prinzip konnte auch ein siebenbürgisches Heer aufgestellt werden, dessen Befehlshaber vom Landtag zu wählen war, wozu es allerdings nur ein Mal kam.[214]

Die Exekutive konzentrierte sich im Sinne des Leopoldinischen Diploms in den Händen des königlichen Oberdikasteriums – Mitglied war u. a. der Gubernator (Oberstatthalter) – und nicht mehr im einstigen Fürstenrat. Ihm wurde ein Rat aus 12 Mitgliedern beigeordnet. Doch wurden Gubernator, Beiratsmitglieder, die Obergespane der Komitate, der Sachsengespan wie auch die hohen Königsrichter der Szeklerstühle vom König ernannt. Weitere Verwaltungsträger wählten die zuständigen Behörden selbst – gemäß konfessioneller Parität. Die Siebenbürgische Hofkanzlei als oberstes politisches Organ wurde dabei in Wien eingerichtet und der an ihrer Spitze stehende Kanzler vom amtierenden Herrscher ernannt.[215]

Das zweistufige Justizwesen bzw. die Gerichtsbarkeit bestand aus den Gerichtsstühlen der Komitate und Stühle sowie aus der in Hermannstadt (später in Neumarkt am Mieresch/Târgu Mureş/Marosvásárhely) tagenden Königlichen Tafel. Der Vorsitzende der Königlichen Tafel und die

---

212 Siehe hierzu das am 2. November 1765 von Maria Theresia in Wien herausgegebene und mit einer goldenen Bulle bestätigte Diplom: Magyar Nemzeti Levéltár. Országos Levéltár. Erdélyi Levéltárak [Ungarisches Nationalarchiv. Landesarchiv. Archive von Siebenbürgen]. Gubernium. B 27 Cista diplomatica.

213 Vgl. zu den Landtagen des Guberniums Kutschera, Landtag und Gubernium in Siebenbürgen, 18f., 51–78; Asztalos, Erdély története, 290; Trócsányi, Új etnikai kép, új uralmi rendszer, 1011–1014; ders., Die ständische Bewegung in Siebenbürgen, 39–44.

214 Asztalos, Erdély története, 291.

215 Ebd.; Trócsányi, Habsburg-politika és Habsburg-kormányzás Erdélyben, 224–233, 315–327, 398–403; ders., Die ständische Bewegung in Siebenbürgen, 34–37; Schaser, Siebenbürgen unter der Habsburger Herrschaft.

Pronotaria wurden vom König bei Beachtung der konfessionellen Parität ernannt. 1714 kam es allerdings auf dem Landtag in Hermannstadt zu einer Reorganisation, die dazu führte, dass fortan der König für die Königliche Tafel von Siebenbürgen fünf katholische, vier protestantische und drei unitarische Richter ernannte, die später (1735) dazu verpflichtet wurden, ihren ständigen Wohnsitz am Sitz der Tafel (Hermannstadt) zu unterhalten, und nicht nur an bestimmten Tagen Sitzungen zu halten, wie es zuvor üblich gewesen war.[216]

Die Ausgestaltung der Finanzverwaltung des Fürstentums kann derweil erst Ende des 18. Jahrhunderts als abgeschlossen gelten. An ihrer Spitze stand der Schatzmeister, der Leiter des in Hermannstadt aufgestellten Siebenbürgischen Thesaurariats. Auch das Steuerwesen wurde geregelt, wobei lediglich die Primoren, die sog. beschenkten Adeligen, von Steuerzahlungen ausgenommen wurden. Die Verteilung des Steueraufkommens verdeutlicht hierbei die 1730 bemessene vom Gubernium zu entrichtende Kriegssteuer (Kontribution) von jährlich 500.000 Forint. Auf die drei Nationen – Ungarn, Szekler, Sachsen – entfielen hierbei 92% (37% auf die ung. Komitate, 38% auf die sächsischen u. 17% auf die szeklerischen Stühle). Der Distrikt Fogarasch und die besteuerten Orte (Marktflecken) waren mit 8% beteiligt.[217]

Wie bereits erwähnt (s. o. Kap. 9.8.1), blieb das staatsrechtliche Verhältnis zwischen dem Königreich Ungarn und dem Gubernium nach 1690 lange Zeit ungeklärt. Zwar drängten die ungarischen Stände mehrfach auf eine Lösung dieser Frage, doch für den Wiener Hof hatte diese keine Priorität, zumal er mit dem Leopoldinum eine für ihn zufriedenstellende Lösung gefunden zu haben schien. In ähnlicher Weise betraf dies die Frage nach der Zugehörigkeit des Partiums, das 1712 unter doppelte Jurisdiktion gestellt worden war – politisch dem Gubernium und in finanziellen Angelegenheiten der Ungarischen Hofkammer zugehörig.[218] Sowohl die ungarischen wie auch die siebenbürgischen Stände reklamierten dieses auf den jeweiligen Landtagen für sich. Nach Einrichtung einer Kommission durch den Hof und unter Berücksichtigung diverser Einbringungen aus Siebenbürgen beendete König Karl III. diesen Disput 1732 in der *Carolina Resolutio*, indem er die Komitate Maramuresch, Bihar und Arad in das Königreich Ungarn eingliederte, die Komitate Krasna, Mittel-Szolnok und den sog. Kővárer Distrikt aber bei Siebenbürgen beließ. Das Komitat Sarand wurde zweigeteilt: Der östliche Teil kam zu Siebenbürgen, der westliche zu Ungarn. Dies wurde auf dem Landtag von Hermannstadt (16. Februar 1733) gesetzlich ratifiziert (vgl. Kap. 9.6.2).[219] Bei der Thronbesteigung Maria Theresias forderten die Stände Ungarns auf dem Landtag von Pressburg 1741 jedoch abermals die Vereinigung von Siebenbürgen und Ungarn

216 Trócsányi, Habsburg-politika és Habsburg-kormányzás Erdélyben, 269–271, 353–359, 404–413; Asztalos, Erdély története, 291; Trócsányi, Die ständische Bewegung in Siebenbürgen, 38–40; Kutschera, Landtag und Gubernium in Siebenbürgen, 141–154; ders., Institutionen und Verwaltung.

217 Siehe im Detail Asztalos, Erdély története, 290; Trócsányi, Habsburg-politika és Habsburg-kormányzás Erdélyben, 241–269, 271–279, 425–439; ders., Die ständische Bewegung in Siebenbürgen, 37f.

218 Lukinich, Erdély területi változásai, 583f.

219 Ebd., 585f.; zur Frage der Zugehörigkeit des Partiums Trócsányi, Habsburg-politika és Habsburg-kormányzás Erdélyben, 213–215; Asztalos, Erdély története, 289.

ein. Darauf ging die Königin nicht ein. Sie gestand den ungarischen Ständen allerdings zu, Siebenbürgen als Teil der Stephanskrone zu betrachten, wobei sie herausstrich, dass sie wie auch ihre Nachfolger Siebenbürgen als Könige von Ungarn besitzen und diese Provinz regieren würden.[220] Damit verschwand die Idee einer siebenbürgisch-ungarischen Union bis 1790 von der Agenda der ungarischen Stände.

Die staatsrechtliche Situation Siebenbürgens wurde wiederum auf dem Landtag von Hermannstadt 1744 neu verhandelt, ebenso innere Angelegenheiten. Resultat dessen waren die *Articuli Novellares* (Neue Gesetzesartikel), die alle unter Karl III. gefassten Beschlüsse zu Siebenbürgen zusammenfassten und gesetzlich verankerten. Hierin wurde zugleich festgehalten, dass alle Verträge Siebenbürgens mit der Hohen Pforte wie auch das Gesetz zum Recht der freien Fürstenwahl in Siebenbürgen aufgehoben würden. Der Landtagsbeschluss von 1722 hinsichtlich der Annahme der Pragmatischen Sanktion floss hier ebenso ein. Bekräftigt wurden zudem die zivilen und kirchlichen Gesetze sowie die Rechte und Privilegien der drei Nationen. Die Wiederherstellung des katholischen Bistums in Siebenbürgen wurde gesetzlich verankert, ferner wurde verkündet, dass die Besitztümer des Jesuitenordens und des unitarischen griechisch-katholischen Bischofs zu achten waren. Vom Landtag bewilligte Landesbeschlüsse erhielten nach Bekräftigung durch den König Gesetzeskraft.[221]

Landtage hielten die Stände Siebenbürgens in fast jedem Jahr – bis 1750 oft auch zwei Mal im Jahr – ab. Hier diskutierten sie im Allgemeinen Steuer-, Verwaltungs- und Rekrutierungsangelegenheiten, den Unterhalt der Soldaten und ständische Gravamina. Grundlegende selbstständige ständische Initiativen zu politischen, gesellschaftlichen und wirtschaftlichen Angelegenheiten Siebenbürgens gab es dagegen nur selten. Die Zentralregierung beschäftigte sich hingegen ab 1750 mit der Erarbeitung eines neuen Steuersystems, mit neuen Methoden der Steuererhebung und -eintreibung, um die wirtschaftlichen Ressourcen zu steigern bzw. zu stabilisieren. In Siebenbürgen versuchten die Stände jedoch, ihre zum Teil Jahrhunderte alte Rechte zu bewahren, weshalb sie auf den Landtagen das im Frühjahr 1751 ausgearbeitete Reformprogramm Wiens (Ansiedlung, Einführung der intensiven Tierhaltung, Förderung der Imkerei, Regulierung der Getreidepreise, Bau von Kornspeichern, Kultivierung von Industriepflanzen, Gründung von Manufakturen, Abschaffung der doppelten Zollgrenze zwischen Siebenbürgen u. dem Königreich Ungarn, Aufstellung eines Geldfonds u. einer Handelskommission etc.) kategorisch ablehnten.[222]

---

220 ASZTALOS, Erdély története, 289.

221 KUTSCHERA, Landtag und Gubernium in Siebenbürgen, 155; ASZTALOS, Erdély története, 294.

222 TRÓCSÁNYI, Új etnikai kép, új uralmi rendszer, 1018–1022.

9.8.3 Das neue Steuersystem des Fürstentums und die Bauernfrage

Fertiggestellt wurde das neue Steuersystem 1754 – Bemessungsgrundlage war primär die Qualität des jeweiligen Bodens – nach Konstituierung einer Kommission in Wien (1750) unter dem Vorsitz des späteren Kanzlers von Siebenbürgen Gabriel Bethlen (Systhema Bethlenianum) und zwar gegen den Widerstand der siebenbürgischen Stände.[223] Die Sachsen, die die fruchtbarsten Gebiete des Landes bewohnten, empfanden dieses Steuersystem jedoch als ungerecht, bezahlten sie doch verhältnismäßig mehr Steuern als Ungarn oder Szekler, weshalb aus diesem Kreis immer wieder Beschwerden laut wurden.[224]

Die geplante Regelung des Frongutes sollte dem ein Ende bereiten. Maria Theresia war sich aber aufgrund ihrer ungarischen Erfahrungen darüber im Klaren, dass die Stände auf keinen Fall einer Frongutregelung zustimmen würden, die die Stellung der Leibeigenen auf Kosten der Stände verbessern würde. Zu einer Regelung der Rechte und Pflichten der untertänigen Bauern und Grundherren Siebenbürgens kam es mit der Urbarialverordnung Maria Theresias, die so genannten „Gewissen Punkte" (Bizonyos Punktumok), die das Dikasterium am 11. November 1769 verkündete und die die Grundlage für die späteren urbarialen Dienste (mit Ausnahme des Gesetzes von 1791) bis 1848 bildeten. Im Sinne der Verordnung wurde das Maximum des Frondienstes auf wöchentlich vier Tage festgelegt, ohne aber den Mindestbesitz eines Bauern zu regeln. So konnte der Grundherr die Fronhöfe verkleinern, um die Zahl der Leibeigenen zu erhöhen.[225] Die schwierige Situation der Leibeigenen versuchte Maria Theresia wiederum mit ihrem Dekret vom 6. Juli 1774 zu verbessern. Dieses verbot den Missbrauch von Fronarbeit wie auch die Misshandlung von Leibeigenen; den Leibeigenen musste außerdem genügend Zeit gelassen werden, um ihre eigene Arbeit verrichten zu können, und es wurde angeordnet, dass die Hube so groß sein mussten, dass der zu Frondiensten verpflichtete Leibeigene mitsamt Familie davon leben konnte.[226]

Eine eigenständigere Politik des Wiener Hofes machte sich indes bereits Anfang der 1760er Jahre bemerkbar. Dann begann man in Wien, gewisse politische, gesellschaftliche und wirtschaftliche Vorstellungen per Dekret umzusetzen, ohne Berücksichtigung ständischer Interessen. Im Zeichen dieser Politik verlor der siebenbürgische Landtag weitgehend seine Bedeutung – nach der Sitzung im Herbst 1761 wurde er erst 1790 erneut einberufen. Gemäß Kálmán Benda schaltete die Königin „die ständischen Organe fast vollständig" aus, wobei die Generäle von Siebenbürgen als durchführende Machtorgane fungierten.[227]

---

223 Ebd., 1019f.; Trócsányi, Az első abszolutisztikus adórendszer Erdélyben.

224 Ders., Új etnikai kép, új uralmi rendszer, 1021; Kutschera, Landtag und Gubernium in Siebenbürgen, 155–157.

225 Siehe im Detail Berlász, Az erdélyi úrbérrendezés problémái; ders., Az erdélyi jobbágyság gazdasági helyzete, 36–38, 51; Trócsányi, Új etnikai kép, új uralmi rendszer, 1032–1034; Asztalos, Erdély története, 295f. Zur Vorgeschichte der Verordnung gibt die Schrift des königlichen Kommissars von Siebenbürgen, Andreas Hadik, Auskunft; hierzu Makkai, Hadik András az erdélyi mezőgazdaságról; zu Hadiks Tätigkeit als Oberkommandant und königlicher Kommissar Siebenbürgens (1764–1768) Tóth, Az erdélyi román kérdés, 78f.; Berlász, A Mária Terézia kori erdélyi kivándorlások szociális háttere; Frivaldszky, Hadik András erdélyi jelentése; Miskolczy/Varga, Jozefinizmus Tündérországban, 29–43.

226 Trócsányi, Új etnikai kép, új uralmi rendszer, 1086f.

227 Benda, Das Grossfürstentum Siebenbürgen unter Maria Theresia, 149.

9.8.4   Zur Organisation der Militärgrenzen in Siebenbürgen und den Folgen

Auf der Grundlage von Vorschlägen eines siebenbürgischen Generals, des Freiherrn Adolf Nikolaus von Buccow, beruhte die spätere Regierungspolitik für Siebenbürgen. Ab Mitte 1762 übernahm nämlich der Oberbefehlshaber Siebenbürgens als königlicher Kommissar (nach Buccows Tod, 1764, Andreas Hadik u. später, 1768, Karl O'Donell) das Amt des Vorsitzenden des Guberniums, und ab diesem Zeitpunkt konzentrierten sich die Regierung und das Generalat für fast ein Jahrzehnt in einer Person. Im Fürstentum kam es demnach zu einer Art militärisch-politischen Führung.[228]

Im Rahmen dieser Politik wurde außerdem die Militärgrenze neu gestaltet (s. u. zur Militärgrenze Kap. 9.10). Zwei rumänische und zwei ungarische Infanterieregimenter sowie ein gemischtes szeklerisch-rumänisches Reiterregiment wurden aufgestellt,[229] außerdem beauftragte man Buccow, die Grenzwache im Süden, Osten und Nordosten Siebenbürgens zu organisieren. Die diesbezügliche Verordnung stand allerdings im Gegensatz zum Leopoldinum, und auch die finanziellen Interessen der Stände wurden verletzt, da die zu Grenzwächtern gewordenen Leibeigenen vom Frondienst befreit wurden. Dass das siebenbürgische Dikasterium diesbezüglich Protest einlegte, überrascht daher nicht. Die Situation verschärfend kam hinzu, dass eine der ersten Maßnahmen Buccows darauf abzielte, das Ungarische als offizielle Amts- und Verwaltungssprache Siebenbürgens abzuschaffen. Fortan sollten die Behörden nämlich den Schriftverkehr an das Oberdikasterium auf Latein führen. Gleichzeitig widersetzten sich die Szekler gewaltsam den Rekrutierungsmaßnahmen, die ihre angestammten Freiheitrechte erheblich beschnitten. Das von der kaiserlich-königlichen Armee verübte Massaker bei Mádéfalva/Siculeni mit ca. 400 Toten (in der Nacht zum 7. Januar 1764) ging dabei als *Siculicidium* oder „Szeklertötung" in das kollektive Gedächtnis der Szekler ein. Als Folge des Blutbads und der gewaltsamen Rekrutierung kam es zur Auswanderung meherer Tausend Szekler in die Moldau. Ein Teil dieser Emigranten wurde wiederum später, nachdem die Bukowina unter die Habsburgerherrschaft gekommen war, unter Mitwirkung von Andreas Hadik in der Bukowina angesiedelt, wo sie (bis 1786) 7 Dörfer gründeten.[230]

9.8.5   Die aufgeklärt-absolutistischen Reformen

Unter der Regierung Maria Theresias gelang es zwar, „die veraltete politische Organisation in Siebenbürgen zu zerrütten", man vermochte es aber nicht, im Großfürstentum ein neues modernes institutionelles Gefüge einzurichten.[231] Durchgreifende wirschaftliche oder soziale Reformen

---

228 Trócsányi, Új etnikai kép, új uralmi rendszer, 1027f.

229 Ebd.

230 Ebd., 1028–1032.

231 Benda, Politische Strömungen in Siebenbürgen, 188.

wurden nicht unternommen. Gewisse Verbesserungen waren lediglich im Handel – Aufstellung der sog. *Commissio Commercialis* (Handelskommision, 1770) – und in der Landwirtschaft – Bildung einer *Societas Agriculturae* (1772), „deren Aufgabe es war, die Landwirtschaft zu modernisieren und ihre Produktion zu steigern"[232] – bemerkbar.

Erst mit dem Regierungsantritts Josephs II. kam es im Sinne eines aufgeklärten Absolutismus zu maßgeblichen Veränderungen, trachtete der Herrscher doch danach, all die verschiedenen Länder „nach westlichem Muster zu einer einheitlichen Monarchie zu verschmelzen. Dieses Bestreben führte unvermeidlich zu gewissen Reformen und brachte es mit sich, dass der Kaiser in die überlieferte Struktur und Verwaltung der einzelnen Länder eingreifen mußte." Vor allem war er in Ungarn und Siebenbürgen gezwungen, zu handeln, wo man sich durch die ständischen Formen auch eine gewisse politische Sonderstellung bewahrt hatte.[233]

Seinen Blick auf Siebenbürgen, und damit auch die Geschichte dieser Region, haben seine siebenbürgischen Reisen (1773, 1783 u. 1786) maßgeblich beeinflusst.[234] Die dabei gesammelten und durchaus unerfreulichen Erfahrungen mit Blick auf die Zustände vor Ort gingen seinen breit angelegten Reformen, die fast alle Aspekte des Lebens in Siebenbürgen berührten, voraus. Immerhin betitelte er seinen aus 17 Punkten bestehenden Reformentwurf vom 21. November 1783 mit „Beobachtungen und Wünsche".[235]

Im Rahmen seiner Reformmaßnahmen vereinte er in mehreren Schritten die Siebenbürgische und die Ungarische Königliche Hofkanzlei.[236] Bereits 1781 schaffte er das Privileg der Sachsen ab, wonach auf sächsischem Königsboden nur Sachsen Grundbesitz erwerben durften. Von da an besaßen die anderen auf dem Gebiet der Sachsen lebenden siebenbürgischen Nationen und Völker (Ungarn, Szekler u. Rumänen) dieselben Rechte (Concivilitas/Konzivilitätsrecht) wie die Sachsen.[237] Es folgte 1782 die Beschlagnahmung des Vermögens der Sachsen, mit der Begründung, dass der Königsboden ein Gut des Schatzamtes bzw. der Kammer sei.[238] Im Folgejahr (1783) wurde

---

[232] Ders., Das Grossfürstentum, 150.

[233] Ders., Politische Strömungen in Siebenbürgen, 188.

[234] Über diese Reisen und die hier erworbenen Erfahrungen Josephs II. informieren: Zlamár, II. József császár erdélyi utazása; Markó, II. József és az erdélyi szászok, 19–27, 67–74; Schuller, Samuel von Brukenthal, Bd. 1, 281–317; Bd. 2, 88–115, 168–176; Josupeit-Neitzel, Die Reformen Josephs II. in Siebenbürgen, 25–77, 89–93, 257–259; Kulcsár, II. József utazásai; dies., II. József császár utazásai Magyarországon; Fata, Die religiöse Vielfalt aus Sicht des Wiener Hofes; Kulcsár, Reformentwürfe von Joseph II.; dies., The Travels of Joseph II.; Kratzer, Die Reisen Josephs II., 39–43, 54f.; Bozac/Pavel, Călătoria împăratului Iosif al II-lea în Transilvania, Bd. 1; Fata, Migration im kameralistischen Staat Josephs II., 87–118.

[235] Schuller, Samuel von Brukenthal, Bd. 2. 94f.; Kutschera, Landtag und Gubernium in Siebenbürgen, 159.

[236] Schuller, Samuel von Brukenthal, Bd. 2, 69f.; Josupeit-Neitzel, Die Reformen Josephs II. in Siebenbürgen, 95–99.

[237] Siehe Schuller, Kaiser Joseph II. und die Sachsen; Markó, II. József, 40–47; Schaser, Das Konzivilitätsreskript von 1781; Josupeit-Neitzel, Die Reformen Josephs II. in Siebenbürgen, 80–83; Schaser, Josephinische Reformen und sozialer Wandel in Siebenbürgen, 40–71.

[238] Trócsányi, Új etnikai kép, új uralmi rendszer, 1101.

dann per Dekret verkündet, dass bei der Ernennung der Beamten in erster Linie Befähigung und Eignung, und nicht wie bislang üblich, die Religionsparität berücksichtigt werden müsse.

Auf sprachpolitischer Ebene kam es 1784 zu erheblichen Veränderungen. Joseph II. entschied sich mit der Sprachverordnung vom 11. Mai 1784, im Gesamtreich das „veraltete" Latein als Amts- und Verwaltungssprache der höchsten Regierungsorgane durch die deutsche Sprache zu ersetzen. In diesem Sinn führte man Deutsch als Amtssprache auch in Siebenbürgen bei den höchsten Regierungsorganen ein (seit 1. November 1784). Ein Jahr später sahen sich die Justizbehörden und Städte gezwungen, ihre Korrespondenz auf Deutsch zu führen. Deutschkenntnisse wurden zu einem Anstellungskriterium für kirchliche wie weltliche Beamte. Pläne, Deutsch an den siebenbürgischen Landtagen (ab 1787) zu etablieren, wurden indes nicht realisiert.[239]

Die Restrukturierung der Verwaltung des Großfürstentums (1784) führte zur Aufteilung in 11 Komitate und zur Beseitigung des seit mehreren Jahrhunderten bestehenden Status der siebenbürgischen Nationen sowie der Munizipalautonomie. Es ist davon auszugehen, dass Joseph II. bereit war, Ungarn und Siebenbürgen zu vereinigen, weshalb er die beiden Kanzleien fusionierte (27. Mai 1782) und den Kanzler von Siebenbürgen zum Vizekanzler der Ungarisch-Siebenbürgischen Hofkanzlei ernannte.

Allgemein ist zu sagen, dass Joseph II. sein Augenmerk in seinen Reformanstrengungen, die unter dem Einfluss physiokratischer Ideen standen, vor allem auf die Landwirtschaft und die Leibeigenen richtete. Deren Situation wollte er signifikant verbessern, weshalb 1783 die „ewige" Leibeigenschaft aufheben ließ und sich danach auf die Neuregelung bzw. die Verbesserung der Lage der Urbariallasten der Bauern konzentrierte.[240]

Mit den Eingriffen in die Leibeigenschaft war die Regulierung des Steuersystems verknüpft, auch in Siebenbürgen. Hier sollte es zur Landesvermessung kommen, eine wichtige Grundlage für die Besteuerung des Adels wie für die Herbeiführung einer gerechteren Steuerverteilung.[241] All dies stand in Zusammenhang mit der verordneten Volkszählung von 1784 und verschiedenen Konskriptionen, sowohl in Ungarn als auch in Siebenbürgen. Die Konskriptionen sollten zudem jährlich bestimmt und die Volkszählung im selben Turnus bereinigt werden.[242]

---

239 Siehe hierzu Zieglauer, Die politische Reformbewegung in Siebenbürgen, 28f.; Kutschera, Landtag und Gubernium in Siebenbürgen, 170; Josupeit-Neitzel, Die Reformen Josephs II. in Siebenbürgen, 145–155; Trócsányi, Új etnikai kép, új uralmi rendszer, 1101–1103.

240 Über die Leibeigenenpolitik Josephs II. in Siebenbürgen informiert Berlász, Az 1784-i erdélyi parasztfelkelés; Balázs, A parasztság helyzete és mozgalmai; auf Dt.: dies., Die Lage der Bauernschaft und die Bauernbewegungen; Prodan, Die Aufhebung der Leibeigenschaft; Josupeit-Neitzel, Die Reformen Josephs II. in Siebenbürgen, 203–256; Trócsányi, Új etnikai kép, új uralmi rendszer, 1091f., 1097–1099; Miskolczy, A jozsefi népszámlálás, 1439–1447; ders./Varga, Jozefinizmus Tündérországban, 72–75.

241 Zieglauer, Die politische Reformbewegung in Siebenbürgen, 13f.; Benda, Politische Strömungen in Siebenbürgen, 189; Josupeit-Neitzel, Die Reformen Josephs II. in Siebenbürgen, 157–180.

242 Siehe hierzu Miskolczy, A jozsefi népszámlálás, 1421–1423; ders./Varga, Jozefinizmus Tündérországban, 50–72; zu den Volkszählungsergebnissen und deren Analyse hinsichtlich Siebenbürgens ebd., 85–181.

Außerdem wurde die 1754[243] geschaffene Zollgrenze zwischen Ungarn und Siebenbürgen aufgehoben (27. August 1784).[244] Das im Königreich Ungarn am 25. Oktober 1781 erlassene Toleranzpatent, das in Siebenbürgen am 8. November 1781 in Kraft trat – bestätigte bzw. sicherte in Siebenbürgen die Kirchenrechte wie auch die Religionsausübung der dort lebenden, mehrheitlich protestantischen Bevölkerung.[245]

Bei den tiefgreifenden josephinischen Reformen überrascht nicht, dass sich auch Widerstand formierte, so wie dies beispielsweise in den 1787 verfassten ständischen Denkschriften zum Ausdruck kam. Ungarn und Szekler bekundeten hier gemeinsam ihren Unmut, wie etwa hinsichtlich der Abschaffung der drei Nationen, der rechtlichen Gleichstellung von Einwanderern, hinsichtlich des Kompetenzverlustes der Komitate oder auch wegen der Einführung der deutschen Amtssprache.

Darauf ging man am Hof nicht ein, stattdessen bestrafte man die Verfasser der Memoranden. Dennoch schwoll der Widerstand der Stände an, insbesondere infolge der während des Kriegs gegen das Osmanische Reich (1788–1791) eingeführten, fast alle Mitglieder der Gesellschaft betreffenden Verordnungen. Ende November 1787 wurde dem Herrscher schließlich ein Auszug einer, aus zwölf Punkten bestehenden Adelspetition vorgelegt, in der vehement gegen die „illegalen" Verordnungen und Maßnahmen Josephs II. protestiert wurde.[246]

Die im ganzen Reich ausgebrochenen Aufstände, die sich formierenden nationalen Unmutsbekundungen, die Misserfolge im Krieg gegen die Osmanen und die zugespitzte internationale Lage, all dies zusammen führte zum Scheitern der Anstrengungen Josephs II. Todkrank nahm er mit seinem Restitutionsedikt Ende Januar 1790 alle Reformen zurück, mit Ausnahme dreier Dekrete zur Bauernfrage und zur Einführung der religiösen Toleranz.[247]

---

[243] ECKHART, A bécsi udvar gazdasági politikája Magyarországon Mária Terézia korában, 44–55; MÜLLER, Siebenbürgische Wirtschaftspolitik.

[244] CSAPODI, A vámhatár megszüntetése Magyarország és Erdély; ECKHART, A bécsi udvar gazdaságpolitikája Magyarországon 1780–1815, 38, 51, 54; SCHASER, Josephinische Reformen und sozialer Wandel in Siebenbürgen, 89–102.

[245] ZIEGLAUER, Die politische Reformbewegung in Siebenbürgen, 6–12; MARKÓ, II. József, 37–39; JOSUPEIT-NEITZEL, Die Reformen Josephs II. in Siebenbürgen, 84–88; SCHASER, Josephinische Reformen und sozialer Wandel in Siebenbürgen, 72–82; TRÓCSÁNYI, Új etnikai kép, új uralmi rendszer, 1087f., 1106.

[246] Der Petitionstext findet sich bei MELTZL, Die Gravaminal-Vorstellung des siebenbürgischen Adels; vgl. hierzu ZIEGLAUER, Die politische Reformbewegung in Siebenbürgen, 54–57; KUTSCHERA, Landtag und Gubernium in Siebenbürgen, 170; MISKOLCZY, A józsefi népszámlálás, 1424–1429, 1434–1436, 1447–1450; DERS./VARGA, Jozefinizmus Tündérországban, 77–85.

[247] ZIEGLAUER, Die politische Reformbewegung in Siebenbürgen, 62f.; KUTSCHERA, Landtag und Gubernium in Siebenbürgen, 170f.; TRÓCSÁNYI, Új etnikai kép, új uralmi rendszer, 1111.

9.8.6 Der Horea-Aufstand und seine Folgen

Zu den schwersten Erschütterungen im Rahmen der josephinischen Reformpolitik zählt der große siebenbürgische Bauernaufstand von 1784, in dessen Folge in dem am 22. August 1785 erlassenen Leibeigenenpatent die „ewige Leibeigenschaft" in Ungarn abgeschafft wurde. Das Patent bereitete verschiedenen Grundherrenrechten bzw. Privilegien ein Ende (wie z. B. das Vorrecht beim Weinverkauf, die verpflichtende Mühlbenutzung, Marktzugang der Bauern); des Weiteren wurde 1786 die Prügelstrafe für Bauern verboten, usw.[248] Obwohl sich der Adel der Durchführung des Patentes widersetzte, konnte Joseph II. die Verordnung dennoch vollstrecken, die – sogar nach seinem Tode – auf dem Landtag 1790/1791 mit dem Urbariumspatent Maria Theresias gesetzlich inartikuliert wurde.[249] Besonders die später erlassenen Edikte, die die Vorrechte des Adels gefährdeten und hier vor allem auf deren Besteuerung zielten, lösten Widerstände unter den Adeligen aus. Der Kaiser erwog bereits 1783 die Einführung eines umfassenden Steuersystems in Ungarn, aufgrund dessen man keinen Unterschied zwischen den verschiedenen (d. h. staatlichen, adeligen, kirchlichen u. bäuerlichen) Gütern gemacht hätte. Für jeden Grundbesitz, ebenso für den der Bauern, sollte ein einheitlicher Steuersatz in die Staatskasse einbezahlt werden. Zur Verwirklichung dieses Plans ordnete Joseph II. 1785 eine allgemeine Vermessung des Königreichs Ungarn und Siebenbürgens (wie auch der Erblande) an.

Der siebenbürgische Bauernaufstand und seine Führer Horea, Cloşca und Crişan genießen in der rumänischen Historiographie außerordentliche Aufmerksamkeit, hier vor allem unter nationalen Gesichtspunkten, da man lange Zeit die Ansicht vertrat, dass die Ursache dieses Aufstandes in der Ausbeutung der Landbevölkerung durch ungarische Grundherren zu suchen sei – es wurde also, vor dem Hintergrund von Spannungen aus dem 19. und 20. Jahrhundert ein nationaler, konfessioneller wie gesellschaftlicher Gegensatz zwischen siebenbürgischen Ungarn und Rumänen gesehen. Diese Meinung stand im Widerspruch zu der Auffassung, dass sich gerade nicht die ärmsten und am meisten ausgebeuteten Bauernschichten erhoben, sondern die im siebenbürgischen Erzgebirge unter besseren Lebensbedingungen lebenden Einwohner, die sog. Motzen. Hervorgehoben wird von rumänischer Seite auch oft der vermeintlich nationale Charakter des Aufstandes. Hierbei ist nicht zu leugnen, dass der Aufstand in einem Gebiet ausbrach, wo Leibeigene ausschließlich oder überwiegend Rumänen waren. Dies gilt als Indiz für den „nationalen Charakter". Demgemäß hätten sich dem Aufstand allein Bauern mit vermeintlich rumänischer Nationalität angeschlossen, die ihre Adelsfeindlichkeit mit der Auflehnung gegen die Ungarn verbunden hätten, weiterhin ihre ethnische Zugehörigkeit mit einer intoleranten konfessionellen Ideologie bestätigt sahen.[250] Dies

---

248 Berlász, Az 1784-i erdélyi parasztfelkelés, 457–467; Balázs, Die Lage der Bauernschaft und die Bauernbewegungen, 318–327; Eckhart, A bécsi udvar gazdasági politikája Magyarországon Mária Terézia korában, 104–121; ders., A bécsi udvar jobbágypolitikája, 113–117, 122–125; Balázs, Bécs és Pest-Buda a régi századvégen, 241–249; Beales, Joseph II, Bd. 2, 482; Köpeczi, Joseph II et la révolte paysanne; Szántay, The „Robot-Abolition" in Hungary; Barta, A kalapos király, 86f.

249 Siehe Gesetzesartikel Nr. 35 v. 1791, in: Corpus Juris Hungarici (Hg. Márkus), Bd.: 1740–1835, 182–185.

250 Prodan, Răscoala lui Horea; Edroiu, Horea's Uprising European Echoes; Răscoala lui Horea 1784 (Hgg. Edroiu/Teodor); Izvoarele răscoalei lui Horea (Hgg. Pascu u. a.); Pascu, Revoluția populară.

wurde argumentativ daran festgemacht, dass die Aufständischen angeblich gefangene Adelige zur Orthodoxie zwangsbekehrten und die Töchter ungarischer Adeliger unter Zwang mit rumänischen Bauern vermählten. Im letzteren Fall war allerdings eher der religiöse Charakter bedeutsam als der nationale oder ethnische. Außerdem ist anzumerken, dass sich Bewohner zahlreicher sächsischer Dörfer und ungarische Bergleute den Aufständischen anschlossen.[251] Aus Sicht der ungarischen Forschung kann der als antifeudal charakterisierbare Aufstand kaum als „nationaler" Aufstand bzw. als „nationale rumänische Auflehnung" betrachtet werden, zumal sich die Vertreter eines rumänischen Nationalbewusstseins, die rumänischen Intellektuellen Siebenbürgens, dem Aufstand verweigerten, ja diesen sogar schlichtweg verurteilten.[252]

---

[251] Trócsányi, Új etnikai kép, új uralmi rendszer, 1096.

[252] Ebd., 1096f.; s. hierzu noch das Vorwort von Barta (5f.) sowie die Einführung von Gorun-Kovács (S. 8f.) in: dies., Az 1784. évi erdélyi parasztlázadás magyarországi iratai.

9.9 ALTE UND NEUE ELITEN IN DEN LÄNDERN DER UNGARISCHEN HEILIGEN KRONE

9.9.1 *Adel im Königreich Ungarn und in Siebenbürgen*

Für die Geschichte des europäischen Adels und damit auch der ungarischen Machteliten gilt, dass deren Machtpositionen sich über Jahrhunderte gefestigt hatten und sie sich im Rahmen traditionaler politischer Verbände allmählich zu einer hochprivilegisierten Führungsschicht vereinigten. Außerdem ist im Laufe der (früh-)neuzeitlichen Staatsbildungsprozesse und der stattfindenden Sozialdisziplinierung eine starke Einbindung der Adelsschicht in die entstehenden Herrschaftsapparate von Heer, Verwaltung und herrschaftlichem Hof zu beobachten.

Der Anteil des Adels in den europäischen Ländern des 18. Jahrhunderts war, gemessen an der jeweiligen Gesamtbevölkerung – obwohl in unterschiedlichem Maße –, besonders in Ostmitteleuropa (v. a. Ungarn u. Polen) und auf der Iberischen Halbinsel hoch. Während das Verhältnis von Adeligen zur Gesamtbevölkerung in großen Teilen Europas (z. B. in Frankreich, England, Dänemark, Schweden, Italien, dem Heiligen Römischen Reich, Brandenburg-Preußen) weitgehend stabil war (um 1% der Gesamtbevölkerung), bewegte sich zur gleichen Zeit der Anteil des Adels im Königreich Ungarn und im Großfürstentum Siebenbürgen zwischen vier und fünf Prozent. Der prozentuale Anteil der Adeligen im Königreich Polen-Litauen betrug zwischen sieben und acht Prozent,[253] in Spanien und Portugal bei acht Prozent oder auch mehr.[254]

Um die Gesamtzahl bzw. den Anteil des Adels an der Gesamtbevölkerung der Länder der Stephanskrone annähernd bestimmen zu können, bedarf es der Untersuchung einer Adelskonskription wie auch der ersten in den Ländern der Stephanskrone durchgeführten Volkszählung. Im Lichte der (unvollständigen) Konskription im Königreich Ungarn der Jahre 1754 und 1755 gab es 32.554 männliche Adelige (andere Rechnungen gehen von 31.729 aus). Darunter befanden sich 17.963 Grundbesitzer und 13.766 sog. Armalisten (Mitglieder des sog. Briefadels), sowie 825 nicht zuordenbare Personen. Aufgrund bestehender Ungenauigkeiten kann aber die Zahl der Adeligen nicht korrekt bestimmt werden.[255] Die erste josephinische Volkszählung von 1784–1787 lässt dagegen genauere Rückschlüsse zu: Es wurden in Ungarn und Kroatien-Slawonien insgesamt 3,373.004 männliche Einwohner erfasst. Ergänzt man diese Zahl noch um die Bevölkerung der königlichen Freistädte, so kommt man für die Länder der Stephanskrone

---

[253] Rostworowski, Hány nemesi állampolgára volt a Rzeczpospolitának?, 871f., 880, 885.

[254] Ódor, A nemesség a XVIII. századi Európában, 20. Zum Anteil des Adels an der Gesamtbevölkerung des Königreichs Ungarn werden in der Fachliteratur unterschiedliche Standpunkte vertreten. Gemäß einiger Autoren lag deren prozentualer Anteil bei 5–6 bzw. 6–7%. Demnach wäre dieser so hoch gewesen wie in Spanien und Portugal. Vgl. hierzu Csáky, Von der Aufklärung zum Liberalismus, 20; Lukowski, Challenging the Status Quo, 234f.; ders., The European Nobility, 12; Scott, The Eighteenth-Century Nobility, 97; Szakály, Managing a Composite Monarchy, 209.

[255] Siehe hierzu Illéssy/Petkó, Az 1754–1755. évi országos nemesi összeírás, 148–449; vgl. außerdem Pálmány, A magyarországi nemesség társadalmi tagolódása, 85; Bush, The European Nobility, Bd. 1, 35; Dickson, Finance and Government, Bd. 1, 106.

(ohne die Einwohner der Militärgrenze) auf 4,306.185 männliche Einwohner. Insgesamt lebten 1787 8,555.832 Personen (davon entfielen 6,467.829 auf Ungarn u. 647.017 auf Kroatien-Slawonien) gemäß der Volkszählungsdaten in Ungarn und Kroatien-Slawonien. Im Großfürstentum Siebenbürgen wurden 1,440.986 Einwohner registriert. Ergänzt man diese Zahlen um die in den erwähnten Ländern und im Gebiet der Militärgrenze sesshaften Soldaten, so zählte man eine Gesamtbevölkerung von 9,515.832 (vgl. Kap. 9.12.4 – mit Angaben zur ethn. Zusammensetzung –, Tab. 20).[256]

In Ungarn und Kroatien-Slawonien belief sich die Zahl der männlichen Adeligen auf insgesamt 197.616 (4,6%). Unter Berücksichtigung des Frauenanteils bestand demnach die gesamte dortige adelige Bevölkerung Ende des 18. Jahrhunderts aus etwa 400.000 Personen. In Siebenbürgen zählte man derweil 700.753 Männer, wovon 31.387 (4,48%) dem Adelsstand angehörten. Unter den oben genannten männlichen Einwohnern Ungarns, Kroatien-Slawoniens und Siebenbürgens befanden sich insgesamt 214.908 Geistliche und Adelige. Der Anteil der Adeligen an der Gesamtbevölkerung lag demnach bei ca. 4,8%. Wenn man die Zahl der männlichen um die Zahl weiblicher Adeliger ergänzt, so lebten in Ungarn und in Kroatien-Slawonien etwa 389.146 (4,8%), in Siebenbürgen 72.000 (4,4%), insgesamt 461.146 (4,6%) adelige Personen.[257]

---

[256] THIRRING, Magyarország népessége II. József korában, 145; DERS., Die Bevölkerung Ungarns zur Zeit Josephs II., 161; vgl. noch hierzu KOVACSICS (Hg.), A történeti statisztika forrásai, 370f.; DANYI/DÁVID (Hgg.), Az első magyarországi népszámlálás, 373f.; KIRÁLY, Hungary in the Late Eighteenth Century, 20, 242 (Appendix); CSÁKY, Von der Aufklärung zum Liberalismus, 16.

[257] THIRRING, Magyarország népessége II. József korában, 58; KOVACSICS (Hg.), A történeti statisztika forrásai, 379f., u. 152, 173, 181; DANYI/DÁVID (Hgg.), Az első magyarországi népszámlálás, 50f., 379f.; PÁLMÁNY, A magyarországi nemesség társadalmi tagolódása, 44; PÉTER, The Aristocracy, the Gentry and Their Parliamentary Tradition, 307; BALLABÁS, A nemesség társadalmi tagolódása, 22. Andere Autoren errechneten für 1787 in Ungarn 155.519 männliche Adelige (4,8%), in Kroatien und Slawonien 9.782 (4,4%) und in Siebenbürgen 32.316 (3%) – insgesamt 197.617. Unter Berücksichtigung des weiblichen Anteils macht dies ca. 390.000 Personen aus, d. h. 4% der Gesamtbevölkerung. Mehrheitlich lebte der Adel in Ungarn in den an der Theiß gelegenen Komitaten (6,2% u. 8,6%). Es gab aber Komitate (z. B. Szaboltsch/Szabolcs, Sathmar, Borschod/Borsod u. Maramuresch) mit höheren prozentualen Anteilen (13,3%, 14,1%, 15,2% bzw. 16,6%). In Siebenbürgen waren die Adeligen v. a. in den Komitaten Szolnok-Dobeschdorf/Szolnok-Doboka, Judetul Ciuc/Csík und Scaunul Odorhei/Udvarhelyszék ansässig (8–10%). Solange der adelige Bevölkerungsanteil im Königreich Ungarn bei durchschnittlich ca. 4,6% lag, war deren städtischer Anteil im Schnitt 3,8% hoch; in einigen königlichen Freistädten war dieser höher (z. B. in Pest 6,2%, in Raab/Győr u. Trnava/Tyrnau/Nagyszombat 9,1%, in Komorn/Komárno/Komárom 14,5%). In Siebenbürgen wiederum lebten die meisten Adeligen in Klausenburg/Cluj/Kolozsvár (8,5%), in Kroatien in Agram (12%); s. BENDA, Magyarország a XVIII–XIX. század fordulóján, 446f.; DERS., Emberbarát vagy hazafi?, bes. 23f. Vgl. die Angaben zum Adel bei MARCZALI, Hungary in the Eighteenth Century, 35f.; BALÁZS, Bécs és Pest-Buda a régi századvégen, 128f.; DIES., A felvilágosult abszolutizmus Habsburg variánsa, 905f.; DIES., Hungary and the Habsburgs, 112f. Gemäß einer anderen Untersuchung betrug die Zahl der weiblichen Adeligen in Ungarn 151.009 (also Männer- u. Frauenanteil insges. 306.528), in Kroatien-Slawonien 9.368 (insges.: 19.150), in Siebenbürgen 31.152 (insges.: 63.468), also insgesamt 389.146; s. hierzu KIRÁLY, Hungary in the Late Eighteenth Century, 36f.; CSÁKY, Von der Aufklärung zum Liberalismus, 19f. Neueren Arbeiten zufolge bestand die adelige Gesellschaft im Königreich Ungarn 1785 aus rund 200.000 (männlichen) Personen, d. h. 5% der Landesbevölkerung; vgl. DICKSON, Finance and Government, Bd. 1, 55; EVANS, The Nobility of Hungary, 251; SZAKÁLY, Managing a Composite Monarchy, 209. Frühere Arbeiten gaben den Adelsanteil im Königreich Ungarn mit vier Prozent der Gesamtbevölkerung an (bei rund 165.000 männlichen Adeligen); vgl. BÓNIS, Die ungarischen Stände, 289f.

Hinsichtlich der Rechtsstellung seines Standes ist der Adel in Ungarn zwar als einheitlich zu betrachten (una eademque nobilitas), ansonsten erwies er sich hinsichtlich seiner sozialen Schichtung als überaus heterogen. An der Spitze der Adelsgesellschaft stand auch im 18. Jahrhundert eine aus wenigen Familien bzw. Geschlechtern bestehende und besondere politische und gesellschaftliche Privilegien genießende Hocharistokratie. Unterhalb der Aristokratie waren die wohlhabenden, als *bene possessionati* bezeichneten Angehörigen des mittleren Adels (Mitteladelige) angesiedelt, die vor allem in regionalen und lokalen Angelegenheiten einflussreich waren und mit Hilfe ihrer sozialen Verbindungen Einfluss auf die Landespolitik nahmen. Die Mehrheit des Adelsstandes machten jedoch zumeist besitzlose Kleinadelige aus, die allein aufgrund ihrer Nobilitierung zum Adel zählten. An der Spitze dieser recht heterogenen Adelsgesellschaft standen die Hochadeligen bzw. die Angehörigen der Aristokratie, die bei jeder Gelegenheit danach trachteten, sich von den anderen Adeligen abzugrenzen.[258]

9.9.2 Der Hochadel

Die Zugehörigkeit zur Aristokratie bzw. zum Hochadel im Königreich Ungarn und in Siebenbürgen war, wie von Imre Wellmann beschrieben, „ursprünglich mit wichtigen konkreten öffentlichen Funktionen, einer hohen Landeswürde oder der Leitung eines Landesteils, verbunden. Jene, welche die höchsten Ämter des feudalen Staates innehatten, wurden ‚barones regni' – zur Unterscheidung von den seit dem 16. Jahrhundert aufkommenden ‚barones solo nomine', deren Titel ‚baro' nicht institutionell begründet war, sondern sich auf königliche Standeserhebungen stützte –, auch ‚barones naturales' genannt; diejenigen aber, die auf einem Latifundium beruhende Herrschaftsfunktionen ausübten, ‚comites', ‚comites naturales'."[259]

An die Stelle der als *barones solo nomine* oder *barones naturales* erwähnten Adeligen trat in Ungarn aber schon im 16. Jahrhundert eine Gruppe von Magnaten (magnates regni Hungariae), d. h. hohe Würdenträger des Landes, deren Adelstitel vererbbar geworden waren, wodurch die Machtstellung dieser Erbgrafen und Erbbarone (comites perpetui, bzw. barones perpetui) gefestigt wurde.[260]

Diese neu eingeführten hohen Adelstitel, also „Graf" und „Baron/Freiherr", wurden später „auf die alteingesessenen *comites* und *barones* angewendet", die von ihren „öffentlichen Funktionen losgelöst, den Familiennamen [anfügten]". Die Habsburger verliehen im 18. Jahrhundert einigen ungarischen Magnaten für ihre Verdienste um den Wiener Hof die Reichsfürstenwürde (in Ungarn war bis dahin allein der von der königlichen Familie benutzte Herzogstitel bekannt).[261]

---

258 Wellmann, Der Adel im transdanubischen Ungarn, 160f.; Ódor, A nemesség a XVIII. századi Európában, 20f.

259 Wellmann, Der Adel im transdanubischen Ungarn, 120f.

260 Vgl. hierzu Schiller, Az örökös főrendiség eredete Magyarországon, 11f., 24–26, 81, 184, 210, 311–313; Wellmann, Der Adel im transdanubischen Ungarn, 121; Pálffy, Utak az arisztokráciába; Cserpes/Szijártó, Nyitott elit?, 1227; auf Engl.: diess., An Open Elite in Hungary?

261 Wellmann, Der Adel im transdanubischen Ungarn, 121 (Zitate); ders., Rendi állás és hivatali rang.

9.9.3 Rangerhöhungen und deren Auswirkungen

An die Stelle der alten Magnatenfamilien des 16. und 17. Jahrhunderts, von denen es im 18. Jahrhundert kaum mehr als 10 gab, traten neue gräfliche und freiherrliche Geschlechter, deren Zahl vor allem infolge von Rangerhöhungen in bedeutendem Maße anwuchs. Während in den 1660er Jahren 50 Aristokratenfamilien im Königreich Ungarn beheimatet waren, hatte sich gut 100 Jahre später die Zahl hochadeliger Familien verdreifacht. Diverse Quellenangaben weisen auf mehr als 160 Rangerhöhungen bzw. Standeserhebungen in der Zeit zwischen 1670 und 1780 hin; fast die Hälfte davon entfiel auf die Regierungszeit von Maria Theresia.[262]

Tabelle 18: Nobilitierungen und Standeserhöhungen in Ungarn und Kroatien-Slawonien[263]

Jahr	Nobilitierung	Fürst	Freiherr	Graf
1701–1710	44	1	2	4
1711–1720	378	0	8	5
1721–1730	81	0	17	6
1731–1740	28	0	6	4
1741–1750	129	0	5	8
1751–1760	272	0	4	4
1761–1770	92	1	9	11
1771–1780	13	0	8	15
1780–1790	127	1	8	7
Zusammen	1164	3	68	64

In der zweiten Hälfte der Regierungszeit Maria Theresias sind in Zahl und Zusammensetzung der hochadeligen ungarischen Familien wichtige Veränderungen zu beobachten, nämlich: Die Zahl

---

262 DERS., Az udvari ember, 289; DERS., Der Adel im transdanubischen Ungarn, 121; DERS., Rendi állás és hivatali rang, 275f.; BALLABÁS, A nemesség társadalmi tagolódása, 17. Im Vergleich hierzu erfolgten laut Hannes Stekl in Österreich „zwischen 1701 und 1848 insgesamt 12.408 Standeserhöhungen. Davon entfielen 10.567 (85,2%) auf die untersten Adelstufen, einfachen Adel und Ritter, 1.563 (12, 6%) auf Freiherren, [...] sowie 278 (2,2%) auf Grafen und Fürsten"; STEKL, Zwischen Machtverlust und Selbstbehauptung, 146.

263 JÄGER-SUNSTENAU, Az 1700 és 1918 közötti magyarországi nemesítések társadalomtörténeti struktúrája, 11–13; PÁLMÁNY, A magyarországi nemesség, 57f.; vgl. noch ebd. (90f.) die Anhänge Nr. 1 u. 2 über die Namensliste der 1685–1815 im Königreich Ungarn sowie im Großfürstentum Siebenbürgen an den Standeserhöhungen teilgenommenen Familien. Eine andere Analyse gab die Zahl der Nobilitierugen für 1741–1760 mit 325 an, darunter 89 im Staatsdienst stehende Personen. Insgesamt 12 von Rangerhöhungen betroffene Adelige wurden im erwähnten Zeitraum registriert; s. im Detail FALLENBÜCHL, Mária Terézia magyar hivatalnokai, 47–56, bes. die Tab. auf S. 54. In den Freiherrenstand erhobene Hochadelige mussten der Hofkammer für die Rangerhöhung eine Taxe von 3.000, die in den Grafenstand erhobenen „alten Freiherren" von 1.500 Gulden bezahlen; s. hierzu ebd., 51.

der Hochadeligen stieg vor allem infolge von Rangerhöhungen (1740–1768 um 35) an. Die Zahl der Magnaten erhöhte sich zwischen 1768 und 1790 um 22 neue gräfliche und 18 freiherrliche Geschlechter.[264]

Tabelle 19: Die Zahl der Magnatenfamilien in Ungarn und in Kroatien-Slawonien

Jahr	Fürsten	Grafen	Freiherren	Insgesamt
1740	1	38	52	91
1768	2	68	56	126
1780	2	84	69	155[265]
1790	3	90	74	167[266]

9.9.4 Siebenbürgens alte und neue Eliten

Die Lage der Elite Siebenbürgens unterschied sich im Wesentlichen nicht von der ungarländischen. Vor 1690 lebten in Siebenbürgen neun hochadelige Familien, die allesamt aus dem Königreich Ungarn stammten und dort gräfliche oder freiherrliche Titel erworben hatten.[267] Im

---

264 PÁLMÁNY, A magyarországi nemesség, 61f. Gemäß der Königlichen Bücher stiegen 1687–1815 aus den ungarländischen Mitteladeligen 102 Familien in die Reihen der Magnaten (neben den Indigenas) auf. Die Zahl der aufgestiegenen ungarischen, szeklerischen und sächsischen Mitteladeligen in Siebenbürgen betrug 46. Siehe hierzu ILLÉSSY/PETKÓ, Az 1754–1755. évi országos nemesi összeírás; PÁLMÁNY, A magyarországi nemesség, 62–64; vgl. außerdem BARTA, A tizennyolcadik század története, 46f. Über die rangerhöhten Familien und deren Mitglieder für 1720–1799 informiert SZEMETHY, Rangemelésben részesült új főnemesek, 313–317.

265 Aufgrund einer zeitgenössischen Angabe gab es 1780 im Königreich Ungarn insgesamt 253 Angehörige des Hochadels; s. LEHOTZKY, Stemmatographia nobilium familiarum regni Hungariae, Pars I, 167–170; einer anderen Stimme nach registrierte man zwei Jahre zuvor (1778) im Königreich und im Großfürstentum Siebenbürgen 2 fürstliche, 82 gräfliche und 64 freiherrliche, insgesamt 148 (bei Marczali fehlerhaft: 158) hochadelige Geschlechter; s. Almanach von Ungarn auf das Jahr 1778 (Hg. KORABINSKY), 57–60; hierzu außerdem MARCZALI, Magyarország története II. József korában, Bd. 1, 164; WELLMANN, Az udvari ember, 289; CSÁKY, Von der Aufklärung zum Liberalismus, 21.

266 JÄGER-SUNSTENAU, Az 1700 és 1918 közötti magyarországi nemesítések társadalomtörténeti struktúrája, 11–14; WELLMANN, Der Adel im transdanubischen Ungarn, 121; PÁLMÁNY, A magyarországi nemesség, 48; BARTA, A tizennyolcadik század története, 40f. Die Zahl der hochadeligen Familien ungarischer Abstammung belief sich 1765 auf 125 (davon 2 fürstliche, 64 gräfliche u. 59 freiherrliche); s. VÖRÖS, A társadalmi fejlődés fő vonalai, 682. 1778 bestand die ungarische Magnatengesellschaft aus zwei fürstlichen, 82 gräflichen und 24 freiherrlichen Familien; s. EVANS, The Nobility of Hungary, Bd. 2, 253. Die Zahl der Magnaten, inklusive Familienmitglieder, kann mit etwa 1.000 Mitgliedern des Hochadels (300 Familien) geschätzt werden; vgl. BUSH, The European Nobility, Bd. 1, 131. Angemerkt sei außerdem, dass unter den einzelnen Familien sowohl fürstliche als auch gräfliche Familienzweige und jene mit Baronentitel zu finden waren (z. B. Batthyány, Esterházy, Festetich, Révay usw.).

267 APOR, Metamorphosis Transylvaniae (Hg. SUGÁR), 6.

18. Jahrhundert ist in Siebenbürgen mit etwa 60 hochadeligen Geschlechtern und 4.000 Familien zu rechnen, die dem mittleren wie Kleinadel zugeordnet werden können.[268]

Der Aufstieg der neuen Aristokratie verursachte in Siebenbürgen aber keine wesentlichen Änderungen in den Machtverhältnissen. Im politischen Leben des Guberniums gaben im 18. Jahrhundert nicht die neuen Träger hoher Ämter oder die Militäraristokratie den Ton an, sondern diejenigen sechs bis sieben Familien, die am Ende des vorigen Jahrhunderts bereits in den Magnatenstand aufgestiegen waren (so u. a. die Geschlechter Bornemissza, Bánffy, Bethlen, Kornis, Haller, Teleki, Wesselényi).[269] Beinahe alle an der Regierung des Landes beteiligten Persönlichkeiten (Gubernatoren, Kanzler) und Träger sonstiger Landesämter entstammten diesen Familien. Es waren unter den *homines novi* nur sehr wenige (z. B. Samuel von Brukenthal), die in der Leitung des Guberniums eine wichtige Rolle spielten.[270] Unter diesen Umständen verwundert es nicht, dass diese, die zumeist nur über ein relativ bescheidenes Vermögen verfügten und deren Lebensart von der der alten „gnädigen Herren" Siebenbürgens abwich, von den Mitgliedern der alten und zumeist konservativ eingestellten Aristokratie, häufig verachtet bzw. diese scharf kritisiert wurden.[271] Hinzu kam, dass die „Emporkömmlinge" aufgrund des Mangels freier Grundbesitze mit keinerlei Gutsschenkungen bedacht wurden. Sie bekamen lediglich einen hochadeligen Titel verliehen.[272] Die über die bescheidensten Grundbesitze verfügenden Hochadeligen besaßen manchmal kaum mehr als 1.000 Joche. Selbst die reichsten unter ihnen konnten es im Vergleich mit den vermögendsten Adelsgeschlechtern des Königreichs Ungarn nicht mit ihnen aufnehmen, weder mit Blick auf Lebensstandard und Vermögen, noch hinsichtlich ihres politischen Einflusses.[273]

9.9.5 Der nostrifizierte Hochadel: die Indigenae

Einen bedeutenden Teil der ungarländischen und siebenbürgischen Aristokratie machten die „nach Herkunft und in der Seele fremden" *Indigenae* bzw. „Nostrifizierten" aus. Die sog. gesetzliche Inartikulation (die Anerkennung als Angehöriger des Adelsstandes samt entsprechender ungarländischer Adelsrechte) der meisten eingebürgerten und ursprünglich von auswärts kommenden Hochadeligen (indigenae) erfolgte 1687 und 1715 (103 bzw. 89).[274] Unter der Herrschaft Leopolds I.

---

268 Trócsányi/Miskolczy, Das lange 18. Jahrhundert, 412. Man zählte bei der Volkszählung von 1784–1787 insgesamt 33 gräfliche und 31 freiherrliche Geschlechter. Unter ihnen befanden sich Familien, die Mitglieder beider Zweige waren (z. B. Apor, Bánffy, Kemény, Lázár).

269 Trócsányi, Új etnikai kép, új uralmi rendszer, 994.

270 Ders./Miskolczy, Das lange 18. Jahrhundert, 412; Trócsányi, Új etnikai kép, új uralmi rendszer, 994.

271 Siehe hierzu Apor, Metamorphosis Transylvaniae (Hg. Sugár), 7f., 29f., 33, 41; Cserei, Erdély históriája, 318; Barta, A tizennyolcadik század története, 41.

272 Vörös, A társadalmi fejlődés fő vonalai, 704.

273 Trócsányi, Új etnikai kép, új uralmi rendszer, 994f.

274 Pálmány, A magyarországi nemesség, 48f.; Ballabás, A nemesség társadalmi tagolódása, 31; ders., Indigena főnemesi nemzetségek, 7, 15, 17.

(in den Jahren 1659–1687) gelang einer großen Zahl der einst aus dem Ausland gekommenen hochadeligen (Fürsten, Markgrafen, Grafen, Freiherren), ritterlichen und adeligen Familien, nämlich 145 Personen der Aufstieg in den ungarischen Adelsstand. Die Zahl der *Indigenae*, die große Latifundien besaßen, wuchs besonders im ersten Drittel des 18. Jahrhunderts. Es waren unter ihnen fürstliche, gräfliche und freiherrliche Familien, mehrheitlich Magnaten aus dem Heiligen Römischen Reich und aus den österreichischen und böhmisch-mährischen Erbländern, weiterhin einige aus Italien, die aber großteils nicht zur „Gesellschaft und Versammlung" der ungarischen Magnaten gehörten.[275]

Die „Verschmelzung" der ungarischen Aristokratie mit fremden, mehrheitlich österreichischen, deutschen und böhmisch-mährischen Begünstigten hatte keine dauerhaften Auswirkungen. Die überwiegende Mehrzahl der neu-Nostrifizierten ließ sich nämlich in aller Regel gar nicht erst in den Ländern der Ungarischen Heiligen Krone nieder, und selbst wenn, mit wenigen Ausnahmen, nur für kurze Zeit. Der in Ungarn vorhandene Grundbesitz diente ihnen primär als Einnahmequelle.[276] Es gab nur wenige Familien, die – teilweise aufgrund vorteilhafter Eheschließungen – in ihrer neuen Heimat Wurzeln schlugen. Beispielhaft hierfür sind vor allem zahlreiche Fälle aus dem ersten Drittel des 18. Jahrhunderts, als nicht ansässige Adelige ihre Besitzungen in Ungarn unter Wert veräußerten. Diese gingen dann – mit Zustimmung des Königs – in den Besitz des ein oder anderen energischen, investitionsbereiten Vertreters der alten wie neuen ungarischen Aristokratie über.[277]

Von auswärts stammende Hochadelige wurden in Siebenbürgen in kleinerer Zahl nostrifiziert; in Siebenbürgen erhob man zwischen 1726 und 1840 auf gesetzlicher Grundlage 73 *Indigenae* in den Adelsstand des Großfürstentums. Infolge der Sonderstellung Siebenbürgens wurden diese Adeligen nach den Regeln des Landes inartikuliert. Obwohl sich diese von den ungarländischen Regeln nur geringfügig unterschieden, resultierte der „infolge der Verfahren zustande gekommene Indigenatus zwei Nostrifizierungen: einen siebenbürgischen und einen ungarländischen. Die Subjekte dieses Adels sind die Untertanen der souveränen Herrscher beider Länder".[278]

---

[275] Man vermutet bei den nostrifizierten Hochadeligen ein bis zwei Personen pro Familie gegenüber den ungarischen Magnaten, bei denen mit fünf bis zehn Familienmitgliedern gerechnet werden kann; hierzu Pálmány, A magyarországi nemesség, 48, 59 (zur Personenanzahl u. zur Zahl nostrifizierter Hochadeliger u. Ritter mit österr., böhm., ital. Abstammung 1715–1765).

[276] Wellmann, Az udvari ember, 289; Barta, A tizennyolcadik század története, 39; vgl. dazu Marczali, Hungary in the Eighteenth Century, 115f.; Király, Hungary in the Late Eighteenth Century, 29; Dickson, Finance and Government, Bd. 1, 113.

[277] Marczali, Magyarország története II. József korában, Bd. 1, 17–19, 148; ders., Hungary in the Eighteenth Century, 132; Vörös, A társadalmi fejlődés fő vonalai, 682.

[278] Ballabás, Indigena főnemesi nemzetségek, 11; vgl. außerdem Trócsányi, Új etnikai kép, új uralmi rendszer, 994.

9.9.6 Die sogenannte Titulararistokratie

Im Laufe des 18. Jahrhunderts traten zahlreiche neue ungarische Aristokratenfamilien, die in erster oder zweiter Generation aus dem mittleren Adel Ungarns aufgestiegen waren, neben die alten aristokratischen Familien des 16. und 17. Jahrhunderts (magnates regni Hungariae). Dies gelang vor allem Familien, deren Mitglieder über viele Jahrzehnte hinweg in staatlichen Regierungsorganen tätig waren, die die aufgeklärt-absolutistische Politik der Regierung energisch und mit großer Hingabe unterstützten bzw. umsetzten oder die eine herausragende militärische Karriere durchliefen. Sie bildeten die sog. Titular-Aristokratie.[279] Deren Vertreter, die ihre hochadeligen Titel in den meisten Fällen dank einer Laufbahn innerhalb des Militärs oder bei staatlichen Stellen erworben und sich aus den Reihen des Mitteladels emporgehoben hatten, bezweckten nicht, mittels einer Modernisierung des Ständestaates aufzusteigen, sondern durch die politische Zusammenarbeit mit der herrschenden Macht. Und hierbei verzichteten sie – als Gegenleistung für den Erhalt der adeligen Vorrechte, die den ständischen Charakter des Staates konservierten – gerade auf die Initiierung einer tatsächlichen Modernisierung des Staates und nahmen damit auch die Gefahr neuer gesellschaftlich-politischer Konflikte auf sich.[280] Fehlerhaft ist dabei die Annahme – wie jüngste Forschungen bestätigen –, dass die in der Regierungszeit Maria Theresias emporsteigende neue Militär- und Beamtenaristokratie, die man in der Fachliteratur oft auch mit dem französichen Amtsadel (noblesse de robe) vergleicht,[281] unmittelbar die die reale Macht betreffenden höchsten politischen Ämter übernommen hätte. Es gab in dieser Hinsicht beinahe während des gesamten 18. Jahrhunderts keine Machtübernahme. Die oberste Schicht der Elite rekrutierte sich bis zu Beginn der 1770er Jahre mehrheitlich aus den Familien der alten politischen aristokratischen Elite. Die Mitglieder dieser Geschlechter hielten größtenteils die höchsten Landeswürden und Hofämter in ihren Händen, obwohl gleichzeitig zu Recht über eine Erneuerung der ungarländischen Elite gesprochen werden kann. Eine in der Tat zu beobachtende „Wachablösung", d. h. ein drastischer Elitenwechsel, setzt aber frühestens mit dem Ende der Regierungszeit Maria Theresias ein.[282]

Die *noblesse de robe* nahm zusammen mit Mitgliedern der alteingesessenen Aristokratie an der Leitung des Staates teil und bildete so die neue weltliche, politische und gesellschaftliche Elite Ungarns.[283]

---

[279] Vörös, A társadalmi fejlődés fő vonalai, 683.

[280] Ebd., 683–684.

[281] Balázs, Bécs és Pest-Buda a régi századvégen, 123; dies., A felvilágosult abszolutizmus Habsburg variánsa, 903; dies., Hungary and the Habsburgs, 108; Szijártó, A „professzionális" hivatalnokok teréziánus nemzedéke.

[282] Vgl. zum Beibehalten höchster Landeswürden in Händen der alteingesessenen Aristokratie die Angaben bzw. Tabellen in Cserpes/Szijártó, Nyitott elit?, 1239–1251; Barta, A tizennyolcadik század története, 42f.

[283] Aufgrund neuer Forschungsergebnisse lässt sich die einst in der ungarischen Geschichtsschreibung dominierende These, wonach Mitglieder des alten Hochadels mit Geringschätzung auf die Aufsteiger herabschauten, deren Zahl infolge der Standeserhebungen seitens der habsburgischen Könige stieg – vgl. Wellmann, Der Adel im transdanubischen Ungarn, 121 –, bestreiten.

9.9.7 Zur wirtschaftlichen und finanziellen Bedeutung der Aristokratie

Aristokraten hielten die Mehrheit der Besitztümer in ihren Händen. Wie neuere Forschungen belegen, gab es in Ungarn zur Zeit der Urbarialregulierung (1767–1774) 5.600 Grundherren. Von diesen besaßen 110 Personen (1,9%) mehr als 5.000 und 62 Personen mehr als 10.000 Katastraljoche Feld (Latifundien). Ein Jahrzehnt später verfügten 319 Hochadelige (5,7% des gesamten Adels) – darunter einige Mitglieder des Herrscherhauses – über beinahe zwei Drittel (63,6%) der gesamten Besitztümer: 54 Magnaten besaßen mehr als 10.000, 33 mehr als 5.000, 98 zwischen 5.000 und 1.000, weitere 100 zwischen 1.000 und 100 und 34 Hochadelige konnten lediglich über 100 Katastraljoche verfügen. Den Vermögensstand betreffend weist dies auf eine starke Differenzierung bzw. Untergliederung im Kreis des Magnatenstandes hin.[284] In Folge dessen waren gesellschaftlicher Status und Vermögenslage auch an der Spitze der feudalen Gesellschaft öfters nicht deckungsgleich. Zwischen den Begriffen Magnat und Großgrundbesitzer ist demgemäß zu unterscheiden; lediglich ein Drittel der über Grundbesitz verfügenden Magnaten ist in der Tat zum Kreis wohlhabender Personen zu zählen, zwei Drittel können als wohlhabende Mitteladelige (*bene possessionati*) bezeichnet werden,[285] „die übrigen aber versuchten aus den Einkünften eines kleineren Mittelbesitztums von den kostspieligen ,zwei Buchstaben [d.h. Br. (Baron) oder Gr. (Graf)]' gefordertes Licht zu entfalten."[286]

9.9.8 Die gesellschaftliche Führungsrolle des alten und neuen Hochadels

Unter Berücksichtigung der Forschungssituation ist in Bezug auf die Rolle der alten wie neuen Eliten festzuhalten: Die alteingesessenen aristokratischen Familien dominierten das politische Leben des Landes auch im 18. Jahrhundert; sie konnten ihre Machtpositionen verteidigen. Mehrheitlich passten sie sich den neuen Verhältnissen der Epoche an und traten – wenn es für sie von Vorteil war – auch in die Reihen der hohen Beamtenaristokratie ein. Gemäß Tünde Cserpes und István Szijártó schuf Maria Theresia eine neue Beamtenaristokratie, ohne dass gleichzeitig im

---

[284] Fónagy, Nemesi birtokviszonyok, 1148–1150, 1154–1158, 1172–1185; ders., A nemesi birtokviszonyok, (Adattár) Bd. 1, 41–50, 52–69; Pálmány, A magyarországi nemesség, 73–76; Ballabás, A nemesség társadalmi tagolódása, 19f.; vgl. noch hierzu Marczali, Hungary in the Eighteenth Century, 112f.; Király, Hungary in the Late Eighteenth Century, 30; Az úrbéres birtokviszonyok Magyarországon, Bd. 1 (Hg. Felhő), 54–65; Dickson, Finance and Government, Bd. 1, 106–108, 113.

[285] Wellmann, Az udvari ember, 298f.; Vörös, A társadalmi fejlődés fő vonalai, 685–688; Szijártó, A vármegye és a jómódú nemesség, 130–133; ders., Komitatsadel und Landtag in Ungarn, 143–147; Fónagy, A nemesi birtokviszonyok, (Adattár) Bd. 1, 59–62.

[286] Zitiert nach Fónagy, A nemesi birtokviszonyok, (Adattár) Bd. 1, 75; Ballabás, A nemesség társadalmi tagolódása, 21; zu den Besitzverhältnissen der Elite Pálmány, A magyarországi nemesség, 67–69, 73, 75f.; Barta, A tizennyolcadik század története, 40.

kleinen Kreis der höchsten Landeswürdenträger eine Wachablösung stattgefunden hätte und der alteingesessene Hochadel in den Hintergrund gedrängt geworden wäre.[287]

Während der Herrschaft Josephs II. übernahmen aber sowohl die Mitglieder der neuen Aristokratie, als auch die des Mitteladels in bedeutsamer Zahl die höchsten Machtpositionen im Staat.[288] Beim Aufbau der neuen ungarischen Aristokratie ist eine „bewusste Suche" der aufgeklärt-absolutistischen Regierungsmacht „nach einer Basis" auszumachen. Es ist kein Zufall, dass der Hof, der seit der zweiten Hälfte der 1760er Jahre bis 1790 mittels Verordnungen regierte, von der neuen Aristokratie nicht enttäuscht wurde: Mit ihr wusste der Hof aufgeklärte, rational denkende Mitarbeiter an seiner Seite, die sich im Sinne der Politik des Hofes an der Verwirklichung bzw. Durchführung der Reformbestrebungen, die eine Neuorganisation des sozioökonomischen Lebens und der Verwaltung des Landes sowie des Erziehungs- und Unterrichtswesens bezweckten, beteiligten.[289] Unter diesen Aristokraten finden wir allerdings nur Einzelne, die das ungarische politische Leben lenkten und in der Gesellschaft wie Wirtschaft Ungarns eine entscheidende Rolle spielten. Sie gingen fast ausnahmslos aus Mitgliedern ungarischer oder sich magyarisierter Familien hervor; Angehörige des ungarischen Adels bekleideten – abgesehen von einigen wenigen Ausnahmen – die höchsten kirchlichen und weltlichen Ämter. Diese waren zugleich Leiter der landesweiten Dikasterien, die ungarischen „wirklichen inneren" geheimen Hofräte des Herrschers und außerdem stellten sie die Obergespane der Komitate. Die Grundlage für die politische Durchsetzung der Aristokratie bildete der kirchliche und weltliche Großgrundbesitz. Mittel und Weg hierzu waren die Ämter, deren führende Positionen die Aristokratie mit nahezu ausschließlichem Recht für sich in Besitz nahmen. In der ersten Hälfte des 18. Jahrhunderts bildeten die sog. Geburts-, Vermögens- und Beamten-Aristokratie noch keine eigenen Schichten in der – damals noch einheitlichen – Aristokratenklasse.[290]

Der Aufstieg der *homines novi*[291] erfolgte auf zweierlei Weise: Sie erwarben Wohlstand entweder durch eine geschickte Vermögenspolitik, oder sie wurden von den Herrschern für ihr Tun als Beamte mit reichen Besitzschenkungen und Rangerhöhungen ausgezeichnet.[292] In der Regel stieg bereits die erste Generation der *homines novi* in den Rang eines Freiherren oder Grafen auf und wurde zu einem gleichrangigen Mitglied der aristokratischen Elite.[293] Diese verschloss

---

287 Cserpes/Szijártó, Nyitott elit?, 1231f.; eine Charakterisierung der ungarischen Aristokratie unternimmt Marczali, Magyarország története II. József korában, Bd. 1, 148–161.

288 Cserpes/Szijártó, Nyitott elit?, 1237f.

289 So z. B. Sándor Pászthory, József Ürményi, Péter Végh.

290 Wellmann, Az udvari ember, 286, 290–294.

291 Graf Antal Grassalkovich mag ein typischer Vertreter dieser Adeligen gewesen sein. Siehe zu seiner einzigartigen Karriere Wellmann, A gödöllői Grassalkovich-uradalom gazdálkodása, 7–14; Závodszky, A Grassalkovichok; Wellmann, Az udvari ember, 295; Barta, A tizennyolcadik század története, 42; Fallenbüchl, Anton Grassalkovich, insbes. 11–58.

292 Siehe hierzu Fallenbüchl, Mária Terézia, 101–106.

293 Zu nennen sind hier u. a. solche ungarländische Familien wie Almássy, Andrássy, Apponyi, Balogh, Beleznay, Berényi, Brunswick, Bujanovszky, Cziráky, Dessewffy, Eötvös, Fekete, Festetich, Forgách, Grassalkovich, Gyulai,

sich gegenüber den *homines novi* im Allgemeinen nicht, sondern erachtete es vielmehr sogar als selbstverständlich, wenn diese selbst die älteste ständische Würde, die Position des Landesrichters, errangen.[294]

Obwohl man während des 18. Jahrhunderts nur selten Angehörige des mittleren Adels in die Reihen der ungarischen Landeswürdenträger (z. B. Landespalatin, Oberster Landesrichter, Banus von Kroatien, königlicher Tarnakmeister, königlicher Hofkanzler u. Vizekanzler, Hofkammerpräsident, königlicher Personalis, Kronhüter der Hl. Krone, Hauptmann der Ungarische Adeligen Leibgarde usw.) aufnahm,[295] wurden „die Magnaten aber unter den Prälaten bis zum Anfang des 19. Jahrhunderts eindeutig in die Minderheit gedrängt und auch das kontinuierliche Wachstum der Mitteladeligen als Komitatsobergespane ist sehr bemerkenswert".[296] In Folge dessen kam es zu einer Restrukturierung des gesamten ungarischen Ständetums. Das bedeutete, dass das hochadelige Ständetum, das noch in der ersten Hälfte des 18. Jahrhunderts eine führende Rolle gespielt hatte, seine Position an das durch die *bene possessionati* dominierte Ständetum übergab. Offensichtlich wird dies auf dem Landtag von 1790/1791, als es dem wohlhabenden Mitteladel gelang, einen Durchbruch im politischen Leben des Landes zu erzielen.[297]

Hadik, Hunyadi, Jankovich, Klobusiczky, Koháry, Koller, Maholányi, Majláth, Majthényi, Meskó, Niczky, Pongrácz, Prónay, Ráday, Reviczky, Semsey, Sigray, Szapáry, Sztáray, Szvetics, Török; weiterhin können unter den kroatischen Geschlechtern beispielsweise die Familien Hollaky, Magdalenich, Malenich, Pejasevich, Vukasovich, Vukovich erwähnt werden; s. WELLMANN, Az udvari ember, 290; HÓMAN/SZEKFŰ, Magyar történet, Bd. 6; PÁLMÁNY, A magyarországi nemesség, 61f., 66; VÖRÖS, A társadalmi fejlődés fő vonalai, 683; BALÁZS, Bécs és Pest-Buda a régi századvégen, 123–126; DIES., A felvilágosult abszolutizmus Habsburg variánsa, 903f.; DIES., Hungary and the Habsburgs, 108–110.

[294] Zum Beispiel Graf János Fekete (1773–1783) und Graf Kristóf Niczky (1786–1787). Über die politische Laufbahn von Fekete und Niczky informieren detailliert MORVAY, Galánthai gróf Fekete János; SZENTKLÁRAY, Gróf Niczky Kristóf életrajza; PÁLMÁNY, A magyarországi nemesség, 65–67; CSERPES/SZIJÁRTÓ, Főméltóságok a 18. századi Magyarországon.

[295] Siehe FALLENBÜCHL, Magyarország főméltóságai, 21–31, 52–65; CSERPES/SZIJÁRTÓ, Nyitott elit?, 1228.

[296] BALLABÁS, A nemesség társadalmi tagolódása, 17.

[297] Neueste Forschungsergebnisse liefern u. a. PÁLMÁNY, A magyarországi nemesség, 55, 62–67; SZIJÁRTÓ, A diéta, 379, 402; DERS., Előszó, 7f.

9.10 DIE MILITÄRGRENZE

Zur Sicherung der Südgrenzen Ungarns, Siebenbürgens und Kroatiens vor Angriffen und Einfällen aus dem benachbarten Osmanischen Reich organisierte die Wiener Heeresleitung die Militärgrenze in dem sich von der Adriaküste durch die gesamte südliche Grenzregion bis zum
Szeklerland bzw. zur Bukowina erstreckenden Landstreifen neu (s. zur Grenzverteidigung des
16./17. Jh.s Beitrag 7, Pálffy, Kap. 7.3.4). Westlich der slawonischen Militärgrenze, entlang
und nördlich der Donau, lag die Banater respektive ungarische Militärgrenze. 1701/1702 wurde
westlich der Theiß und nördlich der Mieresch die Theiß-Mieresch Militärgrenze organisiert. An
der Mündung von Donau und Theiß wurde der sog. Tschaikistenbezirk aufgestellt (1756), der
der slawonischen Militärgrenze angeschlossen wurde. Zwischen 1762 und 1766 kam es zur Errichtung der Siebenbürger (Szekler) und der rumänischen Militärgrenze im Gebiet von Nussdorf/
Năsăud/Naszód.[298]

9.10.1 Die slawonische und kroatische Militärgrenze

Im 18. Jahrhundert gehörte bzw. wurde der Großteil des Territoriums des Königreichs Dalmatien,
Kroatien und Slawonien zur Militärgrenze. Diese bestand aus vier Teilen, die ab den 1630er Jahren als Generalate bezeichnet wurden. Nach den Türkenkriegen von 1683–1699 und 1716–1717
kam es zu einer Erweiterung der kroatisch-slawonischen Militärgrenze in Richtung Osten bis
nach Peterwardein. Östlich des Flusses Una lag die Karlstädter Grenze. Die Warasdiner Grenze
reichte südlich der Drau bis fast zur Save. Entlang des nördlichen Ufers der Save erstreckte sich
die slawonische Militärgrenze. Diese wurde in den 1740er Jahren verschmälert bzw. ihr Gebiet
nach Süden bis zur Save ausgedehnt; ab 1752 bezeichnete man sie als slawonische Militärgrenze.
In südwestlicher Richtung (südlich von Save u. nördlich der Una) gliederte sich die Banska krajina
(Banal-Grenze) organisch an.[299]

---

[298] Allgemeine Darstellungen der k.k. Militärgrenze bieten: Die k.k. Militärgrenze; Vaníček, Specialgeschichte
der Militärgrenze; Schwicker, Geschichte der österreichischen Militärgrenze; Kerchnawe, Die alte k.k. Militärgrenze; Wessely, Die österreichische Militärgrenze; ders., The Development of the Hungarian Military
Frontier; Amstadt, Die k.k. Militärgrenze (mit umfassender Bibliographie); Rothenberg, Die österreichische
Militärgrenze in Kroatien; Berger, Baut dem Reich einen Wall; Ernst (Hg.), Die österreichische Militärgrenze; Major, The Austrian Military Border; Maner, Grenzregionen der Habsburgermonarchie; Spannenberger/
Varga (Hgg.), Ein Raum im Wandel.

[299] Siehe zur Geschichte der kroat.-slawon. und „banalen" Militärgrenze Turković, Die ehemalige kroatisch-slavonische Militärgrenze; Rothenberg, The Austrian Military Border in Croatia, 1522–1747; ders., The Military
Border of Croatia, 1740–1881 (Übers. aus dem Amerikan.: ders., Die österreichische Militärgrenze in Kroatien); Preradović, Des Kaisers Grenzer; Krajasich, Die Militärgrenze in Kroatien; Pavličević (Hg.), Vojna
krajina; Buczinski, Gradovi Vojne krajine; Kaser, Freier Bauer und Soldat.

9.10.2 Die Banal-Grenze

Die in der kroatischen und slawonischen Militärgrenze wie auch innerhalb der Banal-Grenze (Banalia confinia; kroat. Banska krajina) lebenden Grenzmilizen waren von Dienstleistungen und Steuern befreit. Die hier lebende Bevölkerung musste für ihre Freiheit eine bestimmte Anzahl an Soldaten stellen; im 16. Jahrhundert ca. 5.000 Mann. Ihre Hauptleute waren Leutnants und Knezen. Im 18. Jahrhundert wuchs die Zahl der Grenzmilizen stark an, und sie wurde in 11 Regimenter gegliedert. Sie wurden regelmäßig militärisch ausgebildet, Mitte des Jahrhunderts in reguläre Verbände organisiert, und sie nahmen wiederholt an den Kriegen der Habsburgermonarchie teil.

Die Regierung der kroatischen, slawonischen und „banalen" Militärgrenze basierte anfänglich teilweise auf den Verwandtschaftsstrukturen (Hausgemeinschaften oder komplexe Familien; in Südosteuropa vielfach mit dem südslaw. Terminus „zadruga" bezeichnet) der die Mehrheit der Bevölkerung stellenden kroatischen und serbischen Grenzmilizen, in einigen Fällen aber auch auf der militärischen Organisation der Grenzwache (Kompanie-, Bataillon- u. Regimentkommandos). Der an der Spitze der Regimenter stehende Kommandeur leitete die Verwaltung und übte die richterliche Gewalt in einer Person aus. Über den einzelnen Regimentern und den sog. freien Militärstädten/-siedlungen standen die Kommandanturen der Grenzen oder der Generalate (Generalkommando).[300] Diese waren entweder dem Landeshauptkommando des Königreichs Ungarn oder direkt dem Hofkriegsrat in Wien unterstellt.[301] Mehrheitlich handelte es sich bei den Siedlern um orthodoxe Südslawen, deren Nachfahren als sog. Krajina-Serben bezeichnet werden.

Die männlichen Mitglieder der in den anderen Militärgrenzen ansässigen freien Soldatengemeinschaften mussten bis zu ihrem Lebensende Militärdienst leisten. Nach Beendigung ihrer landwirtschaftlichen Arbeiten wurden sie von November bis April militärisch ausgebildet. Ihre Kapitäne unterstanden der Wiener Heeresleitung, auf deren Aufforderung sie verpflichtet waren, in den Kampf zu ziehen; selbst ihre Frauen mussten bei der Betreuung und Verpflegung der Verwundeten helfen.

9.10.3 Siebenbürgens Militärgrenzen

Regierung und Verwaltungsgliederung der 1750 aufgelösten Theiß-Mierescher Militärgrenze unterschieden sich von der kroatisch-slawonischen und ähnelten eher der späteren siebenbürgischen Grenzwacht. Der wichtigste Grund hierfür war, dass sich entlang von Theiß und Mieresch kein geschlossenes, von einer zivilen Gesellschaft separiertes Gebiet herausbildete, wo nur Grenzmilizen gelebt hätten. Hier wechselten sich militärische und zivile Siedlungen ab; in vielen Ortschaften gab es sogar eine gemischte militärische und zivile Bevölkerung. Demgemäß stand diese Militärgrenze teils unter militärischer, teils unter ziviler Verwaltung.[302]

---

300 Vgl. Dabić, Vojna krajina; Slukan Altić, Teritorialni razvoj i razgraničenja Varaždinskog generalata.

301 Siehe hierzu Egger, Hofkriegsrat und Kriegsministerium als zentrale Verwaltungsbehörden, 80–89.

302 Iványi, A tiszai határőrvidék; Koroknai, Gazdasági és társadalmi viszonyok a dunai és tiszai; Bak, Magyarország történeti topográfiája, 68, 111f., 115.

Bei der Errichtung der Szekler Militärgrenze hielt man sich vor Augen, dass die Szekler bereits vor dem Sathmarer Frieden (1711) militärische Dienste geleistet hatten und daher über verschiedene Privilegien verfügten. Obwohl sie nach 1711 vom Militärdienst befreit wurden, bestanden ihre Privilegien weiter fort. Mit der Organisierung der Szekler Grenzwache verfolgte der Herrscher die Absicht, Schutz für die Festungen entlang der Grenze zu gewährleisten und Wachtposten zu errichten, um den Schmuggel zu unterbinden und Straftäter zu verfolgen. Die Aufstellung der Grenzwache begann 1762 unter der Leitung des Oberbefehlshabers und Gubernators von Siebenbürgen Adolf Nikolaus von Buccow. Die Grenzsoldaten wurden von den nahen Szekler Stühlen (Oderhellen, Mieresch u. Aranyosch) angeworben. Doch ein Großteil der sich als Grenzsoldaten meldenden Szekler verließ die Grenzwache, da ihre Erwartungen nicht erfüllt wurden und sie den Verlust ihrer früheren Privilegien befürchteten. Deshalb begann der Wiener Hof von neuem mit der Aufstellung einer Grenzwache, teils durch Versprechungen, teils gewaltsam. Im Zuge dessen erstürmten am 7. Januar 1764 kaiserliche Truppen Mádéfalva, wo Tschicker Szekler gegen die gewaltsame Rekrutierung Widerstand leisteten, und töteten hierbei mehrere Hundert Personen. Trotzdem gelang es der Regierung in Wien, zwei Szekler Infanterie-Grenzregimenter und ein Kavallarie-Grenzregiment aufzustellen. Die Grenzsoldaten erhielten einerseits Steuerfreiheit, andererseits einen Sold. Die Bewaffnung wurde ihnen kostenlos zur Verfügung gestellt. In Friedenszeiten waren die Szekler Grenzmilizen in ihrer Person vollständig von Steuern befreit; bezüglich ihrer materiellen Güter betrug ihre Steuerlast rund ein Drittel ihrer Einkünfte. In Kriegszeiten genossen sie allerdings, zusammen mit ihrer Familie und unter Berücksichtigung von immobilem Eigentum Steuerfreiheit.[303]

Zeitgleich zur Organisierung der Szekler Grenzwache (1762) begann die Aufstellung rumänischer („Walachen-")Grenzregimenter (zwei Infanterieregimenter). Die rumänischen („walachischen") Grenzsoldaten waren zumeist Leibeigene mit Abzugsrecht. Es wurden auch Kavallerieverbände aufgestellt, die man aber 1772 in das Szekler Kavallerie-Grenzregiment eingliederte. Die Grenzsoldaten lebten zusammen mit der Zivilbevölkerung, unterstanden aber ausschließlich dem Militärkommando.[304]

9.10.4 Die Banater respektive Temescher Militärgrenze

Ebenfalls 1762 wurde mit der Organisierung der Banater respektive Temescher Militärgrenze begonnen, aber nicht nach dem Vorbild der siebenbürgischen, sondern nach dem der Kroatisch-Slawonischen Militärgrenze. Auf dem für die Grenzmilizen ausgewiesenen Gebiet lebten aus-

---

303 Hierzu sowie über die Aufstellung und Geschichte der Szekler Militärgrenze Szádeczky, A székely határőrség szervezése; Az egykori székely határőrvidék intézménye; Gürtler, Die Auflösung der siebenbürgischen Militärgrenze; Bernat, Die Errichtung der Siebenbürgischen Militärgrenze; Göllner, Die Siebenbürgische Militärgrenze; Bak, Magyarország történeti topográfiája, 117.

304 Siehe zur „rumänischen Militärgrenze" Bunea, Istoria regimentelor grăniceresti; Völkl, Militärgrenze und „Statuta Valachorum"; Sotropa, Districtul grăniceresc năsăudean.

schließlich Grenzsoldaten und zwar nach dem gleichen System, dem die kroatisch-slawonischen Grenzer unterstanden. Insgesamt wurden drei Regimenter aufgestellt, nämlich aus den Reihen der drei Völker, die in größerer Anzahl dort lebten (Deutsche, Rumänen, Illyrer, d. h. orthodoxe Slawen).[305]

Nach einer Verordnung Maria Theresias wurde 1763/1764 das Gebiet der sog. Tschaikisten im Komitat Batsch-Bodrog geschaffen, also dort, wo Donau und Theiß zusammenflossen. Hier wurden sog. Tschaikisteneinheiten zur Bewachung der Schifffahrt an Donau und Save wie auch der Grenzlinie aufgestellt.[306]

---

305 Vgl. zur Geschichte der Banater Militärgrenze Milleker, Kurze Geschichte der Banater Militärgrenze; Volkmann, Das Banat als Glied der österreichischen Militärgrenze; Wolf, Die Banater Militärgrenze; neuerdings vgl. Groza/Radulescu, Grăniceri bănățeni.

306 Siehe Szentkláray, A dunai hajóhadak története; Tapariczza, A sajkás kérdés.

9.11 IM KONTEXT DES SOGENANNTEN WIRTSCHAFTSKOLONIALISMUS

9.11.1 *Wiener Wirtschaftspolitik*

Die habsburgische Wirtschaftspolitik bestimmte im 18. Jahrhundert die wirtschaftliche Entwicklung des Königreichs Ungarn. Diese Wirtschaftspolitik kann aus zwei Perspektiven untersucht werden: einerseits aus der Warte des Gesamtreiches, andererseits aus der der einzelnen Länder und Provinzen der Monarchie.[307] In der zweiten Hälfte des 17. Jahrhunderts betrachteten die für die Ausarbeitung des gesamtstaatlichen Wirtschaftsprogramms verantwortlichen österreichischen Kameralisten die Habsburgermonarchie als eine wirtschaftliche Einheit, deren Länder und Provinzen sich gegenseitig ergänzen sollten. Es war also nicht erwünscht, alle Landesteile der Monarchie gleichermaßen zu entwickeln, stattdessen waren Zuständigkeitsbereiche zu definieren. Dies bedeutete, dass die einzelnen Länder und Provinzen gemäß ihren Gegebenheiten und Möglichkeiten der Wirtschaftsentwicklung der Gesamtmonarchie dienen und diese unterstützen sollten.[308]

Dieser wirtschaftspolitische Standpunkt des Wiener Hofes dominierte auch im 18. Jahrhundert. Davon zeugt das 1770 erstellte wirtschaftspolitische Konzept des Hofkommerzienrates, ein Industrieentwicklungsplan der Gesamtmonarchie bei Berücksichtigung der damaligen Gegebenheiten der einzelnen Landesteile und Provinzen. Die Entwicklung der Industrie beschränkte sich demgemäß auf die wirtschaftlich entwickeltsten Regionen (die österr. sowie böhm.-mähr. Erbländer). Dem Königreich Ungarn und seinen angeschlossenen Gebieten sowie Siebenbürgen wurde, ähnlich wie bereits zuvor, die Rolle eines Rohstofflieferanten und Lieferanten landwirtschaftlicher Erzeugnisse zugewiesen.[309]

Wollte der Wiener Hof mit den wirtschaftlich stärker entwickelten europäischen Ländern und Mächten Schritt halten, so war er gezwungen, die Wirtschaft, insbesondere die Industrie und den Handel weiterzuentwickeln. Da eine solche Politik allerdings erst relativ spät einsetzte, musste im Sinne eines der Grundsätze merkantiler Wirtschaftspolitik die Bevölkerung, also die Zahl der produzierenden und steuerzahlenden Einwohner und unter ihnen insbesondere die der Handwerker und der Kaufleute erhöht werden, gleichzeitig versuchte man, Industrie und Handel innerhalb der Monarchie durch hohe Einfuhrzölle zu schützen. Die Ausfuhr von Industrie- und Bergbauprodukten wurde verboten, um die inländische Industrie zu stärken.[310]

---

307 Heckenast, A Habsburgok gazdaságpolitikája, 7f.

308 Siehe zusammenfassend Eckhart, A bécsi udvar gazdasági politikája Magyarországon Mária Terézia korában, 8–12; im Detail Wellmann, Merkantilische Vorstellungen im 17. Jahrhundert; Heckenast, Bányászat és ipar, 112–117.

309 Vgl. Horváth, Az ipar és kereskedés története Magyarországban, 165–168; Eckhart, A bécsi udvar gazdasági politikája Magyarországon Mária Terézia korában, 62f.; Ember, A Habsburg birodalmi gazdaságpolitika, 501–506.

310 Siehe dazu im Detail Beer, Studien zur Geschichte der Österreichischen Volkswirtschaft unter Maria Theresia; ders., Die österreichische Handelspolitik unter Maria Theresia und Joseph II.; Fournier, Maria Theresia und die Anfänge ihrer Industrie- und Handelspolitik; Hackl, Die staatliche Wirtschaftspolitik zwischen 1740 und 1792.

9.11.2 Ungarn: eine Wirtschaftskolonie der Habsburger?

Ungarn war im Vergleich zum westlichen Teil der Monarchie wirtschaftlich rückständig und unterentwickelt. Hierfür machten in der zweiten Hälfte des 18. Jahrhunderts in Ungarn Wirtschaftspolitiker aus den Reihen der Stände, Angehörige der Aufklärung, die Wirtschaftspolitik des Gesamtreiches verantwortlich. Unter Verweis auf die Kämpfe der nordamerikanischen „Kolonien" gegen die englische Wirtschaftspolitik bezeichneten sie die wirtschaftliche Lage Ungarns als „kolonial".[311] Diese Auffassung, wonach die Habsburger Ungarn wirtschaftlich „kolonisieren" wollten, wurde im 19. Jahrhundert von der Reformbewegung der ungarischen liberalen Opposition aufgegriffen bzw. verstärkt. Sie hielt sich in der ungarischen Historiographie bei schwankender Intensität bis zum letzten Drittel des 20. Jahrhunderts, wird aber in der jüngsten Forschung nicht mehr vertreten. Die Apologeten dieser These waren nämlich der Meinung, dass die Erbländer und Ungarn zu Beginn des 18. Jahrhunderts hinsichtlich des Entwicklungsstandes der Industrie auf Augenhöhe waren. Die ungarische Wirtschaftsentwicklung (insbes. Industrie u. Handel) sei dann wegen der strengen wirtschaftspolitischen Maßnahmen Maria Theresias und Josephs II. ins Stocken geraten bzw. zurückgefallen.[312]

Es ist allerdings fraglich, ob dieser Rückstand tatsächlich wegen angeblich „bösartiger Bestrebungen" des Wiener Hofs gegenüber Ungarn und aufgrund von allgemeinen Fehlern einer die Interessen der Gesamtmonarchie wahrenden Wirtschaftspolitik eingetreten ist, oder ob der Rückstand nicht eher Folge einer unterentwickelten Wirtschaft war, die bereits im 17. Jahrhundert und in der ersten Hälfte des 18. Jahrhunderts für Ungarn charakteristisch war.[313] Zu berücksichtigen ist außerdem, dass sich das Wirtschaftsniveau in den verschiedenen Teilen des Königreichs Ungarn unterschied: Die westlichen Regionen und die Bergbaugebiete waren z. B. sowohl hinsichtlich der Landwirtschaft und der Industrieproduktion wesentlich besser gestellt als die Regionen der Großen ungarischen Tiefebene, Siebenbürgens, aber auch Kroatiens, Slawoniens

---

311 Siehe das Handschreiben Josephs II. an den ungarischen Kanzler Graf Ferenc Esterházy (20. März 1783), zusammengefasst bei Eckhart, A bécsi udvar gazdaságpolitikája Magyarországon 1780–1815, 146f. Vgl. zur vermeintlichen wirtschaftlichen „Kolonisation" Ungarns: Horváth, Magyarország történelme, Bd. 5, 178, 180f., 194, 224, 235, 240f.; Marczali, Mária Terézia, 196, 302f.; ders., Magyarország története III. Károlytól a bécsi congressusig, 269ff., 324f.; ders., Magyarország története II. József korában, Bd. 3, 215–223; ders., Hungary in the Eighteenth Century, 39, 97f.; Eckhart, A bécsi udvar gazdaságpolitikája Magyarországon 1780–1815, 146. Den Ausdruck „Kolonie" führte in Bezug auf das Königreich Ungarn der aus einer adeligen Familie in der Zips stammende Reformpublizist der ungarischen Aufklärung Gregor (Gergely) von Berzeviczy mit seinem 1797 publizierten Werk De commercio et industria Hungariae (54f.) in die ungarische Historiographie ein (s. in der wenige Jahre später veröffentlichten deutschsprachigen Ausg. „Ungarns Industrie und Commerz", 54.); hierzu Eckhart, A bécsi udvar gazdaságpolitikája Magyarországon 1780–1815, 7, 64.

312 Siehe z. B. das Werk von Horváth, Az ipar és kereskedés története Magyarországban, 197–199, das von Marczali, Magyarország története II. József korában, Bd. 1, 68f., bes. 94–99, weiterhin von Eckhart, A bécsi udvar gazdasági politikája Magyarországon Mária Terézia korában, 119–124, benutzt wurde. Hierzu außerdem ders., A bécsi udvar gazdaságpolitikája Magyarországon 1780–1815, 7, 174f.; Ember, A Habsburg birodalmi gazdaságpolitika, 504–507.

313 Heckenast, A Habsburgok gazdaságpolitikája, 11f.

und der Militärgrenzen, wo größtenteils für lange Zeit die Wiederherstellung und Entwicklung der Landwirtschaft und die Organisierung des Handwerks die Hauptaufgaben waren.[314]

Auf die oben gestellte Frage, ob Wiens Wirtschaftspolitik der ungarischen Wirtschaft das Schicksal einer „Kolonie" bescherte oder deren Entwicklung geradezu beeinträchtigt hätte, kann dahingehend geantwortet werden, dass diese Auffassung in Anbetracht neuerer Forschungen kaum haltbar ist. Obwohl nicht zu leugnen ist, dass eine die Interessen der Gesamtmonarchie verfolgende Wirtschaftspolitik die stärker entwickelten Provinzen der Monarchie und Ungarns bevorzugte, insbesondere was die Betrachtung des Landes als Agrarmarkt, die Industrieförderung sowie speziell das 1754 eingeführte Zollsystem betrifft, so kann bezüglich des 18. Jahrhunderts von keiner „Unterdrückung" Ungarns die Rede sein; stattdessen ist eine gewisse Fortentwicklung der ungarischen Wirtschaft zu beobachten.[315]

9.11.3 Bergbau- und Hüttenwesen

Der gesamtstaatlichen Wirtschaftspolitik verdankte Ungarn z. B. auf dem Gebiet des Bergbauwesens einen gewissen Aufschwung, so bei der Erneuerung der Silber-, Kupfer- und Salzbergwerke, bei der Modernisierung von Bergbautechniken, beim Bau von Eisenwerken sowie bei der Einführung von Hochöfen. Auch aufgrund des Hoheitsrechtes unterstützte das Schatzamt den Abbau von Edelmetallen (insbes. in der Gegend von Gran u. in Siebenbürgen) und förderte die im Bergbau angewandten technischen Neuerungen (z. B. die Amalgamierung zur Gewinnung von Silber aus Erz).[316] Der Entwicklung des Bergbaus diente außerdem die 1735 in Schemnitz/Banská Stiavnica/Selmecbánya gegründete Bergmittelschule (Berg Schola) zur gezielten Ausbildung der hierfür zuständigen Beamten, die zwischen 1763 und 1770 den Rang einer Hochschule erhielt.[317] Die Wiener Wirtschaftspolitik förderte zudem das Eisenhüttenwesen, wodurch im 18. Jahrhundert die Eisenproduktion des Landes auf das Sechsfache (95 Tonnen jährlich) anstieg. Der Großteil der Eisenhütten (sowie der Hammerwerke) befand sich in der Hand des Schatzamtes. In der zweiten Hälfte des Jahrhunderts begannen dann auch private Grundherren, Hammerwerke zur Bearbeitung von Eisen zu gründen.[318]

---

314 Ebd., 13f.

315 Vgl. zu Zollpolitik und deren Ergebnissen Horváth, Az ipar és kereskedés története Magyarországban, 161–169; Marczali, Magyarország története II. József korában, Bd. 1, 80–88; Eckhart, A bécsi udvar gazdasági politikája Magyarországon Mária Terézia korában, 44–66; Ember, Külkereskedelem.

316 Heckenast, Bányászat és ipar, 119–121.

317 Zur Schemnitzer Akademie und deren Bedeutung Mihlovits, Die Entstehung der Bergakademie; Juha, Die Etablierung und Verbreitung mineralogischen Wissens; Konečný, Die montanistische Ausbildung.

318 Horváth, Az ipar és kereskedés története Magyarországban, 147–150; Marczali, Magyarország története II. József korában, Bd. 1, 101–132; Heckenast, Bányászat és ipar, 631–636; Ders., Bányászat és ipar manufaktúrakorszakunk, 996–1004.

9.11.4 Manufakturindustrie

Im Gegensatz zum Bergbau- und Hüttenwesen war die Manufakturindustrie Ungarns im Vergleich zu Österreich und Böhmen rückständig. Als an der Wende vom 17. zum 18. Jahrhundert in den Erbländern die Entwicklung der Manufakturen begann, stieg in Ungarn lediglich die Zahl der Zünfte an. Dieses Zunfthandwerk war aber gemäß einer 1726 durchgeführten Untersuchung nicht einmal dazu fähig, die Bevölkerung mit ausreichend Kleidung zu versorgen.[319] Zwar errichtete die Wiener Regierung keine offensichtlichen Barrieren gegen die Gründung von Manufakturen in Ungarn (wie Textil-, Tuch-, Leder- u. Majolika-Manufakturen), auf Anraten des Hofkommerzienrates wurden jedoch in den 1760er Jahren zum Schutz der österreichischen und böhmischen Manufakturen landesweit nur wenige Manufakturneugründungen genehmigt.[320] Zu einem geringfügigen Aufschwung von Manufakturneugründungen – mit 18 neuen Manufakturen – kam es erst in den 1780er Jahren. Der Hof unterstützte hierbei in erster Linie die Errichtung von Ledermanufakturen, denn diese stellten im Gegensatz zu Textilmanufakturen keine Konkurrenz für die anderen Provinzen dar. Um 1790 gab es im Königreich Ungarn insgesamt nur 125 auf Kapital basierende Werke, oder wie man damals zu sagen pflegte, Fabriken.[321]

9.11.5 Das (doppelte) Zollsystem

Zur Sicherung des Absatzmarktes der Manufakturindustrie der Erbländer und um zugleich den bescheidenen ungarischen Wettbewerb fernzuhalten, führte der Wiener Hof 1754 ein protektionistisches System ein, was Ungarns Rolle als Agrarmarkt verfestigte. Mit der Einführung des neuen (doppelten) Zollsystems wurden zugleich zwei Ziele verfolgt. Das erste Ziel war: Die Einfuhr von außerhalb der Monarchie stammender Waren auf den ungarischen Markt sollte beschränkt und später praktisch gänzlich unterbunden werden. Gleichzeig trachtete man danach, die Ausfuhr von Textilien und Wein aus Ungarn in die Erbländer zu verhindern.[322] Dieses Zollsystem, die im Jahre 1775 eingeführte neue Zollpolitik und ein neues Zolltarifsystem[323] hatten zum Ergebnis, dass 1782 mehr als die Hälfte der Tucheinfuhr sowie über 90% der importierten Baumwollgewebe und

---

319 Heckenast, Bányászat és ipar, 636f.

320 Eckhart, A bécsi udvar gazdasági politikája Magyarországon Mária Terézia korában, 79–124; ders., A bécsi udvar gazdaságpolitikája Magyarországon 1780–1815, 117–145; Heckenast, Bányászat és ipar manufaktúrakorszakunk, 1005–1010; vgl. zum Bergbau in Ungarn Vozár, Der Bergbau in der Slowakei.

321 Horváth, Az ipar és kereskedés története Magyarországban, 212–218. Über die Zahl der ungarischen Manufakturen und die Industrie informiert Berzeviczy, Ungarns Industrie und Commerz, 17.

322 Siehe zur Zollpolitik des Wiener Hofes Beer, Die Zollpolitik und die Schaffung eines einheitlichen Zollgebietes; ders., Die österreichische Handelspolitik unter Maria Theresia und Joseph II.; Sieghart, Zolltrennung und Zolleinheit; Eckhart, A bécsi udvar gazdasági politikája Magyarországon Mária Terézia korában, 137–148, 204–211.

323 Siehe im Detail Eckhart, A bécsi udvar gazdasági politikája Magyarországon Mária Terézia korában, 67–78; ders., A bécsi udvar gazdaságpolitikája Magyarországon 1780–1815, 16–36.

Seidenprodukte aus den österreichischen Erbländern stammten.[324] Das zweite Ziel kann wie folgt umschrieben werden: Die Wiener Hofkammer war wegen der Einnahmerückgänge infolge der Steuerfreiheit des ungarischen Adels zu entschädigen – die anderen Länder und Provinzen der Monarchie waren nun gezwungen, größere finanzielle Verpflichtungen zu übernehmen. Die Regierung in Wien wollte die ungarischen Adeligen, ähnlich dem Adel der Erbländer, unter anderem auch deshalb zur Steuerzahlung bewegen, da sie der Meinung war, dass Ungarn in einem weit geringeren Maße zur Verwaltung der Monarchie und zu den gemeinsamen Verteidigungskosten beitrage.[325] Wirklich angemessen war diese Forderung jedoch nicht, denn das Königreich zahlte nicht nur die von den Landtagen bewilligten Steuern in die Wiener Hofkammer ein, sondern es ließ auch die Einnahmen aus den Gütern der Ungarischen Königlichen Kammer dem Hof zukommen.[326] Der Wiener Hof ließ dennoch nicht von seinem Ziel ab, den ungarischen Adel zur Steuerzahlung zu verpflichten.[327] Dies belegt eine Aussage Josephs II. (1785), wonach Ungarn eine den Erbländern vergleichbare Stellung erhalten könnte, sofern sich der ungarische Adel zur Steuerzahlung bereit erkläre. Sofern dies nicht geschehe, so sei das Land „als eine bloße Colonie zu betrachten".[328]

9.11.6 Ungarn als Agrarland

Der österreichische Merkantilist Philipp Wilhelm von Hörnigk beschrieb den Boden Ungarns als

> so tragbar, daß an vielen Orten das gemeine Korn in der zweyten Saat den reinesten Weizen bringt, und das Gras mit seiner Höhe das weidende Vieh bey nahe bedeckt. […] Der Wein läßt sich einiger Orten, wie um Tockay dem besten in der Welt entgegen setzen. Das Feld thönt von allerhand groß und kleinem Vieh. Die Mayerhöfe lauffen von Geflügel-Werk gleichsam über; die Luft wimmert von ihren Gefiederten Einwohnern, und ist in Summa Ungarn eine wahre Brod-Schmalz- und Fleisch-Grube […].[329]

---

[324] Hierzu s. Přibram, Geschichte der österreichischen Gewerbepolitik, Bd. 1; Eckhart, A bécsi udvar gazdaságpolitikája Magyarországon 1780–1815, 32–34, 117–146; Schünemann, Die Wirtschaftspolitik Josephs II.; Csapodi, Die Wirtschaftspolitik des Österreichischen Staatsrates; Otruba, Die Wirtschaftspolitik Maria Theresias.

[325] Vgl. Eckhart, A bécsi udvar gazdaságpolitikája Magyarországon 1780–1815, 21–30.

[326] Ebd., 21, 23, 115.

[327] Über die verschiedenen Steuerpläne des Hofes hinsichtlich des ungarischen Adels ebd., 22, 28, 30, 52, 86.

[328] Siehe den Brief Josephs II. an den ungarischen Hofkanzler, Graf Károly Pálffy (30. Dezember 1785). Der sich hierauf beziehende Briefteil lautet wie folgt: „Es wird endlich von dieser Entscheidung abhangen, ob Ungarn in Verhältniß zu den übrigen Erbländern, auf gleiche Art mit selben im Handel und Wandel zu begünstigen, oder vielmehr im Gegentheil, als *eine bloße Colonie*, zu betrachten seye, aus der man durch die möglichste Erschwerung einer mehreren Verbreitung ihrer Kunst-Erzeugnisse gegen die übrigen, in der Belegung, ganz außer Verhältniß mit ihr befindlichen Erbländer, und durch *Erhaltung sehr geringer Preise* der Feilschaften im Lande, zur wohlfeilern Verpflegung des dort verlegten Militärs, *so viel Vortheil als immer möglich ist* herauszuziehen trachten müsse, ohne entgegen auf den Wieder-Einfluß einiger Summen, wodurch sie den übrigen Provinzen schädlich würde, jemals denken zu können." Zitiert nach Berzeviczy, Ungarns Industrie und Commerz, 54 (Hervorhebungen wie im Orig.).

[329] [Hörnigk], Oesterreich über Alles, wann es nur will, 56f.

Gemäß dieser Ansicht hätte Ungarn die Erbländer mit Lebensmitteln und Rohstoffen versorgen müssen; natürlich nur sofern man diese dort nicht herstellen oder produzieren könne. Dies hing auch mit dem Umstand zusammen, dass Ungarn traditionell Agrarprodukte, Wein und Vieh exportierte. Im Tausch importierte es Industrieartikel, zumeist Textilien aus anderen Gebieten der Monarchie, primär aus Schlesien. Die von den zentralen Wiener Regierungsbehörden ausgefertigten und sich auf Ungarn beziehenden Landwirtschaftsbestimmungen dienten überwiegend nicht den Interessen Ungarns, wobei aber auch Schritte unternommen wurden, die zweifellos auf die Entwicklung des ungarischen Agrarwesens abzielten; z. B. Maßnahmen zur Förderung des Anbaus von Weizen, Kartoffeln, Flachs, Hanf und Tabak, zur Entfaltung der Pferdezucht (Gründung von Gestüten) sowie zur Begründung der modernen Forstwirtschaft.[330]

Insgesamt ist für das 18. Jahrhundert in allen Wirtschaftsbereichen Ungarns eine gewisse Entwicklung zu beobachten, wenngleich diese als schleppend und einseitig qualifiziert werden kann. Insbesondere gilt dies für die industrielle Entwicklung, die sich aufgrund protektionistischer Maßnahmen Wiens nur schwerfällig entwickelte, mit Rückfällen und unter ungünstigen innerlichen wie äußerlichen Umständen.

---

[330] Ausführliche Informationen zur Agrarwirtschaft Ungarns im 18. Jh. bei ECKHART, A bécsi udvar gazdasági politikája Magyarországon Mária Terézia korában, 18–43; DERS., A bécsi udvar gazdaságpolitikája Magyarországon 1780–1815, 73–104; WELLMANN, A magyar mezőgazdaság; DERS., Esquisse d'une histoire rurale; DERS., Mezőgazdaság; DERS., A mezőgazdaság a felvilágosult abszolutizmus korában; BARTA, A felvilágosult abszolutizmus agrárpolitikája; DERS., Magyarország mezőgazdaságának regenerálódása.

9.12 MIGRATION, DEMOGRAPHIE UND DIE ANSIEDLUNGSPOLITIK DES WIENER HOFES

Während zum Ende des Mittelalters ca. vier Millionen Menschen im Königreich Ungarn gelebt hatten, belief sich die Bevölkerungszahl Mitte der 1680er Jahre, nach der zweiten erfolglosen Belagerung Wiens durch die Osmanen und deren Zurückdrängung an die Donau-Save-Linie, auf nur 4,2 Millionen Einwohner;[331] das entsprach 3,8% der Bevölkerung Europas. Für rund zwei Jahrhunderte war demnach ein Bevölkerungsanstieg von lediglich fünf Prozent im Königreich Ungarn zu verzeichnen. Die niedrige Einwohnerzahl des Landes ist vor allem mit der anderthalb Jahrhunderte andauernden osmanischen Herrschaft, mehreren parallel dazu stattfindenden verheerenden Kriegen im Landesinnern, häufigen Kämpfen entlang der Grenze und um Grenzburgen, wiederholten Heer- und Streifzügen, regelmäßig auftretenden Seuchen und nicht zuletzt aufgrund von einer Periode relativ kühlen Klimas (Kleine Eiszeit) verursachten schlechten Ernten und damit verbundenem Lebensmittelmangel zu erklären.

Die Vertreibung der Osmanen (1686–1699) selbst war für die Bevölkerung außerordentlich verlustreich. Die sich vor den kaiserlichen Armeen zurückziehenden osmanischen Truppen vernichteten buchstäblich alles, was ihnen über den Weg lief. Die Befreiungskriege und die osmanischen Verheerungen betrafen in erster Linie die Bevölkerung der mittleren und östlichen Landesteile. Der größere Teil der hier ansässigen Bevölkerung sah sich außerdem der Willkür der kaiserlichen Soldaten ausgesetzt. Zahlreiche Menschen flohen daraufhin in andere Regionen, auch um den ihnen auferlegten Steuer- und sonstigen Lasten, so z. B. Einquartierungen von Soldaten, zu entgehen. Infolgedessen blieb die Hälfte der bäuerlichen Haushalte des Landes herrenlos.

9.12.1 Serbische Einwanderung ins Königreich Ungarn

Im Rahmen des demographischen Wandels spielte nebst den genannten Gründen auch die sog. Große Serbische Wanderung von 1690 unter der Führung des Patriarchen von Peć, Arsenije III. Crnojević, in das Landesgebiet eine Rolle. Hier angekommen erhielten die geflüchteten Slawen von Leopold I. (Privilegienbrief vom 20. August 1691) das Recht zur freien Niederlassung, womit ihre im Jahr zuvor erhaltenen Privilegien – Selbstverwaltung, politische u. kirchliche Unabhängigkeit – bekräftigt wurden.[332] Wegen ihrer Bräuche und ihrer abweichenden Lebensweise

---

331 Siehe im Detail Dávid, Magyarország népessége a 17–18. század fordulóján; Wellmann, Népesség és mezőgazdaság; Ders., Die erste Epoche der Neubesiedlung; Ders., Magyarország népességének fejlődése; Ember, Magyarország lakossága, 112f.

332 Vgl. Szalay, A magyarországi szerb telepek jogviszonya, insbes. 95–97; Schwicker, Politische Geschichte der Serben in Ungarn; Marczali, Magyarország története II. József korában, Bd. 1, 220–225; Baranyai, A rácok elterjedése; Szakály, Szerbek Magyarországon, 19–28; Kőhegyi, A szerbek felköltözésének (1690) történeti előzményei; Pál, A szerbek nagy kivándorlása 1690-től; Gavrilović, A szerbek magyarországi; Malcolm, The „Great Migration" of the Serbs; Seewann, Migration in Südosteuropa als Voraussetzung für die neuzeitliche West-Ostwanderung; Ders., Südslawische Süd-Nord-Migration in Südosteuropa; Ders., Serbische Süd-Nord-

gerieten die angesiedelten Serben aber oft in Konflikt mit den einheimischen Bewohnern und den Komitatsbehörden. Zugleich versuchte der Wiener Hof, die Neuankömmlinge zur besseren Kontrolle der zumeist als „Häretiker" oder „Rebellen" betrachteten ungarischen protestantischen Einwohner in den zurückeroberten Gebieten oder auch zur gewaltsamen Eintreibung eingeforderter Verpflichtungen zu benutzen. So mussten mehrere größere Städte Transdanubiens sowie zwischen Donau und Theiß (Fünfkirchen, Stuhlweißenburg/Székesfehérvár, Wesprim, Ketschkemet/ Kecskemét, Nagykőrös, Segedin/Szeged; hier betroffen waren außerdem zahlreiche kleinere Ortschaften) das „Wüten der Serben" sowie großflächige Verheerungen erleiden.[333]

9.12.2 Bevölkerungsrückgang infolge von Epidemien und Kriegen

Die schwierige Situation der Einwohnerschaft verschlimmerte sich im Zuge der von Franz II. Rákóczi angeführten Aufstandsbewegung (s. o. Kap. 9.3). Angesichts der durch die gegnerischen Parteien verursachten Verwüstungen sahen sich die Menschen immer öfter dazu genötigt, in sichere Gebiete, vor allem in die sog. „oberen Teile", nach Oberungarn, zu fliehen. Mit dem Ende des Rákóczi-Aufstands (1711) war der Großteil von Ost-, Nordost-, Mittel- und Südungarn zu Ödland verkommen; aus einigen Regionen war die Bevölkerung regelrecht „verschwunden".[334] Am Ende der Türkenkriege erwartete laut einem zeitgenössischen Bericht den einstigen Reisenden überall im Land der düstere Anblick von unfruchtbarem und unbestelltem Ackerland sowie von zur Einöde gewordenen Siedlungen (s. o. Kap. 9.5).[335]

Für den beträchtlichen Bevölkerungsrückgang spielte neben den kriegsbedingten Verheerungen auch die aus Polen und dem Osmanischen Reich eingeschleppte Pestepidemie der Jahre 1708–1711, die fast das ganze Land heimsuchte, eine bedeutende Rolle. Diese tauchte zuerst in Temeswar auf. Von hier aus verbreitete sie sich in Richtung Siebenbürgen und Große ungarische Tiefebene und erschien entlang der Theiß auch in Oberungarn. Der Epidemie, die erst im harten

---

Migration in Südosteuropa als Voraussetzung für die deutsche Ansiedlung; FATA, Migration im kameralistischen Staat Josephs II., 47–51; POPOVIĆ, Srbi u Banatu; DERS., Srbi u Vojvodini, Bd. 2.

333 Vgl. HORNYIK, A rácok ellenforradalma, 546–551 (hier auch zum Zitat), 611–614, 620f.; s. außerdem WEIDLEIN, Elpusztult falvak; KOSÁRY, Pest megye a kuruckorban, 48; SZAKÁLY, Szerbek Magyarországon, 29f.; NAGY, A kurucok és a rácok pusztítása Baranya vármegyében; WELLMANN, Magyarország népességnek, 30–33; DERS., Die erste Epoche der Neubesiedlung, 249f.

334 Vgl. hierzu die Reiseeindrücke von Lady Wortley Montague (Peterwardein, vom 30. Januar 1717) zu Ungarn. Von Prinz Eugen von Savoyen kam der Hinweis, dass sie auf ihrer Reise zwischen Ofen und Esseg/Osijek ganze vier Tage lang auf keine Häuser stoßen werde. Sie selbst hielt folgendes fest: „Indeed nothing can be more melancholy than, in travelling through Hungary, to reflect on the former flourishing state of that kingdom, and to see such a noble spot of earth almost uninhabited. [...] We continued two days travelling [...] through the finest plains in the world, as even as if they were paved, and extremely fruitful; but for the most part desert and uncultivated, laid waste by the long wars between the Turks and the emperor, and more cruel civil war [...]", [Montagu] Letters of the right honourable Lady, 62f.

335 WELLMANN, A népesség sorsa; DERS., Magyarország népessége a szabadságharc idején, 155–158; DERS., Magyarország népességnek fejlődése, 33–36.

Winter zu Beginn des Jahres 1710 abflaute, fielen Schätzungen zufolge rund 300.000 Menschen zum Opfer;[336] für die Jahre zwischen 1708 und 1714 gehen anderweitige Annahmen zuweilen von ca. 410.000 Opfern aus.[337] Infolge der fast drei Jahrzehnte lang wütenden Kriege, Verheerungen und Epidemien betrug die Einwohnerzahl Ungarns (unter Ausschluss des Banats) nach Abschluss der Türkenkriege (1716–1717) kaum mehr als 3,8 Millionen Menschen, bei Berücksichtigung der Ende des 17. Jahrhunderts erfolgten Immigration sowie des natürlichen Bevölkerungswachstums.[338]

Auf die Türkenkriege folgte im 18. Jahrhundert eine lange Friedensperiode in der Geschichte Ungarns. Zwischen 1717 und 1790 fielen nur drei Mal feindliche Truppen ein, und dies auch nur für kurze Zeit: Während des Krieges zur Befreiung des Banats sowie 1717 drangen Tataren in das Samoschtal ein und verheerten die Region; im August 1788 verwüsteten die Osmanen und ihre Vasallen das Banat. Im Rahmen dieser Ereignisse kam es aber zu keinen beträchtlichen Verlusten an Menschenleben. Abgesehen von dem osmanisch-österreichischen Krieg von 1738/1739 riefen die außerhalb Ungarns geführten Kriege der Habsburger, wie auch die Bauernaufstände der Jahre 1735, 1761–1763 und 1784–1785 zu keinem Zeitpunkt einen größeren Bevölkerungsrückgang Ungarns hervor. Im Gegensatz dazu forderte die Pestepidemie der Jahre 1738–1743 erneut zahlreiche Opfer: Im Königreich Ungarn und im Fürstentum Siebenbürgen starben rund 250.000 Menschen, d. h. fünf bis sechs Prozent der damaligen Bevölkerung. Damit hat die Pest den natürlichen Bevölkerungszuwachs von fünf bis sechs Jahren hinweggerafft.[339] Die späteren Pestausbrüche (1755/1756, 1761, 1770/1771) beschränkten sich dagegen auf kleinere Regionen und forderten wesentlich weniger Menschenleben.[340]

Die Bevölkerungszahlen änderten sich selbst durch die Auswanderung unterschiedlicher Gruppen – 1752 emigrierten beispielsweise ca. 30.000 südungarische Serben nach Russland[341] – nicht signifikant, da fortwährend neue Einwanderer aus der Balkanregion in das Königreich strömten. Im 18. Jahrhundert bestimmten neben dem natürlichen Bevölkerungswachstum, das mit 6–14‰ pro Jahr beziffert werden kann[342] und dessen Höhe aufgrund der Abwanderungsbewegungen regional verschieden war und schwankte hauptsächlich folgende Faktoren die Einwohnerzahl: die un-

---

336 DERS., A népesség sorsa, 38–40; DERS., Magyarország népességének fejlődése, 36–38; DERS., Die erste Epoche der Neubesiedlung, 243f.

337 VÁRKONYI, „Ad pacem universalem", 235.

338 WELLMANN, Magyarország népességének fejlődése, 39, 41; vgl. dazu noch ACSÁDY, Magyarország népessége a pragmatica sanctio korában, 158f.; DÁVID, Az 1715–20. évi összeírás.

339 DÁVID, Az 1738. évi pesti pusztítása, 88–90, 93–96; außerdem MAGYARY-KOSSA, Magyar orvosi emlékek, Bd. 4, 103–127, 130f. Angaben zur Geschichte der Pestepidemie der Jahre 1738–1743 gibt DERS., Magyar orvosi emlékek, Bd. 2, 146–156; zu den Folgen der Pestepidemie ŐRI, A pestisjárványok demográfiai következményei, 121f., 124, 126, 128f.

340 WELLMANN, Magyarország népességének fejlődése, 39.

341 KISS, Erzsébet cárnő szerb telepítései; KOSTIĆ, Grof Koler.

342 WELLMANN, Magyarország népességének fejlődése, 46.

regulierte Einwanderung, die Abwanderung und innerungarische Migrationsbewegungen[343] sowie die organisierte Ansiedlung von Ausländern.[344]

9.12.3 Zuwanderung und interne Migration

Die größte Einwanderungswelle verzeichneten die siebenbürgischen Komitate. Vor allem Rumänen ließen sich auf Königsboden nieder, wo insbesondere die Sachsen sie auf ihren Gütern ansiedelten. Bereits 1733 lebten in Siebenbürgen und im Partium rund 550.000 Rumänen. Eine größere Anzahl von ihnen gründete Siedlungen im Banat sowie in den Komitaten Arad, Bihar und Sathmar, und in geringerer Zahl waren sie auch in den Komitaten Ugotscha und Maramuresch ansässig.[345] Neben den zu Beginn der 1690er Jahre angesiedelten Serben gab es ab den 1710er Jahren einen ständigen Zufluss an serbischen Siedlern, in erster Linie in die Batschka,[346] nach Süd-Transdanubien[347] und in das Gebiet nördlich des Miereschs, wo man für sie die Theiß-Mieresch Militärgrenze organisierte.[348] Später wanderten sie aus Süd-Transdanubien in die nördlicheren Landesteile und ließen sich dort vor allem in den Städten Stuhlweißenburg, Ofen und Sankt Andrä/Szentendre nieder.[349] Der Wiener Hof, der gelegentlich an organisierten Ansiedlungsaktionen mitwirkte, behinderte deren Einwanderung nicht. Während des Türkenkrieges von 1737–1739 verteidigten wiederum gerade diese Serben sowie ihre Nachkommen die Grenzen des Banats. Als man dann 1750 die Theiß-Mierescher Militärgrenze auflöste, stellten die Behörden die hier lebende serbische Bevölkerung vor die Wahl: Entweder siedelten sie in die Walachisch-Illyrische Militärgrenze über, oder sie blieben vor Ort und kamen unter die Hoheit der Ungarischen Hofkammer, wobei die „Hufe" zu ihrer Lebensgrundlage wurde, d. h. sie wurden zu Leibeigenen. Ein bedeutender Teil entschloss sich zur Umsiedlung. 3.592 Familien konnten sich mit der Regierung sogar dahingehend einigen, dass man sie in der Umgebung von Groß-Kikinda ansiedelte, wo sie

---

343 Siehe zusammenfassend DERS., Die erste Epoche der Neubesiedlung, 274–281.

344 Vgl. SCHOEN, Vortheresianische Siedlungs- und Bevölkerungspolitik; zusammenfassend zur Neubesiedlung des Landes Ende 17./Anfang 18. Jh. WELLMANN, Die erste Epoche der Neubesiedlung, 241–307; DERS., Magyarország népességének fejlődése, 46–80; EMBER, Magyarország lakossága, 123–127; ausführlich FATA, Migration im kameralistischen Staat Josephs II., 51–65.

345 SZENTKLÁRAY, Oláhok költöztetése Délmagyarországon; BUNYITAY, Bihar vármegye oláhji s a vallás-unió; BÉLAY, Máramaros megye társadalma és nemzetiségei; CIUHANDU, Românii din câmpia Aradului; GHENADIE, Colonizările în Banat; POP, Populația Banatului; TRAPCEA, L'organisation „knézile" au Banat; VERES, Adalékok Erdély 18. századi népessége; BOLOVAN/PĂDUREAN (Hgg.), Populație și societate.

346 PECINJAČKI, Pokriško-pomoriška i bačko-banatska naselja uoči velike seobe Srba.

347 BARANYAY, A rácok elterjedése; STEINISCH, Die Ansiedlung der privaten Grundherrschaften; SZITA, A szerbek visszavándorlása Baranya megyébe.

348 IVÁNYI, A tiszai határőrvidék; MILLEKER, Az első német települések; WELLMANN, Die erste Epoche der Neubesiedlung, 250.

349 BONOMI, Serbokroaten im Ofner Bergland, 403–440; NAGY, Rácok Budán és Pesten, 62–65; SZITA, Szerbek visszatelepülése Baranya megyébe.

eine neue Einheit bildeten.[350] Bedeutend war auch der Zuzug von Kroaten nach Westungarn, was bereits im 16. Jahrhundert zu beobachten ist. Im 17. und 18. Jahrhundert siedelten sich diese vor allem entlang des nördlichen und südlichen Ufers der Drau an.[351]

Parallel zur Zuwanderung von Serben und Kroaten stieg auch der Anteil anderer südslawischer Volksgruppen (Schokatzen, Bunjewatzen) unter den Einwohnern Südungarns (Banat, Batschka) an.[352] Mit der Zeit schlossen sich ihnen Bulgaren an, die in den zeitgenössischen Quellen mit griechischen Namen erwähnt werden und sich in erster Linie mit Handel beschäftigten. Selbst griechische Einwohner sind in der Batschka angesiedelt worden.[353] Armenier wurden vor allem von den Handelsmöglichkeiten in Siebenbürgen angezogen, was zum Anstieg der bereits im Fürstentum lebenden armenischen Bevölkerung führte.[354] Aus Richtung Nordosten zogen zumeist Karpato-Ukrainer/Ruthenen ins Land (Nord- u. Nordostungarn), um eine neue Heimat zu finden, insbesondere vor der ersten Teilung Polens (1772).[355] Juden kamen anfänglich (zwischen 1700 u. 1770) in kleinerer Anzahl (v. a. aus Mähren), dann nach der Teilung Polens in größerer Zahl aus Galizien ins Land. Sie ließen sich zuerst in den ober- und nordostungarischen Dörfern und Marktflecken nieder, später, im letzten Drittel des 18. Jahrhunderts siedelten sie sich stufenweise auch in den zentralen Gebieten des Königreichs an.[356] Eine intensive interne Migration war vor allem für die slowakischsprachige Bevölkerung typisch: Dem Aufruf der aus Nordungarn zurückgekehrten Grundherren folgend siedelten sie insbesondere nach Mittel- und Nordost- und Südostungarn (Komitate Szabolcs, Pest u. Bekesch, Batschka) um.[357] Während der Befreiungskriege gegen die Osmanen blieben zahlreiche zumeist Deutschsprachige aus den Reihen der kaiserlichen Soldaten und des Trosses im Land, die in erster Linie in den Städten ein neues Zuhause fanden.

9.12.4 Staatliche und private Ansiedlungsbemühungen

Die Einwohnerzahl stieg trotz des natürlichem Bevölkerungswachstums und anhaltender Immigration nicht in bedeutendem Maße an und der in den vorangegangenen anderthalb Jahrhunderten

---

350 Dudás, A bácskai és a bánsági szerbek története; Csetri, Bácska lakossága; Schünemann, Österreichs Bevölkerungspolitik; Erdeljanović, Srbi u Banatu.

351 Breu, Die Kroatensiedlungen im Burgenland.

352 Erdeljanović, O poreklu Bunjevaca.

353 Ivić, Ansiedlungen der Bulgaren in Ungarn; 200 gudini u Banata.

354 Schünemann, Die Armenier in der Bevölkerungspolitik Maria Theresias.

355 Biedermann, Die ungarischen Ruthenen; Bonkáló, Die ungarländischen Ruthenen; Hodinka, A kárpátaljai rutének; Udvari, Ruszinok a XVIII. században; Bonkáló, A rutének (ruszinok); Magocsi, The People from Nowhere.

356 Virág, A zsidók jogállása Magyarországon; Marton, A magyar zsidóság családfája; Gyurgyák, A zsidókérdés Magyarországon, insbes. 25–43.

357 Fügedi, Zur demographischen Entwicklung; Manga, Die Slowaken in Ungarn; Szlovákok a Dél-Alföldön (Hg. Gombos).

erlittene Bevölkerungsverlust konnte nicht ausgeglichen werden. Binnenstaatliche Migrationsbewegungen und gezielt durchgeführte Umsiedlungen führten nur zu gewissen Umgruppierungen innerhalb der Bevölkerung. Die ökonomische und militärische Stärkung der Habsburgermonarchie erforderte jedoch eine Erhöhung der Einwohnerzahl. Dies sollte in erster Linie durch eine staatlich organisierte Ansiedlungspolitik erfolgen, mit Einwanderern von außerhalb der Monarchie. Diese planmäßig durchgeführte Ansiedlungspolitik diente nicht allein wirtschaftlichen und militärischen Aspekten, sie verfolgte teilweise auch ethno- und religionspolitische Ziele. In wirtschaftlicher Hinsicht verfolgte man primär die Wiederbesiedlung und Bestellung der verwüsteten Gebiete. Ethnopolitisch ging es vor allem um die Ansiedlung einer katholischen Bevölkerung deutscher Nationalität, wie das Erzbischof Graf Leopold Karl von Kollonitsch, der der *Commissio Neoacquistica* vorstand, in seinem 1689 ausgearbeiteten Werk „Einrichtungswerk des Königreichs Ungarn" vorschlug.[358] Das Hauptziel der Ansiedlung von katholischen „Deutschen" war es, mit ihrer Hilfe das Übergewicht der katholischen Bevölkerung gegenüber den Protestanten in Ungarn zu gewährleisten.

Das Programm eines planmäßigen Zuzugs von „Schwaben" (eine Sammelbezeichnung des 18. Jh.s für deutschsprachige Siedler) arbeitete ebenfalls die von Kollonitsch geführte Hofkommission aus. In seinem am 11. August 1689 erlassenen diesbezüglichen Ansiedlungs- bzw. Impopulationspatent versprach Leopold I. fünf Jahre Steuerfreiheit für diejenigen, die sich im Königreich Ungarn ansiedeln wollten.[359] Innerhalb des Heiligen Römischen Reichs wurde das Patent insbesondere von Einwohnern der dicht besiedelten oberrheinischen Gebiete bereitwillig angenommen. Ab Anfang der 1690er Jahre kam es dann zu einem massenweisen Zuzug von Deutschen in das als gelobtes Land gepriesene Ungarn: Sie fanden vor allem in den mittleren Regionen des Landes (Umgebung von Ofen u. Pest,[360] das Komitat Pest u. Klein-Kumanien)[361] sowie in Transdanubien (Wesprim, Weißenburg/Fejér, Tolnau, Schomodei, Branau) ein neues Zuhause, zumeist auf den Ländereien privater großer Gutsbesitzer.[362] Ihre Ansiedlung erwies sich aber als kurzlebig: Infolge des Kuruzzenkrieges unter Rákóczi und der Pestepidemie gingen die meisten schwäbischen Siedlungen unter und wurden entvölkert.

---

358 Einrichtungswerk des Königreichs Hungarn (Hgg. Kalmár/Varga), 131; s. außerdem Marczali, Magyarország története II. József korában, Bd. 1, 221, 225; Wellmann, Merkantilistische Vorstellungen, 345; zu den Ansiedlungsplänen Taba, A XVII. század végének telepítéspolitikája; Fata, Migration im kameralistischen Staat Josephs II., 44.

359 Varga, Berendezkedési tervezetek Magyarországon, 29; ders., Die Notwendigkeit zur Neueinrichtung Ungarns nach der Türkenzeit, 60f.; Fata, Migration im kameralistischen Staat Josephs II., 46.

360 Bonomi, Die Ansiedlungszeit des Ofner Berglandes; zur Einwanderung der deutschsprachigen Bevölkerung nach Ofen Géra, Kőhalomból (fő)város.

361 Marczali, Magyarország története II. József korában, Bd. 1, 231–235; Kosáry, Pest megye a kuruckorban, 33f.; Őri, Etnikum, felekezet és demográfiai különbségek.

362 Marczali, Magyarország története II. József korában, Bd. 1, 226–231; Holder, Das Deutschtum in der unteren Baranya; Weidlein, Rodegebiete in der Schwäbischen Türkei; ders., A tolnamegyei német telepítések; Schmidt, Német telepesek bevándorlása Hessenből; Isbert, Das südwestliche ungarische Mittelgebirge; Heil, Bevölkerungsverteilung und -bewegung im 18. Jahrhundert; Farkas (Hg.), A Dunántúl településtörténete, Bd. 1; Nemes (Hg.), A Dunántúl településtörténete, Bd. 8; Kéri, Franken und Schwaben in Ungarn, 254–268; Krauss, Deutsche Auswanderer in Ungarn, bes. 27–60.

Nach 1711 musste deshalb das deutsche Ansiedlungsprogramm[363] nahezu von Neuem begonnen werden. Als Initiatoren traten insbesondere die großen und mittleren Grundbesitzer in den Vordergrund. Ihrem Aufruf folgten relativ viele Siedler in der Hoffnung auf die Realisierung eines guten und leichten Lebensunterhalts, wenngleich im jeweiligen Heimatland die Grundherren mit allen Mitteln versuchten, deren Abwanderung zu verhindern. Diese privaten Initiativen führten aber nicht zu den von den Siedlern erwarteten Ergebnissen. Einerseits forderten die Grundherren im Gegenzug für die den Ankömmlingen übergebenen Ländereien Gegenleistungen ein, andererseits erfuhren die Siedler nicht die erwartete Unterstützung durch die Grundherren bzw. diese hielten Ihre Zusagen nicht ein. Deshalb verließ die Mehrheit der Angesiedelten ihr neues Zuhause relativ bald.[364]

Zu Beginn der 1720er Jahre erwiesen sich die Ansiedlungsbemühungen dann allerdings als nachhaltiger. Dies war dem Umstand zu verdanken, dass der Landtag von 1722/1723 gesetzlich verankerte (Gesetzesartikel Nr. 103 aus dem Jahr 1723), dass die aus dem Ausland zugezogenen Siedler sechs Jahre und ausländische Handwerker, die sich verpflichteten, keinen Ackerbau zu betreiben, sogar 15 Jahre von der Zahlung staatlicher Steuern befreit wurden.[365] Ab 1724 wurden jene Personen, die vorgeblich nur aus „Wanderlust" oder zum Betteln ins Land kamen, von den königlichen Ansiedlungskommissaren angewiesen, an ihre ursprünglichen Wohnorte zurückzukehren. Die Neuankömmlinge konnten sich ansonsten in bereits bestehenden Siedlungsstrukturen niederlassen: In von Ungarn oder Serben bewohnten Siedlungen und nicht in Einöden, Sumpflandschaften oder brachliegenden Regionen. Trotz der günstigen Ansiedlungsbedingungen schlugen aber nur wenige der ersten angesiedelten „Schwaben" in ihrer neuen Heimat Wurzeln.[366]

Zeitgleich zu den privaten Ansiedlungsbemühungen von Grundherren, insbesondere ab den frühen 1720er Jahren erneuerte auch die Regierung in Wien ihre staatliche Ansiedlungspolitik. Die staatlich organisierten Ansiedlungen erfolgten in mehreren Wellen, in erster Linie auf den Landgütern der Königlichen Ungarischen Hofkammer, in der Batschka und in dem 1718 endgültig zurückeroberten Banat. Die Landgüter der Kammer besiedelten deutsche Siedler bereits zu Beginn der 1700er Jahre.[367] Die Ansiedlung deutscher Kolonisten wurde seit dem Ende der 1740er

---

363 WELLMANN, Die Ansiedlung der Deutschen in Ungarn; DERS., Die Ansiedlung der Deutschen in Ungarn nach der Türkenzeit; SEEWANN/KRAUSS/SPANNENBERGER (Hgg.), Die Ansiedlung der Deutschen; SEEWANN, Geschichte der Deutschen in Ungarn, Bd. 1 (in ung. Übers.: DERS., A magyarországi németek története, Bd. 1); DERS./ PORTMAN, Donauschwaben; s. zusammenfassend außerdem WELLMANN, Die erste Epoche der Neubesiedlung, 281–295; FATA, Migration im kameralistischen Staat Josephs II., 51–59.

364 Unter den Initiatoren ist u. a. Graf Sándor Károlyi zu erwähnen, der seine Güter im Komitat Sathmar besiedelt hat; s. VONHÁZ, A szatmármegyei német telepítés; DERS., Über die wirtschaftliche Notwendigkeit der deutschen Ansiedlung, 263–269.

365 SCHÜNEMANN, Zur Bevölkerungspolitik der ungarischen Stände; TAFFERNER, Quellenbuch zur donauschwäbischen Geschichte, Bd. 1, 85–101; EMBER, Magyarország lakossága, 127–130; FATA, Migration im kameralistischen Staat Josephs II., 51–59.

366 WELLMANN, Magyarország népességének fejlődése, 51; DERS., Die erste Epoche der Neubesiedlung, 244–248, 250–258, 268f.

367 LOTZ, Die ersten deutschen Kolonisten in der Batschka.

Jahre verstärkt betrieben, hauptsächlich zwischen 1761 und 1771 infolge der neuen Ansiedlungspolitik Maria Theresias.[368] Ab Mitte des 18. Jahrhunderts siedelte man in die vom Weggang der Serben betroffenen Regionen der Theiß-Mieresch Militärgrenze neben Deutschen auch Ungarn an. Den Siedlern wurden bereits bestellte Ländereien, Werkzeuge und Saatgut zur Bestellung der Acker überlassen, und sie bekamen auch Vorauszahlungen zum Kauf von Nutztieren, die sie im Laufe dreier Jahre zurückzahlen mussten.[369]

Im Banat begann die staatliche Ansiedlung unter der Leitung des Gubernators Graf Claudius Florimund Mercy. Der erste große Zustrom deutscher Siedler (etwa 12.000 bis 15.000 Personen), erfolgte zwischen 1722 und 1726; mehrere kleinere Siedlungsbewegungen erfolgten bis 1737. Die Deutschen lebten hier getrennt von serbischen und rumänischen Einwohnern; ihre Hufen wurden in bereits bestehenden Dörfern ausgewiesen.[370] In den Sumpfgebieten starben wiederum aufgrund der schwierigen Umstände anfänglich mehrere Hundert Siedler. Der Bau des Bega-Kanals (1728) und die Trockenlegung des Sumpfes bei Alibunar (ab 1745) führte allerdings zu einer erheblichen Verbesserung der Lebensumstände der Kolonisten.[371] Um wiederum die katholischen Einwohner gegenüber der orthodoxen Mehrheitsbevölkerung zu stärken, ließ Mercy – auch im Sinne des „Einrichtungswerks" von Kollonitsch – neben Deutschen auch Franzosen, Italiener und Spanier ansiedeln.[372] So fanden bis 1737 in dieser Gegend rund 10.000 Siedler in 53 Dörfern ein neues Zuhause.[373]

Die Ansiedlungen im Banat wurden einerseits durch den österreichisch-osmanischen Krieg 1737–1739 und die osmanischen Einfälle, andererseits von der Pestepidemie zunichte gemacht. Viele Deutsche flüchteten aus der Region, an ihrer Stelle wurden serbische Grenzsoldaten, Rumänen

---

368 Vgl. dazu ausführlich Iványi, A bácskai kamarai puszták állapota és betelepítése; Rüdiger, Die Donauschwaben; zur Kolonisation der Batschka außerdem Schünemann, s. v. Batschka; Krischan, Das Kolonisationspatent Maria Theresias; Fata, Migration im kameralistischen Staat Josephs II., 63, 66–71; Schünemann, Die Einstellung der theresianischen Impopulation; Wellmann, Die erste Epoche der Neubesiedlung, 271–273.

369 Gyetvai, A Tiszai korona-kerület telepítéstörténete.

370 Vgl. zur Besiedlung des Banats Böhm, Geschichte des Temeser Banats, Bd. 2; Szentkláray, Mercy Claudius Florimund kormányzata; Baróti, Adattár Délmagyarország; Kraushaar, Kurzgefaßte Geschichte des Banates; Hoffmann, Kurze Geschichte der Banater Deutschen; Pleidell, A magyar kincstár apatini telepei Mária Terézia korában; Schünemann, s. v. Siedlungsgeschichte; Buchmann, A délmagyarországi telepítések története; Milleker, Die Besiedelung der Banater Militärgrenze; ders., Der Anfang der Einwanderung der Deutschen ins Banat; Schimscha, Technik und Methoden der theresianischen Besiedlung; Jordan, Die kaiserliche Wirtschaftspolitik im Banat; Ţintă, Colonizările Habsburgice în Banat; Roth, Die planmäßig angelegten Siedlungen im Deutsch-Banater Militärgrenzbezirk; Fata, Migration im kameralistischen Staat Josephs II., 60–62, 74f.; Pecinaçki, Graniçarska naselja Banata; Feneşan, Administraţie şi fiscalitate; Quellen zur Wirtschafts-, Sozial- und Verwaltungsgeschichte des Banats (Hg. Wolf); O'Reilly, Agenten, Werbung und Reisemodalitäten.

371 Guettlerm, Die Wasserbauarbeiten im Banat; Fata, Migration im kameralistischen Staat Josephs II., 75.

372 Über die Ansiedlung von Franzosen, Spaniern und Italiener im Banat informieren Hecht, Les colonies lorraines et alsaciennes; Németh, Les colonies françaises; Lotz, Die französische Kolonisation des Banats; ders., Die frühtheresianische Kolonisation des Banats; Fallenbüchl, Spanyolok Magyarországon; ders., Espagnols en Hongrie; Rosenfeld, Italienische Kolonisten im Banat.

373 Wellmann, Magyarország népességének fejlődése, 53f.

und Bulgaren ins Land geholt. Mit einer erneuten staatlichen Ansiedlung von Deutschen, diesmal vor allem vom Oberrhein wurde im Banat erst ab 1744 begonnen. Eine größere Ansiedlung von Deutschen im Banat geriet aber wegen den hohen Reisekosten ins Stocken.[374] So lebten bis zur neuen 1763 einsetzenden Ansiedlungswelle nur etwas mehr als 24.000 Neusiedler (Neokolonisten) im Banat. Nach dem Siebenjährigen Krieg wurden die staatlichen Ansiedlungen in der Region allerdings besser organisiert und erfolgreicher durchgeführt als zuvor. Ein Vierteljahrhundert nach Beginn der neuen Ansiedlungsbemühungen lebten im Banat 143.201 Kolonisten aus Westeuropa, was 13,77% der Gesamtbevölkerung ausmachte (der ung. Bevölkerungsanteil betrug hier lediglich 0,58%).[375]

Die letzte großangelegte Ansiedlung erfolgte im Königreich Ungarn in der Regierungszeit Josephs II., zwischen 1783 und März 1787. Joseph II. profitierte dabei von den Erfahrungen, die er während seiner Reisen durch das Königreich Ungarn gesammelt hatte. Damit war er besser vorbereitet als seine Mutter Maria Theresia oder Kaiser Leopold I. In einem Erlass an die Komitate wies Joseph II. die Behörden an, ihren Bedarf an Siedlern anzumelden. Dies blieb zwar erfolglos, aber es hinderte ihn nicht daran, die Landgüter der Ungarischen Königlichen Hofkammer und des Religions- und Studienfonds, sowie Teile des Banats und der Batschka zu besiedeln.[376] Zu diesem Zweck bot er den zur Umsiedlung bereiten Siedlern weit größere Vorteile an als dies früher der Fall war. Interessanterweise ließen sich auswanderungswillige Deutsche trotz der günstigen Möglichkeiten und Vergünstigungen anfänglich aber eher in Galizien nieder.[377] Der Zustrom der Kolonisten nach Ungarn – v. a. evangelische Kolonisten aus dem Reich, insbes. in der Batschka – erfolgte erst ab dem Zeitpunkt, als es in Galizien zu Schwierigkeiten bei der Landverteilung kam. Zwischen 1783 und Ende 1786 kamen 8.398 Siedlerfamilien und 46.466 Einzelpersonen in das Land der Stephanskrone, was insgesamt 85.000 bis 90.000 Menschen entsprach. In der Batschka wurde bis 1784 geeignetes Land für 3.500 Familien zur Verfügung gestellt. Insgesamt trafen hier 12.740 Personen ein.[378]

Die Zuwanderungen, Ansiedlungen und binnenstaatlichen Migrationsbewegungen führten zu einer erheblichen Veränderung der ethnischen, nationalen und religiösen Zusammensetzung des Landes. Das Königreich Ungarn war bereits im Mittelalter ein Vielvölkerstaat gewesen, da innerhalb der Grenzen neben den Ungarn zugewanderte Völker lebten. Neben der bereits heterogenen Bevölkerung des Spätmittelalters wurden durch Einwanderung und staatliche Ansiedlungspolitik weitere ethnische Gruppen im Königreich Ungarn heimisch. Die zu Beginn des 18. Jahrhunderts noch die Mehrheit stellenden Ungarn gerieten bis zum Ende des Jahrhunderts in

---

374 Ebd., 54.

375 Ebd., 54–57; DERS., Die erste Epoche der Neubesiedlung, 259–266, 270.

376 EIMANN, Der deutsche Kolonist (Hg. LOTZ); WELLMANN, Magyarország népességének fejlődése, 56–59; FELD-TÄNZER, Joseph II. und die donauschwäbische Ansiedlung; KOLLÉGA-TARSOLY, II. József német telepesei; FATA, Migration im kameralistischen Staat Josephs II., 233–255, 264–306.

377 FATA, Migration im kameralistischen Staat Josephs II., 193–198, 206–221.

378 WELLMANN, Magyarország népességének fejlődése, 57f.

eine Minderheitenposition. Nach Angaben der Volkszählung von 1784–1787 lebten im engeren Ungarn 6,468.000 Menschen, in Kroatien-Slawonien 647.000, in Siebenbürgen und im Partium 1,440.000, an den Militärgrenzen (einschließlich der im Militärdienst stehenden Personen) zusammen etwa 700.000, demnach insgesamt 9,515.000 Personen.[379]

1790 gestaltete sich die ethnische Zusammensetzung des Landes folgendermaßen:

Ungarn: 41,55%; Rumänen: 16,17%; Slowaken: 10,68%; Deutsche: 9,98%; Kroaten: 9,56%; Serben: 6,8%; Russinen: 3,58%; Bunjewatzen, Schokatzen: 0,46%; Slowenen: 0,33%; Sonstige: 0,84%. Kann nach den Ergebnissen der landesweiten Steuererhebung aus dem Jahre 1715, die 1720 wiederholt wurde, die Einwohnerzahl des Königreichs Ungarn 1720 auf 4,3 Millionen geschätzt werden, hatte Ungarn sieben Jahrzehnte später (1790) eine Bevölkerung von 9,9 Millionen Einwohnern (einschließlich Kroatiens, Slawoniens, Siebenbürgens u. des Partiums, der Militärgrenze sowie der vier slawonischen u. zwei westbanatischen Militärbezirke).

Tabelle 20: Territoriale Verteilung und Bevölkerungszahl im Jahr 1790[380]

Ungarn	**208.763 km²**	**6,807.839 Einwohner**
Kroatien	9.841 km²	403.899 Einwohner
Slowenien	9.437 km²	280.537 Einwohner
Siebenbürgen	60.699 km²	1,652.755 Einwohner
Militärgrenzen	33.550 km²	794.970 Einwohner
Insgesamt	**322.290 km²**	**9,940.000 Einwohner**

---

379 THIRRING, Magyarország népessége II. József korában, 35f., 91; DANYI/DÁVID (Hgg.), Az első magyarországi népszámlálás, 224–241; KOVACSICS, Situation demographique, 60f.; BENDA, Magyarország a XVIII–XIX. század fordulóján, 14; EMBER, Magyarország lakossága, 112f.; WELLMANN, Magyarország népességének fejlődése, 75–77; vgl. darüber noch ÖRI, Hatalom és demográfia; DERS., Demográfia elméletben és gyakorlatban; FATA, Migration im kameralistischen Staat Josephs II., 256–261; vgl. noch hierzu über die Bevölkerungszahl von Siebenbürgen MISKOLCZY/VARGA, Jozefinizmus Tündérországban, 149, 156, 160, 170–174.

380 WELLMANN, Magyarország népességének fejlődése, 70f.; PoÓR, Megbékélés és újjápítés, 9.

BIBLIOGRAPHIE

ARCHIVALIEN – QUELLEN – INTERNETSEITEN – FORSCHUNGSLITERATUR

I.   *Zitierte bzw. verwendete Archivalien*

Staatsarchiv Nürnberg, Ansbacher Reichstagsakten.
Magyar Nemzeti Levéltár. Országos Levéltár. Erdélyi Levéltárak [Ungarisches Nationalarchiv. Landesarchiv. Archive von Siebenbürgen]. Gubernium. B 27 Cista diplomatica.
Österreichisches Staatsarchiv (Wien), Allgemeines Verwaltungsarchiv, Familienarchiv Trauttmansdorff.
Österreichisches Staatsarchiv (Wien), Haus-, Hof- und Staatsarchiv, Familienarchiv Erdődy.
Österreichisches Staatsarchiv (Wien), Kriegsarchiv, Alte Feldakten 1576/11/4.
Österreichisches Staatsarchiv (Wien), Kriegsarchiv, Zentralstellen (Hofkriegsrat).

II.   *Quellen*

a. Grundlegende Quellenreihen

Acta Albaniae Veneta saeculorum XIV et XV. Hg. Josephi [Giuseppe] VALENTINI. 24 Bde. München, Palermo, Mailand 1967–1977.
Adunarea izvoarelor vechiului drept românesc scris [Quellensammlung zum altrum. geschriebenen Recht]. București 1955–
Anjou-kori oklevéltár. Documenta res hungaricas tempore regum andegavensium illustrantia, 1301–1387. Hgg. Gyula KRISTÓ u. a. Budapest 1990– (Bisher Bde. 1–47 mit Lücken).
Bibliotheca Historiae Ecclesiasticae Universitatis Catholicae de Petro Pázmány Nuncupatae. Series 1: Collectanea Vaticana Hungariae. Budapest 2004–
Bibliotheca Historica. Budapest 1977–
Codex diplomaticus Hungariae ecclesiasticus ac civilis. 11 Bde. in 43. Hg. György FEJÉR. Budae 1829–1844.
Codex diplomaticus Hungaricus Andegavensis. Anjoukori Okmánytár. Hg. Imre NAGY. 7 Bde. [1301–1369]. Budapest 1878–1920.
Codex diplomaticus patrius. Hazai Okmánytár. 8 Bde. Hgg. Imre NAGY u. a. Győr, Budapest 1865–1891.
Commissiones et relationes Venetae (1433–1680). 8 Bde. Šime LJUBIĆ/Grga NOVAK (ab Bd. 4). Zagrebiae 1876–1977.
Cronicile medievale ale României [Mittelalterliche Chroniken Rumäniens]. București 1959–

BIBLIOGRAPHIE

Deutsche Reichstagsakten. Ältere Reihe: Deutsche Reichstagsakten unter Kaiser Friedrich III. München 1912–

Deutsche Reichstagsakten. Mittlere Reihe: Deutsche Reichstagsakten unter Maximilian I. Göttingen 1972–

Documenta Romaniae Historica. Seria A: Moldova [Moldau]; Seria B: Ţara Românească [Walachei]; Seria C: Transilvania [Siebenbürgen]; Seria D: Relaţii între Ţările Române [Die Beziehungen zwischen den rum. Ländern]. Bucureşti 1966–

Documente privitoare la istoria Ardealului, Moldovei şi Ţării Româneşti. Documents concernant l'histoire de la Transylvanie, de la Moldavie et de la Valachie. Hg. Andrei VERESS. 11 Bde. Bucureşti 1929–1933.

Documente privitóre la istoria românilor, culese de Eudoxiu de HURMUZAKI [Dokumente zur Geschichte der Rumänen]. Bucureşti u. a. 1876–1942, 36 Bde. in 21 plus 2 Supplementbänden (in neun Teilen).

Documents inédits relatifs à l'histoire de la Grèce au moyen âge. Hg. Constantin N. SATHAS. 9 Bde. Paris 1880–1890 (Nachdr. Athen 1972).

Erdélyi okmánytár. Oklevelek, levelek és más írásos emlékek Erdély történetéhez. Codex diplomaticus Transsylvaniae. Diplomata, epistolae et alia instrumenta litteraria res Transsylvanas illustrantia. Hgg. Zsigmond Jakó. Budapest 1997–

Fontes Rerum Austriacarum. Wien 1855–

Fontes turcici historiae bulgaricae. Sofija 1964–

GRUMEL, Venance (Hg.): Les Regestes des Actes du Patriarcat de Constantinople. Bde. 1,4–1,7. Konstantinopoli 1971–1991.

Izvoarele răscoalei lui Horea. Fontes seditionis Horianae. 15 Bde. Hgg. Stefan PASCU u. a. Bucureşti 1982–2014.

The Laws of the Medieval Kingdom of Hungary. Decreta regni mediaevalis Hungariae. Bakersfield/CA 1989–

A Magyar Országos Levéltár Kiadványai II: Forráskiadványok [Die Veröffentlichungen des Ungarischen Landesarchivs II: Quelleneditionen]. Budapest 1951–

Monumenta Germaniae Historica. Hannover u. a. 1826–

Monumenta historica Ragusina. Dubrovnik 1951–

Monumenta Hungariae Historica. Budapest 1857–

Monumenta spectantia historiam Slavorum Meridionalium. Zagreb 1868 –

Monumenta Turcica Historiam slavorum Meridionalium illustrantia. Sarajevo 1957–

Monumenta Vaticana historiam regni Hungariae illustrantia. Vatikáni Magyar Okirattár. Hg. Arnold IPOLYI. Reihe 1 in 6 Bde. Budapestini 1885–1891 (Nachdr. 2000).

Monumenta Zrínyiana. Budapest 1991–

Notai genovesi in Oltremare. Genova 1971–

Regesten der Kaiserurkunden des Oströmischen Reiches von 565–1453. 5 Bde. Bearb. v. Franz DÖLGER u. a. München 1924–1965. Neu bearb. v. Andreas E. MÜLLER. Bd. 1,1–2. München, Berlin ²2003–²2009.

Székely oklevéltár [Szekler Urkundenbuch]. Hg. Károly SZABÓ. 7 Bde. Kolozsvár 1872–1898, u. in Forts.: Székely oklevéltár 1219–1776 [Szekler Urkundenbuch 1219–1776]. Hg. Samu BARABÁS. Budapest 1934.

Turski dokumenti za istorija na makedonskiot narod. Documents turcs sur l'histoire du peuple macédonien. Skopje 1963–

Urkundenbuch zur Geschichte der Deutschen in Siebenbürgen. 7 Bde. Hgg. Frank ZIMMERMANN/Gustav GÜNDISCH/Carl WERNER. Hermannstadt u. a. 1892–1991.

Venezia – Senato: Deliberazioni miste. Collana diretta de Maria Francesca TIEPOLO/Dieter GIRGENSOHN/Gherardo ORTALLI u. a. Bde. 3–13, 15, 16, 20, 21. Venezia 2004–2017.

Vizantijski izvori za istoriju naroda Jugoslavije. Fontes Byzantini historiam populorum Jugoslaviae spectantes. 5 Bde. Beograd 1955–1986.

Zsigmondkori oklevéltár [Urkundenbuch zum Zeitalter Sigismunds]. Hgg. Elemér MÁLYUSZ/Iván BORSA. Budapest 1951– (bisher 13 Bde.).

b. Abgekürzt zitierte Quelleneditionen und Literatur mit Quellencharakter

Die alphabetische Einordnung erfolgte gemäß dem ersten sinntragenden Adjektiv oder Substantiv. Eingeschoben wurden Werke, die einzelnen Autoren zugewiesen werden können (hervorgehoben durch den Namen des Autors). In diesen Fällen steht die maßgebliche Edition an erster Stelle. Übersetzungen folgen nachrangig in der Reihung: Dt., Engl., Frz., Ital., Neugr. etc. Pseudo-Autoren sind unter dem tatsächlichen Namen eingereiht. Byzantinische Autoren folgen dem Prinzip der Familiennamen.

3 numaralı mühimme defteri [Mühimme Register Nr. 3]. 2 Bde. Hg. Nesihi AYKUT. Ankara 1993.

5 numaralı mühimme defteri [Mühimme Register Nr. 5]. 2 Bde. Hgg. Hacı Osman YILDIRIM u. a. Ankara 1994.

7 numaralı Mühimme defteri (975–976/1567–1569) [Mühimme Register Nr. 7 (1567–1569)]. Hgg. Hacı Osman YILDIRIM/Murat ŞENER. Ankara 1997.

12 numaralı Mühimme Defteri (978–979/1570–1572) [Mühimme Register Nr. 12 (1570–1572)]. Bd. 1. Hgg. Hacı Osman YILDIRIM u. a. Ankara 1996.

82 numaralı Mühimme defteri (1026–1027/1617–1618) [Mühimme Register Nr. 82 (1617–1618)]. Hgg. Hacı Osman YILDIRIM/Murat ŞENER. Ankara 2000.

83 numaralı Mühimme defteri (1036–1037/1626–1628) [Mühimme Register Nr. 83 (1626–1628)]. Hgg. Hacı Osman YILDIRIM u. a. Ankara 2001.

85 numaralı mühimme defteri (1040/1630–1631) [Mühimme Register Nr. 85 (1626–1628)]. Hgg. Murat ŞENER u. a. Ankara 2001.

98 Numaralı Mühimme Defteri [Mühimme Register Nr. 98]. Hg. Ali Irfan KAYA. Istanbul 2019.

103 Numaralı Mühimme Defteri (H. 1102–1107/M. 1691–1695) [Mühimme Register Nr. 103 (1691–1695)]. Hgg. Ersin KIRCA/İlhan GÖK. Istanbul 2017.

167 numaralı muhâsebe-i Vilâyet-i Rûm-ili defteri (937/1530). Bd. 1: Paşa Livası Solkol Kazaları (Gümülcine, Yenice-i Kara-su, Drama, Zihne, Nevrekop, Timur-hisarı, Siroz, Selanik, Sidre-kapsi, Avrat-hisarı, Yenice-i Vardar, Kara-verye, Serfiçe, İştin, Kestorya, Bihlişte, Görice, Florina) ve Köstendil Livası [Das Register 167 der Provinz Rumelien (1530). Bd. 1: Die Region Paşa an der Via Egnatia]. Hgg. Yusuf SARINAY u. a. Ankara 2003.

174 numaralı Hersek livâsı icmâl Eflakân ve Voynugân tahrîr defteri (939/1533) [Das icmal-Register 174 der Vlachen u. Voynuken in der Herzegowina]. Hgg. Ahmet ÖZKILINÇ u. a. Ankara 2009.

367 numaralı muhâsebe-i Vilâyet-i Rûm-ili defteri ile 114, 390 ve 101 numaralı icmâl defterler. Karlı-ili, Agrıboz, Mora, Rodos ve Tırhala livâları [Register 367 der Provinz Rumelien u. die icmal-Register 114, 390 u. 101]. 2 Bde. Hgg. Ahmet ÖZKILINÇ u. a. Ankara 2007.

370 numaralı muhâsebe-i Vilâyet-i Rûm-ili defteri (937/1530) [Das Register 370 der Provinz Rumelien]. 2 Teile. Hgg. Ahmet ÖZKILINÇ u. a. Ankara 2001–2002.

Az 1784. évi erdélyi parasztlázadás magyarországi iratai [Ungarische Dokumente des siebenbürgischen Bauernaufstandes von 1784]. Hg. Blanka GORUN-KOVÁCS. Debrecen 2006.

Az Abaffy család levéltára, 1247–1515. A Dancs család levéltára, 1232–1525. A Hanvay család levéltára, 1216–1525 [Das Familienarchiv Abaffy, 1247–1515. Das Familienarchiv Dancs, 1232–1525. Das Familienarchiv Hanvay, 1216–1525]. Hgg. Ila BÁLINT/Iván BORSA. Budapest 1993.

Acta Albaniae Iuridica. Hg. Iosephi [Giuseppe] VALENTINI. 2 Bde. München 1968–1973.

Acta Albaniae Veneta saeculorum XIV et XV. Hg. Josephi [Giuseppe] VALENTINI. 24 Bde. München, Palermo, Mailand 1967–1977.

Acta et diplomata res Albaniae mediae aetatis illustrantia. Hgg. Ludovicus de THALLÓCZY/Constantinus JIREČEK/Emilianus de SUFFLAY. 2 Bde. Vindobonae 1913–1918.

Acta visitationum apostolicarum dioecesis pharensis ex annis 1579, 1602/03 et 1624/25. Hgg. Andrija Vojko MARDEŠIĆ/Slavko KOVAČIĆ. Rim 2005.

Acte judiciare din Ţara Românească, 1775–1781 [Juristische Akten aus der Walachei]. Hg. Gheorghe CRONŢ. Bucureşti 1973.

Actele domniei lui Şerban Cantacuzino aflate în patrimoniul muzeului municipiului Bucureşti [Akten der Herrschaft von Şerban Cantacuzino aus dem Patrimonium des Munizipalmuseums Bukarest]. Hg. Grina-Mihaela RAFAILĂ. Bucureşti 2014.

BIBLIOGRAPHIE

Actes de Chilandar. Éd. diplomat. par Mirjana Živojinović/Vassiliki Kravari/Christophe Giros. 2 Bde. Paris 1998.

Actes de Docheiariou. Éd. diplomat. par Nicolas Oikonomidès. 2 Bde. Paris 1984.

Actes d'Iviron. Éd. diplomat. par Jacques Lefort/Nicolas Oikonomidès/Denise Papachryssanthou. Bde. 1–4. Paris 1985–1995.

Actes de Kutlumus. Éd. diplomat. par Paul Lemerle. Bd. 1: Texte. Paris 1988 (aktualisierte u. erweiterte Neuausg.).

Actes de Lavra. Éd. diplomat. et crit. par Germaine Rouillard. Bde. 1–4. Paris 1937–1982.

Actes de Pantocrator. Éd. diplomat. par Vassiliki Kravari. Paris 2001.

Actes de Saint-Pantéléèmon. Éd. diplomat. par Paul Lemerle/Gilbert Dagron/Sima Ćirković. Paris 1982.

Actes de Vatopédi. Éd. diplomat. par Jacques Bompaire. 4 Bde. Paris 2001–2006.

Akíndynos, Gregórios

Letters of Gregory Akindynos. Epistulae. Greek Text and Engl. Transl. by Angela Constantinides Hero. Washington/DC 1983.

Alberghetti, Giusto Emilio: Compendio della fortificatione. Al ser.mo principe Silvestro Valier et all'avgvsto Senato Veneto. In Venetia 1694.

Almanach von Ungarn auf das Jahr 1778. Hg. Johann Matthias Korabinsky. Wien, Preßburg [1778].

Die altosmanischen anonymen Chroniken. Übers. Friedrich Giese. Teil 2: Übersetzung. Leipzig 1925.

Anagnóstes, Johannes

Βιβλιοθήκη τῆς Βυζαντινῆς Θεσσαλονίκης. Bd. 1: Ἰωάννου Ἀναγνώστου, Διήγησις περὶ τῆς τελευταίας ἁλώσεως τῆς Θεσσαλονίκης, Μονωδία ἐπί τῇ ἁλώσει τῆς Θεσσαλονίκης [Bibliothek des byz. Thessaloniki. Bd. 1: Johannes Agnostes. Erzählung über die letzte Eroberung Thessalonikis. Monodie über den Fall Thessalonikis]. Übers., Hg. Giannes Tsaras. Thessaloniki 1958.

Andrija pok. Petra iz Cantùa. Bilježnički zapisi 1353–1355. Andreas condam Petri de Canturio. Quaterni imbreviaturarum 1353–1355. Hgg. Josip Kolanović/Robert Leljak. 2 Bde. Zadar 2001–2003.

Angiollelo, Gian-Maria

Donado Da Lezze. Historia Turchesca (1300–1514). Hg. Ioan Ursu. Bucarest 1909.

Anjou-kori oklevéltár. Documenta res hungaricas tempore regum andegavensium illustrantia, 1301–1387. Hgg. Gyula Kristó u. a. Budapest 1990– (Bisher Bde. 1–47 mit Lücken).

Anonymi Descriptio Europae Orientalis. „Imperium Constantinopolitanum, Albania, Serbia, Bulgaria, Ruthenia, Ungaria, Polonia, Bohemia" anno MCCCVIII exarata. Hg. Olgierd Górka. Cracoviae 1916.

Antim Ivireanul (Anthim d. Iberer/Georgier)

Antim Ivireanul. Opere [Werke]. Hg. Gabriel Ştrempel. Bucureşti 1997.

Arbanitakes, Demetres (Hg.): Οι αναφορές των Βενετών προβλεπτών τῆς Ζακύνθου, 16ος–18ος αἰ. Le relazioni dei Provveditori veneziani di Zante, XVI–XVIII sec. Venezia 2000.

Aricescu, C. D.: Condica de venituri şi cheltueli a vistieriei de la leatul 7202–7212 (1694–1704) [Das Register der Einkünfte u. Ausgaben des Schatzamtes vom Jahre 7202–7212 (1694–1704)], *Revista istorică a arhivelor României* 1878 [Sondernummer].

Mehmed Aşık

Mehmed Âşık. Menâzırü'l-avâlim [Aussichtspunkte der Welten]. Hg. Mahmut Ak. 3 Bde. Ankara 2007.

Quellen

Aşıkpaşazade (Derwisch Ahmed)

Vom Hirtenzelt zur Hohen Pforte. Frühzeit und Aufstieg des Osmanenreiches nach der Chronik „Denkwürdigkeiten und Zeitläufte des Hauses 'Osman" vom Derwisch Ahmed, genannt 'Aşik-Paşa-Sohn. Übers. Richard F. KREUTEL. Graz, Wien, Köln ²1959.

Athanásios Meteorítes (Hl.)

Ο Όσιος Αθανάσιος ο Μετεωρίτης [Der Hl. Athanásios von Metéora]. Übers., Hg. Demetrios Z. SOPHIANOS, Meteora 1990.

BAK, János M.: Online Decreta Regni Mediaevalis Hungariae. The Laws of the Medieval Kingdom of Hungary. O. O. 2019 <https://digitalcommons.usu.edu/lib_mono/4>. → Siehe im Detail unter The Laws of the Medieval Kingdom of Hungary.

A Balassa család levéltára, 1193–1526 [Das Familienarchiv Balassa, 1193–1526]. Hgg. Antal FEKETE NAGY/Iván BORSA. Budapest 1990.

BÁNKÚTI, Imre: Dokumentumok a szatmári béke történetéhez. Dokumente zur Geschichte des Friedensschlusses von Szatmár. Budapest 1991.

Barbaro, Giosafat

Giosafat Barbaro. I viaggi in Persia degli ambasciatori veneti Barbaro e Contarini. Hgg. Laurence LOCKHART/Raimondo MOROZZO DELLA ROCCA/Maria Francesca TIEPOLO. Roma 1973.

BARBU, Daniel: O arheologie constituțională românească. Studii şi documente [Eine rum. Verfassungs-Archäologie. Untersuchungen u. Dokumente]. Bucureşti 2000.

Barletius, Marinus

BARLETIUS, Marinus: De Scodrensi Obsidione, in: Laonici Chalcocondylae Atheniensis de origine et rebus gestis Turcorum libri decem, nunc e Graeco in Latinum conversi: Conrado Clausero Tigurino interprete. Adiecimus Theodori Gazae et aliorum ... eiusdem argumenti diversa opuscula. Basileae 1556.

Marinus Barletius. De obsidione scodrensi. Über die Belagerung von Skutari. Übers., Hg. Stefan ZAHAMMER. Wien 2017.

De vita moribus ac rebus praecipue adversus Turcas, gestis Georgii Castrioti, clarissimi Epirotarum principis, qui propter celeberrima facinora, Scanderbegus, hoc est Alexander Magnus, cognominatus fuit, libri Tredecim, per Marinum Barletium Scodrensem conscripti, ac nunc primum in Germania castigatissime aediti. Argentorati apud Cratonem Mylium mense octobri, anno M.D.XXXVII.

BARTL, Peter: Albania Sacra. Geistliche Visitationsberichte aus Albanien. Bisher 4 Bde. Wiesbaden 2007–2017.

Basarab IV. → Neagoe Basarab

Baseskija

Mula Mustafa Ševki Bašeskija. Ljetopis (1746–1804) [Chronik (1746–1804)]. Übers., Hg. Mehmed MUJEZINOVIĆ. Sarajevo ²1987.

BASSO, Enrico (Hg.): Γενοβέζοι συμβολαιογράφοι στις υπερπόντιες χώρες. Έγγραφα συνταχθέντα στη Χίο από τον Giuliano de Canella (2 Νοεμβρίου 1380 – 31 Μαρτίου 1381) [Genuesische Notare in Übersee. Akten des Giuliano de Canella, ausgestellt auf Chios, 2. November 1380 – 31. März 1381]. Athen 1993.

Friedrich Wilhelm von Bauer

BAUER, Friedrich Wilhelm von: Mémoires historiques et géographiques sur la Valachie avec un prospectus d'un Atlas Géographique & militaire de la dernière guerre entre la Russie & la Porte Ottomane, publiés par Monsieur de B***. Francfort, Leipsic 1778.

BIBLIOGRAPHIE

BAYERLE, Gustav: A Hatvani Szandzsák Adóösszeírása 1570-böl. Defter-i Mufassal-i Liva-i Hatvan [Das Mufassal-Register der Provinz Hatvan]. Hatvan 1998.

BELDICEANU, N.[icoară]: Les actes des premiers sultans conservés dans les manuscrits turcs de la Bibliothèque nationale à Paris. 2 Bde. Paris 1960–1964.

DERS.: Code de lois coutumières de Mehmed II. Wiesbaden 1967.

BENDA, Kálmán/TARDY, Lajos (Hgg.): Pierre Lescalopier utazása Erdélybe (1574) [Die Reise von Pierre Lescalopier in Siebenbürgen, 1574]. Budapest 1982.

BENIĆ, Bono: Ljetopis sutješkog samostana [Die Chronik des Klosters Sutjeska]. Sarajevo 2003.

BENITS, Péter (Hg.): Istvánffy Miklós magyarok dolgairól írt históriája Tállyai Pál XVII. századi fordításában [Historie von Nikolaus Istvánffy über die Sachen der Ungarn in der ung. Übers. v. Paul Tállyai im 17. Jh.]. 3 Bde. Budapest 2001–2009.

BÉNOU, Lisa: Le codex B du monastère Saint-Jean Prodrome (Serrès). Bd. A: XIIIᵉ – XVᵉ siècles. Paris 1998.

Bertrandon de la Brocquière

Le voyage d'Outremer de Bertrandon de la Brocquière, premier écuyer tranchant et conseiller de Philippe le Bon, duc de Bourgogne. Hg. Charles SCHEFER. Paris 1892.

Bethlenfalvi Thurzó Elek levelezése. Források a Habsburg–magyar kapcsolatok történetéhez [Die Korrespondenz von Alex Thurzó von Bethlenfalva. Quellen zur Geschichte der habsburgisch-ungarischen Beziehungen]. Bd. 1: 1526–1532. Hg. Gabriella ERDÉLYI. Budapest 2005.

BLAGOJEVIĆ, Miloš: Zemljoradnički zakon. Srednjovekovni rukopis [Das Bauerngesetz. Eine mittelalterliche Handschrift]. Beograd 2007.

BOGA, Leon T. (Hg.): Documente basarabene [Bessarabische Dokumente]. 20 Bde. Chişinău 1926–1936.

BOGDAN, Damian P. (Hg.): Pomelnicul Mânăstirei Bistrita [Das Seelenmesseregister des Klosters Bistriţa]. Bucureşti 1941.

BOGDAN, Ioan: Ein Beitrag zur bulgarischen und serbischen Geschichtsschreibung, *Archiv für slavische Philologie* 13 [1891], 481–543.

BOHN, Thomas M./GHEORGHE, Adrian/WEBER, Albert (Hgg.): Corpus Draculianum. Dokumente und Chroniken zum walachischen Fürsten Vlad dem Pfähler, 1448–1650. 3 Bde. Wiesbaden 2013–

Bonfini, Antonio

Antonius de Bonfinis. Rerum Ungaricum decades. 4 Bde. Hgg. Ioseph FÓGEL/Belá IVÁNYI/Ladislaus JUHÁSZ. Budapest, Leipzig 1936–1976.

Đorđe Branković

Đorđe Branković. Hronike slavenosrpske. Hg. Ana KREČMER. Beograd 2008.

BRANUSES, Leandros I.: Χρονικά της μεσαιωνικής και της τουρκοκρατουμένης Ηπείρου. Εκδώσεις και χειρόγραφα [Chroniken von Epirus im Mittelalter u. unter der Turkokratie. Druckwerke u. Handschriften]. Ioannina 1962.

DERS.: Το Χρονικόν των Ιωαννίνων κατ' ανέκδοτον επιτομήν [Die Chronik von Ioannina nach einer unedierten volkssprachlichen Fassung], Επετηρίς του Μεσαιωνικού Αρχείου 12 (1962), 57–115.

Brevis Germaniae descriptio (1512). Mit der Deutschlandkarte des Erhard Etzlaub von 1501. Hg., übers. u. komm. v. Karl LANGOSCH. Darmstadt ³1976.

(Pseudo-)Brocardus. Directorium ad passagium faciendum, in: Recueil des Historiens des Croisades. Documents arméniens. Bd. 2: Documents latins et français. Hg. Charles KOHLER. Paris 1906, 368–517.

BUZDUGAN, Gheorghe/LUCHIAN, Octavian/OPRESCU, Constantin C.: Monede şi bancnote româneşti [Rum. Münzen u. Banknoten]. Bucureşti 1977.

Camblak, Grigorij

Žitie na Stefan Dečanski ot Grigorij Camblak [Das Leben des Stefan Dečanski von Grigorij Camblak]. Übers., Hg. Angel DAVIDOV. Sofija 1983.

CÂNDEA, Ionel (Hg.): Brăila 1711. Documente și studii [Brăila 1711. Dokumente u. Studien]. Brăila 2011.
CÂNDEA, Virgil: Letopisețul Țării Românești [1292–1664] în versiunea arabă a lui Macarie Zaim [Die Chronik der Walachei (1292–1664) in der arab. Fassung des Macarie Zaim], *Studii. Revistă de istorie* 23 [1970], H. 4, 673–692.

Cantemir, Dimitrie

Dimitrie Cantemir. Descriptio antiqui et hodierni status Moldaviae. Descrierea Moldovei [Beschreibung der Moldau]. Übers., Hgg. Gh. GUȚU u. a. (Hgg.). București 1973.
Dimitrie Cantemir. Beschreibung der Moldau. Faksimiledr. d. Orig.-Ausg. 1771. Bukarest 1973.

CAPROȘU, Ioan (Hg.): Documente privitoare la istoria orașului Iași [Dokumente betreffend die Geschichte der Stadt Iași]. 8 Bde. Iași 1999–2006.
CAPROȘU, Ioan (Hg.): Sămile Vistieriei Țării Moldovei [Die Rechnungen der Schatzkammer des Landes Moldau]. 3 Bde. Iași 2010.

Constantin Caracaș

Constantin Caracaș. Topografia Țării Românești. Ediție bilingvă [Topographie der Walachei. Zweisprachige Ausgabe]. Hg. Georgeta FILITTI. București 2018.

Caroldo, Giovanni Giacomo

Giovanni Giacomo Caroldo. Istorii venețiene [Venez. Geschichten]. Bd. 1: De la originile Cetății la moartea dogelui Giacopo Tiepolo (1249) [Von den Anfängen der Stadt bis zum Tode des Dogen Giacopo Tiepolo (1249)]. Hg. Șerban MARIN. București 2008.

Carte românească de învățătură, 1646 [Rum. Unterweisungsbuch, 1646]. Hg. Andrei RĂDULESCU. București 1961.
Catalogul documentelor Țării Românești din Arhivele Naționale [Katalog der Dokument der Walachei aus den Staatsarchiven]. 9 Bde. București 1946–2018.
Catastici feudorum Crete. Catasticum Chanee 1314–1396. Hg. Charalampos GASPARES. Athen 2008.
Catastici feudorum Crete. Catasticum Sexterii Dorsoduri 1227–1418. 2 Bde. Hg. Charalampos GASPARES. Athen 2004–2008.
Catastife de negustori din Țara Românească (secolele XVIII–XIX) [Händlerregister aus der Walachei (18.–19. Jh.)]. Hg. Gheorghe LAZĂR. Iași 2016.
Catasto veneto di Scutari e Registrum Concessionum, 1416–1417. Hg. Fulvio CORDIGNANO. 2 Bde. Roma, Tolmezzo 1942–1944.

Kâtib Çelebi (Geograph)

Österreichische Nationalbibliothek. Sammlung von Handschriften und alten Drucken. Cod. Mixt. 389 [1654 angefertigte Wiener Handschrift].

CERNOVODEANU, Dan: Evoluția armeriilor Țărilor Române de la apariția lor și până în zilele noastre (sec. XIII–XX) [Die Entwicklung der Wappen in den rum. Ländern von ihrem Erscheinen bis in unsere Tage (13.–20. Jh.)]. Brăila 2005.

Antonio Maria del Chiaro

Antonio Maria del Chiaro. Istoria delle moderne rivoluzioni della Valachia, con la descrizione del paese. Natura, costumi, riti, e religione degli abitanti. Venezia 1718.
CHIRIȚĂ, Mihai (Hg.): Bistreț–Dolj. Documente și acte [Bistreț–Dolj. Dokumente u. Akten]. Bde. 1–2. Craiova 2006–2009.
Der Christen gewaltiger und unerhoerter Meersieg den VII. Octobris im MDLXXI. Jar VI. Meil umb Cortzolari geschehen. Wien: Blasius Eberus [Einblattdruck, 1571].

Christomatija po istorija na Bălgarija. Bd. 3: XV-20-te godini na XIX v. [Chrestomatie zur Geschichte Bulgariens. Bd. 3: Vom 15. Jh. bis zu den 20er Jahren des 19. Jh.s]. Hgg. Cvetana GEORGIEVA/Dimităr CANEV. Sofija 1982.

CHRISTOVA, Borjana Vladimirova: Beležki na bălgarskite knižovnici X–XVIII vek [Bulg. Schreibernotizen 10.–18. Jh.]. Bd. 1. Sofija 2003.

Chronica Hungarorum impressa Budae 1473. A Budai Krónika. Hg. Vilmos FRAKNÓI. Budapest 1900 (dt. Übers.: Chronica Hungarorum impressa Budae 1473. Typis similibus reimpressa. Die Ofner Chronik. Hg. Wilhelm FRAKNÓI. Budapest, Wien 1900).

Chronik von Morea (aragonesische Fassung)

José M. EGEA, La Crónica de Morea. Madrid 1996.

Libro de los fechos e conquistas del principado de la Morea. Chronique de Morée aux XIIIe et XIVe siècles. Publiée & traduite pour la première fois pour la Société de l'Orient latin par Alfred MOREL-FATIO. Genève 1885.

Chrysolorás, Demétrios

GAUTIER, Paul: Action de grâces de Démétrius Chrysoloras à la Théotocos pour l'anniversaire de la bataille d'Ankara (28 juillet 1403), *Revue des études byzantines* 19 (1961), H. 1, 340–357.

CHRYSOSTOMIDES, Julian (Hg.): Monumenta Peloponnesiaca. Documents for the History of the Peloponnese in the 14th and 15th Centuries. Camberley 1995.

CIORĂNESCU, Al. (Hg.): Documente privitoare la istoria românilor culese din arhivele din Simancas [Dokumente bezüglich der Geschichte der Rumänen gesammelt in den Archiven von Simancas]. București 1940.

CIRAC ESTOPAÑAN, Sebastian (Hg.): El legado de la basilissa María y de los déspotas Thomas y Esaú de Joannina. Bd. 2. Barcelona 1943.

Codex diplomaticus Hungariae ecclesiasticus ac civilis. 11 Bde. in 43. Hg. György FEJÉR. Buda 1829–1844.

Codex diplomaticus Hungaricus Andegavensis. Anjoukori Okmánytár. Hg. Imre NAGY. 7 Bde. [1301–1369]. Budapest 1878–1920.

Codex diplomaticus patrius. Hazai Okmánytár. 8 Bde. Hgg. Imre NAGY u. a. Győr, Budapest 1865–1891.

Il codice Morosini. Il mondo visto da Venezia (1094–1433). Ed. critica Andrea NANETTI. 4 Bde. Spoleto 2010.

Codul Calimach [Der Calimach-Codex]. București 1958.

Commissiones et relationes Venetae (1433–1680). 8 Bde. Šime LJUBIĆ/Grga NOVAK (ab Bd. 4). Zagrebiae 1876–1977.

Condica lui Constantin Mavrocordat [Das Registerbuch von Constantin Mavrocordat]. Hg. Corneliu ISTRATI. 3 Bde. Iași 2008.

CONSTANTINESCU, Ioana (Hg.): O lume într-o carte de bucate. Manuscris din epoca brâncovenească [Eine Welt in einem Kochbuch. Manuskript aus der Brâncoveanu-Zeit]. București 1997.

Constantinople 1453. Des Byzantins aux Ottomans. Textes et documents. Übers., Hgg. Vincent DÉROCHE/Nicolas VATIN. Toulouse 2016.

Contribuțiuni documentare la istoria Olteniei, secolul XVI, XVII și XVIII [Dokumentarische Beiträge zur Geschichte Olteniens, 16., 17. u. 18. Jh.]. Hg. T. G. BULAT. Râmnicu Vâlcea 1925.

ČORALIĆ, Lovorka/KARBIĆ, Damir/KATUŠIĆ, Maja: Pisma i poruke rektora Dalmacije i Mletačke Albanije. Bd. 2: Pisma i poruke rektora Korčule, Brača, Omiša, Makarske i Klisa [Berichte u. Meldungen der Rektoren von Dalmatien u. des venez. Albanien. Bd. 2: Berichte u. Meldungen der Rektoren von Korčula, Brač, Omiš, Makarska u. Klis]. Zagreb 2012.

Corespondența lui Constantin Ypsilanti cu guvernul rusesc, 1806–1810. Pregătirea Eteriei și a renașterii politice românești [Die Korrespondenz von Constantin Ypsilant mit der russ. Regierung, 1806–1810. Die Vorbereitung der Hetaireia u. der rum. politischen Wiedergeburt]. Hg. P. P. PANAITESCU. București 1933, ²2001.

CORFUS, Ilie: Documente polone privitoare la domnia lui Simion Movilă în Țara Românească [Polnische Dokumente bezüglich der Herrschaft von Simion Movilă in der Walachei], *Codrul Cosminului* 10–12 (1939), 161–216.

DERS. (Hg.): Documente privitoare la istoria României culese din arhivele polone. Secolul al XVI-lea [Dokumente betreffend die Geschichte Rumäniens gesammelt aus poln. Archiven. 16. Jh.]. București 1979.

DERS. (Hg.): Documente privitoare la istoria României culese din arhivele polone. Secolele al XVI-lea și al XVII-lea [Dokumente betreffend die Geschichte Rumäniens gesammelt aus poln. Archiven. 16. u. 17. Jh.]. București 2001.

Quellen

Corpus Juris Hungarici. Magyar törvénytár, 1000–1895 (Hg. Dezső MÁRKUS). Bd.: 1526–1608. évi törvényczikkek [Die Gesetzesartikel von 1526 bis 1608]. Budapest 1899.

Corpus Juris Hungarici. Magyar törvénytár, 1000–1895 (Hg. Dezső MÁRKUS). Bd.: 1608–1657. évi törvényczikkek [Die Gesetzesartikel von 1608 bis 1657]. Budapest 1900.

Corpus Juris Hungarici. Magyar törvénytár, 1000–1895 (Hg. Dezső MÁRKUS). Bd.: 1657–1740. évi törvényczikkek [Die Gesetzesartikel von 1657 bis 1740]. Budapest 1900.

Corpus Juris Hungarici. Magyar törvénytár, 1000–1895 (Hg. Dezső MÁRKUS). Bd.: 1740–1835. évi törvényczikkek [Die Gesetzesartikel von 1740 bis 1835]. Budapest 1901.

Costin, Miron

Miron Costin. Opere [Werke]. Hg. Petre P. PANAITESCU. București 1958.

CRĂCIUN, Ioachim/ILIEȘ, A. (Hgg.): Repertoriul manuscriselor de cronici interne, sec. XV–XVIII, privind istoria Romîniei [Verzeichnis der Handschriften interner Chroniken des 15.–18. Jh.s mit Bezug auf die Geschichte Rumäniens]. București 1963.

CROITORU, Gabriel-Felician: Giurgiu sub administrație otomană (secolele XV–XIX) [Giurgiu unter osm. Verwaltung (15.–19. Jh.)]. Brăila 2016.

Cronica Ghiculeștilor. Istoria Moldovei între anii 1695–1754 [Die Chronik des Geschlechts Ghica. Die Geschichte der Moldau zwischen den Jahren 1695–1754]. Hgg. Nestor CAMARIANO/Ariadna CAMARIANO-CIORAN. București 1965.

Cronicele Romîniei séŭ letopisețele Moldaviei și Valahiei. Bd. 3: Tabele istorice ale Romîniei de la 1766 până la 11 februarie 1866 [Die Chroniken Rumäniens oder die Chroniken der Moldau u. der Walachei. Bd. 3: Historische Tafeln Rumäniens von 1766 bis zum 11. Februar 1866]. Hg. Michail KOGĂLNICEANU. București 1874.

Cronicile slavo-romîne din sec. XV–XVI [Die slawo-rum. Chroniken des 15.–16. Jh.s]. Hgg. Ioan BOGDAN/Petre P. PANAITESCU. București 1959.

Cyriacus von Ancona

Cyriac of Ancona. Later Travels. Hg., Übers. Edward W. BODNAR u. a. Cambridge/MA, London 2004.

PALL, Francesco: Ciriaco d'Ancona e la crociata contro i Turchi, *Bulletin historique de l'Académie Roumaine* 20 (1938), 9–68.

Constantin Dapontès

Constantin Dapontès. Éphémérides Daces ou chronique de la guerre de quatre ans. 2 Bde. Übers., Hg. Émile LEGRAND. Paris 1881–1882.

DANIČIĆ, Đuro: Životi kraljeva i arhiepiskopa srpskih. Napisao arhiepiskop Danilo i drugi [Die Leben der serb. Könige u. Erzbischöfe. Verfasst von Ebf. Danilo u. anderen]. Zagreb 1866 (Nachdr. London 1972).

Decreta regni Hungariae, 1301–1457. Gesetze und Verordnungen Ungarns. Hgg. Ferenc DÖRY/György BÓNIS/Vera BÁCSKAI. Budapest 1976.

Decreta regni Hungariae, 1458–1490. Gesetze und Verordnungen Ungarns. Hgg. Ferenc DÖRY/György BÓNIS/Géza ÉRSZEGI/Zsuzsanna TEKE. Budapest 1989.

Defteri i regjistrimit të sanxhakut të Shkodrës i vitit 1485 [Defter der Registrierung des Sancaks Shkodra des Jahres 1485]. Hg., Übers. Selami PULAHA. 2 Bde. Tiranë 1974.

Documente și regeste privitoare la Constantin Brâncoveanu [Dokumente u. Regesten betreffend Constantin Brâncoveanu]. Hgg. Const. GIURESCU/N. DOBRESCU. București 1907.

DONAT, Ion/PAPACOSTEA, Șerban (Hgg.): Ținuturile dintre Carpați și Siret într-o descriere austriacă de la sfârșitul secolului al XVIII-lea [Die Distrikte zwischen Karpaten u. Siret in einer österr. Beschreibung vom Ende des 18. Jh.s]. Brăila 2015.

Dva deftera Crne Gore iz vremena Skender-Bega Crnojevića [Zwei Defter zu Montenegro aus der Zeit Skender Beys Crnojević]. Hg. Branislav ĐURĐEV. Bd. 1. Sarajevo 1968.

BIBLIOGRAPHIE

DELILBAŞI, Melek/ARIKAN, Muzaffer (Hgg.): Hicrî 859 tarihli sûret-i defter-i sancak-ı Tırhala [Das Register der Provinz Tırhala von 859/1454]. 2 Bde. Ankara 2001.

Demétrios Kydónes

Démétrius Cydonès. Correspondance. Publ. par Raymond-J. LOENERTZ. 2 Bde. Città del Vaticano 1956–1960.
Demetrios Kydones. Briefe. 4 Bde. Übers. Franz TINNEFELD. Stuttgart 1981–2003.

Descripcion ou Traicté du gouvernement et régime de la cité et Seigneurie de Venise. Venezia vista dalla Francia ai primi del Cinquecento. Hgg. Philippe BRAUNSTEIN/Reinhold C. MUELLER. Venezia, Paris 2015.
Descrittione dell'isola di Creta. Μια γεωγραφική και αρχαιολογική περιγραφή της Κρήτης στα χρόνια της Αναγέννησης Francesco Barozzi. Hg. Stephanos KAKLAMANES. Herakleion 2004.
DESNICA, Boško: Istorija kotarskih uskoka [Geschichte der Uskoken des (Zaratiner) Hinterlandes/kotari]. 2 Bde. Beograd 1950–1951.
Deutsche Reichstagsakten. Ältere Reihe: Deutsche Reichstagsakten unter Kaiser Friedrich III. München 1912–
Deutsche Reichstagsakten. Mittlere Reihe: Deutsche Reichstagsakten unter Maximilian I. Göttingen 1972–
DINIĆ, Mihailo (Hg.): Iz dubrovačkog arhiva. Documenta Archivi Reipublicae Ragusinae. 3 Bde. Beograd 1957–1967.

Eclesiarhul Dionisie

Eclesiarhul Dionisie. Hronograf (1764–1815) [Chronik (1764–1815)]. Hgg. Dumitru BĂLAŞA/Nicolae STOICESCU. Bucuresti 1987.

Diplomatarium relationum reipublicae Ragusanae cum regno Hungariae. Hgg. Jószef GELCICH/Lajos THALLÓCZY. Budapest 1887.
Diplomatarium Veneto-Levantinum sive Acta et Diplomata res Venetas, Graecas atque Levantis illustrantia. Bd. 1: a. 1300–1350. Hg. Georg Martin THOMAS. Venetiis 1880.
Diplomatisches Handbuch. Sammlung der wichtigsten Europaeischen Friedensschluesse, Congressacten und sonstigen Staatsurkunden. Vom Westphaelischen Frieden bis auf die neueste Zeit. Bd. 2. Hg. F.[riedrich] W.[ilhelm] GHILLANY. Noerdlingen 1855.
Dispacci sforzeschi da Napoli. Bd. 1: 1444 – 2 luglio 1458. Hg. Francesco SENATORE. Salerno 1997.
Dispacci sforzeschi da Napoli. Bd. 4: 1 gennaio-26 dicembre 1461. Hg. Francesco STORTI. Salerno 1998.
Documenta historiam Valachorum in Hungaria illustrantia usque ad annum 1400 p. Christum. Hgg. Antonius FEKETE NAGY/Ladislaus MAKKAI. Budapest 1941.
Documenta Romaniae Historica. Seria A: Moldova. Bd. 1: 1384–1448. Hgg. C. CIHODARU/Andrei OTETEA. Bucureşti 1975.
Documenta Romaniae Historica. Seria A: Moldova. Bd. 2: 1449–1486. Hgg. Leon ŞIMANSCHI/Andrei OTETEA. Bucureşti 1976.
Documenta Romaniae Historica. Seria B: Ţara Românească [Walachei]. Bd. 5: 1551–1565. Hgg. Damaschin MIOC/Marieta Adam CHIPER. Bucureşti 1983.
Documenta Romaniae historica. Seria B: Ţara Românească [Walachei]. Bd. 11: 1593–1600. Domnia lui Mihai Viteazul [Die Herrschaft von Michael dem Tapferen]. Hgg. Damaschin MIOC/Ştefan ŞTEFĂNESCU. Bucureşti 1975.
Documenta Romaniae historica. Seria D: Relaţii între Ţările Române [Die Beziehungen zwischen den rum. Ländern]. Bd. 1: 1222–1456. Hg. Ştefan PASCU. Bucureşti 1977.
Documenta Veneta historiam Bulgariae et Bulgarorum illustrantia saeculis XII–XV. Venecianski dokumenti za istorijata na Bălgarija i bălgarite ot XII–XV v. Hg. Vasil GJUZELEV. Serdicae 2001.
Documente şi însemnări romaneşti din secolul al XVI-lea [Rum. Dokumente u. Aufzeichnungen aus dem 16. Jh.]. Hg. Alexandru MAREŞ. Bucureşti 1979.
534 Documente istorice slavo-române din Ţara Românească şi Moldova privitoare la legaturile cu Ardealul, 1346–1603 [534 historische slavo-rum. Dokumente aus der Moldau u. Walachei betreffend die Beziehungen mit Siebenbürgen]. Hg. Gr. G. TOCILESCU. Wien 1905–1906.
Documente privind istoria Romîniei [Dokumente zur Geschichte Rumäniens]. Seria A: Moldova [Moldau]. Seria B: Ţara Românească [Walachei]. Je 11 Bde. Bucureşti 1951–1960.

Quellen

Documente privind istoria Romîniei. Răscoala din 1821 [Dokumente betreffend die Geschichte Rumäniens. Der Aufstand von 1821]. Hgg. Andrei OȚETEA. 5 Bde. București 1959–1962.

Documente privind relațiile agrare în veacul al XVIII-lea. Bd. 1: Țara Romînească; Bd. 2: Moldova [Dokumente betreffend die Agrarverhältnisse im 18. Jh. Bd. 1: Walachei; Bd. 2: Moldau]. Hg. Vasile MIHORDEA. București 1961–1966.

Documente privitoare la familia Callimachi [Dokumente betreffend die Familie Callimachi]. 2 Bde. Hg. N. IORGA. Bucureștĭ 1902–1903.

Documente privitoare la istoria Ardealului, Moldovei și Țării Românești. Documents concernant l'histoire de la Transylvanie, de la Moldavie et de la Valachie. Hg. Andrei VERESS. 11 Bde. București 1929–1933.

Documente privitoare la istoria Țării Moldovei în perioada războiului ruso-turc 1806–1812 [Dokumente betreffend die Geschichte der Moldau in der Periode des russ.-türk. Krieges 1806–1812]. Hgg. Demir DRAGNEV u. a. Bislang 2 Bde. Bacău, București, 2016–2017.

Documente privitoare la negustorii din Țara Românească [Dokumente betreffend die Händler der Walachei]. Hg. Gheorghe LAZĂR. 2 Bde. Iași 2013–2014.

Documente privitoare la relațiile Țării Românești cu Brașovul și cu Țara Ungurească în sec. XV și XVI [Dokumente betreffend die Beziehungen der Walachei mit Kronstadt u. mit Siebenbürgen im 15. u. 16. Jh.]. Bd. 1: 1413–1508. Übers., Hg. Ioan BOGDAN. București 1905.

Documente privitoare la istoria românilor, culese de Eudoxiu de HURMUZAKI [Dokumente zur Geschichte der Rumänen]. 36 Bde. in 21 plus 2 Supplementbänden (in neun Teilen). București u. a. 1876–1942.

Documente privitóre la istoria Românilor culese de Eudoxiu de Hurmuzaki. Bd. 12: Acte relative la războaiele și cuceririle lui Mihai-Vodă Viteazul, 1594–1602 [Akten betreffend die Kriege u. Eroberungen d. Vojvoden Michaels d. Tapferen, 1594–1602]. Hg. N.[icolae] IORGA. București 1903.

Documente putnene [Dokumente aus Putna]. Hg. Aurel V. SAVA. 2 Bde. Focșani, Chișinău 1929–1931.

Documente românești din arhiva mănăstirii Simonopetra de la Muntele Athos [Rum. Dokumente aus dem Archiv des Klosters Simonopetra vom Berg Athos]. Hg. Petronel ZAHARIUC. Iași 2016.

Documente românești din arhivele franceze (1801–1812). Cu un studiu introductiv [Rumänische Dokumente aus den franz. Archiven (1801–1812). Mit einer einführenden Studie]. Hg. Teodor HOLBAN. București 1939.

Documente turcești privind istoria României [Türk. Dokumente zur Geschichte Rumäniens]. Hg. Mustafa A. MEHMET. 3 Bde. București 1976–1986.

Documente vrâncene. Cărți domnești, hotărnicii, răvașe și izvoade [Dokumente aus Vrancea. Herrschaftliche Urkunden, Grenzbestimmungen, Schriftstücke u. Abschriften]. Hgg. C. D. CONSTANTINESCU-MIRCEȘTI/Henri H. STAHL. București 1929.

I „documenti turchi" dell'Archivio di Stato di Venezia. Inventario della miscellanea. Hg. Maria Pia PEDANI. Roma 1994.

Documents inédits relatifs à l'histoire de la Grèce au moyen âge. Hg. Constantin N. SATHAS. 9 Bde. Paris 1880–1890 (Nachdr. Athen 1972).

DOGARU, Maria: Sigiliile. Mărturii ale trecutului istoric. Album sigilografic [Zeugen der historischen Vergangenheit. Sphragistisches Album]. București 1976.

DOGARU, Maria/SZEMKOVIC, Laurențiu-Ștefan: Tezaur sfragistic românesc [Rumänischer sphragistischer Schatz]. Bd. 1: Sigiliile emise de cancelaria domnească a Țării Românești (1390–1856) [Siegel ausgestellt von der herrschaftlichen Kanzlei der Walachei]; Bd. 2: Sigiliile emise de cancelaria domnească a Moldovei (1390–1856) [Siegel ausgestellt von der herrschaftlichen Kanzlei der Moldau]. București 2006.

(Pseudo-)Dorótheos [von Monemvasia]

(Pseudo-)DOROTHEOS [von Monemvasia]: Βιβλίον ιστορικόν περιέχον εν συνόψει διαφόρους και εξόχους ιστορίας. Αρχόμενον από κτίσεως Κόσμου μέχρι της αλώσεως Κωνσταντινουπόλεως, και επέκεινα/Συλλεχθέν μεν εκ διαφόρων ακριβών ιστοριών και εις την κοινήν γλώσσαν μεταγλωτισθέν παρά του ιερωτάτου μητροπολίτου Μονεμβασίας Κυρίου Δωροθέου [Geschichtswerk, in Zusammenschau umfassend verschiedene u. herausragende Geschichten, beginnend von der Erschaffung der Welt bis zur Eroberung Konstantinopels u. darüber hinaus; aus verschiedenen genauen Geschichtsdarstellungen zusammengetragen u. in die Gemeinsprache übertragen von dem ehrwürdigen Metropoliten von Monembasía Herrn Dorótheos]. [Venedig] 1631.

Dolfin, Zorzin [Giorgio]

Zorzi Dolfin. Cronicha dela nobil città de Venetia et dela sua provintia et destretto. Origini – 1458. Hg. Angela CARACCIOLO ARICÒ. 2 Bde. Venezia 2007–2009.

Dubrovačko Malo veće o Srbiji, 1415–1460 [Minor Council of Dubrovnik on Serbia, 1415–1460]. Hg. Andrija VESELINOVIĆ. Beograd 1997.

Duca di Candia. Quaternus Consiliorum (1350–1363). A cura di Paola RATTI VIDULICH. Venezia 2007.

Dúkas

Dukas. Chronographia – Byzantiner und Osmanen im Kampf um die Macht und das Überleben (1341–1462). Hg., Übers. Diether Roderich REINSCH. Berlin 2020.

[Ducas.] Doukas. Decline and Fall of Byzantium to the Ottoman Turks. An Annotated Translation of „Historia Turco-Byzantina" by Harry J. MAGOULIAS. Detroit/MI 1975.

ĐURĐEV, Branislav/ZIROJEVIĆ, Olga: Opširni defter Segedinskog sandžaka, *Mešovita grada (Miscellanea)* 17–18 (1988), 7–57.

Dva prva popisa zvorničkog sandžaka (iz 1519. i 1533. godine) [Die ersten zwei Verzeichnisse der Provinz Zvornik (1519 u. 1533)]. Übers., Hg. Adem HANDŽIĆ. Sarajevo 1986.

Einrichtungswerk des Königreichs Hungarn (1688–1690). Hgg. János KALMÁR/János J. VARGA. Stuttgart 2010.

EMBER, Győző: Der österreichische Staatsrat und die ungarische Verfassung 1761–1768, *Acta Historica* 6 (1959), H. 1–2, 119–153 (Teil 1); H. 3–4, 331–371 (Teil 2); 7 (1960), H. 1–2, 149–182 (Teil 3).

Η εντολή του δόγη Βενετίας προς τον ρέκτωρα Χανίων 1589 [Die commissio des Dogen von Venedig für den Rektor von Chaniá 1589]. Ire debeas in rettorem Caneae. Hg. Chrysa A. MALTEZU. Benetia 2002.

Erdélyi okmánytár. Oklevelek, levelek és más írásos emlékek Erdély történetéhez. Codex diplomaticus Transsylvaniae. Diplomata, epistolae et alia instrumenta litteraria res Transsylvanas illustrantia. Hg. Zsigmond JAKÓ. Bd. 1: 1023–1300; Bd. 2: 1301–1339; Bd. 3: 1340–1359; Bd. 4: 1360–1372. Budapest 1997–

ESARCU, Constantin: Petru Cercel. Documente descoperite în Arhivele Veneţiei [Peter Cercel. In den Archiven Venedigs entdeckte Dokumente]. Bucuresci 1874.

Evliya Çelebi

Evliyâ Çelebi Seyahatnâmesi [Der Reisebericht des Evliyâ Çelebi]. Bde. 1–9. Istanbul 1996–2007.

Evlija Čelebi. Pătepis [Reisebeschreibung]. Übers., Hg. Strašimir DIMITROV. Sofija 1972.

Εβλιγιά Τσελεμπή. Οδοιπορικό στην Ελλάδα (1668–1671). Πελοπόννησος, Νησιά Ιονίου, Κρήτη, Κυκλάδες, Νησιά Ανατολικού Αιγαίου [Reisebericht in Griechenland (1668–1671). Peloponnes, Ionische Inseln, Kreta, Kykladen, Ostägäische Inseln]. Übers., Hg. Demetres LUPES. Athen 1994.

Η κεντρική και η δυτική Μακεδονία κατά τον Εβλιγιά Τσελεμπή [Mittel- u. Westmakedonien nach Evliya Çelebi]. Übers., Basiles DEMETRIADES. Thessaloniki 1973.

Čelebi Evlija. Putopis. Odlomci o jugoslovenskim zemljama [Der Reisebericht. Angaben über die jugoslawischen Länder]. Übers., Hg. Hazim ŠABANOVIĆ. Sarajevo ²1979.

Evliyâ Çelebi in Albania and Adjacent Regions (Kosovo, Montenegro, Ohrid). Übers., Hg. Robert DANKOFF/Robert ELSIE. Leiden 1999.

Evtimij (Patriarch v. Tărnovo)

Werke des Patriarchen von Bulgarien Euthymius [1375–1393]. Nach den besten Handschriften. Hg. Emil KAŁUŽNIACKI. Wien 1901.

FIEDLER, Joseph (Hg.): Relationen venetianischer Botschafter über Deutschland und Österreich im sechzehnten Jahrhundert. Wien 1870.

Fontes Historiae Daco-Romanae. Izvoarele istoriei României [Quellen zur Geschichte Rumäniens]. Bde. 2–4. Bucureşti 1970–1982.

Quellen

Foscari, Alvise

Alvise Foscari. Dispacci da Zara 1777–1780. Hg. Fausto SARTORI. Venezia 1998.

Fotino, Dionisie

FOTEINÓS, Dionýsios: Ἱστορία τῆς πάλαι Δακίας, τα τῆς Τρανσιλβανίας, Βλαχίας, και Μολδαυίας. Ἐκ διαφόρων παλαιῶν και νεωτέρων συγγραφέων [Geschichte des alten Dakien, des heutigen Siebenbürgens, der Walachei u. der Moldau. Von verschiedenen alten u. neuen Autoren]. [Wien] 1819.

Dionisie Fotino. Istoria generală a Daciei sau a Transilvaniei, Țării Muntenești și a Moldovei [Allgemeine Geschichte Dakiens oder Siebenbürgens, der Walachei u. der Moldau]. Übers. George SION. București 2008.

FRAKNÓI, Vilmos (Hg.): Monumenta comitialia regni Hungariae. Magyar történelmi emlékek. Bd. 4: 1557–1563. Budapest 1876.

Franco, Demetrio

Commentario del le cose de Turchi, et del S. Giorgio Scanderbeg, principe di Epyrro, con la sua vita, et le uittorie per lui fatte. Con l'aiuto de l'altissimo Dio, et le inestimabili forze & uirtu di quello, degne di memoria. [Venezia] 1539.

GAUTIER, Paul: Un récit inédit du siège de Constantinople par les Turcs (1394–1402), *Revue des études byzantines* 23 (1965), H. 1, 100–117.

GELDNER, Ferdinand (Hg.): Der Türkenkalender: „eyn manung der cristenheit widder die durken", Mainz 1454. Das älteste vollständig erhaltene gedruckte Buch, Rar. 1 der Bayerischen Staatsbibliothek. Wiesbaden 1975.

GELZER, Heinrich: Der Patriarchat von Achrida. Geschichte und Urkunden. Leipzig 1902.

GEMIL, Tahsin/MEHMET, Mustafa A. (Hgg.): Cronici turcești privind Țările Române. Extrase [Türk. Chroniken zu den rum. Ländern. Auszüge]. 2 Bde. București 1966–1974.

Georg von Mühlbach (Georgius de Hungaria)

Tractatus de moribus, condicionibus et nequicia Turcorum. Hg. Reinhard KLOCKOW. Köln, Weimar, Wien 1993.

GEORGESCU, Vlad (Hg.): Mémoires et projets de réforme dans les Principautés Roumaines, 1769–1830. Répertoire et textes inédits. Bucarest 1970.

Geórgios Kodinós, Ps.-

[Geórgios] Kodinós, Ps. Pseudo-Kodinos, Traité des offices. Übers., Hg. Jean VERPEAUX, Paris 1966.

Stephan Gerlach

Stephan Gerlachs deß Aeltern Tage-Buch der von zween glorwürdigsten römischen Kaysern, Maximiliano und Rudolpho ... an die Ottomannische Pforte zu Constantinopel abgefertigten und durch den Wohlgebohrnen Herrn Hn. David Ungnad ... zwischen dem Ottomanischen und Römischen Kayserthum ... glücklichst-vollbrachter Gesandtschafft. Frankfurt/M. 1674.

Stephan Gerlach. Türkiye Günlüğü [Tagebuch der Türkei]. 2 Bde. Hg. Kemal BEYDILI. Istanbul 2007.

Dnevnik na edno pǎtuvane do osmanskata porta v Carigrad [Tagebuch einer Reise an die osmanische Pforte in Istanbul]. Sofija 1976.

GÉVAY, Antal von: Urkunden und Actenstücke zur Geschichte der Verhältnisse zwischen Österreich, Ungarn und der Pforte im XVI. und XVII. Jahrhundert. 3 Bde. Wien 1838–1842.

GHIBǍNESCU, Gheorghe I. (Hg.): Ispisoace și zapise (documente slavo-române) [Urkunden u. Schriftstücke (slaworum. Dokumente)]. 6 Bde. Iași 1906–1933.

DERS. (Hg.): Surete și izvoade (documente slavo-române) [Abschriften u. Handschriften (slawo-rum. Dokumente)]. Iași 1906–1933.

BIBLIOGRAPHIE

Giovanni Musachi

MUSACHI, Giovanni: Breve memoria de li discendenti de nostra casa Musachi, in: HOPF, Chroniques gréco-romanes, 270–340.

GIOTOPULU-SISILIANU, Elle: Πρεσβείες της βενετοκρατούμενης Κερκύρας (16ος – 18ος αι.) [Gesandtschaften des venez. beherrschten Korfu, (16.–18. Jh.)]. Athen 2002.

GIURESCU, C. (Hg.): Material pentru istoria Olteniei supt Austriaci [Material zur Geschichte Olteniens unter den Österreichern]. 3 Bde. Bucureşti 1913–1944.

GJUZELEV, Vasil (Hg.): Izvori za srednovekovnata istorija na Bălgarija (VII–XV v.). V avstrijskite rǎkopisni sbirki i arhivi [Quellen zur mittelalterlichen Geschichte Bulgariens (7.–15. Jh.). In österr. Handschriftensammlungen u. Archiven]. 2 Bde. Sofija 1994–2000.

GORUN-KOVÁCS, Blanka: Az 1784. évi erdélyi parasztlázadás magyarországi iratai [Ungarische Dokumente des siebenbürgischen Bauernaufstands von 1774]. Debrecen 2006.

GRACIOTTI, Sante (Hg.): La Dalmazia e l'Adriatico dei pellegrini „veneziani" in Terrasanta (secoli XIV–XVI). Studio e testi. Venezia 2014.

DERS. (Hg.): La Dalmazia nelle relazioni di viaggiatori e pellegrini da Venezia tra Quattro e Seicento. Roma 2009.

Građa za istoriju vojne granice u XVIII veku. Quellen zur Geschichte der Militärgrenze im XVIII. Jahrhundert. Hgg. Slavko GAVRILOVIĆ u. a. Bde. 1–4. Beograd 1989–2009.

GRECESCU, Constantin/SIMONESCU, Dan (Hgg.): Istoria Țării Românești 1290–1690. Letopisețul cantacuzinesc [Die Geschichte der Walachei 1290–1690. Die Cantacuzino-Chronik]. Bucureşti 1960.

Gregorás, Nikephóros

Nicephori Gregorae Byzantina historia Graece et Latine. Bde. 1–2. Cura Ludovici SCHOPENI. Bonnae 1829–1830; Nicephori Gregorae Historiae Byzantinae libri postremi ab Immanuele BEKKERO nunc primum ed. Bonnae 1855.

Nikephoros Gregoras. Rhomäische Geschichte. Historia Rhomaïke. Bde. 1–5. Übers. Jan Louis van DIETEN. Bd. 6 in Fortsetzung der Arbeit von Jan Louis van Dieten: Übers. Franz TINNEFELD. Stuttgart 1973–2007.

Nikephoros Gregoras. Rhomäische Geschichte. Historia Rhomaïke. Bd. 2,1. Übers. u. erl. v. Jan Louis van DIETEN. Stuttgart 1979.

GRUMEL, Venance (Hg.): Les Regestes des Actes du Patriarcat de Constantinople. Bde. 1,4–1,7. Konstantinopoli 1971–1991.

Grund- und Hausverzeichnisse der Festungsstadt Győr/Raab 1564–1602. Hg. Lajos GECSÉNYI. Győr 2003.

GUBOGLU, Mihail (Hg.): Catalogul documentelor turceşti [Katalog türk. Dokumente]. 2 Bde. Bucureşti 1960–1965.

DERS.: Cronici turceşti privind ţările române [Türk. Chroniken zu den rum. Ländern]. 3 Bde. Bucureşti 1966–1980.

GUSZAROVA, Tatjana: A 17. századi magyar országgyűlések résztvevői [Die Teilnehmer der ung. Reichstage im 17. Jh.], *Levéltári Közlemények* 76 (2005), H. 2, 93–148.

HAJDU, Lajos: II. József igazgatási reformjai Magyarországon [Die Verwaltungsreformen Josephs II. in Ungarn]. Budapest 1982.

Mehmed Halife

Mehmed Halife. Târih-i Gilmânî [Die Geschichte von Gilmani]. Hg. Kâmil SU. Ankara 1986.

Mehmed Halifa Bošnjak. Ljetopis 1650–1665 [Chronik 1650–1665]. Übers., Hg. Fehim NAMETAK. Sarajevo 2002.

Michael Heberer

Aegyptiaca servitus. Das ist, warhafte Beschreibung einer dreyjährigen Dienstbarkeit, so zu Alexandrien in Egypten jhren Anfang, vnd zu Constantinopel jhr Endschafft genommen. Heidelberg 1610.

Osmanlıda Bir Köle. Brettenli Michael Heberer'in Anıları [Ein Sklave bei den Osmanen. Die Erinnerungen des Michael Herberer], 1585–1588. Übers. Türkis NOYAN. Istanbul 2003.

Histoire de la Moldavie et de la Valachie avec une dissertation sur l'état actuel de ces deux provinces, par C... [Jean Louis CARRA]. Jassy [de facto Bouillon] 1777.

Historía de Jacob Xalabín. History of Yakub Çelebi. A Critical Edition, with an Introduction, Notes, and English Translation. Hgg., Übers. Juan Carlos BAYO/Barry TAYLOR. Leiden, Boston/MA 2016.

HOLBAN, Maria/ALEXANDRESCU-DERSCA BULGARU, Maria M./CERNOVODEANU, Paul (Hgg.): Călători străini despre Țările Române [Fremde Reisende über die rum. Länder]. 10 Bde. București 1968–2001. Supplementbände 2011–

HOPF, Charles: Chroniques gréco-romanes inédites ou peu connues. Publiées avec notes et tables généalogiques. Berlin 1873.

[HÖRNIGK, Philipp Wilhelm von] Oesterreich über Alles, wann es nur will; Das ist, wohlmeynender Fürschlag wie mittelst einer wohlbestellten Landes-Oeconomie die Kayserl. Königl. Erb-Lande in kurzem über alle andere Staaten von Europa zu erheben [...]. [o. O.] 1684.

HORVÁTH, Zita: Paraszti vallomások Zalában [Aussagen der Bauern im Komitat Sala]. Bde. 1–2. Zalaegerszeg 2001–2006.

Hüseyin Boşnak Koca Muerrih

Chjusejn. Beda'i' ul veka'i' (Udivitel'nye sobytija) [Erstaunliche Ereignisse]. 2 Bde. Hg. A.[nna] S. TVERITINOVOJ [TVERITINOVA]. [Moskva] 1961.

IACOB, Dan Dumitru: Avere prestigiu, şi cultură materială în surse patrimoniale. Inventare de averi din secolele XVI–XIX [Vermögen, Prestige u. materielle Kultur in Vermögensquellen. Besitzinventare aus dem 16.–19. Jh.]. Iaşi 2015.

Ibrahim Peçevî

Ibrahim Alajbegović Pečevija. Historija [Geschichte]. Bd. 1: 1520–1576; Bd. 2: 1576–1640. Übers., Hg. Fehim NAMETAK. Sarajevo 2000.

Peçevi tarihi [Die Geschichte des Peçevî]. Hg. Bekir Sıtkı BAYKAL. Ankara 1981.

ILIESCU, Octavian: Moneda in România, 491–1864 [Die Münze in Rumänien, 491–1864]. București 1970.

IL'INSKIJ, Grigorii A. (Hg.): Gramoty bolgarskich carej [Urkunden der bulgarischen Zaren]. With an Introduction by Ivan DUJČEV. London 1970 (Erstausg.: Moskau 1911).

IMBER, Varna Colin: The Crusade of Varna, 1443–1445. Aldershot, Burlington/VT 2006.

İNALCIK, Halil (Hg.): Hicrî 835 tarihli Sûret-i Defter-i Sancak-i Arvanid [Das Register der Provinz Arvanid (Albanien) aus dem Jahr 835/1431]. Ankara 1954.

İNALCIK, Halil/RADUSHEV, Evgeni/ALTUĞ, Uğur: 1445 tarihli Paşa Livâsı icmâl defteri [Das icmal-Register der Region Paşa von 1445]. Ankara 2013.

Îndreptarea legii, 1652 [Gesetzesweiser, 1652]. Hg. Andrei RĂDULESCU. București 1962.

Inscripţiile medievale ale României [Mittelalterliche Inschriften Rumäniens]. Bisher 3 Bde. București 1965–2005.

IONAŞCU, Ion/BĂRBULESCU, Petru/GHEORGHE, Gheorghe (Hgg.): Relaţiile internaţionale ale României în documente (1368–1900). Culegere selectivă de tratate, acorduri, convenţii şi alte acte cu caracter internaţional [Die internationalen Beziehungen Rumäniens in Dokumenten (1368–1900). Auswahlsammlung von Verträgen, Vereinbarungen, Konventionen u. andere Akten mit internationalem Charakter]. București 1971.

IORGA, Nicolae (Hg.): Genealogia Cantacuzinilor de Banul Mihai Cantacuzino [Die Genealogie der Cantacuzino, von Ban Mihai Cantacuzino]. București 1902.

DERS. (Hg.): Studii şi documente cu privire la istoria romînilor [Studien u. Dokumente betreffend die Geschichte der Rumänen]. 31 Bde. București 1901–1916.

Istoria politică şi geografică a ţerei românesci de la cea maĭ veche a sa întemeere pănă la anulu 1774. Dată maĭ antaiu la lumina in limba grecésca la anul 1806 de Fraţii Tunusli [Politische u. geographische Geschichte der Walachei von ihrer ältesten Gründung bis ins Jahr 1774. Erstmals 1806 von den Tunusli-Brüdern auf Gr. veröffentlicht]. Übers., Hg. George SION. București 1865.

Istoria Ţării Romîneşti de la octombrie 1688 pînă la martie 1717. Cronica anonimă [Geschichte der Walachei vom Oktober 1688 bis März 1717. Anonyme Chronik]. Hg. Constantin GRECESCU. Bucureşti 1959.

ISTRATI, Corneliu (Hg.): Condica vistieriei Moldovei din anul 1816 [Das Registerbuch des Schatzamtes der Moldau aus dem Jahr 1816]. Iaşi 1979.

IVANOV, Jordan: Bălgarski starini iz Makedonija [Bulg. Altertümer aus Makedonien]. 2 Bde. Sofija 1931 (Nachdr. 1970).

Izvoarele răscoalei lui Horea. Fontes seditionis Horianae. 15 Bde. Hgg. Stefan PASCU u. a. Bucureşti 1982–2014.

Jacobus de Promontorio de Campis

BABINGER, Franz: Die Aufzeichnungen des Genuesen Iacopo de Promontorio – de Campis über den Osmanenstaat um 1475. München 1957.

Jean de Wavrin

IORGA, Nicolae: La campagne des croisés sur le Danube (1445). Extrait des „Anciennes chroniques d'Angleterre". Paris 1927.

JIREČEK, Konstantin: Spomenici srpski [Serb. Denkmäler]. Beograd 1892 (Nachdr. 2007).

Johannes (de Thurocz)

Johannes de Thurocz. Chronica Hungarorum. Hgg. Elisabeth GALÁNTAI/Julius KRISTÓ/Elemér MÁLYUSZ. 2 Bde. in 3. Budapest 1985–1988.

Jörg (v. Nürnberg)

Jörg (v. Nürnberg). Geschicht von der Turckey [Memmingen: Albrecht Kunne, ca. 1482/1483].

JORDANOV, Ivan J.: Korpus na pečatite na srednovekovna Bălgarija [Corpus mittelalterlicher bulg. Siegel]. Sofija 2001.

Kállistos I. (Patriarch)

Žitie Grigorija Sinaita sostavlennoe Konstantinopol'skim patriarchom Kallistom [Das Leben des Gregórios Sinaítes, zusammengestellt von Patriarch Kállistos]. Hg. P. A. SYRKU. St. Petersburg 1909.

Kananós, Johannes

CUOMO, Andrea Massimo (Hg.): Ioannis Canani de Constantinopolitana obsidione relatio. A Critical Ed., with Engl. Transl., Introd., and Notes of John Kananos' Account of the Siege of Constantinople in 1422. Berlin, Boston 2016.

Giovanni Cananos. L'assedio di Costantinopoli. Hg. Emilio PINTO. Messina 1977.

Kantakuzenós, Johannes (VI.)

Ioannis Cantacuzeni eximperatoris historiarum libri IV. Graeci et Latine, cura Ludovici SCHOPENI. Bde. 1–3. Bonnae 1828–1832.

Johannes Kantakuzenos. Geschichte. Übers. Georgios FATOUROS/Tilman KRISCHER. Bde. 1–3. Stuttgart 1982–2011.

Kantakuzin, Dimităr

Dimităr Kantakuzin. Săbrani săčinenija [Gesammelte Werke]. Hg. Bon'o ANGELOV. Sofija 1989.

KATIĆ, Tatjana: Opširni popis prizrenskog sandžaka iz 1571. godine [Detailed Register of the Prizren Sancak from 1571]. Beograd 2010.

KENYERES, István u. a. (Hgg.): XVI. századi uradalmi utasítások. Utasítások a kamarai uradalmak prefektusai, udvarbírái és ellenőrei részére [Herrschaftsinstruktionen aus dem 16. Jh. Instruktionen für die Präfekten, Hofrichter u. Gegenschreiber der Kammerherrschaften in Ungarn]. Budapest 2002.

Quellen

Knjiga statuta zakona i reformacija grada Šibenika. Volumen statutorum, legum et reformationum Civitatis Sibenici. Hg. Slavko GRUBIŠIĆ. Šibenik 1982.

KOŁODZIEJCZYK, Dariusz: Ottoman-Polish Diplomatic Relations (15th–18th Century). An Annotated Edition of 'Ahdnames and Other Documents. Leiden 2000.

Konstantin Mihailović (aus Ostrovica)

ŁOS, Jan (Hg.): Pamiętniki Janczara czyli Kronika turecka Konstantego z Ostrowicy. Napisana między r. 1496 a 1501. Kraków 1912.

Memoiren eines Janitscharen oder Türkische Chronik. Eingel. u. übers. v. Renate LACHMANN. Paderborn u. a. 2010.

Memoirs of a Janissary. Konstantin Mihailović. Übers. Svat SOUCEK/Benjamin STOLZ. Princeton/NJ 2011.

Janičarove uspomene ili turska hronika. Übers., Hg. Đorđe ŽIVANOVIĆ. Beograd 1986.

Konstantin der Philosoph

KUEV, Kujo/PETKOV, Georgi: Săbrani săčinenija na Konstantin Kostenečki. Izsledvane i tekst [Gesammelte Werke des Konstantin von Kostenec. Forschung u. Text]. Sofija 1986.

Život Stefana Lazarevića, despota srpskoga [Das Leben des Stefan Lazarević, des serb. Despoten]. Beograd 2007.

BRAUN, Maximilian (Hg., Übers.): Lebensbeschreibung des Despoten Stefan Lazarević. 'S-Gravenhage, Wiesbaden 1956.

KREUTEL, Richard: Der Löwe von Temeschwar [Ta'rīh-i waq-anāma-i Ġa'far Paša, dt.]. Erinnerungen an Ca'fer Pascha den Älteren, aufgezeichnet v. seinem Siegelbewahrer 'Alî. Graz 1981.

Kritóbulos von Imbros

Critobuli Imbriotae Historiae. Hg. Diether Roderich REINSCH. Berlin, Boston/MA 1983.

REINSCH, Diether Roderich (Übers.): Das Geschichtswerk des Kritobulos von Imbros. Graz, Wien, Köln 1986.

KURTOVIĆ, Esad: Izvori za historiju srednjovjekovne Bosne [Sources for the History of Medieval Bosnia]. Bde. 1,1–2. Sarajevo 2017.

KURTOVIĆ, Esad u. a. (Hgg.): Codex diplomaticus regni Bosniae. Povelje i pisma stare bosanske države [Urkunden u. Briefe des alten bosnischen Staates]. Sarajevo 2018.

KURZ, Marlene: Das sicill aus Skopje. Kritische Edition u. Kommentierung des einzigen vollständig erhaltenen Kadiamtsregisterbandes (sicill) aus Üsküb (Skopje). Wiesbaden 2003.

Lackner Kristófnak. Mindkét jog doktoránák rövid önéletrajza. Vitae Christophori Lackner I. U. D. Hominis, brevis consignatio. Hg. Gergely TÓTH. Sopron 2008.

LAMPROS, Spyridon (Hg.): Παλαιολόγεια και Πελοποννησιακά [Palaiologisches u. Peloponnesisches]. 4 Bde. Athen 1912–1930.

Laónikos Chalkokondýles

Laonici Chalcocondylae Historiarum demonstrationes. Hg. Eugenius DARKÓ. 2 Bde. Budapest 1922–1927.

Nikola Lašvanin

Nikola Lašvanin. Ljetopis [Chronik]. Übers., Hg. Ignacije GAVRAN. Sarajevo 2003.

Latinički prepis rudarskog zakonika despota Stefana Lazarevića. Uvod, tekst, prevod i komentari [Die lateinschriftliche Übertragung des Bergrechts des Despoten Stefan Lazarević. Einführung, Text, Übers. u. Kommentare]. Hg. Sima M. ĆIRKOVIĆ. Beograd 2005.

The Laws of the Medieval Kingdom of Hungary. Decreta regni mediaevalis Hungariae.

… Bd. 2: 1301–1457. Übers. Hgg. János M. BAK/Pál ENGEL/Ross SWEENEY. Bakersfied 1992.

… Bd. 3: 1458–1490. Übers. Hgg. János M. BAK/Leslie S. DOMOKOS/Paul B. HARVEY Jr. Bakersfield 1996.

... Bd. 4: 1490–1526. Übers. Hgg. Péter Banyó/Martyn Rady. Bakersfield 2012.

... Bd. 5: The Customary Law of the Renowned Kingdom of Hungary, a Work in three Parts (The „Tripartitum") [1514/1517]. Tripartitum opus iuris consuetudinarii inclyti regni Hungariae. Übers. Hgg. János M. Bák/László Péter. Bakersfield 2005.

[Die Bde. 1–5 wurden zu einer einbändigen pdf-Datei zusammengeführt und sind online zugänglich: János M. Bak, Online Decreta Regni Mediaevalis Hungariae. The Laws of the Medieval Kingdom of Hungary. O. O. 2019 <https://digitalcommons.usu.edu/lib_mono/4>.]

Legislația urbană a Țării Românești. La législation urbaine de Valachie (1765–1782). Din proiectele de cod general ale lui Mihail Fotino din 1765 şi 1766. Hrisovul din 12 mai 1768. Projectul de cod urban al lui Mihail Fotino din 1777. Acte normative din domnia lui Alexandru Ipsilanti. Traducerea românească a lui Toma Carra (1804) din Hexabiblu (II,4) [Aus den Projekten des allgmeinen Codex des Mihail Fotino von 1765 u. 1766. Die Urkunde vom 12. Mai 1768. Das Projekt des urbanen Codex von Mihail Fotino von 1777. Normative Akten aus der Regierungszeit von Alexandru Ipsilanti. Die rum. Übers. des Toma Carra aus dem Hexabiblu]. Hg. Valentin A. Georgescu. București 1975.

Legiuirea Caragea [Die Rechtsetzung des Caragea]. Hg. Andrei Rădulescu. București 1955.

Legrand, Emile (Hg.): Deux vies de Jacques Basilicos. Seigneur de Samos, Marquis de Paros, Comte Palatin et Prince de Moldavie. Paris 1889.

Lehotzky, Andreas: Stemmatographia nobilium familiarum regni Hungariae [...]. Pars I. [...]. Posonii 1796.

Lettres et extraits concernant les relations des Principautés Roumaines avec la France, 1728–1810. Hg. Jean C. Filitti. București 1915.

Liata, Eutychia/Tsiknakes, Kostas G. (Hgg.): Με την αρμάδα στο Μοριά, 1684–1687. Ανέκδοτο ημερολόγιο με σχέδια εισαγωγή. [Mit der Armee in der Morea, 1684–1687. Unveröffentlichtes Tagebuch]. Athen 1998.

Liber notariorum Catarensium. Knjiga kotorskih notara. Hg. Antun Mayer. 2 Bde. Zagreb 1951–1981.

Lichtneckert, András: Veszprém vármegye községeinek urbáriumai, úrbéri és telepítési szerződései, 1690–1836 [Die Urbarien, urbariale u. Ansiedlungsverträge der Gemeinden im Komitat Wesprim, 1690–1836]. Veszprém 2009.

Limona, Dumitru (Hg.): Negustorii „greci" şi arhivele lor comerciale [„Griechische" Händler u. ihre Handelsarchive]. Iaşi 2016.

Lința, Elena: Materiale inedite privitoare la epoca primului interregn polonez şi la politica domnului moldovean Ion Vodă (1572–1574) [Unveröffentlichte Materialien betreffend die Epoche des ersten poln. Interregnums u. der Politik des mold. Herrschers Ion Vodă (1572–1574)], Romanoslavica 11 (1965), 287–310.

Literatura română veche (1402–1647) [Die alte rum. Literatur]. Bd. 2. Hgg. Gheorghe Mihăilă/Dan Zamfirescu. București 1969.

Ljubić, Simeon [Šime]: Listine o odnošajih južnoga slavenstva i Mletačke republike [Urkunden hinsichtlich der Beziehungen des südlichen Slawentums mit Venedig]. 10 Bde. Zagreb 1868–1891.

Reinhold Lubenau

Beschreibung der Reisen des Reinhold Lubenau. Hg. Wilhelm Sahm. Königsberg 1914.

Reinhold Lubenau Seyahatnamesi. Osmanlı ülkesinde 1587–1589 [Der Reisebericht von Reinhold Lubenau. 1587–1589 im Osmanischen Reich]. Übers. Türkis Noyan. Istanbul 2006.

Luca, Cristian: Il principe valacco Petru Cercel e Venezia. Documenti inediti (1588), *Ateneo veneto* 39 (2001), 105–120.

Luccari, Giacomo (Jakov Lukarević)

Copioso Ristretto degli Annali di Rausa (Ragusa). Venetia 1605.

Lupaş, Ioan: Documente istorice transilvane [Dokumente der Geschichte Siebenbürgens]. Bd. 1: 1599–1699. Cluj 1940.

Mad 506 numaralı Semendire Livâsı icmal tahrîr defteri (937/1530). Dizin ve tıpkıbasım [Ein „kleines" Katasterverzeichnis der Provinz Smederevo mit der Nummer 506. Index u. Faksimile]. Ankara 2009.

Magyar diplomacziai emlékek az Anjou-korból [Ungarische diplomatische Akten aus der Anjou-Zeit]. 3 Bde. Hg. Gusztáv Wenzel. Budapest 1874–1876.

Magyar diplomacziai emlékek Mátyás Király korából, 1458–1490 [Ungarische diplomatische Akten aus der Zeit von König Matthias, 1458–1490]. Hgg. Iván NAGY/Albert B. NYÁRY. 4 Bde. Budapest 1875–1878.

Magyar középkor, 997–1526. Forrásgyűjtemény [Ungarisches Mittelalter, 997–1526. Quellensammlung]. Hg. Gábor NAGY. Debrecen 1999.

A magyar történet kútfőinek kézikönyve. Enchiridion fontium historiae Hungarorum. Hg. Henrik MARCZALI. Budapest 1901.

MAJESKA, George Patrick (Hg.): Russian Travelers to Constantinople in the Fourteenth and Fifteenth Century. Washington/DC 1984.

Manuel II Palaiológos

Manuel II Palaeologus. Funeral Oration on his Brother Theodore. Hg., Übers. Julian CHRYSOSTOMIDES. Thessalonike 1985.

Marii cronicări al Moldovei. Grigore Ureche, Miron Costin, Nicolae Costin, Ion Neculce [Die großen Chronisten der Moldau. Grigore Ureche, Miron Costin, Nicolae Costin, Ion Neculce]. Hg. Gabriel ȘTREMPEL. București 2003.

MARINESCU, Florin (Hg.): Ρουμανικά έγγραφα του Αγίου Όρους. Αρχείο Ιεράς Μονής Ιβήρων [Rum. Dokumente des Berges Athos. Archiv des Hl. Klosters von Iveron]. Bde. 1–2. Athen 2007.

Marínos Tzánes Búniales

Marinos Tzanes Mpuniales. Ο Κρητικός πόλεμος (1645–1669) [Der kretische Krieg]. Hgg. Stylianos ALEXIU/Martha APOSKITE. Athena 1995.

Marko von Peć/Peja (Bischof)

TRIFUNOVIĆ, Đ.[orđe]: Žitije svetog patrijarha Jefrema od episkopa Marka [Das Leben des Hl. Patriarchen Jefrem von Bf. Marko], Anali filološkog fakulteta 7 [1967], 67–74.

NOVAKOVIĆ, Stojan: Život srpskoga patrijarha Jefrema [Das Leben des serb. Patriarchen Jefrem], Starine JAZU 16 (1884), 35–40.

Matthias Corvinus

[Matthias Corvinus.] Mathiae Corvini Hungariae regis Epistolae ad Romanos Pontifices datae et ab eis acceptae. Mátyás Király levelezése a Római pápákkal, 1458–1490. Budapest 1891 (Nachdr. 2000).

[Matthias Corvinus.] Mátyás király levelei, 1460–1490 [Die Briefe von König Matthias, 1460–1490]. Hg. V. Sándor KOVÁCS. Budapest 1986.

[Matthias Corvinus.] Mátyás király levelei. Külügyi osztály [Die Briefe von König Matthias. Auswärtige Abteilung]. Hg. Vilmos FRAKNÓI. 2 Bde. Budapest 1893–1895 (Nachdr. 2008).

MAXIM, Liviu: L'échelle danubienne de Turnu (Holovnik, Kule) à la lumière de nouveaux documents ottomans, Romano-Turcica 1 (2003), 83–117.

DERS. (Hg.): O istorie a relațiilor româno-otomane, cu documente noi din arhivele turcești [Eine Geschichte der rum.-osm. Beziehungen mit neuen Dokumenten aus türk. Archiven]. Brăila 2012.

MAXIM, Mihai (Hg.): Brăila otomană. Materiale noi din arhivele turcești. Registre de recensământ din secolul 16 [Das osm. Brăila. Neues Material aus türk. Archiven. Steuerregister aus dem 16. Jh.]. Brăila 2013.

DERS.: Brâncoveanu și Înalta Poartă. Documente din arhivele turcești [Brâncoveanu u. die Hohe Pforte. Dokumente aus türk. Archiven]. Brăila 2016.

DERS. (Hg.): Noi documente turcești privind Țările Române și Înalta Poartă, 1526–1602 [Neue türk. Dokumente zu den rum. Ländern u. der Hohen Pforte, 1526–1602]. Brăila 2008.

MAXIM, Mihai/GHEORGHE, Adrian (Hgg.): Brăila în primul registru otoman de recensământ cunoscut (1570). Ediție critică și traducere în limba română a secțiunii Brăila din registrul BOA TTd 483 [Brăila im ersten bekannten osm. Steuerregister 1570. Kritische Edition u. rum. Übers. des Abschnitts zu Brăila des Registers BOA TTd 483]. Brăila 2018.

MAZILU, Dan Horia (Hg.): Cronicări munteni [Walachische Chronisten]. București 2004.

McGOWAN, Bruce: Sirem sancağı mufassal tahrir defteri [Das umfassende tahrir-Register der Provinz Syrmien]. Ankara 1983.

MELTZL, Oskar von: Die Gravaminal-Vorstellung des siebenbürgischen Adels an Kaiser Joseph II. vom Jahre 1787, *Archiv des Vereins für Siebenürgische Landeskunde* N. F. 21 (1887), 367–440.

Mihai Viteazul în conştiinţa europeană [Michael der Tapfere im europäischen Bewusstsein]. Hg. Ion ARDELEANU. Bde. 1–5. București 1982–1990.

[MIKLOŠIĆ, Franc] MIKLOSICH, Franz: Monumenta Serbica spectantia historiam Serbiae, Bosnae, Ragusii. Viennae 1858 (Nachdr.: Beograd 2006).

MILJKOVIĆ-BOJANIĆ, Ema: Smederevski sandžak, 1476–1560. Zemlja, naselja, stanovništvo [Der Sancak Smederevo 1476–1560. Region, Siedlungen, Bevölkerung]. Beograd 2004.

MIŠIĆ, Siniša/SUBOTIN-GOLUBOVIĆ, Tatjana: Svetoarhanđelovska hrisovulja [St. Arhangels' Chrisoboule]. Beograd 2003.

MISKOLCZY, Ambrus/VARGA, Árpád E.: Jozefinizmus Tündérországban. Erdély történeti demográfiájának forrásai a XVIII. század második felében [Josephinismus im Feenland. Quellen der hist. Demographie Siebenbürgens in der zweiten Hälfte des 18. Jh.s]. Budapest 2013 (mit CD-ROM).

Moldavija v èpochu feodalizma. Moldova yn epoka feudalizmuluj [Die Moldau in der Epoche des Feudalismus]. Ab Bd. 8 in Latinica unter dem Titel Moldova în epoca feudalismului. Hg. P. G. DMITRIEV u. a. 12 Bde. in 13. Kišinev (Chişinău) 1975–2012.

Moldova în epoca feudalismului [Die Moldau in der Epoche des Feudalismus] (Bde. 1–7 in kyrillischer Schrift: Moldova yn epoka feudalizmuluj). Chişinău (Kišinëv) 1961–2012, bisher 12 Bde.

Monumenta historica Slavorum meridionalium vicinorumque populorum deprompta e tabulariis e bibliothecis Italicis. Hg. Vinkentij V. MAKUŠEV. 2 Bde. Varsaviae 1874, Belgradi 1882.

Monumenta rusticorum in Hungaria rebellium anno MDXIV, maiorem partem collegit Antonius FEKETE NAGY. Hgg. Victor KENÉZ/Ladislaus SOLYMOSI. Budapest 1979.

Monumenta Vaticana historiam regni Hungariae illustrantia. Vatikáni Magyar Okirattár. Hg. Arnold IPOLYI. Reihe 1 in 6 Bde. Budapestini 1885–1891 (Nachdr. 2000).

Montagu, Mary Wortley

[Montagu, Mary Wortley.] Letters of the right honourable Lady M–y W–y M–e. Written during her Travels in Europe, Asia and Africa, to Persons of Distinction. A new Edition. Paris 1779.

MOSCHONAS, Nikos G.: Πρακτικά Συμβυλίου Κοινότητας Κεφαλονιάς. Βιβλίο Αʼ (19 Μαρτίου – 19 Απριλίου 1593) [Die Akten des Rats der Gemeinde Kephalonia. 1. Buch. (19. März – 19. April 1593)], *Σύμμεικτα* 3 (1979), 265–350.

MOŠIN, Vladimir (Hg.): Spomenici za srednovekovnata i ponovata istorija na Makedonija. Monuments relatifs à l'histoire médiévale et moderne de la Macédoine. Bd. 1: Gramoti, zapisi i druga dokumentarna graǵa za mana-stirite i crkvite vo skopskata oblast [Urkunden, Notizen u. anderes dokumentarisches Material zu den Klöstern u. Kirchen im Gebiet von Skopje]. Skopje 1975.

MOŠIN, Vladimir/ĆIRKOVIĆ, Sima M./SINDIK, Dušan (Hgg.): Zbornik srednjovekovnih ćiriličkih povelja i pisama Srbije, Bosne i Dubrovnika [Sammlung mittelalterlicher Urkunden u. Briefe in kyrillischer Schrift aus Serbien, Bosnien u. Dubrovnik]. Bd. 1: 1186–1321. Beograd 2011.

Mühimme defteri. Başbakanlık Osmanlı Arşivi, 113 numaralı ve H. 1113–1115 – M. 1701–1703 tarihli [Mühimme Register. Archiv des Ministerpräsidenten, Nummer 113]. Istanbul 1987.

Mühimme defteri 44 [Mühimme Register 44]. Hg. Mehmet Ali ÜNAL. Izmir 1995.

Mühimme defteri 90 [Mühimme Register 90]. Hg. Mertol TULUM. Istanbul 1993.

Mustafa Ali

Muṣṭafā ʿĀlīʾs Counsel for Sultans of 1581. Hg., Übers. Andreas TIETZE. 2. Bde. Wien 1979–1982.

NADIN, Lucia (Hg.): Statuti di Scutari della prima metà del secolo XIV con le addizioni fino al 1469. Roma 2002.

Naima

Târih-i Na'îmâ [Die Geschichte des Naima]. Ankara 2007.

Neagoe Basarab

Moisil, Florica/Zamfirescu, Dan/Mihăilă, Gheorghe (Hgg.): Învățăturile lui Neagoe Basarab către fiul său Theodosie [Mahnreden des Neagoe Basarab an seinen Sohn Theodosie]. București 1970.
Învățăturile lui Neagoe Basarab către fiul său Theodosie. Ediție facsimilată după unicul manuscris păstrat [Mahnreden des Neagoe Basarab an seinen Sohn Theodosie. Facsimilie-Ausgabe nach der einzigen erhaltenen Handschrift]. Hg. Gheorghe Mihăilă. București 1996.

Neculce, Ion

Ion Neculce. Opere. Letopisețul Țării Moldovei și o samă de cuvinte [Werke. Chronik des Landes Moldau u. eine Anzahl Wörter]. Hg. Gariel Ştrempel. București 1982.

Nedeljković, Branislav M. (Hg.): Liber Viridis. Beograd 1984.
Nehring, Karl: Quellen zur ungarischen Außenpolitik in der zweiten Hälfte des 15. Jahrhunderts, *Levéltári közlemények* 47 (1976), 87–120 (Teil 1: Briefe u. Urkunden [Regesten]), 247–268 (Teil 2: Verträge [Quellen- u. Editionshinweise]).

Nicolò de Martoni

Relation du pèlerinage à Jérusalem de Nicolas de Martoni, notaire italien (1394–1395), *Revue de l'Orient latin* 3 (1895), 566–669.

Níphon (Patriarch)

Viața sfântului Nifon. O redacție grecească inedită [Die Vita des Hl. Níphon. Eine unedierte gr. Redaktion]. Hg., Übers. Vasile Grecu. București 1944.

Notai genovesi in Oltremare. Atti rogati a Chilia da Antonio di Ponzò, 1360–61. Hg. Geo Pistarino. Genova 1971.
Notai genovesi in Oltremare. Atti rogati a Caffa e a Licostomo, sec. XIV. Hgg. Giovanna Petti Balbi/Silvana Raiteri. Bordighera 1973.
Notai genovesi in Oltremare. Atti rogati a Pera e Mitilene. Hg. Ausilia Roccatagliata. 2 Bde. Genova 1982.
Notai genovesi in Oltremare. Atti rogati a Chio, 1453–1454; 1470–1471. Hg. Ausilia Roccatagliata. Genova 1982.
Notai genovesi in Oltremare. Atti rogati a Chio da Donato di Chiavari (17 febbraio – 12 novembre 1394). Hg. Michel Balard. Genova 1988.
Notai genovesi in Oltremare. Atti rogati a Chio da Gregorio Panissaro (1403–1405). Hg. Paola Piana Toniolo. Genova 1995.
Notes et extraits pour servir à l'histoire des croisades au XVᵉ siècle. Hg. Nicolae Iorga. 5 Bde. Paris, Bucarest 1899–1915, u. *Revue de l'Orient latin* 4 (1896), 5 (1897).

Oblast Brankovića. Opširni katastarski popis iz 1455. godine [Das Gebiet der Branković. Allgemeine Katasterbeschreibung aus dem Jahre 1455]. Hgg., Übers. Hamid Hadžibegić/Adem Handžić/Ešref Kovačević. 2 Bde. Sarajevo 1972.
Odluke dubrovačkih vijeća 1390–1392 [Beschlüsse des Dubrovniker Rates]. Hgg. Nella Lonza/Zdravko Šundrica. Zagreb 2005.
Odluke dubrovačkih vijeća 1395–1397. Reformationes consiliorum civitatis Ragusii. Hg. Nella Lonza. Zagreb 2011.
Odluke veća dubrovačke republike [Beschlüsse des Rats der Republik Dubrovnik]. Hg. Mihailo Dinić. 2 Bde. Beograd 1951–1964.
Opširni katastarski popis za oblast Hercegovu iz 1585. godine [Umfassende Katasterbeschreibung für das Territorium des Herzogs von 1585]. 2 Bde. Hg., Übers. Ahmed S. Aličić. Sarajevo 2014.

BIBLIOGRAPHIE

Opširni popis Bosanskog sandžaka iz 1604. godine [Ein detailliertes Register des bosn. Sancaks von 1604]. Bde. 1–3. Hgg. Adem HANDŽIĆ/Snježana BUZOV/Amina KAPUSOVIĆ. Sarajevo 2000.

Opširni popis kliškog sandžaka iz 1550. godine [The 1550 Detailed Register of the Sanjak of Klis]. Übers., Hgg. Fehim SPAHO/Ahmed S. ALIČIĆ. Sarajevo 2007.

Organizarea de stat a Ţării Româneşti. L'organisation d'état de la Valachie (1765–1782). Fragmente din proiectele de cod general sau manualele de legi redactate de Mihail Fotino în 1765 (cinci titluri), 1766 (opt titluri) şi 1777 (cartea I) [Fragmente aus den Projekten eines allgemeinen Codex oder Lehrbuch der Gesetze von Mihail Fotino von 1765 (fünf Titel), 1766 (acht Titel) u. 1777 (Buch 1)]. Hg. Valentin A. GEORGESCU. Bucureşti 1989.

Oruç

Der fromme Sultan Bayezid. Die Geschichte seiner Herrschaft (1481–1512) nach den altosmanischen Chroniken des Oruç und des Anonymus Hanivaldanus. Übers. Richard F. KREUTEL. Graz, Wien, Köln 1978.

Das osmanische „Registerbuch der Beschwerden" (Şikâyet defteri), vom Jahre 1675. Österr. Nationalbibliothek, Cod. Mixt. 683. Bd. 1. Hgg., eingel. u. mit 17 Fachkollegen gemeinsam übers. v. Hans Georg MAJER. Wien 1984.

Ottoman Garrisons on the Middle Danube. Based on Austrian National Library MS MXT 562 of 956/1549–1550. Übers., Hgg. Asparuch VELKOV/Evgenij RADUŠEV. Budapest 1996.

An Ottoman Protocol Register. Containing Ceremonies from 1736 to 1808. BEO Sadaret defterleri 350 in the Prime Ministry Ottoman State Archives. Hg. Hasan KARATEKE. Istanbul 2007.

Pachyméres, Geórgios

Georges Pachymérès. Relations historiques. 5 Bde. Hg., Übers. Albert FAILLER. Paris 1984–2000.

PÁLFFY, Géza/PANDŽIĆ, Miljenko/TOBLER, Felix (Hgg.): Ausgewählte Dokumente zur Migration der burgenländischen Kroaten im 16. Jahrhundert. Odabrani dokumenti o seobi Gradišćanskih Hrvata u 16. stoljeću. Eisenstadt/Željezno 1999.

PALL, Francisc: I rapporti italo-albanesi alla metà del secolo XV., *Archivio storico per le province napoletane* Ser. 3. 4 (1965), 123–226.

PANAITESCU, Petre P. (Hg.): Documente privitoare la istoria lui Mihai Viteazul [Dokumente betreffend die Geschichte Michaels d. Tapferen]. Bucureşti 1936.

PANKRATES, Gerasimos D. (Hg.): Οι εκθέσεις των Βενετών βαΐλων και προνοητών της Κερκύρας (16ος αι). The Reports of the Venetian baili and provveditori of Corfu (16th Century). Athen 2008.

Papadopoli, Zuanne

Zuanne Papadopoli. L'occio. Time of Leisure. Memories of Seventeenth-Century Crete. Hg., Übers. Alfred VINCENT. Venice 2007.

PARDOS, Antones: Αρχείο Βενετικής διοίκησης Λευκάδας. Bd. 1: Τα βιβλία των ανώτερων Προνοητών [Das Archiv der venez. Verwaltung von Leukas. Die Bücher der Provveditori]. Athen 2008.

Paul von Aleppo

Paul din Alep. Jurnal de călătorie. Bd. 1: Siria, Constantinopol, Moldova, Valahia şi Ţara Cazacilor [Paul von Aleppo. Reisebericht. Bd. 1: Syrien, Konstantinopel, Moldau, Walachei u. Kosakenland]. Hg. Ioana FEODOROV. Brăila 2020.

Paul din Alep. Jurnal de călătorie în Moldova şi Valahia, Paul din Alep [Reisebericht in die Moldau u. die Walachei, Paul von Aleppo]. Hg. Ioana FEODOROV. Bucureşti 2014.

PAVLIKIANOV, Cyril: The Mediaeval Greek and Bulgarian Documents of the Athonite Monastery of Zographou, 980–1600. Critical Ed. and Comment. of the Texts. Sofia 2014.

PEDERIN, Ivan (Hg.): Acta politica et oeconomica cancellarie communis Tragurii in saeculo XV., *Starine* 60 (1987), 101–177.

A Perényi család levéltára, 1222–1526 [Das Familienarchiv Perényi, 1222–1526]. Hgg. István TRINGLI. Budapest 2008.

PERTUSI, Agostino: La caduta di Costantinopoli. 2 Bde. Roma, Milano 1976.

Pius II. (Aeneas Silvius Piccolomini)

Enee Silvii Piccolominei postea Pii papae II De Europa. Hg. Adrianus van HECK. Città del Vaticano 2001.

PLUMIDES, Georgios: Ἔγγραφα για τη Βενετοκρατούμενη Ναύπακτο (1444–1510) [Urkunden zum venez. beherrschten Naupaktos 1444–1510], Επετηρίς Εταιρείας Βυζαντινών Σπουδών 39/40 (1972/73), 493–501.

DERS. (Hg.): Αιτήματα και πραγματικότητες των Ελλήνων της Βενετοκρατίας [Petitionen u. Realitäten der Griechen unter der Venezianerherrschaft]. 2 Bde. Ioannina 1985.

DERS. (Hg.): Πρεσβείες Κρητών προς τη Βενετία [Gesandtschaften von Kretern nach Venedig]. Bd. 1: 1487–1558. Ioannina 1986.

Poimenični popis sandžaka vilajeta Hercegovina [Beschreibung des Sancak Vilayets Herzegowina]. Hg., Übers. Ahmed S. ALIČIĆ. Sarajevo 1985.

POPESCU [VORNICUL], Radu: Istoriile domnilor țării romînești [Geschichten der Herren der Walachei]. București 1963.

Popis sandžaka Požega 1579. godine. Defter-i mufassal-i liva-i Pojega 987 [Das Verzeichnis des Sancaks Požega aus dem Jahr 1579]. Hg. Stjepan SRŠAN. Osijek 2001.

PORČIĆ, Nebojša/ISAILOVIĆ, Neven (Hgg.): Dokumenti Vladara srednjevekovne Srbije i Bosne u venecijanskim zbirkama [Documents of Rulers of Medieval Serbia and Bosnia in Venetian Collections]. Beograd 2019.

POTRA, George: Tezaurul documentelor al județului Dîmbovița (1418–1800) [Dokumentenschatz des Bezirks Dîmbovița]. Bd. 1. București 1972.

Pravilniceasca condică 1780 [Gesetzesregister]. Hg. Andrei RĂDULESCU. București 1957.

PROCHÁZKA-EISL, Gisela/RÖMER, Claudia (Hgg.): Osmanische Beamtenschreiben und Privatbriefe der Zeit Süleymāns des Prächtigen aus dem Haus-, Hof- und Staatsarchiv zu Wien. Wien 2007.

Proiectele de constituție, programele de reforme și petițiile de drepturi din țările române în secolul al XVIII-lea și prima jumătate a secolului al XIX-lea. Les projets de constitution, les programmes de réformes et les pétitions de droits dans les pays roumains au XVIIIᵉ siècle et dans la première moitié du XIX siècle. Hg. Valeriu ȘOTROPA. București 1976.

Die Protokollbücher des Kadiamtes Sofia. Hg. Herbert W. DUDA. München 1960.

PUCIĆ, Medo (Hg.): Spomenici sr"bski od 1395. do 1423. [Serb. Denkmäler von 1395–1423]. 2 Bde. Beograd 1858–1862 (Nachdr. 2007).

Quellen und Regesten zu den Augsburger Handelshäusern Paler und Rehlinger, 1539–1664. Wirtschaft und Politik im 16./17. Jahrhundert. Teil 1: 1539–1623. Hg. Reinhardt HILDEBRAND. Stuttgart 1996.

Quellen zur Wirtschafts-, Sozial- und Verwaltungsgeschichte des Banats im 18. Jahrhundert. Hg. Josef WOLF. Tübingen 1995.

RADIĆ, Željko u. a. (Hgg.): Splitski statut iz 1312. godine. Povijest i pravo [Das Statut von Split aus dem Jahre 1312. Geschichte u. Recht]. Split 2015.

RADONIĆ, Jovan (Hg.): Dubrovačka akta i povelje. Acta et diplomata Ragusina. Bde. 1–2. Beograd 1934.

DERS. (Hg.): Đurađ Kastriot Skenderbeg i Albanija u XV veku [Georg Kastriota Skanderbeg u. Albanien im 15. Jh.]. Beograd 1942.

DERS.: Građa za istoriju bune Pere Segedinca [Quellen zur Geschichtes des Aufstandes Pero Szegedinác], *Spomenik Srpske Kraljevska Akademija* 59 (1923), 5–59.

Radu Greceanu

Radu Greceanu. Istoria domniei lui Constantin Basarab Brîncoveanu voievod (1688–1714) [Die Geschichte der Herrschaft von Woiwode Constantin Basarab Brâncoveanu (1688–1714)]. Hg. Aurora ILIEȘ. București 1970.

RAFAILĂ, Grina-Mihaela (Hg.): Documentele epocii brâncoveneşti în colecţiile muzeului municipiului Bucureşti [Dokumente der Brâncoveanu-Zeit in den Sammlungen des Munizipalmuseums Bukarest]. Bucureşti 2008.

[RAIČEVIĆ, Stefan] Osservazioni storiche naturali e politiche intorno la Valachia e Moldavia. Napoli 1788.

Rationes collectorum pontificiorum in Hungaria. Papai tized-szedok számadásai, 1281–1375. Budapestini 1887 (Nachdr. 2000).

Regesten der Kaiserurkunden des Oströmischen Reiches von 565–1453. 5 Bde. Bearb. v. Franz DÖLGER u. a. München 1924–1965. Neu bearb. v. Andreas E. MÜLLER. Bd. 1,1: Regesten von 565–867; Bd. 1,2: Regesten von 867–1025. München, Berlin ²2003–²2009.

Das Register des Patriarchats von Konstantinopel. Registrum Patriarchatus Constantinopolitani. Teil 1. Hgg., Übers. Herbert HUNGER/Otto KRESTEN; Teil 2. Hgg., Übers. Herbert HUNGER/Otto KRESTEN/Carolina CUPANE; Teil 3. Hgg., Übers. Johannes KODER/Martin HINTERBERGER/Otto KRESTEN. Wien 1981–2001.

Relaţiile româno-otomane, 1711–1821. Documente turceşti [Rumänisch-osmanische Beziehungen 1711–1821. Türk. Dokumente]. Hg. Valeriu VELIMAN. Bucureşti 1984.

Relaţiile Ţărilor Române cu Poarta otomană în documente turceşti (1691–1712) [Die Beziehungen der rum. Länder zur osm. Pforte in türk. Dokumenten]. Hg. Tahsin GEMIL. Bucureşti 1984.

Reprezentanţa diplomatică a Moldovei la Constantinopol, 30 august 1741–decembrie 1742. Rapoartele inedite ale agenţilor lui Constantin Mavrocordat [Die diplomatische Vertretung der Moldau in Konstantinopel, 30. August 1741–Dezember 1742. Unpublizierte Berichte der Vertreter von Constantin Mavrocordat]. Übers., Hg. Ariadna CAMARIANO-CIORAN. Bucureşti 1985.

Rossija i osvoboditel'naja bor'ba moldavskogo naroda protiv osmanskogo iga, 1769–1812 [Russland u. der Befreiungskampf des mold. Volkes gegen das Osmanische Joch, 1769–1812]. Hgg. N. A. MOCHOV/D. M. DRAGNEV. Kišinev 1984.

RUBIÓ I LLUCH, Antoni (Hg.): Diplomatari de l'Orient Català (1301–1409). Colleció de documents per la història de l'expedició catalana a Orient i dels ducats d'Atenes ì Neopàtria. Barcelona 1947 (Nachdr. 2001).

Sanudo, Marino

Marino Sanudo. Le vite dei Dogi, 1423–1474. Hg. Angela CARACCIOLO ARICÒ. 2 Bde. Venezia 1999–2004.

I diarii di Marino Sanuto [1496–1533]. 56 Bde. Hgg. Rinaldo FULIN u. a. Venezia 1879–1902.

SARINAY, Yusuf/ÖZKILINÇ, Ahmet (Hgg.): 91, 164, Mad 540 ve 173 numaralı Hersek, Bosna ve İzvornik livâları icmâl tahrîr defterleri, 926–939/1520–1533 [Die icmal-tahrir-Register 91, 164, Nr. 540 u. 173 der Bezirke Herzegowina, Bosnien u. Zvornik, 1520–1533]. Ankara 2006.

SCHAENDLINGER, Anton: Die Schreiben Süleymans des Prächtigen an Vasallen, Militärbeamte, Beamte und Richter aus dem Haus-, Hof- und Staatsarchiv zu Wien. 2 Bde. Wien 1986.

Schiltberger, Hans

Reisen des Johannes Schiltberger aus München in Europa, Asia und Afrika, von 1394 bis 1427. Zum ersten Mal nach der gleichzeitigen Heidelberger Handschrift hrsg. u. erl. v. Karl Friedrich NEUMANN. München 1859.

SCHIRÒ, Giuseppe (Hg.): Cronaca dei Tocco di Cefalonia. Prolegomeni testo critico e trad. Roma 1975.

SCHREINER, Peter: Die byzantinischen Kleinchroniken. Chronica Byzantina breviora. 3 Bde. Wien 1975–1979.

SCIAMBRA, Matteo/VALENTINI, Giuseppe/PARRINO, Ignazio (Hgg.): Il „liber brevium" di Callisto III. La crociata, l'Albania e Skanderbeg. Palermo 1968.

Friedrich Schwantz von Springfels

Friedrich Schwantz von Springfels. Descrierea Olteniei la 1723 [Beschreibung Olteniens von 1723]. Übers., Hg. Mircea-Gheorghe ABRUDAN. Brăila, Cluj-Napoca 2017.

Salomon Schweigger

Sultanlar Kentine Yolculuk 1578–1581. Ein newe Reyssbeschreibung auss Teutschland nach Constantinopel und Jerusalem. Übers. Türkis NOYAN. Istanbul 2003.

Quellen

Ein newe Reyssbeschreibung auss Teutschland nach Constantinopel und Jerusalem. Neudruck. Graz 1964.

SCHWENKE, Paul (Hg.): Die Türkenbulle Pabst Calixtus III. Ein deutscher Druck von 1456 in der ersten Gutenbergtype. Berlin 1911.

Scriptores rerum Hungaricarum tempore ducum regumque stirpis Arpadianae gestarum. Hg. Imre SZENTPÉTERY. Bd. 1. Budapest 1937.

Sidžil Mostarskog Kadije 1632–1643 [Das Gerichtsprotokoll des Richters von Mostar 1632–1634]. Übers., Hg. Muhamed A. MUJIĆ. Mostar 1987.

SIVRIDAĞ, Abdullah: 75 numaralı Gelibolu livâsı mufassal tahrîr defteri (925/1519). Bd. 1. Dizin ve transkripsiyon [Umfangreiches Katasterverzeichnis der Provinz Gelibolu mit der Nummer 75 (1519). Bd. 1: Index u. Transkription]. Ankara 2009.

SLAVEVA, Lidija/MOŠIN, Vladimir (Hgg.): Srpski gramoti od Dušanovo vreme. Les diplômes serbes de la période de Doushan. Prilep 1988.

SOLOVJEV, Aleksandar V./MOŠIN, Vladimir (Hgg.): Grčke povelje srpskih vladara. Diplomata graeca regum et imperatorum Serviae. Beograd 1936 (Nachdr. 1974).

Sommer, Johannes

Johannes Sommer. De clade Moldavica elegiae XV. 15 Elegien über das moldauische Unglück. Hg., Übers. Lore WIRTH-POELCHAU. Heidelberg 2001.

Johannes Sommer Pirnensis/Antonius Maria Gratianus. Viața lui Despot Vodă [Das Leben des Despot Vodă]. Hg. Traian DIACONESCU. Iași 1998.

SPANAKES, Stergios: Μνημεία κρητικής ιστορίας [Denkmäler der kretischen Geschichte]. 6 Bde. Herakleion 1940–1969.

SPISAREVSKA, Ioanna D. (Hg.): Dubrovniški izvori za bălgarskata istorija. Fontes Ragusini historiam Bulgarorum illustrantes. Sofija 2000.

Spisi zadarskih bilježnika [Schriftstücke von Notaren aus Zadar]. 2 Bde. Zadar 1959–1969.

Sphrantzés, Geórgios

Georgii Sphrantzae Chronicon. Hg. Riccardo MAISANO. Roma 1990.

STAHL, Alan M. (Hg.): The Documents of Angelo de Cartura and Donato Fontanella. Venetian Notaries in Fourteenth Century Crete. Washington/DC 2000.

Stara bălgarska literatura. V sedem toma. Bd. 3: Istoričeska săčinenija [Altbulg. Literatur. In 7 Bänden. Bd. 3: Historische Werke. Hg. Ivan BOŽILOV. Sofija 1983.

Statut grada Dubrovnika 1272. Liber statutorum civitatis Ragusii compositus anno 1272. Hg. Mato KAPOVIĆ. Dubrovnik 1990.

Statuta et ordinationes capituli ecclesiae cathedralis Drivastensis. Hgg. Viktor NOVAK/Milan ŠUFFLAY. Beograd 1927.

STAZZI, Valentina: Il fondo Provveditore di Clissa (providur Klisa) presso l'Archivio di Stato di Spalato (1662–1798). Introduzione e schedatura, Atti e memorie della Società Salmata di Storia Patria N. 1, 3. Serie (= 34) (2012), 73–134.

Stefan Dušan → Zakonik, Gesetzbuch

STAURINIDES, Nikolaos (Hg.): Μεταφράσεις τουρκικών ιστορικών εγγράφων αφορώντων εις την ιστορίαν της Κρήτης [Übersetzungen türk. historischer Dokumente zur Geschichte Kretas]. Bd. 1: Έγγραφα της περιόδου 1657–1672 [Dokumente aus den Jahren 1657–1672]; Bd. 2: Έγγραφα της περιόδου 1672–1694 [Dokumente aus den Jahren 1672–1694]; Bd. 3: Έγγραφα της περιόδου 1694–1715 [Dokumente aus den Jahren 1694–1715]; Bd. 4: Έγγραφα της περιόδου 1715–1752 [Dokumente aus den Jahren 1715–1752]; Bd. 5: Έγγραφα της περιόδου 1752–1765 [Dokumente aus den Jahren 1752–1765]. Herakleion 1975–1986.

STOJANOVIĆ, Ljubomir (Hg.): Stare srpske povelje i pisma [Altserb. Urkunden u. Briefe]. 2 Bde. Beograd, Sremski Karlovci 1929–1934 (Nachdr.: Beograd 2006).

DERS. (Hg.): Stari srpski rodoslovi i letopisi [Altserb. Genealogien u. Chroniken]. Sremski Karlovci 1927.

BIBLIOGRAPHIE

DERS. (Hg.): Stari srpski zapisi i natpisi [Altserb. Notizen u. Inschriften]. 6 Bde. Beograd 1902–1926.
Sumarni popis sandžaka Bosna iz 1468/69. godine [Summarische Beschreibung des Sancaks Bosnien aus dem Jahre 1468/69]. Hg., Übers. Ahmed S. ALIČIĆ. Mostar 2008.

Symeón von Thessaloniki (Metropolit)
Politico-Historical Works of Symeon, Archbishop of Thessalonica (1416/17 to 1429). Hg. David BALFOUR. Wien 1979.

SZABÓ, András Péter (Hg.): A szécsényi seregszék jegyzőkönyve (1656–1661) [Kriegsgerichtsprotokoll der Grenzfestung Szécsény (1656–1661)]. Salgótarján 2010.
Székely oklevéltár [Szekler Urkundenbuch]. 7 Bde. Hg. Károly SZABÓ. Kolozsvár 1872–1898.
Székely oklevéltár 1219–1776 [Szekler Urkundenbuch 1219–1776]. Hg. Samu BARABÁS. Budapest 1934.
Székely székek a 18. században [Székler Stühle im 18. Jh.]. Bde. 1–5. Hg. Sándor PÁL-ANTAL. Marosvásárhely 2008–2011.
A Szent-I_vány család levéltára, 1230–1525 [Das Familienarchiv Szent-Ivány, 1230–1525]. Hgg. Elemér MÁLYUSZ/ Iván BORSA. Budapest 1988.
SZITA, László/SEEWANN, Gerhard: A karlócai béke és Európa. Dokumentumok a karlócai béke történetéhez 1698– 1699 [Der Friede von Karlowitz u. Europa. Dokumente zur Geschichte des Friedens von Karlowitz, 1698– 1699]. Pécs 1999.
Szlovákok a Dél-Alföldön. Forrásválogatás (a 17. század végétől a 18. század végéig). Slováci v južnej časti Dolnej zeme [Slowaken in der südlichen ung. Tiefebene. Eine Auswahl von Quellen vom Ende des 17. bis zum Ende des 18. Jh.s]. Hg. János GOMBOS. Békéscsaba 2008.
SZVITEK, Róbert József/TÓTH, Endre (Hgg.): A koronázási jelvények okmányai [Akten zu den ung. Krönungsinsignien]. Budapest 2003.

TADIĆ, Jorjo (Hg.): Pisma i uputstva Dubrovačke republike. Litterae et commissiones Ragusinae. Bd. 1. Beograd 1935.
TAFFERNER, Anton: Quellenbuch zur donauschwäbischen Geschichte. Bde. 1–5. München, Stuttgart 1974.
The Tales of Sultan Mehmed, Son of Bayezid Khan. Annotated English Translation, Turkish Edition, and Facsimiles of the Relevant Folia of Bodleian Marsh 313 and Neşri Codex menzel. Hg. Dimitris KASTRITSIS. Harvard 2007.
TELEKI, József: Hunyadiak kora Magyarországon [Die Hunyadi-Zeit in Ungarn]. Bde. 10–12. Pest 1853–1857.
TESTA, Ignace De (fortgesetzt von A. u. L. De TESTA): Recueil des traités de la Porte ottomane avec les puissance étrangères, depuis le premier traité conclu en 1536, entre Suléyman I et François I jusqu'à nos jours. 11 Bde. Paris 1864–1911.
THIRIET, Freddy: Déliberations des assemblées vénitiennes concernant la Romanie. 2 Bde. Paris, La Haye 1966– 1971.
DERS.: Régestes des délibérations du sénat de Venise concernant la Romanie. 3 Bde. Paris 1958–1961.
Topkapı Sarayı Arşivi H. 951–952 Tarihli ve E–12321 Mühimme Defteri [Archiv des Topkapi-Palastes im Hidschra-Jahr 951–952 u. E–12321 Mühimme Register]. Hg. Halil SAHİLLİOĞLU. Istanbul 2002.
TÓTH, István György (Hg.): Litterae missionariorum de Hungaria et Transilvania (1572–1717). 5 Bde. Roma, Budapest 2002–2008.
TRUHELKA, Ćiro (Hg.): Tursko-slovjenski spomenici. Dubrovačke arhive [Türkisch-slawische Denkmäler. Dubrovniks Archive]. Sarajevo 1911.
TSIKNAKES, Kostas G. (Hg.): Οι εκθέσεις των Βενετών προβλεπτών της Κεφαλονιάς (16ος αι). Le relazioni dei provveditori veneziani di Cefalonia (XVI secolo). Athen 2008.
TSIRPANLES, Zacharias N.: Ανέκδοτα έγγραφα για τη Ρόδο και τις Νότιες Σποράδες από το αρχείο των Ιωαννίτων ιπποτών [Unedierte Urkunden zu Rhodos u. den südlichen Sporaden aus dem Archiv der Johanniterritter]. Rodos 1995.
DERS.: Στη Ρόδο του 16ου – 17ου αιώνα από τους Ιωαννίτες ιππότες στους Οθωμάνους Τούρκους [Auf Rhodos im 16. u. 17. Jh. Von den Johanniterrittern zu den osm. Türken]. Rodos 2002.
DERS.: Η Ρόδος και οι Νότιες Σποράδες στα χρόνια των Ιωαννιτών Ιπποτών (14ος – 16οςαι) [Rhodos u. die südlichen Sporaden zur Zeit der Johanniterritter]. Rodos 1991.
TUNUSLE [Gebrüder] (Hg.): Ιστορία της Βλαχίας πολιτική και γεωγραφική από της αρχαιοτάτης αυτής καταστάσεως έως τω 1774 έτους. Wien 1806.

Quellen

Türkische Schriften aus dem Archive des Palatins Nikolaus Esterházy 1606–1645. Hg. Ludwig Fekete. Budapest 1932.

Turski dokumenti za istorijata na makedonskiot narod. Opširni popisni defteri od XV vek. [Türk. Dokumente zur Geschichte des maked. Volkes. Umfassende Defter aus dem 15. Jh.]. Bde. 2–4. Hg., Übers. Metodija Sokoloski. Skopje 1973–1978.

Turski dokumenti za istorijata na makedonskiot narod. Documents turcs sur l'historie du peuple macédonien.
Bd. 5,3: Opširen popisen defter za Ḱustendilskiot sandžak od 1570 godina [Das umfassende Register für den Bezirk Küstendil von 1579]. Hg., Übers. Metodija Sokoloski. Skopje 1982.
... Bd. 5,5: Opširen popisen defter za Ḱustendilskiot sandžak od 1570 godina [Das umfassende Register für die Provinz Kjustendil von 1570]. Hg., Übers. Aleksandar Stojanovski. Skopje 1995.
... Bd. 6,1: Opširen popisen defter za Skopskiot sandžak od 1568/69 godina [Das umfassende Register für die Provinz Skopje von 1568/69]. Hg., Übers. Metodija Sokoloski. Skopje 1984.
... Bd. 7,1: Opširen popisen defter za kazite Gorica, Biglišta i Hrupišta od 1568/9 godina [Das umfassende Register für die Gerichtsbezirke Korça, Bilisht u. Árgos Orestikó von 1568/69]. Hg., Übers. Metodija Sokoloski. Skopje 1997.
... Bd. 7,2: Opširen popisen defter za kazite Kostur, Serfice i Veles od 1568/9 godina [Das umfassende Register für die Gerichtsbezirke Kastoria, Serfice u. Veles von 1568/69]. Hg., Übers. Aleksandar Stojanovski/Dragi Gorgiev. 1999.
... Bd. 8,1: Opširen popisen defter na Ohridskiot sandžak od 1583 godina [Das umfassende Register für die Provinz Ochrid von 1583]. Hg., Übers. Metodija Sokoloski. Skopje 2000.
... Bd. 10,1: Opširen popisen defter za Paša sancakot (kazite Demir Hisar, Jenidže Karasu, Gumuldžina i Zihna) od 1569/70 godina [Das umfassende Register für den Paşa sancak (Gerichtsbezirke Demir Hisar, Genisea, Komotini u. Zichna]. Hg., Übers. Aleksandar Stojanovski. Skopje 2004.

Turski izvori za bălgarskata istorija. Serija XV–XVI. Fontes Turcici historiae Bulgaricae. Series XV–XVI. Bde. 1–2. Hgg. Bistra Cvetkova/Vera Mutafčieva/Nikolaj Todorov/Boris Nedkov. Sofija 1964–1966.

Turski izvori za istorijata na pravoto v bălgarskite žemi. Fontes turcici historiae iuris bulgarici. Bde. 1–2. Hgg. Gălăb D. Gălăbov/Bistra Cvetkova. Sofija 1961–1971.

Turski katastarski popisi nekih područja zapadne Srbije XV i XVI vek [Türk. Katasterbeschreibung einiger Gebiete Westserbiens 15.–16. Jh.]. Hg. Ahmed S. Aličić. 3 Bde. Čačak 1984–1985.

Tursun Bey

Tursun Beg. The History of Mehmed the Conqueror. Übers., Hgg. Halil İnalcık/Roads Murphey. Minneapolis/MN 1978.

Tusor, Péter (Hg.): „Írom kegyelmednek, mint igaz magyar igaz magyarnak…". Lippay György veszprémi és egri püspök, esztergomi érsek levelei magyar arisztokratákhoz, nemesekhez (1635–1665)/„Ich schreibe es Euer Gnaden so, wie ein gerechter Ungar an einen gerechten Ungarn". Die Briefe von György Lippay, Bischof von Wesprim und Erlau, Erzbischof von Gran an ungarische Aristokraten, Adeligen (1635–1665). Budapest 2015.

Udvari, István: A Mária Terézia-féle úrbérrendezés forrásai magyarországi délszláv népek nyelvén [Die Quellen der Urbarialregulierung Maria Theresias in den Sprachen der südslaw. Völker Ungarns]. Nyíregyháza 2003.

Az úrbéres Birtokviszonyok Magyarországon Mária Terézia korában. Bd. 1: Dunántúl [Die urbarialen Besitzverhältnisse in Ungarn zu Zeiten Maria Theresias. Bd. 1: Transdanubien]. Hg. Ibolya Felhő. Budapest 1970.

Ureche, Grigore

Grigore Ureche. Letopisețul Țării Moldovei [Chronik des Landes Moldau]. Hg. Petre P. Panaitescu. București 1955.

Die ungarische Bilderchronik (des Markus von Kált 1358). Chronica de gestis Hungarorum. Hg. Tibor Kardos. Berlin, Budapest 1961.

Ein ungarischer Aristokrat am Wiener Hof des 17. Jahrhunderts. Die Briefe von Paul Pálffy an Maximilian von Trauttmansdorff (1647–1650). Hg. Anna Fundárková. Wien 2009.

BIBLIOGRAPHIE

Urkundenbuch zur Geschichte der Deutschen in Siebenbürgen. 7 Bde. Hgg. Frank ZIMMERMANN/Gustav GÜNDISCH/ Carl WERNER. Hermannstadt u. a. 1892–1991.

VARGA, Katalin S. (Hg.): Az 1674-es gályarabper jegyzőkönyve [Gerichtsprotokoll der Galeerensklaven-Prediger aus dem Jahr 1674]. Budapest 2008.

VARGA, László Á./KENYERES, István/TÓTH, Péter (Hgg.): 16–18. századi vármegyei jegyzőkönyvek regesztái [Die Regesten der Komitatsprotokolle aus dem 16.–18. Jh.]. DVD-ROM. Budapest 2009.

VATIN, Nicolas: Ferîdûn Bey. Les plaisants secrets de la campagne de Szigetvár. Éd., trad. et comment. des folios 1 à 147 du Nüzhetü-l-esrâri-l-ahbâr der sefer-i Sigetvâr (ms. H 1339 de la Bibliothque du Musée de Topkapı Sarayı). Wien, Berlin, Münster 2010.

Rígas (Pheraíos) Velestinlís

VELESTINLÍS, Rígas (Pheraíos): Χάρτα της Ελλάδος ... [Karte Griechenlands ...]. Wien 1796–1797.

KARAMPEROPULOS, Demetrios Ap.: Οι χάρτες Βλαχίας και Μολδαβίας του Ρήγα Βελεστινλή, Βιέννη 1797. Νέα στοιχεία – Ευρετήριο – Αυθεντική επανέκδοση [Die Karten der Walachei u. der Moldau des Riga Velestinlis, Wien 1797. Neue Daten – Index – Faksimile]. Athen 2005.

Venezia – Senato: Deliberazioni miste. Collana diretta de Maria Francesca TIEPOLO/Dieter GIRGENSOHN/Gherardo ORTALLI u. a. Bde. 3–13, 15, 16, 20, 21. Venezia 2004–2017.

Vetera monumenta historica Hungariam sacram illustrantia. Hg. Augustin THEINER. 2 Bde. Roma 1859–1860 (Nachdr.: Osnabrück 1968).

Vizantijski izvori za istoriju naroda Jugoslavije. Fontes Byzantini historiam populorum Jugoslaviae spectantes. 5 Bde. Beograd 1955–1986.

Vladislav Gramatik

DANČEV, Georgi: Vladislav Gramatik – knižovnik i pisatel [Vladislav Gramatik – Literat u. Schriftsteller]. Sofija 1969.

Vnešnaja politika Rossii XIX i načala XX veka. Dokumenty rossijskogo ministerstva inostrannych del [Die Außenpolitik Russlands im 19. u. Anfang des 20. Jh.s. Dokumente des russ. Ministeriums für auswärtige Angelegenheiten]. Hg. A. A. GROMYKO u. a. Serija 1, 7 Bde. (Zeitraum: 1801–1815); Serija 2, Bde. 1–4 (Zeitraum: 1815–1822). Moskva, 1960–1980.

WELLMANN, Imre: A parasztnép sorsa Pest megyében kétszáz évvel ezelőtt tulajdon vallomásainak tükrében [Das Schicksal des Bauernvolks im Spiegel seiner eigenen Aussagen vor 200 Jahren im Komitat Pest]. Budapest 1967.

Widmann, Carlo Aurelio

Carlo Aurelio Widmann. Dispacci da Corfù, 1794–1797. 2 Bde. Hg. Filippo Maria PALADINI. Venezia 1997.

Wiener Bilderchronik. Chronicon pictum. Chronica de gestis Hungarorum. Hg. Dezső DERCSÉNYI. Bd. 1: Faksimiledruck; Bd. 2: Kommentarband. Hanau 1968.

WILKINSON, William: An Account of the Principalities of Wallachia and Moldavia. With Various Political Observations Relating to them. London 1820.

Zadarski statut sa svim reformacijama odnosno novim uredbama donesenima do godine 1563 [Das Statut von Zadar mit allen reformationes bzw. neuen u. ergänzten Bestimmungen bis 1563]. Übers., Hg. Josip KOLANOVIĆ. Zagreb 1997.

ZAHARIUC, Petronel (Hg.): Documente românești din arhiva mănăstirii Simonopetra de la Muntele Athos [Rum. Dokumente aus dem Archiv des Klosters Simonopetra vom Berg Athos]. Iași 2016.

ZAHIROVIĆ, Šaban: Sidžil mostarskog kadije iz 1787–88. godine [Sigil of the Mostar Qadi from 1787–88], *Prilozi za orijentalnu filologiju* 44–45 (1996), 404–412.

Zakoni u starim sprskim ispravama. Pravni propisi, prevodi, uvodni tekstovi i objašnjenja. Les lois dans les anciens documents Serbes. Hg. Rade MIHALJČIĆ. Beograd 2006.

Quellen

Zakonik – Stefan Dušan, Gesetzbuch

Zakonik cara Stefana Dušana 1349. i 1354. godine. Le Côde de l'empereur Stephan Douchan de 1349 et 1354. Hg. Aleksandar V. Solovjev. Beograd 1980.

Zakonik cara Stefana Dušana. Bd. 1: Struški i atonski rukopisi [Der Zakonik des Zaren Stefan Dušan. Die Handschriften aus Struga u. vom Athos]; Bd. 2: Studenički, Hilandarski, Hodoški i Bistrički rukopis [Die Handschriften aus Studenica, Chilandar, Hodoš u. Bistrica]. Hg. Mehmed Begović. Beograd 1975–1981.

Zakonik Stefana Dušana, cara srpskog. 1349 i 1354 g. [Das Gesetzbuch Stefan Dušans, des serb. Zaren aus den Jahren 1349 u. 1354]. Hg. Stojan Novaković. Beograd 1898.

Zakonski spomenici srpskih država srednjega veka [Gesetzesdenkmäler der serb. Staaten des Mittelalters]. Hg. Stojan Novaković. Beograd 1912.

Zamputi, Injac: Dokumente për historinë e Shqipërisë 1479–1506 [Dokumente zur Geschichte Albaniens 1479–1506]. 2 Bde. Tirana 1979.

Ders.: Dokumente të shekujve XVI–XVII për historinë e Shqipërisë [Dokumente des 16.–17. Jh.s zur Geschichte Albaniens]. 3 Bde. Tirana 1989–1990.

Zirojević, Olga: Tri turska popisa u Sofijskom sandžaku u XVI veku [Drei türk. Verzeichnisse aus der Provinz Sofia im 16. Jh.], *Istorijski časopis* 18 (1971), 271–275.

Zlatna knjiga grada Splita. Liber aureus communitatis Spalati. Libro d'oro della comunità di Spalato. Übers., Hgg. Vedran Gligo u. a. 2 Bde. Split 1996–2006.

Zsigmondkori oklevéltár [Urkundenbuch zum Zeitalter Sigismunds]. Hgg. Elemér Mályusz/Iván Borsa. Budapest 1951– (bisher 13 Bde.).

c. Magisterarbeiten aus der Türkei (Osmanistik) mit Quelleneditionscharakter

Die an türkischen Universitäten abgeschlossenen Master- bzw. Magisterarbeiten sind vielfach über das Portal des National Thesis Center abrufbar: <https://tez.yok.gov.tr/UlusalTezMerkezi/>.

Bozan, Muhammet Fatih: R–39 Numaralı Rusçuk Şer'iyye Sicili'nin çeviri yazısı ve tahlili (H.1204–1205/ M.1789–1791) [Transkription u. Auswertung des Gerichtsprotokolls von Rusçuk/Ruse R 39 (1789–1791)]. Eskişehir 2018 (Magisterarbeit).

Çağatay, Ömer: 10 Numaralı Vidin Şer'iye Sicili Defteri'nin transkripsiyonu ve değerlendirilmesi [Transkription u. Auswertung des Gerichtsprotokolls von Vidin Nr. 10]. Bitlis 2015 (Magisterarbeit).

Çetin, Nurkadın Esra: 24 numaralı atik şikâyet defteri (1107–1108/1696). Inceleme-metin [Das Registerbuch der Beschwerden Nr. 24 (1696). Untersuchung-Text]. Istanbul 2019 (Magisterarbeit).

Çıl, Şeyma: 38 numaralı atik Şikâyet Defteri (1114–1115/1703). Inceleme-metin [Das Registerbuch der Beschwerden Nr. 38 (1703). Untersuchung-Text]. Istanbul 2018 (Magisterarbeit).

Çınar, Fatma Eser: Bulgaristan Vidin Eyaleti 168 numaralı Şeriyye Sicili (değerlendirme ve metin) [Das Gerichtsprotokoll Nr. 168 der Provinz Vidin (Analyse u. Text)]. Istanbul 2018 (Magisterarbeit).

Dal, Emrah: R–2 numaralı Rusçuk Şer'iyye Sicili'nin çeviriyazısı ve tahlili (H. 1108–1111/M. 1696–1699) [Übers. u. Analyse des Gerichtsprotokolls von Rusçuk/Ruse Nr. R–2 (1696–1699)]. V. 1–58. Eskişehir 2018 (Magisterarbeit).

Demir, Mesut: 1686–1687 (h.1097–1098) Tarihli Atik Şikayet Defteri'nin transkripsiyon ve değerlendirilmesi [Transkription u. Auswertung des Beschwerderegisters von 1686 u. 1687]. Istanbul 2010 (Magisterarbeit).

Ekin, Kaan: 9 numaralı şikâyet defterinin transkripsiyonu ve incelenmesi [Das Registerbuch der Beschwerden Nr. 9. Transkription u. Auswertung]. [Serdivan/Sakarya] 2019 (Magisterarbeit).

Erarslan, Serkan: 26 numaralı atik şikâyet defteri (1108–1109/1697). Inceleme-metin [Das Registerbuch der Beschwerden Nr. 26 (1697). Untersuchung-Text]. Istanbul 2019 (Magisterarbeit).

Erdem, Ümit Baki: 14 numaralı Atik Şikâyet Defteri (h.1101–1102/m. 1690–1691) transkripsiyonu ve değerlendirilmesi [Petitionsregister Nr. 14 für 1690–1691. Transkription u. Auswertung]. Istanbul 2017 (Magisterarbeit).

Eriç, İrem: R–5 numaralı Rusçuk Şer'iyye Sicilinin transkripsiyon ve tahlili (H.1120/1125–M.1709/1715) [Übersetzung u. Analyse des Gerichtsprotokolls von Rusçuk/Ruse Nr. R–5 (1709/1715)]. Eskişehir 2016 (Magisterarbeit).

BIBLIOGRAPHIE

İLERI, Selman: Bulgaristan Millî Kütüphânesi'nde kayıtlı s16 numaralı Sofya Şer'iyye Sicili'nin transkripsiyonu ve değerlendirilmesi [Transkription u. Auswertung des Gerichtsprotokolls Nr. 16 von Sofia in der bulg. Nationalbibliothek]. Kırklareli 2017 (Magisterarbeit).

İNAN, Güllizar: R–13 Numaralı Rusçuk Şer'iyye Sicili'nin transkripsiyonu ve değerlendirmesi (H. 1231–1232/ M. 1815–1817) [Transkription u. Auswertung des Gerichtsprotokolls von Rusçuk/Ruse R13 (1815–1817)]. Trabzon 2019 (Magisterarbeit).

KALIPÇI, Elif: R–36 numaralı Rusçuk kadı sicilinin transkripsiyonu ve tahlili (H. 1150–1153/M. 1738–1740) [Transkription u. Auswertung des Gerichtsprotokolls von Rusçuk/Ruse R 36 (1738–1740)]. Eskişehir 2017 (Magisterarbeit).

KANTAROĞLU, Nazmiye Gül: 1 numaralı Erzurum ahkâm defterinin transkripsiyonu ve değerlendirilmesi (s. 212–293) [Transkription u. Auswertung des *ahkâm*-Defters von Erzurum Nr. 1 (p. 212-293)]. Amasya 2019 (Magisterarbeit).

KORKMAZ, Dönüş: R–1 numaralı Rusçuk Şer'iyye Sicilinin çeviri yazısı ve tahlili (H. 1066–1068/M.1656–1658) [Übersetzung u. Auswertung des Gerichtsprotokolls von Rusçuk/Ruse mit der Nr. R-1 (1656–1658)]. Eskişehir 2017 (Magisterarbeit).

MURATDAĞI, Muhammed: 168 No'lu Vidin Şer'iyye Sicili transkripsiyon ve değerlendirme [Transkription u. Auswertung des Gerichtsprotokolls von Vidin Nr. 168]. Kayseri 2015 (Magisterarbeit).

ÖZTÜRK, Emrullah: R–8 numaralı Rusçuk kadı sicili transkripsiyon ve tahlili (H.1192–1193/M. 1778–1779) [Übersetzung u. Analyse des Gerichtsprotokolls von Rusçuk/Ruse Nr. R–8 (1778–1779)]. Eskişehir 2014 (Magisterarbeit).

SALMAN ŞIK, Gizem: 68 numaralı atik şikâyet defteri (1127/1715). Inceleme-metin [Das Registerbuch der Beschwerden Nr. 68 (1715). Untersuchung-Text]. Istanbul 2019 (Magisterarbeit).

ŞEN, Seniha: 30 numaralı atik şikayet defteri (1110/1698). Inceleme-metin [Das Registerbuch der Beschwerden Nr. 30 (1698). Untersuchung-Text]. Istanbul 2018 (Magisterarbeit).

TANIDI, Duygu: R–3 numaralı Rusçuk Şer'iyye Sicili çeviriyazısı ve tahlili (H. 1093–1100/M. 1682–1688) [Übersetzung u. Analyse des Gerichtsprotokolls von Rusçuk/Ruse Nr. R–3 (1682–1688)]. Eskişehir 2013 (Magisterarbeit).

TATAROĞLU, Yasemin: 4 numaralı Atik Şikayet Defteri 1665–1670 (h. 1075–1081). Transkripsiyon ve değerlendirmesi [Petitionsregister Nr. 4 für 1665–1670. Transkription u. Auswertung]. Istanbul 2015 (Magisterarbeit).

TUNÇ, Gizem: 44 numaralı Rumeli Ahkâm-ı Şikayet defterinin transkripsiyon ve değerlendirmesi [Transkription u. Auswertung des rumelischen *ahkâm*-Defters an Beschwerden Nr. 44]. Antalya 2017 (Magisterarbeit).

TÜNCER, Ensar: 42 Numaralı Vidin Şer'iyye Sicil Defteri'nin transkripsiyonu. H. 1144–1146/M. 1732–1733 [Transkription u. Auswertung des Gerichtsprotokolls von Vidin Nr. 42 (1732–1733)]. Bitlis 2014 (Magisterarbeit).

TÜRK, Hasan Basri: 13 numaralı atik şikayet defteri (Vr.1–142). Değerlendirme-çeviri-metin [Das Registerbuch der Beschwerden Nr. 13 (Vr. 1–142). Auswertung-Übersetzung-Text]. Istanbul 2019 (Magisterarbeit).

VERGILI, Muhammed: Atik Şikâyet Defteri (7 numaralı H. 1081–1083/M.1671–1672). Transkripsiyon- değerlendirme [Das Registerbuch der Beschwerden (Nr. 7 1671–1672). Transkription u. Auswertung]. Istanbul 2019 (Magisterarbeit).

YILDIRIM, Fatma: S 12 numaralı Sofya Şer'iyye sicili [Gerichtsprotokoll von Sofia Nummer S 12]. Gaziantep 2017 (Magisterarbeit).

YÖRÜK, Gül: Osmanlı'da devlet-toplum ilişkilerine bir örnek. 112 numaralı atik şikayet defteri (1727) [Ein Beispiel von Staat-Gesellschaft-Beziehungen im Osmanischen Reich. Das Registerbuch der Beschwerden Nr. 112 (1727)]. Ankara 2019 (Magisterarbeit).

III.   Internetseiten zu einzelnen Forschungsbereichen: eine Auswahl

https://adatbazisokonline.hu
AdatbázisokOnline: Portal des Ungarischen Nationalarchivs, das Zugang zu digitalisiertem Archivmaterial bietet. Für die mittelalterliche Geschichte einschlägig ist die Unterseite Középkori gyűjtemény (Mittelalterliche Sammlung): https://adatbazisokonline.hu/gyujtemeny/oklevelek, u. a. mit der Collectio Diplomatica Hungarica, einer Datenbank mittelalterlicher Urkunden, die bestrebt ist, virtuell alle digital verfügbaren Quellen zur Geschichte Ungarns zusammenzuführen

https://adatbazisokonline.hu/adatbazis/f-50-1750-i-orszagos-osszeiras/informacio
Az 1750. évi erdélyi összeírás (F 50): Datenbank des Ungarischen Nationalarchivs zur siebenbürgischen Konskription von 1750. Aus dem Archivbestand des Guberniums von Siebenbürgen; Signatur: F 50

https://anemi.lib.uoc.gr/
Anemi, the Digital Library of Modern Greek Studies; Projekt der Universität Kreta mit zahlreichen digitalisierten Büchern, insbesondere für die Zeit ab dem 18. Jahrhundert

http://www.arhivamedievala.ro
„Das Mittelalter-Archiv Rumäniens": Datenbank digitalisierter Urkunden, entworfen im Rahmen des Projekts „Die Digitalisierung mittelalterlicher Urkunden aus den rumänischen Nationalarchiven" unter Projektleitung der Universität Bukarest

www.biolex.ios-regensburg.de
Online-Auftritt des zwischen 1974 bis 1981 publizierten vierbändigen Biographischen Lexikons zur Geschichte Südosteuropas mit vielfältigen Suchmöglichkeiten

https://www.centrulstefancelmare.ro
Centrul de Cercetare şi Documentare Ştefan cel Mare: Webseite des Forschungs- und Dokumentationszentrums Stefan der Große, das u. a. die Publikationen des Instituts in elektronischer Form zur Verfügung stellt

http://digibuc.ro
Biblioteca Digitală a Bucureştilor (ehemals Dacoromanica): wichtigstes Volltext-Repositorium zur rumänischen Geschichte: pdf-Dateien von Quelleneditionen, Fachliteratur und Periodika aus dem 19. und 20. Jahrhundert, darunter zahlreiche Fachzeitschriften, wichtige Quellenkorpora und Monographien auch zur älteren rumänischen Geschichte

http://digitool.bibnat.ro
Biblioteca digitală naţională: Historische Dokumente, alte und seltene Drucke, Karten, Zeitschriften etc.

http://dspace.bcucluj.ro
Biblioteca Digitala BCU Cluj; digitale Bibliothek der „Lucian Blaga" Zentralen Universitätsbibliothek Cluj: Manuskripte, alte und seltene Bücher, Periodika und mehr mit besonderem Schwerpunkt auf der Geschichte Siebenbürgens

www.ieg-friedensvertraege.de
Europäische Friedensverträge der Vormoderne online: Auswahl einer großen Zahl bi- und multilateraler europäischer Friedensverträge aus dem Zeitraum zwischen 1450 bis 1789; publiziert vom Leibniz-Institut für Europäische Geschichte (Mainz)

https://hungaricana.hu/
Hungaricana: gemeinschaftliche Plattform ungarischer Archive, Museen und Bibliotheken mit umfangreicher Sammlung von Archivdatenbanken, Behelfen, Quellen(editionen), Monographien und Zeitschriften (teilweise zweisprachig, ung. u. engl.) – zentrale Anlaufstelle für digital verfügbare Materialien zur Geschichte Ungarns

http://institutumfraknoi.hu/cvh
Bislang publizierte Bände der Collectanea Vaticana Hungariae können als pdf-Dateien über diesen gesonderten Homepageauftritt der Katholischen Péter-Pázmány-Universität und der Ungarischen Akademie der Wissenschaften heruntergeladen werden

https://medievalia.com.ro
  Medievalia – Texte fundamentale ale culturii române medievale (Medievalia – fundamental Texts of Medieval Romanian Culture): Digitalisierte Manuskripte aus der Bibliothek der rumänischen Akademie zur rumänischen Geschichte des 15.–18. Jahrhunderts

http://mek.oszk.hu
  Magyar elektronikus könyvtár; Digitalisierte Bestände (Quellen, Quelleneditionen, Sekundärliteratur) der Országos Széchényi Könyvtár (ung. Nationalbibliothek), desgleichen für Periodika: http://epa.oszk.hu/

http://www.moldavica.bnrm.md
  Moldavica – Biblioteca Naţională Digitală: Zentrales Portal der Republik Moldau für digitalisierte Quellen, Quelleneditionen und Fachliteratur, bislang vor allem zum 19./20. Jahrhundert

https://ottomanhistorians.uchicago.edu/
  Das Projekt Historians of the Ottoman Empire der Universität Chicago trägt biographische wie bibliographische Daten zu zeitgenössischen osmanischen Historikern zusammen

http://www.ub.rub.de/oh/index.html bzw. https://hoe.ub.rub.de/dashboard
  Die Datenbank Historiography in Ottoman Europe erfasst die in den osmanischen Provinzen Südosteuropas vom 16. bis zum 18. Jahrhundert verfassten Schriftquellen, die dem Bereich der Geschichtsschreibung zuzuordnen sind

IV. Forschungsliteratur

Bei Titelangaben in südosteuropäischen Sprachen finden sich Titelübersetzungen in eckigen Klammern. Sofern diese Angaben englisch-, italienisch- oder französischsprachig sind, ist dies als Hinweis zu verstehen, dass im zitierten Werk eine jeweils entsprechende westsprachige Zusammenfassung vorhanden ist.

200 gudini u Banata, 1738–1938. Života i običaja na banatsčite balgare [200 Jahre im Banat, 1738–1938. Leben u. Gewohnheiten der Banater Bulgaren]. Timişoara 1938.

300 de ani de la naşterea lui Dimitrie Cantemir [300 Jahre seit der Geburt von Dimitrie Cantemir]. Bucureşti 1974.

Abou-El-Haj, Rifa'at: The Formal Closure of the Ottoman Frontier in Europe, 1699–1703, *Journal of Asian and Oriental Studies* 89 (1969), H. 3, 467–475.

Ábrahám, Barna (Hg.): Magyar–szlovák terminológiai kérdések [Ung.-slowak. terminologische Fragen]. Piliscsaba, Esztergom 2008.

Abramea, Anna/Laiou, Angeliki E./Chrysos, Evangelos K. (Hgg.): Βυζάντιον, κράτος και κοινωνία. Byzantium, State and Society. Athen 2003.

Achim, Viorel: La Coumanie de l'espace extra-carpatique à l'époque de la domination hongroise, 1227–1241, *Revue roumaine d'histoire* 45 (2006), H. 1–4, 3–25.

Ders.: Despre vechimea şi originea Banatului de Severin [Über das Alter u. den Ursprung des Severiner Banats], *Revista istorică* 5 (1994), H. 3–4, 233–247.

Ders.: Ecclesiastical Structures and Political Structures in 14th Century Wallachia, in: Crăciun/Ghitta (Hgg.), Church and Society, 123–135.

Ders.: Locul Ordinului teuton în istoria Banatului de Severin [Der Ort des Deutschen Ordens in der Geschichte des Severiner Banats], *Banatica* 24 (2014), H. 2, 37–46.

Ders.: Politica sud-estică a regatului ungar sub ultimii Arpadieni [Die süd-östliche Politik des ung. Königreiches unter den letzten Arpaden]. Bucureşti 2008.

Ders.: Ţiganii în istoria României [Die Roma in der Geschichte Rumäniens]. Bucureşti 1998.

Ders.: The Roma in Romanian History. Budapest 2004.

Ackermann, Christiane: Dimensionen der Medialität. Die Osmanen im Rosenplütschen „Turken Vasnachtspil" sowie in den Dramen des Hans Sachs und Jakob Ayrer, in: Klaus Ridder (Hg.), Fastnachtspiele. Weltliches Schauspiel in literarischen und kulturellen Kontexten. Tübingen 2009, 189–220.

Ackermann, Ulrich: Geschichtsdeutung und Prophetie. Krisenerfahrung und -bewältigung am Beispiel der osmanischen Expansion im Spätmittelalter und in der Reformationszeit, in: Guthmüller/Kühlmann (Hgg.), Europa und die Türken, 29–54.

Ács, Pál/Tóth, Gergely (Hgg.): „A magyar történet folytatója". Tanulmányok Istvánffy Miklósról [„Der Fortsetzer der Geschichte Ungarns." Studien über Nikolaus Istvánffy]. Budapest 2018.

Acsády, Ignácz: Magyarország három részre oszlásának története, 1526–1608 [Geschichte der Dreiteilung Ungarns, 1526–1608]. Budapest 1897.

Ders.: Magyarország népessége a pragmatica sanctio korában 1720–21 [Ungarns Bevölkerung zur Zeit der Pragmatischen Sanktion 1720–1721]. Budapest 1896.

Ders.: Magyarország története I. Lipót és I. József korában, 1657–1711 [Geschichte Ungarns zur Zeit Leopolds I. u. Josephs I., 1657–1711]. Budapest 1898.

Actes du Premier Congrès international des études balkaniques et Sud-Est européennes. Sofia 1969.

Acun, Fatma/Acun, Ramazan: Demand for Justice and Response of the Sultan. Decision Making in the Ottoman Empire in Early 16th Century, *Études balkaniques* 43 (2007), H. 2, 125–148.

Adanir, Fikret: Heiduckentum und osmanische Herrschaft. Sozialgeschichtliche Aspekte der Diskussion um das frühneuzeitliche Räuberwesen in Südosteuropa, *Südost-Forschungen* 41 (1982), 43–116.

Ders.: Semi-Autonomes Forces in the Balkans and Anatolia, in: The Cambridge History of Turkey, Bd. 3 (Hg. Faroqhi), 157–185.

Ders.: Tradition and Rural Change in Southeastern Europe during Ottoman Rule, in: Daniel Chirot (Hg.), The Origins of Backwardness in Eastern Europe. Economics and Politics from the Middle Ages until the Early Twentieth Century. Berkeley/CA 1989, 131–176.

ADANIR, Fikret/FAROQHI, Suraiya (Hgg.): The Ottomans and the Balkans. A Discussion of Historiography. Leiden, Boston/MA, Köln.

AFTODOR, Ştefan: Boierimea în Ţara Românească. Aspecte politice şi social-economice (1601–1654). [Das Bojarentum in der Walachei. Polit. u. sozial-ökonomische Aspekte (1601–1654)]. Brăila 2014.

AGACHI, Alexei: Ţara Moldovei şi Ţara Românească sub ocupaţia militară rusă, 1806–1812 [Die Moldau u. Walachei unter russ. Militärbesetzung, 1806–1812]. Iaşi 2008, Chişinău ²2008.

ÁGOSTON, Gábor: The Costs of the Ottoman Fortress-System in Hungary in the Sixteenth and Seventeenth Centuries, in: DÁVID/FODOR (Hgg.), Ottomans, Hungarians, and Habsburgs in Central Europe, 195–228.

DERS.: Defending and Administering the Frontier. The Case of Ottoman Hungar, in: WOODHEAD (Hg.), The Ottoman World, 220–236.

DERS.: A Flexible Empire. Authority and Its Limits on the Ottoman Frontiers, in: KARPAT/ZENS (Hgg.), Ottoman Borderlands, 15–32.

DERS.: Feuerwaffen für den Sultan. Militärische Stärke und Waffenindustrie im Osmanischen Reich. Leipzig 2010.

DERS.: Guns for the Sultan. Military Power and the Weapons Industry in the Ottoman Empire. New York 2005.

DERS.: The Image of the Ottomans in Hungarian Historiography, *Acta Orientalia Academiae Scientiarum Hungaricae* 61 (2008), H. 1–2, 15–26.

DERS.: s. v. Intelligence, in: DERS./MASTERS (Hgg.), Encyclopedia of the Ottoman Empire, 276–278.

DERS.: s. v. Karlowitz, Treaty of, in: DERS./MASTERS (Hgg.), Encyclopedia of the Ottoman Empire, 309f.

DERS.: „The Most Powerful Empire". Ottoman Flexibility and Military Might, in: George ZIMMAR/David HICKS (Hgg.): Empires and Superpowers. Their Rise and Fall. Five Brief Studies from a Seminar Produced by the Society for the Preservation of the Greek Heritage and Held at the Georgetown University, Washington/DC, March 16, 2002. Washington/DC 2005, 127–171.

DERS.: Der starke Schutzdamm des Islams, in: TÓTH (Hg.), Geschichte Ungarns, 354–359.

DERS.: La strada che conduceva a Nándorfehérvár (Belgrade). L'Ungheria, l'espansione ottomana nei Balcani e la vittoria di Nándorfehérvár, in: Zsolt VISY (Hg.), La campana di mezzogiorno. Saggi per il Quinto Centenario della bolla papale. Budapest 2000, 203–250.

DERS.: War-Winning Weapons? On the Decisiveness of Ottoman Firearms from the Siege of Constantinople (1453) to the Battle of Mohács (1526), *Journal of Turkish Studies* 39 (2013), 129–143.

ÁGOSTON, Gábor/MASTERS, Bruce Alan (Hgg.): Encyclopedia of the Ottoman Empire. New York 2009.

ÁGOSTON, Gábor/OBORNI, Teréz: A tizenhetedik század története [Geschichte Ungarns im 17. Jh.]. Budapest 2000.

AKDAČ, Mustafa: Celâlî İsyanları (1550–1603) [Celali Aufstände (1550–1603)]. Ankara 1963.

AKSAN, Virginia: Feeding the Ottoman Troops on the Danube, 1768–1774, *War&Society* 13 (1995), H. 1, 1–14.

DIES.: Ottoman Political Writing, 1768–1808, *International Journal of Middle Eastern Studies* 25 (1993), H. 1, 53–69.

AKTEPE, Münir: Ahmed III. Devrinde Şark Seferine İştirak Edecek Ordu Esnafı Hakkında Vesîkalar [Urkunden über Armeezünfte, als sie an einem Feldzug im Osten während der Regierungszeit von Ahmed III. teilnahmen], *Tarih Dergisi* 7 (1954), H. 10, 17–30.

ALBERTI, Alberto: Ivan Aleksandăr (1331–1371). Splendore e tramonto del secondo impero bulgaro. Firenze 2010.

ÁLDÁSY, Antal: Az 1707. évi ónodi országgyűlés története [Geschichte des Landtags von Ónod 1707]. Budapest 1895.

ALEXANDER, John C.[hristos]: Brigandage and Public Order in the Morea, 1685–1806. Athens 1985.

DERS.: The Monasteries of the Meteora during the First Two Centuries of Ottoman Rule, *Jahrbuch der österreichischen Byzantinistik* 32 (1982), H. 2, 95–104.

DERS.: Toward a History of Post-Byzantine Greece. The Ottoman Kanunnames for the Greek Lands, circa 1500 – circa 1600. Athens 1985.

ALEXANDER, Paul J.: A Chrysobull of the Emperor Andronicus II Palaeologus in Favor of the See of Kanina, *Byzantion* 15 (1940/41), 167–207.

ALEXANDRESCU DERSCA BULGARU, Maria Matilda: La politique démographique des Sultans à Istanbul (1453–1496), *Revue des études sud-est européennes* 28 (1990), H. 1–4, 45–56.

DIES.: L'origine des khatt-i şerifs de privilège des Principautés roumaines, *Nouvelles Études d'histoire* 6 (1980), H. 1, 251–263.

DIES.: Le rôle des esclaves en Romanie turque au XVᵉ siècle, *Byzantinische Forschungen* 11 (1987), 15–28.

Dies.: Rolul hatişerifurilor de privilegii în limitarea obligațiilor către Poartă (1774–1802) [Die Rolle der Privilegierungs-hatt-ı şerîf bei der Begrenzung der Verpflichtungen gegenüber der Pforte (1774–1802)], *Studii. Revistă de istorie* 11 (1958), H. 6, 101–121.

Amedoski, Dragana: Demografske promene u nahiji Boban kao primer depopulacije Rumelije u 16 veku [Demographische Veränderungen im Bezirk Boban als Beispiel der Entvölkerung Rumeliens im 16. Jh.], *Istorijski časopis* 59 (2010), 225–242.

Dies.: Kruševac u osmanskom popisu iz 1536. godine [Kruševac in einem osm. Verzeichnis von 1536], *Miscellanea* 28 (2008), 45–54.

Dies.: Women Vaqfs in the Sixteenth-Century Sanjak of Kruševac (Alaca Hisâr), *Balcanica* 40 (2009), 43–55.

Amedoski, Dragana/Petrović, Vladeta: Gradska naselja Kruševačkog sandžaka (XV–XVI vek) [Städtische Siedlungen im Sancak Kruševac (15.–16. Jh.)]. Beograd 2018.

Amstadt, Jakob: Die k. k. Militärgrenze 1522–1881. Würzburg 1969 (Dissertationsschrift).

Anastasiu, Alexe: Bătălia dela Călugăreni, 1595 [Die Schlacht von Călugăreni, 1595]. Bucureşti ²1928.

Anastasopoulos, Antonios: Imperial Institutions and Local Communities, Ottoman Karaferye, 1758–1774. Cambridge 1999 (Dissertationsschrift).

Anastasopoulos, Antonis (Hg.): The Eastern Mediterranean under Ottoman Rule. Crete, 1645–1840. Halcyon Days in Crete VI. A Symposium Held in Rethymno 13–15 January 2006. Rethymno 2008.

Ders.: The Mixed Elite of a Balkan Town, Karaferye in the Second Half of the Eigteenth Century, in: Ders. (Hg.), Provincial Elites, 259–268.

Ders. (Hg.): Political Initiatives „From the Bottom Up" in the Ottoman Empire. Halcyon Days in Crete VII. A Symposium Held in Rethymno 9–11 January 2009. Rethymno 2012.

Ders. (Hg.): Provincial Elites in the Ottoman Empire. Halcyon Days in Crete V. A Symposium Held in Rethymno 10–12 January 2003. Rethymno 2005.

Anastasopoulos, Antonis/Kolovos, Elias (Hgg.): Ottoman Rule and the Balkans, 1760–1850. Conflict, Transformation, Adaption. Proceedings of an International Conference held in Rethymno, Greece, 13–14 December 2003. Rethymno 2007.

Anderson, M.[atthew] S.[mith]: The Origins of the Modern European State System, 1494–1618. London, New York 1998.

Andonova, Paulina: Askeri čiftlikăt – vakăfăt – dăržavata. Čiflikăt na mjutevelijata na vakăfa na Sofy Mechmed paša ot načalotona XVIII vek. Genesis, razvitie, zloupotrebi, pečalba [Askeri Çiftlik – Vakf – State. The Çiftlik of the Mütevelli of Sofu Mehmed Pasha's Vakf in the Beginning of the 18th Century. Genesis, Development, Violation of the Law, Profits], in: Părveva/Todorova (Hgg.), Iz života na evropejskite provincii, 241–284.

Andrásfalvy, Bertalan: Délkelet-Dunántúl népeinek sorsa a Rákóczi-szabadságharc idején [Das Schicksal der Völker in Südost-Transdanubien während des Rákóczi-Freiheitskrieges], in: Klára T. Mérey/László Péczely, (Hgg.), A Rákóczi-kori kutatások újabb eredményei [Die neueren Forschungsergebnisse über die Rákóczi-Zeit]. Pécs 1974, 80–101.

Andreescu, Ştefan: Addenda et corrigenda, *Studii si Materiale de Istorie Medie* 37 (2019), 371–385.

Ders.: Considérations sur la date de la première chronique de Valachie, *Revue Roumaine d'histoire* 12 (1973), H. 2, 361–373 (rum. Neudruck in: Ders., Istoria românilor, 23–32).

Ders.: Frămîntări politice în Ţara Românească la începutul domniei lui Radu Paisie [Polit. Unruhen in der Walachei zu Beginn der Herrschaft von Radu Paisie], *Revistă de istorie* 29 (1976), H. 3, 395–412.

Ders.: Începuturile istoriografiei în Moldova [Die Anfänge der Historiographie in der Moldau], in: Ders., Istoria românilor, 96–110.

Ders.: Istoria românilor. Cronicari, misionari, ctitori (sec. XV–XVII) [Geschichte der Rumänen. Chronisten, Missionare, Stifter (15.–17. Jh.)]. Cluj-Napoca ²2007.

Ders.: Legăturile politice între Ţara Românească şi Moldova (1574–1593) [Die polit. Beziehungen zwischen der Walachei u. der Moldau], *Studii. Revistă de Istorie* 32 (1979), H. 7, 1235–1255.

Ders.: La politique de Mircea le Pâtre, *Revue des études sud-est européennes* 10 (1972), H. 1, 115–122.

Ders.: Presiune otomană şi reacţie ortodoxă în Moldova urmaşilor lui Petru vodă Rareş [Osm. Druck u. orth. Reaktion in der Moldau der Nachfolger des Petru Rareş], *Studii şi Materiale de Istorie Medie* 27 (2009), 25–59.

Ders.: Radu Mihnea Corvin, domn al Moldovei şi Ţării Româneşti [Radu Mihnea Corvinus, Fürst der Moldau u. der Walachei], in: Ders.: Restitutio Daciae, Bd. 2, 35–84.

DERS.: Restitutio Daciae. Bd. 1: Relaţiile politice dintre Ţara Românească, Moldova şi Transilvania în răstimpul 1526–1593 [Restitutio Daciae. Die polit. Beziehungen zwischen der Walachei, der Moldau u. Siebenbürgen im Zeitraum 1526–1593]. Bucureşti 1980.

DERS.: Restitutio Daciae. Bd. 2: Relaţiile politice dintre Ţara Românească, Moldova şi Transilvania în răstimpul 1601–1659 [Die polit. Beziehungen zwischen der Walachei, der Moldau u. Siebenbürgen im Zeitraum 1601–1659]. Bucureşti 1989.

DERS.: Restitutio Daciae. Bd. 3: Studii cu privire la Mihai Viteazul (1593–1601) [Studien bezüglich Michaels d. Tapferen]. Bucureşti 1997.

DERS.: Vlad Ţepeş (Dracula). Între legendă şi adevăr istoric [Vlad d. Pfähler (Dracula). Zwischen Legende u. hist. Wahrheit]. Bucureşti 1976, ²1998

DERS.: Vlad the Impaler [Dracula]. Bucharest 1999.

ANDREEV, Stefan/GROZDANOVA, Elena: Iz istorijata na rudarstvoto i metalurgijata v bălgarskite zemi prez XV–XIX vek [Aus der Geschichte des Bergbaus u. der Metallverarbeitung in den bulg. Gebieten im 15.–19. Jh.]. Sofija 1993.

ANDRIĆ, Stanko: O obitelji bosanskog protukralja Radivoja Ostojića. Prilog rasvjetljavanju bračnih veza posljednih Kotromanića s plemstvom iz dravsko-savskog međurječja [On the Family of the Bosnian Anti-King Radivoj Ostojić. A Contribution to the Study of Marriages between the Last Members of the Kotromanić Dynasty and the Nobility from the Drava-Sava Interamnium], in: BIRIN (Hg.), Stjepan Tomašević, 109–132.

ANDRIĆ, Tonija: Život u srednjovjekovnom Splitu. Svakodnevica obrtnika u 14. i u 15. stoljeću [Das Leben im mittelalterlichen Split. Der Alltag der Handwerker im 14. u. 15. Jh.]. Zagreb, Split 2018.

ANGELI, Moriz von: Feldzüge gegen die Türken 1697–1698 und Karlowitzer Friede 1699. Wien 1876.

ANGELOMATE-TSUNGARAKE, Elene: Η κοινωνική συνείδηση ενός κρητικού του 1574 [Das gesellschaftliche Bewusstsein eines Kreters im Jahr 1574], Thesaurismata 37 (2007), 121–153.

ANGELOV, Dimitar: Une source peu utilisée sur l'histoire de la Bulgarie au XVᵉ siècle, Byzantino-Bulgarica 2 (1966), 169–179.

ANGYAL, Dávid: Magyarország története II. Mátyástól III. Ferdinánd haláláig [Geschichte Ungarns von Matthias II. bis zum Tode Ferdinands III.]. Budapest 1898.

ANNAS, Gabriele: Beraten – Verhandeln – Beschließen. Formen der politischen Willensbildung am Beispiel der Türkenreichstage der Jahre 1454/55, in: BACSOKA/BLANK/WOELKI (Hgg.), Europa, das Reich und die Osmanen, 44–86.

DIES.: Vlad III. Ţepeş im Spiegel humanistischer Geschichtsschreibung. Antonio Bonfini, Filippo Buonaccorsi, Jan Długosz, in: BOHN/EINAX/ROHDEWALD (Hgg.), Vlad der Pfähler, 71–97.

ANTOCHE, Emanuel Constantin: Hunyadi's Campaign of 1448 and the Second Battle of Kosovo Polje (October 17–20), in: HOUSLEY (Hg.), Reconfiguring the Fifteenth-Century Crusade, 245–284.

DERS.: Le rayonnement de l'art militaire hussite dans l'Europe orientale et le Moyen Orient (XVᵉ–XVIIᵉ siècles), Revista istorică 14 (2003), H. 5–6, 87–109.

ANTOCHE, Emanuel Constantin/IŞIKSEL, Güneş: Les batailles de Sibiu (22 mars 1442) et de la rivière de Ialomiţa (2 septembre 1442). Essai de reonstruction d'après les sources de l'époque, in: DUMITRAN/MÁDLY/SIMON (Hgg.), Extincta est lucerna orbis, 405–426.

ANTONOVIĆ, Miloš: Grad i zaleđe. Grad i župa u zetskom primorju i severnoj Albaniji u XIV i XV veku [Stadt u. Hinterland. Stadt u. Gemeinde im Küstenland der Zeta u. Nordalbaniens im 14.–15. Jh.]. Beograd 2003.

DERS.: Oblast Valone i Kanine pod srpskom vlašću [Das Gebiet von Valona u. Kanina unter serb. Herrschaft], Zbornik Filozofskog fakulteta u Beogradu 18 (1994), 149–178.

ANTOV, Nikolay: Demographic and Ethno-Religious Change in 15th and 16th-Century Ottoman Dobrudja (NE Balkans) and the Related Impact of Migrations, Radovi/Zavod za hrvatsku povijest 51 (2019), H. 1, 57–101.

DERS.: The Ottoman State and Semi-Nomadic Groups along the Ottoman Danubian Serhad (Frontier Zone) in the Late 15th and the First Half of the 16th Centuries. Challenges and Policies, Hungarian studies 27 (2013), H. 2, 219–235.

DERS.: The Ottoman „Wild West". The Balkan Frontier in the Fifteenth and Sixteenth Centuries. Cambridge 2017.

Anuarul istoriografic al României [Historiographisches Jahrbuch Rumäniens]. 4 Bde. Cluj-Napoca 2013–2018.

APETREI, Cristian Nicolae: Greek Merchants in the Romanian Principalities in the 16th Century. The Case of Nikolaos Domesticos Nevridis, Istros 17 (2011), 95–121.

APOR, Péter: Metamorphosis Transylvaniae (Erdély változása) [Metamorphosis Transylvaniae. Veränderung in Siebenbürgen]. Hg. Jenő SUGÁR. Budapest 1927.

ARBANITAKES, Demetres: Κοινωνικές αντιθέσεις στην πόλη της Ζακύνθου. Το Ρεμπελιό των Ποπολάρων (1628) [Gesellschaftliche Gegensätze in der Stadt Zakynthos. Der Aufstand der Popolani (1628)]. Athen 2001.

ARBEL, Benjamin: Una chiave di lettura dello Stato da mar veneziano nell'Età moderna. La situazione coloniale, in: ORTALLI/SCHMITT/ORLANDO (Hgg.), Il *Commonwealth* veneziano, 155–179.

DERS.: Le colonie d'oltremare, in: Storia di Venezia, Bd. 5 (Hgg. TENENTI/TUCCI), 947–985.

DERS.: Cyprus, the Franks and Venice, 13th–16th Centuries. Aldershot u. a. 2000.

DERS.: Venice's Maritime Empire in the Early Modern Period, in: DURSTELER (Hg.), A Companion to Venetian History, 125–253.

ARBEL, Benjamin/CHAYES, Evelien/HENDRIX, Harald (Hgg.): Cyprus and the Renaissance (1450–1650). Turnhout 2012.

ARDELEAN, Florin/NICHOLSON, Christopher/PREISER-KAPELLER, Johannes (Hgg.): Between Worlds. The Age of the Jagiellonians. Frankfurt/M. 2013.

ARENS, Meinolf: Habsburg und Siebenbürgen, 1600–1605. Gewaltsame Eingliederungsversuche eines ostmitteleuropäischen Fürstentums in einen frühabsolutistischen Reichsverband. Köln, Weimar, Wien 2001.

ARION, Dinu C.: Din hrisoavele lui Mircea cel Bătrân, 1386–1418. Studiu de istorie a Dreptului român [Aus den Urkunden Mirceas d. Alten, 1386–1418. Hist. Studie des rum. Rechts]. București 1930.

ARVINTE, Vasile: Désignations des langues de la Romania du Sud-Est, in: ERNST u.a. (Hgg.), Romanische Sprachgeschichte, 1. Teilbd., 156–163.

ASĂVOAIE, Costică: Prima reşedinţă domnească a Ţării Moldovei [The First Princely Residence of the Mediaeval State of Moldavia], *Arheologia Moldovei* 22 (1999), 117–123.

ASCHBACH, Joseph: Geschichte Kaiser Sigmunds. 4 Bde. Paderborn 2012 (Neudr. der Ausg. Hamburg 1838–1845).

ASDRACHAS, Spyros I. u.a.: Ελληνική οικονομική ιστορία 15ος–18ος αιώνας [Gr. Wirtschaftsgeschichte 15.–18. Jh.]. Bd. 1. Athen 2003.

ASONITES, Spyros N.: Το νότιο Ιόνιο κατά τον όψιμο μεσαίωνα. Κομητεία Κεφαλληνίας, Δουκάτο Λευκάδας, Αιτωλοακαρνανία [Das südliche Ionische Meer im Spätmittelalter. Die Provinz Kephallenia, das Herzogtum Leukas, Ätolien-Akarnanien]. Athen 2005.

DERS.: L'introduzione delle Assise di Romania in Corfù, in: COSTANTINI/NIKIFOROU (Hgg.), Levante veneziano, 59–76.

ASUTAY-EFFENBERGER, Neslihan/REHM, Ulrich (Hgg.): Sultan Mehmet II. Eroberer Konstantinopels – Patron der Künste. Köln, Weimar, Wien 2009.

ASZTALOS, Miklós: Erdély története, in: DERS. (Hg.), A történeti Erdély, 175–360.

DERS.: A magyar nemzet története az ősidőktől napjainkig [Geschichte der ung. Nation von den Urzeiten bis zur Gegenwart]. Budapest 1934.

DERS. (Hg.): A történeti Erdély [Das hist. Siebenbürgen]. Budapest 2001 (Reprint der 1936 ersch. Ausg. Mit einer Studie von Zoltán SZÁSZ).

ATANASIU, Victor: Bătălia de la Jilişeta [Die Schlacht von Jilişte]. București 1974.

DERS.: Mihai Viteazul. Campanii [Michael d. Tapfere. Feldzüge]. București 1972.

ATANASIU-GĂVAN, Andreea: Nave veneţiene şi genoveze în bazinul pontic [Venez. u. genues. Schiffe im Schwarzmeer-Becken], in: CRISTEA (Hg.), Marea Neagră, 50–75.

ATANASOV, Christijan: Christijani i Evrei văv Vidinsko. Džizie opisi na vidinskija sandžak ot 20–te godini na XVIII vek [Christen u. Juden in Vidin. Die Kopfsteuer in der Provinz Vidin in den 20er Jahren des 18. Jh.s]. Sofija 2010.

ATANASOV, Georgi: Dobrudžanskoto despotstvo. Kăm političeskata, cărkovnata, stopanskata i kulturna istorija na Dobrudža [Die Despotenherrschaft in der Dobrudscha. Zur Politik-, Kirchen-, Wirtschafts- u. Kulturgeschichte der Dobrudscha]. Veliko Tărnovo 2009.

ATANASOVSKI, Veljan: Pad Hercegovine [Der Fall der Herzegowina]. Beograd 1979.

ATIYA, Aziz Suryal: The Crusade of Nicopolis. London 1934.

DERS.: The Crusades in the Later Middle Ages. London 1938.

Atti. V Convegno Internazionale di Studi Albanesi. IX 1968. Aktet. V Mbledhje Ndërkombëtare Studimesh Shqiptare. Palermo 1969.

AUST, Martin/OBERTREIS, Julia: Einleitung, in: DIESS. (Hgg.), Osteuropäische Geschichte und Globalgeschichte. Stuttgart 2014, 7–23.

Babić, Anto: Društvo srednjovjekovne bosanske države [Society of the Medieval Bosnia], in: Prilozi za istoriju Bosne i Hercegovine, Bd. 1, 21–83.

Babinger, Franz (Hg.): Aufsätze und Abhandlungen Südosteuropas und der Levante. 2 Bde. München 1962–1966.

Ders.: Beiträge zur Geschichte von Qarly-Eli vornehmlich aus osmanischen Quellen, in: Ders. (Hg.), Aufsätze und Abhandlungen zur Geschichte Südosteuropas, Bd. 1, 370–377

Ders.: Das Ende der Arianiten. München 1960.

Ders.: Die Geschichtsschreiber der Osmanen und ihre Werke. Leipzig 1927.

Ders.: Mehmed der Eroberer und seine Zeit. Weltenstürmer einer Zeitenwende. München 1953.

Ders.: Mehmed der Eroberer. Weltenstürmer einer Zeitenwende. München, Zürich 1987 (Nachdr.).

Ders.: Der Quellenwert der Berichte über den Entsatz von Belgrad am 21./22. Juli 1456, in: Ders. (Hg.), Aufsätze und Abhandlungen Südosteuropas, Bd. 2, 263–310.

Ders.: Schejch Bedr ed-din, der Sohn des Richters von Simaw. Ein Beitrag zur Geschichte des Sektenwesens im altosmanischen Reich, in: *Der Islam* 11 (1921), 1–174.

Bacsoka, Marika: Die ungarische Gesandtschaft auf den Türkenreichstagen 1454/55. Ein Beitrag zum Profil der gelehrten Räte von Laszló V, in: dies./Blank/Woelki (Hgg.), Europa, das Reich und die Osmanen, 110–144.

Bacsoka. Marika/Blank, Anna-Maria/Woelki, Thomas (Hgg.): Europa, das Reich und die Osmanen. Die Türkenreichstage von 1454/55 nach dem Fall von Konstantinopel. Johannes Helmrath zum 60. Geburtstag. Frankfurt/M. 2014.

Bacumenco, Ludmila: Ţinutul Orheiului în secolele XV–XVI [Der Verwaltungsbezirk von Orhei im 15.–16. Jh.]. Iaşi 2006.

Bădărău, Gabriel: Consideraţii privind raporturile româno-otomane între 1774 şi 1802 [Betrachtungen bezüglich der rum.-osm. Beziehungen von 1774–1802], *Anuarul Institutului de Istorie şi Arheologie „A. D. Xenopol" din Iaşi* 20 (1983), 135–151 (Teil 1); 21 (1984), 192–202 (Teil 2).

Bagi, Dániel: Changer les règles. La succession angevine aux trônes hongrois et polonais, in: Lachaud/Penman (Hgg.), Making and Breaking the Rules, 89–95.

Ders. u. a. (Hgg.): Hungary and Hungarians in Central and East European Narrative Sources (10th–17th Centuries). Pécs 2019.

Bagi, Zoltán Péter: Az 1594. évi regensburgi birodalmi gyűlés hadügyi rendeletei [Die militärischen Erlässe des Regensburger Reichstages im Jahr 1594], *Aetas* (2002), H. 1, 5–14.

Ders.: A császári-királyi mezei hadsereg a tizenöt éves háborúban. Hadszervezet, érdekérvényesítés, reformkísérletek [Die k.-k. Feldarmee im Langen Türkenkrieg. Kriegsorganisation, Interessenvertretung, Reformversuche]. Budapest 2011.

Ders.: „Egy ura lesz az egész világnak napkelettől napnyugatig." A töröksegély kérdése és az 1597–1598. évi regensburgi birodalmi gyűlés [„Ain Herrscher der ganzen welt aufgang der sonnen biß zum nidergang werde." Die Frage der Türkenhilfe u. der Regensburger Reichstag in den Jahren 1597–1598], *Századok* 141 (2007), 1455–1481.

Ders.: The Forgotten War in the Transdanubia in 1566. The Successful Defense of Palota and the Recapture of Veszprém and Tata, *Eurostudium*[3w] 46 (2018), 15–35.

Bagyinszky, Istvánné/Balogh, Zoltán (Hgg.): Rákóczi állama Európában. Konferencia a szécsényi országgyűlés 300. évfordulója emlékére. Szécsény, 2005. szeptember 15–16–17. [Der Staat von Rákóczi in Europa. Konferenz zur Erinnerung des 300-jährigen Jubiläums des Landtags in Szécsény. Szécsény vom 15.–17. September 2005]. Salgótarján 2006.

Bahlcke, Joachim: Hungaria eliberata? Zum Zusammenstoß von altständischer Libertät und monarchischer Autorität in Ungarn an der Wende vom 17. zum 18. Jahrhundert, in: Mat'a/Winkelbauer (Hgg.), Die Habsburgermonarchie 1620 bis 1740, 301–315.

Ders.: „Libertas"-Vorstellungen in der ständischen Gesellschaft Polens, Böhmens und Ungarns, in: Manikowska/Pánek/Holý (Hgg.), Political Culture, Bd. 1, 163–177.

Bahlcke, Joachim/Rohdewald, Stefan/Wünsch, Thomas (Hgg.): Religiöse Erinnerungsorte in Ostmitteleuropa. Konstitution und Konkurrenz im nationen- und epochenübergreifenden Zugriff. Berlin 2013.

Baidaus, Eduard: War, Diplomacy, and „Family Affairs" in Seventeenth-Century Eastern Europe. Moldavia in the Danubian Policy of Bohdan Khmelnytsky (1648–1653), *Canadian Slavonic Papers* 54 (2012), H. 1–2, 27–59.

Bak, Borbála: Magyarország történeti topográfiája. A honfoglalástól 1950-ig [Hist. Topographie Ungarns. Von der Landnahme bis 1950]. Budapest 1997.

Bak, János M.: The Hungary of Matthias Corvinus. A State in „Central Europe" on the Threshold of Modernity, *Bohemia* 31 (1990), H. 2, 339–349.

Ders.: Königtum und Stände in Ungarn im 14.–16. Jahrhundert. Wiesbaden 1973.

Bak, János M./Banyó, Péter/Rady, Martyn (Hgg.): The Customary Law of the Renowned Kingdom of Hungary. A Work in Three Parts Rendered by Stephen Werbőczy (The „Tripartitum"). Idyllwild/CA, Budapest 2006.

Bak, János M./Király, Béla K. (Hgg.): From Hunyadi to Rákóczi. War and Society in Late Medieval and Early Modern Hungary. New York 1982.

Bak, János M./Pálffy, Géza: Crown and Coronation in Hungary 1000–1916 A.D. Budapest 2020.

Bakalopulos, Apostolos: Les limites de l'empire byzantin depuis la fin du XIVᵉ siècle jusqu'à sa chute (1453), *Byzantinische Zeitschrift* 55 (1962), 55–65.

Baker, Robin: Magyars, Mongols, Romanians and Saxons. Population Mix and Density in Moldavia, from 1230 to 1365, *Balkan Studies* 37 (1996), H. 1, 63–76.

Bakker, William F.[rederik]/van Gemert, Arnold F./Aerts, Willem Johan (Hgg.): Studia Byzantina et Neohellenica Neerlandica. Leiden 1972.

Balard, Michel (Hg.): État de Colonisation au Moyen Âge et à la Renaissance. Paris, Lyon 1989.

Ders.: État de la recherche sur la Latinocratie en Méditerranée orientale, in: Ortalli (Hg.), Venezia e Creta, 17–36.

Ders.: Gênes et la mer Noire (XIIIᵉ–XVᵉ siècles), in: Ders., La mer Noire, Nr. 5, 31–54.

Ders.: La mer Noire et la Romanie génoise. XIIIᵉ–XVᵉ siècles. London 1989.

Ders. u. a. (Hgg.): Le monde byzantin. 3 Bde. Paris 2004–2011.

Ders.: Notes sur les Ports du Bas-Danube au XIVᵉ siècle, in: Ders., La mer noire, Nr. 7.

Ders.: La Romanie génoise (XIIᵉ–début du XVᵉ siècle). 2 Bde. Rome, Paris 1978.

Balard, Michel/Ducellier, Alain (Hgg.): Coloniser au moyen âge. Paris 1995.

Diess. (Hgg.): Migrations et diasporas méditerranéennes (Xᵉ–XVIᵉ siècles). Paris 2002.

Balász, Éva H.: Bécs és Pest-Buda a régi századvégen 1765–1800 [Wien u. Pest-Ofen zur alten Jahrhundertwende 1765–1800]. Budapest 1987.

Dies.: Berzeviczy Gergely, a reformpolitikus (1763–1825) [Der Reformpolitiker Gregor Berzeviczy (1763–1825)]. Budapest 1967.

Dies.: A felvilágosult abszolutizmus Habsburg variánsa [Die habs. Variante des aufgeklärten Absolutismus], in: Magyarország története, Bd. 4,2 (Hgg. Ember/Heckenast), 831–930.

Dies.: Hungary and the Habsburgs 1765–1800. An Experiment in Enlightened Absolutism. Budapest 1997.

Dies.: Die Lage der Bauernschaft und die Bauernbewegungen (1780–1787). Zur Bauernpolitik des aufgeklärten Absolutismus, *Acta Historica Academiae Scientiarum Hungaricae* 3 (1954), H. 3, 293–325.

Dies.: A parasztság helyzete és mozgalmai (1780–1787). A felvilágosult abszolutizmus parasztpolitikájához, *Századok* 88 (1954), H. 4. 547–568 (Auf Dt.: dies., Die Lage der Bauernschaft [s. o.]).

Bălcescu, Nicolae: Opere. Bd. 3: Românii supt Mihai voevod Viteazul [Werke. Bd. 3: Die Rumänen unter dem Woiwoden Michael d. Tapfere]. Bucureşti 1986.

Baleva, Martina/Previšić, Boris (Hgg.): „Den Balkan gibt es nicht". Erbschaften im südöstlichen Europa. Köln, Weimar, Wien 2016.

Bălgarskijat petnadeseti vek. Sbornik s dokladi za bălgarskata obšta i kulturna istorija [Bulgarien im 15. Jh. Sammelband zur bulg. allgemeinen u. Kulturgeschichte]. Sofija 1993.

Balivet, Michel: Islam mystique et révolution armée dans les Balkans ottomans. Vie du Cheikh Bedreddîn. Le „Hallaj des Turcs" (1358/59–1416). Istanbul 1995.

Balkanite. Ezik, istorija, kultura [Der Balkan. Sprache, Geschichte, Kultur]. Bd. 3. Veliko Tărnovo 2013.

Balkanite meždu tradicijata i modernostta. Administrativni, socialno-ikonomičeski i kulturno-prosvetni institucii v balkanskite provincii na Osmanskata imperija (XVIII–XIX vek) [Der Balkan zwischen Tradition u. Moderne. Administrative, sozioökonomische, Kultur- u. Bildungsinstitutionen in den Balkanprovinzen des Osm. Reichs, 18.–19. Jh.]. Sofija 2009.

Ballabás, Dániel: Indigena főnemesi nemzetségek a 19. század közepének Magyarországán [Nostrifizierte hochadelige Geschlechter in Ungarn in der Mitte des 19. Jh.s], in: Makai (Hg.), Tanulmányok a 70 éves Kertész István tiszteletére, 7–18.

Ders.: A nemesség társadalmi tagolódása (16.–20. század) [Die gesellschaftliche Gliederung des Adels (16.–20. Jh.)], in: István Kolléga-Tarsoly u. a. (Hgg.), Genealógia [Genealogie]. Bd. 2. Budapest 2013, 7–57.

BALOUP, Daniel/SÁNCHEZ MARTÍNEZ, Manuel (Hgg.): Partir en croisade à la fin du Moyen Âge. Financement et logistique. Toulouse 2015.

BALTA, Evangelia: L'Eubée à la fin du XVe siècle. Économie et Population. Les registres de l'année 1474. Athènes 1989.

DIES.: Rural and Urban Population in the Sancak of Euripos in the 16th Century, Αρχείον Ευβοϊκών Μελετών 29 (1991), 55–185.

BALTIĆ, Jako: Godišnjak od događaja crkvenih, svjetskih i promine vrimena u Bosni, 1754–1882 [Das Jahrbuch von den kirchlichen u. weltlichen Ereignissen sowie der Veränderung der Zeit in Bosnien, 1754–1882]. Sarajevo 1991.

BĂNESCU, Nicolae: Opt scrisori turceşti ale lui Mihnea II „Turcitul" [Acht türk. Briefe von Mihnea II. d. „Vertürkten"], Academia Română. Memoriile Secţiunii Istorice, Seria 3, 6 (1926–27), 177–191.

BÁNKINÉ MOLNÁR, Erzsébet: A Jászkun Kerület helységeinek közigazgatási szervezete (1745–1848) [Die Verwaltungsorganisation der Orte im Jazygisch-Kumanischen Distrikt (1745–1848)], Cumania (Bács-Kiskun Megyei Múzeumok Évkönyve) 10 (1987), 119–153.

DIES.: A kunok Magyarországon [Die Kumanen in Ungarn]. Kiskunfélegyháza 2008.

BÁNKÚTI, Imre: A szatmári béke [Der Sathmarer Frieden]. Budapest 1981.

BARAMOVA, Maria: Border Theories in Early Modern Europe, in: European History Online (EGO). Mainz 2010, <http://www.ieg-ego.eu/baramovam-2010-en>.

DIES.: Evropa, Dunav i osmancite, 1396–1541 [Europa, die Donau u. die Osmanen]. Sofija 2014.

DIES.: Translacija na mogaštestvo. Dogovarjaneto na mira meždu Habsburgite i Visokata porta, 1447–1747 [Übers. von Macht. Die Friedensabkommen zwischen den Habsburgern u. der Hohen Pforte]. Sofija 2019.

BARAMOVA, Maria/BOYKOV, Grigor/PARVEV, Ivan (Hgg.): Bordering Early Modern Europe. Wiesbaden 2015.

BÁRÁNY, Attila: King Sigismund of Luxemburg and the Preparations for the Hungarian Crusading Host of Nicopolis (1389–1396), in: BALOUP/SÁNCHEZ MARTÍNEZ (Hgg.), Partir en croisade, 153–178.

BÁRÁNY, Attila/GYÖRKÖS, Attila (Hgg.): Matthias and His Legacy. Cultural and Political Encounters between East and West. Debrecen, 2009.

BARANYAI, Tivadar: A rácok elterjedése és településformái Baranyában [Die Verbreitung u. Siedlungsgeschichte der Raizen im Komitat Branau]. Pécs 1940.

BARAZ, Daniel: Medieval Cruelty. Changing Perceptions, late Antiquity to the Early Modern Period. Ithaca/NY 2003.

BARBARIĆ, Josip/HOLZLEITNER, Miljenko: Pisma fra Luke zagrebačkim biskupima (1672.–1697.) [Die Briefe des Franziskaners Luka Ibrišimović an die Bischöfe von Zagreb (1672–1697)]. Jastrebarsko 2000.

BARBERO, Alessandro: Lepanto. La battaglia dei tre imperi. Rom, Bari 2010.

BARBU, Daniel: Arta brâncovenească. Semnele timpului şi structurile spaţiului [Die Brâncoveanu-Kunst. Die Zeichen der Zeit u. des Raumes], in: CERNOVODEANU/CONSTANTINIU (Hgg.), Constantin Brâncoveanu, 233–261.

DERS.: Bizanţ contra Bizanţ. Explorări în cultura politică românească [Byzanz gegen Byzanz. Erkundungen zur rum. polit. Kultur]. Bucureşti 2001.

DERS.: „Carele ia domniia, plăteşte şi dătoriia." Cel mai vechi principiu constituţional românesc? [„Wer die Herrschaft an sich nimmt, zahlt auch die Schulden". Das älteste rum. Verfassungsprinzip?], in: DERS., O arheologie constituţională românească, 37–48.

DERS.: Etica ortodoxă şi „spiritul" românesc [Die orthodoxe Ethik u. der rum. „Geist"], in: DERS. (Hg.), Firea românilor [Das Wesen der Rumänen]. Bucureşti 2000, 39–130.

DERS.: Scrisoare pe nisip. Timpul şi privirea în civilizaţia românească a secolului al XVIII-lea [Brief auf dem Sand. Die Zeit und der Blick in der rum. Zivilisation des 18. Jh.s]. Bucureşti 1996.

BĂRBULESCU, Mihai u. a. (Hgg.): Istoria României [Geschichte Rumäniens]. Bucureşti 1998.

BÁRCZY, István: A Rákóczi-szabadságharc angol-holland diplomáciája [Die britisch-holländische Diplomatie des Rákóczi-Freiheitskriegs], in: KÖPECZI/HOPP/VÁRKONYI (Hgg.), Rákóczi-tanulmányok, 267–290.

BARIŠIĆ, Franjo: O izmirenju srpske i vizantijske crkve 1375 [Über die Versöhnung der serb. u. byz. Kirche 1375], Zbornik radova Vizantološkog instituta 21 (1982), 159–182.

BARISKA, István: A Contribution to the History of the Turkish Campaign of 1532. Szombathely, Kőszeg 2007.

DERS.: Rechtsgeschichtliche Fragestellungen im westungarischen Raum im 16.–17. Jahrhundert, in: TOBLER (Hg.), Archivar und Bibliothekar, 65–84.

DERS.: A Szent Koronáért elzálogosított Nyugat-Magyarország 1447–1647 [Westungarn als Pfand für die Stephanskrone 1447–1647]. Szombathely 2007.

BARKAN, Ömer Lütfi: Osmanlı İmparatorluğunda bir İskân ve kolonizasyon metodu olarak sürgünler [Deportationen als Siedlungs- u. Kolonisierungsmethode im Osmanischen Reich], İstanbul Üniversitesi İktisat Fakültesi Mecmuası 11 (1949/50) 524–569; 13 (1951/52) 56–79; 15 (1953) 209–237.

BARKER, John W.: Manuel II Palaeologus (1391–1425). A Study in Late Byzantine Statesmanship. New Brunswick/NJ 1969.

BARKEY, Karen: Bandits and Bureaucrats. The Ottoman Route to State Centralization. Ithaca/NY, London 1994. Reprintausg. 1996.

DIES.: In Different Times. Scheduling and Social Control in the Ottoman Empire, 1550 to 1650, Comparative Studies in Society and History 38 (1996), H. 3, 460–483.

BARNEA, Ion: Bizanțul și lumea carpato-balcanică [Byzanz u. die karpato-balkanische Welt], in: PASCU/THEODORESCU (Hgg.), Istoria românilor, Bd. 3, 29–38.

BARÓTI, Lajos: Adattár Délmagyarország XVIII. századi történetéhez [Angaben zur Siedlungsgeschichte Südungarns im 18. Jh.]. 5 Bde. Temesvár 1893–1900.

BARÓTI, Lajos/SZALAY, József: A magyar nemzet története. Bd. 4: Magyarország a Habsburg-házból s a Habsburg-Lotharingiai házból származott örökös királyok korában [Geschichte der ung. Nation. Bd 4: Ungarn im Zeitalter der erblichen Könige aus dem Haus Habsburg u. dem Haus Habsburg-Lothringen]. Budapest ²1897.

BARTA, Gábor: Mátyás király, 1458–1490 [König Matthias, 1458–1490]. Budapest 1990.

DERS.: La route qui mène à Istanbul 1526–1528. Budapest 1994.

DERS.: A történeti Erdély és határai [Das hist. Siebenbürgen u. seine Grenzen], in: HERNER (Hg.), Erdély és a Részek térképe, 207–215.

BARTA, János: A felvilágosult abszolutizmus agrárpolitikája a Habsburg és a Hohenzollern-monarchiában [Die Agrarpolitik des aufgeklärten Absolutismus in der Habsburger- u. Hohenzollernmonarchie]. Budapest 1982.

DERS.: A kalapos király emlékezete. II. József és Magyarország [Das Gedächtnis des Königs mit Hut. Joseph II. u. Ungarn]. Debrecen 2012.

DERS.: A kétfejű sas árnékában. Az abszolutizmustól a felvilágosodásig, 1711–1780 [Im Schatten des Doppeladlers. Vom Absolutismus bis zur Aufklärung 1711–1780]. Budapest 1984.

DERS.: Magyarország mezőgazdaságának regenerálódása 1711–1790 [Die Regeneration der ung. Landwirtschaft 1711–1790], in: OROSZ/FÜR/ROMÁNY (Hgg.), Magyarország agrártörténete, 33–80.

DERS.: A tizennyolcadik század története [Geschichte des 18. Jh.s]. Budapest 2000.

BARTA, János/JATZLAUK, Manfred/PAPP, Klára (Hgg.): „Einigkeit und Frieden sollen auf Seiten jeder Partei sein." Die Friedenschlüsse von Wien (23.06.1606) und Zsitvatorok (15.11.1606). Debrecen 2007.

BARTL, Peter: Die Dulcignoten. Piraterie und Handelsschiffahrt im Adriaraum (18. Jahrhundert), in: DERS./GLASSL (Hgg.), Südosteuropa unter dem Halbmond, 17–27.

DERS.: Zur Topographie und Geschichte der Landschaft Himara in Südalbanien, Münchner Zeitschrift für Balkankunde 7/8 (1991), 323–330.

DERS.: Der Westbalkan zwischen spanischer Monarchie und Osmanischem Reich. Zur Türkenkriegsproblematik an der Wende vom 16. zum 17. Jahrhundert. Wiesbaden 1974.

BARTL, Peter/GLASSL, Horst (Hgg.): Südosteuropa unter dem Halbmond. Untersuchungen über Geschichte und Kultur der südosteuropäischen Völker während der Türkenzeit. Prof. Georg Stadtmüller zum 65. Geburtstag gewidmet. München 1975.

BARTUSIS, Marc C.: Chrelja and Momčilo. Occasional Servants of Byzantium in Fourteenth Century Macedonia, Byzantinoslavica 41 (1980), 201–221.

DERS.: Land and Privilege in Byzantium. The Institutions of Pronoia. Cambridge, New York 2012.

DERS.: The Late Byzantine Army. Arms and Society 1204–1453. Philadelphia/PA 1992.

DERS.: State Demands for Building and Repairing Fortifications in Late Byzantium and Medieval Serbia, Byzantinoslavica 49 (1988), 205–212.

DERS.: Urban Guard Service in Late Byzantium. The Terminology and the Institution, Macedonian Studies 5 N.S. 2 (1988), 52–77.

BARZMAN, Karen-edis: The Limits of Identity. Early Modern Venice, Dalmatia, and the Representation of Difference. Leiden, Boston/MA 2017.

BIBLIOGRAPHIE

Basarab, John: Pereiaslav 1654. A Historiographical Study. Edmonton 1982.

Bătrîna, Lia/Bătrîna, Adrian: Biserica „Sfântul Nicolae" din Rădăuţi. Cercetări arheologice şi interpretări istorice asupra începuturilor Ţării Moldovei [Die Kirche des Hl. Nikolaus in Rădăuţi. Archäologische Forschungen u. hist. Interpretationen über die Anfänge der Moldau]. Piatra-Neamţ 2012.

Baumgärtner, Ingrid/Schröder, Stefan: Weltbild, Kartographie und geographische Kenntnisse, in: Johannes Fried/ Ernst-Dieter Hehl (Hgg.), WBG Weltgeschichte. Bd. 3: Weltdeutungen und Weltreligionen 600 bis 1500. Darmstadt ²2015, 57–83.

Bayerle, Gustav: The Compromise at Zsitvatorok, *Archivum Ottomanicum* 6 (1980), 5–53.

Ders.: The Hungarian Letters of Ali Pasha of Buda (1604–1616). Budapest 1991.

Ders.: Ottoman Tributes in Hungary. According to Sixteenth Century Tapu Registers of Novigrad. Paris 1987.

Baykal, Bekir Sıtkı: A'yânlık Müessesesinin Düzeni Hakkında Belgeler [Dokumente über die Regelungen bezüglich des Ayan-Amtes], *Belgeler* 1 (1964), H. 2, 221–225.

Bazarova, Tatjana: The Treaty of Carlowitz and Its Impact on Russian-Ottoman Relations, 1700–1710, in: Heywood/Parvev (Hgg.), The Treaties of Carlowitz, 236–249.

Beckmann, Gustav: Der Kampf Kaiser Sigmunds gegen die werdende Weltmacht der Osmanen, 1392–1437. Eine historische Grundlegung. Gotha 1902.

Beer, Adolf: Die österreichische Handelspolitik unter Maria Theresia und Joseph II., *Archiv für österreichische Geschichte* 86 (1899), 1–204.

Ders.: Studien zur Geschichte der Österreichischen Volkswirtschaft unter Maria Theresia. I. Die Österreichische Industriepolitik, *Archiv für österreichische Geschichte* 81 (1895), 1–133.

Ders.: Die Zollpolitik und die Schaffung eines einheitlichen Zollgebietes unter Maria Theresia, *Mitteilungen des Instituts für Österreichische Geschichtsforschung* 14 (1893), 237–326.

Beer, Matthias/Dahlmann, Dittmar (Hgg.): Migration nach Ost- und Südosteuropa von 18. bis zum Beginn des 19. Jahrhunderts. Ursachen, Formen, Verlauf, Ergebnis. Stuttgart 1999.

Beer, Siegfried Marko u. a. (Hgg.): Focus Austria. Vom Vielvölkerstaat zum EU-Staat. Festschrift für Alfred Ableitinger zum 65. Geburtstag. Graz 2003.

Bees, Nikos A.: Geschichtliche Forschungsresultate und Mönchs- und Volkssagen über die Gründer der Meteorenklöster, *Byzantinisch-Neugriechische Jahrbücher* 3 (1922), 364–403.

Bejenaru, N. C.: Politica externă a lui Alexandru Lăpuşneanu [Die Außenpolitik von Alexandru Lăpuşneanu]. Iaşi 1935.

Bélay, Vilmos: Máramaros megye társadalma és nemzetisége. A megye betelepülésétől a XVIII. század végéig [Gesellschaft u. Nationalität des Komitats Maramuresch seit dessen Besiedlung bis zum Ende des 18. Jh.s]. Budapest 1943.

Beldiceanu, Nicoara: La campagne ottomane de 1484. Ses préparatifs militaires et sa chronologie (1960), in: Ders., Le monde ottoman (Text Nr. 5).

Ders.: La conquête des cités marchandes de Kilia et de Cetatea Alba par Bayezid II (1964), in: Ders., Le monde ottoman (Text Nr. 6).

Ders.: La crise monétaire ottomane au XVIᵉ siècle et son influence sur les Principautés Roumaines, *Südost-Forschungen* 16 (1957), 70–86.

Ders.: Le monde ottoman des Balkans (1402–1566). Institutions, société, économie. London 1976.

Ders.: Les Roumains des Balkans dans les sources ottomanes, *Revue des études roumaines* 19/20 (1995/96), 7–21.

Ders.: Le timar dans l'État ottoman. Wiesbaden 1980.

Ders.: Timariotes chrétiens en Thessalie (1454/55), *Südost-Forschungen* 44 (1985), 45–81.

Ders.: Sur les Valaques des Balkans slaves à l'époque ottomane, *Revue des études islamiques* 34 (1966), 83–132.

Ders.: Les Valaques de Bosnie à la fin du XVᵉ siècle et leurs institutions, in: Ders., Le monde ottoman (Text Nr. 4).

Beldiceanu, Nicoară/Beldiceanu-Steinherr, Irène: Recherches sur la Morée (1460–1512), *Südost-Forschungen* 39 (1980), 17–74.

Beldiceanu, Nicoară/Beldiceanu-Steinherr, Irène/Năşturel, Petre S.: Les recensements ottomans effectués en 1477, 1519 et 1533 dans les provinces de Zvornik et d'Herzégovine, *Turcica* 20 (1988), 159–171.

Beldiceanu, Nicoară/Nasturel, Petre Ş.: Droits sur la terre de labour dans les Balkans et en Anatolie à l'époque ottomane (XIVᵉ–XVIᵉ siècles), *Südost-Forschungen* 50 (1991), 61–118.

Beldiceanu-Steinherr, Irène: La conquête d'Andrinople par les Turcs. La pénétration turque en Thrace et la valeur des chroniques ottomanes, *Travaux et Mémoires* 1 (1965), 439–461.

Dies.: Les débuts. Osmân et Orkhân, in: Mantran (Hg.), Histoire de l'Empire ottoman, 15–35.

Dies.: Le destin des fils d'Orhan, *Archivum Ottomanicum* 23 (2005/2006), 105–130.

Dies.: L'exil à Trébizonde d'une quarantaine de combattants albanais à la fin du XVᵉ siècle, in: Gasparis (Hg.), Οι Αλβανοί στο Μεσαίωνα, 349–369.

Dies.: L'installation des Ottomans, in: Geyer/Lefort (Hgg.), La Bithynie au Moyen Âge, 351–374.

Dies.: Pachymère et les sources orientales, *Turcica* 32 (2000), 425–434.

Dies.: Recherches sur les actes des règnes des sultans Osman, Orkhan et Murad I. Monachii 1967.

Dies.: Le règne de Selîm Iᵉʳ. Tournant dans la vie politique et religieuse de l'empire ottoman, *Turcica* 6 (1975), 34–48.

Dies.: Seyyid 'Ali Sultan d'après les registres ottomans. L'installation de l'Islam hétérodoxe en Thrace, in: Zacha-riadou (Hg.), The Via Egnatia, 45–65.

Beldiceanu-Steinherr, Irène/Beldiceanu, Nicoară: Colonisation et déportation dans l'État ottoman (XIVᵉ–début XVIᵉ siècle), in: Balard/Ducellier (Hgg.), Coloniser au moyen âge, 172–185.

Diess.: Documents Ottomans en rapport avec l'Europe du sud-est (fin du XIVᵉ– début du XVᵉ siècle), in: Han-nick (Hg.), Kanzleiwesen und Kanzleisprachen, 143–174.

Beldiceanu-Steinherr, Irène/Bojović, Boško: Le traité de paix conclu entre Vlatko et Mehmed II, *Balcanica* 24 (1993), 75–86.

Beldiceanu-Steinherr, Irène/Estangüi Gómez, Raúl: Autour du document de 1386 en faveur de Radoslav Sablja (Şabya/Sampias). Du beylicat au sultanat, étape méconnue de l'État ottoman, *Turcica* 45 (2014), 159–186.

Béli, Gábor/Kajtár, István: Österreichisches Strafrecht in Ungarn. Die „Praxis Criminalis" von 1687, *Zeitschrift für neuere Rechtsgeschichte* 16 (1994), 325–334.

Benczédi, László: A hegyaljai kuruc felkelés 1697-ben [Der Kuruzzenaufstand in der Tokajer Gegend im Jahr 1697]. Budapest 1953.

Ders.: Kollonich Lipót és az Einrichtungswerk [Leopold Kollonich u. das Einrichtungswerk], in: Praznovszky/Bagyinszky (Hgg.), Gazdaság és mentalitás Magyarországon, 153–158.

Ders.: Rendiség, abszolutizmus és centralizáció a XVII. század végi Magyarországon (1664–1685) [Ständewesen, Absolutismus u. Zentralisierung in Ungarn am Ende des 17. Jh.s (1664–1685)]. Budapest 1980.

Ders. (Hg.): A Thököly-felkelés és kora [Der Thököly-Aufstand u. seine Zeit]. Budapest 1983.

Benda, Gyula: Megjegyzések Kosáry Domokos cikkéhez [Bemerkungen zum Artikel von Domokos Kosáry], *Valóság* 18 (1975), H. 3, 99–101.

Benda, Kálmán: Absolutismus und ständischer Widerstand in Ungarn am Anfang des 17. Jahrhunderts, *Südost-Forschungen* 33 (1974), 85–124.

Ders.: Die Auswirkungen der Lehren Calvins auf die Ideologie des ständischen Widerstandes in Ungarn, *Jahrbuch für die Geschichte des Protestantismus in Österreich* 110/111 (1994/1995), 75–85.

Ders.: Emberbarát vagy hazafi? Tanulmányok a felvilágosodás korának magyarországi történetéből [Menschenfreund oder Patriot? Studien aus der ungarländischen Geschichte der Aufklärungszeit]. Budapest 1978.

Ders. (Hg.): Európa és a Rákóczi-szabadságharc [Europa u. der Rákóczi-Freiheitskrieg]. Budapest 1980.

Ders.: Das Grossfürstentum Siebenbürgen unter Maria Theresia, in: Mraz/Schlag (Hgg.), Maria Theresia als Königin, 146–151.

Ders.: Magyarország a XVIII–XIX. század fordulóján [Ungarn an der Wende vom 18. ins 19. Jh.], in: ders., Emberbarát vagy hazafi?, 13–63.

Ders.: Magyarország a XVIII–XIX. század fordulóján [Ungarn an der Wende vom 18. ins 19. Jh.], in: József Szauder/Andor Tarnai (Hgg.), Irodalom és felvilágosodás. Tanulmányok [Literatur u. Aufklärung. Studien]. Budapest 1974, 445–470.

Ders.: Magyar-rác együttműködési törekvések a szabadságharc idején [Ung.-raizische/serb. Kooperationsbemühungen während des Freiheitskrieges], in: Köpeczi/Hopp/Várkonyi (Hgg.), Rákóczi-tanulmányok, 141–157.

Ders.: Politische Strömungen in Siebenbürgen während der zweiten Hälfte des 18. Jahrhunderts, *Zeitschrift für Siebenbürgische Landeskunde* 2 (1979), H. 2, 185–196.

Ders.: Rákóczi és az európai hatalmak [Rákóczi u. die Mächte Europas], in: ders. (Hg.), Európa és a Rákóczi-szabadságharc, 25–34.

Benda, Kálmán/Fügedi, Erik: Tausend Jahre Stephanskrone. Budapest 1988.

Benkő, Elek: Erdély középkori harangjai és bronz keresztelőmedencéi [Mittelalterliche Glocken u. bronzene Taufbecken Siebenbürgens]. Budapest, Kolozsvár 2002.

Benyovsky Latin, Irena: Srednjovjekovni Trogir. Prostor i društvo [Das mittelalterliche Trogir. Raum u. Gesellschaft]. Zagreb 2009.

Berceanu, Maria: Reformele lui Constantin Mavrocordat, început al modernizării administrative în Moldova. Un studiu de caz – ţinutul Bacău [Die Reformen des Constantin Mavrocordat, der Beginn der administrativen Modernisierung in der Moldau. Eine Fallstudie: Der Distrikt Bacău], Cercetări Istorice 32 (2013), 211–248.

Berciu-Drăghicescu, Adina: O domnie umanistă în Moldova. Despot vodă [Eine humanistische Herrschaft in der Moldau. Despot Vodă]. Bucureşti 1980.

Berend, Nora: At the Gate of Christendom. Jews, Muslims, and „Pagans" in Medieval Hungary, c. 1000 – c. 1300. Cambridge 2001.

Bérenger, Jean: Le cardinal Kollonich et la contre-réforme en Hongrie, XVIIᵉ siècle 50 (1998), H. 2, 297–313.

Ders.: La contre-réforme en Hongrie au XVIIᵉ siècle, Bulletin de la Société de l'Histoire du Protestantisme Français 120 (1974), 1–32.

Ders.: Les „Gravamina". Remontrances des diètes de Hongrie de 1655 à 1681. Paris 1973.

Ders.: La Hongrie des Habsbourg. Bd. 1: De 1526 à 1790. Rennes 2010.

Ders.: La Hongrie des Habsbourgs au XVIIᵉ siècle. République nobiliaire ou monarchie limitée?, Revue Historique, 238 (1967) H. 1, 31–50.

Ders. (Hg.): La paix de Karlowitz, 26 janvier 1699. Les relations entre l'Europe centrale et l'Empire Ottoman. Paris 2010.

Bérenger, Jean/Kecskeméti, Charles: Parlement et vie parlementaire en Hongrie 1608–1918. Paris 2005.

Berger, Walter: Baut dem Reich einen Wall. Das Buch vom Entstehen der Militärgrenze wider die Türken. Graz 1979.

Berindei, Dan: L' année révolutionnaire 1821 dans les pays roumains. Bucarest 1973.

Ders.: Fanariotische Herrscher und rumänische Bojaren in den rumänischen Fürstentümern, Revue roumaine d'histoire 23 (1984), H. 4, 313–326 (Neudr. in: ders., Genealogie şi societate, 38–52).

Ders.: Genealogie şi societate [Genealogie u. Gesellschaft]. Bucureşti 2013.

Ders. (Hg.): Istoria românilor [Geschichte der Rumänen]. 2 Bde. Bucureşti 2018.

Ders.: Princes Phanariotes des Principautés Roumaines. Une forme de résurrection de Byzance?, Byzantinische Forschungen 17 (1991), 71–84.

Ders.: Revoluţia română din 1821 [Die rum. Revolution von 1821]. Bucureşti 1991.

Ders.: Die revolutionären Ereignisse von 1821 in den Rumänischen Fürstentümern, Southeastern Europe 3 (1976), H. 2, 153–166.

Berindei, Mihnea: L'empire ottoman et la „route moldave" avant la conquête de Chilia et de Cetatea Albă (1484), Revue roumaine d'histoire 30 (1991), H. 3–4, 161–188.

Ders.: La révolte de Ioan Vodă et les relations moldavo-ottomanes 1538–1574, Archiva Moldaviae 3 (2011), 27–55 (Teil 1); 4 (2012), 27–72 (Teil 2); 5 (2013), 27–51 (Teil 3).

Berindei, Mihnea/Kalus-Martin, Marielle/Veinstein, Gilles: Actes de Murād III sur la région de Vidin et remarques sur les qānūn ottomans, Südost-Forschungen 35 (1976), 11–68.

Berindei, Mihnea/Veinstein, Gilles: L'empire ottoman et les pays roumains, 1544–1545. Étude et documents. Paris 1987.

Berlász, Jenő: Az 1784-i erdélyi parasztfelkelés és II. József jobbágypolitikája [Der Bauernaufstand des Jahres 1784 in Siebenbürgen u. die Leibeigenenpolitik Josephs II.], in: Spira (Hg.), Tanulmányok a parasztság, 385–468.

Ders.: Az erdélyi jobbágyság gazdasági helyzete a XVIII. században [Die wirtschaftliche Lage der Leibeigenen in Siebenbürgen im 18. Jh.]. Budapest 1958.

Ders.: Erdélyi jobbágyság – magyar gazdaság. Válogatott tanulmányok [Leibeigenschaft in Siebenbürgen – ung. Wirtschaft. Ausgewählte Studien]. Budapest 2010.

Ders.: Az erdélyi úrbérrendezés problémái 1770–1780 [Die Probleme der Urbarialregulierung in Siebenbürgen], Századok 75 (1941), H. 7–8, 236–277 (Teil 1); H. 9–10, 344–362 (Teil 2).

Ders.: A Mária Terézia kori erdélyi kivándorlások szociális háttere [Der soziale Hintergrund der Auswanderungen aus Siebenbürgen zur Zeit Maria Theresias], A Gróf Klebelsberg Kuno Magyar Történetkutató Intézet évkönyve 9 (1939), 1–44.

Bernard, Paul P.: Austria's Last Turkish War. Some Further Thoughts, Austrian History Yearbook 19 (1983), 15–31.

Bernath, Matthias: Die Errichtung der Siebenbürgischen Militärgrenze und die Wiener Rumänienpolitik in der frühjosephinischen Zeit, Südost-Forschungen 19 (1960), 164–192.

BERNIROLAS-HATZOPOULOS, D.[ionysios]: The First Siege of Constantinople by the Ottomans (1393–1402) and Its Repercussions on the Civilian Population of the City, *Byzantine Studies* 10 (1983), 39–51.

BERTENYI, Iván: A Magyar Korona története [Geschichte der ung. Krone]. Budapest ⁴1996.

DERS.: Iván Nagy Lajos király [König Ludwig d. Große]. Budapest 1989.

BERZA, Mihai: Haraciul Moldovei și Țării Romînești în sec. XV–XIX [Der Haradsch der Moldau u. der Walchei im 15.–19. Jh.], *Studii și materiale de istorie medie* 2 (1957), 7–48.

DERS.: Die Schwankungen in der Ausbeutung der Walachei durch die Türkische Pforte im XVI.–XVIII. Jh., *Nouvelles études d'histoire* 2 (1960), 253–269.

DERS.: Turcs, Empire Ottoman et relations roumano-turques dans l'historiographie moldave des XVᵉ–XVIIIᵉ siècles, *Revue des études sud-est européennes* 10 (1972), H. 3, 595–627.

DERS.: Variațiile exploatării Țării Românești de către Poarta Otomană în secolele XVI–XVIII [Variationen in der Ausbeutung der rum. Länder durch die osm. Pforte vom 16.–18. Jh.], *Studii. Revistă de istorie* 11 (1958), H. 2, 59–71.

BERZEVICZY, Gregor: De commercio et industria Hungariae. Leutsoviae 1797.

DERS.: Ungarns Industrie und Commerz. Weimar 1802.

BEZVICONI, G.: Contribuții la istoria relațiilor româno-ruse [Beiträge zur Geschichte der rum.-russ. Beziehungen]. București 1962.

BIANU, Ion/HODOȘ, Nerva (Hgg.): Bibliografia românească veche 1508–1830 [Altrum. Bibliographie]. 4 Bde. București 1903–1944.

Bibliografia istorică a României [Hist. Bibliographie Rumäniens]. Bde. 4–13. București 1970–2011.

BICHENO, Hugh: Crescent and Cross. The Battle of Lepanto 1571. London 2004.

BIÇOKU, Kasem: Skënderbeu dhe Shqipëria në kohën e tij [Skanderbeg u. Albanien in seiner Zeit]. Tiranë 2005.

BIEDERMANN, Hermann Ignaz: Die ungarischen Ruthenen. Innsbruck 1861.

BIEGMAN, Nicolaas H.: Ragusan Spying for the Ottoman Empire, *Belleten* 27 (1963), 237–255.

DERS.: The Turco-Ragusan Relationship. According to the Firmâns of Murad III (1575–1595), Extant in the State Archives of Dubrovnik. The Hague-Paris 1967.

BILIARSKY, Ivan: The Despots in Medieval Bulgaria, *Byzantinobulgarica* 9 (1995), 121–162.

DERS. (Hg.): Laudator temporis acti. Studia in memoriam Ioannis A. Božilov. Sbornik v čest na prof. Ivan Božilov. Bd. 1: Religio, historia. Serdicae [Sofia] 2018.

DERS.: Word and Power in Mediaeval Bulgaria. Leiden, Boston/MA 2011.

BILICI, Faruk/CÂNDEA, Ionel/POPESCU, Anca (Hgg.): Enjeux politiques, économiques et militaires en Mer Noire (XIVᵉ–XXIᵉ siècles). Études à la mémoire de Mihail Guboglu. Brăila 2007.

BILJARSKI, Ivan: Fiskalna sistema na srednovekovna Bălgarija [Das Steuersystem im mittelalterlichen Bulgarien]. Plovdiv 2010.

BILLIG, Susanne: Die Karte des Piri Re'is. Das vergessene Wissen der Araber und die Entdeckung Amerikas. München 2017.

BINDER IIJIMA, Edda/DUMBRAVA, Vasile (Hgg.): Stefan der Große – Fürst der Moldau. Symbolfunktion und Bedeutungswandel eines mittelalterlichen Herrschers. Leipzig 2005.

Biographisches Lexikon zur Geschichte Südosteuropas. Hgg. Mathias BERNATH/Felix von SCHROEDER/Karl NEHRING. 4 Bde. München 1974–1981.

BIOLIDAKES, Giorgos N.: Προσπάθειες περιορισμού της αμπελοκαλλιέργειας στην Κρήτη κατά την ύστερη περίοδο της Βενετοκρατίας. Πολιτικός σχεδιασμός και τοπική αντίδραση [Versuche zur Beschränkung des Weinbaus auf Kreta in der Spätzeit der Venezianerherrschaft. Polit. Planung u. örtlicher Widerstand], *Thesaurismata* 39–40 (2009–2010), 249–304.

BIRDAL, Mehmet S.: The Holy Roman Empire and the Ottomans. From Global Imperial Power to Absolutist States. London 2011.

BIRIN, Ante: Knez Nelipac i hrvatski velikaški rod Nelipčića [Count Nelipac and Croatian Parentage of Nelipčić]. Zagreb 2006 (Dissertationsschrift).

DERS. (Hg.): Stjepan Tomašević (1461.–1463.). Slom srednjovjekovnog Bosanskog Kraljevstva. Zbornik radova sa Znanstvenog skupa održanog 11. i 12. studenog 2011. godine u Jajcu [Stjepan Tomašević (1461–1463). Der Untergang des mittelalterlichen bosn. Königtums. Sammelband zur wissenschaftlichen Tagung vom 11. u. 12. November 2011 in Jajce]. Zagreb 2013.

BIRKEN, Andreas: Die Provinzen des Osmanischen Reiches. Wiesbaden 1976.

BÎRSĂNESCU, Ștefan: Academia Domnească din Iași, 1714–1821 [Die fürstliche Akademie von Iași, 1714–1821]. București 1962.

BIŠČEVIĆ, Vedad: Bosanski namjesnici Osmanskog doba. 1463–1878 [Die bosn. Gouverneure in der osm. Zeit. 1463–1878]. Sarajevo 2006.

BLAGOJEVIĆ, Miloš: Državna uprava u srpskim srednjovekovnim zemljama [Die Staatsverwaltung in den mittelalterlichen serb. Ländern]. Beograd 1997.

DERS.: Istočna granica despotovine od 1428. do 1439. godine [Die Ostgrenze des Despotats 1428–1439], *Istorijski glasnik* 1/2 (1995), 23–36.

DERS.: Obrok i priselica, *Istorijski časopis* 18 (1971), 165–188.

DERS.: Savladarstvo u srpskim zemljama posle smrti cara Uroša [Co-Rule in Serbia after the Death of Emperor Uroš], *Zbornik radova Vizantološkog instituta* 21 (1982), 183–212.

BLANNING, T.[imothy] C.[harles] W.[illiam]: Joseph II. London, New York 1994.

BLAŽEVIĆ, Zrinka/BRKOVIĆ, Ivana/DUKIĆ, Davor (Hgg.): History as a Foreign Country. Historical Imagery in South-Eastern Europe. Geschichte als ein fremdes Land. Historische Bilder in Süd-Ost Europa. Bonn 2015.

BLUMI, Isa: Foundations of Modernity. Human Agency and the Imperial State. New York 2012.

BOBICESCU, Cristian: Între integrare și păstrarea autonomiei. Modelul polonez și controlul domnilor în Moldova și Țara Românească la cumpăna secolelor XVI și XVII [Zwischen Integration u. Bewahrung der Autonomie. Das poln. Modell u. die Kontrolle der Herrscher in der Moldau u. Walachei an der Wende vom 16. zum 17. Jh.], in: Movileștii. Istorie și spiritualitate românească, Bd. 2, 227–247.

DERS.: Tyranny and Colonization. Preliminary Considerations about the Colonization Plans of Moldavia during the Time of Jan Zamoyski, *Revue des études sud-est européennes* 54 (2016), H. 1–4, 99–118.

BOCHMANN, Klaus/DUMBRAVA, Vasile (Hgg.): Dimitrie Cantemir. Fürst der Moldau, Gelehrter, Akteur der europäischen Kulturgeschichte. Leipzig 2008.

BODNAR, Edward W.: Cyriacus of Ancona and Athens. Bruxelles, Berchem 1960.

BOG, Ingomar (Hg.): Der Außenhandel Ostmitteleuropas 1450–1650. Die ostmitteleuropäischen Volkswirtschaften in ihren Beziehungen zu Mitteleuropa. Köln, Wien 1971.

BOGDAN, Damian P.: Despre domnii moldoveni Ștefan I și Iuga [Über die mold. Fürsten Ștefan I. u. Iuga], *Revista istorică română* 9 (1939), 165–177.

BOGDANI, Pranvera: Lufta kundër Venedikut për çlirimin e krahinës së Shkodrës dhe qyteteve të saj në fund të vitit 1404– mesi i vitit 1405 [Der Kampf gegen Venedig für die Befreiung der Landschaft Skutari u. ihrer Städte vom Ende des Jahres 1404 bis in die Mitte des Jahres 1405], *Studime historike* (1983), H. 2, 151–175.

BOGDANOVIĆ, Marijan: Ljetopis kreševskoga samostana [Die Chronik des Klosters Kreševo]. Sarajevo 2003.

BOGIATZES, Georgios: Η πρώιμη οθωμανοκρατία στη Θράκη [Die frühe Osmanenherrschaft in Thrakien]. Athen 1998.

BOGOVIĆ, Mile: Katolička crkva i pravoslavlje u Dalmaciji za vrijeme mletačke vladavine [Die katholische Kirche u. die Orthodoxie in Dalmatien zur Zeit der venez. Herrschaft]. Zagreb 1982.

BOGYAY, Thomas von: Ungarns Heilige Krone. Ein kritischer Forschungsbericht, *Ungarn-Jahrbuch* 9 (1978), 207–235.

BÖHM, Leonhard: Geschichte des Temeser Banats. 2 Bde. Leipzig 1861.

BOHN, Thomas M./EINAX, Rayk/ROHDEWALD, Stefan (Hgg.): Vlad der Pfähler – Dracula. Tyrann oder Volkstribun? Wiesbaden 2017.

BOIA, Lucian: Geschichte und Mythos. Über die Gegenwart des Vergangenen in der rumänischen Gesellschaft. Köln u. a. 2003.

DERS.: History and Myth in Romanian Consciousness. Budapest, New York 2001.

DERS.: Istorie și mit în conștiința românească. București 1997.

BOICU, Leonid: Principatele române în raporturile politice internaționale, sec. al XVIII-lea [Die rum. Fürstentümer in den internationalen polit. Beziehungen, 18. Jh.]. Iași 1986, ²2001.

BOJANIĆ-LUKAČ, Dušanka: s. v. Bušatlija, Mustafa-paša, in: Enciklopedija Jugoslavije, Bd. 2, 592.

DIES.: Edno ohridsko kanunname [Ein *kanunnâme* von Ochrid], *Glasnik na Institutot za nacionalna istorija* 3 (1959), H. 1, 285–295.

DIES.: De la nature et de l'origine de l'ispendje, *Wiener Zeitschrift für die Kunde des Morgenlandes* 68 (1976), 9–30.

DIES.: Vidin i vidinskijat sandžak prez XV–XVI vek [Vidin u. der Sancak von Vidin im 15.–16. Jh.]. Sofija 1975.

Bojanin, Stanoje: Pismo Vuka Brankovića Dubrovčanima o isplati Stonskog dohotka jerusalimskim kaluđerima, avgust 1388. godine [Der Brief Vuk Brankovićs an die Dubrovniker über die Auszahlung des Tributs von Ston an die Mönche von Jerusalem, August 1388], *Stari srpski arhiv* 11 (2012), 107–113.

Bojović, Boško I.: L'idéologie monarchique dans les hagio-biographies dynastiques du Moyen Âge serbe. Roma 1995.

Ders.: Raguse (Dubrovnik) et l'empire ottoman (1430–1520). Les actes impériaux ottomans en vieux-serbe de Murad II à Selim Ier. Paris 1998.

Boldur, Alexandru V.: Adunările de stări sociale în istoria Moldovei și a Țării Românești. Sfatul mare de obște [Versammlungen der sozialen Stände in der Geschichte der Moldau u. der Walachei. Der allgemeine große Rat]. București 2001.

Ders.: Die Herrschaft des litauischen Fürsten Jurij Korjat in der Moldau (1374–1379), *Südost-Forschungen* 32 (1973), 9–32.

Ders.: Privire generală asupra domnului Ștefăniță, fiul lui Bogdan [Übersicht über den Woiwoden Ștefăniță, Sohn von Bodgan], *Anuarul Institutului de istorie „A.D. Xenopol"* 27 (1990), 215–220.

Bolovan, Ioan/Pădurean, Corneliu (Hgg.): Populație și societate. Studii de demografie istorică a Transilvaniei (secolele XVIII–XX) [Bevölkerung u. Gesellschaft. Studien zur hist. Demographie Siebenbürgens (18.–20. Jh.)]. Cluj 2003.

Bollati di Saint-Pierre, Federigo Emmanuele: Illustrazioni della spedizione in Oriente di Amedeo VI (il Conte Verde). Torino 1900.

Bömelburg, Hans-Jürgen: Friedrich II. zwischen Deutschland und Polen. Ereignis- und Erinnerungsgeschichte. Stuttgart 2011.

Ders.: Sarmatismus – Zur Begriffsgeschichte und den Chancen und Grenzen als forschungsleitender Begriff, *Jahrbücher für Geschichte Osteuropas* 57 (2009), H. 3, 402–408.

Bömelburg, Hans-Jürgen/Rohdewald, Stefan: Polen-Litauen als Teil transosmanischer Verflechtungen, in: Rohdewald/Conermann/Fuess (Hgg.), Transottomanica, 169–190.

Bon, Antoine: La Morée franque. Recherches historiques, topographiques et archéologiques sur la principauté d'Achaïe (1205–1430). Bd. 1: Texte. Paris 1969.

Bóna, István: Zeit des ungarisch-slawischen Zusammenlebens (895–1172), in: Kurze Geschichte Siebenbürgens (Hg. Köpeczi), 109–173.

Bonev, Čavdar: L'église orthodoxe dans les territoires carpato-danubiens et la politique pontificale pendant la première moitié du XIIIe siècle, *Études balkaniques* 22 (1986), H. 4, 101–108.

Bónis, György: Die ungarischen Stände in der ersten Hälfte des 18. Jahrhunderts, in: Gerhard (Hg.), Ständische Vertretungen in Europa, 289–309.

Bónis, György/Degré, Alajos/Varga, Endre: A magyar bírósági szervezet és perjog története [Geschichte des ung. Gerichtssystems u. des Prozessrechtes]. Zalaegerszeg ²1996, 82–189.

Bonkáló, Sándor: A rutének (ruszinok) [Die Ruthenen (Rusinen)]. Hg. Attila Salga. Basel, Budapest 1996.

Ders.: Die ungarländischen Ruthenen, *Ungarische Jahrbücher* 1 (1921), 215–232 (Teil 1); 313–341 (Teil 2).

Bonomi, Eugen: Die Ansiedlungszeit des Ofner Berglandes, *Südost-Forschungen* 5 (1940), 403–472.

Ders.: Serbokroaten im Ofner Bergland, *Süddeutsche Forschungen* 5 (1939), H. 2–3, 403–472.

Boogert, Maurits H. van den: The Capitulations and the Ottoman Legal System. Qadis, Consuls and Beraths in the 18th Century. Leiden, Boston/MA 2005.

Borgolte, Michael/Jaspert, Nikolas (Hgg.): Maritimes Mittelalter. Meere als Kommunikationsräume. Ostfildern 2016.

Born, Robert/Jagodzinski, Sabine (Hgg.): Türkenkrieg und Adelskultur in Ostmitteleuropa vom 16. bis zum 18. Jahrhundert. Leipzig 2013.

Bornträger, Ekkehard: Katharina II. die „Selbstherrscherin aller Reussen". Das Bild der Zarin und ihrer Aussenpolitik in der westlichen Geschichtsschreibung. Freiburg i. Üe. 1991.

Borus, József: A kuruc szabadságharctól ezernyolcszáznegyvennyolcig [Vom Freiheitskrieg der Kuruzzen bis 1848], in: Liptai (Hg.), Magyarország hadtörténete, Bd. 1, 401–445.

Bosch, Ursula Victoria: Kaiser Andronikos III. Palaiologos. Versuch einer Darstellung der byzantinischen Geschichte in den Jahren 1321–1341. Amsterdam 1965.

Bostan, Idris: Adriyatik'te korsanlık. Osmanlılar, Uskoklar, Venedikliler 1575–1620 [Das Korsarentum in der Adria. Osmanen, Uskoken u. Venezianer]. Istanbul 2009.

DERS.: The Establishment of the Province of Cezayir-i Bahr-i Sefid, in: ZACHARIADOU (Hg.), The Kapudan Pasha, 241–252.

BOUCHARD, Jacques: Nicolas Mavrocordatos et l'aube des Lumières, *Revue des études sud-est européennes* 20 (1982), H. 2, 237–246.

BOUWSMA, William James: Venice and the Defense of Republican Liberty. Renaissance Values in the Age of Counter Reformation. Berkeley/CA 1968.

BOYKOV, Grigor: The Borders of the Cities. Revisiting Early Ottoman Urban Morphology in Southeastern Europe, in: BARAMOVA/BOYKOV/PARVEV (Hgg.), Bordering Early Modern Europe, 243–255.

DERS.: The Human Cost of Warfare. Population Loss during the Ottoman Conquest and the Demographic History of Bulgaria in the Late Middle Ages and Early Modern Era, in: SCHMITT (Hg.), The Ottoman Conquest of the Balkans, 103–166.

DERS.: Reshaping Urban Space in the Ottoman Balkans. A Study on the Architectural Development of Edirne, Plovdiv, and Skopje (14th–15th Centuries), in: HARTMUTH (Hg.), Centres and Peripheries, 32–45.

DERS.: Tatar Pazardžik ot osnovavaneto na grada do kraja na XVII vek [Tatar Pazardžik, von der Stadtgründung bis zum Ende des 17. Jh.s]. Sofija 2008.

BOYKOV, Grigor/KIPROVSKA, Mariya: The Ottoman Philippopolis (Filibe) during the Second Half of the 15th Century, *Bulgarian Historical Review* 28 (2000), H. 3–4, 112–138.

BOZAC, Ileana/PAVEL, Teodor: Călătoria împăratului Iosif al II-lea în Transilvania la 1773. Die Reise Kaiser Josephs II. durch Siebenbürgen im Jahre 1773. 2 Bde. Cluj-Napoca 2006–2011.

BOŽIĆ, Ivan: Dominus rex Constantinus, in: DERS. (Hg.), Nemirno pomorje, 195–205.

DERS.: Dubrovnik i Turska u XIV i XV veku [Dubrovnik u. die Türkei im 14. u. 15. Jh.]. Beograd 1952.

DERS.: O Dukađinima [Über die Dukagjin], in: DERS. (Hg.), Nemirno pomorje, 332–384.

DERS.: „Katuni Crne Gore" [Die Katune der Schwarzen Berge], in: DERS. (Hg.), Nemirno pomorje, 150–155.

DERS. (Hg.): Nemirno pomorje XV veka [Das unruhige Küstenland des 15. Jh.s]. Beograd 1979.

DERS.: Neverstvo Vuka Brankovića [La félonie de Vuk Branković], in: DERS./ĐURIĆ (Hgg.), O knezu Lazaru, 223–242.

DERS.: Paštrovići, in: DERS. (Hg.), Nemirno pomorje, 105–149.

DERS.: Le système foncier en „Albanie vénitienne" au XV siècle, *Bolletino dell' Istituto di Storia della società e dello stato veneziano* 5/6 (1963/64), 65–140.

DERS.: Uloga i organizacija ratničkih družina u Zeti XV veka [Rolle u. Organisation der Kriegergemeinschaften in der Zeta im 15. Jh.], in: DERS. (Hg.), Nemirno pomorje, 156–173.

BOŽIĆ, Ivan/ĐURIĆ, Vojislav J. (Hgg.): O knezu Lazaru. Naučni skup u Kruševcu, 1971 [Über Fürst Lazar. Wissenschaftliche Tagung in Kruševac, 1971]. Beograd 1975.

BOŽILOV, Ivan: Dokumenti na bălgarskite care ot XIII–XIV v. [Dokumente der bulg. Zaren aus dem 13.–14. Jh.], *Palaeobulgarica* 30 (2006), H. 2, 37–51.

BOŽILOV, Ivan Angelov/GJUZELEV, Vasil: Istorija na srednovekovna Bălgarija, VII–XIV vek [Geschichte des mittelalterlichen Bulgarien, 7.–14. Jh.]. Sofija 1999, ²2006.

BRANCA, Vittore (Hg.): Storia della civiltà veneziana. 3 Bde. Firenze 1979.

BRACEWELL, Catherine Wendy: The Uskoks of Senj. Piracy, Banditry, and Holy War in the Sixteenth-Century Adriatic. Ithaca/NY 1992.

BRĂTIANU, Georges I.: La mer Noire. Des origines à la conquête ottomane. Monachii 1969, Paris ²2009.

DERS.: Tradiția istorică despre întemeierea statelor românești [Die hist. Tradition über die Gründung der rum. Staaten]. București 1945, ²1980, Chișinău ³1991.

BRĂTULEANU, Anca: Curți domnești și boierești în România. Valahia veacurilor al XVII-lea și al XVIII-lea. Romanian Princely and Nobiliary Courts. The 17th and 18th Century Walachia. București 1997.

BRAUBACH, Max: Prinz Eugen von Savoyen. Eine Biographie. Bd. 3: Zum Gipfel des Ruhms. München 1964.

BRAUN, Maximilian: „Kosovo". Die Schlacht auf dem Amselfelde in geschichtlicher und epischer Überlieferung. Leipzig 1937.

BRAUNSTEIN, Philippe: Les Allemands à Venise (1380–1520). Rome 2016.

BRENDLE, Franz: Habsburg, Ungarn und das Reich im 16. Jahrhundert, in: KÜHLMANN/SCHINDLING/HAUER (Hgg.), Deutschland und Ungarn in ihren Bildungs- und Wissenschaftsbeziehungen, 1–25.

BREU, Josef: Die Kroatensiedlungen im Burgenland und in den anschließenden Gebieten. Wien 1970.

BREZEANU, Stelian: La Bulgarie d'au-dela de l'Ister à la lumière des sources écrites médiévales, *Études balkaniques* 20 (1984), H. 4, 121–135.

DERS.: De la populația romanizată la „vlahii" balcanici [Von der romanisierten Bevölkerung zu den balkanischen „Vlachen"], *Revistă de istorie* 20 (1976), H. 2, 211–222.

DERS. u. a: Relațiile româno-elene. O istorie cronologică [Die rum.-gr. Beziehungen. Eine chronologische Geschichte]. București 2003.

BREZEANU, Stelian/ZBUCHEA, Gheorghe: Românii de la sud de Dunăre. Culegere de documente [Die Rumänen südlich der Donau. Sammlung von Dokumenten]. București 1997.

BRIX, Michael: Trauergerüste für die Habsburger in Wien, *Wiener Jahrbuch für Kunstgeschichte* 26 (1973), 208–265.

BRKOVIĆ, Milko: Srednjovjekovna humska kancelarija [The Medieval Hum Chancellery], in: LUČIĆ (Hg.), Hum i Hercegovina, Bd. 1, 561–599.

BROUCEK, Peter: Kampf um Landeshoheit und Herrschaft im Osten Österreichs 1618 bis 1621. Wien 1992.

BRÜNING, Alfons: Petro Mohyla und die Confessio Orthodoxa, in: BAHLCKE/ROHDEWALD/WÜNSCH (Hgg.), Religiöse Erinnerungsorte in Ostmitteleuropa, 736–748.

BRUNNER, Georg (Hg.): Die Deutschen in Ungarn. München 1989.

BUCHMANN, Károly: A délmagyarországi telepítések története. Bd. 1: Bánát [Die Geschichte der südungarischen Ansiedlungen. Bd. 1: Banat]. Budapest 1936.

BUDAK, Neven: Kroatien, Dalmatien und Slawonien bis 1527, in: Handbuch zur Geschichte Südosteuropas, Bd. 1,2 (Hgg. MITTHOF/SCHREINER/SCHMITT), 847–902.

BUCZINSKI, Alexander: Gradovi Vojne krajine [Die Städte der Militägrenze]. 2 Bde. Zagreb 1997.

BUES, Almut: Die Jagiellonen. Herrscher zwischen Ostsee und Adria. Stuttgart 2010.

BUICAN, Alexandru: Țepeș. O biografie a lui Vlad III Dracula, 1431–1476 [Pfähler. Eine Biographie von Vlad III. Dracula, 1431–1476]. București 2012.

BULAT, Toma G.: Personalitatea religioasă a Voevodului Neagoe Basarab al IV-lea [Die religiöse Persönlichkeit des Woiwoden Neagoe Basarab IV.]. Craiova 1927.

BUNEA, Augustin: Istoria regimentelor grănicerești [Geschichte der Grenzregimenter]. Blaj 1943.

BUNYITAY, Vince: Bihar vármegye oláhjai s a vallás-unió [Die Rumänen im Komitat Bihar u. die Kirchenunion], *Akadémiai Értesítő* 3 (1892), H. 9, 506–509.

BURAC, Constantin: Ținuturile Țării Moldovei până la mijlocul secolului al XVIII-lea [Die Verwaltungsbezirke in der Moldau bis zur Mitte des 18. Jh.s]. București 2002.

BURKE, Ersie C.: The Greeks of Venice 1498–1600. Immigration, Settlement, and Integration. Turnhout 2016.

BURKHARDT, Julia: Procedure, Rules and Meaning of Political Assemblies in Late Medieval Central Europe, *Parliaments, Estates & Representation* 35 (2015), H. 2, 153–170.

BUSH, Michael L.: The European Nobility. Bd. 1: Noble Privilege. New York 1983.

BUTUROVIĆ, Amila/SCHICK, İrvin Cemil (Hgg.): Women in the Ottoman Balkans. Gender, Culture and History. London 2007.

BUZA, János: Der Wechselkurs des ungarischen und türkischen Dukaten in der Mitte des 16. Jahrhunderts, in: Rainer GÖMMEL/Markus A. DENZEL (Hgg.), Weltwirtschaft und Wirtschaftsordnung. Festschrift für Jürgen Schneider zum 65. Geburtstag. Stuttgart 2002, 25–44.

BUZÁSI, János u. a. (Hgg.): Segédletek az Osztrák Állami Levéltár (Haus-, Hof- u. Staatsarchiv, Finanz- u. Hofkammerarchiv) magyar vonatkozású irataihoz [Archivbehelfe zu den Ungarn betreffenden Akten des Österreichischen Staatsarchivs (Haus-, Hof- u. Staatsarchiv, Finanz- u. Hofkammerarchiv)]. CD-ROM. Budapest 2011.

BUZDUGAN, Gheorghe/LUCHIAN, Octavian/OPRESCU, Constantin C.: Monede și bancnote românești [Rum. Münzen u. Banknoten]. București 1977.

BŮŽEK, Václav (Hg.): Ein Bruderzwist im Hause Habsburg (1608–1611). České Budějovice 2010.

BŮŽEK, Václav/KRÁL, Pavel (Hgg.): Společnost v zemích habsburské monarchie a její obraz v pramenech (1526–1740) [Die Gesellschaft in den Ländern der Habsburgermonarchie u. ihre Darstellung in den Quellen]. České Budějovice 2006.

BUZOV, Snježana: Vlasi u bosanskom sandžaku i islamizacija [Vlachs in Bosnian Sanjak and the Process of Islamization], *Prilozi za orijentalnu filologiju* 41 (1991), 99–111.

Câdă, Nicolae-Cristian (Hg.): Sfântul Voievod Neagoe Basarab – ctitor de biserici şi cultură românească [Der Hl. Woiwode Neagoe Basarab. Stifter der Kirche u. rum. Kultur]. Bucureşti 2012.

Calabi, Donatella: Città e territorio nel Dominio da mar, in: Storia di Venezia, Bd. 6 (Hgg. Cozzi/Prodi), 943–977.

Calic, Marie-Janine: Südosteuropa. Weltgeschichte einer Region. München 2016.

Çalik, Sıddık: Çirmen sançağı örneğinde Balkanlar'da Osmanlı düzeni (15.–16. Yüzyıllar) [Die osm. Ordnung auf dem Balkan am Beispiel der Provinz Cirmen (15.–16. Jh.)]. Ankara 2005.

Çalışır, Muhammed Fatih: War and Peace in the Frontier. Ottoman Rule in the Uyvar Province, 1663–1685. Ankara 2009 (MA-Arbeit, Bilkent-Univ.).

Camariano, Nestor: Planurile revoluţionare ale eteriştilor din Bucureşti şi colaborarea lor cu Tudor Vladimirescu [Die revolutionären Pläne der Hetairisten aus Bukarest u. ihre Zusammenarbeit mit Tudor Vladimirescu], Studii. Revistă de istorie 20 (1967), H. 6, 1163–1175.

Camariano-Cioran, Ariadna: Les academies princières de Bucarest et de Jassy et leurs professeurs. Thessaloniki 1974.
Dies.: Academiile domneşti din Bucureşti şi Iaşi [Die fürstlichen Akademien von Bukarest u. Iaşi]. Bucureşti 1971.
Dies.: Relaţii româno-elene. Studii istorice şi filologice (secolele XIV–XIX) [Rum.-gr. Beziehungen. Hist. u. philologische Untersuchungen (14.–19. Jh.)]. Bucureşti 2008.

The Cambridge History of Turkey. Bd. 1: Byzantium to Turkey, 1071–1453. Hg. Kate Fleet. Cambridge 2009.

The Cambridge History of Turkey. Bd. 3: The Later Ottoman Empire, 1603–1839. Hg. Suraiya Faroqhi. Cambridge 2006.

Campana, Carlo: Cronache di Venezia in volgare della Biblioteca Nazionale Marciana. Catalogo. Padova 2011.

Cândea, Ionel: Brăila, fut-elle une forteresse avant 1538?, Il Mar Nero 4 (1999/2000), 181–194.

Cândea, Virgil: Dimitrie Cantemir, 1673–1723. Bucureşti 1973.
Ders. (Hg.): Mărturii româneşti peste hotare. Mică enciclopedie de creaţii româneşti şi de izvoare despre Români în colecţii din străinătate [Rum. Zeugnisse jenseits der Grenzen. Kleine Enzyklopädie rum. Schöpfungen u. von Quellen über die Rumänen in Sammlungen des Auslands]. 2 Bde. Bucureşti 1991–1998 [serie nouă 2010–].
Ders.: Stolnicul între contemporani [Der Stolnic unter den Zeitgenossen]. Bucureşti 1971, ²2014.

Cantacuzène, Jean Michel: Mille ans dans les Balkans. Chronique des Cantacuzène dans la tourmente des siècles. Paris 1992.

Cantacuzino, Gheorghe I.: Începuturile oraşului Câmpulung şi Curtea domnească. Aspecte ale civilizaţiei urbane la Câmpulung [Die Anfänge der Stadt Langenau (= Câmpulung) u. der Fürstenhof. Aspekte der urbanen Zivilisation in Langenau]. Bucureşti 2011.

Capizzi, Carmelo: Mercenari slavi, albanesi e greci nella guarnigione veneta di Negroponte (1460–1462), Atti e memorie della Società Dalmata di Storia Patria 3 (= 23, N.S. 12) (2001), 47–71.

Capponi, Niccolò: Victory of the West. The Story of the Battle of Lepanto. London 2006.

Căprăroiu, Denis: Asupra începuturilor oraşului Câmpulung [Über die Anfänge der Stadt Câmpulung], Historia urbana 16 (2008), H. 1–2, 37–64.

Çapraz, Hüseyin Şevket Çağatay: Orta Macar Kralliği'ndan İzmit'e İmre Thököly [Imre Thököly, vom mittelungarischen Königreich nach Izmit], in: Haluk Selvi/Bilal Çelik (Hgg.), Uluslararası Gazi Akça Koca ve Kocaeli Tarihi Sempozyumu bildirileri [Veröffentlichungen des internationalen Geschichtssymposiums über Gazi Akça Koca u. Kocaeli]. Kocaeli 2015, 563–575.

Caproşu, I.[oan]: Creditul moldovenesc în timpul lui Petru Şchiopul [Der mold. Kredit zur Zeit Peters d. Lahmen], in: Edroiu/Răduţiu/Teodor (Hgg.), Stat, societate, naţiune, 107–117.
Ders.: O istorie a Moldovei prin relaţiile de credit până la mijlocul secolului al XVIII-lea [Eine Geschichte der Moldau in Kreditbeziehungen bis zur Mitte des 18. Jh.s]. Iaşi 1989.

Čar-Drnda, Hatidža: Nastanak Mostara. Urbani i demografski razvoj grada do kraja 16. stoljeća [Die Entstehung Mostars. Die städtische u. demographische Entwicklung der Stadt bis zum Ende des 16. Jh.s]. Sarajevo 2014.

Caron, Marie-Thérèse/Clauzel, Denis (Hgg.): Le banquet du faisan. Lille-Arras. Deux capitales princières bourguignonnes face au défi de l'Empire ottoman. Arras 1997.

Carpanetto, Dino/Ricuperati, Giuseppe: L'Italia del Settecento. Crisi, trasformazioni, lumi. Bari ²2008.

Carter, Francis W.: Dubrovnik (Ragusa). A Classic City-State. London, New York 1972.

Casale, Giancarlo: The Ottoman Age of Exploration. Oxford 2010.

Cattaneo, Angelo: Fra Mauro's Mappamundi and Fifteenth Century Venetian Culture. Turnhout 2007.

Cazacu, Matei: La Conversion à l'Islam du prince Iliaş Rareş. Un nouveau témoignage, *Studii şi Materiale de Istorie Medie* 27 (2009), 75–78.

Ders.: Dracula. Paris 2004.

Ders.: La Valachie et la bataille de Kossovo (1448), *Revue des études sud-est éuropéenes* 9 (1971), H. 1, 131–139.

Căzan, Ileana: The European Powers, the „équilibre d'Orient" and the Romanian Principalities, 1740–1775, *Studii şi materiale de istorie modernă* 16 (2003), 9–22.

Dies.: Die Rumänischen Fürstentümer und der Kampf des Hauses Österreich um die Vormachtstellung im Mittel- und im Südosten Europas (1541–1562), *Revue Roumaine d'Histoire* 36 (1997), H. 1–2, 3–26.

Căzan, Ileana/Denize, Eugen: Marile puteri şi spaţiul românesc în secolele XV–XVI [Die Großmächte u. der rum. Raum im 15.–16. Jh.]. Bucureşti 2001.

Ceauşu, Mihai-Ştefan: Bucovina Habsburgică de la anexare la congresul de la Viena. Iosefinism şi postiosefinism (1774–1815) [Die habs. Bukowina von der Annexion bis zum Wiener Kongress. Josephinismus u. post-Josephinismus (1774–1915)]. Iaşi 1998.

Cebeci, Ahmet: Silistre Sancağı Vakıfları ve H. 1006 (1597–1598) Tarihli Silistre Livası Vakıf Defteri (No: 561) [Die Stiftungen der Provinz Silistrien u. ein Stiftungsverzeichnis der Provinz Silistrien von 1006 (1597–1598)], *Vakıflar Dergisi* 20 (1988), 453–466.

Çelik, Şenol: s. v. Şehir Kethüdâsı [Der kethüda einer Stadt], in: Türkiye Diyanet Vakfı İslâm ansiklopedisi. Bd. 38. Istanbul 2010, 451–453 (einsehbar unter https://islamansiklopedisi.org.tr/).

Cernovodeanu, Paul: Elemente incipiente ale burgheziei în societatea românească sub fanarioţi [Einsetzende Elemente des Bürgertums in der rum. Gesellschaft unter den Phanarioten], *Revista de istorie* 40 (1987), H. 5, 479–492.

Ders.: Începuturile relaţiilor Angliei cu Moldova, Ţara Românească şi Transilvania [Die Anfänge der Beziehungen Englands zu Moldawien, der Walachei u. Siebenbürgen], in: ders./Demény, Relaţiile politice, 17–56.

Ders.: Mobility and Traditionalism. The Evolution of the Boyar Class in the Romanian Principalities in the 18th Century, *Revue des études sud-est européennes* 24 (1986), H. 3, 249–257.

Ders.: Relaţiile comerciale româno-engleze în contextul politicii orientale a Marii Britanii, 1803–1878 [Rum.-engl. Handelsbeziehungen im Kontext der Orientpolitik Großbritanniens, 1803–1878]. Cluj-Napoca 1986.

Ders.: În vâltoarea primejdiilor. Politica externă şi diplomaţia promovate de Constantin Brâncoveanu (1688–1714) [Im Wirbel der Gefahren. Die von Constantin Brâncoveanu betriebene Außenpolitik u. Diplomatie (1688–1714)]. Bucureşti 1997.

Cernovodeanu, Paul/Constantiniu, Florin (Hgg.): Constantin Brâncoveanu. Bucureşti 1989.

Cernovodeanu, Paul/Demény, Ludovic: Relaţiile politice ale Angliei cu Moldova, Ţara Românească şi Transilvania în secolele XVI–XVIII [Die polit. Beziehungen Englands mit der Moldau, der Walachei u. Siebenbürgen im 16.–18. Jh.]. Bucureşti 1974.

Cernovodeanu, Paul/Rezachevici, Constantin (Hgg.): Mihai Viteazul. Culegere de studii [Michael d. Tapfere. Sammlung von Studien]. Bucureşti 1975.

Ceterchi, Ioan (Hg.): Istoria dreptului românesc [Geschichte des rum. Rechts]. 3 Bde. in 2. Bucureşti 1980–1987.

Cevins, Marie-Madeleine de: Les origines médiévales de la doctrine de la Sainte couronne, *Hungarian Studies* 30 (2016), H. 2, 175–190.

Chasiotes, Ioannes [K.]: Ο αρχιεπίσκοπος Αχρίδος Ιωακείμ και οι συνομωτικές κινήσεις στη βόρειο Ήπειρο (1572–1576) [Der Erzbischof von Ochrid Ioakeim u. die Verschwörerbewegungen in Nordepirus, 1572–1576], *Μακεδονικά* 6 (1965), H. 1, 237–255.

Ders.: Οι Έλληνες και οι πόλεμοι μεταξύ οθωμανικής αυτοκρατορίας και ευρωπαϊκών κρατών (1669–1772). Η κάμψη της οθωμανικής δυνάμεως [Die Griechen u. die Kriege zwischen dem Osm. Reich u. europäischen Mächten (1669–1792). Der Niedergang der osm. Macht], in: Christopulos/Mpastias (Hgg.), Ιστορία του Ελληνικού Έθνους, Bd. 11, 8–51.

Ders.: Οι Έλληνες στις παραμονές της ναυμαχίας της Ναυπάκτου. Εκκλήσεις, επαναστατικές κινήσεις και εξεγέρσεις στην ελληνική χερσόνησο από τις παραμονές ως το τέλος του κυπριακού πολέμου (1568–1571) [Die Griechen am Vorabend der Seeschlacht von Lepanto. Aufrufe, Aufstandsbewegungen u. Erhebungen auf der gr. Halbinsel vom Vorabend bis zum Ende des Zypernkrieges (1568–1571)]. Thessaloniki 1970.

Ders.: Η επανάσταση των Χιμαριωτών στα 1570 και η άλωση του Σοποτού [Der Aufstand der Himarioten 1570 u. die Eroberung von Sopotos], *Ηπειρωτική Εστία* 17 (1968), 265–276.

Ders.: Οι πρώτες κατακτήσεις του Σουλεῖμαν Α' (1521–1529), οι ισπανικές επιχειρήσεις στην Πελοπόννησο (1532–1534) και ο τρίτος βενετοτουρκικός πόλεμος (1537–1541) [Die ersten Eroberungen Süleymans I. (1521–1529); die span. Unternehmungen auf der Peloponnes (1532–1534) u. der dritte venez.-osm. Krieg (1537–1541)], in: Christopulos/Mpastias (Hgg.), Ιστορία του Ελληνικού Έθνους, Bd. 10, 288–304.

Ders.: Συμπληρωματικά για το Μάνθο Παπαγιάννη [Ergänzungen zu Manthos Papagiannes], Μακεδονικά 6 (1965), 290f.

Chelcu, Marius: Istoria orașelor din Moldova de la jumătatea secolului al XVI-lea până la jumătatea secolului al XVIII-lea. Studii și documente [Geschichte der Städte der Moldau von der Mitte des 16. bis zur Mitte des 18. Jh.s. Untersuchungen u. Dokumente]. Iași 2015.

Chihaia, Pavel: Artă medievală [Mittelalterliche Kunst]. 5 Bde. București 1998.

Ders.: Cine a fost „Negru Vodă", întemeietor de cetăți și ctitor de biserici? [Wer war „Negru Vodă", Gründer von Burgen u. Stifter von Kirchen?], in: ders./Răzvan Theodorescu, Pagini de veche artă românească. Bd. 1: De la origini pînă la sfîrșitul secolului al XVI-lea [Seiten alter rum. Kunst. Bd. 1: Von den Ursprüngen bis zum Ende des 16. Jh.s]. București 1970, 97–107.

Ders.: Vlad Dracul voievod al Țării Românești și cavalaer al ordinului dragonului [Vlad Dracul, Woiwode der Walachei u. Ritter des Drachenordens], in: ders., Artă medievală, Bd. 3.

Chioveanu, Mihai: The Constitutive Other. Topical and Tropical Phanariot in Modern Romania, *Studia Politica. Romanian Political Science Review* 9 (2009), H. 2, 213–227.

Chircă, Haralambie: Veniturile vistieriei lui Constantin Brâncoveanu după condica vistieriei [Die Einnahmen der Schatzkammer Constantin Brâncoveanus nach dem Buch der Schatzkammer], *Studii si Materiale de Istorie Medie* 1 (1956), 213–232.

Chirtoagă, Ion: Târguri și cetăți din sud-estul Moldovei (secolul al XIV-lea – începutul secolului al XIX-lea) [Märkte u. Burgen im Südosten der Moldau (14. – Anfang 19. Jh.)]. Chișinău 2004.

Chisacof, Lia Brad: Antologie de literatură greacă din Principatele Române. Proză și teatru, secolele XVIII–XIX [Anthologie gr. Literatur aus den rum. Fürstentümern. Prosa u. Theater, 18.–19. Jh.]. București 2003.

Chițescu, Lucian: Cu privire la cetățile Moldovei în timpul lui Ștefan cel Mare [In Hinblick auf die mold. Burgen zur Zeit Stefans d. Großen], *Revistă de istorie* 28 (1975), H. 10, 1533–1546.

Christ, Georg u. a. (Hgg.): Union in Separation. Diasporic Groups and Identities in the Eastern Mediterranean (1100–1800). Roma 2015.

Christian-Muslim Relations. A Bibliographical History. Bd. 7: Central and Eastern Europe, Asia, Africa and South America (1500–1600). Hgg. David Thomas/John A. Chesworth. Leiden, Boston/MA 2015.

Christopulos, Georgios/Mpastias, Ioannes (Hgg.): Ιστορία του Ελληνικού Έθνους [Geschichte der gr. Nation]. Bde. 10–11. Athen 1974–1975.

Chrysos, Evangelos K. (Hg.): Πρακτικά Διεθνούς Συμποσίου για το Δεσποτάτο της Ηπείρου. Άρτα 27–31 Μαΐου. 1990 [Internationales Symposium über das Despotat von Epirus. Arta, 27–31 Mai]. Arta 1990.

Çiftçi, Cafer: Eflak ve Boğdan'da Fenerli Voyvodalar (1711–1821) [Die zwei nach Europa gerichteten Augen der Hohen Pforte. Die Phanariotenherrscher der Walachei u. Moldau, 1711–1821], *Uluslararası İlişkiler* 7 (2010), H. 26, 27–48.

Cihodaru, C.[onstantin]: Alexandru cel Bun, 23 aprilie 1399 – 1 ianuarie 1432 [Alexander d. Gute, 23. April 1399 – 1. Januar 1432]. Iași 1984.

Ders.: Campania lui Mihai Viteazul în Moldova [Der Feldzug Michaels d. Tapferen in der Moldau], *Cercetări istorice* 5 (1974), 131–145.

Cîmpeanu, Liviu: Anul 1432. Începutul conflictului dintre Ilie vodă și Ștefan vodă, fiii lui Alexandru cel Bun. Documente inedite din arhiva Ordinului Teuton [1432. The Beginning of the Conflict between Alexander the Good's Sons, Elijah and Stephen. Documents from the Archive of the Teutonic Order], *Studii si Materiale de Istorie Medie* 33 (2015), 161–186.

Ders.: Basarab Laiotă, domn al Țării Românești. Preliminarii la o monografie [Basarab Laiotă, Fürst der Walachei. Präliminarien zu einer Monographie], *Studii și Materiale de Istorie Medie* 32 (2014), 145–172.

Ders.: Nefericitul voievod Dan cel Tînăr. Intervențiile Ungariei în problemele dinastice ale Țării Românești [Der unglückliche Woiwode Dan d. Junge. Die Interventionen Ungarns in die dynastischen Probleme der Walachei], *Acta Musei Napocensis, 2: Historica* 45/46 (2008/2009), 13–20.

Ciobanu, Radu-Ștefan: Neagoe Basarab (1512–1521). București 1986.

DERS.: Pe urmele stolnicului Constantin Cantacuzino [Auf den Spuren des Stolnic Constantin Cantacuzino]. Bucureşti 1982.

CIOBANU, Veniamin: Apărător al moştenirii lui Ştefan cel Mare [Verteidiger des Erbes von Ştefan d. Großen], in: ŞIMANSCHI (Hg.), Petru Rareş, 109–135.

DERS.: La cumpănă de veacuri. Ţările Române în contextul politicii poloneze la sfîrşitul secolului al XVI-lea şi începutul secolului al XVII-lea [An einer Jahrhundertwende. Die rum. Länder im Kontext der poln. Politik am Ende des 16. u. Beginn des 17. Jh.s]. Iaşi 1991.

DERS.: Evoluţii politice în Europa Centrală şi de Est, 1774–1814 [Polit. Entwicklungen in Ostmitteleuropa, 1774–1814]. Iaşi 2007.

DERS.: Politică şi diplomaţie în secolul al XVII-lea. Ţările române în raporturile polono-otomano-habsburgice, 1601–1634 [Politik u. Diplomatie im 17. Jh. Die rum. Länder in den poln.-osm.-habs. Beziehungen, 1601–1634]. Bucureşti 1994.

DERS.: Les relations politiques de la Moldavie avec la Pologne pendant le premier règne de Petru Rares (1527–1538), *Revue roumaine d'histoire* 17 (1978), H. 2, 269–290.

DERS.: Românii în politica Est-Centrală Europeană 1648–1711 [Die Rumänen in der ostmitteleuropäischen Politik 1648–1711]. Iaşi 1997.

DERS.: Statutul juridic al principatelor române în viziune europeană (sec. al XVIII–lea) [Der juristische Status der rum. Fürstentümer in europäischer Sicht (18. Jh.)]. Iaşi 1999.

DERS.: Vasalitate-suzeranitate în raporturile româno-polone din a doua jumătate a secolului XVI. Interpretare juridică şi practică politică [Vasallität-Suzeränität in den rum.-poln. Beziehungen der zweiten Hälfte des 16. Jh.s], *Anuarul institutului de istorie şi arheologie Iaşi* 22 (1985), H. 2, 409–420 (Teil 1); 23 (1986), H. 1, 131–142 (Teil 2); 23 (1986), H. 2, 583–597 (Teil 3).

DERS.: Ţările Române şi Polonia. Secolele XIV–XVI [Die rum. Länder u. Polen. 14.–16. Jh.]. Bucureşti 1985.

CIOBOTEA, Dinică/OSIAC, Vladimir: Politica Imperiului ţarist la Dunărea de jos (1711–1878) cu privire specială la zona Olteniei [Die Politik des Zarenreiches an der unteren Donau (1711–1878) mit bes. Berücksichtigung der Region Oltenien]. Craiova 2008.

CIOBOTEA, Dinică/PETRESCU, Eugen/VERGATTI, Radu Ştefan (Hgg.): Posada – 685. Războiul din 1330 dintre Carol Robert de Anjou şi Basarab Vodă. Culegere de studii [Posada – 685. Der Krieg von 1330 zwischen Karl Robert von Anjou u. dem Woiwoden Basarab. Sammlung von Studien]. Craiova 2015.

CIOCÎLTAN, Alexandru: Colonizarea germană la sud de Carpaţi [Die dt. Ansiedlung im Süden der Karpaten], *Revista Istorică* 22 (2011), H. 5–6, 431–460.

DERS.: Comunităţile germane la sud de Carpaţi in Evul Mediu (secolele XIII–XVIII) [Die dt. Gemeinschaften südlich der Karpaten im Mittelalter (13.–18. Jh.)]. Brăila 2015.

CIOCÎLTAN, Virgil: Hegemonia Hoardei de Aur la Dunărea de jos (1301–1341) [Die Hegemonie der Goldenen Horde an der unteren Donau (1301–1341)], *Revista istorică* 5 (1994), H. 11–12, 1099–1118.

DERS.: Între sultan şi împărat. Vlad Dracul în 1438 [Zwischen Sultan u. Kaiser. Vlad Dracul im Jahr 1438], *Revistă de istorie* 29 (1976), H. 11, 1767–1790.

DERS.: Mongolii şi Marea Neagră în secolele XIII–XIV. Contribuţia cinghizhanizilor la transformarea Bazinului Pontic în plăcă turnantă a comerţului euro-asiatic [Der Beitrag der Dschinghischaniden zur Transformation des Schwarzmeerraumes in eine Drehscheibe des eurasischen Handels]. Bucureşti 1998.

DERS.: The Mongols and the Black Sea Trade in the Thirteenth and Fourteenth Centuries. Leiden, Boston/MA 2012.

ĆIRKOVIĆ, Sima [M.]: s. v. Ban, in: Leksikon srpskog srednjeg veka (Hgg. ĆIRKOVIĆ/MIHALJČIĆ), 28f.

DERS.: Between Kingdom and Empire. Dušan's State (1346–1355) Reconsidered, in: PAPADOPULU/DIALETI (Hgg.), Βυζάντιο και Σερβία, 110–120.

DERS.: Đurađ/Djuradj Kastriota Skenderbeg i Bosna [Georg Kastriota Skanderbeg u. Bosnien], in: Simpoziumi për Skënderbeun, 51–56.

DERS.: Dvor i kultura u bosanskoj državi [Hof u. Kultur im bosn. Staat], in: DERS. (Hg.), Rabotnici, vojnici, duhovnici, 435–445.

DERS.: Herceg Stefan Vukčić-Kosača i njegovo doba [Stefan Vukčić-Kosača u. seine Zeit]. Beograd 1964.

DERS.: Istorija srednjovekovne bosanske države [Geschichte des mittelalterlichen bosn. Staates]. Beograd 1964.

DERS.: Latinički prepis rudarskog zakonika despota Stefana Lazarevića. Uvod, tekst, prevod i komentari [Die lateinschriftliche Transkription des Bergrechts des Despoten Stefan Lazarević]. Beograd 2005.

Ders.: Oblast kesara Vojhne [Der Bezirk des Kesar Vojihna], *Zbornik radova Vizantološkog instituta* 34 (1995), 175–184.

Ders. (Hg.): Rabotnici, vojnici, duhovnici. Društva srednjovekovnog Balkana [Arbeiter, Krieger, Geistliche. Die Gesellschaften des mittelalterlichen Balkans]. Beograd 1997.

Ders.: Rat i društvo. Najamnici i njihova cena [Krieg u. Gesellschaft. Söldner u. ihr Preis], in: Ders. (Hg.), Rabotnici, vojnici, duhovnici, 349–366.

Ders.: Rusaška gospoda. Bosanski velikaši na putu emancipacije [Bosn. Herrscher auf dem Weg der Emanzipation], in: Ders. (Hg.), Rabotnici, vojnici, duhovnici, 306–317.

Ders.: Seoska opština kod Srba u srednjem veku [Die Dorfgemeinde bei den Serben im Mittelalter], in: Ders. (Hg.), Rabotnici, vojnici, duhovnici, 341–348.

Ders.: I Serbi nel Medioevo. Milano 1992.

Ders.: Sugubi venac. Prilog istoriji kraljevstva u Bosni [Doppelte Krone. Ein Beitrag zur Geschichte des Königtums in Bosnien], in: Ders. (Hg.), Rabotnici, vojnici, duhovnici, 277–305.

Ders.: Tradition Interchanged. Albanians in the Serbian, Serbs in the Albanian Late Medieval Texts, in: Gasparis (Hg.), Οι Αλβανοί στο Μεσαίωνα, 195–208.

Ders.: Zemlja Mačva i grad Mačva [Mačva Fortress, Mačva Territory], *Prilozi za književnost i jezik, istoriju i folklor* 74 (2008), H. 1–4, 3–20.

Ćirković, Sima M./Čavoški, Kosta (Hgg.): Srednjovekovno pravo u Srba u ogledalu istorijskih izvora. Zbornik radova sa naučnog skupa održanog 19–21. marta 2009 [Das mittelalterliche Recht bei den Serben im Spiegel hist. Quellen. Sammelband der wissenschaftlichen Tagung vom 19.–21. März 2009]. Beograd 2009.

Diess. (Hgg.): Zakonik cara Stefana Dušana. Zbornik radova sa naučnog skupa održanog 3. oktobra 2000, povodom 650 godina od proglašenja [Der Zakonik des Zaren Stefan Dušan. Sammelband der wissenschaftlichen Tagung vom 3. Oktober 2000 anlässlich der Verkündung vor 650 Jahren]. Beograd 2005.

Cîrstina, Irina F.: Cercuri ale puterii în Ţara Românească în secolul al XVI-lea. Domni şi boieri [Machtzirkel in der Walachei im 16. Jh.], *Cumidava* 29 (2007), 110–133.

Ciubotaru, Mircea: Cercetări de onomastică. Metodă şi etimologie [Onomastische Forschungen. Methode u. Etymologie]. Iaşi 2013.

Ciuhandu, Gheorghe: Românii din câmpia Aradului de acum donă veacuri [Die Rumänen in der Ebene von Arad vor zwei Jahrhunderten]. Arad 1940.

Ciurea, D.[imitrie]: Despre Ieremia Movilă şi situaţia politică a Moldovei la sfîrşitul sec. XVI şi începutul sec. XVII [Über Ieremia Movilă u. die polit. Situation der Moldau am Ende des 16. u. dem Beginn des 17. Jh.s], *Studii şi cercetări ştiinţifice. Istorie* 8 (1957), H. 2, 323–337.

Ders.: Domnia munteană a lui Simion Vodă Movilă [Die wal. Herrschaft von Woiwode Simion Movilă], *Cercetări Istorice* 13–16 (1941), H. 1–2, 113–132.

Ders.: Relaţiile externe ale Moldovei în secolul al XVI-lea [Die auswärtigen Beziehungen der Moldau im 16. Jh.], *Anuarul Institutului de Istorie şi Arheologie „A.D. Xenopol"* 10 (1973), 1–47.

Cleminson, Ralph: Brašovkaja gramota carja Ivana Sracimira [Die Kronstädter Urkunde des Zaren Ivan Sracimir], *Arheografski prilozi* 20 (1998), 369–378.

Clewing, Konrad/Schmitt, Oliver Jens (Hgg.): Geschichte Südosteuropas. Vom frühen Mittelalter bis zur Gegenwart. Regensburg 2011.

Diess. (Hgg.): Südosteuropa. Von vormoderner Vielfalt und nationalstaatlicher Vereinheitlichung. Festschrift für Edgar Hösch. München 2005.

Codarcea, Cristina: Société et pouvoir en Valachie (1601–1654). Entre la coutume et la loi. Bucarest 2002.

Cogo, Gaetano: La guerra di Venezia contro i Turchi (1499–1501), *Nuovo Archivio Veneto* 18 (1899), 5–76 (Teil 1); 348–421 (Teil 2); 19 (1900), 97–138 (Teil 3).

Čolov, Petăr: Čiprovskoto văstanie 1688 g. [Der Aufstand von Čiprovci im Jahr 1688]. Sofija 2008.

Columbeanu, Sergiu: Cnezate şi voievodate româneşti [Rum. Knesate u. Woiwodate]. Bucureşti 1973.

Ders.: Contribuţii privind situaţia internaţională a Ţărilor Române între anii 1806–1812 [Beiträge zur internationalen Situation der Donaufürstentümer zwischen 1806–1812], *Revista de istorie* 29 (1976), H. 5, 657–676.

Columbeanu, Sergiu/Valentin, Radu: Vlad Dracul, 1436–1442, 1443–1447. Bucureşti 1978.

Coman, Marian: Basarabia – inventarea cartografică a unei regiuni [Bessarabien – kartographische Erfindung einer Region], *Studii şi Materiale de Istorie Medie* 29 (2011), 183–214.

DERS.: Înainte de tradiția bizantină. Înscăunarea Domnilor în Țara românească medievală (secolele al XIV-lea – al XVI-lea) [Vor der byz. Tradition. Thronbesteigung der Herrscher in der mittelalterlichen Walachei (14.–16. Jh.)], in: TIMOTIN (Hg.), Elemente de ceremonial în literatura, 63–94.

DERS.: Land, Lordship and the Making of Wallachia, *Studia Slavica et Balcanica Petropolitana* 2012, H. 1, 79–94.

DERS.: Putere și teritoriu. Țara Românească medievală (secolele XIV–XVI) [Herrschaft u. Territorium. Die mittelalterliche Walachei (14.–16. Jh.)]. Iași 2013.

DERS.: În scaunul vechilor domni. Discurs politic și formular de cancelarie în hrisoavele lui Neagoe Basarab [Auf dem Stuhl der alten Fürsten. Polit. Diskurs u. Kanzleiformular in den Urkunden von Neagoe Basarab], in: Mărturii, 44–49.

A Companion to Hungarian Studies. With a Preface by Count Stephen Bethlen [...]. Budapest 1943.

CONCINA, Ennio: Tempo novo. Venezia e il Quattrocento. Venezia 2006.

CONCINA, Ennio/NIKEPHORU-TESTONE, Aliki (Hgg.): Κέρκυρα. Ιστορία, αστική ζωή και αρχιτεκτονική (14ος – 19ος αι.) [Korfu. Geschichte, städtisches Leben u. Architektur (14.–19. Jh.)]. Kerkyra 1994.

CONEA, Ion: Vrancea. Geografie istorică, toponimie și terminologie geografică [Vrancea. Hist. Geographie, Toponymie u. geographische Terminologie]. București 1993.

O'CONNELL, Monique: The Castellan in Local Administration in Fifteenth Century Venetian Crete, *Thesaurismata* 33 (2003), 161–177.

DIES.: The Contractual Nature of the Venetian State, in: ORTALLI/SCHMITT/ORLANDO (Hgg.), Il *Commonwealth veneziano*, 57–72.

DIES.: Men of Empire. Power and Negotiation in Venice's Maritime State. Baltimore/MD 2009.

DIES.: Sinews of Rule. The Politics of Officeholding in Fifteenth-Century Venetian Crete, *Renaissance Studies* 15 (2001), 256–271.

DIES.: The Venetian Patriciate in the Mediterranean. Legal Identity and Lineage in Fifteenth-Century Venetian Crete, *Renaissance Quarterly* 57 (2004), H. 2, 466–493.

DIES.: Voluntary Submission and the Ideology of Venetian Empire, *I Tatti Studies in the Italian Renaissance* 20 (2017), H. 1, 9–39.

CONSTANTINESCU, Ioana: Aspecte ale destrămării feudalismului în Țara Românească și Moldova la sfîrșitul secolului al XVIII-lea și începutul secolului al XIX-lea [Aspekte des Niedergangs des Feudalismus in der Walachei u. Moldau am Ende des 18., Anfang des 19. Jh.s], *Studii si Materiale de Istorie Medie* 9 (1978), 9–42.

CONSTANTINESCU, Nicolae [A.]: Bătălia de la Posada, 1330, 9–12 noiembrie [Die Schlacht von Posada, 1330]. București 1930.

DERS.: Coconi. Un sat din cîmpia Română în epoca lui Mircea cel Bătrân. Studiu arhelogic și istoric [Coconi. Ein Dorf der wal. Tiefebene in der Epoche Mirceas d. Alten. Eine archäologische u. hist. Untersuchung]. București 1972.

DERS.: Curtea de Argeș (1200–1400). Asupra începuturilor Țării Românești [Curtea de Argeș (1200–1400). Zu den Anfängen der Walachei]. București 1984.

DERS.: Mircea cel Bătrân [Mircea d. Alte]. București 1981.

DERS.: Radu I Vv. și scaunul domnesc din Argeș. Repere din istoriografie (I); Reconsiderări/completări/îndreptări (II) [Radu I. Woiwode u. der Fürstenstuhl von Argeș. Hist. Orientierungspunkte (1), Wiedererwägungen, Vervollständigungen, Berichtigungen (2)], *Argesis. Studii și comunicări, Seria Istorie* 18 (2009), 89–114.

CONSTANTINESCU, Radu: Considerații asupra limitelor cronologice și teritoriale ale stăpânirii lui Mircea cel Bătrân [Betrachtungen über die chronologischen u. territorialen Grenzen der Herrschaft Mirceas d. Alten], *Revista Arhivelor* 48/63 (1986), H. 4, 361–371.

CONSTANTINESCU-IAȘI, Petre u.a. (Hgg.): Istoria Românei [Geschichte Rumäniens]. 4 Bde. București 1960–1964.

CONSTANTINESCU-IAȘI, Petre/CONDURACHI, Emil/DAICOVICIU, Constantin I. u.a. (Hgg.): Istoria Românei. 4 Bde. București 1960–1964.

CONSTANTINIU, Florin: Constantin Mavrocordat. București 1985, ²2015.

DERS.: De la Mihai Viteazul la Fanarioți. Observații asupra politicii externe românești [Von Michael d. Tapferen zu den Phanarioten. Beobachtungen zur rum. Außenpolitik], *Studii si Materiale de Istorie Medie* 8 (1975), 101–135.

CONSTANTINIU, Florin/PAPACOSTEA, Șerban: Les réformes des premiers Phanariotes in Moldavie et en Valachie. Essai d'interprétation, *Balkan Studies* 13 (1972), H. 1, 89–118.

DIESS.: Tratatul de la Lublau (15 martie 1412) şi situaţia internaţională a Moldovei la începutul veacului al XV–lea [Der Vetrag von Lublau (15. März 1412) u. die internationale Situation der Moldau zu Beginn des 15. Jh.s.], *Studii. Revistă de istorie* 17 (1964), H. 5, 1129–1140.

CONSTANTINOV, Valentin: Ţara Românească şi Ţara Moldovei în timpul domniilor lui Radu Mihnea [Die Walachei u. die Moldau zur Zeit der Regierungszeiten von Radu Mihnea]. Iaşi 2007.

COOK, David: Studies in Muslim Apocalyptic. Princeton 2002.

ČORALIĆ, Lovorka: „Benemerita nazione." Albanski vojnici i časnici u Zadru (16.–18. stoljeće) [Benemerita nazione. Albanian Soldiers and Officers in Zadar (from the Sixteenth to the Eighteenth Century)], *Zbornik Odsjeka za povijesne znanosti Zavoda za povijesne i društvene znanosti HAZU 27* (2009), 121–164.

DIES.: Hrvati i mletački arsenal [Die Kroaten u. das venez. Arsenal], *Radovi Zavoda za povijesne znanosti HAZU u Zadru* 39 (1997), 167–181.

DIES.: Hrvati u procesima mletačke inkvizicije [Die Kroaten in den Prozessen der Inquisition]. Zagreb 2001.

DIES.: Mletačka kažnjenička galija *Dolfino*, njezin upravitelj Šibenčanin Dujam Franjo Zek Mišević i hrvatski galijoti (1774.–1778.) [The Venetian Penitentiary Galley „Dolfino", Its Commander, Dujam Franjo Zek Mišević from Šibenik, and the Croatian Rowers (1774–1778)], *Povijesni prilozi* 34 (2015), Nr. 48, 129–151.

DIES.: Šibenčani u Mlecima [Šibeniker in Venedig]. Šibenik 2003.

DIES.: U gradu Svetoga Marka. Povijest hrvatske zajednice u Mlecima [In der Stadt des Hl. Markus. Die Geschichte der kroat. Gemeinschaft in Venedig]. Zagreb 2001.

ĆOROVIĆ, Vladimir: Kralj Tvrtko I. Kotromanić. Beograd 1925.

DERS.: Srpska zemlja i srpska historija (neobavljeni rukopisi 2) [Serb. Land u. serb. Geschichte (unveröffentliche Handschriften 2)]. Novi Sad 2007.

ĆOSIĆ, Stjepan: Zagora na starim zemljopisnim kartama i katastarskim planovima [Das dalmatinische Hinterland auf alten landesbeschreibenden Karten u. Katasterplänen], in: KUSIN (Hg.), Dalmatinska zagora, 205–219.

COSMESCU, Dragoş: Venetian Renaissance Fortifications in the Mediterranean. Jefferson/NC 2016.

COSTACHE, Ştefania: Loyalty and Political Legitimacy in the Phanariots' Historical Writing in the Eighteenth Century, *Südost-Forschungen* 69–70 (2010–2011), 25–50.

COSTĂCHEL, V.[aleria]/PANAITESCU, P.[etre] P./CAZUCU, A.: Viaţa feudală în Ţara Romînească şi Moldova (sec. XIV–XVII) [Das feudalzeitliche Leben in der Walachei u. der Moldau (14.–17. Jh.)]. Bucureşti 1957.

COSTANTINI, Massimo (Hg.): Il Mediterraneo centro-orientale tra vecchie e nuove egemonie. Trasformazioni economiche, sociali e istituzionali nelle Isole Ionie dal declino della Serenissima all'avvento delle potenze atlantiche (secc. XVII–XVIII). Roma 1998.

COSTANTINI, Massimo/NIKIFOROU, Aliki (Hgg.): Levante veneziano. Aspetti di storia delle Isole Ionie al tempo della Serenissima. Roma 1996.

COSTANTINI, Vera: Il sultano e l'isola contesa. Cipro tra eredità veneziana e potere ottoman. Torino 2009.

COSTANTINI, Vera/KOLLER, Markus (Hgg.): Living in the Ottoman Ecumenical Community. Essays in Honour of Suraiya Faroqhi. Leiden, Boston/MA 2008.

COSTER, Will/SPICER, Andrew (Hgg.): Sacred Space in Early Modern Europe. Cambridge 2005.

COTOVANU, Lidia: L'émigration sud-danubienne vers la Valachie et la Moldavie et sa géographie (XVe–XVIIe siècles). La potentialité heuristique d'un sujet peu connu, *Cahiers Balkaniques* 42 (2014), 2–19.

DIES.: „Chasing away the Greeks". The Prince-State and the Undesired Foreigners (Wallachia and Moldavia between the 16th and 18th Centuries), in: KATSIARDI-HERING/STASSINOPOULOU (Hgg.), Across the Danube, 215–253.

COULTER, Laura: An Examination of the Status and Activities of the English Ambassadors to the Ottoman Porte in the Late Sixteenth and Early Seventeenth Centuries, *Revue des études sud-est européennes* 28 (1990), H. 1–4, 57–87.

COVALCIC, Marius: Petru Movilă şi raporturile slavilor de est cu Ţările Române [Petru Movilă u. die Beziehungen der Ostslaven mit den rum. Ländern]. Cluj-Napoca 2005.

COZZI, Gaetano: Repubblica di Venezia e Stati italiani. Politica e giustizia dal secolo XVI al secolo XVIII. Torino 1982.

DERS.: Lo Stato da Mar, in: DERS./KNAPTON/SCARABELLO, La Repubblica di Venezia nell'età moderna, Bd. 2, 327–396.

Cozzi, Gaetano/Knapton, Michael/Scarabello, Giovanni: La Repubblica di Venezia nell'età moderna. Bd. 2: Dal 1517 alla fine della Repubblica. Torino 1992.

Crăciun, Maria: Apud Ecclesia. Church Burial and the Development of Funerary Rooms in Moldavia, in: Coster/ Spicer (Hgg.), Sacred Space in Early Modern Europe, 144–166.

Ders.: Protestantism și ortodoxie în Moldova secolului al XVI-lea [Protestantismus u. Orthodoxie in der Moldau des 16. Jh.s]. Cluj-Napoca 1996.

Crăciun, Maria/Ghitta, Ovidiu (Hgg.): Church and Society in Central and Eastern Europe. Cluj-Napoca 1998.

Crailsheim, Eberhard/Elizalde, Maria Dolores (Hgg.): The Representation of External Threat. From the Middle Ages to the Modern World. Leiden, Boston/MA 2019.

Crețu, Bogdan (Hg.): Dimitrie Cantemir. Perspective interdisciplinare [Dimitrie Cantemir. Interdisziplinäre Perspektiven]. Iași 2012.

Cristea, Ovidiu: The Friend of My Friend and the Enemy of My Enemy. Romanian Participation in Ottoman Campaigns, in: Kármán/Kunčević (Hgg.), The European Tributary States, 253–274.

Ders. (Hg.): Marea Neagră. Puteri maritime – puteri terestre (sec. XIII–XVIII) [Das Schwarze Meer. Maritime Mächte, Landmächte (13.–18. Jh.)]. București 2006.

Ders.: Michael the Brave, the Long War and the „Moldavian Road", Revue des études sud-est européennes 51 (2013), H. 1–4, 239–253.

Cristea, Ovidiu/Lazăr, Gheorghe (Hgg.): Național și universal în istoria românilor. Studii oferite prof. dr. Șerban Papacostea cu ocazia împlinirii a 70 de ani [Nationales u. Universales in der Geschichte der Rumänen. Schriften zum Anlass des 70. Geburtstags von Prof. Dr. Șerban Papacostea]. București 1998.

Cristian, Marin A.: Mihai Viteazul – „Io Mihai Voievod, din mila lui Dumnezeu, Domn al Țării Românești și al Ardealului și a toată Țara Moldovei" [„Io Michael d. Tapfere, von Gottes Gnaden, Herr der Walachei u. Siebenbürgen u. des ganzen mold. Landes"]. București 2013.

Cristocea, Spiridon I.: Din trecutul marii boierimi muntene. Marele ban Mareș Băjescu [Aus der Vergangenheit des wal. Großbojarentums. Der Großban Mareș Băjescu]. Brăila 2005.

Ders.: Din trecutul marii boierimi muntene. Marele Vornic Stroe Leurdeanu [Aus der Vergangenheit des wal. Großbojarentums. Der Großvornic Stroe Leurdeanu]. Brăila 2011.

Croitoru, Gabriel-Felician: Giurgiu sub administrație otomană (secolele XV–XIX) [Giurgiu unter osm. Verwaltung (15.–19. Jh.)]. Brăila 2016.

Cronț, Gheorghe: Byzantine Juridical Influences in the Rumanian Feudal Society. Byzantine Sources of the Rumanian Feudal Law, Revue des études sud-est européennes 2 (1964), H. 3–4, 359–383.

Csáky, Moritz: Von der Aufklärung zum Liberalismus. Studien zum Frühliberalismus in Ungarn. Wien 1981.

Csaplár-Degovics, Krisztián/Fazekas, István (Hgg.): Geteilt – Vereinigt. Beiträge zur Geschichte des Königreichs Ungarn in der Frühneuzeit (16.–18. Jahrhundert). Berlin 2011.

Csapodi, Csaba: A vámhatár megszüntetése Magyarország és Erdély közt 1784-ben [Die Beendigung der Zollgrenze zwischen Ungarn u. Siebenbürgen 1784], A Klebelsberg Kuno Magyar Történetkutató Intézet Évkönyve 4 (1934), 364–378.

Ders.: Die Wirtschaftspolitik des Österreichischen Staatsrates im Zeitalter Josephs II., Mitteilungen des Instituts für Österreichische Geschichtsforschung 67 (1959), 317–326.

Csatári, Daniel/Katus, László/Rozsnyói, Ágnes (Hgg.): Nouvelles études historiques publièes à l'occasion du 12ᵉ Congrés International des Sciences Historiques par la Commission Nationale des Historiens Hongrois. 2 Bde. Budapest 1965.

Csekey, István: A magyar trónöröklési jog [Das ung. Thronfolgerecht]. Budapest 1917.

Ders.: A pragmatica sanctio Erdélyben [Die Pragmatische Sanktion in Siebenbürgen]. Kolozsvár 1915.

Csepreghy, Kálmán: Az ónodi országgyűlés és előzményei [Der Landtag von Ónod u. dessen Vorgeschichte]. Budapest 1894.

Cserei, Mihály: Erdély históriája, 1661–1711 [Geschichte Siebenbürgens, 1661–1711]. Budapest 1983.

Cserpes, Tünde/Szijártó, István M.: Főméltóságok a 18. századi Magyarországon [Großwürdenträger im Ungarn des 18. Jh.s], Somogy megye múltjából 42 (2013), 7–12.

Diess.: Nyitott elit? A magyar főméltóságok a 18. században [Eine offene Elite? Die ung. hohen Würdenträger im 18. Jh.], Századok 144 (2010), H. 5, 1225–1261.

Diess.: An Open Elite in Hungary? High Office Holders in the 18th Century, *Journal of Social History* 48 (2014), H. 1, 156–174.

Csetri, Károly: Bácska lakossága a legrégibb időktől a XIX. század végéig [Die Bevölkerung der Batschka seit den ältesten Zeiten bis zum Ende des 19. Jh.s]. Budapest 1936.

Csukovits, Enikő: Az Anjouk Magyarországon. Bd. 1: I. Károly és uralkodása (1301–1342) [Die Anjou in Ungarn. Bd. 1: Karl I. u. seine Herrschaft (1301–1342)]. Budapest 2012.

Dies. (Hg.): L'Ungheria angioina. Roma 2013.

Ćuk, Ruža: Srbija i Venecija u XIII i XIV veku [Serbien u. Venedig im 13. u. 14. Jh.]. Beograd 1986.

Ćuzela, Josip: Šibenski fortifikacijski sustav [Das Befestigungssystem von Šibenik]. Šibenik 2005.

Cvetkova, Bistra: La bataille mémorable des peuples. Le sud-est européen et la conquête ottomane, fin XIVᶜ – première moitié du XVᶜ s. Sofia 1971.

Dies.: Les Celep et leur role dans la vie économique des Balkans à l'époque ottomane (XVᶜ–XVIIIᶜ s.), in: Michael Allen Cook (Hg.), Studies in the Economic History of the Middle East. London 1970, 172–192.

Dies.: Frenski pătepisci za Balkanite XV–XVIII vek [Franz. Reiseschriftsteller zum Balkan, 15.–18. Jh.]. Sofija 1975.

Dies.: Les institutions ottomanes dans les Balkans. Wiesbaden 1978.

Dies.: Izvănredni danăci i dăržavni povinnosti v bălgarskite zemi pod turska vlast [Außerordentliche Abgaben u. Verpflichtungen gegenüber dem Staat in Bulgarien unter türk. Herrschaft]. Sofija 1958.

Dies.: Le service des celep et le ravitaillement en bétail dans l'Empire ottoman (XVᶜ–XVIIIᶜ s.), *Études historiques* 3 (1966), 145–172.

Dies.: Sofija prez XV–XVIII vek [Sofia vom 15. bis zum 18. Jh.], in: Georgi Georgiev/Boris Mateev (Hgg.), Sofija prez vekovete [Sofija durch die Jahrhunderte]. Bd. 1: Drevnost, srednovekovie, Văzraždane [Antike, Mittelalter, Wiedergeburt]. Sofija 1989, 74–94.

Dies.: Sur le sort de Tărnovo, capitale bulgare au Moyen Âge, après sa prise par les Osmanlis, *Byzantinobulgarica* 2 (1966), 181–193.

Czigány, István (Hg.): Az államiság megőrzése. Tanulmányok a Rákóczi-szabadságharcról [Die Verteidigung der Staatlichkeit. Studien über den Rákóczi-Freiheitskrieg]. Budapest 2002.

Ders.: Rákóczi's War of Independence, in: Király/Veszprémy (Hgg.), A Millennium of Hungarian Military History, 161–184.

Ders.: Reform vagy kudarc? Kísérletek a magyarországi katonaság beillesztésére a Habsburg Birodalom haderejébe 1600–1700 [Reform oder Fiasko? Versuche zur Integration des ung. Militärs in das stehende Heer der Habsburgermonarchie 1600–1700]. Budapest 2004.

Cziráki, Zsuzsanna: Das Siebenbürgen-Konzept der Kriegspartei in Wien von 1611 bis 1616 anhand der schriftlichen Gutachten von Melchior Khlesl, *Ungarn-Jahrbuch* 31 (2011–2013), 139–179.

Dabić, Vojin S.: Vojna krajina. Karlovački generalat (1530–1746) [Die kroat. Militärgrenze. Das Karlstadter Generalkommando (1530–1746)]. Beograd 2000.

Dal Borgo, Michela: Archivio di Stato di Venezia. Fonti per la storia delle Isole Ionie: Corfù, Cefalonia, Zante e Santa Maura, in: Costantini/Nikiforou (Hgg.), Levante veneziano, 177–222.

Dančev, Georgi u. a. (Hgg.): Turskite zavoevanija i sădbata na balkanskite narodi, otrazeni v istoričeski i literaturni pametnici ot XIV–XVIII vek (meždunarodna naučna konferencija, Veliko Tărnovo, 20–22 maj 1987 godina) [Die türk. Eroberungen u. das Schicksal der Balkanvölker, ausgedrückt in geschichtlichen u. literarischen Denkmälern des 14.–18. Jh.s (internationale wissenschaftliche Konferenz, Veliko Tărnovo, 20.–22. Mai 1987)]. Veliko Tărnovo 1992.

Dančeva-Vasileva, Ani: Plovdiv prez Srednovekovieto IV–XIV v. [Plovdiv im Mittelalter 4.–14. Jh.]. Sofija 2011.

Dáné, Veronka u. a. (Hgg.): Bethlen Erdélye, Erdély Bethlene [Bethlens Siebenbürgen, Siebenbürgens Bethlen]. Kolozsvár 2014.

Dankoff, Robert: An Ottoman Mentality. The World of Evliya Çelebi. Leiden, Boston/MA 2010.

Ders. (Hg.): Evliya Çelebi in Albania and Adjacent Regions (Kosovo, Montenegro, Ohrid). Seyāḥatnāme, the Relevant Sections of the Seyahatname. Leiden, Boston/MA 2000.

Dányi, Dezső: Az 1777. évi lelkek összeírása [Die Seelenkonskription von 1777], *Történeti Statisztikai Évkönyv* 1 (1960), 167–193.

Danyi, Dezső/Dávid, Zoltán (Hgg.): Az első magyarországi népszámlálás (1784–1787) [Die erste Volkszählung in Ungarn (1784–1787)]. Budapest 1960.

Darling, Linda [T.]: The Development of Ottoman Government Institutions in the Fourteenth Century. A Reconstruction, in: Costantini/Koller (Hgg.), Living in the Ottoman Ecumenical Community, 17–34.

Dies.: A History of Social Justice and Political Power in the Middle East. The Circle of Justice from Mesopotamia to Globalization. London 2013.

Dies.: Reformulating the *Gazi* Narrative. When Was the Ottoman State a *Gazi* State?, *Turcica* 43 (2011), 13–53.

Dies.: Revenue-Raising and Legitimacy. Tax Collection and Finance Administration in the Ottoman Empire 1560–1660. Leiden, Boston/MA 1996.

Daskalov, Roumen/Marinov, Tchavdar (Hgg.): Entangled Histories of the Balkans. Bd 1: National Ideologies and Language Policies. Leiden, Boston/MA 2013.

Daskalov, Roumen/Mishkova, Diana (Hgg.): Entangled Histories of the Balkans. Bd. 2: Transfers of Political Ideologies and Institutions. Leiden, Boston/MA 2013.

Daskalov, Rumen: The Making of a Nation in the Balkans. Historiography of the Bulgarian Revival. Budapest, New York 2004.

Dautović, Dženan: Metus turchorum – Strah od Turaka u srednjovjekovnoj Bosni [The Fear of Turks in Medieval Bosnia], in: Osmansko osvajanje Bosanske kraljevine, 75–103.

Dávid, Géza: s. v. Administration, provincial, in: Ágoston/Masters (Hgg.), Encyclopedia of the Ottoman Empire, 13–17.

Ders.: Administration in Ottoman Europe, in: Kunt/Woodhead (Hgg.), Süleyman the Magnificent, 71–90.

Ders.: The Eyalet of Temesvár in the Eighteenth Century, *Oriente Moderno* N.S. 18 (79) (1999), H. 1, 113–128.

Ders.: Ottoman Administrative Strategies in Western Hungary, in: Heywood/Imber (Hgg.), Studies in Ottoman History, 31–43.

Dávid, Géza/Fodor, Pál: Hungarian Studies in Ottoman History, in: Adanir/Faroqhi (Hgg.), The Ottomans and the Balkans, 305–349.

Diess.: From Philological to Historical Approach. Twentieth Century Hungarian Historiography of the Ottoman Empire, in: Hadler/Mesenhöller (Hgg.), Vergangene Größe und Ohnmacht in Ostmitteleuropa, 147–158.

Diess. (Hgg.): Ottomans, Hungarians, and Habsburgs in Central Europe. The Military Confines in the Era of the Ottoman Conquest. Leiden, Boston/MA, Köln 2000.

Diess. (Hgg.): Ransom Slavery along the Ottoman Borders (Early Fifteenth-Early Eighteenth Centuries). Leiden, Boston/MA 2007.

Dávid, Zoltán: Az 1715–20. évi összeírás [Die Konskription von 1715–1720], in: Kovacsics (Hg.), A történeti statisztika forrásai, 145–199.

Ders.: Az 1738. évi pestisjárvány pusztítása [Die Verwüstung durch die Pest im Jahr 1738], *Orvostörténeti Közlemények/Communicationes de historia artis medicinae* 69–70 (1973), 75–130.

Ders.: Az agrárstatisztika forrásai. A II. József-féle kataszteri felmérés [Die Quellen der Agrarstatistik. Die Katastralererhebungen unter Joseph II.], *Statiszstikai Szemle* 46 (1968), 892–898.

Ders.: Az első kataszteri felmérés végrehajtása Veszprém megyében [Die Durchführung der ersten Katasteraufnahme im Komitat Wesprim], *A Veszprém Megyei Múzeumok Közleményei* 9 (1970), 71–85.

Ders.: Magyarország népessége a 17–18. század fordulóján. Népességtörténeti forrásaink értékelése [Die Bevölkerung Ungarns an der Wende des 17.–18. Jh.s. Die Bewertung der bevölkerungsstatistischen Quellen Ungarns], *Történeti Statisztikai Évkönyv* 2 (1961–62), 217–257.

Davidova, Evguenia (Hg.): Wealth in the Ottoman and Post-Ottoman Balkans. A Socio-Economic History. London 2015.

Davies, Brian [L.]: Empire and Military Revolution in Eastern Europe. Russia's Turkish Wars in the Eighteenth Century. London 2011.

Ders.: The Russo-Turkish War, 1768–1774. Catherine II and the Ottoman Empire. London u. a. 2016.

Ders. (Hg.): Warfare in Eastern Europe, 1500–1800. Leiden, Boston/MA 2012.

Davies, Jack L./Bennet, John/Zarinebaf, Fariba: An Analysis of the Ottoman Cadastral Survey of Anavarin, 1716, in: diess. (Hgg.), A Historical and Economic Geography of Ottoman Greece, 151–209.

Diess. (Hgg.): A Historical and Economic Geography of Ottoman Greece. The Southwestern Morea in the 18th Century. Athens 2005.

DAVIES, Siriol/DAVIES, Jack L. (Hgg.): Between Venice and Istanbul. Colonial Landscapes in Early Modern Greece. Athens 2007.

Déduction des droits de la Principauté de Transylvanie, 1713, in: KÖPECZI (Hg.), A Rákóczi szabadságharc és Európa, 373–375.

DEĞERLI, Ayşe: Turahanzade Ömer ve Oğlu Hasan Bey'in Tırhala Sancağındaki Vakıfları (1484–1881) [Waqfs of the Turahans Omer and His Son Hasan in Trikala], *Pamukkale Üniversitesi Sosyal Bilimler Enstitüsü Dergisi* 26 (2017), 12–31.

DEL NEGRO, Piero: L'esercito e le milizie, in: ORTALLI/SCHMITT/ORLANDO (Hgg.), Il *Commonwealth* veneziano, 473–494.

DELETANT, Dennis [J.]: Moldavia between Hungary and Poland, 1347–1412, *The Slavonic and East European Review* 64 (1986), Nr. 2, 189–211.

DERS.: Some Aspects of the Byzantine Tradition in the Rumanian Principalities, *The Slavonic and East European Review* 59 (1981), H. 1, 1–14.

DELILBAŞI, Melek: 1564 Tarihli Mufassal Yanya Livası Tahrir Defterine Göre Yanya Kenti ve Köyleri [Die Stadt Ioannina u. die Dörfer gemäß dem umfangreichen Katasterverzeichnis der Provinz Ioannina von 1564], *Belgeler* 17 (1996), Nr. 21, 1–40.

DELOUIS, Olivier/SMYRLIS, Kostis (Hgg.): Lire les „Archives de l'Athos". Actes du colloque réuni à Athènes du 18 au 20 novembre 2015 à l'occasion des 70 ans de la collection refondée par Paul Lemerle. Paris 2019.

DEMANDT, Alexander: Der Fall Roms. München ²2014.

DEMPSEY, Charles G.: Quattrocento adriatico. Fifteenth-Century Art of the Adriatic Realm. Papers from a Colloquium Held at the Villa Spelman, Florence, 1994. Bologna 1996.

DÉNES, Iván Zoltán: A történelmi Magyarország eszménye. Szekfű Gyula a történetíró és ideológus [Das Ideal des hist. Ungarn. Gyula Szekfű, der Geschichtenschreiber u. Ideologe]. Pozsony 2015.

DENIZE, Eugen: Când s-a declanşat conflictul dintre Vlad Ţepeş şi turci? [Wann ist der Konflikt zwischen Vlad d. Pfähler u. den Türken ausgebrochen?], *Studii şi Materiale de Istorie Medie* 14 (2006), 239–251.

DERS.: Ştefan cel Mare. Dimensiunea internaţională a domniei [Stefan d. Große. Die internationale Dimension der Herrschaft]. Târgovişte ²2012.

DENNIS, George T.: The Byzantine-Turkish Treaty of 1403, *Orientalia Christiana Periodica* 33 (1967), 72–88.

DERS.: John VII Palaiologos. „A Holy and Just Man", in: ABRAMEA/LAIOU/CHRYSOS (Hgg.), Βυζάντιον, κράτος και κοινωνία, 205–218.

DERS.: The Reign of Manuel II Palaeologus in Thessalonica. 1382–1387. Roma 1960.

DERS.: Three Reports from Crete on the Situation in Romania, 1401–1402, *Studi veneziani* 12 (1970), 243–265.

DEUTSCH, Robert/ANDREESCU, Ştefan: Dracula oder Vlad Tzepes, Fürst der Walachei. Eine historiographische Untersuchung rumänischer Beiträge, *Schweizerische Zeitschrift für Geschichte* 30 (1980), H. 1, 59–71.

DIACONESCU, Marius: Dragoş, „descălecătorul" Moldovei, între legendă si realitate [Dragoş, „Gründer" der Moldau, zwischen Legende u. Realität], in: DERS. (Hg.), Nobilimea românească, 77–90.

DERS.: Gândirea politică a lui Ştefan Jósika, cancelarul principelui Sigismund Báthory (Paternitatea unei idei politice. Unirea Transilvaniei cu Ţara Românească şi Moldova) [Das polit. Denken von Stefan Jósika, Kanzler des Fürsten Sigismund Báthory (Vaterschaft einer polit. Idee. Vereinigung Siebenbürgens mit der Walachei u. der Moldau)], *Acta Transylvanica Anuarul Centrului de Istorie a Transilvaniei* 1 (2004), 17–42.

DERS. (Hg.): Nobilimea românească din Transilvania. Az erdély román nemesség [Der rum. Adel Siebenbürgens]. Satu Mare 1997.

DICKSON, Peter Gordon Muir: Finance and Government under Maria Theresa. Bd. 1: Society and Government. Oxford 1987.

DERS.: Joseph II's Hungarian Land Survey, *English Historical Review* 106 (1991), H. 7, 611–634.

DILEK, Zeki (Hg.): Merzifonlu Kara Mustafa Paşa Uluslararası Sempozyumu 08–11 Haziran 2000. [Internationales Symposium über Merzifonlu Kara Mustafa Paşa vom 8.–11. Juni 2000]. Merzifon 2001.

DIMA-DRĂGAN, Corneliu/BACÂRU, Livia: Constantin Cantacuzino Stolnicul. Un umanist român [Der Stolnic Constantin Cantacuzino. Ein rum. Humanist]. Bucureşti 1970.

DIMITRIADIS, Vassilis: The Yürüks in Central and Western Macedonia, in: TOMOVSKI u. a. (Hgg.), Etnogeneza na jurucite, 9–15.

Forschungsliteratur

DIMITROV, Stefan: Poselištna mreža v Sakar planina i priležaštija i rajon prez XV–XVI v. [Settlement Network and Population in the Sakar Mountain and its Adjacent Area in the 15th – 16th Century], in: PĂRVEVA/TODOROVA (Hgg.), Iz života na evropejskite provincii na Osmanskata imperija, 53–110.

DERS.: Transformation of the Byzantine Adrianople into the Ottoman Edirne, *Études balkaniques* 51 (2015), H. 4, 111–150.

DIMITROV, Strašimir: Istorija na Dobrudža. Bd. 3: Istorija na Dobrudža ot načaloto na XV do kraja na XIX v. [Die Geschichte der Dobrudscha. Bd. 3: Die Geschichte der Dobrudscha vom Beginn des 15. bis zum Ende des 19. Jh.s]. Sofija 1988.

DERS.: Kăm demografskata istorija na Dobrudža prez XV–XVII v. [Zur demographischen Geschichte der Dobrudscha vom 15. bis zum 17. Jh.], *Izvestija na Bălgarskoto Istoričesko Družestvo* 35 (1983), 27–61.

DINIĆ, Mihailo [J.]: Državni sobor srednjovekovne Bosne [La diète de la Bosnie médiévale]. Beograd 1955.

DERS.: Za hronologiju Dušanovih osvajanja vizantiskih gradova [Pour la chronologie des conquètes des villes byzantines par l'empereur], *Zbornik radova Vizantološkog instituta* 4 (1956), 1–11.

DERS.: Humsko-trebinska vlastela [Der Adel von Hum u. Trebinje]. Beograd 1967.

DERS.: Oblast kralja Dragutina posle Deževa [Das Gebiet König Dragutins nach Deževo], in: DERS. (Hg.), Srpske zemlje, 123–147.

DERS.: Relja Ohmućević – istorija i predanje [Relja Ohmućević – Geschichte u. Überlieferung], *Zbornik radova Vizantološkog instituta* 9 (1966), 95–118.

DERS.: Iz srpske istorije srednjeg veka [Aus der serb. Geschichte des Mittelalters]. Hgg. Sima ĆIRKOVIĆ/Vlastimir ĐOKIĆ. Beograd 2003.

DINIĆ, Mihailo/ĆIRKOVIĆ, Sima M.: Oblast Brankovića [Das Gebiet der Brankovići], in: DIESS. (Hgg.), Srpske zemlje u srednjem veku. Istorijsko-geografske studije [Die serb. Länder im Mittelalter. Hist.-geogr. Studien]. Beograd 1978, 148–177.

DINIĆ-KNEŽEVIĆ, Dušanka: Dubrovnik i Ugarska u srednjem veku [Dubrovnik u. Ungarn im Mittelalter]. Novi Sad 1986.

DINU, Tudor: Dimitrie Cantemir şi Nicolae Mavrocordat. Rivalităţi politice şi literare la începutul secolului XVIII [Dimitrie Cantemir u. Nicolae Mavrocordat. Polit. u. literarische Rivalitäten zu Beginn des 18. Jh.s]. Bucureşti 2011.

DIŢĂ, Alexandru V.: Mircea cel Mare. Între realitatea medievală şi ficţiunea istoriografică modernă [Mircea d. Große. Zwischen mittelalterlicher Realität u. moderner historiographischer Fiktion]. Bucureşti 2000.

DIVÉKY, Adorján: A Lengyelországnak elzálogosított XVI szepesi város visszacsatolása 1770-ben [Die Rückgliederung der an Polen verpfändeten 16 Zipser Städte im Jahr 1770]. Budapest 1929.

DJURIĆ, Ivan: Il crepuscolo di Bisanzio. I tempi di Giovanni VIII Paleologo (1392–1448). Introd. di Mario GALLINA; trad. di Silvia VACCA. Roma 1996 (Übers. von: ĐURIĆ, Sumrak Vizantije).

DERS.: Le crépuscule de Byzance. Le temps de Jean VIII Paleologue, 1392–1448. Paris 1996 (Übers. von: ĐURIĆ, Sumrak Vizantije).

DJUVARA, Neagu: Între Orient şi Occident. Ţările române la începutul epocii moderne (1800–1848) [Zwischen Orient u. Okzident. Die rum. Länder zu Beginn der Neuzeit (1800–1848)]. Bucureşti 1995, ⁸2013.

DERS.: Le pays roumain entre Orient et Occident. Les Principautés danubiennes au début du XIXe siècle. Paris 1989.

DERS.: Thocomerius-Negru Vodă. Un voivod de origine cumană la începuturile Ţării Româneşti [Thocomerius-Negru Vodă. Ein Woiwode kumanischer Herkunft am Anfang der Walachei]. Bucureşti ²2007.

DOBJANSCHI, Ana/SIMION, Victor: Arta în epoca lui Vasile Lupu [Die Kunst in der Zeit von Vasile Lupu]. Bucureşti 1979.

DOBRE, Claudia Florentina: Mendicants in Moldavia. Mission in an Orthodox Land (Thirteenth to Fifteenth Century). Daun 2009.

DOBREV, Petăr u. a.: Bălgarskata dăržavnost na sever ot Dunav kato političeski i kulturen fenomen [Die bulg. Staatlichkeit nördlich der Donau als polit. u. kulturelles Phänomen]. Sofija 2008.

DOBRINCU, Dorin: Modificări în modul de impunere şi percepere a dărilor în Moldova epocii fanariote [Veränderungen in der Art der Auferlegung u. Erhebung von Abgaben in der Moldau der Phanariotenzeit], *Carpica* 27 (1998), 148–169.

DOBSZAY, Tamás u. a. (Hgg.): Rendiség és parlamentarizmus Magyarországon. A kezdetektől 1918-ig [Stände u. Parlamentarismus in Ungarn. Von den Anfängen bis 1918]. Budapest 2013.

Dočev, Konstantin: Moneti i parično obraštenie v Tărnovo XII–XIV vek [Münzen u. Geldumlauf in Tărnovo 12.–14. Jh.]. Veliko Tărnovo 1992.

Dogaru, Mircea: „Călugăreni – 400“. Lucrările colocviului ştiinţific naţional cu participare internaţională Bucureşti, Călugăreni, Giurgiu, 11–13 august 1995 [„Călugăreni – 400“. Die Arbeiten des wissenschaftlichen Kolloquiums mit internationaler Beteiligung]. Bucureşti 1996.

Doğru, Halime: XV. ve XVI. yüzyılda Sultanönü Sancağında yaya ve müsellem teşkilatı [Die Organisation der Müsellem u. Yaya in der Provinz Sultanünü im 15. u. 16. Jh.]. Istanbul 1990 (Marmara Üniversitesi, Dissertationsschrift).

Ders.: Lehistan'da Bir Osmanlı Sultan. IV. Mehmed'in Kamaniçe-Hotin Seferleri ve Bir Masraf Defteri [Ein osm. Sultan in Polen. Mehmeds IV. Kamenica-Hotin Feldzug u. ein Kostenbuch]. Istanbul 2006.

Dohrn-van Rossum, Gerhard: Die Geschichte der Stunde. Uhren und moderne Zeitordnung. München u. a. 1992.

Đoković, Zorica: Razlozi pobune Andronika IV Paleologa 1373. godine [Die Ursachen des Aufstandes von Andrónikos IV. Palaiológos im Jahr 1373], Beogradski istorijski glasnik 2 (2011), 91–104.

Dokoza, Serđo: Dinamika otočnog prostora. Društvena i gospodarska povijest Korčule u razvijenom srednjem vijeku [Die Dynamik des Inselraumes. Gesellschafts- u. Wirtschaftsgeschichte von Korčula im Spätmittelalter]. Split 2009.

Dölger, Franz: Johannes VII., Kaiser der Rhomäer 1390–1408, Byzantinische Zeitschrift 31 (1931), 21–36.

Dominkovits, Péter: Das ungarische Komitat im 17. Jahrhundert. Verfechter der Ständerechte oder Ausführungsorgan zentraler Anordnungen?, in: Mat'a/Winkelbauer (Hgg.), Die Habsburgermonarchie 1620 bis 1740, 401–441.

Ders.: Ein verschenkter Sieg? Der Magnatenaufstand – Ausdruck der Schaukelpolitik des ungarischen Adels oder eine reale politische Option?, in: Sperl/Scheutz/Strohmeyer (Hgg.), Die Schlacht von Mogersdorf/St. Gotthard und der Friede von Eisenburg, 135–148.

Dominkovits, Péter/Katona, Csaba (Hgg.): Egy új együttműködés kezdete. Az 1622. évi soproni koronázó országgyűlés [Anfang einer neuen Kooperation. Der ung. Krönungsreichstag in Ödenburg 1622]. Sopron, Budapest 2014.

Domzalski, Oliver Thomas: Politische Karrieren und Machtverteilung im venezianischen Adel (1646–1797). Sigmaringen 1996.

Donat, Ion: Cu privire la domnia lui Vlad Înecatul [Zur Herrschaft Vlads d. Ertränkten], Studii si Materiale de Istorie Medie 9 (1978), 117–123.

Ders.: Domeniul domnesc în Ţara Românească, sec. XIV–XVI [Die fürstliche Domäne in der Walachei, 14.–16. Jh.]. Bucureşti 1996.

Donnert, Erich: Joseph II. und Katharina II. Ein Beitrag zu Österreichs Russland- und Orientpolitik 1780 bis 1790, in: Plaschka/Klingenstein (Hgg.), Österreich im Europa der Aufklärung, Bd. 1, 576–589.

Dorin, Mihai: O temă politico-juridică în dezbatere publică. Tratatele de capitulaţie [Ein polit.-jurist. Thema in der öffentlichen Debatte. Die Kapitulations-Verträge], Anuarul Institutului de Istorie „A.D. Xenopol“ 39 (2002), 543–552.

Döring, Karoline Dominika: Türkenkrieg und Medienwandel im 15. Jahrhundert. Mit einem Katalog der europäischen Türkendrucke bis 1500. Husum 2013.

Dorogi, Imre/Hazai, György: Zum Werk von Ebû Bekr b. Bahram Dimişkî über die Geschichte und den Zustand des Osmanischen Reiches, Archivum Ottomanicum 28 (2011), 49–94 (Teil 1); 29 (2012), 193–325 (Teil 2); 30 (2013), 303–352 (Teil 3); 31 (2014), 167–350 (Teil 4).

Dostjan, Irina S.: Rossija i Balkanskij vopros. Iz istorii Russko-Balkanskich političeskich svjazej v pervoj treti XIX v. [Russland u. die Balkanfrage. Aus der Geschichte der russ.-balkanischen polit. Beziehungen im ersten Drittel des 19. Jh.s]. Moskva 1972.

Doumerc, Bernard: Venise et son empire en Méditerranée, IX–XVᵉ siècle. Paris 2012.

Ders.: Les Vénitiens confrontés au retour des rapatriés de l'empire colonial d'outre-mer (fin XVᵉ – début XVIᵉ siècle), in: Balard/Ducellier (Hgg.), Migrations et diasporas méditerranéennes, 375–398.

Doyle, Arthur Conan: The Adventures of Sherlock Holmes. Hg. Richard Lancelyn Green. Oxford 1993.

Doyle, Michael: Empires. Ithaca/NY 1986.

Drabek, Anna M./Plaschka, Richard/Wandruszka, Adam (Hgg.): Ungarn und Österreich unter Maria Theresia und Joseph II. Neue Aspekte im Verhältnis der beiden Länder. Texte des 2. Österreichisch-Ungarischen Historikertreffens Wien 1980. Wien 1982.

Forschungsliteratur

Dragnev, D. M. (Hg.): Očerki vnešnepolitičeskoj istorii Moldavskogo knjažestva (poslednjaja tret' XIV–načalo XIX v.) [Abriss zur außenpolitischen Geschichte des mold. Fürstentums (letztes Drittel 14. bis Anfang 19. Jh.)]. Kišinev 1987.

Drăguț, Vasile: Arta brâncovenească [Die Brâncoveanu-Kunst]. București 1971.

Drakopulu, Eugenia: Η σερβική παρουσία στην Καστοριά τις παραμονές της τουρκικής κατάκτησης [Die serb. Präsenz in Kastoria am Vorabend der türk. Eroberung], in: Papadopulu/Dialeti (Hgg.), Βυζάντιο και Σερβία, 88–96.

Draskóczy, István: Matthias Corvinus und der Edelmetallbergbau in Ungarn. Das Beispiel von Neustadt/Frauenbach, in: Bárány/Györkös (Hgg.), Matthias and His Legacy, 197–212.

Drossbach, Gisela/Hengerer, Mark Swen (Hgg.): Adel im östlichen Europa. Zwischen lokaler Identität, Region und europäischer Integration (ca. 1400–1900). Tagungsband Wildbad Kreuth, 3.–5. Dezember 2014. München 2021.

Družinina, E. I.: Kjučuk-Kajnardžijskij mir 1774 goda (ego podgotovka i zaključenie) [Der Frieden von Küçük Kaynarca 1774 (seine Vorbereitung u. sein Abschluss)]. Moskva 1955.

Ducellier, Alain: Les Albanais du XIe au XIIe siècle. Nomades ou sédentaires?, *Byzantinische Forschungen* 7 (1979), 23–36 [Nachdr. in: Ders. (Hg.), L'Albanie entre Byzance et Venise, Teil 6].

Ders. (Hg.): L'Albanie entre Byzance et Venise. X^e–XVe siècle. London 1987.

Ders. u. a.: Les chemins de l'exil. Bouleversements de l'Est européen et migrations vers l'Ouest à la fin du Moyen Âge. Paris 1992.

Ders.: La façade maritime de l'Albanie au moyen âge. Durazzo et Valona du XIe au XVe siècle. Thessalonique 1981.

Ders.: La façade maritime de la principauté des Kastriote, de la fin du XIVe siècle à la mort de Skanderbeg, *Studia Albanica* 6 (1968), 119–136 [Nachdr. in: Ders. (Hg.), L'Albanie entre Byzance et Venise, Teil 7a.].

Duchhardt, Heinz (Hg.): Nationale Geschichtskulturen – Bilanz, Ausstrahlung, Europabezogenheit. Beiträge des internationalen Symposions in der Akademie der Wissenschaften und der Literatur, Mainz, vom 30. September bis 2. Oktober 2004. Stuttgart 2006.

Dudás, Gyula: A bácskai és a bánsági szerbek története, 1526–1711 [Geschichte der Serben in der Batschka u. im Banat, 1526–1711]. Zombor 1896.

Dujčev, Ivan (Hg.): Bălgarsko srednovekovie. Proučvanija vărchu političeskata i kulturnata istorija na srednovekovna Bălgarija [Bulg. Mittelalter. Forschungen zur polit. u. kulturellen Geschichte des bulg. Mittelalters]. Sofija 1972.

Ders.: Ot Černomen do Kosovo polje. Kăm istorijata na turskoto zavoevanie v Trakija prez poslednite desetiletija na XIV vek [Von Černomen zum Amselfeld. Zur Geschichte der türk. Eroberung in Thrakien in den letzten Jahrzehnten des 14. Jh.s], in: Ders. (Hg.), Bălgarsko srednovekovie, 546–587.

Ders.: Contributions à l'histoire de la conquête turque en Thrace aux dernières décades du XIVe siècle, *Études balkaniques* 9 (1973), H. 2, 80–92.

Ders.: Propaganda anticattolica a Novo Brdo (Serbia) nel sec. XV., *Ricerche slavistiche* 17–19 (1970–1972), 179–190.

Ders.: Rilskata gramota na car Ivan Šišman ot 1378 g. [Die Urkunde des Zaren Ivan Šišman für Rila aus dem Jahre 1378]. Sofija 1986.

Ders.: Iz starata bălgarska knižnina [Aus der altbulg. Literatur]. 2 Bde. Sofija 1943.

Duka, Ferit: Aspekte social-ekonomike dhe demografike të Himarës gjatë sundimit Osman (shek. XV–XVI) [Sozioökonomische u. demographische Aspekte in der Himara unter der Herrschaft der Osmanen (15.–16. Jh.)], in: Nasi u. a. (Hg.), Himara në shëkuj, 62–95.

Ders.: Berati në kohën osmane (shek. XVI–XVIII) [Berat in osm. Zeit (16.–18. Jh.)]. Tirana 2001.

Ders.: Coast and Hinterland in the Albanian Lands (16th–18th Centuries), in: Ortalli/Schmitt (Hgg.), Balcani occidentali, 261–270.

Ders.: Profili i një qyteti shqiptar të kohës osmane. Gjirokastra gjatë shek. XV–XVI [Das Profil einer alb. Zeit der osm. Zeit. Gjirokastra im 15.–16. Jh.], *Studime historike* (2002), H. 1–2, 7–27.

Ders.: Shekujt osmanë në hapësirën shqiptare (studime dhe dokumente) [Die osm. Jahrhunderte im alb. Raum (Studien u. Dokumente)]. Tirana 2009.

Duldner, Johann: Zur Geschichte des Übergangs Siebenbürgens unter die Herrschaft des Hauses Habsburg, 1. Teil: Das Jahr 1686, *Archiv des Vereins für siebenbürgische Landeskunde* 27 (1897), H. 3, 408–450; 2. Teil: Die Jahre 1687–1691, 30 (1902), H. 2, 178–253.

Dumitran, Ana/Mádly, Loránd/Simon, Alexandru (Hgg.): Extincta est lucerna orbis. John Hunyadi and His Time. In memoriam Zsigmond Jakó. Cluj-Napoca 2009.

BIBLIOGRAPHIE

Durand, Guillaume: Les largesses des voïvodes de Valachie aux autorités religieuses orthodoxes du Levant (Jérusalem, Sinaï, Antioche, Alexandrie). Le cas des monastères dédiés, *Revue Roumaine d'Histoire* 50 (2011), H. 3–4, 123–145.

Đurđev, Branislav u. a.: Kanuni i kanun-name za bosanski, hercegovački, zvornički, kliški, crnogorski i skadarski sandžak [Kanune u. *kanunnâmes* für die Provinzen von Bosnien, der Herzegowina, Zvornik, Klis, Montenegro u. Shkodra]. Sarajevo 1957.

Ders.: O knezovima pod turskom upravom [Über die Knezen während der türk. Verwaltung], *Istorijski časopis* 1 (1948), H. 1–2, 3–37.

Ders.: Turska vlast u Crnoj Gori u XVI i XVII veku [Die Türkenherrschaft in Montenegro im 16. u. 17. Jh.]. Sarajevo 1953.

Ders.: O vojnucima sa osvrtom na razvoj turskog feudalizma i na pitanje bosanskog agaluka [Über die Voynuken mit einem Fokus auf der Entwicklung des türk. Feudalismus u. der Frage des bosn. Agaluks], *Glasnik zemaljskog muzeja u Sarajevo* 2 (1947), 75–137.

Đurić, Ivan: Sumrak Vizantije. Vreme Jovana VIII Paleologa, 1392–1448. Beograd 1984 (ital. Übers.: Djurić, Il crepuscolo di Bisanzio; frz. Übers.: Djuric, Le crépuscule de Byzance).

Dursteler, Eric [R.] (Hg.): A Companion to Venetian History, 1400–1797. Leiden, Boston/MA 2013.

Ders.: Renegade Women. Gender, Identity and Boundaries in the Early Modern Mediterranean. Baltimore/MD 2011.

Duțu, Alexandru: Antim Ivireanul et les solidarités modernes, *Révue Roumaine d'histoire* 15 (1976), H. 2, 313–321.

Ders.: Coordonate ale culturii românești în secolul XVIII (1700–1821). Studii și texte [Koordinaten der rum. Kultur im 18. Jh. (1700–1821). Aufsätze u. Texte]. București 1968.

Ders. (Hg.): Intelectuali din Balcani în România, sec. XVII–XIX [Gelehrte aus dem Balkan in Rumänien, 17.–19. Jh.]. București 1984.

Dvoichenko-Markov, Demetrius: Ivan the Terrible and Moldavia, *Romanian Civilization* 6 (1997), H. 3, 21–29.

Ders.: Russia and the First Accredited Diplomat in the Danubian Principalities, 1779–1808, *Études Slaves et Est-Européennes/Slavic and East-European Studies* 8 (1963), H. 3–4, 200–229.

Dybaś, Bogusław/Tringli, István (Hgg.): Das Wiener Fürstentreffen von 1515. Beiträge zur Geschichte der habsburgisch-jagiellonischen Doppelvermählung. Budapest 2019.

Džaja, Srećko M.: Konfessionalität und Nationalität Bosniens und der Herzegowina. Voremanzipatorische Phase 1463–1804. München 1983.

Dziubiński, Andrzej: Stosunki dyplomatyczne polsko-tureckie w latach 1500–1572 w kontekście międzynarodowym [Poln.-türk. diplomatische Beziehungen in den Jahren 1500–1572 im internationalen Kontext]. Wrocław 2005.

Ebner, Herwig u. a. (Hgg.): Forschungen zur Landes- und Kirchengeschichte. Festschrift Helmut J. Mezler-Angelberg zum 65. Geburtstag. Graz 1988.

Eckhart, Ferenc: A bécsi udvar gazdasági politikája Magyarországon Mária Terézia korában [Die Wirtschaftspolitik des Wiener Hofs in Ungarn zur Zeit Maria Theresias]. Budapest 1922.

Ders.: A bécsi udvar gazdaságpolitikája Magyarországon, 1780–1815 [Die Wirtschaftspolitik des Wiener Hofs in Ungarn 1780–1815]. Budapest 1958.

Ders.: A bécsi udvar jobbágypolitikája 1761–1790-ig [Die Leibeigenschaftspolitik des Wiener Hofes 1761–1790], *Századok* 90 (1956), 69–125.

Ders.: A szentkorona-eszme története [Die Geschichte der Idee von der Hl. Krone]. Budapest 1941.

Edelényi Szabó, Dénes: Magyarország közjogi alkatrészeinek és törvényhatóságainak területváltozásai [Die territorialen Veränderungen der Bestandteile der Verwaltung u. der Munizipalbehörden Ungarns], *Magyar Statisztikai Szemle/Ungarische Statistische Rundschau* 6 (1928), H. 6, 663–705.

Edelmayer, Friedrich/Lanzinner, Maximilian/Rauscher, Peter (Hgg.): Finanzen und Herrschaft. Materielle Grundlagen fürstlicher Politik in den habsburgischen Ländern und im Heiligen Römischen Reich im 16. Jahrhundert. München, Wien 2003.

Edroiu, Nicolae: Horea's Uprising European Echoes. București 1984.

Edroiu, Nicolae/Răduțiu, Aurel/Teodor, Pompiliu (Hgg.): Stat, societate, națiune. Interpretări istorice [Staat, Gesellschaft, Nation. Hist. Interpretationen]. Cluj-Napoca 1982.

EGGER, Rainer: Hofkriegsrat und Kriegsministerium als zentrale Verwaltungsbehörden der Militärgrenze, *Mitteilungen des Österreichischen Staatsarchivs* 43 (1993), 74–93.

EGRO, Dritan: Historia dhe ideologjia. Një qasje kritike studimeve osmane në historiografinë moderne shqiptare (nga gjysma e dytë e shek. XIX deri më sot) [Geschichte u. Ideologie. Ein kritischer Forschungsansatz der Osmanistik in der modernen alb. Historiographie (von der zweiten Hälfte des 19. Jh.s bis heute)]. Tiranë 2007.

Az egykori székely határőrvidék intézménye [Die Institution der ehemaligen Szekler Militärgrenze], *Magyar Katonai Szemle* 11 (1941), H. 3, 822–844.

EICKHOFF, Ekkehard: Die Selbstbehauptung Venedigs gegen das Osmanische Reich. Strategien und Agenten, in: STROHMEYER/SPANNENBERGER (Hgg.), Frieden und Konfliktmanagement, 129–144.

DERS. (unt. Mitarb. v. Rudolf EICKHOFF): Venedig, Wien und die Osmanen. Umbruch in Südosteuropa 1645–1700. München 1970. Stuttgart ²1992.

EIMANN, Johann: Der deutsche Kolonist oder Die deutsche Ansiedlung unter Kaiser Joseph II. in den Jahren 1783 bis 1787 besonders im Königreich Ungarn in dem Batscher Komitat. Hg. Friedrich LOTZ. München 1965.

Einrichtungswerk des Königreichs Hungarn (1688–1690). Hgg. János KALMÁR/János J. VARGA. Stuttgart 2010.

EKLER, Péter/PÖCKHL, Erhard (Hgg.): „Newe Zeitung auß Ungern …" Eberau/Monyorókerék, 1587. Budapest 2008.

ELDEM, E.[dhem] (Hg.): Première rencontre internationale sur l'empire Ottoman et la Turquie moderne. Institut National des Langues et Civilisations Orientales, Maison des Sciences de l'Homme, 18–22 janvier 1985. I. Recherches sur la ville ottomane. Le cas du quartier de Galata. II. La vie politique, économique et socio-culturelle de l'empire Ottoman à l'époque jeune-turque. Istanbul, Paris 1991.

ELMER: Sándor: Die Generalkommandos auf dem Gebiete des ehemaligen Österreich und Ungarn. Wien 1938.

ELSIE, Robert: Two Irish Travellers in Albania in 1322, in: GROTHUSEN (Hg.), Albanien in Vergangenheit und Gegenwart, 24–27.

EMBER, Győző: A commissariatus provincialis felállítása Magyarországon [Die Aufstellung des commissariatus provincialis in Ungarn], *A Gróf Klebelsberg Kuno Magyar Történetkutató Intézet évkönyve* 4 (1934), 335–363.

DERS.: A Habsburg birodalmi gazdaságpolitika és Magyarország [Die Wirtschaftspolitik des Habsburgerreiches u. Ungarn], in: Magyarország története, Bd. 4,1 (Hgg. DERS./HECKENAST), 501–506.

DERS.: A kormányzati szervezet [Die Regierungsorganisation], in: Magyarország története, Bd. 4,1 (Hgg. DERS./HECKENAST), 437–500.

DERS.: Külkereskedelem [Außenhandel], in: Magyarország története, Bd. 4,1 (Hgg. DERS./HECKENAST), 648–668.

DERS.: A magyar királyi helytartótanács gazdasági és népvédelmi működése III. Károly korában. [Die wirtschaftliche u. volksverteidigende Tätigkeit der Ungarischen Königlichen Statthalterei zur Zeit Karls III.]. Budapest 1933.

DERS.: A m. kir. helytartótanács ügyintézésének története 1724–1848 [Die Geschichte der Geschäftsführung der Ungarischen Königlichen Statthalterei 1724–1848]. Budapest 1940.

DERS.: Magyarország közigazgatása, 1711–1765 [Die Verwaltung von Ungarn, 1711–1765], *Levéltári Közlemények/Archivalische Mitteilungen* 54 (1983), H. 1–2, 3–100.

DERS.: Magyarország lakossága a XVIII. században (Statisztikai adatok). Első rész [Ungarns Bevölkerung im 18. Jh. (Statistische Angaben). 1. Teil], *Somogy megye múltjából* 19 (1988), 111–144.

DERS.: Összefoglaló statisztikai táblák Magyarországról a XVIII. század végén [Statistische Summierungstabellen zu Ungarn Ende des 18. Jh.s], *Statisztikai Szemle* 49 (1971), H. 12, 1256–1267.

DERS.: Az újratelepülő Békés megye első összeírásai 1715–1730 [Die ersten Konskriptionen des neuangesiedelten Komitats Bekesch 1715–1730]. Békéscsaba 1977.

EMBER, Victor [Győző]: The Eighteenth Century, in: A Companion to Hungarian Studies, 121–160.

EMECEN, Feridun M.: Osmanlı Divanının Ana Defter Serileri. Ahkâm-ı Mîrî, Ahkâm-ı Kuyûd-ı Mühimme ve Ahkâm-ı Şikâyet [The Principal Series of Registers of Ottoman Divan. Ahkâm-ı Mîrî, Ahkâm-ı Kuyûd-ı Mühimme and Ahkâm-ı Şikâyet], *Türkiye Araştırmaları Literatür Dergisi* 5 (2005), 107–140.

DERS.: Some Notes on Defters of the Kaptan Pasha Eyaleti, in: ZACHARIADOU (Hg.), The Kapudan Pasha, 253–264.

Emlékkönyv Szentpétery Imre születése hatvanadik évfordulójának ünnepére. Írták tanítványai [Festschrift für Imre Szentpétery anlässlich seines 65. Geburtstags. Geschrieben von seinen Studenten]. Budapest 1938.

EMMERT, Thomas A.[llan]: Serbian Golgotha. Kosovo, 1389. New York 1990.

Enciklopedija Jugoslavije. 6 Bde. Zagreb ²1980–1990.

BIBLIOGRAPHIE

Enciklopedija srpske istoriografije [Enzyklopädie der serb. Historiographie]. Hgg. Sima M. Ćirković/Rade Mihaljčić. Beograd 1997.

The Encyclopaedia of Islam. New Edition. 12 Bde. Leiden u. a. 1960–2010.

Encyclopédie de l'Islam. Nouvelle édition. Bd. 1: A–B. Leiden, Paris 1960.

Engel, Evamaria/Lambrecht, Karen/Nogossek, Hanna (Hgg.): Metropolen im Wandel. Zentralität in Ostmitteleuropa an der Wende vom Mittelalter zur Neuzeit. Berlin 1995.

Engel, Pál: A 14–15. századi bosnyák-magyar kapcsolatok kérdéséhez [Zur Frage der bosn.-ung. Beziehungen im 14.–15. Jh.], in: ders., Honor, Vár, Ispánság, 494–511.

Ders.: Beilleszkedés Európába, a kezdetektől 1440-ig [Die Integration in Europa, von den Anfängen bis 1440]. Budapest 1990.

Ders.: Honor, Vár, Ispánság. Válogatott tanulmányok [Ehre, Burg, Komitat. Ausgewählte Studien]. Hg. Enikő Csukovits. Budapest 2003.

Ders.: János Hunyadi and the Peace „of Szeged" (1444), *Acta Orientalia* 47 (1994), 241–257.

Ders.: Királyi hatalom és arisztokrácia viszonya a Zsigmond-korban (1387–1437) [Das Verhältnis zwischen königlicher Macht u. Aristokratie im Zeitalter Sigismunds (1387–1437)]. Budapest 1977.

Ders.: Magyarország világi archontológiája, 1301–1457 [Weltliche Archontologie Ungarns, 1301–1457]. Budapest 1996.

Ders.: Die Monarchie der Anjoukönige in Ungarn, in: Löwener (Hg.), Die „Blüte" der Staaten des östlichen Europa, 169–182.

Ders.: Nagy Lajos ismeretlen adományreformja [Eine unbekannte Gabenreform Ludwigs d. Großen], *Történelmi szemle* 29 (1997), H. 2, 137–157.

Ders.: Az ország újraegyesítése. I. Károly küzdelmei az oligarchák ellen (1310–1323) [Die Wiedervereinigung des Landes. Der Kampf Karls I. gegen die Oligarchen], *Századok* 122 (1988), H. 1–2, 89–146 (Nachdr. in: ders., Honor, Vár, Ispánság, 320–408).

Ders.: Ozorai Pippo. Ozorai Pippo emlékezete [Pippo v. Ozora. Erinnung an Pippo v. Ozora], in: ders., Honor, Vár, Ispánság, 247–301.

Ders.: The Realm of St. Stephen. A History of Medieval Hungary, 895‒1526. London, New York 2001.

Ders.: Társadalom és politikai struktúra az Anjou-kori Magyarországon [Gesellschaft u. polit. Struktur im Anjou-zeitlichen Ungarn], in: ders., Honor, Vár, Ispánság, 302–319.

Ders.: Ungarn und die Türkengefahr zur Zeit Sigismunds (1387–1437), in: Schmidt/Gunst (Hgg.), Das Zeitalter König Sigmunds in Ungarn, 55–71.

Engel, Pál/Kristó, Gyula/Kubinyi, András: Histoire de la Hongrie médiévale. Bd. 2: Des Angevins aux Habsbourgs. Rennes 2008.

Ders.: Magyarország története, 1301–1526 [Geschichte Ungarns, 1301–1526]. Budapest 1998, ²2005.

Ercan, Yavuz: Osmanlı imparatorluğunda Bulgarlar ve voynuklar [Bulgaren u. Voynuken im Osmanischen Reich]. Ankara 1986.

Erdeljanović, Jovan: O poreklu Bunjevaca [Über die Abstammung der Bunjewatzen]. Beograd 1930.

Ders.: Srbi u Banatu. Etnološka istraživanja. Teil 1: Naselja i stanovništvo [Serben im Banat. Ethnologische Forschungen. Teil 1: Siedlungen u. Bevölkerung]. Hg. Rajko Nikolić. Novi Sad 1986.

Erdély rövid története [Kurze Geschichte Siebenbürgens]. Hg. Béla Köpeczi. Budapest 1989.

Erdély története [Geschichte Siebenbürgens]. Hgg. Béla Köpeczi u. a. Bd. 1: A kezdetektől 1606-ig [Von den Anfängen bis 1606]. Budapest 1986 (engl. Übers.: History of Transylvania, Bd. 1 [Hgg. Köpeczi u. a.]).

Erdélyi, Gabriella: Diskurs über die ungarische Statthalterei. Gesichtspunkte zur Untersuchung des Verhältnisses zwischen Ferdinand I. und der ungarischen politischen Elite, *Mitteilungen des Österreichischen Staatsarchivs* 48 (2000), 93‒126.

Eremia, Ion: Relaţiile externe ale lui Vasile Lupu (1634–1654). Contribuţii la istoria diplomaţiei moldoveneşti în secolul al XVII-lea [Die Außenbeziehungen Vasile Lupus (1634–1654). Beiträge zur Geschichte der mold. Diplomatie im 17. Jh.]. Chişinău 1999.

Ders.: Ţara Moldovei şi Rusia. Relaţii politice în a doua jumătate a sec. al XVII [Die Moldau u. Russland. Die polit. Beziehungen in der zweiten Hälfte des 17. Jh.s]. Chişinău 1993.

Eriksonas, Linas (Hg.): Statehood Before and Beyond Ethnicity. Minor States in Northern and Eastern Europe 1600‒2000. Bruxelles 2005.

ERNST, Gerhard (Hg.): Die österreichische Militärgrenze. Geschichte und ihre Auswirkungen. Regensburg 1982.

DERS. (Hgg.): Romanische Sprachgeschichte. Ein internationales Handbuch zur Geschichte der romanischen Sprachen. Histoire linguistique de la Romania. Manuel international d'histoire linguistique de la Romania. 3 Bde. Berlin u. a. 2003–2008.

ÉRSZEGI, Géza: „Az év minden napján délben mindörökké harangozni kell …" [„An jedem Tag des Jahres zu Mittag in alle Ewigkeit soll es läuten …"], in: Zsolt VISY (Hg.), Déli harangszó. Tanulmányok a pápai rendelet félezeréves jubileumára [Mittagsläuten. Studien zum 500. Jubiläum der päpstlichen Verordnung]. Budapest 2000, 187–202.

ERTAŞ, Mehmet Yaşar: Sultanın ordusu. Mora fethi örneği 1714–1716 [Die Armee des Sultans am Beispiel der Eroberung der Morea, 1714–1716]. Istanbul 2007.

ERTÜRK, Volkan: 1642 Tarihli Avârız Defterine Göre Vize Sancağı Kazaları [The Townships of Vize District According to the Avârız Register (Extraordinary Tax Register) Dated 1642], EKEV Akademi Dergisi 17 (2013), Nr. 57, 209–232.

EŞANU, Andrei (Hg.): Dinastia Cantemireştilor, secolele XVII–XVIII [Die Dynastie Cantemir, 17.–18. Jh.]. Chişinău 2008, 45–90.

DERS. (Hg.): Neamul Cantemireştilor. Bibliografie [Das Geschlecht Cantemir. Bibliographie]. Chişinău 2010.

EŞANU, Diana-Maria: Some Aspects Concerning the Itineraries of the Princely Consorts in Moldavia during the 15th and the 16th Centuries, Transylvanian Review 20 (2011), Supplement 2,1, 179–189.

EŞANU, Valentina: Luca Arbore în misiuni diplomatice ale lui Ştefan cel Mare [Luca Arbore in Diplomatic Missions of Stephen the Great], Akademos: Revista de Ştiinţă, Inovare, Cultură şi Artă 31 (2013), H. 4, 136–141.

ESKENASY, Victor: O precizare asupra politicii externe a Ţării Româneşti în vremea lui Radu cel Frumos [Eine Präzisierung zur Außenpolitik der Walachei in der Zeit Radus d. Schönen], Revistă de istorie 30 (1977), H. 9, 1665–1667.

ESMER, Tolga U.[ğur]: Economies of Violence, Banditry, and Governance in the Ottoman Empire Around 1800, Past&Present (2014), 163–199.

DERS.: The Precarious Intimacy of Honor in Late Ottoman Accounts of Para-Militarism and Banditry, European Journal of Turkish Studies [Online] 18 (2014); DOI: https://doi.org/10.4000/ejts.4873.

ESTANGÜI GÓMEZ, Raúl: Byzance face aux Ottomans. Exercice du pouvoir et contrôle du territoire sous les derniers Paléologues (milieu XIVᵉ–milieu XVᵉ siècle). Paris 2014.

ETÉNYI, Nóra G.: Hadszíntér és nyilvánosság. A magyarországi török háború hírei a 17. századi német újságokban [Kriegsschauplatz u. Öffentlichkeit. Die Nachrichten von den Türkenkriegen in Ungarn in den dt. Zeitungen des 17. Jh.s], Budapest 2003.

Études historiques hongroises […]. Publ. à l'occasion du … Congrès International des Sciences Historiques par le Comité national des historiens hongrois. 4 Bde. Budapest 1975–1990.

EUFE, Rembert: Politica linguistica della Serenissima. Luca Tron, Antonio Condulmer, Marin Sanudo e il volgare nell'amministrazione veneziana a Creta, PhiN/Philologie im Netz 23 (2003), 15–43 <http://web.fu-berlin.de/phin/phin23/p23i.htm>.

DERS.: Sta lengua ha un privilegio tanto grando. Status und Gebrauch des Venezianischen in der Republik Venedig. Frankfurt/M., Berlin 2006.

EVAGELATOU-NOTARA, Florentia: Greek Manuscript Copying Activity under Serbian Rule in the 14th Century, in: PAPADOPULU/DIALETI (Hgg.), Βυζάντιο και Σερβία, 212–229.

EVANS, R.[obert] J.[ohn] W.[eston]: Austria, Hungary, and the Habsburgs. Essays on Central Europe, c. 1683–1867. Oxford, New York 2006.

DERS.: The Nobility of Hungary in the Eighteenth Century, in: SCOTT (Hg.), The European Nobilities, Bd 2, 249–265.

DERS.: Das Werden der Habsburgermonarchie 1550–1700. Gesellschaft, Kultur, Institutionen. Wien ²1989.

FABER, Eva: Zur Konferenz der beiden Freihäfen Triest und Fiume (Rijeka) im 18. Jahrhundert, in: BEER u. a. (Hgg.), Focus Austria, 255–268.

FABER, Martin: Sarmatismus. Die politische Ideologie des polnischen Adels im 16. und 17. Jahrhundert. Wiesbaden 2018.

FABIJANEC, Sabine Florence: Le développement commercial de Split et Zadar aux XVᵉ–XVIᵉ siècles. Saarbrücken 2011.

FAHLBUSCH, Friedrich Bernward: Städte und Königtum im frühen 15. Jahrhundert. Ein Beitrag zur Geschichte Sigmunds von Luxemburg. Köln 1983.

FALANGAS, Andronikos: Jacques Vassilikos-Despote (Despot Vodă). Un Grec, voïévode de Moldavie. À la lumière des sources narratives roumaines des XVIᵉ et XVIIᵉ siècles. Bucureşti 2009.

DERS.: Présences grecques dans les Pays Roumains (XIVᵉ–XVIᵉ siècles). Le témoignage des sources narratives roumaines. Bucarest 2009.

FALCHETTA, Piero: Fra Mauro's World Map. With a Commentary and Translations of the Inscriptions. Turnhout 2006.

FALKNER, James: Blenheim 1704. Stroud 2004.

FALLENBÜCHL, Zoltán: Anton Grassalkovich, Beamter und Hochadeliger in Ungarn im 18. Jahrhundert. Gödöllő 2003.

DERS.: Espagnols en Hongrie au XVIIIᵉ siècle, *Revista de Archivos, Bibliotecas y Museos* 82 (1979), 85–147 (Teil 1), 199–224 (Teil 2).

DERS.: Magyarország főméltóságai (1526–1848). Die höchsten Würdenträger Ungarns 1526–1848. Budapest 1988.

DERS.: Mária Terézia magyar hivatalnokai [Die ung. Beamten Maria Theresias]. Budapest 1989.

DERS.: Spanyolok Magyarországon a XVIII. században [Spanier in Ungarn im 18. Jh.], *Századok* 111 (1977), H. 6, 1192–1230.

FARAGÓ, Tamás: Az első magyarországi népszámlálás fennmaradt forrásanyaga (Egy forráskiadás tanulságai) [Das bestehengebliebene Quellenmaterial der ersten Volkszählung in Ungarn (Die Lehren einer Quellenausg.)], *Demográfia* 53 (2011), H. 4, 315–372.

FARHAD, Massumeh (Hg.): Falnama. The Book of Omens. London 2009.

FARKAS, Gábor (Hg.): A Dunántúl településtörténete (1686–1769). [Die Besiedlungsgeschichte von Transdanubien (1686–1769)]. Bd. 1. Veszprém 1976.

FAROQHI, Suraiya: Another Mirror for Princes. The Public Image of the Ottoman Sultans and Its Reception. Istanbul 2008.

DIES.: Approaching Ottoman History. An Introduction to the Sources. Cambridge 1999.

DIES.: Crisis and Change, 1590–1699, in: DIES. (Hg.), An Economic and Social History of the Ottoman Empire, Bd. 2, 411–636.

DIES. (Hg.): An Economic and Social History of the Ottoman Empire. Bd. 2: 1600–1914. Cambridge 1994.

DIES.: Formen historischen Verständnisses in der Türkei. Politische und wirtschaftliche Krisen in der „frühen Neuzeit", *Historische Zeitschrift* 35 (2003), 107–122.

DIES.: Herrscher über Mekka. Die Geschichte der Pilgerfahrt. München 1990.

DIES.: Als Kriegsgefangener bei den Osmanen. Militärlager und Haushalt des Großwesirs Kara Mustafa Paşa in einem Augenzeugenbericht, in: Elisabeth HERRMANN-OTTO (Hg.), Unfreie Arbeits- und Lebensverhältnisse von der Antike bis in die Gegenwart. Hildesheim 2005, 206–234.

DIES.: Kultur und Alltag im Osmanischen Reich. Vom Mittelalter bis zum Anfang des 20. Jahrhunderts. München 1995.

DIES.: Die Osmanen und die Handelswege der Adria, 16.–17. Jahrhundert, in: ORTALLI/SCHMITT (Hgg.), Balcani occidentali, 373–387.

DIES.: The Ottoman Empire and the World Around it. London 2004.

DIES.: Ottoman Views on Corsairs and Piracy in the Adriatic, in: DIES., Another Mirror for Princes, 103–117.

DIES.: Political Activity among Ottoman Taxpayers and the Problem of Sultanic Legitimation (1570–1650), *Journal of the Economic and Social History of the Orient* 35 (1992), H. 1, 1–39.

FATA, Márta: Migration im kameralistischen Staat Josephs II. Theorie und Praxis der Ansiedlungspolitik in Ungarn, Siebenbürgen, Galizien und der Bukowina von 1768 bis 1790. Münster 2014.

DIES.: Die religiöse Vielfalt aus Sicht des Wiener Hofes. Beobachtungs- und Bewertungskriterien des Mitregenten Joseph II. während seiner Reise nach Siebenbürgen 1773, *Historisches Jahrbuch* (Freiburg i. Br.) 133 (2013), 255–276.

FAZEKAS, István: Die Frühneuzeitforschung in Ungarn. Ein Forschungsbericht, in: CSAPLÁR-DEGOVICS/FAZEKAS (Hgg.), Geteilt – Vereinigt, 15–64.

DERS.: A Haus-, Hof- und Staatsarchiv magyar vonatkozású iratai [Ungarn betreffende Akten des Haus-, Hof- u. Staatsarchivs]. Budapest 2015.

Forschungsliteratur

FEDALTO, Giorgio: La chiesa latina in Oriente. 3 Bde. Verona 1973–1978.

DERS.: Ricerche storiche sulla posizione giuridica ed ecclesiastica dei Greci a Venezia nei secoli XV e XVI. Firenze 1967.

FEDERMAYER, Frederik: Leopold Peck (1560–1625) uhorský kráľovský pokladník a jeho rodina [Leopold Peck (1560–1625) kgl.-ung. Kammereinnehmer u. seine Familie], in: Gábor CZOCH/Aranka KOCSIS/Árpád TÓTH (Hgg.), Kapitoly z dejín Bratislavy [Kapitel aus der Geschichte von Pressburg]. Bratislava 2006, 150–194.

DERS.: Rody starého Prešporka. Genealogický rozbor obyvateľstva a topografia mesta podľa súpisu z roku 1624 [Die Familien des alten Pressburg. Genealogische Analyse u. Topographie der Stadt nach einem Verzeichnis aus dem Jahre 1624]. Bratislava/Pressburg/Pozsony 2003.

FEKETE, Ludwig: Die türkischen Schriften aus dem Archiv des Palatins Nikolaus Esterházy. Budapest 1932.

FEKETE, Péter H.: A hajduk és a Hajdu kerület története [Die Geschichte der Haiduken u. des Haidukenbezirks]. Hajdúböszörmény 1939.

FELDTÄNZER, Oskar: Joseph II. und die donauschwäbische Ansiedlung. Dokumentation der Kolonisation im Batscherland 1784–1787.

FELHŐ, Ibolya/VÖRÖS, Antal: A helytartótanácsi levéltár [Das Archiv der Statthalterei]. Budapest 1961.

FENEŞAN, Costin: Administraţie şi fiscalitate în Banatul imperial 1716–1778 [Verwaltung u. Finanzwesen im kaiserlichen Banat]. Timişoara 1997.

FENEŞAN, Christina: Vilayetul Timişoara (1552–1716) [Die Provinz Temeswar]. Timişoara 2014.

DIES.: Constituirea principatului autonom al Transilvaniei [Die Bildung des selbstständigen Fürstentums Siebenbürgen]. Bucureşti 1997.

Fenomen „krstjani" u srednjovjekovnoj Bosni i Humu. Zbornik radova [Das Phänomen der „(scil. Bosnischen) Christen" im mittelalterlichen Bosnien u. Hum. Sammelband]. Sarajevo, Zagreb 2005.

FERDINANDY, Mihály de: Ludwig I. von Ungarn (1342–1382), *Südost-Forschungen* 31 (1972), 1–16.

FERENŢ, Ioan: Cumanii şi episcopia lor [Die Kumanen u. ihr Bistum]. Blaj 1931.

FERJANČIĆ, Božidar: Les Albanais dans les sources byzantines, in: GARAŠANIN (Hg.), Iliri i Albanci, 302–322.

DERS.: Despoti u Vizantiji i južnoslovenskim zemljama [Despoten in Byzanz u. den südslaw. Ländern]. Beograd 1960.

DERS.: Sevastokratori i ćesari u Srpskom carstvu [Sebastokratores u. Kaisares im serb. Zartum], *Zbornik filozofskog fakulteta u Beogradu* 11 (1970), H. 1, 255–269.

DERS.: Sevastokratori u Vizantiji [Sebastokrátores in Byzanz], *Zbornik radova Vizantološkog instituta* 11 (1968), 141–192.

DERS.: Tesalija u XIII i XIV veku [Thessalien im 13. u. 14. Jh.]. Beograd 1974.

DERS.: Vizantija prema Srpskom carstvu [Byzanz gegenüber dem serb. Zartum], *Glas/SANU* 384: *Odeljenje istorijskih nauka* 10 (1998), 155–171.

DERS.: Vizantijski i srpski Ser u XIV stoleću [Byzantine and Serbian Serres in XIV Century]. Beograd 1994.

FERJANČIĆ, Božidar/ĆIRKOVIĆ, Sima M.: Stefan Dušan kralj i car, 1331–1355 [Stefan Dušan König u. Zar, 1331–1355]. Beograd 2005.

FERRACCIOLI, Maria Marcella: Libri e manoscritti riguardanti le terre dell'Oltre Adriatico nella Biblioteca del Museo Correr a Venezia (secoli XVI–XVIII), *Atti e memorie della Società Dalmata di Storia Patria* 3 (= 23, N.S. 12) (2001), 105–160 (Teil 3 u. 4).

FERRACCIOLI, Maria Marcella/GIRAUDO, Gianfranco: Libri e manoscritti riguardanti le terre dell'oltre-Adriatico nella Biblioteca del Museo Correr a Venezia (secc. XVI–XVIII), *Atti e memorie della Società Dalmata di Storia Patria* 11 (= 31, N.S. 20) (2009), 121–185.

FERRAGLIO, Ennio/MONTANARI, Daniele (Hgg.): Angelo Maria Querini a Corfù. Mondo greco e latino al tramonto dell'Antico Regime. Atti del convegno (Brescia, 2 marzo 2005). Brescia 2006.

FEST, Aladár: Fiume Magyarországhoz való kapcsoltatásának előzményeiről és hatásairól [Über die Vorgeschichte u. Auswirkungen der Verbindung von Fiume zu Ungarn], *Századok* 50 (1916), H. 4–5, 239–266.

FETVACI, Emine: Picturing History at the Ottoman Court. Bloomington/IN 2013.

FIJALKOWSKI, Adam: Średniowieczne koronacje królewskie na Węgrzech i w Polsce [Mittelalterliche Königskrönungen in Ungarn u. Polen], *Przeglad Historyczny* 87 (1996), H. 4, 713–735.

FILAN, Kerima: XVIII. yüzyıl günlük hayatına dair Saraybosnalı Molla Mustafa'nın mecmuası [Das *mecmua* des Mula Mustafa aus Sarajevo über den Alltag im 18. Jh.]. Sarajevo 2011.

Dies.: Life in Sarajevo in the 18th Century (According to Mulla Mustafa's mecmua), in: Costantini/Koller (Hgg.), Living in the Ottoman Ecumenical Community, 317–345.

Dies.: Sarajevo u Bašeskijino doba. Jezik kao stvarnost [Sarajevo in der Zeit von Bašeskija. Sprache als Realität]. Sarajevo 2014.

Filip, Valentina: Academia Domnească din Bucureşti (1694–1821) [Die fürstliche Akademie von Bukarest, 1694–1821]. Bucureşti 1994.

Filipi, Amos Rube: Biogradsko-vransko primorje u doba mletačko-turskih ratova. S osvrtom na povijest naseljenja [From the Past of the Biograd-Vrana Seabord], *Radovi Instituta JAZU u Zadru* 19 (1972), 405–498.

Filiposki, Toni: Der Ohrider Župan Andrea Gropa, *Südost-Forschungen* 69/70 (2010/2011), 1–24.

Filipović, Emir O.: Bosansko kraljevstvo. Historija srednjovjekovne bosanske države [Das bosn. Königreich. Geschichte des mittelalterlichen bosn. Staates]. Sarajevo 2017.

Ders.: Bosansko kraljevstvo i Osmansko carstvo (1386–1463) [Das bosn. Königreich u. das Osmanische Reich (1386–1463)]. Sarajevo 2019.

Ders.: Bosna i Turci za vrijeme kralja Stjepana Dabiše. Neke nove spoznaje [Bosnia and the Turks during the Reign of King Stjepan Dabiša. Some New Insights], in: Srđan Rudić (Hg.), Spomenica Dr. Tibora Živkovića [Gedenkschrift an Dr. Tibor Živković]. Beograd 2016, 273–301.

Ders.: *Exurge igitur, miles Christi, et in barbaros viriliter pugna ...* The Anti-Ottoman Activities of Bosnian King Stjepan Tomaš, in: Smołucha u. a. (Hgg.), Holy War in Late Medieval, 201–242.

Ders.: The Ottoman Conquest and the Depopulation of Bosnia in the Fifteenth Century, in: Rudić/Aslantaş (Hgg.), State and Society in the Balkans, 79–101.

Filipović, Nedim: Osmanski feudalizam u Bosni i Hercegovini [Der osm. Feudalismus in Bosnien u. der Herzegowina]. Sarajevo 2007.

Ders.: Princ Musa i šejh Bedreddin. Sarajevo 1971.

Filitti, Georgeta (Hg.): Românii despre Rigas. Repere istoriografice [Die Rumänen über Rigas. Historiographische Orientierungspunkte]. Bucureşti 2007.

Filitti, Ioan C.: Banatul Olteniei şi Craioveştii [Das Banat von Oltenien u. die Craioveşti]. Craiova 1932 (zuerst publiziert in drei Teilen in *Arhivele Olteniei* 11 [1932], H. 59/60, 1–36; H. 61/62, 135–176; H. 63/64, 319–351).

Fine, John V. A. Jr.: The Late Medieval Balkans. A Critical Survey from the Late Twelfth Century to the Ottoman Conquest. Ann Arbor/MI 1987.

Finkel, Caroline: The Administration of Warfare. The Ottoman Military Campaigns in Hungary, 1593–1606. Wien 1988.

Fisher, Alan: Between Russians, Ottomans and Turks. Crimea and Crimean Tatars. Istanbul 1998.

Fleischer, Cornell H.: Ancient Wisdom and New Sciences. Prophecies at the Ottoman Court in the Fifteenth and Sixteenth Centuries, in: Farhad (Hg.), Falnama, 231–245.

Ders.: The Lawgiver as Messiah. The Making of the Imperial Image in the Reign of Süleymân, in: Veinstein (Hg.), Soliman le Magnifique, 159–177.

Ders.: Shadows of Shadows. Prophecy in Politics in 1530's Istanbul, *International Journal of Turkish Studies* 13 (2007), H. 1–2, 51–62.

Fleming, Katherine E.: The Muslim Bonaparte. Diplomacy and Orientalism in Ali Pasha's Greece. Princeton/NJ 1999.

Florescu, G. G.: L'aspect juridique des Khatt-i-chérifs. Contributions à l'étude des relations de l'empire ottoman avec les principautés roumaines, *Studia et acta orientalia* 1 (1957), 121–147.

Florescu, Radu: The Fanariot Regime in the Danubian Principalities, *Balkan Studies* 9 (1968), 301–318.

Fodor, Ferenc: A Jászság életrajza [Die Biographie von Jazygien]. Budapest 1942.

Fodor, Pál (Hg.): The Battle for Central Europe. The Siege of Szigetvár and the Death of Süleyman the Magnificent and Nicholas Zrínyi (1566). Leiden, Boston/MA, Budapest 2019.

Ders.: Between Two Continental Wars. The Ottoman Naval Preparations in 1590–1592, in: ders., In Quest of the Golden Apple, 171–190.

Ders.: The Formation of Ottoman Turkish Identity (Fourteenth to Seventeenth Centuries), in: ders./Ács (Hgg.), Identity and Culture, 19–54.

Ders.: The Organisation of the Defence in the Eastern Mediterranean (End of the 16th Century), in: Zachariadou (Hg.), The Kapudan Pasha, 87–94.

Ders.: Ottoman Policy towards Hungary, 1520–1541, in: ders., In Quest of the Golden Apple, 105–169.

DERS.: Ottoman Warfare, 1300–1453, in: The Cambridge History of Turkey, Bd. 1 (Hg. FLEET), 192–226.

DERS.: In Quest of the Golden Apple. Imperial Ideology, Politics, and Military Administration in the Ottoman Empire. Istanbul 2000.

DERS. (Hg.): Remembering a Forgotten Siege. Szigetvár 1556. Budapest 2016.

DERS.: The Unbearable Weight of Empire. The Ottomans in Central Europe. A Failed Attempt at Universal Monarchy (1390–1566). Budapest 2015.

FODOR, Pál/ÁCS, Pál (Hgg.): Identity and Culture in Ottoman Hungary. Berlin 2017.

FODOR, Pál/SOKCSEVITS, Dénes (Hgg.): A horvát-magyar együttélés fordulópontjai. Intézmények, társadalom, gazdaság, kultúra. Prekretnice u suživotu Hrvata i Mađara. Ustanove, društvo, gospodarstvo i kultura [Die Wendepunkte der kroat.-ung. Koexistenz. Institutionen, Gesellschaft, Wirtschaft u. Kultur]. Budapest 2015.

FODOR, Pál/VARGA, Szabolcs (Hgg.): A Forgotten Hungarian Royal Dynasty. The Szapolyais. Budapest 2020.

FÓNAGY, Zoltán: Nemesi birtokviszonyok az úrbérrendezés korában. A nemesség a magyar társadalomkutatásban [Estate Relations in the Era of Urbarial Regulation. Nobility in Hungarian Historiography], Századok 133 (1999), H. 6, 1141–1191.

DERS.: A nemesi birtokviszonyok az úrbérrendezés korában. Adattár [Die adeligen Besitzverhältnisse zur Zeit der Urbarialregulierung. Datenbank]. 2 Bde. Budapest 2013.

FONT, Márta u. a. (Hgg.): Magyarország kormányzati rendszere (1000–1526). Egyetemi tanköny [Das Regierungssystem Ungarns (1000–1526). Universitäres Lehrbuch]. Pécs 2007.

Források és feldolgozások [Quellen u. Literatur], in: Magyarország története, Bd. 4,2 (Hgg. EMBER/HECKENAST), 1277–1498.

Források és feldolgozások [Quellen u. Literatur.], in: MAKKAI/SZÁSZ (Hgg.), Erdély története, 1161–1183.

FOSTIKOV, Aleksandra: Četiri pisma kraljice Jelene Dubrovačkoj opštini o bosanskim dohocima [Vier Briefe der Königin Jelena an die Gemeinde Dubrovnik über die bosn. Einkünfte], Stari srpski arhiv 5 (2006), 187–205.

DIES.: O Dmitru Kraljeviću [Über Dmitar Kraljević], Istorijski časopis 49 (2002), 47–65.

DIES.: Pismo bosanske kraljice Jelene Grube knezu i opštini dubrovačkoj i njihov odgovor [Ein Brief der bosn. Königin Jelena Gruba an den Knez/comes u. die Gemeinde Dubrovnik u. deren Antwort], Stari srpski arhiv 3 (2004), 125–140.

FOTIĆ, Aleksandar V.: s. v. Alaca Hisar (Kruševac), in: The Encyclopaedia of Islam. Three. Hgg. Gudrun KRÄMER u. a. Bd. 11 = 2010,1. Leiden u. a. ³2010, 59f.

DERS.: Sveta Gora i Hilandar u Osmanskom carstvu (XV–XVII vek) [Der Hl. Berg u. Chilandar im Osmanischen Reich, (15.–17. Jh.)]. Beograd 2000.

FOURNIER, August: Maria Theresia und die Anfänge ihrer Industrie- und Handelspolitik. Wien, Leipzig 1908.

FRAKNÓI, Vilmos: A Habsburg ház trónöröklési jogának megállapítása az 1687/88. évi országgyűlésen [Die Feststellung des Thronerbrechts des Hauses Habsburg am Landtag von 1687/1688]. Budapest 1922.

DERS.: A magyar királyválasztások története [Die Geschichte der ung. Krönungswahlen]. Máriabesnyő, Gödöllő ²2005.

FRANCHINI, Sandro G./ORTALLI, Gherardo/TOSCANO, Gennaro (Hgg.): Venise et la Méditerranée. Venezia 2011.

FRANCK, Gerd: Grecii din Moldova – între integrare şi asimilare (sfârşitul secolului XVI – prima jumătate a secolului XVII). Modele de ascensiune socială [Die Griechen der Moldau – zwischen Integration u. Assimilation (Ende 16. – erste Hälfte 17. Jh.). Modelle sozialen Aufstiegs], in: TODERAŞCU (Hg.), Etnie şi confesiune în Moldova medievală, 179–265.

FRARY, Lucien J./KOZELSKY, Mara: Introduction. The Eastern Question Reconsidered, in: DIESS. (Hgg.), Russian-Ottoman Borderlands, 3–33.

DIESS. (Hgg.): Russian-Ottoman Borderlands. The Eastern Question Reconsidered. Madison/WI 2014.

FRASHËRI, Kristo: Gjergj Kastrioti Skënderbeu. Jeta dhe vepra [Georg Kastriota Skanderbeg. Leben u. Werk]. Tiranë 2002.

FREELY, John: The Grand Turk. Sultan Mehmet II – Conqueror of Constantinople, Master of an Empire and Lord of Two Seas. London, New York 2009.

FRIVALDSZKY, János: Hadik András erdélyi jelentése [Der Bericht von Andreas Hadik über Siebenbürgen], Erdélyi Múzeum 65 (2003), H. 3–4, 67–74.

FUCHS, Martina/OBORNI, Teréz/UJVÁRY, Gábor (Hgg.): Kaiser Ferdinand I. Ein mitteleuropäischer Herrscher. Münster 2005.

Fuchs, Martina/Réthelyi, Orsolya (Hgg.): Maria von Ungarn. Eine Renaissancefürstin. Münster 2007.

Fügedi, Erik: Castle and Society in Medieval Hungary (1000–1437). Budapest 1986.

Ders.: Zur demographischen Entwicklung vier slowakischer Dörfer im Pilis-Gebirge im 18. und 19. Jahrhundert, *Studia Slavica Academiae Scientiarum Hungaricae* 12 (1966), H. 1–4, 139–145.

Ders.: The Elefánthy. The Hungarian Nobleman and his Kindred. Budapest 1998.

Ders.: Kings, Bishops, Nobles and Burghers in Medieval Hungary. London 1986.

Fundárková, Anna: „Nicht weniger hat auch Pálffy vermeldet, was es für sein Person seze, und was er habe, daß habe er zuvorderist von Gott, hernacher von Euer Mayestät und durch mein befürderung". Die Pálffy und der Habsburger Hof im 16.–17. Jahrhundert, in: dies. u. a. (Hgg.), Die weltliche und kirchliche Elite, 386–396.

Dies. u. a. (Hgg.): Die weltliche und kirchliche Elite aus dem Königreich Böhmen und Königreich Ungarn am Wiener Kaiserhof im 16.–17. Jahrhundert. A Cseh Királyság és a Magyar Királyság világi és egyházi elitje a bécsi udvarban a 16–17. században. Wien 2013.

Furtună, Alexandru: Considerații privind fiscalitatea și prestațiile în Țara Moldovei (cu referințe la ținutul Iași) [Betrachtungen zum Steuersystem u. der Leistungen in der Moldau (mit Bezugnahme auf den Distrikt Iași)], *Revista de istorie a Moldovei* 109 (2017), H. 1, 52–70.

Fusaro, Maria: Political Economies of Empire in the Early Modern Mediterranean. The Decline of Venice and the Rise of England 1450–1700. Cambridge 2015.

Dies.: L'uva passa di Zante e Cefalonia, in: Costantini (Hg.), Il Mediterraneo centro-orientale, 63–70.

Dies.: Uva passa. Una guerra commerciale tra Venezia e l'Inghilterra (1540–1640). Venezia 1996.

Gabelić, Ante: Ustanak hvarskih pučana (1510–1514). Izvori, tokovi, dometi [Der Aufstand der *Popolani* von Hvar (1510–1514). Quellen, Abläufe, Reichweiten]. Split 1988.

Gaier, Martin: Facciate sacre a scopo profano. Venezia e la politica dei monumenti dal Quattrocento al Settecento. Venezia 2002.

Gall, Franz: Die ungarischen Truppen der Kaiserin Maria Theresia, in: Mraz/Schlag (Hgg.), Maria Theresia als Königin, 38–44.

Gallotta, Aldo: Ilyas beg, i *mütevelli* e le origini di Corizza (Korçë/Görice), in: Zachariadou (Hg.), The Via Egnatia, 113–122.

Ganchou, Thierry: Autour de Jean VII. Luttes dynastiques, interventions étrangères et résistance orthodoxe à Byzance (1373–1409), in: Balard/Ducellier (Hgg.), Coloniser au moyen âge, 367–385.

Ders.: Les chroniques vénitiennes et les unions ottomanes des filles de l'empereur byzantin Jean V Palaiologos, Eirène et Maria (1358 et 1376), in: Kolditz/Koller (Hgg.), The Byzantine-Ottoman Transition, 163–196.

Ders.: Giourgès Izaoul de Ioannina, fils du despote Esaù Buondelmonti, ou les tribulations balkaniques d'un prince d'Épire dépossédé, *Medioevo greco* 8 (2008), 149–200.

Ders.: Le rachat des Notaras après la chute de Constantinople ou les relations „étrangères" de l'élite byzantine au XVᵉ siècle, in: Balard/Ducellier (Hgg.), Migrations et diasporas méditerranéennes, 149–229.

Ders.: Sujets grecs crétois de la Sérénissime à Constantinople à la veille de 1453 (Iôannès Tortzélos et Nikolaos Polos). Une ascension sociale brutalement interrompue, in: Ortalli/Schmitt/Orlando (Hgg.), Il Commonwealth veneziano, 339–390.

Gangloff, Sylvie (Hg.): La perception de l'héritage ottoman dans les Balkans. The Perception of the Ottoman Legacy in the Balkans. Paris u. a. 2005.

Garašanin, Milutin (Hg.): Iliri i Albanci. Serija predavanja održanih od 21. maja do 4. juna 1986. godine. Les Illyriens et les Albanais. Beograd 1988.

Gasparis, Charalambos (Hg.): Οι Αλβανοί στο Μεσαίωνα. The Mediaeval Albanians. Athens 1998.

Gastgeber, Christian u. a. (Hgg.): Matthias Corvinus und seine Zeit. Europa am Übergang vom Mittelalter zur Neuzeit zwischen Wien und Konstantinopel. Wien 2011.

Gastgeber, Christian/Klecker, Elisabeth (Hgg.): Johannes Sambucus/János Zsámboki/Ján Sambucus (1531–1584). Philologe, Sammler und Historiograph am Habsburgerhof. Wien 2018.

Gautier, Paul: Action de grâces de Démétrius Chrysoloras à la Théotocos pour l'anniversaire de la bataille d'Ankara (28 Juillet 1403), *Revue des études byzantines* 19 (1961), H. 1, 340–357.

Gavazzi, Milovan: Die kulturgeographische Gliederung Südosteuropas. Ein Entwurf, *Südost-Forschungen* 15 (1956), 5–21.

Ders.: Die Kulturzonen Südosteuropas, *Südosteuropa-Jahrbuch* 2 (1958), 11–23 (Teil 1); 24–31 (Teil 2).

Gavrilović, Sl.: A szerbek magyarországi [Die ung. Serben], in: Zombori (Hg.), A szerbek Magyarországon, 91–112.

Geanakoplos, Deno J.[ohn]: Emperor Michael Palaeologus and the West, 1258–1282. A Study in Byzantine-Latin Relations. Cambridge/MA 1958, Hamden/CT ²1973.

Gebei, Sándor: II. Rákóczi György külpolitikája, 1648–1657 [Die Außenpolitik von Georg II. Rákóczi, 1648–1657]. Budapest 2004.

Gecsényi, Lajos: Briefe des Hofmeisters König Ferdinands I. an die Stadt Augsburg über die Ereignisse des ungarnländischen Feldzuges im Jahre 1527, *Archivalische Zeitschrift* 88 (2006), H. 1, 201–215.

Ders.: A döntést előkészítő hivatalnoki elit összetételéről. A Magyar Kamara vezetői és magyar tanácsosai a 16. században [Über die Zusammensetzung der die Entscheidungsvorlagen beratenden Beamtenelite. Die Präsidenten u. ung. Räte der Ungarischen Kammer im 16. Jh.], in: Mária Ormos (Hg.), Magyar évszázadok. Tanulmányok Kosáry Domokos 90. születésnapjára [Ungarische Jahrhunderte. Studien zum 90. Geburtstag von Domokos Kosáry]. Budapest 2003, 100–113.

Ders.: Handelsbeziehungen zwischen Ungarn und den süddeutschen Städten am Anfang der Frühen Neuzeit, in: Wurster/Treml/Loibl (Hgg.), Bayern – Ungarn Tausend Jahre, 121–136.

Ders.: A Magyar Kamara tanácsosainak összetételéről a XVI. században, in: Tibor Seifert (Hg.), A történelem és a jog határán. Tanulmányok Kállay István születésének 70. évfordulójára [An der Grenze der Geschichte und des Rechts. Studien zum 70. Geburtstag von István Kállay]. Budapest 2001, 55–70.

Ders.: Ungarische Städte im Vorfeld der Türkenabwehr Österreichs. Zur Problematik der ungarischen Städteentwicklung, in: Springer/Kammerhofer (Hgg.): Archiv und Forschung, 57–77.

Gedai, István: Károly Róbert pénzreformja [Die Münzreform Karl Roberts], in: Terézia Kerny/András Smohay (Hgg.), Károly Róbert és Székesfehérvár. King Charles Robert and Székesfehérvár. Székesfehérvár 2011, 55–62.

Gelcich, Giuseppe: Memorie storiche sulle Bocche di Cattaro. Zara 1880.

Ders.: La Zedda e la Dinastia dei Balšidi. Studi storici documentati del Prof. Giuseppe Gelcich. Spalato 1899.

Gemil, Tahsin: Anii 1538–1540 [Die Jahre 1538–1540], in: Şimanschi (Hg.), Petru Rareş, 151–160.

Ders.: Date noi privind haraciul Ţărilor romåne în secolul al XVII-lea [Neue Daten zum *haraç* der Donaufürstentümer im 17. Jh.], *Revue roumaine d'histoire* 30 (1977), H. 8, 1433–1446.

Ders.: În faţa impactului otoman [Im Angesicht des osm. Einflusses], in: Şimanschi (Hg.), Petru Rareş, 136–150.

Ders.: Relaţiile ţărilor romåne cu Poarta otomană în documente turceşti 1601–1712 [Die Beziehungen der rum. Länder zur osmanischen Pforte in türk. Dokumenten 1601–1712]. Bucureşti 1984.

Ders.: Les relations de la Moldavie avec la Porte Ottomane pendant le premier règne de Petru Rares (1527–1538), *Revue roumaine d'histoire* 17 (1978), H. 2, 291–312.

Ders.: Romånii şi Otomanii în secolele XIV–XVI [Die Rumänen u. die Osmanen im 14.–16. Jh.]. Bucureşti 1991.

Ders.: Ţările Romåne în contextul politic internaţional (1621–1672) [Die rum. Länder im internationalen polit. Kontext (1621–1672)]. Bucureşti 1979.

Georgescu, Valentin Al.: Les assemblées d'états en Valachie et en Moldavie de 1750 à 1831/1832, *Revue Roumaine d'Histoire* 11 (1972), H. 1, 23–51 (Teil 1); H. 3, 369–397 (Teil 2).

Ders.: Bizanţul şi instituţiile romåneşti pînă la mijlocul secolului al XVIII-lea [Byzanz u. die rum. Institutionen bis zur Mitte des 18. Jh.s]. Bucureşti 1980.

Ders.: L'idée impériale byzantine et les réactions des réalités roumaines (XIVᵉ–XVIIIᵉ siècles). Idéologie politique, structuration de l'État et du droit, *Byzantina* 3 (1971), 311–339.

Ders.: La structuration du pouvoir d'État dans les principautés roumaines (XIVᵉ–XVIIIᵉ siècles). Son originalité. Le rôle des modèles byzantins, *Association internationale des Études Sud-Est européennes. Bulletin* 11 (1973), H. 1–2, 103–124.

Georgescu, Valentin Al./Strihan, Petre (Hgg.): Judecata Domnească în Ţara Romånească şi Moldova (1611–1831) [Herrschaftliche Rechtsprechung in der Walachei u. der Moldau (1611–1831)]. 2 Bde. in 3 Teilbde. Bucureşti 1979–1982.

Georgescu, Vlad: Ideile politice şi iluminismul în principatele romåne, 1750–1831. Bucureşti 1972.

DERS.: Istoria ideilor politice românești (1369–1878) [Rum. polit. Ideengeschichte]. München 1987.

DERS.: Political Ideas and the Enlightenment in the Romanian Principalities (1750–1831). New York 1971.

DERS.: The Romanian Boyars in the 18th Century. Their Political Ideology, *East European Quarterly* 7 (1973), H. 1, 31–40.

GEORGIEV, V. A. u. a. (Hgg.): Vostočnyj vopros vo vnešnej politike Rossii (konec XVIII–načalo XX v.) [Die Orientalische Frage in der Außenpolitik Russlands (Ende 18. bis Anfang 20. Jh.)]. Moskva 1978.

GEORGIEVA, Gergana: Administrative Structure and Government of Rumelia in the Late Eighteenth and Early Nineteenth Centuries. The Functions and Activities of the Vali of Rumelia, in: ANASTASOPOULOS/KOLOVOS (Hgg.), Ottoman Rule and the Balkans, 3–19.

DIES.: Dynamics of Territorial Division of Rumelia Province, *Études balkaniques* 46 (2010), H. 1–2, 148–205.

DIES.: The Rich in the Eighteenth and Nineteenth-Century Arbanassi. Networks of Prosperity, in: DAVIDOVA (Hg.), Wealth in the Ottoman and Post-Ottoman Balkans, 137–149.

GEORGIEVA, Sashka: Did Ivan Alexander's Divorce in 1347 affect the Tsar's Relations with His Father-in-Law Ivanko Basarab?, in: BILIARSKY (Hg.), Laudator temporis acti, 355–365.

DIES.: Marital Unions as a Tool of Diplomacy between Bulgaria and Byzantium from 1280 to 1396, *Bulgaria Mediaevalis* 4–5 (2013–2014), 453–478.

GÉRA, Eleonóra Erzsébet: Kőhalomból (fő)város. Buda város hétköznapjai a 18. század elején [Von einem Steinhaufen zur (Haupt)Stadt. Alltag in der Stadt Ofen am Anfang des 18. Jh.s]. Budapest 2014.

GEREVICH, László (Hg.): Towns in Medieval Hungary. Boulder/CO 1990.

GERHARD, Dietrich (Hg.): Ständische Vertretungen in Europa im 17. und 18. Jahrhundert. Göttingen 1969.

GERICS, József: Egyház, állam és gondolkodás Magyarországon a középkorban [Kirche, Staat u. Denken im mittelalterlichen Ungarn]. Budpest 1995.

GERŐ, András: Heroes' Square – Budapest. Hungary's History in Stone and Bronze. Budapest 1990.

GERTWAGEN, Ruthy: A Chapter on Maritime History. Shipping and Nautical Technology of Trade and Warfare in the Medieval Mediterranean, 11th–16th Century, in: BORGOLTE/JASPERT (Hgg.), Maritimes Mittelalter, 109–148.

DIES.: The Island of Corfu in Venetian Policy in the Fourteenth and Early Fifteenth Centuries, *International Journal of Maritime History* 19 (2007), H. 1, 181–210.

DIES.: The Venetian Colonies in the Ionian and Aegean Seas in Venetian Defense Policy in the Fifteenth Century, *Journal of Mediterranean studies* 12 (2002), H. 2, 164–171.

GEYER, Bernard/LEFORT, Jacques (Hgg.): La Bithynie au Moyen Âge. Paris 2003.

GHENADIE, Ilie: Colonizările în Banat în secolulele XVIII–XIX [Ansiedlungen im Banat im 18–19. Jh.], *Analele Banatului* 3 (1930), 4–17.

GHEORGHIU, Teodor Octavian: Arhitectura medievală de apărare din România [Die mittelalterliche Verteidigungsarchitektur in Rumänien]. București 1985.

GIAKOUMIS, Konstantinos: The Question of the „Relative Autochthony" of the Albanians in Epiros and the Albanian Immigration Movements of the Fourteenth Century. The Case of the Region of Dropull, Gjirokastër (Southern Albania), *Byzantine and Modern Greek Studies* 27 (2003), 171–183.

GIANNOPULOS, Ioannes: Η Κρήτη κατά τον τέταρτο βενετοτουρκικό πόλεμο (1570–1571) [Kreta während des vierten venez.-osm. Krieges (1570–1571)]. Athen 1978.

GILL, Joseph: Pope Callistus III and Scanderbeg the Albanian, *Orientalia Christiana Periodica* 33 (1967), 534–562.

GIRGENSOHN, Dieter: Kirche, Politik und adelige Regierung in der Republik Venedig zu Beginn des 15. Jahrhunderts. 2 Bde. Göttingen 1996.

DERS.: Städtisches Patriziat zwischen Norm und Praxis. Über den Adel Venedigs in in den letzten Jahrhunderten der Republik, *Quellen und Forschungen aus italienischen Archiven und Bibliotheken* 79 (1999), 593–614.

GIURESCU, Constantin C.: Capitulaţiile Moldovei cu Poarta otomană. Studiu istoric [Die Kapitulationen der Moldau mit der Osmanischen Pforte. Hist. Studie]. București 1908.

DERS.: Istoria românilor [Geschichte der Rumänen]. 3 Bde. București ⁵2015.

DERS.: Istoricul orașului Brăila. Din cele mai vechi timpuri pînă astăzi [Geschichte der Stadt Brăila. Von den ältesten Zeiten bis heute]. Brăila ²2002 (zuerst București 1986).

GIURESCU, Constantin C./GIURESCU, Dinu C.: Istoria Românilor [Geschichte der Rumänen]. 2 Bde. București 1975–1976.

GIURESCU, Dinu C.: Ion Vodă cel Viteaz [Ion Vodă d. Tapfere]. Chișinău ²1966.

DERS. (Hg.): Istoria României în date [Geschichte Rumäniens in Daten]. Bucureşti ³2010.

DERS.: Ţara Românească în secolele XIV şi XV [Die Walachei im 14. u. 15. Jh.]. Bucureşti 1973.

GJORGIEV, Dragi: Serfice kazasında Yürükler (1568/69 y.). Avrupa'ya ilk adım [Die Yürüken im Gerichtsbezirk Serfice (1568/69). Der erste Schritt nach Europa], in: TOPUZ (Hg.), Avrupa'ya İlk Adım, 103–111.

DERS.: The Term „bashtina" as Indicator of the Process of Islamization in the Ottoman Period, in: KOVAČEV (Hg.), Iz praktikata na osmanskata kancelarija, 161–166.

[s. a. unter ǴORGIEV]

GJUZELEV, Vasil: Bălgarskijat severoiztok prez părvata polovina na XIV vek [Der bulg. Nordosten in der ersten Hälfte des 14. Jh.s], in: DERS. (Hg.), Očerci vărchu istorijata na bălgarskijat severoiztok, 25–40.

DERS.: La bataille de Nikopolis de 1396 à la lumière des dernières recherches, *Études balkaniques* 39 (2003), H. 1, 147–151.

DERS.: Beiträge zur Geschichte des Königreiches von Vidin im Jahre 1365, *Südost-Forschungen* 39 (1980), 1–16.

DERS.: Bulgarien zwischen Orient und Okzident. Die Grundlagen seiner geistigen Kultur vom 13. bis zum 15. Jahrhundert. Wien, Köln, Weimar 1993.

DERS.: La guerre bulgaro-hongroise au printemps de 1365 et des documents nouveaux sur la domination hongroise du royaume de Vidin (1365–1369), *Byzantinobulgarica* 6 (1980), 153–172.

DERS.: Der letzte bulgarisch-byzantinische Krieg (1364), in: SEIBT (Hg.), Geschichte und Kultur der Palaiologenzeit, 29–34.

DERS.: Il Mare Nero ed il suo litorale nella storia del medioevo bulgaro, in: DERS., Medieval Bulgaria, 263–276.

DERS.: Medieval Bulgaria, Byzantine Empire, Black Sea, Venice, Genoa. Villach 1988.

DERS.: Očerci vărchu istorijata na bălgarskijat severoiztok i Černomorieto. Kraja na XII – načaloto na XV vek [Essays über den bulg. Nordosten u. das Schwarze Meer. Ende 12. – Anfang 15. Jh.]. Sofija 1995.

DERS.: Političeska istorija na Dobrudžanskoto knjažestvo (sredata na XIV – načaloto na XV vek) [Polit. Geschichte des Fürstentums Dobrudscha (Mitte 14. Jh. – Anfang 15. Jh.)], in: DERS. (Hg.), Očerci vărchu istorijata na bălgarskijat severoiztok, 49–87.

DERS.: Die Residenzen Tărnovo, Vidin und Kalikakra, in: LAUER/MAJER (Hgg.), Höfische Kultur in Südosteuropa, 59–73.

DERS.: Venedig und das Bulgarenzarenreich (Ende des 12. – Mitte des 14. Jahrhunderts), *Bulgaria mediaevalis* 1 (2010), 247–274.

GKARTZONIKA, Elena: Banditry and the Clash of Powers in 14th Century Thrace. Momčilo and His Fragmented Memory, *Bulgaria mediaevalis* 3 (2012), 511–550.

GLIGORE, Daniel: Sfântul Voievod Neagoe Basarab, Domn al Ţării Româneşti (1512–1521) [Der Hl. Woiwode Neagoe Basarab, Fürst der Walachei]. Curtea de Argeş 2008.

GLUZMAN, Renard: Notes on Venice's Ship-Breaking Industry and the Scrap Market in the Sixteenth Century, *The Journal of European Economic History* 47 (2018), H. 2, 83–95.

DERS.: Resurrection of a Sunken Ship. The Salvage of the Venetian Marcialiana that Saved Cattaro from Barbarossa, *Archivio veneto* Sesta serie 8 (2014), 30–78.

GÖKBILGIN, M. Tayyib: XV.–XVI. asırlarda Edirne ve Paşa livâsı. Vakıflar, mülkler, mukataalar [Edirne u. die Region Paşa im 15. u. 16. Jh. Stiftungen, Länder, Steuerpachten]. İstanbul 1952.

DERS.: Kanuni Sultan Süleyman Devri Başlarında Rumeli Eyaleti Livaları Şehir ve Kasabaları (16 tıpkıbasımla birlikte) [Orte, Städte, Distrikte in der rumelischen Provinz zu Beginn der Regierungszeit von Sultan Süleyman I. (mit 16 Faksimiles)], *Belleten* 20 (1956), Nr. 78, 247–306.

GOLIMAŞ, Aurel H.: Un domnitor – o epocă. Vremea lui Miron Barnovschi Moghilă, Voievod al Moldovei [Ein Herrscher – eine Epoche. Die Zeit des Miron Barnovschi Moghilă, Woiwode d. Moldau]. Bucureşti 1980.

GÖLLNER, Carl (Hg.): Geschichte der Deutschen auf dem Gebiete Rumäniens. Bd. 1: 12. Jahrhundert bis 1848. Bukarest 1979.

DERS.: Michael der Tapfere im Lichte des Abendlandes. Berichte „Neuer Zeitungen". Hermannstadt 1943.

DERS.: Die Siebenbürgische Militärgrenze. Ein Beitrag zur Sozial- und Wirtschaftsgeschichte 1762–1851. München 1974.

DERS.: Turcica. Die europäischen Türkendrucke des XVI. Jahrhunderts. 3 Bde. Bucureşti 1961–1978.

GÖNCZI, Katalin: Ungarisches Stadtrecht aus europäischer Sicht. Die Stadtrechtsentwicklung im spätmittelalterlichen Ungarn am Beispiel Ofen. Frankfurt/M. 1997.

BIBLIOGRAPHIE

GONȚA, Alexandru I.: Campania lui Mihai Viteazul în Moldova [Der Feldzug Michaels d. Tapferen in der Moldau], *Studii. Revistă de istorie* 13 (1960), H. 4, 141–157.

DERS.: Românii și Hoarda de Aur, 1241–1502 [Die Rumänen u. die Goldene Horde]. München 1983.

GONȚA, Gheorghe: Țara Moldovei între Imperiul Otoman și Marile Puteri Creștine la mijlocul secolului al XVI-lea – începutul secolului al XVII-lea [Das Land Moldau zwischen dem Osmanischen Reich u. den christlichen Großmächten von Mitte des 16. bis Beginn des 17. Jh.s], *Limba Română* 23 (2013), H. 9–12, 246–261.

GOOSS, Roderich: Österreichische Staatsverträge. Fürstentum Siebenbürgen (1526–1690). Wien 1911.

GORGIEV, Dragi: Administrativno-teritorijalna podelba na Solunskiot, Bitolskit i Kosovskiot vilajet vo vtorata polovina na XIX v. [Die administrativ-territoriale Aufteilung der Provinzen Solun, Bitola u. Kosovo in der zweiten Hälfte des 19. Jh.s], in: Balkanite meždu tradicijata i modernostta, 71–87.

DERS.: Naselenieto vo makedonsko-albanskiot graničen pojas (XV–XVI vek) [Die Besiedlung im maked.-alb. Grenzgürtel (15.–16. Jh.)]. Skopje 2009.

DERS.: Siedlungsverhältnisse im makedonisch-albanischen Grenzgebiet im 15. und 16. Jahrhundert (nach osmanischen Quellen), *Südost-Forschungen* 65/66 (2006/2007), 117–136.

GOROVEI, Ștefan S.: Contribuții pentru istoria domniei lui Bogdan al IIIlea [Beiträge zur Geschichte der Herrschaft Bogdans III.], *Analele Putnei* 1 (2008), 279–294.

DERS.: Dimitrie Cantemir și boierimea Moldovei. Interesul pentru strămoși [Dimitrie Cantemir u. die mold. Bojaren. Das Interesse an den Ahnen], in: CREȚU (Hg.), Dimitrie Cantemir, 133–144.

DERS.: Dragoș și Bogdan, întemeietorii Moldovei. Probleme ale formării statului feudal Moldova [Dragoș u. Bogdan, die Gründer der Moldau. Fragen zur Entstehung des Feudalstaates Moldau]. București 1973.

DERS.: Gesta Dei per Stephanum Voievodam, in: SZÉKELY/GOROVEI (Hgg.), Ștefan cel Mare și Sfânt, 389–414.

DERS.: Întemeierea Moldovei. Probleme controversate. Cu o postfață târzie [Die Gründung der Moldau. Kontroverse Fragen. Mit einem späten Nachwort]. Iași ²2014.

DERS.: Moldova în „Casa Păcii". Pe marginea izvoarelor privind primul secol de relații moldo-otomane [Die Moldau im „Haus des Friedens". Am Rande der Quellen betreffend des ersten Jh.s der mold.-osm. Beziehungen], *Anuarul Institutului de istorie și arheologie „A.D. Xenopol"* 17 (1980), 629–667.

DERS.: Petru Rareș, 1527–1538; 1541–1546. București 1982.

GOROVEI, Ștefan S./SZÉKELY, Maria Magdalena: Old Questions, Old Clichés. New Approaches, New Results? The Case of Moldavia, in: SCHMITT (Hg.), The Ottoman Conquest of the Balkans, 209–242.

DIESS.: Princeps omni laude maior. O istorie a lui Ștefan cel Mare [Princeps omni laude maior. Eine Geschichte Stefans d. Großen]. Sfânta Mănăstire Putna 2005.

GOŠEV, I.[van]: Zur Frage der Krönungszeremonien und die zeremonielle Gewandung der byzantinischen und der bulgarischen Herrscher im Mittelalter, *Byzantinobulgarica* 2 (1966), 146–168.

GOȘU, Armand: Rusia la Dunărea de Jos. Pacea de la București (mai 1812) [Russland an der unteren Donau. Der Friede von Bukarest (1812)], *Studii și materiale de istorie modernă* 10 (1996), 19–96.

GŐZSY, Zoltán/SEEWANN, Gerhard (Hgg.): Der Bauernaufstand im Komitat Baranya 1766. A parasztfelkelés Baranya vármegyében 1766-ban. Pécs 2015.

GRACIOTTI, Sante: Le molte vite dell'italiano „de là da mar" fra Quattro e Cinquecento, *Atti e memorie della Società Dalmata di Storia Patria* N. 1, 3ª Serie (= 34) (2012), 9–28.

DERS.: Das Wechselverhältnis zwischen Literatursprachen und Kulturen auf dem westlichen Balkan zwischen dem 16. und dem 18. Jahrhundert, in: ORTALLI/SCHMITT (Hgg.), Balcani occidentali, 179–198.

GRADEVA, Rosica: Administrativna sistema i provincijalno upravlenie v bălgarskite zemi prez XV vek [Das Verwaltungssystem u. die Provinzverwaltung in Bulgarin im 15. Jh.], in: Bălgarskijat petnadeseti vek, 39–52.

DIES.: Between Hinterland and Frontier. Ottoman Vidin, Fifteenth to Eighteenth Centuries, in: A. C. S. PEACOCK (Hg.), The Frontiers of the Ottoman World. Oxford u. a. 2009, 331–351.

DIES.: From the Bottom Up and Back again until Who Knows When. Church Restoration Procedures in the Ottoman Empire, Seventeenth-Eighteenth Centuries (Preliminary Notes), in: ANASTASOPOULOS (Hg.), Political Initiatives, 135–163.

DIES.: Nalaganeto na kadijskata institucija na Balkanite i mjastoto ì v provincialnata administracija (XIV–načaloto na XVI v) [Die Lage der Institution des Kadi u. deren Rolle in der Provinzverwaltung, 14.–Beginn des 16. Jh.s], *Balkanistika* 3 (1989), 33–53.

DIES.: Orthodox Christians and the Ottoman Authority in Late-Seventeenth-Century Crete, in: ANASTASOPOU-LOS (Hg.), The Eastern Mediterranean under Ottoman Rule, 177–201.

DIES.: Ottoman Policy towards Christian Church Buildings, *Balkan Studies* 4 (1994) 14–36.

DIES.: Rumeli under the Ottomans, 15th–18th Centuries. Institutions and Communities. Istanbul 2004.

GRANASZTÓI, György: A középkori magyar város [Die mittelalterliche ung. Stadt]. Budapest 1980.

GREENE, Molly: Catholic Pirates and Greek Merchants. A Maritime History of the Mediterranean. Princeton/NJ 2010.

DIES.: An Islamic Experiment? Ottoman Land Policy on Crete, *Mediterranean Historical Review* 11 (1996), 60–78).

DIES.: A Shared World. Christians and Muslims in the Early Modern Mediterranean. Princeton/NJ 2000.

GREGOROVIUS, Ferdinand: Briefe aus der „Corrispondenza Acciajoli" in der Laurenziana zu Florenz. München 1890 (= *Sitzungsberichte der philosophisch-philologischen und historischen Classe der königlich-bayerischen Akademie der Wissenschaften zu München*, 285–311).

GRIGORAȘ, N.[icolae]: Instituții feudale din Moldova [Les institutions féodales de la Moldavie]. Bd. 1: Organizarea de stat pînă la mijlocul sec. al XVIII-lea [Die Organisation des Staates bis zur Mitte des 18. Jh.s]. București 1971.

DERS.: Politica internă a lui Ioan Vodă cel Viteaz [Die Innenpolitik von Ioan Vodă cel Viteaz], *Revistă de istorie* 27 (1974), H. 6, 871–885.

DERS.: Privilegiile fiscale în Moldova, 1741–1821 [Fiskalprivilegien in der Moldau, 1741–1821], *Anuarul institutului de istorie și arheologie „A.D.Xenopol" din Iași* 14 (1977), 41–53 (Teil 1); 18 (1981), 183–200 (Teil 2).

DERS.: Reformele cu caracter administrativ din Moldova ale lui Constantin Mavrocordat [Die Reformen mit administrativem Charakter des Constantin Mavrocordat in der Moldau], *Cercetări istorice* 7 (1976), 123–164.

DERS.: Ștefan vodă cel Tânăr și Luca Arbure [Ștefan vodă d. Junge u. Luca Arbure], *Anuarul Institutului de Istorie și Arheologie „A.D. Xenopol"* 9 (1972), 1–26.

DERS.: Țara Românească a Moldovei pînă la Ștefan cel Mare (1359–1457) [Das rum. Land Moldau bis zu Stefan d. Großen (1359–1457)]. Iași 1978, 81–122.

GRIGORE, Mihai-D.: Neagoe Basarab – Princeps Christianus. Christianitas-Semantik im Vergleich mit Erasmus, Luther und Machiavelli (1513–1523). Frankfurt/M. 2015, 35–191.

GRIVAUD, Gilles/POPOVIC, Alexandre: Les conversions à l'Islam en Asie Mineure et dans les Balkans aux époques seldjoukides et ottomane, bibliographie raisonée (1800–2000). Athènes 2011.

DE GROOT, A.[lexander] H.: s. v. Marāsim [in the Ottoman Empire], in: The Encyclopaedia of Islam, Bd. 6, 529–532.

GROSUL, Galina S.: Dunajskie knjažestva v politike Rossii, 1774–1806 gg. [Die Donaufürstentümer in der Politik Russlands, 1774–1806]. Kišinev 1975.

GROSUL, Vladislav: Bucharestskij mir 1812 g. i formirovanie novoj jugo-zapadnoj granicy Rossii [Der Friede von Bukarest 1812 u. die Formierung der neuen südwestlichen Grenze Russlands], *Rusin* 27 (2012), H. 1, 27–61.

GROTHUSEN, Klaus-Detlev (Hg.): Albanien in Vergangenheit und Gegenwart. Internationales Symposium der Südosteuropa-Gesellschaft in Zusammenarbeit mt der Albanischen Akademie der Wissenschaften, Winterscheider Mühle bei Bonn, 12.–15. September 1989. München 1991.

GROZA, Liviu/RADULESCU, Mihail: Grăniceri bănățeni în slujba neamului românesc [Banater Genzsoldaten im Dienst der rum. Nation], Lugoj 2002.

GROZDANOVA, Elena: Bălgarskata osmanistika na granicata meždu dve stoletija – priemstvenost i obnovlenije [Die bulg. Osmanistik an der Grenze zwischen zwei Jahrhunderten – Kontinuität u. Erneuerung], *Istoričeski pregled* 1–2 (2005), 98–157.

DIES.: Bulgarian Ottoman Studies at the Turn of Two Centuries. Continuity and Innovation, *Études balkaniques* 41 (2005), H. 3, 93–146.

DIES.: Novi svedenija za jurucite v Bălgarskite i njakoi ot săsednite im zemi prez XV–XVII v. [Neue Erkenntnisse zu den Yürüken in den bulg. u. einigen benachbarten Gebieten im 15.–17. Jh.], in: TOMOVSKI u. a. (Hgg.): Etnogeneza na jurucite, 17–27.

DIES.: Turskite dokumenti za danăka džizije prez XVII–XVIII v. kato izvor za istorijata na balkanskite strani [Türk. Dokumente über die Cizye-Abgabe im 17. u. 18. Jh. als Quelle für die Geschichte der Balkanländer], *Izvestija na dăržavnite arhivi* 18 (1969), 289–303.

GROZDANOVA, Elena/ANDREEV, Stefan: „Knigata na žalbite" ot 1675 g. i chronikata na pop Metodi Draginov [Das Beschwerdebuch aus dem Jahr 1675 u. die Chronik des Popen Draginov], *Rodopi* XXVII, 6 (1992), 2–4.

Diess.: „Knigata na žalbite" ot 1675 godina za sokolarite ot s. Gǎrmen, Nevrokopsko [Das Beschwerdenbuch aus dem Jahr 1675. Zu den Falknern des Dorfes Gǎrmen im Gebiet von Nevrokop], *Rodopi* XXVII, 11 (1992), 1–4.

Grzesik, Ryszard: Mittelalterliche Chronistik in Ostmitteleuropa, in: Handbuch Chroniken des Mittelalters (Hgg. Wolf/Ott), 773–804.

Guettler, Hermann: Die Wasserbauarbeiten im Banat von 1757–79 und die Kultivierung und deutsche Besiedlung des Landes. Wien 1936 (Dissertationsschrift).

Guilland, Rodolphe: Études sur l'histoire administrative de l'Empire byzantin. Le despote, ὁ δεσπότης, *Revue des études byzantines* 17 (1959), 52–89.

Gulin, Ante: Hrvatski srednjovjekovni kaptoli. Loca credibilia Dalmacije, Hrvatskog primorja, Kvarnerskih otoka i Istre [Die kroat. mittelalterlichen Kapitel. Loca credibilia von Dalmatien, des kroat. Küstenlandes, der Kvarnerinseln u. Istriens]. Zagreb 2008.

Gullino, Giuseppe (Hg.): L'Europa e la Serenissima. La svolta del 1509. Nel V centenario della battaglia di Agnadello. Venezia 2011.

Ders.: Le frontiere navali, in: Storia di Venezia, Bd. 4 (Hgg. Tenenti/Tucci), 13–111.

Gündoğdu, Birol: Political and Economic Transition of Ottoman Sovereignty from a Sole Monarch to Numerous Ottoman Elites, 1683–1750s, *Acta Orientalia Academiae Scientiarum Hungaricae* 70 (2017), H. 1, 49–90.

Gündoğdu, Hüseyin: The Circle of Justice. Theory & Practice in the Ottoman Politics. London 2011.

Gunst, Péter: A magyar történetírás története [Geschichte der ung. Geschichtsschreibung]. Debrecen [2]2000.

Guran, Petre: O problemǎ de percepţie istoriograficǎ. Ce a fost „moştenirea bizantinǎ" pentru România? [Ein Problem der historiographischen Wahrnehmung. Was war das „byz. Erbe" für Rumänien?], *Studii si Materiale de Istorie Medie* 35 (2017), 373–391.

Guran, Petre/Flusin, Bernard (Hgg.): L'empereur hagiographe. Culte des saints et monarchie byzantine et post-byzantine. Actes des colloques internationaux „L'empereur hagiographe" (13–14 mars 2000) et „Reliques et miracles" (1–2 novembre 2000) tenus au New Europe College. Bucarest 2001.

Gürkan, Emrah Safa: The Efficacy of Ottoman Counter-Intelligence in the 16th Century, *Acta Orientalia Academiae Scientiarum Hungaricae* 65 (2012), H. 1, 1–38.

Ders.: Espionage in the 16th Century Mediterranean. Secret Diplomacy, Mediterranean Go-Betweens and the Ottoman Habsburg Rivalry. Washington/DC 2012 (Dissertationsschrift).

Ders.: Mediating Boundaries. Mediterranean Go-Betweens and Cross-Confessional Diplomacy in Constantinople, 1560–1600, *Journal of Early Modern History* 19 (2015), H. 2–3, 107–128.

Gürtler, Illse: Die Auflösung der siebenbürgischen Militärgrenze. Wien 1947.

Gürtler, Wolfgang/Winkler, Gerhard J. (Hgg.): Forscher – Gestalter – Vermittler. Festschrift Gerald Schlag. Eisenstadt 2001.

Guszarova, Tatjana: A vármegyei követek a magyar országgyűlés alsótábláján a 17. században. Társadalmi kép [Die Komitatsgesandten der Unteren Tafel des ung. Reichstages im 17. Jh. Ein gesellschaftlicher Überblick], in: Dobszay, u. a. (Hgg.), Rendiség és parlamentarizmus, 123–143.

Guthmüller, Bodo/Kühlmann, Wilhelm (Hgg.): Europa und die Türken in der Renaissance. Tübingen 2000.

Gyetvai, Péter: A Tiszai korona-kerület telepítéstörténete [Die Besiedlungsgeschichte des Theißer Krondistrikts]. 3 Bde. Kalocsa 1992.

Gyöngyössy, Márton: Florenus Hungaricalis. Aranypénzverés a középkori Magyarországon [Florenus Hungaricalis. Goldmünzenprägung im mittelalterlichen Ungarn]. Budapest 2008.

Ders.: Der ungarische Goldgulden. Die bedeutendste Währung Mitteleuropas im Spätmittelalter, *Acta archaeologica Academiae Scientiarum Hungaricae* 56 (2005), 385–396.

Gyurgyák, János: A zsidókérdés Magyarországon. Politikai eszmetörténet [Die Judenfrage in Ungarn. Eine polit. Ideengeschichte]. Budapest 2001.

Haake, Paul: Die Türkenfeldzüge Augusts des Starken 1695 und 1696, *Neues Archiv für sächsische Geschichte und Altertumskunde* 24 (1903), 134–154.

Haberstumpf, Walter: Dinasti italiani in Levante. I Tocci duchi di Leucade. Regesti (secoli XIV–XVII), *Studi Veneziani* N.S. 45 (2003), 165–211.

Hacisalihoğlu, Mehmet: Osmanische Quellen zur Balkangeschichte. Versuch einer Übersicht über die Bestände des Zentralarchivs in Istanbul und weiterer osmanischer Archive, in: Clewing/Schmitt (Hgg.), Südosteuropa, 35–86.

Hackl, Bernhard: Die staatliche Wirtschaftspolitik zwischen 1740 und 1792. Reform versus Stagnation, in: Helmut Reinalter (Hg.), Josephinismus als Aufgeklärter Absolutismus. Wien, Köln, Weimar 2008, 191–272.

Hadler, Frank/Mesenhöller, Mathias (Hgg.): Vergangene Größe und Ohnmacht in Ostmitteleuropa. Repräsentationen imperialer Erfahrung in der Historiographie seit 1918. Lost Greatness and Past Oppression in East Central Europe. Representations of the Imperial Experience in Historiography since 1918. Leipzig 2007.

Hadrovics, László: Le peuple serbe et son église sous la domination turque. Paris 1947.

Hadrovics, László/Wellmann, Imre: Parasztmozgalmak a XVIII. században [Bauernbewegungen im 18. Jh.]. Budapest 1951.

Hadžibegić, Hamid: Glavarina u Osmanskoj državi [Die Kopfsteuer im osm. Staat]. Sarajevo 1966.

Hafizović, Fazileta: Junak ili izdajnik. Sudbina Mehmed-paše Atlagića, posljednjega osmanskoga branitelja Knina i mletačkog zarobljenika [Hero or Traitor. The Fate of Mehmed-pasha Atlagić, the Last Ottoman Defender of Knin and a Venetian Captive], Povijesni prilozi 35 (2016), Nr. 51, 121–133.

Hafner, Stanislaus: Serbisches Mittelalter. Altserbische Herrscherbiographien. 2 Bde. Graz, Wien, Köln 1962–1976.
Ders.: Studien zur altserbischen dynastischen Historiographie. München 1964.

Hagen, Gottfried: Ein osmanischer Geograph bei der Arbeit. Entstehung und Gedankenwelt von Kātib Čelebis Ǧihānnümā. Berlin 2003.

Hajdarević, Rašid: Defteri sarajevskog saračkog esnafa 1726–1823 [Die Register der Sattlerzunft, 1726–1823]. Sarajevo 1998.

Halaçoğlu, Yusuf: XVI. Asırda Çirmen Sancağı'nın Sosyal ve Demografik Tarihi [Die sozio-demographische Geschichte der Provinz Çirmen im 16. Jh.], in: X. Türk Tarih Kongresi, 22–26 Eylül 1986. Ankara 1993, 1795–1801.

Halecki, Oskar: The Crusade of Varna. A Discussion of Controversial Problems. New York 1943.
Ders.: Un empereur de Byzance à Rome. Vingt ans de travail pour l'union des églises et pour la défense de l'empire d'Orient 1355–1375. Warszawa 1930.

Hammer-Purgstall, Joseph von: Geschichte des osmanischen Reiches. Bd. 2: Von der Eroberung Constantinopels bis zum Tode Selims, 1453–1520. Pest 1828.

Hanák, Péter: Ungarn in der Donaumonarchie. Probleme der bürgerlichen Umgestaltung eines Vielvölkerstaates. Wien 1984.

Handbuch Chroniken des Mittelalters. Hgg. Gerhard Wolf/Norbert H. Ott. Berlin, Boston/MA 2016.

Handbuch zur Geschichte Südosteuropas. Bd. 1: Herrschaft und Politik in Südosteuropa von der römischen Antike bis 1300. Hgg. Fritz Mitthof/Peter Schreiner/Oliver Jens Schmitt. Berlin, Boston/MA 2019.

Handžić, Mehmed: Kniževni rad bosansko-hercegovačkih muslimana [Die literarische Arbeit der bosn.-herzegowinischen Muslime]. Sarajevo 1934.

Hanga, Vladimir: Les institutions du droit coutumier roumain. București 1988.
Ders.: Die Rezeption des römisch-byzantinischen Rechtes in den rumänischen Fürstentümern. Theorien. Realitäten, Nouvelles études d'Histoire 7 (1985), 7–18.

Hanga, Vladimir/Firoiu, Dumitru/Marcu, Liviu P. (Hgg.): Istoria dreptului românesc [Geschichte des rum. Rechts]. 2 Bde. in 3 Teilbde. București 1980–1987.

Hannick, Christian (Hg.): Kanzleiwesen und Kanzleisprachen im östlichen Europa. Köln, Weimar, Wien 1999.

Hanss, Stefan: Lepanto als Ereignis. Dezentrierende Geschichte(n) der Seeschlacht von Lepanto (1571). Göttingen 2017.

Harai, Dénes: Gabriel Bethlen. Prince de Transylvanie et roi élu de Hongrie (1580–1629). Paris 2013.

Hardi, Đura: Gospodari i banovi onostranog Srema i Mačve u XIII veku [Herrscher u. Bani der Srem jenseits der Save u. Mačva im 13. Jh.], Spomenica istorijskog arhiva Srem 8 (2009), 65–80.
Ders.: Nová aristokracia na dvore Karola Róberta. Budovanie osobných a politických väzieb palatína Filipa Drugetha [Die neue Aristokratie am Hofe Karl Roberts. Der Aufbau persönlicher u. polit. Beziehungen des Palatins Filip Drugeth], Kultúrne dejiny 3 (2012), H. 1, 25–35.
Ders.: O smrti gospodara Mačve kneza Rostislava Mihailovič [Über den Tod des Herrschers der Mačva Fürst Rostislav Mihailovič], Naukovi praci Kamjancec'-Podil's'koho nacional'noho universitetu imeni Ivana Ohijenka, istorični nauki 24 (2014), 183–194.

Har-El, Shai: Struggle for Domination in the Middle East. The Ottoman-Mamluk War, 1485–1491. Leiden 1995.

HARRIS, Robin: Dubrovnik. A History. London 2003.

HARTMUTH, Maximilian (Hg.): Centres and Peripheries in Ottoman Architecture. Rediscovering a Balkan Heritage. Sarajevo 2011.

HASELSTEINER, Horst: Joseph II. und die Komitate Ungarns. Herrscherrecht und ständischer Konstitutionalismus. Wien, Köln, Graz 1983.

DERS.: Wehrverfassung und personelle Heeresergänzung in Ungarn zwischen Herrscherrecht und ständischem Konstititionalismus. Zur Rekrutierungsfrage unter Maria Theresia und Joseph II, in: DRABEK/PLASCHKA/WANDRUSZKA (Hgg.), Ungarn und Österreich unter Maria Theresia, 101–120.

DERS.: Das Widerstandsrecht der Stände in Ungarn, *Österreichische Osthefte* 16 (1974), H. 2, 123–136.

HATHAWAY, Jane: The Arab Lands under Ottoman Rule, 1516–1800. Harlow 2008.

HATZOPOULOS, D.[ionyssios]: Capturing and Defending the Peloponnese. Domenico Mocenigo's Report of November 12, 1691, *Thesaurismata* 37 (2007), 327–342.

DERS.: La dernière guerre entre la République de Venise et l'Empire ottoman, 1714–1718. Montréal ²1999.

HAUMANN, Heiko: Dracula. Leben und Legende. München 2011.

HAUSMANN, Friedrich: Ferdinand Graf zu Hardegg und der Verlust der Festung Raab, in: Walter HÖFLECHNER/Helmut J. MEZLER-ANDELBERG/Othmar PICKL (Hgg.), Domus Austriae. Eine Festgabe Hermann Wiesflecker zum 70. Geburtstag. Graz 1983, 184–209.

HAUSNER, Gábor/NÉMETH, András (Hgg.): Zrínyi-Újvár. A Seventeenth-Century Border Defence System on the Edge of the Ottoman Empire. Budapest 2020.

HAUSNER, Gábor/PADÁNYI, József (Hgg.): Zrínyi-Újvár emlékezete [Memoria von Neu-Serinwar]. Budapest 2012.

HECHT, Louis-Émile: Les colonies lorraines et alsaciennes en Hongrie. Nancy 1879.

HECKENAST, Gusztáv: Bányászat és ipar [Bergbau u. Industrie], in: Magyarország története, Bd. 4,1 (Hgg. EMBER/HECKENAST), 112–124 (Teil 1); 265–269 (Teil 2); 627–641 (Teil 3).

DERS.: Bányászat és ipar manufaktúra-korszakunk első szakaszában [Bergbau u. Industrie in der ersten Phase der ung. Manufakturenepoche]), in: Magyarország története, Bd. 4,2 1 (Hgg. EMBER/HECKENAST), 985–1022 (Teil 4).

DERS.: A Habsburgok gazdaságpolitikája a 17–18. században [Die Wirtschaftspolitik der Habsburger im 17.–18. Jh.]. Budapest 1991.

DERS.: A magyarországi ipar a XVIII. században és a bécsi gazdaságpolitika [Ungarns Industrie im 18. Jh. u. Wiens Wirtschaftspolitik], *Történelmi Szemle* 17 (1974), H. 4, 502–506.

DERS.: A Rákóczi-szabadságharc [Der Rákóczi-Freiheitskrieg], in: LIPTAI (Hg.), Magyarország hadtörténete, Bd. 1, 337–399.

DERS. u. a.: A magyar nép története. Rövid áttekintés [Geschichte des ung. Volks. Kleine Übersicht]. Budapest 1951, ²1953.

Hegyaljai felkelés, 1697. Tanulmányok a felkelés 300. évfordulójára [Der Aufstand der Tokajer Gegend im Jahr 1697. Studien zum 300. Aufstandsjubiläum]. Sárospatak 2000.

HEGYI, Klára: Balkan Garrison Troops and Soldier-Peasants in the Vilayet of Buda, in: Ibolya GERELYES/Gyöngyi KOVÁCS (Hgg.), Archaeology of the Ottoman Period in Hungary. Budapest 2003, 23–40.

DIES.: Le condominium hungaro-ottoman dans les eyalets hongrois, in: Actes du 1er Congrès International des Études Balkaniques, 593–603.

DIES.: The Ottoman Network of Fortresses in Hungary, in: DÁVID/FODOR (Hgg.), Ottomans, Hungarians, and Habsburgs in Central Europe, 163–194.

HEIL, Irma: Bevölkerungsverteilung und -bewegung im 18. Jahrhundert in den Komitaten Wesprim und Weissenburg, *Deutsche Forschungen in Ungarn* 5 (1940), 309–319.

HEIMANN, Heinz-Dieter: Herrscherfamilie und Herrschaftspraxis. Sigismund, Barbara, Albrecht und die Gestalt der luxemburgisch-habsburgischen Erbverbrüderung, in: MACEK/MAROSI/SEIBT (Hgg.), Sigismund von Luxemburg, 55–66.

HEINISCH, Reinhard Rudolf: Habsburg, die Pforte und der Böhmische Aufstand (1618–1620), *Südost-Forschungen* 33 (1974), 125–165 (Teil 1); 34 (1975), 79–124 (Teil 2).

HEITMANN, Klaus: Das Rumänenbild im deutschen Sprachraum, 1775–1918. Eine imagologische Studie. Köln 1985.

HELMEDACH, Andreas u. a.: Das osmanische Europa – zu Stand u. Perspektiven der Forschung, in: DERS. u. a. (Hgg.), Das osmanische Europa. Methoden u. Perspektiven der Frühneuzeitforschung zu Südosteuropa. Leipzig 2014, 9–26.

Forschungsliteratur

Helmedach, Andreas: Venedig und die Osmanen. Europäisch-christlich-islamische Beziehungen in der Frühen Neuzeit und die Rolle der Gewalt, *Geschichte in Wissenschaft und Unterricht* 68 (2017), H. 5–6, 292–310.

Helmedach, Andreas/Koller, Markus: Gewaltgemeinschaften, Gewalttaten und die Neuordnung des westlichen Balkanraumes zwischen 1645 und 1718, in: Speitkamp (Hg.), Gewaltgemeinschaften in der Geschichte, 139–170.

Hendrickx, Benjamim/Sansaridou-Hendrickx, Thekla: The „Despotate" of the Tocco as „State" (14th–15th Century), *Acta patristica et byzantina* 19 (2008), 135–152.

Diess.: The Military Organization and the Army of the „Despotate" of the Tocco (14th–15th Cent.), *Acta patristica et byzantina* 20 (2009), 215–231.

Heper, Yusuf: Osmanli Devleti ve Eflak-Boğdan ilişkileri (1574–1634) [Das Osmanische Reich u. die Beziehungen zur Walachei u. Moldau (1574–1634)]. Uşak 2020 (Dissertationstyposkript).

Heppner, Harald (Hg.): Czernowitz. Die Geschichte einer ungewöhnlichen Stadt. Köln, Weimar, Wien 2000.

Ders.: Österreich und die Donaufürstentümer 1774–1812. Ein Beitrag zur habsburgischen Südosteuropapolitik. Graz 1984.

Heppner, Harald/Barbarics-Hermanik, Zsuzsa (Hgg.): Türkenangst und Festungsbau. Wirklichkeit und Mythos. Frankfurt/M., Berlin, Bern 2009.

Hering, Gunnar: s.v. Kyrillos I. Lukaris, in: Biographisches Lexikon zur Geschichte Südosteuropas, Bd. 2 (Hgg. Bernath/Schroeder), 541f.

Ders.: Ökumenisches Patriarchat und europäische Politik 1620–1638. Wiesbaden 1968.

Hermann, Róbert (Hg.): Magyarország hadtörténete. Bd. 1: A kezdetektől 1526-ig [Militärgeschichte Ungarns. Bd. 1: Von den Anfängen bis 1526]. Budapest 2017.

Herner, János (Hg.): Erdély és a Részek térképe és helységnévtára. Készült Lipszky János 1806-ban megjelent műve alapján [Mappe u. Ortslexikon von Siebenbürgen u. Partium. Zusammengestellt mit Hilfe des 1806 publizierten Werkes von János Lipszky]. Szeged 1987.

Hess, Andrew: The Forgotten Frontier. A History of the Sixteenth Century Ibero-African Frontier. Chicago 1978.

Heyd, Uriel: Introduction. The Mühimme Defteri as a Historical Source, in: ders., Ottoman Documents on Palestine, 1552–1615. A Study of The Firman according to the Mühimme Defteri. Oxford 1960, 3–31.

Heywood, Colin: Mehmed II and the Historians. The Reception of Babinger's Mehmed der Eroberer during Half a Century, *Turcica* 40 (2008), 295–344.

Heywood, Colin/Imber, Colin (Hgg.): Studies in Ottoman History. In Honour of Professor V. L. Ménage. Istanbul 1994.

Heywood, Colin/Parvev, Ivan (Hgg.): The Treaties of Carlowitz (1699). Antecedents, Course and Consequences. Leiden 2020.

Hill, George: A History of Cyprus. Bd. 3: The Frankish Period, 1432–1571. Cambridge 1948.

Hiller, István: Palatin Nikolaus Esterházy. Die ungarische Rolle in der Habsburgdiplomatie 1625–1648. Wien, Köln, Weimar 1992.

Hickok, Michael: Looking for the Doctor's Son. Ottoman Administration of 18th Century Bosnia. Ann Arbor/MI 1996.

Ders.: Ottoman Military Administration in Eighteenth Century Bosnia. Leiden 1998.

Hildermeier, Manfred: Geschichte Russlands. Vom Mittelalter bis zur Oktoberrevolution. München 2013.

Hirn, [Josef]: Das Exil des Moldauer Fürsten Peter Schiopul, in: *Historisches Jahrbuch* 7 (1886), 434–441.

Histoire de la Transylvanie. Hg. Béla Köpeczi. Budapest 1992.

Historia e popullit shqiptar. Bd. 1: Mesjeta. Shqipëria nën perandorinë osmane gjatë shek. XVI–vitet 20 të shek. [Geschichte des alb. Volkes. Das Mittelalter. Albanien unter osm. Herrschaft vom 16. bis zum 20. Jh.]. Tirana 2002.

Historische Bücherkunde Südosteuropa. Bd. 1,1–2: Mittelalter. Hg. Mathias Bernath. München 1978–1980.

Historische Bücherkunde Südosteuropa. Bd. 2,2: Neuzeit. Rumänien 1521–1918. Bearb. v. Manfred Stoy. München 2002.

History of Transylvania. Hgg. Béla Köpeczi u.a. Budapest 1994 (Übers. von: Erdély rövid története [Hgg. Köpeczi u.a.]).

History of Transylvania. Hgg. Béla Köpeczi u.a. Bd. 1: From the Beginnings to 1606. Boulder/CO 2001 (Übers. von: Erdély története, Bd. 1 [Hgg. Köpeczi u.a.]).

Hitchins, Keith: The Romanians, 1774–1866. Oxford 1996.

Hochedlinger, Michael: Austria's Wars of Emergence. War, State and Society in the Habsburg Monarchy 1683–1797. London, New York 2013.

Ders.: „Herzensfreundschaft" – Zweckgemeinschaft – Hypothek. Das russisch-österreichische Bündnis von 1781 bis zur zweiten Teilung Polens, in: Scharf (Hg.), Katharina II., Russland und Europa, 183–226.

Ders.: Krise und Wiederherstellung. Österreichische Großmachtpolitik zwischen Türkenkrieg und „Zweiter Diplomatischer Revolution", 1787–1791. Berlin 2000.

Hocquet, Jean-Claude: Denaro, navi e mercanti a venezia, 1200–1600. Roma 1999.

Ders.: I meccanismi dei traffici, in: Storia di Venezia, Bd. 3 (Hgg. Arnaldi/Cracco/Tenenti), 529–616.

Ders.: Il sale e la fortuna di Venezia. Roma 1990.

Ders.: Venise et la mer. XIIᵉ–XVIIᵉ siècle. Paris 2006.

Hodinka, Antal: A kárpátaljai rutének, lakóhelyük, gazdaságuk és múltjuk [Die Ruthenen der Karpaten-Ukraine, ihre Wohnorte, ihre Wirtschaft u. Vergangenheit]. Budapest 1923.

Hoensch, Jörg K.[onrad]: Itinerar König und Kaiser Sigismunds von Luxemburg, 1368–1437. Warendorf 1995.

Ders.: Kaiser Sigismund. Herrscher an der Schwelle zur Neuzeit 1368–1437. München 1996.

Ders.: Matthias Corvinus. Diplomat, Feldherr und Mäzen. Graz, Wien, Köln 1998.

Höfert, Almut: Den Feind beschreiben. „Türkengefahr" und europäisches Wissen über das Osmanische Reich 1450–1600. Frankfurt/M. 2003.

Hoffmann, Leo: Kurze Geschichte der Banater Deutschen, 1717–1848. Timişoara 1925.

Hohlweg, Armin: Kaiser Johannes VIII. Palaiologos und der Kreuzzug des Jahres 1444, *Byzantinische Zeitschrift* 73 (1980), 14–24.

Holban, Maria: Contribuţii la istoria domniei munteneşti a lui Simion Movilă [Beiträge zur Geschichte der wal. Herrschaft von Simion Movilă], *Revista istorică* 23 (1937), H. 4–6, 147–154.

Dies.: Despre raporturile lui Basarab cu Ungaria angevină şi despre reflectarea campaniei din 1330 în diplomele regale şi în „Cronica Pictată" [Über die Beziehungen Basarabs mit dem angevinischen Ungarn u. die Wiederspiegelung der Kampagne von 1330 in den königlichen Diplomen u. in der „Bilderchronik"], *Studii. Revistă de istorie* 20 (1967), H. 1, 3–43.

Holder, Gottlob: Das Deutschtum in der unteren Baranya. Eine bevölkerungs- und siedlungsgeographische Studie über die schwäbische Türkei. Stuttgart 1931.

Hollenbeck, Meike: Die Türkenpublizistik im 17. Jahrhundert – Spiegel der Verhältnisse im Reich?, *Mitteilungen des Instituts für Österreichische Geschichtsforschung* 107 (1999), 111–130.

Holton, David (Hg.): Literature and Society in Renaissance Crete. Cambridge 1991.

Holtus, Günter/Metzeltin, Michael/Schmitt, Christian (Hgg.): Lexikon der Romanischen Linguistik, Bd. 2,2: Die einzelnen romanischen Sprachen und Sprachgebiete vom Mittelalter bis zur Renaissance. Tübingen 1995, 228–238, 229.

Hóman, Bálint/Szekfű, Gyula: Magyar történet [Ung. Geschichte]. 8 Bde. Budapest [ca. 1929–1932].

Diess.: Magyar történet. Bd. 3: A magyar nagyhatalom. A magyar Renaissance – Mohács [Ung. Geschichte. Bd. 3: Die ung. Großmacht. Die ung. Renaissance – Mohács]. Budapest ²1934.

Diess.: Magyar történet. Bd. 4: A tizennyolcadik század [Ung. Geschichte. Bd. 4: Das 18. Jh.]. Budapest ²1935.

Diess.: Magyar történet. Bd. 6: A tizennyolcadik század [Ung. Geschichte. Bd. 6: Das 18. Jh.]. Budapest [ca. 1928].

Honoris causa. Tanulmányok Engel Pál tiszteletére [Honoris causa- Aufsätze zu Ehren von Pál Engel]. Hgg. Tibor Neumann/György Rácz. Budapest 2009.

Hooper, Paul Lovell: Forced Population Transfers in Early Ottoman Imperial Strategy. A Comparative Approach. Princeton/NJ 2003 (B.A.-Arbeit; abrufbar unter <https://www.unm.edu/~phooper/thesis_condensed.pdf>).

Hopf, Carl: Geschichte Griechenlands vom Beginn des Mittelalters bis auf unsere Zeit. Bd. 2. New York 1973 (Nachdr.).

Höpken, Wolfgang: „Kontinuität im Wandel". Historiographie in Bulgarien seit der Wende, in: Ivanišević (Hg.), Klio ohne Fesseln?, 487–498.

Horbec, Ivana: Kroatischer Königlicher Rat (1767–1779). Eine Wende in der Entwicklung des öffentlichen Dienstes in Kroatien, in: András Forgó/Krisztina Kulcsár (Hgg.), „Die habsburgische Variante des aufgeklärten Absolutismus". Beiträge zur Mitregentschaft Josephs II. 1765–1780. Wien 2018, 137–162.

HORNYIK, János: A rácok ellenforradalma, 1703–1711 [Die Konterrevolution der Raitzen, 1703–1711], *Századok* 2 (1868), H. 1, 530–552 (Teil 1), 608–632 (Teil 2).

HORVÁTH, Mihály: Az ipar és kereskedés története Magyarországban. A három utolsó század alatt [Die Geschichte der Industrie u. des Handels in Ungarn. Während der letzten drei Jahrhunderte]. Buda 1811 [Reprintausg. Budapest 1984].

DERS.: Magyarország történelme [Geschichte Ungarns]. Bd. 5. Pest 1863; Bde. 7–8. Pest ²1872, ²1873.

HORVÁTH, Richárd: The Castle of Jajce in the Organization of the Hungarian Border Defence System under Matthias Corvinus, in: BIRIN (Hg.), Stjepan Tomašević, 89–98.

DERS.: Várak és uraik a késő középkori Magyarországon. Vázlat a kutatás néhány lehetőségéről [Burgen u. ihre Herren im spätmittelalterlichen Ungarn. Skizze einiger Forschungsmöglichkeiten], in: Honoris causa (Hgg. NEUMANN/RÁCZ), 63–104.

HOUBEN, Hubert (Hg.): La conquista turca di Otranto (1480) tra storia e mito. 2 Bde. Galatina 2008.

HOUBEN, Hubert/TOOMASPOEG, Kristjan (Hgg.): L'Ordine Teutonico tra Mediterraneo a Baltico. Incontri e scontri tra religioni, popoli e cultura. Der Deutsche Orden zwischen Mittelmeerraum und Baltikum. Begegnungen und Konfrontationen zwischen Religionen, Völker und Kulturen. Galatina 2008.

HÖSCH, Edgar: Die Balkanpolitik der russischen Zaren zwischen Ideologie und Staatsraison, in: TERZIĆ (Hg.), Islam, Balkan i velike sile, 245–259.

DERS.: Geschichte der Balkanländer. Von der Frühzeit bis zur Gegenwart. München 1988.

DERS.: Kulturgrenzen, gesellschaftliche Entwicklung und Raumstrukturen, in: LIENAU (Hg.), Raumstrukturen und Grenzen, 43–57.

DERS.: Kulturgrenzen in Südosteuropa, *Südosteuropa* 47 (1998), 601–623.

DERS.: Das sogenannte „griechische Projekt" Katharinas II. Ideologie und Wirklichkeit der russischen Orientpolitik in der 2. Hälfte des 18. Jahrhunderts, *Jahrbücher für Geschichte Osteuropas* N.F. 12 (1964), H. 1, 168–206.

HOUSLEY, Norman (Hg.): The Crusade in the Fifteenth Century. Converging and Competing Cultures. London 2017.

DERS. (Hg.): Crusading and Warfare in Medieval and Renaissance Europe. Aldershot, Burlington/VT 2001.

DERS.: The Later Crusades, 1274–1580. From Lyons to Alcaza. Oxford, New York 1992.

DERS.: Le Maréchal Boucicaut à Nicopolis, in: DERS., Crusading and Warfare, Teil 5, 85–99.

DERS. (Hg.): Reconfiguring the Fifteenth-Century Crusade. London 2017.

HOVI, Tuomas: From a Crusader to a Vampire? The Connections between Vlad Dracula, Count Dracula, and Current Dracula Tourism, in: BOHN/EINAX/ROHDEWALD (Hgg.), Vlad der Pfähler, 269–283.

HOWARD, Douglas A.: Why Timars? Why Now? Ottoman Timars in the Light of Recent Historiography, *Turkish Historical Review* 8 (2017), H. 2, 117–144.

HRABAK, Bogumil: Dubrovačke vesti o Skender-begu Crnojeviću i Crnoj Gori pod njegovom vlašću [Nachrichten aus Dubrovnik zu Skender-beg Crnojević u. Montenegro unter seiner Herrschaft], *Anali* (Dubrovnik) 6/7 (1959), 419–439.

DERS.: Turske provale i osvajanja na području današnje severne Dalmacije do sredine XVI stoleća [Osm. Einfälle u. Eroberungen im Gebiet des heutigen Norddalmatien bis zur Mitte des 16. Jh.s], *Radovi* (Sveučilište u Zagrebu/Institut za hrvatsku povijest) 19 (1986), H. 1, 69–100.

HRUSHEVSKY, Mykhailo: History of Ukraine-Rus'. Bd. 7: The Cossack Age to 1625. Hgg. Andrzej POPPE u. a. Edmonton 1999 (zuerst erschienen als: Istorija Ukraïny-Rusy. Bd. 7: Kozac'ki časy – do roku 1625. Kyïv, L'viv 1909).

DERS.: History of Ukraine-Rus'. Bd. 9,1: The Cossack Age, 1650–1653. Hgg. Andrzej POPPE u. a. Edmonton 2005 (zuerst erschienen als: Istorija Ukraïny-Rusy. Bd. 9,1: Chmel'nyččyna roky 1650–1653. Kyïv 1928).

HRUZA, Karel/KAAR, Alexandra (Hgg.): Kaiser Sigismund (1368–1437). Zur Herrschaftspraxis eines europäischen Monarchen. Wien, Köln, Weimar 2012.

HUBER, Alfons: Ludwig I. von Ungarn und die ungarischen Vasallenländer, *Archiv für österreichische Geschichte* 66 (1885), 1–44.

HUNECKE, Volker: Der venezianische Adel am Ende der Republik 1646–1797. Demographie, Familie, Haushalt. Tübingen 1995.

HUNGER, Herbert: Die hochsprachliche profane Literatur der Byzantiner. Bd. 1: Philosophie, Rhetorik, Epistolographie, Geschichtsschreibung, Geographie. Wien 1978.

Ders.: Zeitgeschichte in der Rhetorik des sterbenden Byzanz, in: Schmid (Hg.), Studien zur älteren Geschichte Osteuropas, Bd. 2, 152–161.

Hunyadi, Zsolt: The Teutonic Order in Burzenland (1211–1225). Recent Reconsiderations, in: Houben (Hg.), L'Ordine Teutonico tra Mediterraneo a Baltico, 151–172.

Hurezeanu, Damian: Regimul fanariot, o poartă spre modernizarea Ţărilor Române? [Das Regime der Phanarioten, eine Pforte zur Modernisierung der Donaufürstentümer?], in: Violeta Barbu (Hg.), Historia manet. Volum omagial Demény Lajos emlékkönyv [Erinnerungband an Demény Lajos]. Bucureşti 2001, 399–412.

Hušić, Aladin: Demografske prilike u srednjodalmatinskom zaleđu početkom 16. stoljeća [Demographic Circumstances in the mid-Dalmatian Hinterland in the Early 16th Century], Prilozi za orijentalnu filologiju 55 (2005), 227–241.

Huta, Përparimë: Fshati në sanxhakun e Shkodrës, në shekujt XV–XVI. Vështrim mbi demografinë dhe ekonominë [Das Dorf im Sancak Shkodra im 15. u. 16. Jh. Ein Überblick über Demographie u. Wirtschaft]. Tirana 1990.

Hysa, Ylber: Shqiptarët dhe të tjerët. Nga Madona e Zezë deri te Molla e Kuqe [Die Albaner u. die Anderen. Von der Schwarzen Madonna bis zum Roten Apfel]. Prishtina 2009.

Iacob, Aurel: Ţara Moldovei în vremea lui Ştefan Tomşa al II-lea [Das Land Moldau zur Zeit Stefans II. Tomşa]. Brăila 2010.

Iacob, Dan Dumitru (Hg.): Avere, prestigiu şi cultura materială în surse patrimoniale. Inventare de averi din secolele XVI–XIX [Vermögen, Presige u. materielle Kultur in Vermögensquellen. Güterverzeichnisse vom 16.–19. Jh.]. Iaşi 2015.

Iacobescu, Mihai: Din istoria Bucovinei. Bd. 1: 1774–1862, de la administraţia militară la autonomia provincială [Aus der Geschichte der Bukowina. Bd. 1: 1774–1862, von der Militärverwaltung zur autonomen Provinz]. Bucureşti 1993.

Ignat, Georgeta/Agache, Dumitru: Contribuţii privind politica urmaşilor lui Petru Rareş [Beiträge betreffend die Politik der Nachfolger des Petru Rareş], Anuarul institutului de istorie şi arheologie Iaşi 15 (1978), 149–174.

Ilarianu, A. Papiu (Hg.): Tesauru de monumente istorice pentru Romania atâtu din vechiu tipărite câtu şi manuscripte, cea mai mare parte străine [Thesaurus hist. Monumente für Rumänien sowohl von alters her gedruckt wie auch Manuskripte, größtenteils ausländische]. Bd. 1. Bucuresti 1862.

Ilie, Liviu Marius: Asocierea la tron în timpul domniei lui Radu Paisie [Die Beteiligung am Thron zur Zeit der Herrschaft von Radu Paisie], Analele Universităţii din Craiova, Seria Istorie 13 (2008), H. 1(13), 53–60.

Ders.: Cauze ale asocierii la tron în Ţara Românească şi Moldova (sec. XIV–XVI) [Gründe der Thronbeteiligung in der Walachei u. der Moldau (14.–16. Jh.)], Analele Universităţii „Dunărea de Jos" Galaţi, Seria 19, Istorie 7 (2008), 75–90.

Ders.: Neagoe Basarab and the Succession to the Throne of Wallachia, Analele Universităţii Bucureşti. Istorie 53 (2004), 37–52.

Iliescu, Cătălina: Petru Şchiopul, iniţiator al procesului desfiinţării ocoalelor domneşti în Moldova [Peter d. Lahme, Urheber des Prozesses zur Aufhebung der herrschaftlichen Distrikte in der Moldau], Anuarul Institutului de Istorie „A.D. Xenopol" 37 (2000), 69–79.

Iliescu, Octavian: Monetele lui Mircea cel Bătrân [Die Münzen Mirceas d. Alten]. Brăila 2008.

Ilieva, Annetta: Reassessing the Crusade of Nicopolis (1396). A View from Within, Al-Masaq 10 (1998), 13–31.

Illéssy, János/Petkó, Béla: Az 1754–1755. évi országos nemesi összeírás [Die Landeskonskription des Adels 1754–1755]. Budapest 1902.

Illik, Péter: Török dúlás a Dunántúlon. Török kártételek a nyugat-dunántúli hódoltsági peremvidéken a 17. század első felében [Türk. Verheerungen in Transdanubien. Türk. Schaden an der osm.-ung. Grenze in Westtransdanubien in der ersten Hälfte des 17. Jh.s]. Budapest 2010.

Imber, Colin: Before the Kapudan Pashas. Sea Power and the Emergence of the Ottoman Empire, in: Zachariadou (Hg.), The Kapudan Pasha, 49–59.

Ders.: The Ottoman Empire, 1300–1481. Istanbul 1990.

Ders.: The Ottoman Empire, 1300–1650. The Structure of Power. London ³2019.

Ders.: The Role of Dynastic Politics in the Ottoman Conquest of the Balkan Peninsula, in: Dančev u. a. (Hgg.), Turskite zavoevanija i sădbata na balkanskite narodi, 113–116.

IMHAUS, Brunehilde: Le minoranze orientali a Venezia 1300–1510. Rom 1997.

INALCIK, Halil: s.v. Arnawutluk, in: Encyclopédie de l'Islam, Bd. 1, 670–678.

DERS.: s.v. Boghdān, in: The Encyclopaedia of Islam, Bd. 1, 1252f.

DERS. (Hg.): An Economic and Social History of the Ottoman Empire. 2 Bde. Cambridge 1994.

DERS.: Kutadgu Bilig'de Türk ve İran Siyaset Nazariye ve Gelenekleri [Die türk. u. persischen polit. Ideen u. Traditionen im Kutadgu Bilig], in: Reşid Rahmeti Arat İçin. Ankara 1966, 259–271.

DERS.: The Ottoman Empire. The Classical Age 1300–1600. London 1973.

DERS.: The Ottoman Empire. Conquest, Organization and Economy. Collected Studies. London 1978.

DERS.: Ottoman Galata 1453–1553, in: ELDEM (Hg.), Première rencontre internationale, 17–116.

DERS.: Ottoman Methods of Conquest, *Studia Islamica* 2 (1954), 103–129.

DERS.: The Policy of Mehmed II towards the Greek Population of Istanbul and the Byzantine Buildings of the City, *Dumbarton Oaks Papers* 23–24 (1969/70), 231–249.

DERS.: Şikâyet Hakkı. „Arz-ı hâl" ve „Arz-ı Mahzar'lar" [Das Beschwerderecht. „Arz-ı hâls" u. „Arz-ı Mahzars"], *Osmanlı Araştırmaları/The Journal of Ottoman Studies* 7–8 (1988), 33–54.

DERS.: Timariotes chrétiens en Albanie au XVe siècle d'après un registre de timars ottoman, *Mitteilungen des österreichischen Staatsarchivs* 4 (1951), 118–138.

İNBAŞI, Mehmet: Avlonya Sancağı ve Yönetimi (1750–1800) [Die Provinz Vlora u. deren Verwaltung (1750–1800)], *Osmanlı Mirası Araştırmaları Dergisi* 6 (2019), 143–154.

DERS.: Ukrayna'da Osmanlılar. Kamaniçe Seferi ve Organizasyonu (1672) [Die Osmanen in der Ukraine. Der Kameniec-Krieg u. seine Organisation (1672)]. Istanbul 2004.

INFELISE, Mario/STOURAITI, Anastasia (Hgg.): Venezia e la guerra di Morea. Guerra, politica e cultura alla fine del '600. Milano 2005.

INGRAO, Charles/SAMARDŽIĆ, Nikola/PEŠALJ, Jovan (Hgg.): The Peace of Passarowitz, 1718. West Lafayette/IN 2011, ²2014.

Inventory of the *Lettere e Scritture Turchesche* in the Venetian State Archives. Hg. Maria Pia PEDANI. Leiden, Boston/MA 2010.

IONAŞCU, I.: Politica fiscală a lui Ioan Vodă Caragea oglindită în corespondența inedită a lui Manuc Bey [Die Fiskalpolitik von Ioan Vodă Caragea im Spiegel der unpublizierten Korrespondenz des Manuc Bey], *Studii şi articole de istorie* 8 (1966), 45–82.

IONESCU, Adrian-Silvan: The Oriental Influence in the Moldo-Wallachian Costume, *Revue roumaine d'histoire* 51 (2012), H. 3–4, 119–169.

IONESCU, Ştefan: Epoca Brâncovenească. Dimensiuni politice, finalitate culturală [Die Brâncoveanu-Epoche. Polit. Dimensionen, kulturelle Ausrichtung]. Cluj-Napoca 1981.

IONESCU, Ştefan/PANAIT, Panait I.: Constantin Vodă Brâncoveanu. Viaţa, domnia, epoca [Woiwode Constantin Brâncoveanu. Leben, Herrschaft, Epoche]. Bucureşti 1969, ²2014.

IONIŢĂ, Adrian/KELEMEN, Beatrice/SIMON, Alexandru: Între Negru Vodă şi Prinţul Negru al Ţării Româneşti. Mormântul 10 din biserica Sfântul Nicolae Domnesc de la Curtea de Argeş [Zwischen Negru Vodă u. Fürst Negru der Walachei. Das Grab 10 der Fürstenkirche St. Nikolaus von Curtea de Argeş], *Anuarul Institutului de Istorie „A.D. Xenopol"* 51 (2014), 1–44.

IORDACHE, Anastasie: Grigore III Ghica şi răpirea Bucovinei [Grigore III. Ghica u. der Raub der Bukowina], *Revista istorică* 3 (1992), H. 1–2, 121–135.

DERS.: Principii Ghica. O familie domnitoare din istoria României [Die Fürsten Ghica. Eine Herrscherfamilie aus der Geschichte Rumäniens]. Bucureşti 1991.

IORDACHI, Constantin: From Imperial Entanglements to National Disentanglement. The „Greek Question" in Moldavia and Wallachia, 1611–1863, in: DASKALOV/MARINOV (Hgg.), Entangled Histories of the Balkans, Bd. 1, 67–148.

IORGA, Filip-Lucian: Strămoşi pe alese. Călătorie în imaginarul genealogic al boierimii române [Auserwählte Ahnen. Reise durch die genealogische Vorstellungswelt des rum. Bojarentums]. Bucureşti 2013.

IORGA, N.[icolae]: Byzance après Byzance. Continuation de l'„Histoire de la vie byzantine". Bucarest 1935.

DERS.: Geschichte des rumänischen Volkes im Rahmen seiner Staatsbildungen. 2 Bde. Gotha 1905.

DERS.: Istoria lui Mihai Viteazul [Geschichte von Michaels d. Tapferen]. 2 Bde. Bucureşti 1935.

DERS.: Istoria lui Ştefan cel Mare [Die Geschichte Stefans d. Großen]. Bucureşti 1978 (Erstpublikation 1904).

BIBLIOGRAPHIE

Ders.: Istoria românilor [Histoire des roumains et de la romanité orientale]. 10 Bde. Bucureşti ²1988–2011.

Ders.: Vasile Lupu ca urmator al împaratilor de rasarit în tutelarea Patriarhiei de Constantinopole şi a Bisericii Ortodoxe [Vasile Lupu als Nachfolger der östlichen Kaiser bei der Patronage der Patriarchie von Konstantinopel u. der Orthodoxen Kirche], *Analele Academiei Române,* Seria 2, 36 (1913–1914), 207–236.

Iosipescu, Sergiu: Contribuţii la istoria domniei principelui Radu I şi a alcatuirii teritoriale a Ţarii Româneşti în secolul al XIV-lea [Beiträge zur Geschichte der Herrschaft des Fürsten Radu I. u. der territorialen Zusammensetzung der Walachei im 14. Jh.], *Studii si Materiale de Istorie Medie* 28 (2010), 25–48.

Ders.: Vrancea, Putna şi Basarabia. Contribuţia la evoluţia frontierei sudice a Moldovei în secolele XIV–XV [Vrancea, Putna u. Bessarabien. Beitrag zur Entwicklung der südlichen Grenze der Moldau im 14.–15. Jh.], in: Ionel Cândea/Paul Cernovodeanu/Gheorghe Lazăr (Hgg.), Închinare lui Petre Ş. Năsturel la 80 de ani [Verbeugung für Petre Ş. Năsturel zum 80-jährigen Geburtstag]. Braila 2003, 205–224.

Isailović, Neven: Bračni planovi Kotromanića i državna politika Bosne polovinom XV veka [Heiratspläne der Kotromanićs u. die Staatspolitik Bosniens zur Mitte des 15. Jh.s], in: Spremić (Hg.), Pad Srpske despotovine, 203–214.

Ders.: Legislation concerning the Vlachs of the Balkans before and after Ottoman Conquest. An Overview, in: Rudić/Aslantaş (Hgg.), State and Society in the Balkans, 25–42.

Ders.: Povelja hercega Hrvoja Vukčića Hrvatinića ženi Jeleni [Eine Urkunde des Herzogs Hrvoje Vukčić Hrvatinić für seine Frau Jelena], *Stari srpski arhiv* 10 (2011), 165–180.

Ders.: Prilog o delovanju kneza i vojvode Petra Pavlovića u bosansko-ugarsko-turskim sukobima početkom XV veka [A Contribution about the Activity of *knez* and *voivode* Petar Pavlović in the Bosnian-Hungarian-Turkish Conflicts at the Beginning of the 15th Century], *Istorijski časopis* 66 (2017), 173–208.

Isailović, Neven/Jakovljević, Aleksandar: Šah Melek (prilog istoriji turskih upada u Bosnu, 1414. i 1415. godine) [Šah Melek (Beitrag zur Geschichte der türk. Einfälle in Bosnien 1414 u. 1415)], in: Rudić (Hg.), Spomenica akademika Sime Ćirkovića, 441–463.

Isar, Nicolae: Principatele române în epoca luminilor (1770–1830). Cultura, spiritul critic, geneza ideii naţionale [Die rum. Fürstentümer in der Epoche der Aufklärung (1770–1830). Kultur, kritischer Geist, Genese der nationalen Idee]. Bucureşti 1999, ²2005.

Ders.: Relaţii şi interferenţe româno-franceze în epoca Luminilor (1769–1834). Studii [Rum.-franz. Beziehungen u. Interferenzen im Zeitalter der Aufklärung (1769–1834). Aufsätze]. Bucureşti 2017.

Isbert, Otto-Albrecht: Das südwestliche ungarische Mittelgebirge. Bauernsiedlung und Deutschtum Langensalza, Berlin, Leipzig 1931.

Iscru, G. D.: Revoluţia româna din 1821 condusa de Tudor Vladimirescu [Die rum. Revolution von 1821 unter Führung von Tudor Vladimirescu]. Bucureşti 1982, ⁴2017.

Israel, Uwe (Hg.): Protestanten zwischen Venedig und Rom in der Frühen Neuzeit. Berlin, Boston/MA 2013.

Israel, Uwe/Schmitt, Oliver Jens (Hgg.): Venezia e Dalmazia. Roma 2013.

Istoria Românilor [Geschichte der Rumänen]. 10 Bde. Bucureşti 2001–2013 (Zweitaufl. Bde. 1–7: 2010–2015).

Istorija Crne Gore. Bde. 1–3,1. Titograd 1967–1975.

Istorija srpskog naroda. 6 Bde. Beograd 1981–1993.

Ivanišević, Alojz (Hg.): Klio ohne Fesseln? Historiographie im östlichen Europa nach dem Zusammenbruch des Kommunismus. Frankfurt/M. 2002.

Ivanova, R.[adost]: The Problem of the Historical Approach in Epic Songs of the Kosovo Cycle, *Études balkaniques* 29 (1993), H. 4, 110–122.

Ivanova, Svetlana: Varoş. The Elites of the Reaya in the Towns of Rumeli, Seventeenth-Eighteenth Centuries, in: Anastasopoulos (Hg.), Provincial Elites in the Ottoman Empire, 201–246.

Dies. u. a. (Hgg.): Etničeski i kulturni prostranstva na Balkanite. Sbornik v čest na prof. d.i.n. Cvetana Georgieva. Bd. 2: Savremennost – etnoložki diskursi [Ethnische u. kulturelle Räume des Balkans. Sammelband zu Ehren von Prof. Cvetana Georgieva. Bd. 2: Gegenwart – ethnologische Diskurse]. Sofija 2008.

Iványi, Béla: Mossóczy Zakariás és a magyar Corpus Juris keletkezése [Zacharias Mossóczy u. die Entstehung des ung. Corpus Juris]. Budapest 1926.

Iványi, Emma: Közvetítési kísérletek a bécsi udvar és Thököly között [Vermittlungsversuche zwischen dem Wiener Hof u. Thököly], in: Benczédi, (Hg.) A Thököly-felkelés és kora, 129–150.

Iványi, István: A bácskai kamarai puszták állapota és betelepítése 1763-ban [Stand u. Besiedlung der Kameralpuszten in der Batschka 1763], *Bács-Bodrog vármegyei Történelmi Társulat* 28 (1912), 17–26, 61–87 (2. u. 3. Teil).

DERS.: A tiszai határőrvidék, 1686–1750 [Die Theißer Militärgrenze, 1686–1750]. Budapest 1885.

IVETIC, Egidio: Cattolici e ortodossi nell'Adriatico orientale veneto, 1699–1797, in: Giuseppe GULLINO/Egidio IVETIC (Hgg.), Geografie confessionali. Cattolici e ortodossi nel crepuscolo della Repubblica di Venezia (1718–1797). Milano 2009, 49–119.

DERS.: Un confine nel Mediterraneo. L'Adriatico orientale tra Italia e Slavia (1300–1900). Roma 2014.

DERS.: L'Istria moderna (1500–1797). Una regione confine. Verona 2010.

DERS.: Oltremare. L'Istria nell'ultimo dominio veneto. Venezia 2000.

DERS.: Storia dell'Adriatico. Un mare e la sua civiltà. Bologna 2019.

DERS.: Territori di confine (secoli XV–XVIII), in: ORTALLI/SCHMITT/ORLANDO (Hgg.), Il *Commonwealth* veneziano, 183–201.

DERS.: Venezia e l'Adriatico orientale, in: ORTALLI/SCHMITT (Hgg.), Balcani occidentali, 239–260.

IVETIC, Egidio/ROKSANDIĆ, Drago (Hgg.): Tolerance and Intolerance on the Triplex Confinium. Approaching the „Other" on the Borderlands. Eastern Adriatic and Beyond 1500–1800. Padova 2007.

IVIĆ, Alexa: Ansiedlungen der Bulgaren in Ungarn, *Archiv für slavische Philologie* 31 (1910), 414–430.

JACOBY, David: Byzantium, the Italian Maritime Powers, and the Black Sea before 1204, *Byzantinische Zeitschrift* 100 (2008), H. 2, 677–699.

DERS.: Byzantium, Latin Romania and the Mediterranean. Aldershot u. a. 2001.

DERS.: La consolidation de Venise dans la ville de Négrepont (1205–1390). Un aspect de sa politique coloniale, in: MALTEZOU/SCHREINER (Hgg.), Bisanzio, Venezia e il mondo franco-greco, 151–187.

DERS.: The Demographic Evolution of Euboea under Latin Rule, 1205–1470, in: DERS., Travellers, Merchants and Settlers, 131–179 (Bd. ohne durchgehende Paginierung).

DERS.: Latins, Greeks and Muslims. Encounters in the Eastern Mediterranean, 10th–15th Centuries. Aldershot 2009.

DERS.: Migrations familiales et stratégies commerciales vénitiennes aux XIIe et XIIIe siècles, in: BALARD/DUCELLIER (Hgg.), Migrations et diasporas méditerranéennes, 355–373.

DERS.: Studies on Crusader States and on Venetian Expansion. Northampton 1989.

DERS.: Travellers, Merchants and Settlers in the Eastern Mediterranean, 11th–14th Centuries. Farnham/Surrey 2014.

JAČOV, Marko: Le guerre veneto-turche del XVII secolo in Dalmazia. Venezia 1991 (= *Atti e memorie della Società Dalmata di Storia Patria* 20 [1991]).

JÄGER-SUNSTENAU, Hanns: Az 1700 és 1918 közötti magyarországi nemesítések társadalomtörténeti struktúrája [Die gesellschaftsgeschichtliche Statistik der Nobilitierungen in Ungarn zwischen 1700 u. 1918], in: György KÖVÉR (Hg.), Magyarország társadalomtörténete. Bd. 1,2: A reformkortól az első világháborúig [Die Gesellschaftsgeschichte Ungarns. Bd. 1,2: Vom Reformzeitalter bis zum Ersten Weltkrieg]. Budapest 2002, 9–16.

JAKAB, Elek: A pragmatica sanctio története Erdélyben [Geschichte der Pragmatischen Sanktion in Siebenbürgen], *Századok* 13 (1879), 189–206 (Teil 1); 306–319 (Teil 2); 413–424 (Teil 3); 14 (1880), 300–330 (Teil 4).

JAKÓ, Zsigmond: A gyalui vártartomány urbáriumai [Die Urbarien des Burggebiets Julmarkt]. Kolozsvár 1944.

JANOS, Damien: Panaiotis Nicousios and Alexander Mavrocordatos. The Rise of the Phanariots and the Office of Grand Dragoman in the Ottoman Administration in the Second Half of the Seventeenth Century, *Archivum Ottomanicum* 23 (2005–2006), 177–196.

JARCUȚCHI, Ion/MISCHEVCA, Vladimir: Pacea de la București (din istoria diplomatică a încheierii tratatului de pace ruso-turc de la 16(28) mai 1812) [Der Friede von Bukarest (aus der diplomatischen Geschichte des russ.-türk. Friedensschlusses vom 16.[28.] Mai 1812)]. Chișinău 1993.

JÁSZAY, Magda: Contrastes et diplomatie dans les rapports de Mathias Ier Corvin et la République de Venise, *Acta Historica Academiae Scientiarum Hungaricae* 35 (1989), H. 1–4, 3–39.

JEFFERSON, John: The Holy Wars of King Wladislas and Sultan Murad. The Ottoman-Christian Conflict from 1438–1444. Leiden, Boston/MA 2012.

JEHEL, Georges: Les Angevins de Naples. Une dynastie européenne, 1246–1266–1442. Paris 2014.

JELAVICH, Barbara: History of the Balkans. 2 Bde. Cambridge, New York, Melbourne 1983.

DIES.: Russia's Balkan Entanglements, 1806–1914. Cambridge 1991.

JELENIĆ, Julijan: Ljetopis Franjevačkog samostana u Kr. Sutjesci [Die Chronik des Franziskanerklosters von Kraljeva Sutjeska], *Glasnik Zemaljskog Muzeja* 25 (1923), 1–30 (Teil 1); 26 (1924), 1–26 (Teil 2); 27 (1925), 5–41 (Teil 3); 28 (1926), 1–34 (Teil 4); 29 (1927), 167–191 (Teil 5).

JELIĆ, Robert: Smiljanići – kotarski serdari [Die Smiljanići – Serdare im Kotar], *Radovi Zavoda JAZU u Zadru* 29–30 (1983), 111–132.

JENDORFF, Alexander: Condominium. Typen, Funktionsweisen und Entwicklungspotentiale von Herrschaftsgemeinschaften in Alteuropa anhand hessischer und thüringischer Beispiele. Marburg 2010.

JENEY-TÓTH, Annamária: „... Urunk udvarnépe". Udvar és társadalma Báthory Gábor és Bethlen Gábor fejedelemsége idején a kolozsvári számadáskönyvek tükrében [„... Wir Herren Hofleute". Hof u. Gesellschaft zur Zeit der Fürsten Gabriel Báthory u. Gabriel Bethlen im Spiegel Klausenburger Rechnungsbücher]. Debrecen 2012.

JEWSBURY, George F.: The Russian Annexation of Bessarabia, 1774–1828. A Study of Imperial Expansion. New York 1976.

JIANU, Angela: Women, Fashion, and Europeanization. The Romanian Principalities, 1750–1830, in: BUTUROVIĆ/SCHICK (Hgg.), Women in the Ottoman Balkans, 201–230.

JIANU, Angela/BARBU, Violeta (Hgg.): Earthly Delights. Economies and Cultures of Food in Ottoman and Danubian Europe, c. 1500–1900. Leiden, Boston/MA 2018.

JIREČEK, Konstantin: Die Bedeutung von Ragusa in der Handelsgeschichte des Mittelalters, *Almanach der Kaiserlichen Akademie der Wissenschaften* 49 (1899), 367–452.

DERS.: Geschichte der Serben. 2 Bde. Gotha 1911–1918.

DERS.: Das Gesetzbuch des serbischen Caren Stephan Dušan, *Archiv für slavische Philologie* 22 (1900), 144–214.

DERS.: Die Handelsstrassen und Bergwerke von Serbien und Bosnien während des Mittelalters. Historisch-geographische Studien. Prag 1879.

DERS.: Istorija Srba [Die Geschichte der Serben]. Übers. Jovan RADONIĆ. 2 Bde. Beograd ²1952.

DERS.: Staat und Gesellschaft im mittelalterlichen Serbien. Studien zur Kulturgeschichte des 13.–15. Jahrhunderts. 4. Bde. Wien 1912–1919.

JIREČEK, Konstantin/THALLÓCZY, Ludwig v.: Zwei Urkunden aus Nordalbanien, in: THALLÓCZY (Hg.), Illyrisch-albanische Forschungen, Bd. 1, 125–167.

JOBST, Wolfgang: Der Gesandtschaftsbericht des Zū'l-Fiqar Efendi über die Friedensverhandlungen in Wien 1689. Wien 1980.

JOCHALAS, Titos: Über die Einwanderung der Albaner in Griechenland (Eine zusammenfassende Betrachtung), in: Peter BARTL/Martin CAMAJ/Gerhard GRIMM (Hgg.), Dissertationes albanicae. In honorem Josephi Valentini et Ernesti Koliqi septuagenariorum. München 1971, 89–106.

JONČEV, Ljubomir: Die politischen Beziehungen zwischen den Balkanstaaten um die Mitte des 14. Jahrhunderts (1347–1362) nach der „Historia" von Johannes Kantakuzenos, *Études historiques* 8 (1978), 123–140.

JONOV, Michail P.: Nemski i avstrijski pătepisi za Balkanite XV–XVI vek [Dt. u. österr. Reiseberichte zum Balkan, 15.–16. Jh.]. Sofija 1979.

JORDAN, Al.: Les relations culturelles entre les roumains et les slaves du sud. Traces des voévodes roumains dans le folklore balkanique. Bucureşti 1940.

JORDAN, Sonja: Die kaiserliche Wirtschaftspolitik im Banat im 18. Jahrhundert. München 1967.

JORDANOV, Krăstăo: Komandno-upravlenski aparat na vojnuškata institucia v bălgarskite zemi pod osmanska vlast prez XV–XVI vek. Jerarhična struktura, funkcii i kadrovi săstav [Command and Control of Voynuk Institution in the Bulgarian Lands under the Ottoman Rule in the Fifteenth and Sixteenth Century. Hierarchical Structure, Functions and Personnel Staff], *Istoričeski pregled* 2012, H. 3–4, 33–85.

DERS.: Derventžijstvoto v kazata Tatar Pazardžik prez XVI v. [Das Passwächterwesen im kaza Tatar Pazardžik im 16. Jh.], *Godišnik na Regionalen istoričesken muzej – Pazardžik* 5 (2014), 61–75.

DERS.: Derventžijstvoto v rajona na Stara planina i Predbalkana prez XVI v. [Das Passwächterwesen im Gebiet des Balkangebirges u. am Fuße des Balkangebirges im 16. Jh.], *Izvestija na Regionalen istoričesken muzej-Gabrovo* 2 (2014), 174–193.

JORGA, N.: Geschichte des rumänischen Volkes im Rahmen seiner Staatsbildungen. 2 Bde. Gotha 1905.

JÖRGER, Marcus: Die Fremd- und Eigenwahrnehmung in Janōs Thuróczys Chronica Hungarorum im Vergleich zum Diskurs der „Türkengefahr" im 15. Jahrhundert, in: Joachim LACZNY/Jürgen SARNOWSKY (Hg.), Perzeption und Rezeption. Wahrnehmung und Deutung im Mittelalter und in der Moderne. Göttingen 2014, 173–212.

JOSUPEIT-NEITZEL, Elke: Die Reformen Josephs II. in Siebenbürgen. München 1986.

JOVANOVIĆ, Vojislav S. u. a. (Hgg.): Novo Brdo. Beograd 2004.

DERS.: Novo brdo srednjovekovni grad. Novo brdo Mediaeval Fortress, in: DERS. u. a. (Hgg.), Novo Brdo, 10–161.

JUDDE DE LARIVIÈRE, Claire: Naviguer, commercer, gouverner. Économie maritime et pouvoirs à Venise (XVᵉ–XVIᵉ siècles). Leiden 2008.

JUHA, Mariann: Die Etablierung und Verbreitung mineralogischen Wissens im historischen Ungarn unter besonderer Berücksichtigung der Bergakademie Schemnitz, 1735–1777. Augsburg 2008.

JURAN, Kristijan: Doseljavanje Morlaka u opustjela sela šibenske Zagore u 16. stoljeću [Morlak Colonization in the Abandoned Villages of Šibenik's Hinterland during the 16th Century], *Povijesni prilozi* 33 (2014), Nr. 46, 129–160.

DERS.: O podrijetlu i šibenskoj rodbini prvoga kliškog sandžakbega Murat-beg Gajdića [On the Background and the Šibenik Relatives of Murat-beg Gajdić, the First Sanjak Bey of Klis], *Prilozi za orijentalnu filologiju* 66 (2016), 231–239.

JURIN STARČEVIĆ, Kornelija: Demografska kretanja u selima srednjodalmatinskog zaleđa u 16. i početkom 17. stoljeća [Demographische Bewegungen in den Dörfern des mitteldalmatinischen Hinterlands im 16. u. zu Beginn des 17. Jh.s], *Prilozi za orijentalnu filologiju* 54 (2004), 139–167.

DIES.: Osmanski Knin (1522.–1688.) [Das osm. Knin (1522–1689)], in: Joško BELAMARIĆ/Marko GRČIĆ (Hgg.), Dalmatinska zagora – nepoznata zemlja [Die dalmatinische Zagora – unbekanntes Land]. Zagreb 2007, 649–666.

DIES.: Vojne snage Kliskog i Krčko-Ličkog sandžaka pred Kandijski rat. Osmanska vojska plaćenika [Die militärischen Kräfte der Provinz Klis, Krk u. der Lika vor dem Kretakrieg. Das osm. Söldnerheer], in: Damir AGIČIĆ (Hg.), Zbornik Mire Kolar-Dimitrijević. Zbornik radova povodom 70. rođendana [Festschrift für Mira Kolar-Dimitrijević. Sammelband zum 70. Geburtstag]. Zagreb 2003, 79–93.

JURUKOVA, Jordanka N./PENČEV, Vladimir M.[arinov]: Bălgarska srednovekovni pečati i moneti [Mittelalterliche bulg. Siegel u. Münzen]. Sofija 1990.

JUZBAŠIĆ, Dževad/RESS, Imre (Hgg.): Lajos Thallóczy, der Historiker und Politiker. Die Entdeckung der Vergangenheit von Bosnien-Herzegowina und die moderne Geschichtswissenschaft. Lajos Thallóczy, historičar i političar. Thallóczy Lajos, a történész és politikus. Sarajevo, Budapest 2010.

KADRIĆ, Adnan: Muhamed Nergisi Sarajlija (1584–1635). Majstor visokostilizirane proze na orijentalnim jezicima [Muhamed Nergisi Sarajlija (1584–1635). Meister der hochstilisierten Prosa in orientalischen Sprachen], *Godišnjak BZK „Preporod"* 14 (2014), 298–310.

KAFADAR, Cemal: Between Two Worlds. The Construction of the Ottoman State. Berkeley/CA, Los Angeles, London 1995.

DERS.: Eyüp'te Kılıç Kuşanma Törenleri [Die Schwertgürtungszeremonien in Eyüb], in: Tüley ARTAN (Hg.), Eyüp. Dün/Bugün [Eyüp. Gestern/Heute]. Istanbul 1994, 50–61.

KAJMAKAMOVA, Milijana: Idejata „Tărnovo – nov Carigrad". „Treti Rim" prez XIII–XIV vek [Die Idee „Tărnovo – neues Konstantinopel". „Drittes Rom" im 13.–14. Jh.], *Bulgaria Mediaevalis* 3 (2012), 453–484.

KÁLDY-NAGY, Gyula: The Conscription of Müsellem and Yaya Corps in 1540, in: DERS., Hungaro-Turcica. Studies in Honour of Julius Németh. Budapest 1976, 275–281.

KALESHI, Hasan: Alcuni dati delle cronache ottomane sulle guerre albano-turche del XV secolo, in: Atti. V Convegno Internazionale, 203–220.

DERS.: Das türkische Vordringen auf dem Balkan und die Islamisierung. Faktoren für die Erhaltung der ethnischen und nationalen Existenz des albanischen Volkes, in: BARTL/GLASSL (Hgg.), Südosteuropa unter dem Halbmond, 125–138.

KALIĆ, Jovanka: Despot Stefan Lazarević i Turci (1421–1427) [Despote Stefan Lazarević et les Turcs 1421–1427], *Istorijski časopis* 29/30 (1982/83), 7–19.

KALJONSKI, Aleksej: Jurucite [Die Yürüken]. Sofija 2007.

KALLAY, Nikola: Zlatne bule Andrije II. i Bele IV. Šubićima Bribirskim [Golden Bullas Issued by Kings Andrews II and Bela IV to the Family Šubić de Bribir], *Radovi/Zavod za hrvatsku povijest* 44 (2012), H. 1, 209–222.

KALLBRUNNER, Josef: Das kaiserliche Banat. Einrichtung und Entwicklung des Banats bis 1739. München 1958.

BIBLIOGRAPHIE

KALLIGA, Charis A.: Monemvasia. A Byzantine City State. London 2010.

KALMÁR, János: Das *Einrichtungswerk des Königreichs Hungarn* und die Einrichtung des Temeswarer Banats im 18. Jahrhundert, in: Einrichtungswerk des Königreichs Hungarn (Hgg. DERS./VARGA), 459–470.

DERS.: A Kollonich-féle „Einrichtungswerk" és a 18. századi bánsági berendezkedés [The „Einrichtungswerk" of Bishop Kollonich and the Administration of the Banat in the 18th Century], *Századok* 115 (1991), H. 5–6, 489–499.

DERS.: Die Religionspolitik Kaiser Leopolds I. in Ungarn und das „Einrichtungswerk" des Leopold Kollonich, *Ungarn-Jahrbuch* 29 (2008), 73–83.

DERS.: Szatmár, 1711. Vég, folytonosság, kezdet [Szatmár, 1711. End, Continuity, Beginning], *Századok* 146 (2012), H. 4, 875–886.

KALNOKY, Nathalie: Le droit coutumier de la Noble Nation Sicule de Transylvanie et la doctrine de la sainte Couronne. Deux aspects d'un sens du partage du pouvoir proto-démocratique dans la Hongrie Medievale, *Hungarian Studies* 30 (2016), H. 2, 191–201.

KAMBEROVIĆ, Husnija: Begovski zemljišni posjedi u Bosni i Hercegovini, 1878–1918 [Der Landbesitz der Beys in Bosnien u. der Herzegowina, 1878–1918]. Zagreb 2003.

KÄMPFER, Frank: Herrscher, Stifter, Heiliger. Politische Heiligenkulte bei den orthodoxen Südslaven, in: Jürgen PETERSOHN (Hg.), Politik und Heiligenverehrung im Hochmittelalter. Sigmaringen 1994, 423–445.

DERS.: Der Kult des heiligen Serbenfürsten Lasar. Textinterpretationen zur Ideologiegeschichte des Spätmittelalters, *Südost-Forschungen* 31 (1972), 81–139.

KAPIDŽIĆ, Hamdija: Ali-paša Rizvanbegović i njegova doba [Ali Pascha Rizvanbegović u. seine Zeit]. Sarajevo 2001.

KAPOSI, Zoltán: Die wirtschaftlichen Auswirkungen der Ansiedlung in Ungarn, in: SEEWANN/KRAUSS/SPANNENBERGER (Hgg.), Die Ansiedlung der Deutschen in Ungarn, 101–123.

KARÁCSONYI, Johann: Das Land Borodnok, *Ungarische Rundschau für historische und soziale Wissenschaften* 4 (1915), 131–136.

KARADJA, Constantin I.: Delegaţii din ţara noastră la conciliul din Constanţa (în Baden) în anul 1415 [Die Delegationen aus unserem Land am Konzil von Konstanz (in Baden) im Jahr 1415], *Academia Română. Memoriile secţiunii istorice,* Seria 3, 7 (1927), 59–91.

KARAÍSKAJ, Gjerak: Kalaja e Elbasanit [Die Burg von Elbasan], *Monumentet* 1 (1971), 61–78.

KARAPIDAKIS, Nicolas: Civis fidelis. L'avènement et l'affirmation de la citoyenneté corfiote (XVIᵉ–XVIIᵉ siècles). Frankfurt/M. 1992.

DERS.: Dominants et dominés dans le Levant vénitien. Les zones d'ombre des identités, in: ORTALLI/SCHMITT/ORLANDO (Hgg.), Il *Commonwealth* veneziano, 273–295.

DERS.: I rapporti fra „governanti e governati" nella Creta veneziana. Una questione che può essere riaperta, in: ORTALLI (Hg.), Venezia e Creta, 233–244.

KARATEKE, Hakan T.: Legitimizing the Ottoman Sultanate. A Framework for Historical Analysis, in: DERS./REINKOWSKI, Legitimizing the Order, 13–52.

KARATEKE, Hakan T./REINKOWSKI, Maurus: Legitimizing the Order. The Ottoman Rhetoric of State Power. Leiden, Boston/MA 2005.

KARATHANASES, Athanasios E.: Οι έλληνες λόγιοι στη Βλαχιά (1670–1714). Συμβολή στη μελέτη της ελληνικής πνευματικής κίνησης στην παραδουνάβιες ηγεμονίες κατά την προφαναριώτικη περίοδο [Die gr. Gelehrten in der Walachei (1670–1714). Beitrag zur Erforschung der gr. intellektuellen Bewegung in den Donaufürstentümern in der Zeit vor den Phanarioten]. Thessaloniki 1982.

KARATHANASSIS, Athanassios E.: La renaissance culturelle Hellénique dans les pays Roumains, et surtout en Valachie, pendant la période préphanariote (1670–1714), *Balkan Studies* 27 (1986), H. 1, 29–59.

KARAYANNOPULOS, Johannes/WEISS, Günter: Quellenkunde zur Geschichte von Byzanz (324–1453). 2 Halbbde. Wiesbaden 1982.

KARBIĆ, Damir: Odnosi gradskoga plemstva i bribirskih knezova Šubića. Prilog poznavanju međusobnih odnosa hrvatskih velikaša i srednjovjekovnih dalmatinskih komuna [The Relationship between the Urban Nobility and the Counts Šubić of Bribir. A Contribution to the Study of the Relationship between Croatian Magnates and Medieval Dalmatian Communes], *Povijesni prilozi* 27 (2008), Nr. 35, 43–58.

DERS.: Šubići bribirski do gubitka nasljedne banske časti (1322) [The Šubići of Bribir until the Loss of the Hereditary Position of the Croatian Ban (1322)], *Zbornik Odsjeka za povijesne znanosti Zavoda za povijesne i društvene znanosti HAZU* 22 (2005), 1–26.

Kardos, József: A Szent Korona és a szentkorona-eszme története [Geschichte der Hl. Krone u. der Idee der hl. Krone]. Budapest 1992.

Kármán, Gábor: Confession and Politics in the Principality of Transylvania, 1644–1657. Göttingen 2020.

Kármán, Gábor: Erdélyi külpolitika a vesztfáliai béke után [Siebenbürgische Außenpolitik nach dem Westfälischen Frieden]. Budapest 2011.

Ders.: Transylvania between the Ottoman and Habsburg Empires, in: Eriksonas (Hg.), Statehood Before and Beyond Ethnicity, 151–158.

Kármán, Gábor/Kunčević, Lovro (Hgg.): The European Tributary States of the Ottoman Empire in the Sixteenth and Seventeenth Centuries. Leiden, Boston/MA 2013.

Kármán, Gábor/Păun, Radu G. (Hgg.): Europe and the „Ottoman World". Exchanges and Conflicts (Sixteenth to Seventeenth Centuries). Istanbul 2013.

Kármán, Gábor/Szabó, András Péter (Hgg.): Szerencsének elegyes forgása. II. Rákóczi György és kora [Die verschiedenen Wendungen des Schicksals. Georg II. Rákóczi u. seine Zeit]. Budapest 2009.

Kármán, Gábor/Teszelszky, Kees (Hgg.): Bethlen Gábor és Európa [Gabriel Bethlen u. Europa]. Budapest 2013.

Karpat, József: Corona regni Hungariae im Zeitalter der Arpaden, in: Manfred Hellmann (Hg.), Corona Regni. Studien über die Krone als Symbol des Staates im späteren Mittelalter. Darmstadt 1961, 225–348.

Ders.: Zákonodárná moc v Uhorsku v rokoch 1526–1604 [Die Gesetzgebung in Ungarn von 1526–1604]. Bratislava 1944.

Karpat, Kemal H.: Millets and Nationality. The Roots of the Incongruity of Nation and State in the Post-Ottoman Era, in: ders. (Hg.), Studies on Ottoman Social and Political History. Selected Articles and Essays. Leiden, Boston/MA 2002, 611–647.

Karpat, Kemal/Zens, Robert W. (Hgg.): Ottoman Borderlands. Issues, Personalities and Political Changes. Madison/WI 2003.

Karydes, Spyros Chr.: Η εκλογή του πρωτοπαπά Ζακύνθου και το ζήτημα της επισκοπής Κυθήρων κατά την περίοδο της βενετικής κυριαρχίας [Die Wahl des Protopapas auf Zante u. die Frage des Bistums Cerigo während der Venezianerherrschaft], Thesaurismata 38 (2008), 349–370.

Kaser, Karl: Freier Bauer und Soldat. Die Militarisierung der agrarischen Gesellschaft an der kroat.-slawon. Militärgrenze (1535–1881). Graz 1989; Wien, Köln, Weimar ²1997.

Ders.: Südosteuropäische Geschichte und Geschichtswissenschaft. Eine Einführung. Wien, Köln ²2002.

Kastritsis, Dimitris J.: The Sons of Bayezid. Empire Building and Representation in the Ottoman Civil War of 1402–1413. Leiden, Boston/MA 2007.

Kasza, Péter/Fodor, Pál (Hgg.): Egy elfeledett ostrom emlékezete. Szigetvár: 1556. Remembering a Forgotten Siege: Szigetvár 1556. Budapest 2016.

Katić, Srđan: Stvaranje martoloških odreda u kopaoničkim rudnicima Plana, Zaplana i Belasica [Die Einrichtung von Martolos-Verbänden in den Bergbauorten Plana, Zaplana u. Belasica], Kruševački Zbornik 13 (2008), 77–79.

Katić, Tatjana: The Sancak of Prizren in the 15th and 16th Century, OTAM. Ankara Üniversitesi Osmanlı Tarihi Araştırma ve Uygulama Merkezi dergisi 33 (2013), 113–138.

Katsiardi-Hering, Olga: Von den Aufständen zu den Revolutionen christlicher Untertanen des Osmanischen Reiches in Südosteuropa (ca. 1530–1821). Ein Typologisierungsversuch, Südost-Forschungen 68 (2009), 96–137.

Katsiardi-Hering, Olga/Stassinopoulou, Maria A. (Hgg.): Across the Danube. Southeastern Europeans and their Travelling Identities (17th–19th Centuries). Leiden, Boston/MA 2017.

Katus, László: A modern Magyarország születése. Magyarország története 1711–1914. Egyetemi tankönyv [Geburt des modernen Ungarn. Geschichte Ungarns 1711–1914. Universitätslehrbuch]. Pécs ²2010.

Kayapınar, Ayşe: Le sancak ottoman de Vidin du XVe à la fin du XVIe siècle. Istanbul 2011.

Kazhdan, Alexander (Hg.): The Oxford Dictionary of Byzantium. 3 Teilbde. New York, Oxford 1991.

Ders.: Pronoia. The History of a Scholarly Discussion, in: Benjamin Arbel (Hg.), Intercultural Contacts in the Medieval Mediterranean. Studies in Honour of David Jacoby. Bd. 10. London, Portland/OR 1996, 133–163.

Kazimír, Štefan: K vývoju colnej agendy na Slovenski v 16. a 17. storočí [Die Entwicklung des Zollsystems in der Slowakei im 16. u. 17. Jh.], Slovenská Archivistika 11 (1976), H. 1, 67–88.

Kekez, Hrvoje: Knezovi Blagajski i tvrdi grad Blagaj nakon osnutka Jajačke banovine 1464. godine [The Counts of Blagaj and the Blagaj Castle after the Foundation of Banate of Jajce in 1464], in: Birin (Hg.), Stjepan Tomašević, 151–178.

BIBLIOGRAPHIE

KELE, József: A Jász-Kunság megváltása [Die Redemption Jazygien-Kumaniens]. Szolnok 1905.

KELLER, Katrin/MAT'A, Petr/SCHEUTZ, Martin (Hgg.): Adel und Religion in der frühneuzeitlichen Habsburgermonarchie. Annäherung an ein gesamtösterreichisches Thema. Wien 2017.

KELLER, Katrin/SCHEUTZ, Martin (Hgg.): Die Habsburgermonarchie und der Dreißigjährige Krieg. Wien 2020.

KEMPER, Michael/REINKOWSKI, Maurus (Hgg.): Rechtspluralismus in der islamischen Welt. Berlin 2005.

KENYERES, István: Die Einkünfte und Reformen der Finanzverwaltung Ferdinands I. in Ungarn, in: FUCHS/OBORNI/UJVÁRY (Hgg.), Kaiser Ferdinand I., 111–146.

DERS.: Die Finanzen des Königreichs Ungarn in der zweiten Hälfte des 16. Jahrhunderts, in: EDELMAYER/LANZINNER/RAUSCHER (Hgg.), Finanzen und Herrschaft, 98–115.

DERS.: Grundherrschaften und Grenzfestungen. Die Kammerherrschaften und die Türkenabwehr im Königreich Ungarn des 16. Jahrhunderts, in: CSAPLÁR-DEGOVICS/FAZEKAS (Hgg.), Geteilt – Vereinigt, 98–129.

KERCHNAWE, Hugo: Die alte k. k. Militärgrenze. Ein Schutzwall Europas. Wien 1939.

KÉRI, Heinrich: Franken und Schwaben in Ungarn. Aufsätze zur Geschichte der Tolnau und der Oberen Baranya. Budapest 2002.

KERMELI, Eugenia: Caught between Faith and Cash. The Ottoman Land System of Crete, 1645–1670, in: ANASTASOPOULOS (Hg.), The Eastern Mediterranean under Ottoman Rule, 17–48.

KHODARKOVSKY, Michael: Russia's Steppe Frontier. The Making of a Colonial Empire, 1500–1800. Bloomington/IN 2002.

KIEL, Machiel: Art and Society of Bulgaria in the Turkish Period. A Sketch of the Economic, Juridical, and Artistic Preconditions of Bulgarian Post-Byzantine Art and Its Place in the Development of the Art of the Christian Balkans, 1360/70–1700. A New Interpretation. Assen, Maastricht 1985.

DERS.: Un héritage non désiré. Le patrimoine architectural islamique ottoman dans l'Europe du Sud-Est, 1370–1912, *Études balkaniques – Cahiers Pierre Belon* 12 (2005), 17–82.

DERS.: The Incorporation of the Balkans into the Ottoman Empire, 1353–1453, in: The Cambridge History of Turkey, Bd. 1 (Hg. FLEET), 138–191.

DERS.: Krieg und Frieden an der Unteren Donau. Siedlungsgeschichtliche und demographische Bemerkungen über die Kaza Zistova/Svištov 1460–1878 anhand osmanischer administrativer Quellen, in: LAUER/MAJER (Hgg.), Osmanen und Islam, 285–301.

DERS.: Ottoman Architecture in Albania (1385–1912). Istanbul 1990.

DERS.: Remarks on the Administration of the Poll Tax (Cizye) in the Ottoman Balkans and the Value of Poll Tax Registers (Cizye Defterleri) for Demographic Research, *Études balkaniques* (1990), H. 4, 70–104.

DERS.: Studies in the Ottoman Architecture of the Balkans. Aldershot 1990.

DERS.: Das türkische Thessalien. Etabliertes Geschichtsbild versus osmanische Quellen, in: LAUER/SCHREINER (Hgg.), Die Kultur Griechenlands in Mittelalter, 109–196.

DERS.: Yenice Vardar (Vardar Yenicesi–Giannitsa). A Forgotten Turkish Cultural Centre in Macedonia of the 15th and 16th Century, in: BAKKER/van GEMERT/AERTS (Hgg.), Studia Byzantina, 300–329.

KIEL, Machiel/KARYDES, D. N.: Σαντζάκι του Ευρίπου, 15ος–16ος αι. Συνθήκες και χαρακτηριστικά της αναπτυξιακής διαδικασίας των πόλεων και των χωρίων [Der Sancak Euripos, 15.–16. Jh. Bedingungen u. Charakteristika des Entwicklungsprozesses der Städte u. Dörfer], *Τετράμηνα* 38–39 (1985), 1859–1903.

KIJL, Machiel: Bălgarija pod osmanska vlast. Săbrani săčinenija [Bulgarien unter osm. Herrschaft. Gesammelte Werke]. Hgg. Marija BARĂMOVA/Grigor BOJKOV/Marija KIPROVSKA. Sofija 2017.

KILIÇ, Orhan: 18. yüzyılın ilk yarısında Osmanlı Devleti'nin idari taksimatı. Eyalet ve sancak tevcihatı [Die Verwaltungsstruktur des Osmanischen Reiches in der ersten Hälfte des 18. Jh.s: Die Einrichtung von Eyalet u. Sancak]. Elazığ 1997.

DERS.: Batı Karadeniz Kıyısında Bir Osmanlı Eyaleti. Özi/Silistre (İdari Taksimat ve Yönetim) [An Ottoman Province at Western Black Sea Cost. Ochakov (Ozi)/Silistra], *Karadeniz İncelemeleri Dergisi* 23 (2017), 29–82.

KING, Charles: The Black Sea. A History. Oxford u. a. 2004.

KIPROVSKA, Mariya: Ferocious Invasion or Smooth Incorporation?, in: SCHMITT (Hg.), The Ottoman Conquest of the Balkans, 79–102.

DERS.: Legend and Historicity. The Binbir Oklu Ahmed Baba Tekkesi and Its Founder, in: Maximilian HARTMUTH/Ayşe DILSIZ (Hgg.), Monuments, Patrons, Contexts. Papers on Ottoman Europe Presented to Machiel Kiel. Leiden 2010, 29–45.

DERS.: The Mihaloğlu Family. Gazi, Warriors and Patrons of Dervish Hospices, *Osmanlı Araştırmaları/The Journal of Ottoman Studies* 32 (2008), 193–222.

DIES.: Shaping the Ottoman Borderland. The Architectural Patronage of Frontier Lords from the Mihaloğlu Family, in: BARAMOVA/BOYKOV/PARVEV (Hgg.), Bordering Early Modern Europe, 185–220.

KIRÁLY, Béla K.: Hungary in the Late Eighteenth Century. The Decline of Enlightened Despotism. New York, London 1969.

KIRÁLY, Béla K./VESZPRÉMY, László (Hgg.): A Millennium of Hungarian Military History. New York 2002.

KISS, István N.: Gesellschaft und Heer in Ungarn im Zeitalter der Türkenkriege. Das Soldatenbauerntum, in: PICKL (Hg.), Die wirtschaftlichen Auswirkungen der Türkenkriege, 273–296.

DERS.: Weineinkauf für den Wiener Hofhaushalt in Westungarn-Burgenland (16.–17. Jh.), *Burgenländische Heimatblätter* 32 (1970), H. 2, 64–73.

KISS, Miklós: Erzsébet cárnő szerb telepítései [Die serb. Siedlungen der Zarin Elisabeth]. Maros-Vásárhely 1909.

KIVELSON, Valerie A.: The Cartographic Emergence of Europe?, in: SCOTT (Hg.), The Oxford Handbook of Early Modern European History, Bd. 1, 37–69.

Die k. k. Militärgrenze. Beiträge zu ihrer Geschichte. Wien 1973.

KLAIĆ, Nada: „Ostaci ostataka" Hrvatske i Slavonije u XVI. st. (od mohačke bitke do seljačke bune 1573 g.) [Die „Reliquiae reliquiarum" von Kroatien u. Slawonien im 16. Jh. (von der Schlacht bei Mohács bis zum Bauernaufstand im Jahr 1573)], *Arhivski vjesnik* 16 (1973), 253–325.

DIES.: Povijest Hrvata u srednjem vijeku [Geschichte der Kroaten im Mittelalter]. Zagreb 1990.

DIES.: Srednjovjekovna Bosna. Politički položaj bosanskih vladara do Tvrtkove krunidbe (1377 g.) [Das mittelalterliche Bosnien. Die polit. Stellung der bosn. Herrscher bis zur Krönung Tvrtkos (1377)]. Zagreb 1989.

KLAIĆ, Nada/PETRICCIOLI, Ivo/RAUKAR, Tomislav: Zadar u srednjem vijeku [Zadar im Mittelalter]. Zagreb 1976.

KLANICZAY, Gábor: Le culte des saints dans la Hongrie médiévale (Problèmes de recherche), *Acta Historica Academiae Scientiarum Hungaricae* 29 (1983), H. 1, 57–77.

KLEIN, Denise (Hg.): The Crimean Khanate between East and West (15th–18th Century). Wiesbaden 2012.

KLIMÓ, Árpád v.[on]: Transnationale Perspektiven in der ungarischen Geschichtsschreibung des 20. Jahrhunderts. Von „Hóman–Szekfű" bis „Ránki–Berend", in: DUCHHARDT (Hg.), Nationale Geschichtskulturen, 221–240.

KNAPTON, Michael: Tra Dominante e dominio (1517–1630), in: COZZI/KNAPTON/SCARABELLO, La Repubblica di Venezia nell'età moderna, Bd. 2, 201–549.

KOCIĆ, Marija: Vuk Mandušić u venecijanskoj istoriografiji XVII veka [Vuk Mandušić in der venez. Historiographie des 17. Jh.s], *Belgrade Historical Review* 4 (2013), 71–89.

KOCSIS, István: Magyarország Szent Koronája. A Szent Korona misztériuma és tana [Hl. Krone Ungarns. Das Mysterium u. die Doktrin der Hl. Krone]. Budapest ⁴2008.

KODER, Johannes/HILD, Friedrich (Reg. v. Peter SOUSTAL): Hellas und Thessalia. Wien 1976 (Nachdr. Wien 2004).

KÖHBACH, Markus: Die Eroberung von Fülek durch die Osmanen 1554. Eine historisch-quellenkritische Studie zur osmanischen Expansion im östlichen Mitteleuropa. Wien, Köln, Weimar 1994.

DERS.: Nordalbanien in der zweiten Hälfte des 18. Jahrhunderts. Das Paşalık Shkodër unter der Herrschaft der Familie Bushatlli, in: Klaus BEITL (Hg.), Referate der Tagung „Albanien" mit besonderer Berücksichtigung der Volkskunde, Geschichte und Sozialkunde. Kittsee 1986, 133–180.

KŐHEGYI, Mihály: A szerbek felköltözésének (1690) történeti előzményei [Die hist. Voraussetzungen der serb. Einwanderung im Jahr 1690], in: ZOMBORI (Hg.), A szerbek Magyarországon, 65–79.

KOHLHAAS, Wilhelm: Candia 1645–1669. Die Tragödie einer abendländischen Verteidigung mit dem Nachspiel Athen 1687. Osnabrück 1978.

KOLANOVIĆ, Josip: Izvori za povijest trgovine i pomorstva srednjovjekovnih dalmatinskih gradova s osobitim osvrtom na Šibenik (contraliterae) [Quellen zur Handels- u. Seegeschichte der mittelalterlichen dalmatinischen Städte mit bes. Bezug auf Šibenik (contraliterae)], *Adriatica maritima* 3 (1979), 63–150.

DERS.: Šibenik u kasnome srednjem vijeku [Šibenik im Spätmittelalter]. Zagreb 1995.

KOLDITZ, Sebastian: Johannes VIII. Palaiologos und das Konzil von Ferrara-Florenz (1438/39). Das byzantinische Kaisertum im Dialog mit dem Westen. Stuttgart 2013.

DERS.: Des letzten Kaisers erste Frau. Konstantin Palaiologos und die Tocco, *Jahrbuch der österreichischen Byzantinistik* 59 (2010), 147–163.

Ders.: Mailand und das Despotat Morea nach dem Fall von Konstantinopel, in: Ders. (Hg.), Geschehenes und Geschriebenes. Studien zu Ehren von Günther S. Henrich und Klaus-Peter Matschke. Leipzig 2005, 368–408.

Kolditz, Sebastian/Koller, Markus (Hgg.): The Byzantine-Ottoman Transition in Venetian Chronicles. La transizione bizantino-ottomana nelle cronache veneziane. Roma 2018.

Kolléga-Tarsoly, István: II. József német telepesei 1784–1787 [Die dt. Ansiedler Josephs II.]. Budapest 2011 (Dissertationsschrift).

Koller, Markus: Albaner im Osmanischen Reich. Ein historiographischer Überblick (17. und 18. Jh.), in: Schmitt/Frantz (Hgg.), Albanische Geschichte, 81–105.

Ders.: Bosnien an der Schwelle zur Neuzeit. Eine Kulturgeschichte der Gewalt (1747–1798). München 2004.

Ders.: Europa und das Osmanische Reich. Europe and the Ottoman Empire, in: Pietro Rossi (Hg.), The Boundaries of Europe. From the Fall of the Ancient World to the Age of Decolonisation. Berlin 2015, 139–173.

Ders.: Eine Gesellschaft im Wandel. Die osmanische Herrschaft in Ungarn im 17. Jahrhundert (1606–1683). Stuttgart 2010.

Ders.: Eine lebendige Vergangenheit – die Erinnerungskultur des Patriarchats von Peć (1557–1766), in: Blažević/Brković/Dukić (Hgg.), History as a Foreign Country, 65–82.

Ders.: Die osmanische Geschichte Südosteuropas, in: European History Online (EGO). Mainz 2010, <http://www.ieg-ego.eu/kollerm-2010-de>.

Kołodziejczyk, Dariusz: The Crimean Khanate and Poland-Lithuania. International Diplomacy on the European Periphery (15th–18th Century). A Study of Peace Treaties Followed by Annotated Documents. Leiden, Boston/MA 2011.

Ders.: A Historical Outline of Polish-Ottoman Political and Diplomatic Relations, in: Selim Kangal (Hg.), War and Peace. Ottoman-Polish Relations in the 15th–19th Centuries. Ausstellungskatalog. Istanbul 1999, 20–35.

Ders.: Inner Lake or Frontier? The Ottoman Black Sea in the Sixteenth and Seventeenth Centuries, in: Bilici/Cândea/Popescu (Hgg.), Enjeux politiques, 125–139.

Ders.: Das Krimkhanat als Gleichgewichtsfaktor in Osteuropa (17.–18. Jahrhundert), in: Klein (Hg.), The Crimean Khanate, 47–58.

Ders.: Ottoman Frontiers in Eastern Europe, in: Spannenberger/Varga (Hgg.), Ein Raum im Wandel, 25–38.

Ders.: Ottoman Podillja. The Eyalet of Kam'janec', 1672–1699, *Harvard Ukrainian Studies* 16 (1992), H. 1–2, 87–101.

Ders.: The Ottoman Survey Register of Podolia (ca. 1681). Cambridge 2004.

Kolovos, Elias: Ottoman Documents from the Aegean Island of Andros. Provincial Administration, Adaption, and Limitations in the Case of an Island Society (Late 16th – Early 19th Century), *Documents de travail de CETOBAC* No 1 (2010) (= Les archives de l'insularité ottoman), 24–27; <http://cetobac.ehess.fr/index.php?1352>.

Ders.: A Town for Besiegers. Social Life and Marriage in Ottoman Candia outside Candia (1650–1699), in: Anastasopoulos (Hg.), The Eastern Mediterranean under Ottoman Rule, 103–175.

Kolyvà, Marianna: Le saline di Zante nel XVI secolo. Aspetti produttivi e gestionali, in: Costantini (Hg.), Il Mediterraneo centro-orientale, 71–98.

Komatina, Predrag: Promene na srpskom prestolu 1370–1371. godine. Pokušaj reinterpretacije (Changes on the Serbian Throne in 1370–1371. An Attempt at Reinterpretation), *Istorijski časopis* 66 (2017) 149–171.

Komes, Kostas: Βενετικά κατάστιχα Μάνης – Μπαρδουνίας (αρχές του 18ου αι.) [Venez. Verzeichnisse der Mani – Bardunia (Anfang 18. Jh.)]. Athen 1998.

Konečný, Peter: Die montanistische Ausbildung in der Habsburgermonarchie, 1763–1848, in: Hartmut Schleiff/Peter Konečný (Hgg.), Staat, Bergbau und Bergakademie. Montanexperten im 18. und frühen 19. Jahrhundert. Stuttgart 2013, 95–124.

Kontler, László: A History of Hungary. Millenium in Central Europe. Basingstoke 2002.

Kónya, Peter (Hg.): Gróf Imrich Thököly a jeho povstanie. Thököly Imre gróf és felkelése [Graf Emmerich Thököly u. sein Aufstand]. Prešov 2009.

Kónyi, Mária: Az 1715–22. évi rendszeres bizottságok javaslatai (Systema politico-oeconomico militare) [Die Vorschläge der systematischen [Landtags]Kommissionen von 1715–1722 (Systema politico-oeconomico militare)], *A Gróf Klebelsberg Kuno Magyar Történetkutató Intézet évkönyve/Jahrbuch des Graf Klebelsberg Kuno Instituts für Ungarische Geschichtsforschung in Wien* 2 (1932), 137–182.

Kopčan, Vojtech: Nové Zámky – Ottoman Province in Central Europe, *Studia Historica Slovaca* 19 (1995), 53–72.

DERS.: Der osmanische Krieg gegen die Habsburger 1663–1664 (im Hinblick auf die Slowakei), *Asian and African Studies* 19 (1983), 169–189.

KÖPECZI, Béla: II. Rákóczi Ferenc külpolitikája [Die Außenpolitik von Franz Rákóczi II.]. Budapest 2002.

DERS.: The Hungarian Wars of Independence of the Seventeenth and Eighteenth Centuries in their European Context, in: BAK/KIRÁLY (Hgg.), From Hunyadi to Rákóczi, 445–455.

DERS.: Joseph II et la révolte paysanne en Transylvanie, in: SZABO/SZÁNTAY/TÓTH (Hgg.), Politics and Culture, 89–94.

DERS.: Rákóczi külpolitikája és a szabadságharc nemzetközi jelentősége [Die Außenpolitik von Rákóczi u. die internationale Bedeutung des Freiheitskriegs], in: DERS./HOPP/VÁRKONYI (Hgg.), Rákóczi-tanulmányok, 205–228.

DERS. (Hg.): A Rákóczi szabadságharc és Európa. Budapest 1970.

DERS.: A Rákóczi-szabadságharc és Európa [Der Rákóczi-Freiheitskrieg u. Europa], in: BENDA (Hg.), Európa és a Rákóczi-szabadságharc, 13–24.

DERS.: A Rákóczi-szabadságharc és Franciaország [Der Rákóczi-Freiheitskrieg u. Frankreich]. Budapest 1966.

DERS.: A Rákóczi-szabadságharc külpolitikája és a francia-bajor kapcsolat [Die Außenpolitik des Rákóczi-Freiheitskriegs u. die franz.-bayerische Verbindung], in: CZIGÁNY (Hg.), Az államiság megőrzése, 8–28.

DERS.: Staatsräson und christliche Solidarität. Die ungarischen Aufstände und Europa in der zweiten Hälfte des 17. Jahrhunderts. Budapest u. a. 1983.

KÖPECZI, Béla/HOPP, Lajos/VÁRKONYI, Ágnes R. (Hgg.): Rákóczi-tanulmányok [Rákóczi-Studien]. Budapest 1980.

KÖPECZI, Béla/VÁRKONYI, Ágnes R.: II. Rákóczi Ferenc [Franz Rákóczi II.]. Budapest ³2004.

KOPPÁNY, Tibor: A középkori Magyarország kastélyai [Die Burgen des mittelalterlichen Ungarns]. Budapest 1999.

KORAĆ, Dušan: Sveta Gora pod srpskom vlašću (1345–1371) [Der Hl. Berg unter serb. Herrschaft 1345–1371]. Beograd 1992 (= *Zbornik radova Vizantološkog instituta* 31 [1992]).

KORDÉ, Zoltán: Les sources historiques de l'époque angevine en Hongrie, *Mémoire des Princes Angevins* 2 (2002), 11–19.

KORIĆ, Elma: Nekoliko osmanskih dokumenata o događajima u dalmatinskome zaleđu u drugoj polovini 16. stoljeća [Several Ottoman Sources Documenting Events in the Dalmatian Hinterland], *Povijesni prilozi* 34 (2015), Nr. 48, 71–89.

DIES.: Pratnja Bosanskog sandžakbega, Ferhad-bega Sokolovića [Das Gefolge des bosn. Gouverneurs, Ferhad-beg Sokolović], *Prilozi za orijentalnu filologiju* 61 (2011), 351–368.

DIES.: Uloga Ferhad-bega Sokolovića u utvrđivanju granica između Osmanskog carstva i Mletačke republike nakon završetka Kiparskog rata 1573. godine [Die Rolle von Ferhad-beg Sokolović bei der Errichtung der Grenze zwischen dem Osmanischen Reich u. Venedig nach dem Ende des Zypernkrieges 1573], *Anali Gazi Husrev-begove biblioteke* 33 (2012), 133–144.

DIES.: Životni put prvog beglerbega Bosne. Ferhad-paša Sokolović (1530–1590) [Der Lebensweg des ersten Gouverneurs Bosniens, Ferhad Pascha Sokolović (1530–1590)]. Sarajevo 2015.

KOROKNAI, Ákos: Gazdasági és társadalmi viszonyok a dunai és tiszai határőrvidéken a XVIII. század elején [Wirtschaftliche u. soziale Verhältnisse in der Militärgrenze von der Donau u. der Theiß am Anfang des 18. Jh.s]. Budapest 1974.

KORPÁS, Zoltán: Las luchas antiturcas en Hungría y la política oriental de los Austrias 1532–1541 [Die anti-osm. Kämpfe in Ungarn u. die orientalische Politik der Habsburger 1532–1541], in: Alfredo ALVAR EZQUERRA/Friedrich EDELMAYER (Hgg.), Fernando I, 1503–1564. Socialización, vida privada y actividad pública de un Emperador del Renacimiento [Ferdinand I., 1503–1564. Sozialisation, Privatleben u. öffentliches Wirken eines mittelalterlichen Herrschers]. Madrid 2004, 335–370.

KORRE, Katerina B.: Έλληνες στρατιώτες στο Bergamo. Οι πολιτικές προεκτάσεις ενός εκκλησιαστικού ζητήματος (1622–1624) [Gr. Soldaten in Bergamo. Die polit. Weiterungen einer kirchlichen Streitfrage 1622–1624], *Thesaurismata* 38 (2008), 289–336.

KORTEPETER, Max: Ottoman Imperialism during the Reformation. Europe and the Caucasus. New York 1972.

KOSÁRY, Domokos: Bevezetés a magyar történelem forrásaiba és irodalmába [Einführung in die Quellenkunde u. Fachliteratur der Geschichte Ungarns]. Bd. 2: 1711–1825. Budapest 1954.

DERS. u. a. (Hgg.): Bevezetés Magyarország történetének forrásaiba és irodalmába [Einführung in die Quellenkunde u. Fachliteratur der Geschichte Ungarns]. Bd. 1: Általános rész [Allgemeiner Teil], Teil 2: Országos jellegű levéltárak és forrásközlések [Archive u. Quelleneditionen]. Budapest 2003.

DERS. u. a. (Hgg.): Bevezetés Magyarország. Bd. 1,3: Megyei levéltárak és forrásközlések [Komitatsarchive u. Quelleneditionen], u. Teil 4,1–2: Városi, mezővárosi és községi levéltárak és forrásközlések [Stadtarchive, Marktflecken- u. Gemeindearchive u. Quelleneditionen]. Budapest 2008, 2015.

DERS.: Magyarország a XVIII. században. Növekedés vagy hanyatlás? [Ungarn im 18. Jh. Aufstieg oder Niedergang?], *Valóság* 18 (1975), H. 1, 13–22.

DERS.: Művelődés a XVIII. századi Magyarországon [Kultur im 18. Jh. in Ungarn]. Budapest, Debrecen 1980.

DERS.: Pest megye a kuruckorban [Komitat Pest in der Kuruzzenzeit], in: Ferenc KELETI/Ernő LAKATOS/László MAKKAI (Hgg.), Pest megye múltjából. Tanulmányok [Aus der Vergangenheit des Komitats Pest. Studien]. Budapest 1965, 9–94.

DERS.: Újjáépítés és polgárosodás. 1711–1867 [Neubau u. Verbürgerlichung. 1711–1867]. Budapest 1990.

KÖSE, Yavuz (Hg.): Şehrâyîn. Die Welt der Osmanen, die Osmanen in der Welt. Wahrnehmungen, Begegnungen und Abgrenzungen. Festschrift Hans Georg Majer. Unter Mitarbeit von Tobias VÖLKER. Wiesbaden 2012.

KOSEVA, Maja: Osmanskoto zavoevanie v bălgarskite izvori [Die osm. Eroberung in bulg. Quellen], in: IVANOVA u. a. (Hgg.), Etničeski i kulturni prostranstva na Balkanite, Bd. 2, 257–289.

KOSTANTARAS, Dean J.: Christian Elites of the Peloponnese and the Ottoman State, 1715–1821, *European History Quarterly* 43 (2013), H. 4, 628–656.

KOSTER, Daniel: The Conquering Dutch Merchants and Shipowners, *Thesaurismata* 36 (2006), 97–166.

KOSTIĆ, Mita: Grof Koler. Srpska naselja u Rusiji. Srpske privilegije [Graf Koller. Serb. Besiedlungen in Russland. Serb. Privilegien]. Zagreb 2011.

KOSTOVA, Elena: Constantine Dragaš and His Principality. According to Unpublished Source Material from the Archives of the Vatopedi Monastery on Mount Athos, *Bulgaria mediaevalis* 2 (2011), 685–695.

KOSZTOLNYIK, Zoltan J.: Remarks on Andrew III of Hungary, in: László KOSZTA (Hg.), Kelet és Nyugat között. Történeti tanulmányok Kristó Gyula tiszteletére [Zwischen Ost u. West. Hist. Studien zu Ehren von Gyula Kristó]. Szeged 1995, 273–290.

KOUMANOUDI, Marina/MALTEZOU, Chrysa: Venezia a Cerigo. Atti del Simposio internazionale, Venezia, 6–7 dicembre 2002. Venezia 2003.

KOVAČEV, Rumen: Opis na vidinskija sandžak ot părvata četvărt na XVI vek. Stopanska i voenno-administrativna struktura [Beschreibung der Provinz Vidin aus dem ersten Viertel des 16. Jh.s. Wirtschaftliche u. militärische Strukturen]. Sofija 2016.

DERS. (Hg.): Iz praktikata na osmanskata kancelarija [Aus der Praxis der osm. Kanzlei]. Sofija 2011.

DERS.: Shodstva i različija v demografskite procesi na teritorijata na dnešna Severna Bălgarija i jugozapadnite bălgarski zemi prez vtorata polovina na XV vek [Ähnlichkeiten u. Unterschiede in den demographischen Prozessen auf dem Gebiet des heutigen Nordbulgarien u. den südwestlichen bulg. Gebieten in der zweiten Hälfte des 15. Jh.s], in: Christo Angelov CHRISTOV/Bojko K. KIRJAKOV (Hgg.), Bălgarija prez XV vek [Bulgarien im 15. Jh.]. Sofija 1989, 67–74.

KOVAČEVIĆ, Ešref: Hududname bosanskog vilajeta prema Austriji poslije Karlovačkog mira [Das Grenzabkommen, das die Grenze der bosn. Provinz mit Österreich nach dem Frieden von Karlowitz regelte]. Sarajevo 1974.

KOVAČEVIĆ-KOJIĆ, Desanka: Borač – središte zemlje Pavlovića [Borač, Residenz des Lands der Pavlovići], in: DIES. (Hg.), Gradski život u Srbiji i Bosni. XIV–XV vijek [Städtisches Leben in Bosnien u. Serbien. 14.–15. Jh.]. Beograd 2007, 161–177.

DIES.: Janjevo dans la Serbie médiévale, in: DIES., La Serbie et les pays serbes, 171–182.

DIES.: Les métaux précieux de Serbie et le marché européen, *Zbornik radova Vizantološkog instituta* 41 (2004), 191–203.

DIES.: Priština au Moyen Âge, in: DIES., La Serbie et les pays serbes, 183–222.

DIES.: Privredni razvoj srednjovjekovne bosanske države [Die Wirtschaftsentwicklung des mittelalterlichen bosn. Staates], in: Prilozi za istoriju Bosne i Hercegovine, Bd. 1, 85–190.

DIES.: Le rôle de la réglementation dans la formation de nouvelles villes dans la Serbie et la Bosnie du XIVᵉ au XVᵉ siècle, in: DIES., La Serbie et les pays serbes, 265–276.

DIES.: La Serbie et les pays serbes. L'économie urbaine XIVᵉ–XVᵉ siècles. Belgrade 2012.

DIES.: Srebrenica médiévale, XIVᵉ–XVᵉ siècles, in: DIES., La Serbie et les pays serbes, 245–264.

DIES.: Srednjovjekovna Srebrenica, XIV–XV vek [Medieval Srebrenica, 14.–15. Jh.]. Beograd 2010.

DIES.: Žore Bokšić, dubrovački trgovac i protovestijar bosanskih kraljeva [Žore Bokšić, Dubrovniker Kaufmann u. Protovestiar der bosn. Könige], *Godišnjak Društva istoričara Bosne i Hercegovine* 13 (1963), 289–310.

KOVÁCS, Péter: Hétköznapi élet Mátyás király korában [Alltagsleben am Hof von König Matthias]. Budapest 2008.

DERS.: Miksa magyarországi hadjárata [Der ung. Feldzug Maximilians I.], *Történelmi Szemle* 37 (1995), H. 1, 35–49.

DERS.: Ungarn im Spätmittelalter (1382–1526), in: TÓTH (Hg.), Geschichte Ungarns, 145–223.

KOVÁCS, Sándor Iván (Hg.): Zrínyi Miklós összes művei [Gesammelte Werke von Nikolaus Zrínyi]. Budapest 2003.

KOVÁCS, Szilvia: Bortz, a Cuman Chief in the 13th Century, *Acta orientalia Academiae Scientiarum Hungaricae* 58 (2005), H. 3, 255–266.

KOVACSICS, József (Hg.): A történeti statisztika forrásai [Die Quellen der hist. Statistik]. Budapest 1957.

DERS.: Situation demographique de la Hongrie à la fin du XVIIIe siècle (1787–1815), in: Colloque de démographie historique. Budapest 23–26 septembre 1965. Budapest 1968, 60–84.

KRAJASICH, Peter: Die Militärgrenze in Kroatien. Wien 1974.

KRAMER, Johannes: Romanen, Rumänen und Vlachen aus philologischer Sicht, in: POHL/HARTL/HAUBRICHS (Hgg.), Walchen, Romani und Latini, 197–203.

KRĂSTEV, Krasimir: Bălgarskoto carstvo pri dinastijata na Terterevci [Das bulg. Zartum unter der Dynastie der Terteriden]. Sofija 2011.

DERS.: Stopanskijat život v Bălgarskoto carstvo (1280–1323) [Das Wirtschaftsleben im bulg. Zartum 1280–1323], *Bulgaria mediaevalis* 1 (2010), 275–303.

KRAUSHAAR, Karl: Kurzgefaßte Geschichte des Banates und der deutschen Ansiedler. Wien 1923.

KRAUSS, Karl-Peter: Deutsche Auswanderer in Ungarn. Ansiedlung in der Herrschaft Bóly im 18. Jahrhundert. Stuttgart 2003.

KRATZER, Roland: Die Reisen Josephs II. Graz 2014 (Diplomarbeit).

KRAVČENKO, Anastasija A.: Srednevekovoj Belgorod na Dnestre (konec XIII–XIV vv.) [Das mittelalterliche Belgorod am Dnjestr (Ende des 13.–14. Jh.s)]. Kiev 1986.

KRAWIETZ, Birgit/RIEDLER, Florian (Hgg.): The Heritage of Edirne in Ottoman and Turkish Times. Continuities, Disruptions and Reconnections. Berlin 2019.

KREKIĆ, Bariša: Dubrovnik. A Mediterranean Urban Society, 1300–1600. Aldershot 1997.

DERS.: Dubrovnik in the 14th and 15th Centuries. A City between East and West. Norman/OK 1972.

DERS.: Dubrovnik, Italy and the Balkans in the Late Middle Ages. London 1980.

DERS. (Hg.): Urban Society of Eastern Europe in Premodern Times. Berkeley/CA, Los Angeles, London 1987.

KREŠEVLJAKOVIĆ, Hamdija: Kapetanije u Bosni i Hercegovini [Die Kapetanate in Bosnien u. der Herzegowina]. Sarajevo 1954.

KREŠIĆ, Milenko: Depopulacija jugoistočne Hercegovine izazvana turskim osvajanjem [Die durch die türk. Eroberung hervorgerufene Entvölkerung der südöstlichen Herzegowina], in: LUČIĆ (Hg.), Hum i Hercegovina, Bd. 1, 757–776.

KREŠIĆ, Ognjen: The Sancak of Petar Petrović, *Istorijski časopis* 61 (2012), 129–143.

KRESTEN, Otto: Marginalien zur Geschichte von Ioannina unter Kaiser Andronikos III. Palaiologos, *Ηπειρωτικά Χρονικά* 25 (1983), 113–132.

KRETSCHMAYR, Heinrich: Ludovico Gritti. Eine Monographie. Wien 1896.

DERS.: Geschichte von Venedig. Bd. 3: Der Niedergang. Gotha 1934.

KRISCHAN, Alexander: Das Kolonisationspatent Maria Theresias vom 25. Februar 1763 als Beitrag zur Besiedlungsgeschichte des altungarischen Raumes, *Deutsches Archiv für Landes- und Volksforschung* 7 (1943), H. 1–2, 99–104.

KRISTÓ, Gyula: Az Anjou-kor háborúi [Der Krieg der Anjou-Zeit]. Budapest 1988.

DERS.: Nichtungarische Völker im mittelalterlichen Ungarn. Herne 2008.

KROLIKOWSKA-JEDLIŃSKA, Natalia: Law and Division of Power in the Crimean Khanate (1532–1774). With Special Reference to the Reign of Murad Giray (1678–1683). Leiden, Boston/MA 2019.

KROPF, Rudolf (Hg.): Türkenkriege und Kleinlandschaft. Bd. 2: Sozialer und kultureller Wandel einer Region zur Zeit der Türkenkriege. Symposium im Rahmen der Schlaininger Gespräche vom 26.–30. September 1984 auf Burg Schlaining. Eisenstadt 1986.

Krstić, Aleksandar: „Which Realm Will You Opt For?" – The Serbian Nobility between the Ottomans and the Hungarians in the 15th Century, in: Rudić/Aslantaş (Hgg.), State and Society in the Balkans, 129–163.

Krstić, Tijana: Contested Conversions to Islam. Narratives of Religious Change in the Early Modern Ottoman Empire. Stanford/CA 2011.

Kruhek, Milan (Hg.): Hrvatsko-mađarski odnosi 1102.–1918. Zbornik radova [Kroat.-ung. Beziehungen, 1102–1918. Sammelband]. Zagreb 2004.

Ders.: Krajiške utvrde i obrana hrvatskog kraljevstva tijekom 16. stoljeća [Grenzfestungen u. Verteidigung des Königreichs Kroatien im 16. Jh.]. Zagreb 1995.

Kruppa, Tamás: A kereszt, a sas és a sárkányfog. Kelet-közép-európai törökellenes ligatervek és küzdelmek a Báthory-korban (1578–1597) [Das Kreuz, der Adler u. der Drachenzahn. Türkenligapläne u. Türkenkämpfe in Ostmitteleuropa in der Báthory-Zeit (1578–1597)]. Budapest, Rom 2014.

Krzoska, Markus/Maner, Hans-Christian (Hgg.): Beruf und Berufung. Geschichtswissenschaft und Nationsbildung in Ostmittel- und Südosteuropa im 19. und 20. Jahrhundert. Münster 2005.

Kubinyi, András: Gazdaság és gazdálkodás a középkori Magyarországon. Gazdaságtörténet, anyagi kultúra, régészet [Wirtschaft u. Bewirtschaftung im mittelalterlichen Ungarn. Wirtschaftsgeschichte, materielle Kultur u. Archäologie]. Budapest 2008.

Ders.: A Jagelló-kori magyar állam [Der ung. Staat in der Jagiellonen-Zeit], Történelmi Szemle 48 (2006), H. 3–4, 287–307.

Ders.: A Jagelló-kori Magyarország történetének vázlata [Skizze der Geschichte Ungarns der Jagiellonen-Zeit], Századok 128 (1994), H. 2, 288–319.

Ders.: A királyi tanács az 1490. évi interregnum idején [Der kgl. Rat während des Interregnums 1490], Archival Releases/Levéltári közlemények 48 (1978), 61–80.

Ders.: König und Volk im spätmittelalterlichen Ungarn. Städteentwicklung, Alltagsleben und Regierung im mittelalterlichen Königreich Ungarn. Herne 1998.

Ders.: A Magyar Királyság népessége a 15. század végén [Die Bevölkerung des Königreichs Ungarn am Ende des 15. Jh.s], Történelmi Szemle 38 (1996), H. 2–3, 135–161.

Ders.: Matthias Corvinus. Die Regierung eines Königreichs in Ostmitteleuropa 1458–1490. Herne 1999.

Ders.: A mohácsi csata és előzményei [Die Schlacht von Mohács u. ihre Vorgeschichte], Századok 115 (1981), H. 1, 66–105.

Ders.: Politika és honvédelem a Jagellók Magyarországában [Politik u. Verteidigung im Ungarn der Jagiellonen], Hadtörténelmi Közlemények 113 (2000), H. 2, 397–416.

Ders.: Stände und Staat in Ungarn in der zweiten Hälfte des 15. Jahrhunderts, Bohemia 31 (1990), H. 2, 312–325.

Ders.: Stände und Ständestaat im spätmittelalterlichen Ungarn. Herne 2011.

Küçük, Cevdet (Hg.): A Short History of the Period of Ottoman Sovereignty of the Aegean Islands. Ankara 2002.

Kühlmann, Wilhelm/Schindling, Anton/Hauer, Wolfram (Hgg.): Deutschland und Ungarn in ihren Bildungs- und Wissenschaftsbeziehungen während der Renaissance. Stuttgart 2004.

Kul, Eyüp: İskenderiye ve Avlonya Sancağı'nda Alınan Askeri Tedbirler (1705–1710) [Militärische Maßnahmen in der Provinz Shkodra u. Vlora (1705–1710)], in: Hasan Babacan/Sevilay Özer (Hgg.), Sosyal ve Liberal Bilimlerde Yeni Yönelimler [Neue Wege in den Sozialwissenschaften]. Bd. 3. Ankara 2016, 897–908.

Kulcsár, Krisztina: II. József császár utazásai Magyarországon, Erdélyben, Szlavóniában és a Temesi Bánságban, 1768–1773 [Die Reisen Kaiser Josephs II. in Ungarn, Siebenbürgen, Slawonien u. im Temeswarer Banat, 1768–1773]. Budapest 2004.

Dies.: II. József utazásai a Szent Korona országaiban (1768–1773) [Die Reisen Josephs II. in den Ländern der Hl. Krone (1768–1773)], Sic Itur Ad Astra 8 (1994), H. 1–2, 84–101.

Dies.: Reformentwürfe von Joseph II. anläßlich seiner Reisen in Ungarn, Siebenbürgen und in Temescher Banat 1768–1773, Ungarn-Jahrbuch 28 (2005–2007), 413–422.

Dies.: The Travels of Joseph II in Hungary, Transylvania, Slavonia and the Banat of Temesvar, 1768–1773, COLLeGIUM: Studies across Disciplines in the Humanities and Social Sciences 16 (2014), 34–57.

Kulcsár, Péter: A Jagelló-kor [Die Jagiellonenzeit]. Budapest 1981.

Kümmeler, Fabian: Korčula. Ländliche Lebenswelten und Gemeinschaften im venezianischen Dalmatien (1420–1499). Berlin, Boston/MA 2021.

KunČević, Lovro: The International Status of the Ragusan Republic in the Early Modern Period, in: Kármán/ KunČević (Hgg.), The European Tributary States, 91–122.

Kunt, Metin/Woodhead, Christine (Hgg.): Süleyman the Magnificent and His Age. London 1995.

Kurat, Akdes Nimet: Der Prutfeldzug und der Prutfrieden von 1711, *Jahrbücher für Geschichte Osteuropas* N.F. 10 (1962), H. 1, 13–66.

Kurelac, Iva: Dinko Zavorović. Šibenski humanist i povjesničar [Dinko Zavorović. Geschichtsschreiber u. Historiker aus Šibenik]. Šibenik 2008.

Kursar, Vjeran: Being an Ottoman Vlach. On Vlach Identity(ies), Role and Status in Western Parts of the Ottoman Balkans (15th–18th Centuries), *Ankara Üniversitesi Osmanlı Tarihi Araştırma ve Uygulama Merkezi Dergisi* 34 (2013), 115–161.

Ders.: Nikola Lašvanin, <https://ottomanhistorians.uchicago.edu/en/historian/nikola-lasvanin> (Homepage „Historians of the Ottoman Empire" der University of Chicago).

Kurtović, Esad: Iz istorije bankarstva Bosne i Dubrovnika u srednjem vijeku. Ulaganje novca na dobit [Aus der Geschichte des Bankwesens Bosniens u. Dubrovniks im Mittelalter. Gewinnorientierte Geldanlagen]. Beograd 2010.

Ders.: Seniori hercegovačkih Vlaha [Seigneurs of Herzegovina Vlachs], in: Lučić (Hg.), Hum i Hercegovina, Bd. 1, 647–695.

Ders.: Veliki vojvoda bosanski Sandalj Hranić Kosača [Der bosn. Großvojvode Sandalj Hranić Kosača]. Sarajevo 2009.

Ders.: Vlasi Bobani [Die Vlachen von Boban]. Sarajevo 2012.

Kurze Geschichte Siebenbürgens. Hg. Béla Köpeczi. Budapest 1990.

Kusin, Vesna (Hg.): Dalmatinska zagora. Nepoznata zemlja. Galerija Klovićevi dvori, Zagreb 4. rujna – 21. listopada 2007 [Das dalmatinische Hinterland. Ein unbekanntes Land]. Zagreb 2007 (Ausstellungskatalog).

Kutmanes, Sotires: Ευβοιείς στη Βενετία, 15ος – 17ος αι. [Euböer in Venedig, 15.–17.Jh.], in: Maltezu/Papakosta (Hgg.), Βενετία – Εύβοια, 203–216.

Kutschera, Rolf: Institutionen und Verwaltung zur Zeit der Habsburger, *Siebenbürgische Semestralblätter* 3 (1989), H. 1, 52–60.

Ders.: Landtag und Gubernium in Siebenbürgen, 1688–1869. Köln, Wien 1985.

Ders.: Die Loslösung Siebenbürgens von der türkischen Oberhoheit, *Zeitschrift für Siebenbürgische Landeskunde* 11 (1988), 73–81.

Kütükoğlu, Mübahat: Osmanlı Belgelerinin Dili (Diplomatik) [Die Sprache der osm. Dokumente (diplomatisch)]. Istanbul 1994.

Kužić, Krešimir: Osmanlijski zapovjedni kadar u tvrđavama Klis, Lončarić i Kamen oko 1630. godine [The Ottoman Military Commanding Personnel in the Fortresses of Klis, Lončarić and Kamen Around 1630], *Zbornik odsjeka za povijesne znanosti zavoda za povijesne i društvene znanosti HAZU* 23 (2005), 187–214.

Kuzmany, Börries/Garstenauer, Rita (Hgg.): Aufnahmeland Österreich. Über den Umgang mit der Massenflucht seit dem 18. Jahrhundert. Wien 2017.

Lachaud, Frédérique/Penman, Michael (Hgg.): Making and Breaking the Rules. Succession in Medieval Europe, c.1000–c.1600. Etablir et abolir les normes. La Succession dans l'Europe médiévale, vers 1000–vers 1600. Proceedings of the Colloquium Held on 6, 7, 8 April 2006. Actes de la conférence tenue les 6, 7, 8 avril 2006, Institute of Historical Research (University of London). Turnhout 2008, 89–95.

Laiou, Angeliki E.: Constantinople and the Latins. The Foreign Policy of Andronicus II. 1282– 1328. Cambridge/ MA. 1972.

Lakatos, Bálint: Lázár deák Tabula Hungariae-jának (1528) helyrajza és a késő középkori úthálózat [Siedlungen auf der Tabula Hungariae (1528) des Lazarus u. das spätmittelalterliche Straßennetz], in: Zsófia Kádár/ Bálint Lakatos/Áron Zarnóczki (Hgg.), Archivariorum historicorumque magistra. Történeti tanulmányok Bak Borbála tanárnő 70. Születésnapjára [Hist. Studien für Borbála Bak zu ihrem 70. Geburtstag]. Budapest 2013, 103–128.

Ders.: Ordo regum. Precedencialisták a pápai udvarban és a magyar király rangja a középkor végén [Ordo regum. Präzedenzlisten im päpstlichen Hof u. der Rang des ung. Königs am Ende des Mittelalters], in: Péter Tusor/Kornél Szovák/Tamás Fedeles (Hgg.), Magyarország és a Római Szentszék II. Vatikáni magyar kutatások a

21. században. Hungary and the Holy See of Rome II. Hungarian Historical Researches of the 21ᵗʰ Century in the Vatican. Budapest, Róma 2017, 137–171.

LALANDE, Denis: Jean II le Meingre dit Boucicaut (1366–1421), étude d'une biographie héroïque. Genève 1988.

LAMPRAKIS, Dimitrios K.: The Relationship between Centre and Periphery in the Ottoman Era of Experimentation with and Adaptation of Institutions for Fiscal Demands. The Cases of Kozani, Serfice, and Velvendos, ca. 1690–ca. 1820. Birmingham 2017 (Dissertationsschrift).

LAMPRINOS, Kostas E.: Οι cittadini στη βενετική Κρήτη. Κοινωνικο-πολιτική και γραφειοκρατική εξέλιξη (15ος – 17ος αι.) [Die cittadini im venez. Kreta. Gesellschaftlich-polit. u. bürokratische Entwicklung (15.–17. Jh.)]. Athen 2015, 80–104.

DERS.: Οι κάτοικοι της κρητικής υπαίθρου κατά το 16ο και 17ο αιώνα. Κοινωνικο/πολιτικά γνωρίσματα και πρακτικές εκπροσώπησης [Die Bewohner des kretischen ländlichen Raumes im 16.–17. Jh. Gesellschaftlich-polit. Merkmale u. Praktiken der Repräsentation], *Thesaurismata* 32 (2002), 97–152.

LAMPROS, Spyrido: Τα τείχη του Ισθμού της Κορίνθου κατά τους μέσους αιώνες [Die Mauern am Isthmus von Korinth im Mittelalter], *Νέος Ελληνομνήμων* 2 (1905), 435–489.

LĂPĔDATU, Alexandru: Mihnea-cel-Rău și ungurii, 1508–1510 [Mihnea d. Böse u. die Ungarn, 1508–1510], *Anuarul institutului de istorie națională* 1 (1921/1922), 46–76.

DERS.: Politica lui Radul cel Mare, 1495–1508 [Die Politik von Radu d. Gr., 1495–1508], in: Lui Ion Bianu. Amintire. Din partea foștilor și actualilor funcționari ai Academiei Române la împlinirea a șasezeci de ani [Für Ion Bianu. Gedenken. Von Seiten ehemaliger u. derzeitiger Funktionäre der Rum. Akademie zum 60. Geburtstag]. București 1916, 191–223.

DERS.: Radu cel Frumos (Iunie 1462–Ian. 1474), *Transilvania* 33 (1902), H. 1, 13–39.

LASKARIS, Mihailo: Deux „chrysobulles" serbes pour Lavra, *Hilandarski zbornik* 1 (1966), 9–19.

LÁSZLÓ, József K.: Az 1740-ben felállított magyarországi főhadparancsnokság [Das 1740 aufgestellte Generalkommado in Ungarn], *Levéltári Közlemények* 15 (1937), 162–176.

LASZLOVSZKY, József u. a. (Hgg.): The Economy of Medieval Hungary. Leiden, Boston/MA 2018.

LAUER, Reinhard/MAJER, Hans Georg (Hgg.): Höfische Kultur in Südosteuropa. Bericht der Kolloquien der Südosteuropa-Kommission 1988 bis 1990. Göttingen 1994.

DIESS. (Hgg.): Osmanen und Islam in Südosteuropa. Berlin u. a. 2014.

LAUER, Reinhard/SCHREINER, Peter (Hgg.): Die Kultur Griechenlands in Mittelalter und Neuzeit. Bericht über das Kolloquium der Südosteuropa-Kommission, 28.–31.Oktober 1992. Göttingen 1996.

DIESS. (Hgg.): Kulturelle Traditionen in Bulgarien. Bericht über das Kolloquium der Südosteuropa-Kommission, 16.–18. Juni 1987. Göttingen 1989.

LÁZÁR, Balázs: A Magyar Királyság katonasága a Habsburg Birodalom hadseregében (1741–1815) [Das Militär des Königreichs Ungarn in der Armee des Habsburgerreiches], in: Róbert HERMANN (Hg.), Magyarország hadtörténete. Bd. 3: Magyarország a Habsburg Monarchiában 1718–1919 [Kriegsgeschichte Ungarns. Bd. 3: Ungarn in der Habsburgermonarchie 1718–1919]. Budapest 2015, 41–114.

DERS.: Turkish Captives in Hungary during Austria's last Turkish War (1788–91), *Hungarian Historical Review* 4 (2015), H. 2, 418–444.

LAZĂR, Elena: Cărturari greci în Țarile Române (secolele XIV–XIX). Dicționar biografic [Griechische Gelehrte in den rum. Ländern (14.–19. Jh.). Biographisches Lexikon]. București 2009.

DIES. (Hg.): Rigas Velestinlis și Țările Române. Ediție bilingvă. Ο Ρήγας Βελεστινλής και οι Παραδουνάβιες Ρουμανικές Ηγεμονίες. Δίγλωσσο λεύκωμα [Rigas Velestinlis u. die Donaufürstentümer. Zweisprachige Ausg.]. București 2016.

LAZĂR, Gheorghe: Aspecte ale ideologiei politice în Țara Românească și Moldova (a doua jumătate a sec. al XVII-lea) [Aspekte der polit. Ideologie in der Walachei u. der Moldau (zweite Hälfte 17. Jh.)], *Revista istorică* 7 (1996), H. 5–6, 331–344.

DERS.: Les marchands en Valachie (XVIIᵉ–XVIIIᵉ siècles). București 2006.

DERS.: Marchands ottomans en Valachie (XVIIᵉ–XVIIIᵉ siècles), in: BILICI/CÂNDEA/POPESCU (Hgg.), Enjeux politiques, 415–428.

LAZĂR, Mariana: Domeniul feudal cantacuzin în opțiunile testamentare ale Elinei Cantacuzino [Das Feudalgut der Cantacuzino in den testamentarischen Optionen der Elina Cantacuzino], *Studii și articole de istorie și istoria artei* 10 (2001), 39–49.

LĂZĂRESCU, George/STOICESCU, Nicolae: Tările Române şi Italia pînă la 1600 [Die rum. Länder u. Italien bis 1600]. Bucureşti 1972.

LEBEL, Germaine: La France et les principautés danubiennes (du 16ᵉ siècle à la chute de Napoléon 1ᵉʳ). Paris 1955.

Leksikon gradova i trgova srednjovekovnih srpskih zemalja. Prema pisanim izvorima [Lexikon der Städte u. Märkte der mittelalterlichen serb. Länder. Nach schriftlichen Quellen]. Hg. Siniša MIŠIĆ. Beograd 2010.

Leksikon srpskog srednjeg veka [Lexikon des serb. Mittelalters]. Hgg. Sima M. ĆIRKOVIĆ/Rade MIHALJČIĆ. Beograd 1999.

LELLOUCHE, Benjamin: Les Ottomans en Égypte. Historiens et conquérants au XVIᵉ siècle. Louvain 2006.

LELLOUCHE, Benjamin/MICHEL, Nicolas (Hgg.): Conquête ottomane de l'Égypte (1517). Arrière-plan, impact, échos. Leiden 2012.

LEMERLE, Paul: L'émirat d'Aydin, Byzance et l'Occident. Recherches sur „La Geste d'Umur Pacha". Paris 1957.

LEMNY, Ştefan: Les Cantemir. L'aventure européenne d'une famille princière au XVIIIᵉ siècle. Paris 2009 (rum. Übers.: Cantemireştii. Aventura europeană a unei familii princiare din secolul al XVIII-lea. Iaşi 2010, ²2013).

DERS.: La critique du régime phanariote. Clichés mentaux et perspectives historiographiques, in: Al. ZUB (Hg.), Culture and Society. Structures, Interferences, Analogies in the Modern Romanian History. Iaşi 1985, 17–30.

DERS.: Originea şi cristalizarea ideii de patrie în cultura română [Der Ursprung u. die Kristallisation der Idee des Vaterlandes in der rum. Kultur]. Bucureşti 1986.

DERS.: Românii în secolul XVIII. O bibliografie [Die Rumänen im 18. Jh. Eine Bibliographie]. Iaşi 1988.

DERS.: Sensibilitate şi istorie în secolul XVIII românesc [Sensibilität u. Geschichte im rum. 18. Jh.]. Bucureşti 1990, Iaşi ²2017.

LEONTE, Ileana: Sfatul domnesc al Ţării Româneşti din anii 1601–1611 [Der Fürstenrat der Walachei der Jahre 1601–1611], Revista arhivelor 2 (1959), H. 1, 283–297.

LEP'JAVKO, S. A.: Ukraïns'ke kozactvo u mižnarodnych vidnosynach (1561–1591) [Das ukr. Kosakentum in internationalen Beziehungen (1561–1591)]. Černihiv 1999.

LEŠČILOVSKAJA, I. I. (Hg.): Vek Ekateriny II. Rossija i Balkany [Das Zeitalter Katharinas II. Russland u. der Balkan]. Moskva 1998.

LESURE, Michel: Lepante. La crise de l'Ottoman, Paris 1972.

Lexikon zur Geschichte Südosteuropas. Hgg. Holm SUNDHAUSSEN/Konrad CLEWING. 2., erw. u. aktual. Aufl. Wien, Köln, Weimar 2016.

Lexikon des Mittelalters. 9 Bde. München, Zürich 1980–1998.

LIAKOS, Antonios: Modern Greek Historiography (1974–2000). The Era of Transition from Dictatorship to Historiography, in: Ulf BRUNNBAUER (Hg.), (Re-)Writing History. Historiography in Southeast Europe after Socialism. Münster 2004, 351–378.

LIENAU, Cay (Hg.): Raumstrukturen und Grenzen in Südosteuropa. München 2001.

LIEPOLD, Antonio: Wider den Erbfeind christlichen Glaubens. Die Rolle des niederen Adels in den Türkenkriegen des 16. Jahrhunderts. Frankfurt/M., Berlin, Bern 1998.

LINDNER, Rudi Paul: Explorations in Ottoman Prehistory. Ann Arbor/MI 2007.

DERS.: Nomads and Ottomans in Medieval Anatolia. Bloomington/IN 1983.

LIPTAI, Ervin (Hg.): Magyarország hadtörténete két kötetben. Bd. 1: A honfoglalástól a kiegyezésig [Die Kriegsgeschichte Ungarns in zwei Bänden. Bd. 1: Von der Eroberung zum Kompromiss]. Budapest 1984.

LIVANIOS, Dimitris: Pride, Prudence, and the Fear of God. The Loyalties of Alexander and Nicholas Mavrocordatos (1664–1730), Dialogos. Hellenic Studies Review 7 (2000), 1–22.

LIVIERATOS, Evangelos: On the Cartography of Rigas Charta, e-Perimetron 3 (2008), H. 3, 120–145.

LIVIU, Ilie Marius: Neagoe Basarab and the Succession to the Throne of Wallachia, Analele Universităţii din Bucureşti, Seria Istorie 53 (2004), 37–52.

LOCK, Peter: The Franks in the Aegean, 1204–1500. London u. a. 1995.

LOENERTZ, Raymond-Joseph: Byzantina et Franco-Graeca (Hg. Peter SCHREINER). Bd. 1: Articles parus de 1935 à 1966. Roma 1970.

LOPEZ, Roberto: Il principio della guerra veneto-turca nel 1463, Archivio veneto Serie 5, 15 (1934), 45–131.

LOTZ, Friedrich: Die ersten deutschen Kolonisten in der Batschka (Furtog 1702, Neusatz 1709), Südostdeutsches Archiv 2 (1960), 2. Halbbd., 169–176.

DERS.: Die französische Kolonisation des Banats (1748–1773), Südost-Forschungen 23 (1964), 132–178.

DERS.: Die frühtheresianische Kolonisation des Banats (1740 bis 1762), in: Theodor MAYER (Hg.), Gedenkschrift für Harold Steinacker (1875–1965). München 1966, 146–181.

LOVAS, Rezső: Báthory Gábor és a szászok [Gabriel Báthory u. das Jahrhundert]. Debrecen 1940.

LOVRENOVIĆ, Dubravko: Bitka u Lašvi 1415. godine [Die Schlacht von Lašva im Jahre 1415], in: Neven BUDAK (Hg.), Raukarov zbornik. Zbornik u čast Tomislava Raukara [Festschrift für Tomislav Raukar]. Zagreb 2005, 275–295.

DERS.: Bosanska kvadratura kruga [Die bosn. Quadratur des Kreises]. Sarajevo, Zagreb 2012.

DERS.: Na klizištu povijesti. Sveta kruna ugarska i Sveta kruna bosanska, 1387–1463 [Am Murgang der Geschichte. Die Hl. ung. Krone u. die Hl. bosn. Krone, 1387–1463]. Zagreb, Sarajevo 2006.

DERS.: Kralj Tvrtko I. Kotromanić (1353–1391). Vladar u europskim okvirima – spomenik jednoj mogućnosti [König Tvrtko I. Kotromanić. Herrscher in europäischem Umfeld – Denkmal einer Möglichkeit], in: DERS. (Hg.), Bosanska kvadratura kruga, 329–384.

DERS.: Krist i donator. Kotromanići između vjere rimske i vjere bosanske. Teil 1: Konfesionalne posljedice jednog lokalnog crkvenog raskola [Christ u. Donator. Die Kotromanić zwischen röm. und bosn. Glauben. Teil 1: Die konfessionellen Folgen einer lokalen Kirchenspaltung], in: Fenomen „krstjani" u srednjovjekovnoj Bosni i Humu, 193–237.

DERS.: Medieval Tombstones and Graveyards of Bosnia and Hum. Sarajevo 2010.

DERS.: Modelle ideologischer Abgrenzung. Ungarn und Bosnien als ideologische Gegner auf der Basis verschiedener Bekenntnisse des Christentums, Südost-Forschungen 63/64 (2004/2005), 18–55.

DERS.: „Slavni dvor kraljevstva u Trstivnici" (Ponovno o proglašenju Bosne kraljevstvom 1377.) [„Der ruhmreiche Königshof zu Trstivnica" – nochmals zur Ausrufung des Königtums Bosnien 1377], in: DERS. (Hg.), Bosanska kvadratura kruga, 109–149.

DERS.: Sveti Grgur čudotvorac. Zaštitnik Kotromanića i srednjovjekovne Bosne [Der Hl. Gregor der Wundertäter. Beschützer der Kotromanić u. des mittelalterlichen Bosnien], in: DERS. (Hg.), Bosanska kvadratura kruga, 15–35.

LOWRY, Heath W.: Defterology Revisited. Studies on the 15ᵗʰ & 16ᵗʰ Century Ottoman Society. Istanbul 2008.

DERS.: Fourteenth Century Ottoman Realities. In Search of Hâcı-Gâzi Evrenos. Istanbul 2012.

DERS.: Hersekzade Ahmed Paşa. An Ottoman Statesman's Career and Pious Endowments. Istanbul 2011.

DERS.: The Nature of the Early Ottoman State. Albany/NY 2003.

DERS.: A Note on Three Palaiologon Princes as Members of the Ottoman Ruling Elite, in: DERS., Defterology Revisited, 75–84.

DERS.: The Shaping of the Ottoman Balkans, 1350–1500. The Conquest, Settlement & Infrastructural Development of Northern Greece. Istanbul 2008.

DERS.: Studies in Defterology. Ottoman Society in the Fifteenth and Sixteenth Centuries. Istanbul 1992.

LOWRY, Heath W./ERÜNSAL, İsmail E.: Notes & Documents on the Evrenos Dynasty of Yenice-i Vardar (Giannitsa). Istanbul 2009.

DIESS.: The Evrenos Dynastie of Yenice-i Vardar. A Postscript, Osmanlı Araştırmaları/The Journal of Ottoman Studies 34 (2009), 131–208.

LÖWENER, Marc (Hg.): Die „Blüte" der Staaten des östlichen Europa im 14. Jahrhundert. Wiesbaden 2004.

LUCA, Cristian: Alcune considerazioni concernenti una lettera di Alessandro Lăpuşneanu, Studii şi materiale de istorie medie, 21 (2003), 148–158.

DERS.: Petru Cercel. Un domn umanist în Ţara Românească [Peter Cercel. Ein humanistischer Fürst in der Walachei]. Bucureşti 2000.

DERS.: The Rise of the Greek „Conquering Merchant" in the Trade between the Eastern Mediterranean and the Romanian Principalities in the Sixteenth and Seventeenth Centuries, Journal of Mediterranean Studies 19 (2010), H. 2, 311–334.

DERS. (Hg.): Ţările Române între Societas Mercatorum şi individualitatea mercantilă în secolele XVI–XVIII [Die Händler in den rum. Ländern zwischen Societas Mercatorum u. merkantiler Individualität vom 16.–18. Jh.]. Galaţi 2009.

DERS.: Ţările Române şi Veneţia în secolul al XVII-lea. Din relaţiile politico-diplomatice, comerciale şi culturale ale Ţării Româneşti şi ale Moldovei cu Serenissima [Die Walachei, die Moldau u. Venedig im 17. Jh. Aus den polit.-diplomat., wirtschaftlichen u. kulturellen Beziehungen der Walachei u. der Moldau mit der Serenissima]. Bucureşti 2007.

Lučić, Ivica (Hg.): Hum i Hercegovina kroz povijest. Zbornik radova s Međunarodnoga znanstvenog skupa održanog u Mostaru 5. i 6. studenoga 2009 [Hum u. die Herzegowina in der Geschichte. Sammelband der internationalen wissenschaftlichen Tagung in Mostar, 5. u. 6. November 2009]. Bd. 1. Zagreb 2011.

Luh, Jürgen: Kriegskunst in Europa 1650–1800. Köln, Weimar, Wien 2004.

Lukinich, Imre: Erdély területi változásai. 1541–1711 [Die territorialen Veränderungen Siebenbürgens. 1541–1711]. Budapest 1918.

Lukowski, Jerzy: Challenging the Status Quo. Attempts to Modernize the Polish Nobility in the Later Eighteenth Century, in: Matthew Romanello/Charles Lipp (Hgg.), Contested Spaces of Nobility in Early Modern Europe. London, New York 2011, 233–256.

Ders.: The European Nobility in the Eighteenth Century. Basingstoke 2003.

Lupu, Emil: Câteva drumuri comerciale și orașe medievale de la curbura Carpaților (Buzău și Râmnicu Sărat până în secolul al XVI-lea) [Einige Handelswege u. mittelalterliche Städte am Karpatenbogen (Buzău u. Râmnicu Sărat bis ins 16. Jh.)], *Buletinul Comisiei Monumentelor Istorice* 19 (2008), H. 1–2, 123–142.

Ders.: Ctitorii dispărute la curbura Carpaților în secolele XV–XVI. Partea I [Verschwundene Stiftungen am Karpatenbogen im 15.–16. Jh. Teil 1], *Buletinul Comisiei Monumentelor Istorice* 17 (2006), H. 1–2, 146–165.

Luttrell, Anthony: Vonitza in Epirus and Its Lords. 1306–1377, *Rivista di studi bizantini e neoellenici* N.S. 1 (1964), 131–141.

Macek, Josef: Král Jiří a král Matyáš. Od přátelství k nepřátelství (1458–1469) [König Georg u. König Matthias. Von Freundschaft zur Feindschaft (1458–1469)], *Časopis Matice moravské* 110 (1991), H. 2, 297–311.

Macek, Josef/Marosi, Ernő/Seibt, Ferdinand (Hgg.): Sigismund von Luxemburg. Kaiser und König in Mitteleuropa 1387–1437. Beiträge zur Herrschaft Kaiser Sigismunds und der europäischen Geschichte um 1400. Vorträge der internationalen Tagung in Budapest vom 8.–11. Juli 1987 anlässlich der 600. Wiederkehr seiner Thronbesteigung in Ungarn und seines 550. Todestages. Warendorf 1994.

MacKay, Pieter A.: St. Mary of the Dominicans. The Monastery of the Fratres Praedicatores in Negropont, in: Maltezu/Papakosta (Hgg.), Βενετία – Εύβοια, 125–156.

Macrides, Ruth Juliana: George Acropolites. The History. Oxford, New York 2007.

Maday, Pál: Az 1735. évi békésszentandrási parasztfelkelés [Der Bauernaufstand im Jahre 1735 in Békésszentandrás]. Békéscsaba 1957, ²1960.

Madunić, Domagoj: The Adriatic Naval Squadron (1645–1669). Defense of the Adriatic during the War for Crete, *Povijesni prilozi* 32 (2013), Nr. 45, 199–235.

Ders.: Capi di Morlacchi. Venetian Military Policies during the War for Crete (1645–1669) and the Formation of the Morlacchi Elite, in: Born/Jagodzinski (Hgg.), Türkenkrieg und Adelskultur, 29–47.

Ders.: Defensiones Dalmatiae. Governance and Logistics of the Venetian Defensive System in Dalmatia during the War of Crete (1645–1669). Budapest 2012 (Dissertationsschrift).

Ders.: The Defensive System of the Ragusan Republic (c. 1580–1620), in: Kármán/Kunčević (Hgg.), The European Tributary States, 341–374.

Ders.: Mjera grada. Zadarski popis stanovništva 1527. godine [A Measure of the City. The 1527 Zadar Census], *Povijesni prilozi* 28 (2009), Nr. 36, 23–63.

Ders.: Rituals in the Siege Operations in Dalmatia during the War for Crete, *Hungarian Historical Review* 4 (2015), H. 2, 445–470.

Ders.: Taming Mars. Customs, Rituals and Ceremonies in the Siege Operations in Dalmatia during the War for Crete (1645–69), *Hungarian Historical Review* 4 (2015), H. 2, 445–470.

Magdalino, Paul: Between Romaniae. Thessaly and Epirus in the Later Middle Ages, in: Benjamin Arbel u. a. (Hgg.), Latins and Greeks in the Eastern Mediterranean after 1204. London 1989, 87–110.

Magocsi, Paul Robert: The People from Nowhere. An Illustrated History of Carpatho-Rusyns. Uzhorod 2006.

Magyar középkori gazdaság- és pénztörténet. Jegyzet és forrásgyűjtemény [Ung. mittelalterliche Wirtschafts- u. Geldgeschichte. Notizen u. Quellensammlung. Hg. Márton Gyöngyössy. Budapest 2006.

A magyar nemzet története [Geschichte der ung. Nation]. 10 Bde. Hg. Sándor Szilágyi. Budapest 1895–1898.

A magyar történettudomány válogatott bibliográfiája, 1945–1968 [Eine Auswahlbibliographie der ung. Geschichtswissenschaft, 1945–1968]. Budapest 1971.

Magyarország története [Geschichte Ungarns]. Hg. Ignác Romsics. 24 Bde. Budapest 2009–2010.

Magyarország története [Geschichte Ungarns]. Bd. 1. Hg. Erik Molnár. Budapest 1964.

Magyarország története. Egyetemi tankönyv. Bd. 2: 1526–1790. A késői feudalizmus korszaka [Geschichte Ungarns. Universitätslehrbuch. Bd. 2: 1526–1790. Die Epoche des späten Feudalismus]. Hgg. Éva Balázs u. a. Budapest 1962.

Magyarország történeti kronológiája. Bd. 1: A kezdetektől 1526-ig [Hist. Chronik Ungarns. Von den Anfängen bis 1526]. Hg. Benda Kálmán. Budapest 1981.

Magyarország története. Tíz kötetben. Bd. 3,1–2: 1526–1686 [Geschichte Ungarns. In zehn Bänden. Bd. 3,1–2: 1526–1686]. Hgg. Zsigmond Pál Pach/Ágnes R. Várkonyi. Budapest ²1987.

Magyarország története. Tíz kötetben. Bd. 4,1–2: 1686–1790 [Geschichte Ungarns. In zehn Bänden. Bd. 4,1–2: 1686–1790]. Hgg. Győző Ember/Gusztáv Heckenast. Budapest 1989.

Magyary-Kossa, Gyula: Magyar orvosi emlékek [Ung. medizinische Andenken]. 4 Bde. Budapest 1929–1940.

Majer, Hans-Georg (Hg.): Die Staaten Südosteuropas und die Osmanen München 1989.

Major, Alain: L'administration vénitienne à Négrepont (fin XIVᵉ–XVᵉ siècle), in: Balard/Ducellier (Hgg.), Coloniser au moyen âge, 246–257.

Major, Liviu: The Austrian Military Border. Its Political and Cultural Impact. Iaşi 1994.

Makai, János (Hg.): Tanulmányok a 70 éves Kertész István tiszteletére [Abhandlungen zur Ehre des 70-jährigen István Kertész]. Eger 2012.

Makkai, László: Hadik András az erdélyi mezőgazdaságról [Andreas Hadik über die Agrarwirtschaft in Siebenbürgen], Agrártörténeti Szemle 1 (1957), H. 1–2, 37–52.

Makkai, László/Szász, Zoltán (Hgg.): Erdély története. Második kötet. 1606-tól 1830-ig [Geschichte Siebenbürgens. 2 Bde. Von 1606 bis 1830]. Budapest ³1988.

Maksay, Ferenc: Peasantry and Mercenary Service in Sixteenth-Century Hungary, in: Bak/Király (Hgg.), From Hunyadi to Rákóczi, 261–274.

Maksimović, Ljubomir: The Byzantine Provincial Administration under the Palaiologoi. Amsterdam 1988.

Ders.: Byzantinische Herrscherideologie und Regierungsmethoden im Falle Serbien. Ein Beitrag zum Verständnis des byzantinischen Commonwealth, in: Cordula Scholz (Hg.), Polypleuros nous. Miscellanea für Peter Schreiner. München, Leipzig 2000, 174–192.

Ders.: Charakter der sozialwirtschaftlichen Struktur der spätbyzantinischen Stadt 13.–15. Jahrhundert, Jahrbuch der österreichischen Byzantinistik 31 (1981), H. 1, 149–188.

Ders.: Το Χρονικό των Ιωαννίνων ως ιστορική πηγή [Die Chronik von Ioannina als Geschichtsquelle], in: Chrysos (Hg.), Πρακτικά Διεθνούς, 53–62.

Ders.: Der Despotenhof in Epirus im 14. und 15. Jahrhundert, in: Lauer/Majer (Hgg.), Höfische Kultur in Südosteuropa, 86–105.

Ders.: L'empire de Stefan Dušan. Genèse et caractère, in: Mélanges Gilbert Dagron. Paris 2002 (= Travaux et Mémoires 14), 415–428.

Ders.: Das Kanzleiwesen der serbischen Herrscher, in: Hannick (Hg.), Kanzleiwesen und Kanzleisprachen, 25–53.

Ders.: Poreski sistem u grčkim oblastima Srpskog carstva [Das Steuersystem in den gr. Bezirken des serb. Zartums], in: ders., Vizantijski svet i Srbi, 235–260.

Ders.: Sevasti u srednjovekovnoj Srbiji [Sebastoi im mittelalterlichen Serbien], in: ders., Vizantijski svet i Srbi, 261–271.

Ders.: Vizantijska vladarska ideologija i metode vladavine u slučaju Srbije. Prilog razumevanju vizantijskog Komonvelta [Die byz. Herrscherideologie u. Herrschaftsmethoden im Falle Serbiens. Ein Beitrag zum Verständnis des byz. Commonwealth], in: ders., Vizantijski svet i Srbi, 159–177.

Ders.: Vizantijski „Komonvelt". Jedan rani pokušaj evropskih integracija? [Das byz. „Commonwealth". Ein früher Versuch europäischer Integrationen], in: ders., Vizantijski svet i Srbi, 207–217

Ders.: Vizantijski svet i Srbi [Die byz. Welt u. die Serben]. Beograd 2009.

Ders.: War Simonis Palaiologina die fünfte Gemahlin von König Milutin?, in: Seibt (Hg.), Geschichte und Kultur der Palaiologenzeit, 115–120.

Malcolm, Noel: Agents of Empire. Knights, Corsairs, Jesuits and Spies in the Sixteenth-Sentury Mediterranean World. London 2015.

Ders.: Bosnia. A Short History. London 1994.

DERS.: The „Great Migration" of the Serbs from Kosovo (1690). History, Myth and Ideology, in: SCHMITT/ FRANTZ (Hgg.), Albanische Geschichte, 225–251.

DERS.: Kosovo. A Short History. London 1998.

MALEON, Bogdan-Petru: Clerul de mir din Moldova secolelor XIV–XVI [Der Weltklerus in der Moldau des 14.–16. Jh.s]. Iaşi 2007.

MALLETT, Michael E.[dward]/HALE, John R.: The Military Organization of a Renaissance State. Venice c. 1400 to 1617. Cambridge 1984.

MALLIARIS, Alexis: La formazione dello spazio sociale in un nuovo possedimento veneziano. Veneziani, coloni e nativi nel Peloponneso del Nordovest (Territorio di Patrasso) 1687–1715, *Thesaurismata* 32 (2002), 219–234.

DERS.: Population Exchange and Integration of Immigrant Communities in the Venetian Morea, 1687–1715, in: DAVIES/DAVIES (Hgg.), Between Venice and Istanbul, 197–209.

MALLTEZI, Luan: Himara dhe qëndresa kundërosmane në shek. XV [Die Himara u. der antiosmanische Widerstand im 15. Jh.], in: Lefter NASI u. a. (Hgg.), Himara në shekuj [Himara über die Jahrhunderte]. Tiranë 2006, 96–112.

DERS.: Qytetet e bregdetit shqiptar gjatë sundimit venedikas, 1392–1478 [Die alb. Küstenstädte während der Venezianerherrschaft, 1392–1478]. Tirana 1988.

DERS.: Rreth historisë së kështjellës së Krujës dhe zonës së saj në vitet 1392–1415 [A propos de la forteresse de Kruje et de sa zone dans les années 1392–1415], *Studime historike* (1989), H. 2, 157–178.

DERS.: Shkaqet e luftës së Balshës III kundër Republikës së Venedikut në 20 vjetët e parë të shek. XV [Les causes de la guerre de Balsha III], *Studime historike* (1980), H. 2, 179–198.

MALTEZOU, Chryssa: Byzantine „Consuetudines" in Venetian Crete, *Dumbarton Oaks Papers* 49 (1995), 269–280.

DIES. (Hg.): I Greci durante la Venetocrazia. Uomini, spazio, idee (XIII–XVIII sec.). Venezia 2009.

DIES.: The Historical and Social Context, in: HOLTON (Hg.), Literature and Society, 17–47.

DIES.: Η Κρήτη κατά την διάρκεια της περιόδου της Βενετοκρατίας (1211–1669) [Kreta während der Dauer der Periode der Venezianerherrschaft (1211–1669)], in: PANAGIOTAKES (Hg.), Κρήτη, Bd. 2, 107–161.

DIES. (Hg.): Όψεις της ιστορίας του βενετοκρατούμενου ελληνισμού. Αρχειακά τεκμήρια [Blicke auf die Geschichte des venez. beherrschten Griechentums. Archivdenkmäler]. Athen 1993.

DIES.: Προσωπογραφικά βυζαντινής Πελοποννήσου και ξενοκρατούμενου ελληνικού χώρου (με αφορμή τον φάκελο Foscari) [Prosopographisches zur byz. Peloponnes u. dem gr. Raum unter Fremdherrschaft mit Bezug auf den Umschlag Foscari in Venedig], Σύμμεικτα 5 (1983), 1–27.

DIES.: La vénétocratie en Mediterranée orientale. Tendances historiographiques et état actuel des études, in: FRANCHINI/ORTALLI/TOSCANO (Hgg.), Venise et la Méditerranée, 161–180.

MALTEZOU, Chryssa/ORTALLI, Gherardi (Hgg.): Venezia e le Isole Ionie. Venezia 2005.

MALTEZU, Chrysa A./PAPAKOSTA, Christina E. (Hgg.): Βενετία – Εύβοια. Από τον Έγριπο στο Νεγροπόντε [Venedig – Euböa. Von Egripos zu Negroponte]. Benetia, Athen 2006.

MALTEZOU Chryssa A./SCHREINER Peter (Hgg.): Bisanzio, Venezia e il mondo franco-greco (13.–15. Secolo). Atti del colloquio internazionale organizzato nel centenario della nascita di Raymond-Joseph Loenertz o.p., Venezia, 1–2 dicembre 2000. Venezia 2002.

MÁLYUSZ, Elemér: Egyházi társadalom a középkori Magyarországon [Die kirchliche Gesellschaft im mittelalterlichen Ungarn]. Budapest 1971, ²2007.

DERS.: Az első Habsburg a magyar trónon (Albert király 1438–1439) [Der erste Habsburger auf dem ung. Thron (Albert, Kg. v. Ungarn 1438–1439)], *Aetas* 10 (1994), H. 1, 120–150.

DERS.: Die Entstehung der ständischen Schichten im mittelalterlichen Ungarn. Budapest 1980.

DERS.: Kaiser Sigismund in Ungarn. 1387–1437. Budapest 1990.

MANEA, Cristina Anton: Structura şi restructurarea marii boierimi din Ţara Românească de la începutul secolului al XVI-lea până la mijlocul secolului al XVII-lea [Struktur u. Restrukturierung der Großbojaren der Walachei vom Beginn des 16. bis zur Mitte des 17. Jh.s]. Bucureşti 2003 (Online-Dissertations-Typoskript, nicht mehr verfügbar).

MANER, Hans-Christian: Die Aufhebung des Nationalen im Universalen oder die Nation als das Maß aller Dinge? Zum historiografischen Konzept Nicolae Iorgas im südost- und ostmitteleuropäischen Rahmen, in: KRZOSKA/ MANER (Hgg.), Beruf und Berufung, 239–263.

DERS.: Grenzregionen der Habsburgermonarchie im 18. und 19. Jahrhundert. Ihre Bedeutung und Funktion aus der Perspektive Wiens. Münster 2005.

BIBLIOGRAPHIE

MANFRONI, Camillo: La marina veneziana alla difesa di Salonicco (1423–1430), *Nuovo archivio veneto* N.S. 10 (1910), 5–68.

MANGA, János: Die Slowaken in Ungarn. Slowakische Siedlungen in den 17. und 18.-sten Jahrhunderten, *Acta Ethnographica Academiae Scientiarum Hungaricae* 21 (1972), H. 3–4, 279–316.

MANIKOWSKA, Halina/PÁNEK, Jaroslav/HOLÝ, Martin (Hgg.): Political Culture in Central Europe (10th–20th Century). Bd. 1: Middle Ages and Early Modern Era. Prague 2005.

MANOLOVA-NIKOLOVA, Nadia/JÉLÉVA, Penka: Les localités au courant de Gorna Strouma pendant les 15–17ème siècles (Histoire brève), *Bulgarian Historical Review* 38 (2010), H. 1–2, 16–42.

MANOUSSACAS, Manoussos: „Lepanto e i Greci", in: Il Mediterraneo nella Seconda Metà, 215–241.

MANTRAN, Robert (Hg.): Histoire de l'Empire ottoman. Paris 1989.

MANUSAKAS, Manusos I.: Αρχιερείς Μεθώνης, Κορώνης και Μονεμβασίας γύρω στα 1500 [Erzpriester von Modon, Koron u. Monemvasía um 1500], *Πελοποννησιακά* 3 (1959), 95–147.

DERS.: Βενετικά έγγραφα αναφερόμενα εις την εκκλησιαστικήν ιστορίαν της Κρήτης του 14ου – 16 αιώνος (Πρωτοπαπάδες και πρωτοψάλται Χάνδακος) [Venez. Akten zur Kirchengeschichte Kretas im 14.–16. Jh. (Protopapades u. Protopsalten von Candia)], *Δελτίον της Ιστορικής και Εθνολογικής Εταιρείας της Ελλάδος* 15 (1961), 144–233.

DERS.: Η εν Κρήτη συνωμοσία του Σηφή Βλαστού, 1460–1462 [Die Verschwörung des Sephes Vlastos auf Kreta, 1460–1462]. Athen 1960.

MARCZALI, Henrik: Magyarország története III. Károlytól a bécsi congressusig, 1711–1815 [Die Geschichte Ungarns von Karl III. bis zum Wiener Kongress 1711–1815]. Budapest 1898.

DERS.: Magyarország története II. József korában [Die Geschichte Ungarns zur Zeit Josephs II]. 3 Bde. Budapest ²1885–1888.

DERS.: Mária Terézia [Maria Theresia]. Budapest 1891.

MARCZALI, Henry: Hungary in the Eighteenth Century. With an Introductory Essay on the Earlier History of Hungary. Cambridge 1910.

MARINESCU, Constantin: Alphonse V, roi d'Aragon et de Naples, et l'Albanie de Skanderbeg, *Mélanges de l'Ecole Roumaine en France* 1 (1923), 1–135.

DERS.: La politique orientale d'Alphonse V d'Aragon, roi de Naples (1416–1458). Barcelona 1994.

MARJANOVIĆ-DUŠANIĆ, Smilja: Sveti kralj. Kult Stefana Dečanskog [Der hl. König. Der Kult um Stefan Dečanski]. Beograd 2007.

MARJANOVIĆ-DUŠANIĆ, Smilja/POPOVIĆ, Danica (Hgg.): Privatni život u zemljama srednjeg veka [Private Life in Serbian Lands in the Middle Ages]. Beograd 2004.

MÁRKI, Sándor: Péró lázadása [Der Aufruhr von Péró]. Budapest 1893.

DERS.: Rákóczi Ferenc. [Franz Rákóczi]. 3 Bde. Budapest 1907.

MARKÓ, Árpád: II. Rákóczi Ferenc csatái. Sajtó alá rendezte, a bevezető tanulmányt írta, kiegészítő jegyzetekkel, bibliográfiával és mutatókkal ellátta Mészáros Kálmán. [Die Schlachten des Franz Rákóczi II. Redigiert, mit Einführungsstudie, Notizen, Bibliographie u. Register versehen von Kálmán Mészáros]. Budapest 2003.

DERS.: Insurrectio és állandó hadsereg [Insurrektion u. stehende Armee.], in: WELLMANN (Hg.), Barokk és felvilágosodás, 249–277.

DERS.: Magyarország hadtörténete [Kriegsgeschichte Ungarns]. Budapest 1943.

DERS.: A romhányi csata: 1710. jan. 22. [Die Schlacht von Romhány: 22. Januar 1710.]. Balassagyarmat 1932.

DERS.: A trencséni csata (1708 augusztus 3.) [Die Schlacht von Trentschin (3. August 1708)], *Hadtörténelmi Közlemények* 32 (1931), H. 1, 31–70 (Teil 1), 151–194 (Teil 2).

MARKÓ, Ilona: II. József és az erdélyi szászok [Joseph II. u. die Siebenbürger Sachsen]. Budapest 1940.

MARKOVIĆ, Biljana: Despotov zakonik. Zakon o rudnicima despota Stefana Lazarevića [La loi sur les mines du despote Stéphane Lazarević]. Beograd 1999.

MARKULIN, Nikola: Vojno poduzetništvo u mletačkoj Dalmaciji i Boki za vrijeme morejskog rata (1684.–1699.) [Military Entrepreneurship in Venetian Dalmatia and Boka during the Morean War (1684–1699)], *Radovi Zavoda za povijesne znanosti HAZU u Zadru* 56 (2014), 91–142.

MARMORA, Andrea: Raccolta di varie notizie concernenti l'isola di Corfu. Venezia 1778.

MAROSI, Ernő (Hg.): Auf der Bühne Europas. Der tausendjährige Beitrag Ungarns zur Idee der Europäischen Gemeinschaft. Budapest 2009.

Ders.: Kép és hasonmas. Művészet és valóság a 14 –15. századi Magyarországon [Bild u. Reproduktion. Kunst u. Wirklichkeit im Ungarn des 14.–15. Jh.s]. Budapest 1995.

Martin, Michael E.: The Venetians in the Black Sea. A General Survey, in: Jace Stuckey (Hg.), The Eastern Mediterranean Frontier of Latin Christendom. Farnham/Surrey 2014, 63–84.

Märtl, Claudia/Kaiser, Christian/Ricklin, Thomas (Hgg.): „Inter Graecos latinissimus, inter Latinos graecissimus“. Bessarion zwischen den Kulturen. Berlin, Boston/MA 2013.

Marton, Ernő: A magyar zsidóság családfája. Vázlat a magyarországi zsidók településtörténetéhez [Der Familienbaum des ungarländischen Judentums. Grundriss zur Siedlungsgeschichte der ungarländischen Juden]. Kolozsvár 1941.

Mărturii. Frescele mănăstirii Argeșului [Zeugnisse. Die Fresken des Klosters Argeș]. Hg. Muzeul Național de Artă al României. București 2012.

Marushiakova, Elena/Popov, Vesselin: Gypsies in the Ottoman Empire. Paris 2001.

Masan, Oleksandr: Czernowitz in Vergangenheit und Gegenwart, in: Heppner (Hg.), Czernowitz, 11–44.

Masters, Bruce: s. v. Capitulations, , in: Ágoston/Masters (Hgg.), Encyclopedia of the Ottoman Empire, 118f.

Mastrodemetres, Panagiotes D.: Το Λατινικό Πατριαρχείο στην Εύβοια (Negroponte) και τα εκει κτήματά του [Das Lateinische Patriarchat auf Euböa/Negroponte u. seine dortigen Besitzungen], in: Maltezu/Papakosta (Hgg.), Βενετία – Εύβοια, 119–124.

Mat'a, Petr/Winkelbauer, Thomas (Hgg.): Die Habsburgermonarchie 1620 bis 1740. Leistungen und Grenzen des Absolutismusparadigmas. Stuttgart 2006.

Matanov, Christo: A Contribution to the Political History of South-Eastern Macedonia after the Battle of Cernomen, *Études balkaniques* 22 (1986), 32–43.

Ders.: Jugozapadnite bălgarski zemi prez XIV vek [Die südwestlichen bulg. Länder im 14. Jh.]. Sofia 1986.

Ders.: Knjažestvoto na Dragaši. Kăm istorijata na Severoiztočna Makedonija v preodmanskata epoha [Das Fürstentum der Dragaši. Zur Geschichte Nordostmakedoniens in der vorosmanischen Epoche]. Sofija 1997.

Ders.: Parents serbes et byzantins du Tsar Ivan Alexandre. Quelques questions non élucidées des liens dynastiques dans les Balkans au XIVᵉ siècle, *Études balkaniques* 16 (1980), H. 4, 104–117.

Ders.: The Phenomenon Thomas Preljubović, in: Chrysos (Hg.), Πρακτικά Διεθνούς, 63–68.

Ders.: Radoslav Hlapen – souverain féodal en Macédoine méridionale durant le troisième quart du XIVᵉ siècle, *Études balkaniques* 19 (1983), 68–87.

Ders.: Srednovekovnite Balkani. Istoričeski očerci [Der mittelalterliche Balkan. Hist. Skizzen]. Sofija 2002.

Ders.: Văznikvane i oblik na Kjustendilski sandžak (XV–XVI vek) [Ursprung u. Gestalt des Sancak Kjustendil (XV.–XVI. Jh.)]. Sofija 2000.

Matanov, Christo/Mihneva, Rumjana A.: Ot Galipoli do Lepanto. Balkanite, Evropa i osmanskoto našestvie 1354–1571 g. [Von Gallipoli nach Lepanto. Der Balkan, Europa u. die osm. Invasion, 1354–1571]. Sofija 1988.

Matanov, Hristo/Zaïmova, Raïa: West and Post-Byzantine Source Evidence about Krali Marko (King Marko), *Études balkaniques* 21 (1985), H. 2, 45–61.

Máté, Ágnes/Oborni, Teréz (Hgg.): Isabella Jagiellon, Queen of Hungary (1539–1559). Studies. Budapest 2020.

Matei, Ion: Quelques problèmes concernant le régime de la domination ottomane dans les pays roumains (concernant particulièrement la Valachie), *Revue des études sud-est européennes* 10 (1972), H. 1, 65–81.

Matkovski, Aleksandar: Nomadskoto stočarstvo vo Makedonija od XIV do XIX vek [Das nomadische Hirtentum in Makedonien vom 14.–19. Jh.]. Skopje 1996.

Ders.: Otporot vo Makedonija na vremeto na turskoto vladenje [Der Widerstand in Makedonien zur Zeit der Türkenherrschaft]. 5 Bde. Skopje 1983.

Matschke, Klaus-Peter: Grundzüge des byzantinischen Städtewesens vom 11. bis 15. Jahrhundert, in: ders. (Hg.), Die byzantinische Stadt im Rahmen der allgemeinen Stadtentwicklung. Leipzig 1995, 27–73.

Ders.: Das Kreuz und der Halbmond. Die Geschichte der Türkenkriege. Darmstadt 2004.

Ders.: Notes on the Economic Establishment and Social Order of the Late Byzantine Kephalai, *Byzantinische Forschungen* 19 (1993), 139–147.

Ders.: Research Problems Concerning the Transitions to Tourkokratia. The Byzantinist Standpoint, in: Adanır/Faroqhi (Hgg.), The Ottomans and the Balkans, 79–113.

Ders.: Die Schlacht bei Ankara und das Schicksal von Byzanz. Studien zur spätbyzantinischen Geschichte zwischen 1402 und 1422. Weimar 1981.

BIBLIOGRAPHIE

Matuschka, Ludwig: Der Türken-Krieg 1716–18. Feldzug 1716. Nach den Feld-Acten und anderen authentishen Quellen. 2. Serie, 7. Bd. Wien 1891.

Ders.: Der Türken-Krieg, 1716–18. Feldzug 1717/18. Nach Feld-Acten und anderen authentischen Quellen. 2. Serie, 8. Bd. Wien 1891.

Maurer, Joseph: Cardinal Leopold Graf Kollonitsch, Primas von Ungarn. Sein Leben und sein Wirken. Innsbruck 1887.

Mavromatis, Léonidas: Sur les antagonismes en Macédoine sous la domination serbe, in: Papadopulu/Dialeti (Hgg.), Βυζάντιο και Σερβία, 330–337.

Ders.: La fondation de l'Empire serbe. Le kralj Milutin. Thessaloniki 1978.

Maxim, Mihai: Din istoria relaţiilor româno-otomane – „Capitulaţiile" [Aus der Geschichte der rum.-osm. Beziehungen. Die Kapitulationen], *Analele de istorie* 28 (1982), H. 6, 34–68.

Ders.: L'Empire Ottoman au nord du Danube et l'autonomie des Principautés Roumaines au XVIe siècle. Études et documents. Istanbul 1999.

Ders. (Hg.): O istorie a relaţiilor româno-otomane, cu documente noi din arhivele turceşti [Eine Geschichte der rum.-osm. Beziehungen mit neuen Dokumenten aus türk. Archiven]. Brăila 2012.

Ders.: Les relations roumano-ottomanes entre 1574 et 1594, *Revue roumaine d'histoire* 16 (1977), H. 3, 469–486.

Ders.: Romano-Ottomanica. Essays and Documents from the Turkish Archives. Istanbul 2001.

Ders.: Le statut des pays roumains envers la Porte Ottomane aux XVIe–XVIIIe siècles, *Revue Roumaine d'Histoire* 24 (1985), H. 1–2, 29–50.

Ders.: Ţările române şi Înalta Poartă. Cadrul juridic al relaţiilor româno-otomane în evul mediu [Die rum. Länder u. die Hohe Pforte. Der rechtliche Rahmen der rum.-osm. Beziehungen im Mittelalter]. Bucureşti 1993.

Ders.: Voyvodalik ou beğlerbeğilik? La politique ottomane envers les principautés roumaines (novembre 1594–février 1596), à la lumière de nouveaux documents turcs, in: ders., Romano-Ottomanica, 163–172.

Mayer, Theodor: Das Verhältnis der Hofkammer zur Ungarischen Kammer bis zur Regierungszeit Maria Theresias, *Mitteilungen des Instituts für Österreichische Geschichtsforschung* 9 (1915), 178–395.

Ders.: Verwaltungsreform in Ungarn nach der Türkenzeit. Sigmaringen ²1980.

Mayhew, Tea: Dalmatia between Ottoman and Venetian Rule. Contado di Zara 1645–1718. Roma 2008.

Mazilu, Dan Horia: Dimitrie Cantemir. Un prinţ al literelor [Dimitrie Cantemir. Ein Prinz der Buchstaben]. Bucureşti 2001.

Ders.: Un „Dracula" pe care Occidentul l-a ratat. Din istoria literaturii medievale [Ein „Dracula", den der Westen versäumt hat. Aus der Geschichte der mittelalterlichen Literatur]. Bucureşti 2001.

Ders. (Hg.): Literatura română medievală [Die mittelalterliche rum. Literatur]. Bucureşti 2003.

McChesney, R. D.: Islamic Culture and the Chinggisid Restoration. Central Asia in the Sixteenth and Seventeenth Centuries, in: David Morgan/Anthony Reid (Hgg.), The New Cambridge History of Islam. Bd. 3: The Eastern Islamic World, Eleventh to Eighteenth Centuries. Cambridge 2010, 239–265.

McGowan, Bruce: Economic Life in the Ottoman Empire. Taxation, Trade and the Struggle for Land 1600–1800. Cambridge 1981.

McKee, Sally: Uncommon Dominion. Venetian Crete and the Myth of Ethnic Purity. Philadelphia/PA 2000.

Il Mediterraneo nella Seconda Metà del '500 alla Luce di Lepanto. Firenze 1974.

Meier, Mischa: Geschichte der Völkerwanderung. Europa, Asien und Afrika vom 3. bis zum 8. Jahrhundert n. Chr. München 2019.

Mélanges Gilbert Dagron. Paris 2002.

Mélikoff, Irène: Les voies de pénétration de l'hétérodoxie islamique en Thrace et dans les Balkans aux XIVe–XVe siècles, in: Zachariadou (Hg.), The Via Egnatia, 159–170.

Melville-Jones, John R.: Venice and Thessalonica 1423–1430. The Venetian Documents. Padova 2002.

Mešanović, Sanja: Jovan VII Paleolog. John VII Palaiologos. Beograd 1996.

Metzeltin, Michele: Le varietà italiane sulle coste dell'Adriatico orientale, in: Ortalli/Schmitt (Hgg.), Balcani occidentali, 199–237.

Mészáros, Kálmán: A Partium közjogi helyzete a Rákóczi-szabadságharcban [Die staatsrechtliche Lage des Partiums während dem Rákóczi-Freiheitskrieg], in: Géza Dukrét (Hg.), Istennel a hazáért és a szabadságért [Mit Gott für das Vaterland u. für die Freiheit]. Nagyvárad 2005, 162–171.

DERS.: Újabb szempontok és források a turóci „pártütés" történetéhez [Neuere Standpunkte u. Quellen zur Geschichte des Thurotzer „Aufruhrs"], *Hadtörténelmi Közlemények* 120 (2007), H. 4, 1195–1232.

MICHALSKY, Tanja: Memoria und Repräsentation. Die Grabmäler des Königshauses Anjou in Italien. Göttingen 2000.

MIHAILA, Ileana: La Compagnie de la mer Noire ou la mer perdue des Roumains au XVIIIe siècle, *Balkan Studies* 56 (2020), H. 1, 35–50.

MIHĂILĂ, Gheorghe (Hg.): Ioan Bodgdan. Scrieri alese [Ioan Bogdan. Ausgewählte Schriften]. Bucureşti 1968.

MIHALJČIĆ, Rade: Les batailles de la Maritza et de Kosovo. Les dernières décennies de la rivalité serbobyzantine, in: PAPADOPULU/DIALETI (Hgg.), Βυζάντιο και Σερβία, 97–109.

DERS.: Bitka kod Aheloja [La bataille d'Acheloos], *Zbornik Filozofskog fakulteta u Beogradu* 11 (1970), H. 1, 271–275.

DERS.: Isprava o primanju Hrvoja Vukčića za dubrovačkog vlastelina – 1399, februar 25 [Urkunde über die Aufnahme Hrvoje Vukčiés als Dubrovniker Patrizier, 25. Februar 1399], *Stari srpski arhiv* 8 (2009), 159–165.

DERS.: Isprava o primanju kralja Tvrtka II za dubrovačkog vlastelina [Urkunde über die Aufnahme König Tvrtkos II. als Dubrovniker Patrizier], *Stari srpski arhiv* 10 (2011), 135–150.

DERS.: Junaci kosovske legende [Die Helden der Kosovo-Legende]. Bd. 3. Beograd ²1989.

DERS.: Knez Lazar i obnova Srpske države [Le prince Lazar et la restauration de l'État serbe], in: BOŽIĆ/ĐURIĆ (Hgg.), O knezu Lazaru, 1–11.

DERS.: Kraj srpskog carstva [Das Ende des serb. Zartums]. Beograd 1975.

DERS.: Lazar Hrebeljanović. Istorija, kult, predanje [Lazar Hrebeljanović. Geschichte, Kult, Überlieferung]. Beograd 1984.

DERS.: Slovenska kancelarija arbanaške vlastele [Die slaw. Kanzlei alb. Adliger], in: Simpoziumi për Skënderbeun, 219–227.

MIHÁLY, Péter: Privatizáció és államosítás Magarországon a 17–18. században [Privatisierung u. Verstaatlichung in Ungarn im 17.–18. Jh.], *Közgazdasági Szemle* 63 (2016), 1222–1233.

MIHLOVITS, Johann: Die Entstehung der Bergakademie u. ihre Entwicklung bis 1846. Sopron 1938.

MIHORDEA, V.[asile]: Les lignes du développement de la diplomatie roumaine au XVIIIe siècle, *Revue roumaine d'histoire* 9 (1970), H. 1, 43–62.

DERS.: Politica lui Nicolae Mavrogheni faţă de ţărănime [Die Politik des Nicolae Mavrogheni gegenüber der Bauernschaft], *Studii. Revistă de Istorie* 17 (1963), H. 6, 1325–1350.

DERS.: Raporturile Moldovei şi Ţării Româneşti cu tătarii în secolele XVI–XVIII [Die Beziehungen der Moldau u. der Walachei mit den Tataren im 16.–18. Jh.], *Revista de Istorie* 32 (1979), H. 6, 1069–1095.

DERS.: Les règlements fiscaux édictés par Constantin Mavrocordat en Valachei, *Revue Roumaine d'histoire* 10 (1971), H. 2, 267–291.

MIJATOVIĆ, Anđelko: Bitka na Krbavskom polju 1493 [Die Schlacht bei Krbava im Jahre 1493]. Zagreb 2005.

DERS.: Uskoci i krajišnici. Narodni junaci u pjesmi i povijesti [Uskoken u. Grenzkrieger. Volkshelden in Lied u. Geschichte]. Zagreb 1995.

DERS.: Zrinsko-Frankopanska urota [Die Zrinski-Frankopan-Verschwörung]. Zagreb ²1999.

MIJUŠKOVIĆ, Jovanka: Humska vlasteoska porodica Sankovići [Die Adelsfamilie der Sankovići aus Hum], *Istorijski časopis* 11 (1961), 17–54.

MIKÓ, Árpád: Il Corvinus a Buda. Nomi romani nello spazio di gioco dell'arte, *Acta historiae artium Academiae Scientiarum Hungaricae* 55 (2014), 15–21.

MIKOLETZKY, Lorenz: Der Versuch einer Steuer- und Urbarialregulierung unter Kaiser Joseph II., *Mitteilungen des Österreichischen Staatsarchivs* 24 (1971), 310–346.

MILEWSKI, Dariusz: From Świerczowski to Wallachian Expedition of Jan Zamoyski. Rise of the Cossack Factor in Polish-Ottoman Relations (1574–1600), in: Ovidiu CRISTEA/Liviu PILAT (Hgg.), From Pax Mongolica to Pax Ottomanica. War, Religion and Trade in the Northwestern Black Sea Region (14th–16th Centuries). Leiden, Boston/ MA 2020, 215–227.

MILJAN, Suzana/KEKEZ, Hrvoje: The Memory of the Battle of Krbava (1493) and the Collective Identity of Croats, *Hungarian Historical Review* 4 (2015), H. 2, 283–313.

MILJKOVIĆ, Ema: Pad Smedereva i osnivanje Smederevskog sandžaka [Der Fall Smederevos u. die Gründung des Sancaks Smederevo], in: SPREMIĆ (Hg.), Pad Srpske despotovine, 291–301.

MILJKOVIĆ-BOJANIĆ, Ema: Smederevski sandžak 1476–1560. Zemlja, naselja, stanovništvo [Die Provinz Smederevo 1476–1560. Land, Siedlungen, Bevölkerung]. Beograd 2004.

MILLEKER, Bódog: Az első német települések a Duna-Tisza-Marosköz déli részében [Die ersten dt. Siedlungen im südlichen Teil des Donau–Theiß–Mieresch-Zwischengebiets], *Történelmi és Régészeti Értesítő. A Délmagyarországi Történelmi és Régészeti Múzeumi Társulat Közlönye* 4 (1888), 82–124.

MILLEKER, Felix: Der Anfang der Einwanderung der Deutschen ins Banat, 1716–1722. Vršac 1939.

DERS.: Die Besiedelung der Banater Militärgrenze. Vršac 1926.

DERS.: Kurze Geschichte der Banater Militärgrenze, 1764–1873. Pančevo 1925.

Millenniumi magyar történet. Magyarország története a honfoglalástól napjainkig [Ein Millennium ung. Geschichte. Die Geschichte Ungarns von der Landnahme bis zur Gegenwart]. Hg. István György TÓTH. Budapest 2001.

MILLER, William: The Latins in the Levant. A History of Frankish Greece (1204–1566). London 1908.

MILOVIĆ, Đorđe: Boka kotorska u doba Venecije na izvorima mletačkih arhiva [Die Bucht von Kotor in der Zeit Venedigs nach Quellen venez. Archive]. Split 2009.

MILUTINOVIĆ, Branislav: Izvozna trgovina u ušćima arbanaških reka Vojuši (Spinarica), Devolu i Vregu od XIII do XV veka [Der Ausfuhrhandel an den Mündungen der alb. Flüsse Vjosa (Spinarica), Devol u. Vrego vom 13.–15. Jh.], *Jugoslovenski istorijski časopis* 30 (1997), H. 1, 25–47.

MINEA, Ilie: Aron Vodă şi vremea sa [Aron Vodă u. seine Zeit], *Cercetări istorice* 8–9 (1932–1933), H. 1, 104–184.

DERS.: Reforma lui Constantin Mavrocordat. Câteva lecţii ţinute la Universitate din Iaşi [Die Reform von Constantin Mavrocordat. Einige an der Universität Iaşi gehaltene Lektionen], *Cercetări istorice* 2–3 (1926–1927), 97–248.

DERS.: Vlad Dracul şi vremea sa [Vlad Dracul u. seine Zeit]. Iaşi 1928.

MINKOV, Anton: Conversion to Islam in the Balkans. *Kisve Bahası* Petitions and Social Life, 1670–1730. Leiden, Boston/MA 2004.

MIOVIĆ, Vesna: Diplomatic Relations between the Ottomans and Dubrovnik, in: KÁRMÁN/KUNČEVIĆ (Hgg.), The European Tributary States, 187–208.

DIES.: Dubrovačka Republika u spisima namjesnika Bosanskog Ejaleta i Hercegovačkog Sandžaka s analitičkim inventarom bujuruldija (1643–1807) serije Acta Turcarum Državnog Arhiva u Dubrovniku [Dubrovnik Republic in the Documents of the Bosnian Eyalet and Herzegovinian Sancak Governors]. Dubrovnik 2008.

DIES.: Dubrovačka Republika u spisima osmanskih sultana s analitičkim inventarom sultanskih spisa serije Acta Turcarum Državnog Arhiva u Dubrovniku [Dubrovnik Republic in the Documents of the Ottoman Sultans]. Dubrovnik 2005.

DIES.: Na razmeđu. Osmansko-dubrovačka granica (1667.–1806.) [An der Grenze. Die osm.-ragusanische Grenze (1667–1806)]. Dubrovnik 1997.

MIREA, Daniel: Cronologia documentelor lui Vlad V[oe]v[od] Înecatul [Die Chronologie der Dokumente des Woiwoden Vlad d. Ertränkten], *Anuarul Institutului de Istorie „A. D. Xenopol"* 48 (2011), 13–33.

DERS.: Domnul Ţării Rumâneşti în anul 1525 (I–II) [Der Fürst der Walachei im Jahr 1525], *Anuarul Institutului de Istorie „A. D. Xenopol"* 45 (2008), 29–46; 46 (2009), 151–168.

DERS.: Vladislav Voievod şi „lămurirea unei enigme istorice" [Woiwode Vladislav u. „die Klärung eines historischen Rätsels"], *Anuarul Institutului de Istorie „A.D. Xenopol"* 52 (2015), 53–78.

MISCHEVCA, Vladimir: Moldova în politica marilor puteri la începutul secolului al XIX-lea [Die Moldau in der Politik der Großmächte zu Beginn des 19. Jh.s]. Chişinău 1999.

MISCHEVCA, Vladimir/ZAVITSANOS, Periklis: Principele Constantin Ypsilanti, 1760–1816 [Der Fürst Konstantin Ypsilanti]. Chişinău 1999.

MIŠIĆ, Siniša: Humska zemlja u srednjem veku [Das Land Hum im Mittelalter]. Beograd 1996.

DERS.: Povelja Beljaka i Radiča Sankovića Dubrovniku [Eine Urkunde von Beljak u. Radič Sanković für Dubrovnik], *Stari srpski arhiv* 7 (2008), 113–127.

DERS.: Srpsko-bugarski odnosi na kraju 13. veka [Serb.-bulg. Beziehungen am Ende des 13. Jh.s], *Zbornik radova Vizantološkog instituta* 46 (2009), 333–340.

MISKOLCZY, Ambrus: A józsefi népszámlálás, a nemesi ellenállás és a Horea-felkelés [The Josphine Population Census, Noble Resistance, and the Horea Uprising], *Századok* 146 (2012), H. 6, 1421–1450.

DERS.: A szatmári békétől az 1848/49-es forradalom és szabadságharcig [Vom Sathmarer Frieden bis Revolution u. Freiheitskampf 1848/49], *Századok* 114 (1980), H. 3, 378–403.

Miskolczy, Julius: Ungarn in der Habsburger-Monarchie. Wien, München 1959.

Mitrović, Katarina: Mletački episkopi Kotora 1420–1513 [Die venez. Bischöfe von Kotor 1420–1513]. Beograd 2007.

Mlacović, Dušan: Građani plemići. Pad i uspon rapkoga plemstva [Adlige Bürger. Untergang u. Aufstieg des Patriziats von Rab]. Zagreb 2008.

Mlikota, Antonija: Arsenal u Zadru. Povijest, funkcija i revitalizacija [The Arsenal in Zadar. History, Function, Revitalisation], Radovi Zavoda za povijesne znanosti HAZU u Zadru 52 (2010), 205–230.

Moačanin, Nenad: s. v. Ragusa, in: Ágoston/Masters (Hgg.), Encyclopedia of the Ottoman Empire, 477f.

Ders.: Town and Country on the Middle Danube 1526–1690. Leiden, Boston/MA 2006.

Mochov, Nikolaj Andreevič: Očerki istorii moldavsko-russko-ukrainskich svjazej s drevnejšich vremen do načala XIX veka [Untersuchungen zur Geschichte der moldauisch-russisch-ukrainischen Beziehungen von den ältesten Zeiten bis zum Beginn des 19. Jh.s]. Kišinev 1961.

Mód, Aladár: 400 év küzdelem az önálló Magyarországért [400 Jahre Kampf für die Unabhängigkeit Ungarns]. Budapest ⁷1954.

Moisescu, Cristian: Arhitectura epocii lui Matei Basarab [Die Architektur der Epoche von Matei Basarab]. 2 Bde. Bucureşti 2002–2003.

Moisin, Anton: Mihai Viteazul. O expunere sistematică şi completă a luptelor sale [Michael d. Tapfere. Eine systematische u. komplette Darlegung seiner Kämpfe]. Bucureşti 2011.

Moldovan, Horia: Arhitectura bisericii lui Neagoe Basarab [Die Architektur der Kirchen von Neagoe Basarab], in: Mărturii, 18–37.

Molnár, Antal: Magyar hódoltság, horvát hódoltság, Magyar és horvát katolikus egyházi intézmények az oszmán uralom latt [Ung. u. kroat. katholische Institutionen unter osm. Herrschaft]. Budapest 2019.

Ders.: Struggle for the Chapel of Belgrade (1612–1643). Trade and Catholic Church in Ottoman Hungary, Acta Orientalia Academiae Scientiarum Hungaricae 60 (2007), H. 1, 73–134.

Ders.: A zágrábi püspökség és a magyarországi katolikus egyház a 17. században [Das Zagreber Bistum u. die ung. kath. Kirche im 17. Jh.]. Budapest 2012.

Molnár, Mónika F.: Der Friede von Karlowitz und das Osmanische Reich, in: Strohmeyer/Spannenberger (Hgg.), Frieden und Konfliktmanagement, 197–220.

Dies.: L. F. Marsili e gli ottomani. La frontiera asburgico-ottomana dopo la pace di Carlowitz, in: Raffaella Gherardi (Hg.), La politica, la scienza, le armi. Luigi Ferdinando Marsili e la costruzione della frontiera dell'Impero e dell'Europa. Bologna 2010, 147–172.

Molteni, Elisabetta/Moretti, Silvia: Fortezze veneziane nel Levante. Esempi di cartografia storica dalle collezioni del Museo Correr. Venetian Fortresses in the Levant. Venezia 1999.

Mondfeld, Wolfram zu: Der sinkende Halbmond. Die Seeschlacht von Lepanto im Jahre 1571. Vorbereitungen, Schlachtgeschehen, Auswirkung. Würzburg 1973.

Morvay, Győző: Galánthai gróf Fekete János 1741–1808 [Graf János Fekete von Galántha 1741–1808]. Budapest 1903.

Moschonas, Nikolas G.: Perdite e carenze dell'archivio veneto di Cefalonia, in: Maltezou/Ortalli, Venezia e le Isole Ionie, 215–222.

Ders.: Η συλλογή των βενετικών δουκικών γραμμάτων του Ιστορικού Αρχείου Κερκύρας [Die Sammlung venez. Dogenbriefe im Historischen Archiv von Korfu], Σύμμεικτα 4 (1981), 117–199.

Moschopulos, Georgios N.: Μετοίκηση Κρητών στην Κεφαλονιά στη διάρκεια του Κρητικού πολέμου (1645–1669) και ύστερα από την άλωση του Χάνδακα [Die Umsiedlung von Kretern nach Kephallenia während des Kretakrieges 1645–1669 u. nach dem Fall von Candia], in: Πεπραγμένα του Δ' διεθνούς Κρητολογικού συνεδρίου [Beiträge der vierten internationalen Kreta-Konferenz]. Bd. 2. Athen 1981, 270–291.

Mošin, Vladimir: Samodržavni Stefan knez Lazar i tradicija nemanjićkog suvereniteta od Marice do Kosova [Etienne Lazar, prince souverain et la tradition de la souveraineté des Némanides de la bataille de Marica (1371) jusqu'à celle de Kosovo (1389)], in: Božić/Đurić (Hgg.), O knezu Lazaru, 13–43.

Mosto, Andrea da: L'Archivio di Stato di Venezia. Indice generale, storico, descrittivo ed analitico. Bd. 1. Roma 1937.

Motogna, Victor: Stăpînirea lui Ştefan-cel-Mare asupra Ciceului [Die Herrschaft Stefans d. Großen über Ciceu], Revista istorică 8 (1922), H. 7–9, 128–136.

Moțu, Iancu: Mihai Viteazul. Un principe renascentist [Michael d. Tapfere. Ein Renaissance-Fürst]. Cluj-Napoca 2008.

Movileștii. Istorie și spiritualitate românească [Die Movilești. Rum. Geschichte u. Spiritualität]. Bd. 2: Ieremia Movilă. Domul, familia, epoca [Ieremia Movilă. Der Herrscher, die Familie, die Epoche]. Sfânta Mănăstire Sucevița 2006.

Mraz, Gerda/Schlag, Gerald (Hgg.): Maria Theresia als Königin von Ungarn. Eisenstadt 1980.

Mraz, Gottfried: Das Banat von Temeswar in der theresianischen Zeit, in: Mraz/Schlag (Hgg.), Maria Theresia als Königin, 139–145.

Mraz, Henrike: Die Einrichtung der kaiserlichen Verwaltung im Banat von Temesvar. Wien 1984 (Dissertationsschrift).

Mrgić, Jelena: Criss-Crossing the Danube with Marsigli, *Beogradski istorijski glasnik* 2 (2011), 165–176.

Dies.: s. v. Jajce, in: Mišić (Hg.), Leksikon gradova i trgova, 122f.

Dies.: Medieval Serbian Towns and Market Places, in: Mišić (Hg.), Leksikon gradova i trgova, 321–324.

Dies.: Rethinking the Territorial Development of Medieval Bosnian State, *Istorijski časopis* 51 (2004), 43–64.

Dies.: Severna Bosna, 13.–16. vek [Nordbosnien, 13.–16. Jh.]. Beograd 2008.

Mrgić-Radojčić, Jelena: Donji Kraji. Krajina srednjovekovne Bosne [Donji Kraji. Grenzland des mittelalterlichen Bosnien]. Beograd 2002.

Mueller, Reinhold Ch.[ristian]: Aspects of Venetian Sovereignty in Medieval and Renaissance Dalmatia, in: Dempsey, Quattrocento adriatico, 29–56.

Ders.: Immigrazione e cittadinanza nella Venezia medievale. Roma 2010.

Ders.: The Procurators of San Marco in the Thirteenth and Fourteenth Centuries. A Study of the Office as a Fincancial and Trust Institution, *Studi Veneziani* N.S. 13 (1971), 105–220.

Ders.: Pubblico e privato nel dominio veneziano delle isole greche a metà Quattrocento. Il caso dei Giustinian, in: Maltezou/Ortalli (Hgg.), Venezia e le Isole Ionie, 71–100.

Ders.: A Venetian Commercial Enterprise in Corfu, 1440–1442, in: Nikos G. Moschonas (Hg.), Χρήμα και αγορά στην εποχή των Παλαιολόγων. Money and Markets in the Paleologan Era. Athens 2003, 81–95.

Mujadžević, Dino: Osmanska osvajanja u Slavoniji 1552. u svjetlu osmanskih arhivskih izvora [Die osm. Eroberungen in Slawonien 1552 im Spiegel osm. Archivquellen], *Povijesni prilozi* 28 (2009), Nr. 36, 89–107.

Mujić, Muhamed A.: Položaj cigana u jugoslovenskim zemljama pod osmanskom vlašću [L'etat social des tziganes dans les pays yougoslaves sous la domination ottomane], *Prilozi za orijentalnu filologiju* 3–4 (1952/53), 137–193.

Mulić, Jusuf: Društveni i ekonomski položaj Vlaha i Arbanasa u Bosni pod osmanskom vlašću [Social and Economic Position of Wallachians and Albanians in Bosnia under the Ottoman Rule], *Prilozi za orijentalnu filologiju* 51 (2001), 111–146.

Müller, Konrad: Siebenbürgische Wirtschaftspolitik unter Maria Theresia. München 1961.

Müller, Ludolf (Hg.): Die Nestorchronik. Die altrussische Chronik, zugeschrieben dem Mönch des Kiever Höhlenklosters Nestor, in der Redaktion des Abtes Sil'vestr aus dem Jahre 1116, rekonstruiert nach den Handschriften Lavrent'evskaja, Radzivilovskaja, Akademičeskaja, Troickaja, Ipat'evskaja und Chlebnikovskaja. München 2001.

Müller, Ralf C.: Franken im Osten – Art, Umfang, Struktur und Dynamik der Migration aus dem lateinischen Westen in das Osmanische Reich des 15./16. Jh.s auf der Grundlage von Reiseberichten, Leipzig 2005.

Ders.: Prosopographie der Reisenden und Migranten ins Osmanische Reich (1396–1611). 10 Bde. Leipzig 2006.

Mumenthaler, Rudolf: Spätmittelalterliche Städte West- und Osteuropas im Vergleich. Versuch einer verfassungsgeschichtlichen Typologie, *Jahrbücher für Geschichte Osteuropas* N.F. 46 (1998), H. 1, 39–68.

Münkler, Herfried: Imperien. Die Logik der Weltherrschaft – vom Alten Rom bis zu den Vereinigten Staaten. Bonn 2005.

Munteanu, Lucian: Aspecte ale circulației monetare în Moldova în secolele XVI–XVII [Aspekte der Münzzirkulation in der Moldau im 16.–17. Jh.], *Arheologia Moldovei* 27 (2004), 241–260.

Mureșan, Dan Ioan: Philothée Ier Kokkinos, la métropole de Hongrovalachie et les „empereurs de la terre", in: Emilian Popescu/Mihai Ovidiu Câțoi (Hgg.), Istorie bisericească, misiune creștină și viață culturală. Bd. 2: Creștinismul românesc și organizarea bisericească în secolele XIII–XIV. Știri și interpretări noi [Kirchengeschichte, christliche Mission u. kulturelles Leben. Bd. 2: Das rum. Christentum u. die kirchliche Organisation im 13.–14. Jh. Neue Nachrichten u. Interpretationen]. Galați 2010, 335–406.

Ders.: Teoctist I. și ungerea domnească a lui Ștefan cel Mare [Teoctist I. u. die Herrschersalbung von Stefan d. Großen], in: Dumitru Țeicu/Ionel Cândea (Hgg.), Românii în Europa medivală (Între Orientul bizantin și

Occidentul latin). Studii în onoarea profesorului Victor Spinei [Die Rumänen im mittelalterlichen Europa (Zwischen byz. Orient u. latein. Okzident). Untersuchungen zu Ehren von Victor Spinei]. Brăila 2008, 303–416.

MUREȘANU, Camil: Mihai Viteazul și Transilvania. Culegere de studii [Michael d. Tapfere u. Siebenbürgen. Sammlung von Studien]. Cluj-Napoca 2005.

MURGESCU, Bogdan: O alternativă la periodizarea tradițională. Epoca modernă timpurie [Eine Alternative zur traditionellen Periodisierung. Die Frühe Neuzeit], *Studii și articole de istorie* 66 (2001), 5–18.

DERS.: Avatarurile unui concept. Monopolul comercial otoman asupra Țărilor Române [Die Fiktionen eines Konzeptes. Das osm. Handelsmonopol über die Donaufürstentümer], in: DERS., Țările Române, 151–172 (zuerst in: *Revista istorică* 1 [1990], H. 9–10, 819–845).

DERS.: Câteva observații pe marginea datoriilor Țării Românești și Moldovei în 1594 [Einige Beobachtungen bezüglich der Schulden der Walachei u. der Moldau im Jahre 1594], in: DERS. (Hg.), Țările Române, 94–102 (zuerst in: *Revista istorică* 6 [1995], H. 3–4, 243–253).

DERS.: Circulația monetară în Țarile Române în secolul al XVI-lea [Der Geldumlauf in den rum. Ländern im 16. Jh.]. București 1996.

DERS.: Confessional Polemics and Political Imperatives in the Romanian Principalities (Late 17th – Early 18th Centuries), in: CRĂCIUN/GHITTA (Hgg.), Church and Society, 174–183.

DERS.: Dimensiunea europeană a domniei lui Ștefan cel Mare [Die europäische Dimension der Herrschaft von Stefan d. Großen], in: DERS., Țările române, 15–27.

DERS.: Istorie româneasca – istorie universală (600–1800) [Rum. Geschichte – Weltgeschichte (600–1800)]. București ²1999.

DERS.: O nouă reglementare de pace moldo-otomană în 1481? [Eine neue Regelung des mold.–osm. Friedens im Jahre 1481?], in: DERS., Țările române, 28–34.

DERS.: „Phanariots" and „Pământeni". Religion and Ethnicity in Shaping Identities in the Romanian Principalities and the Ottoman Empire, in: Maria CRĂCIUN/Ovidiu GHITTA (Hgg.), Ethnicity and Religion in Central and Eastern Europe. Cluj 1995, 196–204.

DERS.: România și Europa. Acumularea decalajelor economice (1500–2010) [Rumänien u. Europa. Die Akkumulierung ökonomischer Unterschiede (1500–2000)]. Iași 2010.

DERS.: Țările române între Imperiul Otoman și Europa creștină [Die rum. Fürstentümer zwischen dem osm. Imperium u. dem christlichen Europa]. Iași 2012.

MURPHEY, Rhoads: Bayezid I's Foreign Policy Plans and Priorities. Power Relations, Statecraft, Military Conditions and Diplomatic Practice in Anatolia and the Balkans, in: Nikolaos G. CHRISSIS/Mike CARR (Hgg.), Contact and Conflict in Frankish Greece and the Aegean, 1204–1453. Crusade, Religion and Trade between Latins, Greeks and Turks. Farnham/Surrey 2014, 177–215.

DERS.: Ottoman Warfare, 1500–1700. New Brunswick/NJ 1999.

DERS.: s. v. Sürgün [Expulsion], in: The Encyclopaedia of Islam, Bd. 12, 767.

MURZAKU, Ines Angeli: The Basilian Monks and their Missions in 17th–18th Centuries to Chimara (Himara) Southern Albania, *The Downside Review* 135 (2017), H. 1, 21–34.

MUŠETA-AŠČERIĆ, Vesna: O vlastelinstvu na području župe Vrhbosne u XV vijeku [Über den Adel auf dem Gebiet des Gaus Vrhbosna im 15. Jh.], *Godišnjak Društva istoričara Bosne i Hercegovine* 38 (1987), 87–100.

MUSLU, Cihan Yüksel: The Ottomans and the Mamluks. Imperial Diplomacy and Warfare in the Islamic World. London 2014.

MUTAFČIEVA, Vera: Kărdžalijsko vreme [Die Zeit der Kărdžali]. Sofija 1977.

DIES.: Osmanska socialno-ikonomičeska istorija [Osm. sozio-ökonomische Geschichte]. Sofija 1993.

MUTAFOVA, Krasimira: Osmanski dokumenti ot Piskopos Kalemi za vzaimootnošenijata centralna-mestna osmanska vlast – pravoslavna cărkva [Osm. Dokumente aus der Piskopos Kalemi über die Beziehungen zwischen den zentralen u. lokalen osm. Behörden – die orthodoxe Kirche], in: Balkanite, Bd. 3, 82–91.

DIES.: Otnošenijata meždu pravoslavni duchovnici i katolici v bălgarskite zemi prez vtorata polovina na XVII vek [Die Beziehungen zwischen orthodoxen Geistlichen u. Katholiken in den bulg. Ländern in der zweiten Hälfte des 17. Jh.s], *Istoričeski pregled* 6 (1993), 101–116.

MUTASCU, Traian: Arta militară în Țara Romînească la începutul secolului al XVII-lea, Radu Șerban [Die militärische Kunst in der Walachei zu Beginn des 17. Jh.s, Radu Șerban]. București 1961.

DERS.: Radu Șerban. București 1978.

Naçi, Stavri: Pashallëku i Shkodrës nën sundimin e Bushatllive në gjysmën e dytë të shekullit. XVIII (1757–1796) [Shkodra unter der Herrschaft der Bushatlli in der zweiten Hälfte des 18. Jh.s]. Tirana 1964.

Ders.: Rreth tregtisë së sanxhakut të Shkodrës me Republikën e Venedikut gjatë shek. XVIII [Über den Handel zwischen der Provinz Shkodra u. der Republik Venedig während des 18. Jh.s], *Buletini i Universitetit të Tiranës. Seria Shkencat Shoqërore* 17 (1963), 3–64.

Nadin, Lucia: Migrazioni e integrazione. Il caso degli albanesi a Venezia (1479–1552). Città di Castello 2008.

Dies.: Shqipëria e rigjetur. Zbulim gjurmësh shqiptare në kulturën dhe artin e Venetos në shek. XVI. Albania ritrovata. Recuperi di presenze albanesi nella cultura e nell'arte del cinquecento veneto. Tirana 2012.

Nagata, Yuzo: Materials on the Bosnian Notables. Tokio 1979.

Nagel, Tilman: Raja – ein Schlüsselbegriff islamischer Staatlichkeit und seine Geschichte, in: Lauer/Majer (Hgg.), Osmanen und Islam, 37–102.

Nagy, Balázs u. a. (Hgg.): Medieval Buda in Context. Leiden, Boston/MA 2016.

Nagy, István: Bevezetés [Einführung], in: Ders./Kiss F. (Hgg.), A magyar kamara, 5–66.

Ders.: A Magyar Kamara 1686–1848 [Die Ungarische Kammer 1686–1848]. Budapest 1971.

Ders.: Die Reform der ungarischen kameralistischen Finanzverwaltung in der Zeit Maria Theresias, *Jahrbuch für österreichische Kulturgeschichte* 10 (1984), 137–144.

Ders.: Die ungarische Kammer und die Wiener zentrale Finanzverwaltung 1686–1848, *Acta Historica Academiae Scientiarum Hungaricae* 22 (1976), H. 3–4, 291–327.

Nagy, István/Kiss F., Erzsébet (Hgg.): A magyar kamara és egyéb kincstári szervek. [Die ung. Kammer u. andere Kameralorgane], Budapest 1995.

Nagy, Lajos: A kurucok és a rácok pusztítása Baranya vármegyében 1704 elején [Die Verwüstungen der Kuruzzen u. der Serben im Komitat Branau am Anfang des Jahres 1704], *Baranyai Helytörténetírás* 17 (1985), 13–132.

Ders.: Rácok Budán és Pesten, 1686–1703 [Die Raizen in Ofen u. Pest], *Tanulmányok Budapest Múltjából* 13 (1959), 57–102.

Nagy-L.[uttenberger], István: A császári-királyi hadsereg 1765–1815. Szervezettörténet és létszámviszonyok [Die ksl.-kgl. Armee 1765–1815. Organisationsgeschichte u. Standesverhältnisse]. Pápa 2013.

Nametak, Fehim: Pregled književnog stvaranja bosansko-hercegovačkih Muslimana na turskom jeziku. [Übersicht über die literarische Entwicklung der bosn.-herzeg. Muslime in türk. Sprache]. Sarajevo 1989.

Nastase, D.[umitru]: Une chronique byzantine perdue et sa version slavo-roumaine. La Chronique de Tismana 1411–1413, *Cyrillomethodianum* 4 [1977], 100–171.

Ders.: L'idée impériale dans les pays Roumains et le „crypto-empire chrétien" sous la domination ottomane. État et importance du problème, *Σύμμεικτα* 4 (1981), 201–250.

Ders.: Imperial Claims in the Romanian Principalities from the Fourteenth to the Seventeenth Centuries, in: Lowell M. Clucas (Hg.), The Byzantine Legacy in Eastern Europe. Boulder/CO 1988, 185–224.

Ders.: Le Mont Athos et la politique du Patriarchat de Constantinople, de 1355 à 1375, *Σύμμεικτα* 3 (1979), 121–177.

Năsturel, Petre Ş.: L'attitude du patriarcat œcuménique envers les Arméniens des pays roumains (fin XVIe – début XVIe siècle), in: Nina G. Garsoïan (Hg.), L'Arménie et Byzance. Histoire et culture. Paris 1996, 145–156.

Ders.: La Conquête ottomane de Brăila et la création du siège métropolitaine de Proïlavon, *Il Mar Nero* 3 (1997/1998), 191–208.

Ders.: Considérations sur l'idée impériale chez les Roumains, *Byzantina* 5 (1973), 395–413.

Ders.: Mont Athos et les Roumains. Recherches sur leurs relations du milieu du XIVe siècle à 1654. Roma 1986.

Ders.: Radu Vodă cel Mare şi Patriarhul de Constantinopol Ioachim I-ul [Woiwode Radu d. Gr. u. der Patriarch von Konstantinopel Joachim I.], *Studii şi materiale de istorie medie* 20 (2002), 23–31.

Naumov, Jevgenij P.: Bosanski i humski vlasteličići (prilog istoriji feudalne staleške terminologije XIV – XV vijeka) [Vlasteličići aus Bosnien u. Hum (ein Beitrag zur Feudalterminologie des 14.–15. Jh.s)], *Godišnjak Društva istoričara Bosne i Hercegovine* 28–30 (1977–1979), 21–37.

Nazor, Ante: Splitsko-poljički odnosi u XIV. i XV. stoljeću [Die Beziehungen zwischen Split u. Poljica im 14. u. 15. Jh.]. Split 2015.

Neagoe, Claudiu/Toma, Marin: Ţările Române în epoca fanariotă [Die Donaufürstentümer in der Phanariotenzeit]. Bucureşti 2018.

NEAGOE, Manole: Mihai Viteazu. Craiova 1976.

DERS.: Neagoe Basarab. Bucureşti 1971.

NEAGU, Fănuş u. a. (Hgg.): Mircea cel Mare. Scutul Europei [Mircea d. Große. Der Schutzschild Europas]. Bucureşti 2009.

NEAMŢU, V.[asile]: Stabilirea capitalei Moldovei la Iaşi [Die Festlegung der Hauptstadt der Moldau in Iaşi], in: Constantin CIHODARU/Gheorghe PLATON (Hgg.), Istoria oraşului Iaşi [Geschichte der Stadt Iaşi]. Bd. 1. Iaşi 1980, 82–86.

DERS.: Stabilirea capitalei Moldovei la Iaşi [Die Festlegung der Hauptstadt der Moldau in Iaşi], Analele Ştiinţifice ale Universităţii „Al. I. Cuza" din Iaşi (serie nouă). Secţiunea III, a. Istorie 14 (1968), 111–123.

NEAMŢU, Vasile/NEAMŢU, Eugenia/CHEPTEA, Stela: Contribuţii la problema urbanizării aşezării de la Baia în secolul al XIV-lea [Beiträge zur Frage der Urbanisierung der Siedlung von Baia im 14. Jh.], Anuarul Institutului de istorie şi arheologie „A. D. Xenopol" 16 (1979), 295–304.

NECIPOĞLU, Gülrü: Süleyman the Magnificent and the Representation of Power in the Context of Ottoman-Hapsburg-Papal Rivalry, The Art Bulletin 71 (1989), H. 3, 401–427.

NECIPOĞLU, Nevra: Byzantium between the Ottomans and the Latins. Politics and Society in the Late Empire. Cambridge 2009.

NEGRĂU, Elisabeta: Byzantine Legacy and Modern Greek Influences in the Wallachian Culture of the 17th–18th Centuries, Revue des études sud-est européennes 47 (2009), H. 1–4, 89–100.

NEHRING, Karl: Adam Freiherrn zu Herbersteins Gesandtschaftsreise nach Konstantinopel. Ein Beitrag zum Frieden von Zsitvatorok (1606). München 1983.

DERS.: Austro-Turcica 1541–1552. München 1995.

DERS.: Matthias Corvinus, Kaiser Friedrich III. und das Reich. Zum hunyadisch-habsburgischen Gegensatz im Donauraum. München 1975, ²1989.

NEKIĆ, Antun: The Oligarchs and the King in Medieval Slavonia, 1301–1342, Südost-Forschungen 74 (2015), 1–25.

NEMES, Dezső u. a. (Hgg.): Études historiques hongroises 1980 publiées à l'occasion de XVe Congrès International des Sciences Historiques par la Commission Nationale des Historiens Hongrois I. Budapest 1980.

NEMES, István (Hg.): A Dunántúl településtörténete [Die Geschichte von Transdanubien]. Bd. 8. Pécs 1990.

NÉMETH, István H.: A szabad királyi városok a 16–17. századi országgyűléseken [Die kgl. Freistädte am ung. Reichstag des 16. u. 17. Jh.s], in: DOBSZAY u. a. (Hgg.), Rendiség és parlamentarizmus, 144–161.

DERS.: Várospolitika és gazdaságpolitika a 16–17. századi Magyarországon (A felső-magyarországi városszövetség) [Stadt- u. Wirtschaftspolitik in Ungarn im 16. u. 17. Jh. (Der oberungarische Städtebund)]. 2 Bde. Budapest 2004.

NÉMETH, Katalin S.: Eine wiederentdeckte Reisebeschreibung. Veit Marchthaler, Ungarische Sachen, 1588, in: KÜHLMANN/SCHINDLING/HAUER (Hgg.), Deutschland und Ungarn in ihren Bildungs- und Wissenschaftsbeziehungen, 207–218.

NEMETH PAPO, Gizella/PAPO, Adriano: Ludovico Gritti. Un principe-mercante del Rinascimento tra Venezia, i turchi e la corona d'Ungheria. Mariano del Friuli 2002..

NERALIĆ, Jadranka: Judicial Cases in the Court of Maffeo Vallaresso, Archbishop of Zadar (1450–1494), Review of Croatian History 3 (2007), 271–291.

DIES.: Put do crkvene nadarbine. Rimska kurija i Dalmacija u 15. stoljeću [Der Weg zur Kirchenpfründe. Die röm. Kurie u. Dalmatien im 15. Jh.]. Split 2007.

NEUMANN, Christoph: Political and Diplomatic Developments, in: The Cambridge History of Turkey, Bd. 3 (Hg. FAROQHI), 44–64.

NEUMANN, Tibor: Békekötés Pozsonyban – országgyűlés Budán. A Jagelló–Habsburg kapcsolatok egy fejezete (1490–1492) [Friede in Pressburg – Reichstag in Ofen. Ein Kapitel aus den jagiello-habsburgischen Beziehungen (1490–1492)], Századok 144 (2010), 335–372 (Teil 1); 147 (2011), 293–347 (Teil 2).

NEUMANN, Wilhelm: Die Türkeneinfälle nach Kärnten, Südost-Forschungen 14 (1955), 84–109.

NICOL, Donald M.[acGillivray]: Byzantium and Venice. A Study in Diplomatic and Cultural Relations. Cambridge 1988.

DERS.: The Despotate of Epiros, 1267–1479. A Contribution to the History of Greece in the Middle Ages. Cambridge 1984.

Ders.: The Immortal Emperor. The Life and Legend of Constantine Palaiologos, Last Emperor of the Romans. Cambridge (u. a.) 1992.

Ders.: The Last Centuries of Byzantium, 1261–1453. London 1972, Cambridge ²1993.

Ders.: Meteora. The Rock Monasteries of Thessaly. London 1963.

Ders.: The Relations of Charles of Anjou with Nikephoros of Epiros, *Byzantinische Forschungen* 4 (1972), 170–194.

Ders.: The Reluctant Emperor. John Cantacuzene. Byzantine Emperor and Monk, c. 1295–1383. Cambridge 1996.

Nicolae, Veniamin: Ctitoriile lui Matei Basarab [Die Stiftungen Matei Basarabs]. Bucureşti 1982.

Nicolaescu, Em. Gr.: Moise Vodă (martie 1529-28 august 1530), *Arhivele Olteniei* 18 (1939), H. 104–106, 406–429.

Nicolaescu, Stoica: Domnia lui Alexandru Vodă Aldea, fiul lui Mircea Vodă cel Bătrân [Die Herrschaft von Woiwode Alexandru Aldea, des Sohnes von Woiwode Mircea d. Alten], 1431–1435, *Revista pentru istorie, arheologie şi filologie* 16 (1922), 225–270.

Dies.: Domnia lui Radul Vodă Paisie şi a fiului său Marcu Voevod. 13 iunie 1535 – 17 martie 1545 [Die Herrschaft des Radu Woiwode Paisie u. seines Sohnes Marcu Woiwode, 13. Juni 1535 – 17. März 1545], *Arhivele Olteniei* 17 (1938), H. 97–100, 193–220.

Dies.: Domnia lui Vlad Ventilă Vodă dela Slatina, în lumina unor noui documente istorice inedite: 1532–1535 [Die Herrschaft des Woiwoden Vlad Vinitlă von Slatina im Lichte neuer unpublizierter hist. Dokumente], *Arhivele Olteniei* 15 (1936), H. 83–85, 1–14.

Dies.: Petru-Vodă cel Tânăr şi Petru-Vodă Şchiopul (O chestiune controversată din istoria românilor) [Woiwode Peter d. Junge u. Woiwode Peter d. Lahme (eine kontroverse Frage aus der Geschichte der Rumänen)]. Bucureşti 1915.

Nicolescu, Corina (Hg.): Costumul de curte in Ţările Române (sec. XIV–XVIII). Le costume de cour dans les pays roumains (XIVᵉ–XVIIIᵉ siècles). Bucureşti 1970.

Dies.: Istoria costumului de curte în ţările Române, secolele XIV–XVIII [Geschichte der Hofkostüme in den Donaufürstentümern, 16.–18. Jh.]. Bucureşti 1970.

Niederkorn, Jan Paul: Die europäischen Mächte und der „Lange Türkenkrieg" Kaiser Rudolfs II. (1593–1606). Wien 1993.

Ders.: „Friedenspolitik" in Istanbul im Vorfeld des Langen Türkenkrieges, in: Strohmeyer/Spannenberger (Hgg.), Frieden und Konfliktmanagement, 95–108.

Nikiforou, Aliki: L'Archivio di Stato di Corfù. Da ieri ad oggi, in: Costantini/dies. (Hgg.), Levante veneziano, 223–233.

Nikephoru, Alike: Δημόσιες τελετές στην Κέρκυρα κατά την περίοδο της Βενετικής κυριαρχίας, 14ος – 18ος αι. [Öffentliche Zeremonien auf Korfu während der Venezianerherrschaft, 14.–18. Jh.]. Athen 1999.

Dies.: Η διακίνηση του εμπορίου στο λιμάνι της Κέρκυρας κατά τον 17ο αιώνα [Die Handelsbewegung im Hafen von Korfu im 17. Jh.], in: Κέρκυρα, μία μεσογειακή σύνθεση. Corfù, una sintesi mediterranea. Hg. dies. Kerkyra 1998, 81–100.

Nikov, Petăr: Turskoto zavladjavane na Bălgarija i sădbata na poslednite Šišmanovci [Die türk. Eroberung Bulgariens u. das Schicksal der letzten Šišmaniden], *Izvestija na istoričeskoto družestvo v Sofija* 7/8 (1928) 41–112.

Nistor, Ion: Domnia lui Mihai Viteazul în Transilvania, 1 noemvrie 1599 – 19 august 1601 [Die Herrschaft von Michael d. Tapferen in Siebenbürgen], *Analele Academiei Române. Memoriile Secţiunii istorice,* Seria 3, 28 (1945/46), 447–542.

Niţă-Danielescu, Daniel: Războaiele dintru ruşi şi turci din secolul al XVIII-lea şi implicaţiile lor asupra bisericii ortodoxe române din Moldova [Die Kriege zwischen Russen u. Türken im 18. Jh. u. ihre Auswirkungen auf die rum. orth. Kirche in der Moldau]. Iaşi 2009.

Novak, Grga: Commissiones et relationes venetae. Mletačke upute i izvještaji [Venez. Anordnungen u. Berichte]. Bde. 4–7. Zagreb 1966–1977.

Ders.: Nepoznati dokumenti za povijest „Pučkog prevrata na Hvaru 1510–1514" i za dalju borbu pučana za ravnopravnost sa vlastelom u komuni Hvara [Unbekannte Dokumente zur Geschichte des „Volksaufstands von Hvar 1510–1514" u. zum weiteren Kampf der *Popolani* um Gleichberechtigung mit dem Patriziat in der Gemeinde Hvar], *Starine* 48 (1958), 387–429.

Ders.: Povijest Splita [Geschichte von Split]. 4 Bde. Split 1978.

DERS.: Prošlost Dalmacije [Die Vergangenheit Dalmatiens]. 2 Bde. Zagreb 1944.

DERS.: Pučki prevrat na Hvaru, 1510–1514 [Der Volksaufstand auf Hvar der Jahre 1510–1514]. Split 1918.

NOVAK, Grga/MAŠTROVIĆ, Vjekoslav (Hgg.): Lepantska bitka. Udio hrvatskih pomoraca u lepantskoj bitki 1571. godine [Die Schlacht von Lepanto. Der Anteil kroat. Seeleute an der Schlacht von Lepanto im Jahre 1571]. Zadar 1974.

DIESS.: Povijest Vrane [Geschichte von Vrana]. Zadar 1971.

NOVAK, Maja: Kada i kako je došlo do formiranja službe generalnog providura Dalmacije i Albanije [Wann u. wie kam es zur Einrichtung des Amts der Generalstatthalters von Dalmatien u. Albanien], *Radovi Instituta JAZU u Zadru* 15 (1968), 91–112.

DIES. (Hg.): Sudstvo, državna uprava i gradnje u mletačkoj Dalmaciji i Albaniji [Das Gerichtswesen, die Staatsverwaltung u. Bauten im venez. Dalmatien u. Albanien], *Radovi Instituta JAZU u Zadru* 6–7 (1960), 237–255 (Teil 1); 9 (1962), 259–280 (Teil 2).

DIES.: Zadar glavni grad mletačke Dalmacije i Albanije [Zadar als Hauptstadt des venez. Dalmatien u. Albanien], *Radovi Instituta JAZU u Zadru* 11–12 (1965), 187–201.

NOVAKOVIĆ, Stojan: Nemanjićke prestonice Ras – Pauni – Nerodimlja [Die Königspfalzen der Nemanjiden Ras – Pauni – Nerodimlja], *Glas Srpske Kraljevske Akademije* 88 (1911), 1–54.

DERS.: Stara srpska vojska [Das altserb. Heer]. Beograd 1893.

Nouvelles études d'histoire. Publié à l'occasion du … Congrès International des Sciences Historiques. 13 Bde. Bucureşti 1955–2015.

NOVLJANIN, Omer/HADŽINESIMOVIĆ, Ahmed: Odbrana Bosne 1736–1739 [Die Verteidigung Bosniens 1736–1739]. Zenica 1994.

NYÁRÁDY, Károly R.: Erdély népességének etnikai és vallási tagolódása a magyar állam alapításától a dualizmus koráig [Ethnische u. religiöse Gliederung der Bevölkerung Siebenbürgens von der Staatsgründung bis zum Dualismus]. Budapest 1987.

O'REILLY, Wiliam: Agenten, Werbung und Reisemodalitäten. Die Auswanderung ins Temescher Banat im 18. Jahrhundert, in: BEER/DAHLMANN (Hgg.), Migration nach Ost- und Südosteuropa, 109–120.

OBORNI, Teréz: Between Vienna and Constantinople. Notes on the Legal Status of the Principality of Transylvania, in: KÁRMÁN/KUNČEVIĆ (Hgg.), The European Tributary States, 67–89.

DIES.: The Country Nobody Wanted. Some Aspects of the History of Transilvanian Principality, *Specimina Nova. Pars Prima. Sectio Mediaevalis* (Pécs) 2 (2003), 101–107.

DIES.: Erdély kincstári bevételei és kiadásai a 16. század végén [Kammereinnahmen u. Ausgaben Siebenbürgens am Ende des 16. Jh.s], *Történelmi Szemle* 47 (2005), H. 3–4, 333–346.

DIES.: Erdélyi országgyűlések a 16–17. században [Siebenbürgische Landtage im 16. u. 17. Jh.]. Budapest 2018.

DIES.: From Province to Principality. Continuity and Change in Transylvania in the First Half of the Sixteenth Century, in: ZOMBORI (Hg.), Fight Against the Turk in Central-Europe, 165–179.

DIES.: Habsburgischer Versuch zur Regelung der Finanzangelegenheiten in Siebenbürgen (1552–1553), in: Sorin MITU/Florin GOGÂLTAN (Hgg.), Interethnische und Zivilisationsbeziehungen im siebenbürgischen Raum. Cluj, Kolozsvár 1996, 137–157.

DIES.: Die Pläne des Wiener Hofes zur Rückeroberung Siebenbürgens 1557–1563, in: FUCHS/OBORNI/UJVÁRY (Hgg.), Kaiser Ferdinand I., 277–297.

DIES.: State and Governance in the Principality of Transylvania, *Hungarian Studies* (2013), H. 2, 311–322.

ODENTHAL, Josef: Oesterreichs Türkenkrieg 1716–1718. Düsseldorf 1938.

ÓDOR, Imre: A nemesség a XVIII. századi Európában [Der Adel in Europa im 18. Jh.], in: DERS./PÁLMÁNY/TAKÁCS (Hgg.), Mágnások, birtokosok, címereslevelek, 11–36.

ÓDOR, Imre/PÁLMÁNY, Belá/TAKÁCS, Sándor (Hgg.): Mágnások, birtokosok, címereslevelek. Konferencia. Pécsvárad, 1995. szept. 12–13. [Magnaten, Grundherren, Adelsbriefe. Konferenz. Pécsvárad, 12.–13. September 1995]. Debrecen 1997, 11–36.

ODORICO, Paolo: Conseils et mémoires de Synadinos, prêtre de Serrès en Macédoine (XVIIe siècle). Paris 1996.

OĞUZ, Mustafa/BALTA, Evangelia: Le Kannunname de l'Euripe (milieu du XVIe siècle), *Osmanlı Araştırmaları/The Journal of Ottoman Studies* 18 (1998), 9–45.

OHLER, Norbert: Reisen im Mittelalter. Düsseldorf u. a. ⁴2004.

OIKONOMIDÈS, Nicolas: Andronic II Paléologue et la ville de Kroia, in: GASPARIS (Hg.), Οι Αλβανοί στο Μεσαίωνα, 241–247.

OIKONOMIDÈS, Nikos: Emperor of the Romans – Emperor of the Romania, in: PAPADOPULU/DIALETI (Hgg.), Βυζάντιο και Σερβία, 121–128.

DERS.: From Soldiers of Fortune to Gazi Warriors. The Tzympe Affair, in: HEYWOOD/IMBER (Hgg.), Studies in Ottoman History, 239–247.

DERS.: The Turks in Europe (1305–13) and the Serbs in Asia Minor (1313), in: ZACHARIADOU (Hg.), The Ottoman Emirate, 161–168.

OKTAY, Ayşe Sıdıka: Kınalızade Ali Efendi ve Ahlak-ı Alai. Istanbul 2015.

OLAR, Ovidiu: La boutique de Théophile. Les relations du patriarche de Constantinople Kyrillos Loukaris (1570–1638) avec la réforme. Paris 2019.

OLARU, Mihai: From Disloyalty to Law-Breaking. The Emergence of Administrative and Judicial Malpractice in Eighteenth-Century Wallachia, *Südost-Forschungen* 77 (2018), 10–29.

DERS.: From Local Custom to Written Law. Agrarian Regulations and State Making in Wallachia 1740–1800, *Studia Universitatis Babeş-Bolyai – Historia* 58 (2013), 155–180.

OLARU, Vasile Mihai: Writs and Measures. Symbolic Power and the Growth of State Infrastructure in Wallachia, 1740–1800. Budapest 2013 (Dissertationstyposkript).

OLIN, Timothy: Flüchtlinge oder Auswanderer? Migration aus dem Osmanischen Reich in das Banat im 18. Jahrhundert, in: KUZMANY/GARSTENAUER (Hgg.), Aufnahmeland Österreich, 42–68.

OLTEANU, Ştefan: Les Pays Roumains à l'époque de Michel le Brave (l'union de 1600). Bucureşti 1975.

ÖNCEL, Fatma: Land, Tax and Power in the Ottoman Provinces. The Malikane-Mukataa of Esma Sultan in Alasonya (c.1780–1825), *Turkish Historical Review* 8 (2017), H. 1, 54–74.

OPLL, Ferdinand/KRAUSE, Heike/SONNLECHNER, Christoph: Wien als Festungsstadt im 16. Jahrhundert. Zum kartografischen Werk der Mailänder Familie Angielini. Wien 2017.

OPRIŞAN, Horia B.: Les princes phanariotes et l'européanisation des Roumains, *Balkan Studies* 31 (1990), H. 1, 107–130.

ORBINI, Mauro: Kraljevstvo Slavena. Zagreb 1999 (serbokroat. Übers. v. Il regno degli Slavi).

DERS.: Il regno degli Slavi, hoggi corrottamente detti Schiavoni (Nachdr. besorgt v. Sima M. ĆIRKOVIĆ/Peter REHDER). München 1985.

ORHONLU, Cengiz: Osmanlı İmparatorluğunda Derbend Teşkilatı [Die Derbend-Organisation im Osmanischen Reich]. Istanbul 1967.

ŐRI, Péter: Demográfia elméletben és gyakorlatban. II. József népszámlálása Magyarországon [Demographie in Theorie u. Praxis. Die Volkszählung Josephs II. in Ungarn], *Történeti Demográfia Évkönyv* 4 (2003), 89–127.

DERS.: A demográfiai viselkedés mintái a 18. században. Lélekösszeírások Pest megyében, 1774–1783 [Patterns of Demographic Behaviour in the 18ᵗʰ Century. Population Censuses in County Pest, 1744–1783]. Budapest 2003.

DERS.: Etnikum, felekezet és demográfiai különbségek a 18–19. századi Magyarországon. Pest-Pilis-Solt-(Kiskun) megye példája [Ethnicity, Denomination and Demographic Differences in 18–19ᵗʰ Century Hungary in the Neighbourhood of Budapest], *Demográfia* 53 (2010), H. 4, 373–405.

DERS.: Hatalom és demográfia. II. József népszámlálása Magyarországon I. [Power and Demography. Joseph II.'s Population Census in Hungary I.], *Történeti Demográfiai Évkönyv* 3 (2002), 37–73.

DERS.: A pestisjárványok demográfiai következményei a 17–18. századi Magyarországon [Die demographischen Folgen der Pestepidemien in Ungarn im 17. u. 18. Jh.], *Történeti Demográfiai Évkönyv* 6 (2005), 115–162.

ORLANDO, Ermanno: Politica del diritto, amministrazione, giustizia. Venezia e la Dalmazia nel basso medioevo, in: ISRAEL/SCHMITT (Hgg.), Venezia e Dalmazia, 9–61.

DERS.: Strutture e pratiche di una comunità urbana. Spalato, 1420–1479. Venezia, Wien 2019.

DERS.: Tra Venezia e Impero ottomano. Paci e confine nei Balcani occidentali (secc. XV–XVI), in: ORTALLI/SCHMITT (Hgg.), Balcani occidentali, 103–178.

DERS.: Venezia e la conquista turca di Otranto (1480–1481). Incroci, responsabilità, equivoci negli equilibri europei, in: HOUBEN (Hg.), La conquista turca di Otranto, Bd. 1, 177–209.

DERS.: Venezia e il mare nel medioevo. Bologna 2014.

Forschungsliteratur

OROSZ, István/FÜR, Lajos/ROMÁNY, Pál (Hgg.): Magyarország agrártörténete. Agrártörténeti tanulmányok [Die Agrargeschichte Ungarns. Agrargeschichtliche Studien]. Budapest 1996.

ORTALLI, Gherardo: Entrar nel Dominio. Le dedizioni delle città alla Repubblica Serenissima, in: ZORDAN u. a. (Hgg.), Società, economia, istituzioni, 49–62.

DERS. (Hg.): Venezia e Creta. Atti de Convegno internazionale di studi, Iraklion-Chanià, 30 settembre – 5 ottobre 1997. Venezia 1998.

ORTALLI, Gherardo/SCHMITT, Oliver Jens (Hgg.): Balcani occidentali, Adriatico e Venezia fra XIII e XVIII secolo. Der westliche Balkan, der Adriaraum und Venedig (13.–18. Jahrhundert). Wien 2009.

ORTALLI, Gherardo/SCHMITT, Oliver Jens/ORLANDO, Ermanno (Hgg.): Il *Commonwealth* veneziano tra 1204 e la fine della Repubblica. Identità e peculiarità. Venezia 2015.

DIESS. (Hgg.): Comunità e società nel Commonwealth veneziano. Venezia 2018.

OSIPIAN, Alexandr: Performing the Ottoman Threat. Visual and Discursive Representations of Armenian Merchants in Early Modern Poland and Moldavia, in: CRAILSHEIM/ELIZALDE (Hgg.), The Representation of External Threat, 155–185.

DERS.: Practices of Integration and Segregation. Armenian Trading Diasporas in their Interaction with the Genoese and Venetian Colonies in the Eastern Mediterranean and the Black Sea (1289–1484), in: CHRIST u. a. (Hgg.), Union in Separation, 349–361.

Osmansko osvajanje Bosanske kraljevine. Zbornik radova [Die osm. Eroberung des bosn. Königreichs. Sammelband]. Sarajevo 2014.

OSTAPCHUK, Victor: The Human Landscape of the Ottoman Black Sea in the Face of the Cossack Naval Raids, *Oriente Moderno* N.S. 20 (81) (2001), H. 1, 23–95.

DERS.: The Ottoman Black Sea Frontier and the Relations of the Porte with the Polish-Lithuanian Commonwealth and Muscovy, 1622–1628. Ann Arbor/MI 1989.

OSTROGORSKI, Georgije: Pour l'histoire de la féodalité byzantine. Bruxelles 1954.

DERS.: Serska oblast posle Dušanove smrti [Das Gebiet von Sérres nach Dušans Tod], in: DERS. (Hg.), Vizantija i Sloveni, 423–631.

DERS.: Sveta Gora posle Maričke bitke [Der Hl. Berg nach der Schlacht an der Marica], *Zbornik Filozofskog fakulteta u Beogradu* 11 (1970), H. 1, 277–282.

DERS. (Hg.): Vizantija i Sloveni [Byzanz u. die Slawen]. Beograd 1970.

OȚETEA, Andrei: Factorii chestiunii orientale [Die Faktoren der Orientalischen Frage], in: DERS., Scrieri istorice alese, 70–184.

DERS.: La formation des états féodaux roumains, *Nouvelles Études d'Histoire* 3 (1965), 87–104.

DERS.: Scrieri istorice alese [Ausgewählte hist. Schriften]. Cluj-Napoca 1980.

DERS.: Tudor Vladimirescu și revoluția din 1821 [Tudor Vladimirescu u. die Revolution von 1821]. București 1971.

OTRUBA, Gustav: Die Wirtschaftspolitik Maria Theresias. Mit 9 Bildbeig. u. 11 Abb. im Text. Wien 1963.

OVČAROV, Nikolaj: Le tsar bulgare Ivan Alexandre II, *Études balkaniques* 33 (1997), H. 3–4, 119–124.

ÖZBARAN, Salih: Some Notes on the Salyâne System in the Ottoman Empire as Organized in Arabia in the Sixteenth Century, *Osmanlı Araştırmaları/The Journal of Ottoman Studies* 6 (1986), 39–45.

ÖZEL, Oktay: The Reign of Violence. The Celalis c. 1550–1700, in: WOODHEAD (Hg.), The Ottoman World, 184–204.

ÖZERGIN, Kemal: Rumeli Kadılıkları'nda 1078 Düzenlemesi [Die Hierarchie der rumelischen Gerichtsbezirke im Jahr 1078], in: Ismail Hakkı Uzunçarşılı'ya Armağan [Festschrift für Ismail Hakkı Uzunçarşılı]. Ankara 1976, 251–309.

ÖZTÜRK, Mustafa: 731 Numarali Cezayir Eyaleti Timar Defterinin Değerlendirilmesi [Die Auswertung des Timarregisters Nummer 731 der Provinz Cezayir]. Malatya 1997.

PACH, Zsigmond Pál: Hungary and the European Economy in Early Modern Times. Aldershot 1994.

PACI, Renzo: La Scala di Spalato e il commercio veneziani nei Balcani fra Cinque e Seicento. Venezia 1971.

PĂCURARIU, Mircea: Istoria Bisericii Ortodoxe Române [Geschichte der rum.-orth. Kirche]. 3 Bde. București ²1991–1994.

BIBLIOGRAPHIE

PÁL, Judit: „Leopoldinum" und „Ausgleich". Diploma Leopoldină şi pactul dualist [Diploma Leopoldinum u. dualistischer Pakt, in: Horea BALOMIRI/Irene ETZERSDORFER (Hgg.): Imperiul la periferie. Urme Austriece in Transilvania. Imperium an der Peripherie. Ausstellung eines rumänisch-österreichischen Projekts von Sibiu 2007. Wien 2007, 130–149.

PÁL, Tibor: A szerbek nagy kivándorlása 1690-től [Die große Auswanderung der Serben 1690], in: ZOMBORI (Hg.), A szerbek Magyarországon, 79–111.

PALADE, Teodor: Radu dela Afumaţi [Radu von Afumaţi]. Bucureşti 1939.

PÁLFFY, Géza: Die Akten und Protokolle des Wiener Hofkriegsrats im 16. und 17. Jahrhundert, in: PAUSER/SCHEUTZ/WINKELBAUER (Hgg.), Quellenkunde der Habsburgermonarchie, 182–195.

DERS.: Ein „altes Reich" an der Peripherie des Alten Reiches. Das Ungarische Königreich und das Heilige Römische Reich im 16. und 17. Jahrhundert (eine Skizze), in: CSAPLÁR-DEGOVICS/FAZEKAS (Hgg.), Geteilt – Vereinigt, 65–97.

DERS.: Die Anfänge der Militärkartographie in der Habsburgermonarchie. Die regelmäßige kartographische Tätigkeit der Burgbaumeisterfamilie Angielini an den kroatisch-slawonischen und den ungarischen Grenzen in den Jahren 1560–1570. A haditérképészet kezdetei a Habsburg Monarchiában. Az Angielini várépítész-família rendszeres térképészeti tevékenysége a horvátszlavón és a magyarországi határvidéken az 1560–1570-es években. Budapest 2011.

DERS.: Bollwerk und Speisekammer Mitteleuropas (1526–1711), in: MAROSI (Hg.), Auf der Bühne Europas, 100–124.

DERS.: A császárváros védelmében. A győri főkapitányság története 1526–1598 [In Verteidigung der Kaiserstadt. Geschichte der Raaber Grenze von 1526 bis 1598]. Győr 1999.

DERS.: Ewige Verlierer oder auch ewige Gewinner? Aufstände und Unruhen im frühneuzeitlichen Ungarn, in: RAUSCHER/SCHEUTZ (Hgg.), Die Stimme der ewigen Verlierer?, 151–175.

DERS.: Exodus, neue Titel, verschiedene Karrierestrategien. Adel im Wandel in Ungarn im Jahrhundert nach der Schlacht bei Mohács (1526), in: DROSSBACH/HENGERER (Hgg.), Adel im östlichen Europa.

DERS.: Die Gesellschaft der ungarischen Länder 1526–1740 in der Historiographie des letzten Jahrzehnts, in: BŮŽEK/KRÁL (Hgg.), Společnost v zemích habsburské monarchie, 61–92.

DERS.: Győztes szabadságharc vagy egy sokféle sikert hozó felkelés? A magyar királysági rendek és Bocskai István mozgalma (1604–1608) [Ein siegreicher Freiheitskampf oder ein erfolgreicher Aufstand? Die Stände des Königreichs Ungarn u. die Bewegung von Stephan Bocskai (1604–1608)]. Budapest 2009.

DERS.: The Habsburg Defense System in Hungary Against the Ottomans in the Sixteenth Century. A Catalyst of Military Development in Central Europe, in: DAVIES (Hg.), Warfare in Eastern Europe, 35–61.

DERS.: Hungary between Two Empires, 1526–1711. Bloomington/IN 2021.

DERS.: The Impact of the Ottoman Rule on Hungary, *Hungarian Studies Review* (Toronto) 28 (2001), H. 1–2, 109–132.

DERS.: Jahrhunderte von Trennungen und Ausgleichen. Die Geschichte des Königreichs Ungarn im 17. Jahrhundert in einem neuen Licht, *Historisches Jahrbuch* 137 (2017), 248–267.

DERS.: Jedan od temeljnih izvora hrvatske povijesti. Pozivnica zajedničkog hrvatsko-slavonskog sabora iz 1558. godine [Eine der grundlegenden Quellen der Kroat. Geschichte. Der Einladungsbrief der gemeinsamen kroat.-slawon. Ständeversammlung aus dem Jahr 1558], *Zbornik Odsjeka za povijesne znanosti Zavoda za povijesne i društvene znanosti HAZU* 23 (2005), 47–61.

DERS.: Kaiserbegräbnisse in der Habsburgermonarchie – Königskrönungen in Ungarn. Ungarische Herrschaftssymbole in der Herrschaftsrepräsentation der Habsburger im 16. Jahrhundert, *Frühneuzeit-Info* 19 (2008), H. 1, 41–66.

DERS.: The Kingdom of Hungary and the Habsburg Monarchy in the Sixteenth Century. Boulder/CO, Wayne/NJ, New York 2009.

DERS.: Kriegswirtschaftliche Beziehungen zwischen der Habsburgermonarchie und der ungarischen Grenze gegen die Osmanen in der zweiten Hälfte des 16. Jahrhunderts. Unter besonderer Berücksichtigung des königlichen Zeughauses in Kaschau, *Ungarn-Jahrbuch* 27 (2004), 17–40.

DERS.: Die Krönungsfahnen in der Esterházy Schatzkammer auf Burg Forchtenstein. Die Geschichte der Krönungsfahnen der Länder der Stephanskrone vom Spätmittelalter bis Anfang des 20. Jahrhunderts. Eisenstadt 2018.

Forschungsliteratur

DERS.: Krönungsmähler in Ungarn im Spätmittelalter und in der Frühen Neuzeit. Weiterleben des Tafelzeremoniells des selbständigen ungarischen Königshofes und Machtrepräsentation der ungarischen politischen Elite. Teil 2, *Mitteilungen des Instituts für Österreichische Geschichtsforschung* 116 (2008), H. 1, 60–91.

DERS.: A Magyar Királyság új fővárosa. Pozsony a XVI. században [Die neue Hauptstadt des Königreichs Ungarn. Pressburg im 16. Jh.], *Fons (Forráskutatás és Történeti Segédtudományok)* 20 (2013), H. 1, 3–76.

DERS.: A magyar országgyűlés helyszínei a 16–17. században. A szimbolikus politikai kommunikáció kora újkori történetéhez [Die Orte der ung. Reichstage im 16. u. 17. Jh. Zur Geschichte der frühneuzeitlichen symbolischen Kommunikation], in: DOBSZAY u.a. (Hgg.), Rendiség és parlamentarizmus, 65–87.

DERS.: Militärische Rechtspflege im Königreich Ungarn im 16. und 17. Jahrhundert, *Historisches Jahrbuch* 127 (2007), 33–73.

DERS.: The Origins and Development of the Border Defence System Against the Ottoman Empire in Hungary (Up to the Early Eighteenth Century), in: DÁVID/FODOR (Hgg.), Ottomans, Hungarians, and Habsburgs in Central Europe, 3–69.

DERS.: Der Preis für die Verteidigung der Habsburgermonarchie. Die Kosten der Türkenabwehr in der zweiten Hälfte des 16. Jahrhunderts, in: EDELMAYER/LANZINNER/RAUSCHER (Hgg.), Finanzen und Herrschaft, 20–44.

DERS.: Ransom Slavery along the Ottoman-Hungarian Frontier in the Sixteenth and Seventeenth Centuries, in: DÁVID/FODOR (Hgg.), Ransom Slavery, 35–84.

DERS.: Romlás és megújulás 1606–1703 [Zerstörung u. Erneuerung, 1606–1703]. Budapest 2009.

DERS. (Hg.): A Szent Korona hazatér. A magyar korona tizenegy külföldi útja (1205–1978) [Die Stephanskrone kehrt heim. Die ung. Krone elf Mal im Ausland (1205–1978)]. Budapest ²2019.

DERS.: A Szent Korona Sopronban. Nemzeti kincsünk soproni emlékhelyei [Die Hl. Krone Ungarns in Ödenburg – Ödenburger Gedenkstätten der Stephanskrone]. Sopron, Budapest 2014.

DERS.: A tizenhatodik század története [Geschichte Ungarns im 16. Jh.]. Budapest 2000.

DERS.: Die Türkenabwehr der Habsburgermonarchie in Ungarn und Kroatien im 16. Jahrhundert. Verteidigungskonzeption, Grenzfestungssystem, Militärkartographie, in: HEPPNER/BARBARICS-HERMANIK (Hgg.), Türkenangst und Festungsbau, 79–108.

DERS.: Türkenabwehr, Grenzsoldatentum und die Militarisierung der Gesellschaft in Ungarn in der Frühen Neuzeit, *Historisches Jahrbuch* 123 (2003), 111–148.

DERS.: Die Türkenabwehr in Ungarn im 16. und 17. Jahrhundert – ein Forschungsdesiderat, *Anzeiger der philosophisch-historischen Klasse der Österreichischen Akademie der Wissenschaften* 137 (2002), H. 1, 99–131.

DERS.: Utak az arisztokráciába. Bárói címszerzők a 16. századi Magyar Királyságban [Wege zur Aristokratie. Die Erwerber des baronischen Titels im Königreich Ungarn im 16. Jh.], in: PAPP/PÜSKI (Hgg.), Arisztokrata életpályák, 9–23.

DERS.: Várfeladók feletti ítélkezés a XVI–XVII. századi Magyarországon. A magyar rendek hadügyi jogkörének kérdéséhez [Urteilsfällung über Festungsaufgeber im 16. u. 17. Jh. in Ungarn. Zur Frage des militärischen Rechtsbereiches der ung. Stände], *Levéltári Közlemények* 68 (1997), H. 1–2, 199–221.

DERS.: Ein vergessener Ausgleich in der Geschichte der Habsburgermonarchie des 17. Jahrhunderts. Der ung. Krönungsreichstag in Ödenburg/Sopron, 1622, in: KELLER/MAT'A/SCHEUTZ (Hgg.), Adel und Religion, 85–107.

DERS.: Ein vergessenes Territorium des Dreißigjährigen Krieges? Die Länder der ungarischen Krone im großen Krieg Europas. Forschungsresultate und -desiderata, in: KELLER/SCHEUTZ (Hgg.), Die Habsburgermonarchie und der Dreißigjährige Krieg, 75–94.

DERS.: Zentralisierung und Lokalverwaltung. Die Schwierigkeiten des Absolutismus in Ungarn von 1526 bis zur Mitte des 17. Jahrhunderts, in: MAT'A/WINKELBAUER (Hgg.), Die Habsburgermonarchie 1620 bis 1740, 279–299.

PÁLFFY, Géza/TESZELSZKY, Kees: Koronázási jelvényeink leghosszabb távolléte. Erdélyből Bécsen és Prágán át Pozsonyig (1551–1608) [Die längste Abwesenheit der ung. Krönungsinsignien. Von Siebenbürgen durch Wien u. Prag nach Pressburg (1551–1608)], in: PÁLFFY (Hg.), A Szent Korona hazatér, 227–262.

PALL, Francisc: Le condizioni e gli echi internazionali della lotta antiottomana del 1442–1433, condotta da Giovanni di Hunedoara, in: DERS. (Hg.), Românii și Cruciada târzie, 100–130 (ursprünglich erschienen in: *Revue des études sud-est européennes* 3 [1965], 433–463).

DERS.: Marino Barlezio. Uno storico umanista, in: Mélanges d'histoire générale. Bd. 2. Cluj 1938, 135–318.

DERS.: Un moment décisif de l'histoire du Sud-Est européen. La croisade de Varna (1444), *Balcania* 7 (1944), H. 1, 102–120.

DERS.: Di nuovo sulle biografie scanderbegiane del XVI secolo, *Revue des études sud-est européennes* 9 (1971), H. 1, 91–106.

DERS. (Hg.): Românii şi Cruciada târzie [Die Rumänen u. der späte Kreuzzug]. Cluj-Napoca 2003.

PALLADINI, Filippo Maria: Un caos che spaventa. Poteri, territori e religioni di frontiera nella Dalmazia della tarda età veneta. Venezia 2002.

PÁLMÁNY, Béla: A magyarországi nemesség társadalmi tagolódása (1686–1815) [Die gesellschaftliche Gliederung des Adels in Ungarn (1686–1815)], in: ÓDOR/PÁLMÁNY/TAKÁCS (Hgg.), Mágnások, birtokosok, címereslevelek, 37–96.

PALOMBINI, Barbara v.: Bündniswerben abendländischer Mächte um Persien 1453–1600. Wiesbaden 1968.

PÁLOSFALVI, Tamás: From Nicopolis to Mohács. A History of Ottoman-Hungarian Warfare, 1389–1526. Leiden, Boston/MA 2018.

DERS.: Koronázástól koronázásig. A korona elrablása és hazatérése (1440–1464) [Von Krönung zu Krönung. Der Raub u. die Rückkehr der Krone (1440–1464)], in: PÁLFFY (Hg.), A Szent Korona hazatér, 125–166.

DERS.: Nikápolytól Mohácsig, 1396–1526 [Von Nikopol bis Mohács, 1396–1526]. Budapest 2005.

DERS.: The Political Background in Hungary of the Campaign of Jajce in 1463, in: BIRIN (Hg.), Stjepan Tomašević, 79–88.

DERS.: Vitovec János – egy zsoldoskarrier a 15. századi Magyarországon [Jan Vitovec – eine Söldnerkarriere im Ungarn des 15. Jh.s], *Szazádok* 135 (2001), H. 2, 429–472.

PAMUK, Şevket: Institutional Change and the Longevity of the Ottoman Empire, 1500–1800, *Journal of Interdisciplinary History* 35 (2004), H. 2, 225–247.

DERS.: A Monetary History of the Ottoman Empire. Cambridge 2000.

PANAGIOTAKES, Nikolaos (Hg.): Κρήτη. Ιστορία και πολιτισμός [Kreta. Geschichte u. Kultur]. Bd. 2. Herakleion 1988.

DERS.: Κρητικό θέατρο. Μελέτες [Kretisches Theater. Studien]. Athen 1998.

PANAGIOTOPOULOS, Vasilis u. a. (Hgg.): Αρχείο Αλή πασά Συλλογής Ι. Χώτζη Γενναδείου Βιβλιοθήκης της Αμερικανικής Σχολής Αθηνών [Das Archiv Ali Pascha der Sammlung. I. Chotzes der Gennadeios-Bibliothek der Amerikanischen Schule Athen]. 4 Bde. Athen 2007–2009.

PANAIT, Panait I.: Aspecte din lupta populaţiei împotriva regimului turco-fanariot (1711–1821) [Aspekte des Kampfes der Bevölkerung gegen das turko-phanariothische Regime]. Bucureşti 1962.

PANAITE, Viorel: The Legal and Political Status of Wallachia and Moldavia in Relation to the Ottoman Porte, in: KÁRMÁN/KUNČEVIĆ (Hgg.), The European Tributary States, 7–42.

DERS.: The Ottoman Law of War and Peace. The Ottoman Empire and Tribute Payers from the North of the Danube. Leiden, Boston/MA ²2019.

DERS.: Pace, război şi comerţ în Islam. Ţările române şi dreptul ottoman al popoarelor (secolele XV–XVII) [Friede, Krieg u. Handel im Islam. Die rum. Länder u. das osm. Völkerrecht (15.–17. Jh.)]. Bucureşti 1997.

DERS.: Power Relationships in the Ottoman Empire. The Sultans and the Tribute-Paying Princes of Wallachia and Moldavia from the Sixteenth to the Eighteenth Century, *International Journal of Turkish Studies* 7 (2001), H. 1–2, 26–53.

DERS.: The Voivodes of the Danubian Principalities as „Harâcgüzarlar" of the Ottoman Sultans, *International Journal of Turkish Studies* 9 (2003), H. 1–2, 59–78.

PANAITESCU, Petre P.: De ce au fost Ţara Românească şi Moldova ţări separate? [Warum waren die Walachei u. die Moldau separate Länder?], in: DERS. (Hg.), Interpretări româneşti, 99–110.

DERS.: De ce n-au cucerit turcii Ţările Române? [Warum haben die Türken die rum. Länder nicht erobert?], in: DERS. (Hg.), Interpretări româneşti, 111–118.

DERS.: Dimitrie Cantemir. Viaţa şi opera [Dimitrie Cantemir. Leben u. Werk]. Bucureşti 1958.

DERS.: Einführung in die Geschichte der rumänischen Kultur. Bukarest 1977.

DERS. (Hg.): Interpretări româneşti. Studii de istorie economică şi socială [Rum. Interpretationen. Untersuchungen zur Wirtschafts- u. Sozialgeschichte]. Bucureşti ²1994 (Erstaufl. v. 1944).

DERS.: Lupta comună a Moldovei şi Poloniei împotriva Cavalerilor Teutoni [Der gemeinsame Kampf der Moldau u. Polens gegen die dt. Ritter], *Romanoslavica* 4 (1960), 225–238.

DERS.: Mircea cel Bătrân [Mircea d. Alte]. Bucureşti ²2000 (zuerst 1944).

Ders.: Mihai Viteazul [Michael d. Tapfere]. Bucureşti 1936, ²2002.

Ders.: Petru Movilă. Studii [Petru Movilă. Aufsätze]. Hgg. Ştefan S. Gorovei/Maria Magdalena Székely. Bucureşti 1996.

Panciera, Walter: Building a Boundary. The First Venetian-Ottoman Border in Dalmatia, 1573–1576, *Radovi/Zavod za hrvatsku povijest* 45 (2013), 9–37.

Ders.: Progetti per la fabbricazione del sapone nelle isole Ionie, in: Costantini (Hg.), Il Mediterraneo centro-orientale, 99–111.

Panic, Idzi: Uwagi o wewnetrznym polozeniu Wegier w drugiej polowie XV wieku [Bemerkungen zur inneren Lage Ungarns in der zweiten Hälfte des 15. Jh.s], *Studia Historyczne* 30 (1987), H. 3, 359–383.

Panopulu, Angelike: Η διοικητική οργάνωση του βενετοκρατούμενου ελληνικού χώρου [Die Verwaltungsorganisation des venez. beherrschten gr. Raumes], in: Maltezu (Hg.), Όψεις της ιστορίας, 281–313.

Panzac, Daniel: Affrontement maritime et mutations technologiques en Mer Égée: l'Empire ottoman et la république de Venise (1645–1740), in: Zachariadou (Hg.), The Kapudan Pasha and His Domain, 119–139.

Papacostas, Tassos/Saint-Guillain, Guillaume (Hgg.): Identity/Identities in Late Medieval Cyprus. Papers Given at the ICS Byzantine Colloquium, London 13–14 June 2011. Nicosia 2014.

Papacostea, Şerban: Der Absolutismus in den Randgebieten der Habsburgermonarchie. Die Kleine Walachei unter österreichischer Verwaltung (1718–1739), *Mitteilungen des Österreichischen Staatsarchivs* 23 (1970), 36–63.

Ders.: Between the Crusade and the Mongol Empire. The Romanians in the 13th Century. Cluj-Napoca 1998.

Ders.: Byzance et la création de la „Métropolie de Moldavie", *Études byzantines et post-byzantines* 2 (1991), 133–150.

Ders.: Byzance et la croisade au bas-Danube à la fin du XIVᵉ siècle, *Revue roumaine d'histoire* 30 (1991), H. 1–2, 3–21.

Ders.: Cu privire la geneza şi răspândirea povestirilor scrise despre faptele lui Vlad Ţepeş [Betreffend die Entstehung u. Verbreitung der schriftlichen Erzählungen über die Taten des Vlad Ţepeş], *Romanoslavica* 13 (1966), 159–167.

Ders.: De la Colomeea la Codrii Cosminului (Poziţia internaţională a Moldovei la sfârşitul secolului al XV-lea) [Von Colomeaa bis zu den Wäldern von Cosmin (Die internationale Position der Moldau am Ende des 15. Jh.s)], *Romanoslavica* 17 (1970), 525–553.

Ders.: Drum comercial şi suveranitate de stat la începutul Ţării Româneşti [Handelsweg u. staatliche Souveränität am Anfang der Walachei], *Studii şi Materiale de Istorie Medie* 34 (2016), 9–26.

Ders.: Evul mediu românesc. Realităţi politice şi curente spirituale [Das rum. Mittelalter. Polit. Realitäten u. geistige Strömungen]. Bucureşti 2001.

Ders.: Gênes, Venise et la croisade de Varna, *Balcania Posnaniensia* 8 (1997), 27–37.

Ders.: Geneza statului în Evul Mediu românesc. Studii critice [Die Entstehung des Staates im rum. Mittelalter. Kritische Untersuchungen]. Cluj-Napoca 1999.

Ders.: La grande charte de Constantin Mavrocordato (1741) et les réformes en Valachie et en Moldavie, in: Symposium l'Epoque Phanariote, 365–376.

Ders.: Începuturile politicii comerciale a Ţării Româneşti şi Moldovei (secolele XIV–XVI). Drum şi stat [Die Anfänge der Handelspolitik der Walchei u. der Moldau (14.–16. Jh.). Weg u. Staat], *Studii si Materiale de Istorie Medie* 10 (1983), 9–56.

Ders.: La Mer Noire, carrefour des grandes routes intercontinentales 1204–1435. Bucureşti 2006.

Ders.: La Moldavie état tributaire de l'Empire Ottoman au XVIᵉ siècle. Le cadre international des rapports établis en 1455–1456, *Revue roumaine d'histoire* 13 (1974), H. 3, 445–461, 454.

Ders.: Oltenia sub stăpânirea austriacă (1718–1739) [Die Kleine Walachei unter österr. Herrschaft]. Bucureşti 1971, ²1998.

Ders.: Orientări şi reorientări în politica externă românească. Anul 1359 [Orientierungen u. Reorientierungen in der rum. Außenpolitik. Das Jahr 1359], *Studii si Materiale de Istorie Medie* 27 (2009), 9–24.

Ders.: Politica externă a lui Ştefan cel Mare. Opţiunea polonă (1459–1472) [Die Außenpolitik von Ştefan d. Großen. Die poln. Option (1459–1472)], *Studii şi Materiale de Istorie Medie* 25 (2007), 13–28.

Ders.: Prima unire românească. Voievodatul de Argeş şi Ţara Severin [Die erste rum. Vereinigung. Das Woiwodat von Argeş u. das Land Severin], *Studii si Materiale de Istorie Medie* 28 (2010), 9–24.

Ders.: Stephan der Grosse. Fürst der Moldau, 1457–1504. Bukarest 1975.

Ders.: Știri noi cu privire la istoria husitismului în Moldova în timpul lu Alexandru cel Bun [Neue Nachrichten betreffend die Geschichte des Hussitismus in der Moldau zur Zeit von Alexander d. Guten], in: Ders., Evul mediu românesc, 279–286.

Ders.: Terra Borza et ultra montes nivium. Ein gescheiterter Kirchenstaat und sein Nachlass, in: Konrad Gündisch (Hg.), Generalprobe Burzenland. Neue Forschungen zur Geschichte des Deutschen Ordens in Siebenbürgen und im Banat. Köln, Weimar, Wien 2013, 30–39.

Ders.: Tratatele Țării Românești și ai Moldovei cu Imperiul otoman în secolele XIV–XVI. Ficțiune politică și realitate istorică [Die Verträge der Walachei u. der Moldau mit dem Osmanischen Reiche im 14.–16. Jh. Polit. Fiktion u. hist. Realität], in: Edroiu/Rădutiu/Teodor (Hgg.), Stat, societate, națiune, 93–106.

Ders.: Triumful luptei pentru neatîrnare. Întemeierea Moldovei și consolidarea statelor feudale românești [Der Triumph des Kampfes um die Unabhängigkeit. Die Gründung der Moldau u. die Konsolidierung der rum. Feudalstaaten], in: Stoicescu (Hg.), Constituirea statelor feudale românești, 165–193.

Papacostea-Danielopolu, Cornelia: État actuel des recherches sur „l'époque phanariote", Revue des études sud-est européennes 24 (1986), H. 3, 227–234.

Dies.: Literatura în limba greacă din Principatele Române (1774–1830) [Die griechischsprachige Literatur der Rumänischen Fürstentümer, 1774–1830]. București 1982.

Papadake, Aspasia: Αξιώματα στη βενετοκρατούμενη Κρήτη κατά το 16ο και 17ο αιώνα [Ämter im venez. beherrschten Kreta im 16. u. 17. Jh.], Κρητικά Χρονικά 27 (1986), 99–136.

Dies.: Βενετική πολιτική και γραφειοκρατική οργάνωση στον Χάνδακα. Προτάσεις ανασυγκρότησης της δουκικής καγκελλαρίας κατά τον 17° αιώνα (Politica veneziana e organizzazione burocratica nella città di Candia. Proposte per la ristrutturazione della cancelleria ducale durante il XVII secolo), Thesaurismata 34 (2004), 371–394.

Dies.: Τοπικοί αξιωματούχοι και υπάλληλοι [Örtliche Würdenträger u. Angestellte], in: Chrysa A. Maltezu (Hg.), Βενετοκρατούμενη Ελλάδα. Προσεγγίζοντας την ιστορία της [Griechenland unter venez. Herrschaft. Annäherungen an seine Geschichte]. Athina, Benetia 2010, 83–104.

Papadia-Lala, Aspasia: Ο θεσμός των αστικών κοινοτήτων στον ελληνικό χώρο (13ος – 18ος αι) [Die Institution der städtischen Gemeinschaften im gr. Raum (13.–18. Jh.)]. Venedig 2004.

Papadima, Ovidiu: Ipostaze ale iluminismului românesc [Erscheinungsformen der rum. Aufklärung]. București 1975.

Papadopulu, Eutychia/Dialeti, Dimitris (Hgg.): Βυζάντιο και Σερβία κατά τον ΙΔ' αιώνα. Byzantium and Serbia in the 14th Century. Athen 1996.

Papageorgiou, Stefanos: Το Ελληνικό Κράτος (1821–1909). Οδηγός αρχειακών πηγών της νεοελληνικής ιστορίας [Der gr. Staat 1821–1909. Führer zu den Archivquellen des neugr. Staates]. Athen 1988, 52–58.

Papazoglu, Giorgos K.: „Ος τον του μαρτυρίου δέχεται στέφανον." Ο Αλέξιος Καλλέργης και μία άγνωστη διήγηση των κρητικών επαναστάσεων του 1365–1367 [„Der den Märtyrerkranz empfing." Alexios Kallerges u. eine unbekannte Erzählung der kretischen Aufstände 1365–1367], Thesaurismata 36 (2006), 9–36.

Papp, Klára/Balogh, Judit (Hgg.): Bethlen Gábor képmása [Das Porträt von Gabriel Bethlen]. Debrecen 2013.

Papp, Klára/Püski, Levente (Hgg.): Arisztokrata életpályák és életviszonyok [Aristokratische Lebensbahnen u. Lebensverhältnisse]. Debrecen 2009.

Papp, Klára/Ulrich, Attila/Jeney-Tóth, Annamária (Hgg.): Báthory Gábor és kora [Gabriel Báthory u. seine Zeit]. Debrecen 2009.

Papp, Sándor: Die diplomatischen Bemühungen der Habsburger um Siebenbürgen in den Jahren 1551 und 1552, Wiener Zeitschrift für die Kunde des Morgenlandes 89 (1999), 109–133.

Ders.: Rákóczi József hatalomra kerülési kísérlete és a Porta. Forráskritikai vizsgálatok [József Rákóczis Versuch an die Macht zu kommen u. an die Pforte. Quellenkritische Studie], in: Tamás (Hg.), A Rákóczi-szabadságharc és Közép-Európa, Bd. 1, 241–294.

Ders.: Stephen the Great, Matthias Corvinus and the Ottoman Empire, in: László Koszta/Ovidiu Mureșan/Alexandru Simon (Hgg.), Stephen the Great and Matthias Corvinus and their Time. Cluj-Napoca 2007, 107–124.

Ders.: Thököly Imrének és Közép-Magyarország Népének Kiállított Szultáni Szerződéslevél. İmre Thököly ve Orta Macaristan Halkına Verilen Ahdname-i Hümayun [Imre Thököly u. ein Ahdname, das dem Volk von Mittelungarn gegeben wurde], in: István Seres (Hg.), Thököly Imre és Törökország. İmre Thököly ve Türkiye [Imre Thököly u. die Türkei]. Budapest 2006, 278–289.

DERS.: Török szövetség – Habsburg kiegyezés. A Bocskai-felkelés történetéhez [Türkenbündnis – Habsburger-kompromiss. Zur Geschichte des Bocskai-Aufstandes]. Budapest 2014.

DERS.: Die Verleihungs-, Bekräftigungs- und Vertragsurkunden der Osmanen für Ungarn und Siebenbürgen. Eine quellenkritische Untersuchung. Wien 2003.

PAPULIA, Basilike D.: Ursprung und Wesen der „Knabenlese" im Osmanischen Reich. München 1963.

PARAS'KA, P. F.: Politika vengerskogo korolevstva v vostočnom Prikarpat'e i obrazovanie Moldavskogo gosudarstva [Die Politik des ung. Königreiches in den Ostkarpaten u. die Bildung des mold. Staates], in: Ja.[kim] S. GROSUL (Hg.), Karpato-Dunajskie zemli v Srednie veka [Die Donau-Karpaten-Länder im Mittelalter]. Kišinev 1975, 33–52.

PARKER, Thomas M.[ack]: Double Eagle and Crescent. Vienna's Second Turkish Siege and Its Historical Setting. Albany/NY 1967.

PARRINO, Ignazio: Skanderbeg nell'azione pontificia di difesa europea, in: Atti. V Convegno Internazionale, 119–160.

PĂRVEV, Ivan: Balkanite meždu dve imperiji. Chabsburgskata dăržava monarchija i Osmanskata dăržava (1683–1739) [Der Balkan zwischen zwei Imperien. Die Habsburger Monarchie u. das Osmanische Reich (1683–1739)]. Sofija 1997.

DERS.: Habsburgs and Ottomans between Vienna and Belgrade, 1683–1739. New York 1995.

PARVEVA, Stefka: Agrarian Land and Harvest in South-East Peloponnese in the Early 18th Century, Études balkaniques (2003), H. 1, 83–113.

DIES.: Creating and Preserving the Collective Memory of War Conflicts in the Ottoman Border Periphery. The Battles of Michael Viteazul with the Ottoman Empire during the War with the Holy League (1593–1606), Études balkaniques 52 (2016), H. 2, 313–350.

DIES.: Intercultural Contact and Interaction in the Ottoman Period. The Zaviye Kavak Baba and the Church of the Holy Forty Martyrs in the Real and Imaginery World of Christians and Moslems in the Town of Veliko Tărnovo, Bulgarian Historical Review 30 (2002), H. 1–2, 13–54.

DIES.: Zemjata i chorata prez XVII – părvite desetiletija na XVIII vek. Ovladjavane i organizacija na agrarnoto i socialnoto prostranstvo v Centralnite i Južnite Balkani pod osmanska vlast [Land u. Menschen im 17. Jh. u. den ersten Jahrzehnten des 18. Jh.s. Beherrschung u. Organisation des landwirtschaftlichen u. gesellschaftlichen Raumes im zentralen u. südlichen Balkan unter osm. Herrschaft]. Sofija 2011.

PĂRVEVA, Stefka/TODOROVA, Olga (Hgg.): Iz života na evropejskite provincii na Osmanskata imperija prez XV–XIX v. [Aus dem Leben in den europäischen Provinzen des Osmanischen Reichs vom 15. bis zum 19. Jh.]. Sofija 2016.

PASCU, Ştefan: Petru Cercel şi Ţara Românească la sfârşitul sec. XVI [Peter Cercel u. die Walachei am Ende des 16. Jh.s]. Sibiu 1944.

DERS.: Revoluţia populară de sub conducerea lui Horea [Die Volksrevolution unter Führung Horeas]. Bucureşti 1984.

PASCU, Ştefan/THEODORESCU, Răzvan (Hgg.): Istoria românilor, Bd. 3: Genezele româneşti [Geschichte der Rumänen, Bd. 3: Die rum. Genesen]. Bucureşti 2001.

PASKALEVA, Viržinija: 300 godini Čiprovsko văstanie. Prinos kăm istorijata na Bălgarite prez XVII [300 Jahre Aufstand von Čiprovci. Ein Beitrag zur Geschichte der Bulgaren im 17. Jh.]. Sofija 1988.

PÂSLARIUC, Virgil: Raporturile politice dintre marea boierime şi domnie în Ţara Moldovei în secolul al XVI-lea [Die polit. Beziehungen zwischen den Großbojaren u. dem Herrscher im Land Moldau im 16. Jh.]. Chişinău 2005.

PATON, James Morton (Hg.): The Venetians in Athens, 1687–1688. From the Istoria of Cristoforo Ivanovich. Cambridge/MA 1940.

PATRINELIS, C. G.: The Phanariots before 1821, Balkan Studies 42 (2001), H. 2, 177–198.

PĂTROIU, Ion (Hg.): Marele Mircea Voievod [Der Große Woiwode Mircea]. Bucureşti 1987.

PAULINYI, Oszkár: The Crown Monopoly of the Refining Metallurgy of Precious Metals and the Technology of the Cameral Refineries in Hungary and Transylvania in the Period of Advanced and Late Feudalism (1325–1700) with Data and Output, in: Hermann KELLENBENZ (Hg.), Precious Metals in the Age of Expansion. Papers of the XIVth International Congress of the Historical Sciences. Stuttgart 1981, 27–39.

DERS.: Der erste Anlauf zur Zentralisation der Berggerichtsbarkeit in Ungarn. Aus der Vorgeschichte der Maximilianischen Bergordnung, in: NEMES u. a. (Hgg.), Études historiques hongroises, 209–233.

DERS.: Nemesfém monopólium és technológia (A nemesfémek bányászatának és finomításának királyi monopóliuma és a kamarai finomítóművek technológiája Magyarországon és Erdélyben, 1325–1700) [Edelmetall-Monopol u. Technologie (Das kgl. Monopol für den Abbau u. die Verfeinerung von Edelmetallen u. die Technologie der Verfeinerungsarbeit der Kammer in Ungarn u. Siebenbürgen)], *A Magyar Tudományos Akadémia. Filozófiai És Történettudományok Osztályának Közleményei* 26 (1977), H. 3, 251–278.

PĂUN, Radu G.: „La couronne est à Dieu". Neagoe Basarab (1512–1521) et l'image du pouvoir péntitent, in: GURAN/FLUSIN (Hgg.), L'empereur hagiographe, 186–223.

DERS.: Dinamica politică în prezentare rituală. O molitvă de încoronare copiată de Dionisie Eclesiarhul (1813) [Polit. Dynamik in der rituellen Darstellung. Eine Krönungsfürbitte, übertragen von Dionysius dem Prediger (1813)], *Studii şi Materiale de Istorie Medie* 17 (1999), 75–91.

DERS.: Enemies Within. Networks of Influence and the Military Revolts against the Ottoman Power (Moldavia and Wallachia, Sixteenth-Seventeenth Centuries), in: KÁRMÁN/KUNČEVIĆ (Hgg.), The European Tributary States, 209–249.

DERS.: Les fondements liturgiques du „Constitutionnalisme" roumain entre la seconde et la troisième Rome (XVIᵉ– XVIIIᵉ siècles). Premiers résultats, *Revue roumaine d'histoire* 37 (1998), H. 3–4, 173–196.

DERS.: Legitimatio principis ou le savoir du pouvoir. Les modèles politiques de Nicolas Mavrocordato, in: Laurenţiu VLAD (Hg.), Pouvoirs et mentalités. À la mémoire du Prof. Al. Duţu. Bucarest 1999, 89–110.

DERS.: „Si Deus nobiscum quis contra nos?" Mihnea III. Note de teologie politică [„Si Deus nobiscum quis contra nos?" Mihnea III.: Anmerkungen polit. Theologie], in: CRISTEA/LAZĂR (Hgg.), Naţional şi universal în istoria românilor, 69–99.

PAUSER, Josef/SCHEUTZ, Martin/WINKELBAUER, Thomas (Hgg.): Quellenkunde der Habsburgermonarchie (16.–18. Jahrhundert). Ein exemplarisches Handbuch. Wien, München 2004.

PAVIOT, Jacques: Projets de croisade (v. 1290 – v. 1330). Paris 2008.

PAVLIČEVIĆ, Dragutin (Hg.): Vojna krajina. Povijesni pregled, historiografija, rasprave [Militägrenze, hist. Übersicht, Historiographie, Abhandlungen]. Zagreb 1984.

PAVLOVIĆ, Miroslav/KREŠIĆ, Ognjen: Institucija apelacije u pravnom sistemu Osmanskog carstva [The Institution of Appelation in the Legal System of the Ottoman Empire during the Transitional Period], *Zbornik Matice srpske za društvene nauke* 154 (2016), 37–51.

PECICAN, Ovidiu: Ideologia puterii centrale în Moldova lui Bogdan cel Orb [Die Ideologie der Zentralmacht in der Moldau zur Zeit von Bogdan d. Blinden], in: DERS., Troia, Veneţia, Roma. Studii de istoria civilizaţiei europene [Troja, Venedig, Rom. Untersuchungen zur Geschichte europäischer Zivilisation]. Cluj-Napoca 1998, 316–331.

PECINJAČKI, Sreta: Graničarska naselja Banata (1773–1810) [Grenzsiedlungen des Banats (1773–1810)]. 2 Bde. Novi Sad 1982–1985.

DERS.: Pokriško-pomoriška i bačko-banatska naselja uoči velike seobe Srba (1688/89) [Les agglomérations de la région de Pokrisje et de Bačka et Banat à la veille de la grande migration des Serbes 1688/89], *Istorijski glasnik* 29 (1977), H. 1–2, 141–156.

PEDANI, Maria Pia: Dalla frontiera al confine. Venedig 2002.

DIES.: The Ottoman-Venetian Border (15ᵗʰ to 18ᵗʰ Centuries). Venezia 2017.

DIES.: Safiye's Household and Venetian Diplomacy, *Turcica* 32 (2000), 9–32.

DIES.: I Turchi e il Friuli alla fine de Quattrocento, *Memorie storiche forogiuliesi* 74 (1994), 203–224.

PEDERIN, Ivan: Appunti e notizie su Spalato nel Quattrocento, *Studi Veneziani* N.S. 21 (1992), 323–409.

DERS.: Šibenik (Sebenico) nel basso medioevo fino al 1440, *Archivio storico italiano* 149 (1991), 811–885.

DERS.: Das venezianische Handelssystem und die Handelspolitik in Dalmatien (1409–1797), *Studi Veneziani* N.S. 14 (1987), 91–177.

DERS.: Die venezianische Verwaltung Dalmatiens und ihre Organe (XV. und XVI. Jahrhundert), *Studi Veneziani* N.S. 12 (1986), 99–164.

DERS.: Die venezianische Wirtschaft in Dalmatien mit einem Ausblick – Die wirtschaftlichen Probleme Dalmatiens im Blickfeld österreichischer Reiseschriftsteller des XIX. Jh., *Studi Veneziani* N.S. 18 (1989), 67–176.

DERS.: Die wichtigsten Ämter der venezianischen Verwaltung in Dalmatien und der Einfluss venezianischer Organe auf die Zustände in Dalmatien, *Studi Veneziani* N.S. 20 (1990), 303–354.

PELIDIJA, Enes: Banjalučki boj iz 1737. Uzroci i posljedice [Die Schlacht von Banja Luka 1737. Ursachen u. Folgen]. Sarajevo 2003.

DERS.: Bosanski ejalet od karlovačkog do požarevačkog mira [Das bosn. Eyalet von Karlovac bis zum Frieden von Passarowitz/Požarevac]. Sarajevo 1989.

PELLEGRINI, Marco: Le crociate dopo le crociate. Da Nicopoli a Belgrado (1396–1456). Bologna 2013.

PERIČIĆ, Šime: Dalmacija uoči pada mletačke republike [Dalmatien am Vorabend des Falls der venez. Republik]. Zagreb 1980.

PERJÉS, Géza: The Fall of the Medieval Kingdom of Hungary. Mohács 1526 – Buda 1541. Boulder/CO, Highland Lakes/NJ 1989.

PERNIŠ, Jaroslav: Genéza uhorského nástupníctva v Poľsku ako súčasť dynastickej politiky Anjouovcov [Die Genese der ung. Thronfolge in Polen als Bestandteil der dynastischen Politik der Anjou], *Mediaevalia historica Bohemica* 8 (2001), 51–96.

PERTUSI, Agostino: La caduta di Costantinopoli. 2 Bde. Roma, Milano 1976.

DERS.: Martino Segono di Novo Brdo, vescovo di Dulcigno. Un umanista serbo-dalmata del tardo Quattrocento. Vita e opere. Roma 1981.

DERS.: Per la storia di Dulcigno nei secoli XIV–XV e dei suoi statuti cittadini, *Studi veneziani* 15 (1973), 213–271.

DERS.: La storiografia veneziana fino al secolo XVI. Aspetti e problemi. Firenze 1970.

PESTY, Frigyes: A macsói bánok [Die Bane von Macsó], *Századok* 9 (1875), 361–381, 450–467.

PÉTER, Katalin: Werbőczy anyanyelvi fordításainak tanulságai – értelmiségi felelősségvállalás a 16. században [Lehre der muttersprachlichen Übersetzungen von Werbőczys Tripartitum. Die Verantwortlichkeit der Intellektuellen im 16. Jh.], *Történelmi Szemle* (2012), H. 3, 421–440.

PÉTER, László: The Aristocracy, the Gentry and their Parliamentary Tradition in the Nineteenth Century Hungary, in: DERS., Hungary's Long Nineteenth Century. Constitutional and Democratic Traditions in a European Perspective. Collected Studies. Leiden, Boston/MA 2012, 305–342.

DERS.: The Holy Crown of Hungary, Visible and Invisible, *The Slavonic and East European Review* 81 (2003), H. 3, 421–510.

DERS.: Hungary's Long Nineteenth Century. Constitutional and Democratic Traditions in a European Perspective. Collected Studies. Hg. Miklós Lojkó. Leiden, Boston/MA 2012.

PETERSEN, Carl u. a. (Hgg.): Handwörterbuch des Grenz- und Auslandsdeutschtums. Bd. 1. Breslau 1933.

PETKOV, Kiril: From Rebels against the Crown to „Fideli nostri Bulgari". The Political Image of the Orthodox Balkans in East Central Europe (1354–1572), *Études balkaniques* 31 (1995), H. 1, 107–125.

DERS.: The Voices of Medieval Bulgaria, Seventh–Fifteenth Century. The Records of a Bygone Culture. Leiden u. a. 2008.

PETKOVA, Ilka: Nordwestbulgarien in der ungarischen Politik der Balkanhalbinsel im 13. Jahrhundert, *Bulgarian Historical Review* 11 (1983) H. 1, 57–65.

PETKOVA, Milena: The Process of Sedentarization of Semi-Nomadic Groups of the Yörüks in Parts of 16th Century Ottoman Rumeli. Migration Control or Tax Control?, *Journal of Balkan and Black Sea Studies* 3 (2019), 25–43.

PETRASCH, Ernst (Hg.): Die Karlsruher Türkenbeute. Die „Türckische Kammer" des Markgrafen Ludwig Wilhelm von Baden-Baden. Die „Türckischen Curiositaeten" der Markgrafen von Baden-Durlach. München 1991.

PETRI, Anton Peter: Die Präsidenten und Räte der Temeschburger Landesadministration, 1718–1779. Mühdorf/Inn 1982.

PETRITSCH, Ernst D.[ieter]: Dissimulieren in den habsburgisch-osmanischen Friedens- und Waffenstillstandsverträgen (16.–17. Jahrhundert). Differenzen und Divergenzen, in: STROHMEYER/SPANNENBERGER (Hgg.), Frieden und Konfliktmanagement, 145–161.

DERS.: Grenz- und Raumkonzeptionen in den Friedensverträgen von Zsitvatorok und Karlowitz, in: SPANNENBERGER/VARGA (Hgg.), Ein Raum im Wandel, 39–52.

DERS.: Der habsburgisch-osmanische Friedensvertrag des Jahres 1547, *Mitteilungen des Instituts für Österreichische Geschichtsforschung* 38 (1985), 49–80.

DERS.: Tribut oder Ehrengeschenk? Ein Beitrag zu den habsburgisch-osmanischen Beziehungen in der zweiten Hälfte des 16. Jahrhunderts, in: SPRINGER/KAMMERHOFER (Hgg.), Archiv und Forschung, 49–58.

PETROV, Petär/GROZDANOVA, Elena: Der Woiwode in den mittelalterlichen Balkanländern und im Osmanischen Reich, *Études historiques* 9 (1979), 99–127.

Petrović, Miodrag: Povelja-pismo despota Jovana Uglješe iz 1368. godine o izmirenju Srpske i Carigradske crkve u svetlosti nomokanonskih propisa [Das urkundliche Schreiben des Jovan Uglješa aus dem Jahre 1368 über die Aussöhnung der serb. u. der Konstantinopler Kirche im Lichte der Vorschriften des Nomokanon], *Istorijski časopis* 25/26 (1978/79), 29–51.

Petrovics, István: Hungary and the Adriatic Coast in the Middle Ages. Power Aspirations and Dynastic Contacts of the Árpádian and Angevin Kings in the Adriatic Region, *Chronica* (Szeged) 5 (2005), 62–73.

Petrovski, Boban: Istorija na balkanskite zemji vo XIV–XV vek [Geschichte der Balkanländer im 14.–15. Jh.]. Skopje 2010.

Petrovszky, Konrad: Geschichte schreiben im osmanischen Südosteuropa. Eine Kulturgeschichte orthodoxer Historiographie des 16. und 17. Jahrhunderts. Wiesbaden 2014.

Petta, Paolo: Despoti d'Epiro, principi di Macedonia. Esuli albanesi nell'Italia del Rinascimento. Lecce 2000.

Ders.: Stradioti. Soldati albanesi in Italia, secc. XV–XIX. Lecce 1996.

Pezzolo, Luciano: La finanza pubblica, in: Storia di Venezia, Bd. 5 (Hgg. Teneti/Tucci), 703–751.

Philippi, Maja: Die Zeit des Übergangs von der türkischen zur österreichischen Herrschaft, 1683–1711, in: Göllner (Hg.), Geschichte der Deutschen, Bd. 1, 220–236.

Philliou, Christine: Communities on the Verge. Unraveling the Phanariot Ascendancy in Ottoman Governance, *Comparative Studies in Society and History* 51 (2009), H. 1, 151–181.

Pickl, Othmar: Universales Kaisertum und Hoffinanz. Die Kreditoren der Habsburger von Maximilian I. bis Leopold I., in: Ebner u. a. (Hgg.), Forschungen zur Landes- und Kirchengeschichte, 377–389.

Ders. (Hg.): Die wirtschaftlichen Auswirkungen der Türkenkriege. Die Vorträge des 1. Internationalen Grazer Symposions zur Wirtschafts- und Sozialgeschichte Südosteuropas (5. bis 10. Oktober 1970). Graz 1971.

Pienaru, Nagy: Tratatul de pace moldo-otoman (1486) [Das mold.-osm. Friedensabkommen (1486)], in: Cristea/Lazăr (Hgg.), Național și universal în istoria românilor, 264–303.

Pilat, Liviu: Între Roma și Bizanț. Societate și putere în Moldova (sec. XIV–XVI) [Zwischen Rom u. Byzanz. Gesellschaft u. Macht in der Moldau (14.–16. Jh.)]. Iași 2008.

Pilat, Liviu/Cristea, Ovidiu: The Ottoman Threat and Crusading on the Eastern Border of Christendom during the 15ᵗʰ Century. Leiden, Boston/MA 2018.

Pilo, Giuseppe Maria: The Fruitful Impact. The Venetian Heritage in the Art of Dalmatia. For Three Hundred and Seventy-Seven Years. Venezia 2005.

Pînzar, Alexandru: Cutumă și inovație. Succesiunea la tron în Moldova, în 1517 [Brauch u. Innovation. Die Nachfolge auf den Thron der Moldau, in 1517], *Analele Putnei* 13 (2017), H. 2, 43–53.

Ders.: Hotarul de nord al Moldovei (de la formare, în secolul al XIV-lea, până la statornicirea lui pe Ceremuș, Colacin și Nistru) [Die Grenze im Norden der Moldau (von der Formierung im 14. Jh. bis zu ihrer Festsetzung am Ceremuș, Colacin u. Dnjestr)]. Iași 2016.

Pinzelli, E.[ric] G. L.: Les forteresses de Morée. Projets de restaurations et de démantèlements durant la seconde période vénitienne (1687–1715), *Thesaurismata* 30 (2000), 379–427.

Ders.: Venise et la Morée. Du triomphe à la désillusion (1684–1718). Marseille 2003 (Dissertationsschrift).

Pippidi, Andrei: Byzantins, Ottoman, Roumains. Le sud-est européen entre l'héritage impérial et les influences occidentales. Paris 2006.

Ders.: Constantin Brâncoveanu, stolnicul și lordul [Constantin Brâncoveanu, der Stolnic u. der Lord]. București 2014.

Ders.: Despre Chiajna la Alep [Über Chiajna in Aleppo], *Studii și Materiale de Istorie Medie* 28 (2010), 99–104.

Ders.: Despre „Dan voievod". Rectificări cronologice și genealogice [Über den Woiwoden Dan. Chronologische u. genealogische Berichtigungen], *Studii și Materiale de Istorie Medie* 31 (2013), 47–96.

Ders.: Hommes et idées de Sud-Est européen à l'aube du l'âge moderne. București, Paris 1980.

Ders.: Mihai Viteazul în arta epocii sale. Michael der Tapfere in der Kunst seiner Zeit. Cluj-Napoca 1987.

Ders.: Monarhia în Evul Mediu românesc, practică și ideologie [Die Monarchie im rum. Mittelalter, Praxis u. Ideologie], in: Cristea/Lazăr (Hgg.), Național și universal în istoria românilor, 21–39.

Ders.: Phanar, Phanariotes, phanariotisme, in: ders.: Hommes et idées de Sud-Est européen, 341–351.

Ders.: Pouvoir et culture en Valchie sous Constantin Brancovan, in: ders., Byzantins, 241–254.

Ders.: Tradiția politică bizantină în țările române în secolele XVI–XVIII [Byz. polit. Tradition in den Donaufürstentümern im 16.–18. Jh.]. București 1983.

DERS.: Visions of the Ottoman World in Renaissance Europe. New York 2013.

PIRIVATRIĆ, Srđan: Vizantijske titule Jovana Olivera. Prilog istraživanju problema njihovog porekla i hronologije [The Byzantine Titles of Jovan Oliver. A Contribution to the Issues of their Origin and Chronology], *Zbornik radova Vizantološkog instituta* 50 (2013), H. 2, 713–724.

PITCHER, Donald Edgar: An Historical Geography of the Ottoman Empire. From Earliest Times to the End of the Sixteenth Century. Leiden 1997.

PLASARI, Aurel: Skënderbeu. Një histori politike [Skanderbeg. Eine polit. Geschichte]. Tiranë 2010.

PLASCHKA, Richard G./KLINGENSTEIN, Grete (Hgg.): Österreich im Europa der Aufklärung. Kontinuität und Zäsur in Europa zur Zeit Maria Theresias und Josephs II. Internationales Symposion in Wien 20.–23. Oktober 1980. Bd. 1. Wien 1985.

PLATON, Alexandru-Florin: Geneza burgheziei în Principatele române (a doua jumătate a secolului al XVIII-lea – prima jumătate a secolului al XIX-lea). Preliminariile unei istorii [Die Entstehung des Bürgertums in den rum. Fürstentümern (zweite Hälfte 18. – erste Hälfte 19. Jh.) Präliminarien einer Geschichte]. Iași 1997, ²2013.

PLEIDELL, Ambrus: A magyar kincstár apatini telepei Mária Terézia korában. I–II. közl. [Die Siedlungen von Apatin der Ungarischen Kammer zur Zeit Maria Theresias], *Századok* 63 (1929), H. 9–10, 384–420 (Teil 1); 64 (1930), H. 1–3, 486–517 (Teil 2).

PLEWCZYŃSKI, Marek: Obertyn 1531. Warszawa 1994.

PLOKHY, Serhii: The Cossacks and Religion in Early Modern Ukraine. Oxford, New York 2001.

DERS.: The Ghosts of Pereyaslav. Russo-Ukrainian Historical Debates in the Post-Soviet Era, *Europe-Asia Studies* 53 (2001), H. 3, 489–505.

PLOSCARU, Cristian: Originile „Partidei naționale" din principatele române. Bd. 1: Sub semnul „politicii boierești" (1774–1828) [Die Ursprünge der „nationalen Partei" aus den rum. Fürstentümern. Bd. 1: Unter dem Zeichen der „Bojarenpolitik" (1774–1828)]. Iași 2013.

PODSKALSKY, Gerhard: Theologische Literatur des Mittelalters in Bulgarien und Serbien, 865–1459. München 2000.

POHL, Walter: Die Awaren. Ein Steppenvolk in Mitteleuropa 567–822 n. Chr. München ³2015.

DERS.: Barbarische Herrschaftsbildungen in Spätantike und frühbyzantinischer Zeit, in: Handbuch zur Geschichte Südosteuropas, Bd. 1,1 (Hgg. MITTHOF/SCHREINER/SCHMITT), 543–599.

DERS.: Walchen, Römer und „Romanen" – Einleitung, in: DERS./HARTL/HAUBRICHS(Hgg.): Walchen, Romani und Latini, 9–26.

POHL, Walter/HARTL, Ingrid/HAUBRICHS, Wolfgang (Hgg.): Walchen, Romani und Latini. Variationen einer nachrömischen Gruppenbezeichnung zwischen Britannien und dem Balkan. Wien 2017.

POLEMIS, Demetrios I.: The Doukai. A Contribution to Byzantine Prosopography. London 1968.

POÓR, János: Megbékélés és újjáépítés 1711–1790 [Versöhnung u. Wiederaufbau 1711–1790]. Budapest 2009.

POP, Ioan-Aurel: The Religious Union of Buda (1366) in the Context of the Religious Offensive of Hungarian King Louis I of Anjou Against the „Schismatics", *Revue Roumaine d'Histoire* 49 (2010), H. 3/4, 109–123.

POP, Nicolae M.: Populația Banatului în a doua jumătate a sec. XVIII [Die Bevölkerung des Banats in der zweiten Hälfte des 18. Jh.s]. București 1943.

POPA, Constantin Marcel: Mănăstirea Negru-Vodă din Câmpulung Muscel și rolul ei în viața politică, economică, religioasă și culturală a Țării Românești în secolele XIV–XX [Das Kloster Negru-Vodă von Câmpulung Muscel u. seine Rolle im polit. wirtschaftlichen, religiösen u. kulturellen Leben der Walachei, 14.–20. Jh.]. Pitești 2009.

POPA, Radu: Țara Maramureșului în veacul al XIV-lea [Das Marmaroscher Land im 14. Jh.]. București 1970.

POPA-LISSEANU, Gheorghe: Brodnicii. București 1938.

POPESCU, Alexandru: Șerban Cantacuzino. București 1978.

POPESCU, Anca: La Mer Noire ottomane. Mare clausum? Mare apertum?, in: BILICI/CÂNDEA/POPESCU (Hgg.), Enjeux politiques, 141–170.

POPESCU, Grigore/GIGORIU, P.[aul]: Matei Basarab și Vasile Lupu [Matei Basarab u. Vasile Lupu]. București 1970.

POPESCU, Petru Demetru: Radu dela Afumați. Domn al Țării Românești [Radu von Afumați. Fürst der Walachei]. București 1969.

POPESCU-MIHUȚ, Emanuela: „Patrie", „Patriote", „Amour De La Patrie" (Patriotismos) dans les actes princiers de l'époque phanariots, *Southeastern Europe* 11 (1984), H. 1, 13–29.

DIES.: Quelques aspects de la réception du droit byzantin dans les Principautés Roumaines, *Revue des études sud-est européennes* 34 (1996), H. 3–4, 209–220.

Dies.: Remarques sur la place des textes de droit criminel byzantin dans la pratique judiciaire roumaine du XVIIIᵉ siècle, *Études byzantines et post-byzantines* 2 (1991), 180–192.

Popović, Dušan J.: Srbi u Banatu do kraja osamnaestog veka. Istorija naselja i stanovništva [Serben in Banat bis zum Ende des 18. Jh.s. Geschichte der Siedlungen u. Bevölkerung]. Beograd 1955.

Ders.: Srbi u Vojvodini. Bd. 2: Od Karlovačkog mira 1699 do Temišvarskog sabora 1790 [Serben in der Vojvodina. Bd. 2: Vom Frieden von Karlowitz 1699 bis zum Temeswarer Landtag 1790]. Beograd 1959.

Popović, Marko: Dvor vladara i vlastele [Der Hof des Herrschers u. der Adligen], in: Marjanović-Dušanić/Popović (Hgg.), Privatni život, 29–63.

Ders.: Les forteresses dans les régions des conflits byzantino-serbes au XIVᵉ siècle, in: Papadopulu/Dialeti (Hgg.), Βυζάντιο και Σερβία, 67–87.

Ders.: Veština ratovanja i život vojnika [Kriegskunst u. Soldatenleben], in: Marjanović-Dušanić/Popović (Hgg.), Privatni život, 218–245.

Popović, Mihailo St.: Mara Branković. Eine Frau zwischen dem christlichen und dem islamischen Kulturkreis im 15. Jahrhundert. Mainz, Ruhpolding, Wiesbaden 2010.

Ders.: Vlachen in der historischen Landschaft Mazedonien im Spätmittelalter und in der Frühen Neuzeit, in: Pohl/Hartl/Haubrichs (Hgg.), Walchen, Romani und Latini, 183–196.

Porfyriou, Heleni: La cartografia veneziana dell'isola di Creta, in: Ortalli (Hg.), Venezia e Creta, 375–413.

Potrebica, Filip: Županije u Hrvatskoj i Slavoniji u XVIII i prvoj polovici XIX. stoljeća [Komitate in Kroatien u. Slawonien im 18. Jh. u. in der ersten Hälfte des 19. Jh.s], *Zlatna dolina, godišnjak Požeštine* 1 (1995), H. 1, 49–71.

Poumarède, Géraud: Pour en finir avec la Croisade. Mythes et réalités de la lute contre les Turcs aux XVIᵉ et XVIIᵉ siècles. Paris ²2009.

Praga, Giuseppe; Storia di Dalmazia. Varese 1981 (Nachdr.).

Praznovszky, Mihály/Bagyinszky, Istvánné (Hgg.): Gazdaság és mentalitás Magyarországon a török kiűzetésének idején. Szécsény, 1985. december 3–4 [Wirtschaft u. Mentalität in Ungarn zur Zeit der Türkenvertreibung]. Salgótarján 1987.

Preradović, Nikolaus: Des Kaisers Grenzer. 300 Jahre Türkenabwehr. Wien, München, Zürich 1970.

Pribram, Karl: Geschichte der österreichischen Gewerbepolitik von 1740 bis 1860. Auf Grund der Akten. Bd. 1: 1740 bis 1798. Leipzig 1907.

Prilozi za istoriju Bosne i Hercegovine. Bd. 1: Društvo i privreda srednjovjekovne bosanske države [Beiträge zur Geschichte Bosniens u. der Herzegowina. Bd. 1: Gesellschaft u. Wirtschaft des mittelalterlichen bosn. Staates]. Sarajevo 1987.

Probszt, Günther: Die niederungarischen Bergstädte. Ihre Entwicklung und wirtschaftliche Bedeutung bis zum Übergang an das Haus Habsburg (1546). München 1966.

Prodan, David: Die Aufhebung der Leibeigenschaft in Siebenbürgen, *Südost-Forschungen* 29 (1970), 3–42.

Ders.: Răscoala lui Horea [Der Horea-Aufstand]. București 1979.

Prosopographisches Lexikon der Palaiologenzeit. 13 Bde. (erst. v. Erich Trapp, unter Mitarb. v. Hans-Veit Beyer u. a.). Wien 1976–1996.

Psaras, Ioannes D.: Η Βενετοκρατία στην Τήνο την εποχή του κρητικού πολέμου (1645–1669) [Die Venezianerherrschaft auf Tinos zur Zeit des Kretakrieges (1645–1669)]. Thessaloniki 1985.

Pulaha, Selami: Das albanische Beispiel des Hassa-Tschiftlik und seine Evolution zum Feudalgut während des 15. und 16. Jahrhunderts, in: Hans Georg Majer/Raoul Motika (Hgg.), Türkische Wirtschafts- und Sozialgeschichte von 1071 bis 1920. Wiesbaden 1995, 265–270.

Ders.: Le cadastre de l'an 1485 du sandjak de Shkodër. Tirana 1974.

Ders.: Les Kastriote devant la conquête ottomane des années 1420–1430, *Studia Albanica* 8 (1971), H. 1, 103–127.

Ders.: Lufta shqiptaro-turke në shekullin XV. Burime osmane [Der alb.-türk. Kampf im 15. Jh. Osm. Quellen]. Tiranë 1968.

Ders.: Matériaux en langue osmanoturque des archives albanaises concernant l'Albanie du XIᵉ au XIXᵉ siècle, *Studia Albanica* 3 (1966), H. 1, 187–198.

Ders.: Qëndresa e popullit shqiptar kundër sundimit osman nga shekulli XVI deri në fillim të shekullit XVIII. [Der Widerstand des alb. Volkes gegen die osmanische Herrschaft vom 16. Jh. bis zum Beginn des 18. Jh.s]. Tirana 1978.

PULJIĆ, Ivica: Crkvene prilike u zemljama hercega Stipana Vukčića Kosače [Kirchenzustände in den Ländern des Herceg Stipun Vukčića Kosača], in: Fenomen „krstjani" u srednjovjekovnoj Bosni i Humu, 239–267.

PULOS, Ioannes Ch.: Η εποίκησις των Αλβανών εις Κορινθίαν [Die Ansiedlung der Albaner im Gebiet von Korinth], Επετηρίς του Μεσαιωνικού Αρχείου 3 (1950), 31–105.

PUNGĂ, Gh.: Țara Moldovei în vremea lui Alexandru Lăpuşneanu [Das Land Moldau in der Zeit von Alexandru Lăpuşneanu]. Iaşi 1994.

PUŞCAŞU, Voica Maria: Actul de ctitorie ca fenomen istoric în Țara Românească şi Moldova pâna la sfârşitul secolului al XVIII-lea [Der Stiftungsakt als hist. Phänomen in der Walachei u. der Moldau bis zum Ende des 18. Jh.s]. Bucureşti 2001.

PUST, Klemen: Beneško-osmanski pomorski spopadi na Jadranu v 16. stoletju [The Sixteenth-Century Naval Conflicts between Venice and the Ottomans in the Adriatic], Povijesni prilozi 29 (2010), Nr. 38, 97–133.

DERS.: „Le genti della citta, delle isole e del contado, le quale al tutto volevano partirsi". Migrations from the Venetian to the Ottoman Territory and Conversions of Venetian Subjects to Islam in the Eastern Adriatic in the Sixteenth Century, Povijesni prilozi 30 (2011), Nr. 40, 121–159.

PYLIA, Martha: Les notables moréotes, fin du XVIIIe debut du XIXe siecle. Fonctions et comportements. Paris 2001.

QUATAERT, Donald: The Ottoman Empire, 1700–1922. Cambridge 2000.

QUELLER, Donald E.: The Venetian Patriciate. Reality versus Myth. Urbana, Chicago/IL 1986.

RAČKI, Franz: Fiume gegenüber von Croatien. Agram 1869.

RÁCZ, István: A hajdúság története [Die Geschichte des Haiduken-Bezirks]. Budapest 1957.

RÁCZ, György: The Congress of Visegrád in 1335. Diplomacy and Representation, Hungarian Historical Review 2 (2013), H. 2, 261–287.

RÁCZ, Lajos: The Steppe to Europe. An Environmental History of Hungary in the Traditional Age. Cambridge 2013.

RADIĆ, Radivoj: Jovan V Paleolog, vizantijski car (1341–1391) [Johannes V. Palaiologos, byzantinischer Kaiser (1341–1391)]. Beograd 2008.

DERS.: Some Observations of Theodore Metochites on King Milutin's Reign and the Serbian Court at the End of the 13th Century, Zeitschrift für Balkanologie 37 (2001), 47–56.

DERS.: Ο Συμεών Ούρεσης Παλαιολόγος και το κράτος του μεταξύ της βυζαντινής και της σερβικής αυτοκρατορίας [Symeon Uroš Palaiologos u. sein Staat zwischen dem byz. u. dem serb. Kaisertum], in: PAPADOPULU/DIALETI (Hgg.), Βυζάντιο και Σερβία, 195–208.

DERS.: Venezia, Bisanzio e la Serbia attorno alla metà del XIV secolo, Glas/SANU; Odeljenje istorijskih nauka 13 (2006), 95–105.

DERS.: Vreme Jovana V Paleologa (1332–1391) [Die Zeit Johannes' V. Palaiologos]. Beograd 1993.

RADOJČIĆ, Nikola: Srpski državni sabori u srednjem veku [Die serb. Reichstage im Mittelalter]. Beograd 1940.

DERS.: Die wichtigsten Darstellungen der Geschichte Bosniens, Südost-Forschungen 19 (1960), 146–163.

DERS.: Zakon o rudnicima despota Stefana Lazarevića. Jusus metallicum despotae Stephani Lazarević. Beograd 1962.

RADONIĆ, Jovan: O despotu Jovanu Oliveru i njegovoj ženi Ani Mariji [Über den Despoten Jovan Oliver u. seine Frau Anna Maria], Glas Srpske Kraljevske Akademije 94 (1914), 74–108.

DERS.: Der Grossvojvode von Bosnien Sandalj Hranić Kosača, Archiv für slavische Philologie 19 (1897), 380–466.

DERS.: O knezu Pavlu Radenoviću. Priložak istoriji Bosne krajem XIV i početkom XV veka [Über den Knezen Pavle Radenović. Beitrag zur Geschichte Bosniens am Ende des 14. u. zu Beginn des 15. Jh.s]. Novi Sad 1902.

RADOS, Leonidas: Fanariotism şi antifanariotism în istoriografia română paşoptistă [Phanariotismus u. anti-Phanariotismus in der rum. Historiographie der Zeit um 1848], Anuarul Institutului de Istorie „A.D. Xenopol" 39–40 (2002–2003), 293–310.

RADOUŠEV, Evgenii: Ottoman Border Periphery (Serhad) in the Nikopol Vilayet, First Half of the 16th Century, Études balkaniques 31 (1995), H. 3–4, 140–160.

Radu, Mircea T.: 1821, Tudor Vladimirescu şi revoluţia din Ţara Românească [1821, Tudor Vladimirescu u. die Revolution in der Walachei]. Craiova 1978.

Radušev, Evgeni: Das „belagerte" Gebirge, *Bulgarian Historical Review* 33 (2005), H. 3–4, 17–58.

Ders.: Osmanskata upravlenska nomenklatura prez XVI–XVII vek. Monopol na devširmetata vărhu vlastta – părvi i vtori etap [Die osm. Verwaltungsnomenklatura im 16.–17. Jh. Das Machtmonopol der Devşirme – erste u. zweite Etappe], *Istoričesko bădešte* (1999), H. 1–2, 3–44.

Ders.: „Peasant" Janissaries?, *Journal of Social History* 42 (2008), H. 2, 447–467.

Ders.: Pomacite. Christijanstvo i isljam v zapadnite Rodopi s dolinata na r. Mesta, XV – 30-te godini na XVIII vek. [The Pomaks. Christianity and Islam in the Western Rhodope Mountains and the Valley of the Mesta River from the 15th c. to the 1730 s]. 2 Bde. Sofija 2005.

Rădvan, Laurenţiu: At Europe's Borders. Medieval Towns in the Romanian Principalities.

Ders.: Cu privire la începuturile oraşelor din Ţara de Jos a Moldovei [On the Emergence of Towns in the Moldavian lower Country], *Studii şi Materiale de Istorie Medie* 28 (2010), 49–70.

Ders.: Noi interpretări cu privire la raporturile comerciale dintre Ţara Românească şi Braşov (a doua jumătate a secolului XIV – începutul secolului XVI) [Neue Interpretationen bezüglich der Handelsbeziehungen zwischen der Walachei u. Kronstadt (2. Hälfte 14. – Anfang 16. Jh.)], *Anuarul Institutului de Istorie şi Arheologie „A. D. Xenopol"* 44 (2006), 37–46.

Ders.: Oraşele din Ţările Române în evul mediu (sfârşitul sec. al XIII-lea – începutul sec. al XVI-lea) [Die Städte in den rum. Ländern im Mittelalter (Ende 13.– Anfang 16. Jh.)]. Iaşi 2011.

Radvánszky, Anton: Das Amt des Kronhüters in Staatsrecht und Geschichte Ungarns, *Ungarn-Jahrbuch* 4 (1972), 27–45.

Rady, Martyn: Customary Law in Hungary. Courts, Texts, and the Tripartitum. Oxford 2015.

Ders.: Nobility, Land and Service in Medieval Hungary. Basingstoke 2000.

Ders.: Rethinking Jagiello Hungary (1490–1526), *Central Europe* (London) 3 (2005), H. 1, 3–18.

Raffensperger, Christian: Reimagining Europe. Kievan Rus' in the Medieval World. Cambridge 2012.

Ragsdale, Hugh: Evaluating the Traditions of Russian Aggression. Catherine II and the Greek Project, *Slavonic and East European Review* 66 (1988), H. 1, 91–117.

Rakova, Snezhana: Between the Sultan and the Doge. Diplomats and Spies in the Time of Suleiman the Magnificent, *CAS Working Paper Series* 8 (2016), 1–35.

Rakova, Snezhana/Bojcheva, Pavlina: La mémoire historique des événements intervenus dans les Balkans depuis le milieu du XIVᵉ jusqu'au XVᵉ siècle, *Revue des études sud-est européennes* 41 (2003), H. 1–4, 215–230.

Randa, Alexander: Pro republica Christiana. Die Walachei im „langen" Türkenkrieg der katholischen Universalmächte (1593–1606). Monachii 1964.

Ranke, Leopold von: Die Venezianer in Morea 1685–1715. [O. O. o. J. (wohl um 1840)]; zuerst in: *Historisch-politische Zeitschrift* 2 (1834), 405–502.

Ransohoff, Jake: Ivan Šišman and the Ottoman Conquest of Bulgaria (1371–1395). A Reconsideration, *Palaeobulgarica* 37 (2013), H. 1, 89–100.

Răscoala lui Horea 1784. Studii si interpretări istorice. Horea's uprising 1784. Hgg. Nicolae Edroiu/Pompiliu Teodor. Cluj-Napoca 1984.

Rászó, Gyula: The Mercenary Army of King Matthias Corvinus, in: Bak/Király (Hgg.): From Hunyadi to Rákóczi, 125–140.

Ders.: Military Reforms in the Fifteenth Century, in: Király/Veszprémy (Hgg.), A Millennium of Hungarian Military History, 54–83.

Ders.: Die Türkenpolitik Matthias Corvinus', *Acta Historica Academiae Scientiarum Hungaricae* 32 (1986), 3–50.

Ratti, Antonio: I cartografi di Creta nati o residenti nell'isola, in: Πεπραγμένα του Ε' διεθνούς κρητολογικού συμποσίου [Akten des 5. Internationalen kretologischen Symposiums]. Bd. 2. Herakleion 1985, 330–337.

Raukar, Tomislav: Grga Novak i ekonomska povijest Dalmacije u srednjem vijeku [Grga Novak u. die Wirtschaftsgeschichte Dalmatiens im Mittelalter], *Historijski zbornik* 44 (1991), 185–191.

Ders.: Hrvatsko srednjovjekovlje. Prostor, ljudi, ideje [Das kroat. Mittelalter. Raum, Menschen, Ideen]. Zagreb 1997.

Ders.: Jadranski gospodarski sustavi. Split 1475–1500 [Adriatische Wirtschaftssysteme. Split 1475–1500], *Rad HAZU, Razred za društvene znanosti* 480, 38 (2000), 49–125.

Ders.: Studije o Dalmaciji u srednjem vijeku. Odabrane studije [Studien zu Dalmatien im Mittelalter. Ausgewählte Studien]. Split 2007.

Ders.: Venecija i ekonomski razvoj Dalmacije u XV. i XVI. stoljeću [Venice and the Economic Development of Dalmatia in the 15ᵗʰ and 16ᵗʰ Centuries], *Radovi* (Sveučilište u Zagrebu/Institut za hrvatsku povijest) 10 (1977), H. 1, 203–225.

Ders.: Zadar u XV stoljeću. Ekonomski razvoj i društveni odnosi [Zadar im 15. Jh. Wirtschaftsentwicklung u. gesellschaftliche Beziehungen]. Zagreb 1977.

Ders.: Zadarska trgovina solju u XIV. i XV. stoljeću [Der Zaratiner Salzhandel im 14.–15. Jh.], in: Ders., Studije o Dalmaciji u srednjem vijeku, 297–356.

Rauscher, Peter: Kaiser und Reich. Die Reichstürkenhilfen von Ferdinand I. bis zum Beginn des „Langen Türkenkriegs" (1548–1593), in: Edelmayer/Lanzinner/Rauscher (Hgg.), Finanzen und Herrschaft, 45–83.

Ders.: Zwischen Ständen und Gläubigern. Die kaiserlichen Finanzen unter Ferdinand I. und Maximilian II. (1556–1576). Wien, München 2004.

Rauscher, Peter/Scheutz, Martin (Hgg.): Die Stimme der ewigen Verlierer? Aufstände, Revolten und Revolutionen in den österreichischen Ländern (ca. 1450–1815). Vorträge der Jahrestagung des Instituts für Österreichische Geschichtsforschung (Wien, 18.–20. Mai 2011). Wien, München 2013.

Ravančić, Gordan: Vrijeme umiranja. Crna smrt u Dubrovniku 1348.–1349. [Zeit des Sterbens. Der Schwarze Tod in Dubrovnik 1348–1349]. Zagreb 2010.

Rázsó, Gyula: A Zsigmond-kori Magyarország és a török veszély (1393–1437) [Ungarn in der Zeit von Sigismund u. die Türkengefahr (1393–1437)], *Hadtörténelmi közlemények* 20 (1973), H. 3, 403–444.

Reden-Dohna, Armgard/Melville, Ralph (Hgg.): Der Adel an der Schwelle des bürgerlichen Zeitalters 1780–1860. Stuttgart 1988.

Reichert, Folker E.: Begegnungen mit China. Die Entdeckung Ostasiens im Mittelalter. Sigmaringen 1992.

Reinert, Stephen W.[illiam]: A Byzantine Source on the Battles of Bileća (?) and Kosovo Polje. Kydones' Letters 396 and 398 Reconsidered, in: Heywood/Imber, Studies in Ottoman History, 249–272.

Ders.: From Niš to Kosovo polje. Reflections on Murad I's Final Years, in: Zachariadou (Hg.), The Ottoman Emirate, 169–211.

Ders.: Late Byzantine and Early Ottoman Studies. Farnham/Surrey, Burlington/VT 2014.

Ders.: The Palaiologoi, Yıldırım Bayezid and Constantinople. June 1389–March 1391, in: John Langdon/Stephen W. Reinert (Hgg.): Τὸ Ἑλληνικόν. Studies in Honor of Speros Vryonis. Bd. 1: Hellenic Antiquity and Byzantium. New Rochelle/NY 1993, 289–365.

Reinsch, Diether Roderich: Mehmet der Eroberer in der Darstellung der zeitgenössischen byzantinischen Geschichtsschreiber, in: Asutay-Effenberger/Rehm (Hgg.), Sultan Mehmet II., 15–30.

Réthelyi, Orsolya u. a. (Hgg.): Mary of Hungary. The Queen and Her Court 1521–1531. Budapest 2005.

Rezachevici, Constantin: A fost Stefan cel Mare „ales" domn în aprilie 1457? [Wurde Stefan d. Große zum Herrscher „gewählt" im April 1457?], *Anuarul Institutului de Istorie „A.D. Xenopol"* 29 (1992), 19–33.

Ders.: L'attitude des boyards valaques envers Michel le Brave et Simion Movilă en 1600–1601. Nouvelles données concernant les boyards Rudeanu, *Revue roumaine d'histoire* 32 (1993), H. 3–4, 247–260.

Ders.: Constantin Cantemir (1627–1693). O viață neobișnuită – de la Silișteni la scaunul Moldovei [Constantin Cantemir (1627–1693). Ein ungewöhnliches Leben – von Silișteni auf den Moldauischen Woiwodenstuhl], in: Eșanu (Hg.), Dinastia Cantemireștilor, 45–90.

Ders.: Contribuție la istoria Cantacuzinilor. Testamentul inedit al postelnicului Constantin Cantacuzino [Beitrag zur Geschichte der Cantacuzino. Das unpublizierte Testemant des Postelnics Constantin Cantacuzino], *Studii si Materiale de Istorie Medie* 15 (1997), 119–154.

Ders.: Cronologie critică a domnilor din Țara Românească și Moldova a. 1324–1881. Bd. 1: Secolele XIV–XVI [Kritische Chronologie der Herrscher der Walachei u. der Moldau 1324–1881. Bd. 1: 14.–16. Jh.]. București 2001.

Ders.: Domeniul boieresc al lui Radu Șerban [Das Bojarengut von Radu Șerban], *Studii. Revistă de istorie* 23 (1970), H. 3, 469–492.

Ders.: Fenomene de criză social-politică în Țara Românească în veacul al XVII-lea [Sozial-polit. Krisen-Phänomene in der Walachei des 17. Jh.s], *Studii si Materiale de Istorie Medie* 9 (1978), 59–81 (Teil 1); 14 (1996), 85–117 (Teil 2).

DERS.: Politica internă și externă a Țărilor Române în primele trei decenii ale secolului al XVII-lea [Innen- u. Außenpolitik der rum. Länder in den ersten drei Jahrzehnten des 17. Jh.s], *Revistă de istorie* 38 (1985), H. 1, 5–29 (Teil 1); H. 2, 145–159 (Teil 2).

DERS.: Vlad Țepeș – cronologie, bibliografie [Vlad der Pfähler – Chronologie, Bibliographie], *Revista de istorie* 29 (1976), H. 11, 1745–1766.

RIEBER, Alfred J.: The Struggle for the Eurasian Borderlands. From the Rise of Early Modern Empires to the End of the First World War. Cambridge 2014.

RIGO, Antonio: Lo Horismòs di Sinân Pascià, la presa di Ioannina (1430) e la „lettera" del sultano Murâd II., *Thesaurismata* 28 (1998), 57–78.

RIZAJ, Skënder: Rudarstvo Kosova i susednih krajeva [Der Bergbau im Kosovo u. den benachbarten Gebieten]. Priština 1968.

DERS.: Transferimet, deportimet dhe dyndjet e Shqiptarëvet në kohën e Skënderbeut [Transfer, Deportationen u. Vertreibungen von Albanern in der Zeit Skanderbegs], in: Simpoziumi për Skënderbeun, 145–153.

RIZESCU, Oana: Avant l'„État-juge". Pratique juridique et construction politique en Valachie au XVIIᵉ siècle. București 2008.

DIES.: Tradition juridique, changement institutionnel et inertie sociale. La Valachie sous la domination ottomane, *Revue roumaine d'histoire* 51 (2012), H. 3–4, 107–118.

DIES.: Servage et Pénétration capitaliste dans les Pays roumains. De la domination ottomane à la neoiobagia, in: Nicolas CARRIER (Hg.), Nouveaux servages et sociétés en Europe (XIIIᵉ–XXᵉ siècle). Actes du colloque de Besançon (4–6 octobre 2007). Caen 2010, 297–332.

RIZZI, Alberto: I leoni di San Marco in Dalmazia. Catalogo storico-artistico, *Atti e memorie della Società Dalmata di Storia Patria* 19, N.S. 8 (1996), 73–198.

RIZZI, Alessandra: Dominante e dominati. Strumenti giuridici nell'esperienza „statuale" veneziana, in: ORTALLI/SCHMITT/ORLANDO (Hgg.), Il *Commonwealth* veneziano, 235–271.

ROBARTS, Andrew: Migration and Disease in the Black Sea Region. Ottoman-Russian Relations in the Late Eighteenth and Early Nineteenth Centuries. London 2017.

ROGERSON, Barnaby: The Last Crusaders. East, West and the Battle for the Centre of the World. London 2009.

ROHDEWALD, Stefan/CONERMANN, Stephan/FUESS, Albrecht (Hgg.): Transottomanica – Osteuropäisch-osmanisch-persische Mobilitätsdynamiken. Perspektiven und Forschungsstand. Göttingen 2019.

ROIDER, Karl A.: Austria's Eastern Question, 1700–1790. Princeton/NJ 1982.

DERS.: Kaunitz, Joseph II and the Turkish War, *The Slavonic and East European Review* 54 (1976), H. 4, 538–556.

DERS.: The Reluctant Ally. Austria's Policy in the Austro-Turkish War 1737–1739. Batton Rouge/LA 1972.

ROKSANDIĆ, Drago (Hg.): Triplex confinium (1500–1800). Split 2003.

Roma, Costantinopoli, Mosca. Seminario, 21 apr. 1981. Napoli 1983.

ROMSICS, Ignác: Clio bűvöletében. Magyar történetírás a 19–20. században – nemzetközi kitekintéssel [In Clios Bann. Ungarische Geschichtsschreibung im 19. u. 20. Jh. – mit internationalem Ausblick]. Budapest 2011.

ROSENFELD, Moriz: Italienische Kolonisten in Banat, *Ungarische Revue* 4 (1884), 558–569.

ROSTWOROWSKI, Emanuel: Hány nemesi állampolgára volt a Rzeczpospolitának? [Wie viele adelige Staatsbürger hatte die Rzeczpospolita?], *Századok* 122 (1988), H. 5–6, 867–893.

ROTA, Giorgio: Under Two Lions. On the Knowledge of Persia in the Republic of Venice (ca. 1450–1797). Wien 2009.

ROTARU, Ioan-Gheorghe: Historical Aspects of the Hussite Migration in Moldavia for Religious Freedom, in: DERS./Denise SIMION (Hgg.), The Phenomenon of Migration. [o. O.] 2016, 84–96, <http://rais.education/2-the-phenomenon-of-migration/>.

ROTH, Erik: Die planmäßig angelegten Siedlungen im Deutsch-Banater Militärgrenzbezirk 1765–1821. München 1988.

ROTH, Paul W.: Das Diploma Leopoldinum. Vorgeschichte Bestimmungen, in: Zsolt K. LENGYEL (Hg.), Siebenbürgen in der Habsburgermonarchie vom Leopoldinum bis zum Ausgleich (1690–1867). Köln, Wien 1999, 1–12.

ROTHENBERG, Gunther E.[rich]: The Austrian Military Border in Croatia, 1522–1747. Urbana 1960

DERS.: The Military Border of Croatia, 1740–1881. Chicago 1966.

DERS.: Die österreichische Militärgrenze in Kroatien, 1522–1881. Wien 1970 (= Übers. aus dem Amerikan.).

ROTHMAN, E. Natalie: Brokering Empire. Trans-Imperial Subjects between Venice and Istanbul. Ithaca/NY, London 2012.

ROTMAN, Cristina: Ocupația otomană în Țara Românească în anul 1595 (14/24 august -20/30 octombrie) [Die osm. Besetzung in der Walachei im Jahr 1595], *Apulum* 13 (1975), 273–298.

ROZDOLSKI, Roman: Die grosse Steuer- und Agrarreform Josefs II. Ein Kapitel zur Österreichischen Wirtschaftsgeschichte. Warszawa 1961.

RUDIĆ, Srđan: Bosnian Nobility after the Fall of the Kingdom of Bosnia in 1463, in: DERS./ASLANTAŞ (Hgg.), State and Society in the Balkans, 103–127.

DERS.: Povelja kralja Stefana Tomaševića kojom odobrava da se u Bosni koriste dubrovački novci [Eine Urkunde des Königs Stefan Tomašević zur Zulassung Dubrovniker Geldes in Bosnien], *Stari srpski arhiv* 7 (2008), 187–194.

DERS.: O prvom pomenu prezimena Mrnjavčević [Zur ersten Erwähnung des Zunamens Mrnjavčević], *Istorijski časopis* 48 (2001), 89–95.

DERS. (Hg.): Spomenica akademika Sime Ćirkovića [Gedenkschrift an das Akademie-Mitglied Sima Ćirković]. Beograd 2011.

RUDIĆ, Srđan/ASLANTAŞ, Selim (Hgg.): State and Society in the Balkans before and after Establishment of Ottoman Rule. Belgrade 2017.

RUDIĆ, Srđan/LOVRENOVIĆ, Dubravko/DRAGIČEVIĆ, Pavle (Hgg.): Pad bosanskog kraljevstva 1463. godine [Der Untergang des bosn. Königreiches im Jahr 1463]. Beograd, Sarajevo, Banja Luka 2015.

RÜDIGER, Horst: Die Donauschwaben in der südslawischen Batschka. Stuttgart 1931.

RUFFINI, Mario: L'influsso italiano in Valacchia nell'epoca di Costantino-Vodă Brâncoveanu, 1688–1714. Monachii 1974.

Rumeli Eyaleti (1514–1550) [Das Eyalet Rumelien (1514–1550)]. Ankara 2013 (Publikation des Staatsarchivs; online abrufbar: <https://www.devletarsivleri.gov.tr/>).

RUNCIMAN, Steven: The Sicilian Vespers. Cambridge 1959.

RUSSU, I. I.: Etnogeneza românilor. Fondul autohton traco-dacic și componenta latino-romanică [Die Ethnogenese der Rumänen. Die autochthone trako-dakische Basis u. die lateinisch-röm. Komponente]. București 1981.

RÚZSÁS, Lajos: Die Entwicklung der Marktflecken Transdanubiens unter der Türkenherrschaft im 17. Jahrhundert, in: PICKL (Hg.), Die wirtschaftlichen Auswirkungen der Türkenkriege, 221–234.

RÚZSÁS, Lajos/SZAKALY, Ferenc (Hgg.): Mohács. Tanulmányok a mohácsi csata 450. évfordulója alkalmából [Mohács. Aufsätze zum 450. Jahrestag der Schlacht von Mohács]. Budapest 1986.

RYDER, Alan Frederick Charles: Alfonso the Magnanimous. King of Aragon, Naples and Sicily, 1396–1458. Oxford 1990.

ŠABANOVIĆ, Hazim: Bosanski divan. Organizacija i uređenje centralne zemaljske uprave u Bosni pod turskom vlašću do kraja XVII stoljeća [Der bosn. Diwan. Die Organisation u. Struktur der Provinzverwaltung unter türk. Herrschaft bis zum Ende des 17. Jh.s], *Prilozi za orijentalnu filologiju* 18–19 (1968), 9–45.

DERS.: Bosanski Pašaluk. Postanak i upravna podjela [Der bosn. Paschalik. Seine Entstehung u. administrative Gliederung]. Sarajevo 1959.

DERS.: Književnost muslimana BiH na orijentalnim jezicima (bibliografija) [Die Literatur der Muslime in Bosnien u. Herzegowina in orientalischen Sprachen (Bibliographie)]. Sarajevo 1973.

DERS.: Popis kadiluka u Evropskoj Turskoj od Mostarca Abdullaha Hurremovića [Verzeichnis der Gerichtsbezirke in der europäischen Türkei von Abdullah Hurremović aus Mostar], *Glasnik Hrvatskih zemaljskih muzeja u Sarajevu* 54 (1942), 307–356.

SACERDOȚEANU, Aurelian: Așezământul lui Radu Paisie pentru episcopia Buzăului [Das Edikt von Radu Paisie für das Bistum Buzău], *Revista istorică* 22 (1936), H. 1, 18–23.

SACHELARIE, Ovid/STOICESCU, Nicolae (Hgg.): Instituții feudale din țările romane: dicționar [Feudale Institutionen der rum. Länder: Wörterbuch]. București 1988.

SADAT, Deena R.: Rumeli Ayanlari, *The Eighteenth Century, The Journal of Modern History* 44 (1972), H. 3, 346–363.

SAHLINS, Peter: Boundaries. The Making of France and Spain in the Pyrenees. Berkeley/CA 1989.

Saint-Guillain, Guillaume: La carrière d'un prélat unioniste au milieu du XVᵉ siècle et l'établissement du culte grec à Venise, *Thesaurismata* 39–40 (2009–2010), 91–110.

Ders.: Fränkische Herrschaft im südlichen Balkan und den vorgelagerten Inseln, in: Handbuch zur Geschichte Südosteuropas, Bd. 1,2 (Hgg. Mitthof/Schreiner/Schmitt), 921–954.

Ders.: Protéger ou dominer? Venise et la mer Égée (XIIIᵉ–XVᵉ siècle), in: Ortalli/Schmitt/Orlando (Hgg.), Il *Commonwealth* veneziano, 305–338.

Şakul, Kahraman: The Ottoman Peloponnese before the Greek Revolution. „A Republic of Ayan, Hakim and Kocabaşı" in „the Sea of Humans and Valley of Castles", *Princeton Papers. Interdisciplinary Journal of Middle Eastern Studies* 18 (2017), 121–145.

Salamon, Ferencz: Ungarn im Zeitalter der Türkenherrschaft. Leipzig 1887.

Salihović, Davor: The Process of Bordering at the Late Fifteenth-Century Hungarian-Ottoman Frontier, *History in Flux* 1 (2019), H. 1, 93–120.

Samardžić, Nikola: The Peace of Passarowitz, in: Ingrao/Samardžić/Pešalj (Hgg.), The Peace of Passarowitz, 9–38.

Sander-Faes, Stephan Karl: Urban Elites of Zadar. Dalmatia and the Venetian Commonwealth (1540–1569). Roma 2013.

Sandu, Mariana: Ţara Românească la mijlocul secolului al XVI-lea. Domnia lui Pătraşcu cel Bun (1554-1557) [Die Walachei in der Mitte des 16. Jh.s. Die Herrschaft von Pătraşcu d. Guten]. Bârlad 2012.

Šanjek, Franjo (Hg.): Povijest Hrvata. Bd. 1: Srednji vijek [Geschichte der Kroaten. Bd. 1: Das Mittelalter]. Zagreb 2003.

Santschi, Elisabeth: Aspects de la justice en Crète vénitienne d'après les memoriali du XIVᵉ siècle, Κρητικά Χρονικά 24 (1972), H. 2, 294–324.

Šarinić, Marko: Novci Pavla Šubića i brata mu Mladena I (1302–1304) [Coins of Paul Šubić and His Brother Mladen I (1302–1304)], *Vjesnik Arheološkog muzeja u Zagrebu* 43 (2010), H. 1, 449–453.

Sariyannis, Marinos: A History of Ottoman Political Thought up to the Nineteenth Century. Leiden, Boston/MA 2018.

Ders.: The Kadızadeli Movement as a Social and Political Phenomenon. The Rise of a „Mercantile Ethic"?, in: Anastasopoulos (Hg.), Political Initiatives, 263–290.

Ders.: Ottoman Political Thought up to the Tanzimat. A Concise History. Rethymno 2015.

Ders.: Ruler and State, State and Society in Ottoman Political Thought, *Turkish Historical Review* 4 (2013), H. 1, 83–117.

Sassi, Feruccio: Le campagne di Dalmazia durante la Guerra di Candia (1645–1648), *Archivio Veneto* 20 (1937), 211–250 (Teil 1); 21 (1937), 60–100 (Teil 2).

Savvides, Alexis: Morea and Islam, 8ᵗʰ–15ᵗʰ Centuries. A Survey, *Journal of Oriental and African Studies* 2 (1990), 47–75.

Scalcău, Paula: Elenismul în România. O istorie cronologică [Das Griechentum in Rumänien. Eine chronolog. Geschichte]. Bucureşti 2006.

Dies.: Grecii din România [Die Griechen aus Rumänien]. Bucureşti 2003, ²2005.

Dies.: Hellenism in Romania. A Chronological History. Bucharest 2007.

Ščerbak, V. A.: Moldavs'ki pochody ukraïns'kych kozakiv v 70-ch rr. XVIst. [Moldavian Campaigns of Ukrainian Cossacks in the 1570s], *Rusin* 2019, H. 55, 44–57.

Scharf, Claus (Hg.): Katharina II., Russland und Europa. Beiträge zur internationalen Forschung. Mainz 2001.

Scharr, Kurt: „Die Landschaft Bukowina". Das Werden einer Region an der Peripherie 1774–1918. Wien, Köln, Weimar 2010.

Schaser, Angelika: Josephinische Reformen und sozialer Wandel in Siebenbürgen. Die Bedeutung des Konzivilitätsreskriptes für Hermannstadt. Stuttgart 1989.

Dies.: Das Konzivilitätsreskript von 1781. Ein Beitrag zur Geschichte des Josephinischen Reformen in Siebenbürgen, in: Wolfgang Kessler (Hg.), Gruppenautonomie in Siebenbürgen. 500 Jahre siebenbürgisch-sächsische Nationsuniversität. Köln, Wien 1980, 255–270.

Dies.: Siebenbürgen unter der Habsburger Herrschaft im 18. Jahrhundert, *Siebenbürgische Semestralblätter* 3 (1989), H. 1, 25–40.

Scheutz, Martin/Strohmeyer, Arno (Hgg.): Von Lier nach Brüssel. Schlüsseljahre österreichischer Geschichte (1496–1995). Innsbruck, Wien, Bozen 2010.

SCHILLER, Bódog: Az örökös főrendiség eredete Magyarországon [Der Ursprung des erblichen Magnatenstandes in Ungarn]. Budapest 1900.

SCHILLER, Felix: Der Ursprung des erblichen Magnatenstandes in Ungarn, *Zeitschrift für vergleichende Rechtswissenschaft* (Stuttgart) 16 (1903), 1–39.

SCHIMSCHA, Ernst: Technik und Methoden der theresianischen Besiedlung des Banats. Wien 1939.

SCHIRÒ, Giuseppe: Il ducato di Leucade e Venezia fra il XIV e XV secolo, *Byzantinische Forschungen* 5 (1979), 353–378.

DERS.: Evdokia Balšić Vasilissa di Gianina, *Zbornik radova Vizantološkog instituta* 8 (1964), H. 2, 383–391.

DERS.: La genealogia degli Spata tra il XIV e XV sec. e due Bua sconosciuti, *Rivista di studi bizantini e neoellenici* 18/19 (1971/72), 67–85.

DERS.: Manuele II Paleologo incorona Carlo Tocco despota di Gianina, *Byzantion* 29/30 (1959/60), 209–230.

SCHMID, Heinrich Felix (Hg.): Studien zur älteren Geschichte Osteuropas. Bd. 2: Festgabe zur Fünfzig-Jahr-Feier des Instituts für Osteuropäische Geschichte und Südostforschung der Universität Wien. Graz, Köln 1959.

SCHMIDT, János: Német telepesek bevándorlása Hesszenből Tolna-, Baranya-, Somogyba a XVIII. század első felében [Die Einwanderung dt. Kolonisten aus Hessen in die Komitate Tolnau, Branau, Schomodei in der ersten Hälfte des 18. Jh.s]. Győr 1939.

SCHMIDT, Tilmann/GUNST, Péter (Hgg.): Das Zeitalter König Sigmunds in Ungarn und im Deutschen Reich. Debrecen 2000.

SCHMITT, Oliver Jens: Addressing Community in Late Medieval Dalmatia, in: Eirik HOVDEN/Christina LUTTER/Walter POHL (Hgg.), Meanings of Community across Medieval Eurasia. Leiden 2016, 125–147.

DERS.: „Altre Venezie" nella Dalmazia tardo-medievale? Un approccio microstorico alle comunità socio-politiche sull'isola di Curzola/Korčula, in: ORTALLI/SCHMITT/ORLANDO (Hgg.), Il *Commonwealth* veneziano, 203–233.

DERS.: „Contrabannum" – Der adriatisch-balkanische Schmuggel im ausgehenden Mittelalter, *Südost-Forschungen* 67 (2008), 1–26.

DERS.: „El cuor nostro" – Eine quellenkundliche Untersuchung zu den politischen Schicksalen und der Verwaltung der Burg Kruja unter venezianischer Herrschaft, in: KÖSE (Hg.), Şehrâyîn, 237–272.

DERS.: Geschichte Lepantos unter der Venezianerherrschaft (1407–1499), *Südost-Forschungen* 56 (1997), 43–103.

DERS.: Kaiserrede und Zeitgeschichte im späten Byzanz. Ein Panegyrikos Isidors von Kiew aus dem Jahre 1429, *Jahrbuch der Österreichischen Byzantinistik* 48 (1998), 209–242.

DERS.: Korčula sous la domination de Venise au XVᵉ siècle. Pouvoir, économie et vie quotidienne dans une île dalmate au Moyen Âge tardif. Paris 2019.

DERS.: „Des melons pour la cour du Sancak beg". Split et son arrière-pays ottoman à travers les registres de compte de l'administration vénitienne dans les années 1570, in: COSTANTINI/KOLLER (Hgg.), Living in the Ottoman Ecumenical Community, 437–452.

DERS.: „Die Monade des Balkans" – Die Albaner im Mittelalter, in: DERS./FRANTZ (Hgg.), Albanische Geschichte, 61–80.

DERS. (Hg.): The Ottoman Conquest of the Balkans. Interpretations and Research Debates. Wien 2016.

DERS.: Skanderbeg. Der neue Alexander auf dem Balkan. Regensburg 2009.

DERS.: Skanderbegs letzte Jahre. West-östliches Wechselspiel von Diplomatie und Krieg (1464–1468), *Südost-Forschungen* 63/64 (2004/2005), 56–123.

DERS.: Storie d'amore, storie di potere. La tormentata integrazione dell'isola di Curzola nello Stato da mar in una prospettiva microstorica, in: ISRAEL/SCHMITT (Hgg.), Venezia e Dalmazia, 89–109.

DERS.: Südosteuropa im Spätmittelalter. Akkulturierung – Integration – Inkorporation?, in: Reinhard HÄRTEL (Hg.), Akkulturation im Mittelalter. Ostfildern 2014, 81–136.

DERS.: Der „tragische Untergang" Negropontes im Spiegel italienischer Diplomatenberichte der Renaissance, in: Klaus BELKE u. a. (Hgg.), Byzantina Mediterranea. Festschrift für Johannes Koder zum 65. Geburtstag. Wien, Köln, Weimar 2007, 569–580.

DERS.: Das venezianische Albanien (1392–1479). München 2001.

DERS.: Venezianische Horizonte der Geschichte Südosteuropas. Strukturelemente eines Geschichtsraums in Mittelalter und Früher Neuzeit, *Südost-Forschungen* 65/66 (2006/2007), 87–116.

DERS.: Das venezianische Südosteuropa als Kommunikationsraum (ca. 1400 – ca. 1600), in: ORTALLI/SCHMITT (Hgg.), Balcani occidentali, 77–101.

BIBLIOGRAPHIE

DERS.: Die Venezianischen Jahrbücher des Stefano Magno als Quelle für die albanische und epirotische Geschichte (1433–1477), in: CLEWING/SCHMITT (Hgg.), Südosteuropa, 133–182.

DERS.: Zur Geschichte der Stadt Glarentza im 15. Jahrhundert, *Byzantion* 65 (1995), 98–135.

SCHMITT, Oliver Jens/FRANTZ, Eva Anne (Hgg.): Albanische Geschichte. Stand und Perspektiven der Forschung. München 2009.

SCHMITT, Oliver Jens/METZELTIN, Michael (Hgg.): Das Südosteuropa der Regionen. Wien 2015.

SCHOEN, Matthias: Vortheresianische Siedlungs- und Bevölkerungspolitik im Südosten der Monarchie 1683–1740. Wien 1988 (Diplomarbeit).

SCHOLZ, Cordula (Hg.): Polypleuros nous. Miscellanea für Peter Schreiner. München, Leipzig 2000.

SCHRAMM, Gottfried: Polen, Böhmen, Ungarn. Übernationale Gemeinsamkeiten in der politischen Kultur des späten Mittelalters und der frühen Neuzeit, *Przegląd Historyczny* 76 (1985), H. 3, 417–437.

SCHREINER, Peter: Ein byzantinischer Gelehrter zwischen Ost und West. Zur Biographie des Isidor von Kiew und seinem Besuch in Lviv (1436), *Bollettino della Badia Greca di Grottaferrata*ser 3,3 (2006), 215–228.

DERS.: Die Byzantinisierung der bulgarischen Kultur, in: LAUER/SCHREINER (Hgg.), Kulturelle Traditionen in Bulgarien, 47–60.

DERS.: Die Epoche Mehmets des Eroberers in zeitgenössischen Quellen aus dem Patriarchat, in: ASUTAY-EFFENBERGER/REHM (Hgg.): Sultan Mehmet II., 31–40.

DERS.: Hekabe in Epiros oder: Die Ermordung des Despoten Thomas Angelos (1318). Zur Konzeption einer frühen epirotischen Chronik im Vaticanus Palatinus gr. 124 und der Rolle des Konstantinos Hermoniakos, in: Sofia KOTZABASSI/Giannis MAVROMATIS (Hgg.), Realia Byzantina. Berlin, Boston/MA 2009, 253–266.

DERS.: Probleme der Gräzisierung des Bulgarischen Reiches im 13. und 14. Jahrhundert, *Études balkaniques* 14 (1978), H. 4, 104–114.

DERS.: Ein Schreiben Papst Urbans V. an die Patriarchen des Ostens (1367), *Archivum historiae pontificiae* 9 (1971), 411–417.

SCHULLER, Friedrich: Aus sieben Jahrhunderten. Acht Vorträge aus der siebenbürgischen Geschichte. Hermannstadt 1895.

DERS.: Kaiser Joseph II. und die Sachsen in Siebenbürgen (1780–1790), in: DERS., Aus sieben Jahrhunderten, 181–256.

SCHULLER, Georg Adolf: Samuel von Brukenthal. 2 Bde. München 1967–1969.

SCHULZE, Winfried: Die Erträge der Reichssteuern zwischen 1576 und 1606, *Jahrbuch für die Geschichte Mittel- und Ostdeutschlands* 27 (1978), 169–185.

DERS.: Europa in der Frühen Neuzeit. Begriffsgeschichtliche Befunde, in: Heinz DUCHHARDT/Andreas KUNZ (Hgg.), „Europäische Geschichte" als historiographisches Problem. Mainz 1997, 35–65.

DERS.: Landesdefension und Staatsbildung. Studien zum Kriegswesen des innerösterreichischen Territorialstaates (1564–1619). Wien, Köln, Graz 1973.

DERS.: Reich und Türkengefahr im späten 16. Jahrhundert. Studien zu den politischen und gesellschaftlichen Auswirkungen einer äußeren Bedrohung. München 1978.

SCHÜNEMANN, Konrad: Die Armenier in der Bevölkerungspolitik Maria Theresias, *A Gróf Klebelsberg Kuno Magyar Történetkutató Intézet évkönyve* 3 (1933), 212–242.

DERS.: s. v. Batschka, in: PETERSEN u. a. (Hgg.), Handwörterbuch des Grenz- und Auslandsdeutschtums, Bd. 1, 291–318.

DERS.: Zur Bevölkerungspolitik der ungarischen Stände, *Deutsch-Ungarische Heimatblätter* 2 (1930), 115–121.

DERS.: Die Einstellung der theresianischen Impopulation (1770/71), *A Gróf Klebelsberg Kuno Magyar Történetkutató Intézet évkönyve* 1 (1931), 167–213.

DERS.: Österreichs Bevölkerungspolitik unter Maria Theresia. München 1935.

DERS.: s. v. Siedlungsgeschichte [des Banats], in: PETERSEN u. a. (Hgg.), Handwörterbuch des Grenz- und Auslandsdeutschtums, Bd. 1; 220–232.

DERS.: Die Wirtschaftspolitik Josephs II. in der Zeit seiner Mitregentschaft, *Mitteilungen des Instituts für Österreichische Geschichtsforschung* 47 (1933), 13–56.

SCHÜTZ, Joseph: Der altserbische bergmännische Wortschatz. Belgrad 2003.

SCHWICKER, Johann Heinrich: Geschichte der österreichischen Militärgrenze. Teschen, Wien 1883.

DERS.: Geschichte des Temescher Banats. Pest ²1872.

DERS.: Politische Geschichte der Serben in Ungarn. Budapest 1880.

Scott, Hamish: The Eighteenth-Century Nobility. Challange and Renewal, in: Peter H. Wilson (Hg.), A Companion to Eighteenth-Century Europe. Malden/MA, Oxford 2008, 94–108.

Ders. (Hg.): The European Nobilities in the Seventeenth and Eighteenth Centuries. 2 Bde. London, New York 1995.

Ders. (Hg.): The Oxford Handbook of Early Modern European History, 1350–1750. Bd. 1: Peoples and Place. Oxford 2015.

Sebők, Ferenc: Hadseregek Európában és Magyarországon a kései középkorban [Armeen in Europa u. Ungarn im späten Mittelalter], *Acta Universitatis Szegediensis de Attila Jozsef Nominatae, Acta Historica* 113 (2001), 73–82.

Sedlar, Jean W.: East Central Europe in the Middle Ages, 1000–1500. Seattle 1994.

Seewann, Gerhard: Geschichte der Deutschen in Ungarn. Bd. 1: Vom Frühmittelalter bis 1860. Marburg 2012.

Ders.: A magyarországi németek története. Bd. 1. Budapest 2015.

Ders.: Migration in Südosteuropa als Voraussetzung für die neuzeitliche West-Ostwanderung, in: Beer/Dahlmann (Hgg.), Migration nach Ost- und Südosteuropa, 89– 108.

Ders.: s. v. Pragmatische Sanktion, in: Lexikon zur Geschichte Südosteuropas (Hgg. Sundhaussen/Clewing), 747f.

Ders.: Die Sankt-Stephans Krone, die Heilige Krone Ungarns, *Südost-Forschungen* 37 (1978), 145–178.

Ders.: Serbische Süd-Nord-Migration in Südosteuropa als Voraussetzung für die deutsche Ansiedlung im 18. Jahrhundert, in: A Kárpát-medence vonzásában. Tanulmányok Polányi Imre emlékére [Im Banne des Karpatenbeckens. Studien zur Erinnerung an Imre Polányi]. Hgg. Ferenc Fischer u. a. Pécs 2001, 421–442.

Ders.: Südslawische Süd-Nord-Migration in Südosteuropa als Voraussetzung für die deutsche Ansiedlung nach der Türkenzeit in Ungarn, *Jahrbücher für Geschichte und Kultur Südosteuropas* 1 (1999), 139–160.

Seewann, Gerhard/Krauss, Karl-Peter/Spannenberger, Norbert (Hgg.): Die Ansiedlung der Deutschen in Ungarn. Beiträge zum Neuaufbau des Königreiches nach der Türkenzeit. München 2010.

Seewann, Gerhard/Portmann, Michael: Donauschwaben. Deutsche Siedler in Südosteuropa. Potsdam, Ulm 2018.

Seibold, Gerhard: Die Manlich. Geschichte einer Augsburger Kaufmannsfamilie. Sigmaringen 1995.

Seibt, Werner (Hg.): Geschichte und Kultur der Palaiologenzeit. Wien 1996.

Ders.: Ein Goldsiegel des Despoten Thomas von Epirus aus dem frühen 14. Jahrhundert, *Ηπειρωτικά Χρονικά* 31 (1994), 71–76.

Semenova, Lidija Egorovna: Dunajskie knjažestva v meždunarodnych otnošenijach v Jugo-Vostočnoj Evrope (konec XIV–pervaja tret' XVI v.) [Die Donaufürstentümer in den internationalen Beziehungen in Südosteuropa (Ende 14.–erstes Drittel 16. Jh.)]. Moskva 1994, 11–62.

Dies.: Knjažestva Valachija i Moldavija, konec XVI–načalo XIX v. Očerki vnešnepolitičeskoj istorii [Die Fürstentümer Walachei u. Moldau, Ende 14. – Anfang 19. Jh. Beiträge zur außenpolitischen Geschichte]. Moskva 2006.

Șerban, Constantin: Vasile Lupu, domn al Moldovei (1634–1653) [Vasile Lupu, Herr der Moldau]. București 1991.

Șerbănescu, Niculae/Stoicescum, Nicolae (Hgg.): Mircea cel Mare (1386–1418). 600 de ani de la urcarea pe tronul Țării Românești [Mircea d. Große (1386–1418). 600 Jahre seit der Besteigung des Throns der Walachei]. București 1987.

Sereda, Aleksandr: Obrazuvane na sandžaci v Severnoto Pričernomorie i formirane na Silistrensko-Očakovskija ejalet [Die Bildung der Sancaks im nördlichen Schwarzmeergebiet u. die Einrichtung des Eyalets von Silistra-Očakov], *Istoričeski pregled* 2009, H. 1–2, 20–32.

Ders.: Silistresko-Očakovskijat ejalet prez XVIII-nač. na XIX v. Administrativno-teritorialno ustrojstvo, selišta i naselenije v Severozapadnoto Pričernomorie [Die Provinz Silistrien-Očakov im 18. u. 19. Jh. Die administrativ-territoriale Organisation u. die Siedlungsstruktur an der nordwestlichen Schwarzmeerküste]. Sofija 2009.

Seres, István: Adatok Szegedinác Péró életéhez [Angaben zum Leben von Péró Szegedinác], in: Gábor Hausner (Hg.), Az értelem bátorsága. Tanulmányok Perjés Géza emlékére [Der Mut des Verstandes. Studien in Gedenken an Géza Perjés]. Budapest 2005, 629–643.

Setton, Kenneth M.[eyer]: The Papacy and the Levant. 2 Bde. Philadelphia/PA 1976–1978.

Ders.: Venice, Austria and the Turks in the Seventeenth Century. Philadelphia/PA 1991.

Ševčenko, Ihor: The Many Worlds of Peter Mohyla. Harvard 1985.

Sezgin, Fuat (Hg.): Wissenschaft und Technik im Islam. Bd. 1: Einführung in die Geschichte der arabisch-islamischen Wissenschaften. Frankfurt/M. 2003.

Shkurti, Spiro: Der Mythos vom Wandervolk der Albaner. Graz 1996.

SHUKUROV, Ruslan/Christianity, Harem: The Byzantine Identity of Seljuk Princes, in: Andrew Charles Spencer PEACOCK/Sara Nur YILDIZ (Hgg.), The Seljuks of Anatolia. Court and Society in the Medieval Middle East. London, New York 2013, 115–150.

SIEBER-LEHMANN, Claudius: „Teutsche Nation" und Eidgenossenschaft. Der Zusammenhang zwischen Türken- und Burgunderkriegen, *Historische Zeitschrift* 253 (1991), H. 3, 561–602.

SIEGHART, Rudolf: Zolltrennung und Zolleinheit. Die Geschichte der österreich-ungarischen Zwischenzoll-Linie. Wien 1915.

SILAGI, Gabriel: Die „Gesta Hungarorum" des anonymen Notars. Die älteste Darstellung der ungarischen Geschichte. Sigmaringen 1991.

SILBERSCHMIDT, Max: Das orientalische Problem zur Zeit der Entstehung des türkischen Reiches nach venezianischen Quellen. Ein Beitrag zur Geschichte der Beziehungen Venedigs zu Sultan Bajezid I., zu Byzanz, Ungarn und Genua und zum Reiche von Kiptschak (1381–1400). Leipzig, Berlin 1923.

ȘIMANSCHI, Leon: Criza politică din Moldova dintre anii 1432 şi 1437 [Die polit. Krise in Moldau zwischen den Jahren 1432 u. 1437], *Anuarul Institutului de istorie „A.D. Xenopol"* 33 (1996), 23–34.

DERS.: „Închinarea" de la Vaslui (5 iunie 1456) [Die „Unterwerfung" von Vaslui (5. Juni 1456), *Anuarul Institutului de istorie şi arheologie „A.D. Xenopol"* 18 (1981), 613–638.

DERS. (Hg.): Petru Rareş. Bucureşti 1978.

SIMIONESCU, Ştefana: Moldova şi Ţara românească în politica habsburgică între anii 1716–1774 [Die Moldau u. die Walachei in der habs. Politik zwischen 1716 u. 1774], *Revista de istorie* 31 (1978), H. 9, 1599–1624.

DIES.: Ţările Române şi începutul politicii răsăritene antiotomane a Imperiului Habsburgic (1526–1594) [Die rum. Länder u. der Beginn der östlichen, anti-osm. Politik des Habsburgerreiches (1526–1594)], *Revistă de istorie* 28 (1975), H. 8, 1197–1214.

SIMON, Alexandru: „Fata de la nemţi". Bogdan III, Maximilian I şi o căsătorie din 1513 [„Das Mädchen von den Deutschen". Bogdan III., Maximilian I. u. eine Ehe aus dem Jahr 1513], *Anuarul Şcolii Doctorale „Istorie. Civilizaţie. Cultură"* 2 (2006), 103–118.

DERS.: Soţiile ungare ale lui Vlad III Ţepeş. Rolul, impactul şi receptarea unor alianţe şi rivalităţi medieval [Die ung. Frauen von Vlad III. Pfähler. Die Rolle, die Wirkung u. die Rezeption mittelalterlicher Alianzen u. Rivalitäten], *Anuarul Institutului de Istorie „A.D. Xenopol"* 48 (2011), 5–12.

SIMON, Eckehard: The Türkenkalender (1454). Attributed to Gutenberg and the Strasbourg Lunation Tracts. Cambridge/MA 1988.

SIMON, Éva: A hódoltságon kívüli „hódoltság" (Oszmán terjeszkedés a Délnyugat-Dunántúlon a 16. század második felében) [Das „osmanische Ungarn" außerhalb des „osmanischen Ungarn". Die osm. Ausbreitung in Südwest-Transdanubien in der zweiten Hälfte des 16. Jh.s]. Budapest 2014.

SIMONITI, Vasko: Turki so v deželi že. Turški vpadi na slovensko ozemlje v 15. in 16. stoletju [Die Türken sind schon im Land. Türk. Einfälle auf slowenischem Gebiet im 15. u. 16. Jh.]. Celje 1990.

DERS.: Die Wüstungen im 14. und 15. Jahrhundert mit besodnerer Berücksichtigung des slowenischen Gebietes, *Mitteilungen des Instituts für Österreichische Geschichtsforschung* 103 (1995), 44–55.

Simpoziumi për Skënderbeun – Simpozijum o Skenderbegu (9–12 maj 1969) [Symposium zu Skanderbeg (9.–12. Mai 1969)]. Prishtina/Priština 1969.

ȘIMŞIRGIL, Ahmet: Slovakya'da Osmanlılar. Türk Uyvar (1663–1685) [Die Osmanen in der Slowakei. Das türk. Uyvar/Neuhäusel (1663–1685)]. Istanbul 2015.

ŠIMUNKOVIĆ, Ljerka: Mletački dvojezični proglasi u Dalmaciji u 18. stoljeću [Venez. zweisprachige Kundmachungen in Dalmatien im 18. Jh.]. Split 1996.

SINIGALIA, Tereza: Arhitectura civilă de zid din Ţara Românească în secolele XIV–XVIII [Zivile Steinarchitektur der Walachei vom 16.–18. Jh.]. Bucureşti 2000.

DIES.: L'architecture de l'époque „brancovane". Réceptacle des influences de la Vénétie, in: Sante GRACIOTTI (Hg.), Italia e Romania. Due popoli e due storie a confronto (secc. XIV–XVIII). Firenze 1998, 205–225.

DIES.: Mihai Viteazul ctitor [Michael d. Tapfere als Stifter]. Bucureşti 2001.

DIES.: Repertoriul arhitecturii în Ţara Românească 1600–1680 [Verzeichnis der Architektur der Walachei, 1600–1680]. 3 Bde. Bucureşti 2002–2005.

SÎRBU, Ion: Istoria lui Mihai Vodă Viteazul domnul Ţării Româneşti [Geschichte Michaels d. Tapferen, Fürst der Walachei]. 2 Bde. Bucureşti 1904–1907, ²1976.

Ders.: Relațiile externe ale lui Matei Vodă Basarab, 1632–1654 (Cu privire la istoria Orientului European) [Die Außenbeziehungen Matei Basarabs, 1632–1654 (bezüglich der Geschichte Osteuropas)]. Timişoara 1992 (²2005 unter dem Namen Ion Sârbu).

Šišić, Ferdo: Bitka na Krbavskom polju (11. rujna 1493). U spomen četiristagodišnjice toga dogadjaja. Istorijska rasprava [Die Schlacht auf dem Krbava-Feld (11. September 1493). Zum 400. Gedenktag dieses Ereignisses. Eine geschichtliche Abhandlung]. Zagreb 1893.

Ders.: Geschichte der Kroaten (bis 1102). Bd. 1. Zagreb 1917.

Ders.: Hrvatska povijest od najstarijih dana do potkraj 1918. Bd. 1: Povijest Hrvata u vrijeme narodnih vladara [Kroat. Geschichte von den frühesten Zeiten bis Ende 1918. Bd. 1: Die Geschichte der Kroaten zur Zeit der nationalen Herrscher]. Zagreb 1925.

Ders.: Die Schlacht von Nikopolis, *Wissenschaftliche Mitteilungen aus Bosnien und der Herzegowina* 6 (1893), 291–327.

Skorka, Renáta: With a Little Help from the Cousins. Charles I and the Habsburg Dukes of Austria during the Interregnum, *Hungarian Historical Review* 2 (2013), H. 2, 243–260.

Škrivanić, Gavro: Bitka kod Velbužda 28. VII. 1330. godine [Die Schlacht bei Velbăžd am 28. Juli 1330], *Vesnik Vojnog muzeja* 16 (1970), 67–77.

Slot, Ben J.: Archipelagus Turbatus. Les Cyclades entre colonisation latine et occupation ottomane c. 1500–1718. 2 Bde. Istanbul 1982.

Slukan Altić, Mirela: Teritorialni razvoj i razgraničenja Varaždinskog generalata (1630.–1771.) [Territorial Development and Boundary Determination of the Varaždin Generalate (1630–1771)], *Podravina* 4 (2005), H. 7, 7–31.

Smiljanić, Franjo: Neka zapažanja o teritoriju i organizaciji Bribirske županije u srednjem vijeku [Some Observations about the Territory and Organization of the Bribir District during the Middle Ages], *Povijesni prilozi* 22 (2003), Nr. 25, 7–35.

Smolka, Stanislaus: Ferdinand des Ersten Bemühungen um die Krone von Ungarn, *Archiv für österreichische Geschichte* 57 (1879), 1. Hälfte: 1–172 (mit Quellenanhang).

Smołucha, Janusz u. a. (Hgg.): Holy War in Late Medieval and Early Modern East-Central Europe. Krakow 2017.

Sneath, David: The Headless State. Aristocratic Orders, Kinship Society, and Misrepresentations of Nomadic Inner Asia. New York 2007.

Solcan, Şarolta: Ştefan cel Mare – stăpân de domenii în Transilvania [Stefan d. Große – Gutsbesitzer in Siebenbürgen], in: Tudor Teoteoi (Hg.), Ştefan cel Mare şi epoca sa. Culegere de studii [Stefan d. Große u. seine Epoche. Gesammelte Studien]. Bucureşti 2007, 42–47.

Solomon, Flavius: Die katholische Kirche im Fürstentum Moldau in der zweiten Hälfte des 14. und Anfang des 15. Jahrhunderts, in: Pavel Krafl (Hg.), Sacri canones servandi sunt. Ius canonicum et status ecclesiae saeculis XIII–XV. Praha 2008, 180–189.

Ders.: Politică şi confesiune la început de ev mediu moldovenesc [Politik u. Konfession zu Beginn des mold. Mittelalters]. Iaşi 2004.

Ders.: Die Slawen und die orthodoxe Kirche in der Moldau und in der Walachei Ende des 14. und Anfang des 15. Jahrhunderts, in: Clewing/Schmitt (Hgg.), Südosteuropa, 119–131.

Soltész, Ferenc Gábor/Tóth, Csaba/Pálffy, Géza: Coronatio Hungarica in Nummis. Medals and Jetons From Hungarian Royal Coronations (1508–1916). Budapest 2019.

Soós, István: Palatin Paul Esterházy und die Neoacquistica Commissio, in: Wolfgang Gürtler/Rudolf Kropf (Hgg.), Die Familie Esterházy im 17. und 18. Jahrhundert. Tagungsband der 28. Schlaininger Gespräche 29. September – 2. Oktober 2008. Eisenstadt 2009, 99–131.

Ders.: Rijeka u središtu interesa mađarske politike [Fiume im Zentrum des Interesses der ung. Politik], in: Ervin Dubrović (Hg.), Temelji moderne Rijeke, 1780.–1830. Gospodarski i društveni život [Die Grundlagen des modernen Fiume, 1780–1830. Wirtschaftliches u. gesellschaftliches Leben]. Rijeka 2006, 179–191.

Sophianos, Demetrios Z.: Οι Σέρβοι ηγεμόνες των Τρικάλων και οι μονές της περιοχής (14ος αιώνας) [Die serb. Herrscher von Tríkala u. die Klöster in der Region (14. Jh.)], in: Papadopulu/Dialeti (Hgg.), Βυζάντιο και Σερβία, 180–194.

Šopov, Aleksandar: „Falling Like an Autumn Leaf". The Historical Visions of the Battle of the Maritsa-Meriç River and the Quest for a Place Called Sirp Sindiği. Istanbul 2007 (Magisterarbeit).

BIBLIOGRAPHIE

Sotropa, Virgil: Districtul grăniceresc năsăudean [Der Nasoder Grenzenbezirk]. Cluj 1975.

Soucek, Svat: Ottoman Maritime Wars, 1416–1700. Istanbul 2015.

Soulis, George Ch.: The Serbs and Byzantium during the Reign of Tsar Stephen Dušan (1331–1355) and His Successors. Athen 1995 (Nachdr.).

Soulis, Georgios Ch.: Περί των μεσαιωνικών αλβανικών φύλων των Μαλακασίων, Μπουΐων και Μεσαρίτων [Über die mittelalterlichen alb. Stämme der Malakasier, Bua u. Mesariten], in: DERS., Ιστορικά μελετήματα. Βυζαντινά – Βαλκανικά – Νεοελληνικά [Hist. Studien. Byzantinisches – Balkanisches – Neogräzistisches]. Athen 1980, 127–130.

Sourdel, D.[ominique]: s. v. Khalifa, in: The Encyclopaedia of Islam, Bd. 4, 60f.

Soustal, Peter: Nikopolis und Kephallenia. Wien 1981.

Ders.: Thrakien (Thrakē, Rodopē und Haimimontos). Wien 1991.

Sözen, Zeynep: Fenerli Beyler, 110 yılın öyküsü (1711–1821) [Die Phanariotenherrscher. Die Geschichte von 110 Jahren (1711–1821)]. Istanbul 2000.

Spaho, Fehim D.: Skradinska nahija 1574. godine [Die *nahiye* von Skradin im Jahr 1574], *Acta historica-oeconomica Iugoslaviae* 16 (1989), 79–107.

Ders.: Splitsko zaleđe u prvim turskim popisima [Das Spliter Hinterland in den ersten osm. Registern], *Acta historica-oeconomica Iugoslaviae* 13 (1986), 47–86.

Spanakes, Stergios: Οι οικισμοί της Επτανήσου και οι κάτοικοί των τον 16 αι. [Die Siedlungen der Ionischen Inseln u. ihre Einwohner im 16. Jh.], in: Πρακτικά του Ε' διεθνούς Πανιονίου συνεδρίου [Abhandlungen der 5. Internationalen panionischen Tagung]. Bd. 1. Argostoli 1989, 107–128.

Spannenberger, Norbert: Interpretationen der Ansiedlungspolitik des 18. Jahrhunderts in der österreichischen und ungarischen Historiographie, in: Seewann/Krauss/Spannenberger (Hgg.), Die Ansiedlung der Deutschen in Ungarn, 28–40.

Spannenberger, Norbert/Varga, Szabolcs (Hgg.): Ein Raum im Wandel. Die osmanisch-habsburgische Grenzregion vom 16. bis zum 18. Jahrhundert. Stuttgart 2014.

Speitkamp, Winfried (Hg.): Gewaltgemeinschaften in der Geschichte. Entstehung, Kohäsionskraft und Zerfall. Göttingen 2017.

Spekner, Enikö: Adalékok I. (Anjou) Károly király Szent László-kultuszához [Erläuterungen zum St. Ladislaus-Kult König Karls I. von Anjou], *Ars Hungarica* 39 (2013), H. 2, 188–194.

Spencer, Charles: Blenheim. Battle for Europe. How Two Men Stopped the French Conquest of Europe. London 2004.

Sperl, Karin/Scheutz, Martin/Strohmeyer, Arno (Hgg.): Die Schlacht von Mogersdorf/St. Gotthard und der Friede von Eisenburg/Vasvár. Rahmenbedingungen, Akteure, Auswirkungen und Rezeption eines europäischen Ereignisses. Eisenstadt 2016.

Spinei, Victor: The Cuman Bishopric – Genesis and Evolution, in: Florin Curta (Hg.), The Other Europe in the Middle Ages. Avars, Bulgars, Khazars and Cumans. Leiden, Boston/MA 2008, 413–456.

Ders.: Moldavia in the 11th–14th Centuries. București 1986.

Ders.: Moldova în secolele XI–XIV [Die Moldau im 11.–14. Jh.]. București 1982.

Ders.: The Romanians and the Turkic Nomads North of the Danube Delta from the Tenth to the Mid-Thirteenth Century. Leiden, Boston/MA 2009.

Spira, György (Hg.): Tanulmányok a parasztság történetéhez Magyarországon 1711–1790 [Studien zur Geschichte des Bauerntums in Ungarn 1711–1790]. Budapest 1952.

Spiridonakis, Basile G.: Empire ottoman. Inventaire des mémoires et documents aux archives du Ministère des Affaires Étrangères de France. Thessaloniki 1973.

Ders.: L'établissement d'un consulat russe dans les principautés danubiennes, 1780–1782, *Balkan Studies* 4 (1963), H. 2, 289–314.

Spisarevska, Joana: Čiprovskoto văstanie i evropejskijat svijat [Der Aufstand von Čiprovci u. die europäische Welt]. Sofija 1988.

Spremić, Momčilo: Balkanski vazali kralja Alfonsa Aragonskog [Die Vasallen des Königs Alfons von Aragon], *Zbornik Filozofskog fakulteta u Beogradu* 12 (1974), 455–469.

Ders.: Borbe za Smederevo 1458–1459 godine [Die Kämpfe um Smederevo 1458– 1459], in: DERS. (Hg.), Pad Srpske despotovine, 215–227.

DERS.: Brankovići – oblasni gospodari Kosova [Die Brankovići – Regionalherren des Kosovo], in: DERS. (Hg.), Prekinut uspon, 127–139.

DERS.: Despot Đurađ Branković i njegovo doba [Despot Georg Branković u. seine Zeit]. Beograd 1994 (Banja Luka, Beograd ²1999).

DERS.: Despot Stefan Branković Slepi, *Glas/SANU; Odeljenje istorijskih nauka* 15 (2010), 115–143.

DERS.: Kruševac u XIV i XV veku [Kruševac im 14. u. 15. Jh.], in: DERS. (Hg.), Prekinut uspon, 107–125.

DERS. (Hg.): Pad Srpske despotovine 1459. godine. Zbornik radova sa naučnog skupa održanog 12–14. novembra 2009. godine [The Fall of the Serbian Despotate in 1459. Gesammelte Beiträge der wissenschaftlichen Tagung vom 12.–14. November 2009]. Beograd 2011.

DERS. (Hg.): Prekinut uspon. Srpske zemlje u poznom srednjem veku [Der unterbrochene Aufstieg. Die serb. Länder im späten Mittelalter]. Beograd 2005.

DERS.: Srbija i Venecija (VI–XVI vek) [Serbien u. Venedig (6.–16. Jh.)]. Beograd 2014.

DERS.: I tributi veneziani nel Levante nel XV secolo, *Studi Veneziani* N.S. 13 (1971), 223–243.

DERS.: Turski tributari u XIV i XV veku [Tributzahler der Osmanen im 14. u. 15. Jh.], in: DERS. (Hg.), Prekinut uspon, 275–327 (ursprünglich in *Istorijski glasnik* 1/2 [1970], 9–59).

DERS.: Vuk Branković i Kosovska bitka [Vuk Branković u. die Schlacht auf dem Amselfeld], in: DERS. (Hg.), Prekinut uspon, 235–260.

SPRINGER, Elisabeth/KAMMERHOFER, Leopold (Hgg.): Archiv und Forschung. Das Haus-, Hof- und Staatsarchiv in seiner Bedeutung für die Geschichte Österreichs und Europas. Wien, München 1993.

SPULER, Bertold: Die Goldene Horde. Die Mongolen in Russland 1223–1502. Wiesbaden ²1965.

SRODECKI, Paul: Antemurale Christianitatis. Zur Genese der Bollwerksrhetorik im östlichen Mitteleuropa an der Schwelle vom Mittelalter zur Frühen Neuzeit. Husum 2015.

DERS.: „Contre les ennemis de la foy de Dieu". Der Kreuzzug von Nikopolis und das abendländische Türkenbild um 1400, in: Eckhard LEUSCHNER/Thomas WÜNSCH (Hgg.), Das Bild des Feindes. Konstruktion von Antagonismen und Kulturtransfers. Ostmitteleuropa, Italien und Osmanisches Reich. Berlin 2013, 33–49.

SROKA, Stanisław A.: Methods of Constructing Angevin Rule in Hungary in the Light of Most Recent Research, *Quaestiones medii aevi novae* 1 (1996), 77–90.

STAAB, Robert L.: The Characteristics of the Timar System in Paşa Livası in the 16th Century. Based on the Examination of the Maliyeden Müdevver Defteri No. 34, in: X. Türk Tarih Kongresi, 22–26 Eylül 1986. Ankara 1993, 1899–1926.

STABILE, Giuseppe: Valacchi e Valacchie nella letteratura francese medievale. Roma 2011.

STAHL, Henri H.: Contribuții la studiul satelor devălmaşe româneşti [Beiträge zur Untersuchung der rum. Dorfgemeinschaften]. 3 Bde. Bucureşti ²1998 (zuerst 1958–1966).

STAMATOPOULOS, Demetrios: Constantinople in the Peloponnese. The Case of the Dragoman of the Morea Georgios Wallerianos and some Aspects of the Revolutionary Process, in: ANASTASOPOULOS/KOLOVOS (Hgg.), Ottoman Rule and the Balkans, 149–166.

STAN, Apostol: Independenţa României. Detaşarea de piaţa otomană şi rataşarea de Europa (1774–1875) [Die Unabhängigkeit Rumäniens. Die Loslösung vom osm. Markt u. die Anbindung an Europa (1774–1875)]. Bucureşti 1998.

DERS.: Protectoratul Rusiei asupra principatelor Române 1774–1856. Între dominaţie absolută şi anexiune [Das Protektorat Russlands über die rum. Fürstentümer 1774–1856. Zwischen absoluter Vorherrschaft u. Annexion]. Bucureşti 1999.

DERS.: Revoluţia de la 1821 şi statutul internaţional al principatelor române [Die Revolution von 1821 u. der internationale Status der rum. Fürstentümer], *Revista de Istorie* 33 (1980), H. 5, 847–872.

STANKOVIĆ, Vlada: Kralj Milutin. (1282–1321). Beograd 2012.

STANOJEVIĆ, Gligor: Dalmacija u doba morejskog rata 1684–1699 [Dalmatien zur Zeit des Moreakrieges 1684–1699]. Beograd 1962.

DERS.: Dalmatinske krajine u XVIII vijeku [Die dalmatinischen Grenzgebiete im 18. Jh.]. Beograd, Zagreb 1987, 64–71.

DERS.: Jugoslovenske zemlje u mletačko-turskim ratovima XVI–XVII vijeka [Die südslaw. Länder in den venez.-osm. Kriegen des 16.–17. Jh.s]. Beograd 1970.

DERS.: Senjski uskoci [Die Uskoken von Zengg]. Beograd 1973.

STANOJEVIĆ, Stanoje: Die Biographie Stephan Lazarević's von Konstantin dem Philosophen als Geschichtsquelle, *Archiv für slavische Philologie* 18 (1896) 409–472.

STANTCHEV, Stefan: Devedo. The Venetian Response to Sultan Mehmed II in the Venetian-Ottoman Conflict of 1462–79, *Mediterranean Studies* 19 (2010), 43–66.

STARR, S. Frederick: Lost Enlightenment. Central Asia's Golden Age from the Arab Conquest to Tamerlane. Princeton/NJ, Oxford 2013.

STATHIS, Panagiotis: Αρματολισμός. Χριστιανοί ένοπλοι στην υπηρεσία των Οθωμανών [Das Armatolenwesen. Bewaffnete Christen im Dienste der Osmanen], in: Vasilis PANAGIOTOPOULOS (Hg.), Ιστορία του Νέου Ελληνισμού. Bd. 2: Η Οθωμανική κυριαρχία 1770–1821 [Geschichte des Neugriechentums. Bd. 2: Die osm. Herrschaft 1770–1821]. Athen 2003, 339–360.

STAVRIDES, Theoharis: The Sultan of Vezirs. The Life and Times of the Ottoman Grand Vezir Mahmud Pasha Angelović (1453–1474). Leiden, Boston/MA, Köln 2001.

Ştefan cel Mare şi Sfânt. Sfânta Mănăstire [Stefan d. Große u. Heilige]. 6 Bde. Putna 2003–2004.

ŞTEFĂNESCU, Ştefan: Bănia în Ţara Românească [Das Banus-Amt in der Walachei]. Bucureşti 1965.

DERS. (Hg.): Enciclopedia istoriografiei romaneşti [Enzyklopädie der rum. Historiographie]. Bucureşti 1978.

DERS.: Istoria românilor de la Mihai Viteazul la Constantin Brâncoveanu [Geschichte der Rumänen von Michael d. Tapferen bis Constantin Brâncoveanu]. Bucureşti 1996.

DERS.: Istoria românilor în secolul al XVIII-lea între tradiţie şi modernitate [Die Geschichte der Rumänen im 18. Jh. zwischen Tradition u. Moderne]. Bucureşti 1999.

DERS.: Ţara Românească de la Basarab I „Întemeietorul" pînă la Mihai Viteazul [Die Walachei von Basarab I. „dem Begründer" bis zu Michael d. Tapferen]. Bucureşti 1970.

ŠTEFÁNIK, Martin: Italian Involvement in Metal Mining in the Central Slovakian Region, from the Thirteenth Century to the Reign of King Sigismund of Hungary, *I Tatti Studies* 14/15 (2011/12), 11–46.

DERS.: The Morosinis in Hungary under King Andrew III and the Two Versions of the Death of the Queen of Hungary Tommasina, *Historický časopis* 56 (2008), Suppl., 3–15.

DERS.: Pokusy Benátskej republiky o atentát na uhorského kráľa Žigmunda Luxemburského [Die Attentatsversuche der Venezianischen Republik auf den ung. König Sigismund v. Luxemburg], *Historický časopis* 48 (2000), H. 2, 209–230.

DERS.: Úloha kremnického zlata v európskej finančno-hospodárskej kríze 14. storočia [Die Rolle des Goldes von Kremnica in der europäischen Finanz- u. Wirtschaftskrise des 14. Jh.s], *Slovenská numizmatika* 19 (2011), 57–78.

STEFEC, Rudolf S.: Beiträge zur Urkundentätigkeit epirotischer Herrscher in den Jahren 1205–1318, *Νέα Ῥώμη* 11 (2014), 249–370.

DERS.: Die Regesten der Herrscher von Epeiros 1205–1318, *Römische Historische Mitteilungen* 57 (2015), 15–120.

STEGENA, Lajos (Hg.): Lazarus Secretarius, the First Hungarian Mapmaker and His Work. Budapest 1982.

STEGNIJ, Pjotr V.: Noch einmal über das Griechische Projekt Katharinas II, *Mitteilungen des Österreichischen Staatsarchivs* 51 (2003), 87–111.

STEIN, Mark L.: Guarding the Frontier. Ottoman Border Forts and Garrisons in Europe. London, New York 2007.

STEINDORFF, Ludwig: Zar Stefan Dušan von Serbien, in: LÖWENER (Hg.), Die „Blüte" der Staaten des östlichen Europa, 183–203.

STEINISCH, Irma: Die Ansiedlung der privaten Grundherrschaften der Schwäbischen Türkei in Ungarn im 18. Jahrhundert. Budapest 1942.

STEKL, Hannes: Zwischen Machtverlust und Selbstbehauptung. Österreichs Hocharistokratie von 18. bis ins 20. Jahrhundert, in: Hans-Ulrich WEHLER (Hg.), Europäischer Adel 1750–1950. Göttingen 1990, 144–165.

STERIOTOU, Ioanna: Le fortezze del Regno di Candia. L'organizzazione, i progetti, la costruzione, in: ORTALLI (Hg.), Venezia e Creta, 283–302.

STOICESCU, Nicolae: L'armée de la Valachie sous le règne de Michel le Brave, (1593–1601), *Revue des études sud-est européennes* 13 (1975), H. 3, 353–366.

DERS.: Un aspect al relaţiilor politice dintre Ţara Românească şi Moldova în secolele XVI–XVII. Mutarea dregătorilor dintr-o ţară în alta [Ein Aspekt der polit. Beziehungen zwischen der Walachei u. der Moldau im 16.–17. Jh. Die Versetzung der Würdenträger von einem Land in das andere], *Anuarul Institutului de Istorie şi Arheologie „A.D.Xenopol" din Iaşi* 11 (1974), 251–256.

DERS. (Hg.): Constituirea statelor feudale româneşti [Die Entstehung der rum. Feudalstaaten]. Bucureşti 1980.

Ders.: Dicționar al marilor dregători din Țara Românească și Moldova, sec. XIV–XVII [Wörterbuch der hohen Würdenträger der Walachei und der Moldau, 14.–17. Jh.]. București 1971.

Ders.: Matei Basarab. București 1988.

Ders.: Radu de la Afumați [Radu von Afumați]. București 1983.

Ders.: Vlad Țepeș [Vlad der Pfähler]. București 1976.

Ders.: Vlad Țepeș. Prince of Walachia. București 1978.

Stoicescu, Nicolae/Tucă, Florian: 1330 Posada. București 1980.

Stoide, Constantin: Basarab al II-lea [Basarab II.], *Anuarul Institutului de Istorie și Arheologie „A. D. Xenopol"* 17 (1980), 279–302.

Ders.: Contribuții la studiul istoriei Țării Românești între anii 1447 și 1450 [Beiträge zum Studium der Geschichte der Walachei zwischen den Jahren 1447 u. 1450], *Anuarul Institutului de Istorie și Arheologie „A. D. Xenopol"* 10 (1973), 163–181;

Ders.: Din nou despre istoria Țării Românești din anii 1447–1450 [Von Neuem über die Geschichte der Walachei der Jahre 1447–1450], *Anuarul Institutului de Istorie și Arheologie „A. D. Xenopol"* 14 (1977), 539–558.

Stojanovski, Aleksandar: Dervendžistvoto vo Makedonija [Das Passwächterwesen in Makedonien]. Skopje 1974.

Ders.: La division administrative territoriale de la Macédoine sous L'empire Ottoman jusqua la fin du XVIIᵉ-siècle. Skopje 1989.

Ders.: Etnogeneza na Jurucite i nivnoto naseluvanje na Balkanot [Die Ethnogenese der Yürüken u. ihre Ansiedlung auf dem Balkan]. Skopje 1986.

Ders.: Makedonija pod turskata vlast (statii i drugi prilozi) [Makedonien unter türk. Herrschaft (Aufsätze u. andere Beiträge)]. Skopje 2006.

Ders.: Makedonija vo turskoto srednevekovie. Od krajot na XIV – početokot na XVIII vek [Makedonien im türk. Mittelalter. Vom Ende des 14. bis zum Anfang des 18. Jh.s]. Skopje 1989.

Ders.: Nekolku prašanja za Jurucite vo Kjustendilskiot sandžak [Some Questions Concerning the Yürüks in the Kjustendil Sanjak], in: Tomovski u. a. (Hgg.), Etnogeneza na jurucite, 29–37.

Ders.: Raja so specijalni zadolženija vo Makedonija (vojnuci, sokolari, orizari i solari) [Reaya mit Sonderpflichten in Makedonien (Voynuks, Falkner, Reisbauern u. Salinenarbeiter)]. Skopje 1990.

Stojanovski, Aleksandar/Gorgiev, Dragi: Naselbi i naselenie vo Makedonija – XV i XVI vek [Siedlungen u. Besiedlung Makedoniens – 15. u. 16. Jh.]. Teil 1. Skopje 2001.

Storia di Venezia. Dalle origini alla caduta della Serenissima. 14 Bde. Roma 1992–

... Bd. 3: La formazione dello stato patrizio. Hgg. Girolamo Arnaldi/Giorgio Cracco/Alberti Tenenti. Roma 1997.

... Bd. 4: Il Rinascimento. Politica e cultura. Hgg. Alberto Tenenti/Ugo Tucci. Roma 1996.

... Bd. 5: Il Rinascimento. Società ed economia. Hgg. Alberto Tenenti/Ugo Tucci. Roma 1996.

... Bd. 6: Dal Rinascimento al Barocco. Hgg. Gaetano Cozzi/Paolo Prodi. Roma 1994.

Stouraiti, Anastasia: Memorie di un ritorno. La guerra di Morea (1684–1699) nei manoscritti della Querini Stampalia. Venezia 2001.

Ders.: Printing Empire. Visual Culture and the Imperial Archive in Seventeenth-Century Venice, *The Historical Journal* 59 (2016), H. 3, 635–668.

Stoy, Manfred: Jakob Basilikos Heraklides (Despot Vodă), Fürst der Moldau 1561–1563, und die Habsburger, *Mitteilungen des Instituts für Österreichische Geschichtsforschung* 100 (1992), 305–327.

Ders.: Radu Șerban, Fürst der Walachei 1602–1611, und die Habsburger. Eine Fallstudie, *Südost-Forschungen* 54 (1995), 49–103.

Ders.: Rumänische Fürsten im frühneuzeitlichen Wien, *Jahrbuch des Vereins für Geschichte der Stadt Wien* 46 (1990), 153–180.

Ders.: Das Wirken Gaspar Gracianis (Grațianis) bis zu seiner Ernennung zum Fürsten der Moldau am 4. Februar 1619, *Südost-Forschungen* 43 (1984), 49–122.

Stoye, John: Marsigli's Europe, 1680–1730. The Life and Time of Luigi Ferdinando Marsigli, Soldier and Virtuoso. New Haven/CT 1994.

Ders.: The Siege of Vienna. Edinburgh ²2000.

Stroe, Florin: Vlad III Drăculea. Reconstrucția unei imagini [Vlad III. Drăculea. Die Rekonstruktion eines Bildes]. București 2013.

STROE, Laurențiu: Chestiunea Orientală. Rusia și Principatele Române. [Die Orientalische Frage. Russland u. die rum. Fürstentümer], Teil 1 (1799–1802), *Carpica* 32 (2003), 134–146; Teil 2 als Problema orientală, Rusia și Principatele Române (1803–1812), ebd. 33 (2004), 178–194; Teil 3 (1803–1812) ebd. 35 (2006), 308–347.

DERS.: Implicațiile românești ale evoluției „problemei orientale" în deceniile 7–9 ale secolului al XVIII-lea [Rum. Implikationen der Entwicklung der „Orientalischen Frage" vom 7.–9. Jahrzehnt des 18. Jh.s], *Carpica* 37 (2008), 315–335 (Teil 1); 38 (2009), 139–161 (Teil 2).

DERS.: Principatele Române și Problema Orientală (1797–1804) [Die rum. Fürstentümer u. die Orientalische Frage], *Carpica* 30 (2001), 185–196.

STROHMEYER, Arno/SPANNENBERGER, Norbert (Hgg.): Frieden und Konfliktmanagement in interkulturellen Räumen. Das Osmanische Reich und die Habsburgermonarchie in der Frühen Neuzeit. Stuttgart 2013.

STROIA, Marian: Promulgarea de către poartă a hatișerifurilor din septembrie 1802 și acțiunea Rusiei [Bekanntgabe der Sendschreiben durch die Pforte im September 1802 u. das Vorgehen Russlands], *Revista istorică* 5 (1994), H. 7–8, 711–727.

STROMER VON REICHENBACH, Wolfgang: Eine Botschaft des Turkmenenfürsten Qara Yuluq an König Sigismund, *Jahrbuch für fränkische Landesforschung* 22 (1962), 433–441.

DERS.: Diplomatische Kontakte des Herrschers vom Weißen Hammel, Uthman genannt Qara Yuluq, mit dem Deutschen König Sigismund im September 1430 – März 1431 zu gemeinsamem Vorgehen mit dem Timuriden Schah-Ruch gegen die Türken, *Südost-Forschungen* 20 (1961), 267–272.

DERS.: König Sigmunds Gesandte in den Orient, in: Festschrift für Hermann Heimpel zum 70. Geburtstag am 19. September 1971. Bd. 2. Göttingen 1972, 591–609.

DERS.: Landmacht gegen Seemacht. Kaiser Sigismunds Kontinentalsperre gegen Venedig 1412–1433, *Zeitschrift für Historische Forschung* 22 (1995), H. 2, 145–189.

STUARD, Susan Mosher: A State of Deference. Ragusa/Dubrovnik in the Medieval Centuries. Philadelphia/PA 1992.

STURDZA, Mihai Dim. (Hg.): Familiile boierești din Moldova și Țara Românească. Enciclopedie istorică, genealogică și biografică. Bd. 3: Familia Cantacuzino [Bojarenfamilien aus der Moldau u. der Walachei. Hist., genealogische u. biographische Enzyklopädie. Bd. 3: Die Familie Cantacuzino]. București 2014.

ŠTULRAJTEROVÁ, Katarína: Convivenza, Convenienza and Conversion. Islam in Medieval Hungary (1000–1400 ce), *Journal of Islamic Studies* 24 (2013), H. 2, 175–198.

SUĆESKA, Avdo: Bedeutung und Entwicklung des Begriffs A'yan im Osmanischen Reich, *Südost-Forschungen* 25 (1966), 3–26.

DERS.: Die Entwicklung der Besteuerung durch die Avariz-i divaniye und die Tekalif-i örfiye im Osmanischen Reich während des 17. und 18. Jahrhunderts, *Südost-Forschungen* 27 (1968), 89–130.

DERS.: Taksit (Prilog izučavanju dažbinskog sistema u našim zemljama pod turskom vlašću) [Le „taksit". (Contribution à l'étude du système de l'imposition aux pays yougoslaves pendant la domination turque)], *Godišnjak Pravnog Fakulteta u Sarajevu* 8 (1960), 339–362.

ŠUFFLAY, Milan von: Istorija sjevernih Arbanasa. Sociološka studija [Geschichte der Nordalbaner. Eine soziologische Studie], *Arhiv za arbanasku starinu, jezik i etnologiju* 2 (1924), 193–242.

DERS.: Srbi i Arbanasi. Njihova simbioza u srednjem vijeku [Serben u. Albaner. Ihre Symbiose im Mittelalter]. Zagreb 1991 (Nachdr.).

DERS.: Städte und Burgen Albaniens, hauptsächlich während des Mittelalters. Wien, Leipzig 1924.

ŠUGAR, Hrvoje: Von Walachen zu Grenzern. Die Walachen im mittelalterlichen Dalmatien, Kroatien und Slawonien und ihre Kolonisation im Gebiet der Österreichischen Militärgrenze bis zum Jahr 1630. Wien 2017 (Dissertationsschrift).

SUGAR, Peter: Southeastern Europe under Ottoman Rule, 1354–1804. Seattle 1977.

ŠUICA, Marko: Nemirno doba srpskog srednjeg veka. Vlastela srpskih oblasnih gospodara [Turbulent Times of the Serbian Middle Ages. Feudatories of Serbian Local Rulers]. Beograd 2000.

DERS.: O mogućoj ulozi Vuka Brankovića u kosovskoj bici – prilog razmatranja srednjovekovne ratne taktike [On a Possible Role of Vuk Branković in the Battle of Kosova – a Contribution to the Study of Medieval War Tactics], in: RUDIĆ (Hg.), Spomenica akademika Sime Ćirkovića, 225–244.

DERS.: Pad Srbije u istorijskoj perspektivi [The Collapse of Serbian Medieval State within a Historical Perspective], in: SPREMIĆ (Hg.), Pad Srpske despotovine, 263–285.

Ders.: Vuk Branković. Beograd 2015.

Ders.: Vuk Branković i sastanak u Seru [Vuk Branković and the Meeting of Vassals at Serres], *Zbornik radova Vizantološkog instituta* 45 (2008), 253–266.

Sulitková, Ludmila: Kancelář posledního Arpádovce Ondřeje III. Její činnost a personální obsazení [Die Kanzlei des letzten Arpader Andreas III. Ihre Tätigkeit u. personelle Besetzung], *Historické štúdie* 25 (1981), 175–216.

Sundhaussen, Holm: Sarajevo. Die Geschichte einer Stadt. Wien 2014.

Šunjić, Marko: Bosna i Venecija. Odnosi u XIV. i XV. stoljeću [Bosnien u. Venedig. Beziehungen im 14. u. 15. Jh.]. Sarajevo 1996.

Ders.: Dalmacija u XV stoljeću [Dalmatien im 15. Jh.]. Sarajevo 1967.

Ders.: Vlatko Kosača u Poljicima, *Godišnjak društva istoričara BiH* 34 (1983), 145–147.

Sutter Fichtner, Paula: Dynasticism and Its Limitations. The Habsburgs and Hungary (1542), *East European Quarterly* 4 (1971), H. 4, 389–407.

Süttő, Szilárd: Anjou-Magyarország alkonya. Magyarország politikai története Nagy Lajostól Zsigmondig. Az 1384–1387. Évi belvizsályok okmánytárával [Die Dämmerung des Ungarns der Anjou. Polit. Geschichte Ungarns von Ludwig d. Großen bis Sigismund. Mit Urkundensammlung zu den Unruhen der Jahre 1384–1387]. 2 Bde. Szeged 2003.

Sykora, Ján: Poziția internațională a Moldovei în timpul lui Lațcu. Lupta pentru independență și afirmarea pe plan extern [Die internationale Lage der Moldau in der Zeit von Lațcu. Der Kampf für die Unabhängigkeit u. die Behauptung im Äußeren], *Revistă de istorie* 29 (1976), H. 8, 1135–1151.

Symposium l'Epoque Phanariote. Συμπόσιον Η εποχή των Φαναριωτών. Thessaloniki, 21–25 octobre 1970. A la mémoire de Cléobule Tsourkas/Μνήμη Κλεοβούλου Τσούρκα. Thessaloniki 1974.

Symposium on Late Byzantine Thessalonike, *Dumbarton Oaks Papers* 57 (2003).

Sysyn, Frank E.: English-Language Historiography in the Twentieth Century on the Pereiaslav Agreement, *Russian History* 32 (2005), H. 3–4, 513–529.

Szabó, András: Az 1588-as szikszói csata és propagandája [Die Schlacht bei Szikszó 1588 u. ihre Propaganda], *Hadtörténelmi Közlemények* 112 (1999), H. 4, 851–860.

Szabó, András Péter: Inhalt und Bedeutung der Widerstandslehre im Bocskai-Aufstand, in: Márta Fata/Anton Schindling (Hgg.), Calvin und Reformiertentum in Ungarn und Siebenbürgen. Helvetisches Bekenntnis, Ethnie und Politik vom 16. Jahrhundert bis 1918. Münster 2010, 317–340.

Szabó, Dezső: Az állandó hadsereg beczikkelyezésének története III. Károly korában [Die Geschichte der Inartikulierung des Gesetzes über die stehende Armee zur Zeit Karls III.], *Hadtörténeti Közlemények* 11 (1910), 23–51 (Teil 1); 349–387 (Teil 2); 549–587 (Teil 3).

Ders.: A magyarországi úrbérrendezés története Mária Terézia korában [Geschichte der ungarländischen Urbarialregulierung zur Zeit Maria Theresias]. Bd. 1. Budapest 1933.

Szabo, Franz A. J./Szántay, Antal/Tóth, István György (Hgg.): Politics and Culture in the Age of Joseph II. Budapest 2005.

Szabó, István: A magyar mezőgazdaság története a XIV. századtól az 1530-as évekig [Geschichte der ung. Landwirtschaft vom 14. Jh. bis in die 1530er Jahre]. Budapest 1975.

Szabó, János B.: Erdély tragédiája 1657–1662 [Die Tragödie Siebenbürgens, 1657–1662]. Budapest 2019.

Ders.: An Example for Some – A Lesson for Others. The First Ottoman Siege of Szigetvár and the Military Campaigns of 1555–1556 in Southern Transdanubia, in: Fodor (Hg.), Remembering a Forgotten Siege, 121–147.

Ders. (Hg.): Mohács. Budapest ³2013.

Ders.: A mohácsi csata [Die Schlacht bei Mohács]. Budapest 2006.

Szabó, János B./Erdősi, Péter: Ceremonies Marking. The Transfer of Power in the Principality of Transylvania in East European Context, *Maiestas* 11 (2003), 111–160.

Szabó, János B./Somogyi, Győző: Das Heer des Fürstentums Siebenbürgen. Budapest 1996.

Szabó, János B./Tóth, Ferenc: Mohács (1526). Soliman le Magnifique prend pied en Europe centrale. Paris 2009.

Szabó, Péter: Woodland and Forests in Medieval Hungary. Oxford 2004.

Szádeczky, Lajos: Erdély és Mihály Vajda története, 1595–1601. Oklevéltárral [Siebenbürgen u. die Geschichte des Wojwoden Michael, 1595–1601. Aus den Archiven]. Temesvár 1893.

Ders.: A székely határőrség szervezése 1762–1764-ben [Die Organisierung der Szekler Militärgrenze von 1762–1764]. Budapest 1908.

DERS.: Thököly erdélyi fejedelemsége [Das Fürstentum Emmerich Thökölys in Siebenbürgen], *Századok* 40 (1898), 230–247 (Teil 1); 317–339 (Teil 2); 420–433 (Teil 3); 499–509 (Teil 4); 621–631 (Teil 5); 693–715 (Teil 6).

SZAKÁLY, Ferenc: Die Bilanz der Türkenherrschaft in Ungarn, *Acta Historica Academiae Scientiarum Hungaricae* 34 (1988), H. 1, 63–77.

DERS.: Hungaria eliberata. Budavár visszavétele és Magyarország felszabadítása a török uralom alól, 1683–1718. Budapest 1986.

DERS.: Hungaria eliberata. Die Rückeroberung von Buda im Jahr 1686 und Ungarns Befreiung von der Osmanenherrschaft, 1683–1718. Budapest 1987.

DERS.: Lodovico Gritti in Hungary 1529–1534. A Historical Insight into the Beginnings of Turco-Habsburgian Rivalry. Budapest 1995.

DERS.: Magyar adóztatás a török hódoltságban [Ungarische Besteuerung im osm. Ungarn]. Budapest 1981.

DERS.: Magyar intézmények a török hódoltságban [Ungarische Institutionen im osm. Ungarn]. Budapest 1997.

DERS.: Nándorfehérvár, 1521. The Beginning of the End of the Medieval Hungarian Kingdom, in: DÁVID/ FODOR (Hgg.), Ottomans, Hungarians, and Habsburgs in Central Europe, 44–76.

DERS.: Phases of Turco-Hungarian Warfare before the Battle of Mohács (1365–1526), *Acta Orientalia Academiae Scientiarum Hungaricae* 33 (1979), H. 1, 65–111.

DERS.: Szerbek Magyarországon – szerbek a magyar történelemben [Serben in Ungarn – Serben in der ung. Geschichte], in: ZOMBORI (Hg.), A szerbek Magyarországon, 11–50.

DERS.: Virágkor és hanyatlás 1440–1711 [Blütezeit u. Zerfall]. Budapest 1990, ²2006.

SZAKÁLY, Orsolya: Managing a Composite Monarchy. The Hungarian Diet and the Habsburgs in the Eighteenth Century, in: D. HAYTON/J. KELLY/J. BERGIN (Hgg.), The Eighteenth-Century Composite State. Representative Institutions in Ireland and Europe, 1689–1800. London 2010, 205–220.

SZALAY, László: Fiume a magyar országgyűlésen [Fiume im ung. Landtag]. Pest 1861.

DERS.: Magyarország története [Geschichte Ungarns]. Bd. 4. Pest 1859.

DERS.: A magyarországi szerb telepek jogviszonya az államhoz [Das Rechtverhältnis der serb. Siedlungen in Ungarn zum Staat]. Pest 1861.

SZALONTAY, Tibor: The Art of War during the Ottoman-Habsburg Long War (1593–1606) according to Narrative Sources. Toronto 2004.

SZÁNTAY, Antal: A II. József-kori kataszteri felmérés Magyarországon [Die katastrale Aufmessung in Ungarn zur Zeit Josephs II.], in: Lilla KRÁSZ/Teréz OBORNI (Hgg.), Redite ad cor. Tanulmányok Sahin-Tóth Péter emlékére [Redite ad cor. Studien zum Gedächtnis von Péter Sahin-Tóth]. Budapest 2008, 407–412.

DERS.: Regionális igazgatás a 18. századi Magyarországon [Regional Administration in Hungary in the 18th Century], *Történelmi Szemle* 50 (2008), H. 3, 313–333.

DERS.: Regionalpolitik im alten Europa. Die Verwaltungsreformen Josephs II. in Ungarn, in der Lombardei und in den österreichischen Niederlanden 1785–1790. Budapest 2005.

DERS.: Le relevé cadastral en Hongrie au temps de Joseph II, in: Mireille TOUZERY (Hg.), De l'estime au cadastre en Europe. L'époque moderne. Paris 2007, 483–490.

DERS.: The „Robot-Abolition" in Hungary under Joseph II, in: SZABO/SZÁNTAY/TÓTH (Hgg.), Politics and Culture, 95–107.

SZÁNTÓ, Andor/KRÁL, Vilmos: Fiume közjogi helyzete [Die staatsrechtliche Lage von Fiume]. Budapest 1901.

A szatmári béke története és okirattára [Die Geschichte des Sathmarer Friedens]. Hg. Imre LUKINICH. Budapest 1925.

SZCZUR, Stanisław: Az 1335. évi visegrádi királyi találkozó [Das Visegráder königliche Treffen des Jahres 1335], *Aetas* 8 (1993), H. 1, 28–42.

DERS.: W sprawie sukcesji andegaweńskiej w Polsce [Zur Thronfolge der Anjou in Polen], *Roczniki Historyczne* 75 (2009), 61–104.

SZÉKELY, György: Oligarchie, Adelige, Bürger. Ungarn in den Jahren 1458–60, *Parliaments, Estates & Representation* 15 (1995), 81–89.

DERS.: A rendek válaszúton. A dinasztiaváltás harcai 1490–1492-ben [Die Stände am Scheideweg. Der Kampf des Dynastiewechsels], *Hadtörténelmi közlemények* 116 (2003), H. 2, 427–462.

SZÉKELY, Maria Magdalena: Bogdan al IIIlea – note de antropologie politică [Bogdan III. – Anmerkungen zur polit. Anthropologie], *Analele Putnei* 1 (2008), 265–278.

DIES.: Itinerarii domnești. Petru Rareș [Herrschaftliche Itinerare. Petru Rareș], *Anuarul Institutului de Istorie „A.D. Xenopol"* 28 (1991), 285–299.

DIES.: Sfetnicii lui Petru Rareș. Studiu prosopografic [Die Berater von Petru Rareș. Eine prosopographische Studie]. Iași 2002.

SZÉKELY, Maria Magdalena/GOROVEI, Ștefan S. (Hgg.): Ștefan cel Mare și Sfânt. Atlet al credinței creștine [Stefan d. Große u. Heilige. Kämpfer des christlichen Glaubens]. Sfânta Manastire Putna 2004.

SZEKFŰ, Gyula: Magyar történet [Ung. Geschichte]. Bde. 3–4. Budapest ²1935.

DERS.: A száműzött Rákóczi [Rákóczi im Exil]. Budapest 1913.

DERS.: A tizennyolcadik század [Das 18. Jh.]. Budapest ²1935 (= HÓMAN/SZEKFŰ, Magyar történet, Bd. 4).

SZEMETHY, Tamás: Rangemelésben részesült új főnemesek a 18. században [Rangerhöhte neue Hochadelige im 18. Jh.], in: DOBSZAY u. a. (Hgg.), Rendiség és parlamentarizmus, 299–317.

SZENDE, Katalin: Otthon a városban. Társadalom és anyagi kultúra a középkori Sopronban, Pozsonyban és Eperjesen [Zu Hause in der Stadt. Gesellschaft u. materielle Kultur im mittelalterlichen Ödenburg, Pressburg u. Eperies]. Budapest 2004.

SZENTKLÁRAY, Jenő: A dunai hajóhadak története [Die Geschichte der Schifffart an der Donau]. Budapest 1886.

DERS.: Gróf Niczky Kristóf életrajza [Die Biographie des Grafen Kristóf Niczky]. Pozsony 1885.

DERS.: Mercy Claudius Florimund kormányzata a Temesi Bánságban. Újabb részletek Délmagyarország XVIII. századi történetéhez [Die Regierung von Claudius Florimund Mercy im Temeswarer Banat. Neuere Abrisse zur Geschichte Südungarns im 18. Jh.]. Budapest 1909.

DERS.: Oláhok költöztetése Délmagyarországon a múlt században [Die Umsiedlung der Rumänen nach Südungarn im letzten Jh.], *Akadémiai Értesítő* 2 (1891), H. 12, 699–701.

DERS.: Száz év Délmagyarország történetéből [Hundert Jahre aus der Geschichte Südungarns]. Temesvár 1879.

SZENTPÉTRY, Emerich: Das Banat von Machow (Macsó), *Ungarische Rundschau für historische und soziale Wissenschaften* 4 (1915), 872–883.

SZIJÁRTÓ, István M.: The Diet. The Estates and the Parliament of Hungary 1708–1792, in: Gerhard AMMERER u. a. (Hgg.), Bündnispartner und Konkurrenten der Landesfürsten? Die Stände in der Habsburgermonarchie. Wien, München 2007, 151–171.

DERS.: A diéta. A magyar rendek és az országgyűlés 1708–1792 [Die Diät. Die ung. Stände u. der Landtag 1708–1792]. Budapest 2005.

DERS.: Előszó [Vorwort], in: DERS./SZŰCS, Zoltán Gábor (Hgg.), Politikai elit és politikai kultúra a 18. század végi Magyarországon [Die polit. Elite u. polit. Kultur in Ungarn am Ende des 18. Jh.s]. Budapest 2012, 7–15.

DERS. (Hg.): Az indigenák [Das Indigenat]. Budapest 2017.

DERS.: Komitatsadel und Landtag in Ungarn in der zweiten Hälfte des 18. Jahrhunderts, in: TÖNSMEYER/VELEK (Hgg.), Adel und Politik, 139–150.

DERS.: A „konfesszionális rendiségtől" az „alkotmányos rendiségig". Lehetőségek és feladatok a 18. századi magyar rendiség kutatásában [Vom „konfessionellen" zum „konstitutionellen" Ständewesen. Möglichkeiten u. Aufgaben in der Forschung der ung. Stände im 18. Jh.], *Történelmi Szemle* 54 (2012), 37–62.

DERS.: A „professzionális" hivatalnokok teréziánus nemzedéke és a „bürokraták" hatalomátvétele [Die Generation der „professionellen" Beamten zur Zeit von Maria Theresia u. die Machtübernahme der „Bürokraten"], *Századok* 153 (2019), H. 6, 1189–1206.

DERS.: The Rákóczi Revolt as a Successful Rebellion, in: László PÉTER/Martyn RADY (Hgg.), Resistance, Rebellion and Revolution in Hungary and Central Europe. Commemorating 1956. London 2008, 67–76.

DERS.: A vármegye és a jómódú nemesség a 18. században [Counties and the Wealthy Gentry in the 18th Century], *Aetas* 13 (1998), H. 2–3, 107–142.

SZILÁGYI, Sándor: Báthory Gábor fejedelem története [Geschichte des Fürsten Gabriel Báthory]. Pest 1867.

SZITA, László: A szerbek visszavándorlása Baranya megyébe a szatmári béke utáni években [Die Zurücksiedlung der Serben ins Komitat Branau nach dem Sathmarer Friedensschluss], *Baranyai Helytörténetírás* 10 (1978), 87–149.

SZŰCS, Jenő: Die drei historischen Regionen Europas. Frankfurt am Main ²2014.

DERS. u. a.: A magyarországi és erdélyi központi kormányszervek szervezetének és működésének története (1526–1867) [Die Geschichte der Organisation u. Wirkung der zentralen Regierungsbehörden Ungarns u. Siebenbürgens (1526–1867)]. Budapest 1958.

DERS.: A Szepesi Kamarai Levéltár, 1567–1813. [Das Archiv der Zipser Kammer, 1567–1813]. Budapest 1990.

Taba, István: A XVII. század végének telepítéspolitikája [Siedlungspolitik gegen Ende des 17. Jh.s], *Történetírás* 2 (1938), H. 1, 84–101.

Taeschner, Franz/Wittek, Paul: Die Vezierfamilie der Ğandarlyzade (14./15.Jhdt.) und ihre Denkmäler, *Der Islam* 18 (1929), H. 1, 60–115.

Tagliavini, Carlo: Einführung in die romanische Philologie. München 1973.

Takács, Miklós: Sächsische Bergleute im mittelalterlichen Serbien und die „sächsische" Kirche von Novo Brdo, *Südost-Forschungen* 50 (1991), 31–60.

Takács, Sándor: Kísérletek a magyar haderő feloszlatására, 1671–1702 [Versuche das ung. Heer aufzulösen, 1671–1702], *Századok* 38 (1904), 1–24 (Teil 1); 114–135 (Teil 2); 219–239 (Teil 3); 322–343 (Teil 4).

Taki, Victor: Ot osmanskogo frontira k rossijskoj okraine [Von der osm. frontier zum russ. Grenzland], in: ders./ Andrej Kuško, Bessarabija v sostave rossijskoj imperii, 1812–1917 [Bessarabien im Bestand des Russländischen Imperiums, 1812–1917]. Moskva 2012, 33–69.

Ders.: The Russian Protectorate in the Danubian Principalities. Legacies of the Eastern Question in Contemporary Russian-Romanian Relations, in: Frary/Kozelsky (Hgg.): Russian-Ottoman Borderlands, 35–72.

Ders.: Tsar and Sultan. Russian Encounters with the Ottoman Empire. London, New York 2016.

Taktikos, Spyros Th.: Δημόσιες οικονομικές υπηρεσίες στην Πελοπόννησο κατά την β' Βενετοκρατία (1689–1715). Οργάνωση και λειτουργία [Öffentliche Wirtschaftsämter in der Peloponnes während der zweiten Venezianerherrschaft (1689–1715). Organisation u. Funktionsweise], *Thesaurismata* 41–42 (2011–2012), 139–171.

Tamás, Edit (Hg.): A Rákóczi-szabadságharc és Közép-Európa. Tanulmányok a Rákóczi-szabadságharc kezdetének 300. évfordulójára [Der Rákóczi-Freiheitskrieg u. Mitteleuropa. Studien zum 300-jährigen Jubiläum des Anfangs des Rákóczi-Freiheitskrieges]. Bd. 1. Sárospatak 2003.

Ţânţăreanu, Ecaterina: Habitat medieval în sud-vestul Munteniei în sec. XIV–XVII. Temeiuri istorice şi arheologice [Das mittelalterliche Habitat im Südwesten der Großen Walachei im 14.–17. Jh. Hist. u. archäologische Grundlagen]. Bucureşti 2010.

Tapariczsa, György: A sajkás kérdés [Die Frage über die Tschaikisten]. Újvidék 1909.

Tăpkova-Zaimova, Vasilka: Les idées de Rome et de la seconde Rome chez les Bulgares, in: Roma, Costantinopoli, Mosca, 387–397.

Dies.: Roljata i administrativnata organizacija na t. nar. „Otvăddunavska Bălgarija" [Die Rolle u. administrative Organisation des sog. „Transdanubischen Bulgariens"], in: dies., Dolni Dunav. – Granična zona na vizantijskija Zapad. Kăm istorijata na severnite i severoiztočnite bălgarski zemi, kraja na X–XII v [Die untere Donau – Grenzzone des byz. Westens. Zur Geschichte der nördlichen u. nordöstlichen bulg. Länder, Wende zum 10.–12. Jh.]. Sofija 1976, 17–33 [zuerst in: *Studia Balcanica* 2 (1970)].

Tardy, Lajos: Ungarns antiosmanische Bündnisse mit Staaten des Nahen Ostens und deren Vorgeschichte, *Anatolica. Annuaire Internationale* 4 (1971–1972), 139–156.

Tărîţă, Marius: Cultura religioasă slavă scrisă în Ţările Române în secolul al XV-lea [Die slaw.-orth. Schriftkultur in den rum. Ländern im 15. Jh.]. Cluj-Napoca 2009 (Dissertationsschrift).

Taslidža, Faruk: O posebnim okolnostima pod kojim su Mlečani osvajali tvrđave bosanskog ejaleta za vrijeme morejskog rata (1684–1699) [Zu den bes. Bedingungen, unter denen die Venezianer Burgen des bosn. Eyalets zur Zeit des Moreakrieges (1684–1699) eroberten], *Istraživanja* 7 (2012), 41–49.

Tcaci, Vladimir: Tratatul de pace de la Kuciuk Kainargi şi importanţa lui pentru Principatele Române [Der Friedensvertrag von Küçük Kaynarca u. seine Bedeutung für die rum. Fürstentümer], *Revista de istorie a Moldovei* 26 (1996), H. 2, 16–28.

Tęgowski, Jan: Powiązania genealogiczne wojewodów mołdawskich Bogdanowiczów z domem Giedyminowiczów w XIV i XV wieku [Genealogische Verbindungen zwischen den mold. Woiwoden der Bogdăneşti zum Haus der Gediminen im 14. u. 15. Jh.], *Genealogia. Studia I materiały historyczne* 3 (1993), 45–66.

Tenenti, Alberto: Il senso dello Stato, in: Storia di Venezia, Bd. 4 (Hgg. ders./Tucci), 311–344.

Ders.: Venezia e i corsari. Bari 1964.

Teodor, Pompiliu (Hg.): Enlightenment and Romanian Society. Cluj-Napoca 1980.

Teoteoi, Tudor: Étienne le Grand et les saints guerriers dans la tradition populaire et les sources narratives, in: Ivan Biliarsky/Radu G. Păun/Irina Vainovski-Mihai (Hgg.), Les cultes des saints souverains et des saints guerriers et l'idéologie du pouvoir en Europe Centrale et Orientale. Actes du colloque international, 17 janvier 2004, New Europe College, Bucarest. Bucureşti 2008, 181–211.

DERS.: O misiune a patriarhiei ecumenice la București, în vremea domniei lui Vlad Vintilă de la Slatina [Eine Mission des ökumenischen Patriarchen in Bukarest in der Zeit der Herrschaft von Vlad Vintilă von Slatina], *Revista istorică* 5 (1994), H. 1–2, 27–44.

TERTECEL, Adrian: Marea Neagră otomană și ascensiunea Rusiei (1654–1774) [Das osm. Schwarze Meer u. der Aufstieg Russlands (1654–1774)], in: CRISTEA (Hg.), Marea neagră, 325–346.

DERS.: Tratatul de pace ruso-otoman de la Kűçűk Kaynarca (1774) [Der russ.-osm. Friedensvertrag von Kűçűk Kaynarca (1774)], *Revista Română de Studii Eurasiatice* 1 (2005), H. 1, 173–195.

TERZIĆ, Slavenko (Hg.): Islam, Balkan i velike sile (14.–20. vek). Islam, the Balkans and the Great Powers (XIV–XX Century). Beograd 1997.

TESZELSZKY, Kees/ZÁSZKALICZKY, Márton: A Bocskai-felkelés és az európai információhálózatok. Hírek, diplomácia és politikai propaganda, 1604–1606 [Der Bocskai-Aufstand u. die europäischen Informationsnetzwerke. Nachrichten, Diplomatie u. polit. Propaganda, 1604–1606], *Aetas* (Szeged) 27 (2012), H. 4, 49–120.

TEZCAN, Baki: The Second Ottoman Empire. Political and Social Transformation in the Early Modern World. Cambridge 2010.

THALLÓCZY, Ludwig von: Bruchstücke aus der Geschichte der nordwestlichen Balkanländer, *Wissenschaftliche Mitteilungen aus Bosnien und der Hercegovina* 3 (1895), 298–371.

DERS. (Hg.): Illyrisch-albanische Forschungen. 2 Bde. München, Leipzig 1916.

DERS.: Studien zur Geschichte Bosniens und Serbiens im Mittelalter. München, Leipzig 1914.

THALLÓCZY, Ludwig von/HORVÁTH, Sándor: Jajcza (bánsag, vár és város) története 1450–1527 [Jajce (Banschaft, Burg u. Stadt). Geschichte 1450–1527]. Budapest 1915.

THEODORESCU, Răzvan: Bizanț, Balcani, Occident la Începuturile culturii medievale românești (secolele X–XIV) [Byzanz, der Balkan, das Abendland am Beginn der rum. mittelalterlichen Kultur (10.–14. Jh.)]. București 1974.

DERS.: Civilizația românilor între medieval și modern [Die Zivilisation der Rumänen zwischen mittelalterlich u. modern]. Iași ²2006.

DERS.: Constantin Brâncoveanu între „Casa Cărților" și „Ievropa" [Constantin Brâncoveanu zwischen dem „Haus der Bücher" u. „Europa"]. București 2006.

DERS.: Deceniile brâncovenești între inovația cantacuzină și istorismul basarabesc [Die Brâncoveanu-Jahrzehnte zwischen cantacuzinischer Neuerung u. basarabischem Historisieren], in: DERS., Civilizația românilor, 320–372.

THEURER, Franz: Der Raub der Stephanskrone. Der Kampf der Luxemburger, Habsburger, Jagiellonen, Cillier und Hunyaden um die Vorherrschaft im pannonischen Raum. Eisenstadt 1994.

THIRIET, Freddy: La Romanie vénitienne. Le développement et l'exploitation du domaine colonial vénitien (XIIᵉ–XVᵉ siècles). Paris 1959.

THIRRING, Gusztáv: Die Bevölkerung Ungarns zur Zeit Josephs II. Die Hauptergebnisse der Zählungen von 1784–1787, *Journal de la Société Hongroise de Statistique* 16 (1938), 160–181.

DERS.: Magyarország népessége II. József korában [Die Bevölkerung Ungarns zur Zeit Josephs II.]. Budapest 1938.

TIEPOLO, Maria Francesca (Hg.): I Greci a Venezia. Venezia 2002.

ȚIGHILIU, Iolanda: O imagine renascentistă. Petru Cercel [Ein Renaissance-Image. Peter Cercel], *Revista istorică* 4 (1993), H. 3–4, 235–246.

TIMOTIN, Emanuela (Hg.): Elemente de ceremonial în literatura din spațiul românesc (secolele al XIV-lea – al XVIII-lea) [Zeremonielle Elemente in der Literatur des rum. Raumes (14.–18. Jh.)]. București 2019.

ȚÎNTĂ, Aurel: Colonizările Habsburgice în Banat 1716–1740 [Habsburgische Ansiedlungen im Banat 1716–1740]. Timișoara 1972.

ȚIPĂU, Mihai: Domnii fanarioți în țările române, 1711–1821. Mică enciclopedie [Die Phanariotenherrscher in den Donaufürstentümern, 1711–1821. Kleines Lexikon]. București 2004.

TJUTJUNDŽIEV, Ivan/PAVLOV, Plamen: Za etapite na osmanskoto zavoevanie na bălgarskata dăržava (1370–1397) [Zu den Etappen der osm. Eroberung des bulg. Staates], in: DANČEV u. a. (Hgg.): Turskite zavoevanija i sădbata na balkanskite narodi, 57–65.

TOBLER, Felix (Hg.): Archivar und Bibliothekar. Bausteine zur Landeskunde des burgenländisch-westungarischen Raumes. Festschrift für Johann Seedoch zum 60. Geburtstag. Eisenstadt 1999.

TODERAȘCU, Ion (Hg.): Etnie și confesiune în Moldova medievală [Ethnie u. Konfession in der mittelalterlichen Moldau]. Iași 2006.

DERS.: Prima domnie (1527–1538) [Die erste Herrschaft (1527–1538)], in: ŞIMANSCHI (Hg.), Petru Rareş, 47–56.

TOIFL, Leopold/LEIBGEB, Hildegard: Die Türkeneinfälle in der Steiermark und in Kärnten vom 15. bis zum 17. Jahrhundert. Wien 1991.

TOLFO, Maria Grazia: Arte e spiritualità nella Valacchia del Trecento. Il programma decorativo della chiesa di S. Nicolae Domnesc a Curtea de Arges. Milano, Brescia 1989.

TOLOMEO, Rita: Chiave di difesa e porta di Bosnia. La fortezza di Clissa, *Atti e memorie della Società Dalmata di Storia Patria* 1, 3ª Serie (= 34) (2012), 31–72.

TOMADAKES, Nikolaos B.: Οι ορθόδοξοι παπάδες επί Ενετοκρατίας και η χειροτονία αυτών [Die orth. Protopapades unter der Venezianerherrschaft u. ihre Weihe], *Κρητικά Χρονικά* 13 (1959), 39–72.

TOMIĆ, Jovan N.: Grad Klis u 1596 godini [Die Stadt Klis im Jahre 1596]. Beograd 1908.

TOMIĆ, Zlatina Blažina/BLAŽINA, Vesna: Expelling the Plague. The Health Office and the Implementation of Quarantine in Dubrovnik 1377–1533. Montreal u. a. 2015.

TOMOVIĆ, Gordana: Vojinovići [Die Vojnović], in: RUDIĆ (Hg.), Spomenica akademika Sime Ćirkovića, 355–366.

TOMOVSKI, Krum u. a. (Hgg.): Etnogeneza na jurucite i nivnoto naseluvanje na Balkanot. Materijali od Trkaleznata masa, održana vo Skopje 17 i 18 noemvri 1983 godina. Ethnogenesis of the Yürüks and their Settlement in the Balkans. Papers from the Conference, Held in Skopje, November 17th–18th, 1983. Skopje 1986.

TÖNSMEYER, Tatjana/VELEK, Luboš (Hgg.): Adel und Politik in der Habsburgermonarchie und in den Nachbarländern zwischen Absolutismus und Demokratie. München 2011.

TOPPING, Peter: Albanian Settlements in Medieval Greece. Some Venetian Testimonies, in: Angeliki E. LAIOU-THOMADAKIS (Hg.), Charanis Studies. Essays in Honor of Peter Charanis. New Brunswick/NJ 1980, 261–271.

TOPUZ, Ayşe Yıldız (Hg.): Avrupa'ya İlk Adım. Uluslararası sempozyum, 01 Kasım 1999 [Der erste Schritt nach Europa. Internationales Symposium, 1. November 1999]. Gelibolu, İstanbul 2001.

TÖRÖK, Zsolt G.: Renaissance Cartography in East-Central Europe, ca. 1450–1650, in: The History of Cartography. Bd. 3: Cartography in the European Renaissance. Teil 2. Hgg. David WOODWARD. Chicago/IL, London 2007, 1806–1851.

TOŠIĆ, Đuro: Bosanska nazovi „krivica" za pad Srpske despotovine [Bosnia's alleged „culpability" for the Fall of the Serbian Despotate], in: SPREMIĆ (Hg.), Pad Srpske despotovine, 185–193.

DERS.: Bosanska vlastela u oslobađanju Jajca od Turaka 1463. godine [Bosnian Nobility in the Liberation of Jajce from the Turks in 1463], in: BIRIN (Hg.), Stjepan Tomašević, 99–108.

DERS.: Fragmenti iz života hercega Vlatka Kosače [Fragmente aus dem Leben des Herceg Vlatko Kosača], *Istorijski časopis* 56 (2008), 153–172.

DERS.: Petar Primorić. Dubrovački trgovac i zakupac carina u Bosni [Petar Primorić. Dubrovniker Kaufmann u. Zollpächter in Bosnien], *Godišnjak Društva istoričara Bosne i Hercegovine* 37 (1986), 75–89.

DERS.: Posljedna bosanska kraljica Mara (Jelena) [The Last Bosnian Queen Mara (Jelena)], *Zbornik za istoriju BiH* 3 (2002), 29–60.

DERS.: Trebinjska oblast u srednjem vijeku [Das Gebiet von Trebinje im Mittelalter]. Beograd 1998.

DERS.: Tripe Buća, dubrovački trgovac i protovestijar bosanskog kralja Tvrtka I. Kotromanića [Tripe Buća, Ragusaner Kaufmann u. Protovestijar des bosn. Königs Tvrtko I. Kotromanić], *Godišnjak Društva istoričara Bosne i Hercegovine* 20 (1972/1973), 25–39.

TÓTH, András: Az erdélyi román kérdés a 18. században [Die rum. Frage in Siebenbürgen im 18. Jh.]. Budapest 1938.

TÓTH, Ferenc: Saint-Gotthard 1664. Une bataille européenne. Paris 2007.

TÓTH, Ferenc/ZÁGORHIDI CZIGÁNY, Balázs (Hgg.): A szentgotthárdi csata és a vasvári béke. Oszmán terjeszkedés – európai összefogás [Die Schlacht von St. Gotthard u. der Friede von Eisenburg. Osm. Vormarsch – europäische Koalition]. Budapest 2017.

TÓTH, Gergely (Hg.): Clio inter arma. Tanulmányok a 16–18. századi magyarországi történetírásról [Beiträge zur Geschichtsschreibung in Ungarn im 16.–18. Jh.]. Budapest 2014.

TÓTH, István György (Hg.): Geschichte Ungarns. Budapest 2005.

TÓTH, Norbert: Magyarország világi archontológiája, 1458–1526 [Weltliche Archontologie Ungarns, 1458–1526]. Budapest 2017–

TÓTH, Sándor László: A mezőkeresztesi csata és a tizenöt éves háború [Die Schlacht bei Mezőkeresztes u. der Fünfzehnjährige Krieg]. Szeged 2000.

DERS.: Ottoman Plans of Expansion in Hungary in the Fifteen Years' War (1593–1606), *Chronica* (Szeged) 1 (2001), 79–87.

TÓTH, Zoltán I.: Biographie d'une frontière. La formation du „Partium". Paris 1946.

TÓZSA-RIGÓ, Attila: A dunai térség szerepe a kora újkori Közép-Európa gazdasági rendszerében. Délnémet, osztrák, (cseh-)morva és nyugat-magyarországi városok üzeleti és társadalmi hálózatai [Die Rolle des Donauraums im Wirtschaftssystem Mitteleuropas in der Frühen Neuzeit. Geschäfts- u. gesellschaftliche Netzwerke der süddt., österreichischen, böhm.-mährischen u. westung. Städte]. Miskolc 2014.

TRACY, James D.: Balkan Wars. Habsburg Croatia, Ottoman Bosnia, and Venetian Dalmatia, 1499–1617. New York, London, Lanham 2016.

TRALJIĆ, Seid M.: Tursko-mletačke granice u Dalmaciji u XVI i XVII stoljeću [Osm.-venez. Grenzen in Dalmatien im 16.–17. Jh.], *Radovi Instituta JAZU u Zadru* 20 (1973), 447–457.

DERS.: Tursko-mletačko susjedstvo na zadarskoj krajini XVII stoljeća [Turkish-Venetian Vicinity to Zadar's Borderland in the 17th Century], *Radovi Instituta JAZU u Zadru* 4–5 (1958/1959), 409–424.

TRAPCEA, Theodoru N.: L'organisation „knézile" au Banat du milieu du XVIIIᵉ siècle au début du XIXᵉ, *Revue des études sud-est européennes* 7 (1969), H. 3, 495–508.

TREBBI, Giuseppe: Venezia, Gorizia e i Turchi. Un discorso inedito sulla difesa della Patria del Friuli (1473–1474), in: Silvano CAVAZZA (Hg.), Da Ottone III a Massimiliano e i conti di Gorizia nel Medio Evo. Gorizia 2004, 375–396.

TREPTOW, Kurt W.: Vlad III Dracula. The Life and Times of the Historical Dracula. Iași 2000.

TRINGLI, István: Megyék a középkori Magyarországon [Komitate im mittelalterlichen Ungarn], in: Honoris causa (Hgg. NEUMANN/RÁCZ), 487–518.

TRÓCSÁNYI, Zsolt: II. Rákóczi Ferenc és Erdély kormányzata [Franz Rákóczi II. u. die Regierung von Siebenbürgen], in: KÖPECZI/HOPP/VÁRKONYI (Hgg.), Rákóczi-tanulmányok, 113–122.

DERS.: Az első abszolutisztikus adórendszer Erdélyben. A Systhema Bethlenianum létrejötte [Das erste absolutistische Steuersystem in Siebenbürgen. Die Entstehung des Systhema Bethlenianum], *Levéltári Közlemények* 75 (2004), H. 2, 45–74.

DERS.: Erdély és a Thököly-felkelés [Siebenbürgen u. der Thököly-Aufstand], in: BENCZÉDI, (Hg.) A Thököly-felkelés és kora, 151–154.

DERS.: Erdélyi kormányhatósági levéltárak [Archive der Regierungsbehörden Siebenbürgens]. Budapest 1973.

DERS.: Erdély kormányzata II. Rákóczi Ferenc korában [Die Regierung Siebenbürgens zur Zeit von Franz II. Rákóczi], *Levéltári Közlemények* 26 (1955), 148–187.

DERS.: Erdély központi kormányzata 1540–1690 [Die Zentralverwaltung Siebenbürgens, 1540–1690]. Budapest 1980.

DERS.: A fanarióta uralom első időszaka a román fejedelemségekben (1710-es évek – 1774) [Die erste Phase der Phanariotenherrschaft in den rum. Fürstentümern (1710er Jahre – 1774)], *Világtörténet* (1987), H. 3, 42–75.

DERS.: Habsburg-politika és Habsburg-kormányzás Erdélyben 1690–1740 [Habsburgerpolitik u. Habsburgerregierung in Siebenbürgen 1690–1740]. Budapest 1988.

DERS.: Die ständische Bewegung in Siebenbürgen 1741–1742, in: Kálmán BENDA/Thomas von BOGYAY/Zsolt K. LENGYEL (Hgg.), Forschungen über Siebenbürgen und seine Nachbarn. Festschrift für Attila T. Szabó und Zsigmond Jakó. München 1988, 31–58.

DERS.: Új etnikai kép, új uralmi rendszer (1711–1770). Erdély a Habsburg-birodalomban [Neues ethnisches Bild, neues Herrschaftssystem (1711–1770). Siebenbürgen im Habsburgerreich], in: MAKKAI/SZÁSZ (Hgg.), Erdély története, Bd. 2, 972–1037.

TRÓCSÁNYI, Zsolt/MISKOLCZY, Ambrus: A fanariótáktól a Hohenzollernekig. Társadalmi hanyatlás és nemzeti emelkedés a román történelemben (1711–1866) [Von den Phanarioten bis zu den Hohenzollern. Sozialer Niedergang u. nationaler Aufstieg in der rum. Geschichte (1711–1866)]. Budapest 1992.

DIESS.: Das lange 18. Jahrhundert (1711–1830), in: Kurze Geschichte Siebenbürgens (Hg. KÖPECZI), 407–447.

TROGRLIĆ, Marko: Religion und Konfession in Dalmatien im 17. und 18. Jahrhundert, in: ORTALLI/SCHMITT (Hgg.), Balcani occidentali, 327–349.

TROGRLIĆ, Marko/VRANDEČIĆ, Josip (Hgg.): Dalmacija za Francuske uprave (1806.–1813.). La Dalmatie sous l'administration française (1806–1813). Split 2011.

TRUHELKA, Ćiro: Das mittelalterliche Staats- und Gerichtswesen in Bosnien, *Wissenschaftliche Mitteilungen aus Bosnien und der Hercegovina* 10 (1907), 71–155.

Tsakire, Romina N.: Vendetta del sangue innocente. Πράξεις αντεκδίκησης στη βενετοκρατούμενη Κρήτη τον 16° αιώνα [Rachepraktiken auf Kreta unter venez. Herrschaft im 16. Jh.], *Thesaurismata* 37 (2007), 155–191.

Tsakiris, Vasileios: Die gedruckten griechischen Beichtbücher zur Zeit der Türkenherrschaft. Ihr kirchenpolitischer Entstehungszusammenhang und ihre Quellen. Berlin 2009.

Tsirpanles, Zacharias N.: Από την φιλορθόδοξη πολιτική της Βενετίας στην Ελληνική Ανατολή (ανέκδοτα έγγραφα των ετών 1581–1597) [Von der orthodoxiefreundlichen Politik Venedigs im gr. Osten (unveröffentlichte Urkunden der Jahre 1581–1597)], *Επετηρίς Εταιρείας Βυζαντινών Σπουδών* 39/40 (1972/73), 295–311.

Tsougarakis, Dimitris: Venetian Crete and the Myth of Novel Ideas, *Thesaurismata* 31 (2001), 43–64.

Tsurapa, Elene: Βενετοί αξιοματούχοι στην Κρήτη. Από τη δημόσια στην καθημερινή ζωή (16ος – 17ος αι.) [Venezianische Amtsträger auf Kreta. Vom öffentlichen zum Alltagsleben (16.–17. Jh.)], *Thesaurismata* 36 (2006), 197–244.

Tucă, Florian/Siteanu, Eugen/Bădescu, Cezar: Războaiele domnitorului Radu de la Afumați [Die Kriege des Fürsten Radu von Afumați]. București 2012.

Tudjina, Vesna (Hg.): Marko Antun de Dominis. Splitski nadbiskup, teolog i fizičar. Zbornik radova sa znanstvenog skupa održanog 16. do 18. rujna 2002. godine u Splitu [Marko Antun de Dominis. Spliter Erzbischof, Theologe u. Physiker. Sammelband der wissenschaftlichen Tagung vom 16.–18. September 2002 in Split]. Split 2006.

Tuğluca, Murat: XVII. yüzyıl sonu şikayet defterlerine göre Osmanlı devlet-toplum ilişkisinde şikayet mekanizması ve işleyiş biçimi [Der osm. Staat gemäß den Beschwerderegistern aus dem späten 17. Jh.]. Ankara 2016.

Ders.: Bir Balkan Şehri Olarak Üsküp'te Şikayet Hakkının Kullanımı ve Şikayet Mekanizması (1649–1675) [The Using of the Right of Complaint and the Complaint Mechanism in Skopje as a Balkan City (1649–1675)], *Motif Akademi Halkbilimi Dergisi* 5 (2012), Nr. 9, 107–128.

Tuluş, Magda: Reconfigurarea geopolitică a bazinului pontic ca efect al crizei orientale (1798–1853) [Die geopolitische Rekonfiguration des Schwarzmeerbeckens als Effekt der Orientalischen Krise (1798–1853)], *Danubius* 32 (2014), 111–128.

Tupetz, Theodor: Der Türkenfeldzug von 1739 und der Frieden von Belgrad, *Historische Zeitschrift* 40 (1878), H. 1, 1–51.

Turan, Ebru: The Marriage of Ibrahim Pasha (ca. 1495–1536). The Rise of Sultan Süleyman's Favorite to the Grand Vizierate and the Politics of the Elites in the Early Sixteenth-Century Ottoman Empire, *Turcica* 41 (2009), 3–36.

Turba, Gustav: Geschichte des Thronfolgerechtes in allen habsburgischen Ländern bis zur Pragmatischen Sanktion Kaiser Karls VI., 1156 bis 1732. Wien, Leipzig 1903.

Ders.: Die Pragmatische Sanktion mit besonderer Rücksicht auf die Länder der Stephanskrone. Neues zur Entstehung und Interpretation 1703–1744. Wien 1906.

Turbuly, Éva: Die Statuten des Komitats Zala im 16. Jahrhundert, in: Gürtler/Winkler (Hgg.), Forscher – Gestalter – Vermittler, 435–442.

Turcu, Constantin: Informații documentare cu privire la campania lui Mihai Viteazul în Moldova [Dokumentarische Informationen bezüglich des Feldzuges von Michael d. Tapferen in der Moldau], *Studii și articole de istorie* 2 (1957), 77–94.

Turczynski, Emanuel: Von der Aufklärung zum Frühliberalismus. Politische Trägergruppen und deren Forderungskatalog in Rumänien. München 1985.

Ders.: Geschichte der Bukowina in der Neuzeit. Zur Sozial- und Kulturgeschichte einer mitteleuropäisch geprägten Landschaft. Wiesbaden 1993.

Turhan, Fatma Sel: The Ottoman Empire and the Bosnian Uprising. Janissaries, Modernisation and Rebellion in the Nineteenth Century. London 2014.

Turković, Milan: Die ehemalige kroatisch-slavonische Militärgrenze. Sušak 1937.

Tusor, Péter: Magyar történeti kutatások a Vatikánban [Ung. hist. Forschungen im Vatikan]. Budapest, Róma 2004.

Ders.: Purpura Pannonica. Az esztergomi „bíborosi szék" kialakulásának előzményei a 17. században. Purpura Pannonica. The „Cardinalitial See" of Strigonium and Its Antecedents in the 17th Century. Budapest, Róma 2005.

Tzakis, Dionysios: „Ὑποδαυλιζόμενοι παρά τῆς Ρωσίας..." Η συμμετοχή των κοτζαμπάσηδων στην εξέγερση του 1770 στην Πελοπόννησο [„Von Russland entflammt...". Die Teilnahme der Kotzabasides am Aufstand von 1770 auf der Peloponnes], in: Katerina Gardika u. a. (Hgg.), Ρωσία και Μεσόγειος. Πρακτικά Α' Διεθνούς συνεδρίου (Αθήνα, 19–22 Μαΐου 2005) [Russland u. das Mittelmeer. Abhandlungen der ersten internationalen Tagung (Athen 19.–22. Mai 2005)]. Bd. 2. Athen 2011, 11–31.

Tzavara, Angéliki: Clarentza, une ville de la Morée latine XIIIᵉ–XVᵉ siècles. Venise 2008.

Tzibara, Panagiota: Βενετοκρατούμενη Ζάκυνθος 1588–1594, η νομή και η διαχείρηση της εξουσίας από το Συμβούλιο των 150 [Zante unter der Venezianerherrschaft 1588–1593, Recht u. Machtausübung durch den Rat der 150]. Athen 2009.

Tzompanaki, Chrysoula: Ο Κρητικός Πόλεμος 1645–1669. Η Μεγάλη Πολιορκία και η Εποποΐα του Χάνδακα [Der Kretakrieg 1645–1669. Die Große Belagerung u. das Heldenepos von Chandax]. Herakleion 2008.

Udvari, István: Ruszinok a XVIII. században. Történelmi és művelődéstörténeti tanulmányok [Ruthenen im 18. Jh. Hist. u. kulturgeschichtliche Studien]. Nyíregyháza 1994.

Uğurlu, Yaşar: 16. Yüzyıl Sonlarında Osmanlı Devletinde Merkez Taşra İlişkileri ve Çirmen Örneği [Relations between Centre and Province in the Ottoman Empire in the Late 16th Century and Çirmen Sample], *Anadolu ve Balkan Araştırmaları Dergisi* 1 (2018), H. 2, 93–145.

Ülker, M.[ustafa] Birol/Aydın, Bilgin: Türkiye Haricinde Bulunan Osmanlı Kadı Sicilleri [Die osm. Gerichtsprotokolle außerhalb der Türkei], *Türklük Araştırmaları Dergisi* 16 (2004), 201–214.

Ünal, Ayhan: XVI. ve XVII.Yüzyıllarda Cezayir-i Bahr-i Sefid (Akdeniz, Ege Adaları) ya da Kapdan Paşa Eyaleti [Die Provinz des Kapudan Pascha im 16. u. 17. Jh.], *Sosyal Bilimler Enstitüsü Dergisi* 12 (2002), 251–261.

Ungureanu, Dragoş: Programele de evidenţă şi contabilitate. O metodă eficientă de abordare a studiului condicii vistieriei lui Constain Brâncoveanu [Evidenz- u. Buchhaltungsprogramme. Eine effiziente Methode der Annäherung ans Studium des Buches der Schatzkammer von Constanin Brâncoveanu], in: Cristian Luca/Ionel Cândea (Hgg.), Studia varia in honorem professoris Ştefan Ştefănescu Octogenarii. Bucureşti, Brăila 2009, 571–607.

Uraz, Murat (Hg.): Peçevî Tarihi [Die Geschichte des Peçevî]. Istanbul 1968.

Ursinus, Michael: „Avarız Hanesi" und „Tevzi Hanesi" in der Lokalverwaltung des Kaza Manastir (Bitola) im 17. Jh., *Prilozi za orijentalnu filologiju* 30 (1980), 481–492.

Ders.: The Çiftlik Sahibleri of Manastir as a Local Elite. Late Seventeenth to Early Nineteenth Century, in: Anastasopoulos (Hg.), Provincial Elites, 247–257.

Ders.: Grievance Administration (şikayet) in an Ottoman Province. The Kaymakam of Rumelia's „Record Book of Complaints" of 1781–1783. London 2005.

Ders.: s. v. Kadi, in: Lexikon zur Geschichte Südosteuropas (Hgg. Sundhaussen/Clewing), 454f.

Ders.: s. v. Kapitulationen, in: Lexikon zur Geschichte Südosteuropas (Hgg. Sundhaussen/Clewing), 469f.

Ders.: s. v. Knabenlese/Devşirme, in: Lexikon zur Geschichte Südosteuropas (Hgg. Sundhaussen/Clewing), 495f.

Ders.: Natural Disasters and Tevzi. Local Tax Systems of the Post-Classical Period in Response to Flooding, Hail and Thunder, in: Elisabeth A. Zachariadou (Hg.), Natural Disasters in the Ottoman Empire. Halcyon Days in Crete III. A Symposium held in Rethymnon 10–12 January 1997. Rethymnon 1999, 265–272.

Ders.: Razdavane na pravosădie ot edno provincialno upravlenie. Rumelijskijat divan v kraja na XVII – načaloto na XVIII vek [Rechtsprechung einer Provinzverwaltung. Der rumelische Divan am Ende des 17. u. zu Beginn des 18. Jh.s], in: Rosica Gradeva (Hg.), Istorija na mjusljumanskata kultura po bălgarskite zemi. Izsledvanja [Geschichte der muslimischen Kultur in den bulg. Ländern. Forschungen]. Sofija 2001, 15–38.

Ders.: Das Rechnungsbuch des kağıd emini Mustafa Çavuş vom Jahre 1613. Zum osmanischen Petitionswesen vor Beginn der şikayet defterleri, in: Ingeborg Hauenschild/Claus Schönig/Peter Zieme (Hgg.), Scripta Ottomanica et Res Altaicae. Festschrift für Barbara Kellner-Heinkele zu ihrem 60. Geburtstag. Wiesbaden 2002, 359–377.

Ders.: s. v. Timar, in: Lexikon zur Geschichte Südosteuropas (Hgg. Sundhaussen/Clewing), 936f.

Ursprung, Daniel: Gewalt am Ende des Mittelalters. Der Mythos vom grausamen Osten, in: Bohn/Einax/Rohdewald (Hgg.), Vlad der Pfähler, 285–313.

Ders.: Herrschaftslegitimation zwischen Tradition und Innovation. Repräsentation und Inszenierung von Herrschaft in der rumänischen Geschichte der Vormoderne und bei Ceauşescu. Heidelberg, Kronstadt 2007.

Ders.: Historiographie im Zeichen der Beharrung. Kritische Anmerkungen zur umfangreichsten Gesamtdarstellung der rumänischen Geschichte, *Südost-Forschungen* 63–64 (2004–2005), 408–421.

Ders.: Die kirchenslawische Urkunden- und Kanzleisprache der Fürstentümer Walachei und Moldau (14.–17. Jahrhundert), *Balkan-Archiv* 30–32 (2005–2007), 187–227.

DERS.: Leibeigenschaft im spätmittelalterlichen Ungarn und die Bauernaufstände von 1437 und 1514, *Zeitschrift für Siebenbürgische Landeskunde* 26 (2003), H. 2, 145–159.

DERS.: Die Mobilität der bäuerlichen Bevölkerung in den Fürstentümern Siebenbürgen, Walachei und Moldau im 17. Jahrhundert, *Zeitschrift für Siebenbürgische Landeskunde* 24 (2001), H. 2, 277–300.

DERS.: Propaganda și popularizarea. Povestirile tipărite despre Vlad Țepeș în contextul anului 1488 [Propaganda u. Popularisierung. Die gedruckten Erzählungen über Vlad Țepeș im Kontext des Jahres 1488], *Analele Putnei* 14 (2018), H. 1, 45–59.

DERS.: Raumvorstellungen und Landesbewusstsein. Die Walachei als Name und Raumkonzept im historischen Wandel, in: SCHMITT/METZELTIN (Hgg.), Das Südosteuropa der Regionen, 473–549.

DERS.: Schollenbindung und Leibeigenschaft. Zur Agrarverfassung der Walachei und der Moldau in komparativer Perspektive (Mitte 16. – Mitte 18. Jahrhundert), *Südost-Forschungen* 63–64 (2004–2005), 124–169.

DERS.: Südosteuropa als Kommunikationsregion. Reichweite und Randzonen eines historischen Raumes am Beispiel Albaniens und Rumäniens, in: BALEVA/PREVIŠIĆ (Hgg.), „Den Balkan gibt es nicht", 59–78.

DERS.: Umdeutung eines Helden. Tradition von Erfindung und nationale Identität in der Republik Moldau, in: BINDER IIJIMA/DUMBRAVA (Hgg.), Stefan der Große, 15–60.

URSU, I.: Petru Rareș. Domn al Moldovei de la 20 Ianuarie 1527 până la 14 Septemvre 1538 și din Februarie 1541 până la 3 Septemvre 1546 [Petru Rareș. Herr der Moldau vom 20. Januar 1527 bis zum 14. September 1538 u. von Februar 1541 bis zum 3. September 1546]. București 1923.

URZICĂ, Mariana/POPESCU, Dana/CIOAREC, Ileana (Hgg.): Mihai Viteazul. O bibliografie generală [Michael d. Tapfere. Eine allgemeine Bibliographie]. Craiova 2012.

UZELAC, Aleksandar: Počeci Nogajeve vlasti u zapadnoj stepi i na donjem Dunavu (c. 1267–1273) [The Beginnings of Nogai's Rule in the Western Steppes and in the Lower Danube], *Istorijski časopis* 62 (2013), 11–34.

DERS.: Pod senkom psa. Tatari i južnoslovenske zemlje u drugoj polovini XIII veka [Im Schatten des Hundes. Die Tataren u. die südslaw. Länder in der zweiten Hälfte des 13. Jh.s]. Beograd 2015.

DERS.: O srpskoj princezi i bugarskoj carici Ani (prilog poznavanju brakova kralja Milutina) [About the Serbian Princess and Bulgarian Empress Anne (A Contribution to the Study of the Marriages of King Milutin)], *Istorijski časopis* 63 (2014), 29–46.

DERS.: War and Peace in the Pontic Steppes (1300–1302), *Zolotoordynskoe obozrenie* 2 (2015), 65–80.

UZUNÇARŞILI, Ismail Hakkı: Osmanlı develetinin ilmiye teşkilatı [Die Hierarchie der religiösen Laufbahn im Osmanischen Reich]. Ankara 1965.

VACCHER, Roberto: L'esercito Veneziano e la difesa di Candia 1664–1669. Il costo di una vittoria mancata. Venezia 2015 (Diplomarbeit Universität Ca'Foscari).

VADAS, Ferenc (Hg.): Ozorai Pipo emlékezete [Erinnung an Pipo von Ozora]. Szekszárd 1987.

VAJAY, Szabolcs de: Corona Regia – Corona Regni – Sacra Corona. Königskronen und Kronensymbolik im mittelalterlichen Ungarn, *Ungarn-Jahrbuch* 7 (1976), 37–64.

VALENTIĆ, Mirko (Hg.): Juraj Rattkay. Spomen na kraljeve i banove Kraljevstva Dalmacije, Hrvatske i Slavonije [Juraj Rattkay. In Erinnerung an die Könige u. Bane des Königreichs Dalmatien, Kroatien u. Slawonien]. Zagreb 2001.

VALENTINITSCH, Helfried: Nürnberger Waffenhändler und Heereslieferanten in der Steiermark im 16. und 17. Jahrhundert, *Mitteilungen des Vereins für Geschichte der Stadt Nürnberg* 64 (1977), 165–182.

VÁLKA, Josef: Matyáš Korvín a Česká koruna [Matthias Corvinus u. die Böhmische Krone], *Časopis Matice moravské* 110 (1991), H. 2, 313–323.

VALVARO, Alberto: Südkalabrien und Sizilien. Puglia e Salento, in: HOLTUS/METZELTIN/SCHMITT (Hgg.), Lexikon der Romanischen Linguistik, Bd. 2,2.

VANÍČEK, Franz: Specialgeschichte der Militärgrenze. Aus Originalquellen und Quellenwerken geschöpft. 4 Bde. Wien 1875.

VÁRADY, Gábor: Savoyai Jenő és a Nándorfehérvár elleni hadjárat, 1716–17 [Eugen von Savoyen u. der Feldzug gegen Belgrad von 1716–1717], *Hadtörténeti Közlemények* 7 (1894), H. 1, 20–38 (Teil 1); 191–215 (Teil 2).

VARDY, Steven Bela: Modern Hungarian Historiography. Boulder/CO, New York 1976.

VARDY, Steven Bela/GROSSSCHMID, Géza/DOMONKOS, Leslie S. (Hgg.): Louis the Great, King of Hungary and Poland. Boulder/CO 1986.

Varga, János J.: Berendezkedési tervezetek Magyarországon a török kiűzésének időszakában. Az Einrichtungswerk [Einrichtungspläne in Ungarn während der Zeit der Türken-Vertreibung. Das Einrichtungswerk], *Századok* 125 (1991), H. 5–6, 449–488; bzw. *Századok füzetek* 1 (1993), 3–40.

Ders.: Europa und „Die Vormauer des Christentums". Die Entwicklungsgeschichte eines geflügelten Wortes, in: Guthmüller/Kühlmann (Hgg.), Europa und die Türken, 55–63.

Ders.: Die gesellschaftliche Schichtung des grundherrschaftlichen Privatheeres in Westungarn im 16.–17. Jahrhundert, in: Kropf (Hg.), Türkenkriege und Kleinlandschaft, Bd. 2, 65–92.

Ders.: Kara Mustafa Paşa ve Orta Macaristan [Kara Mustafa Pasha u. Mittelungarn], in: Dilek (Hg.), Merzifonlu Kara Mustafa Paşa Uluslararası Sempozyumu, 139–154.

Ders.: Die Notwendigkeit zur Neueinrichtung Ungarns nach der Türkenzeit (Einleitung), in: Einrichtungswerk des Königreichs Hungarn (1688–1690). Hgg. János Kalmár/János J. Varga. Stuttgart 2010, 9–83.

Ders.: Osmanische Pläne zur Teilung Ungarns im 16. und 17. Jahrhundert. Das politische Konstrukt *Orta Macar*, in: Robert Born/Andreas Puth (Hgg.), Osmanischer Orient und Ostmitteleuropa. Perzeptionen und Interaktionen in den Grenzzonen zwischen dem 16. und 18. Jahrhundert. Stuttgart 2014, 23–31.

Ders.: Válaszúton. Thököly Imre és Magyarország 1682–1684-ben [Am Scheideweg. Emmerich Thököly u. Ungarn 1682–1684]. Budapest 2007.

Varga, Szabolcs: Europe's Leonidas. Miklós Zrínyi, Defender of Szigetvár (1508–1566). Budapest 2016.

Ders.: Die Veränderungen der militärischen Rechtssphäre des Banus von Kroatien in der ersten Hälfte des 16. Jahrhunderts, in: Fuchs/Oborni/Ujváry (Hgg.), Kaiser Ferdinand I., 299–322.

Várkonyi, Ágnes R.: II. Rákóczi Ferenc államáról [Über den Staat von Franz Rákóczi II.], in: Czigány (Hg.), Az államiság megőrzése, 229–282.

Dies.: Az abszolutista berendezkedés tervei és megvalósulása Magyarországon, 1687–1703 [Die Pläne der absolutistischen Einrichtung u. deren Verwirklichung in Ungarn, 1687–1703, in: Dies., Magyarország keresztútjain, 230–262.

Dies.: „Ad pacem universalem" (A szatmári béke nemzetközi előzményeiről) [„Ad pacem universalem" (Über die internationale Vorgeschichte des Sathmarer Friedens)], *Századok* 114 (1980), H. 2, 165–200.

Dies.: „Ad pacem universalem". The International Antedecents of the Peace of Szathmár. Budapest 1980 (auch in: Magyarország története, Bd. 4,1 [Hgg. Ember/Heckenast], Kap. 7).

Dies.: Agrárstruktúra és a föld birtokba vételének problémái Magyarországon a török kiűzése után [Agrarstruktur u. die Probleme der Bodenbesitznahme in Ungarn nach der Vertreibung der Türken], *Történelmi Szemle*, 13 (1970), H. 1, 21–33.

Dies.: Erdélyi változások. Az erdélyi fejedelemség a török kiűzésének korában 1660–1711 [Veränderungen in Siebenbürgen. Das Fürstentum Siebenbürgen zur Zeit der Vertreibung der Türken 1660–1711]. Budapest 1984, 167–175.

Dies.: Magyarország keresztútjain [Auf den Kreuzwegen Ungarns]. Budapest 1978.

Dies.: Az önálló fejedelemség utolsó évtizedei [Die letzten Jahrzehnte des selbstständigen Fürstentums], in: Makkai/Szász (Hgg.), Erdély története, Bd. 2, 784–893.

Dies.: Rákóczi-tanulmányok [Studien über Rákóczi]. Budapest 2015.

Dies.: Thaly Kálmán és történetírása [Kálmán Thaly u. seine Geschichtsschreibung]. Budapest 1961.

Dies.: Végig nem vitt utak. A szatmári béke a történetírásban [Nicht begangene Wege. Der Sathmarer Frieden in der Historiographie], *Századok* 146 (2012), H. 4, 763–798.

Dies.: Végig nem vitt viták. A szatmári béke a történetírásban [Strittige Debatten. Der Sathmarer Frieden in der Historiographie], in: Dies., Rákóczi-tanulmányok, 295–335.

Dies.: A vetési pátensek. A jobbágykatonaság védelme és tehermentessége Rákóczi államában [Die Patente von Vetés. Die Verteidigung der Bauernsoldaten u. ihre Lastenbefreiung im Staat von Rákóczi], in: Köpeczi/Hopp/Várkonyi (Hgg.), Rákóczi-tanulmányok, 11–32.

Dies.: A Wesselényi szervezkedés történetéhez 1664–1671 [Zur Geschichte der Wesselényi-Verschwörung in Ungarn 1664–1671], in: Pál Fodor/Géza Dávid/István György Tóth (Hgg.), Tanulmányok Szakály Ferenc emlékére [Studien in Gedenken an Ferenc Szakály]. Budapest 2002, 423–460.

Várkonyi, Gábor: A konstantinápolyi angol politika a tizenötéves háború időszakában (Edward Barton angol portai követ jelentései Konstantinápolyból, 1593–1597) [Engl. Politik in Konstantinopel während des Fünfzehnjährigen Krieges (Die Berichte Edward Bartons, engl. Gesandter an der Pforte aus Konstantinopel, 1593–1597)], *Aetas* 15 (2000), H. 4, 88–102.

Vásáry, István: Cumans and Tatars. Oriental Military in the Pre-Ottoman Balkans, 1185–1365. Cambridge 2005.

Vasić, Milan: Die Martolosen im Osmanischen Reich, *Zeitschrift für Balkanologie* 2 (1964), 172–189.

Ders.: Martolosi u jugoslovenskim zemljama pod turskom vladavinom [Die Martolosen in den jugoslawischen Ländern unter türk. Herrschaft]. Sarajevo 1967.

Ders.: Sumarni defter sandžaka Aladža Hisar (Kruševac) iz 1516. godine kao istorijski izvor [The Summary Defter of the Sandžak of Aladža Hisar (Kruševac) of 1516 as a Historical Source], *Prilozi za orijentalnu filologiju* 28–29 (1978/79), 331–357.

Vasiljević, Marija: Genealogije između istorije i ideologije. Primer porekla kneginje Milice [Genealogies between History and Ideology. The Example of the Origin of Princess Milica], *Istorijski časopis* 65 (2016), 79–99.

Vatin, Nicolas: L'Ordre de Saint-Jean de Jérusalem. L'Empire ottoman et la Méditerranée orientale entre les deux sièges de Rhodes 1480–1522. Paris 1994.

Ders.: Aux origines du pèlerinage à Eyüp des sultans ottomans, *Turcica* 27 (1995), 91–99.

Ders.: Rhodes et l'Ordre de Saint-Jean-de-Jérusalem. Paris 2000.

Vatin, Nicolas/Veinstein, Gilles: Insularités ottomanes. The Hague 2004.

Vazaca, Marina (Hg.): De la Matei Basarab la Constantin Brîncoveanu. Arte secololui al XVII-lea. From Matei Basarab to Constantin Brincoveanu. The Art of the 17th Century. Bucuresti 1992.

Vecsey, Lajos: Was die Glocken künden ... (500 Jahre Mittags-[Angelus]-Läuten). Einsiedeln 1956.

Veinstein, Gilles: Insularity and Island Society in the Ottoman Context. The Case of the Aegean Island of Andros (Sixteenth to Eighteenth Centuries), *Turcica* 39 (2007), 49–122.

Ders.: Les règlements fiscaux ottomans de Crète, in: Anastasopoulos (Hg.), The Eastern Mediterranean under Ottoman Rule, 3–16.

Ders. (Hg.): Soliman le Magnifique et son temps. Actes du colloque de Paris. Galeries Nationales du Grand Palais, 7–10 mars 1990. Paris 1992.

Veliki, Konstantin: Pochodite na Michaj Vitjazul na jug ot Dunav [Die Feldzüge Michaels d. Tapferen südlich der Donau], *Istoričeski pregled* 29 (1973), H. 1, 63–72.

Veres, Valér: Adalékok Erdély 18. századi népessége etnikai összetételének kérdéséhez [Angaben zur Frage der ethnischen Zusammensetzung der Bevölkerung Siebenbürgens im 18. Jh.], *Történeti Statisztikai Évkönyv* 3 (2002), 75–105.

Veress, Andrei: Campania creştinilor în contra lui Sinan paşa din 1595 [Der Feldzug der Christen gegen Sinan Paşa 1595], *Academia Română. Memoriile Secţiunii Istorice*, Seria 3, 4 (1925), 65–148.

Vergatti, Radu Ştefan: Neagoe Basarab. Viaţa, domnia, opera [Neagoe Basarab. Leben, Herrschaft, Werk]. Curtea de Argeş 2009.

Ders.: Radu le Grand – un voïvode valaque méconnu, *Revue roumaine d'histoire* 47 (2008), H. 1–2, 15–29.

Vermes, Gábor: Eighteenth-Century Hungary. Traditionalism and Dawn of Modernity, *Austrian History Yearbook* 37 (2006), H. 1, 121–140.

Ders.: Tradicionalizmus és modernitás hajnala a 18. századi Magyarországon [Traditionalismus u. der Morgen der Moderne in Ungarn im 18. Jh.], *Aetas* 20 (2005), H. 1–2, 213–230.

Veselinović, Andrija: Država srpskih despota [Der Staat der serb. Despoten]. Beograd 1995.

Veszprémy, László: Lovagvilág Magyarországon. Lovagok, keresztesek, hadmérnökök a középkori Magyarországon. Válogatott tanulmányok [Ritterwelt in Ungarn. Ritter, Kreuzritter, Genieoffiziere im mittelalterlichen Ungarn. Ausgewählte Studien]. Budapest 2008.

Veszprémy, László/Király, Béla K. (Hgg.): A Millennium of Hungarian Military History. New York 2002.

Viggiano, Alfredo: Critica delle istituzioni e progetti politici. Giacomo Nani, le isole Ionie e la Morea nel Settecento, in: Costantini/Nikiforou (Hgg.), Levante veneziano, 123–147.

Ders.: Governanti e governati. Legittimità del potere ed esercizio dell'autorità sovrana nello Stato veneto della prima età moderna. Treviso 1993.

Ders.: Lo specchio della Repubblica. Venezia e il governo delle Isole Ionie nel '700. Verona 1998.

Vincent, Alfred [L.]: L'amorosa fede. Tragicommedia pastorale. Venezia 2003.

Ders.: The Calergi Case. Crime and Politics in Western Crete under Venetian Rule, *Thesaurismata* 31 (2001), 211–292.

Vinogradov, V. N. (Hg.): Vek Ekateriny II. Dela Balkanskie [Das Zeitalter Katharinas II. Die balkanischen Angelegenheiten]. Moskva 2000.

VINTILĂ-GHIȚULESCU, Constanța: Evgheniți, ciocoi, mojici. Despre obrazele primei modernități românești 1750–1860 [Edelleute, Lakaien, Pöbel. Über das Antlitz der ersten rum. Modernität 1750–1860]. București 2013, ²2015.

DIES.: Focul amorului. Despre dragoste și sexualitate în societatea românească (1750–1830) [Das Feuer der Liebe. Über Liebe u. Sexualität in der rum. Gesellschaft (1750–1830)]. București 2006.

DIES.: From işlic to Top Hat. Fashion and Luxury at the Gates of Orient. Mode et luxe aux portes de l'Orient. Tradition et modernité dans la société roumaine des XVIII et XIX siècles. Boecillo 2011.

DIES.: Liebesglut. Liebe und Sexualität in der rumänischen Gesellschaft 1750–1830. Berlin 2011.

DIES.: Modă și lux la Porțile Orientului. De la işlic la joben [Mode u. Luxus an den Toren des Orients]. București 2013.

VIRÁG, István: A zsidók jogállása Magyarországon, 1657–1780 [Die Rechtsstellung der Juden in Ungarn, 1657–1780]. Budapest 1935.

VÎRTOSU, Emil: Titulatura domnilor și asocierea la domnie în Țara Romînească și Moldova pînă în secolul al XVI-lea [Die Herrschertitulatur u. die Beteiligung an der Herrschaft in der Walachei u. der Moldau bis ins 16. Jh.]. București 1960.

VIVO, Filippo de: Information and Communication in Venice. Rethinking Early Modern Politics. Oxford 2007.

VLACHOPOULOU, Anna: Revolution auf der Morea. Die Peloponnes während der zweiten Turkokratie (1715–1821). München 2017.

VLACHOVIČ, Jozef: Produktion und Handel mit ungarischem Kupfer im 16. und im ersten Viertel des 17. Jahrhunderts, in: BOG (Hg.), Der Außenhandel Ostmitteleuropas, 600–627.

VLAD, Matei [D.]: Iluminism și modernism în politica reformatoare a domnitorului Alexandru Ipsilanti [Aufklärung u. Moderne in der Reformpolitik des Herrschers Alexandru Ipsilanti], *Revista de istorie* 40 (1987), H. 10, 997–1016.

DERS.: Locul lui Constantin Mavrocordat în istoria românilor din secolul al XVIII-lea [Der Platz Constantin Mavrocordats in der Geschichte der Rumänen des 18. Jh.s], *Revista de istorie* 37 (1984), H. 3, 241–258.

DERS.: Un pămîntean printre domnitorii fanarioți. Mihai Racovița [Ein Einheimischer unter den phanariotischen Herrschern. Mihai Racovița], *Revista de istorie* 42 (1989), H. 9, 889–909.

DERS.: Politica internă și externă a domnitorului Grigore al II-lea Ghica [Die Innen- u. Außenpoitik des Herrschers Grigore II. Ghica], *Revista de istorie* 38 (1985), H. 10, 987–1003.

DERS.: Regimul politic al principatelor române în epoca fanariotă (1716–1821) [Das polit. Regime der rum. Fürstentümer in der Phanariotenzeit (1716–1821)], *Studii și articole de istorie* 26 (1974), 146–154.

VLASKO, Vladimír: Počiatky vlády Anjouovcov v Uhorsku [Die Anfänge der Anjou-Regierung in Ungarn], *Historia nova. Dejiny prístupné všetkým* 6 (2013), 26–47.

VLASOVA, L. V.: Moldavsko-pol'skie političeskie svjazi v poslednej četverti XVII–načale XVIII v. [Mold.-poln. polit. Beziehungen im letzten Viertel des 17. bis zu Beginn des 18. Jh.s]. Kišinev 1980.

VOCELKA, Karl: „Du bist di port und zir alzeit, befestigung der christenheit". Wien zwischen Grenzfestung und Residenzstadt im späten Mittelalter und in der frühen Neuzeit, in: ENGEL/LAMBRECHT/NOGOSSEK (Hgg.), Metropolen im Wandel, 263–276.

VOCELKA, Karl/TRANINGER, Anita (Hgg.): Wien. Geschichte einer Stadt. Bd. 2: Die frühneuzeitliche Residenz (16. bis 18. Jahrhundert). Wien, Köln, Graz 2003.

Vodič Državnoga arhiva u Zadru [Führer zum Staatsarchiv in Zadar]. 2 Bde. Hg. Josip KOLANOVIĆ. Zadar 2014.

VOJE, Ignac: Il riscatto dei friulani dalla prigionia turca, *Memorie storiche forogiuliesi* 66 (1986), 141–154.

VÖLKL, Ekkehard: Die griechische Kultur in der Moldau während der Phanariotenzeit 1711–1821, *Südost-Forschungen* 26 (1967), 102–139.

DERS.: Militärgrenze und „Statuta Valachorum", in: ERNST (Hg.), Die österreichische Militärgrenze, 7–24.

DERS.: Das rumänische Fürstentum Moldau und die Ostslaven im 15. bis 17. Jahrhundert. Wiesbaden 1975.

VÖLKL, Ekkehard/WESSELY, Kurt (Hgg.): Die russische Gesandtschaft am Regensburger Reichstag 1576. Regensburg, Kallmünz 1976.

VOLKMANN, Elfriede: Das Banat als Glied der österreichischen Militärgrenze im XVIII. Jahrhundert bis zum Tod Maria Theresias. Wien 1940 (Dissertationsschrift).

VOLKMER, Gerald: Siebenbürgen zwischen Habsburgermonarchie und Osmanischem Reich. Völkerrechtliche Stellung und Völkerrechtspraxis eines ostmitteleuropäischen Fürstentums 1541–1699. München 2015.

BIBLIOGRAPHIE

VONHÁZ, István: A szatmármegyei német telepítés [Die Ansiedlung der Deutschen im Komitat Sathmar]. Pécs 1931.

DERS.: Über die wirtschaftliche Notwendigkeit der deutschen Ansiedlung im Komitat Szatmár, *Deutsch-Ungarische Heimatblätter* 5 (1933), 265–269.

VÖRÖS, Károly: Az 1765–66-i dunántúli parasztmozgalom és az úrbérrendezés [Die Bauernbewegung in Transdanubien in 1765–66 u. die Urbarregulierung], in: SPIRA (Hg.), Tanulmányok a parasztság, 299–383.

DERS.: A társadalmi fejlődés fő vonalai [Die Hauptlinien der Gesellschaftsentwicklung], in: Magyarország története, Bd. 4,1 (Hgg. EMBER/HECKENAST), 675–732.

VOZÁR, Jozef: Der Bergbau in der Slowakei während der Regierungszeit Maria Theresias, in: MRAZ/SCHLAG (Hgg.), Maria Theresia als Königin, 96–106.

VRANDEČIĆ, Josip: Borba za Jadran u ranom novom vijeku. Mletačko-osmanski ratovi u Venecijanskom nuncijaturi [Der Kampf um die Adria in der Frühen Neuzeit. Die venez.-osm. Kriege in der venez. Nuntiatur]. Split 2013.

DERS.: Islam Immediately beyond the Dalmatian Coast. The Three Reasons for Venetian Success, in: ORTALLI/SCHMITT (Hgg.), Balcani occidentali, 287–307.

VRANDEČIĆ, Josip/BERTOŠA, Miroslav: Dalmacija, Dubrovnik i Istra u ranome novom vijeku [Dalmatien, Dubrovnik u. Istrien in der Frühen Neuzeit]. Zagreb 2007.

VRANDEČIĆ, Josip/MENĐUŠIĆ, Željana: Osvajanje Herceg Novoga 1687. godine prema izvješćima mletačke nuncijature [Die Eroberung von Herceg Novi im Jahre 1687 nach den Berichten der venez. Nuntiatur], *Kačić – zbornik Franjevačke provincije Presvetoga Otkupitelja* 41–43 (2009–2011), 889–904.

VRANOUSSIS, Leandros: Rigas, un patriot grec din Principate [Rigas, ein gr. Patriot aus den Fürstentümern]. București 1980.

VRYONIS, Spyros Jr.: The Decline of Medieval Hellenism in Asia Minor and the Process of Islamization from the Eleventh through the Fifteenth Century. Berkeley/CA, Los Angeles 1971.

VUCINICH, Wayne S./EMMERT, Thomas A. (Hgg.): Kosovo. Legacy of a Medieval Battle. Minneapolis/MN 1991.

WAKOUNIG, Marija: Dalmatien und Friaul. Die Auseinandersetzungen zwischen Sigismund von Luxemburg und der Republik Venedig um die Vorherrschaft im adriatischen Raum. Wien 1990.

DIES.: Gli uscocchi all'epoca di Ferdinando I., *Quaderni giuliani di storia* 24 (2003), H. 2, 229–242.

WALKER, Nancy Anne Cheney: The Peace of Passarowitz, 1714–1718. Boulder/CO 1976 (Dissertationsschrift).

WALSH, Martin W.: Conquering Turk in Carnival Nürnberg. Hans Rosenplüt's Des Turken Vasnachtspil of 1456, *Fifteenth-Century Studies* 36 (2012), 181–200.

WASIUCIONEK, Michał: Conceptualizing Moldavian Ottomanness. Elite Culture and Ottomanization of the Seventeenth-Century Moldavian Boyars, *Medieval and Early Modern Studies for Central and Eastern Europe* 8 (2016), 39–78.

DERS.: Diplomacy, Power and Ceremonial Entry. Polish-Lithuanian Grand Embassies in Moldavia in the Seventeenth Century, *Acta Poloniae Historica* 105 (2012), 55–83.

DERS.: Greek as Ottoman? Language, Identity and Mediation of Ottoman Culture in the Early Modern Period, *Cromohs. Cyber Review of Modern Historiography* 21 (2017–2018), 70–89.

DERS.: The Ottomans and Eastern Europe. Borders and Political Patronage in the Early Modern World. London u. a. 2019.

WEBER, Albert: Diplomatia Draculiana. Loyalitätsbeweise und Imagepflege Vlads des Pfählers, in: BOHN/EINAX/ROHDEWALD (Hgg.), Vlad der Pfähler, 133–158.

WEIDLEIN, János: Elpusztult falvak Tolnában és Baranyában [Vernichtete Dörfer in den Komitaten Tolnau u. Branau], *Századok* 68 (1934), 611–630.

WEIDLEIN, Johann: Rodegebiete in der Schwäbischen Türkei. Budapest 1942.

DERS.: A tolnamegyei német telepítések [Die dt. Ansiedlugen im Komitat Tolnau]. Pécs 1937.

WEIGAND, Gustav: Die Namen der rumänischen Judeţe im Altreich, *Balkan-Archiv* 4 (1928), 168–177.

WEISGERBER, Leo: Walhisk. Die geschichtliche Leistung des Wortes Welsch, in: DERS., Deutsch als Volksname. Ursprung und Bedeutung. Stuttgart 1952, 155–232.

WEISS, Günter: Joannes Kantakuzenos – Aristokrat, Staatsmann, Kaiser und Mönch – in der Gesellschaftsentwicklung von Byzanz im 14. Jahrhundert. Wiesbaden 1969.

WEISZ, Boglárka: A nemesércbányászathoz kötődő privilégiumok az Árpád- és az Anjou-korban [Privilegien bezüglich des Edelmetall-Bergbaus in der Árpáden- u. Anjou-Zeit], *Történelmi Szemle* 50 (2008), H. 2, 141–161.

Wellmann, Imre: Az 1753-i alföldi parasztfelkelés [Der Bauernaufstand 1753 in der (ung.) Tiefebene], in: Spira (Hg.), Tanulmányok a parasztság, 141–220.

Ders.: Der Adel im transdanubischen Ungarn 1760–1860, in: Reden-Dohna/Melville (Hgg.), Der Adel, 117–167.

Ders.: Die Ansiedlung der Deutschen in Ungarn, in: Wendelin Hambuch (Hg.): 300 Jahre Zusammenleben. Aus der Geschichte der Ungarndeutschen. Internationale Historikerkonferenz in Budapest (5.–6. März 1987). 300 éves együttélés. A magyarországi németek történetéből. Budapest 1988, 33–43.

Ders.: Die Ansiedlung der Deutschen in Ungarn nach der Türkenzeit (1711–1761), in: Brunner (Hg.), Die Deutschen in Ungarn, 49–61.

Ders. (Hg.): Barokk és felvilágosodás [Barock u. Aufklärung]. Budapest 1941.

Ders.: Die erste Epoche der Neubesiedlung Ungarns nach der Türkenzeit, 1711–1761, *Acta Historica Academiae Scientiarum Hungaricae* 26 (1980), H. 3–4, 241–304.

Ders.: Esquisse d'une histoire rurale de la Hongrie depuis la première moitié de XVIIIᵉ siècle jusqu'au milieu du XIXᵉ siècle, *Annales. Économies, Sociétés, Civilisations* 40 (1968), H. 4, 1181–1210.

Ders.: A gödöllői Grassalkovich-uradalom gazdálkodása, különös tekintettel az 1770–1815. esztendőkre [Die Wirtschaftsführung der Gödöllőer Grassalkovich-Herrschaft mit bes. Berücksichtigung der Jahre zwischen 1770–1815]. Budapest 1933.

Ders.: A magyar mezőgazdaság a XVIII. században [Die ung. Landwirtschaft im 18. Jh.], Budapest 1979.

Ders.: Magyarország népessége a szabadságharc idején [Die Bevölkerung Ungarns während dem Freiheitskrieg], in: Benda (Hg.), Európa és a Rákóczi-szabadságharc, 155–158.

Ders.: Magyarország népességének fejlődése a 18. században [Die Entwicklung der Bevölkerung Ungarns im 18. Jh.], in: Magyarország története, Bd. 4,1 (Hgg. Ember/Heckenast), 25–80.

Ders.: Merkantilische Vorstellungen im 17. Jahrhundert und Ungarn, in: Csatári/Katus/Rozsnyói (Hgg.), Nouvelles études historiques, 315–354.

Ders.: Mezőgazdaság [Agrarwirtschaft], in: Magyarország története, Bd. 4,1 (Hgg. Ember/Heckenast), 507–626.

Ders.: A mezőgazdaság a felvilágosult abszolutizmus korában [Die Agrarwirtschaft zur Zeit des aufgeklärten Absolutismus], in: Magyarország története, Bd. 4,2 (Hgg. Ember/Heckenast), 931–984.

Ders.: Népesség és mezőgazdaság a XVII. és a XVIII. század fordulóján [Bevölkerung u. Landwirtschaft an der Wende des 17. u. 18. Jh.s], *Történelmi Szemle* 18 (1975), H. 4, 701–730.

Ders.: A népesség sorsa a szabadságharcban [Der Schicksal der Bevölkerung in dem Freiheitskrieg], in: Köpeczi/Hopp/Várkonyi (Hgg.), Rákóczi-tanulmányok, 33–58.

Ders.: Az ónodi országgyűlés történetéhez [Zur Geschichte des Landtags von Ónod], in: Emlékkönyv Szentpétery Imre születése hatvanadik évfordulójának ünnepére, 525–571.

Ders.: Rendi állás és hivatali rang a XVIII. század eleji kormányhatóságokban [Ständische Stellung u. ämtlicher Rang in den Regierungsbehörden am Anfang des 18. Jh.s], *Levéltári Közlemények* 18–19 (1940–1941), 272–276.

Ders.: Az udvari ember [Der höfische Mensch], in: ders. (Hg.), Barokk és felvilágosodás, 279–306.

Werner, Ernst: Die Geburt einer Großmacht. Die Osmanen (1300–1481). Ein Beitrag zur Genesis des türkischen Feudalismus. Ostberlin ²1972, Wien u. a. ⁴1985.

Wessely, Kurt: The Development of the Hungarian Military Frontier until the Middle of the XVIIIᵗʰ Century, *Austrian History Yearbook* 9–10 (1975), 55–110.

Ders.: Die österreichische Militärgrenze. Der deutsche Beitrag zur Verteidigung des Abendlandes gegen die Türken. Kitzingen/M. 1954.

Ders.: Die Regensburger „harrige" Reichshilfe 1576, in: Völkl/Wessely (Hgg.), Die russische Gesandtschaft am Regensburger Reichstag 1576, 31–55.

Whelan, Mark: Catastrophe or Consolidation? Sigismund's Response to Defeat after the Crusade of Nicopolis (1396), in: Ardelean/Nicholson/Preiser-Kapeller (Hgg.), Between Worlds, 215–227.

Whelan, Mark/Simon, Alexandru: Changes in Moldavian Politics at the End of the Rule of Alexander I the Good. Documentary Notes, *Studii si Materiale de Istorie Medie* 33 (2015), 149–160.

White, Sam: The Climate of Rebellion in the Early Modern Ottoman Empire. New York 2011.

Wiesflecker, Hermann: Das erste Ungarnunternehmen Maximilians I. und der Preßburger Vertrag (1490/91), *Südost-Forschungen* 18 (1959), 26–75.

BIBLIOGRAPHIE

Winkelbauer, Thomas: 1526 – Die Entstehung der zusammengesetzten Monarchie der österreichischen Linie des Hauses Habsburg, in: Scheutz/Strohmeyer (Hgg.), Von Lier nach Brüssel, 59–78.

Ders.: Österreichische Geschichte. Bd. 8: 1522–1699. 2 Teilbde.: Ständefreiheit und Fürstenmacht. Länder und Untertanen des Hauses Habsburg im konfessionellen Zeitalter. Wien 2003.

Ders.: Ständefreiheit und Fürstenmacht. Länder und Untertanen des Hauses Habsburg im konfessionellen Zeitalter. 2 Teilbde. (= Österreichische Geschichte. Bd. 8: 1522–1699). Wien 2003.

Wirth, Peter: Zum Geschichtsbild Kaiser Johannes VII. Palaiologos, *Byzantion* 35 (1965), 592–600.

Wittek, Paul: The Rise of the Ottoman Empire. London 1958.

Woodhead, Christine (Hg.): The Ottoman World. London, New York 2012.

Wright, Christopher: The Gattilusio Lordships and the Aegean World 1355–1462. Leiden u. a. 2014.

Ders.: An Investment in Goodwill. Financing the Ransom of the Leaders of the Crusade of Nikopolis, *Viator* 45 (2014), H. 3, 261–297.

Wolf, Joseph: Die Banater Militärgrenze, ihre Auflösung und ihre Einverleibung in das Königreich Ungarn. Innsbruck 1947 (Dissertationsschrift).

Wolff, Larry: Venice and the Slavs. The Discovery of Dalmatia in the Age of Enlightenment. Stanford 2001.

Wooton, David: Paolo Sarpi. Between Renaissance and Enlightenment. Cambridge 1983.

Wurster, Herbert W./Treml, Manfred/Loibl, Richard (Hg.): Bayern – Ungarn Tausend Jahre. Aufsätze zur Bayerischen Landesausstellung 2001. Vorträge der Tagung „Bayern und Ungarn im Mittelalter und in der frühen Neuzeit" in Passau, 15. bis 18. Oktober 2000. Passau, Regensburg 2001.

Xenopol, A.[lexandru] D.: Istoria românilor din Dacia traiană [Geschichte der Rumänen aus dem trajanischen Dakien]. 4 Bde. Bucureşti ⁴1985–1993.

Xhufi, Pëllumb: Albania Graeca in the 14th and 15th Centuries. A Survey on the Albanian Colonisation in Greece in the Late Middle Ages, *Studia Albanica* (1991), H. 1–2, 73–108.

Ders.: Dilemat e Arbërit. Studime mbi Shqipërinë mesjetare [Dilemmata von Arbëria. Studien zum mittelalterlichen Albanien]. Tiranë 2006.

Ders.: Rrethanat etnike në Epir gjatë Mesjetës [Die ethnischen Verhältnisse in Epirus während des Mittelalters], *Studime historike* (1995), H. 1–4, 5–21.

Ders.: Skënderbeu. Ideja dhe ndërtimi i shtetit [Skanderbeg. Idee u. Staatsaufbau]. Tiranë 2019.

Yaycioglu, Ali: Partners of the Empire. The Crisis of the Ottoman Order in the Age of Revolutions. Stanford/CA 2017.

Ders.: Provincial Power-Holders and the Empire in the Late Ottoman World, in: Woodhead (Hg.), The Ottoman World, 436–452.

Yerasimos, Stéphane: La fondation de Constantinople et de Sainte-Sophie dans les traditions turques. Paris 1990.

Ders.: Les voyageurs dans l'Empire ottoman (XIVe–XVIe siècles). Bibliographie, itinéraires et inventaire des lieux habités. Ankara 1991.

Yildiz, Aysel/Kokdaş, İrfan: Peasantry in a Well-Protected Domain. Wallachian Peasantry and Muslim *Çiftlik/Kışlaks* under the Ottoman Rule, *Journal of Balkan and Near Eastern Studies* 22 (2020), H. 1, 175–190.

Yilmaz, Hüseyin: Caliphate Redefined. The Mystical Turn in Ottoman Political Thought. Princeton 2018.

Zach, Cornelius R.: Staat und Staatsträger in der Walachei und Moldau im 17. Jahrhundert. München 1992.

Zach, Krista: Funktionalitätswandel vom christlichen Märtyrer zum Nationalpatron der Moldau – Johannes der Neue von Suceava, in: Binder Iijima/Dumbrava (Hgg.), Stefan der Große, 61–77.

Dies.: Fürst, Landtag und Stände. Die verfassungsrechtliche Frage in Siebenbürgen im 16. und 17. Jahrhundert, *Ungarn-Jahrbuch* 11 (1980/1981), 63–90.

Dies.: Johannes der Neue von Suceava, in: Bahlcke/Rohdewald/Wünsch (Hgg.), Religiöse Erinnerungsorte in Ostmitteleuropa, 648–660.

Dies.: Orthodoxe Kirche und rumänisches Volksbewußtsein im 15. bis 18. Jahrhundert. Wiesbaden 1977.

Dies.: Stefan der Große, in: Bahlcke/Rohdewald/Wünsch (Hgg.), Religiöse Erinnerungsorte in Ostmitteleuropa, 661–668.

Zachar, József: III. Károly két háborúja az Oszmán-török Birodalom ellen és a magyarok (1716–1718 és 1736–1739) [Die zwei Kriege von Karl III. gegen das osm.-türk. Reich u. die Ungarn (1716–1718 u. 1736–1739)], *Történelmi Szemle* 30 (1987–1988), H. 2., 155–165. Auf Dt.: ders., Ungarn und die beiden Kriege Kaisers Karls VI. gegen das Osmanische Reich 1716–1718 und 1736–1739, *Ungarn-Jahrbuch* 17 (1989), 53–69.

Ders.: „Egy ezred évi szenvedés". Fejezetek a magyarság hadi történelméből [„Ein tausendjähriges Leid". Ein Kapitel aus der Kriegsgeschichte des Ungarntums]. Budapest 2003.

Ders.: Habsburg-uralom, állandó hadsereg és Magyarország 1683–1792. [Die Herrschaft der Habsburger, das stehende Heer u. das Ungarntum 1683–1792]. Budapest 2004.

Ders.: Idegen hadakban. Nemzet és Emlékezet [Unter fremden Flaggen. Nation u. Erinnerung]. Budapest 1984.

Ders.: Az oldott kéve. Magyarok a XVIII. századi hadakban. [Die aufgebundene Garbe. Ungarn in den Heeren des 18. Jh.s], in: ders., Idegen hadakban, 63–155.

Zachariadou, Elisabeth A.: From Avlona to Antalya. Reviewing the Ottoman Military Operations of the 1380s, in: dies. (Hg.), The Via Egnatia, 227–232.

Dies.: The Conquest of Adrianople by the Turks, *Studi veneziani* 12 (1970), 211–218.

Dies.: Constantinople se repeuple, in: dies., Studies in Pre-Ottoman Turkey (Text Nr. 23).

Dies. (Hg.): The Kapudan Pasha and His Domain. Halcyon Days in Crete IV. A Symposium Held in Rethymnon, 7–9 January 2000. Rethymnon 2002.

Dies.: Marginalia on the History of Epirus and Albania (1380–1418), *Wiener Zeitschrift für die Kunde des Morgenlandes* 78 (1988), 195–210.

Dies.: Ottoman Diplomacy and the Danube Frontier (1420–1424), in: dies., Studies in Pre-Ottoman Turkey (Text Nr. 14).

Dies. (Hg.): The Ottoman Emirate (1300–1389). Rethymnon 1993.

Dies.: Studies in Pre-Ottoman Turkey and the Ottomans. Aldershot, Burlington/VT 2007.

Dies. (Hg.): The Via Egnatia under Ottoman Rule (1380–1699). Halcyon Days in Crete II. A Symposium Held in Rethymnon, 9–11 January 1994. Rethymnon 1996.

Zachariadou, Elizabeth A./Luttrell, Anthony: Sources for Turkish History in the Hospitaller's Rhodian Archive 1389–1422. Athens 2008.

Zäh, Alexander: Venezianische Baugeschichte von Nauplia 1686–1715, *Südost-Forschungen* 68 (2009), 138–183.

Ders.: Venezianische Visionen im ausgehenden 17. Jahrhundert. Hegemonial-Bestrebungen der Serenissima für Griechenland vorgeführt anhand unbekannter Stadtplanungs- und Befestigungspläne, *Südost-Forschungen* 67 (2008), 27–85.

Zahariuc, Petronel: Ţara Moldovei în vremea lui Gheorghe Ştefan voievod (1653–1658) [Die Moldau in der Zeit des Woiwoden Gheorghe Ştefan (1653–1658)]. Iaşi 2003.

Zahirović, Nedim: Die Familie Memibegović in Ungarn, Slawonien und Kroatien in der ersten Hälfte des 17. Jahrhunderts. Ansatz einer genealogischen Rekonstruktion, in: Spannenberger/Varga (Hgg.), Ein Raum im Wandel, 75–87.

Ders.: Murteza Pascha von Ofen zwischen Panegyrik und Historie. Eine literarisch-historische Analyse eines osmanischen Wesirspiegels von Nergisi (El-vaṣfü l-kāmil fī-aḥvāli l-vezīri l-ʾādil). Frankfurt/M. 2010.

Zajakov, Ninko: Filurdžijstvoto văv Vidinski sandžak prez XV–XVI vek [Das Filurcıwesen im Sancak Vidin im 15.–16. Jh.], *Izvestija na muzeite v Severozapadna Bălgarija* 6 (1981), 75–98.

Zakythenos, Dionysios/Maltezu, Chrysa A.: Contributo alla storia dell'episcopato latino di Cefalonia e di Zante (1412–1664), in: Μνημόσυνον Σοφίας Αντονιάδη [Gedenkschrift für Sophia Antoniade]. Benetia 1974, 65–119.

Zakythinos, Dionysios A.: Le Despotat grec de Morée (1262–1460). Bd. 1. Paris 1932 (von Chryssa A. Maltézou erweiterte Neuaufl. London 1975).

Zamfirescu, Dan/Mihăilă, G.: Învăţăturile lui Neagoe Basarab către fiul său Theodosie [Die Mahnreden des Neagoe Basarab an seinen Sohn Theodosie]. Bucureşti 1970.

Zannini, Andrea: Una burocrazia repubblicana. Stato e amministrazione a Venezia tra XVI e XVIII secolo, in: Ortalli/Schmitt/orlando (Hgg.), Il *Commonwealth* veneziano, 131–153.

Ders.: Il ministro „assoluto dipositore". Mediazione burocratica e corruzione nelle camere fiscali Ionie nel Settecento, in: Costantini (Hg.), Il Mediterraneo centro-orientale, 113–125.

DERS.: Problemi di contabilità pubblica e di amministrazione finanziaria nel governo veneziano della Morea e delle Isole Ionie, in: COSTANTINI/NIKIFOROU (Hgg.), Levante veneziano, 77–96.

ZAPANTE, Stamatula Z.: Κεφαλονιά 1500–1571. Η συγκρότηση της κοινωνίας του νησιού [Kephallenia 1500–1571. Die Formierung der Gesellschaft der Insel]. Thessaloniki 1999.

ZARNÓCZKI, Attila: Fegyverzet, katonai felszerelés, hadsereg Magyarországon Hunyadi Mátyás korában [Waffen, militärische Ausrüstung, Heer in Ungarn zur Zeit von Mátyás Hunyadi], *Hadtörténelmi közlemények* 103 (1990), H. 1, 31–66.

ZÁVODSZKY, Levente: A Grassalkovichok [Die Familie Grassalkovich], *Turul* 45 (1931), 67–80.

Zbornik radova prikazanih na Naučnom skupu održanom od 22. do 24. maja 1967. god. u Beogradu [Sammelband der vorgestellten Beiträge an der wissenschaftlichen Tagung vom 22.–24. Mai 1967 in Belgrad]. Beograd 1970.

ZENS, Robert: Provincial Powers. The Rise of Ottoman Local Notables (Ayan), *History Studies* 3 (2011), H. 3, 433–447.

ZIEBARTH, E.[rich]: Κυριακός ο εξ Αγκώνος εν Ηπείρω [Ciriaco von Ancona in Epirus], *Ηπειρωτικά Χρονικά* 1 (1926), 110–119.

ZIEGLAUER, Ferdinand von: Die politische Reformbewegung in Siebenbürgen in der Zeit Joseph's II. und Leopold's II. Größtentheils nach bisher unbenützten handschriftlichen Quellen. Wien 1881.

ZIMÁNYI, Vera: Economy and Society in Sixteenth and Seventeenth Century Hungary (1526–1650). Budapest 1987.

ZIMMERMANN, Harald: Der Deutsche Orden im Burzenland. Eine diplomatische Untersuchung. Köln, Weimar, Wien 2000.

ZIROJEVIĆ, Olga: Crkve i manastiri na području Pećke patrijaršije do 1683. godine [Kirchen u. Klöster auf dem Gebiet des Patriarchats von Peć bis zum Jahre 1683]. Beograd 1984.

DIES.: Derviši u svakodnevnom životu, na osnovu Letopisa Mule Mustafe Bašeskije [Derwische im Alltagsleben, auf der Grundlage der Chronik des Mula Mustafa Bašeskija], *Novopazarski zbornik* 16 (1992), 95–101.

DIES.: Kruševac u XVI i XVII veku [Kruševac im 16. u. 17. Jh.], *Zbornik istorijskog muzeja Srbije* 11–12 (1975), 51–59.

DIES.: Kruševački sandžak u svetlosti turskog popisa 1530/31 godine [Die Provinz Kruševac im Lichte eines türk. Verzeichnisses von 1530/31], *Leskovački zbornik* 8 (1967), 222–228.

DIES.: Romi na području današnje Jugoslavije u vreme turske vladavine [Die Roma auf dem Gebiet des heutigen Jugoslawien während der türk. Herrschaft], *Glasnik Etnografskog muzeja* 45 (1981), 235–245.

DIES.: Smederevo od pada pod tursku vlast do kraja XVI veka. Oslobođenje gradova u Srbiji od Turaka 1862–1867. god. [Smederevo vom Fall unter die türk. Herrschaft bis zum Ende des 16. Jh.s. Die Befreiung der Städte in Serbien von den Türken 1862–1867], in: Zbornik radova, 193–200.

DIES.: Srbija pod turskom vlašću, 1459–1804 [Serbien unter türk. Herrschaft, 1459–1804]. Beograd ²2007.

DIES.: Tursko vojno uređenje u Srbiji, 1459–1683 [Die türk. Heeresverwaltung in Serbien 1459–1804]. Beograd 1974.

DIES.: Vučitrnski i Prizrenski sandžak u vreme vladavine Sulejmana Veličanstvenog [Les sandjaks de Vučitrn et Prizren à l'époque de Sulejman le magnifique], *Istorijski časopis* 19 (1972), 263–275.

ŽIVOJINOVIĆ, Mirjana: La frontière serbobyzantine dans les premières décennies du XIVᵉ siècle, in: PAPADOPULU/DIALETI (Hgg.), Βυζάντιο και Σερβία, 57–66.

DIES.: De nouveau sur le séjour de l'empereur Dušan à l'Athos, *Zbornik radova Vizantološkog instituta* 21 (1982), 119–126.

DIES.: Svetogorski i stonski dohodak [Der Tribut vom Athos u. von Ston], *Zbornik radova Vizantološkog instituta* 22 (1983), 165–206.

ZLAMÁR, Ágost: II. József császár erdélyi utazása, különös tekintettel Gyulafehérvárra [Die Reise des Kaisers Joseph II. in Siebenbürgen, mit bes. Rücksicht auf Karlsburg/Alba Iulia], in: *Az Alsó-Fehér megyei Történelmi, Régészeti és Természettudományi Társulat évkönyve* 4 (1891), 53–78.

ZLATAR, Behija: Gazi Husrev-Beg. Sarajevo 2010.

ZLATAR, Zdenko: Dubrovnik's Merchants and Capital in the Ottoman Empire (1520–1620). A Quantitative Study. Istanbul 2011.

ZOMBORI, István (Hg.): Fight Against the Turk in Central-Europe in the First Half of the 16ᵗʰ Century. Budapest 2004.

DERS. (Hg.): A szerbek Magyarországon [Die Serben in Ungarn]. Szeged 1991.

ZORDAN, Giorgio u. a. (Hgg.): Società, economia, istituzioni. Elementi per la conoscenza della Repubblica Veneta. Verona 2002.

ZSÁMBOKI, László: Bányászat és kohászat a 14–15. században. A bányászat technikája. Arany és ezüst. A réz kohászata [Bergbau u. Metallurgie im 14.–15. Jh. Bergbautechnik. Gold u. Silber. Kupfer-Metallurgie], in: DERS., Selmeci ezüst, körmöci arany, 103–116.

DERS.: Selmeci ezüst, körmöci arany. Válogatott tanulmányok a szerző születésének 70. évfordulója tiszteletére [Schemnitzer Silber, Kremnitzer Gold. Ausgewählte Studien zu Ehren des 70. Jahrestages der Geburt des Autors]. Rudabánya, Miskolc 2005.

ZSOLDOS, Attila: Hrvatska i Slavonija u srednjovekovnoj Ugarskoj Kraljevini [Kroatien u. Slawonien im mittelalterlichen ung. Königreich], in: KRUHEK (Hg.), Hrvatsko-Mađarski odnosi 1102–1918, 19–26.

DERS.: Kings and Oligarchs in Hungary at the Turn of the Thirteenth and Fourteenth Centuries, *Hungarian Historical Review* 2 (2013), H. 2, 211–242.

DERS.: Das Königreich Ungarn in der Arpadenzeit, in: Handbuch zur Geschichte Südosteuropas, Bd. 1,2 (Hgg. MITTHOF/SCHREINER/SCHMITT), 723–766.

DERS.: Vznik šľachty v stredovekom Uhorskom kráľovstve [Die Entstehung des Adels im mittelalterlichen Königreich Ungarn], *Forum Historiae: Časopis pre históriu a príbuzné spoločenské vedy* 4 (2010), H. 2, 1–11.

ZUB, Alexandru (Hg.): La Révolution Française et les roumains. Impact, images, interprétations. Études à l'occasion du bicentenaire. Iaşi 1989.

ŽUKOVS'KYJ, Arkadij: Istorija Bukovyny. Bd. 1: Do 1774 r., Bd. 2: Pislja 1774 r. [Geschichte der Bukowina. Bd. 1: Bis 1774, Bd. 2: Nach 1774]. Černivci 1991–1993.

KARTEN

**Lateinisches Kaiserreich
(1204/1261)**

0 100 200 300 km

Online-Handbuch zur Geschichte Südosteuropas/Kartenteil

© Ing.-Büro für Kartographie J. Zwick, 35394 Gießen

von Venedig beherrscht

Grenze des Byzantinischen
Reiches 1204

Grenze des Heiligen
Römischen Reiches

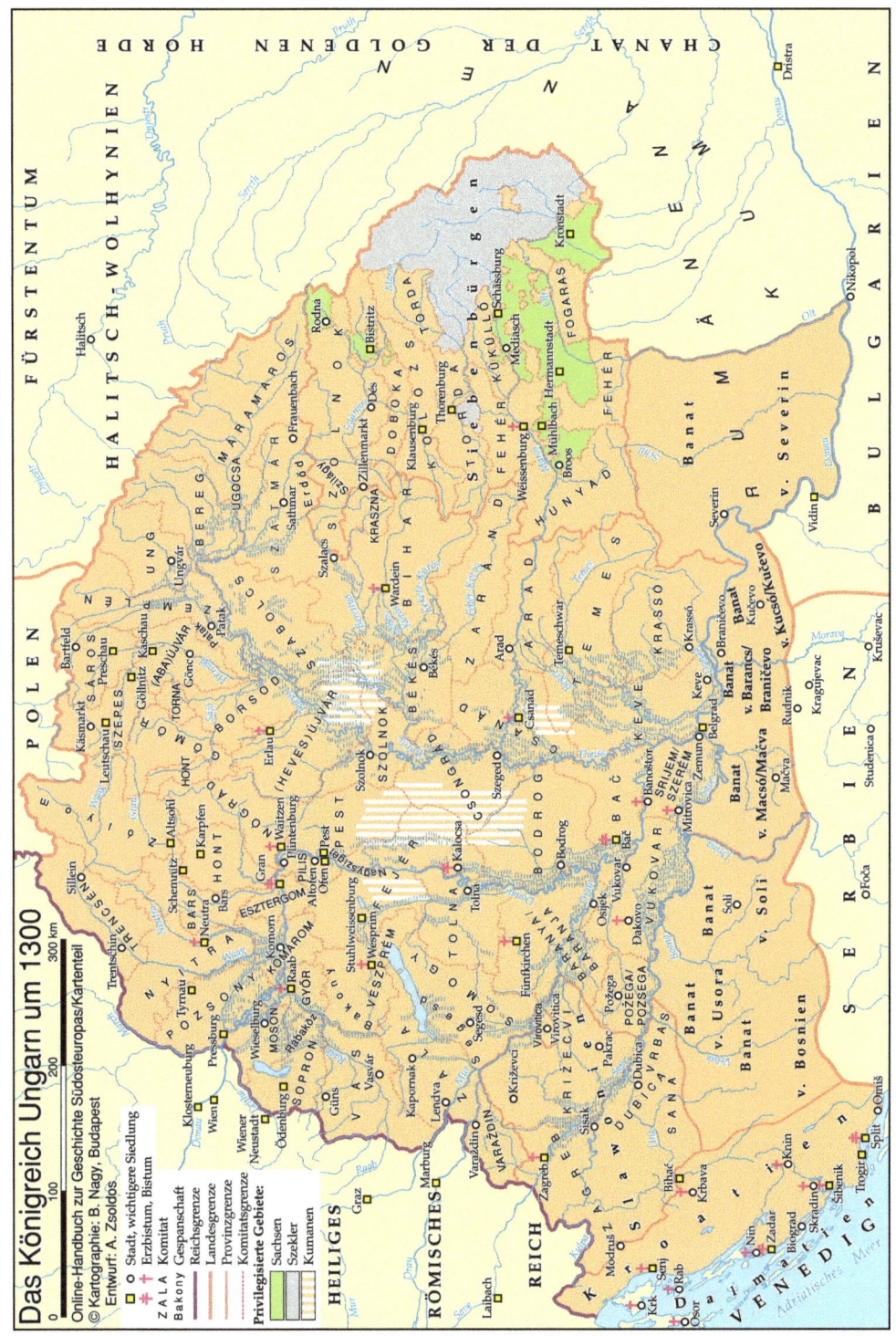

Das Königreich Ungarn um 1300

Online-Handbuch zur Geschichte Südosteuropas/Kartenteil
© Kartographie: B. Nagy, Budapest
Entwurf: A. Zsoldos

Stadt, wichtigere Siedlung
Erzbistum, Bistum
ZALA Komitat
Bakony Gespanschaft
Reichsgrenze
Landesgrenze
Provinzgrenze
Komitatsgrenze
Privilegisierte Gebiete:
Sachsen
Szekler
Kumanen

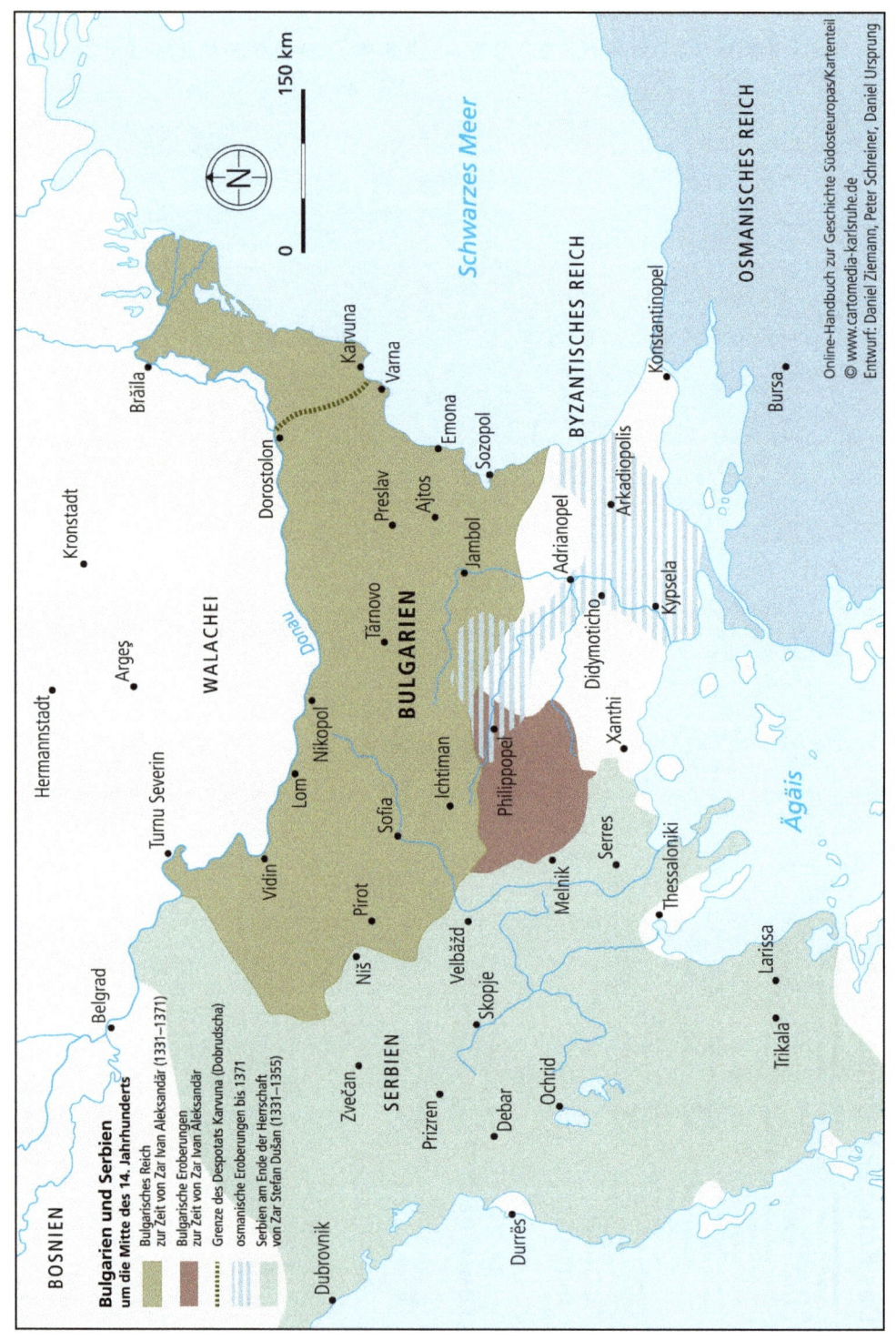

BOSNIEN

Bulgarien und Serbien
um die Mitte des 14. Jahrhunderts

Bulgarisches Reich
zur Zeit von Zar Ivan Aleksandăr (1331–1371)

Bulgarische Eroberungen
zur Zeit von Zar Ivan Aleksandăr

Grenze des Despotats Karvuna (Dobrudscha)

osmanische Eroberungen bis 1371

Serbien am Ende der Herrschaft
von Zar Stefan Dušan (1331–1355)

Schwarzes Meer

OSMANISCHES REICH

BYZANTISCHES REICH

WALACHEI

BULGARIEN

SERBIEN

Ägäis

Dubrovnik

Durrës

Prizren

Debar

Ochrid

Zvečan

Trikala

Larissa

Belgrad

Niš

Skopje

Velbăžd

Melnik

Thessaloniki

Serres

Pirot

Sofia

Vidin

Ichtiman

Philippopel

Xanthi

Didymoticho

Turnu Severin

Lom

Nikopol

Tărnovo

Preslav

Ajtos

Jambol

Kypsela

Arkadiopolis

Adrianopel

Konstantinopel

Bursa

Hermannstadt

Argeş

Kronstadt

Brăila

Dorostolon

Karvuna

Varna

Emona

Sozopol

Donau

150 km

0

952   KARTE III

Online-Handbuch zur Geschichte Südosteuropas/Kartenteil
© www.cartomedia-karlsruhe.de
Entwurf: Daniel Ziemann, Peter Schreiner, Daniel Ursprung

Südosteuropa um 1400

Serbische Regionalherren
① Balšić
② Branković
③ Lazarević

Osmanische Regionalherren
④ Turahanoğlu
⑤ Paşa Yiğit
⑥ Evrenos
⑦ Mihaloğlu

Albanisch-epirotische Herrschaften
⑧ Fürstentum Epirus
⑨ Spata
⑩ Zenebish
⑪ Thopia

Anatolische Emirate
⑫ Saruhan
⑬ Aydın
⑭ Menteşe

Byzantinisches Reich (1403)
zu Venedig (1409)
zu Genua
Johanniter-Orden
Grenze des Heiligen Römischen Reichs

0 100 200 300 km

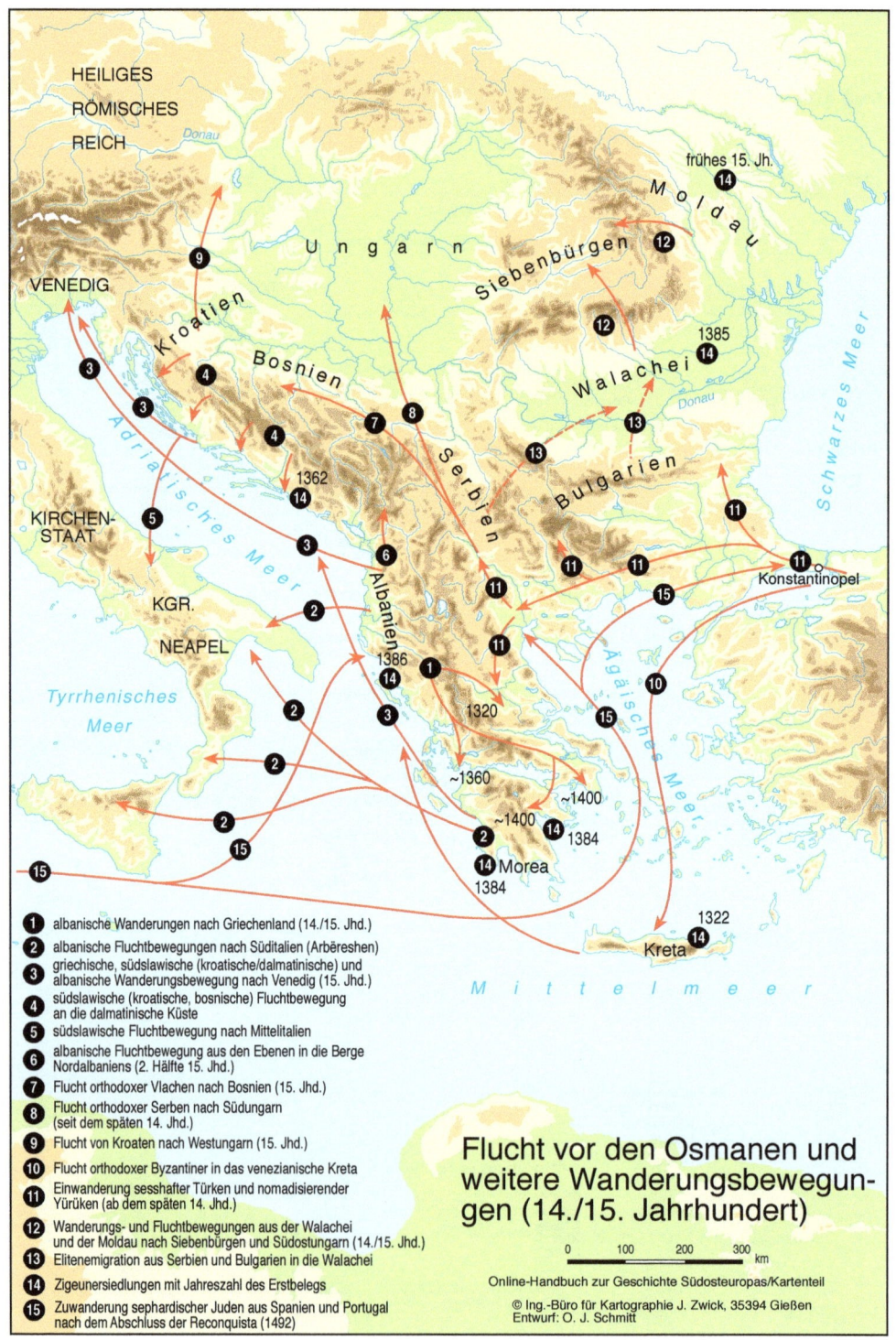

HEILIGES RÖMISCHES REICH

Donau

VENEDIG

Kroatien

Bosnien

Ungarn

Siebenbürgen

Moldau

frühes 15. Jh. ⑭

⑫

⑨

③

③

④

Adriatisches Meer

KIRCHEN-STAAT

KGR.

NEAPEL

Tyrrhenisches Meer

④

1362 ⑭

③

⑤

⑥

Albanien

②

②

②

②

⑮

⑮

1386 ⑭

③

1320

~1360

②

⑭ Morea
1384

Serbien

⑦

⑧

⑪

⑪

⑪

⑫

Walachei

⑬

⑬

Donau

Bulgarien

⑪

⑪

⑮

⑪

1385 ⑭

Schwarzes Meer

⑪ Konstantinopel

⑪

⑩

⑮

Ägäisches Meer

~1400

~1400

⑭ 1384

1322 ⑭ Kreta

Mittelmeer

① albanische Wanderungen nach Griechenland (14./15. Jhd.)
② albanische Fluchtbewegungen nach Süditalien (Arbëreshen)
③ griechische, südslawische (kroatische/dalmatinische) und albanische Wanderungsbewegung nach Venedig (15. Jhd.)
④ südslawische (kroatische, bosnische) Fluchtbewegung an die dalmatinische Küste
⑤ südslawische Fluchtbewegung nach Mittelitalien
⑥ albanische Fluchtbewegung aus den Ebenen in die Berge Nordalbaniens (2. Hälfte 15. Jhd.)
⑦ Flucht orthodoxer Vlachen nach Bosnien (15. Jhd.)
⑧ Flucht orthodoxer Serben nach Südungarn (seit dem späten 14. Jhd.)
⑨ Flucht von Kroaten nach Westungarn (15. Jhd.)
⑩ Flucht orthodoxer Byzantiner in das venezianische Kreta
⑪ Einwanderung sesshafter Türken und nomadisierender Yürüken (ab dem späten 14. Jhd.)
⑫ Wanderungs- und Fluchtbewegungen aus der Walachei und der Moldau nach Siebenbürgen und Südostungarn (14./15. Jhd.)
⑬ Elitenemigration aus Serbien und Bulgarien in die Walachei
⑭ Zigeunersiedlungen mit Jahreszahl des Erstbelegs
⑮ Zuwanderung sephardischer Juden aus Spanien und Portugal nach dem Abschluss der Reconquista (1492)

Flucht vor den Osmanen und weitere Wanderungsbewegungen (14./15. Jahrhundert)

0   100   200   300 km

Online-Handbuch zur Geschichte Südosteuropas/Kartenteil

© Ing.-Büro für Kartographie J. Zwick, 35394 Gießen
Entwurf: O. J. Schmitt

Einflusszonen der *akıncı*-Dynastien

Einflusszonen
- Mihaloğlu
- Evrenosoğlu
- İshakoğlu
- Turahanoğlu
- wechselnde *uçbeys*
- • Stützpunkte von *akıncı*-Dynastien
- wichtige Straßen
- Nebenstraßen

0   100   200   300 km

Online-Handbuch zur Geschichte Südosteuropas/Kartenteil

© Ing.-Büro für Kartographie J. Zwick, 35394 Gießen
Entwurf: G. Bojkov

Einflusszonen

- Mihaloğlu
- Evrenosoğlu
- İshakoğlu
- Turahanoğlu
- wechselnde *uçbeys*

- Selanik Yürükleri
- Tanrıdağı (Karagöz) Yürükleri
- Ofçabolu Yürükleri
- Vize Yürükleri
- Naldöken Yürükleri
- Kocacık Yürükleri

ocak/Einheit

25 — 50
— 15
10 — 5

- Stützpunkte von *akıncı*-Dynastien
- wichtige Straßen
- Nebenstraßen

Macht- und neue Siedlungsstrukturen im frühosmanischen Balkan: *akıncı*-Regionaldynastien und Siedlungszentren (halb-)nomadischer Yürüken

0   100   200   300 km

Online-Handbuch zur Geschichte Südosteuropas/Kartenteil

© Ing.-Büro für Kartographie J. Zwick, 35394 Gießen
Entwurf: G. Bojkov

Vidin

Donau

Donau

Silistra

Deniz Ali Baba

Demir Baba

Dobrudscha

D e l i o r m a n

Ali Koçi

Hezargrad

Sah Kulu
Baba

Plevne

Bali Beg v. Yahya Paşa

Musa Baba

Sigar Kulu
(Cengar)

Akyazılı
Baba

Sarı Saltık

Dikelli Hüseyin Baba

Gökçesu

Hüseyin Baba
Baba

Pirkan Baba

Kızana Sultan

Tekke

Oğlan Baba

Meçkülü Baba

Hafız Baba

Yolkolu Baba

Musa Beg

Sofia

Omur obası

Kıdemli Baba

Etyemez

S c h w a r z e s
M e e r

Mahmud Beg

Ihtiman

Kürekçi

Kılıç Baba

T h r a k i e n

Manendlü

Hasan
Baba

Turnacı Baba

Saray tekke

Hüseyin Dede

T. Pazarı

Baba

Umur Baba

Mümin Baba

Hızır Baba
v. Timurtaş Beg

Turhan Baba

Pirzade

Filibe

Hıdırlık tekke

Maritsa

R h o d o p e n

Mustafa Baba

Otman Baba

Atman Baba

Hasan Baba v. Yağmur

Gazi Mihal

Edirne

Pınarhisar

Binbiroklu
Ahmed Baba

Elmalı Baba

Abdal Cüneyd

T h r a k i e n

Istanbul

Kütüklü Baba

Kızıl Deli

Nefes Sultan

Rüstem Baba

Ä g ä i s c h e s
M e e r

Akıncı und Derwische im
Zeitalter der osmanischen
Eroberung des Balkans

Höhenangaben in m

	über 1500
	1000 - 1500
	500 - 1000
	200 - 500
	unter 200

0   25   50   75
km

◉ größere Städte in Rumelien
▣ Stützpunkte von *akıncı*-Dynastien
● antinomistische Derwischklöster

Online-Handbuch zur Geschichte Südosteuropas/Kartenteil

© Ing.-Büro für Kartographie J. Zwick, 35394 Gießen
Entwurf: G. Bojkov

Südosteuropa um 1475

zu Venedig
zu Genua
Johanniter-Orden
ungefähres Aufstandsgebiet Skanderbegs 1443–1468
Grenze des Heiligen Römischen Reichs
ungefährer Verlauf der Grenzen

0   100   200   300 km

Online-Handbuch zur Geschichte Südosteuropas/Kartenteil

© Ing.-Büro für Kartographie J. Zwick, 35394 Gießen
Entwurf: O. J. Schmitt

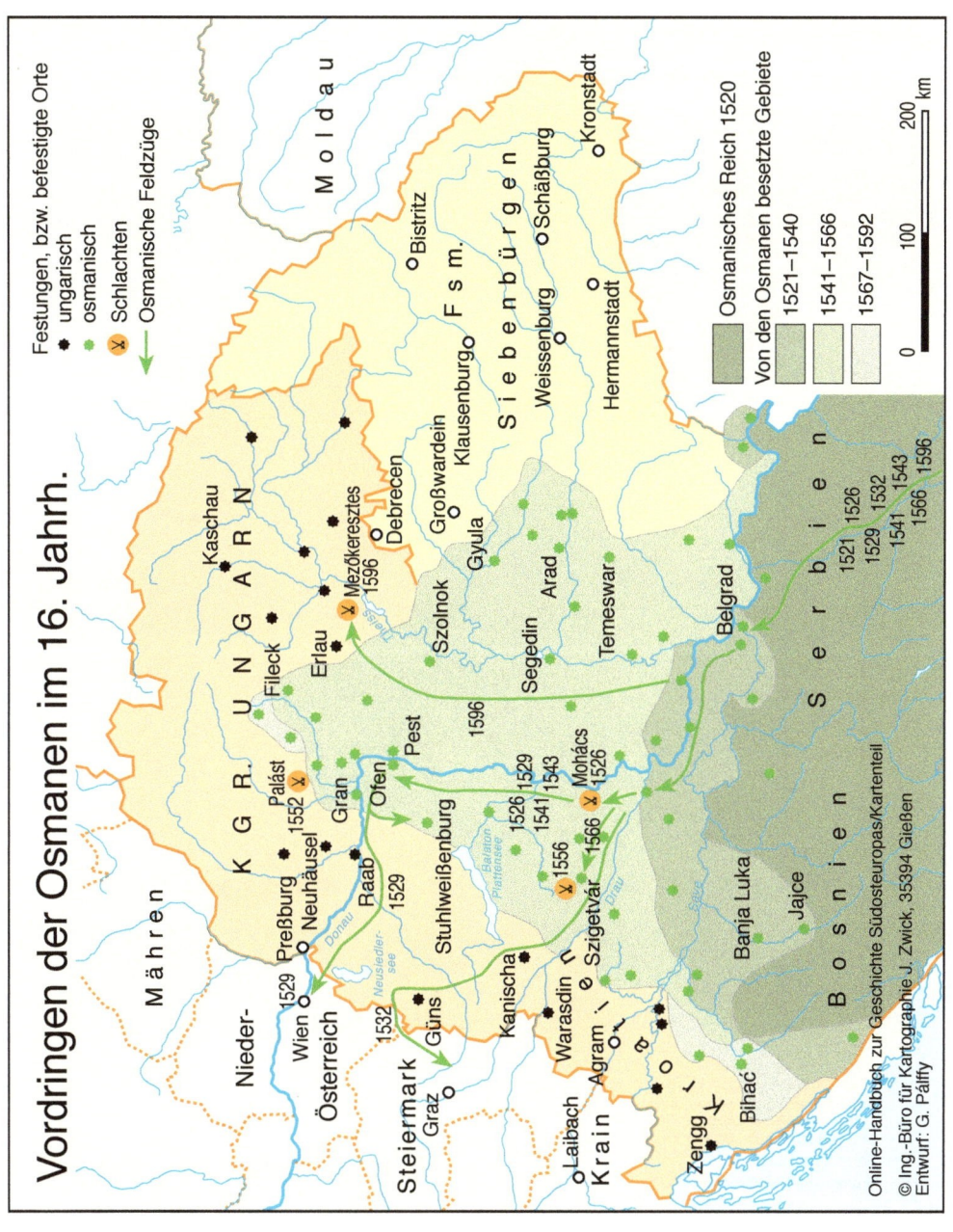

Vordringen der Osmanen im 16. Jahrh.

KARTE X

Südosteuropa um 1570

0   100   200   300 km

Online-Handbuch zur Geschichte Südosteuropas/Kartenteil

© Ing.-Büro für Kartographie J. Zwick, 35364 Gießen
Entwurf: M. Koller / P. M. Kreuter

Legende:

― Staatsgrenzen
― Grenzen der Fürstentümer und osman. Vasallenstaaten
⋯ Grenzen innerhalb des Hlg. Röm. Reiches
⋯ Grenzen der Sancak
― Grenze des Heiligen Röm. Reiches
▨ Habsburger Besitz
▨ Venezianischer Besitz
▨ Osmanische Vasallenstaaten

Das Osmanische Reich und seine
Verwaltungsstrukturen, ca. 1650

Legende:

- Gebiete der Beglerbegs
- Vilayets
- Gebiete des Kapudan-Pascha
- Gebiete außerhalb der Provinzverfassung
- Vasallenstaaten
- ungefähre Grenzen der Eyalets
- sonstige Grenzen
- ■ Reichshauptstadt
- □ Residenzstädte
- ○ sonstige Orte

* „Provinz der Inseln des Weißen Meeres"

** Aufteilung der Hauptstadt(region) in vier Verwaltungseinheiten: Istanbul (von Festungsmauer umgebene Altstadt), Eyüb, Galata und Üsküdar

0   100   200   300 km

Online-Handbuch zur Geschichte Südosteuropas/Kartenteil
© Ing.-Büro für Kartographie J. Zwick, 35394 Gießen
Entwurf: M. Koller

Ortsnamen auf der Karte:
Wien, Gran/Budun, Eger/Eğri, Debrecen/Debreçen, Iaşi/Yaş, Akkerman, Buda/Budin, Stuhlweißenburg/İstolni Belgrad, Szeged, Siebenbürgen, Kanizsa/Kanije, Mohács/Mohaç, Temeswar/Temeşvar, Târgovişte/Tergovişte, Mitrovica/Mitroviça, Belgrad, Walachei, Silistrien, Banja Luka/Banya Luka, Knin, Bosnien, Vidin, Nikopol/Niğbolu, Silistra/Silistre, Schwarzes Meer, Sarajevo/Saray-ı Bosna, Sofia/Sofya, Dubrovnik/Ragusa, Prizren/Perzerin, Kjustendil/Köstendil, Plovdiv/Filibe, Edirne, İstanbul, Shkodra/İskenderiye, Skopje/Üsküp, Rumelien, Gelibolu, Bursa/Brusa, Elbasan/İlbasan, Thessaloniki/Selânik, Cezayir-i bahr-i sefid, Larissa/Yenişehir, Ägäisches Meer, Smyrna/İzmir, Anatolien, Athen/Atina, Morea, Adriatisches Meer, Chania/Hanya, Mittelmeer, Donau, Moldau

KARTE XII

961

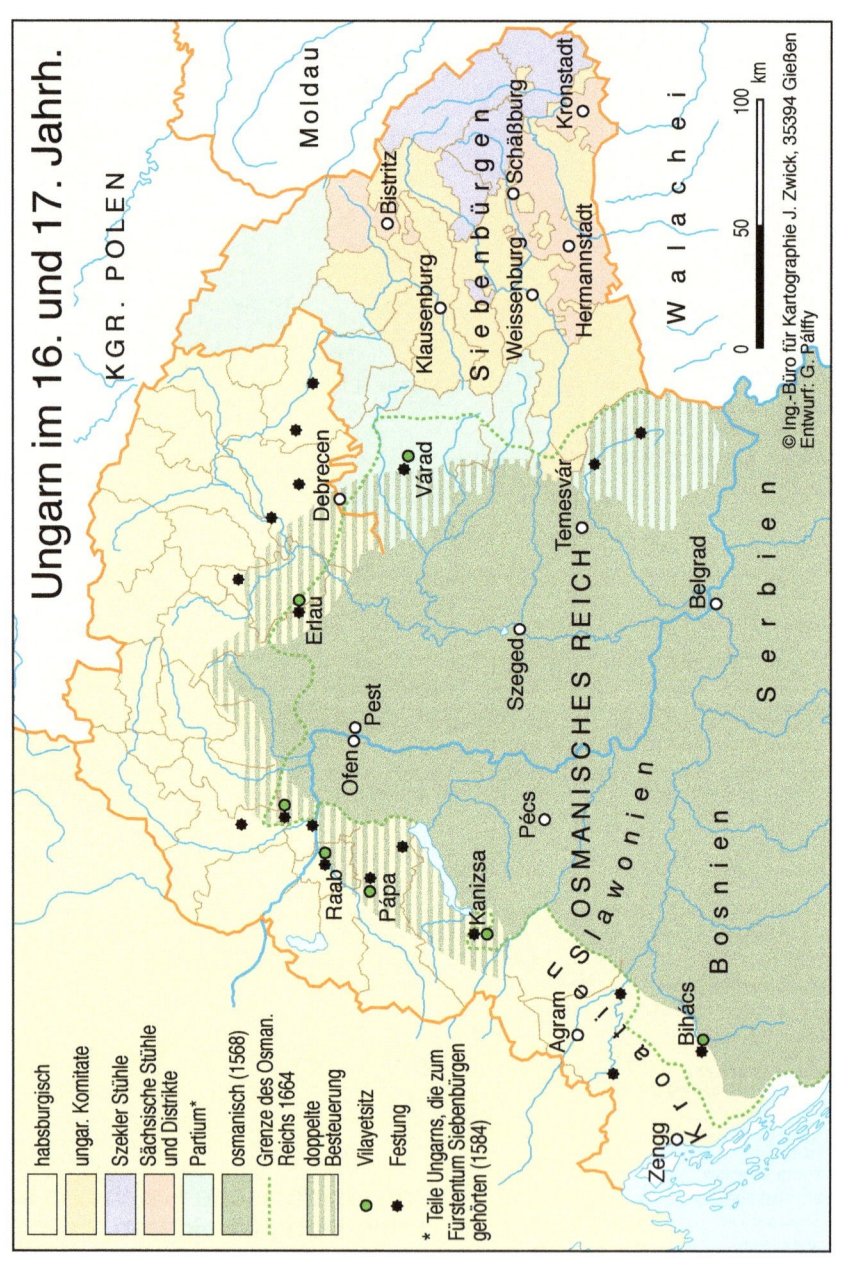

Ungarn im 16. und 17. Jahrh.

KARTE XIII

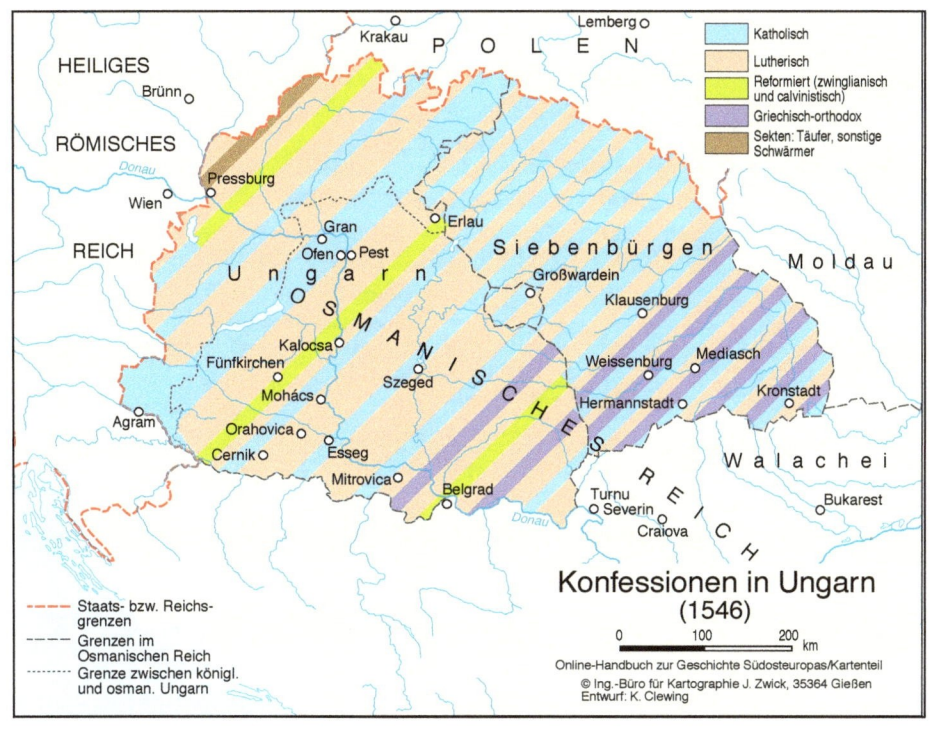

Konfessionen in Ungarn
(1546)

Katholisch
Lutherisch
Reformiert (zwinglianisch und calvinistisch)
Griechisch-orthodox
Sekten: Täufer, sonstige Schwärmer

Staats- bzw. Reichsgrenzen
Grenzen im Osmanischen Reich
Grenze zwischen königl. und osman. Ungarn

0   100   200 km

Online-Handbuch zur Geschichte Südosteuropas/Kartenteil
© Ing.-Büro für Kartographie J. Zwick, 35364 Gießen
Entwurf: K. Clewing

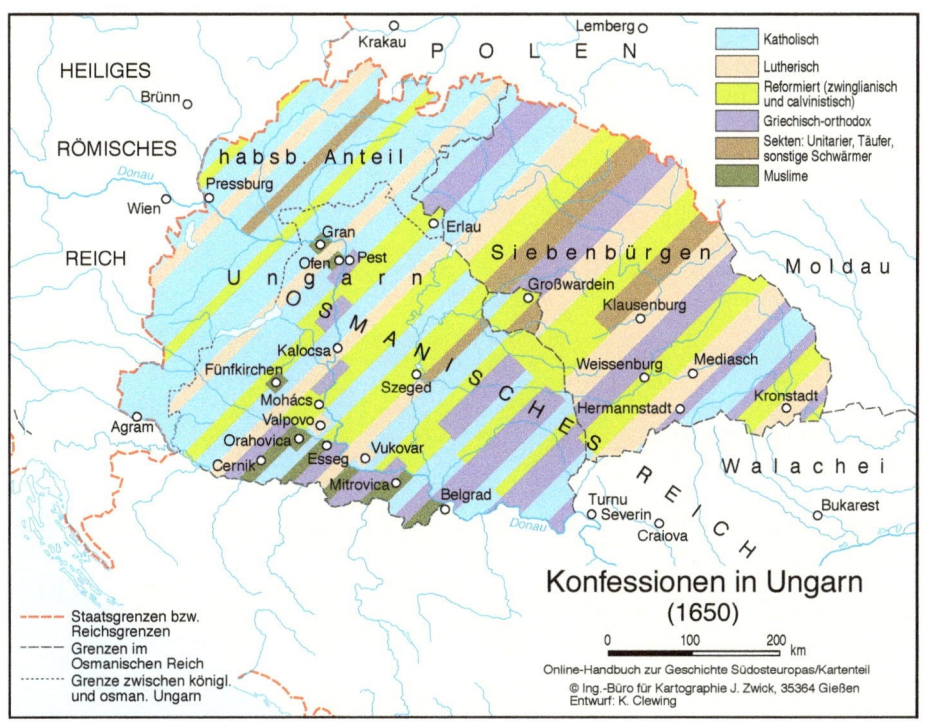

Konfessionen in Ungarn
(1650)

Katholisch
Lutherisch
Reformiert (zwinglianisch und calvinistisch)
Griechisch-orthodox
Sekten: Unitarier, Täufer, sonstige Schwärmer
Muslime

Staatsgrenzen bzw. Reichsgrenzen
Grenzen im Osmanischen Reich
Grenze zwischen königl. und osman. Ungarn

0   100   200 km

Online-Handbuch zur Geschichte Südosteuropas/Kartenteil
© Ing.-Büro für Kartographie J. Zwick, 35364 Gießen
Entwurf: K. Clewing

P O L E N

Prago

Krakau

Lemberg

HEILIGES

RÖMISCHES

REICH

Brünn

Donau

U N G A R N

Kaschau

Wien

Pressburg

Gran

Ofen Pest

Debrecen

Iaşi

osman. Ungarn

Klausenburg

M o l d a u

Agram

Szeged

Siebenbürgen

Hermannstadt

Kronstadt

Fiume

Esseg

venez.

Banat

Belgrad

W a l a c h e i

1718–1739 habsburg.

Muntenien

Bukarest

Craiova

Kl. Walachei

venez.

Sarajevo

Serbien

Donau

O

S

M

A

N

I

S

C

H

E

S

Varna

KIRCHEN-

STAAT

Spalato

A d r i a t i s c h e s

M e e r

Dubrovnik/

Ragusa

Cattaro

(venez.)

Niš

Prishtina

Prizren

Sofia

Skopje/

Usküb

R

E

I

C

H

Edirne

Istanbul

Rom

Thessaloniki/

Selânik

Schwarzes Meer

Ägäisches

Meer

Tyrrhenisches

Meer

Patras

Nauplion

M i t t e l m e e r

→ habsburg. Feldzug 1689/90

→ Feldzug von Prinz Eugen 1697

→ Feldzug 1737

---- Grenze des Osmanischen
Reiches 1682

---- Grenze des Osmanischen
Reiches 1699

---- Grenze des Osmanischen
Reiches 1718 ff

|||| verbleibender habsburg.
Gebietsgewinn nach 1739

//// Kroatische Militärgrenze
ca. 1718

Südosteuropa 1682 bis 1739

0   100   200   300 km

Online-Handbuch zur Geschichte Südosteuropas/Kartenteil

© Ing.-Büro für Kartographie J. Zwick, 35394 Gießen
Entwurf: K. Clewing / M. Koller / P. M. Kreuter

Südosteuropa 1699 –1718 – 1739

	habsburg. Feldzug 1689
	Feldzug von Prinz Eugen 1697
	Grenze des Osmanischen Reiches 1699
	Grenze des Osmanischen Reiches 1718
	Kroatische Militärgrenze ca. 1718

0   100   200   300 km

Online-Handbuch zur Geschichte Südosteuropas/Kartenteil

© Ing.-Büro für Kartographie J. Zwick, 35394 Gießen
Entwurf: M. Koller / P. M. Kreuter

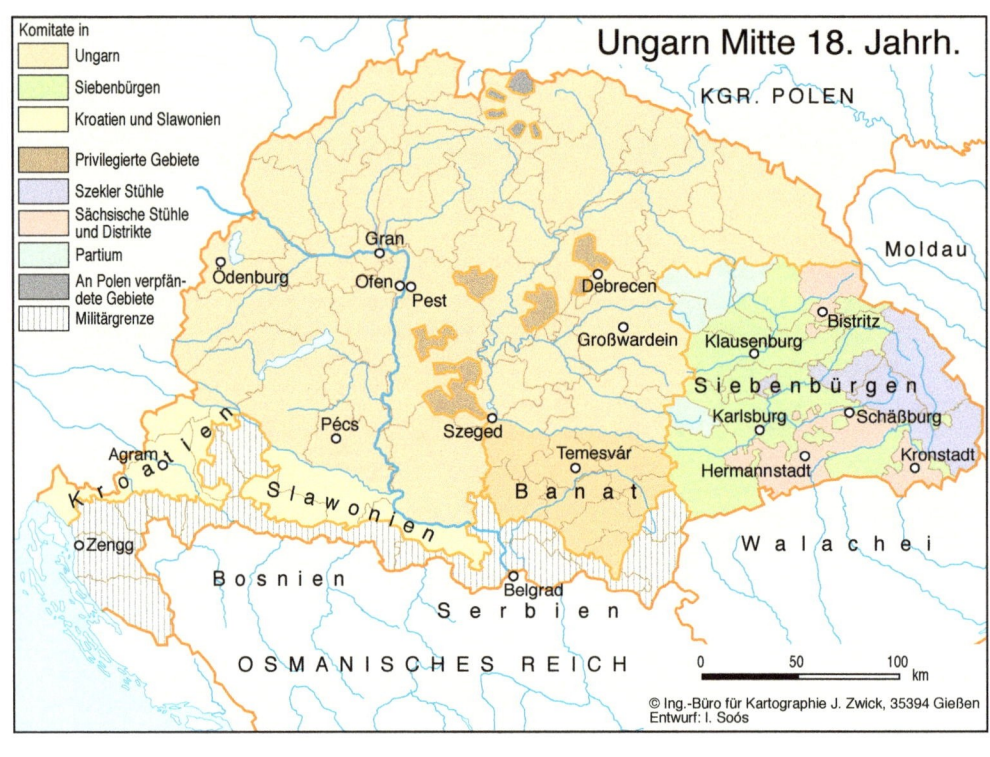

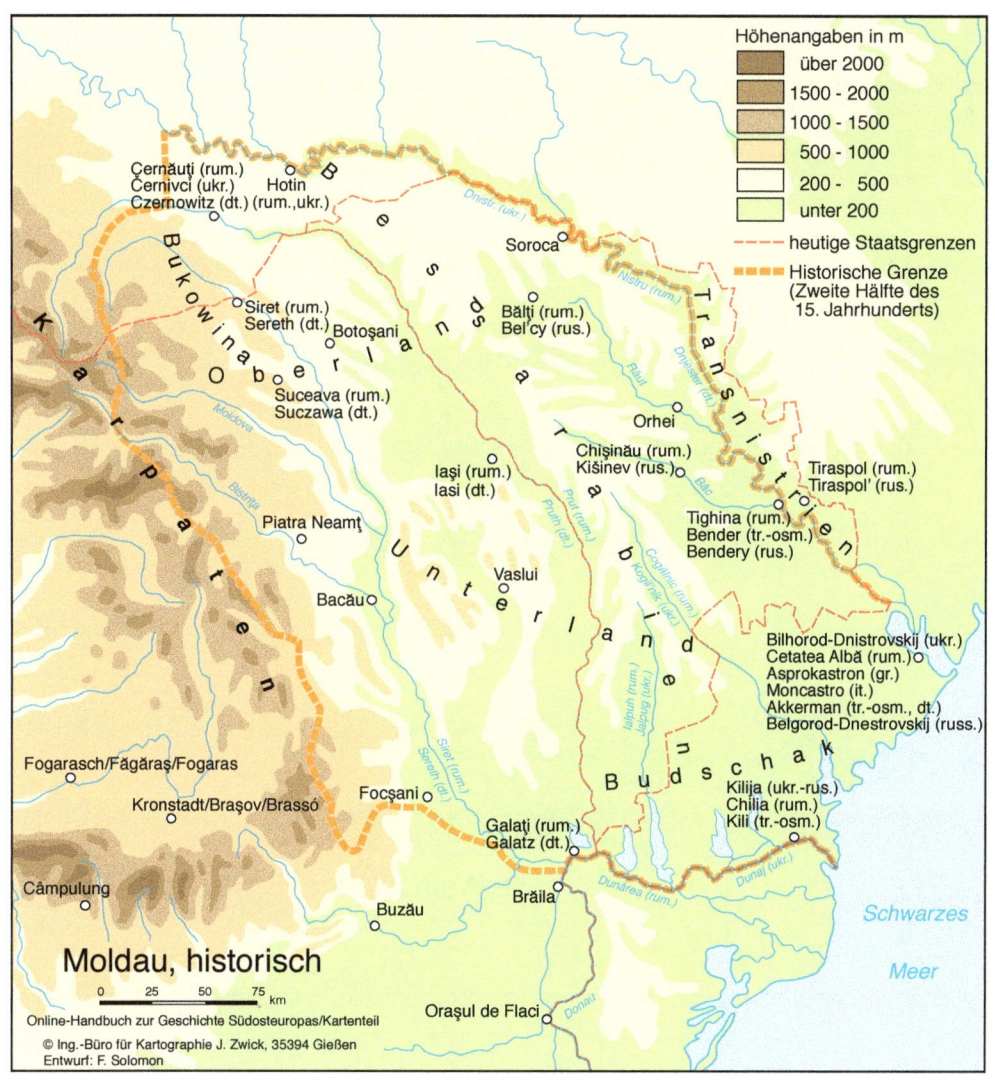

Höhenangaben in m

	über 2000
	1500 - 2000
	1000 - 1500
	500 - 1000
	200 - 500
	unter 200

- - - - heutige Staatsgrenzen

▬▬▬ Historische Grenze
(Zweite Hälfte des
15. Jahrhunderts)

Çernăuţi (rum.)
Černivci (ukr.)
Czernowitz (dt.) (rum.,ukr.)
Hotin

Soroca

Siret (rum.)
Sereth (dt.)
Botoşani

Bălţi (rum.)
Bel'cy (rus.)

Suceava (rum.)
Suczawa (dt.)

Orhei

Chişinău (rum.)
Kišinev (rus.)

Tiraspol (rum.)
Tiraspol' (rus.)

Iaşi (rum.)
Iasi (dt.)

Piatra Neamţ

Tighina (rum.)
Bender (tr.-osm.)
Bendery (rus.)

Vaslui

Bacău

Bilhorod-Dnistrovskij (ukr.)
Cetatea Albă (rum.)
Asprokastron (gr.)
Moncastro (it.)
Akkerman (tr.-osm., dt.)
Belgorod-Dnestrovskij (russ.)

Fogarasch/Făgăraş/Fogaras

Kronstadt/Braşov/Brassó

Focşani

Kilija (ukr.-rus.)
Chilia (rum.)
Kili (tr.-osm.)

Câmpulung

Galaţi (rum.)
Galatz (dt.)

Buzău

Brăila

Dunărea (rum.)

Dunaj (ukr.)

Schwarzes

Meer

Moldau, historisch

0 25 50 75
km

Online-Handbuch zur Geschichte Südosteuropas/Kartenteil

© Ing.-Büro für Kartographie J. Zwick, 35394 Gießen
Entwurf: F. Solomon

Oraşul de Flaci

Karpaten

Bukowina

Oberland

Bessarabien

Transnistrien

Unterland

Budschak

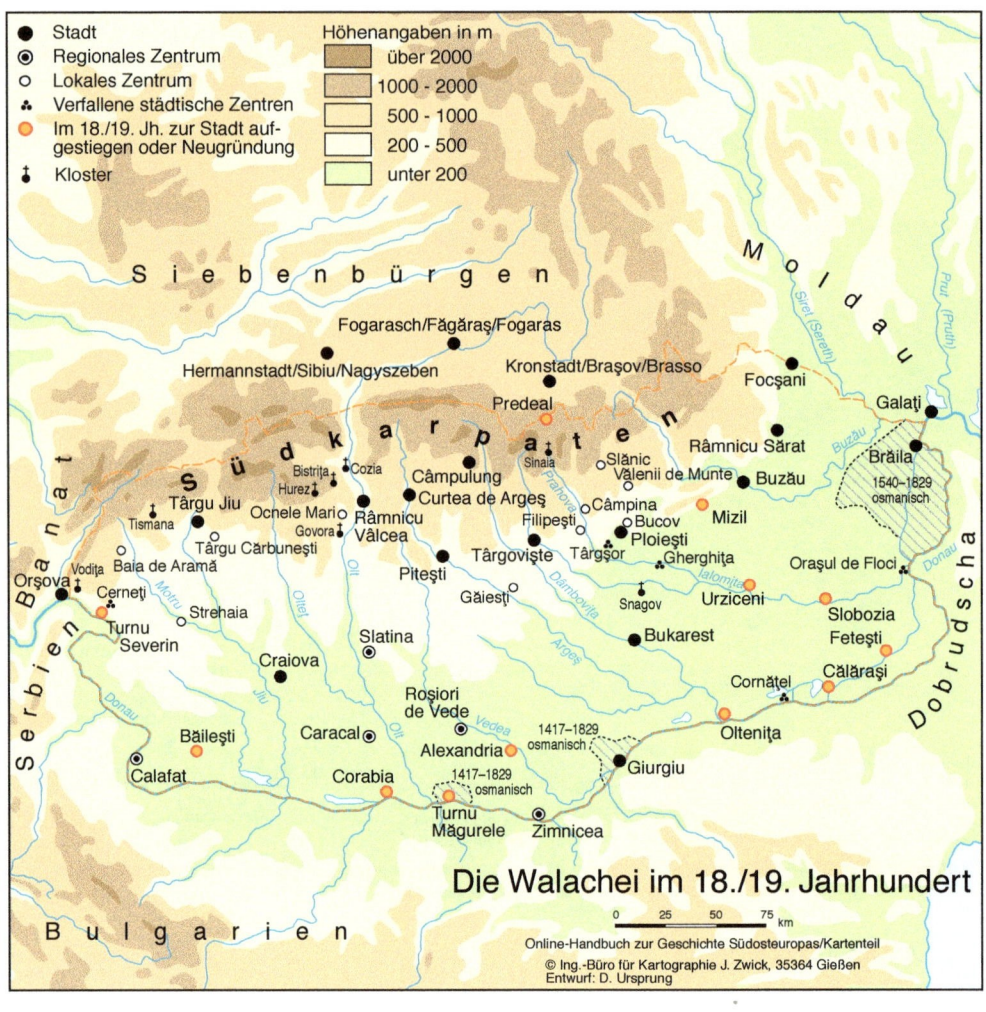

Die Walachei im 18./19. Jahrhundert

Legend:
- Stadt
- Regionales Zentrum
- Lokales Zentrum
- Verfallene städtische Zentren
- Im 18./19. Jh. zur Stadt aufgestiegen oder Neugründung
- Kloster

Höhenangaben in m
- über 2000
- 1000 - 2000
- 500 - 1000
- 200 - 500
- unter 200

0 25 50 75 km

Online-Handbuch zur Geschichte Südosteuropas/Kartenteil
© Ing.-Büro für Kartographie J. Zwick, 35364 Gießen
Entwurf: D. Ursprung

KARTE XX

Südosteuropa 1810

0 100 200 300 km

Online-Handbuch zur Geschichte Südosteuropas/Kartenteil
© Ing.-Büro für Kartographie J. Zwick, 35364 Gießen
Entwurf: K. Clewing

– – – Staatsgrenzen
· · · · · innerstaatliche Grenzen

ANHANG UND REGISTER

ALLGEMEINES ABKÜRZUNGSVERZEICHNIS

Abb.	Abbildung
Abt.	Abteilung
alb.	albanisch
altbulg.	altbulgarisch
altdt.	altdeutsch
altrum.	altrumänisch
altserb.	altserbisch
Anm.	Anmerkung
arab.	arabisch
arom.	aromunisch
Aufl.	Auflage
Ausg.	Ausgabe
Bd.	Band
Bde.	Bände
Bearb.	Bearbeiter, Bearbeitung
bes.	besonders
Bf.	Bischof
böhm.	böhmisch
bosn.	bosnisch
bulg.	bulgarisch
byz.	byzantinisch
bzw.	beziehungsweise
ca.	circa
christl.	christlich
d.	das, der, des, die
d. Ä.	der Ältere
d. Gr.	der Große
d. h.	das heißt
d. J.	der Jüngere

ders.	derselbe
Dez.	Dezember
dies.	dieselbe
diess.	dieselben
Diss.	Dissertation
dt.	deutsch
ebd.	ebenda
Ebf.	Erzbischof
ed.	Edition
eingel.	eingeleitet
engl.	englisch
erl.	erläutert
erst.	erstellt
Erzhzg.	Erzherzog
Erzhzgn.	Erzherzogin
etc.	et cetera
evtl.	eventuell
f.	folgend
Faksimiledr.	Faksimiledruck
ff.	folgende
Fl.	(florenus Rheni) Rheinischer Gulden
fol.	folio
frz.	französisch
Fs., Fsn.	Fürst, Fürstin
Fsbf.	Fürstbischof
Fsm.	Fürstentum
g	Gramm
geb.	geboren, gebürtig
Gegenkg.	Gegenkönig
genues.	genuesisch
gest.	gestorben
gr.	griechisch
Großfs.	Großfürst
Großfsm.	Großfürstentum
H.	Heft
Ha	Hektar
habsb.	habsburgisch
Hg., Hgg.	Herausgeber(in), Herausgeber(innen)

hist.	historisch
Hl.	Heilige(r)
Hzg.	Herzog
Hzm.	Herzogtum
i. d.	in dem/den/der
insbes.	insbesondere
insges.	insgesamt
isl.	islamisch
ital.	italienisch
Jh.	Jahrhundert
Jh.s	Jahrhunderts
jurist.	juristisch
Kap.	Kapitel
kath.	katholisch
Kfs.	Kurfürst
kg	Kilogramm
Kg., Kgn.	König, Königin
kgl.	königlich
Kgr.	Königreich
Kgs.	Königs
k. k.	kaiserlich-königlich
km	Kilometer
km²	Quadratkilometer
Kr.	Kronen
kroat.	kroatisch
Ks., Ksn.	Kaiser, Kaiserin
ksl.	kaiserlich
kyr.	kyrillisch
lat.	lateinisch
lfd.	laufende
lok.	lokal
m	Meter
maked.	makedonisch
max.	maximal
mind.	mindestens
Mio.	Million
Mitks.	Mitkaiser
mold.	moldauisch

muslim.	muslimisch
Nachdr.	Nachdruck
Neuaufl.	Neuauflage
Neugr.	neugriechisch
Nr.	Nummer
od.	oder
ökum.	ökumenisch
o. J.	ohne Jahr
o. O.	ohne Ort
orth.	orthodox
osm.	osmanisch
österr.	österreichisch
p.	pagina (Seite) bzw. paginae (Seiten)
pfälz.	pfälzisch
Pl.	Plural
pol.	politisch
poln.	polnisch
Präs.	Präsident
Reg.	Register
Repr.	Reprint
rhein.	rheinisch
röm.	römisch
rum.	rumänisch
russ.	russisch
S.	Seite
s.	siehe
s. a.	siehe auch
s. o.	siehe oben
s. u.	siehe unten
s. v.	sub voce
sächs.	sächsisch
schwed.	schwedisch
scil.	scilicet
serb.	serbisch
slaw.	slawisch
slawon.	slawonisch
slowak.	slowakisch
span.	spanisch

sog.	sogenannt
südslaw.	südslawisch
Tab.	Tabelle
thessal.	thessalisch
Titularkg.	Titularkönig
türk.	türkisch
turkmen.	turkmenisch
u.	und
u. a.	und andere, unter anderem
Übers.	Übersetzung
ukr.	ukrainisch
ung.	ungarisch
Unterbr.	Unterbrechung(en)
usw.	und so weiter
v.	vom, von, vor
v. a.	vor allem
venez.	venezianisch
vgl.	vergleiche
wal.	walachisch
westl.	westlich
wg.	wegen
z. B.	zum Beispiel
zeitgen.	zeitgenössisch
Zweitaufl.	Zweitauflage

VERZEICHNIS DER TABELLEN

ERLÄUTERUNGEN ZUR ORTSNAMENKONKORDANZ

Die Ortsnamenkonkordanz soll einen Überblick über die verschiedenen Namensformen geben, die die Städte in Südosteuropa in den einzelnen Sprachen hatten und zum Teil noch heute haben. Angesetzt werden sie unter ihrem (teils nur in historischem Zusammenhang noch bedeutsamen) deutschen Namen, dem dann, sofern vorhanden, die osmanische Variante als die der anderen dominanten Reichssprache sowie die Namen in den südosteuropäischen Sprachen folgen.

Grundsätzlich wurden nur solche Namensformen aufgenommen, die für die jeweilige Stadt tatsächlich in Gebrauch waren und von dem in der (den) Landessprache(n) verbreiteten Namen abweichen. Eine Ausnahme hiervon stellen die Namen der südosteuropäischen Hauptstädte dar – hier wurden die Namensformen aller Sprachen berücksichtigt, auch wenn sie deckungsgleich sind mit dem heute amtlichen Namen.

Der heute amtliche Name in der Staatssprache des jeweiligen Landes ist hervorgehoben.

Bosnisch / Kroatisch / Serbisch und Bulgarisch / Makedonisch sind in jeweils einer Spalte zusammengefasst, da hier zumeist nur eine Variante für alle Sprachen in Gebrauch ist. Im Falle von Abweichungen wird die zweite Form mit einem Schrägstrich und unter Nennung der jeweiligen Sprache beigefügt, wobei im Fall von Bulgarisch / Makedonisch die zweite Variante stets die makedonische ist.

Deutsch	Osmanisch/Türkisch	Albanisch	Bosnisch/Kroatisch/Serbisch	Bulgarisch/Makedonisch	Griechisch	Italienisch	Rumänisch	Slowakisch	Slowenisch	Ungarisch
Adrianopel	**Edirne**		Jedrene	Odrin	Adrianupolis		Adrianopol			
Agram	Zagreb	Zagreb	**Zagreb**	Zagreb	Zagreb	Zagabria	Zagreb	Záhreb	Zagreb	Zágráb
Altsohl								**Zvolen**		Zólyom
Asenovgrad				**Asenovgrad** (bis 1934 Stanimaka)	Stenimachos					
Athen	Atina	Athina	Atina/Atena (kroat.)	Atina	**Athina**	Atene	Atena	Atény	Atene	Athén
Bar		Tivari	**Bar**			Antivari				
Bartfeld								**Bardejov**		Bártfa
Belgrad (Griechisch Weißenburg; hist.)	Belgrad	Beograd	**Beograd**	Belgrad	Beligradi	Belgrado	Belgrad	Belehrad	Beograd	Belgrád
Betschkerek			Zrenjanin							Becskerek
Bistritz							**Bistriţa**			Beszterce
Bitola	Manastir	Manastir	Bitolj	**Bitolja/Bitola**	Monastiri		Bitule (arom.)			
Blasendorf							**Blaj**			Balázsfalva
Budapest	Budapeşte	Budapest	Budimpešta	Budapešt	Budapesti	Budapest	Budapesta	Budapešť	Budimpešta	**Budapest**
Bukarest	Bükreş	Bukuresht	Bukurešt	Bukurešt	Bukuresti	Bucarest	**Bucureşti**	Bukurešť	Bukarešta	Bukarest
Butrint		**Butrint**			Buthroton	Butrinto				
Cilli									Celje	Cilli
Dubrovnik/Ragusa (hist.)	Ragusa	Rrush	**Dubrovnik**			Ragusa				
Durrës	Dıraç	**Durrës**	Drač	Durăs/Drač (hist.)	Dyrrachion	Durazzo		Drač	Drač	
Eisenburg										**Vasvár**
Eisenmarkt							**Hunedoara**			Vajdahunyad
Eisenstadt			Željezno						Železno	Kismarton
Eperies								Prešov		Eperjes
Erlau								Jáger		**Eger**

Deutsch	Osmanisch/ Türkisch	Albanisch	Bosnisch/ Kroatisch/ Serbisch	Bulgarisch/ Makedonisch	Griechisch	Italienisch	Rumänisch	Slowakisch	Slowenisch	Ungarisch
Esseg			Osijek							Eszék
Fiume (hist.)			Rijeka			Fiume			Reka	Fiume
Fogarasch							Făgăraş			Fogaras
Frauenbach							Baia Mare			Nagybánya
Fünfkirchen	Peç		Pečuh (kroat.)/ Pečuj (serb.)	Pečuj	Pets			Patkostolie		**Pécs**
Gran								Ostrihom		**Esztergom**
Großwardein							**Oradea**	Veľký Varadín		Nagyvárad
Güns			Kiseg							**Kőszeg**
Hatzeg							**Haţeg**			Hátszeg
Hermann-stadt							**Sibiu**			Nagyszeben
Istanbul/Kon-stantinopel (hist.)	**İstanbul/** Kostantiniyye (hist.)	Stamboll	Carigrad	Carigrad	Konstantinu-polis	Istanbul/Con-stantinopoli	Istanbul/ Tarigrad	Carihrad/ Istanbul	Carigrad	Isztambul
Jassy	Yaş		Jaši	Jaš	Iasio		**Iaşi**	Jasy		Jászvásár
Joannina	Yanya	Janina			**Ioannina**					
Karansebesch			Karansebeš				Caransebeş			Karánsebes
Karlowitz			**Sremski Karlovci**							Karlóca
Karlstadt			**Karlovac**							Károlyváros
Kaschau								**Košice**		Kassa
Käsmark								**Kežmarok**		Késmárk
Kjustendil/ Velebusdus (hist.)	Köstendil			**Kjustendil,** Velbäžd (hist.)/ Ḱus-tendil			Kiustendil			
Klausenburg							**Cluj-Napoca**			Kolozsvár
Kokelburg							**Cetatea de Baltă**			Küküllővár

Deutsch	Osmanisch/ Türkisch	Albanisch	Bosnisch/ Kroatisch/ Serbisch	Bulgarisch/ Makedonisch	Griechisch	Italienisch	Rumänisch	Slowakisch	Slowenisch	Ungarisch
Kotor		Kotorr	**Kotor**		Cattaro					
Kremnitz								**Kremnica**		Körmöcbánya
Kreutz			**Križevci**							Körös
Kronstadt				Brašev	Brasov		**Brașov**	Brašov		Brassó
Laibach	Ljubljana	Lubjana	Ljubljana	Ljubljana	Liubliana	Lubiana	Ľublana	Ljubljana	**Ljubljana**	Ljubljana
Langenau							Câmpulung			Hosszúmező
Leutschau								**Levoča**		Lőcse
Lewenz								**Levice**		Léva
Loitsch						Longatico			**Logatec**	
Lussin			**Lošinj**		Losini	Lussino				
Marburg									**Maribor**	
Maria-Theresiopel (hist.)			**Subotica**							Szabadka
Mediasch							Mediaș			Medgyes
Neuhäusel	Uyvar							**Nové Zámky**		Érsekújvár
Neusatz			**Novi Sad**					Nový Sad		Újvidék
Ochrid	Ohri	**Ohër**	**Ohrid**	Ochrid/ **Ohrid**	Achrida					Ohrid
Ödenburg			**Šopron**				Sopron	**Šopron**		**Sopron**
Oderhellen							**Odorheiu Secuiesc**			Székelyudvarhely
Ofen	Budin		**Budim**					Budín	Budim	**Buda**
Orschowa			**Oršava**				Orșova			Orsova
Ozora			**Usora**							
Passarowitz			**Požarevac**							
Peterwardein			**Petrovaradin**				Petrovaradin			Pétervárad
Plovdiv/ Philippopel (hist.)	Filibe			Plovdiv	Philippupolis					

Deutsch	Osmanisch/Türkisch	Albanisch	Bosnisch/Kroatisch/Serbisch	Bulgarisch/Makedonisch	Griechisch	Italienisch	Rumänisch	Slowakisch	Slowenisch	Ungarisch
Poschegg			**Požega**							Pozsega
Pressburg	Bratislava	Bratillava	Požun	Bratislava	Bratislava	Bratislava	Pojon	**Bratislava**	Bratislava	Pozsony
Prishtina	Priştine	**Prishtina**	**Priština**	Priština	Pristina	Pristina	Priştina	Priština	Priština	Pristina
Prizren	Perzerin	**Prizren**	**Prizren**							
Rustschuk	Ruşçuk			**Ruse**	Ruse					Rusze
Sathmar							Satu Mare			Szatmár-németi
Schäßburg							Sighişoara			Segesvár
Semlin	Zemun		**Zemun**							Zimony
Sereth							Siret			Szerevásár
Severin			**Severin**							Szörény
Shkodra/Skutari (hist.)	İşkodra	**Shkodra**	Skadar		Skodra	Scutari				Shkodra
Šibenik			**Šibenik**			Sebenico				
Skopje	Üsküb/Üsküp	Shkup	Skoplje	Skopje/ Skopje	Skopia	Skopje	Skopje	Skopje	Skopje	Szkopje
Slankamen			**Stari Slankamen**							Szalánkemén
Sofia	Sofya	Sofja	Sofija	**Sofija**	Sofia	Sofia	Sofia	Sofia	Sofija	Szófia
Split			**Split**			Spalato				
Stuhl-weißenburg	İstolni Bel-grad		Stolni Beograd					Stolicný Belehrad		**Székes-fehérvár**
Temeswar	Temeşvar		Temišvar		Timişoara		**Timişoara**	Temešvár		Temesvár
Thessaloniki/Saloniki	Selânik	Selanik	Solun	Solun	**Thessaloniki**	Salonicco	Salonic	Solún	Solun	Szaloniki
Tirana	Tiran	**Tirana**	Tirana	Tirana	Tirana	**Tirana**	Tirana	Tirana	Tirana	Tirana
Tschanad			Čanad				**Cenad**			Csanád
Tyrnau								**Trnava**		Nagyszombat
Vlora	Avlonya	**Vlora**	Valona	Vljora	Aulonas	Valona				

Deutsch	Osmanisch/ Türkisch	Albanisch	Bosnisch/ Kroatisch/ Serbisch	Bulgarisch/ Makedonisch	Griechisch	Italienisch	Rumänisch	Slowakisch	Slowenisch	Ungarisch
Weißenburg (ab 18. Jh. Karlsburg)							Alba Iulia			Gyulafehérvár
Wien	Beč/Viyana	Vjena	Beč	Viena	Vienni	Vienna	Viena	Viedeň	Dunaj	Bécs
Zadar		Zara	**Zadar**			Zara				
Zante (hist.)	Zakintos				**Zakinthos**	Zante				
Zeben								**Sabinov**		Kisszeben
Zengg (hist.)			**Senj**			Segna				
Zenta			**Senta**							Zenta

ZEITLEISTE / GRUNDDATEN

1227	Unterstellung eines Teils der Kumanen unter ungarischen Schutz und Konversion zum Katholizismus
1228	Ungarische Offensive gegen Bulgarien
um 1231	Etablierung des Banats von Severin als ungarische Mark (bis 1291)
1241/1242	Mongoleneinfall in Ungarn, Mittel- und Südosteuropa
ab ca. 1242	Mongolische Goldene Horde als Machtfaktor in Südosteuropa, u. a. durch Kontrolle über die Gebiete südlich und östlich der Karpaten sowie vorerst lockere Oberherrschaft über Bulgarien und teils Serbien
1247	Kleinräumige Herrschaftsorganisationen in der späteren Walachei belegt
1250/1254	Etablierung ungarischer Kontrolle über Teile des nördlichen Bosniens, Belgrad und weitere Gebiete Serbiens und Bulgariens
1272	Angevinisches Regnum Albanie
1274	Kirchenunion von Lyon
1282	Sizilianische Vesper, Ende der angevinischen Expansionspolitik am Balkan
1282–1299	Eroberung des oberen und mitteren Vardartals durch Serbien
1285	Zweiter Mongoleneinfall in Ungarn
ca. 1280–1299	Höhepunkt des mongolischen Einflusses in Südosteuropa unter dem de-facto Herrscher der Goldenen Horde, Khan Nogai
Ende des 13. Jh.s	Beginn der albanischen Einwanderung nach Griechenland
1298	Erster ständischer Landtag Ungarns in Pest
1301	Aussterben der ungarischen Arpadendynastie
1302	Byzantinische Niederlage gegen die Osmanen bei Bapheus
1304–1311	Verwüstung des südlichen Balkans durch die Katalanische Kompanie
1311–1388	Herrschaft der Katalanischen Kompanie in Athen
1319	Teilweise erfolgreicher Feldzug des ungarischen Königs Karl Robert zur Rückgewinnung nordserbischer Gebiete
1321–1328	Erster byzantinischer Thronkampf: Andronikos III. gegen Andronikos II.
ab den 1320er Jahren	Aufstieg der Kotromanići als Bane von Bosnien
1324	Basarab als erster namentlich bekannter Woiwode und Statthalter des ungarischen Königs in der Walachei belegt

1330	Serbischer Sieg über Bulgarien bei Velbǎžd (Kjustendil); Strafexpedition ungarischer Truppen unter König Karl Robert gegen den unbotmäßigen walachischen Woiwoden Basarab schlägt fehl, die Walachei verselbständigt sich
1330–1355	Serbische Vorherrschaft am Balkan
1335	Treffen der Könige Ungarns, Böhmens und Polens in Visegrád: vertiefte Zusammenarbeit gegen die habsburgische Konkurrenz
1337	Ende der byzantinischen Herrschaft in Bithynien
1340er Jahre	Korsarenzüge des Umur von Aydın in der Ägäis
ab ca. 1340	Polen und Litauen teilen bis 1366 das zerfallende ostslawische Fürstentum Halič-Volhynien unter sich auf, beginnen eine Expansionspolitik Richtung Schwarzes Meer und drängen die Mongolen zurück
1341	Tod Kaiser Andronikos' III. und Ende der byzantinischen Restaurationsversuche am Balkan
1341–1347	Zweiter byzantinischer Thronkampf: Johannes VI. Kantakuzenos gegen Anna von Savoyen und Johannes V.
ca. 1342–1354	Mehrfache Feldzüge Ungarns gegen die nach dem Tod von Khan Özbek 1341 geschwächten Mongolen der Goldenen Horde: Errichtung einer ungarischen Mark in der späteren Moldau (evtl. ab ca. 1343/1354 unter dem Woiwoden Dragoş)
1345–1348	Serbische Inbesitznahme des südlichen Balkans (Südalbanien, Epirus, Thessalien, südlicher makedonischer Raum)
1346	Krönung des serbischen Königs Stefan IV. Dušan zum Zaren; Erhöhung des serbischen Erzbistums zum Patriarchat
1351	In Ungarn Erneuerung der Goldenen Bulle von 1222, Ausbau der Adelsrechte
1352	Johannes VI. überlässt den Osmanen den Brückenkopf Tzympe in Thrakien; Niederlage eines serbischen Aufgebots gegen die Osmanen bei Emphytaion
1354	Osmanische Eroberung Gallipolis
1354/1355	Beginn der osmanischen Angriffe auf Bulgarien
1358	Vertrag von Zadar: Venedig tritt Ungarn seinen Machtbereich in Dalmatien ab
1359	Sieg des albanischen Adligen Karl Thopia über Nikephoros II. von Epirus, Beginn albanischer Adelsherrschaften in Epirus; niedergeschlagener Aufstand gegen die ungarische Herrschaft in der ungarischen Mark östlich der Karpaten (spätere Moldau); Einrichtung einer orthodoxen Metropolie in Argeş in der Walachei durch das Patriarchat von Konstantinopel – die Walachei entscheidet sich endgültig für die Orthodoxie

1359/1361	Offensive türkischer Kriegerverbände in Thrakien
1359–1365	Ungarische Offensive im nördlichen Balkan (Bosnien, Serbien, Vidin)
1363	Fall Philippopels
1368/1369	Fall wichtiger Städte in Thrakien (Bizye, Brysis, Saranta ekklesiai)
1362	Bündnis der Katalanen von Athen mit Sultan Murad I.
um 1363	Der rumänische Kleinadelige Bogdan aus der nordostungarischen Region Maramureş rebelliert gegen den ungarischen König, zieht in die Moldau, besiegt den Statthalter der dortigen ungarischen Mark und etabliert eine eigene Dynastie: in der Folge verselbständigt sich die Moldau von Ungarn
1364	Letzter byzantinisch-bulgarischer Grenzkrieg um die Küstenstädte im südwestlichen Schwarzmeergebiet
1365–1369	Ungarisches Banat von Vidin
1366–1377	Weitgehende Abschließung der Osmanen vom Balkan durch die Eroberung Gallipolis durch Amadeo VI. von Savoyen
1369	Eroberung Adrianopels durch türkische Kriegerverbände
1370	Personalunion Ungarns mit Polen unter Ludwig dem Großen von Anjou (bis 1382)
1371	Schlacht an der Marica: Sieg türkischer Kriegerverbände über die serbischen Herren des makedonischen Raumes; Byzanz wird Vasallenstaat der Osmanen; Aussterben der serbischen Nemanjidendynastie
1372–1381	Venezianisch-ungarischer Krieg
1375	Ausgleich des innerorthodoxen Schismas zwischen den Patriarchaten von Konstantinopel und Peć
1377	Andronikos IV. gibt Gallipoli an die Osmanen zurück; Tvrtko I. Kotromanić König von Bosnien und Serbien
1378–1381	Genuesisch-venezianischer Krieg um die Vorherrschaft im Levante- und Schwarzmeerhandel
1380–1384	Osmanische Verbände vom epirotischen Fürsten Thomas Preljubović gegen albanische Kriegergruppen eingesetzt
1382–1387	Tod Ludwigs des Großen von Ungarn; Thronkrise, Sieg Sigismund von Luxemburgs; Abwehrkampf von Manuel Palaiologos in Thessaloniki gegen die Osmanen
1385	Osmanischer Vorstoß an die Adria und Sieg über den Regionalfürsten Balsha II.
1385/1386	Personalunion von Polen und Litauen (ab 1569 Union v. Lublin: Realunion)
1386	Der epirotische Fürst Esaù Buondelmonti ruft osmanische Verbände in örtlichen Fehden zu Hilfe; osmanische Eroberung des östlichen Thessaliens

1387	Osmanische Eroberung Thessalonikis; Treueeid des moldauischen Woiwoden Peter gegenüber dem polnischen König Władysław Jagiełło; Venedig erwirbt Korfu
1388	Der nordalbanische Fürst Georg II. Balsha setzt osmanische Truppen in Fehden gegen Bosnien ein; bosnischer Sieg über die Osmanen bei Bileća
1389	Schlacht am Amselfeld: Sieg Sultan Murads I. über ein serbisch-bosnisches Heer unter Führung von Lazar Hrebeljanović
nach 1389	Die meisten orthodoxen und italienischen Kleinadligen des südwestlichen Balkans werden osmanische Vasallen
1392	Osmanische Eroberung Skopjes
1392–1405	Venedig erwirbt Durazzo (Durrës) und Nordalbanien
1393	Osmanische Eroberung der bulgarischen Zarenstadt Tărnovo; osmanische Eroberung Thessaliens
1394	Abkommen des ungarischen Königs Sigismunds mit dem bosnischen König Dabiša; erster osmanischer Gegenkönig in Bosnien
1394–1402	Osmanische Blockade Konstantinopels
1395	Der walachische Woiwode Mircea „der Alte" behauptet sich in der Schlacht bei Rovine gegenüber Sultan Bayezid I.
1396	Sieg Bayezids I. bei Nikopolis über ein ungarisch-französisches Kreuzfahrerheer unter König Sigismund von Luxemburg; schlachtentscheidende Rolle der serbischen Panzerreiter im osmanischen Heer
1397	Osmanischer Feldzug gegen die Morea; Teile des byzantinischen Besitzes dem Johanniterorden übergeben
1401	Errichtung der orthodoxen Metropolie in Suceava, damit endgültige kirchenrechtliche Hinwendung der Moldau nach Byzanz
1402	Sieg des zentralasiatischen Eroberers Timur Lenk über Sultan Bayezid I.
1402–1413	Osmanischer Thronkrieg
1403	Vertrag von Gallipoli: Rückgabe osmanischer Gebiete besonders an Byzanz (v. a. Thessaloniki, Chalkidike); Scheitern des Landungsversuchs König Ladislaus' von Neapel im Thronstreit mit Sigismund von Luxemburg in Ungarn
1404	Tvrtko II. als osmanischer Gegenkönig von Bosnien, gegen den an Ungarn und Venedig orientierten König Ostoja; Räumung der Morea durch den Johanniterorden
1404–1409	Intensivierte ungarische Machtpolitik in Bosnien
1409–1420	Venezianische Inbesitznahme weiterer Teile Dalmatiens

1411	Osmanischer Angriff auf Bosnien, herbeigerufen von dem bosnischen Adligen Sandalj Hranić
1412	Vertrag von Lublau: Allianz Polens und Ungarns gegen die Osmanen und Teilungsplan bezüglich der Moldau für den Fall der Nichtbeteiligung der Moldau
1414	Osmanischer Plünderzug gegen Agram
1415	Osmanischer Sieg über ein ungarisches Aufgebot an der Lašva und Beginn der massiven osmanischen Einmischung in das Königreich Bosnien; osmanische Angriffe auf Kroatien und Dalmatien
1415/1417	(Wiederaufnahme von?) Tributzahlungen der Walachei unter Mircea „dem Alten" an die Osmanen: Beginn der allmählichen Unterordnung der Walachei unter osmanische Herrschaft
1416	Aufstand des Bedreddin und Cüneyts; Eroberung Artas durch Karl I. Tocco und letztmaliger Zusammenschluss von Ioannina und Arta unter epirotischer Regionalherrschaft
1416/1417	Osmanische Eroberung der Region Vlora-Gjirokastra in Südalbanien
1420	Osmanische Eroberung der Dobrudscha sowie von Turnu und (evtl. schon 1414/1417) Giurgiu an der Donau in der Walachei; endgültige Niederlage Sigismunds von Luxemburg gegen Venedig im Ringen um Dalmatien (Kriege: 1411–1413, 1418–1420)
1422	Erfolglose Belagerung Konstantinopels durch Murad II.; Tvrtko II. (erneut) als bosnischer König von osmanischen Gnaden
1423	Sieg serbischer Truppen gegen Venedig in der Zeta; Verwüstung der Morea durch die Osmanen
1423–1430	Venezianisch-osmanischer Krieg
1424	Byzantinisch-osmanischer Frieden
1426	Serbisch-venezianischer Grenzvertrag
1427	Osmanischer Angriff auf Serbien; Tod des Despoten Stefan Lazarević; Übergabe Belgrads an Ungarn
1427/1428	Osmanische Eroberung von rund einem Drittel des serbischen Despotats
1427–1456	Georg Branković als Despot von Serbien
1430	Osmanische Eroberung Thessalonikis; osmanische Übernahme Ioanninas
1432–1434	Teilung Bosniens zwischen König Tvrtko II. und dem osmanenfreundlichen Radivoj Ostojić; osmanische Plünderung von Bobovac
1433–1436	Aufstand in Südalbanien gegen die osmanische Herrschaft
1435–1466	Stefan Vukčić Kosača, Herzog von Hum (Herzegowina)

	Mehmeds II. gegen Johann Hunyadi vor Belgrad, Seuchentod Hunyadis; osmanische Eroberung des Herzogtums Athen
1458–1460	Osmanische Eroberung der Morea
1458–1464	Thronkampf im Königreich Neapel
1459	Osmanische Eroberung des serbischen Despotats
1462	Feldzug Mehmeds II. gegen den walachischen Woiwoden Vlad „den Pfähler"
1463	Eroberung des Königreichs Bosnien durch Mehmed II.; ungarischer Gegenschlag; Teilung Bosniens in einen ungarischen Nordwesten und einen osmanischen Teil
1463–1479	Venezianisch-osmanischer Krieg
1464	Gescheiterter Kreuzzug Papst Pius' II.
1466	Osmanische Eroberung weiter Teile der Herzegowina
1466/1467	Vernichtungsfeldzug Mehmeds II. gegen das Gebiet Skanderbegs in Mittelalbanien
1467	Gescheiterter Feldzug des ungarischen Königs Matthias Corvinus gegen die Moldau, um das Land wieder unter ungarische Kontrolle zu bringen
ab 1469	Osmanische Raubzüge in Friaul
1470	Osmanische Eroberung der Festung Negroponte/Euböa
ab 1473	Osmanische Raubzüge in Kärnten
1473	Rebellion der Moldau gegen die Osmanen durch einen Angriff auf die Walachei: Beginn des mit Unterbrechungen bis 1486 andauernden moldauisch-osmanischen Kriegszustandes
1474	Erste Belagerung Shkodras durch die Osmanen
1475/1478	Das Khanat der Krim unterstellt sich den Osmanen (bis 1783)
1475	Osmanische Niederlage gegen den moldauischen Woiwoden Stefan „den Großen" bei Vaslui (Podul Înalt)
1476	Niederlage des moldauischen Woiwoden gegen Sultan Mehmed II. bei Războieni; ungarische Eroberung von Šabac
1479	Venezianisch-osmanischer Friedensschluss; osmanische Niederlage gegen Ungarn in der Schlacht auf dem Brotfeld (Siebenbürgen)
1480	Osmanischer Angriff auf Otranto in Apulien; gescheiterte osmanische Belagerung von Rhodos
1481	Tod Mehmeds II.; osmanischer Abzug aus Otranto; gescheiterter Aufstand westbalkanischer Kleinfürsten gegen die Osmanen

1484	Osmanische Eroberung der moldauischen Schwarzmeerhäfen Kilia und Akkerman, Verlust des Meereszugangs für die Moldau
1485–1490	Eroberung Wiens durch den ungarischen König Matthias Corvinus
1486	Beendigung des Kriegszustandes zwischen der Moldau und dem Osmanischen Reich: der moldauische Woiwode Stefan der Große leistet regelmäßige Tributzahlungen
1489	Erstes Abkommen zwischen Polen und dem Osmanischen Reich; ungarisch-moldauische Allianz
1491	Erbvertrag zwischen dem Jagiellonen Władysław II., König von Ungarn und dem Habsburger Maximilian I.
1493	Niederlage des kroatischen Adels gegen bosnische Osmanen an der Krbava
1497	Niederlage des polnischen Königs Johann I. Albrecht bei seinem Feldzug in die Moldau in der Schlacht im Codru Cosminului
1499–1503	Venezianische Niederlage im Seekrieg gegen Bayezid II.
1501	Osmanische Eroberung von Durazzo (Durrës)
1514	Nach einem abgesagten Kreuzzug gegen die Osmanen großer Bauernaufstand in Ungarn, auf dem anschließenden Landtag Festlegung rechtlicher Grundlagen der Erbuntertänigkeit der Bauern
1521	Eroberung der ungarischen Grenzfestung Belgrad
1522	Osmanische Eroberung von Rhodos
1526	Ungarische Niederlage gegen die Osmanen bei Mohács; Beginn der habsburgisch-osmanischen Kriege
1528	Osmanische Eroberung von Jajce
1529	Erste Belagerung Wiens durch die Osmanen
1531	Moldauische Niederlage in der Schlacht von Obertyn gegen Polen: Pokutien fällt endgültig an Polen
1532	Gescheiterter zweiter Angriff Sultan Süleymans „des Prächtigen" auf Wien
1534	Einrichtung der osmanischen „Provinz der Inseln des Weißen Meeres"
1537–1540	Osmanisch-venezianischer Krieg
1538	Osmanischer Feldzug in die Moldau: das Land unterwirft sich den Osmanen unter fortbestehender Autonomie; im Südosten unterstellen die Osmanen weitere Gebiete direkter Kontrolle, so die Festung Tighina (Bender); der bisher walachische Donauhafen Brăila wird vermutlich im selben Jahre osmanisch
1541	Eroberung von Ofen und Pest durch die Osmanen (1. Eyalet in Ungarn)
1543	Osmanische Eroberung von Gran, Stuhlweißenburg und Fünfkirchen

1547	Friede von Adrianopel/Edirne: 1. Friedensvertrag zwischen den Habsburgern und den Osmanen
1551–1553	Osmanisch-habsburgischer Krieg in Ungarn
1552	Kapitulation von Temeswar (2. Eyalet in Ungarn); osmanische Eroberung Slawoniens
1554	Osmanische Einnahme von Fileck (das nördlichste Sancakzentrum des Osmanischen Reiches in Ungarn)
1566	Osmanische Eroberung von Siget und Jula; Tod Sultans Süleyman I. und des Nikolaus Zrínyi/Zrinski
ab 1556 allmählich, bzw. ab 1570/1571 endgültig	Siebenbürgen wird ein Fürstentum unter osmanischer Oberhoheit
1568	Friede von Adrianopel/Edirne: Bestätigung der jährlichen Zahlungen an den Sultan, Anerkennung der osmanischen Oberhoheit über die Donaufürstentümer und Siebenbürgen
1569	Union von Lublin: Realunion zwischen Polen und Litauen, das Reich steht auf dem Höhepunkt seiner Macht
1570–1573	1. russisch-osmanischer Krieg; osmanisch-venezianischer Krieg
1570–1571	Osmanische Eroberung von Zypern
1571	Seeschlacht bei Lepanto endet mit osmanischer Niederlage
1580	Einrichtung der osmanischen Provinz Bosnien
1591–1593	Beginn des „Langen Türkenkrieges" (bis 1606; 1592 Eroberung von Bihać, Schlacht von Sissek am 22. Juni 1593)
1593	Einrichtung der osmanischen Provinz Silistrien bzw. Odessa/Özi
1594	Osmanischer Besitz von Raab (bis 1598); Anschluss der Moldau und der Walachei an die Allianz der christlichen Mächte unter kaiserlicher Führung und Rebellion gegen die Osmanen
1595	Feldzug der Osmanen gegen den walachischen Woiwoden Michael „den Tapferen" (Schlacht bei Călugăreni), vorübergehende osmanische Besetzung der Walachei und wenig später wieder abgebrochene Vorbereitungen zur Unterordnung des Landes unter osmanische Verwaltung; mit der Ernennung von Ieremia Movilă zum Woiwoden der Moldau massive Zunahme des polnischen Einflusses (für einige Jahrzehnte polnisch-osmanisches Kondominium); osmanische Eroberung von Erlau und Sieg bei Mezőkeresztes (26.–28. Oktober)
1597	Der walachische Woiwode Michael der Tapfere ordnet sich Kaiser Rudolf II. unter

1599	Michael der Tapfere erobert Siebenbürgen und erklärt sich zum kaiserlichen Statthalter
1600	Michael der Tapfere erobert vorübergehend die Moldau; osmanische Eroberung von Kanischa
1603–1639	Osmanisch–persischer Krieg
1604–1606	Aufstand von Stephan Bocskai (Wiener Frieden, 23. Juni 1606)
1606	Abkommen von Zsitvatorok: der Sultan erkennt erstmalig den Kaiser als gleichrangig an
1612	Formales Ende des „Langen Türkenkrieges"; Ratifizierung des Abkommens von Zsitvatorok
1618–1648	Dreißigjähriger Krieg (siebenbürgische Feldzüge gegen die Habsburger mit osmanischen Hilfstruppen)
1620–1621	Krieg zwischen dem Osmanischen Reich und Polen-Litauen; Stärkung der osmanischen Position in den Donaufürstentümern
1645–1670	Osmanisch-venezianischer Krieg („Kreta-Krieg")
1648	Venezianische Eroberung von Knin und Klis
ab 1648	In der Ukraine Aufstand der Kosaken unter Bogdan Chmel'nyc'kyj gegen die polnische Herrschaft: Annäherung ans Osmanische Reich und intensive politische Verbindungen zur Moldau (bis 1653); 1654 Unterstellung der Kosaken unter den Zaren, dadurch allmähliche Integration ins Russländische Reich
1656–1662	Osmanische Feldzüge in Siebenbürgen; Festigung der osmanischen Oberherrschaft
1660	Osmanische Eroberung von Großwardein
1663	Beginn eines weiteren habsburgischen Türkenkriegs mit Niederlagen für die Osmanen bei Lewenz und St. Gotthard/Mogersdorf an der Raab (1. August 1664); osmanische Eroberung von Neuhäusel (25. September 1663)
1664	Winterfeldzug im osmanischen Ungarn von Nikolaus Zrínyi, osmanische Eroberung von Neu-Serinwar; Friede von Eisenburg: Bestätigung des Status quo (osmanische Eroberung von Großwardein und Neuhäusel)
1672	Podolien wird osmanische Provinz
1676–1681	Russisch-osmanischer Krieg
1682–1685	Osmanisches Vasallenfürstentum von Emmerich Thököly in Oberungarn
1683	Zweite Belagerung Wiens durch die Osmanen; Beginn eines weiteren Türkenkriegs; zugleich 3. russisch-osmanischer Krieg: Vormarsch habsburgischer Truppen in den inneren Balkan (bis 1690)

1684	Bildung einer „Heiligen Liga" gegen das Osmanische Reich
1686	Rückeroberung von Ofen und Fünfkirchen
1687–1691	Siebenbürgen wird habsburgisch
1687	Schlacht von Nagyharsány nahe Siklós, sog. „zweite Schlacht bei Mohács"; Eroberung Athens durch Venedig
1688	Eroberung von Belgrad (bis 1690)
1689	Eroberung von Niš und Vidin (bis 1690)
1690	Osmanische Rückeroberung von Belgrad und Niš
1691	Schlacht bei Slankamen
1696	Osmanische Eroberung von Temeswar
1697	Osmanische Niederlage bei Zenta, Brandschatzung von Sarajevo durch Prinz Eugen
1699	Friede von Karlowitz: Ungarn und Slawonien werden habsburgisch; die Peloponnes und das dalmatinische Hinterland (sog. acquisto nuovo) fallen an Venedig
um 1700	Kirchenunion in Siebenbürgen
1710–1713	Osmanisch-russischer Krieg
1711	Pruthfeldzug und Aufruf an die Balkanorthodoxen unter Peter „dem Großen"; konventionellerweise Beginn der „Phanariotenzeit" in der Moldau
1714	Beginn eines habsburgischen Türkenkrieges
1715	Konventionellerweise Beginn der „Phanariotenzeit" in der Walachei; osmanische Rückeroberung der Peloponnes
1716	Osmanische Niederlage bei Peterwardein
1717	Temeswar und Belgrad werden von Habsburgern erobert
1718	Friede von Passarowitz: Nordserbien mit Belgrad, Nordbosnien, das Banat von Temeswar und die Kleine Walachei mit Craiova werden habsburgisch; Venedig verliert die Peloponnes, behält aber Gewinne im dalmatinischen Hinterland (acquisto nuovissimo)
1736	Beginn eines habsburgischen Türkenkrieges unter russischer Beteiligung
1737	Habsburgische Niederlage bei Banja Luka
1739	Friede von Belgrad zwischen dem Osmanischen Reich, Russland und der Habsburgermonarchie: bis auf das Banat von Temeswar gehen alle habsburgischen Eroberungen von 1718 verloren

1746/1749	Aufhebung der Leibeigenschaft in der Walachei bzw. in der Moldau im Rahmen umfangreicherer Reformprojekte
1757	Die Familie Bushatlliu errichtet politische Vorrangstellung im nördlichen und mittleren Albanien (bis 1831)
1765	Maria Theresia erklärt Siebenbürgen zum Großfürstentum. Sie nimmt den Titel Großfürstin an
1768	Beginn des 6. russisch-osmanischen Krieges
1774	Friede von Küçük Kaynarca: Gebietsgewinne für Russland, freier Schwarzmeerzugang für russische Schiffe, russisches Protektorat über die orthodoxen Balkanchristen
1775	Abtretung der moldauischen Bukowina an Österreich
1783	Das Khanat der Krim wird der Kontrolle Russlands unterstellt
1784	Bauernaufstand unter Horea, Cloşca und Crişan in Siebenbürgen
1787	Ali Pascha von Ioannina errichtet eine autonome Herrschaft in Südalbanien, Epirus und Thessalien (bis 1822)
1787	Beginn des russisch-habsburgisch-osmanischen Krieges, Besetzung der Moldau durch russische Truppen
1789	Habsburgische Rückeroberung Belgrads von den Osmanen
1791	„Supplex Libellus Valachorum" in Siebenbürgen, Beginn einer (vorerst noch ständisch ausgerichteten) rumänischen Nationalbewegung; Friede von Jassy: russischer Rückzug aus der Moldau und aus Bessarabien, Anerkennung der russischen Eroberungen auf der Krim; Friede von Sistowa (Sistovo) zwischen der Habsburgermonarchie und dem Osmanischen Reich
1797	Friede von Campoformio: Ende der Republik Venedig; Dalmatien und das venezianische Istrien fallen an Österreich
1804–1813	Erster serbischer Aufstand
1805	Friede von Pressburg: Dalmatien fällt an das napoleonische Königreich Italien
1806–1812	Russisch-osmanischer Krieg
1812	Abtretung des moldauischen Bessarabien ans Russländische Reich
1821	Mit der Ernennung einheimischer Woiwoden endet die „Phanariotenzeit" in der Walachei und der Moldau

HERRSCHERLISTEN

VON DER RÖMISCHEN ANTIKE BIS INS 19. JAHRHUNDERT

I. RÖMISCHE KAISER, INCL. OSTROM/BYZANZ

(Fritz Mitthof: Augustus bis 5. Jh. / Peter Schreiner: 476–1453)

ZEITALTER DES FRÜHEN PRINZIPATS

Hauptkaiser (in Rom/allgemein anerkannt)	Mitherrscher[1]	Gegenkaiser (nur regional anerkannt)
Iulisch-claudische Dynastie		
Augustus (27 v.–14 n. Chr.)	M. Agrippa (18–12 v. Chr.) Tiberius (6 v./4 n.–14 n. Chr.)	
Tiberius (14–37)	Germanicus (14–19)	
Gaius Caesar Germanicus, genannt *Caligula* (37–41)		
Claudius (41–54)	Nero (51–54)	Illyricum: Scribonianus (42)
Nero (54–68)		Gallien:[2] Iulius Vindex (68) Africa: Clodius Macer (68) Hispanien: Galba (ab 68)
Bürgerkriegsphase (sog. „Vierkaiserjahr")		
Galba (68–69)	Piso (69)	
Otho (69)		Gallien: Vitellius (ab 69)
Vitellius (69)		Osten: Vespasian (ab 69)
Flavische Dynastie		
Vespasian (69–79)		
Titus (79–81)		Germanien: Antonius Saturninus (89)
Domitian (81–96)		

ZEITALTER DES HOHEN PRINZIPATS

sog. „Adoptivkaiser" (Trajan-Marc Aurel) bzw. „Antoninen" (ab Antoninus Pius)

Nerva (96–98)	Trajan (97–98)	
Trajan (98–117)		
Hadrian (117–138)	Aelius Caesar (136–138)	
Antoninus Pius (138–161)	Marc Aurel (139–161)	
Marc Aurel (161–180)	Lucius Verus (161–169) Commodus (166–180)	Syrien: Avidius Cassius (175)
Commodus (180–192)		

---

1 In iulisch-claudischer Zeit Inhaber von *tribunicia potestas* und/oder *imperium proconsulare (maius)*, danach (ab Piso) Personen mit dem Status eines *Caesar* oder *Augustus*.

2 Vindex und Macer erhoben sich zwar gegen Nero, nahmen aber keine kaiserlichen Titel an.

Hauptkaiser (in Rom/allgemein anerkannt)	Mitherrscher	Gegenkaiser (nur regional anerkannt)

Bürgerkriegsphase (sog. „Fünfkaiserjahr")

Hauptkaiser (in Rom/allgemein anerkannt)	Mitherrscher	Gegenkaiser (nur regional anerkannt)
Pertinax (193)		
Didius Iulianus (193)		Pannonien: Septimius Severus (ab 193)
		Syrien: Pescennius Niger (ab 193)
		Britannien: Clodius Albinus (ab 193)

ZEITALTER DES SPÄTEN PRINZIPATS

Severische Dynastie

Hauptkaiser (in Rom/allgemein anerkannt)	Mitherrscher	Gegenkaiser (nur regional anerkannt)
Septimius Severus (193–211)	Clodius Albinus (193–195) M. Aurelius Antoninus, genannt *Caracalla* (196–211) Geta (197–211)	Syrien: Pescennius Niger 193–194 Britannien/Gallien: Clodius Albinus 193/195–197
Caracalla (211–217)	Geta (211)	
Zwischenphase: Macrinus (217–218)	Diadumenianus (217–218)	
M. Aurelius Antoninus, genannt *Elagabal* (218–222)	Severus Alexander (221–222)	
Severus Alexander (222–235)		Edessa: Uranius (ca. 231)

Soldatenkaiser

Hauptkaiser (in Rom/allgemein anerkannt)	Mitherrscher[3]	Gegenkaiser (nur regional anerkannt)[4]
Iulius Verus Maximinus (235–238)	Iulius Verus Maximus (236–238)	Africa und Rom: Gordian I. u. II. (238)
		Rom: Pupienus u. Balbinus (238)
Pupienus u. Balbinus (238)	Gordian III. (ab 238)	Karthago: Sabinianus (240)
Gordian III. (238–244)		

---

3   Personen mit dem Status eines *Caesar* oder *Augustus*.

4   Obskure oder historisch zweifelhafte Usurpatoren sind ausgelassen.

Hauptkaiser (in Rom/allgemein anerkannt)	Mitherrscher	Gegenkaiser (nur regional anerkannt)
Iulius Philippus (244–249)	Iulius Philippus iunior (244–249)	Mösien: Pacatianus (248)
		Syrien und Kappadokien: Iotapianus (249)
Decius (249–251)	Herennius Decius (250–251) Hostilianus (250–251)	Philippopolis: Priscus 250 Rom: Valens Licinianus (250)
Trebonianus Gallus (251–253)	Hostilianus (251) Volusianus (251–253)	Syrien: Uranius Antoninus (253)
Aemilius Aemilianus (253)		
Valerianus (253–260)	Gallienus (253–260) Valerianus iunior (256–258) Saloninus (258–260)	
Gallienus (260–268)		Pannonien: Ingenuus (260) Regalianus (260) Antiochia: Mareades (260)
		Osten: Macriani u. Quietus (260–261) Makedonien: Valens (261)
		Ägypten: Mussius Aemilianus (261–262)
		Palmyrenisches Sonderreich: Septimius Odaenathus (262–267) Zenobia u. Vaballathus (267–272)
Claudius Gothicus (268–270)		Mailand: Aureolus (268)
Quintillus (270)		Gallisches Sonderreich: Postumus (260–269)
Aurelianus (270–275)		Laelianus (269) Victorinus (269–271) Tetricus I. u. II. (271/273–274)
Tacitus (275–276)		
Florianus (276)		
Probus (276–282)		Köln: Bonosus u. Proculus (280–281)
		Antiocheia: Saturninus (281)
Carus (282–283)	Carinus u. Numerianus (ab 282)	
Carinus u. Numerianus (283–284 bzw. 283–285)		

ZEITALTER DES DOMINATS

Tetrarchie und Aufstieg Konstantins I.

Alleinherrschaft 284–285

Diokletian

Dyarchische Phase (285–293)	
Osten[5]	Westen
Diokletian (Augustus)	Maximian (ab 285 Caesar, ab 286 Augustus)

Tetrarchische Phase (293–311)			
Osten[6]		Westen	
Augustus	Caesar	Augustus	Caesar

1. Tetrarchie (293–305)

Diokletian	Galerius	Maximian	Constantius

2. Tetrarchie (305–306)

Galerius	Maximinus Daia	Constantius I.	Severus II.

3. Tetrarchie (306–308)

Galerius	Maximinus Daia	Severus II. (bis 307)	Konstantin I.

4. Tetrarchie (308–311)

Galerius	Maximinus Daia	Licinius	Konstantin I.

Gegenkaiser (nur regional anerkannt): Ägypten: Domitius Domitianus (297); Aurelius Achilleus (297–298); Gallien: Amandus (ca. 285); Britannien: Carausius (286–293); Allectus (293–296/297); Italien u. Africa: Maxentius (306–312); Africa: Domitius Alexander 308–310; außerdem Maximian zweimal als Kaiser reaktiviert (in Italien bzw. Gallien; 306/307–308 u. 310).

5 Teilungslinie zwischen Osten und Westen: In Europa verlief die Grenze der beiden Reichsteile in dieser Phase zwischen den Gebieten Italiens bzw. Rätiens einerseits und Pannoniens bzw. Noricums andererseits, in Afrika zwischen Africa Tripolitana u. Libyen. Diese Linie entspricht der Grenze zwischen den in spät- bzw. nachkonstantinischer Zeit eingerichteten Prätoriumspräfekturen Italia u. Africa einerseits u. Illyricum bzw. Orient andererseits; vgl. Karte VI (Südosteuropa im 4. Jh.) in: HGSOE, Bd. 1,1 (online unter <https://www.hgsoe.ios-regensburg.de/karten/antike-und-fruehmittelalter.html>). Hier und im Folgenden richtet sich die Abfolge „Westen – Osten" oder „Osten – Westen" nach dem Rangverhältnis zwischen den Mitgliedern des jeweiligen Herrscherkollegiums.

6 Teilungslinie wie in Anm. 5.

311–313 (drei Augusti)

Osten	Mitte[7]	Westen
Maximinus Daia	Licinius	Konstantin I.

313–324 (zwei Augusti mit ihren Caesares)

Osten[8]	Westen
Licinius mit Licinius iunior (ab 317)	Konstantin mit Crispus (ab 317) u. Constantinus II. (ab 317)

324–337 (ein Augustus u. Caesares)

Hauptkaiser	Mitherrscher
Konstantin I.	Constantinus II. (seit 317) Constantius II. (ab 324) Constans (ab 333) Delmatius (335) Hannibalianus (rex, 335)

Konstantinische Dynastie (nach dem Tod Konstantins I.)

337–340

Westen[9]	Mitte	Osten
Constantinus II.	Constans	Constantius II.

340–350

Westen[10]	Osten
Constans	Constantius II.

---

7   Der Reichsteil des Licinius umfasste anfänglich (308) nur die pannonische Diözese (Noricum u. Pannonien); nach dem Tod des Galerius (311) übernahm er ganz Südosteuropa bis zum Bosporus (also das gesamte Illyricum und die thrakische Diözese).

8   Von 313–316 gehörte das Illyricum zum Reichsteil des Licinius, ab 316 zu dem Konstantins. Die Teilungslinie zwischen den beiden Reichsteilen verlief nach 316 in Südosteuropa entlang der Westgrenze der thrakischen Diözese; vgl. Karte VI (s. Anm. 5).

9   Die drei Reichsteile entsprachen nunmehr den drei Prätoriumspräfekturen Gallien; Italien, Africa u. Illyricum; sowie Oriens. Die Teilungslinie zwischen den Zonen des Constans und des Constantius II. in Südosteuropa blieb demnach dieselbe wie in Anm. 8.

10 Die beiden Reichsteile entsprachen einerseits den drei Prätoriumspräfekturen Gallien sowie Italien, Africa u. Illyricum; adererseits Oriens. Die Teilungslinie in Südosteuropa blieb wiederum dieselbe wie in Anm. 8.

350–353

Hauptkaiser (Augusti)	Mitherrscher (Caesares)	Gegenkaiser (nur regional anerkannt)
Osten:[11] Constantius II.	Constantius Gallus (351–354)	Rom: Nepotianus (350)
		Illyricum: Vetranio (350)
Westen: Magnentius	Decentius	

353–361

Hauptkaiser	Mitherrscher (Caesares)	Gegenkaiser (nur regional anerkannt)
Constantius II.	Constantius Gallus (bis 354) Julian (ab 355)	Köln: Silvanus (355)

361–363

Julian (Gesamtreich)

363–364 (Übergangsphase)

Jovian (Gesamtreich)

Valentinianisch-theodosianische Dynastie[12]

364–375

Westen[13]	Mitherrscher	Osten
Valentinian I.	Gratian (ab 367)	Valens

Gegenkaiser (Konstantinopel): Procopius (365–366)

375–378

Westen[14]	Osten
Gratian u. Valentinian II.	Valens

11 Nach der Erhebung des Magnentius und dem Tod des Constans konnte Constantius II. das Illyricum für sich sichern. Die Teilungslinie der beiden Reichsteile verlief 350–361 in Südosteuropa zwischen Italien u. Illyricum (wie in Anm. 5).

12 Ab diesem Moment wurden alle Herrscher, auch solche im Kindesalter, sofort zu Augusti erhoben.

13 Valentinian übernahm die beiden Prätoriumspräfekturen Gallien u. Italien, Africa u. Illyricum, Valens den Orient. Die Teilungslinie zwischen ihren Reichsteilen verlief neuerlich wie in Anm. 8.

14 Teilungslinie wie in Anm. 8.

378–383

Westen[15]	Osten
Gratian u. Valentinian II.	Theodosius I.

383–388

Osten[16]	Mitherrscher	Westen	Gegenkaiser (Westen)
Theodosius I.	Arcadius	Valentinian II.	Magnus Maximus (u. Victor 384–388)

388–392

Osten[17]	Mitherrscher	Westen
Theodosius I.	Arcadius	Valentinian II.

392–395

Gesamtreich	Mitherrscher	Gegenkaiser (Rom)
Theodosius I.	Arcadius (seit 383) Honorius (ab 393)	Eugenius 392–394

395–450/455

Osten[18]	Westen
Arcadius (395–408)	Honorius (395–423) Mitherrscher: Constantius III. (421)
Theodosius II. (408–450)	Valentinian III. (425–455)

Gegenkaiser: Britannien: Marcus (406); Gratian (407); Konstantin III. (407–411); Gallien: Jovinus (411-413); Rom: Johannes (423–425)

---

15 Theodosius I. erhielt von Gratian die Prätoriumspräfektur Oriens, erweitert um die Diözesen Dakien u. Makedonien. Damit entsprach die neue Teilungslinie dem „Skodra-Meridian" (Ost-Illyricum zum Osten, West-Illyricum zum Westen); vgl. Karte VII (Südosteuropa um 400), in: HGSOE, Bd. 1,1 (online unter <https://www.hgsoe.ios-regensburg.de/karten/antike-und-fruehmittelalter.html>).

16 Teilungslinie wie in Anm. 15.

17 Teilungslinie wie in Anm. 15.

18 Die Teilungslinie in Südosteuropa war nach dem Tod des Theodosius I. (395) zunächst umstritten; mit dem Tod des Honorius (423) wurde endgültig der Skodra-Meridian wirksam (s. Anm. 15 bzw. Karte VII). In den folgenden Jahren (424/425 bzw. 437) fiel dann auch das West-Illyricum formal unter die Kontrolle des Ostreichs, doch befand sich die römische Herrschaft in der gesamten Zone bereits in Auflösung.

OSTROM UND WESTROM (450/455–476/480)[19]

Ostrom	Westrom
Markian 450–457	Petronius Maximus 455
Leon I. 457–474	Avitus 455–456
	Maiorian 457–461
	Libius Severus 461–465
Leon II. 474	Anthemius 467–472
	Glycerius 472–473
Zenon 474–475 (zum ersten Mal)	Iulius Nepos 474–475 (480)
[Gegenkaiser: Basiliskos 475–476]	Romulus Augustulus 475–476
Zenon ab 476 (zum zweiten Mal)	

OSTROM/BYZANZ

474/476–491	Zenon	711–713	Philippikos
491–518	Anastasios I.	713–715	Anastasios II.
518–527	Justin I.	715–717	Theodosios III.
527–565	Justinian	717–741	Leon III.
565–578	Justin II.	741–775	Konstantin V.
578–582	Tiberios I.	775–780	Leon IV.
582–602	Maurikios	780–797	Konstantin VI.
602–610	Phokas	797–802	Eirene
610–641	Herakleios	802–811	Nikephoros I.
641	Konstantin III. u. Heraklonas	811	Staurakios
641	Heraklonas	811–813	Michael I. Rangabe
641–668	Konstans II.	813–820	Leon V.
668–685	Konstantin IV.	820–829	Michael II.
685–695	Justinian II.	829–842	Theophilos
695–698	Leontios	842–867	Michael III.
698–705	Tiberios II.	867–886	Basileios I.
705–711	Justinian II. (nochmals)	886–912	Leon VI.

19 Teilungslinie bis zur völligen Auflösung römischer Herrschaft in den westlichen Teilen Südosteuropas wie in vorausgehender Anmerkung beschrieben.

912–913	Alexander	1180–1183	Alexios II. Komnenos
913–959	Konstantin VII. „Porphyrogennetos"	1183–1185	Andronikos I. Komnenos
		1185–1195	Isaak II. Angelos
920–944	Romanos I. Lakapenos	1195–1203	Alexios III. Angelos
959–963	Romanos II.	1203–1204	Isaak II. (nochmals) u. Alexios IV. Angelos
963–969	Nikephoros II. Phokas		
969–976	Johannes I. Tzimiskes	1204	Alexios V. Murtzuphlos
976–1025	Basileios II.	1204–1222	Theodor I. Laskaris
1025–1028	Konstantin VIII.	1222–1254	Johannes III. Dukas Vatatzes
1028–1034	Romanos III. Argyros	1254–1258	Theodor II. Laskaris
1034–1041	Michael IV.	1258–1261	Johannes IV. Laskaris
1041–1042	Michael V.	1259–1282	Michael VIII. Palaiologos
1042	Zoe u. Theodora	1282–1328	Andronikos II. Palaiologos
1042–1055	Konstantin IX. Monomachos	1328–1341	Andronikos III. Palaiologos
1055–1056	Theodora (nochmals)	1341–1391	Johannes V. Palaiologos
1056–1057	Michael VI.	1347–1354	Johannes VI. Kantakuzenos (Gegenks.)
1057–1059	Isaak I. Komnenos		
1059–1067	Konstantin X. Dukas	1376–1379	Andronikos IV. Palaiologos (Gegenks.)
1067–1068	Eudokia Dukaina		
1068–1071	Romanos IV. Diogenes	1390	Johannes VII. Palaiologos (Gegenks.)
1071–1078	Michael VII. Dukas		
1078–1081	Nikephoros III. Botaneiates	1391–1425	Manuel II. Palaiologos
1081–1118	Alexios I. Komnenos	1425–1448	Johannes VIII. Palaiologos
1118–1143	Johannes II. Komnenos	1448–1453	Konstantin XI. Palaiologos
1143–1180	Manuel I. Komnenos		

II. DOGEN VON VENEDIG

(Oliver Jens Schmitt)

697–717	Paoluccio Anafesto
717–726	Marcello Tegalliano
726–737	Orso Ipato
738	Magister militum Domenico Leone
739	Magister militum Felice Cornicula
740	Magister militum Diodato
741	Magister militum Gioviano Cepanico
742	Magister militum Giovanni Fabriciaco
742–755	Teodato Ipato
755–756	Galla Gaulo
756–764	Domenico Monegario
764–797	Maurizio Galbajo
789–804	Giovanni Galbaio
804–810	Obelerio
810–827	Agnello Partecipazio
827–829	Giustiniano Partecipazio
829–836	Giovanni I. Partecipazio
836–864	Pietro Tradonico
864–881	Orso I. Partecipazio
881–887	Giovanni II. Partecipazio
887	Pietro I. Candiano
887–912	Pietro Tribuno
912–932	Orso II. Partecipazio
932–939	Pietro II. Candiano
939–942	Pietro Partecipazio
942–959	Pietro III. Candiano
959–976	Pietro IV. Candiano
976–978	Pietro I. Orseolo
978–979	Vitale Candiano
979–992	Tribuno Memmo
992–1009	Pietro II. Orseolo
1009–1026	Ottone Orseolo
1026–1032	Pietro Centranico
1030–1032	Orso Orseolo, Patriarch von Grado, als Regent
1032	Domenico Orseolo, von der Volksversammlung abgelehnt
1032–1043	Domenico Flabanico
1043–1071	Domenico Contarini
1071–1084	Domenico Selvo
1084–1096	Vitale Falier
1096–1102	Vitale I. Michiel
1102–1119	Ordelafo Falier
1119–1129	Domenico Michiel
1130–1148	Pietro Polani
1148–1156	Domenico Morosini
1156–1172	Vitale II. Michiel
1172–1178	Sebastiano Ziani
1178–1192	Orio Mastropiero
1192–1205	Enrico Dandolo
1205–1229	Pietro Ziani
1229–1249	Jacopo Tiepolo
1249–1253	Marino Morosini
1253–1268	Renieri Zeno
1268–1275	Lorenzo Tiepolo
1275–1280	Jacopo Contarini
1280–1289	Giovanni Dandolo
1289–1311	Pietro Gradenigo
1311–1312	Marino Zorzi
1312–1328	Giovanni Soranzo
1329–1339	Francesco Dandolo

1339–1342	Bartolomeo Gradenigo		1578–1585	Nicolò da Ponte
1343–1354	Andrea Dandolo		1585–1595	Pasquale Cicogna
1354–1355	Marino Falier		1595–1605	Marino Grimani
1355–1356	Giovanni Gradenigo		1606–1612	Leonardo Donato
1356–1361	Giovanni Delfino		1612–1615	Marcantonio Memmo
1361–1365	Lorenzo Celsi		1615–1618	Giovanni Bembo
1365–1368	Marco Corner		1618	Nicolò Donato
1368–1382	Andrea Contarini		1618–1623	Antonio Priuli
1382	Michele Morosini		1623–1624	Francesco Contarini
1382–1400	Antonio Venier		1625–1629	Giovanni Corner
1400–1413	Michele Steno		1630–1631	Nicolò Contarini
1414–1423	Tommaso Mocenigo		1631–1646	Francesco Erizzo
1423–1457	Francesco Foscari		1646–1655	Francesco Molin
1457–1462	Pasquale Malipiero		1655–1656	Carlo Contarini
1462–1471	Cristoforo Moro		1656	Francesco Corner
1471–1473	Nicolò Tron		1656–1658	Bertuccio Valiero
1473–1474	Nicolò Marcello		1658–1659	Giovanni Pesaro
1474–1476	Pietro Mocenigo		1659–1675	Domenico II. Contarini
1476–1478	Andrea Vendramin		1675–1676	Nicolò Sagredo
1478–1485	Giovanni Mocenigo		1676–1684	Alvise Contarini
1485–1486	Marco Barbarigo		1684–1688	Marcantonio Giustinian
1486–1501	Agostino Barbarigo		1688–1694	Francesco Morosini
1501–1521	Leonardo Loredan		1694–1700	Silvestro Valiero
1521–1523	Antonio Grimani		1700–1709	Alvise II. Mocenigo
1523–1538	Andrea Gritti		1709–1722	Giovanni Corner
1539–1545	Pietro Lando		1722–1732	Alvise III. Mocenigo
1545–1553	Francesco Donato		1732–1735	Carlo Ruzzini
1553–1554	Marcantonio Trevisan		1735–1741	Luigi Pisani
1554–1556	Francesco Venier		1741–1752	Pietro Grimani
1556–1559	Lorenzo Priuli		1752–1762	Francesco Loredan
1559–1567	Girolamo Priuli		1762–1763	Marco Foscarini
1567–1570	Pietro Loredan		1763–1778	Alvise IV. Mocenigo
1570–1577	Alvise Mocenigo		1779–1789	Paolo Renier
1577–1578	Sebastiano Venier		1789–1797	Lodovico Manin

III. BULGARISCHE HERRSCHER
(Vasil Gjuzelev)

A. ERSTES BULGARISCHES REICH (KHANAT)

632–665	Kubrat	767	Umar
665–701	Asparuch	767–772	Toktu
701–721	Tervel	772	Pagan (Bojan)
721–738	Kormesij	772–777	Telerig
738–753	Sevar	777–796	Kardam
753–756	Kormisoš	796–814	Krum
756–762	Vinech	814–831	Omurtag
762–765	Telec	831–836	Malamir
766–767	Sabin	836–852	Persian

B. ERSTES BULGARISCHES REICH (CHRISTLICHE HERRSCHER)

852–889 († 907)	Boris (I.)-Michael (Khan)	969–971	Boris II.
		976–997	Roman-Symeon
889–893	Vladimir-Rasate (knjaz)	997–1014	Samuil
893–927	Symeon (Zar 913–927)	1014–1015	Gavril-Radomir
927–969	Petăr I.	1014–1018	Ivan Vladislav

C. ZWEITES BULGARISCHES REICH (ASENIDEN)

1186–1190/ 1196–1197	Teodor-Petăr	1277–1280	Ivajlo
		1280–1292	Georgi I. Terter
1190–1196	Asen I.-Belgun	1292–1298	Smilec
1197–1207	Kalojan	1298–1300	Ivan IV. Smilec
1207–1218	Boril	1300–1322	Todor Svetoslav
1218–1241	Ivan Asen II.	1322–1323	Georgi II. Terter
1241–1246	Kaliman I.	1323–1330	Michail III. Šišman
1246–1256	Michail II. Asen	1330–1331	Ivan Stefan
1256–1257	Mico	1331–1371	Ivan Aleksandăr
1257–1277	Konstantin Tich-Asen	1371–1395	Ivan Šišman
1279–1280	Ivan III. Asen	1356–1396	Ivan Sracimir (in Vidin)

IV. KROATISCHE HERRSCHER, INCL. REGNUM ZWISCHEN DRAU UND SAVE, TRAVUNIEN UND DIOCLEA

(Neven Budak)

vor 818–821	Borna, dux Dalmatiae et Liburniae, dux Guduscanorum
821 – vor 839	Vladislav, Bornas Enkel od. Neffe (nepos)
bis 839	Mislav, princeps
839–864	Trpimir, dux Croatorum
864–876	Domagoj, dux Sclavorum, princeps
876–878	Domagojs Söhne (Namen nicht bekannt)
878–879	Zdeslav, Trpimirs Sohn, comes Sclavorum
879 – vor 892	Branimir, dux Croatorum, comes
892 – nach 895	Mutimir, Trpimirs Sohn, princeps, dux Croatorum
vor 912 – nach 925	Tomislav, rex Croatorum
?	Trpimir II., Archon
?	Krešimir I., Archon
945–949	Miroslav, Archon
949 – vor 976	Mihajlo Krešimir II., Miroslavs Bruder, rex
bis 976	Jelena, Mihajlos Witwe, regina

vor 970–997?	Stefan I. Držislav, Mihajlos u. Jelenas Sohn, dux magnus, rex Croatie et Dalmatie
997? – 998?	Svetoslav, Stefans Sohn, rex
997? – 1030?	Krešimir III., Stefans Sohn, rex Croatie
997? – 1020?	Gojslav I., Stefans Sohn
1030? – 1060	Stefan II., Krešimirs od. Svetoslavs Sohn, rex Dalmatie
1060–1074	Petar Krešimir IV., Stefans Sohn, rex Croatorum et Dalmatinorum, rex Croatie et Dalmatie
1060?	Gojslav II., Stefans Sohn
1075–1089	Dmitar Zvonimir, rex Croatorum et Dalmatinorum, rex Croatie et Dalmatie
1089–1091	Stefan III., Petars Neffe, Gojslavs Sohn, rex Croatorum et Dalmatinorum
1091 – ?	Slavac, rex
? – 1097	Petar, rex
1091 – ?	Almos
1102–1116	Koloman, Almos' Bruder, rex Dalmatie et Croatie

REGNUM ZWISCHEN DRAU UND SAVE

818–822	Ljudevit, dux/rector Pannonie inferioris
838	Ratimir, dux

873	Mutimir, dux Sclauinicae
vor 894 – nach 896	Braslav, dux

HERRSCHER VON TRAVUNIEN

?	Beloje		?	Tišimir Belić, Časlavs Vertreter
?	Krajina, Belojes Sohn		nach 950/960	Hvalimir, Krajinas Sohn
928/934–950/960	Časlav, Fürst v. Serbien		nach 950/960	Predimir, Hvalimirs Bruder

HERRSCHER VON DIOCLEA*

10. Jh.?	Petar, Archon		? – 1113	Vladimir, Mihajlos Enkel, rex
970? – 1016	Vladimir		1113–1118, 1125–1131	Đorđe, Bodins Sohn, rex
vor 1034–1046	Stefan Vojislav		1118–1125	Grubeša, rex
1046–1082	Mihajlo, rex Sclavorum		1125–1142	Gradihna, Grubešas Bruder, rex
1082–1108	Konstantin Bodin, rex (als bulg. Zarenprätendent Petăr III.)		1142 – ?	Radoslav, Gradihnas Sohn, knez
1108	Mihajlo II., Bodins Sohn		1163–1186	Mihajlo III., Radoslavs Sohn
1108 – ?	Dobroslav, Mihajlos Sohn u. Bodins Halbbruder, rex			

V. UNGARISCHE KÖNIGE (ARPADEN, 1000–1301)

(Attila Zsoldos)

1000/1001–1038	Stephan/István I. (Hl.) (als Prinz seit 997)		1141–1162	Géza II.
1038–1041	Peter		1162–1172	Stephan III.
1041–1044	Samuel Aba		1162–1163	Ladislaus II.
1044–1046	Peter (erneut)		1163–1165	Stephan IV.
1046–1060	Andreas I.		1172–1196	Béla III.
1060–1063	Béla I.		1196–1204	Emmerich/Imre
1063–1074	Salomon		1204–1205	Ladislaus III.
1074–1077	Géza I.		1205–1235	Andreas II.
1077–1095	Ladislaus I. (Hl.)		1235–1270	Béla IV.
1095–1116	Koloman		1270–1272	Stephan V.
1116–1131	Stephan II.		1272–1290	Ladislaus IV. („der Kumane")
1131–1141	Béla II. („der Blinde")		1290–1301	Andreas III.

* Siehe zu Dioclea/Zeta auch Liste Nr. IX.

VI. UNGARNS HERRSCHER IM SPÄTMITTELALTER (1301–1540)

(Daniel Ursprung)

1301–1305	Wenzel (Přemysl)	1440–1444	Wladislaw I. Jagiello
1305–1307	Otto III. von Niederbayern	1446–1453	János (Johannes) Hunyadi (Reichsverweser)
1301/1307–1342	Karl I. von Anjou (Karl Robert)	1440/1452–1457	Ladislaus V. von Habsburg
1342–1382	Ludwig I. „der Große"		
1382–1395	Maria	1458–1490	Matthias I. Corvinus
1385–1386	Karl II. („der Kleine")	1490–1516	Wladislaw II. Jagiello
1387–1437	Sigismund von Luxemburg	1516–1526	Ludwig II. Jagiello
1438–1439	Albrecht I. von Habsburg	1526–1540	Johann I. Szapolyai

VII. HABSBURGERKÖNIGE DES KÖNIGREICHS UNGARN, BZW. KROATIENS, DALMATIENS UND SLAWONIENS

(Géza Pálffy/István Soós)

(Habsburger ab Ferdinand I., zugleich röm.-dt. Ks.)

1526–1564	Ferdinand I. von Habsburg	1657–1705	Leopold I. von Habsburg
[1540–1571	Johann II. Sigismund Szapolyai, nur erwählter König]	1705–1711	Joseph I. von Habsburg
		1711–1740	Karl III. von Habsburg (als Ks. Karl VI.)
1564–1576	Maximilian I. von Habsburg (als Ks. Maximilian II.)	1740–1780	Maria Theresia von Habsburg
1576–1608	Rudolf I. von Habsburg (als Ks. Rudolf II.)	1780–1790	Joseph II. von Habsburg-Lothringen
1608–1619	Matthias II. von Habsburg (als Ks. Matthias)	1790–1792	Leopold II. von Habsburg -Lothringen (als Ks. Leopold II.)
1619–1637	Ferdinand II. von Habsburg		
1637–1657	Ferdinand III. von Habsburg	1792–1835	Franz I. von Habsburg-Lothringen (als röm.-dt. Ks. bis 1806 Franz II., als Ks. v. Österreich seit 1804 Franz I.)
[1647, gest. 1654	Ferdinand IV. von Habsburg, nur erwählter u. gekrönter König]		

VIII. FÜRSTEN VON SIEBENBÜRGEN

(Géza Pálffy)

1540, 1559–1571	Johann Sigismund (János Zsigmond) Szapolyai	1613–1629	Gabriel (Gábor) Bethlen
		1629–1630	Katharina von Brandenburg
1571–1586	Stephan (István) Báthory	1630–1648	Georg (György) I. Rákóczi
1588–1602, mit Unterbrechungen	Sigismund (Zsigmond) Báthory	1648–1660, mit Unterbrechungen	Georg II. Rákóczi
1599	Andreas (András) Báthory	[1652	Franz (Ferenc) I. Rákóczi, nur erwählter Fs.]
[1599–1600	Gouvernement v. Michael „d. Tapferen" (Mihai Viteazul)]		
		1657–1658	Franz Rhédey
[1602–1604	Gouvernement v. Georg (Giorgio) Basta]	1658–1660	Achatius (Ákos) Barcsay
		1661–1662	Johann (János) Kemény
[1603	Moses (Mózes) Székely, nur erwählter Fs.]	1661–1690	Michael (Mihály) I. Apafi
		[1681	Michael II. Apafi, nur erwählter Fs.]
1605–1606	Stephan Bocskai		
1607–1608	Sigismund Rákóczi	1690	Emmerich (Imre) Thököly
1608–1613	Gabriel (Gábor) Báthory	1704–1711	Franz II. Rákóczi

IX. SERBISCHE ARCHONTEN, ŽUPANE, GROSSŽUPANE, KÖNIGE, ZAREN UND FÜRSTEN DER HERRSCHAFTSGEBIETE ZAHUMLJE, TRAVUNIEN, DIOCLEA/ZETA, RAŠKA, BOSNIEN UND SERBIEN (9. JAHRHUNDERT BIS 1502)

(Mihailo St. Popović)

gest. ca. 851	Vlastimir	923–926	Zaharija
gest. 891	Mutimir	926/927, 933–943	Časlav
gest. ca. 917	Petar Gojniković		
ca. 910–935	Mihailo Višević	ca. 1000–1016	Jovan Vladimir
ca. 917–923	Pavle	1019–1044	Stefan Vojislav

ca. 1046–1081	Mihailo Vojisavljević		1228–1234	Stefan Radoslav, Kg.
1081–1099	Konstantin Bodin		1234–1243	Stefan Vladislav, Kg.
1083/1084–1112	Vukan		1243–1276	Stefan Uroš I., Kg.
			1276–1282	Stefan Dragutin, Kg.
1112, ca. 1124–1126/1127	Zavida		1282–1321	Stefan Uroš II. Milutin, Kg.
			1321–1331	Stefan Uroš III. Dečanski, Kg.
			1331–1355	Stefan Uroš IV. Dušan, bis 1346 Kg., dann Zar
1112 – ca. 1124, 1126/1127–1144/1145	Uroš I.			
			1355–1371	Stefan Uroš V., Zar
ca. 1145–1162	Uroš II. Primislav		1365–1371	Vukašin Mrnjavčević, Kg.
1144–1153, ca. 1162–1165	Desa		1371–1389	Lazar Hrebeljanović, Fs.
			1389–1427	Stefan Lazarević, Despot
			1371–1396	Vuk Branković
ca. 1150 – ca. 1164	Borić		1427–1456	Đurađ Branković, Despot
			1456–1458	Lazar Branković, Despot
ca. 1167–1196	Stefan Nemanja, Großžupan		1458–1459	Stefan Branković, Despot
1196-1209	Vukan Nemanjić, Kg. v. Dioclea/Zeta, zeitweise Großžupan		1471–1485	Vuk Branković, Despot
			1486–1496	Đorđe Branković, Despot
1196–1228	Stefan der Erstgekrönte, bis 1217 Großžupan, dann Kg.		1496–1502	Jovan Branković, Despot

X. BOSNISCHE BANE UND KÖNIGE

(Oliver Jens Schmitt)

BANE

1154–1163	Borič		ca. 1300-1302	Pavao I. (dominus Bosnae)
1180–1204	Kulin		1302–1304	Mladen I. Šubić
1204–1232	Stjepan Kulinić		1304–1322	Mladen II. Šubić
ca. 1232-1250	Matej Ninoslav		1322–1353	Stjepan II.
ca. 1250-1287	Prijezda I.		1353–1366	Tvrtko I.
1287–1290	Prijezda II.		1366–1367	Stjepan Vuk
1287–1299	Stjepan I. (starb wohl 1314)		1367–1377	Tvrtko I. (zweite Herrschaftszeit als Ban)

KÖNIGE

1377–1391	Tvrtko I.	1433–1435	Radivoj Ostojić (osm. Gegenkg.)
1391–1395	Stjepan Dabiša	1443–1461	Stjepan Tomaš
1395–1398	Jelena Gruba	1461–1463	Stjepan Tomašević
1398–1404	Stjepan Ostoja	1471–1477	Matija Radivojević (Titularkg. d. osm. Teils Bosniens)
1404–1409	Tvrtko II.		
1409–1418	Stjepan Ostoja (zweite Herrschaft)	1471–1477	Miklós Újlaki (Titularkg. d. ung. kontrollierten Teils Bosniens)
1418–1421	Stjepan Ostojić	1472–1476	Matija Vojsalić (Titularkg. d. osm. Teils Bosniens)
1421–1443	Tvrtko II.		

XI. LATEINISCHE KAISER VON KONSTANTINOPEL

(Peter Schreiner/Guillaume Saint-Guillain)

1204–1205	Balduin I. v. Flandern u. Hennegau	*nach 1261 nur noch Titularkaiser*	
1206–1216	Heinrich v. Hennegau	1261–1273	Balduin II. v. Courtenay
1217	Peter v. Courtenay	1273–1283	Philipp I. v. Courtenay
1217–1219	Jolande v. Hennegau	1283–1307	Katharina I. v. Courtenay, verheiratet mit Karl v. Valois
1219–1220	Kuno (Regent)		
1221–1228	Robert v. Courtenay	1307–1346	Katharina II. v. Courtenay, verheiratet mit Philipp v. Anjou
1228	Maria v. Courtenay		
1228–1231	Narjot de Tucy (Regent)	1346–1364	Robert II. v. Anjou, Fürst v. Tarent u. Morea
1231–1237	Johann v. Brienne		
1237–1238	Anseau de Cayeuy (Regent)	1364–1374	Philipp II. v. Anjou, Fürst v. Tarent u. Morea
1238–1240	Narjot de Toucy (Regent)		
1240–1261	Balduin II. v. Courtenay	1374–1383	Jakob v. Baux, Fürst v. Tarent u. Morea

XII. HERRSCHER VON EPIROS

(Peter Schreiner/Günter Prinzing)

1205 – Ende 1214	Michael I. (Angelos) Dukas	1296/1298–1318	Thomas I. (Angelos) Dukas
Ende 1214–1230	Theodoros (Angelos) Dukas	1318–1323	Nicolò Orsini
1230–1237	Manuel Dukas (Thessaloniki)	1323–1336/1337	Johannes II. Orsini
1237–1244	Johannes Komnenos (Thessaloniki)	1348–1367	Symeon Uroš Palaiologos; Nikephoros II. (1356–1359)
1244 – vor Sept. 1246	Demetrios Komnenos (Thessaloniki)	1367–1385	Thomas Preljubović
1236 – Mai/ August 1267	Michael II. Dukas	1385–1411	Esaù Buondelmonti
		1411–1429	Karl (Carlo) I. Tocco
		1429–1448	Karl (Carlo) II. Tocco
1267 – Sept. 1296/1298	Nikephoros I. Dukas		

XIII. HERRSCHER VON THESSALIEN

(Oliver Jens Schmitt)

1268–1289	Johannes I. Dukas	1342	Michael Gabrielopulos
1289– um 1300	Theodoros Dukas	1356–1359	Nikephoros II. Angelos
1289–1303	Konstantinos Dukas	1359–1370	Symeon Uroš Palaiologos
1303–1318	Johannes II. Angelos Dukas	1370–1373	Johannes Uroš Dukas Palaiologos
1318–1332/33	Stephanos Gabrielopulos (im Nordwesten Thessaliens)	1373– 1388/1390	Alexios Angelos Philanthropenos
		1388/90–1393	Manuel Angelos Philanthropenos

XIV. FRÄNKISCHE HERRSCHAFT: THESSALONIKI, MOREA, ARCHIPELAGOS

(Guillaume Saint–Guillain)

KÖNIGE VON THESSALONIKI

1204–1207	Bonifaz I. Markgraf v. Montferrat	1207–1224	Demetrius v. Montferrat

TITULARKÖNIGE VON THESSALONIKI

1224–1230	Demetrius v. Montferrat	1253–1284	Wilhelm VII. Markgraf v. Montferrat
1240 – ?	Helena Malaspina, verheiratet mit Guglielmo I. da Verona		
? – 1253	Bonifaz II. Markgraf v. Montferrat	1284–1316	Jolanda v. Montferrat, verheiratet mit Andronikos II. Palaiologos

FÜRSTEN VON MOREA

1205–1209	Wilhelm I. v. Champlitte	1318–1333	Johannes v. Anjou, Graf v. Gravina
12010–1226/1227	Gottfried I. v. Villehardouin	1333–1363	Robert v. Anjou, Fürst v. Tarent u. Titularkaiser
1226/1227–1246/1247	Gottfried II. v. Villehardouin	*1333–1346*	mit seiner Mutter Katharina v. Valois
1246/1247–1278	Wilhelm II. v. Villehardouin	1363–1370	Maria v. Bourbon (Witwe Roberts v. Anjou)
1278–1285	Karl I. v. Anjou, König v. Sizilien		
1285–1289	Karl II. v. Anjou, König v. Sizilien (Neapel)	1370–1373	Philip III. v. Anjou, Fürst v. Tarent u. Titularkaiser
1289–1307	Isabella v. Villehardouin	1373–1381	Johanna I. v. Anjou, Königin v. Sizilien (Neapel)
1289–1297	Florenz v. Hennegau		
1301–1307	Philip I. v. Savoyen, Graf v. Piemont	1381–1383	Jakob v. Baux, Fürst v. Tarent u. Titularkaiser
1307–1313	Philip II. v. Anjou, Fürst v. Tarent	1383–1396	rivalisierende Prätendenten
1313–1318	Mahaut v. Hennegau	1396–1402	Peter v. Saint–Superan
1313–1316	Ludwig v. Burgund	1404–1430	Centurione II. Zaccaria

HERZÖGE VON ARCHIPELAGOS

1212–1227	Marco I. Sanudo		1383–1397	Francesco I. Crispo
1227–1260/1274	Angelo Sanudo		1397–1418	Giacomo I. Crispo
			1418–1433	Giovanni II. Crispo
1260/1274–1302/1303	Marco II. Sanudo		1433–1447	Giacomo II. Crispo
1302/1303–1323/1324	Guglielmo I. Sanudo		1447–1453	Giangiacomo Crispo
			1453–1460	Guglielmo II. Crispo
1323/1324–1341	Nicolò I. Sanudo		1460–1463	Francesco II. Crispo
			1463–1480	Giacomo III. Crispo
1341–1362	Giovanni I. Sanudo		1480–1494	Giovanni III. Crispo
1362–1367	Fiorenza Sanudo		1494–1500	venezianische Regentschaft
1362–1367	Nicolò II. Sanudo (Ehemann Fiorenzas)		1500–1510	Francesco III. Crispo
			1510–1564	Giovanni IV. Crispo
1367–1383	Niccolò III. dalle Carceri (Sohn Fiorenzas)		1564–1566	Giacomo IV. Crispo

XV. SULTANE DES OSMANISCHEN REICHS

(Markus Koller)

1231–ca. 1280	Ertoghrul		1595–1603	Mehmed III.
ca. 1280–1326	Osman I.		1603–1617	Ahmed I.
1326–1360	Orhan (Orhan Gazi)		1617–1618	Mustafa I.
1360–1389	Murad I.		1618–1622	Osman II.
1389–1402	Bayezid I. „der Blitz" („Yıldırım")		1622–1623	Mustafa I.
1402–1410	*Süleyman* (Bruderkrieg)		1623–1640	Murad IV.
1411–1413	*Musa* (Bruderkrieg)		1640–1648	Ibrahim I.
1413–1421	Mehmed I.		1648–1687	Mehmed IV.
1421–1444, 1446–1451	Murad II.		1687–1691	Süleyman II.
			1691–1695	Ahmed II.
1444–1446, 1451–1481	Mehmed II. Fâtih („der Eroberer")		1695–1703	Mustafa II.
			1703–1730	Ahmed III.
1481–1512	Bayezid II. („Velī")		1730–1754	Mahmud I.
1512–1520	Selim I.		1754–1757	Osman III.
1520–1566	Süleyman I. („der Prächtige")		1757–1773	Mustafa III.
1566–1574	Selim II.		1774–1789	Abdülhamid I.
1574–1595	Murad III.		1789–1807	Selim III.

XVI. HERRSCHER DER WALACHEI UND DER MOLDAU (14. JAHRHUNDERT BIS 1866)

(Daniel Ursprung)

Vorbemerkung: Die nachfolgenden Herrscherlisten beruhen zum einen auf der minutiösen Arbeit von Constantin Rezachevici. Auf der Grundlage der verfügbaren Quellen, der Sekundärliteratur und eigener Forschungen hat er von Grund auf die Abfolge der einzelnen Herrschaftszeiten aller Woiwoden der Walachei und der Moldau vor 1600 auf 800 Seiten rekonstruiert.[20] Zum anderen wurde für die nachfolgenden Herrscher ab dem Ende des 16. Jahrhunderts auf die entsprechenden Listen in der „Geschichte Rumäniens in Daten" zurückgegriffen.[21]

Die häufigen Wechsel auf dem Woiwodenstuhl der Walachei und der Moldau, die oft von Prätendenten unterbrochenen Regierungszeiten, die vielen ephemeren Herrschaft und nicht zuletzt die Unsicherheit mangels Quellen gerade für das Mittelalter sorgen in der rumänischen Historiographie bis heute immer wieder zu Diskussionen und Neubewertungen um die exakte Datierung und Chronologie gewisser Herrschaftszeiten oder gar die Identität einzelner obskurer Herrschergestalten. Dies betrifft etwa die jüngste Neuinterpretation der Abfolge von Herrschern in der Walachei zwischen 1384 und 1443 durch Andrei Pippidi, die in folgender Liste berücksichtigt ist (die genauen chronologischen Eckpunkte bleiben aber aufgrund der Quellenlage unsicher).[22] Methodisch fällt aber vielfach auch die Abgrenzung schwer, ab wann überhaupt eine Herrschaftszeit als solche fassbar wird. Nicht selten gelang es Prätendenten zwar kurzzeitig, den Woiwoden für ein paar Wochen oder Monate zu vertreiben. Inwiefern es in dieser Zeit aber zu einer effektiven, konsolidierten Herrschaft kam, die über das Umfeld der eigenen Anhängerschaft hinausreichte, geben die Quellen nicht immer preis.[23] Daher rühren zahlreiche Schwierigkeiten, eine minutiöse,

---

20 Contantin Rezachevici, Cronologie critică a domnilor din Ţara Românească şi Moldova a. 1324–1881. Bd. 1: secolele XIV–XVI [Kritische Chronologie der Herrscher der Walachei u. der Moldau 1324–1881. Bd. 1: 14.–16. Jh.]. Bucureşti 2001, 801–805 (Übersicht in Listenform).

21 Dinu C. Giurescu (Hg.), Istoria României în date [Geschichte Rumäniens in Daten]. Bucureşti ³2010, 951–955; als Arbeitsinstrument nützlich ist auch das populärwissenschaftliche Lexikon aller Woiwoden der Walachei und Moldau mit kurzen Angaben zu Person, Herkunft und wichtigsten Charakteristika ihrer Regierungszeit: Vasile Mărculeţ (Hg.), Dicţionarul domnilor Ţării Româneşti şi ai Moldovei [Lexikon der Herrscher der Walachei u. der Moldau]. Bucureşti 2009; eine vergleichbare Übersicht zu allen Phanarioten bei Mihai Ţipău, Domnii fanarioţi în Ţările Române, 1711–1821. Mică enciclopedie [Die Phanariotenherrscher in den rumänischen Ländern, 1711–1821. Kleines Lexikon]. Bucureşti 2004.

22 Andrei Pippidi, Despre „Dan voievod". Rectificări cronologice şi genealogice [Über den Woiwoden Dan. Chronologische u. genealogische Berichtigungen], *Studii şi Materiale de Istorie Medie* 31 (2013), 47–96, 95f. (Herrscherliste).

23 Vgl. dazu die methodischen Überlegungen bei Marian Coman, Înainte de tradiţia bizantină. Înscăunarea Domnilor în ţara românească medievală (secolele al XIV-lea – al XVI-lea) [Vor der byzantinischen Tradition. Inthronisierung der Herrscher in der mittelalterlichen Walachei (14.–16. Jh.)], in: Emanuela Timotin (Hg.), Elemente de ceremonial în literatura din spaţiul românesc (secolele al XIV-lea – al XVIII-lea) [Zeremonialelemente in der Literatur des rum. Raumes (14.–18. Jh.)]. Bucureşti 2019, 63–94, 89f., 94.

idealerweise auf den Tag genaue Herrscherchronologie zu erstellen, wie die rumänische Historiographie dies traditionellerweise versucht. In Phasen häufiger Wechsel in kürzester Zeit ist es wohl methodisch sinnvoller, von einer allzu minutiösen Auflistung auch kürzester Herrschaftszeiten Abstand zu nehmen. Vielmehr können solche Ereignisse wohl adäquater verstanden werden als laufender Machtkampf, in dem sich mitunter erst nach Wochen oder Monaten abzeichnete, wer sich durchsetzen sollte.[24] Wo keine gefestigte Kontrolle oder bloß eine Herrschaft über Teile des Landes vermutet werden kann, wurde im Zweifelsfall darauf verzichtet, einen entsprechenden Eintrag in die Liste aufzunehmen. Nur konsolidierte Herrschaft ist auch wirklich Herrschaft.

Daher, um keine falsche Genauigkeit vorzutäuschen sowie um die Darstellung übersichtlich zu halten, sind die nachfolgenden Herrscherlisten gegenüber den angegebenen Vorlagen vereinfacht. Die weggelassenen Details dürften nur für hochspezialisierte Fragen zum entsprechenden Zeitraum von Relevanz sein. Regierungszeiten von weniger als einem Jahr wurden so in der Regel nicht berücksichtigt. Es fehlen daher etwa die in der Regel als erste (zweite Hälfte Oktober 1448) und dritte, letzte Regierungszeit (von Oktober/November 1476 bis Januar 1477) gezählten Regentschaften von Vlad Țepeș. Herrschaftszeiten, die unterbrochen wurden, sind mit einem Stern (*) gekennzeichnet, ein doppelter Stern (**) bedeutet, dass die entsprechende Herrschaft mehrfach unterbrochen wurde. Statthalterschaften (căimăcămie) bis zur Einsetzung eines neuen Woiwoden sind nicht aufgeführt.

Auch in dieser Form bleibt zu berücksichtigen, dass viele Angaben unsicher sind und in der Literatur zum Teil unterschiedliche Angaben anzutreffen sind.

HERRSCHER DER WALACHEI

vor 1324–1351/1352	Basarab I.	1420–1422	Radu II. Praznaglava (Radu „der Kahlköpfige")
1351/1352–1364	Nicolae Alexandru	1422–1423	Dan III.
		1424–1426	Dan IV.
1364–1376	Vlaicu (Vladislav I.)	1426–1427	Radu II. Praznaglava (Radu „der Kahlköpfige")
1377–1385	Radu I.	1427–1431	Dan III.
1384/1385–1386	Dan I.	1431–1435	Alexandru Aldea
		1436–1442	Vlad Dracul
1386–1418	Mircea cel Bătrân (Mircea „der Alte")	1442–1443	Basarab II.
		1444–1447	Vlad Dracul
1418–1420	Mihail I.	1447–1456*	Vladislav II.

---

24 Siehe dazu die Rezension zur Chronologie von Rezachevici bei Daniel Ursprung in *Südost–Forschungen* 63/64 (2004/2005), 883–885.

1456–1462	Vlad Țepeș (Vlad „der Pfähler", „Drăculea")		1559–1568	Petru cel Tânăr (Peter „der Junge")
1462–1475**	Radu cel Frumos (Radu „der Schöne")		1568–1577*	Alexandru II. Mircea
1475–1477*	Basarab Laiotă cel Bătrân (Basarab Laiotă „der Alte")		1577–1583	Mihnea Turcitul (Mihnea „der Vertürkte")
1478–1482**	Basarab cel Tânăr Țepeluș (Basarab „der Junge", der „Kleine Pfähler")		1583–1585	Petru Cercel (Peter Ohrring)
			1585–1591*	Mihnea Turcitul (Mihnea „der Vertürkte")
1482–1495	Vlad Călugărul (Vlad „der Mönch")		1591–1592	Ștefan Surdul (Ștefan „der Taube")
1495–1508	Radu cel Mare (Radu „der Große")		1592–1593	Alexandru cel Rău (Alexander „der Böse")
1508–1509	Mihnea cel Rău (Mihnea „der Böse")		1593–1600	Mihai Viteazul (Michael „der Tapfere")
1509–1510	Mircea III.		1600–1602**	Simion Movilă
1510–1512	Vlad cel Tânăr, Vlăduț (Vlad „der Junge", der Kleine Vlad)		1602–1611**	Radu Șerban
			1611–1616*	Radu Mihnea
1512–1521	Neagoe Basarab		1616–1618	Alexandru Iliaș
1521–1522	Teodosie		1618–1620	Gavril Movilă
1522–1523**	Radu de la Afumați (Radu v. Afumați)		1620–1623	Radu Mihnea
			1623–1627	Alexandru Coconul (Alexander „das Kind")
1524–1529**	Radu de la Afumați (Radu v. Afumați)		1628–1629	Alexandru Iliaș
1529–1530	Moise		1629–1632	Leon Tomșa
1530–1532	Vlad Înecatul (Vlad „der Ertränkte")		1632–1654	Matei Basarab
			1654–1658	Constantin Șerban
1523–1535	Vlad Vintilă		1658–1659	Mihnea III. Radu
1535–1545**	Radu Paisie		1659–1660*	Gheorghe Ghica
1445–1554*	Mircea Ciobanul (Mircea „der Hirte")		1660–1664	Grigore Ghica
			1665–1669	Radu Leon
1554–1557	Pătrășcanu cel Bun (Pătrășcanu „der Gute")		1669–1672	Antonie din Popești (Antonie v. Popești)
1558–1559	Mircea Ciobanul (Mircea „der Hirte")		1672–1673	Grigore Ghica
			1673–1678	Gheorghe Duca
			1679–1688	Șerban Cantacuzino

1688–1714	Constantin Brâncoveanu	1783–1786	Mihai Şutu
1714–1716	Ştefan Cantacuzino	1786–1790	Nicolae Mavrogheni
1716	Nicolae Mavrocordat	*1789–1791*	*österr. Militärverwaltung*
1716–1719	Ioan Mavrocordat	1791–1793	Mihai Suţu
1719–1730	Nicolae Mavrocordat	1793–1796	Alexandru Moruzi
1730–1731	Mihai Racoviţă	1796–1797	Alexandru Ipsilanti/Alexander Ypsilantis
1731–1733	Constantin Mavrocordat		
1733–1735	Grigore II. Ghica	1797–1799	Constantin Hangerli
1735–1741	Constantin Mavrocordat	1799–1801	Alexandru Moruzi
1741–1744	Mihai Racoviţă	1801–1802	Mihai Suţu
1744–1748	Constantin Mavrocordat	1802–1807*	Constantin Ipsilanti/ Konstantin Ypsilantis
1748–1752	Grigore II. Ghica		
1752–1753	Matei Ghica	*1806–1812*	*russ. Militärverwaltung*
1753–1756	Constantin Racoviţă	1812–1818	Ioan Caragea
1756–1758	Constantin Mavrocordat	1818–1821	Alexandru Suţu
1758–1761	Scarlat Ghica	*1821–1822*	*osm. Militärverwaltung*
1761–1763	Constantin Mavrocordat	1822–1828	Grigore IV. Ghica
1763–1764	Constantin Racoviţă	*1828–1834*	*russ. Militärverwaltung*
1764–1765	Ştefan Racoviţă	1834–1842	Alexandru Ghica
1765–1766	Scarlat Ghica	1842–1848	Gheorghe Bibescu
1766–1768	Alexandru Scarlat Ghica	1849–1853/ 1856	Barbu Ştirbei
1768–1769	Grigore III. Ghica		
1769–1774	*russ. Militärverwaltung*	*1853–1856*	*russ., osm. u. österr. Militärverwaltung*
1774–1782	Alexandru Ipsilanti/ Alexander Ypsilantis		
		1856–1859	*provisorische Regentschaft*
1782–1783	Nicolae Caragea	1859–1866	Alexandru Ioan Cuza: Personalunion mit d. Moldau

Mit dem Ende 1861 proklamierten und 1862 vollzogenen administrativen Zusammenschluss der Walachei und der Moldau ging die Walachei im neu entstandenen zum Fürstentum Rumänien auf, das sich 1877 unter Fürst (ab 1881 König) Carol I. (1866–1914) für unabhängig vom Osmanischen Reich erklärte, was der Berliner Kongress 1878 anerkannte.

HERRSCHER DER MOLDAU

[vor ca. 1354?]	Dragoş: für den v. späteren Quellen genannten Dragoş liegen keine zeitgenössischen urkundlichen Belege vor	1504–1517	Bogdan III.
[ca. 1354? – vor 1365]	Sas	1517–1527	Ştefăniţă (Ştefan cel Tânăr, Stefan „der Junge")
[ca. 1360/ 1365 – ca. 1367/1368]	Bogdan I.	1527–1538	Petru Rareş
		1538–1540	Ştefan Lăcustă (Stefan „Heuschrecke")
[ca. 1368 – ca. 1375]	Laţcu	1540–1541	Alexandru Cornea
		1541–1546	Petru Rareş
[ca. 1375 – ca. 1391]	Petru II. (Sohn d. Margareta [Muşata])	1546–1551	Iliaş Rareş
		1551–1552	Ştefan Rareş
1392–1394	Roman I.	1552–1561	Alexandru Lăpuşneanu
1394–1399	Ştefan I.	1561–1563	Despot Vodă (Ion Voievod)
1399–1400	Iuga Ologul	1563–1564	Ştefan Tomşa I.
1400–1432	Alexandru cel Bun (Alexander „der Gute")	1564–1568	Alexandru Lăpuşneanu
		1568–1572	Bogdan Lăpuşneanu
1432–1433	Ilia (Iliaş)	1572–1574	Ion Vodă cel Viteaz (Johannes „der Tapfere")
1433–1435	Ştefan II.		
1435–1436	Ilia (Iliaş)	1574–1579**	Petre Şchiopul (Peter „der Lahme")
1436–1442	Ilia (Iliaş) u. Ştefan II. (Doppelherrschaft)	1579–1582	Iancu Sasus (Iancu „der Sachse")
1442–1447	Ştefan II.	1582–1591	Petru Şchiopul (Peter „der Lahme")
1447–1448*	Roman II.	1591–1595*	Aron Vodă
1447–1448*	Petru III.	1595–1606**	Ieremia Movilă
1448–1449	Alexăndrel (Alexandru II.)	1606–1607	Simion Movilă
1449–1451	Bogdan II.	1607–1611	Constantin Movilă
1451–1452	Petru Aron	1611–1615	Ştefan Tomşa II.
1452– 1454/1455	Alexăndrel (Alexandru II.)	1615–1616	Alexandru Movilă
		1616–1619	Radu Mihnea
		1619–1620	Gaspar Graţiani
1454–1457*	Petru Aron	1620–1621	Alexandru Iliaş
1457–1504	Ştefan cel Mare (Stefan „der Große")	1621–1623	Ştefan Tomşa II.
		1623–1626	Radu Mihnea

1626–1629	Miron Barnovschi	1743–1747	Ioan Mavrocordat
1629–1630	Alexandru Coconul	1747–1748	Grigore II. Ghica
	(Alexander „das Kind")	1748–1749	Constantin Mavrocordat
1630–1631	Moise Movilă	1749–1753	Constantin Racoviţă
1631–1633	Alexandru Iliaş	1753–1756	Matei Ghica
1633–1634	Moise Movilă	1756–1757	Constantin Racoviţă
1634–1653	Vasile Lupu	1757–1758	Scarlat Ghica
1653–1658*	Gheorghe Ştefan	1758–1761	Ioan Teodor Callimachi
1658–1659	Gheorghe Ghica	1761–1764	Grigore Callimachi
1659–1661*	Ştefăniţă Lupu	1764–1767	Grigore III. Ghica
1661–1665	Eustratie Dabija	1767–1769	Grigore Callimachi
1665–1666	Gheorghe Duca	*1769–1775*	*russ. Militärverwaltung*
1666–1668	Iliaş Alexandru	1775–1777	Grigore III. Ghica
1668–1672*	Gheorghe Duca	1777–1782	Constantin Moruzi
1672–1673	Ştefan Petriceicu	1782–1785	Alexandru Mavrocordat Deli-bey
1674–1675	Dumitraşcu Cantacuzino		(„der verrückte Fürst")
1675–1678	Antonie Ruset	1785–1786	Alexandru Mavrocordat Firaris
1678–1683	Gheorghe Duca		(„der Flüchtling")
1683–1684	Ştefan Petriceicu	1787–1788	Alexandru Ipsilanti/Alexander
1684–1685	Dumitraşcu Cantacuzino		Ypsilantis
1685–1693	Constantin Cantemir	*1787–1791*	*österr. Militärverwaltung*
1693–1695	Constantin Duca	1788–1789	Manole Giani–Ruset
1696–1700	Antioh Cantemir	*1788–1792*	*russ. u. österr. Militärverwaltung*
1700–1703	Constantin Duca	1792–1793	Alexandru Moruzi
1703–1705	Mihai Racoviţă	1793–1795	Mihai Suţu
1705–1707	Antioh Cantemir	1795–1799	Alexandru Callimachi
1707–1709	Mihai Racoviţă	1799–1801	Constantin Ipsilanti/Konstantin
1709–1710	Nicolae Mavrocordat		Ypsilantis
1710–1711	Dimitrie Cantemir	1801–1802	Alexandru Suţu
1711–1715	Nicolae Mavrocordat	1802–1807*	Alexandru Moruzi
1715–1726	Mihai Racoviţă	*1806–1812*	*russ. Militärverwaltung*
1726–1733	Grigore II. Ghica	1812–1819	Scarlat Callimachi
1733–1735	Constantin Mavrocordat	1819–1821	Mihail Suţu
1735–1741*	Grigore II. Ghica	1822–1828	Ioan Sandu Sturdza
1741–1743	Constantin Mavrocordat	*1828–1834*	*russ. Militärverwaltung*

1834–1849	Mihail Sturdza	*1856–1859*	*provisorische Regentschaft*
1849–1853	Grigore Alexandru Ghica	1859–1866	Alexandru Ioan Cuza,
1853–1854	*russ. Militärverwaltung*		in Personalunion mit d. Walachei
1854–1856	Grigore Alexandru Ghica		

Mit dem Ende 1861 proklamierten und 1862 vollzogenen administrativen Zusammenschluss der Walachei und der Moldau gingen beide Länder im neu entstandenen Fürstentum Rumänien auf, das sich 1877 unter Fürst (ab 1881 Kg.) Carol I. (1866–1914) für unabhängig vom Osmanischen Reich erklärte, was der Berliner Kongress 1878 anerkannte.

ORTSREGISTER / GEOGRAPHISCHES REGISTER

Neumarkt am Mieresch/Târgu Mureş/
Marosvásárhely 741
Neumarkt an der Theiß/Hódmezővásárhely
724
Neusohl/Banská Bystrica/Besztercebánya
594, 640, 644, 735
Neutra/Nitra 497, 595, 622, 650
Nevesinje 79, 124, 205
Nevrokop (ab 1951 Goce Delčev)
200f., 561
Niederlande 400, 409, 444, 446, 489, 511,
606, 609, 624, 638, 640, 709, 714
Nikaia → İznik
Nikolsburg/Mikulov 594f., 657
Nikomedeia/İzmit 77
Nikopol/Nikopolis 43, 102, 105, 110,
112f., 116–118, 140, 159, 190, 200, 206,
241f., 244f., 293, 306, 308, 314, 318,
521, 524
Nikosia 484
Nikšić/Onogošt 134, 544
Nin/Nona 401, 405, 407, 423, 426f., 435,
437, 442, 446, 485
Niš 105, 132f., 201, 204, 209, 501f., 517,
605, 719
Nitra → Neutra
Nógrád → Neugrad
Nona → Nin
Nordmakedonien (Republik) 14, 22, 27, 33,
43, 62, 64, 68, 119, 141, 200, 475
Norin (Festung) 502
Nova Zagora 209
Novgrad 105
Novi → Herceg Novi
Novigrad/Novegrad 401, 442, 495
Novi Pazar 202, 205, 544
Novo (Kapetanat) 544
Novo Brdo/Novobërda 27, 33, 92f., 132,
137, 143, 177, 179, 186f., 190f., 193,
203, 205, 209, 242, 245, 501
Novo Selo (Vojvodina) 129

Nürnberg 35, 248, 586, 640f.
Nussdorf/Năsăud/Naszód 762
Nyírbátor 583
Nymphaion 333

Obertyn 363
Obrovac/Obrovazzo 401, 435, 533, 544
Očakov (Festung) 507, 510
Ochrid/Ohrid/Ohër 43, 66, 68, 73, 79f.,
103, 162, 180, 200f., 204, 209, 471, 486,
521, 553, 556
Ocna Sibiului/Salzburg 659
Ödenburg/Sopron 570, 582, 595, 602, 608,
612, 622, 644, 652f., 657, 710, 713, 725
Odessa 524, 693
Ofen → Buda
Offenburg/Baia de Arieş/Aranyosbánya 659
Ohrid → Ochrid
Oitylon 508
Olivere (Vilayet) 201
Olovo 130, 177, 187, 193
Olt (Fluss) 265, 267, 290, 305, 506, 692, 709
Oltenien → Kleine Walachei
Omiš/Almissa 81, 126, 142, 389, 402, 405,
426f.
Ónod 715
Onogošt → Nikšić
Opuzen 502
Oradea → Großwardein
Orahovica (Festung) 481
Orchomenos 202
Oreoi 203
Orheiul Vechi → Alt-Orhei
Orjahovo 206
Ormenio 520, 524
Orschowa/Orşova/Orsova 511, 523f., 577,
708, 719, 721f.
Orvieto 74
Osijek/Esseg/Eszék 497, 501, 521, 543f.,
599, 735, 773

504, 506, 508, 521, 525, 540, 547f., 550, 552, 606, 685, 707, 709

Pera → Galata

Perast/Perast 402

Perejaslav 681

Perekop (Festung) 503

Përmeti/Premete 201f.

Persien 63, 196, 490, 580, 583, 586f., 589, 683

Pesaro 26

Pest 55, 80, 212, 251, 581, 583, 604, 622, 644, 713, 716, 777

Pest-Pilis-Solt (Komitat) 652

Peterwardein/Petrovaradin 506, 707f., 762, 773

Petrič 201

Petrovac 544

Petrovaradin → Peterwardein

Petruš 202

Pettau/Ptuj 248

Pfalz 605, 618

Pfirt 615f.

Phanar → Konstantinopel

Phanari 109, 115, 184, 202

Pharsalos 76

Pherrai 203

Philadelphia (Lydien) 460, 463

Philippopel → Plovdiv

Philippi 80

Pijanec 68

Pindos (Gebirge) 76

Piove di Sacco 458

Pirin (Gebirge) 168

Pirot/Şehirköy 120, 201, 204, 564

Pisa 333

Piva (Fluss) 193

Planina 205

Plášťovce/Palást 584

Plattensee/Balaton 586f.

Plav 202

Plavno 442

Pleven 200

Plintenburg → Visegrád

Plitvicer Seen 511

Plješivica 511

Ploče 538

Pločnik 485

Plovdiv/Philippopel/Filibe 34, 66, 84, 96f., 106, 110, 186, 200, 206, 209

Počitelj 142, 545

Podborje (Festung) 481f.

Podgorica 152, 184, 203f., 524

Podolien 286, 331, 348, 498f., 499, 504, 603, 606

Podrinje 172

Podvisoki 183

Pokutien 331, 334, 362f.

Pola → Pula

Polen/Polen-Litauen 63, 139, 210f., 226, 231, 233–235, 237, 239, 276, 286f., 317, 319, 320, 323, 327, 329, Kap. 4.1.4, 337, 341, 343f., 347–350, 355f., 358f., 361–364, 367, 369, 374, 376f., 380f., 459, 481, 483, 486, Kap. 6.3.2, 496, 498–500, 503–505, 507, 578, 592f., 606, 640, 682, 707, 751, 773

Poličnik (Festung) 533

Poljanica 202

Poljica (Hochebene) 182, 408, 411, 426, 442

Poljica/Pogliza 401, 423

Polog/Pollog (Region) 68, 103

Poltava 505

Pommern 505

Pomorie → Anchialos

Pontische Steppe 265, 275, 278, 286, 327f., 333

Popovo 189

Popovo polje 89, 124

Portenau 616

Poschegg → Požega

Pottendorf (Burg) 501

Požarevac → Passarowitz

Târgoviște   290, 306, 318, 323, 370, 672f.

Târgu Mureș → Neumarkt am Mieresch

Tărnovo   31, 53, 61, 64f., 67, 73, 78, 80,
82, 84–86, 96f., 99f., 105, 162, 164, 166,
181, 183–186, 191, 200f., 209, 214, 551

Tarnow/Tarnów   481

Tata   132, 482, 489, 582

Tatar Pazardžik   200, 208

Teck (Burg)   616

Teke   534

Tekir dağ   206

Teleajen (Fluss)   266

Temes/Temesch (Komitat)   730, 736

Temescher Banat   719f., 729f., 764

Temeswar/Timișoara/Temesvár   482, 503f.,
506, 522f., 530, 542, 583, 590, 708, 730,
735, 737, 773

Teminsko (Vilayet)   201

Tenedos (Insel)   82, 106f., 449

Tešanj   150, 544

Tetovo/Kalkandelen   182, 199f., 204

Thasos (Insel)   201, 404

Theben   148, 448

Theiß (Fluss)   336, 482, 522, 583f., 591,
604f., 655, 708, 712f., 724, 752, 762f.,
765, 773, 775, 779

Thermissi   431

Thermopylen   76

Thessalien   23, 32, 43, 51, 53f., 61f., 64, 67–
69, 74–77, 80, 87–89, 91, 96, 107, 110,
112f., 118f., 121, 123, 129, 133, 140, 147f.,
154f., 160–162, 169, 175f., 183f., 194,
196, 199, 202, 208, 213, 507, 550, 552

Thessaloniki/Saloniki   29, 34, 73, 77, 79–81,
106–108, 120–122, 129, 131–133, 140,
166, 185, 200f., 203, 209, 404, 406, 486,
521

Thorenburg/Turda/Torda   659

Thrakien   53, 63, 65f., 77, 79, 82f., 85f.,
96f., 99–102, 106, 118–120, 121f., 147,
154f., 161, 166, 175, 191, 195f., 213

Tighina → Bender

Tikveš   200

Timișoara → Temeswar

Timok (Fluss)   113, 201, 531, 709

Tino/Tinos (Insel)   400, 404, 424, 484, 494,
504

Tirana   208, 397

Tirol   375, 584, 615f.

Tokaj/Toggai   481, 584, 596, 640, 647,
711f.

Tolnau/Tolna   532, 725, 777

Tomislavgrad (Duvno)   95, 124, 545

Tomorica   202

Toplica   209

Topolnica   202

Torna (Komitat)   622

Torontal   729f., 736

Toskana   410

Trabzon → Trapezunt

Trăn/Iznebolu   564

Trani   407

Transdanubien   482, 532, 584, 588, 590,
622f., 634, 652f., 713, 715f., 724f., 773,
775, 777

Transoxanien   242, 274

Trapezunt (Kaiserreich)   144, 209, 214

Trapezunt/Trabzon   93, 209, 556

Traù → Trogir

Travnik   208, 563

Trebinje   67f., 71, 78f., 89, 95, 103f., 182,
189, 544

Trentschin   622, 651, 716

Trepča   103, 187, 209

Treska (Fluss)   103

Trgovište   202

Trikala   87, 89, 183f., 186, 202f., 521

Tripolis (i. d. zentralen Peloponnes)   541

Tripolis (i. heutigen Libyen)   313

Tripolje   119, 167

Trogir/Traù   16, 401, 405, 409, 426, 431,
439, 444, 446, 451, 526

Zsitvatorok 322, 490f., 496, 527, 592
Žuravno 499
Zvečan/Zveçan 103, 193, 199, 202, 205
Zvonigrad 413, 533f.
Zvornik 134, 147, 149f., 193, 202, 205, 521–524, 543f., 551, 719

Zwischenmurgebiet → Međimurje
Zypern 385f., 393, 398, 400, 404, 407f., 411, 416, 419, 421, 425, 430–432, 434, 436, 455, 458, 460f., 484, 486f., 525, 535, 553, 565, 586

PERSONENREGISTER

VERZEICHNIS DER BEITRÄGER

Markus Koller
Lehrstuhl für Geschichte des Osmanischen Reiches und der Türkei an der
Ruhr-Universität Bochum

Géza Pálffy
Ungarische Akademie der Wissenschaften in Budapest,
Forschungszentrum für die Geisteswissenschaften – Institut für Geschichte

Oliver Jens Schmitt
Institut für Osteuropäische Geschichte an der Universität Wien

István Soós
Ungarische Akademie der Wissenschaften in Budapest,
Forschungszentrum für die Geisteswissenschaften – Institut für Geschichte

Daniel Ursprung
Abteilung für Osteuropäische Geschichte an der Universität Zürich

Lightning Source UK Ltd.
Milton Keynes UK
UKHW050942021122
411500UK00002B/61

9 783110 743944